HANDBUCH DER
EUROPÄISCHEN WIRTSCHAFTS- UND SOZIALGESCHICHTE

HANDBUCH DER EUROPÄISCHEN WIRTSCHAFTS- UND SOZIALGESCHICHTE

HERAUSGEGEBEN

VON

HERMANN KELLENBENZ

BAND 2

KLETT-COTTA

BAND 1
EUROPÄISCHE WIRTSCHAFTS- UND SOZIALGESCHICHTE
IN DER RÖMISCHEN KAISERZEIT

BAND 2
EUROPÄISCHE WIRTSCHAFTS- UND SOZIALGESCHICHTE
IM MITTELALTER

BAND 3
EUROPÄISCHE WIRTSCHAFTS- UND SOZIALGESCHICHTE
VOM AUSGEHENDEN MITTELALTER
BIS ZUR MITTE DES 17. JAHRHUNDERTS

BAND 4
EUROPÄISCHE WIRTSCHAFTS- UND SOZIALGESCHICHTE
VON DER MITTE DES 17. JAHRHUNDERTS
BIS ZUR MITTE DES 19. JAHRHUNDERTS

BAND 5
EUROPÄISCHE WIRTSCHAFTS- UND SOZIALGESCHICHTE
VON DER MITTE DES 19. JAHRHUNDERTS
BIS ZUM ERSTEN WELTKRIEG

BAND 6
EUROPÄISCHE WIRTSCHAFTS- UND SOZIALGESCHICHTE
VOM ERSTEN WELTKRIEG BIS ZUR GEGENWART

BAND 2

EUROPÄISCHE WIRTSCHAFTS- UND SOZIALGESCHICHTE IM MITTELALTER

Unter Mitarbeit von
Wilhelm Abel, Jon Barnea,
Lev Vladimir Čerepnin †,
Edith Ennen, Gina Fasoli,
Jean Favier, François-Louis Ganshof,
Aleksander Gieysztor, György Györffy,
Witold Hensel, Wilhelm Holmqvist,
Lazaros Th. Houmanidis,
Ildebrando Imberciadori,
Hermann Kellenbenz, Ilona Kovrig,
Roberto S. Lopez, Henry R. Loyn,
José Mattoso, Edward Miller,
Virginia Rau †, Manuel Riu-Riu,
Ştefan Ştefanescu, Luis Suárez Fernández,
Adriaan E. Verhulst, Karl Wührer †

herausgegeben
von
Jan A. van Houtte

CIP-Kurztitelaufnahme der Deutschen Bibliothek

Handbuch der europäischen Wirtschafts- und Sozialgeschichte/hrsg. von Hermann Kellenbenz. – Stuttgart: Klett-Cotta.

NE: Kellenbenz, Hermann [Hrsg.]

Bd. 2. → Europäische Wirtschafts- und Sozialgeschichte im Mittelalter

Europäische Wirtschafts- und Sozialgeschichte im Mittelalter/unter Mitarb. von Wilhelm Abel . . . Hrsg. von Jan A. van Houtte. – Stuttgart: Klett-Cotta, 1980.
(Handbuch der europäischen Wirtschafts- und Sozialgeschichte; Bd. 2)
ISBN 3-12-904740-9

NE: Abel, Wilhelm [Mitarb.]; Houtte, Jan A. van [Hrsg.]

Verlagsgemeinschaft Ernst Klett – J. G. Cotta'sche Buchhandlung Nachf. GmbH. Stuttgart

Einband- und Umschlagentwurf: Edelmann, Den Haag
Satz: Layoutsetzerei Lihs, Ludwigsburg
Druck: Zechner, Speyer

Inhaltsverzeichnis

A. Europäische Wirtschaft und Gesellschaft von den großen Wanderungen bis zum Schwarzen Tod

Von Jan A. van Houtte

B. Die Entwicklung von Wirtschaft und Gesellschaft in den europäischen Regionen

§ 8 Das Fränkische Reich 151

Von François-Louis Ganshof

§ 9 Die Britischen Inseln zur Zeit der Angelsachsen (von ca. 400 n. Chr. bis 1066) 206

Von Henry R. Loyn

§ 10 Großbritannien im Hoch- und Spätmittelalter 227

Von Edward Miller

§ 13 Die Iberische Halbinsel im Frühmittelalter 327

Von Manuel Riu-Riu

§ 14 Spanien vom 11. bis 14. Jahrhundert 350

Von Luis Suárez Fernández

§ 15 Portugal im Hoch- und Spätmittelalter 371

Von Virginia Rau † und José Mattoso

§ 21 Die slawische Welt vom 6. bis 9. Jahrhundert 595

Von Witold Hensel

§ 22 Reitervölker: Die Awaren im Karpatenbecken 617

Von Ilona Kovrig

§ 23 Ungarn von 895 bis 1400 625

Von György Györffy

§ 24 Rumänien von der Aufgabe Dakiens (271 n. Chr.) bis ins 10. Jahrhundert 656

Von Jon Barnea

§ 25 Rumänien vom 10. bis 14. Jahrhundert 668

Von Ştefan Ştefanescu

§ 26 Die Rus' vom 10. bis 14. Jahrhundert 682

Von Lev Vladimir Čerepnin †

§ 27 Polen zur Zeit der Piasten 703

Von Aleksander Gieysztor

§ 28 Skandinavien vom 5. bis 10. Jahrhundert 728

Von Wilhelm Holmqvist

§ 29 Skandinavien im Hoch- und Spätmittelalter 747

Von Karl Wührer †

Vorwort

Habent sua fata libelli! Auch wenn man diesen zweiten Band des Handbuchs der europäischen Wirtschafts- und Sozialgeschichte, den wir heute den Benutzern vorlegen, schwerlich als ein „Büchlein“ betrachten darf, so hat er wohl wie jedes gleichartige Unternehmen ein bewegtes Schicksal gehabt. Als das Handbuch insgesamt geplant wurde, stand von vornherein fest, daß dieser Band aus technisch-redaktionellen Gründen als erster von sechs in Druck gehen würde. Schon im Frühjahr 1967 bemühten wir uns, für die Regionalkapitel Autoren zu verpflichten. Die Aufträge wurden bis zum Sommer jenes Jahres sämtlich vergeben und auf das Jahr 1969 befristet. Wir gaben uns der Hoffnung hin, gleich nach deren Eingang unser Dachkapitel schreiben und das Buch zu Anfang der siebziger Jahre herausbringen zu können.

Die meisten Mitarbeiter des Bandes kamen den Abmachungen in dankenswerter Weise vorbildlich nach, leider aber nicht alle. Ein paar zauderten, erbaten sich immer spätere Termine und kündigten schließlich nach Jahren der Verzögerung ihre Mitarbeit auf. Wir hatten das Glück, daß sich unsere Freunde Prof. Jean Favier und Prof. Roberto Lopez sowie durch Vermittlung von Prof. Hermann Kellenbenz, Herausgeber des Gesamtwerkes, Prof. Lazaros Houmanidis und Prof. Karl Wührer bereitfanden, kurzfristig einzuspringen, wofür ihnen ein ganz besonderes Dankeswort gebührt. Inzwischen waren jedoch leider Jahre seit dem Eingang der meisten Manuskripte vergangen, und da erwies sich eine Durchsicht der Texte und Literaturangaben als erforderlich, womit die Autoren uns ebenfalls sehr zu Dank verpflichtet haben. Den verschiedenen Verfassern wurde relativ große Freiheit in bezug auf Inhalt, Gliederung des Textes sowie Anordnung des bibliographischen Apparats gelassen. Eine weitergehende Vereinheitlichung wäre, in Anbetracht des ausgesprochen internationalen Charakters des Werkes und der je nach Land unterschiedlichen Auffassung über die Erfordernisse eines akademischen Handbuchs, schwer zu verwirklichen gewesen.

Wir bedauern zutiefst, daß drei unserer Autoren das Erscheinen ihres Beitrags nicht mehr erleben durften. Der Tod von Lev Vladimir Čerepnin, Frau Prof. Virginia Rau und Prof. Karl Wührer hat im Kreise der europäischen Geschichtswissenschaft überhaupt empfindliche Lücken nachgelassen.

Außer den Mitarbeitern des vorliegenden Bandes gilt unser Dank noch ganz besonders dem Gesamtherausgeber des Handbuchs, unserem langjährigen Freund Prof. Hermann Kellenbenz, der uns als Nichtdeutschem die Betreuung dieses Bandes übertrug, uns alle diese Jahre der Vorbereitung hindurch, auch wenn die Rückschläge manchmal entmutigten, sein Vertrauen bewahrte und jede Hilfe gewährte. Sein Verständnis, sein Durchhalten und seine Geduld fanden ihresgleichen nur bei dem Verlag, dessen Großzügigkeit hier ebenfalls hervorgehoben werden soll. Schließlich wurde die Drucklegung gefördert durch die Mitarbeit der Herren Dipl.-Hdl. Lambert Peters und Dipl.-Kfm. Norbert Schneeloch (beide Erlangen-Nürnberg). Ersterer wickelte vor allem die Autorenkorrespondez ab, letzterer sah die Manuskripte durch und prüfte die Korrekturfahnen. Herr Dr. Otto-Ernst Krawehl (Hamburg) hat, unterstützt von Johanne van Dijk (Kempten), das Register erstellt. Frau Renate Warttmann hat auf seiten des Verlags alle Manuskripte und Korrekturfahnen sorgfältig durchgesehen und auch bei der Registervorbereitung geholfen. Ihnen allen gebührt der Dank des Verlages, der Leser und nicht zuletzt der Herausgeber.

Löwen, z.Z. Rom, im Februar 1980 — Jan A. van Houtte

A. Europäische Wirtschaft und Gesellschaft von den großen Wanderungen bis zum Schwarzen Tod

Von Jan A. van Houtte

Allgemeine Literatur

Einige Handbücher:

R. H. Bautier: The Economic Development of Medieval Europe (1971).
The Cambridge Economic History of Europe I–III (1941–63); I (^{2}1966).
C. M. Cipolla (Hg.): The Fontana Economic History of Europe. I: The Middle Ages (1972); dt.: Europäische Wirtschaftsgeschichte. I: Mittelalter (1978).
G. Fourquin: Histoire économique de l'Occident médiéval (1969).
Th. Schieder (Hg.): Handbuch der europäischen Geschichte. I: Europa im Wandel von der Antike bis zum Mittelalter (1976).
J. Kulischer: Allgemeine Wirtschaftsgeschichte des Mittelalters und der Neuzeit. I. Das Mittelalter (^{2}1958).
R. S. Lopez: The Commercial Revolution of the Middle Ages, 950–1350 (1971).
H. Pirenne: Sozial- und Wirtschaftsgeschichte Europas im Mittelalter (1972).
N. J. G. Pounds: An Economic History of Medieval Europe (1974).

Einzelne Zeitabschnitte:

R. Doehaerd: Le haut moyen âge occidental. Economies et sociétés (1971).
P. Kletler: Nordwesteuropas Verkehr, Handel und Gewerbe im frühen Mittelalter (1925.
R. Latouche: La naissance de l'économie occidentale, IVe – XIe siècles (1956); engl.: The Birth of the Western Economy (1970).
A. Dopsch: Wirtschaftliche und soziale Grundlagen der europäischen Kulturentwicklung von Cäsar bis auf Karl den Großen (2 Bde., 1923–24).
Ders.: Die Wirtschaftsentwicklung der Karolingerzeit, vornehmlich in Deutschland (2 Bde., ^{2}1921).
G. Duby: Guerriers et paysans, VIIe – XIIe siècles, premier essor de l'économie européenne (1973); engl. Übers.: The Early Growth of the European Economy: Warriors and Peasants from the Seventh to the Twelfth Century (1974).
J. Lestocquoy: The Tenth Century. In: Econ. Hist. Rev. 17 (1947), S. 1–14.
H. A. Miskimin: The Economy of Early Renaissance Europe, 1300–1400 (1969).
J. Heers: L'Occident aux XIVe et XVe siècles. Aspects économiques et sociaux (1973).

§ 1 Der staatliche Rahmen

Während der späteren Kaiserzeit begann das stolze Bauwerk des römischen Reiches eine bedenkliche Erschütterung seines klassischen Gefüges aufzuweisen. Sein Herrschaftsbereich umfaßte den Hauptteil des jetzigen England und dehnte sich auf dem europäischen Festland über die natürlichen Grenzen hinaus, die der Rhein und die Donau bildeten. Im Süden waren das Mittelmeer und seine Nebenseen ein belebtes Bindeglied zu seinen asiatischen und afrikanischen Provinzen und ihrem weit gestaffelten kontinentalen und maritimen Hinterland. Jenseits der Reichsgrenzen wohnten Völker, die trotz bunter Verschiedenheit im Hinblick auf ihre als rückständig empfundene Kultur von den Römern unter der allgemeinen Bezeichnung „Barbaren" zusammengefaßt wurden. Das waren zunächst im Norden Britanniens die keltischen Pikten und in Irland die stammesverwandten Schotten. Auf dem Kontinent stand die römische Grenzverteidigung Wache gegen eine Vielfalt germanischer Stämme und an der unteren Donau gegen die Daker. Die Nachbarn des Reiches wurden durch dessen hohe Wirtschaftsentwicklung von Anfang an zu Raubzügen gereizt und trieben die Römer schon früh zur Anlage von Grenzbefestigungen, so dem *Limes Hadriani* bzw. *Antonini* in Britannien, dem *Limes Germanicus* bzw. *Raeticus* zwischen Rhein und Donau und dem *Limes Trajani* zwischen dem unteren Donaubogen und dem Schwarzen Meer.

Die Germanenwelt reichte jenseits der Ostsee bis in die südlichen Teile der skandinavischen Halbinsel und in Mitteleuropa bis etwa an die Memel, den unteren Dnjepr und den Donetzbogen.

Im Norden Skandinaviens wohnten Lappen; Osteuropa war von baltischen, slawischen und sarmatischen Völkerschaften besiedelt. Nun wurden diese während der ersten Jahrhunderte der nachchristlichen Zeitrechnung von einer tiefen Unruhe erfaßt, die die übliche Beweglichkeit einer noch nicht völlig seßhaften Bevölkerung weit überstieg und deren Gründe wohl in Innerasien zu suchen waren. Die Ausbreitung des chinesischen Reiches nach Westen unter den Herrschern der Han-Dynastie (205 v. Chr.–220 n. Chr.) bewirkte, daß die einheimische Hirtenwirtschaft Turkestans zugunsten des Ackerbaus zurückgedrängt wurde, anscheinend zur selben Zeit, als ein kühleres und trockeneres Klima die Weiden weniger ergiebig machte. Dies führte dazu, daß die in diesem Raum ansässigen Stämme auf der Suche nach geeigneten Weidegebieten in verschiedene Richtungen abwanderten. Nach und nach erreichte ein Teil davon unter Führung der Hunnen um 375 die südrussische Steppenlandschaft, wo sie sich durch die Vernichtung des Gotenreiches den Ruf der Unbesiegbarkeit erwarben und in ihren weiteren Wanderungen eine lähmende Panik erweckten[1].

Es ist nicht unwahrscheinlich, daß die klimatischen Verhältnisse gleichzeitig Zentralasien und Europa berührten und hier seit etwa dem 3. Jh. wenigstens teilweise eine Erklärung für die wachsende Rastlosigkeit im römischen Reich und bei seinen germanischen Nachbarn liefern. Häufiger als zuvor versuchten Truppenteile, deren Verwendung an den Grenzen die Verbindung mit dem zentralen Reichsapparat schwächte, ihre Führer zum Kaiser zu erheben, und entfesselten dadurch verheerende Bürgerkriege. Nicht weniger Verwüstungen brachten Bauernaufstände als Antwort auf die Drangsalierungen der staatlichen Steuereinnehmer oder ein ebenfalls daraus erwachsendes Banditenwesen, z. B. der gallischen Bagauden. Zu dieser inneren Unruhe gesellten sich die Raubzüge von Barbaren, die die Grenzheere nicht mehr zurückzuhalten vermochten, vor allem seit die Gründung des Sassanidenreiches in Persien (226) das Reich zu einem gesteigerten Aufwand im Osten zwang. Vielfach war das Ergebnis der Einbrüche ins Reich, daß germanische Volksteile nach gelungener Invasion als Hilfstruppen in das kaiserliche Heer eingegliedert wurden, daß ihr Abzug gegen Tributzahlung abgekauft oder daß ihnen, wie z. B. den Franken, im römischen Gebiet Land zur Ansiedlung eingeräumt wurde. Die Germanisierung des Reiches im Westen wurde damit eingeleitet.

Sie wurde seit dem Ausgang des 4. Jh. wesentlich beschleunigt. Die von den Hunnen besiegten und verjagten Westgoten flüchteten im Jahr 376 über die untere Donau, erkämpften sich (Adrianopel, 378) einen Siedlungsraum im heutigen Bulgarien, von wo aus sie zunächst die benachbarten Provinzen brandschatzten, um bald aus dieser neuen Heimat auszubrechen und nach gründlicher Plünderung der europäischen Gebiete des im Jahr 395 endgültig von Westrom getrennten byzantinischen Reiches sowie Italiens und Galliens sich schließlich ab 415 in Aquitanien und an der spanischen Mittelmeerküste niederzulassen. Nach ihrem Abzug aus Südosteuropa konnte Byzanz, das die erforderliche Widerstandskraft aus den wirtschaftlichen Hilfsmitteln seiner reichen asiatischen und nordafrikanischen Gebiete schöpfen konnte, ein paar Jahrhunderte lang seine territoriale Unverletzlichkeit im wesentlichen behaupten. Ganz anders der römische Westen: Unter starkem Druck ihrer östlichen Nachbarvölker, die ihrerseits von den Hunnen verjagt worden waren, drängten zahlreiche Barbaren zur Rheingrenze. Die Vandalen, Sueben sowie die von der Schwarzmeerküste vorgedrungenen sarmatischen Alanen durchbrachen sie 406/07 und erreichten nach Durchquerung Galliens die Iberische Halbinsel, wohin ihnen, wie erwähnt, die Westgoten nach einigen Jahren folgten. Die Alanen wurden unterworfen, während die Vandalen 429 nach Nordafrika auswanderten und die Sueben sich bis 585 in Galizien behaupteten. Um dem Barbarensturm auf dem Kontinent besser widerstehen zu können, räumten die römischen Legionen Britannien, das bald danach Ziel der Angeln, Sachsen und Jüten wurde. Keltische Volksteile, vielleicht gestärkt durch Einwanderer aus Irland, denen der Zusammenbruch der römischen Herrschaft freies Spiel ließ, machten sich dabei im Westen selbständig.

Inzwischen gingen auch weite Teile Galliens verloren. Bei der großen Wanderung von 406/07 hatten auch die Burgunder den Oberrhein überschritten. Sie eroberten im Laufe des 5. Jh. ein ausgedehntes Gebiet in Ostgallien. Ihrerseits brachen die Franken von ihren seit etwa 300 besetzten Wohngebieten am unteren Rhein und an der Maas aus und unterwarfen, vor allem unter König Chlodwig I. (481–511), fast ganz Gallien, einschließlich des westgotischen Aquitanien. Ein Raubzug der Hunnen, deren Reich unter Attila (434–453) sich bis an die Elbe ausgebreitet hatte, nach Westen war im Jahr 451 erfolgreich abgeschlagen worden, wonach sie sich in die südrussische Steppe zurückzogen und das bulgarische Wolgareich gründeten. Die Ostgoten, die sich ihrer Herrschaft gefügt hatten, machten sich wieder selbständig und eroberten 488 Italien und die Provence, die spärlichen Reste des weströmischen Reiches, dessen letzter Kaiser 476 von dem germanischen Söldnerhäuptling Odoaker abgesetzt wurde[2].

Jedoch hielt das Reich im Osten stand[3], und nachdem es sich wiederholten Barbareneinfällen erfolgreich widersetzt hatte, erlebte es unter Justinian I. (527–65) sogar eine neue Glanzzeit, die u. a. die Rückeroberung Italiens, der Balearen und Südspaniens ermöglichte, während die Franken beim Sturz des ostgotischen Reiches sich der Provence bemächtigten. Allerdings wurde dieser Blüte durch die erneute persische Bedrohung der byzantinischen Ostgrenze bald ein Ende gesetzt. Gleichzeitig aber stürzten sich neue Reitervölker, die mongolischen Awaren, von türkischen Stämmen aus dem Altaigebiet vertrieben, und auf ihren Fersen die türkischen Chasaren auf Europa. Die letzteren bildeten nördlich des Schwarzen Meeres, des Kaukasus und des Kaspischen Meeres ein Reich; erstere gelangten bis in die ungarische Ebene. Dort vernichteten sie 567 im Bund mit den aus den Ostalpen vordringenden germanischen Langobarden das Reich der Gepiden, das auf den Trümmern der Hunnenherrschaft erstanden war[4]. Die Langobarden wieder wichen dem unaufhaltsamen Druck der Awaren und fielen in Italien ein, wo sie ab 568 die byzantinische Verwaltung fast völlig ausschalteten. In Spanien beschränkten westgotische Gegenangriffe diese allmählich auf einige Küstenstädte. Auf die Balkanhalbinsel drangen unter dem Druck der Awaren oder im Gefolge ihrer Raubzüge slawische Stämme ein, die sich dort dauernd ansiedelten und nur die ägäische Küste und die Hauptstadt der oströmischen Herrschaft überließen.

Die Schwächung des in seiner Spätzeit von den Barbaren im Westen so schwer bedrängten römischen Reiches hatte Folgen auch für die Ausübung der Staatsgewalt. In einer Gesellschaft, deren Schwerpunkt auf der Agrarwirtschaft und dem Grundbesitz lag, begann sich auch der politische Schwerpunkt zum Grundbesitz, vor allem nach den Latifundien hin, zu verschieben und dies um so mehr, als die Unsicherheit des Verkehrs den Handel lähmte. Die reichen Landeigentümer übernahmen gegenüber den von ihnen abhängigen Bauern sowie gegenüber benachbarten kleinen Landwirten, die sich deren Machtanmaßung nicht widersetzen konnten, allmählich die Aufgaben der kaiserlichen Verwaltung. Sie erhoben eigenmächtig und in beliebiger Willkür Steuern, die sie oft völlig oder teilweise der Staatskasse vorenthielten, usurpierten die Rechtspflege und richteten zu diesem Zweck eigene Gefängnisse ein; dazu warben sie vielfach eben unter dem Vorwand des Bedarfs einer wirksamen Verteidigung ihres Bereiches gegen die verschiedenen Gefahren private bewaffnete Scharen an.

Die immer mehr fortschreitende Zersetzung des römischen Staatsapparates nach der Gründung germanischer Reiche konnte diese Entwicklung nur beschleunigen. Denn die Germanen, wie übrigens auch die meisten Völker Osteuropas, kannten vor der Völkerwanderung eine ebenso aristokratische Verfassung, die sich durch Abhängigkeit unterer Schichten von einem Häuptling kennzeichnete, wiewohl jenes Verhältnis in diesen dünn besiedelten Räumen nicht auf Bodenbesitz, sondern auf die persönliche Untertänigkeit einer Gefolgschaft begründet war. Wenn auch die Wanderung und die Landnahme eine straffe Disziplin unter einer tatkräftigen Führung, wie etwa der Westgoten unter Alarich, der Ostgoten unter Theoderich und der Franken unter Chlodwig erforderten, so förderte die Ansiedlung an sich und die Aufnahme römischer Institutionen bald wieder die die monarchische Staatsgewalt zersetzende Macht der regionalen „Grafen". Vielfache Thronstreitigkeiten und durch Mord oder zügellosen Lebenswandel verkürzte Regierungszeiten trugen ihrerseits dazu bei. Im 7. Jh. war die Aushöhlung des Königtums in den germanischen Reichen schon weit vorangeschritten.

Dieser Niedergang wurde den Westgoten zum Verhängnis. Inzwischen hatte der Islam von Arabien aus seinen Aufstieg erlebt[5]. Kein volles Jahrhundert nach seinen Anfängen griffen seine Vorkämpfer, nachdem ganz Nordafrika sich unterworfen hatte, die Westgoten an (711) und vollendeten in kaum einem Jahrzehnt die Eroberung fast der ganzen iberischen Halbinsel. Nur spärliche Reste der westgotischen Bevölkerung fanden in den unwirtlichen Gebirgstälern der Pyrenäen ein Asyl. Gleich danach kam das fränkische Gallien an die Reihe. Hier war es einem Geschlecht von Grundbesitzern aus der Maasgegend, den Pippiniden, gelungen, sich hinter der Fassade des machtlosen Königtums als Hausmeier über die andern Optimaten zu erheben und in gewissem Umfang die zentrale Gewalt wiederherzustellen. Der Sieg Karl Martells über die Araber (Poitiers, 732) sicherte Gallien vor der islamischen Bedrohung. Die Expansionsbestrebungen der Mauren erzielten fortan nur noch wenige Erfolge. Sie konnten 798 nur noch die Balearen, ab 806 Korsika, ab 827 Sizilien und kurz nach der Jahrtausendwende Sardinien der oströmischen Herrschaft entreißen.

Andererseits festigte der fränkische Sieg auch das Ansehen der Pippiniden, die seit Pippin dem Jüngeren als König (751) dem karolingischen Reich eine kurze Blütezeit verschafften. Chlodwig und seine Söhne hatten jenseits des oberen Rheins 506–536 die Alamannen und 531 die Thüringer sowie in Ostgallien 534 die Burgunder unterworfen. Die Eroberungen Karls des Großen dehnten das Frankenreich weit über diese Grenzen aus. Nacheinander wurde das langobardische Reich in Italien vernichtet (774), wo der oströmische Besitz auf wenige Küstenstriche im Süden der Halbinsel beschränkt blieb; im freien Germanien hatte er Bayern (788) und Sachsen (bis 804) sowie das östliche Alpengebiet, die sogenannte Ostmark, einverleibt (803) und außerdem die Friesen dem Reich angegliedert. Diese Erfolge verdankten die Franken der Bildung eines mächtigen Heeres, dessen Rückgrat eine schwer gerüstete, von Kettenpanzern geschützte Reiterei war. Da die Geldwirtschaft seit der Spätantike im Rückgang begriffen war, war das einzige Mittel, die Kosten dieser Rüstung zu bestreiten, der Landbesitz, mit dem man den Kriegsleuten ein gehöriges Einkommen sichern konnte. Die in römischer wie auch germanischer Tradition wurzelnde Kommendation bzw. Gefolgschaft, die eine persönliche Treuebeziehung zustandebrachte, wurde durch Verleihung eines Benefiziums oder Lehens ergänzt. Aus der Verknüpfung beider Elemente entstand das System des Feudalismus, der zunächst im Karolingerreich Grundlage eines jeden den rein wirtschaftlichen Bereich übersteigenden Dienstverhältnisses wurde[6].

Ein mächtiger Fürst wie Karl der Große konnte erreichen[7], daß dieses System als

Grundlage eines zusammenhängenden Staates funktionierte. Seit dem 9. Jh. wurde das von ihm geschaffene Gleichgewicht allerdings gestört, und damit führte das Lehenswesen zu einer Wiederaufnahme der von den Pippiniden unterbrochenen, staatszersetzenden Entwicklung, die die Ausübung der Macht örtlichen Gewalthabern überließ[8]. Sie wurde von 830 an von den karolingischen Teilungen (Verdun, 843) gefördert, die naturgemäß die königliche Gewalt schwächten. Noch mehr aber wurde die karolingische Staatsidee durch eine neue Welle von Einfällen in das Abendland bedroht[9].

Während sarazenische Seeräuber von Spanien und Nordafrika aus das westliche Mittelmeer unsicher machten, wiederholt die Küstensiedlungen plünderten und sich am Ende des 9. Jh. fast ein Jahrhundert lang an der Riviera festsetzten, stürzten sich asiatische Völker erneut auf Ost- und Mitteleuropa. Gegen Mitte dieses Jahrhunderts waren die Madjaren von Zentralasien aus in das Chasarenreich eingedrungen; sie hatten zeitweilig östlich des Asowschen Meeres eine neue Heimstätte gefunden. Nach kurzer Zeit aber übten die ihnen folgenden Petschenegen[10] auf sie einen unaufhaltsamen Druck aus, der sie zwang, weiter nach Westen zu ziehen. Nachdem Karl der Große das Awarenreich zu Fall gebracht hatte, war der Donaukessel von slawischen Stämmen bewohnt, die die gefürchteten Reiterhorden der Madjaren kaum abwehren konnten. Diese nisteten sich um 900 in der Steppenlandschaft ein, setzten aber ihre Raubzüge bis weit in den Balkan und nach Osten sowie in die fränkischen Reiche fort, bis sie, 955 von Otto dem Großen auf dem Lechfeld geschlagen, von weiteren Angriffen in Richtung Westen absahen, während die Veränderungen der politischen Lage in Südrußland ihnen den Weg auch dahin verschlossen.

Diese Veränderungen ergaben sich weitgehend aus der Expansion der Nordgermanen[11]. Vom Ausgang des 8. Jh. an stifteten die Wikingerüberfälle, die offenbar durch eine Überbevölkerung Skandinaviens veranlaßt wurden, große Unruhe im ganzen Westen. Sie richteten sich zunächst auf die britischen Inseln, wo es den von Kelten bewohnten Landschaften an einer straffen politischen Organisation fehlte und auch die angelsächsischen Königreiche staatlich zersplittert waren und von dauernden inneren Streitigkeiten heimgesucht wurden. Ab den ersten Jahren des 9. Jh. waren auch die karolingischen Küsten der Nordsee ständig Plünderungen ausgesetzt; bald drohten diese Gefahren auch der atlantischen Küste südlich des Kanals. Sogar die Mittelmeerküsten Spaniens, Frankreichs und Italiens wurden 859–861 von Wikingern überfallen. Nachdem die Küstensiedlungen keine Beute mehr lieferten, befuhren die Wikinger die Flüsse stromauf bis tief ins Binnenland. Dazu legten sie vielfach Lager an, wo sie den Winter verbrachten, bevor sie sich im Frühling zu neuen Raubzügen aufmachten. Ihr Abzug konnte meistens nur gegen Tributzahlung erkauft werden. Allerdings führten ihre Fahrten auch dazu, daß bestimmte Gruppen dauernd eine neue Heimat fanden, so 839 in einem beträchtlichen Teil Irlands, 840 in Friesland, wo sie sich bis 885 behaupteten, und 878 im ganzen Nordosten Englands, dem nach den neuen Siedlern benannten Danelaw, das die angelsächsischen Könige im 10. Jh. mühsam zurückeroberten, freilich nur um ihr Reich ab 980 erneut den Wikingerangriffen preiszugeben und es 1013 an die Dänen völlig zu verlieren. Im Jahre 911 trat der westfränkische König die Landschaft beiderseits der Seinemündung, die künftige „Normandie", an die Normannen ab. Im Laufe des 9. Jh. waren schließlich die Inselgruppen nördlich von Schottland sowie das kurz zuvor entdeckte Island von Norwegern besiedelt worden, von wo aus um 900 Grönland entdeckt wurde.

Inzwischen hatten die Germanen in Norwegen und Schweden angefangen, die nördlich von ihrem Gebiet nomadisierenden Lappen zurückzudrängen. Wichtiger jedoch war das Vordringen der Schweden nach Osten und nach Südosten[12]. Schon seit dem 7. Jh. waren wohl von Gotland aus schwedische Handelskolonien jenseits der Ostsee in Kurland entstanden; auch sollen Schweden die finnische Küste besetzt haben. Um die

Mitte des 9. Jh. drangen kleine Scharen von sogenannten Warägern ins Binnenland vor, wo sie zweifellos in erster Linie im Hinblick auf die Interessen ihres Handels sich zu Herren der einheimischen Völkerschaften machten. Dem Warägerhäuptling in Kiev gelang es kurz vor 900, offenbar dank der hervorragenden Verkehrslage dieses Ortes, sich von den anderen als Oberhaupt anerkennen zu lassen und ein ausgedehntes Fürstentum zustande zu bringen, das fortan unter dem Namen Rus' bezeichnet wurde und als die Wiege des russischen Staates betrachtet wird. Kiev bedrängte bald das schon zuvor von den Petschenegen schwer heimgesuchte Chasarenreich und machte diesem 969 ein Ende.

Die Waräger hatten zuvor auch gelegentlich das byzantinische Reich auf Fahrten über das Schwarze Meer drangsaliert. Der Abschluß der Normannenüberfälle auf die westliche wie auch auf die oströmische Welt scheint einerseits mit einem schwächeren Bevölkerungsdruck in der Heimat der Wikinger, andererseits auch mit einem Wiederaufleben der staatlichen Gewalt in den Gebieten, wohin ihre Raubzüge sich gerichtet hatten, zusammenzuhängen. Letzteres wurde zweifellos durch die Entfaltung einer leistungsfähigeren Tauschwirtschaft gefördert, worauf später näher eingegangen wird. Des weiteren ist an dieser Stelle auf den politischen Niedergang des Islams und auf die daraus folgende Wiederherstellung einer friedlichen Schiffahrt und der Verbindung zwischen West und Ost über das Mittelmeer hinzuweisen. Die machtlosen Karolinger wurden in Deutschland von den Ottonen abgelöst, die dem Königtum wieder seine Vorherrschaft über die zentrifugale Feudalität verschafften. Otto dem Großen (936–973) gelang es sogar, das italienische Festland, mit Ausnahme des byzantinischen Südens, dem deutschen Königreich anzugliedern und jenseits der karolingischen Grenze, an Elbe und Saale, festen Fuß zu fassen, indem er verschiedene militärisch geschützte Grenzmarken einrichtete. Dieses Gebiet blieb aber noch geraume Zeit zwischen den Deutschen, den einheimischen slawischen Stämmen und den weiter entfernt entstehenden slawischen Großstaaten umstritten[13].

Seit dem 9. Jh. sind in der westslawischen Welt die ersten Ansätze zu einer Staatenbildung größeren Stils festzustellen. Allerdings erlag das Großmährische Reich, das sich von Böhmen bis nach Schlesien und zur Drau erstreckte, schon nach einem halben Jahrhundert (906) dem ungarischen Ansturm. Auf seinen Trümmern wurden die Tschechen unter den Przemysliden in einem böhmischen Staat vereinigt. Zur selben Zeit entstand auch der gesamtpolnische Staat der Piasten. Der Einzug des Christentums in diese Länder, im Kiever Reich und in Ungarn in der zweiten Hälfte des 10. Jh. sowie in den skandinavischen Reichen kurz nach der Jahrtausendwende, hatte nicht nur zur Folge, daß sie in die christliche Kulturgemeinschaft, entweder die lateinische oder die griechische, eingefügt wurden, sondern sie erhielten auch eine festere politische Struktur, in der sie künftig über ein gebildetes Verwaltungspersonal von Klerikern verfügten. Die spätere Schwäche Polens ermöglichte erst gegen Ende des 12. Jh., daß die Gebiete östlich der mittleren Elbe, wo schon seit zweihundert Jahren eine innere Kolonisation vom Westen her im Gange war, endgültig unter deutsche Lehenshoheit kamen. Der Bereich der westlichen Kultur wurde noch erweitert, als der aus dem Heiligen Land abgewanderte Deutsche Orden sich ab 1226 die Preußen unterwarf und 1237 auch die Schwertbrüder sich ihm angliederten; diese hatten 1202 die Eroberung Livlands aufgenommen[14].

Das byzantinische Reich, das nach der slawischen Einwanderung in die Balkaninsel in seinem europäischen Teil auf einen kleinsten Raum zusammengeschrumpft war, hatte durch die islamische Ausbreitung im 7. Jh. ebenso seine reichen Provinzen in Asien und Nordafrika verloren. Auf dem Balkan gelang es den dort angesiedelten Bulgaren nach Übergang zum Christentum im 9. Jh. ihre Herrschaft sämtlichen slawischen Völkern bis zur Donau und Save (außer den Kroaten) aufzuzwingen. Gleichzeitig jedoch wie im lateinischen Westen erfuhr die Gewalt des oströmischen *Basileus* eine Wiedergeburt, die es ihm erlaubte, 972–1019 dem von den Russen bedrohten Großbulgarischen Reich ein Ende zu bereiten und den byzantinischen Machtbereich wieder bis an die Donau auszudehnen. Doch blieb es nicht lange auf diesem Höhepunkt stehen. Die seldschukischen Türken eroberten den größten Teil Kleinasiens; die süditalienischen Besitzungen fielen an die Normannen unter Robert Guiscard (1060 ff.), der auch Sizilien den Mauren entriß. Auf diese Weise geschwächt, wurde das byzantinische Reich erneut von seinen europäischen Nachbarn bedrängt, insbesondere von den Petschenegen, die, durch den Einbruch der türkischen Kumanen in Südrußland vertrieben, sich in der heutigen Walachei niederließen. Allmählich bröckelte die oströmische Herrschaft über den Balkan wieder ab, und am Ende des 12. Jh. mußte sie den neuen slawischen Staatsbildungen der Bulgaren und Serben weichen. Das lateinische Kreuzfahrerreich von Konstantinopel (1204–61) war ebenso auf den Küstenumkreis der Ägäis beschränkt wie das byzantinische Reich, das nach dessen Sturz wiedererstand.

Die königliche bzw. kaiserliche Macht in Deutschland erlitt nach den Ottonen einen raschen Niedergang. Die den Ottonen folgenden salischen Herrscher richteten ihre Energie fast völlig auf Italien. Von der Notwendigkeit überzeugt, ihr Regierungssystem der Reichskirche zu erhalten, glaubten sie, auch die Vorherrschaft über das Papsttum behaupten zu müssen. Diese Politik scheiterte nicht nur an der Überspannung ihrer Ziele, sondern auch an der kirchlichen Reformbewegung, die sowohl Italien unter Führung der Päpste als auch die geistlichen Reichsfürsten dazu drängte, die kaiserliche Vormundschaft abzuschütteln. Diese Gelegenheit ergriffen auch die weltlichen Lehensleute in Deutschland wie in Italien, um die meisten Vorrechte des Königs an sich zu ziehen. Vorübergehend gelang es wohl den Hohenstaufen (1138–97 und 1214–54), die Macht der Krone zu verstärken. Unter Friedrich II. kam dies nicht im Reich, sondern in den von der normannischen Dynastie vererbten Königreichen Neapel und Sizilien zur Geltung. Danach verfiel das ganze Heilige Römische Reich einer weitgehenden feudalen Zerstückelung; dies ging nicht nur auf Kosten der deutschen Krone, sondern auch zum Schaden ihrer früheren Gegenspieler, der Stammesherzöge, deren Gebiet sich seit dem 12. Jh. in eine Reihe von Grafschaften und kleineren Herrschaften zersplitterte. Dabei stellte die Verselbständigung zahlreicher Reichs- und freier Städte ein eigentümliches Merkmal dar. Verschiedene davon waren imstande, ihre Herrschaft über ihre nähere Umgebung, einige sogar, und zwar in Italien, über weiter entlegenes Gebiet auszubreiten. So versuchten schon im 11. Jh. Pisa und Genua, Korsika und Sardinien zu unterwerfen. Genua gründete im 13. und 14. Jh. mehrere Handelskolonien in der Ägäis, auf der Krim und an der Nordküste Kleinasiens.

Inzwischen bedrohte eine letzte Völkerwanderung, die aus den Tiefen Asiens kam, Europa. Es handelte sich um die Mongolen, die ihre Herrschaft zunächst bis zum Chinesischen Meer ausgedehnt hatten und dann 1237 über die Wolga hereinbrachen, das dort seit Jahrhunderten bestehende Bulgarische und das Kumanenreich vernichteten und die russischen Fürstentümer tributpflichtig machten. Nachdem ihr Einfall nach Polen und Schlesien 1241 bei Liegnitz abgewehrt worden war und sie Ungarn und Kroatien überrannt hatten, zogen sie sich nach Südrußland zurück; dort siedelten sie sich an und gründeten das Chanat der Goldenen Horde, dessen Verkehrsfreundlichkeit einen neuen Weg nach dem Orient öffnete[15]. Venedig seinerseits begann seit der Jahrtausendwende, durch die Besetzung der dalmatinischen Inseln und Festlandküste ein maritimes Imperium auszubauen, dem im 13. Jh. noch Korfu, Kreta und zahlreiche ägäische Inseln einverleibt wurden[16].

Auf der Iberischen Halbinsel erfolgte im Lauf des 10. Jh. die Auflösung des islamischen Einheitskalifats. Schon vor dem Zusammenbruch des Teilkalifats von Córdoba (1013) kam es unter dem Einfluß feudaler Verhältnisse, die aus denselben Gründen wie früher im fränkischen Reich entstanden waren, zur Anarchie, was eine Gegenoffensive der Christen in Gang brachte. Unterstützt von meist aus Frankreich stammenden Ritterscharen, die sich seit Ende des 11. Jh. auch in großer Anzahl an den Kreuzzügen im Orient beteiligten und im Heiligen Land eine Pflanzstätte europäischer Kultur errichten sollten, stießen sie aus den nördlichen Gebirgen der Halbinsel vor und leiteten damit die *Reconquista* ein. Gegen 1150 hatten die künftigen Staatsgebilde Portugal und Kastilien im wesentlichen die Tajolinie erreicht, und Aragon war ungefähr ebenso weit nach Süden vorgedrungen. Nach der Mitte des 13. Jh. behaupteten sich die Mauren nur noch im Raum von Granada; mit der Eroberung der Balearen leitete Aragon seine überseeische Expansion ein, die 1282 nach Sizilien und 1295 nach Sardinien übergriff.

Die Angliederung Ostelbiens an Deutschland, die normannische Eroberung in Süditalien und die spanische *Reconquista* brachten eine weitere Ausbreitung des klassischen Feudalismus mit sich; auch in diesen Gebieten wurden Benefizium und Vasallität unlöslich miteinander verbunden. Mit Ausnahme von Deutschland, wo die Auflösung der Reichsgewalt sich auch in den im Osten besetzten Gebieten vollzog, führte die Feudalisierung Spaniens, Neapels und Siziliens jedoch nicht zur selben Lockerung der königlichen Macht wie im altkarolingischen Gebiet, weil die vergebenen Lehen weder dasselbe Ausmaß erreichten noch geschlossene Blöcke bildeten; außerdem verschaffte ein beträchtliches Krongut dem König die Mittel, um seine Oberherrschaft und ein Minimum an Hoheitsrecht über seine Lehensleute aufrechtzuerhalten. Dasselbe geschah in England, wo Wilhelm der Eroberer nach 1066 das Lehenswesen in seiner französisch-normannischen Gestalt einführte, wo aber die Verwaltung der Grafschaften wie unter angelsächsischem Regiment weiterhin von königlichen Beamten geführt wurde[17]. Die straffe monarchische Zentralisation, die unter der angevinischen Dynastie (1154ff.) noch vervollkommnet wurde, verhalf England früher als anderswo zu einem einheitlichen Nationalstaat. Der Rückschlag unter Johann ohne Land, der 1215 durch die Magna Charta seinen Reichsgenossen Garantien gegen königliche Willkür zugestehen mußte, änderte daran nichts.

Der Regierungsantritt der Angeviner, die sich in der zweiten Hälfte des 12. Jh. auch Irlands und 1282 Wales' bemächtigten, hatte andererseits zur Folge, daß eine bedeutende Anzahl von Lehen der französischen Krone, die in den Besitz von Heinrich Plantagenet geraten waren und sich von der Normandie bis zu den Pyrenäen über den ganzen Westen Frankreichs erstreckten, unter die englische Krone kamen. Während im Deutschen Reich die großen Lehen sich bald in eine große Zahl von kleinen Machtgebieten auflösen sollten, erfolgte in Frankreich seit dem 11. Jh. eine Konzentration kleinerer Herrschaftssprengel in einige größere Territorien, von denen mehrere die Krondomäne an Bevölkerung, Reichtum und Macht weit übertrafen. Zunächst mußte der König die Vasallen in seinem eigenen Krongut bändigen. Diese Aufgabe war gegen Ende des 12. Jh. im wesentlichen abgeschlossen. Daraufhin konnte die französische Monarchie versuchen, die tödliche Gefahr, die von der Heirat Heinrich Plantagenets mit der Erbtochter des Herzogs von Aquitanien und seiner Thronfolge in England hervorgerufen worden war, zu beheben. Der englisch-französische Gegensatz wurde Anlaß wiederholter kriegerischer Auseinandersetzungen, in deren Verlauf bis 1224 der ganze kontinentale Besitz der englischen Könige bis auf das zur Guyenne verringerte Aquitanien an das kapetingische Krongut überging. Allerdings wurden seitdem bestimmte Territorien an jüngere französische Königssöhne erblich als Apanagen verliehen. Teilweise kehrten diese schon nach einer Generation wieder unter die direkte Herrschaft des Königs zurück. Der Umfang des Kronguts gestattete es dem König, nicht nur gegenüber den Seitenlinien seines Hauses großzügig zu sein, sondern auch sämtlichen Vasallen seinen Willen aufzuzwingen. Als sich Frankreich und England in den Hundertjährigen Krieg stürzten (1338–1453), war die Monarchie der Kapetinger auch in ihrem inneren Gefüge bedeutend fortgeschritten. Auseinandersetzungen zwischen Frankreich und England zogen die meisten niederländischen Gebiete, sowohl Flandern, das unter französischer Souveränität stand, als auch die Reichslehen in Mitleidenschaft.

[1] *Fr. Altheim:* Geschichte der Hunnen (5 Bde., 1959–62).
[2] *L. Schmidt:* Gesch. der deutschen Stämme bis zum Ende der Völkerwanderung (3 Bde., [2]1938–41).
[3] *A. A. Vasiliev:* History of the Byzantine Empire (1952).
G. Ostrogorsky: Gesch. des byzant. Staates (1965).
L. Bréhier: Le monde byzantin (3 Bde., 1947–50).
[4] *A. Kollantz:* Die Awaren. In: Saeculum 5 (1954), S. 129–178.
[5] *M. Lombard:* L'Islam dans sa première grandeur (VIIIe–XIe siècles) (1971).
[6] *F. L. Ganshof:* Qu'est-ce que la féodalité? ([3]1957).
[7] *W. Braunfels* (Hg.): Karl der Große. Persönlichkeit und Geschichte (5 Bde., 1965–68).
[8] *M. David:* La souveraineté et les limites juridiques du pouvoir monarchique du IXe au XVe siècle (1954).
H. Mitteis: Der Staat des hohen Mittelalters ([8]1968).
[9] *L. Musset:* Les invasions et le second assaut contre l'Europe chrétienne (VIIe–IXe siècle) (1965).
[10] *P. Diaconu:* Les Petchénègues au Bas-Danube (1970).
[11] *E. Oxenstierna:* Die Nordgermanen (1957).
H. Arbman: The Vikings (1961).
[12] *I. Boba:* Nomads, Northmen and Slavs in Eastern Europe in the Ninth Century (1967).
[13] *F. L. Carsten:* Slavs in North-Eastern Germany. In: Econ. Hist. Rev. 11 (1941), S. 61–76.
[14] *P. M. Tumler:* Der deutsche Orden im Werden, Wachsen und Wirken bis 1400 (1955).
[15] *R. Grousset:* L'empire des steppes (1939).
B. Spuler: Die Goldene Horde. Die Mongolen in Rußland, 1223–1502 (1943).
[16] *F. C. Lane:* Venice: a Maritime Republic (1973).
[17] *F. M. Stenton:* The First Century of English Feudalism (1932).

§ 2 Die natürlichen Voraussetzungen

Im voraufgehenden Abschnitt wurde auf den Zusammenhang zwischen natürlichen Verhältnissen und Völkerwanderungen hingewiesen. In historischer Zeit waren die geologischen Prozesse, die dem europäischen Boden seine Beschaffenheit gaben, abgesehen von nur örtlichen vulkanischen Ausbrüchen und Änderungen in der Küstenlinie besonders um die Nordsee, im wesentlichen abgeschlossen. Daher ist in der Zeit danach lediglich eine mögliche Veränderung des Klimas in Betracht zu ziehen[1]. In einer Zeit, in der die überwiegende Mehrzahl der Menschen in Europa ihren Lebensunterhalt mehr oder weniger direkt aus der Urproduktion bezog und für die Nutzung des Bodens nur über eine gering entwickelte Technik verfügte, mußten Klimaschwankungen weit größere Folgen für die Erzeugung und den Konsum von Wirtschaftsgütern und mithin für das gesamte Gesellschafts- und Wirtschaftsleben haben als in späteren Perioden.

Dabei drängt sich von vornherein ein Unterschied auf zwischen der Bewegung in langen Wellen und kurzfristigen, vorwiegend jährlichen Schwankungen. Dieser Unterschied äußert sich schon in der Quellenlage. Diese ist einesteils physisch-geographisch, anderenteils menschlichen, somit historischen Ursprungs. Zur ersten Gattung gehören Untersuchungen, die an Meeresbodensedimenten erfolgten; aus ihnen läßt sich feststellen, wie sich die Seefauna, die bekanntlich von der Wärme des Wassers beeinflußt wird, im Laufe der Zeit zusammensetzte. Ebenso von der Temperatur abhängig ist die

Landflora, deren Vergangenheit mit den Methoden der Pollenanalyse erhellt werden kann. Ein weiteres Symptom des Wärmegrades stellt das Vordringen oder Zurückweichen der Gletscher oder die Vereisung von Meeresküsten dar. Andere Hinweise beziehen sich auf die atmosphärische Feuchtigkeit, die sich durch die Regenmenge und infolgedessen durch die Höhe des Wassserspiegels offenbart. Die Prüfung der Jahresringe von Bäumen, die Dendrochronologie, kommt in Ermangelung genügend langlebiger Sorten bzw. erhaltenen Nutzholzes in Europa seltener in Frage. Sie ist außerdem in ihren Folgerungen immer unsicher, da die Dicke der Ringe sowohl mit der Temperatur als auch mit der Feuchtigkeit zusammenhängen kann, und die untersuchten Einzelfälle sind so selten, daß sie statistisch keinen Wert besitzen. Die Resultate der naturwissenschaftlichen Forschung, die meistens von Wissenschaftlern betrieben wurde, die mit historischen Methoden nicht vertraut sind, lassen daher leider zu oft keine kritische Deutung zu. In günstigeren Fällen – hier blieben biologische Überreste erhalten – ergab die C-14-Methode Datierungen mit hinlänglicher Annäherung.

Beim Gebrauch der vom Menschen hinterlassenen Schriften stellt sich, die entsprechende historische Kritik vorausgesetzt, dieses Problem nicht. Die Chroniken strotzen von Meldungen über die Wetterlage. Manchmal hebt der Verfasser eine besonders harte oder lange andauernde Winterkälte hervor, bzw. daß Flüsse, Häfen oder sogar das Meer zugefroren waren; dann wieder erwähnt er einen außerordentlich trockenen oder nassen Sommer. Die Erfahrung bezüglich der heutigen Wetterverhältnisse und der menschlichen Vergeßlichkeit im Hinblick auf Vergleiche sogar mit der jüngsten Vergangenheit soll uns davor warnen, solchen Berichten allzu großen Glauben zu schenken. Vor allem in bezug auf langfristige Schlußfolgerungen haben sie entschieden geringen Wert. Von größerer Bedeutung sind, wenigstens bezüglich der jährlichen Schwankungen, Aufzeichnungen, die sich auf die Arbeit oder den Ertrag landwirtschaftlicher Betriebe beziehen, wie die für das Mittelalter noch spärlichen Nachrichten über den Anfang der Weinlese oder die zahlreicher vorkommenden quantitativen Angaben über die von den Bauern entrichteten Abgaben und Zehnten.

Die Ergebnisse der Forschung weisen genügend darauf hin, daß ihre Daten keineswegs Allgemeingültigkeit besitzen. Selbst die langfristigen Wellen verliefen in den einzelnen Großräumen der Erde nicht gleichförmig bzw. wirkten sich in den verschiedenen Erdteilen nicht in gleichem Maß aus. Darum können z.B. die Feststellungen bezüglich der Klimageschichte Amerikas nicht ohne weiteres auf die alte Welt angewendet werden. Auch in bezug auf Europa ist eine weitgehende Nuancierung in der Darstellung ratsam. Dieser Unterschied trifft noch weit mehr für kurzfristige Schwankungen zu. Die wissenschaftlichen Beobachtungen seit dem 17. Jh. sowie die Erfahrung der lebenden Generation zeigen, wie zwischen den verschiedenen Teilen unseres Erdteils bedeutende Unterschiede in der Wetterlage der einzelnen Jahreszeiten eines bestimmten Jahres vorkommen, wenn nicht im Verlauf des Temperaturmittels, so doch wenigstens in der Niederschlagsmenge, den beiden Faktoren, die wesentlich den Ernteertrag bestimmen, sich jedoch nach den einzelnen Regionen recht verschieden auswirken. Nordeuropa ist in dieser Hinsicht grundsätzlich stark von der Temperatur und somit vom Besonnungsgrad abhängig, die Mittelmeergebiete und die osteuropäischen Steppen dagegen vorwiegend vom Regen, wobei vor allem in Südeuropa der Boden die erforderliche Feuchtigkeit, meistenteils während des Winters, aufspeichern soll. In der gemäßigten Zone Westeuropas schließlich sind Niederschläge und Temperatur für die Vegetation von gleicher Bedeutung.

Versucht man zunächst, mit kritischer Vorsicht die langfristige Entwicklung zu schildern, so ergibt sich etwa folgendes Bild: Die ersten Jahrhunderte der christlichen Zeitrechnung sollen im eurasischen Steppengebiet, wie die Untersuchungen der Schwankungen des Wasserniveaus dortiger Seen ergaben, eine erhebliche Klimaverschlechterung aufgewiesen haben, die durch eine Erweiterung des subtropischen Hochdruckgebietes nach Norden verursacht worden sein soll. Die daraus folgende stärkere Besonnung und Austrocknung verringerte den Ertrag der Weide, wodurch die dort wohnenden Reiternomaden gezwungen wurden, sich ergiebigere Lebensräume zu erkämpfen und dadurch nach und nach die große Völkerwanderung veranlaßten. Die erhöhte Temperatur bewirkte ein Abschmelzen der Eismassen in den arktischen Meeren und einen Rückgang der Vergletscherung in den skandinavischen Gebirgsmassiven, so daß der Boden der nordischen Halbinsel, auf dem der Druck des Eises leichter wurde, sich nicht unbedeutend hob und in den Küstenebenen die agrarische Nutzfläche vermehrte. Soll dieser Umstand, verbunden mit den für die Landwirtschaft günstigen Wärmeverhältnissen, den Eindruck einer relativen Wohlfahrt der nordgermanischen Welt rechtfertigen und deren ruhiges Verhalten in dem sonst stark bewegten Frühmittelalter miterklären? Die Abnahme der Polareiskappe verursachte andererseits ebenso eine Hebung des Meeresspiegels und infolgedessen Überflutungen, die im Bereich der Nordsee, an den Küsten Englands wie auch der Niederlande vorher besiedelte Landstriche unter Wasser setzten. Die Nässe erschwerte die Arbeit auf dem Lande und verminderte ihren Ertrag. Dadurch dürfte die Völkerwanderung einen weiteren Anstoß erhalten haben. Zugleich förderte sie das Gedeihen des Grases und somit gewissermaßen einen Übergang vom Ackerbau zur Viehhaltung. Schließlich machte die Durchschnittstemperatur die Kultur bestimmter Gewächse aus wärmeren Regionen, wie Wein und Oliven, weit nach Norden bis nach England möglich: Sie soll im Sommer um 1 bis 2° höher gelegen haben als jetzt.

Dieser Zustand hat sich anscheinend während des Frühmittelalters allmählich geändert. Offenbar als Folge einer schwächeren Besonnung, die das subtropische Hochdruckgebiet in seiner Ausdehnung nach Norden hin schrumpfen ließ, verteilten sich die atlantischen Niederschläge gleichmäßiger. Namentlich mehrten sie sich in der Mittelmeerzone. Sie dürften die Versumpfung der Küstenebene, z.B. der Maremma und der Campagna, die freilich vermutlich schon mangels der Pflege der Wasseranlagen während der spätrömischen Zeit angefangen hatte, beschleunigt haben. Auch die Alpen erhielten forthin mehr Feuchtigkeit, und das Frühlingstauen ließ die aus dem Gebirge herabfließenden Flüsse dermaßen anschwellen, daß z.B. das ganze Becken des Po häufig Überschwemmungen erlitt und das Pomündungsgebiet dauernd in einen Sumpf verwandelt wurde. Weiter östlich aber erhielt auch die Steppenlandschaft von Ungarn und Eurasien mehr Feuchtigkeit. Die reichere Vegetation, die dort infolgedessen gedieh, bewirkte günstige Lebensverhältnisse für die Gepiden, die Bulgaren und die Chasaren. Für die Chasaren erweiterte sich außerdem der Siedlungsraum durch Absinken des Niveaus des Kaspischen Meeres erheblich: Die aus dem Norden fließende Wolga führte diesem weniger Wasser zu, weil die in der Steppe fallenden Niederschläge in den nach dem Winter schnell tauenden Boden einsickerten.

Diese Phase ging im Laufe des 9. Jh. zu Ende. Die neue Welle asiatischer Einbrüche in Europa steht wohl mit dieser Entwicklung im direkten Zusammenhang; andererseits könnte die wieder zunehmende Feuchtigkeit im europäischen Norden besonders den klimaempfindlichen skandinavischen Raum unwirtschaftlicher gemacht und die Wikinger zu ihren Raubzügen angeregt haben. Auch die atlantische Seite unseres Erdteils scheint im 9. Jh. eine ausgesprochen feuchtere und kältere Witterung erlebt zu haben, die nicht zuletzt zum damaligen Tiefstand der Wirtschaft beigetragen haben muß. Dieser Zustand dauerte jedoch nicht lange, und in der Mitte des 10. Jh. setzte für Westeuropa ein allgemein bekanntes Klimaoptimum ein, das sich bis in das 13. Jh. erstreckte. Unzweifelhaft fiel es, wenn auch dies nicht die einzige Erklärung ist, mit einer wirtschaftlichen Hochblüte zusammen. Das wird zumal von dem seit dem 11. Jh. allmählich reichlicheren Bestand schriftlicher Quellen bestätigt, während auch die natürlichen

Überreste weiter Auskunft liefern. Gegen Ende der vorhergehenden günstigen Phase, während der frühen Karolingerzeit, waren bereits einige Ansätze zur Rodung neuen Landes erfolgt, doch der Fortschritt war frühzeitig abgebrochen worden. Jetzt wurde in erheblich größerem Ausmaß von Skandinavien bis zum Mittelmeer und vom Atlantik bis nach Rußland Land nutzbar gemacht, weil überdies der Ackerbau die Viehhaltung relativ zurückdrängte. Dies kann durch eine verminderte Niederschlagsmenge, verbunden mit einer Steigerung der Temperatur, zumal mit einem Überwiegen von warmen Sommern und milden Wintern in Zusammenhang stehen.

Dieses Wetterbild hatte zur Folge, daß die Arbeit in der Landwirtschaft sich im Durchschnitt über eine längere Dauer erstrecken konnte, zugleich die Vegetationsperiode verlängert wurde und der Ertrag stieg. Dies wird auch von geochronologischer Seite bestätigt. Die Dicke der Jahresringe von Kiefern an der nördlichen Baumgrenze Europas, in Lappland, im Uralgebiet, die vereinzelt bis zum Ende des 12. Jh. zurückverfolgt werden konnte, weist ein in der Mehrzahl befriedigendes Wachstum auf, das in dieser geographischen Breite fast ausschließlich von der Sommerwärme abhängt. Andererseits wurden kürzlich in den Schweizer Alpen (Aletsch und Grindelwald) fossile Reste von Laub- und Nadelwäldern durch den jetzigen Rückzug der Gletscher freigelegt, deren Lebenszeit mittels C-14 auf das 11. und 12. Jh. datiert wurde[2]. Im europäischen Osten hingegen herrschte eine ausgesprochene Dürre, zu der das Steigen des Wasserspiegels des Kaspischen Meeres, wie man oben im Hinblick auf den Abfluß der Wolga ersehen konnte, nicht unbedingt im Widerspruch steht: Zwischen dem 9. und dem 14. Jh. hob er sich um nicht weniger als 15 Meter, so daß er einen erheblichen Verlust von Kulturboden im Umkreis der See verursachte. Offensichtlich muß die Trokkenheit ebenso die zentralasiatische Steppe heimgesucht und einen Grund für die mongolische Völkerwanderung gebildet haben.

Als diese Europa erreichte, war jedoch das Goldene Zeitalter des Klimas im Westen vorüber. Es hat sich herausgestellt, daß die fossilen Wälder im Wallis und im Berner Oberland durch das Vordringen der Gletschermassen infolge größerer Kälte und möglicherweise vermehrten Niederschlags im Laufe des 13. Jh. verschüttet wurden. Diese Chronologie stimmt mit Untersuchungen am Fernauer Gletscher in Tirol überein, dessen Zunge in einem Torfmoor endet. Während der Perioden stärkeren Fortschreitens lagerten sich Schichten von Moränensand zwischen dem Torf ab. Nach pollenanalytischen und C-14-Messungen soll eine solche Periode ungefähr 1200 eingesetzt haben. Es fehlt nicht an anderen Indizien der Klimaverschlechterung. Die grönländische Westküste, die im 11. Jh. ziemlich eisfrei geblieben war, so daß sie auf breiter Front von Wikingern besiedelt werden konnte, wurde erneut weit nach Süden vereist, so daß die Nachkommen dieser Kolonisten sich der Ausbreitung der auf subpolare Lebensverhältnisse eingerichteten Eskimobevölkerung zu erwehren hatten und ihr im 14. Jh. schließlich unterlagen. Ein weiterer Grund für ihren Untergang war der Abbruch der Verbindungen zum norwegischen Mutterland und das Aufhören der Zuwanderung von dort her. Dies wiederum hängt wohl teilweise mit einer durch die größere Verbreitung der Eisberge verursachten Gefährdung der Schiffahrt in den nördlichen Meeren zusammen. Letzterer Umstand soll auch beim Erlöschen der durch Jahrhunderte fortgeführten Winlandfahrten der Normannen nach Nordamerika eine Rolle gespielt haben, falls die stark umstrittene Überlieferung darüber der Kritik auf die Dauer standhält. Die seit dem 14. Jh. häufigeren Meldungen über Zufrieren von Flüssen und Häfen, sogar der Ostsee – 1303 und 1306 bezeugt – besagen nur wenig, da sie ebensogut einer im Vergleich mit früher gewachsenen Schreibsucht der Zeitgenossen bzw. einer besseren Erhaltung der Quellen zugeschrieben werden dürften. Fest steht jedoch, daß die aus dem Mittelmeer vorgedrungenen Kulturgewächse, vor allem die Weinrebe, in ihrer Verbreitung nach Norden einen bedeutenden Rückgang erlitten. Diese ungünstige

Klimaphase soll, außer verhältnismäßig kurzen Milderungen, im großen ganzen bis weit in die Neuzeit angedauert haben.

Es geht selbstverständlich nicht an, an dieser Stelle auf die kurzfristigen, d.h. jährlichen Klimaschwankungen im einzelnen einzugehen. Dafür fehlen uns zu viele Unterlagen, und insoweit diese vorliegen, zeigen sie manchmal tiefe regionale Diskrepanzen auf. Die klimatologischen Jahresberichte wurden jedoch für die Darstellung langfristiger Bewegungen verwertet und trugen teilweise dazu bei, diese zu bestimmen. Umgekehrt aber kann man jährlichen Ernteergebnissen, wenn man sie vor dem Hintergrund dauerhafter klimatischer Zustände betrachtet, nur eine grundsätzlich relative Bedeutung beimessen. Werden sie doch im Vergleich zu einer Durchschnittszahl bestimmt, deren absoluter Wert wenigstens zum Teil von der herrschenden grundlegenden Tendenz des Klimas bestimmt wird. Wir haben aber auf die Korrelation zwischen Temperatur und Niederschlag einerseits und dem Ausmaß der Ernten in den unterschiedlichen Großräumen Europas andererseits hingewiesen. Untersucht man die Erträge, insbesondere in der gemäßigten Zone, so treten auch örtlich die Folgen verschiedener Wettertypen noch besser hervor. Die Güterrechnungen der Bischöfe von Winchester z.B. ermöglichten die Feststellung der Qualität der Ernten für 81 Jahre im Verlauf des 13. und der ersten Hälfte des 14. Jh. Davon hatten 16 Jahre sehr gute Ernten, d.h. wenigstens um 15 % höhere als das Mittelmaß. Alle schienen in einem trockenen Sommer eingebracht zu sein, der auf einen vorausgehenden trockenen Sommer und Herbst folgte. Die 12 sehr schlechten Ernten, d.h. gleichfalls 15 % oder mehr unter dem Durchschnitt, folgten auf besonders feuchte Herbste. Bemerkenswert ist, daß der harte Winterfrost dabei eine entschieden untergeordnete Rolle spielte[3]. Wie gesagt, bleibt aber fraglich, inwieweit nicht alle Erträge und folglich deren Durchschnitt von der langfristigen Klimabewegung beeinflußt wurden.

Wie dem auch sei, ob in der langen Welle oder kurzfristig, die Wirkung des Klimas war um so bedeutender, wenn sie sich auf geographisch marginale bzw. extreme Gebiete bezog. Insbesondere hatten der europäische Norden und anderswo die höheren Lagen in den Gebirgen im Hinblick auf ihre Bewirtschaftung einen stark vom Wärmegrad bestimmten marginalen Charakter, wobei Temperaturunterschiede von kaum 1° bedeutende Konsequenzen ergaben. Andererseits konnten in der Zone der Sommerdürre gleich beschränkte Schwankungen in der Menge der Winterregen, namentlich wenn keine Möglichkeit zur künstlichen Bewässerung gegeben war, nicht weniger schwere Folgen bewirken.

Von einem klimatischen Determinismus soll Abstand genommen werden. Dadurch würden zweifellos wirksame menschliche Faktoren unterschätzt werden. Sicher ist, daß die Wetterlage auf Gesellschaft und Wirtschaft nicht nur Wirkungen ausübte, die man vernachlässigen könnte. Dadurch, daß sie den Umfang der Agrarproduktion entscheidend mitbestimmte, trug sie ebenso stark zur Preisbildung der Lebensmittel und Rohstoffe bei. Nun steht eindeutig fest, daß die Nahrung im menschlichen Verhalten die höchste Priorität genoß. Als eine Verteuerung der Nahrungsmittel die Leute zwang, einen unverhältnismäßig hohen Teil ihres Erwerbs der Instandhaltung des nackten Lebens zu opfern, bzw. als teure Rohstoffe den Preis gewerblicher Erzeugnisse in die Höhe trieben, konnten nur geringe Ausgaben für Zwecke verwendet werden, die nicht ausschließlich der Ernährung dienten. Dies traf in besonderem Maße für die unteren Einkommensschichten der Bevölkerung zu, die immerhin stets die Mehrheit bildeten. Somit war das Klima für die Konjunktur, wenn auch deren Bewegungen im Mittelalter sich leider allzuoft in den Einzelheiten unserer Beobachtung entziehen, mitbestimmend.

Sehr hohe Nahrungspreise konnten unter Umständen bei diesen Schichten zu ausgesprochener Hungersnot führen, die die Todesrate emportrieb. Auch in direkter Weise konnte das Wetter auf Gesundheit und Leben einwirken. Erfahrungsgemäß fordern strenge Winter eine große Zahl an Menschenleben, vor allem aber an solchen, die von vornherein durch Krankheit, Alter, Unterernährung oder sonstwie geschwächt sind. Es stellte sich jedoch heraus, daß eine lang anhaltende Hitze und Dürre in der Sommerzeit in dieser Hinsicht nicht weniger verhängnisvoll war. Mit dem Austrocknen der relativ sauberen Brunnen und Gewässer mußten die Leute notgedrungen auf unsauberes Wasser zurückgreifen und waren infolgedessen Darminfektionen ausgesetzt, die leicht einen lebensgefährlichen Verlauf nehmen konnten. Ein zu feuchtes Klima andererseits förderte die Verbreitung der körperschwächenden Malaria. Doch waren diese Erscheinungen nur einige von vielen, die die mittelalterliche Bevölkerungsgeschichte bestimmt haben.

[1] *H. H. Lamb:* The Changing Climate (1966).
E. Le Roy Ladurie: Histoire du climat depuis l'an mil (1967); engl.: Times of Feast, Times of Famine. A History of Climate since the Year 1000 (1971).
P. Alexandre: Les variations climatiques au moyen âge. In: Annales. Econ. Soc. Civilis. 32 (1977), S. 183–197.

[2] *G. Delibries, M.* u. *E. Le Roy Ladurie:* La forêt fossile de Grindelwald: nouvelles datations. In: Annales. Econ. Soc. Civilis. 30 (1975), S. 137–147.

[3] *J. Z. Titow:* Evidence of Weather in the Account Rolls of the Bishopric of Winchester, 1209–1350. In: Econ. Hist. Rev. 2. R. 12 (1960), S. 360–407.

§ 3 Die Bevölkerung

Wie die Klimageschichte berücksichtigt die historische Demographie für die mittelalterlichen Jahrhunderte neuerdings in verstärktem Maße nichtschriftliche Daten neben dem klassischen Quellenmaterial des Mediävisten. Letzteres ist, wenn es um absolute Zahlen geht, nur selten zuverlässig. Abgesehen vom allgemein menschlichen Hang zur Übertreibung führte das Fehlen genauer Zählungen einer Bevölkerungsgruppe oder der Opfer einer Seuche, ganz abgesehen von der Erfassung der gesamten Bevölkerung, die Chroniken im allgemeinen zu recht unglaubwürdigen Schätzungen, die von ihnen ohne den Vorbehalt der Mutmaßung dargeboten wurden. Genaue Zählungen kamen aber nicht zustande, weil einfach der dazu nötige Verwaltungsapparat fehlte. Wenn jedoch die zeitgenössischen Geschichtsschreiber ausnahmsweise einen Rückhalt bieten, so findet man diesen in der kritischen Auswertung von Quellen, die anderen Zwecken ihre Entstehung verdanken. Für die in diesem Band besprochene Periode, vor allem für die letzten Jahrhunderte, kommen in dieser Hinsicht verschiedene Quellengattungen in Betracht. Am ausgiebigsten sind Steuerbücher, die entweder die Zahl, im besten Falle die Namen der Besteuerten (eine wertvolle Garantie der Genauigkeit!) oder die Zahl der Haushalte in einem bestimmten Ort bzw. Territorium mitteilen. In beiden Fällen ist allerdings zur Vollständigkeit erforderlich, daß auch die nichtbesteuerten Personen oder Haushalte in den Listen miterfaßt sind.

Die kritische Hauptfrage bei diesen Quellen ist, da normalerweise nur die Häupter eines Haushalts oder einer Familie besteuert wurden, wieviel Mitglieder letztere im Durchschnitt zählten. Wie groß die Verschiedenheiten dabei auch waren, so ist man sich doch weitgehend darüber einig, daß man einen Koeffizienten von 4–5 als Arbeitshypothese anwenden kann. Abgesehen vom englischen „Domesday Book" von 1086 ist diese Quellengattung seit dem 14. Jh. zahlreich vertreten. Mit ihr sind Angaben über kirchliche Einnahmen zu vergleichen, und zwar ziemlich reichlich vorhandene Zehentregister, die vielfach auch zeitliche Vergleiche erlauben, sowie die Rechnungen über den päpstlichen Peterspfennig, der u. a. in Polen und in skandinavischen Königreichen erhoben wurde. Die Besitzer von Grundherrschaften haben ebenso Listen von abgabe- bzw. arbeitspflichtigen Untertanen aufgestellt, sogenannte Polyptychen, die ebenfalls das Problem der Zusammensetzung der Familien aufwerfen. Aus ganz verschiedenen Anlässen, in Einzelfällen im territorialen, meistens aber im städtischen Rahmen, entstanden Listen von wehrhaften Männern, die freilich zur Frage Anlaß gaben, welchen Teil der Gesamtbevölkerung, Frauen, Greise und Jugendliche inbegriffen, sie darstellten. Ausschließlich städtischer Herkunft sind die Bürgerbücher, in denen die Fremden, die das Bürgerrecht einer Stadt, meistens durch Kauf, erwarben, eingetragen wurden. Es ist aber nahezu unmöglich zu bestimmen, wieviele neue Stadtbewohner die politischen und wirtschaftlichen Rechte eines Bürgers beanspruchten oder sie aus finanziellen Gründen einfach nicht kaufen konnten. Zweifellos stellten letztere die Mehrheit dar[1].

In bezug auf das Früh- und Hochmittelalter ist der Historiker im allgemeinen auf die nichtschriftlichen Quellen angewiesen, die ihm die Paläontologie bietet. Untersuchungen an Skeletten in Gräberfeldern, die genau datiert werden können, ermöglichten Feststellungen über die Bevölkerungszahl, das zahlenmäßige Verhältnis zwischen den beiden Geschlechtern, das Lebensalter beim Ableben der Verstorbenen sowie die Lebenserwartung bei der Geburt, schließlich den Gesundheitszustand bzw. die Verbreitung von bestimmten Krankheiten. Daneben hat die archäologische Forschung noch zu anderen Ergebnissen geführt. Die Ausgrabung von zeitlich bestimmten Dorfresten ermöglichte eine Berechnung der Anzahl der Haushalte und gestattete es infolgedessen, die Bevölkerungszahl der betreffenden Siedlung zu schätzen, außerdem noch bei mehrfachen Fundstellen eine Vorstellung der Besiedlungsdichte, anderenfalls ebenso das Aufhören der Besiedlung festzustellen. Auch die Ortsnamenkunde hilft dem Historiker in dieser Hinsicht, indem sie zu bestimmter Zeit das Aufkommen oder Verschwinden von Wohnsitzen erschließt. Das bewohnte Areal kann seinerseits, vor allem in geschlossenen Siedlungen, zur Kenntnis der Bevölkerungszahl beitragen. Kürzlich wurde zumal von ungarischen Archäologen das Ausmaß der Kirchen als Anzeichen der Größe von Siedlungszentren benutzt[2].

Abgesehen von direkten schriftlichen oder archäologischen Quellen erlaubt die Wirtschaftsentwicklung im allgemeinen wohl nicht, den Umfang der Bevölkerung zahlenmäßig zu erfassen, so aber doch wenigstens die Tendenzen und die Intensität, mit der sie erfolgte, festzustellen. Daß Land in großem Ausmaß gerodet wurde, daß der Kulturboden stark parzelliert wurde, daß betriebliche Neuerungen zur Steigerung der Produktion Eingang fanden, daß die Preise des Landes und landwirtschaftlicher Produkte anzogen, daß die Nutzungsrechte der Bauern an den Allmenden gekürzt wurden, daß Städte aufkamen und wuchsen, dies alles weist mit größter Wahrscheinlichkeit auf eine erhöhte Nachfrage und mit auf eine Bevölkerungszunahme hin; dagegen daß Dörfer verlassen oder Fluren unbebaut zurückblieben, daß die Agrarpreise sanken, auf einen Rückgang der Menschenzahl.

In Anbetracht des sporadischen Charakters der Quellenlage ist eine zahlenmäßig verantwortbare Gesamtdarstellung der europäischen Bevölkerungsentwicklung im Mittelalter nicht möglich. Einige Historiker haben trotzdem beeindruckende Schätzungen vorgenommen[3]. Diese gehen hinsichtlich der Zahlen stark auseinander, stimmen aber wesentlich überein, wo es auf die allgemeine Bewegung ankommt. Schon die Bevölkerungszahl des römischen Reiches, die einmal optimistisch bis zu einem Höchststand von 120 Millionen veranschlagt wurde, hat wohl niemals, auch nicht nach der konstantinischen Restauration im 4. Jh., 50 Millionen überstiegen, von denen immerhin wohl die Hälfte zu den asiatischen oder nordafrikanischen Provinzen gehörte. Für

Britannien wurden beim Ausgang der römischen Herrschaft so verschiedene Zahlen wie einerseits 200000, andererseits „bestimmt nicht über 2 Millionen" genannt: Erstere würde eine Dichte von ungefähr 1 pro qkm ergeben. Im Vergleich mit der Bevölkerung und Dichte, die dem zweifellos intensiver kolonisierten Gallien zugeschrieben wird, wären 3 Millionen bzw. 5,5 pro qkm besser annehmbar. Die 9 Millionen, die man dem romanisierten Spanien zudachte, sind dagegen völlig unwahrscheinlich. Die nichtrömischen Teile Europas waren offenbar ebenso dünn bevölkert und staffelten sich wesentlich, das ganze Mittelalter hindurch wie noch heute, in dieser Hinsicht nach Osten hin absteigend. Der deutsche Raum soll nach Abschluß der germanischen Völkerwanderung etwa 530000 Einwohner, 2,2 pro qkm, gezählt haben. Die numerische Stärke einzelner Stämme auf der Wanderung macht übrigens, so weit sie auf Grund von Angaben über den Bestand ihrer Heere zu ermitteln ist, einen ebenso bescheidenen Eindruck. Die Zahl der Westgoten wurde für die Zeit, als sie über die Donau zogen (376), mit 40000 errechnet, als sie sich 415 in Spanien festsetzten, mit höchstens 100000, die der Sueben und die der Wandalen und Alanen, die ihnen dort vorangegangen waren, auf 30000–45000 bzw. auf 80000 beziffert. Die gesamte Bevölkerung Europas um das Jahr 500 wurde auf 27,5 Millionen Menschen veranschlagt, wovon mehr als die Hälfte, 15 Millionen, auf die Mittelmeerländer entfiel.

Das Frühmittelalter wird allgemein sowohl in bezug auf die lateinisch-germanischen Gebiete Europas wie auch auf das oströmische Reich als eine Periode schweren demographischen Niedergangs betrachtet. Offen bleibt dabei, ob sie den schon seit der spätrömischen Kaiserzeit herrschenden Bevölkerungsrückgang katastrophal verstärkte oder im Gegenteil eine nach den Verlusten der Völkerwanderungszeit eingesetzte Erholung jäh unterbrach. Eine Pestepidemie, die von Ägypten aus 541 oder 542 die Stadt Byzanz traf und sich von hier aus vor allem den Wegen des Handels entlang weiter verbreitete, richtete furchtbare Verheerungen an, die infolge der mangelhaften schriftlichen Information nur in der Mittelmeerzone und in Gallien zu verfolgen sind[4]. Nach diesem ersten Ausbruch ist bis Ende des 8. Jh. in diesen Gebieten noch fünfzehnmal ein weiteres Aufflackern der Seuche bezeugt. Die im Hinblick auf das slawische Siedlungsgebiet, besonders in seinen fruchtbaren Teilen, vermutete gleichzeitige Bevölkerungsvermehrung führt zur Annahme, daß der Mangel an Information hier nicht dem Fehlen schriftlicher Überlieferung zugeschrieben werden darf, sondern daß die Heimsuchung den Slawen vielleicht dank ihren weit verstreuten Siedlungen und schwachen Verkehrsentwicklung tatsächlich erspart geblieben ist. Die Verluste der vormals römischen Welt dürften indessen ihre Wehrlosigkeit gegenüber neuen Anstürmen von Barbaren miterklären. Der Verfall der städtischen Lebensformen im Westen dürfte ebenfalls damit zusammenhängen. Das 7. und die erste Hälfte des 8. Jh. dürften somit einen demographischen Tiefpunkt der von der Seuche betroffenen Gebiete bilden. Die europäische Bevölkerung soll sich dabei im Lauf von zwei Jahrhunderten um ein Drittel verringert haben.

Die frühesten Erwähnungen der Dreifelderwirtschaft im Norden Galliens im 8. Jh. legen eine erhöhte Nachfrage nahe, die wohl am wahrscheinlichsten einem Bevölkerungsdruck in diesem Raum zuzuschreiben wäre und auf den auch ein Wiederaufleben des Städtewesens hinweisen würde. Allerdings soll die Unruhe der Normannenzeit diese Aufwärtsbewegung schnell unterbrochen haben. Mit dem 10. Jh. fing aber im ganzen europäischen Raum ein außerordentlich kräftiges Bevölkerungswachstum an, das sich in einer gründlichen Veränderung der Wirtschaft und Gesellschaft erkennbar machte. In großem Ausmaß wurde überall, von Skandinavien bis zum Mittelmeer und vom Atlantik bis zum Ural, neuer Kulturboden gerodet. Schon im 9. Jh. offenbarte sich in einigen Vorzugsgebieten Nordgalliens eine Bevölkerungsdichte, die dort bis heute auf dem Lande nicht übertroffen wurde. Die Vermehrung der Bevölkerung ist weiter noch an den vergrößerten Grundflächen der gemeinnützigen Gebäude abzulesen. Die ungarischen Kirchen des 11.–12. Jh. maßen durchschnittlich nur 33 qm; die des 13.–14. Jh. 65 qm, was auf eine Verdoppelung der Dorfbewohner von ca. 180–220 auf 300–360 schließen läßt.

Vor allem aber zeichneten sich Italien und die Niederlande frühzeitig als die am dichtesten bevölkerten Länder Europas aus. Letztere lieferten der Bevölkerung neuer auswärtiger Kolonisationsgebiete einen beträchtlichen Anteil des erforderlichen Menschenmaterials und wurden eine ergiebige Quelle für die Aushebung von Söldnern für militärische Unternehmungen, wie die Eroberung Englands durch die Normannen 1066, diejenige Lissabons von den Mauren 1147, oder die Kreuzzüge. Der Überschuß der ländlichen Bevölkerung suchte teilweise die überall wieder aufkommenden Städte auf und wandte sich damit dem sekundären oder tertiären Sektor der Wirtschaft zu. Gerade die Niederlande und Italien zeichneten sich schon früh durch einen fortgeschrittenen Grad der Verstädterung aus, zumal die italienische Halbinsel mit ihrem begrenzten und niemals im gleichen Maße wie anderswo vernachlässigten bebaubaren Boden, wo die naheliegenden Möglichkeiten zur Gewinnung neuen Landes um die Jahrtausendwende bereits erschöpft waren.

Man hat sich bisher nicht an eine Schätzung der Bevölkerungszunahme in den Niederlanden gewagt. In den meisten anderen Ländern Europas, für welche Zahlen vorliegen, rechnet man mit wenigstens einer Verdoppelung der Einwohnerzahl zwischen dem 10. und dem 14. Jh., so in Italien von 3,5–4,5 bis auf 7–9 Millionen, mit Dichtehöchstzahlen in den am meisten bevölkerten Gebieten, der Lombardei und der Toskana, bis zu 80 pro qkm. Spanien dürfte zu Anfang des 14. Jh. mindestens 5, nach anderen Ansichten bis das Zweifache, Portugal reichlich eine Million Einwohner gezählt haben. Für Frankreich wurde auf Grund des berühmten „Etat des feux“ aus dem Jahre 1328, einer im ganzen damaligen Königreich ausgeführten Zählung der Heimstätten, eine Bevölkerungszahl von 15 Millionen angenommen, die, obwohl verschiedentlich beanstandet, wohl nicht allzuweit von der Wirklichkeit abweichen dürfte[5]. Ein anderer dokumentarischer Sonderfall, das englische „Domesday Book“ von 1086, eine für das ganze Land ausgeführte Kataster- und Bevölkerungsübersicht, hat bis zum 14. Jh. einen Zuwachs von 1750000 auf etwa 4,5 Millionen Einwohner errechnen lassen[6]. In Schottland sollen um 1300 etwa 400000 Menschen gewohnt haben, in Deutschland zur selben Zeit etwa 15 Millionen, dreimal soviel wie drei Jahrhunderte zuvor: Es zählte damals mehr Siedlungsstätten als je zuvor oder später.

Dieses bemerkenswerte Wachstum hing zum Teil mit der Erschließung ausgedehnter neuer Gebiete zusammen, einer Erscheinung, die auch anderswo in Mitteleuropa zutage trat[7]. Das Karpatenbecken z.B. soll, nach der 870 erfolgten Ansiedlung von einer halben Million Madjaren, die eine ansässige Bevölkerung von kaum 100000 Menschen überlagerte, in den bewohnten Teilen der Donausteppe knapp 600000 Einwohner erreicht haben. Die Bevölkerung wuchs bis zum Mongoleneinfall im Jahr 1240 auf 2 Millionen an, wurde dabei zur Hälfte ausgerottet, erholte sich aber im Laufe von einem Jahrhundert bis zu ihrem früheren Höhepunkt. Der ganze west- und ostslawische Raum wird dann wieder im 9. Jh. auf nur 5,5 Millionen Einwohner veranschlagt mit einer Dichte, die zwischen 2 und 5 pro qkm lag. Das Zusammenspiel zwischen der Geburtenzahl der ansässigen Bevölkerung und der Einwanderung erwirkte, daß allein Polen trotz des erlittenen Mongolensturms in der ersten Hälfte des 14. Jh. die Zweimillionengrenze überschritt. Auch die skandinavischen Reiche waren an dem Bevölkerungsanstieg beteiligt. Dänemark, mit kaum 500000 Einwohnern im 11. Jh., soll bis 1250 seine Menschenzahl verdoppelt oder verdreifacht haben; diejenige Schwedens wuchs in drei Jahrhunderten von 300000 auf 650000, diejenige Norwegens inzwischen von

200000 auf 360000. Ein kühner Versuch, die Gesamtbevölkerung Europas zu errechnen, ergab folgendes Bild (in Millionen)[8]:

Jahr	650	1000	1340
Mittelmeerländer	9	17	25
Frankreich, Niederlande, Britische Inseln, Deutschland, Skandinavien	5,5	12	35,5
Slawische Länder, Ungarn	3,5	9,5	13
	18	38,5	73,5

Nur das oströmische Reich scheint wegen der Bulgarenkriege und wohl noch in stärkerem Maße wegen der gesellschaftlichen Entwicklung auf dem Lande infolge der Fortschritte des Großgrundbesitzes einen Rückgang im 11. Jh. erlitten zu haben, nahm aber vom 12. Jh. an an der allgemeinen Steigerung teil. Diese war oftmals geradezu aufsehenerregend, wie in einigen englischen Ortschaften, wo zwischen 1209 und 1311 ein Zuwachs von 137 % festgestellt wurde, so daß die Bevölkerungsdichte, allerdings auf hochwertigem Kulturland, trotz weniger entwickelter Methoden und geringerer Erträge, der heutigen nahekam oder sie sogar überstieg[9].

Dies scheint darauf hinzuweisen, daß (vgl. die letzte Spalte obenstehender Tabelle) Europa mit Menschen saturiert war und somit die Bevölkerung ihren Höhepunkt überschritten hatte. Dafür sprechen tatsächlich bestimmte Indizien. In England z. B. bewiesen die Löhne ab dem 13. bis zur Mitte des 14. Jh. eine bemerkenswerte Stabilität trotz verminderter Kaufkraft, und es wurden die gemeinen Weiderechte eingeschränkt, beides deutliche Anzeichen einer Überbevölkerung. Diese führte dazu, daß minderwertiges Land erschlossen wurde. Nicht verkennbar ist die tiefe Notlage einer Gesellschaft, in der Mißernten die Sterberaten steil emportrieben und eine erhebliche Landflucht in Gang brachten. Das Anwachsen der Bevölkerung kam in Italien schon am Ende des 13. Jh. zum Stillstand. Diese Entwicklung trat mit einer Verspätung, die vielleicht nur durch die Lage des Quellenmaterials zu erklären ist, anderswo überall in der ersten Hälfte des 14. Jh. zutage. Eine weit um sich greifende Nahrungsmittelknappheit in den Jahren 1316–1317, die freilich Italien und möglicherweise auch anderen Ländern erspart blieb, hatte mörderische Folgen. Dies zeigt z. B. die Tatsache, daß in Ypern die unvermögenden Toten, die im Verlauf von viereinhalb Monaten durch Zutun der Stadtverwaltung bestattet wurden, sich auf etwa ein Zehntel der Einwohnerschaft beliefen[10]. Der Verfall von Ackerfluren und von ganzen Dörfern begann sich offensichtlich zu vermehren, ohne daß die Bevölkerung der Städte zunahm. Der Verkaufspreis von Kulturland ging herunter, weil die Löhne im Realwert stiegen. Letzteres weist auf eine Knappheit an Arbeitskräften hin, die nur durch eine fallende Bevölkerungszahl zu erklären ist. Diese war dann wieder der Grund für eine schwächere Nachfrage nach Konsumgütern und zugleich einer schweren Agrarkrise.

Nachdem die Beulenpest seit dem 8. Jh. in Europa nur sporadisch aufgetreten war, kam sie von 1347 an auf einen neuen Höhepunkt. Vom Orient auf genuesischen Schiffen eingeführt, verbreitete sich die Infektion vom Mittelmeergestade aus innerhalb von drei Jahren über fast den ganzen Kontinent und die britischen Inseln und verschonte dabei nur ganz wenige Gebiete: Die Niederlande, der böhmische, ungarische und polnische Raum, vielleicht auch die russischen Länder scheinen damals die Seuche kaum oder gar nicht gespürt zu haben. Auch da, wo sie wütete, fiel die von ihr verursachte Totenzahl sogar in benachbarten Ortschaften sehr verschieden aus. Nach den ausgeführten Einzeluntersuchungen waren ihre Opfer zwischen einem Achtel und zwei Dritteln der Einwohnerzahl vor der Pest zu veranschlagen. Vielfach wurden ganze Familien ausgerottet. Das Schlimmste war aber, daß dieses erste Auftreten der Pest nur das Vorspiel eines bis tief ins 15. Jh. wiederkehrenden Übels ausmachte, dessen stetes Aufflackern ein Wiedererreichen der vordem bestehenden Bevölkerungszahl verhinderte, dessen Verlauf und Folgen zu schildern jedoch dem folgenden Band dieses Handbuches vorbehalten bleibt[11].

Die Panik, die derartige Epidemien bewirkten, fand ihren Widerhall in der Anrufung der aus dem frühen Mittelalter stammenden Litanei aller Heiligen: *a peste, fame et bello, libera nos Domine.* Diese Trias vertrat in den Augen der damaligen Generationen die wesentlichen Ursachen einer katastrophalen Mortalität. Ihre Bestandteile waren übrigens vielfach verbunden, weil die Verheerungen eines Krieges eine Lebensmittelknappheit zur Folge hatten, die dann wieder ihre Opfer so schwächte, daß ihr Widerstand gegen Krankheiten erheblich gemindert war. Freilich war „Pest" im mittelalterlichen Sprachgebrauch ein Sammelbegriff für eine Vielzahl von ansteckenden Krankheiten, insbesondere für solche, deren Symptome sich auf der Haut offenbarten, und man kann nur mit Sicherheit auf Vorkommen der Pest im eigentlichen Sinne schließen, wenn die Quellen ihre Zeichen mit genügender Genauigkeit beschreiben, was in bezug auf die Ausbrüche der Jahre 541 ff. sowie 1347 ff. zweifellos der Fall ist[12].

Ständig in den germanischen Sprachen mit dem Namen „Pest" bezeichnet wurde die Lepra, womit übrigens verschiedene andere Dermatosen gleichgestellt wurden. Ihr Vorkommen wurde bereits auf Skeletten aus angelsächsicher Zeit in England festgestellt, und sie sollte bis in die Neuzeit unseren Weltteil endemisch heimsuchen. Sie hielt unter der Bevölkerung eine immerwährende Furcht vor der Ansteckung wach, die sich vor allem in der ständigen Identifizierung der angeblich Aussätzigen durch besondere Kleidungsvorschriften und durch ihre Absonderung in Leprosenhäusern auswirkte. Diese wurden meistens entlang wichtigerer Verkehrsstraßen erbaut, der Möglichkeit wegen, mehr Almosen zu sammeln – die einzige Einnahmequelle für Leute, die aus der Gesellschaft verbannt waren. Das Volksempfinden gegenüber der Infektionsgefahr konnte sogar zu regelrechten Leprosenpogromen führen, wie sie weitverbreitet im Jahre 1321 in Frankreich stattfanden. Der Höhepunkt der Lepra scheint vom 12. Jh. an erreicht worden zu sein, vielleicht im Zusammenhang mit den verstärkten Beziehungen zum besonders virulenten Ansteckungsherd, der der Orient damals schon war.

Noch weit größere endemische Verbreitung kannte die Malaria. Sie war offenbar vom warmen und feuchten Klima des Hochmittelalters gefördert worden, als für das Vorkommen der infizierenden Gabelmücke günstige Sümpfe sich ausdehnten, bis weit über die heutige durch die Temperatur bestimmte Grenze der Krankheit. Diese erstreckte sich damals bis zur Loire in Gallien und bis tief in das slawische Wohngebiet. Aber auch nach ihrem Rückzug zum Mittelmeer blieb sie z. B. in Italien in allen Niederungen bis zu 200–300 m ü. d. M. allgemein vorhanden. Die feuchte Witterung war weiterhin verantwortlich für die Häufigkeit von rheumatischen Erkrankungen, die die Grabstättenforschung bei den frühen Slawen ans Licht gebracht hat. Auch Typhusarten und Pocken kamen bisweilen vor. Weitere Krankheiten, die einen hohen Zoll an Menschenleben forderten, waren die Ruhr und die Tuberkulose. Erstere wurde leicht epidemisch nach einer Hungersnot, die die unbemittelten Bevölkerungsschichten der Amöbeninfektion aussetzte, letztere dagegen endemisch in diesen Gruppen, die mehr oder weniger ständig unterernährt lebten. Deswegen soll auch eine Grippeansteckung eine unverhältnismäßig hohe Zahl von Opfer gekostet haben, und die normale Immunität der Menschen gegen sonstige Krankheiten war schwer beeinträchtigt.

Dazu trug eine mangelhafte Hygiene maßgeblich bei. Die antike Körperpflege, insbesondere die Gewohnheit des Badens, lebte in gewissem Grade fort, vor allem im frühmittelalterlichen Italien und in der islamischen Iberia. Im christlichen Europa verbreitete sich aber frühzeitig ein ausgesprochenes Mißtrauen gegen den Anblick des nackten Körpers, auch des eigenen. Obwohl in jeder Stadt von einiger Bedeutung Badehäuser eröffnet wurden, gerieten sie in denselben verdächtigen Ruf wie Freudenhäuser und wurden, obgleich nicht spärlich in einer Gesellschaft, die nicht dieselben sittlichen Hemmungen wie spätere Generationen empfand, vor allem als solche besucht. Der Gebrauch vegetalischer Asche oder Extrakte zur Seifenerzeugung wie auch des Kamms, insbesondere des Läusekamms, war allenthalben bekannt. Die Frage ist freilich, ob er sich über breite gesellschaftliche Schichten erstreckte. Das Vorkommen des Weichselzopfs, das wohl nicht auf die alten Slawen beschränkt war, läßt auf das Gegenteil schließen. Karl der Große befahl zwar, einmal jährlich die Aborte und Kanalisierungen zu säubern; Abtritte gab es jedoch nur in besseren Haushaltungen. Die Germanen kannten sie übrigens gar nicht, bevor sie einigermaßen romanisiert wurden, die Slawen ebensowenig, bevor sie der byzantinischen Kultur näherkamen. Die Ableitung der Abwässer blieb sogar in größeren Städten völlig aus, so daß die Straßen mit Misthaufen verunstaltet und die Gewässer verschmutzt wurden. Letzteres bedeutete eine ständige Gefahr für die Trinkwasserversorgung und somit für die Volksgesundheit.

Medizinische Hilfe war spärlich und stand auf niedrigem Niveau[13]. Bevor der ärztliche Beruf im 13. Jh. in den neu aufkommenden Universitäten Gegenstand einer besonderen Ausbildung wurde, übten ihn im Westen vor allem Mönche aus. Freilich stützte er sich hier wie in den byzantinischen und arabischen Kulturkreisen fast ausschließlich auf die antiken medizinischen Schriften, zumal auf die von Hippokrates und Galen, entnahm ihnen z. B. die Praxis des häufigen Aderlassens und ergänzte sie gelegentlich mit allerhand Kurpfuscherremedien wie Drachenzähnen oder -blut. Der Beistand eines gelernten Arztes kam jedoch nur für Vermögende in Betracht. Die unteren Schichten konnten nur auf Grund eigener Erfahrung bzw. mit Hilfe von Quacksalbern ihren Krankheiten entgegentreten, es sei denn, sie fanden in einem Spital Aufnahme. Die meisten Klosterregeln schrieben vom Frühmittelalter an den Mönchen die Ausübung der *Caritas*, u. a. die Krankenpflege vor, doch die Stiftung von eigentlichen Krankenhäusern erhielt, zumal im Zusammenhang mit der wiederauflebenden Stadtentwicklung, vom 11. Jh. an eine kräftige Anregung. Auch diese Einrichtungen erhoben sich jedoch im Hinblick auf die Gesundheitsfürsorge nicht über den allgemeinen Tiefstand.

Das andere Schreckensgespenst in der Anrufung der Litanei, der Krieg, forderte zahlreiche Opfer. Feindseligkeiten waren im Früh- und Hochmittelalter in Europa eine geradezu ständige Qual. Wenn auch die germanische Völkerwanderung und Landnahme, in Ermangelung militärischer Widerstandskraft, ohne größere Gefechtshandlungen vor sich ging, so geschah sie doch nicht ohne Gewalttätigkeiten. Die Einbrüche asiatischer Völker wie auch später die Normannenzüge ließen die Erinnerung an schwere Verheerungen zurück. Im Westen gesellten sich die zwischenstaatlichen Kriege der germanischen Völker zu den nur unter den frühen Karolingern unterbrochenen unzähligen Fehden der Großen. Diese ließen nur nach der Restauration der staatlichen Autorität allmählich nach, die fortan lediglich für zwischenstaatliche Konflikte Raum ließ. Im oströmischen Reich fand ebenfalls, endgültig seit der Jahrtausendwende, eine Feudalisierung statt, die gleichartige Folgen hatte. Nicht weniger unruhig waren die slawischen Länder, sowohl weil sie als erste jedem Vorstoß asiatischer Eindringlinge ausgesetzt waren, sondern auch aus Mangel an innerer Festigkeit. Wenn mittelalterliche Heere meistens zahlenmäßig auch sehr beschränkt blieben, so war ihr Auftreten nicht weniger zu befürchten. Ihre Krieger, die zuchtlos und der wehrlosen Bevölkerung gegenüber von einem Machtkomplex erfüllt waren, empfanden zu oft eine regelrechte Freude an der Gewalttat. Ohne Verpflegung waren sie überdies gezwungen, sich ihren Lebensunterhalt zu nehmen; ohne Sold oder als Mietlinge nur unregelmäßig bezahlt, war der Anreiz zum Rauben geradezu unaufhaltsam. Es soll weiter noch auf die wiederholte Verbreitung eines auf vielfältige Weise geförderten dauerhaften Banditentums hingewiesen werden, das im wesentlichen dieselben Folgen hatte.

Somit war eine normale Reaktion des Bauern, beim Nähern der Söldner den Schutz einer befestigten Stadt zu suchen. Infolgedessen blieben viele Äcker auf mehr oder weniger lange Zeit unbestellt, und so bewirkte das Fehlen ihrer Ernte auf einem auch sonst schon vielfach knappen Markt ein unzulängliches Angebot, das leicht Teuerung und im schlimmeren Falle eine Hungersnot hervorrief. So erlitt die Versorgung Kastiliens nach der christlichen *Reconquista* durch die Flucht der ländlichen Moslems erhebliche örtliche Schwierigkeiten. Gewalttätigkeiten waren freilich nur einer der Gründe, die zur Verknappung führen konnten. Wie oben schon gesagt, übte die Witterung einen nicht geringen Einfluß aus; auch eine Heuschrecken- oder Nagetierplage konnte schweres Unheil stiften. Schließlich rief eine plötzliche Entvölkerung infolge einer Seuche eine regionale Schrumpfung der Ackerfluren und eine Verringerung des Erzeugungspotentials hervor[14]. Diese Vielfalt von Gründen bewirkte, daß Lebensmittelknappheit recht häufig vorkam, um so mehr als ein Gebiet in Ermangelung entwickelter Einfuhrmöglichkeiten auf sich selbst angewiesen war, andererseits in ihm Überbevölkerung klarer zutage trat; letztere, ein relativer Begriff, war erreicht, sobald die Erwerbsmittel, namentlich im Falle einer weitgehenden regionalen Autarkie die Nahrungsmittelproduktion, mit der Bevölkerungszahl nicht mehr im Gleichgewicht standen. Rußland soll im Spätmittelalter durchschnittlich jeweils alle siebeneinhalb Jahre vom Hunger heimgesucht worden sein.

Trotzdem trafen die Behörden selten Vorsorge gegen die Gefahr einer Teuerung oder griffen nur verspätet ein: Der Verwaltungsapparat war nun einmal unzweckmäßig und auf Notfälle kaum eingestellt. Das berühmte „Capitulare de Villis" von Karl dem Großen soll aus Anlaß der furchtbaren Hungersnot von 792/3 entstanden sein. Der fränkische König veranlaßte, seine Besitzungen für den Fall einer Wiederholung der Katastrophe möglichst autark einzurichten[15]. Später gab es öfters Stadtmagistrate, die bei starker Teuerung der Nahrungsmittel diese einlagerten und unter Preis an ihre Bürgerschaft verkauften; mithin versuchten sie wenigstens teilweise, der verbreiteten Plage der Aufkäufer, die das Leid der ärmeren Schichten durch ihre Machenschaften noch vertieften, Einhalt zu gebieten. Zu solchen Notzeiten wendete der Konsum sich mehr als sonst verdorbenem Getreide zu, mit der Folge, daß Mutterkornvergiftung häufiger vorkam. Die Schwächung, die viele Hungrige erlitten, war jedoch noch allgemeiner ein günstiger Nährboden für vielerlei Krankheiten, namentlich auch für Epidemien, womit der verhängnisvolle Kreislauf sich schloß.

So versteht es sich, daß der Lebenslauf des mittelalterlichen Menschen sich von der heutigen Situation recht unterschied. Untersuchungen in Grabstätten haben erwiesen, daß das Sterbealter sowie die Lebenserwartung bei der Geburt durchschnittlich zwischen 25 und 32 Jahren lagen. Es wäre verfehlt, dabei eine allmähliche und kontinuierliche Besserung im Laufe der Zeit vorauszusetzen. Ganz im Gegenteil stellte man bei Bestattungen in Ungarn zwischen dem Anfang des 10. und dem des 12. Jh. (wobei für das letztere wohl Anzeichen einer Überbevölkerung vorliegen) einen Rückgang von 32,6 auf 25,8 Jahre fest. Dieselbe Erklärung gilt zweifellos für England, wo die Lebenserwartung sich zwischen der Mitte des 13. und dem zweiten Viertel des 14. Jh. von 35 auf 27 Jahre senkte. Vor allem war die Säuglings- und Kindersterblichkeit, von der Geburt bis zu 14 Jahren, entsetzlich hoch. Sie wurde für Ungarn zwischen dem 10. und dem 12. Jh., wo die allgemeine Mortalität eine Rate von 35,4 % erreichte, auf 39,4 % der Totenzahl angesetzt. Bereits im ersten Lebensjahr betrug die Todesrate hier 13 bis 18 %, in Polen im Frühmittelalter 21,7 % für die fünf ersten Lebensjahre. Sie war den allgemeinen gesundheitlichen und hygienischen Verhältnissen zuzuschreiben.

Erst nachdem die gefährlichen Kinderjahre überstanden waren, erhöhte sich nach den angeführten ungarischen Daten die Lebenserwartung, so für 20jährige mit 27,5, für 40jährige mit weiteren 15,8 Jahren. Jedoch überlebten erstere nur zu 52,3 und letztere zu 37,4 % aus ihrem Jahrgang. Wenn sie 70 Jahre alt wurden, waren 96,5 % von ihren ursprünglichen Altersgenossen gestorben: eine Situation, die im allgemeinen für eine vorindustrielle Gesellschaft charakteristisch sein dürfte. Wenn auch die Kindersterblichkeit in wohlhabenderen Kreisen etwas geringer war, so blieb die Lebenserwartung, sogar für Erwachsene bis in die Fürstengeschlechter hinauf doch gering: Im portugiesisch-burgundischen Haus stieg sie im 12.–14. Jh. nicht über 49 Jahre. Es geschah offenbar verhältnismäßig selten, daß Menschen im Mittelalter auf längere Zeit ihre Großeltern kannten.

Die mittelalterliche Bevölkerungspyramide wies noch ein anderes bemerkenswertes Merkmal auf. Gibt es keinen Grund, das biologisch-normale Verhältnis der Geschlechter bei der Geburt zu bezweifeln (etwa 104–105 männlich zu 100 weiblich), so wich das Bild nach der Pubertät vom heutigen empfindlich ab, weil die Frauen im Fortpflanzungsalter eine überraschend hohe Sterblichkeit aufwiesen. Wenngleich relativ viele junge Männer aus dem Ritterstand im Gefecht früh ihr Leben ließen, so stieg der männliche Anteil in der Altersgruppe von 14–40 Jahren, allgemein betrachtet, allmählich bis zu einem Verhältnis von 120–130:100. Somit waren insbesondere alte Frauen eine demographische Seltenheit. Diese Störung im Bevölkerungsbild dürfte zum Teil mit dem harten Leben der Frau zusammenhängen, die ja in den handarbeitenden Schichten der Gesellschaft gar nicht geschont wurde. Damit scheint die Tatsache übereinzustimmen, daß in der awarischen Gesellschaft, in der ja die schwere Feldarbeit nur beschränkt ausgeübt wurde, die Frauen ihre biologisch-normal längere Lebenserwartung besser erhalten konnten. Vor allem aber ist mit ihrer Schwächung durch häufige Schwangerschaften und mit den auch in den höheren Kreisen großen Risiken der unter hygienisch äußerst bedenklichen Umständen stattfindenden Entbindungen zu rechnen. Freilich ist es nicht unwahrscheinlich, daß in bestimmten Kulturräumen nicht völlig geschlechtsreife Mädchen den Gefahren der Mutterschaft ausgesetzt wurden.

Von den frühen Slawen ist jedenfalls ein außerordentlich frühes Heiratsalter überliefert: für Mädchen zwischen 12 und 14 Jahre, gelegentlich sogar vor der Pubertät, für Jungen zwischen 15 und 17 Jahren. Bei christianisierten Völkern bleibt es leider im Hinblick auf die Leute niederen Standes weitgehend im unklaren. Wenn schon im langobardischen Italien am Anfang des 8. Jh. verordnet wurde, daß Mädchen nicht vor dem 12. und Jungen nicht vor dem 14. Lebensjahr heiraten durften, so wissen wir nicht, auf welche Schichten der Gesellschaft sich diese Anordnung bezog. Die karolingischen Polyptychen weisen im allgemeinen unter den Hörigen eine bescheidene Rate von Verheirateten auf, höchstens ein Drittel der Bevölkerung. Dies dürfte sich eben durch das Defizit an Frauen im heiratsfähigen Alter erklären. In höheren Kreisen blieb freilich die Heirat von Kindern das ganze Mittelalter hindurch üblich. Sie war ein erprobtes Mittel, sich den Erwerb von Besitz zu sichern oder unter Herrschern auf jedem Niveau eine Bindung zustandezubringen. Mit anderen Gefühlen hatte eine Heirat bestimmt nichts zu tun. Diese wurden vielmehr außerhalb der Ehe befriedigt, wie die relativ hohe Zahl der unehelichen Kinder erweist, die fast in keiner mittelalterlichen Genealogie fehlen. Obwohl solche Stammtafeln praktisch nicht für Familien geringeren Ansehens vorliegen, ergibt sich aus dem Gesamtbild des mittelalterlichen Lebens, daß außerehelicher Verkehr in allen Kreisen sehr verbreitet war und daß die daraus gezeugten Kinder, obwohl rechtlich in eine minderwertige Lage versetzt, nicht das gesellschaftliche Schandmal trugen, das ihnen in der frühen Neuzeit beigemessen wurde.

Ein anderer Grund für die relativ niedrige Verheiratetenzahl war die Verbreitung des freiwilligen Zölibats, die religiösen Vorstellungen entsprang. In den meisten christlichen Kirchen wurde der Verzicht auf die weltlichen Freuden der Ehe schon frühzeitig als die höchste Form des Dienstes an Gott gewertet. Die lateinische Kirche sprach vom 4. Jh. an die Unvereinbarkeit der Ehe mit den höheren Weihen an Männer und mit dem

Klosterleben überhaupt aus. Die Ehelosigkeit wurde seit dem 7. Jh. von ihr rechtlich allgemein anerkannt, und obwohl die menschliche Schwäche gegen den Grundsatz wiederholt sündigte, betonten im Laufe der Zeit immer wieder kirchliche Reformbewegungen die Rückkehr zu diesem Ideal. Die griechischen Kirchen ihrerseits legten den niederen Geistlichen nur bestimmte Heiratsbeschränkungen auf, verboten aber ebenfalls den Mönchen und Klosterfrauen jeden sexuellen Verkehr. Gerade das Klosterwesen kannte in Byzanz und in den von den Byzantinern christianisierten Ländern eine Hochblüte, der der Westen, selbst nach der religiösen Begeisterung der gregorianischen Reformbewegung und der Stiftung der Zisterzienser und Prämonstratenser im 12. und der Bettelorden im 13. Jh., nie gleichkam. Trotzdem stellte der geistliche Zölibat auch hier einen beträchtlichen Teil der Bevölkerung, der, besonders in Bischofsstädten, wohl bis 5 % der Männer und nicht weniger Frauen umfassen konnte. In der slawischen Frühzeit andererseits, vor der Christianisierung, scheinen ansehnliche Leute die Zahl der für die Ehe verfügbaren Frauen durch Polygamie verringert zu haben. Als Gegenstück dazu könnte auch unter den ärmeren Kreisen vereinzelt Polyandrie vorgekommen sein.

Wie der geschlechtliche Verkehr auch immer ausgeübt wurde, das Mittelalter kannte eine hohe weibliche Fertilität, die kaum irgendwelchen Beschränkungen von menschlicher Seite unterlag. Zwar tadelte die Kirche ab und zu sündige Christen, die ihr Geschlechtsleben nicht in die gottgewollten Dienste der Prokreation stellten, z. B. Frauen, die durch Getränke ihre Befruchtung verhüteten, unterbrochenen Beischlaf, Fruchtabtreibung und dgl. Die Bußbücher vermitteln den Eindruck, daß ein solches Vorgehen im außerehelichen Verkehr viel häufiger vorkam als in der Ehe[16]. Eine Beschränkung der Kinderzahl konnte von unbemittelten Kreisen auf anderen Wegen erstrebt werden. Die Heirat wurde manchmal zurückgestellt, bis die Eheleute sich einen Lebensunterhalt gesichert hatten. Bisweilen wurden, zumal in der slawischen Frühzeit, neugeborene Kinder, besonders schwächliche Mädchen, getötet[17]. Im byzantinischen Reich ist Kinderverkauf an Sklavenhändler oder an Zuhälter bezeugt. Vor allem aber sicherte eine lang andauernde Stillung den Müttern relative Immunität gegen eine neue Schwangerschaft. Außerdem wurde von geschlechtlichem Verkehr zu bestimmten Zeiten, im menstruellen Zyklus aus magischen, und zu bestimmten Perioden des kirchlichen Jahres, insbesondere während der ganzen Fastenzeit, aus Frömmigkeitsgründen abgeraten. Schließlich kamen Fehlgeburten recht häufig vor. Das Ergebnis war, daß die Kinder in einer Familie durchschnittlich im Abstand von zweieinhalb Jahren aufeinander folgten. Es gibt freilich Anzeichen dafür, daß in den höchsten Kreisen von der Jahrtausendwende an die Neugeborenen vielfach einer Nährmutter übergeben wurden. Diese Gewohnheit könnte mit erklären, daß z. B. fürstliche Familien seitdem reichlicher mit Nachkommen gesegnet wurden, wie z. B. Eleonora von Aquitanien, die innerhalb von neun Jahren acht Kinder zur Welt brachte.

Man könnte erwarten, daß, auch wenn die Fruchtbarkeit nicht allgemein ein solches Ausmaß kannte, das Fehlen antikonzeptioneller Mittel ein überaus schnelles Anwachsen der Bevölkerung erwirkte. In Wirklichkeit erfolgte das Wachstum ziemlich langsam, weil die Sterblichkeitsraten so hoch waren. Man hat letztere für die demographische Blütezeit des 11.–13. Jh. auf 36 % veranschlagt, gegenüber einer auf etwa 42 % geschätzten Natalität. Infolgedessen überstieg die Zahl der Angehörigen eines Haushalts selten im Durchschnitt 5. Ungarische Forschungen stellten heraus, daß die natürliche Wachstumsrate in Stuhlweißenburg im 10.–11. Jh. nicht über 4 ‰ lag, so daß bei dem gegebenen Stand der gesellschaftlichen und wirtschaftlichen Entwicklung ein volles Vierteljahrtausend erforderlich gewesen wäre, um eine Verdoppelung der Einwohnerzahl zu erwirken. Jedoch gab es in Europa höher entwickelte und mithin dichter bevölkerte Räume, von denen aus ein größerer Bevölkerungsüberschuß nach relativ menschenleeren Ländern auszuwandern in der Lage war, diese zu einem höheren Lebensniveau erheben konnte, das dann wieder der einheimischen Bevölkerung günstigere Lebenschancen und Wachstumsmöglichkeiten sicherte.

[1] *L. Henry:* Manuel de démographie historique (1967).
T. H. Hollingsworth: Historical Demography (1969).
Methodologisch wichtig auch: *R. Mols:* Introduction à la démographie historique des villes d'Europe du XIVe au XVIIIe siècle (3 Bde., 1954–1956).

[2] *E. Fügedi:* Pour une analyse démographique de la Hongrie médiévale. In: Annales. Econ. Soc. Civilis. 24 (1969), S. 1299–1312.

[3] Vor allem: *J. C. Russell:* Late Ancient and Medieval Population (1958).

[4] *J. N. Biraben* u. *J. Le Goff:* La peste dans le haut moyen âge. In: Annales. Econ. Soc. Civilis. 24 (1969), S. 1484–1510.

[5] *F. Lot:* L'état des paroisses et des feux de 1328. In: Bibliothèque de l'Ecole des Chartes 15 (1929), S. 51–107, 256–315.

[6] *H. C. Darby* (Hg.): The Domesday Geography of England (4 Bde., 1952–1962).

[7] *L. Genicot:* Sur les témoignages d'accroissement de la population en Occident du XIe au XIIIe siècle. In: Cahiers d'Histoire Mondiale 1 (1953), S. 446–462.

[8] *J. C. Russell* in: The Fontana Economic History of Europe, hg. v. *C. Cipolla*, I (1972), S. 36.

[9] *J. Z. Titow:* Some Evidence of the Thirteenth Century Population Increase. In: Econ. Hist. Rev. 2. R., 14 (1961–62), S. 218–224.

[10] *H. van Werveke:* La famine de 1316 en Flandre et dans les régions voisines. In: Revue du Nord 41 (1959), S. 5–14; auch in dessen: Miscellanea Mediaevalia (1968), S. 326–338.

[11] *E. Carpentier:* Autour de la peste noire: famines et épidémies dans l'histoire du XIVe siècle. In: Annales. Econ. Soc. Civilis. 17 (1962), S. 1062–1092.
W. M. Bowsky: The Black Death (1971).
J. N. Biraben: Les hommes et la peste en France et dans les pays européens. I (1975).

[12] *E. Martini:* Die Wege der Seuchen (1954).

[13] *F. F. Cartwright:* A Social History of Medicine (1977).
J. D. Thompson u. *G. Goldin:* The Hospital. A Social and Architectural History (1975).

[14] Zum Problem der Wüstungen im allgemeinen grundlegend: *W. Abel:* Die Wüstungen des ausgehenden Mittelalters (²1955).
Weiter auch: Villages désertés et histoire économique, XIe–XVIIIe siècles (1965).
W. Rusinski: Wüstungen. Ein Agrarproblem des feudalen Europas. In: Acta Poloniae Historica 5 (1962), S. 48–78.

[15] *F. Curschmann:* Hungersnöte im Mittelalter (1900).
A. E. Verhulst: Karolingische Agrarpolitik. Das Capitulare de villis und die Hungersnöte von 792/93 und 805/06. In: Zs. für Agrargesch. und Agrarsoziologie 13 (1965), S. 175–189.

[16] *J. T. Noonan:* Contraception. A History of its Treatment by the Catholic Theologians and Canonists (1966); franz.: Contraception et mariage (1968).

[17] *E. R. Coleman:* L'infanticide dans le haut moyen âge. In: Annales. Econ. Soc. Civilis. 29 (1974), S. 315–335.

§ 4 Die Wanderungen

Die Wanderungen des Altertums und des Mittelalters unterscheiden sich von den späteren dadurch, daß sie sich teilweise auf ganze Völker bezogen, die innerhalb eines kurzen Zeitraumes geschlossen umsiedelten. Auf dieses Phänomen wurde schon im ersten Abschnitt dieser Übersicht hingewiesen. Es führte zu einer bedeutenden Erneuerung der Bevölkerung im europäischen Westen, über die neben schriftlichen Quellen vor allem die archäologische Grabstättenforschung und die Ortsnamenkunde Auskunft erteilen. Freilich bedeutete die Ansiedlung neuer Bewohner im allgemeinen nicht, daß die früheren verschwanden. Wenn auch im Tumult der Eroberung, Besetzung und Landnahme Menschen als Opfer der Habgier der Einwanderer den Tod fanden, zogen sich andere in leichter zu verteidigende Höhenlagen oder auf durch Wasser geschütztes Land zurück. Die meisten blieben freilich doch wohl an Ort und Stelle und setzten, ob in irgendwelcher Form der Untertanenschaft oder nicht, ihr gewohntes Dasein fort.

Die Ansiedlung der neuzugewanderten Herrenschicht wurde sogar gelegentlich behördlich reguliert. So war es bereits in der späteren Kaiserzeit Gepflogenheit, daß den Völkerschaften, die die Regierung mehr oder weniger aus eigener Veranlassung in das Reichsgebiet einlud, der erforderliche Boden entweder aus der öffentlichen Domäne oder durch Enteignung privaten Eigentums bereitgestellt wurde. So geschah es auch, nachdem die Wanderungen den Charakter eines Einbruchs annahmen. Die Ostgoten bekamen auf diese Weise in Italien ein Drittel des römischen Kulturbodens, die Burgunder die Hälfte, die Westgoten in Aquitanien und Spanien zwei Drittel. Der Anteil der Burgunder wurde später, weil zurückgebliebene Stammesgenossen hinterherkamen, offenbar auf zwei Drittel erhöht, aber dann wieder auf die ursprüngliche Hälfte gebracht, um die romanisierte Bevölkerung nicht zu verstimmen zu einer Zeit, da die Burgunder sich durch den fränkischen Eroberungsdrang bedroht fühlten. Die relative Mühelosigkeit, mit der sich die germanische Ansiedlung vollzog, beweist zur Genüge, wie weit die Entvölkerung des Reichsgebiets erfolgt war.

Immerhin gab zweifellos die Ankunft der Einwanderer in manchen Fällen Anlaß zu einer Auswanderung der früheren Siedler. Durch Ausgrabungen ist belegt, daß die Zerstörung mancher römischer Villen durch die neu Ankommenden genügte, um eine Panik hervorzurufen, die die ansässige Bevölkerung in die Flucht trieb. Die Dürftigkeit der Quellen läßt das Schicksal dieser Vertriebenen auf dem Höhepunkt der Völkerwanderung leider im Dunklen, jedoch ist z. B. die Auswanderung der Kelten aus dem südwestlichen Britannien über den Ärmelkanal in die Bretagne durch die Einbrüche anderer Kelten aus Irland sowie der germanischen Angelsachsen in ihre Heimat veranlaßt worden. Dasselbe Ereignis wiederholte sich noch verschiedentlich während der nächsten Jahrhunderte. In Italien flüchtete beim Einfall der Langobarden die Bevölkerung römischer Kultur, zu der die Ostgoten sich schnell weitgehend assimiliert hatten, in die Küstenstriche, wo Byzanz sich behauptete, sowie auf die Lagunen des Golfs von Venedig. Als zwei Jahrhunderte später die Karolinger in die Halbinsel einfielen, waren diesmal die Langobarden an der Reihe zu fliehen, namentlich in das Beneventer Gebiet, dem es eine Zeitlang gelang, sich der fränkischen Herrschaft faktisch zu entziehen. Die arabische Eroberung der iberischen Halbinsel führte zur Gründung von geschlossenen Niederlassungen syrischer, palästinischer, ägyptischer und berberischer Kriegergruppen, gleichzeitig aber trotz ihrer weitgehenden Toleranz zu einem massiven Rückzug westgotischer Bevölkerung in den Schutz der nördlichen Gebirge. Nicht weniger spürbar waren derartige Wanderbewegungen im europäischen Osten. Der Einbruch der Polovzen (Kumanen) in die Ukraine im 11. und die mongolische Herrschaft seit dem 13. Jh. veranlaßten einen bedeutenden Teil der slawischen Bevölkerung, in den Moskauer Raum auszuwandern, und erwirkten dort eine Konzentration, die die russische Geschichte in der Folgezeit entscheidend bestimmte.

Mit dem Mongolensturm hatten freilich die Einbrüche der asiatischen Reitervölker, die im 5. Jh. mit den Hunnen angefangen hatten, ein Ende. Ihr Ende wurde, neben möglichen anderen Gründen, der Bekehrung der Nomaden Zentralasiens zum lamaischen Buddhismus zugeschrieben, in dem der Zölibat zahlreicher Mönche die Natalität erheblich einschränkte. Die nomadische Lebensweise dieser Völker hielt nach ihrem Eintritt in ihre neue Heimat einen nomadischen Hang in ihrem Dasein lebendig, der sich in doppelter Hinsicht äußerte. Einmal erforderte die Viehhaltung, die ihre Existenzgrundlage war, in den Landschaften, wo sie sich niederließen, einen dauernden

Wechsel der Weiden. Dazu erwarben sie sich durch Überfälle auf die benachbarten Völker, die Landwirtschaft betrieben, einen Zuschuß zu ihrem Lebensunterhalt und andere Beute. Früher oder später wurden die Nomadengruppen in der südosteuropäischen Steppenzone von späteren Wellen unterworfen und gingen in ihnen auf. Nur die Madjaren gaben schließlich, nachdem ihren Raubzügen im 10. Jh. Einhalt geboten worden war, ihr wanderndes Leben auf und wandten sich einer seßhaften Wirtschaft und sozialen Verfassung zu[1].

Inzwischen war auch Westeuropa seinen letzten, mit Gewalt betriebenen Wanderungen geschlossener Volksgruppen erlegen. Auf die Ansiedlung islamischer Stämme auf der Pyrenäenhalbinsel wurde schon hingewiesen. Die Flucht der Westgoten nach Norden und die teilweise dadurch entstandene Menschenleere reizte zu Razzien in den benachbarten christlichen Gegenden zur Beschaffung zahlreicher Sklaven. Zwar wurden die gefangenen Feinde öfters niedergemetzelt, aber Frauen und Kinder lieferten willkommene Arbeitskräfte. Ihre Zahl wurde weiter erhöht durch die Vermittlung vorwiegend jüdischer Sklavenhändler, die vom 9. bis in das 11. Jh. vor allem aus den Grenzgebieten der Slawen in Mitteleuropa zahlreiche Sklaven nach Iberia führten. Um die Mitte des 10. Jh. zählte man in der Stadt Córdoba bis zu 13 750 *Sakaliba*, d. h. Sklaven slawischer Herkunft[2]. Die normannischen Niederlassungen auf den britischen Inseln, vielleicht auch die zeitweiligen in den nördlichen Niederlanden, veranlaßten gleichartige Deportationen. Die Nutzung der menschenleeren Inselgruppen nördlich Schottlands im Laufe des 8. Jh., des bei der Entdeckung unbewohnten Islands im 9., sogar des *Danelaws* im Nordosten des spärlich bevölkerten England wurde dadurch gefördert, daß Wikingertrupps an der Küste Irlands Stützpunkte ständig besetzten; von dort aus raubten sie Menschen, die sie ins Innere brachten und ihren Stammesgenossen in anderen Teilen ihres Wohngebiets verkauften. Einige dieser Kelten gelangten sogar in die skandinavischen Mutterländer oder im 11. Jh. in das neuentdeckte Grönland.

Zu dieser Zeit hatte sich bereits im allgemeinen das Schicksal gewendet, und der Bevölkerungszuwachs im europäischen Westen veranlaßte Abwehrmaßnahmen und neue Wanderungen in viele Richtungen hin. Sie sollten für die Gestaltung der Kulturlandschaft in unserem Erdteil entscheidende Bedeutung erlangen. Zweifellos erfolgten die meisten dieser Wanderungen auf geographisch begrenztem Raum, stand doch in den meisten Regionen noch genügend ödes Land zur Verfügung, das der überschüssigen Bevölkerung die Möglichkeit gab, sich in der unmittelbaren Umgebung durch Rodung eine Existenz zu sichern. Wie wir an anderer Stelle ausführen werden, bot auch das allenthalben aufblühende Städtewesen Existenzmöglichkeiten. Die seit dem 11. Jh. in der lateinischen Kulturwelt auftauchende Sitte der Menschen, sich von anderen durch einen Beinamen zu unterscheiden, der auf ihre heimatliche Herkunft hinwies, bald auch die Erblichkeit der Patronymika, die in stark romanisierten Landschaften bis ins 12. Jh., anderswo bis ins 13. zurückgeht, erlauben gewisse Folgerungen in bezug auf die geographische Herkunft der Zuwanderer. Es stellt sich heraus, daß z. B. die große Mehrheit in Südwestfrankreich aus benachbarten Ortschaften stammte. Derselbe Schluß ergibt sich aus einer Analyse der bäuerlichen Wanderungen in der Picardie, wo die neuen Siedler meistenteils aus Dörfern innerhalb eines Umkreises von 15 Kilometern ihres neuen Wohnsitzes kamen[3]. Die Einwanderung in die Städte konnte unter Umständen von diesem Muster abweichen, zumal wo diese eine größere wirtschaftliche Bedeutung und eine größere Bevölkerungszahl erreichten. Ihr Einzugsbereich für die Zuwanderung konnte sich viel weiter ausdehnen, ja sogar einen gewissen Grad des Kosmopolitismus erlangen, wobei das Verkehrsnetz von Wasser- und Landstraßen wichtige Kraftlinien darstellte. Auf ihnen kamen nicht nur Kaufleute und in bestimmten Fällen Pilgerzüge, sondern auch Handwerker aus weitentlegenen Heimatgebieten. Jedoch lieferte die nähere Umgebung auch der bedeutendsten Städte weiterhin das

Gros der Einwanderer, die sie für das Wachstum oder mindestens für die Aufrechterhaltung ihres Bestands brauchten.

Außer diesen Wanderungen auf kleinere Entfernung erzeugte der Bevölkerungsaufschwung andere, deren Teilnehmer wenigstens zum Teil aus weiter entlegenen Gebieten kamen. Es sei dabei zunächst an Eroberungszüge erinnert, wie die normannische Besetzung Englands 1066, bei der sich angeblich etwa 5000 bis 6000 Krieger mit ihren Familien im Inselreich ansiedelten, an die ottonische Expansion über die Elbe und Saale hinaus, an die iberische *Reconquista,* an die Kreuzzüge und die Gründung lateinischer Reiche und Herrschaften im Nahen Osten und in Byzanz, an die schwedische Expansion im östlichen Baltikum, schließlich an die englische Besitzergreifung von Irland und Wales sowie an den ständigen beiderseitigen Austausch zwischen dem Festland und England während des angevinischen Regiments. Obwohl wir diese Ansiedlungen einer militärischen Oberschicht auf erobertem Boden meistens zahlenmäßig nicht erfassen können, so besteht doch kein Zweifel, daß diese nach heutigem Begriff nur dünn waren, jedenfalls bedeutend geringer als die Zahl der Leute bescheideneren Status, die entweder spontan oder auf Anregung der neuen Machthaber diesen in das unterworfene Land folgten und deren Arbeit dort entweder die wirtschaftlichen Kräfte erschloß oder sie stärker als zuvor entwickelte. Einen nicht geringen Anteil daran hatte die Kirche, denn auf Veranlassung der neuen Herrscher entstanden Bistümer, Abteien, Kapitel usw., die mit beträchtlichen Besitzungen ausgestattet wurden, zu deren Bewirtschaftung man zusätzliche Arbeitskräfte brauchte.

Das geschah namentlich in England, wo sich einige flämische Ritter am Kriegszug Wilhelms des Eroberers beteiligten, und wohin nachher Bauern aus Flandern zur Übersiedlung bewogen wurden. Bedeutend stärker war die Einwanderung im Verlauf der Ostbewegung[4] in Mitteleuropa sowie der christlichen Rückeroberung auf der Iberischen Halbinsel. Wenn auch die Ostbewegung politisch seit der Mitte des 10. Jh. eingeleitet war, so dauerte es doch bis zum 12. Jh., bevor eine bäuerliche Wanderung größeren Stils über die alte Reichsgrenze hinausdrang. Offenbar hielten die noch im römisch-karolingischen Gebietsbereich reichlich vorhandenen Rodungsmöglichkeiten die dort wohnhaften landhungrigen Bauern von Abenteuern in der Ferne zurück. Als jedoch die besseren Kulturböden in der Heimat weitgehend erschöpft waren, breitete sich in überraschend schnellem Vorstoß eine große Menge Neusiedler über Mitteleuropa aus, und zwar nicht nur über die östlichen neuerlich in das Reich eingegliederten Gebiete, sondern auch über die benachbarten polnischen und ungarischen Länder, deren obere Stände seit dem Übergang zur christlichen Kultur sich einen klareren Begriff des wirtschaftlichen Fortschritts und der Mittel dazu zu eigen gemacht hatten. Die Initiatoren einer neuen Siedlung wandten sich dazu oftmals an einen Vermittler, *Locator*: Gegen Überlassung eines bestimmten Teils an Boden und die Zusicherung der Verwaltung in der Grundherrrschaft, die auf dem zu besetzenden Land errichtet wurde, führte er die erforderlichen infrastrukturellen Arbeiten mittels der von ihm angeworbenen Siedler aus. Diese wiederum erhielten danach ihre Parzellen.

Die meisten Interessenten dieser Auswanderung fanden sich in den dichtbevölkerten Landschaften des Westens, vor allem im Rheinland und in den Niederlanden. Sie wurden angelockt durch die Aussicht auf ein größeres Maß an bäuerlicher Freiheit, ohne Fronen und mit nur leichten Rentenabgaben, einen Status, der, als *jus theutonicum* bezeichnet, sie bedeutend über die Lebensbedingungen der altansässigen Bevölkerung erhob. Diese Freizügigkeit, die auch bei der Gründung neuer Siedlungen im älteren Kulturland üblich war, hatte um so mehr Erfolg, als im alten Siedlungsgebiet im allgemeinen die Besserung der bäuerlichen Verfassung unterblieb; infolgedessen erhielt nicht nur der landhungrige Überschuß der agrarischen Bevölkerung durch die Auswanderung nach Osten Aussicht auf eine selbständige Existenz, sondern auch selbständige Bauern sahen sich bisweilen zu einer regelrechten Landflucht veranlaßt. Auf diese Weise kamen z. B. starke Wellen flämischer Emigranten in die mittelostdeutschen Landschaften, vor allem in die Altmark, nach Brandenburg, Sachsen, seit dem 13. Jh. auch nach Schlesien. Süddeutsche Siedler drangen über die böhmischen Randgebirge vor, nördlich davon Niedersachsen in die norddeutsche Ebene. Holländer und Flamen, die durch ihre frühen Eindeichungsleistungen in ihrer Heimat bekannt geworden waren, wurden zur Trockenlegung der in Norddeutschland ausgedehnt vorkommenden Marschen und Sümpfe berufen, wofür ihnen und ihren Nachkommen das besonders liberale *jus flandricum* zugestanden wurde. Mehrmals kam zwischen den Neusiedlern und der einheimischen Bevölkerung eine mehr oder weniger spontane Teilung des Kulturbodens zustande, wie in Preußen, wo die Einheimischen sich im wesentlichen mit den leichteren Böden zu begnügen hatten und die vom Deutschen Orden herangezogenen Einwanderer auf den schwereren angesiedelt wurden, weil ihre Pflüge mit eisernen Scharen dafür besser geeignet waren. Ihrerseits gab der Zuwachs der einheimischen Bevölkerung ebenfalls Anlaß zu bedeutenden Wanderungen. So veranlaßten die Könige von Böhmen, Polen und Ungarn ihre eigenen Untertanen zur Nutzung der Grenzgebirge ihrer Reiche. Nachdem sich die ungarischen Könige im Laufe des 11. Jh. Siebenbürgen angeeignet und diese Landschaft im Rahmen des Feudalsystems mit madjarischen Einwanderern zu besiedeln angefangen hatten, wanderte ein beträchtlicher Teil der dakischen freien Bauern in die Moldau und die Walachei ab, um den Bürden der neuen Gesellschaftsordnung zu entkommen.

Freilich beschränkte sich die Ostbewegung nicht ausschließlich auf Wanderungen von Bauern. Die Nutzung von Bodenschätzen wurde eifrig betrieben und erforderte in technisch rückständigen Gebieten tüchtige Fachleute, die sich meistens in den höher entwickelten Ländern des Westens finden ließen, so italienische, deutsche und wallonische Montansachverständige. Vorläufer städtischer Siedlungen und Marktorte waren in den slawischen Gebieten nicht unbekannt: Nun wurden, gewöhnlich auf Initiative der Landes- oder Grundherren, von der Mitte des 12. Jh. an neue Städte als Sitze von Handwerk und Handel gegründet, u. a. Lübeck (1158), Schwerin (1160) und Leipzig (um 1160). Ein halbes Jahrhundert später war die Bewegung bis nach Schlesien, Böhmen und Mähren sowie nach Polen und Ungarn verbreitet. Überall wurden die vorwiegend deutschen Einwanderer, ähnlich wie im ungarischen Bereich, dank der günstigen Voraussetzungen, die das sogenannte deutsche Recht in seinen verschiedenen Varianten bot, zur Niederlassung angeregt. Manchmal wurden die neuen Städte auf jungfräulichem Boden angelegt, manchmal auch gleich neben einer älteren einheimischen Siedlung. Einige von ihnen wurden bald selbst Ausgangspunkte einer Auswanderung städtischer Bevölkerungsgruppen. Dies gilt ganz besonders für Lübeck, das sich schnell zu einer Metropole im Umkreis der Ostsee entwickelte und dessen Einwohner, in der Mehrzahl rheinischer und westfälischer Herkunft, deutsche Kolonien von Handwerkern und Händlern bis nach Livland und Estland, aber auch in die skandinavischen Länder ins Leben riefen: Auch in den letzteren hatten im 13. Jh. alle Städte von einiger Bedeutung eine deutsche Mehrheit. Einen Einblick in die Ergebnisse der Ostbewegung unter ihren verschiedenen Aspekten vermittelt uns die Bevölkerungsentwicklung Sachsens, dessen Einwohnerzahl im Laufe des 12. und 13. Jh. sich annähernd verzehnfachte.

Am anderen Ende Europas wurde die Iberische Halbinsel ein weiterer Schauplatz größerer Wanderungen. Sie unterschieden sich jedoch stark vom Ostland, denn die christlichen Einwanderer fanden nach der Rückeroberung in ihren ehemaligen Siedlungsgebieten eine in jeder Hinsicht mindestens ebenbürtige, wenn nicht sogar überlegene Wirtschaftsentwicklung vor. Die erforderlichen Arbeitskräfte zur Nutzung des Bodens, dessen Urbarmachung weitgehend vollzogen war, fanden sich grundsätzlich in genügender Zahl am Platze. Gab es an der Kampffront zwischen Christen und Mauren dauernd schwere Verheerungen in offener Landschaft, so fand die althergebrachte Intoleranz der Christen seit der Einnahme von Al-Andalus durch die Almoraviden (1086 ff.) und Almohaden (1147 ff.) ein Gegenstück bei den islamischen Gegnern. Die Folge war, daß bei der Besetzung maurischen Gebiets eine beträchtliche Anzahl der Moslems zu ihren Glaubensgenossen weiter im Süden floh, weil sich ein Gegenstrom von Mozaraben, d. h. im islamischen Gebiet ansässigen Christen, vor der Bedrängung durch die neuen Herrscher ausweichend nach Norden richtete und die verlassenen Stellen, vor allem in den Städten Seite an Seite mit den zurückgebliebenen sogenannten Mudejaren und den aus dem Norden der Halbinsel und aus Südfrankreich zugewanderten Christen besetzte. Die Rückkolonisation des ungeschützten flachen Landes durch die Einwanderer erfolgte in bedeutenderem Maße erst im 13. Jh., nachdem das Kriegsglück sich nach der Schlacht von Las Navas de Tolosa (1212) endgültig den Reconquistadoren zugewandt hatte und die Gefahr der maurischen Überfälle durch die Auflösung der almohadischen Macht wesentlich überwunden war.

Ebensowenig wie bei den zuvor erwähnten Wanderungen sind wir in der Lage, die bevölkerungsmäßigen Folgen der Kreuzzüge quantitativ zu erfassen[5]. Fest steht, daß sie nicht auf rein militärische Züge beschränkt blieben, bei denen französische Ritter die Hauptrolle spielten. Vorwiegend italienische Unternehmer spielten eine führende Rolle bei der Organisation der mittels Sklavenarbeit in Palästina und Syrien betriebenen Zuckerplantagen und brachten die Zuckerkultur nach der Räumung des Kreuzfahrerstaates nach Zypern, Kreta und den Inseln der Ägäis, wo Italien weiter das Verwaltungspersonal lieferte[6]. Die Initiative italienischer Geschäftsleute dehnte sich seit dem 12. Jh. weiter auf die christlichen iberischen Königreiche und anderswohin aus. Im Jahre 1251 wurde den Genuesen in Sevilla, das drei Jahre zuvor von Kastilien erobert worden war, ein Stadtviertel als Wohnsitz zugeteilt, von wo aus sie die Zuckerrohrpflanzungen, die sie gleich in Andalusien übernahmen, betreiben konnten. Eine derartige Kolonie bestand schon vorher im Viertel Pera der Stadt Byzanz, die nach der Gründung des lateinischen Kaiserreiches 1204 ein ebenso bedeutendes Auswanderungsziel der venezianischen Konkurrenten Genuas wurde.

Derartige Kolonien standen großenteils im Dienste des Handelsverkehrs und beherbergten eine große Anzahl von Kaufleuten oder deren Vertreter. Wie in einem späteren Abschnitt noch herauszustellen ist, war der Handel über längere Zeit ein fast grundsätzlich wandernder Betrieb, und selbst nachdem die Faktorei und das Kommissionsgeschäft sich im späteren Mittelalter entwickelt hatten, war weiterhin ein beträchtlicher Teil seines Personals über kurze oder lange Zeit unterwegs. Im Frühmittelalter entsprachen dem Bedürfnis nach Luxuswaren in erster Linie Wanderkaufleute aus dem Orient; nach der Karolingerzeit traten im Mittelmeergebiet vorwiegend Italiener in den Vordergrund. Sie dehnten ihren Betrieb über den ganzen Umkreis des alten Weltmeeres und an das Schwarze Meer bis zu den Gestaden der Krim und zur Donmündung aus, wo Genuesen eigens dafür die Handelsstädte Kaffa und Tana bevölkerten, freilich auch nach Norden bis nach Flandern, England und Oberdeutschland. Später und in schwächerem Maße schlossen sich ihnen in vielen Teilen ihres Handelsgebietes Katalanen, Provenzalen und Einwohner der Küstenstädte des Languedoc an. Ein nicht unbeträchtlicher Teil des Handelsbetriebs im Mittelmeerraum führte dann wieder, auf dem Wege des Sklavenhandels, zu einer Zwangswanderung aus dem islamischen Nordafrika bzw. der Levante und aus dem kaukasischen Raum. In nördlicheren Gebieten spielten Kaufleute aus Flandern und aus den Uferstädten von Maas und Rhein mit aktivem Handelsverkehr anfänglich eine hervorragende Rolle, die sich nur in bezug auf die Rheinlande als dauerhaft erwies, im Hinblick auf die anderen Gebiete jedoch weitgehend durch die Reisen von Angehörigen der deutschen Nord- und Ostseestädte abgelöst wurde. Nach und nach kam es zu einer ständigen, wenn auch in ihrer Zusammensetzung wechselnden

Präsenz hansischer Kaufleute in allen bedeutenden Handelsorten ihrer wirtschaftlichen Interessensphäre, von Novgorod bis zur französischen Atlantikküste. Neben den Wanderungen des Großkaufmanns, dessen Geschäfte sich über bedeutende geographische Entfernungen erstreckten, soll hier auch des bloß auf den kleineren regionalen Rahmen beschränkten Detaillisten gedacht werden; dem Hausierertum vor allem auf dem Land kam dabei eine nicht unbeträchtliche Stellung zu.

Wie der Handelsbetrieb, so gaben auch andere Berufe Anlaß zu oft weitreichenden Wanderungen. Da waren zunächst die jungen Leute, die ihre Bildung vervollkommnen wollten und zu diesem Zweck eine berühmte Klosterschule, vom 12. Jh. an auch eine der noch seltenen neu aufkommenden Universitäten besuchten. Da war weiter die am Rande der klerikalen Gesellschaft lebende Gruppe der Wandermönche, von denen oft nur ein geringer Abstand zur Welt der Gauner hinüberführte; da waren die Handwerker, die zum Zweck ihrer Ausbildung ebenfalls als Wandergesellen durchs Land zogen; da waren die Künstler jeder Art, deren Ruf ihnen Aufträge besorgte, die Troubadours, Trouvères und Minnesänger, die von Hof zu Hof, von Burg zu Burg, von Schloß zu Schloß, bald auch von Stadt zu Stadt ihre Poesie darboten wie die lombardischen, maasländischen und rheinischen Baumeister, welche die Romanik bis nach Polen und Schweden brachten. Es sei in dieser Hinsicht auch auf die Tätigkeit der Missionare hingewiesen, die von den tief romanisierten Landschaften des Westens oder vom weströmischen Gebiet aus den christlichen Glauben über ganz Europa verkündeten und zusammen mit ihm das, was von der antiken Kultur übrigblieb, den bekehrten Völkern vermittelten. Die Verbreitung der Zisterzienser von Frankreich aus war ebenfalls nicht nur unter dem Gesichtspunkt der Religion von Bedeutung, sondern manchmal auch für die Verbreitung der Stilformen der Gotik und der damit verbundenen Kulturentwicklung. Die Byzantiner brachten ihren Kirchenbau zusammen mit ihrer Konfession nach Rußland. Auch die Heterodoxie konnte beträchtliche Wanderungen verursachen, wie die der Waldenser in die Lombardei seit dem Ende des 12. Jh. Schließlich führten vorübergehende Ereignisse, wie Kriege und Seuchen, zeitweilige Wanderungen herbei: Bekanntlich enthält das „Decamerone“ des Boccaccio als literarisches Denkmal des Schwarzen Todes die Erzählungen, mit denen ein vor der Pest in die Umgebung der Stadt geflüchteter Kreis von Florentinern sich angeblich die Zeit zu vertreiben versuchte.

Entweder auf größere Entfernung oder im Rahmen einer Landschaft wies die mittelalterliche Gesellschaft ein beträchtliches Ausmaß an geographischer Mobilität auf. Insbesondere unter den letzten Wanderungen spielte der Zug der ländlichen Bevölkerung in die Stadt eine wichtige Rolle. In den folgenden Abschnitten wird auf die gesellschaftlichen Merkmale dieser beiden Wohnweisen näher eingegangen.

[1] *A. Bartha:* Hungarian Society in the 9th an 10th Century (1975).
[2] *C. Verlinden:* L'esclavage dans l'Europe médiévale (2 Bde., 1955–77), I, S. 214.
[3] *R. Fossier:* La terre et les hommes en Picardie jusqu'à la fin du XIIIe siècle (1968).
[4] *K. Hampe:* Der Zug nach dem Osten (1935).
R. Kötzschke u. *W. Ebert:* Geschichte der ostdeutschen Kolonisation (1937).
H. Conrad: Die mittelalterliche Besiedlung des deutschen Ostens und das deutsche Recht (1955).
F. Gause: Mittelalterliche deutsche Ostsiedlung (1969).
K. H. Quirin: Die deutsche Ostsiedlung im Mittelalter (1954).
[5] *H. E. Mayer:* Gesch. der Kreuzzüge (1965).
K. M. Setton (Hg.): A History of the Crusades (3 Bde., 1969–75).
[6] *R. Cessi:* Le colonie italiane medievali in Oriente (1942).

§ 5 Die Wirtschaft

1. Land- und Forstwirtschaft, Fischerei[1]

Unter den ökonomischen Aktivitäten des Mittelalters und der Zeit lange danach verdient die Landwirtschaft ohne Zweifel den Vorrang, und das nicht allein wegen ihres primären Charakters im Wirtschaftsprozeß. Bis vor relativ kurzer Zeit, bis die Verstädterung im Laufe der Industriellen Revolution ihre heutige Bedeutung erlangte, war sie für die Mehrheit der Bevölkerung in Europa die wesentliche Existenzgrundlage. Aber darüber hinaus war die Landwirtschaft eine Lebensfrage für die gesamte Gesellschaft, die ja nur einen sehr engen Sicherheitsspielraum der Hungersnot gegenüber hatte und für deren Wohlergehen die agrarische Produktion nahezu entscheidend war. Dies galt auch für diejenigen gesellschaftlichen Gruppen, die im sekundären oder tertiären Bereich tätig waren, denn jede Verknappung oder Teuerung im agrarischen Sektor machte das Überleben für viele, wenn nicht die meisten Menschen zu einem beängstigenden Problem. Sie beanspruchte in solch hohem Maße deren Einkommen für die Lebensmittelversorgung, daß sich die Lebensmittelkrise zu einer allgemeinen Krise in der Gesamtwirtschaft entwickelte[2].

In einer Welt, in der die übergroße Mehrheit der europäischen Bevölkerung innerhalb eines geographisch sehr begrenzten Horizonts lebte, war der Landbau normalerweise fast überall auf die Eigenproduktion der Grundernährung, d.h. auf Getreide ausgerichtet. Dieses wurde in der Form von Brot, aber auch von gebackenem Kuchen oder von gekochtem Brei aus plattgewalztem Korn verbraucht. Darüber hinaus war Korn ein unentbehrlicher Bestandteil bei der Herstellung von Bier, dem eigentlichen Volksgetränk in den kälteren gemäßigten Gebieten. Schließlich war Getreide auch Viehfutter. Nur Nomadenvölker, wie nacheinander die Hunnen und Awaren in Ungarn, und der kalte hohe Norden hatten anfangs als Grundlage ihrer Nahrung Fleisch- und Milchprodukte, die durch Jagd und Viehzucht beschafft wurden. Aber allmählich wurde das Nomadentum ausgewechselt gegen feste Wohnsitze mit Ackerbau und speziell Getreidekultur, wobei im Laufe der Zeit das Areal auch in Skandinavien und Rußland nach Norden ausgeweitet wurde, ohne übrigens die örtlichen Bedürfnisse decken zu können. Im späteren Mittelalter gab es in der Tat verschiedene Gegenden, die durch Einfuhr aus Überschußgebieten ihrem Verbrauch genügten, weil entweder ihre Bevölkerung größer war, als daß sie durch örtliche Produktion hätte versorgt werden können, oder auch weil die Produktion an Lebensmitteln zugunsten sich besser rentierender Kulturen beschränkt wurde. Dieser Fall war im besonderen gegeben in stark verstädterten Gegenden wie den maritimen Gebieten der Niederlande, in Katalonien sowie in den dichtbevölkerten Teilen Italiens.

Die Identifizierung der angebauten Getreidesorten stößt auf Schwierigkeiten. Einige davon sind sprachwissenschaftlicher Art. Das Quellenmaterial ist im allgemeinen lateinisch, und es ist nicht immer sicher, welchen Begriffen in den Volkssprachen die Benennungen entsprachen oder ob nicht auch in den Volkssprachen eine Bedeutungsverschiebung eingetreten ist. Darüber hinaus hat die Agrargeschichte lange Zeit, wie übrigens auch die gesamte Wirtschaftsgeschichte, ihr Hauptaugenmerk vor allem auf institutionelle Fragen gerichtet, und es gibt einen beklagenswerten Mangel an Vorstudien über viele Gegenstände der inneren Geschichte der Landwirtschaft.

Weizen, im besonderen der gewöhnliche oder weiche Weizen (*Triticum vulgare* oder *aestivum)* wurde in Gebieten mit strengem Klima nahezu nicht angebaut, z.B. in den slawischen Ländern oder in Skandinavien. Auch in Westeuropa fand er sich im frühen Mittelalter nur in beschränktem Maße. Weizen verlangt nicht nur fruchtbaren Boden und ein günstiges Klima, sondern ist darüber hinaus auch sehr anfällig für Pflanzenkrankheiten. Hat die Völkerwanderung der Germanen, für die der Weizen in der Antike nur einen bescheidenen Platz einnahm, vielleicht dazu beigetragen, die große Bedeutung, die er im Altertum hatte, zu vermindern? Wie dem auch sei, Meldungen von Weizen, die im Frühmittelalter relativ selten sind außer in Italien, wo die römische Tradition stärker nachwirkte, werden seit der Karolingerzeit zahlreicher, insbesondere als Bestandteil der Hörigenleistungen. Brot aus Weizen galt ja als das beste, und es ist nicht unwahrscheinlich, daß viele Bauern ihn anbauten, gelegentlich sogar auf Böden, die dazu wenig taugten, wie portugiesische Beispiele zeigen, ausschließlich um ihren Herren Genüge zu tun, die sie zur Abgabe von Weizen verpflichteten. Es muß ferner bemerkt werden, daß das Wort *frumentum* neben seiner spezifischen Bedeutung auch eine allgemeinere hat, worunter alle Sorten Getreide verstanden wurden. Nichtsdestoweniger scheint der Weizen seit dem 11. und 12. Jh. ansehnlich weiter vorgedrungen zu sein, sowohl in der Normandie als auch auf den Britischen Inseln, wo er bis hoch nach Schottland hinauf auf den besten Böden angebaut wurde, möglicherweise ein Zeichen dafür, daß höhere Erträge im Ackerbau einen solchen Luxus zuließen. Auf Kleiböden des heutigen Belgien gewann der Weizen nun an Feld gegenüber anderen Getreidearten, z.B. dem Spelz, wenn dieser auch besser Frost und Feuchtigkeit aushalten kann.

Spelz oder Dinkel *(Triticum spelta)* gedeiht auf minder fruchtbaren Böden und war im späten lateinischen Altertum nicht unbekannt, aber erfuhr erst mit der Germanischen Völkerwanderung eine stärkere Verbreitung. In der Karolingerzeit kamen Hörigenabgaben von Dinkel meist in der Ile-de-France vor, wie aus dem Polyptychon von Saint-Germain-des-Prés hervorgeht. Später wurde der Spelz allmählich auf ein Areal beschränkt, das sich von den Alpen bis ins Rheinland erstreckte und vom Osten Belgiens und den Vogesen bis nach Bayern. Harter Weizen *(Triticum durum)*, zum Brotbakken nicht geeignet, wohl aber für Kuchen und Nudelwaren, ist wahrscheinlich durch die Araber aus Nordafrika in die klimatisch verwandten Teile von Süditalien und Spanien gebracht worden und ist seitdem dort in Anbau geblieben. Andere *Triticum*-Sorten, Einkorn *(T. monococcum)* und Zweikorn oder Emmer *(T. dicoccum)*, waren in der Frühzeit des europäischen Ackerbaus verbreitet, aber wegen ihres geringen Ertrages im Mittelalter schon von den Äckern verschwunden.

Gerste *(Hordeum)* hatte im Ackerbau der Römer einen wichtigen Platz eingenommen. Ihre vielfältige Verwendung (als Korn für Brot und Brei, in der Bierbrauerei und als Viehfutter) und ihr Anpassungsvermögen an ganz verschiedene Arten von Klima machte sie beliebt. Sie widerstand der langen Trockenheit in der Mittelmeerzone und wegen ihrer kurzen Reifezeit den langen Wintern im Norden. Sie gehörte zu den am meisten verbreiteten Getreidesorten sowohl in Skandinavien, den schottischen Highlands und dem slawischen Gebiet als auch, nach dem Spelz, im Karolingerreich. Später wurde sie als Brotgetreide immer mehr durch den Roggen verdrängt, so daß ein gewisser Rückgang im Anbau anzunehmen ist. Gleichwohl konnte man ungefähr nach 1300 im Westen eine umgekehrte Tendenz feststellen, die wahrscheinlich in Zusammenhang steht mit einer Rückorientierung des Ackerbaus auf die Viehzucht hin, wofür man Futter benötigte, und auf die Produktion von Malz für die Brauerei, zwei Betriebe, wofür man eine größere Verbrauchselastizität voraussah.

Der Roggen *(Secale cereale)* war ein relativ junges Kulturgewächs, das in der römischen Welt zuerst von Plinius (gest. 79 n. Chr.) erwähnt wird. In einer nicht zu bestimmenden Zeit hatte er von Turkestan aus in der slawischen Welt und wahrscheinlich weiter in Germanien Eingang gefunden. Doch kam er hier am Beginn des Mittelalters noch nicht an Gerste und Dinkel heran und wurde erst später wegen seiner großen Winterfestigkeit und der befriedigenden Erträge auch auf mageren Sandböden die beliebteste Getreideart. Das gilt z. B. für den deutschen Osten, wo die einheimische Bevölkerung noch in hohem Maße slawische Anbautraditionen bewahrte. Während der großen Wanderung haben die germanischen Stämme den Roggen in ihren Siedlungsgebieten eingeführt bis nach Portugal und Italien, wo er sich indessen nicht hielt und im späteren Mittelalter in die Alpentäler zurückgedrängt wurde. Dagegen wurde sein Anbau außerhalb des Mittelmeerbeckens der vorherrschende, so in den Niederlanden und wenigstens auf geringeren Böden, z.B. in der Bretagne, im Zentralmassiv und dem Vorland der Pyrenäen in Frankreich. In England dagegen schrumpfte das Anbaugebiet für Roggen um die Jahrtausendwende zugunsten des Weizens. Ein Grund, warum Roggen im allgemeinen das vorherrschende Korn blieb, war sicherlich der in ländlichen Gegenden geltende Brauch, Brot für den eigenen Verzehr selbst zu backen: Roggenbrot bleibt länger frisch als das von anderen Getreidearten.

Ein wichtiger Konkurrent für den Roggen war im Mittelmeergebiet die Hirse *(Panicum miliaceum)*, die dort schon im Altertum nicht unbekannt war und vor allem in der Form von Kuchen verwendet wurde. Besonders geeignet für Länder mit einer warmen und trockenen Jahreszeit, wurde sie ebenfalls in den slawischen Ländern und in Deutschland kultiviert. Die Araber aber brachten die subtropische afrikanische Sorte *Sorghum* nach Spanien und spätestens im 9. Jh. nach Italien, wo diese Art gegen das 12. Jh. bis in den Norden der Halbinsel einen wichtigen Platz in der Nahrung der Armen bekam. Der Reis wurde ebenso mit Hilfe der Araber und möglicherweise auch von Byzanz aus in Europa eingeführt, anfangs in den bewässerten Gegenden von Sizilien und der Mittelmeerküste von Spanien, wo sein Anbau eine ansehnliche Verbreitung fand. Im 13. Jh. kam er auch nach Norditalien, wo vor allem die Poebene ein Anbaumittelpunkt wurde.

Der Hafer *(Avena sativa)* war dagegen in der Hauptsache beschränkt auf nördlichere Gebiete, in denen er wegen seines schnellen Wachstums sogar noch auf mageren Böden und noch nach einem langen Winter ausgesät werden konnte und auch nicht unter der Feuchtigkeit litt. Er kam als Nahrungsmittel für den Menschen zumeist als Brei vor, ausnahmsweise auch als Brotgetreide, aber er wurde auch ebenso oft wie Gerste in der Bierbrauerei verarbeitet. Im besonderen diente er als Pferdefutter, so daß sein Anbau, der noch in der Karolingerzeit eher bescheiden war, ansehnlich zunahm, je mehr das Pferd im Ackerbau Verwendung fand. Oft wurden verschiedene Getreidesorten im Gemenge ausgesät als sog. Mischkorn, d.h. als ein Gemenge von Weizen und Roggen, von Weizen und Gerste oder von Gerste und Hafer. Dadurch wollte der Bauer die Verluste einschränken, die das Winterwetter einer der Arten zufügen konnte. Nicht selten wurde auch der Schaden, den die schlechte Jahreszeit beim Wintergetreide angerichtet hatte, durch eine zweite Aussaat mit Sommerkorn derselben Sorte wiedergutgemacht.

Im mittelalterlichen Sprachgebrauch galten Hülsenfrüchte von feuchten Böden, besonders Bohnen, Erbsen und Linsen, ebenfalls als Korn *(blada minuta)*. Sie erweiterten die Versorgung mit Korn oder ersetzten es auch, vor allem in Teuerungsjahren[3]. Bohnenmehl wurde dann manchmal sogar zu Brot verarbeitet. Eine andere Hülsenfrucht, die Wicke *(Vicia)*, die meist zusammen mit Erbsen oder Hafer ausgesät wurde und an den Halmen des letzteren eine Stütze fand, war ein gewöhnliches Grünfutter für das Vieh, aber sie konnte in Zeiten höchster Not auch dem Menschen als Nahrung dienen. In den mühsamen Anfangsjahren der Klosterstiftung von Bernhard von Clairvaux (1115) aßen die Mönche Brot aus Gerste, Hirse und Wickenmehl. Im 13. Jh. wurde der Anbau von Hülsenfrüchten in England wichtiger, vielleicht weil sie, übrigens mit Recht, dafür angesehen wurden, den Boden fruchtbarer zu machen.

Für die Verwendung als Gemüse wurden Hülsenfrüchte sowohl auf dem Felde als auch in Gärten gewonnen. Die letzteren fehlten in Gebieten einer entwickelten Kultur bei keinem Ackerbaubetrieb. Bis auf einen einzigen bearbeiteten alle 43 Kötter von Westminster, die im „Domesday Book“ vorkommen, einen Garten. Man fand dort

Bohnen, Erbsen und Linsen, Rüben, Pastinaken, Gurken, Radieschen, Möhren, verschiedene Arten Kohl, Zwiebeln, Lauch usw. Gemüseeintopf war ein sehr volkstümliches Gericht. Sicher kamen in den Gärten der Klöster und der Angesehenen allerlei Kräuter vor, wie Anis, Petersilie, Senfsamen, Salbei, Fenchel und Dill, die neben oder anstatt von teueren Spezereien sowohl in der Küche als auch als Heilkräuter Verwendung fanden. Die antike Tradition, im Anfang des 6. Jh. durch den Traktat des Anthimus über die Ernährung überliefert[4], wirkte weiter, z. B. in Karls des Großen „Capitulare de Villis". Die Araber haben im Mittelmeergebiet den Spinat, vielleicht auch den Salat, die Endivie und die Melone eingeführt, die von dort ihren Weg weiter nordwärts fanden. Die meisten Arznei- und Küchenkräuter tragen übrigens im Spanischen Namen, die aus dem Arabischen stammen. Pilze wurden wild gesammelt, auch die Wasserkresse, aber spätestens seit dem 13. Jh. haben Mönche und Adelige die letztere in Wasserfurchen gezogen. Der Tisch wurde vervollständigt durch Obst: Äpfel, Birnen, Pflaumen, Pfirsiche, Kirschen, Walnüsse, Haselnüsse, Kastanien und Quitten waren seit der Antike bekannt. Bei Abteien und Burgen kamen gelegentlich Obstgärten vor, in denen in beschränktem Umfang Sorten veredelt wurden, und das „Capitulare de Villis" schrieb die Anpflanzung einer bestimmten Zahl von Obstbäumen auf den königlichen Landgütern vor, aber im allgemeinen wurde Obst bis an das Ende des Mittelalters als Wildobst geerntet. In vielen Gegenden, wo der Boden sich schlecht für Getreideanbau eignete, spielten Kastanien, in Norwegen und Schweden Haselnüsse eine wichtige Rolle in der Bauernnahrung. Obstsaft lieferte populäre Getränke. Im 13. Jh. überflügelte Apfelzider in der Normandie sogar das Bier. Vermutlich preßte man ihn von dieser Zeit an aus kultivierten statt aus wilden Äpfeln. Wahrscheinlich haben Tochtergründungen von Abteien der Normandie ihn damals ebenfalls nach England gebracht. Neben Feigen, Mandeln und Zitronen, die bereits vor dem Mittelalter im Mittelmeergebiet vorkamen, erschienen durch Vermittlung der Araber dort um die Jahrtausendwende die saure, im 14. Jh. die süße Apfelsine.

Die Weintraube war von den Römern über ihr ganzes Reich verbreitet worden[5]. Die Kirche, die für die Messe Wein benötigte, ging damit bis weit in den Norden, bis in die Niederlande und nach England. Klöster, die wegen des rauhen Klimas nur schwer auf eigenem Grund Wein anbauen konnten oder doch nur einen Wein von ungenießbarer Qualität, kauften im Frühmittelalter, manchmal in großer Entfernung, Weingärten in günstiger gelegenen Gegenden. Dazu wurde im späteren Mittelalter viel Säuerling getrunken, d.i. der grüne Saft von unreifen Trauben, dem manchmal Honig zugefügt wurde. Rohrzucker[6], spätestens seit dem 10. Jh. von den Mauren in Spanien und Portugal gewonnen, war für die Mehrheit der Verbraucher zu teuer. Die reichere Kundschaft war übrigens sehr für süßere Weine, sei es von der Iberischen Halbinsel, sei es aus dem Ostbecken des Mittelmeeres, also für den sog. griechischen Wein, der wegen des weiten Transportes sehr teuer war. Einige italienische, französische und deutsche Weine wurden seit dem 11. Jh., dank ihrer kommerziellen Verbreitung, weit bekannt. Der Anbau erweiterte sich, u.a. durch die Anlage von Terrassen auf den Hängen der Berge, und bewußt wurde nach einer weiteren Veredelung durch Reben aus berühmten Weingärten gestrebt. Übrigens war der Weinbau in den klimatisch weniger günstigen Gebieten rückläufig, während er in günstigeren neuen Gegenden, z.B. in Ungarn, sich jetzt erst Eingang verschaffte. Der Traubensaft wurde großenteils auch unmittelbar nach dem Keltern und vor der Gärung als schwach alkoholischer Most getrunken. Im „Capitulare de Villis" werden neben Weintrauben auch Tafeltrauben genannt, und in Spanien und Italien wurden Rosinen in den Handel gebracht.

Die Nachfrage nach Pflanzenöl war stark. Die kirchlichen Vorschriften verboten übrigens den Verbrauch von tierischen Fetten, wenn das Fastengebot galt. Öl diente dazu auch noch als Leuchtmaterial und als gewerbliches Schmierfett. Es wurde bis weit in den Norden aus Walnüssen gepreßt, wenn auch die Ernte je nach dem Wetter sehr wechselte. Im gemäßigten Klima wurden ölhaltige Pflanzen, z. B. Rapssaat und Mohn, wahrscheinlich auch im Feldanbau gewonnen. Aber im späteren Mittelalter wurde Olivenöl aus dem Mittelmeergebiet als qualitativ besser angesehen. Es blieb aber teuer wegen der hohen Kosten beim Anbau, der viel Raum fordert und erst nach zehn bis zwanzig Jahren Erträge zeitigt. Darum war dieser im allgemeinen auf größere, kapitalkräftige Betriebe beschränkt.

Unter den Industriepflanzen erlebten diejenigen, welche im Textilgewerbe verarbeitet wurden, die größte Verbreitung. Mit dem Ziel, möglichst gänzlich die Kleidung selbst herzustellen, bauten viele Bauern eine Partie Flachs an, oft in ihren Gemüsegärten, welche die schwere Düngung bekamen, die diese Pflanze fordert. Der Flachsanbau war über ganz Europa verbreitet: Seine kurze Vegetationsperiode als Sommerfrucht ließ ihn in jedem Klima gedeihen. Die Bauern waren übrigens regelmäßig zu Fronlieferungen an Flachs und zur Bezahlung eines Flachszehnten verpflichtet, und die Leinenweberei war vom Beginn des 14. Jh. ab einer der am meisten vorkommenden Nebenverdienste gewerblicher Art. Außerdem stand der Flachs den städtischen Textilhandwerkern zur Verfügung. Weil Flachs das vornehmste Industriegewächs war, schwankte sein Anbau in umgekehrtem Verhältnis zu den Getreidepreisen: Brachten diese Gewinn, so wurde der Anbau von Flachs zugunsten des Getreides beschränkt, so z. B. an der Mosel im 12. und 13. Jh. Dasselbe geschah beim Anbau von Hanf, den man vor allem für die Seilerei brauchte, und der seit den Wikingern sogar in Skandinavien Eingang fand. Die Mauren führten von Nordafrika aus den Anbau von Espartogras und von Baumwolle auf der Iberischen Halbinsel ein. Letztere kam dort in den Vegas der Küstenebenen zu großer Blüte.

Die vornehmste Farbpflanze für Blau war der Waid *(Isatis tinctoria)*[7]. Er wurde viel auf den Lehmböden angebaut, von der Picardie über Belgien bis ins Rheinland, einem Gebiet rühriger Textilindustrie, aber auch in Thüringen und um Toulouse. Rote Farbe wurde in der Hauptsache aus dem Krapp gewonnen *(Rubia tinctoria)*, vor allem in Flandern und Seeland, gelber Farbstoff aus Wau *(Reseda luteola)*, wofür Flandern und Nordfrankreich wichtige Ursprungsgebiete waren, oder aus dem Safrankrokus *(Crocus sativus)*, der gleichzeitig ein Küchengewürz war und rund um das Mittelmeer gedieh[8]. Tuche wurden gerauht, also faserig gemacht, mit Hilfe der Stachelköpfe der Kardendistel, die damals auch feldweise angebaut wurde.

Für die mittelalterliche Landwirtschaft war wüster Boden mit Einschluß von Wäldern *(pascua)* nicht zu entbehren. Er bedeckte im Frühmittelalter noch den größeren Teil des europäischen Areals. Polen bestand etwa um 1000 noch ungefähr zur Hälfte aus Urwald. Trotz der allmählichen Rodung blieb noch viel bestehen. Der Wald lieferte Bauholz, den festen Bestandteil der meisten Behausungen und das Material, woraus Möbel und viele Werkzeuge angefertigt wurden. Das Holz führte zu einem wichtigen Handel, namentlich in die Städte und holzarmen Gegenden, wie die Marschen an der Nordseeküste. In der Hauptsache flößte man es auf Strömen und Flüssen. Holz war ferner der wichtigste Brennstoff. Um den Transport zu erleichtern, wurde es oft, u.a. mit Rücksicht auf die Metallverarbeitung, vorher zu Holzkohle gebrannt. In jedem Waldgebiet von Bedeutung fanden viele Menschen durch dieses Gewerbe eine Existenzmöglichkeit. Ferner lieferte die Rinde vieler Bäume, vor allem der Eiche, Gerbstoff für die Lederindustrie.

Darüber hinaus war der Wald das eigentliche Gelände für die Jagd[9], den beliebten Sport der höheren Stände, die gleichzeitig, speziell die Jagd auf Großwild wie Hirsch, Wildschwein und Bär, als Vorbereitung für das Kriegshandwerk galt. Junge Leute aus dem Herrenstand wurden systematisch darauf vorbereitet, und Jagdhunde oder Falken wurden als Geschenk sehr geschätzt. Aber die Jagd war auch aus wirtschaftlichen

Gründen nötig. Sie schützte die Feldfrüchte vor Verwüstung und das Vieh gegen die Angriffe wilder Tiere. Das Fleisch einiger Wildsorten war eine Bereicherung des Tisches, und das war ein Grund, warum die Abgabe von Wild oft als Fronpflicht vorkam. Das Einfangen wilder Bienenschwärme verschaffte Honig und Wachs. Auch Leder und Pelze erbrachte die Jagd. Leder fand vielfältige Verwendung, u. a. als Kleidung, und Pelze waren in der mittelalterlichen Mode ebenso wichtig. Pelze von verschiedensten Wildsorten, von Eichhorn und Hermelin bis zu Fuchs und Bär, gehörten zu den begehrtesten Ausfuhrartikeln in Rußland und Skandinavien, wo die spärliche Bevölkerung noch weniger als anderswo die ungeheuer ausgedehnten Wälder hatte antasten können[10].

Im Frühmittelalter konnte jedermann jagen, wenn auch bestimmte Waldungen schon damals dem Fürsten vorbehalten waren, vor allem für die Jagd auf Großwild, das augenscheinlich selten wurde. Das war in größerem Maße in West- und Mitteleuropa der Fall, wo die großen Urbarmachungen die Ausdehnung der Wälder merkbar verringerten. Immer mehr Wald wurde exklusives Jagdgebiet *(forestis)* von Fürsten und anderen Herren. Außerdem eigneten diese sich seit dem 10. oder 11. Jh. einen allgemeinen Wildbann auf Großwild an. Das gewöhnliche Volk behielt bis zum Ende des Mittelalters das Jagdrecht auf Kleinwild und durfte auch, wenigstens außerhalb der reservierten Jagdgründe, schädliche Tiere verfolgen, z.B. Wölfe, die noch bis über das Mittelalter hinaus, besonders in strengen Wintern, eine gefürchtete Plage blieben[11].

Schließlich wurde der Wald auch als Weidegrund für das Vieh gebraucht, z. B. für die Schweinemast: Nicht selten wurde die Größe eines Waldes durch die Anzahl von Schweinen ausgedrückt, die dort an Gras, Eicheln und Bucheckern ihr Futter finden konnten. Die Weide von Schweinen, Ziegen und Schafen bedrohte allerdings den Waldbestand, da die Tiere auch an die jungen Stämme herangingen. Das war seit der Jahrtausendwende häufig, als die landwirtschaftlichen Betriebe und damit auch das Vieh zahlreicher wurden. Das Weiderecht wurde also schärfer angewendet zu Zeiten, in denen viel gerodet wurde und der Holzbedarf bei dem Anwachsen der Bevölkerung auch außerhalb des agrarischen Sektors zunahm. Die hohen Preise für Waldland in dichtbevölkerten oder metallverarbeitenden Gegenden des Westens um 1300 sind ein deutlicher Beweis für den Mangel an Holz.

Die antike Vorstellung, daß Wälder der Gemeinschaft gehörten, die durch den Fürsten vertreten wurde, war auf das Frühmittelalter übergegangen. Die germanischen Könige hatten große Stücke an die Kirche und die Großen abgegeben, und mit dem Durchbruch des Feudalismus waren andere vom Adel usurpiert worden. Aber nach altem Brauch machten die Bauern auch weiterhin vom Wald Gebrauch. Um die Vernichtung des Waldbestandes zu vermeiden, wurde der Wald in vielen Fällen an die Bauerngemeinschaft verteilt, die ihren Anteil zu vollem, unbelastetem Eigentum erwarb, und an die Herren, die ihre Waldungen der Nutzung durch die Bauern entzogen *(afforestatio)*. Außerdem wurde von nun an das Weiderecht rationeller angefaßt. Besonders Tiere, die Schaden anrichteten, wie Ziegen und Schafe, wurden nicht mehr in die Wälder gelassen oder ihre Zahl bzw. die Weidezeit im Wald beschränkt. Um den Vorrat an Bau- und Brennholz zu sichern, war der Wald, damit nicht überall die schönsten Bäume und das beste Unterholz geschlagen wurden, in Bezirke eingeteilt, die in einer bestimmten zeitlichen Abfolge im gesamten abgeholzt werden konnten. Nicht selten wurde eine weitere Rodung von Waldungen verboten. Diese Maßnahmen stießen aber auf heftigen Widerstand seitens der kleinen Bauern, die darunter sehr litten, weil ihre Betriebe zu klein waren, um ohne das Recht auf Waldweide Vieh zu halten.

Kultivierte Wiesen *(prata)* waren im übrigen selten. Sie machten z. B. bei den Ländereien von Saint-Germain-des-Prés in der Karolingerzeit nicht einmal 2 % aus. Sie gehörten zu den Betrieben von Einzelbauern, und man erntete auf ihnen zuerst Heu und trieb danach das Vieh darauf. Sie waren relativ teurer als Ackerland, weil Heu im wesentlichen das einzige Futter war, womit das Vieh überwintern konnte. Ferner verfügte die Viehzucht über Heiden und Niederungen, in denen Besitz und Nutzung in derselben Weise wie bei den Wäldern geregelt waren. Brachliegendes Ackerland wurde ebenso durch das Vieh der ganzen Dorfgemeinschaft abgeweidet. Auf dem Grundbesitz von Saint-Germain-des-Prés war die Allmende kurz nach dem Jahr 800 37mal ausgedehnter als die *prata* der Abtei und der Hörigen, und im maurischen Spanien soll der Kulturboden nur ein Drittel der Gesamtfläche betragen haben. Aber auch die Allmende bekam die Folgen der großen Urbarmachungen vom 11. bis zum 13. Jh. zu spüren, und gegen eine Überzahl von Vieh wurden wie beim Wald Maßregeln getroffen: Verteilung der Allmende zwischen dem Herrn und seinen Hörigen, Beschränkung des Weiderechts auf die damalige Dorfgemeinschaft und deren Nachkommen unter Ausschluß später dazugekommener Betriebe, Festsetzung der Zahl der Tiere, die darauf zugelassen wurden, meistens im Verhältnis zur Größe der verschiedenen Bauernhöfe.

Diese Regelungen weisen deutlich auf die Bedeutung der Viehzucht für die Bauern hin. Wie noch heute in bestimmten Gesellschaften in Übersee wurde der Reichtum, z.B. bei den Slawen im Früh- und Hochmittelalter, lieber in der Stückzahl an Vieh als durch die Größe des Grundbesitzes ausgedrückt, und die jahrhundertelangen Raubzüge von Christen und Mauren in Spanien hatten vor allem die gegenseitigen Viehherden als Beute im Auge. Die Viehzucht war im übrigen eine wichtige Vorbedingung für den Ackerbau. Sie lieferte den meisten Dünger für das Ackerland. Allerdings haben Auslese und Zuchtwahl durch die Jahrhunderte hindurch das Aussehen der mittelalterlichen Arten bedeutend verändert. Da das Vieh eines Dorfes gewöhnlich durcheinander auf den gemeinen Gründen weidete, pflanzte es sich vorwiegend rein zufällig fort. Dazu hatte der Mangel an guten Weidegründen zur Folge, daß das Vieh gewöhnlich mager blieb, was den geringen Platz des Fleisches in der Nahrung der kleinen Leute mit erklärt. Übrigens wurde das Fleisch im allgemeinen gepökelt oder auf andere Weise konserviert, weil das meiste Vieh bei dem Mangel an Futter vor Eintritt des Winters geschlachtet wurde (November = „Schlachtmonat"). Ebenso wurden die Milchprodukte, die während der guten Jahreszeit anfielen, zu einem großen Teil zum Verbrauch während der kalten Jahreszeit aufbewahrt.

Für den größten Teil Europas war das Schwein das eigentliche Fleischtier: Bei seinem schnellen Wuchs ist es früh schlachtreif, und als Allesfresser stellt es keine hohen Ansprüche an das Futter. Es stand damals nach den auf uns gekommenen Bildern mit seinem langen Rüssel und den spitzen Ohren seinen wilden Vorfahren noch viel näher als heute, und zur Zeit der Waldweide wurde es regelmäßig mit dem verwandten Wildschwein gekreuzt, obwohl viele Herren ihre Hörigen verpflichteten, für die Zucht gegen Bezahlung ihren Eber zu benutzen. Gegen die Gefahr von Raubtieren wurden die Schweine oft in Gemeinschaft gehütet und nachts in einen Pferch getrieben. Auch in den Städten wurden Schweine gehalten, wenn man auch aus hygienischen Gründen seit dem 13. Jh. mit Maßregeln dagegen vorging. An vielen Orten behielten nur die Bettelorden das Recht, ihre Schweine auf der Straße umhertreiben zu lassen, wo sie sich am Abfall gütlich taten. Ziegenfleisch galt als von minderer Qualität, aber Ziegen halfen dem Mangel an Milch und Milchprodukten ab, vor allem im Mittelmeergebiet, das schon seit der Antike seinen Wald verloren hatte.

Weiter noch war die Schafzucht verbreitet; aus rituellen Gründen deckte das Schaf bei Mohammedanern und Juden statt des Schweines den Fleischverbrauch. Aber es war von noch größerer Bedeutung für die Industrie. Es lieferte Leder und Pergament. Vor allem aber die Wollindustrie war die wichtigste und am meisten verbreitete in der mittelalterlichen Gesellschaft[12]. Der Verbreitung der Schafzucht kam die Anspruchslosigkeit dieser Tiere sehr entgegen. Sie fanden ihr Futter in Wald und Heide, auf Grasland bis hoch in die Gebirge hinauf und sogar in dem noch salzhaltigen Pflanzenbewuchs längs der Nordseeküste auf den der See abgerungenen Schoren. Im rauhen Klima von Island und Grönland war die Schafzucht ziemlich die einzige Form der Landnutzung.

Mehr als anderswo blühte die Schafzucht in England und Spanien. Die ausgedehnten Grasflächen der Britischen Inseln lieferten seit dem 12. Jh. nach Flandern und Brabant, die damals die Hauptgebiete der europäischen Tuchindustrie waren, eine Wolle, von der einige Sorten nach damaliger Auffassung die feinste Qualität hatten. Sie wurde in der Hauptsache produziert auf den ausgedehnten Landgütern der Kirche, z.B. des Bischofs von Winchester, dessen Betriebsrechnungen vorbildlich ausgewertet wurden, oder von Abteien, vor allem denen der Zisterzienser, deren Stiftung bis in die Jahre zurückging, in denen die niederländische Industrie großenteils sich auf englische Wolle umstellte. Die Zisterzienser scheinen sich von Anfang an auf Wollerzeugnisse spezialisiert zu haben. Als im Jahre 1273 die englische Krone wegen eines Handelskonfliktes mit Flandern den Wollhandel unter Kontrolle gestellt hatte, wurden mehr als 5400 Tonnen Wolle ausgeführt. Gerade in dieser Zeit begann England auf der Grundlage seiner eigenen Wollproduktion rasch seine eigene Tuchindustrie zu entwickeln.

In Spanien war der Aufschwung der Schafzucht gleichfalls zum Teil dem Klima zu danken. In ausgedehnten Teilen der Halbinsel behinderten trockene Sommer einen geregelten Ackerbau ohne teuere Bewässerungsanlagen, deren Einrichtung die Unsicherheit des *Reconquista*-Kampfes natürlich nicht förderlich war. Der versengte Boden wurde das Weidegebiet des Merinoschafes, das wahrscheinlich im 12. Jh. aus Nordafrika eingeführt wurde und dessen feine krause Wolle in zunehmendem Maße sowohl in die Niederlande als auch nach Italien ausgeführt wurde, da die englische Wolle allmählich seltener wurde. Wie viele Viehzuchtgebiete, so kannte Spanien schon in der westgotischen Zeit die Transhumanz, d.h. die saisonbedingte Wanderung des Viehs von der tiefgelegenen Winterweide nach den frischeren Bergweiden im Sommer. Die Wiedereroberung der *Meseta* durch die Christen schloß die Mauren davon aus und machte es den Kastiliern und den Aragonesen möglich, aufs neue die Transhumanz auszuüben. Seit dem Ende des 12. Jh. bekamen örtliche Vereinigungen von Schafzüchtern dazu die Erlaubnis. Wenn auch das Ackerland davon ausgeschlossen blieb, fügten die großen Herden auf ihren Zügen, die manchmal eine Entfernung von Hunderten von Kilometern erreichten, großen Schaden zu. Das führte im 13. Jh. zu Konflikten mit den Bauern, die Anspruch darauf erhoben, ihre Allmende für eigene Nutzung zu behalten. Aber der Versuch scheiterte, weil die geistlichen Ritterorden, viele kirchlichen Einrichtungen und der hohe Adel, die in großem Umfang Schafzucht betrieben, für ihre Interessengruppen, die *Casa de Ganaderos* in Aragon und die verschiedenen regionalen *Mestas* in Kastilien, die Unterstützung beider Kronen bekamen. Im Jahre 1273 wurden die kastilischen *Mestas* zu einer einzigen *Mesta* vereinigt, die beauftragt wurde, die Transhumanz zu reglementieren. Ihre Befugnisse wurden im Jahre 1347 noch erweitert. Kastilien entschloß sich damit unverkennbar für eine Landwirtschaft, die sich auf die Schafzucht stützte. Unvermeidlich auch hatten die Zerstörungen, die das Vieh anrichtete, eine Abnahme des Waldes und des Ackerbaus zur Folge[13]. Dasselbe geschah im Königreich Neapel, wo Kaiser Friedrich II. der Transhumanz zwischen dem Apennin und dem Tavoliere, der Küstenebene an der Adria, feste Formen gab, um von den durchziehenden Herden an den dazu aufgestellten Zollstationen Steuern zu erheben. Transhumanz auf kurze Entfernung kam natürlich in vielen Gebirgslanden vor, so in Siebenbürgen, den Alpen und anderswo und das nicht allein bei Schafen, sondern auch beim Rindvieh.

Die Rindviehzucht lieferte weniger Fleisch als die von Schweinen und Schafen, aber erzielte um so mehr Butter und vor allem Käse. Schon im Mittelalter war der Käse aus

England, Holland, Flandern, aus dem Alpengebiet und anderen Gebirgen, wo Transhumanz geübt wurde, berühmt. Darüber hinaus war Rindvieh, meistens Ochsen, aber manchmal auch Kühe, bis zu Gespannen von acht Stück, bis ans Ende des Mittelalters das übliche Zugtier des Bauern. Schließlich lieferte das Schlachtrind auch Häute an die Lederindustrie. Kein Wunder, daß die germanischen Volksrechte des Frühmittelalters das Rind, den vornehmsten Reichtum wenig entwickelter Völker, in besonderer Weise schützten. Unterworfene Völker wurden zu Schatzungen in der Form von Rindvieh verpflichtet, z.B. die Sachsen an den fränkischen König Chlotar I. (511–58) zu einer Abgabe von jährlich 500 Kühen. Steuern, in Schottland und Irland im 11. und 12. Jh. auch gerichtliche Bußen, wurden durch Lieferungen von Rindern bezahlt. Viele Herren hielten einen Stier, und ihre Hörigen waren verpflichtet, gegen Geld ihre Kühe von ihm decken zu lassen.

Trotzdem holte das Rindvieh zahlenmäßig das oben geschilderte kleinere Vieh nicht ein. In einer Situation, in der Futter relativ knapp blieb, lieferten Schweine viel schneller Fleisch und Schafe außer dem Fleisch noch Wolle. Als die großen Rodungen die Futterbasis einschränkten, drohte der Rinderviehzucht viel größere Gefahr als den anderen Tierarten, und das in einer Zeit, wo in den aufkommenden Städten ein Kern von wohlhabenden Bürgern einen reicheren Markt an Fleisch von guter Qualität und Milchprodukten erwarten ließ. Diesem Mangel half das Aufkommen von Betrieben ab, die sich bis zu einem gewissen Maße auf Rindviehzucht spezialisierten. Herrengüter oder Hörigengehöfte, die speziell solche Erzeugnisse lieferten *(vaccariae*; in Oberdeutschland Schwaigen), kamen schon vorher hier und da vor, aber ihre Zahl vervielfältigte sich seit dem 12. Jh., besonders in dazu geeigneten Gegenden wie den Marschen. Dort nahmen Rinder den Platz von Schafen ein, nachdem die salzhaltigen Schoren zum größten Teile in künstlich angelegtes Grasland verwandelt waren. Dasselbe geschah im Gebirge, wo die Hanglage Anlage und Nutzung der Äcker erschwerte.

Zu Beginn des Mittelalters diente das Pferd in erster Linie als Reit- und Packtier. Das Reitpferd blieb allgemein im Gebrauch für Reisen und Züge über schlechte Landwege, wozu noch die relativ große Schnelligkeit kam, die es erreichen konnte. Die militärische Rolle des Pferdes bei den Einfällen nomadischer Völker wie der Hunnen und Awaren in Europa brachte die slawischen Völker dazu, ihre Reiterei zu entwickeln. Der Druck dieser Völker auf die Germanen und dann wieder der Druck der Germanen auf das Römerreich brachte immer wieder eine Umstrukturierung der betreffenden Kriegsmächte mit dem Akzent auf der Reiterei zustande. Die Eroberungen der Araber in Europa hatten ebenfalls einen so großen Erfolg, weil sie sich auf eine übermächtige Kavallerie stützen konnten. Ihre Schnelligkeit wurde durch den Gebrauch des Steigbügels gefördert. Dieser wurde seit der Karolingerzeit im Westen übernommen, verbreitete sich aber erst allgemein im 12. Jh. Er hatte eine wichtige Veränderung im Kriegswesen im Gefolge: Der festere Sitz, den er verbürgte, gestattete dem Reiter, die Stoßlanze zum Angriff zu benutzen, und diese Taktik führte dann wiederum dazu, daß man sich durch das Tragen eines Plattenpanzers dagegen zu schützen suchte. Seit etwa 900 verbreitete sich, ebenfalls von Asien ausgehend, der Beschlag mit Hufeisen, wodurch das Pferd besser gegen die harte Bewegung des Galopps ausgestattet wurde.

Der Bedarf an Streitrossen erklärt auch ihre hohe Zahl auf den karolingischen Gütern in Nordfrankreich am Anfang des 9. Jh. Das Inventar von Annappes bei Lille z.B. zählt 72 Pferde gegenüber 86 Kühen, die Kälber nicht mitgerechnet. Zweihundert Jahre nachdem ihnen eine Abgabe von jährlich 500 Kühen auferlegt war, verpflichtete Pippin der Kurze die Sachsen zu einer jährlichen Schatzung von 300 Pferden. Angesichts seiner militärischen Bedeutung suchte man, z.B. im „Capitulare de Villis", bewußt nach einer Qualitätsverbesserung des Pferdes durch Kreuzung mit orientalischen Rassen, die wegen ihrer Schnelligkeit berühmt waren. Das tat man auch, als die Ritter zu schwerer Panzerung übergingen und deswegen schwerere Pferde verwendeten: So blieben diese gut wendbar für die schnellen Bewegungen in Gefecht und Turnier. Die Zucht von Streitrossen wurde von jetzt an eine Spezialität für die Küstenebenen an Nordsee und am Kanal, von Dänemark bis zur Normandie. Natürlich blieben auch leichte Pferde im Gebrauch; z. B. zogen Damen Zelter vor wegen ihrer sachten Gangart. Zum großen Teil pflanzten auch jetzt noch die Pferde sich in freier Wildbahn fort. Von Zeit zu Zeit suchte man unter den Pferden die besten Füllen aus, fing sie mit dem Lasso und dressierte sie. Anderswo hielt der Fronherr einen Hengst, und man verpflichtete die Bauern, von ihm ihre Stuten decken zu lassen.

Inzwischen hatte das Pferd seinen Eingang in die Landwirtschaft gefunden. Wenn auch schon im Salischen Gesetz Zugpferde vermeldet werden, so waren sie damals gewiß noch die Ausnahme, weil ihre Bespannung noch sehr unzweckmäßig blieb, im Gegensatz zu der der Ochsen. Bei diesen lag das Joch auf den Hörnern und dem Stirnbein in der Verlängerung des Rückgrats, so daß die ganze Kraft des Tieres auf dies letztere übertragen wurde. Der schräge Stand des Halses macht dies beim Pferd unmöglich. Darum wurde das Joch an einem Lederriemen rund um den Pferdehals befestigt, wodurch aber jede Anstrengung einen Druck auf die Luftröhre ausübte und darum das Atemholen erschwerte. Der aufgerichtete Hals, der auf antiken Darstellungen dem Pferde eine besonders edle Pose gibt, war in Wirklichkeit ein Reflex der Selbsterhaltung. Das unvollkommene Geschirr beschränkte die Zugkraft des Pferdes auf etwa 250 Kilo und erklärt gleichzeitig, weshalb, wie es aus der Ikonographie hervorgeht, stets mindestens ein Zweigespann sogar für leichte Wagen nötig war.

Die Lösung des Problems kam zum einen durch das Bespannen mit einem breiten Brustriemen, wie er auf einer irischen Skulptur zu sehen ist, die wahrscheinlich aus dem 8. Jh. stammt. Vor allem aber kam ein Joch aus Holz hinzu, das auf dem Widerrist des Pferdes ruhte und mit einer Füllung versehen war, um Quetschungen zu vermeiden. Damit konnte das Pferd vier- oder fünfmal mehr Kraft ansetzen als mit der früheren Schirrweise. Die älteste Abbildung eines solchen Jochs ist eine karolingische Miniatur, die um 800 entstand. Schon Jahrhunderte vorher in China bekannt, ist es wahrscheinlich asiatischen Ursprungs. Seine Bezeichnung in europäischen Sprachen weist darauf hin, so das englische *hames*, das niederländische *haam* wie das russische *khomot* und das deutsche *Kumt* oder *Kummet*. Auch die Begriffe für das um seiner größeren Gefügigkeit willen kastrierte Pferd sowohl im Deutschen *(Wallach)* als im Französischen (*hongre*, vgl. *Hongrie*, abgeleitet vom Volksnamen der Onoguren, die ursprünglich im Altaigebiet saßen) weisen auf eine Herkunft aus dem Osten. Nach einer anderen Meinung soll das Kummet in Skandinavien entstanden sein, wo das Rentier wegen seines hinderlichen Geweihs und seines ebenfalls schrägen Halsstandes auch nicht in ein Joch gespannt werden konnte[14].

Wie dem auch sei, der Verwendung von Pferden als Zugtier in der Landwirtschaft standen doch bestimmte erschwerende Umstände im Wege. Zunächst konnten Ochsen, wenn sie als Zugtiere ausgedient hatten, geschlachtet werden, während Pferdefleisch, vielleicht ausgenommen bei den Slawen, selten verzehrt wurde. Vor allem aber bedeutete das Futter für das Pferd einen Einbruch in den schmalen Spielraum, der zwischen den Produktionsmöglichkeiten und den Nahrungsbedürfnissen des Menschen bestand, denn für das Pferd war relativ viel Getreide erforderlich. Die Lösung schien in der Dreifelderwirtschaft zu liegen, bei der die wirklich nützliche Bodenfläche für die Landwirtschaft erweitert wurde. Aber diese Art des Ackerbaus paßte wenig für das Klima am Mittelmeer, so daß das Pferd dort nicht so einfach als Zugtier übernommen werden konnte wie anderswo in Europa, wo die Bauern gegen das 13. Jh. in großem Umfang von seiner Kraft und Schnelligkeit bei der Arbeit profitierten. Auf einem Poldergehöft nördlich von Brügge wurde jeweils ein Pferd von 1325 bis 1334 für 3 bis 6 ha, auf den

Ländereien von Merton College in Oxford von 1334 bis 1336 für 10 ha mit Einschluß des Brachlandes und für 6 1/2 ha ohne dieses verwendet.

Für die Zone um das Mittelmeer mit ihren versengten Sommerweiden und ihrem geringeren Ertrag an Hafer wurden die im Futter weniger anspruchsvollen Esel, Maulesel und Maultiere als Reit-, Zug- und Lasttiere geschätzt. Andalusische Maultiere besorgten den Transport im Troß der arabischen Kriegszüge, und dem Gebiet um Granada war um das Jahr 759 eine Schatzung von 50 000 Pferden und ebensoviel Maultieren pro Jahr auferlegt. Esel waren die übliche tierische Hilfe für den kleinen Mann.

Das Inventar der landwirtschaftlichen Betriebe verzeichnete allgemein auch Geflügel. Fleisch und Eier von Hühnern nahmen einen wichtigen Platz in der Ernährung ein und zählten zu den allergewöhnlichsten Abgaben der Hörigen. Im Jahre 893 betrugen diese für die Abtei Prüm in der Eifel mindestens 4000 Hühner und 20 000 Eier pro Jahr. Wegen ihres feinen Geschmacks waren kastrierte Hähne, sog. Kapaune, besonders begehrt. Man hielt ferner viele Tauben, obgleich sie Saat und Ernten in einer weiten Umgebung sehr beeinträchtigten. Deshalb waren Tauben oft nur für die Herrenschicht und für Bauern mit einem ausgedehnten Betrieb zugelassen. Enten wurden wenig gezüchtet, Gänse um so mehr, in Scharen, die von Kindern, manchmal auch von Hörigen im Frondienst gehütet wurden. Gänseleber von Tieren, die forciert gemästet wurden, war ebenfalls schon eine bekannte Leckerei. Schwäne, Pfauen, Kraniche und Reiher wurden in reichen Haushaltungen verwendet und bei den Festmählern aufgetischt.

Schließlich gab es noch die Bienenzucht. Honig war der gewöhnliche Süßstoff der kleinen Leute, auch als Zugabe zu allerlei Getränken, z.B. bei Wein und Bier. Durch Vermischung von Honig mit gekochtem Wasser bekam man das ganze Mittelalter hindurch ein sehr volkstümliches Getränk, besonders in Osteuropa. Die germanischen und keltischen Volksrechte enthielten einen besonderen Schutz gegen Diebstahl von Immenkörben und -schwärmen. Bienenkörbe kamen in zahlreichen Landwirtschaftsbetrieben vor. Sie wurden regelmäßig in Wäldern und in der Heide ausgesetzt. Bei der Entwicklung der Gutsherrlichkeit eigneten sich die Herren das Recht auf alle wilden Bienenschwärme an. Nachdem das wüst liegende Land verteilt war, konnten die Bauern für sich selbst die Schwärme auf ihrem Anteil fangen: Üblicherweise gehörten sie dem Finder. Hörigenabgaben an Wachs waren besonders zahlreich auf Besitzungen der Kirche, anscheinend vor allem als Material für Siegel und zu dem Zweck, Kirche und Kloster zu beleuchten: Bienenwachs brannte angenehmer als Kerzen aus Talg oder anderem Material. Die Abtei Corbie erwartete im 9. Jh. jährlich 600 Pfund Wachs aus ihren Gütern. In den spätmittelalterlichen Städten waren die Handwerker bei ihrer Aufnahme in die Zunft gewöhnlich verpflichtet, ein Quantum Wachs für das Licht in der Gildekapelle zu schenken.

So wichtig sie auch war, kam die Viehzucht im landwirtschaftlichen Betrieb erst an zweiter Stelle, abgesehen vom hohen Norden. Die asiatischen Halbnomaden setzten am Ende ihrer Wanderung in Ungarn und den benachbarten Gebieten noch einige Zeit ihre Lebensweise fort und wanderten in der günstigen Jahreszeit mit ihrem Vieh umher, bezogen aber im Winter Quartier, in dessen Umgebung sie das Land bebauen ließen. Allmählich kamen sie zu festen Siedlungen, bei denen Ackerbau vorherrschte. Die Methoden des mittelalterlichen Ackerbaus waren sehr verschieden[15]. Selbstverständlich waren sie von den natürlichen Gegebenheiten und von der kulturellen Entwicklung abhängig. Für alle aber galt als fundamentales Hindernis der Mangel an Dünger. Er verhinderte, daß ein ausgedehnter Bereich an Ackerland dauernd fruchtbar gehalten werden konnte. Die gemeine Weide, bei der die Äcker der gesamten Dorfgemeinschaft während der Zeit, in der sie keine Frucht trugen, vom Vieh aller ihrer Mitglieder abgegrast und mit ihrem Kot gedüngt wurden, war am wenigsten dazu angetan, diesem

Mangel abzuhelfen. Die Bauern konnten außerdem den Stallmist aus ihrem eigenen Betrieb verwerten. Sie streuten in ihren Ställen oder in den Gehegen draußen, in denen sie ihr Vieh unterbrachten, Stroh, Heidekraut, trockene Blätter oder Plaggen, die sie mit Dung durchtränken ließen und auf die Äcker brachten. Sie konnten schließlich, wo sich die Gelegenheit bot, Kalk, Mergel, Torf oder in Seenähe Tang auf das Ackerland streuen und unterpflügen, aber nur selten in genügender Menge. Deshalb sah man ziemlich überall Perioden vor, in denen man das Feld brach liegen ließ.

Eine der ursprünglich am meisten verbreiteten Methoden, die Feldgraswirtschaft, die auf die Anfänge des Ackerbaus zurückging, bestand darin, die nötige Menge Ackerland durch Rodung des wüsten Bodens zu gewinnen und ein Jahr oder länger, solange es genügende Erträge aufbrachte, zu bebauen, wonach es brach liegenblieb, bis der Prozeß sich wiederholte. Inzwischen wurden andere Stücke Land unter den Pflug genommen. Ein solcher Zyklus konnte von verschiedener Dauer sein, je nach der Fruchtbarkeit des Bodens und den Bedürfnissen der Bevölkerung. In Rußland z.B. kam der gesamte Grund und Boden des Dorfes im Laufe von sechzehn Jahren abwechselnd ein Jahr an die Reihe. In Ungarn versuchte man seit dem 11. Jh., den Ertrag des beackerten Bodens dadurch zu erhöhen, daß man vor der Urbarmachung Vieh darauf hielt. Eine Variante dieses Systems war, natürlich nur in ausgedehnten Waldgebieten, daß man Akkerland gewann, indem man den Wald verbrannte und die Asche als Dünger verwendete *(Brandwirtschaft, Schwenden)*. In der Eifel wurde gegen 1300 der Wald stückweise alle sechs bis zehn Jahre abgebrannt. Man konnte allerdings mit einer solchen Kultivierungsmethode im allgemeinen nur eine einzige gute Ernte erzielen; dann verwilderten die Äcker wieder.

Verbreitet war ebenfalls die uralte Einfeldwirtschaft. Bei ihr wurde eine kleine Fläche Ackerland, in erster Linie der beste Boden in der Nähe der Niederlassungen der Bauern, durchgehend bearbeitet. In Nordwestdeutschland und den östlichen Niederlanden wurde der Acker ununterbrochen mit Roggen bestellt. Dafür bekam der Boden nicht nur allen verfügbaren Mist, sondern auch noch Plaggenhumus, der auf ungerodetem Land gestochen wurde. Die Ernte konnte dadurch gesteigert werden, daß man neben den beständigen Äckern *(Dungland, infield, terres chaudes)* eine Zeitlang auch Stücke wüsten Bodens *(Wildland, outfield, terres froides)*, aber diese ohne Düngung, bearbeitete. Das war die am meisten verbreitete Methode z.B. in Schottland und in Irland, aber auch in anderen Gegenden mit magerem Boden, wo es keine demographischen oder andere wirtschaftlichen Stimulantien gab. Feldgraswirtschaft und Einfeldwirtschaft waren vor der großen Völkerwanderung die gewöhnlichen Ackerbaumethoden in den germanischen und slawischen Ursprungslanden. Sobald die Bevölkerung zunahm, ein höherer Lebensstandard erreicht war oder das Wirtschaftsleben sich kommerzialisierte, wurden meist rationellere Arbeitsweisen angewandt.

In der Antike kannte das Gebiet um das Mittelmeer die Zweifelderwirtschaft, die von Pindar (5. Jh. v. Chr.) und im ersten Jahrhundert v. Chr. in den „Georgica“ Vergils besungen wurde („Vergilischer Ackerbau“). Dieser war ausgerichtet auf den Anbau von Wintergetreide, denn der geringe Niederschlag nach dem Frühling erschwerte in diesem Landstrich den Anbau von Sommergetreide. Ungefähr die Hälfte des Ackers wurde eingesät, und nach der Ernte verbrannte man die Stoppeln, deren Asche als Dünger untergepflügt wurde. Dann blieb der Boden ein Jahr lang brach liegen. Inzwischen wurde der Rest des Ackerlandes in Kultur genommen. Während des Brachjahres wurde die oberste Schicht des Bodens durch wiederholtes Pflügen locker gehalten, damit möglichst viel Winterregen in den Boden gelangte und zugleich das Unkraut vernichtet wurde. Dieses sog. *dry farming* wurde später in großem Umfang in der Neuen Welt und in Rußland angewandt. Die Eroberungen der Römer hatten die Zweifelderwirtschaft in Europa verbreitet, wo sie vermutlich schon vorher nicht völlig unbekannt war. Wo man aber nicht mit der Sommerdürre zu rechnen hatte, verursachte der Wasserhaushalt nicht dieselben Schwierigkeiten. Man konnte also ruhig die Stoppeln mit Unkraut überwuchern und das Vieh darauf weiden lassen. Die Brache wurde hier nicht so oft aufgerissen und erst kurz vor der Aussaat bearbeitet, sogar für das Sommergetreide, das hier wohl gedeihen konnte. Im kalten Norden, wo die späten Sommer überhaupt keine Zeit ließen, noch vor dem Winter auszusäen, kam sogar nur Sommergetreide in Frage. Die Zweifelderwirtschaft hat sich dort wahrscheinlich, ohne den Einfluß der Römer, selbständig entwickelt, wofern diese nicht nach der Christianisierung durch Vermittlung der Mönche sich geltend machte.

Es ist nicht ausgeschlossen, daß die germanischen Völker nach ihrer Ansiedlung im Westen die Zweifelderwirtschaft dort vorübergehend durch ihnen besser vertraute, aber weniger fortschrittliche Methoden ersetzten. Aber möglicherweise kehrten die Mittelmeerländer zu ihr zurück, sobald die Zunahme der Bevölkerung dazu Anlaß gab. Die Zweifelderwirtschaft blieb auch in weiten Gebieten Rußlands und Skandinaviens das fortschrittlichste Anbausystem. In beiden Zonen entsprach es genau den natürlichen Vorbedingungen, so sehr diese auch voneinander verschieden waren, und wurde bis über das Mittelalter hinaus angewandt. In dem dazwischen gelegenen Gürtel gemäßigten Klimas bot das Aufkommen des Dreifeldersystems günstigere Möglichkeiten. Es bestand darin, daß das Ackerland nicht in zwei, sondern in drei Teile aufgeteilt wurde, die für jeweils die Wintersaat, das Sommergetreide und ein Brachjahr bestimmt waren. Geht man von einem bestimmten Stück Land aus, worauf im Herbst Wintergetreide zur Aussaat kam, das im frühen Sommer abgeerntet wurde, so wurde es im darauffolgenden Frühjahr mit Sommergetreide besät. Nach dessen Ernte zur Zeit des Hochsommers gönnte man dem Acker eine Ruheperiode von gut einem Jahr, bis man im Herbst des vierten Jahres den Zyklus erneut aufnahm.

Die älteste Anweisung hinsichtlich der Dreifelderwirtschaft gibt eine Urkunde aus dem Jahre 763, in der ein Höriger der Abtei St. Gallen sich dazu verpflichtet, Land der Mönche jeweils im Frühjahr, im Juli und im Herbst zu bepflügen. Diese drei Zeiten standen anscheinend im Zusammenhang mit der Aussaat von Sommergetreide, mit der Brache nach der Ernte und mit der Aussaat von Wintergetreide. In Anbetracht des kargen Quellenmaterials ist es nicht ausgeschlossen, daß diese Methode schon früher angewandt wurde. Dennoch ist es auffallend, daß die erste Erwähnung einer Anbaumethode, von der eine Zunahme der Erzeugung um die Hälfte erwartet wurde, aus der Zeit eines Bevölkerungszuwachses stammt. Seine Ausweitung, sofern sie sich im Hochmittelalter verfolgen läßt, fällt übrigens gleichfalls zusammen mit einer erneuten Zunahme der Bevölkerung.

Ein anderer Faktor, der den höheren Erträgen der Dreifelderwirtschaft zugute kam, war die Übernahme des Pferdes für die Landarbeit. Die größeren Erträge gestatteten es ja, auf einem Teil des kultivierten Bodens Futterkorn zu gewinnen, ohne die Ernährungsbedürfnisse der Bevölkerung zu schmälern. Oder war die Verbreitung der Anwendung des Pferdes vielleicht nicht die Ursache, sondern die Folge der neuen Methode im Ackerbau?

Wie dem auch sei, die Dreifelderwirtschaft bot auch Vorteile in der Bewirtschaftung der Betriebe. In erster Linie gestattete sie eine gleichmäßigere Verteilung der Feldarbeit auf das ganze Jahr. Bei Frühjahrsanbruch wurde das Land gepflügt im Hinblick auf das Sommergetreide. Da dieses erst nach dem Wintergetreide reifen konnte, wurde die Ernte über einen größeren Zeitraum ausgedehnt. Inzwischen war die Brache schon aufgerissen, um das Unkraut zu vernichten. Nach der Erntezeit wurde sie für die Aussaat von Wintergetreide vorbereitet. Außerdem minderte eine bessere Verteilung des Wuchses der Feldfrüchte auf das Jahr das Risiko von Mißernten, da die verschiedenen Jahreszeiten selten unter einem gleich schlechten Wetter zu leiden hatten. Fiel die

Herbstsaat wegen eines rauhen Winters aus, konnte der Bauer sie unterpflügen und durch Sommergetreide ersetzen. Schließlich erhöhten sich nicht nur die Erträge; sie verbesserten sich auch in der Qualität. Denn fortan konnte man unter dem Sommergetreide viel eiweißhaltige Hülsenfrüchte anbauen, welche die Nahrung des kleinen Mannes ausglichen und gesünder machten, während diese Gewächse dem Boden außerdem Stickstoff gaben, anstatt ihn herauszuziehen.

Es ist nicht unwahrscheinlich, daß anfangs nur fortschrittliche Großgrundbesitzer auf königlichen oder kirchlichen Gütern die Dreifelderwirtschaft anwandten. Aber sie gewann zusehends an Raum unter dem Druck der Bevölkerungszunahme nach der Jahrtausendwende und vor allem seit dem 12. Jh. überall, wo Klima und Fruchtbarkeit des Bodens sie zuließen. Die höheren Forderungen, die sie an den Boden stellte, machten sie ja für magere Gründe untauglich. Im 13. Jh. hatte die Dreifelderwirtschaft aber das Übergewicht in Nordfrankreich und Deutschland, in England und Flandern, insbesondere da, wo die Verstädterung einen günstigen Absatz der landwirtschaftlichen Erzeugnisse garantierte. Gleichwohl hatte diese Methode auch bestimmte Schwierigkeiten. Die herabgesetzte Ausdehnung des Brachlandes, die dritte statt der zweiten Flur, stellte weniger Weide für das Vieh zur Verfügung, und das machte sich um so unangenehmer bemerkbar, je mehr wüstes Land in Kultur genommen wurde. Es ist gut möglich, daß die daraus sich ergebenden Spannungen in einigen Fällen eine Rückkehr von der Drei- zur Zweifelderwirtschaft bewirkten.

Im Mittelalter war die Landwirtschaft in starkem Maße kollektiven Vorschriften unterworfen. Am Anfang dieses Zeitabschnittes kannte Europa zwei Hauptformen von Feldern, die dem Quadrat zustrebenden „Blockfluren" und die länglichen „Gewanne" des *open field.* Diese letzteren waren vor allem charakteristisch für die germanische Gesellschaft und wurden durch die Große Völkerwanderung in ihren neuen Niederlassungen, z. B. in Nordgallien und England, stärker als zuvor verbreitet. Die „Blockfluren", häufig abgegrenzt durch eine Hecke oder eine steinerne Mauer, lagen oft gesondert oder in kleinen Gruppen mitten im wüsten Lande. Als dieses an Umfang kleiner wurde, mußte für ausreichendes Weideland gesorgt werden, indem man die Stoppeln und das Brachland vom Vieh abweiden ließ. Daher konnte nicht jeder Bauer nach eigenem Belieben seinen Acker bestellen. Wegen des geringen Pflanzenwuchses auf abgeernteten oder brachliegenden Feldern brauchte das Vieh davon ein großes zusammenhängendes Stück. Das bedeutete, daß große Komplexe Land demselben Rhythmus der Landarbeit unterlagen. Sie mußten insbesondere im Rahmen der Dreifelderwirtschaft derselben Aufgabe dienen. Außerdem mußten alle Bauern im dreijährigen Zyklus ihren Anteil an jeder der drei Arten Land haben. Diese Umstände führten oft zu einer großzügigen Neuparzellierung innerhalb der Dorfgemeinschaft, bei der die „Blockfluren" weiter zurückgingen. Im kolonialen deutschen Osten ließen die Deutschritter z. B. die „Blockfluren" der einheimischen slawischen Bevölkerung zu ausgedehnten „Gewannen" zusammenlegen. Jede ländliche Gemeinschaft, welche die Dreifelderwirtschaft übernahm, zählte fortan mindestens drei große Fluren, aber es konnten auch mehr sein, bis an dreißig in einem Dorf der englischen Grafschaft Hereford. Diese waren dann an ein verpflichtendes Regime des Fruchtwechsels, den sog. Flurzwang gebunden.

Man konnte die Intensivierung des Anbaus, die das Ergebnis der Dreifelderwirtschaft war, noch weiter treiben, indem man das Brachland verkleinerte. Vom 12. Jh. ab ging man in der Lombardei dazu über, den Grund nicht zwei Jahre, sondern drei bis sechs Jahre lang Frucht tragen zu lassen, ehe man ihm sein Ruhejahr gönnte. Im 13. Jh. wurde diese Neuerung in anderen Gegenden Italiens übernommen. Zugleich erschien sie in anderen stark kommerzialisierten Landschaften wie der Normandie und in Flandern. Der letzte Schritt war dann, daß man die Äcker überhaupt nicht mehr brachliegen ließ, wie man das schon mit den stark gedüngten Gemüsegärten getan hatte. In der Toskana und der Lombardei, aber auch in Flandern begannen seit dem 13. Jh. künstliche Weiden und Futtergewächse die Stelle der Brache einzunehmen. In Flandern verschaffte eine hochentwickelte Viehzucht genug Dünger. In Spanien und Italien wurden die durch das Klima bedingten Einschränkungen durch Bewässerung überwunden.

Die bedeutenden Bewässerungsanlagen, die es in der römischen Antike im Mittelmeergebiet gegeben hatte, verwahrlosten im Frühmittelalter zumeist und gingen zugrunde, außer in gewissem Umfang im westgotischen Spanien. Dort wurde mit Hilfe von Hubpumpen das Wasser aus dem Untergrund, aus den Flüssen oder aus Sammelbecken hochgepumpt und manchmal für die Bedürfnisse mehrerer Bauern auf das Land gebracht. Nach ihrer Ansiedlung übernahmen die Mauren dies Verfahren und verbesserten es durch die Erfindung der *noria*, wobei das Wasser durch tierische Kraft und nicht von menschlicher hochgeholt wurde. Die Mauren breiteten die Bewässerung über neue Gebiete, die *huertas*, aus, die sich besonders für den Anbau von Reis oder von Südfrüchten eigneten. Seit dem 10. Jh. wurden Meinungsverschiedenheiten wegen der Wasserversorgung an einen Wassergerichtshof verwiesen, an dem Grundeigentümer und Bauern die Urteile fällten und der noch immer besteht[16]. Mit der *Reconquista* übernahmen die christlichen Eroberer die arabischen Bewässerungsanlagen. Sie wurden im 12. und 13. Jh. auch in Südfrankreich nachgeahmt. Die Mauren erneuerten gleichzeitig seit dem 10. Jh. die Bewässerung in Sizilien.

Ohne nachweisbaren islamischen Einfluß sollte sie eine besondere Bedeutung in der Lombardei bekommen. Das Schmelzwasser aus den Alpen bildete hier ausgedehnte Moore. Es mußte reguliert, über das Frühjahr hinaus aufbewahrt und über die Äcker geleitet werden. Das wurde die Hauptaufgabe der Landgemeinden, die spätestens seit dem 11. Jh. die Lasten gleichmäßig je nach der Größe der bewässerten Fläche mit Berufung auf das römische *jus aquaeductus* auf Eigentümer und Interessenten verteilten. Dieses Recht zwang die Anlieger, das Wasser über ihren Grund und Boden zu leiten, ohne eine unbillige Menge davon für den Eigenbedarf zurückzuhalten. Die ältesten *marcite*, d.h. ständig bewässerte Weiden erscheinen 1138 auf den Ländereien der Zisterzienserabtei Chiaravalle bei Mailand. Im Jahr 1179 legte die Stadt Mailand einen Kanal an, um das bewässerte Gelände auszuweiten. Der Kanal ist bis auf den heutigen Tag eines der sehenswertesten Kunstwerke dieser Art geblieben. Die gesamte lombardische Ebene wurde mit einem schachbrettartigen Netz von Kanälen durchzogen, die das Wasser aus den Hauptkanälen verteilten. Nach diesem Vorbild wurden, allerdings in geringerem Umfange wegen des weniger großen Wasseranfalls der Flüsse aus den Apenninen, Irrigationsanlagen in der Emilia und der Toskana geschaffen. Aber in diesen Hügellandschaften zog die Landwirtschaft, besonders der Weinbau, größere Vorteile aus der Anlage von Terrassen, wodurch das Wasser der erodierten Hänge zurückgehalten wurde. Für derartiges Erdwerk war die Erfindung der Schubkarre, die bis ins 13. Jh. zurückgehen soll, ein wichtiger Fortschritt gegenüber dem Transport mit Körben, die auf dem Rücken oder auf dem Kopf getragen wurden, oder auch von Packtieren. In flacherem Land gebrauchte man Schlitten und zwei- oder vierräderige Karren. Das Anbringen von Eisenringen auf den Holzrädern fand seit etwa 1300 Eingang.

Kleine Parzellen, besonders Gemüsegärten, wurden noch oft mit dem Spaten bearbeitet. Die hölzerne, durch Feuer verhärtete Schüppe oder ein mit Eisen abgesetzter Spaten *(pala ferrata)* war das gewöhnliche Gerät in Zwergbetrieben der *servi casati* auf den antiken Latifundien und der zahlreichen Hörigen, die an der Grenze des Existenzminimums blieben und über keine andere Arbeitskraft verfügten als die eigene oder die ihrer Familie. Eine Miniatur aus dem „Viel Rentier d'Audenarde", einem Zinsbuch aus Flandern vom 13. Jh. (heute in der Königlichen Bibliothek zu Brüssel), zeigt vier Bauern, die Seite an Seite den Acker umgraben. Übrigens gestattete es diese Arbeitsweise, mit der größten Sorgfalt vorzugehen, z.B. die Beete so zu profilieren, daß sie dem Wasserhaushalt am vorteilhaftesten entsprachen. Auf steinigem Grund, vor allem auch im Mittelmeergebiet, wo es darauf ankam, die obere Schicht durchlässig und frei von Unkraut zu halten, wurde die Hacke viel verwendet. In ausgedehnteren Betrieben konnte das mit Hilfe eines bespannten Hakenpfluges geschehen, dem antiken *aratrum*, einem Werkzeug ohne Räder, das aus einem dünnen Baumstamm oder Ast als Zugbaum bestand, der mit einem durch Feuer gehärteten oder mit Eisen beschlagenen kurzen Seitenast versehen war, der schräg nach unten und nach vorn ging. Damit wurde der Boden oberflächlich in gleichlaufenden Furchen aufgerissen. Die römische Kolonisation hatte dieses Gerät, sofern es dort nicht schon vorher verwendet wurde, in den eroberten Gebieten des Reiches verbreitet. Miniaturen, z.B. im Ashburnham-Pentateuch (in der Nationalbibliothek in Paris) aus dem 7. Jh. und im Utrechter Psalterium (Universitätsbibliothek Utrecht) von etwa 830, beweisen, daß er bis in die Zeit der Karolinger hinein in Gallien vorkam.

Obwohl der Hakenpflug für die *dry farming*-Landbaumethode rund um das Mittelmeer noch genügen konnte, so forderte das feuchte Klima höher im Norden tiefere Furchen, und Plinius vermeldet im 1. Jh. unserer Zeitrechnung, daß in Rhätien, dem Gebiet südlich der oberen Donau, der Karrenpflug erfunden worden sei, dessen Balken auf einem zweiräderigen Gestell ruht und der die Furche mittels eines eisernen Kolters anschneidet und sie mittels einer eisernen pfeilförmigen Pflugschar öffnet. Außerdem ist er mit einem anfangs hölzernen Rüster (Streichbrett) versehen, das die Scholle neben die Furche stürzte. Mit dem Pflugbaum als Stütze drückte man auf die Pflugschar, und auf diese Weise konnte der Bauer in der gewünschten Tiefe pflügen. Philologische Anhaltspunkte ergeben, daß die eindringenden Germanen den Pflug in die römische Welt brachten. In Mittel- und Osteuropa drang er ebenfalls spätestens im 8. oder 9. Jh. vor. Allerdings ging die Verbreitung nicht schnell vor sich. Er war übrigens wesentlich teurer als der Hakenpflug und zugleich schwerer. Möglicherweise stand seine Verbreitung im Zusammenhang mit einer größeren Produktion und einem entsprechend niedrigen Preis des Eisens auf der einen und mit dem Übergang von der Verwendung von Ochsen- auf Pferdekraft auf der anderen Seite.

Das Streichbrett konnte fest an der Schar sitzen. Da die Scholle dann stets an dieselbe Seite des Pfluges fiel, mußte man in diesem Falle eine erste Furche mitten durch den Acker ziehen und die folgenden im Wechsel rechts oder links davon. Bei jedem neuen Durchgang wurde die vorher ausgeworfene Furche durch eine neue, daneben gezogene in Richtung auf die Mitte zugedeckt. So erhielt der Acker nach der Mitte zu eine Wölbung, und das beschleunigte das Ablaufen des Wassers und erleichterte im 12. und 13. Jh. die Urbarmachung und Bebauung von nassen Böden. Man konnte zu diesem Zweck auch den Acker in gewölbte Untereinheiten zerlegen, die voneinander getrennt wurden, indem man mit dem Pflug oder dem Spaten tiefere Furchen zog, die die Entwässerung noch beschleunigten. Eine eigenartige Folge des Pflügens mit einem an der linken Seite der Schar befestigten Streichbrett, wobei man den Pflug mit zwei oder mehreren Paar Ochsen bespannte, war das Entstehen von S-förmigen Äckern, die man gelegentlich noch in der Landschaft feststellen kann. Da ein solch träges und plumpes Gespann nur schwer scharf zu wenden war, begann der Bauer mit der Umkehr, bevor er die beiden Enden seines Ackers erreichte. War das Streichbrett rechts an der Schar befestigt, bekam man eine umgekehrte S-Form. Es wurden auch Pflüge hergestellt, deren Streichbrett verstellbar war, so daß man es von der linken Seite auf die rechte bringen konnte. Damit war man imstande, ausgehend von der Seite des Ackers, hin und her zu pflügen, so daß die eine Furche immer durch die unmittelbar darauffolgende zugedeckt wurde und man eine ebene Oberfläche des Ackers erzielte, die auf Sandböden dem Wasserhaushalt sehr zugute kam[17].

Nach wiederholtem, sogar dreimaligem Pflügen wurde der Boden für die Aussaat bearbeitet, meist indem man Strauchwerk darüber schleppte. Dicke übrigbleibende Kluten konnten von den Bauern mit Schaufeln oder hölzernen Hämmern kleingeschlagen werden. Gleichwohl erwähnen germanische Volksrechte aus dem Frühmittelalter bereits die Egge, die wahrscheinlich aus einem Holzrahmen, der ursprünglich quadratisch war und an dem man das Strauchwerk befestigte, sich entwickelte. Aber diese kam nur langsam und nicht überall zur Verwendung. Im 12. Jh. war sie im maurischen Spanien noch unbekannt. Auf steinigen Böden liefen die Holzzähne des Gerätes außerdem Gefahr zu brechen. Dazu verlangte die Egge für eine zweckdienliche Verwendung einen schnellen Gang der Zugtiere, mit anderen Worten eine Bespannung mit Pferden. Übrigens war der Wunsch, die Egge zu gebrauchen, weil mit ihr das Unkraut besonders gründlich bekämpft werden konnte, vielleicht sogar der Anlaß, Pferde als Zugtiere zu verwenden. In der Gegend von Cambrai wird im Jahre 1275 eine dreieckige Egge erwähnt, die mit der Spitze nach vorn gezogen wurde und somit weniger Kraft erforderte.

Nach dieser Vorbereitung des Ackers wurde gesät. Da die Sämaschine, welche das römische Altertum gekannt hatte, in Vergessenheit geraten war, geschah das Säen mit der Hand: Der Bauer holte aus dem Schoß seines hochgehobenen Oberkleides oder aus einem vor sich gehaltenen Korb das Saatgut und streute es breit aus. Manchmal wurde die Saat mit Pflug oder Egge zugedeckt; sonst ging viel davon an die Vögel verloren. Zur Zeit des Aufwuchses wurde wenigstens in den ersten Monaten das Unkraut, besonders Disteln, mit der Hand ausgejätet oder mit der Schaufel losgehackt. Für die Ernte[18] wurden meistens nur die Ähren mit der Sichel geschnitten, so daß das Stroh übrigblieb, als Viehfutter für die Nutzungsberechtigten an der Stoppelweide. Was davon danach verblieb, konnte als Streu für das im Stall gehaltene Vieh dienen oder als Dung verbrannt und dann untergepflügt werden. So mühsam die Erntearbeit in stets gebückter Haltung war, so bot sie doch den Vorteil, wenig Verlust zu verursachen, da die Ähren, mit der linken Hand beim Schneiden festgehalten, wenig gerüttelt wurden und das Korn sich nicht mit dem niedrigen Unkraut vermengte. Als man während des Hochmittelalters das Getreide samt dem ganzen Halm mit der Sense zu mähen begann, war dies gewiß eine bequemere Arbeitsweise, aber dabei ging so viel Korn verloren, daß man so anfangs nur bei weniger kostbaren Getreidearten, etwa bei Hafer und Gerste, verfuhr. Mit ihrem langen Stiel mähte die Sense übrigens nicht so bequem auf Äckern mit gewölbtem Boden. An ihrer Stelle wurde in Flandern die Sichte mit kurzem Stiel erfunden. Sie wird in der ersten Hälfte des 14. Jh. erwähnt.

Das Korn wurde oft, wie im Altertum, besonders um das Mittelmeer, wo man noch ziemlich lange nach der Ernte mit einer langen Trockenheit rechnen konnte, bis an das Ende des Mittelalters gedroschen, indem man es auf einem Dreschboden draußen von Haustieren zertreten ließ oder es mit dem Dreschstock schlug. Daneben wird zuerst vom heiligen Hieronymus (gest. 420) der bequem anzufertigende und bequem zu handhabende Dreschflegel erwähnt, der sich schnell einbürgerte. Korn und Kaff wurden danach mit der uralten Wanne voneinander geschieden. Die Bauern droschen meist ziemlich bald nach der Ernte. Die Nahrungsspanne war oft so knapp, daß die Bauern das Korn dringend für die eigene Ernährung nötig hatten, und wo sie es auf den Markt bringen konnten, war ihre Einkommenslage oft so gespannt, daß sie ihre Ernte so früh wie möglich verkaufen mußten. War dies nicht der Fall, konnte das Dreschen über die Winterzeit ausgedehnt werden, wenn wenig Möglichkeit für Feldarbeit bestand. Man muß allerdings beachten, daß Mißernten und Teuerung, welche die übrige Gesellschaft schwer heimsuchten, für die Bauern, wofern sie über den Eigenbedarf hinaus noch etwas erübrigen konnten, eine nicht geringe Erhöhung ihres Einkommens bedeuteten.

Die Angst vor einer Hungersnot blieb übrigens bei den geringen Erträgen der Landwirtschaft das ganze Mittelalter hindurch überall gegenwärtig. Unsere Kenntnis von den Erträgen beschränkt sich meist, außer was England angeht, wo das Quellenmaterial es zuläßt, Produktionsreihen aufzustellen, auf seltene, zufällige und isolierte Daten, wobei dann noch so wichtige Vorbedingungen wie die Wetterverhältnisse und die Qualität des Bodens durchweg unbekannt bleiben.

Alle uns überkommenen Zahlen geben trotzdem den übereinstimmenden Eindruck, daß die Arbeit des Bauern bitterwenig einbrachte. Auf einer Anzahl von Landgütern der Karolinger in der Gegend von Lille und Douai sind für das Jahr 810 Ertragszahlen von 2,7 mal der verbrauchten Saat für Weizen, von 2,6 für Roggen und im Durchschnitt 2,8 für Gerste bekannt. In Burgund erreichten Güter von Cluny in der Ernte des Jahres 1156 einen Ertrag von durchschnittlich 3,0:1 bei Weizen, 5,0:1 bei Roggen und 2,5:1 bei Gerste. In England sind je nach den Gütern Erntezahlen berechnet für Weizen von 2,4 zu 3,9 im 13. Jh., von 4,9 im 14. Jh., für Gerste von 3,8 zu 4,2 im 13. Jh., und von 2,6 zu 3,7 im 14. Jh., für Hafer von 1,9 zu 2,7 im 13 und von 2,2 zu 3,1 im 14. Jh. Im fruchtbaren Nordfrankreich sind aus dem 14. Jh. Erträge von Hafer zwischen 6,7 und 3,7:1 bekannt, in England aus derselben Zeit solche von beinahe 3,0 für Bohnen und 2,0 für Wicken[19].

Man war aber noch weit entfernt davon, daß die Erträge unmittelbar und netto für den Verbrauch in Frage kamen. Für die Weiterführung des Betriebes mußte der Bauer jährlich im Prinzip dasselbe Quantum Saatgut zurückbehalten, das er im Jahr vorher verbraucht hatte, so daß alle angeführten Ernteerträge um eine Einheit vermindert werden müssen. Mit anderen Worten: bei einem Ertrag von 3,0:1 lieferte eine Flur von 1 ha, worauf nach damaligem Brauch 200 l Weizen ausgesät wurden, eine Ernte von 600 Liter, wovon 200 Liter für Saatgut reserviert werden mußten, so daß 400 Liter für den Verbrauch freistanden. Man bedenke ferner, daß bei der Dreifelderwirtschaft höchstens zwei Drittel, bei der Zweifelderwirtschaft nur die Hälfte des Ackerlandes Brotgetreide brachte, wovon dann noch Zins und Pacht und der Zehnte bezahlt werden mußten. Hieraus folgt, daß eine große Fläche nötig war, um den Bauern und seine Familie zu unterhalten, ganz abgesehen davon, daß eine nichtagrarische Bevölkerung ernährt werden mußte, oder anders ausgedrückt, daß das Ackerland unter dem Pfluge nur für die Ernährung einer beschränkten Bevölkerungszahl genügen konnte. Wohl brachte jede Erhöhung der Erträge in dieser Hinsicht eine Verbesserung zuwege. Ging man z.B. in der Dreifelderwirtschaft von 3,0 zu 4,0:1 über, dann ging, anbautechnisch und ohne die Lasten zu berücksichtigen, das für die Ernährung eines einzelnen benötigte Areal von 1 7/8 zurück auf 1 1/4 Hektar, bei der Zweifelderwirtschaft sogar von 2 1/2 zu 1 2/3 ha. Kein Wunder, daß man im späteren Mittelalter die Nahrungsspanne durch technische Verbesserungen, durch Einfuhr des mangelnden Brotgetreides von außen, zu entschärfen suchte, schließlich noch durch einen Rückgriff auf Nahrungsmittel, die nicht aus dem Ackerbau kamen, wobei neben der Jagd die Fischerei eine höchst wichtige Rolle spielte.

Nicht allein die Nahrungsspanne führte zu einer eifrigen Fischerei. Die Gesetze der römischen Kirche verboten während des Advents und der Fastenzeit, an den Quatembertagen, an den Freitagen und am Tage vor einer ziemlich großen Anzahl von Festen den Genuß von Fleisch. Bestimmte Klosterregeln hatten dieses sogar fast vollständig ausgeschlossen und im wesentlichen eine Ernährung mit Brot, Gemüse und Fisch vorgeschrieben. Kein Wunder, daß in allen fließenden und stehenden Gewässern reichlich gefischt wurde[20]. In vielen Fällen hatte das Vorkommen eines fischreichen Wassers, möglicherweise zusammen mit anderen Faktoren, eine Niederlassung oder die Gründung einer Abtei bewirkt. Es muß übrigens dabei berücksichtigt werden, daß der Fischbestand sogar in unbedeutenden Wasserläufen erheblich größer war als heutzutage, auch wenn man von Verschmutzungserscheinungen absieht, weil die Staudämme, die mit dem Ziel angelegt wurden, Wassermühlen zu betreiben, den Wasserspiegel erheblich erhöhten.

Für die Fischerei in Süßwasser konnte man die Angel verwenden, dazu verschiedene Arten von Netzen, besonders Zugnetze und Reusen. Fischen mit Netzen fiel aber unter das Eigentumsrecht der Wasserläufe. In Übereinkunft mit dem römischen Recht gehörte dies, von den Bächen abgesehen, ursprünglich dem Herrscher, und zur Zeit des Früh- und Hochmittelalters hatten die Könige viele Fischereirechte an die Großen und die Kirche gegeben. Andere gingen im Laufe des Feudalisierungsprozesses an territoriale Fürsten oder örtliche Obrigkeiten über. Im Rahmen der Gutsherrlichkeit bekamen oft Hörige als Gegenleistung für die Nutzung eines *mansus* die Aufgabe, einen Flußlauf in einer bestimmten Länge zugunsten ihres Herrn zu befischen. Im Spätmittelalter, als die Königsmacht sich schon zum Teil wieder erholt hatte, nahmen französische Juristen die Doktrin an, daß das Fischereirecht auf großen, schiffbaren Wasserläufen, wofern es nicht auf regelrechte Art anderen zuerkannt war, dem König oder seinen großen Lehnsmannen gehörte, auf kleineren Flüssen den örtlichen Obrigkeiten, daß aber das Angeln jedermann zustand. Das Fischen in kleinen Bächen dagegen kam allen Anliegern zu, gleichgültig mit welchen Geräten.

Es ist aber die Frage, ob diese Vorschriften wirklich eingehalten wurden. Seit dem 13. Jh. mußten die Behörden stets wieder aufs neue zu Maßregeln greifen, um das Fischen in den Flüssen einzuschränken. Das Aussetzen einiger Arten von Netzen wurde verboten, nicht allein im Interesse der Schiffahrt, die dadurch behindert wurde, sondern ganz augenscheinlich auch, weil sich Zeichen von zu intensiver Fischerei bemerkbar machten. Mit der allmählichen Erschöpfung des Fischbestandes hängt es zusammen, daß im Spätmittelalter die Zahl der künstlich angelegten Fischteiche, welche die Versorgung von Burgen oder Klöstern sichern sollten, beträchtlich zunahm. In ihnen durfte darum nur für diesen Zweck gefischt werden. Einige von ihnen sind bis auf den heutigen Tag noch erkennbar. Sie brachten dazu den Vorteil mit sich, daß ehemals moorige Böden trockengelegt und die Umgebung der Teiche für die Landwirtschaft verfügbar gemacht wurde. Nicht selten wurde eine Reihe von Teichen in Treppen angelegt und mittels Staudämmen miteinander verbunden, was nicht allein gestattete, beim Öffnen der Schleusen den Fischbestand der höheren Weiher zu fangen, sondern durch Schließen auch den Fischbestand wieder planmäßig zu erhöhen.

Die Fischzucht wurde übrigens im späten Mittelalter ein Spezialbetrieb, der einen nicht unwichtigen Handel entstehen ließ. Aber auch die Fischerei selbst war in hohem Maße kommerzialisiert. Viele Landleute machten es zu ihrem Beruf oder wenigstens ihrem Nebenverdienst, auf den städtischen Märkten Fisch anzubieten. Dorthin wurden die Fische manchmal in tragbaren Wasserbehältern gebracht, und solche Behälter, die mit Löchern versehen waren, wurden auch in den Flüssen versenkt und sollten so den Fang frisch erhalten, bis er auf den Markt gebracht wurde. Die gesamte Fischfauna der Süßwässer kam für den Handel in Frage, aber einige Sorten wurden als begehrte Gerichte besonders geschätzt. Viele Abgaben von Hörigen betrafen die Lieferung von Aal; ferner galten Hecht, Forelle und Salm als Leckerbissen. Der Stör, der damals, wenn auch selten, noch weit stromaufwärts in allen europäischen Flüssen laichte, wurde gerade wegen seines Kaviars als fürstliches Gericht angesehen. Wer einen Stör fing, war in vielen Gegenden verpflichtet, ihn an den Hof zu bringen.

Neben dem Süßwasserfisch trug auch die Seefauna merklich zur Bereicherung des Tisches bei. An allen Küsten Europas blühte die Seefischerei. Die Langsamkeit des Transportes beschränkte aber die Absatzmöglichkeiten der schnell verderbenden Fänge auf die unmittelbare Nachbarschaft der Fischereihäfen. Eine Ausnahme galt nur für die Sorten, die haltbar gemacht werden konnten, und dafür kamen Kabeljau und Hering in Frage. Kabeljau konnte zu Stockfisch getrocknet und gesalzen werden. Im gesamten Nordatlantik wurde er von den Fischern der anliegenden Länder gefangen, besonders aber in Norwegen, wo der Fisch in den Gewässern um die Lofoten laicht. Hieraus entstand zu sehr alter Zeit, noch bevor der norwegische Staat sich über das ganze Gebiet ausgebreitet hatte, eine einheimische Fischerei, die schon früh für dieses wenig entwickelte Land das erste Existenzmittel war. Für die südlicheren Teile Norwegens, wo die Ausfuhr vornehmlich in Drontheim und noch mehr in Bergen ihren Sitz hatte, war dieser Fisch das wichtigste Produkt. Das war auch der Hauptgrund dafür, daß die norwegischen Könige nur ihren Untertanen das Recht gaben, die nördlichen Gegenden ihres Reiches zu besuchen.

Nicht weniger wichtig war die Heringsfischerei. Auch dieser war ein Gast des Nordatlantiks, der Nord- und der Ostsee. Auch für ihn waren die Laichgründe die bedeutendsten Fangzentren. Die wichtigsten waren die Doggerbank längs der englischen Ostküste und noch mehr die Küste von Schonen, das damals zu Dänemark gehörte, am Ostufer des Sundes. Von Juli bis November erschienen hier riesige Heringsschwärme, die allerreichsten Fang lieferten. Seit spätestens dem 13. Jh. wurden die Fische durch Kaken, d.h. durch Entfernung der Eingeweide, dem das Salzen folgte, behandelt. Dies wurde nun wesentlich ein Geschäft für die deutschen Küstenstädte, welche die Fänge von den dänischen Fischern übernahmen, ein Monopol, das faktisch bis nahe an die Mitte des 14. Jh. anhielt, als die Städte der nordöstlichen Niederlande ihre Heringsfischerei, die sich bis dahin auf die Nordsee beschränkt hatte, zum großen Teil in die reicheren Fanggebiete um Schonen verlegten. Das Kaken, Salzen und Eintonnen geschah auf sog. Vitten. Das waren Stücke Land, wofür jede Stadt, deren Bürger am Heringsfang teilhatten, sich eine Konzession von der dänischen Krone zu verschaffen wußte. Nach dieser Verarbeitung war der Hering für eine lange Konservierung gut gerüstet und wurde bis in die Mitte Zentraleuropas und sogar bis nach Oberitalien, an die gesamte französische Atlantikküste und deren Hinterland und nach Rußland verkauft. Die Heringsfischerei ist auf diese Weise ein mächtiges Stimulans für Handel und Gewerbe über unsern ganzen Erdteil hin geworden.

[1] *R. Grand* u. *R. Delatouche:* L'agriculture au moyen âge, de la fin de l'Empire romain au XVIe siècle (1950).
G. Duby: L'économie rurale et la vie des campagnes dans l'Occident médiéval (2 Bde., 1962).
B. H. Slicher van Bath: The Agrarian History of Western Europe, A. D. 500–1850 (1963).
Ders.: Le climat et les récoltes en haut moyen âge. In: Agricoltura e mondo rurale in Occidente nell'alto medioevo (1966), S. 399–425.
M. M. Postan: Essays on Medieval Agriculture and General Problems of the Medieval Economy (1973).
W. N. Parker u. *E. L. Jones:* European Peasants and their Markets (1976).

[2] *W. Abel:* Agrarkrisen und Agrarkonjunktur. Eine Geschichte der Land- und Ernährungswirtschaft Mitteleuropas seit dem frühen Mittelalter (1966, [3]1978).

[3] *H. J. Schmitz:* Faktoren der Preisbildung für Getreide und Wein in der Zeit von 800 bis 1350 (1968).

[4] *Anthimus:* De observatione ciborum, hg. v. *V. Rose* (1877).

[5] *R. Dion:* Histoire de la vigne et du vin en France, des origines au XIXe siècle (1959).
M. K. James: Studies in the Medieval Wine Trade (1971).

[6] *E. von Lippmann:* Geschichte des Zuckers (1929).
N. Deer: The History of Sugar (2 Bde., 1949–50).

[7] *J. B. Hurry:* The Woad Plant and its Dye (1930).
F. Borlandi: Note per la storia della produzione e del commercio di una materia prima: il guado nel medioevo. In: Studi in onore di G. Luzzatto, I (1949), S. 297–324.

[8] *L. Bardenhewer:* Der Safranhandel im Mittelalter (1914).

[9] *M. Lombard:* La chasse et les produits de la chasse dans le monde musulman (VIIIe–XIe siècle). In: Annales. Econ. Soc. Civilis. 24 (1969), S. 572–593.

[10] *R. Hennig:* Der nordeuropäische Pelzhandel in den älteren Perioden der Geschichte. In: Vierteljahrschr. f. Soz.- u. Wirtschaftsgesch. 23 (1930), S. 1–25.
[11] *A. Dent:* Lost Beasts of Britain (1974).
[12] *M. Spallanzani* (Hg.): La lana come materia prima (1974).
[13] *J. Klein:* The Mesta (1920).
[14] *Lefebvre des Noëttes:* L'attelage, le cheval de selle à travers les âges (1931).
[15] Über die landwirtschaftliche Betriebsführung und Methoden geben namentlich die Schriften der mittelalterlichen Agronomen Auskunft: *D. Oschinsky:* Walter of Henley and Other Treatises on Estate Management and Accounting (1971).
L. Bolens: Les méthodes culturales au moyen âge d'après les traités d'agronomie andalous. Traditions et techniques (1974).
[16] *A. M. Watson:* The Arab Agricultural Revolution and its Diffusion, 700–1100. In: Journal of Econ. Hist. 34 (1974), S. 8–35.
[17] *M. Jean-Brunhes Delamarre* u. *A. G. Haudricourt:* L'homme et la charrue à travers le monde (1957).
P. Leser: Entstehung und Verbreitung des Pfluges (1931).
[18] *A. Timm:* Zur Geschichte der Erntegeräte. In: Zs. für Agrargesch. und Agrarsoziologie 4 (1956), S. 29–30.
[19] *B. H. Slicher van Bath:* Yield ratios 810–1820 (1963). Dazu ergänzend: *J. Z. Titow:* Winchester Yields. A Study in Medieval Agricultural Productivity (1972).
[20] *E. Cahn:* Das Recht der Binnenfischerei im deutschen Kulturgebiet von den Anfängen bis zum Ausgang des 18. Jh. (1956).

2. Bergbau und Gewerbe[1]

Salz[2] war außer einem Hilfsmittel für das Konservieren des Herings auch allgemein eines der Ingredienzien für die Küche, auf das man am wenigsten verzichten konnte. Man gewann es seit uralten Zeiten aus zwei Quellen. In erster Linie fand man in zahlreichen Bergmassiven sowohl in den Tiroler Alpen, in den Karpaten, in Siebenbürgen als auch im Jura und in den Vogesen – übrigens auch in Lüneburg[3] – Steinsalz, das, gewöhnlich mit anderen Mineralien vermengt, auf empirisch-primitive Weise, meist durch das Filtrieren der Sole über Reisig, gereinigt wurde. In zweiter Linie wurde an vielen Stellen längs der europäischen Küsten Salz aus dem Meerwasser gewonnen. Dies war in Anbetracht des hohen Salzgehalts ein sich besonders gut rentierender Betrieb in den warmen südlichen Gewässern, z.B. rund um das Mittelmeer und seine Seitenmeere. In seinen Anfängen hatte Venedig seine aufstrebende Wohlfahrt großenteils dem Salzgewinn aus der Lagune zu verdanken, so auch Pisa der Ausbeutung der Salzmoore in den Maremmen oder Marseille denen in der Provence. Aber auch längs der Atlantikküsten wurde an vielen Stellen Salz gewonnen, unter denen die Mündung des Guadalquivir und Setubal im Süden von Lissabon oder längs der französischen Küsten die Bai von Bourgneuf – kurzweg „die Baie" genannt – in der Nähe der Loiremündung durch ihre Ausfuhr große Bedeutung erlangten.

Wegen der geringeren Wärme und des niedrigeren Salzgehaltes des Wassers rentierte sich die Verdampfung des Seesalzes in nördlicheren Gegenden natürlich weniger. Dort zog man es vor, das Salz aus den wärmeren Betriebszentren an der atlantischen Küste zu beziehen. Dies führte z.B. zu einer jährlichen Konvoifahrt mit zahlreichen Schiffen zwischen der Ostsee und der Baie. Übrigens begünstigte der billigere Transport auf große Entfernungen hin per Schiff im allgemeinen das Seesalz gegenüber dem Steinsalz. Dies mußte gewöhnlich mindestens einen Teil seiner Route auf Wagen von geringem Ladevermögen über schlechte Wege zurücklegen, ehe es einen schiffbaren Fluß erreichte. Außerdem waren Wasser- und Landwege im Binnenland mit zahlreichen Zöllen belastet. Dies trug dazu bei, die Konkurrenz des Steinsalzes gegenüber dem Seesalz überall, wo es möglich war, zu erschweren. Dieser Umstand erklärt, warum das Lüneburger Salz im 14. Jh. durch das Baiensalz, seit dies in großer Menge herangeführt wurde, bei der Behandlung des Schonenschen Herings zurückgedrängt wurde. Das Salz wurde durchweg an Ort und Stelle raffiniert, bevor es in die Absatzgebiete transportiert wurde. Zu diesem Zweck wurde es in großen Salzpfannen gesotten, die eine nicht geringe Investition erforderten. Das war natürlich auch der Fall bei den Salzminen, die gewöhnlich einem Fürsten, einem weltlichen Großen oder kirchlichen Stellen gehörten, die sie entweder selbst betrieben oder einer Genossenschaft von Bergleuten in Konzession gaben.

Auf die Nahrungsbedürfnisse war eine Vielzahl von anderen industriellen Arbeiten ausgerichtet, die trotzdem nicht über einen Kleinbetrieb hinausgingen. Getreide mußte gemahlen werden. Dies geschah vielfach auf dem platten Lande in Bannmühlen, die ebenso durch den Gutsherrn gegen Bezahlung genützt oder auch gegen Zins in Konzession vergeben wurden, wobei der Müller sich seine Arbeit oft gegen die Abgabe eines Teils des angelieferten Korns bezahlen ließ, womit er dann weiter Handel trieb. Wo kein herrschaftlicher Mahlzwang auferlegt war, waren für den häuslichen Verzehr viele Handmühlen bei den Bauern, aber auch in den Städten, in Gebrauch. Die Wassermühle war im Westen außer in Italien in der späten Antike noch sehr selten. Sie scheint sich, möglicherweise als Folge des Rückgangs der Sklavenarbeit, seit dem frühen Mittelalter in viel größerem Maßstab in Gallien und anderswo ausgebreitet zu haben. Im 14. Jh. war der Lauf vieler Flüsse bereits so sehr von Stauwerken unterbrochen, welche die Wasserkraft ausnutzen sollten, daß sie für die Schiffahrt ein großes Hindernis darstellten. Nach der Jahrtausendwende, vielleicht schon früher in den Gebieten des westlichen Mittelmeerbeckens, wo der Islam zu Hause war, und ebenso im Byzantinischen Reich fand die Windmühle, anscheinend levantinischen Ursprungs, Eingang in ganz Europa, besonders in den ebenen Gebieten, wo Wasserläufe mit genügender Strömung nicht vorhanden waren. Mit Vorliebe fand sie ihren Platz auf noch so geringen Bodenerhebungen, wo sie den Wind auffangen konnte, z.B. auf den Wällen geschlossener Städte. Gegen Ende des Mittelalters war sie in vielen Gegenden ein kennzeichnender Bestandteil der Landschaft geworden[4].

Bäckereien gehörten zu den am meisten verbreiteten Versorgungsbetrieben, die in keiner Stadt fehlten und dort gewöhnlich zur Zunftbildung geführt hatten. Zwar pflegten zahlreiche Bürger für den Eigenverbrauch Getreide oder Mehl zu kaufen und gegen Stücklohn vom Bäcker verarbeiten zu lassen oder selbst in eigenem Ofen zu Brot zu verbacken. Diese Gewohnheit war auf dem flachen Land ziemlich allgemein verbreitet, überall, wo Brot den Grundbestandteil der Nahrung ausmachte und wo der Gutsherr nicht seinen Hörigen die Benutzung eines Bannofens auferlegt hatte. Nicht selten übrigens ließen die Ordnungen der Zünfte es zu, daß die Bauern aus der Umgebung mit überschüssigen Brot auf dem Wochenmarkt erschienen und so zur Versorgung der Stadt beitrugen.

Auch Bier wurde in landwirtschaftlichen Betrieben von größerer Bedeutung hausgebraut und ebenso Wein gekeltert, wofern diese Arbeiten nicht Gegenstand eines herrschaftlichen Bannes waren, was oft der Fall war. Ein solcher Bann war um so bequemer, als diese Arbeiten eine relativ kostspielige Ausrüstung zur Vorbedingung hatten, die der gemeine Mann sich nicht erlauben konnte. Daher kam es auch, daß die Brauer in den Städten, auch wenn sie sich nicht in einer Zunft zusammengeschlossen hatten, ohne Mühe ihr Berufsmonopol verteidigen konnten. Die Zufügung von Kräutern, besonders von Heidekraut, Myrte und Gagel an den fermentierten Absud von Getreide, welche das Altertum gekannt hatte, scheint ein Zugewinn aus der germanischen Braukunst gewesen zu sein. Die Bereitung des mit diesen Kräutern angereicherten Malzes, die sog. Grut, wurde oft als Regal ausgeübt oder von Fürsten in Lehen ausgegeben. Gegen Ende des 13. Jh. war die Bierherstellung Gegenstand einer weiteren Verbesserung, als die Brauerei in großem Maßstab den Hopfen verarbeitete und auf dieser Grundlage in den Städten Niedersachsens, vor allem in Bremen und Hamburg, sich ein wichtiger Export in die Länder rund um Nordsee und Ostsee entwickelte.

Die Wohnkultur ließ wieder andere Versorgungsbetriebe entstehen. Man darf dabei trotzdem nicht aus dem Auge verlieren, daß diese nur einer dünnen Oberschicht der Gesellschaft zu Dienste standen. Für den übergroßen Teil der Bevölkerung Europas war in der Tat die Behausung so primitiv und damit die Möglichkeit, deswegen auf spezialisierte Fachleute zurückzugreifen, so gering, daß jede Familie für sich nach ihren Bedürfnissen eine Wohnung bauen, unterhalten und erneuern konnte. Dafür genügte in den meisten Fällen ein Rahmenbau von Fachwerk aus Holz, das mit Mörtel aus Lehm und Stroh angefüllt wurde. Stroh diente ferner auch als Dachbedeckung. Es ist kennzeichnend für den niedrigen Lebensstandard, daß die Bauern regelmäßig bei ihren Umzügen es für der Mühe wert hielten, das Fachwerk ihres Hauses abzubrechen und auf dem neuen Platz wieder aufzurichten. In Gebieten, wo Stein zur Verfügung stand, konnte die Bevölkerung ebenso gut ihn verwenden, um Mauern und Dächer zu bauen. Diesen Bauweisen folgte man allgemein, nicht nur auf dem platten Lande, sondern auch in den Städten, obgleich in diesen letzteren eine gewisse Arbeitsteilung ins Baugewerbe vorgedrungen war und Maurer, Dachdecker usw. sich für ihre wohlhabenderen Mitbürger und andere Kunden zur Verfügung stellten.

In den Städten bestand übrigens ein starker Kontrast zwischen der Behausung des ärmeren Volksteils und der reicheren Bürgerschaft, deren Wohnungen bezeichnenderweise im niederländischen Sprachgebiet als *stenen* bekannt waren, stattlichen Gebäuden, die neben dem Wohnteil Raum boten, um die Handelswaren aufzunehmen, auf denen der Wohlstand der Eigentümer beruhte. Während in einem Dorf in Gebieten, in denen kein geeigneter Stein gebrochen werden konnte, vielfach nur die Kirche aus dauerhaftem Material aufgerichtet wurde, fand man in den Städten gewöhnlich mehrere Bauwerke dieser Art: neben den Häusern von reichen Einwohnern und mehreren Kirchen eine Anzahl öffentlicher Gebäude, wie ein Rathaus, einen Bergfried, eine oder mehrere Hallen für den Handel. Nach Verlauf einiger Zeit wurde auch der Erdwall, der ursprünglich oft die Sicherheit der Niederlassung verbürgt hatte, durch eine Stadtmauer aus Stein ersetzt, die mit Türmen und Toren versehen war. Derartige Befestigungen und ihre gelegentlichen Erweiterungen gaben dann mehrere Jahre lang einer zahlreichen Schar von Maurern Arbeit.

Die doppelte Stadtmauer mit dem dazwischen liegenden Rundweg, die Nürnberg im 14. Jh. baute, hatte einen Umfang von $6\frac{1}{2}$ km. Das Anwachsen der Bevölkerungsziffer führte auf der anderen Seite regelmäßig zum Bau neuer Kirchen oder zur Vergrößerung der bestehenden. Dieses Bedürfnis machte sich nicht weniger auf dem platten Lande bemerkbar. Das Entstehen neuer Niederlassungen zur Zeit der großen Rodungen und der Ostbewegung ließ unzählige Dorfkirchen entstehen, und das Anwachsen der ländlichen Bevölkerung führte zur Vergrößerung der vorhandenen Gebetsstätten. Ebenfalls im ländlichen Milieu erhoben sich im Laufe der Jahrhunderte, besonders zur Zeit der großen Frömmigkeitsentfaltung, die mit dem Entstehen der neuen Orden nach der Jahrtausendwende die Stiftung von überaus zahlreichen neuen Klöstern zur Folge hatte, Abteien, deren oft große Ausmaße nicht nur an bestehenden Überbleibseln, sondern auch, schon in der Karolingerzeit, an dem berühmten Grundplan der Abtei St. Gallen abzulesen sind. Das flache Land war darüber hinaus mit Vorliebe der Wohnplatz der Fürsten, des Adels und des Herrenstandes. Allein rund um das westliche Mittelmeer lebten diese letzteren in größerem Maße im städtischen Milieu, bevor im Spätmittelalter auch in Westeuropa mächtige Fürsten, wie die französischen und englischen Könige regelmäßig in einer „Hauptstadt“ Wohnung nahmen, wo ihre Hofhaltung ebenfalls dem Bau von Adelshöfen Impulse gab. Die meisten Burgen auf dem Lande waren im Frühmittelalter noch ziemlich primitiv angelegt, oft noch ohne dauerhaftes Material, dessen Gebrauch sich auf einen einzigen Verteidigungsturm beschränkte. Aber die Jahrtausendwende brachte auch unter diesem Gesichtspunkt eine Wende, weil von da an die ländlichen Verbleibe der Großen viel ansehnlicher wurden und vollständig aus Stein errichtet waren. Dies steht in gewissem Sinne damit in Zusammenhang, daß viele Burgen während des 9. und 10. Jh. zerstört worden waren und nun eine Wiederherstellung erforderten. Aber auch während des Frühmittelalters waren Verwüstungen alles eher als selten und hatten nicht zu entsprechender Verbesserung geführt. Vielleicht muß man mehr Bedeutung dem kulturellen Fortschritt zuweisen, der sich wie auf so vielen anderen Gebieten auch auf dem der Baukunst kundtat und seinen Erzeugnissen eine bis dahin ungekannte Vollkommenheit verlieh. Auf der anderen Seite kam der vermehrte Wohlstand der Auftraggeber hinzu, deren Einkommen durch die erhöhten Einkünfte aus ihren Ländereien anstiegen.

Man muß sich tatsächlich immer vor Augen halten, daß ein Bauen in Stein stets eine kostspielige Angelegenheit war. Das Gewinnen des Materials aus einem Steinbruch konnte nur mühsam von Menschenhand erfolgen und erforderte für ein Bauwerk von Bedeutung viel Arbeit. Neue und oft noch höhere Kosten wurden durch den Transport der Steine verursacht, besonders, wenn dieser Transport mit Wagen von geringem Ladevermögen über schlechte Landwege an zahlreichen Zöllen vorbei vor sich gehen mußte. Diese Schwierigkeit wurde dann besonders drückend, wenn die zu überwindende Entfernung groß war, was mit Bezug auf steinarme Gebiete oft vorkam. Es ist darum besser zu begreifen, warum möglichst oft bestehende Gebäude gebraucht wurden, um Stein zu sparen. Die Ruinen römischer Bauwerke dienten bei guter Gelegenheit als Steinbrüche, um sich relativ in der Nähe mit Material zu versehen. So soll der Graf von Flandern am Ende des 9. Jh. seine Burg zu Brügge mit Steinen erbaut haben, die er aus der ca. 20 km davon entfernt gelegenen verfallenen römischen Niederlassung Oudenburg anfahren ließ. In späterer Zeit sah man dankbar einen Vorteil darin, die Häuser an Stadtmauern anzulehnen.

Die außerordentlichen Schwierigkeiten, denen Gebiete ohne Steinbrüche bei ihren größeren Bauten gegenüberstanden, wurden zum Teil erleichtert, als der Westen wieder zum Ziegelbrennen überging, das mit der germanischen Völkerwanderung allmählich abgekommen war. Der niedrige Lebensstandard des frühen Mittelalters begnügte sich mit den oben beschriebenen primitiven Bauweisen. Die Technik des Ziegelbrennens, die sich nicht wesentlich von der Töpferei unterschied, kann allerdings kaum verlorengegangen sein, und das nicht allein in der Poebene und in Rom, wo der kulturelle Verfall nicht so weitgehend war und wo aus der langobardischen und karolingischen Zeit eine ganze Reihe von Kirchen in Backstein auf uns gekommen sind. Seit dem 12. Jh. wurde in einer Gesellschaft, deren Wohlfahrt sich steigerte, auch nördlich der Alpen in größerem Maßstab in Backstein gebaut, z. B. in den Niederlanden und in Norddeutschland. Für wichtige Aufträge wie für den Bau von Stadtmauern und einer Kirche wurde oft in der Nähe des Bauplatzes auf einer dafür geeigneten Lehmschicht eine eigene Ziegelbrennerei errichtet. Trotzdem blieb es in vielen Fällen für die Bauherren eine Frage des Prestiges, für prunkvolle Gebäude Naturstein zu brechen und aus dem Rheinland oder anderswoher anfahren zu lassen.

Wenn es um ein außerordentliches Bauunternehmen ging, schuf gelegentlich der Mangel an genügend geschulten Bauleuten Schwierigkeiten. Es sind aus der Karolingerzeit Beispiele bekannt, daß im ganzen Reich gesucht wurde, um Bauleute für den Bau einer Abtei zu bekommen. Das gibt übrigens eine Erklärung dafür, daß auch in viel späterer Zeit der internationale Charakter des Baufachs bis zum Ende des Mittelalters in großem Umfang erhalten blieb. Das war besonders kennzeichnend in bezug auf die

Verbreitung der Gotik, die nicht allein in ihrem Wesen, sondern auch durch die Herkunft ihrer Arbeiter, zugleich Maurermeister und Baumeister, zu Recht in diesen Jahren bekannt war als *opus francigenum*. Es waren zum großen Teil Franzosen, die den neuen Stil, dessen neue Techniken sie beherrschten, bis weithin nach Deutschland und Italien hinein, ja sogar bis in das ferne Schweden einführten. Sollte vielleicht der Mangel an verfügbaren Fachkräften nicht ebensosehr wie der Mangel an Geld verantwortlich sein für die manchmal jahrhundertelange Baugeschichte so vieler Kirchen im Westen oder für die Tatsache, daß viele andere niemals vollendet wurden?

Man darf darauf aufmerksam machen, daß die Bautechnik der Antike bis zu einer gar nicht weit hinter uns liegenden Vergangenheit wenig Veränderungen erfuhr. Zwar ging im frühen Mittelalter die Kunst verloren, den Stein in regelmäßigen Lagen zu ordnen und zu fugen. Man stapelte ihn, auch für angesehene Gebäude, grob aufeinander, so wie es in Gebieten, wo der überflüssig vorhandene Naturstein das übliche Material ausmachte, für die von den Bewohnern selbst gemauerten Wohngebäude und Arbeitsstätten gebräuchlich blieb. Erst mit dem 12. Jh. erreichten die Maurer von Beruf aufs neue den hohen Stand ihrer Vorgänger aus der Antike. Die Zusammenstellung des Mörtels und die Anwendung von Aufzügen wie der Winde, des Gangspills, des Tretrades und des Krans erfuhren im Laufe des Mittelalters keine wesentlichen Veränderungen.

Wie schon gesagt, war der Lehm, der den Rohstoff für den Backstein lieferte, auch derjenige der Töpferei. Die Erzeugnisse dieses Gewerbes spielten für die kleinen Leute in der mittelalterlichen Gesellschaft eine beherrschende Rolle bei der Bereitung und Aufbewahrung von Speise und Trank. Die Produktion wurde seit uralter Zeit überall da, wo die Beschaffenheit des Bodens die Möglichkeit bot, in großem Maßstab ausgeübt und führte über die Versorgung mit weniger gut ausgestatteten Gebieten zu einem ausgedehnten Handel. Bestimmte Muster hielten sich manchmal jahrhundertelang oder wurden im Laufe der Zeit nur wenig abgeändert. Seit dem 10. Jh. indes drang aus dem Nahen Osten der Brauch in Spanien vor, den Tonteig mit Zinn zu vermengen, wodurch das Gefäß den farbenreichen Glanz der Majolika bekam. Diese technische Neuheit wurde wahrscheinlich schon im 11. Jh. in Italien bekannt und erreichte dort seit dem 13. Jh. in verschiedenen Zentren eine große Ausstrahlung.

Glas, das zu seiner Herstellung Sand verlangte, war eine weniger alltägliche Materie und anscheinend ziemlich kostbar: Das gewöhnliche Volk z. B. trank durchweg aus Bechern aus gebrannter Erde. Bei den Bemittelteren dagegen bekamen minder zerbrechliche zinnerne Gefäße und bei den Reichsten solche aus Edelmetall den Vorrang. Die Herstellung von Glas war im Frühmittelalter in der slawischen Welt und in Skandinavien noch unbekannt. Zurückgehend auf die römische Tradition, war sie damals sehr stark entwickelt im Rheinland und in Nordgallien, von wo das Glas als Handelsware oder als Beute in großen Mengen in den Norden Europas kam. Das archäologische Inventar von Glasüberresten stammt zum größten Teil aus dem Boden Schwedens. Die Ausstattung der Fenster mit Glas war bis zum Ende des Mittelalters ziemlich auf prunkvolle Gebäude beschränkt. Die weniger Vermögenden verschlossen ihre Fenster mit hölzernen Luken. Die Herstellung von farbigem Glas durch Zugabe eines Metalloxyds war schon vor der klassischen Antike bekannt und wurde auch zur Zeit des Mittelalters ausgeübt, und zwar sowohl für Gefäße als auch für Fenster. Es ließ seit der Karolingerzeit, aber besonders seit dem 12. Jh. durch seine Anwendung im Sakralbau einen der bemerkenswertesten Zweige der mittelalterlichen monumentalen Malerei entstehen.

Zimmerleute und Tischler waren sowohl beim Hausbau als bei der Verfertigung von Möbeln tätig, aber in den bescheidenen Behausungen der Bauern und Städter wurde ihre Arbeit wieder zum großen Teile von den Verbrauchern selbst übernommen. Trotzdem lieferten mindestens mittelgroße Städte eine Kundschaft, die groß genug war, um Zünfte für diese Handwerker entstehen zu lassen und zu ihrem Vorteil eine zielbewußte Arbeitsteilung zu sichern. Daß diese Berufe bei den unteren Schichten nichts auszurichten hatten, war aus den äußerst primitiven Bedürfnissen in diesem Kreis zu erklären, zumal im Hinblick auf die Ausstattung mit Möbeln. Denselben Unterschied kann man wahrnehmen in Hinsicht auf andere Handwerker im Bauwesen, wie etwa Schieferdecker, Klempner usw., die im wesentlichen nur für ihre vermögenden Mitbürger tätig waren.

In der mittelalterlichen Wirtschaft nahmen Metalle einen deutlich weniger wichtigen Platz ein als seit der Industriellen Revolution[5]. Denn für allerlei Zwecke wurden sie, sooft dazu die Gelegenheit gegeben war, durch billigere Materialien ersetzt, die mehr im Bereich der großen Menge lagen. Zu gleicher Zeit muß man dabei der Tatsache Rechnung tragen, daß verschiedene Metalle infolge einer unvollkommenen Technik damals nicht denselben Grad an Festigkeit und Dauerhaftigkeit beim Gebrauch zeigten, der in späterer Zeit ihre weite Verbreitung sicherte. Das war in ganz besonderer Weise der Fall bei dem Metall, das die Grundlage der modernen Industrie ist: dem Eisen. Solides Eisenerz erfordert eine Temperatur von etwa 1500°, um gründlich reduziert zu werden. Da Steinkohle, bevor sie im 18. Jh. verkokt wurde, die Gefahr in sich barg, daß Schwefel und andere unsaubere Bestandteile sich mit dem Metall verbanden, war man abhängig von einer solchen Menge Brennholz, daß man schwerlich Öfen bauen konnte, die groß genug gewesen wären, eine genügende Hitze zu erzeugen, ganz abgesehen noch von den Schwierigkeiten, die ihre Bevorratung mit Brennstoff lieferte. Darum zog man, wo immer es möglich war, Kupfer und Zinn vor, Metalle mit einem niedrigeren Schmelzpunkt als Eisen.

Da reines Kupfer zu weich und biegsam ist, wurde es seit der Vorgeschichte mit Zinn legiert, um die härtere Bronze zu bekommen. Gab man dazu aber Galmei, erzielte man Messing. Seit uralten Zeiten fertigte man auf diese Weise allerlei Geräte, vornehmlich für die Küche, aber auch Schmuck und Kunstgegenstände. Merkwürdig genug fehlen Gegenstände aus solchem Material fast vollständig, im Gegensatz zum Altertum, im archäologischen Inventar des Frühmittelalters, wo das Eisen noch in erheblichen Mengen gegenwärtig ist. Vielleicht findet das seine Erklärung in dem deutlichen Kulturrückgang während dieser Zeit, in welcher militärische Bedürfnisse ziemlich die einzigen waren, die in der unruhigen Gesellschaft dieser Jahrhunderte dazu führten, die Schwierigkeiten der Metallgewinnung zu überwinden, während man anderen Notwendigkeiten auf primitivere Weise entgegenkam.

In diesem Punkte kam es zu einer Veränderung seit dem 10. Jh. Sie steht in deutlichem Zusammenhang mit der Wiederherstellung des Wohlstandes in Europa. Kupfererz kam ziemlich verbreitet in Europa vor, aber Zentraleuropa war damit besonders gut ausgestattet. Neben den Minen, die schon im Altertum ausgebeutet wurden, erschloß man neue in den Vogesen, den Ostalpen, in den böhmischen Randgebirgen, in den Karpaten und in Siebenbürgen, aber auch in Sachsen (den Rammelsberg bei Goslar, den Schneeberg bei Mansfeld) und in Schweden (den Stora Kopparberg). Auch die Gewinnung von Zinn, worin das englische Cornwall und die Scilly-Inseln einen beherrschenden Platz innehatten, und diejenige von Zinkerz bekamen einen neuen Impuls. Für dies letztere erlangten die Schichten von Zinkkarbonat (Galmei) des Altenbergs bei Aachen eine besondere Bedeutung. Anscheinend ging die Produktion überall weiter und stieg an bis zur fundamentalen Wendung in der europäischen Konjunktur im 14. Jh.

Die Qualität des Erzes aus dem Altenberg führte wahrscheinlich dazu, daß das Maasgebiet mit Maastricht, Lüttich, Aachen und vor allem Dinant als die bedeutendsten Zentren als Ansiedlungsgegend für die Kupferindustrie im Spätmittelalter heraustrat. Dieses Gebiet erzeugte *dinanderien*, Gebrauchsgegenstände wie auch Grabplatten, Taufbecken, Reliquienschreine usw., die in weiter Entfernung abgesetzt wurden und von denen eine ganze Menge in Kirchen und Museen auf uns gekommen ist. Das ist um so bemerkenswerter, als der Boden der Maasgegend nie Spuren von bedeutenderen Bestandteilen der Metalle Kupfer und Zinn aufzuweisen hatte, so daß diese aus großer Entfernung herangeführt werden mußten, das Kupfer aus dem Harz, das Zinn aus England oder aus Böhmen. England war auch der bedeutendste Sitz der Zinnverarbeitung, der besonders Hausrat produzierte. Für Galmei kam vorläufig kein anderer Gebrauch in Frage denn als Ingredienz bei der Herstellung von Messing. Der Platz, den es heute im Baugewerbe einnimmt, wurde im Mittelalter, wie schon im Altertum, durch Blei beherrscht, das zugleich für die Anlage von Wasserleitungen usw. in Frage kam. Auch für dieses Metall waren die englischen Bergwerke die bedeutendsten Lieferanten, und zwar fast die einzigen bis ins spätere Mittelalter, als der Harz, Sachsen und Böhmen ihre Erzeugnisse auf den Markt brachten. Blei war das einzige nonferro-Metall, das während des Frühmittelalters in nennenswerter Weise in den Quellen vermeldet wird: Es wird in der Tat bei mehreren Kirchen vermerkt, daß sie mit Bleiplatten gedeckt waren, und diesem Bauverfahren folgte man auch in der Karolingerzeit noch im Westen. Unter diesem Gesichtspunkt wurde auch in Byzanz die antike Tradition ununterbrochen fortgesetzt.

Die nonferro-Metalle wurden selten oder niemals in reinem Zustand angetroffen, wohl aber vermengt miteinander oder mit Edelmetallen, Gold oder Silber, den bedeutendsten Materialien für reichen Schmuck, worauf aber auch das gesamte Münzsystem beruhte. Gold wurde in Europa, abgesehen von seinen Randgebirgen, dem Ural, wo die Gewinnung noch sehr primitiv und bescheiden blieb, und dem Kaukasus, wenig erzeugt. Die Lager, die im Altertum besonders in den Westpyrenäen und in Irland ausgebeutet wurden, waren erschöpft, und man sah sich in der Produktion ziemlich beschränkt auf den dürftigen Ertrag aus den Goldwäschereien, die vornehmlich an den Flüssen lagen, die aus den Alpen kamen, und im Ufersand der Poebene, des Elsaß und Bayerns einen gewissen Gewinn zuließen. Das Rheingold war im Mittelalter keine dichterische Phantasie. Das blieb so, bis seit dem 13. Jh. die lange verlassenen Minen in Illyrien wieder ausgebeutet wurden und man neue vor allem in Tirol, Schlesien, Böhmen und Ungarn erschloß. Das geschah offensichtlich unter dem Druck der steigenden monetären Bedürfnisse, aber es sprach dabei auch der erhöhte Wohlstand der westlichen Gesellschaft ein Wort mit. Dies äußerte sich u.a. in der größeren Nachfrage nach Juwelen und kostbaren Gegenständen für den Kultus. In allen Wohnzentren von Bedeutung fand man von jetzt ab Goldschmiede, und zwar in einer um so größeren Zahl, je größer die Ausstrahlung einer Stadt war; aber auch die Bergbaugebiete selbst, z.B. Schlesien, waren wegen ihrer Goldschmiedekunst bekannt[6].

Dieselben Faktoren hatten naturgemäß ihren Einfluß auf die Gewinnung von Silber und die Silberschmiedekunst. An diesem Metall hatte Europa allerdings nicht den gleichen Mangel wie an Gold, denn es kam regelmäßig in seinem Boden vor, verbunden mit Eisen-, Kupfer-, Blei- und Zinkerzen. Die reichsten silberhaltigen Erze gab es in Südwestengland, im französischen Zentralmassiv, in den Vogesen und in dem seit dem klassischen Altertum ausgebeuteten griechischen Laurion. Aber wiederum kamen die reichsten Schichten in Mitteleuropa vor, wo die Erzeugung seit dem 10. Jh. in Tirol, Kärnten und im Harz – vornehmlich zusammen mit Kupfer – eine bedeutende Entwicklung verzeichnet, bis um 1170 die Entdeckung des silberhaltigen Bleierzes in Freiberg dieser sächsischen Stadt einen Vorrang in der Erzeugung gab. Sie trug dazu bei, daß der deutsche Bergbau einen allgemein anerkannten Ruf von Sachverständigkeit erlangte. Nachdem die politische Organisation im östlichen und südöstlichen Europa genügend Fortschritte gemacht hatte und die Geldzirkulation dazu anspornte, dem Vorrat an Münzen ein wachsendes Interesse zu widmen, griffen auch hier die Fürsten und Großen auf deutsche Bergleute zurück. Sie sollten neue Gruben prospektieren oder früher nur in bescheidenem Umfang ausgebeutete Erze intensiver erschließen. So kam neben dem deutschen Silber immer mehr solches aus dem zu Recht so genannten Erzgebirge, aus den Sudeten, den Karpaten und Siebenbürgen sowie aus Bosnien und Serbien auf den Markt.

In der ersten Hälfte des 14. Jh. zeigte sich aber in der Silbergewinnung wie bei den anderen Buntmetallen eine Umkehr: Das Wachstum ging über in Stagnation und Rückgang. War diese Erscheinung Folge oder Ursache der damals eintretenden Depression oder beides zugleich? Es ist auch nicht unwahrscheinlich, daß der Bergbau, wo er unter Tage arbeitete, allmählich hier und da mit dem Problem des Stollenwassers zu kämpfen hatte. Ein solcher Bergbau unter Tage wurde übrigens fast ausschließlich nur bei Edelmetallen geübt, deren Wert die höheren Kosten einer fortschrittlichen Technik gestattete. Bei anderen Metallen blieb man im allgemeinen bei den offenen Gruben, die man bei der Entdeckung der Erze angelegt hatte. Nachdem viele Schächte von etwa 1300 an unter Wasser liefen, fing man wahrscheinlich zuerst in Böhmen und etwas später in Sachsen und im Harz an, die Gold- und Silberbergbaubetriebe mit technischen Neuerungen zu versehen, etwa durch das Graben von Galerien, in denen das Wasser nach niedriger gelegenen Orten abfließen konnte, oder auch durch das Aufstellen von Archimedischen Wasserschrauben, die als Wasser- oder Pferdemühlen betrieben wurden. Solch kostspieligen Installationen verteuerten unvermeidlich die Ausbeutung von armen Erzen gegenüber der Konkurrenz der reicheren Gruben in einer Weise, daß zahlreiche Bergwerke als unrentabel geschlossen werden mußten.

So wichtig die nonferro-Metalle in der mittelalterlichen Kultur auch waren, für zahlreiche Zwecke konnten sie das Eisen nicht ersetzen[7]. Dies blieb wegen seiner größeren Härte, wie minderwertig diese im Vergleich mit den Produkten der späteren Zeit auch sein mochte, unentbehrlich für die Erzeugung von Waffen, von landwirtschaftlichen Geräten und vielem industriellen Werkzeug. Eisenerz kannte unter verschiedenen Formen in Europa bei weitem die größte Verbreitung. Für örtliche Bedürfnisse zögerte man nicht, den vielerorts vorkommenden Raseneisenstein oder Ur zu verarbeiten, wenn kein besserer Rohstoff in der Nähe vorkam. Andererseits waren gerade die besten Erze, die aber auch den höchsten Schmelzpunkt aufweisen, angesichts des Standes der mittelalterlichen Technik schwer zu reduzieren. Tatsächlich wurden die Erze wie im Altertum auf reichlich primitive Weise behandelt. Der einfachste Ofentyp war eine Grube an einem Abhang, die mit dem Erz und der Holzkohle angefüllt wurde und unten mit einem Loch versehen war, wodurch ein Luftzug entstand, der möglichst durch einen Blasebalg verstärkt wurde. Die Resultate des Schmelzvorgangs waren sehr enttäuschend: Ein großer Teil des Erzes blieb unangetastet und ging mit den Schlacken verloren. Dieses Verfahren wurde in gewissem Maße, aber noch höchst unvollkommen, im Spätmittelalter verbessert durch die Verwendung des Katalanischen Ofens, der anscheinend aus Spanien und den französischen Pyrenäen stammt. Er war in Mauerwerk eingebaut, so daß man mit ihm eine größere Höhe, bis zu drei Meter, und ein größeres Volumen erreichen konnte und somit eine größere Hitze erzielte. Wahrscheinlich unabhängig von dieser Erfindung kam in Zentraleuropa der ähnlich angelegte Stückofen zur Anwendung.

Vor der Verarbeitung wurde das Erz mit Hämmern in kleinere Stücke zerbrochen, um den Schmelzvorgang zu erleichtern und nutzlose Stoffe nach Möglichkeit zu entfernen. Das geschah mit der Hand, bis, spätestens im 13. Jh., die Wasserkraft gezielter dafür eingesetzt wurde. Zu gleicher Zeit wurde sie auch für den Betrieb der Blasebälge verwendet, wodurch diese ihre Kraft sehr verstärkten und so der Schmelzpunkt bequemer erreicht wurde. Die Anwendung der Wasserkraft hatte zur Folge, daß die Ufer von Flüssen mit großem Gefälle die Eisen- und überhaupt die ganze Metallverarbeitung stark anlockten. Trotzdem behielt das reduzierte Erz noch zuviel unsaubere Bestandteile, hauptsächlich Sauer- und Kohlenstoff. Diese wurden nach Möglichkeit entfernt, indem man das glühende Eisen behämmerte. Je nach der Dauer und der Intensität dieses Prozesses erzielte man Schmiedeeisen oder feineren Stahl. Einige Landschaften waren wegen der hohen Qualität ihrer Erzeugnisse bekannt, der Forest of Dean in England, Lothringen, die Rheinlande, Sachsen, Böhmen, Steiermark und Kärnten, die Insel Elba und die Biscaya, seit dem 12. Jh. auch Schweden, dessen „Osemund“ als das beste Eisen galt. Wie die gesamte Metallurgie scheint auch die Eisenverarbeitung nach der Karolingischen Zeit einen kräftigeren Impuls bekommen zu haben, ein Zeichen mehr für das Anschwellen der Nachfrage, die von der wachsenden und wohlhabender werdenden Bevölkerung Europas ausging. Wenn auch Eisen, sei es aus örtlicher Herkunft oder als Einfuhrprodukt, überall verarbeitet wurde, nicht nur in den Städten, wo selten eine Schmiedezunft fehlte, sondern auch in zahlreichen Dörfern, so führte doch die Nähe besonders reicher Erzlager oft dazu, daß bestimmte Zentren wegen der Verfeinerung ihrer Erzeugnisse einen allgemein verbreiteten Ruhm erlangten, so z.B. auf dem Gebiet der Schwertschmiederei Köln und Siegen oder, schon in der maurischen Zeit, Toledo.

War die Reduktion von Eisenerz auf Holzkohle angewiesen, so gestattete die weitere Bearbeitung nach dem Schmelzvorgang auch die Verwendung der Steinkohle. Sie wurde nun, in einer Zeit wirtschaftlichen Aufstiegs und einer starken Nachfrage nach Brennstoff im häuslichen Verbrauch, wie in der verschiedenen industriellen Verwendung zu einem wichtigen Ersatzprodukt für das teurer werdende Holz. Kohlen waren aber längst nicht so verbreitet wie Eisenerz, und viele Kohlenvorräte blieben bis lange nach Ende des Mittelalters unbekannt. Tatsächlich gehen die sicheren Berichte über Kohlengewinnung in Europa nicht weiter zurück als an das Ende des 12. Jh., so im Bekken von Newcastle und im Lütticher Land, und ins 13. Jh. für das Ruhrgebiet und den Hennegau. In diesen Gebieten und dort wo Kohle billig herangeführt werden konnte, z.B. von Newcastle aus über See nach Holland und Seeland, arbeiteten der Schmied, der Töpfer, der Brauer usw. im späten Mittelalter in ihren Betrieben mit Hilfe dieses mittelalterlichen Zugewinns für die materielle Kultur Europas.

Der Bergbau, sei es der nach Metallen oder Steinkohle, erlebte bis an das Ende des ersten Jahrtausends nur geringe Fortschritte. Es ist deshalb nicht verwunderlich, daß so gut wie nichts bekannt ist über seine soziale Geschichte, auch nicht über den Status, unter dem er betrieben wurde, es sei denn im Byzantinischen Reich, wo wie in der römischen Kaiserzeit alle Bergwerke, sofern sie nicht öffentliches Eigentum waren, dem Kaiser als eine Art Besteuerung ein Zehntel ihres Ertrages schuldeten. Als die fürstliche Macht im Gleichschritt mit der wachsenden Bedeutung des Bergbaus einen kräftigen Aufstieg erfuhr und ihre Forderungen auf das Römische Recht stützte, knüpfte sie an diese Vergangenheit an. Friedrich Barbarossa erhob auf dem Reichstag auf den Ronkalischen Feldern (1158) formellen Anspruch darauf, wenigstens für Edelmetalle ein Zulassungsrecht zu verleihen, wer auch immer Eigentümer des Grund und Bodens war, unter dem sie lagen. Dasselbe geschah, ebenfalls unter dem Einfluß der Grundsätze des Römischen Rechts, in den anderen Monarchien Europas. Da die Staatsmacht im Reiche bald auf die Territorialfürsten überging, hatte dies naturgemäß zur Folge, daß auch dieses Bergregal auf sie überging. Inzwischen wurden die Ansprüche der Fürsten allmählich auf den gesamten Bergbau ausgedehnt. Dieser Prozeß wurde durch die Tatsache begünstigt, daß viele Erzvorräte an zuvor unbewohnten Plätzen im Gebirge entdeckt wurden. Sie konnten von den Fürsten als *res nullius* und damit als ihr Patrimonium angesehen werden. Anderswo aber hatten sie mit den Ansprüchen örtlicher Grundherren oder sogar Grundeigentümern zu rechnen und bemühten sich erfolglos, deren Rechte auszuschalten.

Bei wem auch das Eigentum an einer Grube lag, er hatte das Recht, gegen Vergütung die Erlaubnis zur Ausbeutung zu verleihen, manchmal, auch wenn es um unedle Metalle ging, ein Vorkaufsrecht auf die Produktion, die ihm nicht als Vergütung zustand. Viele Fürsten und Grundherren haben zur Zeit der ungestümen Wachstumsphase der westlichen Wirtschaft durch das Heranziehen von Immigranten unter günstigen Bedingungen den Impuls dazu gegeben, ihr Gebiet systematisch nach unterirdischen Reichtümern prospektieren zu lassen. Waren diese entdeckt, vor allem dann, wenn es sich um edle Metalle handelte, strömten zahlreiche Abenteurer herbei in einer Weise, die an die *gold rushes* des 19. Jh. erinnert. Dann wurde die erzhaltige Oberfläche in Parzellen an die Einwanderer verteilt. Dies ließ ein besonderes Bergrecht entstehen, wie das von Iglau (1249), der durch den Bergbau ins Leben gerufenen Stadt, das man in weitem Umkreis nachahmte. Minder wertvolle Erze und Kohlen wurden gewöhnlich von der örtlichen Bauernbevölkerung abgebaut, sei es für eigene Rechnung, oft zu Zeiten, wenn die Feldarbeit sie freigab, gegen einige Vergütung an den Grundherrn, oder auch in dessen Lohndienst. Im ersten Falle neigte die Gemeinschaft bäuerlicher Grubenarbeiter dazu, sich früher oder später gegen Neue abzuschließen, wie es viele Zünfte in den Städten taten[8].

Wichtiger als das Metallgewerbe war die Herstellung von Gegenständen der Bekleidung. Leder war das gewöhnliche Material für Schuhwerk, wurde aber auch bei häuslichen Geräten, z. B. Eimern, verwendet. Es spielte sogar eine wichtige Rolle im Kunstgewerbe. In dieser Hinsicht stand das maurische Spanien an der Spitze, wo die nordafrikanische Tradition in der Lederbearbeitung einen neuen Brennpunkt gefunden hatte, mit Córdoba als vornehmstem Sitz. Weiches Leder wurde, außer zu Pergament, zu Kleidungsstücken verarbeitet, namentlich bei der ländlichen Bevölkerung, in deren Tracht es hie und da sogar vorherrschte. Man muß dabei beachten, daß die noch überall reichlich vorhandene natürliche Landschaft günstige Bedingungen schuf für eine starke Entwicklung der Haltung von Tierarten, die in großen Mengen Leder liefern konnten; Parklandschaft und Grassteppe eigneten sich für Rinder, die Heide für Schafe, während der ansehnliche Waldreichtum dem Bedarf an Gerbstoff entgegenkam. Daher kam es, daß die Lederverarbeitung eine von den am meisten verbreiteten europäischen Industrien war, und das für den Eigenverbrauch sowohl auf dem Lande als auch in den Städten. Davon zeugt die Tatsache, daß noch heutzutage in den Städten mit mittelalterlicher Vergangenheit selten Straßennamen fehlen, die an Lederverarbeitung erinnern. Man kann sich übrigens die Frage stellen, ob die Beschränkung der Viehzucht, die eine Folge der großen Rodungen sein mußte, nicht einen relativen Rückgang des Leders bei der Kleidertracht des Landmanns zum Vorteile der Textilien und die Verbreitung des Papiers statt des Pergaments zuwegegebracht hat. Das ist eine der vielen Fragen, die in der Geschichte der Lederindustrie, die bis heute ziemlich vernachlässigt geblieben ist, offenstehen.

Wie dem auch sei, die Schafzucht war die Grundlage des Wollgewerbes[9]. Dieses war nicht nur die vornehmste Branche der europäischen Textilindustrie, sondern sogar die vornehmste Industrie Europas im gesamten Mittelalter überhaupt. Abgesehen von Leder, waren Kleider aus Wolle am besten den Erfordernissen des Klimas in den meisten Gegenden dieses Erdteils angepaßt, und die Verarbeitung von Wolle erlebte demzufolge zu allen Zeiten die weiteste Verbreitung. Zahllose Bauernfamilien spannen die Wolle und woben die Kleider, die sie im eigenen Verbrauch benötigten oder deren Lieferung sie im Früh- oder Hochmittelalter ihrem Herrn schuldeten. Frondienste mit Bezug auf Wollverarbeitung kamen in allen Polyptychen aus dieser Zeit vor, und die karolingischen Capitularien zeugen vom Bestehen von Werkplätzen *(gynecaea),* wo die hörigen Frauen eines Hofes das Textilgewerbe gemeinsam ausübten. Es gibt sogar Anzeichen dafür, daß die Produktion auf solchen Höfen damals, als der Handelsverkehr stark geschrumpft war, zu einigem Handel führte. Solcher Handel bestand namentlich mit

Klostergemeinschaften von Männern, die ihren eigenen Bedarf nicht mit eigenen Mitteln beschaffen konnten. Mehr noch, in der Karolingerzeit zeichnete sich zum ersten Male im Mittelalter ein Gebiet ab, das für feine Textilien zum Verkauf spezialisiert war, mochte deren Umfang auch noch so bescheiden sein.

Die Nachrichten, die in diesen Jahren von „friesischen Tuchen" *(pallia frisonica)* überliefert sind, haben zu einer ausgebreiteten Diskussion geführt. Bezeichnet dieser Ausdruck, daß sie in Friesland hergestellt wurden, einer Landschaft, die sich durch einen für diese Zeit außerordentlichen Handel auszeichnete und wo jüngst archäologische Untersuchungen in der Tat Gerätschaften des Textilgewerbes ans Tageslicht gebracht haben? Oder soll der Ausdruck besagen, daß friesische Kaufleute sich mit dem Absatz befaßten und die Ware in Flandern oder in England gewebt wurde? Eine Antwort auf diese Frage ist bei dem Mangel an Quellenmaterial nicht zu geben. Bezüglich des letzteren Landes hören wir mehrmals in der Hagiographie und auch in den nordischen Sagas etwas über Ausfuhr von Tuchen, ohne daß mit Bestimmtheit gesagt werden kann, daß es sich hier um „friesische" Tuche handelt. Fest steht, daß das friesische Tuch von so guter Qualität war, daß Karl der Große und seine Höflinge sich damit bekleideten und daß der Kaiser eine Partie davon dem Kalifen Harun-al-Raschid, dem Helden von Tausend-und-Einer Nacht, schenkte. Sicher ist auch, daß es bis ins Elsaß und nach Skandinavien abgesetzt wurde.

Mit den Einfällen der Wikinger verschwindet der Begriff „friesische Tuche" aus den historischen Quellen. Das Wachstum der europäischen Wirtschaft, mit ihrem Schwerpunkt um die Nordsee, gab aber dem Wollgewerbe einen entscheidenden Impuls. Das Anwachsen der Bevölkerung in Europa hatte zur Folge, daß ein Teil davon sich von der agrarischen Existenz lösen und seinen Unterhalt durch rein gewerbliche Arbeit verdienen mußte. Dies geschah bald überwiegend in den Städten, die im Verlauf dieser Entwicklung aufkamen oder zu neuem Leben gelangten. Die Arbeitsteilung beschränkte sich natürlich nicht auf die Dualität „Land und Stadt". Innerhalb der Städte setzte sie sich zwischen den verschiedenen Berufen fort. Ein Teil ihrer Einwohner spezialisierte sich auf die Wollverarbeitung. Sie konnten ihre Erzeugnisse bei Leuten absetzen, die sich anderen Gewerben widmeten, nicht nur unter ihren Stadtgenossen, sondern nach Möglichkeit in einem mehr oder minder großen Umkreis, besonders bei anderen Städten, denn im allgemeinen blieb die agrarische Gesellschaft durch ein hohes Maß an Autarkie bestimmt. Natürlich erstreckte sich der Absatz von Tuchen auch auf die höheren Stände, die außerhalb jeder handwerklichen Tätigkeit standen.

Die Vorbedingungen für ein Aufblühen eines solchen Tuchgewerbes, das weit über den Rahmen der regionalen Bedürfnisse hinausging, waren am günstigsten in Flandern, wozu bis zu Beginn des 13. Jh. das Artois gehörte. Falls Flandern das Ursprungsland der „friesischen Tuche" war, sollte hier eine Kontinuität im Textilbetrieb anzunehmen sein. Deutlich zu erkennen ist in jedem Falle die relative Überbevölkerung dieser Grafschaft seit der Jahrtausendwende, wodurch überflüssige Arbeitskräfte vorhanden waren, während andererseits die offene Lage für den Handelsverkehr den Absatz der Fabrikate begünstigte. Das Aufkommen der flämischen Städte im 11. Jh. fällt wesentlich mit dem Aufblühen der Wollindustrie zusammen, und das gilt nicht nur für die großen Zentren wie Gent, Brügge, Ypern, Lille, Douai, Arras und Saint-Omer, wo diese Entwicklung bis ins 11. Jh. zurückgeht, sondern auch für alle kleineren Städte dieses Gebiets, die sich fast ohne Ausnahme der Verarbeitung von Tuchen widmeten. Aber auch in einem größeren Umkreis, der sich von der Nordsee bis an die obere und mittlere Maas erstreckte, wurde die Tuchindustrie das hervorragendste Existenzmittel der Mehrheit der städtischen Bevölkerung, wie Straßennamen es noch bis auf den heutigen Tag beweisen.

Es unterliegt keinem Zweifel, daß dieses Gewerbe in seinen Anfängen von der örtlichen Wollproduktion Gebrauch machte. Auch unter diesem Gesichtspunkt war Flandern dadurch besonders begünstigt, daß die Kreideböden des Artois eine Wolle von hoher Qualität lieferten, die zu feinen Tuchen verarbeitet werden konnte, einem Produkt, das sich schon im 11. Jh. eine einzigartige Position im europäischen Handel erobert hatte. Nur einige englische Wollsorten, hauptsächlich aus Lincolnshire, waren besser. Aber England mit seiner dünnen Bevölkerung und seinem geringen Grad der Stadtentwicklung war in jedem Falle quantitativ kein bedrohlicher Konkurrent für Flandern. Diese Grafschaft verstärkte noch ihre führende Stellung, als sie seit dem 12. Jh., anscheinend wegen Mangels an genügend einheimischer feiner Wolle und im Zusammenhang mit der Ausbreitung des Ackerlandes und des Gewerbes, in großem Maßstab den Rohstoff aus England bezog, was auf die Schafzucht dort seine Auswirkung hatte. Es dürfte allerdings ein Irrtum sein, wenn man annehmen wollte, daß die einheimische Wolle in der flämischen Industrie keine Rolle mehr gespielt hätte. Ein Großteil der dortigen Produktion und der Ausfuhr bestand nämlich aus weniger teuren Stoffen, wofür seit dem 13. Jh. unter dem Druck derselben Faktoren, die für die Einfuhr von englischer Wolle maßgeblich waren, auch Wolle aus Spanien und – von noch gröberer Qualität – aus der niedersächsischen Heide eingeführt wurde[10].

Die Wollindustrie zeigte eine bemerkenswerte Betriebsorganisation. Sie zerfiel in eine Vielzahl von Arbeitseinheiten, die zu einer weitgehenden internen Arbeitsteilung führte. In der Hauptsache ging es dabei um folgendes: Die Wolle mußte geklopft werden, um sie von Sand und anderen Unreinheiten zu befreien. Sie wurde dann gewaschen und sortiert. Darauf wurde sie, je nach der Sorte, mit Hilfe kurzer metallener Haken gekardet, falls die Faser kurz war, oder mit einem Metallkamm entwirrt, falls sie lang war. Dann wurde die Wolle zu Garn gesponnen. Das geschah mit dem Spinnrocken oder, seit dem 13. Jh., mit dem Spinnrad. Das Garn wurde gezwirnt und aufgespult. Nun war der Weber an der Reihe. Seine Arbeit wurde stark vereinfacht, als der horizontale Webstuhl seit dem 11. Jh. allmählich durch den vertikalen ersetzt wurde. Der nächste Arbeitsgang war das Walken, bei dem Kette und Schuß näher aneinander gebracht wurden. Das geschah in großen Bottichen mit Wasser, das mit einer Art Ton, der Walkerde, vermischt war, in dem die Walker auf die Tuche stampften. Nach diesem Arbeitsgang wurden die Tuche während des Trocknens auf „Rahmen" auf die gewünschten Maße ausgereckt, dann durch wiederholtes Bestreichen mit Disteln genoppt, geschoren, gepreßt und gefaltet. In einem oder anderen Stadium der Gesamtbearbeitung wurde das Tuch gefärbt. Außer den einheimischen Farbstoffen, die der Ackerbau im Westen lieferte, konnte dazu Koschenille aus den Mittelmeerländern oder Färberflechte aus dem hohen Norden für rote Farbe verwandt werden; für blaue Farbe nahm man Brasilienholz aus dem asiatischen Osten, das aber wegen der Kostbarkeit dieses Materials natürlich nur für die feinsten Stoffe in Betracht kam. Die Farbe wurde mit Hilfe von Beizmitteln fixiert, etwa mit Pottasche, die an Ort und Stelle durch Verbrennen von Holz gewonnen, aber auch in großen Mengen aus den waldreichen Ostseeländern eingeführt wurde, oder auch mit Alaun, wovon die beste Qualität in Phokäa abgebaut wurde[11].

Bei dieser Beschreibung der Tuchfabrikation fällt auf, wie kompliziert sie war. Sie konnte sich unter Umständen auf 30 verschiedene Arbeiten erstrecken, von denen die Hälfte unbedingt erforderlich war. In allen Zentren von einiger Bedeutung wurde jedes Stadium durch eine besondere Gruppe von Handwerkern ausgeführt, wobei angemerkt werden muß, daß eine Anzahl von Arbeitsgängen, speziell die vorbereitenden Arbeiten an der Wolle, gewöhnlich von Frauen ausgeübt wurden. Es ist deutlich, daß unter diesen Bedingungen ein Unternehmer als Betriebsleiter den Gesamtprozeß koordinieren mußte. Wenn man in Betracht zieht, wie bedeutend der Handel sowohl bei der Einfuhr der Rohstoffe als auch bei der Ausfuhr der Fabrikate für dies Gewerbe geworden war, lag es auf der Hand, daß diese Rolle den Kaufleuten zufallen mußte, deren Geschäft schon im 13. Jh. einen kapitalistischen Charakter angenommen hatte. Sie importierten nicht nur das Material, sondern blieben auch bis zu seiner vollen Bearbeitung dessen Eigentümer. Sie ließen es in Abfolge von verschiedenen Handwerkern im Lohndienst bearbeiten. Nachrichten darüber zeigen, zu welchen Konflikten die flandrischen Verhältnisse zwischen Arbeitgebern und Arbeitnehmern im Spätmittelalter führten. Eine davon war die Bildung von Handwerkerzünften und deren Anspruch auf politische Mitsprache, die sich u.a. bei den Löhnen geltend machte.

Nun kam diese Entwicklung zu einem denkbar ungünstigen Zeitpunkt für die Zukunft der Wollindustrie in den flandrischen Städten. In erster Linie hatte sie gegen das Aufkommen von gefährlichen Konkurrenten auf dem Gebiet der Herstellung von feinen Tuchen zu kämpfen. In der Blütezeit der flandrischen Tuchmacherei war Italien, das sich zu dieser Zeit allein auf die Verfertigung billiger Tuche aus einheimischer Wolle verlegte, für das feine Tuch aus Flandern ein dankbares Absatzgebiet. Seit dem 13. Jh. begann es aber, Wolle aus Nordafrika, Spanien und besonders aus England zu importieren und sich der Produktion feinerer Sorten zuzuwenden. Dadurch ging die Nachfrage nach flämischen Tuchen zurück, und das um so mehr, als Flandern seit 1270 wiederholt in politische Verwicklungen mit England und Frankreich geraten war, welche die Versorgung mit Wolle und die Ausfuhr von Tuchen nach dem Süden stark behinderten. Das italienische Gewerbe erreichte darum schnell einen Höhepunkt. Im Jahr 1338 fertigte Florenz, sein vornehmstes Zentrum, 80000 Stück Tuch, bedeutend mehr als Ypern, das nach Gent das hervorragendste Zentrum dieses Gewerbes in Flandern war.

Von den Schwierigkeiten zwischen Flandern und England wußten das nähere Rheinland, voran die Stadt Köln, und in noch höherem Maße Brabant ihren Vorteil zu ziehen. In diesem Herzogtum war die städtische Entwicklung um ein Jahrhundert hinter derjenigen in Flandern zurückgeblieben, aber im 13. Jh. hatte sich die Tuchindustrie weit genug entwickelt, um mit den Erzeugnissen aus Flandern auf den dortigen Märkten mit Erfolg zu konkurrieren. Im 14. Jh. überholten die Brabanter Tuche aus Löwen, Brüssel und Mecheln die flämischen. Das war sicherlich zu einem Teil der Tatsache zu verdanken, daß die Zunftbewegung in Brabant nicht denselben Erfolg hatte wie in Flandern, mit der Folge, daß die Steigerung der Löhne dort nicht so hoch war und die Gewinnspannen der Unternehmer rentabler blieben.

Der Kostenpreis der Tuche war umso wichtiger, als der Absatz von feinen Tuchen ohne Zweifel unter der spätmittelalterlichen Krise zu leiden hatte, die sich um 1300 und sogar noch früher einstellte. Aber auch darüber hinaus wurden die Chancen für die Tuche aus den flämischen Städten, ganz abgesehen von ihrer Qualität, durch den Anstieg der Löhne geringer als die der Konkurrenten. Unter ihnen hatte schließlich England den größten Erfolg, allerdings ebenso auf Kosten des Untergangs seiner alten städtischen Industrie. Die Ursache dieses Prozesses war eine technische Neuerung, die Anwendung der Wasserkraft für das Walken, die hier seit dem Ende des 12. Jh. bezeugt ist und sich im Laufe gut eines Jahrhunderts allgemein durchsetzte. Anstatt des mühsamen Getrampels von zwei oder drei Arbeitern im Walkbottich wurden die Tuche bei dem neuen Verfahren durch maschinelle Stampfer bearbeitet. In den Hügellandschaften der britischen Insel kamen überall, gewöhnlich mit Zutun der Gutsherren, Walkmühlen auf. Die Walker, die bei der alten Handwerksweise blieben, machten der neuen Art den Vorwurf, weniger sorgfältige Arbeit zu liefern, aber wenn dies auch zutreffen mochte, so wurde dieser Nachteil reichlich wettgemacht durch die herabgesetzten Kosten und das höhere Konkurrenzvermögen des Endprodukts. Damit war die Grundlage für das Übergewicht der englischen Wollindustrie seit dem Spätmittelalter geschaffen. Dazu kam noch die Tatsache, daß die englischen Unternehmer wegen der geringeren Transportkosten und weil sie nicht den seit 1275 eingeführten hohen Ausfuhrgebühren auf die Wolle unterworfen waren, die besten Wollsorten auf ihrer Insel billiger als ihre Konkurrenten einkaufen konnten.

Die Konkurrenten suchten sich dadurch anzupassen, daß sie überall, wo die Landschaft es erlaubte, ihre Kosten durch die Verwendung der Walkmühlen herabzusetzen suchten. Das traf z.B. in der Toskana zu, wo Florenz und die ihm untergeordneten Städte die hauptsächlichsten Mittelpunkte der Tuchindustrie im Mittelmeergebiet wurden. In der Flachlandschaft von Flandern, wo man auf hydraulische Energie nicht zurückgreifen konnte, war dasselbe nicht möglich. Hier wurde aber der Verfall der Draperiestädte auf eine andere Weise aufgehalten. Seit dem Beginn des 14. Jh. verlagerte sich die Wollindustrie der Grafschaft aus den großen Städten in kleinere Zentren und aufs platte Land, wo sie nicht durch Lohn- und andere Reglements behindert wurde. Speziell im ländlichen Milieu war die Bevölkerung derartig angewachsen, daß der landwirtschaftliche Zwergbetrieb keine vollständige Existenz mehr sicherte und man auf Nebenverdienste angewiesen war. Die Krise in der städtischen Industrie nahm der Zuwanderung in die Städte jede Anziehungskraft. So warteten Arbeitskräfte im Überfluß auf dem Lande auf Beschäftigung. Sie fanden diese zum großen Teile in der Wollindustrie, die sie nicht länger ausschließlich für den Eigenverbrauch, sondern gegen Löhne, die in voller Freiheit vereinbart waren, ausübten. Das bedeutete allerdings bei den obwaltenden Umständen, daß die Arbeitgeber ihnen die Löhne mehr oder weniger vorschrieben.

In der Kleidung nahm die Leinwand, die sich besser eignete, schwere körperliche Arbeit zu verrichten, in zahlreichen Gegenden ebenfalls einen wichtigen Platz ein, vor allem auf dem flachen Lande. Dabei darf es nicht verwundern, daß die Leinenweberei durch das gesamte Mittelalter hindurch ein ländlicher Betrieb war, der sich auf die ländliche Flachserzeugung stützte. Allerdings fehlte sie selten in Städten von größerer Bedeutung, wo sie einigen Bedürfnissen entgegenkam, wobei es sich vor allem um die Kleidung bestimmter Schwerarbeiter handelte. Übrigens wurde Feinleinen, das gerade für die Kleidung der höheren Stände bestimmt war, die als einzige gewohnt waren, Wäsche zu tragen, normalerweise auch in den Städten verfertigt oder doch wenigstens appretiert. Es war nichts Ungewöhnliches, daß als Folge einer begreiflichen Arbeitsteilung die besseren Sorten Leinen, deren erste Arbeitsgänge mit Einschluß des Webens von den Bauern ausgeführt wurden, ihre feinere Bearbeitung durch speziell geschulte städtische Handwerker bekamen. Diese konnten dafür eine bessere Fachkenntnis aufweisen als Gelegenheitsarbeiter, wie es die Bauern waren. Paris, Köln, die italienischen großen Städte und Byzanz waren z.B. wichtige Sitze eines solchen Veredelungsbetriebs.

Abgesehen davon war die Leinenweberei besonders hoch entwickelt in Landschaften, die sich am besten für den Flachsanbau eigneten, z.B. Wallonien, die Champagne, das Rheinland und Westfalen, Schwaben, Franken und die Schweiz. Im Mittelmeergebiet hatte Leinen seinen Absatz auch dem wärmeren Klima zu verdanken, in dem Leinen für mehr Berufe als Kleidung in Frage kam als Tuch. Schließlich hatte es auch in Polen und Rußland ein deutliches Übergewicht gegenüber der Wolle, möglicherweise, weil es in diesen wenig entwickelten Gebieten einfacher zu verfertigen war als Tuch. Möglich ist auch, daß weder der stark mit Wald besetzte Boden noch der diesem abgewonnene kärgliche Kulturgrund sich gut für die Schafzucht eigneten. Im Vergleich zum Leinen nahmen Stoffe aus Baumwolle nur einen geringen Platz ein. Der Rohstoff dafür, der in Europa nur in den warmen Gegenden um das Mittelmeer vorkam, wurde zum größeren Teile aus Nordafrika und der Levante eingeführt und war zu teuer, um einen größeren Absatz zu gestatten.

Seit der Antike wurde Seide als der kostbarste Stoff für Kleider angesehen. Sie wurde ausschließlich aus dem Osten bezogen, zum Teil in der Form von Seidengarn oder von Rohseide. Sie wurde dann im Römischen Reich weiter verarbeitet. Seit alters geschah das in der Hauptsache in den östlichen Provinzen, die das Byzantinische Reich bilden sollten. Im Jahre 552 aber brachten nestorianische Mönche im Auftrage Justinians des Großen Eier von Seidenraupen aus China nach Byzanz. Dadurch kam dort eine wichtige Seidenindustrie zur Entwicklung. Anfangs war sie ein kaiserliches Monopol: Die Raupen wurden auf kaiserlichen Betrieben gehalten und die Seide in Werkstätten des kaiserlichen Palastes gesponnen und gewebt. Im 7. Jh. schien es nicht länger möglich, dieses Monopol in seiner ursprünglichen Form beizubehalten. Es wurde beschränkt auf die feinsten Sorten Brokat, auf die Kleidung der kaiserlichen Familie und der Höflinge und auf Geschenke an andere Fürsten. Übrigens wurde noch immer orientalische Seide eingeführt.

Nach den Einfällen des Islam in Europa wurde die Seidenraupe und die Seidenindustrie auch in die von den Moslems beherrschten Gebiete eingeführt, namentlich in Sizilien und Spanien, wo dieses Gewerbe schon im 10. Jh. zu großer Blüte kam. Nachdem Sizilien im 11. Jh. in den christlichen Lebenskreis zurückgekehrt war, verbreitete es sich von hier aus über Italien. Hier wurden alle großen Städte neue Sitze der Seidenindustrie, vor allem aber wurde Lucca das Hauptzentrum. Die Intensivierung der Handelsbeziehungen zur Levante trug ebenso zur Erweiterung der Seidenverarbeitung bei, wobei sich z.B. in der Provence, anfangs für die Bedürfnisse der norditalienischen Zentren, eine ansehnliche Seidenraupenzucht entwickelte. Aber auch in nördlicheren Ländern, die für diese Zucht nicht in Frage kamen, zeigte sich in den Großstädten, in denen eine zahlreiche und wohlhabende Bürgerschaft genügend Absatz erhoffen ließ, z. B. in Paris, Brügge und Köln, Seidenverarbeitung.

Die Herstellung von Gegenständen der Bekleidung geschah für die übergroße Mehrheit der Bevölkerung, wenigstens auf dem Lande, nach jahrhundertelang überlieferten Formen für den Eigenverbrauch. Nur in der Haushaltung der Großen und bei den städtischen Handwerken führte dieser Beruf zu einer arbeitsteiligen Spezialisierung; sie konnte dabei mit der Entwicklung einer Mode Schritt halten, die sich allerdings langsamer änderte als in späteren Zeiten.

Sowohl die Produkte der Landwirtschaft, deren Überschüsse in bestimmten Gebieten den Mangel in anderen ausfüllen konnten, als auch die Erzeugnisse vieler Gewerbe, die über die örtlichen Bedürfnisse hinausgingen, machten den Gegenstand eines Handels aus, der sich auf mehr oder minder große Entfernungen erstreckte. Das Anwachsen des Handels war übrigens auch durch die Nachfrage, die er bei den Produzenten schuf, eine unentbehrliche Vorbedingung für das Wachsen der Landwirtschaft und der Gewerbe. Auf diese Weise beeinflußten Rückgang oder Fortschritt des Tauschverkehrs die Grundtendenzen der Entwicklung in der Wirtschaft des Mittelalters in starkem Maße.

[1] *L. White:* Die mittelalterliche Technik und der Wandel der Gesellschaft (1968).
B. Gille: Les développements technologiques en Europe de 1100 à 1400. In: Cahiers d'Hist. mondiale 3 (1956), S. 63–108.
Artigianato e tecnica nella società dell'alto medioevo occidentale (2 Bde., 1971).

[2] *M. Mollat* (Hg.): Le rôle du sel dans l'histoire (1968).

[3] *H. Witthöft:* Struktur und Kapazität der Lüneburger Saline seit dem 12. Jh. In: Vierteljahrschr. f. Soz.- und Wirtschaftsgesch. 63 (1976), S. 1–117.

[4] *A. M. Bautier:* Les plus anciennes mentions de moulins hydrauliques et de moulins à vent. In: Bulletin philologique et historique (jusqu'en 1610) du Comité des travaux historiques et scientifiques (1960).

[5] *M. Lombard:* Etudes d'économie médiévale. II. Les métaux dans l'ancien monde du Ve au XIe siècle (1974).

[6] *M. Bloch:* Le problème de l'or au moyen âge. In: Annales d'Hist. Econ. et Sociale 5 (1933), S. 1–34.
[7] *R. Sprandel:* Das Eisengewerbe im Mittelalter (1968).
W. F. Schuster: Das alte Metall- und Eisenschmelzen (1969).
[8] *A. Zycha:* Das Recht des ältesten deutschen Bergbaues bis ins 13. Jahrhundert (1899).
[9] *M. Spallanzani* (Hg.): Produzione e commercio dei panni di lana (1975).
[10] *H. Laurent:* Un grand commerce d'exportation au moyen âge. La draperie des Pays-Bas en France et dans les pays méditerranéens (XIIe–XVe siècles) (1935).
H. Ammann: Deutschland und die Tuchindustrie Westeuropas im Mittelalter. In: Hansische Geschichtsblätter 72 (1954), S. 1–63.
[11] *W. Endrei:* L'évolution des techniques du filage et du tissage du moyen âge à la révolution industrielle (1968).
J. B. Weckerlin: Le drap „escarlate" . . . et notes techniques sur la fabrication de ce drap de laine au moyen âge (1905).

3. Handel und Verkehr

Die Wirtschaft im spätrömischen Kaiserreich wurde im Westen durch eine Schrumpfung von Fernhandel und Fernverkehr gekennzeichnet. Das war die Folge von verschiedenen Umständen. Einerseits machte die Unsicherheit der Straßen allzuoft jeden Transport über große Entfernungen zu einem mißlichen Risiko. Diese Unsicherheit ergab sich aus den Streifzügen der Barbaren über die Grenzen manchmal bis tief ins Binnenland hinein, aber auch aus dem weitverbreiteten Banditenunwesen. Andererseits war ein deutlicher Rückgang in der Produktion der alten industriellen Zentren festzustellen, die sich überwiegend auf Sklavenarbeit stützten, seitdem die Sklaverei durch den Mangel an Neuhinzukommenden verfiel. Dadurch entstanden zwar neue Produktionszentren in den Provinzen, die zur Entwicklung der jüngeren wirtschaftlichen Landschaften beitrugen, aber gleichzeitig die Tendenz förderten, das Reichsgebiet in eine Vielzahl von stark autarkischen Einheiten zerfallen zu lassen. Der Niedergang, dessen Opfer das westliche Becken des Mittelmeeres auf solche Weise wurde, wirkte sich besonders ungünstig aus auf die Beziehungen zwischen dem Westen und dem wirtschaftlich viel stärker gebliebenen Osten mit seinen meist kostbaren Produkten, wofür die lateinischen Reichsteile noch weniger als früher eine genügende Rückfracht liefern konnten. Die Handels- und Zahlungsbilanz zwischen diesen zwei großen Wirtschaftsgebieten wies darum beständig ein schlimmes Defizit für den Westen auf, das durch Abtretung des immer knapper werdenden Goldvorrats ausgeglichen werden mußte.

Dies führte dann wieder zu einer Inflation, die ihrerseits dazu beitrug, Unternehmungslust und Handel zu bremsen. Aber auch die durch die politische Krise erhöhten Steuern, die wegen des Widerstands der Grundeigentümer vor allem Handwerk und Verkehr belasteten, hatten einen ungünstigen Einfluß auf den Handel und die Märkte zur Folge. Schließlich beförderten alle diese Umstände auch auf örtlicher Ebene den Übergang von der Tauschwirtschaft zu einem Hofsystem von autarkischer Natur, in dem die wirtschaftlichen Beziehungen unter der minder oder stärker aktiven Oberaufsicht eines Grundeigentümers sich im wesentlichen innerhalb des Rahmens von dessen Grundbesitz abspielten. Man erinnert sich, wie sehr diese Entwicklung das Fortbestehen der Städte, deren Marktfunktion wesentlich ausgeschaltet wurde, und deren Bevölkerung bedrohte. Der Staat sah sich gezwungen, die Bevorratung der Städte wie auch die des Heeres mit lebensnotwendigen Gütern, u.a. durch deren Herstellung in eigener Hand, zu organisieren. Das großzügige Experiment eines Staatssozialismus, das die kaiserliche Verwaltung dafür zu entwickeln suchte, war schon vor dem Untergang des Reiches im Westen in tiefem Verfall und überlebte seinen Ersatz durch die neuen

Staaten der germanischen Barbaren nicht lange. Ziemlich jeder Staatsbegriff im römischen und gleichzeitig modernen Sinn ging damals im Westen verloren, darunter auch die Sorge für die Infrastruktur des Verkehrs. Das gilt im besonderen für die Heerstraßen und die Hafenanlagen, welche Rom in besseren Zeiten erstellt hatte.

Einen Niedergang des Handels gab es im Frühmittelalter ohne Zweifel, wenn es uns auch an jeder Möglichkeit fehlt, ihn quantitativ zu bestimmen. Aber darum war doch der Handelsverkehr nicht völlig zum Stillstand gekommen. Die Tendenz, den Eigenbedarf selbst zu decken, konnte nicht verhindern, daß einige, im besonderen die großen Grundbesitzer, bei Gelegenheit einen Erzeugungsüberschuß auf den Markt brachten und daß Verbraucher manchmal, und für bestimmte lebensnotwendige Güter sogar regelmäßig, von anderen kaufen mußten. Dies konnte zur Zeit von Mißernten bei Getreide in großem Maßstab geschehen. Aber z.B. bei Salz mußte die übergroße Mehrheit der Bevölkerung des Westens sich auf Tauschverkehr stützen. Dies geschah anscheinend oft auf Jahrmärkten, deren Anzahl wahrscheinlich zunahm. Der fränkische König Dagobert I. stiftete im Jahre 634 oder 635 vor den Toren von Paris den Markt von Saint-Denis, der sich bis an das Ende des Mittelalters großer Bekanntheit erfreuen konnte. Es würde allerdings einen Irrtum bedeuten, diese Vervielfältigung der Verkaufsstätten als ein Zeichen von blühendem Handel zu interpretieren. Im Gegenteil! Die Bedeutung dieser Märkte, die gewöhnlich ein paar Tage, höchstens ein paar Wochen lang abgehalten wurden, war es gerade, daß sie den Kontakt zwischen der normal knappen Nachfrage und dem Angebot erleichterten, indem sie diese auf bestimmte Plätze und Zeiten konzentrierten. Dazu trug der Umstand bei, daß sie für gewöhnlich mit einer religiösen Feier verbunden waren, z. B. dem Patronatsfest oder der Kirchweihe der Ortskirche. Diese lockte eine ziemlich große Menge Volks herbei[1].

Der Handel auf diesen Jahrmärkten war übrigens nicht beschränkt auf den Tauschhandel unter den Bewohnern der nächsten Umgebung. Sie dienten aller Wahrscheinlichkeit nach auch dem geringen Fernhandel, der noch übriggeblieben war. Die hohen Kosten des unvermeidlich langsamen Verkehrs mit Transportmitteln von geringem Fassungsvermögen genügten, um diesen praktisch auf Luxusgüter zu beschränken. Dazu gehörten die aus Ägypten eingeführten bronzenen Gefäße, die sich nicht nur im langobardischen Italien, sondern auch in Germanien, Friesland und England finden, oder die goldenen Zierate italienischer Herkunft, die in den fränkischen oder alamannischen Gebieten in Grabfunden vorkommen[2]. Bestimmt auswärtigen, namentlich orientalischen Ursprungs waren die Spezereien und Seidenwaren, die in den reicheren Haushaltungen der Könige, der Großen und der Klöster ihre Abnehmer fanden. Um sich damit zu versorgen, griffen diese Kunden zurück auf sog. Palast- oder Abteikaufleute, die sie gleichzeitig damit beauftragten, Erzeugnisse, die auf ihren Landgütern im Überfluß vorhanden waren, zu verkaufen. Sie bekamen gelegentlich auch den Auftrag, die königliche Kriegsmacht mit dem Nötigsten zu versorgen. Es ist kennzeichnend für die wirtschaftliche Schwäche des Westens, daß unter diesen Kaufleuten und übrigens ganz allgemein unter den Händlern die Orientalen einen besonders wichtigen Platz einnahmen. Im 6. Jh. werden in dieser Hinsicht oft „Syrer" – möglicherweise erfaßte diese Bezeichnung alle christlichen Völker des Nahen Ostens, z. B. auch Armenier und Kopten – ebenso wie Juden erwähnt. Die Levante war die Brücke, über welche die kostbaren und begehrten Erzeugnisse aus der Welt Indiens und Chinas, die über See oder mit Karawanen über Land dorthin gebracht wurden, Europa erreichten[3].

Im Austausch gegen die Waren aus dem Osten hatte der Westen wenig zu bieten. Das meiste waren noch Sklaven. Der Sklavenhandel wurde u.a. versorgt mit Leuten, die in England im Streit zwischen Kelten und Angelsachsen gefangengenommen wurden, mehr aber noch aus der slawischen Welt. Berüchtigt blieb das Abenteuer des Franken Samo, der wie die arabischen Sklavenhändler im 19. Jh. in Zentralafrika, an der Spitze einer bewaffneten Schar im Jahre 623 oder 624 bei den Wenden ein Königreich begründete, mit seinen Spießgesellen die benachbarten Awaren überfiel und, was diese Razzias an Menschen aufbrachten, verkaufte. Im Sklavenhandel spielten anscheinend Juden eine wichtige Zwischenrolle. Im gallischen Binnenland kamen auswärtige Sklaven auf den Markt, wie ihre Erwähnung in örtlichen Zolltarifen bezeugt. Ferner war Marseille sein wichtiger Einschiffungshafen für Sklaven nach Spanien, aber auch in das Gebiet von Byzanz[4].

Die Welt von Byzanz, eingeschlossen die Gebiete, die in Italien und Spanien immer noch dazu gehörten oder die zeitweise durch die Eroberungen Justinians damit wieder vereinigt wurden, stand in einem scharfen Gegensatz zum Westen. Das Weiterbestehen einer kräftigen Stadtkultur unterhielt auf den städtischen Märkten einen beständigen Tauschverkehr mit der agrarischen Umgebung, welche diese wirtschaftlichen oder administrativen Zentren mit ihren Lebensbedürfnissen versorgte. Im besonderen hielt die Versorgung der riesigen Hauptstadt einen kommerziellen Strom von Lieferungen aus dem gesamten Reich in Gang. Ägypten und Syrien waren die wichtigsten Länder für die Anfuhr von fernöstlichen Waren über das Rote Meer oder den Persischen Golf, ferner über Land nach den Häfen des Mittelmeeres. Der lange Karawanenweg von China durch Zentralasien zum Schwarzen Meer führte von hier aus zur Hauptstadt. Von dieser aus erfolgte ebenso die Ausfuhr nach dem Westen, zum Teil z. B. in die dortigen byzantinischen Gebiete.

Diese Handelsorganisation hatte von der Mitte des 6. Jh. an unter den Kriegen zwischen Byzanz und den Persern zu leiden, die den Handelsverkehr mit Syrien störten, während die Route über das Rote Meer durch den Untergang der Hegemonie Äthiopiens in diesem Gebiet an Bedeutung einbüßte. Von noch größerer Wichtigkeit aber war die Expansion des Islam über den Nahen Osten (634–41), wodurch das von den Kalifen beherrschte Rote Meer seine frühere Funktion zurückgewann, während Syrien und Ägypten ebenso unter die arabische Herrschaft kamen. Ein jahrhundertelanger auch zur See geführter Streit zwischen Byzanz und dem Islam hatte verhängnisvolle Folgen für den Handelsverkehr zwischen Ost und West, dem wichtigsten Rückgrat des europäischen Fernhandels in dieser Zeit[5]. Kennzeichnend ist dabei, daß die „Syrer" mit dem 7. Jh. ziemlich aus der Handelsgeschichte des Westens verschwinden. Nicht minder kennzeichnend ist es auch, daß im Inventar der Grabfunde Luxusgegenstände allmählich nicht mehr vorkommen, was übrigens auch auf eine zunehmende Erschöpfung des Vorrates an Edelmetall im Westen hinweisen kann, worauf noch in einem anderen Zusammenhang zurückzukommen sein wird. Diese Erscheinung stellte die Zahlungsbilanz mit dem Osten noch stärker als vorher auf die Probe.

Was die islamische Welt angeht, so hatte die Eroberung Spaniens (im Jahre 711 und danach) zur Folge, daß dieses Land in die ökonomische Einheit der mohammedanischen Länder eingereiht wurde, so daß es an dem Wohlstand dieser Länder teilnehmen konnte.

Spielte das Mittelmeer seit der arabischen Expansion nicht mehr im früheren Maße seine Rolle als Verbindungsglied zwischen Ost und West, so gab doch die Gründung des Reiches der Chasaren im Norden des Kaspischen Meeres im 8. Jh. der kontinentalen Verbindung mit China und Indien einen neuen Impuls, weil auf diesem Verkehrswege nun der Friede sichergestellt war. Das Schwarze Meer übernahm für Byzanz die Rolle einer Hauptverkehrsader für den Fernosthandel, und von Cherson, dem bedeutendsten Hafen an seinen nördlichen Küsten, strömten ständig chinesische Seide, indische Edelsteine und Spezereien in die Hauptstadt und von hier aus in die Provinzen, auch in die italienischen. Die Verbindung mit ihnen zur See konnte ohne große Mühe unter Kontrolle gehalten werden, so mit Neapel und Amalfi, Ravenna, Comacchio und Venedig. Die beiden letzteren Städte nahmen mit ihrem Export von Salz aus den Lagunen und von Fisch teilweise den Platz ein von Orten, die für Byzanz als Quelle seiner Versorgung verlorengegangen waren. Alle byzantinischen Zentren in Italien betrieben auch weiterhin einen bescheidenen Handel mit ihrem Hinterland und führten von dort Erzeugnisse aus. Von unbezweifelt größerer Bedeutung wurde sehr bald ihre Ausfuhr von „S[k]laven" aus Dalmatien[6]. Übrigens kümmerten sich die italienischen Untertanen von Byzanz wenig um das Verbot der fernen kaiserlichen Regierung, mit den Moslems irgendwelche Beziehungen zu unterhalten.

Von den russischen Steppen aus konnten die asiatischen Luxuswaren aber auch noch über andere Wege geleitet werden. Von den Küsten des Schwarzen Meeres führte die Donau nach Bayern und zum Rhein. Es besteht kein Zweifel, daß auch diese Straße noch einigen Verkehr aufwies; die sog. rhadamitischen Juden scheinen, außer mit Erzeugnissen aus dem Osten, hauptsächlich ebenfalls mit Sklaven gehandelt zu haben, die sie sowohl an Byzanz als auch an das Kalifat von Córdoba lieferten. In dies letztere Land folgte der Verkehrsweg dem Tale der Maas, wo in den zeitgenössischen Schriften Verdun als ein besonders aktiver Menschenmarkt beschrieben wird. Weiter ging der Weg dann längs Saône und Rhône. Vor allem aber eröffneten sich neue Möglichkeiten, als, wahrscheinlich um die Mitte des 8. Jh., zwischen dem Handelsgebiet des Kaspischen und Schwarzen Meeres mit seinen Ausläufern nach Byzanz und zum Iran und demjenigen, das die Schweden, wenn auch in bedeutend geringerem Umfange, auf der Suche nach Pelzen und Sklaven rund um den Finnischen Meerbusen erkundet hatten, eine Verbindung hergestellt wurde. Damit bekam die Ausstrahlung des schwedischen Handels viel größere Möglichkeiten als vorher, und das trifft im besonderen für seine Kontakte mit den Ländern rund um die Nordsee zu.

Von dem allgemeinen Verfall der Tauschwirtschaft zur Zeit des Frühmittelalters blieben der Norden von Gallien und das Rheinland relativ verschont[7]. Möglicherweise war das dem Umstand zu verdanken, daß das Merowingerreich seit dem 7. Jh., als das Mittelmeer seine Bedeutung für den Handel eingebüßt hatte, seinen Schwerpunkt nach Norden verlegte. Im besonderen war dieser relative Wohlstand anscheinend der Tatsache zu verdanken, daß ein ziemlich ansehnlicher Handel mit dem angelsächsischen England und dem skandinavischen Norden erhalten blieb und möglicherweise noch anwuchs. Dorthin exportierte man z.B. Mühlsteine aus rheinischem Basalt, Tonwaren und Glasartikel. Diesen Handel begünstigte offenbar der Umstand, daß der ehemals bedeutende Handel über Mitteleuropa von Italien aus so gut wie unterbrochen war, seitdem sich dort die wilden Awaren und kulturell rückständige slawische Stämme niedergelassen hatten. Man muß hierbei ferner berücksichtigen, daß die nördlichsten Provinzen des Römischen Reiches, wie sehr sie auch zurückgeblieben waren gegenüber denen rund um das Mittelmeer, doch aus der römischen Vergangenheit einen bedeutenden technischen und kulturellen Vorsprung behalten hatten und so gegenüber dem noch unentwickelten Skandinavien überlegen blieben.

Von der Mitte des 7. Jh. an erfuhr der friesische Handel infolge dieser Entwicklungen eine bedeutende Ausweitung. In einer Landschaft, die, eingeengt zwischen Wasser und Land, nur auf natürlichen Erhöhungen und auf den durch Menschenhand angelegten Wurten Gelegenheit für die Bebauung von Grund und Boden bot, konnte keine Rede davon sein, eine autarkische Lebensweise zu führen; man war für lebensnotwendige Güter auf den Handel angewiesen, und dieser Handel konnte leicht auf andere Artikel ausgeweitet werden. Nachdem der Anschluß zwischen dem schwedischen Handel und dem Osten zustandegekommen war, schalteten sich die Friesen als Zwischenhändler zwischen den skandinavischen Märkten und dem Westen ein, den sie mit den Luxuswaren versorgten, die nicht mehr über das Mittelmeer dorthin gelangen konnten. Dabei verschmähten sie auch andere Waren nicht, z.B. Sklaven. Mit Bezug auf diesen Handelsverkehr entstand eine Kette von Märkten, deren Drehscheibe die Handelsplätze rund um den Mälarsee ausmachten: Hangö, Birka und Sigtuna. Hier zeigten sich die ersten Spuren eines städtischen Lebens im europäischen Norden. Auch an der Ost- und Südostküste der Ostsee und in den russischen Ebenen entstand eine Anzahl Handelszentren, die von der Neva über den Volchov zur Wolga und später zum Dnjepr führten, besonders Novgorod, Smolensk, Polotzk, Vladimir und Kiev. Von geringerer Bedeutung waren westlicher gelegene Wege via Düna und Weichsel.

Von Schweden aus nach dem Westen ging die Verkehrsader weiter mit den bedeutendsten Etappen Haithabu (Hedeby), das bald die anderen Handelsplätze auf der Schleswiger Landenge überflügelte, und Dorestad, dem heutigen Wijk-bij-Duurstede, dem wichtigsten Zentrum friesischen Handels und friesischer Schiffahrt, weiter das rätselhafte Witla, das vermutlich irgendwo auf dem seeländischen Archipel zu suchen ist, und Quentowik, wahrscheinlich heute Etaples, an der Mündung der Canche. Dieser letzte Ort war ein bedeutender Hafen für den Verkehr zwischen dem Fränkischen Reich und England. Die vorsichtige Schiffahrt jener Zeiten folgte mit Vorliebe den Küsten und überquerte, wenn es notwendig war, die hohe See nach Möglichkeit an der schmalsten Stelle. War der Friese, der um 700 als Sklavenhändler in London erwähnt wird (das älteste Zeugnis über den friesischen Fernhandel), auf diesem Wege dorthin gekommen? Von der fränkischen Kanalküste aus besuchten die Friesen das fränkische Binnenland, so auf den Jahrmärkten von Saint-Denis, wo sie in einer Aufzählung von 710 noch fehlen, aber im Jahre 753 erwähnt werden. Von Dorestad fuhren sie den Rhein herauf bis ins Elsaß und erreichten über den Main auch die obere Donau, wo sie ebenfalls mit dem Orienthandel Kontakt aufnehmen konnten, der diesen Weg nutzte[8]. Die Bedeutung des friesischen Handels geht zur Genüge aus der Tatsache hervor, daß in verschiedenen alten Römerstädten am Rhein besondere Friesenviertel entstanden, ferner auch, daß Dorestad und Quentowik zu den wichtigsten Zollstationen und Münzstätten des Karolingerreiches gehörten, schließlich, daß längs der Wege des Friesenhandels in den Niederlanden und anderswo die ersten Keime eines neuen städtischen Lebens entstanden. Gleichzeitig mit den Friesen traten skandinavische Kaufleute im Westen auf, so auf den Britischen Inseln, wo sie ebenfalls die Tauschwirtschaft und das damit verbundene städtische Leben vielerorts entstehen oder wiederaufleben ließen.

Dieser friedliche Handel wurde wahrscheinlich nicht unterbrochen, aber in jedem Fall schwer durch die Einfälle der Wikinger auf die Probe gestellt. Diese machten bei ihren Streifzügen übrigens auch Gefangene, die möglichst zusammen mit anderer Beute anderswo als Sklaven verkauft wurden. Diese Plünderungen waren für einige der genannten Handelsplätze verhängnisvoll. Dorestad und Quentowik verschwanden als solche aus der Geschichte in der zweiten Hälfte des 9. Jh., Haithabu und Birka in der zweiten Hälfte des 10. Jh. Neben örtlichen Umständen, die nicht immer mit genügender Deutlichkeit erkannt werden können, war diese Entwicklung in letzter Instanz den eingreifenden Veränderungen zuzuschreiben, die sich in der Handelsgeographie Europas vollzogen hatten. Dabei spielte der Untergang des Chasarenreichs und das Eindringen neuer barbarischer Völker zwischen der Wolga und den Karpaten, welche die bestehenden Verkehrswege durchschnitten, wahrscheinlich die wichtigste Rolle. Die russische Route war nicht länger die bedeutendste Verbindung zwischen Ost und West. Ihr Untergang fiel aber ungefähr zusammen mit der Umkehr der demographischen Tendenzen im Westen und mit einer entscheidenden Wendung im Mittelmeergebiet, das sich jetzt imstande sah, seine Rolle als Bindeglied im internationalen Handel wiederaufzunehmen.

Die Zunahme der Bevölkerung im gesamten Westen nach dem Ende der zweiten Welle von Einfällen hatte zur Folge, daß der Tauschhandel bedeutend zunahm[9]. Mehr Menschen produzierten mehr und hatten um so mehr Aussicht, den Überschuß auf den Markt zu bringen und mit dem Gewinn aus ihren Verkäufen mehr einzukaufen. Andererseits konnte eine zahlreichere Bevölkerung die Arbeit besser aufteilen und das Gesellschaftsleben von einer rein agrarischen auf den reinen Lebensunterhalt eingestellten Wirtschaft befreien. Es konnten sich Gruppen spezialisieren und auf verschiedene Gewerbe, auf Handel und Verkehr aufteilen. Schließlich bedeutete eine größere Anzahl von Menschen in einer Gesellschaft, die fast überall durch die Gutsherrschaft bestimmt wurde, daß die Einkünfte der Großen anstiegen und damit auch ihr Verbrauch an Luxusgütern zunahm; unter diesen blieben diejenigen aus dem Osten bis an das Ende des Mittelalters die wichtigsten.

Diese Entwicklung trat im byzantinischen Italien seit dem Ende des 9. Jh. zutage. Venedig, Bari, Amalfi, Neapel und andere Hafenstädte machten eine eigene Schiffahrt auf und konnten so das Monopol, das die byzantinische Handelsschiffahrt vorher in ihren Beziehungen zur Hauptstadt innegehabt hatte, durchbrechen. Diese Städte scheuten sich darüber hinaus keineswegs, mit dem islamischen Feind Handel zu treiben. Besonders Venedig konnte dabei seinen Absatz in das Binnenland hinein ausbreiten, wodurch es sehr schnell seine italienischen Konkurrenten überflügelte. Während ja das unmittelbare Hinterland Venedigs nur geringe Ausdehnung hatte, eröffneten die Poebene und die nahen Alpenpässe für die Dogenstadt viel größere Möglichkeiten. Außerdem genoß sie eine byzantinische Vorzugsbehandlung, nachdem die Häfen am südlichen Tyrrhenischen Meer bestraft wurden, weil sie mit dem Islam unter einer Decke steckten, und diejenigen an der adriatischen Küste Italiens unter fränkische Herrschaft geraten waren. Über die Alpen führte die venezianische Route ins Donaubecken und an den Rhein. Von da aus konnte sich der Warenverkehr über den gesamten Westen und über Deutschland verteilen[10].

Nach und nach führte das Anwachsen der Wirtschaft in Italien zum Aufkommen neuer Zentren aktiven Handels, auch außerhalb der byzantinischen Einflußsphäre. Im Laufe des 10. Jh. begannen an den Küsten des Tyrrhenischen Meeres Pisa und am Ende dieses Jahrhunderts auch Genua hervorzutreten. In diesem westlichen Becken des Mittelmeeres, das bis dahin völlig vom Islam beherrscht war, der dort in großem Maßstab verwüstende Streifzüge ausgeführt hatte, geschah dies nicht ohne Kampf, in dem auf beiden Seiten wirtschaftliche Interessen mit religiösem Fanatismus verbunden waren. Gegenüber den geschwächten islamischen Staaten errangen die neu aufkommenden italienischen Zentren im 11. Jh. einen sicheren Sieg, noch bevor der erste Kreuzzug im Jahre 1096 ihnen wie auch Venedig die Tore der Levante öffnete und ihnen unmittelbaren Zugang zu den Endpunkten der asiatischen Handelswege verschaffte. Inzwischen hatte sich die Wiederbelebung des Seehandels bis an die Küste der Provence, des Languedoc und Kataloniens ausgedehnt, wo vor allem Marseille, Montpellier, Narbonne und Barcelona einen bedeutenden Aufschwung erfuhren.

Wie Venedig die Alpenroute zum Norden benutzte, so drangen auch seine Konkurrenten über die Alpenpässe in das kontinentale Hinterland vor, in die Becken der oberen Donau und an den Rhein, und gaben dort dem Verkehr neue Impulse. Diese Verbindung überflügelte bald diejenige, die längs der Donau zum Osten führte. Auf die sich entwickelnden deutschen Märkte brachte sie die Erzeugnisse des Mittelmeeres und seines asiatischen Hinterlandes im Tausch für Textilien und Metallwaren. Diese sollten die wichtigsten Beiträge des deutschen Handwerks zum europäischen Handel bleiben. Auch der ökonomische Unterschied zwischen den alten Kulturlandschaften des Westens und des Donaugebietes auf der einen Seite und den neuen Kolonisationsgebieten an der Elbe auf der anderen führte zu einem Warenaustausch, wobei anfangs die junge Wirtschaft des Ostlands wenig anderes für die vielfältigen Güter des hochentwickelten Westens zu bieten hatte als Sklaven. Noch im 12. Jh. findet man im Maghreb zahlreiche slawische „Sklaven", die offenbar noch immer via Koblenz, Mosel und Verdun in die Iberische Halbinsel ausgeführt wurden.

Eine andere Verbindung zum Norden führte vom Mittelmeer längs der Rhône, Saône und Maas in die Niederlande und in die anderen Küstengebiete der Nordsee, die noch immer die am dichtesten bevölkerten und am meisten entwickelten Länder Europas diesseits der Alpen und Pyrenäen waren. In dem Maße, wie die wirtschaftliche Initiative der Skandinavier schwächer wurde, blühte das Wirtschaftsleben der sich wieder belebenden oder neu entstandenen Städte der Niederlande auf, die dafür sich ebenfalls auf ihr Textilhandwerk und auf die Metallindustrie stützen konnten. Nach dem Untergang der Hauptzentren des friesischen Handels hatte Tiel (am Waal) in bedeutendem Maße deren Rolle übernommen. Es war ein Bindeglied zwischen den Niederlanden selbst, dem deutschen Hinterland und den Landen jenseits der See und behielt diese Funktion bis ins 12. Jh. Aber die niederländischen Erzeugnisse wurden stets mehr von Flamen und den Bewohnern der Lande an der Maas in alle Richtungen ausgeführt, so ins Rheinland und darüber hinaus nach Mitteleuropa, zum skandinavischen Norden, nach England und in den Süden Frankreichs. Hier vollzog sich im Laufe des 11. Jh. die Begegnung zwischen den Vertretern der beiden bedeutendsten Pole der europäischen Tauschwirtschaft, den Niederlanden und Italien, bis zu dem Augenblick, da sie – spätestens im frühen 12. Jh. – regelmäßig sich im Land des Partners besuchen konnten. Diese Begegnung kam in der Champagne zustande. Dort bestanden wie anderswo auch von alters her eine Anzahl Jahrmärkte, welche diesem Handel den Rahmen geben konnten und die allmählich zu einem Komplex kombiniert wurden, der praktisch über die ganze Handelssaison hinwegging, so daß hier ein permanenter Markt entstand, dessen Grundlage das ankommende Warengut aus Italien und den Niederlanden war. Der blühende Verkehr, dessen Schauplatz die Champagne war, und die nahen Verkehrslinien des Rheins, der Seine und der Loire zogen sehr bald den von dort ausgehenden Handel an den Jahrmarktzyklus, der gegen die Mitte des 12. Jh. die Bedeutung einer zentralen Drehscheibe für den europäischen Warenaustausch an dieser Seite der Alpen bekam.

Seit dem 13. Jh. ging der Anteil der Städte an der Maas am Aktivhandel der Niederlande zugunsten ihrer industriellen Tätigkeit und des flämischen Handels zurück. Diese Entwicklung stand im Zusammenhang mit der schon früher geschilderten Spezialisierung Flanderns auf Tuche von hoher Qualität, die aus englischer Wolle angefertigt wurden: Ihre Einfuhr gab seinem Handel mit England seit etwa 1100 einen wichtigen Anstoß. Auf der anderen Seite sicherte dieser Rohstoff den dortigen Tuchverlegern einen bedeutenden Vorsprung vor der Konkurrenz. Flämisches Tuch war auch der Hauptbestandteil der Kaufschiffahrt, welche die Flamen südwärts an Kanalküste und Atlantik entwickelten. Zusammen mit allerlei anderen Waren, womit die Flamen als Zwischenhändler auftraten, wurde das Tuch in Frankreich und Spanien hauptsächlich gegen Getreide, Salz und Wein eingetauscht. Schließlich lieferte das Tuch dem flämischen Handel nach Deutschland das wichtigste Tauschobjekt für Wein und Metallwaren aus dem Rheinland, westfälisches Linnen, Lüneburger Salz, Honig und Pottasche aus der Lüneburger Heide. Ausnahmsweise wagten sich sogar die Flamen über die Schleswiger Landenge bis zur Ostsee vor, um die Naturprodukte des kolonialen deutschen Ostens, Polens und Rußlands, wiederum Honig, Pottasche, Pech, Teer und Pelze zu kaufen: Tuch aus Ypern war in den ersten Jahren des 12. Jh. in Novgorod gut bekannt. Es ist aber unwahrscheinlich, daß es dorthin von flämischen Händlern gebracht worden ist. Eher geschah dies noch durch die Vermittlung von Schweden. Die Gründung Lübecks (1158), das durch seine Lage die Verbindung zwischen Nord- und Ostsee beherrschte, hatte zur Folge, daß die Flamen aus der Ostsee ferngehalten wurden. Diese Gründung bildete den Auftakt zur Herrschaft der Deutschen über die Wirtschaft der skandinavischen Länder, deren Aktivhandel bis in die Neuzeit hinein nahezu vollständig ausgeschaltet wurde.

Übrigens wurde dadurch zum Teil auch dem Aktivhandel der Flamen ein Ende gesetzt. Durch ihr Auftreten hatten sie einen entscheidenden Beitrag zum wirtschaftlichen Aufstieg von weniger entwickelten Ländern gegeben. In dem Maße, wie diese ein Wirtschaftswachstum erfuhren, erlagen sie der Versuchung, die Gewinne aus dem Handel in stärkerem Maße zu teilen und dafür die Initiative an sich zu ziehen. Bereits um 1150 begann Köln, die Handelsreisen der Flamen über die Stadt hinaus zu behindern, und es gelang der Stadt bald, sie vollständig zum Erliegen zu bringen, indem sie einen Stapelzwang anordnete. Dasselbe geschah in den deutschen Hafenstädten an der Nordsee; auch in England stieß der flämische Handel auf vielerlei Hindernisse. Anstatt auf die Flamen zu warten, daß sie ihnen ihre Waren anbieten sollten, fuhren die Engländer selbst nach Flandern, namentlich nach Brügge, das im Laufe des 13. Jh. immer mehr von fremden Kaufleuten aufgesucht wurde; es hatte seine Vorhäfen am Swin, zunächst Damme seit 1180 und, nachdem dies von Versandung bedroht war, Sluis seit 1293. Brügge lockte durch die Vielfalt der dort importierten Waren, in erster Linie für den Bedarf der zahlreichen Bevölkerung der Niederlande mit ihrer wohlhabenden Oberschicht, und durch das Angebot an Tuchen aus den verschiedenen Zentren der Textilindustrie, die es in den Niederlanden gab, und so wurde es der lebhafteste Handelsplatz in Europa nördlich der Alpen[11]. Wenn der flämische Kaufmannstand seine früheren Positionen nicht halten konnte, so war dies ferner daraus zu erklären, daß er sich einerseits mit dem geringeren Gewinn zufrieden gab, den die fremden Käufer am Platz ermöglichten, was ihn von mühsamen Reisen befreite. Auf der anderen Seite litt der flämische Kaufmann unter der ökonomischen und politischen Schwächung, die die inneren Unruhen und die Konflikte mit dem Ausland am Ende des 13. Jh. zur Folge hatten. Der Rückgang im Aktivhandel Flanderns wurde nicht wettgemacht durch die Kaufleute Brabants, die gleichen Schritt hielten mit dem Anwachsen der dortigen Textilindustrie und sich vor allem auf Deutschland und den Süden einstellten.

In Flandern erreichte die Entwicklung ihren Höhepunkt, als die italienische Handelsschiffahrt zum ersten Male die Straße von Gibraltar durchfuhr und den Küsten des Atlantik in nördlicher Richtung folgte, mit England und dem Swin als Endpunkten. Das erste Zeugnis darüber bezieht sich auf die Abfahrt genuesischer Galeeren im Jahre 1277. Diese Züge bekamen bald einen regelmäßigen Charakter und wurden, wahrscheinlich seit 1314, von Venedig nachgeahmt[12]. Die Eröffnung der ersten direkten Seeroute der beiden vornehmsten italienischen Häfen mit der Nordsee hatte nicht nur zur Folge, daß die Bedeutung Brügges noch zunahm, sondern war auch die Ursache dafür, daß die Jahrmärkte in der Champagne als Zentren des europäischen Handels an Bedeutung verloren. Dazu trug noch bei, daß die Vereinigung dieser Landschaft mit der französischen Krondomäne (1314) sie in Politik und Fiskalität der Kapetinger einbezog, sehr zum Nachteil von Freiheit und Sicherheit der fremden Kaufmannschaft.

Die Durchfahrt der Italiener durch die Straße von Gibraltar war der letzte Akt in der stürmischen Expansion ihres Handels. Ihre Überlandreisen nordwärts blieben dabei bestehen: Die Verbindung mit dem Rheingebiet wurde bequemer, seitdem der Sankt-Gotthard-Paß durch die Überbrückung des Pfaffensprungs in der ersten Hälfte des 13. Jh. zugänglicher gemacht wurde. Übrigens wurden die großen italienischen Handelsstädte gleichzeitig von Fremden aufgesucht. Für den mitteleuropäischen Handel mit Italien war Venedig am wichtigsten. Die deutsche Handelsfaktorei, der *Fondaco dei Tedeschi*, wird zum ersten Male im Jahre 1223 erwähnt. Sowohl der Name *(funduk)* als auch die Einrichtung waren der arabischen Welt Nordafrikas und der Levante entlehnt, mit denen die ökonomischen Beziehungen stark angestiegen waren. Im Seehandel des Mittelmeers übte nun Italien eine unangefochtene Hegemonie aus, welche die Häfen von Aragon, besonders Valencia und Barcelona, oder die des Languedoc und der Provence nicht beeinträchtigen konnten. Die Kreuzzüge öffneten den Italienern den Weg in den Nahen Osten in noch viel stärkerem Maße als früher. Schon vor ihrem Beginn hatten Venedig, Pisa und Genua und in minderem Umfang andere Handelszentren im Westmittelmeer ständige Niederlassungen von Kaufleuten in byzantinischen und islamischen Häfen, wo die Erzeugnisse aus dem Hinterland bei den einheimischen Kaufleuten gekauft wurden. Das Königreich der Kreuzfahrer förderte ihren Handel durch die Verleihung von Zollfreiheit als Belohnung dafür, daß die italienische Seefahrt seine Stifter unterstützt hatte. Aber die Gegenoffensive der Seldschuken schränkte bald die daraus sich ergebenden Vorteile ein. Versuche, diese Positionen mit Waffengewalt wiederzugewinnen, scheiterten[13]. Dagegen konnten die großen italienischen Seestädte im politisch geschwächten arabischen Spanien und in Nordafrika durch Unterhandlungen, die bisweilen durch Machtentfaltung unterstützt wurden, gleichartige Handelsvorteile erreichen.

Eine wichtige Wende für den italienischen Handel mit dem Osten brachte der Vierte Kreuzzug (1204), der sich gegen das Byzantinische Reich richtete. Die Hilfe Venedigs für die Kreuzfahrer, die die Hauptstadt einnahmen, wurde mit der Öffnung des Schwarzen Meeres für den Handel der Dogenstadt bezahlt; auf diese Weise bekam sie einen bequemen Kontakt mit dem osteuropäischen Endpunkt der transasiatischen Karawanenwege. Kurz darauf entstand durch Zutun des Dschingis Khan und seiner Nachfolger das riesige Mongolische Reich, das sich vom Schwarzen bis ans Chinesische Meer erstreckte, auch Persien beherrschte und in seinem so ausgedehnten Gebiet in vorbildlicher Weise Ruhe und Ordnung aufrechterhielt, was den Verkehr mit dem Osten außerordentlich begünstigte. Marco Polo (1271 ff.) sowie sein Vater und Onkel vor ihm waren bestimmt nicht die einzigen italienischen Kaufleute, die den langen Zug von der Krim nach China unternahmen. Seit sie den Byzantinern im Jahre 1261 geholfen hatten, dem Lateinischen Kaiserreich von Konstantinopel ein Ende zu machen, standen die Genuesen bei ihnen sehr in der Gunst, was eine starke Zunahme ihres Handels auf dem Schwarzen Meere zur Folge hatte. Die Faktoreien, welche sie auf mongolischem Boden errichteten, zu Kaffa auf der Krim und zu Tana an der Mündung des Don, wurden für sie die Anfangs- und Endstationen ihrer Handelsreisen durch den asiatischen Kontinent. Aber die Revolution, welche die Ming im Jahre 1368 in China an die Macht brachte, bezeichnete das Ende dieser Verbindung, da diese mit Entschlossenheit das Land gegen die Fremden abschirmten. Die wirtschaftlichen Beziehungen zwischen den Italienern und China fanden übrigens auch einen kulturhistorischen Widerhall, u.a. durch eine bemerkenswerte Verbreitung des Christentums in Ostasien[14].

Außer nach der Krim und dem Asowschen Meer wandten sich die Italiener nach Trapezunt, das für sie ein Tor nach Persien und darüber hinaus nach Indien wurde. Im Jahre 1291 rüsteten die Gebrüder Vivaldi aus Genua sogar eine Expedition aus, um durch die Straße von Gibraltar das in den Vorstellungen der Zeitgenossen durch seine fabelhaften Reichtümer berühmte Indien zu erreichen; aber man hat dann nichts mehr von ihnen gehört. Doch auch hier brachte das 14. Jh. eine Wendung zum Schlechten, als die mongolische Dynastie der Ilkhanen in gerader Linie ausstarb (1335) und Persien die Beute von Unruhen wurde, bis um 1350 die Seffewiden ihre Herrschaft in Aserbaidschan begründeten und den fremden Handel in starkem Maße behinderten.

Während die asiatischen Routen wie früher eine Vielfalt von Gewürzen und Seide nach Europa brachten, hatten die Europäer den Asiaten wenig Waren im Tausch zu bieten, doch konnten sie die kostbaren Käufe mit Gold aus Afrika, besonders aus dem Senegal vergüten. In solchen Absichten zogen sie von den Häfen des Maghreb aus ins Binnenland bis in die Sahara oder fuhren durch die Straßen von Gibraltar die marokkanischen Küsten entlang, wo einheimische Zwischenhändler ihnen das Edelmetall verkauften[15]. Schwarz-Afrika war ferner ein Reservoir für den Sklavenhandel geworden, seitdem im Sudan und in Guinea um 1100 der Islam vorgedrungen war. Dies Geschäft betrieben besonders die Mauren und die christlichen Reiche auf der Iberiahalbinsel, weniger der Süden Frankreichs und Italiens. Seitdem die slawische Welt entwickeltere Formen angenommen hatte, war der Handel mit slawischem Menschenmaterial über Deutschland und Frankreich zum Stillstand gekommen, aber das Eindringen der Mongolen im Süden Rußlands und die Errichtung italienischer Handelskolonien am Schwarzen Meer eröffneten neue Möglichkeiten für dieses Geschäft. Es wurde im Spätmittelalter durch Streifzüge in die russischen Fürstentümer und immer mehr unter den kaukasischen Völkern betrieben und fand seinen Absatz in der Hauptsache in Italien.

Die Vorherrschaft der Italiener im Handel um das Mittelmeer fand seit dem 13. Jh. nördlich der Alpen ihr Gegenstück in der Hegemonie der deutschen Handelsstädte. In Süddeutschland erwies sich Nürnberg Regensburg gegenüber als immer mehr überlegen, wobei es sich auf eine kräftige und vielfältige einheimische Industrie und auf ein Netz von Verbindungen stützen konnte, die sich von den Niederlanden bis Italien und bis nach Polen und Ungarn erstreckten. Wichtige Zwischenstationen auf dem Weg zur Nordsee waren Frankfurt, dessen Messen im 14. Jh. europäische Bedeutung erlangten, und Köln. Mit dem Verkehrssystem dieser letzten Stadt waren eine Anzahl Plätze in den östlichen Niederlanden, von Groningen bis nach Kampen, eng verbunden. Westfälische Kaufleute spielten besonders im 12. Jh. bei der Erschließung des kolonialen Ostens für den europäischen Verkehr eine wichtige Rolle. Sie hatten u. a. einen ansehnlichen Anteil bei der Besiedlung und Entwicklung der neuen Städte, die an den Küsten der Ostsee von Lübeck bis Riga entstanden.

Im 13. Jh. waren diese kolonialen Niederlassungen, unter denen nahezu von Anfang an Lübeck den ersten Platz einnahm, hinreichend gewachsen, um ihre westfälischen Mutterstädte bei der wirtschaftlichen Nutzung der Länder an der Ostsee zu überflügeln. Deutsche Kaufleute ließen sich auf Gotland nieder, das seit der Wikingerzeit den Handel mit Rußland beherrschte, und verdrängten dort bald die skandinavische Bevölkerung gänzlich aus diesem Geschäft. Um 1200 errichteten sie eine deutsche Faktorei, den Peterhof in Novgorod, der von nun an bis an das Ende des Mittelalters der Mittelpunkt für den Handel nach Rußland wurde. Eine gleichartige Niederlassung in London, der Stalhof, ursprünglich im 12. Jh. von Kölnern begründet, wurde im 13. Jh. allen Mitgliedern der *hansa Alemanniae* zur Verfügung gestellt, die sich langsam aus den gemeinsamen Überlegungen der deutschen Handelsstädte entwickelte[16]. Im Rahmen des Vordringens des deutschen Aktivhandels nach Flandern bekamen die Kaufleute des Heiligen Römischen Reiches im Jahre 1252 gemeinsame Privilegien für ihre Niederlassung in Brügge, und seit 1276 erreichten nacheinander verschiedene deutsche Städte, zuerst Lübeck, die Zulassung, eine Faktorei zu Bergen in Norwegen zu begründen, woraus allmählich das vierte „Kontor" der Hanse, die Deutsche Brücke, entstehen sollte. In diesen Niederlassungen des Handels wurden die Erzeugnisse der betreffenden Länder eingekauft, besonders Honig, Pelze, Pech, Teer und Pottasche aus Rußland, Fisch aus Norwegen, Wolle aus England, Tuch aus Flandern. Von einem Kontor wurden sie an das andere oder an die verschiedenen Mitglieder der Hanse versandt, zwischen denen natürlich ein ebenso lebendiger Verkehr bestand.

Der Warenhandel blieb quantitativ weit hinter den heutigen Begriffen zurück. Das fand seine Erklärung nicht nur in der geringeren Bevölkerungszahl, mit den geringeren Produktions- und Verbrauchsmöglichkeiten, die sich daraus ergaben. Dazu waren die materiellen Verkehrsmöglichkeiten wenig effizient[17]. Über Land gebrauchte man Packtiere, vor allem im Bergland, oder Schlitten und Karren. Ihr Transportvermögen hatte zwar seit etwa der Jahrtausendwende bedeutend zugenommen durch eine rationellere Art der Bespannung, deren Einführung als eine nicht unwichtige Vorbedingung für die Wiederbelebung des Handels gelten kann[18]. Aber trotz allem blieb der Verkehr per Achse doch sehr beschränkt und war kostspielig, so daß er nur für teure Luxusgüter in Frage kam. Dazu kam der schlechte Zustand des Straßennetzes, das sich im wesentlichen auf das römische Erbe stützte, wo ein solches vorhanden war. Aber im Frühmittelalter war dies so verfallen, daß solche Straßen später niemals mehr vollständig ausgebessert werden konnten. Als die kommerzielle Revolution im 12. und 13. Jh. zur vollen Entfaltung gekommen war, wurden wohl vereinzelte Versuche unternommen, um die Straßen durch Anlegen eines harten Pflasters besser befahrbar zu machen. Das geschah vor allem in den Hauptstraßen der Städte und unmittelbar vor ihren Toren. Aber im gesamten blieben sie zur Zeit der Regenfälle nahezu unbrauchbar, ein Umstand, der den Verkehr über Land saisonabhängig machte[19]. Bemerkenswerterweise war der Verkehr in Rußland mit Vorliebe gerade auf den Winter ausgerichtet, wenn der Boden durch den Frost hart geworden war. Brücken über Wasserläufe waren selten; dafür kamen vielerorts Fähren oder Furten in Frage, an denen sich der Verkehr konzentrierte[20]. An solchen Stellen errichtete man mit Vorliebe Zölle, die oft, wenn auch nicht immer mit Recht, damit begründet wurden, daß sie für den Unterhalt einer Brücke oder einer Wegstrecke verwendet wurden. Die Vielfalt solcher Zölle brachte aber eine weitere Behinderung und war die Ursache einer weiteren Verteuerung. Zollfreiheit war darum einer der gewöhnlich vorkommenden Wünsche der Kaufleute und wurde oft von einem Fürsten zur Begünstigung seiner eigenen Untertanen oder zur Förderung des Fernhandels in seinen Besitzungen verliehen.

Nicht weniger zahlreich und nicht weniger hinderlich waren Zölle auf schiffbaren Flüssen, besonders auf dem Rhein, wo die über die Maßen starke politische Zersplitterung seiner Ufer dazu führte, daß alle paar Kilometer eine Zollstation kam[21]. Nichtsdestoweniger war die Transportkapazität von Flußschiffen oder von Flößen, die am Bestimmungsort als Holz verkauft wurden, aber auch als Transportmittel für andere Güter dienten, wesentlich größer als die der Transportmittel über Land, die ebensowenig den Vorteil einer größeren Schnelligkeit aufweisen konnten. Darum hielt man sich nach Möglichkeit und sicherlich für den Transport von schweren Gütern über ziemlich große Entfernung für den Verkehr im Binnenland an die Flüsse, obwohl diese, abgesehen von Zollstellen, an zahlreichen Stellen allmählich durch Wassermühlen oder durch Stauwerke belastet wurden. Selten wurden Sandbänke, die sich im Flußlauf bildeten, weggebaggert.

Im Fernhandel, aber nicht nur da, nahm die Seeschiffahrt einen sehr wichtigen Platz ein[22]. Natürlich entging sie, außer in den Häfen bei Abgang oder Eintreffen, dem Übel der Zölle, aber sie wurde in bestimmten Gebieten schwer heimgesucht von der Seeräuberei. Diese blieb, z. B. oft unter dem Deckmantel religiöser Gegensätze, eine ständige Plage für die Seefahrt auf dem Mittelmeer. Regelmäßig gab ein bewaffneter Konflikt Anlaß zur Kaperfahrt, die dann für viele Kaufleute aus den kriegführenden Ländern ihr Handelsgeschäft als Existenzmittel ersetzte. Der wiederholte Streit zwischen Frankreich und England machte z. B. immer wieder die Durchfahrt durch den Kanal zu einem mißlichen Risiko. Auch für diese Form des Verkehrs zog das Wiederaufleben des Handels Vorteile aus den technischen Neuerungen, welche die Schiffahrt einführte. Die Wikinger hatten für ihre Raubzüge, aber auch für ihren Handelsverkehr einen Schiffstyp entwickelt, der von dem primitiven Einbaum abgeleitet war, der aber durch oben einander schließende Planken vergrößert worden und neben etwa fünfzehn Paar Rudern mit einem viereckigen Segel versehen war. Von diesem Typ geben die Schiffe aus den Grabungen von Gokstad und Oseberg in Norwegen ein gutes Bild. Ihre Größe blieb aber beschränkt durch die Länge des Baumstamms, der als Kiel diente, und durch den geringen Tiefgang, der dann aber doch wieder zuließ, auch untiefe Flüsse zu befahren. Auf solche Weise konnte das Wikingerschiff praktisch nur für die Verfrachtung von kostbaren Ladungen dienen. Daraus entwickelte sich im 12. Jh., wahrscheinlich an den friesischen Küsten, die größere, mit Spanten gebaute, überdeckte Kogge, deren Raum mit einer größeren Fracht und also auch mit schweren Gütern beladen werden konnte, deren größerer Tiefgang sie aber von der Flußfahrt ausschloß[23]. Sie wurde beschränkt auf tiefe Mündungen und auf Seehäfen, wo immer mehr Kräne gebaut wurden, um Löschen und Laden zu vereinfachen. Sie wurde, mit einer durchschnittlichen Tragkraft von 100 bis 200 Tonnen, bis ins 14. Jh. das eigentlich charakteristische Kauffahrteischiff längs der Küsten des Atlantik und seiner nördlichen Nebenmeere.

In den Gewässern um das Mittelmeer dagegen blieb die Tradition des antiken Schiffsbaus durch die byzantinische und arabische Schiffahrt erhalten. Dort war die Heimat der plumpen und langsamen *naves,* die aber besonders dafür geeignet waren, schwere Güter zu transportieren, und der schlanken Galeeren, die eine größere Schnelligkeit entwickeln konnten, weil sie bei Windstille durch Ruderer fortbewegt wurden. Für diese mußte dann aber, auf Kosten der Ladung, Raum vorgesehen werden, und so konnten sie nur für kleine, aber kostbare Fracht in Frage kommen. Beide Schiffstypen waren ungefähr seit der Jahrtausendwende ausgerüstet mit den zu Unrecht so genannten „lateinischen", besser zu handhabenden dreieckigen Segeln, die in Wirklichkeit eine byzantinische oder levantinische Erfindung sind. Die Schiffahrt auf dem Mittelmeer übernahm später als die nördliche, für welche sie zuerst in der Mitte des 13. Jh. überliefert ist, eine andere Erfindung: das fest am Achtersteven befestigte Ruder, welches das Manövriervermögen der Schiffe beachtlich verbesserte. Dagegen ging sie voraus in der Übernahme zweckmäßigerer Navigationsinstrumente, wie der Magnetnadel, die im 11. Jh. von den Italienern in Gebrauch genommen wurde. Seit dem 13. Jh. wurden hierzu auch Tabellen aufgestellt, um die Breite mit Hilfe der Höhe des Polarsterns zu bestimmen, und Seekarten, Portulane, verwendet, die die Fahrt auf hoher See erleichtern sollten. Sie sollten auch dazu dienen, daß man vor den Gefahren der Seefahrt weniger als früher zurückschreckte, und so machte diese sich in größerem Maße frei von der Küstenfahrt. Dies geschah auch in den nördlichen Gewässern, wo das navigatorische Wissen sich stärker auf die Erfahrung stützte. Auf diese Weise verlor z. B. Gotland den Vorteil seiner Lage als Etappe zwischen der schwedischen Küste und der des Baltikums, und dies führte zu einem schnellen Niedergang zugunsten von Lübeck und den in seiner Nähe gelegenen wendischen Städten einerseits wie der Städte Livlands andererseits.

Das klassische Altertum hatte eine fortgeschrittene Handelsorganisation gekannt. In dem Maße, wie der Tauschverkehr in der Gesellschaft an Bedeutung verlor, verfiel auch seine Organisation[24]. Früher wurde schon auf gewisse negative Aspekte der Errichtung von Jahrmärkten hingewiesen. Kaufleute von Beruf wurden immer seltener, besonders seitdem die „Syrer" ihre Züge zum Westen eingestellt hatten. Man kann sich die Frage stellen, inwieweit die Palast- und Abteikaufleute des frühen Mittelalters noch diesem Begriff entsprachen. Es gibt Anzeichen dafür, daß sie manchmal Hörige waren, die von ihren Herren mit diesem Titel geschmückt wurden, um die Zollfreiheit und den Schutz zu genießen, auf die ihre Auftraggeber Anspruch hatten[25]. Außerhalb des Sklavenhandels sind nicht viele Beispiele von Berufskaufleuten auf diesem Tiefpunkt des Tauschverkehrs bekannt.

Der Jahrmarkthandel behielt seine Wichtigkeit in der Anfangsperiode der kommerziellen Revolution der Jahrtausendwende, solange und dort, wo der Warenstrom relativ beschränkt blieb und diese Organisation des Tauschverkehrs auch weiterhin rechtfertigte. Eine entscheidende Neuheit war es aber, daß nun wieder eine Schicht von berufsmäßigen Händlern erschien. Man hat sich die Frage gestellt, welchen Ursprungs das Kapital war, über das diese Leute beim Übergang von einer nahezu rein agrarischen und stark autarken Gesellschaft in eine solche, die auf den Handel ausgerichtet war, verfügen mußten. Berüchtigte Fälle, wie der von Godric von Finchal, der in England im 11. Jh. sich sein Anfangskapital aus Strandgut beschaffte, oder der seines flämischen Zeitgenossen, der, übrigens schon vorher im Handel tätig, seinem Mißgeschick abhalf, indem er einen in Gent gestohlenen goldenen Kelch zu Gelde machte, können nur eine Ausnahme gewesen sein[26]. Es liegt auf der Hand, daß es eine reguläre Art und Weise gegeben hat, um in den Handel zu kommen. Es war gerade eine Eigenheit des wirtschaftlichen Wandels in dieser Zeit, daß nun häufiger Bauern und Handwerker ihren Überschuß zu Gelde machten. Wieviel Bauernsöhne mögen wohl bei Mangel an Ackerland, mit dem Geld aus dem wenn auch bescheidenen väterlichen Erbe, ihr Glück im Handel gewagt haben? Oder Söhne von Handwerkern, die im Handel bessere Möglichkeiten sahen als in der mühseligen Arbeit am Webstuhl oder Amboß? Gleichwohl scheint es, daß die besten Chancen für Besitzer von Grund und Boden in den stark und schnell sich ausbreitenden jungen Städten bestanden. Sie genossen ein unerwartetes und reichliches Einkommen, indem sie diesen Boden verkauften oder verpachteten. Daraus entstand im gesamten Westen das städtische Patriziat, das eine Rolle ersten Ranges im Fernhandel spielte; besonders in den ersten Jahrhunderten des zweiten Jahrtausends unserer Zeitrechnung konnte es große Gewinne einheimsen, und das um so mehr, als es gleichzeitig die Einkünfte aus einem eigenen gewerblichen Unternehmen einstecken konnte. Waren die Kaufleute in Frankreich, England, in den Niederlanden, in Deutschland usw. großenteils *homines novi*, so war das anders im Bereich des Mittelmeers, wo das städtische Leben niemals in demselben Maße verfallen war und die Städte immer auch von Adeligen bewohnt waren. Hier nahm deswegen die städtische Aristokratie neben den Neuhinzugekommenen einen nicht unbedeutenden Anteil im Geschäftsleben ein. Diese Kaufleute schlossen sich, besonders in den germanischen Ländern, in Handelsgilden und Hansen zusammen und gaben den seit alters bestehenden wie den überall aufkommenden neuen Jahrmärkten mehr Leben. In der Anfangszeit reisten die Kaufleute wegen der noch weit verbreiteten Unsicherheit in Karawanen unter der Begleitung einer bewaffneten Eskorte. Um den Güterumlauf zu befördern, genossen die Kaufleute übrigens während der Zeit des Jahrmarkts und auf ihrer Reise dahin oder zurück einen besonderen Schutz, das Geleit. Ihn verliehen die Obrigkeiten der Städte, wo die Jahrmärkte stattfanden. Inwieweit die Obrigkeit außerhalb ihres eigenen Grundgebiets in der Lage war, diesen Schutz zu sichern, hing natürlich von den Machtverhältnissen ab. Am Orte selbst wurde sie oft versinnbildlicht durch ein Marktkreuz oder einen Roland, die in verschiedenen Städten noch heute bestehen. Solange der Jahrmarkt währte, genossen seine Besucher ferner eine besondere Rechtspflege, die durch ihre Abweichungen vom allgemeinen Recht den Bedürfnissen des Handels entgegenkam und später mit der weiteren Verbreitung das Vorbild für die meisten Stadtrechte wurde.

Inzwischen nahm der Warenverkehr langsam dermaßen zu, daß es nicht länger notwendig oder möglich war, ihn an einen bestimmten Ort und an eine beschränkte Zeit zu binden. Eine Zwischenstation in dieser Entwicklung wurde in verschiedenen Gegenden durch die Einrichtung eines Zyklus von Jahrmärkten geschaffen. Insgesamt nahmen sie die ganze Handelssaison wahr. Neben den Jahrmärkten in der Champagne kann man auf ähnliche Zyklen in der Lombardei, Flandern oder in England verweisen. Inzwischen aber wuchs in immer mehr Städten der Warenverkehr in derart genügendem Maße an, daß sie sich selbst zu einem beständigen Markt entwickeln konnten, so wie er seit dem Altertum im Mittelmeergebiet unablässig bestanden hatte. Die Vervielfältigung der Handelszentren hatte zur Folge, daß der Verkehr in großem Maße einem festen Zeitschema entzogen wurde, daß aber auch die Kaufleute ihr Augenmerk auf das Geschäftsleben an verschiedenen Plätzen zugleich richten mußten. Diese Entwicklung hatte im 12. Jh. in Italien und in anderen fortschrittlichen Gebieten rund um das Mittelmeer, im 13. Jh. nördlich der Alpen bedeutende Folgen für die Organisation der Handelsunternehmungen.

Dieser Vorgang fiel deutlich zusammen mit einem erkennbaren Fortschritt in der geistigen Entwicklung der Kaufleute. Anstelle wie bislang gemäß dem Kalender der Jahrmärkte ständig von einem Handelszentrum zum anderen zu reisen, verließen sie jetzt seltener ihren Wohnort, welcher der feste Sitz ihres Geschäftes wurde. Hier wurde, wenn auch noch nach ziemlich primitiven Methoden, Buch geführt[27], und das verschaffte dem Kaufmann in jedem Augenblick einen exakten Überblick über Soll und Haben als Ergebnis seiner eigenen Geschäfte am Ort und derjenigen, die andere Leute für ihn an Plätzen außerhalb verrichteten. Mit Hilfe von Briefen unterrichtete er seine Mitarbeiter über die von ihm gewünschten An- und Verkäufe.

Je mehr der Umfang seines Unternehmens und die Erweiterung seines kommerziellen Horizonts fortschritt, desto zahlreicher wurden diese Mitarbeiter und desto weiter griff ihre Verteilung. Sie wiederum sandten ihre Berichte über die Ausführung seiner Instruktionen und über die Marktsituation an ihrem Aufenthaltsort. In seinem Packhaus standen die Waren zum Versand bereit. Solche, die von anderswo kamen, waren für einen weiteren Verkauf an Handwerker bestimmt, die auf Rohstoffe warteten, sofern sie diese nicht für Rechnung ihrer Lieferanten im Stücklohn bearbeiteten, oder an Detaillisten, Geschäftsinhaber oder Hausierer. Diese letzteren beherrschten weiter über den größten Teil Europas den Einzelhandel. In den Städten hielten die Handwerker die von ihnen hergestellten Waren zum Verkauf bereit. Importwaren von außerhalb wurden in Geschäften zum Verkauf angeboten, aber dies war im Westen nur in den großen Zentren der Fall, während in den fortschrittlichsten Gegenden Italiens der seßhafte Kleinhandel gegen Ende des Mittelalters bis in die kleineren Städte, ja sogar bis aufs platte Land vordrang.

Der Fernhandel stützte sich also auf ein Netzwerk von Mitarbeitern, die sich außerhalb des Sitzes des Unternehmens aufhielten. Eine Erinnerung an den fahrenden Charakter des Handelsbetriebes gab es besonders in den Niederlanden und im Gebiet der späteren Deutschen Hanse, wenn ein Kaufmann einem Bedienten auftrug, eine Ladung an den Ort der Bestimmung zu begleiten, wobei in einer oder anderen Form ein Anteil am Gewinn ausgemacht wurde. Dies nannte man im Hansegebiet *sendeve*. Das Transportwesen machte sich aber immer mehr vom eigentlichen Handel frei und wurde ein selbständiger Betrieb, und das sowohl zu Lande als auch auf dem Wasser. Eine Folge davon war die Transportversicherung. Dieser Versicherungszweig entwickelte sich in Italien seit dem 13. Jh. und fand im Laufe des 14. Jh. auch Eingang nördlich der Alpen[28].

Bedeutende Handelsfirmen konnten es sich erlauben, in einem genau abgegrenzten Dienstvertrag auf einem oder mehreren Märkten in der Fremde feste Vertreter zu unterhalten. Das taten einige der größten italienischen Häuser in der ersten Hälfte des 14. Jh. in den Niederlanden und in England. Solche Faktoren waren oft jüngere Leute, für welche diese Aufgabe einen Teil ihrer Ausbildung zu selbständigen Kaufleuten ausmachte. Sehr allgemein war dagegen im späteren Mittelalter der Kommissionshandel, wobei zwei Kaufleute in verschiedenen Orten jeweils an ihrem Aufenthaltsort gegen vorher ausgemachte Bedingungen die Interessen des anderen regelmäßig bzw. nur bei Gelegenheit wahrnahmen. Ein derartiges Zusammenarbeiten konnte die formelle Form einer Gesellschaft annehmen. Seit der kommerziellen Revolution entwickelten sich zwei Typen. Die *commenda*[29] erscheint schon kurz vor dem Jahre 1000 in Italien und ist seit dem 12. Jh. in diesem Lande und nach dessen Vorbild im gesamten Mittelmeergebiet sehr verbreitet, wie die Notariatsarchive beweisen, die seit dieser Zeit in großem Umfang erhalten geblieben sind. Sie war auf eine einzige Schiffsreise beschränkt, die ein oder mehrere Geldgeber finanzierten oder dafür die Ladung lieferten und das Risiko trugen. Der in Dienst genommene Partner, der die Fahrt unternahm, wurde im Erfolgsfalle ohne Geldeinlage von seiner Seite mit einem Viertel bis zur Hälfte des Gewinnes belohnt. Verwandtschaft damit zeigte die *wederlegginge*, die im 14. Jh. in der hansischen Welt erscheint. Diese Form einer kommerziellen Zusammenarbeit kann als Vorläufer der heutigen Kommanditgesellschaft angesehen werden. Aber auch unsere heutige Handelsgesellschaft geht zurück auf eine Form, die in einigen fortschrittlichen Städten Italiens, besonders in Siena, Lucca und Florenz, seit der Mitte des 13. Jh. bekannt ist: die *compagnia*. Diese wurde für eine bestimmte Zahl von Jahren abgeschlossen, oft von einem Ring von Verwandten und mit einem festen Kapital. Diese Eigenmittel wurden aber in den meisten Fällen ergänzt mit Geld, das Dritte zeitweilig gegen Zinsen verliehen.

Die meisten dieser Kompagnien haben sich ebensosehr auf Finanzgeschäfte als auf eigentlichen Warenhandel verlegt. Spezialisierung war ja im mittelalterlichen Handel ziemlich unbekannt, auch im Warenhandel selbst. Man trieb mit allem Geschäfte, von dem man Gewinn zu erzielen hoffte. Ein Spezereikaufmann verkaufte auch Tuche, ein Getreidehändler auch Metallwaren. Der Großhandel war ebensowenig spezialisiert. Die ihn ausübten, verschmähten es nicht, auch im Detail zu verkaufen, wenigstens soweit ihnen das gestattet war. Dies war meist nur in ihrer eigenen Stadt der Fall[30].

Der fahrende Händler war natürlich außerhalb seines eigenen Milieus ein Fremdling und deshalb, wie in vielen noch von primitiven Elementen geprägten Gesellschaften, anfänglich im Prinzip rechtlos. Er mußte darum, natürlich gegen Vergütung, den Schutz eines Mächtigen erwerben. Der sollte dann jedes Unrecht, das ihm angetan wurde, als gegen sich selbst gerichtet auffassen, und er konnte ihn nach Belieben mit seinen eigenen Untergebenen gleichstellen, z. B. wo es um die Unterwerfung unter Zolltarife und Taxen ging, oder um die Freistellung davon. Dergleichen Begünstigungen konnten einmal individuell oder auch Gruppen zugestanden werden. Sie galten natürlich nur im Rechtsgebiet des Machthabers, der sie verliehen hatte. Es sind Beispiele bekannt von solchen königlichen Privilegien, die sich auf ein ganzes Reich erstreckten.

Mit der feudalen Zersplitterung und dem Tiefpunkt einer agrarischen Selbstversorgungswirtschaft verschwand allmählich der Begriff einer Regelung des Wirtschaftslebens durch eine zentrale Gewalt. Eine erwähnenswerte Reglementierung des Handels konnte erst wieder von dem Augenblick an aufkommen, als der Handel sich erneut belebte. Und sie ging ziemlich ausschließlich von den örtlichen Obrigkeiten der Märkte aus, wo sich der Handel abspielte. Bald schien die Gesetzgebung ein Gleichgewicht erstreben zu wollen zwischen dem Interesse des fremden Besuchers, dessen Anwesenheit eine unentbehrliche Vorbedingung für das Aufblühen des Geschäftslebens war, und dem Eigeninteresse der Einwohner, die aus dessen Anwesenheit möglichst großen Gewinn zu ziehen suchten. Seit dem 12. Jh. erscheinen die ersten Vorschriften des Fremdenrechts, das sich allmählich über Gesamteuropa zu einem festen Bestandteil der städtischen Gesetzgebung entwickelte. Ziemlich überall wurde der Kleinhandel Fremden verboten. Diese mußten oft für ihre Ankäufe eine gegebene Zeit warten, um den Bürgern zu gestatten, außerhalb dieser Konkurrenz ihre eigenen Bedürfnisse auf dem städtischen Markt vorher zu decken. Fremde konnten ausschließlich bei einem Bürger, nicht untereinander, kaufen und verkaufen. Zur Kontrolle dieses Verbotes waren sie verpflichtet, auf den Beistand eines eingesessenen vereidigten Maklers zurückzugreifen, auch wenn dessen Dazukommen wirtschaftlich vollkommen nutzlos war.

Die Kontrolle wurde dadurch genauer, daß der fremde Kaufmann bei einem Wirt, der Bürger der Stadt war, Wohnung nehmen mußte, der übrigens gleichzeitig gegen Vergütung bei den Geschäften, die sein Gast abschloß, als Bürge auftrat und somit seinen Mitbürgern die Bezahlung ihrer Forderungen an den Fremden sicherte. An den meisten Orten, wo der Handel eine bedeutende Entwicklung erlebte, traten die Makler in den Dienst der Wirte des Platzes[31]. Anderswo waren die Kaufleute verpflichtet, in bestimmten Vierteln oder Gebäuden Wohnung zu nehmen, die des Nachts durch die örtliche Obrigkeit abgeschlossen wurden, z.B. die Deutschen in Venedig im *Fondaco dei Tedeschi*, in London im Stalhof und in Novgorod im Peterhof.

Eine ständige Sorge der städtischen Magistrate war es ferner, das Angebot an fremde Kaufleute auf ihren Märkten zu steigern. Zu diesem Zweck wurden sog. Stapel eingerichtet, die mehr oder weniger streng gehandhabt werden konnten[32]. Die schwerste Auflage war es, daß die Kaufleute, die einer bestimmten Route folgten, bei ihrer Ankunft in der Stapelstadt verpflichtet waren, ihre Waren oder wenigstens diejenigen davon, die dem Stapelzwang unterworfen waren, dort zu verkaufen. Weniger hart war die Verpflichtung, die Waren eine gewisse Zeitlang zum Verkauf anzubieten und auf diese Weise den Bürgern der Stapelstadt ein Vorkaufsrecht einzuräumen. Blieben sie nach Ablauf dieser Frist unverkauft, stand es dem Eigentümer frei, damit weiterzureisen. Solche Bestimmungen waren vor allem deshalb getroffen, um die Versorgung einer Stadt mit Nahrungsmitteln sicherzustellen. Sie konnten aber auch ehrgeizigeren Zwekken dienen; sie sollten die Entwicklung des Marktverkehrs überhaupt fördern, und davon wurde in Nordwesteuropa seit dem 13. Jh. sehr gerne Gebrauch gemacht, z.B. in Städten, die an einem wichtigen Verkehrsweg gelegen waren, etwa an der Mündung eines Stromes, um den Handel mit einem ausgedehnten Hinterland an sich zu ziehen. Am Anfang des 14. Jh. erhob Brügge einen Anspruch darauf, um seine Stellung als zentraler Markt für den Fernhandel in der Grafschaft Flandern durch Zufügung einer gesetzlichen Grundlage zu verstärken.

Der Handel wurde von seiten der Obrigkeit auch noch hinsichtlich der Qualität der angebotenen Waren überwacht. Viele Verkaufsartikel durften nur in bestimmten Gebäuden, sog. Hallen, zum Verkauf angeboten werden, wo sie einer genauen Kontrolle unterworfen und mit einem Kennzeichen versehen wurden, wenn sie den Vorschriften genügten. Dieser Zwang wurde im besonderen auf Nahrungsmittel ausgedehnt und war eigentlich die einzige Maßregel, die im Interesse der Volksgesundheit getroffen wurde, aber sie galt auch bei Gütern, die eine große Bedeutung für den Fernhandel hatten, wie etwa Textilien. Übrigens war die Kontrolle in den Hallen zugleich geeignet, die Einziehung der Taxen zu sichern, mit denen die einzelnen Geschäfte belegt wurden, und Manövern entgegenzuwirken, die den Käufern schaden konnten, z.B. durch die Bildung von Monopolen bei bestimmten Waren und durch künstliches Herauftreiben ihres Preises. Das hätte zu sozialen Unruhen führen können. Gegen solche Machenschaften richteten sich außer der städtischen Gesetzgebung auch die schon früher besprochenen Vorschriften der Gilden.

Nicht allein die Städte waren darauf aus, die Einnahmen aus den Abgaben auf Handelstätigkeiten zu sichern, die in ihren Finanzen einen immer größeren Platz einnahmen. Es ist sehr die Frage, ob im Spätmittelalter Fürsten sich durch andere als fiskalische Gründe bewegen ließen, sich in den Handelsverkehr zwischen zwei Parteien einzuschalten. In dem Maße, wie die Finanzwirtschaft ausgebildet wurde und mit den Aufgaben des Staates seine Ausgaben zunahmen, wurde der Bedarf an Geldmitteln für die fürstliche Kasse immer größer, und dieser konnte praktisch nur durch die Belastung des Umlaufs von Handelsartikeln befriedigt werden. Welche Maßnahmen im besonderen dafür geeignet waren, war meist für die Regierungsbeamten eine Frage, die im Lichte der unmittelbaren Einkünfte beantwortet wurde. Es ist z.B. kennzeichnend, daß, anders als im späteren Merkantilismus, die Ausfuhr von Fabrikaten ebenso oft besteuert wurde wie die Einfuhr. Der Grundsatz der Förderung der eigenen Produktion blieb also weitgehend unbeachtet, während er auf der anderen Seite von den städtischen Gilden so standfest verfolgt wurde. Das erste Beispiel einer umfänglichen Kontrolle des Handels durch den Staat, die Einrichtung eines Wollstapels durch die englischen Könige seit

1294, sollte mittels der betreffenden Ausfuhrtaxe die Einnahmen sichern, die für die politischen Unternehmungen der englischen Könige auf dem Festland erforderlich waren. Ebensowenig bedarf es tieferer wirtschaftspolitischer Überlegungen, um die unzählbaren Verleihungen von Privilegien an fremde Kaufleute zu erklären, die gelegentlich sogar stärker als die eigenen Untertanen bevorrechtet wurden. Daß ein Verkehr von Kaufleuten fruchtbar war und namentlich die Einkünfte aus allerlei Abgaben steigen ließ, ist für jeden überdeutlich und genügte, um derlei Maßregeln, ausnahmsweise auch die Anlage einer elementaren Infrastruktur, zu begründen. Daß diese Maßregeln auf die Dauer tiefergehende wirtschaftliche Folgen haben konnten, war nicht vorgesehen und auch nicht bewußt angestrebt. Dasselbe gilt für die Regelung des Geldverkehrs durch den Münzschlag.

[1] La Foire. In: Recueils de la Société Jean Bodin 5 (1953).

[2] *J. Werner:* Fernhandel und Naturalwirtschaft im östlichen Merowingerreich nach archäologischen und numismatischen Zeugnissen. In: Moneta e scambi nell'alto medioevo (1961), S. 557–618.

[3] *P. Lambrechts:* Le commerce des Syriens en Gaule. In: L'Antiquité Classique 6 (1937), S. 35–62.
J. I. Miller: The Spice Trade of the Roman Empire, 29 B. C. to A. D. 641 (1969).

[4] *C. Verlinden:* Esclavage, s. oben 5 b, Anm. 2; ders.: Problèmes, ebd. Anm. 3.

[5] *H. Pirenne:* Mahomet et Charlemagne (1937). Dazu: *S. Bolin:* Mohammed, Charlemagne and Ruric. In: Scandinavian Economic History Review I (1953).
A. R. Lewis: Naval Power and Trade in the Mediterranean, A. D. 500–1100 (1951).
F. J. Himly: Y a-t-il emprise musulmane sur l'économie des états européens du VIIIe au Xe siècle? In: Schweizerische Zeitschrift für Geschichte 5 (1955), S. 31–81.
R. S. Lopez: Medieval Trade in the Mediterranean World (1955).

[6] *J. Hoffmann:* Die östliche Adriaküste als Hauptnachschubbasis für den venezianischen Sklavenhandel bis zum Ausgang des elften Jahrhunderts. In: Vierteljahrschr. f. Soz.- u. Wirtschaftsgesch. 55 (1968), S. 165–181.

[7] Zum Nachfolgenden: *A. R. Lewis:* The Northern Seas. Shipping and Commerce in Northern Europe, A. D. 300–1100 (1958).
E. Sabbe: L'importation de tissus orientaux en Europe Occidentale aux IXe et Xe siècles. In: Rev. Belge de Philologie et d'Histoire 14 (1935), S. 811–48, 1261–88.
H. Jankuhn: Der fränkisch-friesische Handel zur Ostsee im frühen Mittelalter. In: Vierteljahrschr. f. Soz.- u. Wirtschaftsgesch. 40 (1953), S. 193–243.
D. Jellema: Frisian Trade in the Dark Ages. In: Speculum 30 (1955), S. 15–36.
H. Roth: Handel und Gewerbe vom 6. bis 8. Jh. östlich des Rheins. In: Vierteljahrschr. f. Soz.- und Wirtschaftsgesch. 58 (1971), S. 323–358.
D. Ellmers: Frühmittelalterliche Handelsschiffahrt in Mittel- und Nordeuropa (1972).

[8] *J. Brutzkus:* Trade with Eastern Europe, 800–1200. In: Econ. Hist. Rev. 13 (1943), S. 31–41.

[9] *R. S. Lopez:* The Commercial Revolution of the Middle Ages, 950–1350 (1971).

[10] *A. Schaube:* Handelsgeschichte der romanischen Völker des Mittelmeers bis zum Ende der Kreuzzüge (1906).
P. H. Scheffel: Verkehrsgeschichte der Alpen (2 Bde., 1908–14).
J. T. Tyler: The Alpine Passes in the Middle Ages (1930).
Th. Mayer (Hg.): Die Alpen in der europäischen Geschichte (1965).

[11] *J. A. van Houtte:* The Rise and Decline of the Market of Bruges. In: Econ. Hist. Rev. 2 R. 19 (1966), S. 29–47; auch in dessen: Essays on Medieval and Early Modern Economy and Society (1977), S. 249–74.
Ders.: Bruges, essai d'histoire urbaine (1967).

[12] *R. Doehaerd:* Les galères génoises dans la Manche et la Mer du Nord à la fin du XIIIe et au début du XIVe siècle. In: Bulletin de l'Institut Hist. belge de Rome 19 (1938), S. 5–76.
A. Schaube: Die Anfänge der venetianischen Galeerenfahrten nach der Nordsee. In: Historische Zeitschrift 101 (1908), S. 28–89.

[13] *J. Prawer:* The Latin Kingdom of Jerusalem. European Colonialism in the Middle Ages (1972).

[14] *R. S. Lopez:* Storia delle colonie genovesi nel Mediterraneo (1938).
G. I. Bratianu: Les Vénitiens dans la Mer Noire au XIVe siècle (1939).
[15] *A. E. Sayous:* Le commerce des Européens à Tunis depuis le XIIe siècle (1929).
[16] *Ph. Dollinger:* Die Hanse (1966, ²1976).
[17] *A. C. Leighton:* Transport and Communication in Early Medieval Europe, A. D. 500–1100 (1972).
[18] *Lefebvre des Noëttes:* Attelage, s. oben § 5, 1. Anm. 14.
[19] *R. H. Bautier:* Recherches sur les routes de l'Europe médiévale. In: Bulletin philologique et historique (jusqu'en 1610) du Comité des travaux historiques et scientifiques (1960), S. 99–143; (1961), S. 277–308.
[20] *E. Maschke:* Die Brücke im Mittelalter. In: Hist. Zs. 224 (1977), S. 265–292.
[21] *O. Stolz:* Zur Entwicklungsgeschichte des Zollwesens innerhalb des alten Deutschen Reiches. In: Vierteljahrschr. f. Soz.- u. Wirtschaftsgesch. 41 (1954), S. 1–41.
[22] Les grandes escales. Antiquité et moyen âge (1974).
[23] *A. W. Brogger* u. *H. Shetelig:* The Viking Ships (1951).
P. Heinsius: Das Schiff der hansischen Frühzeit (1956).
S. Fliedner u. *R. Pohl-Weber:* Die Bremer Kogge (1974) beschreibt einen 1962 in der Weser gemachten Fund.
[24] Zur mittelalterlichen Handelsorganisation: *J. Le Goff:* Marchands et banquiers du moyen âge (1956).
[25] *H. Laurent:* Aspects économiques dans la Gaule franque. Marchands du palais et marchands d'abbayes. In: Revue Historique 183 (1938), S 281–97.
[26] *W. Vogel:* Ein seefahrender Kaufmann um 1100. In: Hansische Geschichtsblätter 18 (1912), S. 239–48.
Fr. Blockmans: Het Gentsche stadspatriciaat tot omstreeks 1302 (1938), S. 149.
E. Sabbe: Quelques types de marchands des IXe et Xe siècles. In: Revue belge de Philologie et d'Histoire 13 (1934), S. 176–87.
[27] *R. de Roover:* The Development of Accounting prior to Luca Pacioli according to the Account Books of Medieval Merchants. In: Studies in the History of Accounting, hg. v. *A. C. Littleton* und *B. S. Yamey* (1956), sowie in: *I. Kirshner* (Hg.): Business, Banking and Economic Thought in Late Medieval and Early Modern Europe (1974), S. 119–180.
[28] *L. A. Boiteux:* La fortune de mer. Le besoin de sécurité et les débuts de l'assurance maritime (1968).
F. Edler: Early Examples of Marine Insurance. In: Journal of Economic History V (1945), S. 172–200.
[29] Zur Terminologie: *F. Edler:* Glossary of Medieval Terms of Business. Italian Series. 1200–1600 (1934).
[30] *A. Sapori:* Le marchand italien au moyen âge (1952).
Von der Handelsorganisation gegen Ende des in diesem Bande behandelten Zeitraumes gibt ein anschauliches Bild das Kaufmannslehrbuch von *Francesco Balducci Pegolotti:* La pratica della mercatura, hg. v. *A. Evans* (1936).
[31] *J. A. van Houtte:* Les courtiers au moyen âge. Origine et caractéristiques d'une institution commerciale en Europe occidentale. In: Rev. historique de droit français et étranger, 4. R. 15 (1936), S. 105–41; auch in dessen Essays, S. 19–47.
[32] *O. Gönnenwein:* Das Stapel- und Niederlagsrecht (1939).

4. Geld und Kredit[1]

Zu Anfang des Mittelalters war der Münzumlauf in Europa praktisch noch beschränkt auf das Römische Reich. Weder die Germanen noch die Slawen schlugen Münzen, und die wenigen Exemplare, die bei diesen Völkern hauptsächlich in der Nähe der Reichsgrenze vorkamen, waren die Frucht ihres Handels mit den Römern. In ihrer noch wenig entwickelten Wirtschaft erfolgte sicherlich in großem Umfang der Tausch von Ware gegen Ware, aber es gibt Anzeichen dafür, daß bestimmte Güter in ihrer Gesellschaft die

Rolle des Geldes spielten. In einigen germanischen Volksrechten aus der Zeit kurz nach der Landnahme wurden Verpflichtungen und Bußen außer in Geldbeträgen, deren Gebrauch anscheinend mit ihrer Niederlassung auf römischem Kulturgebiet in Zusammenhang stand, auch noch in Ochsen oder Kühen festgesetzt, und Vieh blieb in den skandinavischen Ländern noch Jahrhunderte später ein anerkannter Wertmesser. Dasselbe gilt für Textilien, z. B. für Tuch bei den Friesen oder Leinen bei den Slawen der Insel Rügen, dies letztere nach dem Zeugnis des Chronisten Helmold noch im 12. Jh., kurz vor der Kolonisation durch die Deutschen[2]. Auch für bestimmte Sorten von Pelzen galt das in Rußland. Es wäre falsch, den Gebrauch dieser Waren als einen Beweis für Naturalwirtschaft abzustempeln: Durch ihre Funktion als Wertmesser fielen sie wohl klar unter den Begriff Geld, das nicht unbedingt, wie die Münze, aus Metall zu bestehen braucht.

Im Gegensatz zu diesen Verhältnissen war der monetäre Charakter der römischen Wirtschaft sehr deutlich. Die Goldmünzen wurden unter der Autorität der Kaiser geschlagen nach Prototypen, die im ganzen Reich galten. Nur infolge der unvollkommenen Technik und örtlicher und persönlicher Faktoren, also je nach den verschiedenen Münzstätten und Münzmeistern, waren sie etwas verschieden, zirkulierten aber ungehindert überall. Konstantin der Große reformierte am Beginn des 4. Jh. die römische Münze nach dem Wirrwarr des vorhergehenden Jahrhunderts. Grundlage dieser Reform war der *aureus solidus* von 4,48 Gramm Feingold, gewöhnlich kurz *solidus* genannt. Es wurden auch halbe Solidi *(semissis)* und Drittelsolidi *(tremissis* oder *triens)* geschlagen. Daneben war silberne, bronzene oder kupferne Scheidemünze in Umlauf, die – eher als Gold – für die meisten Zahlungsbedürfnisse in der Wirtschaft in Frage kam, die ja auf kleinere Beträge hinausgingen. Goldmünzen werden vermutlich im ganzen Reich hauptsächlich als Spargeld gedient haben: Dies erklärt auch ihren ziemlich hohen Anteil in den archäologischen Münzfunden. So sollte denn das Römische Reich mit Scheidemünze seine Ausgaben bestreiten, die mit seinen immer schwerer werdenden militärischen Belastungen anstiegen, während zu gleicher Zeit die Erhebung der Steuern mit dem Verlust an Land und wegen des Widerstandes der Grundbesitzer rückläufig war. Um diesen Verpflichtungen nachzukommen, mußte der Staat den Gehalt des Münzmetalls und das Gewicht der Einzelstücke herabsetzen. Die Folge davon war eine zügellose Inflation, die nicht wenig dazu beitrug, das damalige Wirtschaftsleben zu zerrütten.

Das war besonders im Westen der Fall. Die byzantinischen Kaiser dagegen konnten den Wert wenigstens des goldenen Solidus bis ans Ende des 11. Jh. ziemlich auf der Höhe halten, ein Beispiel monetärer Stabilität, das in der Geschichte einmalig ist[3]. So wurde also der Goldstandard der klassischen Kaiserzeit beibehalten. Trotz der Schatzungen, die das Oströmische Reich zur Zeit der ersten Welle von Einfällen mindestens in derselben Höhe wie der Westen zu zahlen hatte, wurde sein Goldvorrat erneuert und beibehalten. Dies verdankte es der aktiven Handelsbilanz gegenüber der westlichen Hälfte des alten Römerreiches. Der byzantinische Solidus, für den der griechische Name *Hyperpyros* aufkam und der im Westen nach seiner Herkunft als *Besant* bekannt war, wurde bei dem Aufkommen des Kalifenreiches für das Münzsystem dieses Staates als *Dinar* übernommen. Dieser war im Westen aus undurchsichtigen Gründen als *Mancus* bekannt. Allgemein im Fernhandel als Tauschmittel anerkannt, bewahrte der *Besant* das Byzantinische Reich, wie groß auch gelegentlich seine Schwierigkeiten mit der Scheidemünze waren, vor der Geldkrisis, unter welcher der Westen zu leiden hatte.

In den Barbarenreichen des Westens, außer in England, fuhr man anfangs fort, Goldmünzen zu schlagen[4]. Allerdings machte sich die Verminderung des Goldvorrats immer bedrohlicher bemerkbar. Außer der ungünstigen Zahlungsbilanz trug dazu die wachsende Unsicherheit bei. Ihretwegen wurde eine ganze Anzahl von Schätzen in Zeiten der Gefahr verborgen und oft nicht mehr ausgegraben, weil ihre Eigentümer umgekommen waren. Außerdem wurde das Gold dem Umlauf entzogen, weil Fürsten und Große es horteten oder zu Juwelen verarbeiten ließen und die Kirche es zu kostbaren Geräten für den Gottesdienst verwandte. Darum hörte man bald nahezu ganz auf, Solidi zu schlagen. Sie wurden durch halbe oder Drittelsolidi ersetzt. Schon in der Mitte des 5. Jh. war der Feingehalt von Stücken, die aus Gallien kamen, derart geschwächt, daß die Kaiser in Italien ihren Steuerempfängern verboten, sie in Zahlung zu nehmen. Außerdem wurde ihr Gewicht immer geringer. Während der *Triens* Konstantins des Großen 1,51 Gramm Feingold wog, war sein Gewicht unter Karl dem Großen auf nur 0,97 Gramm heruntergegangen, und davon waren nur zwei Fünftel Gold. Bemerkenswert und kennzeichnend für das Prestige der kaiserlichen Münze war es, daß der Münzschlag in den Barbarenstaaten bis ins 6. und 7. Jh. darin bestand, daß man die römischen und später die byzantinischen Stücke mit dem kaiserlichen Bildnis mehr oder minder geschickt nachprägte.

Auch bei der Scheidemünze konnte die hoffnungslose Verwirrung, welche die spätrömische Zeit gekennzeichnet hatte, ganz und gar kein Ende nehmen. Die Wiederherstellung des Vertrauens in die Staatsführung wäre eine notwendige Vorbedingung für eine Zirkulation vertrauenswürdiger Münze gewesen. Außer in England, wo praktisch kein anderes Münzmetall als Kupfer vorkam, hörte man in Westeuropa bald damit auf, Münzen aus Bronze oder Kupfer zu schlagen, weil deren Metallgehalt zu wenig inneren Wert besaß, um ihren Nennwert zu verbürgen. Bei der Silbermünze hatte das Metall, mochte die Qualität auch noch so schlecht sein, genug inneren Wert, um dafür angenommen zu werden. Unter Theodorich dem Großen wurde der Kurs des umlaufenden Denars in Italien auf 6000 je Solidus herabgesetzt, und diese Wertverminderung setzte sich weiter fort. Im Fränkischen Reich wurden in der ersten Hälfte des 6. Jh. ebenfalls Silbermünzen kaiserlichen Typs mit einem Gewicht von einem halben bis zu einem viertel Gramm geschlagen. Aus undurchsichtigen Gründen setzte sowohl Byzanz, wo die Silbermünze schwerer blieb, als auch der Westen das Ausmünzen von Silber aus, bis es um etwa 630 wieder aufgenommen wurde.

Im Gegensatz zu dem geringen Wert des *Denars* findet man im Salischen Gesetz, dessen Text ziemlich sicher vom Beginn des 6. Jh. datiert, ein Wertverhältnis von 40 *Denar* auf einen *Solidus*. Damit erscheint zum ersten Male im Mittelalter der Begriff Rechengeld[5]. Es sollte bis ins 18. und sogar bis ins 19. Jh. im Gebrauch bleiben und die Geldwirtschaft beherrschen. Der *Denar* des Salischen Gesetzes war keine Münze, die in Wirklichkeit zirkulierte, sondern ein abstrakt gewordener Wertbegriff, der wahrscheinlich auf den soliden Silberdenar der klassischen Zeit zurückging. Er war damals schon in den germanischen Grenzgebieten bekannt geworden und galt vielleicht seit dieser Zeit in der römischen Welt und wohl auch in Teilen Germaniens als eine feste Recheneinheit, die im Hinblick auf wirkliche Geldgeschäfte als Gegenwert in Kaufwaren, Goldstücken oder gängigen Silbermünzen, aber dann auf Grund des wirklichen Metallwertes der Stücke, umgesetzt wurde.

Schon früh ging in dem Maße, wie das monarchische Prinzip ausgehöhlt wurde, das staatliche Monopol der Münze verloren. Die barbarischen Könige erhoben noch bei Gelegenheit darauf Anspruch, konnten diesen aber nur ausnahmsweise durchsetzen, wenn sie die nötige Macht dagegensetzen konnten. Dies scheint z. B. im Langobardenreich unter der Regierung von Rothari (636–52) sich ereignet zu haben. Außerhalb solcher Bemühungen, das staatliche Monopol wiederherzustellen, maßte sich anscheinend jeder, der Metall besaß und ein Bedürfnis hatte, es in Geld umzusetzen, das Recht an, es durch einen Goldschmied in Münze ausprägen zu lassen. Die auf solche Weise angefertigten Stücke konnten den Namen eines regierenden Fürsten tragen, wenn sie auch im Auftrag eines Privatmannes entstanden waren. Aber im Frankenreiche verschwanden solche Aufschriften um 700 völlig von den Silbermünzen und machten endgültig dem Namen eines Bischofs oder eines anderen Großen oder ganz einfach dem des Goldschmieds Platz. Die römische *Pars Occidentis* zählte unter dem späten Kaiserreich nicht mehr als fünf oder sechs Münzstätten. Für das Merowingerreich nimmt man allein für die Goldmünze das Bestehen von einem Tausend an, und es sind die Namen von 1400 bis 1500 Münzmeistern bekannt, welche *trientes*, das gängigste Goldstück, schlugen. Einige, die man sich als herumreisende Handwerker vorstellen muß, haben ihren Betrieb an mehr als einem Platz ausgeübt.

Als die Ausmünzung von Silber wieder aufgenommen wurde, kann man im Westen die Tendenz bemerken, schwerere *denarii* von gut einem Gramm zu prägen, wahrscheinlich als Nachahmung der byzantinischen von Herakleios. Aus merowingischen Gesetzestexten geht hervor, daß diese gewöhnlich zu zwölf auf einen *Solidus* gerechnet wurden. Zwar hatte das Gresham'sche Gesetz die Wirkung, daß er, da er gleichzeitig mit minderwertigen Silberstücken zirkulierte, ebenso wie das Gold aus dem Umlauf verschwand. Möglich ist es übrigens auch, daß nicht einmal die Absicht bestand, ihn wirklich zirkulieren, sondern als Spargeld horten zu lassen. Wenn man die geringe Ausdehnung des Handels ins Auge faßt, war auch deutlich eher ein Bedürfnis an kleineren Münzen vorhanden. Das erklärt wahrscheinlich die außerordentlich große Verbreitung der federleichten *sceattas*, die angelsächsischer oder friesischer Herkunft waren. Sie waren vom Ende des 7. bis an den Anfang des 8. Jh. auch im Frankenreich im Umlauf. Auswärtige Münzen zirkulierten ja ungehindert und trugen dazu bei, daß unglaublich verschiedene Sorten in Umlauf waren. Kein Wunder, daß die Geldwaage, die seit dem 7. Jh. regelmäßig archäologisch bezeugt ist, ein unverzichtbarer Gegenstand geworden war.

Das Verdienst, dem Münzwesen eine neue feste Grundlage gegeben zu haben, kam den ersten Karolingern zu[6]. Nachdem Pippin der Kleine König geworden war, bestimmte er 755, in fester Absicht, dem Königtum den verlorengegangenen Glanz wiederzugeben von einer Machtposition aus, die viel größer war als die seiner merowingischen Vorgänger, daß die Münzer, die weiterhin tätig waren, keine anderen Denare prägen sollten als 264 auf das römische Pfund von 327 Gramm, so daß ein Denar 1,24 Gramm wog. Mit dieser Bestimmung wurde das Münzsystem faktisch mit dem seit dem 7. Jh. wieder erscheinenden schweren Münzwert in Übereinstimmung gebracht, und das um so mehr, als das Verhältnis von 12:1 auf den *Solidus* übernommen wurde. Augenscheinlich aber waren die Kurse der Edelmetalle in diesen Jahren außerordentlich beweglich. Denn schon im Jahre 780 wurde der Schnitt des neuen Denars durch Karl den Großen auf 240 für das Pfund und damit sein Gewicht auf 1,36 Gramm gebracht. Dieser Schnitt wurde fortan beibehalten und bald in den Angelsächsischen Reichen übernommen. Aber Karl der Große selbst sah sich verpflichtet, das Gewicht seiner Denare dadurch zu erhöhen, daß er es fest mit dem Gewicht eines schwereren germanischen Pfundes von 411 Gramm verband. So wogen die Denare 1,7 Gramm, was auf eine neue Abwertung für den *Solidus* und damit für das Gold hinauskam. Gold war ja immer rarer geworden, denn außer den Verlusten durch die ungünstige Handelsbilanz floß es in die arabischen Länder. Denn dort war sein Verhältnis gegenüber dem Silber noch günstiger als im Westen. Dadurch wuchs übrigens der Silbervorrat im Westen an, und das erklärt mit, daß die Qualität der Silbermünze sich hier verbesserte.

Unter diesen Bedingungen wurde eine regelmäßige Fortsetzung der Prägung von Gold allmählich absolut unmöglich[7]. Sie wurde darum immer seltener, und um 840 hörten die Karolinger vollständig auf, Goldmünzen des fränkischen Typs zu schlagen, ausgenommen einige Münzstätten in Norditalien, im Languedoc (Uzès) und in Friesland (Dorestad), wo sie bis um etwa 900 geprägt wurden, ganz offensichtlich mit Rücksicht auf den Handel mit Byzanz und der arabischen Welt. In England, wo Gold aus Irland weiterhin die Vorräte anfüllte, fuhr man noch ein Jahrhundert lang fort, angelsächsische Goldmünzen zu schlagen. Zwar verschwand das Gold nicht vollständig aus dem Geldumlauf, aber vor allem in der Form von *Besanten* oder, jedenfalls bis zum 11. Jh., in Gestalt arabischer *Mancus*. Diese wurden sogar gelegentlich im Westen nachgemacht, im letzteren Falle vollständig mit den Aufschriften aus dem Koran. Der englische König Eadred gab im Jahre 955 die Verfertigung von 2000 *Mancus* in Auftrag. Dies war notwendig im Hinblick auf den Handel mit denjenigen Gebieten, die unvermindert dem Goldstandard, dem Erbe aus der Antike, treu blieben. Orientierte sich die Münzprägung des Westens bis dahin schon mangelhaft, so wurde der antike Maßstab mit der karolingischen Münzreform endgültig aufgegeben; der Silberstandard, der auf dem Denar beruhte, war eine gänzliche Neuerung.

Der *Solidus* verschwand zwar nicht aus dem Münzsystem, wurde aber zu einer Recheneinheit mit dem Gegenwert von 12 Denaren. In den germanischen Volkssprachen kam die Bezeichnung „Schilling“ für den *Solidus* in Gebrauch und die Bezeichnung „Pfennig“ für den *Denar*. Da man sich diesen letzteren in einem festen Schnitt von 240 Stück aus einem Pfund Silber vorstellte, nahm auch dieser Begriff, der ursprünglich dem Gewichtssystem entlehnt war, seinen Eintritt als Rechengeld, mit einem Wert von 20 Schilling zu 12 Pfennig, mithin also von 240 Pfennig. Das karolingische Rechengeld fand allmählich auch außerhalb des fränkischen Reiches Eingang, besonders in England, wurde aber auch anderswo eingeführt, wo man Münze zu prägen begann. Daß man in Deutschland vom 12. Jh. an die Mark von 213 Gramm als höchste Gewichts- und Recheneinheit dem Pfund vorzog, ließ ein eigenes Rechengeld entstehen, das sich in seinem Wesen nicht vom karolingischen Münzsystem unterschied.

Der *Denar* und seine Untereinheiten, die ebenfalls als Stücke geprägt wurden, haben ohne Zweifel den monetären Charakter des Wirtschaftslebens im Westen verstärkt. Oder hatte er gerade sein Entstehen dem Mangel an einer soliden gangbaren Münze zu verdanken? Es ist vielleicht nicht allein auf den Zufall zurückzuführen, daß die Quellen erhalten sind; jedenfalls werden die Meldungen von Geldgeschäften nun zahlreicher. Im besonderen wurden auch die Verpflichtungen von Hörigen in Geld festgesetzt. Man würde sich aber irren, wenn man annehmen wollte, daß sie notwendigerweise so entrichtet werden mußten. Noch immer hatten solche Festsetzungen in Geld hauptsächlich die Bedeutung eines Wertmessers, und derartige Schulden konnten bei Mangel an den benötigten Münzen in der einen oder anderen Ware abgegolten werden. Gelegentlich wurde dies als Alternative ausdrücklich vorgesehen.

Eigenartig war die Rolle, die etwa vom Jahre 1000 ab der Pfeffer neben der Münze als Wertmesser spielte, besonders in Genua. Aber dafür ist auch ein Beispiel in der Normandie gegen Ende des 12. Jh. bekannt. Schließlich hatte diese Spezerei, die kostbar, teilbar und haltbar war, alle Kennzeichen einer richtigen Münze. Wo es um große Beträge ging, konnte man auch mit Barren von Edelmetall zahlen, welche der Schuldner in Besitz hatte, oder durch Einschmelzen von Gegenständen aus seiner Schatzkammer sich verschaffte[8]. Leider kam man schon nach einer kurzen Periode der Wertbeständigkeit des karolingischen *Denars* wieder zu einer äußersten Zersplitterung des Münzumlaufs, auch innerhalb desselben Reichsgebiets, und man mußte für jede Zahlung wieder die Geldwaage gebrauchen.

Seit dem 9. Jh. wurde das Münzregal im Rahmen der Entwicklung des Feudalismus von den fränkischen Königen an einige, besonders geistliche, Vasallen ausgegeben[9]. Vom 10. Jh. ab wurde es von ziemlich allen Grafen usurpiert. Mit dem Wiederaufleben der Städte bekamen viele, um ihren Handelsverkehr zu beleben, von ihren Fürsten die Genehmigung, Münze zu schlagen. So kehrte man zurück zu einem ebenso großen Wirrwarr wie im Frühmittelalter. Ausgenommen war England, wo die angelsächsischen Könige jedem *borough* eine Münzstätte zuerkannten, aber die Einheitlichkeit der

Münze dadurch sicherten, daß sie ihnen selbst einen Stempel lieferten. Da Münzen im Laufe der Zeit an Gewicht verlieren konnten, sei es durch normalen Verschleiß, sei es durch betrügerisches Beschneiden, bestimmte König Edgar im Jahre 973, daß alle sechs Jahre die Münzen aus dem Verkehr gezogen und durch neue ersetzt werden sollten, und Eduard der Bekenner (1042–66) verordnete, daß dies alle drei Jahre geschehen sollte. Das erfolgte in der Tat bis zu Heinrich I. (1100–35) und war für die Monarchie, auch noch für Wilhelm den Eroberer, eine willkommene Gelegenheit, aus dem Ertrag des Münzrechts einen hübschen Gewinn zu schlagen. Nur während der bewegten Regierung des Königs Stephan von Blois (1135–54) wurde in England im selben Wirrwarr wie auf dem Festland geprägt, so daß die Pfennige nicht mehr nach ihrem Nennwert, sondern nach ihrem Gehalt an Edelmetall angenommen wurden. Nachdem aber Heinrich II. (1154–89) das königliche Münzregal wiederhergestellt hatte, behielt der englische Silberpfennig von höchster Qualität *(sterling)* bis zur Mitte des 14. Jh. ziemlich unverändert festen Wert, eine einzigartige Erscheinung in der Welt des Westens.

Das monetäre Durcheinander war nirgendwo so schlimm wie in Deutschland, wo auch die feudale Zersplitterung am weitesten fortgeschritten war. Dem entsprach übrigens auch die große Verschiedenheit in den Standardgewichten, Pfund oder Mark. Die Mark wurde als Maßstab für das Gewicht des Pfennigs angesehen und bedeutete nur noch das 160fache davon. Anstatt 1,46 Gramm, welche die ottonischen Pfennige auf der Grundlage der kölnischen Mark von 233 Gramm wogen, waren die trierischen Pfennige im Jahre 1160 bereits auf 0,97 Gramm heruntergegangen und die von Luxemburg wieder ein halbes Jahrhundert später auf 0,73 Gramm. In zahlreichen Münzstätten wurden ziemlich ausschließlich sog. *Bracteaten* ausgemünzt, aus Silberplatten, die so dünn waren, daß sie nur noch auf einer Seite einen Stempel bekommen konnten, der sich bis auf die andere Seite durchdrückte. Auf den sog. Halbbrakteaten, die an beiden Seiten einen Stempel bekamen, erschien dieser auch an den Gegenseiten. Diesem Beispiel folgte man in Polen und Ungarn. Auch in Italien, wo eine Anzahl von Städten vom Kaiser mit dem Münzregal ausgestattet wurde oder sich dies aneignete, führte das häufig zu einer argen Münzverschlechterung. Der Pfennig von Pisa fiel in der zweiten Hälfte des 12. Jh. auf 0,6, in der ersten Hälfte des 13. auf 0,25 Gramm Silber. Wo das Gewicht nicht im selben Maße herunterging, wurde oft der Gehalt schlechter.

In Frankreich war das Münzregal unter den letzten Karolingern ebenfalls in wachsendem Maße auf Feudalherren und kirchliche Große übergegangen. Nur ausnahmsweise produzierten ihre Werkstätten Geld von guter Qualität. Eine gute Ausnahme in dieser Hinsicht waren vom 11. Jh. an die *deniers* der Grafen von Champagne, die im Interesse des Zahlungsverkehrs auf den Jahrmärkten eine angemessene Festigkeit dieser Münze anstrebten. Erst im 12. Jh. versuchten die französischen Könige, die Münzordnung in ihrem Reiche wiederherzustellen, indem sie die Münzrechte ihrer Lehnsmannen beschränkten. In dem Maße, wie die königliche Domäne sich ausbreitete, wurden bestehende Münzstätten auf den Fuß des *denier parisis* eingerichtet, der zuerst unter Ludwig VII. (1137–80) geschlagen wurde. Philipp August (1180–1212) verbot seinen Vasallen, Münzen mit dem königlichen Bild zu schlagen, und Ludwig IX. (1226–70) beschränkte die Gültigkeit der nichtköniglichen Münzen, seit 1204 auch des leichteren *denier tournois,* auf das Gebiet der sie noch schlagenden Lehnsmannen.

Der geringe innere Wert der meisten Pfennige machte diese mit fortschreitender Entwicklung der Wirtschaft immer weniger als Zahlungsmittel für den Warenverkehr geeignet, und das um so mehr, als die Preise unter dem Druck einer wachsenden Nachfrage im 13. Jh. deutlich eine steigende Tendenz zeigten. Man konnte sicherlich immer noch mit Barren aus Edelmetall bezahlen, aber das beseitigte nicht das Bedürfnis nach einer Münze von höherem Wert. Diese wurde 1202 oder 1203 zuerst in Venedig ausgemünzt, wobei die Bezahlung von gut 50 000 Pfund Silber an Transportkosten für den

Vierten Kreuzzug deutlich eine Vorbedingung war. Der venetianische *grosso* von 2,18 Gramm aus beinahe reinem Silber wurde 24 *denari* gleichgesetzt. Er wurde im Laufe des 13. Jh. im übrigen Italien nachgeprägt, aber dann ziemlich überall mit einem Gegenwert von 12 örtlichen *denari* oder 1 *soldo (solidus)*. Dies Verhältnis wurde übernommen, als die „schwere Münze" außerhalb Italiens Eingang fand. Das geschah zuerst in Frankreich, als Ludwig IX. ein besonders schweres Stück von 4,22 Gramm schlug. Der *gros tournois* war dann wieder das Vorbild für die *crotta* in Aragon seit etwa 1275, in Kastilien für den *maravedis*, in den Niederlanden seit etwa 1300 für den *groot*, im Deutschen Reich für den *Groschen*. In den niederländischen Seegebieten, auch im Rheinland und in Westfalen wurden, eine Art Vorspiel zur Einführung der Groschen, seit der Mitte des 13. Jh. englische Sterlinge nachgeahmt, sog. *Engelschen*, die zu diesem Zeitpunkt 4 Pfennige örtlicher Münze wert waren, bald folgten auch doppelte *Engelschen*.

Der ursprüngliche Wert der *Groschen* konnte im Hinblick auf die beständige Geldnot der Fürsten fast nirgendwo auf dem Kontinent beibehalten werden[10]. In Frankreich war der Wert des *gros tournois* nach hundert Jahren auf die Hälfte gefallen. Nach 1364 wurde er nicht mehr geschlagen und durch den sog. *blanc* ersetzt, aber er lebte bis in die neuere Zeit als Rechenmünze weiter. Diese Wertminderung griff auch auf seine Nachfolger über. In Flandern z.B. enthielt der *groot* damals nur noch 1,75 Gramm Silber und war durch die Zugabe von anderen Metallen zu einer „schwarzen Münze" entartet. Ebenfalls in der Mitte des 13. Jh. erschien in Deutschland der leichtere *Weißpfennig* oder *Witte*, der relativ wertbeständig blieb, z.B. gegenüber dem weitverbreiteten *Heller*, ursprünglich der Münze aus der kaiserlichen Münzstätte von Schwäbisch-Hall, der aber an vielen Stellen nachgeprägt wurde. Er hatte neben dem kölnischen oder lübischen Pfennig einen ansehnlichen Umlauf.

Der Mangel an wertvollen Münzen wurde inzwischen auf eine andere Weise vermindert. Bis zum Ende des 12. Jh. war die Nachprägung von wertvollen arabischen oder byzantinischen Goldstücken besonders in Italien und im westlichen Becken des Mittelmeers üblich geblieben. Infolge des wirtschaftlichen Wiederaufblühens des Westens und nach dem Anwachsen seiner Ausfuhr in die südlichen Randgebiete und ins Ostbekken des Mittelmeers war die Zahlungsbilanz dieser letzteren Länder allmählich umgeschlagen. Das Byzantinische Reich, das die meisten seiner asiatischen Provinzen verloren hatte, zuletzt Kleinasien an die seldschukischen Türken (1071), und deshalb um so mehr aus dem Westen einführen mußte, wurde durch diesen Vorgang zuerst betroffen. Durch diese Geschehnisse verlor es gleichzeitig die wichtigsten Bezugsquellen seines Goldes. Die Folge davon war, daß es sich nicht länger imstande sah, den Wert seines *nomisma* beizubehalten. Bald erlebte auch die Wirtschaft der islamischen Reiche in Nordafrika und Spanien einen bedenklichen Rückgang, wodurch diese ebensowenig ihrem *dinar* seinen früheren Wert sichern konnten.

Besant und *Mancus* hatten wegen ihrer Wertbeständigkeit die Rolle einer Standardmünze im internationalen Handel gespielt. Ihre allmähliche Verschlechterung nahm ihnen diese Eigenschaft. Das war eine Belastung für den Handel, besonders für den italienischen, der im Verkehr mit diesen Ländern den ersten Platz einnahm. Die Italiener zogen daraus die Konsequenz und ließen selbst eine Goldmünze von unanfechtbarer Qualität schlagen, die durch ihren Typ weiterhin nicht mehr mit den *Nomismen* und *Dinaren*, auf die man sich fortan nicht mehr verlassen konnte, verwechselt werden konnte. Während die Ausmünzung der *augustales* durch Kaiser Friedrich II. als König von Neapel und Sizilien im Jahre 1231 wahrscheinlich eher einem Prestigedenken als kommerziellen Gründen zu verdanken war, so half der *genovino* von Genua und *fiorino d'oro* von Florenz, die beide 1252 in den Verkehr kamen, dem letzteren Mangel ab. Venedig folgte im Jahre 1284 mit seinem Dukaten. Der Florin wurde noch vor dem

Ende des 13. Jh. in zahlreichen italienischen Münzstätten nachgeprägt, aber auch außerhalb der Halbinsel[11]. Auch in dieser Hinsicht zeigte Frankreich den Weg, als Ludwig IX., wahrscheinlich im Hinblick auf zu erwartende Zahlungsprobleme im Zusammenhang mit seinem Kreuzzugsplan, im Jahre 1266 einen *Goldécu* von 4,2 Gramm prägen ließ, allerdings ebenfalls anscheinend ohne genügenden Goldvorrat, so daß der Versuch scheiterte.

Erst gegen Ende des 13. Jh. war außerhalb Italiens genügend Gold vorhanden, um damit eine regelmäßige Münzprägung zu beginnen, obgleich auch dann noch viele Versuche nicht von Anfang an einen Erfolg buchen konnten und eine Zeitlang unterbrochen werden mußten. Diese Münzen richteten sich alle bis auf belanglose Ausnahmen nach dem Florin von Florenz, mit einem Gewicht von 3,5 Gramm reinen oder doch beinahe reinen Goldes, so der französische seit 1290, die Goldgulden Johanns des Blinden in Böhmen, Kaiser Ludwigs IV. von Bayern, Karl Roberts von Ungarn seit 1320–30, Lübecks seit 1340 und der rheinischen Kurfürsten seit 1354 usw. Eduard III. von England ließ dagegen seit 1344 besonders schwere *nobles* von beinahe 9 Gramm ausprägen, die aber schon 1351 auf 7,8 Gramm herabgesetzt wurden. In jedem Falle kannte der ganze Westen fortan neben silberner auch goldene Münze, was ein System doppelten Standards entstehen ließ. Die unvermeidlichen Schwankungen im Verhältnis beider Edelmetalle sollten von nun an bis ins 19. Jh. zu einem weiteren Münzwirrwarr führen.

Der Praxis nach konnten Münzen im internationalen Verkehr allein nach ihrem Gewicht in Feinmetall zirkulieren. War ein Geldstück an einem bestimmten Platz wenig bekannt oder wurde wenig getauscht, mußte man es in lokale Sorten umsetzen. In allen Zentren von einiger Bedeutung wurde diese Verrichtung von Geldwechslern ausgeführt. Diese waren schon in der Antike bekannt, übten aber ihr Geschäft in den byzantinischen und arabischen Kulturkreisen weiter aus bis ins frühe und bis ins Hochmittelalter. Wie in der Antike beschränkten die *trapezitai* zu Byzanz ihren Betrieb aber nicht auf das Auswechseln von Geldstücken. Anscheinend weil sie über sichere Aufbewahrungsorte für ihre Kasse verfügten, nahmen sie Geld von ihrer Kaufmannskundschaft in Verwahrung und verrichteten für ihre Rechnung Zahlungen an andere Kaufleute, oft durch eine einfache Überschreibung in ihren Büchern. Darüber hinaus nahmen sie Geld als Depositen von nicht handeltreibenden Leuten an und gewährten aus ihrer Kasse Vorschüsse und Darlehen[12]. Nicht minder verbreitet war ein anderes Erbe aus der Antike: die Bodmerei.

Mit dem Anwachsen des Handels in Italien kam es auch hier wieder zu einer Neubelebung des Handelskredits, dessen Formen Byzanz und dem Islam entlehnt wurden, wo die Kaufleute aus dem Westen ihn kennenlernten. Es ist kennzeichnend, daß die lateinische Urkundensprache in Italien das griechische Wort *trapeza* übernahm, das buchstäblich mit *banco* in die Volkssprache übersetzt wurde. Schon am Ende des 12. Jh. leisteten in Genua, wo die frühe Dokumentation am reichsten ist, aber aller Wahrscheinlichkeit nach in allen italienischen Handelsstädten von Bedeutung, Geldwechsler den Kaufleuten dieselben Dienste. Viele von ihnen kamen aus den Städten des Binnenlandes, die ihre Rolle in der Finanzgeschichte bis an das Ende des Mittelalters behaupten sollten. Sie folgten den Kaufleuten auf ihren Zügen, um ihren Zahlungsverkehr so viel wie möglich abzuwickeln, ohne daß die Händler sich darum bekümmern mußten und durch eine schwere Fracht an barem Geld ein Risiko eingingen. Die Jahrmärkte in der Champagne, die damals das bedeutendste Zentrum des europäischen Handels wurden, wurden zugleich im 13. Jh. der Sitz eines internationalen Clearingverkehrs, dessen Agenten italienische Wechsler waren. Dies geschah anfangs durch sog. *instrumenta ex causa cambii*, wobei ein Wechsler vor einem Notar anerkannte, einen Betrag in einer bestimmten Münze empfangen zu haben. Er wolle diesen Betrag zu einem vereinbarten Termin in einer anderen Münze und an einem anderem Ort, oftmals also auf einem der Jahrmärkte in der Champagne, zurückbezahlen. Aller Wahrscheinlichkeit nach war der Gewinn für den Wechsler in der zurückzuzahlenden Summe einbegriffen[13].

Das Zurückgreifen auf einen Notar brachte Zeitverlust und Kosten mit sich. Obwohl Genua und Venedig den traditionellen Geschäftsgang beibehielten, hörte man damit anderswo seit ca. 1300 auf, und das frühere *instrumentum* wurde ersetzt durch einen eigentlichen, zwischen Privatleuten aufgesetzten, formlosen Wechselbrief, wobei dennoch der Platz des Trassierens und Auszahlens und die Münze, in der das geschehen sollte, weiterhin dieselben Unterschiede wie beim *instrumentum* zeigten. In dieser neuen Form nahm das Kreditpapier einen immer wichtigeren Platz im Zahlungsverkehr der Kaufleute ein, jedenfalls bei denjenigen, die aus dem Mittelmeergebiet kamen, auch außerhalb ihres Vaterlandes und außerhalb der Champagne, jedenfalls in dem Maße, wie sie anderswo Filialen gründeten. Vor dem Ende des Mittelalters machten andere Kaufleute freilich keinen Gebrauch davon, während im Gegenteil Italiener und Katalanen überall diese Finanzabwicklungen ganz alltäglich mit ihrem Warenhandel kombinierten.

Dadurch daß man die Auszahlung auf einen späteren Termin festlegte, waren *instrumentum* und Wechselbrief sehr gut geeignet, nicht nur den Geldtransfer zu vereinfachen, sondern durch den Aufschub an Bezahlung auch Kredit, speziell an Kaufleute, aber auch an andere, zu geben, wobei die Klauseln für verschiedene Orte und verschiedene Münze eventuell zur bloßen Formalität wurden. Natürlich konnten gewöhnliche Schuldbriefe dieselben Dienste tun. Auf den Jahrmärkten Flanderns in der zweiten Hälfte des 13. Jh. wurden sog. Jahrmarktbriefe durch die Schöffen der Jahrmarktstadt ausgefertigt. Von diesen waren vor 1914 gut 7000 aus Ypern erhalten geblieben. Sie wurden im Zahlungsverkehr unter den Kaufleuten viel gebraucht[14]. Im 14. Jh. scheinen weniger formelle Schriftstücke diese ersetzt zu haben. Mit der sich verbreitenden Kenntnis des Schreibens unter den Kaufleuten konnten diese ja fortan selber derlei Schriftstücke aufsetzen.

Inzwischen verbreiteten sich die Nebenaspekte des Wechslerberufs über den gesamten Westen. In allen Handelszentren von Bedeutung ging die Entwicklung in der Richtung einer Depositbank, wo Kaufleute und Bürger Konten eröffnen, vom eigenen Konto auf ein anderes überweisen konnten und selber Kredit bekamen. Der internationale Zahlungsverkehr blieb aber im Westen eine Spezialität der Italiener. Bemerkenswert war z. B. die Rolle der italienischen Kaufleute in Brügge im Dienste der päpstlichen Finanz[15]. Die päpstlichen Steuern in den Ostseegebieten wurden im 14. Jh. von Kaufleuten aus den Hansestädten erhoben, die deren Ertrag in Güter umsetzten und diese nach Brügge sandten. Der Erlös vom Verkauf wurde bei den dortigen italienischen Agenten der päpstlichen Bankiers deponiert und von diesen an ihre Prinzipale oder Geschäftsfreunde in Avignon mittels Wechsel überschrieben.

Noch vor dem Handelskredit kannte der Verbrauchskredit, den es zu allen Zeiten gab, eine wichtige Entwicklung. Die spätrömische und byzantinische Gesetzgebung gab Vorschriften in Hülle und Fülle, um die Bedürftigen vor der Habsucht ihrer Gläubiger zu schützen. Dabei übte die Kirche aufgrund von Bibeltexten (Levit. XXV, 36, Luc. VI, 35), die das Leihen von Geld als eine rein menschenliebende Tat interpretierten, einen nicht unbedeutenden Druck aus. Ihr Verlangen, dies als eine Verpflichtung vorschreiben zu lassen, wurde von den Kaisern zwar selten bewilligt; wohl aber schrieben diese ziemlich niedrige Maximalzinsen vor. Sie zu überschreiten war strafbar. Andererseits erlegte die Kirche zumindest ihren eigenen Dienern ein absolutes Verbot, Geld zu verleihen, auf. Allerdings beweist die ständige Wiederholung des Verbots in den Konzilsdekreten zur Genüge, daß es dauernd übertreten wurde. Ebenso zweifelhaft ist es, ob die Gesetzgebung in Byzanz in dieser Hinsicht mehr Erfolg hatte. Sie wurde von den ersten Karolingern nachgeahmt.

Im Westen gab es den Verleih gegen Zinsen in Geld, daneben mindestens seit dem 6. Jh. Darlehen gegen die Verpflichtung, als eine Art Zins gratis Arbeit für den Geldgeber zu leisten. Ein Edikt Karls des Kahlen beschränkte im Jahre 864 die Laufzeit einer solchen Verpflichtung auf sieben Jahre. Es bestimmte auch, daß sie nicht auf die Kinder des Schuldners überging, falls dieser vor Ablauf starb. Diese Form von Darlehen fügte sich gut in den Rahmen einer Gesellschaft, in der Geld nur in geringem Umfang umlief, und sie erweiterte gleichsam den Bereich des Hofsystems, aber sie soll selten die Kommerzialisierung der Arbeit und die Forderungen der Geldwirtschaft um die Jahrtausendwende überlebt haben. Eine andere Form, die in besonders großem Umfang gerade von kirchlichen Einrichtungen betrieben wurde, war mindestens seit dem 8. Jh. bezeugt, das Leihen von Geld auf ein totes Pfand[16]. Darunter versteht man eine Übereinkunft, bei der meist ein Immobiliargut als Pfand für ein Darlehen eingesetzt wurde, mit der Bedingung, daß der Ertrag dieses Gutes nicht das zurückzubezahlende Kapital mindert. Diese Kreditgeschäfte kamen z. B. seit dem 10. Jh. in großem Umfang im Gebiet zwischen Loire und Rhein vor. Sie führten dort zu einer bedeutenden Erweiterung des kirchlichen Grundbesitzes. Wie oft geschah es doch, daß die finanziellen Schwierigkeiten, welche die Ursache der Darlehensaufnahme gewesen waren, durch den Ausfall des Einkommens aus dem verpfändeten Gut nur noch größer wurden, so daß von Rückzahlung keine Rede mehr sein konnte. Das Ergebnis war dann durchweg, daß der Gläubiger, indem er vielleicht eine bescheidene Summe zulegte, das volle Eigentum des Pfandes erwarb. Wie aus Beispielen aus der Normandie und aus Lothringen hervorgeht, war das Wertverhältnis von Kapital und Pfand im Durchschnitt 60–65 %, während der inzwischen eingebrachte Erlös selten unter 10 % lag. Das Konzil von Tours (1163) verurteilte das Darlehen auf totes Pfand als Wucher und befahl die Rückgabe des Pfandes, sobald das Kapital durch die Zinsen ausgeglichen war, jedoch mit der Ausnahmebestimmung, daß ein kirchliches Institut ein solches Darlehen benutzen konnte, um wieder in Besitz eines ehemals verfremdeten kirchlichen Besitzes zu kommen. In den anderthalb Jahrhunderten danach sind auf diese Weise zahlreiche Zehnten in den Niederlanden wieder in die Hand der Kirche gekommen.

Daß das tote Pfand nach ungefähr 1300 nur noch selten vorkam, war offenbar der Entwicklung des Kapitalmarkts zuzuschreiben. Wenn die Geistlichkeit unter den Gelegenheitsgeldgebern so lang einen bedeutenden Platz einnahm, so war dies durch die Tatsache zu erklären, daß die kirchlichen Körperschaften unter den wohlhabenderen Gliedern der Gesellschaft voranstanden. Nachdem die geistlichen Ritterorden das Heilige Land geräumt und sich in der lateinischen Christenheit niedergelassen hatten, wandten sich die Templer dem Geldhandel zu und gaben Darlehen an viele Fürsten[17]. Sie bekamen dafür die Pacht von Steuern und Zöllen und die Verwaltung der fürstlichen Schatzkammer als Unterpfand. Diese Rolle sollte ihnen im Jahre 1307 durch Zutun von Philipp IV. dem Schönen von Frankreich zum Verhängnis werden. Gegen die willkürliche Allmacht des Königtums war damals noch keine Verteidigung möglich, es sei denn, daß die Kirche die Templer beschützt hätte, unter deren Rechtszuständigkeit sie eigentlich fielen. Man kann sich übrigens die Frage stellen, ob nicht einige Geldleiher die niederen kirchlichen Weihen empfingen, um unter diese Jurisdiktion zu kommen, von der sie weniger zu fürchten hatten als von der weltlichen, wenn von Zeit zu Zeit Verfolgungen gegen Wucherer angesetzt wurden. Dieselbe Erfahrung wie die Templer machten wiederholt die Juden, die nicht nur für hochgestellte, sondern auch für kleine Leute als Geldleiher auftraten. Die Abneigung, welche vor allem seit der religiösen Erneuerung des 11. Jh. die christliche Gemeinschaft gegenüber diesen Außenstehenden empfand, verband sich gelegentlich sehr einfach mit dem Wunsch der

Schuldner, sich von ihren Verpflichtungen durch Pogrome zu befreien, während Fürsten sich populär machen und gleichzeitig den Zustand ihrer Finanzen bessern konnten, indem sie diese prinzipiell rechtlose Gruppe der Bevölkerung auswiesen.

Das jüdische Kapital stammte aus den Gewinnen, die der jüdische Handel ermöglicht hatte. Dasselbe geschah in anderen Fällen, wo Kaufleute ihr Handelsgeschäft mit Gelddarlehen kombinierten oder von dem einen Geschäftszweig zum anderen übergingen. Ein Beispiel dieses letzteren Geschäftsvorgangs findet man wahrscheinlich bei den Finanziers von Arras[18]. Ihre Stadt hatte im 12. Jh. im Handel der südwestlichen Niederlande nach England einen führenden Platz. Als Artois im Jahre 1191 von der französischen Krone annektiert wurde, erfolgte das zum Nachteil ihres Exportes. Deshalb legten die Kaufleute ihren Reichtum teilweise in Grundbesitz an, dessen Erlös sie ausleihen konnten, zu einem anderen Teil direkt in Darlehen an die Grafen von Flandern, die Könige von Frankreich und andere Fürsten, seit dem 13. Jh. auch an Städte. Diese schlossen übrigens oft als Mittler für ihre Fürsten Darlehensverträge ab. Dies wurde von den Geldgebern als sicherer angesehen: Während sie bei Fürsten, die in Zahlungsrückstand blieben, machtlos waren, konnten sie sich leichter bei einer Stadt schadlos halten. Denn alle Bürger wurden als individuell verantwortlich angesehen und konnten für ausstehende Schulden in Schuldhaft genommen werden. Während der Graf von Flandern Guido von Dampierre im Jahre 1295 den Finanziers von Arras gut 65000 Pfund schuldete, betrugen ihre Forderungen an die Stadt Brügge im Jahre 1299 110000 Pfund, beinahe vier Fünftel des Gesamteinkommens eines so ansehnlichen Fürstentums wie des Herzogtums Normandie im selben Jahre. Seit dem 13. Jh. gaben Städte in fortschrittlichen Gebieten wie Italien und den Niederlanden auch Rentenbriefe aus, die auf kleinere Beträge lauteten. Sie wurden eine bevorzugte Geldanlage für das Patriziat. Sie lauteten entweder auf ewigen Tag oder auf Lebenszeit des Käufers und erbrachten einen Jahreszins von 12½ bzw. 10 %, weniger als die 10–17 %, die gewöhnlich auf Darlehen der Finanziers von Arras gerechnet wurden. In diesem letzteren Falle wurde der Zinssatz nur ausnahmsweise öffentlich festgesetzt. Das dritte Laterankonzil (1179) und die Konzilien von Lyon (1274) und Vienne (1311) brandmarkten jeden Zins auf Darlehen als Wucher und erklärten ihn als Sünde. Es besteht aber kein Zweifel, daß immer Zinsen gefordert wurden, die sich notfalls im Rückzahlungsbetrag verbargen, der höher war als das wirklich empfangene Kapital.

Die Rolle der Finanziers von Arras und ihrer einheimischen Standesgenossen in den Niederlanden, wie Wilhelm Cade aus St.-Omer und Simon Saffir aus Gent, die an die englischen Könige Heinrich II. und Johann ohne Land bzw. an die Großen ihres Landes Darlehen gaben, war um etwa 1300 ausgespielt. Dies war vermutlich die Folge der Schwächung des flämischen Exportgeschäfts. Vielleicht war es auch eine Folge des verminderten Ertrages aus dem Grundbesitz unter der beginnenden säkulären Agrarkrise des Spätmittelalters, wodurch weniger Gewinn aus der Grundrente zu erwarten war. Seitdem wurde die Hochfinanz Europas das unangefochtene Terrain der italienischen Kaufleute-Bankiers. Die italienische Handelsbilanz mit dem Rest der westlichen Welt war unzweifelhaft stark aktiv. Sie erlaubte es den Kaufleuten in der Fremde, über ansehnliche Mittel zu verfügen, die sie in Darlehen anlegten. Mit dem 13. Jh. erschienen sie auf dem Kapitalmarkt und nahmen auf ihm einen immer bedeutenderen Platz ein, den sie bis in die Neuzeit behaupten konnten. Während die Bürgerschaft von Venedig und Genua ihre Gelder vorzugsweise im Seehandel anlegte, traten bei den Darlehen besonders die Städte des Binnenlandes in den Vordergrund. In ihnen hatte sich die Bürgerschaft durch die örtlichen Gewerbe und Marktfunktionen bereichert. Besonders waren es Familien aus Siena wie die Buonsignori und Salimbeni, aus Piacenza die Scoti und besonders aus Florenz die Pucci, Bardi, Peruzzi und Frescobaldi. Bis spät ins 13. Jh. hinein operierten sie, aber nicht ausschließlich für französische Kundschaft, auf den

Jahrmärkten der Champagne und von Paris. Obwohl sie seit diesen Jahren in Brügge Kontore eröffneten, wo der italienische Handel mit Nordwesteuropa sich immer mehr konzentrierte, behielten die französischen Plätze ihre finanzielle Bedeutung, und es wurden dort Darlehen bis etwa 1330 zurückbezahlt[19]. Seitdem wurden Brügge und in zweiter Linie London, wo die englische Monarchie ansehnliche Geldbedürfnisse hatte, ihre bedeutendsten Finanzzentren. Der berühmte Chronist und Freund Dantes, Giovanni Villani, war Agent der Peruzzi in Brügge von 1306 bis 1308 und Francesco Balducci Pegolotti, der Autor des bekanntesten Kaufmannslehrbuchs aus dem Mittelalter, Agent der Bardi ebendort im Jahre 1315[20]. Der Untergang des Geldmarktes in der Champagne fiel zusammen mit dem Übergang der Hegemonie im Finanzgeschäft von den sienesischen Bankiers, die es bis dahin innegehabt hatten, an die Florentiner. Aber das dauerte nur kurze Zeit, denn die Florentiner erlitten alle große Verluste, als die bedeutendsten Häuser von Florenz, die der Bardi und Peruzzi, bankrott gingen, weil Eduard III. von England seinen Verpflichtungen ihnen gegenüber nicht nachkommen konnte[21]. Seitdem traten Bankiers aus Lucca auf dem Kapitalmarkt der europäischen Hochfinanz an die erste Stelle. Man hat den Eindruck, daß der öffentliche Kredit im 14. Jh. mit einem Zinsfuß für Darlehen an Fürsten bis zu etwa 50 % (trotz der Unterpfänder wie der fürstlichen Steuereinnahmen, der Aufsicht über die Münze und Zollstätten) und mit einem Zinsfuß für die Stadt Gent bis zu 33,3 % angespannter war als im 13. Jh. War die säkulare Krise des Spätmittelalters auch eine Kreditkrise?

Während die Großkaufleute der Toskana sich einen Weg zur Hochfinanz bahnten, indem sie ihre Kreditgeschäfte mit Fürsten und untergeordneten Verwaltungsorganen abschlossen[22], fanden die Bürger aus anderen Städten des Binnenlandes ihre Geschäftsmöglichkeiten in der Kreditvergabe an weniger Hochgestellte. Neben den Kawerschen, ein Sammelname, der auch auf andere Leute aus Südwestfrankreich als die Einwohner von Cahors (Dept. Lot) zutraf[23], traten im 13. Jh. die sog. Lombarden, die tatsächlich eher Piemontesen waren, namentlich aus Asti, Chieri und anderen kleineren Städten, in den Vordergrund. Ein Ortschronist aus Asti vermerkte, daß seine Mitbürger im Jahre 1226, kurz bevor er sein Werk abfaßte, mit der Ausgabe von Darlehen angefangen hätten. Sofern man das glauben soll, hätte ihr Geschäft eine auffallend schnelle Ausbreitung genommen, denn schon im Jahre 1244 begegnet man Lombarden in den Niederlanden, wo sie im allgemeinen bescheidene Darlehen gegen Unterpfand von Juwelen, Kleidungsstücken, Hausrat usw. gaben. Im Jahre 1309 gab es sog. „Tafeln“ an nicht weniger als 77 Plätzen zwischen Schelde und Maas[24]. Ihre Kundschaft bestand im wesentlichen aus in Not geratenen kleinen Leuten. Die Lombarden überflügelten dabei mühelos ihre jüdischen Konkurrenten, was dazu beitrug, diese zu veranlassen, in den Osten Europas zu emigrieren, wo der Rückstand in der wirtschaftlichen Entwicklung nicht dazu angetan war, die Lombarden zur Niederlassung zu bewegen.

Die Lombarden teilten aber als „Wucherer“ mit den Juden die Unbeliebtheit und waren wie diese wiederholt das Opfer von Volkskrawallen und der Verbannung durch die Obrigkeit. Pfandhäuser entsprachen aber in einer Gesellschaft, die einen breiten Rand des Elends kannte, so sehr einem Volksbedürfnis, daß die Pfandleiher, nachdem gegen sie die Ausweisung ergangen war, immer wieder die Erlaubnis zur Rückkehr bekamen, gewöhnlich gegen eine besondere Gebühr, welche sie der Obrigkeit, die gegen sie aufgetreten war, entrichteten. Wenn sie auch unter das kirchliche Wucherverbot fielen, so übten sie doch ihren Beruf frei aus, in dem Sinne, daß sie das Risiko in Kauf nahmen, von Zeit zu Zeit eine Buße bezahlen zu müssen, die so etwas wie eine periodische Steuer war[25]. Vielerorts war sogar von der Obrigkeit ein Höchstzinsfuß angesetzt, zu dem sie berechtigt waren, z. B. 2 oder 3 Pfennige pro Pfund und Woche, das sind 43,7 resp. 65,6 % pro Jahr.

4. Geld und Kredit

[1] *Ph. Grierson:* Coins and Medals (1954); eine Bibliographie.
A. Luschin von Ebengreuth: Allgemeine Münzkunde und Geldgeschichte des Mittelalters und der neueren Zeit (1926).
F. Friedensburg: Münzkunde und Geldgeschichte der Einzelstaaten (1928).
M. Bloch: Esquisse d'une histoire monétaire de l'Europe (1954).

[2] *Helmold von Bosau:* Chronica Slavorum, hg. v. *B. Schmeidler* (1910), S. 77.

[3] *A. Andreadès:* De la monnaie et de la puissance d'achat des métaux précieux dans l'Empire byzantin, I (1924).

[4] *D. Claude:* Zu Fragen der merowingischen Geldgeschichte. In: Vierteljahrschr. f. Soz.- u. Wirtschaftsgesch. 48 (1961), S. 236–250.
F. Kloss: Geldvorrat und Geldverkehr im Merowingerreich (1929).
P. Le Gentilhomme: Le monnayage et la circulation monétaire dans les royaumes barbares en Occident (Ve–VIIIe siècles) (1946).
Moneta e scambi nell'alto medioevo (1961).

[5] *H. van Werveke:* Monnaie de compte et monnaie réelle. In: Revue Belge de Philologie et d'Histoire 13 (1934), S. 123–52.

[6] *Ph. Grierson:* Money and Coinage under Charlemagne. In: *H. Beumann* (Hg.): Karl der Große, I (1965), S. 501–36.

[7] *M. Bloch:* Le problème de l'or au moyen âge. In: Annales d'Hist. Econ. et Sociale 5 (1933), S. 1–34.
M. Lombard: L'or musulman du VIIe au XIe siècle. In: Annales. Econ. Soc. Civilis. 2 (1947), S. 143–60.

[8] *H. van Werveke:* Monnaie, lingots ou marchandises? Les instruments d'échange aux XIe et XIIe siècles. In: Annales d'Histoire Economique et Sociale 4 (1932), S. 452–68.

[9] *R. Kaiser:* Münzprivilegien und bischöfliche Münzprägung in Frankreich, Deutschland und Burgund im 9.–12. Jh. In: Vierteljahrschr. f. Soz. u. Wirtschaftsgesch. 63 (1977), S. 289–338.

[10] *M. Bloch:* Mutations monétaires dans l'ancienne France. In: Annales. Econ. Soc. Civilis. 8 (1953), S. 145–158, 433–456.

[11] *R. S. Lopez:* Settecento anni fà: il ritorno all'oro nell'Occidente duecentesco (1953).

[12] *A. P. Usher:* The Early History of Deposit Banking in Medieval Europe (1943).

[13] *R. de Roover:* L'évolution de la lettre de change (XIVe–XVIIIe siècles) (1953).

[14] *G. des Marez:* La lettre de foire à Ypres au XIIIe siècle (1900–1901).

[15] *G. Despy:* Bruges et les collectories pontificales de Scandinavie et de Pologne au XIVe siècle. In: Bulletin de l'Inst. Histor. Belge de Rome 27 (1952), S. 97–109.

[16] *H. van Werveke:* Le mort-gage et son rôle économique en Flandre et en Lotharingie. In: Revue Belge de Philologie et d'Histoire 8 (1929), S. 53–91.

[17] *R. Genestal:* Le rôle des monastères comme établissements de crédit, étudié en Normandie du XIe à la fin du XIIIe siècle (1901).
J. Piquet: Des banquiers au moyen âge. Les Templiers (1939).

[18] *G. Bigwood:* Les financiers d'Arras. In: Revue belge de Philol. et d'Hist. 3 (1924), S. 465–508, 769–819; 4 (1925), S. 109–19, 379–421.

[19] Zum Weiterleben der Finanzgeschäfte auf den Champagner Messen: *R. Bautier:* Les foires de Champagne. Recherches sur une évolution historique. In: La Foire (1953), S. 97–145. *P.-H. Thomas:* Beiträge zur Geschichte der Champagne-Messen im 14. Jh. In: Vierteljahrschr. f. Soz.- u. Wirtschaftsgesch. 64 (1977), S. 433–467.

[20] S. oben, § 5, 3. Anm. 30.

[21] *E. von Roon-Bassermann:* Die ersten Florentiner Handelsgesellschaften in England. In: Vierteljahrschr. f. Soz.- u. Wirtschaftsgesch. 39 (1952), S. 97–128.

[22] *J. Landmann:* Geschichte des öffentlichen Kredites. In: Handbuch der Finanzwissenschaft, hg. v. *W. Gerloff* u. *F. Neumark,* III (1958).

[23] *Ph. Wolff:* Le problème des Cahorsins. In: Annales du Midi 62 (1951), S. 229–38.

[24] *F. Vercauteren:* Document pour servir à l'histoire des financiers lombards en Belgique (1309). In: Bulletin de l'Institut Hist. Belge de Rome 26 (1950–51), S. 43–67.
C. Tihon: Aperçus sur l'établissement des Lombards dans les Pays-Bas aux XIIIe et XIVe siècles. Ebd. 39 (1961), S. 334–64.

[25] *B. Schnapper:* La répression de l'usure et l'évolution économique (XIIIe–XVIe siècles). In: Tijdschr. voor Rechtsgesch. 37 (1969), S. 47–75.

5. Die Wirtschaftslehren

Das Problem des Wuchers war einer der Kernpunkte des ökonomischen Denkens im Mittelalter. Dieses unterschied sich wesentlich in Ziel und Inhalt von der ökonomischen Wissenschaft späterer Zeiten, im besonderen vom Merkantilsystem der Neuzeit und von den liberalen Richtungen in den Wirtschaftsdoktrinen seit den Physiokraten und Adam Smith. Während diese letzteren ja einen gründlichen Begriff der ökonomischen Gegebenheiten mit all ihren Verflechtungen als ihre Aufgabe erkannten, ohne einen Anspruch darauf zu erheben, in die natürliche Ordnung der Dinge einzugreifen, hatte das mittelalterliche ökonomische Denken genau wie die Merkantilisten das Ziel, Betragensnormen aufzustellen, aber es unterschied sich dabei wieder durch die Finalität der Normen. Der Merkantilismus war in erster Linie eine politische Lehre und sah es als seine Aufgabe an, Vorschriften aufzustellen, die einer zielbewußten Regierungspraxis entsprachen. Im Mittelalter ging die Wirtschaftsauffassung eher von ethischen Bedenken aus, und es ging um die Bestimmung dessen, was moralisch zugelassen oder verboten war.

Während des Früh- und Hochmittelalters ging das ökonomische Gedankengut, wie man es gelegentlich in den kirchlichen Konzilsbeschlüssen und in der Motivierung von Gesetzestexten wiederfindet, in seinen Inspirationen wesentlich auf seltene Bibelstellen und auf zufällig noch bekannte Brocken aus der antiken Literatur zurück. Die Anleitung zu ihrer Formulierung war aber in den konkreten Schwierigkeiten des täglichen Lebens zu suchen. Es wurde weniger nach einer Erklärung dafür gesucht, sondern nach ihrer Rechtfertigung. In einer Gesellschaft, in der das Angebot von lebensnotwendigen Marktgütern durch die Zufälligkeiten des Klimas oder durch Kriegshandlungen beherrscht wurde und meist innerhalb eines sehr begrenzten geographischen Bereichs lag, waren die Preise scharfen Abweichungen unterworfen; so mußte das Preisproblem unvermeidlich früh die Aufmerksamkeit beanspruchen. Im Gegensatz zu einer verbreiteten Meinung wurde das Geschäft des Kaufmanns nicht grundsätzlich verurteilt. Man sah ein, wie notwendig sein Beruf war, der eine gewisse Belohnung in der Form des Handelsgewinns haben mußte. Allerdings warf das Wissen, daß Preissteigerungen vorkamen und manchmal durch Zutun der Kaufleute noch schlimmer wurden, den Verdacht der Unehrlichkeit auf ihren Beruf. Sie sollten sich zufriedengeben mit einem *honestum lucrum*, durch Anwendung eines *justum pretium*[1].

Über die Frage, wann ein solcher Preis gerecht war, konnten die Auffassungen je nach dem Gewissen der Interessenten auseinandergehen. Als am Ende des 9. Jh. Graf Geraldus von Aurillac auf einer Reise vernahm, daß ein Kleidungsstück, das er anderswo gekauft hatte, teurer angesehen wurde, als er es bezahlt hatte, reiste er schleunigst zurück, um dem Verkäufer den Preisunterschied auszugleichen[2]. Gegenüber dergleichen extremen Auffassungen stand allerdings das Denken, daß der gerechte Preis derjenige war, der in einer normalen Situation, d. h. durch das freie Spiel von Angebot und Nachfrage, zustandekam. Praktisch war also der eigentliche Grund zu einer Preisbildung das Bedürfnis von Käufer und Verkäufer, oder wenn man so will, die Nützlichkeit. Auf dieser Grundlage wurden Preisbewegungen als zulässig angesehen. Was den natürlichen Gang der Geschäfte störte, vor allem das Zurückhalten von Waren, um eine künstliche Knappheit und eine Preissteigerung zu verursachen, war ein Vergehen gegen den gerechten Preis. Diese Doktrin wurde durch die Scholastiker des 13. Jh. systematisch formuliert, namentlich durch Thomas von Aquin (gest. 1274), dessen *Summa theologiae* eine bedeutende Synthese des mittelalterlichen Denkens auch in dieser Frage darstellt. Sein Zeitgenosse Pierre de Jean Olieu (gest. 1298) verfeinerte den Begriff der Nützlichkeit, indem er ihn aus drei Bestandteilen zusammenstellte: die Seltenheit, die Eigenschaft des Gutes, einem Mangel abzuhelfen, und der Wunsch des Käufers, gerade dieses Gut zu besitzen. Gerecht verkauft, so Thomas, fiel ein Gütertausch zum Vorteil beider Parteien aus, da ja der Verkäufer den Besitz von Geld höher einschätzte als das Behalten seiner Ware und der Käufer umgekehrt. Das würde natürlich nicht der Fall sein, wenn der Verkäufer nicht auf seine Produktionskosten käme, die sich aus dem Preis des Materials und einer Belohnung für seine Arbeit zusammensetzten, auf die er und seine Familie angewiesen waren. In diesem Falle würde sicherlich die Produktion bald aufhören. Auf diesem Umweg kamen die Scholastiker also auch zu einer Lehre vom gerechten Lohn. Dieser war ja nach Thomas praktisch mit einer Ware zu vergleichen, für die so gleichfalls das Gesetz von Angebot und Nachfrage galt, und es war Christenpflicht, dieses Gesetz sich ungestört auswirken zu lassen.

Preise werden in einer entwickelten Wirtschaft in Geld ausgedrückt. Es ist bekannt, wie die Münze durch die Fürsten je nach den Notwendigkeiten des Marktes, aber auch ihrer Schatzkammer – und damit auf eine Weise, die nach späterem Rechtsgefühl nicht mehr gerechtfertigt werden kann – manipuliert wurde. Gegen diese Praktiken haben die Scholastiker keine Beschwerden vorgebracht. Sie haben von ihren rechtsgelehrten Zeitgenossen den Begriff des Münzregals übernommen, der aus dem römischen Recht stammt, und diesen in so absolutem Sinn interpretiert, daß die Münze als Eigentum des Fürsten angesehen wurde, das er für seine Untertanen zur Verfügung stellte, ohne daß ihn das hindern konnte, damit nach seiner eigenen Einsicht zu handeln. Für einen besseren Begriff des Geldumlaufs und seiner ökonomischen Gesetze mußte man auf den Traktat *De moneta* von Nicolas Oresme (gest. 1382) warten.

Für die Scholastiker wie für die vorangehenden Geschlechter galt noch immer der Grundsatz, daß Geld kein Geld gebären könne. Nicht allein ein ungewohnt hoher Zinsfuß, wie im heutigen Sprachgebrauch, sondern jede Rendite auf ein Darlehen galt im Mittelalter als Wucher[3]. Sogar weltfremde Theologen waren freilich im 13. Jh. mit Rücksicht auf die wirtschaftliche Entwicklung nicht imstande, sich vorzustellen, daß ein absolutes Zinsverbot zu realisieren war. Im Anfang noch mit einiger Zurückhaltung, erkannten sie an, daß bestimmte äußere Faktoren einem Gläubiger gestatten konnten, mehr zurückzufordern, als er ausgeliehen hatte. Wer beim Rückzahlungstermin nicht zahlte, konnte eine ausgemachte Buße entrichten *(poena conventionalis)*. Wer durch die Gewährung eines Darlehens Schaden erlitt, war gerechterweise dazu berechtigt, eine Entschädigung zu verlangen *(damnum emergens)*. Wer dadurch, daß er nicht selbst über sein Kapital verfügte, damit keinen Gewinn erzielen konnte *(lucrum cessans)*, konnte den ausgefallenen Gewinn von seinem Schuldner fordern. Diese Begriffe waren natürlich außerordentlich dehnbar, der letztere sogar in dem Maße, daß Thomas von Aquin sich weigerte, seine Anwendbarkeit anzuerkennen.

Das sollten seine Nachfolger alsbald tun. Von der Mitte des 14. Jh. an machten sich die Philosophen von der Moraltheologie frei und beurteilten die ökonomischen Tatsachen und Zustände allmählich mehr um ihrer selbst willen. Es erschienen die ersten Vorläufer einer modernen ökonomischen Wissenschaft. Auch unter diesem Gesichtspunkt bezeichneten diese Jahre also eine Wendung zu einem neuen Zeitabschnitt.

[1] *A. Sapori:* Il giusto prezzo nella dottrina di San Tommaso e nella pratica di suo tempo. In: Arch. Stor. Ital. 19 (1932), S. 3–56.
R. de Roover: The Concept of the Just Price. Theory and Economic Policy. In: Journal of Economic History 18 (1958), S. 418–34.

[2] *F. L. Ganshof:* Note sur un passage de la vie de Saint Géraud d'Aurillac. In: Mélanges N. Iorga (1933), S. 295–307.

[3] *B. N. Nelson:* The Idea of Usury (1949).

§ 6 Die Gesellschaft*

1. Die Aristokratie

Soweit zu ersehen ist, besaßen vom Anfang des Mittelalters an fast alle europäischen Völkerschaften eine Oberschicht, die wir, wie verschieden auch ihr Ursprung und Wesen sein dürfte, als Aristokratie oder Adel bezeichnen[1]. Nur bei den Dakern lassen, nach ihrer Freiwerdung vom römischen Regiment, die ausgegrabenen Wohnungen und Grabstätten keine bedeutendere gesellschaftliche Differenzierung erkennen; außerdem betont der byzantinische Geschichtsschreiber Prokop im 6. Jh. die demokratische Verfassung der „Slawen" ausdrücklich.

Daß der Adel seine Stellung auf Grundbesitz aufbaute, war übrigens eine allgemeine Erscheinung, die sowohl in keltischer als auch in germanischer Vergangenheit wurzelte und sich in römischer Zeit immer mehr über den ganzen Westen des Reiches verbreitet hatte. Der Besitz an Boden brachte aber auch das Anrecht auf bestimmte Natural- oder Geldleistungen durch die Bewohner des zu bebauenden Landes mit sich, worauf anschließend näher eingegangen werden soll. Auf diese Grundlage stützte sich die Macht der germanischen Altfreien und Adligen, von denen schon zu Anfang unserer Zeitrechnung Tacitus berichtete, wie auch die der römischen Senatoren, Ritter und sonstigen Großgrundbesitzer in Italien oder in den römischen Provinzen, vor allem im Westen des Reiches. Von diesem Modell wichen jedoch die Reiternomaden ab, deren Wirtschaftsweise vor ihrem Übergang zur festen Ansiedlung sich schwerlich mit Privateigentum am Boden vertrug.

Im Laufe der Völkerwanderung und der politischen Veränderungen während des Frühmittelalters fand nicht nur öfters eine Vermischung der oberen Schichten der verschiedenen, zueinander in Beziehung tretenden und miteinander lebenden Völker statt, sondern es bildete sich auch das Muster für eine aristokratische soziale Verfassung heraus. Das bedingte schon teilweise der größere Anteil der Beute, die kraft der militärischen Führungsaufgabe der Oberschicht der germanischen *principes* nebst dem wohl aus ihren Reihen kommenden König zufiel. Diese Aristokraten bildeten aber auch den größten Teil der Gefolgschaft des Königs, den natürlichen Kreis seiner Berater und, als sich die Germanen in die römischen Institutionen einzuordnen hatten, seiner Beamten. Zwar gewann die Würde des Königs nach der Landnahme erheblich an Gewicht, zumal er sich den bedeutenden Besitz der spätrömischen Staatsdomäne angeeignet hatte und nach der Christianisierung die Kirche Trägerin der antiken Traditionen wurde, die den Majestätsgedanken des kaiserlichen Dominats auf ihn zu übertragen neigte. Zugleich aber hob sich in gleichem Maße das Ansehen dieser aristokratischen Sonderschicht, namentlich der fränkischen Antrustionen, der westgotischen *primates* und der langobardischen Adligen, so daß sie als Erben der römischen Hof- und höheren Verwaltungsämter betrachtet werden konnten. Dazu trugen schließlich die ausgedehnten Verleihungen von Grundbesitz bei, zu denen der König wegen des Rückgangs der Geldwirtschaft griff, um ihre Treue und Dienste zu belohnen, die jedoch auf die Dauer sein eigenes Gut erheblich gefährden sollten[2].

Stellte dieser Adel den königlichen *comitatus* dar, so beschränkte das Gefolgschaftsprinzip sich keineswegs auf sein Verhältnis zum König. Einerseits umfaßte das Gefolge der Könige noch andere abhängige Freie, und andererseits gab es solche auch in den Gefolgschaften der Adligen selbst. In dieser Stellung lebten die langobardischen *Gasindi,* die fränkischen *ingenui in obsequio,* die westgotischen *Gardingen.* In welcher Stufe des Sozialgefüges die Abhängigkeit auch erfolgte, so enthielt sie ein gegenseitiges

Versprechen, von seiten des Minderen dem Höheren lebenslang zu dienen, von seiten des letzteren, den Minderen zu schützen und zu unterhalten. Während des Frühmittelalters wurden im Westen immer mehr Leute zu dieser *commendatio* veranlaßt, so daß sich die Masse der Abhängigen vom König oder von Adligen stark vermehrte. Im fränkischen Reich ersetzte vom 7. Jh. an das Wort *vassus,* abgeleitet von einem keltischen Stamm, im Sinne von „Diener", ältere Begriffe, die den Minderen in diesem Verhältnis bezeichneten.

Allmählich erlitt das Königtum in den germanischen Reichen dadurch eine Schwächung, daß der Adel seine Machtstellung erheblich verstärkte. Der Niedergang der Zivilisation beschleunigte den Verfall der römischen Verwaltungsformen und hob die amtliche Verbindung zwischen der Monarchie und dem Dienstadel auf. Dieser behielt trotzdem die zu diesem Zweck verliehenen Benefizien an Grund und Boden für sich und machte sie mit der Zeit erblich. Die Aushöhlung des Staatsgedankens wurde durch die Thronzwistigkeiten und, im merowingischen Frankenland, durch die Reichsteilungen gefördert. Die Aristokratie verstärkte ihren Druck auf ihre Untergebenen, die Freien sowohl als auch die Halb- und Unfreien, die ihre Landgüter bewirtschafteten, ohne daß sie von einer höheren Gewalt daran gehindert werden konnten. Anders war in dieser Hinsicht die Lage im byzantinischen Osten, wo gerade zur selben Zeit die Macht der Großgrundbesitzer durch die Heeres- und Verwaltungsreform Kaiser Heraklius' (610–641) einen empfindlichen Rückschlag erlitt. Sie wurde zum Vorbild für die islamischen Kalifate und Reiche, die in den eroberten Gebieten am Mittelmeer eine straff zentralisierte und bürokratische Verwaltung ausbauten, den mohammedanischen Kriegern und ihren Nachkommen, allmählich sogar allen Gläubigen bestimmte Privilegien einräumten und sie zu aristokratischen Sondergruppen gestalteten, ohne ihnen jedoch Eingriffe in die monarchische Autorität zu erlauben. Im europäischen Osten richteten sich die verschiedenen Eroberer, insbesondere in Ungarn und in Rumänien, als Herrenvölker über die tributpflichtigen einheimischen Bewohner ein. Im skandinavischen Norden schließlich herrschte am Vorabend der Wikingerzeit eine Organisation von Staat und Gesellschaft, die wesentlich der altgermanischen entsprach: eine Hierarchie von Dorfvorständen unter Gaufürsten, die wiederum den Königen untergeordnet wurden.

Im Westen hatte die politische Entwicklung im 8. und 9. Jh. wichtige Folgen für die Zukunft der Aristokratie. Nach langwierigen internen Streitigkeiten der merowingischen Dynastie konnte das Geschlecht der Pippiniden, ursprünglich Hausmeier-Verwalter des Königsgutes in Austrasien, wo sie, vielleicht teilweise dank diesem Amte, ausgedehnten Grundbesitz hatten, sich der Reste der Staatsmacht bemächtigen und dem übrigen Herrenstand ihre Hegemonie auferlegen. Gleichzeitig erforderten die Bedrohungen von seiten des Islam, die wiederholten Aufstände in verschiedenen durch die Franken unterworfenen Gebieten und schließlich der Anfang einer eigenen Expansionspolitik einen bedeutenden militärischen Kräfteaufwand, in dessen Rahmen die Verbreitung des Kettenpanzers und die erhöhte Rolle der Reiterei in der Kriegführung, wahrscheinlich unter dem Eindruck der beweglicheren Taktik der Araber, besondere Beachtung verdienen[3]. Möglicherweise dürften die Franken in diesem Zusammenhang auch das Streitroß von Byzanz übernommen haben. Diese technische Entwicklung erhöhte nicht nur die Kosten der Rüstung. Letztere setzten auch dem Bedürfnis der Pippiniden, sich eine möglichst zahlreiche militärische Gefolgschaft zu sichern, Schranken. Nicht ein Volksheer von Fußtruppen mit wahlloser Bewaffnung sollte in den Kämpfen die Entscheidung erzwingen; auf den Schlachtfeldern gehörte die Zukunft einer Elite von schwerbewaffneten und beruflich ausgebildeten Reitern.

Der Bedarf der Hausmeier bzw. nach ihrer Thronbesteigung der karolingischen Könige sowie anderer Machthaber an Kriegern führte zu einem weiteren Wachstum der

Vasallität, denn dieses Verhältnis war nach wie vor das erprobte Mittel, sich die Treue und Dienste und fortan vor allem den Waffendienst anderer Leute zu sichern. Einige Vasallen konnten im Haushalt ihres Herrn Unterkunft und Verpflegung erhalten, doch wurde dies im Laufe der Zeit allmählich ein Ausnahmefall, fiel es doch im allgemeinen dem Senior schwer, einen zahlreichen Trupp zu ernähren. Außerdem legten die Vasallen selbst mit der Zeit immer weniger Wert darauf, da es ihnen wenig Bewegungsfreiheit ließ und sie Grundbesitz beanspruchten, womit sie selbst ihren Lebensunterhalt und ihre Ausrüstung bestreiten konnten. Die Übertragung dieser Güter konnte zu Eigen, als *Allod*, geschehen[4]. Viel häufiger wurde aber die schon früher übliche Benefizialverleihung, die fast zur allgemeinen Regel wurde und deren normale Verbindung mit der Vasallität die Grundlage des karolingischen Feudalismus in dem den Geschichtsschreibern des heutigen Westens geläufigen Sinne des Wortes bildete. Das Ansehen des Königshauses und des neuartigen Waffendienstes brachte es mit sich, daß der Begriff der Vasallität allmählich einen aristokratischen Nebensinn annahm, der bald auf die Untervasallen überging. Leute, die gegenüber königlichen oder sonstigen Vasallen im Vasallitätsverhältnis standen und mit Grundbesitz aus den Ländereien ihres Lehensherren ausgestatten wurden, waren doch ebenso der Ehre des Waffenhandwerks teilhaft. Die Verbreitung der Vasallität drohte inzwischen das zur Erteilung von Benefizien verfügbare Gut der Souveräne zu erschöpfen. Diese suchten dafür eine Ergänzung, indem sie sich in großem Umfang kirchlichen Besitzes bemächtigten, den sie wie ihren eigenen verliehen.

Das aufkommende Lehnswesen unterbrach zeitweilig die zersetzenden Kräfte des Großgrundbesitzes. Karl der Große benutzte es sogar als Unterbau für die Verwaltung des großfränkischen Reiches und band die Herzöge und Grafen ebenfalls durch Verleihung von Benefizien und durch die Vasallitätstreue an sich. Er führte den Feudalismus auch in den eroberten Gebieten ein, wo die vorherige Gefolgschaft unschwer in Vasallität umgesetzt wurde. Der in seinen späteren Regierungsjahren einsetzende Normannensturm und die Thronzwistigkeiten unter den Söhnen seines Nachfolgers Ludwig des Frommen zerrütteten freilich von 830 an dieses Regierungssystem und ließen den zentrifugalen Kräften freies Feld. Allzu leicht wurde die Lehnsmannstreue hinter eigenen Interessen zurückgestellt. Wo die Lehen ursprünglich, dem persönlichen Charakter der Vasallentreue gemäß, durch das Ableben entweder des Souveräns oder des Lehnsmanns, verfielen, trat eine faktische Vererbung der Benefizien ein, ohne daß die durch das Schwinden ihres Krongutes geschwächten Könige es zu verhindern in der Lage waren[5].

Wer in einem bestimmten Bereich tatsächlich herrschte, insbesondere die weitgehend zersplitterte politische Verwaltung und Gerichtsbarkeit, den sogenannten Bann, ausübte, hing ja wesentlich von den Machtverhältnissen selbst ab. Die Karolingerreiche zerfielen in ein buntes Gefüge von Grafschaften, auf die auch die meisten Regalien, namentlich der Besitz der Gewässer und des nicht in privater Hand befindlichen Landes, insbesondere der Wälder und Einöden, einschließlich des Fischerei- und Jagdrechtes, weiter auch die Markt-, Zoll- und Münzrechte, die Erhebung von Steuern und Geldstrafen, übergingen. Durch Stiftung oder Aneignung von sogenannten Eigenkirchen sicherten sich die Adligen sogar einen erheblichen Teil der bedeutenden kirchlichen Besitzungen. Sogar die durch die Kirche dem Königtum vermittelte spätrömische Rolle des Herrschers, dem es oblag, gegen auswärtige Feinde Schutz zu bieten und nach innen Ruhe, Sicherheit und Billigkeit walten zu lassen, eignete sich der Grafenstand an, wiewohl dies öfters nur ein Vorwand war, hinter dem er sein Streben nach Machterweiterung auf Kosten einer gleichen oder niedrigerer Gruppen betrieb. Der monarchische Oberbau dieser Hierarchie war großenteils auf eine rein nominelle Ebene herabgesunken. Dagegen behaupteten die Stammesherzöge im Ostfrankenland, die sich auf ihren ausgedehnten Besitz stützen konnten, lange ihre Überlegenheit über die Grafen, während diese fast überall die ihrige über den unteren Adel ihres Bereichs behielten[6].

Ein Merkmal des Adels war sein Wohnsitz, die Burg[7], die bisweilen an die Stelle einer älteren Fluchtburg trat, aber womöglich eine ebenso günstige natürliche Lage benutzte und sich meist auf einer natürlichen oder notfalls künstlichen Anhöhe befand sowie durch einen Graben und, bevor um die Jahrtausendwende der Steinbau sich verbreitete, durch einen Pfahlzaun geschützt war. Sie gewährte der umwohnenden ländlichen Bevölkerung bei drohender Gefahr Schutz, diente aber zugleich dem Burgherren als Sitz, von wo aus er mit Hilfe seiner Waffenknechte, entweder im Namen seines Lehnsherrn oder auf eigene Rechnung und manchmal recht willkürlich die Umgebung beherrschte und erpreßte. Diese Machtstellung führte dazu, daß das lehnsfreie Eigentum, das sogenannte *Allod*, sich mehr und mehr in die Grundherrschaft der Adligen einfügte. Davon hob sich die Bewirtschaftung des Domaniallandes, die Gutswirtschaft, auf deren Organisation im nächsten Abschnitt einzugehen sein wird, ab. Hier handelte es sich um eine agrarische und gewerbliche Wirtschaftsorganisation, die an die moderne Auffassung des persönlichen Eigentums denken läßt, aber auf sehr alte Traditionen zurückgeht. Die feudale Grundherrschaft dagegen wurde als Frucht des Niedergangs der karolingischen Monarchie durch die Ausübung des Bannrechtes eine wesentliche politische Komponente der westlichen Gesellschaft des Hochmittelalters. Deswegen blieb der Feudalismus, wenn man diesen Begriff nicht, wie jetzt in den Volksdemokratien üblich, auf die Gutswirtschaft überträgt, in seiner Anwendung erheblich beschränkter als diese.

Die Gutswirtschaft erreichte ihren Höhepunkt um die Jahrtausendwende[8]. Neue Einbrüche von Reitervölkern trieben die freien Ahnen des rumänischen Volkes im 9. Jh. unter die Autorität von Woiwoden. Eine ähnliche Entwicklung soll sich angeblich im 11. Jh. in Rußland vollzogen haben, sei es unter Einwirkung der warägischen Eroberer, sei es zur Stärkung der Verteidigung gegen diese, nachdem das sich verbreitende Eigentum an Boden unvermeidliche Unterschiede hinsichtlich des Besitzes und der Macht erzeugt hatte. In Polen erfolgte derselbe Vorgang, ebenso seit der Ansiedlung der Madjaren in Ungarn: Die Gefolgschaften der Fürsten bekamen von diesen Land und Leute zugewiesen, bildeten aber keine Zwischenglieder zwischen diesen und den Monarchen: Alle Untertanen mußten Kriegsdienst und Steuerpflicht dem Herrscher direkt leisten. Im byzantinischen Reich scheiterten die Versuche, die Ausdehnung des Großgrundbesitzes auf Kosten des selbständigen Bauerntums zu verhindern, und so ließen Basilius II. (gest. 1025) und seine Nachfolger dem ersteren endgültig die freie Hand.

Wenn die Gutswirtschaft sich gleichzeitig im Westen behauptete, so war hier die Phase der feudalen Anarchie doch von kurzer Dauer. Die sächsische Dynastie erweiterte ab 919 ihre tatsächliche Oberherrschaft auch über die anderen deutschen Herzöge, und die Kapetinger erstrebten sie wirksam seit 987 und erzielten dabei vor allem seit dem 12. Jh. bedeutende Erfolge. Zwar wurde das Feudalsystem auch jetzt noch außerhalb seines Kernlandes übernommen, aber in einer gegenüber dem spätkarolingischen Modell bedeutend abgeschwächten Form. In Spanien, wo Katalonien zum karolingischen Reich gehört hatte, bewirkte die *Reconquista* eine weitere Feudalisierung, indem ein jeder, der zu Roß am Kampf gegen die Mauren teilnahm, meistens in den neubesetzten Gebieten Güter an sich nahm und dafür Waffendienst leistete oder als Inhaber von Hof- und sonstigen Ämtern vom König Güter zu Lehen empfing. Die Könige waren jedoch nicht ganz vom feudalen Aufgebot abhängig, denn auf diese Weise konnten sie sich den politischen Auswüchsen des Lehnswesens entziehen. Noch stärker verbreitete sich der Feudalismus im Zusammenhang mit den normannischen Eroberungen. Die Normannen hatten sich nach ihrer Niederlassung an der unteren Seine schnell in das klassische Lehnswesen eingefügt und wandten es auf die von ihnen besetzten Gebiete an. Robert Guiscard und die späteren Könige aus seinem und dem staufischen Haus vergaben wohl zur Bereitstellung eines starken Heeres an eingewanderte und einheimische Prominente Lehen, aber dadurch, daß sie die zentralisierte Verwaltung der Araber und Byzantiner instandhielten, hatten sie die Möglichkeit, den politischen Usurpationen dieser Vasallen Einhalt zu gebieten.

Wilhelm der Eroberer gewährte den knapp 200 Mitkämpfern, die bei seiner Machtergreifung in England die Spitze seiner Wehrmacht dargestellt hatten, aus konfisziertem angelsächsischem Besitz riesige Domänen. Auf diesen räumten die Barone gleich den 5000–6000 Teilnehmern der Invasion, die unter ihnen Dienst geleistet hatten, kleinere Unterlehen ein; damit wurden die großen Lehnsgüter schon von vornherein zerstückelt. Die königlichen Schenkungen an die Hauptvasallen wurden freilich in einer Weise über die Insel verstreut, daß das Gemenge von Lehen nirgendwo einem einzelnen Herren die Möglichkeit gab, ein unbestrittenes Übergewicht zu erlangen. Die Monarchie selbst behielt für sich reichsten Grundbesitz und behauptete obendrein noch mittels Erhaltung der während der Abwehrkämpfe der Angelsachsen entwickelten Verwaltung und Besteuerung ihre Autorität über den Adel. Nach englischem Vorbild wurde das Lehnswesen im 12. Jh. in Schottland eingeführt, blieb dort aber gegenüber der Clanverfassung im wesentlichen ein Fremdkörper. In England selbst erlebten die Barone im 13. Jh. einen Machtzuwachs aufgrund der politischen Mißerfolge Johanns ohne Land (gest. 1216) und Heinrichs III. (gest. 1272), aber Eduard I. gelang es, mit Hilfe des niederen Adels, die königliche Gewalt wiederherzustellen.

Zu dieser Zeit wurde das Schicksal der deutschen Reichsmonarchie besiegelt. Schon während des Investiturstreits wurde sie vorübergehend geschwächt, als das Papsttum die Unterwerfung der geistlichen Reichsfürsten unter die Herrschaft der Krone und die Hegemonie der fränkischen Kaiser in ihrem italienischen Nebenland erfolgreich bekämpften. Entscheidend wurden die Zugeständnisse, die Friedrich II. (gest. 1250) den deutschen Territorialherren machte, um in Italien, dessen Einkünfte für ihn so wichtig waren, freie Hand zu haben. Zu diesem Niedergang trug auch seit 1171 die häufige Verpfändung von Krongut, das später nie mehr eingelöst werden konnte, an die feudalen Reichsfürsten bei. Fortan bildeten diese in Deutschland und Norditalien, wenn man vom aufstrebenden Bürgertum in den Städten absieht, das wichtigste Gegengewicht gegen den ländlichen Adel. Auch in Polen, das zeitweilig in verschiedene Herzogtümer zerfallen war, fiel es den Fürsten schwerer, sich gegen die Machtgelüste der größeren Grundbesitzer zu wehren. In Dänemark schließlich entstand durch die engere Verbindung mit dem benachbarten Festland im 13. Jh. das Bedürfnis nach einem schwerbewaffneten Reiterheer, und damit drang, wie bereits ein halbes Jahrtausend vorher im fränkischen Reich, der Feudalismus, zugleich aber als dessen Grundlage, die Grundherrschaft in das Land ein.

Wo die Monarchie den Feudalismus zurückdrängte oder sich erfolgreich gegen seine zerrüttenden Kräfte wehrte, da kamen ihr verschiedene Umstände zustatten. Die Wiedergeburt der Geldwirtschaft befreite sie vom Zwang, ihre Heeresorganisation und Verwaltung auf das Benefizialwesen zu gründen, bzw. erlaubte ihr, ohne ihre Krongüter weiter zu beanspruchen, wenn auch unter Beibehaltung der äußeren Formen des Lehnswesens, sogenannte Kammerlehen zu erteilen, d.h. mit einer einmaligen oder jährlichen Geldsumme die Dienste von Vasallen zu sichern (dies wurde besonders in England üblich)[9], oder die feudale Basis überhaupt zu verlassen, Beamte gegen Gehalt einzustellen, was vom 12. Jh. ab geschah, während vom 13. Jh. an der Dienst besoldeter Waffenknechte aufkam. Die Renaissance des römischen Rechts, die sich zunächst ab etwa 1100 in Italien, bald darauf allmählich im ganzen Westen bemerkbar machte, gab dem Fürsten die ideologische Grundlage, auf der er bei jeder Gelegenheit von seinen Vasallen die verlorengegangene Regalien zurückverlangen konnte.

Die Restauration der Staatsgewalt wurde durch das Schicksal vieler Geschlechter des alten Adels weiter gefördert. Während der Blütezeit des Feudalismus hatten die hohe Mortalität auch in dieser Schicht und das Abschieben der meisten übrig gebliebenen Söhne in gleichwertige kirchliche Stellen die Erbschaften und somit die Machtbasis der Familien zusammengehalten. Viele der adligen Familien starben inzwischen aus. Den anderen brachte der Kindersegen nach der Jahrtausendwende vielfach Teilungen des Besitzes mit sich. Zwar ließ sich der Ertrag durch Rodungen und Vermehrung der Zahl von Steuerpflichtigen erhöhen, aber die Machtstellung der alten Geschlechter wurde sowohl ihren feudalen Obrigkeiten als auch ihren Untergebenen gegenüber bedeutend geschwächt. Viele waren nicht mehr in der Lage, den Übergriffen ihrer Souveräne auf ihre Bannrechte Widerstand zu leisten.

Gleichzeitig aber trat neben dem alten ein neuer Adel auf, und die Lehnsmänner verloren ihre Eigenschaft als alleinige Vertreter des edlen Waffenhandwerks. Das Lehnswesen war aus dem Dienst für den Fürsten entstanden, später aber zu einer selbstsüchtigen Besitzform entartet, deren Verpflichtungen nur noch sehr unvollkommen erfüllt wurden. Als die monarchische Autorität, sei es eines Königs, eines Herzogs bzw. Grafen, einen gewissen Tiefpunkt überwunden hatte, brauchte sie neue Mitarbeiter, auf die sie sich besser verlassen konnte als auf den alten Adel. Statt an jene wandte man sich vom 11. Jh. an in Deutschland und Lothringen an Leute bescheidener, meistens sogar unfreier Geburt, für die seit dem 12. Jh. die Bezeichnung Dienstleute oder lateinisch *ministeriales* in Gebrauch kam[10]. Ihr Vorbild wurde bald danach in den von deutschen Institutionen stark beeinflußten Ländern der polnischen, böhmischen und ungarischen Krone übernommen. Dieses Dienstverhältnis kam zunächst grundsätzlich ohne Zuweisung eines Lehens zustande. Es dauerte allerdings nicht lange, bis die Ministerialen ebenfalls Lehen erhielten oder unfreie Besitzungen, die sie im Laufe ihrer Karriere vermehren konnten, und schließlich erreichten sie, daß auch diese in Lehen umgewandelt wurden. Dank der Gunst ihrer Herren, die ihren gesellschaftlichen Aufstieg als ein Gegengewicht gegen die hochadligen Gegenspieler der Monarchie begünstigten, stiegen die Ministerialen allmählich zu einer neuen Herrenschicht auf, die im Laufe des 13. und 14. Jh. die frühere meistenteils ersetzte. Eine andere Gruppe von Ministerialen hatte ihren Ursprung auf niedrigerer Ebene. Die Feudalherren und die kirchlichen Großgrundbesitzer pflegten die Verwaltung ihrer Güter und die Erhebung der Einkünfte, die daraus erzielt wurden, an Meier zu übertragen, die aus bäuerlichen Kreisen stammten. Für die Wahrnehmung dieses Amtes bekamen sie einen größeren Hof und hatten das Recht, bestimmte Einnahmen bzw. einen Anteil davon für sich zu behalten. Dieser Aufgabenkreis verlieh ihnen eine Machtposition, die sie durch allerhand Erpressungen zum Nachteil ihrer Mitbauern ausnutzen konnten. Auch darin lag die Möglichkeit eines sozialen Aufstiegs, um so mehr als es den Meiern vielfach gelang, ihre Stellung erblich zu machen. Nicht selten vergriffen sie sich früher oder später auf Kosten ihrer Herren am Besitz, den sie auf deren Rechnung zu betreuen hatten, und erzwangen die Erhebung dieses Gutes zu einem Lehen. Auch sie traten damit über die Schwelle der Herrenschicht und bildeten in großer Anzahl den Grundstock eines neuen Adels.

Alter wie neuer Adel verschmolzen durch das Institut der Ritterschaft[11]. An der Wiege des alten Lehnsadels stand in den meisten Fällen der Kriegsdienst des schwerbewaffneten Reiters. Dieser Wesenszug war infolge des Zerfalls der karolingischen Reichsverwaltungsorganisation mit der Zeit für den feudalen Herrenstand so gut wie bestimmend geworden. Dieser Tatbestand spiegelte sich seit dem 11. Jh. in der allmählichen Ersetzung des Begriffs *nobilis,* „edel", durch die Benennung *miles,* „Krieger", wider, und zwar im besonderen Sinne des berittenen Berufskriegers, des Ritters. Die Sonderstellung dieses Standes förderte naturgemäß einen eigenen Lebensstil, nicht nur im Felde, sondern auch in der Zeit zwischen den Heerfahrten, die entweder durch ein Angebot des Lehnsherren oder nicht selten durch private Fehden veranlaßt wurden. Schon der Wohnsitz eines Edelmanns unterschied sich durch seine Befestigungen und Stattlichkeit von denen des gemeinen Volkes, das ihm und seinen Angehörigen, für die Handarbeit als nicht standesgemäß galt, durch Abgaben und Dienstleistungen den Lebensunterhalt sicherte. Seine Erholung fand der Adel in der Jagd, die zugleich den Tisch mit Wildbret bereicherte, außerdem in Turnieren, die ihn auf den wahren Kampf vorbereiteten. Diese Einstellung setzte sich in einem Geschlecht über die Erben fort.

Es kam jedoch die Zeit, da Söhne aus solchen rittermäßigen Geschlechtern keinen Lehensbesitz mehr beanspruchen konnten. Erbteilungen waren schließlich nicht unbeschränkt möglich, um so mehr als der Niedergang eines Familienbesitzes vielerorts früher oder später durch Anwendung des Erstgeborenenrechts aufgehalten wurde. Da sich andererseits auch bei zunehmendem Kindersegen nicht für jeden eine ehrenvolle kirchliche Laufbahn darbot bzw. sich nicht ein jeder dazu hingezogen fühlte, bildete sich kurz vor der Jahrtausendwende eine immer zahlreichere Gruppe besitzloser Ritter. Diese mußte ihren Unterhalt auf Rechnung anderer in kriegerischen Abenteuern wie den normannischen Eroberungen, den Kreuzzügen im Orient oder der iberischen *Reconquista* suchen. Außerdem konnten Ministeriale, die einen ziemlichen Wohlstand erreicht hatten, ihren Eintritt in die Ritterschaft erwirken und nahmen deren Lebensweise an. Schon früh bemühten sich Kreise des Lehnsadels, ihren Stand gegen Emporkömmlinge abzuschließen. Charakteristisch ist schon der Vorwurf, den Hugo Capet gegen den Karolinger Karl von Niederlothringen erhob, der ihm den Thron streitig machte, mit der Begründung, er habe eine nicht ebenbürtige Gattin aus dem Ritterstande. Diesem Bestreben entsprach ein Jahrhundert später das Aufkommen einer rituellen Ritterschlagszeremonie, in deren Verlauf ein Anwärter nur von einem Ritter in dessen Stand aufgenommen werden konnte. Das im Mittelalter übliche religiöse Merkmal dieser Handlung bestärkte das Rittertum in seinem eigenen Standesethos, indem der Ritter versprach, die Kirche, die Frauen und allgemeiner die Schwachen der Gesellschaft zu schützen. Die Abwehr gegen Nichtadlige, in deren Reihen es forthin nicht länger möglich war, die zu Ritter aufgerückten Dienstleute einzubeziehen, verstärkte sich im 12. Jh., als die Gefahr drohte, daß auch reiche Bürger aus den aufblühenden Städten ländlichen Grundbesitz erwarben und sich als „Herren" in die Reihen der Ritter einzugliedern versuchten. Möglicherweise unter dem Einfluß des Islam, mit dem man durch die Kreuzzüge bekannt geworden war, entwickelte sich zunächst in Frankreich, später in der ganzen lateinischen Christenheit unter der Ritterschaft eine eigene aristokratische Kultur. Sie entstand an den fürstlichen Höfen und wurde daher als höfisch bezeichnet. In ihr wurden außer Vorschriften des Benehmens im täglichen Leben, der „Höflichkeit", die Verehrung der Frau und die Verherrlichung des ritterlichen Mutes in den Dichtungen der Troubadours, Trouvères und Minnesänger bzw. in den Romanen etwa der Karlssage besonders betont.

Vor allem aber wurde der Adel ein rechtlich geschlossener Stand, weil von der Mitte des 12. Jh. an verschiedene Fürsten, darunter Friedrich Barbarossa und Roger II. von Sizilien, die Erteilung des Ritterschlags an Nachkömmlinge von nicht zum Ritterstand gehörenden Ahnen untersagten, es sei denn, die Fürsten machten selbst zugunsten besonders verdienstvoller Diener eine Ausnahme. Das geschah freilich in Italien schon unter Barbarossa so vielfach, daß die deutschen Edelleute damit unzufrieden waren. Mit der Erteilung von fürstlichen Adelsbriefen, die sich ein Jahrhundert später zuerst im Reich unter Konrad IV., in Frankreich ab 1280 zu verbreiten begann, war die Entwicklung abgeschlossen, die den Adel zu einer erblichen, nur durch die Staatsmacht zu ergänzenden Kaste machte. Die geistlichen Ritterorden richteten sich ebenfalls danach, indem sie seit dem 13. Jh. nur ritterlich Geborene aufnahmen. Wenn ausnahmsweise die großen italienischen Stadtrepubliken wie Florenz spätestens 1260 sich das Recht zueigneten, Ritter anzuerkennen, dann geschah dies nach dem Zusammenbruch der fürstlichen Gewalt in ihrem Bereich, aus einer Usurpation der Regalien. In Spanien, wo die Tradition der *Reconquista* von jeher das Rittertum aller vollwertigen Krieger der christlichen Miliz anerkannt hatte, war von vornherein ein empfindlicher Unterschied entstanden zwischen der hohen Aristokratie der *ricos hombres* und den gemeinen Rittern, den *caballeros villanos* oder *hidalgos*. Gegen das 14. Jh. schieden letztere, insoweit sie fortfuhren, als gemeine Leute ihren Lebensunterhalt zu sichern, aus den adligen Kreisen aus.

Einige europäische Landschaften wurden im Mittelalter nie vom Lehnswesen betroffen, namentlich das oströmische Reich, der slawische Raum sowie Ungarn, im Westen einige periphere Gebiete, wo eine wirkliche politische Macht nicht einzuwirken vermocht hatte, wie ein großer Teil Skandinaviens, Friesland und Dithmarschen, Sardinien und Korsika. In der von den christlichen Reichen beherrschten iberischen Halbinsel, in Böhmen, Polen und Ungarn war es, wie oben erwähnt, nur in sehr unvollkommener Weise eingedrungen. In der Gestalt des Rittertums jedoch schlossen sich diese Länder (außer Byzanz und Rußland) stärker der allgemeinen europäischen Entwicklung an. England stellt auch hier wieder einen Sonderfall dar. Die weitgespannten politischen Ambitionen der Plantagenets konnten sich schwerlich auf die Dauer mit dem feudalen Heeresdienst ihrer Untertanen begnügen, seitdem die vielen zersplitterten Lehen für diesen nicht mehr die erforderliche Grundlage darstellten. 1254 verordnete König Heinrich III., daß alle freien Besitzer nichthörigen Landes den Ritterschlag erhalten sollten. Zwar verfiel diese förmliche Verpflichtung bald; die Folge war aber, daß der erbliche Adel auf den engen Kreis der Barone beschränkt blieb, weil das Gegenstück zur festländischen Ritterschaft im Inselbereich durch den Bodenbesitz bestimmt wurde.

Die Begründung des feudalen Adels auf den Grundbesitz und die Rolle, die dieser auch nach der Erneuerung und Umformung der aristokratischen Oberschicht spielte, gab diesem Stand in fast ganz Europa ein ländliches Gepräge, von dem nur Italien und die sonstigen Randgebiete des westlichen Mittelmeeres abwichen, wo von Anfang an Adlige die Städte bewohnt und vielfach in deren Schicksalen eine bedeutsame Rolle gespielt hatten. Wie schon oben angedeutet, bezogen die feudalen Herren und viele Mitglieder der späteren Aristokratie ihren Unterhalt aus der Arbeit des ihnen untergebenen Landvolkes. Der nächste Abschnitt soll uns dieses näher vorführen.

* Zur gesellschaftlichen Struktur im allgemeinen: *M. Bloch:* La société féodale (2 Bde., 1939–40).
K. Bosl: Die Frühformen der Gesellschaft im mittelalterlichen Europa (1964).
Ders.: Die Grundlagen der modernen Gesellschaft im Mittelalter (1972).
J. Adams: Patterns of Medieval Society (1969).
R. Fossier: Histoire sociale de l'Occident médiéval (1970).
A. Borst: Lebensformen im Mittelalter (1973).

[1] *L. Genicot:* La noblesse au moyen âge dans l'ancienne „Francie". In: Annales. Econ. Soc. Civilis. 17 (1962), S. 1–22.
Ders.: La noblesse de la société médiévale. In: Le Moyen Age 71 (1965), S. 539–560.

[2] *A. Bergengrün:* Adel und Grundherrschaft im Merowingerreich (1958).
F. Kloss: Geldvorrat und Geldverkehr im Merowingerreich (1929).

[3] *C. W. C. Oman:* The Art of War in the Middle Ages. A. D. 378–1515 (Neudr. 1953).
F. Lot: L'art militaire et les armées au moyen âge en Europe et dans le Proche-Orient (2 Bde., 1947).

[4] *D. von Gladiss:* Die Schenkungen der deutschen Könige zu privatem Eigen. In: Deutsches Archiv für Gesch. des Mittelalters, I (1937), S. 80–137.

Ders.: Die Schenkungen der deutschen Könige zu privatem Eigen nach ihrem wirtschaftlichen Inhalt. In: Vierteljahrschr. f. Soz.- u. Wirtschaftsgesch. 30 (1937), S. 150–163.

5 *J. W. Thompson:* The Dissolution of the Carolingian Fisc in the Ninth Century (1953).
A. Aggers: Der königliche Grundbesitz im 10. und beginnenden 11. Jh. (1909).

6 Les liens de vassalité et les immunités (²1958).
W. Störmer: Früher Adel. Studien zur politischen Führungsschicht im fränkisch-deutschen Reich vom 8. bis 11. Jh. (1973).

7 *B. Ebhardt:* Der Wehrbau Europas im Mittelalter (2 Bde., 1939–48).
K. U. Jäschke: Burgenbau und Landesverteidigung um 900 (1975).

8 *R. Boutruche:* Seigneurie et féodalité (2 Bde., 1959–70).

9 *M. Sczaniecki:* Essai sur les fiefs-rentes (1946).

10 *K. Bosl:* Vorstufen der deutschen Königsdienstmannschaft. Begriffsgeschichtlich-prosopographische Studien zur frühmittelalterlichen Sozial- und Verfassungsgeschichte. In: Vierteljahrschr. f. Soz.- u. Wirtschaftsgesch. 39 (1952), S. 193–214, 289–315.

11 Zur Terminologie und zum Begriff der Ritterschaft: *J. Flori:* Sémantique et société médiévale. Le verbe adouber et son évolution au XIIe siècle. In: Annales. Econ. Soc. Civilis. 31 (1976), S. 915–940.
J. Johrendt: Milites und militia im XI. Jh. Untersuchung zur Frühgeschichte des Rittertums in Frankreich und Deutschland (1971).

2. Das Land[1]

Zu Beginn des Mittelalters war die Sklaverei[2] in Europa anscheinend allgemein verbreitet, wiewohl einiger Zweifel daran besteht, ob die Leute, über die Tacitus in seiner Germania (c. 20) berichtet, richtige Sklaven waren. Zwar war sie nicht auf das Land begrenzt, aber da die agrarischen Formen im Gesamtbild der Wirtschaft überwogen, war die Mehrzahl der Sklaven in die Landwirtschaft eingegliedert. Allerdings machten sich dabei empfindliche geographische Unterschiede bemerkbar. War die Sklaverei im römischen Weltreich sowie im keltischen Kulturbereich allgemein und zahlreich verbreitet, so bildeten Sklaven doch außerhalb dieser Grenzen nur eine verhältnismäßig unbedeutende gesellschaftliche Schicht. Das hing wesentlich mit dem unterschiedlichen Fortschritt in der wirtschaftlichen Entwicklung zusammen. Wo diese recht bescheiden blieb, da war selbstverständlich der Bedarf an Arbeitskräften auch gering.

Die Quellen, aus denen Sklaven bezogen wurden, waren verschieden. Zunächst war die Sklaverei erblich, so daß sie auf die von einer Sklavin geborenen Kinder überging. Ihr Bestand wurde ständig durch einen blühenden Handel ergänzt. Nicht ungewöhnlich war sogar die Tatsache, daß ein Vater freier Geburt, in Zeiten höchster Not, seine eigenen Kinder zum Verkauf anbot, ja selbst in die Sklaverei eintrat. Weiter war die Sklaverei wenigstens zeitweilig für Gläubiger ein gewohntes Mittel, um von Schuldnern, die in Verzug gerieten, ihre Forderung einzutreiben. Schließlich jedoch stützte sie sich in der Hauptsache auf Kriegshandlungen. Die Menschen, die Gegenstand des Sklavenhandels wurden, waren meist in Kämpfen erbeutete Gefangene, die ihre Freilassung nicht zu kaufen vermochten und auf diese Weise den Siegern einen Gewinn brachten.

Die mittelalterliche Entwicklung brachte einschneidende Veränderungen in der Verteilung des europäischen Sklaventums. In den slawischen Gebieten des Ostens erlebte es zunächst einen bedeutenden Zuwachs. Zwar wurden noch viele Sklaven exportiert, so daß die ethnographische Benennung *sclavus* im Mittellatein das klassische *servus* ersetzte und in dieser Bedeutung in den modernen romanischen Sprachen fortlebt. Am Anfang des 6. Jh. erhob sich der fränkische Kaufmann Samo sogar zum König eines westslawischen Reiches, das seine wichtigste Erwerbsquelle im Sklavenhandel hatte[3]. Doch bewirkte das allmähliche Wachstum der Wirtschaft, daß die in den zahlreichen Kriegszügen eingebrachten Gefangenen während dieser Epoche, die in diesem Raum durch eine ständige politische Unruhe gekennzeichnet war, auch an Ort und Stelle als Produktivkräfte verwendet wurden. Wenn es auch der Lebens- und Wirtschaftsweise der als Herrenschicht eingewanderten Reitervölker in der Donauebene nicht entsprach, Sklaven in großer Anzahl zu halten, so waren diese doch für die von ihnen unterjochte Bauernbevölkerung förderliche Hilfskräfte. Die Sklaverei sollte sich in Rußland bis über das Mittelalter hinweg behaupten.

Im größeren Teil Europas dagegen ist sie im Verlauf des Mittelalters erloschen. In der römischen Welt war sie in der späteren Kaiserzeit verbreiteter als je. Zwar war infolge der *pax romana* der ersten Jahrhunderte unserer Zeitrechnung die Kriegsbeute der römischen Legionen an Menschen bedeutend zurückgegangen. Ständig aber hatten die Barbaren über die verschiedenen Grenzen des Reiches hinweg die Sklavenhalter mit neuem Angebot versorgt. Als die römische Macht zu zerfallen anfing und auch im Inneren die Unordnung zunahm, brachten die Barbaren nicht selten den menschlichen Ertrag ihrer Raubzüge und Banditen die Opfer ihres Unwesens im Reich auf die Märkte zum Verkauf. Allmählich aber erfuhr die wirtschaftliche Verwendung der Sklaven eine völlige Wandlung. Abgesehen von denen, die im Haus ihres Herrn als Diener oder Mägde beschäftigt waren, wurde der schon von jeher nicht unbekannte Brauch, den Sklaven, die in der gewerblichen oder landwirtschaftlichen Erzeugung tätig waren, ein bedeutendes Maß an selbständiger Initiative zu belassen, immer mehr üblich. Insbesondere wurden Agrarsklaven, statt mit auf dem Gehöft des Herrn zusammen zu leben und unter seiner oder seines Gutverwalters Führung ihre volle Arbeit in seinem Betrieb zu verrichten, in gesonderten Hütten „behaust" *(servi casati)* und mit einem bescheidenen Ausmaß an Nutzboden versehen. Dessen Ertrag wurde ihnen zu eigen gelassen, unter der Bedingung freilich, daß sie ihrem Herrn dafür als Entgelt Arbeit leisteten. Bisweilen wurden sie im Zusammenhang damit freigelassen, aber viele, wenn nicht die meisten blieben auf ihrem servilen Status.

Diese Entwicklung war zur Zeit der Völkerwanderung nicht abgeschlossen, sondern setzte sich während des Frühmittelalters beschleunigt fort. Man könnte an erster Stelle an eine Stockung in der Anfuhr neuen Menschenmaterials denken. Dies war aller Wahrscheinlichkeit nach nicht der Fall, vielmehr das Gegenteil, denn die ausgesprochen kriegerischen Verhältnisse der Völkerwanderung und der darauffolgenden Zeit hätten vielmehr das Angebot vergrößern müssen. Anzeichen eines regen Sklavenhandels im fränkischen Reich, für den, wie schon angemerkt, die slawischen Völker, aber auch die britischen Inseln das Material lieferten, begegnen uns häufig in der hagiographischen Literatur sowie in Zolltarifen. Ein wirksamerer Grund war der Zusammenbruch des römischen Großbauernbetriebs. Dieser war in einer kommerziell stark entwickelten Organisation der Wirtschaft sinnvoll, in der ein Überschuß an Produktion leicht abgesetzt werden konnte. Das Schwinden von Handel und Geldwirtschaft seit dem 2. Jh. zerrüttete jedoch die Grundlagen dafür. Außerdem erforderte ein derartiger Betrieb eine rationelle, auf eine möglichst genaue Buchhaltung sich stützende Leitung. Der geistige Niedergang, der mit der Ablösung der römischen Großgrundbesitzer durch den eingewanderten germanischen Herrenstand seinen Tiefpunkt erreichte, machte eine solche Betriebsweise in der Folge unwirksam. Wie der Unterhalt von Hausvasallen für ihren Herren schwierig wurde, so war auch der eines zahlreichen Sklaventrupps im Haushalt ihres Eigentümers recht problematisch. Trafen diese Voraussetzungen zunächst im wesentlichen nur auf die westliche, lateinische Romania zu, so wurden sie mit der Zeit auch in deren östlichem, byzantinischen Teil wirksam. Die Räumung Dakiens durch das Reich und der gleichzeitige Abzug der römischen Landeigentümer hatte der geknechteten einheimischen Bevölkerung schon am Ausgang des 3. Jh. die Freiheit gegeben.

Trotz der Möglichkeit, die Zahl der Sklaven in ausreichendem Umfang zu erhalten, ging sie im römischen Kulturbereich mit der Zeit tatsächlich zurück. Dies geschah aufgrund der geistigen Einstellung des Christentums gegenüber der Sklaverei. Zwar ging ihre Verurteilung durch die Kirchenväter, die sich auf die Gleichheit aller Menschen vor Gott beriefen, so wie ehemals die antiken Philosophen auf das Naturrecht, nicht über den Grundsatz hinaus; in der Praxis der Lehre erkannten sie die Sklaverei als eine durch die Erbsünde verschuldete unvollkommene Gesellschaftseinrichtung an. Allerdings würdigte die Kirche, wie schon das heidnische Ethos, die Freilassung von Sklaven als eine fromme Tat. Vor allem aber verbot sie, ebenfalls nach dem Vorbild der römischen Gesellschaftslehre, die die Versklavung römischer Bürger abgewiesen hatte, daß Angehörige ihrer Gemeinschaft, d.h. Christen, und zwar insbesondere rechtgläubige, römische Christen, zu Sklaven gemacht wurden. Wenn auch der Handel mit christlichen Sklaven, zumal von den britischen Inseln, noch bis in das Hochmittelalter nicht völlig aufhörte, so wurde doch die Bezugsquelle der Sklaverei durch den Einfluß des Christentums entschieden knapper, da die christliche Lehre nun auch die Völker Mittel- und Osteuropas erfaßte. Der Menschenraub der Wikinger im Westen, der die Sklaverei in Skandinavien zu einem Höhepunkt führte, wurde ja von Heiden ausgeführt, und die Karawanen von Sklaven, die noch zur Karolingerzeit das fränkische Reich durchzogen, waren offenbar in der Mehrzahl für die islamische Iberia bestimmt.

In der Tat konnte sich die Sklaverei in der Christenheit nur im Umkreis des Mittelmeeres während des ganzen Mittelalters und darüber hinaus halten. Die gehobene Kultur der islamischen Eroberer bot, im Gegensatz zur Entwicklung im römischen Westen, genügend die geistigen Voraussetzungen für die Instandhaltung oder Wiederaufnahme eines auf Sklavenarbeit gestützten landwirtschaftlichen Großbetriebs, und die bewaffnete Konfrontation zwischen den beiden Weltreligionen ergab in dieser Berührungszone auf beiden Seiten dauernd neue menschliche Beute. Denn auch die christlichen Völker der iberischen Halbinsel und Siziliens waren in der Lage, ihren Sklavenbestand ständig zu ergänzen und zu vermehren. Die Kreuzzüge und die italienische Handelsexpansion verbreiteten die Sklavenwirtschaft in die kolonialen Siedlungsgebiete der Christen im Mittelmeergebiet, und das wirtschaftliche Wachstum weiterer christlicher Randzonen in diesem Bereich, auch solcher, die keinen unmittelbaren Kontakt zu den Mauren hatten, führte dazu, daß die Sklaverei dort einen neuen Aufschwung erlebte. Nach der Jahrtausendwende blühte ein reger Menschenhandel auf, der nicht nur durch die christliche Piraterie mit Muselmanen und Byzantinern, die ja als Ketzer betrachtet wurden und sich deswegen das Anrecht eines Christen auf die Freiheit verwirkten, sondern auch durch Ankauf, vor allem in den genuesischen Kontoren des Schwarzen Meeres und in der byzantinischen Vorstadt Pera, genährt wurde. Nachdem ein sizilianischer Erlaß 1310 verfügt hatte, daß griechische Sklaven, die dem Schisma abschworen, nach sieben Jahren die Freiheit erhielten, hörte man bald auf, diese zu handeln; Russen und Kaukasier wurden nun das wichtigste Material für den Sklavenhandel mit der Insel.

Allerdings wurden diese Sklaven in der Mehrzahl im häuslichen Dienst beschäftigt. Nur in Spanien und Portugal stellten sie noch im Spätmittelalter eine erhebliche Masse agrarischer Arbeitskräfte insbesondere für die lästige subtropische Zuckerrohrkultur dar. Dennoch hörte man sogar in Iberia, als die *Reconquista* im 11. Jh. immer erheblichere Mengen von Mauren in die Gewalt der Christen brachte, auf, sie insgesamt zu versklaven; man siedelte sie, wie seit der römischen Spätzeit, relativ selbständig auf einem ihnen zugewiesenen Stück Land an. Das war zu dieser Zeit anderswo schon längst üblich oder wurde es, als die später der westlichen Kultur angegliederten Länder Mittel- und Nordeuropas sich der Wirtschaftsweise und Gesellschaftsordnung des Westens weitgehend angeglichen hatten. Dies geschah am spätesten in Dänemark um 1200, in Schweden sogar erst um die Mitte des 14. Jh. Das Maß an Selbständigkeit, das auf diese Weise den Sklaven zuteil wurde, bedeutete zweifellos für sie eine Besserung ihrer Lage

Freilich war diese Entwicklung mit einer empfindlichen Verschlechterung des Status der freien Bauern zusammengegangen. Ohne daß die Sklaverei im Westen je formell aufgehoben wurde, verwischten sich mit der Zeit die Unterschiede zwischen beiden Schichten von Landwirten, um so mehr als die Zahl der nicht auf eigene Faust arbeitenden Sklaven allmählich gering wurde. Im Jahr 1086 zählte das „Domesday Book" in England, wo die Sklaverei häufiger vorkam als auf dem Kontinent, noch 25 000 Sklaven. Schon im 9. Jh. aber unterhielt die italienische Abtei Farfa nicht einmal 100 Sklaven mehr gegenüber 1400 in irgendeiner Weise von ihr abhängigen auf ihrem Besitz lebenden Bauern. Da diese Abhängigkeit, gleich welchem Stand die Bauern ursprünglich angehörten, für alle immer ähnlichere Formen annahm, ging das Wort *servus*, das ursprünglich „Sklave" bedeutete, im Mittelalter auf alle über, die sich im Rahmen der Gutsherrschaft in der Schicht der Hörigen zusammenfanden.

Die Hörigkeit wurde als ein dem christlichen Klima angepaßtes Fortleben der Sklaverei bezeichnet[4]. Voraussetzung für die Richtigkeit dieser Aussage ist, daß nahezu der gesamte Bauernstand im Mittelalter die Freiheit verlor. Tatsächlich trifft dies in gewissem Maße zu, denn während des Frühmittelalters wurden neben den selbständig wirtschaftenden Sklaven fast der gesamten Bevölkerung des flachen Landes bestimmte Verpflichtungen zugunsten des Herrenstandes auferlegt, die die Freien zumindest in einen Zustand der Halbfreiheit oder Minderfreiheit versetzten. Diese Entwicklung war schon an der Schwelle des Mittelalters längst im Gange, ja im römischen Reich ziemlich weit fortgeschritten. Sie stand hier in Wechselwirkung mit dem Rückgang der Sklaverei in der Landwirtschaft, der die Eigentümer dazu gebracht hatte, nicht nur ihre Sklaven auf einzelnen Anwesen anzusiedeln, sondern auch erhebliche Teile ihres Besitzes gegen Entgelt an freie Bauern, die sogenannten *coloni,* zu verpachten. Dieses Entgelt, das immer mehr mit einem Teil des Bodenertrages bezahlt wurde, zu dem auch noch Arbeitsleistungen hinzukamen, sollten die Pächter auf dem Land, aus dem der Verpächter seinen direkten Lebensunterhalt bezog, liefern. Die Lage der Kolonen verschlechterte sich aber schnell infolge der Krise der spätrömischen Wirtschaft. Es wurde immer schwerer, die erforderliche Kopf- und Grundsteuer *(capitatio, iugatio)* einzutreiben. Wesentliche Bedingung dafür war in einer Zeit, in der die Bevölkerung zurückging und Unsicherheit drohte, daß der Boden gute Erträge erbrachte, und das wiederum hing damit zusammen, ob er bebaut wurde oder nicht. So war es für den römischen Staat wie für die Grundbesitzer selbst eine Lebensfrage, daß die Kolonen an ihre Bauerngüter gebunden wurden. Dies war spätestens seit 332 gesetzlich und sogar erblich festgelegt. Wohl blieb der Pächter rechtlich ein freier Mann, deutlich vom Sklaven unterschieden, denn er konnte Besitz erwerben und darüber verfügen. Wirtschaftlich aber war seine Initiative bedeutend eingeschränkt. Versuche, sich von der Schollengebundenheit zu lösen, wurden bestraft.

Es versteht sich von selbst, daß diese Situation die Macht der Grundbesitzer über ihre Pächter erheblich steigerte, um so mehr als die schwindende Staatsmacht, wenigstens im Westen, nicht mehr in der Lage war, Mißstände zu beheben. Die Kolonen waren aufgrund ihrer Untertänigkeit wohl von der eigenen Steuerzahlung an den Staat enthoben, da diese auf die Verpächter übertragen wurde, die sich aber vielfach der Steuerleistung entzogen. Viele Kleinbauern waren in der ungünstigen Zeit nicht mehr imstande, die immer drückender werdende Belastung zu ertragen, und zogen es vielfach vor, das Eigentum ihrer Anwesen auf einen benachbarten Grundbesitzer zu übertragen, um als Pächter von diesem die Nutzung zurückzubekommen. Auch die Furcht vor den Gefahren, die von seiten der Barbaren oder von einheimischen kriminellen Gruppen drohten, trug dazu bei, daß sich viele kleine Leute veranlaßt sahen, sich in die Gefolgschaft eines Mächtigen zu begeben, der dafür seinen Schutz gewähren konnte, wobei ebenfalls der Verzicht auf ihr Eigentum und die Versetzung ins Kolonat die Regel war. Schließlich ergab sich aus der immer stärker werdenden Machtposition der Großgrundbesitzer für diese auch die Möglichkeit, die kleinen Leute aus ihrer Umgebung, die dem noch nicht freiwillig nachgekommen waren, notfalls durch Anwendung von Gewalt in ihre Untertänigkeit zu zwingen.

Als die einwandernden Barbaren sich im Verlauf der Völkerwanderung auf römischem Boden niederließen und an vielen Stellen die römische Oberschicht verdrängten, übernahmen sie auf ihren neuen Besitzungen das Kolonat, mit deren Grundzügen sie längst von ihrer Heimat her vertraut waren. Denn die Liten, die im freien Germanien vorkamen und deren Bezeichnung auch auf die germanischen Elemente überging, die auf römische Einladung (übrigens oft nach erzwungenem Grenzüberschritt) vor allem im Norden Galliens angesiedelt worden waren, standen den römischen Kolonen in ihrem Status ziemlich nahe. Ein jeder der germanischen Großen, angefangen bei den Königen, wird wohl eine bedeutende Schar dieser abhängigen freien Leute angeführt haben, denen er in seinem neuen Wohngebiet aus dem erbeuteten Grund und Boden unter den üblichen Bedingungen je wieder ein bescheidenes Stück Land zur Nutzung zuwies. Die Unruhe, die sich aus den Kämpfen unter den neuen Staaten sowie aus ihren inneren Streitigkeiten ergab, führte zweifellos dazu, daß noch weitere schutzbedürftige vollfreie Leute entweder aus freier Wahl oder unter Zwang sich in die Klientel eines mächtigen Grundbesitzers begaben. Die Normannenzüge gaben dazu einen weiteren Anlaß und bildeten den Schlußakt einer Entwicklung, derzufolge die übergroße Masse der ländlichen Bevölkerung des Westens in spätkarolingischer Zeit aus Halbfreien zusammengesetzt war. Diese Kategorie umfaßte natürlich auch die freigelassenen ehemaligen Sklaven und ihre Nachkommen. Wie schon gesagt, unterschied sie sich jedoch in ihren Verpflichtungen kaum mehr von der reinen Knechtschaft neuen Stils, die sich in der klassischen Grundherrschaft des westlichen Hochmittelalters herausgebildet hatte.

Diese Grundherrschaft ist uns vor allem aus Quellen bekannt, die sich, so die Polyptychen und die Kapitularien, vornehmlich auf Besitzungen der Kirche oder der Krone beziehen. Die übrigen Herren waren meist unfähig, sich schriftlicher Aufzeichnungen zu bedienen. Es liegt freilich kein Grund vor anzunehmen, daß diese sich strukturell von jenen unterschieden. Charakteristisch für die Grundherrschaft war ihre „Villikation", ihre Zweiteilung in einen Eigenbetrieb und das Land der Grundholden[5]. Beim Salland des Herrn wurde das Ackerland vielfach durch Weide, Wald, auch durch gewerbliche Betriebe wie Mühlen, Keltern und dgl. ergänzt. Das Flächenverhältnis zwischen dem Salland und den Höfen der Grundholden wechselte stark. Die Leistungen der Grundholden waren ebenfalls recht verschiedenartig. Sie enthielten allgemein ein Entgelt für die Nutzung des Bodens, das in einem Geldbetrag oder in landwirtschaftlichen oder tierischen Produkten entrichtet wurde. Gelegentlich kamen Abgaben für den Gebrauch der gemeinnützigen Anstalten des Gutsherrn hinzu. War der Gutsherr der Fürst oder einer seiner Vasallen, die auch verwaltungsmäßige Gewalt ausübten, dann forderten sie dafür ebenfalls Zahlungen.

Die untertänigen Bauern waren weiter zu kostenloser Arbeit auf dem Salland gehalten. Eine Ausnahme ergab sich wohl nur, wenn der Herr über genug Haussklaven oder Lohnarbeiter verfügte, um seine Ländereien zu bestellen, oder falls bestimmte Anwesen in Streulage zu weit vom Eigenbetrieb des Herrn entfernt lagen. Die Arbeitsleistungen wurden im allgemeinen auf der Grundlage des *mansus*, deutsch „Hufe", festgesetzt[6]. Davon gab es dann wieder zwei Sorten, die sogenannten servilen und die ingenuilen Mansen. Die ersteren waren regelmäßig schwerer belastet als die letzteren. Man nimmt daher an, daß sie, wenigstens ursprünglich, Anwesen von behausten Sklaven darstellten, während die Insassen der ingenuilen Mansen freie Leute waren. Diese Unterschiede konnten sich jedoch mit der Zeit verwischt haben, und so war es möglich, daß eine freie Hufe von einem Sklaven bebaut wurde oder umgekehrt, weil deren Insassen je nachdem verhältnismäßig leichte oder schwere Leistungen zu erbringen hatten. Freilich waren die Flächen der Mansen von Gutsherrschaft zu Gutsherrschaft, ja sogar innerhalb derselben verschieden. Ursprünglich bloße Leistungseinheiten, erlangten sie später in vielen Landschaften die Bedeutung eines Größenmaßes, wobei es örtliche Unterschiede gab, die weit über das Mittelalter hinaus üblich blieben.

Im allgemeinen waren die hörigen Bauern verpflichtet, das Salland des Herrn von der Vorbereitung zur Aussaat bis zur Ernte unentgeltlich zu bearbeiten. Galt doch die Arbeit, die mit den Händen verrichtet wurde, als erniedrigend und war sie somit für einen Mann in befehlender Position unwürdig. Zu dieser Arbeit kamen noch andere Aufgaben hinzu, sei es wirtschaftlicher, sei es militärischer Art. Die Untertanen mußten regelmäßig Transportfronen leisten; auch mußten sie sich um den Unterhalt des Herren kümmern, mußten Wege und Brücken instandhalten, sein Vieh während der Winterzeit füttern, seine Jagdhunde versorgen und noch weitere Hilfsdienste tun. Höfe, die weit vom Wohnsitz des Herrn entlegen waren, mußten diesen, seinen Verwalter oder Boten beherbergen. Das übliche Maß an Fronarbeit auf dem Feld betrug für die servilen Mansen, laut Aufzeichnungen, drei Tage in der Woche; bisweilen war sie nicht von vornherein bemessen, sondern durch den willkürlichen Bedarf des Herrn bestimmt. Wie schon angemerkt, waren die ingenuilen Lasten leichter. Von den Frauen der bäuerlichen Bevölkerung wurden häusliche Arbeiten, darunter der ganze Prozeß der Herstellung von Textilien, verlangt. Dafür war den Hörigen allerdings die erbliche Nutzung ihres Hofes und das gemeinschaftliche Gebrauchsrecht der unbebauten Teile der Gutsherrschaft, Allmende und Wald, sowie der Schutz ihres Herrn gesichert.

Schließlich unterlagen die hörigen Bauern in der klassischen Grundherrschaft gewissen Minderungen der persönlichen Würde und Beschränkungen der persönlichen Freiheit. Ihre Abhängigkeit kam durch die Zahlung eines jährlichen Kopfzinses zum Ausdruck. Wie die Sklaven des Altertums durften sie weder gegen freie Leute zeugen noch kirchliche Weihen empfangen. Hörige durften auch nicht Untertanen eines anderen Herrn heiraten, es sei denn, sie zahlten dafür eine Sondergebühr. Nach ihrem Tod wurde ihre Erbschaft in den meisten Ländern durch den Herrn besteuert, vielfach indem dieser nach Belieben aus ihrem Mobiliar oder aus ihrem Viehbestand das beste Stück, das sogen. Besthaupt, beanspruchte. Allerdings lassen solche Leistungen zugleich den grundsätzlichen Unterschied zwischen dem Status des besitzfähigen Hörigen des Mittelalters und der antiken Sklaven erkennen. Die Sklaven hatten keinerlei Recht zur Eigentumsbildung und -übertragung.

Die oben geschilderten Verhältnisse beschränkten sich ursprünglich auf das Kerngebiet des Frankenreiches, etwa zwischen der Loire und dem Rhein. Auch da hatten sich, trotz der Erweiterung des Großgrundbesitzes, zweifellos Kleinbetriebe erhalten, deren Inhabern es gelungen war, ein größeres Maß an Selbständigkeit und Freizügigkeit zu behaupten; über ihr Schicksal sind wir leider quellenmäßig weniger unterrichtet. Es ist sogar wahrscheinlich, daß ein solches freieres Bauerntum in bestimmten Landstrichen noch überwog. Ein Grund dafür konnte der Streubesitz der Eigentümer sein, so daß es sich nicht lohnte, ihn in die Villikation einzubeziehen. Auch in Italien z. B. gab es noch zahlreiche Pachtbauern, die Land gegen Abgaben ohne nennenswerte Frondienste bekamen. Schließlich hielt die Verbreitung der Fronen auch Schritt mit dem Feudalsystem, dessen Nutznießer ihren Unterhalt aus der Arbeit der Hörigen bezogen. Wo der Feudalismus nie eindrang, wie in Friesland, war auch vom Hofsystem niemals die Rede. Ein anderer Sonderfall war Spanien, wo die Fortdauer der Sklavenwirtschaft auf beiden Seiten der *Reconquista*-Grenze bzw. die Ansiedlung von christlichen Kleinbauern mit Wehrverpflichtung im eroberten Gebiet eine Fronwirtschaft überflüssig machte und diese, wo sie eingeführt worden war, zuweilen sogar ersetzte.

Im allgemeinen jedoch fanden der Villikation mehr oder weniger verwandte Formen der Ausbeutung der landwirtschaftlichen Bevölkerung allmählich in Mittel-, Ost- und Nordeuropa Eingang. Das soziale Gefüge des oströmischen Reiches stützte sich bis zum 10. Jh. wesentlich auf den Fortbestand einer steuer- und milizpflichtigen freien Bauernschaft. Dann setzte sich auch hier die Feudalisierung auf Kosten der bäuerlichen Selbständigkeit durch. Die immer schwerer auf die Bauern drückenden Steuern veranlaßten sie, ihr Land den „Mächtigen" zu verkaufen oder einfach abzugeben, um es, mit Arbeits- und sonstigen Leistungen belastet, weiter als hörige Paroiken zu nutzen. Zur selben Zeit bildete sich in Rumänien eine führende Schicht, die über der freien Bauernbevölkerung stand und ihre gerichtlichen und fiskalischen Befugnisse zum Ausbau gutsherrschaftlicher Rechte mißbrauchte.

In den slawischen Gebieten Mitteleuropas sowie in Ungarn, wo um die Jahrtausendwende ein Staatswesen westlichen Typs entstand, wurden Güter geschaffen, deren Bewohner für den neugebildeten Ritterstand Fronarbeit leisten, während andere wieder Naturalien liefern mußten. Der Mongolensturm, der einen empfindlichen Verlust an Arbeitskräften verursachte, hatte in Ungarn zur Folge, daß das schon vorher verhältnismäßig schwerbelastete freie Bauerntum verschwand und im Fronbauerntum aufging. Auch in Rußland brachte die Mongolenherrschaft eine erhebliche Verschlechterung der Lage der ländlichen Bevölkerung. Hier war die Bauernuntertänigkeit im Zusammenhang mit der Bildung einer adeligen Oberschicht seit etwa der Jahrtausendwende neben der Sklaverei aufgekommen. Die Tatsache, daß die Herren ein Jahrhundert später den kleineren Leuten Anleihen bewilligten, die diese nicht zu tilgen in der Lage waren, vermehrte die Zahl der leistungspflichtigen Bauern um eine neue Kategorie von Schuldhörigen, die das geschuldete Kapital wohl nie zurückzahlen konnte und infolgedessen in eine dauernde Schollengebundenheit kam. Die Verheerungen durch den asiatischen Einfall und die schwere Bürde, die die neuen Herrscher der einheimischen Bevölkerung auferlegten, wirkten sich so aus, daß die Bauern immer stärker geknechtet und die von ihnen verlangten Leistungen erhöht wurden. Der systematisierende Geist, mit dem die Normannen ihre Eroberung nach 1066 ausnützten, bewirkte auch in England, daß die aus der angelsächsischen Zeit vor allem im Norden und Osten übriggebliebenen freien Bauern in die Abhängigkeit irgendeines Herrn gerieten; übrigens waren sie leichter zu belasten als diejenigen, die schon vorher in Untertänigkeit lebten. In den skandinavischen Reichen schließlich, wo sich ein freies Bauerntum allgemein lange erhielt, machten die mit den Verteidigungsausgaben wachsenden Steuern bzw. die Aufteilung der Anwesen auf Grund der Erbteilungen in Zwerggehöfte die Kleinbetriebe unrentabel, so daß ihre Eigner veranlaßt wurden, sie an größere Grundbesitzer, Adlige und Ritter, abzutreten, um sie als Pächter und Fronbauern weiter zu bearbeiten.

Diese Ausdehnung oder Verschärfung der bäuerlichen Abhängigkeit fiel freilich zeitlich zusammen mit einer Verbesserung der Lage der Bauern im Kerngebiet der klassischen Gutsherrschaft, wo es bald zur Auflösung der Villikation und mitunter zu einer weitgehenden Bauernbefreiung kam. Das System war ja schwerlich auf längere Zeit zu behaupten, da der Grundbesitz ständig wechselte. Es gab Erbteilungen; feudale Verleihungen wirkten dabei mit. Diese Entwicklung konnte leicht das Gleichgewicht zwischen dem Salland und den damit verbundenen Leistungen der Bauern stören; es konnten zu hohe Leistungen im Verhältnis zum Bedarf erfolgen, so daß einige davon außer Gebrauch gerieten; zugleich wurde dadurch das Bewußtsein der Dienstbarkeit beeinträchtigt. Außerdem entsprach das Maß an Arbeitsverpflichtungen, die „Hufe", manchmal schon in spätkarolingischer Zeit, nicht mehr einer Betriebseinheit, indem sie von mehr als nur einer Bauernfamilie geleistet wurden. Der Bevölkerungszuwachs seit dem 10. Jh. begünstigte die Zerlegung der Mansen in einem Maße, daß die Leistung der darauf beruhenden Arbeiten und Abgaben immer undeutlicher auf die unterschiedlichen Anwesen zu verteilen und offenbar vielfach nur mit großer Mühe einzutreiben war. Hinzu kam gleichzeitig die erhöhte Mobilität der ländlichen Bevölkerung, die ihrem harten Schicksal entrinnen konnte, indem sie den Verlockungen der leichteren Urbarmachung neuen Bodens nachgab oder das freiere Stadtleben bevorzugte. Abgesehen vom Drang in die Stadt boten die überall in Schwung kommenden Rodungen, meistens noch in den kolonialen Gebieten Mitteleuropas und in den rückeroberten Landstrichen Iberias, den Neusiedlern eine im Hofsystem ungewohnte Freizügigkeit, ohne demütigende Lebensbedingungen, die mit Abhängigkeit verbunden waren, mit nur bescheidenen oder gar keinen Ansprüchen auf Fronarbeit und niedrigen Zinsforderungen. Schließlich erbrachten auch Fronen, wie jede Zwangsarbeit, den Herren einen nur bescheidenen Ertrag. Sie waren in einem Wirtschaftssystem, in dem Waren- und Geldverkehr stark verfallen waren, zum Unterhalt der Oberschicht unvermeidlich. Sobald aber beide sich wieder entfalteten und eine Kommerzialisierung der Gesellschaft einsetzte, konnten die Herren ihren Bedarf, oftmals auch qualitativ günstiger, auf einem benachbarten Markt decken und benötigten dazu statt der Frondienste Geldmittel. Durch das Zusammenspiel aller dieser Faktoren erlagen die klassische Grundherrschaft und das Hofsystem einem freieren und selbständigeren Bauerntum. Die Grundherrschaften waren zunächst einer drohenden Landflucht ihrer Hörigen ausgesetzt. Der Herr war berechtigt, seine Hörigen festzuhalten, aber welche Chancen hatte er, nach erfolgter Flucht nach ihnen zu fahnden und sie zurückzuholen? Das einzige Mittel, sie von der Abwanderung abzuhalten, war, ihnen Zugeständnisse zu machen, um ihnen somit Gründe für eine Abwanderung zu nehmen. Die Heiratsabgabe und das Besthaupt wurden empfindlich gemildert oder völlig erlassen, und vor allem wurden die Fronen meistenteils stark verringert und bisweilen ganz erlassen: Von der halben Arbeitszeit, die in der klassischen Zeit verbreitet war, wurde die Feldarbeit im Dienste des Herrn im Westen auf einige Tage jährlich herabgesetzt, gewöhnlich zur Heuernte, die ja wegen der Versorgung der Pferde mit Futter besondere Bedeutung behielt, zur Getreideernte oder zu Transportdiensten[7].

Die Grundholden konnten mit Hilfe ihrer Überschußproduktion vielfach Zugeständnisse der Herren abkaufen, sei es für einen Pauschalbetrag, öfters aber für eine jährliche Rentenzahlung. Dies geschah manchmal in Frankreich, den Niederlanden, den iberischen Königreichen, Italien und Westdeutschland durch Verbriefung. Dies war schon bei Neusiedlung der spanisch-portugiesischen *Reconquista* vom 10. Jh. an üblich, später auch in anderen Landschaften, wo die Tradition des schriftlichen Rechtsverkehrs gehandhabt wurde oder sich verbreitete. Im 13. Jh. dehnte sich der Inhalt dieser Zugeständnisse dermaßen aus, daß sie in bestimmten Fällen die Hörigen eines ganzen Dorfes, ja sogar einer größeren Verwaltungseinheit völlig befreiten. Weiter östlich geschah die Bauernbefreiung offenbar durch eine mündliche Vereinbarung, die in das Gewohnheitsrecht Aufnahme fand; seine Bestimmungen wurden dann in sog. Weistümern aufgezeichnet und zu gewissen Zeiten den Betreffenden vorgelesen.

Die Verminderung der Fronarbeiten machte meist eine weitere Bewirtschaftung des betreffenden herrschaftlichen Hofes unmöglich. Einen Ausweg bot der Übergang zur Lohnarbeit, für die die damalige Bevölkerungszunahme günstige Auspizien eröffnete, vorausgesetzt, daß die Arbeitskräfte in der Nähe des Salhofs angesiedelt wurden. Dies geschah einmal auf Zwergbetrieben, die an sich keinen genügenden Lebensunterhalt sicherten und aus dem Herrenland abgesplittert wurden. Das war wohl zumeist in Landschaften der Fall, wo die Herren sich selbst in eine kommerzielle Erzeugung agrarischer Produkte einschalteten, oder aber da, wo der Marktverkehr zunächst nicht genügend entwickelt war, um eine regelmäßige und billige Verproviantierung zu gewähren, und die Vorsicht gebot, nicht völlig auf die Eigenwirtschaft zu verzichten. Auch besonders konservativ, ja weltfremd eingestellte kirchliche Kreise sahen in der landwirtschaftlichen Lohnarbeit einen Zusatz, später einen Ersatz für ihre Laienbrüder. In den letzteren Fällen sollte dies freilich öfters nur eine Übergangslösung darstellen, zumal die Lohnsteigerung diese Betriebsweise mit der Zeit unrentabel machte. Schließlich wurde der Salhof, wie es zweifellos oftmals von vornherein geschehen war, überhaupt als landwirtschaftlicher Betrieb aufgegeben und sein Land in selbständige Bauernbetriebe aufgeteilt. Dies geschah nicht nur mit dem Ackerboden; zum Teil überließen die Herren auch das Ödland, das sie als ihren Besitz betrachteten, Bauern. Die meisten Rodungen in Westeuropa, die der angewachsenen Bauernbevölkerung einen neuen Erwerb verschafften, geschahen ja auf Kosten dieses Ödlands. Die Verfügung darüber war jedoch für die bestehenden Betriebe unentbehrlich, so daß die Zuteilung zu Rodungszwecken und der Eigentumsanspruch der Herren vielfach zu Zwistigkeiten mit den Bauern führten, da diese ihr bisheriges Nutzungsrecht ebenfalls als ein Anrecht interpretierten. Die Differenzen endeten oft mit einem Vergleich, der den Bauern einen Teil des strittigen Ödlandes zuwies. Sie schlossen sich dann zu einer sog. Markgenossenschaft zusammen, die den Gebrauch ihres Kommunalbesitzes in der Folge zu regulieren hatte.

Bisweilen überließen die Herren die neugeschaffenen Gehöfte in der traditionellen Weise gegen Zahlung eines jährlichen Ewigzinses. Dies sollte sich nachträglich, als die Münzwerte sich immer mehr verschlechterten, als die für die Bauern vorteilhafteste Lösung erweisen, da die für die Nutzung geforderte Leistung immer weniger vom Realwert der Erzeugung beanspruchte. Sicherer blieb die Position der Herren, wenn sie die Abgaben der Bauern in eine bestimmte Naturalabgabe landwirtschaftlicher Produkte festsetzten. Neben dieser Fortsetzung der aus der Hörigkeit stammenden ewigen Verzinsung fand ausnahmsweise bereits in spätkarolingischer Zeit in Italien und seit dem 12. Jh. allmählich im ganzen Westen die Zeitpacht Eingang. Dafür wurde zunächst die Teilpacht viel verwendet, bei der der Besitzer einen mehr oder weniger beträchtlichen Teil des Kapitals zur Verfügung stellte. Dies war gewiß ein bedeutender Vorteil zu einer Zeit, da die aus der Hörigkeit entlassenen Bauern kaum die Möglichkeit hatten, in ihren Betrieb zu investieren, um ihre Erträge in einem den neueröffneten Absatzmöglichkeiten angepaßten Maße zu vermehren. Die Höhe der Teilpacht reichte von einer Hälfte bis zu zwei Dritteln der Produktion. Daß sie in Italien über das Mittelalter hinaus häufig blieb, hing einerseits mit der relativen Überbevölkerung auch des platten Landes, andererseits mit dem durch die gesteigerte Kommerzialisierung veranlaßten Bedarf an intensiven Investitionen zusammen.

Wo solche Faktoren weniger zutrafen, entwickelte sich die Zeitpacht gegen eine feste Abgabe, sei es in Geld oder in Naturalien. Diese Form der Bodennutzung ersetzte vom 13. Jh. an den Teilbau nach und nach in Nordfrankreich, den Niederlanden und Westdeutschland. Weil sie dem Eigentümer gestattete, seine Rente periodisch der agrarischen Preisentwicklung anzugleichen, bot sie auch dem Pächter den Vorteil einer geringeren Belastung des Hofs, als der Teilbau mit sich brachte; darum wurde sie von ihm bevorzugt. Da der Pächter in diesem Fall jedoch selbst das Betriebskapital zu liefern hatte, darf man hier auf einen höheren Wohlstand der betreffenden Bauernbevölkerung schließen. Die frühesten Zeitpachtverhältnisse gegen feste Abgaben wurden oft noch auf Lebenszeit des Pächters abgeschlossen. Später wurden sie auf kürzere Termine vereinbart; in der Regel galten sie für die normale Fruchtwechseldauer oder ein Vielfaches davon.

Am Schluß dieser Entwicklung hatte sich die Lage vieler Bauern im Westen im Gegensatz zu Ost- und Ostmitteleuropa erheblich verbessert. Ihre Fronen waren vielfach bis zur Bedeutungslosigkeit gemildert oder sogar völlig durch Rentenzahlungen ersetzt, die die zunehmende Integration der Landwirtschaft in den Warenverkehr erleichterte. Für die Nutzung ihrer Anwesen bezahlten die Bauern einen Zins, dessen Realwert schnell abnahm, oder eine Pacht, die wesentlich durch die Marktverhältnisse bestimmt wurde. Mit der Zeit waren zahlreiche Landwirte sogar wieder fähig, das volle Eigentum über ihre Höfe zu erwerben. Dies wurde dadurch erleichtert, daß die Verschiebungen in der Vermögensstruktur der Gesellschaft in Fluß kamen. Manche Herren veräußerten im 13. Jh. Teile ihres Bodens, damit sie standesgemäß weiterleben konnten. Zu gleicher Zeit traten auch städtische Bürger als Käufer auf, von denen andere Bauern weiterpachteten.

An bäuerlichen Lasten blieben außer der Pacht, und abgesehen von denen, die mit der Gerichtsverfassung zusammenhingen, in der Regel die ein wirtschaftliches Monopol sichernden Bannrechte in bezug auf Mühle, Back- und Brauhaus, Kelter und dgl., sowie eine Steuer, die Bede, übrig. Diese war ursprünglich eine Abgabe, die der Herr ausnahmsweise im Falle eines außerordentlichen Geldbedarfs von allen seinen Untergebenen in beliebiger Höhe erpreßte. Als die Einkünfte der Herren infolge der geschilderten Entwicklung zurückgingen, neigten sie natürlich dazu, häufiger zu diesem Mittel zu greifen. Dies führte zu Spannungen, die schließlich vom 12. Jh. an vielerorts in einem Kompromiß endeten, wonach die Bede jährlich, allerdings dann in vereinbarter Höhe, erhoben wurde. Außerdem schuldete der Bauer, wie seit je, grundsätzlich der Kirche den Zehnt, aber dieser war im Laufe der Zeit oftmals durch einen weltlichen Herrn, nicht unbedingt seinen eigenen Grundherrn, usurpiert worden.

Man muß sich jedoch davor hüten, diese relativ günstige Schilderung der Lage der Bauern im Westen auf die gesamte ländliche Bevölkerung zu übertragen. Denn auch im Hochmittelalter brachte nicht ein jeder die Tatkraft auf, in seiner Heimat oder in weiter Ferne neues Land zu roden oder in eine Stadt zu ziehen. Außerdem neigten die Markgenossenschaften schon bald dazu, sich gegen Außenstehende abzuschließen. Die Folge war, daß später entstandenen Betrieben die Nutzung des Ödlandes, die ein unentbehrliches Element der Landwirtschaft war, versagt wurde. Mit der Zeit bewirkte der Bevölkerungszuwachs auch, daß Höfe unter den Erben bis in Zwergbetriebe aufgeteilt wurden, die ihren Bebauern nicht mehr den Lebensunterhalt sicherten. Schließlich mehrten sich vom 13. Jh. an die Anzeichen einer Wende der säkularen Konjunktur, wodurch weitere Rodungen, ja sogar die Bewirtschaftung vieler Hufen aufhörten, sich zu lohnen, weil die städtische Wirtschaft stagnierte und nicht mehr der überschüssigen ländlichen Bevölkerung die bisherigen Aussichten bot. Somit gehörte wohl immer zum Bilde des flachen Landes eine unterbäuerliche Schicht, die ihr Auskommen in Lohnarbeit fand, zum Teil auch von der Wohltätigkeit der Kirche und ihrer Mitmenschen lebte. Die Armut soll gegen Ende des in diesem Buche behandelten Zeitalters auf dem Lande wie auch anderswo eine bedeutende Steigerung erfahren haben. Ein Zeichen dafür war die Verbreitung der von jeher für den Hausbedarf erforderlichen, jetzt aber auch für den Markt erzeugenden gewerblichen Arbeit von Kleinbauern und ländlichen Proleten.

Der Wohlstand eines Bauern äußerte sich wohl am besten in der Größe des Bauernhauses. Viele davon waren winzige Katen, andere waren mit geräumigen Scheunen, Ställen und sonstigen Betriebsgebäuden versehen. Viel Komfort boten auch die wohlhabenden Wohnungen nicht. In den meisten Ländern Europas gab es z. B. nur einen einzigen Wohn-, Arbeits- und Schlafraum mit einer Feuerstätte, deren Rauch durch ein Loch im Dach entwich, der nicht einmal von der Stallung getrennt war: Vielmehr wurde es als ein Vorteil betrachtet, daß die Menschen die Ausstrahlung der tierischen Körperwärme mitnutzten. Die Baumaterialien blieben selbst für begüterte Bauern schlicht. Ihre Höfe wurden, ebenso wie die bescheideneren, in der Regel aus Lehm aufgeführt, der um ein Geflecht gestrichen wurde; im Boden eingegrabene hölzerne Pfosten gaben dem ganzen Bau die nötige Festigkeit und stützten das Dach aus Stroh oder Schilf. Man pflegte sie übrigens bei einem Umzug zum Erbauen eines neuen Hauses mitzunehmen.

Selbst in Gegenden, wo Naturstein unschwer zu finden, wegen der erforderlichen Maurerarbeit aber nicht so leicht zu benutzen war, überwog die eben beschriebene Bauweise. In dichtbewaldeten Gebieten wurden die Häuser aus Holz gebaut.

Das ganze Mittelalter hindurch hat Europa sowohl die geschlossene als die verstreute Siedlung gekannt. Welche von beiden Siedlungsweisen befolgt wurde, stand zum Teil mit den natürlichen Gegebenheiten im Zusammenhang. Eine schwierige Wasserversorgung z. B. förderte ihre Konzentration. Außerdem aber waren menschliche Faktoren im Spiel. Abgesehen von einem im Volkscharakter begründeten, allerdings schwer nachzuweisenden psychologischen Hang nach menschlicher Gesellschaft und der Einfügung in eine Nachbarschaft konnten Sicherheitserwägungen eine Gruppierung veranlassen. Dies geschah z. B. in den Mittelmeerländern jetzt noch stärker als in der römischen Zeit, weil die Siedlungen ständig den Einfällen der germanischen Völker, der Byzantiner oder des Islam ausgesetzt waren: Die vereinzelt liegenden Villen wurden geräumt, und die Bevölkerung zog sich auf Jahrhunderte in eine geschützte Lage, meistens auf befestigte Hügelspitzen zurück. In Südwestfrankreich wurden in derselben Weise während der Albigenserunruhen und des Hundertjährigen Krieges Gründungssiedlungen, die sog. *bastides* angelegt; ebenso bildeten sich die Siedlungen der spanischen *Reconquista* oder der Anfänge der deutschen Ostbewegung sicherheitshalber als Dorfanlage, letztere vor allem in der Gestalt des Rundlings, dessen Höfe um einen zentralen Platz mit Weiher nach außen einen ununterbrochenen ringförmigen Wall bildeten, oder des Straßendorfs, wo die Höfe beiderseits eines Verkehrswegs aneinandergebaut waren und nach hinten ebenfalls Schutz gewährten.

Wo die Lebensverhältnisse friedlicher waren oder es wieder wurden, konnte das Einzelhofsystem vorherrschen, das inmitten des zum Betrieb gehörenden Landes für den Bauern einen beträchtlichen Zeitgewinn bedeuten konnte. So zeichnet sich in Italien vom 12. Jh. an ein Abstieg von den Höhenlagen in die umliegenden Ebenen ab. Anscheinend mehrten sich die Einzelhöfe nach 1200 in zahlreichen europäischen Landschaften. Dies erfolgte zum Teil auch im Zusammenhang mit der Rodetätigkeit, soweit sie nicht mehr mit der Gefahr von Überfällen zu rechnen hatte. So entstanden sowohl größere Hufen als bescheidene, auf Wildland angelegte Anwesen von Kätnern. Einzelhöfe hatte es schon immer gegeben, zumal wo die landschaftlichen Gegebenheiten, klimatische Umstände und geringere Fruchtbarkeit eine extensive Bebauung erzwangen: das war in Skandinavien oder sonst in gebirgiger Landschaft der Fall. Allerdings konnte eine wilde Feldgraswirtschaft, bei der das Ackerland ständig nach kurzen Intervallen wechselte, gerade zur Bevölkerungskonzentration führen, wie in Süditalien und in Sizilien gegen Ende des hier betrachteten Zeitraums.

Freilich wurde der Einzelhof nochmals vielfach der Kern, um den sich ein Weiler oder Dorf bildete. Das folgte schon aus der gesellschaftlichen Struktur, und zwar aus der oben in ihrer fast allgemeinen Verbreitung geschilderten Abhängigkeit der kleinen Leute von den Großen. Wie die vormittelalterliche keltische Oberschicht in zahlreichen aus einem Patronymikon mit dem Suffix-*acum* zusammengesetzten Ortsnamen ihre Spur hinterlassen hat, so lebt die germanische Ansiedlung im weströmischen Raum in zahlreichen Endungen, je nach den örtlichen Dialekten, auf *-ingen, -heim* usw., die alle auf einen aristokratischen Gutshof hinweisen, um den herum anfänglich die behausten Sklaven, später die hörigen Kätner wohnten. Andernfalls hat offenbar die Aufteilung eines größeren Betriebs unter den Erben des Besitzers vielfach zur Bildung von Weilern geführt. Zweifellos hatten viele davon ursprünglich einen sippenartigen Charakter, der allerdings in der Folge erlosch.

Abgesehen von isolierten Wohnstätten war die Größe der ländlichen Siedlungen äußerst verschieden. Viele bestanden aus ganz wenigen Familien. Doch wuchsen sie infolge des Bevölkerungszuwachses im Hochmittelalter im allgemeinen. Archäologische

Erhebungen über die Grundfläche der Kirchen in Ungarn erwiesen, wie oben angeführt, daß diese im Durchschnitt von 33 qm im 11.–12. Jh. bis auf 65 im 13.–14. Jh. anstieg, woraus man folgerte, daß die Bevölkerung des durchschnittlichen Dorfes sich von etwa 200 bis auf ca. 330 vermehrte. Für das 13. Jh. wird die Einwohnerzahl vieler Weiler in Altkastilien auf zwischen 12 und 60 veranschlagt. In Regionen mit sehr extensiver Landwirtschaft wie Moskovien oder dem unteren Dongebiet kamen Weiler von nur zwei Höfen in großer Anzahl vor. Je nachdem die Zahl der Bewohner zunahm, konnten neue Betriebe sich an die früheren anreihen, oder sie konnten in das Ödland des Kerndorfes ausweichen, wodurch dann wieder neue Siedlungen entstanden, die sich gegebenenfalls zu einem vollen Dorf entwickeln konnten. Dagegen bildeten sich in Sizilien und Süditalien, wo die ländliche Bevölkerung sich konzentrierte, sog. Bauernstädte von Tausenden von Einwohnern.

Insbesondere in der großen Rodungsperiode sind zahlreiche ländliche Siedlungen mit Überlegung gegründet worden. Sie sind meistens bis heute noch erkennbar an ihrem oft aus dem Patronymikon des Stifters abgeleiteten Namen, in germanischen Ländern waren die entsprechenden Endungen *-weiler, -weil, -rode,* im französischen Sprachgebiet *-court, -ville, -villers, -sart* usw. Auch an ihrer Anlage kann man sie erkennen. Während die spontan entstandenen bzw. gewachsenen Dörfer eine unregelmäßige Gestalt aufweisen wie z. B. die Haufendörfer, so sind die Gründersiedlungen durch eine rationale Planung gekennzeichnet. In den romanischen Ländern erfolgte dies in der altbewährten Form eines Schachbretts; in den germanischen Gebieten gab es zunächst die schon erwähnten Frühformen des Rundlings und des Straßendorfs, später dann das in freierer Ordnung als beim Rundling oder beim befestigten Straßendorf rund um einen an einer Straße liegenden Weiher gruppierte Angerdorf oder das ebenso an beiden Seiten eines Verkehrswegs oder eines Wasserlaufs locker geordnete Waldhufendorf, das geradezu als ein Merkmal der deutschen Ostbewegung und ihrer Nachfolge durch die Westslawen und die Ungarn dasteht. Ein Gegenstück dazu in den Marschlandschaften an der Nordsee war das Marschhufendorf, dessen Höfe sich hinter einem Deich aneinanderreihen. Die verschiedenen Dorftypen beeinflußten dann wieder die Flursysteme, auf die in einem späteren Abschnitt zurückzukommen sein wird[8].

Die Anlage eines Rodungsdorfes erforderte selbstverständlich die Zusammenarbeit der Kolonisten unter der Leitung eines Gründungsunternehmers, des sog. Lokators. Ein weitgehendes Einvernehmen der Bauern ergab sich jedoch auch aus anderen Lebensverhältnissen. So mußte z. B. die Arbeit der Hörigen auf dem Herrenhof unter den einzelnen Hufen bzw. Landleuten verteilt werden, und nachdem die Nutzung des Wildlands Gegenstand eines gemeinschaftlichen Besitzes der Dorfbewohner geworden war, mußten die daraus fließenden Rechte und Pflichten eines jeden Markgenossen bestimmt werden. Auch der Unterhalt bzw. die Neuanlage sonstiger gemeinnütziger Vorrichtungen wie etwa Brücken, Verkehrswege und Wasserwirtschaft war Sache der Gemeinschaft. Dazu Anordnungen zu treffen konnte einmal Aufgabe der Grundherrschaften sein. Aber nachdem diese sich aufteilten, kam es immer weniger vor, daß die notwendigen Maßnahmen von einem einzigen Herrn allen betroffenen Bauern auferlegt werden konnten. Außerdem verloren die Herren, als sie zu bloßen Bodenrentnern abgestiegen waren, ihr Interesse an der Regelung des Landlebens, sofern ihre direkten Belange dabei nicht betroffen waren. Darum wurde dies immer öfter den Bauerngemeinschaften selbst überlassen, und zwar normal im Rahmen des Kirchspiels, das sie in der Ausübung ihrer gemeinsamen Religion periodisch vereinigte. Kirchengemeinden spielten zweifellos eine Rolle bei der Einigung der Landleute im Widerstand gegen das Hofsystem und bei der Befreiung von seinen Belastungen. Als Landgemeinden wurden sie immer mehr der Rahmen des Kollektivlebens der Bauern, nicht nur nach innen, zumal bei der Organisation der Rechtspflege durch Dorfschöffen, sondern auch nach außen, namentlich der fürstlichen Verwaltung gegenüber, als diese ihre gesamten Untertanen zu besteuern anfing. Diese Erfordernisse, wie die des Alltags im bäuerlichen Leben selbst, bewirkten, daß mit der Zeit alle Landwirte in den Dorfgemeinschaften erfaßt wurden. Diese hielten gelegentlich Versammlungen ab, die vielfach beschränkt waren auf die Einwohner, die selbständig wirtschafteten, oder gar auf diejenigen, deren Hof ein bestimmtes Minimalmaß erreichte, um über Fragen gemeinsamen Interesses zu beraten. Dabei wählten sie sich aus eigenem Kreis Leiter, die die Gemeinde gegenüber Dritten vertreten sollten[9].

[1] *M. David:* Les „laboratores" jusqu'au renouveau économique des XIe–XIIe siècles. In: Etudes de droit privé offertes à P. Petot (1959), S. 107–120.
Ders.: Les „laboratores" du renouveau économique du XIIe siècle à la fin du XIVe siècle. In: Rev. hist. de droit franç. et étr. 37 (1959), S. 174–195, 295–325.
S. Epperlein: Der Bauer im Bild des Mittelalters (1976).

[2] Zur Geschichte der Sklaverei ist grundlegend: *Verlinden,* s. oben § 4, Anm. 2.

[3] Ders.: Problèmes d'histoire économique franque.I. Le Franc Samo. In: Rev. belge de Philol. et d'Hist. 12 (1933), S. 1090–95.

[4] Le servage (1959).
M. Bloch: Slavery and Serfdom in the Middle Ages (1975).

[5] Le domaine (1949).

[6] *F. Lütge:* Hufe und Mansus in den mitteldeutschen Quellen der Karolingerzeit. In: Vierteljahrschr. f. Soz.- u. Wirtschaftsgesch. 30 (1937), S. 105–128.
D. Herlihy: The Carolingian Mansus. In: Econ. Hist. Rev., 2.R.13 (1960), S. 79–89.

[7] Les libertés urbaines et rurales du XIe au XIV siècle (1968).

[8] *H. Mortensen:* Zur Entstehung der deutschen Dorfformen, insbesondere des Waldhufendorfes. In: Nachrichten der Akad. der Wiss. in Göttingen, Phil.-hist. Klasse (1946–47).

[9] *K. S. Bader:* Das mittelalterliche Dorf als Friedens- und Rechtsbereich (1957).
Th. Mayer (Hg.): Die Anfänge der Landgemeinde (2 Bde., 1964).

3. Die Stadt[1]

Die spätrömische Welt kannte eine nicht unbedeutende städtische Kultur. Vom Mittelmeer aus hatte sich diese, zusammen mit einer höheren Entwicklung des Gewerbes und Handels, bis in die entferntesten Provinzen verbreitet. Während im Umkreis des Mittelmeeres, in Gallien z.B. bis nach Lyon, bestimmte Städte bedeutende Ausmaße angenommen hatten, waren die jüngeren Provinzstädte recht bescheiden geblieben und zählten, wie sich aus der Topographie und den archäologischen Befunden ergibt, höchstens ein paar Tausend Einwohner. Wie die meisten Kolonialstädte aus verschiedenen Epochen waren die römischen Gründungssiedlungen, sogar in Italien, wo dieses Merkmal auf ältere Komponenten zurückgehen konnte, im allgemeinen durch eine regelmäßige, schachbrettartige Anlage gekennzeichnet. Außer in den wenigen Großstädten, zumal in Rom und Byzanz, überwogen einstöckige Bauten. Die meisten zeigten ihre schmale Seite nach der Straße und wurden von Handwerkern usw. bewohnt. Hie und da fanden sich vornehmere Peristylhäuser, die den wohlhabenden Bürgern gehörten, und stattliche öffentliche Bauten, die teilweise für die Verwaltung und Rechtsprechung, teilweise auch, insbesondere die Thermen, Theater und Amphitheater, der Erholung der Bevölkerung dienten. Viele römische Städte, vor allem die, welche weiter von der Grenze entfernt lagen, waren ursprünglich offen und wurden erst befestigt, nachdem die Barbaren die Grenzabwehr durchbrachen und tief ins Innere des römischen Gebiets verheerende Plünderungszüge unternahmen. Aus Gründen der zweckmäßigen Verteidigung, zumal in Anbetracht der geringeren Zahl wehrfähiger Leute, führte diese Befestigung in zahlreichen Fällen zu einer Verringerung des städtischen Areals, das dadurch eine dichter zusammengedrängte Bewohnung erhielt als früher, als innerhalb des Stadtgebiets noch reichlich Raum für Garten- und Parkanlagen übrigblieb.

Die Schrumpfung der Städte erfolgte parallel mit einem Schwinden der städtischen Bevölkerung, was sich ebenfalls aus der politischen Krise der späten Kaiserzeit ergab und sich natürlich auch auf die Wirtschaft und Gesellschaft auswirkte. Um eine regelmäßige Eintreibung der Staatseinnahmen zu sichern, wurden die vornehmen Bürger, denen von jeher die Verwaltung der *civitates* oblag, persönlich verantwortlich gemacht, und da sich kaum einer freiwillig diese Belastung zumuten wollte, wurde dieses Kurialenamt erblich gemacht. Begreiflicherweise suchten die Kurialen sich ihren Obligenheiten zu entziehen. Das wirksamste Mittel dazu war die Flucht aus der Stadt, wo die Vertreter der Zentralgewalt residierten und leicht gegen Pflichtverletzungen einschreiten konnten, zu den Gutshäusern, die die reichen Bürger besaßen und wo sie, wie im vorigen Abschnitt dargestellt wurde, in der Lage waren, mit Hilfe ihrer Hörigen und sonstigen Bauern jeden unerwünschten Eingriff abzuwehren. Dazu entschlossen sie sich umso leichter, als das Leben in den festungsartig umbauten Städten, in steter Nähe des verachteten niederen Volkes, für die Optimatenschicht keinen Reiz mehr bot.

Der Rückzug des Kurialenstandes aus den Städten auf das Land, wo er sich für alle Fälle der Selbstversorgung einrichtete, führte notwendig zu einem wirtschaftlichen Niedergang in den Städten. Die niedrigeren städtischen Gruppen gelangten freilich durch die Obrigkeit in eine ähnliche schwierige Stellung wie ihre angesehenen Mitbürger. Der Bedarf an Rüstung für das Heer und an Proviant für die Städter führte zu immer tieferen Eingriffen der politischen Führung in das Wirtschaftsleben. Schließlich kam es zur Gründung von zunftmäßigen Berufsvereinigungen, die zu drückenden Lieferungen verpflichtet waren; diese wurden auf die Nachkommen der Handwerker und Händler vererbt. Die Kartellmöglichkeiten, die diese Verfassung privaten Kunden gegenüber mit sich bringen konnte, wurden durch straffe Preisbestimmungen unterbunden. Auch diese Schichten gaben in großer Zahl der Versuchung nach, sich durch Flucht ihrem Schicksal zu entziehen, und begaben sich in den Schutz eines Gutsbesitzers oder schlossen sich gar einem Banditentrupp an. Wie schon dargestellt, nahm die Sklavenbevölkerung aus anderen Gründen ab. Soweit die Sklaven in den Städten lebten, gehörten sie meistens den reicheren Haushaltungen an. Auch sie folgten ihrem Herrn; zweifellos benutzten auch viele Sklaven die Wirren der Zeit, um ihre Bindungen zu brechen und sich ein unabhängiges Dasein zu sichern, für das die Städte freilich immer weniger Aussichten boten.

Die geschilderte Entwicklung führte also zu einem fast allgemeinen Rückgang der Städte, der sich im lateinischen Westen, der den wirtschaftlichen Niedergang besonders schwer erlitt, am empfindlichsten auswirkte. Die großen Städte der mediterranen Welt, wo eine noch relativ zahlreiche Bevölkerung das Weiterbestehen städtischer Funktionen, insbesondere eines gewissen Quantums an gewerblicher Arbeitsteilung und Marktverkehr, ermöglichte, schwanden nicht völlig, aber die meisten verloren entschieden an Bedeutung. Sogar die alte Hauptstadt Rom, seit Ende des 3. Jh. vom Kaiser und vom Hofe immer mehr verlassen, verfiel schnell, und ihre Prunkbauten, die zum Schmuck der neuen Residenzen geplündert wurden, verwandelten sich allmählich in Ruinen. Dagegen erfuhr Byzanz, das die Erbschaft des Reiches zu übernehmen berufen war, ein schnelles Wachstum. Jedoch fielen auch in diesem von altersher bevorzugten Gebiet der Verstädterung die meisten urbanen Siedlungen der Schrumpfung anheim. Noch viel schlimmer stand es in den vom Mittelmeer entfernteren Provinzen, wo die schwachen Städte, meistens eine künstliche Schöpfung des römischen Regiments, dessen Untergang und die mit ihm verbundene Kultur- und Wirtschaftsform schwerlich überlebten, und wenn sie nicht zu vorwiegend ländlichen Siedlungen verfielen, vielfach als Bevölkerungsballungen völlig verschwanden.

Dieses Schicksal war für die Städte schon weitgehend eingeleitet, als die Barbaren das Reichsgebiet besetzten und die Städte weiter abbauten[2]. Abgesehen von den wirtschaftlichen Faktoren, die ihre Wirkung unverändert ausübten, war ein weiterer Grund für den Zerfall, daß die städtische Lebensweise ihnen vollkommen fremd war. Die Verstädterung war ja bisher ein wesentlicher Bestandteil der Mittelmeerkultur; in Verbindung mit der römischen Ausbreitung hatte sie zeitweilig über diesen Raum hinausgegriffen. Wo dies nicht der Fall war, waren Städte im Sinne einer Konzentration von Menschen, die auf relativ schmalem Raum Gewerbe und Handel ausübten oder Verwaltungsaufgaben nachkamen, unbekannt geblieben. An Konzentrationspunkten gab es in den germanischen und slawischen Gebieten kaum andere als für Zeiten der Gefahr berechnete befestigte Fluchtburgen und gegebenenfalls damit zusammenhängende, ebenso vorübergehend besuchte Kult- und Marktstätten. Beim Einbruch der Germanen in die Romania bevorzugten manche die Landsitze, die ihren führenden Schichten zusammen mit der Beute an Bodenbesitz zuteil wurden und in deren Umgebung die Gefolgschaft dieser Optimaten ebenfalls in deren Abhängigkeit angesiedelt wurde. Andere zwar, wie auch die Könige der Franken und der Angelsachsen, ließen sich in den spärlichen Resten der Römerstädte nieder. Dort lockten sie nicht nur der Komfort der römischen Bauten, dem freilich viele ländliche Gutshäuser nicht nachstanden, sondern noch viel mehr die Befestigungsanlagen, die während der häufigen Kriegshandlungen kostbare Elemente der Verteidigung darstellten.

Es ist allerdings fraglich, inwieweit in diesen entlegenen Provinzen die Römerstädte dieser Oberschicht dauernd zum Wohnsitz dienten. Eine Hauptstadt waren sie womöglich nur insoweit, als der König sich dort bei seinem Regierungsantritt von seinen Untertanen anerkennen und nach seinem Tode bestatten ließ und daselbst den Staatsschatz im Schutz der Festung verwahrte. Wie dem auch sei, ein Anlaß zum Wiederaufleben ergab sich daraus für die Städte nicht. Wenn die Städte Innereuropas nicht sämtlich zu rein ländlichen Flecken verkümmerten, dann war ihr Fortleben vielmehr der Kirche zu verdanken. Seit der Christianisierung waren die meisten der großen *civitates* Bischofssitz geworden, und sie blieben das, weil der staatliche Apparat zusammenbrach, vorausgesetzt, daß nicht besondere Umstände, wie Zerstörung oder unsichere Lage den Bischof dazu veranlaßten, seinen Sitz an einen anderen Platz der Diözese zu verlegen. Die Residenz des Bischofs und der Kleriker seiner Kurie stellte einen Verbraucherkreis dar, der eine bescheidene Bevölkerungskonzentration voraussetzte. Zu bestimmten Zeiten, bei kirchlichen Feiern, insbesondere beim Fest des Patronatsheiligen der Bischofskirche, wenn seine Reliquien zur öffentlichen Verehrung ausgestellt wurden, war der Bischofssitz das Ziel eines erheblichen Zulaufs von seiten der Gläubigen, der auch wirtschaftlich für Tauschzwecke genutzt werden konnte.

Im Kerngebiet der römischen Städtekultur, Italien, waren das städtische Leben und der Apparat der Verwaltung, der darauf fußte, so stark entwickelt, daß sie trotz unverkennbarer Schwächung die Völkerwanderung überdauerten und von der germanischen Bevölkerung in höherem Maße als in den jüngeren Provinzen übernommen wurden. Infolgedessen siedelten sich viele Ostgoten, später Lombarden und schließlich Franken, besonders solche, welche im öffentlichen Dienst standen, bei der ortsansässigen Bevölkerung an. Die Ostgoten taten dies anfänglich vielfach in einem eigenen Viertel, getrennt von der übrigen Stadtbevölkerung. Die allmähliche Verschmelzung dieser Elemente mit den Nachkommen der führenden Schicht der unterlegenen Bevölkerung äußerte sich auch darin, daß nach einiger Zeit die reicheren Städter, gleich welcher Herkunft, gemeinschaftlich den Ton angaben und namentlich die örtlichen Verwaltungs-, Polizei-, Besteuerungs-, Verteidigungs- und Gerichtsaufgaben wahrnahmen.

Zu den ersteren gehörte noch die Aufsicht über Handel und Gewerbe. Die Handwerksmeister blieben in den Innungen vereinigt, die die spätrömische Kaiserzeit im Interesse ihrer Staatswirtschaft ins Leben gerufen hatte, und waren öfters ebenfalls, vor allem dort, wo ihr Beruf dies vorteilhaft machte, in besonderen Straßen oder Stadtteilen gruppiert, was gelegentlich ihren Forderungen Nachdruck verleihen konnte. Die gewerbliche Bevölkerung fand für ihre Erzeugnisse einen umfänglichen Absatz bei der weltlichen Oberschicht wie bei den Geistlichen, aber auch bei dem die Wochenmärkte besuchenden Landvolk. Ein ähnliches Bild ergab, obwohl in schwächerem Ausmaß, das westgotische Spanien. Hier gab die arabische Eroberung dem Städtewesen einen bedeutenden Aufschwung. Nicht nur war eine weitgehende Verstädterung von alters her ein Merkmal des mediterranen Orients, den ursprünglichen Sitzen der Eroberer; ihre Stellung als Herrenvolk, die raffinierten kulturellen Bedürfnisse ihrer leitenden Schicht und nicht zuletzt ihre fortgeschrittene politische Organisation förderten ihre Konzentration.

Ein blühendes städtisches Leben führte auch Byzanz, wo der zentralisierende Despotismus des Kaisers eine stark entwickelte Bürokratisierung zustandebrachte, die zusammen mit der anwachsenden Klerikalisierung der Reichshauptstadt einen umfangreichen, nicht ohne häufige Schwierigkeiten zu versorgenden Verbraucherkreis schuf. Dieser Vorgang ging schon an sich auf Kosten der kleineren oströmischen Städte, die im allgemeinen im Niedergang begriffen waren. Die Feudalisierung des byzantinischen Reiches höhlte später die provinziale Verwaltung weiter aus und schwächte dadurch die Provinzstädte noch mehr, wie es im Westen schon vorher geschehen war, weil der wirtschaftliche Niedergang, zumal der Rückgang der Tauschwirtschaft, auch die städtischen Gewerbe und Marktfunktionen beeinflußte. Indessen war Byzanz im frühen Mittelalter als die einzige Großstadt Europas zu betrachten. Sie war auch die einzige Stadt, wo es unter der Bevölkerungsmasse ein wirkliches politisches Leben gab. Dieses wurde nicht von den aus der spätantiken Vergangenheit ererbten Handwerkerzünften getragen, sondern von richtigen Parteien. Wenn auch die sog. Blauen und Grünen zur Zeit Justinians einander meistens anläßlich der ebenfalls nach antikem Vorbild fortgeführten Zirkusspiele gegenübertraten, so vertraten sie zugleich doch gelegentlich soziale Gegensätze. Dasselbe gilt in bezug auf die religiösen Richtungen, für die die Einwohner leidenschaftlich Partei ergriffen, vor allem während der ikonoklastischen Streitigkeiten des 8. und 9. Jh. Die Parteibindung veranlaßte häufig Revolten, die bisweilen zu Revolutionen entarteten, welche dauerhafte politische Folgen mit sich brachten.

Während im ehemals römischen Bereich die Verstädterung im allgemeinen abnahm, nahm sie in bisher städtelosen Gebieten erst ihren Anfang. Wie der Niedergang der frühen Städte mit dem Verfall der Tauschwirtschaft im Zusammenhang stand, so wurde das Aufkommen neuer Städte durch das Aufblühen von Handel und Gewerbe im europäischen Norden bewirkt[3]. Das wirtschaftliche Wachstum Skandinaviens rief um 500 an verkehrsgünstigen Stellen zum erstenmal stadtähnliche Siedlungen, wie Helgö am Mälarsee, ins Leben, die ihr Dasein wesentlich dem Warenaustausch und ihrer Marktfunktion verdankten. Die Ausweitung des skandinavischen Handels nach allen Seiten hin hatte zur Folge, daß auch anderswo feste Handelskolonien entstanden, die der Keim eines vielfach völlig neuen städtischen Lebens wurden. Die frühesten Beispiele dieser Entwicklung begegnen uns vom 7. Jh. an auf der gegenüberliegenden Ostseeküste etwa in Grobin (bei Libau/Liepaja) und in Truso bei Elbing (Elbląg). Von diesen Küstenplätzen gingen dann bald Anregungen ins Innere des ostslawischen Wohngebietes aus, wo im 9. Jh., z. B. in Novgorod und Kiev, die städtische Entwicklung einsetzte.

Etwa gleichzeitig erfolgte von Birka aus, das im Mälarseegebiet die Nachfolge Helgös antrat, eine skandinavische städtebildende Expansion in westlicher Richtung, der im Nordseebereich friesische Kaufleute bedeutende Hilfsdienste leisteten. U. a. verdankten ihr auf der schleswigschen Landenge Hedeby, in den Niederlanden Dorestad und Gent, sowie an der französischen Kanalküste Quentowik ihr Entstehen, während dies andererseits ein Wiederaufleben verschiedener ehemaliger römischer Siedlungen, zumal auf der Rheinlinie, bewirkte. Letzteres galt auch für südlicher gelegene Landschaften Galliens sowie für das angelsächsische England. In Irland, wo bisher Städte im sozialwirtschaftlichen Sinne dieses Begriffs fehlten, wurde diese Lebensweise von den skandinavischen Eroberern und den in ihrem Gefolge nachkommenden Kaufleute eingeführt.

Über die Zusammensetzung der Bevölkerung dieser Plätze ist uns leider wenig bekannt. Aus ihrem Wesen folgt die Annahme, daß Kaufleute ihren Hauptkern darstellten, von denen freilich wohl nur ein kleinerer Teil ständig hier saß, um daneben eine gütersammelnde und -verteilende Tätigkeit in der näheren Umgebung auszuüben. Die meisten Kaufleute aber widmeten sich dem Wanderleben des Fernhändlers und besuchten in mehr oder weniger weitem Umkreis die Märkte. Diese Fernhändler vereinigten sich in Gilden, die während ihrer Reise die Ordnung sicherten, Recht sprachen und einander gegenüber den Fremden schützten. Diese Gilden gingen offenbar auf die aus ferner germanischer Vergangenheit stammenden, in den verschiedensten Kreisen der Gesellschaft und zu allerhand Zwecken gepflogenen Schwurgenossenschaften zurück. Man muß sich fragen, ob diese Gildebrüder in ihrem Heimatort, wo sie sicher die oberste Bevölkerungsschicht darstellten, die Leitung innehatten, soweit dies neben den feudalen Machthabern möglich war. Der von ihnen getragene Handel sicherte ja noch einer Reihe von Helfern eine Existenz: Männern, die für das Verkehrswesen wichtig waren, wie Fuhrleute und Rademacher, Schiffer und Schiffbauer, Schauerleute, weiter Leute aus den Versorgungsbetrieben usw. Schließlich zog der Handelsverkehr noch allerhand Handwerker in die neuen Siedlungen, wo sie die günstigsten Chancen für den Absatz ihrer Erzeugnisse fanden.

Das 9. Jh. unterbrach zeitweilig diese Entwicklung des Handels und folglich auch der Städtebildung. Dazu wirkte die in einem vorigen Abschnitt geschilderte neue Welle der Gewalttätigkeit, die Europa von allen Seiten heimsuchte, entschieden mit. Viele der neuen Städte, die der skandinavisch-friesische Handel auf dem Kontinent ins Leben gerufen hatte, wurden von den Wikingerräubern wiederholt geplündert, einige sogar endgültig zerstört. In der mediterranen Zone erreichte der Seekrieg zwischen Byzanz und dem Islam derartige Ausmaße, daß der Verkehr darunter schwer litt und das Leben in den meisten Städten erneut einen Tiefpunkt erreichte. Besonders charakteristisch ist es, daß Rom selbst in eine Anzahl dorfartiger Siedlungen zerstückelt wurde, von denen eine sich in das Kolosseum einnistete und dessen Außenmauern als Ringwall ausbaute. Ein blühendes städtisches Leben erhielt sich nur in der oströmischen Hauptstadt, im Gegensatz zum fortschreitenden Rückgang der Provinzstädte außer dem bedeutenden Handelsplatz Thessalonike; auch in den muselmanischen Ländern des westlichen Mittelmeerbeckens gab es blühende Städte.

Diese Unterbrechung war jedoch nicht von langer Dauer, und nach kurzer Pause wurde die Aufwärtsbewegung der Tauschwirtschaft vom Ende des 9. Jh. an in Westeuropa wieder aufgenommen. Verschiedene im Verlauf der Wikingerzeit verwüstete Siedlungen lebten wieder auf, zuweilen, wie in Gent, an einer von der ursprünglichen Lage abweichenden Stelle; dazu entstanden viele neue Städte. Für die Entwicklung einer vorher bestehenden Ortschaft zur Stadt waren grundsätzlich zwei Bedingungen wesentlich: eine günstige Verkehrslage und eine ausreichende Sicherheit. Da die Städte in erster Linie vom Gedeihen ihrer Marktfunktion abhängig waren, war ihre Verkehrslage von grundlegender Bedeutung. Bestimmte Situationen brachten in dieser Hinsicht entscheidende Vorteile, weil sie eine besonders starke Konzentration von kaufmännischem Verkehr herbeiführten. Als solche dürften vor allem Seehäfen gelten, ferner der

Zusammenfluß zweier Gewässer, die Überquerung eines Flusses durch eine Landstraße mittels einer Brücke oder einer Furt, der Ein- bzw. Ausgang eines Bergpasses. Alle brachten Fernhändler aus verschiedenen Richtungen zusammen und ermöglichten ihnen den Austausch ihrer Sortimente. Die Unruhe der Anfangszeit erforderte jedoch, daß die Marktstädte gegen Überfälle genügend gesichert wurden. Diese Bedingung verlieh dann wieder bestimmten Plätzen einen wichtigen Vorteil, so ehemaligen römischen Befestigungen, sofern sie nicht als Steinbrüche abgetragen worden waren, oder Burgen, die inzwischen von Feudalherren errichtet wurden, bisweilen auch Bischofssitzen oder Abteien, die aller Wahrscheinlichkeit nach ebenfalls irgendwie befestigt waren. Es liegt freilich nahe, daß weltliche oder geistliche Herren sich vorher vorzugsweise dort niedergelassen hatten, wo wenigstens ein dünner Verkehrsstrom ihre Isolation in einer weitgehend autarken Gesellschaft durchbrach.

Die neuen Städte bildeten sich entweder innerhalb einer Verschanzung, wenn diese dafür genügenden Raum bot, wie vor allem in den ehemaligen römischen Festen, oder häufig in unmittelbarer Nähe der Befestigung, wobei vielleicht von vornherein der Gegensatz zwischen der statischen Mentalität der feudalen Machthaber und der Dynamik der Kaufleute eine Rolle spielte. Die Benennungen *suburbium* oder „Vorstadt", die ebenso üblich waren wie *portus, vicus* oder *burgus,* brachten diese Nachbarlage klar zum Ausdruck. Wesentlich war nur die Möglichkeit, bei drohender Gefahr mit Hab und Gut in den Schutz der nahen Festung zu flüchten. Darum waren die Kaufleutevorstädte selbst anfänglich nicht befestigt und wurden es anscheinend nur, nachdem ihre Bevölkerung bzw. die Zahl der Besucher ihrer Märkte dermaßen angewachsen war, daß für sie der Raum, den das *castrum* oder die *civitas* bot, zu knapp geworden war. In einigen Fällen geschah dies sehr bald: Die Kölner Rheinvorstadt z. B. war bereits vor der Mitte des 10. Jh. befestigt. Meistens aber stufte sich der Zeitpunkt dafür, grundsätzlich im Zusammenhang mit der wirtschaftlichen Entwicklung der Städte, vom 11. bis zum 13. Jh.[4]

Die Anlagen bestanden in der Regel zunächst aus einem Erdwall mit vorliegendem Graben und Palisadenbau; sie wurden erst später durch eine steinerne Mauer ersetzt. Wenn die Stadtbevölkerung noch weiter anwuchs, wurde diese erste Befestigung vielfach vergrößert, entweder durch wiederholte Einbeziehung einzelner inzwischen entstandener Viertel oder durch den Bau einer einzigen, geräumig trassierten Ringmauer. In der Erwartung einer kontinuierlichen Vermehrung der Einwohnerzahl wurde die letztere dann häufig so weit gezogen, daß sie bedeutende Flächen offenen Geländes zur späteren Bebauung umschloß. Leider wurden solche Arbeiten häufig gerade am Vorabend der spätmittelalterlichen Wende in der Bevölkerungsentwicklung unternommen. Die Folge war, daß diese Baureserve mehrfach nicht vor dem 19. und sogar 20. Jh. benutzt wurde, und, zuweilen in sehr bedeutenden Städten, einen agrarischen Anstrich behielt. Es war freilich von Anfang an üblich, daß Stadteinwohner sich womöglich durch landwirtschaftliche Arbeit, Gartenbau oder Viehhaltung den Lebensunterhalt erleichterten, ohne daß diese Beschäftigungen den sozialwirtschaftlichen Gesamtcharakter der Stadt beeinträchtigten, und so blieb es bis über das Mittelalter hinaus.

Der Bau von Stadtbefestigungen brachte aber vielfach, abgesehen vom Schutzbedürfnis wegen der Räubereien einer noch primitiven Gesellschaft, einen tiefen Mentalitätswechsel zum Ausdruck: das Aufkommen und die Entwicklung städtischen Selbstbewußtseins. Wie verschieden auch der kaufmännische und der feudale Geist waren, die Entstehung von Händlersiedlungen war den Stadtherren, die nicht umhin konnten, darin eine neue Einnahmequelle zu erkennen, zweifellos willkommen. Andererseits waren die Städter bereit, für die ihnen gewährte Schirmherrschaft eine Steuer zu zahlen. Die Zeit kam aber, nachdem die Gesellschaft allmählich an Gewalttätigkeit verlor, daß dieser Schutz nicht mehr als so notwendig empfunden wurde. Von diesem Augenblick an war die Harmonie zwischen Stadtherren und Stadteinwohnern vielfach gestört, und so führte ihr Zusammenleben zu Reibungen. Die Leitung des Kampfes der Städter gegen die mit oder ohne Recht willkürlich erhobenen Forderungen der Herren fiel den angesehensten in der Einwohnerschaft zu, den Kaufleuten, um so mehr als sie wohl noch die einzigen in den Städten waren, die in einer genossenschaftlichen Organisation, der Gilde, zusammengeschlossen waren.

Neben ihren früheren Aufgaben nahmen die Kaufleutegilden also den Kampf zur Erfüllung ihrer Forderungen gegen die Stadtherren auf. Mit einer bemerkenswerten zeitlichen Konkordanz brach die Emanzipation der Städte in den wirtschaftlichen am meisten fortgeschrittenen Regionen Europas, Italien und den Niederlanden, im 11. Jh. durch[5]. Anscheinend waren geistliche Herren die ersten Opfer des siegreichen Strebens dieser Kreise, sei es, daß sie für diese geringeres Verständnis als die Laien entgegenbrachten, sei es, daß sie weniger die Kraft zum Widerstand aufzubringen in der Lage waren. Um 1030 erhob sich Cremona gegen seinen Erzbischof, und dieses Vorbild wurde bald in ganz Norditalien nachgeahmt, wo die Wirren des Investiturstreites den Städtern einen zusätzlichen Vorwand für ihre Aktionen lieferten. Wenig später, im Jahr 1066, erhob sich die Stadt Huy an der Maas gegen ihren Herren, den Lütticher Bischof, und auch diese Revolte fand in zahlreichen Städten des Nordwestens Widerhall. Die Folgen dieser Ereignisse waren überall weitgehend ähnlich und zielten darauf, den Städten auch verfassungsmäßig eine eigene Gestalt zu geben, während sie sich durch eine Stadtmauer klar vom umgebenden flachen Lande unterschieden. Ein besonderer Anlaß zum Ärger der Städter war die Rechtsprechung, die wesentlich nach altgermanischem Muster und teilweise mittels durchaus zweifelhafter Beweismittel wie der aus der magischen Sphäre herrührenden Gottesurteile oder gerichtlichen Zweikämpfe erfolgte. Die Städter forderten eigene Schöffengerichte, die schnell nach kaufmännischem Recht und Brauch urteilen konnten und infolgedessen aus Mitgliedern der Kaufmannsgenossenschaften, den einzigen, die darüber ausreichend Bescheid wußten, bestehen sollten. Darüber hinaus verlangten sie, daß Steuererträge nur im Interesse der städtischen Gemeinschaft verwendet und von deren Repräsentanten verwaltet wurden. Diese Forderungen wurden wohl allgemein erfüllt, freilich oft erst nach wiederholtem Druck von seiten der Städte.

Die Schöffen oder – wie sie in den Mittelmeerländern hießen – Konsuln übernahmen also allmählich Gericht und Verwaltung von den Stadtherren. Um dabei Mißbräuchen vorzubeugen, wurde ihre Amtszeit von vornherein meistens auf ein Jahr begrenzt. Sie wurden in der Regel von ihren Standesgenossen in einer Volksversammlung gewählt, die ebenfalls die aus dem Amt scheidenden Magistrate zu entlasten hatte und einberufen wurde, um für die Gemeinschaft sehr wichtige Beschlüsse zu fassen. In den Ländern, wo die Gewalt des Stadtherrn gegenüber dem Stadtvolk auf die Dauer unterlag, d.h. besonders in Norditalien und in Deutschland, gelang es diesen städtischen Magistraten vielfach, sich für alle praktischen Zwecke von ihrem Stadtherren völlig unabhängig zu machen, ja ihre Autorität auch ihrem ländlichen Umkreis aufzuzwingen und so sich einen Spielraum für ihre Versorgung, ihre wirtschaftliche Tätigkeit und ihre Sicherheit zu schaffen. Diese Stadtrepubliken bestimmten das Schicksal Norditaliens bis ins Spätmittelalter, als einige Kommunen, nachdem die großen Faktionen beim Ringen um die Macht erschöpft waren, die diktatoriale Gewalt einem Führer überlassen mußten, wie in Mailand den Visconti seit 1277. Damit schufen sie die Grundlage einer Monarchie, die früher oder später ausgebaut werden sollte.

Mit der Anerkennung einer Sonderstellung hatte der Begriff der Stadt eine rechtliche Bedeutung bekommen, die seine Anwendung auf Plätze ermöglichte, die zuweilen gar keine Städte im soziologischen Sinne waren und es niemals wurden oder niemals über eine engste regionale Funktion hinauswuchsen. Das war u.a. der Fall bei schon oben erwähnten Ackerbürgerstädten, die außer in Süditalien zumal im deutschen Raum vielfältig vorkamen und deren Einwohner im wesentlichen der agrarwirtschaftlichen Sphäre verhaftet blieben. Vielfach stellten ihre Siedlungen den gescheiterten Versuch einer Stadtgründung dar. In Anbetracht der Ertragsmöglichkeiten, die der Handelsverkehr bot, lockte das Marktregal, das ursprünglich dem König zustand, aber auch den Vasallen verliehen oder von ihnen usurpiert wurde, Städte zu gründen. Diese Stadtgründungen zeichneten sich meist durch ihre regelmäßige, schachbrettförmige Planung aus, während der gewachsene Stadtplan gewöhnlich eine mehr oder weniger radiale Anlage mit auf einen zentralen Marktplatz zulaufenden Hauptstraßenzügen aufwies[6]. Die Wahl eines geeigneten Ortes wurde von den Gründern bisweilen verfehlt, so daß die erhoffte Entwicklung ausblieb.

Neben wirtschaftlichen Gesichtspunkten erfolgte die Gründung von *villae novae* vielfach auch aus strategischen Erwägungen. Dies geschah naturgemäß in Gebieten, die einer feindlichen Bedrohung dauernd ausgesetzt oder erst unlängst erobert worden waren, so z. B. im englischen Machtbereich im Waliser und schottischen Grenzraum, später auch im Innern von Wales und in Irland, oder auch als Stützpunkt zur Sicherung der Gewalt eines Herrschers über sein Land, wie in Schottland, wo König David I. (1124–53) die von ihm erbauten Burgen mit bürgerlichen *burghs* ausweitete. Am meisten aber fand sich dieser Typ der Stadt in Südwestfrankreich, wo er sich entweder während der Unterwerfung der albigensischen Grafschaft Toulouse durch die französische Monarchie oder während der Auseinandersetzung zwischen den Kapetingern und den Plantagenets um den Besitz Aquitaniens zwischen dem Ende des 12. und dem Anfang des 14. Jh. verbreitete. Einige dieser *bastides* erlangten größere Bedeutung als wirtschaftliche Zentren; die meisten blieben völlig oder vorwiegend agrarisch.

Einen anderen Bereich häufiger Stadtgründungen bildeten Mittel- und Osteuropa. Diese Landstriche erlebten zunächst im Zusammenhang mit ihrem wirtschaftlichen Wachstum und ihrer sozialen Entwicklung eine nicht unbedeutende Phase spontaner Entstehung von Städten. Die Zunahme der Bevölkerung und die Ausbildung einer herrschaftlichen Gesellschaft führten dazu, daß die Herren Gruppen von Hörigen auf bestimmte Lieferungen zu spezialisieren in der Lage waren, um die herrschaftlichen Haushalte zu versorgen, des weiteren aber, um überschüssige Erzeugnisse auch an andere Konsumenten abzusetzen. Auf diese Weise entstanden im Schutz zahlreicher Burgen der Herrenschicht im 8. und 9. Jh. einheimische primitive Märkte. Nachdem die Einwohnerzahl bestimmter Märkte und ihre wirtschaftliche Leistungskraft weiter anwuchsen, erweiterte sich auch ihr Geltungsbereich, wobei die Entwicklung weitgehend ähnlich wie im Westen verlief. Bei diesem Vorgang spielte die deutsche Ostbewegung eine wichtige Rolle, zumal in Mitteldeutschland, wo die deutschen Könige und adlige und geistliche Herren eine große Zahl von Städten gründeten. Ihr Vorbild wurde in Böhmen, Polen und Ungarn nachgeahmt, wobei die Herrscher manchmal für fremde Kaufleute Neustädte gründeten, denen von vornherein ein progressives deutsches Stadtrecht verliehen wurde, das dann wieder für die spontan entstandenen einheimischen Städte das Vorbild wurde.

Der deutsche Einfluß reichte bis nach Ost- und Nordeuropa hinein. Nach dem Abschluß der Wikingerzeit hatten die Anregungen, die vom skandinavischen Handel mit dem Osten ausgingen, nachgelassen, und die Städte des russischen Hinterlandes, zugleich fürstliche oder herrschaftliche Residenzen, sanken meistens zu einer wesentlich regionalen Funktion herab, bevor viele durch den Mongolensturm zerstört wurden. Der Schwerpunkt der Außenwirtschaft Osteuropas verlegte sich zur Ostsee hin, die nunmehr von deutschen Händlern beherrscht wurde, vor allem von solchen aus der Gründerstadt Lübeck. Damit stand im Einklang, daß die neuen Städte an der Küste des Baltikums sowie die deutsche Siedlung, die sich in Novgorod neben der russischen Stadt entwickelte, ganz wie die an den südlichen Gestaden der Ostsee, mit dem Lübecker Stadtrecht ausgestattet wurden. Dasselbe geschah in den skandinavischen Königreichen, wo nach dem Ruin fast aller Wikingerstädte ein neues, im wesentlichen deutsches Städtewesen entstand, das durch die Monopolstellung des deutschen Handels gefördert wurde.

Wenn im europäischen Osten die städtischen Märkte ihren Aufschwung auf der Grundlage des Handwerks nahmen, so scheinen in den jungen Städten des Westens die Märkte die Handwerker angezogen zu haben, für die der ständige oder zeitweilige Aufenthalt von Kaufleuten einen besonderen Anreiz für den Absatz ihrer Erzeugnisse darbot[7]. Die Frage, wo die Einwohner dieser werdenden Städte herkamen, kann leider kaum auf Grund von Quellenmaterial beantwortet werden. Die Annahme liegt freilich nahe, daß wenigstens ein Teil von ihnen an Ort und Stelle geboren wurde und dank dem entstandenen Bevölkerungszuwachs um die Jahrtausendwende in der Lage war, aus der agrarischen Produktion auszuscheiden und sich, vielleicht im Auftrag und weitgehend zum Vorteil ihrer Herren, völlig den sekundären oder tertiären Sektoren der Wirtschaft zu widmen. Bald aber wurden die Städte wie die Rodungen daheim oder in der Ferne ein Ziel der regen sozialen Mobilität, die die Gesellschaft fast ganz Europas ergriff, und vom überbevölkerten platten Lande strömten die Einwanderer den Orten zu, wo Handwerk und Handel mit einem Lebensunterhalt lockten, der ausgiebigere Aussichten für ihre Zukunft als die Heimat zu versprechen schien.

Es versteht sich, daß die Gründungsstädte in ihren Anfängen so gut wie völlig aus Zuwanderern bestanden, aber auch andernorts stellten diese einen immer größeren Anteil der Bevölkerung regsamer Orte dar. Die Bindungen des Hofsystems konnten dabei kaum ein Hindernis bedeuten. Denn auch gegen ihre Hörige, die in eine Stadt zogen, waren die Herren schwerlich imstande, ihre Hofrechte geltend zu machen, wiewohl gewisse Stadtrechte ihnen anfänglich gestatteten, ihre nachweislichen Hörigen zurückzufordern, sei es nur weil andere Herren die Einwanderer in ihrer Stadt gegen solche Ansprüche wirksam in Schutz nahmen. Vom 11. Jh. an aber erkannten Könige und Territorialfürsten, froh, auf diese Weise die Macht kleinerer Feudalherren zu beeinträchtigen, zuerst in Flandern und Italien, im Zuge der kommunalen Bewegung den Grundsatz „Stadtluft macht frei" an, nachdem der Verbleib in der Stadt während einer bestimmten, örtlich verschiedenen Zeit von selbst der Unfreiheit ein Ende machte[8].

Es wäre allerdings verfehlt, eine absolute Trennung zwischen dem Herrenstand und der wirtschaftlich aktiven Stadtbevölkerung anzunehmen. Mit Ausnahme zahlreicher Städte Italiens und der deutschen Reichs- und Freistädte war die monarchische Autorität in manchen Städten durch Richter und Vögte, die vielfach auch die umliegende Landschaft verwalteten, vertreten; sie bildeten unter Umständen in Städten geringer wirtschaftlicher Bedeutung fast alleine die Oberschicht. Jedoch setzte sich in den Mittelmeerländern die Tradition der Verstädterung fort; Angehörige des Adels, insbesondere des niederen, wohnten in den Städten und beteiligten sich lebhaft am städtischen Leben, namentlich an seinen politischen Auseinandersetzungen. In Innerspanien bemächtigten sich die *caballeros* sogar der Verwaltungsaufgaben und wurden von der ersten Hälfte des 14. Jh. an unbestritten als Leiter der städtischen Gemeinschaften anerkannt.

Im iberischen Bereich hing dies mit der geringen Entwicklung des Verkehrs und des Kaufleutestands zusammen. Dieser Kreis bestand sonst insbesondere aus Fernhändlern; während des hohen und späten Mittelalters bildeten sie in den Städten die maßgebliche Schicht; der Handel verbürgte ihnen am meisten Gewinne, Wohlstand und Ansehen, und die Führung im Rahmen der kommunalen Selbstverwaltung fiel ihnen in der Regel zu. Diese Aufgabe war wohl in der Anfangszeit jenen Mitgliedern vorbehalten, die auf längere Zeit an Ort und Stelle blieben. Denn viele Kaufleute führten, wenigstens in der guten Jahreszeit, ein Wanderleben von Markt zu Markt und von Messe zu Messe, um ihr Warenangebot abzusetzen bzw. zu erneuern und zu ergänzen. Freilich änderte sich diese Lebensweise vom 13. Jh. an, als der Handel sich in größerem Ausmaß eines Netzes von Agenten und Faktoren zu bedienen begann, das den Kaufleuten eine seßhaftere Existenz gestattete. Inzwischen aber war der Kaufleutestand fast allgemein dabei, sich zu einem aristokratischen, oligarchischen, städtischen Patriziat abzuschließen, das über das niedrige Volk ein hartes, selbstsüchtiges Regiment führte.

Fernhändler stellten wohl immer eine Minderheit im Stadtkörper dar gegenüber den kleinen Leuten, die entweder dem Handel als Hilfskräfte dienten oder handwerklich tätig waren. Vor allem aber in den wirtschaftlich fortgeschrittenen Landschaften, wo Exportindustrien im Gefolge des Handels einen bedeutenden Aufschwung nahmen, wuchs die gewerbliche Bevölkerung der Städte stark an. Das Aufkommen eines entwickelten Exporthandels hatte unvermeidlich eine Änderung in den gesellschaftlichen Verhältnissen zur Folge, indem die Fernkaufleute die Handwerker unter ihre wirtschaftliche Bevormundung brachten. Dieser Prozeß wurde erheblich begünstigt durch ihre Machtstellung im Stadtregiment, die es ihnen ermöglichte, durch Verbote des Kleinhandels für Gäste, d.h. für solche, die nicht zur lokalen Bürgerschaft gehörten, die Verkaufsmöglichkeiten der gewerblichen Erzeugung auf das örtliche Patriziat zu beschränken. Damit wurden die Handwerker, für die ferne Reisen zum Absatz ihrer bescheidenen Erzeugung nicht in Betracht kamen, völlig auf die Aufträge der Kaufleute angewiesen, zuweilen auch noch auf ihre Rohstofflieferungen. Das System der patrizischen Herrschaft wurde vervollständigt durch Einführung einer strengen Qualitätskontrolle der gewerblichen Erzeugung durch städtische Beamte und durch Lohnbestimmungen, die den Anteil der Gewerbetreibenden am Sozialprodukt zugunsten des Patriziats auf dem Lebensminimum zu halten bemüht waren. Im Laufe des 13. Jh. war in den meisten Gewerbestädten ein schroffer sozialer Gegensatz zwischen den proletarisierten Handwerkern der Ausfuhrindustrie und dem kaufmännischen Patriziat bemerkbar. Mit letzterem blieben diejenigen eng verbunden, die sich aus dem Geschäftsleben zurückzogen, ihr Vermögen in Grundbesitz oder Renten angelegt hatten und vielfach aus der ungerechten Verwendung öffentlicher Mittel vermehrten und sich immer mehr in ihrer Lebensführung dem Adel anglichen.

Die Chancen des städtischen Proletariats, seine Lage zu verbessern, waren gering, solange die Patrizier sich im Handelsbetrieb mühelos weiter bereichern konnten. Sie wurden günstiger, als gegen Ende des 13. Jh. ein Niedergang im Wirtschaftstrend sich offenbarte und tiefe Krisen die patrizischen Kaufleute schwächten[9]. Seit etwa 1250 mehrten sich allmählich in Italien und den Niederlanden die Anzeichen eines Widerstandes der Handwerker gegen die herrschende Schicht durch Aufstände usw. In Nord- und Mittelitalien hatte der Kampf des *popolo minuto* gegen den *popolo grasso* im allgemeinen wenig Erfolg; die Gegensätze vermischten sich mit der Gegnerschaft vornehmer Geschlechter untereinander; es kam allenfalls zum Austausch einer aristokratischen Diktatur durch eine andere.

In den gewerblich aktivsten Regionen der Niederlande, in Flandern, Brabant, Lüttich und Utrecht dagegen, wo der Niedergang des Ausfuhrgewerbes deutlicher fühlbar war, erzwang die Volkspartei im 14. Jh. wenigstens zeitweilig die Entfernung des Patriziats aus der städtischen Verwaltung oder jedenfalls einen Anteil an letzterer. Der Sieg der Handwerker Flanderns im Jahr 1302 fand zwar einen verbreiteten Widerhall, aber die vielerorts nach ihrem Vorbild versuchte „demokratische Revolution" scheiterte im allgemeinen. Die soziale Unruhe blieb freilich im gesamten Europa das ganze Spätmittelalter hindurch und sogar darüber hinaus in den Städten allgemein und erreichte bisweilen, daß wohlhabende, aber nicht zum ursprünglichen Patriziat gehörende Berufsgruppen die Aufnahme in städtische Rats- und Magistratskörper erzwangen.

Waren die Erfolge der demokratischen Revolution recht bescheiden, so hatte doch die gewerbliche Entwicklung in den Städten dauernde Folgen auf berufsmäßigem Gebiet. Wie die Kaufleute sich in Gilden zusammengetan hatten und wie in ihrem Fall zugleich aus sozialen und professionellen Anlässen, so neigten auch Handwerker dazu, sich nach Berufsgruppen zu vereinigen[10]. In den Kerngebieten der römischen Tradition, im byzantinischen Reich und anscheinend auch hie und da in Italien hatten sich die Innungen aus der Spätantike erhalten und konnten zur Nachahmung anregen. Nicht auszuschließen ist weiter, daß auf Gutswirtschaften im Rahmen des Hofrechts spezialisierte Berufsgruppen von Hörigen sich in Zünfte umwandelten, nachdem der Hof der Kern einer Stadt geworden war. Überall aber kamen sie, sobald ein Gewerbe in einer Stadt zu einiger Bedeutung gelang, schnell auf. Nicht nur die Gewerbetreibenden hatten daran ein Interesse. Nicht weniger kamen die Berufsvereinigungen der Obrigkeit gelegen, die darin ein bequemes Mittel erkannte, ihre Versorgungs- und, allgemeiner, Wirtschaftspolitik zur Ausführung zu bringen. Deswegen verpflichteten sie auch frühzeitig die Handwerker eines bestimmten Gewerbes zum Anschluß an die betreffende Innung. Wo die demokratische Revolution durchbrach, entwickelten sich die Zünfte zu weitgehend selbständigen, primär ihre eigenen Interessen verfolgenden Körperschaften in der Stadtgemeinde; sonst blieben sie bis über das Mittelalter hinaus Ausführungsorgane der städtischen Behörde.

Ob sie nun selbständig Anordnungen über ihren Berufsbereich entwarfen oder bloß das Befolgen der von dem Stadtmagistrat erlassenen zu überwachen hatten, die Aufgaben der Zünfte blieben im wesentlichen die gleichen. Sie bildeten Kreise, die im öffentlichen Leben der Stadt eine Sonderstellung einnahmen, insbesondere in Kriegszeiten unter der Zunftfahne Abteilungen der städtischen Miliz darstellten; sie hatten ihre eigenen Kapellen oder Altäre in den Kirchen, feierten ihren eigenen Patron und nahmen geschlossen an Prozessionen teil. Dort, wo sie das Mitbestimmungsrecht in der Stadtverwaltung erzwungen hatten, besetzten sie, gegebenenfalls turnusmäßig, die ihnen zuerkannten Schöffen- und Ratssitze. Außerdem nahmen sie sich der Unterstützung der kranken Zunftmitglieder, ihrer Witwen und Waisen an.

Jedoch lag die wichtigste Aufgabe der Zunftoberen auf dem Gebiet der Wirtschaft[11]. Ihre erste Sorge galt, wie eben gesagt, der Qualität ihrer Produktion, die sie als „gute und gerechte Ware" zum Verkauf bringen sollten. Dazu ergingen peinlich genaue Vorschriften in bezug auf die Rohstoffe und deren Verarbeitung. Das Verbot der Arbeit im Dunkeln sollte nicht nur der Feuergefahr vorbeugen, die in den leicht brennbaren Städten, wo nur die reichsten Bürger steinerne Wohnungen bezogen und die sonst meistenteils aus strohgedeckten und im Fachwerk zusammengefügten Hütten bestanden, leicht zu einer Katastrophe werden konnte; ebenso sollte mangelhafte Qualität vermieden werden. Weitere Anordnungen betrafen die Ausbildung. Die Lehrzeit fing oft im Kindesalter an, dauerte je nach Beruf durchschnittlich vier, bisweilen jedoch bis zu zwölf Jahren. Die geschulten Lehrlinge konnten als Gesellen in den Dienst eines Handwerksmeisters treten.

Manchmal aber führten sie als sog. Wandergesellen ihre Fachausbildung weiter, indem sie in mehreren Städten arbeiteten. Nach erfolgreicher Gesellenzeit, für die ebenfalls eine Mindestdauer festgesetzt war, konnte sich der Geselle um die Meisterschaft bewerben. Dazu war meistens erforderlich, daß er seine Qualifikation mit einer Fachprüfung, dem sog. Meisterstück, nachwies. Viele Gesellen gelangten aber nicht zur Position eines Meisters, weil ihnen entweder das Kapital fehlte, das zur selbständigen Ausübung des Berufs nötig war, oder die mit der Meisterprüfung verbundenen Aufnahmegebühren waren zu hoch, oder die Zunftrolle erschwerte die Aufnahme der Meister absichtlich.

Derartige Beschränkungen galten freilich auch in bezug auf die Aufnahme von Lehrlingen und Gesellen, und zwar mit doppelter Begründung: Einerseits war eine sorgfältige Ausbildung zu vieler durch einen Meister unmöglich, andererseits untergruben große Unterschiede in der Produktion und in dem dadurch erzeugten Wohlstand die innere Harmonie zwischen den Meistern. Dieses kleinbürgerliche Bestreben einer möglichst vollkommenen Nivellierung wird auch in anderer Hinsicht deutlich. So kam es vielfach vor, daß seltene Rohstoffe durch die Innung gemeinsam gekauft und unter ihren Meistern gleichmäßig verteilt wurden, daß kostspielige Berufseinrichtungen durch die Zunft angelegt und den Meistern zur Verfügung gestellt wurden und daß eine Höchstzahl von Geräten zur Ausübung des Berufs für einen jeden Meister festgesetzt war. Oftmals wurde sogar jede aktive Konkurrenz, wie z.B. durch Ausruf beim Verkaufen, untersagt.

Die Einschränkung der Meisterzahl sollte die Konkurrenz weiter ausschalten. Sie erfolgte auf verschiedene Weise, entweder indem die Meisterprüfung besonders schwierig gestaltet wurde oder durch Festsetzung einer Höchstzahl. In einigen Berufen ergab sich das von selbst, wie z. B. bei den Fleischern oder Fischhändlern, die ihre Ware in einer Fleischhalle oder einem Fischmarkt anzubieten verpflichtet waren und deren Zahl folglich durch die Zahl der dort verfügbaren Bänke bestimmt war; immer mehr Zünfte, denen derartige Bedingungen fernlagen, weil ihr Verkauf nicht in der Weise ortsgebunden war, folgten diesem Beispiel im Laufe der Zeit. Weiter schlossen sich viele Zünfte zu einem bestimmten Zeitpunkt ab, als sie die Meisterschaft den Meistersöhnen oder gar den Meisterwitwen vorbehielten, so daß eine neue Ehe mit einem Gesellen für diesen die Aussicht auf Erwerb der Meisterschaft eröffnete. Allerdings galten diese Schließungstendenzen nur für solche Berufe, die einen beschränkten Kundenkreis hatten oder ein bestimmtes Monopol ausübten. Solche Abschließungstendenzen hängen wohl auch mit dem Einsetzen der Krise des Spätmittelalters zusammen.

Von einer derartigen Einengung konnte schwerlich die Rede sein in Branchen, deren Erzeugnisse, vielfach in scharfem Wettbewerb, massenhaft dem Fernhandel dienten. Meisterschaft in einer der Zünfte schützte dabei nicht vor Verlust der wirtschaftlichen Selbständigkeit an die kapitalistischen Arbeitgeber, von denen sie Aufträge erwarteten. Diesem Unterschied in der tatsächlichen Initiative der Zunftmeister entsprach ein anderer in ihrer sozialen Stellung. Während die selbständigen Handwerker meistens den Reihen der städtischen Mittelschichten, bisweilen sogar der reicheren Oberschicht angehörten, standen die Arbeitnehmer aus den Exportbetrieben, einschließlich der Zunftmeister, unter dem Druck der Konkurrenz in den Absatzgebieten offenbar vielfach dem Lebensminimum bedenklich nahe.

Es wäre verfehlt anzunehmen, daß das Handwerk völlig zunftgemäß organisiert war. Erstens fehlte das Zunftwesen völlig in der ländlichen Gesellschaft. Aber auch in den Städten blieben mehr oder wenig zahlreiche Bevölkerungskreise außerhalb. Die Zahl und die Differenzierung der Zünfte waren natürlich von Stadt zu Stadt recht verschieden und in großem Maße von der Bevölkerung und Wichtigkeit bestimmt. In großen Metropolen konnte die Zahl der Zünfte nahe an die Hundert reichen. In kleineren Zentren dagegen waren nur die unentbehrlichsten Versorgungsbetriebe genügend besetzt, um in den meisten Fällen etwa ein halbes Dutzend Innungen stellen zu können. Wer seinen Erwerb anders verdiente, tat es vereinzelt. Überall aber gab es eine Unterschicht von Leuten ohne jegliche Ausbildung, die ihr spärliches Auskommen als Gehilfen in gleich welcher Arbeit suchten, und falls sie keines fanden, als Berufsbettler ihr Dasein auf Kosten der kirchlichen und privaten Wohltätigkeit führten[12]. Letzteres war auch das Los der infolge der mangelhaften Gesundheitsfürsorge zahlreichen Invaliden. Diese Schicht ist noch ungenügend bekannt und läßt sich auch im Hinblick auf die Quellenlage schwer erfassen. Es kann freilich nicht bezweifelt werden, daß sie einen nicht unbeträchtlichen Teil des Stadtvolks bildete.

Dieses „Lumpenproletariat" bildete und erneuerte sich durch eine ständige Einwanderung, vor allem in den größeren Städten, die im Ruf des Reichtums standen, nicht nur infolge des Wohlstands einer reichen Bürgerschaft und eines vielfältig entwickelten Gewerbes, sondern auch dank der zahlreichen und mit großem Besitz ausgestatteten wohltätigen Anstalten. Das stimmte freilich auch im Hinblick auf die gesamte Stadtbevölkerung. Von dieser Einwanderung zeugen die sog. Bürgerbücher, in die die vollrechtlich in die Stadtgemeinschaft aufgenommenen Mitglieder eingetragen wurden, nur zu einem verhältnismäßig kleinen Teil. Sie setzen frühestens in der zweiten Hälfte des 13. Jh. ein. Die Einbürgerung war mit relativ hohen Kosten verbunden, die sich nicht jeder leisten konnte oder wollte; deshalb bewarben sich nur bestimmte Gruppen von Einwanderern darum, das traf insbesondere für diejenigen zu, die die Meisterschaft in einer Zunft ausüben wollten, für die ja die Zugehörigkeit zum Bürgertum grundsätzlich erforderlich war.

Somit erteilen Bürgerbücher keine zuverlässige Auskunft zur Schätzung von Bevölkerungszahlen[13]. Höchstens kann die Zahl ihrer Eintragungen Hinweise über die relative Bedeutung einer Stadt und über den Rhythmus ihres Wachstums erteilen. Genaue Zahlen gibt es leider in Anbetracht der Quellenlage gar nicht. Zu einer auch nur annähernden Bestimmung sind die Angaben der Zeitgenossen mit wenigen Ausnahmen ebenfalls völlig wertlos: Eine Bevölkerung mit einiger Genauigkeit zu zählen lag dem Geist des Mittelalters fern, man begnügte sich mit groben Veranschlagungen, die nur den Eindruck einer Menge vermitteln sollten. Zum Glück stehen uns jedoch andere Mittel zur Verfügung. Die Besiedlungsfläche, wie sie sich entweder aus der Topographie der noch lebenden Stadt oder durch Ausgrabungen herausstellt, gibt einen Anknüpfungspunkt zur Berechnung, bisweilen auch zur Kontrolle überlieferter Zahlen. So gestatteten archäologische Untersuchungen, die Bevölkerung der Handelszentren der germanischen und slawischen Welt auf nicht höher als 1000–2000 Einwohner zu bestimmen, während andererseits Byzanz auf seinem Höhepunkt etwa unter Justinian dem Großen (526–565), unter Berücksichtigung der Tatsache, daß nicht mehr als 1000 Hektar des Stadtgebiets tatsächlich bebaut waren, höchstens 300 000 Einwohner zählte, also keine Millionenstadt war, wie die Tradition wissen wollte.

Im Früh- und Hochmittelalter gab es übrigens nur in der byzantinischen und islamischen Welt wirkliche Großstädte, die über 50 000, gewiß aber nicht mehr als 100 000 Einwohner zählten; das gilt insbesondere für Thessalonike und die Kalifenhauptstadt Córdoba. Zumal die alten römischen Städte verloren damals, wie schon bemerkt, rasch an Bevölkerungszahl. Diese Tendenz schlug mit dem endgültigen Übergang zu einer positiven Phase im Wirtschaftstrend um. Doch sind einigermaßen zuverlässige Angaben über die Stadtbevölkerung vor dem 14. Jh. überaus selten, so wie sie aus den „Domesday"-Erhebungen erhellen, wo sich gegen Ende des 11. Jh. für London etwa 10 000, für Winchester und York ungefähr 8000 Einwohner usw. ergeben. Mit dem Spätmittelalter aber wird das Bild befriedigender; nun gab es eine größere Zahl von meist zu steuer- oder wehrmäßigen Zwecken ausgeführten Zählungen entweder bestimmter Einwohnerkategorien oder Haushaltungen, die dann nach Extrapolation der nicht erfaßten Bevölkerungsteile zu einer Schätzung der gesamten Einwohnerzahl führen.

Daß dabei noch ein großes Maß von Unsicherheit übrigbleiben kann, beweist das Beispiel Paris, für das nach dem „Etat des paroisses" von 1328 eine Einwohnerzahl angenommen wird, die zwischen 80 000 und 275 000 lag. U. E. bietet die untere Zahl eine weitaus größere Wahrscheinlichkeit. Damit freilich war die französische Hauptstadt schon eine der wenigen wirklich großen europäischen Hauptstädte, zu denen außerdem wohl nur das italienische Quartett Florenz, Genua, Mailand und Venedig gehörte: Für sie wird am Vorabend des Schwarzen Todes eine Bevölkerung von je nahezu 100 000 angenommen. Eine zweite Klasse, zu der man die Städte mit einer Einwohnerzahl von etwa 25 000–60 000 zählen darf, war damals ebenfalls noch ziemlich spärlich vertreten, ausgenommen in Italien mit seiner auffallend starken Verstädterung und großen Dichte. Ihr gehörten in Spanien Barcelona, Córdoba, Sevilla und Granada, in Frankreich die bedeutendsten Provinzstädte an, so Marseille, Toulouse, Bordeaux, Lyon, Rouen, Arras und Lille, in den Niederlanden Brügge, Gent und Brüssel, in England einzig und allein London, im deutschen Reich nur Köln, Lübeck und Prag. Wahrscheinlich war das verfallene Byzanz inzwischen ebenfalls auf dieses Größenmaß herabgesunken. Sehr viel zahlreicher waren die Mittelstädte mit einer Bevölkerung zwischen 5000–25 000 über ganz Europa verbreitet. Sie umfaßten u.a. die bedeutenderen Städte der deutschen Hanse, weiter Nürnberg und Wien, die sich beide der oberen Grenze dieser Zahlen näherten, freilich auch die damals größte Stadt Skandinaviens, Stockholm, das nicht mehr als 7000–8000 Einwohner zählte, die restlichen Provinzhauptstädte Frankreichs usw. Schließlich gehörten weitaus die meisten europäischen Städte entweder zu dieser Kategorie oder zu der ebenso zahlreichen der Kleinstädte mit unter 5000 Einwohnern. Letztere umfaßten namentlich auch eine Anzahl Ortschaften, die bloß formell durch Erteilung eines Stadtrechts als Stadt bezeichnet wurden, ohne es im sozialwirtschaftlichen Sinne des Wortes zu sein.

[1] *H. Pirenne:* La ville et les institutions urbaines (2 Bde., 1939).
E. Ennen: Frühgeschichte der europäischen Stadt (1953).
La ville (3 Bde., 1954–57).
Fr. Rörig: Die europäische Stadt des Mittelalters (1955).
Th. Mayer (Hg.): Studien zu den Anfängen des europäischen Städtewesens (1958).
C. Haase: Die Stadt des Mittelalters (3 Bde., 1959–76).
H. Stoob: Forschungen zum Städtewesen in Europa. I. Räume, Formen und Schichten der mitteleuropäischen Städte (1970).

[2] *M. Lombard:* L'évolution urbaine pendant le haut moyen âge. In: Annales. Econ. Soc. Civilis. 12 (1957), S. 7–28.
La città nell'alto medioevo (1959).
Topografia urbana e vita cittadina nell'alto medioevo in Occidente (2 Bde., 1974).

[3] *W. Vogel:* Wik-Orte und Wikinger. Eine Studie zu den Anfängen des germanischen Städtewesens. In: Hansische Geschichtsblätter 60 (1935), S. 5–48.
H. Ludat: Vorstufen und Entstehung des Städtewesens in Osteuropa (1955).

[4] *F. L. Ganshof:* Etude sur le développement des villes entre Loire et Rhin au moyen âge (1944).
E. Maschke u. *J. Sydow* (Hgg.): Stadterweiterung und Vorstadt (1969).
A. Lombard-Jourdan: Oppidum et banlieue. Sur l'origine et les dimensions du territoire urbain. In: Annales. Econ. Soc. Civilis. 27 (1972), S. 373–395.

[5] *J. Lestocquoy:* Aux origines de la bourgeoisie. Les villes de Flandre et d'Italie sous le gouvernement des patriciens, XIe–XVe siècle (1952).
J. L. Romero: La revolución burguesa en el mundo feodal (1967).
Y. Renouard: Les villes d'Italie de la fin du Xe siècle au début du XIVe siècle (2 Bde., ^{2}1969).

[6] *P. Lavedan:* Histoire de l'urbanisme. I: Antiquité, moyen âge (1959).

[7] *H. Jecht:* Die gesellschaftliche Struktur der mittelalterlichen Städte. In: Vierteljahrschr. f. Soz.- u. Wirtschaftsgesch. 19 (1926), S. 48–85.

[8] *E. Werner:* Stadtluft macht frei. Frühscholastik und bürgerliche Emanzipation in der ersten Hälfte des XII. Jhs. (1976).

[9] *M. Mollat* u. *Ph. Wolff:* Ongles bleus, Jacques et Ciompi. Les révolutions populaires en Europe aux XIVe et XVe siècles (1970).

[10] *F. Keutgen:* Ämter und Zünfte (1903).
R. Eberstadt: Der Ursprung des Zunftwesens (1915).
P. S. Leicht: Corporazioni romane e arti medievali (1937).
E. Coornaert: Les corporations en France avant 1789 (1941).
C. Wyffels: De oorsprong der ambachten in Vlaanderen en Brabant (1951).

[11] *E. Schmieder:* Geschichte des Arbeitsrechts im deutschen Mittelalter (1939).

[12] *M. Mollat* (Hg.): Etudes sur l'histoire de la pauvreté (moyen âge – XVIe siècle) (2 Bde., 1974). Ders.: Les pauvres au moyen âge (1978).

[13] *H. Ammann:* Wie groß war die mittelalterliche Stadt? In: Studium Generale 9 (1956). *L. Genicot:* Les grandes villes d'Occident en 1300. In: Economies et sociétés au moyen âge. Mélanges offerts à E. Perroy (1973), S. 199–219.

4. Geistliche und Gelehrte[1]

Neben der Laiengesellschaft von Fürsten, Adel, den Bürgern in den Städten und den Bauern führte die Kirche eine eigene, in derselben Weise hierarchisch aufgebaute Existenz. Aber diese mußte sie führen mitten in einer Gesellschaft von Laien, mit der sie konfrontiert wurde. Mit ihr mußte sie auf die eine oder andere Weise zu einer Abmachung kommen, um ihrer Sendung treu bleiben zu können und doch in ihren materiellen Bedürfnissen versorgt zu werden. Sie mußte sich also der Laiengesellschaft in gewissem Maße integrieren.

Nach Jahrhunderten ergebnisloser Verfolgungen war dem Christentum am Anfang des 4. Jh. religiöse Toleranz zugestanden worden, und von diesem Augenblicke an hatte es seine Position ständig verstärkt, bis Theodosius der Große im Jahre 392 die Ausübung jeder anderen Religion verbot und seine Nachfolger die Heiden und die Anhänger der als Ketzerei erklärten Lehren verfolgten. Mit unter dem Druck der neuen Politik der Kaiser erlebte das Christentum eine viel schnellere Verbreitung als bisher. Schon im 5. Jh. wurden die Bekenner des griechisch-römischen Heidentums die Ausnahme; im 6. Jh. verschwand es vollständig, zuletzt auf dem platten Lande. Als die germanische Völkerwanderung einsetzte, waren mindestens die Städte im Römischen Reich, sowohl im Westen als auch im Osten, so gut wie vollständig christianisiert. Es lag darum auch im Interesse des Zusammenhalts der neuen germanischen Staaten, daß ihre Könige, was auch immer ihre innere Glaubensüberzeugung gewesen sein mag, sich der Anhänglichkeit ihrer romanisierten Untertanen versicherten, die wegen ihrer höheren Bildung als Mitarbeiter in der Verwaltung in Frage kamen, und darum ihrerseits zum Christentum übertraten. Das war übrigens bei den Westgoten schon vor ihrer Ansiedlung auf römischem Boden während des 4. Jh. geschehen. Die Könige der anderen germanischen Reiche folgten, mit Ausnahme der angelsächsischen, diesem Vorbild im Laufe des 5. Jh. Ihre Bekehrung und der Druck, den sie aus diesem Grunde ausübten, brachte dann weiter diejenige ihrer Gefolgschaft mit sich.

Eine allgemeine Verbreitung des christlichen Glaubens unter der Volksmasse war aber wesentlich das Werk von Mönchen[2]. Seit dem 4. Jh. hatten, vor allem im griechischen Osten, fromme Männer den Weg der Heiligung darin gesucht, daß sie in der Einsamkeit ein Leben der Buße und des Gebetes führten, das allein dadurch eine Abwechslung erfuhr, daß sie dem Volk, das zu ihrer Verehrung auszog, Predigten hielten. Ihr Vorbild fand auch im Westen Nachahmung bis an das Ende des Mittelalters, wenn auch eher als Ausnahme. Denn schon bald kam der Brauch auf, daß die Eremiten eine ziemlich lose Gemeinschaft zu bilden begannen unter einer geistlichen Leitung und nach den Vorschriften einer Regel. Als auch diese Lebensweise im Westen Eingang fand, nahm sie einen Charakter an, der sich von der beschaulichen Art, die im Osten vorherrschte, unterschied: Gebet und Meditation wechselten ab mit Studien, körperlicher Arbeit und der Ausübung des Apostolats. Dieser neue Charakter kam besonders in der Regel des Benedikt von Nursia (gest. um 547) zum Ausdruck, die er seinen Jüngern gab.

Eine hervorragende Art der Ausübung des Apostolats war es, bei den Heiden und den von der kirchlichen Gemeinschaft abgesonderten Christen zu predigen. Dies geschah in großem Maßstab seit dem 6. Jh., und dadurch wurde den Ketzereien, die bis dahin im Westen verbreitet waren, ein Ende gemacht, vornehmlich dem unter den Westgoten und unter ihrem Einfluß verbreiteten Arianismus. Zugleich fand der Christenglaube nun endgültig allgemeinen Eingang bei allen Schichten der Bevölkerung in den christianisierten germanischen Staaten. Zum Schluß wurde er von den Missionaren in heidnische Länder gebracht, so nach Irland seit dem 5. Jh., nach England und Schottland seit dem 6. Jh. Bei den jenseits des Rheins wohnenden deutschen Stämmen wurde seit dem 6. Jh. missioniert, dagegen östlich der Elbe erst nachdem die deutschen Könige seit dem 9. Jh. ihre Macht über dieses Gebiet ausdehnten. Von Deutschland aus drang das Christentum im 10. Jh. nach Böhmen, Mähren, Polen und Ungarn vor. Nach Skandinavien zogen die ersten Missionare schon seit dem 8. und 9. Jh., aber es dauerte bis zum 11. Jh., bevor das Christentum siegte. In Finnland wurde es sogar erst nach der schwedischen Eroberung im 12. Jh. gepredigt. Inzwischen war auch von Byzanz aus missioniert worden. Die in Mösien eingedrungenen Bulgaren nahmen im 9. Jh. das Christentum an, und im 10. Jh. fand die Bekehrung des Großfürsten von Kiev statt, der nach bekanntem Rezept sein neues Bekenntnis seinen Untertanen aufzwang.

Um die Jahrtausendwende war das Christentum also in ganz Europa die einzig anerkannte Religion geworden. Die alleinige Ausnahme bildeten die vom Islam beherrschten Gebiete im Süden auf der einen, die heidnischen Wildnisse im hohen Norden auf der anderen Seite. Das bedeutete selbstverständlich nicht, daß sein Gehalt von allen seinen Bekennern vollständig erkannt worden wäre. Seine Dogmen waren zu kompliziert, um von nicht theologisch Gebildeten voll verstanden zu werden, und wurden um so weniger begriffen, je mehr man auf der Skala der geistigen Bildung herunterstieg. Bei weitaus den meisten führte das Christentum sich zurück auf eine gefühlsmäßige Furcht vor dem unbekannten Nachher, dessen Drohungen dadurch abgekauft werden mußten, daß man die göttlichen Gebote hielt, wie sie von den Geistlichen vorgeschrieben wurden, daß man mit den Geistlichen auf gutem Fuße stand, daß man im besonderen ihre Gunst durch Geschenke und Stiftungen gewann und an den wichtigsten religiösen Übungen teilnahm. War man seinen Pflichten zu wenig eifrig nachgekommen, konnte eine freigebige Stiftung an die Kirche in der Todesstunde noch viel gutmachen. Im übrigen wurde der Glaube im allgemeinen durch ein hohes Maß von Aberglauben durchsetzt, der oft aus einer uralten heidnischen Vergangenheit stammte. Jedenfalls bildete das religiöse Denken durch das ganze Mittelalter hindurch einen überall gegebenen Hintergrund für das Tun und Lassen der Menschen und für jede Handlung im gesellschaftlichen Leben, das immer wieder unter Gottes und seiner Heiligen Schutz gestellt wurde[3].

Die Geistlichen selbst waren weit davon entfernt, stets ihren Standespflichten nachzukommen, und mußten von Zeit zu Zeit durch eine Reform wieder auf den rechten Pfad gebracht werden, so in der karolingischen Zeit und dann wieder im 11. Jh. unter dem Einfluß von Papst Gregor VII. (1073–85) und von Mönchen, die nach der ursprünglichen Sauberkeit und Strenge ihrer Regel zurückverlangten. Ein immer wieder auftretender Faktor für den Verfall der geistlichen Zucht war ja der Reichtum[4]. Dieser hatte sich in der Zeit, als die Kirche aus dem Untergrund heraustrat, durch die Frömmigkeit der spätrömischen Kaiser entwickelt, die sie mit den Besitzungen der aufgehobenen heidnischen Tempel und anderer Einrichtungen beschenkt hatten. Andererseits wurden die Stiftungen der Gläubigen mit dem Anschwellen ihrer Zahl in wachsendem Maße wichtiger. Diese Entwicklung fand ihre Fortsetzung nach dem Untergang des Reiches im Westen sowohl durch die Kaiser in Byzanz und ihre Untertanen, von den Höchstgestellten bis zu den niedrigsten Bauern, als auch in den neuen Staaten im Westen. Wann immer neue Abteien gestiftet wurden, wurden sie ausgestattet mit einer solchen Menge Land, die für genügend angesehen wurde, den Bedürfnissen der zu ihnen gehörenden Geistlichen nachzukommen. Und dieser Besitz neigte dazu, durch die Freigebigkeit der Gläubigen stets weiter anzuwachsen, und das um so mehr, als für ihn keine Erbteilung galt. Auch die Bistümer sammelten ansehnlichen Grundbesitz durch Schenkungen aus allen möglichen Ständen, nicht zum wenigsten von den Bischöfen selbst, die gewöhnlich aus der reichen Aristokratie ihres Volkes hervorgingen. Gerade der Reichtum und die Macht der Kirche wie auch ihr geistiges Ansehen veranlaßten viele kleine Leute dazu, sich mit ihrem gesamten Hab und Gut ihr anzuvertrauen. In dieser Zeit rauher Sitten zögerten übrigens viele Geistliche ebensowenig wie Laien, Zwang auf sie auszuüben. So hat die Kirche genau so wie Grundbesitzer aus dem Laienstande ihren Anteil an der Entwicklung der Grundherrschaft gehabt.

Neben dem Ertrag ihres Grundbesitzes kam die Kirche in den Genuß von Zehnten, d.h. des Anrechts auf einen Teil, der nicht notwendigerweise der „zehnte" zu sein brauchte, von den Feldfrüchten und dem Nachwuchs an jungem Vieh, der in einer Pfarrei erzeugt wurde. Ursprünglich war eine Pfarrei dasselbe wie ein Bistum; aber schon im frühen Mittelalter wurde dies in verschiedene Pfarrbezirke aufgeteilt, und jene wurden nach der Jahrtausendwende mit der Bevölkerungszunahme immer zahlreicher. Das Recht auf den Zehnten beruhte auf verschiedenen Bibelstellen, die dieses den jüdischen Leviten zuerkannten[5] und wurde von den Konzilien der Kirche seit dem 6. Jh. und z. B. von den karolingischen Kapitularien in Analogie dazu der Geistlichkeit zugesprochen. Allerdings wurden nicht alle Zehnten zum Vorteil der Kirche erhoben. Vom 7. bis zum 11. Jh. haben viele Adelige im Westen zugunsten ihrer Untergebenen sog. Eigenkirchen gestiftet, die sie und ihre Erben als ihr privates Eigentum ansahen. Aus dieser Anschauung leiteten sie das Recht ab, auf eigene Rechnung den Zehnten zu erheben, wovon sie einen oft geringen Teil, die *portio congrua*, an den ebenfalls von ihnen kraft ihres sog. Patronatsrechts eingesetzten Parochialgeistlichen für dessen Unterhalt abtraten. Andere Zehnten wurden in unruhigen Zeiten mit Gewalt von Laien usurpiert.

Es ist nicht verwunderlich, daß die Kirche in allen christlichen Ländern vom frühen Mittelalter an der größte Grundbesitzer wurde und daß ihre Besitzungen den fränkischen Hausmeiern und Königen seit Karl Martell als eine Möglichkeit erschienen, bei dem unzulänglichen eigenen Domänenbesitz durch die Ausgabe von Benefizien sich eine Gefolgschaft von Vasallen zu schaffen. Aber was die kirchlichen Einrichtungen auf dieser Seite verloren, wurde einstweilen zu einem guten Teile wieder eingeholt durch neue Schenkungen, welche die neu aufkommende feudale Schicht ihnen machte. Der Wechsel zwischen Verlust und Gewinn wiederholte sich immer wieder aufs neue bis an die Schwelle des Spätmittelalters, obwohl mit der Zeit dieses Gleichgewicht sich zum Schaden der Kirche verschob, je mehr in der damaligen Zeit Grundflächen, die ohne große Mühe kultiviert werden konnten, für die wachsende Bevölkerung beansprucht wurden. Unter denen, die sich an kirchlichem Besitz vergriffen, waren die Verwalter, die oft auf abgelegenen Gütern tätig waren, sowohl im Byzantinischen Reich als auch im Westen nicht die am wenigsten gefährlichen.

Während im Frühmittelalter bis ungefähr an die Jahrtausendwende genug gerodeter Boden zur Verfügung stand, um viele neue Klöster aufzunehmen, zeigten einige Mönche aber schon damals eine ausgesprochene Vorliebe dafür, sich auf wüstem Grunde niederzulassen. Die Mönche sollten im Schweiße ihres Angesichts im Geiste der Benediktiner oder anderer Orden durch eigene Arbeit den Grund entwüsten, so daß ihre Gemeinschaft davon leben konnte[6]. Die Spiritualität der cluniazenser Reform (seit 909), die in zahlreichen alten und neuen Stiftungen Eingang fand, legte stärker als vorher den Nachdruck auf das Chorgebet zum Nachteile der körperlichen Arbeit. Auf die Dauer führte das zu einer Reaktion, die sich in der Stiftung des neuen Ordens der Zisterzienser äußerte (1098). Dieser legte mit großer Energie und mit Hilfe einer ansehnlichen Schar von Laienbrüdern auf vorher wüstem Grund stattliche Domänen an und berief dazu auch Kolonisten, die zur Zeit eines starken Bevölkerungszuwachses nach Land hungerten. Sie teilten zu diesem Ziele ihren Besitz in Außenhöfe *(grangiae)* ein, auf denen eine Gruppe von Laienbrüdern die Leitung der Arbeiten übernahm. Obwohl sie sich in erster Linie der Seelsorge widmeten, brauchten auch die Prämonstratenser (1121) Grundbesitz als materielle Grundlage ihrer Aktivität, und auch sie teilten diesen auf gleiche Weise ein. Beide Orden spielten so eine besonders wichtige Rolle im Prozeß der umfangreichen Landrodung, der in den ersten Jahrhunderten des zweiten Jahrtausends das Äußere von beinah ganz Europa gründlich veränderte. Die Abteien formten, zusammen mit der weltlichen Geistlichkeit, den Bischöfen und den Kapiteln, mit den Hospitälern und anderen karitativen Einrichtungen einen ansehnlichen Teil des Herrenstandes, der die Gesellschaft auf dem Lande beherrschte und vor deren Mündigwerdung von ihrer Arbeit lebte.

Mit der Zeit verlor aber die Frömmigkeit, die die neuen Orden ins Leben gerufen hatte, ihren Impuls. Mit den immer größeren und besseren Renditen ihres Grundbesitzes erlagen auch sie ihrerseits den Versuchungen des Reichtums. Im Gegensatz dazu entwickelte sich die neue Armutsbewegung[7]. Zu allen Zeiten hatten Christen freiwillig nach dem Ideal des Evangeliums gestrebt und sich von den irdischen Gütern losgesagt, aber der große Reichtum der kirchlichen Einrichtungen gab dieser Bewegung seit der Mitte des 12. Jh. im besonderen bei den Albigensern in Südwestfrankreich, den Waldensern im Alpengebiet und den Humiliaten in der Lombardei einen Massencharakter, durch den gleichzeitig der Obrigkeitsanspruch der kirchlichen Hierarchie bekämpft wurde. Sie wurden deshalb von der Kirche und der staatlichen Obrigkeit verfolgt, die es beide als ihre Aufgabe ansahen, die Rechtgläubigkeit zu bewahren. Die Stiftung der Bettelorden, vornehmlich der Orden der Franziskaner (1209), der Dominikaner (1216) und der Karmeliten (1245) versöhnte die Armutsbewegung mit der Kirche des Westens. Sie entsagten jedwedem Eigentum außer demjenigen ihrer Klostergebäude und lebten im wesentlichen Tag um Tag von den Gaben des gläubigen Volkes, in dessen Mitte sie ihre Predigten außerhalb jedes Pfarrverbandes hielten, auch zu dessen Ergänzung. Ihr Tätigkeitsgebiet lag darum, im Gegensatz zu den anderen Orden, in den Städten, in denen die Organisation der Pfarreien den Gleichschritt mit der wachsenden Bevölkerungszunahme nicht hatte halten können.

Inzwischen zeigte sich bei den älteren Orden im Laufe des 13. Jh. eine tiefe Krise. Die neuen Formen der Frömmigkeit zogen immer mehr einfache Leute an, ins Kloster zu gehen, und das fand seinen Niederschlag in der geringeren Berufung von Laienbrüdern. Die Domänenorganisation der Abteien kam dadurch in Bedrängnis, und in immer wachsendem Maße sahen sich die Abteien gezwungen, ihre Außenhöfe zu liquidieren und in Zins- oder Pachtgüter umzuwandeln. Oder sie mußten die Fronverpflichtungen herabsetzen und diese durch teure Lohnarbeit ersetzen. Während sie ihr teilweise üppiges Leben weiterführten, wurden sie, wie alle kirchlichen Einrichtungen, schwer getroffen durch die sich verstärkenden Forderungen der päpstlichen Fiskalität[8], die der gesamten römischen Kirche eine Vielzahl von Lasten auferlegte: Annaten, d.h. das geschätzte Aufkommen eines Jahresbetrages bei der Ernennung für ein kirchliches Benefiz, Servitien, d.h. Kanzleirechte, die bei jeder Ernennung gefordert wurden, Dezimen, d.h. außergewöhnliche Erhebungen von 10 % auf das geschätzte kirchliche Einkommen, Spolien, d.h. ein Erbrecht bei jedem Geistlichen, der ohne Testament verstarb, Visitationsrechte bei dem Besuch ad limina eines jeden Bischofs usw. Alle diese Einkünfte wurden mit einer vorbildlichen Effizienz von der Apostolischen Kammer eingezogen. Für viele Abteien hatten sie seit dem Ende des 13. Jh. eine schwere Finanzkrise im Gefolge, die sich um so schlimmer auswirkte, als die Freigebigkeit der früheren Geschlechter gegenüber der Kirche nachgelassen hatte. Schenkungen an kirchliche Einrichtungen, vor allem in der Todesstunde, kamen sehr oft vor. Aber die Zunahme der

Bevölkerung machte den Grund und Boden für die Erben zu kostbar, als daß noch wie früher ganze Domänen übertragen wurden. Die Schenkungen beschränkten sich deshalb im Normalfalle auf ein Stück Land, bestenfalls einen Bauernhof, oft auch auf eine Summe Geldes oder eine Rente. Die weltliche Hierarchie war ebenfalls dem päpstlichen Fiskus unterworfen, aber hatte ihrerseits die Möglichkeit, ihre Ausgaben auf die ihnen Unterstellten zu verlagern, die Bischöfe auf ihre Pfarrgeistlichen und diese wiederum auf ihre Pfarrangehörigen, die für allerlei Arten von Seelsorge, z. B. für die Austeilung von Sakramenten, bezahlen mußten. So bot der geistliche Stand, trotz der Lasten, die er mit sich brachte, wie früher schon, auch ohne daß irgendeine geistliche Berufung vorhanden war, die Sicherheit, einer gemächlichen und reichen oder wenigstens befriedigenden Existenz entgegenzugehen, und war so auf allerlei Ebenen für Pfründenjäger eine Zuflucht. Da im Laufe der Zeit die Verfügung über viele kirchliche Stellen in die Hand von Laien, Fürsten oder Herren gekommen war oder da diese Einfluß auf die Wahl von Bischöfen oder Äbten ausübten, benutzten sie dieses Ernennungsrecht oder diesen Einfluß, oft gegen Bezahlung, um ihre Schützlinge mit dem Benefiz auszustatten. Oft genug nahmen diese letzteren nicht einmal die Pflichten ihres Amtes wahr, sondern übertrugen diese an einen armen Priester, dem sie dafür einen kärglich bemessenen Lohn auszahlten. Es war keineswegs selten, daß ein auf dem Lande tätiger Pfarrer ein unzulängliches Einkommen durch körperliche Arbeit als Bauer vervollständigen mußte. Diese Zustände in der Kirche führten natürlich zu Spannungen zwischen der in Wohlstand lebenden höheren Geistlichkeit und anderen Inhabern von Benefizien auf der einen und einem schlecht bezahlten Priesterproletariat auf der anderen Seite. Auch in den Abteien war oft eine tiefe Kluft zwischen dem Abt, der über einen ansehnlichen Teil der Besitzgüter nach eigenem Gutdünken verfügte, und der Gemeinschaft der Mönche, die ihren Lebensunterhalt aus dem Rest der Einkünfte bestreiten mußte.

Schon früher ist darauf hingewiesen worden, daß kirchliche Einrichtungen neben den mächtigen Laien einen wichtigen Platz in der feudalen Ordnung einnahmen, auch in der Entwicklung der Grundherrlichkeit. Speziell im Deutschen Reich wurde diese Erscheinung unter den Ottonen gefördert als ein Gegengewicht gegen die Tendenzen der großen Laien, ihre Lehen erblich zu machen. Auf diese Weise entstand eine große Anzahl von Fürstbistümern und Fürstabteien, die enger als die Laienlehen der kaiserlichen Gewalt unterworfen blieben. Dagegen trat das Papsttum im Laufe des 11. und 12. Jh. auf.

Die Gregorianische Reform, so genannt nach Papst Gregor VII., führte die deutsche Monarchie in einen heftigen Streit mit der Kurie, den sog. Investiturstreit, der durch einen Kompromiß beigelegt wurde: Während das Prinzip der Einstellung von kirchlichen Hoheitsträgern nach einer rein kirchlichen Prozedur gewahrt wurde, blieb ihre Belehnung mit territorialem Besitz doch eine Sache der weltlichen Macht, die dadurch weiterhin imstande war, die Wahl ihr genehmer Kandidaten durch die Dom- oder Klosterkapitel durchzusetzen. Der spätere Verfall der kaiserlichen Macht brachte in diesem Punkte keine andere Veränderung, als daß die Reichsfürsten statt des Kaisers, oft in scharfem Gegensatz untereinander, ihren Einfluß auf die Wahl ausübten.

Auch außerhalb des Reiches, wo das Verhältnis zwischen Kirche und Staat nicht in demselben Maße vom Lehnsrecht beherrscht wurde, verfügten Könige und hohe Feudalherren über die hohen geistlichen Ämter und verliehen diese an ihre Vertrauten. Diese letzteren lieferten übrigens in verbreitetem Umfang in der lateinischen Christenheit das höhere politische Personal und wurden, so wie das auch gebräuchlich war für weniger bedeutende Mitarbeiter in der Verwaltung, durch Zuerkennung von kirchlichen Benefizien wenigstens zu einem Teil bezahlt. Nachdem die verwaltungstechnischen Organisationsformen des Römischen Reiches untergegangen waren, wurde diese

Aufgabe im Westen nach Möglichkeit Geistlichen anvertraut, die von den Königen an den Hof geholt wurden und ihre Kanzlei wie ihre Schatzkammer betreuten. In dem Maße, wie die Regierungsmacht unter mächtigen Feudalherren verteilt wurde, griffen auch diese auf Geistliche zurück, um sich von ihnen bei der Verwaltung unterstützen zu lassen. Als das Christentum sich außerhalb der Grenzen des ehemaligen Römischen Reiches ausbreitete und die neubekehrten Gebiete sich zu einem höheren kulturellen Niveau erhoben, wurden die Regierungsaufgaben auch da in großem Maße Geistlichen anvertraut. Das geschah nun sogar in den osteuropäischen Ländern, die von Byzanz aus missioniert worden waren, aber nicht wie das Oströmische Reich über eine Beamtenschaft verfügten, die nach antiker Tradition geschult war. Und tatsächlich, auch wenn Justinian der Große im Jahre 529 aus Abneigung gegen die heidnische Tradition die berühmte Rhetoren-Schule in Athen schloß, auch wenn die byzantinischen Mönche aus religiösen Gründen Feindschaft gegen die weltliche Gelehrsamkeit zeigten, beschirmten doch die griechischen Kaiser die Schulen der Hauptstadt und der großen Städte im Reich.

Daß anderswo Geistliche berufen waren, eine politische Rolle zu spielen, hatte seinen Grund darin, daß sie in der damaligen Gesellschaft die einzigen waren, die einige geistige Bildung besaßen, wie sehr ihr Niveau auch in gewissen Zeiten gesunken war[9]. Namentlich im Frühmittelalter stand die Kirche in ihrem religiösen Eifer der klassischen Kultur eher feindlich gegenüber, und die unruhigen Perioden in dieser Zeit förderten ebensowenig den Sinn für die Studien. In Gallien und Spanien verschwanden die alten Schulen aus den Städten, und der Unterricht, dazu noch in seiner elementarsten Form, beschränkte sich auf Klosterschulen, die kein anderes Ziel hatten, als die jungen Mönche zu befähigen, die Bibel zu lesen und an den kirchlichen Zeremonien teilzunehmen. Trotzdem fanden die merowingischen Könige gerade hier Mitarbeiter, die, wenn auch in barbarischem Latein, für ihre Kanzlei Bücher mit Formularen oder mit deren Hilfe ihre Urkunden verfaßten.

In Italien, wo das Erbe der Antike reichlicher war, blieb das Schulwesen auf einem höheren Stand; es hatte dort ebenfalls seine Zuflucht in den Klöstern gesucht, wenn auch außerhalb von ihnen Schulen bestanden. Hier hatten sich Boethius und Cassiodor am Hofe Theoderichs des Großen (474–526) bemüht, das Wesen der antiken Gelehrsamkeit und die antiken Unterrichtsmethoden an die Forderungen des christlichen Glaubens anzupassen. Trotz ablehnenden Verhaltens Gregors des Großen (590–604) gegen das Interesse der Geistlichen für weltliche Wissenschaft blieb die Kultur auf der Halbinsel auf einer für diese Zeit außerordentlichen Höhe. Sie hatte sich sogar, als von Italien aus die angelsächsische Mission organisiert wurde, mit ihr nach den britischen Inseln ausgedehnt und sich dort auf einem relativ hohen Stand gehalten. Es ist besonders kennzeichnend für das enge Miteinander zwischen Kirche und Politik, daß die ersten Karolinger, als sie die staatliche Macht restaurieren wollten, mit Rücksicht auf dieses Ziel eine Wiederherstellung der Zucht in der Kirche und speziell ihrer geistlichen Entwicklung förderten, die sowohl religiösen als auch weltlichen Zielen dienten. Mit Hilfe von lombardischen und angelsächsischen Gelehrten schuf Karl der Große ein Netzwerk von Schulen und verpflichtete alle Bischöfe und Äbte seines Reiches, den Unterricht in den sieben Freien Künsten nach dem Modell, das Martianus Capella im 5. Jh. aufgestellt hatte, zu sichern. Sogar für die Laien an seinem Hof wurde eine Palastschule eingerichtet, in der sie und er selbst die Anfangsbegriffe im Lesen und Schreiben lernen sollten. Die Unordnung, in die der Westen im 9. Jh. versank, unterbrach die Auswirkung der karolingischen Renaissance. Sie lebte aber, und dann für immer, nach dem Ende der zweiten Welle feindlicher Einfälle, unter anderem unter dem Einfluß Ottos des Großen, von neuem auf. Dabei wirkten dieselben Beweggründe mit, die Karl dem Großen vor Augen gestanden hatten[10].

Mit dem Aufkommen der Städte und der Stiftung zahlreicher Kapitelkirchen in ihnen wurden diese die Brennpunkte des intellektuellen Lebens, das nun übrigens seine Aufgabe höher stellte als das Übermitteln der Freien Künste[11]. Diese wurden fortan nur als eine Vorbereitung dazu aufgefaßt. Die Fortschritte im Studium der Logik waren die Vorbedingung für andere Wissenschaften, die mehr auf das Leben ausgerichtet waren. Die Entwicklung der Mathematik fand ihre Anwendung in der romanischen und vom 12. Jh. an in der gotischen Baukunst. Die Konflikte zwischen Kirche und Staat belebten das Interesse für die theoretischen Fundierungen der politischen Gewalt und aus diesem Grunde für das kanonische und das ziemlich in Vergessenheit geratene römische Recht, das übrigens auch in der privatrechtlichen Sphäre für eine Gesellschaft in voller Entwicklung gebrauchsfertige Lösungen anbot. Die Rechtsschule von Bologna, die um 1100 entstand, wurde mit ihren Tochtereinrichtungen, die sich über die gesamte westliche Christenheit verbreiteten, eine Schule, aus der das Personal der Kirche wie auch das der Monarchen und der großen Feudalherren hervorging. Sie erhöhten dessen Zweckmäßigkeit bedeutend. Das galt gleichzeitig für eine zahlreiche Schar von Advokaten, Notaren usw., die ins Rechtsleben der Gemeinschaft eine bis dahin unbekannte Ordnung brachten.

Der kulturelle Aufschwung des Westens verdankte sehr viel seinen erneuten Kontakten mit Byzanz und dem Islam. Wie schon gesagt, war die antike Wissenschaft im Oströmischen Reich in Ansehen geblieben. Andererseits hatte der Islam nach der Eroberung der Brennpunkte der hellenistischen Kultur in Syrien und Nordafrika sich diese assimiliert. Mit Hilfe der arabischen Spracheinheit von Persien bis nach Marokko und Spanien (so wie das Latein eine solche für die westliche Christenheit darstellte) hatte eine Weiterentwicklung stattgefunden. Der Kontakt mit Indien bereicherte dieses Erbe, u. a. durch den Gebrauch des Stellenwertes in der Schreibweise von Zahlen, den sog. arabischen Ziffern. Das gesamte Gebiet des Islam kannte ein blühendes höheres Schulwesen. Seit dem 12. Jh. kam der Westen in engeren Kontakt mit der islamischen Kultur in den Kreuzfahrerstaaten, in Sizilien und vor allem in Spanien.

Der Westen lernte auf diese Weise zahlreiche wissenschaftliche Schriften aus dem griechischen Altertum kennen, die großenteils aus dem Arabischen ins Lateinische übersetzt wurden und die seinem Geistesleben ein mächtiges Stimulans gaben und es so aus dem früheren Trott herauszogen[12]. Es ist kein Wunder, daß die Erneuerung der mittelalterlichen Medizin seit dem 10. Jh. ihren Anfang in Salerno nahm, weil dies bequeme Verbindungen mit dem byzantinischen Gebiet und dem mohammedanischen Sizilien hatte. Von hier aus strahlte diese Erneuerung über den ganzen Westen aus. Denn an vielen Orten kamen Schulen auch in der lateinischen Christenheit durch die hohe Qualität ihres Unterrichts zu besonderem Ansehen. Das Monopol im Unterricht, das rechtens den Bischöfen zustand, wurde durchbrochen durch gelehrte Persönlichkeiten von Ansehen, die eine Schule begründeten. Seit den ersten Jahrzehnten des 13. Jh. kamen die Päpste als die höchsten Träger der Lehrautorität dazu, einigen dieser Schulen oder Gruppen von Schulen ein Reglement und ein offizielles Statut zu verleihen, wodurch sie als *corpora, universitates* von Lehrern und Studenten, anerkannt wurden. Ihr Anteil nahm allmählich zu, um gegen die Mitte des 14. Jh. die Zahl von 30 zu erreichen[13].

Zur gleichen Zeit verlor der Unterricht seinen ziemlich ausschließlich kirchlichen Charakter. Blieben auch die meisten Dozenten an den Universitäten durch mindestens den Empfang der niederen Weihen Angehörige des geistlichen Standes, weil ihre Lehrstühle großenteils durch Einkünfte aus kirchlichen Benefizien honoriert wurden, so waren die Studenten in den profanen Fakultäten, also des Zivilrechts und der Medizin, im Prinzip Laien. Hatte doch die Kirche der Geistlichkeit in der Sorge, daß sie in weltlichen Interessen aufginge, im Jahre 1219 die Ausübung des Berufes als Arzt und als Advokat verboten. Der Laïsierungsprozeß der Kultur zeigte sich ebenfalls außerhalb der akademischen Kreise. Das Programm der kirchlichen Schulen entsprach nur wenig den Bedürfnissen des Handels; trotzdem hatten die Kaufleute im Anfang keine andere Wahl, als ihre Söhne, die sie für ihren Betrieb ausbilden lassen wollten, an diese Schulen zu schicken, um lesen, schreiben und rechnen zu lernen. Es war übrigens keineswegs selten, daß sie sich in der ersten Zeit die Mitwirkung eines Geistlichen sicherten, um ihre Geschäfte zu führen. Das Wort *clericus* ist in den romanischen Sprachen, der Begriff „Diakon" im Slawischen in Gebrauch geblieben, um einen Kontoristen zu kennzeichnen. Der Handel und das Geschäftsleben hatten dennoch das Bedürfnis nach einer anderen, praktischen Erziehung, und seit dem 12. Jh. bekamen die Kinder aus dem Patriziat Unterricht von einem Hauslehrer, und es wurden, oft nicht ohne Widerstand der kirchlichen Obrigkeit, Laienschulen eröffnet, die nur noch in formeller Art an eine Aufsicht der Kirche gebunden waren. Spätestens im 13. Jh. gingen sie zum Unterricht in der Volkssprache über.

Ein anderes Zeugnis für die Laïsierung des gesellschaftlichen Lebens lieferte übrigens das Aufkommen einer profanen Literatur, die außerdem auf das Latein verzichtete, das bis über das Mittelalter hinaus die Sprache der Kirche war. Sie bediente sich der Volkssprachen und war deutlich auf die Erbauung der Laien ausgerichtet. Die ersten Früchte dieser Literatur, die Werke der aquitanischen Troubadours aus dem 11. Jh. und ihrer Nachfolger, der nordfranzösischen Trouvères und Romanschreiber sowie der deutschen Minnesänger seit dem 12. Jh., bewegten sich noch völlig in der höfischen Sphäre der Feudalgesellschaft. Das 13. Jh. erlebte den Anfang einer didaktischen Popularpoesie, die auf die Leselust eines lernbegierigen Bürgerstandes von Kaufleuten und Handwerkern abgestimmt war. Gleichwohl blieb die kulturelle Entwicklung das Vorrecht einer relativ kleinen Minderheit. Gibt es bestimmt auch Beispiele von kleinen Leuten, die eine Elementarausbildung empfingen, so besteht kein Zweifel daran, daß diese in übergroßer Mehrheit keinen Unterricht genossen.

Die Analphabeten bildeten das Gros der zahlreichen Schar von Armen, die einen großen Platz im mittelalterlichen Gesellschaftsbild einnahmen. Sie zu unterstützen war sicherlich die Pflicht aller Christen, und diese erfüllten die Reichen in ihrem täglichen Umgang und ebenso durch Testamentsverfügungen im Angesicht des Todes. Dazu wurden sie von der Geistlichkeit angespornt, auf der in ganz besonderem Maße die Pflicht zur Caritas ruhte, da ihr Besitz außer für ihren eigenen Unterhalt gerechtfertigt wurde durch ihre Mission, für die Armen zu sorgen. Heiligenleben und Chroniken bieten übrigens eine Fülle von Erzählungen über die Almosen, welche von den kirchlichen Würdenträgern und an den Pforten von Klöstern und Kirchen an die Notleidenden ausgegeben wurden. Schon im christlichen Altertum waren im Osten sog. Diakonien in Tätigkeit, die unter Verantwortung eines Geistlichen standen, und dieser Einrichtung folgte man im Westen seit dem 5. oder 6. Jh. Jede Kirche sollte einen Teil ihres Einkommens der Armensorge zukommen lassen. In den Niederlanden wurde diese Ausgabe seit dem 12. Jh. an selbständige, innerhalb des Pfarrverbands tätige Einrichtungen übertragen, die „Tafeln des Heiligen Geistes", die zu diesem Zwecke über eigene Besitzungen verfügten. Sie vervollständigte man oft durch karitative Stiftungen von Privatleuten. Solche Stiftungen hatten die Ausgabe von Geld oder Lebensmitteln, von Schuhwerk, Kleidungsstücken oder Brennstoff zum Zweck, aber manchmal auch den Bau und den Unterhalt eines Kranken- oder Gasthauses für Pilger oder andere Reisende. Im letzteren Falle vertrauten wiederholt die Stifter die Versorgung der Häuser einer Laienbruderschaft an, aber gewöhnlich ging sie mit der Zeit, allgemein im Laufe des 13. Jh., über in die Hände einer geistlichen Kongregation. Die Armenfürsorge in den Städten dagegen war der Gegenstand einer wachsenden Einmischung der Laienobrigkeit, die meistens darin Erfolg hatte, daß sie die Kontrolle durch die Geistlichkeit ausüben ließ. Dabei sprach die Sorge des städtischen Bürgertums für die gesellschaftliche Ordnung mit. Sie versuchte, die Unterstützung auf wirklich Notleidende zu beschränken und davon die entwurzelten, arbeitsscheuen und asozialen Elemente, die in der Bettelei ihre Existenz suchten, auszuschließen, weil sie leicht die gesellschaftliche Ruhe stören konnten. Sie wurden von Zeit zu Zeit sogar mit grober Gewalt aus der Stadt vertrieben.

[1] *R. W. Southern:* Western Society and the Church in the Middle Ages (1970).
[2] *G. Constable:* Medieval Monasticism: a Select Bibliography (1976).
K. Frank (Hg.): Frühes Mönchtum im Abendland (2 Bde., 1975).
Fr. Prinz: Frühes Mönchtum im Frankenreich (4. bis 8. Jh.) (1965).
[3] *H. Grundmann:* Religiöse Bewegungen im Mittelalter (Neudr. 1961).
A. Vauchez: La spiritualité du moyen âge occidental (VIIIe–XIIe siècle) (1975).
[4] *M. Hengel:* Eigentum und Reichtum in der frühen Kirche. Aspekte einer frühchristlichen Sozialgeschichte (1973).
E. Lesne: Histoire de la propriété ecclésiastique en France (6 Bde., 1910–43).
[5] Vgl. Genesis XIV, 20; XXVIII, 22; Leviticus XXVII, 30–33; Numeri XVIII, 21–24; Deuteronomium XII, 6 u. 17, XIV, 22–29; Lucas XVIII, 12; Hebräer VII, 1–9.
[6] *G. Duby:* Le monachisme et l'économie rurale. In: Il monachesimo e la riforma ecclesiastica, 1049–1122 (1971), S. 336–350.
[7] *E. Werner:* Pauperes Christi. Studien zu sozialreligiösen Bewegungen im Zeitalter des Reformpapsttums (1956).
Povertà e ricchezza nella spiritualità dei secoli XI e XII (1969).
[8] *W. E. Lunt:* Papal revenues in the middle ages (2 Bde., 1934).
[9] *J. Le Goff:* Les intellectuels au moyen âge (1957).
[10] *P. Riché:* Education et culture dans l'Occident barbare. VIe–VIIIe siècles (1962).
La scuola nell'Occidente latino nell'alto medioevo (2 Bde., 1972).
[11] *Ph. Delhaye:* L'organisation scolaire au XIIe siècle. In: Tradition 5 (1947), S. 211–268.
[12] *R. Taton* (Hg.): Histoire générale des sciences. I. La science antique et médiévale (des origines à 1450) (1957).
Ph. Wolff: Histoire de la pensée européenne. I. L'éveil intellectuel de l'Europe (1971).
[13] *G. Arnaldi* (Hg.): Le origini dell'Università (1974).

5. Die Sondergruppen[1]

Die gemeinschaftsfeindlichen Vagabunden waren eine der sozialen Gruppen, die im Idealbild des Gesellschaftslebens keinen Platz fanden, wie es der politischen Philosophie des Westens seit mindestens dem 12. Jh. geläufig war. Analog dem fundamentalen Dogma von der Dreifaltigkeit wurde die menschliche Gesellschaft als eine aus drei Ständen bestehende aufgefaßt: diejenigen, die beten, also die Geistlichen, diejenigen, die streiten, also die Ritter, und diejenigen, die ein Handwerk ausüben oder Handel treiben. Letztere sollte man später den Dritten Stand nennen. Diese Dreiteilung spiegelte sich übrigens allmählich in den meisten Ländern in der Einrichtung des Ständestaates wider. Jeder der drei Stände hatte mithin seine spezifische Aufgabe, die er, so unterstellte man, auch zum Nutzen der beiden anderen ausüben sollte. Die Geistlichen übernahmen ihrerseits die Seelsorge für das gesamte Christenvolk; die Ritter sollten mit ihren Waffen die Gemeinschaft nach außen verteidigen und in ihrem Schoß Ordnung und Gerechtigkeit sichern; Bauern und Städter schließlich sollten mit ihrer Tätigkeit den materiellen Bedürfnissen der beiden höheren Stände abhelfen.

Dies Vorstellungsbild, das die Einheit der christlichen Gesellschaft betonte, bedeutete natürlich durchaus nicht, daß sie nicht durch interne Grenzen abgeschlossen gewesen wäre. Ganz im Gegenteil! Überall waren Partikularismen in Geltung, die zur Formung gesellschaftlicher Einheiten führten, sei es von der Obrigkeit her, sei es aus ihrem eigenen Wesen. Sie führten eine Existenz, bei der andere keinen oder doch wenigstens nur einen streng bemessenen Platz hatten. Unter diesem Gesichtspunkt wurde schon hingewiesen auf die Gutsherrschaft, die in ihrer klassischen Form ihren Angehörigen nicht einmal eine Heirat außerhalb ihrer eigenen Gemeinschaft gestattete. Solche partikularistischen Neigungen zeigten sich in den ländlichen Gemeinden einer späteren Zeit, die einen Anteil an der Allmende ihren eigenen Angehörigen vorbehielten. So legten die Städte dem Handel von Gästen, d. h. von allen, die nicht Bürger des Ortes waren, Beschränkungen auf. Auch die Handwerker hatten ein Monopol nicht allein gegen die Konkurrenten von außerhalb, sondern auch gegenüber ihren Mitbürgern, die nicht in ihrer Zunft eingeschrieben waren. Zu den örtlichen Solidaritätsansprüchen kam dann noch die territorialpolitische Schicksalsgemeinschaft, vor allem seit sich gegen Ende des Spätmittelalters Nationalstaaten abzeichneten, zu deren Zielen auch wirtschaftliche Maßregeln beitragen konnten[2].

Die mittelalterliche Gesellschaft war so sehr vom christlichen Glauben durchdrungen, daß alle, die von der wahren Lehre abwichen, vom normalen gesellschaftlichen Verkehr ausgeschlossen werden konnten. Unter bestimmten Umständen hat diese Feindschaft zu regelrechtem bewaffnetem Streit geführt, so in den Kreuzzügen gegen den Islam sowohl im Heiligen Land als auch in Spanien und Portugal, auch in den als Kreuzzüge aufgefaßten Eroberungen des Deutschen Ordens oder der Schwertbrüder in Preußen und Livland sowie der Schweden in Finnland. Allerdings brach sich die religiöse Solidarität an der Aussicht auf Handelsgewinn. Die Beziehungen der christlichen Länder vom westlichen Becken des Mittelmeers zur islamischen Levante und zum Byzantinischen Reich, von der lateinischen Christenheit als ketzerisch betrachtet, wurden eine der reichsten Grundlagen für den Handel des Spätmittelalters.

Es wurde übrigens kein großer Unterschied gemacht zwischen Heiden und Ketzern[3]. Das Oströmische Reich hatte seit dem Frühmittelalter das Vorbild der Unverträglichkeit gegeben durch Verfolgung derjenigen, die von der Rechtgläubigkeit abwichen, wie sie durch die Kaiser angegeben wurde. Es wurde ja der Schutz der Orthodoxie als eine zwingende Pflicht für den christlichen Herrscher angesehen. Als im Westen auf der einen Seite die geistige Entwicklung so weit gediehen war, daß theologische Meinungsverschiedenheiten aufkommen und sogar außerhalb der kirchlichen Kreise Anhang gewinnen konnten und andererseits Herrscher und Feudalherren eine höhere Auffassung von ihrer Würde bekommen hatten, die sie zu Beschirmern der wahren Lehre und zur Ausführung der kirchlichen Verordnungen erhob, fand dieselbe Intoleranz in der lateinischen Kirche Eingang. Im Jahre 1184 schloß Papst Lucius III. die Albigenser, Waldenser und andere Ketzer aus der Gemeinschaft der Gläubigen aus und beauftragte die weltliche Obrigkeit mit ihrer Bestrafung. Gegen die Albigenser wurde von 1208 bis 1214 ein Kreuzzug geführt, während Papst Gregor IX. (1227–41) der Inquisition eine definitive Form gab, als kirchlichem Gericht, das die Aufgabe bekam, Ketzer aufzuspüren und mit Berufung auf die weltliche Macht auf passende Weise zu bestrafen.

Ein besonderes Verhältnis bestand zwischen Christen und Juden[4]. Die Diaspora hatte bereits Jahrhunderte vor den Zeiten des Mittelalters zu einer großen Verbreitung des Judenvolkes über das gesamte griechisch-römische Kulturgebiet geführt. Ihre Gemeinschaften, die in der Verbannung keinen Anspruch auf eine staatliche Organisation erhoben, erkannten ihre geistlichen Leiter, die Rabbiner, als Häupter an, und die weltliche Macht achtete in gewissem Maße ihre interne Selbständigkeit und das eigene Gerichtswesen. Aber die Toleranz wechselte hier und da ab mit Zwangsmaßregeln, seitdem das Römische Reich das Christentum als Staatsreligion angenommen hatte und es anderen Religionen kein Existenzrecht mehr zuerkannte, am allerwenigsten der Religion des jüdischen Volkes, das im Bewußtsein der Christen mit der Schuld am Tode des

Messias belastet war. Dies galt im Frühmittelalter vor allem im Byzantinischen Reich, seitdem Herakleios seine jüdischen Untertanen zur Annahme der Taufe verpflichten wollte, weshalb dort die Verfolgung immer wieder aufflackerte. Die Juden suchten sich dieser zu entziehen, indem sie, wenn auch nicht ehrlich, zum Christentum übergingen oder sich in den Untergrund zurückzogen oder emigrierten. Jüdische Emigration, wahrscheinlich im Zusammenhang mit den seit altersher bestehenden jüdischen Gemeinschaften im Kaukasus und auf der Krim, hatte u. a. die Bekehrung der Chasaren zum Judentum im 10. Jh. im Gefolge.

Im Westen war bis dahin das Los der Juden viel günstiger geblieben. In den germanischen Königreichen des frühen Mittelalters beherrschten sie dank ihrer Verbreitung und ihres Zusammengehörigkeitsgefühls meist ungestört, zusammen mit den „Syrern", d. h. den nicht-jüdischen Levantinern, den Handel mit dem Osten. Die Ausnahmemaßregeln ihnen gegenüber waren damals im allgemeinen noch wenig zahlreich. So verbot die Kirche, daß die Juden christliche Sklaven hielten, und kaufte sie bei Gelegenheit frei. Ludwig der Fromme wurde um 825 vom Bischof von Lyon getadelt, weil er den Wochenmarkt dieser Stadt, der am Samstag abgehalten wurde, mit Rücksicht auf den jüdischen Sabbat auf einen anderen Wochentag verlegt hatte. In den islamischen Gebieten war die Toleranz damals sogar noch größer[5]. Für Mohammed war ja die Religion, die er gestiftet hatte, die direkte Erbin und Fortsetzung des Judentums. Unter der Herrschaft seiner Nachfolger, u. a. in Spanien und Sizilien, waren die Juden, wie übrigens auch die Christen, durch die Bezahlung von Steuern, wovon allein das Herrenvolk der Mohammedaner frei war, ohne Diskriminierung in die Gemeinschaft eingegliedert. Sie spielten in ihr eine wichtige Rolle nicht allein im Wirtschaftsleben, sondern ebensosehr im kulturellen, namentlich bei der Übermittlung der antiken Wissenschaft an den lateinischen Westen.

Diesem Zustand von nahezu gleichen Rechten wurde im 12. Jh. ein Ende gesetzt durch die Eroberung des Kalifates von Córdoba durch die fanatischen berberischen Almoraviden, die am Ende des 11. Jh. einsetzte und denen später die Almohaden folgten. Auch für sie hatte allein die Orthodoxie Existenzberechtigung, und auch von ihnen wurden die Andersdenkenden einem strengen Regiment unterworfen. Sowohl Christen wie Juden wurden z. B. verpflichtet, ein Erkennungszeichen auf ihrer Kleidung zu tragen. Der Druck, dem sie ausgesetzt waren, bestimmte viele zur Emigration in die christlichen Königreiche der Iberischen Halbinsel, in denen sie schließlich vielleicht 3 bis 4 % der Bevölkerung ausmachten, oder über die Pyrenäen nach Südwestfrankreich. Dies war aber auch in der Welt des Westens genau der Augenblick, in dem die relative Toleranz, deren die Juden sich dort erfreut hatten, ernstlich in Gefahr kam. Dafür gab es gleichzeitig religiöse als auch wirtschaftliche Gründe. Die religiöse Gefühlsaufwallung, die aus der gregorianischen Reform hervorging und den ersten Kreuzzug ins Leben rief (1096), führte zugleich im Westen zu einem Ausbruch von Fanatismus, der sich u. a. in Gewalttaten gegen die Juden äußerte[6].

Ein halbes Jahrhundert später tauchten zum erstenmal jene Legenden von einem Ritualmord an einem Christenkind, von Schändungen an konsekrierten Hostien usw. auf, die immer wieder aufs neue Totschlag, Plünderung und Verfolgung von Juden hervorriefen. Allgemeine Unglücksschläge wie Mißernten oder Epidemien förderten in besonderem Maße das Einsetzen von Pogromen. Diese wurden ferner zu wiederholten Malen von wirtschaftlichen Motiven angefacht. Da im übrigen Darlehen gegen Zinsen den christlichen Geldgebern verboten waren, nahmen die Juden auf dem Gebiet des Kreditwesens einen nicht zu unterschätzenden Platz ein. Eine Vertreibung von jüdischen Geldleihern oder ein Blutbad unter ihnen waren ein bequemes Mittel, um sich von einer drückenden Schuldenlast zu befreien, und nach ihm wurde in Notzeiten immer wieder gegriffen. Der Haß des Volkes, der gegen die Juden aufgeflammt war, ließ diese in eine vollkommene Rechtlosigkeit zurückfallen. Dies war nun für die Inhaber der öffentlichen Macht ein Anlaß zu ihrer Ausbeutung. Gegen schwere Bezahlung verliehen sie ihnen Schutz, den sie in jedem Augenblick widerrufen konnten, sei es, um die Abgaben der Juden zu erhöhen, sei es, um ihre eigenen Schulden bei jüdischen Geldgebern zu mindern oder zu tilgen. Alle Juden wurden in den Jahren 1182, 1254 und 1306 aus Frankreich verbannt und ihre Besitzungen für den Staat in Beschlag genommen. Dasselbe geschah im Jahre 1290 in England, wo ihre Zahl damals auf höchstens 3000 geschätzt wurde. Wiederholt beauftragten Fürsten Juden mit der Verwaltung ihrer Finanzen, um ihnen für unpopuläre schwere Steuern die Schuld zu geben und sie zu gegebener Zeit als Aussauger des armen Volkes und Sündenböcke zu entlassen. Wilhelm der Eroberer brachte Juden nach der Schlacht bei Hastings zu solchen Funktionen nach England.

Die Kirche hatte im Aufbau der Stimmung gegen die Juden ebenfalls ihren Anteil, wenn sie auch die unsittliche Gewalt der Pogrome verurteilte. Das 3. Laterankonzil (1179) verbot jede häusliche Gemeinschaft oder sozialen Verkehr von Christen mit Juden. Eine Folge davon war die Einrichtung von Gettos. Es war bereits vorher keine Seltenheit, daß Juden an einer bestimmten Stelle zusammenwohnten. Gerade das Bewußtsein, von anderer Art als ihre Mitbürger zu sein, und das in der Zeit des Mittelalters allgemein so starke Gefühl für Solidarität hatte sie zu dieser Gewohnheit gebracht. Aber die neuen Vorschriften machten es zur Pflicht, Gettos einzurichten. Übrigens schienen die Gettos auch in den Augen der Juden selbst einen positiven Aspekt zu haben, weil ihre Isolierung ihnen einen besseren Schutz gegen Gewalt zuzusichern schien. Es sollte sich aber zeigen, daß ihre Konzentration im Falle von Unruhen eine größere Gefahr für Massenmord und Plünderung mit sich brachte. Das 3. Laterankonzil verbot zugleich, den Juden öffentliche Ämter anzuvertrauen. Aber viele Machthaber störten sich wenig daran. Eine Generation später sollte das 4. Laterankonzil (1215) der kirchlichen Gesetzgebung gegen die Juden die Krone aufsetzen, indem es nach dem Vorbild des Islam in Spanien auch in der christlichen Gesellschaft den Juden das Tragen von äußerlichen Kennzeichen befahl, wie sie ebenfalls bei ansteckender Krankheit vorgeschrieben waren[7]. Dadurch wurden die Kontakte zwischen beiden Volksgruppen natürlich seltener, um so mehr, als der Fanatismus der Christen unvermeidbar einen Rückzug der jüdischen Gemeinschaften und eine Vertiefung des eigenen Erbes, z.B. im Chassidismus des Rheinlands, zur Folge hatte.

[1] *G. M. Allard* (Hg.): Aspects de la marginalité au moyen âge (1975).
[2] L'étranger (2 Bde., 1958).
[3] *J. B. Russell:* Dissent and Reform in the Middle Ages (1965).
J. Le Goff (Hg.): Hérésies et sociétés dans l'Europe pré-industrielle, XIe-XVIIIe siècle (1968).
M. Loos: Dualist Heresy in the Middle Ages (1974).
[4] *G. Caro:* Sozial- und Wirtschaftsgeschichte der Juden im Mittelalter (2 Bde., 1920–24).
B. Blumenkranz: Juifs et chrétiens dans le monde occidental, 430–1096 (1960).
S. W. Baron: Ancient and Medieval Jewish History (1973).
K. Schubert: Das Judentum in der Umwelt des christlichen Mittelalters. In: Kairos, N.F.17 (1975), S. 161–217.
R. Chazan (Hg.): Medieval Jewish Life (1976).
[5] *M. Swartz:* The Position of Jews in the Arab Lands following the Rise of Islam. In: Muslim World 60 (1970), S. 6–24.
[6] *A. M. Shapiro:* Jews and Christians in the Period of the Crusades. A Commentary on the First Holocaust. In: Journal of Ecumenical Studies 9 (1972), S. 725–749.
[7] *W. J. Fischel:* Innocent III and the Distinctive Clothing of Jews and Muslims. In: Studies in Medieval Culture 3 (1970), S. 92–116.

6. Die Frau[1]

Die mittelalterliche Gesellschaft war im wesentlichen eine Gemeinschaft von Männern. Das Element der Gewalt, das sie lange Zeit kennzeichnete, hatte in der sozialen Vorstellung denjenigen einen Vorrang gesichert, die imstande waren, Waffen zu tragen, um das persönliche Erbteil wie auch die Gemeinschaft zu verteidigen. Der Krieger war darum nicht allein den Hörigen ohne zweckdienliche Bewaffnung, sondern auch der Frau überlegen, die ebensosehr von ihm abhing. Mit diesem Zustand stimmten die Rechtsvorschriften überein. Nach germanischem Recht konnte eine Frau Grundbesitz weder privat noch als Teilhaberin an einer Herrschaft besitzen. Sie stand immer unter Vormundschaft, entweder der ihres Vaters oder nach dessen Tod der eines männlichen Verwandten, bis sie durch Heirat unter die Vormundschaft ihres Mannes kam. Nur während der Minderjährigkeit ihres Sohnes konnte eine Fürstin als Vormund über ihn eine Regentschaft führen, stieß dabei aber fast immer auf Schwierigkeiten mit den Großen des Reiches. Das römische Recht unterschied sich nur in Einzelheiten von diesen Bestimmungen, und die wenigen Frauen, die kraft eigener Autorität auf dem Thron von Byzanz saßen, taten das zusammen mit dem von ihnen erwählten Ehemann oder wurden als unrechtmäßige Herrscherinnen angesehen.

Die Geltung dieser Auffassungen wurde noch durch religiöse Vorstellungen verstärkt. In der Bibel überliefert das Alte Testament die jüdische Tradition von einer Minderwertigkeit der Frau und ihrem Unreinheitstabu. Das ging zurück auf die erste Frau, die durch ihre Unbesonnenheit Schuld trug an der Austreibung des Menschen aus dem Garten des Paradieses. Wenn auch in der Urkirche Diakonissen zu kirchlichen Hilfsdiensten geweiht wurden, so erkannte doch das Neue Testament im allgemeinen dem Manne den Vorrang zu. Von Anfang an sprach es die höheren Ämter in der Kirche nur dem Manne zu und schloß die Frau – im Westen seit dem 6. Jh., in der griechischen Kirche seit dem 8. Jh. – vollständig aus dem Kirchendienst aus.

Die Feudalgesellschaft, die ja aus militärischen Notwendigkeiten entstanden war, räumte bei ihrem Beginn der Frau überhaupt keinen Platz ein. Erst als nach der zweiten großen Welle feindlicher Einfälle in Europa die Unruhe zum großen Teil gewichen war, wurden die Frauen kurz vor der Jahrtausendwende und anfangs in Aquitanien für fähig angesehen, bei Fehlen eines männlichen Erben ein Lehen anzutreten. Dann verbreitete sich dieses Recht allmählich im europäischen Lehnsverband, obgleich noch im 14. Jh., vor allem in Deutschland, viele Lehen nur für männliche Erbfolge in Frage kamen. Diese Wendung trat vielleicht nicht ohne Zusammenhang mit einem neuen Idealbild der Frau ein. In den friedlichen Lebensumständen des 11. Jh. entstand in den Adelskreisen Südfrankreichs, wo das antike Erbe und der Zugewinn aus dem nahen Islam ein relativ hohes Kulturniveau auch bei den Frauen verbürgten, die Dichtung der Troubadours, in der die Frau, ganz augenscheinlich der eigentliche Gegenstand der Dichtung, herkömmlich idealisiert wurde. Diese Dichtung erlebte eine schnelle Verbreitung über das ganze lateinisch-germanische Kulturgebiet. Im Zusammenhang damit wich ebenfalls in der religiösen Vorstellung die geringe Achtung vor den Evastöchtern. An ihre Stelle trat eine glühende Verehrung Mariens, der Gottesmutter und mächtigen Fürsprecherin der Frommen bei ihrem Sohne.

Die höfische Liebe hat ohne Zweifel in den Kreisen, in denen sie entstand und für welche sie bestimmt war, bessere Umgangsformen der Frau gegenüber verbreitet. Doch bleibt die Frage, ob damit in die Lebensweise der Frauen bis auf seltene Ausnahmen viel Veränderung kam. Vielleicht war die Entwicklung im Kirchenrecht, die auf die Unauflöslichkeit der Ehe zielte, eine weitere Frucht der Vorstellungen von der Frau, die dadurch weniger als vorher der Gefahr der Verstoßung auf Grund von Grillen ihres Mannes ausgesetzt war. Eine solche Ehe war, natürlich besonders in den begüterten

Ständen, in erster Linie begründet auf materielle Belange, die kein Bürge für eheliche Treue waren, am allerwenigsten für den Mann, dessen Konkubinen und Bastarde oft ihren Platz im Familienkreise fanden.

Vom Leben der Frau in den niederen Schichten ist uns außer einigen Äußerlichkeiten noch weniger bekannt. Schon früher wurde hingewiesen auf die geringere Lebenserwartung der Frauen, die durch dicht aufeinander folgende Schwangerschaften und Wochenbette, zusammen mit schwerer Arbeit auf dem Acker oder im Handwerk, frühzeitig erschöpft waren. Das literarische Kontrastbild von der durch ihren Mann mißhandelten Frau auf der einen Seite und der herrischen Frau auf der anderen gilt für alle Zeiten und sagt nichts aus. Normalerweise kam eine Frau für eine selbständige Berufstätigkeit noch immer nicht in Frage. Viele verdienten ihren Lebensunterhalt durch schlecht bezahlte ungelernte Handarbeit, z. B. im Textilgewerbe durch die vorherige Rohstoffbearbeitung. Wer nicht zeitig an einen Ehemann kam, konnte seine Zuflucht in den zahlreichen Frauenklöstern suchen und dort auf dieselbe Weise oder durch andere Handarbeit zum Einkommen der Gemeinschaft beitragen[2]. Dagegen war die Frau, die durch den Tod ihres Mannes in den Besitz eines Hofes oder eines Handwerksbetriebes gelangte, eine gesuchte Partie für Männer, die nach einer selbständigen Tätigkeit strebten, die sie bei einer solchen Heirat in der Tat fanden. Denn die führende Rolle in der ehelichen Gemeinschaft blieb in der Regel dem Manne vorbehalten. Allerdings kam seit dem 12. Jh. in adeligen Kreisen beim Schließen einer Ehe der Brauch auf, die Frau mit einem Witwengut auszustatten. Dieselbe Verfügung fand seit dem 13. Jh. auch Eingang in den begüterten Familien der städtischen Bürgerschaft, die darüber in Ehekontrakten übereinkamen.

[1] La femme (1959–62).
E. Power: Medieval Women (1975).
M. A. Piettre: La condition féminine à travers les âges (1976).
[2] *L. Eckenstein:* Women under Monasticism (1963).

§ 7 Rückblick und Ausblick

Gesellschaft und Wirtschaft im Mittelalter sind aus der Krise der antiken Welt im Westen entstanden. Nachdem die Provinzen des Römischen Reiches von Italien aus die ersten Impulse zu einer höheren wirtschaftlichen Entwicklung bekommen hatten, waren sie zu einem Wachstum gekommen, das sie allmählich vom Mutterland unabhängig machte und die Entwicklung von regionalen ökonomischen Einheiten förderte, deren Beziehungen untereinander seltener wurden. Bei aller wirtschaftlichen Entwicklung auf regionaler Ebene bedeutete das doch eine erste Schwächung des Handels über größere Entfernungen. Dazu trug auch der Umstand bei, daß die passive Handelsbilanz des Westens, der wenig Rückfracht im Austausch mit den Luxuserzeugnissen des Ostens zu bieten hatte, zu einem immer schlimmeren Wirrwarr im Geldwesen der lateinischen Welt führte. Dies Durcheinander war aber auch die Folge von verschiedenen anderen Umständen. Der Druck der Barbaren auf die Grenzen nötigte zu einem schweren militärischen Aufwand, und dieser wiederum erhöhte die Forderungen der kaiserlichen Fiskalität. Sie richteten sich im besonderen auf die kleinen Leute, die öfter keine andere Aussicht hatten, als ihre Betriebe aufzugeben, und sich so an den Rand der Gemeinschaft drängen ließen, so daß auch im Binnenlande Unsicherheit ein Hindernis für den Handel wurde. Andere übergaben ihren Besitz an einen mächtigen Herrn, dessen Schutz sie gegen Gefahren, aber auch gegenüber der Obrigkeit erwarteten. Sie verstärkten auf solche Weise die schon immer bestehende Tendenz zur Bildung von Großgrundbesitz. Ihren neuen Herren dienten sie fortan als Hörige, und diese Form der Abhängigkeit trat allmählich an die Stelle der Sklaverei, die in den neuen politischen und ökonomischen Verhältnissen, gleichzeitig unter dem Einfluß des Christentums, verfiel.

Die Schwierigkeiten und Unsicherheiten des Verkehrs leiteten ferner auf regionaler Ebene gleichzeitig den Verfall der städtischen Märkte ein, weiterhin den des städtischen Handwerks und schließlich den Niedergang der Städte selbst. Die gesamte Romania im Westen war auf dem Wege, in möglichst viele autarke Domänen zu zerbröckeln, und diese Neigung war um so stärker, je mehr man sich vom Mittelmeer entfernte, wo die Byzantiner sich anstrengten, ihre Handelsverbindungen aufrechtzuerhalten.

Die Gesellschaft, welche die eindringenden germanischen Völker aufnahm und der diese sich um so leichter anpaßten, als sie viele gemeinsame Merkmale mit ihrer ursprünglichen Lebensweise zeigte, hatte also schon einen weiten Abstand von ihrem klassischen Ausgangspunkt. Das Aufkommen des Islam und seine Verbreitung längs der Küsten des Mittelmeers drängte den Warenverkehr im Westen noch weiter zurück, weil diese Lebensader des antiken Welthandels von jetzt ab durch die Feindschaft zwischen den Byzantinern und den Moslems unsicher geworden war. Diese Entwicklung brachte den agrarisch-autarken Charakter der Welt des Westens auf seinen Höhepunkt. Damit steht in deutlichem Zusammenhang, daß die dortigen Könige das Ausmünzen von Gold nahezu ganz einstellten; schließlich versuchten die Karolinger, anfangs mit Erfolg, den Umlauf des Silbergeldes, der inzwischen genauso wie die staatliche Macht zerbröckelt war, wieder in Ordnung zu bringen.

Bei der stark abgeschlossenen Wirtschaft der domanialen Gesellschaft waren in der Hauptsache zwei Ausnahmen festzustellen. Es waren auf der einen Seite die byzantinischen Besitzungen in Italien, deren Beziehungen zur Hauptstadt bestehen blieben, und auf der anderen Seite das niederländische Delta mit seinem Hinterland, das in seiner Entwicklung zur Zeit der römischen Besetzung eine deutliche Überlegenheit gegenüber weniger entwickelten Ländern wie den Britischen Inseln und Skandinavien zeigte: Hier waren vornehmlich die Friesen Träger des Fernhandels. Sie bewirkten während der karolingischen Zeit ein Wachstum, das zwar durch eine neue Sturmflut der Invasionen von Normannen, Ungarn und Arabern unterbrochen wurde, sich aber nach dem Ende der Einfälle fortsetzte. Dabei spielte die Zunahme der Bevölkerung eine wesentliche Rolle. Diese war im späten 9. und im 10. Jh. im gesamten Westeuropa festzustellen und war für die kommerzielle Revolution der Jahrtausendwende der Ausgangspunkt. Die Vermehrung der Bevölkerung hatte ja zur Folge, daß die Arbeit besser als vorher verteilt werden konnte, daß ein Überschuß an Menschen entstand, die nicht länger ihre Existenz mit der Bebauung des Bodens sichern mußten, sondern sich hauptsächlich einem Handwerk zuwenden konnten, dessen Produkte den mageren Fluß des Verkehrs zu beleben imstande waren. Bis zu diesem Zeitpunkt hatte der Sklavenhandel vorgeherrscht, nun sollten aufs neue die orientalischen Waren, Gewürze und kostbare Gewebe, das Rückgrat eines wiederauflebenden interkontinentalen Handels werden.

Die kommerzielle Revolution bekam ihre Impulse von zwei Polen: aus Italien und den Niederlanden, den am dichtesten bevölkerten Gebieten unseres Erdteils. Italien begann neben den Byzantinern seine Initiativen im Handel zur Geltung zu bringen, nicht allein in den Beziehungen zur Hauptstadt und dem Bosporus, sondern gleichzeitig im gesamten Mittelmeergebiet. Einbegriffen waren dabei die islamischen Küsten und die Wege ins europäische Binnenland. Sowohl Byzanz als auch der Islam erlebten im 11. Jh. allerdings einen Verfall der Wirtschaft, der für immer die italienische Hegemonie rund um das alte Weltmeer sicherte. Im Norden hatte das Vordringen der Wikinger eine Verbindung über Rußland mit dem Schwarzen und Kaspischen Meer zuwege gebracht, darüber hinaus mit den asiatischen Karawanenwegen auf der einen und mit den

Ländern an der Nordsee auf der anderen Seite. Diese Verbindung war in der Anfangsperiode eine der bedeutendsten Handelsrouten Europas, bis sie nach neuen asiatischen Einfällen in der Ukraine durchschnitten wurde. An ihrem Endpunkt im Westen hatten Handelsleute aus den Niederlanden ihren Betrieb in alle Richtungen vorangetrieben und erlangten auf solche Weise inzwischen Kontakt mit dem Verkehr, der von den Ufern des Mittelmeers nach Norden vordrängte. Dieser wurde dadurch wie in der Antike wieder das Hauptzwischenglied zwischen Ost und West.

Das Anwachsen von Handwerk und Verkehr ließ in den meisten römischen Städten neues Leben entstehen und eine noch wesentlich größere Anzahl von neuen Städten aufkommen. Wenn davon auch nicht alle sich vollständig von der Landwirtschaft trennten, so fanden sie doch ihr wesentliches Kennzeichen in der gewerblichen Arbeit und im Handel. Dadurch entwickelten sie eine starke Anziehung auf die Überschußbevölkerung auf dem platten Lande. Viele Städte beschränkten ihre Versorgungsfunktion auf ihre nächste Umgebung. Andere aber wurden der Sitz von Zweigen des Exportgewerbes, die in einem weiteren Umkreis, ja gelegentlich in ganz Europa und sogar in den islamischen Randgebieten ihren Absatz fanden. Dies war vor allem der Fall in den großen Zentren der Tuchindustrie, die den besonderen Reichtum der Niederlande ausmachte. Ihre Erzeugnisse wurden anfangs in der Hauptsache durch die Bewohner der Textilstädte selbst in der Fremde an den Käufer gebracht, aber im 13. Jh. wurden die Rollen vertauscht. Kaufleute aus den Absatzgebieten drangen nach Flandern vor und konzentrierten dort ihren Handel auf Brügge, das der bedeutendste europäische Markt nördlich des Mittelmeers wurde.

Die jungen Städte waren meist unter der Schirmherrschaft eines Grundherrn entstanden und gewachsen, manchmal verdankten sie ihre Entstehung sogar seiner Initiative. Es kam aber der Augenblick, daß die Bedürfnisse der Stadtbewohner nicht länger mit der trotz allem in der agrarischen Sphäre verwurzelten Mentalität dieses Herrn zu vereinbaren waren. Sie strebten darum nach einem freieren, einem eigenen Statut. Das vollzog sich natürlich unter der Führung der reichsten und angesehensten Männer in der Stadt, dem Kaufmannsstand, den man das Patriziat zu nennen pflegte. Die Emanzipation der Städte war in ihrem Erfolg verschieden, je nach den Machtverhältnissen zwischen Herren und Städtern. Nicht weniger verschieden waren die gesellschaftlichen Unterschiede innerhalb der Städte selbst. Sie waren am ausgesprochensten in den Industriezentren mit großer Ausstrahlung, wo der Kaufmannsstand die Rolle von kapitalistischen industriellen Unternehmern einnahm, Rohstoffe einführte, diese gegen Stücklohn durch die Handwerker bearbeiten ließ und die Ausfuhr der Erzeugnisse in die Hand nahm. Dadurch gerieten die Arbeitnehmer in einen Zustand starker ökonomischer Abhängigkeit gegenüber dem Patriziat, das sich darüber hinaus auf seine administrative Macht stützen konnte. Um der Qualitätsansprüche der Produktion willen wurden die handwerklichen Berufsvereinigungen eingerichtet. Sie wurden aber oft die Keimzellen, von denen aus die Arbeiter sich gegen ihre Herren wandten, und entwikkelten sich zu selbständigen Handwerkergilden. Um 1300 gelang es ihnen, einen Anteil an der Verwaltung in den Städten zu erringen oder sogar die Patrizier, wenigstens vorübergehend, daraus zu vertreiben.

Das Anwachsen des städtischen Handwerks setzte voraus, daß es ständig Zulauf vom platten Lande erhielt, zumal die Bindung an die Scholle des Hofsystems nicht länger aufrecht zu erhalten war. Denn neben den Städten bot die Landwirtschaft selbst noch verschiedene Auswege für den Bevölkerungsüberschuß bei den Bauern. Überall bot die Naturlandschaft noch Gelegenheit zur Rodung von wüstem Grund, bei dem die Eigentümer bereit waren, Leute anzunehmen, die von anderswo zugezogen waren. Aber außerdem machte die Bevölkerungsexplosion der Jahrtausendwende es möglich, daß die europäische Lebensgemeinschaft sich über neue oder vorher verlorene Gebiete, wie den Deutschen Osten einerseits und die Gewinne der iberischen *Reconquista* andererseits, ausbreiten konnte. Endlich gliederten heidnische Gebiete wie Polen und Ungarn sich in die Christenheit ein und öffneten auch ihr Gebiet den unternehmenden Leuten aus dem weiter entwickelten Ackerbaubereich westeuropäischen Typs. Eine großzügige Ackerbaukolonisation erfolgte also auf neuen Böden, mit Hilfe von Einwanderern, die zu diesem Ziel angeworben wurden, indem man ihnen günstigere Lebensbedingungen zuerkannte. Wenn sich die bisherigen Herren dagegen wehren wollten, daß die Hörigen ihr Land verließen, blieb ihnen nichts anderes übrig, als auch in den alten Gutsherrlichkeiten die Pflichten der Hörigen herabzusetzen. Zu gleicher Zeit wie die Städter konnten so die Bauern sich einer allgemeinen Emanzipation erfreuen, die dem klassischen Hofsystem praktisch ein Ende machte.

Die Herren waren um so mehr bereit, in diese Entwicklung einzustimmen, als die hörigen Bauern oft ihre Dienste gegen Bezahlung in einer Rente anboten. Dies nun kam den Herren in einem Augenblick, in dem das gesellschaftliche Leben sich wieder mehr kommerzialisierte, sehr gelegen. Der Herrenstand hatte die Dienste seiner Hörigen nicht länger nötig, um seine Existenz zu sichern. Er konnte seine Lebensnotwendigkeiten gegen Geld auf den Märkten decken. Die Fortschritte in der Geldwirtschaft gingen ja Hand in Hand mit denen im Handel und diese wiederum mit denen im Landbau und im Gewerbe. Nachdem die feudalisierte Münze zu einem großen Wirrwarr geführt hatte, versuchten die Könige sowie große Vasallen und wichtige Handelsstädte, in die Silberzirkulation wieder Ordnung zu bringen. Bald war die Entwicklung des Tauschverkehrs so weit gelangt, daß die kleinen Pfennige, die wirklich im Umlauf waren, nicht mehr genügten, und es machte sich im 13. Jh. das Bedürfnis geltend, eine schwerere Münze in der Form des Groschen einzuführen.

Bald darauf erleichterte es der Verfall der byzantinischen und islamischen Goldmünzen, die beinahe tausend Jahre lang einen festen Wertstandard ausgemacht hatten, den italienischen Städten, einen Ersatz dafür in Umlauf zu bringen. Der Dukat von Venedig, der *genovino* von Genua und der *fiorino* von Florenz wurden die Prototypen, die allmählich den gesamten Westen zu einem doppelten Geldstandard verhalfen.

Die Mitte des 13. Jh. bezeichnete zugleich einen Höhepunkt in der mittelalterlichen Handelsorganisation. Solange der Verkehrsfluß schwach war, blieb es ratsam, ihn auf eine Anzahl fester Zeiten und fester Plätze zu konzentrieren, vor allem die Jahrmärkte oder Messen. In dem Maße, wie der Verkehr aber an Umfang zunahm und eine größere Ausbreitung erfuhr, nahm die Anzahl der Handelsplätze zu, und für viele von ihnen erstreckte sich der Handel über die gesamte Handelssaison. Er wurde ja ziemlich überall, im Zusammenhang mit dem elenden Zustand des Wegenetzes, während der schlechten Jahreszeit unterbrochen.

Solange der Handelsverkehr durch den Kalender der Jahrmärkte beherrscht wurde, führte der Kaufmann ein Leben auf Reisen und war immer von einem Ort unterwegs zum anderen. Als nun der beständige Markt sich ausbreitete, konnte der Händler seßhaft werden und vom Ort seines Betriebes aus seine Geschäfte betreiben, mit Hilfe von Vertretern in einer Anzahl von Handelsplätzen zugleich. Durch einen ausgebreiteten Briefwechsel und durch Buchführung hatte er die Möglichkeit, alles unter Kontrolle zu halten. Eine der Formen, in denen das geschah, war der Abschluß von Handelsgesellschaften. Die neue Organisation rief ein Speditionswesen ins Leben, und dies wiederum führte zum Abschluß einer Transportversicherung. Übrigens war der Handel noch nicht zu einer eigentlichen Differenzierung gekommen: Man trieb gewöhnlich Handel mit den verschiedensten Waren zugleich, und zwar sowohl en gros als en détail. Man beschränkte sich nicht einmal auf den Warenhandel, sondern war gleichzeitig im Kreditwesen mit Wechselbriefen tätig, wenigstens im Bereich des Mittelmeers. Auch der Verbrauchskredit, übrigens eine Erscheinung aller Zeiten trotz des kirchlichen Wucherverbots, nahm eine größere Entwicklung, seitdem Fürsten und Städte mit Rücksicht auf die sich ausdehnenden Objekte der Politik und der Verwaltung mit ihren laufenden Einkünften in der Regel nicht mehr auskamen.

Die ökonomische Wachstumsphase, zu der die europäische Gesellschaft seit dem Tiefpunkt der Hofverfassung aufgestiegen war, endete in einer neuen Krise, welche dieses stolze Werk auf eine schwere Probe stellte. Man spricht dabei von der Krise des Spätmittelalters. Daß das 14. Jh. und mindestens der größtc Teil des 15. für unsern ganzen Erdteil, von einigen wenigen Ausnahmen abgesehen, eine Krisenperiode waren, wird allgemein angenommen. Es ist nur die Frage, ob der Beginn der Depression nicht auf einen früheren Zeitpunkt, auf die zweite Hälfte des 13. Jh. vorverlegt werden muß, wie es die jüngste sozial-ökonomische Geschichtsschreibung, unserer Meinung nach zu Recht, anzunehmen geneigt ist.

Wie dem auch sei, es besteht wenig Zweifel daran, daß die europäische Landwirtschaft im 13. und 14. Jh. deutliche Zeichen einer Überspannung verzeichnete. Nachdem man Jahrhunderte lang neue Gründe in Besitz und in Gebrauch genommen hatte, war der Zeitpunkt gekommen, daß der Vorrat an Grund und Boden, der bei dem damaligen Stand der Agrartechnik mit Gewinn zu bewirtschaften war, beinahe erschöpft war, so daß der von jetzt ab anfallende Bevölkerungsüberschuß sich mit zu wenig rentablen oder an der Grenze der Rentabilität liegenden Böden zufrieden geben mußte. Dies war um so bedenklicher, als eine Verschlechterung des Klimas um diese Zeit die Rentabilität in ungünstigem Sinne verschob. Da die Bevölkerung und ihr Bedarf schneller zunahmen als das Angebot, zeichnete sich für die Verbraucher in den Städten eine Tendenz zu steigenden Preisen ab. Nun blieb trotzdem der Zug zur Stadt in stärkerem Maße als je zuvor bestehen, weil der agrarische Ausweg zu wenig befriedigte. Es ergab sich so ein Stau im Bestand der Arbeitskräfte, der unvermeidlich einen Druck auf den Stand der Reallöhne ausüben mußte. Man denkt dabei sogleich an die unruhigen sozialen Entwicklungen in den Industriestädten, an Aufsässigkeit des industriellen Proletariats gegen die flämischen und toskanischen Patrizier seit dem Ende des 13. Jh. als deutliche Reaktion auf die ökonomische Situation.

Soweit dies die teuren Erzeugnisse der Wirtschaft berührte, konnte sich eine Alternative in der Erweiterung des Absatzes anbieten, wofür aber kein Anzeichen zu finden ist. Denn die Senkung des Lebensniveaus eines Großteils der kleinen Leute wurde keineswegs kompensiert durch eine Erhöhung des Niveaus der Oberschicht. Diese wurde im Gegenteil in den Ländern, die der ökonomischen Revolution des Hochmittelalters den ersten Impuls gegeben und aus dieser Lage hohe Gewinne gezogen hatten, das Opfer der Verbreitung dieser Revolution über ganz Europa. Die Konkurrenz in Gewerbe und Handel wurde zu groß, um die außergewöhnlichen Gewinne von früher bestehen zu lassen. Wirtschaft und Gesellschaft des Pionier- und *frontier*-Typs waren an ihr Ende gelangt.

Die Vermutung ist nicht unberechtigt, daß unter den neuen Umständen der Bevölkerungszuwachs in eine Überbevölkerung umgeschlagen war, von der Art, wie heute bestimmte Entwicklungsländer, z. B. Indien, sie zeigen, mit der Folge der Unterernährung bei den armen Volksmassen. Diese wurden dadurch ein besonders günstiger Keimboden für Epidemien und Endemien. Eine erste Katastrophe, die beinahe den gesamten Erdteil heimsuchte, brach als Folge der Hungersnot von 1316 aus. Spektakulärer noch war der Schwarze Tod von 1347 und den folgenden Jahren. Dieser Erscheinung pflegt man die Bedeutung eines Wendepunktes zuzuschreiben, mit der die spätmittelalterliche Krise eingesetzt haben sollte. Sie lag aber in einer weiteren Perspektive auf der Linie einer Entwicklung, die sich schon ein halbes Jahrhundert früher anbahnte. Ihre Folgen waren so eingreifend, daß sie die europäische Gesellschaft bis auf den Grund erschütterten und nach einer langen Prüfungszeit einen erneuten Wiederaufbau erforderten. Wie das geschah, soll im dritten Band dieses Handbuchs zur Sprache kommen.

B. Die Entwicklung von Wirtschaft und Gesellschaft in den europäischen Regionen

§ 8 Das Fränkische Reich

Von François Louis Ganshof

Quellen
Volksrechte:
Pactus Legis Salicae, hg. v. *K. A. Eckhardt.* In: MGH 4 (1962).
Lex Ribuaria, hg. v. *F. Beyerle* und *R. Buchner.* In: MGH 4 (1954); der karolingische Text hg. v. *K. A. Eckhardt* (1966).
Pactus Alamannorum, Lex Alamannorum. In: Leges Alamannorum, hg. v. *K. Lehmann* und *K. A. Eckhardt.* In: MGH 4 (1966).
Lex Saxonum, Lex Thuringorum. In: Leges Saxonum et Lex Thuringorum, hg. v. *C. von Schwerin.* In: MGH 8 (1918).
Lex Baiwariorum, hg. v. *E. von Schwind* und *E. Heymann.* In: MGH 4 (1926).
Gesetzgebung:
Capitularia Regum Francorum, hg. v. *A. Boretius* und *K. Krause.* In: MGH 4 (2 Bde., 1883–97); das Capitulare de Villis neu hg. mit Kommentar von *C. Brühl* (1971).
W. A. Eckhardt: Die Capitularia missorum specialia von 802. In: Deutsches Archiv für Erforschung des Mittelalters 12 (1956).
Urkunden:
P. Lauer und *C. Samaran:* Les diplômes originaux des Mérovingiens (1903).
Diplomata regum Germaniae ex stirpe Karolinorum. In: MGH 4, hg. v. *P. F. Kehr* und *T. Schieffer* (4 Bde., 1934–60).
Diplomata Karolinorum. In: MGH 4, hg. v. *E. Mühlbacher* (1906); III, hg. v. *T. Schieffer* (1966).
Diplomata Ottonis I. In: Die Urkunden der deutschen Könige und Kaiser. In: MGH 4; I, hg. v. *T. Sickel* (1879).
Formulae Merovingici et Karolini Aevi, hg. v. *K. Zeumer.* In: MGH 4 (1886); dazu *L. Levillain:* Le formulaire de Marculf et la critique moderne. In: Bibliothèque de l'Ecole des Chartes 84 (1923), S. 21–91.
Polyptycha und Urbare:
B. Guérard: Polyptyque de l'abbé Irminon... publié avec des Prolégomènes (2 Bde., 1844); neu hg. v. *A. Longnon,* Polyptique de l'abbaye de Saint-Germain-des-Prés rédigé au temps de l'abbé Irminon [kurz vor 829] (2 Bde., 1886–95).
B. Guérard: Polyptique de l'abbaye Saint-Remi de Reims [ca. 861] (1853).
C. Lalore: Polyptique de l'abbaye de Montièrender [kurz vor 845] (1878).
B. Guérard: Cartulaire de l'abbaye de Saint-Bertin [mit S. 97–107 einer Ausgabe des Polyptychons von zwischen 844 und 859] (1840); neue Ausgabe bei *M. Gijsseling* und *A. C. F. Koch.* In: Diplomata Belgica ante annum millesimum centesimum scripta (1950), Nr. 34, S. 57–64; neueste Ausgabe von *F. L. Ganshof* in Verbindung mit *F. Godding-Ganshof* und *A. de Smet:* Le polyptique de l'abbaye de Saint-Bertin. Edition critique et commentaire (1975).
R. Kötzschke: Die Urbare der Abtei Werden an der Ruhr [das Urbar A, ungefähr 890, enthält ein Fragment eines Polyptychons bezüglich des Gutes Friemersheim], I (1906).
J. Warichez: Une „descriptio villarum" de l'abbaye de Lobbes à l'époque carolingienne [ungefähr 868]. In: Bulletin de la Commission Royale d'Histoire (1909), S. 252–261.
H. Beyer, L. Eltester, A. Goerz: Urkundenbuch zur Geschiche der... mittelrheinischen Territorien I [enthält, S. 1–118, die Edition durch *H. Beyer* des Polyptychons der Abtei Prüm, 893] (1960).

Allgemeine Literatur

Staats- und Verfassungsgeschichte:
F. L. Ganshof: Histoire des relations internationales. I. Le moyen âge (^{4}1968); engl.: The Middle Ages. A History of International Relations (1970).
Ders.: Royaume burgonde. Ve–VIe siècles. In: Introduction bibliographique à l'histoire du droit et à l'ethnologie juridique, B/7 (1972).
F. Steinbach: Das Frankenreich. In: Handbuch der deutschen Geschichte, hg. v. *L. Just,* I (1956).
H. Löwe: Deutschland im fränkischen Reich. In: Gebhardts Handbuch der deutschen Geschichte, I (^{9}1970).
G. Tellenbach: Die Entstehung des deutschen Reiches (1941).
F. L. Ganshof: L'empire carolingien. In: Recueils de la Société Jean Bodin, XXX. Les grands empires 9 (1972).
Ders.: Frankish Institutions under Charlemagne (1968).
Ders.: Was ist das Lehnswesen? (^{4}1975).
Ders. und *R. C. van Caenegem:* Les institutions féodo-vassaliques. In: Introduction bibliographique ..., B/8 (1972).
Sozial- und Wirtschaftsgeschichte:
R. Kötzschke: Allgemeine Wirtschaftsgeschichte des Mittelalters (1924).
R. Latouche: Les origines de l'économie occidentale (1956).
G. Fourquin: Histoire économique de l'Occident médiéval (1969).
E. Salin: La civilisation mérovingienne (4 Bde., 1950–59).
F. L. Ganshof: Quelques aspects principaux de la vie économique dans la monarchie franque au VIIe siècle. In: Caratteri del secolo settimo in Occidente (1958).
A. Dopsch: Wirtschaftsentwicklung der Karolingerzeit I (^{3}1962).
F. Lütge: Deutsche Sozial- und Wirtschaftsgeschichte (1952, ^{3}1966).
E. Lesne: Histoire de la propriété ecclésiastique en France (6 Bde. in 8 Tln., 1910–43).

1. Die Bevölkerungs- und Sozialstruktur

Das *Regnum Francorum* befand sich zwischen dem Ende des 5. und dem Ende des 9. Jh. in Bewegung. Seit dem 6. Jh. umfaßte es fast ganz Gallien und einen großen Teil des westlichen, mittleren und südlichen Germaniens, um dann im 8. und 9. Jh. durch die Eroberungen der ersten Karolinger und besonders Karls des Großen ergänzt zu werden: Septimanien im Süden Galliens und das nördliche Germanien sowie die mittleren Donauländer kamen hinzu. Der größte Teil Italiens wurde ebenfalls angeschlossen. Die Vergangenheit dieser Gebiete ist nicht Gegenstand unseres Themas. Ethnisch und sprachlich gesehen boten sich die Bevölkerungen dieser Räume verschiedenartig dar. Alle waren dem „fränkischen" Herrscher unterworfen. Aber „fränkisch" bezieht sich eigentlich mehr auf die Bewohner der Gegenden zwischen Loire und Rhein als östlich des Rheins. Die Eigenschaft „fränkisch" hatte im Verhältnis zu den anderen Volksgruppen keine rechtlich faßbare Überlegenheit mit sich gebracht: Alemannen, Bayern, Thüringer und, als Folge der karolingischen Eroberungen, Friesen und Sachsen in Germanien, Slawen in den östlichen Randgebieten Germaniens, von der oberen Elbe und der mittleren Donau, Leute aus Aquitanien und der Provence in Gallien und, seit Pippin III. und Karl dem Großen, Goten aus Septimanien und Nordspanien sowie aus Katalonien: alle behaupteten sie ihre Eigenart. Während die Bewohner des größten Teils Galliens die *rustica romana lingua* sprachen, d. h. verschiedene vom Vulgärlatein abgeleitete Dialekte, bedienten sich die Bewohner eines bedeutenden Teils des Nordens und Ostens Galliens und die Bewohner Germaniens verschiedener germanischer Dialekte. Die Ausdehnung der Sprachräume hat sich im Laufe der hier untersuchten Jahrhunderte verändert und in gewissen Zeiten zu zweisprachigen Gebieten geführt[1].

Es ist schwierig, sich eine einigermaßen genaue Vorstellung von der Größe und der

Dichte der Bevölkerung zu machen. Jedenfalls war diese gering, und die Wachstumsfaktoren wurden wahrscheinlich durch Kriege, Epidemien und Mißernten reichlich wieder ausgeglichen. Keine Zahl ist für die merowingische Epoche gesichert. Für die karolingische Epoche hat man vertrauenerweckende Berechnungen angestellt. Die genauesten gründen sich auf die Polyptycha (Urbare) von Saint-Germain-des-Prés (kurz vor 829) und von Saint-Bertin (zwischen 844 und 859). Sie belaufen sich für die Gegend im Süden des Pariser Weichbildes und für die Gegend, die sich von der Yser bis zu den kreidehaltigen Hügeln des Artois erstreckt, auf 39 bzw. 34 Bewohner pro km^2. Da es daneben große, nur spärlich oder gar nicht bewohnte Gebiete gab, kann man diese Ergebnisse nur auf bevorzugte Gegenden anwenden[2]. Im *Regnum* insgesamt war die Dichte also bedeutend geringer. Wir ziehen es vor, keine weiteren Zahlenangaben zu wagen, die doch zu unsicher wären[3].

Innerhalb der verschiedenen Volksgruppen war die Bevölkerung in rechtlich unterschiedene Schichten eingeteilt. Die bedeutendste unter ihnen, die der „Gemeinfreien“ (*ingenui*, oder manchmal auch *liberi*), war weit davon entfernt, sozial eine gleichartige Einheit darzustellen. Es gab unter ihnen unabhängige – im allgemeinen jedoch in bescheidenem Maße – Grundeigentümer; einige, vor allem jene, deren Land sich von einem Großgrundbesitz umschlossen fand, waren oft einem Druck ausgesetzt, gegen den sie nur schwer ihren persönlichen Status und ihr Eigentum verteidigen konnten. Trotz allem behaupteten sie sich, und man findet sie im gesamten *Regnum*, unter den Merowingern wie unter den Karolingern, besonders in der Auvergne, der Touraine und Maine, ebenso wie in Sachsen, Thüringen und Friesland[4], wobei die geographischen Angaben keineswegs als Grenze aufzufassen sind. Die Karolinger und Karl der Große im besonderen haben Bestimmungen erlassen und Maßnahmen ergriffen, um die *pauperes liberi homines* zu schützen, d.h. jene „Gemeinfreien“, die nicht die notwendige Kraft besaßen, um selbst erfolgreich dem Druck zu widerstehen, von dem gerade die Rede war. Die Wirksamkeit dieser Maßnahmen war nicht immer gesichert[5]. Sie war es noch weniger, wenn es sich um *ingenui* handelte, die mit königlichen, kirchlichen oder adeligen Domänen belehnt waren.

Die Organisation des fränkischen Staates, besonders die Gerichts- und Militärverfassung, war bis spät ins 9. Jh. und in einigen Gegenden noch über diesen Zeitpunkt hinaus an das Vorhandensein einer Schicht von freien und wirtschaftlich autonomen Bauern gebunden; ihr Verschwinden trug zum Zusammenbruch des Staates bei.

Obwohl es sich eher um rechtliche Kategorien als um soziale Gruppen handelt, muß darauf hingewiesen werden, daß die Gelehrten zwei verschiedene Typen der *ingenui* unterscheiden. Die große Masse, die wirklichen „Gemeinfreien“, sollen „Königsfreie“ gewesen sein, d.h. Leute verschiedenster Abstammung, oft unfrei oder nur beschränkt frei, vom König freigelassen und von ihm an Land gebunden, das ihm gehörte und irgendwelche Einkünfte erbrachte; oder aber es waren Nachkommen dieser Leute. Die ursprünglichen *ingenui*, jene vor allem, die in den „Volksrechten“ erscheinen, sollen etwas ganz anderes gewesen sein: eine zahlenmäßig kleine Gruppe von sozial höherer Stellung, eine mindere Aristokratie. Ohne zu bestreiten, daß die Könige Freilassungen vorgenommen und laufend freigelassene Leute auf ihr Land gesetzt haben, weisen wir die Hypothese von den Königsfreien als Massenphänomen zurück: Das ist eine Konstruktion, die nur unzureichend auf direkten Textzeugnissen beruht[6].

Hat das *Regnum Francorum* einen Adel gekannt, d.h. eine rechtlich gesicherte Schicht, deren Mitglieder auf Grund ihrer Zugehörigkeit den Vorteil eines privilegierten Status besaßen? Man kann das bestätigen hinsichtlich einiger, oft nur ungenügend dem fränkischen Souverän unterworfener Stämme: Alemannen, Bayern, Thüringer und später auch Sachsen[7]. Aber davon abgesehen glauben wir die Frage verneinen zu müssen[8].

Sehr wichtig ist hingegen eine Aristokratie, eine höhere soziale Kategorie, die man in der gesamten fränkischen Monarchie im Laufe ihres ganzen Bestehens gekannt hat. Sie enthielt verschiedene Bestandteile. Es gab vor allem im Süden, der Mitte und dem Westen Galliens (aber auch gelegentlich anderweitig) Nachkommen der gallo-romanischen Aristokratie der *senatores*. Es gab auch reiche und mächtige Familien der verschiedenen unterworfenen Stämme. Es gab vor allem ähnliche Gruppierungen fränkischer Familien. Viele ihrer Mitglieder verdankten ihren Reichtum und ihre Macht dem Königsdienst in einem Maße, daß man ihnen auf deutsch oft die verallgemeinernde Bezeichnung „Dienstadel" gibt. Die Merowinger hatten sie mit Landschenkungen überhäuft, namentlich in Gallien zwischen Maas und Loire, in Lothringen und Maine, aber auch anderswo[9]. Im 8. und 9. Jh. schufen sich die ersten Karolinger ebenso wie Karl der Große und seine Nachfolger eine Art höhere Aristokratie, aus deren Mitte sie vornehmlich die Stützen ihrer Macht rekrutierten. Sie taten es, indem sie den Angehörigen dieser Aristokratie mit einer ungewöhnlichen Großzügigkeit Ländereien und lukrative Ämter der Kirche und des Staates zuteilten, vor allem Bistümer, Grafschaften, bedeutende Pfründen. Diese „Reichsaristokratie", wie man sie genannt hat, besaß nicht wenige Mitglieder, die mit den Karolingern verwandt waren oder wenigstens wie diese aus der Gegend von Maas und Mosel stammten. Andere Familien dieser Schicht waren sehr unterschiedlicher Herkunft[10]. Außerdem darf man nicht vergessen, daß die Familien, die der regionalen Aristokratie angehörten, oft ebenfalls reich und einflußreich waren. Und schließlich, wo fing die „Reichsaristokratie" an, und wo hörte die regionale Aristokratie auf? Man soll die Kategorien, deren Bedeutung einzig darin liegt, uns die Dinge klären zu helfen, nicht für festbestimmte Realitäten halten.

Eine der wichtigsten unter diesen Gesellschaftsschichten war zumindest in Gallien das „Kolonat" *(colonus)*, eine ursprünglich römische Kategorie, aber deshalb kann man nicht alle ihre Angehörigen zu ursprünglichen Gallo-Romanen machen. Wirtschaftlich gesehen, waren fast alle *coloni* Leiheträger, wenn sie auch Land in vollem Eigentum haben mochten[11]. Sie wurden auch noch im 9. Jh. als Freie angesehen, und sie legten Wert darauf, diese *ingenuitas* zu behaupten, was in der Praxis recht schwierig war. Sie waren nämlich zu Frondiensten verpflichtet, zweifellos weniger als die *servi*, aber dennoch von der gleichen Art[12]. Man nennt sie manchmal auch *tributarii*[13]. *Coloni* findet man auch in einigen Teilen des *Regnum*, die östlich des Rheines lagen, vor allem in Bayern, Hessen und Thüringen[14]. Die Kolonen werden am besten bei den Leuten mit eingeschränkter Freiheit eingeordnet.

Eine Schicht mit eingeschränkter Freiheit waren auch die Liten. Im fränkischen Gebiet war der Lite *(litus)* durch das fränkische Recht geschützt[15]; Im Norden Galliens muß dieser Stand ziemlich verbreitet gewesen sein[16]. Liten gab es auch in mehreren rechtsrheinischen Teilen des *Regnum*[17]. Die Liten schuldeten ihrem Herrn eine Abgabe; die meisten waren mit Leihen ausgestattet, aber ursprünglich weniger vorteilhaft als die sogenannten freien Leiheträger[18]. In Bayern wurden die Liten *aldiones* genannt[19]. Die „Barschalken", die es zu Ende des 8. Jh. und im 9. Jh. in einem Teil Bayerns gab, waren im allgemeinen Beliehene, aber zu verhältnismäßig harten Diensten verpflichtet. Manchmal verfügten sie über eigene Ländereien und Leibeigene. Ihr Status ist nur unzureichend bekannt, aber wahrscheinlich wurden sie wie die Kolonen nur rechtlich als Freie betrachtet[20].

Die Unfreien, die Sklaven *(mancipia, servi)* waren in allen Teilen des *Regnum Francorum* im 6., 7. und 8. Jh. zahlreich. Sie wurden aus Kriegen und durch den Menschenhandel eingebracht und leisteten überaus langwierige und mühselige Arbeit sowohl bei der Bewirtschaftung von Domänen als auch von autonomen Besitzungen. Man hat spätestens im 7. Jh. damit begonnen, einige von ihnen auf Leihegütern, die zur Domäne gehörten, anzusiedeln; obwohl die Anforderungen an sie größer waren als an die freien oder halbfreien Lehensinhaber, hatten diese *servi casati* ein besseres Schicksal als die *mancipia*, die *non casati* waren (sie wurden im 8. und 9. Jh. oft *hagastaldi* oder *haistaldi* genannt) und je nach der Laune der Herren oder Verwalter arbeiten mußten[21]. Viele Sklaven hat man freigelassen; die Kirche hat dazu gedrängt; ihre Oberen haben viele losgekauft, um sie freilassen zu können[22]. Außerdem waren seit dem 7. Jh. die auswärtigen Kriege weniger oft erfolgreich, und das Einströmen von Sklaven wurde verringert.

Es ist schwer zu sagen, bis zu welchem Zeitpunkt die Sklaverei im fränkischen Königreich bestanden hat. Der Sklave war eine Sache und keine Person. Von dem Zeitpunkt an, als die Kirche erreichte, daß diese menschlichen Wesen auch als Rechtsobjekte angesehen wurden, ist es angebracht, *mancipium, servus* und *ancilla* mit „Leibeigener", „Knecht" und „Magd" zu übersetzen, wobei vorausgesetzt ist, daß das *mancipium,* der Leibeigene ohne Leihe, tatsächlich noch immer dem Sklaven nahestand. Dieser Wandel ist wohl in den Zeitraum zwischen der Mitte des 8. und der Mitte des 9. Jh. einzuordnen[23].

Die Freilassungen erfolgten allgemein nach römischem oder germanischem Modus; einige verliehen nicht den Status eines vollkommen freien Mannes. Der Freigelassene *(libertus)* blieb dabei meist einer eingeschränkten Autorität seines früheren Herrn unterworfen und war im allgemeinen Leihehälter[24]. Der Rückgang und schließlich das Verschwinden der Sklaverei im Innern der fränkischen Monarchie verhinderten nicht, daß das *Regnum Francorum* von Sklavenhändlern durchquert wurde, die ihre (oft aber nicht immer) heidnischen Opfer im Ausland verkauften; meistens waren es Sklaven oder „Bretonen" aus Britannien und sogar Angelsachsen. Die Absatzmärkte waren hauptsächlich, aber nicht einzig, Südosteuropa und die islamische Welt[25].

Die vielfach anarchischen Verhältnisse in der fränkischen Monarchie erleichterten vom 6. bis zum 9. Jh. das Aufkommen von persönlichen Abhängigkeitsverhältnissen. Sie wurden von freien Männern oder auch freien Frauen geschaffen, die Schutz und Unterhalt bei Mächtigeren suchten, ohne dabei ihre Freiheit aufzugeben. Einige vertrauten sich so gegen eine Dienstleistung dem König an *(commendatio)*, andere dem Majordomus, einer Kirche oder sonst einer mächtigen Persönlichkeit. Aus dieser Gruppe der *ingenui in obsequio* ging im 8. Jh. die Vasallität hervor. Andere freie Männer übergaben sich erst im 8. und 9. Jh. gegen eine geringe Leistung an barem Geld oder Naturalien dem Schutz einer Kirche. Obwohl diese *homines votivi* oder *luminarii* ihre Freiheit aufgaben, muß man doch annehmen, daß sie ihre soziale Autonomie einigermaßen behielten.

In verschiedener Hinsicht war die Landwirtschaft die eigentliche wirtschaftliche Tätigkeit der Angehörigen der von uns behandelten insgesamt ländlichen Schichten. Es war nicht unbedingt die einzige: Der Handel machte des öfteren eine zusätzliche Betätigung aus; man kann beispielsweise auf die Grundherren oder die selbständigen bayerischen oder slawischen in Bayern ansässigen Landwirte verweisen, die zu Ende des 9. Jh. Salz und gelegentlich auch Sklaven verkauften[26]. Es hat aber im *Regnum Francorum* immer Leute gegeben, deren Beruf der Handel war: die *mercatores* oder *negotiatores*. Unter ihnen gab es Ausländer, wie die zahlreichen syrischen Händler, die im 6. Jh. in Gallien lebten[27]; es gab Angehörige einer Bevölkerungsgruppe, die Handel – speziell das Transportwesen – betrieben, wie die Friesen im 8. und 9. Jh.[28]. Es gab zur selben Zeit jüdische Händler, die entweder Untertanen des fränkischen Herrschers oder Ausländer waren[29]. Zur Zeit Karls des Großen und Ludwigs des Frommen gab es berufsmäßige Händler, die privilegiert waren, weil sie zugunsten des Hofes Handel trieben[30]. Es gab andere freie Händler, die bei Gelegenheit auf Rechnung der Kirchen oder Abteien arbeiteten und die Privilegien besaßen[31]. Unter Karl dem Kahlen waren die Berufshändler, Juden oder Christen in *Francia Occidentalis* mit einer Steuer belegt, die zur Bezahlung der Tribute an die Normannen diente. Wir sind ohne Kenntnisse bezüglich der Höhe ihrer finanziellen Mittel, aber man weiß, daß es unter ihnen Leute ohne Vermögen gab[32]. Diese Händler wohnten im 9. Jh. meist in den städtischen Siedlungen.

[1] Bezüglich der allgemeinen Geschichte vgl. eines der neueren Handbücher, z. B. *F. Steinbach:* Das Frankenreich; *H. Löwe:* Deutschland im fränkischen Reich; *J. Boussard:* Charlemagne et son temps (1968).

[2] *F. Lot:* Conjectures démographiques sur la France au IXe siècle. In: Le Moyen Âge (1921). *H. van Werveke:* De bevolkingsdichtheid in de IXe eeuw. In: Fédération historique et archéologique de Belgique. Congrès de Bruxelles, 1935. Vorbehalte durch *G. Fourquin:* Histoire économique, S. 58–59.

[3] *W. Abel:* Geschichte der deutschen Landwirtschaft (1962), S. 12–14, 24–26; ders.: Landwirtschaft und ländliche Gesellschaft in Deutschland. In: Agricoltura e mondo rurale in Occidente nell' Alto Medioevo (1966), S. 163. *Fourquin:* a. a. O. *W. Metz:* Die Agrarwirtschaft im karolingischen Reiche. In: Karl der Große, I (1965), S. 489; *R. Kötzschke:* Allgemeine Wirtschaftsgeschichte des Mittelalters (1924), S. 130.

[4] *Abel:* Geschichte, S. 15; *Dopsch:* S. 138–140; *Kötzschke:* S. 148; *Latouche:* S. 76–77; *F. Lütge:* Die mitteldeutsche Grundherrschaft (1934), S. 82, 98–109, 129, 259; *W. Metz:* Das karolingische Reichsgut (1960), S. 187.

[5] Einige Artikel der Kapitularien Karls des Großen: *Boretius* I, Nr. 18, c. 4; 24, c. 5; 32; 34, c. 12; 44, c. 16, 19; 62, c. 12; 73, c. 5. Die kommentierte Ausgabe des Capitulare de Villis, *Boretius* I, Nr. 32. Vgl. über die pauperes liberi homines den Aufsatz von *R. Le Jan Hennebicque:* Pauperes et paupertas dans l'Occident carolingien au IXe et Xe siècle. In: Revue du Nord 50 (1968), S. 169–187.

[6] Für die „Königsfreien" genügt es zu verweisen auf: *Th. Mayer:* Königtum und Gemeinfreiheit im deutschen Mittelalter. In: Deutsches Archiv für die Erforschung des Mittelalters 6 (1943), S. 43; und ders.: Die Königsfreien und der Staat des frühen Mittelalters. In: Das Problem der Freiheit (1955); *H. Dannenbauer:* Königsfreie und Ministerialen. In: Grundlagen der mittelalterlichen Welt (1958). Dagegen: *E. Müller-Mertens:* Karl der Große, Ludwig der Fromme und die Freien. Wer waren die liberi homines der karolingischen Kapitularien? (1963).

[7] Lex Baiwariorum III, 1. Pactus Alamannorum, Leges Alamannorum, XIV, 8 und 11, XXXI, 6, S. 24–25 und 33. Lex Thuringorum, 1, 4, 6, 8, 12, 16, 46. Lex Saxonum 1, 14, 17, 18, 20, 36, 64.

[8] Diese Ansicht wird stark bestritten; vgl. vor allem *K. F. Werner:* Bedeutende Adelsfamilien im Reich Karls des Großen. In: Karl der Große I.

[9] *A. Bergengrün:* Adel und Grundherrschaft im Merowingerreich (1958), S. 8–9, 32. *C. Higounet:* Observations sur la seigneurie rurale et l'habitat en Rouergue du IXe au XIVe siècle. In: Annales du Midi (1950), S. 125–126. *Latouche:* S. 101. *Lütge:* Grundherrschaft, S. 164. *Metz:* Reichsgut, S. 202–206 (mit Tabelle). *R. Sprandel:* Der merowingische Adel und die Gebiete östlich des Rheins (1957), S. 9–12, 14–46, 49–60, 67–70, 93. *K. F. Stroheker:* Der senatorische Adel im spätantiken Gallien (1948). *K. F. Werner:* a. a. O., S. 98–105.

[10] Das maßgebende Werk bleibt *G. Tellenbach:* Königtum und Stämme in der Werdezeit des deutschen Reiches (1939). Vgl. auch die zwei anderen Werke dieses Forschers und seiner Mitarbeiter: Die Entstehung des deutschen Reiches (1941) und: Studien und Vorarbeiten zur Geschichte des großfränkischen und frühdeutschen Adels (1957) und den Abschnitt von *K. F. Werner,* zitiert Anm. 8. Vgl. *Brühl:* Die Anfänge der deutschen Geschichte (1972). Eine beachtenswerte Studie über eine Familie der „Reichsaristokratie" verdanken wir *L. Levillain:* Les Nibelungen historiques. In: Annales du Midi 49–50 (1937–38).

[11] Es genügt, an dieser Stelle auf einige detaillierte Urbare zu verweisen, z. B. auf das Polyptyque de Saint-Germain-des-Prés oder auf das Polyptyque de Saint-Remi de Reims, Nr. XXVIII, S. 99 ff. Der Kommentar *Guérards,* durchgesehen von *Longnon* in dessen Einleitungsband zum Polyptychon des Irmino, S. 32–39, bleibt ausgezeichnet. Vgl. auch *F. Thibault:* Les coloni dans le polyptyque d'Irminon. In: Revue historique de droit français et étranger (1928); *A. Déléage:* La vie rurale en Bourgogne I, S. 564–565; *R. Grand* und *R. Delatouche:* L'agriculture au moyen âge, S. 52–53.

[12] Man könnte sich dessen nicht besser vergewissern als durch Lektüre eines placitums Karls des Kahlen, in dem eine Gruppe von Leihehältern von Saint-Denis, die beanspruchen, Kolonen zu sein, vom Hofgericht dazu verurteilt werden, sich damit abzufinden, sich Knechte zu nennen,

weil sich herausgestellt hat, daß sie selbst und ihre Eltern ihrem Herrn einen Knechtsdienst geleistet haben: G. Tessier: Recueil des actes de Charles II le Chauve, II (1952), Nr. 228 (im Jahr 861).

[13] Vor allem im Pactus Legis Salicae, XLI, 7: Romanus tributarius.

[14] *Dollinger:* Classes rurales, S. 312–315; *Lütge:* Grundherrschaft, S. 195–198.

[15] Pactus Legis Salicae, XLII, 4. Lex Ribuaria, 40 (36), 1, hg. v. *F. Beyerle/R. Buchner* (Variante; XXXVI, 5 des karolingischen Textes B, nach der Edition von *K. A. Eckhardt*, II, S. 45).

[16] Der Name der leti hat im Mittelalter in den niederländischen und niederdeutschen Dialekten weitergelebt in der Form „laet", mit der gewisse Halbfreie bezeichnet wurden.

[17] Vor allem bei den Alemannen, Pactus, VI, 6, XVII, 6, XVIII, 2 und 5 und bei den Sachsen, Lex Saxonum, XVI, XVIII, XXXXI, L, LV. Capitulatio de partibus Saxoniae. In: *Boretius:* Capitularia, I, Nr. 26, c. 15, 17, 21. Capitulare Saxonicum, Nr. 27, c. 3 und 5.

[18] Die Polyptycha zeigen, daß der mansus lidilis in der Regel kleiner war als der mansus ingenuilis; aber sie machen auch deutlich, daß es im 9. Jh. keinen notwendigen Zusammenhang mehr zwischen der Rechtsstellung der Manse und derjenigen des Leihehälters gab.

[19] Um sich davon zu überzeugen, genügt es, eine Urkundensammlung aus der Karolingerzeit durchzusehen, wie z. B. Die Traditionen des Hochstiftes Freising von *Th. Bitterauf.*

[20] *Dollinger,* S. 313f.

[21] Lex Baiwariorum I, 13. Lex Alamannorum, XXI, XXII. Diese Verfügungen gehen auf fränkische Rechtserlasse der ersten Hälfte des 7. Jh. zurück.

[22] Einige Beispiele: Vita Eligii, c. 10; Vita Amandi, c. 13; Vita Gaugerici, c. 12 (Nordgallien im 7. Jh.).

[23] Zu allem, was die Sklaven betrifft, vgl. das Hauptwerk von *C. Verlinden:* L'esclavage dans l'Europe médiévale, I (1955), S. 635–747, und die Überlegungen von *M. Bloch:* Les caractères originaux de l'histoire rurale francaise II (^{2}1956), hg. v. *R. Dauvergne,* S. 80–85.

[24] *M. Fournier:* Essai sur les formes et les effets de l'affranchissement dans le droit gallo-franc (1885). *Dopsch,* Wirtschaftsentwicklung, II^{3}, S. 46f., mit zahlreichen Verweisen auf die ausgeübte Praxis.

[25] Vgl. dazu *Verlinden,* S. 707–717.

[26] Weistum, hg. v. *A. Boretius-V. Krause:* Capitularia, II, Nr. 253; vgl. unsere Note sur l'Inquisitio de theloneis Raffelstettensis. In: Le Moyen Âge (1966).

[27] *P. Scheffer-Boichorst:* Die Syrer im Abendland. In: Mitteilungen des Inst. für österr. Geschichtsforschung 6 (1885); *P. Lambrechts:* Le commerce des Syriens en Gaule. In: L'Antiquité Classique 6 (1937).

[28] *B. Rohwer:* Der friesische Handel im frühen Mittelalter (Diss. Kiel 1937); *D. Jellema:* Frisian trade in the Dark Ages. In: Speculum 30 (1955).

[29] Z. B. Formulae Imperiales (Schutzurkunden aus der Kanzlei Ludwigs d. Frommen), Nr. 30, 31 (wahrscheinlich einheimische) und 52 (aus Saragossa). Man darf annehmen, daß die Juden in karolingischer Zeit (als Untertanen des Staatsoberhauptes des Regnum Francorum oder als Ausländer) sehr oft, aber nicht qualitate qua, privilegierte Kaufleute gewesen sind. Über dieses Problem ist die Arbeit von *C. Verlinden:* A propos de la place des Juifs dans l'économie de l'Europe Occidentale aux IXe et Xe siècles. In: Storiografia e Storia, Studi in onore di Eugenio Dupré Théseider (1974), besonders wichtig.

[30] Formulae Imperiales, Nr. 37; vgl. unsere Note sur le „Praeceptum Negotiatorum" de Louis le Pieux. In: Studi in onore di A. Sapori I (1957), S. 101–112.

[31] Vgl. weiter unten S. 189 und 4., Anm. 4.

[32] Annales Bertiniani, 2, Jahr 860, S. 82; 2, Jahr 866, S. 126; *Boretius-Krause:* Capitularia, II, Nr. 280 Edictum Compendiense de tributo Nordmannico, Text B, 2, Jahr 877, und Nr. 281 Capitulare Parisiacense Nr. 281, 2, Jahr 877, c. 31.

2. Die Landwirtschaft

Allgemeine Literatur

R. Grand und *R. Delatouche:* L'agriculture au moyen âge (1950).

G. Duby: L'économie ruale et la vie des campagnes dans l'Occident médiéval (2 Bde., 1962).

B. H. Slicher van Bath: The Agrarian History of Western Europe, A. D. 500–1800 (1963).
W. Metz: Die Agrarwirtschaft im karolingischen Reiche. In: Karl der Große, I (1965).
W. Abel: Geschichte der deutschen Landwirtschaft (1962). Ders.: Landwirtschaft und ländliche Gesellschaft in Deutschland. In: Agricoltura e mondo rurale in Occidente nell'alto medioevo (1966).
P. Dollinger: L'évolution des classes rurales en Bavière du IXe au XIII siècle (1949).
M. Bloch: Les caractères originaux de l'histoire rurale française, hg. v. *R. Dauvergne* (2 Bde., ²1956).
A. Déléage: La vie rurale en Bourgogne jusqu'au début du onzième siècle (2 Bde., 1941).
P. Lindemans: Geschiedenis van de landbouw in België I (1952).
W. Metz: Die Agrarwirtschaft im karolingischen Reiche. In: Karl der Große, I (1965).
Grundherrschaft:
A. Bergengrün: Adel und Grundherrschaft im Merowingerreich (1958).
W. Metz: Das karolingische Reichsgut (1960).
F. Lütge: Die mitteldeutsche Grundherrschaft (1934).
A. Verhulst: La genèse du régime domanial classique en France au haut moyen âge. In: Agricoltura e mondo rurale, a. a. O.
C. E. Perrin: Recherches sur la seigneurie rurale en Lorraine d'après les plus anciens censiers (1935).
Ders.: La seigneurie rurale en France et en Allemagne du début du IX à la fin du XIIe siècle I, Les antécédents du régime domanial: la „villa" de l'époque carolingienne (o. J., hektographierte Vorlesung Paris).
A. Verhulst: De Sint-Baafsabdij te Gent en haar grondbezit (VII–XIVe eeuw) (1958).
C. Wampach: Geschichte der Grundherrschaft Echternach im Frühmittelalter (2 Bde., 1929–30).
Technik:
C. Parain: The Evolution of Agricultural Technique. In: Cambridge Economic History of Europe, I (²1966).
G. Duby: Le problème des techniques agricoles. In: Agricoltura e mondo rurale, a. a. O.

a) Allgemeine Übersicht

Die Landwirtschaft[1] war unter den Merowingern und Karolingern der wesentliche Teil der wirtschaftlichen Aktivität[2]. Was wir davon mit einiger Sicherheit kennen, bezieht sich allerdings nur auf ihren äußeren Ablauf; der menschliche Aspekt ist uns fast gänzlich, die Technik zum großen Teil unbekannt. Selbst unsere Kenntnis des äußeren Ablaufs gilt hauptsächlich für den sehr großen Landbesitz[3].

Man hat zu Recht das Westeuropa des Frühmittelalters eine Waldlandschaft genannt[4]. Das ist vor allem für die Teile des *Regnum Francorum* richtig, die zu Germanien gehörten. Man darf sich dennoch nicht alle rechtsrheinischen Gegenden als gleichmäßig bewaldet und nur von einigen Lichtungen unterbrochen vorstellen[5]. Ein solcher Zustand bestand nur in bestimmten Waldzonen wie z.B. an der Alpenfront, auf der schwäbischen und bayrischen Hochebene und in einigen Teilen Thüringens und Sachsens. Das fränkische Gallien besaß eine geringere Walddecke, die trotzdem sehr beachtlich war. Im Norden stellten der Kohlenwald (der sich mindestens von der Sambre bis zur Dyle erstreckte) und die Ardennen (ein großer Teil der belgischen Provinzen Lüttich, Namur, Luxemburg, das gleichnamige Großherzogtum und das französische Departement der Ardennen) sowie deren Verlängerung nach Osten, die Eifel, große Einheiten dar. Im Pariser Becken gab es zu Anfang des 9. Jh. ungefähr 17000 ha Wald auf 40000 ha Land, das als Besitz von Saint-Germain-des-Prés in dem vom Abt Irmino angelegten Polyptychon beschrieben wird. Das untere Seinetal war ganz mit Wald bewachsen, wie auch das westliche Aquitanien, die Ebenen nördlich der Garonne und die vorderpyrenäischen Länder[6].

Das *Regnum Francorum* wurde schon in der römischen Zeit durch Siedlungen erschlossen; einige davon blieben bestehen, andere wurden seit der Krise des 3. und seit der Völkerwanderungen des 4. und 5. Jh. vernichtet; so enthielt die Walddecke des fränkischen Gallien ehemals kultiviertes Land. Seit dem 6., besonders aber seit dem 7. Jh. wurde in Gallien erneut Land urbar gemacht. Im Lauf des 7. und 8. Jh. wurde eine beachtenswerte Anzahl von Abteien gegründet, denen Landschenkungen gemacht wurden. Die Mönche bemühten sich in Austrasien wie in Neustrien und Aquitanien, selbst oder durch ihre *mancipia* Wälder und Dickicht zu beseitigen[7]; dasselbe erfolgte mit einem Jahrhundert Verspätung in Germanien dank der Tätigkeit der dort gegründeten großen Abteien, vor allem in Hessen, Thüringen, Schwaben und Bayern[8].

Bescheidenere geistliche Institutionen, der König, *potentes* und sicher auch Landbesitzer von geringerer Bedeutung oder von niedrigem Stand erschlossen ebenfalls Land. Das Resultat konnten einige *bunaria* sein, die zu einer selbständigen Nutzung hinzukamen; es konnte ein neues Gut, z. B. eine *mansionilis* mittleren Ausmaßes[9] oder eine bedeutendere Domäne, *villa*, entstehen, die zunächst für die Viehzucht verwendet wurde[10]. Man hat mit Recht vermutet, daß diese Urbarmachungen zu Beginn der Karolingerzeit den Grundherrschaften gestatteten, das Salland und die Verleihung von Land auszuweiten[11]. Sie ermöglichten auf jeden Fall die Niederlassung neuer aktiver Bevölkerungsteile auf dem Lande; das war vor allem in den weniger bevölkerten Teilen Germaniens von Bedeutung[12].

Unter den Karolingern wurde wohl in geringerem Umfang Land urbar gemacht[13]. Es gab begrenzte Unternehmungen privater Personen, deren Besitz sich auf diese Weise vergrößerte[14]. Es gab Abteien, die regelmäßig dem Wald und dem Dickicht neues Land abrangen[15]. Man drang in die Berggegenden ein. Teile Septimaniens, die durch die Kriege verwüstet worden waren, wurden durch spanische Flüchtlinge besiedelt[16].

Auch in Thüringen, Franken, Hessen, Bayern und der „Ostmark" wurde Land erschlossen[17]. An der Küste wurde ebenfalls Land gewonnen, so besonders in Flandern, wo man im 8. und 9. Jh. *bercariae* für die Schafzucht einrichtete[18].

Nur ungenaue Kenntnisse hat man von den damaligen landwirtschaftlichen Werkzeugen. Das meistbenutzte Arbeitsinstrument war wohl der Pflug *(aratrum)*. Mit einem Pflugmesser und einer Eisenschar, manchmal auch noch mit einer Holzschar, die aber mit einer Metallspitze versehen war, zog er eine oberflächliche Furche; im 8. oder 9. Jh. verwendete man dazu zusätzlich ein Räderwerk, das es ermöglichte, tiefer zu ackern. Doch war der Pflug auch in der verbesserten Form nur für leichte Böden geeignet. Bei den schweren und feuchteren Böden im Nordosten Galliens und im Westen Germaniens mußte man die Arbeit mit dem Spaten vorbereiten[19]. Seit der karolingischen Epoche verwendete man in einigen Landstrichen die schwerere *carruca*. Sie war nicht nur mit einem Paar Vorderräder versehen, sondern darüber hinaus mit einer Schar zum Wenden der Schollen. So wurde es möglich, tiefere Furchen zu ziehen und außerdem die Erde zur Seite zu werfen. Man nimmt an, daß vor der Aussaat eine dreieckige Egge benutzt wurde[20].

Zum Ziehen des radlosen und des Räderpflugs gebrauchte man Hornvieh, normalerweise ein Paar Ochsen. Im 9. Jh. verstand man mit Hilfe des starren auf den Schultern liegenden Kummets und den seitlich am Kummet festgemachten Zügeln auch das Pferd zu einem wirksamen Zugtier zu machen. Das Pferd war schneller und leichter zu lenken. Hinzu kam der Eisenbeschlag. Doch wurde das Pferd zunächst nur in Ausnahmefällen bei der Feldarbeit verwendet[21].

Geerntet wurde anscheinend noch ausschließlich mit der Sichel[22]. Das hatte zur Folge, daß ein großer Teil der Halme stehen blieb und zur Nahrung der Tiere diente. Die Arbeit mit der Sichel war sehr anstrengend; meist führten sie Männer aus. Anstrengend war auch die Aufgabe jener, die das Mehl mit Hilfe von Handmühlen herstellen mußten. Die Einrichtung von Wassermühlen seit dem 6. und vor allem seit dem 7. und 8. Jh. brachte hier allerdings Erleichterung. Die Polyptycha (Urbare) der Karolingerzeit lassen die Annahme zu, daß die Errichtung solcher Mühlen vor allem herrschaftlicher Initiative zu verdanken war[23]. Wo man Mühlen anlegte, mußte man auch an die Errichtung von Weihern denken.

Dung und Brache förderten die Ergiebigkeit des Bodens[24]. Der Dung war wohl nie ausreichend, und der größte Teil wurde für die Anpflanzungen um das Haus herum und für die *casa indominicata* der Güter gebraucht. Die Viehweide nach der Ernte auf den Feldern lieferte wohl eine gewisse Menge Dünger. Da das Großvieh nicht sehr zahlreich war, glich der Schafmist den Mangel einigermaßen aus[25]. In der *Francia Occidentalis* verwendete man im 9. Jh. für die Felder des Sallandes wohl auch pflanzliche Bestandteile oder Mergel als Dünger[26].

Die Feldgraswirtschaft wurde im Laufe der Zeit immer seltener und nur für unfruchtbare Böden angewandt. Im übrigen gab es verschiedene Typen der Wechselwirtschaft mit einem mehr oder weniger großen Anteil von Brache. Zwei Hauptformen kann man dabei hervorheben: die Zweifelderwirtschaft und die Dreifelderwirtschaft. Bei der ersten Form wurde der Boden ein Jahr lang bebaut und das folgende Jahr brach gelassen (manchmal sogar zwei Jahre hintereinander). Die Dreifelderwirtschaft ist anscheinend erst im 8. Jh. aufgekommen; sie dehnte sich seit dem 9. Jh. besonders auf den großen königlichen und kirchlichen Gütern des Pariser Beckens im Norden Galliens und des Rheinlands aus. Wahrscheinlich säte man das erste Jahr Wintergetreide (Weizen, Roggen, Dinkel und bisweilen Gerste) und im zweiten Jahr Frühjahrsgetreide (Hafer, Hülsenfrüchte und auch Gerste), während der Boden das dritte Jahr über brach liegen blieb[27]. Es wäre verwegen, noch genauer sein zu wollen[28].

Man hat im Laufe der Jahrhunderte, die den Rahmen unserer Betrachtung bilden, in vielen Gegenden Galliens und sogar Germaniens Wein angebaut[29]. Im heutigen Frankreich stellte man an der unteren und mittleren Loire, in der Pariser Gegend, an der unteren Seine, im Gebiet von Laon und Soissons und in der Champagne Weine von annehmbarer Qualität her. Die Kirchen und Abteien des heutigen Belgiens und Nordfrankreichs waren bestrebt, dort Weinberge zu besitzen. Darüber hinaus gab es im Süden weitere Weinanbaugebiete. Die Qualität der Rhein- und Moselweine veranlaßte kirchliche Institutionen, weiter im Norden Besitz im Rhein- und Moselgebiet zu erwerben[30].

Was man über die Flur- und Feldformen und in Verbindung damit über die Siedlungsformen weiß, beruht auf wenigen unergiebigen zeitgenössischen Informationsquellen[31]. Dabei bietet die Wirklichkeit eine so große Anzahl von Nuancen, Ausnahmen und Widersprüchlichkeiten, daß man im folgenden nur eine äußerst vorsichtige Orientierungsmöglichkeit sehen sollte[32]. Die älteste Form wäre die der offenen und unregelmäßigen Felder (der Blockflur) mit der Tendenz zum Viereck; man traf sie noch in Frankreich südlich der Loire und in einigen Teilen des westlichen und nördlichen Holland an. Die offenen und langgestreckten Schläge und Felder („Gewanne"), die ihrerseits oft wieder in lange und schmale Streifen aufgeteilt waren, fanden sich häufig und breiteten sich in den Zeiten der Merowinger und Karolinger weiter aus. Dieser Typ war sehr gebräuchlich in Frankreich nördlich der Loire und in einem großen Teil Deutschlands, namentlich des Rheinbeckens, wo er sich oft an Stelle der „Blockflur" durchsetzte; man begegnete ihm im Osten und Süden der Niederlande. Bei diesen Typen befand sich die Behausung außerhalb der Felder in Dörfern oder manchmal in Weilern gruppiert. In manchen Gegenden, unter anderem in Westfrankreich, in der Auvergne, im Baskenland und auch in Teilen Deutschlands (vor allem in Sachsen), begegnete man Feldern, die ungefähr viereckig oder rechteckig waren und von Erdwällen oder Hecken eingeschlossen wurden; das Haus oder der sonstige Bewirtschaftungsschwerpunkt befand sich annähernd in der Mitte. Wie diese aus Wald, Busch oder Sumpfland gewonnenen Kämpe gab es lange und schmale Streifen, die oft zwischen größeren Schlägen lagen; am Kopf des Schlages oder des Streifens gab es eine Behausung oder einen Bewirtschaftungsmittelpunkt. Diese formten systematisch geschaffene Straßendörfer; in Deutschland nannte man sie Waldhufendörfer. In Westfalen scheinen sie seit dem 9. Jh. entstanden zu sein[33].

[1] Vorbehaltlich der Ausnahmen fassen wir unter der Bezeichnung Landwirtschaft den Ackerbau, die Viehzucht und die diese beiden Hauptaktivitäten ergänzenden Tätigkeiten zusammen.

[2] Wie es mit Sachkenntnis *Latouche*, S. 69, *Metz*: Agrarwirtschaft, S. 489, *Fourquin*, S. 11 u. 61, bestätigt haben.

[3] *Fourquin*, S.75–76.

[4] *C.Higounet:* Les forêts de l'Europe occidentale du Ve au XVe siècle. In: Agricoltura e mondo rurale in Occidente nell'Alto Medioevo (1966), S. 374; neugedruckt in dessen Sammelband Paysages et villages neufs du moyen âge (1975), S. 37 ff.

[5] Vgl. vor allem für einen großen Teil Thüringens *Lütge:* Grundherrschaft, S. 2–4.

[6] Meisterhaft dargestellt von *Higounet* (vgl. Anm. 4), S. 353–374. Die Zahlen, die sich auf das Pariser Becken beziehen, stammen von *G. Hulin*, publiziert in der Einleitung von *A. Longnong* zu seiner Edition des Polyptychons I, S. 251–253; es kann sich nur um Größenordnungen handeln. Für das Seinetal vgl. *L. Musset:* Les forêts de la Basse-Seine. In: Revue Archéologique (1950).

[7] *L. Génicot:* Donations de „villae" ou défrichements. Les origines du temporel de l'abbaye de Lobbes. In: Miscellanea in honorem A. De Meyer (1946), I, S. 286–296.

[8] *Abel:* Landwirtschaft und ländliche Gesellschaft, S. 167; *Dollinger,* S. 37–38; *Fourquin,* S. 29–30; *Higounet:* Forêts, S. 393; *Latouche*, S. 102–103; *Lütge:* Grundherrschaft, S. 27, 31, 145.

[9] *Déléage,* II, S. 298–305. Unsere Studie über Quelques aspects, S. 75, 81–82 und Anm. 2; *A. Verhulst:* Sint-Baafsabdij, S. 130–132, 136–144.

[10] Beispiel: Bastogne (Belgien, Provinz Luxemburg): auf Viehzucht ausgerichtete Domäne im Jahre 634. *W. Levison:* Das Testament des Diakons Adalgisel-Grimo: In: Trierer Zeitschrift 7 (1932), S. 81, und in dessen Sammelband: Aus rheinischer und fränkischer Frühzeit (1948), S. 133. Über diesen Domänentypus: *Abel*, Gesch., S. 38. Bastogne wurde zu einer „gemischten" Domäne nach einem Text von 893. *H. Beyer, L. Eltester, A. Goerz:* Urkundenbuch zur Geschichte der mittelrheinischen Territorien, I (1860), Nr. 135: Urbar von Prüm, XLVIII, S. 173.

[11] *A. Verhulst:* Genèse du régime domanial, S. 147–149; *Bergengrün*, S. 127–140.

[12] Vor allem in bestimmten Teilen Thüringens. *Lütge:* Grundherrschaft, S. 30–32.

[13] *L. Halphen:* Etudes critiques sur l'histoire de Charlemagne (1921), S. 240–245. Vgl. auch *Dopsch:* Wirtschaftsentwicklung I^3, S. 266–271, und *G. Duby:* Economie rurale I (1962), S. 70.

[14] Davon hat man eigentlich nur per Zufall Kenntnis; z. B. *E. Mühlbacher:* Diplomata Karolinorum. In: MGH, 4, I, Nr. 213 und 218, z. d. Jahren 811–813.

[15] Das Polyptyque de Montièrender (2. Viertel des 9. Jh.) gibt am Ende zahlreicher descriptiones (I bis VI, XIV–XV, XX, XXXII, XXXIV, XXXVI, XXXVII) „de exertis" Rechenschaft über neu urbargemachte Ländereien. Vgl. dazu auch *Verhulst:* Genèse, S. 147 und 433.

[16] *G. Fournier:* Le peuplement rural en Basse-Auvergne durant le haut moyen âge (1962), S. 116–117. *A. Dupont:* L'aprision et le régime aprisionnaire dans le midi de la France (fin du VIIIe – début du Xe siècle). In: Le Moyen Âge (1965).

[17] *Abel:* Geschichte, S. 27–28, 32; *Dollinger,* S. 78–80; *Higounet:* Forêts, S. 395–397; *Lütge:* Grundherrschaft, S. 37, 72–73, 106–108, 145, 215–217, 306–307.

[18] *A. Verhulst:* Histoire du paysage rural en Flandre (1966), S. 20–21.

[19] Offenbar ist diese Arbeit im breve der Domäne Friemersheim beschrieben worden, die zur Abtei Werden gehörte und linksrheinisch, ein wenig nordwestlich von Krefeld gelegen war. Das war eine Dienstleistung, die die Leihehälter auf dem Salland leisten mußten; sie wurde im Lateinischen mit proscindere (den Boden öffnen) bezeichnet, was das Urbar von ± 890 mit gebrakon (im modernen Deutsch „brechen", Partizip „gebrochen") glossiert; *R. Kötzschke:* Urbare, Urbar A, S. 17. Vgl. *G. Duby:* Le problème des techniques agricoles. In: Agricoltura e

mondo rurale in Occidente nell'Alto Medioevo (1966), S. 277–278; Fourquin, S. 36; *Kötzschke:* Wirtschaftsgeschichte, S. 270.

[20] Bei allem, was die landwirtschaftlichen Werkzeuge angeht, muß man zwischen den Vorstellungen *Blochs*, Caractères, I², S. 51–53, II², S. 76–78, und denen unterscheiden, die in jüngerer Zeit von zahlreichen Gelehrten dargelegt wurden. Nach dem ersteren besteht der wesentliche Unterschied zwischen dem Pflug und dem Wagenpflug darin, daß der erste kein Paar Vorderräder besaß. Nach den anderen Forschern, die wir hier im Auge haben, ist die Wendeschar offenbar das Element, das den Wagenpflug vom Pflug hauptsächlich unterscheidet; vgl. *Abel:* Geschichte, S. 17–19; *Duby:* Economie rurale I, S. 75, 78–79; ders.: Problème, S. 277–278; *Fourquin*, S. 34–35; *Kötzschke:* Wirtschaftsgeschichte, S. 268–271; *Lindemans:* Landbouw in België I, S. 161 ff.; *Slicher van Bath,* S. 62–64.

[21] *Abel:* Geschichte, S. 39, 40; *Fourquin,* S. 40; *Grand et Delatouche,* S. 51, Anm. 1; *Ct. Lefebvre des Noëttes:* L'attelage. Le cheval de selle à travers les âges I (1931), S. 119–124 (setzt den Einsatz des Pferdes als Zugtier ins 9. Jh.); *C. Parain:* The evolution of agricultural technique. In: Cambridge Economic History, I (²1966), S. 148–152; *Slicher van Bath*, S. 63–64, 69, 71.

[22] *Abel:* Geschichte, S. 40; und *Slicher van Bath,* S. 70, offensichtlich zu Recht, aber sie können keinen Beweis dafür liefern.

[23] *Abel:* Geschichte, S. 41; *Latouche,* S. 108–109; *Slicher van Bath,* S. 71. Zu den karolingischen Texten, angeführt bei *Duby:* Economie rurale I, S. 72–74, kann man noch das Polyptychon von Saint-Bertin (zwischen 844 und 859) hinzufügen, wo 10 von 12 descriptiones der Güter Mehlabgaben erwähnen, die die Leihehälter schulden, und 7 nennen eine, zwei oder drei Mühlen (molendini; auch farinarii), deren Aufgabe es war, die Naturalabgaben zu liefern; es gab auch noch weitere bei der Abtei selbst. *B. Guérard:* Cartulaire de Saint-Bertin, S. 97–107; auch *M. Gijsseling* und *A. C. F. Koch:* Diplomata Belgica ante annum millesimum centesimum scripta (1950), Nr. 34, S. 58–64; *F. L. Ganshof, F. Godding-Ganshof, A. de Smet:* Le polyptique de l'abbaye de Saint-Bertin (1975), Nr. XV–XXXV, S. 13–24.

[24] *Duby:* Problème, S. 274; *Fourquin,* S. 35–36.

[25] *Duby:* Economie rurale I, S. 83–83; ders.: Problème, S. 275–276, 280; *Fourquin,* S. 38; *Kötzschke:* Wirtschaftsgeschichte, S. 268. Diskussion von *D. P. Blok* und *Duby:* Problème, S. 429–431.

[26] Das Polyptychon von Montièrender (vgl. Anm. 15) nennt beneficia (Verbesserungen) in einer Anzahl seiner descriptiones. Diskussion von *A. Verhulst* nach den Darlegungen von *Duby:* Problème, S. 432–433. Die Art und Weise der Verbesserung ist ungewiß.

[27] *Abel:* Geschichte, S. 35; *H. Bechtel:* Wirtschaftsgeschichte Deutschlands von der Vorzeit bis zum Ende des Mittelalters (1952), S. 64; *Duby:* Economie rurale I, S. 80–83; ders.: Problème, S. 274–275; *Fourquin*, S. 35–36; *Kötzschke:* Wirtschaftsgeschichte, S. 267–268; *Latouche*, S. 73, 225; *Metz:* Agrarwirtschaft, S. 489; *G. Schröder-Lemke:* Zur Flurform der Karolingerzeit. In: Zeitschrift für Agrargeschichte und Agrarsoziologie (1961), S. 294; *Slicher van Bath,* S. 58–70.

[28] Der am meisten aussagekräftige zeitgenössische Text ist ein Fragment des Polyptychons der Abtei Saint-Amand (an der Scarpe; zweite Hälfte des 9. Jh.), hg. v. *B. Guérard*, als Anhang zum Polyptyque de Saint-Germain-des-Prés I, S. 925–926. Die zwei Gelehrten, deren Darstellung uns zu Recht am genauesten dünkt, nämlich *Duby* und *Slicher van Bath* (vgl. Anm. 27), mahnen mit Recht zur Vorsicht.

[29] Z. B. an den uferbeherrschenden Hängen der Schelde in Gent: *Gijsseling* und *Koch:* Diplomata Belgica Nr. 49, III, S. 128, 1, 2, 3 (zwischen ± 820 und 850).

[30] Etwas verstreute Angaben bei: *Abel:* Geschichte, S. 19–37, 42–43; *R. Dion:* Histoire de la vigne et du vin en France des origines au XIXe siècle (1959), S. 171–191, 199–201, 207 ff.; *Duby:* Economie rurale, S. 236–237. Vor allem: *H. van Werveke:* Comment les établissements religieux belges se procuraient-ils du vin au haut moyen âge. In: Rev. belge de Phil. et d'Hist. 2 (1923), S. 643–662, oder mit einigen Hinzufügungen in dessen Aufsatzsammlung: Miscellanea Medievalia, S. 12–29.

[31] Das wird klar bei der Lektüre einer bemerkenswerten Darlegung, deren Autor die unvermeidlichen Lücken nicht zu verschleiern sucht: das zweite Kapitel „La vie agraire" von *Bloch,* Caractères originaux I, S. 21–65 und II, S. 31 f. Für Deutschland ist wegen der Vorsicht des Autors *Kötzschke* zu befragen.

32 Ein Gelehrter von der wissenschaftlichen Autorität eines *Slicher van Bath* gibt hier (S. 54) einen Beweis intellektueller Bescheidenheit, der uns als Vorbild dienen soll.

33 *Abel:* Geschichte, S. 34–35; *Latouche,* S. 42–48, 70; *Metz:* Agrarverfassung, S. 489–490; *Slicher van Bath*, S. 54–58.

b) Die Agrarverfassung

In den Ländern, die die fränkische Monarchie bildeten, gab es zur Zeit der Merowinger und auch noch zur Zeit der Karolinger kleine und mittlere selbständige landwirtschaftliche Betriebe. Man kennt sie leider nur wenig. Es ist von ihnen direkt oder indirekt in mehreren Volksrechten die Rede, vor allem in der *lex salica* (unter Einschluß der „Karolina")[1]. Die Organisation des fränkischen Staates zur Zeit der Merowinger und selbst der Karolinger, vor allem sein Verteidigungswesen, waren auf sie angewiesen[2]. Die Schenkungen an kirchliche Stiftungen, vor allem während des 8. und 9. Jh., gingen oft von Freien aus, die einen eigenen landwirtschaftlichen Betrieb führten. Das gilt besonders für die östlich des Rheins gelegenen Länder, aber auch für einen Teil des westlichen Galliens, einschließlich des Maine[3]. Die Freien, die ihren Boden bestellten, verfügten natürlich über einige Sklaven oder später, unter den Karolingern, über einige *mancipia*[4]; es ist anzunehmen, daß sie einen einfachen Pflug oder einen Räderpflug besaßen oder daß sich mehrere zusammentaten, um einen zu erwerben. Ihr Hof war von Boden umgeben, der sich für den Anbau von Gemüsen, verschiedenen Kräutern und anderen Pflanzen eignete[5], dazu kam das Ackerland. Man konnte manchmal auch etwas Wiese antreffen. Diese Wirtschaften konnten verschieden groß sein; im Nordwesten des heutigen Deutschland glaubt man für den bestellbaren Boden der Höfe dieses Typs 1,5 bis 4 ha Fläche ansetzen zu können[6]; aber das alles läßt sich nur mit Zurückhaltung aussagen, vor allem für die Zeit nach dem 6. Jh.

Die selbständigen bäuerlichen Wirtschaften konnten durch Urbarmachung von Wald-, Busch- und Sumpfgebieten usw., die sich noch niemand angeeignet hatte (*eremus,* „Allmende") und die der Dorfbevölkerung gemeinsam zur Verfügung standen, vergrößert werden[7]. Wichtig für diese Wirtschaften waren die Nutzungsrechte: das Holzlesen, das Fällen von Bäumen, das Ernten von Früchten, das Weiden des Viehs, die Eichelmast der Schweine, der Bienenfang usw. Diese Rechte galten für „wilde" Wälder und Felder, die der Dorfgemeinschaft oder in vielen Fällen dem König bzw. einer kirchlichen Institution oder weltlichen Herren gehörten[8].

Die Freien, die diesen Wirtschaften vorstanden, waren meist in einem Dorf oder in seiner Nähe ansässig; das konnte ein *vicus*, eine Siedlung gallo-römischen Ursprungs, besonders im Westen und Süden Galliens, sein[9] oder ein Dorf in Germanien und einigen Teilen Galliens, wo es in beträchtlichem Umfang germanische Bevölkerung gab[10]. Es gab außerdem selbständige Wirtschaften in unmittelbarer Nachbarschaft der königlichen und anderer Güter[11]. Zuweilen waren sie von solchen eingeschlossen[12]. Mit Wahrscheinlichkeit läßt sich sagen, daß diese Wirtschaften nicht nur für den Selbstverbrauch, sondern auch für den Verkauf auf dem Markt produzierten[13].

Die am meisten verbreitete landwirtschaftliche Nutzungsweise war diejenige einer Gutswirtschaft. Sie erbrachte einem Bodeneigentümer oder Gutsherren einen Ertrag aus Land, das andere unter seiner eigenen Leitung oder der seiner Beauftragten bearbeiteten. *Villa, locus*, manchmal auch *locellus*, waren Bezeichnungen dafür[14]. Der Bodeneigentümer oder Gutsherr war oft der König[15]. Auch königliche Güter wurden *villa* genannt; um sie aber von den übrigen zu unterscheiden, bezeichnete man sie öfter auch mit dem Ausdruck *villa regia*. In der karolingischen Zeit wurde *fiscus* ein Terminus technicus, um ein königliches Gut oder eine Gruppe dieser Güter zu bezeichnen[16]; die Bezeichnung blieb einem solchen Gut vorbehalten, auch wenn es in kirchlichen oder privaten Besitz überging. Die königlichen Güter, die über das ganze *Regnum Franco-*

rum verstreut waren, machten zumindest unter Pippin III., Karl dem Großen und Ludwig dem Frommen eine beachtenswerte Masse aus. Sie umfaßten vor allem Güter, die noch aus der Merowingerzeit vorhanden waren, dazu den großen Grundbesitz der Karolinger, ferner die konfiszierten Güter sowie erobertes Land. Die bedeutendsten Landmassen befanden sich in den Gegenden um die Aisne und Oise, um die Maas und die Mosel, um den Rhein und den Main, in Franken, Thüringen und Bayern[17]. Dort lagen die wichtigsten *palatia*, d.h. die Güter, die mit ihren Gebäuden als Residenz dienten[18].

Die *fisci* umfaßten mitunter mehrere *villae* von großer Ausdehnung, von denen einige ein oder mehrere kleine Güter *(mansioniles)* umfaßten. Ein ausgezeichnetes Beispiel für die erste Hälfte des 9. Jh. stellt eine Gruppe dar, die im Norden Frankreichs (nahe der heutigen Stadt Lille) lag; die Zahlen deuten die Größenordnung an: Annappes (2063 ha), *caput fisci* mit seinen drei *mansioniles* von Gruson (311 ha), Noyelles-lez-Seclin (238 ha), Wattiesart (200 bis 300 ha), Cysoing (1867 ha), Somain-en-Ostrevant (1368 bis 1406 ha), Vitry-en-Artois (1855 ha). Auf die Erzeugung von Wein spezialisiert war Triel an der Seine bei Paris[19]. Neben den *fisci* dieser Größe gab es auch viel kleinere, die nur einige hundert Hektar zählten.

Die königlichen Güter unterstanden einer eigenen Verwaltung. Den größeren Komplexen stand, wie es scheint, ein Oberverwalter (*iudex*) vor, während die *villa* von einem Meier (*maior*) verwaltet wurde[20]. Unzulänglichkeit und Mißbrauch veranlaßten Karl den Großen, eine Verordnung, das berühmte Capitulare de villis, zu erlassen, um seinen Verwaltungskräften ebenso wie den Landwirten die Fehler, die sie nicht begehen durften, und die Regeln, an die sie sich zu halten hatten, in Erinnerung zu rufen[21]. Dieser berühmte Text, der nichts von einem gesetzgeberischen Dokument hat, ließ sich nur auf die Güter anwenden, die dem Unterhalt des Hofes dienten, d.h. dem *indominicatum*[22]. Ein großer Teil des königlichen Grundbesitzes trug zu diesem Unterhalt nicht bei: Das waren die zahlreichen Güter, die die Einkünfte der staatlichen Hoheitsträger, insbesondere der Grafen ausmachten, dann diejenigen, die königlichen Vasallen (*vassi dominici*) als Lehen (*beneficium*) übertragen wurden, oder diejenigen, die in zeitlich begrenzter Landleihe (*praecaria*) vergeben wurden. Der Ertrag kam natürlich den Grafen, Vasallen oder Beliehenen zu. Diese Güter waren ebenso natürlich der Gefahr ausgesetzt, daß diejenigen, die sie besaßen, sie völlig ausbeuteten und gar widerrechtlich usurpierten. Um ihre Rechte zu wahren, schrieben die Könige deshalb ihren *missi* die Aufzeichnung von Inventaren und andere Maßnahmen vor[23]. Doch hatten diese Inventare und sonstige Maßnahmen nur eine sehr begrenzte Wirkung.

In waldreichen Gebieten ihrer eigenen Besitzungen, aber auch in Wäldern, die ihnen nicht oder nicht mehr gehörten, unterhielten die Könige Jagdreservate. Man nannte sie *foresta* oder *forestis*. Die Jagd war nicht nur ein Vergnügen, sondern diente auch zur Nahrungsbeschaffung. Daher traf man Maßnahmen, um Urbarmachungen in den Wäldern, die das Wild vertrieben hätten, einzuschränken oder zu verhindern. Es kam dabei vor, daß der König die *forestis*, d.h. das alleinige Recht auf Jagd, an irgendeine kirchliche Einrichtung oder – seltener – an eine hochgestellte weltliche Persönlichkeit vergab[24]. Vornehmlich seit der Regierung Ludwigs des Frommen und seiner Söhne wurden Güter im Übermaß als Lehen oder Eigentum an Mitglieder der Aristokratie vergeben, um sich ihrer Treue zu versichern. Ähnliches geschah zugunsten der Kirche[25].

Da sich die Kirche immer der Schriftlichkeit bedient hat, kennt man den Kirchenbesitz besser als den des Königs und der weltlichen Herren. Man kann mit Sicherheit sagen, daß der Kirchenbesitz schon seit dem 7. und Anfang des 8. Jh. in Gallien und Germanien von beachtenswerter Größe war; ebenso war es zur Zeit der Karolinger. Bistümer und Abteien waren Besitzer zahlreicher Güter, deren Bezeichnung meist *villa* oder *locus*, bisweilen *locellus* war[26]. Der Besitz von Sint-Pieters-Leeuw in Brabant, der im

9. Jh. vom Kölner Domkapitel erworben wurde, soll 18600 ha groß gewesen sein[27]. Das Gut von Palaiseau im Süden von Paris, das der Abtei Saint-Germain-des-Prés gehörte, mag wohl 1250 bis 1450 ha[28] umfaßt haben. Das Polyptychon von Saint-Germain-des-Prés, das unter Abt Irmino gegen 826 entstand, gibt 25 *villae* an, die einen Landbesitz von mehr als 30000 ha ausmachten[29]. Ausgedehnten Grundbesitz hatten ferner Saint-Denis nördlich Paris sowie Fulda und Hersfeld in Germanien[30]. In einigen Fällen lagen die Güter und übrigen Ländereien verhältnismäßig nah beieinander: 19 *villae* von Saint-Germain-des-Prés befanden sich zwischen Nantes im Westen und Château-Thierry im Osten[31]; der Grundbesitz der Abtei Fulda erstreckte sich weit über Ostfranken hinaus und reichte im Norden bis nach Friesland; über Thüringen hinaus ging er bis nach Sachsen und sogar nach Ostsachsen; er umfaßte Güter in Rätien und im Elsaß[32].

Der kirchliche Grundbesitz war durch fromme Schenkungen von unglaublicher Großzügigkeit errichtet worden. Seit der Merowingerzeit wurde er allerdings auch zum Gegenstand von Säkularisierungen und Usurpationen. Schon kurz vor 584 klagte Chilperich I., König von Neustrien, darüber, daß der königliche Grundbesitz zum Vorteil der Kirche verarmt sei, und er zog daraus, wie andere vor und nach ihm auch, die Konsequenzen[33]. Im 8. Jh. führten Karl Martell und Pippin III. weitgreifende Säkularisationen durch. Später bewilligte man den beraubten Kirchen einige Entschädigungen, so Karl der Große 779 in Herstal[34].

Es gab zwei Typen kirchlicher Grundherrschaften: Über die einen verfügte die Kirche frei; ihre Einkünfte nahm sie für sich in Anspruch. Andere waren ihr auf Befehl des Königs (Kaisers) als *beneficium, precaria*, Zinsgut verliehen worden, und über sie konnte die Kirche nicht frei verfügen; von ihnen bekam sie höchstens eine bescheidene Vergütung oder einen geringen Zins[35]. Für Grundherrschaften oder für eine Gruppe von Grundherrschaften wurden Urbare (*polyptycha*), d.h. Inventare der Einkünfte, aufgestellt. Doch wurden in sie nicht alle Einkünfte eingetragen[36]. Die wichtigsten Urbare stammten von Saint-Germain-des-Prés (kurz vor 829); Montièrender (kurz vor 845); Saint-Bertin (844–859); Saint-Remi in Reims (ca. 861). Sie lagen alle in *Francia Occidentalis*; Lobbes (868), Friemersheim (ca. 890) und Prüm (893) gehörten zum damaligen Lothringen[37].

Als Folge des Erbrechts, von Tauschverfahren, Schenkungen, Käufen und Verkäufen, Auflösungen von Besitzgemeinschaften und widerrechtlichen Besetzungen wurde der Bestand des privaten Grundbesitzes ständig verändert[38]. So werden in den Urkunden immer wieder die *portio, pars, medietas* einer *villa* oder eines *locus* erwähnt[39]. Auf einigen Gütern waren die *portiones* häufiger als die *villae*[40]. Die Mobilität des merowingischen und karolingischen privaten Grundbesitzes war sehr allgemein, obwohl selbstverständlich weniger ausgesprochen im Falle des Patrimoniums des Königs oder einer Kirche[41]. Abteien, Kirchen und *potentes* bemühten sich andererseits, die Einheit der zerstückelten Güter wiederherzustellen. Andere schufen neue Güter, indem sie *portiones* und urbar gemachtes Land zusammenlegten[42]. Beispiele dafür findet man in Maine, überhaupt im Westen Galliens allgemein, dann im Gebiet der Kreidehügel des Artois, in Mittelflandern, im Süden Burgunds, in Franken und im mittleren Deutschland[43].

Die Zusammensetzung und Struktur der Güter im *Regnum Francorum* läßt sich erst seit dem Ende des 6. bzw. seit Anfang des 7. Jh. deutlicher erkennen. Man kann annehmen, daß es in Gallien einige Güter gab, die ganz oder teilweise auf das spätantike Kaiserreich zurückgingen, aber man kann das sicher nicht als Regel betrachten[44]. Seit der hier betrachteten Epoche waren die königlichen Güter oder zumindest ein Teil von ihnen Grundherrschaften, „Villikationen“[45]. Ein Teil des Gutes, der üblicherweise auf deutsch Salland und im modernen Französisch mit *réserve* bezeichnet wird, wurde vom König für sich selbst bebaut; der andere Teil setzte sich aus Leihegütern (*casae*) zusammen, deren Inhaber nach bestimmten Normen zum Ertrag des Gutes und namentlich zur Bestellung des Sallandes beitragen mußten. Zu dieser Leistung waren gewöhnlich Freie verpflichtet, so in Gallien die Kolonen oder in Germanien hauptsächlich die Liten. Die Abgaben bestanden in Naturalien; darunter gab es eine Getreideabgabe, *agrarium* genannt, einige Frondienste, die nicht landwirtschaftlicher Natur waren, und eine einzige landwirtschaftliche Fron. Diese wurde *riga* genannt und bestand darin, für den Herrn eine Parzelle des Sallandes zu bestellen. Die Knechte (*servi*), die „an die Scholle gebunden" waren, d.h. eine Leihe erhalten hatten, waren viel schwerer belastet: Ihr landwirtschaftlicher Frondienst enthielt unter anderem drei volle Tage Arbeit für den Herren auf dem Salland[46]. Diese Leibeigenen oder *servi casati* waren anscheinend nicht sehr zahlreich. Der überwiegende Teil der Bewirtschaftung des Sallandes mußte durch Sklaven oder Leibeigene niederer Kategorie, die nicht *casati* waren, gesichert werden (*mancipia, hagastaldi, provendarii*)[47]. Man hat hinsichtlich der Güter jener Zeit von einer Sklavenhalterwirtschaft gesprochen. Der Begriff mag überraschen, läßt sich aber rechtfertigen. Diese Struktur hat sich seit dem 7. Jh. auf vielen Kirchengütern[48] ebenso wie auf Gütern der weltlichen Oberschicht ausgebreitet.

Der zweiteiligen Grundherrschaft begegnet man in den verschiedenen Teilen des *Regnum Francorum* mit regionalen oder örtlichen Besonderheiten im 7., 8. und 9. Jh.[49]. Wenn man in einem Text die Bezeichnung *villa* findet, so kann man in den meisten Fällen annehmen, daß von einer Villikation die Rede ist. Es hat offensichtlich auch dabei Ausnahmen gegeben: So hat man in bestimmten Teilen Galliens Gruppierungen von Leihegütern gekannt, die nicht an ein Salland gebunden waren[50]. Die reichere Quellenüberlieferung des 9. Jh. erlaubt eine bessere Kenntnis der Struktur, der Zusammensetzung und der wirtschaftlichen Tätigkeit einer bestimmten Anzahl von Villikationen. Es handelt sich hauptsächlich um die erwähnten Polyptycha[51], und ganz besonders um das von Saint-Germain-des-Prés. Das Gut (*villa*) war meist ein zusammenhängender Komplex und von großem Umfang; manchmal entsprach es ungefähr einem mittelalterlichen Kirchspiel, einer heutigen Gemeinde oder ging noch darüber hinaus. Der zweiteilige Charakter ist eindeutig. Das „Herrenland" oder „Salland" (*terra indominicata, mansus indominicatus* oder bisweilen *condamina*) umfaßt weite Anbauflächen, die meist große Felder, die sogenannten *culturae* bildeten. Von da leitet sich *couture* im Französischen und *kouter* im Niederländischen ab. Die Weinstöcke, Wiesen, Wälder (ausgewachsener Hochwald und Buschwald) und Brachfelder gehörten normalerweise dazu. Daneben trifft man im zweiten Teil der *villa* Leihegüter an; im Gegensatz zum „Herrenland" könnte man von „Hofland" reden. Diese Leihegüter nannte man *colonica* oder *colonia* im Westen, in Südfrankreich und Burgund, *casata* im Norden und Osten, *factus* im Südwesten, *hoba* in den germanischen Ländern. Sie werden aber in den erwähnten Polyptycha und anderen Texten in der Regel sehr allgemein *mansus*, bisweilen *masus* oder *mansellus* genannt. Die Leihe setzt sich immer aus Ackerland und manchmal zusätzlich aus einem bißchen Weinbau, Weideland und auch Wald zusammen. Das Ausmaß des Ackerlands des Sallandes und die große Zahl an Leihegütern setzen bedeutende Urbarmachungen voraus. Das Herrenland wurde in unmittelbarer Nutzbarmachung bewirtschaftet. Mit der Zeit erfolgte eine tiefgreifende Veränderung in den Beziehungen zwischen den beiden Teilen; nun waren auf vielen Gütern die Leihehälter verpflichtet, für den Herrn den größeren Teil der Bewirtschaftung des Sallandes zu übernehmen. Außer der *riga* und verschiedenen Ablieferungen waren sie zu einer Reihe von Leistungen gezwungen; man belastete sie mit landwirtschaftlichen Frondiensten auf dem Herrenland, die meist nach Tagwerken gezählt wurden, mit Diensten, die den rein landwirtschaftlichen Arbeitsvorgang ergänzten, wie Transportdiensten, gewerblichen Arbeiten usw. Die Inhaber der Mansen erfreuten sich andererseits in bestimmten Teilen des Sallandes einiger Gewohnheitsrechte. Salland und Leihehof ergänzten sich vollkommen: Das war der am meisten charakteristische Zug. Man hat es richtig beschrieben: „Between the domenes and the farms, there is a symbiosis“[52]. Man bezeichnet den Zustand, bei dem das Gut, so wie es gerade beschrieben worden ist, den wesentlichen Bestandteil ausmacht als „klassische Gutsherrschaft“ (*régime domanial classique*)[53]: Wir werden davon ebenso Gebrauch machen wie von dem Begriff „klassische Grundherrschaft“ (*domaine biparti classique*).

Die für das klassische Gut spezifische Gegend befindet sich im Pariser Becken *sensu lato* und erstreckt sich darüber hinaus gelegentlich nach Westen und vor allem nach Norden (Picardie, Artois, Hennegau, Südflandern, Südbrabant) und nach Osten (Champagne, Nordburgund, Elsaß). Sie hat gelegentlich bis ins Rheinland und bis nach Bayern gereicht[54].

Man hat sich vor allem mit den Ursprüngen dieser Herrschaftsform beschäftigt und hat zu Recht Gewicht darauf gelegt, daß die Urbarmachungen eine der notwendigen Bedingungen hierfür waren; aber die angeführten Erklärungen, so sinnreich und einleuchtend sie auch sein mögen, scheinen uns nicht ausreichend[55]. Folgende Hypothese muß festgehalten werden: Mit dem Rückgang der Sklaverei, der Verringerung der Zahl von *mancipia*, d. h. von Leibeigenen von unterem Stand, die meist nicht *casati* waren, mußte ein Ersatz für den Mangel an Arbeitskraft geboten werden. Die Obrigkeit wird den freien Leihehältern aufgrund des *bannum*[56] landwirtschaftliche Frondienste auferlegt haben von gleicher Art wie die, zu denen die *servi casati* gezwungen waren, wenn die Arbeiten auch weniger drückend waren. Das wird man zuerst bei den *fisci* gemacht haben, dann sicher auch bei den Kirchengütern; die Oberschicht wird sich dem angeschlossen haben. Eine Gegenprobe scheint diese Hypothese zu bestätigen: Im mittleren Deutschland, wo die *mancipia* zur Karolingerzeit noch sehr zahlreich waren[57], kam es anscheinend selten vor, daß die „freien“ Leihehälter in einer Villikation zu landwirtschaftlichen Frondiensten verpflichtet waren: Das gilt für die *mancipia,* ob *casati* oder *non casati*, und in dieser Gegend auch für die slawischen Leihehälter[58]. Man kann für Bayern eine ähnliche Beobachtung machen[59].

Auch die „klassischen“ Domänen zeigten trotz wesentlicher gemeinsamer Merkmale gewisse individuelle Besonderheiten: Selbst im Grundbesitz von Saint-Germain-des-Prés ist das „klassische“ Gut Villemeux in eine Vielzahl abgelegener Orte aufgesplittert. Äußerste Zerstückelung ist bei der rheinischen Domäne Friemersheim festzustellen[60]. Neben der klassischen Grundherrschaft gab es auch im 8. und 9. Jh. immer solche, bei denen die sich streng ergänzenden Elemente des Sallandes und der Leihehöfe fehlten[61]. Man hat dies namentlich für die *Francia Orientalis* festgestellt[62]. Diese Beobachtung trifft auch für die *Francia Occidentalis* und für Lothringen zu. Man kann ferner Beispiele aus dem Norden dieses Gebietes aufzählen, so die Genter Grundherrschaft von Sint-Pieters-op-den-Blandijnberg, die eine mittlere Größe besaß und deren Leihehälter nicht zu landwirtschaftlichen Arbeiten verpflichtet waren[63]; ferner wahrscheinlich die kleinen Domänen von Sint-Baafs, im Norden und Nordosten von Gent[64]; schließlich die Grundherrschaft von Saintes im südlichen Brabant, die zur Abtei Lobbes gehörte[65]. Im Süden der „klassischen“ Zone kann man die Grundherrschaften der niederen Auvergne[66] und vielleicht diejenigen der Rouergue nennen[67]. Die *mancipia, hagastaldi* oder *provendarii*, die für Gent, Saintes und anderswo bezeugt sind, verrichteten die Hauptarbeit bei der Nutzung des Sallandes. Schließlich gab es Domänen, die offenbar über keinerlei Salland verfügten; ihre Leihehälter scheinen nur zu Abgaben verpflichtet gewesen zu sein. Das war der Fall in der Provence[68]. Das konnte aber auch anderswo sein, etwa in Westfalen[69].

Das Salland (*terra indominicata*; franz. *réserve*) war im allgemeinen um die *curtis* oder *casa indominicata* („Fronhof“), d. h. um das Zentrum des Wirtschaftsbetriebes und gegebenenfalls um die herrschaftliche Residenz gruppiert[70]. Der Hauptbestandteil des

Sallandes war, wie man gesehen hat, Ackerland; dieses bildete keinen einheitlichen Komplex[71], sondern lag verstreut. Dies konnte sich aus der Natur des Landes erklären: so die 7 *culturae* der Domäne von Prüm in Villance, die zum Teil auf Urbarmachungen im Ardennenwald zurückgehen. In Friemersheim am unteren Rhein waren die fünf Einheiten Ackerland des Sallandes ebenfalls voneinander sehr weit entfernt[72].

Die Äcker des Sallandes insgesamt konnten sehr verschieden groß sein; ± 396 ha umfaßten sie in der Domäne von Saint-Germain-des-Prés in Palaiseau; 221 ha in der Domäne von Saint-Bertin in Coyecques (Pas-de-Calais), ± 25 ha in der Domäne von Sint-Pieters-op-den-Blandijnberg in Gent. Die Wiesen (*prata*) waren häufig noch viel kleiner. Vor allem zur Gewinnung von Heu bestimmt, gaben sie nur wenig für die unmittelbare Fütterung des Viehs her; diese wurde (wenn auch in ungenügender Weise) durch die *pascua* gesichert, d. h. durch Brachland und Stoppelfelder, die zur Weide bestimmt waren. Die *prata* hatten bei den genannten Domänen 8 ha bzw. 55 ha und 18 ha. Im Gegensatz dazu waren im allgemeinen die Wälder ziemlich ausgedehnt. Bei den erwähnten Beispielen betrugen sie ± 31 ha[73], 48 ha und 42 ha[74].

Die Wälder spielten eine wichtige Rolle in der Schweinemast. Es gab 50 Schweine in Palaiseau; das Salland der Domäne von Leernes im Besitz der Abtei Lobbes (210 ha Ackerland, 4 ha Wiese und 85 ha Wälder) ließ 100 Schweine weiden, und der Eichenwald von Gent ernährte 50[75]. In der Walddomäne von Villance konnten sich gar 1000 Schweine in einem Gelände von 850 ha Wald umhertreiben[76]. Die Wälder des Sallandes gaben ferner Bienen Schutz, deren Honig und Wachs geschätzt wurden[77]. Der Wald selbst spielte schließlich für den Hausbau, für das Handwerk und für die Heizung eine wesentliche Rolle. Dem Salland konnten weiter Mühlen[78], Mälzereien (*bratsinae*), Brauereien (*cambae*) angeschlossen sein[79]. Die Polyptycha erwähnen fast immer eine Kirche und deren Ausstattung mit Grundbesitz zu Beginn des *breve*, das die *descriptio* eines Guts enthält. Diese Dotation wurde mit einer „ganzen Hufe" (*mansus integer*) festgelegt, d. h. mit 12 *bonnaria* oder ± 16 ha. In Wirklichkeit war ihr Umfang oft geringer, ab und zu auch größer[80].

Es ist bereits erwähnt worden, daß der Terminus *masus* oder *mansus*, manchmal auch *mansellus*, verallgemeinernd gebraucht wurde, um die Landleihe zu bezeichnen[81]. Gegen 639–657 erscheinen diese Termini wie auch die Variante *mansio* (Wohnung)[82] als Bezeichnung für einen Landkomplex mit einem Wohnplatz als Mittelpunkt[83]. In manchen Texten des 7. und zu Beginn des 8. Jh. ist der betreffende Landkomplex etwas anderes als eine einfache Landleihe. Es konnte eine kleine selbständige bäuerliche Wirtschaft sein, die auf eigene Rechnung betrieben wurde und vielleicht aus einer Rodung hervorging; es konnte aber auch ein Leihehof sein, der von einer Domäne abhing, aber eine bestimmte Funktion ausübte[84]. Die ersten Texte, in denen *mansus* unzweifelhaft eine „normale" Leihe einer Grundherrschaft bedeutet, stammen aus der Pariser Gegend (um 650) und erlauben vielleicht, bis ungefähr 620 zurückzugehen[85]. Nur zögernd taucht der *mansus* in den Texten auf[86].

Die Bezeichnung *Manse* scheint im 7. Jh. und in der ersten Hälfte des 8. Jh. in der Gegend von Paris *sensu lato* in Gebrauch gekommen zu sein und hat sich von hier nach Osten und Nordosten im Brie, im Tal der Yonne, in Burgund, im Moselgebiet, nach Norden in Richtung Hennegau, Artois, Flandern, nach Süden bis zur Gegend von Orléans ausgebreitet; nach Westen zu reichte sie in die Gegend der unteren Seine und im Südwesten gerade bis nach Anjou. Sie taucht selten in den Pertinenzklauseln auf, was darauf schließen läßt, daß sie noch ziemlich neu war[87]. Seit der Mitte des 8. Jh. dringt sie langsam vom Rhein her in Germanien ein[88]. Deshalb glauben wir, daß sie in der zweiten Hälfte des 8. Jh. und vor allem im 9. Jh. zu einem ganz gebräuchlichen Begriff geworden ist[89]. Der Begriffsinhalt des *mansus* kann sich aber auch hinter einem allgemeineren Terminus, wie z. B. *casata*, verbergen[90].

Der *maior* oder *villicus*, der normalerweise das Gut verwaltete, hatte in der Regel eine gewichtigere Landleihe inne als die anderen: eine große Manse, zwei Mansen, manchmal selbst eine kleine Grundherrschaft. Die Mansen derselben Domäne konnten gruppiert sein, wie z. B. in Gent, bei den Ländereien von Sint-Pieters-op-de-Blandijnberg. Es gab dort einen Block von fünf Hufen ganz in der Nähe der Abtei und einen Block von 20 nicht allzu weit von ihm entfernt. Sie konnten aber auch im Gegensatz dazu sehr verstreut liegen: Die 120 Mansen und die 5 halben Mansen der Domäne der Abtei Werden an der Ruhr in Friemersheim lagen über 19 Plätze verstreut; Friemersheim selbst zählte 30 Mansen und ein benachbarter Ort 20; die 47 Mansen der Prümer Domäne in Villance verteilten sich über 9 benachbarte Plätze, keine davon befand sich aber in Villance selbst. Dabei spielten die Umstände, wie die Ländereien erworben worden waren, und deren natürliche Beschaffenheit wahrscheinlich eine überragende Rolle: Die Hufen des Hofs von Villance entstanden in Lichtungen[91].

Im Osten des *Regnum* erschien fast zur gleichen Zeit wie die Manse des mittleren Westens ein Landkomplex, der *hoba* (im heutigen Deutsch: Hufe) genannt wurde[92]. Vielleicht war sie eine Bodeneinheit, die sich bei einer Reihe von germanischen Völkern auf einen sehr kleinen selbständigen Betrieb bezog[93]. Wichtiger ist, daß wir sie als Bestandteil eines Guts[94] und vereinzelt als Leihehof eines Guts[95] wiedertreffen. Es gibt Texte, in denen *hoba* und *mansus* synonym zu sein scheinen[96]. Es gibt aber auch andere, in denen *mansus* und *hoba* klar unterschieden werden, so seit der Regierungszeit Karls des Großen im *Breviarium S. Lulli* (aus Hersfeld) oder seit der Herrschaft Ludwigs des Frommen im Reichsgutverzeichnis aus der Abtei Lorsch[97].

Man hat gesagt, daß die *mansi* die Pachthöfe oder Leihegüter gewesen seien, die in der Regel vollständig vom Salland abhingen und diesem gemäß dem Schema der klassischen Grundherrschaft die notwendigen Dienste leisteten. Die *hubae* dagegen waren Leihehöfe mit geringerer Abhängigkeit vom Salland gewesen[98]. Eine andere Erklärung ging dahin, daß innerhalb der Landleihe die Manse der Wohnbezirk und das Stückchen Erde, das ihn umgab, die *hoba* hingegen die landwirtschaftliche Nutzfläche gewesen sei[99]. Unser Wissen ist jedoch zu gering, um ein Urteil zu wagen; wir schließen keine der beiden Erklärungen aus, vor allem die zweite nicht. Zur Zeit der Karolinger wurde dem *mansus* manchmal das Adjektiv *ingenuilis* beigegeben, weil man es als normal ansah, daß die Manse von einem Freien bewirtschaftet wurde. Dieser konnte übrigens ein Kolone sein, der als frei eingestuft wurde. Wenn die Domäne ein alter *fiscus* war, wurde die Manse manchmal *mansus fiscalis* genannt[100]. In der *Francia Occidentalis* und selbst im größeren Teil von Lotharingien gab es nur wenige *mansi serviles*, Mansen von Leibeigenen oder *mansi lidiles*, Mansen von Liten[101]. Im östlichen Lotharingien und jenseits des Rheins waren die Diensthufen (*mansi serviles*) dagegen sehr zahlreich, was sich leicht aus der großen Zahl von *mancipia* in diesen Gegenden erklärt. Die Halbfreien (Liten) stellten eine soziale und rechtliche Schicht dar, die spezifisch germanisch war; von da her muß man den größeren Umfang verstehen, wobei Bayern allerdings eine gänzliche Ausnahme macht[102].

Ursprünglich stand die Bezeichnung der Mansen in direktem Bezug zum Status des Besitzers; aber in der karolingischen Epoche war dieser Bezug sehr selten geworden, vor allem in der *Francia Occidentalis* und im größeren Teil Lotharingiens[103]. Die freie Manse hat in der Karolingerzeit zumeist keine einheitliche Fläche gehabt. Man hat mittlere Größen errechnet und für die Domänen von Saint-Germain-des-Prés ein Maß von 11 ha 22 a festgestellt[104]. In der Domäne von Palaiseau allerdings hatten 25 freie Mansen eine Fläche von etwa 3 *bonniers*, 20 hatten etwa 2 *bonniers*, 15 etwa 4 *bonniers*, 12 etwa 5 *bonniers*. Das ergibt etwa 4 ha 14 a, 2 ha 76 a, 5 ha 52 a, 6 ha 90 a. Weiterhin hatten 75 von insgesamt 106 freien Mansen, d. h. drei Viertel, eine Fläche von weniger als 6 *bonniers*, die Hälfte der *Mansus integer*[105]. Daneben trifft man in derselben Domäne Mansen mit einer Fläche von 6, 7, 8, 10, 12, 14 *bonniers*[106]. Im Gegensatz dazu sind die Mansen der Güter von Saint-Bertin im Artois von einer bemerkenswerten Gleichmäßigkeit: Die überwiegende Mehrzahl hat 12 *bonniers*, viele 10, d.h. 16 ha 56 a, bzw. 13 ha 80 a. In Innerflandern, in der Domäne von Poperinge, sind die 74$^1/_2$ Mansen 24, 20, 15, 13 *bonniers* und die halbe Manse 8 *bonniers* groß[107]. Im Rouergue finden wir eine Manse von 28 ha[108]. Angesichts der ungenügenden Dokumentation ist es beim gegenwärtigen Stand der Forschungen unmöglich, eine ausreichende Erklärung für ein Problem vorzuschlagen, von dem wir nur einige Aspekte vorgelegt haben[109]. Die Hufen einer Domäne waren manchmal in der Hand von zwei, drei oder vier Leihehältern und ihren Familien. Man hat diesen Sachverhalt bei zahlreichen Gütern von Saint-Germain-des-Prés im Gebiet von Paris festgestellt; die Mansen mit einem einzigen Bewirtschafter gehören zu zwei Dritteln nach Epinay, zur Hälfte nach Palaiseau, zu einem Drittel nach Thiais und zu einem Fünftel nach Verrières. Die Aufteilung der Manse ist anderswo noch betonter; so z. B. bei vielen Domänen von Prüm in den Ardennen, u. a. in Villance, wo von 35 nichtgeteilten Mansen 22 von 4 Leihehältern mit ihren Familien, 4 von 3, 6 von 2 und nur 3 von einem bewirtschaftet wurden[110]. Man muß sich aber davor hüten, diese Verteilung zu verallgemeinern. Man findet sie z. B. nicht bei den Grundherrschaften, die von St. Willibrord in Toxandrien geschenkt worden waren, auch nicht in der Genter Domäne der Abtei Sint-Pieters-op-de-Blandijnberg[111]. Das häufige Fehlen von detaillierten Angaben über die Belegung der Manse erlaubt keine allgemeinen Schlüsse[112]. Wir neigen zu der Ansicht, daß lokale Umstände eine wichtige Rolle dabei gespielt haben dürften. Die Polyptycha und einige andere Quellen erwähnen „halbe Mansen" (*mansus dimidius*), seltener „Viertelmansen" (*quarterium*), ja selbst „Dreiviertelmansen" (*tres partes de manso*). Als Beispiel hierfür reicht der Hinweis auf die Existenz von Teilmansen auf den Gütern von Saint-Germain-des-Prés, Saint-Remi in Reims und Prüm[113]. Sie können ihre Entstehung der zufälligen Teilung einer ganzen Manse verdanken, der mehr oder minder systematischen Teilung von zahlreichen Mansen mit dem Ziel, eine größere Zahl von Leihehältern zu erhalten, oder irgendeinem anderen lokalen Umstand. Ihre Ausdehnung ist sehr variabel, und sie steht im allgemeinen in keinen festen Beziehungen zur Fläche einer ganzen Manse. Es gab indessen eine Reihe von Domänen, die eine Ausnahme darstellten, jene von Saint-Bertin. Bei den meisten von ihnen entsprach die Fläche einer „Halbmanse" genau der Hälfte einer ganzen Manse von 12 oder 10 *bonniers*. Als man zur „Verhufung" schritt, die mit Gleichmäßigkeit erfolgte, hat man ohne Zweifel darüber gewacht, daß der unvermeidliche Rest in seinen Dimensionen der Hälfte einer solchen Manse entsprach[114].

Die karolingischen Texte und ganz besonders die Polyptycha charakterisieren gewisse Mansen als *absus* oder *apsus*. Man darf darunter wohl verstehen, daß sie vakant waren, d. h. nicht regelmäßig einem Leihehälter überlassen, der an ein Bündel von Lieferungen und Leistungen gebunden war, und daß ihr vielleicht ein Teil ihres Zubehörs fehlte. Das Gegenteil des *absus* war der *vestitus*. Die Manse *absus* mußte nicht unbedingt verlassen worden sein; sie konnte zeitweise mit dem Salland verbunden, einer anderen Manse hinzugefügt sein oder durch eine Aushilfe zu festgelegten Bedingungen urbar gemacht werden. Man bemühte sich manchmal, die Mansen *absi* zu „bekleiden", indem man als Leihehälter Leibeigene (*mancipia*), die man erst kürzlich erworben hatte, einsetzte; aber diese Besetzung konnte Schwierigkeiten mit sich bringen[115]. Es gibt Polyptycha, die mehr als andere *absi*-Mansen nennen; das ist z. B. der Fall bei demjenigen von Montièrender[116]. Ob die Mansen „bekleidet" oder „nackt" waren, konnte von ganz verschiedenen Umständen abhängen.

Die Manse war in der Karolingerzeit eine feste Größe, die ihren Platz im institutionellen Rahmen des *Regnum Francorum* hatte, besonders im Bereich des Militärdien stes und der Besteuerung. Wir müssen ebenfalls feststellen, daß die Manse vor allem im Rahmen der landwirtschaftlichen Bewirtschaftung eines Gutes eine feste Größe war[117]. Wir glauben aber nicht, daß die Manse zu jener Zeit eine Meßeinheit war.

Die Entstehung der Manse ist Gegenstand von zahllosen Untersuchungen und Diskussionen gewesen. Diese haben geistreiche Konstruktionen hervorgebracht, von denen einige uns bis in die Prähistorie zurückgehen lassen. Einige Gelehrte sahen in der Manse eine landwirtschaftliche Einrichtung, die in ihrer Bodengröße dem entsprach, was zum Unterhalt einer Familie nötig war. Sie soll in verschiedenen Kulturgebieten bestanden haben mit oft bedeutenden Varianten, vor allem in bezug auf die Fläche und manchmal unter verschiedenen Namen (*Hufe, hide* usw.)[118]. Die am wenigsten abenteuerliche Hypothese scheint uns jene zu sein, die die Manse als eine Schöpfung des merowingischen Königtums zur Nutzung seiner Domänen im Gebiet der *Francia Occidentalis* erklärt, wo sie zum erstenmal auftaucht[119].

In gewissen Domänen trifft man Grundleihen, die zum Dienst für den Maier (*villicus*) oder für Reiter (*caballarii*) im Dienste des Grundherrn bestimmt waren. Das konnten große Mansen, manchmal auch kleine Grundherrschaften sein. Dann gab es provisorische Landkomplexe, die einige Mansen zusammengruppierten oder Ländereien, die nicht „verhuft" und zweifellos erst kürzlich erworben worden waren. Das waren manchmal Ländereien, die in ihrer Flächenausdehnung als „Tagwerke" (*jugera*) eingestuft wurden[120]. Es gab auch kleine Leihen, die *accola* oder auch *hospitium, hostisia, sedile* usw. genannt wurden: Wahrscheinlich waren es Ländereien, die aus irgendeinem zeitlichen oder örtlichen Umstand nicht „verhuft" worden waren[121].

1 Z. B. Pactus Legis Salicae, IX. De damno in messe vel in qualibet clausura inlato; XLV. De migrantibus.

2 Vgl. z. B. *H. Conrad:* Geschichte der deutschen Wehrverfassung I (1939), S. 56–62.

3 *Bechtel,* S. 63–70; *Bitterauf:* Freising I, S. LXXXVII–LXXXVIII und LXI (Einleitung); *Dopsch:* Wirtschaftsentw. I³, S. 306–309; *Duby:* Economie rurale I, S. 91–96; *Ganshof:* VIIe siècle, S. 74 (und Anm. 2)–75 (und Anm. 3); *Grand-Delatouche,* S. 70–71; *F. Lütge:* Wirtschaftsgeschichte, S. 34–36, 56, 58; *Latouche,* S. 75–83, 94–95, 107, 205–207, 230–231; *Slicher van Bath,* S. 40–43.

4 Derartigen Landeinheiten wurden, wenn sie von einem kirchlichen Herrn erworben wurden, ohne in die Grundherrschaft einbezogen zu werden, dann mancipia belassen oder beigegeben, z. B. die villa Moringhem (Pas-de-Calais), ein Gut von Saint-Bertin, vgl. meine Ausgabe Polyptyque de Saint-Bertin, Nr. XIX, S. 41–49; *Guérard,* Cartulaire de Saint-Bertin, Nr. II (zwischen 844 und 859), S. 98; *Gijsseling* und *Koch:* Diplomata Belgica, vgl. Nr. 54, S. 58–59.

5 *Duby:* Economie rurale, S. 60.

6 *W. Müller-Wille:* Siedlungs-, Wirtschafts- u. Bevölkerungsräume im westlichen Mitteleuropa um 500 n. Chr. In: Westfälische Forschungen (1956).

7 *Ganshof:* VIIe siècle, S. 79, 80, 82; *Lütge:* Grundherrschaft, S. 37, 72–73, 106–108, 346–349.

8 *Abel,* Gesch., S. 170–171; *Duby:* Economie rurale I, S. 65; *Ganshof:* VIIe siècle, S. 74; *Higounet:* Forêts, S. 378–379, 386–387; *Kötzschke:* Wirtschaftsgesch., S. 216–217, 273–274; *Latouche,* S. 236–238; *Lütge,* S. 320.

9 *Fournier,* S. 201; *Fourquin,* S. 63–64; vor allem *Latouche,* S. 76–78.

10 *Abel:* Gesch., S. 15; *Kötzschke,* S. 101–215.

11 *Metz:* Karolingisches Reichsgut, S. 187–189.

12 „Capitulare de Villis" Karls d. Großen, *Boretius:* Capitularia I, Nr. 32, c. 4 und 52. Vgl. *Dopsch:* Wirtschaftsentw. I³, S. 138–140.

13 Das ist nicht zu bezweifeln.

14 *Ganshof:* VIIe siècle, S. 77. Das gilt in gleicher Weise für das 8. und das 9. Jh.

15 Wir bezeichnen die karolingischen Herrscher durchgehend mit dem Titel König, auch wenn sie zur kaiserlichen Würde aufgestiegen sind.

16 Z. B.: für die späte merowingische Epoche: Diplom Chilperichs II., 2. Jahr 717, *P. Lauer* u. *C. Samaran:* Diplômes, Nr. 38; für die Regierungszeit Karls d. Großen: *Mühlbacher:*

Diplomata Karolinorum I, Nr. 83, 84, 103, 104, 121, 144, 188, in den Jahren 774–799.

[17] *Dopsch:* Wirtschaftsentw. I³, S. 122–125; *Kötzschke,* S. 157–159; *Lütge:* Grundherrschaft, S. 157–163; *Metz:* Reichsgut, S. 111–119, 133–139 (mit einer Karte, S. 135); 155–157, 187; ders.: Agrarverfassung, S. 494–496; *Sprandel:* Adel, S. 85–87, 96–99.

[18] Die wichtigsten unter ihnen waren im Verlauf der Regierung Karls des Großen: Aachen, Diedenhofen, Frankfurt, Herstal, Ingelheim, Lorsch, Nimwegen und Worms.

[19] Beschreibung und Aufzeichnung ihrer Struktur, ihres Werkzeugs, eines Teils ihrer Produktion usw. in den Brevium exempla ad describendas res ecclesiasticas et fiscales, *Boretius:* Capitularia I, Nr. 128 §§ 25 bis 39: Revue belge de Philologie et d'Histoire. Vgl. *P. Grierson:* The identity of the unnamed fiscs in the „Brevium exempla" (1939), S. 437–461, und *J. Vannérus:* Une énigme toponymique, Treola. In: Bulletin de la Commission Royale de Toponymie et de Dialectologie 22 (1948). Eine recht gute kommentierte Ausgabe dieser Brevium Exempla verdanken wir *Brühl;* sie erschien im selben Band wie seine Ausgabe des Capitulare de villis.

[20] Vgl. über diese Verwaltung *Ganshof:* Frankish Institutions, S. 34–40.

[21] Edition: *Boretius:* Capitularia I, Nr. 32. Es handelt sich allein um villae nostrae, quas ad opus nostrum serviendi institutas habemus (c. 1). Die meiner Ansicht nach wichtigsten Arbeiten stammen von *M. Bloch:* La organisación de los dominios carolingios y la teoria de Dopsch. In: Annuario de historia del derecho español 3 (1926); *Metz:* Reichsgut, S. 11, 40–45, 77–87, 144–155, 161–162; *K. Verhein:* Studien zu den Quellen zum Reichsgut der Karolingerzeit I. In: Deutsches Archiv für Erforschung des MA. 10 (1954).

[22] Diesen genauen und in seiner Bestimmung und Verwendung begrenzten Charakter haben klar *Duby:* Economie agraire I, S. 277–278; *Fourquin,* S. 20 und 76; *Kötzschke,* S. 160, 167; *Latouche,* S. 72, 210, herausgestellt. Wir versuchten es ebenso in: Frankish Institutions, S. 35.

[23] Wir begnügen uns mit hinweisenden Zusammenfassungen. Die Capitularia, auf die wir uns beziehen, sind in den Jahren zwischen 789 und 813 entstanden, außer den beiden, die aus der Regierungszeit Ludwigs des Frommen (818–819) stammen. *Boretius:* Capitularia I: Nr. 23, c. 35; 24, c. 6; 33, c. 6; 34, c. 10; genauere Edition von *W. A. Eckhardt:* Die Capitularia missorum specialia von 802. In: Deutsches Archiv für Erforschung des Mittelalters 12 (1956), c. 10 Anm. 9, S. 501; 59, c. 3; 77, c. 4; 46, c. 6 Anm. 7; 49, c. 4; 62–65, c. 9, 9, 14 Anm. 9; 80, c. 5, 6 Anm. 7; 140, c. 3; 141, c. 11.

[24] Die besten Arbeiten stammen von *C. Petit-Dutaillis:* De la signification du mot „forêt" à l'époque franque. In: Bibliothèque de l'Ecole des Chartes (1915); von *M. Prou:* La forêt en Angleterre et en France. In: Journal des Savants (1915), und von *E. Fairon:* Les donations de forêts aux Xe et XIe siècles en Lotharingie et en Allemagne. In: Rev. belge de Phil. et d'Hist. (1925), neugedruckt in dessen „Miscellanées historiques" (1945).

[25] Für die Francia Occidentalis vgl. besonders *J. Dhondt:* Etudes sur la naissance des principautés territoriales en France (1948), Kapitel I und Appendix I.

[26] *Dopsch:* Wirtschaftsentw. I³, S. 202–203, 210–219; *Kötzschke,* S. 176–178, 184; *Latouche,* S. 105–106. Über die Benennungen vgl. *Ganshof:* VIIe siècle, S. 77, Anm. 7; gilt gleichfalls für das 8. und 9. Jh.

[27] *P. Bonnenfant:* La notice de donation du domaine de Leeuw à l'église de Cologne. In: Rev. belge de Phil. et d'Hist. 14 (1935), S. 775–810.

[28] Polyptyque ... de l'abbé Irminon (vgl. weiter oben 1. Anm. 11), hg. v. *Longnon,* Text, Nr. II. Unsere Berechnungen verwerten die Beobachtungen von *F. Lot:* Conjectures démographiques, S. 115–120. Es empfiehlt sich, einen großen Spielraum anzunehmen.

[29] *L. Halphen:* Etudes critiques, S. 253 ff. (vor allem die Tafel S. 275–276). Es gilt der gleiche Vorbehalt wie Anm. 28, vgl. *Fourquin,* S. 66.

[30] Vgl. über die beiden letztgenannten *Lütge:* Grundherrschaft, S. 174–179.

[31] Durchaus richtige Bemerkung von *Latouche,* S. 222.

[32] *Metz:* Wirtschaft, S. 490 (Fulda). Vgl. auch *Bechtel,* S. 74 (Fulda und Werden a. d. Ruhr); *Lütge* a. a. O., S. 173 (Fulda und Hersfeld).

[33] *Gregor von Tours* VI, c. 46, S. 320–321.

[34] *Boretius:* Capitularia I, Nr. 20, c. 13. Vgl. *F. L. Ganshof:* Was ist das Lehnswesen, S. 14–17, 39; *Kötzschke,* S. 185–186. Ein sprechendes Beispiel für die radikale Säkularisation beim Zusammenbruch der Kirche von Mâcon, der eine teilweise und später eine totale Restitution folgte, liefert u. a. die Domäne Champvert: *Ragut:* Cartulaire de Saint-Vincent de Mâcon, Nr. DXXXIX (814–815); *G. Tessier:* Actes II, Nr. 250 (853–862).

[35] Vgl. Anm. 34.

[36] Vgl. die Quellenübersicht am Anfang dieses Beitrages.

[37] Die besten Darstellungen stammen von *C. H. Taylor:* Note on the birth of polyptychs. In: Mélanges d'histoire offerts à Henri Pirenne (1926), mit einem wertvollen Verzeichnis, und von *C. E. Perrin:* La seigneurie rurale en France et en Allemagne du debut du IXe à la fin du XIIe siècle. I. Les antécédents du régime domanial: La villa de l'époque carolingienne (o. J.), S. 46–52.

[38] *Slicher van Bath,* S. 42.

[39] *Ganshof:* VIIe siècle, S. 88–89, und die unten in Anm. 45 zitierten Texte für das 7. und den Anfang des 8. Jh.; *A. Verhulst:* Sint-Baafsabdij, S. 143. Einige Texte des 8. u. 9. Jh. (generell mit einer anderen Aufmachung und mit einer anderen Terminologie) in: *Halkin* und *Roland:* Chartes de Stavelot-Malmedy I, Nr. 23, 27, 28 (in den Jahren 770–779, 824, 825); Lotharii et Lotharii II Diplomata, Nr. 17 (Jahr 862); Diplomata Karolinorum IV. In: MGH 4, hg. v. *Th. Schieffer;* Diplomata regum Germaniae ex stirpe Karolinorum. In: MGH 4, III, Nr. 94, im Jahr 891; *C. Wampach:* Geschichte der Grundherrschaft Echternach I, 2 (1930), Nr. 71, 80, 110, 141 (i. d. Jahren 773–836); *Devic* und *Vaissete:* Histoire générale de Languedoc (ed. Privat) II, Preuves, Nr. 164, (XC), col. 339–340, Nr. 865.

[40] Z. B. Schenkung post mortem der Burgundofara, i. Jahr 632, hg. v. *B. Meyer:* Das Testament der Burgundofara. In: Mitteilungen der österr. Inst. für Geschichtsforschung, Ergänzungsband 14 (1939), S. 11–12: nichts als portiones. Testament des Adalgisel-Grimo (vgl. 2a, Anm.10): 6 Dörfer und 10 portiones.

[41] *Duby:* Économie rurale I, S. 93, 113–115, 117, 293; *Fourquin,* S. 67; *Ganshof:* VIIe Siècle, S. 88–90; *Higounet:* Observations. S. 123; *Grand* und *Delatouche,* S. 70–71.

[42] *Bergengrün,* S. 100–101; *Duby:* Economie rurale I, S. 113–115; *Fourquin,* S. 67; *Ganshof:* VIIe siècle, S. 90 (und S. 175–176 des gleichen Bandes; vgl. meine Studie: Quelques aspects, S. 75); *Grand* und *Delatouche,* S. 62 und Anm. 1; *Higounet:* Forêts, S. 393–394; *Latouche:* Origines, S. 84; *Lütge:* Grundherrschaft, S. 188.

[43] Maine und Westen: *Gregor von Tours* VI, c. 20, S. 289, 1.5., vor 582; Testament des Hl. Bertrand, Bischof von Le Mans, i. Jahr 616. In: Actus pontificum Cenomannis in urbe degentium, hg. v. *G. Busson* und *A. Ledru* (1901), S. 101–141 (besonders drei neue Güter, S. 104 (Brossay, Dpt. Mayenne; Jublains, ebd.; Meurce, Dept. Sarthe); Testament des Hadoindus, Bischof von Le Mans, Anno 643, ebd., S. 157–162; Polyptychon von Saint-Germain-des-Prés, kurz vor 829, XII. Breve de Corbon (Dept. Orne): wahrscheinlich nur vorläufige Gruppierung von kleinen Gütern und anderen kleinen Bodeneinheiten, die im allgemeinen mittels Schenkung erworben worden waren, hg. v. *Longnon,* Text S. 162–172; Artois: *Guérard:* Cartulaire de Saint-Bertin, Nr. II, Polyptychon (zwischen 844 und 859) XIX, S. 98. Moringhem: wahrscheinlich gleicher Fall. (Ausg. *Gijsseling-Koch,* Nr. 34, S. 58–59; meine Ausg. XVIIII, S. 14–15). Inneres Flandern: zahlreiche portiones, im Nordosten Gents, im 7. Jh. von der Abtei Sint-Baafs erworben und von ihr viel später im 8. oder 9. Jh. zu kleinen Gütern zusammengruppiert; Liber traditionum. In: *Gijsseling-Koch:* Diplomata Belgica 49, Nr. 8 (14), 20 (27), 35 (42, 43, 44, 46), 36 (47), 37 (48), 38 (49), 39 (50), 40 (51), 44 (55) und der Kommentar von *Verhulst:* Sint-Baafsabdij, S. 127–144, und ders.: Différents types de structure domaniale et agraire. In: Annales E. S. C. 11 (1956), S. 61–70; Burgund: *M. Quantin:* Cartulaire générale de l'Yonne I, S. 227, begeht den Fehler, die portio nicht von der villa zu unterscheiden. Mitteldeutschland: *Lütge:* Grundherrschaft, S. 171–189, besteht auf der Mannigfaltigkeit der verschiedenen Bodeneinheiten, ohne die portiones besonders zu erwähnen.

[44] *Bergengrün,* S. 36, 39, 42–43, 62–80, 98–99; *Latouche:* Origines, S. 71 u. ff.; *Verhulst:* Genèse, S. 137–144. Im Gegensatz dazu kann man mit *Verhulst,* S. 142, das für zulässig halten, was man im Deutschen eine „Raumkontinuität" nennt, auch wenn eine „Ortskontinuität" sehr selten ist.

[45] Das kam vor allem von der fränkischen gesetzlichen Verfügung, die auf Chlothar II. oder auf Dagobert I. zurückgeht und die der Lex Baiwariorum I, 13, und der Lex Alemannorum XXI, XXII (vgl. oben 1. Anm. 21) zugrunde liegt. Vgl. *Metz:* Reichsgut, S. 72–77, sowie die Texte, die sich auf die kleinen Güter im Nordosten Gents beziehen; und besonders die Angaben 8 (14), 40 (51) und 35 (43, 46), 37 (48) des Liber Traditionum, kommentiert durch *Verhulst:* Sint-Baafsabdij, S. 138–141, wie auch die Marculfi Formulae II, Nr. 13 und 36 (erste Hälfte des 7. Jh.), S. 83 und 97.

46 Vgl. die Texte der beiden in der voraufgegangenen Anmerkung genannten Leges, wie auch Marculf II, Nr. 36. Ein ausgezeichneter Kommentar zu den Texten der Leges bei *Perrin:* Seigneurie rurale I, S. 87–92. Über die riga vgl. *C. E. Perrin:* De la condition des terres dites „Ancingae“. In: Mélanges d'histoire du moyen âge offerts à M. Ferdinand Lot (1925).

47 Die mancipia werden öfters ausdrücklich mit den immobilen Bestandteilen der Schenkung genannt; z. B. Schenkung „post mortem“ des Bischofs von Le Mans Domnolus zugunsten der Abtei Saint-Vincent, i. Jahr 572, Actus (oben Anm. 43), S. 84–87; Testament des Bertrand (ebd.), i. Jahr 616, Actus, S. 104 und passim. Vgl. auch *Latouche:* Origines, S. 80–83. Diesen alten Beispielen aus West- und Zentralgallien stellen wir jüngere aus dem mittleren Deutschland zur Seite: die außerordentlich erhöhte Zahl von mancipia, die der Abtei Fulda im 8. und 9. Jh. geschenkt wurden. Das Urkundenbuch des Klosters Fulda bringt ähnliche Schenkungen fast auf jeder Seite. Vgl. auch *Lütge:* Grundherrschaft, S. 145 und 189–191. Unter den ältesten Texten, wo der hagastaldus in diesem Sinn erscheint, vgl. das Testament des Hl. Bertrand, i. Jahr 616, Actus (vgl. Anm. 43), S. 136 mit einer verdorbenen Schreibung. Über die provendarii vgl. *Perrin:* Seigneurie rurale, S. 59; wir sehen hier keine grundsätzlichen Unterschiede zwischen mancipia, hagastaldi und provendarii.

48 „Fiskale“ Verfügungen, die in den vorgenannten Texten der Leges wiedergegeben sind, sind in gleicher Weise auf die Domänen der Kirche anwendbar; vgl. *Metz:* Agrarwirtschaft, S. 490.

49 Vgl. für das 7. und im ganzen für die erste Hälfte des 8. Jh. eine Reihe von Beispielen bei *Ganshof:* VIIe siècle, S. 84, Anm. 27. Für die zweite Hälfte des 8. und des 9. Jh. vgl. weiter unten.

50 Die Bezeichnungen colonia, colonica und ihre Mehrzahl scheinen manchmal diesen Sinn im Westen Galliens, in Burgund und in den Alpenländern zu haben; vgl. unser VIIe siècle, S. 87–88.

51 Wie Anm. 36.

52 Die vorangegangene Untersuchung basiert auf dem Studium der oben zitierten Polyptycha. Zitat: *Slicher van Bath,* S. 45.

53 Sie ist von *Duby:* Economie rurale, S. 104–107; *Dopsch,* Wirtschaftsentwicklung I^3, S. 319–320; *Fourquin,* S. 63–65 und 74; *Lütge:* Grundherrschaft, S. 106, 123–124, 127; *Metz:* Agrarwirtschaft, S. 490, aber vor allem durch *Verhulst:* Genèse, S. 138–140, charakterisiert worden.

54 Vgl. vor allem *Verhulst:* Genèse, S. 141 und 147, Anm. 45; *Fourquin,* S. 62. Für die Champagne siehe die Domänen von Montièrender und Saint-Remi von Reims (oben, 2 a, Anm. 15). Für das Rheinland handelt es sich um den alten Fiskus Friemersheim, einem Gut von Werden an der Ruhr (2 a, Anm. 19). Für Bayern um die Domäne Staffelsee, die zur Kirche von Augsburg gehörte (1. Drittel des 9. Jh.); Brevium exempla (oben Anm. 19), Nr. 7–9; vgl. *Dollinger* (oben 1, Anm. 14), S. 11–12.

55 Vgl. vor allem *Bergengrün,* S. 7, 98, 102–109, 131–138, und *Verhulst:* Genèse, S. 148–153, 156–160.

56 Vgl. die Kommentare von *C. E. Perrin:* Une étape de la seigneurie: l'exploitation de la réserve à Prüm au IXe siècle. In: Annales d'hist. écon. et soc. 6 (1934), S. 458 ff., und Seigneurie rurale, S. 94–95. Das Alter des Bannrechts scheint uns strittig zu sein.

57 Oben, Anm. 47.

58 *Lütge:* Grundherrschaft, S. 187–189.

59 *Perrin:* Seigneurie rurale, S. 118–119.

60 Polyptychon von Saint-Germain-des-Prés; vgl. weiter oben Anm. 43: IX, breve de Villamilt, S. 98–152. Polyptychon von Saint-Bertin (vgl. oben 2 a, Anm. 23): die brevia XVI, XXI, XXIV, XXV, XXVI, XXVII, XXIX, XXX, XXXI, XXXII, XXXIII, XXXIV, unsere Ausgabe, S. 13 f. Urbar von Werden a. d. Ruhr (vgl. oben 2 a, Anm. 19).

61 *Duby:* Economie rurale, S. 115, 121–123; *Fourquin,* S. 66, 80–81; *Latouche,* S. 226–230; *Verhulst:* Genèse, S. 138–140, 148–149.

62 Vgl. Anm. 47, 58 u. 59.

63 *F. L. Ganshof:* Le domaine gantois de l'abbaye de Saint-Pierre au Mont Blandin à l'époque carolingienne. In: Rev. belge de Phil. et d'Hist. 26 (1948), S. 1021–1041.

64 *Verhulst:* Structure (Anm. 43), S. 63; ders.: Sint-Baafsabdij, S. 141–143.

65 *Warichez:* Descriptio, S. 257.

66 *G. Fournier:* Peuplement rural en Basse-Auvergne, S. 201, 211, 218–240, 262, 326–327.

[67] *C. Higounet* hat gezeigt, daß die Rouergue die karolingische Grundherrschaft gekannt hatte, und es ist ihm gelungen, in diesem Gebiet eine dieser Mansen wiederherzustellen: die „mas del Poget", Gemeinde Rullac (Dep. Aveyron). Observations sur la seigneurie rurale et l'habitat en Rouergue du IXe au XIVe siècle. In: Annales du Midi (1950), S. 121–124, 127–128, 130–133.

[68] Das gilt nicht zuletzt auch für das, was aus dem Fragment des Polyptychons der Kirche von Marseille hervorgeht, das sich auf 13 provençalische Dörfer bezieht (ohne Zweifel Güter der Abtei Saint-Victor, die ihrerseits der Kathedralkirche „inkorporiert" war): *B. Guérard:* Cartulaire de Saint-Victor de Marseille, S. 633–656. Bemerkungen von *E. Lesne:* Histoire de la propriété ecclésiastique en France III (1936), S. 3, 29, 39–40, und *A. Bergh:* Etudes d'anthroponymie provençale I: Les noms de personnes du Polyptyque de Wadalde (1941), S. 6–9.

[69] Wir zögern sehr mit dieser Hypothese; die Belege, die sich auf die westfälischen Hebeämter von Werden beziehen, sind nicht früher als ungefähr 1050; *R. Kötzschke:* Die Urbare der Abtei Werden a. d. Ruhr (1906), S. CXXXV–CXLII und S. 185f.

[70] Vgl. die Beschreibung des Bewirtschaftungsmittelpunktes des fiscus Annappes und der fisci derselben Gruppe, Brevium exempla, Nr. 25, 30, 32, 34 oben, 34–35 und Anm. III, 19. Zahlreiche Wirtschaftszentren waren viel bescheidener. Häufig wählte man als pars pro toto den Terminus curtis, um die ganze Domäne zu bezeichnen. So war es z. B. im Limousin; *Latouche:* Origines, S. 229.

[71] Oben S. 166.

[72] Villance: Urbar von Prüm (vgl. 2a, Anm. 10) XLV, S. 166ff. – Friemersheim: Urbar A von Werden an der Ruhr, gegen 890.

[73] Nach *M. Roblin:* Le terroir de Paris aux époques gallo-romaine et franque (1951), S. 291–292.

[74] Palaiseau (oben Anm. 43) II: breve de Palatiolo, S. 7. Coyecques (vgl. 2a, Anm. 23) XXV: in Coiaco, S. 17–18. Gent: *Ganshof* (oben Anm. 63), eigene Berechnungen.

[75] Palaiseau und Gent: wie in Anm. 74. Leernes: *Warichez:* Descriptio, S. 255, eigene Berechnungen.

[76] Schweine (oben Anm. 72), Silva ad porcos saginandos. Waldfläche: eigene Berechnung.

[77] Vgl. die Einleitung zum Polyptychon von Saint-Germain-des-Prés, hg. v. *Longnon,* Kap. VIII, § 10, S. 149–150.

[78] Oben, S. 160 und 2a, Anm. 23.

[79] Beispiele: Br. 3: in der Domäne Villance (oben Anm. 72); Camba I: in der Domäne Coyecques (oben, Anm. 74).

[80] Capitulare ecclesiasticum, von 818/819, c. 10; Capitulare von Pavia, von 832, c. 1, erläutert den vorangegangenen Artikel; *Boretius,* Capitularia, I, Nr. 138 und II, Nr. 201. Wir berechnen mit *P. Guilhiermoz:* De l'équivalence des anciennes mesures. In: Bibliothèque de l'Ecole des Chartes (1913), den „bonnier" (etwa Morgen) mit 1 ha 39 a; das ergibt eine Manse mit 16 ha 56 a. Bezüglich der Genauigkeit dieser Maße vgl. *L. Musset:* Observations historiques sur une mesure agraire: le bonnier. In: Mélanges d'histoire du moyen âge dédiés à la mémoire de Louis Halphen (1951).

[81] Vgl. *Latouche,* S. 96.

[82] Vita Patrum Iurensium, c. 17, hg. v. *B. Krusch:* Scriptores Rerum Merowingicarum. In: MGH 4 III, S. 162.

[83] Diplom Clodwigs II., in diesen Jahren, hg. v. *Lauer* und *Samaran,* Nr. 8.

[84] Kleiner Landwirtschaftsbetrieb: Diplome Chlodwigs II. (im Jahr 677) und von Childebert II. im Jahr 709, hg. v. *Lauer* und *Samaran,* Nr. 14 und 30. – Vom Gut abhängiger Leihehof mit spezieller Funktion: Diplom Chilperichs II., im Jahr 717, hg. v. *Lauer* und *Samaran,* Nr. 38.

[85] Die ältesten Texte sind die Formeln Marculfs, Nr. 13 und 36, Mitte des 7. Jh. (vgl. oben Anm. 46). Wir folgen weiterhin der Datierung durch *Levillain:* Formulaire de Marculf. Jüngere Arbeiten scheinen uns die Schlußfolgerung nicht erschüttert zu haben. Die Schenkung „post mortem" des Vigilius von Auxerre, im Jahr 684: Cartulaire général de l'Yonne, hg. v. *M. Quanton,* I (1854), Nr. 8; ein Diplom Theoderichs III. im Jahr 682, *Guérard:* Cartulaire de Saint-Bertin (oben, Anm. 43) Nr. 4, S. 13–16.

[86] Zur weiteren Information: *Ganshof:* VIIe siècle, S. 83–85 und vor allem die Anmerkungen 23 bis 29. *K. Zeumer:* Neue Erörterungen über ältere fränkische Formelsammlungen. In: Neues Archiv 11 (1885), nimmt an, daß die früheste Erwähnung des mansus (unter der Form maso) von 656 stammt. Eindringliche Darstellung von *Fourquin,* S. 70–71. Der Ausdruck terra man-

sionaria, ja selbst das Adjektiv mansionarius, soweit es sich nicht auf Manse bezieht, scheint uns nicht zwischen dem 7. u. 9. Jh. zu begegnen.

87 Was die erste Verbreitung angeht, gelten die gleichen Nachweise wie in der vorangegangenen Anmerkung.

88 Es wäre überflüssig, den Leser wegen der Belege auf etwas anderes hinzuweisen als auf die Durchsicht des Urkundenbuches von Fulda (oben, Anm. 47).

89 Das ist eindeutig für die westlichen und zentralen Regionen des Regnum Francorum. Für die östlichen Gebiete, und vor allem für das heutige mittlere Deutschland, mag ein Blick auf das „Breviarium S. Lulli", *H. Weirich:* Urkundenbuch der Reichsabtei Hersfeld I, 1 (1936), Nr. 38, genügen.

90 Darauf hat zu Recht aufmerksam gemacht *Bergengrün,* S. 40, hinsichtlich der Schenkungsurkunden für St. Willibrord und des sogenannten Testaments desselben: *Wampach* I, 2 (oben, Anm. 39), Nr. 11, 16, 17, 20, 21, 28, 30 und 39, in den Jahren 704–726.

91 Gent: *Ganshof:* Domaine gantois. Friemersheim, wie oben, Anm. 70, S. 15. Villance (oben 2a, Anm. 10) XLV, S. 166 ff. – Nützliche Bemerkungen bei *Slicher van Bath,* S. 46.

92 *Dopsch:* Wirtschaftsentwicklung, I³, S. 334, hat darauf aufmerksam gemacht, daß man vor der zweiten Hälfte des 7. Jh. keinen gesicherten Beleg für die huba hat und daß alles, was man zu wissen vorgibt, nichts als Konstruktionen sind.

93 Wie es, wenn auch mit erheblichem Vorbehalt, selbst *Dopsch,* ebd., S. 330–332, und *Kötzschke:* Wirtschaftsgesch., S. 260–264, darlegen, wobei sie fest annehmen, daß die huba von Anfang an ihren Ursprung auf der Domäne hatte (*Dopsch*), bzw. schließlich auf die Domäne bezogen wurde (*Kötzschke*).

94 Der zum Gut gehörige Charakter wurde stark betont von *G. Caro:* Die Hufe. In: Deutsche Geschichtsblätter 4 (1903), S. 266 ff., und von *W. Wittich:* Art. Epochen der deutschen Agrargeschichte. In: Grundriß der Sozialökonomik, 7. Abt. (1914), S. 4, und Art. Hof. In: Handwörterbuch der Staatswissenschaften 5 (⁴1923), S. 270.

95 Für das mittlere Deutschland *Lütge:* Grundherrschaft, S. 240 und 254–295.

96 Worauf *Kötzschke:* Wirtschaftsgesch., S. 260, Anm. 4 und *Lütge:* a. a. O., S. 259, aufmerksam gemacht haben.

97 Brev. S. Lulli: wie Anm. 89; „Lorscher Reichsurbar" (für das ministerium von Frankfurt): *K. Glöckner:* Codex Laureshamensis 3 (1936), Nr. 3671–3675.

98 *Lütge:* a. a. O., S. 262–264, 267–269.

99 *Perrin:* Seigneurie rurale, S. 61.

100 Z. B. in einer Privaturkunde von 887, hg. v. *J. Dhondt:* Note sur l'acte de fondation de Sainte-Monégonde de Chimay. In: Bulletin de la Commission Royale d'Histoire 107 (1942).

101 Als Beispiele zitieren wir die Domäne Saint-Germain-des-Prés in Palaiseau, mit 106 „freien" Mansen (oder 107, wenn man die Ausstattung der Kirche miteinbezieht), und fünf unfreien Mansen. Im Patrimonium von Saint-Germain-des-Prés, aufgezeichnet vom Abt Irmino, hatte allein das Gut Boissy-Maugis (Dept. Orne; hg. v. *Longnon,* XIII, De Buxido, Nr. 1–98) halbfreie Mansen; diese und die unfreien Mansen waren hier im übrigen relativ zahlreich: 25 halbfreie Mansen, 19 unfreie Mansen, 12 halbe Manse serviles und 4 partes, gegen 24 freie Mansen, 9 halbe freie Mansen und 2 partes. Das sind im westlichen Fränkischen Reich außerordentliche Zahlen.

102 1. Osten der Lotharingia: Gruppe von Domänen der Abtei Prüm in der Eifel und im Tal der Kyll, Urbar, Ausg. *Beyer* (vgl. weiter oben, 2a, Anm. 10), Nr. 1–23; *C. E. Perrin:* Le manse dans le Polyptyque de l'abbaye de Prüm à la fin du IXe siècle. In: Etudes historiques à la mémoire de Noël Didier (1950), S. 247, Anm. 8, vermutet wahrscheinlich mit gutem Recht, daß es sich bei den fraglichen Abschnitten bloß um unfreie Mansen handelt. 2. Ostfranken: Alle unfreien Mansen sind belegt: Domänengruppe der Kirche von Augsburg, im Brevium exempla, Nr. 9 (*Boretius:* Capitularia I, Nr. 128): 421 Mansi serviles, gegen 1006 mansi ingenuiles. 3. Lotharingia und Grenze Ostfrankens: Belegte halbfreie Mansen: Gruppe von Domänen der Abtei Prüm. Ungefähr 1700 belegte Mansen; 530 Mansen sind näher bezeichnet. Man teilt sie auf in 219 Mansi lidiles, 264 Mansi serviles und 47 Mansi ingenuiles; *Perrin:* Seigneurie rurale, S. 63. Aber zu welcher Gruppe gehören die 1170 belegten Mansen, die nicht näher bezeichnet sind, und wie verteilen sie sich?

103 Die Beobachtung wurde vor allem gemacht von *Abel:* Gesch., S. 43; *Duby:* Economie rurale I, S. 119; *Fourquin,* S. 71; *Grand* und *Delatouche,* S. 58, 80–81; *Kötzschke:* S. 229; *Perrin:*

Seigneurie rurale, S. 62–63.

104 Gemäß den Berechnungen von *Guilhiermoz* (der „bonnier“ zu 1 ha 38 a; oben, Anm. 80). Vgl. zu den Problemen betr. die Flächenausdehnung dieser Güter *C. E. Perrin:* Seigneurie rurale, S. 64 und 68–70, und ders.: Observations sur le manse dans la région parisienne au début du IXe siècle. In: Annales d'Histoire sociale 8 (1945), S. 39–51.

105 D. h. einer Manse zu 12 „bonniers“ (oben, Anm. 80).

106 Alle vorangegangenen Berechnungen stammen von mir.

107 Polyptychon von 844–859, hg. v. *Guérard,* S. 97–107; Artois: die Nr. 16, 21, 24, 25, 26, 29, 30, 31, 32, 33, 34; Poperinge: Nr. 27. Oder Ausg. *Gijsseling* und *Koch,* Nr. 34, S. 58–64, oder meine Ausg., S. 13–24.

108 *Higounet:* Observations, S. 130–132.

109 Bezüglich dieses Problems, über die Beiträge von *Perrin* hinausgehend vgl. die Anmerkungen von *Duby:* Economie rurale I, S. 92–93; *Fourquin,* S. 71–72; *Grand* und *Delatouche,* S. 76.

110 Saint-Germain-des-Prés: Polyptyque, hg. v. *Longnon,* Brevia Nr. VI, II, VII, V. Berechnungen von *Perrin:* Observations und Seigneurie rurale, S. 70–71. Villance: Urbar von Prüm, hg. v. *Beyer,* XLV, S. 166ff.; Zahlen von *C. E. Perrin:* Recherches, S. 640, wiedergegeben von *Slicher van Bath,* S. 44, und sehr geringfügig von uns verbessert.

111 Wie Anm. 90 und 63.

112 So auch *Duby,* Economie rurale I, S. 67; *Fourquin,* S. 73; *Grand* und *Delatouche,* S. 83; *Latouche,* S. 227.

113 Saint-Germain-des-Prés: vgl. nahezu alle brevia: einige genauere Belege in der Ed. *Longnon* des Polyptychons, Einleitung, S. 94 und speziell N. 2; Saint-Remi in Reims (vgl. 1, Anm. 11): vgl. z. B. Gut von Lurba (La Lobbe, Ardennen VII, unter der Nr. 34 Halbmansen) und einige Zusammenfassungen I, 16, II, 5, XXI, 7, XXVI, 43. Prüm: Vgl. die descriptio von Villance (oben, Anm. 110). Kurzer und nützlicher Kommentar von *Perrin:* Seigneurie rurale, S. 71.

114 Vgl. die meisten der oben Anm. 107 angezeigten brevia.

115 *Duby:* Economie rurale I, S. 116; *Grand* und *Delatouche,* S. 81–82; *Kötzschke,* S. 230. Über die Einsetzung von neuen Leihehältern Capitulare de villis, c. 67 (*Boretius:* Capitularia I, Nr. 32).

116 Vgl. oben 2a, Anm. 15; apsi genannte Mansen in den descriptiones VII, XVIII, XIX, XXI–XXIV, XXVI–XXX, XXXIV, XXXV, XLV dieses Polyptychons.

117 Vgl. weiter unten S. 177–179.

118 Die klarste Darstellung dieser Auffassungen stammt von *Perrin:* Seigneurie rurale, S. 64–68. Seither ist die Arbeit von *D. Herlihy:* The Carolingian Mansus. In: Econ. Hist. Rev., 2. R. 13 (1960–61), S. 79–89, erschienen. Trotz ihrer beachtlichen Gelehrsamkeit konzentriert sich diese bewanderte Studie nach unserer Meinung nicht genügend auf den eigentlichen Gegenstand, um uns überzeugen zu können.

119 *Perrin:* Genèse, S. 155–156. Der Autor betont zu Recht den sehr hypothetischen Charakter dieser Überlegung.

120 Erwähnungen dieser Leihehöfe tauchen in den meisten Urbaren auf. Ein Maximum an Information liefert das Polyptychon von Saint-Bertin, wo die Domänenannexe gelegentlich sehr zahlreich sind.

121 Es mag genügen, auf die Darlegungen von *Perrin:* Seigneurie rurale, S. 71–72 und 127, zu verweisen.

c) Die Bewirtschaftung

Die Bewirtschaftung der Grundherrschaft und vor allem der „klassischen“ Grundherrschaft bietet neben gemeinsamen Aspekten zahlreiche und oft bedeutende Abweichungen. An einigen Beispielen seien ihre gebräuchlichsten Methoden gezeigt.

In der „klassischen“ Grundherrschaft von Saint-Germain-des-Prés zu Palaiseau (1250 bis 1450 ha) war die Mehrzahl der Leihehälter von freien Mansen (*mansi ingenuiles*) ohne Rücksicht auf deren Größe oder Besetzung zu folgenden Leistungen verpflichtet[1]. Zuerst die Lieferungen: jedes zweite Jahr ein Ochse, im anderen Jahr ein Schwein; 4 Denare *in ligneritia,* d. h. als Ablösung für den Dienst, der darin bestand, für den Herrn eine gewisse Menge Holz im Wald des Sallandes zu schlagen[2]; zwei Fässer

Wein *in pascione,* d. h. für das Weiden, für das Recht, seine Schweine zur Eichelmast in die Wälder des Sallandes treiben zu lassen (der Wein erklärt sich damit, daß es Weinstöcke auf den Mansen von Palaiseau gab); ein Mutterschaf mit einem Lamm; 3 Hühner und 15 Eier. Ferner die Arbeitsleistungen: die Bestellung (*arat* als Teilbezeichnung, tatsächlich aber die gesamte Feldbestellung) einer Parzelle des Ackers vom Salland, nämlich 4 *perticae* (karolingische *perches* = 3 a 46 ca) an Wintergetreide und 2 *perches* an Frühjahrsgetreide; Fronarbeiten (*corvadas*), Transportarbeit (*carroperas*), Handarbeit (*manoperas*), Bäumefällen (*caplim*) nach Belieben des Herrn.

Diese Form der Bewirtschaftung des Guts war sehr häufig; gegebenenfalls wurde sie in einem oder anderen abgewandelt. Die *ligneritia* war wahrscheinlich eine Fron, die der Bearbeitung und dem Abtransport des geschlagenen Holzes diente. Der Herr konnte seinen Vorteil darin finden, wenn er diese Verrichtungen entweder durch seine Untertanen oder durch bezahlte Handarbeiter ausführen ließ. Die nicht begrenzte Arbeitsleistung, die *caplim* genannt wurde, bestand in dem von der Forstverwaltung geforderten Holzschlag.

Die 6 *perticae* (20 a 76 ca), die zu bestellen waren, bildeten eine bestimmte Parzelle des Sallandes. Das *arare* war noch im 7. Jh. die einzige landwirtschaftliche Fron, zu der ein freier Leihehälter verpflichtet war; in der klassischen Grundherrschaft war sie nur noch eine unter mehreren. Oft wird sie mit dem Namen *riga* bezeichnet[3]. Die *corvada* konnte sich auf alle Arten willkürlicher Frondienste beziehen, am ehesten jedoch auf solche wirtschaftlicher Art. In den Domänen, über die die hier in Frage kommenden *brevia* Auskunft geben, war die Zahl der Tage, an denen die *corvada* zu leisten war, nicht beschränkt[4]. Vielleicht war dies durch Gewohnheit so geworden. Die Stellung des freien Leihehälters hatte sich in dieser Hinsicht seit den Zeiten Dagoberts verschlechtert[5].

Ein anderes Beispiel der „klassischen" Domäne aus der Mitte des 9. Jh. gehört einer mehr nördlichen Region an. Es handelt sich um die Grundherrschaft der Abtei Saint-Bertin zu Coyecques im Artois (690 ha 42 a)[6]. Man zählt hier 21 Mansen (*mansa*) ohne weitere Kennzeichnung. Alle hatten die gleiche Größe, nämlich 10 *bonniers* (= 13 ha 85 a). Offenbar gab es keine Überbelegung der Mansen. 15 unfreie Leihehälter (*servi*) schuldeten dem Herrn 3 Tage Dienst je Woche, und 7 Dienstmägde (*ancillae*), wahrscheinlich ihre Ehefrauen, mußten ein *ladmo,* d. h. ein gewisses Quantum, Flachs spinnen; die freien Leihehälter, wahrscheinlich 6 an der Zahl, schuldeten ein *servitium* von 2 Tagen je Woche; die freien Frauen mußten ein halbes *ladmo* spinnen. Über diese Leistungen hinaus mußte jeder Leihehälter 10 Malter Malz, 6 Malter Mehl zubereiten und 3 Hühner und 10 Eier abliefern. Insgesamt mußten sie dazu noch den Bewohnern einer anderen Grundherrschaft einen offensichtlich bespannten Wagen für das Heer oder 3 Wagen pro Jahr für den Weintransport stellen[7]. Weiterhin gab es, wie in den meisten Grundherrschaften von Saint-Bertin, unbewegliches Zubehör, was allerdings nur wenig abwarf, so eine Mühle, die 30 Malter Mehl, und eine Brauerei, die 4 *solidi* pro Jahr zahlte, weiterhin verschiedene Arten von persönlich Begünstigten, von denen die einen nur bescheidene Abgaben zahlten, die anderen nur geringfügige Arbeitsleistungen schuldeten. Es muß dabei bemerkt werden, daß auf den Grundherrschaften von Saint-Bertin der Dienst nicht an die Manse gebunden war; er blieb eine persönliche Leistung, und überdies blieb er an den rechtlichen Status des Leihehälters gebunden: 3 Tage für die Knechte, 2 Tage für die Freien. Diese Regel ist mehr der Tradition verpflichtet als die auf den Gütern von Saint-Germain-des-Prés übliche.

Dazu kommt noch eine andere Beobachtung: Bei der Ablieferung *ad hostem,* anderswo auch *hostilitium* genannt, ging es um die Bereitstellung der Transportmittel für die Heereszüge. Dieses *servitium,* dem man häufig begegnet, wurde oft abgelöst, obwohl der Herr verpflichtet war, der Armee den oder die bespannten Wagen zu liefern[8].

Die Arbeitstage waren hier streng begrenzt, und eine *riga* scheint es überhaupt nicht gegeben zu haben.

Das dritte ausgewählte Beispiel ist die Genter Grundherrschaft von Sint-Pieters-op-de-Blandijnberg (± 450 ha 34 a), über die wir aus der Zeit zwischen ± 820 und 879 Bescheid wissen[9]. Diese Grundherrschaft gehörte nicht zum „klassischen" Typ. Das Ackerland des Sallandes, das nur bescheidene Ausmaße hatte, wurde ganz von den *hagastaldi* (19 Männer und Frauen), d. h. von Knechten ohne Leiheverhältnis, versorgt[10]. Die 25 nicht weiter bestimmten Mansen, die also als „freie" Mansen verliehen sein konnten, bieten keine Anzeichen für Überbelegung und scheinen eine Flächenausdehnung von 14 ha 40 a gehabt zu haben; keine war ein *absus*.

Wenn die Leihehälter, deren rechtlicher Status bekannt ist, zu keiner landwirtschaftlichen Fron gehalten waren, so nahmen sie dennoch auf folgende Weise an der Bewirtschaftung der Domäne zugunsten ihres Herrn teil: Jeder von ihnen hatte Brote und Holzeimer mit Gerstensaft (Bier) abzuliefern; meist 20 Brote und 30 Eimer; jedes zweite Jahr ein Schwein, im anderen zwei; das Holz mußte er in Form von Pfählen abliefern, um ein angegebenes Stück einzuzäunen; dazu kamen 50 Bretter[11]; er schuldete weiter ein Drittel Pfund Flachs, 1 Huhn, 5 Eier und 1 Malter Getreide. Jedes dritte Jahr zahlte er zwei *solidi ad vindemiam,* d. h. für die Ablösung der Dienstleistung, die darin bestand, den Wein von entfernten Weinbergen zur Abtei zu befördern[12]; im folgenden Jahr zahlte er 2 *solidi* für die Ablösung des *hostilitium,* und im dritten Jahr lieferte er ein Stück Leinen, das sich zur Herstellung von Kleidern eignete; wahrscheinlich hatte er es mit Hilfe seiner Frau gewebt. Zur Domäne gehörte ein entfernt gelegener Teil, was in den nördlichen Zonen des *Regnum Francorum* oft der Fall war. Es waren die Marschwiesen (*mariscum*) in „Flandern", d. h. in der Gegend von Brügge, die von der Abtei gegen einen relativ hohen Naturalzins[13] an Schafzüchter vergeben waren. Bemerkenswert ist bei diesen Gütern von geringer Ausdehnung, deren es viele gegeben haben muß, die Bedeutung der handwerklichen Frondienste, die nicht abgelöst wurden, und im Gegensatz dazu die Ablösung der Transportdienste.

Der König unterwarf, wie schon gesagt, die Bewirtschaftung seiner Domänen einer Kontrolle[14]. Das *Capitulare de villis,* das Maßnahmen enthält, mit denen Karl der Große Mißbrauch und Nachlässigkeit abzustellen sucht[15], enthält besondere Artikel, die regelten, was mit dem *conlaboratus,* d. h. den Erzeugnissen der Bewirtschaftung, zu geschehen hatte. Die *iudices* (Verwalter der *fisci* oder einer Anzahl *villae*) mußten von der Masse die für den Unterhalt des Personals bestimmten Produkte abziehen, weiterhin einen zweiten Anteil an Produkten für die Aussaat bereitstellen. Einen dritten Teil bildete das *servitium,* d. h. die Erzeugnisse, die für den Unterhalt des *Palatium,* d. h. für den König und sein Gefolge in dieser oder jener Residenz bestimmt waren. Dann kam das, was man als Waren für die Intendantur bezeichnen könnte, d. h. Produkte für das im Felde befindliche Heer. Was übrigblieb, konnte gelagert oder verkauft werden. Es mußte im einzelnen abgerechnet und ein abschließender Rechenschaftsbericht vorgelegt werden. Jedes Jahr, am Palmsonntag, wurden die Geldbeträge, die aus den Abgaben oder den Verkaufsüberschüssen stammten, unter Rechnungslegung in den Schatz eingebracht[16].

Die Kirchen und die weltlichen Herrn bemühten sich in gleicher Weise, die Bewirtschaftung ihrer Güter zu organisieren und zu kontrollieren. Sie ließen sich dabei des öfteren von den Methoden, die auf den königlichen Gütern angewandt wurden, anregen. Die Oberen der großen Abteien konnten Ordnungen festsetzen, die eigene Züge trugen, doch waren diese Reglements insgesamt denen sehr verwandt, die wir bei der Verwaltung des *conlaboratus* der *villae regiae* angetroffen haben. Das ist namentlich bei den *Statuta* des Abtes Adalhard von Corbie, die im Jahre 812 entstanden, der Fall[17]. In dieser gesamten Organisation der Grundherrschaften kam ein bedeutender Platz den Verkäufen und den Zahlungen in barem Geld zu: Verwalter, aber auch Leihehälter selbst verkauften Waren, vor allem auf den Wochen- und Jahrmärkten. Es muß also betont werden, daß dies keine geschlossene Wirtschaft war[18].

Was die Regelung der Güterbewirtschaftung und die Verwendung des *conlaboratus* betrifft, ist uns vor allem aus den Vorschriften bekannt, die die Grundherren erließen. Die Wirksamkeit dieser Anordnungen hing natürlich von der tatsächlichen Gewalt ab, die diese Grundherren und ihre Beauftragten ausübten. Über die Reichweite dieser Gewalt sind manchmal Zweifel am Platz. Die Verpflichtungen, die den Leihehältern bei der Bewirtschaftung des Sallandes auferlegt waren, fanden einen Ausgleich in den Nutzungsrechten, die ihnen auf dem Herrenland zustanden. Es gibt keinerlei Grund, an ein kollektives ursprüngliches Eigentum an diesen Ländereien zu glauben, auf denen diese Rechte ausgeübt wurden[19]: Die *marca* der Landwirte ist nur eine Gemeinschaftsangelegenheit, die geschaffen wurde, um die geregelte Nutzung dieser Rechte zu gewährleisten; in den meisten Fällen gibt es keinen Zweifel am Eigentum des Herrn bzw. Königs, der Kirche oder eines *potens vir.* Die Wälder, die Wiesen, die brachliegenden Ländereien, die „Ödländer" sind Teil der Herrschaft, und wenn man Begriffe wie *terra communis, communia* oder ähnliche andere[20] verwendet, dann hat man nicht den Boden im Auge, sondern den Gebrauch. Das gilt wohl auch für die rechtsrheinischen Länder und sowohl für jene des mittleren Deutschlands als auch für andere[21]. Die ins Auge gefaßten Vorteile sind die gleichen wie jene, die im Zusammenhang mit den selbständigen Wirtschaften genannt wurden[22]. Ein ausgezeichnetes konkretes Beispiel für die Güterbewirtschaftung liefert die Ordnung des Jahres 827, die von Ludwig dem Frommen und Lothar dem Verwalter des *fiscus* Theux und dem Abt von Stablo (Stavelot im heutigen Ostbelgien) bezüglich der Nutzungsrechte ihrer Leihehälter in einem Wald, der beiden Domänen gemeinsam war, auferlegt wurde: Genannt sind das Auflesen und vielleicht auch das Schlagen von Holz, die Schweinemast und gegebenenfalls auch die Mast anderer Tiere, der Fischfang, wobei man damit einverstanden war, daß es für das Recht auf Eichelmast keine Bezahlung geben sollte. Die Rodung und die Schaffung von angrenzenden Annexen (*mansionilia*) waren verboten, offensichtlich, weil dieses die Ausübung der Nutzungsrechte erschwerte[23]. Diese Aufzählung war zweifellos nicht einschränkend.

Man hat keine Angaben über die landwirtschaftliche Produktivität in der Merowingerzeit; man weiß auch sehr wenig über die der karolingischen Landwirtschaft. Das Wichtigste sind einige Daten, die wir den *missi* verdanken, als sie eine Gruppe von *fisci* im Laufe der ersten Hälfte des 9. Jh. inspizierten; diese Domänen liegen in den Departements Nord und Pas-de-Calais; die bedeutendste ist das *caput fisci* von Annappes, in der Nachbarschaft der heutigen Stadt Lille[24]. Diese Angaben können aus einigen anderen Texten vervollständigt werden[25]. Sie zeigen ein sehr geringes Niveau der reinen Getreideproduktivität an: für Annappes 1328 Malter Spelz, 100 Malter Weizen, 1800 Malter Gerste; aber man brauchte allein für die Aussaat 720 bzw. 60 und 1100 Malter. Dafür war auch die ganze Produktion an Roggen, nämlich 98 Malter, erforderlich gewesen. Der Nettoertrag bestand dann aus 608 Malter (oder 31 616 Liter) Spelz, 40 Malter (oder 2080 Liter) Weizen, 700 Malter (oder 36 400 Liter) Gerste, d.h. lediglich 46 %, 40 % und 38 % der Bruttoproduktion[26]. Diese Zahlen bilden nur Anhaltspunkte; es kann manche Jahre gegeben haben, die etwa wegen anhaltenden Regens besonders schlecht waren. Auch lokale Ereignisse konnten die Bewirtschaftung ungünstig beeinflussen. Da es an ernstzunehmenden Vergleichszahlen fehlt, gestatten diese Angaben keine generelle Schätzung. Es muß zweifellos Domänen gegeben haben, deren wirtschaftliche Nutzung wesentlich günstigere Spannen zuließ, so daß ein wirklicher Nutzen erzielt wurde. Annappes hatte derartige Verhältnisse gekannt und kannte sie später wahrscheinlich noch[27]. Im übrigen zeigen die Berichte der *missi* für Annappes und die anderen Güter der genannten Gruppe einen geringen Bestand an Pferden und Hornvieh überhaupt, aber einen großen Bestand an Schafen und Schweinen, die leichter zu ernähren waren[28].

Schwieriger ist es, sich eine exakte Vorstellung von der Produktivität der Leihehöfe für die Leihehälter zu machen. Man nimmt an bzw. darf schließen, daß sie mit Ausnahmen unter dem Mittelmaß blieb. Wenn die Größe dieser Höfe mit dem *mansus integer* von 12 *bonniers* (ungefähr 16 ha) übereinstimmte[29], wenn sie nicht überbelegt, wenn die Witterungsverhältnisse nicht schlecht, wenn die Ausrüstung mit Werkzeugen nahezu befriedigend war, wenn der kleine Garten um das Wohngebäude mit der nötigen Sorgfalt behandelt wurde, dann konnten die Leihehälter damit rechnen, eine Getreideerzeugung zu erzielen, die für ihre Bedürfnisse ausreichte[30]. Die Naturalabgaben belasteten überdies die Erzeugung. Wenn es sich um kleine Mansen, die kleiner als 6 *bonniers* waren, handelte, die manchmal auf 2 *bonniers* schrumpften[31], dann zögert man, den Begriff Produktivität anzuwenden, und fragt sich, warum in einem derartigen Fall die Leihehälter und ihre Familien nicht verhungerten[32].

Es gab natürlich noch zusätzliche Existenzmöglichkeiten. Manche Leihehälter hatten sicherlich *mancipia* in ihrem Dienst, die zu ihrer Entlastung einen Teil der Fronarbeiten erfüllten. Andere konnten Ländereien als Eigentum oder als Leihe außerhalb der Domäne haben[33]. Die Wilddieberei wie die Jagd – sofern sie nicht dem Herrn vorbehalten war – konnte etwas Fleisch liefern; auch der Fischfang muß beachtet werden[34]. Aber man hat doch den Eindruck, daß diese zusätzlichen Möglichkeiten unzureichend waren und daß als letzter Ausweg die Hilfe der Herren und die milden Gaben der religiösen Einrichtungen[35] in Anspruch genommen wurden. Daß diese Menschen ständig von der Not bedroht waren, ist vielleicht keine historische Gewißheit; doch scheint sie in gewissen Zeiten und in gewissen Regionen recht wahrscheinlich gewesen zu sein[36].

[1] *Longnon,* Text II, 2, S. 8.
[2] Vielleicht war das eine Gegenleistung für die Nutzungsrechte im Wald.
[3] Z. B. IX (Gut Villemeux), 139, 140, 142, 209, 210; XI (Gut Neuillay-les-Bois), 2, 9; usw.
[4] Die beste Darstellung findet sich bei *Perrin:* Seigneurie rurale, S. 78–79.
[5] Vgl. oben, 2b, S. 165f. und Anm. 45 und 46.
[6] Dept. Pas-de-Calais. Meine Ausgabe XXV, 9, 17–18, auch 70–74; *Guérard:* Cartulaire de Saint-Bertin, Polyptychon, Nr. XXV, S. 101; *Gijsseling* und *Koch:* Diplomata Belgica, Nr. 34, S. 60.
[7] Vgl. oben S. 160 und 2a, Anm. 30. Saint-Bertin hatte Weinberge an den Rheinufern.
[8] Vgl. *Perrin:* Seigneurie rurale, S. 82–84.
[9] *Gijsseling* und *Koch,* Nr. 49, IV, 4, und unseren Aufsatz: Domaine gantois (vgl. 2b, Anm. 63), worin wir eine Wiederherstellung dieses Guts versucht haben.
[10] Oben S. 166 und 2b, Anm. 47.
[11] Wir glauben so die folgende Passage verstehen zu müssen ... de ligno pictura I, assilas L.
[12] Vgl. weiter oben, S. 160 und 2a, Anm. 30. Sint-Pieters hatte Weinberge in der Umgebung von Paris.
[13] Der Zins belief sich pro Jahr auf 20 „Lasten" (pisae) Käse, 24 Hammel und 25 Solidi. Derartige pisae werden in den Gesta sanctorum patrum Fontanellensis coenobii, hg. v. *F. Lohier* und *J. Laporte* (1936), III 7–8, S. 118, caseopensae genannt. In den Gütern und Höfen der Abtei Saint-Wandrille besteht der Zins dessen, was in den pagi von Boulogne und Thérouanne gelegen war, in 20 pisae Käse.
[14] Vgl. oben S. 164.
[15] Vgl. oben 2b, Anm. 21.
[16] Capitulare de Villis: c. 28, 30, 33, 55. Vgl. auch für das Vorangegangene den meisterlichen Kommentar von *M. Bloch,* angeführt oben, 2b, Anm. 21; *Fourquin,* S. 77; *Latouche:* Origines, S. 213–214; *Metz:* Reichsgut, S. 53, 100–101, 105–106, 122, 141. Ders.: Agrarverfassung, S. 491–492, 498.

[17] Hg. v. *J. Semmler,* in Corpus Consuetudinum Monasticarum I (1963): Consuetudines Corbeienses, S. 356ff. Kommentar von *A. E. Verhulst* und *J. Semmler:* Les statuts d'Adalhard de Corbie de l'an 822. In: Le Moyen Âge (1962), besonders S. 246–251.

[18] *Dopsch:* Wirtschaftsentwicklung, I³, S. 182, II³, S. 258–260, 263–266; *Duby:* Economie rurale, I, S. 110–113; *Fourquin,* S. 78–79; *Metz:* Agrarverfassung, S. 493; *Semmler* und *Verhulst,* S. 249–250.

[19] Wie *Fossier* es zu Recht, wenn auch übertrieben radikal erklärt.

[20] Z. B. de pasture communi sufficienter (oder satis) auf den Ländern des Sallandes der Güter von Saint-Bertin in Escalles, Guines und Tubersent; meine Ausgabe, Nr. XXXI, S. 21; XXXII, S. 21–22; XXXVII, S. 23; *Guérard;* Cartulaire de Saint-Bertin, Polyptychon, brevia Nr. XXXI, XXXII und XXXIV, S. 104–106; *Gijsseling* und *Koch,* S. 62–63.

[21] *Dopsch:* Wirtschaftsentwicklung I³, S. 364–369, 384–398; *Duby:* Economie rurale I, S. 65, *Fourquin,* S. 34–35; *Grand* und *Delatouche,* S. 90; *Higounet:* Forêts, S. 378–379; *Kötzschke:* Wirtschaftsgesch., S. 114, 216–217, 273–274; *Lütge:* Grundherrschaft, S. 286, 297, 302–303, 310–315.

[22] Vgl. oben, S. 163.

[23] *Halkin* und *Roland:* Chartes de Stavelot-Malmédy I, Nr. 29. Vgl. auch *Metz:* Reichsgut, S. 194–195 und 217.

[24] Brevium exempla; *Boretius:* Capitularia, I, Nr. 128, vgl. oben 2b, Anm. 19.

[25] Gut Maisons-sur-Seine, Polyptychon des Abtes Irmino, hg. v. *Longnon,* Text, breve XXV, Nr. 3, S. 354 u. ff. Kommentar von *Duby:* Economie rurale I, S. 86–87.

[26] Vgl. den Kommentar von *Duby:* ebd. I, S. 84–85. Die Zahlen, die *Slicher van Bath,* S. 65–66, seiner Darstellung zugrunde legt, sind in Folge verschiedener Berechnungen leicht erhöht. Die Größenordnung bleibt die gleiche. Bezüglich des Malter folgen wir mit Vorbehalten *Guilhiermoz* (vgl. oben 2b, Anm. 80), indem wir die Dezimalstellen vernachlässigen und 52 Liter auf den modius annehmen.

[27] *Duby:* ebd., S. 85–86.

[28] Das ist eine Beobachtung von allgemeiner Tragweite: *Duby:* Problème (oben 2a, Anm. 19), S. 272–273; *Abel:* Geschichte, S. 37–39; *Latouche:* Origines, S. 110; *Slicher van Bath,* S. 62, 67–69; *A. Verhulst:* Diskussionsbeitrag nach *Duby.* In: Agricoltura (oben 2a, Anm. 19), S. 433.

[29] Vgl. oben, S. 168 und 2b, Anm. 80.

[30] In diesem Sinn, aber mit etwas mehr Optimismus *Abel:* Gesch., S. 22–24; ders.: Landwirtschaft. In: Agricoltura (vgl. oben 1, Anm. 3), S. 177. Wegen der Wichtigkeit des Gärtchens, *Duby:* ebd. Diskussionsbeitrag zu *Slicher van Bath,* S. 443–446.

[31] Vgl. oben S. 169f.

[32] *Perrin:* Seigneurie rurale, S. 69–70, hat die Hypothese aufgestellt, daß Leihehälter in dieser Lage auf den Ländereien des Sallandes gegen Lohn arbeiten konnten.

[33] Mancipia des Leihehälters und Land außerhalb der Domäne: Vermutungen von *Perrin:* ebd. und: Le manse de Prüm, S. 242; weiteres über die mancipia bei *Duby:* Economie rurale I, S. 94; *Kötzschke:* Wirtschaftsgesch., S. 229.

[34] *Abel:* Gesch., S. 21–22; *Duby:* Economie rurale, S. 61; *Higounet:* Forêts, S. 386–387.

[35] *Fourquin,* S. 77.

[36] *Duby:* Economie rurale I, S. 87.

3. Das Gewerbe

Es ist schwer, sich eine Vorstellung vom Gewerbe im *Regnum Francorum* während der merowingischen und karolingischen Zeit zu machen. Das hängt zum Teil mit dem Fehlen von Belegen zusammen; andererseits ist es aber auch in der Tatsache begründet, daß das Gewerbe damals nur in sehr bescheidenem Ausmaß als autonome Wirtschaftstätigkeit bestanden hat. Meist wurde es innerhalb des Rahmens ausgeübt, in dem sich die Landwirtschaft entfaltete, d. h. auf den Gütern[1]. Das galt unter den Karolingern vor allem für die Herstellung von Wolltüchern und Leinwand. In einer Anzahl von Domänen wurde der bearbeitete Rohstoff abgeliefert. So waren die Frauen der Leihehöfe auf den Gütern von Saint-Bertin zur Abgabe von *ladmones,* Flachs, verpflichtet; Leinenstreifen oder *camsiles* schuldeten die Genter Leihehälter von Sint-Pieters-op-den-Blandijnberg[2]. Vor allem auf den *fisci* kam es vor, daß der Rohstoff und anderes zur Arbeit erforderliche Material vom Herrn, in diesem Fall vom König, gestellt werden mußte[3]. Ähnliches trifft man auch auf anderen kirchlichen Besitzungen, namentlich auf einigen *villae* von Saint-Germain-des-Prés an; es scheint, daß vor allem Frauen aus dem Unfreien- oder Halbfreienstand zur Lieferung von Stoffen aus Wolle oder Leinen verpflichtet waren[4]. Die Textilarbeit wurde im übrigen gewöhnlich von Frauen verrichtet; sie mußte in besonderen, den Gütern angegliederten Werkstätten geleistet werden, die man *genitium* (= *gynecaeum*) nannte.

Das Leder, Hauptprodukt für das Schuhwerk, wurde von spezialisierten Abhängigen in eigenen Werkstätten bearbeitet. So etwas muß es auf den *fisci* gegeben haben, auch weiß man es von bedeutenden Abteien wie Sankt-Gallen, Corbie[5] oder Saint-Bertin. Das Leder diente wohlgemerkt auch zu anderem Gebrauch, so etwa zum Binden der Bücher in den Bibliotheken. Saint-Bertin erlangte selbst hierfür und für andere Zwecke die Verkleinerung des königlichen Jagdreservates in einem ihrer Wälder[6].

Einen guten Einblick bietet die Überlieferung der Abtei Fontenelle (oder Saint-Wandrille) an der unteren Seine. Zur Zeit Ludwigs des Frommen schrieb Abt Ansegis in einer *constitutio* vor, was jede Gruppe seiner Güter dem Kloster zu liefern hatte. Außer Nahrungsmitteln und was zur Beleuchtung nötig war, mußten die Güter von Saint-Wandrille im Gau von Boulogne und im Ternois (Gau von Thérouanne) der Abtei jährlich folgendes liefern: 60 ganze Stücke Mönchskleidung, 20 Stücke weißes Leinen, woraus man 20 Hemden (*camisiae*) fertigen, und Rindsleder, aus dem man fünf Paar Schuhe herstellen konnte[7]. Man konnte gelegentlich die Beobachtung machen, daß die Herren, d.h. der König, Kirchen und weltliche *potentes,* den Überschuß ihres *conlaboratus* verkauften[8], was sich sowohl auf die landwirtschaftliche Produktion als auch auf den gewerblichen Anteil beziehen konnte.

Die Ledererzeugung war wichtig für die Ausrüstung von Truppenteilen, bevor diese sich dem Heer anschlossen; sie brauchten Schuhe, Schilde, Wehrgehänge und Gürtel. Aus Friesland, das sich vom gegenwärtigen deutschen Ostfriesland bis zum Norden des heutigen belgischen Küstenflanderns erstreckte und seit dem 8. Jh. Bestandteil des *Regnum* war, kennt man die *pallia fresonica,* die Wollgewebe. Es handelt sich nach den karolingischen Quellen um Stoffe von Qualität[9]. Meint diese Benennung Stoffe, die in Friesland hergestellt wurden? Oder verdanken diese Gewebe ihren Namen der Tatsache, daß friesische Kaufleute, welche die Flüsse befuhren, die in den Atlantik mündeten, lediglich ihren Transport und ihre Verteilung sicherten? Das Wolltuch hätte dann in Flandern gewebt sein können[10]. Man weiß es nicht; ebensowenig weiß man, ob dieses Tuch ein Produkt des Gutsgewerbes oder selbständiger Werkstätten war.

Ein bedeutender und relativ selbständiger Gewerbezweig war die Salzerzeugung. Man weiß aber kaum etwas über sie für die Zeit der Merowinger; ein wenig besser steht es für die Karolingerzeit[11]. Das Salz wurde in verschiedenen Regionen des *Regnum* gewonnen, vor allem in den Salzteichen im Umkreis der Loiremündung. Die zahlreichen Urkunden, die den Kirchen bewilligt wurden, die Zollprivilegien vor allem für den Salztransport (*salis evectio*)[12] auf dem Wasser der Loire und der Seine, vermitteln den Eindruck, daß die Produktion einen beträchtlichen Umfang gehabt haben muß[13]. Es scheint, daß die Salzteiche durch Gesellschaften betrieben wurden; das Einvernehmen zwischen den Bewirtschaftern war nicht immer vollkommen, und gelegentlich mußte die Staatsautorität eingreifen, um Recht zu schaffen[14]. Auch anderswo im *Regnum,* vor allem in Friesland[15] und vermutlich an einigen Plätzen der Mittelmeerküste, gab es Salzteiche[16]. Anderswo gewann man Mineralsalz[17] mittels Salinen (deren Becken *pa-*

tellae genannt wurden), vielleicht schon mittels Gruben. Eines der Produktionsgebiete befand sich in der Diözese Metz und deren Umgebung: Vic, Moyenvic, Marsal waren die Haupterzeugungszentren. Königsurkunden erteilten verschiedenen Kirchen in Lothringen und im Elsaß Zollprivilegien für den Salztransport, die den Eindruck einer beträchtlichen Produktion vermitteln[18].

Bleibt Bayern übrig, gleichfalls ein Land des Mineralsalzes: Das Salzkammergut und das Gebiet von Reichenhall waren die größten Erzeugungszentren seit den Zeiten der letzten Herzöge[19]. Man kennt die Probleme der Produktion, des Handels und des Transports von Salz vor allem aus einer zwischen 903 und 905 erfolgten Aufzeichnung, die zugleich über den Stand der Dinge in den letzten dreißig Jahren des 9. Jh. berichtet[20]. Das Salz aus Reichenhall wurde auf dem Inn und das des Salzkammerguts auf der Traun befördert und nahm dann seinen Weg auf der Donau oder an ihr entlang nach Osten. Die Exporteure von Salz und anderen Waren (darunter auch Sklaven) waren keine Berufshändler, sondern große und kleine Grundherren bzw. ihre Beauftragten sowie Freie, die am Betrieb der Salinen oder Salzgruben beteiligt waren. Salzproduktion gab es vermutlich im Gebiet der Saale und in Sachsen.

Es ist nicht leicht, Näheres über die Glaserzeugung zu ermitteln. Die Zeugnisse für seine Produktion in den Ländern, die das *Regnum Francorum* ausmachten, sind chronologisch schwierig einzuordnen; schriftliche Quellen sind spärlich. Doch weiß man, daß die Glashütten der merowingischen Zeit im gegenwärtigen Belgien, im Norden Frankreichs, im Rhein- und Moselbecken die römische Glaserzeugung, so weit diese nach der großen Krise des 3. Jh. fortlebte, fortsetzten[21]. Sie lieferten weiterhin eine Produktion auf der Basis von Soda, einem Produkt, das anscheinend aus den Mittelmeerländern kam[22]. Relativ zahlreiche Gefäße und Gefäßfragmente, die in den soeben genannten Gebieten gefunden wurden, erlauben es, die Kontinuität zu unterstreichen[23]. Schmelzöfen, die man in der Nähe von Macquenoise, im Süden des belgischen Hennegau, und in Kordel bei Trier entdeckt hat, bestätigen eine gewiß ansehnliche Produktion gewisser Glassorten zwischen dem 6. Jh. und der Mitte des 8. Jh.[24]

Mit der fortschreitenden Christianisierung verschwinden seit dem 8. Jh. die Beigaben in den Gräbern nahezu vollständig; damit versiegt eine bedeutende Quelle zur Erforschung der Glaserzeugung. Aber man weiß, daß man weiterhin Gefäße produzierte. Viele Gläser, die man nach Friesland (Hafen von Dorestad) sandte, nach Dänemark (Hafen Haithabu) oder nach Schweden (*emporium* von Birka) exportierte, dienten in diesen wenig christianisierten oder heidnischen Ländern als Grabbeigaben. Man hat hier Gefäße, Bruchstücke von Gefäßen, Spiegeln und Bruchstücke von Fensterglas gefunden. Sie zeigen einen neuen „karolingischen" Stil, den man in gleicher Weise in einigen der oben erwähnten Gebiete und vor allem in Kordel wiederfindet. Aber die Erzeugung wird fortan sorgfältiger, die Dekorierung feiner, vor allem jene der Trichtergläser[25]. Es könnte sich dabei um Originalprodukte des Rheinlandes handeln[26]. Man verlegt ihre Entstehung im allgemeinen ins 9., manchmal ins 10. Jh.

Man weiß nichts Genaues über die Beschaffenheit der Werkstätten, in denen das Glas produziert wurde. Es scheint, daß es im Norden des heutigen Frankreich auf den Gütern Werkstätten gegeben hat, deren Inhaber (*vitrearius*) eine oder eine halbe Manse besaß[27]. Aber wahrscheinlich gab es in dieser Region oder anderswo auch selbständige Werkstätten.

Die Keramikproduktion hat mehr Spuren hinterlassen als die Glasindustrie, wahrscheinlich weil ihre Erzeugnisse viel enger und viel allgemeiner mit dem täglichen Leben verbunden waren und zu den wesentlichen Bedürfnissen der Bevölkerung zählten. Dabei stellt man eine bemerkenswerte Kontinuität von der späten provinzial-römischen Töpferkunst bis in die letzten Phasen der karolingischen Keramik fest. Diese Beobachtung gilt für die Arbeitstechniken und für die Formen, und sie bezieht sich wohlgemerkt in erster Linie auf die Gebiete des *Regnum Francorum,* die ursprünglich Teile des *Imperium Romanum* gewesen waren[28].

Hatte die vordem intensive Fabrikation in der Argonne vor dem Ende des 6. Jh. aufgehört, so hat sie im 7. und 8. Jh. in der benachbarten Champagne weiter bestanden, wo man vor allem die bedeutende Werkstatt von Saulsotte kennt[29]. Im Norden und Nordosten Galliens (Nordfrankreich, Belgien und Rheinland) hat es sicherlich nicht wenig Werkstätten gegeben, die bis heute nicht identifiziert sind; das gilt unter anderem auch für die belgischen Provinzen Brabant und Hennegau, wo man zweifellos doppelkonische Gefäße herstellte, die in großer Zahl den Merowingergräbern beigegeben sind[30]. Das Gebiet, in dem die Produktion offenbar am stärksten war, waren die Rhein- und Mosellande. Trier und seine Umgebung, ähnlich wie Mayen in der Eifel und selbst die Umgebung von Köln müssen wegen der Bedeutung ihrer Werkstätten seit der Merowingerzeit genannt werden[31]. Man kann indessen diesen Rahmen erweitern und den Niederrhein und das Gebiet bis an die Nordsee einbeziehen. Andererseits nimmt Bayern im Südosten des *Regnum* einen beachtenswerten Platz in der Herstellung ein[32]. Die Töpfer produzierten in den erwähnten Gebieten verschiedene Keramikqualitäten. Da sie den Wünschen ihrer Kundschaft nachkommen mußten, stellten sie einerseits die gängige Gebrauchskeramik, andererseits auch bessere und dekorierte Töpferwaren her. Die Zahl der Grundformen wuchs im Laufe des 6., 7. und 8. Jh.[33] Auch nach Beendigung der Grabbeigaben gibt es Zeugnisse, die die Fortschritte auf dem Gebiet der karolingischen Töpferkunst belegen[34]. Die Werkstätten in Belgien, aber vor allem die im rhein-moselländischen Bereich, so in Mayen und in der Nähe von Köln (Badorf), waren mindestens seit Anfang des 9. Jh. und bis etwa 850 äußerst aktiv, wie jene in Pingsdorf seit der Mitte des Jahrhunderts; ihre Erzeugnisse verschiedener Qualität sind im allgemeinen sehr sorgsam und meist mit der Scheibe gearbeitet. Sie waren bis weit in die Rheinlande und bis nach Friesland, vor allem in Dorestad, verbreitet. Zweifellos wurden sie von diesem Hafen aus nach Haithabu und sehr viel weiter nach Schweden, namentlich nach Birka, exportiert[35]. Die karolingische Gebrauchskeramik scheint die schwedische Töpferware beeinflußt zu haben[36]. Die bauchigen, leicht grauen Gefäße, die nach Material und Verarbeitung oft wenig ansprechend waren, wurden an verschiedenen Orten, namentlich aber in Mayen hergestellt. In der zweiten Hälfte des 9. Jh. sind sie sehr weit im Norden Galliens verbreitet; verschiedene Forscher sind geneigt zu glauben, daß diese Gebrauchskeramik, die von kleinen örtlichen Werkstätten angefertigt wurde, in einer ganzen Reihe von Fällen nur ein Ersatz für Töpferware von Qualität war, die von den Normannen vernichtet worden war[37].

An die Seite der Töpferei, wenn auch in viel bescheidenerem Umfang, kann man die Gewinnung und Bearbeitung des Basaltes stellen. Der in Neuwied und Umgebung, im mittleren Rheintal gewonnene diente der Herstellung von Mühlsteinen. Dem Wasserweg verdankte es dieser Gewerbezweig, daß sein Absatz über den nächsten Umkreis hinausreichte[38].

Die Eisengewinnung und Verarbeitung war sehr bedeutend. Ohne den technischen Aspekt zu behandeln, kann man sehr allgemein sagen, daß vorwiegend die Vorkommen nahe unterhalb der Erdoberfläche erschlossen wurden. Die Schächte, die im *Capitulare de villis* für die Gewinnung von Eisen und Blei[39] genannt werden, können nicht sehr tief gewesen sein. Der Schmied (*faber*), der das Eisen bearbeitete, war wegen seiner Kenntnisse und Erfahrung eine wichtige Person. Die *Lex salica* und das alemannische Volksrecht sicherten ihm einen besonderen Schutz zu[40]. Er stellte die Werkzeuge aus Eisen her und hielt sie instand; für die Landwirtschaft wie für das städtische Leben waren diese unerläßlich. Er konnte ein selbständiger Handwerker sein, der sich in irgendeinem *vicus* oder Dorf niedergelassen hatte. Er konnte auch zum Bereich eines Guts gehören; zur Zeit der Karolinger ist nicht nur im *Capitulare de villis*[41] von diesen gutsherrlichen *fabri* die Rede, sondern auch in den Aufzeichnungen und den Statuten des Abtes Adalhard für die Abtei Corbie[42]. Die königlichen Domänen mußten zusammen mit ihrem Truppenkontingent *ferramenta* für militärische Vorhaben bereitstellen[43]. Man legte allem, was zu den *utensilia ferrea* gehörte, einen hohen Wert bei, und in den zitierten Beispielen mußte der *camerarius* über die Wiederbeschaffung und die möglichen Ausbesserungen dieser Gegenstände wie auch über ihre gute Erhaltung wachen[44]. Zweifellos arbeiteten einzelne Schmiede, besonders Gutsschmiede, für den regionalen und überregionalen Verkauf. In der Perche im Westen Galliens mußten unfreie Leihehälter, die Diensthufen eines Guts von Saint-Germain-des-Prés innehatten, Eisen als Abgabe entrichten[45]. Zweifellos erklärt sich diese Tatsache durch nahegelegene Vorkommen. Man hat mit guten Gründen angenommen, daß es Ähnliches im Gebiet des mittleren und unteren Rheins, im Flußbereich der Maas und der Mosel und an der oberen Donau gab[46].

Man kennt sehr wohl eine Anzahl von Produkten der Eisenindustrie aus der Merowinger- und Karolingerzeit: Waffen und besonders Schwerter (*gladius, spata*). Diese Produktion war im Laufe der vier Jahrhunderte, die den Rahmen dieser Darlegungen abstecken, beträchtlich. Das lange damaszierte und zweischneidige merowingische Schwert war von bemerkenswerter Widerstandskraft. Die Klinge ist in karolingischer Zeit größer geworden[47]. Man nimmt im allgemeinen an, daß diese Schwerter für den Kampf zu Pferde bestimmt waren, daß sie aber auf jeden Fall in der Karolingerzeit auch für den Kampf zu Fuß verwandt werden konnten[48].

Das merowingische und karolingische damaszierte Schwert war eine sehr teure Waffe. Zusammen mit einer Scheide hatte es im 8. Jh. den gleichen Wert wie ein gutes Kriegsroß[49]. Aber es gab auch billigere Schwerter, die nicht damasziert und von geringerer Qualität waren. Die Karolinger verboten den Verkauf von Waffen an Fremde und vor allem an den Feind, namentlich an den skandinavischen Gegner[50]. Aber der Schmuggel konnte nicht in Schach gehalten werden. Zahlreiche Schwerter wurden ausgeführt; andere wurden durch normannische Eindringlinge bei Kämpfen und Plünderungen erbeutet; man hat sie im 9. und 10. Jh. in Skandinavien weitgehend nachgeahmt[51]. Es scheint, daß eines der Hauptzentren der Schwertproduktion zur Karolingerzeit das Rheingebiet nördlich von Köln gewesen ist[52]. Von da scheinen im 9. Jh. die Schwerter, die der Schmied Ulfberth signierte, gekommen zu sein; sie wurden vielerorts, vor allem in Skandinavien gefunden[53].

Wenig weiß man über die Herstellung von anderen Angriffswaffen, wie das Kriegsmesser, das *semispatium* oder Kurzschwert und die Lanze, namentlich die geflügelte Lanze; dasselbe gilt von Verteidigungswaffen, wie der *brunia,* dem Panzerhemd, das weit und breit von einer Elite von fränkischen Kriegern benutzt wurde.

Wegen der schwachen Quellenbasis und der gelegentlich unzureichenden gelehrten Literatur wird es schwer sein, weitere Einzelheiten über das Gewerbe zu erschließen. Des weiteren muß eine *suggestio falsi* vermieden werden, indem man dem Gewerbe hinsichtlich der Landwirtschaft zu viel Bedeutung einräumen würde. Zu erwähnen wäre noch die Herstellung von Kleidungszierrat (Fibeln, Gürtelschnallen u. a. m.) und Schmuck. Wir erkennen deren Wichtigkeit; aber der künstlerische und archäologische Aspekt des Gegenstandes ist mindestens so entscheidend wie sein gewerblicher, und wir müssen deshalb wegen unserer Inkompetenz darüber schweigen.

[1] *Dopsch:* Wirtschaftsentw., II³, S. 138–139; *Latouche:* Origines, S. 212–216; *Metz:* Reichsgut, S. 142.

[2] Z. B. Domäne Coyecques zu Saint-Bertin, meine Ausgabe XXV, 5, 5. 32–33 (Ausg. *Guérard* II, XXV, S. 101; Ausg. *Gijsseling* und *Koch* 34, 5. 60); oder Genter Domäne von Sint-Pieters-op-den Blandijnberg, meine Rekonstruktion Domaine gantois, S. 1037–1038.

[3] Capitulare de villis, c. 31 und 43, *Boretius:* Capitularia I, Nr. 32.

[4] Polyptyque... de l'abbé Irminon, hg. v. *Longnon,* Text: z. B. XI, Gut Neuillay-les-Bois (Indre), 13; XV, Gut Villeneuve-Saint-Georges (Val-de-Marne), 70; 78, 79, 82; XXIII, Gut Chavannes (ebd.), 27. Weibliche Arbeitsstätten: Capitulare de villis, c. 49.

[5] „Fisci“: Capitulare de villis, c. 45: Sutores, scutarii. Sankt Gallen: *H. Rheinhardt:* Der St.-Galler Klosterplan vom Jahr 820 (1952), Text S. 14 und die Facsimile-Wiedergabe: Platz für Werkstätten der Lederbearbeiter: sutores (Schuster), sellarii (Sattler), scutarii (Schildmacher). Corbie, Statuten des Adalhard (oben 2c, Anm. 17), I: De provendariis. Item de laicis, S. 307: u. a. sutores und scutarii. Vgl. *E. Lesne:* Histoire de la propriété ecclésiastique en France, 6: Les églises et les monastères, centres d'accueil, d'exploitation et de peuplement (1943), S. 262.

[6] *E. Mühlbacher:* Diplomata Karolinorum I. In: MGH 4, Nr. 191, i. Jahr 800.

[7] Gesta sanctorum patrum Fontanellensis caenobii 8, hg. v. *F. Lohier* und *J. Laporte* (1936), S. 118.

[8] Oben S. 180 und 2c, Anm. 18.

[9] *Notker Balbulus* (= der Mönch von Sankt Gallen): Gesta Karoli Magni Imperatoris I, 34, II, 9 und 21, hg. v. *H. F. Haefele* (1959). In: MGH, SS. rer. Germ., 8, S. 47–48, 63–92. – *Ermoldus Nigellus:* Ad Pippinum Regem I, hg. v. *E. Dümmler.* In: Poetae latini carolini aevi, II, MGH 4, Vers 119ff., S. 83 = Ausg. *E. Faral* (1932), S. 210.

[10] *H. Pirenne:* Draps de Frise ou draps de Flandre. In: Vierteljahrschr. f. Soz.- u. Wirtschaftsgesch. 7 (1909), nachgedruckt in: Histoire économique de l'Occident médiéval (1951), S. 53–61, glaubte dies, im Gegensatz zur gängigen Meinung, die die Erzeugung in Friesland situiert bzw. im Gegensatz zu jenen, die sie in England lokalisieren. *B. Rohwer:* Der friesische Handel im frühen Mittelalter (1937) nimmt in der Hauptsache eine Herstellung in Friesland selbst an, aber mit den Möglichkeiten einer zusätzlichen flämischen Produktion. *D. Jellema:* Frisian Trade in the Dark Ages. In: Speculum (1955), S. 32–33, gibt einen nützlichen Status quaestionis.

[11] *Dopsch:* Wirtschaftsentw. II³, S. 179, 182–184; *Kötzschke:* Wirtschaftsgesch., S. 277; *Latouche:* Origines, S. 185–186.

[12] *Adrevald:* Miracula S. Benedicti, hg. v. *O. Holder-Egger.* In: MGH, SS. XV, c. 19, S. 487 (Bericht über ein Wunder, das sich gelegentlich eines Salztransportes bei Zollfreiheit ereignet hatte).

[13] Aufzählung dieser Diplome in unserem Aufsatz: A propos du tonlieu à l'époque carolingienne. In: La città nel Alto Medioevo (1959), S. 488, Anm. 6.

[14] Capitulare missorum, Ludwigs d. Frommen, i. Jahr 821, c. 8, *Boretius:* Capitularia I, Nr. 148.

[15] Diplom Zwentibulds für die Abtei Nivelles (897). In: *Th. Schieffer,* Diplomata regum Germaniae e stirpe Karolinorum IV, Nr. 16.

[16] *Latouche:* Origines, S. 185, Anm. 3.

[17] Ebd., S. 186.

[18] Vgl. die Zusammenstellung dieser Diplome von 816 bis 858, unten 4, Anm. 65.

[19] *G. Waitz:* Deutsche Verfassungsgeschichte II³, 2 (1882).

[20] Die Befragung zum Weistum wurde in Raffelstetten, einem abgegangenen Ort, der einst an der Donau gelegen war, vorgenommen. Edition des Textes: *A. Boretius* und *V. Krause:* Capitularia II, Nr. 253, und unser Kommentar: Note sur l'Inquisitio de theloneis Raffelstettensis. In: Le Moyen Âge (1966).

[21] *R. Chambon:* Histoire de la verrerie en Belgique (1955), S. 34; *Morin-Jean:* La verrerie en Gaule sous l'Empire romain (1913), S. 16; *F. Rademacher:* Die fränkischen Gläser im Rheinland. In: Die Franken im Rheinland (1939) = Rheinische Vorzeit in Wort und Bild II, 1.

[22] *Chambon,* S. 207–213, *E. Salin:* La civilisation mérovingienne I (1950), S. 137.

[23] Die Typen sind weniger zahlreich als in der Spätantike; bei den Farben dominiert das Grün, aber man findet auch andere Farbtöne, vor allem gelb und braun. Die Transparenz hat einer einfachen Durchsichtigkeit Platz gemacht; zahlreiche Behälter sind „fußlos“. Die Tümmler und die Kugelbecher sind manchmal anmutig verziert, aber insgesamt doch recht schwer. Vgl. *Chambon,* S. 34–35; *G. Faider-Feytmans:* Les verreries des époques romaine et mérovingienne au Museé de Mariemont. In: Revue belge d'archéologie et d'histoire de l'art (1940); wichtig; *F. Fremersdorf:* Zur Geschichte des fränkischen Rüsselbechers. In: Walraff-Richartz Jahrbuch II–III (1933–34), S. 7–30; *Rademacher,* S. 59–61.

[24] *Chambon,* S. 34; *H. Arbman:* Schweden und das karolingische Reich (1937), S. 27–35 und 71;

Faider-Feytmans, S. 220, Anm. 42 bis; vor allem *J. Steinhausen:* Frühmittelalterliche Glashütten im Trierer Land. In: Trierer Zeitschrift (1939).

25 *Arbman,* S. 35–47, 61–63, 67–69, 73, 81; *Chambon,* S. 35, 43–46; *Steinhausen,* S. 47–49. Die „Trichtergläser" sind manchmal mit zutreffender Genauigkeit in der zeitgenössischen Buchmalerei wiedergegeben worden (*Chambon,* Tafeln E und F).

26 *Arbman,* S. 34, 79–80; übrigens eine reine Hypothese.

27 In einem Diplom Karls des Kahlen für die Abtei Saint-Amand, im Jahr 864, wird einer Manse cum ipso vitreario Baldrico auf der Domäne Dechy (Dept. Nord, Arrt. und Kant. Douai) und auf der Domäne Barisis (Dept. Aisne, Arrt. Laon, Kant. Coucy-le Château) einer Halbmanse cum ipso vitreario Ragenulfo gedacht. *G. Tessier:* Actes de Charles II le Chauve, Nr. 273. Der Mönch von Sankt-Gallen (oben, Anm. 9), II, 22, S. 93, nennt einen Stracholfus, Knecht von Sankt-Gallen, der zum Dienst als vitrearius für Ludwig den Frommen bestimmt gewesen sei: Die Anekdote ist zu wenig gesichert und zu wenig aussagekräftig, als daß wir uns nicht mit der bloßen Erwähnung begnügen sollten.

28 *L. Hussong:* Fränkisches Tongeschirr im Rheinland. In: Die Franken im Rheinland (oben Anm. 21), S. 70–71; *M. E. Mariën:* A travers la Belgique ancienne. La céramique (o. J.), S. 67; *H. Hinz:* Die karolingische Keramik in Mitteleuropa. In: *W. Braunfels* u. a.: Karl der Große III (1965), S. 262–263.

29 *G. Chenet:* La céramique gallo-romaine d'Argonne du IVe siècle (1941), S. 156–159.

30 *Hussong,* S. 74; *Mariën,* S. 67–70.

31 *Arbman,* S. 96, 97, Anm. 2 und 3; *K. Böhner:* Die fränkischen Altertümer des Trierer Landes (1958), S. 35 ff.; *Hussong:* a. a. O., S. 74–75, und ders.: Frühmittelalterliche Keramik aus dem Trierer Bezirk. In: Trierer Zeitschrift 11 (1936), S. 75 ff.

32 Raum mittlerer Rhein, Niederrhein und Nordsee: *Hinz,* S. 263–280. – Bayern: *Hinz,* S. 283–284; *P. Reinecke:* Karolingische Keramik aus dem östlichen Bayern. In: Germania (1936), S. 198 ff.

33 Gebrauchskeramik: *Hussong:* Tongeschirr, S. 71–72; *Mariën,* S. 67; Qualitätskeramaik: *Hussong:* ebd., S. 72–74; *Mariën,* S. 72.

34 *Hinz,* S. 263–275; *Hussong:* Tongeschirr, S. 74–75; Keramik, S. 79–83 (merowingische Zeit), 83–88 (karolingische Zeit; ohne Pingsdorf); *Kötzschke:* Wirtschaftsgeschichte, S. 281; *Mariën,* S. 73–77.

35 *Arbman,* S. 87–98, 111–114; *W. Habercy:* Spätantike Gläser aus den Gräbern von Mayen. In: Bonner Jahrbücher 147 (1942), S. 249 ff.; *Hinz,* S. 263–280; *Hussong:* Keramik, S. 84 ff.; *Mariën,* S. 73–76.

36 *Arbman,* S. 115.

37 *Hinz,* S. 275–279; *Hussong:* Tongeschirr, S. 75; *Mariën,* S. 74–75. Die im Text formulierte Hypothese ist dem zuletzt genannten Gelehrten verpflichtet.

38 *Slicher van Bath,* S. 71; *J. Werner:* Fernhandel und Naturalwirtschaft im östlichen Merowingerreich nach archäologischen u. numismatischen Zeugnissen. In: Monete e scambi nell'Alto Medioevo (1961), S. 562–563.

39 In den Vorratslisten, die nach dem 62. Kapitel des Capitulare an Weihnachten vorgelegt werden mußten, stehen auch fossis ferrariis vel aliis fossis plumbariciis –.

40 „Pactus legis Salicae", 65. Titel: Text X, 6, hg. v. *K. A. Eckhardt,* S. 53; übernommen in die „Karolina" X, 5, S. 480: der Raub eines faber, wie auch anderer Spezialisten (die zweifellos nicht frei waren), wurde mit einer Buße von 880 Denaren oder 72 Solidi bestraft (vgl. für den nichtqualifizierten servus 400 Denare oder 35 Solidi). Pactus Alamannorum, XII, 1: Totschlag eines faber ferrarius, bestraft mit einer Buße von 40 Solidi; übernommen in der Lex Alamannorum, LXXIV, 5, hg. v. *K. A. Eckhardt* und *K. Lehmann,* S. 34 u. 39; in der L. A. werden genannt: faber, aurifex (Goldschmied) aut spatarius, d. h. der Schmied, der auf die Herstellung von Schwertern spezialisiert ist.

41 Capitulare de villis, c. 45.

42 Praktische Beispiele für Bayern: *Th. Bitterauf:* Die Traditionen des Hochstiftes Freising I (1905), Nr. 14b, 416, 577, 775, i. d. Jahren 759, 819, 828, 856–860. Einige dieser Texte sind zitiert bei *Dopsch:* Wirtschaftsentw. II^3, S. 162 u. Anm. 4. Corbie: Consuetudines Corbeienses IV. „Hoc est ordinatio hortorum", hg. v. *H. Semmler.* In: Corpus Consuetudinum Monasticarum I, S. 381.

[43] Capitulare de villis, c. 42. Mobilmachungsbefehl gerichtet an den Abt Fulrad von Saint-Quentin, i. Jahr 806; *Boretius,* Capitularia I, Nr. 75, S. 168, 1.26–28.

[44] Capitulare de villis, c. 42. Corbie: vgl. Anm. 42. Der Wert (zweifellos wegen ihrer Seltenheit) der Eisenachse der Mühlsteine (ferro molinario) erscheint in der schweren Strafe, die den Räuber im alemannischen Recht abschrecken sollte: Rückgabe, Lieferung eines neuen Instrumentes, Buße von 6 Solidi; Pactus Alamannorum XX, 1, S. 26. Lex Alamannorum XCVI, 6, S. 155 (vgl. Anm. 40).

[45] Polyptyque... de l'abbé Irminon, hg. v. *Longnon,* XIII, Domäne Boissy-Maugis (Dept. Orne), 24 Mansen oder Halbmansen zwischen den Nrn. 64 und 94 schulden gleichmäßig C libras de ferro.

[46] *E. Salin* und *A. France-Lanord:* Le fer à l'époque mérovingienne (1943), bes. S. 167 ff. Es gibt gleichfalls wichtige Informationen in dem großen Werk von *H. Kuhn:* Die germanischen Bügelfibeln in der Völkerwanderungszeit der Rheinprovinz (1940).

[47] Über das Thema insgesamt in vorkarolingischer Zeit das in der vorangegangenen Anmerkung zitierte Werk von *Salin* und *France-Lanord* und, mit Hinweisen auf die karolingische Epoche, *Salin,* Civilisation mérovingienne III: Les techniques, S. 57–70, 99. Sehr klare, wenn auch technisch ausgerichtete Darlegung von *A. France-Lanord:* La fabrication des épées damascées aux époques mérovingienne et carolingienne. In: Le Pays Gaumais 10 (1949).

[48] Zur sehr komplexen Herstellung: Das Schwert hatte eine damaszierte Seele aus Flußeisen oder aus Stahl, die ihm ein gekörpertes Aussehen gab; die Schneiden waren durch Schweißen angebracht (*Salin,* Civilisation III, S. 57 ff.).

[49] Lex Ribuaria XL, 11, hg. v. *Bayerle* und *Buchner,* S. 94: 7 Solidi.

[50] In der Mehrzahl der Fälle beschränkte man sich darauf, den Kaufleuten den Verkauf zu verbieten, aber man weiß, wer eigentlich gemeint war: Capitulare von Herstal, 779, c. 20, Capitulare missorum, Jahr 803, c. 7, Capitularia ecclesiastica ad Salz data, Jahr 803 oder 804, c. 8, allgemeines Capitulare missorum zu Diedenhofen, Jahr 805, c. 7, Capitulare von Boulogne von 811, c. 10, Edictum Pistense, Jahr 864, c. 25; *Boretius:* Capitularia I, Nr. 20, 40, 42, 44, 74, II, Nr. 273. Die Schwerter werden nur 811 ausdrücklich genannt, aber sie sind in der allgemeineren Terminologie inbegriffen. Vgl. *Salin* III, S. 115.

[51] Vgl. die sehr gründlichen und sehr gut illustrierten, mit zutreffenden Klassifizierungen versehenen Ausführungen von *Arbman* über Waffen, S. 215–235. Vgl. auch *Salin* III, S. 105–106.

[52] *Salin* III, S. 105, 107.

[53] *Salin* III, S. 106; *Arbman,* S. 232.

4. Der Handel

In der Niedergangsphase[1] der Merowingerzeit und in der sich einigermaßen wiederbelebenden Wirtschaft zu Zeiten der Karolinger nahm der Handel im Verhältnis zur Landwirtschaft nur einen zweitrangigen Platz ein. Aber sicher ist, daß man verkaufte und kaufte, vor allem landwirtschaftliche Produkte, und zwar fast ausschließlich Überschüsse. Unter diesem Aspekt erscheint der Handel als eine wichtige Ergänzung der landwirtschaftlichen Tätigkeiten[2]; aber er ist auch, wie man sehen wird, etwas anderes gewesen. Die Ausübung des Handels lag zum Teil in den Händen von Berufshändlern: unter anderem von Syrern im 6. Jh., von Friesen im 8. und 9. Jh., von „Hofhändlern" im 9., von *negotiatores* oder verschiedenen *mercatores* vom 6. bis zum 9. Jh.[3] Daneben gab es Gelegenheitshändler, d. h. Beauftragte der kirchlichen oder weltlichen Herrenschicht, die für deren Rechnung verkauften und kauften[4]. Im übrigen waren diese Gelegenheitskaufleute, die sehr deutlich von den berufsmäßigen *mercatores,* Juden oder Christen, unterschieden wurden, manchmal keine Beauftragten, sondern Herren oder wirtschaftlich selbständige Freie, die auf eigene Rechnung sich betätigten[5].

Königliche oder kaiserliche Diplome, mit denen bestimmten Kirchen Handelsprivilegien eingeräumt wurden, geben Hinweise darauf, daß sich an bestimmten Plätzen der Handel besonders konzentrierte. In einer dieser Urkunden, aus dem Jahre 832, ist vorgesehen, daß Boote der Abtei von Charroux in den *civitates, castella, portus, villae vel loca*[6] zum Kaufen und Verkaufen anlegen sollten. Antike römische Städte, befestigte Plätze oft römischen Ursprungs, Flußhäfen, Gutsanlagen und andere Plätze zogen den Handel an sich. Verschiedene *civitates* und gewisse *castella* eigneten sich im Laufe der Jahrhunderte für kommerzielle Transaktionen besonders. Die fortschreitende Zerstörung des öffentlichen Lebens in West-, Mittel- und Südgallien wie auch der Ruin Aquitaniens infolge der Sarazeneneinfälle und der Kriegszüge Karl Martells und Pippins III. kosteten allerdings verschiedenen Städten und *castella* einen Gutteil ihrer Handelsbedeutung[7]. Die *portus,* die häufig mit einer *civitas* oder einem *castellum* und manchmal mit einer *villa* oder mit *loca* verbunden waren, spielten allerdings im Gegenteil dazu oft eine relativ aktive Rolle als Umschlagsplätze[8].

Der Norden, der Nordwesten und der Nordosten des *Regnum* und besonders das Flußbecken der unteren Seine, die Küsten des Ärmelkanals und der Nordsee, ebenso deren Hinterland, die Becken der Schelde, der Maas und des Rheins müssen gesondert vom übrigen Gallien betrachtet werden. Seit dem Ende des 7. Jh. aber, vor allem zur Zeit der Karolinger, scheinen sie eine Handelstätigkeit gekannt zu haben, die sehr viel intensiver als die in den anderen Teilen des Landes war[9]. Man trifft hier Seehäfen von einiger Wichtigkeit, wie etwa Quentovic, an der Mündung der Canche[10] und Dorestad in Friesland am Niederrhein[11]. In diesem Raum, der soeben grob umrissen worden ist, scheinen diese beiden Häfen die Haupthandelsniederlassungen gewesen zu sein[12]; sie waren außerdem Stapelplätze[13]. Ihre ständige Einwohnerzahl kann nicht sehr hoch gewesen sein.

Es gab übrigens im Kern dieses Raumes noch weitere Niederlassungen, die, wie es scheint, im kommerziellen Leben eine bescheidene Rolle spielten. Man kann die beiden „Städte" Rouen an der unteren Seine und Amiens an der Somme nennen[14]. Es gab auch *portus* oder *vici* an der Schelde, wie Valenciennes, Tournai und Gent, und an der Maas, so Dinant, Huy, Maastricht[15]. Unter den Bewohnern Frieslands, das den Nordteil des fraglichen Raumes ausmachte, gab es Gelegenheits- oder Berufshändler, die den Seehandel und den Handel auf dem Rhein ausübten[16]; „Städte" wie Mainz und Straßburg müssen in diesem Verkehr eine gewisse Bedeutung gehabt haben[17].

Die rechtsrheinischen Gebiete hatten wenige antike Städte – wie Augsburg oder Regensburg – und Siedlungen, die man kaum als urban zu kennzeichnen wagt. In diesen von Grund auf ländlichen Gebieten[18] gab es indessen Plätze, wo sich bescheidene, aber doch über den Ortshandel hinausgehende kommerzielle Tätigkeiten entfalteten. Dies kann man von Plätzen näher der Grenze zu den Slawen annehmen, wo man die Ausreise der Händler, die auswärtigen Handel zu treiben wünschten, überprüfte[19]. Hierzu kann man noch einige wenige Ortschaften hinzufügen, wie offenbar Erfurt und Würzburg, die mehr im Landesinneren gelegen waren, was aber am Gesamtbild wenig ändert[20].

Obwohl man es verstanden hatte, *mercatores* zu dauerndem Aufenthalt an diesem oder jenem Ort zu veranlassen, muß man doch hinzufügen, daß der Handel insgesamt ein Wanderhandel war[21]. Was man heutzutage Infrastruktur nennt, war nicht gerade dazu angetan, diesen zu erleichtern. Die römischen Straßen, die man seit dem 6. Jh. nicht mehr instandgesetzt hatte, genügten immer weniger, und bessere waren nicht vorhanden. Darüber hinaus war im Norden Galliens das römische Straßennetz, das einige Heerstraßen von großer Bedeutung zählte[22], weniger dicht als woanders, und jenseits des Rheins fehlte es außer spärlichen Ansätzen im Süden und Südwesten. Aber wo es bestand, hat man es benutzt[23]. Neben diesem Straßennetz gab es alte und neue Fahrbahnen und Landwege; einige davon waren sehr bedeutend, so der Hellweg, der Dortmund mit der östlichen Grenze verband[24]. Das Überschreiten der Flußläufe war öfters durch Brücken möglich; die Instandsetzung, selbst die Bauweise waren vorgeschrieben[25]. Aber man weiß nicht, in welchem Maße diese Vorschriften tatsächlich befolgt wurden. Neben den Brücken spielten die Furten und Fähren ihre gewichtige Rolle.

Es scheint, daß die Wasserwege für den Handelsverkehr mindestens so sehr wie die Landwege benutzt wurden, wenn nicht mehr[26]. Man darf sich im übrigen über die Größe der Beförderungsmittel keine falschen Vorstellungen machen: Große Barken verwendete man auf den Strömen und Flüssen. Ihre Transportkapazität war, wenn auch den Wagen und Lasttieren überlegen, insgesamt doch sehr begrenzt. In den Küstenregionen spielte die Küstenschiffahrt eine der Flußschiffahrt ähnliche Rolle; aber die gesamte Seeschiffahrt war ein Abenteuer[27].

Der Handel war ein Objekt der Besteuerung. In der ganzen hier behandelten Epoche wurde das *teloneum,* d.h. der Zoll, eine alte römische indirekte Steuer, zum Nutzen des Königs erhoben. Er bestand für den Warenverkehr (Durchgangszoll), sowie für Verkäufe und Käufe auf dem Markt (Marktzoll). Bis zum Beginn des 8. Jh. ist seine Existenz nur in den Gebieten des *Regnum* belegt, die einst Teil des römischen Reiches gewesen waren; unter den Karolingern bestand er in allen Ländern, die ihnen unterworfen waren. Vergünstigungen wurden den zahlreichen kirchlichen Einrichtungen gewährt. Selten wurde eine dauernde Einnahme in Naturalien oder in barem Geld auf eine Zollstätte angewiesen oder die Einnahme aus einer Zollstätte überlassen. Viel öfter handelte es sich um eine Befreiung vom Zoll überhaupt oder um eine begrenzte Befreiung von einer bestimmten Anzahl von Wagen oder Barken[28]. Die Befreiung begünstigte natürlich gerade den Handel der Privilegierten[29]. Der Mißbrauch bezüglich des Zolls, ungerechtfertigter Erhebung, Schaffung von neuen Zollstätten usw., war groß: Merowinger und Karolinger haben ihn bekämpft, doch ohne ihn ausrotten zu können[30].

In den Orten, wo man verkaufte und kaufte, bestanden Institutionen, die dazu bestimmt waren, den Kauf und Verkauf zu begünstigen: die Märkte (*mercatus*). Oft verdankten sie der Privatinitiative ihre Entstehung. Die Schaffung von Märkten durch die öffentliche Gewalt war vor dem 9. Jh. sehr selten. Indessen gibt es im 7. Jh. (zwischen 629 und 639) die berühmte Vergabe des Marktes und anderer Vergünstigungen an die Abtei Saint-Denis durch Dagobert I.[31]. Die Karolinger haben dieser Institution, die sich verbreitete, größeres Interesse entgegengebracht. Sie haben diesbezüglich regelnde Maßnahmen ergriffen[32]; sie haben individuell Marktgründungen bestätigt[33], und es scheint, daß sie schließlich erwogen haben, daß die Existenz eines Marktes von einer königlichen Erlaubnis abhängen sollte; das gelang ihnen aber noch nicht[34]. Seit der Regierungszeit Ludwigs des Frommen und unter seinen Nachfolgern war es in verschiedenen Teilen der *Francia Orientalis* verboten, anderswo zu kaufen und zu verkaufen, wenn es in dem Gebiet einen Markt gab[35].

Die meisten Märkte fanden periodisch statt, manchmal wöchentlich, und sie hatten einen lokalen Charakter, mit unterschiedlicher Ausstrahlung, die recht schwach sein konnte[36]. Ihre Kundschaft bestand zumeist aus Gutsverwaltern, den Bauern, die Leihehälter oder selbständige Landwirte waren, und wohlgemerkt aus Gelegenheits- und Berufshändlern, Hausierern und anderen: Man verkaufte hier Früchte des Feldes, d.h. im Grunde die landwirtschaftlichen Überschüsse und gebräuchliche Lebensmittel[37]. Nicht wenige Märkte bildeten einen Annex einer Domäne oder einer Gruppe von Domänen; andere konnten in einer Stadt, einem *castrum* oder noch wahrscheinlicher vor einem ihrer Tore abgehalten werden[38]. Diese Märkte stellten eine Notwendigkeit dar[39], aber eine zu hohe Zahl führte zu Schwierigkeiten; es gab deshalb Maßnahmen, um sie in Grenzen zu halten[40].

Andere städtische oder ländliche Märkte hatten eine ganze Region als Einzugsgebiet, und sie waren manchmal bis zu einem gewissen Maß spezialisiert. Jene, die sie organisierten, konnten auf den mehr oder weniger regelmäßigen Besuch der Berufshändler und anderer zählen. Man kann von ihnen den *salinarium mercatum* nennen, der von der staatlichen Instanz an den Ufern der mittleren Donau, in der „Ostmark“ Bayerns, und vom Böhmerwald stromabwärts eingerichtet wurde. Seine Ausstrahlung muß sehr weit gewesen sein. Diese Region hat auch Gelegenheitsmärkte gekannt (die von Bayern abgehalten wurden), die Salz und Sklaven anboten; es gab selbst Märkte auf dem rechten Ufer des Flusses und nordwärts von ihm, die von Fremden im *Regnum*, Tschechen und sogar Russen veranstaltet wurden. Sie kamen, um hier Wachs, Sklaven, Pferde zu verkaufen und Salz einzuhandeln[41]. Auch der Markt, der an den Ufern des Walensees, in Walenstadt, auf den Zugangsstraßen zum Arlberg und zu den Alpenpässen stattfand, muß eine große regionale Ausstrahlung gehabt haben; man verkaufte hier Sklaven und Pferde. Aber wir sind darüber nur wenig unterrichtet[42].

Die Messe, die alljährlich im Oktober zu Saint-Denis von Dagobert I. zugunsten der Abtei geschaffen und durch beträchtliche Zollvergünstigungen geschützt wurde, ist im Laufe des 8. Jh. das Objekt einer Reihe von Usurpationen, Restitutionen und Erweiterungen geworden[43]. Die Diplome der Merowinger und Karolinger, Pippins III., Karlmanns II., Karls des Großen, Ludwigs des Frommen und Karls des Kahlen gaben diesem Markt einen überregionalen und selbst internationalen Charakter; wurde St.-Denis doch u. a. von Engländern und Friesen besucht. Man verkaufte und kaufte hier verschiedene Produkte, vor allem Wein, wovon Saint-Denis und andere Abteien der *Francia* viel produzierten; auch Honig vertrieb man hier[44].

Wir wagen es nicht, von einem festumrissenen Handelsverkehr zwischen dem *Regnum* und Italien zu sprechen. Allerdings gab es außer in Zeiten des Krieges ein ständiges Kommen und Gehen zwischen dem fränkischen und dem ostgotischen, später dann dem langobardischen Königreich. Bei dieser Bewegung gab es augenscheinlich neben dem nicht kommerziellen Verkehr Reisen von Kaufleuten, die – häufig importierte – Luxusgüter zu kaufen und zu verkaufen beabsichtigten; man fand diese Luxuswaren in Italien, dessen Beziehungen zum Orient nie abgerissen waren. Die „Hofhändler“ unter den Karolingern machten oft Reisen mit diesem Ziel[45]. In der merowingischen Epoche gab es einen südnördlichen Handelsverkehr mit ostgotischen und, weniger häufig, langobardischen Fibeln, der relativ zahlreiche Spuren hinterlassen hat. Es gab auch einen Import von Kreuzen in Blattgold langobardischer Fabrikation im 6. und 7. Jh. nach Bayern und Alemannien[46]. Die westlichen Alpenpässe des Mont-Cenis und des großen Sankt-Bernhard, die zentralen Pässe des Lukmanier, des Septimer, des Julier wurden genutzt. Insgesamt war es ein beachtlicher Warenaustausch, den man aber kaum mit Genauigkeit in den Gesamthandel einordnen kann.

Ein bestimmter Handelsweg verdient hier genannt zu werden: Bronzegefäße koptischer Fabrikation, die als Haushaltgegenstände und zur Innenausstattung dienten, wurden aus Ägypten nach Italien importiert. Über die Pässe der Zentralalpen wurden sie im Süden Germaniens verbreitet; viele wurden rheinabwärts nach Norden transportiert, im Rheinland verkauft oder über Friesland nach England verschifft. Dieser Handel bestand im 7. und zu Beginn des 8. Jh. Es ist nicht unmöglich, daß verschiedene Ladungen über die Westalpenpässe hinweg das Rhônetal und den Norden Galliens erreicht haben[47].

Einer der ältesten und am besten bezeugten Handelswege im *Regnum* war jener, dem als Achse das Rhône-Saônetal, die Häfen Marseille und Fos bis Chalon-sûr-Saône dienten und der von da in verschiedenen Richtungen weiter ging[48]. Man transportierte vom Süden einheimische Produkte nach dem Norden, so Öl, ebenso aus dem Orient oder Afrika importierte Luxusgüter, wie Gewürze, Gewebe, Papyrus usw. und zweifellos auch Öl. Man kann annehmen, daß die Wagen und Barken, die von Norden kamen, landwirtschaftliche Erzeugnisse beförderten. Sklaven wurden von Marseille nach Norden, aber auch vom Norden nach Süden gebracht[49].

Die Zollstätten beider Mittelmeerhäfen waren mit einem Stapelplatz versehen (*cella-*

rium), aus denen die Abteien von Saint-Denis und Corbie bedeutende Zahlungen als Pfründen bezogen[50]. Der Handelsweg ist seit dem 7. Jh. gut bekannt, aber er scheint älter gewesen zu sein. Nach den ersten Jahren des 8. Jh. ist von ihm keine Rede mehr[51]; innere Streitigkeiten, der fortschreitende Zusammenbruch der Ordnung in der Provence und in Aquitanien durch die Sarazenen und die ersten Karolinger erzwangen eine beträchtliche Verminderung der Handelsaktivität dieses Bereichs. Dennoch nahm der Handel hier kein Ende[52]. Das Rhône-Saône- und Doubstal hat auch unter den ersten Karolingern eine gewisse Handelsschiffahrt gekannt[53]. Im westlichen Mittelmeerraum[54] erhielt sich noch eine bescheidene Schiffahrt in der ersten Hälfte des 9. Jh.: Marseille, der Teich von Ligagnau (bei Fos), Narbonne waren Häfen oder Reeden, die von der Küstenschiffahrt Galliens und Italiens berührt wurden[55]. In der zweiten Hälfte des Jahrhunderts ging dies alles durch die Sarazenen fast auf ein Nichts zurück.

Ein anderer Handelszweig in der fränkischen Monarchie, der seit der merowingischen Zeit prosperiert zu haben scheint, war das Geschäft mit in Aquitanien, im Westen von Toulouse, behauenem Marmor. Es handelte sich dabei um Sarkophage und Kapitelle. Im 6. und 7. Jh. breiteten sie sich über Aquitanien und seine Randzonen hinaus bis ins fränkische Gebiet aus. Dieser bedeutende interregionale Handel hörte in der ersten Hälfte des 8. Jh. auf[56].

Es gab sicherlich auch eine Handelsschiffahrt auf dem Ärmelkanal und dem Atlantik. Eine dem interregionalen Handel dienende Küstenschiffahrt ist im 7. Jh. zwischen Bordeaux und Noirmoutier belegt. Es gab in dieser Epoche offenbar auch regelmäßige Beziehungen zwischen Noirmoutier und Irland, sowie mit dem westlichen England[57]. Im 7. Jh. bestand ein interregionaler Handel mit dem an der Mündung der Loire gewonnenen Salz[58], der sich in der Folge ausgeweitet haben muß[59]. Zur Zeit Karls des Großen, Ludwigs des Frommen und Karls des Kahlen handelte man in Nantes mit Salz[60]. Die Loire und ihre Nebenflüsse oder Zuflüsse – Mayenne, Sarthe, Loir, Vienne, Cher und Allier – wurden in dieser Epoche von Barken, die Salz transportierten, befahren[61]; weniger bedeutend waren Landtransporte[62]. Einen ähnlichen interregionalen Handelsverkehr gab es auch auf der Seine[63].

Interregionaler Handel mit dem Salz Lothringens wird durch karolingische Diplome, die vom Zoll befreiten, bezeugt[64]. Außer Lothringen war auch das Elsaß miteingeschlossen[65]; die Wagenfuhren waren hier offenbar bedeutender als die Transporte auf dem Wasser. Vielleicht erreichte dieser Handel die Becken von Saar, Mosel und Rhein und andererseits die oberen Partien der Doubs-Saône-Rhôneachse[66]. Man kann gleicherweise einen regionalen Handel mit Salz im Becken der oberen Donau feststellen. Man kennt ihn aus den im 9. Jh. der Abtei Kempten bewilligten Diplomen, die vom Zoll für den Salztransport zu Wasser und zu Lande befreiten; dieses Salz kam aus Reichenhall[67].

Über diesen regionalen und interregionalen Handel des *Regnums*[68] kannte dieser Raum einen Fernhandel vor allem mit England. Die Münzfunde belegen ihn seit dem 7. Jh.[69]. Sein Hauptzentrum war Quentowic (*Quentauuich, Uuicus*), der Hafen an der Mündung der Canche, wo die *rectissima via* der englischen Küste mündete[70]. Seine Bedeutung war so groß, daß ein Beauftragter des Königs hier damit beschäftigt war, die Zolleinnahmen zu überwachen[71]. Die Gebühr betrug 10%; sie mußten alle, auch diejenigen, die sonst völlig befreit waren, bezahlen[72]. Das war eine zu bedeutende Einnahme, als daß der fränkische Herrscher darauf hätte verzichten können. Die Abtei Saint-Germain-des-Prés legte ihren Leihehältern in Villemeux und in Combs-la-Ville Fuhrdienste mit dem Endziel Quentowic auf. Zweifellos handelte es sich dabei um den Transport von Waren, die zum Export bestimmt waren, bzw. um den Rücktransport von Importgütern. Man kann sich vorstellen, daß ähnliche Dienstleistungen auch auf den Gütern anderer geistlicher oder weltlicher Herren bestanden haben[73]. Es gab natürlich auch andere Zentren des fränkisch-englischen Handels: Es genügt, an Rouen, Amiens und den Jahrmarkt von Saint-Denis zu erinnern. Der Wein und der Honig nahmen einen Hauptplatz unter den fränkischen Exportgütern ein, die Sklaven hingegen unter den englischen[74]. Die *portus* im Hinterland von Rouen, Paris und Saint-Denis verdankten zweifellos den größten Teil ihrer Tätigkeit dem regionalen und interregionalen Verkehr; es ist aber möglich, daß auch sie mit England handelten[75].

Die Friesen, die im Norden der hier behandelten Zone beheimatet waren, waren Seefahrer, und seit dem 7. und dem Anfang des 8. Jh. sind ihre Handelsbeziehungen mit England bekannt[76]. Man nimmt an, daß sie die auf dem Rhein herbeigeschafften „koptischen" Gefäße in England absetzten[77]. In Verbindung mit Angelsachsen erreichten sie den Ärmelkanal, und spätestens seit der Mitte des 8. Jh. zählten sie zu den Stammkunden des Jahrmarktes von Saint-Denis[78]. Ihr Haupthandelszentrum war der Hafen Dorestad (heute Wijk-lij-Duurstede); dieser *vicus* bestand an der Stelle, wo sich der Lek vom Kromme Rijn (Unterlauf des Rheins) trennt[79]. Die *pallia fresonica,* die in Friesland oder anderswo gewebt wurden, brachten friesische Boote rheinaufwärts bis ins Elsaß nach Straßburg, wo sie Wein für die Rückfahrt luden[80]. In Mainz hatten sie anscheinend eine ständige Niederlassung[81]. Von Dorestad aus erreichten die friesischen Händler an der Schlei den Hafen von Schleswig-Haithabu, der gerade an der dänischen Grenze lag[82]. Hier wurde offenbar umgeladen, um nach Birka (Björkö) am Mälarsee in Schweden zu gelangen. Von diesen beiden Häfen verbreiteten sich die im *Regnum* hergestellten Waren – Glas, Töpferware, Gegenstände aus Eisen und besonders Waffen – in Skandinavien. Schwedische und dänische Händler besuchten übrigens selbst auch den Hafen von Dorestad[83]. Wohl nicht weit entfernt von Dorestad war der *vicus Traiectum vetus* (Oudwijk); weiter nach Osten, an der Ijsel, wurde Deventer als *portus* bezeichnet, allerdings erst in der Mitte des Jahrhunderts; an der Mündung der Maas lag Witla. Im Hinterland gab es die *portus* Valenciennes, Tournai, Gent, Antwerpen an der Schelde und Maastricht an der Maas, die wohl in einem gewissen Umfang mit dem friesischen Handel in Verbindung standen[84]; weniger galt diese vermutlich für die *portus* Dinant und Huy an der Maas[85].

Alle Schiffe, die im friesischen Raum verkehrten, konnten auch Salz, das man in Friesland erzeugte[86], und Agrarprodukte mit sich führen; auch in Friesland nahm wie anderswo die Landwirtschaft den ersten Rang unter den wirtschaftlichen Tätigkeiten ein[87].

Mainz, dessen wirtschaftliche Bedeutung seit der Mitte des 7. Jh. bezeugt ist, war im 9. Jh. ein besonders aktives Zentrum des interregionalen Handels[88]. Wahrscheinlich waren die Bewohner des „Friesenviertels" entlang dem Rhein nicht die einzigen, die ihn belebten. In der ersten Hälfte des 9. Jh. holten Kaufleute aus dieser Stadt Getreide im Süden Germaniens, das sie mainabwärts führten[89]. Zwischen Mainz und Thüringen gab es seit der ersten Hälfte des 9. Jh. eine vor allem den slawischen Händlern vertraute Straße. Erfurt entwickelte sich vermutlich an diesem Weg an einer Furt, die die Gera überquerte[90]. Zur gleichen Zeit soll eine Straße Mainz mit Hallstatt, Regensburg und Prag verbunden haben; die Kaufleute sollen an sie gebunden gewesen sein, und wo man den Main passierte (in Würzburg), befand sich ein Markt[91]. Ein guter Teil von diesen Angaben ist allerdings nicht eindeutig belegt. Seit der Merowingerzeit gab es Gruppen von fränkischen Kaufleuten, die mit den slawischen Ländern jenseits der östlichen Grenzen des jetzigen Österreichs handelten. Man weiß wenig über sie, außer daß Samo, der Anführer einer dieser Gruppen, seit 623 bei den Wenden tätig war und siegreich gegen die Awaren, die die Slawen unterdrückten, kämpfte: Er wurde König eines „wendischen" Volkes, anscheinend in Böhmen. Es gab auch noch andere Händlertrupps, die in seinem Königreich „arbeiteten". Man hat angenommen, daß diese Händler, einschließlich Samo, die Jagd auf Sklaven ausübten, um mit ihnen Handel zu treiben[92]. Im letzten Viertel des 8. Jh. brachte die Eroberung Sachsens und des Donauraums das *Regnum* weithin in unmittelbaren und dauernden Kontakt mit der slawischen Bevölkerung und bezog manchen Teil in seine Grenzen ein; die Handelsbeziehungen gewannen damit an Umfang. Die Kontrollstationen für den Verkehr auf der Linie Elbe–Saale–Donau, die im Jahre 805 eingerichtet wurden, hatten, so vermutet man, nicht allein die Aufgabe, den Waffenschmuggel zu verhindern, sondern hier sollten auch Märkte abgehalten werden[93]. Der bereits erwähnte Warenverkehr auf der mittleren Donau, in den Grenzgrafschaften und in der „Ostmark" hat im letzten Viertel des 9. Jh.[94] selbst Slawen aus Böhmen und aus Rußland angezogen[95]. Er weitete sich über die Morawa hinaus nach Großmähren hinein; das schuf hier einen bedeutenden Markt, auf dem sicher das Salz aus Bayern Abnehmer fand[96].

In der Pyrenäenregion und in der „spanischen Mark" gab es verschiedene Zollstätten und Märkte, deren Existenz für verschiedene Abschnitte des 9. Jh. belegt ist, so im Bistum Urgel und in den Grafschaften Besalu, in Ampurias, Beralada und Gerona, ferner im Hafen von Barcelona[97]. Vielleicht sind dies Anzeichen für Handelsbeziehungen zu Lande mit dem islamischen Spanien.

Bei unserer Darstellung blieben einige Aspekte ausgespart, so die Hofhändler[98], über die wir wenig wissen, und die privilegierten jüdischen Händler, sowie die Rhadaniten, deren Tätigkeit sich zum größten Teil außerhalb des *Regnum Francorum* vollzog[99].

1 *Latouche:* Origines, S. 164: „économie à la dérive".

2 *Duby:* Economie rurale I, S. 110–113; *Fourquin,* S. 78.

3 Vgl. oben, S. 155f. und 1, Anm. 29–32.

4 Zum Beispiel nennen wir u. a. die homines qui naves praevidere debent, von Saint-Aignan zu Orléans, die bei ihrer Schiffsreise aliquas moras in quolibet loco fecerint aut aliquid mercati fuerint aut vendiderint (kaiserliches Diplom von 814–817, als Formular der Formulae Imperiales, Nr. 20; *Zeumer:* Formulae, S. 301).

5 Z. B. die Bayern, die in der zweiten Hälfte des 9. Jh. ihr Salz und ihre Sklaven in der mittleren Donauregion verkauften, vgl. oben S. 155 und 1, Anm. 26.

6 Ludwigs des Frommen: Recueil des historiens des Gaules et de la France VI, S. 567, Nr. 159. Andere Beispiele in unserer Studie: A propos du tonlieu à l'époque carolingienne. In: La città nel Alto Medioevo (1959), S. 489, Anm. 9.

7 *Duby:* Economie rurale I, S. 57; *Fourquin,* S. 42; *Ganshof:* VIIe siècle, S. 97; *Latouche:* Origines, S. 119.

8 Beispiel eines Hafens in voller Aktivität, mit einer Stadt verbunden – nämlich Orléans – unter der Regierung Ludwigs des Frommen, in den Miracula S. Benedicti von *Adrevald:* c. 19, MGH SS. XV, 1, S. 487. Der Kauf einer Ladung Salz vom Schiff, von dem im Text die Rede ist, fand in Nantes statt, einer „Stadt", die selbst mit einem portus versehen war (Diplom Karls des Kahlen, 856: *Tessier:* Actes de Charles le Chauve I, Nr. 181).

9 *Fourquin,* S. 13; *Latouche:* Origines, S. 291–292.

10 *O. Fengler:* Quentowic. In: Hansische Geschichtsblätter (1902); *P. Héliot:* La question de Quentowic. In: Revue du Nord (1937); *J. Dhondt:* Les problèmes de Quentowic. In: Studi in onore di A. Fanfani I (1962), S. 181–248.

11 *Rohwer:* Friesischer Handel, S. 43–56, und *Jellema:* Frisian trade (vgl. 1, Anm. 28).

12 Portus, vicus, altgerm. „wik". Über den letzteren Terminus vgl. *W. Schlesinger:* Städtische Frühformen zwischen Rhein und Elbe. In: Westfälische Forschungen (1953–54); wiederabgedruckt in dessen Beiträgen zur deutschen Verfassungsgeschichte des Mittelalters II (1963), S. 208–212.

13 *Fourquin,* S. 83; *Abel:* Geschichte der deutschen Landwirtschaft, S. 47, charakterisiert richtig die Rolle dieser und ähnlicher Lokalitäten: „Sie stützten den Wander- und Fernhandel"; *Duby:* Economie rurale I, S. 57, spricht mit Recht von „toutes jeunes bourgades de trafic".

14 Rouen und Amiens: Diplom Karls des Großen für Saint-Germain-des-Prés, im Jahr 779, Diplomata Karolinorum I, hg. v. *Mühlbacher,* Nr. 122 (Zollbefreiung).

15 Valenciennes: Martyrologium des Usuard, 26. Juni, Acta Sanctorum, Juni, IV, S. 327. – Tour-

nai: *M. Prou:* Catalogue des monnaies françaises de la Bibliothèque Nationale. Les monnaies carolingiennes (1896), Nr. 204–205. – Gent: Martyrol. des Usuard, ebd., S. 513. – Dinant und Huy: Diplom Lothars II. im Jahr 862, Dipl. Kar. III, hg. v. *Th. Schieffer,* Nr. 17 (echtes Diplom nicht zu verwechseln mit einem falschen Diplom gleichen Datums; unecht: Nr. 37). – Maastricht: Diplom Karls des Großen, im Jahr 779 (vgl. die vorangegangene Anm.); *Prou,* Nrn. 90, 91, und *Einhard:* Translatio Sanctorum Marcellini et Petri IV, c. 13, hg. v. *G. Waitz.* In: MGH, SS, XV, 1, S. 261.

16 *Rohwer,* S. 6–23, 57–71; *Jellema:* a. a. O.

17 Vgl. unten S. 194.

18 So sind sie zurecht für die merowingische Epoche von *Kötzschke:* Wirtschaftsgeschichte, S. 104, charakterisiert worden. Für die karolingische Zeit bleibt die Deutung mit einigen Abschwächungen im großen und ganzen richtig.

19 Allgemeines Capitulare missorum von Diedenhofen c. 7, 7, i. Jahr 805, *Boretius:* Capitularia I, Nr. 44: 9 Plätze, von Bardowiek an der unteren Elbe bis Lorch, an der Einmündung der Enns in die Donau.

20 *Schlesinger:* Städtische Frühformen zwischen Rhein und Elbe. In: Beiträge II (1963), S. 169 ff., 192–194. Obwohl Erfurt ein Kontrollpunkt gewesen ist, lag er doch weit genug im Inneren.

21 Ohne sich gefährlichen Extrapolationen auszuliefern, kann man ein Diplom Ottos I. für Corvey aus dem Jahr 946 zitieren, das der Abtei das Marktrecht in Meppen verlieh, wo die mercatores, die diesen Markt besuchten, gut charakterisiert sind: aggredientes et regredientes et ibi manentes: MGH, Dipl. imperatorum et regum I, Nr. 77.

22 Ganz besonders die Straßen, deren Ausgangsbasis Bavai, Boulogne-sur-Mer und Köln waren.

23 *Latouche:* Origines, S. 125; *L. Levillain:* Etudes sur l'abbaye de Saint-Denis à l'époque mérovingienne. In: Bibliothèque de l'Ecole des Chartes (1921), S. 23–25; *J. Hubert:* Les relations artistiques entre les diverses parties de l'ancien empire romain pendant le haut moyen âge. In: Centri e vie di irradiazione della civiltà nel Alto Medioevo (1964), S. 470–471; *F. Vercauteren:* La circulation des marchands en Europe occidentale du VIe au Xe siècle. Ebd., S. 395.

24 *H. Planitz:* Die deutsche Stadt im Mittelalter (1954), S. 47.

25 *Boretius:* Capitularia I. Karl der Große, Nr. 57, c. 7, Ludwig der Fromme, Nr. 140, c. 8, Nr. 141, c. 17, Nr. 143, c. 3, Nr. 148, c. 11 und 12. – Die Nrn. 77, c. 10 und 128, c. 25 1. 22 scheinen mir auf Brückenbauer hinzuzielen.

26 *Fourquin,* S. 42; *Latouche:* Origines, S. 125, 159–160; *Vercauteren:* La circulation des marchands en Europe occidentale du VIIe au Xe siècle. In: Centri e vie di irradiazione (1964), S. 395; *Werner:* Fernhandel, S. 563; nach *J. Hubert,* S. 471–472 (u. Abb. 5) macht die Karte der Verteilung der Sarkophage u. Kapitäle aus aquitanischem Marmor deutlich, daß in merowingischer Zeit die schweren Güter hauptsächlich über die Fluß- und Küstenschiffahrt befördert wurden.

27 *Latouche:* Origines, S. 126–127.

28 Ich verweise auf meine Schriften: A propos du tonlieu sous les Mérovingiens. In: Studi in onore di A. Fanfani I (1962), S. 291–315; Les bureaux de tonlieu de Marseille et de Fos. In: Etudes historiques à la mémoire de Noël Didier (1960); A propos du tonlieu à l'époque carolingienne. In: La città nel Alto Medioevo (1959).

29 Meine als letzte in Anm. 28 erwähnte Arbeit S. 508.

30 Vgl. die erste und die letzte meiner in Anm. 28 erwähnten Arbeiten bzw. die Zeit der Merowinger, S. 312–314, und die Zeit der Karolinger, S. 506–508.

31 *L. Levillain:* Etudes sur Saint-Denis à l'époque merovingienne IV. Les documents d'histoire économique. In: Bibliothèque de l'Ecole des Chartes (1930), S. 264–276.

32 Vgl. meinen Aufsatz: Tonlieu à l'époque carolingienne, oben Anm. 28.

33 Die Verbindung zwischen königlicher Gewalt und Machtgründung kommt in karolingischer Zeit gelegentlich vor. Sie ist aber noch keineswegs eine feste Rechtsregel, jedenfalls weder bei Karl dem Großen oder bei Ludwig dem Frommen, noch bei Lothar I. oder bei Lothar II.

34 Unter den ostfränkischen Karolingern waren Ludwig der Deutsche und Arnulf die ersten, die 866 bzw. 888 eine Marktgründung bestätigt oder verfügt haben: Bestätigung des Marktes in Esslingen (Besitzung von Saint-Denis); Gründung des Marktes des Bistums Bremen, MGH, Diplomata regum Germaniae e stirpe Karolinorum I, Nr. 119 und III, Nr. 27. – In Westfranzien hat Karl der Kahle mehrmals den Befehl zu einer Marktgründung erteilt; einige Beispiele: *Tessier:* Actes de Charles le Chauve I, Nr. 207 (859), II, Nr. 248 (862), 323 (869), 370 (874),

378 (875). Diese Rechtshandlung war auch in Westfranzien noch kein unbedingtes königliches Monopol.

35 Capitula de functionibus publicis Ludwigs des Frommen, *Boretius:* Capitularia I, Nr. 153, c. 1, S. 294, 1.21–26: strenge Strafmaßnahmen. – Bayern. Weistum genannt „von Raffelstetten", Ende des 9. Jh., c. 3. *Boretius:* Capitularia II, Nr. 253; vgl. mein: Note sur l'Inquisitio de theloneis Raffelstettensis: Die Bayern, die der Donau entlang Handel treiben und gewisse Privilegien genießen, können zwischen Passau und dem Böhmerwald bei schwerer Strafe das mercatum legitimum nicht umgehen.

36 *Endemann:* Markturkunde und Markt in Frankreich und Burgund vom 9. bis 11. Jh. (1964), S 3–4; *Latouche:* Origines, S. 279.

37 Capitula de functionibus publicis (vgl. Anm. 35), c. 1: in mercatibus ubi communia commertia emuntur ac venundantur. Das waren die Märkte, auf denen nach dem Capitulare de villis, den Leihehältern, die Frondienste schuldeten, das Umherbummeln verboten war. Richtige Einschätzung der Bedeutung der genannten Märkte: *Abel:* Gesch. d. deutschen Landwirtschaft, S. 14–15; *Latouche:* Origines, S. 183–185.

38 Zum Gut gehöriger mercatus: Capitulare de villis, c. 62. Gute Beispiele: Märkte auf den Gütern Néron und Faverolles, die zu Saint-Denis gehörten (im Jahr 774): Markt zu Saclas, Besitzung von Saint-Denis (im Jahr 814); Märkte auf den Gütern der Abtei Flavigny im Jahr 816; Markt zu Vatrignéville, Gut der Abtei Saint-Urbain in Châlons-sur-Marne (im Jahr 862). Vgl. dazu: *Mühlbacher:* Dipl. Karol. I, Nr. 87; *J. Tardif:* Monuments historiques Cartons des Rois (1866), Nr. 107; *Th. Sickel:* Beiträge zur Diplomatik V, Nr. 10, S. 93; *Tessier,* II, Nr. 248. Markt auf den Ländereien der Abtei Saint-Hubert in den Ardennen, annis 825–850, Anekdote in den Miracula S. Huberti, I, hg. v. *C. de Smet,* AA. SS., November I, S. 819–820. Unsere Auswahl entspricht z. T. den bei *Endemann,* a. a. O. zitierten Texten; allein der Text der Miracula ist zitiert bei *G. Despy:* Villes et campagnes aux IXe et X siècles. L'exemple du pays mosan. In: Revue du Nord (1968), S. 164–165. – Städtischer mercatus, Beispiel: Angers.

39 Das Fehlen eines Marktes war ein hartes Handicap für das ökonomisch-landwirtschaftliche Leben der gesamten Umgebung: Diplom Ludwigs des Frommen für Corvey (833); *Migne:* Patrologia Latina, Bd. 104, Sp. 1228: der Kaiser bewilligt der Abtei Münzrecht, quia locum mercationis ispa regio indigebat; Diplom Lothars II. für Prüm vom Jahr 861, hg. v. *Th. Schieffer,* Nr. 16: ipse locus propter mercati et monete longiquitatem non modicum patitur discrimen.

40 Edictum Pistense, c. 19.

41 Rechtsbefragung, genannt nach Raffelstetten, c. 1, 6 u. 7.

42 *E. Meyer-Marthaler* u. *F. Perret:* Bündner Urkundenbuch I (1955), S. 382–383; vgl. auch den Kommentar von *O. Clavadetscher:* Verkehrsorganisation in Rätien zur Karolingerzeit. In: Zeitschrift für Geschichte (1955), S. 18–19.

43 Vgl. oben, Anm. 23, 29 und 31. Während der Marktdauer gehörte der Zoll in dessen beiden Formen im ganzen pagus von Paris der Abtei Saint-Denis.

44 *Mühlbacher:* Dipl. Karol. I, Nr. 6 (im Jahr 753); 43 und 46 (im Jahr 769); 93 (im Jahr 775); Recueil des historiens des Gaules et de la France VI, S. 466, Nr. 16, im Jahr 814; *Tessier,* I, Nr. 66, im Jahr 845. Der Honig erscheint neben dem Wein im Diplom Ludwigs des Frommen von 814.

45 Vgl. oben S. 155 und 1, Anm. 30. Auf ihren Geschäftsreisen in Italien waren sie nicht von der Taxe von 10 % an den Alpenpässen dispensiert, ob sie sich in die Ebene begaben oder die Ebene verließen. – Wegen der Pässe vgl. *D. Duparc,* Les cluses et la frontière des Alpes. In: Bibl. de l'Ecole des Chartes (1951).

46 *J. Werner:* Fernhandel, S. 576–578, Karte 3, S. 567 (langobardische Kreuze), S. 578–581, Karte 9, S. 581 (ostgotische Fibeln); *Salin:* Civilisation II, S. 283 und Anm. 1, S. 298–299 (langobardische Fibeln).

47 *J. Werner:* Münzdatierte austrasische Grabfunde (1935), S. 127–128; ders.: Zur Ausfuhr koptischen Bronzegeschirrs im Abendland während des 6. und 7. Jh. In: Vierteljahrschr. f. Soz.- u. Wirtschaftsgesch. (1955); ders.: Fernhandel, S. 564–565, 576f.; Karte 2, S. 566.; auch *H. L. Adelson:* Early Medieval Trade Routes. In: American Hist. Review (1960), S. 278–280.

48 Supplementum Formularum Marculfi; Mitte oder Ende des 7. Jh., Nr. 1; *Zeumer:* Formulae, S. 107. Vgl. unsere Abhandlung: A propos du tonlieu sous les Mérovingiens, S. 297, S. 301, und unsere Aspects principaux, S. 91–92. Ich weiß zur Genüge, daß eine vereinzelte Erwähnung eines Zolls nicht ausreicht, um die Existenz eines kommerziellen Geschehens zu konstatieren. Es müssen weitere Elemente hinzukommen. Hier und anderswo in dieser Darstellung

existieren sie; aus Raummangel kann ich sie nicht stets anführen.

[49] Die beiden genannten Endpunkte dieses Handelsstromes verdienen zusätzliche Informationen. Marseille war ein großer Verlade- und Entladehafen für Sklaven; Vita Eligii I, c. 10, hg. v. *B. Krusch,* MGH, SRM IV, S. 677; Vita Boniti, c. 3, ders. (Hg.): SRM VI, S. 120–121. Vgl. *Verlinden* (oben 1, Anm. 23), S. 664–667. Die Richtung des Handels über Chalon-sur-Saône hinaus: *J. Lafaurie:* Les routes commerciales indiquées par les trésors et trouvailles monétaires mérovingiens. In: Moneta e scambi nell'Alto Medioevo (1961), S. 248 und 250; *P. Berghaus:* Das Münzwesen. In: Karl der Große, Werk und Wirkung (1965), S. 150.

[50] Vgl. dazu meine Bureaux du tonlieu (oben, Anm. 28). Die regelmäßige Zahlung auf das cellarium von Marseille ging von Dagobert I. aus (629–639) und betrug 100 Goldsolidi, umtauschbar in Öl und andere Waren (S. 126–127). Die Zahlungen auf das cellarium von Fos zugunsten Corbies gingen von Chlothar III. (657–675) aus; für Naturalabgaben ausgefertigt, ergaben sich umfangreiche Lieferungen, darunter 10000 Pfund Öl (S. 129–131).

[51] Letzte Bestätigung, alle beide von König Chilperich II.: Marseille, 5. März 716; Fos, 29. April 716, ebd., S. 127–130.

[52] Sehr zutreffende Beobachtungen von *Latouche:* Origines, S. 174 bezüglich der Ersatzwaren: Wachs (für Öl), Pergament (für Papyrus), Waid (für Indigo). Aber die exotischen Produkte blieben lange neben den Ersatzwaren in Gebrauch.

[53] Vgl. die Diplome Ludwigs des Frommen und Lothars I., die der Kirche von Vienne und der Abtei Ile-Barbe, beide im Jahr 815, der Abtei Nantua, in den Jahren 825–829, der Abtei Donzère, im Jahr 840, für eine bestimmte Anzahl von Booten auf den genannten Wasserläufen Zollbefreiungen zusprachen; unsere Abhandlung: Tonlieu à l'époque carolingienne (oben, Anm. 28), Anm. 37. In einem Diplom von 845, das eine totale Zollbefreiung für alle Wagen und Boote der Abtei zugunsten von Saint-Denis bestätigte, erinnert Karl der Kahle daran, daß diese Exemption stets den Wagen und Booten vorbehalten war, die sich „pro eorum utilitate" nach Marseille begaben; *Tessier:* Actes de Charles II le Chauve, I, Nr. 66.

[54] *Latouche:* Origines, S. 126.

[55] Diplome Ludwigs des Frommen und Lothars I. für die Abtei Saint-Victor von Marseille, in den Jahren 822 und 834. Notitia aus dem Jahre 845: *J. H. Albanès* und *U. Chevalier:* Gallia Christiana Novissima. III (1899), Nr. 48, 49 (= MGH, Dipl. Karol., III, hg. v. *Th. Schieffer,* Nr. 18) und 51. Diplom Karls des Kahlen für die Kirche von Narbonne, im Jahr 844: *Tessier:* Actes de Charles le Chauve, I, Nr. 49. Vgl. auch meine Abhandlung: Notes sur les ports de Provence du VIIIe au Xe siècle. In: Revue Historique (1938), S. 32–33 (mit der falschen Datierung 841 statt 834).

[56] *Hubert:* Relations artistiques, S. 466 und 471, und die Karte, S. 472; *Grand* und *Delatouche,* S. 22 und Anm. 1.

[57] Vita Filiberti, c. 37 (Öltransport von Bordeaux nach Noirmoutier), c. 40–41 („bretonische" Seeleute und Schiffe in der Loiremündung, die wahrscheinlich aus Westengland kamen), c. 42 (irische Kaufleute, die Waren in das Gebiet der Loiremündung brachten), hg. v. *W. Levison,* MGH, SS. rer. Merow., V, S. 602–603. Vgl. auch die wichtige Abhandlung von *A. R. Lewis:* Le commerce et la navigation sur les côtes atlantiques de la Gaule du Ve au VIIe siècle. In: Le Moyen Âge (1963), S. 249–298.

[58] Selbstverständlich bildete das Salz die Haupteinnahmen der Zollstätte zu Port-Saint-Père am Tenu (linker Zufluß der Loire nahe ihrer Mündung) und zu Champtoceaux (am linken Ufer der Loire oberhalb von Nantes); ihre Bedeutung ist von 614–629 an bezeugt. Vgl. *Halkin* und *Roland:* Chartes de Stavelot-Malmedy I, Nr. 4, S. 10–14, in den Jahren 647–656. Über diese Salzproduktion vgl. oben 3, Anm. 11–14.

[59] *Tessier:* Actes de Charles le Chauve, I, Nr. 181.

[60] *Adrevald:* Miracula S. Benedicti (oben 3, Anm. 12). Das Salz, das einen Teil des Wunders zum Gegenstand hat, wurde in Nantes gekauft.

[61] Ausdrückliche Erwähnung des Salzes in Urkunden, vgl. meine Abhandlung Tonlieu à l'époque carolingienne, S. 488, Anm. 6. Selbst wenn es nicht ausdrücklich genannt wurde, gehörte das Salz wahrscheinlich auch zur normalen Ladung der Boote und Wagen anderer kirchlicher Anstalten, die im selben Becken bevorrechtigt Handel trieben, aufgezählt ebd., S. 489, Anm. 9.

[62] Vgl. oben, S. 190f., wie auch meine in der vorangegangenen Anmerkung zitierte Abhandlung Anm. 9. Vgl. auch die noch brauchbare Arbeit von *Imbart de la Tour:* Des immunités commer-

ciales accordées aux églises du VIIe au IXe siècle. In: Etudes d'histoire du moyen âge dédiées à Gabriel Monod (1896), S. 72, 74–75, wiederholt in dessen Questions d'histoire sociale et religieuse (1907), S. 3, 6–9.

63 Z. B. die Diplome für Saint-Germain-des-Prés, im Jahr 779, *Mühlbacher:* Diplomata Karolinorum I, Nr. 122 (Seine); für Saint-Germain von Auxerre, im Jahr 816: Recueil des historiens des Gaules et de la France VI, S. 488, Nr. 45 (Yonne).

64 Vgl. oben, S. 184.

65 Diplome Ludwigs des Frommen von 816 für Murbach und für Saint-Mihiel: Recueil des historiens des Gaules et de la France VI, S. 494–495, Nr. 55 und S. 495–496, Nr. 57: Lothars I. für Saint-Mihiel, im Jahre 841, und für Münster (im Elsaß), im Jahr 843, hg. v. *Th. Schieffer:* Diplomata Karolinorum III, Nr. 52 und 72; von Lothar II. für Saint-Mihiel, ebd., Nr. 10.

66 *Berghaus,* S. 150. Vgl. zu dem, was man später die „Salzstraße" nannte (die von Vic, Moyenvic und Marsal über Dieuze zur Saar verlief) die Karte bei *G. Braun von Stumm:* Metzer Münzstätten an der mittleren Saar. In: Saarbrücker Hefte 9 (1959).

67 Ludwig der Deutsche, in den Jahren 837 und 844, hg. v. *P. F. Kehr.* In: MGH, Diplomata regum Germaniae e stirpe Karolinorum I, Nr. 24 und 36.

68 Vgl. oben, S. 190.

69 Meine Studie: Aspects principaux, S. 94–95.

70 Vgl. oben, S. 190 und 4, Anm. 10. Weiterhin meine in Anm. 71 zitierte Studie, S. 94. Via rectissima: Vita Wilfridi, c. 25, hg. v. *W. Levison.* In: MGH, Scriptores rer. Merow. VI, S. 219. Über die englisch-fränkischen Beziehungen *W. Levison:* England and the continent in the 8th century (1946), S. 4–8.

71 Gesta sanctorum patrum Fontanellensis coenobii XII: Gesta Gervoldi, c. 2, hg. v. *F. Lohier* et *J. L. Laporte* (1936), S. 86–87.

72 Meine Studie Tonlieu à l'époque carolingienne, S. 492–493 und Anm. 16.

73 Polyptyque de l'abbé Irminon, hg. v. *A. Longnon,* Text IX, 9 ff. (Villemeux, Dept. Eure-et-Loire) und XVI, 3 ff. (Combs-la-Ville, Dept. Seine-et-Marne). Diese Fron wurde wicharisca oder wicharis genannt.

74 Wie oben, S. 190–192 und 4, Anm. 14, 43, 44. Bezüglich des Sklavenhandels, der im 7. und im 8. Jh. besser bekannt ist als in den karolingischen Zeiten: *W. Levison,* S. 8–10.

75 Vgl. das Diplom von 779, oben, Anm. 14. Auf die gestellte Frage wagen wir nicht zu antworten.

76 Vgl. oben, S. 190 und unsere Arbeit über das 7. Jh. (Anm. 69), S. 96–97 und Anm. 66.

77 Vgl. oben, S. 192.

78 Vgl. die Diplome von 753, 769 (Nr. 43) und 814, oben, Anm. 44.

79 Vgl. zu diesem Gegenstand und zu allem Folgenden das Werk von *Rohwer* und den Aufsatz von *Jellema.*

80 Vgl. 3, Anm. 9 und 10 (Quellenangabe) und oben, S. 183.

81 *M. Stimming:* Die Stadt Mainz in karolingischer Zeit. In: Westdeutsche Zeitschrift für Geschichte und Kunst (1912), S. 55.

82 Vgl. über dieses sehr wichtige Handelszentrum *H. Jankuhn:* Die Frühgeschichte vom Ausgang der Völkerwanderung bis zum Ende der Wikingerzeit. In: Geschichte Schleswig-Holsteins III (1957), S. 186–190, und vor allem unter den Quellen des 24. Kap. der Vita Anskarri (S. 51–53), vgl. Anm. 83.

83 Vgl. *Rimbert:* Vita Anskarii, c. 20 und 27, hg. v. *G. Waitz* (1884), S. 44–46, 51–53, 57–59, 91–92, 95, 99.

84 Valenciennes, Tournai, Gent, Maastricht: vgl. oben Anm. 15. Antwerpen, als civitas von den Annales Fuldenses qualifiziert (Ausg. *F. Kurze,* Jahr 836, ebenso wie Witla, alle beide vermutlich Handelsniederlassungen.

85 Ob die portus Huy u. Dinant dem Friesenhandel zuzurechnen sind, ist äußerst zweifelhaft.

86 Vgl. oben, S. 183 und 3, Anm. 15.

87 Vgl. zur Tätigkeit der Friesen die klaren Urteile von *Dopsch:* Wirtschaftsentw. II^3, S. 192–195, und von *Latouche:* Origines, S. 143. *Slicher van Bath,* S. 33, scheint die Bedeutung leicht zu übertreiben.

88 Was hier mit „seit" dem 7. Jh. bezeichnet ist, stammt von den Münzquellen, wie sie *Lafaurie* interpretiert (vgl. Anm. 49), S. 251–252. Für das 9. Jh. siehe was folgt.

89 *Einhard:* Translatio SS Marcellini et Petri, Buch IV, c. 6, S. 250. Es ist freilich möglich, daß es sich um einen Einzelfall handelt.

90 Schlesinger (wie Anm. 12), S. 169, benutzt namentlich das Zeugnis der Vita Sturmi des *Egil*, einige Jahre nach 817, c. 7, hg. v. *G. H. Pertz*. In: MGH, SS. II, S. 369.

91 *Schlesinger*, S. 193–194, Karte S. 190, kommt indirekt dazu, die Angaben, die er sammelt, um 817 zu datieren.

92 Chronica *Fredegars*, Buch IV, c. 48, 68, 75, hg. v. *B. Krusch*. In: MGH, Script. rer. Merow. II, S. 144–145, 154–155, 158–159 = Ausg. *J. M. Wallace-Hadrill* (1960), S. 39–40, 56–58, 63. Vgl. *V. Verlinden:* Problèmes d'histoire économique franque. I, Le Franc Samo. In: Revue belge de philologie et d'histoire 12 (1933), S. 1090–1095.

93 Allgemeines Capitulare missorum von Diedenhofen, c. 7; vgl. oben, S. 190 und 4, Anm. 19.

94 Vgl. oben, S. 155, 191 f. und 1, Anm. 26; 4, Anm. 35, 41.

95 Einer der Wege, den die slawischen Kunden benutzen konnten, wurde später die „Salzstraße" genannt. Den Sklaven und Pferden, die von den Russen und Tschechen verkauft worden waren, begegnete man vielleicht am Zoll wieder, der dem Markt von Walenstadt (am Walensee) beigegeben war, den man über den Arlberg erreichte; vgl. oben, S. 192 und 4, Anm. 42.

96 Befragung in Raffelstetten, c. 8, und unseren Kommentar (vgl. oben 1, Anm. 26), S. 221–222. Der Markt ist qualifiziert als mercatum Marahorum. Die Notwendigkeit, für Mähren Salz zu importieren, geht aus den Annales Fuldenses, hg. v. *Kurze*, S. 121, zum Jahr 892, hervor.

97 Über Zoll und Markt gibt es für den Norden Spaniens Nachrichten in Königs- und Kaiserurkunden karolingischer Herrscher. Die meisten sind herausgegeben von *R. d'Abadal y de Vinyals:* Catalunya Carolingia II, 1 (1926–1950): A. Für das Bistum Gerona: (1) Urkunde Ludwigs des Frommen, a 834, Nr. 2, S. 120–124, mit Erwähnung der Grafschaften Besalu, Ampurias und Beralade. (2) Urkunde Karls des Kahlen, a 844, Nr. 3, S. 125–130, mit Erwähnung derselben Grafschaften (auch bei *G. Tessier:* Actes de Charles le Chauve I, Nr. 47). (3) Urkunde Karls des Dicken, a 886, Nr. 6, S. 138–140, mit Erwähnung derselben Grafschaften. B: Urkunde Karls des Kahlen für das Bistum Urgel a 860, Nr. 4, S. 286–288 (auch bei *Tessier* I, Nr. 22), mit Erwähnung mehrerer Grafschaften in derselben Gegend. C: *Tessier:* a. a. O. II, Auszüge aus einer verlorenen Urkunde Karls des Kahlen, mit Erwähnung des Hafens von Barcelona zu den Jahren 873, 877, Nr. 455, S. 509.

98 Vgl. oben, S. 155, 192 und 1, Anm. 30; 4, Anm. 45.

99 Vgl. über sie die maßgebende Arbeit von *Verlinden:* A propos de la place des Juifs (oben 1, Anm. 29), S. 707, 717.

5. Das Münzwesen

Viele Käufe und Verkäufe wurden im *Regnum Francorum* auf dem Wege des Tausches geregelt, andere erfolgten durch Zahlungen in nichtgeprägtem kostbarem Metall (Gold oder Silber). Wenn man sich der Münzen bediente, dann waren das im 5. und 6. Jh. und noch viel später kaiserliche römische oder byzantinische Münzen oder deren Nachahmungen. König Theuderbert I. (534–548) war der erste, der seinen Namen auf eine Goldmünze setzen ließ. Der Typus blieb byzantinisch, aber später wurde der Name des fränkischen Königs weggelassen, obwohl einige Münzprägestätten diesen Typ bis zum Ende des 7. Jh. bewahrten[1]. Andere Münzprägestätten arbeiteten für Kirchen und ließen ihren Namen auf ihren Stücken erscheinen[2]. Der Großteil der Geldstücke wurde jedoch in Privatmünzstätten von „Münzmeistern" (*monetarii*) geschlagen, die für eigene Rechnung arbeiteten. Der Name des Münzmeisters und der Ort der Münzprägestätten – *civitas, castrum, vicus, villa* usw. – sind auf dem Geldstück angegeben. Am Ende des 6. und zu Beginn des 7. Jh. lehnte sich der Typus in der Regel an den byzantinischen an. Dabei wurde er aus Unkenntnis und Ungeschick der Stecher mehr und mehr deformiert. Das Münzwesen wurde also zu einer Angelegenheit der Unternehmer und wurde nicht kontrolliert durch die königliche Gewalt. Man kennt über 2000 dieser Münzmeister und ungefähr 800 Münzprägestätten. Diese waren sehr ungleichmäßig verbreitet, und ihre Dichte hat sich im Laufe der Zeiten in verschiedenen Regionen verändert. Insgesamt scheinen sie am zahlreichsten in der Gegend von Tours, im Gebiet von Paris und im späteren Lotharingien gewesen zu sein. Köln, Andernach, Boppard und Mainz scheinen die am östlichsten gelegenen Münzprägestätten gewesen zu sein; es gab keine weiteren am rechten Ufer des Rheins[3].

Die fränkische Münze war eine Goldmünze. Die Rechnungseinheit war der *Solidus* (*Tremissis*); ausgeprägte Stücke waren selten: der *Triens* oder Dritteil eines *Solidus* war das Geldstück, das tatsächlich im Umlauf war. Das ursprüngliche Gewicht des *Triens* betrug ungefähr 1,5 g. Um 570 war dieses Gewicht auf ungefähr 1,3 g reduziert. Dies wurde von einigen Gelehrten als Substitution einer germanischen Gewichtseinheit (1,3 g = 20 Gran Troygewicht = 1 Schilling) für eine römische Einheit angesehen[4].

Die Goldstücke, die man als echt ansah und die in einem Gebiet umliefen, in dem Münzprägestätten arbeiteten, wurden normalerweise gezählt. So war es südlich der Seine der Fall. Neben den einheimischen zirkulierten antike und ausländische wie auch vergoldete Münzen. Die Goldmünzen dienten oft als Schmuck. Häufig scheint man die Münzen gewogen zu haben, nachdem man sie auf ihren Feingehalt geprüft hatte. Im Norden des *Regnum* zählte und wog man die Münzen gleichzeitig[5].

Der „Pactus Legis Salicae" fixierte die Strafen in *Solidi* und rechnete diese in *Denarii* um, wobei 40 *Denarii* einem *Solidus* gleichgesetzt wurden. Darauf ergeben sich Schwierigkeiten für jene, die glauben, daß der „Pactus" aus dem Ende der Regierungszeit Chlodwigs I. stammt und daß die Umrechnungen zum ältesten bekannten Text (in 65 Titeln) gehören. Lafaurie vermutete, daß die betreffenden Stellen interpoliert sind; dem können wir schwerlich zustimmen. Eckardt denkt an einen Goldsolidus von 4,26 g im Wert von 40 Denaren von ± 1,28 g. Den gab es aber nirgends[6]. Nach Grierson rechnete man eher in Größenordnungen als mit genauen Gewichtsangaben, wie man es erwarten würde. Er unterscheidet dabei drei Phasen. Zur Zeit von Chlodwig gab es nur einen *Solidus* zu 4,5 g, der allen bekannt war, so daß es nicht nötig war, jedesmal das Äquivalent in Denaren anzugeben. Ein Jahrhundert später schlug man nur noch den *Tremissis* zu 1,3 g. Da dies die einzige Münze war, die man prägte, nannte man ihn allgemein *Solidus* im Sinn von Geldstück. Noch ein Jahrhundert später gab es neue Schwierigkeiten: Man hatte keine Goldstücke mehr, sondern nur noch Silberdenare, die gewöhnlich 1,3 g wogen, um eine feste Beziehung zu erhalten, die dem Kursverhältnis von Silber zu Gold, d. h. etwa 1 : 12, entsprach. Um deutlich zu machen, daß der offizielle *Solidus* gewichtiger war, mußte man seinen Wert ausrechnen und in den Gesetzestexten vermerken. Eine genaue Rechnung hätte folgendes ergeben:

$$12 \text{ x } \frac{1{,}5\text{x}3}{1{,}3} = 41{,}5$$

Diese Ziffern, die einen annähernden Wert ergaben, waren nicht genau bekannt; deshalb rundete man den Wert des *Solidus* auf 40 Denare ab.

Die Goldmünze diente nur zur Bezahlung beachtlicher Beträge bei Käufen von teuren Waren oder großen Mengen, etwa zur Entrichtung von hohen Geldstrafen u. a. Falls man wirklich vor etwa 650 keine Teilmünzen in Silber geschlagen hat, dann dürfte es in gewissen Fällen schwierig gewesen sein, Zahlungen vorzunehmen[7]. In einem gewissen Maß haben kleine angelsächsische Silbermünzen, *sceattas* genannt, dieser Schwierigkeit abgeholfen. Sie sind in bedeutenden Mengen durch den Handel mit England herbeigeschafft worden, nach etwa 650, vielleicht schon etwas zuvor. Man hat von ihnen im Norden und Nordwesten Galliens Gebrauch gemacht, um so mehr als der Triens immer beträchtlicher zurückging. Man hat die *sceattas* im *Regnum* und offenbar auch in Friesland nachgeahmt. Sie sind, wie man glaubt, bis in die Regierungszeit Karls des Großen nachgeahmt worden[8].

Zu Beginn der zweiten Hälfte des 7. Jh. begann man Goldmünzen durch solche aus

Silber zu ersetzen. Die neuen Stücke wurden in einer viel beschränkteren Anzahl von Münzprägestätten geschlagen als die Tremissen. Vor dem Ende des Jahrhunderts war der Übergang vollzogen. Als letzte scheint die Münzprägestätte zu Marseille Goldmünzen geschlagen zu haben, und zwar im Jahre 679. Das Silberstück, das den *Triens* ersetzte, war der Denar (*denarius*). Man nimmt an, daß das Feingewicht des Denars 1,1 bis 1,3 g war; doch gibt es Abweichungen hiervon. Man kennt diese Stücke vor allem aus Friesland, wo sie von den angelsächsischen *sceattas* schwer zu unterscheiden waren, sowie aus der Provence[9].

Die ersten Karolinger machten im 8. Jh. aus der Münzprägung erneut eine königliche Institution und kontrollierten Feingehalt des Metalls, Gewicht und Typus der Münzen. Des weiteren schufen sie feste Wertverhältnisse: Ein *Solidus* als Rechnungseinheit (*solidus*) entsprach 12 Denaren, und auf ein Pfund (*libra*) kamen 20 *Solidi.* Ausgeprägt wurden allein Denare[10]. Im 9. Jh. schlug man auch Obolen oder Halbdenare. Man kann annehmen, daß diese Umwandlung den regionalen und interregionalen Handel, vielleicht auch den Handel mit England begünstigt hat[11].

In der Geschichte des Münzwesens spielt die Regierung Karls des Großen (768–814) eine wichtige Rolle. Der Denar der ersten Periode seiner Regierungszeit, der „Vorreformzeit", war dem der ersten Karolinger und der Merowinger sehr ähnlich. Es ist ein Stück von 1,3 g und ± 15 mm Durchmesser; die rohe Gravur scheint weitgehend der Initiative der örtlichen Münzprägestätten überlassen gewesen zu sein. Diese erste Periode kann in zwei Gruppen geteilt werden. Die erste Gruppe (von 768 bis ± 770) zeigt den abgekürzten Namen des Königs auf der Vorderseite, den Namen der Prägestätte oder einer Person (oft des Münzmeisters) auf der Rückseite. Die zweite Gruppe (± 770–793/94) hat auf dem Avers CARO – LUS in zwei Zeilen. Die zweite Periode folgt auf die Münzreform von 793/94, sie verdankt dieser ihre besonderen Merkmale. Der Denar der „Nachreformzeit" ist schwerer (1,7 g) und viel größer (± 20 mm) im Durchmesser. Im langobardischen Italien hat sich die *Tremisse,* das Drittel des Goldsolidus, bis 781 gehalten, bis sie dann durch den fränkischen Silberdenar der zweiten Gruppe und 793/94 durch einen solchen der „Nachreformzeit" ersetzt wurde.

Nach der Reform sind ebenfalls zwei Gruppen von Denaren festzustellen. Zunächst (793/94–806) zeigt die Münze ein Kreuz oder ein Monogramm auf dem Avers mit der Umschrift + CARLUSREXFR und ein Kreuz oder ein Monogramm auf dem Revers mit einer Umschrift des Namens der Münzprägestätte. Danach (806–814) zeigt das Vorderbild des Haupttypus die Profilbüste Karls des Großen mit Lorbeerkranz und *paludamentum.* Die Büste ist eingefaßt von KAROLUS IMP AUG (oder einer Variante). Auf dem Revers umranden die Buchstaben XRISTIANARELIGIO einen Tempel[12].

In der Absicht, die Herstellung von Falschgeld zu verhindern, behielt Karl der Große im Jahre 805 das Prägen von Denaren einer Münzstätte am Hof vor. Diese Anordnung wurde 808 bestätigt[13]. Man kann sich allerdings fragen, in welchem Maß sie ausgeführt wurde.

Karl dem Großen ist es gelungen, gutes Silbergeld zu schaffen und seine Zirkulation zu sichern. Aber das ging nicht ohne Widerstände. Man lehnte das neue Zahlungsmittel vor allem in jenen Teilen des *Regnum* ab, wo der Gebrauch von Münzgeld wenig verbreitet war; der Widerstand wurde noch stärker, als nach der Münzreform ein neuer Denartypus in den Verkehr gebracht wurde; sehr harte Strafmaßnahmen erfolgten, um diese Haltung zu bekämpfen[14].

Ludwig der Fromme (814–840) behielt den Typus der letzten Münzen Karls des Großen nur teilweise bei[15]. Aber auch er war gezwungen, Widerstände zu brechen, als man Denare mit gewissen neuen Elementen akzeptieren mußte[16].

Es gibt Goldsolidi, die Karl dem Großen und Ludwig dem Frommen zugesprochen werden. Einige tragen auf der Rückseite auf zwei Linien VCECIA, worin man Uzès (in

Südfrankreich) sehen wollte, was aber vielleicht Vicenza bedeutet. Wenn es sich um Uzès handelt, müßte man hierin vielleicht eine Pseudomünze sehen, die zur Verteilung im Rahmen einer Zeremonie bestimmt war. Andere zeigen auf dem Revers die rundumlaufende Inschrift VICODURVSTAT, d. h. *vicus* Dorestad; man nimmt an, daß es Schmuckstücke in Form von Goldmünzen waren, die eine nicht erhaltene echte Münze aus der Mitte des 9. Jh. nachahmten[17].

Im Gegensatz dazu hat Ludwig der Fromme tatsächlich Goldmünzen prägen lassen. Sie erscheinen wie eine Bestätigung seiner kaiserlichen Majestät. Auf dem Avers zeigen sie die Büste des Kaisers mit der rundumlaufenden Inschrift: DN HLVD VICVS IMP AVG und auf dem Revers ein Kreuz umringt von einer Krone und der Umschrift MVNVS DIVINUM. Das Gewicht entspricht dem des byzantinischen Goldsolidus; das war offensichtlich beabsichtigt. Diese Münze wurde häufig nachgeahmt, vor allem in Friesland[18]. Es sieht nicht so aus, als hätten die Originalgoldstücke eine wirtschaftliche Rolle gespielt; eher gilt dies für die friesischen Nachahmungen.

Die Münzen Lothars sind denen seines Vaters sehr ähnlich; dies gilt auch für diejenigen Pippins I. von Aquitanien und Ludwigs des Deutschen[19]. Auf der rechtsrheinischen Seite war der Geldumlauf immer geringer als auf der linksrheinischen. Es gab nur wenige Münzprägestätten. Eine Münzstätte, die Corvey im Jahre 833 zugesprochen wurde, hat nicht gearbeitet[20]. Regensburg erhielt eine unter Ludwig dem Frommen und vielleicht Bremen eine unter Arnulf; während der Regierung Ludwigs des Kindes (900–911) wurde eine Münzstätte in Würzburg errichtet[21].

Bayern hatte eigene Rechnungsmünzen, einen *solidus* zu 30 karolingischen Denaren und eine *Tremisse,* die 10 karolingischen Denaren entsprach[22].

In der *Francia Occidentalis* gleichen die Münzen Karls des Kahlen weitgehend jenen Karls des Großen[23]. Den Invasionen der Bretonen, der Normannen, Ludwigs des Deutschen und den Revolten der Adelscliquen zum Trotz bewahrte der König den Sinn für seine Pflichten und seine Vorrechte. Das Edikt von Pitres aus dem Jahre 864 wurde die Grundlage für den Versuch zur Reorganisation des Staates[24]. Eine Reihe von Artikeln des Edikts befaßte sich mit dem Einzug noch umlaufender Denare, mit der Prägung neuer Denare, ihrer Beschriftung, ihrem Umlauf, den Fälschungen, dem Falschgeld und der eventuellen Bestrafung. Die Zahl der Prägestätten wurde auf den Hof, Quentowic, Rouen, Reims, Sens, Paris, Orléans, Chalon-sur-Saône, Melle[25] und Narbonne[26] beschränkt. Aber diese Bemühungen scheinen keinen Erfolg gehabt zu haben. Im selben Jahr sah sich Karl genötigt, eine Münzprägestätte zu schaffen, die der Kathedralkirche von Châlons-sur-Marne beigegeben wurde[27]. Es war die erste einer ganzen Reihe.

Man hat sich gefragt, was den Silberüberfluß im westlichen Abendland erklären kann, der seit dem Ende des 7. und des 8. Jh. den Ersatz des Goldes durch Silber im Münzwesen erlaubt und der am Ende des 8. Jh. zu einer Erhöhung des Denargewichtes zu fast einem Drittel geführt hat. Es wurde zum einen auf die Erhöhung der Produktion aus den Silbergruben des Westens und auf eine überreichliche Einfuhr arabischen Silbergeldes hingewiesen; das würde einmal den Sklavenexport aus dem Westen in die islamische Welt und andererseits den intensiveren Abbau in den Minen der islamischen Welt erklären. Die Preissteigerung, die im Westen eingetreten sein soll, wird dann als Gegenschlag die Erhöhung des Denargewichtes nach sich gezogen haben[28]. Man hat freilich eingewandt, daß es keine Spur für einen derart umfänglichen Export in die islamische oder byzantinische Welt gegeben hat, eher im Gegenteil. Weiterhin wird betont, daß man viel zu wenig Silberdirhems im Westen gefunden hat, um an eine Überflutung mit diesem Geld glauben zu können[29]. Das Silber muß also einheimischen Ursprungs gewesen sein. Man denkt dabei vor allem an die Vorkommen von Melle und anderen Plätzen[30]. Bei der Gewichtserhöhung handelt es sich wahrscheinlich um eine praktische Ordnungsmaßnahme wie der Erhöhung des Inhalts der Hohlmaße[31]. Im übrigen wurde hervorgehoben, daß das Geld im *Regnum Francorum* nur eine Ergänzung der Zahlungen ausmachte, da der größere Teil in Naturalien bezahlt wurde. Andererseits war das Geld Mittel, um Reichtum zu horten[32].

[1] *Berghaus:* Münzwesen (s. oben 4, Anm. 49), S. 149; *Lafaurie:* Routes commerciales, S. 236–237; *Latouche:* Origines, S. 147–149; *P. Le Gentilhomme:* Mélanges de numismatique mérovingienne (1940), S. 132; *F. Vercauteren:* Monnaie et circulation monétaire en Belgique et dans le Nord de la France du VIe au XIe siècle. In: Moneta e scambi nell'Alto Medioevo (1961), S. 279.

[2] *Berghaus,* S. 149; *Lafaurie,* S. 248; *Latouche,* S. 150–151. Als Grundlage dieser gesamten Darlegung sollen die beiden Kataloge mit ihren meisterlichen Einführungen von *M. Prou* dienen: Catalogue des monnaies françaises de la Bibliothèque Nationale. Les monnaies mérovingiennes (1892), und: Les monnaies carolingiennes (1896), wie auch der Beitrag von *A. Dieudonné* im Manuel de Numismatique française I (1912) von *A. Blanchet* und *A. Dieudonné.* Dies sei ein für allemal gesagt; auf die jüngeren Arbeiten werde ich im Laufe der Darlegung zurückkommen.

[3] *Berghaus,* S. 149–150; *Lafaurie,* S. 234; *Latouche:* Origines, S. 149–151; *Sprandel:* Merowingischer Adel, S. 88, 115; *Werner:* Münzdatierte austr. Grabfunde, S. 18. *Vercauteren:* Monnaie, S. 280–287, hat gezeigt, daß seit der Mitte des 7. Jh. bedeutende Münzstätten in nördlichen Teilen Nordgalliens geschaffen wurden.

[4] *Berghaus,* S. 151; *Fourquin,* S. 46; *F. Friedensburg:* Münzkunde u. Geldgeschichte der Einzelstaaten (1926), S. 10. *Lafaurie,* S. 237–256, 269; *P. Le Gentilhomme:* Le monnayage et la circulation monétaire dans les royaumes barbares en Occident (1946, Auszug aus der Revue de Numismatique 1943 und 1944–45).

[5] *J. Werner:* Waage u. Geld in der Karolingerzeit. In: Sitzungsber. der bayer. Akademie der Wiss., phil.-hist. Kl. (1954, 1.); *Adelson,* Trade Routes (s. oben 4, Anm. 47), S. 278–281.

[6] *Lafaurie,* S. 258–260; *K. A. Eckhardt:* Pactus Legis Salicae I, S. 186–192.

[7] *Fourquin,* S. 50; *Ganshof:* VIIe siècle, S. 98; *Latouche:* Origines, S. 153; dagegen *P. Grierson:* Money and Coinage under Charlemagne. In: Karl der Große I (1965), S. 534.

[8] *Berghaus,* S. 151; *Fourquin,* S. 50; *Grierson:* a. a. O., S. 502; *Lafaurie,* S. 235, 264–66, Abb. 3; *Latouche,* S. 153; *Le Gentilhomme:* Mélanges, S. 71–81; ders.: La circulation des sceattas dans la Gaule mérovingienne. In: Revue de numismatique (1938), S. 67–93.

[9] *Berghaus,* S. 151; *Fourquin,* S. 46; *Grierson,* S. 501 und vor allem Anm. 2; *Kötzschke:* Wirtschaftsgesch., S. 151; *Lafaurie,* S. 257–258; *Le Gentilhomme:* Mélanges, S. 18; Monnayage. In: Revue de Numismatique (1944–45), S. 33, 49–52, 53–56; *Vercauteren,* S. 284.

[10] *Berghaus,* S. 151; *Fourquin,* S. 50; *Grierson,* S. 501; *Kötzschke:* Wirtschaftsgesch., S. 152.

[11] *Grierson,* S. 534; *Latouche:* Origines, S. 175.

[12] Meisterliche Darstellung von *Grierson,* S. 506–524; *Berghaus,* S. 152–154; beide Arbeiten reich illustriert. Es gibt auch Exemplare mit abweichenden Elementen: Stadttor: Namen von Arles, Lyon, Rouen, Trier, und unter Ludwig dem Frommen Orléans, Sens, Toulouse, Tours. – Boot: Namen von Dorestad und Quentowic, der zwei bedeutendsten Häfen der Nordsee und des Ärmelkanals. – Bergwerksgeräte: Inschrift: METALL GERMAN; wahrscheinlich ein Ort, wo es eine Silbergrube gab, im Osten des Regnum. *Grierson,* S. 520–521; *Berghaus,* S. 150–154.

[13] Capitulare missorum generale von Diedenhofen, c. 18; Capitula cum primis constituta, c. 7; *Boretius:* Capitularia I, Nr. 44 und 52. Das palatium nostrum oder die curtis bedeuten die Umgebung des Herrschers, wo auch er residierte; aber in jener Zeit hielt Karl der Große sich vor allem in Aachen auf.

[14] Capitulare, das als Weiterführung der Synode von Frankfurt im Jahre 794 publiziert wurde, c. 5 (15 Solidi Strafe für den Freien; Auspeitschen für den Nichtfreien); Capitulare missorum Aquisgranense alterum, im Jahre 809, c. 7 (Strafsumme von 60 Solidi für den Freien; Auspeitschung für den Nichtfreien; Entsetzung vom honor, d. h. Absetzung für den Bischof, Abt oder Grafen, der diesen Widerstand toleriert haben sollte); *Boretius:* Capitularia I, Nr. 28 und 63. Vgl. *Grierson,* S. 509, 525–527; *Latouche:* Origines, S. 172–177.

[15] Über die Abweichung: *Berghaus,* S. 154–155; *Grierson,* S. 503–536.

16 Capitula legibus addenda, in den Jahren 818–19, c. 18; Admonitio ad omnes regni ordines, zum Jahre 825, c. 20 (erwähnt ein heute verlorengegangenes Capitulare, das 3 Jahre zuvor erlassen worden war); *Boretius* I, Nr. 139 und 150.

17 *Grierson* in: Karl der Große, S. 530–534; davon sehr abweichend *W. Hävernick:* Die Anfänge der karolingischen Goldprägung in Nordwesteuropa. In: Hamburger Beiträge zur Numismatik (1963), S. 55–60, bestritten von *Grierson:* Zum Ursprung der karolingischen Goldprägung in Nordwesteuropa, ebd. (1964), S. 199–206.

18 *Berghaus,* S. 155; *P. Grierson:* The gold solidus of Louis Pious. In: Jaarboek voor munt- en penningkunde (1951), S. 1–41, und ders.: La date des monnaies d'or de Louis le Pieux. In: Le Moyen Âge 69 (1963), S. 67–74.

19 *Berghaus,* S. 156; *Friedensburg,* S. 16.

20 Vgl. oben 4, Anm. 39.

21 *Grierson,* S. 535, für Regensburg und Würzburg. Was Bremen betrifft, vgl. MGH, Dipl. regnum Germaniae e stirpe Karolinorum III, Nr. 27, im Jahre 888 (Restitution eines fast gänzlich getilgten Textes).

22 In Raffelstetten erfolgtes Weistum, c. 6 und 8 des Textes und S. 217, Anm. 74 unseres Kommentars (oben 1, Anm. 26)

23 *Grierson:* Money, S. 503.

24 *Boretius:* Capitularia II, Nr. 273, c. 8–19, 21–24.

25 Örtlichkeit im Poitou, wo es eine Silbergrube gab.

26 C. 12.

27 *Tessier:* Actes de Charles le Chauve II, Nr. 277.

28 *S. Bolin:* Mohammed, Charlemagne and Ruric. In: Scandinavian Economic History Review (1953), S. 12–20. *R. Doehaerd:* Les réformes monétaires carolingiennes. In: Annales. Econ. Soc. Civil. 7 (1952), S. 13–20.

29 *P. Grierson:* Carolingian Europe and the Arabs. The myth of the mancus. In: Rev. belge de Phil. et d'Hist. 32 (1954), S. 1059–1074; ders. in: Karl der Große, S. 528–529; *F. J. Himly:* Y a-t-il emprise musulmane sur l'économie des états européens du VIIIe au IX e siècle? In: Revue Suisse d'Histoire (1955). Diese beiden Gelehrten stehen den Ansichten von *S. Bolin* und *R. Doehaerd* ablehnend gegenüber. *Berghaus,* S. 153, nimmt eine vermittelnde Position zwischen jener *Bolins* und jener *Griersons* und *Himlys* ein, während *Slicher van Bath,* S. 32–33, an einen Abfluß kostbarer Metalle vom Abendland zum Orient hin glaubt. *Latouche:* Origines, S. 169–176, nimmt eine *Grierson* verwandte Position ein.

30 Vielleicht läßt *Latouche,* S. 170, die intensive Ausnutzung der Harzgruben und vor allem Böhmens allzu früh einsetzen. Was *Vercauteren,* Monnaie, S. 283, zu Recht für das 6. und 7. Jh. bezüglich der Wiederverwendung von Münzen nach eventuellem Einschmelzen schreibt und im allgemeinen über kostbare Metalle, die in den königlichen Schatz gelangt waren, kann vielleicht in gleicher Weise auf die karolingische Zeit bezogen werden.

31 *Grierson* in: Karl der Große, S. 529.

32 *P. Grierson:* Commerce in the Dark Ages. In: Transactions of the Royal Historical Society (1959), S. 123–140.

§ 9 Die Britischen Inseln zur Zeit der Angelsachsen (von ca. 400 n. Chr. bis 1066)

Von Henry R. Loyn

Originalquellen

Die ersten beiden Bände der Reihe „English Historical Documents“ (E. H. D.) sind unentbehrlich für alle, die sich mit der angelsächsischen Periode befassen. Der 1. Band, hg. v. *D. Whitelock* (1955), behandelt die Zeit bis 1042 und der 2. Band, hg. v. *D. C. Douglas* und *G. W. Greenaway* (1953), die Zeit 1042–1189. Die angelsächsischen und lateinischen Geschichtsquellen sind ins Englische übersetzt. Diese ausführlichen, detaillierten und sehr wertvollen Arbeiten beantworten auch fachmännisch bibliographische Fragen.

Allgemeine Literatur

Ein hervorragender Führer für den ganzen Zeitabschnitt ist *F. M. Stenton:* Anglo-Saxon England (1963, ^{3}1971).

Für die Wirtschafts- und Sozialgeschichte sind zu empfehlen: *D. Whitelock:* The Beginnings of English Society (1952); *H. R. Loyn:* Anglo-Saxon England and the Norman Conquest (1962); *F. W. Maitland:* Domesday Book and Beyond (1897); Neuaufl. mit Einführung von *E. Miller* (1960).

1. Einführung

Wir werden uns im folgenden hauptsächlich mit England befassen. Gegen Ende des Zeitabschnittes, der uns interessiert, bildete England nicht nur die wichtigste politische Einheit der britischen Inseln, sondern auch eine politische Gemeinschaft von europäischer Bedeutung. Die anderen Völkerstämme Britanniens, so interessant sie auch waren, haben keinen solchen Erfolg zu verzeichnen gehabt. Verhältnismäßig kurz besaß Irland großen kulturellen Einfluß in Europa und hat diesen Einfluß auch nie ganz verloren. Kein Historiker darf es versäumen, den skandinavischen Niederlassungen auf den schottischen Inseln, der Insel Man und Irland gebührende Beachtung zu schenken. Wales und Schottland sind für die vergleichende Geschichte der sozialen und politischen Einrichtungen von besonderem Interesse. Im allgemeinen jedoch blieb die keltische Welt geschichtlich wie geographisch am Rande der europäischen Entwicklung.

Die Ursache des Unterschiedes zwischen England und dem restlichen Britannien ist größtenteils wirtschaftlicher Art. Die Angelsachsen – so pflegen wir die damaligen Engländer zu nennen – nahmen das fruchtbare, zum Getreidebau geeignete Flachland in Besitz; die Kelten im Westen und im Norden widmeten sich hauptsächlich der Rinder- und Schafzucht. Es bestand jedoch kein scharfer Gegensatz zwischen den beiden Gruppen, sondern ein Gegensatz der Bevorzugung. Anglesey, eines der typischsten Gebiete im Wales, war wegen seines Getreidebaus sehr bekannt. Die Salzmarsch von Essex und ein Teil Ostangliens waren wegen ihrer Schafweiden berühmt. Die ganze damalige Landwirtschaft bestand aus einer Mischung von Ackerbau und Viehzucht. Die Angelsachsen jedoch, die den schweren Pflug kannten und ererbte Erfahrung im Entwässern der Moraste und Lichten der Wälder in der norddeutschen Tiefebene besaßen, fanden die Flußtäler Ostbritanniens sehr nach ihrem Geschmack. Ein Überschuß an Ackerland lieferte die Mittel, mit denen die Angelsachsen im Lauf der Jahrhunderte eine dauernde Herrschaft über den größten Teil der Flachländer Britanniens erreichten.

2. Völkerstämme und Siedlungen

a) Allgemein

Es ist nicht leicht, die Größe der Bevölkerung während dieser Zeit abzuschätzen. Wir besitzen bis zur Erstellung des Domesday Book 1086 keine Statistik größeren Umfangs, und das Domesday Book gibt wohl eine weitgehende Übersicht für England, ist aber nicht vollständig. Aus dem Material, das uns zur Verfügung steht, können wir schließen, daß die Gesamtbevölkerung des römischen Britannien kaum zwei Millionen überstieg. Im späten 4. und 5. Jh. kam es zu einem merklichen Absinken, und es ist zweifelhaft, ob jene Zahl bis nach der angelsächsischen Ära wieder erreicht wurde. Die Domesday Book-Statistiken weisen eine Bevölkerung von etwas mehr als 1½ Millionen für England auf. Die britischen Inseln waren daher, selbst nach dem Maßstab ihrer Zeit, nur schwach bevölkert. Es gab mehr Land als Leute.

Trotzdem sollte man die Leistungen der Zeit nicht unterschätzen. Wenn es auch kein maßgebliches Anwachsen der Bevölkerung gegenüber dem römischen Britannien gab, so erfolgte doch eine bedeutungsvolle Neuverteilung. In seiner Blütezeit hatte das römische Britannien die Bürokratie und das Handelswesen betont. Die Städte, obwohl man sie nach heutigen Maßstäben als klein bezeichnen kann, beherbergten doch so viele Bewohner, daß das Land sie nicht genügend versorgen konnte. Der imperiale Verwaltungsapparat brachte unverhältnismäßig viele Soldaten, Beamte und Kaufleute mit sich. Die Angelsachsen waren im wesentlichen Landbewohner und in der Tat die ersten, die es über große Teile Britanniens besonders in der schweren Tonerde der Midlands zur völligen Beherrschung ihrer Umgebung brachten. Sie schufen ein festes und dauerndes Muster der ländlichen Siedlung. Vorwiegend germanische Ortsnamen zeugen von ihrem Erfolg. Die Dörfer und Weiler des vorindustriellen England waren das Ergebnis angelsächsischer Wahl für die Lage der Siedlungsplätze. Wir können diese Tatsache den Verhältnissen im benachbarten Frankreich gegenüberstellen. Die Anfänge der heutigen französischen Dörfer sind meist auf die Landhäuser und Siedlungen des römischen Gallien zurückzuführen. Eine solche Kontinuität läßt sich in England nur schwer feststellen. Die angelsächsischen Herrscher der Flußtäler und der schweren Erde gaben der Besiedlung und Verteilung in Britannien eine neue Form.

Wir müssen dabei beachten, daß entsprechend den gegebenen landwirtschaftlichen Grenzen der Zeit viele Dörfer im 11. Jh. so bevölkert und wohlhabend wie im 19. und 20. Jh. waren. In einigen größeren Landstrichen, wie zum Beispiel in Teilen der Grafschaft Wiltshire und im Cherwell-Tal der Grafschaften Northamptonshire und Oxfordshire, war die Bevölkerung zur Domesday-Zeit dichter, als sie es noch bis vor kurzem je wieder war.

So viel läßt sich natürlich nicht von der städtischen Bevölkerung behaupten, obwohl man nur zu leicht die angelsächsischen und besonders spätangelsächsischen Leistungen unterschätzt. Allgemein nimmt man an, daß das Verhältnis zwischen Stadt- und Landbewohnern im England des späten 11. Jh. 1:10 betrug und daß diese Zahl für die Stadtbewohner schon sehr hoch gegriffen war. Aber dieser Zustand entwickelte sich erst während der letzten zwei Jahrhunderte des angelsächsischen England. Abgesehen von Canterbury und London schenkten die frühangelsächsischen Siedler den Städten nur wenig Beachtung. Spätere sächsische Dichter, die von römischen Stadtresten als vom „alten Schaffen von Riesen" sprachen, spiegeln wahrscheinlich die für die Frühzeit charakteristische abergläubische Furcht und soziale Vernachlässigung genau wider.

b) Völkerstämme Britanniens

Moderne Wissenschaftler neigen immer stärker der Ansicht zu, daß die alte Annahme der genauen Unterteilung in keltisch und germanisch, brythonisch und goidelisch, anglisch und jütisch nicht leicht zu beweisen ist. Ethnische Gruppen halten kaum einer genauen Definition stand, und es ist gefährlich, ihnen eine absolute und permanente Bezeichnung zu geben. Frühere Generationen, die manchmal von ihren eigenen nationalistischen Vorurteilen und Mythen beeinflußt wurden, machten aus Blut und Sprache etwas Geheimnisvolles. Heutzutage beachtet man viel mehr das Gefühl der Zugehörigkeit, das aus einem langen Zusammenleben heraus entsteht, besonders bei solch gefährlichen Unternehmen wie der Besiedlung eines neuen Landes, oder auch aus dem erfolgreichen Widerstand gegen Eindringlinge im eigenen Land. Die Sippen des angelsächsischen England formten sich in England, und auf ähnliche Weise schufen auch die keltischen Völkerstämme neue politische Gruppen im Westen und im Norden, hinter der endgültigen Besiedlungslinie der angelsächsischen Eindringlinge. Innerhalb einer Gruppe blieb dennoch die Sprache die wichtigste gesellschaftliche Kennzeichnung; das Keltische und das Germanische, beides sprachwissenschaftliche Termini, liefern eine Bezeichnung der zwei größten sozio-politischen Einheiten Britanniens.

c) Die keltischen Völkerstämme[1]

Als Folge einer Anzahl von Wanderungen, die sich über viele Jahrhunderte während der Bronze- und Eisenzeit erstreckte, waren die Inseln Britanniens zur Zeit der römischen Eroberung im ersten Jahrhundert n. Chr. ein fast völlig keltisch sprechendes Gebiet. Es gab zwei wichtige Gruppen, die Brythoner oder P-Kelten der Hauptinsel und die Goidelen oder Q-Kelten von Irland. Die Römer eroberten nicht ganz Britannien; ihr Einfluß erstreckte sich nur bis zum Hadrianswall zwischen dem Solway Firth und Wallsend-on-Tyne und schloß Irland nicht mit ein. Innerhalb der römischen Grenze bildeten die P-Kelten, die sogenannten Romano-Britannier, die große Mehrheit der Bevölkerung. Nördlich des Hadrianswalles wohnten die Pikten, die geheimnisvollsten aller Völkerstämme Britanniens, die allem Anschein nach eine Mischung aus vor-keltischen Einwohnern und P-Kelten waren. Das Ende der römischen Herrschaft in Britannien wurde von einer Zeit rastloser Wanderungen der Q-Kelten und Pikten begleitet. Die Q-Kelten, auch Schotten genannt, kamen aus Irland. Sie strebten nach Expansion, waren Seeräuber und Heiden. Im späten 4. und frühen 5. Jh. besiedelten sie Argyll (nördlich vom Clyde-Fluß im Westen des heutigen Schottland) und unternahmen Streifzüge, die manchmal die soziale und sprachliche Struktur der einheimischen Bewohner von Nord- und Süd-Wales änderten. Die Verwüstungen der Pikten und Schotten spielten in den verworrenen Verhältnissen im Britannien des 5. Jh. eine große Rolle, und die geschichtliche Tradition hält das Herbeirufen germanischer Verbündeter unter Hengist und Horsa Mitte des 5. Jh. für einen verzweifelten Versuch der Romano-Britannier, Schutz vor diesen keltischen Barbaren von jenseits der Grenze zu suchen.

Im Verlauf der folgenden zwei Jahrhunderte, von ca. 450–650 n. Chr., fiel die politische Herrschaft über den größten Teil des heutigen England und über den Südosten Schottlands, südlich des Firth of Forth, in germanische Hände. Die Pikten und Schotten bauten ihre Stellungen im Norden aus und wurden schließlich Mitte des 9. Jh. unter der Herrschaft einer Dynastie vereinigt. Der Q-keltische Teil war vorherrschend, und im 11. Jh. wurde der Grundstein für ein vereinigtes Königreich Schottland gelegt, welches das englische Gebiet Lothian im Südosten und das Brythonische Königreich Strathelyde im Südwesten umschloß.

Die Frage, was mit der romano-britannischen Bevölkerung in der römischen Provinz geschah, steht noch offen. Ein Teil der Bevölkerung überlebte im gebirgigen Westen, im heutigen Wales, in den kumbrischen Gebieten des heutigen Lake District und in Cornwall. Eine Wanderung, die im späten 5. und 6. Jh. von den Grafschaften Devon und Cornwall ausging, führte zum Entstehen der Bretagne, wie wir sie heute kennen.

Umstrittener und widersprüchlicher ist die Frage des keltischen Überlebens innerhalb der neuen germanischen Königreiche. Die angelsächsische Eroberung und Besiedlung war ein langsamer Vorgang, der sich über fast zwei Jahrhunderte erstreckte und in drei deutliche Abschnitte zerfiel. Im ersten Abschnitt, der ungefähr der zweiten Hälfte des 5. Jh. entspricht, wurde im Süden und Osten, in allen Flußtälern, einschließlich der mittleren Themse, von Flamborough Head in Yorkshire bis zum Southampton Water in Hampshire Fuß gefaßt. Dieses erste, erfolgreiche sächsische Vorrücken wurde, möglicherweise von dem legendären König Arthur, aufgehalten, und in der ersten Hälfte des 6. Jh. wurde die Befestigung der Stützpunkte und nicht die aggressive Ausdehnung zur Losung. Im folgenden Jahrhundert, von ca. 550–650, kam es zu zwei Bewegungen. Die erste bestand in der Einnahme des Hochlandrückens von England, die zweite wollte die germanische Herrschaft im Westen ausdehnen und die kumbrischen Länder im Nordwesten, die Dee- und Severn-Täler längs der walisischen Grenze sowie die Grafschaften Somerset und später Devon bis zur Cornischen Grenze einnehmen. Das Überleben der Romano-Britannier scheint mit diesen Abschnitten der Eroberung parallel zu verlaufen. Wenige überlebten, außer in einzelnen Enklaven im Süden und Osten, größere Gemeinden im Gebiet des Hochlandrückens und beträchtliche Bevölkerungsteile in den westlichen Gebieten, in Kumbrien, in dem an Wales angrenzenden Severngebiet und teilweise in Devon. Institutionelle und sprachliche Anzeichen sowie Ortsnamen und besonders Flußnamen deuten auf die Stichhaltigkeit dieser Schlußfolgerungen hin, obwohl man annehmen muß, daß große Abweichungen in einem kleinen Bereich vorkommen konnten und daß eine größere Anzahl von Kelten eher in Kent und in den Chilternhügeln als im Westen hätte überleben können.

d) Die germanischen Völkerstämme[2]

Der Druck der germanischen Völkerstämme gegen die römischen Grenzen beschränkte sich nicht nur auf den europäischen Kontinent. Überfälle auf Britannien wurden besonders mit der Entwicklung der Schiffbautechnik immer zahlreicher, und ein Großteil der römischen Verteidigungsanstrengungen des 4. Jh. in Britannien mußte auf den Bau und das Bemannen massiver Festungen längs der Küste von der Washbucht bis zum Southampton Water gerichtet werden. Der für die Verteidigung in diesem Gebiet verantwortliche Militärbeauftragte wurde „der Graf der sächsischen Küste" genannt. Reale Bevölkerungsbedrängnis war einer der Beweggründe, die diesem Geschehen und der germanischen Völkerwanderung großen Stiles des 4. und 5. Jh. zugrunde lag. Ein gewisser Druck wurde durch die einzelne und gruppenweise Aufnahme von Germanen gemildert, die als Verbündete auf der Seite des römischen Imperiums dienten, ein Brauch, der das sehr komplizierte archäologische Bild jener Zeit noch mehr verwirrte. Tonwaren, die man beispielsweise in den sächsischen Küstenzentren oder deren Nähe fand, lassen vermuten, daß sich germanische Krieger und ihre Abhängigen schon weit vor Ende des 4. Jh. innerhalb der römischen Sphäre in Britannien aufhielten.

Obwohl diese frühe Vermischung zweifellos wichtig ist, sollten wir sie als den Auftakt zur wesentlichen Handlung des Dramas auffassen, das sich größtenteils im dritten Viertel des 5. Jh. abspielte, als beträchtliche germanische Gruppen mit und ohne Verbündete nach Britannien zogen und sich der Herrschaft über den Westen und Osten bemächtigten. Die romano-britannischen Bewohner dieser Gegend mußten sich, verlassen von ihren römischen Herren, selbst verteidigen. Die Eindringlinge stammten von den rückständigsten der Germanen, die noch weiter zurückgeblieben waren als beispielsweise ihre westlicheren Nachbarn, die Franken. Beda Venerabilis, der große Historiker des frühen 8. Jh., berichtet, daß sie den drei mächtigsten Rassen Germaniens, den Sachsen, den Angeln und den Jüten, entstammten. Zu seiner Zeit nahm man an, daß die Sachsen aus Alt-Sachsen, die Angeln aus der Provinz Angeln auf der Kymbrischen Halbinsel und die Jüten aus den Gebieten nördlich und östlich von Angeln kamen. Diese geschichtliche und politische Einteilung der Beda'schen Zeit wird so erklärt, daß man die Themse-Besiedlung und die Angliederung von Wessex, Middlesex und Essex den Sachsen zuschreibt, die nördlichen Siedlungen in Ost- und Mittelanglien über den Humber und die Washbucht, Northumbrien und Mercien hinweg den Angeln und die Siedlungen Kents, der Insel Wight und teilweise des Hampshire-Festlandes den Jüten. Diese Beschreibung ist etwas vereinfacht und gibt zweifellos den falschen Eindruck einer bewußten systematischen Bewegung. Aber es besteht kein Grund, ihrer grundsätzlichen Genauigkeit zu mißtrauen. Zwischen den Angeln und Sachsen bestand eine weniger scharf begrenzte Linie, als Beda andeuten möchte, obwohl die Jüten ihre charakteristische kulturelle Struktur behielten. Man könnte noch mehr von den Friesen sagen, die eine aktive Gruppe in diesem Abschnitt des germanischen Einzugs bildeten. Während einige der Siedlungen direkt von ihren Heimatorten in Dänemark und Nordwest-Germanien herrühren könnten, nahmen andere eindeutig einen Zwischenaufenthalt bei den Friesen oder – im Fall einiger Jüten – am Mittelrhein. Schon die Namen der Stämme – Ostanglien, Mittelanglien, Essex, Middlesex, Sussex usw. – verdeutlichen ihre geographische Lage in England und nicht die Lage ihrer kontinentalen Heimatlande. Die Wanderung wurde von Scharen unterschiedlicher Größe durchgeführt, und die politische Festigung vollzog sich langsam und unregelmäßig. Stadt- und Ortsnamen wie Hastings, Reading und Sonning stellen eine frühe Stufe der Siedlungsstruktur dar, als Gefolgsmänner eines Brotherrn (der gleichzeitig Haupt einer Sippschaft sein konnte), die seinen Namen als Kennzeichen annahmen. Eine weitere Entwicklungsstufe ahnen wir in den Namen, die wir in einem als *Tribal Hidage* (Sippen-Abgaben) bekannten Dokument eines Steuerbeamten des 8. Jh. finden; sie liefern einen Beweis für die Existenz größerer Gemeinden der Hügelbewohner Derbyshires, die auf zwölfhundert Familien-Landstücke, oder der Feppingas des Fengebietes, die auf dreihundert Familien-Landstücke geschätzt wurden. Die Ost- und Mittelangeln stellen wiederum eine weitere, mit der Entstehung von Königreichen und Unterkönigreichen in Zusammenhang stehende Stufe dar, eine wichtige Stufe zur Entwicklung der Heptarchie in England und schließlich des Königreichs England selbst.

e) Die skandinavischen Einfälle: politische Umrisse[3]

Ehe England unter einer Dynastie vereint werden konnte, wurde die gesamte politische Lage Britanniens, ja ganz Europas von einer neuen Reihe von Einfällen und Wanderungen vom Norden her durcheinandergebracht und umgeformt. Diese Vorgänge waren eine letzte, verspätete und ereignisreiche Woge der germanischen Völkerwanderung.

Der wichtigste Vorgang des 7. Jh. in England war ohne Zweifel die Bekehrung der heidnischen Angelsachsen zum Christentum. Im Gegensatz zur Lage Galliens hatten die germanischen Eindringlinge in Britannien den christlichen Glauben nicht angenommen. Die romano-britannischen Überreste, die im Westen ihre politische Autonomie behielten, bewahrten auch das Christentum. Dieses Christentum verbreitete sich während der unruhigen Zeit des 5. und 6. Jh. auf asketische und seltsam unrömische Weise westwärts und nordwärts zu den Kelten in Irland und danach zu den Schotten in Argyll. Die Initiative für die Bekehrung der Angelsachsen kam jedoch nicht von der keltischen Welt, sondern direkt von Rom. Eine christliche Mission, die von Papst Gregor veranlaßt und vom heiligen Augustin von Canterbury geleitet wurde, ließ sich im frühen 7. Jh. im mächtigen kleinen Königreich Kent nieder. Keltische Missionare, besonders von der Insel Iona und später auch von Lindisfarne, verstärkten Mitte des 7. Jh. den Vorgang der Bekehrung. Auf der Synode von Whitby (663) wurden die Unterschiede zwischen der römischen und keltischen Glaubensrichtung zugunsten Roms ausgeglichen. Gegen Ende des Jahrhunderts hatten alle englischen Königreiche unter der fähigen Führung des Erzbischofs Theodor von Tarsus (668–690) das Christentum angenommen, und die tatkräftige englische Kirche war in der Einheit der Verwaltung viel fortschrittlicher als jegliche Einrichtung im politischen Bereich.

Im 7. Jh. war im angelsächsischen England die Tendenz zur politischen Einigung schon offensichtlich. Bestrebungen nach einer Oberherrschaft über alle germanischen Inselvölker sind schon auf den letzten Teil des 5. Jh. zurückzuführen, damals wurde Aelle, König von Sussex, als *Bretwalda* (Herrscher über alle Briten) anerkannt. Als der heilige Augustin ins Land kam, ließ sich Ethelbert, König von Kent, als erster englischer König taufechon auf den letzten Teil des 5. Jh. zurückzuführen, damals wurde Aelle, König von Sussex, als *Bretwalda* (Herrscher über alle Briten) anerkannt. Als der heilige Augustin ins Land kam, ließ sich Ethelbert, König von Kent, als erster englischer König taufen. Sein Machtbereich erstreckte sich mindestens bis südlich vom Humber. Gegen Ende des Jahrhunderts war die Zeit der kleinen Königreiche vorbei. Es war offensichtlich, daß die politische Herrschaft bei einer der drei Gruppen liegen würde, die noch fähig waren, sich nach Westen gegen die Kelten auszudehnen, entweder bei Northumbrien im Norden, bei dem mächtigen mittleren Königreich Mercien oder bei den Westsachsen, die schon gut in ihrer schwerfälligen Kolonisationsbewegung durch Somerset und Devon vorangekommen waren; diese Bewegung sollte die Grundlage für ein größeres Wessex schaffen und schließlich zu ihrem politischen Erfolg führen.

In groben Zügen könnte man sagen, daß Northumbrien den Höhepunkt seiner politischen Macht im dritten Viertel des 7. Jh. erreichte, Mercien im 8. Jh. unter König Offa (757–96) und Wessex im Verlauf des 9. und frühen 10. Jh., als das politische Geschehen unauflöslich mit den Problemen der skandinavischen Einfälle verknüpft wurde.

Von der ersten skandinavischen oder Winkinger-Bedrohung Britanniens erfahren wir erst im späten 8. Jh. Ein Überfall auf die Südküste verursachte den Tod eines sich in Dorchester aufhaltenden Statthalters des Königs, und ein ernsterer Überfall auf die northumbrische Küste führte zur Plünderung des wohlhabenden Klosters Lindisfarne, was die öffentliche Meinung in Britannien und selbst im karolingischen Reich erschütterte. In der ersten Hälfte des 9. Jh. waren die norwegischen und dänischen Wikinger mehr am keltischen Bereich, d. h. an den schottischen Inseln und Irland als an England interessiert. Von 850 bis 851 überwinterten sie jedoch zum ersten Mal in England auf der Insel Thanet (Kent), und von 865 bis 954 wurden skandinavische Angriffe zum Hauptthema englischer und gesamtbritischer Geschichte. Die westsächsische Dynastie ging erfolgreich aus dem Konflikt hervor, und Edgar, einer ihrer bedeutendsten Herrscher, wurde von 959 bis 975 christlicher König von ganz England. Aber auch damit hörten die skandinavischen Angriffe noch nicht auf. Eine neue Invasionswelle flutete den britischen Inseln in den achtziger Jahren des 10. Jh entgegen und fand ihren Höhepunkt in den ersten Jahrzehnten des 11. Jh. mit dem politischen Erfolg Knuts des Großen, der England als Teil seines skandinavischen Reiches zwischen 1016–1035 beherrschte. Eduard der Bekenner (1042–1066) stellte die alte Dynastie wieder her. Nach der kurzen Neunmonatsherrschaft Harold Godwinsons, der selbst halbdänischer Abstammung war, machte der normannische Herzog Wilhelm seine Ansprüche auf den englischen Thron geltend und brachte das Königreich aus dem skandinavischen in den römisch-kontinentalen Machtbereich. Mehr als zwei Jahrhunderte stand also Britannien und besonders England im engen Kontakt mit der tatkräftigen Zivilisation des Nordens.

Angreifende Wikinger dänischer Herkunft, die von den Iren „schwarze Fremdlinge", oder norwegischer Herkunft, die die „weißen Fremdlinge" genannt wurden, waren in diesen Jahrhunderten eine vertraute Plage der Kelten. Es scheint jedoch, daß sie weder ein dänisch-norwegisches Irland noch ein norwegisches Königreich von Albany begehrten. Statt dessen wandten sie sich dem Norden zu. Sie nahmen irische

Frauen und irische *thralls* (Leibeigene), um die wilde Landschaft der Färöer-Inseln und Islands zu bevölkern und bezähmen. Im keltischen Britannien versuchten sie die nördlichen Inseln, die Orkney- und Shetland-Archipele, einen Teil des nordschottischen Festlands, einige der Hebriden-Inseln und im Süden noch die Insel Man zu kolonisieren. Die Pikten und Schotten, die noch dort lebten, wurden anscheinend im sprachlichen, gesellschaftlichen, politischen und kulturellen Bereich unterdrückt. Die Siedler kamen größtenteils von Norwegen und besonders von den westlichen Fjorden, vom Rogaland und vom Fylkir, südlich von Bergen. Die ersten Wanderungen fanden gegen Ende des 8. Jh. mit einer neuen, verstärkten Kolonisationsperiode statt, die auf politische Unruhen in den letzten Jahrzehnten des 9. Jh. in Norwegen folgte.

In dieser Besiedlungsphase scheint man den Prinzipien politischer Herrschaft wenig Beachtung geschenkt zu haben. Wir wissen, daß sich Herren *jarl* titulierten, aber bis zum späteren 10. Jh. ist uns kein *jarl* der Orkney- oder Shetland-Inseln bekannt. Eine typische Gestalt war der norwegische *bondir* oder freie Bauer, der auf seinem Gehöft saß und seine Geschicklichkeit im Umgang mit Boot und Pflug bewahrte. Die Bekehrung zum Christentum erfolgte langsam und war mit einer allgemeinen Christianisierung Skandinaviens verbunden, die im frühen 11. Jh. reine Missionssache war. Gesellschaftliche, institutionelle und sprachliche Bindungen zum norwegischen Mutterland blieben stark und zäh. Noch im 13. Jh. wurden die Bischöfe der schottischen Inseln, der Sodar-Inseln und der Insel Man von norwegischen Erzbischöfen in Nidaros geweiht.

Die skandinavische Besiedlung in Irland ist in mancher Hinsicht viel verwickelter. Die Begabung der Wikinger für den Handel findet in Irland ziemlich früh ihren Ausdruck. In erster Linie wollten die Wikinger befestigungsfähige Häfen unter ihre Kontrolle bringen, die als vorgeschobene Stützpunkte für Raubzüge, Handel und Kolonisationsunternehmen dienen sollten. Sie fanden solche für ihren Zweck gut geeigneten Häfen an der irischen Ost- und Südküste. Diese entwickelten sich zu den befestigten Städten Dublin, Wexford und Waterford. Im 10. Jh. wurden auch Cork und Limerick zu wichtigen Zentren der Wikinger. Das Verhältnis der Wikinger zu den einheimischen Iren und zueinander war ungestüm und unberechenbar. Von frühester Zeit kämpften Norweger sowohl gegen Dänen als auch miteinander. Die großen Klöster von Clonmacnois und Clonfert wurden von den Wikingern verwüstet, worauf wiederum Wikingersiedlungen von den erzürnten und rachsüchtigen Iren geplündert und fast völlig zerstört wurden. Die Wikinger bekamen jedoch stets neue Verstärkungen und behielten ihre Macht über die lebenswichtigen Fluß- und Seehäfen. In der ersten Hälfte des 10. Jh. spielten sie eine bedeutende Rolle in dem verworrenen politischen Geschehen der Inseln und Nordenglands. Erst die Besiedlungsvorgänge in der Normandie entlasteten diese britannischen Gebiete nach 911 von dem Wikingerdruck. Die irischen Siedlungen blieben strategische Schlüsselstellungen, aber die meisten Männer, die die Wikinger zur Kolonisation brauchten, wurden an andere Kriegsschauplätze abgezogen. Der irische Sieg bei Clontarf (1014) setzte dem unmittelbaren politischen Ehrgeiz der Wikinger ein Ende.

Die germanische Hälfte Britanniens wurde von den skandinavischen Einfällen noch mehr verheert, zerrissen und umgeformt. Der Endeffekt war eine Bereicherung Englands. Aber der anfängliche Aufprall schien nichts als Unheil und apokalyptisches Wüsten anzukünden.

Alfred der Große (871–899), König der Westsachsen, war der Held der frühen Entwicklungsphase. Er widerstand erfolgreich dem ersten großangelegten dänischen Eroberungsversuch, indem er die Zwillingswaffen militärischen Muts und der Bekehrung zum Christentum äußerst geschickt anwandte. Das größere Wessex, einschließlich Kent und Sussex, und alle Länder östlich von Cornwall und südlich der Themse sowie Westmercien, südlich der Watling Street und des Lea sowie London wurden vor den Heiden bewahrt. Die Christen der ganzen Inseln und besonders jene in Wales und in Cornwall setzten ihre Hoffnung auf Alfred als Oberherren. So wurde die Grundlage eines vereinigten christlichen England geschaffen. Man sollte jedoch nicht vergessen, daß die Dänen die Kontrolle über den größten Teil Northumbriens, aller östlich von Mercien gelegenen Häfen und Ostanglien behaupteten. Mit ihren organisierten Heeren bewiesen sie schnell, daß rasche Eroberung und Plündcrung nicht ihr einziges Ziel war. Im Jahre 876 teilte ein bei York gelegenes Wikingerheer das Land der Northumbrier auf, bestellte das Feld und ernährte sich aus eigenen Mitteln; ähnliche Siedlungen entstanden in den südlicheren Teilen Englands und besonders in den Gebieten, die mit ihren befestigten Stützpunkten in Nottingham, in Derby, Lincoln, Leicester und Stamford, dem Land der fünf Gemeinden, verbunden waren. Politische Herrschaft ebnete den Weg für eine friedlichere Kolonisation; es kann kein Zweifel bestehen, daß die Ausbreitung in den Norden und Osten Englands einer kleinen Völkerwanderung gleichkam.

In den ersten Jahren des 10. Jh. wuchs die skandinavische Bevölkerung weiterhin an. Von ihren schon vorhandenen Siedlungen in Irland, auf der Insel Man und auf den nördlichen Inseln zog ein steter Strom von Siedlern gemischter skandinavischer und keltischer Herkunft in den Nordwesten von England, in die heutigen Grafschaften Lancashire, Cumberland und Westmoreland. Diese Siedler waren größtenteils norwegischer Abstammung und hinterließen in den Ortsnamen Spuren ihrer westskandinavischen Sprache, die sich von der der Dänen unterschied. Sie ließen sich größtenteils westlich der Penninen nieder, aber man findet auch zum Osten hin Anzeichen einer Durchdringung und Vermischung mit den Dänen. Ihre primitivere, noch heidnische Lebensweise scheint den Dänen etwas peinlich gewesen zu sein. Dies könnte erklären, daß die Dänen im Lauf des 10. Jh. die westsächsische christliche Oberherrschaft verhältnismäßig leicht annahmen. Der politische Erfolg einiger norwegisch-irischer Häuptlinge in der Errichtung eines Königreiches längs der Handelswege von Dublin nach York muß die dänischen Bauern sicherlich ebenso wie die englischen erschreckt haben. Als der letzte dieser Häuptlinge, Erich Blutaxt, 954 starb, schuf König Edgar das erste gesamtenglische Königtum.

Die politischen Siege Sven Gabelbarts und seines Sohnes Knut brachten dieses Königtum in dänische Hände und führten zu einer Verstärkung dänischer und skandinavischer Besiedlung. Manche Skandinavier fanden das Land schön und fruchtbar und entschlossen sich, hier ihre Höfe zu bauen. Aber wahrscheinlich stand ein solcher Siedlungsvorgang erst an zweiter Stelle. Die wichtigste skandinavische Einwanderungsphase fand früher statt, und die bedeutendsten Siedlungen wurden während der Kriege Alfreds gegründet. Unsere Kenntnisse beruhen größtenteils auf Rückschlüssen, ermöglicht durch Unterlagen über Ortsnamen, über das spätere institutionelle Leben der dänischen Gebiete und über die Sitten und Gebräuche. Offensichtlich bezogen sich die beiden Hauptelemente des skandinavischen Beitrags auf das Siedlungswesen: Die Dänen in England waren sowohl Kolonisatoren als auch Händler. Daher lagen auch die landwirtschaftlich wohlhabendsten Grafschaften Englands zur Zeit der Domesday-Erhebung innerhalb des dänischen Gürtels, und die interessantesten städtischen Entwicklungen außerhalb Londons waren ebenso auf dänischem Gebiet zu finden, so in York, im Land der fünf Gemeinden, in Thetford, Norwich und Cambridge. Das ganze unter dänischer Herrschaft stehende Gebiet wurde das Danelaw (Danelag) genannt. Seine Bewohner folgten alle dem dänischen Recht. Die Abweichungen in der Intensität der Besiedlung lassen sich noch immer in der Struktur der Ortsnamen feststellen. Im North Riding Yorkshires und im Landstrich, der südwestlich von Grimsby und der Humbermündung nach Leicester und Stamford verläuft, war der dänische Einfluß stark, während er beispielsweise in den südöstlichen Midlands und in Northumberland nur schwach hervortrat. Die Dänen und auch die Norweger waren den Angelsachsen in den wirtschaftlichen Methoden und gesellschaftlichen Erfordernissen genügend ähnlich, um sich verhältnismäßig leicht in die soziale Struktur einzuordnen, sobald erst einmal die trennende Religionshürde beseitigt war. Die Bekehrung zum Christentum vollzog sich im 10. Jh. rasch und gründlich: Der dänische Eroberer Knut der Große wurde ein noch eifrigerer Vertreter des Christentums als die einheimische Dynastie des frühen 11. Jh. Für einen großen Teil des Danelaw scheint es charakteristisch, daß die Dänen freies Land in Besitz nahmen. Das skandinavische Eindringen nach England verlief neben der bestehenden Besiedlung und richtete sich nicht gegen sie. Edelleute und Kirche verloren Land, aber der englische *ceorl* (Freie), der blieb, lebte weiter neben den dänischen Neuankömmlingen. Die Sprachen waren genügend verwandt, um gegenseitig verständlich zu sein. Starker skandinavischer Einfluß machte sich im Vokabular und sogar in der grammatischen Struktur der östlichen Dialekte bemerkbar. Durch einen historischen Zufall bilden diese Dialekte die Grundlage des heutigen Englisch, in dem viele der gebräuchlichsten Wörter – *take* (nehmen), *call* (rufen), *thence* (dorthin), *hence* (hierher), *window* (Fenster), *husband* (Ehemann) – viel mehr skandinavischer oder angelskandinavischer als rein angelsächsischer Herkunft sind.

Mit der allmählichen Aufnahme und Beibehaltung des skandinavischen Elements sind die Grundbestandteile des britischen Bevölkerungsbildes nahezu vollständig. Die Normannen brachten den britischen Inseln wichtige neue Familienstämme, besonders der Adels- und Kaufmannsschicht. Ein steter Zufluß von Emigranten wie zum Beispiel deutscher Bergleute, französischer Hugenotten und holländischer Straßen- und Brükkenbauer gaben dem britischen Volkstum später noch vielseitigere und umfangreichere Wesenszüge. Kelten, Angelsachsen und Skandinavier bilden mit all der Verworrenheit, die sich hinter diesen Namen verbergen, die historischen Grundlagen der Völkerverschmelzung der Britischen Inseln.

3. Die gesellschaftliche Struktur[4]

Das frühe Mittelalter war die Zeit einer beweglichen Gesellschaft und sich entfaltender Sozial- und Verwaltungseinrichtungen. Der allgemeine Grundzug dieser Zeit war für die Britischen Inseln das langsame, unvollkommene, aber zwingende Herauswachsen größerer Gemeinschaften aus einem Wirrwarr kleiner Gemeinden. Im 11. Jh. waren die charakteristischen geographischen Formen Englands, Wales' und Schottlands klar umrissen, wenn auch ihre vollen politischen und ökonomischen Möglichkeiten noch nicht verwirklicht waren. Die Monarchie bildete die fortschrittliche Einrichtung, aus der sich dieses Gemeinschaftsgefühl entwickelt hatte; sie wurde jedoch manchmal von den harten, unmenschlichen Forderungen politischer Macht beherrscht und oft durch die Unterstützung und begleitende Einschränkung der christlichen Kirche gemäßigt. Eine Untersuchung der gesellschaftlichen Struktur könnte daher folgerichtig mit einigen Bemerkungen zur Monarchie selbst beginnen.

England zeigt uns das fortgeschrittenste und lehrreichste Beispiel einer Monarchie. Dabei sind die keltischen Gemeinschaften von geringerem Interesse. Die Grundlinie der Entwicklung führt von den primitiven Stammes-Königtümern des 6. Jh. und der Bekehrungszeit zu der verhältnismäßig fortgeschrittenen territorialen Königsherrschaft im England des 10. und 11. Jh., von den Leuten, die Schätze anlegten und Schafe hüteten, vom Schatzgrab zu Sutten Hoo und vom Epos „Beowulf" zu den Verfechtern des geschriebenen Gesetzes, den Stützen der Kirche und den Steuereinnehmern der späteren Zeit. Seit der frühesten Zeit, von der wir Kenntnisse besitzen, genoß der König besonderen Schutz. Sein Blutpreis war viel höher als der eines gewöhnlichen Freien, und grausame Strafen wurden über diejenigen verhängt, die es wagten, in der Anwesenheit des Königs das Schwert zu ziehen oderden Frieden auf irendeine Weise zu verletzen. An Hand dichterischer Beschreibungen und der herrlichen Sammlung von Juwelen, Granaten und Gold zum Beispiel, die einem ostanglischen König im 7. Jh. in Sutton Hoo mit in das Grab gelegt wurde, kann man sich den Glanz und Prunk eines solchen Herrschers vorstellen. Gegen Ende der angelsächsischen Ära unterschied sich das Königsamt sehr stark von dem der kriegführenden Stammeskönige. Unter dem Einfluß kirchlichen Gedankenguts mit seinen Elementen römischen Verwaltungswesens – und vom 8. Jh. unter dem Einfluß karolingisch-theokratisch-imperialer Ideologie – entwickelten sich die Könige zu tatkräftigen Regierenden territorialer Gemeinschaften. Die dänische Invasion war ihnen dabei doppelt behilflich; erstens wühlte sie die einheimische christliche Gesinnung auf, und zweitens lieferte sie den klaren Beweis, daß ihr Königtum über Stammesbanden stand. Die Unterstützung der Kirche war für das Bestehen der Monarchie in dieser Hinsicht lebenswichtig. Das feierliche Zeremoniell von Konsekration und Krönung, von dem wir das erste Ritualbuch aus dem 10. Jh. besitzen, und das Wissen, daß christlicher Friede königlicher Friede bedeutete, führte den König und seine Bischöfe zu aktiver Zusammenarbeit. Auch in anderer Hinsicht wurde das völkische Bewußtsein einer weiten nationalen Gemeinschaft mit dem König verbunden. Gelder wurden benötigt, um das Heer auszurüsten und sich vom Dänen loszukaufen. Die königlichen Hauptleute waren für die Einsammlung solcher Gelder verantwortlich. Die Systematisierung der Einschätzung von Gebühren, einschließlich regionaler Abweichungen, lag letztlich beim König. Jeglicher Besitz im Königreich war in soundsoviele *hides* (Landstücke, die eine Familie ernähren können) oder in den dänischen Gebieten in soundsoviele *carucates* (Ackerlandstücke) geschätzt. Das Münzwesen wurde reformiert, und der übliche Silberpfennig von hoher Qualität und gutem metallischem Gewicht blieb königliches Privileg. Die Gesetze über den Grundbesitz blieben weiterhin äußerst verwickelt, und als größte Sicherheit wurden immer mehr die königlichen Satzungen angesehen. Gegen Mitte des 11. Jh. erschienen königliche Erlasse, wonach die Gemeinden Befehle, die sich auf Landbesitz und andere Fragen bezogen, in ihren örtlichen Gerichten bekanntgeben konnten. Die königlichen Hauptleute mußten nach der Regierungszeit König Alfreds eine immer größere Verantwortlichkeit für die Aufrechterhaltung des Friedens übernehmen. Dies betraf vor allem die *ealdormen* (bewährte Gefolgsleute) mit ihren Landkreisen, die selbst durch einen besonderen Blutpreis geschützt waren. Seit den frühesten Tagen der Einführung des Christentums stand die Gesetzgebung mit dem Königtum in Verbindung. Seit der Zeit Alfreds zeichnete sich die westsächsische Dynastie durch eine gesetzgeberische Tätigkeit aus, die direkt oder indirekt jeden kleinsten Teil der Gesellschaft umfaßte; sie reichte von der Unterdrückung jeglichen Widerstands bis zum Feilschen der Krämer auf dem Markt und von der Beschützung der Kirche bis zu Münzvorschriften. Knut der Große folgte dieser Tradition, und seine Gesetzessammlung, die vom Erzbischof von York, Wulfstan, angeregt und teilweise verfaßt wurde, blieb anerkannter Ausdruck des Volksrechts bis zur Regierungszeit Heinrichs II. Die königliche Kontrolle über die Kirche war stark, aber der kirchliche Einfluß auf die Monarchie war auch beträchtlich; wo es um das Aufgebot eines Heeres, um die Errichtung von Befestigungsanlagen und um die Aufsicht über das Nachrichtenwesen ging, galt jedoch die königliche Autorität. Es ist kein Zufall, daß die drei Pflichtdienste, von denen angelsächsische Gutshöfe selten, wenn überhaupt auf königlichen Erlaß befreit wurden, genau jene waren, die sich auf den *fyrd* (Volksheeresdienst) und den Festungs- und Brückenbau bezogen.

Die geographische und gesellschaftliche Entwicklung der Monarchie ist daher für das Verständnis der angelsächsischen Sozialgeschichte von größter Bedeutung. Die territoriale Gemeinschaft fand ihren Ausdruck im Königtum, und die königlichen Satzungen gaben ihr eine stete Form.

Ganz eigenmächtig herrschte der König nicht. Der „Ausbau der Monarchie" ist kein hohler Begriff. Er umfaßt die Zusammenarbeit einer großen Anzahl von Männern, die *ealdormen*, die *thegns* (Edelleute des Königs), die *thegns* niedrigeren Standes und königliche Statthalter, ganz zu schweigen von der Menge unbetitelter und ungenannter Männer, welche die Sache des Königs im Krieg oder Frieden als Küstenwachen, Krieger im *fyrd* (Volksheer), als Münzer und Steuereinnehmer vertraten. Eine natürliche Begleiterscheinung der zunehmenden Ausweitung der königlichen Interessen war eine Einschränkung des Adelsbegriffes, die sich schon in den frühesten Gesetzesaufzeichnungen bemerkbar macht. Eine weitere Entwicklungstendenz, die in der Überlieferung zunächst nicht so offensichtlich ist, jedoch in den unmittelbar nach 1066 erschienenen Dokumenten angedeutet wird, war die Verwischung der scharfen Grenze, die früher den Freien vom Unfreien in England trennte.

Das zweite beherrschende Thema angelsächsischer Sozialgeschichte ist die wachsende Bedeutung der zwischen einem Herrn und dem ihm Untergebenen bestehenden Bande, die den gesellschaftlichen Stand bestimmten; teilweise rührten sie von der Ausdehnung königlicher Macht und teilweise von gesellschaftlichen Bedingungen her. Diese ganze Frage hängt wiederum mit der Frage der Blutsverwandtschaft zusammen. Den Schlüssel hierzu gibt uns vielleicht König Alfred selbst mit folgendem Beschluß, den er nach einer Reihe von Verfügungen über das Verhalten bei bewaffneten Auseinandersetzungen erreichte: „Wir verkünden weiter, daß ein Mann für seinen Herrn kämpfen darf, wenn dieser zu Unrecht angegriffen wird, ohne daß er damit der Blutrache unterliegt. Unter ähnlichen Umständen darf ein Herr für seinen Mann kämpfen. Ebenso darf ein Mann für einen Blutsverwandten, wenn dieser unrechtmäßig angegriffen wird, kämpfen, aber nie gegen seinen eigenen Herrn. Dies erlauben wir nicht."

Diese genaue, karolingisch klingende Erklärung versucht den Treuekonflikt, das uralte Thema der Epiker, den Konflikt zwischen Sippe und weltlichem Herrn zu lösen. Ein Mann durfte für seinen Blutsverwandten, aber nie gegen seinen Herrn kämpfen. Gesetzgebung hieß keineswegs autokratische und allgemeine Annahme der Gesetze, aber in diesem Erlaß von Alfred und seinem *witan* (Versammlung der Großen) finden wir den Schlüssel zu einer bedeutsamen gesellschaftlichen Wahrheit, die für die ersten Ansätze einer künftigen Feudalgesellschaft bezeichnend war. Der Gehorsam dem König gegenüber sollte sich auf einer tieferen Stufe im Gehorsam einem Herren gegenüber, dem man den Treueid geschworen hatte, widerspiegeln. Eine durch christliche Eide geheiligte Hierarchie war das sicherste Mittel zur Bildung einer geordneten Gesellschaft.

Dennoch erscheint die Stufe, auf der dies ganze feine Gebilde der Herren- und Dienstpflichten, das immer mehr mit dem Landbesitz zusammenhing, zunächst wie ein Überbau. Die Berechtigung, für seinen Verwandten kämpfen zu dürfen, erinnert uns daran, daß die Blutsbande bis zur Epoche Alfreds und eigentlich während der ganzen angelsächsischen Zeit sehr fest blieben. In gewisser Hinsicht wurde der Status eines Mannes dadurch völlig bestimmt. Sein *Wergeld* (Blutpreis) hing von seiner Sippe ab und war für die Einschätzung seines Werts von fundamentalerer Bedeutung als all das, was ihm später durch Königsdienst erwachsen konnte. Es gab zwei grundsätzliche Unterschiede zwischen den Freien: die einfachen Freien, deren Tod mit 200 Schilling, und die Adligen, deren Tod mit 1200 Schilling gesühnt werden konnte. Die frühen Gesetzessammlungen von Kent beruhten auf einer etwas andersartigen Methode der Wertschätzung, aber der Hauptgedanke blieb der gleiche. Westsächsische Gesetzessammlungen führen eine Schicht der 600 Schillingleute auf, möglicherweise wegen der Schwierigkeit, die sich aus der Anwesenheit einer großen Anzahl britischer Kelten in Devon und Somerset ergab, aber diese Schicht überdauerte die Zeit Alfreds nicht. Gegen Mitte des 11. Jh. hatte die Zahlung des *Wergelds* ihre ursprüngliche Bedeutung als

Abfindungssumme verloren und war praktisch ein Unterscheidungsmittel zwischen Adel und einfachem Freien: Das *Wergeld* wurde allmählich nichts anderes als eine anerkannte gesetzliche Geldstrafe. Die augenscheinlich einheitliche Gesellschaft, die sich in der Unterteilung in Zweihundert-Schilling- und Zwölfhundert-Schilling-Männer andeutete, kann allerdings täuschen. Literarische Belege helfen, die tatsächlichen Veränderungen, die sowohl in der Adelsschicht als auch in der Schicht der niederen Freien erfolgten, besser zu verstehen. Die *eorls* und *gesiths* (königliche Gefolgsadelige) des frühangelsächsischen England waren vom König unabhängiger als die *ealdormen* und *thegns* späterer Zeit. Der Ausdruck *eorl* wurde im 11. Jh. unter skandinavischem Einfluß wieder eingeführt, um die großen Vizekönige wie Godwin, Leofric und Siward der Regierungszeit Knuts zu kennzeichnen; diese Männer unterschieden sich in Rang und Funktion von den *eorls* der Bekehrungszeit und waren vom König stärker abhängig. Ähnliche Unterschiede gab es für die einfachen Freien niedriger Gesellschaftsstufe. Ein *eorl* des 7. Jh. war ein freier vermögender Bauer mit vielen freien und unfreien Abhängigen. Unter dem Druck des königlichen, weltlichen und geistlichen Herrentums näherte er sich rasch dem noch ehrenhaften Rang des *villanus* (Zinspflichtiger), den ihm die Domesday-Bevollmächtigten 1086 ohne viel Zögern verliehen.

Die interessanteste aller Gesellschaftsstufen war diejenige der angelsächsischen *thegns* des 10. und 11. Jh. Ursprünglich bedeutete dieser Ausdruck nichts anderes als „Dienstmann"; er wurde jedoch immer mehr mit dem königlichen Dienst des Freien in Zusammenhang gebracht und somit immer mehr mit dem Adelsstatus verbunden, bis er schließlich einem Zwölfhunderter-Mann gleichkam. Es ist möglich, daß man die enge Verknüpfung königlicher Autorität mit dem Emporkommen der *thegn*-Schicht der spätangelsächsischen Zeit nicht genügend betont hat. Eine private Rechtssammlung, die aufführt, wie man zum *thegn*-Recht, d. h. in den Adelsrang, aufsteigen konnte, vermittelt uns einen wichtigen Einblick in die unklaren gesellschaftlichen Verhältnisse. Ein genügend qualifizierter Kaufmann oder Gelehrter konnte in den begehrten Rang aufsteigen, während ein *eorl*, der über „volle fünf *hides* (Hufen), eine Kirche und eine Küche, eine Glocke und ein Schloßtor, einen Sitz und ein besonderes Amt im Königssaal" verfügte, die Rechte eines *thegn* beanspruchen konnte. Das Recht der Freizügigkeit wurde dem Freien und beispielsweise in den unruhigen Tagen König Ethelreds II. auch dem Unfreien uneingeschränkt eingeräumt, wenn wir den Schriften jener, die mit der damaligen angelskandinavischen Gesellschaft am meisten vertraut waren, Glauben schenken dürfen.

Der unfreie Teil der angelsächsischen Gesellschaft ist von großer Bedeutung und sollte unter keinen Umständen übergangen werden. Der Sklave war eine vertraute Erscheinung der ganzen angelsächsischen Periode. Kriegsgefangene wurden versklavt, und ein Mann konnte sich in harten Zeiten selbst in die Sklaverei verkaufen. Die Freilassung eines Sklaven galt als würdige Tat frommer Landbesitzer. Der Makel der Sklaverei war zwar erblich, aber nicht untilgbar. In der frühen Gesetzgebung in Kent gab es nicht weniger als sechs dienende und halbdienende Stufen, die unter dem einfachen Freien standen. Es ist nicht leicht, die Anzahl der Sklaven in irgendeiner Phase der angelsächsischen Gesellschaft zu schätzen. Der Sklavenhandel war noch im 11. Jh. ein Wesenszug des englischen Lebens, als „Ostmänner" von Dublin Sklaven aus Bristol verschifften. Es ist möglich, daß sich die Anzahl der Sklaven unter dem Einfluß der skandinavischen Invasion eher vergrößerte als verringerte, da die Skandinavier im Leibeigenen eine wesentliche Figur ihrer Gesellschaft und Kolonisationsbewegung sahen. Degradierung zur Sklaverei bedeutete wahrscheinlich mehr den Verlust der positiven Rechte als die Erniedrigung zum Leibeigenen, was für den Orient und später für die Plantagenwirtschaft typisch war. Ein Freier war eidfähig, rechtsfähig und durfte Waffen tragen. Die Entziehung des Zugangs zum Hof und zum Kriegsheer war eine der ernstesten Strafen, die über einen Sklaven verhängt wurden, und der Verlust des *Wergelds* und Schutzes der freien Verwandtschaft war zumindest in der frühangelsächsischen Gesellschaft von fast schicksalhaften Folgen.

Das Domesday-Book gibt eine Zahl von 25 000 *servi* (Sklaven) für England an, einen beträchtlichen Bruchteil der aufgeführten Bevölkerung. Es scheint, daß sie schon in einigen Gebieten eine besondere Beschäftigung beispielsweise als Pflüger auf den Äkkern ihres Herrn ausübten, und es ist höchst wahrscheinlich, daß in der spätangelsächsischen Gesellschaft die Beschäftigung ebenso wichtig wie die Rangstufe wurde. Die Wertminderung des freien Bauernstandes und die langsame Steigerung des Wertes der Unfreien führte unter der normannischen Herrschaft zu einer allgemeinen Zinspflicht oder Leibeigenschaft, die für das 13. Jh. charakteristisch war. In der angelsächsischen Zeit, als vieles noch von Sippe, Hof und Waffengeschick abhing, stand der Unfreie, obwohl es gesellschaftlich ohne Bedeutung war, dem mittelalterlichen Leibeigenen näher als dem klassischen Sklaven.

Der gleiche Vorgang vollzog sich, allerdings wesentlich langsamer, in der keltischen Welt. Der Mangel an Belegen erschwert es uns, die Lage genau zu beurteilen, aber es steht fest, daß hier die Sippen- und Gemeinschaftsbande schwächer als in der germanischen Welt waren. Wirtschaftliche und kirchliche Bedingungen und die verhältnismäßig geringere Bedeutung des Ackerlandes sind hierfür im großen Maß verantwortlich. Die frühe Christianisierung führte zu einer Aufgliederung der christlichen Organisation in ein Stammessystem, und es dauerte lange, bis der härtere Verwaltungseinfluß Roms die keltische Welt umfaßte. Das Ergebnis war eine stärkere Sippen- und Stammesstruktur, die länger bestand und daher komplizierter als die angelsächsische war. Erst im späten 12. Jh. erreichten die Gemeinden in Schottland und im frühen 13. Jh. diejenigen in Wales einen territorialen Zusammenschluß, während die anglonormannische Invasion Irlands unter Heinrich II. noch auf eine Stammesgesellschaft in weiter entwickelter Form stieß.

4. Die ländliche Gesellschaft[5]

Es wurde zu Recht behauptet, daß die Stabilisierung der agrarischen Gesellschaft die größte Leistung jener Zeit war. Wie sie geschah, ist immer noch eine Streitfrage. Einige betonen die Rolle, die die weltlichen Herren seit der frühen Völkerbewegung spielten, und sind der Ansicht, daß ganz England mit Ansätzen zu künftigen Gutshöfen überzogen war. Andere sahen die gesamte Besiedlung als ein gemeinschaftliches, in offener Feldwirtschaft betriebenes Unternehmen freier germanischer Bauern. Die Wahrheit liegt zwischen diesen beiden Extremen. Ein komplizierter und langsamer Besiedlungsprozeß, der sich teilweise aus militärischer Eroberung, teilweise aus friedlicher Kolonisation zusammensetzte, konnte leicht zu größerer Mannigfaltigkeit führen. In frühen Gesetzesaufzeichnungen hören wir von einem Herren, einem *gesithcund*, der Dienstleistungen statt Zins oder beides fordert, und dennoch blieb die grundlegende Einheit der Gesellschaft der einfache *ceorl*, der Bauern-Krieger, mit seiner Hufe oder einem Stück Land, das groß genug war, eine *familia* zu ernähren.

Gegen Ende des 11. Jh. war die Lage so, daß die Domesday-Bevollmächtigten England als ein mit Gutshöfen und zugehörigem Gebiet bedecktes Land betrachten konnten. Allerdings zeigen einige Stellen, daß diese Auffassung nicht ganz stimmte. Die folgende Aufstellung liefert vielleicht eine Erklärung dieser Erscheinung, die einem großen Teil Westeuropas gemein ist.

1. In der frühangelsächsischen Zeit lag die Betonung auf der Kolonisation und Erschließung neuen Ackerlands, welche entweder von Gruppen freier Bauern, Stammes-Kriegern der ersten befestigten Siedlungen, durchgeführt wurde, die

gemeinsam den Acker bestellten und die Ernte einbrachten, oder von Gemeinschaften, die um den Gutshof des Herren lebten und direkt einem König oder einem Adligen unterstanden.

2. Mit der Entwicklung des Königtums und der Übernahme vieler neuer Ländereien durch die Kirche wuchs die Macht der Herren im ganzen Land, wobei die königlichen Rechte wiederum den Großgrundbesitzern Einschränkungen auferlegten.
3. Unter dem Einfluß der skandinavischen Invasionsschübe kam es zu einer Verstärkung dieses Prozesses. Gesetzlicher Schutz wurde immer begehrenswerter und immer teurer. Die freien Bauern behielten im großen und ganzen ihre persönliche Freiheit, wurden jedoch von ihren englischen und dänischen, ihren weltlichen und kirchlichen Herren immer abhängiger. Ein gutes Beispiel für den Entwicklungsstand der gutsherrlichen Organisation der spätangelsächsischen Zeit im Westen finden wir in dem Dokument, das die *Rectitudines Singularum Personarum* aufstellt.

Dieses Dokument liefert uns den besten Einblick in den Stand der ländlichen Bevölkerung unmittelbar vor der Domesday-Zeit. Die freien Einwohner werden in vier Hauptgruppen unterteilt. An erster Stelle stand der *thegn*, dessen Dienste ganz ehrenamtlich und öffentlicher Art waren; sie bezogen sich auf den Heeresdienst, die Verteidigung der Befestigungen, den Brückenbau, die Jagd, die Küstenwache und den Schutz der Person des Königs. An zweiter Stelle stand der *geneat*, ein höherer Bauer, der für sein Land Zins zahlte und zu verschiedenen Diensten herangezogen wurde. Er mußte Reit- und Lastdienste übernehmen, Fremdlinge in die Ortschaft führen, bei Befestigungs- und Jagddiensten helfen und eine gewisse Verantwortung beim Ernten und Mähen übernehmen. Die dritte Gruppe bestand aus den Kleinbauern, einer aktiven Gruppe, die nur einen kleinen Anteil am Dorfacker besaß und jeden Montag und an drei Tagen der Woche während der Erntezeit schwere Landarbeit zu leisten hatte. An letzter Stelle stand die wichtigste Gestalt, der *gebur*, der ungefähr dem typischen Leibeigenen des Domesday-Book entsprach. Er mußte jede Woche zwei Tage und während der Erntezeit drei Tage auf den Ländereien seines Herrn arbeiten. Ferner hatte er Tribute und andere Abgaben in Geld und Naturalien an seinen Herrn zu leisten. Außerdem mußte er für diesen noch viele zusätzliche Dienste verrichten, etwa weitere Pflugarbeiten ausführen oder einen Jagdhund unterhalten. Wir finden den Hinweis, daß der *gebur* von seinem Herren mit zwei Ochsen, einer Kuh, sechs Schafen und mit dreißig Morgen ausgestattet werden konnte, von denen sieben gesät waren. Nach einem Jahr erwartete man von ihm alle Abgaben. Nach seinem Tod übernahm der Herr alles, was er hinterließ. Die Dienstpflichten des *gebur* waren hart, und man gewinnt den Eindruck, daß die wesentliche Freiheit dieser Bauern darin bestand, daß sie den gemeinschaftlichen Verpflichtungen, wie dem Herdpfennig der Kirche, nicht nachzukommen brauchten. Darüber hinaus gab es zahlreiche rang- und besitzmäßig unter dem Stand der freien Bauern stehende unfreie Arbeiter, von denen einige Fachkräfte wie Imker, Schweinehirten und Käsehersteller waren. Die Nicht-Sklaven besaßen genügend Land, um sich selbst zu ernähren. Aber die Sklaven mußten mit Nahrungsmitteln versorgt werden, mit zwölf Pfund gutem Korn, zwei geschlachteten Schafen für einen männlichen Sklaven, einer guten Kuh und Feuerholz. Der Verfasser dieses Dokuments ist sehr darum bemüht zu zeigen, daß sich die Bräuche in den verschiedenen Gutshöfen und Gebieten unterschieden. Die Herrenrechte und die Sitte der Gemeinschaft zu kennen war wichtig für jeden tüchtigen Gutsverwalter.

Man muß beachten, daß umfangreiche Gutshöfe zum Bild der angelsächsischen Landschaft gehörten, daß es aber auch mannigfaltige Unterschiede in den Landbesitzverhältnissen gab. Im Süden und Westen wurde das Land, das unter der beständigen Kontrolle des Königs und der Kirche stand, dicht mit Gutshöfen versehen. Der Norden und der Osten hatten einen höheren Anteil freier Bauern, teilweise wegen der indirekten Auswirkung der skandinavischen Eroberung, des *Danelaw*, welche die Aufteilung von großen Gütern des Königs, der Kirche und der Laien zur Folge hatte. Man kann wohl sagen, daß das Anwachsen der Gutshöfe trotz seines wichtigen Zusammenhangs mit der westlichen Gesellschaft und der ineinandergreifenden Probleme des sich entfaltenden Feudalsystems mehr den Überbau der Besitz- und Gesellschaftsverhältnisse kennzeichnet; die tiefere Wirklichkeit liegt jedoch weiter unten bei den Bauern und der offenen Feldwirtschaft.

Tacitus betonte die Bedeutung des Getreidebaus für die germanischen Stämme, und in diesem Punkt, wie in so vielen anderen, zeigten sich die Angelsachsen wahrhaft germanisch. Sie kannten und gebrauchten den schweren Pflug mit Rädern und beweglichem Streichbrett. Ochsen, im Achtgespann, waren das normale Zugmittel. Große offene Felder, wahrscheinlich in Zweiergruppen, wurden für den größten Teil Englands zur gewöhnlichen Struktur der Verteilung des Landes. Gerste, Hafer, Roggen und Weizen wurden angebaut, und besonders das Weizenbrot war sehr geschätzt. Es bedurfte gemeinschaftlicher Geschicklichkeit und Anstrengungen, um das Land ständig zu bewirtschaften. Ein Fruchtwechsel, der fünfzig Prozent des Ackerlands brach ließ, war wahrscheinlich notwendig, bis man bessere Düngemittel kannte. Es war üblich, daß ein *ceorl* ein Gespann Ochsen besaß. Gegen Mitte des 11. Jh. wurde das Umpflügen des herrschaftlichen Ackerlandes oft mit dem unfreien Dienst verbunden.

Neben dem Ackerland erwähnen die Urkunden auch Wiesen und Weiden, Sumpfland und Wald. Die Wiesen waren nicht ausgedehnt, und das Weideland ähnelte mehr öden Grasflächen. Der größte Unterschied für den heutigen Betrachter lag in der weiten Ausdehnung der Sumpf- und Waldgebiete. Am Ende der angelsächsischen Zeit war England aber tatsächlich ein gut besiedeltes Land. Die Dörfer waren freilich klein und die Siedlungen isoliert. Die *Fens* waren weite Sumpfgebiete mit einem Reichtum an Aalen für die großen Klöster, die im 10. und 11. Jh. um diesen Morast entstanden waren. Waldgebiete, wie sie die Normannen in Hampshire, Essex und Nottinghamshire zu Forsten umgeformt hatten, bildeten Schranken zwischen den Siedlungen. Eine genaue Untersuchung der Topographie des England der Domesday-Zeit verdeutlicht die Leistungen und Grenzen der angelsächsischen Besiedlung; aber die Leistungen sind für uns wichtiger als die Grenzen. Obwohl der Angelsachse oft langsam, schwerfällig oder erfolglos war, gelang es ihm, das Land in eine agrarische Struktur zu zwingen, auf der die Einrichtung der Kirche, der Monarchie und des territorialen Regierungswesens aufbauen konnte. Unter der normannischen Disziplin wurde diese alte, wohlhabende Monarchie zu dem institutionell fortgeschrittensten Königreich Europas. Dieses ermöglichte der Überschuß vom Pflug des Bauern.

5. Die städtische Gesellschaft[6]

In der angelsächsischen Periode war die ländliche Wirtschaft von vorherrschender Bedeutung, aber auch die städtische Entwicklung hatte ihre interessanten Seiten. Die Städte spielten im Leben der Gemeinschaft keine solche Rolle wie im römischen Britannien. Im 5. und 6. Jh. kam es zu einem traurigen Verfall aller römischen Städte. Die imperialen Gründe ihres Bestehens existierten nicht mehr, und vermutlich außer London und Canterbury konnten sie nur in Form von nichtstädtischen Wohngebieten längs der traditionellen und wohlbekannten Hauptstraßen bestehen. Die frühgermanischen Siedler wußten mit Städten nichts anzufangen, und die keltischen Überlebenden im Westen standen dem städtischen Leben genau so fern. Sie hatten eine agrarische Wirtschaft, und ihr Aufenthaltsort war der Saal ihres Stammeshäuptlings oder das Haufendorf, der Weiler und der Einzelhof. Dennoch brachte erneuter Kontakt mit dem Frankenland im späten 6. Jh. einen gewissen Handel mit Luxusgütern und im Südosten ein erwachendes Interesse am Marktwesen mit sich.

Die Bekehrung zum Christentum verstärkte den Kontakt mit dem Kontinent, obwohl sich die städtische Entwicklung hauptsächlich auf den Südosten und möglicherweise auch auf York beschränkte. Canterbury, Rochester und London wurden Mittelpunkt der Bevölkerung mit Märkten, Statthaltern und frühen Bistümern. An der Hampshireküste entwickelte sich *Hamwih*, Teil des heutigen Southampton, zu einer blühenden kleinen Handelsstadt. In Canterbury kam es zu einem so regen Hausbau, daß Verordnungen erlassen wurden, um einen freien Raum von zwei Fuß zwischen den Häusern sicherzustellen. Sowohl Rochester wie Canterbury wurden innerhalb ihrer Stadtmauern systematisch in Hausgrundstücke aufgeteilt. Bis zur Zeit König Alfreds jedoch machte die städtische Entwicklung nur geringe Fortschritte, obwohl uns im Jahre 858 von einer frühen Gilde, der *cnihtengild*, unter den Bürgern von Canterbury berichtet wird.

Die skandinavische Invasion und die Verteidigung unter König Alfred hat sowohl im städtischen wie in anderen Bereichen große Fortschritte bewirkt. Die Dänen selbst waren, wie wir schon festgestellt haben, fähige Festungsbauer und zogen dadurch Händler an, was wiederum zur Errichtung dauernder Märkte führte. York, das Land der fünf Gemeinden, und andere kleinere aber wichtige Orte wie Tamworth, Thetford, Cambridge und Tempsford verdankten dem direkten skandinavischen Unternehmungsgeist viel. Indirekt hatte die skandinavische Invasion eine noch größere Wirkung. Alfred und sein Sohn Eduard stützten sich bei ihrer erfolgreichen Verteidigungspolitik vor allem auf die Errichtung von Befestigungsbauten und Siedlungen. Nicht alle der *burghs*, wie man sie nannte, entwickelten sich zu anerkannten Städten und Gemeinden, da ihnen die wirtschaftliche Entfaltungsmöglichkeit fehlte. Ein als *Burghal Hidage* bekanntes Dokument aus dem frühen 10. Jh. berichtet von einem Ring befestigter Stadtschaften, der Wessex gegen die Dänen schützte; die angelsächsische Chronik zeigt, wie diese Methode in Westmercien und nördlich bis Chester angewandt wurde. Die Dynastie war im 10. und 11. Jh. äußerst bemüht, diesen Stadtschaften eine feste Schlüsselstellung in der königlichen Verwaltung zu geben. Der Versuch, das Marktwesen auf diese Städte zu begrenzen, gelang jedoch nicht. Im Rechtswesen kam es zu einer Unterscheidung zwischen Stadt- und Landrecht. Da die Häuser und Rechte in den Städten verschiedenen Herren gehörten, kam es zu komplizierten Verhältnissen, die ein vorherrschender Wesenszug dieser Siedlungen blieben. In den Gemeinden wurden Münzen errichtet, und jede Gemeinde hatte das Recht auf mindestens einen Münzer. Aus dieser Zeit besitzen wir Gildestatuten, die auf eine bedeutende Entwicklung in kleinen Orten wie Abbotsbury und Bedwyn und wichtigeren Zentren wie Exeter und Cambridge schließen lassen. London, das schon immer in der britischen Stadtgeschichte an erster Stelle stand, wuchs und gedieh. Es verdankte seine Stellung sowohl dem Überseehandel als auch seinen regen örtlichen Agrarmärkten, auf die sich das Wohlergehen der meisten angelsächsischen Städte gründete. Verordnungen aus der Regierungszeit Ethelreds berichten von Kaufleuten, die aus Frankreich, Lothringen und dem Reich nach London kamen. Die Organisation der städtischen Verwaltung war schon weit fortgeschritten mit einer *folk-moot* (Volksversammlung) zu St. Pauls und einem vollendeten System von Stadtratsversammlungen und Verwaltungsbezirken. Bewaffnete Wachen standen bei Aldersgate und Cripplegate, und bei Billingsgate wurden Zölle nach genauen Normen erhoben. Sowohl Marktfrauen mit Käse und Butter als auch normannische Kaufleute mit Wein und Fisch mußten an der Londoner Stadtgrenze Zoll bezahlen.

Das Domesday-Book berichtet recht genau über englische Städte, aber leider nicht über London und Winchester. London hatte damals wahrscheinlich eine Einwohnerzahl von mehr als 12000 und Winchester und York im Jahre 1066 je eine Einwohnerzahl von ungefähr 8000. Lincoln, Chester, Norwich, Thetford, Ipswich, Colchester, Cambridge, Oxford, Worcester, Exeter und Canterbury waren damals ebenfalls größere städtische Siedlungen. Die Grenzgemeinden von Hereford und Shrewsbury verdankten eine verstärkte Betonung ihres städtischen Charakters normannischem und unmittelbar vornormannischem Unternehmungsgeist. In der Mitte des 11. Jh. gab es schon ein Netz kleinerer Städte. Einige von ihnen waren nicht befestigt, aber alle spielten eine bescheidene, doch wichtige Rolle in der englischen Gesellschaft. Cricklade in Wiltshire, Barnstaple und Lydford in Devon, Winchcombe in Gloucestershire und Taunton in Somerset sind typische Städte dieses Netzes. Allein die Anzahl größerer, in Herkunft und Funktion verschiedenartiger Stadtschaften im spätangelsächsischen England genügt, um ihre Lebenskraft und Rolle in der künftigen Entwicklung des englischen Städtewesens zu belegen.

6. Gesellschaft und Bildung[7]

Das Bildungswesen war in den keltischen wie in den germanischen Bereichen der britischen Inseln eng mit der Kirche verbunden. Südwales und Irland entwickelten sich im 6. und 7. Jh. zu wichtigen kulturellen Zentren, während die gerade bekehrten Angelsachsen sich allmählich einen Schatz an Kunst und Gelehrsamkeit aufbauten. Der Höhepunkt dieser Phase britischer Geschichte, die auch das Bedasche Zeitalter genannt wird, wurde am Ende des 7. und am Anfang des 8. Jh. erreicht. Die irische Kunst der Kalligraphie und der Miniatur verschmolz dabei mit römischer Disziplin und Gelehrsamkeit. Die ästhetischen und asketischen Eigenschaften keltischen Gelehrtentums wurden mit griechischem und römischem Gedankengut bereichert. Die Kunst der keltischen Kreuzbildhauerei, der unvergleichlichen Buchmalerei etwa der Lindisfarner Evangelien und der Heimatdichtung gedieh. Northumbrien entwickelte sich zum Kulturzentrum des Westens. Die neugegründeten Klöster, besonders die Zwillingsklöster von Jarrow und Wearmouth spielten eine bedeutende Rolle in diesem Prozeß. Vom Kontinent gelangten zahlreiche Bücher in diese Klöster, und große Lehrer sicherten eine Tradition edler Gelehrsamkeit, die sich das ganze 8. Jh. trotz politischer Schwankungen in Jarrow und Wearmouth und später in York hielt. Canterbury, das durch die Anwesenheit des Erzbischofs Theodor von Tarsus und des Abtes Hadrian wieder neu belebt wurde, erfreute sich eines außerordentlichen Rufes. Aldhelm in Malmesbury mit seinem stark keltischen literarischen Aufbau zeigt, daß die kulturelle Wiedergeburt nicht nur in den traditionellen Kulturzentren verbreitet war. Die Stärke des irischen Bildungswesens blieb das Ästhetische, das durch eine Vorliebe zur kunstvollen Bildsprache charakterisiert war, die besonders den Gebildeten ansprach. Das lateinische Bildungswesen war praktischer und direkter und vor allem der Erziehung der Jugend gewidmet. England hatte das Glück, Treffpunkt der zwei stärksten Bildungskräfte des Zeitalters zu sein.

Während des ganzen 11. Jh. behielten Irland und zu einem gewissen Grad seine Missionen im Ausland den Ruf tiefdringender und verfeinerter Gelehrsamkeit und eigentümlicher Kunst. England fiel im 9. Jh. völlig zurück, bis das kulturelle Leben des Landes während der Regierungszeit Alfreds des Großen bewußt wiederbelebt wurde. Die Heimatdichtung blieb ein Charakteristikum der angelsächsischen Zeit. Die Gesetze, die auf dem Kontinent weiterhin auf lateinisch bekanntgegeben wurden, erschienen in der angelsächsischen Sprache. Ein von Alfred geleitetes systematisches Übersetzungsprogramm schuf eine angelsächsische Prosaliteratur, die großen Einfluß auf die Sprache und Denkweise Englands hatte. Ein Jahrhundert später, während der Regierungszeit Ethelreds, das heißt im Goldenen Zeitalter angelsächsischer Prosa, wurden besonders von den Meistern des Stils, Aelfric und dem Erzbischof Wulfstan, neue Fortschritte gemacht. Das Wiederaufleben des Klosterwesens Mitte des 10. Jh. brachte eine neue Betonung der Kunstpflege und der lateinischen Sprache mit sich, und am Ende dieser Zeit verfügte England über eine bedeutende lateinische und angelsächsische Gelehrsamkeit sowie reiche Erfahrung in der Webkunst und in den bildenden Künsten überhaupt, von denen besonders die Architektur zu erwähnen ist.

Die gesellschaftliche Bedeutung des Bildungswesens kommt am besten bei König Alfred zum Ausdruck. Er wünschte, daß die Jugend aller besitzenden Freien Englands, „solange sie sonstiger Beschäftigung nicht fähig war", sich der wissenschaftlichen Bildung widmen sollte, bis sie alles englisch Geschriebene gut lesen konnte. Diejenigen, die in den geistlichen Stand traten, sollten auch Latein lernen. Ein Jahrhundert später zeigte sich Aelfric als bedeutender Lehrer, der eine lateinische Grammatik und ein kunstvolles kleines Lesebuch, sein unschätzbares *Colloquy* verfaßte. Sein Ziel war ein gebildetes Priestertum, das in der Lage war, allen Englischsprechenden die christliche Grundlehre zu vermitteln. Seine eigenen Predigten und die des Erzbischofs Wulfstan zeugen von seinem Erfolg. Es ist beachtenswert, daß diese Predigten bis weit in das 12. Jh. abgeschrieben wurden. Am Reichtum der Volksliteratur erkennen wir den wesentlichen Grundzug spätangelsächsischer Kultur und Bildung.

7. Handel und Gewerbe[8]

Die agrarische Gesellschaft war niemals in sich geschlossen, und der Händler war eine bekannte Erscheinung selbst in Zeiten scheinbar völliger Abgeschlossenheit, als die jungen Siedlungen ihre ganze Kraft auf die Sicherung einer agrarischen Grundlage richteten. Die Verkehrsverbindungen waren schlecht; dabei blieben die römischen Straßen trotz ihres Verfalls deutlichste Erinnerung an die römische Zeit. Die englischen Könige verkündeten einen besonderen Frieden für die Hauptstraße, die Watling Street, die Ermine Street, den Fosse Way und den Icknield Way. In den frühesten Gesetzen wurden die Händler den Fremden gleichgestellt und mußten ihre Anwesenheit und Anzahl melden, bevor sie ins Innere eines neuen Bereiches vordringen konnten. Da sie außerhalb der üblichen Sippenstruktur standen, mußten sie erst ihre Abstammung und ihr Geschäft bekanntgeben, ehe die Gemeinschaft ihnen vertrauen konnte. Allmählich entwickelte sich unter den Händlern der Brauch, Stammbäume herzustellen, so daß sie als Verbündete, als Mitglieder einer eigentlich künstlichen Sippe angenommen werden konnten. Man kann den Ursprung der späteren Gilden wohl teilweise auf die Bildung einer Gruppe von Leuten, die ‚zusammen zahlten', zurückführen. Mit der Zeit wurde der König immer mehr zum Beschützer solcher Fremden und auf ähnliche Weise auch zum Schutzherren der Sippenlosen. Das Nachwirken dieser Tatsache erklärt auch, warum sich die gesetzliche Macht des Königs so weit erstreckte und gegen Ende des 11. Jh. so tief in die gesellschaftliche Struktur eindrang.

In der frühangelsächsischen Gesellschaft war der Sklavenhandel zweifellos von großer Bedeutung und blieb es auch später, obwohl vermutlich das Einschreiten der Kirche gegen diejenigen, die Sklaven an Heiden nach Übersee verkauften, eine gewisse Wirkung hatte. Andere Handelswaren scheinen enger mit den ersten Anfängen eines Kleingewerbes verknüpft gewesen zu sein.

Die Angelsachsen erlangten hohes Ansehen mit der Qualität ihrer Metallwaren. Eisenerz wurde in vielen Gebieten des Landes gewonnen, besonders im Deanwald, in Northamptonshire, Lincolnshire und Yorkshire. Derbyshire war das Hauptgebiet der Bleigießereien, und das cornische Zinn wurde auch nicht ganz vernachlässigt.

Man kannte Silber in Nordost-Wales, in den Mendiphügeln und in Derbyshire, doch neigt man heute dazu, die damalige Bedeutung dieser Bodenschätze nicht zu hoch einzuschätzen. Diese Rohmetalle spielten im angelsächsischen Leben keine so erhebliche Rolle. Das bestehende Kleingewerbe richtete sich hauptsächlich nach dem örtlichen Bedarf und Absatz. Eine typische Gestalt war der Schmied, der für jeden Gutshof unerläßlich war. Es scheint, daß mehrere Schmieden zusammen zeitweilig kleine Zentren gebildet haben, und man kann mit Sicherheit annehmen, daß einige solcher Gruppen sich auf die Waffenherstellung spezialisierten. Ihre wesentliche Funktion war es, der agrarischen Gesellschaft zu dienen und den Pflüger mit Schar und Vorschneider, den Fischer mit Haken, den Schuster mit der Ahle und den Schneider mit Nadeln zu versorgen.

Die Salzgewinnung war wahrscheinlich weiter entwickelt als die Metallverarbeitung. Salz war ein gefragter Handelsartikel; ein großer Teil des benötigten Salzes wurde in vielen Küstenorten aus dem Meerwasser gewonnen, und die Herstellung konzentrierte sich an den für die Fischerei wichtigen Orten wie Lyme in Dorset, wo es zur Zeit der Domesday-Erhebung 27 Salzverarbeiter gab. Aber die interessanteste Entwicklung vollzog sich im Binnenland besonders bei Droitwich in Worcestershire und nördlicher um Nantwich in Cheshire. Droitwich entwickelte sich zu einem hoch produktiven Zentrum der Salzherstellung, und viele große Gutshöfe in einem Umkreis von fünfzig Meilen hatten einen Anteil am Werk.

Eisen und Salz waren die beiden Haupthandelsgüter, ohne die ein organisiertes agrarisches Leben nicht auskommen konnte. Über den Handel mit anderen Gütern haben wir nur einige wenige Nachweise. Man war noch weitgehend von hölzernen Werkzeugen und Haushaltsgeräten abhängig, die an Ort und Stelle hergestellt werden konnten, von denen wir jedoch keine Überbleibsel haben. Die Töpferkunst war allgemein üblich, und gegen Ende der angelsächsischen Periode gab es einen blühenden spezialisierten Handel, der auch die eigenartig glasierten Töpferwaren von Stamford und Thetford umfaßte. Die Glasherstellung andererseits war noch wenig bekannt und blieb etwas Fremdartiges. Merowingisches Glas wurde sowohl in den keltischen Westen als auch in den germanischen Osten eingeführt. Nach der Wiederbelebung des Klosterwesens im 10. Jh. kam es zu einer Steigerung der einheimischen Herstellung, besonders in Glastonbury, überhaupt scheint die Kunst der Glasherstellung niemals ganz aufgehört zu haben.

Eine weitere Entwicklung fand in der Textilindustrie statt, deren Wirkungskreis hauptsächlich örtlich begrenzt war, und nur selten sammelte sich eine Anzahl von Webern und Spinnern. Sie versorgte auch dann nur einen eng begrenzten Kreis. Das angelsächsische England war für seine feine Nadelarbeit und Stickerei bekannt.

8. Das Münzwesen[9]

Am Anfang dieses Kapitels haben wir die Unterschiede zwischen den germanischen und keltischen Gemeinschaften betont. Ihre Einstellung zum Münzsystem und zur Währung macht diese Unterschiede deutlich. Bis zum Ende des 10. Jh. prägten die keltischen Gemeinden fast keine eigenen Münzen. Die Angelsachsen schufen dagegen die beste einheimische Silberwährung Westeuropas, und die Skandinavier bewährten sich in England und später noch in Irland als guter Nachahmer der angelsächsischen Leistung.

Das römische Britannien kannte natürlich den Umgang mit Münzen. Im 5. Jh. scheint es zu einer Unterbrechung gekommen zu sein, was vielleicht der deutlichste Beweis für den katastrophalen Charakter dieses unruhigen Jahrhunderts ist. Auf dem europäischen Kontinent gab es einen viel langsameren Übergang aus der Welt des Römisch-Imperialen zum Mittelalterlichen. In den fränkischen Königsreichen wurden Goldmünzen weiterhin gebraucht und später auch geprägt. Der Nachweis des englischen Münzwesens fängt mit der Nachahmung der merowingischen Münzen an, von denen einige sicherlich im frühen 7. Jh. in London geprägt wurden. Aus allgemeinen wirtschaftlichen Gründen, die sich auf den ganzen Westen bezogen, wechselte England im 8. Jh. zu einer monometallischen Silberwährung über. Anfänglich trugen die englischen Münzen, die allgemein als *sceattas* bekannt sind, nicht den Namen des Königs und waren scheinbar in erster Linie Händler-Münzmarken, die den in Friesland geprägten Münzen sehr ähnelten. Unter der Regierung Offas kam es zu einer großen Veränderung des Münzsystems. Vor der großen karolingischen Reform und mit ihr sicherlich in Zusammenhang stehend, ließen die Unterkönige Kents und dann Offa selbst Standardsilberpfennige guter Ausführung und Form prägen. Das Niveau blieb zwar nicht das ganze unruhige 9. Jh. hindurch erhalten, aber das erste Muster war da. Mit kleinen, doch wichtigen Veränderungen reicht die Geschichte des englischen Silberpfennigs ohne Unterbrechung von der Regierungszeit Offas bis zu Heinrich III. Diese ganze Zeit hindurch war der Silberpfennig fast die einzige geprägte Münze. Im 10. Jh. verbindet sich die Geschichte des Münzwesens unlöslich mit der der Monarchie. Die Erzbischöfe hatten früher die Mitverantwortung für das Münzen. Nach der Regierungszeit Eduards des Älteren jedoch übernahm der König die alleinige Verantwortung. Ein einheitliches Münzsystem wurde über das ganze Königreich ausgeweitet. Es gab viele Münzanstalten, aber mit der Ausgabe von Prägestücken durch eine zentrale Lieferstelle erfolgte eine königliche Kontrolle. Es wurde üblich, daß der Name des Königs auf der Vorderseite und der Name der Münzanstalt und des Münzers auf der Rückseite erschienen. Unter Eduard erfolgte eine größere Reform der Währung. Die Münzen waren nur kurze Zeit im Umlauf, einmal für sechs Jahre, dann wieder für nur drei. Die Münzen der alten Prägeart wurden daraufhin zurückgefordert und neu gemünzt, und König und Münzer hatten den Gewinn, der sich bei dieser Maßnahme ergab. Grausame Strafen wurden über Fälscher verhängt. Das Niveau des Münzwesens blieb dadurch erhalten, und die tatkräftigen Normannen waren froh, daß sie dieses bewährte System, das von großem Reichtum und Nutzen für die Monarchie, die Gemeinschaft im großen und die örtlichen Gemeinden war, übernehmen konnten. Das englische Münzsystem wurde im Ausland, besonders in Skandinavien, bewundert und nachgeahmt. Die englische Kontrolle über die Währung konnte jedoch nicht übernommen werden, da sie von den Einrichtungen der Monarchie und der örtlichen Gemeinden selbst abhing. Die erprobte Silberpfennigwährung des spätangelsächsischen England ist ein Zeugnis für den großen Fortschritt, der in dieser Phase in der Wirtschaft und im Verfassungsleben erfolgte.

[1] The Proceedings of the Second International Congress of Celtic Studies 1963 (1966) enthält einschlägige neue Arbeiten über die Kelten.
Als Einführung zu dem Thema sind zu empfehlen: Celtic Studies in Wales, hg. v. *E. Davies* (1963); Angles and Britons (1963); Prehistoric and Early Wales, hg. v. *I. Foster* und *G. Daniel* (1965).
K. Hughes: The Church in Early Irish Society (1966), und die Arbeiten, die in der sehr nützlichen Auswahl ihrer Bibliographie erwähnt sind.
The Problem of the Picts, hg. v. *F. T. Wainwright* (1955).
K. Jackson: Language and History in Early Britain (1953), bleibt eine Meisterdarstellung auf sprachlichem und zum großen Teil auch auf historischem Gebiet; dieses Werk diente den Gelehrten während der letzten Dezennien als Grundlage für ihre Arbeiten über die Kelten.

[2] Auf diesem Gebiet sind die obengenannten Arbeiten von *F. M. Stenton, D. Whitelock* und *A. H. Smith* grundlegend.
J. N. L. Myres: Anglo-Saxon Pottery and the Settlement of England (1969); ist sehr wichtig.

English Place-Name Elements, hg. v. *A. H. Smith* (2 Bde., 1956), enthält viel Material, das noch nicht ganz von der modernen Lehre aufgenommen wurde.

J. McNeal Dodgson: The Significance of the Distributions of the English Place-Name in -ingas, -inga- in South-East England. In: Medieval Archeology 10 (1966), S. 1–29, ist ein gutes Beispiel dafür, wie eine detaillierte Untersuchung der Ortsnamen sich mit Niederlassungsproblemen beschäftigt.

Die Arbeiten an den frühen Urkunden von *H. P. R. Finberg* (1954–1966) und sein: Lucerna (1964) beweisen die Stärke der gelehrten und topographischen Stellungnahme.

W. G. Hoskins: The Westward Expansion of Wessex (1960) befaßt sich mit der Frage der sächsischen Bewegung nach Südwesten.

3 *F. M. Stenton:* Anglo-Saxon England (siehe oben) bleibt der maßgebende Bericht über die skandinavischen Niederlassungen.

Weitere interessante Arbeiten: *P. H. Sawyer:* The Age of the Vikings (1962); *L. Musset:* Les invasions: le second assaut contre l'Europe chrétienne (1965); *G. Jones:* A History of the Vikings (1968) und *H. R. Loyn:* The Scandinavians in Britain (1977).

K. Cameron: Scandinavian Settlement in the Territory of the Five Boroughs: the Place-Name Evidence (1966) ist ein wichtiger Beitrag, der sich mit Niederlassungsproblemen beschäftigt.

The Northern Isles, hg. v. *F. T. Wainwright* (1962), enthält sehr nützliche Informationen über die Niederlassungen an der nordschottischen Küste und Umgebung.

4 Die obgenannten Bücher mit allgemeinem Charakter befassen sich alle mit Fragen der Gesellschaftsstruktur. Die bemerkenswerte Arbeit von *H. M. Chadwick*, namentlich: Studies on Anglo-Saxon Institutions (1905) ist immer noch sehr wichtig.

5 *R. Lennard:* Rural England, 1086–1135 (1959) ist unentbehrlich für die Kenntnis der angelsächsischen ländlichen Gesellschaft.

C. S. und *C. S. Orwin:* The Open Fields (1938) bleibt wichtig, trotz neuerer Forschungen.

Die neueren Meinungen können am besten mittels folgender Arbeiten erfaßt werden: In der Zeitschrift „Past and Present":

J. Thirsk: The Common Fields (1964); *J. Z. Titow:* Medieval England and the Open Field System (1965) und *G. C. Homans:* The Explanation of English Regional Difference (1969).

Empfehlenswert ist auch: The Agrarian History of England and Wales, hg. v. *H. P. R. Finberg* (1972).

6 *J. Tait:* The Medieval English Borough (1936).

Neuere Werke: *H. R. Loyn:* Towns in late Anglo-Saxon England. In: England before the Conquest (1971).

M. Biddle: Archeology and the History of British Towns. In: Antiquity (1968) und: The Development of the Anglo-Saxon Town. In: Settimane di Studio del Centro Italiano di studi sull'alto medioevo (1974) informieren über die Hauptlinien der modernen Forschung.

J. F. Benton hat einschlägiges und nützliches Material zusammengefaßt in: Town Origins: The Evidence from Medieval England (1968).

7 Die Darstellungen mit allgemeinem Charakter von *P. Hunter Blair* sind wertvoll auf diesem Gebiet: An Introduction to Anglo-Saxon England (1956, ²1978), Roman Britain and Early England (1963) und: The Age of Bede (1970).

D. Knowles: The Monastic Order in England (1940) ist sehr wichtig.

F. Wormald: English Drawings of the Tenth and Eleventh Centuries (1952) ist maßgebend für die allgemeine Thematik.

8 D. M. Wilson: The Anglo-Saxons (1960) informiert über die Verbrauchsgüter, Moden und den Geschmack der Angelsachsen.

9 Intensive Arbeit über das angelsächsische Münzwesen hat unsere Wertschätzung der angelsächsischen Leistung auf diesem Gebiet umgestaltet, wie z. B.: Sylloge of Coins of the British Isles (1958). Viele der detaillierten Arbeiten, besonders die von *R. H. M. Dolley*, erscheinen in den Zeitschriften „British Numismatic Journal" und „Numismatic Chronicle".

Anglo-Saxon Coins, hg. v. *R. H. M. Dolley* (1961), ist das beste einbändige Werk.

C. Blunt: The Anglo-Saxon Coinage and the Historian. In: Medieval Archeology 4 (1960) ist ein Aufsatz von bleibendem Wert.

§ 10 Großbritannien im Hoch- und Spätmittelalter

Von Edward Miller

Bibliographie
Edgar B. Graves: Bibliography of English History to 1485 (1975).

Gesamtdarstellungen
Die folgenden Bände der Oxford History of England vermitteln eine allgemeine Übersicht der Geschichte Englands: *A. L. Poole:* From Domesday Book to Magna Charta (1955); *F. M. Powicke:* The Thirteenth Century (1953); *M. McKisack:* The Fourteenth Century (1959). Außerdem *A. A. M. Duncan:* Scotland: the Making of the Kingdom (1975); *R. Nicholson:* Scotland: the Later Middle Ages (1974); *G. W. S. Barrow:* The Kingdom of the Scots (1973); *J. A. Otway-Ruthven:* History of Medieval Ireland (1968).

Verfassungs- und Rechtsgeschichte
F. Pollock und *F. W. Maitland:* History of English Law before the Time of Edward I (1895, Neuauflage mit Einführung und Bibliographie von *S. F. C. Milsom* 1968).
S. F. C. Milsom: Historical Foundation of the Common Law (1969). *G. O. Sayles:* Medieval Foundations of England (revidierte Auflage, 1966) und The King's Parliament of England (1975).
E. B. Fryde und *E. Miller:* Historical Studies of the English Parliament (2 Bde., 1970).
Über die Lokalverwaltung *H. M. Cam:* The Hundred and the Hundred Rolls (1930); über die Besteuerung *G. L. Harriss:* King, Parliament and Public Finance in Medieval England to 1369 (1975).

Wirtschafts- und Sozialgeschichte
J. C. Russell: British Medieval Population (1948) erörtert die demographischen Tendenzen aufs sorgfältigste, aber einige seiner Ansichten sind strittig und haben in Econ. Hist. Rev. 1957, 1958 und 1961 Diskussionen mit *J. Krause, H. E. Hallam* und *J. Z. Titow* und in Cambridge Economic History of Europe, I (^{2}1966) mit *M. Postan* ausgelöst.
M. W. Beresford und *J. K. S. St. Joseph:* Medieval England: an Aerial Survey (1958).
R. Lennard: Rural England, 1086–1135 (1959).
J. Z. Titow: English Rural Society, 1200–1350 (1969).
E. A. Kosminsky: Studies in the Agrarian History of England in the Thirteenth Century (1956).
M. W. Beresford: The Lost Villages of England (1954).
A. R. H. Baker und *R. A. Butlin* (Hgg.): Studies of Field Systems in the British Isles (1973).
F. M. Stenton: The First Century of English Feudalism (^{2}1961).
K. B. McFarlane: The Nobility of Later Medieval England (1973).
M. Postan: Essays on Medieval Agriculture and General Problems of the Medieval Economy (1973).
G. C. Homans: English Villagers in the Thirteenth Century (1942).
R. H. Hilton: The English Peasantry in the Late Middle Ages (1975).
C. Oman: The Great Revolt of 1381 (erste Ausg. 1906; neue Ausg. mit Einleitung und Bemerkungen von *E. B. Fryde*, 1969).
Über die städtische Entwicklung *C. Platt:* The English Medieval Town (1976).
Außerdem *C. N. L. Brooke* und *G. Keir:* London 800–1216: the Shaping of a City (1975).
G. A. Williams: Medieval London: from Commune to Capital (1963).
S. Thrupp: The Merchant Class of Medieval London (1948).
J. W. F. Hill: Medieval Lincoln (1948).
M. W. Beresford: New Towns of the Middle Ages (1967).
Für das Gewerbe siehe *E. M. Carus-Wilson:* Medieval Merchant Venturers (^{2}1967).
J. Hatcher: English Tin Production and Trade before 1550 (1973).
Cambridge Economic History of Europe, hg. von *M. Postan* und *H. J. Habakkuk,* II (1952).

Die beste Darstellung der Handelsgeschichte: *E. M. Carus-Wilson:* Medieval Merchant Venturers ([2]1967).
Außerdem *M. Postan:* Medieval Trade and Finance (1973).
E. Power: The Wool Trade in Medieval English History (1941).
M. K. James: Studies in the Medieval Wine Trade (1971).

Kirche
M. Brett: The English Church under Henry I (1975).
C. R. Cheney: From Becket to Langton (1956).
J. R. H. Moorman: Church Life in England in the Thirteenth Century (1945).
W. A. Pantin: The English Church in the Fourteenth Century (1955).
D. Knowles: The Monastic Order in England (1949) und The Religious Orders in England (3 Bde., 1948–59).

Bildung
A. F. Leach: The Schools of Medieval England (1915).
Victoria County Histories: Oxfordshire, Bd. III und Cambridgeshire, Bd. III.
G. Leff: Paris and Oxford Universities in the Thirteenth and Fourteenth Centuries (1968).

1. Einführung: Die Zeit 1066–1400

Die Jahre zwischen der normannischen Eroberung und der Lancastrianer Revolution von 1399 waren eine ereignisreiche Zeit für die Wirtschafts- und Sozialgeschichte des mittelalterlichen England. In dieser Periode kam es zu einer großen wirtschaftlichen Entfaltung und der weitgehenden Einbeziehung entlegener Gebiete Britanniens in den Rahmen des entwickelten gesellschaftlichen Systems, das im anglonormannischen England verwurzelt war. Zwischen Britannien und den europäischen Ländern jenseits des Kanals wurden festere wirtschaftliche, politische, kirchliche und kulturelle Bande geknüpft, und es kam zu einer politischen und konstitutionellen Entwicklung, die dem damaligen Europa in vieler Hinsicht voraus war. Eine besonders erfolgreiche Zeit für die britischen Inseln waren das 12. und das 13. Jh. Das 14. Jh. dagegen war weniger günstig; Krieg und Pest untergruben das wirtschaftliche System; die neuen Verhältnisse erforderten einen schmerzlichen Anpassungsprozeß. Irland und Schottland hatten große politische Schwierigkeiten, die dem Wohlstand entgegenwirkten und die gesellschaftlichen Spannungen verschärften. Die Verstrickung Englands in europäische Konflikte bedeutete eine fast unerträgliche Bürde für seine Ökonomie. Aber selbst diese düsteren Jahre hatten ihre positiven Seiten: Die konstitutionelle Entwicklung Englands bildete die Grundlage seiner späteren parlamentarischen Einrichtungen. Schottland gewann die Unabhängigkeit und konnte seine Geschicke selbst lenken; der Bauernstand erlangte einen Grad der Freiheit, der die notwendigen Bedingungen für seine spätere unabhängige Stellung lieferte, und die englischen Weber bauten eine Exportindustrie auf, die erste Stufe einer wirtschaftlichen Entwicklung, die Jahrhunderte später zur industriellen Revolution führte. Das hohe Mittelalter war voller Widersprüche, aber weder das Gute noch das Schlechte sollte für die Zukunft belanglos bleiben.

2. Die natürlichen Bedingungen

Die Veränderungen in der natürlichen Umgebung waren vermutlich Faktoren, die den Wohlstand oder die Schwierigkeiten der Bevölkerung der britischen Inseln am wenigsten beeinflußten. Die Küste hat sich nur wenig verändert. In Südengland wurde der Ort Old Winchelsea im 13. Jh. weggespült und überflutet; der neugebaute Hafen von

New Winchelsea hob sich im 14. Jh., als die Strommündung versandete, langsam in die Höhe. Im Norden an der Küste von Yorkshire kam es zu einem umgekehrten Vorgang. Vor Spurn Head wurde im 13. Jh. „indem sich das Meer erbrach, eine gewisse Insel mit Namen Ravenserodd geboren", auf der ein kleiner Fischerhafen entstand, aber im 14. Jh. forderte die See noch einmal das ihre und schwemmte andere Küstengebiete dieses Landstriches hinweg[1]. Solche Veränderungen der Küstenlinie waren jedoch gering und lassen auf keinen größeren Wandel der Meereshöhe schließen. Die klimatischen Veränderungen waren wahrscheinlich von größerem Einfluß auf das wirtschaftliche Leben. Allem Anschein nach war die Durchschnittstemperatur im 12. und 13. Jh. 1° höher als heutzutage[2]. Dies förderte das Vordringen des Ackerbaus in die Gebiete der schweren Tonerde und des Fenlandes. Nach 1300 machten sich Anzeichen eines Niedergangs bemerkbar; allerdings konnten einige diesem Verfall zugeschriebene Folgen auch andere Ursachen haben. Das Verschwinden der Weinkultur aus England könnte zum Beispiel das Ergebnis eines umfangreichen Weinimports gewesen sein, und die Schwierigkeit, Gebiete des Fenlandes urbar zu halten, könnte sich darauf zurückführen lassen, daß durch den Torfschwund die Entwässerung nicht mehr so leicht war. Auf den Gütern von Winchester scheinen äußerst schlechte oder äußerst gute Ernten zwischen 1300 und 1350 vier- oder fünfmal so häufig gewesen zu sein wie während des 13. Jh., was auf eine Periode größerer klimatischer Extreme schließen läßt[3]. In einer Gesellschaft, deren Mitglieder vornehmlich landwirtschaftlich tätig und für das tägliche Brot völlig von der Ernte abhängig waren, konnte eine noch so geringe Veränderung der klimatischen Beschaffenheit ohne weiteres die Sorgen der Zeit vermehren.

3. Die Bevölkerung

Blieben die Veränderungen der natürlichen Bedingungen ziemlich unwichtig, so war die Bevölkerungsbewegung von umso größerer Bedeutung. Die vorhandenen spärlichen Unterlagen machen den Versuch unmöglich, die Bevölkerung von Schottland, Wales oder Irland abzuschätzen. Man hat wohl angenommen, daß Schottland im Jahre 1300 ungefähr 400 000 Einwohner hatte[4]. Selbst bei England sind die Unterlagen für eine genauere Statistik höchst unvollkommen; doch scheint der Bevölkerungszuwachs Englands, der vor dem Jahre 1066 ständig anhielt, bis in die frühen Jahre des 14. Jh. fortgedauert zu haben, und es kann sein, daß die Zuwachsquote ausreichte, um die Bevölkerung von etwa 1 500 000 im Jahre 1066 auf 6 000 000 im Jahre 1349 zu erhöhen[5]. In den einzelnen Landesteilen Englands jedoch war die Bevölkerungsdichte und wahrscheinlich die Wachstumsquote sehr unterschiedlich. Am größten war sie in dem breiten Landgürtel zwischen dem Washgebiet und dem Bristolkanal, aber bedeutend kleiner im hohen Moorgebiet des Westens und Nordens. Beispielsweise gab es im Jahre 1377 in Norfolk und Northamptonshire 40 Einwohner pro Quadratmeile und in Shropshire und Northumberland weniger als 10 Einwohner. Auch in Schottland scheint sich die Masse der Bevölkerung im Tiefland konzentriert zu haben.

Trotz der regionalen Unterschiede war das Anwachsen der Bevölkerung während des 12. und 13. Jh. von größter Wichtigkeit. Es wurde zum Antrieb der großen Kolonisationsbewegung, die auf Kosten der Wald-, Marsch- und Moorgebiete riesige Neulandzonen unter den Pflug nahm. Es brachte auch eine größere Freizügigkeit mit sich. Die Bauern zogen von den älteren Siedlungsgebieten in die unterbesiedelten Landstriche und vom Lande in die Städte, deren Einwohnerzahl wenigstens in England mit der Gesamtbevölkerung anstieg. Auch in den keltischen Gebieten ließen sich Engländer nieder. Sie tauchten als Agrarkolonisten in Wales, Ostirland und Südschottland auf und halfen außerdem die Städte von Wales und Irland zu bevölkern. Die meisten Einwohner der nordwalisischen Burgstädte, die nach der Eroberung durch Eduard I. im späten 13. Jh. gegründet wurden, waren englische Einwanderer, und Leute aus ganz England und den englischen Gebieten in Südwales bildeten einen großen Teil der um das Jahr 1200 erwähnten Bürger Dublins[6].

Diese demographische Entwicklung wurde jedoch im 14. Jh. eingedämmt und verkehrte sich letztlich ins Gegenteil. Es scheint, daß sich in den früher besiedelten Gebieten der durchschnittliche Landanteil pro Kopf vor dem Jahre 1300 allmählich verringerte, was eine beträchtliche ländliche Überbevölkerung vermuten läßt; und die Sterblichkeitsziffer scheint sich besonders nach schlechten Ernten vergrößert zu haben. Nach einer Schätzung sank die Lebenserwartung von 35 Jahren Mitte des 13. Jh. auf 27 Jahre im 2. Viertel des 14. Jh., aber selbst diese Berechnung könnte noch zu optimistisch sein[7]. Weit drastischer waren die Folgen der endemischen Beulenpest in den Jahren 1349–1350 und 1361–1362, der ernsten aber kleineren Epidemien von 1369 und 1374 und der sporadischen Heimsuchungen des restlichen Jahrhunderts. Es ist möglich, daß sich die Bevölkerung Englands bis zum Jahre 1377 um 40 oder 50 % verringerte und daß sie sich vor der Jahrhundertwende kaum, wenn überhaupt, wieder erhöhte. Die Auswirkungen der Pest waren in Irland und Schottland anscheinend nicht weniger drastisch. In England jedenfalls waren die Folgen für die Gesellschaft beträchtlich. Die ländliche Überbevölkerung schwand, und die Überlebenden hatten leichteren Zugang zu dem lebensnotwendigen Ackerland. Sie konnten auch eine größere persönliche Freiheit erlangen, was sich wohl zum Teil in der erhöhten Zuwanderung in die Städte und in ländliche Industriegebiete wie die Cotswoldhügel und Ostanglien äußerte. Nur von da her läßt es sich erklären, daß wir in dieser Zeit wirtschaftlicher Verschiebungen eine Zunahme des Bevölkerungsanteils haben, der mit industrieller Tätigkeit in der Stadt und auf dem Land beschäftigt war. Dagegen zog sich die Bevölkerung aus einigen der angrenzenden Gebiete zurück, die in früheren Ausdehnungsphasen kolonisiert worden waren, wobei sie die Reste verödeter oder geschrumpfter Dörfer zurückließen. Auch die Einwanderung in die unterbesiedelten Gebiete Britanniens ließ allmählich nach. Schließlich steht fest, daß sich während des späten Mittelalters der Reichtum und die Einwohnerzahl Südenglands im Vergleich zu Nord- und Nordwestengland vergrößerten, die früheren Fortschritte Irlands und Schottlands sichtlich zum Stillstand kamen und möglicherweise sogar wieder verloren gingen.

4. Die politische Geschichte

In politischer Hinsicht bedeutete die Eroberung Englands durch Wilhelm den Normannen im Jahre 1066 einen grundsätzlichen Wendepunkt. Das von ihm ins Leben gerufene Geschlecht normannischer Könige behauptete sich über seine Söhne und seinen Enkel bis zum Jahre 1154, als seine Enkelin den Thron an Heinrich II. von Anjou übergab; seine Nachkommen behielten ihn in gerader Linie, bis sie im Jahre 1399 vom Hause Lancaster verdrängt wurden. In der Zwischenzeit hatten die normannischen und angevinischen Geschlechter dauernde kulturelle und wirtschaftliche Bande zwischen den britischen Inseln und den sich entwickelnden Ländern Nordwesteuropas geknüpft. Die Vereinigung Englands mit der Normandie wurde im frühen 12. Jh. endgültig, und Heinrich II. machte England zum Ausgangspunkt eines „Reiches", das alle Länder an der Atlantikküste Frankreichs einschloß. Die Gründung dieses föderativen Hoheitsgebietes forderte einen langen, wenn auch zeitweilig unterbrochenen Konflikt mit dem aufsteigenden französischen Königreich heraus. Im frühen 13. Jh. gingen die Normandie, die Bretagne und Anjou an Philipp August verloren; aber Aquitanien blieb eine englische Dependance, Anlaß für Streitereien und kleinere Konflikte im 13. und 14. Jh.

und nach 1337 eine Ursache des großen anglo-französischen dynastischen Konflikts, der als Hundertjähriger Krieg in die Geschichte eingegangen ist. Wenn dieser Krieg auch nicht ununterbrochen andauerte, so bestimmte er doch die Hauptereignisse und brachte die Quellen des spätmittelalterlichen England zum Versiegen.

Die Tatsache, daß England diesen Konflikt überstehen konnte, zeugt jedoch von seiner starken politischen Entwicklung im Mittelalter. Wilhelm der Normanne vereinte in seiner Person die absolute Autorität eines Eroberers mit den weitreichenden Rechten der Krone Altenglands, deren Erbe er beanspruchte. Seine Nachfolger schufen bürokratische Regierungsbehörden, durch die das England des 13. Jh. in ein nach damaligen Maßstäben mannigfaltig verwaltetes Königreich umgeformt werden konnte. Am Ende des 13. Jh. war es ihnen schon gelungen, mit dem Parlament eine Einrichtung zu schaffen, die der nationalen Unterstützung ihrer Politik diente und den Zugang zu den für die Durchführung dieser Politik nötigen Geldquellen ebnete. Der Status der Monarchie war allerdings nicht ganz autokratisch. Die Barone erwirkten von König Johann Ohneland in der Magna Charta eine große Reihe von Konzessionen. Von 1258 an hatte das Volk durch die Abhängigkeit des Königs vom Parlament die Möglichkeit, mit seinem Herrscher zu verhandeln und auf die Behebung von Mißständen und die Einführung von Reformen zu dringen; als Folge ihrer Torheiten wurden 1327 Eduard II. und 1399 Richard II. gar entthront. Die Macht des Staates, den die Monarchie verkörperte, war zwar begrenzt, doch deutlich spürbar.

Der Expansionsdrang, der die Normannen zur Eroberung Englands führte, hat sich mit dem Jahre 1066 noch nicht erschöpft; in den folgenden Generationen überfluteten sie die unsicheren und im allgemeinen zersplitterten keltischen Gebiete im Westen und Norden. Unternehmungsgeist verhalf einzelnen normannischen Herren zu einem großen Teil von Wales, noch ehe im späten 12. und 13. Jh. die Krone ihren Einfluß auf die Fürsten von Wales ausübte, der dann seinen Höhepunkt in der Eroberung des Landes zwischen den Jahren 1277 und 1284 durch Eduard I. erreichte. Derselbe Unternehmungsgeist führte die anglonormannischen Herren auch nach Irland, aber Heinrich II. stellte sich frühzeitig dazwischen, annektierte den Osten und errichtete eine Hegemonie über den Rest der Insel. Die englische Oberherrschaft über Irland wurde zwar im 14. Jh. immer schwächer, doch reichte die Machtstellung Englands aus, um von den Tudors erneut gefestigt zu werden. Die schottische Frage war ein größeres Problem. Die Unabhängigkeit dieses nördlichen Königreichs war anfänglich nie ernsthaft in Frage gestellt, obwohl ein starker anglonormannischer Einfluß bestand, der sich in Schottlands politischer Entwicklung deutlich widerspiegelte. Der Versuch Eduards I., nach 1296 die dynastische Krise auszunützen und Schottland zu annektieren, leitete jedoch eine Ära der Konflikte ein, die noch länger dauerte als der Streit mit Frankreich. Schottland konnte zwar seine Unabhängigkeit mit einigen Unterbrechungen aufrechterhalten, aber der Krieg im Norden bildete einen weiteren Bestandteil der englischen Politik im 14. Jh. und legte der verhältnismäßig wenig entwickelten Wirtschaft und politischen Organisation Schottlands eine schwere Bürde auf.

5. Die gesellschaftliche Struktur

Die gesellschaftliche Struktur der britischen Inseln war 1066 durch starke soziale Unterschiede gekennzeichnet. Der größte Teil des englischen Flachlandes bestand aus besiedeltem Agrarland, das von landbesitzenden Herren beherrscht wurde; dazu gab es mehrere Städte. Im Norden und Westen dagegen ergab sich trotz der städtischen Gemeinden, die die Wikinger in Irland gegründet hatten, ein völlig anderes Bild. In Irland,

Schottland, Wales und sogar in Nordengland wurde die ländliche Wirtschaft stärker betont; blutsverwandte Gruppen hatten ein größeres Gewicht als feste Dorfgemeinden, und stammesähnliche Elemente äußerten sich stärker in der politischen Organisation. Während der folgenden Generation machte sich jedoch der Einfluß der gesellschaftlichen Formen Englands auch auf die Randgebiete Britanniens geltend; die früheren Einrichtungen wurden abgewandelt und, wenn auch selten, völlig ersetzt. Die Grundelemente der Gesellschaft der Eindringlinge waren jedoch damals schon nicht mehr rein englisch, auch hier prägte die normannische Eroberung die Entwicklung Britanniens.

Die Eroberung gab den primitiv-feudalen Institutionen des sächsischen England besondere Formen, die dem Feudalismus Nordwesteuropas entstammten. Sie schuf eine Elite von zwei Schichten: die eine bestand aus einem engen Kreis von etwa 170 Familien, den Baronen, die zugleich die wichtigsten Mitarbeiter des Königs und die größten Landbesitzer waren; dazu kam eine größere Gruppe von etwa 5000–6000 *milites* mit verschiedenem gesellschaftlichem und wirtschaftlichem Status[8], die meist von den Baronen abhängig waren. Das Verhältnis zwischen diesen beiden Schichten zeigt, daß sie aus einer Besatzungstruppe hervorgingen; die Ritter hatten Dienste in den Burgen und im Gefolge der Barone zu leisten und erhielten von diesen auf lange Sicht ihre Belohnung in Form von Landgütern, die an weitere Dienstleistungen gebunden waren. Das Verhältnis zwischen Ritter und Baron spiegelte sich außerdem im Verhältnis zwischen Baron und Monarch wider; mit der Bedingung, Ritter für die königliche Armee zu stellen, erhielten die Barone vom Monarchen Landgüter, die oft sehr groß waren. Die größeren Kirchengemeinden wurden, weil sie schon reiche Landbesitzer waren, in dieses System mit einbezogen. Den Bischöfen und Äbten wurden Lehensdienste und andere Verpflichtungen aufgebürdet; sie waren so tatsächlich „ekklesiastische Kronvasallen". Diese feudale Struktur erlangte eine fast logische Vollkommenheit, gerade weil England ein erobertes Land war; und da sie von einem Eroberer auferlegt wurde, war sie von Anbeginn eine zentralisierte Struktur, was bleibende Spuren in der englischen Gesellschaft und Regierungsform hinterließ.

Um diesen Oberbau aufrecht zu erhalten, wurde außerdem die schon im angelsächsischen England weit entwickelte konstitutionelle Unterordnung der Bauernschaft gefestigt. In keiner der gesellschaftlichen Schichten war jemand ohne seinen Herren. Die Abhängigkeitsbande waren allerdings sehr unterschiedlich. Es gab immer noch echte Sklaven auf den Gütern der normannischen Landbesitzer; weit zahlreicher jedoch war eine Reihe verschiedener Schichten, der *villani, cottarii* und *bodarii*, die auf dem Land der Herrenschicht arbeiteten und zusätzlich Zinszahlungen und andere Abgaben zu leisten hatten. In den meisten Gebieten des Landes gab es noch eine Gruppe „freierer" Bauern *(liberi homines, socmanni)*, die nichtsdestoweniger Zins und Abgaben und häufig geringere Dienstleistungen erbringen mußten. Einige von ihnen fielen im Nachspiel der normannischen Eroberung unter die Reihen der weniger freien Gruppen.

Die gesellschaftliche Struktur des frühnormannischen England entstand aus einer ganz besonderen Situation und veränderte sich zusehends mit der Festigung der anglonormannischen Herrschaft. Das Besatzungsheer der Ritter und Barone wurde bald überflüssig, und obwohl sie noch immer ein militärisches Ethos umgab, waren sie nicht mehr ausschließlich Krieger. Spätestens im 13. Jh. stellten die Barone einen Erbadel dar, der auf Grund seines Landreichtums und seiner Macht über Menschen starken politischen Einfluß hatte. Die Schicht der *milites* entwickelte sich zu den *agrarii milites*[9]; sie waren Landherren, von denen sich viele mehr um die örtliche königliche Verwaltung als um die Geschäfte ihrer nominellen Oberherren kümmerten. Die Barone des 13. und 14. Jh. waren noch immer von einem Schwarm von Gefolgsleuten umgeben, von denen viele aus dem Ritterstand kamen. Immer weniger standen diese Gefolgsleute im Vasallenverhältnis zu ihren Herren; sie leisteten Dienste gegen Lohn. ,,Livery and maintenance" (Versorgung mit Kleidung und Nahrung) traten an die Stelle eines älteren Feudalismus. Das Wort ,,Ritterschaft" bezeichnete nicht mehr eine besondere soziale Funktion, sondern wurde zum Ehrentitel.

Während die feudalen Bande zwischen Baron und Ritter gelockert wurden (was sich letztlich in der Tatsache widerspiegelte, daß sie in verschiedenen ,,Häusern" im Parlament saßen), befreite sich auch die Kirche aus dem normannischen feudalen Rahmen unter dem Einfluß einer neuen Weltanschauung, die aus dem Investiturstreit und der Entstehung neuer Mönchs- und anderer religiöser Orden hervorging. Sie erlangte ein beträchtliches Maß an autonomer Verwaltung; unter der endgültigen Führung der römischen *curia* wurde sie von vielen weltlichen Verpflichtungen und vom weltlichen Gerichtswesen befreit. In gewissem Sinn war der Klerus ein privilegierter ,,Stand" im Königreich. Doch änderten sich die Verhältnisse vom späten 13. Jh. an. Die Könige sicherten sich das Recht, dem Klerus weltliche Steuern aufzuerlegen, und erreichten oft mit stillschweigender Zustimmung des Papstes einen stärkeren Einfluß auf Besetzung höherer klerikaler Stellen. Der Klerus war in vieler Hinsicht auch weiterhin eine privilegierte Gruppe; Bischöfe und Äbte blieben Großgrundbesitzer, aber der Weg für die Übernahme der Oberherrschaft durch den König in der Reformationszeit war schon bereitet.

Die aus feudalen und kirchlichen Vasallen zusammengesetzte ländliche Oberschicht, der die normannische Eroberung eine feste Form gab, blieb von all diesen Vorgängen fast unberührt. Ihre Herrschaft jedoch mußte sich natürlich in ihrer Ausdrucksform verändern. Anfänglich herrschte die Tendenz, die komplizierte Bauerngesellschaft der frühnormannischen Zeit zu vereinfachen. Die Zahl der Sklaven verringerte sich schnell, und es bildeten sich die Gruppen der Freien, die eigenes Land besaßen, und der Unfreien ohne eigenen Besitz, die häufig unter den allgemeinen Begriff der Leibeigenen fielen. Diese Unterteilung bezog sich nicht nur auf den rechtlichen Status. Ein einfacher Beweis der Leibeigenschaft war die Pflicht des unfreien Pächters, regelmäßig Dienste auf dem Land seines Herren zu leisten. Dieses Unterscheidungsmerkmal spielte auf dem Höhepunkt der Wirtschaft des Großgrundbesitzers in der ersten Hälfte des 13. Jh. noch eine gewisse Rolle, verlor aber zusehends an Bedeutung. Der Bevölkerungszuwachs brachte ein Dorfproletariat mit sich, ein Reservoir für die Lohnarbeit, das eine gewisse Arbeitsbeweglichkeit ermöglichte. Als diese Quelle durch die hohe Sterblichkeitsziffer im 14. Jh. versiegte, zwang die Verteuerung der Landbestellung die Herrenschicht, ihre Hauptfarmen und dienstpflichtigen Pachtgüter weiter zu verpachten. Die Herren wurden fast überall im Lande zu Vermietern und die Bauern zu Mietern, was die mit Landbesitz in Zusammenhang stehenden Unterscheidungsmerkmale zwischen den freien und den unfreien Pächtern verwischte. Zum Teil hat die persönliche Rechtsunfähigkeit der Leibeigenen noch etwas länger gedauert, aber im allgemeinen wurde die gesellschaftliche Homogenität der Dorfgemeinschaft verstärkt. Nur noch wirtschaftliche Unterschiede bestanden zwischen den Dorfbewohnern.

Die Periode, in der diese Veränderungen auf dem Land erfolgten, war auch für die Entwicklung des Bürgerstandes von Bedeutung. Das Städtewesen machte in der spätsächsischen Zeit im englischen Flachland beträchtliche Fortschritte und in geringerem Maße auch in den von den Wikingern besiedelten Gebieten Irlands; in den zwei Jahrhunderten nach der normannischen Eroberung vergrößerten sich auf allen britischen Inseln die alten Städte, und neue wurden gegründet. Nicht alle diese neu gegründeten Städte wuchsen und gediehen, sogar in England behielten viele *boroughs* einen stark ländlichen Charakter. In Wales, Schottland und Irland kam es in den ,,Städten" nur zu einer begrenzten Entfaltung echter städtischer Merkmale. Praktisch entwickelte sich jedoch jede Stadt auf ihre eigene Art und Weise.

Die Stadtbewohner betätigten sich in erster Linie im Handel und Handwerk; dabei erwirkten sie eine Anzahl unterschiedlicher Verwaltungsrechte, die sich von der Zusammenarbeit mit Vertretern des Königs oder ihrem Herren in der Stadtregierung bis zu einer fast völligen Selbstverwaltung unter der allgemeinen Aufsicht der Vertreter der königlichen Regierung erstreckten. Außerdem genossen die Stadtbewohner größtenteils einen besonderen rechtlichen Status: die Freiheit des Handels und die Freizügigkeit, das Recht, unabhängig über den eigenen Besitz zu verfügen und die Verschonung von willkürlichen Steuern. Es gab also vielen städtischen Gemeinden die Möglichkeit, ein größeres Maß an Selbstbestimmung zu erreichen, und viele Stadtbewohner besaßen Freiheiten, die einem großen Teil der Landbevölkerung lange vorenthalten wurden[10].

6. Die gesellschaftliche Mobilität

Veränderte diese Zeit die gesellschaftliche Struktur des mittelalterlichen England, so muß doch beachtet werden, daß diese nie in einen starren Rahmen gezwängt war. Es gab für den unternehmenden Bauern immer eine Möglichkeit des Aufstiegs sowohl in der sich ausdehnenden Wirtschaft des 13. Jh. als auch in der Zeit nach dem Schwarzen Tod, als Land reichlich zu haben und billig war. Auch wer unter einem Herrn in der Verwaltung seiner Güter diente, hatte viele, wenn auch rechtswidrige Möglichkeiten, Reichtum zu erwerben. Einige stiegen zu *Yeomen* auf, andere bereicherten sich an Grundbesitz, bauten Gutshöfe und stiegen so in den niederen Landadel auf. Auch in den Städten, zu deren Bevölkerung immer viele Zuwanderer vom Land stießen, gab es Möglichkeiten des Aufstiegs. Wer die Früchte des sich ausbreitenden Handels erntete, konnte über größere Reichtümer verfügen als irgendein Bauer. Ein bekannter Yorker Kaufmann des späten 14. Jh., William Burton, wurde als Leibeigener des Erzbischofs von York geboren. Der Geburtsort eines anderen, Robert Holme, war Holme-on-the-Wolds im East Riding der Grafschaft Yorkshire[11].

Die gesellschaftliche Bewegung zwischen Stadt und Land verlief nicht immer in einer Richtung; auch Städter gelangten in den Besitz von Landgütern, indem sie entweder einheirateten oder ihren gesellschaftlichen Status erhöhten. Manche erwarben Landbesitz als Kapitalanlage, während andere gegen Hypothekenzahlung an mittellose Grundbesitzer zu Land kamen. Auf diese Weise konnten Stadtbewohner wieder in den ländlichen Yeomanstand eintreten und andere in höhere Ränge aufsteigen. Zwischen dem 12. und 14. Jh. gelang es einigen von ihnen, in den Landadel aufgenommen zu werden. Einige, wie zum Beispiel die Familie der Berkeley, drangen noch weiter vor: Als Nachkommen einer Sachsenfamilie wurden sie in die Schicht der anglonormannischen Vasallen eingereiht. Ein jüngerer Sohn dieser Familie wurde Kaufmann in Bristol; Handelsgewinn, Wucherei und eine vorteilhafte Heirat verhalfen ihm zu Sitz und Titel eines Barons. Seine Nachkommen waren im 13. und 14. Jh. politische Standespersonen und aufstrebende Großgrundbesitzer[12]. Die Pole, eine Familie von Kaufleuten und königlichen Geldgebern aus Hull, hatten Mitte des 14. Jh. noch größere Erfolge zu verzeichnen. In der zweiten Generation wurde Michael de la Pole 1383 Kanzler von England und 1385 Graf von Suffolk, und seine Nachkommen erwarben im 15. Jh. Herzogtitel.

Auch in die herrschenden Feudalkreise konnte man aus niederer Schicht aufsteigen. Könige belohnten Leute, die in ihren Diensten standen, mit Grundbesitz aus ihren Ländereien. Wenn kein Erbe vorhanden war, fielen diese neugeschaffenen Herrschaften wieder an die Krone zurück oder wurden ihr zu Verfügung gestellt, wenn sie an einen weiblichen Erben übergingen, deren Heirat der König bestimmen konnte. Das

Recht des Landpatronats machte es Heinrich I. möglich, „neue Leute" aus dem Staub in den Baronsrang zu erheben. Der vierte Sohn eines höfischen Ritters, William Marshal, gelangte gegen Ende des 12. Jh. durch Heirat in den Besitz eines Grafentitels und wurde Regent während der Minderjährigkeit Heinrichs III.; der Freund Eduards I., Robert Tiptoft, war bei seinem Tode Baron, und der Anhänger Eduards III., William Montague, war ein „gegürteter" Graf. Die Heirat mit einer Erbin oder einer Reihe von Erbinnen, mit oder ohne stillschweigendes königliches Einverständnis, verhalf den Grafen Clare von Gloucester im 12. und 13. Jh. und den übermächtigen Familien der Neville und Percy im 14. und 15. Jh. zum Aufstieg. Auch das Vordringen der Engländer in die keltischen Gebiete erleichterte gesellschaftliches Emporkommen: Landerwerb in Wales und Irland vergrößerte die Reichtümer einiger Familien und war der Grundstock des Reichtums für andere. Anglonormannen besetzten äußerst einflußreiche Stellen in Schottland, und die Bruce und Balliol wurden schließlich Träger der schottischen Krone. Auch in der Kirche gab es für Männer von hervorragender Geistigkeit, Gelehrsamkeit oder administrativer Fähigkeit die Möglichkeit aufzusteigen. Im 13. Jh. waren sowohl der Bischof Robert Grosseteste von Lincoln als auch der Erzbischof John Pecham von Canterbury von niederer Geburt, der Erzbischof Thomas Corbridge von York war der Sohn eines Schreiners und der Bischof Robert Lisle von Durham der Sohn eines Lindisfarner Kätners[13]. Während des ganzen Mittelalters waren Leute wie Pecham und Lisle jedoch keineswegs Ausnahmefälle.

Die gesellschaftliche Bewegung im mittelalterlichen England kannte natürlich auch den Abstieg. Yeomanfamilien fielen in Armut, und ihr Besitz schwand; Kaufleute machten Bankrott, Ritter und Landherren gerieten in immer größere Schulden[14], und Adelsfamilien starben aus, da sie keine Erben hatten, oder verarmten durch politische Katastrophen oder Verschwendung. Natürlich ist uns gewöhnlich mehr über die Gewinner als über die Verlierer bekannt. Die Erfolgreichen dokumentierten ihren Aufstieg in Besitz- und Titelurkunden; die Versager versanken in Anonymität, als ihre Urkunden in andere Hände übergingen.

7. Regierung und Gesellschaft

Das Ausmaß des Einflusses königlicher Gunst auf den gesellschaftlichen Aufstieg „neuer Leute" im Mittelalter läßt auf die Rolle schließen, die die Monarchie in der Bildung der englischen Gesellschaftsstruktur spielte. In England und bei den englischen Eroberungen in Wales und Irland sowie in großem Maße im unabhängigen Schottland spielte die Monarchie die Hauptrolle bei der Herausbildung städtischer Autonomie und der Festlegung rechtlicher Freiheiten der Stadtbewohner. Dabei handelte es sich, namentlich in England, allenfalls nur um „Vorrechte", die einer genauen Überprüfung unterlagen und bei Mißbrauch zurückgezogen werden konnten. Die Beamten der Stadtgemeinden waren ein Teil des königlichen Verwaltungsapparates. Von der Regierungszeit Heinrichs II. an wurde immer stärker die Forderung erhoben, daß die Verwaltungsautorität beim König allein liege. Diese Autorität konnte durch königliche Beamte (Sheriffs, gerichtliche Leichenbeschauer, Friedensrichter usw.) in den örtlichen Verwaltungsbezirken, in die England und seine abhängigen Gebiete aufgegliedert waren, vertreten werden. Auch in Schottland wurden solche Verwaltungsbezirke eingeführt. Doch konnte die örtliche Verwaltung auch auf Grundbesitzer für ihre eigenen Ländereien oder ihre Einflußsphäre übertragen werden. Aber auch sie unterlagen der Prüfung und Verbesserung durch öffentliche Beamte, und Pflichtvergessenheit oder Unfähigkeit bedeuteten den Verlust des Privilegs. Solche Prinzipien konnten in Schottland, wo sich die monarchische Macht erst seit kurzer Zeit durchgesetzt hatte, und in den entfernteren Gebieten Englands, im neu erworbenen Wales und besonders in den irischen Kolonien, natürlich nicht im selben Maße Fuß fassen wie in England.

So war es den englischen Königen am Ende des 13. Jh. schon in großem Maße gelungen, sich das Recht zu sichern, alle Stände ihres Landes, auch den Klerus, zu besteuern, mehr oder weniger regelmäßige Zollabgaben für die Ausfuhr von Haupthandelsgütern und schließlich auch für einige Einfuhrgüter zu erheben und sowohl Landherren als auch die niedere Stadt- und Landbevölkerung für den Militärdienst einzuziehen[15]. Diese Verpflichtungen konnten sie auch zu einem gewissen Grad auf die abhängigen Gebiete von Irland und Wales übertragen. Die Besteuerung mußte allerdings im Parlament ausgehandelt werden, und es konnte dabei zu Konzessionen kommen. Im 14. Jh. schlossen die Könige Verträge mit Adligen, um ein Reservistenheer aufzustellen, das von der Monarchie bezahlt wurde; diese Einrichtung gab dem Adel etwas von seiner früheren militärischen Macht zurück und verstärkte seine politische Rolle. Die Könige des 14. Jh. mußten in der Behandlung der Parlamente bei der Steuererhebung jedenfalls vorsichtig und versöhnlich sein.

Wurden auch die Könige 1327 und 1399 ihres Throns enthoben, so wurde doch der zentralistische Charakter des Reiches durch diese Gewalttaten nicht ganz zerstört. Wie schwach der anglonormannische Einfluß in Irland war, wurde im unruhigen 14. Jh. offensichtlich; Schottland war trotz seines frühentwickelten Nationalismus weit von politischer Stabilität entfernt, und sogar die westlichen und nördlichen Marken Englands zeigten eine fast feudale Kleinstaaterei. Andererseits besaß der im 13. Jh. entstandene Begriff der „Gemeinschaft des Königreiches England" echte Lebensfähigkeit. Er spiegelte sich in einer administrativen Struktur, die von den bürokratischen Einrichtungen der königlichen Regierung ausging und sich auf ein Netz örtlicher Beamter und rechtsfähiger Bürger erstreckte. Es spiegelte sich auch im politischen Forum des Parlaments, wo sich der Stand der herrschenden Barone und hohe Würdenträger der Kirche mit Vertretern der Grafschaften und Stadtgemeinden trafen. Die Vorstellung einer „Gemeinschaft des Königsreiches England" („Community of the realm of England") wirkte sich auch darin aus, daß nicht nur der Landadel und die Stadtbevölkerung in den königlichen Heeresdienst eingezogen wurden, sondern auch weltliche und kirchliche Magnaten, die schon früh zu Verfechtern ihrer eigenen sowie der allgemeinen Interessen geworden waren. Das zeigte sich in der Magna Charta, die sie im Jahre 1215 für alle Freien Englands durchsetzten, in den Reformbewegungen von 1258 und 1311, in ihrer Tätigkeit in den Parlamenten des 14. Jh. und sogar in der von ihnen erwirkten Entthronung Eduards II. und Richards II. Die Solidarität, zu der Wilhelm der Eroberer seine Lehensmänner im Interesse seiner Macht und ihres Bestehens gezwungen hatte, wurde zu einem Grundpfeiler der Solidarität der Gemeinschaft des Königreiches, die den für eine normannische Monarchie charakteristischen praktischen Despotismus einschränken konnte.

8. Die ländliche Gesellschaft

Die Regierung Englands wurde von einer großen Adelsschicht, von Bischöfen und Äbten, von Rittern und vom Landadel beherrscht. Dieselben Stände beherrschten als Grundbesitzer auch das Land. Das England von 1066 war in den Augen der Domesday-Beamten ein Reich, in dem jedes Stückchen Land und jeder einzelne Mann einen Herren hatte. Die Struktur des ländlichen England gliederte sich in Besitzungen, von denen einige Herren viele, andere verhältnismäßig wenige besaßen. Ein großer Teil der Ländereien umfaßte außerdem mehr oder weniger ausgedehnten freien Eigenbesitz, der für den Bedarf des Herren bewirtschaftet wurde. Dazu gehörte Pachtbesitz, den abhängige Bauernpächter bewirtschafteten. In England gab es mindestens bis zum 14. Jh. zwei breite Schichten; die eine verfügte über Ländereien von riesigem oder jedenfalls beträchtlichem Ausmaße, wie zum Beispiel die Bischöfe von Winchester, die im 13. Jh. zeitweilig 13000 Morgen Land unter Bewirtschaftung hatten und die 1208 allein auf ihrem Landsitz in Downton 837 Morgen besäen ließen[16], auch viele der Ritterfamilien in Cambridgeshire hatten im Jahre 1279 mehrere Besitztümer. Ihr Eigenbesitz schwankte bei 15 Landgütern zwischen 45 und 240 Morgen Land und setzte sich im Durchschnitt aus 120 Morgen zusammen. Auf der anderen Seite stand die große Masse der Bauern, die alle in verschiedenem Maß von ihrem Herren abhängig waren und von denen die meisten nur kleine Pachtgrundstücke besaßen. Bei den Leibeigenen konnte sich diese Abhängigkeit auf verschiedene Geldabgaben und Verpflichtungen oder auf einen mehr oder weniger beschwerlichen Dienst auf den Ländereien ihrer Herren beziehen; sie konnte auch zu einer Geldabgabe verpflichten. Außerdem zwang das Abhängigkeitsverhältnis den Bauern in fast allen Rechtsfällen, außer in der höheren Kriminalgerichtsbarkeit, unter das Gericht seines Herren. Es war das wichtigste Merkmal der ländlichen Gesellschaft, daß der gewöhnliche Bauer überall Höriger eines Landsitzes war, obwohl auch hier Unterschiede zwischen freien und weniger freien Abhängigen gemacht wurden.

Der Bauer war jedoch mehr als nur ein Höriger. Er war auch das Oberhaupt einer Familie, die in den entfernteren keltischen Gebieten eine ziemlich große Gruppe und in England eine kleinere Stammesfamilie von beträchtlichem Solidaritätsgefühl einschloß. Dies zeigt sich bei Vererbungsbräuchen, am deutlichsten etwa in der Grafschaft Kent, in Ostanglien und Nordengland, wo der Familienbesitz beim Tode des Vaters unter alle Söhne oder sogar unter alle Kinder aufgeteilt wurde. Auch wenn der gesamte Familienbesitz nur an einen Sohn weitergegeben wurde, an den Ältesten oder an den Jüngsten, war der Erbe häufig durch Brauchtum verpflichtet, eine gewisse Vorsorge für seine Geschwister zu treffen.

Der Bauer war nicht nur durch Familienbande gebunden. Einzelgehöfte waren Ausnahmen; die Bauern lebten in Dörfern oder Weilern zusammen, die von Wiesen und Gemeindeweiden umgeben waren, in deren Rechte sich die Einwohner teilten. Eine gemeinsame Bewirtschaftung verband daher die Dorfbewohner. Diese Bindung wurde mehr durch Brauchtum als durch formelle Organisation bewahrt. Die gemeinsame Bewirtschaftung gab der Dorfgemeinde eine Lebenskraft, die sich im mittelalterlichen öffentlichen Recht widerspiegelt. Vier oder sechs Bauern vertraten ihr Dorf vor den königlichen und örtlichen Gerichten, und die Dörfer stellten polizeiliche Einheiten mit eigenen Schutzleuten dar.

Der Bauer war außerdem noch Pfarrgemeindemitglied. Schon im 13. Jh. war es im größten Teil des englischen Flachlands üblich, daß Pfarrgemeinden auf einzelne Dörfer oder Weiler begrenzt waren. Die Pfarrkirche war religiöser Mittelpunkt und Schauplatz wichtiger Ereignisse im Leben der Familie (Taufe, Heirat, Beerdigungen), und die höchsten kirchlichen Feiertage waren mit den Höhepunkten des ländlichen Jahres verbunden.

Die Dorfbewohner hielten das Kirchenschiff instand, zahlten einen Zehnt ihrer Ernte und des Zuwachses ihres Viehbestandes, um den Pfarrer zu unterstützen und schuldeten der Kirche bei ihrem Tode das zweitbeste Tier als Entschädigung für die Einstellung des Zehnten. Außerdem halfen sie dem Pfarrer als Kirchendiener, beim Regeln der Kirchenangelegenheiten und legten vor 1400 die Umrisse der Gemeindeverwaltung fest, die die Tudor später den Anforderungen weltlicher Verwaltung anpaßten.

Ein gewisses System der Gütergemeinschaft, wenn auch nur im Sinne gemeinsamer Pflichten, beherrschte das mittelalterliche Dorfleben. Das bedeutete jedoch nicht die

Gleichheit aller Dörfler, im Gegenteil: Wie im Jahre 1066, so auch später, war Ungleichheit das Charakteristikum der Bauerngesellschaft. Dies kam nicht nur im Unterschied zwischen Freien und Unfreien zum Ausdruck. Ein Regierungsverzeichnis vom Jahre 1279 führt etwa 20000 Bauern mit Besitz auf. Ungefähr 6 % verfügten über einen beträchtlichen Pachtbesitz; 21% hatten Familienbesitz von ungefähr 30 Morgen; 30 % besaßen andererseits kaum Land genug zum Leben, und 43 % hatten noch weniger[17]. Mit dem Anwachsen der Bevölkerung verringerte sich außerdem die Durchschnittsgröße eines Besitzes, und der Preis, den Bauern an Pacht, Eintragungszahlungen und anderen Abgaben zahlen mußten, stieg an. Schon am Ende des 13. Jh. bestimmte die Masse der verarmten Bauern das Bild dieser Gesellschaft.

Diese verarmten, unterernährten Bauern waren die Opfer schlechter Ernten. Sie sahen sich häufig gezwungen, ihre kärglichen Einkünfte durch Dienste auf dem Land zu verbessern, sich der Meeres- und Binnenfischerei zuzuwenden, den Vogelfang in den Marschgebieten und selbst die Wilddieberei zu betreiben. Sie suchten auch gewerbliche Betätigung, besonders in Bergbau und Textilherstellung. Die Ungleichheit in der Güterverteilung der Dorfbewohner wurde zwar durch den plötzlichen Bevölkerungsabfall nach 1349 gemildert, doch nicht ganz getilgt. Diese Situation führte mit dem Anwachsen der ländlichen Textilindustrie zu einer Knappheit an Landarbeitskräften. Andererseits gelang es den reicheren und unternehmungslustigen Dorfbewohnern, frei gewordene Landstücke und Pachtbesitztümer in ihre Hand zu bringen und die Grundlage ihres Reichtums als werdende *Yeomen* zu festigen. Gleichzeitig sahen sich die Herren veranlaßt, ihre eigenen Unternehmen und die hohen Pachtzahlungen, die sie in früheren Generationen festgelegt hatten, aufrecht zu erhalten. Mindestens einige von ihnen versuchten, die Leibeigenschaftsdienste zu erhalten oder wieder einzuführen, die üblichen Pachtzahlungen und Abgaben zu sichern und die Löhne mit Hilfe parlamentarischer Gesetzgebung und Staatseinrichtungen niedrig zu halten. Diese Bemühungen verschärften die zwischen Herren und Pächtern bestehenden Spannungen, die sich aus der Natur der mittelalterlichen Landgesellschaft ergeben mußten. 1381 forderte die Herrenschicht durch eine hohe Besteuerung, die unerbittliche Durchsetzung der Arbeitsgesetze und durch eine von Mitgliedern der Herrenschicht beherrschte örtliche Regierung den einzigen schweren Bauernaufstand des englischen Mittelalters in Südost- und Ostengland heraus. Er wurde jedoch schnell und ohne großes Blutvergießen niedergeschlagen. Obwohl diese Erhebung bei weitem nicht das Ausmaß annahm wie die Aufstände in anderen Gebieten des Westens, zwang er die Herrenschicht doch, die inzwischen eingetretenen Veränderungen anzuerkennen, und führte zu einer allmählichen Lösung des englischen Landes von der grundbesitzenden Herrenschicht.

9. Die städtische Gesellschaft

Die städtische Gesellschaft ist im gewissen Sinne problematischer als die ländliche, da sich die Städte in Ursprung und Art recht deutlich voneinander unterscheiden. In Irland und in Wales vor der Eroberung durch Eduard I. beruhten die Stadtgründungen häufig auf der Initiative der Barone und wurden im allgemeinen mit Privatburgen verbunden. In Schottland stand die städtische Entwicklung größtenteils unter der Schirmherrschaft der Krone. In England förderten Könige, Barone und die Kirche die städtische Entwicklung, so daß im 12. und 13. Jh. neue Städte wie Pilze aus der Erde schossen und die alten sich weiter ausdehnten. Unter der Regierung Eduards I. jedoch waren die meisten größeren Stadtzentren schon von der Krone abhängig. Viele dieser Städte, besonders in Schottland, Irland und Wales, waren kaum größer als Dörfer, und viele ihrer Bewohner gingen noch der Landwirtschaft nach, aber dennoch gab es überall richtige Städte, die, ob Dublin, Edinburgh, Lincoln oder Bristol, gewisse gemeinsame Eigenschaften hatten.

Sie verfügten alle über besondere Vorrechte, die von Königen und anderen Herren in Urkunden festgelegt wurden. In vielen Fällen konnten diese Vorrechte nur in gemeinschaftlichen Bemühungen erreicht werden. In England erfolgte dies besonders in der Frühzeit dank der Solidarität der Gildekaufleute[18]. Diese Gilden waren in York, Oxford und in vielen anderen Orten Verbände, in denen alle Stände vertreten waren. Sie bildeten eine Art bürgerlicher Selbstverwaltung, brachten die für die städtische Emanzipation notwendigen Gelder auf und sorgten für den erforderlichen politischen Druck. Im 13. Jh., als die Zahl der Gildekaufleute schwand und viele in besondere Kaufmannsverbände eintraten, hatten die Gilden das Werk städtischer Emanzipation schon vollendet. Damals waren die Gildekaufleute der alten Art nur noch in kleinen Stadtgemeinden zu finden, die dem Adel und besonders der Kirche unterstanden. Dort wurde der Wunsch nach Selbstverwaltung unterdrückt, und die Gilden waren häufig führend im Kampf um die Freiheit, so in Bury St. Edmunds zwischen 1304 und 1327[19]. In den Städten jedoch, die das Recht der Selbstverwaltung erkämpft hatten, übernahmen von den Bürgern gewählte Bürgermeister, Schöffen und Ratsmänner die Führung. Diese Ämter lagen wenigstens in den größeren Städten, im 13. Jh., fast ausschließlich in den Händen einer Elite von Kaufleuten und Grundherren. Die Masse der Bevölkerung lehnte sich gegen diese Elite auf, da die Oligarchen dem niederen Volk einen zu großen Anteil der gemeinsamen Verpflichtungen auferlegten und außerdem die kaufmännischen Unternehmer mit Hilfe der politischen Macht ihren Einfluß auf eine Gruppe von Handwerkern verstärkten. Schon im 12. Jh. standen die Tuchwalker und Weber, die von den Kaufleuten benötigt wurden, um Zugang zu entfernten Märkten zu erlangen, unter deren Kontrolle. Die städtischen Vorrechte entstammten zwar gemeinsamen Bemühungen, aber die wirtschaftliche Entwicklung vergrößerte oft die gesellschaftlichen Unterschiede.

Im 13. und 14. Jh. entstanden mit den Handwerksgilden wenigstens in den größeren Städten wie London, Bristol und York weitere Organe bürgerlicher Selbstverwaltung. Diese Gilden waren Verbände von Handwerksmeistern, die geheime Satzungen aufstellten, um ihre gemeinsamen Interessen zu wahren, die Aufnahme in das Handwerk zu bestimmen und die Bedingungen der Handwerksausübung und der Löhne festzulegen. Im allgemeinen bildeten die Gilden Brüderschaften, die gemeinsam die Kirche besuchten und für verarmte Mitglieder sorgten. Nach einem bestimmten Ausbildungsplan sollten die Lehrlinge während einer Zeit von häufig 7 Jahren im Haus und in der Werkstatt eines Meisters das Handwerk erlernen. In einigen der größeren Gemeinden erschwerten vom 13. Jh. an wachsende soziale Unterschiede den Aufbau der Gilden.

Einige Gruppen von Handwerksgilden standen in einem hierarchischen Verhältnis zueinander; so waren zum Beispiel die Londoner Boi-Verarbeiter mehr oder weniger Arbeitgeber der Tuchwalker und Weber und verteilten die Arbeit gegen Bezahlung, die natürlich so niedrig wie möglich gehalten wurde. Nicht weniger bezeichnend war das Entstehen einer Schicht, die die Meisterschaft nicht erlangte und als Gesellen gegen Tag- oder Stücklohn arbeitete. Faßbinder-, Lederverarbeiter- und Gerbergesellen taten sich deshalb zusammen, um höhere Löhne zu erzwingen, und bildeten sogar eigene Verbände, die, obwohl nur kurzlebig, als entfernte Vorfahren der späteren Gewerkschaften gelten können.

Die städtische Gesellschaft gliederte sich in zwei Gruppen. Es gab eine Familiengruppe, die aus dem Meister und seiner eigenen Familie, den Hausdienern und Lehrlingen und möglicherweise auch noch den Gesellen zusammensetzte. Diese Ordnung galt ebenso für das Lager und Kontor des Kaufmanns wie für das Geschäft des Einzelhändlers und die Werkstatt des Handwerkers. Diese „Familiengruppen“ formten den Prototyp von Berufsverbänden, deren Mittelpunkt häufig eine Pfarrkirche war, um die sich die Tätigkeit der Bruderschaften konzentrierte. Mit dem Anwachsen der Stadtbevölkerung wurden die Handwerksgilden immer umfangreicher und in ihrer wirtschaftlichen Tätigkeit unterschiedlicher. In den größeren Städten nahmen Kaufleute und Besitzende jene Machtpositionen ein, die durch die städtische Solidarität, welche sich im Gildekaufmann des 12. Jh. widerspiegelte, zustande gekommen waren. Die neueren Handwerksverbände versuchten zeitweilig gegen Ende des 13. Jh. und zu Anfang des 14. Jh. in London und in den dreißiger Jahren des 14. Jh. in Newcastle, einflußreiche Posten zu erringen. Sie hatten aber nur einen bescheidenen und gewöhnlich kurzen Erfolg. Insgesamt läßt sich sagen, daß die Handwerker sich in zunehmendem Maße eine gute Position in der sozialen Struktur der Stadt verschafften. Sie hatten innerhalb ihrer eigenen Sphäre ein gewisses Selbstbestimmungsrecht, waren aber im allgemeinen die ausführenden Organe einer bürgerlichen Regierung, in der die Kaufleute noch immer dominierten und die Herstellung und Verteilung ihrer Waren gemäß dem Interesse der Kaufleute und der Konsumenten regulierten.

10. Gesellschaft und Bildung

Erziehung und Schule waren im normannischen England, wie in anderen Ländern des Westens, Domäne der Kirche und auf die zukünftigen Geistlichen ausgerichtet. Diese Bildungsmöglichkeiten weiteten sich später zunehmend nicht nur in England. Engländer wie Adelard von Bath, Johann von Salisbury und Thomas Becket schlossen sich wandernden Gruppen an, Pilgern auf der Suche nach Gelehrsamkeit an allen Schulen des Westens. Auch die Erweiterung der einheimischen Bildungseinrichtungen machte merkliche Fortschritte. In den meisten größeren Städten wurde in den an Kathedralen und Kollegiatskirchen angeschlossenen Schulen für eine Grundausbildung in der lateinischen Sprache gesorgt. Auch Klöster unterhielten Schulen, und im Jahre 1200 wurde ein allgemeines Edikt erlassen, wonach „Priester Schulen unterhalten . . . und Knaben umsonst lehren sollten“[20]. Dieser Befehl wurde zweifellos nicht überall ausgeführt. Im 14. Jh. jedoch wurden die Möglichkeiten einer Grundbildung noch erweitert durch die Gründer von Votivkapellen, die vorschrieben, daß Priester, die für ihre Seelen die Messe zelebrierten, auch Grammatik lehren sollten. Inzwischen entstanden auch Zentren der höheren Bildung für das Studium der Theologie, der Dialektik, des kanonischen und des bürgerlichen Rechts. Ihr Schicksal war anfänglich unsicher und von der zufälligen Anwesenheit eines besonderen Gelehrten an einem bestimmten Ort abhängig. So wurde zum Beispiel Exeter allein durch den Umstand, daß Robert Pullan in den zwanziger Jahren des 12. Jh. dort war, zu einem Gelehrtenzentrum. Die Bemühungen im Bildungswesen verstärkten sich im späten 12. und frühen 13. Jh. mit der Gründung der Universitäten Oxford und Cambridge, die bis zur Gründung von St. Andrews im 15. Jh. die einzigen Universitäten der britischen Inseln waren. In diesen Universitäten gipfelte das Bildungswesen; sie versorgten die meisten Studenten mit einem Grundstudium der Humaniora, das heißt, der lateinischen Grammatik und der Logik, sowie mit Grundkenntnissen der Mathematik und Musik, und lehrten in den wenigen fortgeschrittenen Kursen Theologie, bürgerliches und kanonisches Recht sowie Medizin.

Schulen und Universitäten waren in gewissen Sinne noch immer auf den Bildungsbedarf des Klerus ausgerichtet. Der Klerus stellte die bedeutendste gebildete Schicht dar; dies war ein ausreichender Grund für seine Vorherrschaft in einem Regierungssystem, das immer professioneller und bürokratischer wurde. Geistliche gingen allmählich in den Rang der Sekretäre über, die zugleich Politiker waren; auch der gebildete lateinkundige Laie sollte bald in Erscheinung treten. Heinrich II. war in diesem Sinn gebildet, und Richard I. hat vermutlich Gedichte verfaßt. Laien wie Graf Robert von Essex und Ranulf Glanville verwalteten unter diesen Königen Ämter, in denen ein gewisser Bildungsstand fast Voraussetzung war. In dieser Zeit erschienen auch die *milites litterati* in der öffentlichen und privaten Verwaltung, die von niederen Hilfskräften, die schreib- und zahlenkundig waren, unterstützt wurden. Für diese Schicht wurden im 13. Jh. Abhandlungen über Gutsverwaltung und Buchführung verfaßt[21]. Im 14. Jh. teilten sich schon Sekretäre und Laien die Ämter der Zentral-, Orts- und Landgutverwaltung, und ein unbekannter Neureicher der Grafschaft Northampton leitete die Niederschrift seiner Lebenserfolge und Besitzurkunden mit dem Satz ein „*propria manu scripsit hunc librum*“[22]. Es gab außerdem noch eine besondere Verwaltergruppe, die nicht nur gebildet war, sondern auch ein eigenes Bildungswesen schuf. Die frühesten Anwälte des „gemeinen Rechtes“ (Common Law) teilten die klerikal ausgerichtete Erziehung ihrer Zeit, eigneten sich in den Schulen oder auch in privatem Studium Kenntnisse des kanonischen und zivilen Rechts an, ehe sie das ungeschriebene Gemeinrecht pragmatisch meisterten, fast wie die Lehrlinge die „Geheimlehren“ ihres Handwerks. Während des 14. Jh. entstanden in London die Anwaltsschulen *(Inns of Court)*, die eine Allgemein- und eine Berufsbildung als Zusatz oder Alternative zur Universitätsbildung durchführten. Die Zweigliedrigkeit des englischen höheren Bildungssystems, ein bedeutender Wesenszug der Renaissance, wurde somit schon damals festgelegt.

Neben dem Klerus, den Beamten, den Gutsverwaltern und den Juristen hielten auch andere Schichten Bildung für nötig; für die Kaufleute war es fast eine Notwendigkeit, schriftkundig zu sein, und auch anderen Städtern mochte dies begehrenswert erscheinen. Die Achtung, die die Bildung genoß, spiegelt sich in den bürgerlichen Vermächtnissen an die Stadtschulen des 14. Jh. Bürgerliche Schriftkundigkeit bezeugt der Nachlaß eines Yorker Kaufmanns vom Jahre 1398 an einen Verwandten; zu ihm gehört ein „Psalmenbuch, in dem ich während der Fastenzeit zu lesen pflegte“, ebenso zeugt dafür das überlieferte Hauptbuch eines Londoner Kaufmanns aus dem 14. Jh., das teilweise von ihm selbst aufgestellt wurde. In London wurde gegen Ende des 14. Jh. die Forderung nach Bildung so stark, daß sich einige Männer zur Gründung nicht konzessionierter „allgemeiner Schulen der Grammatik“ ermutigt fühlten. In dem damaligen York konnte sogar ein Handwerker zur Schule gehen: Alan von Alnwick hinterließ seinem Neffen sein gesamtes Handwerksgerät mit der Bedingung, daß er „gute Lernfähigkeit in den Schulen und in der Goldschmiedekunst“ zeigte[23]. Es gab natürlich im spätmittelalterlichen England noch weite Kreise von Analphabeten, besonders auf dem Land, deren Zahl sich jedoch mit der Ausdehnung des mittelalterlichen Bildungswesens bis zu einem gewissen Grade verminderte.

11. Die Minderheiten

Im mittelalterlichen England gab es wie in anderen Ländern Gruppen, die außerhalb der Gesellschaft standen. Es waren Leute, die durch Krieg oder Hungersnot ins Unglück geraten waren, die dem Gerichtswesen zu entkommen suchten, und auch Vogelfreie. Diese Ausgestoßenen flohen häufig in die Wälder und wurden zu den lebenswahren Urtypen der in den Robin-Hood-Balladen romantisierten literarischen Figuren. Sie waren nicht weniger gewalttätig oder mehr bewundernswert als ähnliche Gruppen in anderen Gesellschaften, aber die Balladenverfasser behandelten ihre Taten mit Nachsicht, da sie in einer Zeit lebten, in der die Ärmeren – da „Recht und Gesetz sich in entgegengesetzten Lagern befanden"[24] – leicht zu Opfern von Beamten, mächtigeren Leuten oder der Umstände wurden. Diese Gruppen lieferten jedoch keinen Beitrag zum allgemeinen Wohlstand der Gemeinschaft. Bei zwei anderen Minderheitsgruppen war dies hingegen der Fall.

Die erste dieser Gruppen waren die jüdischen Gemeinden[25], die sich nach der normannischen Eroberung während des späten 11. und frühen 12. Jh. zuerst in London, dann in vielen anderen Städten festsetzten und größtenteils aus der Normandie und Nordfrankreich stammten. Sie standen unter königlicher Schirmherrschaft und durften in jedem Ort eine eigene Synagoge und schließlich auch eigene Friedhöfe errichten. Sie konnten viele Angelegenheiten unter ihren eigenen Beamten nach eigenem Recht und Brauch regeln und bekräftigten somit ihr religiöses Eigenleben. Der gesellschaftliche Verkehr zwischen den Juden und ihren christlichen Nachbarn war zeitweilig verhältnismäßig herzlich, aber die religiösen Unterschiede zwischen den beiden Gemeinden wurden im allgemeinen durch den Umstand belastet, daß viele ihr Brot als Geldverleiher verdienten, während einige Juden Kaufleute, Handwerker und Heilkundige waren. Die Krediteinrichtung war für die frühmittelalterliche Gesellschaft oft eine wirtschaftliche Notwendigkeit, aber nur wenige Menschen schätzten ihre Kreditgeber, zumal sich der hohe Preis, den die Juden für den königlichen Schutz zahlen mußten, auf die geforderten Kreditzinsen auswirkte. Zwischen dem späten 12. und späten 13. Jh. wurden die englischen Juden durch die königlichen Forderungen fast völlig ruiniert und somit als königliche Geldquelle uninteressant. Die Krone war unter diesen Umständen weniger bedacht, die Juden gegen den allgemeinen, durch die Kirche geschürten Antisemitismus zu schützen, den das religiöse Sonderleben der Juden und die Hoffnung christlicher Schuldner, ihren Verpflichtungen zu entkommen, noch verschärfte. Der Antisemitismus führte im Jahre 1190 und in den 60iger Jahren des 13. Jh. zu ausgedehnten Pogromen, und Eduard I. fügte sich im Jahre 1290 dem allgemeinen Antisemitismus; alle Juden wurden bis zum Ende des Mittelalters aus England vertrieben.

Besondere Umstände schränkten so die Rolle der Juden im mittelalterlichen England ein, doch andere fremde Minderheiten waren von sehr viel größerer Bedeutung. Die englische Gesellschaft nahm ihre normannischen Eroberer auf, und selbst im 13. Jh. ließ sich in den höheren Rängen für einen Montfort oder einen Valence immer noch Platz finden. Schottland, Wales und Irland beherbergten nicht nur eine halb anglonormannische Adelsschicht, sondern boten der Unternehmerinitiative englischer Städter und Bauern genügend Möglichkeiten. Die Ansiedlung einer ganzen Gemeinde von Flamen in der Grafschaft Pembrokeshire im Jahre 1108 zeichnete diese Provinz vor den anderen Provinzen in Wales aus. Eduard III. förderte die Ansiedlung flämischer Weber in einigen Gebieten von Ostengland, die nach anfänglichem Vorbehalt schnell in die Gemeinschaft aufgenommen wurden. Diese verschiedenen Gruppen lieferten auf ihre Weise einen Beitrag zur wirtschaftlichen Entwicklung Britanniens und waren maßgebend für die wachsende Einheitlichkeit gesellschaftlicher Einrichtungen.

In gewisser Hinsicht waren fremde Kaufleute, die sich nur zeitweilig in England aufhielten, von ebenso großer Wichtigkeit, da sie bis zum 14. Jh. die Hauptvertreter des sich ausbreitenden Handels zwischen England und dem restlichen Westeuropa waren und somit zur Ausdehnung der Gesamtwirtschaft beitrugen. Fremde Händler waren den britischen Interessen nicht immer willkommen[26]. Einige von ihnen verliehen wie die Juden Geld gegen Zinsen, und ihre Schuldner murrten. Einheimische Bürger und Kaufleute hätten sie gern vom gewinnbringenden Einzelhandel und Zwischenhandel im Lande ausgeschlossen. Deswegen waren die fremden Kaufleute wie die Juden auf den Schutz der Regierung angewiesen, der ihnen gewährt wurde, da viele Kaufleute für die Könige als Bankiers tätig waren. Die den Fremden gewogene Regierungspolitik gewann die Unterstützung der herrschenden Schichten des Landes, da die fremden

Kaufleute zugleich Lieferanten begehrter Verbrauchsgüter und Käufer der Überschußprodukte der Großgrundbesitzer waren. Deswegen wurden den Kölnern und Flamen unter Heinrich II., später den Gaskognern und Italienern (in Irland wie in England) und schließlich den Hansekaufleuten der deutschen Küste gewisse Rechte garantiert. Sie erhielten das zeitweilige Aufenthaltsrecht, Bewegungsfreiheit im Lande, die Konzession, gewisse Güter im Einzelhandel zu vertreiben, und die Zusicherung einer schnellen gesetzlichen Eintreibung der ihnen zustehenden Schuldbeträge. Im 12. Jh. wurde es einigen Gruppen gestattet, Einrichtungen, wie die Londoner Gildehäuser der Kaufleute von Köln und St. Omer, zu errichten. Die Kölner Gildehäuser wurden zum „Stalhof", dem englischen Hauptsitz der Hanse. Im 14. Jh. wurden die Interessen der deutschen Kaufleute durch ihren eigenen Ratsherren vertreten, der Gericht über Schuldgesuche und Verträge abhielt, selbst wenn einer der Teilnehmer Engländer war. Andere Gruppen verfügten über ähnliche, wenn auch weniger formal organisierte Zentren für ihren jeweiligen Aufenthalt. Ihre Tätigkeit reizte einheimische Händler zwar oft zur Klage; diesen wurde jedoch durch die Zentren Gelegenheit gegeben, als Agenten und Partner der Fremden zu fungieren. Die geschäftlichen Beziehungen erleichterten gesellschaftliche Bande, und Besucher anderer Nationen ließen sich manchmal ständig nieder. William Servat, ein Cahorsiner, tauchte in den siebziger Jahren des 13. Jh. in London als Wollexporteur, Seiden- und Gewürzimporteur auf. Im Jahre 1292 besaß er ein Wirtshaus, das zum Sammelpunkt seiner Landsleute wurde. 1301 ließ es seinen Sohn nachkommen und wurde bald darauf Ratsherr und Parlamentsabgeordneter für die City[27]. Die englischen Städter des Mittelalters waren angesichts der ausländischen Konkurrenten oft fremdenfeindlich eingestellt, dem einzelnen Ausländer konnten sie jedoch entgegenkommen. Henry Wyman war einer der fremden Hansekaufleute, die 1385 in York gefangengenommen wurden, aber vom Jahre 1407 bis zum Jahre 1409 war er Bürgermeister eben jener Stadt[28].

12. Die Stellung der Frau[29]

Die englischen Gesetze und Gebräuche, die sich auf die Stellung der Frau beziehen, sind voller Widersprüche. Die Frau besaß keine öffentlichen Rechte, denn sie hatte „keine Funktion im Lager, im Rat, auf der Richter- oder der Geschworenenbank"[30]. Wenn sie überhaupt in diesen Bereichen irgendwelchen Einfluß hatte, war er indirekter Art; so verstand es beispielsweise, nach Adam Marsh, die Gräfin Eleanor, Simon de Montforts Heftigkeit und Härte zu mildern. Im Privatrecht jedoch besaßen die Frauen fast die gleichen Rechte wie die Männer; sie durften Land und Güter besitzen, Testamente errichten, sich vor Gericht äußern und ein Gewerbe oder Handwerk ausüben. Bischof Grosseteste von Lincoln verfaßte schließlich nicht umsonst für die verwitwete Gräfin von Lincoln einen Leitfaden für die Guts- und Hausverwaltung, und Chaucers Frau von Bath war nicht nur eine geschickte Weberin, sondern auch so ungebunden wie ein fahrender Ritter.

Diese prinzipielle Gleichheit fiel in der Praxis hingegen recht anders aus. Die Heiratsgesetze bevorzugten den Ehemann. Er war nicht nur der „Herr" im Hause, sondern ihm gehörten während der Ehe oder, wenn er die Frau überlebte, auf Lebenszeit deren Besitz und Eigentum. Die Frau erhielt erst als Witwe ihr Eigentum zurück und hatte für ihren Unterhalt zusätzlich Anspruch auf einen Teil des Eigentums ihres Mannes (in der freien und feudalen Besitzerschicht gewöhnlich auf ein Drittel und in der dienenden Bauernklasse manchmal auf das Gesamteigentum). Die Frauen unterstanden, gerade da sie Besitz erben und über eine Witwenrente verfügen konnten, den Oberherrn ihres

Landes. Die Könige überwachten die Besitzübergabe bei Erbinnen oder Witwen der Barone, da mit dem Besitztum Dienstpflichten verbunden waren, und die Barone überwachten die Besitzübergabe ihrer Vasallen. Dieses Interesse der Oberherren an den Erbverhältnissen ihrer Untertanen konnte recht gewinnbringend sein. Erbinnen konnten versteigert werden, und König Johann Ohneland bezog von den Witwen reiche Einkünfte, damit sie nicht zu einer Neuheirat gezwungen wurden. Die schonungslose finanzielle Ausbeutung dieses Rechtssystems wurde im 13. Jh. gemäßigt, aber die Grundbesitzer verfügten weiterhin über ähnliche Rechte ihren Hörigen gegenüber. Ein Höriger mußte für die Heiratserlaubnis eine bestimmte Summe zahlen, und eine Hörige, die ihren Heiratswert durch voreheliche Verkehr verdarb, mußte ein Strafgeld zahlen. Eine Hörige konnte zur Ehe gezwungen werden, damit unfreier Pachtbesitz, der in weibliche Hände gefallen war, von einem arbeitsfähigen Mann übernommen werden konnte. Dieser Fall wurde im Jahre 1294 in einem bündigen Befehl auf dem Abteigutshof Ramsey bei Wistow aufs beste dargestellt: „Sarah Byssop ist eine junge Witwe, und es wird befohlen, daß sie vor der nächsten Sitzung des Gerichts heirate“[31].

Es ist schwierig, die äußere Fassade ländlicher Heiratsgesetze und Gutshofsbestimmungen des Mittelalters zu durchdringen. Das Leben der Frau scheint ein reines Arbeitsleben gewesen zu sein. Neben der Haushaltsarbeit verrichteten die Frauen und Töchter mit den Männern die landwirtschaftliche Arbeit auf dem eigenen Pachtbesitz und teilten einige der Dienstpflichten auf dem Grundbesitz ihrer Herren. Über die Verhältnisse in den Städten ist etwas mehr Material vorhanden, da die bürgerlichen Familien das Recht besaßen, durch das Testament über ihren Besitz zu verfügen, so daß die Witwen und Töchter häufig einen größeren Teil des Familienvermögens erhielten. Viele von ihnen betätigten sich in einem Gewerbe oder Handwerk, und einige scheinen eine genügende Bildung genossen zu haben, um kaufmännische Geschäfte zu betreiben. Es ist jedoch auch hier schwierig, in den Familienkreis einzudringen und Aufschluß über die Wirklichkeit des Familienlebens zu bekommen. Von den Testatoren weiß man, daß sie oft die Kinder beschworen, ihre Mütter zu lieben und zu ehren, und ein Handbuch des 15. Jh. riet dem jungen Mann, seine Frau nicht zu schlagen und zu bedenken, daß

> „Obwohl ihr Stand sie zur Magd macht,
> sie oft auch Gefährte ist“[32].

Der Schluß liegt nahe, daß solche widersprüchlichen Züge in der Stellung der Frau auf allen gesellschaftlichen Stufen zu finden sind.

13. Armut und Krankheit

Die Vorsorge für Armut, Witwenschaft, Alter und Krankheit fiel während des Mittelalters kaum in den Wirkungsbereich des Staates[33]. Es war jedoch die Pflicht eines jeden Christen, vom König bis zum einfachen Mann, die vom Unglück Betroffenen mit Almosen in Form von Nahrung, Kleidung und Schuhen zu unterstützen. Die Unterstützung der Armen war zwar eine allgemeine christliche, aber besonders auch eine Familienpflicht, und selbst Leibeigene trafen Vorkehrungen für ihre alten Eltern, verwitweten Mütter oder Kinder, die keinen Anteil am Familienbesitz erhielten. Diese private Wohltätigkeit wurde auch von bestimmten Einrichtungen institutionell durchgeführt. In einigen Orten wenigstens verpflichteten die Gerichte den Grundherrn zur Versorgung der Alten, und im Dorf Over in der Grafschaft Cambridge war es an den Gutshöfen Brauch, daß ein älterer Bruder für Unterkunft und Unterhalt seiner jüngeren Geschwister bis zu ihrer Heirat sorgen mußte, wenn er den Familienpachtbesitz erbte[34]. Auch in den Städten übernahm das Stadtregiment die Verantwortung für Waisen, und die Handwerksgilden und Bruderschaften trafen gemeinsam Vorsorge für ihre alten oder ins Unglück geratenen Mitglieder. Ähnliche Institutionen lassen sich in den Dörfern finden, so im Jahre 1389 in Stow die Innung von St. Johann dem Täufer, die in ihren Regeln folgendes Gebot einschloß: „wenn irgendein Bruder so arm wird, daß er nicht ehrlich von seinen Mitteln leben kann . . ., soll er jede Woche sieben Pence ausgezahlt bekommen . . . bis . . . er stirbt oder ohne Betrug in eine bessere Lage kommt"[35].

Die Gilden und Bruderschaften waren jedoch im gewissem Sinne Erweiterungen der Kirchenorganisation, die den eigentlichen Rahmen mittelalterlicher Wohltätigkeit bildete. Klöster und Bischöfe verteilten Almosen, und die pfarramtliche Mildtätigkeit wurde von den Einkünften bestritten, die die Gemeindepfarrer vom Zehnten, von Spenden und von Vermächtnissen, die sie verwalteten, bekamen. Die Pflicht des Pfarrers, die „äußereste Not" zu lindern, wurde von den provinzialen Konzilien festgesetzt und von tatkräftigen Prälaten wie dem Erzbischof Grosseteste beispielhaft zum Ausdruck gebracht: „Die priesterliche Fürsorge besteht nicht nur aus dem Zelebrieren des Abendmahles . . ., sie besteht aus dem Speisen der Hungrigen, dem Erquicken der Durstigen, dem Kleiden der Nackten"[36]. Diese Pflicht spiegelte sich besonders in den etwa 600 kleinen und großen Stiftshospitälern des mittelalterlichen England wider, für deren Unterhalt jede Gesellschaftsschicht, vom König bis zum Handwerker, sorgte. Diese Hospitäler hatten einen großen Aufgabenkreis: Sie sorgten nicht nur für die Kranken, sondern errichteten Armenhäuser und Heime für Alte und Notleidende. Diese waren zweifellos die wichtigsten damaligen Wohltätigkeitseinrichtungen.

Es war die allgemeine Einstellung des Mittelalters, daß die Armut wie die Krankheit eine Heimsuchung sei, ein Unglück, das man bedauern und womöglich beheben sollte. Schon weit vor dem Jahre 1400 wurde jedoch zwischen jenen, die Opfer eines Unglücks waren, und jenen, deren Armut vom „Müßiggang" herrührte, unterschieden. Diese Unterscheidung stand im Zusammenhang mit dem Versuch, die Löhne zu kontrollieren, und wirkte sich gegen Ende des 13. Jh. zuerst im eroberten Wales und in Irland aus und nach dem Jahre 1349 in verstärktem Maße in England, als die Pest Arbeitskräfte spärlich machte. Eine „Ordinance of Labourers" (Arbeiterverordnung) stellte 1349 fest, daß „einige lieber in Müßigkeit betteln als durch Arbeit ihren Lebensunterhalt verdienen", und zwang alle arbeitsfähigen mittellosen Männer und Frauen unter sechzig, für jeden, der sie benötigte, zu arbeiten. Ein Statut von 1388 erweiterte diese Regelung des Arbeitsmarktes und verordnete, daß Bettler, die „der Dienste oder Landarbeit fähig waren", an den Pranger gestellt werden sollten, wenn sie sich arbeitsscheu zeigten, und übertrug den Gemeinden die Verantwortung für die „kranken Armen". Dies war der erste Entwurf eines nationalen Wohlfahrtssystems, das die örtlichen Autoritäten zu den Hauptträgern machte, ihnen aber nur einen bescheidenen Hinweis gab, wie sie ihre Pflicht erfüllen sollten.

14. Landwirtschaft, Forstwirtschaft und Fischerei

Im Mittelalter wurden die Fischerei und die Ausbeutung der Wälder nur in geringem Maße professionell betrieben. Die Binnenfischerei in den Sumpfgebieten und Flüssen und die Küstenfischerei wurden überall von der Bauern- und Fischerbevölkerung betrieben. Es scheint jedoch, daß sich einige in diesem Bereich spezialisierten, besonders in den Häfen von Ostirland, Cornwall, Devon und Ostengland; und Schottland war schon im Mittelalter für seinen Lachs berühmt. Das bekannteste Fischereizentrum war Great Yarmouth, dessen Reichtum auf den Heringsschwärmen der Nordsee beruhte und das jedes Jahr seinen berühmten Fischmarkt von Michaelis (29. 9.) bis Martini (11. 11.) abhielt. Im späteren 14. Jh. ging allerdings das Geschäft von Yarmouth zurück, möglicherweise wegen der Importe aus Skandinavien und Holland.

Die Forstwirtschaft war noch weniger spezialisiert trotz der Tatsache, daß die große Bewegung der Binnenkolonisation immer noch weite Gebiete natürlichen Waldes, wie die Dean- und Wealdenwälder und kleinere im ganzen Land verstreute Waldgebiete unberührt gelassen hatte. Diese Waldungen standen als Jagdgründe unter dem Schutz des Königs und des Landadels, aber der Wert des Holzes wurde schon damals geschätzt, obwohl sich die Ausbeutung des Waldbestandes im allgemeinen mehr auf den örtlichen Bedarf beschränkte. Die Nutzung von Holz als Brennstoff brachte es mit sich, daß die Hauptzentren der Eisenindustrie in Waldgebieten lagen. Auch die Tatsache, daß die meisten Gebäude aus Holz waren oder hölzernes Balkenwerk hatten, sicherte eine gute Marktlage. Viele Landherren überwachten daher, außer wenn die Not sie zu bedenkenlosem Fällen trieb, sorgsam die Ausbeutung ihrer Waldgebiete und begrenzten streng den Zutritt ihrer Hörigen zu den grundherrschaftlichen Wäldern bei der Suche nach Brennholz, Baumaterial und Holz für Geräte und Handwerkszeug.

Die Landwirtschaft jedoch bildete die Hauptquelle des Unterhalts für die Mehrheit der Bewohner des mittelalterlichen Britannien. Sie sorgte einerseits für den Bedarf der Laien- und Kirchenmagnaten und des Landadels, der aus dem feudalen Ritterwesen hervorging, und andererseits unterhielt sie die große Masse der Dorfbewohner. Viele der Großgrundbesitzer verpachteten bis zum späten 12. Jh. Grundbesitz gegen festgesetzte Geld- oder Naturalabgaben. Im 13. Jh. jedoch wandelten die meisten ihre Landgüter in kommerzielle, von eigenen Beamten verwaltete Unternehmen um, investierten große Geldsummen und organisierten für die Bewirtschaftung dieser Güter eine große Zahl von Dienst- und Lohnarbeitern. Vor dem Jahre 1349 und danach verminderte sich die Großkultur der freien Landgüter weiter, weil die Arbeitskräfte teurer wurden und Handelsschwankungen den Profit unsicher machten.

Auch die Pächter und Kleinbauern stellten sich auf die kommerzielle Landwirtschaft ein. Die hohen Gelder und Abgaben, die sie zu leisten hatten, zwangen sie zur Marktwirtschaft, und mit der Abnahme der herrschaftlichen Großkultur erreichten die verschiedenen Pachtbesitzer einen Produktionsgrad, der den neuen Erfordernissen entsprach, obwohl dieser häufig niederiger war als im 13. Jh.

Die Landwirtschaft war im englischen Flachland, in vielen Gebieten von Westirland und Südostschottland hauptsächlich auf den Getreideanbau ausgerichtet. Dieses Übergewicht an Ackerland, das sich mit dem Bevölkerungszuwachs noch verstärkte, deutete auf die Tatsache, daß verhältnismäßig viel Land zur Gewinnung einer bescheidenen Getreideernte für die Hauptnahrungsmittel der damaligen Zeit, Brot und Bier, benötigt wurde. Der größte Teil des Ackerlandes mußte, um nicht unfruchtbar zu werden, jedes zweite oder dritte Jahr brachliegen, da natürliche Düngemittel nicht ausreichten und mit anderen Düngern wie Mergel, Sand und Tang äußerst unzureichend vermischt wurden. Auf den kargsten Äckern war eine solche intensive Landausnutzung nicht möglich; deshalb nahmen die Bauern Zuflucht zur dauernden Bestellung kleiner, regelmäßig gedüngter Äcker und der zeitweiligen Bestellung des Brachlandes über einige Jahre, das nach der letzten Ernte wieder zu Weideland wurde. Der Gewinn war trotz allem nur mäßig. Das Verhältnis zwischen Ernte und Saat überstieg beim Weizen selten das Fünffache und betrug zwischen 1209 und 1349 auf den Pachtböden von Winchester nur 1:3,83. Die Haferernte ergab selten das Dreifache und war häufig geringer, und, obwohl die Gerstenernte besser war, betrug auch sie nur selten mehr als das Fünffache[37]. Die Durchschnittsernten neigten außerdem, wenigstens vor dem Jahre 1349 (als einige der unergiebigsten Äcker aufgegeben wurden), mit der Ausdehnung der Kultivierung von Randgebieten und der nachlassenden Fruchtbarkeit einiger schon seit langem bebauter Böden zu immer kleineren Erträgen. Auch die Struktur des Getreideanbaus war verhältnismäßig festgefügt. Weizen für Brot war die Haupternte im größten Teil des englischen Flachlandes und wurde überall, wo es die Bedingungen erlaubten, angebaut, so zum Beispiel in Wexford und sogar im nördlichen Schottland etwa in Moray. Im allgemeinen jedoch wurde Weizen in den nördlichen Gebieten und auf den weniger fruchtbaren Böden durch Roggen ersetzt. Gerste war noch stärker vertreten als Weizen; sie wurde manchmal zusammen mit Hafer gesät und war gewöhnlich die einzige Getreidesorte in Schottland, insbesondere im Hochland und in den häufig überschwemmten Marschgebieten. Im 13. Jh. versuchte man in England Gemüsesorten wie Erbsen, Bohnen und Platterbsen in den landwirtschaftlichen Kreislauf aufzunehmen, teilweise mit dem Ziel, den Boden fruchtbarer zu machen.

Der Getreideanbau war natürlich nirgends die einzige Form der Landwirtschaft. Grundherren und Bauern betrieben schon immer eine gemischte Landwirtschaft, wobei die kommerzielle Viehzucht im englischen Flachland hauptsächlich in den Händen der Herren und reicheren Bauern lag und von sehr großem Umfang sein konnte. Die Hügellandherden der Bischöfe von Winchester und die Moorherden der Klöster in der Grafschaft Yorkshire und der schottischen Abteien wie Kelso und Coupar bestanden aus Tausenden von Schafen. Die Großgrundbesitzer verfügten des weiteren über ausgedehnte Viehfarmen in den Penninen, dem Derbyshire-Bergland, den walisischen Marken und in der Grafschaft Cornwall. Diese Viehzucht belieferte den Exporthandel mit Fellen und vor allem mit Wolle und bildete eine zusätzliche Einnahmequelle für den unternehmenden Grundbesitzer. In den entfernteren Gebieten der britischen Inseln und in einem Teil des Hochlands war die Weideviehzucht die wirtschaftliche Grundlage. Die Viehzucht stand, bei großem oder kleinerem Umfang der Herde, auf der gleichen verhältnismäßig niedrigen Produktivitätsstufe wie die Getreidekultur. Schafe, Schweine und Kühe waren oft unfruchtbar; der Milchertrag pro Kuh betrug bestenfalls ein Sechstel des heutigen Ertrages, meist jedoch viel weniger; die Schur wog im günstigsten Falle die Hälfte der heutigen, und die Verluste des Viehbestandes, besonders der Lämmer, durch Seuchen waren sehr hoch[38].

Obwohl die englische Landwirtschaft des 13. Jh., mit absoluten Maßstäben gemessen, im Rückstand war, konnte sie die Produktion auf ihr mittelalterliches Maximum bringen, eine wachsende Bevölkerung ernähren (wenn auch nicht jeden ausreichend) und einen beträchtlichen Überschuß für den Export erzielen. Dagegen führten im 14. Jh. die durch die Pest verursachte Bevölkerungsabnahme und die durch hohe Arbeitskosten hervorgerufenen Schwierigkeiten der Gutshöfe zu einer Schwächung der früheren Unternehmerinitiative. Mit dem Absinken der Bevölkerung wich die Grenzlinie der Kultivierung, vor allem aus den Randgebieten und den ausgelaugten Böden; Dörfer wurden kleiner oder verödeten völlig. Die Grundbesitzer waren größtenteils nicht mehr als aktive Landwirtschaftsunternehmer tätig, und selbst der frühere Stand der Viehzucht wurde nicht überall aufrecht erhalten. Der Bauer konnte angesichts der verminderten Landkonkurrenz seine Gebühren herabdrücken, hatte wahrscheinlich mehr zu essen und leichteren Zutritt zu angemessenerem Besitz. Dem Landüberschuß folgte jedoch wieder eine Verknappung, weil die manchmal übermäßige Bebauung weniger fruchtbarer Felder wieder aufgegeben wurde.

15. Die Ausbeutung der Bodenschätze[39]

Solange der landwirtschaftliche Ertrag für den Lebensunterhalt des größten Teils der Bevölkerung sorgte, kam die Verarbeitung der Bodenschätze nicht annähernd ihrer späteren Stellung in der britischen Wirtschaft gleich. Die Eisenproduktion war allerdings notwendig für eine sich ausdehnende Agrarwirtschaft, die auf Geräte und Handwerkszeug angewiesen war, sowie für den Bedarf an Waffen und Rüstungen. Die Eisenindustrie entwickelte sich jedoch mehr extensiv als intensiv: Leicht zugängliche Erzadern wurden überall von Bergleuten und Schmelzern ausgebeutet; dabei wurde größtenteils nur der örtliche Bedarf gedeckt. Nur zwei Gebiete bildeten Ausnahmen, vermutlich weil es hier Erzlager mit großen Waldungen, welche Holzkohle für die Schmelzen lieferten, zusammen gab. Schon im 12. Jh. hatte sich der Deanwald zu einem Gebiet von Eisenschmelzen und ländlicher Kleinindustrie entwickelt, das landwirtschaftliches Gerät für einen fast ganz England umfassenden Markt lieferte. Der Wealdwald in Sussex entwickelte sich erst etwas später und sicherte sich gegen Mitte des 14. Jh. den äußerst wichtigen Londoner Markt. Selbst in diesen Industriegebieten war der Produktionsumfang nicht viel größer als der in den verstreuten Zentren des rein örtlichen Bedarfs, und die einheimische Eisenproduktion mußte mit Importen aus Spanien und dem hansischen Norden unterstützt werden.

Die Merkmale des Eisengewerbes wiederholten sich in den anderen Metallindustrien, obwohl sich diese durch ihre Vorkommen mehr auf bestimmte Gebiete konzentrierten. Blei wurde in der Grafschaft Derbyshire, in den Tälern der Grafschaft Yorkshire, im Alston-Moorgebiet und in den Hügeln von Shropshire und den Mendips gewonnen, Kupfer in den Grafschaften Devon und Cumberland, Zinn in den Grafschaften Devon und Cornwall. Die Bergleute und Schmelzer waren häufig auch Bauern, und die Industriebetriebe setzten sich aus Familiengruppen zusammen, Zusammenschlüssen von einfachen Leuten und bestenfalls einem Meister, der über eine bescheidene Zahl von „Dienern" verfügte. Es gab ein paar größere Unternehmen, wie die königlichen Zinn- und Silberbergwerke in Beer Alston, die im frühen 14. Jh. 700 Leute beschäftigten, oder wie die sechs Bergwerke in Cornwall, in denen ein Zinnmagnat im Jahre 1357 300 Leute beschäftigte. Diese Großunternehmen waren jedoch selten, und der Gewinn lag mehr im Absatz der Produktion als in der Erzgewinnung und Schmelzung. Dies hatte zur Folge, daß Blei und besonders Zinn einen Markt in den englischen Städten der Zinngießerei, vor allem in London, fanden, jedoch auch ins Ausland exportiert wurden. Eine Folge des Absatzes war die Erhöhung der Zinnproduktion von jährlich 140000 Pfund in den fünfziger Jahren des 12. Jh. auf 650000 Pfund zwischen 1190 und 1214; im frühen 14. Jh. stieg sie von 680000 Pfund auf fast 1400000 Pfund jährlich in den dreißiger Jahren, und gegen Ende des 14. Jh., nach einem Rückgang auf ungefähr jährlich 500000 Pfund, betrug die Durchschnittsproduktion in der Zeit von 1390 bis 1410 etwa 1250000 Pfund[40].

Die Steinkohle war, verglichen mit Zinn und Blei, ein Nachzügler, wurde aber im 14. Jh. in den meisten später wichtigen Industriegebieten von Südwales und dem Deanwald bis zu den Grafschaften Northumberland und Fife gefördert. Die Gewinnung der Steinkohle zeigte alle Charakteristika der anderen Industrien. Die Bergwerke waren meist nur kleine Tagebauunternehmen, in denen mit primitiven Mitteln, die nur geringes Kapital erforderten, gearbeitet wurde. Anfänglich hatte die Kohle nur begrenzte Verwendungsmöglichkeiten, sie wurde hauptsächlich zur Schmiedearbeit, zur Kalkbrennerei, zum Bierbrauen und zum Backen gebraucht; für den häuslichen Herd wurde sie, außer von den Armen in der Nähe der Bergwerke vor allem Ostschottlands, kaum verwandt. Im allgemeinen hatte die Kohle nur einen örtlichen Absatzmarkt. Eine Ausnahme war das nordöstliche Kohlengebiet, das über den Tynefluß eine Absatzmöglichkeit fand. Die Kohle ging mittels der Küstenschiffahrt vor allem nach London; ein Teil wurde ins Ausland, wenn auch nur als Ballast, in die Niederlande, nach Frankreich und die deutschen Städte der Ostsee verschifft. Der Exportanteil war allerdings bescheiden; er betrug 6600 Tonnen in den Jahren 1377 und 1378 und 4280 Tonnen in den Jahren 1381 und 1382, bestenfalls ein Fünftel der Exporte des späteren 16. Jh. noch vor der bedeutenden Produktionszunahme der Kohle[41].

16. Die übrigen Gewerbezweige

Die mittelalterlichen Manufakturgewerbe hatten vieles mit der Ausbeutung und Verarbeitung der Bodenschätze gemeinsam; sie konzentrierten sich allerdings in steigendem Maße in den Städten. Die meisten waren auf die Versorgung eines begrenzten Marktes ausgerichtet, der sich aus ihren eigenen Städten und den Bewohnern des unmittelbaren ländlichen Hinterlandes zusammensetzte. Die Produktion lag in den Händen von kleineren Leuten, die gewöhnlich zu Hause arbeiteten. Häufig arbeiteten die Handwerker sehr unabhängig voneinander, so daß es zu Überschneidungen in der Arbeitsteilung kam. Eine größere Stadt des 14. Jh. beherbergte also eine Vielfalt von gewerblichen Herstellern, die den Bedarf dieser Stadt und den des umliegenden Landes deckten. In den meisten Städten lebten Handwerker des Textilgewerbes, Weber, Tuchwalker, Scherer und Färber, die das von den Frauen in der Stadt und auf dem Land gesponnene Garn zu verschiedenen Tucharten verarbeiteten. Diese Tuche wurden dann an die Schneider und Kappenmacher weitergegeben, die sie für den Einzelhandel weiterverarbeiteten. Auch das Ledergewerbe war beträchtlich und reichte von den Loh- und Weißgerbern und Lederzurichtern bis zu den Schuh-, Handschuh- und Beutelmachern sowie den Sattlern, die das Leder zu Gebrauchsgütern verarbeiteten. Die Metallhandwerker stellten Waffen und Rüstzeug, Glocken, Messer, Nadeln, Nägel und Sporen her; die Goldschmiede versorgten einen teureren Markt, und das wachsende Handwerk der Zinngießerei fertigte aus englischem Blei und Zinn Haushaltsgeräte. Eine andere Gruppe von Handwerkern, Maurer, Zimmerleute, Glaser, Ziegeldecker und Gipser, arbeiteten im Baugewerbe zusammen. Auch die Bogenmacher, Faßbinder und Töpfer waren für die tägliche Bedarfsdeckung jener Leute wichtig, die auf den städtischen Marktplätzen Geschäfte betrieben[42].

Die Anzahl der Handwerker war natürlich örtlich verschieden und in den größeren Städten höher als in den kleineren Gemeinden. In einigen Orten entwickelten miteinander verbundene Handwerksgruppen ein hierarchisches Abhängigkeitsgefüge. In London wurden beispielsweise die Sattler fast ausschließlich Arbeitgeber der Gürtler, Maler und einiger Schreiner, und die Messerschmiede wurden Arbeitgeber der Klingenschmiede und Scheidenmacher[43]. Solche kapitalistischen Ansätze entstanden jedoch nur in den größten Städten und in den Industrien, die einen weiteren Markt als üblich versorgten. Eigentlich verfügte nur die Wollindustrie, deren Existenz unbeständig war, über solche Marktmöglichkeiten. Im 12. Jh. gab es neben einer beträchtlichen Produktion gewöhnlichen Tuches in den Städten und auf dem Land noch einen zusätzlichen Industriezweig für die Herstellung von Qualitätstuchen, der sich besonders auf die großen ostenglischen Städte konzentrierte. Diese beiden Produktionszweige deckten den Binnenbedarf und erbrachten einen Exportüberschuß. Die Erfolge der Textilindustrie, besonders die der städtischen Qualitätsindustrie, wurden gegen Ende des 12. Jh. durch die flämische Konkurrenz untergraben; Anfang des 14. Jh. jedoch kam es zu einem Aufstieg, und in den fünfziger Jahren belief sich die jährliche Produktion auf 15000 bis 16000 Ballen feinen Wollstoffs. In einer weiteren Erfolgszeit gegen Ende des Jahrhunderts stieg die Produktion auf jährlich 50000 Ballen, von denen vier Fünftel exportiert wurden. In diesem Industriezweig bestanden schon am Anfang kapitalistische Züge, die ihren Ausdruck in den kaufmännischen Unternehmern fanden, die Aufträge an die Handwerker (Weber, Tuchwalker usw.) verteilten. Im 12. Jh. spielten die Färber diese Rolle, im 13. Jh. die gewöhnlichen städtischen Kaufleute und im 14. Jh. eine teilweise spezialisierte Gruppe von Tuchexporteuren.

Es soll noch einmal betont werden, daß die Textilindustrie zu verschiedenen Zeiten in unterschiedlichem Maße sowohl auf dem Land wie in den Städten betrieben wurde. In dieser Hinsicht unterschied sie sich nicht von den anderen Industriezweigen. In vielen Dörfern gab es Lederverarbeiter, Brauer und Töpfer und fast überall Schmiede, und die Eisenindustriegebiete wie der Deanwald unterhielten sowohl Metallhandwerker wie auch Bergleute und Schmelzer. Während im 12. Jh. ländliche Weber und Tuchwalker neben den städtischen Textilarbeitern arbeiteten, begünstigte der Preissturz des 13. Jh. das Überleben der billigen Landindustrie, und die Stadtindustrie erlahmte. Das erste Zeichen eines industriellen Aufstieges war die Entwicklung der Kammgarnindustrie um das Jahr 1300 in den ländlichen Bezirken der Grafschaft Norfolk. Die Ausdehnung der Tuchproduktion im 14. Jh. war hingegen anfänglich ein städtisches Phänomen, und noch gegen Ende des Jahrhunderts produzierten Salisbury, Bristol, York und Coventry ein Drittel des englischen Tuches. Zur selben Zeit jedoch vergrößerte sich auch die Produktion auf dem Lande, da die Unternehmer hier billigere Arbeitskräfte als die städtischen Gildehandwerker suchten. Jedenfalls versorgten Suffolk und Essex, die Grafschaft Berkshire und zu einem gewissen Grad auch das West Riding der Grafschaft Yorkshire den einzigen bedeutenden Manufakturexport Englands. Der Beitrag der Textilindustrie zum Nationaleinkommen läßt sich natürlich nicht genau errechnen, aber nach einer Schätzung beliefen sich allein die in der Exportproduktion beschäftigten Arbeitskräfte auf 17000–20000 vollzeitig tätige Arbeiter. Bedenkt man außerdem noch den Umstand, daß importierte Wollstoffe völlig aus der Textilherstellung des Binnenlands verdrängt wurden, so beschäftigte das Textilgewerbe im Jahre 1400 zwischen 23000–26000 mehr vollzeitig tätige Arbeiter als im Jahre 1300[44]. Der Anteil der Beschäftigten war, verglichen mit der Gesamtbevölkerung, niedrig (weniger als 1%) und somit folglich auch die Produktivität, aber viele Textilarbeiter waren nur teilweise beschäftigt, besonders in den Spinnereien und in den ländlichen Industriezweigen, so daß die Gesamtzahl der Arbeitskräfte unterschätzt werden könnte. Hier zeigten sich die kleinen Anfänge der industriellen Wirtschaft, die eines Tages eine grundsätzlich agrarische Wirtschaft ersetzen sollte.

17. Der Handel

Die Struktur des Handels im mittelalterlichen Britannien stand in offensichtlichem Zusammenhang mit der Struktur der industriellen Entwicklung. Der größte Teil der Handelsabschlüsse bestand zweifellos aus überwiegend kurzfristigem Handelsaustausch innerhalb Britanniens, aus den Handelsgeschäften von Städtern untereinander oder zwischen Städtern und einem oft sehr begrenzten städtischen Hinterland. Dieser Handel bedurfte größtenteils keiner Zwischenhändler, da die Landleute ihre Ware auf den städtischen Märkten feilhielten und die Stadthandwerker ihre Waren direkt verkauften. Andererseits gab es in den größeren Städten eine Gruppe von Zwischenhändlern, die man für die Verteilung von Rohprodukten (Wolle und Zinn) und Manufakturwaren auf entfernten Märkten brauchte. Die wirtschaftliche Ausdehnung führte zu einer Schicht von Großhändlern, die außerdem noch die Verteilung der in die englischen

Häfen strömenden Importwaren kontrollierte. Diese Schicht war besonders in den großen regionalen Zentren wie York und Bristol und vor allem in London vorherrschend, das zweifellos schon damals die wirtschaftliche und politische Hauptstadt Englands war. London war Verteilungszentrum der verschiedensten Importe sowie des Woll- und steigenden Tuchexports und Konsumzentrum von Nahrungsmitteln, Getreide, Tierprodukten und Fischen, die nicht nur über Land, sondern auch durch Küstenhandel aus allen südlichen und östlichen Häfen herbeigebracht wurden.

Das Netzwerk der internen Handelsabschlüsse unterstützte den Überseehandel und wurde gleichzeitig von ihm gestützt[45]. Die Exportgüter waren bis zum 14. Jh. größtenteils Rohprodukte, von denen Wolle das Hauptausfuhrgut bildete. Im ersten Jahrzehnt des 14. Jh. erreichte die Wollausfuhr ihren Höhepunkt mit einer jährlichen Verschiffung von 34 000 Säcken vor allem in die Niederlande. Politische und ökonomische Unruhen verursachten in den nächsten zwei Generationen mehrfach Schwankungen im Wollhandel. Erst gegen Ende des Jahrhunderts kam es zu einem raschen Absinken, aber selbst dann wurde noch doppelt so viel Rohwolle exportiert, wie für den Tuchexport verarbeitet wurde. Ein Teil dieser Rohwolle gelangte direkt auf dem Seeweg nach Italien. Andere Exporte waren geringer, aber vor allem im 13. Jh. wurde ein Teil des Getreides und der Milchprodukte in die Gascogne und die Niederlande ausgeführt. Auch eine kleinere Menge Eisen, etwas mehr Blei und Zinn sowie eine beträchtliche Zahl von Häuten und Fellen wurden ins Ausland verschifft. Erst von den fünfziger Jahren des 14. Jh. an sank der Export von Rohprodukten merklich; der Tuchexport stieg dagegen auf das Fünffache gegen Ende des Jahrhunderts.

Die Importe waren differenzierter und schlossen Nahrungsmittel und Rohprodukte ein. Alaun und Färbemittel mußten schon immer für die einheimischen Tuchverarbeiter importiert werden. Der Ostseehandel nahm hier eine bedeutende Stellung ein. Er versorgte Britannien auch mit Holz, Wachs, Eisen, Pech und Fellen und vom 14. Jh. an, in Dürrezeiten sogar mit Getreide. Im ganzen konzentrierte sich jedoch der Importhandel auf Luxusgüter und Manufakturwaren: Seide, Gewürze und exotische Früchte gelangten schließlich auf dem Seeweg von Venedig oder Genua direkt nach Britannien. Zu Beginn des 14. Jh. wurden jährlich 20 000 Fässer Bordeauxwein nach England importiert. Von den Qualitätstextilien der Niederlande importierten um 1300 ausländische Kaufleute allein jährlich 12 000 Tuchballen und selbst in den fünfziger Jahren des 14. Jh. noch jährlich 6000, trotz der aufsteigenden Entwicklung der einheimischen Industrie.

Eine Schätzung des Außenhandelsumfanges vor Ende des 13. Jh. erweist sich als unmöglich, aber alle indirekten Zeichen lassen auf eine wachsende, wenn auch nicht immer stetige Ausdehnung schließen, in der die ausländischen Kaufleute besonders in England und in geringerem Maße in Irland und Schottland eine führende Rolle spielten. Im 12. Jh. beherrschten neben den Kölnern und teilweise auch den Skandinaviern vor allem die flämischen Wollhändler den Markt. Im 13. Jh. verzweigte sich jedoch mit dem Abfall des aktiven flämischen Handels der Kreis der Handelspartner. Die Gaskogner beherrschten den Weinhandel zwischen Bordeaux und Britannien und waren Zwischenhändler im Vertrieb der Mittelmeerprodukte. Die deutschen Ostseekaufleute wurden zu den Hauptvertretern des wachsenden Handels mit Nordeuropa; die Brabanter und Holländer spielten im Nordseehandel eine Rolle, und die großen italienischen Handelsgesellschaften hatten für einige Zeit den größten ausländischen Handelsanteil. In der Regierungszeit Eduards I. lagen bis zu zwei Dritteln des Wollexports und Weinimports sowie der größte Teil der Importe von Tuch und nördlichen Produkten in den Händen fremder Kaufleute.

Der ausländische Anteil am Überseehandel verminderte sich jedoch während der Regierung Eduards I. und wurde während des folgenden Jahrhunderts in bestimmten

Handelszweigen immer geringer. Seit dem 14. Jh. betrieben englische Importeure etwa 80 % der Woll- und Weinverschiffung, obwohl der Woll- und Weinhandel zeitbedingt zurückging. Fiskalische Vorteile bewegten Eduard III., den englischen Wollhändlerverbänden ein Exportmonopol für den Nordseehandel zu verleihen, und der Handel mit Bordeaux wurde durch die anglo-französischen Feindseligkeiten stark gestört. In anderen Handelszweigen war der einheimische Einfluß weniger erfolgreich. Die Tuchexporte der englischen Kaufleute stiegen in der zweiten Hälfte des 14. Jh. nur um 60 %, während sich die der fremden Kaufleute vervierfachten und ihr Handelsanteil von 13 %, gegen Mitte der sechziger Jahre des 14. Jh., auf ungefähr 45 % stieg. Diese Entwicklung zeigt die Vorherrschaft der Hanse im Ostseehandel, die selbst Anteil am Tuchhandel mit den Niederlanden hatte. In der gleichen Periode, in der der italienische Einfluß im Nordseehandel drastisch zurückging, wurden die Venezianer und Genuesen durch die Entwicklung des Seehandels mit Nordwesteuropa zu den Hauptlieferanten jener begehrten und hochbezahlten Mittelmeerluxusgüter, die nach London, Sandwich und Southampton strömten.

Die Widersprüche im englischen Handel des 14. Jh. deuten hin auf eine Zeit der Anpassung an eine sich verändernde Lage. Der anglo-gaskognische Handel wurde durch die Kriegsverhältnisse merklich beeinträchtigt; die Wollexporte sanken schließlich beträchtlich, und selbst während des Höhepunkts der Tuchexporte in den neunziger Jahren des 14. Jh. wurde weniger englische rohe und verarbeitete Wolle exportiert als zu Beginn des Jahrhunderts. Andererseits war der Tuchexport ertragreicher als der Rohwollexport, und die einheimische Fabrikation lieferte einen größeren Beitrag zum Nationaleinkommen. Der Mittelmeer- und Ostseehandel zeigte Ausdehnungsmöglichkeiten, obwohl der Mittelmeerhandel ausschließlich und der Ostseehandel hauptsächlich im ausländischen Wirkungsbereich lagen. Diese Situation beeinflußte in den folgenden Generationen die Politik der englischen Kaufleute. Sie besaßen schon einen steigenden und manchmal vorrangigen Anteil am Handel mit den Atlantik- und Nordseeküsten. Während der Regierungzeit Richards II. versuchten sie, gegenseitige Handelsabkommen mit der Hanse in der Ostsee zu schließen, und noch vor dem Ende des nächsten Jahrhunderts unternahmen sie den Versuch, die Mittelmeermonopole der Italiener zu durchbrechen.

18. Das Verkehrswesen[46]

Im Hintergrund der Ausdehnung des Handels stand die Entfaltung der Verkehrsmittel, wobei die Entwicklung mehr quantitativ als qualitativ verlief. Vor dem Jahre 1400 waren Verbesserungen in der Größe und Ausrüstung der Schiffe nur gering. Viele hatten noch einen Frachtraum von weniger als 100 Tonnen, und die typischen Schiffe des Nord- und Ostseehandels (britische, hansische und holländische) hatten einen Frachtraum von nur 100 bis 200 Tonnen. Die venezianischen Galeeren und Rundschiffe waren wohl größer, aber der britische Beitrag zur Ausrüstung der Handelsschiffahrt scheint sich weniger auf die Verbesserung als auf die zahlenmäßige Vergrößerung der Handelsflotte konzentriert zu haben, ohne die ein großer Teil des im 14. Jh. anwachsenden englischen Handels unvorstellbar gewesen wäre. Auch die Küstenstädte mußten sich der Entwicklung anpassen und Hafenanlagen bauen oder verbessern, was gewöhnlich durch örtliche Zölle und Abgaben finanziert wurde. Schon in den Jahren 1247 und 1248 zahlten die Bristoler eine für die damalige Zeit erstaunliche Summe von 5000 £ für einen neuen breiten Kanal, der den Frome mit dem Avenfluß verband, um einen besseren Hafen zu erhalten. Diese wichtige Maßnahme verhalf Bristol zu seiner Stellung als zweite Hafenstadt Britanniens.

Die Überseeverbindungen waren abhängig von der parallelen Entwicklung der Verbindungen zwischen den britischen Inseln. Das Ausmaß des Überlandverkehrs mit Packpferd und Karren sollte man nicht unterschätzen. Wenigstens in England überdauerte, wenn auch in einem ziemlich verfallenen Zustand, das von den Römern ererbte Straßennetz und wurde durch den Bau neuer Straßen erweitert, die von London und Coventry ausgingen und sich von Chester nach Nordwales und von Gloucester nach Südwales erstreckten. Sperrgut wurde gewöhnlich jedoch auf dem Landweg nur bis zu einem Flußhafen und dann auf dem Wasserweg weiter bis zum Meer befördert. Die großen Flüsse, die bei Newcastle, Hull, King's Lynn, London und Bristol mündeten und ein ausgedehntes Hinterland zugänglich machten, verhalfen diesen Häfen zu ihrer Schlüsselstellung im Export- und Küstenhandel. Der Küstenhandel und der Handel mit Irland waren ein wichtiges Mittel zur wirtschaftlichen Vereinigung, was sich am Verkehr in Southampton im Jahre 1435 ermessen läßt. Dorthin kamen Schiffe aus allen Richtungen, von der Ostküste aus Newcastle, Hull, Yarmouth und London, von der Südküste aus Falmouth, Melcombe, Dartmouth, Looe, Swanage, Fowey und Penzance, von den normannischen Inseln und der Insel Wight und manchmal auch Schiffe von Schottland, Wales und Limerick in Irland[47].

Ein bemerkenswerter Zug des 13. und 14. Jh. war das Bestreben der englischen Regierungen, das Verkehrswesen instand zu halten, indem sie die Erhebung örtlicher Steuern für diese Verbesserung bewilligten, örtliche Verwaltungen zwangen, ihren Pflichten nachzukommen, die Straßen, Brücken und Dammwege zu erhalten und die Flüsse von Schiffahrtshindernissen freizuhalten. Fast ähnlich konsequente Bemühungen wurden unternommen, um die Erhebung von neuen Zöllen oder die Erhöhung der alten Zölle ohne besondere Genehmigung zu verhindern. Die königlichen Zollabgaben und die üblichen Hafen- und Marktgebühren erhöhten unausweichlich die Kosten für den Absatz der Waren, und die Langwierigkeit des Verkehrswesens machte den Überlandtransport und besonders die Beförderung von Sperrgut sehr teuer. Es mochte daher häufig billiger sein, Holz und Bausteine auf dem Seeweg nach Ost- und Südostengland zu importieren, als sie sich im Binnenland zu beschaffen. Die Überlandgebühren waren für kurze Strecken wohl nicht allzu hoch: Nach einer Schätzung erhöhte sich der Preis von Wolle bei einer Strecke von 50 Meilen um nur 1 1/2 % und von Getreide um 15 %[48]. Für längere Strecken war der Zuschlag natürlich höher. Im 15. Jh. hatte sich der Inlandpreis von Cotswold-Wolle bei der Ankunft in Brügge oder Calais um 50 % erhöht, obwohl die Transportkosten anscheinend nicht immer so hoch ausfielen. Im Jahre 1336 wurden dem Einkaufspreis der über London exportierten Cotswold-Wolle nur 25 % und der von William de la Pole exportierten Lindsey-Wolle 33 % zugefügt[49]. Die Kosten waren oft überraschend bescheiden, wenn es sich ausschließlich um einen Seetransport handelte; so erhöhte sich der Einkaufspreis von Wein bei einem Transport von Bordeaux nach Hull oder Irland nur um etwa 10 %.

19. Das Währungs- und Kreditwesen

Die Erweiterung des Währungssystems, die während des 12. und 13. Jh. erreicht wurde, war ebenso wesentlich für die sich ausdehnende Wirtschaft des hohen Mittelalters wie die Versorgung über Straßen, Häfen und Schiffe. Die Umstände waren anscheinend günstig, da sich der Vorrat an ungemünztem Gold und Silber in Westeuropa im allgemeinen vergrößerte; ein Teil dieses Vorrats gelangte nach England in Form von Handelsgewinnen und als Folge einer gezielten Politik der Silbereinfuhr[50]. Die englischen Könige waren schon zu Anfang im Vorteil, da sie von ihren sächsischen Vorfahren eine gefestigte Silberwährung und eine Kontrollmöglichkeit über das verstreute Netzwerk örtlicher Münzen ererbt hatten. Sie nutzten dieses Erbe aufs beste, indem sie eine immer stärker zentralisierte Kontrolle über das Münzwesen ausübten und den hohen Stand der Währung aufrecht erhielten; zwischen 1066 und den vierziger Jahren des 13. Jh. stieg die Anzahl der von einem Pfund Silber gemünzten Pennies von 240 auf nur 243. Diese Pennies bildeten das allgemeine Zahlungsmittel, und die Bemühungen Heinrichs III., eine Goldmünze einzuführen, sowie der Versuch Eduards I., eine größere Silbermünze zu prägen, stellten sich als verfrüht heraus. Obwohl jeglicher Versuch, die Wachstumsquote der in England im Umlauf befindlichen Währung genau abzuschätzen, unwissenschaftlich wäre, besteht kein Zweifel, daß die Pennywährung ein Modell für alle britischen Inseln wurde. In Irland wurde sie von König Johann Ohneland eingeführt, um die alte irisch-wikingische Währung zu ersetzen. Etwas früher, einige Zeit nach dem Jahre 1135, schuf David I. zum erstenmal eine einheimische Währung in Schottland, die sich bis zum Anfang des 14. Jh. dem Stand und oft sogar der Ausführung des englischen Münzwesens völlig anpaßte.

Die britischen Inseln verfügten also über Geldquellen wenigstens für den aktiven internen Handel, aber schon am Ende des 13. Jh. zeigte das überlieferte System Züge einer Krise. Einerseits erforderte das Ausmaß des Großhandels Münzen von höherem Wert als die Silberpennies, andererseits stieg der Preis von ungemünztem Silber, möglicherweise durch den Abfall der Fördermenge von neuem Silber; schwere Besteuerung zog einen Teil des Währungsbestandes aus dem Investitions- und Wechselverkehr; Währungsmanipulationen in vielen westeuropäischen Ländern störten das Gleichgewicht des Wechselverkehrs und förderten die Ausfuhr der stärkeren und die Einfuhr der schwächeren Währungen. Der erste Bedarf wurde zwischen den Jahren 1343 und 1351 mit der endgültigen Einführung einer englischen Goldwährung und der Prägung eines Silbergrots (mit einem Wert von 4 p.) zusätzlich zu den Pennies gedeckt. Im Jahre 1357 folgte Schottland dem englischen Beispiel. Das zweite Problem war hartnäckiger, besonders da die Sterlingwährung eine international starke Währung war. Paritätskontrollen erwiesen sich in der Regulierung des internationalen Währungs- und Edelmetallflusses nur als begrenzt erfolgreich, und die englische Regierung sah sich schließlich gezwungen, den Standard ihres Münzwesens den höheren Edelmetallpreisen anzupassen; die Zahl der im Jahre 1343 von einem Pfund Silber geprägten Pennies stieg auf 270 und im Jahre 1351 auf 300. Schottland folgte wiederum dem englischen Beispiel, konnte aber diesen Standard nicht halten, und selbst England wurde im Jahre 1411 zu einer weiteren Senkung gezwungen[51].

Die Währungsprobleme des 14. Jh. waren bezeichnend für eine Gesellschaft, die zunächst völlig auf Bargeldgeschäfte angewiesen war. Aber schon vom 12. Jh. an wurden diese Bargeldgeschäfte durch Krediteinrichtungen ergänzt. Das direkte Borgen für Konsumzwecke war weit verbreitet: Bauern borgten in Notzeiten Geld oder Getreide, und reichere Leute borgten Geld, bis die Pachtzahlungen eintrafen oder die Wolle verkauft wurde, oder auch, um die Kosten einer ansehnlichen Ausgabe oder eines politischen Unglücks zu bestreiten. Diese prinzipiell kurzfristigen Anleihen wurden hoch verzinst, manchmal bis zu 30 % und mehr jährlich, und konnten schnell anwachsen; bei Nichtbezahlung der Summe zum vereinbarten Termin wurden die fälligen Zinsen der ursprünglichen Schuldsumme mitverzinst. Führte diese Art zu borgen zum Ruin, so waren andere Arten von positiverer wirtschaftlicher Bedeutung. Spätestens im 13. Jh. borgten einige Grundbesitzer, um Besitz zu verbessern oder aufzukaufen. Kaufleute nahmen Anleihen auf, die durch Liegenschaften gesichert waren, um Handelskapital zur Verfügung zu haben, und Kapitalquellen, die größeren Unternehmungen genügten, wurden durch verschiedenartige Teilhaberschaften genutzt. Mit dem 14. Jh. gründeten sich Handelszweige wie das Wein- und Textilgeschäft ferner auf eine Kette von Kreditverkäufen – vom Hersteller an den Exporteur, vom Importeur an den Großkaufmann, vom Großkaufmann an den Einzelhändler. Im Wollhandel des späten 13. Jh. war der Kreditverkauf gewöhnlich umgekehrt; besonders die italienischen Kaufleute bezahlten im voraus für die Schur und bezeugten somit die reichlichen Geldmittel, die ihnen zur Verfügung standen. Ein Londoner Kaufmann des 14. Jh., dessen Geschäfte bekannt sind, bewilligte für mehr als drei Viertel seiner verkauften Waren Kredit und zahlte nur für ein Sechstel seines später exportierten Tuches bar[52].

Das öffentliche Finanzwesen wurde in gleicher Weise vom Kredit abhängig, sei es auch nur, um die Lücke zwischen den üblichen Ausgaben (und zeitweiligen außerordentlichen Zahlungen, besonders für Kriegszwecke) und den zwischenzeitlichen Einnahmen zu überbrücken. Die Könige brauchten also schon von Anbeginn an kurzfristige Vorschüsse, die nur bei geistig beschränkten oder allzu ehrgeizigen Königen wie Heinrich III. zu einer ernsten Bürde wurden. Das öffentliche Kreditsystem hatte mit anderen Worten den gleichen ungewissen Charakter wie dasjenige der gewöhnlichen Leute. In den Jahren 1272 und 1373 wurde das Leihsystem jedoch als stabilisierender Faktor in das Fiskalsystem einbezogen. Beträchtliche Anleihen, besonders von den italienischen Bankgesellschaften, überbrückten die Kluft zwischen Ausgaben und Einkünften und wurden durch die regelmäßigen Zolleinnahmen oder unerwarteten Einnahmen der direkten Besteuerung gedeckt. Dieses System brach unter der Bürde der Kriegsausgaben nach dem Jahre 1337 und durch den Bankrott der italienischen und englischen Bankiers des Königs in den vierziger Jahren des 14. Jh. zusammen. Der Fiskus mußte nun zu dem vor dem Jahre 1272 herrschenden, zwangloseren Kreditsystem zurückkehren, was sich auf die finanzielle Stabilität allgemein nachteilig auswirkte[53].

Die Verleiher, die das Kreditsystem unterhielten, waren so mannigfaltig wie die Borger. Bauern verliehen an Bauern, Kaufleute an Handwerker, Handwerker an Kaufleute, und alle, die zum Leihen überredet werden konnten, liehen dem König Geld. Bestimmte Gruppen von Verleihern waren besonders wichtig: die Juden, solange sie noch nicht durch die königliche Besteuerung ruiniert waren, und die fremden Kaufleute von William Cade of St. Omer im 12. Jh. bis zu den großen Handelsbanken von Lucca und Florenz, die den öffentlichen und privaten Kreditmarkt während der auf das Jahr 1272 folgenden zwei Generationen beherrschten. Ihr Bankrott in den vierziger Jahren des 14. Jh. überließ den englischen Kaufleuten und Städtern das Feld, die von Anbeginn an Kreditgeber für andere Gesellschaftsklassen sowie Kreditgeber untereinander waren. Nach den vierziger Jahren beteiligten sie sich nur wenig an den öffentlichen Kreditgeschäften, aber ihre Kreditvereinbarungen und ihre Verleihbereitschaft auf dem privaten Sektor war im gleichen Maße unentbehrlich für das Bestehen des wirtschaftlichen Systems.

20. Zusammenfassung

Der Wirtschaftsverlauf, der die Periode 1066–1400 bestimmte, war in vieler Hinsicht nicht ganz kontinuierlich. Im allgemeinen war er bis zum frühen 14. Jh. vorwiegend expansiv. Die Bevölkerung, die Landwirtschaftsproduktion, die städtischen Gemeinden und auch der Wechselverkehr wuchsen, und das Ausmaß des Unternehmergeistes auf den großen Gütern und im Handelswesen war oft beträchtlich. Die fortschrittlicheren Wirtschaftseinrichtungen Englands wurden modifiziert von Wales, Schottland und Irland übernommen; Britannien wurde in die fortschreitende internationale Wirtschaft Westeuropas als Lieferant von Rohprodukten und Kunde von verschiedenen Importen aufgenommen; und dieser gesamte Prozeß wurde von einem verbesserten Verkehrswesen, einer umfangreicheren Währung und gehobeneren Kreditmöglichkeiten unterstützt. Dagegen kam es besonders nach dem Jahre 1349 in einigen Wirtschaftszweigen zu einem offensichtlichen Rückgang. Die Bevölkerung sank beträchtlich, einige Dörfer verödeten oder schrumpften, die Gesamtproduktion einiger Waren nahm ab, und der Umfang einiger Unternehmen verringerte sich. Man könnte sagen, daß die Zeit wirtschaftlicher Expansion einer Zeit wirtschaftlicher Schwierigkeiten wich.

Andererseits ist es wohl zu sehr vereinfacht, das spätere 14. Jh. als eine Zeit zu betrachten, die alle Symptome einer auf eine Hausse folgenden Baisse aufweist. Zeichen einer Krise zeigten sich in der britischen mittelalterlichen Wirtschaft schon, ehe es zu der durch den Schwarzen Tod verursachten demographischen Katastrophe kam. Für diese Krise mochten zwei Tatsachen entscheidend gewesen sein. Erstens scheint die Produktivitätsquote aus technischen und anderen Gründen langsamer als die Bevölkerungszuwachsrate gestiegen zu sein, und zweitens brachten die der Bauernmehrheit aufgebürdeten Abgaben und Pachtzahlungen, verbunden mit der beginnenden Landknappheit durch das Anwachsen der Landbevölkerung eine fortschreitende Verarmung mit sich. Da die Bauernmehrheit den einzigen potentiellen Binnenmarkt verkörperte, beschränkte ihre wachsende Armut die industrielle und kommerzielle Entwicklung. Die wirtschaftliche Expansion zeigte, mit anderen Worten, Züge einer schwindenden Triebkraft. Dagegen hatte die Anpassung an neue Umstände im 14. Jh. auch ihre positiven Seiten. Es gab umfangreichere Quellen, besonders an Land, für die verminderte Bevölkerung, und die von den Bauern zu erbringenden Zahlungspflichten wurden leichter, da die Kaufkraft in den Händen der Bevölkerungsmasse stieg und dem auf den allgemeinen Markt ausgerichteten Handel sowie dem Manufakturgewerbe einen Aufschwung gab. Wiederum vergrößerte die Tuchherstellung für den Binnen- und Außenmarkt zusammen mit dem von den englischen Kaufleuten gewonnenen Anteil am englischen Handel die Kapitalquellen im Lande und legte den Grundstein für eine Wirtschaft mit einer besseren Bilanz und einem größerem Potential als in den früheren Jahrhunderten. Die Grundlage für ein wirtschaftliches Wachstum im engeren Sinne des Wortes wurde damit geschaffen, selbst wenn es damals noch ein weiter Weg zur Realisierung dieses Wachstums war.

[1] *M. W. Beresford:* New Towns of the Middle Ages, S. 513.

[2] *H. Lamb:* The English Climate (²1964), S 162.

[3] *J. Z. Titow:* Evidence for Weather in the Account Rolls of the Bishopric of Winchester. In: Econ. Hist. Rev., 2. Reihe, 12 (1960), S. 403.

[4] *T. M. Cooper* in: Scottish Historical Review 26 (1947), S. 2–9.

[5] *J. Z. Titow:* English Rural Society, 1200–1350, S. 66–71.

[6] *J. A. Otway-Ruthven:* History of Medieval Ireland, S. 124.

[7] *J. C. Russell:* British Medieval Population, S. 186.

[8] *S. Harvey:* The Knight and the Knight's Fee in England. In: Past and Present 49 (1970), S. 3–43.

[9] Der Chronist Robert de Torigni benutzt diesen Ausdruck im Zusammenhang mit dem Feldzug von Toulouse im Jahre 1159: *W. Stubbs:* Select Charters (⁹1913), S. 152.

[10] *J. Tait:* The Medieval English Borough (1936), konzentriert sich leider auf die institutionellen Aspekte der Stadtgeschichte. Für Wales siehe *E. A. Lewis:* Medieval Boroughs of Snowdonia (1912).

[11] Victoria County Histories: York, S. 103, 109.

[12] *H. P. R. Finberg:* Gloucestershire Studies (1957), S. 145 ff.

[13] *J. R. H. Moorman:* Church Life in England in the Thirteenth Century, S. 158 f.

[14] *E. J. King:* Large and Small Landowners in Thirteenth-Century England. In: Past and Present 47 (1970), S. 26–50.

[15] Was die Besteuerung betrifft, sollte auf das von *S. K. Mitchell* hinterlassene und nicht ganz zufriedenstellende Buch: Taxation in Medieval England (1951), verwiesen werden; *N. S. B. Gras:*

The Early English Customs System (1918); *M. R. Powicke:* Military Obligation in Medieval England (1962).

16 *J. Z. Titow:* English Rural Society, 1200–1350, S. 53, 111 f.

17 *E. A. Kosminsky:* Studies in the Agrarian History of England in the Thirteenth Century, S. 216, 223.

18 Städtische Gildeorganisationen müssen immer noch anhand von zwei alten Büchern studiert werden: *C. Gross:* The Gild Merchant (2 Bde., 1890), und *G. Unwin:* Gilds and Companies of London (1908). Beide aber sollten zusammen mit der allgemeinen Bearbeitung von *A. B. Hibbert* und *S. Thrupp* in: Cambridge Economic History of Europe, III (1965), S. 157–280, sowie mit deren englischem Teil von *G. Mickwitz:* Die Kartellfunktionen der Zünfte (1936), gelesen werden.

19 *M. D. Lobel:* The Borough of Bury St. Edmunds, S. 137–145.

20 *Moorman:* a. a. O., S. 104.

21 Einige der mittelalterlichen Monographien über Gutsverwaltung sind in: Walter of Henley and other Treatises on Estate-Management, hg. v. *D. Oschinsky* (1971), aufgezeichnet.

22 The Estate Book of Henry de Bray, hg. v. *D. Willis,* Camden Ser. (1916), S. 3.

23 Associated Archaeological Society Reports, 1911–12, S. 332–339; *M. K. James:* Studies in the Medieval Wine Trade, S. 199; *S. Thrupp:* Merchant Class of Medieval London, S. 156; Testamenta Eboracensia 1 (1836), hg. v. *J. Raine,* Nr. 178.

24 *M. Keen:* Outlaws of Medieval Legend (1961), S. 215.

25 Über die englischen Juden ausgezeichnet: *H. G. Richardson:* The English Jewry under the Angevin Kings (1960), und *C. Roth:* History of the Jews in England (^{3}1964).

26 Über den fremden Kaufmann siehe *A. Beardwood:* Alien Merchants in England: their Legal and Economic Position (1931).

27 *F. Arens:* Wilhelm Servat von Cahors als Kaufmann zu London. In: Vierteljahrschr. f. Soz.- u. Wirtschaftsgesch. 11 (1913), S. 477–514; *Y. Renouard:* Les Cahorsins: Hommes d'Affaires Français. In: Trans. Royal Historical Society, 5 Ser., 11 (1961), S. 58 f.

28 Victoria County Histories: York, S. 102.

29 Über die Stellung der Frau im mittelalterlichen England ist nur wenig systematisch gearbeitet worden. Was wir wissen, vermittelt *D. M. Stenton:* The English Woman in History (1957); siehe ferner *E. Power:* Medieval Women, hg. v. *M. Postan* (1975).

30 *F. Pollock* und *F. W. Maitland:* History of English Law, 1, S. 485.

31 Court Rolls of Ramsey Abbey and the Honour of Clare, hg. v. *W. O. Ault,* S. 211.

32 *S. Thrupp:* Merchant Class of Medieval London, S. 171.

33 Die einzige Arbeit über die Behebung von Armut und Krankheit liefert *B. Tierney:* Medieval Poor Law: a Study of Canonical Theory and its Application in England (1959).

34 *J. A. Raftis:* Tenure and Mobility: Studies in the Social History of the Medieval English Village (1964), S. 44–46.

35 *W. M. Palmer:* Village Gilds of Cambridgeshire. In: Trans. Cambridgeshire and Huntingdonshire Archaeological Society 1 (1902), S. 360 f.

36 *B. Tierney:* a. a. O., S. 101.

37 *J. Z. Titow:* Winchester Yields (1972).

38 *R. Trow-Smith:* History of British Livestock Husbandry to 1700.

39 *L. F. Salzman:* English Industries in the Middle Ages (1923), S. 1–83.

40 *G. R. Lewis:* The Stannaries: a Study of the English Tin-Miner (1907), S. 252 f., abgeändert unter Berücksichtigung von *J. Hatchers* Berechnung. In: Econ. Hist. Rev. 2. Reihe 22 (1969), besonders S. 210, Fußn. 1, und die Tabelle auf S. 211.

41 *J. U. Nef:* Rise of the British Coal Industry 2 (1932), S. 380.

42 *T. F. Reddaway:* Early History of the Goldsmiths Company 1327–1509 (1975); *J. Hatcher* und *T. C. Barker:* A History of British Pewter (1974); *L. F. Salzman:* Building in England down to 1540 (1952).

43 *G. Unwin:* Gilds and Companies of London, S. 73.

44 *E. M. Carus-Wilson:* Medieval Merchant Venturers, S. 261.

45 *E. M. Carus-Wilson* und *O. Coleman:* England's Export Trade 1275–1547 (1963), bringt Jahresangaben nach den einzelnen Häfen für den Wollexport ab 1275 und den Tuchexport ab 1347.

46 Das Thema Verkehrswesen ist noch nicht genügend untersucht worden, aber nützliche einlei-

tende Arbeiten sind: *J. F. Willard:* Inland Transport in England in the Fourteenth Century. In: Speculum 1 (1926), S. 361–374; *F. M. Stenton:* The Road System of Medieval England. In: Econ. Hist. Rev. 7 (1936), S. 1–21; und *C. T. Flower:* Einleitungen zu: Public Works in Medieval Law (2 Bde., 1915, 1925).

[47] Local Port Book of Southampton for 1435–6, hg. v. *B. Foster* (1963).

[48] *M. Postan* in: Cambridge Economic History of Europe, II, S. 152 f.

[49] *E. B. Fryde:* Wool Accounts of William de la Pole (1964).

[50] Z. B. von Brabant: *J. De Sturler:* Relations politiques et échanges commerciaux entre le duché de Brabant et l'Angleterre au Moyen âge (1936), S. 119 f.

[51] *G. C. Brooke:* English Coins from the Seventh Century to the Present Day (³1950); *A. E. Freaveryear:* The Pound Sterling (2. revid. Aufl. v. *E. V. Morgan,* 1963); *I. H. Stewart:* The Scottish Mints (1955).

[52] *M. K. James:* The Medieval Wine Trade, S. 203–205.

[53] *E. B. Fryde* in: Cambridge Economic History of Europe, III (1965), S. 451–472; *R. W. Kaeuper:* Bankers to the Crown: the Riccardi of Lucca and Edward I (1973).

§ 11 Die Niederlande im Hoch- und Spätmittelalter

Von Adriaan E. Verhulst

Allgemeine Literatur

J. F. Niermeyer: De wording van onze volkshuishouding. Hoofdlijnen uit de economische geschiedenis der noordelijke Nederlanden in de middeleeuwen (1946).
R. Doehaerd: L'expansion économique belge au moyen âge (1946).
W. J. Alberts-H. P. H. Jansen: Welvaart in wording. Sociaal-economische geschiedenis van Nederland van de vroegste tijden tot het einde van de Middeleeuwen (1964).

1. Geographische Verhältnisse[1]

Die Veränderungen der physischen Geographie der Niederlande innerhalb der hier untersuchten Periode (900–1350) sind nur schwierig zu beschreiben, weil es sich um Bewegungen von sehr langer Dauer handelt, die mit einer Periodeneinteilung, die auf den Menschen und seine Geschichte abgestimmt ist, kaum in Einklang gebracht werden können. Trotzdem muß man auf die große Wichtigkeit der Meeresspiegelbewegung hinweisen und das auch innerhalb des beschränkten Zeitraums von 900 bis 1350.

Die ersten Jahre dieser Periode waren noch gekennzeichnet durch die sog. „karolingische Regression", die den jahrhundertelangen Überschwemmungen der frühmittelalterlichen Transgression (von etwa 300–700) gefolgt war. Im Laufe des 10. Jh. aber setzte eine neue Phase der Transgression ein, die sog. postkarolingische oder ottonische, die in pedologischer Terminologie als die dritte Dünkirchener Transgression bekannt ist. Ihre Folgen waren in den nördlichen Küstengebieten der Niederlande schon *vor* dem Ende des 10. Jh. fühlbar, in den südlichen etwas später, zu Anfang des 11. Jh. Doch waren sie so begrenzt, daß sie keine größeren Veränderungen im Küstengebiet verursachten. Übrigens scheint dies nur eine erste Subphase gewesen zu sein, weil im zweiten und dritten Viertel des 12. Jh. die Folgen von neuen Überschwemmungen nachgewiesen werden können, die man allgemein als eine zweite Subphase der besagten dritten Dünkirchener Transgression ansieht. Dagegen besteht keine Klarheit und deshalb auch keine übereinstimmende Meinung, ob die Überschwemmungen von 1200 bis 1230 und die der zweiten Hälfte des 14. Jh. zu derselben Transgressionsphase gehören oder zu einer neuen, der sog. spätmittelalterlichen. Ob bei diesen Vorgängen ein Zusammenhang mit einer Klimaverschlechterung bestand, die nach einigen Forschern seit dem 12. Jh. auch in den Niederlanden vor sich gegangen sein soll, ist nicht klar. Jedenfalls haben die Überschwemmungen des 12., 13. und 14. Jh. nachweisbare physisch-geographische Veränderungen in den Küstengebieten der Niederlande zur Folge gehabt.

Im Mündungsgebiet der Schelde ist zwischen Sluis und Damme im 12. Jh. die breite und wirtschaftlich so wichtige Fahrrinne des Zwin entstanden. Nördlich von Südbeveland hat sich im selben Jahrhundert wahrscheinlich die Osterschelde gebildet, die also an einem südlicher gelegenen Punkt westwärts nach ihrer Mündung abgebogen ist, als es vorher der Fall war, als sie weiter nach Norden hin dem Laufe der Striene folgte, bevor sie die Richtung zum Meer nahm. Auch im südholländischen Flußgebiet haben sich in dieser Zeit Veränderungen in den Wasserläufen ergeben, die hier nicht in allen Einzelheiten dargestellt werden können. Noch im 12., spätestens im Anfange des 13. Jh. haben sich in der Mündung der Hont oder Westerschelde zwischen Vlissingen und Kadzand sandige Erhöhungen zu kleinen Inseln entwickelt (Koezand, Schooneveld), die bis in die zweite Hälfte des 14. Jh. ein Hindernis für die Schiffahrt bildeten. Erst seit diesem Zeitpunkt ist die Hont der bedeutendste Mündungsarm der Schelde geworden.

Schließlich setzen maßgebliche Pedologen die Anfänge zur Bildung der Zuiderzee als Binnensee, die besonders im 15. und 16. Jh. so große Ausmaße annehmen sollte, schon ins 13. Jh. Für diesen Zeitpunkt glauben sie eine Ausbreitung des westlichen Zuiderzee-Vecht-Aestuarium nachweisen zu können, die kurz darauf zur Bildung der großen nordholländischen Binnenseen beitragen sollte. Die einzige deutlich erkennbare Veränderung im Binnenland ist die Ausbreitung der Heide zwischen dem 9. und 12. Jh., vor allem auf den schlechten Böden von Binnen-Flandern, Nordbrabant und dem Kempenlande, Gebieten, die im frühen Mittelalter größtenteils mit Wald bedeckt gewesen sind. Der klimatische Einfluß ist wohl nicht ganz auszuschließen, hat aber wenig Wahrscheinlichkeit für sich; eher muß man diesen Vorgang mit dem Abweiden des Waldes erklären.

2. Die Bevölkerung[2]

Weder für die Niederlande als ganzes noch für bestimmte Teile sind Bevölkerungszahlen für irgendeinen Zeitabschnitt vor der Mitte des 14. Jh. bekannt. Erst um die Mitte des 14. Jh. sind für zwei große Städte in Flandern aufgrund des Umfanges der städtischen Miliz umfassende Bevölkerungszahlen errechnet worden, für Gent (um 1350) 56000 Einwohner und für Brügge (um 1340) 35000[3].

Das will selbstverständlich nicht sagen, daß nicht das eine oder andere über die demographische Entwicklung in den Niederlanden während des hier untersuchten Zeitabschnittes mitgeteilt werden kann. Hiernach (S. 269) läßt sich vor allem aus der Urbarmachung ein ziemlich starker Bevölkerungszuwachs seit dem Ende des 10. Jh. auf dem Lande ableiten. Das schnelle Wachsen der Städte im 11./12. Jh., vor allem durch Einwanderung vom platten Lande her, rechtfertigt diese Annahme. Vielleicht weist das schnelle Anwachsen der Städte sogar auf eine relative Übervölkerung auf dem flachen Lande hin. Begrenzte Existenzmöglichkeiten sind für das 12. Jh. wenigstens in Flandern festzustellen. In diesem Jahrhundert gab es in den Niederlanden, besonders in Flandern, zwei Hungersnöte (1125 und 1196/97), dazu noch eine ziemlich massenhafte Auswanderung von Flamen nach den Kolonisationsgebieten im Osten, nach Mitteldeutschland ins Elbe-Saale-Gebiet, in die Altmark und nach Brandenburg[4]. Gegen Ende des 13. Jh. muß nicht nur in Flandern, sondern auch in den angrenzenden Gebieten aufs neue eine relative Übervölkerung entstanden sein (vgl. weiter unten S. 271f.). In Flandern fand die Urbarmachung bereits um 1275–1280 ein Ende, im Gegensatz zu nordniederländischen Gegenden, wo die Rodungen mancherorts bis in die Mitte des 14. Jh. andauerten. Inwieweit für diese Erscheinung auch andere Ursachen von nichtdemographischer Art zur Erklärung herangezogen werden können, ist eine Frage, auf die hier aber nicht näher eingegangen werden kann.

Jedenfalls kann man anhand von zufällig für Ypern und Brügge erhaltenen Zahlen feststellen, wie schwer die Mißernten von 1315/16, die im ganzen europäischen Nordwesten eine gewaltige Hungersnot[5] verursachten, bestimmte, wahrscheinlich die am dichtesten bevölkerten Teile der Niederlande, getroffen haben. In Ypern wurden zwischen Mitte Mai und Ende September 1316 beinahe 2800 Tote, d. h. mindestens ein Zehntel der Bevölkerung, auf städtische Kosten begraben. In Brügge, wo durch den Magistrat der Stadt Korn aus dem Mittelmeerraum eingeführt wurde, um die Not zu lindern, betrug die Zahl mehr als 1800 Tote, d. h. ungefähr ein Zwanzigstel der Bevölkerung. Dabei muß man beachten, daß es sich in beiden Städten wahrscheinlich um

Teilzahlen handelt, die sich nur auf die armen Schichten beziehen, so daß die wirklichen Verluste noch größer gewesen sein müssen.

Das Ausmaß der Katastrophe ist vielleicht mit einer weitgehenden Unterernährung als Folge der erwähnten Übervölkerung zu erklären. Jedenfalls hat die Hungersnot von 1315/16 die Bevölkerung wahrscheinlich so sehr geschwächt, daß sie leichter als vorher ein Opfer der Epidemien wurde. Solche zeigten sich übrigens genau zu gleicher Zeit wie die Hungersnot u.a. in Brabant. Es war aber noch nicht die große Pestepidemie des „Schwarzen Tods", die 1347 ihren Einzug in Europa hielt und 1349 die Niederlande heimsuchte. Totenzahlen für die außergewöhnliche Sterblichkeit in den Niederlanden fehlen beinahe gänzlich, abgesehen vom Hennegau, wo ein Drittel der Bevölkerung ein Opfer der Pest geworden zu sein scheint.

Im Jahr 1349 wurden der Hennegau und der südliche Teil Flanderns, u.a. Tournai und Ypern befallen, im nächsten Jahr die nordöstlichen Gebiete der Niederlande. Dagegen nimmt man heute mit Van Werveke an, daß die großen Städte in Flandern und Brabant wenig oder gar nicht betroffen worden sind. Neue, noch nicht veröffentlichte Unterlagen, welche sich auf die flandrische Küstenstrecke und auf Brügge beziehen, liefern indessen den qualitativen und quantitativen Beweis, daß der Schwarze Tod dort 1349 gewütet hat; deshalb wagen wir die These Van Wervekes zu bezweifeln. Darin allerdings stimmen wir mit ihm überein, daß die vielfachen Pestepidemien der zweiten Hälfte des 14. Jh. die Ursache viel größerer Bevölkerungsverluste waren, zum mindesten aber viel bedeutendere wirtschaftliche Folgen gehabt haben.

Wieder liegt es am Mangel an Zahlenunterlagen, wenn wir abschließend feststellen, daß man *vor* dem 15. Jh. sehr wenig über die Bevölkerungsdichte[6] in den verschiedenen Gegenden der Niederlande weiß. Aus den späteren Kapiteln über Landwirtschaft, Handel und Gewerbe mag man schließlich wohl einige qualitative Eindrücke gewinnen, die zu der Annahme berechtigen, daß Flandern vom 11. bis zum 13. Jh. das am dichtesten bevölkerte Gebiet der Niederlande gewesen ist. Das mag auch noch für das 15. Jh. zutreffen. Auf diese Dichte der Bevölkerung weist schon das Bestehen so vieler großer Städte hin, von denen einige, wie Gent, zu den größten Westeuropas gehörten. Im 13. Jh. ist wahrscheinlich auch Brabant schon dicht bevölkert gewesen, während im 14. Jh. vielleicht Holland folgte. Slicher van Bath nahm für die Bevölkerung Frieslands um 900 30000 Einwohner oder 10 Einwohner auf 1 km^2 an. Damit gehörte dieses Gebiet, mit Ausnahme von Südflandern, wo Van Werveke für das 9. Jh. eine Dichte von 34 Einwohnern auf den Quadratkilometer berechnete, anfänglich zu den am dichtesten bevölkerten der Niederlande. Dann haben sich augenscheinlich seit dem 10. Jh. beträchtliche Verschiebungen in der geographischen Verbreitung der Bevölkerung vollzogen.

3. Geschehnisse der politischen Geschichte[7]

Für den Anfang der hier untersuchten Periode ist es schwer, den Einfluß bestimmter Geschehnisse der politischen Geschichte auf die sozial-ökonomische Entwicklung genau nachzuweisen. Man kann nur sehr allgemeine Zusammenhänge feststellen. So soll später dargetan werden, daß auf verschiedenen Gebieten des Wirtschaftslebens die Normanneneinfälle[8] und die Schwächung der landesherrlichen Gewalt, die zum Teil deren Folge im 10. Jh. war, von großer Bedeutung gewesen sind. In dieser Hinsicht bezeichnend ist die Krisis der gräflichen Gewalt in der Grafschaft Flandern nach dem Tode Graf Arnulfs I. (965), welche noch bis in die ersten Jahre der Regierung von Graf Balduin IV. (988–1035) angedauert hat. Auf der anderen Seite kann gleichwohl nicht in Abrede gestellt werden, daß die frühe Bildung des Fürstentums Flandern und vor allem sein kräftiger institutioneller Ausbau während der zweiten Hälfte der Regierung Balduins IV. und unter Balduin V. (1035–67) stark zum wirtschaftlichen Aufblühen dieser Gegend beigetragen hat. Sie hat dadurch einen ansehnlichen Vorsprung vor den übrigen niederländischen Gebieten erlangt.

In Flandern hat die glanzvolle Regierung der Grafen aus dem elsässischen Hause, Dietrichs (1128–68) und seines Sohnes Philipp (1168–91), die mit Hilfe der Städte die Grafenwürde erlangten, diesen Vorsprung noch vergrößert. Philipp betrieb eine geradezu modern anmutende Wirtschaftspolitik, und zwar auf den verschiedensten Gebieten: Begründung von Häfen, Rodungen, Forstwesen, Zoll, Münze usw. Analoges kann man für die Regierung Wilhelms I., Grafen von Holland (1203–22), feststellen, vor allem auf dem Gebiet der Wasserbauverwaltung (Eindeichungen, Abdeichungen, Einrichtung von Wassergenossenschaften).

Ein direkter Einfluß bestimmter politischer Ereignisse auf das Wirtschaftsleben kann erst im 13. Jh. nachgewiesen werden. Ein besonders schönes und wichtiges Beispiel ist die Krise in den englisch-flandrischen Beziehungen während der Jahre 1270–1274, die zwar politischer Natur war, aber eine unmittelbare Auswirkung auf die wirtschaftliche Beziehung beider Länder hatte: Hindernisse für den Import englischer Wolle nach Flandern. Der Rückgang des flandrischen Aktivhandels wurde dadurch beschleunigt.

Von noch größerer Bedeutung war der Streit zwischen Flandern und dem König von Frankreich in den Jahren 1297 bis 1302, besonders der Sieg der flandrischen Stadtmilizen über das französische Ritterheer bei Kortrijk am 11. Juli 1302, ein Ereignis, das – wie an anderer Stelle dargelegt wird – auch in verschiedenen anderen niederländischen Gebieten eine wichtige soziale Auswirkung gehabt hat. Ferner kann auf den Sieg von Worringen (1288) des Herzogs von Brabant über den Erzbischof von Köln und seine Verbündeten hingewiesen werden. Durch diesen Sieg bekam Brabant die Straße von Köln nach Brügge ganz in seine Kontrolle; es erhielt auf diese Weise eine bevorrechtigte Handelsposition am Rhein und konnte dadurch die Blüte seines Aktivhandels noch während eines großen Teiles des 14. Jh. behaupten.

Am Ende des hier betrachteten Zeitabschnitts hatte der Beginn des Hundertjährigen Krieges (1337) wichtige wirtschaftliche Folgen für verschiedene Gegenden der Niederlande. Für Flandern begann damit der Niedergang der traditionellen Tuchindustrie wegen der Schwierigkeiten, die sich aus der frankreichfreundlichen Politik des Grafen Ludwig von Nevers (1322–46) für die englische Wollausfuhr nach Flandern ergaben. Brabant (Antwerpen) und Holland (Dordrecht) wußten dagegen aus dieser Lage dank ihres Bündnisses mit England wichtige wirtschaftliche Vorteile zu gewinnen, zeitweise konnten sie die englische Wollzufuhr in ihre Gebiete lenken[9].

4. Sozialgeschichte: Die Landbevölkerung

Die soziale Struktur der Landbevölkerung wurde während des 10. und 11. Jh. noch in beträchtlichem Maße durch das sozial-rechtliche Muster beherrscht, das sich innerhalb der karolingischen Domänen entwickelt hatte. Es beruhte auf dem Unterschied zwischen persönlich und rechtlich Freien (lat. *liberi*, *coloni*) und Unfreien (lat. *servi*, *mancipia*). Diesem rechtlichen Unterschied hatte im 9. Jh. noch ein wirklicher sozial-ökonomischer Gegensatz entsprochen: Die Freien verfügten meist über einen größeren Betrieb und über mehr und bessere landwirtschaftliche Geräte (u.a. einen Pflug). Falls sie zu Frondiensten verpflichtet waren, dann waren diese genau umschrieben und nicht der Willkür des Domänenherrn überlassen, wie es bei den Unfreien der Fall war. Außerdem waren die Freien nicht allen möglichen Lasten unterworfen, die Ausdruck der persönlichen Unfreiheit waren, etwa die Entrichtung eines Kopfzinses (*capitagium*), das Verbot, ohne Zustimmung des Herrn sich mit jemandem außerhalb der Domäne zu verheiraten (lat. *forismaritagium*, frz. *formariage*), das Verbot, ohne Zustimmung des Herrn Hab und Gut zu vererben (Recht der toten Hand, *dodehandsrecht*, lat. *mortua manus*, frz. *mortemain*) usw.

Wichtigste Veränderung, die sich im 10. und 11. Jh. vollzog, war die tatsächliche Gleichstellung von Freien und Unfreien[10]. Der rechtliche Unterschied zwischen den beiden Gruppen konnte vor allem in den östlichen Teilen der Niederlande, die zum Reiche gehörten, noch bis in das 12. Jh. hinein an verschiedenen, weniger wichtigen Äußerlichkeiten erkannt werden. Insgesamt verlief die Entwicklung so, daß die Freien allmählich mehr und mehr und in stets größerer Zahl gewisse Kennzeichen ihres früheren Status verloren und es schließlich hinnehmen mußten, daß sie denselben freiheitsbeschränkenden Auflagen wie die Unfreien unterworfen wurden.

Dies war die Folge verschiedener Faktoren: Von ihnen ist der wichtigste die Schwächung der öffentlichen Gewalt infolge der Normanneneinfälle im 10. Jh. Infolge dieser Schwächung bildeten sich Herrschaftsbereiche privaten Charakters während des 11. Jh. in Gebieten mit schwacher landesherrlicher Gewalt, genauer gesagt im Utrechtschen, in Gelderland und Overijssel. Die nordniederländischen Historiker sprechen in diesem Zusammenhang von der Einführung des unseres Erachtens zu Unrecht so genannten „Hofsystems". Der Inhaber eines derartigen Herrschaftsbereiches, dessen Mittelpunkt meistens ein befestigtes Gehöft, *motte*, oder Kastell bildete, band alle in seinem Bereich wohnenden Personen an dieselben, die Freiheit einschränkenden Auflagen, zu denen im 11. Jh. noch verschiedene Hebungen, u.a. Steuern oder „Beden" (lat. *tallia*, frz. *taille*) und andere herrschaftliche oder „banale" Dienste (u.a. Wachtdienst, bauliche Instandhaltung des Kastells, Spanndienste) und Rechte (Bannmühlen, Bannöfen) hinzukamen. Erst in zweiter Instanz konnten sich die ursprünglich Freien auf die landesherrliche Gewalt und auf ihren Vertreter berufen, vor allem in Rechtssachen und bei militärischen Verpflichtungen. Gegenüber dieser herrschaftlichen Gewalt kamen Freie und Unfreie größtenteils auf dieselbe Stufe, mit dem Unterschied, daß die Willkür des Herrn gegenüber den rechtlich Unfreien größer war als bei den Freien.

Auch noch andere Faktoren haben den sozialwirtschaftlichen Unterschied zwischen Freien und Unfreien verwischt, so daß aus beiden Gruppen eine einzige von faktisch „Halbfreien" entstand. Beide Gruppen lebten in derselben räumlichen Gemeinschaft (Domäne, Herrschaft oder Dorf) zusammen und heirateten untereinander. Dazu kam der oft schon in der karolingischen Zeit nachweisbare Umstand, daß Unfreie die Verfügung über einen *mansus* oder eine *tenure* bekamen, die als Folge des ursprünglich freien Rechtsstatus ihres Inhabers als „frei" angesehen worden war, und zwar mit allen Konsequenzen, die sich bereits für die Größe des Betriebes, den Umfang der damit verbundenen Nutzungsrechte und Frondienste ergaben. Diese Frondienste verminderten sich, wurden abgekauft und verschwanden endlich. Dies alles verursachte eine ziemlich bedeutende Mobilität, der gegenüber sich die veralteten Rechtsbegriffe „frei" und „unfrei" gegen das Ende des 12. Jh. nicht mehr behaupten konnten.

Damit begann eine zweite Phase in der Sozialgeschichte der Landbevölkerung; sie wird oft als „Freimachungs"-Bewegung bezeichnet. Das war sie auch in gewissem Sinne, doch ist es hier wichtig, nicht zu verallgemeinern und gleichzeitig genau festzulegen, was eigentlich unter „Freimachung" verstanden sein will.

Die Auflösung der Domanialverfassung, der freiere Rechtsstatus, der in den Städten Personen von verschiedener Herkunft gewährleistet wurde, schließlich auch die günstigen Bedingungen, die Kolonisten (lat. *hospites*) in Rodungsgebieten zugestanden wurden (so etwa an der flandrischen Küste, wo sich außerdem von altersher eine viel zahlreichere freie Bevölkerung erhalten konnte), lasteten auf den Herren gegen Ende des

12. Jh. als schwerer Druck. Wollten sie die Entvölkerung, die Landflucht aus ihren Herrschaftsbereichen verhindern, dann mußten sie eine Erleichterung von den oben genannten Freiheitseinschränkungen, Lasten und Abgaben zugestehen.

Außerdem darf man nicht aus dem Auge verlieren, daß der Bauer im Zuge der allgemeinen wirtschaftlichen Entwicklung inzwischen vermögender geworden war und dadurch fähig wurde, die Abschaffung oder Erleichterung der freiheitsbeschränkenden Lasten mit Geld zu bezahlen, was den Herren, die in finanziellen Dingen nicht so günstig standen, nicht unwillkommen war.

In der Grafschaft Flandern hat diese Freimachungsbewegung sehr früh begonnen, vielleicht im Küstenbereich schon zu Anfang des 12. Jh. Im übrigen ist sie sehr allmählich verlaufen und kein Anlaß zu allgemeinen Maßregeln oder Freiheitsurkunden gewesen. In den meisten Teilen der Grafschaft war sie im 13. Jh. beendet. Im Hennegau dagegen setzte die Freimachung in der zweiten Hälfte des 12. und in der ersten Hälfte des 13. Jh. mittels Verleihung von örtlichen Urkunden (frz. *chartes-lois*) ein, die nach dem Muster der bekannten französischen Freiheitsbriefe des 12. Jh. von Lorris, Beaumont und Prisches ausgestellt waren. Das gleiche war der Fall in den anderen wallonischen Gegenden der Niederlande. Ihre Verleihung bedeutete nicht unbedingt das Verschwinden der Unfreiheit: Oft beinhalteten diese Urkunden nur die schriftlich festgelegte Milderung der Freiheitsbeschränkungen. Als frei galt von jetzt an derjenige, dessen persönliche Verpflichtungen durch partielle Maßnahmen – so in Flandern – oder durch geschriebene Freiheitsbriefe – so in den wallonischen Gebieten – festgelegt waren. Wo das nicht der Fall war, galt jeder als unfrei. Das Gebiet von Aalst, jener Teil Flanderns, der östlich der Schelde liegt, kann als Beispiel für eine Gegend gelten, wo die Unfreiheit auf diese Weise der allgemeine Rechtsstatus der Bevölkerung wurde. Eine analoge Entwicklung, die zur Territorialisierung des Begriffes Unfreiheit führte, vollzog sich im 13. Jh. in einer Anzahl von nordniederländischen Gebieten, wie in Overijssel, Utrecht oder Gelderland, wo infolgedessen Bauernaufstände ausbrachen, die zu gewissen Milderungen in der sich verallgemeinernden Unfreiheit, aber nicht zu ihrer vollständigen Abschaffung führten. Im Gegensatz hierzu verschwand die Unfreiheit in Holland im 13. Jh. schnell vollständig.

Die geschilderte Entwicklung des sozial-rechtlichen Status der Mehrheit der Landbevölkerung hängt in mancher Hinsicht mit der Entwicklungsgeschichte des Adels zusammen[11]. Hervorzuheben sind dabei zwei Entwicklungsmomente: die Bildung von privaten Gerichtsherrschaften einerseits und die hiermit in Zusammenhang stehende Aushöhlung des Rechtsstatus der innerhalb dieser Gerichtsherrschaften lebenden Leute zu sog. Halbfreien andererseits.

Mit Ausnahme der Küstengegenden von Flandern, Holland und Friesland, wo eine bedeutende Gruppe von freien Bauern sich im 11. und 12. Jh. zu behaupten wußte, gehörten ja in den übrigen Gegenden der Niederlande die wenigen Freien, die nicht unter die Befehlsgewalt eines Herrn kamen, meistens zur höchsten sozialen Schicht. Gerade diese freien Leute waren es, die sich im 11. Jh. der zerbröckelten Elemente der öffentlichen Gewalt bemächtigten, sie zu privaten Gerichtsherrschaften ausbauten und die weniger vom Glück gesegneten Freien ihrer Befehlsgewalt unterwarfen. Von diesem Zeitpunkt an bildeten sie als Adel eine privilegierte Schicht. Sie waren in den meisten Gebieten die eigentlich freien Leute. Neben dem Adel gab es die Ritter, in deren Reihen in bestimmten Gebieten wie Flandern viele Freie als Lehnsleute eines adeligen Herrn eintraten; im Laufe des 12. Jh. wurden auch solche Unfreie aufgenommen, die allerlei Funktionen in der unmittelbaren Umgebung eines Herrn wahrnahmen und dadurch ein hohes soziales Ansehen erlangten. Dies letztere traf hauptsächlich für die Gebiete im Osten der Niederlande zu, die zum Reich gehörten. Dort waren diese unfreien Ritter, Dienstleute oder Ministerialen genannt, ziemlich zahlreich. Da der Militärdienst auch für den Adel den vornehmsten Beruf darstellte und viele Adlige im Laufe des 12. Jh. das Bestreben hatten, Ritter zu werden, wurden soziale Bindungen zwischen Adel und Ritterschaft geschaffen, wobei besonders die Ritter sich um den Erwerb des adeligen Status bemühten. Der Adel hat sich gegen solche Absichten im 12. und 13. Jh. heftig zur Wehr gesetzt und sich deshalb als Geburtsstand abgeschlossen, damit aber sein eigenes Todesurteil unterschrieben, denn Inzucht war die unmittelbare Folge. Der Verfallsprozeß des Adels und seine sozialwirtschaftliche Gleichschaltung mit den nichtadeligen Rittern wurden noch beschleunigt durch die finanziellen Schwierigkeiten, womit der Adel seit der zweiten Hälfte des 12. Jh. mehr und mehr zu tun hatte. Diese Schwierigkeiten entstanden aus dem allmählichen Zusammenbruch der Domanialverfassung, der materiellen Grundlage seines Ansehens und seiner Macht. An diesen Vorgang konnte sich der Adel, da es ihm an intellektueller Bildung fehlte, schlechter anpassen als die geistlichen Großgrundbesitzer. Jedoch hat es in Flandern bis zum Ende des 13. Jh., in anderen niederländischen Gebieten bis zum 14. und 15., in Gelderland sogar bis ins 17. Jh. gedauert, bis der Zugang zum Adel ohne jedes Geburtsprivileg und für die ganze Ritterschaft, u.a. durch die Verleihung von Adelsbriefen, erzwungen wurde und beide Gruppen miteinander verschmolzen.

5. Sozialgeschichte: Die Städte[12]

Unter den ersten Einwohnern der niederländischen Städte, welche im 10. und 11. Jh. infolge der Auswirkungen des Fernhandels entstanden sind, haben die Kaufleute einen verhältnismäßig hohen Anteil gehabt. Ihre Herkunft ist gewöhnlich nicht zu ermitteln, da viele unter ihnen anfangs keinen festen Wohnsitz hatten und erst im Laufe des 11. Jh. sich einen solchen in der Stadt gewählt zu haben scheinen. Jedenfalls darf man in diesen ersten Kaufleuten nicht lauter Abenteurer sehen, die aus dem für den Handel wenig geeigneten Rahmen der Domänen auf dem Lande weggelaufen waren. Diese ältere Auffassung geht auf Pirenne zurück, der von den Zuständen in Flandern ausging. Nach neueren Untersuchungen scheint es annehmbar, daß gerade auch in Flandern die erste Stadtbevölkerung, wenigstens zum Teil, die Nachkommenschaft einer in vorstädtischen Niederlassungen siedelnden Bevölkerung war, die nicht ausschließlich und nicht in erster Linie ihren Unterhalt im agrarischen Sektor fand, die vielmehr eine kommerzielle oder handwerkliche Tätigkeit ausübte (Lederbearbeitung, Metallverarbeitung), und zwar im Dienste landesherrlicher Festungen, die in ihrer unmittelbaren Nähe seit dem Beginn des 10. Jh. angelegt wurden.

Diese erste Stadtbevölkerung war, genau wie die Bevölkerung auf dem Lande, zusammengesetzt aus Freien bzw. Halbfreien und Unfreien. Sie wurde bald vermehrt durch Zuwanderer vom Lande ringsherum, meist Handwerker, die in gleicher Weise gewöhnlich unfrei oder höchstens halbfrei waren. Ihnen gegenüber konnte ihr ursprünglicher Herr Rechte geltend machen, sofern sie nicht der Gewalt des Landesherren unterstellt wurden, wie das in einigen Städten der Fall gewesen zu sein scheint. Trotz der Konflikte, die hieraus zwischen unfreien Einwanderern und ihren ursprünglichen Herren entstanden, hat sich in Gebieten, in denen sich die landesherrliche Gewalt bereits früh entwickelt hatte, wie in Flandern und Holland, offenbar unter landesherrlichem Einfluß, der Rechtsgrundsatz durchgesetzt, daß ein Aufenthalt von Jahr und Tag im Stadtgebiet die persönliche Freiheit des Einwanderers verbürgte. In anderen Gebieten, wie in Gelderland und Overijssel, blieb die Unfreiheit oder Halbfreiheit dagegen noch länger der Rechtsstatus vieler Stadtbewohner. Wieder anderswo, namentlich in den Bischofsstädten (Tournai, Lüttich) oder in Städten, die auf dem Grunde einer Abtei entstanden waren (Arras, Mons) bestand die ursprüngliche Stadtbevölkerung aus

Freigeweihten, d. h. Hörigen einer Kirche, deren Lasten aber sehr leicht waren und deren Status manchmal viele Vorteile, wie Befreiung vom Zoll, so z. B. in Arras, einschloß.

Neben den Handwerkern, die den Bedürfnissen der örtlichen Bevölkerung nachkamen, wie Bäcker, Metzger, Brauer, Zimmerleute, Leder- und Metallarbeiter usw., stellt man in den Städten, die über eine nur regionale Marktfunktion hinausgehend auf Fernhandel eingestellt waren, um die Mitte des 11. Jh. bereits die Anfänge von spezialisierten Handwerkern fest, die im Dienste eines für den Export arbeitenden Gewerbes standen (Textilindustrie in Flandern, Metallindustrie in den Maasstädten).

Seit der zweiten Hälfte des 11. Jh. wird gleichzeitig in diesen letzteren Städten ein sozialer Unterschied deutlich zwischen der Gruppe von Kaufleuten einerseits, die zugleich Unternehmer des aufblühenden Exportgewerbes waren, und den Handwerkern andererseits, unter denen in den wichtigsten Städten bald diejenigen der Exportindustrie eine viel größere Gruppe bildeten als die Handwerker, deren Tätigkeit auf die lokale und regionale städtische Marktfunktion gerichtet war[13].

Zur selben Zeit, hier früher, dort später, aber spätestens um die Mitte des 12. Jh., bekamen die damals bestehenden Städte eigene Rechtsprechung und Verwaltung. Beide waren von Anfang an in der Hand der am meisten begüterten Schicht, der Kaufleute-Unternehmer, welche man mit modernem wissenschaftlichem Ausdruck als Patriziat bezeichnet; neben ihrem sozial-ökonomischen Übergewicht besaßen sie zugleich einen rechtlich privilegierten Status, den sie dadurch, daß sie sich als Stand abschlossen, gegenüber Emporkömmlingen für sich allein reservieren wollten.

Die Zugehörigkeit zum Patriziat war mit gewissen Merkmalen verknüpft, in Gent z. B. mit dem vollen Eigentumsrecht über ein Stück städtischen Grundes, das man *erf* (Erbe) nannte. Von da der Begriff *erfachtige lieden*, erbberechtigte Leute, *viri hereditarii*. In Brügge gehörte dazu die Mitgliedschaft zur Londoner Hanse. Die Patrizier in den flämischen Städten betrachteten sich auf diese Weise nicht nur als eine Art Stadtadel; sie ahmten auch die adelige Lebensweise nach, indem sie feste städtische Häuser, sog. *stenen* (Steine) bauten, ein eigenes Siegel annahmen, Lehen erwarben oder Heiratsverbindungen mit dem eigentlichen Adel eingingen.

In anderen niederländischen Städten, wie in Brabant, im Lütticher oder im Utrechter Gebiet, findet man beim Patriziat diese Züge wieder, allerdings weniger scharf ausgeprägt als in Flandern. Im letztgenannten Gebiet verschwand übrigens das alte Patriziat als geschlossener Stand mit dem Sieg der städtischen Milizen aus der Volksschicht über das französische Ritterheer bei Kortrijk am 11. VII. 1302. Dieser Untergang war die unmittelbare Folge von Mißbräuchen, deren sich das Patriziat bei der Verwaltung der Städte, insbesondere der städtischen Finanzen und als Arbeitgeber in der Textilindustrie, schuldig gemacht hatte.

Zum Teil als Reaktion dagegen waren schon 1280 in allen großen Städten Flanderns soziale Unruhen ausgebrochen. Mittelbar war der Untergang des alten Patriziats in Flandern die Folge des Verschwindens des Aktivhandels, wie dies an anderer Stelle (unten S. 281 f.) dargelegt wird. Aus der Verschmelzung einiger Familien des alten Patriziats mit Emporkömmlingen aus dem breiten Volk entstand im 14. Jh. ein neues Patriziat, das weniger exklusiv, weniger privilegiert, weniger herrschbegierig und auch wirtschaftlich von geringerer Bedeutung war.

Die Entwicklung in Flandern hatte in anderen niederländischen Gebieten eine ähnliche soziale Auswirkung, namentlich in Lüttich, in Utrecht und in Brabant, wo die Beziehungen zwischen Patriziat und der übrigen Bevölkerung gleichwohl weniger gespannt waren, weil dort das Patriziat sich geschmeidiger den veränderten sozialen Verhältnissen des 14. Jh. anpaßte.

Eine wichtige soziale Rolle spielten in den meisten Städten der Niederlande *vor* dem

14. Jh. und in einigen, u. a. brabantischen Städten, auch noch nach 1300, die Berufsvereinigungen, zu denen die Kaufleute sich organisiert hatten[14]. Sie können auf zwei Typen zurückgeführt werden: Kaufmannsgilden und Hansen. Da die Hansen besonders im Handel eine Rolle spielten, wird ihre Bedeutung in anderem Zusammenhang (unten S. 284f.) geschildert. Die Kaufmannsgilden hatten vor allem das Ziel, die Solidarität unter den Mitgliedern zu fördern, u.a. durch Trinkgelage; darüber hinaus aber hatten sie meist einen religiösen oder karitativen Zweck, weshalb einige sich übrigens *caritates* (frz. *charités*) nannten. In den ältesten Handelsstädten führten sie ihr Bestehen zurück auf den Augenblick, in dem die Stadt anfing, eine kommerzielle Rolle von einiger Bedeutung zu spielen, in Tiel z. B. auf den Anfang des 11. Jh., in Saint Omer auf die zweite Hälfte dieses Jahrhunderts und in Valenciennes auf ungefähr den gleichen Zeitpunkt. In den Städten Flanderns verschwinden sie wieder beim Untergang des flandrischen Aktivhandels in der zweiten Hälfte des 13. Jh. In anderen Gegenden der Niederlande, wo die Städte später aufkamen, sind auch die Kaufmannsgilden jüngeren Ursprungs, so in Brabant, Utrecht, Holland und Seeland, wo sie erst im Laufe des 13. Jh. erscheinen. Hier wurden später in einigen Städten die Kaufmannsgilden aus privaten Vereinigungen zu städtischen Einrichtungen. Als Schrittmacher im Streit um die Selbständigkeit der Städte haben Kaufmannsgilden aber nirgendwo, vielleicht Brabant ausgenommen, eine Rolle gespielt.

Wie schon gesagt, war der Fernhandel die materielle Basis für Reichtum und Macht des Patriziats. In Städten mit einer Industrie, die in großem Maße für den Export arbeitete, waren die Patrizier zur gleichen Zeit Unternehmer[15]. Oft waren dieselben Personen oder ihre Familienangehörigen auch im Geldgeschäft tätig. Der Ursprung ihres Handelskapitals ist ungewiß: Pirenne und andere betonen, daß die ersten Vermögen oft auf zufälliges Glück oder auf abenteuerliche Unternehmungslust zurückgingen. Daneben darf aber nicht übersehen werden, daß viele Patrizier sehr früh Eigentümer von städtischem Grund und Boden waren. Da dieser Besitz in den wachsenden Städten einen zunehmenden Wert bekam, wurde er ein wichtiger Vermögensbestandteil der Patrizier und war als Grundlage von Kreditgeschäften im Wirtschaftsleben von Bedeutung.

Ein großer Teil des Geldes, das von den Patriziern in Handel und Gewerbe gewonnen wurde, wurde von ihnen, besonders im 13. Jh., wieder in Grund und Boden und Renten auf dem Lande angelegt. Als es gegen Ende des 13. Jh. mit dem flandrischen Aktivhandel bergab ging und die Patrizier in den Städten Flanderns den Handel Fremden überlassen und sich auf die Rolle von Unternehmern in der Tuchindustrie beschränken mußten, konnte eine ganze Reihe von ihnen es sich erlauben, ausschließlich von ihrem bis dahin erworbenen Vermögen zu leben und sich mit der Verwaltung und dem Betrieb ihrer außerstädtischen Landgüter zu beschäftigen, was ihre Annäherung an den Adel noch förderte.

Trotz seines sozial-ökonomischen Übergewichts stellte das Patriziat aber nur einen geringen Prozentsatz der Stadtbevölkerung dar. Die übergroße Mehrheit der Bevölkerung gehörte zur sog. „Volksklasse" (mnl. *gemeen*, frz. *commun*), die aus zwei verschiedenen Gruppen von Handwerkern bestand. Gegen Ende des 13. und im 14. Jh. sind offenbar beide Gruppen in Zünften organisiert, die man *ambachtsgilden* (Handwerkergilden) nannte[16]. Sie verfügten über ein ziemliches Maß von Selbstverwaltung und korporativer Jurisdiktion. Entstanden waren sie aus der naturgemäßen Annäherung von Handwerkern derselben Berufsgruppe einerseits, andererseits aber auch aus der Initiative des städtischen Magistrats, der durch die Bildung von Berufsgruppen der städtischen Miliz eine Basis geben und die Anpassung an ein Arbeitsreglement erleichtern wollte. In vielen Städten trugen auch religiöse oder karitative Motive zur Bildung von Zünften bei, wie es offenbar die zahlreichen Zünfte beweisen, die der Verehrung des heiligen Eligius, des Patrons der Schmiede, gewidmet sind. Sie kamen im Laufe des

13. Jh. auf, lange bevor die Schmiede und andere Handwerker, die ebenfalls zu den Eligiusgilden zugelassen waren, über eine eigene anerkannte Berufsvereinigung verfügten.

Die Anerkennung der Handwerkerzünfte ist in den verschiedenen niederländischen Gebieten auf vielfache Weise und zu verschiedener Zeit erfolgt. In einigen Städten des Fürstbistums Lüttich, in Dinant, Huy und in Lüttich, erwarben die Zünfte bereits *vor* dem Ende des 13. Jh. ein hohes Maß an Selbstverwaltung auf dem Gebiet der Reglementierung der Arbeit. In Flandern und Brabant dagegen haben die Magistrate verschiedener Städte um die Mitte des 13. Jh. Verträge geschlossen, um jeweils die Bildung von Handwerkerzünften in ihrer Stadt zu verhindern. Dagegen erhob sich von seiten des Handwerks Widerstand, vor allem von seiten der Walker, als im letzten Viertel des 13. Jh. die Kaufkraft des durch die Obrigkeit festgesetzten Lohnes durch Münzverschlechterungen in fühlbarem Maße vermindert wurde. Doch brachte in Flandern erst der Sieg der Stadtmilizen bei Kortrijk 1302 die Anerkennung der Handwerkerzünfte. Dies hatte seine unmittelbare Auswirkung auch in anderen Gebieten, besonders in Brabant und in Utrecht. In verschiedenen brabantischen Städten bemächtigte sich die Volksklasse mit Gewalt der Regierung, wurde aber daraus einige Jahre später durch das Zusammenspiel von Herzog und Patriziat wieder vertrieben. Dadurch wurde die Anerkennung der Handwerkerzünfte in Brabant bis spät ins 14. und sogar bis ins 15. Jh. verschoben. In Utrecht dagegen, der einzigen nordniederländischen Stadt, die schon im 13. Jh. Handwerkervereinigungen kannte, kamen die Zünfte 1304 endgültig an die Macht. In Holland erlangten die Handwerkerzünfte keine solche Bedeutung, wenn man von Dordrecht absieht, wo sie im Laufe des 14. Jh. selbständig wurden.

Die Emanzipation und Anerkennung der Handwerkerzünfte bedeutete nicht das Ende der sozialen Konflikte in den Städten. Diese wurden nun auf eine andere Ebene übertragen, nämlich auf den Kampf bestimmter Zünfte untereinander, wie in Flandern zwischen Meistern und Gesellen, namentlich in Gruppierungen von Handwerkern, die nicht zu einem großen Exportgewerbe gehörten. In den letztgenannten war es die Regel, daß nur die Meister etwas in der Leitung der Vereinigung zu sagen hatten, während bei den Handwerkern im Tuchgewerbe sowohl die Gesellen als auch die Meister an den Wahlen teilnahmen und ebensogut wie ihre Arbeitgeber zu Geschworenen oder sogar zu Älterleuten der Zunft ernannt werden konnten. Die wichtigste Ursache für die sozialen Konflikte der Handwerker untereinander, die besonders in Flandern um die Mitte des 14. Jh. an Heftigkeit zunahmen, war die stets ungünstiger werdende allgemeine wirtschaftliche Konjunktur, die sich vor allem in der flämischen Tuchindustrie zeigte, deren Absatzmöglichkeiten immer mehr eingeengt wurden. Daneben wirkte sich eine stoßweise steigende Teuerung der Lebensmittelpreise aus. Sie wurde verursacht durch Münzmanipulationen, wozu die Fürsten seit dem Ende des 13. Jh. immer häufiger ihre Zuflucht nahmen. Dies führte immer wieder zu Lohnkonflikten, besonders bei den Handwerkern der Tuchindustrie, deren Lohn, namentlich bei den Walkern, genau festgelegt war, so daß sich die Münzschwankungen entsprechend ungünstig auswirkten.

6. Die Landwirtschaft[17]

Für die Landwirtschaft und das agrarische Leben im allgemeinen bedeutet die Zeit der Normanneneinfälle in vieler Hinsicht einen tiefgehenden Bruch mit der vorangehenden karolingischen Zeit. Der Mangel an Sicherheit, das zeitweilige Verschwinden aller organisierten obrigkeitlichen Gewalt, die Flucht von vielen geistlichen und weltlichen Großgrundbesitzern hatte zur Folge, daß große Teile des platten Landes in den Niederlanden sich selbst überlassen blieben, d.h. abgeschnitten von interlokalem oder gar interregionalem Verkehr. Zugleich waren sie angewiesen auf die Macht von örtlichen Herren, Gutsverwaltern u. dgl., die geblieben waren und auf solche Weise Gelegenheit bekamen, Grundbesitz und Befehlsgewalt zu usurpieren. Folgen dieser Verhältnisse waren Stillstand in der Rodungstätigkeit, die Auflösung der Verbindungen zwischen dem als große Domäne organisierten Ackerbaubetrieb und einem größeren wirtschaftlichen Ganzen, tiefgehende Eingriffe in die wirtschaftliche und rechtliche Struktur des landwirtschaftlichen Betriebs der Großgrundbesitzer. Von diesen Folgen erfahren wir im allgemeinen erst viel später und auf indirekte Weise etwas, wenn um das Jahr 1000, hier früher, dort später, neu abgefaßte Quellen zur Verfügung stehen, die einen Vergleich mit den Zuständen der karolingischen Zeit möglich machen. Dieses Neuerscheinen von Quellen oder doch zum mindesten die Tatsache, daß sie allmählich zahlreicher und ausführlicher werden, steht in unmittelbarem Zusammenhang mit einer gewissen Normalisierung der allgemeinen Lebensbedingungen. In den zeitgenössischen Begriffen bedeutet das an erster Stelle: die Begründung einer organisierten, mehr als rein lokalen oder mindestens regionalen Befehlsgewalt, von der aufs neue die Leitung und Initiative ausgehen und die neue ökonomische und rechtliche Einrichtungen schafft, innerhalb deren das agrarische Leben sich neu entfalten kann.

Das erste und am frühesten wahrnehmbare Symptom dieses Wiederauflebens auf landwirtschaftlichem Gebiete ist die Urbarmachung von Neuland, auf deren tiefere Ursachen wir hier nicht einzugehen brauchen, da es sich um eine allgemeine Erscheinung in Westeuropa handelt[18]. Doch muß wenigstens die Tatsache angedeutet werden, daß in bestimmten Teilen der Niederlande die Kultivierung von Neuland ein ziemlich frühes Zeichen ist, das namentlich im Küstengebiet von Flandern schon *vor* dem Ende des 10. Jh. einsetzt und in den Küstengebieten von Holland nicht lange nach dem Beginn des 11. Jh. Der frühe Ausbau einer starken landesherrlichen Gewalt in diesen Randgebieten Westfrankenlands und Lothringens, ebensosehr aber auch ihre im Vergleich zu anderen Teilen der Niederlande dichte oder schnell anwachsende Bevölkerung sind vermutlich an diesem frühen Einsetzen der Rodungen nicht unbeteiligt.

Diese Rodungen können von einem zweifachen Standpunkt aus betrachtet werden. 1. Nach der natürlichen Beschaffenheit der Böden kann man unterscheiden zwischen den Marschgebieten an der See, den Tiefmoorgebieten und den Wald- und Heideflächen im Binnenland. 2. Nach dem zeitlichen Anfang gab es die nicht organisierten oder privaten Rodungen lokalen Charakters während einer ersten Phase, die je nach der Gegend bis zur Mitte oder bis zum Ende des 11. Jh. reicht; dann die meist auf landesherrliche Initiative organisierten Urbarmachungen mit einem mehr als rein örtlichen Charakter, die bis zum Ende des 12. und zum Beginn des 13. Jh. dauerten; schließlich die organisierten Urbarmachungen verschiedenen, überwiegend privaten Ursprungs, die je nach der Gegend *vor* dem Ende des 13. Jh. oder erst um die Mitte des 14. Jh. zum Stillstand kamen.

Im 8. und 9. Jh., zur Zeit einer Regressionsphase der Meeresspiegelbewegung waren die *groden*, d. h. die Gründe außerhalb der Deiche, die nur bei Flut unter Wasser gehen, längs der flandrischen, seeländischen, holländischen und friesischen Küste als Schafweiden in Betrieb genommen worden. Im Lauf des 10. Jh. wurde auf den damals allmählich versandenden *kreeken* eine ständige Ansiedlung ohne das Anlegen von *terpen* oder Fluchthügeln möglich. Neue Meeresüberschwemmungen, in Flandern als dritte Dünkirchener, in Holland als postkarolingische oder ottonische Transgression bekannt, war für die damals in dem langsam austrocknenden Grodengebiet angesiedelte Bevölkerung der Anlaß, Deiche aufzuwerfen. Sie zeigen sich kurz nach 1000 im westlichen seeländischen Flandern und etwas später in Holland, in der Umgebung der Abtei Egmond. Es waren sog. *kadijkjes* (vgl. den Namen Cadesand-Kadzand, Prov. Seeland), d. h. kleine, auf persönlichen, nicht Gemeinschaftsschutz ausgerichtete defensive Deiche. Um die Mitte des 11. Jh. trifft man infolge einer neuen Überschwemmungsphase in der flandrischen Küstenebene aber schon auf drei längere, auf Gemeinschaftsschutz ausgerichtete Deiche von mehreren Kilometern Länge, die wahrscheinlich unter Mitwirkung der landesherrlichen Gewalt angelegt wurden. In Seeland und Holland wurden solche umfangreichen Wasserwehranlagen erst in der zweiten Hälfte des 12. Jh., ebenfalls unter landesherrlicher Mitwirkung, ins Werk gesetzt. Inzwischen hatte man in Flandern, im Mündungsgebiet des Yser bei Nieuwpoort, im zweiten Viertel des 12. Jh. die ersten wirklichen Einpolderungen unternommen, d.h. der See Land abgewonnen durch den Bau von offensiven Deichen um „reif" gewordene Groden herum. Im letzten Viertel des 13. Jh. erreichten die Einpolderungen längs der flandrischen Küste (Yser, Zwin, Seeländisch Flandern) ihren Höhepunkt. In Seeland, Südholland, Friesland und Groningen wurden sie nach diesem Zeitpunkt noch lange fortgesetzt, um dann im dritten Viertel des 14. Jh. mit einem Totalgewinn von 14000 Hektar einen letzten Höhepunkt zu erreichen, der an die eingepolderte Oberfläche (ca. 16000 ha) zur Zeit des ersten Viertels des 13. Jh. herankam. Man hat berechnet, daß innerhalb der gegenwärtigen Niederlande im 13. Jh. ungefähr 36000 Hektar der See abgewonnen wurden und im 14. Jh. fast ebensoviel. Im Gegensatz zu den kleinen defensiven Deichen vom Anfang des 11. Jh., die auf Initiative lokaler Privateigentümer entstanden, im Gegensatz auch zu den großen defensiven Deichanlagen aus dem 11. und 12. Jh., die durchweg auf Veranlassung der landesherrlichen Obrigkeit ins Werk gesetzt wurden, erfolgten die eigentlichen Einpolderungen sowohl im Norden als auch im Süden durch private Großgrundbesitzer, in einer ersten Phase hauptsächlich durch Zisterzienserabteien, in einer zweiten Phase durch regelrechte Eindeichungsunternehmer, welche die Einpolderungen meist auf Rechnung von Abteien, Hospitälern oder städtischen Großgrundbesitzern ausführten.

Die wirtschaftliche Bedeutung der Einpolderungen liegt in der Hauptsache darin, daß, viel schneller als während eines natürlichen Trockenlegungs- und Entsalzungsprozesses, der dem Meer abgerungene Grund in kurzer Zeit für den Kornanbau zur Verfügung steht, und an Korn bestand ja gerade während der zweiten Hälfte des 12. und der ersten Hälfte des 13. Jh. infolge der schnellen Bevölkerungszunahme und des Fehlens einer bedeutenden Korneinfuhr ein sehr großer Mangel.

Die Urbarmachung von Tiefmooren (*moeren*) war von geringerer Bedeutung längs der flandrischen Nordseeküste, etwas wichtiger längs des südlichen Ufers der Westerschelde, in Seeländisch Flandern, und hatte ihr Hauptgewicht im zentralen Teil Hollands und im westlichen und nördlichen Teil von Utrecht – der sog. holländisch-Utrechtschen Tiefebene – sowie in den südlichen Teilen von Friesland und Groningen. Ihre Nutzung als Weideland für Rindvieh beruht auf der Anlage eines Entwässerungssystems im Anschluß an die zu diesem Zwecke mit Deichen, Dämmen und Schleusen versehenen natürlichen Wasserläufe. Dieses System ist charakteristisch durch seine parallelen, auf einen Entwässerungskanal zulaufenden Gräben, die noch in der Landschaft von heute die typischen langgestreckten, geraden Parzellen begrenzen. Eine solche Anlage ist nur denkbar im Rahmen einer systematischen, von obrigkeitlicher Hand gelenkten Kolonisation, und nur der Landesherr konnte letzten Endes derjenige sein, der die Initiative ergriff. Das war auch tatsächlich der Fall, doch gehen die Meinungen darin auseinander, zu welchem Zeitpunkt der Graf von Holland, dem die Tiefmoorgebiete als Wildland gehörten, hier mit der Vergabe von Kolonistenstellen begonnen hat.

Möglicherweise hat der Graf schon im 11. Jh. einzelne Rodungszentren begründet, so z.B. bei Delft und Haarlem, aber die systematische Vergabe von Tiefmoorgebieten an Unternehmer mit dem Ziel der Urbarmachung kann unseres Erachtens in der holländisch-Utrechtschen Tiefebene wie übrigens auch in Friesland nicht früher als im 12. Jh. geschehen sein. Andernorts setzte sie noch später ein, und es ist kennzeichnend, daß derartige Rodungen, wie sie im westlichen Nordbrabant, im Nordwesten von Drente oder in der Ysselniederung und längs der Zuiderzeeküste das Werk von Holländern und Friesen sind.

Die Kultivierung von Wald und Heide im Binnenland[19] ist während einer ersten Phase, die in Flandern bereits im letzten Viertel des 11. Jh. endigt und anderswo, im östlichen Teil von Utrecht, auf der Veluwe und in Brabant seit dem ersten Viertel des 12. Jh., gelegentlich viel später einsetzt, schwer zu erfassen. Denn diese Arbeiten hatten damals keinen systematischen, organisierten Charakter, sondern gingen von örtlichen Dorfgemeinschaften oder ihren Bewohnern aus.

Das Objekt dieser Urbarmachungen waren durchweg Waldbestände auf trockenen, bequem trockenzulegenden und fruchtbaren sandlehmigen und lehmigen Böden. Dies war der Fall in der südlichen Hälfte Flanderns, in einigen Teilen Brabants, so z.B. in der Umgebung von Antwerpen, im Haspengau und in Südlimburg.

Außer im Gebiet südlich von Samber und Maas, wo die großen Waldmassive wenig oder gar nicht berührt wurden, waren im Laufe des 12. Jh. wenige ausgestreckte Waldungen übriggeblieben. In dieser Zeit ist übrigens von seiten der Landesherren, in Flandern schon zu Beginn des 12. Jh., anderswo erst viel später, auf der Veluwe z.B. erst *nach* 1250, ein Bestreben deutlich erkennbar, die Rodungen unter Kontrolle zu bekommen, sie aus verschiedenen Gründen zu beschränken, wo man das für nützlich erkannte, selbst in die Hand zu nehmen. Das geschah vornehmlich durch die Gründung von bevorrechteten neuen Dörfern (*villes-neuves*). Zahlreiche Waldungen waren übrigens im Laufe des 11. und 12. Jh. infolge wenig durchdachter und unkontrollierter Rodungen, vor allem aber durch den Gebrauch der Wälder als Weidegebiete für das Vieh, zu Heide (*wastine*) degeneriert, besonders auf unfruchtbarem sandigem Boden. Das trifft besonders für die nördliche Hälfte Flanderns, die nördliche Hälfte von Brabant, für die Kempen und für die Veluwe zu. Die Grafen von Flandern, die Herzöge von Brabant und von Geldern gingen im 13. Jh. dazu über, diese ausgedehnten Heidegebiete, die ihnen durchweg als landesherrliche Wüsteneien gehörten, parzellenweise an Klöster oder Privatleute zu verkaufen, die sie dann zur Rodung ausgaben oder selbst in Betrieb nahmen. Da es aber nur wenig fruchtbare Böden mit marginalem Ertrag waren, mißglückten viele solcher Unternehmungen während der zweiten Hälfte des 13. Jh. Andererseits wehrten sich die um diese Weidegebiete wohnenden Dorfgemeinschaften im Lauf des 13. Jh. immer mehr gegen eine Urbarmachung, weil sie diese Gebiete bis dahin als gemeine Mark genutzt hatten. In Binnen-Flandern und in Nordbrabant, wo solche Heidegebiete einen großen Umfang hatten, in geringerem Maße in Gelderland, in Overijssel und im Utrechtschen führten diese Zusammenstöße oft zu Übereinkünften zwischen dem (Landes-)Herrn und den interessierten Dorfgemeinschaften, wobei diese als Markgenossenschaft das ganze umstrittene Gebiet vom Herrn in Zins nahmen, um die weitere Kultivierung zu verhindern und die Nutzungsrechte der Markgenossen sicherzustellen. Dies war um 1300 in den meisten der genannten Gebiete gelungen, was aber nicht verhinderte, daß später im 14. Jh. die so gebildeten Markengründe doch unter den Markgenossen mit dem Ziel ihrer Urbarmachung aufgeteilt wurden.

Es ist auffallend, daß die Rodungen zuerst in Flandern beendigt wurden, schon um 1275–1280, wohingegen sie im Norden, in Holland, Utrecht und im Gelderland, noch bis ins dritte Viertel des 14. Jh. ihren Fortgang nahmen. Die Erklärung für diesen Zeitunterschied scheint nicht in erster Linie das Fehlen bzw. das Vorhandensein von Gebiet zu sein, das für Rodung in Frage kam. Viel komplexere allgemeine Ursachen wirtschaftlicher und demographischer Art waren wahrscheinlich dafür maßgebend.

Die wirtschaftliche Bedeutung der Urbarmachungen liegt in jedem Falle in der starken Ausbreitung des Ackerlandes; dadurch wurde eine Erhöhung des agrarischen Produktionsvolumens erreicht, welche unentbehrlich war, um dem demographischen

Wachstum die Spitze zu bieten. Ein Gleichgewicht zwischen beiden wurde aber wahrscheinlich erst allmählich während des 13. Jh. erreicht, da sowohl das Ende des 12. als der Beginn des 14. Jh. von heftigen Hungersnöten betroffen wurden. Andererseits läßt diese Entwicklung vermuten, daß bis weit ins 13. Jh. hinein keine Erhöhung der agrarischen Produktion durch gesteigerte Produktivität erreicht wurde. Angaben über die Ackerbautechnik sollen dies noch deutlicher machen. Es gibt keine Hinweise, die vermuten lassen, daß das Wiederaufleben des Ackerbaus im 11. und 12. Jh., für das die Urbarmachungen ein Symptom sind, mit bedeutenden Veränderungen in der Ackerbautechnik begleitet wurden. Wohl kann eine größere geographische Verbreitung der Dreifelderwirtschaft festgestellt werden, deren Anwendung seit der karolingischen Zeit auf bestimmte Lehmböden im äußersten Süden der Niederlande beschränkt war, nämlich auf gewisse Teile des Hennegaus und des Artois sowie auf das Maasgebiet. Die Verbreitung der Dreifelderwirtschaft erfolgte allerdings sehr langsam und je nach der Gegend sehr verschieden. In Flandern und Brabant ging die Urbarmachung der fruchtbarsten Böden im 11. und 12. Jh. Hand in Hand mit der Einführung der Dreifelderwirtschaft, während es in Gelderland und Twente erst um 1300 zu einer teilweisen Einführung dieses Systems kam. In ausgedehnten Gebieten wie Nordbrabant, Drente und Teilen von Overijssel blieb dies System aber unbekannt. Auf denselben Eschen baute man Jahr um Jahr dank einer schweren Düngung mittels Heideplaggen oder Stallmist ein und dasselbe an, namentlich Roggen. Man nannte dies den „ewigen Roggenanbau".

Die kargen Angaben, die uns über die Ernteerträge zur Verfügung stehen, weisen auf eine erhöhte Produktivität in der Landwirtschaft des 13. Jh. im Vergleich zur karolingischen Zeit hin. Gegenüber früheren Ernteerträgen von 1:2 trifft man im 14. Jh. Verhältnisse an von 1:4 bis 1:6 oder 1:7 je nach der Gegend und der Frucht, gelegentlich sogar noch höhere, wie 1:13 in einigen Teilen des Artois, hier in Betrieben, deren Produktion zielbewußt auf Marktabsatz ausgerichtet war[20]. Dieser unverkennbare Fortschritt ist vielleicht die Folge gewisser technischer Verbesserungen, wie etwa der Anwendung von Eisen bei der Herstellung von Ackergeräten, aber in erster Linie muß er wohl mit der größeren Sorgfalt und Zeit erklärt werden, die der Bauer nach dem Verschwinden des Hofsystems im 12. und 13. Jh. seinem Acker widmen konnte. Dazu kommt eine Rationalisierung im Betrieb der größeren Landwirtschaften und vielleicht auch der Ersatz des Ochsen durch das Pferd vor dem Pflug, wie er in bestimmten Teilen Flanderns um 1200 vorgenommen worden zu sein scheint.

Im Anbau der verschiedenen Früchte treten *vor* dem Ende des 13. Jh. wenig Veränderungen auf[21]. Der Spelz, der vor allem in der Maasgegend angebaut wurde (Limburg, Namur), scheint allmählich an Wichtigkeit zugunsten des Weizens eingebüßt zu haben, der sich besonders im flämischen Küstengebiet und in Südbrabant (hier in der Form von Mengkorn, einem Gemisch von Weizen und Roggen) ausbreitete, und zugunsten der Gerste, die auf kurz zuvor eingepolderten Böden längs der Küste günstige Erträge brachte, und in der Form von Wintergerste in Südflandern und Artois vordrang. Daneben blieben in den Sandgebieten von Flandern, Nordbrabant, Utrecht, Geldern und Overijssel Roggen und Hafer die meistangebauten Kornfrüchte.

Seit dem Ende des 13. Jh. erfolgten in einigen Gebieten, zuerst in Flandern, dann aber bald in Seeland und Südholland, nach der Mitte des 14. Jh. auch in Brabant, bestimmte Intensivierungs- und Spezialisierungsmaßnahmen in der Landwirtschaft, die ohne Zweifel mit einer Kommerzialisierung der Landwirtschaft im Zusammenhang stehen; man muß sie in erster Linie durch die Marktfunktion der zahlreichen großen Städte in diesen Gegenden erklären (sog. Intensitätsinseln). In einigen Teilen Flanderns wurde so seit dem zweiten Viertel des 14. Jh. die dreijährliche Brache immer weniger eingehalten; dafür begann man dort, Leguminosen (Wicken, Bohnen und Erbsen) anzubauen. Ihnen folgten typische Futterpflanzen, so Rapsarten. Diese neue Praxis stand in enger Beziehung zur zunehmenden Viehzucht, insbesondere Rindviehzucht während des 13. Jh. Dies gilt nicht nur für die Weidegebiete in der flandrischen Küstenebene, für Holland, Friesland und Groningen, wo man mit der Fettweide anfing, sondern auch für Gegenden wie Binnen-Flandern, wo bis dahin der Ackerbau vorherrschte. Daneben gewann der Anbau von verschiedenen Industriepflanzen weite Verbreitung: Krapp, woraus der rote Farbstoff für die Tuchindustrie bereitet wurde, während der ersten Hälfte des 14. Jh. in Seeland; Waid, woraus der blaue Farbstoff gewonnen wurde, in den Lehmgegenden des Haspengaus, bei Namur und in der Gegend um Lille; ferner Flachs (in Südflandern), Hanf (Gouda) und schließlich auch Hopfen für die Bierbrauerei seit der Mitte des 14. Jh. um 's-Hertogenbosch, Heusden und Altena. Dazu kam endlich auch Gemüse und Obst. Diese exportierte man seit dem Beginn des 14. Jh. von Seeland aus nach England.

Die klassische Domanialverfassung des Hofsystems, wie es sich in der karolingischen Zeit im Pariser Becken und in Nordfrankreich als wichtigster Rahmen für das Landleben entwickelt hatte, hatte in den Niederlanden trotz der Bemühungen von König, Adel und Kirche keine tieferen Wurzeln gefaßt. Nur in der südlichen Hälfte des heutigen Belgien kamen große Domänen vor, die aus einem unmittelbar für den Domänenherrn bearbeiteten Fronhof mit zugehörigem Acker, Weideland und Wald bestanden (die sog. Eigenlandreserve, lat. *indominicatum*); dazu kamen von diesem Hof abhängigere kleinere Betriebe (sog. *tenures*, lat. *mansi*), die gegen Bezahlung in Geld oder Naturalien ausgegeben wurden, aber vor allem gegen Frondienste, die von den Inhabern zugunsten des Fronhofs geleistet wurden. Anderswo, in der nördlichen Hälfte Flanderns, in Nordbrabant, in Südholland, Utrecht und Gelderland, kamen wohl zweigliedrige Domänen vor, aber sie hatten durchweg einen geringeren Umfang an Ackerland als in der südlicheren Gegenden. Vor allem fehlte die Verbindung zwischen Fronhof und Kleinbetrieben, die für die Frondienste wichtig waren, fast ganz. Die Frondienste betrugen dort anstatt drei Tagen in der Woche, wie auf dem Fronhof in der Karolingerzeit, nur einige Tage Ackerarbeit im ganzen Jahr, ein paar Spanndienste und die Lieferung oder Bearbeitung von Holz, Eisen, Wolle oder Flachs. In einer derartigen Betriebsstruktur wurde der Fronhof, der dann im allgemeinen nicht viel größer war als ein großer Bauernhof, durch den Vertreter des Herrn bewirtschaftet, den Meier (lat. *villicus*, *maior*), fast immer mit Hilfe einer mehr oder minder großen Zahl von unfreien Knechten und Mägden (*mancipia*), die auf dem Fronhof wohnten. In den Küstengebieten Flanderns, in Seeland, Holland und Friesland gab es diese zweigliedrigen Domänen überhaupt nicht.

Wie schon früher gesagt, haben die Normanneneinfälle und ebensosehr die Krise der obrigkeitlichen Gewalt, die in den meisten Teilen der Niederlande während des 10. Jh. eine ihrer wichtigsten Folgen war, die geschilderte rechtlich-ökonomische Betriebsstruktur stark beeinflußt und beeinträchtigt. Viele kleine Herren, Hofbeamte, aber auch ganz gewöhnliche Inhaber von Bauernbetrieben benutzten die allgemeine Verwirrung und Rechtsunsicherheit dazu, sich größere oder kleinere Teile des früheren Guts widerrechtlich anzueignen. Als gegen Ende des 10. Jh. in den meisten Gegenden wieder geordnetere Zustände eintraten, mußten die früheren Großgrundbesitzer solche Tatsachen im allgemeinen hinnehmen und kamen höchstens damit durch, sie z. B. in Form von Belehnungen zu regularisieren. Das Ergebnis war ein fühlbarer Rückgang des globalen Umfangs der früheren Herrenhöfe und sehr häufig ihre Zersplitterung in zwei Teile, sei es in der Form von neuen Hauptbetrieben im Rahmen einer lockerer gewordenen Struktur, sei es in der Form von selbständigen kleinen Landwirtschaftsbetrieben, die zum größten Teil der Befehlsgewalt des früheren Gutsherrn entglitten. Ein Versuch, die früheren Zustände wiederherzustellen, drängte sich so den Gutsherren auf; dabei nutzten sie im Laufe des 11. Jh. die fortschreitende feudale Zerstückelung der obrigkeitlichen Gewalt aus, um bestimmte, aus der landesherrlichen Gewalt (*bannum*) abgeleitete obrigkeitliche Rechte, die sog. „banalen" Rechte, auszubeuten mit dem Ziel, innerhalb gewisser durch die Lage ihres Kastells bestimmter Grenzen Gerichtsherrschaften aufzubauen. Innerhalb eines solchen Herrschaftsbereichs weiteten sie ihre militärische und rechtliche Macht auch auf Landgüter und landwirtschaftliche Betriebe aus, die nicht zu ihrem allodialen oder feudalen Besitz gehörten. Auf solche Weise waren sie bestrebt, den Verlust oder den Rückgang ihrer ökonomischen Rechte und Vorteile als Gutsbesitzer zu kompensieren. In dieser Form hat das sog. Hofsystem, das unseres Erachtens von nordniederländischen Historikern zu Unrecht so genannt wird, während des 12. und 13. Jh. eine gewisse Ausbreitung in denjenigen Gebieten der Niederlande erlebt, wo die Landesobrigkeit früher schwach war, namentlich im Utrechtschen, in Gelderland und Overijssel. In Flandern, Brabant, Namur und Lüttich dagegen, wo der Fronhof in der früheren Hofverfassung von tatsächlicher Bedeutung gewesen war, richtete sich das Augenmerk der Großgrundbesitzer in erster Linie auf die interne wirtschaftliche Erneuerung der Domäne, wobei die Instandhaltung des von ihnen unmittelbar betriebenen Fronhofes Hauptgegenstand ihrer Sorge war[22]. Bei diesem Versuch mußten sie hauptsächlich mit der Machtposition rechnen, die manche Meier sich zu erwerben verstanden hatten. In diesem Kampf waren sie bestrebt, entweder den Meier völlig zu beseitigen oder sich aufs neue ein unmittelbares Verfügungs- und Nutzungsrecht im Betrieb des Fronhofes zu sichern oder auch, was nicht selten der Fall war, ein neues Betriebszentrum für ein verkleinertes Eigenland zu errichten, das sie mit Lohnarbeitern – früheren einwohnenden unfreien Knechten, an die sie ein Stückchen ihres Fronhoflandes gegen Zins abgetreten hatten – bewirtschaften ließen. In jedem Fall schwebte ihnen während des 12. und noch während eines Teiles des 13. Jh. die Behauptung der direkten Betriebsweise wenn auch auf einem an Umfang stark verminderten Fronhof als Ziel vor. Besonders auffällig ist dies bei geistlichen Großgrundbesitzern, vor allem Abteien, in Südflandern, Brabant, im Lütticher Land und in Namur, wo sich die fruchtbarsten Getreidegegenden befanden. Für Großgrundbesitzer aus dem Laienstande, besonders die Landesherren, traf das weniger zu[23]. Diese nahmen ziemlich früh, in Flandern und Namur zum Beispiel schon im 12. Jh., ihre Zuflucht zur Leibpacht, welche sich im 13. Jh. fast durchweg zur Zeitpacht entwickelte, d.h. zu einer Vergabe des früheren Fronhofs oder seiner Reste in der Form eines freien, unter den Parteien abgeschlossenes Vertrages für die Dauer von einigen Jahren (6, 9, 12 Jahre) gegen feste Zahlung einer Summe. Der Betrag war meistens überwiegend in Geld festgelegt, und die Summe konnte sich veränderten Verhältnissen bei der Erneuerung des Vertrages anpassen.

Etwa von der Mitte des 13. Jh. an nahmen auch die kirchlichen Großgrundbesitzer[24], die bis dahin in so starkem Maße an der unmittelbaren Bewirtschaftung ihrer Fronhöfe festgehalten hatte, ihre Zuflucht zum System der Zeitpacht. Bekannt sind in diesem Betracht die Beispiele der in Flandern reich begüterten Abtei St. Peter in Gent, der besonders im Hennegau begüterten St. Martinsabtei in Doornik und der Abtei Sint-Truiden, die vor allem im Haspengau über großen Grundbesitz verfügte – alles drei Benediktinerabteien, die um diese Zeit mit finanziellen Schwierigkeiten zu kämpfen hatten, vielleicht weil sie die steigenden Betriebskosten des bis dahin von ihnen vorgezogenen direkten Bewirtschaftungssystems nicht mehr tragen konnten, sicher aber, weil sie sich in der ersten Hälfte des 13. Jh. in eine zu ausgedehnte Ankaufs- und Investierungspolitik gestürzt hatten, sodaß sie die Schulden nicht mehr tilgen konnten, als die Konjunktur in den südlichen Niederlanden während der zweiten Hälfte des 13. Jh. eine weniger günstige Wende nahm. Ihrem Beispiel folgten um 1300 eine Anzahl von Zisterzienserabteien, wie z.B. Ter Doest in Flandern und Val-Saint-Lambert im Lüttichschen.

Zum Schluß kamen dazu, etwa um die Mitte des 14. Jh., auch die meisten kleineren Großgrundbesitzer, so eine Anzahl bedeutender städtischer Hospitäler, wie das St.-Johannis-Spital in Brügge.

Nachdem wir so die Entwicklung der Bewirtschaftungsstrukturen des Großgrundbesitzes vom Standpunkt der Herren aus untersucht haben, müssen wir nun diese Entwicklung vom Standpunkt der Bodenbenutzer aus betrachten. Ein wesentlicher Unterschied muß hierbei gemacht werden zwischen den Erbleihen, die ursprünglich zu einem Gut gehörten, und den neueren Erbleihen, die außerhalb jedes Hofverbandes standen.

Wenn die zuerst genannten zu Frondiensten auf dem Fronhof verpflichtet waren, verschwanden diese Dienste allmählich zwischen dem 11. und der Mitte des 13. Jh., zuletzt in den Gegenden, wo das klassische Hofsystem am stärksten verwurzelt war, namentlich in der südlichen Hälfte des heutigen Belgien, einem fruchtbaren Gebiet mit vorherrschendem Getreideanbau, wo auch die traditionellen Bewirtschaftungsformen im Ackerbau, wie das Dreifeldersystem, sich noch weit über das Mittelalter hinaus behaupten sollten. Dieses Zusammentreffen ist sicherlich nicht zufällig; in der nördlichen Hälfte des jetzigen Belgien waren die Urbarmachungen während dieser Periode sehr ausgedehnt, hier lagen auch die größten Städte. Beide Tatsachen, die günstigere und freiere Lebens- und Arbeitsbedingungen in Aussicht stellten, machten in diesem Gebiet die Behauptung einer Bewirtschaftungsart, die sich auf Frondienste abhängiger Bauern stützte, praktisch unmöglich. Auch andere, allgemeinere Faktoren haben zum Verschwinden der Frondienste beigetragen, nicht zuletzt das Anwachsen der Bevölkerung. Ursprünglich wurden die Frondienste auf die Bewirtschaftungseinheit, den *mansus*, verrechnet, der anfänglich von einer einzigen Familie bewirtschaftet wurde. Schon in der karolingischen Zeit aber wurde der *mansus* mancherorts durch mehr als *eine* Familie bewirtschaftet, er wurde so „überbevölkert“. Diese „Überbevölkerung“ wurde im 11. und 12. Jh. fortlaufend stärker, sowohl als Folge der Bevölkerungszunahme als auch wegen der allmählich sich steigernden Produktivität des Bodens, wodurch mehr Menschen auf der gleichen Fläche ihren Unterhalt finden konnten. Außer der tatsächlichen Zerbröckelung des *mansus*, der nur noch eine theoretische Verrechnungseinheit und bald nur noch ein Flächenmaß blieb[25], hatte das zur Folge, daß mehr Personen zur Verfügung standen, um die noch immer auf dem *mansus* lastenden ursprünglichen und kraft Gewohnheitsrechts unveränderlichen Frondienste abzuleisten. Dieser Umstand brachte die Gutsherren dazu, da sie ihren Fronhof aus früher dargelegten Gründen in seiner Ausdehnung reduziert sahen, die Frondienste sich abkaufen zu lassen, da sie mit dem so gewonnenen Geld billiger und mit besserem Effekt die nötigen Arbeitskräfte einstellen konnten.

Die Bezahlung in Geld und Naturalien, wozu der verantwortliche Inhaber eines *mansus* gegenüber dem Herrn verpflichtet war, blieb aber weiter bestehen. Dazu war ihre Höhe noch unveränderlich. Es ist aber gleichwohl klar, daß sie eine stets geringere Last für den theoretischen *mansus*, der in verschiedene Betriebe auseinandergefallen war, bedeuteten. Schließlich wurden sie, zuletzt im Lauf des 13. Jh., mehr oder weniger anteilmäßig auf diese Betriebe verteilt. Deshalb konnten die aus früheren *mansi* herstammenden Erbleihen nur noch mit Mühe von Erbleihen jüngeren Ursprungs unterschieden werden, deren Status sie sich immer mehr annäherten. Oft können sie nur noch an der komplexen Art des Zinses erkannt werden, der meist aus folgenden Dingen bestand: einer kleinen Summe Geldes, einigen Hühnern und Eiern, dazu kleinen Mengen verschiedener Getreidearten.

Erbleihen jüngeren Ursprungs dagegen, die aus einer Vergabe von Urbarmachungen oder von Teilen des ursprünglichen Fronhofes entstanden waren, bezahlten im allgemeinen einen einfachen und einheitlichen Grundzins, dessen Höhe außerdem oft in genauem Verhältnis zur Fläche stand. Während des 11. und 12. Jh. war dieser Betrag meist in Geld festgesetzt und betrug nicht mehr als einzelne Pfennige pro Morgen (*bunder*-1,2 ha), was oft unter dem Wert des Bodens lag. Eine solche Art des Zinses ist charakteristisch für die älteste Vergabe von urbar gemachtem Wald- und Heidegrund in Flandern, Brabant, Namur und Hennegau, auch für die Tiefmoorböden in der holländisch-Utrechtschen Tiefebene. Gegen das Ende des 12. Jh. und besonders während der ersten Hälfte des 13. Jh. stellt man aber u.a. in Flandern und Namur fest, daß der Geldzins für neue Landvergaben mit der Zeit fortwährend anstieg, manchmal bis zum zehn- und zwanzigfachen Betrag der ältesten Vergaben urbargemachten Grundes.

Inzwischen entstanden im Laufe des 12. Jh. neue Formen der Bodenvergabe, die der soeben dargestellten Entwicklung Rechnung zu tragen schienen[26]. Die bei diesen Vergaben festgesetzten Zinsen wurden, wenn auch immer im Verhältnis zur Fläche, in natura ausgedrückt und bestanden aus der Ablieferung bestimmter Mengen von Korn; oft wurde diese Abgabe festgesetzt im Verhältnis zum Ernteertrag des betreffenden Stükkes Land, wie z.B. die vierte, fünfte, achte oder zehnte Garbe, in vielen Fällen sogar jede zweite, was dann mit dem Terminus *helftwinninge* (*Halbwinner*, lat. *medietas*) wiedergegeben wird. Solche jüngeren Formen von Landvergabe trugen gewöhnlich die Bezeichnungen *terragium* (lat.), *champart* (frz.), *schoofland* (mnl.), also Garbenland. Sie wurden im allgemeinen angewendet auf die in Form von Erbleihen ausgegebenen Teile des früheren Fronhofes, sei es Ackerland oder noch wüster Grund. Vor allem sind sie charakteristisch für die reichen Getreideböden in der südlichen Hälfte des heutigen Belgien. Ursprünglich scheinen diese Vergaben an Grund und Boden einen vorläufigen Charakter gehabt zu haben, wodurch sie verwandt waren mit dem Teilbau oder der Teilpacht (frz. *bail à part de fruits*), vor allem dann, wenn es um die Vergabe von Halbgewinnland ging, die sehr der Halbpacht (frz. *métayage*) glich, einer Form der Zeitpacht, die in den südlichen Niederlanden zu Beginn des 13. Jh., im Gegensatz zu bestimmten Gegenden Frankreichs und Italiens, einen nur vorübergehenden Erfolg hatte und die sehr bald durch die Geldpacht (frz. *bail à ferme*) verdrängt wurde, während die Teilpacht selber sich der oben geschilderten Form einer Erbleihe entwickelte und ihren vorläufigen Charakter verlor.

Die Erblichkeit wurde übrigens eines der vorherrschenden Kennzeichen für *alle* Arten von Zinsland, so daß im 13. Jh. der Name für eine Erbleihe oder für Zinsland im niederländischen Sprachgebiet *erve*, *erf* (lat. *hereditas*) wurde. Neben der Möglichkeit der Vererbung, wofür der Inhaber einer Erbleihe im Sterbefalle einen kleinen Betrag (mnl. *sterfcoop*) an denjenigen zahlen mußte, von dem er die Erbleihe hatte, erwarb der Inhaber noch andere Verfügungsmöglichkeiten über seinen Grund und Boden. Dies geschah zunächst unter Vorbehalt der Zustimmung des Herrn, von dem der Grund herrührte. Der Vorbehalt wurde dann bald ersetzt durch eine Pauschalgebühr (mnl. *wandelcoop*), sodaß der Inhaber sein Erbe oder Teile davon verkaufen oder tauschen konnte, was anfänglich oft in Form einer Unterverzinsung vor sich ging, wobei der Inhaber, der für die Bezahlung des Zinses an seinen unmittelbaren Herrn verantwortlich blieb, den Grund seinerseits gegen Zins an einen Dritten ausgab.

Diese geschilderte Entwicklung, deren erste vielfältige Spuren in Flandern, besonders in der Umgebung der großen Städte während des ersten Viertels des 13. Jh. wahrzunehmen sind, die sich aber im Laufe des 13. Jh. über das ganze Gebiet der Niederlande ausbreitete, hatte sehr weitgehende wirtschaftliche Folgen. Bewirkte sie doch eine Mobilität des Großgrundbesitzes, die nicht nur die festbegründete Organisation im agrarischen Leben der Zeit *vor* dem 13. Jh. vollkommen veränderte und zur gleichen Zeit den Inhabern von Erbleihen die Möglichkeit bot, vermögend zu werden, die aber besonders und schließlich, durch eine Kombination der Faktoren Mobilität, Erbteilung und Bevölkerungszunahme, zu einer ungeheuren Zersplitterung des in Erbleihe gehaltenen Grundbesitzes führte, welche bald wirtschaftlich nicht mehr zu verantworten war.

Tatsächlich ist man in allen Gegenden, wo eine Untersuchung dieser Zustände angestellt wurde – in der Umgebung von Gent, von Kortrijk, von Saint Omer, im Gebiet von Namur – zu dem Ergebnis gekommen, daß gegen Ende des 13. und am Anfang des 14. Jh. 50 % bis 75 % der landwirtschaftlichen Betriebe nicht größer waren als 3 Hektar[27]. Wenn man die relativ geringe Produktivität des Bodens in Rechnung stellt, läßt das die Frage aufkommen, ob diese kleinen Betriebe trotz der Intensivierung und Spezialisierung, von denen wir oben sprachen, und die übrigens erst gegen Ende des 13. Jh. einsetzten, wohl imstande waren, ihre Inhaber mit dem lebensnotwendigen Minimum zu versehen. Die Frage ist im allgemeinen unter Hinweis auf die katastrophalen Hungersnöte von 1315–17 negativ beantwortet worden. Doch darf die Möglichkeit nicht übersehen werden, daß ein großer Teil des ländlichen Proletariats außer als Lohnarbeiter auf den großen Pachtgütern, außer der Verfügung über eine kleine Herde Vieh, etwa von Schafen, die dank der Weiderechte auf Allmendegrund unterhalten werden konnten, sich Einkünfte außerhalb des landwirtschaftlichen Betriebes verschaffen konnte, vorab im ländlichen Woll- und Flachsgewerbe, das seit der zweiten Hälfte des 13. Jh. in den am dichtesten bevölkerten ruralen Distrikten von Flandern, Hennegau und Artois, trotz der Gegenmaßnahmen der großen Städte mit Textilindustrie eine so ungeheure Ausbreitung fand.

Diese Fragestellung unterstreicht zum Schluß noch einmal, von einem anderen Gesichtspunkt, die Tatsache, daß die Landwirtschaft bis in die kleinsten Gliederungen nach einer Übergangszeit, die mit dem 11. und 12. Jh. zusammenfällt, im Laufe des 13. Jh. in einen größeren und dynamischen Wirtschaftszusammenhang aufgenommen wurde. Diese Kommerzialisierung der Landwirtschaft, die zuerst und am stärksten in den am meisten verstädterten Gebieten fühlbar wurde, in Flandern im 13. Jh., dem Brabant und Seeland seit etwa 1300 und dann bald, gegen Mitte des 14. Jh., Holland folgten, konnte leider nur in ihrer qualitativen Entwicklung dargelegt werden, weil *vor* der Mitte des 14. Jh. alle quantitativen Angaben über Preise und Löhne aus dem agrarischen Sektor fehlen.

7. Die Industrie

Unter den verschiedenen Tätigkeiten, die von den Handwerkern in den Städten ausgeübt wurden, hatten nur einzelne das, was man einen industriellen Charakter nennen kann, im Gegensatz zu den Betrieben von Bäckern, Metzgern, Lederverarbeitern, Zimmerleuten usw. Dazu blieben viele der sog. industriellen Betriebe in bestimmter Hinsicht artisanal, weil die Handwerker zu Hause mit Werkzeugen und Geräten arbeiteten, die ihnen selbst gehörten, und weil die Mechanisierung nicht sehr weit fortgeschritten war, wodurch der Ertrag nicht viel höher lag als beim gewöhnlichen Handwerk. Und doch kann man von Industrie sprechen, weil es Betriebe gab, die eine sehr große Zahl von Handwerkern beschäftigten, unter denen obendrein die Arbeitsteilung sehr weit fortgeschritten war, weil ferner die verschiedenen Arbeitsgänge in der Fabrikation auf Initiative eines einzigen Unternehmers einsetzten, dem gewisse kapitalistische Züge nicht fehlten, und schließlich deshalb, weil die zu großen Mengen gesteigerte Produktion für den Export bestimmt war.

Solche Industrien hatten sich vorwiegend in den Städten niedergelassen. Die bedeutendste Exportindustrie in beinahe allen niederländischen Städten war die Woll- und Tuchindustrie[28]. Seit der spätrömischen Zeit waren bestimmte Gegenden in Nordgallien, besonders in der südlichen Hälfte der späteren Grafschaft Flandern, berühmt wegen ihrer verfeinerten Technik auf dem Textilgebiet. Diese verfeinerte Technik blieb wahrscheinlich durch das ganze frühe Mittelalter hindurch bewahrt, vornehmlich in den

Frauenwerkstätten (lat. *gynecea*), die in der karolingischen Zeit und später bis in die erste Hälfte des 11. Jh., auf verschieden großen Domänen im äußersten Süden der südlichen Niederlande erwähnt werden. Vom letztgenannten Datum ab verschwinden sie, während andererseits in den nun aufblühenden Städten die ersten Spuren einer neuen Tuchindustrie ersichtlich sind, die in mancher Hinsicht sich von der auf den Gutshöfen unterscheidet. Kennzeichnend für sie waren: der Übergang auf überwiegend männliche Arbeitskräfte, eine weit vorangetriebene Arbeitsteilung, ferner eine Arbeitsorganisation, die nicht mehr auf einer domanialen Abhängigkeit beruhte, sondern auf dem Verhältnis von industriellem Arbeitgeber und Arbeitnehmer. Zuerst und am schärfsten treten diese Kennzeichen in Flandern auf, das bis in das 14. Jh. hinein nach Umfang und Qualität der Tuchindustrie gegenüber den übrigen Gebieten der Niederlande einen großen Vorsprung behalten sollte. An der Maas war die städtische, gleichfalls für den Export arbeitende Tuchindustrie beinahe ebenso alt wie in Flandern, aber sie konnte sich dort nicht so lange auf derselben Höhe behaupten. Die städtische Draperie in Brabant bekam erst seit der zweiten Hälfte des 13. Jh. internationale Bedeutung, während die nördlichen Niederlande mit Ausnahme des schon um 1300 wichtigen Dordrecht erst nach der Mitte des 14. Jh. mit städtischen Textilerzeugnissen auf den europäischen Märkten erschien. Der Vorsprung der flandrischen Tuchindustrie beruhte, vielleicht neben dem Vorhandensein einer alten technischen Tradition und während einer ersten Periode, die im 12. Jh. zu Ende ging, neben der Menge und Qualität der auf den südflandrischen Kreideböden und den salzigen Groden längs der Küste erzeugten Wolle, in erster Linie spätestens von 1100 ab, auf der Masseneinfuhr der qualitativ hochstehenden englischen Wolle. Brabant sollte erst in der zweiten Hälfte des 13. Jh. englische Wolle in größeren Mengen einführen, während das Maasgebiet ziemlich schnell die Schwierigkeiten erfuhr, die ihm aus seiner weniger günstigen geographischen Lage hinsichtlich der Einfuhr englischer Wolle erwuchsen.

Bis in die zweite Hälfte des 14. Jh. blieb die englische Wolle der Rohstoff für die feinsten flandrischen Tuche. Sogar ländliche Tuchzentren in Flandern, die zusammen mit den städtischen im 12. und 13. Jh. großgeworden waren und anfangs, genauso wie diese, einheimische Wolle verarbeiteten, schalteten gegen Ende des 13. Jh. gleichfalls auf Verarbeitung englischer Wolle um, während andererseits in großen südflandrischen Städten wie Arras, Douai, Lille und Tournai seit der Mitte des 14. Jh. in zunehmendem Maße auf einheimische und spanische Wolle zurückgegriffen wurde, wobei es die Absicht war, billigere und leichtere Wollstoffe herzustellen, die man in Menge auf den neuen Absatzmärkten in Nord- und Osteuropa verkaufen konnte.

Bis zum Ende der hier untersuchten Periode aber war flandrisches und brabantisches Tuch in erster Linie ein Luxusartikel, kannte allerdings eine große und mannigfaltige Abwechslung in den Sorten, die auf diverse Spezialbearbeitungen zurückgingen, wovon einige nur bestimmten Städten eigen waren. Jede von diesen Spezialbearbeitungen, von denen es mancherorts an die dreißig gab, wurde Spezialhandwerkern anvertraut, die sie zu Hause mit eigenem Werkzeug und eigenem Gerät ausführten. Die vorbereitenden Arbeitsgänge (Sortieren, Reinigen, Kämmen, Spinnen) wurden meist von Frauen ausgeführt, die aber nicht so wie die Männer in Berufsvereinigungen organisiert waren. Diesen wurden praktisch die übrigen Arbeitsgänge (Färben, Weben, Walken, Scheren) anvertraut. Während des ganzen Fabrikationsprozesses blieb das Material wie die Fertigware Eigentum des Kaufmann-Unternehmers, der so den ganzen Werdegang vom Ankauf des Materials bis zum Verkauf des Fertigtuches beherrschte. Ihm gegenüber waren die Handwerker, auch die sog. Meister unter ihnen, nur Lohnarbeiter. Diese Unternehmensstruktur erfuhr erst Veränderungen während des letzten Viertels des 13. Jh., als in Flandern infolge der an anderer Stelle besprochenen Umstände die Funktionen des Kaufmann-Unternehmers sich mehr und mehr auf drei Typen geringeren Umfangs verteilten: Wollhändler, rein industrielle Unternehmer, Tuchhändler[28a].

Bei alledem war die Tuchindustrie nicht frei. Wohl war jeder Unternehmer selbständig, aber die Obrigkeit befahl eine bestimmte Technik, regelte das Verhältnis zwischen Arbeitgeber und Arbeitnehmer, schrieb, wenn es nötig war, einen Lohntarif vor und wachte darüber, daß die Vorschriften eingehalten wurden. Diese Obrigkeit nun bestand aus Verwandten der Unternehmer selbst, in Flandern zumindesten bis 1302. Seit diesem Datum bekamen die Handwerkergilden ein größeres Mitspracherecht. In Brabant dagegen beherrschten noch im 14. Jh. die Kaufleutegilden die Reglementierung der Tuchindustrie.

Die Tuchindustrie ist praktisch die einzige industrielle Tätigkeit, über die wir *vor* dem Ende der hier untersuchten Periode so ausführlich unterrichtet sind. Über die übrigen handwerklichen Tätigkeiten, die als industriell bezeichnet werden können, weiß man so wenig, weil sie mit Ausnahme der maasländischen Kupferindustrie während der hier besprochenen Periode sich überwiegend außerhalb der Städte angesiedelt hatten und die unmittelbare Dokumentation über sie deshalb sehr knapp und zerstreut ist. Dies gilt zum Beispiel für die ländliche Woll- und Flachsindustrie in Flandern und im Hennegau, die während der zweiten Hälfte des 13. Jh. eine große Ausdehnung gewonnen, aber wahrscheinlich doch erst frühestens nach der Mitte des 14. Jh. mit Rücksicht auf den damals beginnenden Export ihrer Artikel industrielle und kapitalistische Strukturen angenommen hat. Dies gilt auch für die Salzindustrie, die als ländliches Gewerbe im 13. Jh. in Seeland entstanden, aber erst im Laufe des 14. Jh. eine eigentliche Exportindustrie geworden ist. Die Bierbrauerei in den nordholländischen Städten Delft, Gouda und Haarlem hat ebenso erst am Ende des hier untersuchten Geschichtsabschnittes die vorhin als industriell gekennzeichneten Züge angenommen[29].

Auf solche Weise bleibt als einzige Industrie von Bedeutung *vor* der Mitte des 14. Jh. nur die Kupferindustrie im Maasland zur Besprechung übrig. Sie hat viele strukturelle Ähnlichkeiten mit der Tuchindustrie. Ebenso wie diese war sie eine von kapitalistischen Unternehmern beherrschte, für den Export arbeitende städtische Industrie, die in diesem Gebiet zurückgeht auf eine römische und frühmittelalterliche Tradition, deren Errungenschaften im 11. Jh. in den aufblühenden Städten an der Maas, besonders Dinant, übernommen wurden. Das Material dafür, das Kupfererz, wurde aus Mitteldeutschland herangeführt und mit Zinn aus Cornwallis zu einer Bronzelegierung vermengt. Durch Zugabe von Zinkkarbonat oder des in der Umgebung von Aachen abgebauten Galmei wurde Messing gewonnen. Für die Verhüttung der Erze wurde Holzkohle gebraucht, die in den nahen Wäldern der Ardennen in großem Umfang hergestellt werden konnte, was dort ziemlich früh zur Organisation des Forstwesens durch die Landesherren führte. Aus technischen Gründen konnte man für die Verhüttung der Erze noch keine Steinkohle verwenden. Diese wurde nur als Hausbrand und in örtlichen Schmiedebetrieben gebraucht. Doch muß mit Rücksicht auf die spätere industrielle Verwendung der Steinkohle vermerkt werden, daß sie aus Flözen an der Oberfläche zum ersten Male gegen das Ende des 12. Jh. in der Lütticher Gegend abgebaut wurde, nur wenige Jahre später in der Borinage und gegen Ende des 13. Jh. im Gebiet von Charleroi.

8. Handel und Verkehr

Die Normanneneinfälle der zweiten Hälfte des 9. Jh. haben in den Küstengebieten und längs der von ihnen mit Vorliebe befahrenen Flüsse bis tief in das Binnenland hinein eine Unterbrechung des Handelsverkehrs und des städtischen Lebens zur Folge gehabt. Doch wäre die Behauptung übertrieben, daß zwischen der Handelsaktivität, die in den

Niederlanden zur Zeit der zweiten Hälfte des 8. und der ersten Hälfte des 9. Jh. zur Blüte gekommen war, und der Wiederbelebung des Handels, die sich seit der Mitte und besonders seit dem Ende des 10. Jh. zeigte, ein vollkommener Bruch entstanden wäre. Wohl war eine Anzahl von Handelsplätzen der karolingischen Zeit zerstört, aber ihre Rolle wurde von neuen Kaufmannsniederlassungen in ihrer Nähe übernommen: Utrecht, Tiel und Deventer übernahmen die Rolle von Dorestad, Douai die von Lambres; in Gent übernahm ein neuer *portus* an der Leie die Rolle der zeitweilig verlassenen karolingischen Handelsniederlassung an der Schelde stromaufwärts der Sankt-Bavo-Abtei.

Der Rolle der Friesen als Träger des Handels wurde ebensowenig ein Ende gesetzt. Beweise für ihre Handelstätigkeit *nach* dem 9. Jh. in den Ländern rund um die Nordsee, im Rheinland und in Skandinavien datieren nicht erst aus dem 12. Jh. Der Schwerpunkt dieser Tätigkeit hat sich allerdings mehr nach Norden verlagert, mit Staveren als Hauptsitz, aber andererseits drang der Handel der Friesen damals weiter nach Mitteldeutschland und nach Osteuropa vor.

Die Hauptachse des Handelsverkehrs durch die Niederlande blieb schließlich, genau wie in der Karolingerzeit, die Verbindung zwischen England und dem Rheinland, und hier bildete das Deltagebiet der großen Flüsse Rhein, Maas und Schelde den zentralen Knotenpunkt. Dieser Umstand wirkte belebend auf die längs dieser Flüsse und ihrer Verästelungen gelegenen Handelsniederlassungen, die, aber nicht nur nach ihrer Lage, drei Gruppen bildeten: die Städte an der Schelde, der Maas und der Waal. Jede dieser Gruppen stand sowohl mit England als mit dem Rheinland in Verbindung.

Das geht aus zwei außerordentlich wichtigen Dokumenten hervor, einem Zolltarif für London aus den Jahren 991 und 1002 und einem Zolltarif für Koblenz, der aus der Mitte des 12. Jh. stammt. Unter den Waalstädten werden im letzteren Tarif Tiel, Heerwaarden und Zaltbommel genannt, neben Utrecht, das nicht weit von der Aufgabelung des Krummen Rheins in Vecht und Alten Rhein liegt, und neben Deventer an der Yssel[30]. Von diesen Plätzen war Tiel der wichtigste und erreichte um das Jahr 1000 den Höhepunkt seiner Entwicklung. Von Dorestad hatte Tiel, zusammen mit Deventer, das Privileg geerbt, daß die dort wohnenden Kaufleute unter dem besonderen Schutz des Königs standen. Hier am Ort lag auch einer der großen kaiserlichen Flußzölle, und zu Beginn des 12. Jh. gab es dort eine Münzstätte.

Aus dem Rheinland führten die Kaufleute von Tiel und den anderen genannten Städten in den zentralen und östlichen Niederlanden vor allem Wein und Eisenwaren, aber auch Tuffstein heran. Aus England brachten sie – oder englische Kaufleute, die sogar bis Tiel kamen – Wolle und Schweinefett neben Rindshäuten, Zinn und Blei. Über Tiel wurde außerdem via Heerwaarden, das an günstiger Stelle am Zusammenfluß von Maas und Waal lag, der Handelsverkehr mit dem mittleren Maasgebiet unterhalten.

Von den genannten nordniederländischen Städten unterschieden die Städte an der Maas, Dinant, Namur, Huy, Lüttich und Maastricht sich durch die Tatsache, daß sie meistens der Sitz der einen oder anderen Exportindustrie waren, vornehmlich in Kupfer und Tuch. Die benötigten Erze holten sie über den Rhein, aus dem Harz, Zinn und Wolle auf demselben nördlichen Wege aus England, während sie ihre Fertigprodukte, Messingwaren und Tuche, stromabwärts auf der Maas exportierten.

Die Scheldestädte, zu denen nicht allein die längs des Stromes gelegenen Orte Cambrai, Valenciennes, Tournai, Gent und Antwerpen gehörten, sondern ebenso die übrigen großen flandrischen Städte Arras, Douai, Saint-Omer und Brügge gerechnet werden können, waren, ebenso wie die Maasstädte, Zentren des Handels und der Industrie, in erster Linie der Tuchindustrie[31]. Wenn sie auch nicht direkt auf der Hauptachse London-Rheinland lagen, so entwickelten vor allem Saint-Omer und Brügge wegen ihrer Lage an der Nordseeküste im 11. Jh. einen dichten Handelsverkehr mit England, während auf dem Flußwege Gent und Antwerpen besonders mit Deutschland Handel trieben. Englische Wolle und Rheinwein einerseits, flandrische Tuche andererseits waren die wichtigsten Handelswaren.

Vom 11. zum 12. Jh. traten einige bedeutende Veränderungen auf, deren vornehmstes Kennzeichen der große Vorsprung war, den die flandrischen Städte im Handelsverkehr vor den beiden anderen Städtegruppen bekamen[32]. Diesen Vorsprung verdankten sie in erster Linie dem schnellen und bedeutenden Anwachsen einer Tuchindustrie, die für den Export arbeitete und auf der Verarbeitung englischer Wolle basierte[33]. Hierdurch konnten sie im Vergleich zu den übrigen niederländischen Städten ihre aktive Rolle im Handelsverkehr besser und länger behaupten, als sich im Laufe des 12. Jh. der Charakter des internationalen Handels in Nordwesteuropa änderte. Begegneten doch im Laufe des 12. Jh. die Händler aus den Niederlanden, die bis dahin den Handelsverkehr in Nordwesteuropa beherrscht hatten, einer stets wachsenden Konkurrenz von seiten der zahlreicher gewordenen einheimischen Kaufleute in den Gebieten, wo sie bis dahin aktiv aufgetreten waren, wie in England und dem Rheinland. Das interessanteste Beispiel ist die Entfaltung Kölns als Zentrum eines aktiven Handels und als Stapelplatz[34], wodurch diese Stadt von jetzt an alle Handelstätigkeiten der Niederländer mit dem Rheinland, besonders stromaufwärts von Köln, innerhalb ihrer Mauern zu konzentrieren wußte. Der wichtigste Zweig dieses Handels, der mit Rheinwein, verlagerte sich für die Flamen mehr stromabwärts von Köln zuerst nach Utrecht, das sein Aufblühen in der zweiten Hälfte des 12. Jh. erlebte. Dies hatte obendrein den Verlust der Monopolposition Tiels im Ost-West-Handel zur Folge, während Utrecht die Entwicklung der Handelsbeziehungen zwischen Flandern, besonders Aardenburg und Gent, und der Nordseeküste, namentlich Hamburg, zugute kam. Utrecht lag ja auf dem Binnenweg, dem dieser Handelsverkehr längs der Vecht, dem im Jahre 1148 gegrabenen Vaartse Rijn und der Yssel folgte.

Das kommerzielle Übergewicht der flandrischen Städte über die an Maas und Waal wurde seit dem letzten Viertel des 12. Jh. noch verstärkt durch eine vierte Richtung – neben der nach England, dem Rheinland und nach Norddeutschland – im internationalen Handelsverkehr Flanderns. Es war dies die Anfuhr über See aus Südwestfrankreich: Wein aus La Rochelle[35], Salz aus der Bucht von Bourg-Neuf. Für diese Waren entstand am Zwin, zu Damme bei Brügge, ein Stapel. Hierhin kamen bald die norddeutschen Kaufleute, die für die Flamen, auch wegen der Handelspolitik Lübecks, in Norddeutschland immer lästigere Konkurrenten werden sollten, um selber diese Waren zu kaufen.

Die Konzentration eines Großteils des flandrischen internationalen Handels in Brügge bereitete so die Zwinhäfen auf ihre Rolle als „Weltmarkt" vor, die sie seit dem Ende des 13. Jh. spielen sollten, als die direkten Galeerenfahrten von Genua und Venedig an die Stelle des flandrischen Überlandhandels nach Italien traten. Dies war der fünfte und letzte wichtige Weg des internationalen Handelsverkehrs der Grafschaft während des größten Teils des 12. und 13. Jh.[36] Seit der Mitte des 12. Jh. konzentrierte sich dieser Handelsverkehr vor allem auf die Jahrmärkte der Champagne, wo flämische Kaufleute, u.a. aus Arras, ihre Genossen aus Italien trafen. Gegen Ende des 13. Jh. setzten die zunehmenden politischen Schwierigkeiten zwischen Flandern und dem König von Frankreich, der im Jahre 1284 die Champagne seinem Kronland einverleibte, diesem Handel ein Ende.

Noch in anderer Hinsicht brachte die zweite Hälfte des 13. Jh. tiefgehende Veränderungen nicht nur im flandrischen, sondern im gesamten niederländischen Handel. Die Veränderungen im flämischen internationalen Handel betrafen in erster Linie und in der Hauptsache die Handelsbeziehungen mit England[37]. Im Jahre 1270 brach in den politischen Beziehungen zwischen England und Flandern eine Krise aus, die große wirtschaftliche Folgen hatte. Der König von England verbot im Jahre 1273 die Wollausfuhr nach Flandern, die auch nach dem Vertrage von Montreuil (1274) wiederholt unter politischen Hemmnissen litt, bis der Krieg zwischen England und Frankreich 1294 den Grafen von Flandern dazu verpflichtete, seinen Untertanen jeden Handel mit England zu verbieten, und die französische Besetzung von Brügge ihn ganz unmöglich machte. Von dieser Situation profitierten die Händler und Frachtfahrer aus Holland, Seeland und Brabant, aber auch die Italiener, welche die Flamen aus dem Englandhandel verdrängten. Der Untergang der Jahrmärkte in der Champagne und in teilweiser Folge davon das Erscheinen italienischer Kaufleute in Flandern selbst, die Verdrängung der flämischen Händler aus Norddeutschland durch einheimische Kaufleute und schließlich das Auftreten der Kölner, die ihrerseits als Kaufleute in Flandern erschienen, haben den Verfall des flandrischen Eigenhandels beschleunigt.

Diese Entwicklung hatte zur Folge, daß in den Textilstädten die Kaufleute-Unternehmer, die bis in das dritte Viertel des 13. Jh. selbst ihre Rohstoffe, vor allem aus England, herangeführt hatten, den Platz an rein industrielle Unternehmer abtreten mußten, an welche die fremden Händler nun das Material am Orte lieferten. Städte wie Gent und Ypern wurden dadurch aus Handels- *und* Industriestädten zu bloßen Zentren der Tuchindustrie. Brügge dagegen entwickelte sich unter diesen Umständen gegen Ende des 13. Jh. zu einem Zentrum des Passivhandels, zu einem „Weltmarkt", der besonders die Verbindung zwischen den Norddeutschen einerseits und den von Südeuropa-Italien, Südwestfrankreich und von Spanien kommenden Kaufleuten andererseits herstellte. In den Jahren 1280–1282 gelang es den Norddeutschen zusammen mit den Spaniern, in Brügge ein günstiges Fremdenstatut zu erzwingen. Um 1300 errichteten die florentiner Häuser in Brügge ihre ersten Filialen und machten sich das Geldbedürfnis der Fürsten während der Verwicklungen zwischen dem französischen König und dem Grafen von Flandern zunutze. 1309 erkannte Brügge ausdrücklich die Freiheit des sog. „Gästehandels" an, d. h. des Handels zwischen Fremden untereinander.

Inzwischen machten die Kaufleute aus den nördlichen Teilen der Niederlande sich die Schwierigkeiten der Flamen zunutze, um sich in dem zunehmenden Handelsverkehr zwischen Norddeutschland und Brügge einerseits und im englischen Wollexport andererseits einen Platz zu erobern[38]. Abgesehen vom Rückgang des flämischen Eigenhandels wurden diese Bestrebungen noch durch andere Veränderungen im niederländischen Handel begünstigt. Im Laufe des 13. Jh. wurde der Verkehr zwischen Flandern und Norddeutschland über die Binnenwasserstraßen von Seeland, Lek, Vaartse Rijn und Zuidersee in immer größerem Maße durch Abdeichungen, Umladungen und Zollerhebungen behindert. Während der zweiten Hälfte des 13. Jh. verlor dieser Handelsweg dadurch größtenteils seine Bedeutung. Dazu kam die Einführung eines größeren und seetüchtigeren Schiffstyps, der Kogge, wodurch die sog. „Umlandfahrt" um Kap Skagen herum und durch den Sund möglich wurde[39]. Diese Umwälzung hatte weitgehende Folgen: In erster Linie verlor Utrecht dadurch seine Stellung als wichtigste Handelsstadt an dem genannten Binnenweg. Zugleich verkümmerte der friesische Handel, der von Staveren ausging, teils durch das politische Durcheinander in Friesland selbst, teils durch die starke Abwanderung von friesischen Kaufleuten und Schiffern in das schnell an Bedeutung gewinnende Ostseegebiet. An die Stelle von Utrecht trat nun Dordrecht, an die Stelle von Staveren und Groningen traten Yssel- und Zuiderseestädte.

Dordrecht war die erste Stadt in Holland, die im niederländischen Handel eine Rolle spielte[40]. Neben ihrer günstigen Lage am unteren Lauf von Rhein und Maas und an der Kreuzung der Wasserstraßen durch Holland zur Nordsee zum Zwin und zur Schelde profitierte die Stadt dank der planmäßigen Begünstigung durch den Grafen von Holland, die vor allem während der englisch-flandrischen Krise von 1270 und in den folgenden Jahren kräftig zur Geltung kam: Es war das Ziel des Grafen, Dordrecht den Platz zu geben, den Brügge damals einnahm. 1294 wurde Dordrecht für kurze Zeit der Sitz des englischen Wollstapels; 1299 bekam die Stadt das Stapelrecht für Produkte aus dem Rheinland und aus dem mittleren Maasgebiet wie Rheinwein, Eisenwaren, Getreide und Holz. Später kam noch das Stapelrecht für seeländisches Salz dazu, dessen Erzeugung schnell zunahm.

Die Kaufleute in den Ysselstädten[41] waren wie die Hamburger damals schon einige Zeit in Dordrecht privilegiert. Gegenüber den anderen Städten in Holland war die Stadt erheblich im Vorsprung: Diese erlangten erst im Laufe des 14. Jh. eine kommerzielle Bedeutung, genauer gesagt in der zweiten Hälfte dieses Jahrhunderts, als auch der Handel von Dordrecht seinen Höhepunkt erreichte. Das Aufkommen der Städte an Yssel und Zuidersee: Zwolle, Deventer, Zutphen, Harderwijk, Elburg und schließlich, aber nicht zuletzt Kampen, datiert wie für Dordrecht aus dem späten 13. Jh. Es war die Folge der schon genannten „Umlandfahrt" mit Koggen. Dadurch konnten Massengüter wie Getreide aus Norddeutschland und Preußen besonders nach Flandern herangeführt werden. Andererseits war in der Ostsee besonders Schonen an der Südküste von Schweden das Ziel der Kaufleute aus den Städten an Yssel und Zuidersee, wo sie sich schon bald in großem Maße an dem dortigen Handel mit den durch Dänen gefangenen und gepökelten Hering beteiligten. Als Umschlagplatz für See- und Binnenschiffahrt entwickelte sich besonders Kampen gegen Ende des 13. Jh. dank seiner günstigen Lage an der Ysselmündung, die für die Fracht zum Rhein die beste Verbindung herstellte, in besonderem Maße aber dank dem Besitz zahlreicher moderner Schiffe, der den Kaufleuten von Kampen eine wichtige Stellung zwischen Nord- und Osteuropa einerseits und Flandern und England andererseits sicherte. Diese Position wurde noch durch die Tatsache verstärkt, daß Kampen wie die anderen Städte an Yssel und Zuidersee der Privilegien der deutschen Kaufleute in Brügge und anderswo teilhaft und so Mitglied der deutschen Hanse wurde.

Die Beteiligung der brabantischen Kaufleute am internationalen Handel in den Niederlanden bezieht sich *vor* dem letzten Viertel des 13. Jh. hauptsächlich auf die Rolle von Antwerpen. Im übrigen war Antwerpen vom 11. bis zum 13. Jh. eher an der Entwicklung der flandrischen Städte, vor allem im Englandhandel, beteiligt[42]. Die Handelsbedeutung von Städten wie Brüssel, Löwen und Mecheln datiert erst aus dem letzten Viertel des 13. Jh., als sie Sitz einer aufsteigenden, für den Export arbeitenden Tuchindustrie wurden, die immer mehr englische Wolle verarbeitete; am Export ihrer Erzeugnisse wußten die Brabanter sich besonders während der englisch-flandrischen Verwicklungen im späten 13. Jh. einen wichtigen Anteil zu sichern. Außerdem machten die genannten Städte sich den Zeitpunkt zunutze, zu dem der Herzog von Brabant die Kontrolle über den Landweg von Köln nach Brügge in seine Hand zu bringen wußte, so daß der Eigenhandel der Brabanter in Köln noch bis ins 14. Jh. hinein von Bedeutung blieb, im Gegensatz zu dem, was für die flandrischen Städte *und* für Antwerpen galt.

In der kommerziellen Entwicklung von Holland und Seeland war Dordrecht – das haben wir schon gesagt – den übrigen Zentren in diesen Gebieten während des 13. Jh. weit voraus. Erst in den letzten Jahrzehnten des 13. Jh. haben die Schiffer aus zahlreichen kleinen Häfen Seelands und Südhollands die englisch-flandrischen Verwicklungen ausgenutzt, um einen nennenswerten Platz in der Frachtschiffahrt zwischen England und dem Festland zu erobern. Dies galt besonders hinsichtlich der Zufuhr englischer Wolle via Seeland nach Antwerpen[43]. Diese Frachtfahrt für Rechnung von Holländern oder Engländern, Deutschen, Italienern und Brabantern war dennoch nicht der Anlaß zur Begründung von Handelszentren in Seeland. In Holland dagegen bemühten sich die Grafen von Holland in der Mitte des 13. Jh. mittels Verleihungen von Stadtrechten städtisches Leben an Plätzen wie Leiden, Delft, Haarlem und Alkmaar zu wekken, wozu in der zweiten Hälfte des 13. Jh. die Erschließung eines Binnenwasserwegs kam, der durch dieses Gebiet ging, und zwar vom Y aus via Spaarne, Haarlemmer Meer, Oude Rijn, Gouwe und Holländische Yssel nach der Merwede und dem seeländischen Delta. Während des 14. Jh. entwickelten sich Handelszentren von überregionaler Bedeutung, dank der Spezialisierung in der landwirtschaftlichen Erzeugung (Butter, Käse, Industriepflanzen) und dank der Fischerei (Hering, Kabeljau) auf der einen Seite, auf der anderen Seite durch das Entstehen einer städtischen Exportindustrie (Bier in Delft, Gouda und Haarlem; Tuche in Leiden). Amsterdam verdankte seinen Aufstieg als Handelsstadt seit der Mitte des 14. Jh. dem Umstand, daß hier die Zollstätte für das von den Hamburgern nach Holland eingeführte Bier lag[44].

Die frühe Entwicklung der Städte an der mittleren Maas, die, wie oben dargetan, auf die Anwesenheit von Exportindustrien, besonders die Metallverarbeitung, zurückzuführen ist, stand zwar nach 1200 im Schatten der blühenden flandrischen Städte, wurde aber nicht ganz unterbrochen, wie im allgemeinen bis in die jüngste Zeit hinein behauptet wurde. Wenn man Dinant ausnimmt, das Mitglied der Deutschen Hanse war und wo die Metallverarbeitung bis zum Ende des Mittelalters bedeutend blieb, hat namentlich Huy im 13. Jh. eine zweite kommerzielle Expansion erlebt, die nicht mehr in der Hauptsache auf der metallverarbeitenden Industrie beruhte, sondern auf einer sich schnell – bis zum Höhepunkt um 1300 – entwickelnden Tuchindustrie, deren Export vor allem in Lothringen und auf die Märkte der Champagne sowie über Köln oder auf direktem Landweg in das Donautal oder an den Oberrhein ging. Im 14. Jh. aber trat mit dem Verschwinden der Jahrmärkte in der Champagne der endgültige Niedergang ein, zumal auch der deutsche Markt sich für Huy mehr und mehr auf die Stadt Frankfurt beschränkte. Lüttich dagegen hat sich als geistliches Zentrum dank seiner besonderen Stellung im Geldgeschäft auf einer ganz anderen Basis behaupten können.

In der Technik des Handels, besonders des Fernhandels, muß man zwei Zeitabschnitte machen, deren Scheidepunkt je nach dem Gebiet früher oder später im 13. Jh. liegt. Von grundsätzlicher Bedeutung für die Handelstechnik in der ersten Periode ist die Tatsache, daß die Händler selber ihre Warentransporte begleiteten und in der Fremde ihre Waren an den Mann brachten. Diese primitive Art stellte in erster Linie das Problem von Sicherheit und Schutz auf der Reise und im Ausland. Für sie sorgten Kaufmannsverbände einer und derselben Stadt, einer Gegend oder sogar mehrerer Gebiete. Diese schlossen sich bei gegebener Gelegenheit zusammen und reisten in bewaffneten Karawanen. Solche Verbände, Hanse genannt, die in den meisten flandrischen Städten sehr wohl von den oben besprochenen Kaufmannsgilden zu unterscheiden, aber mit den Gilden in anderen niederländischen Städten nahe verwandt oder sogar identisch sind, verdanken ihren Namen dem Geldbeitrag (*hansa*), den man von den Mitgliedern forderte. Der Zweck dieser Beiträge war vor allem die Anzahl der Mitglieder zu beschränken, namentlich auf diejenigen, die bereits als kapitalkräftige Kaufleute eine angesehene Position im Handel mit einem bestimmten ausländischen Gebiet einnahmen. In diesem Sinne waren die Hansen in Flandern und den angrenzenden Gebieten ausschließlich eine Angelegenheit der Kaufleute: Der Landesherr oder die städtischen Obrigkeiten spielten bei der Erhebung des Hanserechts keine Rolle, im Gegensatz zum Verfahren in England, Frankreich oder Deutschland. Der Graf von Flandern z.B. intervenierte nur dann, wenn er Bürger bestimmter Städte in Schutz nehmen wollte gegen willkürliche Erhebungen durch Bürger anderer Städte, die auf diese Weise darauf zielten, ihre Suprematie in einer bestimmten Richtung des Handelsverkehrs anderen aufzudrängen. Dieser exklusivistischen Tendenz der Hansen in den Niederlanden entspricht andererseits die Tatsache, daß diese Hansen sich nicht bemühten, den

Handel ihrer Mitglieder im Ausland zu fördern. Die Städte, die z.B. Glied der flämischen Hanse in London waren, vornehmlich Brügge und Ypern, trachteten jede für sich nach Privilegien in England.

Sind die Hansen tatsächlich im Ausland entstanden, so sind sie doch als Organisation nach und nach auf Anregung einer oder der anderen großen Stadt rein einheimische Vereinigungen mit monopolistischen Bestrebungen geworden. Diese Entwicklung erfolgte zwischen dem Beginn des 12. Jh., als die Genter Hanse für den Rheinlandhandel und die Hanse von Saint-Omer für den Handel im Sommegebiet entstanden, und dem dritten Viertel des 13. Jh., nachdem sich verschiedene städtische Hansen während der ersten Hälfte des 13. Jh. für den Handel mit den britischen Inseln zur Londoner Hanse zusammengeschlossen hatten, letztere um 1280 Handwerker zur Mitgliedschaft zuließ und damit ihre exklusivistischen Bestrebungen aufgab. Der Zusammenhang mit dem Verkümmern des flämischen Eigenhandels um dieselbe Zeit ist dadurch offensichtlich[45].

Ein zweites Problem, das der primitiven Handelstechnik des 12. und des frühen 13. Jh. entsprang, war die Konzentration von Angebot und Nachfrage im internationalen Handel auf bestimmte Plätze und Zeiten. Diese Konzentration wurde erreicht durch die Einrichtung von Jahrmärkten[46]. Obwohl einige Jahrmärkte in den Niederlanden schon aus dem 10. oder frühen 11. Jh. datieren, sind die meisten jünger als die wichtigsten Handelsstädte, die häufig keine Jahrmärkte in ihren Mauern kannten, waren doch Jahrmärkte grundsätzlich nicht an eine Stadt gebunden. Vielmehr entstanden sie auf Initiative von Landesherrn, die damit beabsichtigten, den Handelsverkehr in einer bestimmten Gegend, wo Städte fehlten, anzuregen und so die nötigen Verbindungen zwischen verschiedenen Städten herzustellen. Ein gutes Beispiel für diesen Vorgang sind die in der zweiten Hälfte des 11. Jh. begründeten Jahrmärkte von Lille, Mesen, Ypern und Torhout, die bei ihrer Lage längs einer Linie, welche die Leie- und Scheldeniederung mit dem aufkommenden Brügge verband, sich zeitlich (vom 28. Februar bis zum 1. November) und geographisch eng aneinanderschlossen und so einen richtigen Zyklus bildeten. In den nördlichen Niederlanden bildeten die Jahrmärkte in Gelderland und im Ysselgebiet eine ebensolche Einheit. Wie an anderer Stelle dargetan wird (unten, S. 288), spielten die Jahrmärkte auch beim kaufmännischen Kredit eine wichtige Rolle, weil sie Gelegenheit boten, Schulden zwischen Kaufleuten verschiedener, oft weit entfernter Gebiete zu regeln. Auf solche Weise entstanden die Jahrmarktsbriefe.

Im Laufe des 13. Jh. wirkten auf diese Handelstechnik tiefgreifende Veränderungen ein, die vor allem der Tatsache entsprangen, daß die Kaufleute Lesen und Schreiben lernten[47]. Davon finden sich in Flandern die ersten Spuren schon aus der Zeit vor dem Ende des 12. Jh., als z. B. in Gent von der Stadt zu diesem Zweck Laienschulen errichtet wurden, deren Erfolg die Kloster- und Kapitelschulen in der Umgebung beneideten. Die Kaufleute konnten nun die Leitung ihrer Angelegenheiten von einem Kontor an ihrem Wohnort aus übernehmen, Verwandte oder Bevollmächtigte in die Fremde schikken oder sogar Korrespondenten in dem betreffenden Gebiet Aufträge geben. Dadurch verloren die Jahrmärkte ihre internationale Bedeutung und verfielen, wo sie bestehen blieben, zu rein örtlichen Märkten. Diese Entwicklung beendete auch die Rolle der Hansen, wie oben bereits gezeigt wurde. Schließlich, aber nicht zum wenigsten, führte sie zu einer Scheidung zwischen Schiffer- und Kaufmannsgeschäft: Während die Kaufleute ihre Waren ursprünglich auf eigenen Schiffen beförderten, befaßten sich jetzt Schiffer gegen Frachtlohn mit dem Transport. Man griff dabei besonders auf holländische und seeländische Schiffer zurück.

9. Das Geld[48]

Das Münzrecht, das im 9. Jh. Regal der Könige gewesen war, haben sich die Landesherrn in den Niederlanden während des 10. und 11. Jh. allmählich angeeignet. Ab Ende des 10. Jh. in Flandern, anderswo im Laufe des 11. Jh., haben die Landesfürsten, wie früher die karolingischen Könige, kleine silberne Pfennige (lat. *denarius*, als Abkürzung *d.*) und Halbpfennige (lat. *obolus*, abgek. *ob.*) geschlagen. Auf diesen Stücken basierten nicht wirklich ausgemünzte größere Beträge der Pfennige, nämlich der Schilling (lat. *solidus*, abk. *s.* = 12 *d.*) und das Pfund (lat. *libra*, abk. *l(b).* = 20 *s.* = 240 *d.*).

Den Bedürfnissen eines sich steigernden Handelsverkehrs konnten diese Pfennige im Laufe des 11. und 12. Jh. nicht mehr genügen. Wichtige Zahlungen geschahen dann auch meistens in ungemünztem Gold oder Silber und wurden nach Gewicht, z. B. nach Mark, berechnet. Seltener waren Zahlungen in Goldmünzen arabischen oder byzantinischen Ursprungs. Der Silbergehalt der Pfennige und auch ihr Gewicht verminderte sich während des 12. Jh. freilich allmählich. Um 1180 glückte es aber dem Grafen von Flandern, Philipp von Elsaß, den Gehalt auf etwa 11 1/4 *d.* und das Gewicht um 0,450 gr. zu stabilisieren. Diese Münzstabilität, welche bis zum Ende des 13. Jh. behauptet werden konnte, hat das Wirtschaftsleben in Flandern wahrscheinlich günstig beeinflußt. Dies kam vor allem den Großgrundbesitzern zugute, während die Münzverschlechterung des 12. Jh. besonders die Bauern begünstigt hatte. Waren es doch vor allem Zins und Renten, die mit diesen Pfennigen bezahlt wurden.

Im Gegensatz zur Landwirtschaft konnte der internationale Handel in den Städten, abgesehen von der auf dem Pfennig basierenden Rechenmünze, für die Zahlungspraxis immer weniger mit dem bestehenden monetären System anfangen, deshalb ging er im 13. Jh. immer mehr auf ausländische Münzen über: In den nördlichen Niederlanden waren um 1250 kölnische Geldstücke und die kölnische Mark sehr verbreitet; in Flandern und Brabant fand als größere fremde Silbermünze der englische Sterling einen so großen Anklang, daß er bald (1273) in Brabant nachgeahmt wurde, während Margareta von Konstantinopel, Gräfin von Flandern, 1276 einen Doppelsterling (= 8 *d.*) schlagen ließ, das einzige in Flandern selbst ausgemünzte größere Geldstück aus der Zeit *vor* 1299. Unterdes wurde in Frankreich 1266 zum ersten Male der Silbergroschen (*gros tournois*) von Ludwig dem Heiligen geschlagen, der 4,22 gr. Feinsilber hatte und 12 Pfennige wert war. Er wurde in Flandern und Brabant zuerst 1300 nachgemacht, bald auch in Holland (1337) und sollte ab 1317–1319 in Flandern die Basis für eine neue Rechenmünze werden, das Pfund Groot. Auch die neuen Goldmünzen, die in Italien um die Mitte des 13. Jh. geprägt wurden, die *Florinen*, drangen neben einigen seltenen Goldstücken des Königs von Frankreich, durch den internationalen Handelsverkehr in die Niederlande ein. Die Florinen wurden seit Anfang des 14. Jh. in Flandern und Brabant nachgeahmt, doch erst 1356 wurde in Flandern die erste eigene Goldmünze geprägt, „goldenes Lamm" oder *mottoen* genannt. Sie wurde 1356 auch in Holland eingeführt, das übrigens auf monetärem Gebiet zunächst Flandern und nach 1360 vor allem Brabant folgte. Gleiches galt für Utrecht, wo aber auch der kölnische Einfluß beträchtlich war. Nur das östliche Randgebiet der Niederlande lag mit seiner Münze außerhalb der flämisch-brabantischen Einflußsphäre. Trotz dieser Neuerungen und trotz obrigkeitlicher Bestrebungen ab 1317–1319, dem Groot als Basis der Rechenmünze Eingang zu verschaffen, behielt man in Flandern noch fast im gesamten 14. Jh. für Löhne und Preise und deshalb auch in der Buchführung die Rechenmünze bei, die auf den kleinen, wegen ihres niedrigen Silbergehalts bald „schwarze" genannten Pfennigen basierte; diese Pfennige wurden im täglichen Leben am meisten gebraucht.

Der Wert dieser flandrischen Münzen scheint an die vom König von Frankreich in den neu eroberten nördlichen Gebieten eingeführte „Parisis“-Münze mehr oder minder angeglichen worden zu sein, nicht ohne Zutun einer vom Grafen von Flandern um 1260 auferlegten Parität, deren Zweck die Reaktion gegen die monetäre Poltik des französischen Königs war. Im Handel und im Geldgeschäft wurde diese offizielle Parität aber nicht gewahrt, weil, um gleichen Tritt zu halten mit dem Parisis (Feingewicht 0,450–0,470 gr.), dadurch der flämische Pfennig einen offiziellen Kurs hatte, der höher lag als sein eigentlicher Wert (Feingewicht: 0,428 bis 0,422 gr.). Damit begann ein Münzstreit zwischen dem König von Frankreich und dem Grafen von Flandern, der auch in den anderen, auf monetärem Gebiet stark an Flandern anlehnenden Gebieten der Niederlande seine Auswirkung hatte. Dazu trug bei, daß der Graf von Flandern nach Münzverträgen mit anderen niederländischen Gebieten strebte, zuerst mit Brabant, um die Münzautonomie eines größeren Gebietes als Flandern gegenüber der Zudringlichkeit der des Königs von Frankreich zu behaupten. Letzteres war um so dringender nötig, als die Krise der französischen Parisis-Münze, der Basis der Rechenmünze, gegenüber dem steil angestiegenen Kurs der großen Silbermünze auch in Flandern unheilvolle Auswirkungen hatte, u.a. bei den Löhnen der Wollarbeiter. Die Rückkehr zu einer harten Münze in Flandern 1307 und die früher geschilderte Reform von 1317–1319 machte die flämische Münze endlich frei von aller Beeinflussung durch die französischen Münzkrisen. Das Schicksal der flandrischen Silbermünze besserte sich aber nicht, denn ab 1337 setzte der Graf von Flandern auf eigene Faust mit einer Reihe von Münzabwertungen ein, die zwar zeitweilig dem flandrischen Export zugute kamen, auf der anderen Seite aber zu ernsten Konflikten, die wir an anderer Stelle dargestellt haben, führten[49].

Die geschilderten Hemmnisse im Geldumlauf haben während des 13. Jh. die Entwicklung des Handelskredits in den Niederlanden stark gefördert, während die Verschiedenheit der von der Mitte des 13. Jh. an im internationalen Handel gebrauchten Geldsorten den Geldwechsel und das Geldgeschäft anregte.

Den verschiedenen Formen des Handelskredits ist aber eine Entwicklung des Verbraucherkredits vorangegangen, der darum zunächst behandelt werden muß[50]. Nächst den Herren aus dem Laienstande, namentlich den Landesherrn, über deren Anteil man in diesem Zusammenhang nur sehr spärliche Nachrichten hat, besaßen vor allem die Kirchen, Abteien und Stifte in ihren Schatzkammern einen beweglichen Reichtum, der es ihnen möglich machte, als Kreditinstitut aufzutreten. Da aber die kirchliche Lehre das Ausleihen gegen Zinsen als Wucher ansah und deshalb verurteilte, nahmen die kreditgebenden Herren ihre Zuflucht zum sog. „toten Pfand“ (frz. *mort-gage*), wobei der Gläubiger von einem fruchttragenden Besitz, der als Sicherheit für das Darlehen vom Schuldner gegeben wurde, die Früchte oder Einkünfte einziehen konnte, ohne sie von der Hauptsumme abzuziehen, so daß die Früchte oder Einkünfte einen erlaubten Zins darstellten, der oft bis 10 oder 15 % ausmachte. Im Laufe des 13. Jh. kam das „tote Pfand“ aus dem Gebrauch, weil die auf solche Weise kreditgebenden kirchlichen Stellen damals selbst in finanzielle Schwierigkeiten gerieten, wie wir das oben dargestellt haben[51].

Unterdes hatte seit dem 12. Jh. der durch Laien ausgeübte Geldhandel zu neuen und einfacheren Formen der Kreditverteilung geführt. Der Geldhandel entstand oft aus dem Warenhandel und wurde in verschiedenen Städten von Patriziern betrieben. Besonders bekannt wurden im 13. Jh. einzelne Finanziers aus Arras, unter denen einige Familien wie die Crespin und die Louchard regelrechte Wuchererdynastien bildeten; um 1300 standen alle Landesherren der Umgebung, Städte, Edelleute und Kirchen bei ihnen in der Schuld, manchmal mit Tausenden von Pfunden. Dennoch gebrauchten diese Familien nur eigene Kapitalien, hatten außerhalb von Arras keine Bevollmächtigten und nahmen keine Zahlungen in der Fremde an. Die politischen Wirren am Ende des 13. Jh. in Flandern und die wachsende Konkurrenz der Italiener haben sie im Geldhandel ausgeschaltet[52].

Auch andere Kategorien von Geldhändlern wurden um 1300 in den südlichen Niederlanden von den Italienern überholt. Das traf u. a. für die Juden zu, deren Einfluß allerdings in den Niederlanden viel kleiner war als in den anderen westeuopäischen Ländern. In Flandern blieb ihre Bedeutung sehr gering; in Brabant waren sie etwas zahlreicher und noch bis in die erste Hälfte des 14. Jh. tätig; nur in Gelderland scheinen sie im 14. Jh. und später ziemlich zahlreich gewesen zu sein. Aufgrund dieser geographischen Verbreitung glaubt man, daß die in den Niederlanden tätigen jüdischen Geldhändler aus Köln kamen[53].

Schon im 13. Jh. hatten die Italiener auf den Jahrmärkten der Champagne Wechselbriefe in Gebrauch, in deren Gefolge in Flandern die Jahrmarktsbriefe entstanden, die sich von den Wechseln dadurch unterschieden, daß die Zahlung nicht unbedingt in Geld ausbedungen wurde. Um die Mitte des 13. Jh. ließen die Italiener sich in einer Anzahl von Städten der Niederlande nieder. In den nördlichen Niederlanden traten sie – und folgten damit der Entwicklung des Handelsverkehrs – erst nach 1350 zahlreicher auf. In den südlichen Niederlanden spielten sie schon bald nach 1300 eine beherrschende Rolle. Am frühesten und zahlreichsten hatten sich hier die sog. Lombarden niedergelassen, auch wohl unter dem unzutreffenden Namen *Cahorsijnen* bekannt. Beinahe alle kamen sie aus Asti oder Chieri in Piemont. Ihre hauptsächliche Tätigkeit war das Halten von sog. Leihetafeln, wofür sie von den Landesherrn besondere Privilegien bekamen. Darlehen wurden gegen Pfand gegeben, meist an wenig begüterte Leute, doch allgemein gegen sehr hohe Zinsen (43,5 % pro Jahr). Die wichtigsten Geschäfte der Lombarden, wenn auch nicht die am meisten vorkommenden, waren die Darlehen an Landesherren und Städte. Manchmal bekamen sie das Recht des Geldwechselns, doch meistens wurde dieses Amt, das gegen Ende des 13. Jh. bei der Zunahme der verschiedenen Geldsorten sehr gewinnbringend geworden war, vom Landesherrn, der dabei kraft seines Münzrechts handelte, einheimischen Finanzleuten vorbehalten.

Eine andere Gruppe von Italienern, die sich in den Niederlanden, meist von Brügge aus, außer mit dem Geldhandel auch mit dem internationalen Warenhandel beschäftigte, bildeten seit etwa 1320 die Vertreter großer italienischer Firmen aus Florenz (der Perruzzi, der Bardi), aus Siena (der Buonsignori) und später aus Lucca. Sie nahmen Zahlungen von bedeutendem Umfang vor: Durch ihre Vermittlung wurden umfangreiche päpstliche Einkünfte u. a. aus Polen an die Kurie in Rom oder Avignon überwiesen. Ihre Anwesenheit in Brügge förderte in starkem Maße den dortigen Gebrauch von Wechselbriefen und erhöhte zu gleicher Zeit die Tätigkeit der dort angesessenen Wechsler, die im 14. Jh. zur Annahme von Depositen übergingen und Zahlungen mittels Giralgeld vornahmen[54].

[1] *R. Blanchard:* La Flandre (1906).
A. Verhulst: Histoire du paysage rural de Flandre de l'époque romaine au XVIIIe siècle (1966).
J. Bennema: Bodem-en zeespiegelbewegingen in het Nederlandse kustgebied. In: Boor en Spade 7 (1954), S. 1–96.
L. Ph. C. van den Bergh, A. A. Beekman und *H. J. Moerman:* Handboek der Middelnederlandse Geographie ([3]1949).
C. Dekker: Zuid-Beveland. De historische geografie en de instellingen van een Zeeuws eiland in den middeleeuwen (1971).
M. K. E. Gottschalk: Stormvloeden en rivieroverstromingen in Nederland. Storm surges and river floods in the Netherlands. I. The period before 1400 (1971).
L. J. Pons – A. J. Wiggers: De holocene wordingsgeschiedenis van Noord-Holland en het Zuiderzeegebied. In: Tijdschrift van hat Koninklijk Nederlands Aardrijkskundig Genootschap (1960), S. 3–58.

A. J. Wiggers: Enige opmerkingen over de holocene geschiedenis van Groningen en Friesland. In: Tijdschrift van het Koninklijk Nederlands Aardrijkskundig Genootschap, 2. Reihe 67 (1950), S. 382–388.
A. Verhulst: L'évolution géographique de la plaine maritime flamande au Moyen Age. In: Revue de l'Université de Bruxelles (1962–63), S. 89–106.
A. A. Beekman: Nederland als polderland ([3]1932).
A. A. Beekman: De wateren van Nederland (1948).
M. K. E. Gottschalk: Historische Geografie van Westelijk Zeeuws-Vlaanderen (2 Bde., 1955).
J. K. de Cock: Bijdrage tot de Historische Geografie van Kennemerland in de Middeleeuwen op fysisch-geografische grondslag (1965).
E. de Reu: Historisch geografisch onderzoek betreffende de moergronden in de vier Ambachten tijdens de XIIe, XIIIe en XIVe eeuw. In: Jaarboek Oudheidkundige Kring „De Vier Ambachten" (1960–1961), S. 31–69.
R. Verheyen: Proeve van landschapsgeschiedenis der Kempen. In: De Giervalk – Le Gerfaut (1959), 2, S. 205–230.
J. Molemans: Bijdrage tot de bewonings- en ontginningsgeschiedenis van de Limburgse Kempen. In: Naamkunde 5 (1973), S. 270–328.

2 *C. Cipolla – J. Dhondt – M. Postan – P. Wolff:* Démographie, Moyen âge, Rapport collectif présenté au IXe Congrès internat. des sciences historiques (1950), I, S. 50–80; II, S. 31–44.
R. Mols: Introduction à la démographie historique des villes d'Europe du XIVe au XVIIIe siècle (3 Bde., 1954–1956).
Ders.: Die Bevölkerungsgeschichte Belgiens im Lichte der heutigen Forschung: In: Vierteljahrschr. f. Soz.- u. Wirtschaftsgesch. 46 (1959), S. 491–511.
L. Genicot: Sur les témoignages d'accroissement de la population en Occident du XIe au XIIIe siècle. In: Cahiers d'histoire mondiale, 1 (1953) und 2 (1954).

3 *H. van Werveke:* Het bevolkingscijfer van de stad Gent in de veertiende eeuw. In: Miscellanea L. van der Essen (1947), S. 345–354, neugedruckt in: *H. van Werveke:* Miscellanea Mediaevalia, S. 339–349.
D. Nicholas: The population of Fourteenth Century Ghent. In: Handel. Maatsch. Gesch. en Oudheidk. te Ghent, Neue Reihe 24 (1970), S. 97–111.
J. F. Verbruggen: Het gemeenteleger van Brugge van 1338 tot 1340 en de namen van de weerbare mannen (Kon. Commisie voor Geschiedenis, 1962). Wichtige Berichtigungen in der Besprechung von *C. Wyffels* in: Tijdschrift voor Geschiedenis 76 (1963), S. 231–233.

4 *G. G. Dept:* Een Vlaamsche kolonie in Wales (1107). In: Annales de la Société d'Emulation de Bruges LXXIV (1931), S. 16–31.
H. E. de Sagher: L'immigration des tisserands flamands et brabançons en Angleterre sous Edouard III. In: Mélanges H. Pirenne (1926), S. 109–126.
F. Petri: Entstehung und Verbreitung der niederländischen Marschen-Kolonisation in Europa. In: Vorträge und Forschungen 18 (1975), S. 695–754.
E. de Borchgrave: Histoire des colonies belges qui s'établirent en Allemagne pendant le XIIe et le XIIIe siècles (1865).
Ders.: Histoire des colonies belges qui s'établirent en Hongrie et en Transsylvanie pendant le XIe, XIIe et le XIIIe siècles (1871).
J. M. van Winter: Vlaams en Hollands recht bij de kolonisatie van Duitsland in de XIIe en XIIIe eeuw. In: Revue d'histoire de Droit 21 (1953), S. 205–224.

5 *H. van Werveke:* De middeleeuwse Hongersnood (Franz. résumé: La famine médiévale). In: Mededelingen van de Kon. Vlaamse Academie, Klasse der Letteren 29/3 (1967).
Ders.: La famine de l'an 1316 en Flandre et dans les régions voisines. In: Revue du Nord 41 (1959), S. 5–14; neugedruckt in *H. van Werveke:* Miscellanea Mediaevalia, S. 365–380.
Ders.: De Zwarte Dood in de Zuidelijke Nederlanden (1349–1351). (Franz. résumé: La peste noire dans les Pays-Bas méridionaux). In: Mededelingen Kon. Vlaamse Academie, Klasse der Letteren 12/3 (1950).
G. Sivery: Le Hainaut et la Peste Noire. In: Mémoires et Publications de la Société des Sciences, des Arts et des Lettres du Hainaut 79 (1965), S. 431–447.
A. Verhulst: L'économie rurale de la Flandre et la dépression économique du bas moyen âge. In: Etudes rurales 10 (1963), S. 68–80.

D. Nicholas: Economic reorientation and social change in fourteenth century Flanders. In: Past and Present 70 (1976), S. 3–29.

[6] *H. van Werveke:* De bevolkingsdichtheid in de IXe eeuw. Poging tot schatting. In: XXXe Congrès de la Fédération archéologique et historique de Belgique (1936), S. 107–116, neugedruckt in : *H. van Werveke:* Miscellanea Mediaevalia (1968), S. 283–290.

[7] Vgl. die Kapitel über politische und Wirtschaftsgeschichte in: Algemene Geschiedenis der Nederlanden, hg. v. *J. A. van Houtte* u.a., Bde. II u. III (1950–51), besonders von *Niermeyer, Bonenfant, Dhondt* und *van Werveke.*

[8] *A. Dhaenens:* Les invasions normandes en Belgique au IXe siècle (1967).

[9] *J. F. Verbruggen:* De slag der Guldensporen. Bijdrage tot de geschiedenis van Vlaanderens vrijheidsoorlog 1297–1305 (1952).
H. S. Lucas: The Low Countries and the Hundred Years' War (1326–1347) (1927).
E. B. Fryde: Financial resources of Edward III in the Netherlands 1337–40. In: Revue belge de philologie et d'histoire 40 (1962), S. 1168–1187, und 45 (1967), S. 1142–1216.

[10] *C. E. Perrin:* Le servage en France et en Allemagne. In: Relazioni del X congresso internazionale di scienze storiche 3 (1955), S. 213–245.
L. Verriest: Institutions médiévales. Introduction au Corpus des records de coutumes et de lois chefs-lieux de l'ancien comté de Hainaut, I (1946).
Ders.: Le servage dans le comté de Hainaut. Les sainteurs. Le meilleur catel (1910).
B. D. Lyon: Medieval Real Estate Developments and Freedom. In: American Historical Review 69 (1957), S. 47–61.
L. Verriest: Le servage en Flandre, particulièrement au pays d'Alost. In: Revue historique de droit français et étranger 28 (1950), S. 35–66.
C. Wirtz: Comment est mort le servage: l'exemple du Brabant au XVe siècle. In: Hommage au Professeur Bonenfant (1965), S. 441–451.
P. C. Boeren: Etude sur les tributaires d'église dans le comté de Flandre du IXe aus XIVe siècle (1936).
M. Walraet: Les chartes-lois de Prisches (1158) et de Beaumont-en-Argonne (1182). Contribution à l'étude de l'affranchissement des classes rurales au XIIe siècle. In: Revue Belge de philologie et d'histoire 23 (1944), S. 127–162.

[11] *E. Warlop:* De Vlaamse Adel voor 1300 (2 Bde., 1968).
P. Bonenfant und *G. Despy:* La noblesse en Brabant au XIIe et XIIIe siècle. In: Le Moyen Âge 64 (1958), S. 27–66.
L. Genicot: L'économie rurale namuroise au Bas Moyen Age (1199–1429). II. Les hommes – la noblesse (1960).
F. L. Ganshof: Etude sur les ministeriales en Flandre et en Lotharingie (1926).
J. M. van Winter: Ministerialiteit en ridderschap in Gelre/en Zutphen (1962).
I. H. Gosses: Welgeborenen en huislieden. Onderzoekingen over standen en staat in het graafschap Holland (1926).
A. S. de Blécourt: Welgeborenen, huis- en dienstlieden in Holland. In: Tijdschrift voor Rechtsgeschiedenis 7 (1927), S. 314–360.
L. Genicot: Haut clergé et noblesse dans le diocèse de Liège du XIe au XVe siècle. In: Adel und Kirche. Festschrift G. Tellenbach (1968), S. 181–186.

[12] *H. Pirenne:* Les périodes de l'histoire sociale du capitalisme. In: Bulletin de l'Académie royale de Belgique, Cl. des Lettres (1914); neugedruckt in: Histoire économique de l'Occident médiéval (1951), S. 15–50.
Ders.: Les anciennes démocraties des Pays-Bas (1910).
Ders.: Les villes et les institutions urbaines (2 Bde., 1939).
H. van Werveke: De steden. Ontstaan en eerste groei. Rechten, instellingen en maatschappelijke toestanden. In: Algemene Geschiedenis der Nederlanden, II (1950), S. 180–202 und 417–449.
Ders.: Les villes belges. Histoire des institutions économiques et sociales. In: La ville. Recueils Société Jean Bodin 7 (1955), S. 551–573.
F. Petri: Die Anfänge des mittelalterlichen Städtewesens in den Niederlanden und dem angrenzenden Frankreich. In: Vorträge und Forschungen 4 (1958), S. 227–295.

[13] *J. Gilissen:* Les villes en Belgique. Histoire des institutions administratives et judicaires;

R. Feenstra: Les villes des Pays-Bas septentrionaux. Histoire des institutions administratives et judicaires. In: La ville. Recueils Société Jean Bodin 6 (1954), S. 531–634.
G. des Marez: Etude sur la propriété foncière dans les villes du moyen âge et spécialement en Flandre (1898).
S. Müller: Over claustraliteit, bijdrage tot de geschiedenis van den grondeigendom in de middeleeuwsche steden (1890).
I. H. Gosses: Stadsbezit in grond en water gedurende de middeleeuwen. Een historisch-economische beschouwing (1903).
H. van Werveke: Gand. Esquisse d'histoire sociale (1946).
F. Blockmans: Het Gentsche stadspatriciaat tot omstreeks 1302 (1938).
G. Espinas: Les origines du capitalisme, 1. Sire Jehan Boinebroke, 2. Sire Jean de France, Sire Jaques le Blond (2 Bde., 1933–1936).
Ders.: La vie urbaine de Douai au moyen âge (4 Bde., 1913).
A. Joris: La ville de Huy au moyen-âge des origines à la fin du XIVe siècle (1959).
D. Nicholas: Town and Countryside: social, economic, and political Tensions in fourteenth century Flanders (1971).

14 *H. van der Linden:* Les gildes marchandes des Pays-Bas au moyen âge (1896).
G. Espinas: Les origines de l'association dans les villes de l'Artois et de la Flandre française jusqu'au début du XVIe siècle (2 Bde., 1942–43).

15 *H. van Werveke:* De koopman-ondernemer en de ondernemer in de Vlaamsche lakennijverheid van der Middeleeuwen. In: Mededelingen Kon. Vlaamse Academie, Letteren VIII, 4 (1946). Diese Ausage ist letzthin von *Derville* (1972) erheblich abgeschwächt worden.

16 *C. Wyffels:* De oorsprong der ambachten in Vlaanderen en Brabant (1951).
H. van Werveke: Ambachten en erfelijkheid. In: Mededelingen Kon. Vlaamse Academie, Letteren IV, 1 (1942).
Ders.: De medezeggenschap van de knapen (gezellen) in de middeleeuwsche ambachten. In: Mededelingen Kon. Vlaamse Academie, Letteren V, 3 (1943).
F. Favresse: Etudes sur les métiers bruxellois au moyen âge (1961).
F. Vercauteren: Luttes sociales à Liège (XIIIme et XIVme siècles) (1943).

17 *F.L. Ganshof – A. Verhulst:* Medieval Agrarian Society in its Prime. I. France, The Low Countries and Western Germany. In: The Cambridge Economic History of Europe. I. The Agrarian Life of the Middle Ages (1966), S. 291–339.
L. Voet: Het platteland, maatschappelijk en economisch. In: Algemene Geschiedenis der Nederlanden II (1950), S. 450–486.
P. Lindemans: Geschiedenis van de landbouw in België (2 Bde., 1952).

18 *S. J. Fockema Andreae:* Studiën over waterschapsgeschiedenis I-VIII (1950–1952).
Ders.: Embanking and drainage authorities in the Netherlands in the Middle Ages. In: Speculum 27 (1952), S. 158–167.
J. F. Niermeyer: De vroegste berichten omtrent bedijking in Nederland. In: Tijdschrift voor economische en sociale geografie 49 (1958), S. 226–231.
J. Van Veen: Grafieken van indijking in Nederland. In: Tijdschrift van het Kon. Nederl. Aardrijkskundig Genootschap 65 (1948), S. 19–25.
P. Galle: Beveiligd bestaan (1963).
A. Verhulst: Die Binnenkolonisation und die Anfänge der Landgemeinde in Seeflandern. In: Vorträge und Forschungen 7 (1964), S. 447–460.
Ders.: Middeleeuwse inpolderingen en bedijkingen vat het Zwin. In: Bulletin de la Société belge d'études géographiques 28 (1959), S. 21–54.
H. Halbertsma: Terpen tussen Vlie en Eems. Een geografisch-historische benadering (2 Bde., 1963).
J. Kooper: Het waterstaatsverleden van de provincie Groningen (1939).
P. J. R. Modderman: Enkele aantekeningen over de bewoningsgeschiedenis van het Westland. In: Boor en Spade 3 (1947), S. 201–212.
J. F. Niermeyer: Delft en Delftland. Hun oorsprong en vroegste geschiedenis (1944).
S. J. Fockema Andreae: Willem I, graaf van Holland, 1203–1222, en de Hollandse hoogheemraadschappen (1954).
H. van der Linden: De Cope. Bijdrage tot de rechtsgeschiedenis van de openlegging der Hollands-Utrechtse laagvlakte (1955).

J. F. Niermeyer: Het klooster Berne en de ontginning van de oostelijke Meierij omstreeks 1200. In: Ceres en Clio. Zeven variaties op het thema landbouwgeschiedenis (1964), S. 113–128.

[19] *B. H. Slicher van Bath:* Mensch en land in de middeleeuwen. Bijdrage tot de geschiedenis der Nederzettingen in Oostelijk Nederland (2 Bde., 1944).

Ders.: Manor, mark, and village in the Eastern Netherlands. In: Speculum 21 (1946), S. 115–128.

J. P. de Monté Verloren: Grondbezit en standen in het Oosten des lands voor de feodaliseering (1939).

B. H. Slicher van Bath: Studien betreffende de agrarische geschiedenis van de Veluwe in de Middeleeuwen. In: A. A. G.–Bijdragen 11 (1964), S. 13–78.

Ders.: Economic and social conditions in the Frisian districts. In: A. A. G.–Bijdragen 13 (1965), S. 97–133.

J. P. de Monté Verloren: Hoven in Holland. In: Opstellen aangeboden aan D. G. Rengers Hora Siccama (1942), S. 107–157.

W. van Iterson: De historische ontwikeling van de rechten op de grond in de provincie Utrecht. I. Inleiding – Markeverhoudingen in het Overkwartier en Eemland (2 Bde., 1932).

Th. Enklaar – A. J. de Vrankryker: Geschiedenis van Gooiland (3 Bde., 1939–41).

R. Noël: Quatre siècles de vie rurale entre la Semois et la Chiers (1050–1470) I (1977).

P. Errera: Les masuirs (2 Bde., 1891).

Th. Enklaar: Gemeene gronden in Noord-Brabant in de Middeleeuwen (1941).

[20] *B. H. Slicher van Bath:* Yield Ratios 810–1820. In: A. A. G.-Bijdragen 10 (1963).

J. H. Richard: Thierry d'Hireçon, agriculteur artésien. In: Bibliothèque de l'école des chartes 53 (1892), S. 383–416, 571–604.

A. Derville: Le rendement du blé dans la région lilloise (1285–1541). In: Bull. Hist. Dép. Nord 40 (1975–76), S. 23–39.

[21] *B. H. Slicher van Bath:* The rise of intensive husbandry in the Low Countries. In: Britain and the Netherlands (1960), S. 130–153.

J. M. G. van der Poel: De teelt van meekrap. In: Ceres en Clio (1964), S. 129–165.

A. Joris: La guède en Hesbaye au moyen âge (XIIIe–XVe s.). In: Le moyen âge 69 (1963), S. 773–789.

E. Sabbe: De Belgische vlasnijverheid. I. De Zuidnederlandsche vlasnijverheid tot het verdrag van Utrecht (1713) (1943).

Goblet d'Alviella: Histoire des bois et des forêts en Belgique des origines à la fin du régime autrichien (4 Bde., 1927–30).

B. H. Slicher van Bath: L'histoire des forêts dans les Pays-Bas septentrionaux. In: A. A. G.–Bijdragen 14 (1967), S. 91–104.

[22] *L. Verriest:* Le régime seigneurial dans le comté de Hainaut du XIe siècle à la Révolution (1916–17).

G. Sivery: Structures agraires et vie rurale dans le Hainaut à la fin du moyen âge (1973).

J. Mertens: De laat-middeleeuwe landbouweconomie in enkele gemeenten van het Brugse platteland (1970).

L. Genicot: L'économie rurale Namuroise au Bas Moyen Age (1199–1429). I. La seigneurie foncière (1943).

Ders.: La crise agricole du bas moyen âge dans le Namurois (1970).

[23] *L. Voet:* Het vorstelijk domein. In: Flandria nostra 5 (1960), S. 70–98.

A. Verhulst – M. Gysseling: Le compte général de 1187, connu sous le nom de „Gros Brief" et les institutions financières du comté de Flandre au XIIe siècle (1962).

[24] *H. Pirenne:* Le livre de l'abbé Guillaume de Ryckel (1249–1272). Polyptyque et Comptes de l'abbaye de Saint-Trond au milieu du XIIIe siècle (1896).

A. Hansay: Etude sur la formation et l'organisation économique du domaine de l'abbaye de Saint-Trond depuis les origines jusqu'à la fin du XIIIe siècle (1899).

A. d'Haenens: L'abbaye Saint-Martin de Tournai de 1290 à 1350. Origines, évolution et dénouement d'une crise (1961).

J. J. Hoebanx: L'abbaye de Nivelles des origines au XIVe siècle (1952).

A. Verhulst: De Sint-Baafsabdij te Gent en haar Grondbezit (VIIe–XIVe eeuw). Bijdrage tot de kennis van de structuur en de uitbating van het grootgrondbezit in Vlaanderen tijdens de Middeleeuwen (1958).

W. Brackman: De moeilijkheden van de Benedictijnerabdijen in de late middeleeuwen: de Sint-Pietersabdij te Gent (ca. 1150– ca. 1281). In: Handelingen der Maatschappij voor Geschiedenis en Oudheidkunde te Gent. Neue Reihe 17 (1963), S. 1–67.
L. Milis: De abdij van Ename in de middeleeuwen. Haar bezittingen in de periode 1063–1250. Ebd. 15 (1961), S. 1–48.
E. de Moreau: L'abbaye de Villers-en-Brabant aux XIIe et XIIIe siècles (1909).
E. Soens: Het domein der Praemonstratenzer abdij van Ninove. In: Analecta Praemonstratensia 4 (1928), S. 266–293; 374–405.
D. van Derveeghde: Le domaine du Val Saint-Lambert de 1202 à 1387. Contribution à l'histoire rurale et industrielle du Pays de Liège (1955).

25 *L. Genicot:* L'étendue des exploitations agricoles dans le comté de Namur à la fin du XIIIe siècle. In: Etudes rurales (1962), S. 5–31.
G. des Marez: Note sur le manse brabançon au moyen âge. In: Mélanges d'histoire offerts à Henri Pirenne I (1926), S. 131–138.

26 *H. P. H. Jansen:* Landbouwpacht in Brabant in de veertiende en vijftiende eeuw (1955).

27 *E. Sabbe:* Grondbezit en landbouw, economische en sociale toestanden in de kastelnij Kortrijk op het einde van de XIVe eeuw. In: Handelingen van den Oudheidkundigen Kring van Kortrijk. Neue Reihe 15 (1936), S. 394–458.

28 *G. Espinas – H. Pirenne:* Recueil de documents relatifs à l'histoire de l'industrie drapière en Flandre (4 Bde., 1906–24).
G. Espinas: La draperie dans la Flandre française au moyen âge (2 Bde., 1923).
G. de Poerck: La draperie médiévale en Flandre et en Artois. Technique et terminologie (3 Bde., 1951). I., S. 7–25.
N. W. Posthumus: De geschiedenis van de Leidsche lakenindustrie. I. De middeleeuwen (veertiende tot 16de eeuw) (1908).
H. van Werveke: Industrial growth in the Middle Ages: the Cloth Industry in Flanders. In: The economic History Review 6 (1954), S. 237–245; neugedruckt in: *H. van Werveke:* Miscellanea Mediaevalia, S. 381–391.
E. Coornaert: Draperies rurales, draperies urbaines. L'évolution de l'industrie flamande au moyen âge et au XVIe siècle. In: Revue Belge de Philologie et d'Histoire 28 (1950), S. 60–96.
H. van Werveke: Landelijke en stedelijke nijverheid. Bijdrage tot de oudste geschiedenis van de Vlaamse steden. In: Verslag algemene vergadering Historisch Genootschap (1951), S. 37–51; neugedruckt in: *H. van Werveke:* Miscellanea mediaevalia, S. 365–380.
A. Verhulst: La laine indigène dans les anciens Pays-Bas (12e–18e s.). In: Revue Historique 258 (1972), S. 281–322.
A. Derville: Les draperies flamandes et artésiennes vers 1250–1350. In: Revue du Nord 54 (1972), S. 353–370.
J. Munro: The transformation of the Flemish woollen Industries, ca. 1250–ca. 1400: the response to changing factory costs and market demand. In: Centrum voor economische studiën (1971).
R. van Uytven: La draperie brabançonne et malinoise du XIIe au XVIIe siècles. In: Produzione, Commercio e Consumo dei Panni di Lana (1976), S. 85–97.

28a Wie oben (Anm. 15) dargetan, werden diese Ansichten seit *Derville* (1972) bezweifelt.

29 *G. Doorman:* De middeleeuwse brouwerij en de gruit (1955).
J. C. van Loenen: De Haarlemse brouwindustrie voor 1600 (1950).
Sonstige Gewerbe:
R. Degryse – O. Mus: De laatmiddeleeuwse haringvisserij. In: Bijdragen voor de Geschiedenis der Nederlanden 21 (1966), S. 82–121.
J. Hollestelle: De steenbakkerij in den Nederlanden tot omstreeks 1560 (1961).
N. Gottschalk: Fischereigewerbe und Fischhandel der niederländischen Gebiete im Mittelalter (1927).
A. Joris: Probleme der mittelalterlichen Metallindustrie im Maasgebiet. In: Hansische Geschichtsblätter 87 (1969), S. 58–76.
J. Deckers: Recherches sur l'histoire des brasseries dans la région mosane au moyen âge. In: Le Moyen Age 76 (1970), S. 445–491.

30 *H. Wilkens:* Zur Geschichte des niederländischen Handels im Mittelalter. In: Hansische Geschichtsblätter 35 (1908), S. 295–356; 36 (1909), S. 123–203.

[31] *F. Rousseau:* La Meuse et le Pays Mosan en Belgique: leur importance historique avant le XIIIe siècle. In: Annales de la Société Archéologique de Namur 39 (1930), S. 1–248.
A. Joris: Der Handel der Maasstädte im Mittelalter. In: Hansische Geschichtsblätter 19 (1961), S. 15–33.
M. L. Fauchamps: Etude sur les tonlieux de la Meuse moyenne du VIIIe au milieu du XIVe siècle. In: Le Moyen Age 70 (1964), S. 205–264.
H. Ammann: Huy an der Maas in der mittelalterlichen Wirtschaft. In: Städtewesen und Bürgertum als geschichtliche Kräfte. Gedächtnisschrift für Fritz Rörig (1953), S. 377–399.
Ders.: Maastricht in der mittelalterlichen Wirtschaft. In: Mélanges Félix Rousseau. Etudes sur l'histoire du Pays Mosan au moyen âge (1958), S. 21–46.
J. L. Charles: La ville de Saint-Trond au moyen âge, des origines à la fin du XIVe siècle (1965).
A. Joris: Itinéraires routiers entre Rhénanie et pays mosan à la fin du 12ème siècle. In: Beiträge zur Wirtschafts- und Stadtgeschichte, Festschrift H. Ammann (1965), S. 253–269.

[32] *H. van Werveke:* Der flandrische Eigenhandel im Mittelalter. In: Hansische Geschichtsblätter 61 (1936), S. 7–24; neugedruckt in *H. van Werveke*, Miscellanea Mediaevalia, S. 45–49.
R. Häpke: Brügges Entwicklung zum mittelalterlichen Weltmarkt (1908).
H. van Werveke: Brugge en Antwerpen. Acht eeuwen Vlaamse handel (1941).
W. Brulez: Brugge en Antwerpen in de 15e en 16e eeuw: een tegenstelling? In: Tijdschrift voor Geschiedenis 83 (1970), S. 15–37.

[33] *H. Laurent:* Un grand commerce d'exportation au moyen âge. La draperie des Pays-Bas en France et dans les pays méditerranéens, XIIe-XVe siècle (1935).
H. Ammann: Die Anfänge des Aktivhandels und der Tucheinfuhr aus Nordwesteuropa nach dem Mittelmeergebiet. In: Studi in onore di A. Sapori (1957), I., S. 275–310.

[34] *B. Kuske:* Handel und Handelspolitik am Niederrhein vom 13.–16. Jh. In: Hansische Geschichtsblätter 15 (1909).
W. Stein: Der Streit zwischen Köln und Flandern um die Rheinschiffahrt im 12. Jahrhundert. In: Hansische Geschichtsblätter 17 (1911), S. 187–213.
J. A. van Houtte: Die Beziehungen zwischen Köln und den Niederlanden vom Hochmittelalter bis zum Beginn des Industriezeitalters. In: Kölner Vorträge zur Sozial- und Wirtschaftsgeschichte, Heft 1 (1969).
E. Ennen: Kölner Wirtschaft im Früh- und Hochmittelalter. In: Zwei Jahrtausende Kölner Wirtschaft I (1975), S. 89–215.
P. Bonenfant: L'origine des villes brabançonnes et la „route" de Bruges à Cologne. In: Rev. belge de Phil. et d'Hist. 31 (1953) S. 399–447.
G. Despy: Les Phénomènes urbains dans le Brabant wallon jusqu'aux environs de 1300. In: Wavre 1222–1972, Colloque Historique, Actes (1973), S. 21–53.

[35] *J. Finot:* Etude historique sur les relations commerciales entre la France et la Flandre au moyen âge (1894).
Ders.: Etude historique sur les relations commerciales entre la Flandre et l'Espagne au moyen âge (1899).
J. Craeybeckx: Un grand commerce d'importation: les vins de France aux Anciens Pays-Bas (XIIIe–XVIe siècle) (1958).
G. Sivery: Les comtes de Hainaut et le commerce de vin au XIVe siècle et au début du XVe siècle (1969).

[36] *R. Doehaerd:* Les relations commerciales entre Gênes, la Belgique et l'Outremont d'après les archives notariales génoises aux XIIIe et XIVe siècles (3 Bde., 1941–46).
J. Finot: Etude historique sur les relations commerciales entre la Flandre et la république de Gênes au moyen âge (1906).

[37] *C. Wyffels:* De Vlaamse handel op Engeland voor het Engels-Vlaams konflikt van 1270–74. In: Bijdragen voor de Geschiedenis der Nederlanden 17 (1962), S. 205–218.

[38] *A. Noe:* De handel van Noord-Nederland op Engeland in de dertiende eeuw (1918).
J. Ruinen: De oudste handelsbetrekkingen van Holland en Zeeland met Engeland tot in het laatste kwartaal der XIVe eeuw (1921).
H. J. Smit: Handel en scheepvaart in het Noordzeegebied gedurende de 13e eeuw. Bijdrage tot de kennis van de opkomst van den Hollandschen en Zeeuwschen handel. In: Bijdragen voor Vaderlandsche Geschiedenis en Oudheidkunde 10 (1939), S. 51–72 und 197–220.

Z. W. Sneller: Handel en verkeer in het Beneden-Maasgebied tot het einde van de zestiende eeuw. In: Nederlandsche Historiebladen 2 (1939), S. 341–372.

J. F. Niermeyer: Over het handelsverkeer tussen het Rijnland, Gelre en Holland, in het laatst der 14e eeuw. In: Tijdschrift voor Geschiedenis 55 (1940), S. 25–41.

39 *W. Vogel:* Die Binnenfahrt durch Holland und Stift Utrecht. In: Hansische Geschichtsblätter 15 (1909).

J. G. Nanninga: Het handelsverkeer der Oosterlingen door Holland in de dertiende eeuw (1921).

40 *J. F. Niermeyer:* Dordrecht als handelsstad in de tweede helft van de veertiende eeuw. In: Bijdragen tot de Vaderlandsche Geschiedenis (1942), S. 1–36; (1943), S. 86–113, 145–168.

B. van Rijswijk: Geschiedenis van het Dordtsche stapelrecht (1900).

41 *Fr. Petri:* Die Stellung der Südersee- und Ysselstädte im flandrisch-hansischen Raum. In: Hansische Geschichtsblätter 79 (1961), S. 34–57.

W. Jappe Alberts: De Nederlandse Hanzesteden (1969).

42 *J. de Sturler:* Les relations politiques et les échanges commerciaux entre le duché de Brabant et l'Angleterre au moyen âge. L'étape des laines anglaises en Brabant et les origines du développement du port d'Anvers (1936).

43 *W. S. Unger:* De economische ontwikkeling van Middelburg vóór den Bourgondische tijd. In: Zeeuws Archief Genootschap d. Wetenschappen (1918), S. 43–100.

Ders.: Middelburg als handelsstad (XIIIe tot XVIe eeuw). Ebd. (1935), S. 1–76.

44 Ders.: De levensmiddelenvoorziening der Hollandse steden in de Middeleeuwen (1916).

Ders.: De Hollandsche graanhandel en graanhandelspolitiek in de Middeleeuwen. In: De Economist 65 (1916), S. 243–269, 337–386 und 461–507.

P. J. Blok: Geschiedenis eener hollandsche stad (Leiden). I. Een Hollandsche stad in de Middeleeuwen (1910).

J. Huizinga: De opkomst van Haarlem. In: Bijdragen voor Geschiedenis en Oudheidkunde 4 (1905), S. 412–446; 5 (1906), S. 16–175.

H. J. Smit: De opkomst van den handel van Amsterdam (1940).

F. Ketner: Amsterdam en de binnenvaart door Holland. In: Bijdragen tot de Vaderlandsche Geschiedenis (1942, 1943).

45 *H. van Werveke:* Das Wesen der flandrischen Hansen. In: Hansische Geschichtsblätter 76 (1958), S. 7–20; neugedruckt in : *H. van Werveke:* Miscellanea Mediaevalia, S. 88–103.

C. Wyffels: De Vlaamse Hanze van London op het einde van de XIIIe eeuw. In: Annales de la Société d'Emulation de Bruges 97 (1960), S. 5–30.

Ders.: Hanse. Grands marchands et patriciens de St.-Omer. In: Mémoires de la Société des Antiquaires de la Morinie 38.

46 *J. A. van Houtte:* Les foires dans la Belgique ancienne; *R. Feenstra:* Les foires aux Pays-Bas septentrionaux. In: La Foire (Recueils Société Jean Bodin) 5 (1953), S. 175–240.

Z. W. Sneller: Deventer, die Stadt der Jahrmärkte (1936).

47 *H. Pirenne:* L'instruction des marchands au moyen âge. In: Annales d'Histoire économique et sociale I (1929).

48 *F. Vercauteren:* Monnaie et circulation monétaire en Belgique et dans le Nord de la France du VIe au XIe siècle. In: Moneta e scambi nell'alto medioevo. Settimane di studio di Spoleto 8 (1961), S. 279–311.

H. van Werveke: Monnaie, lingots, ou marchandises? Les instruments d'échange aux XIe et XIIe siècles. In: Annales d'Histoire économique et sociale IV (1932), S. 452–468; neugedruckt in: *H. van Werveke:* Miscellanea Mediaevalia, S. 191–208.

Ders.: Monnaie de compte et monnaie réelle. In: Revue belge de philologie et d'histoire 13 (1934), S. 123–152; neugedruckt in: *H. van Werveke:* Miscellanea Mediaevalia, S. 133 bis 158.

J. Nicolas: L'argent des principautés belges pendant le moyen âge et la période moderne (2 Bde., 1933).

C. Wyffels: Contribution à l'histoire monétaire de Flandre au 13e siècle. In: Rev. belge de Phil. et d'Hist. 45 (1967), S. 1113–1141.

49 *H. van Werveke:* Munt en politiek. De Frans-Vlaamse verhoudingen voor en na 1300. In: Bijdragen voor de Geschiedenis der Nederlanden 8 (1953), S. 1–19; neugedruckt in: *H. van Werveke:* Miscellanea Mediaevalia, S. 209–226.

Ders.: Currency manipulation in the Middle Ages: The Case of Louis de Male, Count of Flanders. In: Transactions of The Royal Historical Society 31 (1949), S. 115–125; neugedruckt in *H. van Werveke:* Miscellanea Mediaevalia, S. 225–267.

J. H. Munro: Wool, Cloth, and Gold. The Struggle for Bullion in Anglo-Burgundian Trad 1340–1478 (1973).

[50] *G. Bigwood:* Le régime juridique et économique du commerce de l'argent dans la Belgique d moyen âge (2 Bde., 1921–22).

[51] *H. van Werveke:* Le mort-gage et son rôle économique en Flandre et en Lotharingie. In: Rev belge de Phil. et d'Hist. 8 (1929), S. 53–91; neugedruckt in: *H. van Werveke:* Miscellane Mediaevalia, S. 159–190.

F. Vercauteren: Note sur l'origine et l'évolution du contrat de mortgage en Lotharingie, du XI au XIIIe siècle. In: Miscellanea L. Van der Essen (1947), I, S. 217–227.

[52] *G. Bigwood:* Les financiers d'Arras. In: Rev. belge de Phil. et d'Hist. 3 (1924), S. 465–508 768–819; 4 (1925), S. 109–119, 379–421.

G. Espinas: Les finances de la commune de Douai des origines au XVe siècle (1902).

H. van Werveke: De Gentsche stadsfinanciën in de middeleeuwen (1934).

R. van Uytven: Stadsfinanciën en stadsekonomie te Leuven van de XIIe tot het einde van d XVIe eeuw (1961).

G. des Marez: La lettre de Foire à Ypres au XIIIe siècle. Contribution à l'étude des papiers d crédit (1900).

[53] *J. Stengers:* Les Juifs dans les Pays-Bas au Moyen Age (1950).

[54] *R. de Roover:* Money, Banking, and Credit in Medieval Bruges. Italian Merchant-Bankers Lombards, and Money-Changers. A study in the Origins of Banking (1948).

Ders.: L'évolution de la lettre de change, XIVe–XVIIIe siècle (1953).

Ders.: The Bruges money market around 1400. With a statistical supplement (1968).

F. Vercauteren: Documents pour servir à l'histoire des financiers Lombards en Belgique (1309) In: Bulletin de l'Institut historique belge de Rome 26 (1950–51), S. 43–67.

F. Blokmans: Les Lombards à Anvers du XIIIe à la fin du XIVe siècle. In: Tablettes du Braban I (1956), S. 229–285.

C. Tihon: Aperçus sur l'établissement des Lombards dans les Pays-Bas aux XIIIe et XIV siècles. In: Rev. belge de Phil. et d'Hist. 39 (1961). S. 334–364.

§ 12 Frankreich im Hoch- und Spätmittelalter

Von Jean Favier

Allgemeine Literatur

M. Bloch: La société féodale (1939/40).
A. Chedeville: Chartres et ses campagnes, XIe-XIIIe siècles (1973).
G. Devailly: Le Berry du Xe au milieu du XIIIe siècle (1973).
G. Duby: La société aux XIe et XIIe siècles dans la région mâconnaise (1953).
R. Fossier: La terre et les hommes en Picardie jusqu'à la fin du XIIIe siècle (2 Bde., 1968).
J.-Fr. Lemarignier: La France médiévale, institutions et société (1970).
F. Lot: Naissance de la France, neu hg. v. *J. Boussard* (1970).
J. Schneider: La ville de Metz aux XIIIe et XIVe siècles (1950).

1. Natürliche Bedingungen[1]

Frankreich ist ein bewaldetes und dicht besiedeltes Land, das die umliegenden Meere vor zu einschneidenden Klimaschwankungen schützen. Die Prägung seines Landschaftsbildes rührte weit mehr von der Tatkraft des Menschen als von der Entwicklung der Temperatur und der Niederschlagsmenge her. Die jüngst entwickelten Verfahren zur Erforschung der Klimageschichte lassen sich übrigens in einem Land, wo es nur wenige Moore und keine tausendjährigen Bäume gibt und dessen Gletscher erst in neuerer Zeit beobachtet und gemessen werden, fast gar nicht auf das hohe Mittelalter anwenden. Es ist jedoch wahrscheinlich, daß Frankreich um das Jahr 1000 ein optimal warmes und mäßig feuchtes Klima gekannt hat. Dafür spricht die höchste Temperatur, welche die Analyse des Sauerstoffs 18 in den Stalagmiten der Karstwanne von Orgnac (Dept. Ardèche) überhaupt ergeben hat: sie lag während des 10. Jh. bei 12,1°C.

Seit dem 11. Jh. nahm die Niederschlagsmenge zweifellos langsam zu und trug zu einem fortschreitenden Rückgang der Durchschnittstemperatur bei. Bis zum 13. Jh. blieben die klimatischen Bedingungen für die landwirtschaftliche Betätigung jedoch sehr günstig. Die Verbreitung des Weinbaus in nördlichen Breiten (im Cotentin und im Artois) beweist dies zur Genüge. Auch der mittlere Pegel des Meeresspiegels sank seit der Mitte des 12. Jh. und möglicherweise schon seit dem Beginn des 11. Jh. Wenn diese Entwicklung auch in der Gestalt der eigentlichen Küste kaum sichtbar wurde, so ermöglichte sie, zumal im 13. Jh., doch umfangreiche Trockenlegungen in den Sumpfgebieten des unteren Poitou, der Normandie und Flanderns.

Das bereits zu Anfang des 13. Jh. spürbare kältere und eindeutig feuchtere Klima verschlechterte sich schlagartig um 1300, so daß die zuletzt ausgeführten Entwässerungen und die Erschließung der Hochtäler in den Gebirgsgegenden (Alpen und besonders Zentralmassiv) gefährdet waren und sich erfrorene oder verfaulte Ernten häuften. Der Höhepunkt dieser Tendenz wurde wahrscheinlich in der ersten Hälfte des 15. Jh. erreicht, als sich die Gletscher in Savoyen bis in die Täler erstreckten und die rauhen Winter die Wölfe bis an die Mauern von Paris trieben. Die Brücken und Mühlen fielen oft dem jährlichen Treibeis auf den Flüssen zum Opfer. Der Wein der Anbaugebiete in der Normandie, der Picardie und teilweise auch in der Gegend von Paris scheint dabei immer ungenießbarer geworden zu sein. Schnee versperrte die Pässe, und Eis unterbrach lange die Flußschiffahrt. Der Regen begann die Produktion der Salinen an der Küste zu beeinträchtigen.

Die Verlagerung der Heringsbänke in der Ostsee nach Süden rührte ebenfalls von dieser Abkühlung her: nun war die Zeit gekommen, wo die Häfen der Nordsee und des Ärmelkanals, vor allem Boulogne und Dieppe, einen regen Fischfang entwickelten, der für ihre Wirtschaft von großer Bedeutung wurde.

2. Die Bevölkerung[2]

a) Bevölkerungsstatistik

Es gibt kein Dokument, das für die Zeit zwischen den Polyptychen und den ersten Steuerlisten (Etat général des feux von 1328) als sicher geltende Zahlen angeben könnte. Die Umrisse der Entwicklung sind hingegen erfaßbar: Das Königreich Frankreich war vom Anfang bis zum Ende ohne Zweifel das volkreichste Land des Westens, und die Zahl der Bewohner dürfte von 7 oder 8 Millionen Einwohnern um das Jahr 1000 auf rund 15 Millionen um 1300 gestiegen sein. Diese Ziffern beziehen sich auf die Grenzen Frankreichs am Ende des 13. Jh. In seinen heutigen Grenzen muß die Bevölkerung am Ende der Expansionsphase um 1300 20 bis 23 Millionen Einwohner erreicht haben. Landstriche mit fruchtbaren Böden und gemäßigtem Klima haben binnen drei oder vier Generationen eine Verdreifachung ihrer Bevölkerung erlebt. Bestimmte Teile der Normandie konnten zum Beispiel erst im 19. Jh. ihre Siedlungsdichte der Zeit um 1300 wiedererlangen.

Die Verteilung der Bevölkerung war höchst differenziert. Der „Etat général des feux" bezeugt für das Königreich eine durchschnittliche Dichte von 7,7 Einwohnern auf den Quadratkilometer, aber in der Pariser Umgebung oder auf den reichen Böden des unteren Languedoc waren es 15 Einwohner, in den Wäldern oder auf den Kalkböden, den *causses* des Zentralmassivs dagegen nur 2 oder 3. Die Bevölkerung konzentrierte sich in einem langen Saum von Siedlungen, Städten und Dörfern längs der Flußläufe und Küsten, wobei die alten Bischofsstädte die herausragenden Punkte bildeten. Dabei wurden die kleinen, festen Städte des 10. Jh. seit dem 12. Jh. von Wirtschaftszentren abgelöst, deren Bevölkerung die alten Mauern sprengte. Ungefähr von 1180 bis 1250 bauten die Städte neue Mauern; sie bezogen die Flecken ein, die sich rings um Klöster gebildet hatten. Oft kamen auch Märkte und sonstige Handelsplätze hinzu, die ihren Standort und ihre Privilegien Klöstern verdankten.

Am Ende einer zwei Jahrhunderte währenden Expansion, die seit dem zweiten Drittel des 12. Jh. durch die politischen Fortschritte der französischen Monarchie unter den Kapetingern beschleunigt wurde, zählte Paris im Herzen der Krondomäne 1328 wahrscheinlich über 200000 Einwohner (61098 Herdstellen in 35 Pfarrbezirken). Die Zahl bleibt jedoch umstritten, und manche Historiker befürworten eine niedrigere Schätzung, die nur etwa 80000 Einwohner gelten läßt. Im Schnittpunkt der Flußwege (Seine, Marne, Oise) und Landverbindungen (Straßen nach Flandern, Orléans und Burgund) wurde die Hauptstadt der große Umschlagplatz in Nordfrankreich; zugleich profitierte die Stadt von der politischen Geschlossenheit der Lande des Seinebeckens und spätestens seit Beginn des 14. Jh. vom Niedergang der Messen in der Champagne. Paris war außerdem ein Gewerbezentrum, das nicht weniger als 360 Webermeister zählte und ein weithin bekanntes Wolltuch herstellte, während sich aufgrund der spezifischen Beschaffenheit der Bevölkerung, die sich aus der politischen Funktion der Hauptstadt ergab, alle Luxusgewerbe (Bekleidung, Goldschmiedekunst) entfalteten. Schließlich war Paris eine Stadt des Geisteslebens; hier entstand seit etwa 1200 die erste französische Universität, die nicht nur zahlreiche Kleriker und Gelehrte, Juristen und Theologen in ihren Bann zog, sondern auch alle diejenigen anlockte, die durch die Universitätsstudien und über den Verwaltungsdienst oder die Rechtsprechung einen sozialen Aufstieg erhofften.

Das Beispiel Paris bildet eine Ausnahme. Die anderen Städte, die ihre Entwicklung dem Wirtschaftsaufschwung im Laufe des 10., 11. und 12. Jh. verdanken, verharrten zu Beginn des 14. Jh. bei einer Größenordnung von 10000 bis 15000 Einwohnern. Rouen, Toulouse, Bordeaux stiegen mit ihren 30000–40000 Einwohnern etwas darüber hinaus. Große Industriezentren, wie Lille oder Arras, ein bedeutender Hafen, wie Marseille, ein Knotenpunkt von Handelsstraßen, wie Lyon, hielten sich am Ende ihrer ersten großen Expansionsphase noch bei 20000 Einwohnern.

b) Bevölkerungsstrukturen

Hinsichtlich der Bevölkerungsstruktur gab es bemerkenswerte Unterschiede. Innerhalb der Landbevölkerung neigte die Tendenz zu einem Eheindividualismus hin, der im Norden stärker ausgeprägt war als im Süden, wo der Einfluß der Großfamilie auf das Ehepaar relativ stark blieb. Dieses Auseinanderfallen des breiten Familienzusammenhangs und der Fortschritt der Agrartechniken, der die Bevölkerungsexpansion und kleine Betriebsformen begünstigte, beeinflußte daher auch die Rodungs- und Urbarmachungsbewegung mit der Errichtung verstreuter Siedlungen. An die Stelle der Großfamilie, die sich auf das Zusammenleben und die gemeinsame Feldbestellung gründete, trat jetzt der gemeinsame Name als Zeichen der Erkennbarkeit der Familienzusammengehörigkeit. Im Laufe des 13. Jh. wurde der Zuname, der einen Hinweis auf den Vater oder die Mutter enthielt und etwa einem körperlichen Vorzug oder Mangel, einer geographischen Herkunft oder einem Beruf entlehnt war, immer häufiger auf die Söhne übertragen, mochte dieser Zuname auch nicht mehr ihren Eigenschaften entsprechen.

Die Stadtbevölkerung hatte sich hingegen in diesen drei Jahrhunderten sehr verändert. Vor der Jahrtausendwende lebte sie im wesentlichen von religiösen Verrichtungen und Verwaltungsdiensten, von einer handwerklichen Produktion, die auf regionale Bedürfnisse zugeschnitten war, und von händlerischer Tätigkeit, die sich auf einen engen Umkreis beschränkte und von geringem Umfang war. Die Hauptschwerpunkte des städtischen Lebens waren bis zur Mitte des 11. Jh. das Kathedralstift oder die Abtei und die befestigte Anlage. Die Stadt war weniger Residenz als vielmehr Festung, Schatzkammer und Gerichtsort. Im Laufe des 11. und 12. Jh., selten vorher, wie in Reims oder Cambrai, entwickelte sich die Kaufmannsstadt, die in der Regel die Rivalität des weltlichen Herren und des Bischofs ausnutzte und sich dabei entweder auf den einen stützte oder sich beiden entgegenstellte. Der *portus* und der *burgus* setzten sich jetzt als ständige Zentren durch. Eine bürgerliche Wohnsiedlung wuchs empor, die in ihrer Anlage die relativ engmaschigen Familienstrukturen widerspiegelte. Sie lag zunächst am Rande der alten Stadt und vermischte sich dann sehr rasch mit den Wohnstätten der schon länger ansässigen Einwohner. Man nahm die Entstehung von Vierteln mit starkem Eigenleben wahr, deren Straßennamen häufig einem Berufszweig entlehnt waren. Seit dem 13. Jh. fügte die Bevölkerungsexpansion aber die verschiedenen Schwerpunkte der Stadt zusammen, so daß die anfänglichen Unterschiede verwischt wurden.

Die Aristokratie war in den Städten des Südens immer ansässig geblieben und hatte im kommunalen und sogar auch im wirtschaftlichen Leben eine wesentliche Rolle gespielt. In den Städten des Nordens blieb es Gewohnheit, daß sie dort zu bestimmten Jahreszeiten lebte. Aufgrund der Anziehungskraft des Hofes gab es gegen Ende des 13. Jh. kaum einen größeren Baron in Frankreich, der nicht sein *hôtel* in Paris gehabt hätte.

Der Wirtschaftsaufschwung, vor allem aber die Entwicklung der Tuchindustrie brachte auf der anderen Seite ein höchst unzureichend integriertes Proletariat von *nihil habentes* hervor, bei dem es mehr Alleinstehende als Eheleute gab und das durch seine

Mobilität an einer wirksamen Eingliederung gehindert wurde. Die frühere Struktur mit dem Gegensatz von Klerikern und Kaufleuten begann zu verschwinden, seitdem Söhne von Kaufleuten in Stellungen der Verwaltung, des Finanzwesens und der Justiz hatten gelangen können. Dafür entstand jetzt eine bedenkliche Kluft zwischen den Besitzenden, die in den unteren Geschossen der Stadthäuser wohnten, und den ungesicherten Arbeitern, denen Dachböden und Herbergen Unterkunft boten, wo sie die Promiskuität gemeinsamer Schlafräume erwartete.

c) Geburtenrate und Sterblichkeit

Der Versuch, eine Statistik der Geburtenrate vor dem 14. Jh. aufzustellen, kann kaum gewagt werden. Das im Laufe des 10. Jh. einsetzende Wachstum steht jedoch außer Frage. Die infolge des Fortschritts der Anbaumethoden und der Klimaentwicklung verbesserte Ernährung war ganz gewiß ein Faktor für eine geringere Sterblichkeit. Der Rückgang der großen Epidemien ist wahrscheinlich auf eine größere Widerstandsfähigkeit des Organismus zurückzuführen. Das zeitliche Zusammenfallen der erneut auftretenden Epidemien (1315–17, 1348–49) mit den durch Klimaverschlechterung bedingten Getreidekrisen ist nicht minder gewiß.

d) Wanderungen

Die meisten Wanderungsbewegungen, die Frankreich seit Beginn des 11. Jh. erlebte, hatten ihre Ursache im Bevölkerungsaufschwung und im Wiederaufleben eines Handels, der auf den Märkten in den Städten beruhte.

Die erste Bewegung, die seit dem 10. Jh. einsetzte, führte die Landleute der nächsten Umgebung in die Stadt. Die Bevölkerung der französischen Städte bildeten nicht so sehr herumziehende Kaufleute, die vielfach heimatlos waren, und der Hörigkeit entronnene Bauern als Handwerker aus dem Umland, die die Aussicht auf Gewinn anzog, den eine größere Fluktuation von Menschen und ein gesteigerter Waren- und Geldumlauf mit sich brachten. Fahrende Kaufleute, die häufig nur vorübergehend unterwegs waren, bestimmten den Lauf der Handelsstraßen und begünstigten dadurch die eine oder andere Stadt. Sie brachten neue Bedürfnisse und Erzeugnisse, sowie neue technische Kenntnisse von Ort zu Ort. Zweifellos ging von ihnen manchmal der Anstoß zur Entwicklung der Dienstleistungen aus, die sich als Funktion des städtischen Lebens entwickelten und ihrerseits das weitere Wachstum der Bevölkerung in den Städten ermöglichten.

Später im 12. und 13. Jh. veränderten echte Städtegründungen die Landkarte. Solche Neugründungen, die zumeist eine politische oder militärische Ursache hatten, waren die *villeneuves* und *bastides*, die vor allem in den Grenzgebieten, zumal der Krondomäne und des Herzogtums Aquitanien, erfolgten. Wanderungen, die bisweilen sehr weit reichten, begünstigten diese neuen Kolonisationsformen. Ebenso führten die letzten großen Urbarmachungen unternehmende Bauern aus bereits übervölkerten und manchmal entfernten Landstrichen als Siedler auf das noch verbleibende freie Land.

Eine zweite Bewegung veranlaßte die Bauern der armen oder übervölkerten Böden zur Abwanderung in freies Land oder zur Teilnahme an Eroberungszügen. Es handelte sich hierbei einerseits um eine spontane Bewegung, die den Bestand an Boden aus den älteren Gütern erweiterte oder in den verbleibenden Freiräumen Siedlungen schaffte. Die Bewegung wurde andererseits angefacht und gesteuert, denn die „Gäste" wurden von den Grundherren (*seigneurs fonciers*) veranlaßt, sich auf den gerade erst entstandenen Lichtungen niederzulassen, das gewonnene Neuland urbar zu machen und die *villeneuves* zu bevölkern, die von vornherein mit Steuerfreiheiten und anderen Privilegien ausgestattet waren.

Andere Bewegungen erstreckten sich über größere Räume hinweg. Am beständigsten waren die Pilgerfahrten, die Stadtbürger und Landbewohner nach Rom, Santiago de Compostela oder Jerusalem, nach Vézelay oder zum Mont-Saint-Michel bzw. zu bescheideneren regionalen Wallfahrtsorten führten. Viele Pilger fanden unterwegs Gelegenheit, sich neu anzusiedeln.

Schließlich gab es Expansions- und Kolonisationstendenzen nach ferneren Ländern. Sie veranlaßten seit der 1. Hälfte des 11. Jh. Leute aus Burgund und der Champagne zur Teilnahme an der *Reconquista* gegen den Islam in Kastilien und Portugal, seit 1060 die Leute von Robert Guiscard aus der Normandie zur Eroberung Süditaliens und Siziliens, 1066 die Normannen unter Herzog Wilhelm zum Einfall in England und seit 1096 Leute aus dem Norden Frankreichs sowie aus dem Languedoc unter Raimund von Saint-Gilles zum Kreuzzug nach dem Heiligen Land. Dies waren in der Mehrzahl der Fälle berittene Züge von Baronen und Fürsten. Aber die Fußtruppe bestand aus Bauern, und die Zahl derer, die sich endgültig in den eroberten Ländern niederließen, war groß.

3. Der politische Rahmen[3]

Die Wirtschaft Frankreichs wurde vor allem im 9., aber auch noch im 10. Jh. tiefgreifend durch die Unsicherheit erschüttert, die die Einfälle von Wikingern, Sarazenen und Ungarn verursachten. Die Wikinger bedrohten mit ihren Raubzügen ständig die Lande um Seine und Loire (Belagerung von Paris 885), aber sie fielen auch in Aquitanien ein und erschienen an den Küsten des Mittelmeeres. Diese wurden auch von den Sarazenen bedroht. Die einen wie die anderen errichteten ständige Stützpunkte, zugleich Brükkenköpfe und Stapelplätze für die Beute. Als letzte kamen die Ungarn, die im Gegensatz zu den anderen nur vorübergehend während des 10. Jh. eindrangen und sich nicht festsetzen konnten.

Diese Unsicherheit, die zur Isolierung der Städte führte und die Verbindungen unterband, trug zur Stärkung der lokalen politischen Gewalten, d.h. der militärischen Befehlshaber bei. Seit den ersten Jahren der Regierung Ludwigs des Frommen war das Königtum derart erschüttert, daß es seit 885 geradezu für den Meistbietenden zu haben war. Die Robertiner, Grafen von Paris und Herzöge von Franzien, vollendeten die Beseitigung der Nachkommen Karls des Großen, bis es nach mehreren vorübergehenden Usurpationen schließlich Hugo Capet gelang, als König anerkannt zu werden (987).

Aber dieses Königtum war schwach, und das 10. Jh. war in jeder Hinsicht die Zeit der Territorialfürsten. Der Herzog von Aquitanien und der Graf von Flandern waren praktisch unabhängig, nicht anders als der Herzog der Normandie, der ständig zwischen Treue und Neutralität hin- und herlavierte und nicht nachließ, die vom König durch den Vertrag von Saint-Clair-sur-Epte (911) einem Wikingerführer zugesprochene Herrschaft zu vergrößern und zu festigen. In bestimmten Gegenden, wie Burgund und dem Zentralmassiv, war es sogar die Zeit der unabhängigen Burgherren. Die Macht bemaß sich nach der Zahl der Männer, die man unter die Waffen rufen konnte, weil man ihnen Nahrung und Land bot; die Sicherheit hing von der Macht des Herrn ab, dem der Waffendienst geleistet wurde. Die eng mit der Lehnstreue des Feudalsystems verbundene politische Aufsplitterung vermehrte die rechtlichen und steuerlichen Hemmnisse gegenüber Handel und Verkehr.

Die territoriale Expansion einer bestimmten Anzahl dieser Fürstentümer schuf wieder die Voraussetzungen für eine offenere Wirtschaft. Aquitanien und die Normandie waren mächtige Herzogtümer, die seit dem 10. Jh. ihrem Fürsten relativ ergeben waren. Im darauf folgenden Jahrhundert entstand durch die Vereinigung der Grafschaften Blois und der Champagne ein starkes Fürstentum im östlichen Frankreich. Die Krondomäne breitete sich zur Zeit Ludwigs VI. (1108–37) und Philipp Augusts (1180–1223) beträchtlich aus. Die Macht der Plantagenêts wurde im 12. Jh. rasch über das Anjou, die Touraine, den Maine, die Normandie und Aquitanien errichtet. Für die Wiederherstellung der Wirtschaft sorgten auch die Friedensordnungen (Gottesfrieden, *Treuga Dei*), die von der Kirche im 10. Jh. zur Zeit der gregorianischen Reform gefördert wurden.

Im 11. Jh. begann die Handels- und Handwerkerbourgeoisie nach größerer Selbständigkeit zu streben; es zeigte sich, daß der soziale Rahmen der Feudalgesellschaft und des Hofsystems immer weniger der tatsächlichen Lage in den Städten angemessen war. Die ersten Bürgeraufstände (Le Mans 1069, Cambrai 1076, Saint-Quentin 1080, Laon 1111–12) hatten Typen der Stadtregierung zur Folge, die im nächsten Jahrhundert einen festen Platz erhielten und allgemein üblich wurden. Abgesehen von der Krondomäne gestattete das Bündnis der Monarchie mit den Städten seit dem 12. Jh. dem Kapetinger, sogar im Innern der großen Lehen die Autorität seiner mächtigsten Vasallen in der Waage zu halten. Aber eine solche Lage wurde rasch explosiv, vor allem als die Städte durch ihre Macht zu Rivalen ihres Herrn wurden. Ebendies geschah in Flandern seit der zweiten Hälfte des 13. Jh. Der Hundertjährige Krieg sollte zum Teil aus dieser Spannung hervorgehen.

Auch die Wirtschaft verspürte die Folgen einer breiten Erneuerung des religiösen Lebens. Die Pilgerfahrten wurden nach der Jahrtausendwende eine der geläufigsten Äußerungen der Frömmigkeit. Leute aus Burgund, aus Aquitanien und dem Languedoc nahmen im 11. Jh. aktiv an der Wiedereroberung der dem Islam zugefallenen Teile der Iberischen Halbinsel teil, bevor sie sich gemeinsam mit Normannen, Nord- und Ostfranzosen auf den Kreuzzugswegen scharten. Die Auswirkungen der Bevölkerungsexpansion, die hier durch den Glauben ergänzt und gelenkt wurden, waren auch in der normannischen Besiedlung Süditaliens und Englands wahrzunehmen.

Die großen Klostergründungen Ende des 11. Jh. und Anfang des 12. Jh., insbesondere Citeaux und die Kartause, verliehen bestimmten Zweigen der Landwirtschaft einen neuen Rahmen. Das Kloster, bisher gemäß dem Willen der frühen Zönobiten aus der ersten Zeit der Christianisierung an die Stadt geheftet, löste sich von ihr und drang bis in das tiefste Hinterland vor. Die Mönche widmeten sich der Viehzucht und der Urbarmachung, blieben aber Grundeigentümer. Das 13. Jh. sollte es dann erleben, daß sich umgekehrt die Brüder der Bettelorden, Franziskaner und Dominikaner, mitten innerhalb der Städte niederließen.

Das 13. Jh. war die große Zeit der Kapetinger. Der König eroberte zunächst die Normandie und den größten Teil Aquitaniens, wobei die Plantagenêts zurückgedrängt wurden. Danach brachte er in der Folge der Feldzüge gegen die Katharer (Albigenser) das Languedoc in seine Hand und erreichte so das Mittelmeer. Ludwig der Heilige (König von 1226 bis 1270) unterdrückte die letzten Koalitionen der großen Barone, und Ludwig X. beschwichtigte 1315 die feudalen Ligen, indem er die Gewohnheitsrechte bestätigte und Steuerprivilegien häufte, die oft geradezu illusorisch waren.

Die königliche Verwaltung bildete sich mit wachsendem Druck auf die Wirtschaft heraus, denn sie brachte Lasten hervor, die von der Krondomäne nicht mehr getragen werden konnten, so daß der allgemeine Rückgriff auf die Steuer unvermeidlich wurde. In allen Gebieten der Krondomäne waren seit der ersten Hälfte des 13. Jh. *Baillis* im Amt. Die großen Zentralinstitutionen (Parlament, Rechnungskammer) begannen sich etwas später vom „Hof", der *curia regis,* zu lösen.

Der König von Frankreich trat in mehreren europäischen Konflikten de iure oder de facto als Schiedsrichter auf. Der Kapetinger mischte sich in die englischen, italienischen, spanischen und deutschen Angelegenheiten ein. Er erhob Anspruch auf ausländische Kronen für sich oder für seine Nächsten. Er bemühte sich sogar um die Krone des

Heiligen Römischen Reiches. Eine geschickte Heiratspolitik erlaubte es ihm, den kapetingischen Einflußbereich über die Provence auszudehnen und eine Zeitlang Navarra mit Frankreich zu vereinen. Um 1300 trotzte Philipp der Schöne dem Papsttum und behauptete gegenüber Bonifaz VIII. das Recht, der alleinige Herr in seinem Königreich zu sein.

Die Niederlassung des päpstlichen Hofes in Avignon, an den Grenzen des Königreiches, aber außerhalb derselben gelegen, erfolgte unabhängig vom königlichen Willen aufgrund des anhaltenden Krieges, den sich die politischen Parteiungen in Rom und Umgebung lieferten. Die Niederlassung des Papsttums und seiner Verwaltung an den Ufern der Rhône wurde aber für die Wirtschaftskarte Frankreichs im 14. Jh. bestimmend.

Der Hundertjährige Krieg begann 1337 mit Scharmützeln in der Guyenne und erhielt durch die Niederlage Philipps VI. bei Crécy einen dramatischen Akzent. Tatsächlich hatte der Krieg 1302 in Flandern begonnen (Niederlage der Franzosen bei Courtrai 1302, Sieg bei Mons-en-Pévèle 1304, Vertrag von Athis 1305), nachdem er bereits seit der Zeit Ludwigs des Heiligen unaufhörlich an der Grenze der Guyenne geschwelt hatte. In erster Linie war er ein innenpolitischer Konflikt, der seine Entstehung den Einmischungen des Königs in die Angelegenheiten seiner großen Vasallen verdankte. Er verwandelte sich seit 1328 in einen Erbfolgekrieg, nachdem Eduard III., König von England, von der Erbfolge seiner Onkel Ludwig X., Philipp V. und Karl IV. (der letztere war 1328 gestorben, ohne einen Sohn oder einen Bruder zu hinterlassen) ausgeschlossen worden war. Die problematische Erbfolge des Herzogs der Bretagne ließ seit 1341 ein neues Schlachtfeld entstehen. Aber der Hundertjährige Krieg war auch von Anfang an ein Wirtschaftskrieg. Die englische Wolle, die flämische Industrie, der Wein der Gascogne, die Straßen und Märkte auf dem Kontinent waren nicht sein geringster Einsatz. Beschlagnahmen, Zollschranken und Widerrufungen von Privilegien waren ebenso gute Waffen wie das Schwert und die im Entstehen begriffene Artillerie. Zur gleichen Zeit veranlaßte und rechtfertigte die Kriegsanstrengung eine Verstärkung des Steuerdrucks zugunsten des Königs zur Bezahlung der Heere und zugunsten der Städte zur Errichtung oder Ausbesserung der Befestigungsanlagen.

Es ging noch weiter. Bereits um die Mitte des 14. Jh. lähmte die Kriegspsychose die wirtschaftlichen Antriebe und entmutigte die Investitionsfreude. Der Krieg, genauer die Niederlage, der Schwarze Tod und der Umschlag der Bevölkerungsentwicklung, die Geldkrise und ihre Auswirkungen auf Löhne und Preise, die politische Krise und das Tauziehen um die Steuern – all dies schaffte um 1350 vorübergehend eine besonders zugespitzte Lage innerhalb einer langfristigen Bewegung, die seit einem Halbjahrhundert in vielerlei Hinsicht von Stagnation und Konfusion gekennzeichnet war.

4. Die Sozialstruktur[4]

Die große Kluft, die bis ins 12. Jh. quer durch die Gesellschaft ging, betraf die persönliche Freiheit, die das Recht der Menschen, ihre Lebensweise und sogar ihr Ethos bestimmte.

Die Hauptaufgabe des freien Mannes bestand darin, im Interesse der jeweiligen Gemeinschaft mit einer vollständigen Ausrüstung, d. h. zu Pferd, zu kämpfen. Dies war die Rechtfertigung für den Gewinn, den er aus der Arbeit der anderen zog. Freiheit und eminenter Landbesitz gingen Hand in Hand. Die militärische Tauglichkeit blieb bis zum 12. Jh. hin bestimmend, als bei dem auf Abschließung bedachten Adel, der sein Selbstverständnis in den Privilegien sah, das Erbrecht über die körperliche und wirtschaftliche Fähigkeit zur Bewaffnung und zum Kampf die Oberhand gewann. Die

Schwächung des Königtums im Westreich während des 9. Jh. trug das ihre dazu bei, diese Fähigkeit vom Begriff des Königsdienstes zu trennen, während das Rittertum, diese am Ausgang des 10. Jh. von der Kirche ins Leben gerufene Institution zur Eindämmung der Folgen der politischen Anarchie, an die Stelle der älteren Begriffe das Prinzip der Selbstergänzung und eine eigene Moral setzte, die den Kreis recht eigentlich freier Männer bestimmten, aus dem im 13. Jh. ein relativ geschlossener „Stand", der Adel, entstand. Durch eine Ordonnanz von 1275 wurde diese Abschließung kodifiziert. Allein der König konnte nunmehr in den Adel erheben.

Aber der freie Mann, der allenthalben der Banngewalt oder der politischen Herrschaft, d.h. der Macht des Grafen oder des Burgherrn unterworfen war, hatte andererseits fast immer Anteil an den Lehnsbindungen der Vasallität, die ihm zum Abhängigen machten, aber seine persönliche Freiheit gewährleisteten. Diese Bindungen, besonders stark in der nördlichen Hälfte des Landes, bewahrten in der Theorie Vertragscharakter: obwohl das Schutz- und Unterhaltsbedürfnis die Vasallität notwendig machte, wurde sie freiwillig eingegangen.

Unfreie und Halbfreie bildeten den anderen Teil der Gesellschaft, der einen Gebieter anerkannte. Es waren dies die *hommes de poesté* (*homines de potestate*), deren unterschiedliche Rechtslage und feine wirtschaftliche Abstufungen immer weniger wahrzunehmen waren. Da waren auf der einen Seite die Hörigen (*serfs*), Unfreie par excellence, die weder zum Waffendienst tauglich waren noch die höheren Weihen empfangen durften, aber ein Recht der Person und der Familie (mit Ausnahme der Heirat außerhalb der Grundherrschaft oder mit einer Freien) sowie auf persönlichen Besitz (mit Ausnahme der „toten Hand") kannten. Manche leisteten sogar im Süden einen Diensteid, der nichts mit dem Adel zu tun hatte, sondern ihre menschliche Würde ausdrücken sollte. Auf der anderen Seite gab es verschiedene Kategorien von Bauern mit dem Rang von Freien, deren Vorrechte aber nach und nach verschwanden, weil die Militäraristokratie sich diese vorbehielt. Noch im 12. Jh. war die Bevölkerung bestimmter Gegenden in ihrer Mehrzahl hörig (Poitou, Berry, Champagne, Lothringen, Unteres Languedoc). Andere kannten kaum den Entzug von Freiheit (Normandie, Picardie). Die voranschreitende, aber sehr relative Vereinheitlichung des Status führte in einem Teil des Königreichs zu einem Zustand, den man „allgemeine Quasi-Freiheit" nennen könnte. Die große Welle individueller und kollektiver Freilassungen, die teils ohne, teils mit finanziellen Auflagen erfolgte und bereits im 11. Jh. die Normandie erfaßte, ließ im 13. Jh. die letzten Bastionen der Hörigkeit in der Ile de France fallen. 1302 und 1315 vollendete das Königtum die Freilassung der Hörigen auf der Krondomäne. Die seit Ende des 12. Jh. von vielen Dorfgemeinden erworbenen Freiheiten (Charten, wie die von Beaumont im Argonnerwald, Lauris im Gâtinais und Rouen) stärkten andererseits die Unabhängigkeit der Dorfbewohner gegenüber dem Herrn, seiner Banngewalt und seinem Fiskus. Vom 9. bis zum 13. Jh. hatte sich hier die Arbeitsbelastung als Gegenleistung für die Nutzung des Bodens um $^9/_{10}$ verringert. Andere wiederum lernten im 13. Jh. eine verschärfte Hörigkeit kennen: dies galt für die Champagne, das Herzogtum und die Freigrafschaft Burgund sowie Lothringen.

Eine andere Kluft als die der Freiheit hatte sich im großen und ganzen in der wirtschaftlichen Entwicklung aufgetan: Sie betraf die wirtschaftliche Unabhängigkeit des einzelnen bzw. seine Fähigkeit zu wirtschaftlicher Machtentfaltung. Innerhalb der Bauernschaft hatten die umfangreichen Urbarmachungen einen Graben zwischen denen gebildet, die über genügend Geschicklichkeit, Gerät oder Glück verfügten, um aus dem neuen Land Nutzen ziehen zu können, und denen, die das nicht konnten. Die letzteren mußten mitansehen, wie ihr Land bereits zu kleinen Leihen durch Erbteilungen auseinandergerissen wurde. Begünstigt durch die Verleihung größerer Flächen zu geringerem Grundzins, hatten sich die seit 1050 auf den neuen Leihen angesiedelten „Gäste" rasch zu Produzenten gewandelt, die in der Lage waren, ihren Überschuß kommerziell auszuwerten und sich von den störenden und lästigen seigneurialen Rechten freizukaufen. Die Vervollkommnung der landwirtschaftlichen Ausrüstung ließ seit dem 12. Jh. den Pflug, die Egge und das Gespann zu einem teuren Gerät werden, das die Überlegenheit solcher „Pflüger" steigerte, die es sich anschaffen und unterhalten konnten, so daß sie ihren Betrieb zu vergrößern und ihre Erträge zu erhöhen vermochten. Die anderen waren von den Profiten der Expansion ausgeschlossen. Die Verknappung des freien Landes ab 1250 erschwerte die Lage der zuletzt Eingetroffenen: Viele von ihnen fanden ihr Auskommen in einem Lohnverhältnis als „Landarbeiter" und verloren jegliche Unabhängigkeit. Im heraufkommenden 14. Jh. galt der Besitz von Produktionsmitteln weit mehr als die Kriterien der persönlichen Freiheit.

Diese Kriterien waren im Aufschwung einer städtischen Gesellschaft ebenfalls verloren gegangen, wo es schwer ist, die Spuren der Abhängigen im einzelnen aufzuspüren, und wo, vor allem im Laufe des 12. Jh., die Freiheitsurkunden den Rechtsstatus der ständigen Bewohner nivellierten. Ob Sohn eines Freien oder eines Hörigen, der *bourgeois* des 11. Jh. erkannte sich vor allem in seiner Stellung wieder. Wie auf dem Lande ließ die Wirtschaftsexpansion im Laufe des 11. und 12. Jh. auch in der Stadt eine Reihe von Unterschieden deutlicher hervortreten. Da waren als erste diejenigen, die genügend Kapital angesammelt hatten, um ein Gerät zu besitzen, die Rohstoffe – Wolle und Farbstoffe vor allem – an sich zu ziehen, und einen Profit aus der Arbeit der anderen zu schlagen verstanden, indem sie ihnen eine Arbeit gegen Lohn boten. In den Städten, wo sich eine bedeutende Industrie entwickelte (Paris, Lille, Arras, Rouen) spielten die Kaufleute häufig eine Rolle als Unternehmer oder als stille Teilhaber. Zwischen den „Großen", die zugleich Arbeitgeber, Hausbesitzer und Gläubiger waren, und der „Volksmasse", die zugleich Arbeiter, Mieter und Schuldner war, vertiefte sich der Graben im 12. Jh. und zumal im 13. Jh. immer schneller. Selbst in den Orten, wo das Handwerk kein industrielles Niveau erreichte, wie in den kleinen Städten des Languedoc (Montauban, Albi), schlug sich der Unterschied zwischen den zwei Gruppen von Bürgern im 13. Jh. auch in den Institutionen nieder: Die neue Kluft zwischen arm und reich war damit dauerhaft verankert und fand ihren Ausdruck in den öffentlichen Einrichtungen. Die Einheit kam indessen gegenüber der Außenwelt zustande, gegenüber den Stadt- oder Landesfremden, die seit dem 12. Jh. in bestimmten Städten (1145 in Rouen) generell von der Ausübung eines Handwerks ausgeschlossen waren.

Die Geldaristokratie, die in den Städten, im Süden gemeinsam mit dem Adel herrschte, war offensichtlich bestrebt, in die Militäraristokratie aufgenommen zu werden, die neben der Kirche den wesentlichen Anteil am Grundbesitz, an der politischen Macht und am Sozialprestige behauptete. Schon im 12., häufiger aber im 13. Jh., kauften die reichen Bürger – Kaufleute, Unternehmer oder Bankiers – in der Umgegend der Städte Land in Form von Parzellen (Zinsgut in allen Gegenden, Allodialgut bisweilen im Süden) oder von ganzen Ländereien auf: In diesem Fall führte sie der Kauf von Lehen an den Adel heran, bis schließlich eine Gegenreaktion der Militäraristokratie mit königlicher Einwilligung die Folgen solcher Landkäufe einschränkte. Am Ende des 13. Jh. verlieh diese nicht mehr automatisch den Adelstitel. Das Vermögen der Stadtbürger wurde aber weiterhin in Anlagen, die gegen die Wechselfälle des Handels gefeit waren, und in Prestigeobjekten auf dem Lande investiert: Der *bourgeois* des 14. Jh. trank gern seinen eigenen Wein, und der Besitz einer Herrschaft führte zu einem Lebensstil nach Art der Aristokratie, der in zwei oder drei Generationen die Aufnahme in den Adel erleichterte.

Sonstige Ämter und Vermögen trugen dazu bei, daß seit etwa 1250 die Gesellschaftsstrukturen komplizierter wurden. Der Dienst am Hof des Fürsten und in dessen Justiz und Verwaltung, der aus den früheren Verwaltungsfunktionen in den Händen von Klerikern hervorgegangen war und durch das Aufkommen von Universitäten gefördert wurde, die der Macht eines Bischofs oder Abtes enthoben waren, ließ eine in ihrer Art einmalige Sozialgruppe entstehen. Sie war höchst verschiedenartig zusammengesetzt: zahlreich waren hier Bauernsöhne, denn die Kollegienstiftungen waren voller Stipendiaten; die vom Kapellan Ludwigs des Heiligen, Robert de Sorbon, gegründete Sorbonne war nur das berühmteste dieser Kollegien. Ende des 13. Jh. war ein konvertierter Jude Großmeister der königlichen Forsten und Gewässer. Die Hierarchie dieser Verwaltungsämter unterschied sich von den herkömmlichen Strukturen der Feudalgesellschaft: so saßen Nicht-Adlige im Rat Philipps des Schönen und Johanns des Guten, und die königlichen *baillis* waren seit dem 13. Jh. imstande, den großen Baronen Schwierigkeiten zu machen. Justiz- und Finanzbeamte bereicherten sich im Dienste des Königs, während Advokaten und Prokuratoren auf Kosten ihrer Klienten Vermögen erwarben, die sehr rasch zu Grundeigentum und Adel führten. Diese Vermögen waren allerdings ebensoschnell zerronnen wie gewonnen: Viele Neureiche im Königsdienst endeten im Gefängnis oder am Galgen, eher als Opfer der Eifersucht denn einer Verfehlung. Die am geringsten aufsehenerregenden Vermögen waren häufig die dauerhaftesten: schon um die Mitte des 14. Jh. wetteiferten reiche Advokaten, Schatzmeister, Rechnungs- und Parlamentsräte an der Spitze der Pariser Gesellschaft mit den Bankiers (in der Mehrzahl Italiener), den Wechslern, den Tuchhändlern und den Goldschmieden. Quer durch das Königreich begehrten die Ritter das Amt eines königlichen *bailli*, die einigermaßen im Recht versierten Studenten das eines Prokurators, die Wechsler das eines Schatzmeisters und die kleinen Bürger und wohlhabenden Bauern das eines Polizeidieners. Der öffentliche Dienst schaffte so neue soziale Aufstiegsmöglichkeiten, neue Kluften, neue Einnahmequellen und neue Konflikte.

5. Gesellschaft und Kultur[5]

Der Unterricht der *artes liberales*, auf dem die Bildung des mittelalterlichen Menschen ebenso beruhte wie sein Vermögen, Wissen zu erwerben und weiterzugeben, wurde seit der karolingischen Reform in den Kathedral- und Abteischulen erteilt. Dieser Unterricht eröffnete den Weg zu den beiden Hauptgebieten der geistigen Spekulation dieser Klerikerwelt: Theologie und kanonisches Recht. Zu den berühmtesten Anstalten mit der größten Ausstrahlung zwischen dem Ende des 11. und dem Anfang des 13. Jh. gehörten die bischöflichen Schulen von Paris, Chartres, Reims und Laon und die Abteischulen von Bec-Hellouin in der Normandie, von Saint-Victor und von Saint-Geneviève in Paris. Im 12. Jh. spielte die Schule von Montpellier eine besonders wichtige Rolle für die Wiedergeburt der Zivilrechtsstudien. Sie leistete am Ende des 13. Jh. einen besonders wichtigen Beitrag zur Ausbildung eines Teils der Juristen (der „Legisten"), die besonders im Umkreis des Königs an einer neuen Definition der französischen Monarchie und ihrer Rechte mitwirkten.

Vor allem im Laufe des 12. Jh. gestattete eine bessere Kenntnis der Logik des Aristoteles, die Dialektik in die theologische Spekulation aufzunehmen. Das Werk Anselms, Abtes von Bec-Hellouin und späteren Erzbischofs von Canterbury (1033–1109), und des Pariser Magisters Abälard (1079–1142) bereiteten die Synthese der ersten Philosophie des Mittelalters im Liber Sententiarum vor, das 1152 von dem späteren Bischof von Paris, Petrus Lombardus, verfaßt wurde.

Einem Großteil der Schulen war ein *scriptorium* angeschlossen, wo die Manuskripte zur leichteren Verbreitung kopiert wurden. Manche dieser Kopisten- und Illuminatorenateliers erlangten jedoch einen weitaus größeren Ruf als die entsprechende Schule. Dies galt für Metz im 9. Jh., für Moissac und Saint-Martial in Limoges im 12. Jh.

In den ersten Jahren des 13. Jh. war es soweit, daß Lehrer und Schüler der Bischofsschule von Paris – auf der Insel der Cité unweit der Kathedrale – nur noch mit Ungeduld die Autorität und die Geldforderungen des Bischofs und seines Kanzlers ertrugen, die gleichzeitig über die Studiendisziplin, die Lehrinhalte und die Verleihung der Grade befanden und die fast ausschließlich die Gerichtsbarkeit über die Schule innehatten. Gegen diese Bevormundung des Bischofs und die manchmal noch drückendere Aufsicht des Königs erhielten sie den Schutz des Papstes, zumal Honorius' III. Zur gleichen Zeit verließen sie ihren Sitz im Kloster und ließen sich am linken Seineufer zwischen dem Fluß und der Montagne-Sainte-Geneviève im Schutz der Rechtsprechung des wohlgesonnenen Abtes von Sainte-Geneviève nieder. 1215 billigte der päpstliche Legat Robert de Courzon ihr erstes Universitätsstatut. Die Bulle „Parens scientiarum“ (1231) verankerte endgültig die wichtigsten Privilegien, welche den Rahmen der Autonomie der Universität bildeten.

Die Initiative ging dann an das Papsttum über, das zur Wahrung seines unmittelbaren Einflusses auf die theologische Lehre die ersten Universitäten des Languedoc gründete (Toulouse 1229 und Montpellier 1289), während die Inquisition den unmittelbaren Einfluß des Heiligen Stuhles auf die Unterdrückung der Häresie wahren wollte. Der Papst ermutigte ferner Schulen wie die in Orléans und in Angers, zu einem Universitätsstatus überzugehen.

Das geistige Leben dieser Universitätswelt wurde im 13. Jh. vom Averroismus-Streit beherrscht. Viele Philosophen traten nach dem Vorbild des Albertus Magnus und Thomas von Aquin, die beide in der ersten Hälfte des 13. Jh. in Paris gelehrt hatten, für die Metaphysik des Aristoteles ein, die man durch die Vermittlung der arabischen Kommentare des Avicenna und Averroes kannte. In der Sicht der traditionellen Philosophen, platonistischen Interpreten der Heiligen Schrift, standen die Vernunft und der Glaube einander gegenüber. Für Thomas von Aquin und seine Schüler war der christliche Aristotelismus der äußerste Versuch einer Versöhnung zwischen zwei Erkenntnisweisen. Dieser Streit fand 1277 ein Ende, als der Bischof von Paris, Étienne Tempier, jegliche rationalistische Lehre verurteilte. In Wirklichkeit verbirgt sich dahinter der Anschlag einer Korporation und dessen Rechtfertigung: der Aristotelismus hatte seine Anhänger hauptsächlich in den Bettelorden, unter den Dominikanern und den Franziskanern, die für keine andere Vergütung als die Gaben ihrer Schüler Unterricht erteilten. Da bestand eine bedrohliche Konkurrenz für die weltlichen Magister, die von Beruf aus unterrichteten und sowohl von ihrem Magistergehalt als auch, wie der gesamte weltliche Klerus, von kirchlichen Benefizien (Pfarreien und Präbenden) und Almosen lebten.

Eine der beachtlichsten Äußerungen des religiösen Gefühls und der Mentalitätsstrukturen der Gesellschaft dieses klassischen Mittelalters stellt eindeutig die Baukunst dar. Zwei Revolutionen bestimmten sie nacheinander: der Triumph des Rundbogens, der im 10., 11. und 12. Jh. die sog. „romanische“ Kunst kennzeichnete, und die Eroberung eines von allen Erscheinungen der Schwere befreiten Raumes, Ergebnis der Technik und des Geistes, die man „gotisch“ nennt.

Die romanische Kunst entlieh in Frankreich ihre Ausdrucksmittel der Glaubensbewegung, die vom 10. bis zum 12. Jh. mit den weiten Pilgerfahrten, den Kreuzzügen und den großen Klostergründungen gleichzusetzen ist. Es sei daran erinnert, daß der Cluniazenserorden im 9. und 10. Jh., die Zisterzienser, der Orden von Grandmont, und die Kartause neben vielen anderen am Ende des 11. Jh. entstanden. Das Land hüllte sich seit der Jahrtausendwende in den „weißen Mantel der Kirchen“. Außer den fast immer an der Stelle karolingischer Bauwerke errichteten Kathedralen sind die Hauptmeisterwerke der Epoche der Romanik die großen Klosterkirchen: Cluny (zweimal neu erbaut), Citeaux, Vézelay, Notre-Dame in Saintes, Aulnay de Saintonge, Notre-Dame la

Grande in Poitiers, Saint-Savin sur Gartempe, Saint-Front in Périgueux, Conques, Saint-Sernin in Toulouse, Moissac, Saint-Gilles du Gard, Saint-Philibert in Tournus und zu einem Teil die Kirche auf dem Mont-Saint-Michel.

Die anonymen Gaben der Pilger und die noch erheblichen Einkünfte aus dem Kirchenbesitz ermöglichten die Finanzierung dieser Bauten, in denen das Tonnengewölbe und im Südwesten die Kuppelreihen triumphieren. Später kam das Kreuzrippengewölbe hinzu, das die Last von der Mauer nimmt und die Anlage breiterer Fenster erlaubt. Aufgrund einer besseren Kenntnis des christlichen Ostens, zumal Syriens, und der italienischen Antike griffen die Architekten zu einer systematischen Verwendung des Steingewölbes, das besser als die fast immer zu kurzen Balken der alten Decken breite Kirchenschiffe und große Innenräume zuläßt. Die zur Ausschmückung vorhandene Mauerfläche rief nach Fresken: Wir finden sie in den umfangreichen biblischen oder hagiographischen Kompositionen der Kirchen des Poitou, Burgunds und der Auvergne.

Die Technik des zum Kreuzrippengewölbe verwandelten Spitzbogens, der sehr bald durch den Strebepfeiler ergänzt wurde, eröffnete seit der zweiten Hälfte des 12. Jh. außerordentliche Möglichkeiten für den Gewinn an Höhe, Breite und Leichtigkeit. Die Kathedralen von Paris, Chartres und Bourges führten eindrucksvoll die Etappen dieser Eroberung weiterer und hellerer Räume vor Augen. Die Vollendung der Sainte-Chapelle des königlichen Palastes in Paris bezeichnet den Höhepunkt: Die Mauer verschwand und wurde durch große Fenster ersetzt. An die Stelle des an das Mauerwerk gebundenen Fresko trat die elegante Glasmalerei.

Aber solche Bauten fanden ihren wirtschaftlichen Rückhalt nur in der Finanzkraft der Städte. Man brauchte Geld, denn einwandfreies Material war nötig, und die Techniker konnten nicht umsonst arbeiten. Die großen Schöpfungen befanden sich demnach dort, wo Vermögen vorhanden war. In gleicher Weise waren die neuen Formen religiöser Berufung mehr bei den in den Städten verwurzelten Bettelorden zu finden als in den während der Jahrhunderte zuvor auf ihren Ländereien errichteten Klöstern. Die neuesten Formen der Kunst im 13. Jh. und noch zu Beginn des 14. Jh. waren grundsätzlich städtisch geprägt.

Die Triebkräfte für den Ausbau der Laienwelt entwickelten sich parallel dazu, wenn auch aus anderen Gründen. Vom 9. zum 13. Jh. lebte der Baron vor allem auf dem Land, denn es gab für ihn kaum einen Anlaß, sich in der Stadt niederzulassen, da sich doch seine Einkünfte für den Unterhalt und seine Betätigungen, namentlich die Jagd, auf dem Lande befanden. Es war die Zeit der Festungen, die sowohl der Sicherheit als auch dem Prestige dienten: feudaler Burghügel und Holztürme im 9. und 10. Jh., hohe viereckige Burgfriede im 11. Jh., komplexere Maueranlagen und Rundtürme im 12. Jh. Die Entwicklung der Verwaltungsfunktion der Städte, die Entstehung einer echten Hauptstadt in Paris und eines politischen Kalküls, oft bedeutender als die Kunst des Schlachten-Schlagens, riefen in den Städten, längst bevor sich eine Architektur des Bürgertums abzeichnete, wieder eine öffentliche Architektur ins Leben, deren vollendetste Muster die großen Paläste der Fürsten in Poitiers und auf der Cité in Paris sind. Den letzteren nahm Ludwig der Heilige in Angriff und vollendete Philipp der Schöne. Die Artillerie war in der zweiten Hälfte des 14. Jh. dazu da, die bereits veralteten Burgfriede unbrauchbar zu machen. Der Mauerring des 12. Jh. schützte den Baron und gewährleistete seine politische Macht. Der Palast des 13. Jh. beherbergte Richter und Advokaten, Sekretäre und Buchhalter, und in dieser Eigenschaft war er weiterhin Zeichen und Instrument der Macht. Die Päpste in Avignon wußten dies sehr wohl, wenn sie in der Mitte ihres weltweiten Netzes von Nuntien und Kollektoren einen Palast erbauten, der eine Zeitlang Festung blieb, in dem es aber vor allem von Kurienbeamten wimmelte.

6. Die Minderheiten: die Fremden[6]

Der Fremde erschien in der Feudalgesellschaft wie eine Anomalie. Sogar der Ortsfremde, der nicht zur lokalen Gemeinschaft zählte, wurde von Grund und Boden ferngehalten. Falls er nicht besondere Privilegien besaß, konnte er seinen Kindern kein mobiles Gut vermachen. Die Wirtschaftsentwicklung und die Bedürfnisse des fürstlichen Steuerwesens hatten allerdings das Zugeständnis besserer Lebensbedingungen zur Folge: die Fürsten zogen es vor, die Fremden zu schützen und sie zu besteuern.

In dem Maße, wie sich der Kreis der Beziehungen zwischen den Städten erweiterte, wuchs tatsächlich die Zahl der Fremden, die sich ansässig gemacht hatten oder nur vorübergehend am Ort waren. Es handelte sich vor allem um Italiener (die „Lombarden"), die in allen einigermaßen wichtigen Städten anzutreffen waren, um Spanier und Portugiesen in den Häfen des Atlantik (Harfleur) und des Mittelmeers (Marseille). In den letzten Jahren des 13. Jh. vermerkte man in Paris die Niederlassung zahlreicher Genuesen und Toskaner (Sienesen, Florentiner und etwas später Lucchesen). Philipp der Schöne verlieh den Portugiesen von Harfleur wichtige Privilegien, die Philipp VI. von Valois 1341 seinerseits vermehrte.

Obwohl sich die Ausländer zur Erleichterung ihrer Geschäftsbeziehungen zusammengetan hatten (es gab kaum eine Stadt in Frankreich, die nicht ihre „rue des Lombards" gehabt hätte), mischten sich die Ausländer rasch unter die einheimische Bevölkerung und assimilierten sich. Es wurde sehr bald Brauch, ihrem Namen einen französischen Beiklang zu geben. Im Paris Philipps des Schönen erlangten „Biche" und „Mouche" und „Gandoufle d'Arcelles" Berühmtheit. Weder dem Recht nach noch in der Praxis wurden die Ausländer daran gehindert, in eine französische, und zumal in eine Pariser Familie einzuheiraten. Dies erklärte die schwächer ausgebildete innere Organisation der Ausländerkolonien: Die Notwendigkeit, sich zu organisieren, die in einem Land, wo die Xenophobie herrschte, einleuchtend gewesen wäre, machte sich in Frankreich kaum bemerkbar.

Die ausländischen Kaufleute genossen den Vorteil wichtiger Privilegien und wertvollen Schutzes, sobald sie an den Geschäften einer Messe teilnahmen. Jeder Territorialfürst schützte die Seinen, indem er auf seinem ganzen Hoheitsgebiet die Unverletzlichkeit der Personen und des Kaufmannsgutes auf dem Hin- und Rückweg garantierte. Am meisten geschätzt war das freie „Geleit" der Messen in der Champagne. Da der Kapetinger auf den großen Umschlagplätzen des Wirtschaftslebens (vor allem den Messen der Champagne seit 1225 und von Paris seit 1250) eine vorzügliche Handelsgerichtsbarkeit (*Baillis*, Meßrichter) unterhielt und die Einhaltung der Kontrakte (Gerichtsschreiber, Notare, Makler) gewährleistete, blieb den Organisationen der Fremden nur die relativ begrenzte Aufgabe der Vertretung gemeinsamer Interessen und der inneren Schiedsgerichtsbarkeit: Das galt für die Konsulate der Provençalen, der Sienesen und der Florentiner und auch für die Hanse der flämischen Städte.

Das Vorhandensein eines bedeutenden Marktes für den Verbrauch und der Zufluß von Kapital aus dem päpstlichen Steuerwesen, das von den toskanischen und lombardischen Bankkompanien quer durch Europa herangeschafft wurde – all dies ließ Avignon seit etwa 1320 zu einer außerordentlich weltoffenen Stadt werden: Die Ausländer, in der Mehrzahl Italiener, blieben oft unverheiratet.

7. Die Juden[7]

Die Juden waren infolge ihrer äußerst marginalen Rechtsstellung von der landwirtschaftlichen Betätigung ausgeschlossen und lebten hauptsächlich vom Handel. Manche betrieben Geschäfte von beträchtlichem Ausmaß. Seit dem 9. Jh. gehörten sie zu den wichtigsten Teilhabern des Sklavenhandels. In den wieder aufblühenden Städten des 9. und 10. Jh. traten sie vor allem noch im Süden in Erscheinung, kauften und beförderten dies und jenes, wobei ihnen die Beziehungen zu den jüdischen Gemeinden benachbarter Länder, ja sogar der muselmanischen Gebiete Spaniens und Italiens zustatten kamen.

Judenviertel entstanden mit der Entwicklung der Stadtanlage: sie stellten zugleich einen freiwilligen Zusammenschluß in einem Wohnbereich und die Vereinigung bestimmter Tätigkeitsformen dar. Außer dem Handel betrieben die meisten Juden die Geldleihe gegen Zins, den Wucher, der den Christen aufgrund der wörtlichen Auslegung des Alten und Neuen Testaments formell seit Karl dem Großen (789) untersagt war. Die am wenigsten Begüterten begnügten sich mit der Pfandleihe, so daß sie zu Trödlern und Altkleiderhändlern wurden, um die nicht eingelösten Pfänder umzusetzen. Aber auch noch im 13. Jh. gab es im Süden Frankreichs und in der Provence solche, die am großen Seehandel teilhatten. Zahlreich waren auch die jüdischen Ärzte. Man traf sie noch im Paris Philipps des Schönen und im Avignon der Päpste an.

Ihre wirtschaftliche Macht verleitete sie dazu, ihre Stimme zu erheben und eine Verbesserung ihrer Lage zu einem Zeitpunkt zu fordern, als die Bewegung der spanischen *Reconquista* und der Kreuzzüge die christliche Frömmigkeit zu gewaltsamen Handlungsweisen veranlaßte. Seit 1182 hatte man es mit wahrhaften Verfolgungen zu tun. Meist entstanden die Bewegungen spontan: Die Schuldner versuchten, ihre Pfänder zurückzuholen, die Armen begannen die Häuser der Reichen zu plündern. Die eigentlich religiöse Motivation diente vielen Christen schlicht als Vorwand, aber für manche war sie tatsächlich bestimmend. Der König und die Fürsten hielten es unter diesen Umständen für angebracht, Strenge und Milde aufeinander folgen zu lassen, waren sie doch selbst Schuldner. 1182 annullierte eine königliche Ordonnanz die jüdischen Schuldforderungen, und alle Juden wurden aus dem Königreich ausgewiesen. Die Rückkehr und Rückerstattung der Pfandgüter zahlte sich ebensosehr aus wie der Schutz und die Erhaltung der Juden in deren besten Zeiten. Die Besteuerung der Juden – durch Steuern oder Zwangsanleihen – entwickelte sich seit der Zeit Ludwigs des Heiligen zu einem der anpassungsfähigsten Elemente des kapetingischen Finanzwesens. 1306 erneut ausgewiesen, 1315 nach Frankreich zurückgerufen, 1322 nochmals ausgewiesen und 1359 wiederaufgenommen, waren die Juden ständig dazu gezwungen, zu feilschen und zu zahlen, wenn sie im Königreich bleiben und arbeiten wollten. Sie mußten die Fragwürdigkeit einer Rechtsstellung ertragen, die eine Ausnahmegesetzgebung verriet und sich zwischen dem 11. und 13. Jh. fühlbar verschlechterte, als sich auch die königlichen Zwangsmaßnahmen über die jüdischen Gemeinden verschärften.

Der Antisemitismus nahm bald dramatische Züge an. Die Erinnerung an den Pariser Juden, der eine Hostie profaniert haben sollte und dessen Haus sogar niedergerissen wurde, diente lange Zeit vielen Massakern zur Rechtfertigung. Die Juden wurden seit dem 13. Jh. ebensosehr für die Epidemien wie für das Durcheinander auf dem Geldmarkt verantwortlich gemacht. Daraus erklärt sich die Gewalttätigkeit des Antisemitismus im Zusammenhang mit den großen Epidemien des 14. Jh.

8. Die Stellung der Frau[8]

Die Frau befand sich in einem Zustand der Unterlegenheit, wie auch immer der Status der sozialen Gruppe, der sie angehörte, beschaffen sein mochte. Dies darf nicht mit den berühmten Ausnahmefällen kaschiert werden, zu denen vor allem die Fürstinnen gehörten, die zu Lebzeiten ihres Gemahls (Judith von Bayern im 9. Jh., Mathilde von der Normandie und Konstanze von Arles im 11. Jh.) oder unter der Herrschaft ihres Sohnes (Blanca von Kastilien im 13. Jh.) eine politische Rolle gespielt oder, wie Mahaut von Artois im 14. Jh., ihren Staat persönlich regiert haben. Ihre Lage als reiche, lange Zeit kinderlose Erbin eines eigenen Herzogtums erklärt ebensosehr die Unabhängigkeit, die Eleonore von Aquitanien in politischer Hinsicht wie im Privatleben genießen konnte.

In allen Gesellschaftsschichten wurde jedoch der rechtliche Schutz der verheirateten Frau durch die weitere Ausbildung der sakramentalen Ehe (seit dem 9. und vor allem dem 12. Jh.) und ein im Süden seit dem 12. Jh., im Norden erst im 14. Jh. wiederaufkommendes eheliches Güterrecht verstärkt, das sich zum Teil auf eine bessere Kenntnis des Römischen Rechts gründete. Der Schutz der Mitgift und des persönlichen Guts der Frau, das Recht auf ein Mindestmaß an Wittum, die obligatorische Einbeziehung der verheirateten Frau in die Verträge ihres Gatten – dies alles kam offensichtlich nur den Frauen aus dem Adel und dem wohlhabenden Bürgertum zugute.

Aber auch dieser Schutz war in der Realität äußerst begrenzt. Die verheiratete Frau sah sich faktisch unaufhörlich gezwungen, mit verbundenen Augen auf die rechtlichen Vorkehrungen zu ihrem Schutz zu verzichten, wenn sie ein ernsthaftes Hindernis für das Wirtschaftsleben darstellten.

Die absichtliche Einschränkung der Heiraten, die dazu dienen sollte, die Übertragung des Eigentums, des Leiheguts oder der Werkstatt zu verhindern oder zu verzögern, machte sich besonders bemerkbar, als die Urbarmachungen an ihre äußersten Grenzen stießen, und in den Berufen, wo der Besitz eines kostspieligen Arbeitsgeräts die Produktion bedingte. Es gab daher auf allen sozialen Ebenen unverheiratete Töchter, die strikt der Autorität des Vaters oder des Bruders unterworfen waren. Wurde ihnen diese entzogen oder hatten sie sich von ihr gelöst, so gelang es ihnen kaum, sich in die Wirtschaftsstrukturen – Leihesystem, Zunftwesen – einzuordnen, die sich ihnen wegen mangelnder körperlicher Eignung oder der Konkurrenz auf dem Markt verschlossen. Einige Berufe waren ihnen ganz überlassen (Weißnäherin, Dienstmädchen in den Herbergen, Hausgesinde). Viele fanden im Konkubinat eine prekäre Sicherheit, die häufig durch die erste Schwangerschaft gefährdet wurde. Überhaupt konnte die Frau wegen der Schwangerschaft nicht so mobil sein, wie es für bestimmte männliche Berufe erforderlich war.

Die Lage der Witwe war sehr verschieden, je nachdem ob sie begütert war und dieses oder jenes Produktionsmittel an einen zweiten Gatten übertragen konnte, oder ob sie mittellos war. Man heiratete viel lieber ein sechzehnjähriges Mädchen als eine Frau oder eine Witwe um die dreißig, aber man heiratete, trotz der Einwände der Kirche gegen jegliche Wiederverheiratung, gern eine Witwe, die ihrem neuen Gatten ein Stück Land, die Ausstattung zu einem Beruf oder einen gutgehenden Laden zu bieten hatte.

Ob Witwen oder Verlassene, viele Frauen blieben allein und ohne Mittel aufgrund der Mobilität, die ihre Entstehung den großen wirtschaftlichen Triebkräften (Urbarmachung, Fernhandel) und religiösen Bewegungen (Pilgerfahrten, Kreuzzüge) verdankte. Mädchen, Witwen und verlassene Frauen widmeten sich der Prostitution; diese blühte infolge der erhöhten Zahl von Männern, deren unsichere wirtschaftliche Lage es nicht gestattete, die Kosten einer festen ehelichen Bindung zu tragen.

Die soziale Unterlegenheit der Frau war in großem Maße dem Weltbild der Soldaten und Kleriker und seiner Rolle für die Definition der sozialen Beziehungen zu verdanken. Die Frauen waren ebensosehr vom Ritterstand wie von den kirchlichen Weihen ausgeschlossen, und das Recht, das die Ehebrecherin streng bestrafte, hinderte den Mann nicht daran, ungeachtet der Konzilskanones und der Predigten, häufig Seitensprünge zu machen, zum sittlichen und materiellen Schaden seiner angetrauten Frau.

Die Lage begann sich, zumindest in den wohlhabenden Schichten der Gesellschaft, im 12. Jh. zu verbessern. Das war gewiß zu einem Teil eine Folge der zunehmenden Verfeinerung der Sitten, die auch auf verschiedenartige demographische Faktoren und eine rasch gestiegene Bedeutung der Rolle der Frau im Wirtschaftsleben zurückzuführen ist. Es ist bezeichnend, daß die verheiratete Frau im Laufe des 12. und 13. Jh. immer häufiger in den Verträgen ihres Gatten auftrat: einmal in zehn Verträgen um 1100, einmal in drei um 1300 (Picardie). Die Herausbildung des Marienkults, den vor allem der Heilige Bernhard predigte, ist zugleich ein Faktor dieser Entwicklung und ihr bezeichnendster Reflex. Die gotischen Kathedralen wurden fast alle der Muttergottes geweiht. Das Marienstandbild, das zunächst den Triumph der Gottesmutter darstellte, führte im 12. Jh. sehr bald zur jungfräulichen Mutter mit fraulich-mütterlichen Zügen hin, während sich zur gleichen Zeit das Motiv der persönlichen Lobpreisung der Jungfrau entwickelte (Senlis, Paris, Chartres). Die im 13. Jh. entstehenden Universitäten setzten, soweit sie das Werk von Klerikern waren, das Marienbildnis in ihr Wappen.

Die Entwicklung der literarischen Themen der höfischen Liebe bekundete außerdem die neue Auffassung von der Rolle der Frau in der Gesellschaft. Im 13. Jh. vereinten die Gedichte des Grafen Thibaut de la Champagne und Peyre Vidals, die Romane des bretonischen Zyklus und des Chrétien de Troyes die Eroberung der geliebten Frau mit einem mystischen und sublimen Ideal der Liebe. Diese Liebe blieb keusch, sah in der Ehe höchstens ein Hindernis (Tristan und Isolde), oder einen Abschluß (Erek und Enide), und verherrlichte am Ende mehr die Tapferkeit und Tugend des Liebhabers als die still verharrende Geliebte. Der Rosenroman, ein Werk von Klerikern, gipfelte vor allem in einer männlichen Philosophie, wobei die Frau Objekt und Ziel blieb.

Wenn bei Familien des Adels Söhne fehlten, gingen die Rechte, die seit dem 9. Jh. für die Fürstentümer und Grafschaften und seit dem 10. Jh. für kleinere Lehen zugunsten der männlichen Erben aufgestellt worden waren, auf die Töchter über. So konnten die Lehen durch Heirat auf ein anderes Geschlecht übergehen. Der Territorialbesitz der Plantagenêts war ebensosehr durch militärische Eroberungen wie durch Heiraten mit begüterten Erbinnen zustande gekommen. Nicht anders wurden die Güter Johannas von Navarra, der Gemahlin Philipps des Schönen, mit dem Königreich Frankreich vereint: die Grafschaft der Champagne und für kurze Zeit (unter Ludwig X., 1314–1317) das Königreich Navarra. Die Furcht, daß abgetrennte Teile der Krondomäne auf dieselbe Art in die Hände anderer Geschlechter gelangen und einer gegen die Kapetinger gerichteten Politik dienen könnten, veranlaßte Philipp den Schönen 1314 zum erstenmal (für das Poitou), sich die Klausel der männlichen Nachfolge der Apanagen, d. h. deren Heimfall an die Krondomäne für den Fall des Fehlens eines männlichen Erben, vorzubehalten. Im gleichen Zeitraum war das Recht der Frau, den Adelstitel auf die Nachkommen zu übertragen, merklich im Rückgang begriffen.

9. Die „soziale Frage"[9]

Das feudo-vasallitische System reichte bis zum 13. Jh. aus, um die soziale Ordnung auf dem Lande aufrechtzuerhalten; sie beruhte auf einem Kräfteverhältnis, das ebenso durch die Isolierung wie die Verteilung der landwirtschaftlichen Produktionsmittel gewährleistet und mehr oder weniger von dem politischen Augustinismus des Klerus gutgeheißen wurde. Die selten aufkommenden Bewegungen gegen die Steuern oder die Zinszahlungen an den Herrn blieben auf episodische Vorgänge beschränkt (so etwa 1250 in Saint-Denis).

Die Stadtbevölkerung entzog sich demgegenüber teilweise dem engen Korsett der dinglichen und personalen Abhängigkeiten, verfügte über bessere Möglichkeiten, sich mit vereinten Kräften zusammenzuschließen. Da die wirtschaftliche Tätigkeit stärker vom Einzelschicksal geprägt wurde, hielt man das unterschiedliche Lebensniveau weniger für unvermeidlich und erschienen Löhne und Preise als willkürliche Größen, denen der Verdacht der Spekulation anhaftete. Die gemeinsame Wahrung der Interessen und Übernahme der Verwaltungs- und Verteidigungskosten schloß eine Verteilung der Verantwortung ein, die nicht für alle gleich vorteilhaft sein konnte. Es wurde auch eine Organisation des Wirtschaftslebens notwendig, deren Daseinsberechtigung weder in einem für das Landleben geschaffenen Gewohnheitsrecht noch in einer politischen Macht zu suchen war, deren Zwangscharakter sich eher offenbarte als ihre Schutzfunktion. Eine solche Organisation konnte demnach nur aus einer inneren Disziplin hervorgehen, deren Auswirkungen rasch die Machtstellung der zuerst zu Reichtum Gelangten über die Produktionsweisen und das Handelsgeschehen verstärkten.

Seit dem 12. Jh. zwangen die wohlhabenden Bürger, d.h. in erster Linie die großen Kaufleute und ferner einige industrielle Unternehmer die anderen Stadtbürger, Ladenbesitzer und einfachen Handwerker unter ihre wirtschaftliche Abhängigkeit: der erwähnte Graben zwischen Unternehmern, Gläubigern und Hauseigentümern einerseits, Lohnarbeitern, Schuldnern und Mietern andererseits riß auf. Die Ersteren entfernten die Letzteren auch sehr rasch von der Regierung des städtischen Gemeinwesens, das trotz der wiederholten Eingriffe von seiten Ludwigs des Heiligen und Philipps des Schönen zu einer Familienangelegenheit wurde und in den Händen einer Oligarchie blieb, die sich selbst ergänzte und im Sinne ihrer Interessen wirkte.

Die ersten schweren Krisen brachen aus, als derartige Strukturen des Stadtregiments es den reichen Bürgern erlaubten, den Ärmsten die Last der Steuern aufzubürden, die nunmehr von den Verwaltungen der Fürsten erhoben wurden (etwa von Philipp August und Ludwig dem Heiligen über das Kronland oder von Alfons von Poitiers im Languedoc), deren Aufteilung aber den Einwohnern selbst überlassen blieb. Die Auseinandersetzungen zwischen Anhängern der Einkommensteuer oder Taille mit festem Satz (je Herdstelle) und Befürwortern der proportionalen Vermögenssteuer (soviel Schilling pro Pfund) stachelten um die Mitte des 13. Jh. sehr rasch die sozialen Haßgefühle an. Wahrhafte Revolten mit niedergemetzelten Notabeln, geplünderten und gebrandschatzten Häusern brachen im Norden Frankreichs aus (Evreux 1244, Paris 1250, Arras 1252, Pontoise 1267, Provins und Paris 1279, Rouen und Caen 1281, Reims und Rouen 1292) ebenso wie im Languedoc (Figeac 1255, Béziers 1280, Toulouse 1289).

Solche Rivalitäten zwischen den sozialen Gruppen lieferten den Fürsten den Vorwand zum politischen Eingreifen und gaben ihnen eine verfügbare Klientel in die Hand, die entsprechend den lokalen Erfordernissen in den einzelnen Gebieten höchst unterschiedlich gestaltet war. Der König, der die kleinen Leute gegen das Handelspatriziat der Städte des Languedoc unterstützte, half demselben Patriziat – den *leliaerts*, zu deutsch Lilienträgern – gegen den Grafen von Flandern, während er sich wiederum auf die großen Pariser *bourgeois* stützte, wenn es galt, das gefährliche Proletariat der Hauptstadt in der Unterwerfung zu halten.

10. Die Landwirtschaft[10]

Die hauptsächlich auf dem Getreidebau und dem Wintergetreide beruhende Landwirtschaft (Weizen auf den reichen Böden, sonst Roggen) machte in bestimmten Fällen seit dem Ende des 9. und allgemein im 10. Jh. eine rasche Entwicklung durch, deren Höhepunkt in den Zeitraum zwischen 1100 und 1250 fiel.

Wir haben es in erster Hinsicht mit der Erschließung von Siedlungsland zu tun, die meist auf Kosten des Waldes erfolgte. Der letztere bewahrte trotzdem seine wichtige

Aufgabe in der Wirtschaft: er bot die Ernte von Waldfrüchten und regte zu Imkerei an, diente als Schweine- und Pferdeweide, lieferte Holz zur Heizung, zum Bau, zur Einfriedung und zur Herstellung von Gerät. Hinzu kamen neue Funktionen, so in der Metallindustrie, die ein Großverbraucher von Brennmaterial war. Die Walddecke wurde jedoch lockerer, so daß die von einzelnen Lichtungen belebte Waldlandschaft vor allem in den großen Ebenen des Pariser Beckens und Aquitaniens dem Anblick von Äckern wich, die immer noch von weiten und dichten Waldgürteln durchsetzt waren. Die Toponymie betonte diese Entwicklung. Der Wald verlor langsam seinen Namen an die umliegenden Kirchspiele (Saint-Germain-en-Laye) und nahm deren Namen an (Wald von Saint-Germain). An den Rodungen und an den Trockenlegungen der Küstensümpfe (Bretagne, Poitou) und des Flußschwemmlandes (Somme, Loire, Flüsse der Normandie) hatten die großen weltlichen Eigentümer (der König, der Herzog der Normandie) und die geistlichen Herren (Bistümer, Benediktinerklöster), die den Siedlern Vorteile (geringen Grundzins, Privilegien, persönliche Freiheiten) gewähren konnten, einen größeren Anteil als die Zisterziensermönche, denen man lange Zeit eine zu große Rolle für die Ausdehnung der Landwirtschaft zugeschrieben hat, weil sie auf den gerodeten Gebieten lebten. Viele Rodungen entstanden übrigens, zumindest bis zum 12. Jh., dank der spontanen Initiative einzelner Bauern oder von Dorfgemeinschaften, in denen sich der Bevölkerungsdruck geltend machte und die Verwendung eines besseren Geräts (Pflug mit eiserner Schar, Egge) und eine bessere Ausnutzung der Energie Arbeitskräfte für die neuen Aufgaben freisetzten. Die Zahl der Mühlen vervielfachte sich seit dem 11. Jh., und die Windmühle erschien seit Ende des 12. Jh. in der Normandie, im Ponthieu und in der Provence, was die bisher zum Drehen der Mühlsteine aufgewendeten Arbeitskräfte anderweitig verfügbar machte.

Die Herren unterstützten und bestätigten solche Initiativen nur deshalb, um daraus Profit zu schlagen, indem sie aus den neuen Leihen Grundzins kassierten, ihre Bannrechte über die reichlicher ausfallenden Ernten geltend machten und den neuen Bewohnern ihre einträgliche Gerichtsbarkeit auferlegten.

Die Rodungen stellten vielfach nur die Erweiterung bereits bestehender Ländereien bzw. die Eroberung marginalen Landes (Wald, Sumpf) dar, das häufig schon als Weideland erschlossen war, bevor es unter den Pflug kam. Auf Veranlassung der Herren entstanden vornehmlich im 12. und 13. Jh. (aber selten nach 1250) neue Dorfgemeinden, in denen sich „Gäste“ ansiedelten, die von vorteilhaften Nutzungsbedingungen angezogen wurden. Manche Gründungen, vor allem die frühesten, verfolgten auch einen politischen Zweck: die Erschließung von Gebieten, deren geringe Besiedlung einen Unsicherheitsfaktor für den Verkehr auf den Straßen und für die Überwachung der politischen Grenzen darstellen konnte. Durch solche Landvergaben stärkten die Fürsten, allen voran der Kapetinger in Anbetracht der Verbindungen zwischen Seine und Loire, ihre Autorität und sicherten den Reichtum ihrer Wirtschaftszentren (Messen).

Seit dem 11. Jh., aber hauptsächlich nach 1200 und zu noch späterer Zeit, begegnete man schließlich jenseits der mittelalterlichen Rodungen abgelegenen Gehöften und Weilern, die von kleineren oder größeren Gruppen von Bauern errichtet wurden, die keine selbständigen Gemeinwesen oder neue Pfarrsprengel bildeten, weil sie sich dazu nicht in der Lage fühlten. Bestimmte Buschlandschaften leiteten von da ihr Gepräge her. Es sei auch daran erinnert, daß der Buschwald an vielen Orten erst später entstanden ist.

Trotz eines seit der Mitte des 13. Jh. im Südosten, im Zentrum und in der Umgebung von Paris, etwas später auch im Südwesten und in der Normandie wahrzunehmenden Stillstands wurden letzte Rodungen bis etwa 1300 vorgenommen oder weitergeführt: auf diese Weise wurden häufig auch die ärmeren Böden, so in der Pariser Gegend, die feuchten tiefgelegenen Küstentäler und die unzugänglichen Gebiete des Zentralmassivs und der südlichen Alpen erschlossen. Sie wurden zuerst aufgegeben, als die Feuchtigkeit zunahm, so in den Jahren ungewöhnlichen Niederschlagsreichtums zwischen 1315 und 1317.

Zur selben Zeit, wie sich der bebaute Boden ausdehnte, förderten die technischen Verbesserungen höhere Erträge. Die Investition frischen Kapitals gestattete so die rasche Verbreitung eines leistungsfähigeren Geräts. Besonders die Geldquellen der Klöster, etwa Cluny, und der Gerichtsherren begünstigten diese Entwicklung. Das Eisen wurde billiger. Die stabileren Sägen und Äxte, die zunehmend mit Eisen verstärkten Pflugscharen wurden in unzähligen Dorfwerkstätten hergestellt. Zwischen dem 11. und 13. Jh. fand im größten Teil Nordfrankreichs der Typ des Pflugs Eingang, dessen asymmetrische Schar die Erde wendete und sie nicht mehr nur aufriß. Der Kehrpflug mit seiner an einem horizontalen Zapfen sitzenden Schar, der das Pflügen in beiden Richtungen erlaubte, da er die Erde nach der jeweils gewünschten Seite wendete, erschien am Ende des 13. Jh. Das Pferd, dessen Züchtung in der Normandie seit dem 11. Jh. auf Weideflächen erfolgte, weil auf den Getreideböden höhere Erträge erzielt wurden, und das durch seinen Beschlag und sein Kummet (im 11. und 12. Jh. allgemein bekannt) die gesamte Zugkraft besser ausnutzen konnte, verhalf seinerseits zu stärkeren und tieferen Ackerfurchen und damit zu höheren Erträgen. Die Benutzung des Pferdes zum Pflügen verbreitete sich im Norden Frankreichs um das 13. Jh.

All dies beschleunigte den Anbaurhythmus, der andererseits infolge der zahlreichen vorhandenen Arbeitskräfte ohne weiteres gesteigert werden konnte. Das Eggen der Felder, das im 11. Jh. aufkam und im Laufe des 13. Jh. allgemein gebräuchlich wurde, brach die Krume und schützte die Saat, die wieder zugedeckt wurde. Das Pflügen auf der Brache wurde verdoppelt. In den drei Jahren eines Fruchtwechsels, der im Laufe des 13. Jh. den Bauern der fruchtbarsten Landstriche Nordfrankreichs zur Gewohnheit wurde, pflügte man sogar drei-, später viermal (nach 1150 bzw. 1200). Der Süden wie die weniger fruchtbaren Böden des Nordens behielten einen zweijährigen Wechsel bei, und auf den ärmsten Böden blieb man bei der zeitweiligen Bebauung (Bretagne, Zentralmassiv), die jedoch durch häufigeres Pflügen beträchtlich verbessert wurde.

Die Fruchtfolge im eigentlichen Sinne mit der Einteilung des Bodens in „Schläge" und der Entstehung gemeinschaftlicher Pflichten erschien mit Sicherheit erst in der zweiten Hälfte des 13. Jh. auf den besten Böden des Pariser Beckens. Unvollkommene und unregelmäßige Versuche sind seit 1194 auf der französischen Hochebene, seit 1225 in der Beauce und nachdrücklicher 1248 in Vaulerent bezeugt.

Der Getreidebau verbesserte sich ebenfalls. Obwohl der Weizen geringere Erträge erbrachte, die für die Ernährung der Landbevölkerung nicht gerade förderlich waren, schritt seine Verbreitung zum Schaden des Roggens seit dem 11. Jh. voran. Die allgemeine Vorliebe für das Weißbrot in den Kreisen der Aristokratie und den wohlhabenden Schichten der Stadtbevölkerung hatte tatsächlich zur Folge, daß die Abgaben (Leihezins und Grundrente) häufig in Weizen festgelegt wurde: man wollte nicht nur dem Herrn sein Weißbrot sichern, sondern auch auf dem Markt der Stadt ein teures Nahrungsmittel verkaufen. Dies erklärt die Entwicklung des Weizens auf den Feldern der stark mit Städten durchsetzten Gegenden, wie der Pariser Region, der Normandie oder des Elsaß. Zur gleichen Zeit fanden die Frühjahrsgetreide wegen ihres spezifischen Verwendungszwecks (Hafer für die Pferdezucht), ihrer Ergiebigkeit (die Gerste hatte den höchsten Ertrag von allen Getreidearten) und der verminderten Frostgefahr für die Frühjahrsaussaat immer häufiger Eingang in die Anbauzyklen. Die Gerste kannte vor allem seit dem 13. Jh. einen beachtlichen Erfolg, denn ihre Erträge bildeten einen Ausgleich für die nunmehr nicht mehr möglichen Rodungen.

Der Weinbau, an dem fast alle Gegenden Frankreichs teilhatten, verbreitete sich vor dem 14. Jh. weiter. Allein schon die Entstehung eines Fernhandels schuf günstigere

Voraussetzungen für die Weinbauern, deren Erzeugnisse bequem auf dem Flußweg abgesetzt werden konnten. Die Ausdehnung der Anbaugebiete von Aunis und Saintonge, sowie im 12. und 13. Jh. in der Gascogne, war eng an die gesteigerte Nachfrage nach Wein in den im vollen Aufschwung befindlichen Städten Nordwesteuropas (England, Niederlande) gebunden. Das Wachstum von Paris erlaubte im 12. Jh. die Blüte der flußaufwärts gelegenen Weingebiete (Champagne, Niederburgund). Ebensosehr begünstigte im 14. Jh. die Entstehung eines großen Marktes für Abnehmer in Avignon, als sich der päpstliche Hof dort befand, eine bessere Verwaltung der Weingüter Burgunds in der Gegend von Beaune. Die Weinberge der Loire, die bereits im 12. Jh. geschätzt waren, profitierten im 14. Jh. von der nachlassenden Qualität der Weine der Pariser Umgebung, denen teilweise das fortan rauhere Klima schadete.

Der zunehmende Bevölkerungsdruck erklärte die ständige Hausse der Getreidepreise zwischen der Mitte des 12. und dem Ende des 13. Jh. trotz der Rodungen und der besseren Erträge. Die eigene Bewirtschaftung von noch umfangreichem Salland verschaffte wesentliche Einnahmen aus dem Korn, das leicht umzusetzen war. Im Laufe des 13. Jh. begannen jedoch die Hausse der Landarbeiterlöhne und das sinkende Angebot an Arbeitsleistungen, von denen sich die Fronbauern in vielen Gebieten durch Bezahlung freikauften, die Relation zwischen den Produktionskosten und den Einnahmen aus Grund und Boden umzuwälzen. Das Salland gewährleistete reichlich Dreiviertel der Einkünfte aus den Gütern. Deshalb gerieten jetzt manche Grundherrschaften, vor allem geistliche, in Schwierigkeiten. Ein Teil des Sallandes wurde nun zerstükkelt, damit neue Leihen gebildet werden konnten. Seit Beginn des 14. Jh. war es in manchen Fällen nicht mehr möglich, sich durch Bezahlung von den Frondiensten zu befreien, denn der Herr konnte diese aus Mangel an Salland nicht mehr verlangen, was den Bauern bekannt war (im Land von Caux). Für den Bauern sank jedoch der reale Wert des Zinses, den er zahlen mußte, unablässig, denn dieser Zins war unveränderlich. Derselbe Bauer hatte inzwischen aber oft höchst geschickt die Früchte der Expansion vorweggenommen, indem er seit Ende des 12. Jh. auf seinem Land Renten bezog, deren Kapital ihm dazu diente, sich mit Gerät zu versehen, Freiheiten zu kaufen und endgültig seine Auflagen zu lockern.

Der Umschwung des Klimas und der günstigen Bevölkerungsentwicklung erschütterte noch vor der Getreidekrise um 1315 die Lage. Mit Ausnahme der Hungerjahre stagnierten die Getreidepreise ungefähr seit 1300 und hinderten die Produzenten und die Grundbesitzer an Investitionen zur Verbesserung und Instandhaltung der Betriebe. Seit der Mitte des 14. Jh. mußte die Taxierung des Zehnten für die kirchlichen Benefizien um die Hälfte vermindert werden. Die Preise, an die sich gewöhnlich auch ein großer Teil der Löhne hielt, stiegen zur gleichen Zeit weiter, wie etwa für Wein, Hanf, Leinen und Waid, sowie für Erzeugnisse des Handwerks. Die landwirtschaftlichen Investitionen traten somit noch geraume Zeit vor den örtlich begrenzten Verheerungen des Hundertjährigen Krieges und dem demographischen Aderlaß des Schwarzen Todes in eine Reihe von Krisen ein, die annähernd zwei Jahrhunderte dauern sollten.

11. Das Handwerk[11]

Die häufig aus dem Umland stammenden Handwerker bildeten den wirtschaftlichen Schwerpunkt vieler Städte, soweit ihre geographische Lage diese nicht zu Hauptschnittpunkten der Handelsbeziehungen werden ließ. Die Handwerker spielten daher oft eine ursächliche Rolle, als das Bürgertum des 11. und 12. Jh. um die Eroberung der Autonomie kämpfte. Es gab nur wenige Städte, in denen die politische Stärke der Handwerker nicht den Ausschlag gegeben hätte. Aber erst im 12. Jh. schlossen sich die meisten produzierenden Berufe fast überall zu Zünften zusammen, die stark ausgeprägt und reich an Besonderheiten waren. Diese Besonderheiten machten sich sowohl entsprechend den örtlichen Bedingungen (Freiheiten, die für gewöhnlich den verschiedenen über die Stadt ausgeübten Gerichtshoheiten entsprachen) als auch in beruflicher Hinsicht (Vermehrung der Berufe) bemerkbar.

Diese Zünfte hatten kaum etwas mit der Ministerialität der karolingischen Domänen zu tun; sie waren zuweilen von den Herren, vor allem aber von einem schon vorher einheitlich organisierten Bürgertum geschaffen worden, das sich im Besitz seiner politischen und richterlichen Privilegien befand. Ihre Aufgabe war es, dem Wirtschaftsleben einen Rahmen zu geben und es zugunsten der eigenen Interessen zu kontrollieren. Die mit Bestätigung der Territorialfürsten und vornehmlich des Kapetingerkönigs erlassenen Regelungen hatten generell die Monopolisierung des Rechts auf Arbeit (Vergünstigungen für die ortsansässigen Arbeitskräfte gegenüber der Anstellung von Fremden) und den Schutz der für die Produktion verbindlichen Qualität zum Gegenstand, wozu auch der gemeinsame Kampf gehörte, die Wassermühle in der Tuchwalkerei zu untersagen und den Gebrauch des seit Ende des 13. Jh. bekannten Spinnrades bei der Herstellung von Schußgarn einzuschränken. Vor allem die Konzentration der Berufe an einem Punkt und die Öffentlichkeit in Handwerk und Handel sollte Konkurrenzpraktiken in Grenzen halten. Die berühmteste dieser Regelungen war das „Livre des métiers“, das in der Mitte des 13. Jh. in Paris vom Prévôt Ludwigs des Heiligen, Etienne Boileau, erlassen wurde. Es stellte für die Ausübung der produzierenden Berufe natürlich strengere Bedingungen als für den Handel auf.

Paris bildete einen Sonderfall: Da es keine Stadtbehörde kannte, die je urkundlich eingesetzt worden wäre und die auch kein Aufstand der königlichen Macht hätte aufzwingen können, wurde die Wassergilde („Hanse des marchands de l'eau“, die ersten Privilegien von 1121), d. h. die Organisation der auf die Benutzung des Flußweges angewiesenen Kaufleute, sehr bald zum offiziellen Wortführer des Pariser Bürgertums. Die Leute des Königs mußten also seit der Herrschaft Philipps des Schönen mit dem „prévôt des marchands“ und den Schöffen der Gilde über das Prinzip und die Höhe der Steuerkontributionen der Hauptstadt verhandeln.

Den wichtigsten Produktionszweig bildete die Herstellung von Wolltuchen. Sie hing unmittelbar von der Einfuhr des Rohstoffes ab, denn mit Ausnahme weniger Gegenden, wie der Provence und des Languedoc, reichte die Schafzucht zur Versorgung der Tuchmacher nicht aus. Die Wolle kam aus England, was die bedeutende französische Tuchmacherei der jeweiligen politischen Lage unterwarf: Um auf die flandrischen Städte Druck auszuüben, schränkte Eduard I. 1295 die Ausfuhr englischer Wolle ein. Der Alaun kam, nicht anders als die Mehrzahl der Färbemittel, aus dem Orient. Der Safran aus dem Süden war im Verschwinden begriffen. Der einzige tatsächlich in Frankreich hergestellte Farbstoff war der Waid (*pastel* im Languedoc und *guède* in der Normandie und Picardie).

Die Hauptzentren der Tuchwirkerei waren im 12. Jh. Arras, im 13. Jh. Lille, Douai, Saint-Omer, Ypern, Paris und Rouen. Ihre Erzeugnisse wurden nach dem gesamten Westen ausgeführt. Seit dem Ende des 12. Jh. vereinigte die „Hanse der XVII Städte“ die Hauptzentren der Textilherstellung der Kirchenprovinz von Reims in einer Art Föderation, um die Verbreitung ihrer Produktion (Wolltuche vor allem, aber auch Leinen aus Reims) zu fördern und die Auswirkungen der Konkurrenz zu mildern. Die Städte der Champagne (Provins, Châlons-sur-Marne) und des Languedoc (Toulouse) arbeiteten vor allem für die regionale Kundschaft. Die schönsten Artikel, die für ihre Zartheit und ihre lebhaften Farben berühmt waren, hatten seit dem Ausgang des 13. Jh. einen geringeren Erfolg. Dies war zugleich das Ergebnis einer spürbaren Steigerung der Löhne und folglich auch der Gestehungskosten, die aufgrund der sehr strikten Regelung nicht gesenkt werden durften, sowie einer raschen Entwicklung des Geschmacks der Kunden, die sich nunmehr zu leichteren Geweben und auf Taille gearbeiteten Kleidern hingezogen fühlten. Mit den stoffreichen Gewändern des 13. Jh. war die Zeit der Gewebe vorüber, deren weite Drapierung besonders geschätzt wurde. Es nahte die Zeit der Feinheit und des Abwechslungsreichtums. Die Herstellung von Luxustuchen war in der Tat namentlich von einer gewissen Erstarrung der Produktionsstrukturen und der Wirtschaftsmentalität betroffen. Die Krise, die bereits einige Zeit vor 1300 die Raschweberei von Saint-Omer und die Sergen von Reims ergriff, wurde seit ungefähr 1350 in Arras offenkundig, wo die Wandteppiche mit senkrecht gespannter Kette und die Tuchwirkerei zu niedrigen Preisen jedoch den Reichtum der Stadt erhalten halfen. Die Krise zeigte sich nicht weniger in Paris, wo der Sitz einer reichen Kundschaft den Ausschlag für neue Tätigkeiten gab (Wechselgeschäft, Gold- und Silberschmuck, Kurzwaren).

Die Leinenherstellung, die sich zunächst in der Champagne und in Lothringen, später auch in der Normandie und Bretagne rührte, machte seit dem 13. Jh. eine stürmische Entwicklung durch, weil jetzt Unterkleider gefragter waren.

Die Metallindustrie, die sowohl die Antriebskraft des fließenden Wassers als auch den Brennstoff des Waldes brauchte, war seit dem 11. Jh. weit über Stadt und Land verstreut. Seit dem 12. Jh. zeichneten sich einige Zentren mit größerer Spezialisierung ab, wie Paris für geschmiedete Waffen und Zinngeschirr, Metz für landwirtschaftliches Gerät und Rouen für Nägel.

Das Wachstum der Städte erhöhte vor allem seit dem 12. Jh. die Bedeutung des Baugewerbes, das durch eine stark schwankende, saisonbedingte Beschäftigungslage und eine breite Vergütungsskala (vom einfachen Erdarbeiter bis hin zum Maurermeister) gekennzeichnet war, wobei der Tageslohn die an ein Objekt gebundene Bezahlung (selbst für Handwerksmeister) überwog. Die Beschaffenheit des jeweiligen Hauptmaterials stellte hier die wichtigste Voraussetzung für die beschleunigte Entwicklung bestimmter Berufssparten dar: Die Holzhändler und Zimmerleute genossen in den meisten Städten Nordfrankreichs den Vorrang, die Steinmetzen und Maurer zumeist in den Städten des Südens. Überall schlugen die Maurer und Dachdecker, nicht anders als die Metzger, Bäcker und Schneider, Gewinn aus der Expansion der Städte.

12. Der Handel[12]

Während die Städte am Mittelmeer (Marseille, Béziers, Nîmes und Narbonne) eine Wirtschaftstätigkeit aufrechterhielten, die auf dem Fortbestehen eines gewissen Seeverkehrs mit Spanien, Italien, ja selbst mit dem Orient beruhte, waren seit dem 9. Jh. im Norden die Zeichen eines Wiederauflebens der Handelsbeziehungen festzustellen: Vergabe von Stapelrechten, Tätigkeit von Münzstätten, Bau von Stadtmauern, die den frühesten *portus* einbezogen, lassen dies erkennen. Die Städte kannten hier bereits Berufskaufleute mit ständigem Wohnsitz, unter denen die Juden eine wesentliche, wenn vielleicht auch geringere Rolle als im Süden spielten. Dieser Aufschwung war in seiner räumlichen Entfaltung (Saint-Omer, Valenciennes, Rouen, Paris, Reims, Châlons-sur-Marne, Orléans, Sens) und in seiner Wirkung äußerst begrenzt. Neben dem Handel mit Luxusgütern (Sklaven, Stoffe, Goldschmiedearbeiten) erstreckte sich der von den Flußläufen begünstigte überregionale Austausch im wesentlichen auf lebenswichtige Lastgüter wie Getreide, Wein, Salz und Fisch. Die skandinavischen Kaufleute kamen ihrerseits über das Meer, um an der Küste des Poitou das Salz zu holen.

Das 10. Jh. erlebte die wachsende Ausstrahlung der Messen, die, über das Jahr verteilt, zum Knotenpunkt der überregionalen Handelsbeziehungen des Seinebeckens wurden: In Rouen und in Paris, in Saint-Denis (der spätere *lendit*) und in den Städten der Champagne (Troyes, Reims, Châlons-sur-Marne, Lagny, Provins) fanden sie statt. Von anderen Messen, namentlich in verschiedenen Städten des Languedoc, gingen periodisch Anstöße auf Fernbeziehungen eines sonst im wesentlichen lokalen Handels aus. Dieses Wiederaufleben des Handels begünstigte die im übrigen von der Bevölkerungsexpansion abhängige Entwicklung der Städte, den Fortschritt der landwirtschaftlichen Produktivität, der Arbeitskräfte freisetzte, und die Rückkehr zu einer Geldwirtschaft. Im Laufe des 11. Jh. wurde es immer deutlicher, daß die Städte ihren Charakter als vorwiegend religiöse und Verwaltungszentren verloren und sich zu Wirtschaftszentren wandelten. Die rasche Entwicklung von Städten wie Paris, Tours, Toulouse und Lyon, die keine Seehäfen waren, war in dieser Hinsicht sehr bezeichnend. Die Entstehung der städtischen Emanzipationsbewegung um 1050 zeigte recht gut den ersten Triumph des Kaufmanns- und Handwerkerbürgertums. Selbst als die Handwerker anfangs noch die erste und wichtigste politische Kraft darstellten, zogen die Kaufleute am Ende den Nutzen aus einer Autonomie, die es ihnen gestattete, die Leitung der allgemeinen Interessen in ihre Hand zu bringen.

Die rasch wachsende Ausstrahlung der sechs Messen in der Champagne (zwei in Troyes, zwei in Provins, eine in Lagny und eine in Bar-sur-Aube) ließ in der Mitte des 12. Jh. in Frankreich den Aufschwung der Handelsbeziehungen im europäischen Maßstab zutage treten. Außer Wein und Vieh wurden hier Erzeugnisse der Tuchindustrie aus dem Artois und aus Flandern, später aus Paris und den Städten der Champagne selbst, sowie Waren aus dem Orient (Seiden, Spezereien, Farbstoffe) angeboten; die Letzteren wurden vornehmlich von italienischen Kaufleuten eingeführt, die seit 1170 in der Champagne erschienen. Vom Beginn des 13. Jh. an kamen hier alle Erzeugnisse des Okzidents zum Verkauf. Obwohl die Messen der Champagne einen schlechten Platz im Straßennetz einnahmen und noch ungünstiger im System der schiffbaren Flüsse lagen, mit unzulänglichen Verbindungen nach Flandern und fern von Italien, kam ihnen vor allem der kluge und dauerhafte Schutz der Grafen der Champagne zugute, die aus diesen vier Städten sichere Geschäftszentren mit einer leistungsfähigen Infrastruktur zu machen wußten. Die Meßrichter übten über die Kaufleute eine Rechtsprechung aus, die zunächst auf die Champagne begrenzt blieb, aber im eigenen Interesse der Kaufleute im 13. Jh. auch auf andere, bisweilen entfernte Plätze ausgedehnt wurde. Handelsabschlüsse wurden für den ganzen Westen in Anwesenheit der Meßrichter beurkundet. Das Geleit der Messen, 1209 vom König selbst erweitert, gewährleistete die Sicherheit der Kaufleute durch das ganze Königreich. Hierin lag eines der wesentlichen Elemente des Vertrauens, auf dem die Organisation jeder mittelalterlichen Messe beruhte.

Der aus dieser Handelstätigkeit herrührende Geldtransfer ließ die Messen der Champagne sehr bald zu einem Mittelpunkt der Warenverrechnung werden. Auf diese Weise verwandelten sie sich in der Mitte des 13. Jh. in ein Finanzzentrum, das fast ununterbrochen Besucher aus aller Welt anzog (man bedenke: sechs aufeinanderfolgende Messen im Laufe des Jahres!) und infolgedessen für die Einlösung von Verbindlichkeiten von hohem Wert war: Da das Handelsrecht die ausdrückliche Aufnahme von Zinsen in den Vertrag verbot, konnte der Gläubiger notfalls nur durch eine richterliche Verfügung über Zahlungs- und Wechselverpflichtungen seinen Vorteil wahren. In ihrer Eigenschaft als Zentrum zur Abwicklung und Verrechnung von überall in Europa am Herstellungsort getätigten Handelsgeschäften sowie als Zentrum des Bankwechsels und des mittelfristigen Kredits waren die Messen der Champagne bis 1320 der größte Kapitalmarkt des Westens.

Das Blatt wendete sich, als sich vom Beginn des 13. bis zur Mitte des 14. Jh. das Verkehrsnetz veränderte. Die Erschließung der Pässe in den Zentralalpen stärkte im

13. Jh. zunächst die wirtschaftliche Position der Straßen in Deutschland. Die häufigen Kriege zwischen den Kapetingern und dem Grafen von Flandern erschwerten im beginnenden 14. Jh. einigermaßen die Aufrechterhaltung der großen Drehscheibe des Geschäftsverkehrs mit Flandern. Die Errichtung einer regelmäßigen Schiffahrt zwischen dem Mittelmeer und der Nordsee entzog seit etwa 1320 den Landstraßen den einträglichen Handel mit englischer Wolle nach Italien und mit Genueser Alaun nach Flandern. Zudem setzte nun der Aufschwung der lombardischen und toskanischen Tuchmacherei ein, so daß Italien weniger Tuche nördlich der Alpen bezog. Was die Messen der Champagne auf diesem Gebiet verloren, kam anderen Städten zugute: Brügge, Rouen und Bordeaux profitierten in der Tat von einer regeren Handelsschifffahrt. Châlons-sur-Marne, Besançon und Straßburg zogen ihrerseits einen realen Gewinn aus einem nach Osten verlagerten Landverkehr, während Lyon viel der ruhigeren und unersetzlichen Lage am Rhônelauf verdankte.

Die Entwicklung von Paris während des 13. Jh. war jedoch der entscheidende Faktor für den wirtschaftlichen Niedergang der Champagne. Seit dem Ende des Jahrhunderts nahmen in Paris ständig ansässige Kaufleute die Vertretung der wirtschaftlichen Interessen der großen italienischen Handels- und Bankkompanien und der bedeutenden tuchproduzierenden Städte Flanderns wahr. In Paris war die reiche Kundschaft in der Stadt und am Hof zu Hause. In Paris lag auch aufgrund seiner Weltoffenheit das natürliche Zentrum für den Austausch der Warenströme, die nach der Verlagerung der Verkehrsadern weiterbestanden. In Paris ließ schließlich das sprunghafte Wachstum der Bedürfnisse das Königtum neue Formen des Profits aufkommen: in der Schatzverwaltung und im Fiskus, sowie durch Vorschüsse auf die Steuereinnahmen.

Der Niedergang der Messen der Champagne, die 1320, wie sich zeigte, wesentlich ihre Daseinsberechtigung verloren hatten, bedeutete nicht den Niedergang aller französischen Messen. Viele bestanden weiterhin, bisweilen trafen sich auf ihnen in periodischen Abständen auch Kaufleute aus einem weiteren Umkreis: In Pézenas und in Montagnac (beide Dept. Hérault) waren Kaufleute aus Nordfrankreich oder aus Spanien zu sehen, in Saint-Gilles-du-Gard Italiener, während die Brabanter auf den *lendit* (in Saint Denis vor Paris) kamen. Diese Warenmessen gaben auch Anlaß zu Lustbarkeiten. Keine dieser Bekundungen des Wirtschaftslebens erreichte vor dem Beginn der großen Wechslermessen im 15. Jh. (Lyon) das Niveau der Champagne-Messen im 13. Jh.

Die Festsetzung eines Handels, dessen Seßhaftigkeit immer spürbarer wurde, in den Städten von Rang hatte eine weitere bemerkenswerte Folge: Der Handel wurde ein Mittel zur Machtentfaltung über das benachbarte Land. Zentren einer Region, wie Paris, Rouen, Bordeaux und Toulouse, und sogar mittlere Städte, wie Albi und Metz, fanden als Sammelpunkt für landwirtschaftliche Erzeugnisse – Getreide oder Waid, Wein oder Wolle, Tuche oder Eisen – aus ihrem Einzugsgebiet und vielfach auch durch Kreditanlagen (Terminkäufe, Halbpacht) im 14. Jh. neue Formen wirtschaftlicher Ausstrahlung.

Der Seehandel mit Salz, der sich seit dem 9. Jh. regte und zunächst von den skandinavischen Seefahrern angespornt wurde, bevor hier noch die Deutschen, Engländer oder Franzosen die Initiative ergriffen, spielte im europäischen Wirtschaftsleben erst seit dem 14. Jh. eine wesentliche Rolle. Nunmehr machten sich der Aufschwung des Fischfangs in der Nordsee und der steigende Verbrauch von Schlachtfleisch in den Städten in zunehmendem Maße geltend, während gleichzeitig bei der Ausbeutung der Salinen Nordeuropas infolge des kälteren und feuchteren Klimas Schwierigkeiten auftraten: Die örtliche Produktion reichte für die Bedürfnisse der an den Ärmelkanal, die Nord- und Ostsee grenzenden Länder nicht mehr aus. Französisches Salz wurde seit 1262 in Hamburg verkauft. Im 14. Jh. holten ansehnliche Flotten das Salz von Bourgneuf (südlich der Loiremündung) und von Guérande (nördlich von dieser). Sie versorgten Nordfrankreich (über die Häfen von Harfleur und Rouen), England und die Welt der Hanse. Die Notwendigkeit, diesen Flotten auf der Rückfahrt eine Ladung zu sichern, trug zur Entwicklung eines bestimmten Warenverkehrs in entgegengesetzter Richtung bei, etwa zum Handel mit Getreide aus Preußen und Pommern. Ostfrankreich lebte indessen von der Ausbeutung der Salzgruben in Lothringen und der Franche-Comté. Das aus dem Meer gewonnene Salz der Provence und des Languedoc fand den Weg das Rhônetal hinauf.

Auch der Wein war ein bedeutender Handelsgegenstand. Die Weine Burgunds, der Champagne und der Pariser Umgebung erreichten den Hennegau, Flandern und das Artois auf dem Landwege und teilweise über das System der schiffbaren Flüsse Yonne, Marne, Seine und Oise. Der Hof in Avignon erhielt seine besten Weine von der „Côte de Beaune" und aus dem Roussillon. Die über den Hafen von La Rochelle ausgeführten Weine von Aunis waren in ganz Nordeuropa geschätzt. Die sogenannten Gascogne-Weine, die im gesamten Hinterland von Bordeaux auf dem Anbaugebiet längs des schiffbaren Garonnelaufs hergestellt wurden, verdrängten seit dem 13. Jh. die Weine von Aunis, weil sowohl deren Qualität nachließ als auch die Könige von England nicht mehr die Kommmerzialisierung von Erzeugnissen einer verlorengegangenen Provinz unterstützten.

Der Warenverkehr zur See von Marseille und den Häfen des Languedoc aus (Montpellier, Aigues-Mortes, Narbonne) blieb bis zum 13. Jh. in beständiger Verbindung mit der gesamten Mittelmeerwelt: Italien, Spanien, Orient, Maghreb. Nach den unglücklichen Ansätzen der Politik Ludwigs des Heiligen und seines Bruders Karl von Anjou waren die französischen Positionen im Umkreis des Mittelmeers relativ anfällig, so daß sich die Franzosen angesichts der immer dynamischeren Unternehmungen der Genuesen und Aragonesen seit dem Ende des 13. Jh. mit einem regional begrenzten Verkehr im Zeichen der Küstenschiffahrt begnügen mußten. Im wesentlichen war es fortan unvermeidlich, die Italiener einzuschalten.

13. Das Transportwesen[13]

Die ersten wiederentstandenen Fernhandelswege waren um das 10. Jh. die Landstraßen, die sich bereits in den Anfängen merklich von dem strategischen Straßennetz der Römer abhoben. Die für den Handel auf weite Strecken mit schweren Gütern (Getreide, Holz, Wein, Salz) günstigen Flußwege erforderten eine beständige Instandhaltung der Fahrrinnen und der Treidelwege, die nur der politische Zusammenschluß zu großen Fürstentümern und die Gestaltung der wirtschaftlichen Infrastruktur durch die Organisationen der Kaufmannschaft in den Städten sicherstellen konnten. Der mittlere Seinelauf und seine Zuflüsse, d.h. das schiffbare Flußsystem, das Paris zur regionalen Ausstrahlung als Umschlagsplatz verhalf, fielen etwa in das „Ressort" der Pariser Wassergilde.

Unter den am meisten benutzten Landwegen waren außer der alten Römerstraße von der Rhône zur Nordsee über Châlons-sur-Marne die Straßen in Aquitanien nach Spanien, die Straße von Paris nach Flandern über Arras, die Straße von der Seine zur Saône über Troyes und vor allem die beiden Routen nach Italien zu nennen. Da die ligurische Küste kaum begehbar war, nahmen die Kaufleute und Pilger, wenn sie sich von Frankreich nach Italien begaben, bis zum 13. Jh. den Weg über die Pässe des Cenis und des Großen St. Bernhard. Die Öffnung des St. Gotthard, später des Simplon, veränderte im 13. Jh. die Handelsrouten und begünstigte das Elsaß und die Schweiz gegenüber Lyon und Burgund. Erst in ebendiesem 13. Jh. begann der Seeweg eine wesentliche Rolle für das wirtschaftliche Leben des Königreichs Frankreich zu spielen. Vorher dienten die Seefahrzeuge in der Tat nur zur Küstenschiffahrt und zur Herstellung begrenzter Beziehungen zu Italien (Wein, Tuche, Getreide), England (Zinn, Wolle) und den Häfen der Ostsee und der Nordsee (Fisch, Holz, Pelze, Eisen). Mit der Entstehung einer regelrechten Hochseeschiffahrt entfaltete sich seit dem 13. Jh. auch die Ausfuhr des Salzes aus der Bretagne und dem Poitou nach Nordeuropa und des Weins der Gascogne nach London oder Brügge. Der Brügger Hafen war seit etwa 1320 durch regelmäßige Schiffskonvois unmittelbar mit Italien verbunden und nahm die Stelle eines ständigen Umschlagszentrums der aus Italien und dem Orient stammenden Erzeugnisse nach ganz Nordfrankreich wahr, so daß die Straßen zwischen Flandern und dem Seinebecken für den Handel immer wichtiger wurden.

So verliefen die Verkehrsverbindungen zwischen Nordfrankreich und dem Mittelmeer zur Zeit, als der Hundertjährige Krieg heraufzog, über die Häfen im Norden (Brügge an erster Stelle und dann Rouen). Eine Ausnahme bildeten eilige Sendungen. Die direkte Route nach Italien war nunmehr den Luxuswaren, dem Finanzverkehr und der Briefbeförderung vorbehalten.

14. Geld und Kredit[14]

Das Wiederauftreten eines reichlich vorhandenen Münzgeldes machte sich im Laufe des 11. Jh. im Herzen der französischen Lande bemerkbar. Dieses Phänomen ging mit einem größeren und regelmäßigeren Verkehr von Menschen und Waren einher. Die großen Pilgerfahrten und die ersten Kriegszüge nach Spanien und dem Orient waren nicht minder als die sizilianischen und englischen Unternehmungen erst auf der Grundlage einer ausgeprägteren Geldwirtschaft möglich geworden und trugen ihrerseits zu einem im Entstehen begriffenen Geldfluß über weite Strecken bei. Obwohl Frankreich nur wenige Silberadern besaß, nahm man nun die Ausbeutung der aus der Antike bekannten Minen, vor allem in den Vogesen, im Jura und in der Gegend von Lyon wieder auf. Die Fortschritte der politischen Macht der Territorialfürsten (der Kapetinger und der Plantagenêts an erster Stelle, aber auch des Stamms von Blois-Champagne) leisteten im 12. Jh. viel für eine größere Sicherheit der Straßen und förderten so den Warenverkehr über Entfernungen, die den Tauschhandel ausschlossen.

Die Vielfalt der Prägungen in den Münzstätten, die von vielen Herren unter Ausnutzung der politischen Anarchie des 9. und 10. Jh. gegründet worden waren, brachte Geldstücke in Umlauf, deren Beschaffenheit recht unterschiedlich war. Es gab um 1100 ungefähr 300 Münzstätten im Königreich Frankreich. Da im allgemeinen nicht genügend Feinmetall vorhanden war, um die Bedürfnisse zu befriedigen, waren die Münzer offensichtlich geneigt, das Mischungsverhältnis ihrer Stücke zu verschlechtern. Wirtschaftliche Maßnahmen schützten vor den Folgen dieser Qualitätsunterschiede, indem vor allem seit der zweiten Hälfte des 11. Jh. die Münzorte festgelegt wurden, die bestimmte Stücke prägen durften: zu den berühmtesten gehörten Tours (der Denar *tournois*), Paris (der *parisis*), Toulouse (der *tolza*) und Melgueil (der *melgorien*). Nicht weniger berühmt waren der flämische Pfennig und der *provinois*, der seit dem 12. Jh. nicht mehr ausschließlich die Währung von Provins darstellte, sondern auch das Muster selbst für den Münzschlag an fernen Orten, bis nach Italien hin, abgab. Die fortschreitende Entwertung des Denars machte diese Stücke für größere Zahlungen, wie sie von der Entwicklung des Fernhandels gefordert wurden, immer unbrauchbarer. Der Denar Philipp Augusts besaß um 1200 nur noch ein Drittel des Metallwerts des Denars Roberts II. um das Jahr 1000. Angeregt durch die Initiativen der Venetianer und Florentiner schaffte Ludwig der Heilige (1126–1270) einen Groschen, den *gros* aus feinem Silber, der dem Wert eines Sou von Tours, d.h. 12 Denaren, entsprach.

Zur gleichen Zeit wurde auch die Goldprägung wieder aufgenommen, um die großen Zahlungen zu erleichtern und die Gesamtmenge des prägbaren Metalls zu vermehren. Hier folgte Ludwig der Heilige wiederum dem Beispiel der Regierungen, die zum muselmanischen und byzantinischen Osten die engsten Kontakte unterhielten: Sizilien unter Friedrich II., Florenz und Genua. Eine erste Emission von *écus* wurde 1266 in Frankreich nur ein halber Erfolg, denn die Bevölkerung war weder auf den Bimetallismus vorbereitet noch auf die Kompliziertheit der sich daraus ergebenden Operationen. Aber seit dem Beginn seiner Herrschaft nahm Philipp der Schöne die Goldprägung wieder auf, und seine Stücke (die *royaux*) zirkulierten reichlich, so daß ab 1295 die Handhabung des Bimetallismus zu einem Mechanismus in der Geldpolitik werden konnte.

Um dem König einen mächtigen Hebel zum Eingriff in das Wirtschaftsleben in die Hand zu geben und etwas mehr Ordnung in den Warenaustausch zu bringen, gab derselbe Ludwig der Heilige verschiedene Ordonnanzen heraus, die seine Nachfolger mit der Zeit zur Anwendung brachten: Die Stücke der königlichen Münze kursierten im ganzen Königreich und nicht allein im Kronland; die Nachahmung von königlichen Stücken wurde untersagt, was die Prägung minderwertiger Stücke durch die seigneuralen Münzstätten ausschloß; davon waren sogar die eigenen Brüder des Königs, der Graf von Artois, der Graf von Anjou und der Graf von Poitou betroffen. Das führte auch zum Verbot der Emission neuer Stücke, großer Silber- und Goldmünzen, durch die nicht-königlichen Prägestätten. Nachdem die Regierung auf diese Weise zahlreiche seigneurale Münzstätten zugrunde gerichtet hatte, indem sie die einen dem Kronland einverleibte, andere zurückgekauft hatte, konnte sie die Liste der noch verbleibenden aufstellen und zugleich abschließen: es waren um 1315 rund 30. Niemand hatte mehr das Recht, eine neue Münzstätte aufzumachen. Nur weil er seine Münzstätten auf kaiserlichem Gebiet errichten konnte, rettete ein Territorialfürst, wie der Graf von Flandern, seine monetäre Unabhängigkeit.

Fortan war also eine Geldpolitik nötig, die das Verhältnis zwischen dem inneren Wert der Stücke, d.h. ihrem Gewicht und Feingehalt und ihrem äußeren bzw. Verkehrswert austaxieren konnte. Da Philipp der Schöne und seine Nachfolger nur schlecht die Phänomene kannten, von denen die Aristoteliker der Pariser Universität, wie schon zuvor Thomas von Aquin selbst, eine Ahnung hatten, ohne sie eindeutig erklären zu können, und auch nicht die Lage des Geldmarktes im ganzen Königreich genau messen konnten, handhabten sie das Münzwesen ohne Geschick und waren nicht in der Lage, ein Gleichgewicht zwischen den Marktbedürfnissen und der Menge der herzustellenden Münzen zu erreichen. Die Franzosen des 14. Jh. waren sich der Tragweite der wirtschaftlichen Tatbestände kaum bewußt und hielten oft Maßnahmen für Spekulation, die in Wirklichkeit unvermeidlich waren, um der Flucht des Münzgeldes aus dem Königreich oder seiner Hortung Einhalt zu gebieten und deren Wertanschläge sich nur nach unzureichenden Schätzwerten richtete. Auf die Inflation der vorangegangenen Jahrhunderte, die die Menschen erlebten, ohne sie richtig wahrzunehmen, folgte somit eine Periode der Instabilität, die das Obligationenrecht und seine Anwendung in der Praxis brutal durcheinanderwarf (Zins, Renten, Miete, Kredit). Politische Rücksichten waren übrigens bei solchen Entscheidungen nicht unbeteiligt: Philipp der Schöne beschloß die ungeschickte Geldstabilisierung von 1308 wahrscheinlich zu dem Zweck, den Klerus zufriedenzustellen, der als großer Grundbesitzer und somit als Gläubiger durch die Inflation geschädigt war.

Eine erste instabile Periode setzte 1295 ein, als die Krone auf die im Handel wahrnehmbare Inflation in der Weise reagierte, daß sie den Wert des Rechengelds reduzierte. Diese erste Periode, die aus einer Reihe von Veränderungen bestand, deren Gewinner abwechselnd die Grundbesitzer – Adel und Klerus – und die Geschäftsbourgeoisie waren, ging 1313 mit der Rückkehr zu einem einigermaßen guten Geld zu Ende. Damals entstand in den Köpfen der Franzosen, zumal beim Adel und Klerus, die Vorstellung von „gutem“ und „starkem“ Geld. Das Idealgeld wurde nun durch „la bonne monnaie du roi Saint Louis“ symbolisiert, von dem das ganze Jahrhundert wie von einer unantastbaren Bezugsgröße sprach.

Die Instabilität setzte für das Silbergeld etwa 1318 erneut ein, für die Goldmünzen etwa 1322, und hielt bis 1329 an. Aber 1337 begann in der Tat die große Krise. Sie war ebensosehr auf wirtschaftliche und soziale Schwierigkeiten zurückzuführen wie auf die Beanspruchung der Finanzen zu Beginn des Hundertjährigen Krieges. Das Gold traf es diesmal zuerst. Das Silber war 1346 an der Reihe. Zum erstenmal erlebte man, wie der Kurs der Stücke täglich schwankte. Die Frage des Geldes, die bereits zur Zeit der feudalen Ligen um 1315 Gegenstand von Forderungen gewesen war, bildete jetzt unablässig einen Teil der Verhandlungspolitik zwischen den Regierenden und den Vertretern der Wirtschaftsgruppen (Eigentümer, Kaufleute), die sich nach der ersten französischen Niederlage im Hundertjährigen Krieg (Crécy 1346) dramatisch gestaltete und den Generalständen ein bevorzugtes Betätigungsfeld lieferte. Der König mußte mit seinen Untertanen ein Übereinkommen schließen, um von ihnen Subsidien zu erhalten. Der Geldwert wurde dann oft mit der Steuer im Gleichgewicht gehalten.

Die ersten Veränderungen ließen ein Problem entstehen, das im alten System des Monometallismus kaum voraussehbar gewesen war: Die Erfüllung der Verträge (Kredit, Abgaben, Mieten), d.h. in welchem Geld die Obligationen einzulösen waren, die vor der entsprechenden Veränderung und folglich in einer anderen Geldrelation abgeschlossen worden waren. Seit Beginn des 14. Jh. befürchtete Philipp der Schöne, daß dadurch schwere soziale Unruhen eintreten könnten, die er vermeiden wollte, während er zugleich mit unglücklicher Hand versuchte, die von ihm vorgenommenen Veränderungen voll zum Tragen kommen zu lassen. Im täglichen Gebrauch begannen die Franzosen bisweilen ihre Obligationen nach dem Realwert der Stücke abzuschließen, indem sie Schulden und Zinsen auf Gold oder Silber umzurechnen suchten. Um die Mitte des Jahrhunderts war man indessen noch sehr weit von einem systematischen Schutz der Obligationen entfernt, so daß die Erfüllung der Verträge zu unzähligen Streitigkeiten und ernsthaften Verwicklungen Anlaß gab, die das Wirtschaftsleben erheblich hemmten.

Der Kredit für Investitionen stammte vom 11. bis zum 13. Jh. hauptsächlich von den Herren, die infolge ihrer Gerichtsbarkeit und ihrer Bannrechte über disponibles Geld verfügten. Die Abteien spielten hier häufig eine entscheidende Rolle, vor allem aufgrund der Assoziationen (*pariages*), bei denen sich häufig ein Herr (der das Land und die Gerichtsbarkeit besaß) mit einem Kirchenmann (der mit dem Kapital ausgestattet war) zur Gründung einer *villeneuve* zusammentat. Der Verbrauchskredit war vor allem, aber nicht einzig und allein, Sache der Juden.

Seit dem Ende des 12. Jh. und vor allem seit der Zeit um 1250, gestattete es die Aufnahme von Renten auf immobiles Gut, die Ausbeute aus der Handels- und Handwerkstätigkeit in die Erschließung von Land oder die Reparatur von Häusern zu investieren. Zur gleichen Zeit bildete sich auf den Messen, wo die Kaufleute die auf früheren Märkten abgeschlossenen Obligationen einzulösen pflegten, und selbst an anderen üblichen Plätzen des Geschäftsverkehrs, mittels des Verrechnungswesens der Handelskredit heraus. Im 13. Jh. gehörten die Messen der Champagne zu den größten Kredit- und Verrechnungszentren des Westens und blieben es mindestens bis 1320. Ebenfalls im 13. Jh. regte sich, geraume Zeit vor den Ausweisungen der Juden, die Wucherleihe, die die Kirche verurteilte, ohne sie verhindern zu können. Zahlreiche Kaufleute aus Arras, Reims, Cahors – die „Cahorsins“ – und Paris erwarben so höchst ungern gesehene Vermögen. Die Lombarden (vornehmlich Piemontesen) gehörten in den meisten Städten bald zu den wichtigsten Geldleihern. Diese Geschäfte griffen praktisch nicht in den aus dem Handel hervorgegangenen „Wechsel" ein, der in den Händen der großen Kaufleute, zumal der Toskaner (Sienesen, später Florentiner) und Genuesen lag.

1 *E. Le Roi Ladurie:* Times of feast, times of famine, a history of climate since the year 1000 (1973).
2 La démographie médiévale, sources et méthodes. Actes du congrès de l'Association des historiens médiévistes de l'Enseignement supérieur public (1972).
3 *R. Fawtier:* Les Capétiens et la France (1942).
Fr.-L. Ganshof: Etudes sur le développement des villes entre Loire et Rhin au Moyen Age (1943).
E. Lavisse u. a.: Histoire de France.
F. Lot: Naissance de la France, neu hg. v. *J. Boussard* (1970).
M. Pacaut: Louis VII et son royaume (1957).
Ch. Petit-Dutaillis: Les communes françaises (1947).
Ders.: La monarchie féodale en France et en Angleterre, Xe-XIIIe siècles (1950).
4 *M. Bloch:* Rois et serfs, un chapitre d'histoire capétienne (1920).
R. Boutruche: Seigneurie et féodalité (2 Bde., [2]1968–70).
J.-Fr. Lemarignier: La France médiévale, institutions et société (1970).
Ch.-E. Perrin: Le servage en France et en Allemagne au Moyen Age. Xe congrès international des sciences historiques, Relazioni, III (1955), S. 213–245.
Problèmes de stratification sociale. Actes du colloque international (1966), hg. v. *R. Mousnier* (1968).
Recueils de la Société Jean Bodin. II, Le servage (1937).
5 Siehe Allgemeine Literatur und das unter Anm. 4 angegebene Schrifttum.
6 Recueils de la Société Jean Bodin, IX-X (2 Bde., 1958).
7 *B. Blumenkranz:* Histoire des Juifs en France (1972).
Ders.: Bibliographie des Juifs en France (1974).
Ders.: Auteurs juifs en France médiévale (1975).
8 Recueils de la Société Jean Bodin, XI-XIII, La femme (1959–60).
9 *Br. Geremek:* Le salariat dans l'artisanat parisien aux XIIIe-XVe siècles. Etude sur le marché de la main-d'oeuvre au Moyen Age (1968).
M. Mollat (Hg.): Etudes sur l'histoire de la pauvreté (1974).
M. Mollat et *Ph. Wolff:* Ongles bleus, Jacques et Ciompi. Les révolutions populaires en Europe aux XIVe et XVe siècles (1970).
10 *M. Bloch:* Les caractères originaux de l'histoire rurale française (2 Bde., 1964).
The Cambridge economic history of Europe. I, The agrarian life in the Middle Ages ([2]1966).
R. Dion: Essai sur la formation du paysage rural français (1934).
Ders.: Histoire de la vigne et du vin en France depuis les origines jusqu'a au XIe siècle (1959).
G. Duby: L'économie rurale et la vie des campagnes dans l'Occident médiéval (2 Bde., 1962).
G. Fourquin: Les campagnes de la région parisienne à la fin du Moyen Age (1964).
11 *E. Coornaert:* Les corporations de métiers en France avant 1789 (1941).
G. Fagniez: Etudes sur l'industrie et la classe industrielle à Paris au XIIIe et au XIVe siècle (1877).
E. Martin-Saint-Léon: Histoire des corporations de métiers, hg. v. *E. Coornaert* ([4]1940).
R. de Lespinasse et *Fr. Bonnardot:* Le livre des métiers d'Etienne Boileau (1879).
G. Espinas: La draperie dans la Flandre française au Moyen Age (2 Bde., 1923).
M. Lombard: Les métaux dans l'ancien monde du Ve au XIe siècle (1974).
12 *Y. Renouard:* Etudes d'histoire médiévale (1968).
M. Mollat (Hg.): Le rôle du sel dans l'histoire (1968).
R. Pernoud et *R. Busquet:* Histoire du commerce de Marseille. I, L'Antiquité et le Moyen Age jusqu'en 1291 (o. J.).
Recueils de la Société Jean Bodin. V, La foire (1953).
13 Les routes de France depuis les origines jusqu'à nos jours. Colloque. Cahiers de civilisation (1959).
14 *M. Bloch:* Esquisse d'une histoirc monétaire de l'Europe (1954).

§ 12 Frankreich im Hoch- und Spätmittelalter

R. Cazelles: Quelques réflexions à propos de la monnaie royale française dans Le Moyen Age (1966), S. 83–105 u. 251–278.
J. Favier: Finance et fiscalité au bas Moyen Age (1971).
M. Lombard: Les métaux dans l'ancien monde du Ve au XIe siècle (1974).

§ 13 Die iberische Halbinsel im Frühmittelalter

Von Manuel Riu-Riu

I. Das germanische Spanien

Quellen

J. N. Hillgarth: Historiography in Visigothic Spain. In: Settimane di Studio... La Storiografia... (1970), S. 261–312 und 345–352 (gute Übersicht).

Leges Visigothorum. In: Monumenta Germaniae Historica. Leges Nationum Germanicarum, Reihe I, Bd. 2 (1973, [1]1902).

R. Grosse: Las fuentes de la época visigoda y bizantina. In: Fontes Hispaniae Antiquae IX (1947); Auswahl griechischer und lateinischer Texte.

El Código de Eurico, hg. v. *A. d'Ors.* In: Estudios Visigóticos, 2. Consejo Superior de Investigaciones Científicas (1960), eine römisch-rechtliche Sammlung aus dem Jahr 476.

Liber Judiciorum oder Libro de los juicios, hg. v. *R. de Urena* (1905). Span. Übersetzung (2 Bde., 1968); behielt in Spanien bis ins 13. Jh. Geltung.

Concilios visigóticos e hispano-romanos, hg. v. *J. Vives, T. Marin* und *G. Martinez.* Consejo Superior de Investigaciones Científicas ([2]1965); mit spanischer Übersetzung und Registern.

Inscripciones cristianas de la España romana y visigoda, hg. v. *J. Vives.* Consejo Superior de Investigaciones Científicas ([2]1969).

Documentación goda en pizarra, hg. v. *M. Gomez-Moreno* und *M. Caresmar.* Real Academica de la Historia (1966).

Los documentos hispano-visigóticos sobre pizarra, hg. v. *M. C. Díaz y Díaz.* In: Studi Medievali, 3. Reihe, 7 (1966), S. 75–107.

Pizarra visigoda de la época de Khindasvinto (642–649), hg. v. *A. M. Mundó.* In: Festschrift Bernhard Bischoff (1971), S. 81–89.

Anecdota Wisigothica. In: Acta Salmanticensia 12 (1958).

Braulio de Zaragoza: Epistolario, hg. v. *J. Madoz* (1941).

Ders.: Chronica, hg. v. *Th. Mommsen.* In: M. G. H., Auctores 3, S. 461–469.

Hidacio de Lamego: Chronicon, hg. v. *Th. Mommsen.* In: M. G. H., Auctores 11, S. 207–220. Dazu: *C. Torres:* Hidacio el primer cronista español. In: Revista de Archivos, Bibliotecas y Museos 62 (1956), S. 755–794.

Isidoro de Sevilla: Etimologías, hg. v. *L. Cortés.* In: Biblioteca de Autores Cristianos (1951); mit Übersetzung.

Ders.: Historia de regibus gothorum, vandalorum et suevorum, hg. v. *C. Rodriguez Alonso.* Centro de Estudios e Investigación San Isidoro (1975); mit Übersetzung.

Ders.: De viris illustribus, hg. v. *C. Codoñer.* Consejo Superior de Investigaciones Científicas (1954); wird vom Hg. auf 615–618 angesetzt.

Juan de Biclara: Chronicon, hg. v. *J. Campos.* Consejo Superior de Investigaciones Científicas (1960); dazu: *M. C. Díaz y Díaz:* La transmisión textual del Biclarense. In: Analecta Sacra Tarraconensia 35 (1962), S. 57–76.

Martin de Braga: Opera omnia, hg. v. *Cl. W. Barlow* (1950).

San Ildefonso de Toledo: La virginidad perpetua de Santa Maria. El conocimiento del bautismo. El camino del desierto, hg. v. *V. Blanco* und *J. Campos.* Biblioteca de Autores Cristianos (1971).

San Leandro, San Fructuoso, San Isidoro: Reglas monásticas..., hg. v. *J. Campos* und *I. Roca.* Biblioteca de Autores Cristianos (1971).

Literatur

R. d'Abadal: Dels visigots als catalans. I: La Hispània visigòtica. Edicions 62 (1969), S. 1–133.

J. M. Alegre Peyrón: La España Visigoda. Proceso de germanización de una provincia romana. In: Revue Romane I, 1–2 (1966), S. 23.

B. S. Bachrach: A History of the Alans in the West (1973).

A. Barbero und *M. Vigil:* Sobre los origines sociales de la Reconquista (1974).

M. Barceló: La cuestión del Limes Hispanicus. Los datos numismáticos. In: Acta Numismática 5 (1975), S. 31–45.

Ders.: Les plagues de llagost a la Carpetània, 578–649. In: Estudis d'Història Agraria 1 (1978), S. 67–84.

X. Barral Altet: La circulation des monnaies suèves et visigotiques. Contribution à l'histoire économique du royaume visigot. Beihefte der Francia, 4 (1976), S. 218.

P. David: Etudes historiques sur la Galice et le Portugal du VIe au XIIe siècles (1947).

J. Fontaine: Isidore de Séville et la culture classique dans l'Espagne visigothique. In: Etudes Augustiniennes (2 Bde., 1959); grundlegend.

L. A. Garcia Moreno: Algunos aspectos fiscales de la Península Ibérica durante el siglo VI. In: Hispania Antiqua 1 (1971), S. 233–256.

Ders.: Colonias de comerciantes orientales en la Península Ibérica. S. V–VII. In: Habis 3 (1972), S. 127–154.

Ders.: Estudios sobre la organización administrativa del reino visigodo de Toledo. In: Anuario de Historia del Derecho Español (1974), S. 5–155.

Ders.: Prosopografía del reino visigodo de Toledo (1974).

Ders.: El fin del reino visigodo de Toledo (1975).

P. Goubert: Byzance et l'Espagne visigothique. In: Revue des Etudes Byzantines 2 (1944), S. 5–78; gute Zusammenfassung über die Jahre 554–711.

Ders.: L'administration de l'Espagne Byzantine. In: Revue des Etudes Byzantines 3 (1945), S. 127–142; 4 (1946), S. 70–134.

Th. Hauschild: Westgotische Quaderbauten des 7. Jahrhunderts auf der Iberischen Halbinsel. In: Madrider Mitteilungen 13 (1972), S. 270–285.

I goti in Occidente. Problemi. In: Settimane di Studio di Spoleto 3. Centro Italiano di Studio sull'Alto Medioevo (1956); insbesondere die Arbeiten von *R. Gibert, P. de Palol, J. Orlandis, R. Menendez Pidal* und *A. d'Ors.*

J. Madoz: San Isidoro de Sevilla. Consejo Superior de Investigaciones Científicas (1960).

R. Menéndez Pidal (Hg.): Historia de España, Bd. 3: España visigoda (414–711 de J. C.) (^{2}1963).

J. Orlandis: El reino visigodo, siglos VI y VII. In: Historia Económica y Social de España 1 (1973), S. 451–598.

Ders.: Historia de España Visigótica (1977).

W. Reinhart: Historia general del reino hispánico de los Suevos. In: Seminario de Historia Primitiva del Hombre (1952).

R. L. Reynolds: Reconsideration of the history of the Suevi. In: Revue Belge de Philologie et d'Histoire 35 (1957), S. 19–47.

H. Schlunk: Relaciones entre la Península Ibérica y Bizancio durante la época visigoda. In: Archivo Español de Arqueologia 18 (1945), S. 177–204.

K. F. Stroheker: Das spanische Westgotenreich und Byzanz. In: Germanentum und Spätantike (1965), S. 207–245.

E. A. Thompson: Los godos en España (1971).

C. Torres Rodriguez: Derrota, escisión y ruina del reino suevo (456–468) (1963).

Ders.: Mirón, rey de suevos y gallegos, y los últimos monarcas suevos. In: Cuadernos de Estudios Gallegos 14, Nr. 43 (1959), S. 165–201.

Ders.: Reckiario rey de los suevos. Primer ensayo de unidad peninsular. In: Boletín de la Universidad Compostelana 65 (1957).

A. Ubieto: Topónimos numerales en torno a Huesca y Zaragoza. In: Caesaraugusta 39–40 (1975–76), S. 147–163.

F. Udina: El sedimento visigodo en la Cataluña condal. In: Revista de Archivos, Bibliotecas y Museos 77–2 (1974), S. 565–581.

1. Der germanische Einbruch und die hispanische Bevölkerung

Im Einvernehmen mit dem in Arles residierenden römischen Gerontius überschritten zwischen dem 28. IX. und dem 3. X. 409 Gruppen von Sueven, Vandalen und Alanen die Pyrenäen und drangen von Gallien aus in Spanien ein. Sie rückten auf den römischen Straßen vor, plünderten zahlreiche Städte und stifteten überall Verwirrung, bis schließlich die Pest unter ihnen zu wüten begann. Nachdem sie die Halbinsel zwei Jahre lang durchstreift hatten, beschlossen sie 411, die Provinzen, in die die Römer das hispanische Territorium gegliedert hatten, untereinander aufzuteilen, indem sie aufgrund eines *foedus* oder Vertrages mit den Römern das Land nach dem System der *hospitalitas* oder Truppeneinquartierung zwischen den einheimisch-romanischen *possessores* und den germanischen *hospites* verteilten. Die hasdingischen Vandalen und die Sueven erhielten Galicien, die Alanen Lusitanien und die Carthaginensis, während den silingischen Vandalen die Baetica zufiel. Die hispanoromanische Bevölkerung der Städte und der *castella* mußte sich ihnen unterwerfen und die Aufteilung anerkennen.

Es ist möglich, daß eine Gruppe von Sueven auf dem Seeweg von der Armorica (Bretagne) aus an der atlantischen und kantabrischen Küste entlang bis nach Galicien gelangt ist. Auf jeden Fall war es Hermerich, der um 410 mit etwa 9000 Kriegern das Reich der Sueven begründete. Rechnet man deren Familien hinzu, so kann sich die Zahl der Germanen auf allenfalls 45000 belaufen haben (nach anderen Autoren auf nur etwa 30000). Die Mehrzahl der Vandalen und Alanen – etwa 80000, darunter nicht mehr als 15000 Krieger – entschloß sich 429, nach verschiedenen Kämpfen auf der Halbinsel, unter Führung des Vandalenfürsten Geiserich nach Afrika überzusetzen.

Ebenfalls zu Beginn des 5. Jh., sechs Jahre nach den Alanen und Vandalen, versuchten die Westgoten, unter dem Oberbefehl des mit den römischen Behörden paktierenden Königs Athaulf, über die Tarraconensis zum erstenmal in Spanien einzudringen. Sie überschritten 415 die Pyrenäen und ließen sich vorübergehend in Barcelona nieder (415–418). Anscheinend handelten die Westgoten (höchstens 100000 Personen) auf Betreiben des Grafen Konstantius, der, als General des Kaisers Honorius, ihren Abzug aus der Narbonensis (Septimanien) wünschte und ihnen darum die Weizenlieferungen gesperrt hatte. Die Ermordnung Athaulfs und seines Nachfolgers Sigerich in Barcelona bewog Valia, 416 ein erstes *foedus* mit Honorius abzuschließen, wobei er sich zur Bekämpfung der Alanen und silingischen Vandalen verpflichtete, die er in die Gallaecia abdrängen konnte. Zum Lohn erhielt Valia von Konstantius die Aquitania Secunda und einen Teil der Narbonensis in Gallien. Nachdem er auf diese Weise in West- und Südfrankreich Fuß gefaßt hatte, wurde Toulouse aufgrund eines zweiten *foedus* von 418 Hauptstadt des Westgotenreiches, und die meisten Westgoten kehrten in die Gebiete nördlich der Pyrenäen zurück.

Nach dem Abzug der Vandalen und Alanen nach Afrika blieben 430 nur die in einem Königreich zusammengefaßten Sueven in Spanien zurück. Die Suevenkönige Rechila und Rechiar konnten ihren Herrschaftsbereich ständig erweitern, bis sie zwischen 448 und 449 die Westhälfte der Halbinsel eroberten und mit den römischen Behörden in Konflikt gerieten. Um die Mitte des 5. Jh. (ab 454) drang ein westgotischer Truppenkörper unter Führung des Fürsten Friederich, eines Bruders König Theodorichs II., erneut in Spanien ein, um die Römer bei der Niederschlagung der Bagaudenaufstände in der Tarraconensis, im Gebiet um Taragona, Saragossa und Lérida, zu unterstützen.

Zwei Jahre später (456) zog Theodorich II. persönlich mit einer großen Heeresmacht nach Spanien, um mit Zustimmung des Kaisers Avitus die Expansion der Sueven unter Rechiar aufzuhalten. Geiserich, der Vandalenkönig in Afrika, nutzte die Gelegenheit, um die Balearen zu besetzen, die bis zur Wiedereroberung seines Reiches durch die Byzantiner in seinem Besitz blieben. Nach jahrelangen Kämpfen beschlossen Sueven und Westgoten 462, ihren jeweiligen Einflußbereich in Spanien abzugrenzen. Es wird angenommen, daß diese Abmachung das Seßhaftwerden der Westgoten begünstigte und daß viele westgotische Niederlassungen in Kastilien auf jene Zeit zurückgehen, so vor allem die *campi gothorum* in der Tierra de Campos, die seit Mitte des 5. Jh. die Hauptmasse der gotischen Bevölkerung aufnahmen. Erst um die Mitte des 8. Jh., als die Bewohner nach Galicien und Nordportugal geführt wurden, entvölkerte sich das Gebiet[1]. Die Philologen haben etwa 80 Ortsnamen aufgezeigt, die auf die Existenz gotischer Volksgruppen schließen lassen, obwohl die Romanisierung der Sprache, Sitten und Religion im 8. Jh. bereits weit fortgeschritten war. Man denke nur daran, daß die in Spanien ansässigen Westgoten um 600 ihre überlieferten Trachten aufgaben, um sich fortan nach Art der Einheimischen zu kleiden.

Verschiedene Autoren, so z. B. Ramón Menéndez Pidal und Luís García de Valdeavellano, vertreten die Ansicht, daß unter Eurich (seit 466) und Alarich II. (seit 484) nahezu 200000 Westgoten nach Spanien zurückkehrten. Andere Autoren hingegen – so Reinhart – sprechen von nur 80000. Schon die Diskrepanz zwischen beiden Angaben verdeutlicht die Unzulänglichkeit der demographischen Zählungen. Auf jeden Fall dürfen wir annehmen, daß es sich um eine Minderheit im Vergleich zu der mehr oder weniger stark romanisierten einheimischen Bevölkerung gehandelt hat, die optimistisch auf etwa 9 Millionen geschätzt werden kann. Und das erklärt auch, warum die Goten bei der Landesverteilung, die im Vergleich zu anderen germanischen Reichen verhältnismäßig spät erfolgte, die Hälfte oder sogar zwei Drittel statt des üblichen Drittels bekamen und zusammen mit den Anbaugebieten nicht nur das Vieh und Ackergerät, sondern auch die Kolonen und Sklaven der ehemaligen Herren oder *possessores* erhielten. Die Germanen bildeten die führende Schicht, aber in der Minderheit, und die Gefahr der Zersplitterung führte zwangsläufig zur Konzentration auf Dörfer in bestimmten Zonen, selbst wenn dadurch die Verschmelzung mit der mehr oder weniger romanisierten Bevölkerung erschwert wurde[2].

Der Friede mit den Sueven (um 462) war von kurzer Dauer. Die Feindseligkeiten flackerten erneut auf, und Eurich beschloß zwischen 470 und 475, die Tarraconensis zurückzuerobern. Von Pamplona aus drangen die Westgoten durch das Ebrobecken vor, und vom Roussillon aus fielen sie in Katalonien ein und eroberten Tarragona. Eine andere Gruppe von Goten stieß 494 über die Pyrenäen vor, möglicherweise über Roncesvalles, und setzte sich 497 am unteren Ebro fest, bis es ihnen 506 gelang, Tortosa einzunehmen.

Im ausgehenden 5. Jh. hatten sich die Goten somit bis an die Grenzen Estremaduras vorgeschoben und hielten einen Teil Portugals, die kastilische Meseta, das Ebrotal und Katalonien besetzt. Unter suevischer Herrschaft blieben Galicien und ein Teil Portugals, und die Balearen (Mallorca, Menorca und Ibiza) waren von den Vandalen immer noch der Gerichtsbarkeit des Statthalters von Sardinien unterstellt.

Was den Charakter der aufeinanderfolgenden Westgoteneinfälle in Spanien im Laufe des 5. Jh. betrifft, so hat Ramón de Abadal auf den Unterschied hingewiesen, der zwischen den ganz Spanien erfassenden Truppenbesetzungen politisch-militärischer Art einerseits und den auf die kastilische Meseta beschränkten Wanderungen des Volkes andererseits existiert haben muß. Diese letzteren hatten ihren Schwerpunkt im Gebiet um Segovia und Toledo und erstreckten sich über Burgos, Soria, Alcalá, Madrid, Valladolid und Palencia, mit bedeutenden Niederlassungen in Castiltierra, Duratón, Deza, Suellacabras, Palazuelos etc. Auf die bäuerlichen Siedler gehen in der kastilischen Sprache etwa dreißig Ausdrücke zurück, die ländliche und handwerkliche Tätigkeiten bezeichnen.

Die große politisch-militärische Invasion kann aber auch eine Folge der Niederlage gewesen sein, die die Truppen des Frankenkönigs Chlodwig den Westgoten bei Vouillé (507) zugefügt hatten. Seit dem 6. Jh. verstärkte sich der Einfluß der Westgoten in Spanien zusehends, wenn auch die wiederholten Interventionen von Franken, Ostgoten und Byzantinern die Festigung des Reiches ein wenig verzögerten oder erschwerten. Noch 531 dauerten die Kämpfe zwischen Franken und Westgoten in der Narbonensis an, und der Gotenkönig Amalarich (511–31), der vom Frankenkönig Hildebert in Narbonne geschlagen worden war, mußte bis Barcelona fliehen, wo er von einem Franken namens Boson erwürgt wurde.

Mit Leovigild (568–586), dem bedeutendsten Monarchen, kann die Herrschaft der Westgoten als endgültig gefestigt gelten, und seit der Erhebung des Katholizismus zur Staatsreligion (3. Konzil von Toledo, 589) unter seinem Sohn Rekkared (586–600) standen auch die Bischöfe auf der Seite des gotischen Königtums[3].

Etwa 45 Grabstätten aus dem 6. und 7. Jh. sind fragmentarisch durchforscht worden. Sie liegen überwiegend in dem Gebiet, das von den Oberläufen des Ebro, Duero und Tajo umschlossen ist und ein umgekehrtes Dreieck in den heutigen Provinzen Soria, Burgos, Segovia und Toledo bildet, mit Abzweigungen nach Valladolid, Salamanca, Cáceres und Badajoz und vereinzelten Stätten in Gerona, Alicante, Granada, Jaén und Córdoba[4].

Einstweilen kann noch nichts über die Bevölkerungsdichte im gotischen Spanien gesagt werden. Daß die Zahl der Germanen sich auf 300000 belaufen haben soll und diese somit auf der Halbinsel (wenn wir von 9 Millionen Bewohnern ausgehen, die sich gegen Ende des Reiches auf 11 Millionen vermehrt haben könnte) 1–3 % der Gesamtbevölkerung ausmachten – für diese Annahme gibt es noch keinen Beweis. Werner hatte mit der gewissenhaften Erforschung des Friedhofs von Castiltierra bei Segovia begonnen und bis 1946 etwa 400 von insgesamt 8000 Grabstätten aus dem 6. und 8. Jh. ausgegraben. Er nahm an, daß die Nekropole einem Siedlungsgebiet von 2000 Personen, meist bescheidenen Bauern, entsprach[5]. Aber seither ist keine systematische, umfassende Forschungsarbeit, wie sie in anderen Ländern (z.B. England) durchgeführt wurde, mehr geleistet worden, und die zeitliche und kulturelle Abgrenzung der kastilischen Grabstätten aus dem 6. bis 9. Jh., die vornehmlich auf der Typologie der Fibeln basierte, ist bei weitem nicht so genau, als daß man daraus irgendwelche Schlüsse ziehen könnte.

Aus der Tatsache, daß Chindasvinth (642–649) 200 *primates* (Vornehme) und 500 *gardingi* (Hausgenossen), also 700 Adlige töten ließ, um die königliche Autorität in Spanien wiederherzustellen, darf man vermuten, daß es zumindest ebenso viele Königstreue gegeben haben muß. Man könnte demnach die Existenz von 400 Familien von *seniores* oder *primates* und mindestens 1000 Familien von *gardingi* annehmen und die westgotische Oligarchie – vorbehaltlich einer gewissen Irrtumsspanne – auf etwa 1500 Familien, d.h. 7000–10000 Personen schätzen. Rechnet man nun auf je 2,5 Familien des niederen Adels eine Familie des Hochadels und 25 Familien von Freien (also insgesamt 187000 plus 10000 Personen), so käme man auf die ziemlich ungewisse Zahl von 200000 Westgoten. Wenn wir diesen unsicheren Pfad weiterverfolgen und bedenken, daß Chindasvinth im Jahre 645 das Gesetz über die Höhe der Mitgift bestätigte, wonach dieser je 10 junge Sklaven und Sklavinnen und ebenso viele Pferde hinzugefügt werden durften, und berücksichtigen ferner, daß die Mitgift nicht mehr als ein Zehntel des Familienvermögens betragen durfte, so erlaubt eine einfache Rechnung, den Mindestbestand der gotischen Adelsfamilien an Sklaven und Pferden auf etwa 300000 anzusetzen.

Seit der Promulgation des *Liber iudiciorum* (654) wurde die Eingliederung der hispanischen Bevölkerung in den Westgotenstaat offenkundiger, wenn auch die Judenverfolgungen und der sich daraus vor allem in den Städten entwickelnde Kryptojudaismus ein ständiger Alptraum bis in die letzten Tage des Reiches im beginnenden 8. Jh. blieben. Dabei belief sich die Zahl der Juden nur auf etwa 55000.

Was den orientalischen Bevölkerungsanteil betrifft (Syrer und Byzantiner), insbesondere in der Zeit von 554 (Einfluß Athanagilds) bis 629 (Ende der Vertreibung), so ist neben ihrer vorwiegend von den Häfen Cartagena und Valencia ausgehenden Handelstätigkeit auch ihr politischer Einfluß in den unter byzantinischer Herrschaft stehenden südlichen und östlichen Küstengebieten hervorzuheben. Über ihre Zahl läßt sich freilich nicht einmal annähernd etwas sagen[6].

2. Die Gesellschaft im gotischen Spanien

Die politische Organisation war, wie in den übrigen germanischen Staaten, auch in der gotischen Gesellschaft die Monarchie. Der König verkörperte jegliche Gewalt. Theoretisch gesehen war die Monarchie aufgrund des agnatischen Thronfolgesystems erblich; auch war die Mitregentschaft zwecks Sicherung der Thronfolge üblich. Die Praxis aber sah anders aus: Wahlen, Verschwörungen und Umstürze erwiesen sich als wirksame Mittel, den Thron zu erlangen. Wamba (672–80) führte – so berichtet der heilige Julian – die Zeremonie der Königssalbung in Toledo ein, um eine zuverlässigere Garantie für das Leben des Königs zu haben, dessen Person nunmehr als geheiligt galt[7].

Der König konnte seine Macht nur mit Hilfe verschiedener, an der Regierung beteiligter Institutionen ausüben. Es waren dies: 1) die Generalversammlungen und Konzilien der Granden[8], zu denen die *primates*, die *seniores* (einschließlich der *gardingi*) sowie die *ingenui* oder freien Goten zugelassen waren; 2) der Rat oder die *Aula regia*, ein beratendes Organ, das für die Ausarbeitung der allgemein gültigen Gesetze zuständig war und 3) die *officia* oder Palastbehörden, denen die Führung des Königshauses und die Zentralverwaltung oblag.

Das Königreich Toledo, das nach Ansicht Abadals seit Leovigild – er folgte nach dem agnatischen System auf seinen Bruder Liuva – als Erbmonarchie bestand, dauerte 143 Jahre und wurde von 19 Königen regiert, von denen die Mehrzahl, nämlich 11, eines natürlichen Todes in der Ausübung ihres Amtes starben.

Seit der Eroberung der Tarraconensis existierte im westgotischen Spanien eine politisch-militärische Oligarchie, deren Einflußbereich sich über den größten Teil der Halbinsel erstreckte. Die Masse der gotischen Bevölkerung konzentrierte sich freilich auf Innerspanien, so daß sich die Wahl Toledos zur Hauptstadt des spanisch-gotischen Reiches ergab. Die Oligarchie wurde von einer Anzahl von Magnatenfamilien gebildet, die durch das Band der *fidelitas* an den König gebunden waren. Alle diese königstreuen Familien besaßen eine mehr oder weniger große Zahl von Sklaven. Aus den Reihen der *primates* oder Magnaten gingen die *vires illustri*, die Beamten des *palatium* oder Königshofes, sowie die *duces* hervor, denen die Regierung der Provinzen oblag. Ursprünglich wurden die Herzöge, die obersten Richter des Territoriums, vom Volke selbst gewählt, doch wurden sie in der Monarchie in die Hierarchie der höchsten Beamten eingegliedert. Ihnen folgten in der hierarchischen Ordnung die *seniores*, zu denen – noch innerhalb der adligen Rangordnung – die *mediocres* und die *gardingi* gehörten, auch sie durch den Gefolgschaftseid an den König gebunden und seiner militärischen Klientel, dem Kern des Heeres zugehörig, in dem sie zu Pferd kämpften[9].

Diese gotische Oligarchie mit ihren Tausenden von Gefolgsleuten und *saiones* bildete die Grundlage der militärischen Macht. Auf dem 13. Konzil von Toledo (683) waren 26 hohe Beamte des hohen Palatium oder Königshofes anwesend, ferner die regierenden Herzöge der sechs Provinzen, in die das Land aufgeteilt war, 61 Grafen aus bedeutenden Städten, sowie die entsprechenden *thiuphadi, vicarii* und *numerarii*. Claudio Sánchez Albornoz hat darauf hingewiesen, daß die Vasallität der gotischen Adligen zu ihrem König und die *fides*, durch die sie an ihn gebunden waren, die Grundlage des Staates bildeten, der sich auf eine politisch-militärische, durch die eidlich verpflichtete Oligarchie abgesicherte Struktur stützte.

Die Bischöfe, die seit dem 6. Jh. eine wichtige Rolle im städtischen Leben spielten, waren zu 60–70 v. H. Hispanoromanen und nicht Goten[10]. Sie gliederten sich im 7. Jh., nachdem der Staat sich zum Katholizismus bekannt hatte (3. Konzil von Toledo, 589), in die Landesregierung ein. Vermutlich hat aber schon vorher eine gotisch-arianische Hierarchie bestanden, die ebensoviel oder noch mehr Einfluß besaß als später die katholischen Bischöfe.

Die freien Goten oder *ingenui* waren die *minores* oder *inferiores* der germanischen Gesellschaft; doch durften sie Handel treiben, Ländereien und andere Güter besitzen und sich frei bewegen, ganz gleich, ob sie in den Städten oder auf dem Lande lebten. Als Kaufleute, Handwerker, Kleinbesitzer, Freigelassene und *encomendados* im Dienst eines *possessor* bildeten sie die Masse der freien Bevölkerung.

Die Hispanoromanen, die sich auf 9–11 Millionen belaufen haben sollen, wenn wir uns an die zwar nicht stichhaltig belegten, aber allgemein genannten Zahlen halten, bildeten das Hauptelement der Untertanen neben einer jüdischen Minderheit, die auf 50 000 Personen geschätzt wird und überwiegend in den Städten lebte.

Die Juden waren seit Anfang des 7. Jh. Verfolgungen ausgesetzt. Gegen Ende des gleichen Jahrhunderts gab es jedoch Juden, die, zum Katholizismus bekehrt, Geistliche oder sogar Bischöfe wurden. Ihren jüdischen Namen behielten sie als *cognomen* bei. Die zum Christentum übergetretenen Juden konnten freien Handel mit den Christen treiben; Sklaven wurden freigelassen. Egica (687–701) hingegen erließ ein Gesetz gegen Christen, die sich zum Judentum bekehrten, und Bischöfen und Geistlichen war es verboten, Juden zu Verwaltern der Kirchengüter zu bestellen. Die judenfeindliche Gesinnung spiegelt sich besonders deutlich in den Gesetzen des Reekesvinth (649–72), nach denen es den Juden untersagt war, das Passahfest zu feiern, den Sabbat zu heiligen, sich zu beschneiden, sich nach ihrem Gesetz zu vermählen und bei Gericht gegen Christen auszusagen. Andererseits wurden sie zum Genuß von Schweinefleisch und -fett gezwungen.

Die Masse der unfreien Bevölkerung – es gab persönliche und territoriale Sklaven – muß beträchtlich gewesen sein. So erlangte z.B. ein Sklave, der seinem Herrn entfloh, nach 30 Jahren die Freiheit, und nach 50 Jahren hatte niemand mehr Anspruch auf ihn. Aber wie vielen mag es schon gelungen sein, auf diese Weise die Freiheit zu erlangen? Wenn ein Sklave die Sklavin eines anderen Herrn heiratete, so gehörte der erste Sohn beiden Herren, während sie sich in die folgenden teilten. Der erste Sohn mußte bis zum 12. Lebensjahr bei der Mutter bleiben. Danach zahlte der Herr, falls er ihn haben wollte, die Hälfte des Preises an den Herrn des Vaters.

Der Sklavenhandel scheint ziemlich weit verbreitet gewesen zu sein. Skrupellose Händler griffen fremde Sklaven auf und verkauften sie in anderen Gegenden, wo niemand von der Herkunft der Ware wußte. Erkannte ein Herr einen Sklaven als den seinen wieder, so konnte er zum Ausgleich vier andere Sklaven oder den Gegenwert der Geldstrafe, die auf Totschlag stand, d.h. 300 Solidi, verlangen. Der gesetzlich anerkannte Durchschnittswert eines Sklaven betrug demnach 75 Solidi.

Die Grausamkeit der Herren gegenüber ihren Sklaven ging so weit, daß sie sie ungestraft töten konnten. Häufig wurden blutige körperliche Strafen verhängt, wie das Abschneiden einer Hand, der Zunge, eines Ohrs, eines Fußes etc. Um Milderung solcher Sitten bemüht, ließ Egica Herren, die zu derartigen Strafen griffen, für drei Jahre von ihren Gütern verbannen. Die Freilassung eines Sklaven, die schriftlich vor drei oder fünf Zeugen erfolgte, galt als edle Tat von Seiten des Herrn; freilich wurde erwartet, daß der Freigelassene seinen bisherigen Herrn nicht verließ. Ebenso hatte ein von der Kirche Freigelassener weiterhin in ihren Diensten zu bleiben und wie zuvor ihre Felder zu bestellen.

Die Organisation der Familie und der Zusammenhalt zwischen den einzelnen Familienmitgliedern war auch in dieser Gesellschaft von grundlegender Bedeutung. Nach dem *Forum Judicum* (Mitte 7. Jh.) war die Ehe zwischen einer freien Hispanoromanin und einem Goten gestattet und umgekehrt zwischen einem freien Hispanoromanen und einer Gotin. Der Vater verlobte seine Tochter. Während des Verlöbnisaktes küßten sich die Brautleute und händigten die Brautgaben aus, die im Falle einer Auflösung des Verlöbnisses zurückgegeben wurden. Auch sollte die Ehe spätestens zwei Jahre nach dem Verlöbnis geschlossen werden. Die Brautgaben durften nicht mehr als ein Zehntel des Familienvermögens betragen. Brüder und Onkel waren am Abschluß des Ehekontraktes beteiligt, und eine ohne Zustimmung der Familie geschlossene Ehe führte zu Enterbung. Häufig vermählten sich junge Männer aus Habgier mit Witwen oder Ledigen vorgerückten Alters. Rekkesvinth ordnete daher an, daß die Frau jünger als der Ehemann sein müsse. Vergehen gegen die Ehre der Frau oder die Würde der Ehe wurden hart bestraft. So konnte ein Vater seine ehebrecherische Tochter töten, ohne deswegen bestraft zu werden. – Mit 14 Jahren konnten die Kinder als Zeugen auftreten, mit 20 eine Erbschaft antreten. In den Adelsfamilien war es Sitte, die Kinder bis zum 10. Lebensjahr von einer Amme aufziehen zu lassen, die hierfür jährlich einen Goldsolidus erhielt.

Die Mentalität dieser Gesellschaft spiegelt sich in ihren religiösen Vorstellungen, in der Existenz von Wahrsagern und Zauberern, bei denen sich die freien Männer Rat holten, sei es, um mittels Zaubereien Hagel auf fremde Weinberge und Kornfelder herabzuziehen oder mittels Zauberbündnissen Schaden an Personen oder Tieren zu stiften, sei es, um mit Dämonen zu sprechen oder den Willen von Frauen und Männern zu beeinflussen. Es gab Leute, die des Nachts magische Kreise zogen und den Teufeln Opfer brachten; andere verabreichten schwangeren Frauen Kräutergetränke, um die Leibesfrucht abzutöten. Es gab sogar Väter, die ihre neugeborenen Kinder töteten.

Hohes Ansehen genossen hingegen in dieser recht und schlecht christianisierten Gesellschaft die Einsiedler, bei denen man – nach Valerio del Bierzo, einem Autor des 17. Jh. – dank der ihnen innewohnenden göttlichen Gnade Heilung von seinen Leiden oder die Enthüllung der Zukunft suchte. Der Einfluß des Priscillianismus, einer asketischen Bewegung, deren Anhänger Heiligung außerhalb der organisierten kirchlichen Gemeinschaft erstrebten, muß insbesondere auf der westlichen Halbinsel groß gewesen sein, und seine Praktiken bildeten ein weiteres Hindernis für die religiöse Einheit, die durch das viele Generationen währende Zusammenleben von Arianern und Katholiken mit der jüdischen Minderheit an sich schon auf schwachen Füßen stand[11].

Die häufigen Anklagen wegen Diebstahl, Totschlag, Ehebruch, Giftmord und die Härte der Strafen, mit denen die Vergehen geahndet wurden, deuten auf eine barbarische, primitive Gesellschaft hin. Im allgemeinen bestimmte der König die Richter, doch konnten die streitenden Parteien bei kleineren Strafsachen ihre Richter selbst wählen. Diese hatten Anspruch auf den zwanzigsten Teil der von ihnen verhängten Geldstrafen[12].

3. Aspekte der spanisch-gotischen Wirtschaft[13]

a) Landwirtschaft

Das 645 von Chindasvinth wieder eingeführte Mitgiftgesetz bestimmte, daß die wohlhabenden Goten dem Betrag 20 Sklaven und 20 Pferde sowie 1000 Solidi *in ornamentis* hinzufügen konnten. Diese Zahlen lassen darauf schließen, daß der gotische Adel über ein Vermögen von mindestens 15 Millionen Goldsolidi verfügt haben muß. Wahrscheinlich ist die tatsächliche Gesamtsumme weit höher anzusetzen. Rechnet man nämlich den Wert von 300 000 Sklaven und 300 000 Pferden hinzu, so ergibt sich eine erheblich höhere Zahl.

Ackerbau und Viehzucht bildeten auch im germanischen Spanien die wirtschaftliche Grundlage. Welchen Schutz die Landwirtschaft genoß und wie hoch der Grundbesitz geachtet wurde, geht aus der rechtlichen Sicherung der Landteilungen hervor, die im Zuge der Seßhaftmachung der Goten durchgeführt wurden und selbst in späterer Zeit gültig blieben, als man noch zwischen den Erbteilungen unter Geschwistern und solchen zwischen Goten und Hispanoromanen unterschied. Die prozentuale Aufteilung – zwei Drittel für die Goten, ein Drittel für die Romanen – stand hier im Gegensatz zu der in anderen germanischen Reichen üblichen Proportion. Das mag an besonderen Umständen gelegen haben, wie z. B. dem späten Zeitpunkt der Aufteilung und dem Schutzbedürfnis angesichts der inneren Lage. Wegen der zahlenmäßigen Diskrepanz zwischen Westgoten und Hispanoromanen mag die Aufteilung des Ackerlandes als weniger hart empfunden worden sein. Anscheinend waren Berge, Wälder und Wiesen von der Teilung ausgenommen, jeder behielt vielmehr die gleichen Nutzungsrechte. Nur Häuser und Ackerland in bestimmten Zonen fielen unter die verpflichtende Anerkennung der *hospitalitas*. Wurden Berge oder Wälder gerodet, so teilte man sich in die Erträge aus der Bewirtschaftung. Die Grundstücke waren abgegrenzt, und die Grenzsteine durften weder entfernt noch versetzt werden.

Es überwog der als *villa* bezeichnete Großgrundbesitz, der von Sklaven oder Freigelassenen bestellt und von einem Agenten oder *villicus* verwaltet wurde. Auch konnten Grundstücke zu einem festen Jahreszins in Pacht gegeben werden. Wurde dieser Zins 50 Jahre lang nicht bezahlt und vom Grundherrn nicht angefordert, so ging das Grundstück in den Besitz des Pächters über. Auch Ländereien, die vom Besitzer nicht beansprucht wurden, gehörten nach Ablauf von 50 Jahren den Kolonen, die sie bestellten und bewirtschafteten.

Angebaut wurden Getreide – vor allem Gerste, die zu einer Art Torten oder Broten verarbeitet wurde –, Gemüse und Wein. Die Weinlese dauerte von September bis Mitte Oktober. Das Grundnahrungsmittel bildeten die Brotgetreidesorten. Auch die Imkerei spielte eine wichtige Rolle, wurde doch Honig als übliches Würzmittel verwandt. An Obstsorten zog man vorwiegend Äpfel und Oliven. Über die Anbaubedingungen ist uns ebensowenig bekannt wie über Klimaänderung, Epidemien, Plagen, Dürrezeiten. Allerdings findet sich im *Liber Iudiciorum* ein Hinweis auf Heuschrecken, die die Weizenfelder in der Carthaginensis vernichtet haben sollen.

In den Landhäusern hielt man Hunde zum Hüten des Viehs, Schweineherden, die sich von Eicheln in den Bergen ernährten, sowie Kampfstiere. Für die Feldarbeit lieh man sich Ochsen aus, so z. B. zum Pflügen oder zum Einbringen der Ernte. Hengste, Stuten und auch Ochsen waren sehr geschätzt – Ochsen und Stuten trugen Viehglocken –; eine Kuh hingegen war nur halbsoviel wert, ein Schaf oder Lamm sogar nur ein Drittel. Schafe und Rinder waren in der Überzahl. Stuten und Kälber pflegte man nach ihrem Alter zu sondern und zu bewerten.

b) Geld- und Kreditwesen

Schriftlich niedergelegte Vereinbarungen wurden außerordentlich respektiert. Bei schwerer Strafe (z. B. 100 Peitschenhiebe) war es verboten, den Inhalt eines Dokumentes zu fälschen. Verkäufe und Darlehen bedurften schriftlicher Beglaubigung. Als Schreibgerät für diese Art von Texten benutzte man für gewöhnlich Schiefertafeln. Bei Darlehen wurde ein Höchstzins von jährlich einem Solidus für je acht geliehene Solidi festgesetzt, zweifellos ein Wucherzins, wenn man bedenkt, daß ein Zinssatz von 12,5 % als üblich und legal galt. Bei Darlehen in Form von Brot, Wein oder Öl durfte der Höchstzins nicht mehr als ein Drittel der geliehenen Menge betragen.

Pedro de Palol hat eine Karte der westgotischen Münzstätten angefertigt, auf der 65 Prägestätten verzeichnet sind, die – wohl mit Ausnahme der Tierra de Campos – über ganz Spanien verteilt waren. Da die meisten Münzstätten des gotischen Staates in den Grenzzonen lagen, vermuteten M. Vigil und A. Barbero, daß ein Gutteil der Münzen nicht zur Förderung der Kapitalbildung oder Bargeldanlage gotischer Familien, sondern zur Entlohnung der Truppen bestimmt war, die im Kampf gegen rebellische Einheimische standen (vor allem Basken, Kantabrer und Asturier). Die Fälschung von *Solidi* und *Tremisses* oder Drittel-Solidi (ca. 1,5 g schwer) wurde mit Abschlagen der rechten Hand bestraft. Trotz der Emission von Solidi und *Trientes* (= *Tremisses*) durch den Staat ist es gut möglich, daß die Tauschwirtschaft weiter verbreitet war als die Geldwirtschaft. Von 507 bis zu Leovigild wurden die Münzen auf den Namen der byzantinischen Kaiser Justinus I. und Justinian geprägt, möglicherweise im Hinblick auf Zahlungen außer Landes. Später ließ der jeweilige Westgotenkönig seinen Namen auf die Münzen setzen. Es wird vermutet, daß der Feingehalt der Münzen im Gotenreich um 26 % gesenkt worden ist, was sich vor allem auf die ärmere Bevölkerung nachteilig ausgewirkt haben mag. Freilich wissen wir nicht, in welchem Maße sie davon betroffen war. In den wenigen, auf Schiefertafeln überlieferten Texten über Bodenkäufe und -verkäufe sind die Preise allerdings in Goldsolidi angegeben. Die Flächen- und Hohlmaße waren, wenigstens der Bezeichnung nach, von den Römern übernommen worden.

Gold wurde nicht nur als Zahlungsmittel verwandt; es diente auch zur Verzierung persönlicher Gebrauchsgegenstände (Fibeln und Schnallen) und kunstgewerblicher Geräte (man hat sie an 143 verschiedenen spanischen Orten gefunden). Gemünzt, von rein symbolischem Wert, wurde es sogar Gräbern beigegeben, damit der Verstorbene seinen Übergang ins Jenseits bezahlen konnte. Das Horten von Schätzen durch das Königshaus, den Adel und die Kirche wurde, wie wir wissen, als Symbol und Garantie der Macht gewertet.

c) Handel

Die Existenz eines Außenhandels, der von überseeischen Händlern und Fremden im Einverständnis mit ansässigen Juden und Hispanern betrieben wurde, ist durch ein Gesetz des *Forum Judicum* (Buch XI, III, 1) belegt, das die wichtigsten Handelsgüter erwähnt: Gold, Silber, Tuche und Gewänder. Diese Händler ließen sich, während sie das Land durchquerten, die Waren von spanischen Sklaven gegen einen Tagelohn nachtragen.

d) Gewerbe

Das Nahrungsmittelgewerbe (Mehl, Öl, Wein, Apfelwein und Bier) sowie die Metall- und Tuchindustrie wurden fast unverändert von den Römern übernommen. Neben den *collegia* der freien Handwerker in den Städten gab es die *operarii* der Herrenhäuser auf dem Lande. Neuerungen wurden auf diesem Gebiet wohl kaum eingeführt; man beschränkte sich vielmehr auf die Fortführung des Überlieferten. Auch der Bergbau hat anscheinend weiterbestanden. Ob jedoch die Förderung, wie behauptet wurde, im Vergleich zur Römerzeit zurückgegangen ist, darüber wissen wir mangels ausreichender Zeugnisse ebensowenig wie über viele andere Aspekte der spanischen Wirtschaft zur Germanenzeit.

[1] *Cl. Sánchez-Albornoz:* Despoblación y repoblación del Valle del Duero. Universidad de Buenos Aires (1966).

[2] *A. Garcia Gallo:* Notas sobre el reparto de tierras entre romanos y visigodos. In: Hispania 4 (1941), S. 40–63.

[3] *J. N. Hillgarth:* La conversión de los visigodos. Notas críticas. In: Analecta Sacra Tarraconensia 24 (1961), S. 17–26.
J. M. Lacarra: La iglesia visigoda en el siglo VII y sus relaciones con Roma. In: Settimane di Studio di Spoleto. Le Chiese I, S. 353–384.
C. H. Lynch und *P. Galindo:* San Braulio, obispo de Zaragoza (631–651). Su vida y sus obras. Consejo Superior de Investigaciones Científicas (1950).
E. A. Thompson: The conversion of the Visigoths to Catholicism. In: Nottingham Medieval Studies 4 (1960), S. 4–35.
C. Torres Rodriguez: Reintegración de los suevos en la Iglesia Católica. San Martín de Braga. In: Boletín de la Universidad Compostelana 66 (1958), S. 11–30.
L. Vazquez de Parga: La División de Wamba. Contribución al estudio de la historia y geografía eclesiásticas de la Edad Media española. Consejo Superior de Investigaciones Científicas (1943).

[4] *P. de Palol:* Demografía y arqueología hispánica de los siglos IV al VIII. Ensayo de cartografía. In: Boletín del Seminario de Estudios de Arte y Arqueología 32 (1966).
W. Hubener: Zur Chronologie der westgotenzeitlichen Grabfunde in Spanien. In: Madrider Mitteilungen 11 (1970).
Ders.: Zur chronologischen Gliederung des Gräberfeldes von San Pedro de Alcántara, Vega del Mar (Prov. Málaga). In: Ebd. 6 (1965), S. 195–214.

[5] *J. Werner:* Las excavaciones del Seminario de Historia Primitiva del Hombre en 1941, en el cementerio visigodo de Castiltierra (Segovia). In: Cuadernos de Historia Primitiva I (1946).

[6] *L. A. Garcia Moreno:* Colonias de comerciantes orientales en la Península Ibérica. Siglos V al VII. In: Habis 3 (1972), S. 127–154.

[7] *A. Barbero:* El pensamiento político visigodo y las primeras unciones regias en la Europa medieval. In: Hispania 30, Nr. 115 (1970).
J. Orlandis: El poder real y la sucesión al trono en la monarquía visigoda. Estudios Visigóticos, III. Consejo Superior de Investigaciones Científicas (1962).

[8] *H. H. Anton:* Der König und die Reichskonzilien im westgotischen Spanien. In: Historisches Jahrbuch 92 (1972), S. 257–281.

[9] *H.-J. Diesner:* König Wamba und der westgotische Frühfeudalismus. In: Jahrbuch der öst. byzantinischen Geschichte 18 (1969), S. 7–35.
L. A. Garcia Moreno: Estudios sobre la organización administrativa del reino visigodo de Toledo. In: Anuario de Historia del Derecho Español (1974).
Ders.: Algunos aspectos fiscales de la Península Ibérica durante el siglo VI. In: Hispania Antigua I (1971), S. 233–256.
Cl. Sánchez-Albornoz: En torno a los orígines del feudalismo, I: Fideles y gardingos en la monarquía visigoda. Raíces del vasallaje y del beneficio hispanos (1942, Neudr. 1974); grundlegende Arbeit zur Gesellschaft.
Ders.: El „stipendium" hispano-godo y los orígines del beneficio pre-feudal (1947).
Ders.: El gobierno de las ciudades de España de los siglos V al X. In: Settimane di Studio di Spoleto: La Città nell'Alto Medievo (1949), S. 359–391.
Ders.: Pervivencia y crisis de la tradición jurídica romana en la España goda. In: Estudios sobre las instituciones medievales españolas. Universidad Autónoma (1965), S. 547–613.
M. Vigil und *A. Barbero:* Algunos aspectos de la feudalización del reino visigodo en relación a su organización financiera y militar. In: Moneda y Crédito 112 (1970), S. 71–91.

[10] *J. Orlandis:* El elemento germánico en la iglesia española del siglo VII. In: Anuario de Estudios Medievales 3 (1966), S. 27–64.

[11] *J. Fernandez Alonso:* La cura pastoral en la España romano-visigoda. Iglesia Nacional Española (1955).

[12] *P. Merêa:* Estudos de direito visigótico. In: Acta Universitatis Coimbrigensis (1948).
A. d'Ors: La territorialidad del de los visigodos. Estudios Visigóticos I. Consejo Superior de Investigaciones Científicas (1956).
A. Garcia Gallo: Nacionalidad y territorialidad del Derecho en la época visigoda. In: Anuario de Historia del Derecho Español 13 (1936–1941), S. 168–264.

[13] *J. Orlandis:* Historia social y económica de la España visigoda. Libros de Bolsillo, 13. Confederación Española de Cajas de Ahorros (1975); die beste Zusammenfassung.

II. Der Islam

Quellen

Cl. Sánchez Albornoz: La España musulmana, según los autores islamitas y cristianosmedievales (2 Bde., ²1960); ausgezeichnetes Quellenverzeichnis mit vielen aus dem Lateinischen und Arabischen übersetzten Fragmenten. Darüber hinaus gibt *Sánchez Albornoz:* En torno a los orígines del Feudalismo, Bd. 2, Teil 2: Los árabes y el régimen prefeudal carolingio (1942) einen ausführlichen Bericht über die Fuentes de la historia hispano-musulmana del siglo VIII (Quellen der spanisch-muselmanischen Geschichte des 8. Jh., insbesondere S. 55–211, in dem alle Autoren des 8.–16. Jh. erwähnt sind, die sich auf das erste Jahrhundert der islamischen Herrschaft auf der Iberischen Halbinsel beziehen.

Corpus scriptorum mozarabicorum, hg. v. *J. Gil.* Consejo Superior de Investigaciones Científicas (2 Bde., 1973).

Ahmad al-Razí: Description de l'Espagne. Rekonstruktionsversuch des arabischen Originals und französische Übersetzung von *E. Lévy-Provençal.* In: „Al-Andalus“ 18 (1953), S. 51–108.

Ahmad Ibn Muhammad al-Makkari: The History of the Mohammedan Dynasties in Spain. Englische Übersetzung von *P. de Gayangos* (2 Bde., 1840–1843).

Ajbar Machmu'a, crónica anónima del siglo XI, hg. und ins Spanische übersetzt v. *E. Lafuente Alcantara* (1867).

Al-Juxaní: Historia de los Jueces de Córdoba. Spanische Übersetzung von *J. Ribera.* In: Slg. Crisol (1965).

Alvaro de Córdoba: Epistolario, hg. v. *J. Madoz.* Monumenta Hispaniae Sacra. Serie Patrística I. CSIC (1947).

Cronicón mozárabe de 754, unter dem Titel „Anonyme de Cordoue“, hg. v. *J. Tailhan* (1885).

Ibn al-Qutía: Historia de la conquista de España. Spanische Übersetzung von *J. Ribera.* Slg. arabischer Geschichts- und Geographiewerke II (1926).

Ibn Idharí al-Marrakushí: Histoire de l'Afrique du Nord et de l'Espagne musulmane intitulée „Kitab al-Bayăŋ al-Mughrib“. Hg. von *R. Dozy, G. S. Colin* und *E. Lévy-Provençal.* Bd. II: Geschichte des muselmanischen Spaniens (8.–11. Jh.) (1950).

Span. Übersetzung von *A. Huici Miranda:* Colección de crónicas árabes de la Reconquista. Bd. II, 2. Teil (1953).

Ibn Jaldun: Historia de los árabes de España. Span. Übersetzung von *A. Machado.* In: Cuadernos de Historia de España 4–8 (1946–1947).

R. Jimenez de Rada: Historia Arabum, hg. v. *J. Lozano Sanchez* (1974).

Liber Commicus, hg. v. *J. Perez de Urbel* und *A. Gonzalez.* In: Monumenta Hispaniae Sacra. Serie Litúrgica, III. CSIC (2 Bde., 1950–1955).

Literatur

T. Burckhardt: La civilización hispano-arabe (1977).

A. G. Chejne: Muslim Spain. Its History and Culture (1974); von ungleichem Wert, aber mit gestützt auf nicht übersetzte arabische Quellen.

M. Coll Alentorn: Els successors de Vititza en la zona Nord-Est del domini visigòtic. Real Academia de Buenas Letras de Barcelona (1971).

F. Codera: Narbona, Gerona y Barcelona bajo la dominación musulmana. In: Anuari de l'Institut d'Estudis Catalans 3 (1909–1910), S. 178–202.
R. P. Dozy: Historia de los musulmanes de España, hasta la conquista de los Almorávides (3 Bücher in 2 Bdn., 1930–1932).
A. González Palencia: Historia de la España musulmana (⁴1945); heute veraltet.
P. Guichard: Al-Andalus. Estructura antropológica de una sociedad islámica en Occidente (1976).
Ders.: Le peuplement de la région de Valence aux deux premiers siècles de la domination musulmane. In: Mélanges de la Casa de Velázquez 5 (1969), S. 103–158.
S. M. Imamúddin: Some aspects of the socio-economic and cultural history of Muslim Spain, 711–1492 A. D. (1965).
Ders.: The Economic History of Spain (Under the Umayyads 711–1031 A. C.) (1963).
M. Jamal al-Din: Descripción de al-Andalus, según los autores árabes durante la Edad Media. Unveröff. Diss. Barcelona (1958).
J. M. Miliás Vallicrosa: La conquista musulmana de la región pirenaica. In: Pirineos 2 (1946), S. 53–64.
E. Lévy-Provençal: Historia de la España, Bd. 5–6 (1950). Der zweite, auf die Institutionen bezügliche Band ist für die sozialen und wirtschaftlichen Aspekte wichtig.
M. Riu: Aportación de la arqueología al estudio de los mozárabes de al-Andalus. In: Tres estudios de historia medieval andaluza (1977), S. 85–112.
Cl. Sánchez-Albornoz: El Islam de España y el Occidente. In: Settimane di Studio 12 (1965), S. 149–389.
Ders.: Itinerario de la conquista de España por los musulmanes. In: Cuadernos de Historia de España 10 (1948), S. 21–74.
H. Terrasse: L'Islam d'Espagne, une rencontre de l'Orient et de l'Occident (1958).
J. Vallvé: Sobre algunos problemas de la invasión musulmana. In: Anuario de Estudios Medievales 4 (1967), S. 361–367.
Ders.: Al-Andalus et l'Ifriqiya au VIIIe siècle: Histoire et légende. In: Cahiers de Tunisie 18 (1970), S. 21–30.
J. Vernet: Los musulmanes españoles (1961).
Ders.: La cultura hispanoárabe en Oriente y Occidente (1978).
M. Watt: Historia de la España islámica (1970, engl. 1965).

1. Die Bevölkerung

Als die Muselmanen Anfang des 8. Jh. nach Spanien kamen, müssen auf der Iberischen Halbinsel höchstens 11 Millionen Menschen gelebt haben, eine Zahl, die von einigen offensichtlich pessimistischen Autoren auf nur 6 Millionen reduziert wird. Zwei Jahrhunderte später, bei Begründung des Kalifats von Córdoba, belief sich die Einwohnerzahl von *al-Andalus* – so nannten die Araber die Gesamtheit der spanisch-portugiesischen Gebiete unter muselmanischer Herrschaft (möglicherweise in Ableitung von *Wandalia,* „Land der Vandalen", oder von *tamurt Wandalus,* wie die nordafrikanischen Berber das Land anscheinend seit dem 5. Jh. bezeichneten) – auf etwa 15 Millionen. Wenn diese Zahlen stimmen, hätte sich die spanische Bevölkerung in wenig mehr als sechs Generationen um etwa 4 Millionen vermehrt. Das entspräche einem Zuwachs von 36 %, wenn man die oben genannte Höchstzahl von 11 Millionen als die glaubwürdigste zugrundelegt.

Die Bevölkerung war freilich alles andere als einheitlich; stammten doch die eingedrungenen Muselmanen aus den verschiedensten orientalischen Ländern (Syrien, Palästina, Irak, Arabien, Ägypten etc.), neben einem beachtlichen Anteil an nordafrikanischen Berbern und einer verschwindend kleinen Zahl reinrassiger Araber, die sich anfangs vielleicht auf nur 50 belaufen haben mag.

Unter Tarih kamen im Jahre 710 auf vier Schiffen etwa 400 Muslime – 300 Fußsoldaten und nur 100 Reiter – mit der Absicht nach Spanien, die Witizaner im Kampf gegen den Westgotenkönig Roderich zu unterstützen. Sie beschränkten sich jedoch auf einen Erkundungseinfall und kehrten bald nach Nordafrika zurück. Im Jahre darauf (711) wagten sich 7000 meist frisch zum Islam bekehrte Berber vor. Sie wurden von Tarih ibn Zayad befehligt – manche Autoren halten ihn für einen Perser, andere für einen Berber – und hatten diesmal einen breit angelegten Überfall im Sinn. Um weitere 5000 Krieger verstärkt, besiegten sie den Westgotenkönig Roderich an einem südspanischen Fluß – nach einigen Autoren soll es der Guadalete oder der Barbate, nach anderen der Guadarranque gewesen sein. (Vallvé ist der Ansicht, daß die arabische Wurzel dieses Flußnamens in Anspielung auf die Niederlage des Königs „rio de Rodrigo" = „Fluß des Roderich" bedeutet.) Mit diesem Sieg, der durch die Desertion der Anhänger Witizas aus dem Westgotenheer begünstigt worden war, standen den 12000 Islamiten die römischen Straßen Spaniens offen, das sie sich in knapp fünf Jahren fast vollständig unterwarfen. Unterstützung fanden sie bei unzufriedenen Goten und bis dahin verfolgten Juden, sowie bei schlecht assimilierten oder mangelhaft unterworfenen anderen Volksgruppen.

Einer Abteilung von 700 Reitern gelang es im Oktober 711, Córdoba einzunehmen. Weitere 18000, von Musa befehligte Muselmanen überquerten im Juli–August 712 die Straße von Gibraltar und stießen bis Sevilla vor. Im ganzen waren es also ungefähr 30000 muslimische Krieger, die sich Spaniens und Portugals bemächtigten. Die Widerstand leistenden Goten flüchteten in die Berge im Norden (Kantabrische Gebirge) oder ließen sich jenseits der Pyrenäen in Septimanien nieder, das bis um die Mitte des 8. Jh. in gotischem Besitz war. Einige Gruppen gelangten auf ihrer Emigration bis nach Mitteleuropa, so die Gründer von Reichenau unter Führung des Mönches Pirmin. Andere Goten, wie die um den Fürsten Todmir oder Theodemir von Murcia, unterwarfen sich dem Islam (713) und blieben unter einem milden, halbautonomen Regime (*ahd*) im Lande.

Im Jahre 716 war der Untergang des Westgotenreiches besiegelt. Kurz zuvor war Musa mit 30000 Gefangenen (einem Zehntel der wegen Widerstandes gegen den Islam gefangengenommenen 300000 Hispanern) und reicher Beute für den Kalifen von Damaskus nach Osten aufgebrochen. Gefestigt wurde die islamische Herrschaft auf der Iberischen Halbinsel durch ein politisch-militärisches Verwaltungssystem mit Schwerpunkten in den wichtigsten Städten des Territoriums und festen, wenn auch nicht sehr stark besetzten Garnisonen (300–500 Mann). 718 wurde Córdoba zur Hauptstadt erhoben, da Toledo, die alte Hauptstadt des gotischen Spaniens, einen starken christlichen Bevölkerungsanteil aufwies. Mit dem Emir oder Statthalter al-Hurr (719) kamen 400 der bedeutendsten Stammesführer aus Nordafrika herüber. Unter Al-Samah wurde zwischen 719 und 721 eine Bestandsaufnahme der unbewohnten oder beschlagnahmten Gebiete durchgeführt, der „Fünfte" (*jums*) für den Kalifen von Damaskus abgeteilt und ein weiterer Teil in Form von Leihgütern an die islamischen Soldaten vergeben[1]. Diese Militärgüter (*iqtá*), durch die die Soldaten zu Grundbesitzern aufstiegen, galten später als Lehnsgüter, wobei der Empfänger gegen Verpflichtung zu weiterem Heeresdienst die Nutznießung behielt, während sich der Staat die Nominalherrschaft vorbehielt. Dieses System hatten die Muselmanen anscheinend von den Byzantinern übernommen, die es schon seit dem 7. Jh. in verschiedenen Teilen ihres Reiches anwandten.

In Septimanien leisteten bis zum Jahre 720 Gruppen von Goten unter den Königen Agila und Ardo Widerstand, die – wie einige Autoren, wie z. B. Coll Alentorn, vermuten – auch in Katalonien, vor allem in den Gebirgszonen des Nordens, eine gewisse Macht ausübten. Um 725 fielen diese Gebiete zusammen mit dem übrigen Septimanien an die Muselmanen, seit 759 wurden sie von den Franken zurückerobert[2].

Von den unterworfenen Goten und Hispanern traten bis in die zweite und dritte Generation nur wenige zum Islam über, auch wenn einige Autoren das Gegenteil vermuten. Bis 750 mußte ein Nicht-Araber, wenn er Muslim werden wollte, als Klient (*maula*) einem arabischen Stamm beitreten. Den islamischen Behörden war freilich an solchen Übertritten nicht allzuviel gelegen, bedeuteten sie doch eine Schmälerung der Steuereinnahmen, von denen der Staat den Löwenanteil einsteckte. Diese Goten und Hispaner, die man als Mozaraber bezeichnete, wenn sie ihren christlichen Glauben beibehielten, lebten mit Arabern und Juden zusammen, wenn auch meist in getrennten Stadtvierteln. Sie durften Kirchen errichten und ihre eigene Lokalregierung bilden, wie andererseits den Juden ihre Synagogen und eigene Gemeindeordnungen zugestanden wurden. Wenn die für gewöhnlich genannte Zahl von 50000 bis 55000 stimmt, so stellten die Juden ein für die islamischen Behörden nicht gerade zu fürchtendes Kontingent dar, im Gegenteil, sie erwiesen sich als überaus wertvolle Hilfskräfte. Die Mozaraber stellten hingegen den weitaus größten Bevölkerungsanteil auf der Iberischen Halbinsel.

Obwohl nach islamischem Recht – ein auf den Koran zurückgehendes Recht rein religiösen Ursprungs – keine Mischehen gestattet waren, wurden schon seit Beginn der Eroberung Spaniens solche Ehen geschlossen. Der Emir Abd al-Aziz z. B., ein Sohn des Musa ibn Nusayr, nahm Egilona, die Witwe König Roderichs, zur Frau. Man darf nicht vergessen, daß die islamischen Krieger ohne ihre Frauen nach Spanien kamen. Ob mit oder ohne Eheschließung – die Geburtenziffer scheint zweifellos hoch gewesen zu sein (bei den Muslimen war die Polygamie üblich). Über die Sterbeziffer liegen zwar keine Angaben vor, doch kann z. B. eine erste Dürrezeit und Hungersnot, die bis Mitte des 8. Jh. gedauert haben muß, keine schwerwiegenden Folgen gehabt haben. Anders ließe sich der starke Bevölkerungsanstieg, auf den wir weiter oben angespielt haben, nicht erklären.

Die Bevölkerung konzentrierte sich um die Städte mit weitläufigen Außenbezirken und schönen Landsitzen (*almunias*) in Fluß- oder Küstennähe, wie Córdoba, Toledo, Mérida, Sevilla, Elvira (das spätere Granada), Málaga, Jaén, Lissabon, Valencia, Denia und Saragossa. Weite Gebiete Innerspaniens, vor allem auf der Meseta, blieben dagegen fast menschenleer. Die großen Städte bildeten die Zentren der Landesregierung und standen unter dem Schutz der islamischen Militärgarnisonen, denen sich die örtlichen Herrscher unterwerfen mußten. Spanien erhielt die Regierungsform eines Emirats, dessen Statthalter dem Kalifen von Damaskus unterstand. Die Flucht vornehmer gotischer Familien erleichterte die Verteilung herrenlosen Landes an die Neuankömmlinge. Es wurde ihnen von den Statthaltern abgetreten und hob sie somit in den Rang von Grundbesitzern. Um die Mitte des 8. Jh. war es allgemein üblich geworden, die Truppen nicht mehr mit Soldzahlungen, sondern mit Grund und Boden abzufinden, von dessen Erträgen sie ihr Leben bestreiten konnten. Die Niederlage bei Tours und Poitiers (732) und Konflikte im Innern brachten das Vordringen der spanischen Muselmanen im fränkischen Gallien zum Stocken und bewogen sie, an eine feste Ansiedlung der Islamiten zu denken. Dabei war man bemüht, sie nach Möglichkeit in Gebieten anzusiedeln, die hinsichtlich der orographischen und klimatologischen Bedingungen ihren jeweiligen Heimatorten am ehesten entsprachen.

Die wahrscheinlich durch soziale und wirtschaftliche Differenzen bedingten Rivalitäten zwischen den Stämmen und einzelnen Stammesgruppen – vor allem zwischen Quaisiten und Kalbiten – arteten seit 740 in fortgesetzte innere Kämpfe aus, und die Konflikte in Marokko und anderen Provinzen des Kalifats wirkten sich auch auf Spanien aus. 7000 von Balch befehligte syrische Reiter und 5000 Fußsoldaten, die von Nordafrikanischen Berbern in Ceuta belagert wurden, kamen mit Erlaubnis des Emirs oder Statthalters von al-Andalus nach Spanien, wo sie ihre Berberfeinde bis zur endgültigen

Niederlage weiter bekämpften. Mit den Syrern setzte sich eine neue islamische Gruppe auf der Iberischen Halbinsel fest. Gegen Verpflichtung zum Heeresdienst erhielten sie vom Emir in Distrikte (*chund*) eingeteilte Staatsgüter zu Lehen.

Im Jahre 742 wurden die syrischen Truppen unter Berücksichtigung ihrer Herkunftsländer systematisch aufgeteilt: Die aus Damaskus stammenden wurden im Gebiet von Elvira (Granada) angesiedelt, die aus Jordanien im Bezirk Rayya (Málaga), die Palästinenser in Sidonia (Medina Sidonia), die aus Hamus in Sevilla, die aus Qasnarin in Jaén, die aus Ägypten in Beja und die restlichen Gruppen in Todmir (Murcia), einem Bezirk, der noch bis in das ausgehende 8. Jh. (799) ein autonomes Regime beibehielt. Während manche Autoren eine echte Besitzübereignung vermuten, legen andere die Texte dahingehend aus, daß den Syrern lediglich ein Drittel des Pachtzinses zugestanden wurde, den die unterworfenen Christen für ihre Ländereien zu zahlen hatten. In diesem Fall wäre vielleicht folgende Überlegung statthaft: Wenn die 12000 neuangekommenen Islamiten ein Drittel des Pachtzinses erhielten, so muß es mindestens doppelt so viele – also 24000 Islamiten gegeben haben, die sich in die restlichen zwei Drittel teilten. Damit würde sich die Zahl der in den genannten Zonen ansässigen Islamiten auf 36000 belaufen haben.

Die Hungersnöte um die Mitte des 8. Jh. (748–753) richteten schweren Schaden in al-Andalus an und erregten den Unwillen der Bevölkerung gegen die Herrschaft der arabischen Qaisiten. Vernet zufolge muß die Zahl der reinrassigen Araber, die im Laufe der Zeit auf die Iberische Halbinsel gekommen waren, nur etwa 50000 betragen haben, von denen allenfalls wenige Hundert die Zügel der Regierung in der Hand hielten. In diese Situation hinein kam aus dem Orient Abd-ar-Rahman I. al Dájil (756–788), dem es gelungen war, dem Gemetzel, das die Abbasiden 750 unter den Omaijaden angerichtet hatten, zu entrinnen. Ihm gelang es, mit Unterstützung seiner Sippengenossen, der oben erwähnten syrischen *chundis,* der mit den Qaisiten verfeindeten Jemeniten und einiger andalusischer Berber, den Abbasidenherrscher von al-Andalus zu stürzen und 756 ein vom Abbasidenkalifat unabhängiges Emirat in Spanien zu errichten. Die schwer zu bändigenden Stammesheere ersetzte er durch ein insgesamt 40000 Mann starkes Heer (darunter 5000 Mamelucken) von ergebenen Sklaven und Söldnern. Auf diese Truppen gestützt, konnte sich das Omaijaden-Emirat von al-Andalus nahezu zwei Jahrhunderte auf der Iberischen Halbinsel halten, obwohl Abbasiden und Karolinger immer wieder versuchten, es zu stürzen. Schließlich warf sich einer der Omaijaden-Fürsten, Abd-ar-Rahman III. (912–961), zum Kalifen von Córdoba auf. Er löste sich vollständig vom Orient und leitete für al-Andalus eine neue Phase ein, in der es zu höchstem politischem Ansehen und auf den Gipfel seiner wirtschaftlichen und militärischen Macht gelangte. Es sei nur daran erinnert, daß Almansor, der erste Minister oder *hachib* des Kalifen von Córdoba, über ein Heer von 46000 Kavalleristen und 36000 Infanteristen sowie über 3000 Berberreiter und 2000 aus dem Sudan stammende Negerfürsten verfügte, die seine Leibwache bildeten.

Bei Bedarf, vor allem für die *razzias* oder Plünderungszüge, die im Frühjahr und Sommer gegen die christlichen Reiche in Nordspanien unternommen wurden, pflegte man darüber hinaus noch Truppen der einzelnen Distrikte auszuheben. So ließ z.B. Mitte des 9. Jh. der Emir Muhammad I., ein Sohn Abd-ar-Rahmans II., für einen Feldzug gegen Galicien nahezu 20000 Reiter (19631, um genau zu sein) aus 15 verschiedenen Distrikten zu den Waffen rufen.

Zur Verteidigung der Grenzgebiete im Norden von al-Andalus und zur Überwachung der Küsten angesichts der Gefahr eines normannischen Einfalls wurden Ende des 8. bzw. Anfang des 9. Jh. an den Landes- und Meeresgrenzen Festungen errichtet, die manchmal nur aus einfachen hölzernen Wachttürmen bestanden, durch Rauch- oder Feuersignale Verbindung aufnehmen konnten und über eine ständige Besatzung verfügten. Das Erfordernis rascher Selbstverteidigung führte zu einer Lockerung der Bande zwischen diesen Militärs und der vorgesetzten Emiratsbehörde und zur Entstehung von kleinen autonomen Staaten (z. B. dem der Banu Qasi am Oberlauf des Ebro mit der Hauptstadt Tudela) und Widerstandsnestern (bei Mérida, Málaga etc.) oder sogar völlig unabhängigen Zentren, die Unterstützung bei Gruppen von *muladíe*s (zum Islam bekehrte Christen) und Mozarabern fanden. Diese inneren Unruhen dauerten bis zum ersten Drittel des 10. Jh. Einer der bedeutendsten Rebellenfürsten, Umar ibn Hafsún (gest. 917), Abkömmling einer arabisierten Gotenfamilie, errichtete in Andalusien eine unabhängige Regierung mit Sitz in Bobastro, einer hoch auf einem Bergrücken in den Fels gehauenen großen Ortschaft von ungewöhnlicher Schönheit und großem strategischem Wert.

Massive Einwanderungen erfolgten zu jener Zeit eigentlich nicht, wenn man von vereinzelten normannischen Niederlassungen am Unterlauf des Guadalquivir absieht. Auch starke Abwanderungen in den christlichen Norden fanden nicht statt, mit Ausnahme der mozarabischen Emigration, über die wir im Kapitel über die hispanisch-muslimische Gesellschaft berichten werden. Die Bevölkerung vermehrte sich damals auf natürliche Weise, und ihr organisches Wachstum trug weitgehend zum demographischen Aufschwung während der Kalifenzeit bei.

2. Die gesellschaftliche Struktur

Die starken ethnischen und religiösen Unterschiede in al-Andalus, die wir bei der Untersuchung der Bevölkerungsverhältnisse auf der Iberischen Halbinsel bereits gestreift haben, mußten sich zwangsläufig auf die Struktur dieser so vielfältig geschichteten Gesellschaft auswirken. Im folgenden sei etwas näher auf einige Hauptmerkmale dieser vielgestaltigen Gesellschaft eingegangen, die im muselmanisch-spanischen Emirat zusammenlebte und in dieser Form in keinem anderen europäischen Land jener Zeit anzutreffen war.

Ganz oben auf der sozialen Stufenleiter standen die reinrassigen Araber, die – obwohl gering an Zahl – ein solches Maß an Überlegenheit und Macht besaßen, daß sie nicht selten die Unzufriedenheit und den Unwillen der übrigen Muslime erregten. Anfangs zerfielen diese Araber in zwei Gruppen: die Jemeniten oder Kalbiten und die Qaisiten. Im Laufe der Generationen setzte sich jedoch die Einstufung in „Alte" oder „Zuerstgekommene" und in „Neuankömmlinge" durch, die unter dem Namen *baladiyyun* bzw. *samiyyun* die alten Streitereien um die Vormachtstellung und um größere Privilegien und Reichtümer fortsetzten.

Unter den Muslimen von al-Andalus ragten, abgesehen von den Syrern, zwei weitere Gruppen heraus, die zahlenmäßig die weitaus stärksten waren: die islamisierten Berber und die zum Islam übergetretenen hispanischen Eingeborenen, die man als *muladíes* (vom Arabischen *muwalladun*) bezeichnete und deren Zahl vor allem seit der Errichtung des Omaijaden-Emirats (756) zunahm, da es seit dieser Zeit möglich war, sich einer arabischen Klientel anzuschließen, einem Religionswechsel also nichts mehr im Wege stand und überdies mit dem Übertritt die Befreiung von der Kopfsteuer verbunden war.

Eine zahlenmäßig sehr starke Gruppe bildeten auch weiterhin die unter islamischer Herrschaft lebenden Einheimischen, die ihren christlichen Glauben beibehielten. Von ihren Glaubensgenossen im Norden, die inzwischen mit der Rückeroberung der südlichen Gebiete begonnen hatten, wurden sie Mozaraber genannt, da sie trotz Bewahrung der westgotischen Kultur und Liturgie und trotz ihres vom Spätlateinischen abgeleiteten Dialekts stark arabisiert waren. So bedienten sie sich arabischer Schriftzeichen (*aljamía*), übersetzten sogar die Bibel ins Arabische und konnten sich mit ihren muslimischen Mitbürgern auf Arabisch unterhalten[3].

Die Juden, die – wie wir gesehen haben – im 7. Jh. von den Westgoten verfolgt worden waren, genossen unter dem Islam volle Duldung. Sie bildeten starke Zentren in einigen Städten, waren unter dem Vorsitz von Rabbinern in *aljamas* oder *calls* zusammengefaßt und verfügten über Synagogen und eigene Stadtviertel. Besonders bedeutend waren die Judengemeinden von Segovia und Toledo. Aus ihrer umfassenden Bildung, ihrer Gewandtheit in Verwaltungsdingen, ihrem diplomatischen Geschick und ihren Kenntnissen auf dem Gebiet des Handels und der Finanzen zogen die Emire von al-Andalus großen Nutzen[4].

Obwohl die Beziehungen zwischen den einzelnen Gruppen dieser heterogenen Gesellschaft im allgemeinen friedlicher Natur waren und von einem Geist der Toleranz, der Zusammenarbeit und des Verständnisses getragen wurden, der mit einer Phase religiöser Indifferenz zusammenfiel, kam es doch – nach Auskunft der Texte – zuweilen zu feindseligen Akten, wie der Aufhebung des mit den Nachfolgern Theodemirs geschlossenen Vertrages (Todmir, Orihuela, 779), oder zu blutigen Zwischenfällen wie dem „Gemetzel des Burggrabens" von Toledo (797 oder 807), bei dem die Mehrzahl (ca. 8000 Personen) der mozarabischen Bevölkerung von Toledo ums Leben kam, oder der Zerstörung der mozarabischen Vorstadt von Córdoba (vermutlich 818), der die Hinrichtung von 3000 ihrer angesehensten Bürger vorangegangen war und die eine Massenabwanderung von vielleicht 23 000 Familien nach Fez und in den östlichen Mittelmeerraum (Kreta) zur Folge hatte. Sie gründeten dort einen kleinen unabhängigen Staat (826–961) und unternahmen Expeditionen in die Länder des byzantinischen Reiches.

Die fortschreitende Islamisierung von al-Andalus, vor allem seit Mitte des 9. Jh., und der wachsende Einfluß der *faquíes* oder islamischen Rechtsgelehrten und Theologen erschwerten das Zusammenleben von Mozarabern und Muslimen. Es kam zu Martyrien (man schätzt die Zahl der gemarterten Mozaraber auf 500) und zu Massenabwanderungen in die von Christen zurückeroberten Gebiete nördlich des Duero und Ebro, nach Galicien, Asturien, León, Aragonien und Katalonien[5]. Die Spuren der mozarabischen Emigranten, die sich seit 850 in diesen Gebieten niederließen, finden sich nicht nur in den von ihnen errichteten Bauwerken, sondern auch in den Friedhöfen, mit deren Durchforschung man zur Zeit beschäftigt ist.

Die in al-Andalus zurückgebliebenen Mozaraber durften, nachdem die kritische Situation überwunden war, ihre Sitten und Gesetze beibehalten. Auch ihr Zusammenschluß in Gemeinden und sogar ihre kirchliche Hierarchie wurden, zumindest bis zum 11. Jh., von den muslimischen Behörden geduldet. Sie lebten in getrennten Stadtvierteln und hatten ihre eigenen Grafen, denen die Einziehung des Tributs und dessen Ablieferung an die Emiratsbeamten oblag. In einigen Gebirgszonen wie den Alpujarras, konnten sich starke mozarabische Bevölkerungsgruppen bis in spätere Zeiten hinein halten.

Wenn mit Abd-ar-Rahman I. um die Mitte des 8. Jh. syrische Sitten in Spanien eingezogen waren, die den Einfluß der schon früher angesiedelten Truppen verstärkten, so waren es seit Abd-ar-Rahman II. (821–852) persische Bräuche, die, großenteils vom sassanidischen Zeremoniell abgeleitet, das Leben von al-Andalus prägten. Ein Prozeß der Verfeinerung machte sich selbst in Kleinigkeiten (Essen, Kleidung, Geschmack) bemerkbar.

Die Frauen genossen, nach Aussagen orientalischer Reisender, in al-Andalus größere Freiheit, als es sonst in der islamischen Gesellschaft üblich war. Das mag an dem christlichen Einfluß und an der allgemeinen Verfeinerung der Sitten gelegen haben. Es gab einige hochgebildete Frauen, sogar ausgezeichnete Dichterinnen, und das in einer Zeit, als im übrigen Europa die Frauen kaum lesen noch schreiben lernten. Die Herrin des Hauses stand bei der ganzen Familie in hohem Ansehen und hatte meist Sklavinnen und Konkubinen zur Seite. Abd-ar-Rahman III. hinterließ bei seinem Tode (961) in seinem Palast von Madina Azzahara bei Córdoba 6750 Frauen und 3750 in ihren Diensten stehende Eunuchen. Einer Sklavin, die ihrem Herrn einen Sohn gebar, wurde die Freiheit geschenkt.

Die Zahl der Sklaven – Männer und Frauen, die in der damaligen Gesellschaft keinerlei Rechte besaßen und dem Willen ihrer Herren unterworfen waren – muß beträchtlich gewesen sein. Es gab zahlreiche Märkte in al-Andalus, auf denen, in Anwesenheit der entsprechenden Richter und Schiedsrichter, Sklaven gehandelt wurden. Bedeutende Sklavenmärkte besaßen vor allem Sevilla, Córdoba und Toledo. Die Ware stammte aus dem Norden der Halbinsel, aus maurischen Beutezügen, von osteuropäischen Händlern, oder sie kam aus Nordafrika, aus der sudanesischen Savanne, über die die Sahara durchquerenden Karawanenstraßen. Aus arabischen Quellen wissen wir, daß Musa bei der Eroberung der Halbinsel 300 000 Gefangene machte, von denen ein Zehntel dem Kalifen von Damaskus gesandt wurde. Eigentlich stand dem Kalifen ein Fünftel der Kriegsgefangenen zu, doch scheint man es damit in al-Andalus nicht so genau genommen zu haben. Wenn eine nicht-muslimische Gemeinde ihre Steuern nicht zahlte, so konnte sie in die Sklaverei geführt werden. Andererseits konnte ein Herr seine Sklaven testamentarisch für frei erklären und sie auf diese Weise für die Dienste belohnen, die sie ihm zu seinen Lebzeiten geleistet hatten.

3. Die Wirtschaft

Als die Muslime nach Spanien kamen, teilten sie das Land von Grundherren, die ihnen Widerstand geleistet oder ihren Besitz im Stich gelassen hatten, untereinander auf. Drei Familien, die al-Suhayd, al-Hasim und al-Hayyay, wurden, wie wir wissen, bei der Landverteilung besonders reichlich bedacht. Weitere drei – die Söhne Witizas – erhielten je 1000 Bauernhöfe als Gegenleistung für die Hilfe, die sie den Muslimen zu Anfang der Eroberung von al-Andalus gewährt hatten. Man hat zwar geglaubt, daß das unbewohnte Land Eigentum des Emirats war, doch scheinen die Emire bis zur Zeit Abd-ar-Rahmans I. über keinen eigentlichen Staatsbesitz verfügt zu haben; vielmehr wurden alle Güter unter die Krieger verteilt. Wer den Eroberern keinen Widerstand entgegensetzte oder sogar mit ihnen paktierte, wurde gut behandelt und durfte seine Güter behalten, vorausgesetzt, er zahlte dem Staat die für Nichtmuslime üblichen Steuern: eine nach dem Wert der Güter bemessene Grundsteuer sowie die Kopf- oder Personalsteuer.

Wie in der Westgotenzeit bildete die Landwirtschaft neben der aufblühenden Viehwirtschaft auch weiterhin die wirtschaftliche Grundlage. Arabische Autoren erwähnen sechs *vegas* oder besonders ertragreiche Zonen (Valencia, Murcia, Granada, Córdoba, Sevilla und Toledo) und rühmen ihre Fruchtbarkeit. Hier wurden Reis, Zuckerrohr, Melonen, Wassermelonen und Baumwolle sowie Obst, z.B. Orangen, Zitronen, Dattelpalmen und Bananen angebaut. In höher gelegenen Zonen gediehen Reben, Oliven, Äpfel, Pfirsiche, Johannisbrot, Eichen, Kastanien, Mispeln, Feigen und Kirschen. Typische Kulturen der Trockengebiete waren Weizen, Mais, Gerste, Sesam, Erbsen, Kichererbsen, Saubohnen, Linsen und grüne Bohnen.

Die Muslime wandten große Sorgfalt auf die Agrarerzeugung und legten mittels Zisternen, Gräben, Kanälen, Schöpfrädern und Brunnen weite Bewässerungszonen in der Nähe von Wasserläufen an, so vor allem in Andalusien, Murcia und der Levante. Auf diese Weise entstanden viele herrliche, künstlich angelegte Gärten. Auch konnten neue Kulturen eingeführt werden, wie z. B. Aprikosen, Pfirsiche, Bananen, Granatäpfel, Zitronen und Orangen an Obstsorten; Sesam, Reis, Zuckerrohr, Rüben, Spinat, Kürbis, Auberginen, Tomaten und Safran sowie Baumwolle als Industriepflanze.

Man hat ausgerechnet, daß auf der Iberischen Halbinsel höchstens 32 % des Bodens bebaut wurden, 25 % fiel auf Weideland, und der Rest von 43 % umfaßte besiedeltes Land, Wälder und Ödland. Im Zusammenhang mit der Landwirtschaft sei auch auf die große Zahl von Heil- und Duftstoffpflanzen hingewiesen, wie Moschus, Artischocke, Lilien, Jasmin, Orangenblüten, Luzerne und Kampfer, deren spanische Namen deutlich den maurischen Ursprung erkennen lassen.

Nicht minder hoch entwickelt war die Viehzucht. Wie bedeutend die Pferde- und Maultierzucht in einigen Distrikten, z. B. Granada, gewesen sein muß, läßt sich allein aus der Tatsache schließen, daß Abd-ar-Rahman I. sie 758 für einen Zeitraum von fünf Jahren mit Abgaben belegen ließ. So waren die Mozaraber dieses Distrikts zwischen 758 und 762 zur Ablieferung von 50000 Pferden und 50000 Maultieren an den Emir verpflichtet. Das andalusische Maultier erlangte schon bald Berühmtheit wegen seiner Widerstandsfähigkeit, die es zu schweren Arbeiten geeignet machte. In der *Hoya* von Archidona existierte ein weiteres, befestigtes, von mehreren Hundert Metern langen Mauern eingefaßtes Gehege unter freiem Himmel, das der Maultierzucht diente. Wer heute die eindrucksvollen Ruinen betrachtet, ohne den früheren Zweck zu kennen, dem mag es unerklärlich scheinen, warum man ein so gigantisches Bauwerk angelegt haben mochte, um ein Stück Weideland in der Nähe einer befestigten Stadt einzuzäunen. In einem Bericht über das Heer Almansors ist an einer Stelle von 1250 Maultieren und 5700 Pferden die Rede. Wenn die Pferde insbesondere bei den aufreibenden Milizüberfällen auf die christlichen Gebiete im Norden unentbehrlich waren, so konnte ebensowenig auf die Maultiere verzichtet werden, die als Transportmittel für den Troß, den Proviant und die Beute dienten.

Die Viehwirtschaft war indes nicht auf Pferde- und Maultierzucht beschränkt. Es wurden auch Schafe, Ziegen und Rinder gehalten, und sogar Schweinezucht muß getrieben worden sein, wenn man bedenkt, daß die christliche, nicht an Koranvorschriften gebundene Bevölkerung zu jener Zeit in der Überzahl war.

Weniger zurückhaltend sind die Quellen in bezug auf die spanische Industrie. Sie berichten über die Lederindustrie (Punzierung, Saffianleder), die große Mengen von Rohstoffen benötigte, von der Textilindustrie, die Seide (Almería), Wolle (Córdoba, Almería, Baza, Sevilla), Leinen (Béjar, Sevilla) und Baumwolle verarbeitete, und von der Teppichwirkerei in Murcia. Es heißt, daß Sevilla im 10. Jh. über 13000 Webstühle verfügte, Almería über 3800. In hohem Ansehen standen darüber hinaus die Eisenindustrie (Valencia), das Waffenhandwerk (Toledo und Murcia), die Töpferei und die Glasindustrie (Almería, Murcia und Málaga). Die Gefäße aus Blauglas, die in andalusischen Museen aufbewahrt und jener Zeit zugeschrieben werden, sind von außergewöhnlicher Reinheit und Feinheit in der Linienführung und zeugen von einer Technik, die sich mit der rheinischen und venezianischen messen kann. Die Keramikglasuren auf weißem und blauem Grund wurden später von christlichen Handwerkern nachgeahmt.

Die Nahrungsmittelindustrie war so hoch entwickelt, daß sie ihre Erzeugnisse sogar ausführen konnte: Konfitüren und Backwaren, Trockenfrüchte, Käse (Málaga, Jerez de la Frontera), Wein (Lorca), Öl (Jerez, Jaén) etc. Es gab Getreidemühlen an vielen Wasserläufen (die Papiermühlen bei Játiva scheinen nicht aus dieser Zeit zu stammen) und zahlreiche Ölmühlen bei Sevilla und Jaén. Die Holzverarbeitung entfaltete sich vor allem in Quesada (Sierra de Cazorla) und in der Gegend von Tortosa (Ebrotal), wo Holz aus den Pyrenäen im Schiffsbau Verwendung fand.

Wie es in jenen Jahrhunderten um den Bergbau auf der Iberischen Halbinsel bestellt war, darüber werden wir erst nach systematischer archäologischer Erforschung der damaligen Bergbauzentren Genaueres erfahren. Die Quellen berichten von dem goldhaltigen Sand des Darro und von den Silberminen von Alhama, Pechina und Todmir. Es scheint bezeichnend, daß Abd-ar-Rahman I. von Mozarabern im Distrikt von Granada 758 einen Tribut von 1000 Pfund Gold und 10000 Pfund Silber auferlegte, den sie für fünf Jahre zu entrichten hatten. Überliefert ist auch die Gewinnung von Kupfersulphat (Elvira und Paterna), Blei (Alcalá), Magnetit (Todmir), Zinn (León), Schwefel (Pechina), Eisen (Onda), Alaun (Baza) und Bergkristall (Évora). Der weiße Marmor von Béjar, Nájera und Granada sowie der gelb-rötliche von Almería fand ebenfalls weite Verwendung.

Ausgedehnte Handelsbeziehungen, zum Teil durch die Vermittlung von Syrern und Juden, wurden im westlichen Mittelmeerraum (Sizilien, Italien, Nordafrika), im östlichen Mittelmeer (Zypern, Kreta, Alexandrien), über den Atlantik (bis nach England), und, über das Rote Meer, zum mittleren und fernen Osten (China, Indien) unterhalten. Die für die Abwicklung dieser Handelsgeschäfte wichtigsten Binnenhäfen waren Córdoba und Sevilla am Guadalquivir und Saragossa am Ebro; unter den Seehäfen spielten Málaga, Almería, Murcia, Cádiz, Denía und Valencia sowie die Hafenstädte der Balearen eine Rolle. In den mittleren Osten exportierte man vor allem Quecksilber (die Minen von Almadén wurden schon in der Römerzeit abgebaut), Antimon, Zinnober, Safran, Baumwolle, Öl, Oliven, Häute, Seide, Teppiche und Waffen. Nach Nordafrika gingen Schmuckstücke, verschiedene Gewebe, Häute, Nahrungsmittel, Kristall und Musikinstrumente.

Zu den wichtigsten Einfuhrgütern zählten: Kosmetika aus Damaskus und Bagdad, Bücher aus Syrien, dem Irak und Ägypten, Musikinstrumente aus Syrien und dem Irak, Sklaven und Sklavinnen aus dem Orient, vor allem junge Sängerinnen, Stoffe aus Ägypten, Kamele aus Arabien und Nordafrika, Moschus und Aloe aus Indien, Duftstoffe aus Arabien etc.

Der Binnenhandel spielte sich auch weiterhin auf den Hauptverkehrswegen der Römer- und Westgotenzeit ab, wenn auch verschiedene Steinbrücken umgebaut und einige Straßen umgeleitet wurden. Der Schwerpunkt verlagerte sich von Toledo nach Córdoba, die neue Hauptstadt, die durch ein strahlenförmig angelegtes Wegenetz von 14 Hauptstraßen und kleineren Verbindungswegen mit ganz al-Andalus verbunden wurde. Auch die wichtigsten Flüsse dienten als Verkehrs- und Handelswege. In zahlreichen Orten wurde an bestimmten Wochentagen Markt abgehalten, auf dem die verschiedensten Produkte gehandelt wurden. Über Warenpreise ist uns verhältnismäßig wenig bekannt: der *mudd* (= 18 Liter) Mehl kostete im Jahre 918 etwa 30 Dinar, während ein Esel nur einen Dirham wert war[6].

In al-Andalus müssen Gold- und Silberwährungen in Umlauf gewesen sein. Wir wissen, daß die Münzstätte von Córdoba, vor allem seit dem 10. Jh., Silber-, Kupfer- und auch Goldmünzen prägte. Einem Gold-Dinar entsprachen 40 Silber-Dirhams, auch wurden Teilstücke von einem halben und einem drittel Dinar zur Förderung des Geldumlaufs geschlagen. Schon Musa ibn Nusayr ließ runde und viereckige Münzen mit zweisprachiger Beschriftung, auf Arabisch und Lateinisch, prägen. Seit Abd-ar-Rahman I. waren die Münzen nur noch arabisch beschriftet. Der *fals* und der *riyal* waren für den Binnenhandel bestimmte Scheidemünzen. Seit dem 8. Jh. scheinen große Mengen der von den Muselmanen geprägten Geldstücke in Umlauf gewesen zu sein. Sie trugen außer der Jahreszahl Aufschriften aus dem Koran wie „es gibt keine andere Gottheit außer Allah, nur Allah" oder „im Namen Allahs, des Gütigen und Barmherzigen"[7].

Vereinzelten Hinweisen in einigen Quellen können wir entnehmen, daß es schon unter dem Emir Muhammad I. (852–886) einen staatlichen Ausgaben- und Einnahmenhaushalt gab. Unter der Herrschaft seiner Vorgänger, dem Emir al-Hakam I. (796–821) und Abd-ar-Rahman II. (821–852) beliefen sich die Einnahmen des Staates, wie wir wissen, auf 600 000 bzw. 1 Million Dinar. Man könnte geneigt sein, diese Zahlen als für die damalige Zeit recht ansehnlich zu erachten, wenn man nicht wüßte, daß Abd-ar-Rahman III. in seinem ersten Regierungsjahr (912) über ein Budget von 20 Millionen Dinar verfügte und daß sein Sohn und Nachfolger al-Hakam II. diesen Betrag 961 bereits auf 40 Millionen verdoppelt hatte. Seit Mitte des 9. Jh. hatten sich demnach die Einkünfte in nur hundert Jahren um das Vierzigfache erhöht. Auf der Ausgabenseite lagen die Verhältnisse ähnlich, hatte sich doch der Staatsapparat zu einem außerordentlich komplizierten Gebilde entwickelt.

Einnahmequellen des Emirats waren die Viehrequisitionen, die bei den Plünderungen in den Norden erbeuteten Sklaven, das Lösegeld für Gefangene, Erträge aus staatlichem Grundbesitz sowie Einkünfte aus der Münzprägung. Ein Zehntel der Beute floß ebenso in die Staatskasse wie die Gebühr für Erschließung von Ödland. Auch die Personalsteuer machte einen ansehnlichen Betrag aus. Sie mußte von allen Nichtmuslimen an den islamischen Staat entrichtet werden und betrug laut Abu Hanifa (gest. 767) pro Kopf jährlich 48 Dirham für Reiche, 24 Dirham für Männer des Mittelstandes und 12 Dirham für Arme. Nur Blinde, Kranke, Geistliche, Frauen, Kinder, Sklaven und Geistesgestörte waren von dieser Steuer befreit.

In der Zeit des Omaijaden-Emirats (756–929) lag das durchschnittliche Steueraufkommen in al-Andalus bei jährlich 300 000 Dinar. Nach Angaben zweier Autoren des 11. Jh., al-Udri und al-Bakri, gingen unter al-Hakam I. (796–821) folgende Steuerzahlungen aus den einzelnen Distrikten von al-Andalus ein: Medina Sidonia zahlte 50 600 Dinar, Santarem 2900 Dinar, Niebla 15 627 Dinar, Morón 21 000 Dinar, Algeciras 18 873 Dinar und 6 Dirham, Córdoba 142 000 Dinar, 53 000 *almudes* (954 000 Liter) Weizen und 73 000 *almudes* (1,314 Millionen Liter) Gerste, Sevilla 35 000 Dinar und 5 Dirham. Der Distrikt Elvira (Granada) schließlich entrichtete 109 603 Dinar, 1000 *ritl* Seide, 1000 *ritl* Saflor, 42 000 Dinar für bergbauliche Nutzung, 1000 Dinar und 1200 *qist* Öl für Rechte an den Ölmühlen. Anhand dieser Zahlen lassen sich Rückschlüsse auf den unterschiedlichen Reichtum der einzelnen Distrikte und ihre wichtigsten Erzeugnisse ziehen. In der Kalifenzeit erfuhren die Steuereinkünfte eine erhebliche Steigerung. Es sei nur daran erinnert, daß al-Andalus im Jahre 961 eine Gesamtsumme von 6,245 Millionen Dinar an Steuern aufbrachte; das bedeutet eine beträchtliche Erhöhung gegenüber der Emiratszeit (etwa das Neunzehnfache der unter den Omaijaden erreichten Summe). Dabei hatte Abd-ar-Rahman II. 896 schon 1 Million Dinar eintreiben können, also knapp ein Sechstel dessen, was al-Hakim II. im Jahre 961 zufloß.

Über den Ausgabenhaushalt des Staates sind wir nur mangelhaft unterrichtet. Zur Emiratszeit Abd-ar-Rahmans III. (912–928) betrug das Budget 300 000 Dinar, die sich auf drei gleich große Posten verteilten: 100 000 für den Haushalt der Truppen, 100 000 für private Ausgaben des Emirs und 100 000 als staatliche Rücklage zur Bestreitung unvorhergesehener Kosten. Diesen allgemeinen Ausgaben oder Kosten für die Zentralverwaltung sind die zum Teil recht stattlichen Lohnzahlungen hinzuzurechnen. So erhielt ein erster Minister oder *hachib* bis zu 80 000 Dinar im Jahr, eine ansehnliche Summe, vor allem wenn man sie vergleicht mit der, die der Emir für seine familiären Ausgaben ansetzte. Freilich mußte der erste Minister von seinem Gehalt die Kosten für seine Leibwache bestreiten.

[1] *P. Chalmeta:* Concesiones territoriales en al-Andalus (hasta la llegada de los almorávides. In: Cuadernos de Historia (1975).

[2] *R. de Abadal:* El paso de Septimania del dominio godo al franco a través de la invasión sarracena, 720–768. In: Cuadernos de Historia de España 19 (1953), S. 5–34.

[3] *I. de las Cagigas:* Los mozárabes. CSIC (2 Bde., 1947–1948).
F. Requeña: Los mozárabes malaguenos. Instituto Hispanoárabe de Cultura, Madrid (1963).
M. Riu: El adopcionismo: una herejía cristológica en la España islamizada. In: Historia de la Iglesia (1975), S. 521–535.
Ders.: Poblados mozárabes de al-Andalus. Hipótesis para su estudio. In: Cuadernos de Estudios Medievales 2–3 (1974–1975), S. 3–35.
F. Simonet: Historia de los mozárabes de España. Memorias de la Real Academia de la Historia 13 (1897–1903); Standardwerk, das von *Las Cagigas* in dem oben zitierten Werk verarbeitet wurde.

[4] *A. A. Neuman:* The Jews in Spain. The Jewish Publication Society of America (2 Bde., 1948).

[5] *E. P. Colbert:* The Martyrs of Córdoba (850–859). A study of the Sources (1962).

[6] *P. Chalmeta:* El señor del zoco en España. Instituto Hispanoárabe de Cultura (1973); über den Waagemeister und seine Preiskontrolle.

[7] *M. Barcelo:* El hiato en las acuñaciones de oro en al-Andalus, 127–3, 744 (5)–936 (7). In: Moneda y Crédito 132 (1975), S. 33–71.

§ 14 Spanien vom 11. bis 14. Jahrhundert

Von Luis Suárez Fernández

Allgemeine Literatur

M. Carlé: Mercadores en Castilla (1252–1512). In: Cuadernos de Historia de España XXI–XXII (1954).
J. Carrera Pujal: Historia de la economía española (5 Bde., 1943–1947).
M. Colmeiro: Historia de la economía política en España (1863).
C. E. Dubler: Über das Wirtschaftsleben auf der Iberischen Halbinsel vom XI. zum XIII. Jahrhundert. Beitrag zu den islamisch-christlichen Beziehungen (1943).
J. M. Font y Rius: Instituciones medievales españolas (1949).
A. García Gallo: Las instituciones sociales y políticas de España en la alta Edad Media (siglos VIII–XII). In: Revista de Estudios Políticos I u. II (1945).
E. Mayer: Historia de las instituciones sociales y políticas de España y Portugal desde los siglos V al XIV (2 Bde., 1925–1926).
Y. Renouard: Les principaux aspects économiques et sociaux de l'histoire des pays de la Couronne d'Aragon aux XIIème et XIVème siècles. VII Congreso de Historia de la Corona de Aragón (1962), S. 231–264.
Ch. Verlinden: La place de la Catalogne dans l'histoire commerciale du monde méditerranéen médiéval. In: Revue des Cours et Conférences XXXIX (1937–1938).
J. Vicens Vives: Historia económica de España (1959, engl. 1969).

1. Die islamische Anziehungskraft

Seit dem Tod Almanzors (1002), oder kurz zuvor, macht sich in Spanien ein Wandel in den politischen und wirtschaftlichen Beziehungen zwischen Christenheit und Islam bemerkbar. Vor allem nach den großen kastilischen und katalanischen Feldzügen (in den Jahren 1009 bzw. 1010) entdeckten die christlichen Fürsten die weiten Möglichkeiten, die die muselmanischen Reiche ihnen in ihrer Bereicherung boten. Von 1055 an unterwarfen sie, besonders der Herrscher von Kastilien und León, die genannten Reiche einem Tributsystem *(parias)*, das sich als Kapitalgewinn des christlichen Spanien auf Kosten der Einkünfte aus dem Gewerbe und Handel der Muselmanen auswirkte. Die Grafen von Barcelona, die einen starken Druck auf ihre unmittelbaren Nachbarn ausübten, bedienten sich dieser Gewinne, um Feudalrechte wiederzugewinnen und ihre Herrschaft über ganz Katalonien zu festigen. Dennoch wirkte sich dieser Abzug von Kapitalien aus dem muselmanischen Bereich nur langsam in den Investitionen der christlichen Fürsten aus.

Gegenüber dem christlichen Spanien, das arm war, obwohl seine militärische Macht wuchs, stellte al-Andalus im 11. und 12. Jh. noch einen mächtigen Anziehungspunkt und Einflußbereich dar. In diesem Gebiet zeigte sich zudem eine neuerliche Aktivität: Obwohl Córdoba, das im Jahr 1000 zu den wichtigsten Städten der Welt gezählt wurde, schreckliche Zerstörungen in dem Bürgerkrieg erlitt, der den Sturz des Kalifats begleitete, blieben andere Städte davon entfernt, die als Regierungssitze von Einzelherrschern aufblühten, anstatt an Bedeutung einzubüßen. Dies ist bei Sevilla der Fall, das im 12. Jh. unter der Almohadenherrschaft Hauptstadt von ganz al-Andalus wurde, ferner bei Málaga, wo sich spätestens seit dem 13. Jh. Genuesen niederließen, sowie bei Murcia, Almería und Valencia. Während die der muselmanischen Herrschaft unterworfene konfessionelle Minderheit der Christen (*mozárabes*) ihrem raschen Verschwinden entgegensah, bestand diese Situation weder bei den Juden noch bei anderen ausländischen Kaufleuten. Im 12. Jh. nahmen die Almoraviden außerdem unter Aufwendung beträchtlicher Summen christliche Truppen in ihren Dienst.

Während dieses ganzen Zeitabschnitts behauptete al-Andalus eine beachtliche technische Überlegenheit, die es erklärlich macht, daß die Christen es nachzuahmen suchten. Im Bereich des Ackerbaus scheinen die Christen vor dem großen Vormarsch zu Anfang des 13. Jh., der sie in die fruchtbaren Obst- und Ackerbaulandschaften (*huertas* und *vegas*) vordringen ließ, diesem Einfluß nicht nachgegeben zu haben. Um so mehr erkannten sie diese Überlegenheit im Gewerbe und Geldwesen an. Dies erklärt es, daß sich Spanien mit Ausnahme von Katalonien aus dem Geltungsbereich des karolingischen Pfunds löste und das Dinarsystem annahm, das dem im östlichen Mittelmeer herrschenden Geldsystem nahestand, sei es auch nur über die almohadische *dobla* und den *maravedí*.

Fünf Industrieprodukte sicherten die islamische Überlegenheit: Einmal Seide; sie wurde im Reich Granada bis zum Ende des Mittelalters hergestellt; dann Leder, die Lederarbeiter wurden weiterhin *cordobanes* (aus Córdoba stammend) genannt; ferner Waffen- und Goldschmiedearbeiten; die Metallschmiedekunst lebte besonders in Toledo fort; schließlich Glas, dessen Herstellung von Abbas ben Firnas um die Mitte des 9. Jh. neu entdeckt wurde; und Papier, dessen Produktionsverfahren anscheinend aus China stammte. Andererseits bewirkte auch die Beibehaltung von städtischen Wirtschaftsfunktionen beträchtliche Unterschiede zwischen Islam und Christenheit hinsichtlich der Marktstruktur. Der Markt (span. *zoco* von arab. *suq*) bildete das Handelszentrum einer jeden Stadt und wurde durch enge Gäßchen gebildet, die sich um die Hauptmoschee gruppierten und von denen jede ein unterschiedliches Gewerbe beherbergte. Dem Marktaufseher (span. *zabazoque* von arab. *sahib-al-suq*) unterstand nicht nur die Marktpolizei; er nahm auch die Rechtsprechung wahr; in diesem Zusammenhang entstand ein regelrechtes Handelsrecht.

Über die Entwicklung des Außenhandels wissen wir fast nichts. Jedenfalls wurden Weizen, Öl und Waffen exportiert, Gewürze, Parfüme und Luxusartikel importiert. Auch ist nicht daran zu zweifeln, daß in bestimmten Häfen wie Sevilla, Málaga und Almería die Entwicklung der Freidepots, des Geldwechsels und des Zwischenhandels weit fortgeschritten war. Es ist bemerkenswert, daß León, die einzige christliche Stadt, die um das Jahr 1000 die Bezeichnung als solche überhaupt verdiente, von Córdoba und nicht von einer anderen Stadt das Marktsystem übernommen hat. Der Name *zoco* ist noch in *azogues* (Marktplätze) und *azoguejos* (Marktplätzchen) überliefert, die andere alte spanische Städte behalten haben[1].

2. Das Geld

Die Omeyaden hatten sich darauf beschränkt, das in Syrien bestehende Geldsystem, das bei der Goldprägung auf den byzantinischen Solidus und bei der Silberprägung auf die sassanidische Drachme zurückging, auf die Halbinsel zu übertragen. Sie prägten Silberdirhame von 2,71 Gramm und, seit der Epoche Abd al-Rahman III. (912–61), auch Golddinare von 4,25 Gramm. Indem sie den Wert eines Dinars auf siebzehn Dirhame festsetzten, legten sie ein Wertverhältnis von etwa 1:10 für die beiden Metalle fest. Zahlungen wurden in Silbergeld durchgeführt, da der Goldumlauf sehr beschränkt war. Auf dem Markt von León, wo zusammen mit muselmanischen Geldstücken alte römische Dinare und gallische Schillinge (*sueldos galicanos*) im Umlauf waren, wurde als Umrechnungsbasis immer der *sueldo* genommen, aber es wurde – ein Hinweis auf den geringen Geldumlauf im 11. Jh. – eine annähernde Wertgleichheit zwischen einem *sueldo*, einem Schaf und einer bestimmten Weizenmenge festgelegt. Weder im 11. noch im 12. Jh. fühlten die christlichen Reiche, von Prestigegründen abgesehen, irgendeine Notwendigkeit, eigenes Geld zu prägen. Seit der Epoche Almanzors begann das muselmanische Silbergeld jedoch schlechter zu werden, ein offenkundiger Hinweis auf die Verluste an Edelmetall, die al-Andalus zu erleiden begann. Die Kleinkönige trieben den Fall des Geldes noch weiter, indem sie Geldstücke von sehr geringem Feingehalt prägten, die *feluses*, die praktisch Scheidemünzen waren. Eins der ersten Probleme, dem sich die Almoraviden gegenübergestellt sahen, war die Wiederherstellung einer guten Währung, die sie durch Prägung kleiner Silbermünzen (*dinares morabitinos*, von denen das Wort *maravedí* abstammt) mit einem Gewicht von 4 Gramm erreichen wollten. Aber sie scheiterten. Die Geldabwanderung nach dem Norden wie auch nach Afrika nahm noch zu und zwang die Almohaden im 12. Jh., drastisch das Gewicht des Dinars auf 2,36 Gramm und das des Dirhams auf 1,50 Gramm herabzusetzen. Die Folge war ein Preisanstieg, der allerdings nicht genau bemessen werden kann. Um schädliche Auswirkungen im Marktwesen aufzufangen, entschloß man sich, Doppeldinare zu prägen. Bei dieser Münze von 4,6 Gramm Gewicht und einem Feingehalt von 900 Tausendsteln handelt es sich um die almohadische *dobla*, auf die die kastilische *dobla* des frühen Mittelalters zurückgeht.

Für die Christen gab das 12. Jh., eine Epoche schweren Kampfes und beträchtlicher wirtschaftlicher Entwicklung, den Anlaß, selbst Prägungen in Angriff zu nehmen. Im Jahre 1172 beschloß Alfons VIII., Münzen in Umlauf zu bringen, die dem almoravidischen Dinar wertgleich waren und ein Sechstel des Werts einer römischen Goldunze darstellten. Dies waren die ersten *maravedís*, die ein Gewicht von 3,9 Gramm hatten und eine christliche Inschrift trugen, wenngleich diese in arabischer Schrift abgefaßt war, um ihre Annahme in ihrem Ursprungsgebiet sicherzustellen. Sie verschwanden allerdings sehr schnell vom Markt. Der *maravedí* verwandelte sich in Buchgeld, während das Münzgeld mit den stetigen und schnellen Preissteigerungen im Verlauf des 13. Jh. laufende Entwertungen erfuhr: Seit spätestens 1221 verfügte Kastilien, ohne es zu wissen, über eins der besten Instrumente, um die flüssige Abwicklung im Marktwesen zu erleichtern.

Das katalanische Verhalten war aus einer höheren technischen Einsicht heraus gegensätzlich. Katalonien beeinflußte auch die Krone von Aragón, deren Wirtschaft sich im 12. Jh. unter günstigeren Bedingungen als die von Kastilien entwickelte. Aragons Münzsystem blieb so dem karolingischen Pfundsystem verhaftet. Ein Pfund entsprach 20 *sueldos* und 240 *dineros*. Ständig war es notwendig, Wechseloperationen durchzuführen, um eine im Umlauf befindliche Währung, die sich nicht in ein solches System hineinfügte, anzupassen. Gegen Ende des 11. Jh. ließ Sancho Ramírez, einer allgemeinen Erscheinung im Westen folgend, *sueldos jaqueses* prägen, für die er einen Wert von vier Silberdinaren festsetzte. Sie verloren an Wert, so wie es mit den *maravedís* und den Dinaren Kastiliens geschah, und zwar um so rascher, je mehr man sich den letzten Jahren des 12. Jh. näherte. Jakob I. ersetzte nach den großen Siegen in der *Reconquista* den *sueldo* durch den *gros* (der nur eine Nachahmung des französischen *grossus denarius turonensis* war), und zwar mit einem Wert von 12 $^1/_2$ Dinaren. Diese Münzen hießen in Katalonien *croats*, da die in Barcelona herausgegebenen ein Kreuz auf der Kehrseite trugen. Ein deutliches Merkmal des katalanischen Wohlstandes war der bleibende Glaube der Bürgerschaft Barcelonas, daß die Aufrechterhaltung des Werts des *croat* unerläßlich für das Gleichgewicht ihrer Wirtschaft war.

Demgegenüber führten die kastilischen Monarchen Manipulationen durch. Es wurde als Einnahmequelle angesehen, den Feingehalt des Geldes zu verändern (*quebrar la moneda*), und die Ständeversammlung zahlte dem König eine Steuer, *moneda forrera* genannt, damit er für einen Zeitraum von sieben Jahren auf diese Operationen verzichtete. Ferdinand III. (1199–1252) versuchte, den *maravedí* zu stabilisieren, indem er den Wert auf zehn *dineros pepiones* festlegte; er hatte allerdings keinen Erfolg, und bald mußte ihr Wert von neuem angepaßt werden. Mitten in der Krise ließ Alfons XI.

(1312–50) Silbermaravedís mit einem Gewicht von 5,4 bis 6 Gramm prägen. Dies bedeutete vom Verhältnis Gold – Silber her gesehen, daß der *maravedí* auf weniger als den achten Teil seines Ursprungswertes reduziert wurde. Außerdem ließ er *Dineros* von solch schlechter Qualität prägen, daß sie *prietos* (schwarze) genannt wurden und damit das fast völlige Fehlen von Silber in der Legierung deutlich machten. Die Preissteigerungen und die Entwertungen im Übergang vom 13. zum 14. Jh. beschleunigten den Sturz des *maravedí.* Als Alfons XI. am Vorabend des Einbruchs des Schwarzen Todes das Geldgleichgewicht wiederherzustellen suchte, setzte er den Preis der Golddobla auf 35 *maravedís* fest.

Spanien wurde durch den muselmanischen Einfluß in der Tendenz bestärkt, zur Goldwährung zurückzukehren. Ferdinand III. prägte *Doblas,* nach Art der Almohaden (4,6 Gramm und 989 Tausendstel Feingehalt), so wie sein Großvater *maravedís* prägte. Aber die *doblas* überdauerten als Geldstücke und im Feingehalt, und es waren der *maravedí* und andere Buchgelder, die ihren Wert angleichen mußten. Der zwischen 1220 und 1340 zurückgelegte Weg, der die *dobla* auf den fünfunddreißigfachen Wert des *maravedí* erhob, ist ein wichtiger Zeitraum, um die Preissteigerungen auszurechnen. In Aragón wurden erst seit 1346 Goldmünzen, *florines* genannt, geprägt. Ihr Gewicht war 3,43 Gramm, und sie waren aus 22karätigem Gold[2].

3. Die Bevölkerung

Es ist unmöglich, Berechnungen – seien es auch nur annähernde – über die spanische Bevölkerungsziffer in dieser Zeit durchzuführen. Die ältesten katalanischen *fogatges* stammen aus dem Jahr 1358. Kastilien hat nichts Vergleichbares bis 1482, und das muselmanische Quellenmaterial über diesen Bereich ist entweder verlorengegangen oder hat nie existiert. Man hat vermutet, wobei man sich auf zeitlich sehr spät liegende Zahlen stützte, daß die Halbinsel, das Reich Granada eingeschlossen, gegen 1300 über fünf Millionen Einwohner zählte. Diese Berechnung ist auf jeden Fall vorsichtig. Zwei Fakten sind unbestreitbar: Zu jenem Zeitpunkt war die Bevölkerung Kastiliens drei- oder viermal größer als die aller anderen Reiche zusammengenommen, und die Vorherrschaft des Landes über die Stadt war weiterhin unangefochten. Torres Balbás hat einen Maßstab von 350 Bewohnern auf einen Hektar Stadtgebiet angelegt und konnte für die muselmanischen Städte Bevölkerungszahlen errechnen, der nur wenige europäische Städte in der gleichen Zeit gleichkamen: Toledo 37000 Einwohner, Granada und Almería 25000, Zaragoza, Valencia und Málaga um 15000. Vicens i Vives hat für Barcelona eine Bevölkerung von 50000 Einwohnern vor der Schwarzen Pest berechnet. Andere Angaben über die christlichen Städte bieten nur einen äußerst geringen Wahrscheinlichkeitsgehalt.

Zumindest seit dem 10. Jh. ist für die christliche Bevölkerung ein Anstieg zu verzeichnen, der nicht nur durch eine Geburtenzunahme begünstigt wird, die sich ohne Unterbrechung bis 1300 fortsetzt, sondern auch durch Zuwanderungen aus dem muselmanischen Gebiet. Dahingegen wissen wir nichts über das Verhältnis, das sich zwischen der absoluten Abnahme der Anzahl der Muselmanen – zwischen 1035 und 1250 verliert der Islam neun Zehntel seines Herrschaftsgebietes – und der Bevölkerungsdichte der von ihnen gehaltenen Gebiete aufstellen läßt. Das Reich Granada, das im 13. Jh. begründet wurde und fast augenblicklich in das einzige Überbleibsel des alten al-Andalus verwandelt wurde, zählte drei wichtige Städte neben der Hauptstadt: Ronda, Málaga und Almería, aber diese hielten nur die Spuren ihres einstigen Glanzes aufrecht.

Auf beiden Seiten der Grenze hatten sich homogene Kerne spanischer Bevölkerung gebildet. Die Christen waren das Ergebnis der Verschmelzung alter Völkerschaften mit Römern und Westgoten. Die Muselmanen hatten ihren Anteil an arabischer Vermischung aufgesogen und betrachteten sich gegenüber den Almoraviden und Almohaden gleichsam als Ureinwohner, als *andalusíes.* In beiden Bereichen war eine umfangreiche jüdische Bevölkerung dazu übergegangen, sich abzukapseln, wodurch sie, freilich unter nicht übermäßig günstigen Bedingungen, ihre Eigentümlichkeit und eigene Gerichtsbarkeit bewahrte. Das Vordringen der *Reconquista* bewirkte zusätzlich das Anwachsen von konfessionellen Minderheiten der Mauren in den christlichen Reichen sowie das praktische Verschwinden der Mozaraber in den muselmanischen Reichen.

Die christliche Bevölkerung betrachtete das Anwachsen dieser Zellen verschiedener Religionen und Bräuche – oder Gesetze, wie sich die Akten der Cortes ausdrücken – mit Argwohn. In jedem städtischen Bereich bewohnten die „Ungläubigen", sowohl Juden als auch Mauren, ein besonderes Viertel, die *aljama,* das sich schließlich mit der Einheit der Rechtsprechung abfand. Tatsächlich war die *aljama,* wie die Stadtgemeinde, eine Gemeinschaft, die von einem Rabbi, einem Richter oder einem *Judío Mayor* regiert wurde und die das Recht hatte, in der Versammlung über alle inneren Angelegenheiten zu beraten. Wenn auch die Feindseligkeit im Laufe der Jahre immer stärker wurde, so kann doch der Lebensstatus der Juden oder Mauren vor 1350 als erträglich bezeichnet werden. Er war, hinsichtlich der persönlichen und wirtschaftlichen Freiheit, viel höher als der, der im übrigen Europa gewährt wurde. Der Beitrag der Ungläubigen an der spanischen Seite war beträchtlich.

Andererseits entstanden, besonders zwischen dem Jahr 1000 und dem Jahr 1250, starke innere demographische Spannungen. Die Inbesitznahme neuer Territorien, die in einigen Fällen sogar das Wesen der Kolonisation und Urbarmachung annahm, zwang zu Umsiedlungen über manchmal große Entfernungen hinweg. Der Krieg, der hartnäkkig im 12. Jh. weitergeführt wurde, trug dazu bei, die Volkszahl der südlichen Meseta zu verringern, wo sich die Wanderviehwirtschaft bald zu einer Notwendigkeit entwickelte. Auf diese Weise schwächte sich der Druck der Bergzonen ab, wie Abadal und Alberto del Castillo nachgewiesen haben, im 10. Jh. eine hohe Bevölkerungsdichte bestand und man darauf abzielte, menschenleere Gebiete zu füllen. Trotz allem sind wir der Tatsache sicher, daß die Bevölkerungsverteilung ziemlich uneinheitlich war.

4. Reconquista und Ständegesellschaft

Bis zur Mitte des 11. Jh. hatte die Grenze zwischen Christenheit und Islam kaum Änderungen erfahren: Hatten die Christen ihre Befestigungen bis zum Ufer des Duero vorgeschoben, so hatten die Muselmanen ebenso in Medinaceli eine vorgeschobene, starke militärische Stellung errichtet. Die Überschüsse der christlichen Bevölkerung, vereint mit den ausgewanderten Mozarabern, hatten dazu gedient, dieses Niemandsland, die Wüste des Duero, wie Sánchez Albornoz meint, zu füllen. Aber es handelte sich mehr um einen Kolonisierungsprozeß als um eine Rückgewinnung verlorener Gebiete. Erst nach dem Sturz des Kalifats wandelte sich das Machtgleichgewicht entscheidend. Die Nordreiche drängten auf eine Gebietserweiterung auf Kosten der Muselmanen.

Bis 805, das Datum der Eroberung von Toledo, ist die Zielsetzung der Monarchen von Kastilien und León eindeutig: Alle muselmanischen Fürstentürmer einem Tribut- und Protektoratstatus zu unterwerfen, auf ihr inneres politisches Leben Einfluß auszuüben und schließlich die Annexion der Reiche durchzuführen. Dies machte Alfons VI. (1072–1109) mit Toledo und Rodrigo Díaz de Vivár, der Cid, mit Valencia. Aber bevor dieser Prozeß zu einem Abschluß kam, gingen die Kleinreiche eine afrikanische

Macht um Hilfe an, die das Gleichgewicht wiederherstellen sollte, die Almoraviden. Die Kastilier widerstanden dem Ansturm ziemlich gut; sie verzichteten allerdings auf ihre äußersten Vorposten. Aragonesen und Katalanen arbeiteten in gewisser Weise zusammen, als sie in vorderster Linie Stellungen einnahmen. Das alte System der Landnahme (*aprisio* oder *presura*), das bei der Kolonisierung des Duero verwendet worden war, konnte jedenfalls nicht mehr benutzt werden, um die neue Grenze des Tajo militärisch zu sichern. Die Könige verliehen starken Dorfgemeinden – *concejos* –, die um Stadtkerne herum angelegt waren, über Mauern verfügten und eine Organisation besaßen, die sie befähigte, Widerstand zu leisten, weite Landstriche, *alfoces,* mit der Absicht, eine freie Bevölkerung, die militärische Pflichten zu verrichten hatte, bequem leben zu lassen. Der Frondienst verschwand in den neuen Gebieten und ging in den alten schnell zurück. Die Gesellschaft wurde ständisch, das heißt, sie ordnete ihre Schichten gemäß der Lebensform, den finanziellen Mitteln und der politischen Befähigung.

In den ersten Jahren des 12. Jh. war die Flut der Almoraviden aufgehalten. Es begann der Rückstrom. Aber das stark erschütterte Kastilien-León konnte fortan keine Ansprüche mehr auf die hispanische Gesamtheit erheben. In der neuen Etappe des Vordringens nahmen andere Reiche, die in der Krise entstanden waren, wie Portugal, oder von ihr begünstigt wurden, wie Aragón und Katalonien, ihren Platz in der Vormarschlinie ein, die sich schon neue Angriffsziele suchte: die Mündung des Tajo, des mittleren Guadiana, die Kontrolle des Ebro. Alfons I. von Aragón (1104–34) gelang der erste große Sieg, indem er sich Zaragozas und der Huertas von Ebro und Jalón bemächtigte. Es wäre eine Torheit gewesen, in ihnen die muselmanische Bevölkerung zu ersetzen, die in den Bewässerungstechniken erfahren war. Der aragonesische Herrscher beschränkte sich darauf zu befehlen, daß sie das Zentrum aller Städte zu verlassen habe, in dem er Auswanderer, in ihrer Mehrzahl Kastilier und Franzosen, ansiedelte. Die sozialen Bedingungen der muselmanischen Landbevölkerung waren nicht günstig: Die maurischen Pächter (*exaricos*) in Aragón wurden in die Stellung der Leibeigenen nach dem römischen Recht zurückgesetzt. Fast augenblicklich erfolgte die zweite muselmanische Reaktion. Nun waren es die Almohaden, die die Almoraviden in dem Anspruch auf das Kalifat im Norden Afrikas abgelöst hatten. Um die neuen Positionen einem Feind gegenüber zu verteidigen, der über ungeheure Mengen an Kämpfern verfügte, wenn diese auch nur geringe Fähigkeiten besaßen, mußten die Christen sich Frontabschnitte zuweisen, um in den einzelnen Reichen eine gewisse Ausgewogenheit herzustellen. Wie im heiligen Land richteten sie Militärorden ein, die regelrechte stehende Heere bildeten. Für ihren Unterhalt erhielten die genannten Orden die Ländereien, die sie verteidigten und für die es eben wegen der Härte des Kampfes fast unmöglich war, Siedler zu erhalten. Die *encomiendas* der Orden wurden für die Rinder- und Schafzucht angewendet. Für die gesamte ausgedehnte Frontlinie, die vom Alemtejo bis zum Maestrazgo von Castellón ging, bestand annähernd die gleiche Situation.

Nach der Schlacht bei Navas de Tolosa (1212) vollzog sich der endgültige Zusammenbruch der Macht der Muselmanen. Im Verlauf von dreißig oder vierzig Jahren schlossen Portugal und Aragón die *Reconquista* der ihnen zugewiesenen Gebiete ab. Kastilien war forthin das einzige Reich der Halbinsel, das eine gemeinsame Grenze mit dem Islam hatte. Das Vordringen Kastilien–Leóns war auf der anderen Seite so beträchtlich gewesen, daß es die alte Vorherrschaft wieder in Kraft gesetzt hatte. An räumlicher Ausdehnung übertraf es ebenso wie an Bevölkerungszahl beträchtlich alle anderen Reiche zusammengenommen. Die Zahl der Muselmanen, die nach Afrika auswanderten oder in Granada Zuflucht fanden, war relativ beschränkt. Sie erhöhte sich nach den großen kriegerischen Ereignissen von Andalusien und Murcia (1263) und von Valencia (1273), aber sie erlaubte in keiner Weise eine wirkliche Kolonisation. Den Vorgängen in Zaragoza folgend, zwang man die Muselmanen, die Städte zu verlassen, aber man beließ sie auf dem Land ohne eine andere Vorsichtsmaßnahme, als sie mit einigen christlichen Siedlern zu vermischen. Im Bereich der Krone von Aragón und Murcia, wo der christliche Bevölkerungsdruck sehr stark war, bildeten sich äußerst wichtige muselmanische Bevölkerungsgruppen.

Die so verlassenen Städte wurden unter Fremden, ehemaligen Kriegsteilnehmern, aufgeteilt. Das bei den *repartimientos*, über die eine unerschöpfliche Zahl von Dokumenten vorliegt, angewandte Verfahren war fast immer das gleiche. Gewisse königliche Beamte, die *partidores*, beschäftigten sich damit, Anteile an Häusern, Gärten und Akkerfeldern zuzuweisen, wobei sie den Stand des Empfängers in Rechnung stellten. Der Rest des Landes wurde den Militärorden oder den Adligen in Form von Grundherrschaften (*señorias*) übereignet. Die stürmische *Reconquista* des 13. Jh. trug in großem Maße dazu bei, den Prozeß der *señorialización* zu beschleunigen.

Im 13. Jh. herrschte in allen Teilen eine freiheitliche Verfassung, Katalonien eingeschlossen, wo die Leibeigenschaft während der großen Krise wiederum zurückging. Die Gesellschaft wurde ständisch. Im größten Teil der Halbinsel gab es drei Stände, Adel, Klerus und Volk, wobei die Erhaltung der für das 11. Jh. typischen Ideale der dreigeteilten Gesellschaft in die, die kämpfen, die, die beten, und die, die arbeiten, aufgegeben wurde. In Katalonien entwickelte sich das Ständewesen horizontaler – *majors, mitjans, minuts* waren die Stände – und spiegelte schließlich eine vierteilige Organisation wider, die dem städtischen Patriziertum einen eigenen Rang gab. In Kastilien zählten Handwerker und Händler einfach zum Volk, während sich die *hidalgos* und *caballeros* in den allgemeinen Rahmen des Adels einfügten. In Granada überlebte noch die Macht der alten Familien, die den Anspruch erhoben, auf die 36 rein arabischen Clane zurückzugehen, die zum Zeitpunkt der *Conquista* auf die Halbinsel gekommen waren.

Ritterschaft und Adel schienen schon so vollkommen übereinzustimmen, daß sich auch die *caballeros-villanos,* d.h. jene Stadtbewohner, die genug Vermögen besaßen, um ihren Waffendienst zu Pferde zu leisten, seit dem 12. Jh. in den höchsten Stand eingeschlossen betrachteten. Demzufolge war eine Person durch ihre wirtschaftliche Position adelig, denn sie lebte von einem Land, das sie nicht bearbeitete, wie durch ihre besondere Lebensart, den königlichen Dienst, gewöhnlich den Waffendienst. Wie auch im übrigen Europa hing der Wert des Landes für den Adeligen von seinen Einkünften ab. Durch eine logische Entwicklung wurden die aus dem Land gezogenen Einkünfte zum wichtigsten Faktor. Es war günstiger, wenn diese von der Ausübung einer Rechtsprechung herrührten – Strafen, Zollgebühren, Steuern –, als wenn sie aus Landverpachtungen stammten, die unwiderruflich festlagen.

Während des 12. Jh. zeichnete sich im Adelsstand die Tendenz ab, sich nach dem Vermögen in zwei Bereiche zu teilen. Aber dies stand in direkter Beziehung zur Funktion des Adeligen, denn nur der königliche Dienst erlaubte den Erwerb von Grundherrschaften. Von daher rührte das manchmal heftige Bestreben der Adeligen, Regierungsämter zu übernehmen. Die höhere Schicht der Aristokratie, deren Mitglieder im 11. Jh. *magnates* oder *proceres* genannt worden waren, wurde im 12. Jh. mit der sehr bezeichnenden Benennung *ricos hombres* belegt. Diese trachteten danach, ihr Vermögen mittels Erbschaft zu sichern, und begründeten Adelslinien. Aus all diesen Ursachen wurde die Grundherrschaft, sowohl vom ökonomischen als auch vom sozialen Standpunkt her gesehen, das Zentrum des Systems.

Während der Regierungszeit Alfons' VI. war ein bemerkenswerter burgundischer Einfluß in Kastilien spürbar. Die europäischen Strömungen brachten zur gleichen Zeit wie den römischen Ritus auch die klösterliche Reform sowie juristische und feudale Gewohnheiten und Begriffe, die sich über die soziale spanische Eigentümlichkeit lagerten. Katalonien entwickelte sich unterschiedlich, denn dort hatte der nachkarolingische Feudalismus geblüht. Treueid und Vasallität verschmolzen, wenn auch in einem von

Frankreich sehr verschiedenen Sinn: der Handkuß ersetzte die *immixtio*, und der Mundkuß wurde niemals ausgeführt. Ein Gefolgsmann war ein treuer Abhängiger, ob er nun den Treueeid abgelegt hatte oder nicht, ob er die Erde mit seiner Hände Kraft bearbeitete oder nicht. Der Feudalismus war in Spanien eine Art Firnis, der über sehr typische Strukturen gelegt wurde. Er schuf tatsächlich ein grundherrschaftliches System – für die Genealogen des 18. Jh. das des »alten« Adels –, das bis zur Epoche der Trastámara-Revolution wirksam war.

Auf der Grundlage des Systems gab es eine persönliche Beziehung, die nicht die eigentliche Gefolgschaft war und die in Gegenwart des Königs mittels eines Handkusses entstand: der Treueid, eine einfache und einheitliche Zeremonie, die universellen Wert hatte. Mit der Zeit entwickelte sich der Handkuß zu einem höfischen Akt, d. h. in ein Symbol des Hofes. Der kastilische und aragonesische Treueid war keiner Begrenzung unterworfen, er war ein Zeichen der »Liebe«, das beide Seiten zu Respekt, Hilfe und Schutz verpflichtete. Die verschlungenen feudalen Verhältnisse, die es erlaubten, mehrere Lehnseide zu leisten, waren in Spanien unbekannt. Von daher kam es, daß zumindest im 11. und 12. Jh. die ritterliche Moral in den Lebensbeziehungen rauher, aber auch natürlicher und frischer scheinen mochte. Dieser Treueid konnte nur durch einen Verlust der Bindungen an den König und an das Königreich, den *desnaturamiento*, zerstört werden. In späteren Zeiten wurde diese Loslösung von den Betroffenen anschaulich dargestellt, indem sie dreimal die Grenze überschritten. Die Vasallen des *desnaturado* bewahrten, ohne daß ihre Ehre befleckt wurde, die Handlungsfreiheit, ihrem natürlichen Herrn zu folgen oder im Dienste des Königs zu bleiben.

Im 11. Jh. belohnte der Monarch die Dienste seiner Vasallen durch Vergaben, die in westlichen Reichen *prestimonios*, in Navarra und Aragón *honores* genannt wurden. Beide entwickelten sich sehr rasch und schlossen die Jurisdiktion und die Regierung über die Ländereien, die sich umfaßten, mit ein. Dergestalt erweiterten sich *Prestimonios* und *Honores* in wirkliche Grundherrschaften, da sie entäußerte königliche Gewalt enthielten. Die Grundherrschaft war also eine neue Regierungsform. Kastilien und León bewahrten längere Zeit die nur auf Lebenszeit vergebenen *Prestimonios*, aber in Navarra und Aragón wurden die Vergaben schon vor Abschluß des 11. Jh. erblich. Im 12. Jh. nahmen auch die westlichen Monarchen die Gewohnheit an, Amtsbezirke (*mandaciones*) in Form von *Prestimonios* zu verleihen, und sie nannten diese *Honores* wie in den östlichen Reichen. *Honor, Prestimonio* und Grundherrschaft verschmolzen schließlich in einer Wirtschafts-, Sozial- und Verwaltungseinrichtung.

Um die Mitte des 12. Jh. zeigten sich die ersten Bestrebungen der Adelslinien, diese aus den alten Amtsbezirken hervorgegangenen Grundherrschaften in erblichen Besitz zu überführen, indem sie ihre alten Besitzungen mit den *Prestimonios*, die Jurisdiktionsgewalt beinhalteten, verbanden und allen eine gemeinsame Behandlung angedeihen ließen. Parallel dazu entwickelte sich ein anderes Phänomen, indem den Besitzungen der *ricos hombres* ein bestimmter Privilegienstatus (*immunidad* oder *coto*) zugestanden wurde. Derjenige, dem diese Rechte gewährt wurden, wurde nicht nur von der Anwesenheit königlicher Beamter befreit, sondern auch in Regierungsfunktionen eingesetzt, die diese Besitzungen in wahrhafte Amtsbezirke verwandelten. Die Nutznießer dieser doppelten Vorteile entstammten immer Linien, die in der Epoche Alfons' VI. begonnen hatten, sich zu formen, und die sich in den schweren Kämpfen des 12. Jh. herausbildeten. Die Häuser der Haro, Lara und Castro wandelten sich so zu den ersten Familien von Kastilien und León. Im 13. Jh. wurden alle Schenkungen der Könige von den Immunitätsprivilegien begleitet.

Auf diese Weise bildete sich die Territorialverwaltung, außer in Katalonien, zu einem System mit geteilter Gewalt: das Land, das nicht einer Grundherrschaft zugeteilt war, wurde als Königsland betrachtet. Es gab auch Ländereien, die Grundherrschaften waren, wie Lara, Vizcaya und Molina; andere – besonders gewisse Städte – wurden als unveräußerlicher königlicher Besitz angesehen. Im allgemeinen gab es dennoch häufige Schwankungen von einer Zugehörigkeit zur anderen. Bestimmte wichtige Beschränkungen kennzeichneten jedenfalls die spanische Grundherrschaft: der König behielt die hohe Justiz, das Recht, Märkte zu begründen, die Ausbeutung der Bergwerke, die Geldprägung und den Militärdienst. Von den beiden Komponenten der Grundherrschaft, der Amtsgewalt und den Einkünften, war die zweite viel bedeutender als die erste.

Die Entwicklung der Grundherrschaft in Katalonien hatte Unterschiede und Ähnlichkeiten gegenüber der Entwicklung in den anderen Ländern der Halbinsel. Indem sie die juristischen Möglichkeiten aus der Vasallität und dem aus den muselmanischen Ländern stammenden Geld ausschöpften, erreichten es die Grafen von Barcelona, die höchste Gewalt in dem ganzen katalanischen Land auszuüben. Sie führten nicht den Titel eines Königs, sondern eines Fürsten – Katalonien gilt noch heute als Fürstentum –, aber sie unterschieden sich in nichts von den Monarchen, wenn man davon absieht, daß sie bis 1180 ihre Dokumente nach den Herrschaftsjahren der Souveräne Frankreichs datierten. Im Verband der Krone von Aragón, die bis 1229 durch das alte Reich Aragón, Zaragoza und Katalonien gebildet wurde, besaß Katalonien eine beträchtliche demographische Überlegenheit. Alle anderen Territorialherren, mögen es Grafen oder Vicomtes gewesen sein, waren gleich in der Unterstellung unter dem Graf-König und bildeten die Schicht der *barones*, den Hochadel, der sich klar von den *cavallers*, dem niederen Adel, absetzte.

Den katalanischen *cavallers* entsprachen die *hidalgos* (aus *hijos de algo*, Söhne von jemandem, nämlich von Rang oder Wert) aus Kastilien-León. Auch sie gehörten dem niederen Adel an und leisteten ihren Waffendienst zu Pferd, wofür sie einen gewissen wirtschaftlichen Wohlstand benötigten. In dieser Schicht verschmolzen einmal die alten *infanzones* oder *milites*, die ihren Rang ererbt hatten, wie auch die aufgrund von Siedlungsbriefen (*cartas de población*) im Rahmen der *Reconquista* Geadelten. In Aragón und Navarra brauchte der Begriff *hidalgo* mehr Zeit, um sich durchzusetzen.

Die Zugehörigkeit zum Adel gab das Recht, die Ritterschaft (*caballería*) zu empfangen. Dieser Begriff, dessen Ursprung ohne jeden Zweifel im Militärdienst zu Pferd zu suchen ist, wandelte im 12. Jh. seine Bedeutung zur Bezeichnung eines gewissen Lebensstils, der von ethischen Normen begleitet wurde. Die Treue, das Ehrgefühl, der Schutz der Frau und der Schwachen, der Stolz auf die eigene Person, die Achtung vor dem gegebenen Wort wurden als die einem Ritter eigenen Tugenden angesehen. Adel und Ritterlichkeit wurden in den spanischen Wortschatz eingegliedert, um die höhere Verhaltensweise zu bezeichnen. Nicht immer legte der Ritter ein Gelübde ab.

In späteren Zeiten umgab man sie bei der Einsetzung mit einem von der Liturgie der katholischen Kirche beeinflußten Ritual. Der Ritter empfing niedergekniet mit dem flachen Schwert den Ritterschlag (*espaldarazo* oder *pezcosada*). Die kastilischen Könige, die hierin keinen höheren anerkannten, benutzten, um sich in den Ritterstand zu versetzen, eine aus Holz gearbeitete Figur mit dem Antlitz des Apostels Jakobus (*Santiago*), die noch im Kloster Las Huelgas in Burgos aufbewahrt wird.

Die sozial hervorragende Stellung der Adeligen begleitete eine wirtschaftlich entsprechende Position. Ihre Waffendienste richteten sich nach der Art der empfangenen Güter. Ihre wirtschaftliche Verpflichtung beschränkte sich auf die außergewöhnliche Bitte. Sie genossen die Privilegien der *immunidad* und hatten ein Recht darauf, nur von Gleichgestellten abgeurteilt zu werden. Sie traten bei Hof auf und halfen dem König mit ihren Ratschlägen oder, auf der tieferen Ebene, ihrem entsprechenden Herrn. Die Geldstrafen für Beleidigungen oder Schäden, die ihnen zugefügt worden waren, waren höher als die bei den übrigen Untertanen.

Die *Reconquista* hat, indem sie die engen Begrenzungen des Duero aufbrach, wo ein freiheitliches Gemeindesystem vorherrschte, eine rasche Bereicherung der Adeligen ermöglicht, die in den neuen Ländereien Pfründen und Einkünfte erhielten. Sie alle trachteten danach, nun ihre wirtschaftliche Macht durch Vererbung zu verfestigen. Einige erreichten es, indem sie aus den inneren Streitigkeiten während der Herrschaft Urracas und aus den Kriegen zwischen den Söhnen und Enkeln des Kaisers Alfons VII. (1126–1157) ihre Vorteile zogen. Diese werden von Salazar und den Genealogieforschern des 17. und 18. Jh. zum »alten« Adel gezählt, um ihn von dem zu unterscheiden, der anschließend, in der Zeit der Trastámara, entstand. Vier Geschlechter traten im 11. und 12. Jh. hervor, die sich schließlich, lange vor dem Auftreten dieser Bezeichnung, in wirkliche Grandes verwandelten. Weder der Cid noch der Graf Ansúrez, hervorragende Persönlichkeiten der spanischen – nicht ausschließlich kastilischen – politischen Szene gegen Ende des 11. Jh., hatten männliche Nachkommenschaft.

Das Haus Haro stammt von einem Oberhofmarschall (*mayordomo mayor*) von Navarra ab. Iñigo López de Haro regierte im Namen von Sancho III. dem Älteren (995–1035) über Vizcaya, Alava und Guipúzcoa. Aber in den nachfolgenden Streitigkeiten zwischen Kastilien und Navarra stellte sich die Familie gemeinsam auf die kastilische Seite, wobei sie entscheidenden Anteil an der Übergabe von Vizcaya hatte. Logischerweise erhielt sie die Grundherrschaft Vizcaya, die sie bis ins 14. Jh. in ihrem Besitz hielt. Unter ihrer geduldigen, entschiedenen und klugen Führung erhielt die Grundherrschaft ihre endgültige Gliederung in vier Bezirke, Guernica, Bermeo, Marquina und den Duranguesado, entwickelte Guipúzcoa seine Handelsfähigkeit durch Seeversand der Produkte der Meseta und der Riojaweine, begann die Ausbeutung der Eisenlager und verwandelte sich in eine der ertragreichsten Herrschaften. Im Jahr 1300 wurde das Werk mit der Gründung Bilbaos vollendet.

Das Haus Lara stammt von einem Gonzalo Núñez ab, der 1089 die Grundherrschaft Lara besaß. Seine Ansprüche, sich auf hohe Geschlechter des 9. Jh. zurückzuführen, sind zumindest fraglich. Die Söhne des Gonzalo spielten am Hof der Urraca eine hervorragende Rolle; es ist unbestreitbar, daß Pedro Gonzáles de Lara, in der Ehegemeinschaft oder ohne sie, Nachkommen von der Königin hatte. Von seinen Brüdern gingen zwei Familienzweige aus, die Núñez de Lara und die Manrique de Lara. Dieser zweite begründete ein großes Adelsgeschlecht des 15. Jh., die Manrique.

Das Haus Castro hat seinen Ursprung in Fernando Ruiz, dem Herrn von Castrogeriz, der eine Tochter des Grafen Ansúrez, Maria, heiratete. Der Graf bemühte sich daraufhin, die Enkel Gutierre und Rodrigo Fernández de Castro zu fördern. Wegen gewisser Familienbeziehungen zu Ferdinand II. (1157–88) und Alfons IX. (1188–1230) hatten sie eine starke Stellung in León und erhielten ansehnliche Grundherrschaften in Galicien. Das Geschlecht überlebte die drei anderen und verschwand – nach dem tragischen Zwischenspiel der Inés de Castro – durch die Trastámara-Revolution (1356ff.). Der letzte Sproß des Geschlechts, Fernán Ruiz de Castro, begehrte, daß man als Grabschrift einen stolzen Spruch setzen solle: „Hier ruht alle Treue Spaniens."

Das vierte der großen Geschlechter, Meneses de Campos, stammt ebenfalls über die weibliche Linie von Pedro Ansúrez ab. Sein großer Begründer war aber in Wirklichkeit Tello Pérez de Meneses, der ausgedehnte Grundherrschaften in der Tierra de Campos besaß. Die Besitzungen gingen dann an Alfonso Sánchez über, einen illegitimen Sohn des Königs Sancho von Portugal (1223–48), der von der Grundherrschaft Alburquerque seinen neuen Namen ableitete. Juan Alfonso de Alburquerque, allmächtiger Staatsmann während der Minderjährigkeit Peter I. (1357–67), bedeutete zugleich Gipfelpunkt und Ende des Hauses.

Das Verlöschen dieser großen Häuser in der ersten Hälfte des 14. Jh. ist eines der bedeutendsten und am wenigsten erforschten sozialen Phänomene. Wenn auch genetische Ursachen – das Ausbleiben männlicher Nachkommen – nicht verworfen werden dürfen, erscheint es bezeichnend, daß das Phänomen mit den Anfängen der Wirtschaftskrise zeitlich übereinstimmte, die viele innere Strukturen der Grundherrschaften zerstörte. Der „neue" Adel der Trastámara-Zeit betätigte sich bezeichnenderweise unterschiedlich, indem er die Bekleidung von Ämtern und die Nutznießung der mit ihnen verbundenen Einkünfte anstrebte. Sehr aufschlußreich ist es, in Katalonien das Verschwinden der großen gräflichen Häuser (Urgel, Rosellón, Pallars, Ampurias, Besalú) etwa um diese gleiche Zeit festzustellen. Die Adelshäuser, die in der Kirche des 14. Jh. als Ersatz für die schon erloschenen erscheinen, bereiteten ihr Entstehen seit zumindest der Mitte des 13. Jh. vor[3].

5. Die ländliche Gesellschaft und Wirtschaft

Vom Adel und dem Klerus hebt sich die bäuerliche Welt ab. Sie bildete die breite Basis der sozialen Pyramide, unterschiedlich bezüglich ihres rechtlichen Charakters, aber einheitlich bezüglich ihrer Lebensart, die in der Bearbeitung und direkten Nutzung des Landes bestand. In gewissen literarischen Quellen wurden sie *villanos* genannt. Seit dem 12. Jh. verschwand der Frondienst praktisch von der ganzen Halbinsel, aber es überlebten noch zahlreiche Restbestände, die die wirtschaftlichen und sozialen Bedingungen veränderten. Die Zahl der kleinen Landbesitzer vermehrte sich durch die *Reconquista* und die Handelsrevolution. Jedenfalls zeichnete sich auch eine Verminderung des Unterschieds zwischen Besitzern und Pächtern ab. Die Bauern, die einen gewissen Wohlstandsgrad erreicht hatten, wurden *hombres buenos* genannt, d. h. Begüterte. In Katalonien hatten die Bauern die Bezeichnung *payeses*. Die *fueros* der Siedlungen beeinflußten das Verschwinden der Knechtschaft entscheidend. Es war nötig, Landwirte auf die neuen Ländereien zu ziehen, und dies war unmöglich, ohne ihnen freiheitliche Bedingungen und manchmal gewissen Reichtum anzubieten. Im 12. Jh. war es ein Normalfall, daß der Knecht die Gesamtheit seiner beweglichen Habe behielt, wenn er sich entschloß, seinen Herrn zu verlassen. In demselben Maße, indem die neuen Ortschaften günstigere rechtliche Bedingungen anboten, mußten auch die alten Ländereien ähnlich großzügig mit Privilegien bedacht werden. Dennoch lebten in gewissen Landstrichen wie Galicien, der Tierra de Campos, dem alten Reich von Zaragoza und dem alten Katalonien besondere Formen fort. Die bedeutendsten waren die *behetría* und die *remensa*.

Die *behetría* entstand durch die hochmittelalterlichen Landvergaben und ließ die *hommes de benefactoria* entstehen, die frei waren, wenn sie auch einer Art Vasallität unterworfen waren. Im Verlauf des 12. und 13. Jh. entwickelte sich das Verhältnis zwischen Bewohnern der *behetría* und den Besitzern zu Beziehungen, die in einer wirklichen Grundherrschaft galten. Das Land wurde erblich belegt, und somit erschien seine Nutznießung, als ob sie auf wirklichem Eigentum beruhe. *Behetría* wurde der Ort genannt, wo sich eine derartige Form juristisch-ökonomischer Beziehungen feststellen ließ. Der berühmte *Becerro de las behetrías*, eine um die Mitte des 14. Jh. angelegte Aufstellung, zählt mehr als sechshundert Orte und Ländereien auf, die *behetrías* waren und die auf vierzehn Verwaltungsbezirke (*merindades*) verteilt waren. Zu diesem Zeitpunkt – nach einem halben Jahrhundert fortschreitender Krise – begann die Lage der Bewohner der *behetrías* drückender zu werden, obwohl ihnen weiterhin die Möglichkeit offenstand, sich ihren Herrn völlig frei auszusuchen – *behetría de mar a mar* genannt – oder wenigstens unter den Mitgliedern der Familie den Herrn auszuwählen (*behetría de linaje*).

Mit dem Ende der Möglichkeiten, Landstriche urbar zu machen und zu kolonisieren, war es mit der demographischen Entlastung, die Katalonien bis ins 13. Jh. genoß, vorbei. Die Bauern im Norden des Fürstentums – Alt-Katalonien – unterlagen in dieser Zeit einem Druck, der die Gebundenheit an die Scholle zu einem großen Teil wiederherstellte. Durch die von Peter III. (1276–85) erlassene Verfassung (*Comper lo senyor*) wurde es den Bauern auferlegt, vor dem Verlassen des Landes die drückende *remensa* zu bezahlen. Als ein immer beträchtlicherer Teil der im Handel erlangten Gewinne in Land angelegt wurde, verschlechterten sich die Lebensbedingungen der Bauern noch mehr. Um ihnen immer größere Beschränkungen aufzuerlegen, nutzten die Herren alle rechtlichen Möglichkeiten, besonders die anschaulich *malos usos* (schlechte Sitten) genannten, die das Ziel verfolgten, die Kapitalisierung eines Teils der Gewinne an den Landprodukten, die damals ständig im Preis stiegen, zu verhindern.

Bis zum Ende des 11. Jh. gab es in Spanien vor allem Kleinbesitz. Aber diese Situation wurde durch die *Reconquista* verändert, die den Aufstieg einiger Adeliger, die Schaffung der Militärorden und den Reichtum durch den Sieg über den Islam mit sich brachte. Obwohl die Landverteilungen in Andalusien und der Levante eher den Typ des mittelgroßen Besitzes schufen, erlaubten die großen Gebietseinverleihungen des 13. Jh. die Errichtung großer Latifundien. Diese Tendenz der Gebietszusammenfassung übertrug sich auf die weltlichen und geistlichen Besitzer der Duero-Hochebene, wo ebenfalls weiträumige Besitzungen entstanden, deren Besitzer danach strebten, diese mit einem bestimmten Privilegienkatalog zu versehen und sie sogar in Grundherrschaften zu verwandeln. Aber im Unterschied zu den direkt von den Königen verliehenen Grundherrschaften bewahrten diese Besitzungen (*dominios immunes*) die herkömmlichen Nutzungsmethoden. Es lassen sich zwar häufige Teilungen der Besitze nachweisen, aber im allgemeinen läßt sich sagen, daß sie sowohl in der Anzahl als auch in der Ausdehnung ständig wuchsen.

Bei der Durchführung der Klosterreform verstärkte der cluniazensische Einfluß noch das Bestreben einiger, und zwar der wichtigsten und reichsten Klöster, sich ärmere Klöster einzugliedern. Auf diese Weise wurden einige große Besitzungen geschaffen, deren Gebiete meist verstreut lagen. Während des 11. und 12. Jh. lassen sich die gesteigerten Kaufbemühungen dieser wichtigen Klöster feststellen – es handelt sich um Oña, San Millán, Sahagún, Roda, Ripoll und andere – um Produktionsbereiche zu vervollständigen, an denen es ihnen bisher mangelte, oder um Besitzungen abzurunden und die Gebietsverstreuung zu beenden. Diese Käufe zeigen, daß es den Klöstern gelungen war, einen Teil der aus dem muselmanischen Bereich kommenden Kapitalien zu ihren Gunsten zu verwenden. Die Notwendigkeit des Wiederaufbaus, die viele Klöster nach den Feldzügen des Almanzor empfanden, begünstigten diese Entwicklung noch.

Das Wachstum der über das Land verstreuten klösterlichen Besitzungen war keineswegs auf Willkür zurückzuführen, sondern gehorchte wirtschaftlichen Notwendigkeiten, die aus dem Leben in den Klöstern erwuchsen. Alle besaßen Getreidefelder und Weinberge; sie sicherten sich den Zugang zu Flüssen und Fischgründen – die Fastentage schufen wirkliche Probleme – und erwarben Wiesen und Weiden für eine wachsende Viehzucht, die sie mit Fleisch, Milch und Häuten versorgte. Fisch wie Fleisch erforderten Salz, und so waren die ersten Niederlassungen der Klöster im kantabrischen Raum auf die Salzgewinnung gerichtet. Jedes Kloster rief im Lande einen Handelsstrom von Grundstoffen und verarbeiteten Produkten hervor und stellte eine wirtschaftliche Zelle dar, in der sich im Laufe des 12. Jh. eine wachsende Spezialisierungstendenz bemerkbar machte. Vom Erwerb von Privilegien und dem Hang zur Errichtung von Grundherrschaften her gesehen, folgten die Klöster den gleichen Normen wie die weltlichen Besitzungen.

Die Hauptidee der Nutzung der Besitzungen der Klöster war immer die, den Unterhalt der Bewohner zu sichern und Produktion und Verbrauch auszugleichen. Bis in die Mitte des 12. Jh. verlangten die spärlichen Erträge des Bodens aufgrund wenig entwikkelter Techniken eine Vermehrung der Anzahl der Besitzungen, um die Einkünfte zu erhöhen. Aber diese Besitzungen, die manchmal weit von dem Kloster lagen, bildeten ihrerseits kleine, unabhängige wirtschaftliche Einheiten, die das Kloster durch zuweilen weltliche Verwalter betreiben ließ. In jedem Fall behielt sich das Kloster, das den größten Teil des Landes Bauern überließ, die in Form von Pachtgeldern, Arbeitsleistungen oder Produkten bezahlten, in jeder dieser kleinen Einheiten immer einen Anteil vor, der direkt genutzt wurde. Das Wort *serna*, das zuerst Getreideland bedeutete, bezeichnete schließlich diese eigentumsrechtliche Reserve.

Die Entwicklung der Städte und des Handels trug im 12. Jh. mächtig dazu bei, die Zustände auf dem Land zu verändern, indem die Vermarktung der Landprodukte beschleunigt und Weinanbau und Viehzucht intensiviert wurden. Die Einrichtung neuer Weinbaugebiete wurde normalerweise durch eine Übereinkunft zwischen dem Landbesitzer und dem Weinbauer beschlossen (*ad complantandum*), in Katalonien *a rabassa morta* genannt, die in einer Halbierung des Bodens bestand. Während des 13. Jh. erstreckte sich der Weinbau auf fast alle Reiche und gab manchen Gebieten den Charakter dieses besonderen Anbauzweigs, den sie noch heute bewahren. Fast zur gleichen Zeit, als die wichtigsten muselmanischen Ostgebiete in die christlichen Monarchien eingegliedert wurden, verloren Anbau und Handel anderer Produkte wie Öl, Rosinen und anderer Trockenfrüchte an Bedeutung.

Wenn es auch der Mangel an Zahlenmaterial verbietet nachzuweisen, welche Fortschritte hinsichtlich der Ackerbautechnik gemacht wurden, deutet alles darauf hin, daß diese Fortschritte spärlich waren und immer mit einem gewissen Rückstand zum übrigen Europa erfolgten. Die drei großen Neuheiten dieses Jahrhunderts waren die Verbreitung der Wassermühle – eine sehr teure Einrichtung, die fast immer auf mächtige Herrschaften beschränkt blieb –, die tiefe Pflugschar mit Streichbrett, und das Maultier als Zugtier anstelle des Ochsen. Da die Böden arm und die Düngungen spärlich und schlecht waren, wurzelte sich der Brauch ein, unmittelbar nach Einbringung der Ernte die Felder dem Vieh zu öffnen und sie ein Jahr als Brachland liegen zu lassen. Dies ist der Anfang des einfachen, zweijährigen Feldwechsels, der sich noch heute in Kastilien *de año y vez* nennt. Die Grenzlinien zwischen verschiedenen Feldern wurden durch Furchen oder Grenzstein markiert, um den Schafen nicht den Weg zu versperren, wenn die Felder einmal geöffnet waren. In späteren Jahrhunderten erhielt die *Mesta* unschätzbare Vorteile aus diesen Bräuchen. Die Fortschritte des tiefen Pflugs lassen sich an der Entwicklung der Parzellen messen, die nach Ausdehnung strebten, um die Arbeit des Pflugs zu erleichtern.

Gegen Mitte des 13. Jh. setzte sich die Ausdehnung des spanischen Ackerbaus dank des beständigen Zurückweichens der Muselmanen ohne Unterbrechung fort. Das Ende der militärischen *Reconquista,* die, aus der Notwendigkeit, die muselmanische Bevölkerung zu erhalten, in ihren letzten Jahrzehnten keine freien Ländereien zurückließ, und das gleichzeitige Anwachsen der Viehwirtschaft, die durch den Anstieg von Grundherrschaften im Land begünstigt wurde, errichteten schließlich Barrieren, die ein Aufsaugen der überschüssigen Bevölkerung verhinderten. Die Cortes von Jerez vom Jahre 1268 machten zum erstenmal die Tatsache bekannt, daß die Preise der Lebensmittel stiegen. Da sie städtischen Betrachtungsweisen folgten, dachten sie nur daran, eine Politik niedrigerer Löhne und billigen Weizens zu verfolgen. Die Situation verschärfte sich in den ersten Jahren des 14. Jh.

Die Viehzucht hat auf der Halbinsel eine sehr alte Tradition. Die Häute waren in der römischen Zeit Gegenstand eines intensiven Handels. Die Zerstörungen, die Christen und Muselmanen in der Duero-Hochebene im 8. und 9. Jh. verursachten, verschafften

Weiden für die Wanderherden, die sich manchmal mit den Truppen, die die Grenze überschritten, gefährlich mischten. Vielfach war das Vieh die bedeutendste Beute der Raubzüge. Die Wanderviehwirtschaft wurde schon durch das Klima bestimmt, das die Hirten veranlaßte, wechselweise Winter- und Sommerweiden aufzusuchen. Als die Grenze nach Süden vorgeschoben wurde, vermehrte sich der Wohlstand der christlichen Viehbesitzer, während die muselmanische Viehzucht fast zum Erliegen kam. Während des 12. Jh. wurden in Kastilien und Aragón Anstrengungen unternommen, den Weg des Viehs zu organisieren, die inneren Beziehungen der Viehwirtschaft rechtlich zu fixieren sowie zwischen ihr und dem Ackerbau zu einem Übereinkommen zu gelangen. Diese Anstrengungen mündeten schließlich im folgenden Jahrhundert in die kastilische *Mesta* und die *Casa de Ganadores* von Zaragoza.

Die Bezeichnung *mesta* wurde gleichermaßen angewendet für die Bergweiden und die Zusammenkünfte der Schafbesitzer und Hirten, die die zwischen den Herden aufkommenden Zwistigkeiten schlichteten und vor allem verirrte und herrenlose Schafe aufteilten. Normalerweise fanden diese Zusammenkünfte zweimal im Jahr statt, gleichzeitig mit dem Wechsel der Weiden. Natürlich war eine der Angelegenheiten, über die die *mestas* entscheiden mußten, die Benutzung der Wanderwege, die in Kastilien *cañadas*, in Aragón *cabaneras* und in Katalonien *carreratges* genannt wurden. Es stand ihnen kein Recht zu, eine Rechtsprechung auszuüben, aber der Brauch verlieh den Entscheidungen Kraft. Der Marsch der Herden auf ihren Wegen vom Bergland bis in die Ebene, wo das vorher erwähnte Prinzip der Öffnung der Felder während bestimmter Zeiten eingriff, erzeugte tausend Konflikte. Für das Recht des Durchzugs der Schafe wurde eine Steuer bezahlt, *portazgo* genannt; eine andere, *montazgo* genannt, kam einer Entschädigung für angerichtete Schäden gleich.

Ein stiller und manchmal schrecklicher Krieg entbrannte im 13. Jh. zwischen den Schafbesitzern, die jeder Absicht entgegenstanden, die Felder zu schließen, und den Ackerbauern. Um diesen Krieg zu organisieren – und um ihn zu gewinnen, wie es schließlich auch geschah – richteten die Viehbesitzer diese Zusammenkünfte oder *mestas* ein. Vom Anfang dieses Jahrhunderts an waren praktisch alle zusammen mit ihren Schäfern in vier *mestas* zusammengeschlossen: León, Soria, Segovia und Cuenca, die vier verschiedenen Wanderwegen entsprachen. 1273 schloß ein königlicher Befehl alle *mestas* in einer einzigen zusammen, deren Entscheidungen in Zukunft alle Schafbesitzer gehorchen sollten. Dies war der Ursprung des berühmten und diskutierten *Honrado Concejo de la Mesta*, der vom ersten Augenblick an von der Aristokratie beherrscht wurde.

Der erste Schritt vorwärts war der, daß die *montazgos* und *portazgos* mit Ausnahme derer, die direkt dem König zuflossen, abgeschafft wurden. 1347, als die Viehzucht schon ein besonderes Gewicht hatte, stellte Alfons XI. alle Schafe unter seinen Schutz und erwirkte, daß sie als eine königliche Herde galten. Der *servicio y montazgo* wurde eine der Haupteinkünfte der Krone. Die *mesta* wurde inzwischen mit richterlicher Gewalt ausgestattet; ihre Zusammenkünfte fanden dreimal im Jahr statt. Als der Handel mit kastilischer Wolle im Ausland gute Möglichkeiten fand – besonders in der ersten Hälfte des 14. Jh. gab es einen starken Aufschwung –, konnten die Mitglieder der *mesta* mit der Unterstützung der Kaufleute rechnen. Aus Nordafrika importierte Exemplare, die berühmten Merinoschafe, mischten sich mit den im Land vorhandenen Rassen. Diese Schafe lieferten Wolle im Überfluß, die zudem von guter Qualität war und preisgünstiger angeboten werden konnte als die englische Wolle. Dies war für die Wollhändler eine ausgezeichnete Basis, um im Ausland im Wettbewerb aufzutreten.

Die Wanderschafzucht setzte sich allgemein durch und wurde durch die Festlegung dreier großer Wanderwege und das Entstehen gewisser öffentlicher Ordnungsinstitutionen, wie der Bruderschaft von Toledo, Talavera und Ciudad Real, die „die Alte" genannt wurde, reglementiert. Der Weg des Gebietes León (*cañada leonesa*) ging von der Stadt León aus und führte über Zamora, Salamanca und Béjar nach Plasencia und den Sommerweiden von Extremadura. Der Weg des Gebietes Segovia (*cañada segoviana*) verzweigte sich: einer ging von Logrono über Burgos, Palencia und Valladolid nach Segovia; ein anderer, der von der gleichen Stadt ausging, durchlief die Tierra de los Cameros bis Soria und führte über die Weiden von Somosierra und Guadarrama nach Talavera. Von Segovia führte ein Weg über Avila nach Béjar, und ein anderer, der in Talavera die Herden aus Soria eingliederte, führte über Guadalupe und Almadén nach Andalusien. Der Weg der Mancha (*cañada manchega*) vereinigte die Tiere Cuencas und führte sie zu den Weiden Murcias und Ostandalusiens[4].

6. Das Bürgertum und die Städte

In Spanien wurde dank der Muselmanen die städtische mediterrane Tradition nicht unterbrochen. Vorher waren viele Städte einem Prozeß der Verländlichung unterworfen. Es ist möglich, daß sich ihr Einfluß schon vor dem Jahr 1000 auf die *civitates* und *villas* des Nordens auswirkte. León und Barcelona scheinen, einschließlich ökonomischer Gesichtspunkte, wirkliche Städte gewesen zu sein. Viele der zu Verteidigung des Gebietes errichteten Burgen schützten Ortschaften, die sich im Wachstum befanden. Während des 10. Jh. sind in solchen Ortschaften häufig Wochenmärkte anzutreffen, zu denen manchmal ambulante Händler mit fremdländischen Produkten, besonders mit Stoffen, Parfümen und Waffen heranreisten. Bis zur Mitte des 11. Jh. waren diese Händler wahrscheinlich keine Christen.

Das Zurückweichen des Islam traf mit einer Annäherung der spanischen Monarchien an die europäische Christenheit zusammen. Santiago de Compostela wurde das Ziel einer der drei großen Pilgerfahrten der Welt. Um zu dieser Stadt zu gelangen, richtete man einen Pilgerweg ein, an dem Ortschaften mit erheblicher wirtschaftlicher Tätigkeit emporwuchsen. Die Könige stellten die Pilgerstraße und die Kaufleute unter ihren Schutz und gewährten den Fremden – *francos* – die außerhalb der Stadtmauern gelegene Viertel besiedelten, beträchtliche Privilegien. In den alten Städten – Barcelona und León sind weiterhin die herausragendsten Beispiele – entstanden von den ländlichen Gebieten unabhängige Handwerksbetriebe, die der Versorgung des Handels dienten. In den neuen Städten, die durch die *Reconquista* der spanischen Herrschaft eingegliedert wurden, wurde die muselmanische Wirtschaftsstruktur bewahrt und ihre vorhandenen Handwerksbetriebe durch neu eingewanderte vermehrt. Im allgemeinen wurden die an dem Weg nach Santiago entstandenen Ortschaften *burgos* und ihre Bewohner *burgueses* genannt. Der französische Einfluß ist nicht zu verkennen.

Eine neue ständische Schicht entstand aus einer, wenn auch nicht ausschließlich in der Stadt wohnenden, Einwohnerschaft. Sie setzte sich aus Kaufleuten und Handwerkern zusammen und unterschied sich wirtschaftlich kaum vom niederen Adel oder den Landbesitzern, die auch in der Stadt wohnten. Aber zweifelsohne übte sie Einfluß darauf aus, daß jede Stadt, *burgo* oder *villa*, nach einer freiheitlichen Verfassung regiert wurde, nach dem *fuero*, von dem wir in Jaca das älteste Beispiel besitzen (1063). Den eigenartigsten Fall bietet Pamplona, wo gegenüber dem ursprünglichen Kern der Bischofsstadt, der Navarrería, ein Viertel entstand – San Saturnino de Iruna-San Cernín –, dem Alfons der Kämpfer 1129 den *fuero de francos* zuerkannte. In Estella wohnten die *francos*, die 1090 ebenfalls den *fuero* erhielten, entlang einer Geschäftsstraße (*rua de las tiendas*), die den kaufmännischen Charakter unterstreicht. Burgos wurde nach einem eigentümlichen und älteren Recht regiert, das aus der Zeit vor 1039 stammt; erst viel später bildete es sich zum *fuero* aus. Seit dem 13. Jh. entwickelte sich Burgos, da sich hier bedeutende Straßen kreuzten, zu einem der größten Handelsplätze Spaniens.

Abseits von Pilgerstraßen haben wir keine Nachrichten über *burgueses* und *francos*. Diese, denen anfangs der Charakter des Fremden anhaftete, wurden schließlich mit dem *fuero* identifiziert, der Freiheit verlieh. In den im Verlauf der *Reconquista* zurückgewonnen oder neugegründeten Städten erhielten die Besiedler andere Bezeichnungen: *ciudadanos* oder *hombres buenos*. Zwischen den Bezeichnungen *burgueses, ciudadano* und *hombre bueno* besteht völlige Gleichwertigkeit. Aber jede Stadt oder Ortschaft war im 12. Jh. mit ihren drei sozialen Abstufungen in *caballeros, hombres buenos* und *labradores* ein kleines Muster der ständischen Gesellschaft.

Im Gegensatz zu anderen europäischen Städten verloren die spanischen mit Ausnahme von Barcelona nie ihren ländlichen Charakter. Mit der Zeit ergriffen die *caballeros*, die der untersten Stufe des Adels, den *hidalgos* angeglichen waren, die Regierung der Städte und bildeten eine oligarchische Herrschaft heraus. Alfons XI. sicherte in seinem Bemühen, den Frieden in der Stadt zu gewährleisten, die Stellung dieser Oligarchie ab, indem er die Stadtverwaltung einer kleinen Gruppe von normalerweise sechzehn Stadträten übertrug, deren Macht durch Kooptierung und lebenslängliche Dienstzeit verfestigt wurde.

Vom 12. bis zum 14. Jh. stellte Barcelona unter den spanischen Städten die große und rühmliche Ausnahme dar, und zwar sowohl hinsichtlich der Größe als auch hinsichtlich ihrer Lebensart, die sie den italienischen Handelsrepubliken nahestehen läßt. Die in ihr vorhandenen drei Stände weisen natürlich Unterschiede auf: es gab eine Oberschicht, die von einigen im Handel reich gewordenen Familien gebildet wurde, den *ciudadanos honrados*, einem echten Patriziertum, das die Macht in den Händen hielt, eine Mittelschicht aus Handwerkern und Kaufleuten und schließlich eine Unterschicht aus Arbeitern und Handwerkern. Gegen 1350 näherte sich die Zahl der Patrizierfamilien den zweihundert.

Kaufleute und Handwerker – in der Verteidigung ihrer Interessen – begannen, sich zu Bruderschaften und Zünften zusammenzuschließen, wobei sie die abgeschlossene Monopolstellung der letzten Jahrhunderte des Mittelalters aber nicht erreichten. Eins der erklärten Ziele war der Schutz des Käufers, indem Qualität und ein gerechter Preis gewährleistet werden sollten. In Wirklichkeit ging es darum, jeden Wettbewerb zu überwachen und zu verhindern. In vielen Fällen kam es zu Zusammenstößen zwischen diesen Zünften und den Obrigkeiten der Städte, die um eine flüssige Warenversorgung bemüht waren und diese selbst durch die Schaffung günstiger Bedingungen für Ausländer erreichen wollten.

7. Die Entwicklung des Handels

In der Zeit, als die afrikanischen Invasionen den Verkehr zwischen dem christlichen Spanien und dem Islam erschwerten, ohne ihn allerdings zu zerstören, wurden die Nordreiche von der wirtschaftlichen Entwicklung Europas berührt. In Verbindung mit den entlang des Santiago-Pilgerwegs entstandenen Ortschaften wuchsen neue Märkte. Die Zahl der Personen, die mit kaufmännischen oder gewerblichen Tätigkeiten ihren Lebensunterhalt verdienten, stieg an. Ein Warenstrom von der anderen Seite der Pyrenäen vermehrte die Handelsbeziehungen. Der erste Jahrmarkt (*feria*), das Zeichen einer neuen Zeit, wurde in Belorado 1116 während der Regierung Alfons des Kämpfers eröffnet; aber es steht fest, daß in diesem Jahrhundert in Valladolid, Sahagún, Cuenca und Moyá – der letzte Ort liegt nahe bei Barcelona – auch andere *ferias* ins Leben gerufen wurden. Im 13. Jh. nahm die Zahl der *ferias* zu; vor allem dehnten sich diese auf andere Städte des Südens aus. Die Einrichtung von Jahrmärkten fand ihren Höhepunkt während der Regierungszeit Alfons' X. und Sanchos IV., zu einem Zeitpunkt also, als sich schon der Beginn der Krise abzeichnete. Es steht fest, daß sich die Kapitalien der Kaufleute, wenn auch langsam, vermehrten.

Aber dieser innere Handel, der – wenn wir Barcelona und, in geringerem Maße, auch Valencia als Mittelmeerhäfen ausnehmen – mit dem Rücken zum Meer durchgeführt wurde, litt hinsichtlich der Verbindungswege unter schweren Mängeln. Es fehlten Brücken und Straßen: bis zur Mitte des 14. Jh. läßt sich nichts ausmachen, was einer Politik ähnelt, die für Ochsenkarren gedachte Straßen entwirft oder sich um den Brückenbau kümmert. Das Land bediente sich fast ausschließlich enger Wege, die, wenn sie zuweilen den Lauf alter Römerstraßen ausnutzten, nicht gerade dienlich waren, diese zu erhalten. Der Tansport lag in den Händen von Maultiertreibern, die langsam und unermüdlich mit ihrer Koppel von Tragtieren dem Weg folgten und den widrigen Umständen und den Wegelagerern trotzten. Man muß nicht den Quijote lesen, um zu verstehen, daß unter ihnen wenig vertrauenserweckende Männer waren. Die Zollgebühren und die lokalen Steuern bedeuteten für den Warenverkehr ein fast ebenso großes Hindernis wie der schlechte Zustand der Wege.

Nahezu alle Ortschaften oder Städte von mittlerer Bedeutung verfügten über einen wöchentlichen oder täglichen Markt; beim letzteren handelt es sich zweifellos um ein Überbleibsel oder eine Nachahmung des muselmanischen *zoco*, der in Kastilien *azogue* genannt wurde. Rings um den Markt ordneten sich die Handwerkerstraßen an, die den Markt versorgten und die in einigen Fällen noch bis heute ihren alten Straßennamen behalten haben. In Valencia und dann in Barcelona befand sich dieser tägliche Markt unter der Aufsicht des *mostazaf*, der nur ein Abbild des ehemaligen muselmanischen Eichmeisters war. In beiden Städten, und in der Folgezeit in anderen gleichermaßen bedeutenden, teilte sich der Zentralmarkt schließlich in eine Reihe von Spezialmärkten.

Während langer Zeit lebte Katalonien in einer Unausgewogenheit zwischen dem hochentwickelten Handel und einer gewerblichen Fertigung, die kaum ausreichte, um ihn zu versorgen. Außer im Metallgewerbe unterschied sich das Handwerk Barcelonas kaum von dem anderer Städte der Halbinsel. Erst Ende des 13. Jh., als der Krieg mit Frankreich den Zugang zu den Nordstaaten zur gleichen Zeit versperrte, wie Seekriege mögliche Märkte in Sizilien und Nordafrika öffneten, entstand eine blühende Textilindustrie, die aus der aragonesischen Wolle Nutzen zog. Logischerweise wurde Barcelona zum Zentrum dieser wirtschaftlichen Aktivitäten, die sich besonders auf die Produkte mittlerer Qualität ausrichteten. Andere Produktionszentren wuchsen in Roussillon, in Gerona und im Vallés, wo Sabadall, Tarrasa und Granollers schon vor 1350 große Bedeutung besaßen. Die Eroberung Sardiniens brachte ein neues Produkt, die Koralle.

Trotz der schweren Strafen, die die Bulle Nikolaus' IV. von 1291 all denen androhte, die in islamische Länder Lebensmittel oder Waffen verkauften, wurden die Katalanen nie in ihrem Bemühen abgehalten, immer engere Bindungen mit den Häfen Nordafrikas und Ägyptens einzugehen. Sie waren anfangs als Zwischenhändler in der Provence tätig gewesen und unternahmen kleine Reisen nach Montpellier, Marseille und Arles wobei sie den Umstand ausnutzten, daß die Grafen von Barcelona in diesem Gebiet Grundherren waren. Aber das Eindringen Frankreichs in den Languedoc und die ghibellinische Ausrichtung der aragonesischen Monarchen trieben ihre Untertanen zu ständig weiterreichenden Seeunternehmen. Cagliari, Palermo und Tunis wurden zu den drei Stützpunkten eines Seekreises, den sie mittels militärischer Eroberungen, Verträgen oder einfachen Akten der Gewalt ständig ausbauten. Den Katalanen war es 1340 gelungen, eine Seeroute aufzubauen, die sich nun auf folgende Städte stützte: Alghero und Cagliari mit den sardinischen Korallen, Palermo, Messina, Trapani und Syrakus als

Umschlagplätze des Weizens, Neapel als Hauptmarkt für die katalanischen Stoffe sowie Pisa, Genua und Savoyen. Dies war der tatsächliche katalanische Herrschaftsraum, auf den sich dann das aragonesische „Commonwealth“ stützen konnte.

Seit dem Anfang des 13. Jh. gingen die katalanischen Schiffe in Alexandria vor Anker, wo schließlich eine fast ständig bestehende Kolonie gegründet wurde, die nach den gleichen Prinzipien wie die vergleichbaren italienischen von einem Konsul regiert wurde, den Barcelona selbst ernannte. Bis 1350 wuchs die Bedeutung der alexandrinischen Faktorei ununterbrochen und verwandelte sich in den Warenumschlagplatz für Syrien und Zypern. Auch die Beziehungen mit Tunis gehen auf das 13. Jh. zurück, wenn sie auch bis zum Vertrag von 1301, der Jakob II. die Hälfte der Zollgebühren garantierte, die seine Untertanen in diesem Land zu zahlen hatten, nicht geregelt waren. In Bugía und Tremecén war der katalanische Handelsanteil so stark, daß man glauben konnte, sie kämen in ihren eigenen Herrschaftsbereich.

Der katalanische Mittelmeerhandel stützte sich hauptsächlich auf drei Bereiche: Nahrungsmittel – Weizen, Reis, Wein, Öl, Früchte und besonders Safran – die nur in großen Mengen bedeutende Gewinne erbrachten und die, Nachfrageschwankungen unterworfen, häufig Wertänderungen erlitten und Beschädigungen aufwiesen; Sklaven aus Nordafrika, die gewissermaßen traditionelle Handelsobjekte darstellten; Gewürze und Kräuter, die direkt aus dem Vorderen Orient oder erst über Muselmanen und Italiener bezogen wurden und die die Katalanen zu Lieferanten des gesamten iberischen und auch provenzalischen Bedarfs machten. Es ist nicht möglich, die großen Handelsrouten exakt festzulegen, da diese wechselten.

Bezüglich der Technik waren die Katalanen die einzigen auf der Halbinsel, die es zu einer Höhe brachten, welche sie mit den italienischen Kaufleuten vergleichbar machte. In jedem Schiff, das als ein seinen Ort verändernder Teil des Reiches angesehen wurde, besaß ein Konsul genannter Beamter in Stellvertretung des Herrschers die richterliche Gewalt über Streitfälle unter den Handelsherrn. Wenn diese Kaufleute sich in fremden Ländern niederließen und dauerhafte Kolonien begründeten, wurde auch hierfür ein Konsul ernannt. In einigen Häfen bildeten die katalanischen Kolonien ganze Stadtviertel oder kleine Städte mit Kirchen, den Niederlassungen der Kaufleute, Lagerhäusern, Kaufläden und einem Backofen. Sie wurden *alfóndigos* genannt, eine katalanische Übernahme des muselmanischen *fonduk*, und wurden ebenso von den Italienern nachgeahmt. 1266 gewährte Jakob I. der Stadt Barcelona ein Privileg, das ihr erlaubte, die Ernennung von Konsuln für die Mittelmeerkolonien vorzunehmen, und zwar sowohl für die katalanischen wie auch die valencianischen und mallorkinischen.

Große Probleme entstanden dann, wenn Streitfälle außerhalb der Kolonien oder in Reichen auftraten, die dieser Organisationsform ihre Zustimmung versagten. Handelsherren und Seefahrer trachteten danach, sich in der Verteidigung ihrer gemeinsamen Interessen zu vereinen. Seit 1283 – dem der Sizilianischen Vesper folgenden Jahr – gibt es in Katalonien das Seekonsulat (*Consulado de Mar*), das materiell mit einer ähnlichen Jurisdiktionsgewalt ausgestattet war wie die Konsuln, aber alle Händler und Seeleute einbezog, wie auch alle Orte, wo valencianische Kaufleute oder Schiffe auftraten. Die Entscheidungen des Konsulats, die Rechtsprüche, trugen dazu bei, ein Handelsrecht auszubilden. Diese Institution sollte später auch in Barcelona, Mallorca und anderen Städten eingerichtet werden.

In Katalonien finden wir schon seit dem 13. Jh. drei Formen der Handelsgesellschaft, die in Italien schon bekannt waren. Die *comanda simple* war praktisch eine Aufgabe, die der Besitzer der Ware dem Schiffskapitän anvertraute. Dieser kümmerte sich um den Verkauf; den Gewinn teilten anschließend beide. Die *societas maris* verband zwei oder drei Personen zu einem konkreten Handelsgeschäft. Die *companía* war ein festeres Unternehmen; für den Zeitraum von höchstens fünf Jahren – die Gesellschaft konnte dann erneuert werden – vereinigten sich Personen und Kapitalien, um sich verschiedenen Geschäften in einem Handelszweig zu widmen. Jedes Jahr wurde ein Rechenschaftsbericht vorgelegt. Auf der übrigen Halbinsel sind uns die Handelsorganisationen, wenn es sie gab, unbekannt.

Die weite kantabrische und atlantische Küste der Halbinsel spielte bis zur zweiten Hälfte des 13. Jh. keine herausragende wirtschaftliche Rolle. Wir besitzen verstreute Notizen über Aktivitäten zur See und über Transporte, aber nichts deutet mit Sicherheit darauf hin, daß auch in den Handel eingegriffen wurde. Eine Flotte nimmt 1130 an der Blockade von Bayonne teil. Sancho VI., König von Navarra, gewährt 1150 der Stadt San Sebastián Privilegien, um ihre schon ziemlich bedeutende Flotte zu fördern. Die kleinen Boote von Santa María del Puerto (Santoña), Bermeo und Lequeitio gingen am Ende des 12. Jh. auf Walfang. Die entscheidende Tat war ohne Zweifel, daß Alfons VIII. (1158–1214) im allgemeinen Zug der Gewährung von *fueros* unter seinem Schutz die wichtigsten Häfen der Nordküste zusammenfaßte und viele von ihnen, wie San Vicente de la Barquera, Santander, Laredo und Castro, von der Kontrolle der Klöster des Inneren, Oña, San Millán, Najera usw., von denen sie bis dahin abhängig waren, befreite.

In den ersten Jahren des 13. Jh. machten die Erfahrungen der kantabrischen Ortschaften auf der See rasche Fortschritte: das Salz, der getrocknete Fisch und die französischen und flämischen Tuche nahmen ihre ganze Tätigkeit in Anspruch, und zwar als Transporteure, nicht als Händler. In den militärischen Operationen, die die großen Städte des Islam zu Fall brachten, spielten sie schon eine wichtige Rolle, so bei der Eroberung von Cartagena (1245) und der Einnahme von Sevilla (1248). Viele Auswanderer des Nordens setzten sich an der andalusischen Küste fest. Wichtiger war, daß die Genuesen, deren Beitrag an der Eroberung der großen Stadt am Guadalquivir ausschlaggebend war, sich in ihr niederließen und ihren großen Einfluß geltend machten, damit sich die folgenden Operationen der Öffnung der Meerenge von Gibraltar widmeten. In den letzten Jahren des 13. Jh. können die Eroberung von Tarifa und dann der Sieg Alfons' XI. über den Stamm der Benimeriner als die wichtigsten Ereignisse angesehen werden. In Zukunft konnte eine kostensparende maritime Handelsroute von Italien entlang der Küste der Halbinsel nach Flandern eingerichtet werden.

Die spanischen Reiche, die immer Mangel an Kapitalien hatten, zogen aus der Gegenwart der Genuesen Nutzen; nicht nur, weil diese die für die Entwicklung notwendigen Geldsummen einführten, sondern auch, weil sie über bessere Schiffs- und Finanztechniken verfügten, die schlechterdings in einem zukünftigen Wohlstand zum Ausdruck kommen mußten. Sevilla und Cádiz wandelten sich schon nach wenigen Jahren in Handelsplätze mit Beziehungen nach Westafrika, woher das Gold strömte. Bei seinem Weg durch die Halbinsel regte dieses afrikanische Gold die Geschäfte an und kam der königlichen Kasse zugute. Alfons X. (1252–84) konnte über eine stabile Goldmünze verfügen, die *dobla*, die es erlauben sollte, die Geldkrisen des kommenden Jahrhunderts durchzustehen.

1296 vereinigten sich die baskischen und kantabrischen Seestädte in einem Bündnis, einer Art Hanse, das von den Transportunternehmern und nicht von den Kaufleuten beherrscht wurde. Es hatte die Aufgabe, die gemeinsamen Interessen im Inneren Kastiliens und in den Außenhandelshäfen Englands und Flanderns zu verteidigen. Eisen und Wein waren anfänglich die Hauptprodukte. Bald gesellte sich die Wolle hinzu, die in einem harten Wettkampf schließlich die englische auf den flämischen Märkten ersetzte. Namen von Kastiliern und Basken erscheinen in Brügge mindestens seit 1267. Im Jahre 1300 wird Bilbao am Nervión gegründet, um es vor möglichen Seeangriffen zu schützen. Der Ort wird in sehr kurzer Zeit zum Handelszentrum und Rivalen von Burgos, das im Gegensatz zu Bilbao von den Kaufleuten beherrscht wurde. Am Ende des Zeitabschnitts, und sicherlich in Verbindung mit der Krise, die sich abzuzeichnen begann, erhielten die Kastilier 1336 und 1343 wichtige Privilegien von den Grafen von Flandern.

Seit der Mitte des 13. Jh. waren die Katalanen das Risiko eingegangen, durch die Straße von Gibraltar zu fahren. Es verwundert daher keineswegs, daß ihre Marine mit der kastilischen in der Seeschlacht zusammengearbeitet hatte, um die Herrschaft über die Meerenge zu erlangen. Brügge war damals das Endziel aller Kaufleute der Halbinsel. Wolle, Gewürze, Seide, Wein und Eisen erreichten dort Preise, die für das Risiko entschädigten und es erlaubten, sich auf der Rückreise mit Tüchern, Heringen, Zinn und Metallwaren aus Dinant einzudecken. Die Freundschaft zwischen den aragonesischen Herrschern und den Grafen von Flandern erlaubte die Errichtung einer katalanischen Handelskolonie im frühen 14. Jh., die von der kastilischen um die Mitte desselben Jahrhunderts übertroffen werden sollte[5].

[1] *M. Bellver:* Influencia que ejerció la dominación de los árabes en la cultura, industria y comercio de la provincia de Castellón (1890).
R. Carande: La huella económica de las capitales hispano-musulmanas. In: Moneda y Crédito 29 (1949).
E. Levi-Provençal: La vie économique de l'Espagne musulmane au X siècle. In: Revue Historique (1931).
P. Martínez Montávez: Islam y Cristianidad en la economía mediterránea de la Baja Edad (1970).

[2] *F. Mateu Llopis:* La moneda espanõla (1946).
C. Sánchez Albornoz: La primitiva organización monetaria de León y Castilla. In: Anuario de Historia del Derecho Español (1928).
A. Vives: La moneda castellana (1901).

[3] *A. Ferrari:* Castilla dividida en dominios segun el „Libro de las Behetrías" (1958).
Ders.: Beneficium y behetría. In: Bol. R. Academia de la Historia CLIX (1966).
J. A. García de Cortázar: El dominio del monasterio de San Millán de la Cogolla (siglos X a XIII) (1969).
E. Hinojosa: El régimen señorial y la cuestión agraria en Cataluña durante la Edad Media (1905).
C. Sánchez Albornoz: En torno a los orígines del feudalismo (3 Bde., 1942).
S. Moxó: De la nobleza vieja a la nobleza nueva. La transformación nobiliaria castellana en la Baja Edad Media. In: Anexos de la Revista Hispania 3 (1969), S. 1–210.
F. Macho y Ortega: Condición social de los mudéjares aragoneses (1922–1923).
J. González, J. M. Lacarra, J. M. Font y Rius, A. de la Torre und *J. Pérez de Úrbel:* La Reconquista española y la repoblación del país (1951).

[4] *Ch. Bishko:* El castellano hombre de llanura. La explotación ganadera en el área fronteriza de la Mancha y Extremadura durante la Edad Media. In: Estudios de Historia Moderna VI (1959).
J. Klein: La Mesta. Un estudio de historia económica española (1940).

[5] *A. de Capmany:* Memorias históricas sobre la marina, comercio y artes de la antigua ciudad de Barcelona, I (1779).
R. Carande: Sevilla fortaleza y mercado. In: Anuario de Historia del Derecho Español II (1924).
J. Finot: Etude historique sur les relations commerciales entre la Flandre et l'Espagne au moyen âge (1899).
E. García Concellón: La Universidad de Mercaderes y consulado de Burgos (1906).
L. Gilliodts-van Severen: Cartulaire de l'ancien consulat d'Espagne à Bruges (1901).
M. Gual Camarena: Vocabulario del comercio medieval (1968).
Ders.: El comercio de telas en el siglo XIII hispánico. In: Anuario de Historia Económica I, 1 (1968), S. 85–106.
J. Reglá: El comercio entre Francia y la Corona de Aragón en los siglos XIII y XIV y sus relaciones con el desenvolvimiento de la industria textil catalana (1950).
Smith: The Spanish Guild Merchant. A History of the Consulado (1940).

Ch. Verlinden: The Rise of Spanish Trade in the Middle Ages. In: Economic History Review X (1940).
Ders.: Contribution à l'étude de l'expansion commerciale de la draperie flamande dans la Péninsule Ibérique au XIII siècle. In: Revue du Nord XXII (1936).
A. E. Sayous: Les méthodes commerciales de Barcelone au XIII siècle d'après des documents inédits des archives de sa cathédrale. In: Estudis universitaris catalans (1932).
L. G. de Valdeavellano: Sobre los burgos y los burgueses de la España medieval (1960).
Ders.: Economía natural y monetaria en León y Castilla durante los siglos IX, X y XI. In: Moneda y Crédito 10 (1944).
Ders.: El mercado. Apuntes para su estudio en León y Castilla durante la Edad Media. In: Anuario de Historia del Derecho Español VIII (1931).

§ 15 Portugal im Hoch- und Spätmittelalter

Von Virgínia Rau † und José Mattoso

Quellen

Portugaliae monumenta historica. Leges et consuetudines I (1856); Diplomata et chartae I (1867); Inquisitiones I (1888–1961).
R. de Azevedo: Documentos medievais portugueses. Documentos particulares III (1101–1115) (1940); Documentos régios I (1095–1185). Academia Portuguesa da História (1958–1962).
Corpus codicum latinorum et portugalensium eorum qui in Archivo Municipali Portugalensi asservantur antiquissimorum I und II (1891–1917).
G. Pereira: Documentos historicos da cidade de Évora I (1905).
J. M. da Silva Marques: Descobrimentos portugueses. Documentos para a sua história I und Suppl. zu I (1944–1945).

Literatur

H. da Gama Barros: História da administração pública em Portugal nos séculos XII a XV. 2. Aufl. hg. v. *T. de Sousa Soares* (11 Bde., 1945–1954).
A. H. de Oliveira Marques: Ideário para uma história económica de Portugal na Idade Média. In: Ensaios de história medieval (1965), S. 19–67; als Bibliographie zu benutzen.
V. Magalhães Godinho: A estrutura da antiga sociedade portuguesa. BAB ([2]1975).

1. Naturräumliche Gliederung

Portugal ist ein Land großer Kontraste. Dafür sind zwei Gründe bestimmend: Zunächst seine Lage zwischen dem Atlantik und dem Zentrum der Iberischen Halbinsel, zum anderen der variationsreiche geologische Aufbau seiner Oberfläche. Bei einer Gesamtoberfläche von fast 90 000 km^2 und einer Küstenlänge von 850 km übersteigen die höchsten Erhebungen des Landes 1400 m. Die Temperaturen schwanken zwischen 0° und 40°. Vereinfachend kann man das Land in zwei Hauptzonen einteilen: diejenige nördlich des Tejo (Tajo) mit Durchschnittshöhen von 400 m, ausgeprägtem Relief und einem mäßig feuchten Klima sowie die Zone südlich des Tejo, für die Durchschnittshöhen von 250 m, das Fehlen von Gebirgen und trockenes Klima kennzeichnend sind.

Innerhalb der ersten Zone liegen nördlich des Douro die Landschaften Entre-Douro-e-Minho und Trás-os-Montes. Erstere ist gebirgig, feucht und fruchtbar; es herrschen Granitformationen vor. Letztere bildet eine von tiefen Tälern durchschnittene Hochebene mit Kontinentalklima und archaischen Böden. Zwischen Douro und Tejo findet sich im Hinterland Alto Douro, eine heiße, von Bergen umschlossene Hochfläche aus präkambrischem und granitenem Aufbau. Die Beira Alta ist bergig mit bedeutenden Erhebungen aus Granit und besitzt ein ausgeglichenes Klima. Die Beira Baixa ist trocken, hat ein geringes Relief, besteht aus Präkambrium mit granitenen und tertiären Zwischenfeldern. Im Küstenraum derselben Region liegt die Beira Litoral. Sie hat tertiäre Sedimentböden, geringe Erhebungen und gemäßigtes Klima. Die Estremadura ist bergiger und besitzt jurassische und kretazeische Formationen.

In der zweiten Zone lassen sich drei Naturräume erkennen: Ribatejo, Alentejo und Algarve. Der Ribatejo, im inneren Tejobecken gelegen, ist eine aus alluvialen Böden bestehende, fruchtbare Landschaft mit gemäßigtem Klima. Dem Alentejo fehlt ein orographisches Relief. In seinem Küstensaum finden sich Tertiärböden, im Inneren archaische und Silurböden. Das Klima ist trocken. Die Algarve ist eine aus Sedimenten gebildete maritim-meridionale Landschaft. Von der Küste zum Innern baut sie sich aus Jura oder Karbon auf.

2. Die Bevölkerung

Für Portugal bestätigt sich die in anderen Ländern gewonnene Erfahrung, wonach für den hier behandelten Zeitraum genaue Angaben über Bevölkerungszahlen nicht zu liefern sind. Die bisherigen Berechnungen beruhen weitgehend auf Mutmaßungen. Dennoch lassen sich aus Einzelangaben gewisse Schlüsse ziehen. Wenn man etwa die Zahl der im Norden des Landes in den Umfragen von 1220, 1258 und anderen Jahren erfaßten Pachthöfe und die Zahl der Armbrustschützen, die jeder *concelho* im 14. und 15. Jh. für das königliche Heer proportional zur jeweiligen Bevölkerung stellen mußte, in Betracht zieht, so läßt sich schließen, daß die Einwohnerzahl des Landes vor dem Schwarzen Tod ein wenig mehr als 1 Mill. betrug. Wahrscheinlich wurde diese Zahl in einem relativ konstanten demographischen Wachstum zwischen dem 11. und 13. Jh. erreicht. Auch die Kriege, die den Zeitraum charakterisieren, konnten diese Entwicklung nicht aufhalten. Ein Vergleich der durch das erwähnte Verfahren gewonnenen Daten mit der Zahl der Notare sowie den Abgaben, die sie am Ende des 13. Jh. in jedem *concelho* zahlten, führt zur Bestätigung des Schätzwertes und erlaubt es, wichtige Unterscheidungen für jede Region des Landes zu machen.

So war die Region Entre-Douro-e-Minho seit frühester Zeit und trotz der Entvölkerung im 8. und 9. Jh. durch eine hohe Bevölkerungsdichte gekennzeichnet. Wenn die Schätzungen von A. de Jesus da Costa stimmen, wonach dieser Raum in der Mitte des 13. Jh. ungefähr 140 000 Einwohner zählte, so läßt sich eine Bevölkerungsdichte von 20 Einwohnern pro km^2 errechnen. Im Gegensatz dazu waren der Alentejo, die Beira Baixa und Trás-os-Montes zur damaligen Zeit wie auch noch heute nur sehr dünn besiedelt. Die Landschaften Estremadura, Ribatejo und Beira Litoral hatten in der Mitte des 12. Jh. noch wenige Bewohner, bevölkerten sich jedoch dann mit unterschiedlicher Schnelligkeit. Die städtischen Zentren dieser drei Regionen erlebten nach der *Reconquista* eine rasche Entfaltung. Im Gegensatz dazu verloren die der Algarve immer stärker an Einwohnerzahl und büßten infolgedessen gewisse Merkmale städtischen Lebens ein. Während sich die Bevölkerung von Entre-Douro-e-Minho gleichmäßig über das Land verteilte, konzentrierte sie sich in fast allen anderen Regionen, besonders in den am stärksten entvölkerten, auf die Städte. Gegen Ende des 13. Jh. waren die wichtigsten Städte in der Reihenfolge ihrer Bedeutung: Lissabon, Santarém, Porto, Guimarães, Bragança, Guarda, Covilhã, Coimbra, Évora, Ponte de Lima und Trancoso. Unbekannt ist, welchen Rang Braga und die Städte der Algarve in diesem Rahmen einnahmen.

Es ist beim gegenwärtigen Forschungsstand nicht möglich, die durchschnittlichen Geburtenziffern zu berechnen. Die einzigen hierzu unternommenen Versuche beruhen auf den genealogischen Registern des 13. und 14. Jh., die jedoch lediglich Informationen über den Adel liefern und zudem nur ausnahmsweise die illegitimen und ohne Nachkommenschaft gestorbenen Kinder erwähnen. Ebensowenig sagen sie über die Kindersterblichkeit aus. Es dürfte deshalb die von Oliveira Marques vorgenommene Berechnung, daß zwei überlebende Kinder pro Ehepaar anzunehmen sind, unter den tatsächlichen Gegebenheiten liegen.

Auch die Sterblichkeitsziffer, die in den unteren Klassen gewiß höher lag als beim Adel, ist nicht exakt zu berechnen. Die Armen waren Hunger und Seuchen stärker ausgesetzt; die Adligen starben häufig im Kampf. Dennoch kann der Krieg nicht sehr todbringend gewesen sein, da die grenznahen *concelhos*, die ihm in der Zeit der *Reconquista* stärker ausgesetzt waren, während des Beginns des 13. Jh. in ihrer Entwicklung nicht aufgehalten wurden.

Unbekannt ist weiterhin die durchschnittliche Lebenserwartung eines Portugiesen zu dieser Zeit. Allerdings wurde ermittelt, daß die Lebensdauer von mehr als 60 Angehörigen der königlichen Familie aus dem 12. bis 14. Jh. 49 Jahre nicht überschritten hat, wobei die Fälle von Kindersterblichkeit nicht mitgezählt sind, die in diesem Zusammenhang von einzigartiger Bedeutung wären.

Man heiratete in jugendlichem Alter zwischen 14 und 18 Jahren. Das galt besonders für die adligen Frauen. Doch sieht die portugiesische Übersetzung des *fuero real* den Fall vor, daß die Fraucn später als mit 25 oder 30 Jahren heirateten.

Die sanitären Verhältnisse und die Hygiene variierten in Abhängigkeit vom islamischen Einfluß. Besonders im städtischen Bereich Mittel- und Südportugals waren die öffentlichen Bäder verbreitet, wurde die Sitte des Händewaschens vor den Mahlzeiten geübt. Im Süden reinigte und kalkte man die Häuser. Das örtliche Gewohnheitsrecht regelte die Wasserversorgung. Unter islamischem Einfluß stand auch die Ausübung der Medizin. Es gab Zentren wie Santa Cruz de Coimbra und São Vicente de Fora in Lissabon, die sie besonders pflegten. Die medizinischen Abhandlungen des 13. Jh. von Fr. Gil und Petrus Hispanus waren allerdings schon stark mit abergläubischen und volkstümlichen Behandlungsmethoden durchsetzt. Zu den am meisten verbreiteten Praktiken dieser Zeit zählten der Aderlaß, der den Mönchen regelmäßig verschrieben wurde, und die Anwendung von heilkräftigen Wassern aus São Vicente de Sousa, Lafões, Chaves u. a.

Wie es scheint, waren die ansteckenden Krankheiten am weitesten verbreitet. Es folgten Lungen- und Darmerkrankungen, die im allgemeinen tödliche Folgen hatten, da der Organismus durch ungenügende Ernährung geschwächt war. Das berüchtigte Übel der Zeit war die Lepra. Zu ihrer Behandlung gab es zahlreiche Leprosenheime, die sich häufig an den Fernstraßen ansiedelten, da man dort die Almosen der Reisenden zu gewinnen hoffte.

Hungersnöte traten in dieser Epoche im Vergleich zu anderen Zeiten nicht übermäßig häufig auf. Ausdrücklich erwähnt werden die von 1122, 1175, 1189–91, 1201, 1267, 1331 und 1333. Es ist jedoch denkbar, daß sich auch einige bekannte Hungerjahre Mitteleuropas wie die von 1257, 1273, 1295 und 1310, auf Portugal ausgewirkt haben könnten. Pestwellen sind aus den Jahren 1189–91, 1202, 1310 und 1333 bekannt geworden, bevor im Jahre 1348 diejenige hereinbrach, die die meisten Opfer forderte. Diese scheint ungefähr den dritten Teil der Bevölkerung des Landes dahingerafft zu haben.

Die unterschiedliche Bodenfruchtbarkeit in den einzelnen Landesteilen, die Schicksalsschläge der *Reconquista*, die Siedlungspolitik der Herrscher und die Anziehungskraft der Städte bewirkten, daß die Binnenwanderung während der ersten Periode der portugiesischen Geschichte ausgeprägt war. Obwohl bezüglich ihrer Intensität keine einhellige Meinung unter den Wissenschaftlern besteht, nimmt man die Entvölkerung des Dourotales im 8. und 9. Jh. als gesichert an. Wenn die Bauernbevölkerung auch nicht in Scharen ausgewandert sein konnte, so waren zumindest die bis dahin gültigen Formen der sozialen Ordnung aufgehoben und die Voraussetzungen der Stabilität vernichtet worden. Die Wiederbesiedlung von Entre-Douro-e-Minho, die Alfonso III. (866–910) mit Leuten aus Galizien und der Beira vornahm, verschaffte der Region erneut eine vielschichtige und fruchtbare Bevölkerung. Von hier aus unternahmen Christen Razzien in Beira, wo auch verstreute Gruppen von mozarabischen Christen zurückgeblieben waren, deren Sicherheit durch die Rückeroberung von Coimbra 1064 gewährleistet wurde. Die Wanderungsbewegung in südlicher Richtung setzte sich nach der Eroberung von Lissabon (1147) bis zur Tejolinie fort. Im 13. Jh. richtete sie sich auf den Alentejo, die Algarve (seit 1249), Trás-os-Montes und Riba-Coa, besonders aber auf die großen Städte wie Lissabon, Santarém und Porto. In dieser Epoche strömten die Bewohner auch in den Küstenraum, der jetzt mit der Bekämpfung der maurischen Piraterie sicherer wurde. Viele der besiegten Mauren flohen nach Süden, manche verblieben allerdings unter den Christen. Ihre Wohnsitze lagen im allgemeinen an der Peripherie der Städte[1].

3. Der politische Rahmen

Obwohl die Wurzeln der gegenüber León eigenständigen Entwicklung Portugals weit zurückverfolgt werden können, beginnt die eigentliche Geschichte des Landes erst am Ende des 11. Jh. mit der Ernennung Heinrichs von Burgund zum Grafen von „Portucale" (1096). Aus der davorliegenden Zeit ist ein Ereignis zu erwähnen, das Heinrich die Verfolgung einer unabhängigen Politik ermöglichte: der Aufstieg der *infanções*, Landadliger mittleren Standes. In der Auseinandersetzung mit den alten Grafen hatten sie sich Grundbesitz und die Schirmherrschaft über bedeutende Klöster verschafft sowie mit Hilfe von Fernando dem Großen (1037–65), García von Galizien und Alfonso VI. (1065–1109) die Macht übernommen. Diese *infanções* wurden sich ihrer Bedeutung bewußt, als sie dem Grafen Heinrich in den Kämpfen um die Erbfolge in León und Kastilien (1108–1112) zu Hilfe kamen. Ihre Ziele wurden jedoch durch die Gräfin Teresa (1112–1128) durchkreuzt, die es vorzog, sich auf den galizischen Grafenadel zu stützen. Man vertrieb sie und erhob ihren Sohn Alfonso Henriques (1128–1185) 1139 zum König. Dieser verfolgte gegenüber dem König von León eine zähe Unabhängigkeitspolitik und dehnte seinen Herrschaftsbereich nach Süden hin aus, den er den Mauren entriß. Einige seiner Eroberungen machten die Almohaden rückgängig (1184–1212), doch wurde nach der Einnahme von Alcácer do Sal (1217), Aljustrel (1234) und Mértola (1238) der Alentejo endgültig von den Christen in Besitz genommen. Die Algarve fiel mit der Eroberung von Faro im Jahre 1249 in die Hände der Christen.

Inzwischen suchte der erste König Portugals das Land mit Hilfe der Kirche zu konsolidieren, indem er zahlreiche Immunitätsprivilegien an die Klöster Nord- und Mittelportugals verlieh, die Niederlassung von neugegründeten Orten – Regulierte Kanoniker von Santa Cruz de Coimbra, Zisterzienser, Prämonstratenser – begünstigte und den Ritterorden in den grenznahen oder neueroberten Gebieten weite Befugnisse einräumte.

Die Erschütterungen am Ende des 12. Jh. – Hungersnöte, Einfälle der Almohaden, Zwistigkeiten mit den Bischöfen von Porto und Coimbra – bedrohten das bisherige politische Werk während der Regierungszeit von Sancho I. (1185–1211). Doch dessen Festigkeit ermöglichte es seinem Nachfolger Alfonso II. (1211–1223), die Schaffung eines auf Zentralisation ausgerichteten Staates einzuleiten. Er berief 1211 die Cortes nach Coimbra und ließ die ersten Erhebungen durchführen. Durch sie sollte eine bessere Übersicht über die Einkünfte der Krone gewonnen und zugleich unterbunden werden, daß Angehörige von Adel und Klerus sich Rechte und Güter der Krone aneigneten. Sancho II. (1223–1245) befaßte sich stärker mit der *Reconquista* des Alentejo, konnte jedoch nicht der Anarchie steuern, die sich im Lande mit der Auflehnung privilegierter Gruppen, Adliger und Bischöfe, breitmachte. Diese hatten sich verbündet, um vom Papst Innozenz IV. die Absetzung des Königs als *rex inutilis* zu fordern. Der Papst tat dies auf dem Konzil von Lyon und übergab die Regierung Portugals an Afonso III. (1245–1279), den Bruder des Königs und Grafen von Boulogne. Obwohl der Krone zahlreiche Bedingungen auferlegt wurden, die überwiegend von den Bischöfen gestellt wurden, führte Afonso III. doch mit Festigkeit und Ausdauer das Werk der Zentralisierung seines Staates fort. Er vertrieb die Mauren aus der Algarve (1249), schuf ein wichtiges Gesetzeswerk, verbesserte die Lokalverwaltung, berief verschiedentlich die Cortes ein, nahm die Erhebungen wieder auf (1258), setzte die Wiederbesiedlung fort und schränkte die Privilegien und Sonderrechte von Klerus und Adel ein.

König Dinis (1279–1325) führte diese Politik fort, löste jedoch die Konflikte mit dem Klerus durch Konkordate, reformierte die Lokalverwaltung, vermehrte die Einkünfte der Krone, unterstützte die in den Städten aufblühende Wirtschaft und erreichte eine definitive Festlegung der Grenze mit Kastilien (1297). Die Konflikte mit seinem Bruder Afonso aus den Jahren 1281, 1287 und 1299 verlängerten die Kämpfe mit dem Adel, führten jedoch schließlich zur Bestätigung der königlichen Gewalt. Afonso IV. (1325–1357) nahm am gesamtiberischen Kreuzzug gegen die Mauren teil (1340), obwohl er das Königreich Kastilien kurz zuvor bekriegt hatte (1334–1339). In Portugal selbst setzte er die Zentralisierungspolitik fort, allerdings mit geringerem Erfolg als sein Vater, da die überkommenen Wirtschafts- und Sozialstrukturen eine Krise heraufzubeschwören begannen, die durch die schreckliche Pest von 1348 nur noch verschlimmert wurde. Sie zu meistern war die Zentralgewalt bis zur Revolution von 1383–1385 nicht in der Lage[2].

4. Die Sozialstruktur

Zur Zeit, als die portugiesische Nation entstand, also etwa in der Mitte des 12. Jh., war die Zahl der persönlichen Sklaven gotischen Ursprungs sicherlich schon unbedeutend. Sie waren in den Hausdiensten und in der Feldarbeit der Herrenhöfe durch maurische, seltener mozarabische Sklaven ersetzt worden, die der Krieg regelmäßig verschaffte. Diese Sklaven waren wie die römischen dem Sachenrecht unterstellt, besaßen also keine Personenqualität. Allerdings milderte das Christentum die Härte ihres Schicksals.

Die volle Freiheit entbehrten auch die schollensässigen Leibeigenen (*servos adscritos à terra*), in der Mehrzahl Nachkommen früherer Knechte oder Freigelassener, die auf die *mansi* des Sallandes gesetzt worden waren und weiterhin zu Diensten, im besonderen zu *corveias*, verpflichtet waren. Ihre Stellung scheint derjenigen der hörigen Bauern recht ähnlich gewesen zu sein. Auch diese hatten ihre volle Freiheit verloren, indem sie sich mächtigen Herren „kommendierten" und ihnen in einem Vertrag der *incommunicatio*, der *precaria oblata* oder in anderer Form das Land, das sie besaßen, übertrugen, um unter ihren Schutz zu gelangen (*commendati, malados*). Unter die Kategorie der Minderfreien scheint auch die noch schwieriger zu charakterisierende Gruppe freier Ackerbauern gefallen zu sein, die nicht die Kommendation erstrebten, sich jedoch den Abgabenforderungen der Herren zu unterwerfen hatten, da sie ihrer Jurisdiktion unterstellt zu werden suchten. Die *adscritos* verloren ihre Güter, wenn sie das von ihnen bebaute Land verließen. Sie konnten seiner aber nicht gegen ihren Willen beraubt werden. Seit der Mitte des 12. Jh. begann sich ihre Stellung zu bessern, da die größere Freiheit, in der die Bewohner Mittel- und Südportugals lebten, Unzufriedene und Abenteurer aus anderen Landesteilen anzog. Die Wanderungsbewegung verstärkte sich während der zweiten Hälfte des Jahrhunderts. Das ist daraus ersichtlich, daß sich die Zahl der *cartas de foral* erhöhte, die nicht nur vom König, sondern auch von Privatpersonen verliehen wurden. Auch im 13. Jh. zogen neue *concelhos*, die vom König errichteten Siedlungen und die Städte weiterhin den Überschuß der unteren Bevölkerungsschichten an. Somit wurden die an die Scholle gebundenen Leibeigenen seltener, bis sie schließlich am Ende des 13. Jh. verschwanden. Die Grundherren, die Mangel an Arbeitskräften hatten, griffen schon seit dem Ende des 12. Jh. auf maurische Sklaven zurück, die den häuslichen Diensten entzogen und auf die Güter verteilt wurden, wo sie sich schnell mit der Landbevölkerung vermischten. Durch diesen Prozeß und die Ausbreitung der Munizipalverfassung im 14. Jh. verschwanden allmählich die alten sozialen Kategorien, die auf dem Rechtsstatus der Einzelperson basierten. Von diesem Prozeß blieben die Haussklaven ausgenommen. Das Ortsrecht und die Verpflichtungen, die den Bebauern einer jeden Leihe durch das Gewohnheitsrecht auferlegt waren, bewirkten eine allmähliche Differenzierung in der Stellung der Bauern. Die Erinnerung an ihre Verbindung mit dem jeweiligen Rechtsstatus ging mit der Zeit verloren.

Über den Hörigen standen die freien Bauern mit Eigenbesitz (*allod*). Um 1150 dürfte ihre Zahl in den nördlichen Landesteilen bereits klein gewesen sein, da sich dort die Grundherrschaft verbreitete, die bei nur geringen Abweichungen schließlich auch für die Eigenherrschaften der Krone oder ihre Höfe (*reguengos*) charakteristisch wurde. Die kleinen Landbesitzer fielen schließlich unter den Machtbereich eines Adligen (*senhor da honra*), eines Abtes oder Bischofs (*senhor do couto*) oder eines *mordomo*, des Verwalters eines *reguengo*. Nur sehr wenige verbündeten sich, um Siedlungen mit Selbstverwaltungen (*beetrias*) zu gründen. Zur gleichen Zeit wuchs jedoch die Zahl der freien Bauern mit Eigenland in Mittel- und Südportugal, wo die *concelhos* vorherrschten. Die vom König oder von Privatpersonen verliehenen Urkunden (*forais*) garantierten ihnen Freiheit und Landbesitz. Man unterteilt sie gewöhnlich in zwei Kategorien, Ritter und Bauern. Die Unterscheidung gründet darauf, ob sie im Besitz von ausreichenden Gütern waren, um im Heere mit bzw. ohne Pferd Dienst tun zu können. Aus den Rittern rekrutierten sich im allgemeinen die Magistrate der *concelhos*.

Den schollensässigen und freien Bauern muß man besonders seit dem Ende des 12. Jh. die Freien hinzufügen, die jedoch kein eigenes Land besaßen. Sie bearbeiteten gegen Lohn die Felder eines Grundherren oder verrichteten häusliche oder handwerkliche Dienste. Im Jahre 1220 waren sie im Norden des Landes noch selten. Bis 1258 hatte sich ihre Zahl schon beträchtlich erhöht. Lebten sie in Hütten, für die sie eine Miete entrichteten, so nannte man sie *cabaneiros* (von *cabana* = Hütte). Andere verrichteten diese Arbeiten, bevor sie heirateten oder auf einen Pachthof übernommen wurden, weshalb man sie in diesem Falle *mancebos, moços* oder *cachopos* (Bezeichnungen für einen jüngeren, unverheirateten Mann) nannte. Wiederum andere hüteten das Vieh und waren deshalb als Ochsenknechte und Hirtenjungen bekannt. Viele hatten ursprünglich sicher eine hörige Stellung, die im Verlaufe des 13. Jh. allmählich erlosch.

Der unbestimmtere Ausdruck *júnior* bezeichnete grundsätzlich jeden Menschen, der aufgrund seines Rechtsstatus oder seiner Tätigkeit eine geringere Stellung einnahm. Als aber im 13. Jh. *júniores* an der Seite privilegierter Personen erschienen, darf man annehmen, daß einige von ihnen eine gute soziale Stellung erreicht hatten, ähnlich den deutschen Ministerialen. Es waren gewiß die *villici* oder Gustverwalter, die *mordomos* und königlichen Beamten, die durch ihre Funktion den hörigen Ursprung, den sie häufig hatten, vergessen machten.

Frei waren in den Städten die Händler, die von Region zu Region gingen oder sich in einem Marktflecken niederließen. Sie lebten jedoch ein wenig am Rande der Gesellschaft, bis sie ihren Stand in den *cartas de foral* der *concelhos* anerkannt sahen. Die Meister in den Städten, in ihrer Stellung den Handwerkern auf dem Lande ähnlich, wurden seit dem Beginn des 12. Jh. in den *cartas de foral* ebenfalls als eigener Stand anerkannt.

Über dem Rittertum der *concelhos* und den reichen Händlern standen die Adligen und die Kleriker. Ihre Gemeinsamkeit bestand darin, daß sie keine Steuern zahlten. Die Adligen teilten sich in drei Gruppen auf: *ricos-homens* oder *magnates, infanções* und *cavaleiros*. Im 14. Jh. wurden auch die Schildknappen zu den Adligen gezählt. Die Grenzen zwischen den einzelnen Gruppen sind kaum bekannt. Doch waren die vom König ernannten *governadores das terras* und die Würdenträger am Hofe im allgemeinen *ricos-homens*. Die *infanções* machten den größeren Teil des Landadels aus, sie setzten die frühere Gruppe der *filii bene natorum* fort und wurden im 14. Jh. als *fidalgos* bekannt. Für den Kriegsdienst, den sie leisteten, erhielten sie alle das Recht auf Belohnung mit der *soldada*, die anfangs nur für tatsächlich geleisteten Dienst, später jährlich vom König gezahlt wurde. Häufig wurde sie durch die Verleihung der Herrschaft über Ländereien (*tenências*), Burgen (*alcaidarias*), Eigentum oder Jurisdiktionen (*préstamos*) für einen festgelegten oder auch unbegrenzten Zeitraum ersetzt. Damit näherte sich der portugiesische Adel dem Lehnswesen, ohne jedoch alle seine Eigenschaften zu übernehmen. In der Tat hatte der König seine Vasallen, doch leisteten die Adligen im allgemeinen keinem anderen Adligen Mannschaft.

Eine Hierarchie der Titel für den Adel ist im 12. Jh. unbekannt gewesen. Eine Ausnahme bildete der Grafentitel, der zu dieser Zeit möglicherweise nur von den bedeutendsten Erben der alten Grafenfamilien der leonenser Zeit und von denjenigen, die ihn persönlich vom König als Ehrenbezeugung erhielten, getragen wurde. Der erste Adlige, der den Grafentitel mit der Herrschaft über einen Ort verband, war der Graf von Barcelos (1298).

Die Adligen durften nicht zugunsten anderer arbeiten noch handwerkliche und kaufmännische Tätigkeiten ausüben. Eine Übertretung dieser Bestimmung hatte den Verlust ihrer Privilegien zur Folge. König Dinis gestattete ihnen allerdings im Jahre 1308 die Bewirtschaftung ihres eigenen Landes. Wenn die Ehegatten eine unterschiedliche Rechtsstellung hatten, so folgte die Frau dem Rechtsstand ihres Mannes. Zuweilen gab ein Adliger freiwillig seine Privilegien preis, was besonders dann vorkam, wenn er in einem *concelho* zu wohnen wünschte, von wo gewöhnlich der Geblütsadel ausgeschlossen war.

Die Kleriker stellten eine höchst differenzierte Schicht dar, wenn sie sich auch insgesamt durch die Befreiung von der Steuerzahlung und dem Kriegsdienst sowie durch eigenen Rechtsstand auszeichneten. Ihre Untergruppen teilten fast immer die Interessen anderer sozialer Schichten, die Bischöfe und Äbte die der Adligen, die gebildeten Kleriker (Legisten) und Mendikanten die des Königs und des Bürgertums, die Landpfarrer die der Bauern. Die der Leibeigenschaft unterworfenen Kleriker – sie waren noch im 11. Jh. anzutreffen – verschwanden vollständig mit der gregorianischen Reform, die in Portugal zwischen 1080 und 1115 durchgeführt wurde.

Die Ritterorden verbanden sich noch enger mit dem Adel, da ihre Angehörigen überwiegend von dort stammten und sich dem Kriegsdienst widmeten. Diese Verbindung verstärkte sich, als die *Reconquista* im Jahre 1249 abgeschlossen war und die Komture sich der Verwaltung ihrer weiträumigen Besitzungen annahmen.

Keine dieser Schichten war völlig unbeweglich. Der Zusammenprall der Interessen, die wirtschaftlichen und politischen Wechselfälle bewirkten, daß sie sich fortentwickelten oder miteinander vermischten. Durch die Erbteilung der Güter oder ihre Entwertung, die mit der im 13. und 14. Jh. verstärkt auftretenden Geldwirtschaft einherging, wurde die Stellung der Adligen bedroht. Sie suchten sie aufrechtzuerhalten, indem sie in die Kron- und Kirchengüter vorstießen und vom König *préstamos* oder von den Kirchen und Klöstern Landverwaltung im Tausch gegen eine feststehende Abgabe (*comendas*) erhielten. Die Wahrung des Sozialprestiges durch den Gebrauch von Luxusgegenständen, die von Händlern im 13. und 14. Jh. eingeführt wurden, ruinierte jedoch die weniger reichen unter ihnen. Wir sahen schon, daß zur Zeit von D. Dinis manche von ihnen eigenes oder fremdes Land bebauten, andere ihre Privilegien aufgaben, um auf dem Boden der *concelhos* zu leben. Im 12. Jh. machten sich einige, vor allem Frauen, zu *traditi* der wichtigsten Klöster. Seit dem Beginn des 13. Jh. benutzten sie ein wirksameres System, das sich allerdings erst im 14. Jh. allgemein durchsetzte, den *morgadio*, das heißt, die ungeteilte Übertragung des Erbes auf den jeweils ältesten Sohn. Das System ist mit der alten *avoenga* germanischen Ursprungs verwandt, die den Familienmitgliedern Sonderrechte über das Erbgut zubilligte. Unter den nichtprivilegierten Klassen auf dem Lande hatten – wie schon erwähnt – nur die *mordomos* und die königlichen

Beamten die Möglichkeit, bevorzugte Stellungen zu erreichen. Das konnte nicht verhindern, daß in einem Entwicklungsprozeß, den wir ebenfalls bereits beschrieben haben, Sklaven zu Leibeigenen und Leibeigene zu freien Bauern aufsteigen konnten. Die reichsten Bewohner der *concelhos*, Grundbesitzer und Kaufleute, fanden bessere Möglichkeiten, ihre soziale Stellung zu verbessern, da sie Zutritt zu den örtlichen Behörden hatten und in der königlichen Zentralisierungspolitik mitarbeiten konnten[3].

5. Staat und Gesellschaft

Während der Herrschaft von Afonso I. stand der Aufbau des portugiesischen Staatswesens noch in seinen Anfängen. Lassen wir die Königsgewalt außer acht, so wurden die Regierungsorgane erst im 13. Jh. geschaffen. Die Cortes erschienen 1211 und ließen die Vertretung des Volkes mindestens seit 1254 zu. Zur selben Zeit spezialisierten sich die Hofbeamten: es sank die Bedeutung der Hofämter, z.B. das des *mordomo-mór,* während die der politischen Ämter, etwa das des Kanzlers, stieg. Auch die Lokalverwaltung wurde vervollkommnet, die seit der Herrschaft von D. Dinis nicht mehr den *tenentes* des hohen Adels vorbehalten blieb, um auf die *meirinhos-mores* und später die *corregedores* überzugehen, die die Jurisdiktion in Polizei- und Verwaltungsangelegenheiten über riesige Gebiete ausübten. Die richterliche Gewalt der *juizes de fora* wurde wirksam. Sie sprachen in zweiter Instanz Recht über Fälle, die ihnen von den örtlichen Magistraten der Grundherrschaft oder des *concelho* übertragen wurden. Es bildete sich das Hofgericht, das schon 1337 eigene Richter für zivile Angelegenheiten, Verbrechen und Obliegenheiten der Krone kannte. Auch das Fiskalbeamtentum wurde ausgebaut, etwa in der Funktion der *almoxarifes*. Es überwachte in zunehmendem Maße die örtlichen Verwalter der Krongüter, die *mordomos*, und erhob Steuern auf Warenverkauf und -umlauf, auf die Ausbeutung der Minen und die Salzgewinnung, die Jagd, den Fischfang und den Gebrauch bestimmter Produktionsgüter. Durch diese Umwandlungen verschwand allmählich die Grundherrschaft mit ihrer Willkür oder wurde zumindest eingeschränkt.

Die portugiesischen Grundherrschaften konnten *coutos, honras* oder *beetrias* sein. Lassen wir die letzteren außer acht, von denen es im 13. Jh. ein einziges Beispiel in Maia gab, so können wir die beiden ersten in folgender Weise gegeneinander abgrenzen: der *couto* wurde durch eine *carta régia* geschaffen, die die Grundfläche und die verliehenen Privilegien festlegte, während die *honra* auf dem Gewohnheitsrecht gründete. Dieses bezog sich vor allem darauf, daß der Landbesitz der Adligen außerhalb der königlichen Jurisdiktion lag. Aus diesem Grund wurde die Mehrzahl der *cartas de cuoto* an Bischöfe, Klöster, Domkapitel oder Kollegiatsstifte ausgestellt.

Der König verlor nicht vollständig die Jurisdiktion über die Immunitätsbezirke. Er behielt sich stets zumindest das Appellationsrecht vor und in vielen Fällen die Aburteilung der schwersten Verbrechen. 1324 bestätigte D. Dinis in einem Gesetz das Recht seiner Vertreter, *meirinhos* und Magistrate auf freien Zutritt in die *coutos* und *honras*, auf die Entscheidung von Streitfällen ihrer Bewohner mit Fremden und die Verfolgung von Verbrechern, die hier Zuflucht suchten. Im Jahre 1342 oder 1344 nahm Afonso IV. eine Klassifikation der *honras* nach ihrem Alter vor und vereinheitlichte die diesbezügliche Rechtsprechung.

Die Herren der *coutos* und *honras* nahmen also an der Staatsgewalt teil. Sie verwalteten das Recht, forderten den Kriegsdienst und erhoben Steuern. Im allgemeinen behielten sie sich gewisse Rechte wie Jagd und Fischfang, die Nutzung von Ödland und Weiden vor. Sie forderten Dienste für den Grundherrn wie Instandsetzungsarbeiten an Burgen (*anúduva*), Straßen, Brücken und Brunnen. Sie erhoben Steuern bei Heirat (*osa, gaiosa*) und Tod (*lutuosa*). Sie behielten sich das Mühlen- und Keltermonopol vor, ebenso das Recht, Wein zu einer bestimmten Jahreszeit zu keltern und zu verkaufen (*relego*). Doch wechselten diese Tributleistungen stark nach Region und Epoche. Ihre Existenz und ihre Höhe wurden durch das örtliche Gewohnheitsrecht bestimmt. Da auch der Verwalter der Krongüter (*reguengos, terras foreiras da coroa*) diese oder andere gleichwertige Abgaben forderte, lebten deren Bewohner kaum unter besseren Bedingungen als die der Grundherrschaften. Daneben zahlten jene im allgemeinen direkte Abgaben an den Staat, die im 13. Jh. ausschließlich dem König zustanden: den *fossado* oder die *fossadeira* zur Ablösung des Kriegsdienstes.

Die *concelhos* oder *municípios* waren in ihrer Verwaltung autonom. Die hohen Beamten und lokalen Autoritäten wurden von den freien Bürgern (*vizinhos*) und den *homens-bons*, die ihr Territorium (*alfoz*) bewohnten, gewählt und übten ihre Funktionen frei aus. Die rechtlichen und verwaltungsmäßigen Aufgaben wurden häufig von einer einzigen Person ausgeübt (*juiz, alvazil, alcaide*). Sie wurde von Fiskalbeamten (*almotacés*) und der „Versammlung der Bedeutenden" unterstützt. Die Gesetzgebung der *concelhos* war im allgemeinen in einer *carta de foral* verzeichnet, die vom König oder vom Grundherrn ausgestellt wurde. Sie enthielt die Befreiung von vielen Leistungen, die in den *reguengos, coutos* und *honras* gefordert wurden. Die *cartas de foral* waren häufig identisch oder ähnelten sich zumindest stark. Sie folgten einem gemeinsamen Vorbild, das ausländischen Ursprungs sein konnte. So wurden beispielsweise die *cartas de foral* von Salamanca und Ávila im Alto Minho und Alto Douro bzw. im Ribatejo, im Süden der Estremadura, im Baixo Alentejo und in der Algarve angewandt. Daneben gab es zwei grundlegende Modelle, das von Coimbra (1111) und das von Coimbra-Santarém-Lissabon (1179), die auf die Beira Alta und die Landesteile südlich Coimbras bzw. auf die Beira Baixa und den Alto Alentejo übertragen wurden. Diesen muß man die *concelhos* mit unbestimmtem *foral*-Modell hinzufügen, vor allem Vila Real und die Orte in Trás-os-Montes sowie die ländlichen *concelhos* von Beira und Entre-Douro-e-Minho.

In den späteren *cartas de foral* (Algarve) reservierte sich der König im allgemeinen größere Rechte gegenüber den *concelhos*. Seit dem Ende des 13. Jh. begannen die königlichen Beamten – *juizes de fora, meirinhos-mores, corregedores* und *almoxarifes* – immer stärker in die lokale Verwaltung einzugreifen, riefen damit seit 1320 jedoch nur die Beschwerden der Betroffenen hervor. Die Magistrate der städtischen *concelhos* waren von größerer politischer Wichtigkeit. Der König zog sie zu Rate, auch waren sie bei den Cortes zugegen. 1299 bestimmte D. Dinis in seinem Testament zu Mitgliedern eines Regentschaftsrates des Reiches: die drei bedeutendsten Bischöfe des Landes, den *meirinho-mór* des königlichen Hauses, den Abt des Klosters Alcobaça, seinen Beichtvater und je ein Mitglied der wichtigsten *concelhos*, wobei er sich ausdrücklich auf deren „Loyalität" bezog. Nicht erwähnt wurden Angehörige des Adels[4].

6. Die ländliche Gesellschaft

Die Bedingungen, unter denen die Landbevölkerung lebte, waren je nach Gegend sehr verschieden. In Entre-Douro-e-Minho und im Tale des Douro hatten sogar die Besitzungen der Krone eine Verwaltung nach Art der Grundherrschaften. Einige Adlige, die Herrensitze in dieser Region besaßen, waren ständig am königlichen Hofe, doch lebten in den *honras* ständig Verwandte wie Ritter und *infanções* des Landadels. Diese wohnten auf dem Salland im Zentrum der *honra*, ließen das Eigenland von einem *mordomo* verwalten, der häufig ursprünglich Leibeigener gewesen war, besaßen ihre Schildknappen und Leute unter Waffen, Angestellte und Knechte. Dieser Personenkreis bildete das Gesinde (*creatio*), obwohl der Begriff genauer die häusliche Dienerschaft bezeichnet. In einigen Fällen verwalteten die Adligen nicht nur ihre eigenen Besitzungen. Andere Grundherren, der König und häufiger die Klöster und Diözesen überließen ihnen für einen bestimmten Zeitraum oder zeitlebens Besitzungen, die sie gegen festgelegte Zahlungen bebauten (*préstamo* oder *comenda*). Diese Methode wurde seit dem Ende des 12. Jh. viel angewandt. Mit einiger Wahrscheinlichkeit dürften viele Mitglieder aus den Patronatsfamilien der Klöster des Nordens auf die entsprechenden Kommunitäten eingewirkt haben, um von ihnen derartige *préstamos* zu erhalten oder von den ihnen verwandten Äbten erreicht haben, sie ihnen zu überlassen.

Auch Angehörige des Hochadels konnten die königliche Autorität in einer Besitzung vertreten oder auf einer Burg als *alcaides* herrschen. Ihre Autorität schwand jedoch in dem Maße, als die *meirinhos-mores* und die *corregedores* sie in dieser Aufgabe ersetzten und auf militärische Funktionen beschränkten.

In den kirchlichen Grundherrschaften, die in der Mehrzahl *coutos* waren, wurde die öffentliche Gewalt durch den Bischof, den Abt (Benediktiner, Zisterzienser) oder den Prior (Regulierte Kanoniker und Kollegiatsstifte) ausgeübt. Besonders nach dem 12. Jh. gehörten viele der Mönche dem Landadel an. Wenn sie mit den Patronatsfamilien verwandt waren, wie es häufig vorkam, so hatten sie gute Aussichten, das Abts- oder Priorsamt zu übernehmen. Einige Amtsträger, die *oficiais (ovençais*), beschäftigten sich mehr mit den weltlichen Anliegen ihres Amtes als mit dem religiösen Leben. Rings um die Klöster lebten Gruppen von Abhängigen, ähnlich dem Gesinde der Adligen. Unter ihnen trat die Sondergruppe der *traditi* hervor, die der klösterlichen Gemeinschaft durch religiöse Bande verbunden waren. Sie wohnten in der Nähe des Klosters oder bewirtschafteten Land, das ihnen von den Mönchen abgetreten oder von ihnen selbst angeboten wurde, damit sie in den Schutz des Klosters gelangten. Manche gehörten zum Adel und boten sich als *traditi* an, um bei Verlust ihrer Güter nicht das soziale Prestige zu verlieren.

Die Mehrzahl der Bebauer grundherrschaftlicher Ländereien unterschied sich am Ende des 12. Jh. schon nicht mehr durch ihre rechtliche Stellung, sondern durch die Leistungen, die ihr Pachthof nach örtlichem Brauch zahlte. Die königlichen Umfragen und die Fixierung lokaler Gewohnheitsrechte im 13. und 14. Jh. trugen dazu bei, diese Leistungen festzulegen und die Stellung der Bewohner einer jeden Besitzung zu vereinheitlichen. Die Grundherrschaften neigten ihrerseits dazu, die Stellung der Bauern jedes *couto* und jeder *honra* zu vereinheitlichen, indem sie auf alle die gleichen Forderungen ausdehnten. So ließen sie zunächst die *gaiosa* nur von den Frauen zahlen, die außerhalb der Besitzung heirateten, später jedoch erhoben sie sie bei allen oder der Mehrzahl der Eheschließungen. Zunächst erlegten sie die *lutuosa* nur in den Pachthöfen auf, die ihr volles Eigentum waren, später erhoben sie sie in der ganzen Grundherrschaft, sogar in den alten Allodialhöfen. Die Abgaben an die Herrschaft verstärkten sich somit während des 12. und 13. Jh.

Die Bauern mußten auch eine Abgabe für den Besitz des Landes zahlen. Die ältesten Abgaben richteten sich nach dem Ertrag und schwankten im allgemeinen zwischen $^1/_3$ und $^1/_8$ der Ernte. Später mehrten sich diese feststehenden *rendas*. Man zahlte sie in Getreide und Wein. Außerdem, wahrscheinlich als Abgabe für den Gebrauch des Wohngebäudes und seine Gemüsegärten, mußte der Bauer die *miúnças* oder *direituras* auf die unterschiedlichsten Gegenstände zahlen: auf Hühner, Hammel, Schweinefleisch, Leinenstücke, Butter, Fisch, Käse, Brezeln, Salz, Ketten usw. Er konnte auch noch dazu verpflichtet werden, einen Arbeitstag pro Woche für den Herrn zu geben (*geira por doma*). Doch scheint diese Verpflichtung nicht allzu sehr verbreitet gewesen zu sein. Das Salland war fast immer klein und konnte von Sklaven und Lohnarbeitern bebaut werden. Bekanntgewordene Abweichungen sind aus lokalen Gegebenheiten zu erklären. Eine verbreitetere Form der *geiras* bestand darin, daß der Transport der Waren, die von den Bauern in die Lagerräume des Herrn abgeführt werden mußten, gesichert wurde. Diese Leistungen waren neben den jährlichen Instandsetzungsarbeiten an Straßen und Brücken oder an der Burg und dem Palast des Herrn zu erbringen.

Es ist kaum möglich, die durchschnittliche Höhe der von den Bauern gezahlten Abgaben anzugeben. Manche Autoren schätzen, daß die Pächter in Extremfällen 7/10 der Produktion abführen mußten. Diese Fälle dürften jedoch selten gewesen sein. In Wirklichkeit variierte die Stellung des Landbewohners so sehr von einer Besitzung zur anderen, daß sich jede verallgemeinernde Angabe als zufällig erweist. Es wäre notwendig, nach Landschaften und den verschiedenen Grundherrschaften zu unterscheiden.

Das Leben der Bauern war nicht immer frei von Gefahren, das des *mordomo* mußte es noch weniger sein. Wenn die Adligen einander bekämpften und persönliche Beleidigungen rächten, so verwüsteten sie die Speicher und Herrensitze, nicht jedoch die ärmlichen Pachthöfe, wo es wenig zu zerstören gab. Auch die Klöster litten manchmal unter diesen Überfällen. Von ihnen können wir eine Verbindungslinie ziehen zu den gesetzlich angeordneten Besuchen, die die Patrone mit ihrem Gefolge dem Kloster abstatteten, um dort kostenlos beköstigt und beherbergt zu werden (*jantar, comedoria, pousadia*). Dieses Recht wurde auf jährlich einen Besuch reduziert und schließlich durch eine Steuer ersetzt. Sie wurde durch ein Gesetz Afonsos III. (1261) zu einer Zeit festgelegt, in der die Adligen schon nicht mehr so viel reisten. Auf der anderen Seite wurden die Gewalttaten wie auch die Besuche weniger häufig, seitdem die *meirinhos-mores* ihre polizeilichen Aufgaben in Entre-Douro-e-Minho auszuüben begannen. Eine ihrer wichtigsten Pflichten war es gerade, gegen diese Übergriffe einzuschreiten.

Wer das Land mittels Pachtverträgen (*prazos*) bebaute, dürfte unter etwas besseren Bedingungen gelebt haben. Die Pacht verbreitete sich allgemein während des 12. Jh. und vor allem im 13. Jh. als eine Möglichkeit, Arbeitskräfte zu einem Zeitpunkt zu gewinnen, als die Wiederbesiedlung die unteren Schichten in die südlichen Landesteile zog. Es gab die „ewige Pacht“, die das Recht verlieh, den Pachthof in ein Erbe zu überführen, und solche für zwei oder drei Leben, die in derselben Familie mit Zustimmung des Eigentümers erneuerbar war. Die Erbpacht wurde allmählich derart üblich, daß sich sogar die früheren Leibeigenen unter die Nutznießer der „ewigen Pacht“ mischten. Die *prazos* sahen in vielen Fällen Dienstleistungen oder Abgaben an die Herrschaft vor, die sich somit bis zum Ende des Mittelalters erhielten.

Wir haben bisher die Lebensbedingungen der Landbewohner adliger und kirchlicher Besitzungen betrachtet. Die der *reguengos* und *foreiros do rei* dürften insgesamt ähnlich gewesen sein. Dasselbe kann man schon nicht mehr von den Bewohnern der ländlichen *concelhos* behaupten. In ihnen, besonders dort, wo sie der Grenze am nächsten lagen und stärker den Kriegshandlungen ausgesetzt waren, dürfte das Leben sehr viel anders gewesen sein. Die pekären Bedingungen, unter denen die ersten Siedler lebten, und das enge Zusammenwohnen müssen die Handelsbeziehungen begünstigt haben. Sie vermittelten Waren, die nicht am Ort hergestellt wurden. Krieg und Plünderungen erbrachten Sondereinkünfte neben dem, was die Erde gab. Die Nähe ausgedehnter Ödländereien bot größere Möglichkeiten zur Jagdausübung und Anreize für die Viehwirtschaft.

Diese Lebensbedingungen bedeuteten in den ersten Zeiten Unbeständigkeit und Mühsal. Später ergaben sich nach und nach soziale Verschiebungen, die sich durch persönlichen Erfolg einstellten. Die Reichsten, die im Kriege zu Pferde dienen konnten, genossen Privilegien, ähnlich denen der Ritter und adligen *infanções*, und konnten die Aufgaben der örtlichen Verwaltung ausüben. Während des 13. Jh. erschienen unter ihnen Besitzer, die so reich waren, daß sie die eigene Bearbeitung aller ihrer Güter aufgaben und sie verpachteten. Andere besaßen große Viehherden. Auch diese Großbauern hatten ihre Knechte, Arbeitsleute und Burschen. Es ist sogar möglich, daß die Zahl der Lohnarbeiter in den Gegenden mit *concelhos* größer als im Norden des Landes gewesen ist. Im 14. Jh. ergab sich der Fall, daß überwiegend Angehörige des Adels für bestimmte Ämter gewählt wurden, was den Verfall der städtischen Institutionen offenbart[5].

7. Die sozialen Bedingungen in der Stadt

In den Städten bedingte deren Ursprung großenteils die sozialen Verhältnisse. Die alten, aus römischer Zeit stammenden Bischofssitze, die in der suebischen und westgotischen Periode schon einen Niedergang erlebt hatten, erlitten während der maurischen Invasion noch härtere Rückschläge. Durch ihre strategische Lage wurden sie noch stärker vom Krieg in Mitleidenschaft gezogen. Dieser Umstand veranlaßte einige ihrer Bischöfe, in ihnen nur zeitweilig zu residieren oder nach Norden abzuwandern. Das war der Fall in Coimbra, Braga und Porto im 8. und 9. Jh. sowie in der ersten Hälfte des 11. Jh. Andere wie Idanha, Lamego und Viseu wurden bis zum 12. Jh. vollkommen von den Bischöfen verlassen.

Obwohl ihre Existenz derart bedroht war, verschwanden diese Städte nicht, da sie für den Handel und im Kriege Bedeutung besaßen. Die Bewohner oder Siedler erschienen nach den Zerstörungen früher oder später immer wieder. Das traf besonders auf die Städte zu, die am Übergang über einen Fluß oder an einer wichtigen Straße lagen oder gute Verteidigungsmöglichkeiten boten, etwa Porto und Coimbra. Hier gab es auf einer Erhebung einen befestigten Ort, in dessen unterem Teil, dem Markt, die Händler wohnten. Das weniger bedeutende Lamego wies die gleiche topographische Lage vor, ebenso Lissabon, dem jedoch die langanhaltende Besetzung durch die Mauren eine andersartige Entwicklung gab.

Andere städtische Zentren von geringerer Bedeutung bildeten sich um Klöster, wie Guimarães, Santo Tirso und später Alcobaça, oder auch rings um Kommenden und Burgen der Ritterorden, wie Soure, Palmela, Avis, Crato usw. Andere haben einen noch stärker handelsbedingten Ursprung, wie Ponte de Lima, Ponte da Barca, Caminhã oder Marco de Canaveses. Am wichtigsten waren jedoch die Städte, welche unter der maurischen Herrschaft wuchsen oder städtischen Charakter annahmen: Lissabon, Santarém, Alcácer do Sal, Évora, Beja, Serpa, Silves, Faro usw.

Insgesamt können wir unterscheiden zwischen den Dörfern und Städten des Nordens, die am Rande des Einflusses von Compostela lagen, wo der Handel durch die fränkischen und nordischen Händler stärkere Ausmaße angenommen hatte, und denen des Südens, wo die jüdischen und maurischen Kaufleute überwogen. Den Mittelpunkt der ersteren bildete eine bischöfliche Residenz, ein Kloster oder eine Handelsniederlassung. Hier erhielten die Bürger in einigen Fällen von der öffentlichen Gewalt die *franquezas* oder Freiheiten, die sie unabhängig von den örtlichen Herren machten, so in Guimarães (1096), Constantim de Panoias (1096) und Coimbra (1111). Andere waren dem Bischof untertan, wie Porto (1120) und Braga (1112). In letzteren behielt sich der König die öffentliche Gewalt vor, obwohl er in einer *carta de foral* die Verwaltungsautonomie der Städte anerkannte. Doch nicht alle Siedlungen mit Ratsverfassung hatten städtischen Charakter. Es gab *concelhos* mit kleiner Einwohnerzahl und überwiegender Betätigung ihrer Einwohner in Ackerbau und Viehzucht.

Die Anwesenheit des Hofes war ebenfalls ein gewichtiges Element, die sozialen Verhältnisse einer Stadt zu bestimmen. Obwohl der König niemals lange Zeit am selben Ort verweilte und häufig von Region zu Region reiste, hatte er immer seine bevorzugte Residenz. Seine Anwesenheit und die der ihn umgebenden Adligen gaben einer Stadt besondere Charakteristika. Zur Zeit der burgundischen Grafen und während eines

Teils der Herrchaft von Afonso I. war Guimarães die Metropole. Von Afonso I. bis 1255 kam diese Rolle Coimbra zu. Nunmehr begann Afonso III., Lissabon zu bevorzugen, obwohl sein Sohn Dinis während längerer Perioden auch in Santarém lebte.

Je bedeutender die Städte waren, desto größeren sozialen Einfluß besaßen ihre freien Bewohner, die nicht Adlige noch Kleriker waren: die Bürger. In den Städten, die einer privaten Autorität unterstanden, wie z. B. Porto, gab es häufig Konflikte zwischen ihnen und dem Herrn. In Porto sahen die Könige im 13. und 14. Jh. eine Möglichkeit, ihre Macht auszudehnen, indem sie als Schiedsrichter dienten oder die Bürger protegierten, um ihnen bei der Erringung von Freiheiten zu helfen. In den Städten mit Munizipalverfassung konnten die Kaufleute zu den lokalen höheren Ämtern aufsteigen, im 14. Jh. auch die Handwerker. Im 13. Jh. begannen sie, Vereinigungen zu bilden, die auf gegenseitige Hilfe und religiöse Betätigung ausgerichtet waren. Eine der ältesten ist die Bruderschaft (*confraria*) der *homens-bons* von Beja, die in „ritterlicher Ehre" lebte und 1297 von D. Dinis anerkannt wurde. Seit dieser Zeit erfuhren ebenso die Bruderschaften der Schiffsmeister wie die der Matrosen einen bedeutsamen Aufschwung.

Seit dem 13. Jh. trat mit der kulturellen Entwicklung in den Städten die kleine Gruppe der geistig Schaffenden hervor: Magister, Legisten und Notare. Ihre Zahl wuchs mit der ersten Universitätsgründung im Jahre 1288 und der politischen Bedeutung, die königliche Beamte erlangten. Man kann ihnen einige Kleriker hinzufügen: die zu dieser Zeit auftretenden Mendikanten und die Mitglieder von Domkapiteln, die zuweilen auf seiten der Bürger in ihrem Kampf gegen die bischöfliche Herrschaft standen.

Die Handwerker und Meister, zu denen man die Fischer zählte, waren schon im 12. Jh. von anderen Berufsgruppen unterschieden, wie man aus den *forais* von Ferreira de Aves (1113–1120), Seia (1136) und Santarém-Lisboa-Coimbra (1179) entnehmen kann. Am Ende des 13. Jh. (1297) erschienen zum ersten Male ihre Vertreter im Stadtrat von Lissabon, doch sollten sie erst am Ende des 14. Jh. Zünfte bilden. Vielleicht hat die Tatsache, daß viele Handwerker der größeren Städte des Südens Mauren waren, zu dieser Erscheinung beigetragen. Sie widmeten sich der Goldschmiedekunst, der Eisen- und Lederherstellung, dem Hoch- und Tiefbau, der Ölherstellung und der Töpferei.

Zu den unteren Klassen zählte man auch die Bediensteten und sonstigen Abhängigen der Händler, Gastwirte, Adligen (soweit sie die Stadt bewohnen durften) und Kleriker. Ihre Zahl vermehrte sich zu Beginn des 14. Jh., und sie waren zu dieser Zeit relativ unabhängig, was daraus hervorgeht, daß die öffentliche Gewalt versuchte, die Freizügigkeit einzuschränken, mit der sie ihre Dienstverhältnisse wechselten. Daneben gab es die Lohnarbeiter, die sich der Bearbeitung der Gärten am Rande der Städte widmeten und die um so zahlreicher waren, je stärker die Bevölkerung der Städte war. Im Süden des Landes verrichteten auch die Mauren und Mozaraber diese Arbeiten. Nach der Eroberung Lissabons im Jahre 1147 wurde die maurische Bevölkerung auf die beiden Viertel der Mouraria und der Alfama verwiesen oder in die Vororte abgedrängt[6].

8. Gesellschaft und geistige Kultur

Die kulturelle Betätigung war im Portugal der *Reconquista*-Zeit unbedeutend. Sie beschränkte sich fast vollkommen auf die Klöster. Die Mönche konnten lesen und schreiben und beherrschten das westgotische Recht. An sie wandten sich die Adligen, wenn sie irgendein Schriftstück benötigten. Die Mönche lehrten die ihnen anvertrauten Kinder die Grundbegriffe des Lateinischen, der Musik und der Schrift, damit diese am Gottesdienst teilnehmen und die Bibel lesen konnten. Mit dem Einfluß des cluniazensischen Mönchstums (1080–1130) vervollkommneten sie den Unterricht und dehnten ihn auf die zukünftigen Kleriker aus, die sie in den teilweise zahlreichen abhängigen Kirchen unterbrachten. Gleichzeitig richteten die wiedererstandenen Diözesen ihre Kathedralen mit Kapitelschulen ein, wo die späteren Domherren ausgebildet wurden. Zu Ende des 12. Jh. wurden die Vorschriften des Laterankonzils von 1179 bezüglich der Unterrichtung armer Kinder angewandt. Gegen 1200 werden Kapitelschulen in Braga, Porto, Coimbra, Lissabon, Viseu, Lamego und anderen Städten erwähnt. Außerdem waren die Klöster von Santa Cruz de Coimbra und Alcobaça im literarischen Schaffen derart beherrschend, daß man sie als die wichtigsten Kulturzentren des Landes vor Gründung der Universität betrachten muß, an der sie im übrigen mitarbeiteten. Vorher besuchten viele portugiesische Schüler die Universitäten von Paris, Bologna, Oxford und vor allem Salamanca. Nach 1288 kam diese Bewegung nicht zum Stillstand, da die Universität von Lissabon noch wenig Ansehen genoß und einer theologischen Fakultät entbehrte. 1308 wurde die Universität nach Coimbra verlegt, wo sie bis zur Rückkehr nach Lissabon im Jahre 1338 bestand.

Bis zum Ende des 14. Jh. zeigten sich fast nur bei den Klerikern Bildungsabsichten. Selbst die Mehrheit der Legisten und viele Notare gehörten dem Klerus an. Der Einfluß beider auf die Zentralisierungspolitik war entscheidend. Vereinzelt gab es Adlige mit literarischen Kenntnissen. Aber die Kultur der Mehrzahl beschränkte sich auf das, was ihnen durch die *chansons de geste* und die Troubadourlyrik übermittelt wurde, die man am Hofe und in anderen aristokratischen Kreisen pflegte. Aus dieser Umgebung gingen die ersten Gedichte in der Volkssprache hervor, die in der Zeit von D. Dinis aufgeschrieben wurden, der auch Autor von einigen war.

Unter den Adligen entwickelten sich Familienlegenden, die in den Genealogien des 13. und 14. Jh. bewahrt wurden. Einige leiten sich von Heldenliedern ab, die sich um historische Persönlichkeiten wie Afonso I. und Egas Moniz woben. Die Klöster, die unter der Schirmherrschaft dieser Familien standen, dürften dazu beigetragen haben, derartigen Legenden ihre literarische Form zu geben.

Seit dem Ende des 11. Jh. bis zum Beginn des 13. Jh. errichtete man in Portugal Kirchen und Kathedralen im romanischen Stil, in den Städten ebenso wie in den abgelegensten ländlichen Gegenden. Abgesehen von den Kathedralen und Klöstern von Santa Cruz de Coimbra und Alcobaça waren die übrigen kirchlichen Bauwerke ärmlich und grob die angewandten Techniken. Aus derselben Zeit datieren die meisten portugiesischen Burgen. Ihre Existenz zeigt eine intensive Aufbauarbeit an sowie die Tätigkeit vieler Zimmerleute, Maurer, Steinmetze und Bildhauer. Aus noch späterer Zeit stammen die Kirchen der im 12. und 13. Jh. wiederbesiedelten Gegenden. Sie offenbaren eine sehr langsame, von den Städten und Konventen der Mendikanten ausgehende Ausbreitung der Gotik. Noch geringer war die Aktivität der Abschreiber und Buchillustratoren. Sie konzentrierte sich auf die *scriptoria* der Klöster, auf die Orte, an denen es Schulen gab, und seit Afonso III. auf den königlichen Hof. Damals erschienen die ersten Laien, die an der Herstellung von Manuskripten arbeiteten. Man weiß jedoch nichts Näheres über sie[7].

9. Die Minderheiten

In der Zeit der *Reconquista* zog der Gegensatz zwischen Christen und Mauren eine klare Trennungslinie zwischen beiden Gruppen. Doch brachte der Sklavenfang einen gewissen Austausch mit sich. Über die Sklaven, die Messen und Märkte besuchenden Händler, die Konkubinen der Könige und *fidalgos* und die Mozaraber, die ins christliche Gebiet auswanderten und islamische Sitten brachten, übten die Mauren einen bedeutenden und weitgreifenden Einfluß auf die Christen aus. Es gab auch Christen, die sich in den Dienst der Mauren begaben, unabhängig davon, ob sie sich zum Islam bekehrten, und die später in die Heimat zurückkehrten.

Im 12. Jh. verstärkte sich unter dem Einfluß der Ritterorden der Geist des heiligen Krieges und im Gefolge davon der Rassengegensatz. Die Assimilierung der Mauren, die seit der Eroberung von Lissabon rings um die Städte verblieben waren, hörte damit weitgehend auf. Sie erlangten den Schutz des Königs, der sie als sein Eigentum betrachtete und ihnen *cartas de foral* verlieh (1170). Sie durften ihren Kultus ausüben, blieben jedoch von der übrigen Bevölkerung isoliert. Ihre rechtliche Stellung war durch die Zahlung von Sondersteuern geprägt. Sie sammelten sich in abgeschlossenen Wohnbezirken. Die Absonderung verstärkte sich noch im 13. Jh. mit der strengeren Abgrenzung ihrer Viertel (*mourarias*), der Organisation von Verwaltungskörperschaften mit Beamten (*cadis*) und eigenen Gerichten. Während der Regierung von Afonso IV. mußten sie sogar Abzeichen an ihrer Kleidung tragen, die sie kenntlich machten. Stärker respektiert wurden die Kaufleute, die *forais* nach dem Vorbild von Ávila erhielten. Die *Reconquista* brachte in zwei aufeinanderfolgenden Wogen auch christliche Volksgruppen aus dem Ausland nach Portugal: die Franken, die im 11. und zu Beginn des 12. Jh. zu Lande dem iberischen Kreuzzug zu Hilfe kamen, und die Kreuzfahrer des Heiligen Landes, die über See kamen und bei der Eroberung von Lissabon (1147) und einiger anderer Städte halfen. Die Franken ließen sich im Norden des Landes nieder und assimilierten sich schnell. Bekannt ist eine Gruppe in Guimarães (1096), die den Schutz des Grafen Heinrich genossen, der selbst von Geburt Burgunder war. Weitere Kolonien sind bekannt aus Azurara da Beira (1102), Coimbra (1111) und der Nähe von Lamego, von wo sie schon 1258 wieder verschwunden waren. Die Kreuzfahrer bildeten homogenere Gruppen und erlangten gelegentlich *cartas de foral*, die ihre eigenen Sitten bestätigten. Ein Beispiel dafür sind die *franci* und *gallici* von Atouguia da Baleia und Lourinhã (1158), Vila Verde (1160), Sezimbra und Benavente (1199), die Flamen von Azambuja (1201). Die Franken von Sezimbra und Benavente widmeten sich gewiß dem Handel, denn sie wurden von Sancho I. von der Abgabe des Brückenzolles im ganzen Lande befreit. Diese fremdländischen Volksgruppen gingen im 14. Jh. in der Bevölkerung auf, als die entsprechenden Grundherrschaften an die Krone zurückfielen.

Die Juden spielten eine wichtigere wirtschaftliche Rolle als die anderen Minderheiten. Möglicherweise waren sie während der leonenser Epoche in der Grafschaft Portugal nicht sehr zahlreich. Sie erschienen jedoch in den Städten des Südens, als diese in die Hände der Christen fielen. Deshalb waren sie im 12. Jh. den Mauren gleichgestellt. Ihre Betätigung im Wirtschafts- und Finanzleben trug zu ihrer Differenzierung bei. Afonso II. erließ für sie Sondergesetze und faßte sie in Gemeinschaften mit Synagoge, Richter oder Gouverneur und eigenen Beamten zusammen. Der Oberrabbi des Königreiches bestätigte die Wahl der anderen und vertrat sie vor dem König.

Die Könige hatten schon früh damit begonnen, die finanziellen Dienste der Juden in Anspruch zu nehmen. Afonso I. ernannte Yahía Aben-Yaysch zum *almoxarife-mor*. Diese Funktion übte auch sein Enkel bei Sancho I. aus. D. Dinis hatte zwei jüdische *almoxarifes*. Die Steuererhebung und Verwaltung des Staatsschatzes waren ebenfalls Juden anvertraut. Dieser steigende Einfluß auf die Fiskalpolitik verursachte Proteste, die Afonso II. dazu bewogen, die Ausübung öffentlicher Ämter durch Juden zu unterbinden und gegen ihre Mißbräuche in Finanzangelegenheiten gesetzlich einzuschreiten. Die Erfolge blieben allerdings weitgehend aus. Sancho II. und D. Dinis hatten die Reklamationen des Klerus gegen die Begünstigung, die sie den Juden zubilligten, zu berücksichtigen. In der Tat machte sich der letztgenannte König in großem Umfang ihre Dienste zu eigen, obwohl er gleichzeitig die repressive Gesetzgebung verschärfte. Afonso IV. ließ die *judiarias* mit Mauern umgeben und abschließen. Er ließ die Juden Kennzeichen an der Kleidung benutzen, verbot ihnen die Zinsnahme und ergriff weitere unterdrückende Maßnahmen gegen sie. Allerdings akzeptierte er den Erlaß von Tributen gegen eine Pauschalsumme. Über diese widersprüchlichen Maßnahmen konnten die Juden ihren Einfluß mit dem Fortschritt der Geldwirtschaft ausdehnen. Einige begannen sogar in der Mitte des 14. Jh., sich auf dem Lande niederzulassen, wo sie Ackerbau und Viehzucht trieben[8].

10. Die Stellung der Frau

Die Stellung der Frau dürfte in Portugal und in den übrigen Teilen der Iberischen Halbinsel im wesentlichen gleich gewesen sein. Der Einfluß des Krieges stärkte die Vorrangstellung des Mannes in einem Maße, daß vor dem 12. Jh. eigentliche Frauenklöster selten waren oder überhaupt nicht bestanden. Frauen suchten Schutz in Doppelklöstern oder lebten als *devotae* in Männerkommunitäten. Das hinderte einige tatkräftigere Frauen nicht daran, in der Politik und im religiösen Leben eine bedeutende Rolle zu spielen. Vor dem Ende des 11. Jh. wurde die Grafschaft Portugal von Frauen regiert. Es gab überwiegend von Männern bewohnte Klöster, die von Äbtissinnen oder *devotae* geleitet wurden. Hier machte sich germanischer und keltischer Einfluß geltend. Die Sitte des „Körperkaufes der Frau" durch den Bräutigam anläßlich der Hochzeit hat denselben Ursprung, findet aber eine Parallele in islamischen Bräuchen. Die Güter, die man ihr bei dieser Gelegenheit gab, waren in einer *carta de arras* („Brautgeschenk") verzeichnet und stellten ihren eigenen Besitz dar, wie auch das, was sie von ihrer Familie erbte. Diese Tatbestände standen jedoch mehr mit der Absicht in Verbindung, die Familiengüter intakt zu erhalten, als mit einer wirklichen juridischen Freiheit der Frau. Diese war auch bei der Wahl des Bräutigams streng von den Eltern abhängig. Wenn sie ohne deren Zustimmung heiratete, wurde sie enterbt. War sie jünger als 25 Jahre, so wurden die Brautgeschenke nicht ihr, sondern der Familie ausgehändigt. Im 13. Jh. kam in den aristokratischen Kreisen die Mode der höfischen Liebe und die Verehrung der Frau auf, wie aus der Troubadourdichtung der Zeit hervorgeht. Doch der Einfluß dieser Erscheinung auf das soziale Verhalten dürfte unbedeutend gewesen sein.

In den Regionen mit Munizipalverfassung läßt sich eine sehr strenge Gesetzgebung gegen den Raub und die Ehrverletzung der Frau feststellen: Zeichen einer Gesellschaft, die Gewalttaten mit der strikten Bewachung der Frau zuvorkam und darin dem islamischen Einfluß nicht fernstand. Paradoxerweise scheinen die Fälle von Konkubinat, außerehelicher Beziehungen und wilder Ehe der Kleriker häufig gewesen zu sein. Die Bischöfe des 13. Jh. protestierten häufig gegen die Einmischung der Zivilbeamten in derartige Fälle. Möglicherweise tolerierte die Gesellschaft diese Übertretungen leichter, da die Frau eine untergeordnete Stellung hatte. Tatsächlich schritt man nicht gegen Dirnen und Konkubinen ein, sofern sie wie Dienstmädchen lebten oder in eigenen Stadtvierteln wohnten und Kennzeichen trugen, wie man es zur Zeit von Afonso IV. vorschrieb[9].

11. Die soziale Frage

Aus dem bisher Gesagten lassen sich schon die wichtigsten Spannungspunkte zwischen den verschiedenen sozialen Schichten ausmachen. Im allgemeinen führten nur die Konflikte zwischen der Zentralgewalt und den Privilegierten zu heftigen Kämpfen. Die unteren Schichten mußten sich der Gewalt von Adel und Klerus beugen, soweit sie nicht durch besondere Umstände, wie Mangel an Arbeitskräften und Siedlern, begünstigt waren, was tatsächlich während des 12. und 13. Jh. eintrat.

Kämpfe unter den Angehörigen der Oberschicht sind seit dem Beginn des 11. Jh. festzustellen, als es einigen von Fernando dem Großen unterstützten portugiesischen *infanções* im Jahre 1070 gelang, die alten Grafen zu verdrängen. Die wirtschaftlichen Umschichtungen am Ende des 11. Jh., die mit dem Zustrom von fränkischen Kaufleuten in die Städte verbunden waren, führten zu Forderungen nach Freiheit. Ein Beispiel hierfür ist aus Coimbra bekannt, wo sie der Graf Heinrich im Jahre 1111 gegen die Macht des Adels garantierte. Wenn auch die Adligen in den Städten Positionen preisgeben mußten, so waren sie deshalb nicht weniger einflußreich am Hofe. Als D. Teresa beabsichtigte, die galizischen Grafen zu begünstigen, entrissen sie ihr die Macht (1128) und übertrugen sie auf Afonso Henriques. Danach verband sie der Kampf nach außen gegen Leonenser und Mauren untereinander und mit dem König, verhinderte jedoch gleichzeitig, daß ihr Einfluß außergewöhnlich anwuchs; denn der Krieg lichtete ihre Reihen oder verminderte ihre Güter. Als die Expeditionen nach Süden weniger häufig wurden oder der König sie überwiegend mit Hilfe der Ritterorden und der Kreuzfahrer gestaltete, hatte es der Herrscher – vor allem nach der Eroberung der Algarve 1249 – mit einem aufsässigen Adel zu tun, der regelmäßig in seine Domänen im Norden einfiel. Afonso II. und Afonso III. bekämpften diese Usurpationen mit dem auf Erhebungen beruhenden Register der Güter, mit *foros reais* und der Vermehrung der Beamten. Afonso III. erließ ein Gesetzeswerk, das auf römischem Recht basierte. Die Könige stützten sich damit auf die wachsende Bürgerschaft, die in öffentliche Funktionen hineinwuchs, auf die Legisten, die Juden und die Bettelorden. Gegen dieses konsequente Vorgehen gab es häufig Revolten; im allgemeinen beschränkten sie sich auf Kämpfe des Königs gegen bestimmte Familien. Die Auseinandersetzungen endeten immer mit der Unterwerfung der Aufständischen, obwohl diese an den Landesgrenzen fremde Hilfe suchten. Eine Ausnahme bildete lediglich Sancho II., der 1245 durch das Bündnis von Adligen und Bischöfen seiner Macht beraubt wurde. Dank der Ausdauer von Afonso III. und Dinis erlangte die Krone die volle Beherrschung der Situation wieder. Im 14. Jh. konnten die erneuten Aufstände des Adels, der die Familienhändel von Dinis und Afonso IV. ausnutzte, schon nicht mehr die Zentralgewalt ins Wanken bringen. Im 13. Jh. entwickelten die Bürger noch keinen Klassengeist, um die Adligen oder den Klerus zum eigenen Vorteil zu bekämpfen. Eine Ausnahme bildete die Auflehnung von Porto gegen die Herrschaft des dortigen Bischofs. Die Bürgerschaft beschränkte sich durchweg darauf, an den Zentralisierungsbestrebungen der Krone mitzuarbeiten. In den Cortes des 14. Jh. begann sie dann allerdings, gemeinsam gegen die Übergriffe von *ricos-homens*, Prälaten, Äbten und Rittern Beschwerde zu führen. Zur gleichen Zeit begannen die Reichsten unter ihnen, den Lebensstil der Adligen nachzuahmen. Sie bereiteten sich darauf vor, in der Revolution von 1383–1385 einen entscheidenden Einfluß auszuüben[10].

12. Landwirtschaft und Fischerei

Die Wiederbesiedlung des Landes durch die Christen zielte in erster Linie auf die fruchtbarsten Gegenden von Entre-Douro-e-Minho und des Douro Litoral, wo sich die Bevölkerung konzentrierte. Hier war der Boden für den Anbau von Sommergetreide und Wein geeignet. In den mehr bergigen Landschaften des Alto Minho und der Beira Alta konnte man Roggen und Gerste anbauen. Überall war auch die Kultivierung des Weizens möglich, den die herrschenden Schichten für die Ernährung benötigten, der jedoch bei den vorhandenen natürlichen Gegebenheiten nur einen geringen Ertrag brachte. In der Beira Litoral scheinen der Hafer und der Wein vorgeherrscht zu haben. Die große Anbauzone für Weizen war der Ribatejo. In Trás-os-Montes, in der Beira

Baixa und im Alentejo herrschten die Ödländereien vor, die für die Jagd nutzbar gemacht wurden. Getreide und Wein waren somit die wichtigsten im Lande angebauten Produkte, wie es die Ernährung der Zeit erforderte. Die anderen Kulturen hatten zweitrangige Bedeutung. In den Gemüsegärten und Umfriedungen rings um die Häuser kultivierte man Gemüse, Fruchtbäume und Flachs. An einigen Orten wurde von letzterem so viel gewonnen, daß die Webereien mehr Leinen herstellten, als für den Verbrauch am Ort notwendig war. Erwähnt seien auch das Sparto-Gras, das man im 13. Jh. nach Flandern verkaufte, Wachs und Honig, die man nach England und anderen nordeuropäischen Ländern exportierte, sowie das Öl der Oliven, die in Mittel- und Südportugal angebaut wurden und deren Anbauzone sich allmählich nach Norden ausdehnte.

Die Anbautechnik war vor dem 14. Jh. noch sehr rudimentär. Außerhalb der Gemüsegärten war die Düngung kaum in Gebrauch, die Dreifelderwirtschaft unbekannt oder selten und der Pflug vor dem 14. Jh. kaum verbreitet. Die einzigen Maßnahmen zur Ertragssteigerung scheinen die Zweifelderwirtschaft und die Brandrodung gewesen zu sein.

In einem Lande mit ausgedehntem Ödland kannte man kaum künstliche Weiden. Das Vieh lebte auf den Naturweiden, in den Bergen, hauptsächlich im Alto Minho und in der Beira Alta, wie auch in den Fluren der Estremadura und des Alentejo, wo die Transhumanz ausgeübt wurde. In der letztgenannten Region sahen die *forais* tatsächlich die Nutzung von gemeinsamen Weiden und die Übereinkunft mit den benachbarten *concelhos* vor. Das am meisten gehaltene Vieh waren Schafe und Ziegen; erst danach kam das Rind. Die Erfordernisse von Krieg und Transportwesen geboten trotz der damit verbundenen Kosten die Förderung der Pferdezucht.

Die landwirtschaftliche Nutzung änderte sich beträchtlich von Norden nach Süden. Wo die Grundherrschaft und ihr Verwaltungssystem überwog, waren die Flächen, die unmittelbar vom adligen oder kirchlichen Eigentümer bebaut wurden, sehr gering im Vergleich zu den anderen, die Pächter bearbeiteten. Häufig wurde Salland in Leihehöfe umgewandelt. Sogar die *préstamos*, die eine vervollkommnete Form landwirtschaftlicher Verwaltung darstellen konnten, bestanden nur aus einem System der Abgabeneintreibung. Die Grundherrschaft, die wegen der geringen Größe des Sallandes schon so schwach war, überlebte sich praktisch mit der Verallgemeinerung der Erbpachtverträge, die die Herrschaft der Kontrolle über die angestellten Bauern enthob. In Mittel- und Südportugal, wo die *concelhos* überwogen, war die direkte Nutzung mit Hilfe von Lohnarbeitern und dem ländlichen Proletariat weiter verbreitet, doch waren auch hier die Besitztümer klein. Nicht einmal hier setzte sich der landwirtschaftliche Großbetrieb durch. Ihm ähnelten lediglich die *Granjien* des Klosters von Alcobaça, die getreideproduzierenden *reguengos* im Ribatejo und einige Besitztümer der Ritterorden. Indessen war für das ganze Land der landwirtschaftliche Kleinbetrieb charakteristisch. In dem Maße, wie die sozialen Bedingungen sich festigten und das Land urbar gemacht wurde, verallgemeinerte sich in den *concelhos* auch die indirekte Bewirtschaftung durch Leihe- und Erbpachtverträge.

Der Bebauer der herrschaftlichen Besitzungen oder der Erbpachtländereien zahlte dem Eigentümer eine Naturalienabgabe, die sich nach der Ernte richtete oder festgelegt war. Im 13. Jh. erschienen auch Geldabgaben. Im allgemeinen waren die Abgaben auf den urbar gemachten Ländereien zu Lebzeiten der ersten Bebauer milder. Die wichtigsten Elemente der Abgaben waren das Getreide und der Wein. Neben diesen Produkten lieferten die Bauern auch Waren, die in den Gemüsegärten angebaut wurden oder handwerklicher Art waren (*direituras* oder *miunças*). Sie dienten dazu, die Herrschaft mit allem zu versehen, was benötigt wurde. Das weist auf eine geschlossene Wirtschaft und den Mangel an Tauschwaren hin.

Den Nahrungsmitteln, die durch Ackerbau und Viehzucht gewonnen wurden, haben wir diejenigen hinzuzufügen, die aus Jagd und Fischfang stammen. Die Jagd war in den dünnerbesiedelten Landschaften von Bedeutung. Deshalb wurde sie durch die *cartas de foral* und die örtlichen Gewohnheitsrechte festgelegt. Es gab Einwohner, die nur von ihr lebten. Auch die Fluß- und Seefischerei war bedeutend, vor allem in den klösterlichen Besitzungen, wo der Verzehr von Fleisch Restriktionen unterlag. Einige Abteien wie São Tirso und Alcobaça besaßen eigene Boote für den Fischfang auf dem Meer und veranlaßten regelmäßige Fischtransporte in die entsprechenden Kommunitäten des Ordens.

Als zu Ende des 13. Jh. die Algarve erobert wurde und die maurische Seeräuberei verschwand oder sich zumindest verringerte, nahm die Fischerei einen Aufschwung. Man stellte gesalzenen Fisch für den Verkauf in den Städten her. Es erscheinen nun die Nachrichten über den Großfischfang auf Delphine, Wale und Thunfisch. 1286 schon veröffentlichte der König die ersten Gesetze, die die Meeresfischerei regelten. Die Portugiesen forderten zur Ausübung der Fischerei Meereszonen von Marokko und England[11].

13. Bergbau, Salinen und Gewerbe

Der Abbau von Metallen hatte in der portugiesischen Wirtschaft des Mittelalters einen unbedeutenden Platz. Zur Beschaffung der notwendigsten metallenen Gegenstände war man auf das Ausland angewiesen. Das Land selbst lieferte nur ein wenig Erz für den Grundbedarf. Das Eisen, das an der Oberfläche oder in geringer Tiefe in Seia, São Martinho de Bornes (Aguiar de Pena), São Pedro de Ferrarias (Celorico de Basto), Ferrarias (Maia), Jubim und Foz do Sousa (Gondomar), Rio Maior (Alcobaça) und anderen Orten im 12. und 13. Jh. gefunden wurde, diente den ortsansässigen Schmieden zur Herstellung von Hufeisen, Pfeilen, Lanzenspitzen, Zangen, Pflugscharen und landwirtschaftlichen Geräten. Der Bergbaubetrieb von Rio Maior zugunsten des Klosters Alcobaça war einer der größten im Lande. 1282 übertrug D. Dinis Sancho Peres und seinen Teilhabern den Abbau der Eisenvorkommen im ganzen Königreich unter der Bedingung, der Krone neben den üblichen Abgaben $^1/_5$ bzw. $^1/_{10}$ der Stahl- und Eisengewinnung zu überlassen.

Seit dem 12. Jh. gab es eine nicht ganz unbedeutende Goldförderung in Adiça (Sezimbra). Die Könige schenkten ihr eine ständige Aufmerksamkeit, indem sie Sonderbeamte damit beauftragten, die Produktion zu überwachen, die Steuern einzutreiben und sogar den Abbauberechtigten als Magistrate zu dienen. Auch in Junqueira und Pessegueiro gab es Goldminen, deren Ausbeutung 1316 gesetzlich geregelt wurde, andere wiederum in der Gegend von Lissabon, Almada, Sezimbra, Palmela, Setúbal und im Ribatejo. Auf sie wird 1346 Bezug genommen. Trotz ihrer relativen Bedeutung reichte die Goldgewinnung nicht aus, den Bedarf des Königreiches zu decken. Anfang des 14. Jh. mußte Afonso IV. seine Ausfuhr verbieten.

Sonstige Metalle werden noch seltener und unregelmäßiger gewonnen. Das größte Interesse an den mineralischen Schätzen zeigte D. Dinis. Er reservierte sich die Silber-, Gold- und Kupfergewinnung im *foral*, das er 1293 Vila Real gab und in der Schenkung, die er 1319 Odemira machte. Strengstens überwachte er die Goldgewinnung von Adiça und stellte die Goldminen von Junqueira und Pessegueiro unter seinen Schutz (1316). Sancho Peres übertrug er die Eisengruben im gesamten Reich (1282), Gil Soares und anderen den Alaun, den sie in Portugal finden würden (1300), und Mem Martins das in Jales, Trasmires und Monte Negro (Vila Real) gefundene Zinn (1314). Seinem Beispiel folgte Afonso IV., der einem Kaufmann aus Porto die Konzession aller Silber-, Blei-,

Kupfer-, Zinn-, Alaun-, Schwefel- und Pechkohleminen gegen Zahlung des Fünftels der Produktion übertrug.

Den mineralischen Produkten kann man das Meersalz zurechnen, das für die Wirtschaft des Landes ein wichtiges Element darstellte. Schon seit römischer Zeit gewonnen, wurde es zur Konservierung von Fleisch und Fisch unerläßlich. Salzwerke werden seit dem 11. Jh. erwähnt; im allgemeinen lagen sie an Flußmündungen (Cávado, Vouga, Mondego). Fast alle wichtigen Klöster besaßen an der Küste Salinen und organisierten regelmäßig Salztransporte in die Kommunität. Im 13. Jh. entwickelten sich die Salinen von Aveiro zu den bedeutendsten des Landes. Die wirtschaftliche Bedeutung der Salzgewinnung geht aus der Tatsache hervor, daß alle Salinen der Algarve in den *cartas de foral,* die Afonso III. den entsprechenden Siedlungen ausstellte, für die Krone reserviert wurden. Seit dem 13. Jh. begann der Export von portugiesischem Salz. Es trat in Konkurrenz zum französischen und konnte es am Ende des Mittelalters in der Belieferung der nordeuropäischen Länder verdrängen.

In Portugal waren die Industrien größerer Bedeutung zur damaligen Zeit mit Kleidung und Ernährung verbunden. Im allgemeinen überschritten sie nicht den handwerklichen Rahmen. In den Besitzungen des Nordens woben die Bauern grobes Leinen (*bragal*), um die Abgaben an die Herrschaft zahlen zu können. In Mittelportugal verarbeitete man Wolle (*burel*) in geringer Menge. Nur selten werden in den Quellen der Zeit gefärbte Stoffe erwähnt. Eine von ihnen stammt aus Coimbra (1145), wo man ein bläuliches Gewebe herstellte. Da die ausländischen Stoffe sehr teuer waren, verbot der König in der Mitte des 13. Jh. die Ausfuhr portugiesischen Tuches. In dieser Epoche entlohnten die Grundbesitzer Arbeiter nach einer von Afonso III. festgelegten Tabelle in Stoffen aus *bragal* und *burel*.

Vor der Mitte des 14. Jh. führte Portugal fast ausschießlich Ledererzeugnisse aus. Sie gingen nach England, Flandern und Kastilien. Die Gerber, Schuster und Sattler von Lissabon gehörten 1285 zu den bedeutendsten Handwerkern. Dasselbe galt für das Jahr 1269 von den Sattlern und Schustern in Coimbra. Die Schuster von Beja beklagten sich 1339 über die Kaufleute, die das Leder exportierten und somit ihrer Arbeit schadeten.

Die Notwendigkeiten der Ernährung forderten neben anderen Industrien das Mühlengewerbe. Das Mehl wurde in Wassermühlen mit horizontalem Mühlstein gemahlen. Später, im 12. Jh., mehren sich die Hinweise auf Wassermühlen mit vertikalem Mühlstein, die eine größere Energieleistung erbrachten. Am Ende des 12. Jh. werden erstmals Windmühlen erwähnt, die allerdings noch im 13. Jh. selten waren, sich jedoch in Süd- und Mittelportugal allmählich ausbreiteten. Da ihre Einrichtung teuer kam, benutzte der Grundherr des Nordens seine Monopolstellung dazu, von den Benutzern eine Mahlgebühr für das produzierte Mehl zu fordern. In den *concelhos* dagegen war die Mühle häufig Gemeingut mit kostenloser Benutzung. Die Backöfen waren ebenfalls das Monopol des Herrn der *coutos, honras* und *reguengos*. Die *forais* unterdrückten im allgemeinen ein derartiges Monopol. In den *concelhos* war ihre Errichtung frei, und man forderte lediglich eine Steuer für das gebackene Brot, wenn es zum Verkauf bestimmt war.

Die Imkerei ermöglichte die Herstellung von Honig und Wachs. Dieses war besonders in den kirchlichen Besitzungen wichtig für die Beleuchtung, die für nächtliche Gottesdienste nötig war. Deshalb gab es immer einige Bauern, die einen Teil ihrer Abgaben in diesem Produkt bezahlten. Honig und Wachs exportierte man im 13. Jh. nach Frankreich und England. Es fanden sich überall in geringem Umfange Brennöfen für Dachziegel und Keramikgegenstände. Sie gehörten dem Grundherrn in den Besitzungen des Nordens, waren aber in den *concelhos* frei. Nur die Hersteller von Ziegeln, die zum Verkauf bestimmt waren, zahlten Abgaben. Dies scheint häufiger im Süden in der Umgebung der Städte der Fall gewesen zu sein.

Später kam der Schiffsbau hinzu, der am Ende des 13. Jh., vor allem aber im 14. Jh. größere Bedeutung erlangte, als sich die königliche Flotte und die Handelsschiffahrt entfalteten. Die Werften von Lissabon bauten große Schiffe. Bei einem jeden mußten die Juden der Stadt eine Steuer auf Anker und Kette zahlen. Im 14. Jh. waren die portugiesischen Schiffe ausreichend sicher, bis zum Nordatlantik und nach Marokko zu fahren oder die Kanarischen Inseln zu erreichen.

An fast allen genannten Industrien, besonders aber an der Herstellung von Brot, Ziegeln, Kalk und Schiffen, hatte der König ausgeprägte Interessen, die sich in dem Maße verstärkten, als die wirtschaftliche Betätigung im Lande wuchs. Doch stärker noch sorgte er dafür, die Verkaufsplätze von Waren in den Städten überwachen zu lassen[12].

14. Der Handel

Vor dem 11. Jh. besaßen die großen Landeigner in Portugal Besitzungen, die voneinander weit entfernt lagen. Sie reisten von einer zur anderen, um die Erzeugnisse einer jeden zu verbrauchen. In begrenzterem Rahmen wurde dieses System auch in den klösterlichen Besitzungen angewandt, die alle oder den größten Teil der benötigten Güter selbst herstellten. Es gab somit wenig Gelegenheit für den Handel, wenn auch die Produkte gelegentlich zwischen verschiedenen Plätzen derselben Besitzung bewegt wurden. Doch der Kontakt mit den Mauren als den Herstellern von Luxusgegenständen ließ niemals die Nachfrage nach diesen Produkten völlig erlöschen, wie die zeitgenössischen Quellen nachweisen.

Als im 11. und 12. Jh. eine größere Sicherheit in Porto, Guimarães und Coimbra gewährleistet war, die Kontakte mit den Christen im Norden Europas zunahmen, die Verfügbarkeit von Geld stieg und ein breiterer „christlicher Lebensraum" geschaffen wurde, entwickelte sich der Handel, ausgehend von den Städten, allmählich stärker. Einen deutlichen Fortschritt kann man jedoch erst seit dem Beginn des 12. Jh. feststellen; seitdem tauchen die ersten Nachrichten über Messen und *cartas de foral* auf, die sich auf Waren und den lokalen Markt beziehen. In den *forais* wurde im allgemeinen vorgeschrieben, daß die Kaufleute des Ortes frei ihre Produkte verkaufen durften, jedoch die von auswärts eine Steuer (*açougagem*) zu entrichten hatten. Zuweilen legten die *concelhos* oder Grundherrschaften die Warenpreise fest, um den Verbraucher (im ersten Falle) oder den Grundherrn (im zweiten Falle) zu schützen. Die Preise wurden von Sonderbeamten (*almotacés*) überwacht. Einige Vorschriften der *concelhos*, die ebenfalls in der Absicht erlassen wurden, die ortsansässigen Händler zu schützen, erschwerten den Verkauf der von auswärts hereingebrachten Erzeugnisse. In Viana und Caminhã (1286) konnten die Bewohner nur auf dem Markt der entsprechenden Orte verkaufen, damit nicht die Interessen des Fiskus geschmälert wurden.

Die Notwendigkeit, größere Transaktionen vorzunehmen, führte zur Verleihung besonderer Privilegien an die Händler. Dies kam vor allem im Schutz zum Ausdruck, der den Messen gewährt wurde. Die ältesten Hinweise darauf stammen aus Ponte de Lima (1125), Braga (1145), Melgaço (1181) und Constantim de Panoias (Ende des 12. Jh.). Die portugiesischen Messen wurden spät eingerichtet und waren von untergeordneter Bedeutung, da der Handel in großem Rahmen hauptsächlich auf dem Seewege abgewickelt wurde. Viele wurden von Afonso III. zu dem Zweck gegründet, die Einziehung der Steuern zu erleichtern und die Einkünfte des Fiskus aus dem Warenverkauf zu steigern. Deshalb bestanden die Privilegien, die man den Messebesuchern gewährte, in verschiedenen Schutz- und Sicherheitsvorkehrungen. Zu Ende des 13. Jh. ließ sich die Gewährung von Steuerbefreiung der Messen (*feiras francas*) feststellen.

Der König persönlich teilte die Handelsinteressen, wenn er anfangs des 14. Jh. darauf abzielte, die Schaffung von Verkaufseinrichtungen zu monopolisieren oder wenn er Marktstände einrichtete und an die Verkäufer vermietete, wie diejenigen, die er in Lissabon bei den Zollbehörden unterhielt (1326).

Das am stärksten gekaufte und verkaufte Produkt war das Getreide, das während des 11. Jh. das Geld als Zahlungsmittel ersetzte, wobei der Malter im Werte dem *solidus* (Schilling) entsprach. Sodann folgten Vieh und die viehwirtschaftlichen Erzeugnisse, die in Kaufverträgen dieser Zeit ebenfalls als Zahlungsmittel vorkamen. Die Luxusgegenstände, Tuche, Waffen, heimischer Schmuck, landwirtschaftliche Geräte, Wein, Salz und Gewürze waren ebenfalls von Handelsinteresse. Am Schluß rangierten Waren wie Honig, Wachs, Trockenfrüchte, Öl, Sparto-Gras, Trocken- und Salzfisch sowie Hölzer.

Was den Binnenhandel betrifft, so flossen das Getreide und die Viehprodukte, die fast im ganzen Königreich produziert wurden, in die Städte, besonders nach Lissabon. Die Manufakturwaren, die in den Städten hergestellt oder aus dem Ausland eingeführt wurden, gingen von der Küste ins Hinterland. Dasselbe geschah, wie ohne weiteres einleuchtet, mit Salz und Fisch. Den Warentransport hatten sich zum guten Teil die Lasttiertreiber gesichert. Die Luxusgegenstände wurden vorzüglich von Juden und Mauren verkauft. Die Händler, die von Region zu Region zogen, nahmen bis zum Ende des 13. Jh. an Zahl zu.

Zu dieser Zeit traten die Großkaufleute erstmals auf, die in den Siedlungen und Städten seßhaft waren. Sie gewährleisteten den Großhandel, indem sie Lasttiertreiber verpflichteten, Lohnarbeiter für Verkauf und Transport bezahlten und Schiffe beluden. Sie waren es, die mit dem Ausland Geschäfte abwickelten. Seit der Zeit Afonsos III. nahmen sie die Dienste von Zwischenhändlern für die Geschäftsabwicklung in Anspruch (*correctores*), gründeten Handelsgesellschaften mit Kapital, das aus Darlehen der Assoziierten auf die ausgeführten Waren bestand (wie die von D. Dinis 1293 gebilligten), oder erlangten die Regelung der Beladung von Schiffen (Porto 1324).

Seit dem Ende des 13. Jh. erschienen in Portugal ausländische Kaufleute. Ein Deutscher errichtete in Lissabon ein Holzdepot und ließ vor 1290 die spätere Kapelle seiner Landsleute bauen. Hinzu kamen Florentiner, vornehmlich aus dem Hause Bardi, Genuesen, Mailänder, Franzosen aus Bayonne und Cahors, Katalanen, Kaufleute aus Aragon und Mallorca, denen Afonso IV. 1338 Privilegien gewährte. Die Portugiesen ihrerseits ließen sich im Ausland nieder. In Sevilla hatten sie im 13. Jh. ein eigenes Wohnviertel; Gruppen von 10 oder 20 lebten in Bordeaux und Bayonne (1242–1243), wieder andere in Brügge. Sie wohnten hier in der „Straße der Portugiesen" (1293). Einige finden wir in England, wo sie 1303 von Eduard I. Privilegien erhielten, weitere in Rouen, wo sie im 14. Jh. einen eigenen Friedhof besaßen. Eine Anzahl von Kaufleuten reiste weit, ohne daß uns bekannt ist, ob sie sich in den Gegenden und Städten, in denen sie erwähnt werden, niedergelassen haben: in Thessaloniki vor 1147, in Dublin am Ende des 12. Jh., in Köln vielleicht 1212, in Lübeck 1280, in Harfleur, Boulogne und La Rochelle anfangs des 14. Jh., im Hennegau und in Holland in der Mitte des 14. Jh.

Aus dieser Aufzählung ist zu schließen, daß die Handelsbeziehungen Portugals mit dem Mittelmeerraum von italienischen Kaufleuten, besonders den Genuesen, unterhalten wurden. Sie brachten die Produkte der italienischen Halbinsel und anderer anliegender Länder nach Portugal. Die Verbindungen mit dem Nordatlantik gingen auf portugiesische Initiative zurück. Über die Normannen und die Kreuzfahrer stellten die Portugiesen die Handelsverbindungen zu England, Frankreich und Flandern her. In der Mitte des 13. Jh. begann also der portugiesische Handel beträchtliche Ausmaße anzunehmen. Doch überstiegen die Importe an Umfang bei weitem die Ausfuhren; Portugal exportierte Trockenfrüchte, Wein, Öl, Salz, Felle und Häute, Fisch, Honig, Wachs und

Karmin, ein zum Färben von Stoffen verwandtes Produkt. Es importierte aus Flandern, England und Frankreich: Wollstoffe aus Gent, Ypern, Brügge, Tournai, Douai, Lille, Abbéville, Saint-Omer, Valenciennes, Poperinge, Mecheln, Arras usw., aus dem Mittelmeerraum Getreide, Seide und Gewürze; aus dem islamischen Raum, Nordspanien und Deutschland kamen Waffen, Gegenstände aus Kupfer und Eisen. Es ist offenkundig, daß die Tuche, Metalle und Manufakturwaren bei weitem alle anderen Importe an Wert überstiegen.

Da die Stoffe teuer, das Getreide knapp und die Goldreserven gering waren, suchten die Könige den Export dieser Produkte zu unterbinden und förderten die Ausfuhr von Wein und Salz, ohne jedoch eine folgerichtige und umfassende Wirtschaftspolitik auszuüben. Der Souverän kümmerte sich mehr darum, den Zehnten auf die Importwaren zu fordern. Als Afonso III. und D. Dinis den Zehnten auf Exportgüter ausdehnten, denen nicht ein vergleichbarer Wert importierter Waren des gleichen Kaufmanns entsprach, suchten sie damit stärker die Steuerauflagen zu sichern, als eine ausgeglichene Handelsbilanz zu erreichen[13].

15. Transport und Verkehr

Aus dem über den Handel Gesagten ging hervor, daß in Portugal die Seetransporte seit der Mitte des 13. Jh. eine entscheidende Bedeutung erreicht hatten. Den Transport innerhalb des Landes bewerkstelligte man auf weite Entfernungen ebenfalls mit Schiffen längs der Küste und über die Flüsse. Die Landwege benutzte man häufiger für lokale und regionale Verbindungen. Die Linienführung der mittelalterlichen portugiesischen Straßen ist mit Ausnahme von Entre-Douro-e-Minho kaum bekannt. Die gängige Überzeugung, daß sie auf den alten römischen Straßen basierte, wurde neuerdings in Zweifel gezogen. Tatsächlich ist festzustellen, daß viele Brücken und Straßen, die man für römisch hielt, in Wirklichkeit aus dem Mittelalter stammen. Entre-Douro-e-Minho besaß ein dichtes Wegenetz, Brücken und Raststätten dank großer Bautätigkeit im 12. und 13. Jh. Auf den Straßen des Landes benutzte man als üblichstes Transportmittel Lasttiere, vor allem Maultiere. Später, nach dem Beginn des 14. Jh., verbreitete sich selbst für größere Entfernungen der Ochsenkarren.

Damit soll nicht gesagt werden, daß man die römischen Straßen vollständig aufgegeben hatte. Doch dienten sie nun fast ausschließlich dazu, die wichtigsten Städte miteinander zu verbinden, und somit hatten sie weniger Bedeutung für die lokalen und regionalen Verbindungen. Die wichtigste Römerstraße verband Lissabon, Santarém, Coimbra, Porto, Braga und Tui. Auf weite Entfernungen benutzte man jedoch vorwiegend die schnelleren und sichereren Flußwege: Minho, Douro, Vouga, Mondego, Tejo, Sado und Guadiana. Auf ihnen fuhren Boote, ähnlich denen, die man heute noch auf dem Douro und in der Lagune von Aveiro sieht und die normannischen Ursprungs sind. Der technische Einfluß der Normannen war so entscheidend, daß er sich sogar in der Seefahrtsterminologie des Mittelalters zeigt.

Der Warenumlauf wurde durch Steuern (*portagem*) erschwert, die von Grundherrschaften, *concelhos* und königlichen Verwaltern erhoben wurden, obwohl sie anfangs ausschließlich königliches Recht waren. Gering an Zahl waren die *concelhos*, die fremde Kaufleute von der *portagem* befreiten. Auch die Straßenräuber erschwerten das Reisen. Für die Sicherheit der Reisenden errichtete man Rasthäuser und Herbergen. In einer *carta de couto* wurde dieser Zweck ausdrücklich erwähnt (Albergaria-a-Velha, 1117). Seit dem 13. Jh. wurden sie von der öffentlichen Gewalt, besonders vom König, unterhalten. Dieser zwang die Reisenden bisweilen, in seinen Rasthäusern Aufenthalt zu nehmen.

Die Seeschiffahrt diente nicht nur für Reisen ins Ausland, sondern beispielsweise auch dazu, Waren und Passagiere zwischen Lissabon und Porto zu befördern. Diese Reisen gestalteten sich sicherer, nachdem 1249 die Stützpunkte der maurischen Piraten, die die ganze Küste unsicher gemacht hatten, in der Algarve zerstört worden waren. Schon vorher standen der Krone viele Schiffe zur Verfügung. Sancho I. benötigte 37 große und viele kleine Schiffe zum Angriff auf Silves (1189). 1319 ernannte D. Dinis den Genuesen Manuel Peçanha zum Admiral seiner Kriegsflotte. Er machte ihm bedeutende Konzessionen unter der Bedingung, daß der Italiener Portugal 20 seiner Landsleute als Seefahrer zur Verfügung stellte. Diese konnten die Schiffe zum Handel benutzen, wenn sie nicht für den Dienst der Krone gebraucht wurden. Zwanzig Jahre später spielte die portugiesische Flotte eine entscheidende Rolle in den Kriegen Kastiliens gegen die Mauren sowie in den ersten Reisen zu den Atlantikinseln Madeira und den Kanaren[14].

16. Das Geld

In Portugal verminderten im 10. und 11. Jh. die äußeren politischen Umstände den Umlauf des bisher gebrauchten maurischen Goldes. Man tätigte Käufe, indem man Getreide als Tauschmaterial benutzte. Seit der Mitte des 12. Jh. erschienen Geldstücke aus europäischem Silber (*soldos*), ohne daß die Stücke aus maurischem Gold und Silber völlig verschwanden. Vielmehr bestanden die beiden Währungssysteme bis zum Beginn der Herrschaft Afonsos III. nebeneinander. Seitdem herrschte das erste System vor. Sancho I. ließ als erster portugiesischer König Münzen prägen. Er ließ Marabotinen aus Gold herstellen mit einer Abwertung von 20% gegenüber den Marabotinen der Almoraviden. Afonso II. folgte seinem Beispiel, ließ jedoch die Abwertung auf 31,5% ansteigen, Sancho II. sogar auf 50%, bezogen auf dieselbe Wertebene.

Die Reform Afonsos III. teilte das Geld bei Zugrundelegung des theoretischen Wertes der *maravedis* in *libras* zu 20 *soldos* und 240 *dinheiros* ein. Doch die wirtschaftliche Entwicklung des Landes brachte starke Preisschwankungen und das Vordringen der europäischen Silbermünze (französisches Pfund usw.) mit sich. Der König versuchte das Defizit der Staatskasse auszugleichen, indem er alle sieben Jahre eine Münzverschlechterung durchführte, d. h. indem er fortwährende Abwertung praktizierte. Angesichts des Widerstandes der Untergebenen ersetzte er einige Abwertungen durch eine Steuer (*monatágio*) oder durch Zwangsanleihen. Er versuchte die Preise mittels einer Tabelle von 1253 festzulegen und verbot den Goldexport. Die Prägungen von 1260–1261 und 1270 bescherten Wertminderungen von 31% und 45%, bezogen auf den Wert von 1253.

Die Situation stabilisierte sich wieder in der Zeit von D. Dinis, während der man keine einzige Abwertung kennt, die Reserven des königlichen Schatzes hingegen anstiegen. Die Silbermark erfuhr eine leichte Wertsteigerung. Mit Afonso IV. begannen sich die Geldwertschwankungen wieder zu verstärken. Der König gab Münzen aus mit einer Abwertung von 25–36% und verbot den Geldexport. Die maurische, kastilische und französische Goldwährung, die in Portugal in der Zeit von D. Dinis in Umlauf war, wurde während des zweiten Viertels des 14. Jh. immer seltener[15].

[1] *E. de Campos:* O enquadramento geoeconómico da população portuguesa através dos séculos ([2]1943).
O. Ribeiro: Portugal, o Mediterrâneo e o Atlântico. Esboço das relações geográficas ([2]1963).
A. de J. da Costa: O bispo D. Pedro e a organização da diocese de Braga I. Faculdade de Letras da Universidade de Coimbra (1959).

A. H. de Oliveira Marques: A população portuguesa nos fins do séc. XIII. In: Ensaios de história medieval (1965), S. 71–123.

2 *F. de Almeida:* História de Portugal I (1922).
História de Portugal, hg. v. *D. Peres,* II (1929).
A. H. de Oliveira Marques: História de Portugal I (1972).

3 *M. P. Merêa:* Organização social e administração pública. In: História de Portugal, hg. v. *D. Peres,* S. 447–524.
Ders.: Estudos de direito hispânico medieval. Universidada de Coimbra (2 Bde., 1952–1953).
Ders.: História e Direito. Ebd. (1967).
Ch. Verlinden: L'esclavage dans l'Europe médiévale I (1955).
J. Mattoso: A nobreza portucalense dos séc. IX a XI. In: Do tempo e da história III (1970), S. 35–50.
Ders.: Sobre a estrutura da família nobre portucalense. In: Colectânea de estudos em honra do Prof. D. D. Peres. Academia Portuguesa da História (1974), S. 123–140.
A. H. de Oliveira Marques: A sociedade medieval portuguesa. Aspectos de vida quotidiana (²1971).

4 *G. Sánchez Albornoz:* La curia regia portuguesa, siglos XII y XIII (1920).
M. Caetano: As cortes de Leiria de 1254. Academia Portuguesa da História (1954).
Ders.: Lições de história do direito portuguẽs (1962).
T. de Sousa Soares: Subsídios para o estudo da organização municipal do Portugal durante a Idade-média (1935).

5 *H. da Gama Barros,* Bde. IX und X; *J. Cortesão:* Os factores democráticos na formação de Portugal (²1964).
A. H. de Oliveira Marques: A sociedade medieval portuguesa. Aspectos da vida quotidiana (1964, ²1971).

6 *T. de Sousa Soares:* Les bourgs dans le Nord-Ouest de la Péninsule Ibérique. In: Bulletin des études portugaises 9 (1943), S. 5–15.
M. Caetano: A história da organização e dos mesteres da cidade de Lisboa (1958).
C. Pradalié: Lisboa da Reconquista ao fim do s. XIII (1975).

7 *A. J. Saraiva:* História da cultura em Portugal I. Jornal do Foro (1950).
A. Moreira de Sá: Primórdios da cultura portuguesa. In: Arquivos de História da cultura portuguesa I/1 (1966).
J. Mattoso: A cultura monástica em Portugal (711–1200). Ebd. (1969).

8 *J. Mendes dos Remédios:* Os judeus em Portugal (2 Bde., 1895–1928).
J. Leite de Vasconcelos und *M. Viegas Guerreiro:* Etnografia portuguesa IV (1958).
M. J. Pimenta Ferro: Os judeus em Portugal no século XIV. Centro de Estudos Históricos (1970).
A. Borges Coelho: Portugal na Espanha árabe (4 Bde., 1972–1975). Ders.: Comunas ou concelhos (1973).
A. Sampaio: As villas do norte de Portugal. In: Estudos históricos e económicos (1923), S. 1–254.
Ders.: As póvoas marítimas do Norte de Portugal. Ebd., S. 255–369.

9 Vgl. die Lit. Anm. 3, 5 und 10.

10 Vgl. Anm. 3 sowie *A. H. de O(liveira) M(arques):* Nobresa-Na Idade Média. In: Dicionário de História de Portugal III (1968), S. 149–152; ders.: Burguesia-Na Idade Média, ebd., II, S. 395–397.

11 *V. Rau:* Sesmarias medievais portuguesas (1946).
Ch. Verlinden: Quelques aspects de l'histoire de la tenure au Portugal. In: La tenure (1938), S. 231–243.
J. Vieira Natividade: As granjas do mosteiro de Alcobaça. In: Boletim da Junta de Província da Estremadura, 2. R. 5 (1944), S. 35–60.
J. Mattoso: La monachisme ibérique et Cluny. Publications de l'Université de Louvain (1968).
A. H. de Oliveira Marques: Introdução à história da agricultura em Portugal. A questão cerealífera durante a Idade Média (²1968).

12 *H. da Gama Barros* (s. u. Literatur), Bde. IX und X.

13 *V. Rau:* Subsídios para o estudo das feiras medievais portuguesas (1943).
Dies.: A exploração e o comércio do sal de Setúbal (1951).

Dies.: Rumos e vicissitudes do comércio do sal português nos séc. XIV a XVIII. In: Revista da Faculdade de Letras de Lisboa, 3. R. 7 (1963), S. 5–27.
Ch. Verlinden: Le problème de l'expansion commerciale portugaise au moyen âge. In: Biblos 23 (1947), S. 453–467.
A. de Oliveira Marques: Hansa e Portugal na Idade Média (1959).
V. Magalhães Godinho: A economia dos descobrimentos henriquinos (1962), S. 1–35.

14 *H. da Gama Barros,* Bde. IX und X.

15 *A. C. Teixeira de Aragão:* Descripção geral e histórica das moedas cunhadas em nome dos reis... de Portugal I (1875).
J. Ferraro Vaz: Numária medieval portuguesa, 1128–1383 (2 Bde., 1960–1962).
A. H. de Oliveira Marques: A moeda portuguesa durante a Idade Média. In: Ensaios de história medieval (1965), S. 271–307.
V. Magalhães Godinho: Os descobrimentos e a economia mundial I (1963), S. 103–116.
M. J. Pimenta Ferro: Para o estudo da numária de D. Dinis. In: Do tempo e da história 5 (1972), S. 201–228.

§ 16 Wirtschafts- und Sozialgeschichte Italiens von 535 bis zum Anfang des 10. Jahrhunderts

Von Gina Fasoli

Quellen

Erzählende Quellen

Agnelli qui et Andreas. Liber pontificalis ecclesiae ravennatis, hg. v. *O. Holder-Egger.* In: M. G. H., SS. rer. lang. et italic. (1879), S. 265–391.

Andreae Bergomantis historia, hg. v. *G. Waitz.* In: M. G. H., SS. rer. lang. et italic. (1879), S. 220–230.

Erchemperti Historia Langobardorum Beneventanorum, hg. v. *G. Waitz.* In: M. G. H., SS. rer. lang. et italic. (1878), S. 234–264.

Liudprandi episcopi Cremonensis Opera, hg. v. *J. Becker.* In: M. G. H., SS. in us. schol. (1915).

Pauli Diaconi Historia Langobardorum, hg. v. *L. Bethmann – G. Waitz.* In: M. G. H., SS. rer. lang. et italic. (1878), S. 45–187.

Procopio di Caesarea: La guerra gotica, hg. v. *D. Comparetti.* In: Fonti per la storia d'Italia 23–25 (1895–1898).

Theodoriciana, sive Anonymi Valesiani Fragmenta Historica, hg. v. *R. Cessi.* In: Rerum Italicarum Scriptores, 2. Aufl., XXIV, 4.

Urkunden

Edictus ceteraeque leges Langobardorum, hg. v. *F. Bluhme.* In: M. G. H., SS. in us. schol. (1896).

Capitularia regum francorum, hg. v. *A. Boretius – V. Krause.* In: M. G. H., Legum Sectio II (1883–1897).

Cassiodori senatoris Variae, hg. v. *Th. Mommsen.* In: M. G. H., Auct. antiquissimi XII (1894).

Codex diplomaticus Langobardiae, hg. v. *G. Porro-Lambertenghi.* In: Historiae Patriae Monumenta XIII (1879).

Codice diplomatico longobardo, hg. v. *L. Schiapparelli.* In: Fonti per la storia d'Italia 62–63 (1929–1933).

Codice diplomatico longobardo, hg. v. *C. Brühl.* In: Fonti per la storia d'Italia 64 (1975).

Codice diplomatico del monastero di Bobbio, hg. v. *C. Cipolla – G. Buzzi.* In: Fonti per la storia d'Italia 53–54 (1918).

Diplomata Karolinorum, hg. v. *E. Mühlbacher, E. Meyer, Th. Schieffer.* In: M. G. H., Diplomata (1872–1966).

Diplomi dei re d'Italia: Berengario I, Guido e Lamberto, Ludovico II, Rodolfo II, Ugo e Lotario, Berengario II e Adalberto, hg. v. *L. Schiapparelli.* In: Fonti per la storia d'Italia 35–38 (1903–1924).

Leges Langobardorum, hg. v. *F. Beyerle* (1962).

L. A. Muratori: Antiquitates italicae Medii Aevi, Bd. 6 (1738–1742). Placiti del „Regnum Italiae", hg. v. *C. Manaresi.* In: Fonti per la storia d'Italia 92, 96, 97.

R. Volpini: Placiti del „Regnum Italiae" (secc. IX–XI). Primi contributi per un nuovo censimento. In: Contributi dell'Istituto di storia medievale. Università cattolica del Sacro Cuore III (1975), S. 245–520.

Allgemeine Literatur

Bibliographie

Bibliografia storica nazionale, Bd. 34 (1939ff.).

La storiografia italiana negli ultimi vent'anni. In: Atti del I congresso degli storici italiani (1970).

Gesamtdarstellungen

Centro italiano di studi sull'Alto Medio Evo = CISAM. Settimane di studio I – XXV (1954–1979).

Centro di studi sull'alto Medio Evo:

Atti del I Congresso internazionale di studi longobardi (1952);

Atti del II Congresso internazionale di studi sull'Alto Medio Evo (1953);

Atti del III Congresso internazionale di studi sull'Alto Medio Evo (1959);
Atti del IV Congresso internazionale di studi sull'Alto Medio Evo (1969);
Atti del V Congresso internazionale di studi sull'Alto Medio Evo (1973).
Deputazione di storia patria per il Friuli. Atti del convegno di studi longobardi (1970).
V. Fumagalli: Il regno italico (774–1024) (1978).
L. M. Hartmann: Geschichte Italiens im Mittelalter (4 Bde., 1900–1915).
C. G. Mor: L'età feudale. 888–1024 (1952–1953).
E. Pontieri (Hg.): Storia Universale (1959ff.).
Problemi della civiltà e dell'economia longobarda. Scritti in memoria di Gian Piero Bognetti (1964).
G. Romano – A. Solmi: Le dominazioni barbariche in Italia 395–888 (1943).
R. Romano – C. Vivanti: Storia d'Italia (1972ff.).
L. Salvatorelli: L'Italia medievale dalle invasioni babariche al sec. XI (1937).
N. Valeri (Hg.): Storia d'Italia ([2]1966).

Lokaldarstellungen

A. A. Michieli: Storia di Treviso (1958).
Storia di Venezia, Bd. 3. Centro internazionale delle arti e del costume (1957–1958).
Storia della civiltà veneziana. *G. C. Sansoni:* Le origini di Venezia (1964); ders.: La Venezia del Mille (1965).
Verona e il suo territorio, Bd. 2–3. Istituto per gli studi storici veronesi (1960ff.).
Storia di Brescia, Bd. 6 (1963ff.).
Storia di Milano, Bd. 1–16. Fondazione Treccani degli Alfieri per la storia di Milano (1953ff.).
P. Vaccari: Pavia nell'Alto medioevo e nell'età comunale. Società pavese di storia patria (1956).
F. Cognasso: Novara nella storia. In: Novara e il suo territorio (1952).
Ders.: Storia di Torino (1969).
V. A. Vitale: Breviario della storia di Genova. Società ligura di storia patria (1955).
P. M. Conti: Luni nell'Alto Medio Evo (1967).
A. Sorbelli: Storia di Bologna. Dalle origini del Cristianesimo agli albori del Comune (1938).
A. Berselli (Hg.): Storia dell'Emilia Romagna (1976).
N. Natalucci: Ancona attraverso ai secoli. Bd. 3: Unione arti grafiche (1960).
R. Davidsohn: Geschichte von Florenz (4 Bde., 1896–1927).
O. Bertolini: Roma di fronte ai Bizantini e ai Longobardi (1947).
P. Brezzi: Roma e l'impero medievale (1947).
Storia di Napoli. Società editrice Storia di Napoli (1967ff.).
B. Pace: Arte e civiltà della Sicilia antica (1949).
U. Schwarz: Amalfi im frühen Mittelalter (9.–11. Jh.) (1978).
A. Solmi: Studi storici sulla storia della Sardegna nel Medio Evo (1917).
R. Carta Raspi: Storia della Sardegna (1971).

Verfassungsgeschichte

E. Besta: Il diritto pubblico italiano (1941).
P. S. Leicht: Storia del diritto italiano (1950).
A. Marongiu: Storia del diritto pubblico italiano. Istituto editoriale cisalpino (1956).
A. Pertile: Storia del diritto italiano dalla caduta dell'Impero Romano alla codificazione (1896–1902).
A. Solm: Storia del diritto italiano (1930).

Wirtschafts- und Sozialgeschichte

G. Barni – G. Fasoli: L'Italia nell'Alto Medio Evo. Società e Costume III (1971).
C. Brühl: Fodrum, gistum, servitium regis (1968).
F. Carli: Il mercato nell'Alto Medio Evo (1934).
A. Doren: Italienische Wirtschaftsgeschichte, Bd. 1 (1934).
A. Fanfani: Introduzione alla storia economica (1960).
G. Fasoli, R. Manselli, G. Tabacco: La struttura sociale delle città italiane dal V al XII secolo. In: Vorträge und Forschungen 11 (1966).
L. M. Hartmann: Zur Wirtschaftsgeschichte Italiens im Mittelalter (1904).

G. Luzzatto: Per una storia economica d'Italia (1957).
Ders.: Storia economica d'Italia. Il Medio Evo (1963).

Spezielle Literatur und Nachschlagewerke

Die politischen Ereignisse von 535 bis zum Anfang des 10. Jh.:

O. Bertolini: Carlomagno e Benevento. In: Karl der Große, Lebenswerk und Nachleben, Bd. I (1965), S. 609–670.
Ders.: Le chiese longobarde dopo la conversione al cattolicismo ed i loro rapporti con il Papato. In: CISAM 7 (1969), S. 455–492.
G. Bognetti: L'età longobarda, Bd. 4 (1966ff.).
P. Classen: Karl der Große, das Papsttum und Byzanz. In: Karl der Große, Bd. I, S. 537ff.
G. Fasoli: Le incursioni ungare in Europa nel sec. X (1945).
Dies.: I re d'Italia (888–962) (1949).
S. Gasparri: I duchi langobardi (1978).
F. Manacorda: Ricerche sugli inizi della dominazione carolingia in Italia. Istituto storico italiano per il Medio Evo (1968).
Th. F. X. Noble: The Revolt of King Bernard of Italy in 817. Its Causes and Consequences. In: Studi medievali, 3. R. XI (1974), S. 315–326.
Problemi della civiltà e dell'economia longobarda (1964).
G. Tabacco: La storia politica e sociale. Dal tramonto dell'Impero alla prima formazione degli stati regionali. In: *R. Romano – C. Vivanti:* Storia d'Italia II, S. 3–275.

Die Lokalverwaltungen:

O. Bertolini: I vescovi del Regnum Langobardorum. In: Vescovi e diocesi in Italia nel Medio Evo (1964).
F. Bocchi: Note di storia urbanistica ferrarese nell'Alto Medioevo. Deputazione provinciale ferrarese di storia patria (1974).
F. Calasso: Le città nell'Italia meridionale dal sec. IX all'XI. In: Atti del III Congresso, S. 39–64.
A. Carile: Dal V all'VIII secolo. In: *A. Berselli:* Storia dell'Emilia Romagna, S. 333–364.
A. Castagnetti: Distretti fiscali autonomi o sottocircoscrizioni della contea cittadina. La Gardesana veronese. In: Rivista Storica Italiana 82 (1970), S. 736–743.
V. Cavallari: La costituzione tribunizia istriana. In: Rivista di Storia del Diritto Italiano 23 (1950), S. 37–95.
N. Cilento: Italia meridionale longobarda (1965).
Ders.: Le origini della signoria capuana nella Longobardia minore (1966).
P. M. Conti: La Tuscia e i suoi ordinamenti territoriali nell'Alto Medio Evo. In: Atti del V congresso, S. 61–116.
P. Delogu: L'istituzione comitale nell'Italia carolingia. In: Bolletino dell'Istituto Storico Italiano per il Medio Evo 79 (1968), S. 53–114.
Ders.: Strutture, politiche e ideologia nel regno di Ludovico II. Ebd. 80 (1968), S. 137–189.
Ders.: Vescovi, conti e sovrani nella crisi del regno italico. In: Annali della Scuola Speciale per Archiviati e Bibliotecari 8 (1968), S. 141–172.
Ch. Diehl: Etudes sur l'administration byzantine dans l'Exarchat de Ravenne: 568–751 (1888).
F. Dölger: Die byzantinischen und byzantinisch beeinflußten Städte (5.–8. Jh.). In: Atti del III convegno, S. 65–102.
V. v. Falkenhausen: Untersuchungen über die byzantinische Herrschaft in Süditalien vom IX. bis ins XI. Jahrhundert (1967).
G. Fasoli: Che cosa sappiamo della città italiana nell'Alto Medio Evo. In: Vierteljahrschrift f. Sozial- und Wirtschaftsgeschichte 47 (1960), S. 289–305.
Dies.: Le città siciliane dall'istituzione del Tema bizantino alla conquista normanna. In: Atti del III congresso, S. 379–396.
A. Fattucchi: Aspetti dell'invasione longobarda nel territorio aretino. In: Atti e Memorie dell'Accademia Francesco Petracra di Arezzo, N. F. 41 (1973–1975), S. 1–87.
V. Fumagalli: Un territorio piacentino nel sec IX: i „fines castellana". In: Quellen und Forschungen aus italienischen Archiven und Bibliotheken 48 (1968), S. 1–35.
Ders.: Vescovi e conti nell'Emilia Occidentale da Berengario I a Ottone I. In: Studi medievali 14 (1973), S. 137–204.

R. Guilland: Recherches sur les institutions byzantines. In: Berliner byzantinische Arbeiten 35 (1967).
A. Guillou: Régionalisme et indépendance dans l'Empire byzantin au VIIIe siècle. L'exemple de l'Exarchat et de la Pentapole d'Italie. Istituto storico italiano per il Medio Evo (1969).
H. Keller: La marca di Tuscia fino all'anno 1000. In: Atti del V Congresso, S. 117–142.
C. G. Mor: Gouvernants et gouvernés en Italie du VIe au XIIe siècle. In: Recueils de la Société Jean Bodin pour l'histoire comparative 23 (1968), S. 395–420.
F. Schneider: Die Entstehung von Burg- und Landgemeinde in Italien. Studien z. Historischen Geographie, Verfassungs- und Sozialgeschichte (1924).
G. Sergi: Una grande circoscrizione del regno italico: la marca arduinica di Torino. In: Studi medievali, 3. R. 12 (1971), S. 637–712.
G. Tabacco: I liberi del re. Centro di studi sull'Alto Medio Evo (1966).
Ders.: Il regno italico nei secoli IX–XI. In: CISAM 15 (1968), S. 763–790.
Ders.: L'ambiguità delle istituzioni nell'Europa costruita dai Franchi. In: Rivista Storica Italiana 87 (1975), S. 401–438.
E. Taurino: L'organizzazione territoriale della contea di Fermo nei secoli VIII – X. In: Studi medievali, 3. R. 11 (1970), S. 659–710.
P. Toubert: Les structures du Latium médiéval. Le Latium méridional et la Sabine du IXe siècle à la fin du XII siècle. In: Bibliothèque des Ecoles françaises d'Athènes et Rome 221 (1973).

Die natürlichen Bedingungen:
J. Day: Strade e vie di comunicazione. In: *R. Romano – C. Vivanti:* Storia d'Italia V, S. 89–127.
L. Gambi: I valori storici dei quadri ambientali. In: Ebd. I, S. 5–62.
G. Haussmann: Il suolo d'Italia nella storia. In: Ebd., S. 63–134.
E. Sereni: Storia del paesaggio agrario italiano (1961).
L. Veggi – A. Roncuzzi: Considerazioni sulle antiche foci padane e sul Po di Primaro. In: Studi Romagnoli 19 (1968), S. 2–42.

Die Bevölkerung:
A. Bellettini: La popolazione italiana dall'inizio dell'era volgare ai giorni nostri. Valutazioni e tendenze. In: *R. Romano – C. Vivanti:* Storia d'Italia V, S. 489–537.
J. Beloch: Bevölkerungsgeschichte Italiens (2 Bde., 1937–1940).
E. Hlawitschka: Franken, Alamannen, Bayern und Burgunden in Oberitalien (1960), S. 774–962.
Ch. Klapisch-Zubek: Villaggi abbandonati ed emigrazioni interne. In: *R. Romano – C. Vivanti:* Storia d'Italia V, S. 311–364.
J. Jarnut: Prosopographische und sozialgeschichtliche Studien zum Langobardenreich in Italien (1972).
G. Schmiedt: Città scomparse e città di nuovo formazione in Italia in relazione al sistema di comunicazione. In: CISAM 21 (1974), S. 503–604.
E. Sestan: La composizione etnica della società in rapporto allo svolgimento della civiltà in Italia. In: CISAM 5, S. 649–678.
G. Tabacco: Problemi di insediamento e di popolamento nell'Alto Medio Evo. In: Rivista Storica Italiana 79 (1967), S. 67–110.
A. Milano: Storia degli Ebrei in Italia (1963).
L. Ruggini: Ebrei ed orientali nell'Italia settentrionale fra il IV ed il VI secolo. In: Studia et Documenta Historiae et Iuris 25 (1959), S. 186–308.
Ders.: Note sugli Ebrei in Italia dal IV al XVI secolo. In: Rivista Storica Italiana 76 (1964), S. 926–956.
L. Kiszley – A. Scaglioni: Lo sviluppo antropologico del sepolcreto longobardo di Testona. In: Atti e Memorie dell'Accademia Toscana di Scienze e Lettere „La Colombaria“ 34 (1969), S. 247–294.
A. Scaglioni: Note antropologiche sui resti scheletrici di età barbarica del Museo Civico di Reggio Emilia. In: Archivio per l'antropologia 97 (1967), S. 67–110.

Die Gesellschaft:
G. Fasoli: Aspetti di vita economica e sociale nell'Italia del VII secolo. In: CISAM 5 (1958), S. 103–159.
Dies.: Castelli e signorie rurali. In: CISAM 13 (1966), S. 531–567.

V. Fumagalli: Terra e società nell'Italia Padana. Università degli Studi, Istituto di storia medievale e moderna etc. (1974).
P. S. Leicht: Operai, artigiani, agricoltori in Italia dal sec. VI al XVI (1946).
G. Luzzatto: Dai servi della gleba agli albori del capitalismo (1966).
L. Ruggini: Economia e società nell'Italia annonaria. Rapporti fra agricoltura e commercio dal IV al VI secolo d. C. (1961).
E. Sestan: Per la storia della città nell'Alto Medio Evo. In: Studi in onore di A. Sapori. Istituto Editoriale Cisalpino (1957), S. 115–127.
C. Violante: La società milanese nell'età precomunale (^{2}1974).

Staat und Gesellschaft:
P. Brancoli-Busdraghi: La formazione storica del feudo lombardo come diritto reale (1965).
G. Fasoli: Feudo e castelli. In: *R. Romano – C. Vivante:* Storia d'Italia V, S. 263–308.
C. G. Mor: Lo stato longobardo nel sec. VIII. In: CISAM 5 (1958), S. 271–307.
G. Rossetti: Società e istituzioni nei secc. IX–X: Pisa, Volterra, Populonia. In: Atti del V Congresso, S. 209–338.
H. Schwarzmeier: Lucca und das Reich bis zum Ende des 11. Jh. Studien zur Sozialstruktur einer Herzogstadt in der Toskana (1972).
Ders.: Società e istituzioni nel X secolo: Lucca. In: Atti del V Congresso, S. 143–162.
E. Sestan: Società e istituzioni nei secoli IX e X: Pisa, Volterra, Pistoia. In: Atti del V Congresso, S. 191–208.
G. Tabacco: Arezzo, Siena, Chiusi nell'Alto Medio Evo. In: Atti del V Congresso, S. 163–190.

Das soziale Leben auf dem Lande:
M. Cagiano de Azevedo: Ville rustiche tardo-antiche e istallazioni agricole medievali. In: CISAM 13 (1966), S. 663–694.
G. Forchielli: La pieve rurale. Ricerche sulla storia della costituzione della chiesa in Italia e particolarmente nel Veneto (1938).

Die sozialen Verhältnisse in der Stadt:
O. Capitani: Agnello Ravennate nella recente storia della storiografia medievale. In: Felix Ravenna, 4. R. 5–6 (1973), S. 183–198.
E. Dupré Theseider: Vescovi e città nell'Italia precomunale. In: Vescovi e diocesi in Italia nel Medio Evo (1964), S. 55–110.
G. Fasoli: La coscienza civica nelle „Laudes civitatum". In: La coscienza cittadina nei comuni italiani del Duecento (1972), S. 9–44.
Dies.: Rileggendo il Liber Pontificalis di Agnello Ravennate. In: CISAM 17 (1970), S. 457–496.
C. Magni: Ricerche sopra le elezioni episcopali nell'Alto Medio Evo (1928).
S. Mochi-Onory: Vescovi e città (1933).
P. Sella: La vicinia. Proprietà collettiva e democrazia diretta (1907).

Gesellschaft und Kultur:
M. Amelotti – G. Costamagna: Alle origini del notariato italiano. Studi storici sul notariato italiano (1975).
D. A. Bollough: Le scuole cattedrali e la cultura dell'Italia settentrionale prima dei comuni. In: Vescovi e diocesi in Italia nel Medio Evo, S. 111–144.
G. Cavallo: Libri e lettori nel Medio Evo (1977).
U. Gualazzini: La scuola pavese con particolare riguardo all'insegnamento del diritto. In: Atti del IV Congresso, S. 35–74.
Ders.: Genesi e sviluppo dello Studium Parmense nel Medio Evo (1968).
G. Manacorda: Storia della scuola in Italia (1913).
G. Pagnin: Scuola e cultura a Pavia nell'Alto Medio Evo. In: Atti del IV. Congresso, S. 75–106.
A. Petrucci: Notarii. Documenti per la storia del notariato italiano (1958).
Ders.: Libro, cultura e scuola. In: CISAM 19 (1973), S. 303–338.
P. Riché: Education et culture dans l'Occident barbare (VIe–VIIIe siècles) (1962).
Ders.: La bibliothèque de trois aristocrates laïcs carolingiens. In: Le Moyen Âge (1963), S. 87–104.

Die Stellung der Frau:

E. Besta: La famiglia nella storia del diritto italiano (1962).

L. Falletti: Le condizioni della donna nell'Alto Medio Evo. In: Atti del I Convegno di Studi sull'Alto Medio Evo promosso dal Centro Studi „Guglielmo di Volpiano" (1966), S. 93–114.

D. Herlihy: Land, Family and Women in Continental Europe. In: Traditio 18 (1962), S. 89–101.

T. Leporace: L'imperatrice Ageltrude. In: Samnium 9 (1936).

Ch. Odegard: The Empress Engelberge. In: Speculum 26 (1951).

C. Rossi: Statut juridique de la femme dans l'histoire du droit italien. In: Recueils de la Société Jean Bodin 12 (1962), S. 115–134.

Die Landwirtschaft:

La bonifica benedettina. Istituto dell'Enciclopedia italiana (1963).

C. M. Cipolla: Questioni aperte sul sistema economico dell'Alto Medio Evo. In: Storia dell'economia italiana. Saggi di Storia economica a cura di *C. M. Cipolla* (1959), S. 61–80.

E. Conti: La formazione della struttura agraria moderna nel contado fiorentino, I: Le campagne nell'età precomunale. Istituto storico Italiano per il Medio Evo (1965).

P. Darmstaedter: Das Reichsgut in der Lombardei und Piemont 568–1250 (1896).

F. M. De Robertis: La produzione agricola in Italia dalla crisi del III secolo all'età dei Carolingi. In: Annali della Facoltà di Economia e Commercio di Bari, N. R. 8 (1948), S. 67–271.

V. Fumagalli: Rapporto fra grano seminato e grano raccolto nel polittico del monastero di San Tomaso di Reggio. In: Rivista di Storia dell'Agricoltura 6 (1966), S. 340–349.

Ders.: Note sui disboscamenti nella Pianura Padana en època carolingia. In: Ebd. 7 (1967), S. 1–10.

Ders.: Storia agraria e luoghi comuni. In: Studi Medievali, 3. R. 9 (1969), S. 949–965.

Ders.: Coloni e signori nell'Italia settentrionale dall'VIII all'XI secolo. In: Ebd., 3. R. 10 (1969), S. 423–446.

Ders.: Colonizzazione e insediamenti agricoli nell'Occidente Alto-medievale. La valle padana. In: Quaderni Storici 14 (1970), S. 319–337.

Ders.: I patti colonici dell'Italia centro-settentrionale nell'Alto Medio Evo. In: Studi Medievali, 3. R. 12 (1971), S. 343–354.

Ders.: L'agricoltura durante il Medio Evo. La conquista del suolo. In: *A. Berselli:* Storia dell'Emilia Romagna, S. 461–488.

A. Gloria: L'agricoltura nel Padovano (1855).

P. Grossi: Problematica strutturale dei contratti agrari nell'esperienza giuridica dell'Alto Medio Evo italiano. In: CISAM 13 (1966), S. 487–513.

L. M. Hartmann: Zur Wirtschaftsgeschichte Italiens im frühen Mittelalter (1904).

D. Herlihy: The Agrarian Revolution in Southern France and Italy (801–1150). In: Speculum 33 (1958), S. 23–42.

P. J. Jones: La storia agraria italiana nel Medio Evo. In: Rivista Storica Italiana 76 (1964), S. 287–318.

Ders.: L'Italia agraria nell'Alto Medio Evo. Problemi di cronologia e di continuità. In: CISAM 13 (1966), S. 57–92.

Ders.: The Agrarian Life of the Middle Ages: Italy. In: The Cambridge Economic History of Europe I (^{2}1966), S. 340–430.

P. S. Leicht: Studi sulla proprietà fondiaria nel Medio Evo (1903–1907).

A. Lizier: L'economia rurale dell'età prenormanna nell'Italia meridionale (1907).

L. Messedaglia: Per la storia dell'agricoltura e dell'alimentazione (1932).

S. Pivano: I contratti agrari nell'Alto Medio Evo (1904).

Ders.: Sistema curtense. In: Bullettino dell'Istituto Storico Italiano per il Medio Evo 30 (1909), S. 91–145.

F. Schneider: Die Reichsverwaltung in der Toskana von der Gründung des Langobardenreichs bis zum Ausgang der Staufer (568–1250). I: Die Gründung (1914).

F. Surdich: Per una storia agraria della Liguria. Note sulle ricerche interdisciplinari. In: Nuova Rivista Storica 54 (1970). S. 287–316.

Münz- und Kreditwesen:

E. Bernareggi: Il sistema economico e la monetazione dei Longobardi nell'Italia superiore (1960).

Ders.: La monetazione dei Longobardi nell'Italia padana e nella Tuscia. In: Rivista Italiana di Numismatica V, 11 (1963), S. 1–108.
Ders.: L'imitazione della moneta d'oro di Bizanzio nell'Italia barbarica. In: Deputazione di storia patria per il Friuli. Atti.., S. 19–28.
V. Bierbrauer: Die ostgotischen Grab- und Schatzfunde in Italien. In: CISAM 8 (1975).
C. Brühl: Das „Palatium" von Pavia und die „Honorantie civitatis Papie". In: Atti del IV Congresso, S. 189–220.
F. Carli: Il mercato nell'Alto Medio Evo (1934).
L. Cracco Ruggini: Le associazioni professionali nel mondo romano-bizantino. In: CISAM 18 (1971), S. 59–194.
R. Greci: Produzione, artigianato, commercio in Emilia nel Medio Evo. In: *A. Berselli:* Storia dell'Emilia Romagna, S. 489–518.
A. Greco Bergamaschi: Attività commerciali e privilegi fluviali padani del Monastero di San Colombano di Bobbio. In: Archivio Storico Lombardo, 9. R. 2 (1962), S. 48–61.
Ph. Grierson: I problemi monetari dell'Alto Medio Evo. In: Bollettino della Società pavese di storia patria 54 (1954), S. 67–82.
Ders.: Monete bizantine in Italia dal VII all'XI secolo. In: CISAM 8 (1961), S. 35–56.
L. M. Hartmann: Wirtschaftsgeschichte Italiens im Mittelalter (1904).
P. S. Leicht: Corporazioni romane e arti medievali (1934).
Ders.: Operai, artigiani, agricoltori.
R. S. Lopez: Continuità e adattamento nel Medio Evo. Un millennio di storia delle associazioni di monetieri nell'Europa medievale. In: Studi in onore di G. Luzzatto II (1950), S. 86ff.
Ders.: An Aristocracy of Money in the Early Middle Ages. In: Speculum 28 (1953), S. 301–350.
Ders.: Monete e monetieri dell'Italia barbarica. In: CISAM 8 (1961), S. 57–88.
G. Luzzatto: Storia economica di Venezia dall'XI al XVI secolo. Centro internazionale delle arti e del costume (1961).
B. Marusic: Istrien im Frühmittelalter. Archäologisch-historische Darstellung (1960).
U. Monneret de Villard: La monetazione nell'Italia barbarica. In: Rivista Italiana di Numismatica 32–34 (1919–1920).
Ders.: L'organizzazione industriale nell'Italia longobarda durante l'Alto Medio Evo. In: Archivio Storico Lombardo 45 (1919).
C. G. Mor: Gli artigiani nell'Alto Medio Evo. In: CISAM 18 (1971), S. 195–214.
A. I. Pini: Produzione, artigianato, commercio a Bologna e in Romagna nel Medio Evo. In: *A. Berselli:* Storia dell'Emilia Romagna, S. 519–548.
M. Salmi: Maestri comacini o maestri commàcini. In: CISAM 18 (1971), S. 409–424.
Schede di archeologia longobarda in Italia, hg. v. *C. Calderini* u. *O. v. Hessen.* In: Studi Medievali, 3. R. 14 (1973), S. 1133–1151, und 15 (1974), S. 497–506, 1107–1128.
A. Solmi: L'amministrazione del regno italico nell'Alto Medio Evo (1932).
A. Tagliaferri: Le diverse fasi dell'economia longobarda con particolare riguardo al commercio internazionale. In: Problemi della civiltà e dell'economia longobarda.

1. Die politischen Ereignisse von 535 bis zum Anfang des 10. Jahrhunderts

Theoderich, König der Ostgoten, hatte als Vertreter des Kaisers des Ostreichs Italien besetzt. Während seiner Regierungszeit bemühte er sich, zwischen Römern und Ostgoten eine friedliche Zusammenarbeit herzustellen und, soweit möglich, den wirtschaftlichen Aufschwung des Landes zu fördern. Er versuchte aber auch den anderen germanischen Reichen gegenüber eine Vorrang- und Führungsstellung einzunehmen, und dieses Bestreben weckte den Argwohn des Ostreichs. Komplikationen religiöser Natur verschlechterten darüber hinaus die Lage, die sich nach dem Tode Theoderichs (526) verschlimmerte und damit Kaiser Justinian Gelegenheit bot, militärisch einzugreifen und Italien zurückzuerobern.

Der Krieg, der von 535 bis 553 dauerte, war lang und schwierig. Die Bevölkerung, die unglaubliche Not zu erleiden hatte, wurde beträchtlich dezimiert. Die darauf folgende Restauration der kaiserlichen Autorität sah außerdem keine Maßnahmen vor, die der italischen Wirtschaft hätten zugute kommen können. Zudem brachte der Einfall der Langobarden (568/69) erneut große Schwierigkeiten mit sich[1].

Die Langobarden waren vermutlich nicht so barbarisch, wie sie die traditionelle Geschichtsschreibung darzustellen pflegt[2], und es scheint, daß sie von Byzanz sogar autorisiert worden waren, einen Teil der Poebene zu besetzen[3]. Sie beschränkten sich jedoch nicht auf das ihnen zugewiesene Gebiet, sondern breiteten sich immer mehr aus. Dadurch riefen sie in den Gebieten, die noch in byzantinischen Händen geblieben waren, einen andauernden Alarmzustand hervor. Mitte des 7. Jh. hatte sich jedoch die Situation einigermaßen stabilisiert. Den Byzantinern blieben Istrien, die venetischen Lagunen und ein breites Gebiet, das sich über die ganze Halbinsel vom adriatischen Meer südlich des Po bis zum Tyrrhenischen Meer nördlich des Tiber erstreckte und das sowohl politisch wie militärisch von einem Exarchen von Ravenna aus regiert wurde, in dem aber auch die Autorität des Papstes, dessen weltliche Macht über die Stadt Rom ständig zunahm, von großer Bedeutung war. Jenseits dieses Gebietes erstreckten sich die langobardischen Herzogtümer von Spoleto und Benevent, während das südlichste Ende der Halbinsel und die Stadt Neapel mit dem umliegenden Gebiet den Byzantinern erhalten geblieben waren. Hieraus erklärt sich die unterschiedliche Entwicklung der verschiedenen italienischen Regionen in wirtschaftlicher, sozialer und kultureller Hinsicht.

Der Wille der langobardischen Könige, ihre Macht in beiden Herzogtümern durchzusetzen, führte zu einer Reihe von militärischen Aktionen in Mittelitalien. Die beiden Herzogtümer versuchten aufgrund ihrer Isolierung die Möglichkeiten einer unabhängigen Politik und beriefen sich außerdem auf Abkommen mit Byzanz und dem Heiligen Stuhl. Das militärische Vorgehen der Langobarden veranlaßte den Papst zu Gegenmaßnahmen, da er eine Besetzung Roms und die Beeinträchtigung der religiösen Freiheit und der Möglichkeit zu ökonomischer Tätigkeit befürchtete. Da das Ostreich weder den Willen zeigte noch die Möglichkeit zu haben schien, sich dem langobardischen Druck entgegenzustellen, ersuchte der Heilige Stuhl die Franken um Hilfe, die daraufhin wiederholt mit diplomatischen Mitteln und mit Waffengewalt eingriffen (755 und 756). Nachdem schließlich der Widerstand des Königs Desiderius und seines Sohnes Adelgis gebrochen war, bemächtigte sich Karl der Große des langobardischen Reichs (774) und erkannte die weltliche Autorität des Pontifex über Mittelitalien im Bereich von Ravenna bis Rom an. Vor allem nach der Verleihung der Kaiserwürde (800) wurden jedoch seine Eingriffe in die Verwaltung Roms und des päpstlichen Staates allmählich häufiger und belastender.

Dem langobardischen Reich wurde die alte Verwaltungsstruktur belassen. Karl der Große übertrug die Regierung seinem Sohn Pippin (781–810) und später dessen Sohn Bernhard. Dieser war bestrebt, sich ganz von Karls Nachfolger Kaiser Ludwig I. unabhängig zu machen. Er konnte sich jedoch nicht behaupten und wurde ohne Schwierigkeiten beseitigt (818). Sein Unglück hatte den Fall vieler Persönlichkeiten der Führungsschicht zur Folge. Das italische Reich wurde danach von Ludwig I. seinem Sohn Lothar zugewiesen, in dessen Besitz es auch während der Kämpfe der Brüder untereinander um die Aufteilung des väterlichen Erbes blieb. Nach dem Vertrag von Verdun übergab Lothar das Reich zusammen mit dem Königstitel seinem Sohn Ludwig (844). Dieser blieb nach dem Tod des Vaters (855) im Besitz des Reiches und erhielt den Kaisertitel.

Ludwig II. bemühte sich, die öffentliche Ordnung zu sichern und besonders den einfachen Mann vor jeglicher Art von Gewalttätigkeit zu schützen. Er versuchte, sich in den Fürstentümern Capua, Salerno und Benevent durchzusetzen und kämpfte gegen die Sarazenen, die sich bereits in Sizilien festgesetzt hatten, um sie aus Apulien und Kalabrien zu verdrängen. Ludwig II. hinterließ nach seinem Tode keine Erben, so daß Papst Johannes VIII. Karl den Kahlen von Frankreich zum neuen Kaiser und König Italiens bestimmte, während ein großer Teil des italischen Adels für die Söhne Ludwigs des Deutschen Partei ergriff. Karl der Kahle erwies sich trotz der militärischen Eingriffe der Deutschen als der Überlegenere und wurde gekrönt (875), starb aber bereits zwei Jahre später. Sein Sohn Ludwig der Stammler und Karlmann, der Sohn Ludwigs des Deutschen, versuchten vergeblich durch militärisches Eingreifen in den Besitz des kaiserlichen Erbes in Italien zu kommen. Erfolgreicher als sie war Karl der Dicke, der letzte Sohn Ludwigs II. des Deutschen (879).

Karl der Dicke konnte sich freilich nicht durchsetzen und wurde abgesetzt (887). Daraufhin stritten sich Berengar, Markgraf von Friaul, und Wido, Markgraf von Spoleto, um die Nachfolge und teilten schließlich das Reich untereinander auf. Berengar erhielt einen Teil der heutigen Lombardei und ganz Venetien, Wido das übrige Gebiet (888–889)[4]. Nach dem Tode Widos (894) griff Arnulf von Kärnten, der König der Deutschen, in Italien ein. Er drang bis Rom vor, wobei es ihm gelang, zum Kaiser gekrönt zu werden (896); aber nach seiner Rückkehr nach Deutschland nahmen Lambert, der Erbe Widos, und Berengar ihre alten Machtpositionen wieder ein. Lambert starb kurze Zeit danach (898), worauf es Ludwig von Provence, dem Sohn einer Tochter des Kaisers Ludwig II., gelang, zum Kaiser gekrönt zu werden, er wurde jedoch von Berengar vertrieben (900–902). Als er drei Jahre später nach Italien zurückkehrte und den Thron wieder bestieg, wurde er ein zweites Mal von Berengar überwältigt, geblendet und gezwungen, sich in die Provence zurückzuziehen.

Zu diesen Schwierigkeiten kam das Auftauchen der Ungarn in der Poebene. Abgesehen von Verwüstungen und Bevölkerungsverlusten bewirkten sie eine Veränderung der Besiedlungsstruktur und eine Vervielfachung der Wehrvorrichtungen mit all den daraus folgenden sozialen und politischen Konsequenzen, wie sie mit dem raschen Wechsel der Könige verbunden sind[5]. All diese Ereignisse wirkten sich, von Augenblick zu Augenblick wechselnd, auf die weltliche und geistliche Aristokratie und auf die führenden Schichten vieler Städte aus; was auch immer die Konsequenzen für den einzelnen als Individuum gewesen sein mögen; die soziale und politische Funktion der verschiedenen Schichten änderte sich dadurch nicht.

Als Sieger über die Sarazenen in der Schlacht am Garigliano (915) gelang es Berengar, die Kaiserkrone zu erhalten. 922 erschien jedoch Rudolf II. von Burgund in Italien und sicherte sich die Anerkennung als Herrscher. Berengar wurde ermordet (924), während Rudolf 926 durch Hugo von Vienne verdrängt wurde, der die Macht im Bündnis mit seinem Sohn Lothar bis 945 behalten konnte, als er dann seinerseits von Berengar, dem Markgrafen von Ivrea, abgesetzt wurde. Ohne den Königstitel anzunehmen, hatte Berengar de facto die Macht im Namen Lothars in der Hand und ließ sich erst nach dem Tode des jungen Königs (950) krönen. Damit geriet er mit Otto von Sachsen in Konflikt, der Lothars Witwe Adelheid (951) heiratete und danach strebte, Italiens König und Kaiser zu werden.

2. Die Lokalverwaltungen

Die erste Sorge der byzantinischen Regierung nach der endgültigen Niederlage der Goten war die Sicherung der Verteidigung an den von Einfällen am stärksten bedrohten Grenzen. Sie schuf Militärbezirke, in denen reguläre Truppen stationiert wurden, die im Notfall von den Bewohnern der Umgebung verstärkt werden konnten. Im Landesinneren wurde die alte Aufteilung in Provinzen beibehalten, die jeweils von einem militärischen Befehlshaber (*dux*) und einem Zivilbeamten (*iudex*) verwaltet wurden, die vom Bischof und den Großgrundbesitzern der Provinz gewählt wurden. Dazu kamen die Städte, d.h. die alten römischen *urbes*; nachdem sie Mittelpunkt des Territoriums gewesen, mit ihm eine als *municipium* organisierte *civitas* gebildet hatten und dann Sitz einer Diözese geworden waren, hätten sie wie zu Zeiten Theoderichs von einer städtischen *curia* verwaltet werden müssen; aber die Kurien waren nicht mehr funktionsfähig, da die soziale Schicht, aus der die Kurialen stammten, stark geschmälert war. Die Verwaltung der Stadt lag praktisch in den Händen des *defensor* und des *curator*, wenn sie nicht direkt einem kaiserlichen Beamten anvertraut war, der als *comes* sowohl die militärischen als auch die zivilen Funktionen ausübte. Alle diese Beamten zogen aber, mehr oder weniger häufig, die einflußreichsten Stadteinwohner zu Rate[6].

Die Lage veränderte sich, als die Langobarden nach Italien kamen und es notwendig wurde, ein Verteidigungssystem zu organisieren, indem man auf die alten Verwaltungs- und Militärbezirke zurückgriff und neue einrichtete. Ende des 6. Jh. stand die neue Organisation fest: An der Spitze stand der *Exarch* mit Sitz in Ravenna, der die Herzöge kontrollierte, denen die einzelnen Provinzen unterstanden. Die Verteidigung konzentrierte sich auf die Städte und die kleineren befestigten Zentren. Sowohl in jenen als auch in diesen war die Bevölkerung militärisch organisiert und geschult und damit in der Lage, neben den regulären Truppen zu kämpfen. Die Fähigkeit zur Selbstverwaltung blieb dabei erhalten[7].

Die Langobarden hatten im Elan ihres ersten Vorstoßes auch die Städte besetzt und dort Besatzungen hinterlassen, deren Befehlshaber den römisch-byzantinischen Titel *dux* trugen. Ihre Autorität – in militärischer, gerichtlicher und fiskalischer Hinsicht – galt für das gesamte Gebiet des *municipium*, in dem die langobardischen Krieger *per faras* stationiert waren, d.h. in abgesonderten Truppenabteilungen, die gleichzeitig Sippschaftsgruppierungen waren.

In den nach und nach eroberten Städten versuchten die Herrscher *Gastalden* einzusetzen, die ihnen unterstanden. Zur selben Zeit wurden aber auch die Lokalverwaltungen organisiert. An die Spitze der alten kleineren Distrikte, in die sich das Gebiet des *municipium* gliederte, wurden herzogliche Abgesandte oder Abgesandte von *Gastalden* gestellt, die *sculdahis* genannt wurden und die polizeiliche, militärische und fiskalische Funktionen auszuüben hatten. Zu diesem Zweck bedienten sie sich der *centenarii* und *decani*, die auf die kleineren Bezirke verteilt waren, in die sich die Gebiete der *sculdahis* gliederten und die als *centenae* und *decaniae* bezeichnet wurden[8]. Zu diesen Bereichen gehörten offene Dörfer und Kastelle, in denen Volksversammlungen abgehalten wurden, die für die Lokalverwaltung zuständig waren[9]. Es waren aber auch große „Grundherrschaften" im Entstehen begriffen, deren Inhaber vom Besitz des Bodens das Recht ableiteten, den auf ihrem Gebiet Wohnenden und Arbeitenden zu befehlen und sie zu bestrafen[10].

Bei den Städten ging die Kenntnis der rechtlichen Bedeutung der Bezeichnung *civitas* nicht verloren; die Bewohner wurden weiterhin als *cives* bezeichnet und behielten einige Reste der alten Munizipalautonomie, die sie in Form von Generalversammlungen, Sonderkommissionen und mit Hilfe von kleineren Beamten ausübten, ohne daß die Herzöge oder die *Gastalden* sich einmischten[11].

Die fränkische Eroberung schonte die bestehenden Institutionen. Herzöge und *Gastalden* wurden allmählich durch fränkische Grafen ersetzt, die in denselben Gebieten die entsprechende Gewalt ausübten. Die Teilbezirke dieser Gebiete wurden weiterhin wie bisher verwaltet[12], die Grundherrschaften dagegen nahmen an Zahl zu und verfestigten ihre Strukturen. Die großen Besitztümer schluckten die kleinen aufgrund von Tauschverträgen, Käufen, freiwilligen oder erzwungenen Abtretungen. Die großen kirchlichen Besitztümer erhielten zusätzlich Schenkungen und Stiftungen – sowohl die einen als auch die anderen waren bestrebt, die Immunität zu erhalten, d. h. das Privileg, den Abgesandten der öffentlichen Gewalt den Zutritt zur Grundherrschaft zu verbieten und die Funktion der Abgesandten dem Grundherrn zu übertragen. Der Grundherr blieb so Oberhaupt und Richter der Bewohner, denen er Landstücke zugewiesen hatte; und später wurde er es auch für die kleinen und mittleren Grundbesitzer der Umgebung.

Wie die Herzöge und *Gastalden*, wohnten auch die Grafen in den Städten und vertraten als Abgesandte die königliche Macht. Sie wurden aus den Einkünften, die die Ländereien des Fiskus abwarfen, entlohnt und erhielten außerdem einen Teil der Einkünfte aus Steuern und Strafen. Die Funktion des *comes* wurde erblich und vom Vater auf den Sohn übertragen. Die Stadt aber, als Komplex von Häusern, Straßen, Plätzen und Kirchen, von wirtschaftlich und sozial sich unterscheidenden Bewohnern geriet niemals in ein Abhängigkeitsverhältnis und behielt stets die Bezeichnung *publica* sowie ihre juristische Individualität, ihre Versammlungen, ihre Beamten und ihr Vermögen.

Die Unruhen, die auf den Tod Ludwigs II. folgten, verstärkten die partikularistischen Bestrebungen der weltlichen und geistlichen Herren, verstärkten aber auch die der Städte. Die Ungarneinfälle vornehmlich in die Poebene und die Einfälle der Sarazenen in die Küstengebiete ließen noch einmal die Vorzüge der Städte als Zufluchtsorte für die Bevölkerung der Umgebung erkennen und erwiesen erneut die Wehrtüchtigkeit der städtischen Mauern. Außerdem begünstigten sie die Machtstellung der Bischöfe, die fast überall die Aufgaben der Verteidigung übernommen hatten[13].

3. Die natürlichen Bedingungen

Es scheint, daß das Klima in Italien wie im übrigen Europa zwischen dem 4. und 7. Jh. rauher wurde. Die ungewöhnliche Härte der Witterung schadete wiederholt der Landwirtschaft, die außerdem durch Mangel an Arbeitskräften zu leiden hatte. Dieser Arbeitskräftemangel ist auf den Bevölkerungsschwund und auf die wiederkehrenden Pestseuchen zurückzuführen, die mit den kriegerischen Ereignissen die verschiedenen Gebiete Italiens heimsuchten.

Viel des bisher bebauten Landgebiets wurde aufgegeben. Dies hatte eine starke Veränderung der Agrarlandschaft zur Folge. Wenn auch in vielen Gebieten die römische Zenturiation überlebte und noch heute auf dem Lande eindeutig erkennbar ist, so wurden jedoch in vielen anderen Gebieten die verlassenen Landstücke von Wäldern und Morasten überwuchert und verdarben. Die Lage wurde durch Überschwemmungen der Flüsse verschlimmert, und nicht immer folgten die Flüsse wieder ihrem alten Lauf. Besonders folgenschwer waren die wiederholten Überschwemmungen des Po und seine verschiedenen Kursabweichungen, da dieser Fluß den längsten Lauf und die größte Wassertragkraft hatte und durch sein Hochwasser den Abfluß seiner Nebenflüsse störte. Eine letzte Konsequenz dieser hydrographischen Gegebenheiten waren die Veränderungen und Verschiebungen des Podeltas, die Bildung von neuen ausgedehnten Sümpfen neben den alten, die Versandung von Häfen und Kanälen; alles Phänomene, zu denen auch der Wechsel von Erosions- und Sedimentationsphasen der Meeresküste beitrug[14].

Klima und Wetter scheinen sich im Lauf des 8. Jh. gebessert zu haben. Die Folge war ein landwirtschaftlicher und demographischer Aufschwung, der auch durch die Stabilisierung der langobardischen Herrschaft und durch den sich daraus ergebenden relativen Frieden innerhalb des Reiches begünstigt wurde.

Im Verlauf des 9. Jh. wurden die Abholzung und Kultivierung von neuen Landstücken intensiviert; namentlich wurden bescheidene Versuche einer lokal begrenzten Landerschließung unternommen. Die großen Siedlungsarbeiten, die einen beträchtlichen Aufwand an Mitteln, Arbeitskräften und technischen Fertigkeiten erforderten und von den Möglichkeiten innerhalb eines größeren Gebietes abhängig waren, begannen allerdings erst in der Kommunalzeit[15].

4. Die Bevölkerung

a) Demographische Statistik

Genaue Zahlenangaben über den Bestand der Bevölkerung zwischen dem 6. und dem 10. Jh. sind nicht vorhanden, und die Möglichkeit, Anhaltspunkte indirekt aus der Rekonstruktion der Siedlungen zu gewinnen, ist völlig illusorisch angesichts der Verschiedenartigkeit und der Ungenauigkeit der verfügbaren Dokumentation. Es ist unmöglich, aus dem berühmten Brief des heiligen Ambrosius, in dem von Städten Emiliens als von *semirutarum urbium cadavera* gesprochen wird, oder aus den emphatischen Nachrichten über Theoderichs Versuche einer Wiederherstellung des städtischen Lebens bzw. aus den apokalyptischen Beschreibungen des Procopius der Zerstörung von Städten quantitative Angaben herauszulesen. Es ist ebenso unmöglich, sie aus dem Verschwinden von einigen alten Städten oder aus ihrem Herabsinken in den Rang von Dörfern (Julium Carnicum, Aquileia, Concordia, Altino, Pollentia, Velleia usw.) oder aus der Entstehung von neuen Städten (Ferrara, die städtischen Zentren der venetischen Lagunen) abzuleiten, so wie es unmöglich ist, genaue Angaben aus den indirekten Nachrichten über die Ansiedlung von Langobarden innerhalb oder in unmittelbarer Nähe der Städte zu ermitteln[16]. Man kann keine Hypothesen aufstellen, die sich auf den Umfang der mehr oder weniger befestigten städtischen Gebiete stützen, in denen sich die städtische Bevölkerung ansammelte[17]; denn die Bevölkerungsdichte zwischen dem 6. und 10. Jh. ist uns nicht bekannt.

Die Angaben über die ländlichen Gebiete sind mehr als widersprüchlich. Seit dem 7. Jh. sieht man, wie sich allmählich ein ziemlich dichtes Siedlungsnetz bildete, das allerdings von Wäldern, Teichen und Sümpfen durchsetzt war. Ortsnamen eindeutig römischen Ursprungs wechseln ab mit solchen germanischer Herkunft und lassen einerseits, im Gegensatz zu den Klagen in den Texten über die Entvölkerung der ländlichen Gebiete, an die Kontinuität der alten ländlichen Zentren denken, und andererseits an ein umfangreiches Werk der Neubestellung und -besiedlung, das vielleicht von den Goten begonnen wurde, von den Langobarden wiederaufgenommen, in fränkischer Zeit intensiviert und im 10. Jh. nach der Unterbrechung, die die Ungarneinfälle bewirkt hatten, wiederaufgenommen wurde. Es ist aber sehr schwer, den neuen Zentren ein genaues Entstehungsdatum zuzuschreiben, sei es, daß ihr Ortsname generell auf eine langobardische Ansiedlung zurückzuführen ist oder daß im Ortsnamen die Erinnerung an das Werk der Abholzung und Austrocknung, das Kultivieren der ersten Landstücke, das Errichten der ersten Häuser lebendig geblieben ist[18]. Auch wenn man in manchen Fällen die Listen der Namen von Bewohnern oder Bebauern hat, wäre es andererseits sehr unvorsichtig, daraus verallgemeinernde Schlüsse zu ziehen. Stoff zur Überlegung bietet jedoch die Tatsache, daß noch zu Zeiten Liutprands nur 16 Männer pro Herzogtum und 8 im Bereich eines *sculdahis* zurückgestellt werden konnten, wenn das Heer zu den Waffen gerufen wurde[19].

b) Die ethnische Zusammensetzung

Aus dem bisher Gesagten ergeben sich auch die Betrachtungen, die man über die ethnische Zusammensetzung der italischen Bevölkerung anstellen kann. Die linguistische und kulturelle Homogenität, die die Bevölkerung der Halbinsel in der römischen Zeit erreicht hatte und die durch eine begrenzte Ansiedlung von militärischen Einheiten barbarischer Herkunft (Sarmaten, Taifalen und Bulgaren) sowie durch das Vorhandensein von jüdischen oder jedenfalls orientalischen Kolonien in verschiedenen Städten nur geringfügig beeinträchtigt worden war, wurde zwischen dem 6. und 9. Jh. durch die Ansiedlung von ethnischen Elementen verschiedener Herkunft und Kultur viel empfindlicher verändert. Diese waren in den verschiedenen Regionen unterschiedlich stark vertreten, aber nirgends in so kompakten und ansehnlichen Gruppen, daß sie die bisherige romanische Welt endgültig hätten verdrängen können[20].

Die byzantinische Wiedereroberung Italiens führte zur Ausrottung oder Vertreibung des größten Teils der Goten[21] und zur Niederlassung von Beamten, Soldaten, Kaufleuten und Geistlichen, die sich besonders zahlreich in jenen Städten ansammelten, die Verwaltungs- und Handelszentren, religiöse und militärische Stützpunkte (Ravenna, Rom, Neapel, Syrakus) waren. Sie blieben aber der Lokalbevölkerung gegenüber immer eine Minorität und drangen nicht bis zu den Schichten des Volkes vor – abgesehen von einigen Gebieten Süditaliens und Siziliens.

Von viel größerer Tragweite war das Erscheinen der Langobarden. Da sie Gruppen von Gepiden, Bajuwaren, Schwaben, Sachsen und Sarmaten nach sich zogen und sie sich in unterschiedlicher Stärke in den verschiedenen Gebieten und einzelnen Ortschaften niederließen, bildeten sie eine Schicht, die die romanische Bevölkerung überlagerte; doch integrierten sich sich, dank ihrer religiösen Toleranz oder Gleichgültigkeit, vermutlich schneller, als man gemeinhin annimmt. Aber auch die Langobarden waren eine Minorität, und sie nahmen ziemlich bald das Lateinische als Schriftsprache an, lernten es sprechen und machten sich viele romanische Sitten und Gebräuche zueigen, während die romanischen Bevölkerungsteile ihrerseits von den Langobarden viele Wörter übernahmen, die jetzt noch in der italienischen Sprache und stärker noch in den Dialekten lebendig ist. Darüber hinaus übernahmen sie Rechtsbegriffe und -praktiken des langobardischen Volkes.

Die Gruppen der Westgoten, die, aus dem von den Muselmanen besetzten Spanien flüchtend, Rettung im Langobardenreich suchten, müssen dagegen zahlenmäßig von geringerer Stärke gewesen sein. Sie vergaßen aber ihre Herkunft nicht und beriefen sich bis ins 11. Jh. hinein auf ihre nationalen Gesetze.

Die Eroberung des Langobardenreichs durch die Franken hatte die Übersiedlung von Vasallengruppen und militärischen Abteilungen in das Gebiet südlich der Alpen zur Folge und bewirkte somit eine allmähliche Veränderung der weltlichen und geistlichen Führungsschichten, jedoch nicht in einem solchen Ausmaß, daß die ethnische Zusammensetzung wesentlich beeinflußt wurde[22].

Die arabische Eroberung Siziliens, die 827 begann und erst 902 vollendet wurde, war dagegen von einer erheblichen Einwanderung barbarischer und maghrebinischer Elemente begleitet, die lange Zeit ihre ethnisch-religiöse Individualität beibehielten und im Dialekt, in den Ortschaftsbezeichnungen, in der Kunst und in den Gebräuchen Siziliens beachtliche Spuren hinterließen[23].

Die Anwesenheit der Juden ist im ganzen Hochmittelalter gut belegt, aber auch in ihrem Falle ist eine genaue Bestimmung der Zahl unmöglich. Abgesehen von einigen Einschränkungen genossen sie religiöse und ökonomische Freiheit; sie bildeten jedoch keine homogene Schicht. In Süditalien und auf den Inseln waren sie große und kleine Grundbesitzer, Pächter, Handwerker, aber auch Händler, Reeder, die in eigener Regie oder im Auftrag anderer Nahrungsmittel und Luxuserzeugnisse transportierten. In Mittel- und Norditalien findet man unter ihnen Beamte im öffentlichen Dienst, Weinhändler und Kaufleute, die orientalische Waren vertrieben. Sowohl im Norden als auch im Süden traten sie noch nicht als Geldverleiher besonders hervor, aber die Reicheren scheinen Beziehungen zu den regierenden Persönlichkeiten am Orte, zu König Theoderich, zu den Exarchen von Ravenna, zu den Herzögen von Benevent und zur päpstlichen Kurie gehabt zu haben. Im Norden kam es zur Zeit von König Theoderich und König Pertaritus (671–688) vorübergehend zu Maßnahmen der Intoleranz und zu Gewalttätigkeiten, während im Süden, wo die Juden weitaus wohlhabender, zahl- und einflußreicher waren, das Zusammenleben mit der Bevölkerung viel ruhiger verlief und sich seit dem 8. Jh. durch die wiederaufblühende Pflege der hebräischen Theologie, Literatur und Wissenschaft auszeichnete[24].

c) Geburtenrate, Sterberate, Ehefähigkeitsalter

Die Dokumentation, die für die langobardische Periode von 650 bis 750 existiert, ermöglicht es, eine ansehnliche Zahl von Genealogien zu rekonstruieren, die erkennen lassen, daß die Familien zahlenmäßig schwach und daß selten drei Generationen gleichzeitig am Leben waren[25]. Die Kindersterblichkeitsrate muß sehr hoch und auch das Leben der Erwachsenen sehr kurz gewesen sein, wie eine Passage in den Gesetzen Liutprands beklagt: „*...pro eo quod peccatis inminentibus de sexaginta annis aliquis non memorat et pauci inveniuntur, qui tantos annos habeant*." Dies wird auch durch die anthropologische Untersuchung der Skelettreste einiger langobardischer Grabstätten bestätigt[26].

Zur Bestimmung des durchschnittlichen Ehefähigkeitsalters hat man keine ausreichenden Anhaltspunkte; da jedoch die Gesetze Liutprands verbieten, daß Mädchen vor Vollendung des 12. und Jungen vor Vollendung des 13. Lebensjahres sich verehelichen, kann man schließen, daß die Eltern dazu neigten, ihre Kinder noch frühzeitiger zu verheiraten. Liutprand setzte außerdem das Mündigkeitsalter von 12 auf 18 Jahre hinauf[27]. Wir wissen jedoch nicht, ob mit diesem Alter auch die Wehrpflicht einsetzte. In der fränkischen Zeit waren die Untertanen verpflichtet, im Alter von 12 Jahren ihrem Herrscher den Treueid zu schwören, aber das bedeutet nicht, daß dadurch Liutprands Gesetze über das Heiratsalter verändert worden wären[28].

d) Sanitäre und hygienische Verhältnisse, endemische und epidemische Krankheiten

Es ist uns nicht überliefert, inwieweit die Langobarden sich um Fragen der Hygiene kümmerten; und wenn man in den karolingischen Kapitularen liest, daß die Kloaken und öffentlichen Plätze einmal pro Jahr gereinigt werden mußten[29], so fragt man sich, ob es zulässig ist, diese Überlieferung unbesehen auf die langobardische Zeit und auf das byzantinische Gebiet zu übertragen. Fest steht dagegen, daß in Ravenna wie in Pavia, Mailand oder Lucca noch um die Mitte des 7. Jh. öffentliche und private Bäder in Betrieb waren[30].

Endemische Krankheiten waren Malaria und Lepra. Die Quellen berichten häufig von Epidemien, liefern jedoch nur in einzelnen Fällen nähere Hinweise, die erkennen lassen, daß es sich tatsächlich um die Beulenpest gehandelt hat. In anderen Fällen müssen es andere Krankheiten gewesen sein, wie Typhus, Pocken, Cholera oder einfach Grippe. Aber alle diese Krankheiten wurden von Hungersnöten eingeleitet und begleitet. Die langobardischen Gesetze und Dokumente verzeichnen wiederholt Namen von Ärzten[31]. Wir wissen jedoch nicht, ob die *xenodochia*, von denen wir Nachricht haben, auch zur Unterbringung von Kranken dienten.

Die Untersuchung der Schädel, die man in den langobardischen Grabstätten fand, hat erkennen lassen, daß der Zustand der Zähne im allgemeinen schlecht war[32].

e) Wanderungen innerhalb Italiens

Die politisch-militärischen Ereignisse, die sich auf der italienischen Halbinsel zwischen dem 5. und 10. Jh. abspielten, waren von ständigen Bevölkerungsverschiebungen größeren Umfangs und unterschiedlicher Zielrichtung begleitet.

Schon zur Zeit der gotischen Kämpfe bewegten sich Flüchtlingsscharen von einem Ort zum anderen, um der Gefährdung durch Militär und Hungersnöte zu entgehen. Das Auftauchen der Langobarden führte zu neuen Fluchtwellen aus den Städten des Landesinneren, die besetzt oder bedroht waren, in Richtung auf die Küste, die sich noch in byzantinischen Händen befand, nach Genua und zur ligurischen Riviera, zu den Lagunen entlang der venetisch-emilianischen Küste von Grado bis Ravenna, nach Rom und nach Neapel. Innerhalb der besetzten Gebiete hat es dann neue Verschiebungen von Bevölkerungsgruppen gegeben, die teils durch die den Wandervölkern eigene Unruhe verursacht wurde, teils durch militärische und verwaltungstechnische Notwendigkeiten bedingt waren[33].

Im Laufe des 7. und 8. Jh. kamen zunächst infolge der religiösen Verfolgungen, später wegen der arabischen Gefahr Flüchtlingsströme aus dem Ostreich nach Sizilien, Süditalien und Rom. Die fränkische Eroberung zwang dann jene Langobarden, die nicht bereit waren, die neuen Verhältnisse anzuerkennen, im Herzogtum Benevent Zuflucht zu suchen[34].

Kurze Zeit später verursachte die sarazenische Invasion Siziliens neue Fluchtwellen, und weitere Bevölkerungsfluktuationen wurden durch die Einfälle der Muselmanen entlang der Küsten Italiens und der Ungarn in die Poebene verursacht. Die Bewohner der Küsten und der Ebene verließen ihre Gehöfte und Dörfer. Sie flüchteten in die benachbarten Städte oder siedelten sich auf Anhöhen oder in von Flüssen und Sümpfen geschützten Gegenden an; dabei sammelten sie sich in notdürftig bewehrten Dörfern oder in Kastellen, die von Fachleuten erbaut worden waren. Das Aufhören der Ungarneinfälle im Norden führte gegen Mitte des 10. Jh. zur Rückwanderung der Bevölkerung ins Landesinnere, während im Süden die anhaltende muselmanische Bedrohung die Völkerschaften in ihren Zufluchtstätten verharren ließ.

5. Die Gesellschaft

Das römische Weltreich hatte als Erbe eine Gesellschaft hinterlassen, die rechtlich gesehen in zwei Schichten aufgegliedert war: die der Freien und die der Unfreien. Die erste Schicht strukturierte sich nach dem familiären Reichtum, den individuellen Aktivitäten der einzelnen und nach dem daraus folgenden gesellschaftlichen und persönlichen Prestige. Große, mittlere, kleine Grundbesitzer, städtische oder staatliche, zivile oder militärische Verwaltungsbeamte, freiberuflich Tätige, Geistliche, Händler, Industrielle, Handwerker, Spediteure für Überland- und Überseetransporte: alle bedienten sich mehr oder weniger bezahlter Arbeitskräfte, vor allem aber der Sklavenarbeit. Es konnte jedoch vorkommen, daß gewisse Sklaven im Dienste ihrer Herren auf den verschiedensten Gebieten leitende Funktionen von großer Bedeutung ausübten.

Industrielle, Handwerker, Spediteure für Überland- und Überseetransporte waren in *collegia* organisiert, deren Zweck darin bestand, die Kontinuität der Ausübung von Tätigkeiten zu garantieren, die für das zivile Leben und für die Verteidigung des Staates notwendig waren, indem sie die eingetragenen Mitglieder – und in mancher Branche auch die Nachkommen – fürs ganze Leben verpflichteten.

Die politisch-militärischen Ereignisse, die sich im 6. Jh. abspielten, bewirkten keine wesentliche Veränderung der Lage. Zu den römischen Grundbesitzern gesellte sich eine Schicht von gotischen Grundherren. Ihr Besitz stammte aus der Zuteilung von Landstücken aus dem Besitz des Fiskus und von Ländereien, die römischen Grundbesitzern weggenommen worden waren; dies entsprach dem System der *tertiae*.

Der Organisationszwang, dem die *collegia* unterworfen waren, lockerte sich; diese blieben jedoch bestehen und dienten weiterhin der Gemeinschaft und dem Staate. Sklaven als Arbeitskräfte wurden seltener, verschwanden jedoch nicht, während dagegen viele freie Bauern auf das Niveau von Unfreien herabsanken. Die byzantinische Restauration veränderte die vorherbestehende Struktur nicht, auch wenn infolge des gotischen Kriegs viele Familien verschwanden. Byzantinische Zivil- und Militärbeamte wurden in die Reste, die vom alten ortsansässigen Landadel verblieben, einbezogen und bildeten eine neue Aristokratie. Dies geschah mittels Eheschließungen, Güterkäufen, Verpachtungen in Form der Emphyteuse und Halbpacht, wobei es insbesondere um Ländereien der Kirche ging; und durch Aufnahme von ortsansässigen Grundbesitzern in die zivile und militärische Verwaltung. Gleichzeitig erhielt auch die Schicht der Kaufleute und Handwerker durch die Einwanderung von orientalischen Kaufleuten und Handwerkern Zuwachs, wenn auch vermutlich in geringerem Umfang.

Die langobardische Invasion und der andauernde Kriegs- und Alarmzustand, in dem sich die in byzantinischen Händen verbliebenen Regionen befanden, bewirkten eine allgemeine Militarisierung der gesamten Bevölkerung, der drei Stände der *optimates*, d.h. der Mitglieder des Adels, des *exercitus*, d.h. der Grundbesitzer, und der *cives honesti*, d.h. der Handwerker, Kaufleute und freiberuflich Tätigen. Dabei blieben jedoch die bisherigen rechtlichen Verhältnisse und die soziale Schichtung bestehen, abgesehen natürlich von den ökonomischen Rückwirkungen, die diese neuen und viel stärker belastenden militärischen Pflichten auf die Verhältnisse der einzelnen haben mußten[35].

In den von den Langobarden besetzten Gebieten veränderte sich die Lage auf eine viel augenfälligere Weise. Als die Langobarden nach Italien kamen, hatte sich bei ihnen bereits ein deutlicher Unterschied zwischen einem engen Kreis von Adeligen, den sogenannten *Adelingen*, und den übrigen Freien entwickelt. In Italien mußten sich die ursprünglichen Unterschiede zwischen den *Adelingen* und den Freien und zwischen den Freien untereinander verschärfen. Dafür sorgte die Verteilung der Kriegsbeute – als Ergebnis der mehr oder weniger erfolgreichen militärischen Aktionen der einzelnen Scharen. In der gleichen Richtung wirkte die Aufteilung von Ländereien, die der hierarchischen Einstufung eines jeden einzelnen in der Sippe entsprechend vorgenommen wurde. Bezüglich der römischen *possessores* ist anzunehmen, daß nicht alle von ihnen flohen, daß die Zurückgebliebenen nicht bis zum letzten niedergemetzelt wurden und daß die Überlebenden nicht alle ihre Güter verloren, auch wenn sie verschiedentlich sehr schwere Zeiten durchmachen mußten.

Es ist anzunehmen, daß diejenigen Grundbesitzer, die nicht beim ersten Ansturm überwältigt wurden, mehr oder weniger schnell sich dem Lebensstil der Sieger anpaßten, die auch ihrerseits begonnen hatten, ihre alten Gewohnheiten aufzugeben und neue anzunehmen, die dem neuen Milieu, in das sie sich eingefügt hatten, besser entsprachen. Diese Annäherung muß sowohl in oberen als auch unteren Schichten vor sich gegangen sein, sei es auch aus verschiedenen und entgegengesetzten Gründen.

Entscheidende Momente beim Prozeß der Integration zwischen Langobarden und Römern waren die Bekehrung der Langobarden, ihre Teilnahme am religiösen Leben und an der Verwaltung der Güter der Bezirkskirchen und die Zulassung der Römer zu politisch-administrativen Funktionen. Die privaten Dokumente des 8. Jh. (ältere sind nicht erhalten) führen sehr reiche Persönlichkeiten auf, die auf höchster sozialer Rangstufe standen, und neben diesen erwähnen sie andere von bescheidenerem Rang, Kaufleute, *monetarii*, d.h. Münzpräger, Handwerker und Bauern. Die Gesetze erwähnen *servi* und *servi ministeriales*, die *docti et probati* für handwerkliche Arbeiten im Verwaltungsdienst waren. Sie sprechen aber auch von *magistri comacini*, von Freien, die sich auf das Maurerhandwerk spezialisiert hatten und in Unternehmergruppen zusammenarbeiteten.

Bezeichnend für die langobardische Gesellschaft ist das Vorhandensein einer Schicht von Halbfreien, die man als *Aldien* bezeichnet, die, obwohl sie ein gewisses Maß an Freiheit genossen, dennoch unter dem Patronat ihres alten Herrn verblieben, dem sie bestimmte Dienste zu leisten hatten. Die soziale Schichtung spiegelt sich im Wergeld, das der persönlichen Position entsprechend, die jeder in der Kategorie der Freien, Halbfreien oder Unfreien einnahm, gestaffelt war.

Eine Stellung von einiger Relevanz nahmen in der langobardischen Gesellschaft die *Gasinden* ein, Personen aus bescheidenen Verhältnissen, vielleicht sogar von leibeigener Herkunft, die dem Herrscher, einem Herzog oder einer anderen Persönlichkeit durch ein persönliches Treueverhältnis verbunden waren: es entsprach demjenigen, das die westgotischen *Gardingen* oder die fränkischen *Antrustiones* mit ihrem Herrscher verband. Die Gasinden erhielten als Geschenk von ihrem Herrn gewisse *res*, die ursprünglich aus Waffen und Pferden bestanden. Das Treueverhältnis brauchte nicht von lebenslanger Dauer zu sein, es konnte durch Rückgabe der *res* an den Herrn, der sie geschenkt hatte, aufgelöst werden; es konnte aber auch zwischen dem Sohn des *Gasinden* und dem alten Herrn des Vaters erneuert werden, indem jener die *res* behielt. Die *res* gewannen durch die Verbesserung des sozialen Status der Gasinden ständig an Bedeutung. Die Verbesserung des sozialen Status stand im Zusammenhang mit den Bürgerkriegen und den dynastischen Krisen, die das langobardische Reich in der zweiten Hälfte des 7. und zu Anfang des 8. Jh. erschütterten.

Die *Gasinden* genossen besondere juristische Protektion. Das Wergeld, d.h. die Summe, die derjenige, der einen Mord begangen hatte, bezahlen mußte, um sich von seiner Schuld loszukaufen, schwankte je nach dem sozialen Status des Getöteten zwischen einem Minimum von 150 *solidi* und einem Maximum von 300 *solidi*, ging jedoch von 200 *solidi* für einen königlichen *Gasinden* aus, der *minimissimus in tali ordine* war, und erreichte das Maximum von 300 *solidi* nach Willkür des Königs. Man weiß jedoch von keinem *Gasinden*, der als solcher eine einflußreiche Position im zivilen und politischen Leben des Reiches inne gehabt hat.

Die Herzöge sahen es nicht gern, daß Männer, die ihrem Herrschaftsbereich unterstanden, als *Gasinden* in den Dienst des Königs übergingen, und sie taten dies so eindeutig kund, daß der König von einem bestimmten Zeitpunkt an Maßnahmen ergreifen mußte, „*ut nullus iudex eos opprimere debeat, quoniam nos debemus gasindios nostros defendere*“. Die *Gasinden* neigten jedoch dazu, ihre Privilegienpositionen auf Kosten anderer auszunutzen. Der König mußte auch diesem Mißstand beizukommen suchen und den Herzog bestrafen, der dem Druck seines *Gasinden* nachgegeben hatte[36].

Das Vorhandensein persönlicher Abhängigkeitsverhältnisse im Langobardenreich begünstigte die Einführung des Vasallentums und das Übertreten vieler Langobarden in den Dienst fränkischer Herrscher. Es ist jedoch nicht anzunehmen, daß die Feudalisierung des Langobardenreichs sofort erfolgte und vollständig gewesen ist. Ein Text aus der Mitte des 10. Jh. stellt die Reichen als Besitzer von Ländereien, Vieh, Leibeigenen und Wertgegenständen dar, streift dagegen nur die *milites*, die *militando acquirere stipendium* müssen. Viele dieser Grundbesitzer residierten in Städten neben Kaufleuten und Handwerkern, wie uns Privatdokumente und ein Kapitulare des Kaisers Ludwig II. aus dem Jahre 846 erkennen lassen, das die Stadt als einen Verbleib von Personen ausweist, die *sine beneficiis sunt et alodos atque pecunias habent*[37].

Eine gesonderte Betrachtung erfordert die Situation des Klerus: Die kaiserlich-römische Gesetzgebung hatte den Geistlichen die persönlichen Dienstleistungen erlassen und den örtlichen Kirchen die Eigenschaft einer Rechtsperson und das Recht auf Besitz zuerkannt und gleichzeitig erlaubt, daß die Zivilprozesse zwischen zwei Parteien dem schiedsrichterlichen Urteil des Bischofs überantwortet werden konnten. Man weiß nicht, ob bei der Ankunft der Goten der große Grundbesitz, den die Kirche durch Schenkungen der Gläubigen und durch direkte Ankäufe angesammelt hatte, ebenso wie der Grundbesitz der Laien zu einem Drittel vom Staat konfisziert worden ist. Auf jeden Fall hatte Theoderich, der selbst Arianer war, sehr gewissenhaft die Freiheit der katholischen Kirche und die Privilegien der Geistlichen respektiert und in einigen Fällen die Bischöfe mit vertraulichen Aufgaben betraut und ihre Ratschläge entgegengenommen. Während des gotischen Krieges nahmen sich die Bischöfe der Bevölkerung an, die den über die ganze Halbinsel hinweg sich bekriegenden Heeren gegenüber wehrlos war. Sie pflegten dabei auch Verwundete und Gefangene[38].

Die byzantinische Wiedereroberung stellte die alten Vorrechte des Klerus wieder her und gab den Bischöfen die Möglichkeit, direkt oder indirekt in alle Vorgänge der Verwaltung von Stadt und Provinz mit Kontrollfunktionen einzugreifen. Das politische und soziale Prestige, das somit den Bischöfen zukam, wirkte sich auf alle Mitglieder der kirchlichen Hierarchie aus, an deren Spitze die Bischöfe standen[39]. Die Lage änderte sich dagegen grundlegend in den von den Langobarden besetzten Gebieten. Nicht einmal nach der Konversion gaben die langobardischen Könige der kirchlichen Hierarchie die Möglichkeit zu politisch-verwaltungstechnischen Eingriffen, wenn sie sie auch in manchem Fall in Kauf nehmen mußten. Sie bedienten sich ihrer nicht bei ihrer Regierungstätigkeit, und sie vermieden Eingriffe in interne Probleme der örtlichen Kirchen, sofern diese nicht in irgendeiner Weise die öffentliche Ordnung beeinträchtigten[40].

Es scheint aber, daß im Verlauf des 7. Jh. die Zahl des weltlichen Klerus und der Ordensgeistlichkeit zunahm, da zahlreiche Langobarden in seine Reihen eintraten, und daß er ein entsprechendes soziales und moralisches Prestige genoß; dies wird ebenso durch die Häufigkeit belegt, mit der Geistliche bei notariellen Akten als Zeugen herangezogen wurden, wie durch die große Anzahl von Güterschenkungen an kirchliche Behörden alter und neuerer Gründung. Eine besondere rechtliche Protektion, wie diejenige, die beispielsweise die *Gasinden* genossen, erfuhren die Geistlichen jedoch nicht.

Die fränkische Eroberung brachte eine starke Teilnahme der Bischöfe und Äbte am politischen Leben, das Privilegium der kirchlichen Gerichtsbarkeit und eine strenge Aufsicht seitens der königlichen Autorität über das ganze Leben der Kirche und der kirchlichen Behörden mit sich. Gleichzeitig erfuhr die Kirche einen stärkeren rechtlichen Schutz; den kirchlichen Behörden wurde ein besonderes Wergeld gewährt, das für die Bischöfe die ansehnliche Summe von 900 *solidi* erreichte[41].

6. Soziale Mobilität

An einer Dokumentation, die es mit genügender Sicherheit ermöglicht, individuelle Musterschicksale zu rekonstruieren, fehlt es leider. Doch ist festzustellen, daß trotz der nicht einfachen wirtschaftlichen Lage zur Zeit Theoderichs – oder vielleicht gerade deswegen – Einzelpersonen, Familien oder Gruppen sich durch Spekulationen verschiedener Art bereichern konnten[42]. Der griechisch-gotische Krieg bewirkte, um es noch einmal zu wiederholen, eine schwere Depression, und der Wiederaufbau, sei es im byzantinischen Gebiet, sei es im langobardischen, war langsam und schwierig.

Im byzantinischen Gebiet kann man einerseits den Niedergang von vielen kleinen Grundbesitzern feststellen, die ihre Güter abgaben oder verkauften, um sie künftig als Untergebene des neuen Besitzers zu bebauen; dieser konnte ein Laie oder eine kirchliche Behörde sein. Andererseits gab es den Run auf Grundstücke seitens der neureichen Handwerker und Kaufleute und Mitglieder der zivilen und militärischen Aristokratie[43]. Nach den ersten Landzuteilungen, die in jeweils geringerem Umfang an den König, die Herzöge usw. bis zum einfachen Krieger gingen, gab es im langobardischen Gebiet weitere Möglichkeiten, sich zu bereichern: neue militärische Unternehmungen mit der Teilung der dabei gemachten Kriegsbeute, die Verteilung von Landstücken, die Dankbarkeit der Herrscher gegenüber ihren Getreuen, die Heirat einer Frau aus reicher Familie, die Urbarmachung des Bodens an den Grenzen der Besitzungen. Andere Besitztümer müssen sich dagegen schnell vermindert haben, wobei es verschiedene Gründe geben konnte: schlechte Verwaltung, wiederholte Teilungen zwischen vielen Erben, Bezahlung von hohen Strafen, Verheerungen und Konfiszierungen, die in unruhigen Zeiten erlitten wurden, oder eines jener vielen Unglücke, die so leicht die kleinen Besitzer aller Länder und aller Zeiten ruinieren.

In den langobardischen Gesetzen und Privaturkunden tritt eine Schicht von wohlhabenden Handwerkern und Kaufleuten besonders hervor, die Mitte des 8. Jh. zu den Waffen gerufen wurde: Sie war in drei Vermögensklassen eingeteilt und denen gleichgestellt, die zur Grundbesitzerschicht gehörten[44]. In der karolingischen Epoche fuhren Handwerker und Kaufleute fort, Häuser und Grundstücke zu kaufen und zu verkaufen, Testamente und Schenkungen zu machen; sie erhielten von den kirchlichen Behörden Pachtgüter in der Form der Emphyteuse und Halbpachtvergabe, und sie setzten es durch, daß ihre Söhne und Enkel anderen sozialen Schichten angehören durften. Das sagt uns eine berühmte Quelle des Bischof Ratherius von Verona. Sie enthält die Ahnentafel eines Grafen, bei der angenommen wird, daß Vater, Großvater und Urgroßvater im öffentlichen Dienst standen und daß sie von Generation zu Generation immer wichtigere Stellungen innehatten, daß der Ururgroßvater ein einfacher *miles* gewesen, der seinerseits der Sohn eines Handwerkers oder gar eines Unfreien war. Der normale Weg, eine höhere soziale Stellung zu erlangen, scheint somit nicht mit dem Besitz von Immobilien oder Mobilien zu beginnen, sondern damit, daß man zu einem Mächtigen in ein Verhältnis persönlicher Abhängigkeit trat[45].

7. Staat und Gesellschaft

Die soziale Wirkung der öffentlichen Gewalt ist in dieser Zeit sehr beschränkt. Der Prolog zu Rotharis Edikt rechtfertigt das gesetzgebende Werk des Königs mit der Notwendigkeit, die *pauperes* vor den *continuae fastigationes* und den *superfluae exactiones* zu schützen, die sie von den Mächtigen erdulden mußten. Zwar ist der Schutz der Niedrigen eine dauerhafte Sorge auch für die karolingischen und postkarolingischen Könige; die langobardische Gesetzgebung scheint aber auch besonderes Gewicht darauf gelegt zu haben, daß die Leibeigenen vor dem Mißbrauch seitens der Herren geschützt wurden, daß die Freilassung von Unfreien gesetzlich gesichert und daß das *peculium*, das die Unfreien angesammelt haben konnten, ihnen erhalten blieb. Andererseits war es den Libellariern nicht gestattet, beim Verlassen des Grundstücks mehr mitzunehmen, als sie bei dessen Übernahme bei sich gehabt hatten. Alles, was sie durch die Bearbeitung und Verbesserung des Bodens erworben hatten, mußte beim Herrn bleiben; und dies war zweifellos ein großes Hindernis, das dem sozialen Aufstieg der freien Bebauer im Wege stand.

Die Dokumente zeigen besser als die Gesetze, wie sich die eheliche Verbindung von Unfreien mit der Zeit immer mehr als legitime Ehe qualifizieren konnte und wie auch die Ehe von Unfreien mit freien Frauen am Ende toleriert und gesetzlich geregelt wurde. Den Söhnen wurde der freie Status zuerkannt, während sie früher unausweichlich Sklaven geblieben waren.

Die Familie war eine ausgedehnte Gemeinschaft, die gesetzlich anerkannt war und in der sich die Blutsbande in ein Solidaritätsverhältnis umsetzten, das auf dem gemeinsamen Besitz von Gütern und auf der moralischen und gerichtlichen Mitverantwortlichkeit gründete, das aber auch von gemütsmäßigen Bindungen getragen wurde, die ihren Ausdruck in warmen und wortreichen Gefühlsäußerungen fanden[46].

Die langobardische Gesetzgebung behielt auch nach der fränkischen Eroberung ihre volle Gültigkeit. Die einzigen Neuerungen auf sozialem Gebiet waren die Rückkehr zum Wehrdienstsystem, das sich ausschließlich auf den Grundbesitz stützte, die zwangsmäßige Einfügung der Langobarden in Vasallenverhältnisse[47] und, wie es scheint, die systematische zunftmäßige Neuordnung der handwerklichen Tätigkeit im ganzen Reich[48].

8. Das soziale Leben auf dem Lande

Das Leben der ländlichen Bevölkerung richtete sich je nach Zeitlage nach mehreren Zentren. In den großen und mittleren Besitzungen war die *curtis*, die Wohnstätte des Besitzers oder seines *actor* bzw. *conductor*, der wirtschaftliche Mittelpunkt, dem alle Grundstücke, in die das Besitztum eingeteilt war, verwaltungs- und agrartechnisch unterstanden. Diese grenzten entweder aneinander oder lagen weit verstreut und um so weiter auseinander, je größer das Gut war, wie die erhaltenen Inventare bezeugen. Die freien und unfreien Bebauer mußten dem Herrn einen Teil der Naturprodukte abgeben und Frondienste leisten, die von Fall zu Fall bestimmt wurden, sehr unterschiedlich waren und in keiner Beziehung zum individuellen Verhältnis – frei oder unfrei – der jeweiligen Bebauer standen. Sehr häufig waren diese auch zu Geldgaben verpflichtet. Wenn man die Dokumente liest, gewinnt man den Eindruck, daß sich die Häuser der Untergebenen in den den einzelnen Familien zugeteilten Parzellen befanden, was jedoch nicht ausschließt, daß sie in manchem Falle in der Nähe der herrschaftlichen *curtis* lagen oder daß sie auf dem Lande einen Weiler bildeten. Es war sogar möglich, daß die Untergebenen verschiedener Herren zusammen in einem Dorf wohnten.

Direkt von der herrschaftlichen *curtis* abhängig war die *pars dominica*, d. h. jener Teil des Grundbesitzes, der nicht verpachtet war und der durch die Frondienste leistenden Untergebenen bebaut wurde. Die *pars dominica* konnte aus einer einzigen Parzelle bestehen, die an die *curtis* angrenzte, oder sie konnte in mehr oder minder große Parzellen aufgeteilt sein, die sich zwischen denen befanden, die den einzelnen Kolonen zugewiesen worden waren. An der äußersten Grenze des bebauten Gebietes befanden sich Heideland, Weideland und Wälder, die im Grundbesitz einbegriffen waren oder über die das Gut das Nutzungsrecht besaß. Angrenzend an die Landstücke der großen oder mittleren Besitzer oder zwischen ihnen lagen häufig die Gebiete von kleinen Besitzern, die direkt von den Eigentümern bebaut wurden oder Libellariern und *massarii* anvertraut waren. Auch die kleinen Besitzer besaßen das Nutzungsrecht über Weideland und Wälder.

Weil die Landstücke, die den Grundbesitz ausmachten, allgemein weit verstreut lagen, kann man nur in wenigen Fällen, etwa bei einem großen Kloster oder königlichen Hof, von einem geschlossenen, autarken wirtschaftlichen System sprechen. Aber auch in diesen Fällen mußte der Überschuß an landwirtschaftlichen Produkten, die auf die herrschaftlichen *curtes* zuströmten, auf dem nächstgelegenen Markt verkauft werden; und einige Produkte wie Eisen und Salz, die nicht überall zu finden waren, mußten notgedrungen gekauft werden. Die Geldabgaben, die die Bebauer den Besitzern leisteten, bezeugen, daß sowohl die einen wie die anderen über eine gewisse Geldmenge verfügten[49].

Regelmäßiger Treffpunkt der ländlichen Bevölkerung war die *plebs*, d.h. die Kirche. Die Bezirke der ländlichen Kirchspiele, die ursprünglich denen der *pagi* entsprachen, hatten sich nach und nach in eine Vielfalt von kleineren Bezirken unterteilt, die entsprechend vielen Kirchen unterstanden, wobei die erste Kirche als *matrix* anerkannt wurde. Die Zugehörigkeit zu einem Kirchspiel machte es zur Pflicht, am kirchlichen Leben teilzunehmen und mit Gaben zur Instandhaltung der Kirche und zum Unterhalt der Geistlichen beizutragen. Sie gab aber auch das Mitbestimmungsrecht bei der Wahl der Geistlichen und außerdem das Recht, die Verwaltung der Einkünfte der Geistlichen zu kontrollieren[50].

Die Gläubigen versammelten sich vor der Kirche, um auch Fragen von gemeinsamem Interesse zu besprechen: den Verlauf der landwirtschaftlichen Arbeiten, Viehzucht, Nutzung von Weideland und Wäldern, ländliche Diebstähle, die Notwendigkeit, sich gegen Räuberbanden zu wehren, die das Land verunsicherten[51], schließlich die gemeinsame Teilnahme an militärischen Unternehmungen in der Gefolgschaft des Herrn[52] usw. Diese Versammlungen, die als *conventus ante ecclesiam*[53] bezeichnet wurden, waren gesetzlich anerkannt und geschützt. Neben der Kirche hielt man an Feiertagen auch einen Markt, wo man kaufen, verkaufen und bummeln konnte. All dies führte zu einem Komplex von Beziehungen der Arbeiter unter sich und zwischen diesen und den Besitzern und deren Agenten und schuf außerdem Solidaritätsverhältnisse, die sich in feindlichen Handlungen gegen einen Nachbarn oder in einem Aufstand gegen den Herrn äußern konnten[54].

Einen kollektiven Charakter wiesen auch die abergläubischen Riten auf, die, wenn auch in heimlicher Weise, um gewisse Bäume, die *santivi*, d.h. heilig, genannt waren, sowie in der Nähe von gewissen Brunnen zelebriert wurden[55].

Ein guter Teil dieser gesellschaftlichen Beziehungen galt auch für die Schicht der Besitzenden, deren Zusammenhalt darüber hinaus durch große Treibjagden, durch die gemeinsame Anwesenheit bei den örtlichen Gerichtsversammlungen, durch die Teilnahme an Kriegszügen und letztlich auch durch die Verwandtschaftsbande gewährleistet wurde, die die verschiedenen Familien über ein größeres Gebiet hinweg zusammenhielten, als es bei Familien niederen Standes der Fall war.

In der karolingischen Zeit gab es in dieser Hinsicht keine großen Veränderungen. Die Verleihung von Benefizien an die Vasallen, die Vergabe von Immunitäten an die Kirchen und Klöster veränderten die Beziehungen der Landarbeiter zu den Besitzern nicht. Neue Perspektiven wurden dagegen mit der Abholzung und Neubestellung eröffnet, die die weltlichen und geistlichen Besitzer durchzuführen begannen[56].

9. Die sozialen Verhältnisse in der Stadt

Wie bereits gesagt, bestand die städtische Bevölkerung in der Mehrzahl aus Freien. Wer nicht von Geburt dazu gehörte, konnte aufgrund einer Entscheidung der Stadtgemeinschaft darin aufgenommen werden[57]. Wie auf dem Lande, so gab es auch in den Städten vielfältige Zentren sozialen Lebens. Im Bereich der *Kurie* des Herzogs, der *Gastalden* und dann des Grafen muß es ein reges Zusammentreffen von Interessen verschiedener

Natur gegeben haben, das mehr oder weniger dauerhafte Beziehungen zwischen den Leuten entstehen ließ. Dasselbe kann man auch von der bischöflichen Kurie annehmen. Da waren einmal diejenigen, die aufgrund verschiedener Verdienste Güter der Kirche zur Nutznießung erhalten hatten und die deswegen auf irgendeine Weise der Kurie verpflichtet waren. Des weiteren beteiligten sich die Laien an der Wahl des Bischofs und verteidigten die Diözesangrenzen. Schließlich gab es Tätigkeiten, die die Verwaltung des bischöflichen Vermögens betrafen.

Es ist anzunehmen, daß nur eine beschränkte Gruppe von reichen und angesehenen Personen direkten Einfluß ausüben konnte, während der Rest der Bevölkerung sich bescheiden mußte, seine Zustimmung oder Ablehnung pauschal auszusprechen. So ähnlich muß es in den regulären städtischen Versammlungen zugegangen sein; wir kennen die Verfahrensweisen zwar nicht, sind jedoch über den Umfang ihrer Kompetenzen informiert[58].

Die Interessengleichheit gewisser wirtschaftlicher Gruppen stellte einen anderen Mittelpunkt des sozialen Lebens dar. Die handwerklichen Tätigkeiten wurden in Werkstätten ausgeübt. Diese wurden von den *magistri* geleistet, die von Mitarbeitern, Lehrlingen und Gelegenheitsarbeitern unterstützt wurden. Läden und Werkstätten waren in unmittelbarer Nähe des Marktes konzentriert und den verschiedenen Berufen entsprechend gruppiert, wie es bereits seit römischer Zeit üblich war und in den folgenden Jahrhunderten Brauch bleiben sollte: Straßenbenennungen in Städten erinnern noch heute daran[59]. Diese Konzentration, die das Einziehen der Steuerabgaben seitens der öffentlichen Autoritäten erleichterte, erfüllte auch andere Zwecke. Sie garantierte die einheitliche Qualität der Erzeugnisse und die Kontrolle des Preisniveaus, und – warum nicht? – sie ermöglichte eine unmittelbare Reaktion des Berufs auf ein ihr eventuell zugefügtes Unrecht seitens der örtlichen Autorität.

Das örtliche Marktwesen wurde von den großen und kleinen Grundbesitzern unterstützt. Sie belieferten den Markt mit den Produkten ihrer Ländereien, zum Teil waren sie *negotiatores*, die mit Luxusgütern, vor allem aber Nahrungsmitteln handelten. All dies schuf soziale Beziehungen innerhalb der Berufsgruppen, die von dem Wenigen, das von der alten römischen Körperschaftsorganisation übriggeblieben war, zusätzlich genährt wurden. Das römische Körperschaftswesen wurde in der langobardisch-fränkischen Zeit wieder aufgegriffen und erneuert, wie jene berühmte Urkunde erkennen läßt, die unter dem Namen *Honorantie civitatis Papie* bekannt ist[60].

Die Städte waren befestigte Zentren. Die Instandhaltung und Verteidigung der Mauern war zumindest zu einem Teil der Bevölkerung anvertraut. Zu diesem Zweck war die Stadt schon seit ältester Zeit in Viertel aufgeteilt, die fast überall durch die Kreuzung des *cardo* mit dem *decumanus* begrenzt wurden und den Namen der vier wichtigsten Stadttore trugen. Darüber hinaus waren die Viertel in *viciniae* oder *contratae* aufgeteilt, Termini, die bereits von sich aus auf das Verhältnis von Nachbarschaft und Zusammenarbeit der Bewohner hinweisen, die gemeinsam für die Instandhaltung und Verteidigung der Mauern ihres Viertels, für den Feuerschutz, für das Fangen von Dieben zu sorgen hatten. Außerdem nahmen sie gegenseitig Anteil an den freudigen oder traurigen Ereignissen im Leben eines jeden, an Ehen, Taufen und Begräbnissen[61].

Aus dieser komplexen Verflechtung von sozialen Schichten, Individuen und Interessen erwuchs jenes vaterländisch-städtische Gefühl, das dort, wo es eine reichere und solidere kulturelle Tradition gab, sich besonders früh literarisch manifestieren konnte. Ein typisches Beispiel ist das *Versum de Mediolano civitate*[62].

10. Gesellschaft und aufkommende Schriftlichkeit

Die umfassende langobardische Gesetzgebung, die häufig darin auftauchenden Bemerkungen über die Schreibpraxis, andererseits die Grobheit und Dunkelheit sowohl der Sprache als auch des Stils der schriftlich fixierten Gesetze und Urkunden und das in diesen Urkunden nicht seltene Vorkommen von Personen, die ihren eigenen Namen schreiben konnten, obwohl sie Laien und niederer Herkunft waren, stellen die Frage nach dem Vorhandensein und dem Funktionieren von Schulen unterschiedlichen Niveaus. Dasselbe gilt auch für das byzantinische Gebiet, wo außerdem das Problem der Zweisprachigkeit bestand.

Von Cassiodor, Ennodius und Gregor dem Großen wissen wir, daß die öffentlichen Schulen im 6. Jh. noch funktionierten, und zwar nach den alten Vorbildern und mit den alten Programmen. Aber im selben Jahrhundert begann man bereits, Klosterschulen, bischöfliche Schulen und Pfarreischulen zu organisieren, die zur Ausbildung von Mönchen und Priestern bestimmt waren, die aber auch Kinder aufnahmen, welche später keine geistlichen Berufe ergreifen sollten[63].

Es ist anzunehmen, daß man im langobardischen wie byzantinischen Gebiet in Schulen dieser Art Lesen und Schreiben lernte und daß in einigen dieser Schulen Klassiker gelesen und rhetorische Übungen abgehalten wurden[64]. Aber für die langobardische und byzantinische Gesellschaft waren natürlich auch andere Kenntnisse erforderlich.

Das ursprüngliche germanische Recht stützte sich nicht auf geschriebene Gesetze und kannte die Praxis der schriftlichen Anfertigung juristischer Urkunden, die das Leben des einzelnen wie der Gemeinschaft betrafen, nicht. In der römischen Welt einer seßhaften Gesellschaft, die eine landwirtschaftlich-merkantile Wirtschaft besaß, in der das Geld frei kursierte, war dagegen die Praxis der schriftlichen Fixierung von Urkunden weit verbreitet und durch die Übertragung der privaten Urkunden in die *gesta municipalia* sanktioniert. Die Langobarden hatten, einmal nach Italien verpflanzt, sofort die Vorteile erfaßt, die die schriftliche Festlegung rechtlicher Verhandlungen bot, und dieser schriftlichen Dokumentation juristische Beweiskraft zuerkannt. Die Übernahme der Praxis schriftlicher Urkundenfixierung seitens der Langobarden führte jedoch deren Rechtsbegriffe in die Urkunden ein, so daß sich neben der den Römern eigenen Tradition eine neue und andersartige bildete, während die Römer weiterhin nach ihren eigenen Gesetzen lebten. Eine Urkunde zu verfassen wurde zu einer Kunst, die der „Nationalität" der Kontrahenten Rechnung tragen mußte und die sehr genaue Regeln hatte, die man offenbar im Laufe einer Lehrzeit bei einem *scriba*[65] lernen konnte. Diese Regeln schlugen sich letztlich in den sogenannten „Formularen" nieder – wie die Gleichheit der Formeln beweist, die in den Dokumenten der verschiedenen Regionen gebraucht wurden.

Die von König Rothari 643 angeordnete schriftliche Fixierung der langobardischen Gesetze bezeugt, daß die damit beauftragten Personen sich nicht nur auf das Niederschreiben der Gebräuche des langobardischen Volkes beschränkten, sondern auch in großem Umfang Nachschlagewerke heranzogen, die die Gesetzessammlungen der alten germanischen Völker – Westgoten, Franken, Burgunder, Bajuwaren, Alemannen – und außerdem Sammlungen römischen Rechts enthielten. Im Edikt werden diese Experten als *primates iudices* bezeichnet[66]; in gleicher Weise sprechen die Gesetze der Nachfolger Rotharis von *iudices* im Sinne von Rechtsexperten, die den König bei seiner gesetzgeberischen Tätigkeit berieten. Sie übten ihre administrative und rechtsprechende Tätigkeit im *palatium* von Pavia, dem Sitz der Reichszentralverwaltung, aus. Sie bildeten eine Gruppe, die durch Ernennungen von seiten des Königs erneuert wurde. Es ist anzunehmen, daß der König unter den jungen Mitarbeitern diejenigen als *iudices* auswählte, die sich in der „praktischen Schule“ ausgebildet hatten, die in der täglichen administrativen und juristischen Tätigkeit im *palatium* und der periodischen Wiederkehr der Vorbereitung neuer Gesetzestexte bestand. Die Gesetze mußten übrigens dem König und der Reichsversammlung zur Approbation vorgelegt werden. In fränkischer Zeit blieb das *palatium* in Pavia bestehen, und seine Beamten erfüllten weiterhin die Aufgabe, die alten langobardischen und die neuen karolingischen Gesetze zu interpretieren, bei deren Abfassung sie vermutlich mitgewirkt hatten[67].

Im byzantinischen Gebiet müssen die Verhältnisse mehr oder weniger entsprechend gewesen sein. In Rom wurden die Beamten der päpstlichen Kurie in der *schola cantorum* und im *cubiculum lateranense* ausgebildet[68]. In Ravenna dürften die erzbischöfliche Kurie und das *palatium* des Exarchen ähnliche berufsbildende und kulturelle Funktionen gehabt haben[69].

In der Schulpolitik Karls des Großen war das Studium des Lateinischen Voraussetzung für das Verständnis der heiligen Schriften, der Befehle des Herrschers an seine Abgesandten und für die Verständlichkeit ihrer Antworten. Die Verbreitung der karolingischen Minuskel erfüllte dieselben Zwecke. Ein Teil der beruflichen Ausbildung der Grafen und ihrer Mitarbeiter bestand aus dem Studium des Rechts; und Gesetzessammlungen befanden sich in ihren Bibliotheken[70].

Eine 825 von Kaiser Lothar geplante Neuordnung des Studiums, die darin bestand, daß Städte bestimmt wurden, die Schülern aus Nachbarstädten eine Ausbildung höheren Niveaus bieten mußten, konnte nicht in die Praxis umgesetzt werden[71]. Diese Neuordnung wurde in der Synode von 826 von Papst Eugen II. wieder aufgenommen, der von den Bischofssitzen ausgehend bis in die Ortskirchen hinein eine systematische Verbreitung von Schulen beschloß[72], und dies sowohl mit einer geistigen als auch einer praktischen Zielsetzung. Zu dem Unterricht, der in den von Geistlichen geleiteten Schulen erteilt wurde, gesellte sich der Unterricht, der von Gelehrten lernwilligen Schülern privat erteilt wurde. Dies waren gleichsam die Vorläufer der Universitäten des 11. Jh.[73] Bischöfliche und Klosterschulen verfügten über Bibliotheken und förderten die Ausbildung von *scriptores*; letzteres konnte eine beträchtliche Einnahmequelle für die Schulen bedeuten.

11. Die Stellung der Frau

Die vom Christentum proklamierte geistige und moralische Gleichheit von Mann und Frau war von der justinianischen Kodifikation auf juristischer Ebene anerkannt worden. In der Praxis wurde die Aktionsfähigkeit der Frau jedoch durch den Willen ihrer Familie bedingt und kontrolliert[74]. Es war in jedem Fall eine günstigere Lage als die, in der sich die langobardische Frau befand. Diese war nämlich von Gesetzes wegen der Vormundschaft (*mundio*) eines ihrer Familienmitglieder unterstellt oder unterstand, wenn diese fehlten, dem König als dem obersten Vormund. Im Laufe der Zeit bewirkte das Zusammenleben von Langobarden und Römern eine Verbesserung der Vermögensverhältnisse der langobardischen Frau, verschlechterte jedoch die der römischen Frau. Diese zwiefache Veränderung zeigte sich besonders deutlich in den Vermögensabkommen, die bei Eheschließungen getroffen wurden, und in den Erbschaftsregelungen. Während die römischen Gesetze in Übereinkunft mit dem kanonischen Recht den ausdrücklichen persönlichen Konsensus der beiden Partner, die die Ehe schließen wollten, vorsahen, schrieb das langobardische Recht vor, daß der Ehevertrag zwischen dem Vormund (*mundualdus*) der Frau und ihrem Bräutigam abgeschlossen werden mußte. Der Bräutigam hatte dem Vormund eine Entschädigung in Form von Geld oder Naturalien (*mafio*) für die Übergabe der Frau und die Abtretung der entsprechenden Vormundschaft zu entrichten. Diese Entschädigungsabgabe erhielt später die Braut, die von ihrer Familie väterlicherseits Aussteuer und Geschenke bekam, die auch aus Immobilien bestehen konnten. Damit erloschen für die Braut die Rechte auf das väterliche Erbe (*faderfio*). Am Tage nach der Hochzeit erhielt sie von ihrem Bräutigam ein Geschenk, das sogenannte *morgincap*, das aus Gebrauchsgegenständen, Schmuck und Immobilien bestand. Der Mann verwaltete diese Güter und zog Nutzen aus ihnen, konnte jedoch nicht ohne Zustimmung der Frau und ihrer Verwandten über sie verfügen. Da die Frau als Besitzerin eines Viertels der Güter ihres Mannes galt, konnte der Mann keinerlei Veräußerung ohne ihre Zustimmung vornehmen. Die Vermögensverhältnisse zwischen Eheleuten, die nach römischem Recht lebten, paßten sich immer mehr diesem System an, obwohl die Urkunden mit verschiedenen Namen versehen wurden. Die Frau, die unter römischem Recht lebte, war in jedem Fall einer Art von Vormundschaft unterworfen, wenn sie in irgendeiner Weise über ihr Vermögen verfügen wollte.

Das Vermögen von jemandem, der nur Töchter hatte, wurde zwischen diesen und den nächsten männlichen Verwandten oder in Ermangelung letzterer zwischen den Töchtern und dem königlichen Fiskus aufgeteilt[75].

Die Frau hatte, auch als Vertreterin ihres Mannes, keinen Zugang zum öffentlichen Dienst, durfte sich jedoch an gewissen handwerklichen Tätigkeiten beteiligen; andererseits wurden in manchen Fällen strengere als für den Mann geltende Strafgesetznormen auf sie angewendet. Der von der Frau verübte Gattenmord wurde mit dem Tode bestraft, während der vom Ehemann verübte lediglich eine hohe Geldstrafe nach sich zog; und während der Ehebruch seitens der Frau mit dem Tode bestraft wurde, wurde der Ehebruch seitens des Mannes nicht einmal vom Gesetz erfaßt.

Eine Milderung der rechtlichen Unterbewertung der Frau brachten die familiären Bande, an die der Gesetzgeber in manchen Fällen appellierte[76], und die allgemeine Hochachtung, die der Würde der Frau entgegengebracht wurde. Man sollte sich auch vergegenwärtigen, daß man den Frauen oder zumindest denen, die großen Familien angehörten, eine gewisse Bildung angedeihen ließ. Paulus Diakonus war der Lehrer von Adalperga, der Tochter von König Desiderius und zukünftigen Frau des Herzogs Arechi von Benevent; und für sie schrieb er seine *Historia romana*[77]. Wahrscheinlich durften zusammen mit Adalperga auch andere Mädchen adliger Herkunft den Lektionen des Meisters beiwohnen. In jedem Fall konnten die Frauen unabhängig von ihrer rechtlichen Lage innerhalb der Familie moralischen Einfluß ausüben; und für Frauen einer höheren sozialen Schicht war der Bereich der Einflußnahme noch größer. Auf der höchsten Stufe finden wir zum Beispiel die Königin Theodelinde (6./7. Jh.), die Kaiserin Angelberga (9. Jh.) und alle die politisierenden und intrigierenden Frauen, die das 10. Jh. bevölkern. Übersehen wir dabei nicht die Mägde, die im Hause ihres Herrn und in den Arbeitsräumen der großen Klöster spannen und webten[78].

12. Die Landwirtschaft

Bei der extremen Vielfalt der Naturbeschaffenheit und des Klimas Italiens können gewisse Merkmale der hochmittelalterlichen Landwirtschaft dank einer ziemlich breiten, aber unzusammenhängenden und heterogenen Dokumentation als charakteristische und geringwertige Neuerungen gegenüber der römischen Landwirtschaft erscheinen, die von den klassischen Schriftstellern idealisiert wurde. Die Neuerungen sind dagegen, so scheint es, wenigstens zum Teil die Fortsetzung von Zuständen, die es sehr viel früher gab[79]. Sicher ist, daß im 6. und 7. Jh. das Bewässerungswesen sehr zum Schaden des

Viehfutteranbaus wenig verbreitet war, daß die Baumkultur keine besondere Pflege genoß und der Weinbau dagegen mit allen Mitteln begünstigt und die Olivenkultur besonders geschützt wurde[80]. Zum Weizenanbau kam der Anbau von weniger geschätzten Getreidesorten – Hirse, große Hirse, Mohrenhirse, Spelt, Dinkel, Roggen, Gerste – hinzu und gewann zunehmende Bedeutung, während der Saatertrag, soweit überliefert, minimal war und zwischen 1,7 und 3,3 zu 1 schwankte[81]. Man hat sehr vage Angaben über die Einführung und Verbreitung der Dreifelderwirtschaft, und man weiß gar nichts über die Gemüseproduktion, die jedoch nicht fehlen durfte.

Verließe man sich auf die auf uns gekommenen Inventare, so müßte man annehmen, daß es einen großen Mangel an landwirtschaftlichen Geräten gegeben hat – Hacken, Spaten, Sicheln, Heugabeln –, aber leichte und schwere Pflüge waren allgemein im Gebrauch[82]. Die häufige Erwähnung von Wassermühlen bezeugt den großen Konsum von reichen und armen Getreidesorten. Da die Bebauer dem Besitzer nicht einen Teil der Trauben, sondern einen Teil des Weines abgaben, während sie dagegen einen Teil der Oliven, aber nicht des Öls ablieferten, darf man schließen, daß sie die Mittel hatten, Wein zu produzieren, aber nicht Oliven pressen konnten, was viel schwieriger war, wovon aber die Texte nichts berichten. Man weiß auch nichts über die Käseherstellung und die Methoden der Schweinefleisch- und -fettkonservierung.

Die Rindviehzucht scheint viel weniger verbreitet gewesen zu sein als die Schafzucht, dies gilt auch für die Aufzucht von Pferden und Schweinen im Freien. Über die Haltung von Federvieh ist nichts Näheres bekannt. Die Bienenzucht muß eine gewisse Bedeutung gehabt haben, während die Jagd mit Hunden, Falken, Netzen und Fallen wichtig war, einmal um die der Landwirtschaft schädlichen Tiere zu vernichten oder um einen Zusatz zur Ernährung zu besorgen. Der Fischfang in den Flüssen, Teichen, Lagunen und im Meer war vom Gesichtspunkt der Ernährung aus von nicht geringerer Bedeutung, aber man weiß sehr wenig darüber.

Selbstverständlich holte man aus den Wäldern Holz zu allen Zwecken, sammelte dort Früchte jeglicher Art und ließ das Vieh weiden. Wenn man aber versucht, über die notariellen Formeln, die rechtlichen Verhältnisse und die Gemeinplätze hinaus vorzudringen, sieht man sich vor einer Wirklichkeit, die großenteils unfaßbar ist, auch wenn man die Gewißheit hat, daß es eine Wirklichkeit war, die reich an Nährstoffen gewesen ist.

13. Handwerk und Rohstoffe

Von den handwerklichen Tätigkeiten zwischen dem 6. und 10. Jh. weiß man noch weniger als von der Landwirtschaft, auch wenn die Historiker dies im allgemeinen nicht gerne zugeben. Es gibt nicht viele handwerkliche Tätigkeiten, die in der gotischen Zeit direkt oder indirekt dokumentiert sind. Herstellung von Stoffen, Purpur, Ziegelsteinen, Waffen, Seife, Salzgewinnung, Schweinefleischkonservierung und Marmorbearbeitung füllen nicht den ganzen Bereich der produktiven Tätigkeiten aus, die im zivilen Leben notwendig sind[83]. Es versteht sich von selbst, daß die Landwirtschaft dem Handwerk viele Rohmaterialien lieferte: Wolle, Leinen, Felle und Farbstoffe. Andere Rohstoffe wie Gold, Eisen, Kupfer, Silber wurden vom Bergbau bereitgestellt, der selbst schon eine Form des Handwerks war. Über ihn ist sehr wenig bekannt, obwohl Italien nicht ganz ohne Bergwerke war[84].

Schlecht informiert sind wir auch über die handwerklichen Tätigkeiten im byzantinischen Italien. Dort spricht man von Färbern, Hosenmachern, Kerzenmachern, Kürschnern, von Verkäufern von Seidenstoffen, Parfumherstellern, Bäckern und Seifenmachern. Offensichtlich muß es aber auch viele andere Spezialbereiche gegeben haben, angefangen beim Bauwesen, den häuslichen Einrichtungen, dem Schiffbau u. a.[85].

Für das langobardische Italien führt die schriftliche und archäologische Dokumentation folgende Berufe auf: Goldschmiede und Münzmacher, Maler, Schmiede und Rüstungsschmiede, Kesselschmiede, Gefäßschmiede, Schneider, Seifenmacher, Schiffsbauer, Müller, Töpfer, Steinmetze, Hersteller von Backsteinen und Dachziegeln und die berühmten *magistri commàcini*, Spezialisten der Baukunst, so genannt, weil sie *cum machinis*, mit Balkengerüsten, Flaschenzügen, Niederholern und Kranbalken arbeiteten[86]. Sie bildeten Arbeitsgruppen, die je nach Auftrag der Bauherren von einem Ort zum andern zogen, und ihre Tarife waren streng und genau vom Gesetz fixiert[87]. Das Gesetz sah das Umherziehen auch für andere Handwerker vor, die nicht näher spezifiziert sind[88]. Es handelt sich dabei offensichtlich um freie Männer; und freie Männer tauchen in den Dokumenten auf und lassen einen gewissen Wohlstand erkennen[89].

Neben dem freien Handwerk, das es vor allem in den Städten gab, muß es auch einen unfreien Handwerkerstand gegeben haben, der in den königlichen Höfen und auf den großen kirchlichen Besitzungen ansässig war. Man weiß jedoch sehr wenig über die besonderen Verhältnisse des letzteren Standes. Was die Techniken, die von Freien und Unfreien bei ihren Arbeiten angewendet wurden, und ihre Geschicklichkeit bei deren Anwendung angeht, kann man sich aufgrund der Dinge, die auf uns gekommen sind, ein Urteil bilden; Waffen, Keramiken, Bronzevasen, Skulpturen und Goldschmiedearbeiten. Abgesehen von den Goldschmiedearbeiten handelte es sich um eine primitive und grobe Technik. Ein Traktat mit dem Titel *Compositiones ad tingenda musiva, pelles et alia*, wie es scheint, im 8. Jh. in Ravenna verfaßt, beschreibt dagegen die Arbeitsvorgänge eines hochqualifizierten Handwerkertums[90].

Für die karolingische und nachkarolingische Zeit erwähnen die schriftlichen Dokumente Handwerker, die zu den üblichen Kategorien gehören, während das, was von den handwerklichen Produkten dieser Epochen erhalten geblieben ist, eindeutige technische Fortschritte erkennen läßt[91]. Die sogenannten *Honorantie civitatis Papie*[92] geben uns, obwohl sie beträchtlich später geschrieben wurden, Hinweise, die zu einem Teil auf die karolingische oder sogar auf die langobardische Zeit zurückzuführen sind. Dieser Text beschreibt mit einer großen Vielfalt von Einzelheiten handwerkliche Tätigkeiten, die monopolhaft in Pavia ausgeübt wurden, in *ministeria*, die fast korporativen Charakter hatten. Der Text präzisiert die Dienste, die der königlichen Kammer von den einzelnen *ministeria* zu leisten waren, so von den in Mailand und Pavia arbeitenden Münzmachern, den *auri lavatores*, die aus dem Sand des Po und seiner Nebenflüsse Goldkörner und -flitter auswuschen, von den Fischern, Fährleuten, Gerbern und Seifenmachern. Spuren einer analogen Organisation findet man auch in anderen Städten, aber in ihnen wie auch in Pavia muß es viele andere Tätigkeiten gegeben haben, die frei ausgeübt wurden[93].

14. Der Handel

Die *Honorantie* enthalten auch Angaben über den Handel. Das Exarchat und die anderen italienischen, den Byzantinern unterstehenden Provinzen unterhielten Handelsbeziehungen untereinander, mit Byzanz und den muselmanischen Ländern und tauschten Fertigprodukte und Nahrungsmittel[94]. Sie handelten aber auch mit den Langobarden, wie archäologische Funde von handwerklichen, von Übersee stammenden Erzeugnissen erkennen lassen. Aufschluß gibt aber auch das Diplom, in dem 715 König Lintprand die Zolltarife für die Händler von Comacchio festlegte, die poaufwärts fuhren und Öl, Salz, Pfeffer und marinierten Fisch in den verschiedenen Flußhäfen, die sie passierten, abluden und die aus steuerlichen wie politisch-militärischen Gründen sehr streng bewacht waren[95]. Eine entsprechende Konzession muß den Venetianern gemacht worden sein, die mit Produkten orientalischer Herkunft um 780 auf dem Markt von Pavia vertreten waren[96].

Auch innerhalb des langobardischen Reiches gab es eine beträchtliche Handelsaktivität, die auch die transalpinen Länder mit einbezog und zeitweilig sogar bis nach England reichte, wie Aufzeichnungen und archäologische Funde bezeugen[97]. Die Gesetze berücksichtigen auch den Fall jener *negotiatores*, die ihrer Geschäfte wegen das Land verließen und für mehr als drei Jahre keine Nachricht von sich gaben[98]. In den Dokumenten erscheinen die *negotiatores* mit einer gewissen Häufigkeit und lassen einen solchen Wohlstand erkennen, daß Astolf sie 750 zum Wehrdienst verpflichtete und sie in drei Steuerklassen einteilte, die denen der großen, mittleren und kleinen Grundbesitzer gleichgestellt waren[99]. Ihr Besitz hatte sich im Laufe der Zeit immer mehr angehäuft; und der anonyme Autor der *Honorantie* sagte von den in Pavia ansässigen *negotiatores*, daß sie *magni et honorabiles et multum divites* seien.

Aus politisch-militärischen Gründen beaufsichtigte der langobardische Staat nicht nur die See- und Flußhäfen, sondern hatte auch an den offiziellen alpinen Grenzübergängen ein Befestigungssystem organisiert, die sogenannten *clusae*; sie fungierten auch als Zollstationen, in denen ein zehnprozentiger Zoll auf die Waren erhoben wurde, die in das Reich eingeführt und von transalpinen Händlern zum Markt nach Pavia gebracht wurden: Pferde, Sklaven, Stoffe, Waffen und Zinn. Diese Händler trafen sich mit langobardischen und venezianischen und anderen Händlern, die aus Salerno, Gaeta, Amalfi kamen; und schon seit der Zeit Rhotaris genossen alle Ausländer die besondere *tuitio* des Königs[100].

Pavia war jedoch nicht der einzige italienische Markt. Jede Stadt war gezwungenermaßen ein Ort des Austausches von Nahrungsmitteln, gewerblichen Erzeugnissen und (in mehr oder weniger großem Ausmaß) von Luxusprodukten, die von Übersee kamen und über Land und auf den Flüssen weitertransportiert wurden. Wir wissen weder etwas über die Bedeutung der See- und Flußschiffahrt bei den Langobarden oder Karolingern, noch wissen wir etwas über die Straßenpflege. Die Karolinger scheinen sich gelegentlich, jedoch nicht dauernd, um die Instandhaltung der Brücken gekümmert zu haben.

In karolingischer und nachkarolingischer Zeit vermehrten sich die Märkte auch in den kleinen und kleinsten Zentren in der Nähe der Kastelle und herrschaftlichen Höfe. Das bestätigt die Tatsache, daß man bezüglich der italienischen ländlichen Gebiete nur im Zusammenhang mit gewissen Mittelpunkten von einer geschlossenen Wirtschaft, von einem Hofsystem, sprechen kann. Den Beweis dafür liefert der Umlauf der Münzen, der niemals unterbrochen wurde.

15. Münz- und Kreditwesen

Die Geschichte der Münze im hochmittelalterlichen Italien ist etwas komplexer als in anderen Ländern. Sie hat ihren Ursprung in der spätimperialen Epoche, setzte sich in gotischer Zeit mehr oder weniger fort und entwickelte sich schließlich in einem Milieu, das in seiner Wirtschaft einerseits an die Westreiche, andererseits an das Ostreich gebunden war. Im langobardischen Italien setzte sich ein System durch, das sich auf die goldene *tremissis* stützte, die dem dritten Teil des byzantinischen *solidus* entsprach und keine kleinere Scheidemünze neben sich hatte, während man im byzantinischen Italien immer noch den goldenen *solidus* und die Kupfermünze prägte. Das Verfahren der verschiedenen Münzprägeanstalten, sei es im byzantinischen Italien – Rom, Ravenna, Catania, Syrakus, Neapel, Cagliari –, sei es im langobardischen Italien – Pavia, Verona, Vicenza, Treviso, Lucca, Pistoia, Benevent –, wurde durch die allgemeinen und lokalen politischen Ereignisse beeinflußt. Diese Entwicklung läßt sich zum Teil durch das Studium der Münzen rekonstruieren, die zufällig bis in unsere Zeit erhalten geblieben sind, die aber keinen Aufschluß darüber geben, wieviele Münzen geprägt wurden und im Umlauf waren. Ebensowenig geben die schriftlichen Quellen Auskunft über den Umfang des Geldverkehrs und die Fluktuation der Preise[101].

Fest steht jedoch, daß sowohl im langobardischen als auch byzantinischen Italien die Münzprägung staatliches Monopol war und im langobardischen Italien in einzelnen Städten die lokale Münzprägeanstalt an Gruppen von Münzprägern verpachtet wurde, die unter strenger Kontrolle standen. Die Münzpräger, die in den langobardischen Dokumenten erwähnt werden, waren wohlhabende Leute, standen in Verbindung zu reichen Personen, die sie zu Zeugen nahmen. Ihr Sozialprestige und ihre Wohlhabenheit nahmen immer mehr zu, so daß die *Honorantie civitatis Papie* sie als *nobiles et divites* bezeichneten. Es ist nicht bekannt, woher sie das zur Prägung benötigte Gold bekamen, da die Menge des aus den Flüssen gewonnenen Goldes dafür nicht ausgereicht haben konnte. Wie man sich heute noch selbst überzeugen kann, war ihre Prägetechnik noch sehr grob und unvollkommen.

Die Verwendung der Goldmünze bezeugt das Andauern jenes langobardischen Groß- und Fernhandels, von dem bereits gesprochen worden ist. Das Verschwinden des *solidus* und die Übernahme des *tremissis* läßt an Beziehungen in den westlichen Ländern denken, in denen man analoge Phänomene beobachten kann. Der Monometallismus (Gold), der letzten Endes den ursprünglich etablierten Bimetallismus (Gold, Silber) ablöste, scheint auf ein Überwiegen der Handelsbeziehungen mit dem Orient oder zumindest mit den Ländern des byzantinischen Gebiets hinzuweisen. Aber das Gold war auch innerhalb des Reiches im Umlauf, und viele Dokumente bestätigen Barzahlungen, die in Goldmünzen geleistet wurden.

Vollkommen fehlten anscheinend Silber- und Kupfermünzen, aber es ist anzunehmen, daß noch alte römische und ostgotische Münzen im Umlauf waren. Und wenn man solche Münzen nirgendwo, weder in Verstecken noch in Grabbeigaben findet, so ist das damit zu erklären, daß sie von zu geringem Wert waren, um aufbewahrt zu werden. In manchen Fällen benutzte man Brot- und Weizenmaße, die als *panis de cambio* oder *scutella de cambio* bezeichnet wurden, als Scheidemünzen.

Scheidemünzen gab es auch dann noch nicht, als Karl der Große den Gebrauch von Silbermünzen, die schon im fränkischen Reich im Umlauf waren, zur Pflicht machte. Für die Untertanen des Langobardenreiches war das Gold immer noch von größerer Bedeutung, und viele Bezahlungen wurden weiterhin in gewogenem Gold und in ausländischen Goldmünzen geleistet, auch wenn die Münzprägeanstalten – beschränkt auf Pavia, Mailand, Verona, Lucca – ausschließlich Silbermünzen prägten.

Einige Regelungen für Darlehen mit fünfjähriger Kündigungsfrist, die auf zehn und zwanzig Jahre verlängert werden konnten, lassen erkennen, daß Praktiken des Geldverkehrs noch nicht weit verbreitet waren. Andererseits gibt es den Hinweis auf ein erstes Auftreten von Handelsgesellschaften im langobardischen Gebiet, noch bevor man im byzantinischen Bereich eine Ahnung davon hatte[102].

[1] Für diese Ereignisse vgl. die allgemeinen einführenden Werke, die in der Bibliographie zitiert werden: *L. M. Hartmann:* Geschichte Italiens; *C. G. Mor:* L'età feudale; *G. Tabacco:* La storia politica e sociale; *G. Romano – A. Solmi, L. Salvatorelli.* – Das Datum des Langobardeneinfalls in Italien ist umstritten: vgl. *O. Bertolini:* Il problema cronologico dell'ingresso dei Longobardi in Italia. In: Atti del Convegno di studi longobardi.

2 *G. Falco:* La questione longobarda e la moderna storiografia italiana. In: Atti del I° congresso internazionale di studi longobardi.

3 *C. G. Mor:* La marcia di Alboino. In: Problemi... und *G. Bognetti.*

4 Zu diesem Teil vgl. besonders *G. Fasoli:* I re d'Italia; *C. G. Mor:* L'età feudale; *P. Delogu:* Strutture.

5 Vgl. *G. Fasoli:* Le incursioni ungare.

6 Vgl. *C. G. Mor:* Gouvernants et gouvernés, S. 399, und die Werke von *Ch. Diehl, von Falkenhausen, Guillard* und *Guillou,* passim.

7 Vgl. *C. G. Mor:* Gouvernants..., S. 407ff., S. 416ff.

8 Die italienischen Ortsnamen halten die Erinnerung an diese Ansiedlungen wach, vgl. *G. Fasoli:* Considerazioni sul problema degli stanziamenti longobardi in Italia. In: Atti del convegno di studi longobardi.

9 *F. Schneider:* Entstehung, passim; *C. G. Mor:* Gouvernants, S. 406ff.; *A. Cavanna:* Fara, sala, arimannia nella storia di un borgo longobardo (Vigevano), Mailand, 1967; *G. Rossetti:* Società e istituzioni nel contado lombardo durante il Medioevo (1968).

10 Vgl. *G. Fasoli:* Castelli e signorie rurali, CISAM 13.

11 *G. Fasoli:* Ciò che sappiamo della città...

12 Vgl. *A. Castagnetti:* Distretti fiscali; *V. Fumagalli:* Un territorio; *P. Delogu:* L'istituzione comitale.

13 *G. Fasoli:* Le incursioni, passim.

14 Vgl. *V. Fumagalli:* Storia agraria e luoghi comuni. In: Studi Medievali, 3. R. 9 (1969), S. 949–965; *E. Sereni.*

15 Vgl. *V. Fumagalli:* Note sui disboscamenti nella pianura Padana in epoca carolingia. In: Rivista di Storia dell'Agricoltura (1967), S. 1–10.

16 Vgl. *J. Beloch; C. Brühl:* Fodrum, I, S. 357ff.; Edictus.

17 Das Phänomen der Kontraktion der Städte findet sich auch in Italien, ist aber nicht genügend erforscht worden; vgl. *G. Barni-G. Fasoli,* S. 196ff., S. 244ff.

18 Typische Ortsnamen sind Fara, Sala, Scodosia, Querceto, Albareto, Ronca, Palù, Arzene usw.

19 Edictus... Langobardorum, Liut., 83.

20 Vgl. *E. Sestan:* La composizione etnica.

21 Die Erinnerung an die Goten ist in manchen Ortsnamen erhalten geblieben: Godo, Goito, Villagotica, Castel di Godego. Die Gesetzesbestimmungen beziehen sich dagegen auf westgotische Flüchtlinge.

22 Vgl. *E. Hlawitschka.*

23 Klassisches Werk, *M. Amari:* Storia dei Musulmani in Sicilia (1854–72; 2. Aufl., hg. v. *C. A. Nallino,* 1933–39). Vgl. *U. Rizzitano:* Gli Arabi in Italia. CISAM 12 (1965).

24 Vgl. *A. Milano; L. Ruggini:* Ebrei ed Orientali; Ders.: Note sugli Ebrei.

25 Dies ist alles, was man aus den Dokumenten erfahren kann, die im Codice diplomatico veröffentlicht sind, hg. v. *L. Schiaparelli.* Vgl. *Jarnut.*

26 Edictus, S. 149, Nr. 2.

27 Edictus..., Liut., 12, 112, 117, 129; vgl. Ro. 155.

28 Capitularia, I, Nr. 33, Kap. 2.

29 Capitularia, I, Nr. 105, Kap. 3.

30 Vgl. *Paulus Diaconus,* Historia langobardorum, V, 37; *Agnellus,* Liber pontificalis, S. 382; Versum de Mediolano civitate. In: M.G.H., Poetae latini aevi carolini I, hg. v. *E. Dümmler,* S. 24–26; Codice diplomatico longobardo I, 195.

31 Edictus..., Ro. 78–III und 128.

32 Vgl. *L. Kiszley – A. Scaglioni.*

33 Was die Mobilität der faras angeht, vgl. Edictus... Ro. 177. Die Anwesenheit von transpadani in der Toskana ist belegt, z. B. im Codice diplomatico longobardo I, 79. Es scheint, daß die Verbreitung der Verehrung des heiligen Donatus, Bischofs von Lucca, in der Poebene auf die Ansiedlung von Toskanern zurückgeht.

34 Edictus..., S. 177; Capitularia, 95, Kap. 16. Vgl. *N. Cilento:* Le origini, S. 73–74.

35 Vgl. *G. Fasoli, R. Manselli, G. Tabacco:* La struttura sociale, S. 292ff., mit Rückverweis auf *Bertolini:* Roma; *Diehl; Guillou.*

36 *G. Fasoli:* Aspetti di vita economica e sociale, passim mit Rückverweis auf die Quellen. Vgl. Edictus..., Ro. IIff., Liut. 62, Ratchis, 10–11 und 14.

[37] *Ratherius,* Praeloquia, Kol. 150. Vgl. *E. Sestan:* Per la storia della città.
[38] Was die Tätigkeit der Bischöfe zur Zeit des gotischen Krieges angeht, vgl. *S. Mochi-Onory:* Vescovi e città (1933), passim.
[39] Vgl. *Ch. Diehl* und *A. Guillou,* passim.
[40] Vgl. *O. Bertolini:* Le chiese longobarde, und ders.: I vescovi del regnum Langobardorum.
[41] Capitularia, I, Nr. 39, Kap. I.
[42] *L. Ruggini:* Economia e società, S. 349ff.
[43] *L. Ruggini:* Economia e società, S. 449.
[44] Edictus..., Ahist. 2–3.
[45] *Ratherius:* Praeloquia, P.L. 136, Kol. 149. Vgl. *G. Fasoli, R. Manselli, G. Tabacco:* S. 297–98.
[46] *G. Fasoli:* Aspetti di vita economica e sociale, passim.
[47] Capitularia, I, Nr. 94, Kap. 13.
[48] *G. Fasoli:* Aspetti di vita economica e sociale, mit Rückverweis auf die Quelle. Vgl. *P. S. Leicht:* Operai, artigiani, passim.
[49] *G. Fasoli:* Aspetti di vita economica e sociale, passim; dies.: Castelli e signorie rurali, passim.
[50] *C. G. Mor:* Gouvernants, S. 406, mit Rückverweis auf die Quellen. Vgl. *G. Forchielli:* La pieve rurale.
[51] Edictus..., Ro. 279 und Liut. 141.
[52] *G. Fasoli:* Castelli e signorie rurali, S. 539 und 565.
[53] Edictus..., Ro. 343.
[54] Vgl. *O Barni – G. Fasoli:* S. 177.
[55] Edictus..., Liut. 84–85.
[56] *V. Fumagalli:* Note sui disboscamenti, passim.
[57] Vgl. *C. G. Mor:* Gouvernants, S. 405.
[58] Vgl. *C. G. Mor:* Gouvernants, S. 405.
[59] Alle italienischen Städte haben auch heute noch Straßen, deren Namen auf die alten Handwerker zurückgehen: via degli Orefici, via dei Calzaioli, via degli Spadari usw.
[60] Vgl. *P. S. Leicht:* Operai, passim, und *C. Brühl:* Das „Palatium" von Pavia und die „Honorantie civitatis Papie". In: Atti del IV Congresso, S. 189–220.
[61] *P. Sella:* La vicinia.
[62] Vgl. *G. Fasoli:* La coscienza civica.
[63] Klassisches Werk, *G. Manacorda:* Storia della scuola.
[64] Vgl. *D. A. Bollough:* Le scuole, passim.
[65] Das ist der Name, den die langobardischen Gesetze demjenigen geben, der die Dokumente schreibt: vgl. *A. Amelotti – G. Costamagno:* Alle origini del notariato, und *A. Petrucci:* Notarii, passim.
[66] Edictus..., Ro. 386.
[67] Vgl. *C. G. Mor:* Pavia (suola di). In: Novissimo Digesto Italiano; *U. Gualazzini* und *B. Pagnin.*
[68] Vgl. *O. Bertolini:* Roma, passim.
[69] Die XIX. Settimana des Centro Italiano di Studi sull'Alto Medioevo hatte als Thema die Schule.
[70] Vgl. *P. Riché:* La bibliothèque.
[71] Capitularia, I, Nr. 163, Kap. 6.
[72] Capitularia, I, Nr. 180, Kap. 34.
[73] *Ratherius,* Opera, Verona 1765, S. 149.
[74] Vgl. *G. Rossi* und *G. Barni – G. Fasoli:* S. 490ff.
[75] Edictus..., Ro. 158.
[76] Edictus..., Ro. 257, 259, 378.
[77] Vgl. *E. Sestan:* Qualche aspetto della personalità di Paolo Discono nella sua Historia Romana. In: Miscellanea in onore di Roberto Cessi (1958).
[78] Vgl. *G. Fasoli:* Re, imperatori e sudditi nell'Italia del sec. X. In: Studi Medievali 3, IV (1963), S. 59ff.
[79] *P. J. Jones:* L'Italia agraria.
[80] *G. Fasoli:* Aspetti di vita economica e sociale, S. 136; auch die Pflanzen hatten ihr Wergeld.
[81] Vgl. *V. Fumagalli:* Rapporto.
[82] Edictus..., Ro. 228.
[83] *L. Ruggini:* Economia e società, S. 552.

[84] Über das Problem der Bergwerke hat in der XVIII. Settimana des Centro Italiano di Studi sull'Alto Medio Evo *R. Sprandel* gesprochen.
[85] Vgl. *Diehl,* S. 302.
[86] Andere meinen, daß die magistri comacini so genannt wurden, weil sie aus Como stammten; vgl. *Salmi:* Maestri comacini o maestri commàcini. In: CISAM 18 (1971), S. 409–424.
[87] Edictus..., Ro. 144–45 und Memoratorium de mercedibus commacinorum.
[88] Edictus..., Liut. 18.
[89] Viele Handwerker werden in den Dokumenten des Codice diplomatico longobardo aufgeführt.
[90] Vgl. *A. Guillou:* S. 234–35. Vgl. *A. Pellizzari:* I trattati attorno le arti figurative in Italia e nella Peninsola Iberica (1915), S. 453–502.
[91] Vgl. *J. Hubert, J. Porcher, W. F. Volbach:* L'Europe des invasions (1967), und diess.: L'empire carolingien (1968).
[92] Vgl. *A. Solmi, C. Brühl.*
[93] *P. S. Leicht:* Operai, S. 47.
[94] Vgl. *G. Luzzatto:* Storia economica d'Italia, S. 167–68, 171, 178–88, 190.
[95] *L. M. Hartmann:* Zur Wirtschaftsgeschichte Italiens.
[96] *G. Luzzatto:* Storia economica di Venezia dall XI al XVI secolo (1961).
[97] Vgl. *G. Fasoli:* Aspetti di vita economica e sociale, S. 138ff. mit Rückverweis auf die Quellen und auf vorausgegangene Bibliographie.
[98] Edictus..., Liut. 18.
[99] Edictus..., Ahist. 2–3.
[100] Edictus..., Ro. 367.
[101] Vgl. *E. Bernareggi, Ph. Grierson, R. S. Lopez.*
[102] Edictus..., Liut. 107.

§ 17 Italien: Die Landwirtschaft vom 11. bis 14. Jahrhundert

Von Ildebrando Imberciadori

Allgemeine Literatur

G. Barbieri: Notizie sulle rendite degli enti ecclesiastici lucchesi secondo l'estimo del 1260. In: Economia e Storia 1 (1954).

K. J. Beloch: Bevölkerungsgeschichte Italiens, Bd. 3 (1937/61).

P. Boyer: Le „Ruralium commodorum" opus de Pierre de Crescent. In: Ecole nationale des Chartes, Position des Thèses (1943).

M. R. Caroselli: Contributo bibliografico alla storia dell'agricoltura italiana (1946–1964). In: Rivista di Storia dell'Agricoltura (Dez. 1964).

G. I. Cassandro: Storia delle terre comuni e degli usi civici nell'Italia meridionale (1943).

A. Castagnetti: La distribuzione geografica dei possessi di un grande proprietario veronese del sec. IX: Engelberto del fu Grimoaldo di Erhé. In: Rivista di Storia dell'Agricoltura 1 (1969).

Ders.: Primi aspetti di politica annonaria nell'Italia comunale. La bonifica della „palus comunis Verone" (1194–1199). In: Studi Medievali, R. III, XV, 1, S. 363–481.

Ders.: I possessi del Monastero di San Zeno di Verona a Bardolino. In: Studi Medievali, R. III, 13 (1972), S. 95ff.

Ders.: La pieve rurale nell'Italia Padana (Territorio, organizzazione patrimoniale e vicende della Pieve veronese di San Pietro di „Tillida") dall'Alto Medio Evo al sec. XIII (1976).

C. Cattaneo: Scritti storici, geografici ed economici (7 Bde., 1957).

Ders.: Notizie naturali e civili sulla Lombardia.

R. Cessi: Aspetti del regime agrario nell'antico ducato veneziano (secc. IX–XII). In: Atti Istituto Veneto (1957–1958).

Paba F. Cherchi: Lineamenti storici dell'agricoltura sarda nel sec. XIII. In: Studi storici in onore di F. Loddo Canepa 11 (1959).

G. Chittolini: I beni terrieri del Capitolo della Cattedrale di Cremona fra il XIII e il XIV secolo. In: Nuova Rivista Storica XLIX (1965).

C. M. Cipolla: Per la storia della crisi del sistema curtense in Italia. In: Bullettino Ist. Stor. Ital. (1950).

Ders.: Per la storia delle terre della „bassa" Lombardia. In: Studi in onore di A. Sapori 1 (1951).

Ders.: Profilo della storia rurale italiana. In: Antologia della critica storica (1957).

E. Conti: La formazione della struttura agraria moderna nel contado fiorentino (1965).

P. de Crescenzi: Ruralium commodorum libri (1305); über Pier de Crescenzi: Studi e documenti (1933).

R. de Cupis: Vicende dell'agricoltura e della pastorizia nell'Agro romano (1911).

M. del Treppo: La vita economica e sociale di una grande Abbazia del Mezzogiorno: S. Vincenzo al Volturno nell'Alto Medio Evo. In: Arch. Storico Prov. Napoletane (1955).

H. Desplanques: Campagnes Ombriennes (1969).

A. Doren: Storia economica dell'Italia nel Medio Evo (1936).

G. Duby: L'économie rurale et la vie des campagnes dans l'Occident médiéval (1962).

Ders.: L'histoire agraire de l'Italie. In: Annales E.S.C. XVIII (1963), S. 356.

L. Fabiani: La terra di San Benedetto. Studio storico giuridico sull'Abbazia di Montecassino dal sec. VIII al sec. XIII (1968).

G. Fasoli: L'Abbazia di Nonantola tra l'VIII e l'XI secolo. In: Studi e Documenti, Deputazione di storia patria (1943).

A. Filangeri: La „Dogana delle pecore" di Puglia e la struttura economico-agraria del Tavoliere. In: Riv. di Economia Agraria (1950).

G. Fortunato: Badie, Feude e Baroni della valle Vitalba (1968).

G. Galasso: Dal Comune medievale all'Unità (1959).

D. Herlihy: The agrarian revolution in Southern France and Italy. In: Speculum 33 (1958).

Ders.: The History of rural seigneurie in Italy, 751–1200. In: Agricultural History, Urbana/Ill., Nr. 2 (1959).

Ders.: Medieval and Renaissance Pistoia. The social history of an Italian Town (1967).
I. Imberciadori: Per la storia agraria. In: Introduzione allo studio della storia, Bd. 2 (1975) sowie in: Riv. di Storia dell'Agricoltura, Bd. 3 (1976).
P. J. Jones: Per la storia agraria nel Medioevo: lineamenti e problemi. In: Riv. St. Italiana LXXVI, 11 (1964).
Ders.: La storia economica dalla caduta dell'Impero romano al sec. XIV. In: Storia d'Italia, Bd. 2 (1974), S. 1469–1810.
W. Kurze: Codex diplomaticus Amiatinus, Bd. 1 (736–951); Urkundenbuch der Abtei S. Salvatore am Montamiata (1974), S. 420.
J. Le Goff: La civiltà dell'Occidente medievale (1969).
R. Leicher: Historische Grundlagen d. landwirtschaftlichen Besitzung. Betriebsverhältnisse in Italien. In: VSWG (1960).
A. Lizier: L'economia rurale dell'età prenormanna nell'Italia meridionale (1907).
R. S. Lopez: The Trade of medieval Europe, the South. In: The Cambridge Economic History, Bd. 2 (1952).
L. Messedaglia: Per la storia dell'agricoltura e dell'alimentazione (1932).
C. G. Mor: Sicilia e Sardegna: due momenti di economia agraria. In: Agr. e mondo rurale in Occidente nell'A.M.E. (1966).
V. Niccoli: Saggio storico e bibliografico dell'agricoltura italiana dalle origini al 1900 (1902).
L. Olson: Pietro de Crescenzi: the founder of modern agronomy. In: Agricultural History Review (1944).
I. Peri: Città e campagne in Sicilia. Dominazione normanna. In: Atti Acc. Sc. Arti Lettere Palermo, R. 4, XIII (1952–1953).
H. C. Peyer: Zur Getreidepolitik oberitalienischer Städte im 13. Jh. (1950).
G. Procacci: Storia degli Italiani (2 Bde., 1968).
Cl. Rotelli: Una campagna medievale: Storia agraria del Piemonte tra il 1250 e il 1450 (1973).
G. Salvadori: Ricordi di San Francesco d'Assisi (1926).
L. Savastano: Contributo allo studio critico degli scrittori agrari italiani secondo Pietro de Crescenzi. In: Annali Stazione Sperimentale di agrumicultura e frutticultura di Acireale (1919–1921).
E. Sereni: Storia del paesaggio agrario italiano (1961).
Ders.: Agricoltura e mondo rurale. In: Storia d'Italia: I caratteri originali (1972).
G. Toniolo: Storia dell'economia sociale in Toscana nel Medioevo (2 Bde., 1948).
C. Trasselli: Studi sul clima. In: Riv. di Storia dell'Agricoltura 1 (1968).
L. White: Medieval Technology and social change (1962).
R. Zangheri: L'agricoltura nell'Italia medievale. In: Studi Storici 1 (1967).
G. Zucchetti: Il „Liber Largitorius nel notarius monasterii Pharphensis“. In: Boll. Istituto Storico Italiano (1927).

Einzeldarstellungen

Person und Familie:

S. Anselmi: Schiavoni e Albanesi nell'agricoltura marchigiana dei secoli XIV e XV. In: Rivista di Storia dell'Agricoltura 2 (1976).
G. Barni: Cives e rustici alla fine del sec. XII e all'inizio del sec. XIII. In: Rivista Storica Italiana LXIX, 1 (1957).
G. Cherubini: Qualche considerazione sulle campagne dell'Italia centro-settentrionale tra il XI e il XV secolo. In: Rivista Storica Italiana LXXIX (1967), S. 111–157.
Ders.: Agricoltura e società rurale nel medioevo (1972).
Ders.: Signori, contadini borghesi. Ricerche sulla società italiana del Basso Medioevo. In: La Nuova Italia (1974).
R. Comba: La dinamica dell'insediamento umano nel Cuneese (secc. X–XIII). In: Bull. Stor.-Bibliografico Subalpino LXXII, 2 (1973), S. 511–602.
L. Dal Pane: L'economia bolognese del sec. XIII e l'affrancazione dei servi. In: Giornale degli Economisti 9–10 (1959).
G. Duby: Le origini dell'economia europea. Guerrieri e contadini nel Medioevo, prof. di Vito Fumagalli (1975).
V. Fumagalli: Terra e società nell'Italia Padana, secc. IX e X (1976).

L. Gambi: Le Rationes Decimarum: volumi e carte e il loro valore per la storia dell'insediamento umano in Italia (1953).
I. Imberciadori: Il Catasto senese del 1316. In: Archivio giuridico Vittorio Scialoia (1939).
L. A. Kotelnikova: I contadini italiani nei secc. X–XIII. In: Riv. di Storia dell'Agricoltura 3 (1975).
Ders.: Mondo contadino e città in Italia dal l'XI al XIV secolo (1976).
F. S. Leicht: Studi sulla proprietà fondiaria nel M.E. (1903–1907).
Ders.: Operai, artigiani, agricoltori in Italia dal sec. VI al XVI (1946).
Ders.: Testi e documenti per la storia del diritto agrario in Italia, secc. VIII–XVIII (1954).
O. S. Mochi: Origini storiche dei diritti essenziali della persona (1927).
J. Plesner: L'émigration de la campagne à la ville libre de Florence au XIIIe siècle (1934).

Die Landgemeinde:
G. Balda: Una corte rurale nel territorio di Asti nel Medio Evo: Quarto di Asti e l'amministrazione del Capitolo canonicale. In: Bollettino Storico Bibliografico Subalpino LXX, 1–2 (1972), S. 5–22.
R. Caggese: Classi e comuni rurali nel Medio Evo Italiano (1909).
E. Cristiani: Città e campagna nell'età comunale e in alcune pubblicazioni dell'ultimo decennio. In: Rivista storica italiana (1964).
G. Donna d'Oldenico: I borghi franchi nella politica e nella economia agraria della Repubblica Vercellese. In: Annali Accademia dell'Agricoltura (1942–1943).
G. Fasoli: Ricerche sui borghi franchi dell'Alta Italia. In: Riv. Storica Italiana (1942).
E. Fiumi: Sui rapporti tra città e contado nell'età comunale. In: ASI (1956).
Ders.: Storia economica e sociale di San Gimignano (1961).
V. Fumagalli: Crisi del dominico e aumento del massaricio nei beni „infra valle" del Monastero di San Colombano di Bobbio. In: Riv. di Storia dell'Agricoltura 4 (1966).
C. Higounet: Les „Terre nuove" florentines du XIV siècle. In: Studi in onore di A. Fanfani 3 (1962).
I. Imberciadori: Come nel secolo XII nacque il Consolato a Castel di Badia. In: Amiata e Maremma dal sec. IX al sec. XIX (1971).
Ders.: Constitutum Montis Pinzutuli, sec. XIII. Ebd. (1972).
T. Leccisotti: Le colonie cassinesi in Capitanata (1937–1940).
K. Madelewski: Le vicende della „pars dominica" nei beni fondiari del Monastero di San Zaccaria di Venezia (secc. X–XIV). In: Bollettino di Storia della Società e dello Stato Veneziano IV (1962).
A. Menchetti: Storia di un Comune rurale della Marca Anconitana. Montalboddo, oggi Ostra (2 Bde., 1908–1937).
A. Palmieri: La montagna bolognese del Medioevo (1929).
R. Romeo: La Signoria di Sant'Ambrogio di Milano sul Comune rurale di Origio nel secolo XIII. In: Riv. Storica Italiana LXIX, 3 (1957).
P. Torelli: Un comune cittadino in territorio ad economia agricola (2 Bde., 1930).
P. Toubert: Les status communaux et l'histoire des campagnes lombardes au XIV siècle. In: Mélanges d'archéologie et d'histoire (1960).
Ders.: Les structures du Latium médiéval (1973).

Anbautechnik:
V. Baldieri: Cistercensi e la Bonifica dell'Agro romano fuori Porta San Paolo. In: Nuova Rivista Storica XLVII (1963).
La Bonifica Bendettina (1965).
G. Donna d'Oldenico: Lo sviluppo storico delle bonifiche e delle irrigazioni in Piemonte (1939).
Ders.: Oldenico e altre terre vercellesi (1967).
I. Imberciadori: L'idea di San Benedetto nella storia della bonifica. In: Studi in onore di A. Fanfani 1 (1962).
M. Lecce: Una bonifica in un territorio veronese alla fine del XII sec. In: Economia e Storia (1954).
A. Serpieri: La bonifica nella storia e nella dottrina (1957).
C. Singer, E. J. Holmyard, A. R. Hall und *T. I. Williams:* A History of technology. The Mediterranean civilisation and the Middle Ages (1956).
G. C. Zimoli: Canali e navigazione dalle origini al 1500. In: Storia di Milano (1957).

Pachtverträge:
Bartolo da Sassoferrato: Opera omnia, s. v. „partiari" und „colonus" (10 Bde.).
E. Bassanelli: La colonia perpetua. Saggio storico-giuridico (1933).
I. Imberciadori: Mezzadria classica toscana, con documentazione inedita dal IX al XIV secolo. Accademia dei Georgofili (1951).
Ders.: I due poderi di Bernardo Machiavelli. In: Studi in onore di A. Sapori (1937).
Ders.: Proprietà terriera di Francesco Datini. In: Economia e Storia 1 (1958).
Ders.: Le scaturigini della mezzadria poderale. In: Economia e Storia 1 (1958).
P. J. Jones: From Manor to Mezzadria. In: Florentine Studies (1968).
R. E. Nasalli: La gestione dei beni del Monastero Cistercense di Chiaravalle della Colomba. In: Economia e Storia, 3. R., 3 (1956).
Br. Paradisi: Massaricium jus (1937).
S. Pivano: I contratti agrari nell'Alto Medio Evo (1904).
G. Sapori: Le condizioni giuridiche e sociali in cui si è sviluppata l'agricoltura italiana (1956).
G. Volpe: Aziende agrarie medievali. In: Storia dell'economia italiana 1 (1959).

Die wichtigsten Gewächse:
Ölbaum und Wein:
G. Donno: Bibliografia sistematica dell'olivo e dell'olio d'oliva (1943).
V. Fumagalli: Note sui disboscamenti nella Pianura Padana carolingia. In: Riv. di storia dell'agricoltura 2 (1967).
I. Imbericiadori: Qualche altra luce sull'Alto Medio Evo. In: Riv. di storia dell'agricoltura 1 (1966).
Ders.: Vite e vigna nell'Alto Medio Evo. In: Agricoltura e mondo rurale in Occidente... nell'A.M.E. (1965).
Ders.: Per la storia dell'olivo nell'agricoltura italiana. In: La bonifica e l'assetto territoriale (1975).
A. Marescalchi, G. Dalmasso: Storia del vite del vino in Italia (3 Bde.).
G. Pasquali: Olivi e olio nella Lombardia Prealpina. In: Studi Medievali, 3. R. XIII, 1 (1972), S. 257–265.
A. I. Pini: La viticultura nel Medioevo. In: Studi Medievali, 3. R. XV, 1.
L. Simeoni: La liberazione dei servi a Bologna nel 1256–1257. In: ASI (1951).
G. Tabacco: Uomini e terra nell'Alto Medioevo. In: Agric. e mondo rurale in Occidente nell'Alto Medioevo (1966).
P. Vaccari: L'affrancazione dei servi della gleba nell'Emilia e nella Toscana (1926).
C. Violante: La società milanese nell'età precomunale (1953).
Ders.: Storia ed economia dell'Italia medioevale. In: Riv. Stor. Italiana III (1961).
Getreidebau:
F. Artizzu: Agricoltura e pastorizia nella Sardegna Pisana (1965).
M. J. Bodson: L'évolution d'un paysage rural au Moyen Age (1965).
A. Boscolo: L'Abbazia di San Vittore, Pisa e la Sardegna (1958).
L. Ciaravellini: Tecnica di coltivazione e conservazione del grano nel corso dei tempi. In: Riv. di Storia dell'Agricoltura 2 (1969).
F. Gabotto: L'agricoltura nella regione saluzzese dal sec. XI al XV (1902).
G. Mira: Il fabbisogno dei cereali in Perugia e nel suo contado nei secc. XIII–XIV. In: Studi in onore di A. Sapori 1 (1957).
M. Montanari: Cereali e legumi nell'Alto Medio Evo. Italia del Nord, secoli IX–X. In: Riv. Storica Italiana LXXXVII, 3 (1975), S. 439–492.
Ders.: L'alimentazione contadina nell'Alto Medio Evo. Ipotesi sul consumo cerealicolo dei coltivatori dipendenti nell'Italia settentrionale. In: Studi medievali, R. 3, XVI, 1 (1976), S. 115–172.
R. Romano: A propos du commerce de blé dans la Méditerranée des XIV à XV siècles. In: Hommage à Lucien Fèbvre 2 (1954).
G. Vitali: L'evoluzione dell'aratro nell'agricoltura italiana. In: Atti Acc. dei Georgofili (1942).
M. Zucchini: Pomposa nella storia dell'agricoltura italiana. In: Storia dell'Agricoltura 3 (1963).

1. Einführung

Der Charakter dieses kurzen Berichts über die italienische Landwirtschaft vom 11. bis 14. Jh. bedarf eines Vorworts.

Wie schon Doren, Luzzatto, Cipolla, so stellt auch Kotelnikova in ihrer kürzlich erschienenen Studie über die italienischen Bauern und die Städte vom 11. bis 14. Jh. fest, daß „die Agrargeschichte Italiens im Mittelalter zu den noch wenig erforschten Gebieten gehört. Obwohl in den letzten 10 bis 15 Jahren etliche Artikel erschienen sind, die sich mit diesem Thema befassen (Werke von L. Dal Pane, G. Luzzatto, R. Romeo, C. Violante, P. Santini, I. Imberciadori, G. Ghittolini, E. Conti, S. Skandin, M. L. Abramson, L. M. Braghina, E. V. Bernaskaja, A. H. Gorfunkel, V. V. Samarkin, L. A. Kotelnikova), warten noch viele Probleme darauf, erforscht zu werden." Im großen und ganzen können wir uns dieser Bemerkung von Kotelnikova anschließen, auch wenn wir an andere hervorragende Gelehrte denken müssen, die dazu beigetragen haben, die Agrargeschichte des Mittelalters zu durchleuchten wie Pivano, Leicht, Lizier, Hartmann, Paradisi, Jones, Sereni, Fasoli, Cipolla, Volpe und andere mehr, Italiener wie Ausländer. Seit mehreren Jahren erscheint die „Rivista di Storia dell' Agricoltura". Abgesehen davon, daß die italienischen Historiker, wie 1951 Arrigo Serpieri sagte, „endlich", und das bedeutet spät, „entdeckt hatten, daß es auch die Landwirtschaft gibt", ist es äußerst schwierig, die Geschichte der Landwirtschaft und, wie Gioacchino Volpe hervorgehoben hat, die der italienischen Bauern zu schreiben: auch wegen der außergewöhnlichen Vielfalt der natürlichen, politischen und rechtlichen Gegebenheiten, die dem Boden Italiens, seinem Klima, seiner Gesellschaft, seinem Recht eigen sind, und außerdem wegen des abschreckenden Umfangs der Archivdokumente (Verträge, Ackerbücher, Statute, Denkschriften). Wir möchten dazu Folgendes bemerken:

1. Obwohl wir uns dessen bewußt sind, daß die Phase der rein informativen Forschung noch lange dauern wird, scheint es uns jetzt schon möglich zu sein, einige Haupttendenzen der Entwicklung aufzuzeigen.

2. Obwohl es uns bekannt ist, daß die persönliche Agrartechnik bei der eigentümlichen Vielfalt der Ortschaften und lokalen Klimata Italiens immer von Bedeutung gewesen sein muß, scheint es uns nicht unkritisch, hervorzuheben, daß gerade im 12. Jh. die Ansätze für gewisse große technische Neuerungen gemacht worden sind, die für Italien typisch sind: a) in der Beherrschung und im Gebrauch des Wassers in der Ebene und auf dem Hügelland; b) in der Art und Weise, die Produktion in jener merkwürdigen Einheit, die ein Halbpachtgut darstellt, zu organisieren; c) in der Art und Weise, die Anpflanzung und Saat in der Ebene neu zu ordnen.

Dabei sollten wir einige objektive Tatsachen nicht vergessen, die die italienische Landwirtschaft charakterisieren:

1. In weit größerem Maße als in jedem andern europäischen Land haben der Boden und das Klima nicht bloß zwei Italien geschaffen (Nord- und Mittelitalien einerseits und Süditalien sowie Insel-Italien andererseits, sondern *viele Italien*, denn auch innerhalb der einzelnen Regionen kann in einem außerordentlich vielfältigen und beweglichen geologischen Kontext ein mediterranes Klima mit einem kontinentalen Klima abwechseln.

2. Italien besitzt eine einzige echte große Ebene; es ist die, die vom Po durchlaufen wird. Der Po, der in den westlichen Alpen seinen Ursprung nimmt und das adriatische Meer nach einer Strecke von ca. 650 km erreicht, bildet mit seinen 25 Nebenflüssen ein Becken von ca. 75 000 km². Dieses Flußbecken wurde in seinem hügeligen und ebenen Teil vom Willen und von der Vernunft des mittelalterlichen Menschen dazu angelegt und bestimmt, einen äußerst fruchtbaren Ackerboden herzugeben.

Der Poebene werden wir also unsere besondere Aufmerksamkeit zuwenden. In dieser kurzen Synthese können wir die anderen kleineren Ebenen der Halbinsel weder erwähnen noch berücksichtigen. Andeutungsweise werden wir zeigen, wieweit sie bewohnbar waren, wieweit politisch-militärische Ereignisse eine Bedeutung zuließen oder nicht zuließen oder ausgedehnte Sümpfe, Wälder und die Krankheit, die in fast jeder Küstengegend verbreitet war, die Malaria nämlich (*aere pessimo*, wie eine historische Definition aus der Maremma lautet) sie erschwerten. Innerhalb der geographischen Grenzen, die sich über 9235 km erstreckten (1811 zu Land und 7424 zu Wasser), boten sich dem arbeitenden Menschen ca. 120 000 km^2 hügeliger Fläche an, die sich gut für das Keimen und für das Wachstum der Samen und der Gewächse eignete, sei es in der mediterranen Macchia oder in den Wäldern von Eßkastanienbäumen, Buchen, Tannen, Erlen, Eschen, Steineichen, Eichen und im Weinberg, im Gemüse- und Obstgarten. Auf diesen 120 000 km^2 gebirgiger Landschaft befanden sich sehr ausgedehnte Wälder und Weiden und die Quellen der Gewässer, die zu Tale flossen. Und schon erhebt sich eine kapitale Frage: mit welchen Mitteln und inwieweit ist dem mittelalterlichen Menschen die Regulierung der Wasserläufe gelungen, um überschwemmte oder überschwemmbare Gebiete in solche zu verwandeln, die er rationell bebauen konnte, und wie gelang ihm die Eingrenzung der Wälder, um Hügel, die mit Macchia oder Wald bestanden waren, in solche zu verwandeln, die sich zur Saat und zur Bepflanzung eigneten? Bevor wir diese wesentliche Frage technischen Charakters beantworten können, müssen wir uns über die mögliche Entwicklung orientieren, die Person, Familie und Gemeinde durchmachten und die es dem arbeitenden Menschen erlaubte, die eigene Arbeit zu sichern und zu verteilen.

Es darf nicht überraschen, wenn in dieser kurzen Analyse das Interesse für das breite Volk vorherrscht, während die politisch regierenden Minderheiten, die auf den großen Gütern lebten, zurücktreten. Wenn man die Dinge genauer betrachtet, ergibt sich das kritische Interesse für diese Schicht von Personen und ihre Institutionen aus dem Kontrast zwischen der Lebensführung beider. Ihre Lebensführung soll aber nicht mit gelbem oder rotem Licht angestrahlt werden, sondern mit weißem Licht, das Synthese und Prisma aller Farben ist, wie es die Wirklichkeit des Lebens in seiner dynamischen Relativität von Raum, Zeit und Menschen ausstrahlt.

2. Person und Familie

Die erste Bemerkung, die angebracht erscheint, ist folgende: wenn auch während der drei Jahrhunderte des Spätmittelalters die Bauern, die auf der Suche nach anderer Arbeit waren, vom Land in die Stadt abzuwandern begannen, so blieb doch immer die Überzeugung, daß die Treue des Menschen zur Erde Quelle der Sicherheit und unersetzliches Mittel zur Bekämpfung des Hungers sei. So war bei der gesamten Bevölkerung der Wunsch stets gegenwärtig, Boden als Eigentum oder zum mindesten so lange wie möglich als Besitz zu erwerben, wie auch die Forderung, daß der Nutzen, den das Verhältnis zum Boden brachte, nicht nur der Einzelperson vorbehalten bleibe, sondern auch auf seine Familie zu übertragen sei. Dies ist die erste persönliche Antriebskraft, die ihren Ausdruck im Streben nach Sicherung des Besitzes, nach Freiheit im Anbau, nach wirtschaftlich und testamentarisch freier Verfügbarkeit über die Güter und die Früchte der eigenen Arbeit fand. Das Problem der Person offenbart sich als das Interesse der Einzelperson, der Person in der Familie und der Person in der Gemeinschaft. Es sind drei Interessenbereiche, die zu drei Rechtskomplexen werden und die am Ende des 13. Jh. fast überall anerkannt und kodifiziert sind.

Der größte Teil des Volkes arbeitete während der feudalen Zeit entweder als provisorischer Besitzer auf herrschaftlichem Eigentum oder als Kleingrundbesitzer auf eigenem Boden. Der Besitz des letzteren konnte entweder älteren Ursprungs oder erst in jüngerer Zeit erworben sein: Zum Beispiel wurde jemand, der auf fremdem Boden Weinstöcke gesetzt hatte, häufig später zur Hälfte Eigentümer des ertragbringenden Weinbergs. Diese Art von Eigentümern hatte ihr Problem schon gelöst, sei es als Person, sei es als Familie, die vom Erbfolgerecht berücksichtigt und verteidigt wurden. Stärker wurde das jahrhundertealte gemeinsame Interesse durch die viel zahlreicher vertretenen Bebauer fremden Bodens, die häufig als *manentes* an den Boden anderer gebunden waren, vorangetrieben. Ganz allgemein wissen wir, daß der Bebauer eines fremden Eigentums einen verschieden großen Teil der Produkte bekam und daß er dafür dem Eigentümer Naturalien und Geld oder Naturalien und unentgeltliche persönliche Arbeit, Frondienst entrichtete.

Die wichtigsten Arbeitswerkzeuge für diesen Arbeitertyp waren Hacke und Spaten für den Ackerbau und die scharfe Hippe für die Beschneidung der Weinreben. Dieser Handarbeiter der Hacke, dieser Teilpächter, erreichte schon sehr häufig, daß ihm der Boden für eine große Anzahl von Jahren, etwa 29, als Lehen gegeben wurde. Im Rahmen dieser Verleihung war es schon eine erste Errungenschaft des Arbeiters, daß er sich eine Belohnung für die Ausbesserungen sicherte, die er im Laufe der Zeit auf dem Boden fremden Eigentums durchführte. Die *melioratio*, die vom Inhaber eines fremden Gutes durchgeführt wurde, wurde nicht dem *dominium directum* einverleibt und diente nicht zu dessen Bereicherung, sondern blieb dem Arbeiter erhalten als *domnium utile*. Zwar konnte die *melioratio* schon im 8. Jh. mit Geld vergütet werden; im 12. Jh. aber wurde sie nicht mehr nach Schätzung und Urteil des Eigentümers vergütet, sondern nach Schätzung und Urteil anderer *laboratores*, die allerdings gemeinsam dazu bestimmt wurden. So fand der Pachtvertrag, der durch die Dauer und die Sicherung des Besitzes zur Urbarmachung aufgefordert hatte, seine Vervollkommnung in der Gewißheit, daß der Mehrwert des Bodens, der der Arbeit des Pächters zu verdanken war, nach den Kriterien sachverständiger Gerechtigkeit geschätzt wurde. Ein zweites Bestreben des Bebauers zeigte sich im selben 12. Jh., als die Naturalien als Folge der internen Nachfrage der wachsenden Bevölkerung oder als Folge des Bedarfs der auswärtigen Märkte immer teurer wurden. Zu diesem Zeitpunkt verlangte und erreichte der Bebauer, daß die Zahlungsform der Gebrauchsgebühr geändert wurde: sie sollte nicht mehr allein aus Naturalien bestehen, sondern sowohl aus Geld als auch aus Naturalien, oder entweder aus Geld allein oder allein aus Naturalien, aber in festgesetzter Höhe. Eine weitere Errungenschaft des Arbeiters war es, daß auch die persönliche Arbeitsleistung eines Frondienstes auf fremdem Boden in Geld umgewandelt werden konnte. Sowohl die Bezahlung mit erzeugten Gütern in festgesetzter Höhe als auch die Vergütung der persönlichen Arbeit durch Geld waren Beweis eines gegenseitigen Interesses. Der Arbeiter gewann die Möglichkeit, seine Naturalien zu einem besseren Preis zu verkaufen, indem er sich in die Marktbewegung einschaltete, und er gewann zugleich die Freiheit, über seine volle Arbeitskraft ganz zu verfügen. Auf der anderen Seite ermöglichte es die Gegenleistung in Naturalien zu festgesetzter Höhe oder in Geld, daß der Großgrundbesitzer auf eine bestimmte beträchtliche Menge frei verkäuflicher Naturalien rechnen oder eine genauso beträchtliche Geldsumme anhäufen konnte: in beiden Fällen konnte er dazu angeregt werden, seine Mittel in weiterem Boden zu investieren oder zur Finanzierung neuer Tätigkeiten im Gewerbe, im Handel oder im Bankwesen, die sich innerhalb der Stadtmauern zu entwickeln begannen, zu verwenden. Und damit nicht genug. Zu diesem Zeitpunkt brach endlich der auf fremdem Grund tätige Arbeiter das Band, das ihn und seine Familie an den Boden kettete, und zwar auch kraft des Geldes, und es gelang ihm sogar, den Besitz in Eigentum zu verwandeln. Das Phänomen des Freikaufs der Person und des Bodens verbreitete sich gegen Ende des 13. Jh., als die Personen entweder durch private Vereinbarung oder durch öffentliche Erklärung nicht mehr *manentes* genannt wurden, sondern *cives romani*. Das bezeugen z.B. Dokumente aus Lucca. Wievielen Personen kam dies zugute? Wir wissen es nicht. Sicher ist, daß dahinter nicht nur der Einzelne, sondern die Familie stand, denn der Familienvater trachtete nicht nur danach, den einzelnen Familienmitgliedern eine gewisse Arbeitskontinuität zu sichern, sondern er bemühte sich, daß Folgendes gewährleistet blieb:

1. die Fortsetzung der Nutzmessung des Besitzes, die durch einen festgesetzten Termin unterbrochen oder aufgehoben zu werden drohte,
2. die freie Verfügbarkeit über das besessene Gut im Rahmen der Mitgift der Töchter,
3. die Möglichkeit des Verkaufs, der Schenkung und des Umtauschs der liegenden Güter, wenn auch nur innerhalb der territorialen Grenzen des herrschaftlichen Besitzes,
4. die Verfügbarkeit über Sachen und eigene Güter aufgrund persönlichen testamentarischen Willens.

Der Familienvater trachtete letztlich nach der Möglichkeit und nach dem Recht, sich von jenem Band zu befreien, das ihn in irgendeiner Weise an eine bestimmte herrschaftliche Gewalt band, koste es selbst den Verlust der Nutznießung eines bestimmten Grunds und Bodens. All diese Bestrebungen, wenn auch vielleicht in „exemplarischer" Weise, verwirklichten sich, als Krönung eines langen Kampfes, in Rechten, die vor Ende des 13. Jh. in verschiedenen Orten anerkannt wurden. In diesem Rahmen lassen sich zwei Arten von Verträgen unterscheiden: der Vertrag *ad meliorandum casa et vinea* und der Vertrag *ad medium* als typischer Halbpachtvertrag. Ab 800 gewinnen sie immer mehr an Bedeutung, als erster der Vertrag *ad meliorandum*, danach der *ad medium*. Der erste Vertrag, von dem ich ausführlich in der Spoleto-Woche von 1965 gesprochen habe und der in ganz Europa verbreitet war, sichert einer Familie die Möglichkeit einer der Arbeit zuträglichen Unterkunft und einen Weinberg: zwei Güter, die sich jeder Angehörige des Volkes mit den eigenen Händen erarbeiten kann und die besonders wertvoll sind, entweder weil sie notwendig oder weil sie in bare Münze umsetzbar sind.

Der zweite Vertrag, der *ad medium*, erfordert eine ausgiebige und typisch italienische Erklärung. Zweierlei soll vorausgeschickt werden.

1. Die Geschichte der klassischen Halbpacht (*mezzadria poderale*), also der Halbpacht eines Gutes, hier als Agrarvertrag verstanden, betrifft ganz Italien, und zwar zu jeder Zeit. Die weite Verbreitung des Halbpachtvertrages (der erste, der bekannt ist, stammt vom Juni 821 und wurde im Gebiet von Siena aufgesetzt) erfolgte und verstärkte sich ab 1200. Die Voraussetzung für die Geschichte dieser tausendjährigen Institution bildet das Studium des Mittelalters, das ihre wesentlichen Züge prägte.

2. Die Halbpacht, von der ich sprechen will, ist nicht die echte Teilpacht *ad medium*, sondern die klassische Halbpacht, die sich auf das Grundstück bezieht, welches als wirtschaftliche Einheit während eines ganzen Jahres die Arbeitskraft einer ganzen Familie sichern soll. Die Familie ist dauerhaft in dem Haus ansässig, das auf dem zu bebauenden Gut errichtet ist.

Aus den Dokumenten der allerersten Jahre des 9. Jh. können wir erschließen, daß sich der klassische Halbpachtvertrag aus dem echten Teilpachtvertrag entwickelte, als zwei Parteien gleiche Genugtuung erfuhren: als der Eigentümer die Hälfte der Ernte vom Pächter versprochen bekam, wenn er diesem die Benutzung eines Arbeitsochsenpaares garantierte, die sich jener Hacken- und Spatenarbeiter niemals von alleine hätte kaufen können, da er über die nötige Geldsumme nicht verfügte. Das erste wirklich determinierende Moment des Halbpachtvertrages bildet die Tatsache, daß nunmehr sehr viel Ackerbau nicht mehr manuell betrieben zu werden brauchte und daß er sich durch die Hilfe der Ochsen und des Pfluges ausweiten konnte. Dann erst konnten sich die Saatflächen verbreitern, und man konnte mit weniger Mühe und geringeren Kosten, wenn nicht die Produktivität, so doch zum mindesten den Gesamtertrag des Grundstücks erhöhen. So schien auch jene Ungerechtigkeit zu verschwinden, die darin lag, daß man auch das geringe und durch Handarbeit sehr mühsam gewonnene Getreideerzeugnis halbieren mußte. Dann erst wurde es beiderseitiges Interesse, daß der Boden mehr produzierte, denn immer beiderseitig war dann der Gewinn. Und jenes Haus, das im Vertrag *ad meliorandum casa et vinea* bloß zur kurzfristigen Unterkunft oder als enge Hütte dienen konnte, wurde im Halbpachtvertrag zum dauerhaften und kostenlosen Wohnhaus für die Familie des Pächters und dauerhafte Unterkunft der Pflug- und Lasttiere als auch der Geräte und der Streu. Der Halbpächter „avait surtout sa demeure propre et sa famille autour de lui", bemerkt Fustel.

Außerdem kann der Mann, indem er die Hacke wegwirft und den Pflug mit den Ochsen ergreift, von Stolz erfüllt sein, daß er eine lebendige „Maschine" beherrscht; auch die Frau erreicht eine Lebensweise weiblicherer Funktionalität. Die Frau von Wiligelmus arbeitet auf dem Lande wie ein Mann und zerstückelt die Erdschollen des Saatfeldes mit der großen schweren Hacke. Die Frau von Andrea Pisano dagegen *wohnt* der Pflugarbeit ihres Mannes *bei*, indem sie Wolle spinnt: das heißt, die Frau kann in einer Landwirtschaft, die nicht mehr rein manuell ist, sondern den Pflug kennt, die verschiedenen Hausarbeiten besorgen: sie pflegt die Küche für den, der müde ist; sie spinnt die Wolle, um die Familie zu bekleiden; sie hat mehr Zeit, Kinder und Mann zu versorgen: auf dem Gebiet der männlichen Anstrengung kann sie sich fast zum Spaß betätigen. Meiner Meinung nach verhalf der mittelalterliche Halbpachtvertrag dem Mann und seiner Familie dazu, sich ein gut Stück aus dem Zustand der Erniedrigung zu erheben. Da die vorwiegende Mehrzahl der Landbewohner aus vielen Gründen, vornehmlich aber wegen des Geldes, niemals ein Eigentum erwerben konnte, betrachteten es die Ackerbebauer als eine ökonomische und soziale Errungenschaft, vom Status des Handarbeiters oder Teilpächters zum Status des Halbpachtbauern hinüberzuwechseln. Ich möchte hervorheben, daß gerade im Sinn der generellen Besserung der Besitzverhältnisse eine gewisse kollektive und kommunale „Befreiung" Relevanz erhält. Persönlich und kollektiv ist z. B. die Urkunde von 1058, *partecipanze* genannt, wodurch der Abt des Klosters von Naonatola in mehrjährigen Raten unter den Familien einer Gemeinschaft von Bauern Land verteilt, um eventuelle Vor- oder Nachteile der Grundstücke auszugleichen. Persönlich und kollektiv ist z. B. eine öffentliche Urkunde, die 1218 ein ganzes Dorf der Toskana anbelangt: 130 Personen, von denen jede ein Gut besitzt, erhalten alle zusammen vom gemeinsamen Großeigentümer die Versicherung, daß die Gemeinde *in perpetuum* von Geld und Dienstleistungen befreit ist und daß jede Person *in perpetuum* das bebaute Gut zur Miete hat gegen eine Leistung in Naturalien, aber in festgesetzter Höhe, welche Gut für Gut von sechs Schiedsrichtern bestimmt wird. Von diesen Befreiungen unterscheiden sich jene großen kommunalen Befreiungen, bei denen die finanzwirtschaftliche Motivation gegenseitigen Interesses häufig durch Erklärungen sowohl politischer als auch religiöser Natur bereichert wird: die franziskanisch inspirierten Gesetze von Assisi beenden z. B. 1210 den Kampf zwischen obersten Herrn und Adeligen und sichern den Hörigen die Gewährung des Freikaufs aus der herrschaftlichen Gewalt. Die Gesetze von Bologna halten 1265 im Memorial „Paradisus" den Willen von 406 Herren und 5682 Leibeigenen fest, die daran interessiert sind, von persönlicher Servitut und von der Bindung am Boden befreit zu werden. Weiterhin befreien 1289 die Florentiner Gesetze im Namen der Gemeinde durch Loskauf mit Geld eine gewisse Anzahl von Bauern von *servitute, fidelitate, servitio et affictu*, die das geldbedürftige Domkapitel beinahe mit dem Land zusammen verkauft hätte. Auch die kollektiven Befreiungen sind im wesentlichen Errungenschaften und keine freien Konzessionen. Zusammenfassend läßt sich sagen, daß für einen guten Teil der italienischen Bevölkerung gegen Ende des 13. und Beginn des 14. Jh. folgende Rechte gesichert waren: die juristische Freiheit der Arbeitsperson und ihrer Familie, der ununterbrochene allgemeine, persönliche oder kollektive Grundbesitz, der spezifische Bodenbesitz in Halbpachtform, der zeitlich begrenzt aber bis zur frei festgelegten Kündigung streng berücksichtigt und gültig war, und die legitime Bildung eines kleinen Eigentums.

3. Die Landgemeinde

Fast alle kleineren und größeren Dörfer des heutigen Italien liegen auf den Gipfeln von Hügeln und Anhöhen zurückgezogen oder auf den Flanken von Bergtälern lang dahin gestreckt, von Mauern umzingelt und mit emporstrebenden Befestigungs- und Kirchtürmen; alle haben sie ihren Entstehungskern im 11., 12. und 13. Jh. Ich spreche von Hügeln, Anhöhen und Bergflanken, weil die Bevölkerung der mittelalterlichen Jahrhunderte, wie schon angedeutet, viele der ebenen Partien Süd-, Mittel- und Inselitaliens weder bebauen noch bewohnen konnte. Eine Ausnahme bilden das Po- und Arnotal, wo nach Higounet die neuen Länder entstanden und jene nicht allzu großen ebenen Flächen in der Nähe eines großen Wohnzentrums wie einer Stadt, die einen sicheren Markt für den Verkauf von Produkten aus dem Obst- und Gemüsegarten und aus dem Weinberg darstellte. Hier waren intelligente und arbeitsame kleine und große Bebauer bemüht, das umgebende Land zu sanieren und intensiv zu bewirtschaften. Als ab der Jahrtausendwende die Landbevölkerung sich im *castrum* sammelte, wurde dieses zur Basis der ganzen territorialen Ordnung. Das herrschaftliche *castrum* war keine private Festung, sondern ein befestigtes Dorf mit Landbevölkerung; Desplanques nennt es „die kleine Hauptstadt eines Territoriums".

Gerade das *castrum*, sei es groß oder klein, lenkt die Aufmerksamkeit auf die Entstehung und auf die Funktion einer bestimmten Landgemeinde, als autonome Lebensweise im assoziierten Leben. Landgemeinde, das war die Menge der kleinen Pächter, Mieter, Teil- und Halbpächter, aber auch der Gehilfen und Dorfhandwerker. Das Phänomen betrifft ganz Italien. Die extreme Vielfalt der Verfassungsformen und der Exekutivnormen, die von unzähligen lokalen Statuten schon seit dem 13. Jh. bezeugt wird, ist lange noch nicht entdeckt und erforscht. Daraus folgt auch in diesem Bereich, daß wir gezwungen sind, zu versuchen, einige der möglichen Hauptwege herauszufinden, durch die das Volk zur Bildung seiner Gemeinden gelangen konnte.

Eine erste Tatsache, die gerade um das Jahr 1000 Relevanz erhielt, ist die, daß die ackerbauende Bevölkerung, die vorher verstreut in isolierten Häusern wohnte oder sich in Weilern (*casali*), kleinen Dörfern in der Nähe einer Wasserquelle und einer kleinen Kirche zusammengeschlossen hatte, nun gezwungen war, diesen Platz zu verlassen und sich in Ortschaften zu versammeln, die von Natur aus sich dazu eigneten, das Leben der Menschen und ihrer Tiere zu beschützen, wenn auch sie ohne Quellwasser und von den Plätzen der täglichen Arbeit weiter entfernt lagen. Es entstanden somit Dörfer aus sehr kleinen Häusern oder Hütten, die aber jedenfalls Menschen und Tiere, die abends von den Feldern zurückkamen, um im Dorf zu schlafen, beherbergen konnten. Die Tore wurden geschlossen; man wachte abwechselnd auf den Mauern. Ganz Italien zitterte vor den Raubüberfällen der Ungarn und Sarazenen, die die Küsten und weite Binnengebiete heimsuchten. Diese Raubzüge und andere Feindseligkeiten verursachten oft weitere gewaltsame Auseinandersetzungen zwischen verschiedenen Ortschaften eines und desselben feudalen Regimes. Der Herr, der daran interessiert war, sein Volk und seine vielfachen Interessen zu retten, brachte die Bevölkerung dazu, sich in ein *castrum* zu retten, doch hier setzte auch das notwendige, integrierende Volkswerk ein. Die Wahl der neuen Wohnung mag gemeinsam erfolgt sein; der Bau der Wohnungen und der Mauern war aber in der Hauptsache das Ergebnis der Handarbeit und des Gewerbefleißes aller.

Das assoziierte Leben, die Lösung gemeinschaftlicher Aufgaben machte die Klärung der Grenzen und der Steuerverteilung vordringlich. Da der Bebauer auf dem Gute, welches ihm vom herrschaftlichen Boden zugewiesen war, nicht ständig anwesend war, ergab sich eine größere Ungewißheit bei den territorialen Grenzen als früher, sei es zwischen verschiedenen feudalen Herrschaften, sei es zwischen Besitztümern der Angehörigen einer Gemeinde selbst. Aus dieser Ungewißheit folgte nicht nur, daß dem tributpflichtigen Bebauer das Quantum dessen, das er dem Herrn schuldete, fragwürdig erschien, sondern auch bezüglich der Art der Abgabe ergaben sich Zweifel. Darüber hinaus strebte die Gemeinde nicht nur eine Präzisierung der Leistung, sondern auch ihre Verminderung an: das Volk trug schon andere Lasten und Pflichten, dadurch, daß es die Burg errichtet hatte, daß es nachts Wache stehen mußte, daß es eine bewaffnete und unentgeltliche Wehrpflicht leistete. Das Volk strebte letztlich danach, die Art der Eintreibung zu ändern. So verflochten sich eine ganze Reihe von neuen Rechten und Pflichten, die die gerechte Festsetzung der Lasten immer dringlicher, die Modalität der Verteilung und die sichere Eintreibung des Tributs immer schwieriger werden ließen. Nun geschah es z. B., daß ein Abt, der die Notwendigkeit verspürte, die Besten seines Volkes neben sich zu haben, um von ihnen Rat zu empfangen und sie die neue Einhebung durchführen zu lassen. So konnte die Volksvertretung aus dem Kreis angesehener Männer entstehen, wie sie die Konsuln und der Kämmerer (*camerlengo*) darstellten: sie waren die Berater bzw. Steuereintreiber, die auf Anfrage des Volkes alles schriftlich fixierten. Noch ein Weiteres stärkte das Volksbewußtsein dem Herrn gegenüber: man diskutierte über Fragen gemeinsamen Interesses oder über einzelne Streitsachen, Feindseligkeiten zwischen großen feudalen Grundbesitzern aus territorialen und politischen Gründen waren etwas Normales. Diejenigen, die den einzelnen Herren untergeben waren und deren Interessen verteidigen mußten, hatten dann und wann auch die Kraft, die Rechnung zu begleichen. Mit anderen Worten, ökonomische, finanzielle und militärische Angelegenheiten belebten die Kontakte zwischen Untergebenen und Herrn und machten das Volk anspruchsvoller.

So erreichte ès in der zweiten Hälfte des 12. Jh., daß die zunächst periodische und provisorische Vertretung, die für die Diskussion und die Leitung des Volkes qualifiziert war und sich Konsulat genannt hatte, zur Dauereinrichtung wurde. Es gab also Konsuln aus dem Volke, und es gab ein Volk, dessen Wünsche und Willen die Konsuln im Gespräch mit dem Herrn vertraten. Schon in der ersten Hälfte des 12. Jh., als in das Leben des Guts die externe Kraft des Stadtstaats eindrang, wurde dieser vormals eminent ökonomische Volkswille auch politisch.

Aber hier muß man scharf zwischen Nord-Mittelitalien und Süd- sowie Inselitalien unterscheiden. Wenn, wie Galasso richtig meint, die Gemeinde ein Phänomen der Verwaltung und lokalen Freiheiten ist, dann muß beachtet werden, daß diese Art Gemeinde in ganz Italien verbreitet war und speziell in Süditalien schon ein frühzeitiges Leben erfuhr. Die soziale Wirklichkeit des pränormannischen Süditalien schien reich an Elan und Möglichkeiten zu sein: die Freiheiten der Landgemeinden hatten zur Selbstregierung geführt; die kollektiven und persönlichen Pflichten waren leichter geworden, Privilegien und Immunitäten waren den Bewohnern von *loci* und *castra* zugebilligt worden. Aber dann brachte das Imperium des normannischen Großgrundbesitzes die Entwicklung des Agrarvertrages zum Stehen. Die aus Naturalien, Geld oder Arbeit bestehenden Extradienstleistungen, die eine veränderliche und frei angenommene Pflicht darstellten, wurden zum festen, belastenden Zwang, der an Menschen und Erde gebunden war und mit Monopolrechten beschwert wurde (Mühlen, Traubenpressen, Olivenpressen, Backöfen, Weiden, Fischerei, Jagd usw.): es bildete sich der feudale Mißbrauch aus. Der Feudalismus dehnte seine Stützpunkte auf dem Lande aus; die Auswirkungen auf die Gesellschaft waren lähmend.

Vollkommen entgegengesetzt waren in Nord- und Mittelitalien der Weg und die schließliche Gestalt der landwirtschaftlichen Freiheit. Hier vervielfältigte sich der Staat mit der Zahl der Städte von gewisser Bedeutung, und das Land war die zweite Komponente des städtischen Staates. Jede Stadt strebte nach ihrem eigenen Territorium in ihrer Umgebung, das entweder mit Geld zu erwerben oder mit Waffen zu erobern war: um wirtschaftlich planen zu können, um der ländlichen Produktion der Stadt Austauschmöglichkeiten und Raum zu sichern, um sich gewisse Rohstoffe oder eine Öffnung zum Meer zu verschaffen, – dies alles innerhalb der eigenen Gesetze und damit zusammenhängenden Souveränität. Jenes typische, landwirtschaftliche Dorf, dem es vormals der feudale Herr gewährt hatte, dem eigenen Willen durch die Vertretung des „Konsulats" Ausdruck zu verleihen, mußte mit der Macht der dem Feudalismus feindlich gesonnenen Stadt zu dem Zeitpunkt kollidieren, als diese gerade im Begriff war, den eigenen städtischen und bäuerlichen Staat zu bilden. Wenn die Stadt eine von ihren Herrn verteidigte Burg besetzte, schied sie bei der darauf folgenden vertraglichen Abmachung die Verantwortung des feudalen Herrn von der des untergebenen Volkes: das Versprechen, sich an die Vertragsbedingungen der Siegerstadt zu halten, wurde nicht nur zu einem schriftlichen und öffentlichen Versprechen, z. B. des Abtes oder sonstigen Herrn, sondern auch zu einem Versprechen des Volkes, welches von einer besonderen Gruppe von Personen vertreten wurde, die schworen, auch die anderen zum Gehorsam anzuhalten, „si possent". Das bedeutete, daß die Stadt das Volk von der politischen Untertänigkeit dem bisherigen Herrn gegenüber befreite und es zum Träger eines ihm eigenen unterschiedlichen Willens machte und es als solchen anerkannte. Die Stadt verlangte den Gehorsam des Volkes nicht mehr vom Abt, sondern von der Vertretung des Volkes.

Es entwickelte sich so aus der Bevölkerung heraus die Notwendigkeit, sich vom organisatorischen Schema zu lösen, das vormals von Fall zu Fall mit dem ehemaligen Herrn vereinbart worden war. Das Volk fühlte die Notwendigkeit, Personen zu erwählen, Organe zu schaffen, die überzeugen, die persönliche Dienstleistungen und sachliche Leistungen nun nach dem Willen der Siegerstadt auferlegen sollten. Die neue *universitas* entzog mittels des Konsulats dem alten Herrn die Befugnis, das Volk einzuberufen und Ratsmänner aus ihm zu erwählen, die gesetzliche Bestimmungen vorschlagen sollten; weiterhin entzog sie ihm die Befugnis, die niedere Gerichtsbarkeit des Friedens und der Polizei auszuüben und die Gemeindefinanzen autonom zu verwalten. Der Stadtstaat, der nun zwischen Volk und Herrn getreten war, dem Volk eine separate Autorität beimaß und anerkannte, daß es Verträge schloß und für deren Einhaltung bürgte, war bereit, die von der Landgemeinde erreichte Verwaltungsautonomie zu respektieren. Auf drei Punkten allerdings bestand er: auf der Wehrpflicht und Wehrhilfe gegen jeglichen Feind der Stadt; auf der Verfügbarkeit der Güter und der Personen der Gemeinde für die Produktion und den Austausch der Nahrungsmittel und der gewerblichen Produkte zwischen Stadt und Land und schließlich dem Vorbehalt der hohen richterlichen Gewalt, die sich aus dem eigenen städtischen Statut und zusätzlich aus dem römischen Recht ergab.

So kam es, daß jede Landgemeinde eigene Statute hatte, durch deren Hilfe sie das eigene konstitutionelle und soziale Leben auf diese Weise selbständig regulieren konnte, die sich von jedem anderen Dorf unterschied. Diese Landstatute waren im 13. Jh. in ganz Italien stark verbreitet und erfuhren im 14. sowie im 17. Jh. eine Generalrevision, blieben aber immer erhalten als autonomer Ausdruck des Bemühens um die persönlichen Interessen in den einzelnen unterschiedlichen Ortschaften und als Möglichkeit jeder einzelnen Person, mittels der volkserwählten *statutari* an der korrekten, bewußten, leidenschaftlichen Betreuung der persönlichen und gemeinsamen Interessen teilzuhaben. Vor allem in der wirtschaftlichen und finanziellen Norm und in der moralischen Begründung spiegeln die Landstatute das Gesicht eines jeden größeren oder kleineren Dorfes wider. Zusammenfassend kann man sagen, daß die italienische Landgemeinde, nachdem sie sich in Nord- und Mittelitalien von der Feudalherrschaft befreit hatte oder in Süditalien gezwungen worden war, auf eine frühzeitige Verwaltungsautonomie zu verzichten, keinerlei Souveränität erlangt hat. Aber die eine Gemeinde wie die andere unterhielten, als sie in den Wirtschafts- und Rechtsbereich des Stadtstaates oder des größeren Feudalbesitzes einbezogen wurden, mancherlei Austauschbeziehungen; sie profitierten beide vom Kapital, das die kaufmännische oder sonstwie herrschaftliche Schicht in der Stadt anhäufte und für Landinvestitionen ausgab, in Nord- und Mittelitalien z. B. im Rahmen des Halbpachtvertrags und für die Entwässerung oder in Süditalien zumindest für die gelenkte Forstwirtschaft und für die große und kleine Viehzucht.

4. Die Anbautechnik

Die Klage, die vormals auch Gino Luzzatto erhob, daß die Forschung der italienischen Agrarwirtschaft bisher nur sehr wenige Informationen technischen Charakters vermittelt habe, muß m. E. gemildert werden. Sicher ist ein echter, genereller Fortschritt in der Landwirtschaft erst in der ersten Hälfte des 19. Jh. mit den Auswirkungen der angewandten Naturwissenschaft zu verspüren, aber auch in der hier behandelten Zeit sind einige beachtliche Fortschritte erzielt worden.

a) Die Bewässerung

Das bebaubare Land Italiens besteht einmal aus dem Gebiet der Voralpen und der Hochebenen, die noch zum alpinen Grund- und Quellwassersystem gehören und zur großen bewässerbaren Poebene überleiten. Diese erstreckt sich zwischen Dora Baltea, Mincio und Po. Dazu kommt die andere Seite der Ebene, die durch den Po nicht bewässerbar ist, die Ämilia und das Veneto. Das Bild Norditaliens wird ergänzt durch die dazwischenliegenden Hügel des Piemont (Monferrato, Langhe), der Lombardei (Oltrepò pavese) und des Veneto (Colli Berici und Euganei). Die Gebirgskette der Apenninen schließt die Poebene im Westen ab und bildet das Rückgrat Italiens von Norden bis Süden. Mittelitalien hat gebirgigen und hügeligen Charakter und ist nur teilweise eben. Auch die Strecke von den Abruzzen bis zur unteren Molise und zum unteren Latium ist gebirgig, hügelig und nur für kurze Strecken eben. Sie könnte aufgrund der ausgeprägten Verschiedenheit im natürlichen und historischen Charakter ein „anderes Italien" ausmachen.

Wenn wir bei dieser Skizze von Italien bleiben, so interessieren besonders zwei Faktoren, die sich bei diesem Land mit einem merkwürdigen Nachdruck zeigen. Sie betreffen die Anpflanzung der Bäume und den Gebrauch des Wassers. Drei grundlegende technische Neuerungen wirkten dabei zusammen, die vornehmlich zum Zwecke einer wirtschaftlichen Produktion organisiert wurden. Es ging einmal um die Urbarmachung des Waldes, der Ebenen, des Hügellandes und der mittleren Gebirge vom 11. Jh. ab, dann um die Wiesenbewässerung, sowie im Hügelland und in der Ebene um die Einrichtung der Felder für die Mischkultur. Das Ganze, versteht sich, stand im Verhältnis zur wachsenden Bevölkerung, die vielleicht schon ein Sechstel der heutigen betrug. Dabei muß die Bewässerung der Obstkulturen und der Gemüsegärten Siziliens die erste systematische Bewässerung in Italien dargestellt haben. Wahrscheinlich geht sie auf die Araber zurück, von denen man glaubt, daß sie in Sizilien die Zitronatzitrone, die bittere Apfelsine und vielleicht auch die Zitrone eingeführt haben. Für einen guten Anbau der Zitrusfrüchte war die periodische, aber häufige Bewässerung wesentlich, die nach einem uralten System durchgeführt wurde, so wie man es in der Oase kannte und in genauen rechtlichen und technischen Normen kodifiziert worden war. Die Gewässer, die nur selten aus einer Bergquelle kamen oder einem Fluß entsprangen, wurden durch Brunnen von wenigen bis mehreren Dutzend Metern Tiefe aus dem Untergrund heraufgeholt, auf eine vorbestimmte Höhe gehoben, in Behältern verschiedener Fassungskraft gesammelt, von denen sie dann entsprechend einem bestimmten Programm durch die Schwerkraft über kleine Kanäle in die Kulturen abgeleitet wurden. Die Windstärke oder die Tierkraft beförderten das Wasser eimerweise zur Oberfläche. Nach Mor sind alle wesentlichen Bezeichnungen der Wassermühle wie der bewegenden Kraft arabischen Ursprungs.

Die Bewässerung der Poebene muß ganz besonders hervorgehoben werden. Davon sprechen die historischen Quellen. Carlo Cattaneo hat darüber in ausgezeichneter Weise geschrieben. Nach Fumagalli hatte die untere Poebene links und rechts vom großen Fluß im Hochmittelalter sehr häufig das Aussehen eines Sumpfes und eines dichten Waldes. Mehr oder weniger war es so auch noch im 11. Jh. Aber die Aufgabe bestand nicht nur darin, die untere Ebene rechts und links vom Po zu sanieren: viel größer war das Problem, wie man all das Wasser zur Bewässerung nutzen konnte, das überreich und ewig von den Alpen floß und sich in den Becken der vielen Seen von jeder Verunreinigung befreite, die es dann geklärt, sauerstoffreich und temperiert verließ, um die Wiesen zu bewässern, während an den Ufern und längs der Seen in milder Temperatur schon Ölbäume, Weinreben und Zitronatzitronenbäume wachsen konnten. In der Poebene, die den Winden offenstand und fern vom Meer war, herrschte kontinentales Klima. Der Sommer war trocken, aber gerade in der wasserärmsten Jahreszeit konnte das Wasser reichlicher von der Schneeschmelze und den ewigen Gletschern fließen. Und niemals fror im Winter das Wasser in der Tiefe der Seebecken, in die sich die alpinen Flüsse ergossen hatten. Aber damit nicht genug. Der stark verlangsamte Abfluß der Gewässer konnte sich über eine riesige Fläche verbreiten, die von Natur aus eine kontinuierliche und nicht zu starke Neigung hatte: das Wasser war ständig im Fluß und hatte die Möglichkeit, im Fluß zu bleiben; Fehler der Neigung und der Geschwindigkeit konnten durch Menschenwerk berichtigt werden, mit Mühe und mit Vernunft, aber auch mit Sicherheit. Das Wasser konnte immer weitergeleitet werden, auch „wenn es sich in schrägen und verschlungenen Linien bewegen mußte, um alle Wünsche der Bauern zu erfüllen und allen Anforderungen des Eigentums gerecht zu werden". Jedes Feld bekam das Wasser und gab es dem nächsten Feld weiter durch einfache fallende Übertragung auf irgendein ferneres und niedriger gelegenes Land.

Nun begann der mittelalterliche Mensch, auf dieser Ebene die riesige Prärie, die sich *marcita* nennt, mit Dauergräserproduktion zu bewirtschaften. In der *marcita*, die durch gradlinige kleine Gräben viereckig gemustert war, floß und zirkulierte das Wasser mit gleichförmiger Bewegung, gleich hohem Wasserspiegel und gleichbleibender Temperatur, die niemals bis zum Gefrierpunkt sank und niemals extrem in die Höhe kletterte. Der ständige, freie, nachts- und tagsüber genau überwachte Gebrauch dieses Wasserschatzes war durch ein Rechtsprinzip geregelt, das Cattaneo „unserm Lande ganz eigen" bezeichnet, wodurch alle Gebiete angehalten wurden, sich den gegenseitigen Durchgang des Wassers zu gewähren ohne Eingreifen eines Fürsten oder eines Enteignungserlasses: ein Brauch, der nicht als Eigentumseinschränkung angesehen wurde, sondern als Bereicherung des Eigentumsrechts, damit ohne Ausnahme jedes kleine oder große Eigentum ertragreicher gemacht werden konnte. Die Steuern der Güter waren unveränderlich, um fortdauernde und immer günstige Immunität zu sichern, was hinsichtlich der Besserung des Bodenertrags den Eigentümern wie den klugen und aktiven Pächtern zugute kam. Die Dienstbarkeit der Wasserleitung wurde sowohl für die Bewässerung als auch für den Abfluß ohne besondere Gesetze nach dem freien Erachten von Experten geregelt. Die Genossenschaften, die für die Wasserleitung und für die Trockenlegung sorgten, wurden zwischen den Benutzern mit sofortiger Exekutivgewalt und ohne vorausgehendes richterliches Eingreifen eingerichtet. Die Institution der Landgemeinden hatte die primäre und wesentliche Funktion, ständig für die Werke, die in ihrem Bereich nützlich waren, zu sorgen. Schließlich begann man 1179 in der Lombardei mit dem ersten Abschnitt des Tisinello und damit dem Bau jener Kanäle, die, nach Meinung von Navult de Buffon in seinem „Traité des irrigations" (1843), die bedeutendste Leistung der europäischen Bewässerung ausmachen. Diese Art der Bewässerung und Kanalisation in der Lombardei war in Wirklichkeit ein technisch-wirtschaftlich-juristisch-soziales Meisterstück des Mittelalters, das allein durch die Kontinuität der Zeit vervollkommnet wurde. Auf dieser Basis und anhand dieses Beispiels hat sich die große Käseindustrie Norditaliens aufgebaut.

b) Das Halbpachtgut

Die zweite technische Neuerung des Mittelalters, der Anbau der Felder mit Mischkultur, der für Italien besonders wichtig ist, konkretisierte sich zu allererst in der typischen Organisation des Halbpachtgutes, das sich mit der Zeit in ganz Italien verbreitete. Auf verschiedenen Wegen und durch verschiedene Beiträge wurde eine wirtschaftliche Einheit so organisiert, daß eine ganze Familie mit ihr das ganze Jahr über dauerhafte Arbeit fand und dies dergestalt, daß Verlust und Verdienst der bäuerlichen Arbeit auf dem herrschaftlichen Gute immer zwischen den Vertragspartnern halbiert wurden. Die Mittel des Mechanismus, der nach und nach vervollkommnet wurde, waren folgende: die mit einheimischen Bäumen (Weinreben, Ölbäumen, Obstbäumen) entweder bepflanzten oder bepflanzbaren Saatfelder; der Wald von Eßkastanien und Eichen; das Haus des Arbeiters, in dem seine Familie und seine Arbeits- und Zuchttiere (Rindvieh, Schafe, Schweine, Hühner) dauerhaft wohnten und geborgen sein konnten. Bei der Arbeit hatte jeder seine Aufgabe: Die Männer, sowohl die jungen wie die erwachsenen, pflügten, säten und waren Winzer; wenn sie alt waren, besorgten sie die Viehzucht und das Melken; die jüngeren Leute beiderlei Geschlechts beaufsichtigten auf der Weide das Kleinvieh; die Frauen versorgten, wenn sie alt waren, die Hühner und spannen die Wolle; die Ehefrauen waren Mütter und Hausfrauen: Sie machten den Käse und waren zuständig für jede sonst anfallende Haushalts- oder Gutsangelegenheit. In der Ausführung unterstanden alle Arbeiten der wirtschaftlichen und disziplinären Führung des Ältesten.

Mit der Zeit wuchsen zahlreiche Familien heran, die auf dem Gute arbeiteten, das 10, 20, 50 oder auch 100 ha betrug, je nach den demographischen Verhältnissen, den kulturellen Umständen und dem Rechtsstatus. Nach organisatorischer Absicht und menschlicher Voraussetzung mußte dieser arbeitenden Familie alles zur Verfügung stehen: Brot, Wein, Öl, Milch, Käse, Brennholz und Schafwolle.

Die organisatorische Technik des Gutes war Familie für Familie auf ein konkretes Ziel gerichtet. Schon seit den mittelalterlichen Verträgen trug der Eigentümer zur Lebensfähigkeit des Gutes bei durch Bereitstellung des Bodens und des unentgeltlichen Hauses, des Saatgutes und der Arbeitstiere. Der Beitrag des Bauern bestand in der Arbeit seiner ganzen Familie und sehr häufig auch in der kompletten Geräteausrüstung. Die Verträge verraten uns somit, daß selbst im autonomen Bereich einsamer Tätigkeit des Bebauers der Rat oder das Gebot des Eigentümers natürlicher- und legitimerweise eine Rolle spielten, sei es in der Frage einer guten Tierhaltung, der Wahl der Samen, der Suche nach Düngemitteln, der Bodenbearbeitung, der Pflege der Weinreben, der Aufsicht bei der Durchführung der Arbeiten und schließlich der Gegenwart bei der Teilung des Ertrags. Beide Seiten waren untrennbar daran interessiert, daß die Produktion gut sei und anwachse, denn Verdienst oder Verlust waren immer gemeinsam und wurden im gleichen Maße geteilt.

Diese Interessengemeinschaft verstärkte sich und verlor zumindest in der Toskana zugleich ihre ursprüngliche Gestalt, als in einem Vertrag von 1300 der Wille des Eigentümers über den des Bauern vorzuherrschen begann und sich mit der neuen Einrichtung der Kündigung behauptete. Zu bemerken wäre noch, daß das Halbpachtgut auch in der „Mechanisierung“ durch die Hilfe des Pfluges und der Ochsen, aber auch in der Verleihung der Arbeit für das ganze Jahr für Pflug und Ochsen und, wo es möglich war, in der Organisation der Güter zum Zwecke der Koordination, des Experimentierens, der Produktion und des Verkaufs geglückt war. Das rationellste Halbpachtgut war jenes, das, schon seit 1200 mit anderen Gütern vereint, den Bauernhof ausmachte: das bedeutete, daß viele Güter technisch und verwaltungsmäßig zu einer Einheit reduziert wurden, wie im Falle der *grance*, die dem Hospital in Siena gehörte.

Zuletzt die Bemerkung, daß mit der wirtschaftlichen Organisation des Halbpachtgutes in der Landwirtschaft eine systematische herrschaftliche Kapitalinvestition begann: so im Bau des Bauernhauses als persönlicher Wohnung und als Unterkunft für die Tiere und im Vorschuß des lebendigen und toten Vorrats, nämlich der Arbeits- und Zuchttiere und der Streu. Das ist bedeutsam, denn in der mittelalterlichen Zeit war die Kapitalinvestition in den Boden und in den Betrieb von herrschaftlicher Seite in der Regel knapp. Weinberg und Aussaat konnten auch allein durch die Arbeit des Bauern Leben erlangen. Nicht so das echte Halbpachtgut oder die Entwässerung größeren Umfangs. Im guten Halbpachtgut erkannte ein so bedeutsamer Jurist wie Bartolo da Sassoferrato die Grundzüge der *societas*, deren Seele sich in der *vis fraternitatis* wiederfinden sollte. Es ist wahr, daß das Leben des Halbpachtvertrages im Laufe von zehn Jahrhunderten aus Unvermögen, Machtlosigkeit oder aus der Notwendigkeit einer größeren Gerechtigkeit heraus immer bewegt und sehr häufig dramatisch gewesen ist. Aber ein gutes Gesetz verliert nicht aus Unvermögen oder Ungerechtigkeit der Interpretation an Bedeutung. Die Tragödie des Halbpachtvertrages muß im Rahmen der größeren Tragödie der gesamtitalienischen landwirtschaftlichen Gesellschaft verstanden werden. In diesem Rahmen historischer Relativität gilt es, die Absicht, die Intelligenz und die Wirksamkeit des Halbpachtgutes zu würdigen.

c) Die Piantata

Die dritte technische Neuerung von exemplarischer Relevanz war der Anbau der Felder mit Mischkultur auch außerhalb der Organisation der Halbpacht. Diese folgte der Urbarmachung und der Entwässerung und verlieh ihnen neue produktive Kraft; sie war fast im ganzen Potal verbreitet, wo das Leben schon seit dem Jahre 1000 durch die Vermehrung der Konzessionen in der Form der Emphyteuse und der einfachen Pacht in Bewegung war. Es handelt sich um die *piantata*, eine Anpflanzung von Bäumen, an denen man den Weinstock hochranken läßt; er streckt dann seine Arme in linearem und harmonischem Rhythmus von einem Baum zum anderen. Diese langausgreifenden Weinstöcke verbreiteten, wie Pier de Crescenzi schreibt, die Weinproduktion auch in der Ebene; sie standen an den Rändern der Felder, welche größer geworden und mit längeren Saatfurchen versehen und von Gräben umgeben waren. Mit weniger Mühe und größerer Zweckmäßigkeit hatte man gelernt, Gräben und Nivellierungen auszuführen, wobei die schnelle Verbreitung der neuen technischen Erfindung des einrädrigen Handschubkarrens, wie Sereni schreibt, zu Hilfe kam. Die Ämilia und die Romagna sind auf solche Weise in ihren Ebenen verändert worden. Analoge, wenn auch unterschiedliche Betrachtungen und Bemerkungen können auf die ferrareser Ebene ausgeweitet werden, wo das Werk der Urbarmachung außerordentlich schwierig und mühsam war, so die Entwässerung, die Saat, die Baumbepflanzung, der Schutz der Böden, auf der die massive und gewaltige Drohung des Po lastete, der sich, wie Mario Zucchini sagt, hier im wildesten und chaotischsten Teil seines Endlaufs befindet.

Im übrigen soll man nicht denken, daß die mittelalterlichen Werke der Trockenlegung und der Kanalisation überall von großem Umfang gewesen seien; die große Entwässerung war immer das Werk eines technischen und finanziellen Engagements, das die persönlichen Möglichkeiten wie die von Abteien oder Gemeinden weit überstieg. Auch das so verbreitete Zisterzienserkloster erscheint häufiger als mutiger, aber begrenzter Brückenkopf in Richtung auf sumpfige und bewaldete Felder. Wenn wir trotzdem an die typisch und ausschließlich volkstümliche Urbarmachung denken wollen, dann müssen wir eher an die Leistung auf gesundem, weil hügeligem Boden denken, der *macchia*-bestanden oder dicht bewaldet war, den man aber mit der Kraft der Arme und der Geräte vom Gestrüpp befreien und brechen konnte. Diese Urbarmachung fand im 9. Jh. ihren Ausdruck in den Worten eines Abtes, von dem Fumagalli berichtet: gehet in die Wälder und macht sie urbar und besäet und bepflanzet, „quantum de terra bona roncare potueritis".

In jedem Fall dominiert in der ämilianischen Ebene schon im 13. Jh. die Landschaft der Pflanzensaat und die der Weinreben in dichten Reihen. Und es handelt sich nicht um Weinstöcke lokaler, also lateinischer Tradition; es sind vielmehr griechische Weinstöcke oder *vernaccia*. Es scheint klar zu sein, daß man es darauf abzielte, auch in der Ebene einen guten Wein zu produzieren, wie schon in Kalabrien, Sizilien und Istrien, der für den Export gefragt war. Jones stellt fest, daß es in Italien am Ende des Mittelalters mehr als 50 Sorten geschätzter Weine gab. Wir können also abschließend sagen, daß es der Mensch mitten im 13. Jh., in dem Jahrhundert, als alle großen und persönlichen und öffentlichen Fragen dem italienischen Volke für die Zukunft gestellt wurden, fertigbrachte, zum Land zurückzukehren und sich dort so weit wie möglich auszubreiten, d. h. im besonderen im niedrigen Hügelland, in dem Teil der Ebene, der keine Malaria kannte. All dies wurde erreicht durch die Initiative in der individuellen Arbeit, durch die Ausdehnung der Bewässerung in der Poebene, kraft der Urbarmachung durch die Zisterzienser und die Gemeinden, die auch politischen und militärischen Schutz gewährten, durch die ämilianischen Baumreihen, durch die in den Feldern verstreuten Häuser des Halbpachtgutes. In den *castra* blieb lediglich die Bevölkerung, die in der in Mischkultur bebauten unmittelbaren Umgebung ihre Arbeit fand.

5. Die wichtigsten Gewächse

a) Die Weinrebe

Wie wir in der Settimana di Studi di Spoleto darlegten und jetzt in Erinnerung rufen möchten, war die Weinrebe überall verbreitet, wo es in Italien siedelnde Menschen gab, auch in den Bergen, soweit es die lokalen Bedingungen erlaubten, aus einer Weintraube, die zur blassen Reife gelangt war, noch den Saft auszupressen. Die Hauptgründe hierfür sind: 1. einen Weinberg zu setzen war jedem Familienvater möglich, der zwei Arme und guten Willen hatte; 2. einen Weinberg zu setzen war ein Mittel, um die bäuerliche Eigentumsentwicklung zu vermehren; 3. der Wein bedeutete für die Familie

Nahrung, Vergnügen und ärztliche Kur, und er bedeutete im Handel sicheres Geld, insbesondere seitdem, nach Melis, im 14. Jh. die Differenzierung der Transportpreise überall auch den Verkehr mit Massengütern ermöglichte. Vom fachlichen Standpunkt aus gesehen fehlten für einen guten Anbau der Weinrebe weder die historische Tradition noch verbesserte moderne Kenntnisse: ein guter Zeuge hierfür ist Pier de Crescenzi, der, nach Pastrana, die verschiedenen Ansprüche der Weinstöcke in der Züchtung ausprobierte und die verschiedenartigen Einwirkungen des Klimas auf die Ergebnisse einiger Beschneidungsoperationen beobachtete. Außerdem weiß man mit Sicherheit, daß der mittelalterliche Mensch, indem er Weinreben setzte, systematisch den Schaden des auswaschenden Wassers milderte. In diesem Zusammenhang gewinnt eine moderne fachliche Bemerkung Bedeutung, die für alle Zeiten gilt. Wenn eine gut strukturierte Bodenschicht mit der Dicke von 30 cm pro ha zwischen 500 und 1500 Kubikmeter Wasser speichern kann, so kann nach Rotini eine Bodenschicht von einem Meter, die zum Umbruch für eine Baumbepflanzung benötigt wird, zu produktivem Zwecke zwischen 2500 und 5000 Kubikmeter Wasser speichern und verbrauchen. Diese Wasserspeicherung hatte zweifellos eine besondere Bedeutung für Italien, das die modernen Fachleute sich nicht scheuen, einen „geologischen Trümmerhaufen" zu bezeichnen.

b) Der Ölbaum

Besondere Betrachtung verdient auch der Ölbaum als ein typisch italienisches Gewächs. Man möchte meinen, daß der *arbor pacis insignis*, wie Isidor von Sevilla ihn nennt, im Spätmittelalter auch in Italien sehr verbreitet gewesen sei, aber man muß annehmen, daß es nicht so gewesen ist. Der Ölbaum verlangt, wenn er rationell angebaut ist, im Unterschied zur Weinrebe viel Bodenfläche und große Ausgaben zu seinem Schutz vor treibenden Herden auf der Weide durch Eingrenzung mit Mauerwerk und Hecken. Zum zweiten verlangte der Ölbaum zwar keinen besonderen Anbau wie die Weinrebe, aber er brauchte 10 bis 20 Jahre, bis er erstmalig einen Ertrag brachte. Zum dritten war der Ölbaum ein Gewächs, das der Bodeneigentümer gern selber anpflanzte, denn gering waren nach allgemeiner Ansicht die Kosten des Anbaus und groß der Ertrag. Der Ölbaum war kein Gewächs, das auf das Volk zugeschnitten war. Er war also allein der Baum des Wohlstands und des Friedens aufgrund seiner wirtschaftlichen und sozialen Bedeutung, nicht aber in der symbolischen Bedeutung des Wortes. Man bedenke auch, daß der mittelalterliche Krieg, von den großen nationalen Kriegen ganz zu schweigen, zwischen benachbarten Dörfern gang und gäbe war und daß das Abschneiden oder das Anzünden der Bäume eine der ständigen Angriffs- und Zerstörungswaffen war. In den mittelalterlichen Jahrhunderten gab es sogar wundervolle Olivengärten, aber ganz besonders in der ländlichen Umgebung wohlhabender weltlicher oder geistlicher Eigentümer.

c) Die Bäume des Südens

Abgesehen von seltenen, im richtigen Abstand wohl bepflanzten Olivengärten gab es vornehmlich in Süd- und Inselitalien, dem „Paradies des Baumes", kräftige Wälder von früchtetragenden Bäumen, die eine weitere Nahrungsmittelquelle neben dem Getreide und dem Wein bedeuteten. Entweder waren es dichte Wälder von Ölbäumen, die einer neben dem anderen auf der Suche nach Licht und Sonne immer nach oben wuchsen, oder es waren jene aus Bäumen der verschiedensten Gattungen zusammengesetzten echten Wälder, in denen der Ölbaum neben dem Feigenbaum, der Eiche, dem wilden Birnbaum, dem Mandelbaum, der Palme und der wilden Weinrebe anzutreffen war und deren Unterholz so reich an Gräsern und Blumen war, daß das Ganze im Mai ein Bild tropischen Lebens abgab. Diesen dichten und gemischten Wald begann dann die

Baumtechnik zu verschiedenen Zeiten zu sortieren und in spezialisierte Pflanzungen mit genauen Abständen zu unterteilen; damit entstanden Pflanzungen, die entweder alle aus einer Baumsorte bestanden oder in denen verschiedene Sorten wechselten, wie Ölbaum, Feigenbaum, Mandelbaum, so daß jede Pflanze ihren Lebensraum hatte, jeder Stamm wachsen, das Laub sich entfalten und die Leistungsfähigkeit zunehmen konnte. Zum Thema Hauswirtschaft sei hinzugefügt, daß in ganz Süditalien das Gemüse (aus diesem Keim sollten die großen neapolitanischen und sizilianischen Gemüsegärten sowie die der Marchen und Apuliens entstehen) wie auch der Obstbau sehr gepflegt wurde: Eßkastanien, Kirschen, Feigen, Mandeln, Pflaumen, Birnen, Apfelsinen, Äpfel wurden, frisch oder getrocknet, zum wichtigen Bestandteil der Ernährung des Volkes im allgemeinen und der ländlichen Bevölkerung im besonderen.

d) Der Getreidebau

Im Getreidebau hat es auch im mittelalterlichen Italien wahrscheinlich keine technischen Neuerungen gegeben, auch wenn, wie Jones schreibt, Neuerwerbungen des Mittelalters die Hirse, der Buchweizen und der Reis waren. In Wirklichkeit war man vor allem um den Anbau von Weizen und Gerste bemüht, als den Agrarprodukten, die für die Brotherstellung beliebter waren und die bei den häufigen Hungersnöten auf italienischen und ausländischen Märkten gefragt wurden. In Süditalien und auf den Inseln herrschte der Hartweizen vor, der sich besonders für Kuchen und für Nudeln eignete. Man gebrauchte neben den einfacheren Pflügen auch solche mit einer Schar, mit einem Pflugmesser und in den Ebenen auch mit Rädern. Die Sech war aus Eisen. Für begrenzte, in die Tiefe gehende Arbeiten im Gemüsegarten oder für die Saat gebrauchte man den Spaten. Man erntete, indem man das Ährenbündel oberhalb der Hälfte des Stengels abschnitt; man drosch mit zweiteiligen Dreschflegeln und mit den Hufen der Pferde. Man kann dies gut den Bildhauerarbeiten des Antelami in der Taufkapelle von Parma entnehmen.

Aber die Menge des erzeugten Produkts war im Vergleich zur Aussaat sehr, sehr gering. Es wäre gewagt auszurechnen, wieviel Samen man mit der Hand pro ha der Fläche ausstreuen konnte, da dies für die Ebene, fürs Hügelland und für die mittleren Gebirge variierte. Aber Gelehrte wie Jones und Fumagalli behaupten einem im Mittelalter gebräuchlichen Kriterium zufolge, daß der mittlere Getreideertrag einer Saat die fünf- bis sechsfache Ernte ergab; ein gängiger Durchschnittswert war das Vierfache. Man soll sich nicht vom Ertrag der für den Getreidebau außergewöhnlich günstiger Jahrgänge täuschen lassen. Die Wirklichkeit ist, daß dort, wo man heute 20 bis 25 Doppelzentner Weizen pro ha erntet (diese Rechnung ist mit Angaben einer späteren Zeit gemacht, die mir aber der mittelalterlichen Wirklichkeit nicht zu widersprechen scheinen), man damals 2–3 ernten konnte, und daß ein ha, der heute 10–12 Personen ernähren könnte, damals eine Person ernährte, im Höchstfall zwei. Man muß auch bedenken, daß sowohl der Stall mit seiner bestimmten, sehr begrenzten Zahl von Tieren als auch die Weide mit der treibenden Herde dem Acker, der sehr häufig vom Getreidebau jedes zweiten Jahres ausgelaugt war, bloß eine äußerst unzulängliche Düngung geben konnten. Wenn man bedenkt, daß die moderne Technik vorschreibt, einen ha Boden mit 400 Doppelzentnern eines guten natürlichen Düngemittels oder mit ca. 7–8 Doppelzentnern eines gewöhnlichen chemischen Düngemittels zu bestreuen, und daß im Mittelalter auf dem Acker eines gewöhnlichen Gutes pro ha nicht mehr als 20–30 Doppelzentner Stalldünger gestreut werden konnten, dann hat man schon fast alles gesagt.

In Wirklichkeit ist das große häufig und periodisch wiederkehrende Elend der mittelalterlichen Bevölkerung, die ständig an zu fütternden Mündern wuchs, aus dem ungelösten Problem des Getreidebaus zu erklären. So ergab sich als absurder Gegensatz auf der einen Seite in den Städten Szenen von darbenden Mengen, die von Land zu

Land betteln gingen, weil im Februar, mitten im Winter, das Getreide fürs ganze Jahr aufgebraucht war; auf der anderen Seite ist es bekannt, daß man, um die Nachfrage nach Getreide, das überall gut bezahlt wurde, zu befriedigen, alles dran setzte, um Korn auszuführen, und nicht nur aus Apulien, aus der Maremma, aus Sizilien, aus Sardinien, aus der Poebene, sondern von überall. In wessen Auftrag geschah dies? Zum Beispiel im Auftrag des „Gutsbesitzers" oder des Großpächters der Maremma oder seines Gutes in Apulien, der das Getreide durch Lohnarbeiter bebauen ließ oder der Verkäufer der Großgrundbesitzer war, ein Privatmann oder eine Organisation, die von den vielen Teil- oder Halbpächtern eine Menge an Korn sammeln und verkaufen konnte, aber auch viele der mittleren städtischen Eigentümer, die zum Leben über andere Hilfsquellen gewerblichen, freiberuflichen oder kommerziellen Ursprungs verfügten: alle sie konnten Getreide verkaufen. Mit Sicherheit konnte die Menge der kleinen Besitzer und Eigentümer kein solches Geschäft machen, da sie auch in den Jahrgängen guter Produktion sich nur mit Mühe selbst versorgen konnten, ganz von der großen Menge der Leute zu schweigen, die nur die Arme und den Gebrauch der Kollektivgüter ihr eigen nennen konnten.

So war und blieb die Ursache dieser äußerst harten Brottragödie für etliche Jahrhunderte die Tatsache, daß das Getreide nicht rationell angebaut wurde, und dies vornehmlich aus dem einen Grund, weil die Hilfe und die Vernunft der Naturwissenschaften fehlten, vor allem der Chemie in der Kombination mit der Agrarwissenschaft, die lehrt Früchte anzubauen, die sich untereinander vertragen. Eine mittelalterliche Information ist in diesem Zusammenhang bedeutsam und überzeugend. In Thisne in Belgien erreichte der Ackerbauer eine jährliche Produktion von 10–12 Doppelzentnern pro ha: ein wahres Wunder! Wahr ist auch, daß man heute aus diesen selben Äckern in Thisne 50 Doppelzentner pro ha gewinnt, aber auch für die fruchtbaren Böden Mittel- und Nordeuropas ist die mittelalterliche Produktivität der Äcker von Thisne absolut außergewöhnlich; und das Außergewöhnliche erklärt sich, wenn man weiß, daß der Boden nicht nur Jahr für Jahr mit der größtmöglichen Menge Stallmist gedüngt wurde, sondern daß alle 9 Jahre Mergel hinzukam, um das Optimum an Erdgemischen zu erreichen, das das Getreide verlangten konnte: es handelt sich hier um eine echte chemische Düngung, wenn sie auch nicht alljährlich erfolgte.

Die Antwort auf die Frage nach dem Grund äußerst geringer Produktivität findet man im wesentlichen nicht in einem Mangel an Arbeitsfähigkeit. Der römischen Tradition zufolge konnte die Anbauweise hervorragend sein. Es gibt Verträge, auch toskanische aus dem 13. Jh., die von Äckern sprechen, die für die Saat mit einer, zwei und auch drei Furchen vorbereitet wurden. Aus uraltem Brauch säte man in den gesunden Gebieten der Maremma zum Beispiel nicht nur alle drei, vier oder fünf Jahre (so viel Erde hatte man zur Verfügung, und so lange konnte die erholende Ruhezeit dauern), sondern man begann damit, den Boden im Januar zum erstenmal zu pflügen; im März pflügte man zum zweitenmal, und im Mai oder Juni wurde zum drittenmal umgebrochen; in der zweiten Augusthälfte wurde der Boden weiter zugerichtet, indem man die vierte Furche zog; im Oktober säte man das Korn in gleichmäßigen Würfen, und danach wurde noch leicht untergepflügt; im Winter machte man „schwarze Erde", d.h. man behackte leicht die Saat, um den Keimlingen Luft zu verschaffen, und gegen Mai konnte man die Ausrottung der schädlichen Gräser vornehmen, der Nahrungskonkurrenten des reinen Kornes. Diese pflegende Behandlung konnte allerdings durch die Widerwärtigkeiten klimatischer Launen zunichte gemacht werden, vor allem südlich von Florenz und auf den Inseln, wo die Keimung häufig nicht durch einen allmählichen und temperierten Übergang vom Kühlen zum Warmen geschützt war; auch die Büschelbildung und die Reifung des Kornes konnte beeinträchtigt werden. So litt auch Italien weiterhin bis zum 20. Jh. unter dem ständigen Alpdruck des Hungers.

6. Beschluß

Dieser kurze Bericht zeigt weder eine ähnliche informatorische Gelehrsamkeit, noch besitzt er die Genauigkeit in der Angabe von Orten, Personen und Zeiten wie der ausgezeichnete Bericht von Jones. Der knapp bemessene Raum zwang zur Auswahl. Da wir bevorzugten, „vollendete Tatsachen" hervorzuheben, die wir uns hauptsächlich durch die Lektüre von Archivquellen angeeignet haben, glauben wir gewisse Ideen differenzierend herausgearbeitet sowie Interessen, die im Spätmittelalter entstanden sind und ihre Wirksamkeit weiter behalten haben, deutlich hervorgehoben zu haben: 1) die Möglichkeit der freien Arbeit auf dem Boden für die Dauer eines persönlichen und familiären Besitzes; 2) das beharrliche, wenn auch schwierige Vorhaben, Eigentümer des Bodens als eines Objektes des Anbaus oder der städtischen finanziellen Investitionen zu werden; 3) der Wille, im assoziierten Leben zu leben und dabei Verwaltungsautonomie auszuüben; 4) der Erfolg, das Wasser für die Wiesenbewässerung oder für die Wein- und Baumbepflanzungen zu gebrauchen; 5) die fürs Halbpachtgut typische Arbeits- und Produktionsorganisation als Verbindung von zwei sich ergänzenden Kräften; 6) die Unterbringung der Baumreihen der *piantata* in großen und langen Saatfeldern; 7) die Verbreitung des spezialisierten Weinbergs im Hügelland; 8) der Anfang einer systematischen Anordnung hoher fruchttragender Gewächse; 9) die Gründe für die Unergiebigkeit des Getreidebaus. Und immer wieder der permanente Charakter der italienischen Landwirtschaft: die außergewöhnlichen Schwierigkeiten, mit denen sie ständig zu kämpfen hat. Alles italienische Agrarland ist persönliches Werk im ständigen Kampf gegen die Unebenheiten des Bodens und gegen die Launen des Himmels. Auch die Hügel der Toskana sind menschliches Kunstwerk, wie ihre Kirchen, bemerkt Sion. Im Einklang mit jenem „Geist des Optimismus, der Zuversicht, des Willens und der Fähigkeit zur Zusammenarbeit und zur Schöpfung", den Carlo Cipolla als jenen Jahrhunderten eigen herausstreicht, darf man sagen, daß wie das Gewerbe so auch die Landwirtschaft sich aus dem Blut jener wunderbaren Jugend genährt habe – aber es war eine harte Jugend, eine Jugend für Pioniere, für die die Notwendigkeit der Geduld und der nicht selten mühevoll verwirklichte Opfergeist der Einzelperson maßgebend waren. Franz von Assisi preist die Erde als „madre che ne sustenta e ne governa", als Mutter, die uns ernährt und beherrscht, aber gerade er läßt aus ihr eine Quelle der Liebe besonderer Art entspringen, daß die Erde Mutter der Menschen bloß unter der Voraussetzung ist, daß sie durch menschliche Mühe und Intelligenz gezähmt wurde und daß die Erde, der Ursprung und das Reservoir notwendigen Reichtums, den Armen immer versagt wurde. Mitten im 13. Jh. hatte Italien einen Agrarschriftsteller von europäischem Rang, den Bologneser Pier de Crescenzi, Autor einer landwirtschaftlichen *Summa* mit dem Titel „Ruralium Commodorum Libri", die er auf lateinisch verfaßte und gegen 1305 veröffentlichte, nachdem er sie von Professoren der Universität zu Bologna hatte begutachten lassen. Das Manuskript wurde sofort weit verbreitet; danach wurde es nicht nur ins Italienische, sondern auch ins Französische, Deutsche, Polnische und ins Englische übersetzt. Zwischen 1486 und 1548 gab es nicht weniger als 12 Auflagen des lateinischen, 18 des italienischen, 15 des französischen, 12 des deutschen, 2 des polnischen und 1 des englischen Druckes. Das Werk von Pier de Crescenzi war das Hauptdokument einer allgemeinen Geschichte der Landwirtschaft im Mittelalter. Von ihm haben Sereni und andere richtig gesagt, daß er der Sohn einer neuen gebildeten und bürgerlichen Gesellschaft war, daß er als Gelehrter danach strebte, eine wissenschaftliche Erklärung der natürlichen Dinge zu finden, und daß er als Vertreter der neuen Kategorie der städtischen Eigentümer auf die Möglichkeiten einer Wirtschaft hinzielte, die den italienischen Agrarmarkt mit dem großen Markt des europäischen Gewerbes besser koordinierte. Für Olson war er der Begründer der modernen Agronomie.

Das Werk von Pier de Crescenzi ist jedoch niemals gründlich studiert worden. Es kompiliert auf lateinisch die agronome und zootechnische Kenntnis der klassischen Welt der Griechen, Römer und Araber, und an diese lebendige Tradition schließt er die Erkenntnisse seines Studiums und seine praktische Erfahrung im Anbau, die er in Mittel- und Norditalien gesammelt hat, an. Von seinem Werk müßte man zunächst eine kritische lateinische Ausgabe machen; danach müßte man die verschiedenen Beiträge, die von der klassischen Gedankenwelt und aus der mittelalterlichen Wirklichkeit an seine Arbeit herangetragen wurden, isolieren, also einen Textvergleich betreiben. Dann erst könnte man, wie für das Recht, die Philosophie, die Kunst und die Dichtung, die ganze Bedeutung der mittelalterlichen Landwirtschaft im Denken eines Großen erfassen.

§ 18 Italien: Die Stadtwirtschaft vom 11. bis 14. Jahrhundert

Von Roberto S. Lopez

Bibliographische Orientierung

Jede italienische Stadt hat eine eigene Geschichte; das Gesamtergebnis ihrer Geschichten zwischen dem Jahre 1000 und 1400 trifft mit fast der ganzen italienischen Geschichte zusammen; ihre Wirtschaftsgeschichte hat in ganz Europa Verzweigungen und auch in Nordafrika und einem großen Teil Asiens. Wir begrenzen uns auf eine kleine Anzahl neuer Bücher und zeichnen diejenigen mit speziell reichlichen Bibliographien mit einem Sternchen an. Es ist uns nicht möglich, spezialisierte Monographien oder Artikel, und seien sie noch so herragend, einzuschließen.

Allgemeine Geschichte:
L. Salvatorelli: L'Italia Comunale (1940); vor allem ausführliche politische Geschichte*.
N. Valeri: Storia d'Italia, I (1965)*.
E. R. Labande: L'Italie de la Renaissance, 1200–1500 (1954).
G. Galasso: Dal comune medievale all'unità (1969); für Süditalien.
E. Pontieri u. a.: Storia Universale, IV (1961).
D. Waley: The Italian City-Republics (1969).
A. Frugoni: Storia della città in Italia (1957); sehr kurz aber suggestiv.

Wirtschaftsgeschichte:
Cambridge Economic History, I–III (1952–79); grundlegend*.
A. Sapori: Mercatores (auch dt., 1942).
G. Luzzatto: Storia economica d'Italia, il Medioevo (1963); engl. mit erneuerter Bibliographie von *P. Jones* (1961).
C. M. Cipolla: Storia dell'economia italiana, I (1959); eine Sammlung von Artikeln verschiedener Autoren.
Y. Renouard: Les hommes d'affaires italiens du Moyenâge (1949); bibliographisch.
R. S. Lopez: The Commercial Revolution of the Middle Ages, 950–1350 (1971).
R. S. Lopez und I. N. Raymond: Medieval Trade in the Mediterranean World (1955); Anthologie von übersetzten und mit Anmerkungen versehenen Dokumenten.
C. Carrère: Handel in de Middeleeuwen in het middellandse zee-gebied (1975).

Die vier Großen:
a) Mailand:
Storia di Milano. In: Fondazione Treccani (1953–66)*.
C. Violante: La società milanese nell'età precomunale (1953).
b) Venedig:
G. Luzzatto: Storia economica di Venezia (1961)*.
F. C. Lane: Venice, a Maritime Republic (1973).
G. Cracco: Società e stato nel medioevo veneziano (1967).
P. Braunstein und *R. Delort:* Venise, portrait historique d'une cité (1971).
c) Genua:
V. A. Vitale: Breviario della storia di Genova (1955).
T. O. De Negri: Storia di Genova (1968).
R. S. Lopez: Su e giù per la storia di Genova (1975).
d) Florenz:
A. Sapori: Studi di storia economica (1955–67); auch für Siena und andere Kleinstädte von Bedeutung*.
F. Melis: Aspetti della vita economica medievale, I (1962).
G. A. Brucker: Renaissance Florence (1969).

Beispiele von anderen Städten:
A. Palmieri: La montagna bolognese nel medioevo (1939).
U. Gualazzini: I mercanti di Cremona (1928).
E. Lazzareschi u. *F. Pardi:* Lucca nella storia, nell'arte e nell'industria (1941).
P. Torelli: Un comune cittadino a economia agricola (1930–52).
J. K. Hyde: Padua in the Age of Dante (1966).
P. Vaccari: Profilo storico di Pavia (1950).
E. Cristiani: Nobiltà e popolo nel comune di Pisa (1962).
D. Herlihy: Medieval and Renaissance Pistoia (1967).
E. Dupré Theseider: Roma dal comune di popolo alle origini della signoria pontificia (1953).
E. Fiumi: Storia economica e sociale di San Gimignano (1961).
F. Schevill: Siena (1964); mit neuer Einleitung von *W. Bowsky.*
Verona e il suo territorio, II. Istituto per gli studi storici veronesi (1964).

Formen und Struktur des Soziallebens:
E. Besta: Le obbligazioni nella storia del diritto italiano (1937).
C. M. Cipolla: Literacy and Development in the West (1969).
Les constructions civiles d'intérêt public dans les villes d'Europe au moyen âge. In: Pro Civitate (1969).
R. de Roover: L'évolution de la lettre de change (1953).
G. de Vergottini: Arti e popolo nella prima metà del secolo XIII (1947).
F. C. Lane: Navires et constructeurs à Venise (1965).
J. Lestocquoy: Les villes de Flandre et d'Italie sous le gouvernement des patriciens (1952).
R. S. Lopez: The Three Ages of the Italian Renaissance (1970).
F. Melis: Storia della ragioneria (1950).
H. C. Peyer: Stadt und Stadtpatron im mittelalterlichen Italien (1955).
Y. Renouard: Les relations des papes d'Avignon et des compagnies commerciales et bancaires de 1316 à 1378 (1941).
R. L. Reynolds: Europe Emerges: Transition towards an Industrial World-Wide Society (1961).
J. L. Romero: La revolución burguesa en el mundo feudal (1967).
P. Wolff u. *F. Mauro:* Histoire générale du travail, I (1961).

Wir wollen die Liste nicht schließen, ohne ihre unvermeidlichen Mängel zu unterstreichen. Aus Platzgründen waren wir gezwungen, zu oft eine einzige von verschiedenen wichtigen Studien des gleichen Arguments wegen zu zitieren. Die Ausschließung der Artikel und spezialisierten Monographien eliminiert nicht selten suggestive Gesichtspunkte. Die Ausschließung der älteren Werke hat es uns unmöglich gemacht, dem sehr wichtigen Beitrag der Gelehrten mit deutscher Muttersprache Recht widerfahren zu lassen, da sie in den letzten 40 Jahren kein Interesse an der städtischen Geschichte des mittelalterlichen Italien gezeigt haben, während sie früher Arbeiten hervorgebracht haben, die noch heute grundlegend sind, wie die von *R. Davidsohn, A. Doren, L. Goldschmidt, W. Heyd, A. Schaube, A. Schulte, H. Sieveking* und *H. Simonsfeld,* um nur die wichtigsten zu nennen.

Wer in weniger als zehn Worten die Merkmale, welche die italienischen Städte des Spätmittelalters von denen anderer europäischer Länder unterscheiden, definieren möchte, könnte sagen: „Substanziell die gleichen, aber sie waren intensiver und größer." Sie waren zahlreicher, bevölkerter, autonomer, besser Herr des umliegenden Landes, reicher, aktiver und ruheloser, gebildeter, veränderlicher auf sozialem und wirtschaftlichem Gebiet, ausgeglichener in der Verteilung der sozialen Schichten und im Lebensstandard, frühreifer in ihrer Entwicklung. Man könnte hinzufügen, daß die Definition speziell für das Italien nördlich des Tibers gilt. Die Städte des sogenannten *regno per eccellenza,* des Reichs im wahrsten Sinne des Wortes, das heißt der Neapolitanische Staat und Sizilien starben auf halbem Weg ab. Jede andere summarische Verallgemeinerung wäre unvorsichtig. In Italien wie anderswo und vielleicht mehr als anderswo ist gerade die unendliche Mannigfaltigkeit der Erfahrungen eine der großen Bezauberungen der Stadtgeschichte. Jede Stadt war ein mit den anderen nicht genau zu vergleichender Mikrokosmos, und es ist schon viel, wenn es gelingt, irgendeine Gesamttendenz, irgendeinen speziellen Erfolg, in irgendeinen toten Winkel zu sehen.

1. Der Anfang

Das städtische Italien im Spätmittelalter hatte zweifellos einen gewissen Vorteil gegenüber anderen Ländern Europas; es ist aber nicht nötig, die Tragweite zu übertreiben. Die Geographie, die einen großen Teil der Halbinsel in enge Täler teilt und sie von steilen aber durch das Meer verbundenen Bergen trennt, hatte schon in der Vorgeschichte die Bildung von untereinander unabhängigen städtischen Kernen begünstigt. Aber diese Unterteilungen hatten keine Stütze in der offenen Ebene Kontinentalitaliens (d.h. Oberitaliens); sie beschränkten sich auf die genügend ausgedehnten Täler des Arno und Tiber; in Wirklichkeit konzentrierte sich die städtische Entwicklung des italienischen Spätmittelalters auf die weniger gebirgigen Gegenden. Die Geschichte hatte ihr Gepräge in den unzähligen römischen und frührömischen Städten hinterlassen, wo monumentale Ruinen, Überreste des antiken Straßennetzes und die Permanenz der bischöflichen Sitze dem Spätmittelalter eine sichtbare Basis für die Wiederaufnahme des Städtelebens boten. Wenn aber die Mehrheit der Städte, welche nach dem Jahre 1000 aufblühten, der Antike entstammen, so verschwanden doch viele römische Gemeinden, und einige wichtige Städte wie Venedig, Ferrara, Alessandria, L'Aquila, Amalfi und Bari waren ganz oder teilweise neue Kreationen. Die Straßen hielten sich da, wo ein Verbindungsdurchgang existierte: ein Gebirgspaß, die Einmündung eines Flusses in einen anderen, ein Naturhafen, und wenn die bischöflichen Sitze die Fortdauer des Städtelebens begünstigt haben, war dies keine ausschließlich italienische Erscheinung.

Mehr als die wahre und eigentliche Fortdauer diente die Ausdauer der Tradition, welche in den städtischen Agglomerationen den natürlichen Sitz der Kollektivaktionen, der Regierung, des Sozial- und Intellektuallebens sah – *civilitas* kam ja von *civitas* –, und nur in diesem Sinne wurden sie der Zersplitterung in Dörfern, Schlössern und isolierten Klöstern vorgezogen.

Diese Auffassung, welche in Italien nicht nur in kirchlichen Kreisen verbreitet war, sondern auch unter der weltlichen Bevölkerung, lockte oder hielt zeitweise eine gute Anzahl Adliger, Verwalter, spezialisierter Handwerker und Kaufleute in der Stadt zurück. Wie Könige, Herzöge, langobardische *Gastalden* ihre Sitze fast immer in antiken städtischen Zentren gewählt hatten, taten es auch ihre fränkischen Nachfolger, Sachsen und Salier, wenigstens bis die städtische Gemeinschaft, die zu jeder Zeit in irgendeiner Weise bei der lokalen Regierung mitwirkte, sie wegjagte. Allgemeines Zeichen der großen Würde der städtischen Bevölkerung in Italien war das spärliche Durchdringen der Knechtschaft. Große und Kleine waren in der Regel auch vor dem Jahre 1000 persönlich frei, wenn sie auch gezwungen waren, der Regierung und deren Repräsentanten Arbeit, Dienste und Abgaben zu liefern, die nicht sehr verschieden waren von denen, die ihre Vorfahren dem Spätrömischen Reich leisteten. Schon vor dem Jahre 1000 tat sich ein Großbürgertum aus Notaren, Kaufleuten und Münzern mit dem niederen Adel zusammen, indem es sich manchmal mit ihm verschwägerte und regen Anteil an den kleinen Funktionen der Regierung nahm. Wenn trotzdem die Macht in den Händen der Besitzer von Ländereien und landwirtschaftlichem Einkommen blieb, war dies nicht allein das Resultat des Niedergangs der kommerziellen und handwerklichen Tätigkeit im Hochmittelalter. Auch die römische Stadt ist von Landbesitzern und Verwaltungsbeamten beherrscht worden. Der neue Vorgang im Spätmittelalter jedoch war gerade der Wandel der Beziehungen zwischen Landwirtschaft und Handel im wirtschaftlichen, sozialen und politischen Leben der Stadt. Dies ist nicht der geeignete Ort, um sich an die Vorurteile zu erinnern, welche verhinderten, daß die athenischen und römischen Kaufleute in ihrem vollen Wert anerkannt wurden, noch auf das Mißtrauen gegen sie in der landwirtschaftlichen, militärischen und religiösen Atmosphäre des Hochmittelalters zu verweisen. Das Mißtrauen blieb, auch in Italien, um das Jahr 1000 vielleicht weil die Regierungsschichten ausländisch waren oder, wie auch immer, durchtränkt mit Ideen, die in der westlichen Welt den Ausschlag gaben. Um nur ein Beispiel zu zitieren, Ratherius von Lüttich, Bischof von Verona, wandte sich an die Kaufleute mit folgenden Worten: „Bedenkt, was für einen das Seelenheil gefährdenden Beruf Ihr gewählt habt, . . . daß Ihr Sklaven des Lasters und mit dem Wort gekennzeichnet seid, mit dem Euch viele *geldgierig* nennen . . . Ihr habt Reichtümer mit Betrug gewonnen, ihr habt den Wucher geliebt . . . wenn ihr nicht das Vierfache des Weggenommenen zurückgeben wollt oder könnt, dann gebt wenigstens die einfache Summe zurück."

Die Abneigung der weltlichen Adligen gegen die Kaufleute reflektierte die Verachtung der Kraft und des Hanges zur Vorsicht und Sparsamkeit. Um sie zu entwaffnen, genügte es nicht, das Vierfache zurückzugeben: es kam vor, daß der Charakter des Kaufmannes und des Kämpfers sich in derselben Person vereinten. Die ersten Schritte wurden vor dem Jahre 1000 gemacht, nicht in den Städten des Innern, sondern in denen des byzantinischen Italien, und nicht so sehr durch spontane Wahl als durch Notwendigkeit. Von dieser Entwicklung, die sich in weniger ausgeprägter Form auch in anderen italienisch-byzantinischen Häfen wie Amalfi, Neapel, Gaeta und Bari zeigt, ist Venedig das berühmteste Beispiel. Ihres Hinterlandes durch barbarische Invasionen beraubt, auf dem Meer von Moslems und Slaven bedroht, fand sich die Stadt Venedig nicht damit ab, nur von der Ernte seiner Lagune – Fisch und Salz – zu leben, sondern versuchte ihr Glück auf den Schiffen, indem sie auf die Rivalität zwischen Griechen, Lateinern und Arabern baute und auf deren Notwendigkeit eines neutralen Vermittlers zählte. Schon vor dem Jahre 1000 schlossen sich Menschen aller Schichten, vom Dogen bis zum Glasermeister und freigelassenen Sklaven, in einer Handelsgenossenschaft zusammen (sogar Krieger kamen vor), um Risiken und Gewinne, Kapital und Arbeit zu verbinden. Die politischen Entscheidungen der Aristokratie waren der Ratifikation der Volksplenarversammlung unterworfen. Allmählich verwandelte sich Venedig von einer Untergebenen zur Alliierten des Byzantinischen Reichs. Damit nicht genug, einigte sich Venedig mittels einer Reihe von Verträgen mit den Herrschern und dem König von Italien und unterstellte seinem Protektorat verschiedene kleine Städte längs der adriatischen Nordküste. Wenige Zeit nach dem Jahre 1000 grüßte ein anonymer Schreiber aus Pavia (der Hauptstadt des italienischen Königreichs) die erste aus adligen Kaufleuten bestehende Republik, an die sich die Geschichte erinnert, mit folgenden Worten: „Diese Nation pflügt nicht, sät nicht, erntet nicht . . . Kraft eines Vertrages können die Venezianer Getreide und Wein auf jedem Markt kaufen, . . . und keiner kann sie belästigen."

Venedig fuhr auch nach dem 11. Jh. fort aufzusteigen. Die italo-byzantinischen Häfen im Süden, die gleichfalls auf dem besten Weg zu politischer Unabhängigkeit und Handelsmacht zu sein schienen (vor allem Amalfi, das um das Jahr 1000 Venedig fast gleichkam, obwohl ärmer an kultivierbarem Land und deshalb handelsschwächer), fielen unter die Herrschaft der Normannen. Diese anspruchsvollsten Besitzer des entfernten Byzantinischen Gebietes unterdrückten die städtischen Autonomien. Es fehlte nicht an ehrgeizigen und geschickten Königen zwischen Robert Guiscard und Karl von

Anjou. Ihre Unfähigkeit aber, aus dem anfänglichen Vorteil der südlichen Städte Nutzen zu ziehen, zeigt, daß keine feudal-agrarische Monarchie in der Lage war, die städtische Entwicklung zu fördern, wie das bei den von adligen Kaufleuten regierten Stadtstaaten der Fall war. Die gleichen Hauptstädte des Königreichs (Salerno, Palermo, Neapel), denen der Hof Einwanderer, Geld, Privilegien und Glanz bot, waren eher Verbraucherzentren als Produktions- und Austauschmittelpunkte. Auch Rom, das bis Ende des Hochmittelalters durch die Pilger verdiente und eine gewisse Autonomie unter der schwachen Regierung der Päpste behielt, kam wirtschaftlich über das Mittelmaß nicht hinaus. Südlich des Tiber befand sich das Bürgertum, das zwischen dem Hochmut der Adligen und der Armut der Proletarier zusammengedrückt war, in ähnlichen Verhältnissen, obgleich in etwas besseren im Vergleich zum transalpinen Bürgertum oder den Kaufleuten und Handwerkern der antiken Stadt. Das Primat des internationalen Verkehrs, angefangen beim Tyrrhenischen Meer, ging an Pisa und Genua, zwei Häfen des italienischen Reiches, die nach dem Jahre 1000 hervortraten, über. Sie reagierten auf ähnliche Probleme, die schon Venedig und Amalfi anstachelten, nämlich ein ziemlich unproduktives Hinterland, ein von den räuberischen Moslems heimgesuchts Meer, eine zentrale Regierung, die unfähig war, ihnen zu Hilfe zu kommen. Das Primat des Landhandels, der Finanzen, der Industrien verlegte sich auf die Innenstädte des Nordens.

Hier im italienischen Königreich nördlich des Tibers ging die simultane Entwicklung der städtischen Autonomien und der nichtlandwirtschaftlichen Wirtschaft von den gleichen Impulsen aus wie im restlichen Europa – Bevölkerungszunahme, Steigerung des landwirtschaftlichen Überschusses, Auflösung der zentralen Macht, politischer Partikularismus –, aber sie fing früher an und ging weiter. Italien hatte weder große Reserven an unkultiviertem Land noch offene Grenzen für die Massenkolonisation. Abgesehen von der Überbevölkerung absorbierten die Städte einen beträchtlichen Teil der Überschüsse auf dem Land. Persönliche Freiheit, Regierungsorgane, nicht landwirtschaftliche Aktivität gab es schon innerhalb der Stadtmauer. Die lange Abwesenheit der Herrscher und ihr Konflikt mit den Päpsten erleichterten die Aufstände, die Verschwörungen und die widerrechtliche Machtergreifung, welche die Bürger von den Bischöfen, den Grafen und anderen Repräsentanten der zentralen Regierung befreiten. Wenn in den unabhängigen Gemeinden, welche von der Mitte des 11. Jh. ab in Erscheinung traten, der Grundbesitz und der Gebrauch von Waffen den alten aristokratischen Familien einen gewissen Anfangsvorteil brachten, so wurde bald aus dem Stadtstaat eine aus Kaufleuten bestehende Regierung, denn nur der Handel brachte unbegrenzte Verdienst- und Entwicklungsmöglichkeiten. Im 12. und 13. Jh. fiel ganz Italien nördlich des Tibers unter die Kontrolle der Gemeinden. Noch bevor die größeren Gemeinden die Eroberung ihres Distriktes vervollständigt und den Rest an imperialer und päpstlicher Autorität vernichtet hatten, bemühten sie sich, die kleineren Gemeinden zu unterjochen. Zur gleichen Zeit hielt ein ununterbrochener Kampf zwischen Gesellschaftsschichten und Parteien das interne Leben jeder Gemeinde in Aufruhr. Doch ohne den wirtschaftlichen und moralischen Preis vieler Konflikte zu unterschätzen, sollten wir immer vor Augen haben, daß die Turbulenz der italienischen Gemeinden im großen und ganzen eine Manifestation der Freiheit, der sozialen Beweglichkeit und des wirtschaftlichen Gedeihens war. Die Gemeinde war und wollte nicht gleichgestellt sein; aber wenigstens theoretisch versuchte sie jedem Bürger ein entsprechendes Gewicht zu verleihen. Hierzu konnte er Kapital oder Arbeit, Kraft oder Klugheit, Ehrlichkeit oder Listigkeit oder sonst einen Beitrag außer dem bloßen Kastenprivileg bieten. Die Kaufleute und die Leiter der Gemeinderegierung förderten vor allem die eigenen Geschäfte, aber sie vergaßen selten, daß ihr eigenes Wohlergehen wenigstens zum Teil von dem der anderen Bürger abhing.

2. Methoden und Werkzeuge der Handelsrevolution

Die politische Revolution machte die italienischen Kaufleute selbständig, aber um die Hindernisse, die bis jetzt die Entwicklung des Handels gestört hatten, zu beseitigen, waren neue Methoden und Werkzeuge nötig. Ihre Einführung war der entscheidende Anfang der Handelsrevolution des Mittelalters. In der antiken Welt und weitgehend auch im mittelalterlichen Europa, ausgenommen in Italien, war das verfügbare Kapital fast ausschließlich in den Händen der Agrararistokratie; der Kredit war knapp und zum großen Teil in Verbraucherdarlehen der Verschwender und Bedürftigen investiert; Handelsgesellschaften waren selten, mit Ausnahme der Konzessionen der öffentlichen Dienste, und die Vertretung *(prokura)* hatte kein legales Dasein. Außerdem veranlaßte das geringe Ansehen des Handels Kaufleute, die mit bescheidenem Anfangskapital ein Vermögen erworben hatten, sich von den Geschäften zurückzuziehen und den Ertrag zu verwenden, um der Agrararistokratie beizutreten. Es gibt Gründe zu glauben, daß in der byzantinischen Welt, und vor allem in der islamischen, einige dieser Hindernisse überwunden wurden und daß die angewandten Lösungen Italien beeinflußt hatten. Aber beim jetzigen Stand der Forschung ist es angebracht, die Aufmerksamkeit auf die italienischen Städte zu lenken, wo die Änderungen revolutionärer und besser beurkundet sind.

Auch in Italien fehlen die Zahlen, vor allem für die Periode der Ursprünge, aber es ist nicht schwer, die Herkunft des bescheidenen, für den Start unerläßlichen Kapitals festzustellen. Die Agrarwirtschaft lieferte ihre Produkte und die in Handarbeit konstruierten Boote und Fahrzeuge, um sie zu transportieren. Große Herren und Prälaten hoben Geld von ihren Einkommen ab; nötigenfalls nahmen sie ihre Schätze und ihre Juwelen in Anspruch, um andere Waren zu kaufen. Diesen Hilfsquellen, die in ganz Europa üblich waren, fügten die italienischen Städte das Vermögen der vom Handel angelockten städtischen Aristokratie, das der großen Bürger, die schon vor dem Jahre 1000 handelten, und die Beute einiger geglückter Expeditionen bei. Die Dimensionen des Anfangskapitals bedeuteten wenig. Die erste Periode der Handelsrevolution ist durch große Risiken und große Gewinne charakterisiert – und wenn viele Initiativen schlecht endeten, so vermehrten diejenigen, die etwas wagten, die Investitionen in einem unvergleichlich schnelleren Rhythmus als in der Landwirtschaft oder im Handwerkerstand. Im ersten Handelsbericht, der zu uns gelangte (1156–58), verdreifachte ein adliger Kaufmann aus Genua eine Investition in zwei Jahren, indem er sie einem anderen Mann übergab, der mit seinem eigenen Gewinnanteil während drei Geschäftsreisen nach Übersee eine fast gleiche Summe gewann wie die Anfangsinvestition. Bei solchen Perspektiven versteht es sich, daß die Vertretung oder Prokura, obwohl sie ausdrücklich vom gerade in dieser Zeit neu aufblühenden Römischen Recht verboten war, eine grundlegende Institution in der kommerziellen Praxis wurde, da sie dem Kaufmann erlaubte, selber oder in Vertretung an vielen Orten auf einmal zu sein.

Der Kredit gab dem Geld die gleiche Allgegenwart. Ohne ihn würde man nicht verstehen, wie eine Geldmenge, bei weitem von geringerer Qualität und Quantität als die der römischen Welt, den wachsenden Umfang an Gütern und Diensten bestreiten konnte, ohne ein Sinken der Realpreise hervorzurufen, sondern im Gegenteil bewirkte, daß die Preise weiterstiegen. Auch hier fehlen die Zahlen, und wir wissen trotz vieler Spezialuntersuchungen nicht genau, ob und wieviel die Bilanz der internationalen Zahlungen den Geldmarkt beeinflußt hatten. Ohne Zweifel gab es zeitweilige Krisen. Aber besser als mit dem Ersatz der *cattiva moneta* oder im Gegenteil der *moneta forte* und schließlich der Goldmünzen (Genua und Florenz 1251) half man der chronischen Unzugänglichkeit der Geldmenge ab, indem man die Schnelligkeit mit Kredit erhöhte. Wie die Vertretung, so war auch der Kredit eine Kundgebung des Vertrauens, vielleicht nicht so sehr gegenüber dem Agenten oder Schuldner (die unehrlich sein oder Pech haben konnten) als gegenüber dem Handel als unvergleichbarer Quelle des Verdienstes. Die Zinsen auf die Handelsdarlehen, die im 12. Jh. nahezu wucherisch waren und in Venedig bis zu 50 % erreichten, verminderten sich in dem Maße, wie Risiken und Gewinne sanken (oft weniger als 10 % Ende des 13. Jh., als es außerhalb Italiens noch Leute gab, die 100 % verlangten).

Auf gegenseitigem Vertrauen basierten die zahlreichen zustandegekommenen Verträge, welche das Bindegewebe des Handels bildeten. Da wir sie nicht alle beschreiben können, beschränken wir uns auf die zwei verbreitetsten im See- und Landgeschäft: die „Kommende" (in Venedig *colleganza* genannt) und die „Gesellschaft" (in den toskanischen Städten *compagnia* genannt). In der Kommende verschaffte ein nicht reisender Kaufmann einem anderen Kaufmann Geld oder Waren; dieser brachte die Investition nach Übersee, handelte mit ihr und brachte den Erlös zum Ausgangsort zurück. Der erste Kaufmann nahm alle Kapitalrisiken auf sich, der zweite alle Arbeitsrisiken; der erste erhielt normalerweise drei Viertel der eventuellen Gewinne, der zweite ein Viertel. Der Kapitalgeber war nicht immer, wie es scheinen mag, der reichere oder der ältere der beiden. Insbesondere nach der ersten Zeit war der Hauptzweck des Vertrages, die Risiken zu verteilen und die Verdienstgelegenheiten zu vermehren. Abwechselnd oder gleichzeitig als Kapitalgeber und als reisender Verwalter an verschiedenen Schiffen und für verschiedene Bestimmungsorte fungierend, sicherte sich der Kaufmann eine Mitgewinnbeteiligung in den Geschäften der anderen und eine Mitwirkung der anderen in den eigenen Geschäften, ohne alles, was er besaß, pauschal aufzubieten. Der strikt auf investiertes Kapital und Arbeit für eine Hin- und Rückreise limitierte Vertrag konnte bei Verfall aufgelöst oder auf Wunsch der Vertragspartner erneuert werden.

Der Flexibilität der Kommende, für die Risiken des Meeres geeignet, widersetzte sich die enge Solidarität der *compagnia*, welche der Fortdauer des Landhandels angepaßt war. Wahrscheinlich von der Gemeinverwaltung der ungeteilten Güter von Mitgliedern der gleichen Familie abstammend, vereinigte die *compagnia* in der Tat das Kapital und die Arbeit einer gewissen Anzahl von Brüdern oder Verwandten für alle die von ihnen ausgeführten Handelsgeschäfte im Laufe eines vorher festgelegten Termins (meistens 3 oder 5 Jahre). Jeder Gesellschafter investierte einen bestimmten Betrag an Kapital und hatte Anteil an den Gewinnen und Verlusten im Verhältnis zu seinem Beitrag. Wenn aber die Verluste das Gesellschaftsvermögen überstiegen, haftete jeder Gesellschafter gegenüber Dritten mit seinem ganzen Vermögen. Nach Terminablauf konnte die Gesellschaft aufgelöst werden. Sie wurde aber normalerweise mit günstigen Änderungen in den Kapitalbeiträgen erneuert, oft indem neue Gesellschafter aufgenommen wurden. Das konnten ehemalige Angestellte sein, die durch Heirat mit der Tochter eines Gesellschafters in die Familie aufgenommen wurden. Die patriarchalische Basis und die unbegrenzte Verantwortung der *compagnia* festigten den Kredit und tendierten dazu, den Umfang ihrer Geschäfte schneller zu vergrößern als den der Kommende, aber falls die Geschäfte schlecht endeten, richteten sie einen nicht gutzumachenden Schaden an.

Die Kommende und die *compagnia* (oder einfachere Arten von Gesellschaften) waren keine ausschließlich italienische Besonderheit, auch wenn sie in Italien am besten entwickelt und perfektioniert waren. Die italienischen Städte jedoch unterschieden sich durch die außerordentliche Verbreitung dieser Vereinbarungen in ihren Anfängen. Schon vor dem Jahre 1000 war es keine Seltenheit, daß Kaufleute und Handwerksmeister Dokumente mit ihrer Unterschrift versahen, und am Anfang des *Trecento* ist der Analphabetismus in der männlichen Bevölkerung der großen Städte so gut wie nicht vorhanden. Vom 13. Jh. an, wenn nicht eher, sind Kaufleute, welche die Universität besuchten, keine Seltenheit. Es ist kaum nötig zu erwähnen, daß Kaufleute aus Genua provinzielle Lyrik schrieben, toskanische Kaufleute italienische Gedichte und Prosa, Dante ständiges Mitglied (wenn auch kein sehr aktives) der Ärzte- und Gewürzhändlerzunft war, Boccaccio aus einer Kaufmannsfamilie stammte usw. Dank ihrer Handelserfahrung und Kultur trugen die Kaufleute dazu bei, daß mathematische Texte wie der „Liber Abaci" von Leonardo Pisano (1202), Wörterbücher wie der lateinisch-persisch-kumäische Codex Cumanicus (1303), geographische Karten und Berichte, die mit Marco Polo ihren Höhepunkt erreichten, Enzyklopädien mit nützlichen Kenntnissen (die älteste uns bekannte, noch unveröffentlichte ist die „Memoria de tucte le mercantie" von 1278) und eine unüberschaubare Anzahl von Geschäftsbriefen, Bordbüchern, Wechselurkunden und Buchführungen geschrieben wurden. Die Buchhaltung, in den ersten Jahrhunderten nicht immer sehr genau, erreichte mit der doppelten Buchführung in Bankkreisen gegen Ende des 13. Jh. ihre Reife. Sie ist im wesentlichen bis zum heutigen Tage unverändert geblieben.

Auch bei den Verkehrsmitteln gab es weitere Fortschritte, aber in viel weniger spektakulärer Weise. Ihr Mangel an Anpassungsfähigkeit war das größte Hindernis bei der Entwicklung des Handels. Die Transporte auf dem Seeweg waren damals wie heute, ja noch mehr als heute, billiger als die auf dem Landweg. Italien war durch die Ausbreitung der Meeresküsten begünstigt, aber durch den Mangel an schiffbaren Flüssen benachteiligt. In den Grenzen der schon im Altertum angewandten Triebkräfte – des Windes und der Muskeln – erprobten die Schiffsbauer eine große Auswahl an Typen und Takelwerken. Die extremen Möglichkeiten waren einerseits das Langschiff mit Rudern, andererseits das Rundschiff mit Segeln. Das Langschiff war handlicher und normalerweise schneller, aber es hatte wenig Ladungsplatz; das Rundschiff war geräumiger, sparte Matrosen ein, war aber den Launen des Windes ausgesetzt.

In beiden Fällen handelte es sich um geringe Lasten und Geschwindigkeiten. Indem auf verschiedene Weise Ruder und Segel, Länge und Breite, kostbare Waren und platzraubende Frachten kombiniert wurden, konnten für jede Art von Handelsgeschäften geeignete Boote geschaffen werden. Bis zu den letzten Jahren des 13. Jh. war der beliebteste Typ für den großen Handel die Galeere, ein mächtiges Langschiff, welches Ruder und Segel benutzte und in jeden Hafen einlaufen konnte. Vom 14. Jh. an machte ihr die Karake *(caracca)*, ein großes Segelschiff, den ersten Platz streitig, vor allem wenn es galt, eine lange Strecke mit sperrigen Waren ohne Zwischenstation zurückzulegen. Fügen wir jedoch bei, daß es schwierig ist, die ursprüngliche Mitwirkung auf technischem Gebiet von einer Nation zur anderen zu unterscheiden. Der größte Teil der Schiffe hat Namen, die vom Griechischen *(galea)* oder vom Arabischen *(caracca)* herstammen, aber eines ist gewiß, die italienischen Galeeren und Karaken des 13. Jh. sind sehr verschieden von den byzantinischen und islamischen des 10. Jh., gleichen aber den katalanischen Galeeren derselben Periode. Das Astrolabium, der Kompaß, das Zentralsteuer, die nacheinander die Navigation erleichterten, sind bestimmt nicht italienischen Ursprungs. Dagegen muß man Italien die zwischen den Anfängen des 13. und denen des 14. Jh. gemachten Experimente der winterlichen Navigation, die ersten genauen Karten und die ersten Seeversicherungsverträge zuschreiben.

Der Fortschritt im Landverkehr war bescheidener, und die italienischen Städte trugen dazu bei, nicht indem sie neue Lösungen vorschlugen, sondern indem sie dem Problem größte Fürsorge widmeten. In einem von Bergen strotzenden und von den Alpen verschlossenen Land war eine drastische Preisermäßigung für Maulesel die vielleicht nützlichste Änderung. Es nützten auch die von Schweizern und Piemontesen zwischen dem 13. und 15. Jh. verrichteten Arbeiten an Alpenübergängen wie der St. Gotthardübergang, die befahrbare Straße des Septimers und des Monvisotunnels. Aber die potentiellen Vorteile der mittelalterlichen Hauptneuerungen – Beschlag und steifer Halsriemen des Pferdes, Zweigespann, Radachsen – wurden durch den schlechten

Zustand vieler Straßen begrenzt. Von diesem Gesichtspunkt war die Freiheit der städtischen Kommunen ein Handikap: es fehlte eine zentrale Autorität, die Hauptstraßen mit großen Verbindungen bauen und unterhalten konnte. Der römische Straßenunterbau (für Soldaten und nicht für Kaufleute bestimmt) wurde durch ein dichteres Netz schlecht gepflasterter Straßen ersetzt. Je nach Fleiß der verantwortlichen Kommune wurden sie mehr oder weniger gut instandgehalten. Im wesentlichen richteten sich die Ausgaben, die jede Gemeinde für ihre Straßen und für die schiffbaren Kanäle in der Poebene festsetzte, danach, wieviel Gewinn sie aus ihnen erhoffte. Dies wiederum hing von der Größe ihres Marktes ab, aber der Umfang des Marktes hing zum Teil vom Zustand der Straßen ab.

3. Märkte, Waren und Handelsrichtungen

Die ersten Gesamtzahlen über die Bevölkerung und die Wirtschaft der italienischen Städte gehen bestenfalls erst auf die zweite Hälfte des 13. Jh. zurück und sind nicht immer zuverlässig. Für die ersten zwei Jahrhunderte nach dem Jahre 1000 sind nicht einmal wiedererlangbare Informationen wie die Fläche der ummauerten Städte gesammelt worden. In einer schnellen Skizze wie dieser werden wenige Beispiele genügen. Mailand, die um das Jahr 1000 vielleicht am stärksten bevölkerte Stadt, fing damals an, sich langsam über die römische Stadtmauer, welche 113 ha einschloß, auszudehnen (Konstantinopel umfaßte 1420 ha, die aber nicht alle bebaut waren, und Paris auf der Insel der Cité 8 ha). Um 1300 bedeckte Mailand eine dreimal so große Fläche mit zweifellos höheren Häusern und hatte fast 200 000 Einwohner. Venedig hatte zu dieser Zeit Mailand um wenig übertroffen; Florenz hatte mehr als 100 000 Einwohner und Genua etwas weniger; außer den „vier Großen" gab es viele kleinere Städte mit 20 000 bis 50 000 Einwohnern. Das sind an und für sich bescheidene, aber relativ höhere Zahlen als die anderer europäischer Länder. Wichtiger für den Vergleich ist die Lebensweise, die mehr als in anderen Gebieten nach Produktion und Verbrauch strebte. „In Mailand", sagt ein Chronist 1288, „gibt es keinen gesunden Menschen, außer er sei ein Nichtstuer, dem es nicht gelingt, seinen Lebensunterhalt zu verdienen mit der Würde, die seinem Standesverhältnis zusteht." Gegen 1350 warnte ein Moralist in Florenz mit folgenden Worten: „Wenn Du Geld hast, behalte es nicht zuhause, denn es ist besser, vergebens zu arbeiten als vergebens zu ruhen; wenigstens wirst Du genug verdienen, wenn Du das Kapital nicht verlierst und im Handel bleibst." Zeit ist Geld: in Genua stand auf den Verträgen, Ende 1150, nicht nur der Tag, sondern auch die Stunde, und die Stunde war oft spät in der Nacht. Im Jahr 1300 genehmigte Venedig die erste Geschäftsordnung für die Brillenfabrikation und importierte vom nahegelegenen Padua mechanische Uhren. Das Geschäftsfieber verbreitete sich in Kleinstädten und auch in vielen Dörfern.

Um eine kurze Gesamtvorstellung der wirtschaftlichen Entwicklung zwischen dem Jahre 1000 und dem Anfang des 13. Jh. zu geben, wird ein Blick auf die Märkte, die Waren und die Handelsrichtungen nützlicher sein als das Zitieren fragmentarischer Zahlen. Die offenen Jahr-, Wochen- und Tagesmärkte, welche draußen oder im Schatten eines öffentlichen Gebäudes stattfanden, wo sich früher vor dem Jahre 1000 der Tauschhandel der Bürger konzentrierte, dehnten ihre Tätigkeit bis zu den ländlichen Agglomerationen aus. Aber in den Städten beschränkten sie sich allmählich auf Hilfsfunktionen. Sie dienten als Umschlagplätze für den außerordentlichen Handel, der durch die Ankunft von Seekonvoys hervorgerufen wurde, oder als Treffpunkt der Bauern, die frische Produkte und Vieh brachten und billige Erzeugnisse des städtischen Handwerkerstandes holten. Für den täglichen Konsum der Stadt wurden stattdessen

Markthallen, Magazine und Läden jeder Art gebaut. In den großen Dörfern auf dem Land gab es mindestens einen Laden. Zur gleichen Zeit nahm die Verschiedenheit der Verkaufswaren zu. Die Tendenz ging dahin, vor allem die extremen Gegensätze des Verbrauchs zu entwickeln – Artikel von großem Luxus und Artikel von absoluter Notwendigkeit –, aber die andauernde Verbesserung des Lebensstandards verwandelte nach und nach den Luxus in Gewohnheit und die Gewohnheit in Notwendigkeit. Das Phänomen trifft man in allen Schichten an: die toskanische Aristokratie ging in ein Jahrhundert der schweren Kleider aus importierten Wollstoffen ein; die florentinischen Bettler protestierten im Notjahr 1346, als die Gemeinde ihnen schwarzes anstatt weißes Brot verteilte. Wer sich die italienische Warenkunde im Mittelalter klarmachen möchte, kann im Handbuch von Francesco Pegolotti blättern, welches in der ersten Hälfte des 14. Jh. verfaßt wurde; die Liste der Gewürze umfaßt 288 Varietäten (viele davon sind jedoch einfache Waren europäischer Herkunft) und die der Rohseiden 23 Sorten.

Man muß sich natürlich vor einer übereilten Verallgemeinerung hüten. Die Prosperität tendierte eher zuzunehmen, als den Unterschied zwischen großen und kleinen Städten, zwischen reichen und armen Gegenden, zwischen Großbürgertum (oder *popolo grasso*, „dickes Volk", wie so malerisch gesagt wurde) und Proletariat, zwischen kapitalistischen Kaufleuten und einfachen Händlern zu vermindern. Die Verbreitung des Wohlstandes kam im Nahrungsmittelkonsum besser zum Ausdruck als auf den anderen Sektoren. Gut informierte Chronisten sagen uns, daß die Florentiner um 1300 herum ca. 4 Liter Wein pro Kopf in der Woche tranken (Frauen und Kinder inbegriffen) und daß in Mailand siebzig Ochsen pro Tag geschlachtet wurden, aber die Inventare der bürgerlichen Häuser zeigten eine Bescheidenheit im Mobiliar und in der Bettwäsche, die oft von der Eleganz der Kleidung abstach. Gewöhnlich zogen die Kaufleute hohe Gewinne aus begrenzten Verkäufen kleinen Gewinnen aus umfangreichen Geschäften vor; die Konsumenten kauften lieber wenige Artikel von guter Qualität und langer Dauer als eine Masse billiger Artikel. Trotz alledem war der Markt der städtischen Welt in Italien nördlich des Tibers im großen und ganzen unvergleichbar lebhafter als im übrigen Europa, ein Markt, an dem alle teilnahmen. Es gab keine Herrscher und Lehnsherren, denen der Unterhalt gesichert werden mußte; die Religion erhielt ihren Teil, aber die Kirchen- und Klosterkosten waren mit kaufmännischer Vorsicht kalkuliert; die regierenden Kaufleute der Kommune manipulierten die Steuern, Konzessionen und Gesetze zu ihrem Vorteil, aber sie fütterten die Märkte mit ihren Kapitalien und akzeptierten gerne kleine Investitionen des Kleinbürgertums oder der Lohnempfänger in ihren Unternehmen.

Wahrscheinlich übertraf der regionale und lokale Handel den Handel auf weite Entfernung (wir werden nicht „international" sagen, weil in dem Italien der Kommunen alle 20 oder 30 Kilometer eine Grenze gezogen war) an Umfang und vielleicht auch an Wert; bestimmt stützten viele italienische Städte von mehr als bescheidener Wichtigkeit ihr Gedeihen auf den lokalen Markt, welcher durch den kleinen Anfall an Transportkosten begünstigt war. Aber da der größte Teil von ihm in Detailhandel, ohne Buchführung und ohne Kapitalkonzentrierungen stattfand, ist es schwer und vielleicht nicht sehr interessant, ihn zu beschreiben. Gehen wir also ohne weiteres zum Handel auf weite Entfernung über, welcher die beste und originellste Karte im italienischen Spiel war; beachten wir jedoch, daß in Wirklichkeit durch Zwischenstationen an vielen Häfen und durch Etappen in vielen Zwischenstädten der größte Teil der Unternehmungen in eine Kette kommerziellen Austausches auf engem Raum zerlegt wurde. Diese Methode ist nicht so sehr der Unangemessenheit der Transportmittel als dem Vorteil, die Kosten und Risiken auf mehrere Märkte zu verteilen, zuzuschreiben.

Die Ausdehnung des großen italienischen Seehandels stützt sich auf Kriegsunternehmen und diplomatische Aktivitäten, auf welche wir hier nicht näher eingehen können. Wir werden uns nur die wichtigsten Objekte und Resultate eines Durchbruchs, welcher pazifistische und imperialistische Gesichtspunkte hatte, in Erinnerung rufen. Venedig, die erste Stadt im Kommen, konnte auf die Dauer Genua nicht daran hindern, ihr Niveau zu erreichen; andere Seestädte sicherten sich nur die Krumen. Für die Entwicklung des Handels war das unentbehrliche Minimum eine unbegrenzte Aufenthaltsbewilligung und ein *fondaco*, eine Art Magazin-Hospiz, wo die Kaufleute rasten und die Waren in Sicherheit lagern konnten; Zollermäßigungen und -befreiungen waren sehr gefragt; besser noch waren die Autonomie oder die absolute Kontrolle von genügend weiten und mit eigenen Quellen ausgestatteten Gebieten. Im 11. Jh. begnügten sich die Italiener meistens mit dem Minimum, außer in Gegenden, die näher lagen (Istrien und Dalmatien für Venedig, Korsika und Sardinien für Pisa) und wo die Gebietsexpansion noch in den Anfängen steckte. Im 12. Jh. erhielten Venedig und Genua (und in kleinerem Maße Pisa) Warenlager und extra-territoriale Quartiere in vielen musulmanischen Häfen des Mittelmeeres, im Byzantinischen Reich und in den Staaten der Kreuzfahrer, zusammen mit Steuerprivilegien von mannigfaltiger Ausdehnung. Der vierte Kreuzzug erhob Venedig zur Herrin von „anderthalb Vierteln" des Byzantinischen Reichs (1204), aber Genua, mit Byzanz verbündet, errang eine Teilrevanche im Jahre 1261; in diesem Jahrhundert schufen sich die zwei Städte ein Kolonialreich im östlichen Mittelmeer und im Schwarzen Meer, welches nicht so sehr wegen seiner Ausdehnung oder wegen seiner doch bemerkenswerten Produkte wichtig war, sondern als Stützpunkt für den Durchbruch ins Innere der betreffenden Gebiete.

Letzteres wurde unerwartet durch die mongolische Eroberung erleichtert, welche den Sturz der Kreuzfahrerstaaten reichlich kompensierte, indem sie den Italienern den ganzen asiatischen Kontinent öffnete. Anfang des 14. Jh. erwogen die Venezianer und mehr noch die Genuesen Pläne einer Expedition bzw. einer Niederlassung in China oder Indien, was ein schwieriges, aber nicht besonders gefährliches Unternehmen war. Ein ganzes Netz von Warenlagern und festen Kolonien schuf kleine Ebenbilder von Venedig und Genua in Kreta und Konstantinopel, Zypern und Chios, Alexandrien und Trapezunt, Caffa und Tabriz und vielen anderen Orten bis zum entfernten *fondaco* von „Zayton" gegenüber von Formosa. Zur gleichen Zeit durchfuhren genuesische und venezianische Schiffe die Meerenge von Gibraltar, fuhren längs der Küste von Marokko und verbanden direkt über das Meer Italien mit England und Flandern.

In diesem riesigen Kreis, der sich von Newcastle bis Peking erstreckte, konnte das Handelsgepräge von zwei städtischen Kommunen nicht gleich stark sein. Die Italiener beherrschten die Wirtschaft ihrer Kolonien und des erschöpften Byzantinischen Reichs, wo sie Privilegien genossen, die selbst den Eingeborenen verweigert wurden; sie waren für Ägypten und andere arabische Staaten, die von ihrer Handelsmarine abhingen, wichtig aber verdächtig; sie wurden von den westeuropäischen Kaufleuten, die ihren Konkurrenzkampf fürchteten, geduldet, aber sie waren unbeliebt; sie waren meistens von den vier Nachfolgstaaten des Imperiums von Dschingis Chan gut aufgenommen, fanden aber Grenzen in der zunehmenden Entfernung, die ihnen nicht erlaubte, mit China und Indien andere als leichte Waren von sehr hohem Wert zu tauschen.

Die große Vielfalt der italienischen Waren ist uns schon aufgefallen. Auf den venezianischen Schiffen des 14. Jh. z.B. verlud man Salz, Weizen, Öl, Wein, Käse, Obst, Sklaven, lebende Tiere, Eisen, Kupfer, Zink, Quecksilber, Seife, Holz, aus Glas gearbeitete Gegenstände, Leder und Keramik in jeder Preislage und die besten Luxusartikel, die man zwischen Peking und Newcastle finden konnte. Das Problem war, die Hin- und Rückladungen im Inhalt und Wert soweit wie möglich ins Gleichgewicht zu bringen, um leere Ballastfahrten oder Geldsendungen zu vermeiden. Das beste Gleichgewicht wurde zwischen der zweiten Hälfte des 12. Jh. und den letzten Jahren des 13. Jh.

erreicht, als man sich vor allem auf zwei Kategorien leichter und kostspieliger Waren spezialisierte – Gewürze und orientalische Seiden, beliebte westliche Stoffe aus Wolle und Leinen – und die Ladung mit einer guten Auswahl gängigerer Waren ergänzte. Wenn Gold nötig war, um den Waren- und Kreditausgleich zu ergänzen, erhielt es Venedig von seinen deutschen Kunden und Genua aus dem Senegal. Die schweren Waren fingen um das 13. Jh. herum, als die Seeverbindungen bis zur Nordsee ausgedehnt waren, an, einen Hauptanteil der Ladung einzunehmen, und so nahmen Genua und Venedig Zuflucht zu größeren Schiffen und geregelteren Abfahrten.

Diese letzten Änderungen, die mit dem Austausch von Alaun aus dem Morgenland gegen englische Wolle anfingen, bewirkten das Zusammentreffen des italienischen Seehandels mit dem Landhandel, der sich großenteils mit anderen Methoden, Verträgen und anderem Personal entwickelt hatte. Aus einer einfachen Ausdehnung des Lokalhandels hervorgegangen, hatte der Landhandel erst spät begonnen, sich auf große Entfernung auszubreiten: man hört von italienischen Kaufleuten in Frankreich vom 11. Jh. an, aber ihre Bedeutung tritt nicht vor dem 12. Jh. hervor. Wie ihre Kollegen vom Meer beschäftigten sich die Fernhändler auf dem Land mit jeder Form des Handels, oft als Exporteure von typischen Produkten ihrer Kommune und als Importeure von Waren, die in ihrer Kommune gefragt waren, fast immer als Exponenten einer in verhältnismäßig unterentwickelten Ländern entfalteten Wirtschaft. Meistens verlangten aber ihre Unternehmungen mehr Vorsicht als Kühnheit; die Landtransporte waren langsam und teuer; die von Herrschern, Lehnsherren und Städten, deren Märkte sie besuchen wollten, gebotenen Vergünstigungen kamen den Privilegien und extraterritorialen Rechten, welche die Seekaufleute genossen, nicht gleich; vor allem konnten die Landkaufleute nicht auf die militärische Macht der Schiffe zählen. Ihre Abhängigkeit, die ein wenig der der Juden glich, trieb sie zum Wucher; übrigens war es leichter, Geld oder Kreditpapiere auf dem Landweg zu befördern als große Mengen Waren. Auch Landkaufleute, die es weniger darauf absahen, sich in professionelle Leiher zu verwandeln, wurden dazu veranlaßt, Darlehen an Fürsten und Prälaten als Mittel zu verwenden, um Handelskonzessionen zu erlangen, die Konzessionen aber als Mittel, um die eigenen Geschäfte zu erweitern, und die Geschäfte schließlich als Mittel, um das verfügbare Kapital zu vermehren für neue Darlehen an Fürsten und Prälaten. Es stimmt, daß um das 13. Jh. herum eine direkte Verbindung über das Meer ihnen die Alternative bot, die ausländischen Märkte zu erreichen, ohne die Unannehmlichkeiten der Landrouten zu ertragen; das Alaun kam aber von der genuesischen Kolonie Focea; die Wolle kam vom englischen Königreich, und um die Ausfuhrerlaubnis zu erlangen, mußten dem König Darlehen eingeräumt werden.

Andererseits muß zwischen kommerziellen Kreditagenten und einfachen Wucherern unterschieden werden. Die Lombarden, Pfandleiher von Asti, Chieri und anderen kleinen piemontesischen Städten, nahmen verschwenderische Adlige und notleidende Bauern in vielen ländlichen und halbländlichen Zentren jenseits der Alpen aus und waren auch im modernen Sinn Wucherer. Die von der Gemeinde bewilligten Wechsler waren Bankiers, aber von der kleinsten Ordnung; sie nahmen Depositen an, gewährten kleine Darlehen zu mäßigem Zins und ersparten so ihren Kunden die Sorge, viel flüssiges Geld bei der Hand zu haben. Was die großen Gesellschaften der Kaufleute betrifft, die vom 13. Jh. an ihren zentralen Sitz in Piacenza, Cremona, Genua, Lucca, Pistoia, Siena oder Florenz hatten und immer zahlreicher werdende Agenturen in allen Teilen Europas und des Morgenlandes unterhielten, handelte es sich um kommerzielle und finanzielle Organisationen, die an jeder Art von Geschäften interessiert waren und zwischen denen das Zinsdarlehen selten ein Selbstzweck war. Letzten Ende war der Kredit das unerläßliche Schmiermittel des Warenhandels sowohl auf den Schiffen als auch auf den Messen der Champagne. Obwohl das Kirchenrecht zögerte, den Unterschied zwischen Kredit und Wucher anzuerkennen, und die Fürsten und Prälaten, die ihre Schulden nicht bezahlen wollten, vorgaben, ihn nicht zu sehen, waren die Päpste die besten Alliierten der großen Kompanien der Kaufleute. Sie hingen für die Steuereinziehung und den Versand von Geld und Waren in die ganze katholische Welt von ihnen ab und scheuten sich nicht, widerspenstige Schuldner zu exkommunizieren.

Beschließen wir diese qualitative Darstellung mit zwei gut überprüften quantitativen Beispielen. 1318 saldierte die florentinische Kompanie der Bardi (die später mit ungedeckten Krediten von über einer Million Gulden während der Auseinandersetzungen der Könige von England und Sizilien in Konkurs geriet) die eigene Jahresbilanz mit einem Geschäftsumsatz von 875 000 Gulden; für weniger als ein Zehntel dieser Summe erwarb 1348 Papst Klemens VI. Avignon von der Königin von Neapel. 1293 wurde der Wert der steuerpflichtigen Waren, die im Hafen von Genua eingingen, auf 3 822 000 genuesische Pfund geschätzt; im gleichen Jahr betrugen die Einnahmen des französischen Königreichs unter der unerbittlichen staatlichen Kontrolle Philipps des Schönen nur ein Drittel dieser Summe.

4. Die anderen Aspekte der städtischen Wirtschaft und Gesellschaft

Wenn der große Handel das Wirtschafts- und Sozialleben des kommunalen Italien nördlich des Tibers beherrschte und die Industrie in den großen Städten florierte, so lebte doch die Mehrheit der Bürger, vor allem in den kleinen städtischen Zentren, von Lokal- oder Hilfsbeschäftigungen. Nur die Geistlichen, von einer besonderen Gerichtsbarkeit gedeckt, hatten meistens mit der städtischen Entwicklung nichts zu tun; sie mischten sich aber oft bei politischen und ethischen Fragen ein. Eine Klasse von Berufssoldaten hatte sich bis zum 14. oder 15. Jh. nicht gebildet: wenn es nötig war, wurden alle zu den Waffen gerufen. Die Immigration von Bauern und Landbesitzern dauerte an; sie wurden aber meistens von den Gewerben angezogen, und diese verschafften Handarbeit. Mit anderen Worten, während anderswo das Land in die Stadt übertrat, verlieh in Italien die Stadt dem Land städtischen Charakter.

Ein großer Teil der städtischen Bevölkerung lebte aber in einer arbeitsamen Mittelmäßigkeit, in der Welt des kleinen Ladens, des kleinen Handwerkerstands, des Detailhandels, der Bedienung: es war keine geschlossene Gesellschaft, aber ein Milieu, in dem die Sicherheit wünschenswerter zu sein schien als die Hoffnung. Läden und Berufe gingen normalerweise in kaum verbesserten Verhältnissen vom Vater auf den Sohn über, im Gegensatz zu einer Gesellschaft, die von Generation zu Generation an Anzahl und Reichtum zunahm. Tüchtige Angestellte und tüchtige Lehrlinge wurden Ladenbesitzer und Handwerksmeister; dies war ein Aufstieg für jemand, der vom Land oder aus dem städtischen Elend kam, aber es war nicht der Schlüssel zum Reichtum. Die relative Sparsamkeit der großen Kaufleute, die nicht an Unterkunfts-, Verpflegungs- und Kleiderkosten sparten, aber die Auslagen für Bankette, Luxus und Vergnügen abwogen, brachte das Kleinbürgertum in Bedrängnis. Hier beschränkten sich die Zerstreuungen meistens auf religiöse oder patriotische Feste, Prozessionen und Spaziergänge unter den Lauben oder vor dem Stadttor. Für Männer gab es auch Wirtshausbesuche am Sonntag, einige Würfelpartien, Hochzeitsbankette und die Feier, wenn Neue zu einem Beruf zugelassen wurden.

Vor diesem grauen Hintergrund jedoch stachen einige Berufe und einige Personen ab. In Städten, wo das Gesetz die Anzahl der Öfen und Sitze vorschrieb, befanden sich Bäcker, Metzger und Fischhändler, die sich an der Bevölkerungs- und Konsumzunahme bereicherten. Auch Maurer und spezialisierte Zimmerleute konnten gut verdienen; ein sachverständiger Schwertmacher verkaufte seine Klingen zu einem hohen Preis; ein Schiffsbauer hatte eine ziemlich lohnende Arbeit, indem er auf eigene Rechnung kleine Boote oder auf Bestellung der Reeder, die ihm auch die Rohstoffe lieferten, große Schiffe konstruierte. Wo die Kosten der Rohstoffe hoch waren, konnte derjenige, der sie bearbeitete oder wiederverkaufte, im Preis eine größere Gewinnspanne eingliedern: die Lederhändler, die Pelzhändler, die Schneider, die Apotheker, vor allem aber die Goldschmiede befanden sich auf der Grenze zwischen Groß- und Kleinbürgertum. Auf der gleichen Stufe oder etwas höher waren diejenigen, welche wir intellektuelle Laien nennen könnten: Notare und Juristen, Mediziner und Astrologen, Lehrer und Professoren und, wenigstens vom 13. Jh. an, einige Architekten und Maler von großem Ruf. Aber wenn viele dieser Berufe zum Wohlstand verhalfen, brachte es normalerweise keiner zum Reichtum: die Handarbeit produzierte wenig; das Inventar der Läden verringerte sich langsam, und auch das wichtigste Buch brachte kein Urheberrecht ein.

Die Ungleichheit zwischen der Welt des Mittelstandes und derjenigen des großen Reichtums zeigte sich in der politischen Ordnung der Gemeinden, die theoretisch für alle offen war, aber in der Praxis, wenigstens bis zur Revolution des 13. Jh., welche die Regierungsbasis stufenweise erweiterte, von den Reichen beherrscht wurde. Nur die großen Kaufleute und Geldhändler hatten reichlich Kapital und die Möglichkeit, es schnell einträglich zu machen; als Vermittler zwischen dem Angebot und der Nachfrage werden sie ein persönliches Interesse daran gehabt haben, zu weiteren Geschäften zu ermuntern, da sie, indem sie Ladenbesitzern und Handwerkern Kredit gewährten, um deren Inventar und Ausrüstung zu verbessern, selbst bessere Wiederverkäufer und bessere Lieferanten für den Großhandel wurden. In der Tat basierte der bemerkenswerte Fortschritt des lokalen Handels und des Handwerkerstands, vor allem vom 13. Jh. an, zum Teil auf Darlehen und Bestellungen der großen Kaufleute und Geldleiher.

Die Zusammenarbeit war aber nicht gleich eng wie in der Kommende, wo sie einen Kapitalgeber und einen reisenden Verwalter, bzw. in der *compagnia* einen Teilhaber und einen Vertrauensangestellten zusammenbringen konnte, obwohl der Verwalter oder Angestellte kein Kapital zur Verfügung hatten. Das größte Hindernis war nicht der soziale Unterschied zwischen Reichen und Armen, sondern zwischen Adligen und Bürgerlichen in der Feudalgesellschaft. Wichtiger war der Unterschied zwischen den hohen und schnellen Gewinnen des großen Handels und des internationalen Geldwesens und den bescheidenen und langsamen Verdiensten des Detailhandels und des Handwerkerstands. Wenn die großen Kaufleute und Leiher sich allmählich überzeugen ließen, mit den Mittelmäßigen zusammenzuarbeiten – in den Geschäften wie in der Regierung – war es wenigstens zum Teil deshalb, weil sowohl die Gewinne als auch die Risiken des Außenhandels (wie wir gesehen haben) einen leichten Rückgang erlitten. Gegen Ende des 13. Jh. investierte irgendein großer Kaufmann einen kleinen Teil seines Kapitals in Läden und Werkstätten, die gänzlich von ihm finanziert waren, aber diese direkte Beteiligung war zu beschränkt und zu oberflächlich, um die Handelsrevolution in eine Industrielle Revolution zu verwandeln.

In Italien wie anderswo blieb die industrielle Struktur im wesentlichen handwerklich und zunftgebunden. Wir werden nicht lange bei dieser Struktur verweilen; Italien unterschied sich darin nicht viel vom übrigen Europa, und es ist unnötig zu wiederholen, was andere in bezug auf andere Länder feststellen; einige davon – vor allem die Gegend zwischen Seine und Rhein – sind Italien auf einigen Sektoren vorangegangen. Im wesentlichen war die Zunft oder Gilde (der zweite Ausdruck ist in Italien nicht bekannt) ein defensives Organ. Die großen Kaufleute, Herren der Kommunen, brauchten sie nicht oder nur ausnahmsweise, und in vielen Städten existierten keine, aber die Ladenbesitzer und vor allem die Handwerker bedienten sich ihrer in verschiedenster Weise: um sich gegen Krankheiten und die Hölle zu versichern, um sich vor der Konkurrenz von Fremden und vor der Aufdringlichkeit von Kollegen zu schützen, um den Forderungen der Lehrlinge und dem Druck der Kunden zu widerstehen, um sich den Weg zu fremden Märkten und städtischen Ratsorganen zu öffnen. Ihr wichtigster Erfolg war, wenn auch unvollständig und zum Teil einschränkend, die Selbständigkeit des Ladens zu retten, ohne die Solidarität des Berufs zu zerstören; das heißt, den Ehrgeiz der Starken der Sicherheit der Schwachen unterzuordnen. Fügen wir hinzu, daß die Körperschaften den Ankömmlingen offenstanden, solange sie die Spielregeln beachteten; dieses Verhalten änderte sich nicht, bis die allgemeine Blütezeit einen Tiefstand erreichte. Jede andere Verallgemeinerung würde die verschiedenen Ergebnisse von einer Stadt zur anderen und von einem Beruf zum anderen verfälschen.

Der größte Teil der industriellen Betätigung ist, gerade weil sie in kleine Werkstätten aufgeteilt und nur von Zunftstatuten und oft übertretenen kommunalen Anordnungen erfaßt war, ungenügend studiert worden. Das ist z. B. der Fall in der Metallurgie, die in ganz Italien verbreitet, aber vor allem in Mailand, Brescia und anderen Städten im Norden des Landes aktiv war. Sie ging als erste aus dem Tiefstand des Hochmittelalters hervor und war einer der wenigen Zweige, in denen die Italiener während des ganzen Mittelalters unübertroffen waren; sie hatte auch die Unterstützung einer gewissen Mechanisierung, der hydraulischen Kraft, die mittels Blasebalg und Ramme erzeugt wurde. Man sollte aber nicht vergessen, daß die hohen Produktionskosten den Metallverbrauch beschränkten; das Material für die Gerätschaften des Mittelalters war nicht das Eisen, sondern das Holz. Der Ruf der italienischen Waffen stellte den der landwirtschaftlichen Geräte in den Schatten. Aber ein sonderbarer auf Mailand bezogener Bericht von Bonvesin della Ripa (1288) – mehr als 20 Handwerksmeister mit ihren Arbeitern fabrizierten nichts außer Messingglöckchen für den Halsriemen der Pferde – klärt uns über den fast unglaublichen Reichtum der Spezialisierung der Arbeit auf. Die Glockenfabrikanten waren zu einfach und die Panzerschmiede zu raffiniert, um sich der industriellen Disziplin anzupassen; der kapitalistische Impuls offenbarte sich im Handel der Metallfertigwaren, aber nicht in der Produktion.

Bergwerke und Steinbrüche hätten sich besser zur kapitalistischen Entwicklung geeignet, wenn sie reicher gewesen wären; stattdessen gaben kleine Vereinigungen von Eigentümern und Meistern den Ausschlag, und nur das Eisen der Insel Elba und das Silber Sardiniens, die reichlicher vorhanden waren, lockten einige Kaufleute zu Investitionen. Die Vorschriften der Bergleute von Trient (1185) gingen denen von Zentraleuropa voraus; aber Trient war schon an der deutschen Grenze, und die deutschen Bergleute in Italien wie anderswo hatten einen wichtigen Anteil an der industriellen Entwicklung, die jedoch nur indirekt städtisch war. Dagegen versuchten kapitalistische Italiener mit wechselndem Erfolg, von der zweiten Hälfte des 13. Jh. an, Bergwerksanlagen von England bis Polen auszubeuten. Mit dem Alaun, in verschiedenen Industriezweigen, mit verschiedenen Reinheitsgraden verwendet, wurden ganz außergewöhnliche Resultate erzielt. Das von Benedetto Zaccaria gegründete Bergwerk von Focea produzierte ca. 700 Tonnen im Jahr im Wert von über 50 000 genuesischen Liren. In diesem Werk gab es schon unter den ersten Besitzern Ansätze zu Kartellen und zur industriellen Integration.

Der Haus- und Schiffsbau hingegen blieb auf handwerklicher Stufe. Wer, in modernen Begriffen, an die Spekulationsmöglichkeiten denkt, die sich durch die unaufhörliche Bevölkerungszunahme und die Seefrachten boten, könnte von einer verlorenen Gelegenheit für den industriellen Kapitalismus sprechen. Für die Unabhängigkeit der Arbeiter, die, wie wir sahen, relativ gut verdienten, und auch für die Stadt- und Seeästhetik, die sich nicht auf wenige praktische Modelle beschränkte, war es aber eine gewonnene Gelegenheit. In Wirklichkeit hing die Enthaltung der Kapitalisten wahrscheinlich von Überlegungen eines Vergleichs der Gewinnmöglichkeiten ab. Obwohl einige Wirtschaftstheoretiker das Gegenteil behaupten, stieg der Grundstückspreis nicht im Verhältnis zur Einwohnerzahl, und es war kein Vorteil, mächtige Häusergruppen mit mehr als zwei bis drei Stockwerken zu bauen: die Städte erweiterten mühelos die Ringmauer, und auch in den größeren Städten waren die Entfernungen vom Zentrum oder vom Markt nicht so groß, um die Preise spürbar zu beeinflussen. Wenn man von diesen Faktoren absieht, blieben die Gewinne des Bauwesens unter den vom Großhandel gebotenen Perspektiven. Ähnliche Überlegungen galten für den Schiffsbau: es war schon viel, wenn ein Kaufmann die Rohstoffe stellte, um eine Lieferung zu beschleunigen.

Einige Bekleidungsindustrien schlugen den Weg zu einer halbkapitalistischen Stufe ein – in dem Sinn, daß eine Reihe von handwerklichen Unternehmungen unter der Anleitung von Kaufleuten, die die Bestellungen von einer Zunft zur anderen übermittelten, indem sie jeder Rohstoffe und Kredit in Vorschuß gaben – andere, oft auch blühende Industrien, blieben bei ihrem alten Kurs. In Bologna z.B. waren im Jahr 1294 fast 1200 Personen in der Vorbereitung und Verarbeitung von Schuhen beschäftigt (bei einer Gesamtbevölkerung von 50000 Einwohnern), aber da wie anderswo überschritt die Organisation des Handwerks nicht die Grenzen des Handwerkerstands. Die Industrie des Barchent und anderer aus Baumwolle hergestellter Stoffe, die Ende des 12. Jh. (wenn nicht früher) vor allem in Cremona und anderen norditalienischen Kleinstädten sehr hohe Ziffern billiger Produktion erreicht hatte, ließ eine entwickelte halbkapitalistische Stufe erkennen: Handelsunternehmen ließen, wie es scheint, die Garne von Bauern in Heimarbeit vorbereiten, gaben sie den Handwerkern in die Stadt weiter und verkauften dann das Fertigprodukt. Die Seidenindustrie, die um das Jahr 1000 allmählich ihren Weg nach Lucca und vielleicht nach Norditalien fand, nahm Mitte des 13. Jh. einen plötzlichen Aufschwung, zweifellos weil der Lebensstandard stieg und Rohstoffe aus den mongolischen Staaten zur Verfügung standen. Aber obwohl in einem begrenzten Sektor eine komplizierte Maschine die langwierige Handspinnerei ersetzte und obwohl neue Produktionszentren in Bologna, Venedig, Genua und Florenz gegründet wurden, blieb die Organisation auf dem Handwerkerstand und die Produktion auf kleine Mengen beschränkt.

In Italien wie anderswo profitierte die Wollindustrie am meisten von der halbkapitalistischen Entwicklung: es gab viele Verbraucher, und die Stoffarten konnten sich standardisieren; die Herstellung umfaßte viele separate Arbeitsgänge, die nicht in einer einzigen Werkstätte ausgeführt werden konnten, sondern eine zentrale Koordinierung verlangten. Es wurden auch jederzeit besondere Vereinbarungen für Tuch geringerer Qualität zwischen Spezialisten von zwei oder drei aufeinander folgenden Arbeitsgängen getroffen; aber eine totale Koordination, wie sie seinerzeit in den Städten zwischen Rhein und Seine existierte, behauptete sich in Italien nur in der zweiten Hälfte des 13. Jh. und nur für Tuch guter Qualität und unter der Leitung eines Wollhändlers oder Tuchhändlers, der selbst in einer der Hauptproduktionsphasen arbeiten, weben, walken oder färben konnte, der aber in erster Linie ein kleiner Händler war. Der Tuchhändler hing seinerseits vom Kredit und von den Bestellungen großer Kaufleute ab. Von diesem Moment an sprang Florenz an die Spitze der Bewegung, auf die es sich mit der Tätigkeit der Calimalazunft vorbereitet hatte, welche französisches und englisches, zu drei Viertel fertiges Tuch importierte und die letzten Arbeitsgänge ausführte. Wenn wir die vom Florentiner Giovanni Villani zitierten Produktionsziffern übernehmen können (ca. 75000 Stück jährlich gegen 1336 und wenigstens 100000 Stück 30 Jahre früher, aber von schlechterer Qualität) und sie mit den von der belgischen Geschichtsforschung kürzlich vorgeschlagenen Ziffern vergleichen (ca. 40000 Stück für Ypern im

Jahre 1313 und weniger für andere nahe Zentren), müßte man daraus folgern, daß Florenz die größte europäische Produktionsstätte von feinen Tuchen war. Aber das Handwerk blieb in mehr als 200 Wollhändlerläden unterteilt (etwas später waren es in Mailand 363), und die Verdienste blieben mittelmäßig für die Arbeitsgänge, die eine besondere Fähigkeit oder eine spezielle Ausrüstung verlangten, und miserabel für die weniger qualifizierten Tätigkeiten. Ohne Zweifel war der Erfolg von Florenz nicht der internen Struktur des Handwerks zu verdanken, sondern der großen Macht der Kaufkraft der lokalen und italienischen Märkte, der Verfügbarkeit von englischen und spanischen Wollen, den internationalen Verbindungen großer Kaufleute und vielleicht dem Fleiß, mit dem die Florentiner Produktionsmethoden der Städte zwischen Rhein und Seine kopierten.

Ohne uns bei anderen Industriezweigen aufzuhalten, bemerken wir, daß die italienischen Kommunen in der Regel keine protektionistischen Maßnahmen gegen ausländische Kaufleute ergriffen; sie fürchteten deren Konkurrenz nicht, aber gleichzeitig versuchten sie sich Produktionsmethoden anderer Gemeinden anzueignen, suchten aber zu verhindern, daß andere Kommunen sich ihrer Methoden bedienten. Diese Politik konnte nicht gelingen: die Ketzerverfolgung, die Hoffnung, die eigene Position zu verbessern, veranlaßte die Handwerker, von einer Kommune in die andere zu emigrieren, der sie ihre Erfahrungen übermittelten; die Bewegung hielt nicht einmal inne, als die Krise des 14. Jh. die Hoffnung in Verzweiflung verwandelte.

5. Die Krise

Das Schlußdatum unserer Darstellung – 1400 – erlaubt uns, das Vorspiel und die akute Phase der großen Krise im Spätmittelalter zu beobachten, nicht aber, ihren ganzen Verlauf und die Anpassung der italienischen Städte an die veränderte Lage zu verfolgen. Die traumatischen wesentlichen Ursachen, in ganze Europa die gleichen, können in drei Kategorien eingeteilt werden. Umfangreiche und fortwährende Kriege zerstörten die mongolische Ordnung zwischen Peking und dem Schwarzen Meer, öffneten das Byzantinische Reich und die italienischen Kolonien im Morgenland der türkischen Eroberung, brachten Frankreich an den Rand des wirtschaftlichen und finanziellen Ruins (schwächten auch seine Feinde), beschleunigten den Niedergang Italiens südlich des Tibers, und auch im Norden verwickelten sie die „vier Großen" (Genua, Venedig, Florenz und Mailand) und viele Kleinstädte in unnütze und zerstörerische Duelle. Der Schwarze Tod von 1346–48 und die drauffolgende mehrmalige Wiederkehr der Epidemie, der sich in Italien eine Verschlimmerung der Malaria hinzufügte, verminderte die Bevölkerungszahl ein erstes Mal und ließ sie nicht wieder ansteigen; die Städte, in denen die Wohnungsdichte und die Durchfahrt der Fremden die Verbreitung der Seuche begünstigten, waren andauernd von ihr befallen: in Florenz z. B. verringerte sich die Einwohnerzahl von 100000 auf weniger als 75000; in Pisa, das von stehendem Wasser umgeben ist, nahm die Bevölkerung verhältnismäßig stärker ab. Weniger überraschend und weniger meßbar, aber vielleicht nicht weniger wichtig, da sie die Wurzeln des Lebens angriff, war die Verschlechterung der ökologischen Konditionen, Ergebnis verschiedener Ursachen, wie die Abholzung der Wälder, die Erschöpfung des Bodens und wahrscheinlich auch eine ungünstige „Pulsation" des Klimas. Wenn auch die größeren Städte sich gegen die Not wehrten, indem sie Lebensmittel aus entfernten Ländern importierten, blieb doch die Angst, sie zu missen, ein konstanter Faktor der Stadtpolitik. Zweifellos hatte die Krise ihre Vorgeschichte. Die Ökologie machte keine Sprünge: Genua hatte Holzknappheit bis Ende des 13. Jh., und überbeanspruchter Boden existierte auch früher. Das erste Nachlassen der Bevölkerungszahl von Florenz stellte man kurz nach 1300 fest; es war aber eine geringe Verminderung, die vielleicht der Geburtenbeschränkung, normalerweise eine Folge der günstigen Wirtschaftslage, zuzuschreiben ist. Kriege und Steuern waren in der ganzen Geschichte der italienischen Kommunen reichlich vorhanden; um sie zu erleichtern, erfanden die Hauptgemeinden die konsolidierte Staatsschuld und warben schon im 13. Jh. Söldner an. Aufgrund des Kampfes um Chioggia mußten aber die Venezianer zwischen 1377 und 1381 den Steuerzahlern ein Zwangsdarlehen in Höhe von mehr als einem Viertel ihres Kapitals aufbürden. Man kann den Unterschied zwischen den Jahrhunderten der Expansion und den 100 Jahren zwischen 1348 und 1453, in denen die Grenzen des italienischen Handels von Peking bis Tabriz und von Tabriz bis Konstantinopel zurückwichen, viele Kolonien verloren gingen, die Straßen in Frankreich oft unbefahrbar waren, die Wollindustrie so schlaff war, daß in Florenz, wo 50 Jahre früher 75000 Stück im Jahr fabriziert wurden, die hungrigen Arbeiter vergeblich streikten, um die Handwerksmeister zu zwingen, nicht weniger als 25000 Stück zu produzieren, nicht übersehen. Was die Bankrotte der großen Gesellschaften Bardi und Peruzzi kurz vor dem Schwarzen Tod betrifft, ist das Außergewöhnliche daran nicht, daß sie in Konkurs gerieten – die Bankrotte der Kreditanstalten waren äußerst häufig von 1250 an –, sondern daß sich während mehr als einem Jahrhundert keine größeren Stellvertreter fanden. Die vergleichbare Gesellschaft der Medici, einsamer Koloß der florentinischen Wirtschaft im 15. Jh., war der Gesellschaft der Peruzzi an Gesellschaftsvermögen und Arbeiterzahl unterlegen; die Peruzzi-Gesellschaft stand den drei florentinischen Hauptgesellschaften der ersten Hälfte des 14. Jh. an Größe nach.

Es gibt weder einen totalen Wendepunkt noch einen absoluten Zusammenbruch in der Geschichte, aber die Mitte des 14. Jh. ist eine fast gleich wichtige Wasserscheide wie die Zeit um das Jahr 1000 herum. Möglicherweise mit vielen lokalen Ausnahmen vertritt sie den Moment, in dem sich die Aufstiegstendenz in eine Abstiegstendenz verwandelte oder höchstens stehenblieb, um wieder zu Atem zu kommen. Die statistischen Daten, obwohl etwas weniger selten als in der vorgehenden Periode, sind zu fragmentarisch, um uns zu überzeugen, und es ist immer möglich, eine fragmentarische Angabe zu zitieren, die im Widerspruch zu einer anderen steht. Auch auf dem politischen Gebiet, das mehr oder weniger dieselbe Parabel verfolgt, gibt es nie einen totalen Wendepunkt zwischen verhältnismäßig demokratischen Gemeinden mit offener Gesellschaft und der diktatorischen Signorie mit geschlossener Gesellschaft. Viele Gemeinden haben im 13. Jh. *Signori*, und viele blieben auch nach dem 14. Jh. geradezu republikanisch (die letzte Kommune dieser Art, San Marino, existiert noch). Aber gegen 1350 lag es in der Luft, daß die Signorie die zukünftige Regierung war. Das gleiche gilt für die Wirtschaft. In Wirklichkeit zeigt sich die Entwicklung der Wirtschaft nie wie eine konstant steigende Linie, sondern wie eine Serie von Zerrüttungen, auf die man reagiert, indem man andere schafft. Es gibt Anzeichen, daß sich Aufstiegs- und Abstiegsphasen mit einer gewissen Regelmäßigkeit in der genuesischen Wirtschaft des 13. Jh. abgewechselt haben; es gibt Städte, die kurz nach 1100 verfallen sind, wie Amalfi oder wie Pisa kurz nach 1200 oder wie Siena 1298, als seine große Kompanie Bonsignori in Konkurs geriet. Die Hauptsache ist weder die kurze Bewegung noch die lokale Krise, sondern der säkulare Trend eines ganzen Landes, und da wir keine gesamtstatistischen Daten haben, um ihn abzuwägen, kann die beste Einführung nur qualitativ sein.

Die italienische Atmosphäre (und nicht nur die italienische) nach 1350 ist von der Tatsache beherrscht, daß die Bevölkerung aufgehört hat zuzunehmen, die Produktion und der Konsum gewisse Grenzen nicht überschreiten können und die sozialen Schichten im allgemeinen ihre Elastizität verloren haben. Das bedeutet nicht, daß Emporkömmlinge nie Erfolg haben können. Man braucht nur an Francesco di Marco Datini

(1335–1410) zu denken, der mit 13 Jahren Waisenknabe und Ladenbursche, mit 47 Jahren Chef einer großen Gesellschaft und Stifter einer berühmten Wohltätigkeitsanstalt war, die heute noch in Prato existiert. Aber sein Vermögen, das mit dem Waffenhandel in Kriegszeiten anfing und mit einer Härte, die nur seiner Geschicklichkeit gleichkam, angehäuft wurde, ist eine der zahlreichen Ausnahmen, welche die Regel bestätigen. Im 12. Jh. nahm ein Onkel von Friedrich Barbarossa, der ein Feind von Mailand war, Anstoß daran, daß die italienischen Kommunen sogar „den Arbeitern des mechanischen Handwerks“ den Weg zu den höchsten öffentlichen Ämtern öffneten. 1481 empfahl ein Repräsentant des Herzogs von Mailand seinem Signore, die *meccanici* von der Regierung auszuschließen. In diesen entgegengesetzten Meinungen ist die politische, wirtschaftliche und soziale Entwicklung der Periode der Krise und der später erfolgten Anpassung enthalten. Der zunehmende Abstand zwischen Reichen und Armen zeigt sich in den Steuerregistern: in Venedig sind im Jahr 1379 nur 2128 Familienoberhäupter (auf eine Bevölkerung von mehr als 100000 Einwohnern) mit einem Mindestsatz von 300 sogenannten *lire a grossi* veranschlagt worden; 31 von ihnen aber haben mehr als 20000; in Florenz bezahlten im Jahr 1399 mehr als zwei Drittel der Steuerzahler, neben einer kleinen Anzahl sehr reicher Familien, weniger als einen Gulden; von den 3000 *miserabili*, die 1428 zu arm waren, um Steuern zu zahlen, ganz zu schweigen.

Dieser Abstand hilft die allmähliche Orientierung der italienischen Industrie und des italienischen Handels zum Luxuskonsum und in kleinem Maße zum Verbrauch von sehr billigen Produkten zu erklären. Die Nachfrage nach feinem Wolltuch ging zurück; dafür stieg die der Seide, und der Barchent hielt seinen Platz. In Umbrien, Faenza und verschiedenen anderen Orten entwickelte sich die Industrie der Töpferkunst. Man begann Apfelsinen von Ligurien zu exportieren und andere Früchte von Spanien zu importieren. Die Häuser der Reichen füllten sich mit Mobiliar, und Möbel wurden ein Kunstwerk. All dies ist kein ganz neuer Vorfall; schon Dante beklagte sich, daß die Einfachheit der florentinischen Trachten zur Zeit seiner Vorfahren einem zügellosen Luxus verfallen sei, aber kurz darauf bewunderte Petrarca den guten Geschmack der Vorstadtvillen der Genuesen.

Anstelle von Edelleuten, die Kaufleute werden, finden wir Kaufleute, die Edelleute werden und die Handelskapital in Land investieren. Die Luft der Renaissance beginnt zu wehen, und der Wirtschaftshistoriker hätte vielleicht unrecht, sich darüber zu beklagen, daß die Kommune der Kaufleute, in der soziale Ungleichheit wuchs, sich allmählich in den „Staat als Kunstwerk“ verwandelte.

Eine andere neue Tendenz, die sich nicht vor dem 15. Jh. vollständig entwickeln wird, aber schon in der zweiten Hälfte des 14. Jh. erkennbar ist, ist die Anstrengung der italienischen Kaufleute, neue Märkte anstelle der verlorenen zu suchen. Wenn Asien seine Grenzen schloß oder wenigstens den Zoll erhöhte, mußte man die europäischen Märkte, vor allem die im Norden, verstärkt ausnützen. Auch dies ist zum Teil eine Fortsetzung der Bewegung, die angefangen hat, als die genuesischen und venezianischen Schiffe die direkte Route nach England geöffnet hatten und die toskanischen Kaufleute, die gleichzeitig Geldleiher waren, als Kollektoren des Papstes und als Wollverkäufer hingereist sind; von der zweiten Hälfte des 14. Jh. an wird es sich aber um einen viel intensiveren Durchbruch handeln. Die Engländer waren gegen die Venezianer, die vor allem Luxusartikel brachten (die sie dann doch kauften), und bevorzugten die Genuesen, welche auch Rohstoffe für die Textilindustrie des Landes verkauften. Genuesen und Florentiner kamen bis Polen und Ungarn; andere Genuesen fingen das an, was später zur Erschließung der unterentwickelten Hilfsquellen der Iberischen Halbinsel führte; im Dienste des Königs von Portugal fingen sie in Madeira und auf den Kanarischen Inseln die Navigation an, die später zur Entdeckung Amerikas und zu den Umschiffungen Afrikas führen sollte. Aber dies gehört nicht in eine Darstellung, die bis 1400 begrenzt ist. Bemerken wir nur, daß die Expansion des italienischen Handels aufgehört hat, sich auf die Kriegsflotte zu verlassen: wenn Italiener noch Kriegsflotten im Atlantik kommandierten, taten sie es als Admirale im Dienste der Könige von Kastilien, Portugal und Frankreich.

Die Italiener verließen aber weder die alten Spezialitäten noch die alten Richtungen. Ihr großer Vorteil, der die Krise überlebte, war die Erfahrung. Die Handels- und Bankmethoden fuhren fort sich zu verbessern, auch wenn sie die antiken Praktiken als Vorbild nahmen. Aus den Wechselverträgen, die bis Ende des 12. Jh. praktiziert wurden, entwickelte sich allmählich der Wechselbrief; der Kredit wurde Selbstzweck, ein klug zusammengefügtes Spiel, um den maximalen Gewinn zu sichern. Auch bei der Seeversicherung war eine Verbesserung festzustellen: man war noch nicht bei den modernen Methoden, aber die Risiken wurden immer mehr zwischen verschiedenen Versicherern und verschiedenen Schiffen verteilt. Die Gesellschaften riskierten es nicht, das Prinzip der begrenzten Verantwortung anzuerkennen, aber sie teilten sich in Filialen auf, die gänzlich autonom waren und in denen der Chef des Zentralbüros eine sichtlich begrenzte Investition hatte. Gab es einen Verfall? Wenn es einen gab, hat es niemand bemerkt. Nicht einmal wir bemerken ihn.

§ 19 Byzanz im Früh-, Hoch- und Spätmittelalter

Von Lazaros Th. Houmanidis

Allgemeine Literatur

C. Amantos: Ü Istor§ia to‹y Byzantiko‹y Kr§atoyÖ [Geschichte des byzantinischen Reiches] (2 Bde., 1939–47).
A. Andreades: Ü Istor§ia t‹hÖ Ü Ellnik‹hÖ Dhmos§iaÖ Oüikonom§iaÖ [Griechische Finanzgeschichte] (1918).
N. H. Baynes: The Byzantine Empire (1926).
H.-G. Beck: Byzantinisches Jahrtausend (1978).
L. Bréhier: Le monde byzantin (3 Bde., 1947–50).
J. A. Bury: A History of the Later Roman Empire (5 Bde., 1889–1923).
Ch. Diehl: Byzance. Grandeur et décadence (1919).
Ders.: L'Afrique byzantine. Histoire de la domination byzantine en Afrique (553–709) (1896).
G. Finlay: History of the Byzantine Empire (1856).
L. Halphen: Les Barbares. Des grandes invasions aux conquêtes turques de XIe siècle (1926).
W. Heyd: Geschichte des Levantehandels im Mittelalter (1886, Neudr. 1936).
A. H. M. Jones: The Greek City from Alexander to Justinian (1940).
P. Koukoules: Byzantin‹vn B§ioÖ ka§i Politism§oÖ [Byzantinisches Leben und Kultur] (6 Bde., 1948–55).
O. Mazal: Das Byzantinische Reich (641–717). In: *Th. Schieder* (Hg.): Hdb. d. europ. Gesch. I (1976), S. 344–357.
Ders.: Das Byzantinische Reich unter der Syrischen und der Makedonischen Dynastie (717–1081). In: *Th. Schieder* (Hg.): Hdb. d. europ. Gesch. I (1976), S. 805–856.
G. Ostrogorsky: Geschichte des byzantinischen Staates (^{3}1963).
M. Rostvzev: Storia economica e sociale dell'Impero Romano (1953).
B. Rubin: Byzanz. In: Propyläen Weltgeschichte, Bd. V (1976).
A. A. Vasiliev: History of the Byzantine Empire (^{2}1958).

I. Von der Teilung des Römischen Reiches bis Herakleios

1. Der staatliche Rahmen

Die ersten Einbrüche fremder Völkerschaften[1] wurden von der zunehmenden Schwächung des römischen Reiches ebenso gefördert, wie sie durch akute Notlagen bei jenen Völkern bedingt gewesen sind. Von den Britischen Inseln bis zum Euphrat und von der Iberischen Halbinsel bis zum Sudan bedrängten und überschritten sie schließlich die römischen Grenzen. Diese Vorstöße dauerten bis weit in das 5. Jh. hinein und führten schließlich zur Auflösung des weströmischen Kaiserreichs als eines Teils des Imperium Romanum. Damit verlagerte sich – beginnend schon im 4. Jh. – das Schwergewicht der Entwicklung in die östliche Hälfte des Reichs nach Ostrom.

Die ‚Barbaren' kamen nicht nur aus dem Norden und Osten; auch in Afrika stießen sie gegen die Grenzen des Reiches vor. Dort hatten die Berber, die ihre Angriffe aus einem sicheren, weil unzugänglichen Hinterland heraus entwickeln konnten, ihre Stellung trotz römischer Gegenangriffe festigen können.

Die Goten gaben ihren Siedlungsraum an der Weichsel auf, gelangten über die Ukraine in den Donauraum, überquerten dann die Alpen, Karpaten und Siebenbürgen und erreichten die Niederungen des Pripjet, der Theiss und des Don. Von hier stießen sie nach Thrakien und ans Schwarze Meer vor, wobei sich die Ostgoten abspalteten und sich östlich des Dnjestr festsetzten. Von dort wurden sie im 4. Jh. jedoch von den Hunnen in die Karpaten und an den Dnjepr zurückgedrängt.

Die ebenfalls vertriebenen Westgoten setzten sich rechts der Donau fest und bezeichneten sich zunächst als ‚Bundesgenossen' (*foederati*) der Römer; bei einem Angriff auf das Reich wurden sie im Jahre 379 von Theodosios dem Großen geschlagen.

Dieser Kaiser teilte das von Konstantin I. neu geordnete Reich im Jahre 395 endgültig in einen östlichen Teil (*pars Orientis*), den er seinem Sohn Arkadios übertrug, und in eine westliche Staatshälfte (*pars Occidentis*), als deren Herrscher er seinen anderen Sohn, Honorius, bestellte. Nach Edward Foords Schätzungen zählte das Reich in dieser Zeit (395 n. Chr.) etwa 120 Millionen Einwohner; davon lebten etwa 55 Millionen Menschen auf einer Fläche von 910 000 km^2 in Westrom, im östlichen Reich hingegen auf 775 000 km^2 ca. 65 Millionen Einwohner[2]. Allerdings hat die flächenmäßige Ausdehnung des Byzantinischen Reichs im Verlauf des Jahrhunderts erhebliche Schwankungen erfahren; unter Theodosios II. betrug sie 745 000 km^2 (422 n. Chr.), unter Justinian I. 1 010 000 km^2 (560 n. Chr.), unter Konstantin VI. 405 000 km^2 (770 n. Chr.), unter Konstantin VIII. 420 000 km^2 (959 n. Chr.), unter Basileios II. 545 000 km^2 (1024) und unter Manuel I. 390 000 km^2 (1180).

Der Vollzug der Reichsteilung brachte auch nach außen hin, wie schon unter Diokletian (284–305) offenkundig geworden war, erkennbar zum Ausdruck, daß es unmöglich geworden war, ein so vielfältiges Gebilde, wie das römische Reich es geworden war, als einen einheitlichen Komplex zu verwalten. Schon seit dem 2. Jh., deutlicher dann seit Beginn des 3. Jh. verlagerte sich das eigentliche Machtzentrum des Reiches nach Ostrom. Im Schutz der *pax Romana*, die die Einheit des Mittelmeerraumes noch gewährleistete, entwickelten sich hier die reichsten Städte; hier blühten Handel und Landwirtschaft, hier gedieh die Welt der hellenistischen Kultur.

Aber nicht nur in wirtschaftlicher Beziehung dominierte diese östliche Reichshälfte mit ihrem freien Güterverkehr und den geordneten Währungsverhältnissen. Auch in Hinblick auf die territoriale Entwicklung vollzog sich die Teilung vom weströmischen Reich, die im Grunde schon in der unter Diokletian eingeführten Tetrarchie angelegt war, zugunsten Ostroms, weil dieses sich die von Pannonien südostwärts an die Donau grenzenden Regionen einverleiben konnte.

Durch militärische Erfolge wie durch diplomatische Verhandlungen Theodosios' II., der sich bereit erklärte, den Hunnen Tribut zu leisten, um deren Angriffen auf Thrakien vorzubeugen (408, 409, 422), gelang es zunächst, die andrängenden slawischen Völker zurückzuweisen. Das Eindringen der Hunnen unter Attila (441), der bis zu den Thermopylen vorstieß, war freilich nicht aufzuhalten. Die Rettung des Ostreichs war allein dem Umstand zu verdanken, daß Attila sich zurückzog, sich nach Westen wandte und dort seinen Tod fand.

Der östliche Teil des Reiches wurde weiterhin von Slawen, Awaren und Bulgaren bestürmt; im Verlauf des 7. Jh. kamen Angriffe von seiten der Araber hinzu. Vom Ostufer der Weichsel und vom mittleren Dnjepr breiteten sich die Slawinen, ein slawischer Völkerstamm, nach Süden hin aus; ein anderer Zweig der Slawen siedelte sich im 4. Jh. zwischen Pruth und Dnjepr an und drängte ebenfalls nach Süden vor. Die Slawinen verfügten zwar nicht über eine eigene politische oder militärische Organisation; gefährlich wurden sie für Ostrom aber in dem Augenblick, als sie sich mit den Awaren und Bulgaren verbündeten.

Am Anfang des 5. Jh. trafen Bulgaren turbarisch-türkischen Ursprungs (Ostrigonen; Kutiguren) östlich des Don ein; von dort breiteten sie sich längs der Nordküste des Schwarzen Meeres aus, von wo sie die Ostgoten vertrieben. Bedrohlich wurde ihr Vordringen zum ersten Mal in der Regierungszeit des Kaisers Zeno (474–491); unter Anastasios I. (491–518) breiteten sie sich weiter über Thessaloniki bis zur Straße von Korinth aus; einmal erschienen sie sogar vor den Mauern Konstantinopels. Zusammen mit den Slawinen setzten sie sich in Illyrien und Thrakien fest (546, 550, 551), von wo sie erneut bis nach Makedonien, Gallipoli und Konstantinopel vorstießen. Als unter Justinian, der seine Kräfte für die Wiedergewinnung westlicher Teile des Reiches eingesetzt hatte, erneute Vorstöße der Slawinen und Gepiden Unruhe stifteten, erklärte der Kaiser sich mit der Ansiedlung von 2000 Kutiguren in Thrakien einverstanden.

Die Awaren wurden von türkischen Stämmen aus ihrem Siedlungsgebiet vertrieben. Als Verbündete von Byzanz traten sie 558 zum ersten Mal gegen Hunnen und Bulgaren auf, wandten sich dann jedoch mit den Bulgaren gegen Konstantinopel. Nachdem diese Sirmium (Mitrovitsa) eingenommen hatten, unternahmen sie von hier aus nicht nur ihre Vorstöße auf die Balkanhalbinsel, sondern benutzten diese Eroberung auch als Ausgangsbasis für die Besiedlung Illyriens. Nachdem sie unter Phokas (602–610) vergeblich versucht hatten, Thessaloniki zu erobern, nahmen sie die umliegenden Gebiete ein und setzten sich so endgültig auf dem Balkan fest.

Die anhaltenden Auseinandersetzungen mit den Persern führten in Byzanz zur Entwicklung einer diplomatischen Verhandlungsstrategie. – Zur Zeit seiner Entstehung umfaßte das Oströmische Reich ein Gebiet, das von der Donau zum Mittelmeer reichte. Einbegriffen waren hierin der Balkan mit dem griechischen Festland, die Ägäischen und Jonischen Inseln, Kreta, Syrien, Ägypten, Kleinasien, Provinzen, die sich bis Armenien und zum Euphrat erstreckten, auf der anderen Seite das südliche Italien, das einst zum Weströmischen Reich gehört hatte. Die in dieser Zeit einsetzende Geschichte des Byzantinischen Reichs läßt sich in verschiedene Abschnitte gliedern.

In einen ersten Abschnitt fallen zunächst die Versuche Justinians (527–565), die Einheit des gesamtrömischen Reiches wiederherzustellen. Unter diesem Kaiser kamen Italien, Illyrien, die Nordküste Afrikas, die westlichen Mittelmeerinseln und ein Teil Spaniens noch einmal unter eine gemeinsame römische Herrschaft. Auf der anderen Seite freilich blieb die Bedrohung seitens der Perser bestehen. Im weiteren Verlauf dieses Abschnitts sehen wir dann die Schwächung des Reichs und die unter Justinians Nachfolgern vorgenommene Reichsteilung.

Ein zweiter Abschnitt in der Geschichte des byzantinischen Reiches wird bestimmt durch dessen Wiedererstarken und die Hellenisierung des Staates unter Kaiser Herakleios I. (610–641) und durch die endgültige Abwendung der Persergefahr. Nachdem die Perser Antiochia und Damaskus erobert hatten, drangen sie in Syrien und Palästina ein. Die in diesem Gebiet angerichteten Verwüstungen der Städte und Dörfer und der ganzen landwirtschaftlichen Nutzung waren gerade für Byzanz, das von hier Agrarprodukte bezog, ein schwerer Schlag. Noch gefährlicher aber wurde die Lage, als die Perser Ägypten, die Kornkammer des Reiches, einnahmen. Hier teilten sie ihre Armee in zwei Heeresgruppen auf und zogen mit diesen vor die Tore Karthagos. Der Sieg, den Herakleios hier gegen sie erfocht, war deshalb so entscheidend für Byzanz, weil das Reich zugleich von Norden her durch Awaren und Slawen bedroht und ebenso von den westlichen Provinzen abgeschnitten wurde, die von Westgoten und Langobarden besetzt wurden. Nachdem Norditalien an die Langobarden gefallen war, blieb Byzanz' Herrschaft auf Süditalien und einige wenige Städte beschränkt.

Trotz aller Anstrengungen hat das Reich allerdings bis ins 8. Jh. hinein die Nachwirkungen der weitausgreifenden Bestrebungen Justinians, namentlich die Wirren, die den religiösen Auseinandersetzungen folgten, zu spüren bekommen. Gegen Ende der Herrschaft Herakleios' I. und unter seinen Nachfolgern besetzten die Araber Syrien, Ägypten, die Besitzungen in Nordafrika und Armenien, und schließlich bedrohten sie auch die Hauptstadt selbst.

Da die östlichen Provinzen im Gegensatz zum Westen wirtschaftlich weiter blühten und sich rasch entwickelten, hielten die späteren römischen Kaiser es für gerechtfertigt, die Reichshauptstadt in die östliche Reichshälfte zu verlegen. Konstantin der Große (324–337), der die christliche Religion öffentlich anerkannte, verwirklichte diesen Gedanken, indem er Byzanz zur neuen Metropole erklärte. Mit diesem Zeitpunkt setzte die byzantinische, deutlich griechisch beeinflußte Ära des Reiches und zugleich der Rückzug der römischen Prägung des Staates ein. Mit dieser stark hervortretenden griechischen Komponente unterschied Byzanz sich in kultureller Hinsicht vollständig vom Alten Rom. Freilich blieben römische Einflüsse zumindest bis ins 7. Jh. bestehen. Insgesamt war dies jedoch als Folge des im 3. Jh. einsetzenden Niedergangs des Imperium Romanum zu sehen: während Westrom den Stürmen der wirtschaftlichen und politischen Krisen nicht standzuhalten vermochte, hat das Ostreich die hierfür erforderlichen Widerstandskräfte, die sich nicht zuletzt in der Hellenisierung wie in der ohne Zwang erfolgenden Trennung vom Gesamtreich äußerten, offensichtlich aufbringen können.

Die von östlich geprägtem Despotismus beeinflußte Monarchie wurde zum Hauptwesenszug der Regierung und der Verwaltungsorganisation des byzantinischen Reiches. Hierzu gehörten auch die Trennung von politischer und militärischer Gewalt sowie eine straffe Bürokratie. So kam es unter Konstantin förmlich zu einer Identifizierung des Staates mit seiner Bürokratie.

Die politische Herrschaftsform Byzanz' war folglich die einer absoluten Monarchie. Der Senat, dessen Macht schon seit dem 3. Jh. dahinschwand, verlor im Laufe der Jahrhunderte immer mehr an Einfluß, hat aber doch bis zum Ende des Reiches bestanden. Er kam nur noch unregelmäßig und nur zu besonderen Gelegenheiten auf Wunsch des Kaisers zusammen. Revolutionen, Verschwörungen und Entthronungen traten an die Stelle einer geregelten Herrschaftsfolge, während politische Gruppierungen, die sich nicht selten als sportliche Vereinigungen tarnten, sich gegenseitig bekämpften, wenn es darum ging, die jeweiligen Forderungen dem Kaiser nahezubringen.

Der Herrscher war in einer Person *Imperator, Caesar, Augustus* und *Basileus* (König), außerdem oberster Feldherr (einer Armee, die ihn in aller Regel selbst in seine Position gebracht hatte), der höchste Richter im Staat, einziger Gesetzgeber, Schutzherr und höchster Würdenträger der Kirche, schließlich Stellvertreter Gottes auf Erden. Die königlichen Prinzen trugen die Titel *Kouropalates, Caesar, Despotes, Nobilissimus, Sebastos, Protosebastos* oder *Sebastokrator*. – Da es das Rechtsinstitut der Erbfolge nicht gab, konnte der Kaiser seinen Nachfolger (*Symbasilikos*) schon zu seinen Lebzeiten bestimmen.

Auch Frauen konnten Kaiserinnen werden, bzw. als Vormund von Kaisern regieren. Starb ein Herrscher, dann konnte seine Gemahlin an seiner Statt regieren; dies wurde freilich nur als vorübergehende Lösung betrachtet, die dadurch ihr Ende fand, daß die Frau sich wiederverheiratete und ihrem neuen Mann den Titel eines *Augustus* übertrug. Hatte ein Herrscherpaar mehr als zwei Töchter, dann fiel die Nachfolge zunächst an diese gemeinsam; heiratete eine von ihnen, trat(en) die andere(n) in den Klosterstand ein. Ein *paradynasteuon* fungierte als Vertrauensperson des Herrschers; diesem konnten Machtbefugnisse delegiert sowie Aufgaben zur Erfüllung übertragen werden, zu deren Erledigung der Herrscher selbst nicht kam.

Um die Mitte des 5. Jh. stand an der Spitze der Verwaltung der *magister officiorum*, der über 1200 unmittelbar untergebene Beamte verfügte. Der *quaestor sacri palatii* war verantwortlich für Gesetzgebung und Rechtsprechung und die Durchsetzung kaiserlicher Verordnungen. Die öffentlichen Finanzen unterstanden seit Konstantin dem Großen dem *sacrum largitionum*. Die *res privatae* des Kaisers besorgte das *sacrum privatorum*, daneben standen ein *sacrum cubiculum* sowie – für Kleidungsangelegenheiten – das *sacrum vestis*.

An der Spitze der byzantinischen Behördenhierarchie standen folgende Beamte[3]: Der *logothetes tou genikou* war verantwortlich für die Feststellung und den Einzug der Steuern. Der *sacellarius* hatte die Oberaufsicht über die Verwaltung der Staatsfinanzen und des Staatsvermögens. Dem *logothetes tou stratiotikou* – diese Instanz gab es seit dem 4. Jh. – unterstanden das Rekrutierungswesen sowie Versorgung und Bezahlung der Armee. Der *logothetes ton agelon* war verantwortlich für die kaiserliche Kavallerie, das öffentliche Fuhr- sowie das Unterbringungs- und Einlagerungswesen. Dem unter den Komnenen-Kaisern so genannten *logothetes tou dromou*, der den *magister officiorum* ersetzte, unterstanden die Post, die Nachrichtenübermittlung und der Empfang ausländischer Gesandter. Der *logothetes tou eidikou* beaufsichtigte die öffentlichen Produktionsbetriebe einschließlich des Verkaufs der dort erzeugten Produkte.

Daneben gab es den *kouropalates*, der später durch den *protovestiarios* ersetzt wurde; diese Beamten hatten sich um die offizielle kaiserliche Garderobe zu kümmern, wobei die hauptsächliche Funktion der Kleiderordnung darin lag, nicht nur bei den Untertanen, sondern vor allem auch bei ausländischen Gesandten und fremden Herrschern einen möglichst starken Eindruck zu hinterlassen. Diese Beamten organisierten auch die Audienzen im Palast und überwachten die ganze Palastverwaltung. Der *eparchos* für Konstantinopel stand an der Spitze der Polizei, auch der Marktpolizei der Stadt und beaufsichtigte das gesamte Wirtschaftsleben der Metropole, eine Aufgabe, die auf den unteren Ebenen der Lokalverwaltung dem ‚Präfekten' und dem *vikarios* oblag.

In diese hohen Posten der byzantinischen Staatshierarchie – einschließlich der Generals- und anderer Würdenträgerpositionen (*strategoi* und *illustri*) – gelangte man durch Macht und Einflußnahme; ihre Macht erhielt die Staatsverwaltung nicht durch Einhaltung einer Erbfolge, sondern allein durch Ausübung von Macht. Die hohen Staatsbeamten teilte man anfangs in *illustri spectabiles* und *illustri clarissimi*; seit dem 6. Jh. nannte man die Angehörigen der höchsten Rangstufen *gloriosi*, während die *clarissimi* und *spectabiles* zu einer einzigen Gruppe zusammenschmolzen. An der Spitze der Zentralverwaltung standen die *curatores*, den Lokalverwaltungen – seit Anastasios I. – *vindices* vor. Die Stellung der Bischöfe festigte sich seit Justinian.

2. Verwaltung und Finanzen

In administrativer Hinsicht war das byzantinische Reich in große ‚Militär-Distrikte' – *themata* – eingeteilt, deren Grenzziehung nicht auf nationaler Basis erfolgte und deren Verwaltung organisatorisch mit der Zentralregierung verbunden war. Herakleios I. ersetzte hiermit das alte römische Verwaltungssystem (mit den *magistri militum per Orientem*, *per Illyricum*, *per Thraciam*, *per Armeniam* etc.); unter Konstantin IV. (668–685) gewann das neue System dann seine endgültige Form. Die neuen Verwaltungseinheiten der *themata* verkörperten nicht mehr eine militärische Einheit, sondern eine Provinz (*stratigides*); der an der Spitze stehende Militärgouverneur hatte auch zivile und administrative Machtbefugnisse. Die seit der Zeit der Römer bestehende Trennung von politischer und militärischer Macht fand daher mit der Bildung der *themata* ihr Ende; eine Lösung, die sich für das Reich in Gefahrensituationen als äußerst hilfreich erwiesen hat[4]. Die Perser hatten schon seit dem 4. Jh. ein ähnliches Verwaltungssystem eingeführt, und auch Justinian hatte in einigen Gebieten bereits einen *praetor* ernannt. Justinians Nachfolger haben angesichts der Bedrohungen durch Langobarden und Mauren die beiden Exarchate Ravenna und Karthago gebildet. Die Errichtung der *themata* entsprach demnach einem durch die Entwicklung der Zeitumstände vorgegebenen Erfordernis. Die ersten *themata* sind im Osten des Reiches eingerichtet worden, um Kleinasien vor dem Ausbreitungsdrang der Araber zu schützen.

In der Zeit der Isaurischen Kaiser und namentlich unter Leon III. wuchs wegen der Bedrohung seitens der Araber die Macht der Militärgouverneure, und in diesem Zusammenhang steht auch die Einrichtung des Militärbezirks im Osten, des großen *opsikion*. Anfangs gab es 29 Militärbezirke – zwölf im Westen und siebzehn im Osten. Die östlichen Provinzen waren die wohlhabenderen; sie lieferten dem Reiche die lebenswichtigen wie auch seltenen Güter, erzielten die höchsten Steuereinnahmen und stellten die besten Seeleute und Soldaten. Wegen des Beitrags, den die Städte des Ostens zum Wohlstand des Reiches leisteten, hat Konstantin für diese auch die Kopfsteuer aufgehoben, eine Maßnahme, die seine Nachfolger auf den ganzen Osten ausgeweitet haben. – Die administrativen Untereinheiten der Militärbezirke hießen *opsikion*, so von Nicäa, Proussa, etc.; an der Spitze dieser Unterbezirke stand der *comis opsikiu*[5].

Während die Bildung der Militärbezirke zu einer Dezentralisierung der Reichsverwaltung führte, blieb die Finanzverwaltung in der Hand der Zentralregierung. Die große Einnahmen des byzantinischen Reichs stammten sowohl aus den Erträgen öffentlichen Eigentums wie auch aus Steuern; sie dienten zur Deckung der ebenfalls umfänglichen Ausgaben des Staates.

Um die finanzielle Lage des Reichs zu verbessern, führte Diokletian eine Währungsreform durch. Der Einbruch der Goten zwang den Staat zur Erhebung hoher Steuern, was namentlich die Landbesitzer bei der geringen Ergiebigkeit des Bodens dazu zwang, in großem Umfang Kredit aufzunehmen. Dies führte dann zwangsläufig zur Aufgabe selbständiger Existenzen; zugleich sah sich der Staat dazu gezwungen, sich nach neuen Einnahmequellen umzusehen. Seit Konstantin dem Großen verbesserte sich die Finanzlage des Reichs; eine Entwicklung, die – mit einigen Unterbrechungen – bis ins 10. Jh. angehalten hat.

Die Ausgaben eines so großen Reichs, wie das byzantinische es gewesen ist, waren natürlich außerordentlich hoch, nicht zuletzt auch wegen des hohen Verwaltungsaufwands. Zur Deckung dieser Ausgaben war eine nachdrücklich wirksame Wirtschaftspolitik notwendig. Die aus verschiedenen Quellen fließenden Einnahmen sind gewaltig gewesen – unter Anastasios I. (491–518) beispielsweise beliefen sie sich auf 320000 Pfund Gold. Den Einzug der Staatseinnahmen besorgten *kouratories*, die für Bergwerke, Salinen, Landsteuern oder Zölle zuständig waren.

In den ersten Jahren des Reichs wurde die sogenannte *octava* erhoben, ein Wertzoll in Höhe von 12½ %, der als eine Fortsetzung des *portorium* aus römischer Zeit diente und an besondere Zolleinnehmer zu entrichten war, an deren Spitze die *oktavarioi* standen. Im Laufe der Zeit wurde diese *octava* durch die *kommerkia* ersetzt[6]. Ausgenommen von der Zahlung dieser Abgabe waren Importeure, die den Hof oder die Armee belieferten, Güter einführten, die für den persönlichen Bedarf der Zollpflichtigen bestimmt waren, die *navicularii*, die hauptsächlich Weizen und andere Nahrungsmittel in die Hauptstadt importierten (für diese wurde die Zollfreiheit unter Nikephorus I. [802–811] allerdings aufgehoben), Gesandte und schließlich die Importeure von Werkzeugen und landwirtschaftlichen Geräten.

Die auf den Besitz von Grund und Boden erhobene Steuer war zunächst in Form von Naturalien, erst seit der mittleren Epoche des Byzantinischen Reichs in Geld zu entrichten. Diese Steuer mußte jeweils für einen Zeitraum von fünfzehn Jahren abgeführt werden; unter verschiedenen Herrschern ist sie durch Zusatzabgaben *(hyperendiktion)* erhöht und schließlich nicht mehr auf Eigentum, sondern auf den Besitz, also die unmittelbare Verfügung über Grund und Boden erhoben worden. Und während sie unter Justinian II. (685–95) in eine persönliche Steuer und eine Steuer auf das Land aufgeteilt war – letztere berechnet auf der Basis der Ackerfläche, die einen Landarbeiter *(caput)* ernähren konnte *(zygokefalon – jugatio/capitatio)* –, ging man im 10. Jh. durch Einführung der *synone* genannten Steuer *(coemptio)* dazu über, die Abgabe auf der Basis eines Pflugtieres zu berechnen; diese Steuer wurde zuerst unter Anastasios I. erhoben[7].

Eine außerordentliche Steuer war die *annona*, die, unter bestimmten Voraussetzungen als Barleistung erhoben, zur Deckung der Nahrungsmittelversorgung der Hauptstadt *(annona civica)* oder zur Versorgung der Armee *(annona militaris)* bzw. der Beamtenschaft des Reichs diente. Es gab auch außergewöhnliche Pflichtleistungen, z.B. die „Arbeitsverpflichtung", zu denen die Bürger vom Staat herangezogen werden konnten. Schließlich trugen bestimmte Bürger durch ihre Dienstleistungen zur Unterhaltung und zum Betrieb des Postverkehrs bei, etwa, indem sie Futter, Pferde und Einstellungsmöglichkeiten zur Verfügung stellten.

Die *kinson*-Steuer, die aus der Zeit der Ptolemäer stammte, wurde nach Art und Wert des bebauten Landes erhoben. Daneben wurden wohlhabende (Groß-)Grundbesitzer mit der *epibole*-Steuer auf wüstes und nicht bebautes Land belastet. Der Ursprung dieser Steuer liegt in Ägypten. Seit Konstantin dem Großen wurden die Grund- und Gutsherren für die Abgabenleistungen ihrer Untergebenen verantwortlich gemacht, während die kleineren ländlichen Gemeinschaften *(mikrokomia)* kollektiv für ihre auf die Ernte zu leistenden Steuerabgaben hafteten. Unter Anastasios I. wurde das Problem des unfruchtbaren Landes in der Weise gelöst, daß für die Eigentümer dieser Gebiete die Belastung des bebauten Landes angehoben wurde. Die *allelengyon*-Steuer, eine Erweiterung der *epibole*-Steuer, war von den Bewohnern ‚Freier Dörfer' *(choritai)* zu zahlen, die wiederum gegenseitig für die Zahlung der Steuer hafteten.

Die Herrscher konnten alle Steuern und Zölle je nach Bedarf erhöhen, wie sie auch Sondersteuern erheben durften. Eine solche außergewöhnliche Steuer konnte erhoben werden, wenn dem Staat zur Erreichung eines Friedensabschlusses finanzielle Sonderbelastungen entstanden. Die *kephalikon*-Steuer, mit der nichtchristliche Untertanen belegt wurden, wurde abgeschafft. Die *chrysargyros*-Steuer, eine auf Kaufleuten und Handwerkern lastende Berufsabgabe, die Konstantin der Große eingeführt hatte, wurde unter Kaiser Anastasios I. wieder abgeschafft, um auf diese Weise Handel und Gewerbe zu beleben; eine Maßnahme, die vom Volk als außergewöhnliches Ereignis begrüßt wurde[8]. Diese Steuer hatte dazu dienen sollen, die Ausgaben für die Armee abzudecken, um deren Zustand zu verbessern und zugleich die Verteilung der hierfür erforderlichen Lasten gerechter zu gestalten. Allein die Stadt Edessa leistete im Rahmen dieser Besteuerung alle vier Jahre 140 Pfund Gold.

Der Einzug der Steuern oblag Spezialbeamten, den *vindices*, wie sie unter Anastasios I. genannt wurden; für die Erhebung der indirekten Steuern waren die *kommerkarioi* verantwortlich. Bei den direkten Steuern führten Steuerrevisoren die Rechnungsaufsicht, während der Einzug in der Hand von Steueradministratoren lag, denen besondere Einzugsbeamte und Agenten sowie – zur Führung der Steuerrollen – Registratoren zur Hand gingen. Weitere Steuerbeamte waren die *chartularoi*, ‚See-Notare' und ‚Hafenoffiziere', *xylokalamoi* und andere. Zu den ordentlichen Staatseinkünften kamen als außerordentliche Einnahmen beispielsweise Beutegelder, die bei militärischen Unternehmungen anfielen; Leistungen, die dem Staat auf Grund von Verträgen und Sonderabmachungen zufielen, Erlöse aus konfisziertem Gut, Strafgelder, Zahlungen, die für Ämter und Titel geleistet wurden usw.

Diese Steuern sind oft ein maßgeblicher Anlaß für Unruhe und Widerstand unter dem Volk gewesen. Unter Justinian wurden die Belastungen als so schwer empfunden, daß man die Steuereinzieher mehr als etwa fremde Kriegsmächte fürchtete. Die Folge war eine Verminderung der wirtschaftlichen Produktivität. Justinian erhöhte die Zölle, um so die Staatseinnahmen zu steigern. Eine Sondereinnahme floß dem Staat auch aus dem Recht des Loskaufs von der Verpflichtung zu militärischen Leistungen zu; zeitweise sind allerdings auch die rekrutierungsfähigen Jahrgänge ganzer Provinzen vom Wehrdienst freigestellt worden, weil man auf diese Weise die Steuerkraft des Landes erhöhen wollte. Um außergewöhnlichen Belastungen der Staatskasse begegnen zu können, sind oft Sondersteuern auf Gegenstände des täglichen Bedarfs erhoben worden. Das byzantinische Steuersystem ist äußerst kompliziert gewesen und hat die Wirtschaft des Reiches außergewöhnlich stark belastet.

Weiterhin sind bei den öffentlichen Einnahmen die Einkünfte aus Staatsmonopolen zu nennen. Dies ergab sich aus den Kartellierungs- und Monopolisierungstendenzen, die der Katastrophe im Zusammenhang mit der großen Beulenpest der Jahre 541–543 folgten. Zur Sicherstellung der Weizenzufuhren, die ein solches Monopol darstellten, unterhielt der Staat in verschiedenen Städten – Tenedos, Redestos etc. – große Lagerbestände. Auch in der Hauptstadt gab es solche Lagerhäuser (*horrea*), die von besonderen Beamten bewacht wurden (*horrearii*). Die in der Getreidezufuhr tätigen Schiffer (*navicularii)* waren in Zünften (*collegia)* organisiert; sie erhielten feste Frachtgelder, konnten ihren Beruf aber nicht wechseln.

Unter Justinian ist auch die Seidenerzeugung ein Staatsmonopol gewesen; erst im 10. Jh. wurde dieses Monopol aufgehoben; ausgenommen blieb die Herstellung von Seidenstoffen besonderer Qualität, die der Staat sich vorbehielt. Andere staatliche Monopole waren die Münze, die Erbauung von Kriegsschiffen, die Herstellung von Stoffen und anderen wertvollen Artikeln, die im kaiserlichen Haushalt, vom übrigen Hof und vom diplomatischen Corps verbraucht wurden. Die Vergütung erfolgte entweder in Naturalien (*sitiresion*) oder in Geld (*roga*).

Wie im alten Griechenland wurden auch die Salinen und die Erzgruben ausschließlich vom Staat betrieben. In gleicher Weise ließ der Staat Uniformen und Waffen in eigenen Manufakturen herstellen, um so die Ausrüstung der Armee und überhaupt den ganzen Verteidigungsapparat in sicherer Hand zu behalten. In den Steinbrüchen und den Kohle- und Erzbergwerken, die der Staat ausbeutete, wurden ursprünglich Sklaven aus dem Schwarzmeer-Raum eingesetzt; später wurden hier Lohnarbeiter beschäftigt, die zu Gilden zusammengefaßt waren.

Die Ausbeutung von Goldminen war (unter Valentinian; 369) unter der Bedingung frei, daß eine Steuer im Verhältnis zur Menge des gewonnenen Edelmetalls gezahlt wurde. Goldbergwerke gab es in Dakien, Thrakien, Dalmatien, Silberminen in Transsilvanien und im alten Bergbaugebiet von Laurium. Kupfer wurde auf Zypern und in Armenien und Dalmatien gewonnen, Blei in Kappadokien, Eisen in Bosnien, Schwefel auf den ägäischen Inseln und auf Sizilien, Alaun auf Zypern, in Dalmatien und Makedonien, Marmor im nahegelegenen Procomissos, in Attika, auf Paros und auf der Peloponnes.

Die Salinen gehörten ebenso wie Ländereien, Waldungen und Wiesenland ebenso dem Staat oder den Herrschern, die diesen Besitz entweder direkt nutzten, indem sie hierfür eigene Aufseher (*curatores*) einsetzten oder ihn verpachteten. Ein besonderer Beamter (*megas kourator*) führte die Gesamtaufsicht über diesen Besitz.

Das Transport- und Nachrichtenwesen (*cursus publicus*) war im byzantinischen Staat so gut organisiert, daß nicht nur etwa kaiserliche Verordnungen oder militärische Befehle schnell übermittelt werden konnten, sondern auch das Geschäftsleben hiervon profitierte. Die einzelnen Gemeinden steuerten zur Unterhaltung dieses Verbindungsnetzes in der Weise bei, daß sie Pferde und Postwagen – diese im 5. Jh. mit einer Ladefähigkeit von fast 500 Kilogramm – stellten und die Postbeamten unterhielten. Ihnen oblag auch der Bau neuer Straßen und die Unterhaltung des bestehenden Straßennetzes, wofür sie persönlich Arbeitsleistungen zu erbringen hatten. Postkutschen und Postreiter besorgten den Postverkehr auf dem zentralen Straßennetz; im Kriegsfall wurden Eilnachrichten durch Signalfeuer übermittelt.

Trotz dieser Einnahmen war der byzantinische Haushalt infolge der vielfältigen Aufgaben des Staates erheblichen Belastungen ausgesetzt. Hierbei sind als wichtigste Positionen zu nennen:

a) Geschenke an das Volk und Ausgaben für die Hofhaltung. Solche Geschenke haben die Herrscher an Feiertagen und bei ähnlichen Gelegenheiten meist in Form öffentlicher Speisungen ausgeteilt; diese Brotverteilungen an die ärmeren Schichten der Bevölkerung fanden erst nach dem Verlust Ägyptens, der Kornkammer des Reiches, zur Zeit des Heraklius ein Ende[9]. Freien Zutritt zu den Spielen gab es aber weiterhin, namentlich bei Krönungsfeierlichkeiten, die gewöhnlich mit unvergleichlichem Pomp gefeiert wurden. Gleichermaßen schwerwiegend waren die Ausgaben für die kaiserliche Familie, den Hofstaat und die Unterhaltung des Palastes.

b) Ausgaben in Hungersnöten, Katastrophen, Epidemien oder im Zusammenhang mit militärischen Verträgen.

c) Verwaltungsausgaben. Der *quaestor* und seine *magistri* erhielten hohe Gehälter. So gehörten zur jährlichen Vergütung für den *quaestor* eine Purpur-Robe, vier Pfund Gold und die Erstattung der jährlichen Lebenshaltung. Der *protonotarios* bezog ein ähnlich hohes Gehalt. Auch die Gehälter der Steuereinnehmer gehörten zu dieser Ausgabenposition. Überhaupt waren im allgemeinen die Gehälter der öffentlich Bediensteten – Beamten, Polizeiorgane, Feuerwehr usw. – vergleichsweise hoch: Zusammen machten sie 100 Pfund Gold oder 7200 *nomismata* aus. Die Nachtwächter allerdings wurden von den Gemeinden bezahlt.

d) Erhaltung der Land- und Seestreitkräfte. Ein großer Teil der byzantinischen Staatsausgaben floß in den Unterhalt der Streitkräfte, besonders der Söldnertruppen, die sich aus zahlreichen Völkerschaften aus Regionen innerhalb und außerhalb des Reiches rekrutierten. Das eigentliche byzantinische Heer, zwischen 120000 und – unter Justinian I. – 150000 Mann stark, bestand aus landeseigenen, nicht im Söldnerverhältnis stehenden Truppen. Mit Ausnahme der obersten Heeresführer im Westen und in Mesopotamien, die ihre Bezüge aus den Militärbezirken einzogen, erhielten die Kommandanten ein festes Gehalt, das je nach der Bedeutung der Bezirke, in denen sie stationiert waren, zwischen 40 und 50 Pfund Gold im Jahr schwankte. Die 3120 höheren Offiziere erhielten bis zu 3 Pfund Gold im Jahr, die etwa 12000 Angehörigen der unteren Offiziersränge hingegen insgesamt nur etwa 7000 Pfund. Weitere Gelder flossen in die Spionage, das militärische Informationswesen und andere Aktivitäten. Im Verlauf kriegerischer Aktionen wurden Sondervergütungen gezahlt, deren Höhe sich nach Regiment und Umständen richtete und die bis auf 40 Goldmünzen für jeden einzelnen Soldaten oder Matrosen ansteigen konnten[10]. In Friedenszeiten dagegen belief sich die Vergütung für den einfachen Mann auf eine Goldmünze für das erste Dienstjahr. Danach stieg sie um jeweils eine weitere Goldmünze an, so daß im zwölften Dienstjahr 12 Münzen gezahlt wurden. Offiziere niedrigerer Ränge erhielten dann bereits 18 solcher Münzen. Zu diesen Soldzahlungen kamen natürlich die Ausgaben für Uniform und Unterbringung.

e) Ausgaben für den Empfang und die Bewirtung ausländischer Gesandtschaften (*xenia*) wie für den eigenen diplomatischen Dienst des Reiches im Ausland[11]. Diese Aufwendungen sind eine regelmäßig im Haushalt des Reiches ausgebrachte Position gewesen, und die hierfür im Etat bereitgestellten Mittel waren erheblich.

f) Ein ebenfalls großer Ausgabeposten sind die Aufwendungen für öffentliche Bauten, für religiöse, sozial- und wohlfahrtspolitische Aufgaben – Waisenhäuser, Gasthäuser und Hotels, Krankenhäuser, Armenasyle – und für den Erziehungs- und Bildungsbereich – Hochschulen, Schulen, Bibliotheken etc. – gewesen. Bei den öffentlichen Bauten sind an erster Stelle die Errichtung und Unterhaltung der Festungsanlagen zu nennen, die die Grundlage der byzantinischen Verteidigungspolitik gegen fremde Eroberer bildeten und für die wegen der enormen Ausgaben, die diese Anlagen verschluckten, Sondersteuern erhoben wurden; hierzu gehörten auch die Grenzbefestigungen des Reiches: Prokop spricht mit Bewunderung von den Summen, die für diese Zwecke unter Justinian ausgegeben worden sind. Dazu kamen vielfältige kleinere Ausgabepositionen, so etwa für Hafenbauten, Wasserleitungen und -reservoirs, Altenheime, öffentliche Kinderstuben, Reinigungszwecke, Theater, Katastrophenfälle wie

Erdbeben, Feuer, Hunger, besonders harte Winter, dann auch für Pfandgeschäfte, Aussteuern oder Lösegelder für Gefangene. Zum Teil wurden für diese Zwecke wiederum Sondersteuern erhoben. Große Beträge wurden auch für Kirchenbauten bereitgestellt; ausländische Besucher zeigten sich immer wieder von den Schätzen der Hagia Sophia beeindruckt, deren Dach auf der Innenseite vergoldet und außen mit Kupfer beschlagen war und deren reiche Ausstattung mehr noch als ihre Architektur überwältigte. Die Einnahmen von nicht weniger als 1500 öffentlichen Werkstätten standen allein für die Unterhaltung dieser Kirche zur Verfügung. Daneben gab es weitere großartige Kirchen, deren Ausbau und Unterhaltung die Staatskasse ebenfalls spürbar belastete. Neben diesen Aufwendungen waren im kirchlichen Bereich natürlich noch weitere Ausgaben zu bestreiten, so namentlich die Gehälter für den Patriarchen und den gesamten Klerus, so wie der Kirche zum Teil auch Liegenschaften, staatliche Werkstätten (die dann von der Steuerzahlung befreit wurden) und sogar (auf Chios, Korfu, Patmos) Dienstpflichtige vermacht sowie Zahlungen aus regelmäßigen Steuereinnahmen übertragen worden sind.

Unter Anastasios I. sind die Steuern namentlich in den Provinzen, die unter den Kriegen gegen die Perser besonders zu leiden hatten, mehrfach herabgesetzt worden. Daneben entwarf dieser Herrscher ein wirtschaftspolitisches Förderprogramm, das auch Ausgaben für die Festungsanlagen, den Leuchtturm in Alexandria und andere öffentliche Bauten vorsah. Die hierfür vorgesehenen Einnahmen in Höhe von 320 000 Pfund Gold sind, wie Prokop berichtet, von Justinian I. schnell wieder ausgegeben worden.

Justinian erweiterte die Grenzbefestigungen bis zur Krim, obwohl die wirtschaftliche Lage des Landes so schlecht war, daß er durch verschiedene Verordnungen an die gesetzliche Steuerpflicht erinnern mußte und in einigen Provinzen sogar den Belagerungszustand ausrufen ließ. Unter diesen Umständen hat er auch zur Entwertung der byzantinischen Währung gegriffen, was der äußere Anlaß für den Aufstand von Nicäa (532) gewesen ist, eine Revolte zwischen den Aristokraten (Blauen) und dem Volk (den Grünen), deren innere Ursachen in Kriegswirren und wirtschaftlicher Not lagen. Nach der Niederschlagung des Aufstands hat Justinian die Macht der Großgrundbesitzer zu zügeln versucht, indem er einen Teil der Ländereien konfiszierte; zugleich hat er den Beamten verboten, Geschenke anzunehmen und ihre Machtstellung zu eigenen Zwecken zu mißbrauchen.

Das Ende der Regierungszeit Justinians war durch eine Phase wirtschaftlichen Niedergangs gekennzeichnet. Hinzu kam das Auftreten der Beulenpest, die, aus Ägypten kommend, über Syrien und Palästina nach Konstantinopel eingeschleppt worden war und sich dann über ganz Kleinasien nach Mesopotamien und Persien ausgebreitet hat.

3. Die Sozialstruktur: das Land

In der Sozialstruktur des Reichs gab es vier Klassen. An der Spitze standen die hohen Beamten, die kirchlichen Würdenträger und hohe Militärs. Ihnen folgten die jeweils mittleren Schichten in Beamtenschaft, Kirche und Armee, die Kaufleute, Gewerbetreibenden, Reeder usw. An dritter Stelle kamen die Kleinbauern, kleinere Gewerbetreibende und Angestellte. An letzter Stelle schließlich standen die Dienerschaft und – bis zur Aufhebung der Sklaverei – die Sklaven.

Die Sklaverei hatte man im Laufe der Zeit als ein Überbleibsel aus heidnischer Vergangenheit angesehen, und von diesem Standpunkt her war sie abgeschafft worden[12]. Unter den Gegnern der Sklaverei hatte sich besonders Theodor Stoudites, ein kirchlicher Würdenträger, hervorgetan. Kaiser Justinian, seit dessen Regierungszeit die

Sklavenbevölkerung im Reich spürbar abzunehmen begann, erklärte, daß es dem natürlichen Rechtsempfinden widerspreche, einen Menschen durch einen anderen beherrscht zu sehen, wie es in der Sklaverei geschehe.

Sklaven waren in der Regel slawische, germanische oder semitische Gefangene. Zum Teil wurden sie zu hohen Preisen verkauft; das im Sklavenhandel eingenommene Geld unterlag einer Sondersteuer in Höhe von 10 % des Verkaufswertes. Die Preise richteten sich nach der Qualität der Sklaven: der übliche Preis lag bei 20 *nomismata;* für einen geschickten Sklaven wurden hingegen schon 30 *nomismata* bezahlt; ein Notar kostete 50, ein Arzt 60, ein geschickter Eunuch 50 bis 60 *nomismata*. Sklaven wurden normalerweise im Palast, in Bergwerken etc. eingesetzt; sie kamen von den Küsten des Adriatischen Meeres, aus Afrika und vom Schwarzen Meer[13].

Seit Konstantin dem Großen waren die Bauern durch Gesetz an ihr Land gebunden; auf diese Weise wurde die Leibeigenschaft in neuer Form legalisiert. Seit 332 war den Bauern ein Verlassen ihrer Scholle verboten, weil man sie als untrennbar zum Land gehörig betrachtete. Und unter dem Kaiser Valens (364–375) wurden diese Verhältnisse verfestigt, als der ohne Einwilligung des Grundherrn vorgenommene Verkauf von Land verboten wurde. Im europäischen Teil des Reiches scheint diese Art der Schollenpflichtigkeit zuerst in Illyrien im Jahre 321 eingeführt worden zu sein. Um die gleiche Zeit finden wir dasselbe Rechtsinstitut dann auch in Thrakien; das ebenfalls in dieser Zeit von Theodosios (393) erlassene Gesetz, welches die *capita humana* aufhob, hat nicht die gesetzliche Bindung der Bauern an das Land aufgelöst.

Neben den Gouverneuren der Militärbezirke gab es weitere Inhaber von Machtpositionen (*dynatoi*) in Gestalt von öffentlichen Institutionen und Klöstern, aber auch von Privatpersonen, die große Gutsbezirke (*latifundia*) einschließlich ganzer Dörfer besaßen. Die Güter dieser Großgrundbesitzer wurden sowohl von freien Lohnarbeitern (*coloni liberi*) als auch von Leibeigenen (*inquilini*) bewirtschaftet. Die Leibeigenen selbst und ihre Kinder betrachtete man vor dem Gesetz als zum Grund und Boden gehörig, und auf diese Weise konnten sie wie der Grund und Boden auf einen anderen Eigentümer übergehen, konnten wie die Liegenschaft in ein Inventar aufgenommen und auch des Rechtes beraubt werden, ihre Arbeitskraft nach ihrem eigenen Willen zu verwerten. Zu den Leibeigenen zählte man auch die freien Lohnarbeiter, die länger als dreißig Jahre hintereinander auf dem Gut desselben Grundherrn gearbeitet hatten. „Wer länger als dreißig Jahre mit der Bestellung des Landes beschäftigt worden ist, muß dies auch weiterhin tun; er kann nicht veranlaßt werden, diese Arbeit aufzugeben und kann auch nicht entlassen werden.“ (Armenopoulos: Hexabiblios, 3, c. 10.).

Die Leibeigenen durften nur im Landbau tätig sein und durften ohne Zustimmung ihres Grundherrn die Stelle, auf der sie geboren waren, nicht verlassen. Der Herr konnte jeden gerichtlich belangen, der ihm seine Leibeigenen fortnahm; er konnte Ersatzleistungen einklagen, ohne daß eine Verjährungsfrist gegen ihn geltend gemacht werden konnte. Falls der Leibeigene sich aus eigenem Entschluß entfernte, wurde er selbst gerichtlich verfolgt, wobei ihm weder der Übertritt in eine Klostergemeinschaft noch der Eintritt in die Armee Schutz geboten hätten. Umgekehrt durfte der Herr den Leibeigenen nicht einem anderen Eigentümer übertragen, wenn dadurch die Familie des Untergebenen getrennt worden wäre. Er durfte ihn von seiner Stelle nur vertreiben, wenn der Leibeigene im gesetzlichen Sinn nicht Eigentum des Gutes war oder wenn der Leibeigene ein Verbrechen begangen hatte.

Den Leibeigenen oblag die Bewirtschaftung einer Hälfte eines Gutsbezirks unter der persönlichen Aufsicht des Eigentümers; sie erhielten hierfür keine Bezahlung, wurden allerdings von den freien Kolonen unterstützt. Der Leibeigene konnte nach Erfüllung seiner Leistungspflichten seine eigene Stelle bewirtschaften[14]. Dieses sein persönliches Eigentum konnte er vererben. Allerdings brauchte er auch hierfür wie für anderweitige

Verwendung wiederum die Zustimmung seines Herrn, da auch dieses Eigentum als untrennbarer Bestandteil des Gesamtgutes angesehen wurde.

Neben diesen Gütern der Großgrundbesitzer gab es die Betriebe der Kleinbauern (*penetes*), die freilich oft in der Abhängigkeit jener Schicht – großer Gutsbesitzer oder Klöster – standen oder überhaupt von diesen aufgekauft wurden. Unter Konstantin dem Großen ist die Kirche auch in der Weise gefördert worden, daß ihr Grundeigentum übertragen werden konnte. Konstantin VII. Porphyrogenetos (945–959) hat darüber hinaus ein Gesetz erlassen, nach welchem der Grundbesitz derjenigen, die ohne natürliche Erben oder ohne Testament verstarben, für wohltätige Zwecke verwandt wurde. Weiterhin erhielt die Kirche etwa 1100 Werkstätten und Gewerbebetriebe in bester Lage der Metropole. Die Kirche vergab auch Land, für das sie dann einen Teil der Ernte bekam. Die Konzentrierung des Landbesitzes in der Hand einer kleinen Zahl von Großgrundbesitzern bedeutete freilich nicht das völlige Verschwinden der kleineren oder mittleren Eigentümer, die auf dem Balkan bis ins 6. Jh. die Besitzverhältnisse wesentlich geprägt haben.

Eine andere Art von Landbesitz waren die längs der Grenze angelegten Militärgüter (*limitanei* und *stratiotopia*). Diese wurden als Entgelt für Militärdienste ausgegeben; ihre Besitzer mußten sich in Kriegsfällen in voller Ausrüstung und mit Pferd für den Heeresdienst zur Verfügung stellen. Diese Güter konnten weder veräußert noch aufgeteilt werden; die Erben mußten, um ihre Eigentumsrechte zu wahren, auf den Gütern bleiben. Seeleute, die in der Marine des Reichs gedient hatten, erhielten entsprechende Güter, die längs der Küste lagen.

Die nicht-gebundenen Bauern (*choritai*) der freien Dörfer (*kephalochoria*) hatten Steuern zu entrichten, deren Höhe von den Einzugsbeamten (*pretevontes*) festgelegt wurde. Nachdem das Reich seine ergiebigsten Provinzen verloren hatte und sich in wachsendem Umfang inneren wie äußeren Krisen ausgesetzt sah, wurden diese Steuern zunehmend als derart drückend empfunden, daß die *choritai* bei den örtlichen Militärbefehlshabern (*patron*) um Hilfe nachsuchten; diese wurde ihnen gegen Zahlung einer bestimmten Summe (*patrocinium*) in der Regel auch gewährt. Auf diese Weise haben sich im öffentlichen Finanzwesen des Reiches völlig anomale Zustände herausgebildet. Auf der einen Seite versuchten die Schutzherren, auf die Steuerbehörden einen Druck in Richtung auf eine schärfere Eintreibungspolitik auszuüben; zugleich schufen sie damit eine gute Gelegenheit, den Bauern zur Hilfe zu kommen und sich so als Wohltäter aufspielen zu können. Unter Konstantin dem Großen ist auf diese Praktiken eine Strafe in Höhe von 25 Pfund Gold erhoben worden; unter Theodosios I. (392) und Leo I. (468) hat man ähnlich hart durchzugreifen versucht.

Mit der wachsenden Eigenmächtigkeit dieser örtlichen Potentaten kam es jedoch zu einer völligen Verdrängung des Steuereinzugs durch Organe des Staates. Zunehmend wurden die Abgaben vielmehr durch die Befehlshaber militärischer Einheiten eingetrieben, die im Auftrage lokaler *dynatoi* auftraten. Die Durchsetzungskraft dieser völlig illegal auftretenden, in privatem Auftrag handelnden bewaffneten Steuereinzieher fand ihre Grenze schließlich nur noch in der Finanzkraft ihrer Auftraggeber.

Auch Klöster haben sich zu solchen selbsternannten Machthabern entwickelt und als solche gehandelt. Justinian hat deren Eigentum geschützt und gefördert, zugleich freilich auch versucht, die Macht der Großgrundbesitzer einzuschränken. Zu den Privilegien der Klöster gehörte das Rechtsinstitut der *excusatio*, womit zur Kultivierung neuen bzw. früher einmal aufgegebenen Landes sowie zur Bewirtschaftung entlegener Güter ermuntert werden sollte. Auch kaiserliche Güter genossen dieses Sonderrecht. Zur Zeit des Bilderstreits wuchs die Macht der Klöster noch weiter; sie kauften den *penetes* ihr Land ab und wurden von verschiedenen Steuern, die alle anderen Landwirtschaftsbetriebe zu entrichten hatten, befreit. Unter diesen Umständen – und wegen der Unabhängigkeit der Kirche von der zentralen Reichsverwaltung – konnte sich eine streng feudal organisierte Verwaltung des Kirchengutes entwickeln.

4. Die Städte

Bis ins 3. Jh. zeichnete sich das römische Reich durch städtische Wirtschaftszentren mit handwerklich-gewerblicher Produktion, durch ausreichend freien Güter-, Geld- und Kreditverkehr aus, wodurch der blühende Zustand des Handels und der landwirtschaftlichen Produktion gesichert waren. Seitdem nahm die staatliche Einflußnahme auf die Wirtschaft zu, und schließlich wurde unter Konstantin dem Großen die Schollenpflichtigkeit der freien Bauern eingeführt. Städtische Wirtschaftszentren haben sich freilich erhalten können, und wo die landwirtschaftliche Produktion weiterhin Erträge abwarf, blieben auch die Handelsbeziehungen zwischen Stadt und Land, vermittelt durch einen selbständigen Handelsstand, erhalten. Im Rahmen solcher Beziehungen wuchs die Hauptstadt zum bedeutendsten Wirtschaftszentrum des Reiches heran.

Konstantinopel – das ‚Neue' oder das ‚Byzantinische Rom', die Hauptstadt des Reiches oder einfach die ‚Stadt' *(polis)*, wie man es oft nannte – wurde nun zu dem Mittelpunkt, um den sich die Geschichte des ganzen Reiches entwickelte. Wegen der vielen Vorteile, die die Stadt bot, hatte Konstantin alle seine Hoffnungen, die er für die Wiedergeburt des römischen Staates und für die Erhaltung dessen, was vom untergegangenen Reich noch übriggeblieben war, hegte, auf diese neue Metropole gesetzt.

Konstantinopel war nicht nur eine ausgesprochen schön gelegene Stadt, sondern bot auch in strategischer Hinsicht außergewöhnliche Vorteile. Im Westen wurde sie durch hügelige Gelände und durch starke, im Laufe der Zeit von zahlreichen Herrschern immer weiter ausgebaute Festungswerke geschützt. Diese Anlagen schlossen das Dreieck ab, dessen andere beiden Seiten durch das Goldene Horn und das Marmara-Meer gebildet wurden, und aus dieser unangreifbaren Lage heraus kontrollierte die Stadt, die die hier stationierten Truppen im übrigen leicht aus dem nahen Umland rekrutieren konnte, den für den Ost-West-Handel äußerst wichtigen Weg durch das Marmara-Meer.

Unter der Führung dieser Hauptstadt fand der neue Staat schnell zu schöpferischer Lebenskraft. Er knüpfte Handelsbeziehungen, gründete neue Städte und Häfen, dehnte seinen Einflußbereich aus und erhielt sich dank der Anerkennung des Christentums die für seine Selbsterhaltung unentbehrliche Einheit. Zeitweise waren auch bevölkerungspolitische Maßnahmen erforderlich. Im Jahre 393 etwa geriet Thrakien unter den Angriffen der Goten, die sich dort niederließen, in eine bedrängte Lage. Schon Theodosios I. hatte, um die Verhältnisse im nordwestlichen Balkan zu konsolidieren, den Eindringlingen Zugeständnisse machen müssen. Der angesichts der neuen Angriffe drohenden Gefahr einer weiteren Entvölkerung suchte dann Anastasios I. dadurch zu begegnen, daß er Arbeitskräfte aus anderen Teilen des Reiches in Thrakien ansiedelte.

Dank seines Reichtums und seiner Einwohnerzahl galt Konstantinopel im Osten wie im Westen als die Krone des Reiches. Zählt man zur Bevölkerungszahl die für längere Zeit ansässigen Besucher hinzu, dann belief sich die Einwohnerschaft der Stadt auf etwa eine Million. Hesselig nennt diese Zahl überhaupt als Minimalgröße; Papparigopoulos und Lambros hingegen schätzen die Zahl der Bewohner auf nur 500000 Menschen. Der Dichter Ausonius, der im 4. Jh. lebte, nennt als die volksreichsten Städte seiner Zeit neben Konstantinopel nur noch Rom und Chalkedon, in einer zweiten Gruppe dann Alexandria und Antiochia. Ausgehend von der Tatsache, daß in Alexandria um die Zeitwende etwa 600000 Menschen lebten, schließt Andreadis, daß Konstantinopels Bevölkerungszahl darüber und jedenfalls zu keiner Zeit unter 500000 gelegen hat. Unter Justinian wäre demnach die Bevölkerungszahl der Hauptstadt auf 900 000 Einwohner gestiegen und in den letzten Jahren des Reiches auf 180 000 Menschen herabgesunken. Papparigopoulos glaubt, daß die Bevölkerungszahl der Hauptstadt zum Zeitpunkt ihrer Eroberung auf 70 000 bis 80 000 herabgesunken war[15], eine Annahme, die durch den Bericht eines aus Italien kommenden Besuchers bestätigt wird[16]. Unter verschiedenen Kaisern hat es nicht an Versuchen gefehlt, die Zahl der Einwohner der Metropole zu vermehren. So ist – selbst noch nach dem Verlust der Kornkammer Ägypten – zu diesem Zweck beispielsweise kostenlos Brot verteilt worden.

Juden gab es etwa 15 000 bis 20 000 im Reich. In der Regel waren sie Kaufleute oder Seidenhersteller; in kleineren Städten verdingten sie sich auch als Landarbeiter (Parnassos), Weber und Färber (Theben) und Arbeiter (Thessaloniki). In der Hauptstadt selbst lebten etwa 2500 Juden, und obwohl diese keineswegs so wohlhabend wie die Juden im Westen des Reiches waren, haben sie unter den Kreuzrittern, als diese in die jüdischen Siedlungen im Norden Konstantinopels eindrangen, Schlimmes zu erdulden gehabt. Wir besitzen leider nur wenige Nachrichten über die jüdische Gemeinschaft in Byzanz; insgesamt aber scheinen sie unter leichteren Bedingungen als ihre Glaubensbrüder im Westen des Reiches gelebt zu haben. Der lateinische Bevölkerungsteil, der gegen Ende des Reichs auf etwa 60 000 Seelen anstieg, lebte von Handel und Schiffbau; einige Lateiner nahmen auch hohe Stellungen in der Armee ein, andere siedelten sich als Kaufleute auf dem Peloponnes an.

Seinen kosmopolitischen Charakter erhielt Konstantinopel allein schon durch die Tatsache, daß die Hauptstadt für alle gleichsam als Ankunftshafen diente, die mit dem Wunsch herkamen, reich zu werden und sich in der Verwaltungs- und Sozialhierarchie hochzuarbeiten. Die Armenier stellten den größten Teil der Neuankömmlinge; sie gaben dem Handel neue Impulse, taten sich aber auch in verschiedenen Handwerken, namentlich als Weber und Goldschmiede hervor. Im Jahre 778 trugen acht im Osten stationierte Generale armenische Namen.

322 (Haupt-)Straßen erschlossen die Hauptstadt. Die größeren waren fünf Meter breit, gepflastert und von Bögen (in der Art der Schiffsschnäbel im Forum Romanum) unterbrochen. Es gab 52 Bogengänge, die alle erleuchtet waren und besondere Namen trugen (St. Georgs-Arkade; Russische Arkade etc.). Die Straßen wurden anfangs vom Staat wie von Privatpersonen gebaut; erst unter Zeno erfolgten hier gewisse Einschränkungen[17]. Konstantinopel war auch der Heimathafen für eine Flotte, die alle Gegenden des Mittelmeers befuhr[18].

Neben Konstantinopel besaß das Reich eine Reihe weiterer blühender Städte, von denen die im Osten gelegenen die größeren und – jedenfalls bis ins 8. Jh. hinein – die wohlhabenderen gewesen sind. Die meisten von ihnen zählten mehr als 100 000 Einwohner; sie lagen in Kleinasien, im Zweistromland, in Ägypten, Syrien und Illyrien sowie – bis zur Ankunft der Slawen und Awaren – im Donauraum. Der zu Byzanz gehörende Teil Italiens blieb in seiner Entwicklung hinter den östlichen Provinzen zurück. Die Kriege gegen die Goten, die Durchzüge der oströmischen Truppen unter Belisar und Narses, die Einbrüche der Longobarden und Franken – all dies führte zu einem allgemeinen Niedergang. Die Bevölkerungszahl nahm ab, der Handel verkümmerte; das wachsende Eigentum in der Hand lokaler Machthaber führte zu Tendenzen einer Loslösung einzelner Regionen von der Hauptstadt als der eigentlichen Machtzentrale. Immerhin blieben Städte wie Ravenna, Venedig, Amalfi, Bari, Tarent und Rom frei und unter dem Schutz Konstantinopels.

Ravenna war – bis zum Eindringen der Langobarden in Italien (568) – ein bedeutender Handels- und Gewerbeplatz gewesen[19]. Olivenöl, Gewürze, Teppiche und andere von Konstantinopel und anderen Häfen des Ostens kommende Güter fanden hier ihren

Absatz. Weitere Absatzzentren für den byzantinischen Handel waren Neapel, Amalfi und Gaeta. Gerade Gaeta war zwar von langobardischen Herzogtümern umgeben, konnte seine Beziehungen mit anderen byzantinischen Städten aber trotzdem aufrechterhalten; denn einerseits war seine Zugehörigkeit zum Reich nurmehr nomineller Art, zum anderen hatte die Stadt – wie etwa auch Venedig – Loyalitäts- und Bündnisverträge mit den umgebenden Mächten abgeschlossen, die der Sicherung der kommerziellen Interessen dienten.

5. Gewerbe und Handel

Die Verarmung des spätrömischen Reiches zeigte sich in allen Bereichen der Wirtschaft, so etwa in einem verbreiteten Mangel an Arbeitskräften, in hohen Löhnen, wie auch etwa in der geringen landwirtschaftlichen Nutzung des unterbevölkerten Landes. Auch die handwerkliche Produktion ging zurück, während das Kapital, mit dem solche Unternehmungen und der Handel hätten finanziert werden können, knapp war. So entwickelte sich, in stärkerem Ausmaß seit dem 5. Jh., im westlichen Teil des Reiches eine immer deutlicher ausgeprägte Naturalwirtschaft, und dies umso mehr, als nicht nur die Steuern nicht mehr in Geldleistungen entrichtet wurden, sondern auch die Armee ihre Soldzahlungen in Naturalien vornahm. Demgegenüber brachte die Ausprägung des *solidus* unter Konstantin dem Großen eine spürbare Stützung der Währungsverhältnisse. Und während die Wirtschaft des Ostreiches so noch fester zusammengefügt wurde, litt das Wirtschaftsleben im Westen zunehmend unter der Ausbreitung der Barbaren und später der Araber, Normannen, Dänen und Ungarn. Byzanz hingegen bildete den Mittelpunkt für ein Netz von Wirtschaftsbeziehungen, das von der Donau bis nach Afrika und vom Zweistromland bis nach Spanien reichte und seinerseits, trotz aller staatlichen Interventionspolitik, zur Entwicklung eines umfangreichen Gewerbes beitrug.

In Konstantinopel gab es, trotz der Größe der Stadt und trotz ihrer wirtschaftlichen Bedeutung, kaum größere Gewerbebetriebe. Der Grund hierfür war die hohe Arbeitsintensität derartiger Unternehmungen: Kapital wäre vergleichsweise billig gewesen, aber es mangelte an Arbeitskräften. Wie im alten Rom kannte man auch in Byzanz, in bestimmten Branchen jedenfalls, die rechtliche Bindung der ein Gewerbe Ausübenden (und ihrer Nachkommen) an ihren Beruf. Im übrigen herrschte im Wirtschaftsleben der Hauptstadt freier Wettbewerb; staatliche Eingriffe waren selten und dienten immer nur bestimmten, fest umrissenen Zielen.

Die bedeutendsten Gewerbezentren waren Konstantinopel, Thessaloniki, Patras, Korinth, Theben, Beyrut und Alexandria; abgesehen von Alexandria verfügten alle diese Orte, daneben auch Methonia, Veroia und Mistra insbesondere über ein hochentwickeltes Seidengewerbe. Daneben wurden in Byzanz Gold, Silber, Messing, Eisen, Blei, Holz, Glas und Textilfasern zu den vielfältigsten Zwecken verarbeitet; auch Papier, Purpurfarbe und kosmetische Artikel wurden hergestellt. Andere Handwerkszweige erzeugten Waffen, Schmuck, Möbel, Devotionalien, Priestergewänder, Särge, Kleidung, Teppiche, Haushaltswaren, Wolltuche, Leinen-, Baumwoll- und Seidenstoffe und -artikel, Ausrüstungsgegenstände für Heer und Marine. Außerdem gab es längs der Küste um Konstantinopel zahlreiche Werftbetriebe und Produktionsstätten für Phosphor[20].

Die Handwerker arbeiteten entweder allein bzw. mit ihren Familienangehörigen oder Sklaven, oder sie stellten Hilfskräfte und Lehrlinge ein, mit denen sie individuelle Vertragsabmachungen trafen. In der Regel fanden Handwerker und Arbeiter über den freien Arbeitsmarkt ihre Beschäftigung, wobei die herrschende christliche Lehre, daß jedem ein für ihn selbst und seine Familie auskömmlicher Lebensunterhalt zustehe, eine tragende Bedeutung gehabt haben dürfte. Die Zugehörigkeit zu einer Zunft beruhte in vielen Berufen auf freiwilligem Entschluß der Mitglieder, wie jeder nach Belieben auch wieder austreten konnte. In der Hierarchie der Zünfte standen die ‚Meister' an der Spitze, es folgten die Gesellen, dann die Lehrlinge. Man kannte den Sonntag als Feiertag, daneben den ‚Tag der Jungfrau Maria', der zwar als Festtag galt, an dem aber gearbeitet wurde. Gewerbe und Handwerk standen unter der Aufsicht öffentlicher Beamter, an deren Spitze die *meizoteroi ton ergodosion* oder die *sekretikoi tou idikou* standen[21]. An bestimmten Straßen und Plätzen war die Errichtung eines Handwerkbetriebs verboten; andere Vorschriften regelten Preise und das Zunftwesen. Über die Organisation von Monopolen wurden Qualitätsstandards sowie die Wahrung von Produktionsgeheimnissen sichergestellt. Im Außenwirtschaftsverkehr bemühte man sich um die möglichst umfangreiche Ausfuhr wertvoller Fertigungserzeugnisse, während die Einfuhr sich auf billigen Massenkonsum beschränken sollte.

Die Konjunkturen im Handel wurden durch die wirtschaftlichen und politischen Verhältnisse, insbesondere durch Kriegsereignisse bestimmt. Trotz des Einbruchs der Goten sind viele Märkte und Messen des Donauraums bestehen geblieben. Mit dem Vertrag von 369 besserten sich die Verhältnisse für den Handel des Reiches; 379 gründete Valentinian ein Zollhaus in Pasonia, während die strategisch wichtigen Orte von Theodosios I. und Arkadios gesichert worden sind. Insbesondere nach dem Frieden von Adrianopel (382) belebten sich die bewachten Handelsrouten zusehends. Dasselbe gilt für die Zeit unter Justinian, der zur Sicherung der wichtigsten Verkehrsstraßen an deren Kreuzungspunkten Siedlungen (*kleisourai*) gründete. Die Auseinandersetzungen mit Goten und Hunnen haben den Handel des Reiches nicht beeinträchtigen können. Die unter Anastasios I. nachweisbare Beteiligung der Sinonen am Handel beweist dessen blühenden Zustand in Thrakien.

Wegen der Beschränkungen, denen fremde Kaufleute in Byzanz unterworfen wurden, genossen die einheimischen Händler dort gewisse Handelsvorteile. So durften die Fremden nicht beim eigentlichen Produzenten der Ware, sondern immer nur bei einem einheimischen Händler kaufen. Außerdem war jeder Kaufakt dem Präfekten (*eparchos)* der Hauptstadt zur Kenntnis zu bringen. Um dem Schmuggel oder anderen Gesetzesüberschreitungen bei der Ein- und Ausfuhr von Waren vorzubeugen, wurden Seehandelsgerichte eingesetzt, deren Richter schwere Strafen gegen die Verletzung der bestehenden Handelsrestriktionen bzw. Handelsverbote für bestimmte Güter aussprachen. So bestand ein Ausfuhrverbot für Gold, Silber, Olivenöl, Wein, Salz, Fisch, Weizen, Werkzeug, Waffen (außer wenn ein so genügender Vorrat vorhanden war, daß die Ausfuhr genehmigt werden konnte) und für bestimmte Bekleidungsartikel. Außerdem war es verboten, Fremden, d.h. Ausländern wie auch allen nicht in Konstantinopel ansässigen Bürgern des Reichs, Seide zu verkaufen, während alle Importkontrakte nur mit Kenntnis des *legatarios*, eines Beamten des *eparchos*, abgeschlossen werden durften. Die betroffenen Kaufleute hatten sich bei diesem *legatarios* einzufinden, der sie zum *eparchos* führte und dabei seinem Vorgesetzten Mitteilung über Menge und Qualität der im Besitz der Händler befindlichen Waren machen mußte. Fremde Kaufleute durften sich höchstens drei Monate lang in der Hauptstadt aufhalten; gelang es ihnen während dieser Zeit nicht, ihre Waren zu verkaufen, dann konnten sie eine Verlängerung ihrer Aufenthaltsgenehmigung beantragen, hatten hierbei allerdings nur selten Erfolg. Bestimmte, mit dem lokalen Gewerbe konkurrierende Produkte, wie etwa Seife aus Marseille, durften nicht eingeführt werden; dagegen wurde beispielsweise der Export bestimmter Seidenqualitäten sehr gefördert. Auch die Ausfuhr wertvoller Erzeugnisse erfreute sich, wenn der *eparchos* sein Einverständnis gab, besonderer Förderung seitens des Staates; wenn die Ausfuhrgenehmigung erteilt war, wurden diese Sendungen von einem eigens hierfür abgestellten Beamten (*boulotis*) mit einem Stempel versehen und versiegelt[22].

Eine Fülle von Handelsgütern durchlief Konstantinopel und die anderen Handelszentren des Reiches: Pferde, Esel, Pelze, Leder, Edelsteine, Gold, Silber, weißer und farbiger Marmor, Elfenbein, Bernstein, Emaille, Porphyr, Muscheln, Mosaiken, Statuen und Dekorationsgegenstände, vergoldete Glaswaren, teilweise emaillierte Bronze-, Silber- und Goldwaren, Möbel, Manuskripte, Kunstgewerbe, Priestergewänder, Stickereien, Werkzeuge, Waffen, Kirchenglocken, Teppiche, Seidenstoffe, Samte, Gewebe aus Leinen, Baumwolle und Wolle, Nahrungsmittel, Wein, Öl, Nüsse, Gewürze, Wachs, Weihrauch, Riechstoffe, Drogen und Sklaven. Begünstigt durch die einmalige geographische Lage der Hauptstadt konnte der Fernhandel sich bis in die entlegensten Regionen der damals bekannten Welt ausdehnen. Aus dem Norden wurden in der Hauptsache Fleisch, Pelze, Leder, Honig und Fisch importiert. Ägypten sandte vor allem Weizen. Zum Teil diente die Hauptstadt auch als Transitzentrum; so wurden zahlreiche aus dem Osten importierte Erzeugnisse – namentlich Pfeffer, aber auch Riechstoffe, Sesam, Baumwolle, indisches Kupfer, Erzeugnisse aus Syrien, chinesische Seide, Weine, Textilien etc. – beispielsweise zur Iberischen Halbinsel weitergeleitet.

Entscheidend für die Ausbreitung des Handels waren die großen Land- und Seewege. Eine große Handelsroute führte von Konstantinopel durch Thrakien und Makedonien zur Donau und längs des Flusses nach Ungarn und Mitteleuropa. Eine andere wichtige Route, die *Egnatia odos*, durchquerte die Balkanhalbinsel von Westen nach Osten; den wichtigsten Abschnitt dieser Straße bildete das Stück von Durazzo bis Konstantinopel, das den Bosporus mit dem Adriatischen Meer verband. Eine dritte Route lief über das Schwarze Meer zur Krim-Halbinsel und von dort über Dnjepr und Don ins Innere Rußlands.

Auf der anderen Seite des Schwarzen Meeres war Trapezunt Ausgangspunkt einer Reihe von Handelswegen, die bis zu den Oasen Turkestans und Bukharas, nach Zentralasien und bis nach China führten. Wieder ein anderer Weg führte durch Kleinasien zum Euphrat, von dort durch Persien und Baktrien bis zum Fuß des Pamir; auch auf dieser Route traf man schließlich auf Kaufleute, die aus China kamen. Ceylon erreichte man, statt den langen Weg um Afrika herum zu wählen, über die Landenge von Suez und durch das Rote Meer, wobei die Seeleute die Monsunwinde ausnutzten, die sie direkt nach Ceylon trieben.

Verschiedene Kaiser haben Handelskommissionen ausgesandt, um die Handelsbedingungen des Reiches im allgemeinen zu sichern und zu verbessern und um insbesondere die Zufuhr bestimmter Produkte wie Gold, Silber, Edelsteine, Riechstoffe, Gewürze, Drogen, Teppiche, Textilien und vor allem Seide sicherzustellen. Dem Seidenhandel kam besonders große Bedeutung zu für die Entwicklung des ganzen byzantinischen Handels wie auch für die Wiederbelebung des Handels im weströmischen Reich, womit zahlreiche Verbindungen bestehen geblieben waren. Der Seidenhandel lag in der Hand persischer Kaufleute. Dank ihrer Lage an der Handelsroute nach China konnten sie entweder direkt mit den von dort kommenden Kaufleuten in Verkehr treten oder diese Verbindung über Ceylon herstellen. Die so eingekaufte Seide leiteten sie dann nach Byzanz weiter. Für die Verbindungen nach China war diese Route durch Persien nicht zu umgehen, und obwohl der Verkehr mehrfach durch Kriege eingeschränkt oder auch ganz unterbrochen wurde, entwickelte er sich danach mit gleicher Kraft weiter.

Der Verkehr mit Persien wurde an drei Stellen – in Nissi im Zweistromland, in Kallinikon und in Armenien – einem Zoll unterworfen. Die hier eingeforderten Zölle waren von jedermann zu entrichten; im Unterlassungsfall drohten schwere Strafen. Namentlich in dem im Jahre 562 zwischen Persien und Byzanz abgeschlossenen Vertrag war die Konfiszierung von Schmuggelgut und geschmuggelten Sklaven festgelegt worden. Um auf dem Weg nach Indien und China die durch Persien führende Route zu umgehen, ließ Justinian einen neuen Handelsweg erproben, der durch das Rote Meer und den Golf von Akaba führte; hier wurde der Hafen Aila (Eilat) ein bedeutendes Umschlagszentrum für den nach Osten gerichteten Handel. An der Ausfahrt des Hafens, auf der Insel Yotava, wurde eine Zollstation eingerichtet, durch die Hafenabgaben erhoben wurden. Freilich erwiesen sich die Äthiopier, die den byzantinischen Handel mit dem Osten vermitteln sollten, als hierzu kaum in der Lage, so daß namentlich der Seidenhandel in persischer Hand blieb, bis es zwei byzantinischen Mönchen gelang, in ihren Wanderstäben Seidenraupen nach Byzanz zu schmuggeln und damit die Voraussetzung für eine Ausbreitung der Seidenherstellung im Reich selbst zu schaffen.

Eine Darstellung über Ausdehnung und Lebhaftigkeit des byzantinischen Handels hat uns Kosmas Indikopleustes überliefert. Unter den Absatz- und Beschaffungsmärkten des Reiches nennt er die Küstengegenden am Roten Meer, Äthiopien, Ägypten und Ceylon, und er merkt an, daß er, wo immer er sich aufgehalten habe, byzantinische Münzen mit Kaiserbildern aus dem 4. und 5. Jh. vorgefunden habe. Einige der wichtigsten Partnerländer sind im Laufe der Geschichte freilich mehrfach in feindlichen Besitz geraten, was nicht ohne Rückwirkung auf den Handelsverkehr bleiben konnte.

6. Geld und Kredit

Notwendige Voraussetzung einer derart hoch entwickelten Stadt- und Fernhandels-Wirtschaft waren ein entsprechend gut entwickeltes Währungs- und Kreditsystem. Spätestens seit Konstantin dem Großen waren jedoch Kreditgeschäfte zu einem Zinssatz von 12 % üblich. Unter Justinian zahlten Kaufleute 8 % Zins, hochgestellte Persönlichkeiten 4 %, sonstige Privatpersonen 6 % und Unternehmungen, die ihr Geld in seewärtigen Geschäften anlegten, 12 %.

Das Währungssystem des Landes beruhte auf dem Gold als maßgeblichem Währungsmetall. Währungseinheit war der von Konstantin dem Großen eingeführte Solidus (*nomisma, chryson, chrysinon*, seit dem 12. Jh. *hyperpyron*). Der *Solidus* enthielt zunächst 4,52 gr. Gold, später 4,40 gr., schließlich nur noch 3,80 gr. Er wurde in zwölf *miliaresia* aufgeteilt; diese Silbermünze enthielt wiederum 2 *keratia* (Silber), diese sechs *folles*. Diese von Anastasios I. in Umlauf gebrachte Kupfermünze entsprach im Wert zwei *oboles* à zwei *decanumes* à zwei *pentanumes*. Daneben kannte man zwei kleinere Goldmünzen, den *semissis*, der einem halben *solidus*, und den *tremissis*, der einem drittel *solidus* gleichkam; das *siligum* schließlich entsprach einem viertel *solidus*.

Bis zur Zeit Konstantins des Großen trugen die byzantinischen Münzen heidnische Aufprägungen, seither religiöse Motive. Unter den Isauriern und während des Bilderstreits trat an deren Stelle ein Kreuz oder ein Monogramm in Kreuzform. In der Regel zeigen alle byzantinischen Münzen das Haupt des Kaisers, gelegentlich auch das des (kleiner dargestellten) Nebenregenten, im Falle einer gemeinsamen Regierung auch die Abbildung beider Häupter, daneben häufig Heiligenbilder oder eine Darstellung Christi oder der Jungfrau Maria.

Zu Beginn des 4. Jh. hatten sich die Währungsverhältnisse des Landes, bedingt durch eine maßlos inflationäre Ausprägung von Kupfermünzen, in chaotische Zustände aufgelöst. Im 5. Jh. kam eine starke Verknappung der Silbermünzen hinzu. Erst Anastasios I. hat wieder ein festes Verhältnis zwischen den Kupfermünzen und der Goldwährung des Landes hergestellt. Hiervon abgesehen ist die byzantinische Währung durch acht Jahrhunderte hindurch allerdings fest geblieben und hat dem gesamten Handel der damals bekannten Welt als allgemein anerkanntes Zahlungsmittel gedient. Schwankungen in der umlaufenden Geldmenge beruhten vor allem auf der unterschiedlichen Ergiebigkeit der Edelmetallproduktion; so verlor das Reich mit seinen Besitzungen auf der Iberischen Halbinsel und an der nordafrikanischen Küste wichtige Lieferanten für Gold und Silber; dasselbe gilt für den Verlust der Gebiete im Kaukasus an die Perser, die auch die für den Gewürzimport wichtigen Handelsrouten besetzten, als Konstantinopel von den Awaren bedroht wurde. Und schließlich trug auch die Ausbreitung der Araber zur politischen und wirtschaftlichen Krise des Reiches und damit zur Entwertung der byzantinischen Währung bei[23].

1 *F. Lot:* Les invasions germaniques, la pénétration mutuelle du monde barbare et du monde Romain (1945).
H. Humbert: Les Germains (1952).
L. Th. Houmanidis: Ἱστορία τοῦ Οἰκονομικοῦ Βίου [Geschichte des Wirtschaftslebens] (1968).

2 *E. Foord:* The Byzantine Empire, the Rearguard of European Civilization (1911), S. 415 ff.

3 *L. Th. Houmanidis:* op. cit., S. 198.

4 *A. P. Lemerle:* Histoire de Byzance (1960), S. 71–72.
Ders.: Invasion et migration dans les Balcans depuis la fin de l'époque Romaine jusqu'au IIIième siècle. In: Revue Historique 273 (1954), S. 268–273.

5 *A. Walter:* La vie quotidienne à Byzance (1963), S. 151.

6 *H. Antoniades-Bibicou:* Recherches sur les douanes à Byzance. L'Octava, les Kommerkia et les Commerciaires (1963), S. 39.
L. Th. Houmanidis: The Public Finances in Bycantinum. In: Revue Internationale d'Histoire de la Banque I (1969).

7 *L. Th. Houmanidis:* History of Economic Life, S. 205.

8 Ebd., S. 204, 250.

9 Ebd., S. 208.

10 Ebd., S. 209.

11 Ebd., S. 240.

12 Ebd., S. 198.

13 *A. Hadjinicolaou-Morava:* Recherches sur la vie des esclaves dans le monde Byzantin (1950), S. 90.
M. Levchenko: Byzance, des origines à 1453 (1949).

14 The Cambridge Medieval History, Bd. IV: The Byzantine Empire, S. 120.

15 *L. Th. Houmanidis:* op. cit.

16 *A. Walter:* La Ruine de Byzance 1204–1453 (1958), Anh. S. 343.

17 *S. Runciman:* Byzantine Civilization (1954), S. 186.
G. Marcou: Zenone (Imperatore d'oriente). In: Novissimo Digesto (1974), S. 7.

18 *R. Junin:* Constantinople Byzantine (1950), S. 218–231.
Ders.: Les ports de Constantinople sur la Propontide. In: Byzantion 20 (1950), S. 73–79.
R. Guillard: Les ports de Byzance sur la Propontide in Byzantion 23 (1953), S. 238.

19 *A. Luzatto:* Storia Economica d'Italia (1949), S. 188.

20 *S. Runciman:* Byzantine Civilization, S. 254.
L. White: Medieval Technology and Social Change (1964), S. 24, 26.

21 *L. Th. Houmanidis:* op. cit., S. 240.

22 *L. Th. Houmanidis:* op. cit., S. 215.

23 *R. H. Bautier:* The Economic Development of Medieval Europe (1971), S. 30, 33.

II. Von Herakleios bis zum Schwarzen Tod

1. Der staatliche Rahmen

Für die Zeit nach Herakleios und seinen Nachfolgern, als Byzanz vollständig hellenisiert war, unterscheiden wir drei Epochen:

Während der ersten Epoche versuchten die Herrscher der Isaurischen Dynastie (717–797), die Bedrohung seitens der Araber abzuwehren. So bemühte sich Konstantin V. Kopronymos nach den Seuchenjahren (717–748) um neue Zuwanderungen nach Konstantinopel, um so den hellenistischen Charakter der Hauptstadt zu erhalten; entsprechende Anstrengungen wurden von anderen Kaisern in Hinblick auf den gesamten Staat unternommen.

Auch die Kolonisierungspolitik Nikephoros' I. (802–811) ist eine solche ‚Zwangsmaßnahme' gewesen; allerdings kann man hier eigentlich nicht von ‚boshafter Machtausübung' sprechen, weil es auch diesem Kaiser darum ging, dem Vordringen der Slawen und deren Festsetzung im Reiche Einhalt zu gebieten. Slawische Autoren werfen Nikephoros I. wegen dieser Politik allerdings ‚Schikane' vor. Fallmerayer ist der Meinung, daß nach der slawischen Einwanderungswelle des 6. Jh., die (seiner Ansicht nach) Griechenland und vor allem den Peloponnes überflutete, der Hauptanstoß für den Übergang vom hellenistischen zum slawisch bestimmten Charakter dieser Region durch die Pest ausgelöst worden sei, die aus Italien eingeschleppt wurde. Dieser Ansicht traten hinsichtlich der Bevölkerungszusammensetzung auf dem Peloponnes der Deutsche Hopf und der Russe Koptor entgegen. Es leuchtet ein, daß slawische Autoren auf der Meinung beharren, die slawische Einwanderung nach Griechenland sei unvermeidlich gewesen.

Die Kaiser Leon III. (717–741) und Konstantin V. (741–775) haben durch erfolgreich geführte Kriege das Eindringen des Islam nach Südosteuropa abwenden können. Daneben wurden unter Konstantin, besonders nach den Pestjahren 747/748, Bewohner des Peloponnes in Konstantinopel angesiedelt, wie auch andere Kaiser mit solchen bevölkerungspolitischen Maßnahmen immer wieder versucht haben, strategisch wichtige Gebiete des Reiches zu stärken. Die Regierungszeit des Syrischen Herrscherhauses zeichnete sich durch weitreichende wirtschaftliche, soziale und administrative Reformen – Leons III. ‚Neara IX' etwa bestimmte, daß freie Bürger nicht als Sklaven verkauft werden durften – ebenso wie durch ein Wiederaufblühen im Erziehungswesen und durch die Bekehrung der Slawen zum Christentum aus. Gleichzeitig aber erlebte diese Zeit tiefgreifende Wirren: so brach der das ganze Reich erschütternde Bilderstreit aus, einige Provinzen in Italien gingen verloren, und das Schisma spaltete die Kirche.

Wegen des Bilderstreits verminderten sich unter den Isaurischen Herrschern auch die Staatseinnahmen. Leon III. führte 740 eine Steuer, das *dikeraton*, für die Reparatur von Schäden ein, die durch Erdbeben verursacht worden waren. Unter denselben Herrschern wurden Richter aus öffentlichen Mitteln, gelegentlich aber auch aus den eingeforderten Gerichtsgebühren bezahlt; als solche kannte man *dikastikon*, *paramythia*, *ephodia*, *syneithia*, *portoula* und, soweit von einfacheren Bediensteten eingezogen, *ekbibastika*, *anagnosima* und *ekdosima*.

Kaiserin Irene (797–802) verschaffte den Einwohnern Konstantinopels, die durch den Bilderstreit in Mitleidenschaft gezogen worden waren, dadurch finanzielle Erleichterungen, daß sie ihnen einige der Steuern, die sie dem Staat schuldeten, erließ; außerdem beseitigte sie die als *kapnikon* bezeichnete Steuer wie auch die Warenzölle, die an den Zollstationen von Hieron (beim Verkehr über den Bosporus) und von Abydos (bei der Fahrt durch den Hellespont) erhoben wurden; schließlich machte sie den Klöstern finanzielle Zugeständnisse. Zu allen Belastungen der Staatskassen kamen die in zwei Raten zahlbaren Tributleistungen von 70000 bis 90000 *dinar* im Jahr, die die Araber dem Reich auferlegt hatten, als sie in der Regierungszeit derselben Kaiserin nach Byzanz eingebrochen waren.

Zweite Periode: Unter der Machtentfaltung der Makedonischen Kaiser (867–1056) erlebte das mittelbyzantinische Reich seinen Höhepunkt. Kaiser dieser Dynastie wie Basileios I. (867–886), Nikephoros Phokas (963–969), Johannes I. Tzimiskes (969–976) und Basileios II. bereicherten die Hauptstadt durch ihre Bauwerke, stellten sich den Arabern und Bulgaren entgegen und führten eine Reihe administrativer und wirtschaftlicher Reformen durch, mit welchen sie den sozialen Ungerechtigkeiten, die das innere Gleichgewicht des Reiches zu untergraben drohten, zu begegnen suchten. Kaiser Leon VI. der Weise (886–912) erließ die Gesetze XXXVII und LXVI, welche Maßnahmen gegen die Sklaven enthielten.

Die Wirtschaft des Reiches blieb unter den Makedonischen Kaisern stabil. Durch eine unter Theophilos (829–842) an den Kalifenhof nach Bagdad entsandte diplomatische Mission sind wir über diesen wie auch über die außerordentlichen Ausgaben unterrichtet, die für solche Zwecke aufgebracht wurden. So gab der byzantinische Gesandte Johannes Grammaticus auf seiner Botschaftsreise Gold in einer Weise aus, als ‚würfe er mit Sand um sich'. Bei einem Gastmahl überreichte er ein silbernes Handwaschbecken, das mit Edelsteinen verziert war und die höchste Bewunderung der Moslems erregte[1]. Als der Gesandte am nächsten Tag das Becken erneut verlangte, wurde ein neues von gleichem Wert vor den Moslems mit dem Bemerken aufgestellt, daß man das erste Becken, welches ja offenbar verloren gegangen sei, ohne weiteres durch ein anderes ersetzen könne.

Durch Bestechungen und Parteienbildung unter den Feinden des Reiches gelang es Leon VI., die Ungarn gegen die Bulgaren aufzuwiegeln, und Johannes Tzimiskes schloß mit den Russen einen Vertrag gegen die Bulgaren ab. Nach der Niederlage, die Konstantin Monomachos (1042–1055) gegen die Petschenegen erlitt, erkaufte dieser sich den Frieden, indem er, neben der Gewährung von Geschenken und der Verleihung eines kaiserlichen Titels an den Führer der Feinde, eine hohe Geldsumme bezahlte. Jedenfalls gewann das Reich unter der Dynastie der Makedonier neue Kraft, und die Einnahmen in der Regierungszeit Basileios' I. galten als reichlich.

An dieser Stelle sind einige Steuerreformen zu erwähnen; so etwa die zweite ‚Erhebung' Nikephoros' I., die dazu dienen sollte, Mittel für den Krieg gegen die Araber einzutreiben, und zwar mußten nach diesem Gesetz die Bewohner eines Dorfes 18,5 *nomismata* für die Ausrüstung derjenigen Armen unter sich zahlen, die bereit waren, Soldaten zu werden. Unter demselben Kaiser wurden zwei weitere Steuern erhoben: das *kapnikon* als eine Art Familiensteuer und das *allelegyon* als Abgabe auf nicht bebautes Land, zahlbar durch die jeweils auf dem Nachbargrundstück lebenden Bewohner. Jene den Hausbesitz bzw. jede Familie belastende Abgabe ist auch unter den Venetianern noch erhoben worden – ausgenommen waren (seit 1386) Korfu und Mykonos sowie (seit 1432) Tinos, dessen Bewohner einen Ausgleich für Zerstörungen durch turkoalgerische Seeräuber forderten[2]. Und während wiederum auf der einen Seite eine auf Kreta von Nichtchristen verlangte Zusatzsteuer in der Zeit der venetianischen Besetzung (im 12. Jh.) aufgehoben wurde, mußten auf der anderen Seite die Juden 10 % der Aussteuer ihrer Ehefrauen an den Staat abführen[3]. Unter Basileios II. hatten die wohlhabenden Landbesitzer die Steuern für die Armen zu bezahlen, soweit diese nicht in der Lage waren, ihren Verpflichtungen nachzukommen; im 8. Jh. wurde die zuletzt genannte Steuer vorübergehend aufgehoben, endgültig aber erst unter Romanus III. Argyrus (1028–34). Alle diese fiskalischen Kunstgriffe schwächten natürlich die Finanzkraft des Staates.

Viel Geld wurde auch für Ausbildungszwecke ausgegeben. Unter Konstantin Porphyrogenetos (913–959) wurden, abgesehen von den Lehrergehältern, Stipendien und Nahrungsmittel für Studierende bereitgestellt. Neben Titeln und hohen Gehältern erhielten Lehrer das Privileg der Steuerfreiheit. Besonders hoch bezahlte Lehrer waren Psellos, Maropos etc.

Während die Syrischen Herrscher und Basileios I. wie auch andere Kaiser – aus religiösen Gründen, vor allem aber, um das Zinsniveau im Staate niedrig zu halten – Zinsforderungen auf ausgeliehenes Geld verboten hatten, gestattete Leon VI. Zinsen in Höhe der festgelegten Rate von nicht mehr als 4,1%. Unter Nikephoros I. entlieh der Staat zu einem Zinssatz von 16²/₃ % Geld an Schiffseigentümer Konstantinopels, um deren Geschäfte zu fördern. Im allgemeinen schwankten die Zinssätze in der Hauptstadt zwischen 8 und 8¹/₃ % (9. und 10. Jh.), in der Schiffahrt zwischen 12 und 16²/₃ %.

Dieser letzte Zinssatz ist gelegentlich als eine Art Zwangsabgabe interpretiert worden, die den Reedern der Metropole neben den üblichen Abgaben (*kommerkia*) auferlegt worden sei. A. Christophilopoulos vertritt die Ansicht, daß der Kaiser die den großen Reedern gewährten Anleihen erhöhte, während gleichzeitig Kreditgeschäfte zwischen Individuen üblich waren[4]. Hier muß man natürlich fragen, weshalb die Reeder sich dann nicht überhaupt nur an private Geldgeber gewandt haben. Zwei Antworten sind denkbar: Entweder forderte Nikephoros I. den Schiffseigentümern jenen wucherischen Zins als eine Art Sondersteuer ab (eine Möglichkeit, die in Hinblick auf die Interventionspolitik des byzantinischen Staates nicht unbegründet erscheint); oder es waren die Geschäfte einzelner Schiffahrtsgesellschaften mit Risiken belastet, die nicht mehr durch privaten Kredit, sondern eben nur noch aus der allmächtigen Staatskasse gedeckt werden konnten. Vielleicht ist jener Zinssatz seit dem 9. Jh. aber auch als Zwangsabgabe und zugleich als Maßnahme der staatlichen Schiffahrtspolitik zustande gekommen. Im übrigen erhöhten sich diese Sätze in Kriegszeiten oder wenn bekannt wurde, daß Seeräuber ihr Unwesen trieben.

Die dritte Periode fiel mit den Kreuzzügen zusammen und markiert den Beginn des Niedergangs des byzantinischen Reiches. Sie ist ihrerseits wiederum in drei Abschnitte aufzuteilen:

a) Den ersten Abschnitt bildete die Regierungszeit der Herrscher aus den Dynastien der Komnenen (1081–1185) und der Angeloi (1185–1204). Während dieses Zeitabschnitts war Byzanz den Angriffen der Normannen, der Serben, der Magyaren (Ungarn) und der Türken ausgesetzt, während der Süden Griechenlands von Franken und Venetianern überrannt wurde. Trotz der Anstrengungen der Komnenen-Kaiser Alexius, Johannes, Manuel und besonders Andronikos I. geriet die soziale und ökonomische Struktur des Reiches ins Wanken. Während Konstantin VII. Porphyrogenetos (913–957) darum bemüht war, die Zahl der emanzipierten Sklaven zu vermehren, und während Alexios I. ihnen die Ehe mit ihresgleichen erlaubte, verbot Manuel I. Komnenos (1143–1180) die freiwillige Sklavenschaft.

Trotz rückläufiger Staatseinnahmen erhielt Byzanz sich auch unter den Komnenen seine wirtschaftliche Stärke. Benjamin von Tudela, der Konstantinopel im 12. Jh. besuchte, berichtete, daß in der Stadt unter Manuel I. täglich 20000 Goldmünzen eingezogen würden[5]. Dessen Nachfolger, Isaak II. Angelos (1185–1195), erwies sich als schwacher, den schwierigen Problemen der Zeit nicht gewachsener Herrscher. Immerhin versuchte er, den seldschukischen Türken entgegenzutreten, und ließ Saladin reiche Geschenke überreichen, mußte diesem andererseits aber auch hohe jährliche Abgaben entrichten[6]. Der allgemeine Zerfall trat inzwischen so unaufhaltsam zutage, daß die schwachen Reste, die von dem einst starken Reich übriggeblieben waren, sich jetzt mehr und mehr aufzulösen begannen; die Hauptstadt selbst blieb den Rittern des vierten Kreuzzuges überlassen, die, nachdem sie Alexios III. (1195–1203) geschlagen hatten, Konstantinopel im Jahre 1204 einnahmen. Habgier und Zerstörungswut der Kreuzfahrer dürften die spätere Haltung der Byzantiner gegenüber den Moslems entscheidend mitbestimmt haben. Der Papst äußerte sich voller Zorn über diese Kämpfer, die, statt Jerusalem zu befreien, ihr Augenmerk allein auf die Einnahme Konstantinopels richteten; und er hat ihre Anführer entsprechend gering geachtet. Während des vierten Kreuzzuges fiel der größte Teil der Stadt den Flammen zum Opfer. Balduin, Graf von Flandern, wurde, unterstützt von den Venetianern, zum Kaiser gekrönt; er erhielt fünf Achtel der Stadt zugesprochen, dazu das südliche Thrakien, einen kleinen Landstrich im nordwestlichen Kleinasien, sowie, neben einigen anderen, die Inseln Lesbos, Chios und Samos.

Der oberste Führer dieses Kreuzzuges, Bonifatius von Montferrat, der den Thron verfehlte, erhielt das Königreich Thessaloniki mit den umliegenden Gebieten Makedoniens und des nördlichen Thessalien. Später drang er durch Thessalien nach Süden vor und besetzte dabei auch Athen und Theben. Die Franzosen gründeten das Fürstentum Achaia auf der Peleponnes. Die Venetianer schließlich sicherten sich den Löwenanteil. Sie erhielten drei Achtel der Stadt Konstantinopel, Durazzo (Dyrrachium), die ionischen Inseln, den größeren Teil der Inseln in der Ägäis, Orte auf der Peloponnes, Kreta sowie einige Häfen und inländische Gebiete in Thrakien. Dazu wurden sie von der Tributzahlung an den Kaiser befreit.

b) Byzanz unter der Dynastie der Laskarier (1204–1261). Achtzig Kilometer entfernt von Konstantinopel blühte das Kaiserreich Nicäa, dessen Herrscher, Theodor I. Laskarios (1204–1222), einen Plan zur Befreiung Konstantinopels von den Kreuzrittern entwarf. Nach seinem Tode hat sein Nachfolger, Johannes III. Vatatzes (1222–1254), dieses Vorhaben ausgeführt.

Zu dieser Zeit beanspruchten vier Staatsgebilde die Reichsnachfolge: das Kaiserreich Nicäa, das Lateinische Kaiserreich, das Despotat Epiros und das Bulgarische Königreich Assans II. Der Begründer des Despotats Epiros, Michael I., war mit den Familien der Komnenen und der Doukas verwandt; sein Reich umfaßte das Gebiet von Durazzo bis Korinth, Akarnanien und Ätolien mit der Hauptstadt Arta. Michaels Nachfolger, Theodor Angelos, besiegte 1217 Peter von Courtenay, den Kaiser von Konstantinopel, und eroberte 1222 auch Thessaloniki. Schließlich unterlag er dem Herrscher der Bulgaren, der ihn blendete. Unter Johannes III. Vatatzes wurde das Reich wieder besser verwaltet. Er nutzte die Schwäche des benachbarten Sultanats der Rum-Seldschuken, von wo er umfangreiche Getreidelieferungen erhielt, verminderte die Steuerlast, indem er die Verwaltung der Staatsfinanzen verbesserte, und ließ Hospitäler bauen. Auf Johannes III. folgte Theodor II. (1254–1258); dessen Nachfolger, Johannes IV. (1258–1261), wurde von Michael VIII. Palaiologos (1259–82), dem Befreier Konstantinopels, entthront.

c) Den dritten Abschnitt bildete die Herrscherzeit der Paläologen (1259–1453). Diese Dynastie war wohl, was die Ereignisse während ihrer Regierungsdauer angeht, die unglücklichste von allen, dies auch in Hinblick auf die Last des Erbes, das sie antrat, und ihr Schicksal war deshalb auch besonders tragisch, weil ihr Name mit dem Fall von Byzanz verbunden ist. Unter Michael VIII. Palaiologos wurde das Reich in Kleinasien durch das Vordringen der Türken auf Nicäa und Trapezunt eingeengt; die nördlichen Provinzen fielen an die Slawen; große Teile des griechischen Festlandes sowie die Inseln gerieten unter fränkische und venetianische Herrschaft. Der großartige Marsch des Michael Palaiologos auf Konstantinopel (1261) und die Vertreibung der Kreuzfahrer erwiesen sich nur als kurzlebiger Aufschub der fatalen Lage und des schließlichen Falls von Byzanz.

Trotz dieser Unruhen belief sich die Bevölkerung der Hauptstadt immer noch auf etwa 500000 Einwohner. In der Regierungszeit Andronikos' II. Palaiologos

(1282–1325) wurde eine neue Steuer – *sitokrithos* (aus *sitos* = Weizen und *krithos* = Gerste), zu entrichten im Verhältnis 6:4 – erhoben, während gleichzeitig den Lateinern neue Konzessionen gewährt werden mußten. So war Byzanz, geschwächt, voller Auflösungserscheinungen, zerrüttet auch durch Uneinigkeit und moralischen Verfall, schließlich unfähig geworden, seine einstige Kraft wiederzugewinnen.

2. Die ländliche Gesellschaft

Vor dem betrüblichen 29. Mai des Jahres 1453 hatten – neben jenem letzten, entscheidenden Schlag durch die Türken – allerdings eine weitere Ursache auf den Untergang des Reiches hingewirkt: die Pest (1348–1349). Hiervon abgesehen wirkte als beständiger Krankheitsherd die Landfrage. Seit dem 8. Jh. zeigten sich in der Landwirtschaft Fortschritte hinsichtlich der Produktionsmittel und der Anbaumethoden; die Konzentrierung des Eigentums am Land in wenigen Händen setzte sich jedoch fort.

Als neue Form des Landeigentums entstanden die längs der Grenze gelegenen ‚Militär-Güter‘ (*akritika, limitanei* oder *stratiotopia*). Diese wurden als Entgelte für Militärdienste verteilt, wobei die Eigentümer sich verpflichten mußten, sich in Kriegsfällen in voller Ausrüstung und mit ihrem Pferd zum Waffendienst einzufinden. Gegen die eindringenden Araber kämpften die *akritai* selbständig in der Art der Ritter *(kavalarioi)* aus dem Westen. Solche ‚Militärgüter‘ konnten weder aufgegeben noch aufgeteilt werden, und die Erben mußten, um ihre Eigentumsrechte zu wahren, das zum Hof gehörige Land bearbeiten. Für Dienste in der Kriegsmarine wurden entsprechende Güter längs der Küste verteilt[7].

Seit dem 10. Jh. nahm die byzantinische Wirtschaft zunehmend quasi-feudalistische Züge an, während sie sich in ihrer hierarchischen Struktur deutlich von der des Westens unterschied. Selbst nach der Herrschaft der Franken war das Reich wirtschaftlich nicht ausschließlich auf den Agrarsektor beschränkt; der Geldumlauf blieb ebenfalls erhalten, sogar die Steuern wurden in bar bezahlt, es gab einen Kapitalverkehr, ein entwickeltes Gewerbe und aktive städtische Handelszentren.

Die Gouverneure der *themata* oder ‚Distrikt-Generale’ *(strategoi)* standen an der Spitze der semi-feudalen Hierarchie des Reiches. Seit dem Ende des 11. Jh. wurden sie als ‚Fürsten‘ bezeichnet – ein Titel, der ihnen im Laufe des 9. Jh. übertragen worden war; sie bauten ihre Stellung zunehmend zu der unabhängiger Statthalter aus, und schon während des 9. und 10. Jh. wurden ihre Titel erblich.

Im 11. und 12. Jh. erhielten die mächtigen Landbesitzer *(dynatoi)* Benefizien für die Dienste, die sie dem Staat geleistet hatten; auf diese Weise fielen vor allem Klöster mit all ihren Einkünften an die so begünstigten *charistikarioi*, die ihrerseits für die Erhaltung der ihnen übertragenen (Kloster-)Güter verantwortlich waren.

Mit Ausnahme Andronikos’ I. (1182–1185), der die *penetes* förderte, stützte die aristokratische Dynastie der Komnenen in erheblichem Umfang die großen Landbesitzer. Alexius I. (1080–1103), der auf Nikephoros Botoniates (1078–1081) als Repräsentant des Militärs und der Grundbesitzer folgte, führte als weiteren Vergabemodus das *Pronoia*-System ein, dessen Ursprung ebenfalls bis ins 11. Jh. zurückzuverfolgen ist. Andronikos führte – mit Zustimmung weiter Kreise – eine Reihe von Reformen durch; so setzte er bestimmte Steuern herab, ernannte redliche Verwaltungsbeamte und Richter und bedrohte die Steuerbeamten mit schweren Strafen, die mit dem Einzug der Abgaben auch ihren eigenen Interessen dienten; außerdem griff er die Lateiner und – ebenfalls mit Zustimmung des Volkes – Mächtige im Lande sowie Konstantin IX. Monomachos an. Zu dieser Zeit nannte man den Empfänger der *Pronoia pronoitos* oder *pronoiarios*; die Abgabe selbst hieß *misthoma* oder *paktron*[8]. Unter dem *Pronoia*-

System konnten Güter, die ganze Dörfer umfaßten, an einen Feudalherrn, den *ligius*, übertragen werden, der dafür, daß er für Ausrüstung und Erhaltung irgendeines Truppenteiles zu sorgen hatte, die Einkünfte aus dem Lande einzog. Unter den beiden letzten Komnenen-Kaisern und dem zweiten Isaurischen Alexios nahm der byzantinische Quasi-Feudalismus schließlich endgültige Gestalt an.

Mit der Eroberung Griechenlands durch die Lateiner wurde die byzantinische Wirtschaft noch enger an westlichen Vorbildern ausgerichtet, indem örtliche Machthaber weiter an Autonomie gewannen und dem Herrscher zu Hilfeleistungen verpflichtet wurden. Unter diesen Umständen trat der handelsstädtische Charakter des byzantinischen Reiches, der bis dahin dem Eindringen des Feudalismus in die Wirtschaft Einhalt geboten hatte, zurück, obschon damit die städtischen Handels- und Finanzzentren natürlich nicht verschwanden. Mit der Ankunft der Lateiner traten auch Veränderungen in den bestehenden wirtschaftlichen Einrichtungen und in den Lebensverhältnissen ein. Die Leibeigenen wurden von ihren Herren freigesprochen und konnten selbst in den Herrenstand aufsteigen. Diese Freisprechungen erfolgten schriftlich, da entsprechende mündliche Abmachungen für ungültig erklärt werden konnten.

Seit der Zeit der Kreuzzüge bis zum Fall Konstantinopels dehnte sich die Macht der Landherren so weit aus, daß sich die Landfrage in Byzanz immer weiter zuspitzte. Von Anfang an hatten die verschiedenen Kaiser, die das Problem durchaus erkannten, versucht, die unteren Schichten gegen die Mächtigen im Reiche zu unterstützen, um die Verbindung der Bauern mit dem Land zu erhalten und zugleich ein effizientes Steuersystem zu entwickeln. Durch diese Politik haben alle Kaiser, die Byzanz seit dem 8. Jh. regierten, die Anhäufung von Reichtum in den Händen weniger Familien zu verhindern gesucht, weil sie hier einen Gefahrenherd sahen, der letztlich den eigenen Thron bedrohte. In dieser Einstellung verbot schon Leon I. (457–474) den Verkauf eines Gutes an einen *exotikos*, d.h. an einen nicht zum Dorf gehörenden Käufer, allerdings war der Widerstand des Senats, der Kirche und der Armeeführer so stark, daß das Gesetz keine Geltung erlangte.

Unter Leon III. (717–741) sicherte das ‚Landrecht' *(nomos georgikos)* den Schutz des ländlichen Kleinbesitzes, außerdem wurde die Kultivierung unbebauten Landes zur Pflicht gemacht, und die Sklaverei wurde aufgehoben[9]. Unter Leon VI. ‚dem Weisen' (886–912) durften die *strategoi*, abgesehen von Schenkungen, kein Land kaufen und in ihren Provinzen keine Häuser errichten. Romanos I. Lekapenos (920–944) bestimmte, daß bei Gutsverkäufen die Bewohner des betreffenden Dorfes oder Verwandte des bisherigen Eigentümers oder, soweit vorhanden, Miteigentümer ein Vorkaufsrecht haben sollten. Freie Landbesitzer, die in den Mönchsstand eintraten, durften den Klöstern kein Land schenken bzw. übertragen, und den *dynatoi* war es verboten, Land ganz oder teilweise, direkt oder indirekt oder auch im Namen des Kaisers, der Klöster oder der Kirchen zu kaufen. Gesetzesüberschreitungen wurden streng geahndet, und die Betroffenen mußten ihr illegal erworbenes Gut an den früheren Eigentümer, an dessen Verwandte oder an das Dorf zurückgeben, andernfalls waren sie gehalten, eine Summe in Höhe des Kaufbetrages an den Staat abzuführen.

Nach den herrschenden Vorschriften zählte man zur Klasse der *dynatoi* die *magistri* oder Patrizier sowie alle, die in der Politik, beim Militär, beim Klerus und im Gerichtswesen hohe Ämter bekleideten. Konstantin VII. Porphyrogenetos (913–959) bestimmte 947, daß alle *dynatoi*, die seit seiner Thronbesteigung Landbesitz erworben hatten, aufgefordert werden sollten, diesen gegen eine Ausgleichszahlung zurückzugeben. Nikephoros II. Phokas und Basileios II. ‚der Bulgarentöter', die die Kirche mit den *dynatoi* gleichsetzten, untersagten die Einrichtung von Klöstern. Im 10. Jh. erhielten die Klöster jedoch wiederum eine vorzugsweise Entlastung. Basileios II. versuchte, wie wir schon sahen, auch, die Steuer *allelegyon* zu Lasten der Großgrundbesitzer wiedereinzuführen; zu Beginn des 11. Jh. wurde diese Abgabe durch Romanos III. Argyros jedoch wieder aufgehoben.

Schließlich haben auch die Paläologen sich, wenn auch nur mit schwacher Durchsetzungskraft, um ein soziales Gleichgewicht bemüht. Diese Bemühungen scheiterten allerdings an der reaktionären Haltung des Klerus und des Adels, die jede Verbesserung der bestehenden Verhältnisse unmöglich oder doch undurchführbar machten. Damit blieben gegenüber den Bemühungen der Kaiser um soziale Gerechtigkeit die mächtigen *dynatoi* doch schließlich immer die Überlegenen, und sie nutzten jede sich ihnen bietende Gelegenheit, auf die Herrscher Druck auszuüben, ihre eigenen Kaiser zu ernennen (dies besonders in den letzten Jahren des Reiches) und vor allem die besonderen Umstände von Kriegs- und Hungerzeiten, Notlagen der Bauern, Getreidepreisbaissen etc. auszunutzen. Schließlich führten die Konflikte unter den *dynatoi* selbst und ihre nachlässige Haltung hinsichtlich der Bewirtschaftung ihres Besitzes eine Zerrüttung des Agrarsektors herbei, die auch in den Städten des Reiches als erhebliche Belastung empfunden wurde.

Als Grundmuster der byzantinischen Wirtschaft ergab sich demnach folgendes Bild: blühende städtische Handelszentren neben einer gleichermaßen gesunden Landwirtschaft, die im Laufe der Jahrhunderte zu einem quasi-feudalen System ausgebildet wurde. Dieses ging freilich – im Gegensatz zu den Verhältnissen im Westen – nicht mit einer völligen Auflösung der Zentralgewalt einher, auch war die Wirtschaft am Ende jenes Entwicklungsprozesses keineswegs ausschließlich agrarisch bestimmt. Altes und Neues waren hier so eng ineinander verwoben, daß viele Forscher hinsichtlich der wirklichen Natur dieses Wirtschaftssystems im Unklaren geblieben sind. Die westliche Ausprägung des Feudalismus hat sich hier deshalb nie voll entfalten können, weil selbst zur Zeit der Besetzung durch die Franken die vielfältigen Erscheinungsformen des städtischen Handels- und Geldwesens nie gänzlich ausgeschaltet worden sind. In der Geschichte des byzantinischen Reiches waren der wirtschaftliche Aufstieg und die Ansammlung von Reichtum und Macht von Anfang an mit dem Handel und der parallel dazu sich entwickelnden Landwirtschaft verbunden – dies zu einer Zeit, als der Westen (9. bis 11. Jh.) in eine Reihe in sich abgeschlossener, isolierter ‚Wirtschaftseinheiten' zerfiel. Die ‚Agrarfrage' freilich, die schon Rom aufgerieben hatte, belastete auch Byzanz. Die Landbesitzverhältnisse waren die Quelle der schwierigsten sozialen Probleme und damit natürlich auch eine Hauptursache der ökonomischen Störungen im Reich. Immerhin hat dieses Reich ein Jahrtausend überdauert und in dieser Zeit herausragende Beiträge zur Geschichte unserer Zivilisation geliefert.

3. Soziale Unruhen

Neben der Geldentwertung gaben politische Intrigen und soziale Unruhen einen weiteren Anstoß zum Untergang des Reiches. Die herausragenden Konflikte während der hier betrachteten Periode waren die Revolten Thomas' des Slawen (821–824), Sklerus und Bardas Phokas (976–979) und der Aufstand der Partei der Zeloten (1342). Die drückenden Ansprüche der Großgrundbesitzer, die übliche Ausbeutung der Landwirtschaft und die verschiedenen Einfälle äußerer Feinde richteten den Bauernstand zugrunde, was auf andere Unterschichten – kleine Handwerker, Seeleute, Arbeiter – zurückwirkte. Der auf solche Weise verschärfte Gegensatz zwischen arm und reich kam 1328 zum Ausbruch, als die Volksmassen Konstantinopels im Verlauf eines Aufstandes den Palast des Theodor Metochites plünderten und andere Gewalttaten begingen. Zu den sozialen Unruhen zählt auch der Aufstand von 1341, als Johannes Kantakuzenos in Adrianopel zum Kaiser ausgerufen wurde. Dahinter stand der Versuch der

Volksmassen von Thessaloniki, in den Paläologen einen Streiter für ihre Interessen zu finden. Was hierbei nach außen hin als eine Rivalität zwischen zwei Personen erschien, war in Wirklichkeit der Kampf zwischen zwei Klassen, von denen eine ihre Vorrechte zu erhalten suchte, während die andere sich von deren Joch befreien wollte. Es war dies der Aufstand der Zeloten, einer Gruppe, die gegen die Lateiner Stellung nahm und die Trennung von Kirche und Staat verlangte, da jene diesen beeinflußte. Die Partei nahm (nach Diehl) schließlich die Gestalt einer Sekte an. Ihr Aufstand, der 1342 immerhin zur Vertreibung der Oberschicht aus Thessaloniki führte, wurde 1349 von Johannes Palaiologos und Johannes Kantakuzenos auseinandergeschlagen, nachdem diese beiden sich gegen den gemeinsamen Feind, das Volk, zusammengetan hatten.

Auch die oben beschriebene Aufteilung eines großen Teils des Reiches in feudale Kreuzfahrerstaaten trug zu den sozialen Auflösungserscheinungen bei und führte im übrigen zu übermäßigen Beanspruchungen der Staatskasse.

4. Das Gewerbe

Wie gesagt, blieb der kommerzielle Charakterzug des Reiches unberührt. Die Städte als die gewerblichen Zentren versorgten das Land mit den nötigen Erzeugnissen. Mittelpunkt blieb hierbei Konstantinopel, wo an der Spitze von Handel und Gewerbe ein *sekretos eidikos* stand. Die Gilden erließen bestimmte Verbote, z.B. das Arbeiten auf bestimmten Straßen und Plätzen, sowie Vorschriften etwa hinsichtlich der Preise oder der Pflichten innerhalb der Gilden[10]. Diese wurden, soweit es sich um bedeutende Vereinigungen handelte, von einem *exarchos* überwacht, die weniger wichtigen von einem ‚Aufseher'. Zu der letztgenannten Gruppe gehörten alle jeweils mit besonderen Privilegien ausgestatteten Zweige eines bestimmten Produktionssektors; so wurde etwa das Seidengewerbe von fünf Gilden geleitet, die ihrerseits in spezialisierte Branchen aufgeteilt waren.

Das *Eparchikon Biblion* Leons VI. erstreckte sich auf folgende Berufe: Notare *(tabularii)*, Schmuckverkäufer *(argyropratai/argentarii)*, Geldhändler *(trapezitai)*, Kerzenmacher *(cerularii)*, Seifensieder *(saponopratai/saponarii)*, Seidenweber *(sericarii)*, Händler mit Lederwaren *(lorotomoi/logotarii)*, Bäcker *(magipii)*, Schweinehändler *(porcorum mercatores)*, Viehmakler, Weinhändler *(oenopratai)*, Verkäufer von Wein und anderen Getränken *(kapelai)*, die von besonderen Beamten *(proestotai)* überwacht wurden, welche ihrerseits dem *exarchos* berichten mußten, Fischhändler *(ichthyopratai/pescatorii)*, Gemüsehändler *(saldamarii/institutores)*, Baumwollverarbeiter und Seidenspinner *(catartacoi)*, Rohseidenhändler *(metaxopratai)*, Händler mit Ockerfarbe *(prandiopratai)*, Kleiderhändler *(vestiopratai)* etc. Die Kleiderhändler mußten einen Aufnahmebeitrag zahlen, um Mitglieder der Gilde zu werden; dasselbe gilt für die Anwälte, die Rohseidenkaufleute, die Seidenweber und die Seifensieder. Kein Mitglied konnte die Gilde auf eigenen Wunsch verlassen, außer bei Ausschluß wegen strafbarer Handlungen.

Der *Eparchos* von Konstantinopel überwachte die Gilden mit Hilfe eigener Beamter. Er legte die Gewinnmargen fest und achtete darauf, daß die Vorschriften der Gilden eingehalten wurden. Die übliche Gewinnrate betrug $8\frac{1}{3}$ %. Im *Eparchikon Biblion* finden wir den Hinweis, daß die Verdienstspanne der Rohseidenkaufleute auf eine Unze, die der Gemüsehändler auf zwei *milliaresia* je Gewichtseinheit festgelegt war. Besondere Verordnungen regelten Fragen des Verkaufs- und Arbeitsplatzes und die Verkaufspreise. Die Märkte lagen getrennt nach Berufen, wie das schon beim Forum Romanum der Fall gewesen war; so unterschied man etwa den Markt für Bullen *(forum boarium)*, den Gemüsemarkt *(forum holitarium)* oder den Markt für den Verkauf von

Kupferwaren. Die Fischhändler verkauften in den ‚Arkaden' *(kamerae)*, die Schweinehändler am Tavros-Platz und die Seifensieder im Amestranon. Männliche und weibliche Wollhändler (nicht freilich die Tuchkaufleute) hatten in der Stadt getrennte Verkaufsplätze. Der größte geschlossene Marktbereich Konstantinopels, der Bezirk der Verkäufer von Kleidungsstücken, hieß *Lampter*. Dieser Komplex ist in einer Nacht während der Nikas-Revolte teilweise ausgebrannt, als sich trotz der vorgerückten Stunde noch zahlreiche Käufer, die durch die reichen Auslagen der Läden angelockt waren, in den Geschäften befanden. Weiterhin kontrollierte der *Eparchos* die Höhe der Gehälter, kümmerte sich um die Arbeitslosen, Gelegenheitsarbeiter und um illegale Konkurrenz; auch setzte er hohe Strafen fest, wenn es darum ging, die Interessen der Verbraucher zu schützen – so bei der Warenqualität, bei der Einhaltung von Maßen und Gewichten oder bei Währungsgeschäften.

Der *exarchos* setzte auch Strafen für Profitmacher und für Arbeitsscheue fest. Es mag ferner angemerkt werden, daß im *Eparchikon Biblion* häufig die Strafe des Auspeitschens erwähnt wird, die besonders den Wein- und Getränkeverkäufern drohte, wenn sie die bestehenden Gesetze umgingen.

Um den Handel zu sichern, wurde auf Qualität und die Wahrung von Herstellungsgeheimnissen geachtet, und es wurde große Mühe darauf verwandt, möglichst viele Gewerbeprodukte auszuführen und billige Nahrungsmittel zu importieren.

5. Der Handel

Wir sprachen gerade von der Ein- und Ausfuhr und müssen uns nun der Entwicklung des byzantinischen Handels zuwenden. Seit dem späten 9. Jh. waren die italienischen Städte zu Handelszentren erstarkt, die, gestützt auf ihren wachsenden Reichtum, Verbindungen und im Laufe der Zeit ein autonomes Vorgehen im Verkehr mit Byzanz entwickelten. Mit diesem schlossen sie, trotz ihrer Selbständigkeit, auch Schutzbündnisse gegen Ungarn, Normannen und Sarazenen, die nach Italien eindrangen, ab.

Unter dem Schutz der byzantinischen Kaiser erlebten die Städte eine Handelsblüte und erwarben in einem Maße Macht und Reichtum, daß die byzantinische Herrschaft über sie nurmehr nominalen Charakters war. Seit dem 9. Jh. wuchs besonders Venedigs Handel; die Stadt exportierte Salz, das in Norditalien und den Ebenen der Lombardei hergestellt worden war, und sie begann einen schwunghaften Handel mit Sklaven. Für den Import von Gewürzen, Sandelholz, Riechstoffen, Seide, Teppichen etc. aus dem Osten zahlte man mit Sklaven aus Dalmatien und jungen Mädchen aus den byzantinischen Provinzen, die gewöhnlich nach Syrien und Ägypten weitergehandelt wurden. Außerdem wurden Waffen, Holz, Edelmetalle, Pelze, Honig und Wein exportiert. Die eingeführten Güter wurden im Frankenreich abgesetzt, wo venetianische Kaufleute besondere Privilegien genossen.

So schufen die Venetianer für Byzanz den Kontakt mit dem westlichen Europa, womit sie überhaupt die Verbindung zwischen Osten und Westen hergestellt haben. Und für Venedig ist es vor allem diese Beziehung nach Byzanz gewesen, die seinen Handel hochbrachte. Marco Polos Reisen trugen später (1271–95) ihren Teil dazu bei, die Vorstellungskraft und den Wunsch, mit jenem ebenso reichen wie rätselhaften Osten in nähere Verbindung zu treten, anzuregen. Die so außerordentlich günstige Lage zwischen See und Land stärkte die Stellung der Stadt als Durchlaß für den gesamten Warenverkehr zwischen den beiden Kontinenten, wobei sie sich auf dem Seewege nach Osten der adriatischen Häfen und der ionischen und ägäischen Inseln bediente. Landwege führten über die Alpen nach Norden.

Aber auch Genua entwickelte, gestützt auf seine Flotte, einen blühenden Handel mit dem Osten[11]. Wie Venedig hatte auch diese Stadt im 12. Jh. enge Beziehungen zu Zentraleuropa aufnehmen können, wobei östliche Produkte gegen Tuche aus Frankreich und Flandern und Pelze und Leder aus dem Deutschen Reich ausgetauscht wurden. Daneben war Rom nicht nur Sitz des Papstes; die Stadt entwickelte sich vielmehr auch als ein wirtschaftlicher Mittelpunkt, wo italienische gegen ausländische Waren aus dem Osten und Westen getauscht wurden und wo wir zum ersten Mal auch einen Geldhandel finden.

Ein anderer Ort mit lebhaften Handelsbeziehungen nach Byzanz und zum Osten war Pisa. Die Stadt entwickelte sich während des 12. Jh. im Zusammenhang mit den arabischen Invasionen und dem dadurch ausgelösten Aufbau einer Kriegsflotte, die bald wichtiger als die Handelsmarine wurde. Dank seiner starken Flotte hatte Pisa schon im Jahre 1000 seine Unabhängigkeit erlangt, und bis zum 13. Jh. war die Stadt so stark geworden, daß sie im östlichen und westlichen Mittelmeer mit Genua konkurrieren konnte. Pisaner Schiffe transportierten Waren von Byzanz zum südöstlichen Mittelmeer, Erze, besonders Silber, von der Iberischen Halbinsel und natürlich die bekannten Stoffe der Heimatstadt. Handelsniederlassungen entstanden in Frankreich (Montpellier), im byzantinischen Reich und, auf Grund besonderer Privilegien, in den von Arabern beherrschten Gebieten. In Unteritalien unterhielten Amalfi, Bari und andere Plätze Handelsbeziehungen zum Byzantinischen Reich.

Die italienischen Städte haben während der ganzen hier betrachteten Periode und unabhängig davon, ob sie – von Arabern, Byzantinern, Magyaren oder Normannen – besetzt waren oder nicht, ihre Seidenerzeugung stetig weiter ausgebaut. Städte wie Palermo, Catanzaro, Lucca, Florenz, Venedig, Bologna und Mailand konkurrierten hierbei erfolgreich mit Byzanz und exportierten ihre Seidenwaren auch in den Osten. Und während die italienischen Städte dank ihrer Wirtschafts- und besonders ihrer Handelsentwicklung auf der einen Seite mit Portugal, Spanien, Paris, Flandern, England und den Nordseestaaten in Beziehung traten, verdrängten sie gleichzeitig den byzantinischen Handel aus den afrikanischen Märkten, dies in besonderem Maße, nachdem sie durch die Kreuzzüge Macht über Byzanz' Monopol im Osthandel erlangt hatten.

Besonders seit dem 11. Jh., als die Entfaltung der italienischen Städte voll einsetzte, gelangten die Lateiner in den Genuß besonderer Vorrechte und verdrängten so die Byzantiner aus dem internationalen Handel. Unter den Komnenen wurden sie allerdings, trotz ihrer Privilegien, strengeren Vorschriften unterworfen; so mußten sie Steuern zahlen und Wehrdienst ableisten, und oft verweigerte Byzanz ihnen sogar die Erfüllung vertraglicher Abmachungen (1122), indem etwa Schiffe konfisziert oder die Ansiedlungen der Fremden zerstört, gebrandschatzt und geplündert wurden (1182). Die Venetianer, die zahlreiche Privilegien besaßen, machten aus Konstantinopel ein zweites Venedig. Ihnen folgten die Kaufleute aus Pisa, Genua und Amalfi. Um Venedigs Vormachtstellung zu brechen, gewährten die byzantinischen Kaiser des 12. Jh. sogar besondere Konzessionen an Genua, das schließlich die Lateiner verdrängte und einen entscheidenden Einfluß auf Byzanz' Handel und Wirtschaft auszuüben begann. Der vierte Kreuzzug (1202–1204), der zur Eroberung der Reichshauptstadt führte und die Gründung des Lateinischen Kaisertums zum Ziel hatte, wurde im Grunde auf Betreiben der Venetianer unternommen.

Unter den Paläologen wurde den Genuesen das Gebiet um Galata zugesprochen. Dazu erhielten sie die Erlaubnis, sich an der kleinasiatischen Schwarzmeerküste anzusiedeln, wo sie die Stadt Kaffa in der Absicht gründeten, den Handel dieses Raumes zu monopolisieren und Zölle zu umgehen. Die Kaufleute aus Amalfi bewohnten während des 11. Jh. in der Hauptstadt ihr eigenes Viertel und besaßen Klöster und Kirchen. Weiterhin bestand unter Andronikos II. (1282–1328) eine Ansiedlung der Katalanen.

Und schließlich lebten auch bekehrte Türken, Araber, Angelsachsen und Russen in eigenen Kolonien in Konstantinopel.

Byzanz unterhielt auch einen lebhaften Handel mit den Bulgaren, der seit der Zeit kurz vor der Thronbesteigung des Königs Simeon (813–827) von zwei Byzantiner Handelshäusern monopolartig beherrscht wurde. In dieser Zeit wurde der Warenaustausch mit Bulgarien allerdings von Konstantinopel nach Thessaloniki verlegt, da der Krieg zwischen Byzanz und den Bulgaren auch zu Handelsstreitigkeiten geführt hatte. Desgleichen bestand ein Warenaustausch mit Rußland. Kaufleute aus Kiev hatten sich um 860 in Konstantinopel angesiedelt, und während des folgenden Jahrhunderts entwickelte dieser Verkehr sich sehr günstig. Der Höhepunkt lag jeweils im Monat Juni, wenn die Waren, die über Kiev aus Novgorod, Smolensk, Ljubetsch, Tschernigov und Vyschegrad bezogen wurden, auf dem Donauweg – hier unter ständiger Bedrohung durch die Petschenegen – in Konstantinopel ankamen. Bei ihren Angriffen gegen das byzantinische Reich richteten die Russen sich zunächst gegen Cherson, Festung und zugleich Handelszentrum auf der Krim. Diese russischen Angriffe des 9., 10. und 11. Jh. brachten dem Handel Konjunkturen, welche wegen der Furcht vor den Petschenegen, die am unteren Dnjepr siedelten, allerdings begrenzt blieben. Im 11. Jh. schloß Byzanz einen sehr günstigen Vertrag mit dem Fürsten von Kiev ab. Auch mit den Ungarn des Donauraums unterhielt Byzanz während des 11. und 12. Jh. ausgedehnte Handelsbeziehungen. Auf dem Fluß verkehrten sowohl Frachtschiffe *(olkades)* als auch Fahrzeuge für Truppentransporte. – Das Schwergewicht freilich lag beim Seehandel, weil auf diesem Wege überhaupt der größte Teil der auswärtigen Wirtschaftsbeziehungen abgewickelt wurde. Die byzantinische Flotte schützte den Handel gegen Seeräuber, und da die zahlreichen Inseln und Küstenplätze dem Handel als Haltepunkte dienten, wurde das ganze östliche Mittelmeer zu einem großen byzantinischen Gewässer.

Byzanz handelte mit den Arabern. Diese hatten ihren Machtbereich schnell ausgedehnt: innerhalb eines Zeitraums von nur drei Jahrhunderten hatten sie einen Raum erobert, der sich von der Arabischen Halbinsel zum Golf von Biskaya und zur Indusmündung, von Samarkand zu den Grenzen Chinas, vom Kaukasus bis nach Konstantinopel und von den Stromschnellen des Nils längs der Küste Nordafrikas zur Iberischen Halbinsel und über die Pyrenäen hinaus erstreckte. Sie siedelten sich auf einer Reihe von Mittelmeerinseln wie auch in Städten Italiens an, bis sie schließlich ein Reich errichtet hatten, welches das Römische Imperium an Ausdehnung noch übertraf. Diese ungewöhnliche Ausdehnung der Araber auf der einen Seite und der Widerstand des Byzantinischen Reiches sowie der Gegendruck seitens der christlichen Kirche und des Feudalsystems, das sich in einigen Ländern (England, Frankreich, Niederlande, normannisches Italien) besonders stark entwickelte, führten insgesamt indessen wieder zu einer rückläufigen Entwicklung.

Unter den Makedonischen Kaisern wurden die Bedingungen für den Seehandel spürbar verbessert. Besonders nach dem Sieg der Byzantiner auf Kreta (961) und nach der Besetzung Antiochias war die Einheit des Mittelmeers wiederhergestellt. Die Araber, die bisher von Sieg zu Sieg vorwärtsstürmten, mußten sich nun unter zahlreichen Niederlagen zurückziehen. Ihre entscheidende Zurückdrängung erfolgte im 11. Jh., nachdem die Sarazenengefahr hatte gebannt werden können und der Seehandel wieder aufblühte. Nach der Zerstörung des Kalifats von Córdoba (1031) erschöpften sich die verbleibenden Herrschergeschlechter in zahllosen Kämpfen untereinander, eine Situation, welche die Christen zu wirkungsvollen Gegenangriffen zu nutzen wußten.

Bei aller Feindschaft gab es freilich auch friedliche Verbindungen und Handelsverkehr, so daß man sich, zumindest wenn nicht gerade Krieg herrschte, durchaus auch gegenseitig kennenlernte. Die Araber nutzten die Kenntnisse der von ihnen besiegten Völker und suchten all das zu verwerten, was sie von diesen erfuhren, und dank ihrer eigenen Wissenschaft und Technik haben sie dies auch reichlich erwidern können. Der Verkehr zwischen Byzanz und den Arabern war demnach keineswegs immer nur feindlicher Art. Die Araber lieferten Gold- und Silberwaren, hydraulische Maschinen, Waffen, Goldmünzen, Arzneimittel, Sklaven, Stickwaren, Edelsteine, Säbel etc. Daneben gab es auch einen lebhaften Handel mit Biber- und Marderpelzen, für die in Byzanz große Nachfrage herrschte. Dasselbe galt trotz päpstlichen Verbots für die italienischen Städte.

Obwohl der Mittelmeerhandel unter den Makedonischen Kaisern Erleichterungen erfuhr, blieb die ausschließliche Kontrolle des Handels mit dem Osten in arabischer Hand; dies galt besonders für die Zeit unter den Komnenen, die auf die Makedonische Dynastie folgten. Dieser Umstand war einer der Gründe für eine allgemeine, gegen den Osten gerichtete Bewegung auf Seiten der Christen. Dazu kam eine durch die religiöse Kampfeinstellung des Islam ausgelöste, von der Kirche anders nicht neutralisierbare Reaktion in die gleiche Richtung. Und wenn auch Mekka Ort der Bewunderung und Verherrlichung blieb, konnte dies für das Heilige Land, das nun einmal von den Arabern besetzt war, durchaus nicht gelten. Unter diesen materiell und ideologisch gleichermaßen günstigen Auspizien erließ Papst Urban II. von Clermont aus seinen Aufruf zu einem Kreuzzug gegen die Araber, nicht nur, um die Moslems von den Heiligen Stätten zu vertreiben, sondern durchaus auch, um den Handel nach dem Osten aufzuschließen. Nacheinander führten sieben Kreuzzüge freilich nicht zu einer Verdrängung der Moslems, sondern letztlich allein dazu, deren weiteres Vordringen zu verhindern und den Europäern eine Möglichkeit zu verschaffen, mit den Märkten des Ostens, wenngleich unter wenig günstigen Bedingungen, Verbindung aufzunehmen. Davon abgesehen erkannten die Kreuzfahrer schnell den hohen Stand arabischer Zivilisation, und sie wußten sich diese sehr schnell zunutze zu machen, indem sie Bräuche der Araber annahmen und sich deren Kenntnisse über Landwirtschaft und Gewerbe und Handel aneigneten. Besonders der Handel hatte im Westen noch keinerlei spekulativen Charakter angenommen, sondern sich bisher innerhalb enger Grenzen vollzogen. Die Verbindung führte auch zu einem Wandel in Grundeinstellungen, indem konservative Haltungen aufgegeben und der Unternehmungsgeist ermuntert wurde. Der Verkehr mit den Arabern belebte die Wirtschaft und dehnte die Gewährung von Krediten aus, was wiederum eine Reihe von Bankgründungen in den italienischen Seehäfen – mit Filialen im Osten – zur Folge hatte. Mit der Einrichtung der Kreuzfahrerstaaten gelangten die europäischen Kaufleute auch näher an die Märkte heran, auf denen sie neuartige Produkte wie Muskat, Zimt, Nelken, Zucker, Kampfer, Weihrauch, Tragantgummi und Edelsteine erhalten konnten. Gleichzeitig wuchsen die Möglichkeiten, sich anzusiedeln und Exporthandel zu betreiben, so daß die Bevölkerung der Staaten, von denen die Kreuzzüge ausgegangen waren, die erwähnten Produkte mehr zu konsumieren begannen, während man den Osten mit eigenen Erzeugnissen versorgen konnte. Auf diese Weise wurden Syrien und Palästina zu Zentren des Welthandels. Schließlich förderte diese Aktivität auch die Schiffahrt und führte hier zum Bau größerer Fahrzeuge.

Durch diese ganze Entwicklung erlitt der Handel von Byzanz[12] nicht wiedergutzumachenden Schaden. Das Reich selbst wurde auf die nördliche Küste Kleinasiens, einen kleinen Teil von Afrika, auf Sizilien und die Balkanhalbinsel eingeschränkt; der Westen war in direkte Verbindung mit dem Osten getreten und bedurfte des Mittlers nicht mehr. Freilich verunsicherten muslimische Piraten den Seeverkehr. Vom 12. Jh. an wich die griechische Flagge nach und nach den Fahrzeugen der italienischen Städte. Daneben hielt sich auch im 12. Jh. noch der Seeverkehr der Byzantiner. Die Vorherrschaft lag nun aber bei deren Handelsrivalen, den italienischen Städten, die zunehmend aufblühten und dank der Kreuzzugsaktivitäten Byzanz aus den Märkten des Ostens verdrängten.

Spätestens nach der ersten Hälfte des 12. Jh. hatte der Handel von Byzanz seinen Höhepunkt überschritten; der gesamte Verkehr lag nun in der Hand fremder Kaufleute. Selbst die Bevölkerungszusammensetzung der Hauptstadt blieb von Veränderungen nicht verschont, und das Herz des ruhmvollen Reiches hörte nun langsam auf zu schlagen. Den Lateinern freilich gelang es nicht, sich wirklich festzusetzen, da ihnen die Einigkeit und – wegen ihrer feudalistischen Ordnung – auch die starke politische Zentralgewalt fehlten, die nötig gewesen wären, dem Druck von seiten der Kaiserreiche Nicäa und Trapezunt und des Despotats Epiros standzuhalten. Dazu kamen der Widerstand und der Groll der ansässigen Bevölkerung und der Kirche, die orthodox geblieben war. Das Reich selbst allerdings haben sie in seinen Grundlagen so stark erschüttert, daß es sich hiervon nicht wieder erholen konnte. Sein Hauptanliegen war es schließlich nur noch, Handelsrouten und -stationen abzusichern; diese blieben nach der Wiedereroberung Konstantinopels durch die Griechen zwar in seinen Händen, waren vor Übergriffen der Türken freilich keineswegs mehr sicher.

Da die Kreuzfahrerstaaten mit den Arabern, mit Persien, Indien und China Handel trieben, trugen sie zum Niedergang des byzantinischen Außenhandels bei. Dazu kam die Konkurrenz der italienischen Städte, die, gestützt auf ihre Handelsstationen im Osten und auf Vorrechte, welche ihnen von den Kreuzfahrerstaaten gewährt wurden, ihrerseits Byzanz aus dem Handel verdrängten und das Reich so der Quelle seines Reichtums beraubten.

Abgesehen von den Rückschlägen, die die Ausbreitung der Araber dem byzantinischen Handel gebracht hatte, entwickelten sich demnach auch die Lateiner zu gefährlichen Rivalen, zumal sie sich in den Besitz wichtiger Privilegien zu setzen wußten. So etwa zahlte Venedig niedrigere Steuern als die anderen italienischen Städte, und ein Jahrhundert später konnten die Kaufleute der Lagunenstadt ihre Waren abgabenfrei nach Konstantinopel bringen und sie dort von eigenen Landeplätzen und Läden aus zum Verkauf anbieten. Diese Vorrechte wurden in den Jahren 992 und 1082 durch einen Pakt (Bollo d'Oro) offiziell anerkannt: hiernach erwarb die Serenissima drei Landeplätze für zollfreien Ein- und Ausfuhrverkehr; spätere, unter den Kaisern Johannes II. Komnenos (1126) und Manuel I. Komnenos (1147) gewährte Privilegien gingen noch weiter.

Hiermit waren Präzedenzfälle geschaffen, und fortan mußten ähnliche Vorrechte an andere italienische Städte gewährt werden. So bewilligte Alexios I. Komnenos den Pisanern 1111 ein ganzes Viertel in der Stadt mit einem Lagerhaus und einem Landeplatz im Hafen, ermäßigte gleichzeitig den Einfuhrzoll um 4 % auf 10 % und gestattete die zollfreie Einfuhr von Gold und Silber; außerdem war dem Erzbischof von Pisa jährlich eine bestimmte Zahl von Seidenstoffen anzubieten. Kaiser Manuel I. Komnenos (1143–1180) gewährte den Genuesen wichtige Konzessionen, da auch die Pisaner solche erhalten hatten (1145); andere Städte folgten wenig später (1170 und 1192). Dabei können die zu verschiedenen Zeiten und von mehreren Kaisern den Genuesen gewährten Privilegien (1155, 1169, 1192, 1201) als außergewöhnlich gelten. Die Genuesen gründeten Kolonien in Tana (im Mündungsgebiet des Don) und in Kaffa auf der Krim; die Venetianer dagegen setzten sich in Pera am Goldenen Horn fest, dazu in Ayas und anderen Städten Kleinasiens, auf Kreta, Zypern und Chios.

Im Jahr 1204 ernannte sich der Statthalter von Rhodos, Leon Gavals, eigenmächtig zum Caesar; als er im darauffolgenden Krieg gegen Johannes Vatatzes in Bedrängnis kam, rief er Venedig zu Hilfe, worauf sich der Vertrag von 1234 gründete, in welchem Venedig große ökonomische Vorrechte eingeräumt erhielt.

Kurz vor der Wiedereroberung Konstantinopels kamen die Genuesen Venedig mit dem 1261 mit Michael Palaiologos geschlossenen Vertrag von Nymphos zuvor. Der Vertrag von Turin von 1381 beendete dann allerdings das Monopol der Genuesen im

Bosporus und überließ dieses den Venetianern. In Wirklichkeit beherrschten aber beide Mächte die Wirtschaft des byzantinischen Reiches.

Bedrängt von Schwierigkeiten und am Rande des gänzlichen Zusammenbruchs versuchte Byzanz, durch Privilegierung andere Ausländer aus dem Westen heranzuziehen in der Hoffnung, daß auch diese Warenhandel treiben und zur Steigerung der Staatseinkünfte beitragen würden. Auf diese Weise wurden Stoffe aus Flandern, Reims und Florenz importiert. Besondere Privilegien erhielten auch Amalfi, die Republik Ragusa, Barcelona, die Aragonesen, Valencia, Tortosa, Mallorca und die Katalanen, die nur Zölle von weniger als drei Prozent zu zahlen hatten. Die Katalanen trieben später Seeräuberei und fügten damit besonders dem Seehandel Genuas großen Schaden zu; erst durch ein Bündnis aus dem Jahre 1352 zwischen Genua und Johannes VIII. Kantakuzenos (1347–1354) wurden sie vertrieben, und nur wenige von ihnen sind in Konstantinopel geblieben.

6. Geld und Kredit

Der Niedergang des Reiches wurde begleitet von einem Verfall seiner Währung. Mit dem Verlust der spanischen, nordafrikanischen und anderer Provinzen verlor das Reich auch die Quellen seiner Edelmetallzufuhr, und man kann überhaupt sagen, daß der politische Niedergang auch zur Devaluierung seiner Währung geführt hat. Die – vermutlich von Nikephorus Phokas abgewertete – Währungseinheit wurde als *tetartiron* bezeichnet.

Unter Nikephoros IV. Botaniates (1078–1081) und Alexios I. Komnenos (1081–1118) führte die Entwertung des *nomisma* zu allgemeinem Mißtrauen in internationalen Transaktionen. Auf der anderen Seite prägte Johannes Vatatzes zwei Münzen: eine sechzehnkarätige für den Umlauf im Lande und eine 24-karätige für den auswärtigen Geldverkehr. Die Möglichkeit, eine derart hochwertige Goldmünze zu prägen, war auf eine Hungersnot im Sultanat von Rum zurückzuführen, welche die Türken zwang, für Luxusstoffe, Edelsteine, Gold- und Silberwaren und eben auch Goldmünzen zu hohen Preisen Lebensmittel zu importieren. Als Michael Palaiologos Konstantinopel 1261 zurückeroberte, fiel der Wert des *nomisma* auf 15 Karat, im ersten Regierungsjahr Andronikos' II. auf 14 Karat, dann auf neun und schließlich fünf Karat, womit die Münze 90 % ihres Wertes verloren hatte[13].

Mit der Entwertung stiegen natürlich die Preise. Gleichermaßen wirkte die Abwertung der byzantinischen Währung auf den internationalen Handel zurück, dessen Bedingungen sich nach der Zurückdrängung der Araber und des Seeräuberwesens sich im Grunde stetig für die Lateiner verbesserten. Folglich beschritten die italienischen Städte sehr bald den Weg eigener Münzprägungen. 1252 gab Florenz den Goldgulden heraus, Genua folgte mit der Goldmünze ‚Genovino', und Venedig prägte seit 1284 den Dukaten. Andronikos II. versuchte, dieser Entwicklung dadurch zu begegnen, daß er den Wert des *hyperpyron* erhöhte. 1302 wurde diese Münze jedoch in Venedig zurückgewiesen, da sie kein Vertrauen fand; und im Laufe des 13. Jh. sank ihr Wert so weit ab, daß sie nunmehr als Recheneinheit für Geschäfte galt, die in Wirklichkeit mit Dukaten und Gulden beglichen wurden.

Während des letzten Jahrhunderts seines Bestehens erlitt das einst so mächtige und reiche Byzanz einen so aussichtslosen Niedergang, daß die Kaiserin Anna von Savoien, die mit Andronikos III. (1328–41) verheiratet war und später neben ihrem Sohn Johannes V. Palaiologos regierte, zwei Jahre nach dem Tod ihres Mannes bei den Venetianern eine Anleihe über 30 000 Dukaten aufnehmen mußte[14]. Diese wurde auf drei Jahre bewilligt und mit der Krone von Byzanz als Pfand abgesichert. Diese Gewährung erfolgte erst, und zwar zu einem günstigen Zinssatz, nachdem Venedig die Lage des Reiches, die Interessen der fränkischen Händler und das eigene Gesamtinteresse abgeschätzt hatte; das Geld war über den Vertreter der Republik in Konstantinopel zurückzuzahlen, der auch als Verbindungsmann bei der Rückgabe der Krone fungierte, über deren Wert an Gold und wertvollen Steinen er sich vorher vergewissert hatte; dieser deckte in der Tat den Betrag der Anleihe einschließlich der Zinslast. Die Dukaten wurden von fränkischen Kaufleuten aufgebracht, die zu den Patrizier-Geschlechtern gehörten; es waren dies Filippo Contarini (4842), Mario Foscarini (1293), Marco Viaro (1300), Giovanni Grimani (4320), Constantino Michel (4822), Angoleto Tomba und Nicolo Gandolfo (2626), Micheletto Morosini (10506) und Niccoletto Bon (291). Man hatte vereinbart, daß die Summe in oströmischen Schiffen überbracht werden sollte, so daß das Transportrisiko von Byzanz zu tragen war. Bei Zahlungsunfähigkeit des Schuldners sollte Venedig das Recht haben, einen Teil der Kronjuwelen zu verkaufen.

Bis 1352, als Johannes Kantakuzenos (der seit 1347 mit Johannes V. Palaiologos den Thron geteilt hatte) abgesetzt wurde, hatte die Zinslast bereits 10500 Dukaten erreicht. Da Kantakuzenos Genua unterstützt hatte, mit dem Venedig sich im Kriegszustand befand, forderte die Lagunenstadt von Johannes V., die alte Schuld durch Abtretung der Insel Tenedos zu tilgen; zugleich bot man ihm eine neue Anleihe auf die byzantinische Krone an. Diese sollte sich auf 20000 Dukaten belaufen, von denen 5000 sofort, der Rest in zwei Raten zurückzuzahlen waren. Bei der Erledigung des Übereinkommens mit dem Kaiser sollte die Insel an Byzanz zurückgegeben werden. Die Summe der Anleihe belief sich demnach auf 30000 Dukaten; dazu kamen die Zinsen für 25 Jahre (1343–1368) zu 5 %, also 37500 Dukaten. Bis zur Eroberung Konstantinopels stieg die Gesamtbelastung aus ursprünglicher Anleihe (30000 Dukaten) und Zinsen (165 000 Dukaten) auf nicht weniger als 195000 Dukaten an. Rechnet man die Zinseszinsen hinzu, kommt man auf 6425000 Dukaten, oder, wenn man die Entwertung der byzantinischen Währung in die Rechnung einbezieht, auf 19275000 *hyperpyra*.

7. Das Ende des Reichs

Das byzantinische Reich hat über ein Jahrtausend bestanden. Es hat sich den Anstürmen zahlreicher Völkerschaften mit Erfolg entgegengestellt, und es hat wesentlich dazu beigetragen, den größten Teil dieser ‚Barbaren' zum Christentum zu bekehren. Darüber hinaus hat es die griechische und die christliche Kultur zusammengeführt, und unter seiner Führung ist die Einheit des Mittelmeerraums gewahrt geblieben. Konstantinopel ist das Kraftzentrum dieses Reichs gewesen, und mit dem Niedergang der Stadt ging auch das Reich seinem Ende entgegen. Fragen wir nach den Gründen für diesen Niedergang, dann müssen wir zunächst auf die fortwährenden Eigenmächtigkeiten der Oberschicht, deren zunehmende Unabhängigkeit und auf die sozialen Spannungen hinweisen, die sich mit der Anhäufung des Wohlstandes in den Händen weniger einstellten; dazu kamen die außerordentlichen Privilegien, die den religiösen Orden gewährt wurden, und deren zunehmende zahlenmäßige Stärke; nicht zuletzt müßten hier die Konzessionen an die fremden Kaufleute, das unvertretbare Ausufern des Staatshaushalts, die immer höher getriebenen Steuern und Abgaben und deren zum Teil höchst ungerechte Eintreibung und schließlich die anhaltenden Kriege und religiösen Konflikte genannt werden. Daneben haben natürlich auch die Auseinandersetzungen, die Genua und Venedig auf byzantinischem Boden austrugen, sowie die Folgen des Schwarzen Todes zum Niedergang des alten Reiches maßgeblich beigetragen.

Gegen Ende der Regierungszeit Andronikos' III. haben die Genuesen ihre wirtschaftliche Machtstellung noch weiter ausbauen können; insbesondere gelangten sie, nachdem die byzantinische Kriegsflotte einem Unwetter zum Opfer gefallen war, in den Besitz der Zollstation von Galata. Venedig hat diese Vormachtstellung der Rivalin natürlich nicht hingenommen; der Konkurrenzkampf zwischen den beiden Städten spielte sich in der Hauptsache allerdings im Schwarzen Meer sowie in der Ägäis ab. Im Bosporus baute Genua sich eine Reihe von Zollstationen auf, so daß es schließlich das Monopol über diese Handelsstraße und den Ausgang ins Schwarze Meer in seinen Händen hielt. Der damit erreichte Gegensatz zu Venedig würde ohne Zweifel in einem Krieg geendet haben, wenn nicht das Auftreten des ‚Schwarzen Todes' im Jahre 1348 beide Städte entscheidend geschwächt hätte.

Diese Seuche war zuerst am Azowschen Meere und auf der Krim ausgebrochen und dann durch genuesische Schiffe nach Konstantinopel eingeschleppt worden. Die Zahl der hier zu beklagenden Opfer – zwei Drittel oder gar acht Neuntel der Bevölkerung – ist weit übertrieben worden. Nach dem Abklingen der Seuche suchte Venedig schließlich doch die Entscheidung gegen Genua, was aber nur dazu führte, daß beide Parteien geschwächt aus dem Kampf hervorgingen. Ein zweiter Konflikt entbrannte um Tenedos, welches Byzanz den Venetianern abgetreten hatte und welches wegen seiner günstigen Verkehrslage von Bedeutung war; Tenedos fiel schließlich an keine der beiden Parteien.

Um zu überleben, suchte Byzanz sich mit beiden Städten zu arrangieren, was aber auch nicht zum Erfolg führte, da deren wirtschaftliche Übermacht, besonders die Venedigs, übergroß wurde, während Byzanz durch die Pest zu schwach geworden war. Und so blieb der Stadt nicht mehr als eine Gnadenfrist, die vom Jahr der Pest (1348) bis hin zum Fall Konstantinopels (1453) währte.

[1] *L. Th. Houmanidis:* Ἱστορία τοῦ Οἰκονομικοῦ Βίου, S. 204.
[2] *F. Thiriet:* La Romanie Vénitienne au Moyen Age. Le développement et l'exploitation du domaine colonial vénitien (XII–XVe siècle) (1959), S. 223.
[3] *F. Thiriet,* S. 227, 300.
[4] *A. Christophilopoulos:* Οἰκονομικὴ Πολιτικὴ καί Δημοσιονομικὴ Πολιτικὴ τοῦ Αὐτοκράτορος Νικηφόρου [Wirtschafts- und Finanzpolitik des Kaisers Nikephoros]. In: Εἰς Μνήμην Κ. Αμάντου [K. Amantos zum Gedächtnis] (1960), S. 414.
[5] *A. Andreadis:* Les finances byzantines. In: Works (griech.), Bd. 1, S. 442.
[6] *E. Cognasso:* Un imperatore Bisantino della decadenza. Isaakio II Angelo. In: Bessarione XXXI (1915), S. 44.
[7] *H. Ahrweiler:* Byzance et la Mer (1966), S. 75, 109.
[8] *A. Bon:* La Peloponnèse Byzantine jusqu'au 1204 (1951), S. 12 b.
[9] *L. Th. Houmanidis:* op. cit., S. 250.
[10] *L. Th. Houmanidis:* op. cit., S. 240.
[11] *G. Bartoloto:* Nuova Serie di Documenti sulle relazioni di Genova col Imperio Byzant. In: Atti della Soc. di Storia Patria 27 (1893), S. 339 ff.
G. Bratianu: Recherches sur le commerce Génois dans la Mer Noire au XIIIe siècle (1920).
[12] *L. Th. Houmanidis:* Staatswissenschaft und Handel in Byzanz. In: Scripta Mercaturae (1971), Nr. 2.
[13] *D. Zakythinos:* Crise monétaire et crise économique à Byzance de XVe siècle. In: Hellénisme Contemporain (1948).
L. Th. Houmanidis: Aspetti della Produzione e del commercio della lana e dei tessuti di lana in Bisanzio tra XII e XIII secolo. In: Atti della seconda settimana di studio (10.–16. Aprile 1970), Istituto Internazionale di Storia Economia F. Datini (1976), S. 705.
G. Barbieri: Le Tecniche Mercantili e la loro legittimità secondo uno giurista padovano del sec. XV. Leonardo Bazioli. In: Annali della Facoltà di Economia e Commercio di Verona, Serie I (1964–1965), S. 53.
[14] *T. Bertélé:* I gioelli della corona bisantina dati in pegno alla Repubblica Veneta nel secolo XVI e Martino II della Scala. In: Studi in Onore di Amintore Fanfani, S. 91, 135.

§ 20 Das Deutsche Reich

I. Die geographischen Gegebenheiten

Von Hermann Kellenbenz

Literatur

H. Hassinger: Die geographischen Grundlagen der Geschichte (1953).
E. Meynen, I. Schmitthüsen u.a. (Hgg.): Handbuch d. naturräumlichen Gliederung Deutschlands (2 Bde., 1953–1962).
G. W. Sante und A. G. Ploetz-Verlag (Hgg.): Geschichte der dt. Länder, „Territorien-Ploetz", I (1964).
C. E. P. Brooks: Climate through the ages (1970).
E. le Roy Ladurie: Histoire du climat depuis l'an mil (1967).

1. Naturräumliche Gliederung

Die Abspaltung der Osthälfte des karolingischen Reichsgebiets und Verselbständigung im Lauf des 9. und 10. Jh. ist ein geeignetes Ausgangsdatum für eine wirtschaftsgeschichtliche Betrachtung Deutschlands im Rahmen dieses Handbuches. Wie die folgenden Abschnitte zeigen, beginnt sich das politische Gebilde Deutschlands bzw. des Römischen Reichs deutscher Nation erst ab dem 10. Jh. deutlicher zu festigen. In geographischer Hinsicht ist die Ausweitung des Siedlungsraums nach Osten das bedeutendste Faktum. Auf diese Weise wurde ein großer Teil Mitteleuropas deutsch besiedelt und im Römischen Reich deutscher Nation zusammengefaßt.

Von diesem Rahmen ausgehend ergeben sich für den Betrachter eine Reihe bedeutsamer geographischer Feststellungen. Das deutsche Gebiet ist auf die Mitte Europas konzentriert. Es greift im Süden in die Alpen hinein; im Norden wird es von den Gestaden der Nord- und Ostsee umsäumt; nur Schleswig-Holstein bildet eine schmale Landbrücke nach Jütland. Die Verteilung des Gebietes auf Hochgebirge, Mittelgebirge und Tiefland in einer klimatisch gemäßigten vom Atlantik beeinflußten Zone verleiht dem deutschen Wirtschaftsraum einen großen geographischen Reichtum. Die zentrale Lage hat ihn zudem mit bedeutenden verkehrsmäßigen Vorteilen ausgestattet. Im einzelnen besehen waren diesen Vorteilen aber auch wieder deutliche Schranken gesetzt. Die Alpen riegelten nach dem Süden ab, zwangen aber die Oberdeutschen wegen der Ferne von Nord- und Ostsee, sich Zugänge zu den mediterranen Gestaden zu öffnen, und so überstiegen sie immer wieder die zahlreichen Alpenpässe und sicherten sich ihren Anteil am Mittelmeerhandel, zunächst in Venedig, Genua und über das Rhônedelta.

Deutschland fehlte es an einer Hauptlandschaft, von der aus das Ganze politisch beherrscht und gegliedert werden konnte, so wie es die Isle de France um Paris und Kastilien in Spanien darstellten. Alle großen Ströme ziehen nach dem Norden, mit Ausnahme der Donau, die nach dem Osten fließt und ihr wirtschaftliches und politisches Schwergewicht im Raum der von Habsburg beherrschten Donaumonarchie fand. Der Lauf der Ströme, die Verteilung von Mittelgebirgen und Tiefland ließen im wesentlichen vier Wirtschaftsgebiete entstehen. Die politische Geschichte des Reiches und die verkehrserschließende Rolle des Rheines bewirkten es, daß den westdeutschen, um diesen Strom liegenden Landschaften namentlich in der frühen Zeit eine starke Eigenständigkeit zukam, die sich auch später um so eindrucksvoller behauptete, als diese

Landschaften reich an Bodenschätzen waren und damit wichtige Voraussetzungen für ein reges Gewerbeleben lieferten. Oberdeutschland, d.h. das Gebiet zwischen Main, Oberrhein und Alpen, fand seine Schwergewichte in den Städten der Leinwand- und Barchentproduktion vom Bodensee ins Schwäbische hinein und in der metallverarbeitenden Landschaft um Nürnberg mit Schwerpunkten in der Oberpfalz und dem Fichtelgebirge. Vermittelten die Alpenpässe nach dem Süden und die Donau nach dem Osten, so öffneten Rhein und Main sowie verschiedene Straßen durch die mitteldeutschen Gebirge Verbindungen nach dem Norden.

Die Mittelgebirgsschwelle und das nördlich daran bis zur Nord- und Ostsee sich ausbreitende Tiefland gaben dem niederdeutschen Raum sein eigenes Gepräge. Hier gelang es der Städtevereinigung der Hanse, eine Aktivität von erstrangiger verkehrswirtschaftlicher Bedeutung zu entfalten, deren Erbe dann später einige der Städte an Nord- und Ostsee übernahmen, während die Bewohner der Mündungsgebiete des Rheins schon früh ihre eigene Wege gingen. Die Mittelgebirgsschwelle war zunächst durch ihren Rand- und Grenzcharakter gekennzeichnet. Sie trennte West-, Nord- und Süddeutschland voneinander und wurde erst verhältnismäßig spät durch Rodung und Siedlung erschlossen. Im Gegensatz namentlich zur norddeutschen Tiefebene, wo sich die Flächenstaaten der Hohenzollern und Welfen ausbilden konnten, blieb die Mittelgebirgsschwelle in Kleinstaaten aufgeteilt; nur im Osten gelang es den Wettinern und den Habsburgern bzw. Hohenzollern, größere Teile zusammenzufassen. Reiche Bodenschätze verhalfen diesen Mittelgebirgslanden allmählich zu einer beachtlichen wirtschaftlichen Eigenständigkeit, die noch unterstrichen wurde durch die vermittelnde Rolle nach Schlesien, Böhmen und dem weiteren Osten[1].

2. Veränderungen in der Natur

Über die Veränderungen der durch die Natur gegebenen Verhältnisse weiß man in der hier behandelten Zeit wenig Näheres. Am deutlichsten machten sich solche wohl an der Küste bemerkbar. Mit Hilfe von Deichbauten, die eingewanderte Niederländer vom 11. Jh. ab, namentlich im 12. und 13. Jh. errichteten, wurden die Weser- und Elbmarschen sowie Dithmarschen und Eiderstedt zu einer besseren Besiedelung erschlossen[2].

Andererseits rissen Sturmfluten wieder Landstücke weg. So konnte der Deichbau nicht verhindern, daß ab 1164, besonders 1219, der Jadebusen einbrach und 1277 sowie 1287 dasselbe mit dem Dollart geschah. Die große *mandrenke*, die Marcellusflut vom 15. und 17. Januar 1362, überflutete an der Küste Holsteins und Schleswigs mehrere Orte und gestaltete die Küstenlinie neu[3].

Über dahinterliegende Klimaschwankungen und langfristige Klimaänderungen[4] weiß man noch wenig. Wetternachrichten und die Veränderungen der Gletscher lassen gewisse Rückschlüsse auf die mittleren Sommer- und Wintertemperaturen zu, was von Bedeutung für den Ernteausfall bei Getreide und Wein ist. Eine nützliche Hilfe sind besonders die Weinernten. Bisherige Forschungen (Brooks) zeigen, daß nach einer Warm-Trockenperiode, die bis ins 9. Jh. heran reichte, eine stärkere Abwendung vom kontinentalen und Hinwendung zum ozeanischen Klima folgte, d.h. die Winter und Sommer wurden milder. Nach Flohn reichte das mittelalterliche Klimaoptimum in Europa noch bis ins 13. Jh. herein und war gekennzeichnet durch höhere Temperaturen im Sommer und Herbst und die Seltenheit von Maifrösten. Dann setzte in Mittel- (wie in West)europa eine Periode starker Schwankungen ein, wobei sich der Abschnitt 1310–1350 durch zahlreiche, auch nach heutigen Begriffen ganz ungewöhnliche Witterungsextreme auszeichnete. Sommer und Winter waren deutlich kälter.

[1] *B. Kuske:* Entstehung u. Gestaltung des Wirtschaftsraumes (1930).
Th. Kraus: Der Wirtschaftsraum, Gedanken zu seiner Erforschung (1933).
H. Kramm: Landschaft u. Raum als ökonomische Hilfsbegriffe. In: VSWG 134 (1941), S. 1–14.
H. Mortensen: Die mittelalterliche Kulturlandschaft u. ihr Verhältnis z. Gegenwart. In: VWSG 45 (1958), S. 17–36.

[2] *W. Abel:* Geschichte der Landwirtschaft (^{2}1967), S. 35, mit Lit.

[3] *C. Woebcken:* Die Entstehung des Dollart (1928).
R. Muus: Rungholt (^{3}1934).
U. Grohne: Die Geschichte des Jadebusens und seines Untergrundes. In: Natur und Volk 86 (1956), H. 7, S. 225.
A. W. Lang: Gestaltungswandel des Emsmündungstrichters. In: Schriften d. Wirtschaftswissenschaftl. Gesellschaft z. Stud. Niedersachsens N.F. (1958).

[4] *C. E. P. Brooks:* Climate through the Ages. In: Dover Publ. (1970), S. 295 ff.
H. Flohn: Klimaschwankungen in historischer Zeit. In: *H. v. Rudloff:* Die Schwankungen und Pendelungen des Klimas in Europa seit dem Beginn der regelmäßigen Instrumentenbeobachtungen (1670). Die Wissenschaft Bd. 22 (1967), S. 81 ff., bes. S. 85 ff.
E. le Roy Ladurie: Histoire du climat depuis l'an mil (1967).
H.-J. Schmitz: Faktoren der Preisbildung für Getreide und Wein in der Zeit von 800 bis 1350 (1968), S. 99 ff.

II. Bevölkerungsbewegung, Landesausbau und Ostsiedlung

Von Hermann Kellenbenz

R. E. Dickinson: The West European city, a geographical interpretation (1951).
R. S. Mols: Introduction à la démographie historique des villes d'Europe du XIVe au XVIIIe siècle (1954–56).
Ders.: Medieval Regions and Cities (1971).
Ders.: That earlier Plague. In: Demography V (1968), S. 174–184.
Ploetz-Verlag (Hg.): Bevölkerungs-Ploetz, Raum und Bevölkerung in der Weltgeschichte, bearb. v. *E. Kirsten*, *E. W. Bucholz*, *W. Köllmann* (2 Bde., 1956), I, S. 346–367; II, S. 60 ff.
J. C. Russel: Late ancient and medieval population (1958).
Ders.: Recent advances in medieval demography. In: Speculum XL (1965), S. 84–101.
Ders.: Population in Europe 550–1500. In: *C. M. Cipolla* (Hg.): The Fontana Economic History of Europe I (1972), S. 25–70.
E. Keyser: Bevölkerungsgeschichte Deutschlands (^{4}1959).
W. Abel: Landwirtschaft 900–1350. In: *Aubin-Zorn:* Hdb. d. dt. Wirtschafts- u. Sozialgesch. I, S. 169–201; ders.: Gesch. d. dt. Landwirtschaft (^{2}1967), S. 26 ff.; ders.: Agrarkrisen u. Agrarkonjunktur (^{2}1966), S. 44 ff.
H.-J. Schmitz: Faktoren der Preisbildung für Getreide u. Wein in der Zeit von 800 bis 1350 (1968).
F. Ganse: Mittelalterl. dt. Ostsiedlung (1969).
H. Helbig und *L. Weinrich* (Hgg.): Urkunden u. erzählende Quellen z. dt. Ostsiedlung im Mittelalter (2 Bde., 1968–70).
W. Kuhn: Vergleichende Untersuchungen z. mittelalterl. Ostsiedl. (1973).
Ders.: Die deutsche Ostsiedlung d. Mittelalters als Problem d. europäisch. Gesch. In: Vortr. u. Forsch. 18 (1975).
Zeitschriften: Annales de Démographie.

1. Die Bevölkerungsbewegung

Nach der Krise, die die Seuchen des 6. und 7. Jh. brachten, ging es in Europa mit der Bevölkerung wieder aufwärts. Dieser Anstieg ging parallel mit der politischen Ausweitung des Fränkischen Reichs nach Osten und dem Vordringen der christlichen Mission in derselben Richtung. Schließlich schickten auch die am Rhein aufblühenden Städte überschüssige Kräfte nach dem Osten. Wichtig für weitere Impulse wurde die Einbeziehung des Sachsenlandes in das Karolingerreich, zumal nach dem Niedergang der Karolinger die Träger des Königtums aus diesem Stamm hervorgingen, so daß sich das Schwergewicht in den Raum um den Harz verlagerte. Der Harz war reich an Bodenschätzen und konnte damit die Herausbildung eines politischen Schwerpunkts unterstützen. Die Grenzmarken wurden vorgeschoben und die Slawen bis auf einige Reste, so die Wenden im Spreewald, eingedeutscht. Kraftzellen für den weiteren Ausbau des gewonnenen Landes waren an den Hauptstraßen die Königshöfe, die Bischofssitze, die Klöster und die Niederlassungen von Fernhändlern, die sich in der Nähe der Königshöfe oder Herrensitze, der Domburgen oder der alten slawischen Fürstensitze bildeten. Das Vorrücken geschah dabei in der Weise, daß die Grenzlinien zunächst besetzt und mit Zollstätten versehen und anschließend im Zwischengebiet Siedlungen angelegt wurden, es entstanden also früher die Plätze an Saale und Elbe, am sogenannten Limes Sorabicus, als im Land westlich davon.

Vorerst war die wichtigste Siedlungsart das Dorf, das im Zusammenhang mit dem Landesausbau neue Formen gewann. Ausgrabungen und die Ortsnamenforschung gestatten gewisse Einblicke in den Vorgang der dörflichen Siedlung. Da dieser Abschnitt erst mit der Absonderung Ostfrankens vom Karolingerreich einsetzt, kann auf die Behandlung der davor liegenden Dorfsiedlung verzichtet werden. Seit der Karolingerzeit tauchen in West- und Mitteldeutschland und dann in Süddeutschland Namen mit -roth, -rode, -rade, -rieth und -reuth auf. Im Gebiet von Mittelweser, Lippe und Leine kommen solche auf -hagen hinzu. Sie beginnen im 11. Jh. oder um 1100[1].

Im Laufe des 9. und 10. Jh. trat eine Reihe von Ereignissen ein, die einer Zunahme der Bevölkerung offenbar ungünstig waren. Neben den Einfällen fremder Völkerschaften, vor allem der Wikinger und der Ungarn, gab es Seuchen und Hungersnöte. Im Lauf des 11. Jh. setzt dann ein Aufschwung ein, der sich am besten im Moselgebiet, aber auch weiter im Osten, so in Sachsen, nachweisen läßt. Am deutlichsten wird die Zunahme im aufblühenden Städtewesen ersichtlich.

Für die ganze Zeit ist es schwer, Zahlen hinsichtlich der Gesamtbevölkerung anzugeben. Das ganze ostfränkische Reich soll nach Schätzungen im 9. Jh. 2,5–3 Mill. Einwohner gehabt haben, für das 11. Jh. nimmt man 3–3,5 Mill. an, und das inzwischen im Osten gewonnene Gebiet hinzugenommen, glaubt man 5–6 Millionen rechnen zu müssen, während man für das 12. Jh. dann 7–8 Millionen annimmt. Um die Wende zum 14. Jh. betrug die Bevölkerung etwa 13–15 Millionen. Es gab aber auch jetzt Hindernisse, die die Bevölkerung nicht zu stark wachsen ließen[2].

Es fehlte nicht an schweren Seuchen, über deren Auswirkungen man aber im einzelnen nichts Genaues weiß. 1038 brachte das Heer Konrads II. eine Seuche aus Italien nach Bayern; 1090 wütete die Pest in Magdeburg, wo sie vermutlich von Rußland her eingeschleppt worden war. Im Jahr 1100 brachten Kreuzfahrer die Beulenpest nach Deutschland. Die reinen Kriegsverluste waren damals noch gering. Wenn auf den Italienzügen trotzdem viele Menschen umkamen, so waren Malaria und andere italienische Seuchen daran schuld. Zahlenmäßig sind diese Verluste noch nicht erfaßt.

Außer Kriegen und Fehden wirkten sich schlechte Ernten, harte Winter und andere jahreszeitlich bedingte Schwierigkeiten aus. Dies alles mußte bei den verhältnismäßig geringen Erträgen der Landwirtschaft um so schlimmere Folgen haben. So gab es eine

Reihe schwerer Hungersnöte, die schlimmste in den Jahren 1315/17. Einen katastrophalen Einbruch bewirkte dann die Pestepidemie der Jahre 1348–51, die eine Sterblichkeit von etwa 25 % brachte.

Viele Fragen, so hinsichtlich der Lebenslänge und Lebenserwartung, müssen vorläufig unbeantwortet bleiben. Gewisse Anhaltspunkte geben die Erbschaftsbestimmungen, das Durchschnittsalter für das Verhältnis zwischen männlichem und weiblichen Geschlecht, das Heiratsalter, die Fruchtbarkeit. Die Sterblichkeit lag im Durchschnitt bei 3 %; ähnlich oder höher muß die Geburtenrate gewesen sein. Die Zahl der Männer war etwas größer als die der Frauen; besonders gingen die Jahre von 14 bis 40 mit schwerer Arbeit und Kindergebären auf Kosten der Frauen. Einen Ausweg schuf die Kirche im religiös bedingten Verzicht auf die Heirat. Man nimmt an, daß 1 % der Bevölkerung als Regular- oder Säkulargeistliche auf die Heirat verzichteten. Über den Prozentsatz der Verheirateten gegenüber der Gesamtbevölkerung ist ebenfalls wenig bekannt. In Tirol hat man für die Pestzeit einen solchen von 42,9 errechnet. Die Kirche erlaubte die Heirat schon vom 12. Lebensjahr an, wobei im Durchschnitt alle 30 Monate ein Kind geboren wurde und gewöhnlich um das 40. Lebensjahr die Grenze gesetzt war. Im allgemeinen hatten die Städte eine niedrigere Heirats- und Geburtenrate als die Landbevölkerung[3].

2. Die Binnensiedlung

Solange die Bevölkerung zunahm, brauchte sie zur Ernährung zusätzliches Land, das durch Rodung gewonnen wurde. Ein Teil der überschüssigen Bevölkerung zog nach Osten oder nahm an den Kreuzzügen teil. Die Schwerpunkte der Rodungstätigkeit lagen einmal im Nordwesten, wo Moore kultiviert und von Niederländern Deiche gebaut wurden. Das Alte Land, die Vierlande entstanden auf diese Weise. An der Westküste Holsteins und Schleswigs wurden ebenfalls Deiche gebaut. Die Vogesen, der Schwarzwald wurden jetzt erschlossen; in den Unterharz und den Thüringer Wald drangen die Siedler vor. In den alten Siedlungslandschaften wurden die letzten Waldinseln beseitigt. Am Ende dieser inneren Rodungs- und Kolonisationstätigkeit besaß das kultivierte Land einen Umfang, der später nicht wieder erreicht wurde. Viele Siedlungen, die auf trockenem oder armem Boden entstanden, gingen später, als der Bevölkerungsdruck nachgelassen hatte, als Fehlsiedlungen wieder ein.

Die Ortsnamen der späten Rodungstätigkeit sind an ihren Endungen auf -hagen, -holz, -horst, -wald (walde) oder -rode zu erkennen. Solche Namen kehren vor allem bei den Dorfgründungen der Ostkolonisation wieder. Aus begreiflichen Gründen waren die Landesherrn an einer Kontrolle der Siedlungstätigkeit interessiert. Wie im Osten wurden am Ende der Rodungstätigkeit teilweise im alten Siedlungsgebiet „Reutmeister" eingesetzt, um Angerdörfer anzulegen, so westlich von Augsburg. Bestand die Hauptleistung der Siedler in ihrer Rodungstätigkeit, in der Abholzung des Waldes, in der Trockenlegung von Sümpfen und Mooren sowie im Deichbau, so kamen noch zusätzliche Verpflichtungen gegenüber dem Landesherrn hinzu, so eine Anerkennungsgebühr und Abgabe in der Form von Zehnt und Zins. Je weiter der Bauer im Osten siedelte, desto eher konnte er solchen Verpflichtungen entgehen. Hier war die Ausstattung mit Land am größten. Daß hier Dienste und Abgaben geringer waren als im alten Siedlungsgebiet, war ein besonderes Lockmittel der Werber. Die Gegenleistungen der Herren bestanden in gewissen Freiheiten. Der Siedler erhielt das Land zu freiem Eigen, konnte aus dem Hofrecht entlassen werden und genoß den persönlichen Schutz des Herrn. Derjenige, der die Siedlungsarbeit leitete, bekam seinen Hof etwa als freies Lehen[4].

3. Die Ostsiedlung

Entlang der Ostgrenze, die von der Eider und Kieler Förde über die Saale nach Istrien verlief, erstreckte sich zunächst ein Gürtel von Marken bzw. Herrschaften mehr oder weniger abhängiger meist slawischer Fürsten.

Seit Ende des 8. Jh. erfolgte eine Bewegung nach Südosten, die von den Siedlungen der Bayern ausging. Karls Sohn Pippin trieb die Awaren zurück und errichtete die Pannonische Mark (791–796). Von Bayern wurden die Awarische Mark und Kärnten kolonisiert und durch die Bistümer Passau, Regensburg, Freising unter Führung des Erzbistums Salzburg missioniert.

Das 9. und 10. Jh. brachte wieder Rückschläge. So störten die Einfälle der Ungarn die Siedlungstätigkeit bis zum Sieg auf dem Lechfeld 955; danach drangen Bayern und Franken in den Raum bis March und Leitha vor. Die Alpenländer wurden erschlossen unter Leitung der Babenberger, die ihre Herrschaft über Österreich begründeten. Südlich der Drau entstanden verstreute Siedlungen (Pettau, Reichenfeld, Gurkfeld, Gottschee, Görz).

An der Elbe und Saale wurden die karolingischen Marken durch Heinrich I. wieder gesichert und unter Otto I. bis zur Oder ausgedehnt. Der Missionierung dienten die Bistümer Oldenburg, Havelberg, Brandenburg, Meissen, Merseburg, Naumburg-Zeitz, die mit Ausnahme von Oldenburg alle dem Erzbistum Magdeburg unterstellt wurden (968). Nach dem großen Slawenaufstand (963) schuf Otto III. die Erzbistümer Gnesen (1000) und Gran (1002).

Zur selben Zeit, als die Salier den Investiturstreit verloren und sich mehr und mehr aus Italien zurückzogen, drangen deutsche Siedler in weite Gebiete jenseits von Elbe und Saale vor. Ein neuer Abschnitt setzte unter dem Sachsenherzog Lothar von Süpplinburg und den Staufern ein, als die Überbevölkerung in Niederfranken und Niedersachsen zur Abwanderung drängte. Aber auch Mosel-, Rhein- und Oberfranken sowie Thüringer wanderten jetzt aus. Zuerst wird der Vorgang der der Neusiedlung in Nordalbingen deutlich. Im Jahre 1111 belehnte Herzog Lothar den Grafen Adolf von Schauenburg mit Holstein und Stormarn. In Wagrien setzt unter dem Bremer Domherrn Vicelinus eine verstärkte Missionstätigkeit ein. Besonders erfolgreich war der Schauenburger Adolf II., der im Jahre 1143 zwischen Wakenitz und Trave Burg und Siedlung Lübeck anlegte. Er rief Ritter und Siedler aus den Niederlanden, aus Friesland und Westfalen sowie aus dem Holsteinischen und Stormarnschen. Von seinem mächtigen Landesherren Heinrich dem Löwen wurde er allerdings gezwungen, 1158 die Lübecker Gründung abzutreten. Energisch griff der Sachsenherzog in die kirchliche Neuordnung ein. Die drei Bistümer Oldenburg (mit Sitz in Lübeck), Ratzeburg und Mecklenburg wurden von ihm errichtet. Der Sturz Heinrichs, die Aufteilung seines Territoriums gab der ausgreifenden Großmachtpolitik des dänischen Königtums Gelegenheit, seinen Einfluß auf die südliche Ostseeküste auszudehnen. Waldemar dem Großen (1157–1182) gelang es, Rügen zu unterwerfen; sein Nachfolger Knud VI. (1182–1202) gewann noch Pommern und Mecklenburg hinzu, und zu Beginn des 13. Jh. stieß die dänische Herrschaft bis an die Elbe vor, während sie sich im Baltikum noch Estland sicherte. Das war zugleich ein Ergebnis des Machtkampfes zwischen Welfen und Staufern. In den deutschen Thronwirren stellte sich Waldemar der Sieger (1202–1241) auf die Seite der Staufer; dafür überließ ihm der junge Friedrich II. 1214 die Lande jenseits von Elbe und Elde sowie das in „Slawien" von den Dänen eroberte Gebiet.

Doch konnte sich das dänische Ostseeimperium nicht behaupten. Seine Basis war allein machtpolitischer Art; es fehlte ihm die bevölkerungsmäßige und wirtschaftliche Durchdringung. In dem Augenblick, wo die norddeutschen Territorialherren wieder politisch erstarkt waren, mußte die dänische Herrschaft zusammenbrechen. Das geschah endgültig in der Schlacht von Bornhöved im Jahre 1227. Nun gab Dänemark seinen gesamten eroberten Festlandbesitz preis. Die Eider wurde wieder Grenze Dänemarks. Die deutsche Ostwanderung ging auch zur Zeit der dänischen Besetzung weiter. In Mecklenburg wehrte sich zwar der Obotritenfürst Pribislaw gegen die Ansiedlung Deutscher; nur die Zisterzienser ließ er zu, die 1171 das Kloster Doberan gründeten, von dem sich später die Klöster Dargun und Buckow abzweigten. Erst die Nachkommen Pribislaws gestatteten den Zisterziensern, Dörfer anzulegen; sie riefen dann auch zahlreiche Ritter ins Land, die auf ihrem Lehensbesitz deutsche Bauerndörfer anlegten.

Inzwischen entstanden an der Ostseeküste die Städte Rostock und Wismar nach lübischem Recht und von Schwerin ausgehend im Inneren des Landes Güstrow, Parchim und andere. Bereits um die Mitte des 13. Jh. war Mecklenburg überwiegend deutsch. Von hier aus ging die Bewegung nach Pommern weiter. Schon kurz nach der Mitte des 12. Jh. kamen Benediktiner ins Land und gründeten 1153 Stolp; Prämonstratenser ließen sich in Grobe auf Usedom und in Gramzow bei Prenzlau nieder. Eine stärkere deutsche Besiedlung erfolgte aber erst im Lauf des 13. Jh. unter Herzog Barnim und seinem Bruder Wartislaw. So erhielten die Templer das Land Pyritz zur Anlage von Dörfern. Prenzlau und Stettin wurden nach Magdeburger, Greifswald und Kolberg nach lübischem Recht gegründet. Inzwischen gab Fürst Wizlaw von Rügen den deutschen Kaufleuten in Stralsund ebenfalls lübisches Recht.

Insgesamt entstanden im Lauf des 13. Jh. in Pommern links und rechts der unteren Oder 38 Städte deutschen Rechts. Dazu wurden Ritter ins Land gerufen, die ihrerseits wieder Bauerndörfer anlegten. Mittlerweile erreichte die deutsche Siedlung auch das bis zur Weichsel sich erstreckende Pommerellen. Hier erhob Herzog Swantopolk die deutsche Kaufmannssiedlung bei seiner Burg Danzig zu einer Stadt; Zisterzienser aus Doberan legten Kloster Pelplin an. Nach dem Aussterben des einheimischen Fürstenhauses gab es lange Streitigkeiten, die die Besiedlung nicht vorankommen ließen, bis das Land im Jahr 1308 dem Deutschen Orden zufiel.

In der Mark Brandenburg besiedelte das Haus der Askanier seit Albrecht dem Bären planmäßig das Land. Spandau (1232) war die erste Stadt; Cölln, Berlin, Frankfurt/Oder und andere folgten. In den der Mark angeschlossenen Gebieten der Prignitz, Uckermark, Neumark und dem Land Lebus an der Oder war die deutsche Besiedlung weniger dicht. Am stärksten behauptete sich das slawische Element in der Lausitz, die oft den Herrn wechselte. Namentlich der Spreewald und die Gegend um Bautzen blieben slawische Rückzugsgebiete.

In Schlesien ging die kirchliche Siedlungsbewegung von den Zisterziensern in Pforta aus, die das von polnischen Benediktinern gegründete Leubus übernahmen und Heinrichau mit der Filiale Grüssau sowie Camenz gründeten. Der Piastenherzog Heinrich I., Enkel und Sohn deutscher Fürstentöchter und mit einer Deutschen verheiratet, ließ zur Stärkung seiner Herzogsgewalt längs des Grenzwaldes und in der Breslauer Gegend durch eigene und grundherrliche Lokatoren Deutsche in Dörfern ansiedeln. Gleichzeitig entstanden Städte. Dasselbe geschah im Land der Bischöfe von Breslau, wo Neiße entstand. Der Ansturm der Mongolen richtete wohl allenthalben großen Schaden an, aber als nach der Schlacht bei Liegnitz (1241) die Gefahr vorüber war, wurde die Siedlungstätigkeit wiederaufgegriffen. Die meisten Siedler kamen aus dem älteren Kolonialland zwischen Saale und Elbe und verwerteten die hier gesammelten Erfahrungen. Innerhalb von knapp anderthalb Jahrhunderten entstanden in Schlesien 120 Städte und über 1200 Dörfer, die überwiegend mit Deutschen besiedelt wurden. Breslau selbst, das 1241 von den Mongolen zerstört worden war, wurde in größerem Maßstab wiederaufgebaut und mit Magdeburger Recht begabt und entfaltete sich nun zu einem

Mittelpunkt des Fernhandels von Nürnberg und Prag nach Thorn und Danzig bzw. Lemberg und Halicz.

Weniger intensiv als in Schlesien war die Kolonisationstätigkeit in Böhmen und Mähren, obwohl diese Gebiete schon seit der Ottonenzeit dem Reich eingegliedert waren und die Bistümer Prag und Olmütz zur Mainzer Kirchenprovinz gehörten. Im Jahr 1085 erhielt eine deutsche Kaufmannssiedlung bei der Prager Burg zum erstenmal ein Privileg. Im Jahre 1255 bekam die Prager Altstadt deutsches Recht; unter Ottokar II. kam die Kleinseite, unter Karl IV. die Neustadt hinzu. Darüber hinaus wurden vom Herrscherhaus der Przemysliden Städte nach Nürnberger, Magdeburger und Halle-Neumarkter Recht gegründet und in deren Umgebung durch bürgerliche Lokatoren Bauern angesiedelt. Im südlichen Böhmen und in Mähren setzte sich das Wiener Stadtrecht durch. Das Egerland, das nicht zu Böhmen gehörte, wurde von Franken her besiedelt. Dazu kam die Siedlungstätigkeit der Klöster, der Zisterzienser aus Waldsassen, die in Osseg und Sedlitz am Südhang des Erzgebirges bzw. des Böhmerwaldes Klöster gründeten; die Zisterzienser von Heiligenkreuz im Böhmer Wald gingen nach dem südböhmischen Goldenkron, Prämonstratenser nach Strahov bei Prag, nach Tepl, Leitomischl und Seelau. Auch die Ritterorden, die in Böhmen umfangreiche Güter hatten, siedelten Deutsche an. Inzwischen kamen deutsche Bergknappen nach Iglau, Kuttenberg und Deutsch-Brod. Sie brachten das Freiberger Bergrecht mit, das sich dann von Iglau aus weiter verbreitete.

Wie bei den Piasten waren auch bei den Przemysliden die Frauen meist deutsche Fürstentöchter. Nach dem Aussterben dieses Herrscherhauses ließ die Zuwanderung nach; bis dahin waren aber nur die Randgebiete sowie die Städte des Landes und dazu einzelne Inseln deutsch besiedelt. Unter den auf die Przemysliden folgenden Luxemburgern sahen sich die Tschechen in ihrem Anspruch auf Gleichberechtigung ermutigt und begannen sich schon vor den Hussitenkriegen gegen die Überfremdung durch die Deutschen aufzulehnen.

Lediglich angedeutet, weil über den Bereich des Römischen Reichs deutscher Nation hinausgreifend, sei die Siedlungstätigkeit des Deutschen Ordens in Preußen, des Schwertbruderordens in Livland, die weiteren Siedlungsunternehmen im Weichselland, in Ungarn, Siebenbürgen und anderen Gebieten des Südostens Europas. Beteiligt waren an dieser Siedlungstätigkeit alle Schichten des Volkes, Bürger und Bauern, Kaufleute und Bergknappen, Ritter und Ordensgeistliche. Militärische Aktionen und Fragen der Grenzsicherung spielten wohl anfänglich eine große Rolle, aber das Bedeutsame war, daß die Deutschen schließlich von den einheimischen, meist slawischen Fürsten gerufen wurden, um gesichert durch eine vertraglich-rechtliche Regelung an der Erschließung des Landes mitzuwirken. Begünstigt wurde der Vorgang durch die zahlreichen Heiratsverbindungen slawischer oder ungarischer Herrscher mit deutschen Fürstentöchtern, die ihrerseits wieder ein Gefolge von Deutschen mitbrachten, die am Hof und in der Landesverwaltung Einfluß erlangten und den Vorgang unterstützten, indem sie auf ihren Besitzungen deutsche Zinsbauern ansiedelten. Vor allem aber wurden die sogenannten Lokatoren beauftragt, Siedlungsunternehmer bürgerlicher oder adliger Herkunft, die die Bauern und Handwerker dorfweise ansetzten und als Belohnung besondere Rechte überwiesen bekamen, die mit dem sogenannten Erbschulzenamt verbunden waren. Niedere Gerichtsbarkeit, das Mühlenrecht, der Betrieb eines Kruges, die Fischerei u. a. gehörten dazu. Umstritten ist die Rolle, die die kaufmännischen Unternehmerkonsortien bei der Gründung der Städte, vor allem der Ostseestädte, spielten[5].

4. Kaufmannsniederlassungen im Ausland

Im Rahmen der Wanderungen dieser Zeit muß man auch an die Kreuzzüge denken und an die Bevölkerungsbewegung im Rahmen der Außenhandelsbeziehungen, etwa mit den Niederlanden, mit Frankreich, mit Italien oder England. Kaufmannsniederlassungen im Fondaco dei Tedeschi in Venedig, Como, Mailand und Genua, in den hansischen Kontoren zu Novgorod, Bergen, Brügge und London, an Plätzen wie Stockholm, Kalmar und Visby müssen in diesem Zusammenhang gesehen werden. Gerne wird auf das Beispiel des Arnold Fitzdethmar verwiesen, der Londoner Alderman wurde[6].

5. Aufblühende Städte

Unter Karl dem Großen entstanden an vielen ehemaligen Römerplätzen von Utrecht, Nimwegen und Maastricht über Aachen, Speyer, Frankfurt bis Regensburg und Zürich Pfalzen für den König bzw. Burgen für die Grafschaftsverwaltung. Teilweise gesellten sich ihnen Bischofsburgen zu. Die Bauweise in der Form der Burg gab diesen Städten ihren künftigen deutschen Namen: 804 wird zum erstenmal das Wort Reganespurc statt des alten Castra Regina gebraucht, ebenso heißt es von nun ab Straßburg, Augsburg, Salzburg.

Die Handelsemporien der Friesen, die in der späteren Merowingerzeit erwähnt wurden (Quentovic, Dorestad), verschwanden mit den Wikingerinvasionen. 863/64 wird der Name Quentovics und Dorestads zum letztenmal genannt. Dafür bildeten sich friesische Kaufmannswiken an verschiedenen Plätzen des Rheins, die damit ebenfalls zur künftigen Stadtkernbildung beitrugen. Dazu kamen die Grenzburgen im Osten: an der Elbe Bardowick, Jeetzel im Raum von Salzwedel und Magdeburg, dann Halle an der Saale, Erfurt, Forchheim an der Regnitz und Lorch an der oberen Donau. Zur Erschließung des eroberten Nordostgebietes entstanden Königshöfe, die als Militärstützpunkt dienten, gleichzeitig aber auch Funktionen als Handelszentren und Schwerpunkte der kirchlichen Verwaltung zu übernehmen hatten, so am Hellweg, der von Köln über Dortmund, Soest und Paderborn zum Harz und nach Magdeburg weiterführte, während eine andere Straße von Dortmund aus über Münster und Osnabrück nach Hildesheim, Halberstadt und Magdeburg ging. An anderen Orten entstanden Klöster mit entsprechenden Burganlagen, so in Corvey, Hameln, Herford, Gandersheim und Helmstedt. Da noch weitgehend das germanische Eigenkirchenrecht galt, waren die Bischofs- wie die Klosterburgen als Königsburgen anzusehen. Hinzu kam der Siedlungszuwachs in der Form einer Kaufmannsniederlassung. Auf eine solche weist der Name Bardowick hin. Eine besondere Bedeutung als Grenzhandelsplatz bekam der Kaufmannswik bei Magdeburg. – Eine eigene Rolle spielte Hedeby-Haithabu, das in den deutschen Quellen 804 Sliasthorp und 830 Sliaswich genannt wird. Es lag im dänischen Herrschaftsbereich, hatte aber zum Teil eine friesische Einwohnerschaft[7].

Wanderungen erfolgten vor allem vom Land in die Stadt und trugen wesentlich zum Aufblühen der Städte bei. Einen neuen Abschnitt in der Frühgeschichte der deutschen Stadt leitete die Herrschaft der Ottonen ein. Noch blieb die Kombination Burg-Wik bezeichnend. Die Wike wurden zahlreicher; wir finden sie jetzt auch an den kleineren Flüssen, d. h. nicht nur am Main und am Neckar, sondern auch an Ems, Ruhr und Nahe, Iller, Lech, Isar und Salzach. Ebenso bildeten sich an den Heer- und Handelsstraßen neue Kaufmannswike. Diese Wike wurden jetzt ummauert.

Die entscheidende Zeit der Stadtgründungen setzte aber erst nach dem Tode Heinrichs III. (1056) ein, als anstelle der ottonischen Staatsidee einer autoritären Herrschaft über das Reich und die Kirche die Trennung der beiden Gewalten erfolgte und sich die Lehenshierarchie mit Bischöfen und einigen Reichsäbten sowie wenigen weltlichen Herren an der Spitze weiter befestigte. Nachdrücklich griffen jetzt diese Gewalten in den Prozeß der Stadtwerdung ein. Die Städte wurden mit besonderem Recht begabt. Am Ende des 12. Jh. hatten schon weit über 100 Siedlungen das Stadtrecht. Mit den Stadtgründungen wuchs der Anteil der städtischen Bevölkerung in beachtlichem Maße. Bezeichnend für dic Osttendenz der Siedlungsbewegung ist es auch, daß die jenseits von Elbe und Saale gelegenen Städte mehr und mehr an Gewicht gewannen. Betrug die Zahl der Städte im 12. Jh. erst 250, so stieg sie im 13. auf über 2000, im nächsten Jh. noch weit darüber hinaus, um schließlich wohl an die 20 % der gesamten Bevölkerung auszumachen.

Genauere Vorstellungen über die Größe der Stadtbevölkerung ermöglichen uns die Daten über den Stadtumfang. Die alten Bischofsstädte aus der Römerzeit waren im allgemeinen bevölkerungsmäßig zu klein, um den ganzen Raum auszufüllen, der von der alten Mauer umfaßt wurde. Die 285 ha der Römerstadt von Trier waren im ganzen Mittelalter nur zum Teil bebaut. Im allgemeinen genügten für die Burg-Vicussiedlung bis ins 10. Jh. 9–15 ha. Die z.T. schon im 10., und dann im 11. Jh. einsetzenden Stadterweiterungen lassen sich illustrieren mit den Beispielen Regensburg und Köln. Das Rechteck der Castra Regina hatte einen Umfang von 25 ha, wozu ein Neustadtraum von 36 ha kam. Zur Kölner Römerstadt mit 96 ha kam die Rheinvorstadt St. Martin mit 25 ha. Die neuen Bischofsstädte hatten zwischen 12 und 20 ha. Die Neugründungen des 12. Jh. erreichten im allgemeinen einen Umfang von unter oder über 20 ha. Von der ersten Hälfte des 11. Jh. ab nahm das Wachstum der Städte im Westen in auffallendem Maße zu. Köln füllte zu Beginn des 12. Jh. 236 ha und begann 1180 seinen großen Mauerbau, der dann 400 ha umfassen sollte. Damit hatte Köln einen Umfang, der von keiner anderen deutschen Stadt erreicht wurde. Im ganzen erlebten etwa 20 Städte im 12. Jh. bereits ihre Höchstausdehnung, unter ihnen Goslar, Dortmund, Lüneburg, Speyer und Wiener Neustadt.

Die seit dem Ausgang des 12. Jh. einsetzenden Neugründungen lagen im allgemeinen um 20 ha. Eine große Zahl von Städten erreichte jetzt ihre Höchstausdehnung. Lübeck mit seinen 107 ha gehört dazu, dann Braunschweig mit 115 ha, sowie Rostock, Wismar, Greifswald, Stettin und Stralsund, deren Umfang zwischen 69 und 44 ha lag. Ohne ihren Abschluß zu erreichen, wuchsen Hamburg, Straßburg, Frankfurt, Nürnberg und Augsburg.

Im 14. Jh. ließ die Zahl der Neugründungen wieder nach, auch handelte es sich meist um Städte kleineren Umfangs. Einige der älteren Städte haben in dieser Zeit ihren Umfang noch einmal beträchtlich erweitert. So erreichte Aachen 175 ha[8]. Angesichts dieser Dynamik darf nicht übersehen werden, daß eine ganze Reihe der Neugründungen Fehlplanungen waren, die über den Status der ,,Kümmerstadt" oder ,,Minderstadt" nicht hinausgelangten, während andere Gründungen wieder zu Marktorten absanken und froh sein mußten, ihr Marktprivileg zu behaupten.

Genauere Einwohnerzahlen lassen sich im allgemeinen für diese Zeit noch nicht feststellen. Weitgehend ist man auf Schätzungen angewiesen. Während Regensburg auch in seiner besten Zeit unter 10000 Einwohnern blieb, erreichte Breslau Anfang des 14. Jh. wohl 14–15000, Danzig und Lübeck an die 17000; Köln als die größte stieg bis auf über 35000[9].

6. Juden und Ausländer

Im Laufe des 10. Jh. erscheinen jüdische Niederlassungen in Mainz und Augsburg, dann in der Mitte des Jh. in Worms, Regensburg und Prag. Unter den salischen Herrschern rücken sie deutlich ins Blickfeld. Es gab jetzt auch Juden in Metz, Trier, Köln und Speyer, Köln erhielt 1012, Worms vor 1034 eine Synagoge. Nach Speyer emigrierten 1084 Juden aus Mainz, deren Häuser durch eine Feuerbrunst zerstört worden waren. Im Jahre 1096 gab es jüdische Niederlassungen in Xanten, Mörs, Geldern, Neuss, Altenahr und Kerpen.

Der erste Kreuzzug brachte schwere Verfolgung vor allem in Speyer, Mainz und Worms. Es erfolgten Zwangstaufen. Andere ließen sich freiwillig taufen, und verhältnismäßig leicht vermischten sich diese, wie das Kölner Beispiel zeigt, mit der übrigen Bevölkerung. Mit dem Ausbau des Judenregals wurde die von ihnen als Kammerknechten zu entrichtende Steuer eine begehrte fiskalische Institution der Kaiser. Gleichzeitig vermittelt sie einen Überblick über den ungefähren Umfang und Wohlstand der einzelnen Niederlassungen. Das Verzeichnis der Steuern, das die Juden 1241 zu entrichten hatten, zeigt, daß das Schwergewicht der Niederlassungen am mittleren Rhein lag. Die größten Beträge (130 und 80 Mark) gaben diejenigen von Worms und Speyer, die Oppenheimer zahlten 15 Mark, die von Boppard und Sinzig je 25 und die von Oberwesel 20 Mark. Die Juden der Wetterau, d.h. der Reichsstädte Frankfurt, Gelnhausen, Wetzlar und Friedberg gaben 180 Mark, die Straßburger 200, die Hagenauer 15 Mark. Basel war mit 40 Mark angesetzt. Die Judenschaft des Niederrheins war schwächer, die von Kaiserswerth zahlte 20, die von Duisburg und Aachen je 15, die von Düren 10 Mark. In Westfalen ist allein die Dortmunder Judenschaft mit 15 Mark aufgeführt. Dazu kamen die Juden in Schwaben und Franken, voran die von Augsburg, Ulm, Rothenburg, Nürnberg und Würzburg, schließlich diejenigen von Erfurt. Das Verzeichnis ist nicht vollständig, denn nicht alle Juden waren der kaiserlichen Kammer steuerpflichtig; die von Mainz, Köln und Trier entrichteten die Steuer an den Erzbischof als Regalinhaber. Ähnlich sicherten sich weitere Territorialherren das Regal.

Mit dem Niedergang der Staufer und den damit zusammenhängenden Wirren begann man die Juden wie Wertobjekte zu behandeln, wobei die Kammerknechtschaft vielfach dem Reich entzogen wurde. In dieser Zeit findet man Juden bereits auch in Dörfern z. B. der Reichslandvogtei im Speyergau, doch blieben sie bis zu den Verfolgungen, die der Schwarze Tod mit sich brachte, in erster Linie Stadtbewohner. In den Städten hatten sie z.T. umfangreichen Grundbesitz. In Köln, Speyer, Mainz und Worms gab es schon im 11. Jh. eigene Judenviertel. Damit das Judenviertel sich nicht weiter räumlich ausdehnte, erließ Köln 1341 eine entsprechende Verordnung. Das Viertel muß schon recht bebaut gewesen sein, denn die Eintragungen des Grundbuchs beziehen sich in zunehmendem Maße auf Hälften, Drittel, Viertel, Achtel und selbst auf Zweiunddreißigstel. Der Bevölkerungsdruck, der sich bei der übrigen Bevölkerung äußerte und ein Ventil im Ausbau des Landes und in der Ostsiedlung fand, hatte eine Parallele in der Vermehrung der jüdischen Bevölkerung und ihrer verschiedenen Niederlassungen. Genauere Zahlenangaben über die in den einzelnen Orten lebenden Juden fehlen. Die überlieferten Ziffern sind vielfach weit übertrieben. In den meisten Orten lebten nur kleinere Gruppen, vielfach lediglich eine oder zwei Familien. Genauere Zahlen hat man nur aus Frankfurt, wo 1241 etwa 200 Personen lebten, zwischen 1311 und 1349 erhielten 40 Juden das Bürgerrecht. Doch bestand eine starke Unstetigkeit, die meisten hielten sich nur kurz in der Stadt auf. In Köln liefern die Schreinsurkunden gewisse Unterlagen. 1170 waren etwa 48 Häuser und Hofstätten in Besitz von Juden, 1325 waren diese auf 70 angewachsen. Doch ist schwer auszumachen, wieviele Personen im einzelnen Haus lebten[10].

Neben den Juden bildeten die eigentlichen Ausländer nur verschwindende Minderheiten; die Spuren der „Walen“, die wohl eher aus Wallonien oder Frankreich als aus Italien kamen, sind am stärksten in Regensburg festzustellen. Kawerzen (Kawerschen) lassen sich im Rheinland und in Lindau nachweisen, wobei nicht scharf zu unterscheiden ist, wieweit sie aus Cahors und anderen Plätzen Südfrankreichs stammten oder ob es sich um Lombarden handelte. Diese treffen wir seit dem Niedergang der Champagnermessen verstärkt im Rheinland, so in Aachen, Köln, Bonn und anderen Orten. Meist waren es Leute aus Asti, Mailand und Piacenza. Florentiner drangen in die Geschäfte Tirols ein und ließen sich an verschiedenen Plätzen nieder. Auch die Venezianer bemühten sich um Stützpunkte[11].

1 *Abel:* Geschichte der deutschen Landwirtschaft (²1967), S. 26 ff.: Ortsnamen.

2 *Russel:* Population in Europe, S. 36, hat für Deutschland und Skandinavien 1340: 11,5 Mill. Einwohner, was etwas niedrig sein dürfte. *Abel:* Landwirtschaft 900–1350, S 198 ff; *Schmitz:* Faktoren der Preisbildung, S. 94 ff.

3 *Russel:* Population in Europe, S. 25 ff.

4 *Abel:* Landwirtschaft 900–1350, S. 169 ff.

5 *E. Klebel:* Siedlungsgeschichte d.dt. Südostens (1940).
K. H. Quirin: Die dt. Ostsiedlung im Mittelalter (1954).
W. Schlesinger: Die geschichtl. Stellung d. mittelalterl. dt. Ostbewegung. In: Hist. Zs. 183 (1957).
K. Jordan: Die Städtepolitik Heinrichs d. Löwen. In: HGBLL 78 (1960), S. 1–36.
W. Schlesinger (Hg.): Die dt. Ostsiedlung d. Mittelalters als Problem d. europ. Gesch. (1975).

6 *H. Ammann:* Die Anfänge d. Leinenindustrie d. Bodenseegebiets. In: Alemannisches Jb. (1953), S. 295 ff.
H. C. Peyer: Leinengewerbe u. Fernhandel d. Stadt St. Gallen (1959/60).
W. Schnyder: Handel u. Verkehr über die Bündner Pässe im Mittelalter, I (1973).
Ph. Braunstein: Wirtschaftl. Beziehungen zwischen Nürnberg u. Italien im Spätmittelalter. In: Beiträge z. Wirtschaftsgeschichte Nürnbergs, I (1967), S. 377 ff.
Ders.: Relations d'affaires entre Nurembergeois et Venitiens à la fin du XIVe siècle. In: Mélanges d'archéologie et d'histoire, publiés par l'Ecole Française de Rome (1964), S. 227 ff.
H. Kellenbenz: Die Wirtschaft in Deutschland, Italien und Frankreich im 14. Jh., insbesondere ihre verkehrswirtschaftlichen Verflechtungen. In: *H. Patze* (Hg.): Der deutsche Territorialstaat im 14. Jh. I (1970), S. 197–223.
Ders.: Lindau und die Alpenpässe. In: Erzeugung, Verkehr und Handel in der Geschichte der Alpenländer. Herbert-Hassinger-Festschrift (1977), S. 199–219.
H. Ammann: Die Deutschen im mittelalterlichen Frankreich. II: Die Deutschen auf den Messen von Chalon an der Saône und in Burgund. In: DALV 5 (1941), S. 580–590.
R. Sprandel: Die wirtschaftlichen Beziehungen zwischen Paris und dem deutschen Sprachraum im Mittelalter. In: VSWG 49 (1962), S. 289 ff.
R. Häpke: Der deutsche Kaufmann in den Niederlanden (1911).
H. Kellenbenz: German Immigrants in England. In: *C. Holmes* (Hg.): Immigrants and Minorities in British Society (1978), S. 63 ff.
J. Schreiner: Hanseatene of Norge (1941).
K. Helle: Die Deutschen in Bergen während des Mittelalters. In: Hanse in Europa, Brücke zwischen den Märkten, 12–17. Jh. Ausstellung d. Kölnischen Stadtmuseums 9. Juni–9. September 1973 (1973), S. 137–156.
G. Authén Blom: Die Hanseaten in Oslo u. Tønsberg. Ebd., S. 157–164.
K. Friedland (Hg.): Bergen, Handelszentrum d. beginnenden Spätmittelalters (1971).
W. Koppe: Lübeck- Stockholmer Handelsgeschichte im 14. Jh. (1933).
Kj. Kumlien: Sverige och hanseaterna, Studier i svensk politik och utrikeshandel (1953).
Ders.: Hanseatischer Handel und Hansekaufleute in Skandinavien. In: *A. v. Brandt* u.a.: Die deutsche Hanse als Mittler zwischen Ost und West (1963), S. 79–101.
P. Johansen: Umrisse u. Aufgaben d. hansischen Siedlungsgeschichte und Kartographie. In: HGBLL 73 (1955), S. 1 ff.

7 *H. Jankuhn:* Haithabu u. Danewerk (⁶1964).
Ders.: Typen und Funktionen vor- u. frühwikingerzeitl. Handelsplätze im Ostseegebiet (1971).

8 *H. Planitz:* Die deutsche Stadt im Mittelalter (²1965), S. 130 ff.

9 *H. Stoob* (Hg.): Forschungen z. Städtewesen in Europa I (1970).
E. Ennen: Die europäische Stadt d. Mittelalters (²1974).

C. Haase (Hg.): Die Stadt d. Mittelalters (3 Bde., ^{2}1975–76).
Vgl. ferner die einzelnen Bände von *E. Keyser* (Hg.): Deutsches Städtebuch (1939 ff.).
10 *G. Kisch:* Fragen zur Rechts- u. Sozialgeschichte d. Juden in Deutschland während d. Mittelalters (1955), S. 237–299 (mit Bibliogr.).
Ders.: The Jews in medieval Germany (1949).
H. Kellenbenz: Die Juden in der Wirtschaftsgeschichte d. rheinischen Raumes. Von der Spätantike b. z. Jahre 1648. In: Monumenta Judaica, 2000 Jahre Geschichte u. Kultur d. Juden am Rhein (1963), S. 199–241.
G. Michelfelder: Die wirtschaftliche Tätigkeit d. Juden Nürnbergs im Spätmittelalter. In: Beiträge z. Wirtschaftsgeschichte Nürnbergs, I (1967), S. 236 ff.
St. Schwarz: Die Juden in Bayern im Wandel d. Zeiten (1963).
11 *H. Ammann:* Huy an der Maas in der mittelalterlichen Wirtschaft. In: Städtewesen u. Bürgertum als geschichtliche Kräfte, Gedächtnisschrift f. Fritz Rörig (1953), S. 389.
R. Doehard: L'expansion économique belge au Moyen Age (1946), S. 41.
A. Schulte: Geschichte d. mittelalterlichen Handels u. Verkehrs I (1900), S. 298.
A. Erler: Kawerzen. In: HRG II (1978), S. 695.
E. Ennen: Kölner Wirtschaft im Früh- und Hochmittelalter. In: *H. Kellenbenz* (Hg.): Zwei Jahrtausende Kölner Wirtschaft I (1975), S. 166.
H. Kellenbenz: Die Wirtschaft in Deutschland, Italien u. Frankreich im 14. Jh., S. 214 f.
Ders.: Lombarden. In: HRG III, Sp. 37 f.

III. Die politischen Mächte und die Wirtschaft

Von Hermann Kellenbenz

Literatur

Th. Hampe u. *H. Baethgen:* Dt. Kaisergeschichte im Zeitalter d. Salier und Staufer (^{10}1948).
Th. Hampe u. *G. Tellenbach:* Das Hochmittelalter. Gesch. d. Abendlandes von 900–1250 (^{4}1953).
G. Barraclough: Die mittelalterl. Grundlag. d. modern. Deutschland (^{2}1955).
B. Gebhardt: Hdb. d. dt. Geschichte. I, Frühzeit u. Mittelalter (^{9}1970).
H. Beumann: Regnum Teutonicorum u. rex Teutonicorum in ottonischer und salischer Zeit. In: AKG 55 (1973), S. 219 ff.
W. Schlesinger: Die Königserhebung Heinrichs I. Der Beginn d. dt. Geschichte u. die dt. Geschichtswissenschaft. In: HZ 221 (1975), S. 529 ff.
H. Mitteis u. *H. Lieberich:* Deutsche Rechtsgesch. (^{14}1976).
K. Bosl: Geschichte d. Mittelalters (^{2}1956).
M. Lintzel: Die Kaiserpolitik Ottos d. Großen (1943).
E. Schneider: Neuere Anschauungen über die Kaiserpolitik des Mittelalters (^{5}1944).
W. Schmidt: Dt. Königtum u. dt. Staat im Hochmittelalter während u. unter d. Einfluß d. italien. Heerfahrten (1964).
H. L. Mikolezky: Kaiser Heinrich II. u.d. Kirche (1946).
H. Zimmermann: Papstabsetzungen d. Mittelalters (1968).
K. Bosl: Die Reichsministerialität der Salier und Staufer (^{2}1968/69).
A. Schulte: Geschichte der Habsburger in den ersten drei Jahrhunderten (1887).
A. Deichmann: Untersuchungen über die Reichsherrschaft und die Reichspolitik im Zeitalter Heinrichs VIII. (1956).
C. Erdmann: Kaisertum und Herzogsgewalt im Zeitalter Friedrichs I. (1944).
Th. Mayer: Friedrich I. und Heinrich der Löwe (1958).
P. Kempf: Papsttum u. Kaisertum bei Innozenz III. (1954).
Ders.: Die päpstl. Gewalt in d. mittelalterl. Welt (1959).
H. Angermeier: Königtum u. Landfriede im dt. Spätmittelalter (1966).
O. Hiltbrunner: Die Heiligkeit d. Kaisers (1968).

H. Mitteis: Der Staat im hohen Mittelalter ([8]1968).
W. Kölmel: Regimen Christianum. Weg u. Ergebnisse d. Gewaltverhältnisse u. d. Gewaltverständnisses (8.–14. Jh.) (1969).
H. Mitteis: Die dt. Königswahl ([2]1944, Neudr. 1965).
Ch. C. Bayley: The formation of the German College of Electors (1949).
C. Brühl: Fodrum, gistum, servitium regis. Studien zu den wirtschaftlichen Grundlagen d. Königtums (2 Bde., 1968).
J. Gernhuber: Die Landfriedensbewegung in Deutschland bis 1235 (1952).
V. Achter: Über den Ursprung d. Gottesfriedes (1954).
E. Klingelhöfer: Die Reichsgesetze von 1220, 1231/32 u. 1235 (1955).
F. Merzbacher: Judicium Provinciale Ducatus Franconiae, das kaiserl. Landgericht d. Hgtms. Franken-Würzburg im Spätmittelalter (1956).
M. J. Odenheimer: Der christl.-kirchl. Anteil an der Verdrängung d. mittelalterl. Rechtsstruktur u. an der Entstehung d. Vorherrschaft d. staatlich gesetzten Rechts im deutsch. u. französ. Staatsgebiet (1957).
H. Patze: Die Entstehung d. Landesherrschaft in Thüringen 1 (1962).
A. Gerlich: Studien z. Landfriedenspolitik Kg. Rudolphs v. Habsburg (1963).
H. Hoffmann: Gottesfriede u. treuga dei (1964).
O. Brunner: Land und Herrschaft ([5]1965).
Th. Mayer: Fürsten und Staat (1950, Neudr. 1969).
W. Schlesinger: Die Entstehung d. Landesherrschaft (1969).
H. Pirchegger: Landesfürst u. Adel in d. Steiermark während des Mittelalters (1951).
W. Grube: Der Stuttgarter Landtag 1457–1957 (1957).
P. Blickle: Landschaften im alten Reich (1973).
F. L. Carstens: Princes and Parliaments in Germany from the 15th to the 18th Cent. (1959).
E. Schubert: Die Landstände des Hochstifts Würzburg (1967).
G. Tellenbach: Libertas, Kirche u. Weltordnung im Zeitalter d. Investiturstreits (1936).
K. Hallinger: Gorze-Kluny, Studien zu den monastischen Lebensformen und Gegensätzen im Hochmittelalter (2 Bde., 1950/51).
A. Borst: Die Katharer (1953).
E. Werner: Pauperes Christi. Studien z. sozialreligiösen Bewegungen im Zeitalter d. Reformpapsttums (1956).
K. Schmid: Kloster Hirsau u. seine Stifter (1959).
M. Erbstösser u. *E. Werner:* Ideolog. Probleme d. mittelalterl. Plebejertums. Die freigeistige Häresie u. ihre sozialen Wurzeln (1960).
H. Grundmann: Religiöse Bewegungen im Mittelalter ([2]1961).
H. Jakobs: Die Hirsauer, ihre Ausbreitung u. Rechtsstellung im Zeitalter d. Investiturstreits (1961).
Ders.: Der Adel in d. Klosterreform von St. Blasien (1968).
H. Grundmann: Ketzergeschichte d. Mittelalters. In: Die Kirche in ihrer Geschichte 2 (1963).
J. B. Russel: Dissent and Reform in the Middle Ages (1965).

1. Der politische Rahmen

Mit der Krönung in Rom zum Kaiser (800) knüpfte der Karolinger Karl an die Traditionen des Römischen Imperiums an und verlieh der Einheit seines Reichs die Sanktion der Kirche. Freilich, derselbe Herrscher gab den germanischen Traditionen wieder soweit nach, daß er im Jahre 809 das Reich unter seine Söhne teilte.

Endgültig wurde das Karolingerreich im Jahre 880 durch den Vertrag von Ribemont aufgeteilt. Künftig hatte der östliche Reichsteil sein eigenes Schicksal, zunächst noch unter der Bezeichnung *regnum Francorum orientale*, dann aber als *regnum Teutonicorum*. Das Königshaus war ab 919 sächsischer Herkunft. Heinrichs Sohn Otto I. knüpfte seit seiner Kaiserkrönung bewußt wieder an die fränkische Tradition an und bediente sich der Kirche als Herrschaftsinstrument gegenüber dem Regionalismus des Stammesherzogtums. Die Sachsenkaiser schoben die Grenzen im Osten weiter vor. Die Billunger Mark, d.h. Mecklenburg, die Nordmark, d.i. Brandenburg, die Mark Lausitz und die Mark Meißen kamen hinzu. Wichtig für die Sicherung des Ostens wurde die Errichtung des Erzbistums Magdeburg (968) und des Erzbistums Gnesen (1000). Die Salier, die nach den Sachsenherrschern von 1024 bis 1125 Träger der Krongewalt waren, knüpften an die ottonische Kirchenpolitik an[1].

Die im 11. Jh. beginnende Auseinandersetzung zwischen der Papstkirche und dem Kaisertum fand in den zwei folgenden Jahrhunderten ihren konsequenten Fortgang. Gegen die Laieninvestitur und das Eigenkirchentum, die aus germanischen Rechtsanschauungen erwachsen waren, setzte die auf die Grundsätze des kanonischen Rechts sich stützende Papstkirche, zunächst unter dem überlegenen Gregor VII. (1073–1085), ihre Unabhängigkeit vom Königtum durch und übernahm künftig die politische Führung in Europa. Der Investiturstreit wurde unter dem letzten Salier Heinrich V. im Jahr 1122 durch das Wormser Konkordat, wohl als Kompromiß, aber letzten Endes auf Kosten des Kaisertums, beendet[2].

Nach Lothar von Sachsen (1125–1137), unter dem die nordostdeutsche Kolonisation einsetzte, begann mit Konrad III. (1138–1152) die Herrscherzeit der nach ihrer in Schwaben gelegenen Stammburg benannten Staufer, die mit Friedrich I. Barbarossa (1152–1190) und seinem Sohn Heinrich VI. (1190–1197) den Höhepunkt ihrer Machtstellung erlangten. Friedrichs erfolgreiche Auseinandersetzung mit Heinrich dem Löwen stärkte wohl die Reichsgewalt, aber der Sturz Heinrichs wie das politische Zusammenspiel der Staufer mit der dänischen Krone und die Schwerpunktverlagerung nach Italien schwächten die ostkolonisatorische Bewegung. Die Vermählung Heinrichs mit Konstanze, der Erbin des letzten Normannenkönigs Wilhelm II., brachte den Staufern die Herrschaft über Sizilien und Unteritalien ein, verschärfte aber den Gegensatz zum Papsttum und führte in Deutschland namentlich unter Friedrich II. zu einer für die weitere Entwicklung entscheidenden Vernachlässigung der Machtstellung des Königtums, gegen das sich mehr und mehr das Territorialfürstentum geltend zu machen verstand[3].

Die Auflösung der Machtstellung des Königs ging nach den Staufern weiter, als die Krone an die Vertreter verschiedener Dynastien gelangte, die nur als Besitzer einer größeren Hausmacht regierungsfähig waren. Die wichtigsten von ihnen waren der Habsburger Rudolf I. (1273–1291), der seine Hausmacht zu erweitern verstand, der Luxemburger Heinrich VII. (1308–1313), dessen Heiratspolitik Böhmen für seine Dynastie sicherte, und der Wittelsbacher Ludwig IV. (1314–1347), der noch einmal den weltgeschichtlichen Kampf zwischen *imperium* und *sacerdotium* aufnahm. Er mußte sich allerdings damit begnügen, daß 1338 der Kurverein in Rhens auf der Grundlage des Reichsrechts verkündete, der von den Kurfürsten gewählte König brauche die päpstliche Bestätigung nicht; nur die Kaiserkrönung blieb dem Papst überlassen. Kurz darauf bestimmte ein Frankfurter Reichstag, daß die Königswahl dem gewählten Herrscher auch die Rechte und Titel des Kaisers gebe[4].

2. König und Imperium

Der durch die religiös-politischen Forderungen von Papst Gregor VII. ausgelöste Investiturstreit zwang das Königtum, sich aus dem religiös-kirchlichen Bereich auf seine Aufgaben einer Laienherrschaft zurückzuziehen. Daraus ergaben sich bestimmte politische Folgen. Ein Mittel, der Krone ihre Machtstellung zu behaupten, bestand im Lehensrecht. Im Gegensatz zu Westeuropa gelang es dem König allerdings nicht, anstelle des alten personalen Charakters des Lehnsverbandes den Heimfall von Reichslehensgut zum wesentlichen Inhalt eines künftigen Verfassungsrechtes zu machen. Die Verwicklungen in den Investiturstreit und in die Italienpolitik brachten es mit sich, daß sich die Gegensätze zwischen dem deutschen Kaisertum und einzelnen der Großvasallen immer wieder verschärften. Am deutlichsten kam dies im Kampf zwischen Friedrich Barbarossa und Heinrich dem Löwen, Herzog in Sachsen und Bayern, zum Ausdruck. Die Tendenz entschied zugunsten der Kronvasallen, die in dieser Zeit im Begriff waren, sich zum Reichsfürstenstand zusammenzuschließen. Der Welfe verlor zwar durch das nach Lehensrecht ausgesprochene Urteil der Reichsfürsten seine Lehen, aber einer von ihnen, nämlich der Erzbischof von Köln, konnte sich einen Großteil von ihnen sichern. Wurde auf diese Weise der Abbau des lehensrechtlichen Personalverbandes der Königsherrschaft verhindert, so blieb dem König noch die Möglichkeit, Reichsland und eigenes Familiengut weiter auszubauen und sich hier mit Hilfe der Reichsministerialen eine tatkräftige Beamtenschaft heranzubilden. Diesen Weg, den zunächst der Salier Heinrich IV. einschlug, beschritten erfolgreich die Staufer im Südwesten des Reichs sowie in Franken bis ins Egerland und Vogtland hinein[5].

Der Investiturstreit hatte noch eine andere Folge. Als das Königtum seine Herrschaft über die Kirche aufgeben mußte, berief es sich auf das alte römische Kaiserrecht und propagierte in direkter Ableitung von Gott ohne Umweg über die Kirche die Idee des *Sacrum Imperium Romanum*[6]. Der personalrechtliche Charakter des Vasallentums mit der Konsolidierung der Korporation der Reichsfürsten bedingte es aber gleichzeitig, daß sich auf der Basis dieser Reichsideologie ein künftiger Dualismus zwischen dem König und dem Reich anbahnte. Wichtige politische Fragen und damit auch solche wirtschaftlichen Charakters wurden künftig auf Reichsversammlungen erörtert. So berief Kaiser Friedrich II. 1244 alle weltlichen und geistlichen Fürsten der *communitas imperii* zu einer *curia generalis* zusammen, um vor allem über die Wiederherstellung guter Beziehungen zur römischen Kirche zu beraten. Mit ähnlichem Hinweis auf die Pflichten des Reichs berief Rudolf von Habsburg 1274 einen Reichstag nach Nürnberg ein. Partner und Gegner der Krone zugleich waren künftig die mächtigsten Kronvasallen als Kurfürsten oder Königswähler und die übrigen Reichsfürsten, während die kleineren geistlichen und weltlichen Herrschaftsträger die Prälaten- und Grafenbank bildeten. Nach dem Sturz der Staufer wurden auch die Reichsstädte, zunächst vereinzelt, dann in größerer Zahl, zu den Reichstagen hinzugezogen. Anstelle der königlichen Initiative zur Sicherung von Frieden, Recht und Ordnung trat hier ein beschließendes Gremium, dem es allerdings mehr ums Mitregieren als um die Übernahme besonderer Lasten wirtschaftlicher, besonders finanzieller Art ging[7].

3. Wirtschaftspolitische Aufgaben und Regalien

Aufgaben wirtschaftlicher Art ergaben sich für den Herrscher vor allem aus der Verpflichtung, Recht und Frieden zu erhalten. Das bedeutete einmal Beschaffung der Mittel für Kriegsführung und Verteidigung, dann Fürsorge in Ernährungsfragen, überhaupt Fürsorge für die Armen und Unterdrückten. Seit dem 13. Jh. beziehen die Bemühungen um den Landfrieden Maßnahmen zur Sicherung des Wirtschaftslebens mit ein. Fiskalistisches Verhalten war dabei eine treibende Kraft[8].

Die Möglichkeiten der Könige, in die Wirtschaft einzugreifen, waren vor allem durch die Regalien, die Königsrechte, gegeben. Der Begriff Regalien entstand während des Investiturstreits. In den Verhandlungen zwischen Papst Paschalis II. und König Heinrich V. wurde er erstmals (1111) definiert. Dazu gehörten Städte, Herzogtümer, Markgrafschaften, Grafschaften, Reichsvogteien, Zentgerichte, Heeresaufgebot und Reichsburgen, außerdem Münze, Zoll und Markt. Noch weiter griff die Liste, die Friedrich Barbarossa 1158 auf den Ronkalischen Feldern aufstellen ließ. Hier wurden auch Straßen, schiffbare Flüsse, herrenloses Gut und Besitz von Geächteten, Leistungen für Reisen und Heerzüge des Königs, Silberbergwerke, Einkünfte aus Fischfang und Salinen sowie Schatzfunde einbezogen. In seinem Privileg für Asti von 1159 kamen noch Mühlen, Maße und Gewichte hinzu. In den Darlegungen der Juristen wurde zwischen älteren Regalien, die sich von den Institutionen des römischen Staates ableiten ließen, und jüngeren Regalien unterschieden. Zu den älteren Regalien gehörten vor allem Zoll und Münze. Die jüngeren Regalien treten im 12. Jh. deutlicher hervor; sie wurden nach dem Übergang an die Landesherren weiter ausgebildet. In diesem Zusammenhang sprach man künftig auch von höheren und niederen Regalien.

Mit der Ausbildung der Landesherrschaften ging eine ganze Reihe dieser Königsrechte an die Territorialherren über. So wandelte sich das ursprüngliche königliche Recht über unbesiedeltes Land in ein Neubruchregal, das für Rodungen die Genehmigung verlangte. Dies stand jetzt dem König nur noch für sein eigenes Land zu. Aus dem ursprünglichen Bannrecht des Königs auf Forsten, hauptsächlich für die Jagd, bildete sich ein Forstregal. Königliche Forsten gingen an Kirchen und Adelige über, während andere Waldbezirke neu gebannt wurden. Aus diesem Bannrecht entwickelten dann die Landesherren ein Forstregal, das wegen der Waldnutzung im Zusammenhang mit dem aufblühenden Gewerbeleben wachsende Bedeutung erlangte, wobei gleichzeitig die Nutzungsrechte der Markgenossen eingeschränkt wurden. Im Laufe des 10. und 11. Jh. löste sich vom Forstbann der Wildbann, der sich im Rahmen der Landesherrschaft zu einem Jagdregal ausweitete. Desgleichen ging das Mühlenregal, das sich vom Stromregal ableiten ließ, an die Landesherrschaft über. Das Bergregal entwickelte sich seit dem 11. Jh. Der König erhob den Bergzehnten und sicherte sich die Bewilligung für den Betrieb bereits bestehender Bergbaue. Seit dem späten 12. Jh. ging dieses Bergregal dann an die Landesherren über. 1189 erhielt es der Bischof von Trier für alle Metalle verliehen. Andere Fürsten eigneten es sich an. Mit der weiteren Ausbildung löste sich das Abbaurecht dann vom Grundeigentum.

Im Verkehrsbereich besaßen die Könige das Straßen- und Stromregal. Sie verfügten damit über die wichtigsten Verkehrswege zu Land und Wasser; das erlegte ihnen allerdings auch eine bestimmte Sorgepflicht auf. Die daraus abgeleiteten Abgaben waren eng mit dem Zollregal verknüpft. Schon seit der Karolingerzeit wurden Zölle in Verbindung mit dem Markt- und Münzrecht besonders an die Kirche verschenkt; seit dem 13. Jh. kamen auch Verpfändungen hinzu. Wie das Straßen- und Stromregal wurde das Zollregal dann im Rahmen der Landesherrschaft weiter ausgebaut. 1220 und 1232 verbriefte Friedrich II. den geistlichen und weltlichen Fürsten das, was sie an Regalien bereits besaßen; auf dem Reichstag zu Mainz 1235 erließ er noch besondere Verordnungen dazu. Nach dem Interregnum suchten die Könige ihre Rechte am Zoll wieder auszubauen, so am Rhein, indem sie neue Zölle errichteten oder bei verliehenen und verpfändeten Zöllen Zuschläge erhoben. Rudolf von Habsburg begann erneut aus finanziellen Gründen Zölle zu verleihen, zu verpachten oder gar zu verkaufen. Im Rahmen des Ausbaus der Landesherrschaft wurden von dieser eigene Zölle geschaffen. Ein Vorwand dafür waren die Kosten für die Wahrung des Landfriedens. Mit der Ausbildung der Landeshoheit sonderte sich ferner vom Zollrecht das Geleitsrecht ab, um das lange zwischen dem König und den Landesherren gestritten wurde. Enger Zusammenhang von Zoll und Markt und die Schutzgewalt des Königs über die Kaufleute führten zur Ausbildung des Marktregals. Obwohl der König nie darauf verzichtete, begann die Einschränkung seines Rechtes durch die Landesherren seit dem 12. Jh.

Zu den wichtigsten Königsrechten gehörte das Münzregal. Den seit den Ottonen einsetzenden Verleihungen zunächst an die Kirche folgten solche an weltliche Große. Im Rahmen der staufischen Bemühungen um einen Ausbau des Reichsgutes bekam die königliche Münzpolitik noch einmal Auftrieb. Friedrich Barbarossa errichtete Münzstätten in Mittel- und Norddeutschland, die späteren Staufer in Südwestdeutschland, so in Schwäbisch Hall und Annweiler. Mit der Ausbildung der Landesherrschaft spielte wiederum das Münzrecht eine wichtige Rolle, wobei dieses gelegentlich einfach usurpiert wurde. Um die Mitte des 13. Jh. gab es über 500 Münzstätten, wobei sich auch die Städte beteiligten. Nach dem Ende der Staufer ging die Zahl der königlichen Münzstätten laufend zurück. Schließlich bestanden noch drei: Frankfurt/M., Nürnberg und Schwäbisch Hall. Sie waren aber meistens verpachtet[9].

Im Rahmen der Kronfinanzen wurde ferner die Kammerknechtschaft der Juden wichtig. Als Friedrich I. im Jahr 1157 den Wormsern das Privileg Heinrichs IV. von 1090 bestätigte, betonte er, daß die Juden zur Kammer des Königs gehörten. In der rheinisch-fränkischen Landfriedenserklärung (1179) dehnte Friedrich diese Zugehörigkeit zur Kammer auf alle Juden des Reichs aus. Der Begriff Kammerknecht taucht zum erstenmal 1236 unter Friedrich II. auf. Seit dem Niedergang der Staufer wurde das Judenregal verstärkt an weltliche und geistliche Fürsten vergeben[10].

4. Wirtschaftspolitische Maßnahmen der Landesherrschaft

Die große Privilegienvergabe Friedrichs II. von 1220 und 1232 lieferte die wichtigste Grundlage für die künftige Rolle der geistlichen und weltlichen Fürsten als Landesherren. Weitere Elemente waren der aus Grundherrschaften bestehende Hausbesitz sowie die weltliche und geistliche Vogtei – alles was man unter dem Begriff der Niedergerichtsbarkeit zusammenfaßt (wozu im geistlichen Bereich die Immunität kam). Die Landespolitik der Territorialherren wurde künftig natürlich von starken wirtschaftlichen, besonders fiskalischen Interessen mitbestimmt. In der Zeit des Siedlungsausbaus nutzten sie ihr Recht am Neubruchland, wobei sie die Ausdehnung der Dorfflur auf Kosten der Allmende verbieten konnten. Besonders stark tritt die Tätigkeit einzelner Landesherren in der Ostsiedlung in Erscheinung, so bei Heinrich dem Löwen und Heinrich I. von Schlesien, dem bedeutendsten Repräsentanten slawischer Fürsten, die deutsche Siedler ins Land riefen. Wichtige Elemente der Machtpolitik wurden für die Landesherren die Gründungen von Märkten und Städten mit deren wirtschaftlichen Möglichkeiten. Gingen die Städtegründungen zunächst vom König als Inhaber des Marktregals aus, so erfolgten seit dem 13. Jh. auch Gründungen durch die Landesherren ohne königliche Zustimmung. Die aktivsten Städtegründer waren im 12. Jh. die Zähringer, Welfen und Wettiner, im nächsten Jh. die Staufer. Häufig verbanden sich mit den wirtschaftlich-fiskalischen Bestrebungen solche politisch-militärischer Art, weshalb es auch zahlreiche Machtkämpfe um die Neugründung gab, dienten sie doch dem Ausbau und der inneren Festigung des Flächenstaats. Landespolitik der Fürsten bedeutete in Zukunft besonders die Ausbeutung der verschiedenen Regalien, die ihnen mit dem Niedergang des Königtums zugefallen waren[11].

5. Die Landstände

So wie im Zusammenwirken von König und Landesfürsten im Rahmen des *Sacrum Imperium* von vornherein der künftige Dualismus angelegt war, erhielten die Landesfürsten innerhalb ihres Territoriums Partner und Gegner in der Form der Landstände. Ein wichtiger Ansatz zur Herausbildung der Landstände waren die Bemühungen um den Landfrieden. Auch die kostspielige Hofhaltung und zusätzlichen Ausgaben bei Landesteilungen kamen den Landständen zugute. Mit dem Ausbau der landesherrlichen Regierung auf Beamtenbasis begannen sich die adeligen Landherren als Landstand korporativ vom Hof- und Lehensverband abzusondern. Mit ihnen berieten sich die Fürsten in Fragen drückender Finanznot, und von ihnen ließen sie sich, zunächst jeweils als einmalige Leistung, Steuern bewilligen. Schadloserklärungen, Anerkennung des Widerstandsrechts und Bestimmungen über eine ordnungsgemäße Steuererhebung waren Zugeständnisse, die der Fürst dafür machen mußte. In Bayern wird dieser Vorgang um die Wende zum 14. Jh. besonders deutlich[12].

6. Die Wirtschaftspolitik der Städte

Nicht alle Städte hatten die gleiche Bewegungsfreiheit, um ihre stadteigenen Interessen mit entsprechender Energie zu verfechten. In beträchtlichem Maße war dies den sogenannten Reichsstädten möglich, deren Sonderentwicklung sich seit dem 12. Jh. abzeichnet; sie stellten ursprünglich Schwerpunkte in den verschiedenen Teilen des Reichsguts dar, die ältesten waren die Pfalzstädte. Namentlich unter den Staufern begannen sie sich von den andern Städten abzusondern. Unter den schwachen Königen nach dem Sturz der Staufer wurden sie, zunächst vereinzelt, dann in größerer Zahl zu den Reichstagen hinzugezogen. Seit Ludwig dem Bayern waren sie ständig auf den Reichstagen vertreten. Von diesen Reichsstädten muß man die Freien Reichsstädte unterscheiden. Hier handelt es sich um ehemalige Bischofsstädte, denen es im Lauf des 13. und 14. Jh. gelang, sich von der Herrschaft des Bischofs frei zu machen und sich unter den unmittelbaren Schutz des Reichs zu stellen. Solche freien Reichsstädte waren Worms, Speyer, Mainz, Basel, Konstanz, Straßburg, Augsburg, Regensburg und Magdeburg.

Entsprechend dem Reichsgut schuldeten die Reichsstädte dem König Huldigung, Heerfahrt und Steuer; auch hatten sie ihm und dem Hof Herberge und Unterhalt zu gewähren. Dafür besaßen sie die Militärhoheit über ihre bewaffneten Mannschaften und Befestigungen, besaßen sie Bündnis- und Fehderecht und zahlreiche Regalien. Demgegenüber waren die freien Reichsstädte noch etwas besser gestellt. Sie waren weitgehend von Huldigung, Heerfahrt und Steuer befreit. Diese Reichs- und Freien Reichsstädte stellten jedoch nur eine Gruppe innerhalb des Gesamtkomplexes der Städte dar. Die meisten unterstanden einem Landesherren, sei es, daß sie von einem solchen gegründet worden waren oder daß ein Landesherr sich ihrer bemächtigt hatte. Teilweise sind auch Bischofsstädte zu Landesstädten geworden, so Bamberg, Würzburg, Passau und Freiburg. Sie hatten wesentlich begrenztere Möglichkeiten, eine eigene Wirtschaftspolitik zu betreiben, denn die Initiative ging hier eben vom Landesherren aus.

Städtische Wirtschaftspolitik bedeutete später vor allem Vorsorge für die Ernährung und die Verteidigung der Stadt. Hier ging es um die Sicherung von Lebensmitteln, vor allem Getreide, und Rohstoffen wie Bausteinen, Holz oder Flachs. Im Rahmen der Vorratswirtschaft erhielt das Verkaufsverbot seinen wichtigen Platz. Hinzu kam die Qualitätskontrolle. Das Augsburger Stadtrecht von 1276 enthält Bestimmungen über die Fleischbeschau. Seit dem 12. Jh. wurden in größeren Städten Maßnahmen zur Sicherung des „gerechten", d. h. angemessenen Preises der Lebensmittel ergriffen. Man begann auch Maße und Gewichte zu überwachen.

Das Verhältnis zwischen der regierenden Schicht und den gewerbetreibenden Zünften beeinflußte die Gewichtsverteilung zwischen Handel und Gewerbe. Das stark fernhändlerisch orientierte Patriziat Nürnbergs begrenzte die Interessen des Handwerks auf Kosten des Handels, während in Städten, in denen die Zünfte am Stadtregiment Anteil erlangten, deren Sonderwünsche entsprechend stärker berücksichtigt wurden.

Für den Ausbau des Handels wurden die Märkte wichtig. Im allgemeinen besaß jede Stadt einen oder mehrere Märkte; topographisch gehörte der Markt mit zum wichtigsten Bestandteil der Stadt. Der Markt diente dem Absatz der einheimischen Produktion, aber auch der Versorgung mit lebenswichtigen Gütern aus der Umgebung der Stadt. Hinzu kam der Verkauf von Fernhandelsgütern. Das Marktwesen hat sich in zwei Hauptrichtungen weiter entwickelt. Es gab die Wochenmärkte, auf denen sich der Absatz gewerblicher Produkte des heimischen Handwerks und der landwirtschaftlichen Erzeugnisse des Hinterlandes vollzog. Dazu kamen die Jahrmärkte oder Messen. Nicht jede Stadt verfügte über Jahrmärkte, und nur wenige der Jahrmärkte entwickelten sich zu Messen, auf denen sich die Fernkaufleute ganzer Landschaften und verschiedener Länder trafen.

Die Anziehungskraft der Messen beruhte einmal auf der günstigen geographischen Lage der betreffenden Städte, zum anderen auf den weitgehenden Freiheiten, die die Besucher in den Messewochen genossen. Ein weiteres Mittel der Städte, den eigenen Handel zu befördern, war das Gästerecht, d.h. die Summe aller Vorschriften, die den Verkehr der auswärtigen Klein- und Großhändler während ihres vorübergehenden Aufenthalts in der Stadt regelten. Der heimische Händler kam vor dem fremden. Dem Gast war der Kleinhandel grundsätzlich verboten oder allenfalls an bestimmten Tagen, nämlich den Markttagen, erlaubt. Handel von Gast zu Gast war ebenfalls untersagt. Die Bestimmungen variierten in den einzelnen Städten, wo sie meist in den Krämerordnungen oder in Gästerollen festgehalten wurden.

Seit dem 12. Jh. begannen die Städte im Westen, sich einen Marktfriedensbezirk zu schaffen, der im Umkreis von einer Meile vor allem dem sicheren Geleit diente. Daraus konnten sich Marktbann und allgemeiner Gerichtsbezirk, ein Komplex von Ordnungen bilden, den man als Bannmeilenrecht bezeichnet. Dieses Bannmeilenrecht drang mit der Gründung von Leipzig nach Osten vor, wo es u. a. dazu diente, die Konkurrenz der slawischen Kretschams (Landgasthäuser) fernzuhalten. Die Weiterentwicklung des Gewerbebanns erstreckte sich dann auch auf andere Gewerbezweige, so auf das Braurecht als Braubann.

Ein weiteres Mittel, die merkantilen Vorteile einer Stadt auszunutzen, bestand im Niederlags- oder Stapelrecht. Es besagte, daß eine Stadt Kaufleute, die mit ihren Waren auf Straßen oder Wasserwegen innerhalb eines bestimmten Abstandes von einer Stadt vorbei oder durch die Stadt fuhren, zwingen konnte, ihre Waren umzuladen, zu lagern und zum Verkauf anzubieten. Auf diese Weise konnte die Stadt einerseits ihre Versorgung bessern, andererseits sich einen Anteil am Zwischenhandel sichern und ihre Stellung im Transportwesen ausbauen. Es ging dabei insbesondere um die Beherrschung eines wichtigen Flußübergangs, eines Stromabschnitts oder eines Flußmündungsgebiets.

Köln übte diesen Stapelzwang schon im 12. Jh. aus. Der Erzbischof erkannte den Niederlagszwang im Jahr 1259 an, und Kaiser Karl IV. bestätigte ihn eigens noch einmal 1349 und 1355. Dieser Stapelzwang war eine der Hauptstützen der mittelalterlichen und auch späteren Handelsstellung Kölns. Ähnlich war es bei Städten wie Magdeburg, Breslau und Wien. An der Küste sicherte sich Stettin am frühesten Niederlagsrechte. Am größten war die Zahl der Städte und sonstiger Orte, die Niederlagen besaßen, an den großen Flüssen und Alpenstraßen[13].

7. Die Kirche als Ordnungsmacht

Von der Frühphase des Eigenkirchenrechts bis zum Investiturstreit und den dahinter stehenden Reformbestrebungen bis zu den Minderbrüdern spannt sich ein weiter Bogen mit wechselnden, oft einander widerstreitenden Rollen der Kirche und ihrer religiös-geistigen Bestrebungen. Die Auseinandersetzungen zwischen Gregor VII. und dem deutschen Königtum wie die Bestrebungen eines Innozenz und Bonifatius VIII. zwangen, wie wir sahen, das Königtum, sich auf seine weltlichen Aufgaben zurückzuziehen bzw. im Begriff des Heiligen Römischen Reiches Deutscher Nation sich eine neue Ideologie zu schaffen.

Andererseits war im Rahmen der Auflösung des lehnsrechtlichen Personenverbandes inzwischen schon so viel an säkularen Funktionen an hohe Würdenträger der Kirche übergegangen, daß sich hier eine saubere Entflechtung zwischen religiös-geistigem Bereich und weltlichen Interessen und Verwaltungsaufgaben einfach nicht mehr durchführen ließ, zumal hier allzuhäufig hausmachtpolitische Einflüsse des Adels hereinspielten. Das galt für die erzbischöflichen Kronvasallen am Rhein ebenso wie für andere Kirchenfürsten im Bischofsrang bis zu den großen Abteien. Sie bauten ihre weltliche Machtstellung im Rahmen eben des künftigen Territorialstaats weiter aus.

Auch in dem die ganze gesellschaftliche Hierarchie umspannenden Bereich der religiösen Orden konnte der latente Dualismus zwischen religiösem und weltlichem Bereich nicht überwunden werden. Auf die von Cluny ausgehende Reformbewegung, die in der Hirsauer Regel ihren deutlichsten Niederschlag fand, folgte die große Siedlungstätigkeit der Zisterzienser und Prämonstratenser im Osten. Dazu kam der Kampf der deutschen Ordensritter und der Schwertbrüder, die nach dem Ende der levantinischen Kreuzzugphase im baltischen Osten ein neues Tätigkeitsfeld fanden, das sich ebenfalls mit territorial-staatlichen Bestrebungen verband. Inzwischen führte die vom heiligen Franziskus ausgehende religiöse Armutsbewegung namentlich in den Städten zu Klostergründungen eines neuen Typs, von dem aus nachhaltige religiös-sittliche Wirkungen ausgingen. Und es gab die Sektierer und Ketzer, die Waldenser und Begarden, gegen die man im härtesten Fall mit Inquisitionsprozeß und Scheiterhaufen vorging. Trotz aller menschlichen Schwächen, die an der christlichen Kirche hafteten, blieben die religiös-sittlichen Forderungen, wie sie im Neuen Testament zum Ausdruck kamen und durch die Kirchenväter betont wurden, unverrückbar bestehen.

Die Scholastiker formulierten diese Anschauung noch schärfer. Albertus Magnus nannte das Zinsnehmen Raub und Diebstahl, etwas Unfreiwilliges, weil ohne den Zins kein Darlehen gegeben werde. Es möge wohl für das zeitliche Wohl eines Volkes zuträglich sein, doch sei es dem Gebot der Liebe zuwider, welche das ewige Wohl der Menschen im Auge habe. Thomas von Aquin meinte im Sinne von Aristoteles, es sei ungerecht, für Darlehen Zinsen zu fordern, weil man etwas verkaufe, was nicht existiere, und das sei gegen die Gerechtigkeit. In der betont naturalwirtschaftlichen Zeit der Merowinger und der Karolinger gelang es der Kirche nicht nur auf den Konzilien, sondern auch in der weltlichen Gesetzgebung, mehr und mehr den Standpunkt des Zinsverbots durchzusetzen. Gegen die Kleriker, die Wucher trieben, schritt man ein, indem man ihnen mit Absetzung und Verlust des Benefiziums drohte. Die Laien rügte man zunächst und verlangte von ihnen Restitution des Zinses, aber im 11. und 12. Jh. wurde man strenger; man ließ die Wucherer nur noch schwer zu den Sakramenten zu und schloß sie überhaupt vom kirchlichen Begräbnis aus. Fremde, die Wucher trieben, sollten des Landes verwiesen werden. Fürsten und Behörden, die dem Wucher Vorschub leisteten, wurden mit dem Interdikt bedroht. Das Feld wurde vor allem jüdischen Geldverleihern überlassen. Aber die praktische Erfahrung zeigte, daß man mit den Verboten nichts erreichte; ja die Kreditwirtschaft breitete sich immer weiter aus, wobei das Finanzsystem der Kurie, das sich über Europa ausdehnte, ein Wesentliches dazu beitrug[14].

1 *W. Ullmann:* Von Canossa nach Pavia. Zum Strukturwandel d. Herrschaftsgrundlagen im salischen und staufischen Zeitalter. In: Hist. Jb. 93 (1973), S. 265 ff.
A. Erler: Kaiser, Kaisertum. In: HRG II (1978), Sp. 518–530 (mit Lit.).
E. Kaufmann: König. Ebd., Sp. 1016 ff.

2 *H. Hoffmann:* Die beiden Schwerter im hohen Mittelalter. In: Dt. Archiv f. Erforsch. d. Mittelalters 20 (1964), S. 78 ff.
O. Hiltbrunner: Die Heiligkeit d. Kaisers. In: Frühmittelalt. Stud. 2 (1968).
P. Classen: Das Wormser Konkordat in d. dt. Verfassungsgesch. In: Vortr. u. Forsch. (Hg. Konstanzer Arbeitskreis f. mittelalterl. Gesch.) 17 (1973), S. 411 ff.
H.-J. Becker: Konkordat. In: HRG II (1978), Sp. 1067–1070.

3 *F. Prinz:* Die innere Entwicklung: Staat, Gesellschaft, Kirche, Wirtschaft. In: *M. Spindler* (Hg.): Hdb. d. bayerischen Geschichte I (1971), S. 338 ff.

4 *K. Lechner:* Österreich. In: Territorien-Ploetz I, S. 633 ff.
H. Angermeier: Bayern in der Regierungszeit Ludwigs IV. In: Hdb. d. bayerischen Geschichte II (1966), S. 144 ff.

5 *H. Werle:* Herzog, Herzogtum. In: HRG II (1978), Sp. 119 ff.

6 *W. Berges:* Deutschland zwischen Imperium u. Territorium. In: Die dt. Einheit als Problem d. dt. Geschichte (1960).
K. Bosl: Gregor VII. u. Heinrich IV. In: *L. Reinisch* (Hg.): Die Europäer u. ihre Geschichte (1961), S. 19–37.
Ders.: Staat, Gesellschaft, Wirtschaft im dt. Mittelalter. In: *Gebhardt (-Grundmann):* Hdb. d. dt. Gesch. 1 (^{9}1970), S. 771–804.
P. Classen: Corona Imperii. Die Krone als Inbegriff d. röm. dt. Reiches im 12. Jh. In: Festschr. P. E. Schramm 1 (1964).
P. Munz: Frederic Barbarossa and the „Holy Empire". In: Journ. of religious History 3 (1964).

7 *M. Lintzel:* Die Entstehung d. Kurfürstenkollegs. In: Ber. u. Verh. d. Sächs. Ak. d. Wiss. Phil.-hist. Kl. 99, H. 2 (1952) u. Ausgew. Schriften 2 (1961, Neudr. [Libelli Bd. 200] 1967).
E. Boshof: Erstkurrecht u. Erzämtertheorie im Sachsenspiegel. In: HZ Beih. 2 (1973), S. 84 ff.
E. Kaufmann: Kurfürsten. In: HRG II (1978), Sp. 1277 ff.

8 *H. Angermeier:* Landfriedenspolitik u. Landfriedensgesetzgebung unter den Staufern. In: Vorträge u. Forsch. 16 (1974), S. 167 ff.
E. Kaufmann u. *H. Holzhauer:* Landfrieden. In: HRG II (1978), Sp. 1451 ff.

9 *H. Thieme:* Die Funktion d. Regalien im Mittelalter. In: ZRG 62 (1942), S. 57 ff.
I. Ott: Der Regalienbegriff im 12. Jh. In: ZRG Kan. 66 (1949).
O. Stolz: Zur Entwicklung d. Zollwesens innerhalb d. alten Reichs. In: VSWG 49 (1954), S. 1–41.
H. Borchers: Untersuchungen z. Beginn d. Marktwesens im Bodenseeraum. In: Z. f. Gesch. d. Oberrheins 104 (1956), S. 315–360.
M. Mitterauer: Wirtschaft u. Verfassung in d. Zollordnung v. Raffelstetten. In: Mitt. d. oberösterr. Landesarch. 8 (1964), S. 344–373.
H. Büttner: Die Bremer Markturkunden von 888 u. 965 u.d. ottonische Marktrechtsentwicklung. In: Bremisch. Jbb. 50 (1965), S. 13–27.
H. Hassinger: Die Bedeutung d. Zollregals f. d. Ausbildung d. Landeshoheit im Südosten d. Reiches. In: Festschr. H. Aubin (1965), S. 151–184.
Ders.: Zollwesen u. Verkehr in d. österr. Alpenländern bis um 1300. In: MIÖG 73 (1965), S. 292–381.
Ders.: Politische Kräfte u. Wirtschaft. In: *Aubin-Zorn:* Hdb. d. dt. Sozial- und Wirtschaftsgesch. I (1971), S. 274 ff.
U. Dirlmeier: Mittelalterl. Hoheitsträger im wirtschaftlichen Wettbewerb. In: VSWG, Beih. 53 (1966), bes. S. 199 ff.
A. Haverkamp: Königsgastung und Reichssteuern. In: Z. f. bayer. Landesgesch. 31 (1968), S. 768 ff.
P. Fried: Der Regalienbegriff im 11. u. 12. Jh. In: DA 29 (1973), S. 450 ff.

10 Kammerknechtschaft: *G. Kisch:* Forschung. z. Rechts- u. Sozialgesch. d. Juden in Deutschl. während d. Mittelalters (1955), S. 45 u. 61.
S. Stern-Taeubler: Zur Rechts- u. Sozialgesch. d. Juden Deutschlands im Mittelalter. In: VSWG 45 (1958), S. 389–397.

[11] *H. E. Feine:* Die Kaiserl. Landgerichte in Schwaben im Spätmittelalter. In: ZRG GA 66 (1948), S. 231.
E. E. Stengel: Land- u. lehensrechtl. Grundlagen d. Reichsfürstenstandes. In: ZRG 66 (1948), S. 294 ff.
H. Koller: Zur Diskussion über die Reichsgesetze Friedrichs II. In: MIÖG 66 (1958), S. 29 ff.
K. Bosl: Aus den Anfängen d. Territorialstaates in Franken. In: Jb. f. fränk. Landesforsch. 22 (1962), S. 67 ff.
H. Helbig: Königtum u. Ständeversammlungen in Deutschland am Ende d. Mittelalters. In: Pays et assemblées d'Etat 24 (1962).
Ders.: Fürstentum u. Landstände im Westen d. Reiches im Übergang vom Mittelalter z. Neuzeit. In: Rhein. Vjbll. 29 (1964).
P. Fried: Grafschaft, Vogtei und Grundherrschaft als Grundlagen d. wittelsbachisch. Landesherrschaft in Bayern. In: ZBLG 26 (1963), S. 103 ff.
Ders.: Zur Geschichte d. Steuern in Bayern, ebd. 27 (1964).
E. Schrader: Zur Deutung der Fürstenprivilegien von 1220 und 1231/32. In: Stupor mundi (1966), S. 420 ff.
J. Sydow: Reichsstadt, Territorialstaat u. freie Stadt im Mittelalter. In: Tübinger Forsch. (1966).
G. Tellenbach: Vom karoling. Adel z. dt. Reichsfürstenstand. In: *Th. Mayer* (Hg.): Adel u. Bauern (^{2}1967).

[12] *A. Hoffmann:* Die oberösterr. Landstände und Landtage. In: Verf. u. Verwalt. des Landes Österreich (1937).
A. v. Reden-Dohna: Landständische Verfassungen. In: HRG II (1978), Sp. 1578 ff.
W. Jappe-Alberts: Zur Entstehung d. Stände in den weltlich. Territorien am Niederrhein. In: Festschr. F. Steinbach (1960).
S. Bachmann: Die Landstände d. Hochstifts Bamberg. In: Hist. Ver. Bamberg 98 (1962).
R. Folz: Les assemblées d'état dans les principautés allemandes (fin XIIe-début XVIe s.). In: Etudes suisses d'histoire gén. 20 (1962/63).
P. Fried: Zur Geschichte d. Steuern in Bayern. In: Z. f. bayer. Landesgesch. 27 (1964).
K. Bosl: Aus den Anfängen d. landständischen Bewegung u. Verfassung: Der Vilshofener Vertrag von 1293. In: Wirtschaft, Geschichte u. Wirtschaftsgesch., Festschr. F. Lütge (1966).
Ders.: Stände u. Territorialstaat in Bayern im 14. Jh. In: Vortr. u. Forsch. 14, Bd. 2 (1971).
P. Blickle: Ständ. Vertretung u. genossenschaftl. Verbände d. Bauern im Erzstift Salzburg. In: Z. f. bayer. Landesgesch. 32 (1969).

[13] Städte: Vgl. dazu den Beitrag v. *E. Ennen,* sowie *H. Hassinger:* Politische Kräfte u. Wirtschaft. In: *Aubin-Zorn:* Hdb. d. dt. Sozial- u. Wirtschaftsgesch. I (1971), S. 278 ff.

[14] *J. Höffner:* Statik u. Dynamik in der scholastischen Wirtschaftsethik. In: Arbeitsgemeinschaft f. Forschung d. Landes Nordrhein-Westfalen. Geisteswissenschaften H. 38 (1955).
E. Leitherer: Geschichte d. handels- u. absatzwirtschaftl. Literatur (1961), S. 13 ff.

IV. Gesellschaftliche Schichtung und ihre Veränderungen

Von Hermann Kellenbenz

Literatur

M. Bloch: La société féodale (2 Bde., 1939/40).
K. Bosl: Die Reichsministerialität der Salier u. Staufer (2 Bde., 1950/51).
Ders.: Frühformen d. Gesellsch. im mittelalterl. Europa (1964).
Ders.: Gesch. d. Mittelalters (^{2}1955).
Ders.: Die Grundlagen d. modernen Gesellsch. im Mittelalter; eine deutsche Gesellschaftsgesch. d. Mittelalters (1972).
R. Sprandel: Verfassung u. Gesellsch. im Mittelalter (1975) (Uni-Taschenbücher – UTB 461).
Th. Mayer (Hg.): Untersuchungen z. gesellschaftl. Struktur d. mittelalterl. Städte in Europa (1966).

E. Maschke u. *J. Sydow* (Hg.): Städtische Mittelschichten (1972).
Ders.: Gesellschaftl. Unterschichten in den südwestdt. Städten (1967).
G. Kisch: The Jews in Medieval Germany. A Study of their legal and social status (1949).
Ders.: Forschg. z. Rechts- und Sozialgesch. d. Juden in Dtschld. während d. Mittelalters (1955).
K. S. Bader: Das mittelalterl. Dorf als Friedens- u. Rechtsbereich (1957).
Ders.: Dorfgenossenschaft u. Dorfgemeinde (1962).
G. Duby: L'économie rurale et la vie des campagnes dans l'Occident médiéval (2 Bde., 1962).
Th. Mayer (Hg.): Die Anfänge d. Landgemeinde. In: Vorträge u. Forsch. 7/8 (1964).
Ders.: Adel u. Bauern ([2]1967).
G. Franz: Gesch. d. dt. Bauernstandes (1970).
F. Lütge: Geschichte d. dt. Agrarverfassung vom frühen Mittelalter b. z. 19. Jh. (1963).
K. Schwarz: Untersuchungen z. Geschichte d. dt. Bergleute im späteren Mittelalter. In: Freiberger Forschungshefte D 20, Berlin (Ost) (1958).
K. Greiner: Die Glashütten in Württemberg (Veröffentl. z. Gesch. d. Glases und der Glashütten in Deutschland) (1971).

1. König und Fürsten

Zum Wesen des Feudalstaates, der sich in der hier behandelten Zeit herausbildete, gehörte es, daß die Ämter an Vasallen ausgegeben wurden, die dem König zur Treue verpflichtet waren. Die Folge war eine starke Dezentralisation der Verwaltung, die in Zeiten schwacher Herrscher recht negative Folgen haben konnte. Es bestand die Gefahr, daß Ämter und Lehen in den Familien erblich wurden, Vasallendienst und Vasallentreue in adliges Herrenrecht umschlug. Das war zum erstenmal unter den späten Karolingern der Fall. Mit der Ausbildung und Festigung der nationalen Königsherrschaft der Ottonen bildeten die von ihr begünstigten Vertreter der Reichskirche noch ein Gegengewicht gegen die regionalen Interessen der Stammesherzöge. Mit dem unter den Saliern durch Papst Gregor VII. einsetzenden Investiturstreit begannen weltliche Herrschaft und geistlich-religiöser Bereich sich zu trennen. An die Spitze der Laiengesellschaft trat jetzt das Königtum, das sich im Begriff des *Sacrum Imperium Romanum* seine eigene Ideologie schuf und seine Hauptrepräsentanten in den Staufern Friedrich I., Heinrich VI. und Friedrich II. fand.

Dem Königtum standen die *Capita imperii* gegenüber, denen es gegen Ende des 12. Jh. gelang, sich im Reichsfürstenstand zusammenzuschließen und vom übrigen Adel abzusondern. Die Grenzen der von Gregor VII. propagierten Reformbestrebungen werden daraus ersichtlich, daß dem Reichsfürstenstand auch geistliche Fürsten angehörten. Als eigentliche Königswähler sollten sich daraus seit der Wende des 12. zum 13. Jh. wiederum die Kurfürsten absondern. Im Lauf dieser Entwicklung hat sich die Zusammensetzung dieses Fürstenstandes stark verändert. Alte Geschlechter starben aus, so die Andechs-Meranier, die österreichischen Babenberger, die älteren Welfen. An ihre Stelle rückten die jüngeren Welfen, Habsburger, Wittelsbacher, Askanier, Wettiner, Schauenburger. Zum Teil handelte es sich um Seitenzweige älterer Geschlechter, die sich nach ihren Burgen benannten. Eine besondere Form der Mobilität äußerte sich im Aufstieg der Hohenstaufer aus dem Ministerialenstand[1].

2. Formen der Mobilität – Die Ministerialen

Ein grundlegender Vorgang war der Übergang vom Sippenverband zur *familia*. Aus dem Bereich der *familia* sollten sich neue Formen der Freiheit bilden, die den Übergang in den Adel oder ins Bürgertum ermöglichten und über den Rodenden oder im Osten

Siedelnden neue bäuerliche Freiheit brachte. Die aus den lehensrechtlichen Traditionen zu verstehende patrimoniale Form der *familia*, die sich um einen bestimmten weltlichen Herrn oder einen kirchlichen Repräsentanten sammelte, nannte sich nach diesem und erhielt eine gewisse rechtliche Ordnung in den „Hofrechten". Das bekannteste ist dasjenige des Bischofs Burkhard von Worms. Es ist bezeichnend für den Prozeß der Mobilität, daß diese *familia* sich mehr und mehr in eine ministerialische Oberschicht, eine städtisch-bürgerliche Mittelschicht und eine für den Herrn körperlich tätige Unterschicht aufgliederte. Durch Befreiungsurkunde oder Landflucht konnte der Einzelne ausscheiden; ebenso gab es Kauf, Tausch oder Schenkung von Leibeigenen und ihren Leihegütern, womit der Prozeß der Mobilität in vertikaler wie horizontaler Richtung gekennzeichnet ist[2].

An der Spitze der in der *familia* sich abspielenden Dynamik stehen die *servientes, servitores, clientes, ministri,* zuoberst diejenigen des Königs, dazu diejenigen der Hochstifte und Reichsabteien und diejenigen des Adels. Verschiedene Ministerialengeschlechter des 12. Jh. lassen sich auf *servientes*, Dienstmannen der frühen salischen Kaiser zurückführen. Ihrer hohen Dienstleistung verdankten sie entsprechende Landausstattung mit Lehensfähigkeit, die seit dem 12. Jh. anerkannt wurde, und Verbesserung ihres gesellschaftlichen Status. Mehr und mehr rückten sie in Positionen ein, die bislang der ursprüngliche Adel innehatte. Die im 11. Jh. aufkommende Bezeichnung *ministerialis* für sie setzte sich mehr und mehr durch. Noch stärker als in der salischen Zeit wird ihre hohe Funktion im Rahmen der staufischen Hausmacht- und Reichspolitik ersichtlich; sie waren nun Inhaber von Hofämtern, Verwaltungs- und Gerichtsaufgaben.

Unter den Staufern, namentlich seit Friedrich Barbarossa, fanden die Ministerialen als mehr oder weniger Gleichberechtigte Zugang zum ursprünglichen Kreis der höfischen Gesellschaft. Die ethischen Forderungen des Ritterideals kamen ihnen dabei entgegen. Mit ihrer wachsenden Bedeutung war diese Schicht der Ministerialen bestrebt, ihre besondere Rechtsstellung im Dienstrecht kodifizieren zu lassen und damit zu sichern. Durch den Erwerb der Lehensfähigkeit wurden sie zum Geburtsstand, der sie von den übrigen Unfreien der bisherigen *familia* absonderte. Die weitere Entwicklung ist gekennzeichnet durch die Begriffe Ritterstand und Niederadel. Die Truchseß-Waldburg, Rechberg, Pappenheim, Limburg, Falkensteiner, Schönburg und Reuß sollten noch höher emporsteigen. Aus der Reichsministerialenschicht kamen Persönlichkeiten wie Markward von Annweiler, Werner von Bolanden und Heinrich von Kallendin-Pappenheim, ferner Walther von der Vogelweide und Albertus Magnus[3].

3. Die Stadtbewohner

Eine zweite Linie der Mobilität führte aus der *familia* des Stadtherren zum städtischen Bürger *(civis)*. In den alten Städten standen Verwaltung und Wirtschaft unter dem Regiment der Beamten des Stadtherrn (des Königs oder Bischofs). Solche Beamten waren der Burggraf oder der Hausgraf. Unter ihm standen die Bewohner als *urbani*. Zu ihnen gehörten mit der Ausbildung der Ministerialität Dienstleute des Stadtherren, eines Stifts oder Klosters, weiter die Fernhändler *(negotiatores, mercatores)*, die sich wegen ihres Wohlstands durch königliches Diplom die Freiheit sichern konnten. Die übrigen *urbani* vom Ministerialen bis zum Handwerker oder sonst von körperlicher Arbeit Lebenden waren *censuales* ihres Herren.

Kommt das Selbständigkeitsstreben der aus Stadtkern und Vorstädten zusammenwachsenden Bürgergemeinschaft in der Form der *conjuratio* durch Zusammenwirken von Kaufleuten und Handwerkern am frühesten im Westen des Reichs zum Ausdruck, so greift dieser Prozeß in der Zeit der Salier und Staufer nun weiter. Das Ziel war die Unabhängigkeit von den Bindungen des Stadtherren. Für den Einzelnen bedeutete dies, daß er, soweit er nicht schon frei war, sich der *familia*, dem Hofrecht seines bisherigen Herren entziehen mußte.

Diese Bewegung ging vor allem von den Vorstädten aus, die sich um Klöster, Kirchen und Märkte gebildet hatten und im Zusammenhang mit den Stadterweiterungen dann in den Mauerring einbezogen wurden. Seit dem 13. Jh. setzte sich der Grundsatz durch, daß denjenigen, der sich in die Immunität der Stadt begab, „Stadtluft frei mache binnen Jahr und Tag".

Mit dieser Entwicklung erfolgte eine Gliederung der städtischen Gesellschaft von oben nach unten. An der Spitze standen zunächst Ministerialen, die als Verwalter von Geldgefällen, in Form von Weg- und Brückenzöllen, Marktgebühren oder Beden, und als Hausbesitzer zu Wohlstand und Reichtum gelangten, Verteidigungsaufgaben übernahmen und sich teilweise auch am Handel beteiligten. Vielfach wurden die Ministerialen dann von den aufstrebenden Kaufleuten aus der Stadt verdrängt. Oft waren sie mit dem Landadel versippt. Auch muß man an Abstieg und Ermüdungserscheinungen denken, wie sie die Generationsabfolge mit sich brachte. Teilweise versippten und verbündeten sich Ministeriale mit den Kaufleuten (Köln, Regensburg, Augsburg).

Als zweite Schicht heben sich die Kaufleute und die Fernhändler ab, zu denen die Neureichen, meist auf dem Weg des *connubium*, stießen. Ihnen gegenüber machten sich dann mit wachsender Kraft die in der Zunftorganisation organisierte Handwerkerschaft geltend.

Schließlich muß man an die Angehörigen jener denken, die man heute als Unterschicht bezeichnet. Dazu gehörten Dienstleute, Taglöhner, Verkehrs- und Transportarbeiter, von Handarbeit und Zufallsverdienst aller Art Lebende, denen die rechtlichen und damit verbundenen materiellen Vorteile des *civis* vorerst noch vorbehalten blieben. Es war begreiflich, daß gerade unter ihnen die sozialrevolutionären Parolen der religiösen Massenbewegungen jener Zeit ihre Anhänger fanden, die Katharer, Waldenser und Begharden ebenso wie die Predigten der Bettelmönche des heiligen Franziskus, die ihre Klöster ja gerade in die Städte verlegten (Nürnberg um 1224). Vielfach gingen dabei allerdings reiche Leute voran. Im übrigen war das wohlsituierte Bürgertum bestrebt, dem sich ankündigenden Pauperismus durch fromme Stiftungen abzuhelfen[4].

Nicht übersehen darf man die Fremden und Andersgläubigen. In Regensburg lebten Walen, in denen man eher Wallonen oder Franzosen als Italiener sehen muß. Im Zusammenhang mit den Champagnermessen, insbesondere seit ihrem Niedergang, ließen sich in verschiedenen Städten des Rheinlandes Lombarden nieder. In zahlreichen Städten gab es jüdische Niederlassungen[5].

4. Die ländliche Bevölkerung

Der Begriff der Freiheit erfuhr in dieser Zeit weitere Veränderungen. Der Unterschied zwischen Adel und Gemeinfreien wurde immer größer. Die Schicht der Freien verminderte sich; indessen kamen neue Gruppen hinzu. Die *milites agrarii* aus der Zeit Heinrichs I. und Ottos I. waren besondere Gefolgschaftsleute des Königs. Für sie bestand ein eigenes Klientel- oder Schutzherrnverhältnis, wie es auch für andere Gruppen, so für die Fernhändler, bestand. Ihre Freiheit war aber nur so zu verstehen, daß sie dagegen bestimmte Leistungen erbrachten. Sie mußten den Königszins zahlen, Wachdienste leisten, den Grenzschutz übernehmen, Pferde stellen, Brücken bauen, Übernachtungsmöglichkeiten gewähren. Der Umstand, daß sie in einem unmittelbaren persönlichen Verhältnis zum König standen, führte dazu, daß sie verhältnismäßig bald verschwanden. Schon zu Ausgang des 8. Jh. wurden Königsfreie an die Kirche verschenkt. Auf diese Weise gingen ihre persönliche Beziehung zum König und ihre soziale Sonderstellung verloren. Neuerdings wird die Ansicht vertreten, daß durch Heeres- oder Königsdienste erworbene Freiheit sich nicht nachweisen lasse.

Umstritten ist auch der Begriff der Rodungsfreiheit. Gegenüber der bisherigen Auffassung wird jetzt hervorgehoben, daß Rodung nur wirtschaftliche Besserstellung gebracht habe. In Sachsen werden die Grafschaftsfreien, Reichsfreien, freien Häger schon in der Zeit Karls des Großen erwähnt, dazu gehörten auch die Barschalken im bayerischen Gebiet, ferner die Rodungsfreien in Südwestdeutschland. Hier lassen sich seit Einsetzen der schriftlichen Quellen freie Bauern mit freien, eigenen Gütern nachweisen, die im Zuge des Landesausbaus seit dem 12. Jh. eine besondere Rolle spielen. Auch Mitteldeutschland, namentlich Thüringen, liefert Beispiele. Inzwischen kamen die in Niederdeutschland angesiedelten Flamen und Holländer hinzu, die nach einem besonderen Recht, dem Holler- oder Fläminger Recht, angesetzt wurden.

Die dem Adel und der Kirche unterstehende ländliche Schicht wurde über den Salhof und den Grundherrschaftsverband zusammengefaßt. Die Eingliederung in den durch das Lehenswesen bedingten Personalverband mit den verschiedenen Formen der Herrschaft blieben dabei richtungsweisend.

Innerhalb der ländlichen Bevölkerung erfolgte namentlich seit dem 13. Jh. ein allgemeiner Nivellierungsprozeß, wobei es mancherlei regionale und lokale Unterschiede gab. Es bildete sich das heraus, was man schließlich als Bauernstand bezeichnete; in der damaligen Sprache wurden seine Angehörigen oft *arme liute* genannt. Sie mußten jetzt allgemein ähnliche Abgaben entrichten, so den Kopfzins *(census de capite)*, Heirats- und Todfallabgabe, die letztere als „Besthaupt" oder „Bestkleid". Die Tendenz, diese Lasten zu erweitern, wuchs mit der Zunahme kleinerer Grundherrschaften im Zusammenhang mit der Auflösung der alten großen, denn die kleineren Grundherrn waren eher in der Lage, die Möglichkeiten ihrer Herrschaft auszuschöpfen. Besonders nahmen die Dienste für den Haushalt des Herrn eine größere Vielfalt an. Man mußte an Bauarbeiten mithelfen, wurde in Küche und Keller, bei der Jagd beschäftigt. Hinzu kam, daß diese Rechte sich auf mehrere Herrn zu verteilen begannen. Wo Grundherrschaften ihren Eigenbetrieb aufgaben oder der Besitzer wechselte, konnten die persönlichen Dienste auf den Feldern leichter in Geldabgaben umgewandelt werden.

Besseren Status konnte besonders der erlangen, der dem Leibherrn eine Kaufsumme erlegte und sich einem Kirchenheiligen gegenüber zu einem Jahreszins verpflichtete. Man nannte diese Leute *censuales* (Zinser). Auf diese Weise wurden die bisherigen Bindungen an die Scholle gelockert, eine wichtige Voraussetzung für den Abzug in die Stadt oder für die Ostkolonisation, wenn der Betreffende sich nicht einfach durch die „Flucht" den Verpflichtungen entziehen wollte. Dazu gehörte auch die schon erwähnte Möglichkeit der Rodung im alten Siedlungsbereich, die u.a. mit freierem Siedlungsrecht verbunden war.

Im Rahmen der neuen Schichtung standen der Meier (Maier) und Huber (Hüfner) an der Spitze, im Osten war es der Schulze. Das wachsende Selbstbewußtsein dieser Schicht kommt in Persönlichkeiten wie dem Meier Helmbrecht und bei Neidhard von Reuental zum Ausdruck. Der Söldner, der hinzukam, stand schon darunter. Des weiteren gab es eine wohl noch nicht deutlich profilierte Unterschicht, deren Angehörige den größeren Bauern oder Pächtern als Taglöhner dienten oder von sonstigen Gelegenheitsarbeiten lebten.

Eine Sonderstellung nahm in dieser ländlichen Welt der Pächter ein, der Leibeigener eines Grundherrn sein konnte, gleichzeitig aber zusätzlich sich in die spezialisierte landwirtschaftliche Produktion einschaltete, die von den wachsenden Städten angeregt wurde. Er pachtete von einem Grundherrn Land zur Bewirtschaftung gegen Entrichtung von bestimmten Gegenleistungen. Darüber wurden schriftlich fixierte Vereinbarungen getroffen, die dazu beitrugen, die vertraglichen Regelungen über die Landübertragungen genauer zu fassen. Die Einteilung in Erb- und Zeitpacht, Teil- und Festpacht, Natural- und Geldpacht kommt hier zur Geltung[6].

Die Gliederung und Schichtung im ländlichen Bereich war damit noch nicht zu Ende. Viele über den eigentlich landwirtschaftlichen Bereich hinausgehende handwerkliche Arbeiten konnte der Bauer selbst verrichten. Aber darüber hinaus gab es Arbeiten, die an einen ländlichen Standort gebunden waren und eine stärkere Spezialisierung verlangten. Dazu gehörten vor allem der Glasmacher und der Schmied. Der starke Holzverbrauch machte den Beruf des Glasmachers unstet. Die Glashütten arbeiteten verhältnismäßig kurze Zeit an einem Platz; sie verschwanden dann wieder und wurden in einer anderen Gegend neu errichtet. Der Waldschmied hatte bislang seinen Standort an windgünstigen Waldhängen, der Bruchschmied, wo es Raseneisen gab. Mit dem Aufkommen der Blasbälge und Hämmer, die vom Wasser der Bäche und Flüsse über das Mühlenrad betrieben wurden, verlegte sich sein Standort ins Tal. Die Umstellung verlangte zusätzliches Kapital, eröffnete aber den Weg zu einer erweiterten unternehmerischen Betätigung derjenigen, die man künftig als Reide- oder Hammermeister bezeichnet. Wo der Bergbau größere Ausmaße annahm, so bei der Salzgewinnung und im Buntmetallsektor, konnten im Bereich der Grundherrschaften die Hörigen zur Arbeit herangezogen werden. Im Gebiet der Ostsiedlung wurde den anderen rechtlichen Verhältnissen entsprechend im voraus „besseres" Recht angewandt. Der Vorgang der rechtlichen Sonderstellung der auf der Basis der Lohnarbeit im Bergbau Arbeitenden ist seit dem ausgehenden 12. Jh. im Alpengebiet festzustellen. In diesem Zusammenhang erfolgte eine Abstufung in noch zum Teil mitarbeitende Gewerken, abhängige Arbeiter und „Lehenhauer". Eine steirische Quelle von 1202 erwähnt das den *operarii* zu zahlende Geld. Ein Trienter Statut von 1208 traf Bestimmungen für den Fall, daß jemand von den Gewerken 15 Tage lang seine *laboratores* nicht zahle und keine Raitung abhalte. Niemand durfte den Arbeitern die Lohnzahlung verweigern. Eine Trienter Urkunde von 1214 unterscheidet zwischen *werci* und *laboratores*. Aus einer Goslarer Bestimmung ist die dortige Lohnarbeit für 1219 belegt. Zahlreiche Belege gibt es aus der ersten Aufschwungsphase des böhmischen Bergbaus bis zur Mitte des 14. Jh. Das Freiberger Bergrecht spricht von *howern*. Die Bergrechte von Gastein und Rauris (1300–1350) kennen die Bezeichnung *lonarbeiter* für den Hauer. Wurde der Bergarbeiter auf Grund eines Arbeitsvertrags (Zeitlohn und Gedingearbeit) entlohnt, so bildete auch die Lehenschaft einen Arbeitsvertrag. Im Gegensatz zum Bergmann, der gegen Lohn arbeitete, hatte der Lehenhauer, der wegen Kapitalmangels zur Gründung eines selbständigen Unternehmens nicht fähig war, Gelegenheit, eigene Initiative zu entwickeln und bei besserer Arbeit den Gewinn zu steigern. Abgesehen von der Abgabe eines Teils der Förderung an die Gewerken oder den Landesherren konnte er seine Ausbeute an einen Erzhändler verkaufen.

Es sei schließlich erwähnt, daß die Bergbautätigkeit natürlich auch von Stadtbewohnern betrieben werden konnte. Die Verbindung aus der Stadt in den ländlichen Bereich hinein beleuchtet das „Bergdorf" von Goslar[7].

[1] *K. Bosl:* Hochadel in Mittelalter u. Neuzeit. In: Z. f. bayer. Landesgesch. 22 (1959), S. 319–330.
Ders.: Europ. Adel im 12./13. Jh. Die internat. Verflechtungen d. bayer. Hochadelsgeschl. d. Andechs-Meranier. Ebd. 30 (1967).
Ders.: Staat, Gesellschaft, Wirtschaft im dt. Mittelalter. In: *Gebhardt:* Hdb. d. dt. Gesch. 1 (^{9}1970), S. 693–870.

Ders.: Gesellschaftsentwicklung. In: *Aubin* u. *Zorn:* Hdb. d. dt. Soz.- u. Wirtschaftsgesch. I (1971), S. 226ff.
L. Génicot: La noblesse de la société médiévale. In: Le Moyen Age 71 (1965), S. 539–560.

2 *K. Bosl:* Über soziale Mobilität in d. mittelalterl. Gesellschaft. Dienst, Freiheit, Freizügigkeit als Motive sozialen Aufstiegs. In: Frühformen d. Gesellschaft im mittelalterl. Europa (1964).

3 *E. Otto:* Adel u. Freiheit im dt. Staat d. frühen Mittelalters, Studien über nobiles u. Ministerialen (1937).
A. Borst: Das Rittertum im Hochmittelalter. In: Saeculum 10 (1959).

4 Vgl. *E. Ennen,* S. 581f.
H. Strahm: Stadtluft macht frei. In: Vortr. u. Forschg. 2 (1955), S. 103ff.
K. Bosl: Die Sozialstruktur d. mittelalterl. Residenz- u. Fernhandelsstadt Regensburg. Die Entwickl. ihres Bürgertums v. 9. bis z. 14. Jh. In: Abh. d. Bayer. Ak. d. Wissensch. (1966).
Th. Mayer (Hg.): Untersuchungen z. Gesellschaftl. Struktur d. mittelalterl. Städte in Europa. In: Vortr. u. Forsch. 11 (1966).
E. Maschke u. *J. Sydow* (Hgg.): Gesellschaftl. Unterschichten in d. südwestdt. Städten (1967).

5 Vgl. S. 515f.
P. Wilpert u. *W. P. Eckert:* Judentum im Mittelalter. In: Miscell. Mediaev. 4 (1966).

6 *Ch. E. Perrin:* La société rurale allemande du Xe au XIIIe s. In: Revue d'histoire du droit français et étranger IV, 24 (1945), S. 84–102.
F. Lütge: Geschichte d. dt. Agrarverfassung vom frühen Mittelalter b. z. 19. Jh. (1963), S. 51ff.
F. Klein-Bruckschwaiger: Bäuerliche Leihe. In: HRG II (1978), Sp. 325ff.
W. Abel: Landwirtschaft 900–1350. In: *Aubin* u. *Zorn:* Hdb. d. dt. Soz.- u. Wirtschaftsgeschichte I (1971), S. 183ff.
H. K. Schulze: Rodungsfreiheit und Königsfreiheit. Zur Genesis und Kritik neuerer verfassungsgeschichtlicher Theorien. In: Historische Zeitschrift 219 (1974), S. 529–550.

7 *H. Hämmerle:* Cartae de posta et pure montis. Bilder aus der trientinischen Bergwerksgeschichte. In: Schlerm-Schriften 77 (1951), S. 11ff.
W. Wegener: Bergrecht. In: HRG I (1971), Sp. 373ff.
K. Schwarz: Untersuchungen z. Geschichte d. dt. Bergleute, S. 17ff.
F. Geisthardt: Frühes Eisengewerbe an Sieg, Dill u. Lahn. In: *H. Kellenbenz* (Hg.): Schwerpunkte d. Eisengewinnung und Eisenverarbeitung in Europa 1500–1650 (1974), S. 188ff.

V. Deutsche Agrarwirtschaft im Hochmittelalter

Von Wilhelm Abel

1. Neulandgewinnung und Ausbau der Siedlungen

Das hohe Mittelalter war „die große Zeit der Rodungen". Das Wort wurde für Frankreich geprägt[1], doch gilt es mit einigen Unterschieden in der Zeit und in der Sache auch für Deutschland. Rodungen setzten in Frankreich früher ein als in Deutschland und im Westen Deutschlands auch früher als im Osten, und „Rodung" meint in den deutschen Landen wohl noch mehr als in Frankreich nicht nur die Gewinnung von Ackerland und Weiden aus den dichten Wäldern, die auch bei uns sich um die Jahrtausendwende noch weit in die Vorlande der Mittelgebirge erstreckten, sondern auch die Kultivierung von Sümpfen, Morästen und Ödland, die Zurückdrängung des Meeres am Nordseestrand und das Emporklettern der Siedlungen in den Alpen: es meint Neulandgewinnung aus sehr verschiedenen Zuständen.

Der Motor dieser Bewegung, die das 11. bis 13. und mit Ausläufern im Osten noch den Beginn des 14. Jh. füllte, war die starke Zunahme der Bevölkerung. Für Deutschland liegen so gut belegte Schätzungen wie für England und Frankreich nicht vor, doch gibt es einige regional begrenzte Untersuchungen, die neben der Zunahme von Bevölkerung und Siedlung auch die fortschreitende Bewegung der Neulandgewinnung andeuten: Im Moselgebiet wuchs nach Lamprechts Berechnungen[2] die Bevölkerung zwischen den Jahren 1000 und 1237 auf mehr als das Dreifache, was einer jährlichen Bevölkerungszunahme von 0,48% entspräche (aber nur eine Untergrenze darstellt, da in Lamprechts Rechnung nur die Zahl der neuen Orte, nicht ihr inneres Wachstum einging). Dann verlangsamte sich die Bevölkerungszunahme dort, während im Osten Deutschlands von einer abklingenden Welle noch nichts zu spüren ist: In Sachsen, einem Zuwandererland, vermehrte sich die Zahl der Bewohner (nach Blaschke[3]) zwischen 1100 und 1300 auf rund das Zehnfache.

Solange in deutschen Landen nur zwei bis drei Menschen je Quadratkilometer lebten, war das Wildland praktisch frei gewesen. Zwar hatten schon die fränkischen Könige ein Bodenregal beansprucht, doch hatte dies für die Bauern kaum Bedeutung. Das änderte sich, als die Bevölkerung wuchs und der Boden knapper wurde. Die Herren verboten das wilde Roden, belegten es mit Strafen und klagten über den entgangenen Nutzen, wenn Siedler sich ihren Forderungen entzogen[4]. Die Bauern mußten, um die von den Herren des Bodens errichtete Landsperre zu überwinden, sich zu Abgaben und Diensten verpflichten.

Die Art und Höhe solcher Verpflichtungen waren nach Ort und Zeit verschieden. Als eine allgemeine gültige Regel läßt sich nur feststellen, daß, je weiter der Bauer nach Osten zog, desto geringer die Lasten wurden, die ihm aufgebürdet wurden, doch gab es hiervon viele Ausnahmen. Der „Markt" der Bodennutzungen war kein einheitlicher Markt. Ihm fehlten Transparenz und Mobilität sowohl des Angebotes von Bodennutzungen wie der Nachfrage nach ihnen. Wo Möglichkeiten zur Durchsetzung der Forderungen bestanden, dürften sie auch genutzt worden sein. So erfährt man aus einer Urkunde der Jahre 1180/84, daß die Siedler, die das Bruch- und Sumpfland zwischen der Oker und der Bode kultivierten, zunächst eine Anerkennungsgebühr, dann jährlich von der Ernte den Zehnt und nach dem vierten Jahr zusätzlich zum Zehnt noch jährlich vier Schillinge Zins zu zahlen hatten[5]. Oder ein anderes Beispiel: Im sumpfigen Marschland der Nordsee, wo Deiche gebaut und Gräben gezogen werden mußten, um Land für den Ackerbau zu gewinnen, verlangte der Erzbischof Friedrich von Bremen (um 1106) von jeder urbargemachten Hufe neben einer Geldabgabe den genau deklarierten Zehnt: von den Feldfrüchten die elfte Garbe, vom Kleinvieh das zehnte Stück, von Pferden und Rindern je einen Heller, vom Honig und Flachs den zehnten Teil, dazu die Bereitstellung einer Hufe für den Unterhalt eines Priesters und von je 100 Hufen zwei Mark für Gericht und Urteil[6].

Man erkennt schon hieraus, daß unter den Abgaben der Bauern vielfach der Zehnt voranstand. Er war dem Ursprung nach eine kirchliche Abgabe und zunächst nur von kultivierter Erde erhoben worden, spätestens aber seit dem 8. Jh. auch von Neubrüchen. Dann folgte nach dem Gewicht der Abgaben zumeist der Zins, der zuweilen auch mit dem Zehnt zu einer einzigen Abgabe zusammengefaßt wurde, die dann entsprechend höher lag (etwa beim siebenten Teil der Roherträge). Hinzu kamen vielfach noch die Dienste und Leistungen an den Gerichtsherrn (Vogt), den Leib- und später den Landesherrn und nicht zuletzt die kaum überblickbare, geschweige denn meßbare Vielfalt der „verschleierten Lasten". Sie verbargen sich hinter den Vorkaufsrechten der Grundherren, dem Zwang zur Benutzung herrschaftlicher Mühlen und Backstuben und den Bußen. Zwar sollten Bußen nur „Frevler" treffen, doch spannten die Straftaten so weit, daß sie auch die normale Bauernwirtschaft nicht unerheblich belasteten.

Die Gegenleistungen der Herren bestanden in der Erlaubnis, Land zu kultivieren und zu bestellen. Es wurden auch Freiheiten gewährt (Übertragung des Landes zu freiem Eigen, Entlassung aus dem Hofrecht, Verbesserung des persönlichen Status des Siedlers u. a.), dazu wohl noch Schutz und Gericht versprochen und die Siedlung durch Planungen gelenkt, doch verblieb die materielle Last der Neulanderschließung und überwiegend auch noch die Erstausstattung der Höfe den Bauern (und den Bauern-Mönchen). Sie waren die wahren Träger auch noch der hochmittelalterlichen Siedlung, die in merkwürdiger Verkennung des relativen Anteils der beteiligten Gruppen auch heute noch vielfach die „grundherrschaftliche Epoche" des mittelalterlichen Landesausbaus genannt wird.

In der Rückschau gesehen, barg die Gesellschaftsverfassung der Zeit mehr Hemmungen und Widerstände denn Förderungen des großen Werkes, aus Wasser, Wald und karger Erde Kulturboden zu gewinnen. An den Küsten mußten Deiche errichtet und Gräben gezogen werden. Die ersten Deiche entstanden, wie es scheint, schon im 11. Jh.; im 12. wurden sie vermehrt und über die Weser- und Elbemündungen hinaus nach Dithmarschen, Eiderstedt und Nordfriesland vorgetrieben. Große Teile des Meeres, das heute die Halligen vom Festland trennt, waren im Hochmittelalter Kulturland und durch Deiche geschützt. In den Niederungen der Flüsse und dem norddeutschen Flachland wurden Sümpfe entwässert und Moore trockengelegt. Darin zeichneten sich die Zisterzienser aus, die in der Frühzeit ihres Wirkens mit Vorrang im Wald- und Sumpfland Klöster gründeten, später freilich auch häufiger in schon besiedelte Landschaften zogen.

Andere Böden bedeckte der Wald. Mit Axt und Säge, Hacke, Spaten und Seilen, die den Fall der Bäume beschleunigten und steuerten, wurde der Wald gerodet. Das Kleinholz wurde verbrannt; das Wurzelwerk blieb stehen und verrottete allmählich oder wurde auch, wie vielfach bei den Zisterziensern, gleich mitbeseitigt. Wo die Stubben noch im Boden blieben, wurde das Land zunächst nur mit der Hacke bearbeitet oder mit einem leichten Pflug, dem Haken, gepflügt. Dabei vermischte sich die Asche des verbrannten Holzes mit Erde und ergab zunächst recht gute, allmählich abfallende Ernten.

Wie die Rodungen vordrangen, erweiterte sich auch die Zahl der Siedlungen. Das läßt sich noch leichter als die Arbeit am Boden ermitteln und wurde vielfach auch schon gezeigt. So gab es etwa in der Landschaft um die Diemel westlich vom Reinhardswald (heute zumeist zum hessischen Kreis Hofgeismar gehörig) um die Mitte des 1. Jahrtausends kaum mehr als 17 Siedelplätze. Ihre Ackerfluren waren klein und ihre Einwohnerzahl gering. Ein Ort dürfte im Durchschnitt kaum mehr als 4–10 Höfe, die Gesamtlandschaft kaum mehr als 680 Menschen, etwa 1 Bewohner je Quadratkilometer, gezählt haben. Der Ausbau begann entlang der Talränder der Hauptgewässer, wodurch die altbesiedelten, vorher inselartig voneinander getrennten Senken zu offenen Streifen erweitert wurden, entlang den alten Höhenstraßen sowie inmitten einiger landschaftlicher Kleinkammern. Das waren die Anfänge. Nach der Jahrtausendwende setzten sich Siedlung und Landgewinnung in breiter Streuung und tief in die alten Waldgebiete hinein fort. Am Ende der Ausbauperiode, etwa um das Jahr 1300, bedeckte ein Netz von über 100 Orten die Landschaft. Nur die Kerne des Reinhardswaldes blieben ausgespart[7].

Das Beispiel ließe sich leicht vermehren, doch würden weitere Nachrichten kaum Neues bringen. Sie würden nur zeigen, daß viele Berg- und Tallandschaften, die um die Jahrtausendwende noch kaum erschlossen waren, sich in kurzer Zeit mit einem dichten Netz von Siedlungen bedeckten. Die Natur wies die Wege; Bauern leisteten die Arbeit, und hier und da schalteten auch in Altdeutschland sich schon die Grundherren mit Plänen und Weisungen ein. So geschah es bei den sog. Angerdörfern 20–30 km westlich von Augsburg, die in der ersten Hälfte des 14. Jh. entstanden[8]. Der Grundherr beauftragte einen Reutmeister mit der Anwerbung von Bauern und der Leitung der Arbeiten. Als erstes wurden die Grenzen der Gemarkung vermessen und auf die Zahl der Hofstellen abgestimmt, die in der einheitlichen Größe von 22,5 ha ausgelegt wurden. Alsdann wurde die Lage der Häuser bestimmt und mit der Rodung begonnen. Zunächst wurde ein Streifen freigelegt, der die Siedlung mit Gasse, Anger und den zu beiden Seiten des Angers sich anschließenden Hof- und Gartengrundstücken aufnehmen sollte. Die weitere Rodung erfolgte von der Rückseite der Hofgrundstücke aus. Später kamen noch einige Gewanne hinzu, die die von den Höfen ausgehenden Streifen ergänzten. Der Reutmeister, der im Regelfall ein einfacher Bauer war, behielt einen Hof als freies Lehen, von dem er nur den Großzehnt zu leisten hatte. Die übrigen Bauern wurden nach einer Schonfrist zu den üblichen Abgaben und Diensten herangezogen.

Die Durchführung dieser Siedlung hatte Entsprechungen in Ostdeutschland, wo seit dem 12. Jh. auf breiter Linie Franken, Thüringer, Niedersachsen, Holländer und Flamen einwanderten und weit ausgreifend vor der sich langsam vorschiebenden Front der Siedler der Deutsche Ritterorden (seit 1231) am Unterlauf der Weichsel einen Staat begründete, der gegen Ende des 13. und zu Beginn des 14. Jh. im östlichen Pommern Anschluß an die vom Westen und Süden her sich vorschiebende Spitze der Bauernsiedler gewann. Auch hier war gewöhnlich eine Art Unternehmer (Lokator, auch *possessor, burmeister* genannt) zwischengeschaltet. Er nahm im Auftrag des Grundherrn die Vermessung und Verteilung des Bodens vor, leitete die gemeinschaftlichen Arbeiten der Rodung und ersten Feldbereitung (Entwässerung, Wegebau u. a. m.) und warb, falls nötig, auch Siedler an. Als Entgelt dafür erhielt er einen größeren, in der Regel abgabe- und steuerfreien Hof, der mit dem Amt des Schulzen verbunden war. Als Schulze hatte er die Abgaben einzuziehen, die die Bauern dem Grundherrn schuldeten, und das Gericht wahrzunehmen, das über die geringeren, zumeist mit Geldstrafen zu büßenden Frevel urteilte (Dorfgericht). Ein Drittel der Strafgelder verblieb ihm; zwei Drittel waren an den Grundherrn abzuliefern. Die Höfe der Bauern waren kleiner, aber auch noch reichlich mit Land ausgestattet. Sie wurden zu Erbrecht verliehen und mit Pflichten belegt, die hinter den Diensten und Abgaben des Westens zumeist zurückstanden. Um hierfür ein Beispiel zu bringen, dem freilich auch weniger günstige Bedingungen zur Seite gestellt werden könnten, sei auf den Herrschaftsbereich des Deutschen Ritterordens verwiesen. In diesem größten geschlossenen Siedlungsraum des Ostens gab es den Zehnt nicht mehr. Er war in eine „Pflugkorn" genannte Abgabe verwandelt worden, die in der geringen Höhe von nur je einem Scheffel Weizen und Roggen von drei bis vier Hufen erhoben wurde. Daneben mußte noch ein Zins bezahlt werden, der aber bei der Gründung der Orte ein für alle Mal in bestimmter Höhe festgesetzt wurde. Auch die Leistungen mehr öffentlich-rechtlicher Art, die sich später zu erheblicher Beschwernis auswuchsen, drückten zunächst nicht sonderlich. Wie sehr im dünnbesiedelten Osten noch die Arbeit geschätzt wurde, die der Rodungssiedler leistete, mag daraus erhellen, daß anläßlich einer Grenzregulierung ein pommerscher Ritter (1299) sich verpflichtete, einigen Bauern, die bereits mit der Rodung und Urbarmachung der Feldmark begonnen hatten, die dafür aufgewendeten Kosten und Mühen zu ersetzen[9].

Am Ende dieses Landesausbaues, der trotz mancher Unterschiede zwischen dem Westen und dem Osten Deutschlands als Einheit gesehen werden darf, war Deutschland dichter mit Siedlungen bedeckt als je zuvor oder später. Das zeigte die Wüstungsforschung, von der wohl im nächsten Band dieses Handbuchs noch die Rede sein wird. Sie bedient sich des Wüstungsquotienten, um den Anteil der im Spätmittelalter verschwundenen Orte an der Gesamtzahl der für das Mittelalter nachweisbaren Orte anzugeben. Wägt man die Nachrichten, die bereits für mehr als 200 größere und kleinere Gebiete Deutschlands vorliegen, nach Maßgabe der Siedlungsdichte, die die untersuchten Landschaften später aufwiesen, so kommt man für ganz Deutschland (in den Grenzen von 1933) zu einem Quotienten in der Höhe von 26%. Das bedeutet, daß jede vierte Siedlung, die bis zum Ende des hochmittelalterlichen Landesausbaus nachgewiesen werden konnte, bis zum Ausgang des Mittelalters wieder verlorenging. Versucht man die Gründungen der Neuzeit, die nicht sehr zahlreich waren, in die Siedlungsbilanz einzubeziehen, darf diese Schätzung gewagt werden: Im Jahre 1933 bestanden im damaligen deutschen Reichsgebiet rund 138000 selbständige Siedlungsplätze (nicht gerechnet abgelegene Bahnhöfe, Forsthäuser, Mühlen usw.). Unterstellt man, daß auf die Siedlungsbilanz der Neuzeit rund 5% dieser Orte entfallen, so ergibt das etwa 130000 Siedlungen nach Abschluß der Wüstungsperiode und rund 170000 Siedlungen um das Jahr 1300, d.h., daß die Zahl der selbständigen Wohnplätze in Deutschland um 1933 um rund ein Fünftel geringer war als am Ende der „großen Rodungsperiode“[10].

Da die Bevölkerung Deutschlands um 1300 (immer in den Grenzen von 1933) nur etwa den vierten bis fünften Teil der Bevölkerung von 1933 betrug, waren die hochmittelalterlichen Orte im Durchschnitt – mit freilich weiter Streuung – klein. Geht man von 15 Millionen Gesamtbevölkerung aus, so entfielen auf die einzelne Siedlung im Durchschnitt 90 Bewohner. Setzt man für die rund 4000 Städte und Märkte ein Fünftel dieser Bevölkerung an, so würden für die ländlichen Siedlungen im Mittel 72 Bewohner übrigbleiben. Das sind geringe Zahlen; doch schlossen sie nicht Besonderheiten in der Gestalt der Orte aus. Es fanden sich um 1300 bereits in Ansätzen oder gar schon ausgeformt alle wesentlichen Dorftypen, die es später und noch bis in die jüngste Zeit hinein in Deutschland gab: den Weiler in den südwestdeutschen Berglandschaften, den Rundling an der Saale und mittleren Elbe, das „Haufendorf“ von freilich noch geringer Größe, dazu im ostdeutschen Kolonialgebiet das Straßen-, Platz- und Angerdorf. Diesen Dörfern waren auch schon um 1300 zumeist Gewannfluren mit Flurzwang und Mehrfelderwirtschaft zugeordnet (vgl. unten S. 539f.). Dagegen verliefen die Felder der in den Talsenken der ostdeutschen Mittelgebirge sich oft kilometerlang hinziehenden Waldhufendörfer (Thüringer Wald, Fichtelgebirge, Vogtland usw.) quer zur Dorfanlage von der Talsohle die Berge hinauf, leicht zugänglich vom Hofe aus und gesonderter Nutzung offen. Ganz ähnlich war auch das Marschhufendorf angelegt, das in die Niederungen von Nord- und Ostsee vermutlich von Holländern gebracht wurde. Auch bei ihm setzten die Ackerparzellen, die vielfach von Gräben umgrenzt sind, bei den Hofstellen an. So spiegelt sich die Natur des Landes im Bild der Siedlungen, doch wirkten auch demographische, wirtschaftliche und andere Kräfte bei der Formung mit. In Westfalen, so wird vermutet, sind auf der Höhe des Mittelalters Einzelhöfe durch Auflösung älterer Dörfer entstanden. Die Bauern, die in erheblichem Umfang Viehwirtschaft betrieben, verlegten ihre Hofstellen aus dem Dorf heraus in die Gemarkung, nach Martiny[11] vor allem deshalb, „um das Vieh, gesondert von den Tieren der übrigen Dorfbevölkerung, auf geschlossenem Raum, den sog. Kämpen, unter besserer Obhut, ohne Gefahren des Verunglückens und ohne abmagernde Beweglichkeit zu halten“.

[1] *M. Bloch:* Les caractères originaux de l'histoire rurale française (1956); Kap. 1: Die großen Etappen der Okkupation des Bodens, und Teil 2: Das Zeitalter der großen Kultivierungen; dazu Ergänzungsbd., hg. v. *R. Dauvergne* (1961). Für Deutschland findet sich eine zusammenfassende Darstellung in: *W. Abel:* Geschichte der deutschen Landwirtschaft vom frühen Mittelalter bis zum 19. Jh. In: Deutsche Agrargeschichte, hg. v. *G. Franz,* II ([3]1978), S. 28ff., mit Literaturangaben.

[2] *K. Lamprecht:* Deutsches Wirtschaftsleben im Mittelalter II (1886), S. 163; ergänzend hierzu *W. Abel:* a.a.O., S. 29ff.

[3] *K.-H. Blaschke:* Bevölkerungsgesch. von Sachsen bis zur industriellen Revolution (1967), S. 71.

[4] Vgl. die Belege bei *G. Franz:* Quellen zur Gesch. des deutschen Bauernstandes im Mittelalter (1967), S. 193, 333.

[5] *G. Franz:* Quellen, S. 248 ff.
[6] *G. Franz:* Quellen, S. 168 ff.
[7] *H. Jäger:* Die Entwicklung der Kulturlandschaft im Kreise Hofgeismar. In: Göttinger Geogr. Abh. 8 (1951).
[8] *K. Fehn:* Entstehung und Entwicklung der mittelschwäbischen Angerdörfer des 14. Jh. In: Mitt. d. Geogr. Ges. München 48 (1963).
[9] *F. Engel:* Das Rodungsrecht der Hagensiedlungen. In: Quellenhefte zur nieders. Geschichte 3 (1949), S. 32. Es handelt sich um das Dorf Todenhagen b. Köslin. Aus dem sehr umfänglichen Schrifttum z. ostdt. Kolonisation sei nur die grundlegende Arbeit von *R. Kötzschke* u. *W. Ebert:* Geschichte der ostdeutschen Kolonisation (1937) genannt. Für eine kurze Information, die auch neueren Gesichtspunkten Rechnung trägt, ist recht brauchbar *F. L. Carsten:* Die Entstehung Preußens (1968).
[10] Einzelheiten und Belege zu dieser Rechnung und Schätzung b. *W. Abel:* Die Wüstungen des ausgehenden Mittelalters ([3]1976), S. 11 ff.
[11] *R. Martiny:* Hof und Dorf in Altwestfalen. Das westf. Streusiedlungsproblem. In: Forsch. zur deutschen Landes- und Volkskunde 24 (1926).

2. Intensivierung und agrartechnische Fortschritte

Unter Intensivierung der Landnutzung wird in der landwirtschaftlichen Betriebslehre eine Vermehrung des Aufwandes von Arbeit und/oder Kapital auf gegebener Fläche verstanden. Die Verlagerung von Wohn- und Wirtschaftsgebäuden in die Gemarkung und die Anlegung von Kämpen in Nordwestdeutschland, von der soeben berichtet wurde, umschloß eine solche Intensivierung der Viehhaltung mit vermutlich auch steigenden Erträgen, zumal neben dem Vieh auch die Weiden besser gediehen, denen der Dünger der im geschlossenen Raum gehaltenen Tiere zugute kam. Doch hatte dieser Vorgang nur regionale Bedeutung. Allgemeineres Interesse verdienen die Maßnahmen, die dem Ackerbau zugute kamen. Sie waren mit Vorrang an die Ausbreitung der Dreifelderwirtschaft geknüpft[1].

Die Dreifelderwirtschaft (mit der Folge Wintergetreide, Sommergetreide, Brache) reicht in die Merowinger- und Karolingerzeit zurück, doch waren dies nur Anfänge. Ihr Verbreitungsgebiet reichte damals kaum über einige Herrschaftsfluren im dichter besiedelten westlichen Deutschland hinaus. Die Menge der Bauernäcker wurde noch überwiegend in den extensiveren Formen der Feldgraswirtschaft mit längeren Intervallen zwischen dem Getreidebau genutzt. Das änderte sich erst, als die wachsende Bevölkerung zu einer besseren Ausnutzung der Bodenkräfte zwang. Ein Getreidefeld gibt, wie schon Adam Smith feststellte, mehr für die menschliche Nahrung her als selbst die bestgepflegte Weide. Nun lagen aber die Äcker eines jeden Bauern vielfach noch „im Gemenge" mit den Äckern der Nachbarn, und das Vieh weidete auf der „Allmende", die im Gemeineigentum stand. Es bedurfte besonderer Vorkehrungen und Einrichtungen, um die großen offenen Felder *(open fields)* zu schaffen und zu nutzen, die im Hochmittelalter Getreide trugen. Doch davon wird später noch zu berichten sein (vgl. unten S. 546).

Der Vermehrung des Getreidebaues stand eine schärfere Gliederung der angebauten Getreidearten zur Seite. Das „Mischgetreide" wurde seltener. Es bildeten sich Anbauzonen heraus, in denen je eine Getreideart die Funktion einer Leitfrucht übernahm. Südwestdeutschland (mit Ausläufern bis an den Taunusrand und in den Raum um Göttingen) wurde das Gebiet des Dinkels *(Triticum spelta)*. Vom Westen her schob sich in diesen Raum der Weizen ein, der das weißere Mehl und das in Bürger- und Herrenhaushalten sehr geschätzte *wisse brot* lieferte. Doch blieb der Weizen als Leitfrucht des Anbaues in Deutschland auf einige Randzonen des größeren westeuropäischen Weizenanbaugebietes beschränkt. Im Südwesten stieß er auf den Dinkel, im Norden und Osten auf den Roggen. Der Roggen wurde zur weitaus wichtigsten Brotfrucht im größeren Teil Deutschlands. Er wurde als Wintergetreide gebaut. Ihm folgte als Sommerfrucht der Hafer. Die Gerste breitete sich in verschiedenen Spielarten ohne sonderliche Schwerpunkte über ganz Deutschland aus.

Auch andere Pflanzen, die bereits in den Volksrechten genannt worden waren, wurden in größerem Umfang angebaut. Dazu gehörten Ackerbohnen, Erbsen, Linsen, Flachs und Hanf, verschiedene Obst- und Beerensorten, Küchen- und Heilkräuter, Ziersträucher und Blumen. Die Weinrebe, die zunächst nur im Tal und am nahen Hang angebaut wurde, kletterte die Berge hinauf. Um die Mitte des 11. Jh. wurden der Rüdesheimer Berg, im 12. Jh. der Johannisberg und der Rotenberg bei Geisenheim, der Rauenthaler Berg, die Hänge bei Aßmannshausen und Lorsch und der Steinberg bepflanzt. Um Bacharach, Oberriesen, St. Goar und Boppard stand der Weinbau so weit voran, daß sogar die Ausfuhr von Mist verboten wurde, weil die Weingärten ihn verlangten.

Im Zusammenhang mit der Ausweitung des Acker-, Garten- und Weinbaues wurden in den dichter besiedelten Teilen Westdeutschlands die Weiden und Hutungen knapper. Die häufigeren Stoppeläcker brachten einen Futterausgleich nicht. Es bildeten sich Zonen des Ackerbaues und der Viehhaltung heraus, die einander arbeitsteilig ergänzten. Die Viehhaltung fand einen Schwerpunkt in den Marschen, die sich bereits in der Römerzeit durch einen dichteren Rindviehbesatz ausgezeichnet hatten, dann zurückgefallen waren, doch seit dem 7. und 8. Jh. und verstärkt seit der Jahrtausendwende ihr Aussehen abermals verändert hatten. Es waren Gräben und Deiche gebaut, Einzelhöfe und Gruppensiedlungen errichtet und neben den Wiesen und Weiden auch Felder angelegt worden, deren Früchte jedoch den Bedarf der Bevölkerung nicht deckten. Es mußte Getreide eingeführt werden, das im Direkt- oder Dreiecksverkehr gegen die Erzeugnisse der Viehhaltung eingetauscht wurde. Rinder, Butter, Käse und Häute, Wolle und Wollwaren wurden auf der Höhe des Mittelalters in erheblichem Umfang aus den Marschen am Nordseerand ausgeführt.

Zum andern wich das Rind (mit seinen Haltern) in die Berge und Gebirge aus. Wohl gab es auch hier einige Vortrupps. So sollen im Moselgebiet und in den Ardennen Viehhöfe bereits im 7. und 8. Jh. und auf den Hochflächen der Rhön auch schon vor der Jahrtausendwende entstanden sein. Doch waren dies noch Einzelfälle. Die Gründungen von Viehhöfen *(vaccariae, armentariae,* in Süddeutschland Schwaigen genannt) häuften sich im 12. und gipfelten im 13. Jh. In Schwaben, Bayern, Tirol und Kärnten, im Elsaß und in der Schweiz entstanden solche Betriebe in großer Zahl. Auch in schon bestehende Höfe scheint die Tendenz zur Spezialisierung hineingewirkt zu haben. So erfährt man aus Registern oberbayerischer Grundherrschaften, daß einige Höfe südlich vom Chiemsee im Jahre 1305 noch Roggen und Hafer als Zinsen lieferten, einige Jahrzehnte später nur noch Käse. Als Ausgleich dafür wurden Höfe am mittleren Inn mit höheren Getreideabgaben belegt.

Gegenüber der besseren Nutzung von Boden, Pflanze und Raum verblassen die technischen Fortschritte des Landbaues. Neue Instrumente wurden nicht entwickelt. Sense, Sichel und die Geräte der Bodenbearbeitung, selbst der schwere Pflug, der den Boden wendete, waren seit langem bekannt. Das gleiche gilt von den verbesserten Anspannungen, den Druschgeräten (dem zweiteiligen Flegel) und der vom Wasserrad getriebenen Mühle. Doch muß auch hier vom ersten Auftreten solcher Geräte und Techniken ihre weitere Verbreitung unterschieden werden, und hier wurden nun doch nach der Jahrtausendwende erhebliche Fortschritte erzielt.

Das gilt, um nur das wichtigste noch zu erwähnen, auch für die Mittel des Transportes. Der vermehrte Anfall von Ackerfrüchten verlangte größere und bessere Wagen.

Auf der Höhe des Mittelalters gab es viele Formen, solche mit zwei und mit vier Rädern, mit Stangen, Leitern, Kästen und Planen. Für den Reiseverkehr baute man Sitze ein, die in den besseren Ausführungen bereits in Lederriemen hingen. Die Räder der Wagen wurden auch schon mit Eisen beschlagen. Ein Weistum vom Jahre 1320 nennt ausdrücklich, also wohl noch als Besonderheit, „einen beschlagenen eisernen Wagen" (Grimm, Weistümer, III, S. 33). Die größeren Lasten, die bewältigt werden mußten, verlangten bessere Anspannungen. Rinderjoch und Pferdekummet setzten sich allgemeiner durch; das schnellere Pferd verdrängte das Rind. Doch gilt dies allgemeiner nur für die Landtransporte, nicht auch für die Arbeiten auf dem Acker. Die im populärwissenschaftlichen Schrifttum verbreitete Meinung, daß das Pferd im Hochmittelalter den Landbau geradezu revolutioniert hätte, muß zurückgewiesen werden. Zwar sprachen für das Pferd die größere Stärke und der schnellere Schritt, doch konnte das Pferd nur einen Zweck erfüllen, das Rind einen doppelten: Wenn es nicht mehr als Zugtier gebraucht wurde, konnte man es noch als Schlachttier verwenden. Überdies begnügte es sich mit weniger und geringerem Futter und war auch leichter gesundzuhalten. So antworteten noch viel später Anhänger der Rinderanspannung auf die Argumente der Pferdefreunde. Tatsächlich hielt sich ja auch die Rinder- oder Ochsenanspannung vor Ackergeräten in einigen deutschen Landschaften noch bis an die Schwelle unserer Zeit.

Größere Beachtung verdient die rasche Ausbreitung der Wassermühlen. Bis zur Jahrtausendwende gab es nur wenige und auch sie nur in größeren Herrschaften und beschränkt auf die Kerngebiete des fränkischen Reiches. Erst mit dem 11. Jh. setzte die rasche Zunahme ein. Um das Jahr 1300 besaß in einigen wasserreichen Landschaften, z.B. in Mittelstormarn, nahezu jedes Dorf eine eigene Mühle. Das hing auch mit dem vergrößerten Anfall von Getreide zusammen. Die Felder breiteten sich aus, und die Äcker wurden sorgfältiger bestellt und häufiger mit Dünger versehen. Man bezeichnete Wege geradezu als „Dungwege" (Grimm, Weistümer, III, S. 589). Eine Hofstelle wurde mit dem Wort „auf seinem Mist" umschrieben: ein Fröner soll nur solange dienen, daß er „allewegent zo naht daheime mit dem Vihe uf sinem mist si" (Grimm, Weistümer I, S. 366). In Pacht- und Leihverträge wurde eine Düngepflicht des Pächters aufgenommen. So heißt es in einem hessischen Pachtvertrag vom Jahre 1328, daß der Pächter jährlich „ein Zehntel des Landes zu düngen" habe[2].

Versucht man abschließend die geschilderten Maßnahmen und Einrichtungen nach ihrem Ansatzpunkt zu ordnen, so zeigt sich, daß sie fast sämtlich um die bessere Nutzung von Boden, Pflanze und Tier gruppiert waren. Die Dreifelderwirtschaft, die Verbesserungen der Anspannungen, der Dreschflegel, die Mühlen mochten auch die Arbeit erleichtern, doch stand die bessere Ausnutzung natürlicher Kräfte und Stoffe voran. Eine Mähmaschine, die bereits in der Römerzeit entwickelt worden war[3], war vergessen worden. Menschenkraft gab es zur Genüge. Der Boden wurde knapp. Das hing mit der Zunahme der Bevölkerung, freilich auch mit einigen institutionellen Bedingungen zusammen, von denen im nächsten Abschnitt die Rede sein soll.

[1] Die Belege zu diesem Abschnitt finden sich ganz überwiegend bei *W. Abel:* Gesch. der deutschen Landwirtschaft, S. 39ff. Die wichtigste Quelle z. Organisation u. Technik d. Landwirtschaft in dieser Zeit bilden noch die Weistümer. Belegstücke aus *Grimms* Sammlung wurden im Text zitiert.

[2] *H. Thieme:* Zum hessischen Landsiedelrecht. In: Festschr. A. Schulze (1934).

[3] Ein Bild dieser „Mähmaschine" (Fundstücke in Stein u. Rekonstruktionsversuch) findet sich bei *W. Abel:* Gesch. der deutschen Landwirtschaft, Tafel IV.

3. Wandlungen der Agrarverfassung

Das Wort Agrarverfassung umschließt im Kern – bei mancherlei Rankenwerk – das Dreiecksverhältnis zwischen Herren, Bauern und Boden. Es vollzogen sich in diesem Bereich seit der Jahrtausendwende Wandlungen, die von erheblicher Bedeutung waren, insbesondere waren es diese: die Auflösung der Großgrundherrschaften und die Vermehrung der Kleingrundherrschaften, die Verwandlung der Gestalt (Struktur) der Grundherrschaft und die Aufspaltung der Herrenrechte in viele und verschiedene Herrenansprüche, die sich alsbald auch zum erheblichen Teil aus der Ebene personaler Beziehungen lösten und zu Objekten des Markt-, Tausch- und Leihverkehrs wurden[1].

Die Auflösung der Großgrundherrschaften, die in der Karolingerzeit riesige Areale in weiter räumlicher Streuung umfaßt hatten, hing mit mancherlei Umständen und Bedingungen zusammen, im weltlichen Bereich u.a. mit der kurzen Lebensdauer vieler Adelsgeschlechter, im Bereich der Klöster und Kirchen mit schlechter Obhut und Ordnung des Besitzes, verbunden mit versiegender Gebefreudigkeit der Spender. Gewiß gab es auch Kerne neuer Bildungen. An die Stelle aussterbender Adelsgeschlechter traten neue, an die Seite der Benediktiner die Zisterzienser und andere Orden. Doch im alten wie im neuen Großbesitz setzten sich intermediäre Gewalten durch, die die Anteile ihrer Herren an den Abgaben und Diensten der Bauern schmälerten. Dafür gibt es viele und deutliche Belege. Der Abt Ekkehard IV. des Klosters St. Gallen berichtete (um 1040), daß die Meier des Klosters begonnen hätten, geglättete Schilde und Wappen zu führen, Hunde zu hegen, um zuerst nur Hasen, dann aber auch Wölfe, Bären und Wildschweine zu jagen: sie sagten, daß die Kellermeister *(cellarii)* Höfe und Äcker bebauen mögen. Sie wollten ihre Lehngüter besorgen und der Jagd, wie es Männern geziemt, nachgehen. Der Abt des Klosters Stablo klagte, daß die Ministerialen das Richter- und Meieramt als Lehen und nach Erbrecht besitzen wollten; der Abt des Klosters Fulda berichtete (1150/65), daß das Kloster so heruntergekommen sei, daß die einst so berühmte Stätte kaum noch Vorräte für einen einzigen Tag enthalte. Dies sei auf die Entfremdung der Meierhöfe zurückzuführen. „Denn wenn ein Laie einige Zeit einen Meierhof des Klosters in der Hand gehabt hat, dann behält er die beste Hufe für sich und vererbt sie seinen Söhnen nach dem Lehnrecht . . .«[2].

Die Emanzipation der Meier, Amtleute, Judizes oder wie sonst noch diese Mittelschicht im Herrschaftsbereich der größeren Besitzungen bezeichnet wurde, war eine Erscheinung von europäischer Weite und nicht auf die Klöster beschränkt, aus denen nur die meisten Nachrichten vorliegen. Für die Unterschicht der Bauern bedeutete dies keine Verminderung der Lasten, eher eine Vermehrung. Die Zahl der Herren wuchs, die von bäuerlicher Arbeit leben wollten, zumal in den Rand- und Ausbauzonen des Hochmittelalters Herrschaften entstanden, die von vornherein kleiner als die älteren Gebilde angelegt waren, aber doch auch einen Herrenhaushalt umschlossen, der mit den landesüblichen Diensten und Gütern versorgt werden sollte.

Zum andern wurde auf die Wandlungen der Gestalt (Struktur) der Grundherrschaften verwiesen. Um sie dem Verständnis näher zu bringen, bedarf es eines Rückblicks auf die frühmittelalterliche Grundherrschaft. Sie war noch, so meinte schon Bücher[3], in allen wesentlichen Zügen ein Gebilde der Hauswirtschaft und nicht der Tauschwirtschaft. In ihr gab es keinen Preis, keinen Arbeitslohn, keinen Pacht- oder Mietzins, keinen Kapitalprofit, keine Unternehmer und keine Lohnarbeiter. Ihr Regulator war der Gebrauchswert der Güter; ihr Vermögen bestand im Gebrauchsvermögen. Das ist zwar stark vereinfacht, doch nicht darum schon falsch, und überdies als Vorstellung nützlich, da vom Gegensatz her sich das Neue besser erkennen läßt.

Von außen wie von innen wirkten Kräfte auf die Verwandlung solcher „geschlossenen Hauswirtschaften" ein. Von außen, das meint die Städte, die seit dem 11. Jh. zahlreich auf deutschem Boden entstanden. Wenn auch viele von ihnen winzig blieben, so bedurfte doch selbst eine Kleinstadt bereits eines weiten Einzugsgebietes, um ihren Bedarf an Lebensmitteln und Rohstoffen sicherzustellen[4]. Die Städte brauchten mithin das Land. Sie konnten die geschlossenen Türen einer ländlichen Hauswirtschaft nicht dulden. Um diese Gebilde zu öffnen, bedurfte es nicht der Gewalt. Es genügte das viel wirkungsvollere Mittel des Geldes. Geld drang in die ländlichen Haushalte und Betriebe ein und verwandelte sie gründlich.

Die anderen Impulse kamen aus dem Inneren der Herrschaften. Es wurde bereits darauf hingewiesen, daß sich zwischen die Herren (von ehedem) und die Bauern Personen einschoben, die die Leistungen der Bauern auf sich zu ziehen versuchten. Dem konnte entgegengewirkt werden. In der entfalteten Tauschwirtschaft öffneten sich Wege, die es erlaubten, von dem Prinzip der generellen Entgeltlichkeit, das auch schon in der älteren Herrschaft Leistung und Gegenleistung miteinander verbunden hatte, zugunsten der speziellen Entgeltlichkeit abzuweichen, die in der Tauschwirtschaft üblich wurde.

Das gilt vorweg für die Formen der Landübertragung. Um der Entfremdung von Land und Leuten durch einseitige Akte entgegenzuwirken, gab es in der arbeitsteilig gegliederten und vom Grundprinzip des Marktes *(do ut des)* beherrschten Wirtschaft mehrere Möglichkeiten, die auch fast gleichzeitig im ganzen mitteleuropäischen Kulturkreis verwirklicht wurden. Freilich geschah dies unter sehr verschiedenen Bezeichnungen und, folgt man nur solchen Bezeichnungen, auch in verwirrender Vielfalt. Doch lassen sich die Grundformen auf einer überschaubaren Skala aufreihen. Sie reichen vom schlichten Verkauf der Ländereien über Zwischen- und Sonderformen der entgeltlichen Besitzübertragung bis hin zur Pacht mit vertraglich ausgehandeltem Pachtzins. Zuweilen wurden auch Kauf- und Pachtformen miteinander kombiniert. So schloß die Stadt Lübeck im Jahre 1324 für eine Hufe, die die Stadt für 32 Mark lüb. gekauft hatte, einen Erbpachtvertrag ab, in dem eine einmalige Zahlung in der Höhe von 12 Mark lüb. und eine jährliche feste Naturalrente vereinbart wurden. Rechnet man die Naturalrente über die Preise der Zeit in Geldwerte und die jährlichen Leistungen über den üblichen Zinsfuß in Kapitalsummen um, so zeigt sich, daß die Gesamtleistungen des „Erbpächters" etwa dem Verkehrswert der Hufe entsprachen[5]. Das ist ein Beispiel aus städtischer Umwelt, wo Rechenhaftigkeit sich zuerst durchsetzte, doch schloß auch die ländliche Umgebung nicht ein sorgfältiges Bedenken der Vergabungsbedingungen aus. Auch hierfür ein Beispiel[6]: die Abtei Baumburg in Oberbayern tat im Jahre 1245 sämtliche Höfe, darunter auch diejenigen, die ehedem vom Kloster selbst bewirtschaftet worden waren, an Pächter aus. Dabei standen folgende Formen der Pacht nebeneinander: die Teilpacht mit Abgabe der dritten, seltener der zweiten Garbe, die Festpacht und diese in den beiden Unterarten der festen Naturalabgaben von den Erträgnissen der Bauernwirtschaft und der festen Geldabgaben. Damit versuchte die Abtei vermutlich verschiedene Wünsche miteinander zu verbinden. Sie mochte beabsichtigen, die Risiken des Erntewechsels zu verringern (darum die Festpacht), andererseits sich aber auch den Münzverschlechterungen zu entziehen (darum Naturalpacht), und schließlich wünschte sie wohl noch an den langfristigen Chancen einer Produktivitätssteigerung des Landbaues teilzunehmen (darum Teilpacht). So erklärt sich vermutlich – Motivforschung läßt immer Spielraum – die Mischung von Teil- und Festpacht, Natural- und Geldpacht.

Man sollte auch nicht zu sehr den Rechtsformen trauen, die den Bauern besitz- oder personenrechtlich besser stellten. Sie mochten zusätzliche Leistungen umschließen, die dem Grundherrn nützlicher als die aufgegebenen Rechte erschienen. So war die sog. freie Erbzinsleihe, die sich in weiten Teilen Westdeutschlands im Hochmittelalter durchsetzte, nicht selten von Einzugsgeldern oder Handänderungsgebühren begleitet, die beim Antritt oder beim Tod des Bauern, beim Tod des Grundherrn, vielleicht auch noch bei einer Hochzeit oder anderen Gelegenheiten zu zahlen waren. Sie ergänzten den Zins und konnten leichter noch als dieser vermehrt oder heraufgesetzt werden.

Mit der Ökonomisierung der Herren-/Bauernbeziehungen und der „Verbäuerlichung" des Herrenlandes verwandelten sich die Leistungen, die den Bauern abverlangt wurden. Ackerfronden traten zurück. Sie wurden in Abgaben aus der Bauernwirtschaft (Getreide, Flachs, Hanf, Geflügel, Schweine, Schafe usw.) oder auch gleich in Geld verwandelt: „Bedarf aber das Gotzhus der Männina nüt, so sol ma ime dafür Pfennig gen . . ." (Grimm, Weistümer I, S. 340). Auch verzichteten die Grundherren auf Rechte, die in ihrem materiellen Gehalt schwer zu überblicken waren, zugunsten fester jährlicher Zahlungen: „Nachdem sie jairliche dobelen Pacht (die einen) dem Grundthern und die ander den Schirmhern geben, derwegen sein die Lehnsmenner in den zwölf Lehen backfrey, zapffrey, schatzfrey, dienstfrey und koppelfrey . . ." (Grimm, Weistümer II, S. 700). Und schließlich entfielen einige Dienste, die ehedem für die Haushaltungen der Herren geleistet worden waren, zumal dort, wo auf die Angebote eines spezialisierten Stadt- und Dorfhandwerkes zurückgegriffen werden konnte (Anfertigung von Web-, Leder-, Holz- und Schmiedearbeiten). Doch darf auch dies nicht zu einseitig gesehen werden. Neben Verminderungen standen Vermehrungen, und dies insbesondere, wie es scheint, bei den Diensten, die für den sehr elastischen und höchst variablen Bedarf der Herrenhaushalte bestimmt waren. Sie wuchsen, wie viele Nachrichten bezeugen, zu ärgerlicher Beschwernis heran. Hierhin gehören die Bau-, Fuhr- und Botendienste, die Jagddienste, die Küchen-, Keller- und noch andere Dienste, die sich jeder Gruppierung und Systematisierung entziehen, wozu etwa auch die freilich exzeptionelle Weisung gehört, daß Bauern die Frösche vernichten sollten, die durch ihr Quaken im Burgteich die Nachtruhe der Burgherrin störten.

Als drittes wurde auf die Vermehrung und Mobilisierung der Herrenrechte hingewiesen. Wieder kann von einer Idealfigur ausgegangen werden, die in diesem Fall einem Historiker zu danken ist. Georg Ludwig von Maurer[7] sah in der Grundherrschaft alten Stiles alle Rechte vereinigt, die später sich zu einem bunten Fächer entfalteten: Gewalt über den Boden und die Menschen (Grundhörigkeit, Leibherrschaft), Gerichtsherrschaft, Banngewalt, Vogtei und Regalien. Herrschaft war noch total, so meinte Maurer, obwohl freilich auch schon die Wirklichkeit des frühen Mittelalters einige Abstriche forderte. Manches hiervon blieb in einer Hand vereinigt, doch splitterte anderes ab, verselbständigte und verdinglichte sich. So geschah es mit der Vogtei, die in den Händen einiger Vogtherren zu einer ergiebigen, kaum noch mit Schutzfunktionen belasteten Einnahmequelle wurde, mit dem Grundzins, den Regalien und mit dem Zehnt, der auf der Höhe des Mittelalters wie ein beliebiger anderer Rechtstitel gekauft, getauscht und verpfändet wurde. Hieraus ergab sich die eigentümliche Situation, daß eine Reihe sehr verschiedener Rechtstitel jeweils nur einer und der gleichen Nutzungschance gegenüberstand. Die Träger solcher Rechte mußten sich untereinander vereinigen, um ihre Ansprüche der Leistungskraft der Bauernhöfe und Bauernfamilien anzupassen, konnten aber auch ohne Rücksicht aufeinander versuchen, die Leistungsquelle auszuschöpfen, wobei dann freilich auch die Quelle selbst vernichtet werden mochte. Für beides gibt es Beispiele in den schriftlichen Dokumenten der Zeit[8].

Überblickt man die Wirkungen solcher Wandlungen der Herrschaft auf die Bauernschaft, so läßt sich das eine Ergebnis (mit Lütge) in die Worte fassen, daß „der persönliche Rechtsstand der Bauern gegenüber der Sachtatsache seiner Verpflichtungen" zurücktrat. Die alte persönliche Unfreiheit schwand dahin. Sie hinterließ noch einige Spuren in der Art der bäuerlichen Verpflichtungen und ihren Bezeichnungen, doch verwischten auch sie sich allmählich. Dieser Aufstieg war bei andern Bauern von einem

Abstieg begleitet. Die alten Volksfreien verschmolzen mit den ehedem unfreien Bauern zu einer relativ einheitlichen Gruppe. Das Bauerntum begann, sich neben den andern Ständen des Adels, der Geistlichkeit und der Bürger als ein besonderer Stand abzuheben.

Schwieriger sind die Veränderungen in der wirtschaftlichen Lage der Bauern zu beurteilen. Dafür genügt nicht ein Blick auf die eine oder andere Abgabe. Es muß versucht werden, die Gesamtheit der Dienste und Abgaben, die auf den Bauernhöfen lasteten, in den Griff zu bekommen. Einen Anhalt dafür geben die Kaufpreise bäuerlicher Hufen. Sie verstanden sich in aller Regel – und so auch in dem noch zu bringenden Beispiel – nicht für Vermögenswerte, die den Bauern zustanden, sondern für die Abgaben und Dienste der Bauern, die als Kapitalsummen in der Ebene der Leistungsempfänger den Besitzer wechselten. Aus dem Ostfalenland liegen solche Kaufpreise in einer Zahl vor (fast 300 erfaßte Hufenpreise), die dafür bürgt, daß nicht einige Zufallswerte die Reihe bestimmen[9]. Sie besagen, daß der Preis der Hufe von 9,4 kölnischer Mark in den Jahren 1150/1200 auf 15 Mark in den Jahren 1200/1250 und 28,3 Mark in den Jahren 1250/1291 stieg (eine kölnische Mark hatte ein Gewicht von etwa 215 g). Das bedeutete, daß der Herrenwert einer Hufe sich im Laufe von anderthalb Jahrhunderten mehr als verdoppelte.

Aber im Verlauf dieser anderthalb Jahrhunderte waren auch die Preise der Agrarprodukte gestiegen und vielleicht auch noch die naturalen Erträge der Bauernwirtschaft gewachsen. Um die Belastung der Bauern durch Abgaben und Dienste zu erfassen, muß den Lasten die Leistungskraft der Bauernhöfe gegenübergestellt werden. Von ihr, den Erträgen und dem Eigenbedarf der Bauernfamilien, wurde bisher noch nicht gesprochen; sie läßt sich auch nur schwer übersehen. Denn anders als der Rechtsstand der Bauern, der zu einer Mitte hin tendierte, entwickelten sich die Bauernwirtschaften auseinander. Es mag darum genügen, auf die Frage der Belastung im Rahmen einer Augenblicksaufnahme einzugehen, die sich auf das Ende des Ausbauzeitalters, etwa die Jahre um 1300, bezieht.

[1] Zur Geschichte der Agrarverfassung *F. Lütge:* Gesch. der deutschen Agrarverfassung ([2]1967) mit Literaturangaben. Hier werden nur, wie es für diesen Aufriß angemessen erscheint, die Sachen anders gruppiert u. die Akzente mehr auf die wirtschaftl. relevanten Züge d. Agrarverfassg. gesetzt.

[2] Die Belege für die im Text gebrachten Nachrichten bei *G. Franz:* a. a. O., S. 135, 188, 215.

[3] *K. Bücher:* Die Entstehung der Volkswirtschaft 1 ([13]1919), S. 92 ff.

[4] Nach überschlägiger Schätzung bedurfte bereits ein Ort von nur 3000 Einwohnern im Hochmittelalter einer Fläche von etwa 85 qkm oder von etwa 10 Dorfgemarkungen, um nur seinen Bedarf an Brotgetreide zu decken. Da auch die Dorfbewohner selbst sich noch mit Nahrungsmitteln versehen mußten, war das Einzugsgebiet einer solchen Stadt selbst bei idealer Gruppierung der Dörfer um die Stadt noch erheblich weiter. Vgl. zur Stadt-Land-Verflechtung im Hochmittelalter auch *W. Abel:* Agrarkrisen u. Agrarkonjunktur. Eine Geschichte der Land- u. Ernährungswirtschaft Mitteleuropas seit dem hohen Mittelalter ([3]1978), S. 17 ff.

[5] Wortlaut des Vertrages bei *G. H. Schmidt:* Zur Agrargesch. Lübecks und Ostholsteins (1887), S. 87 ff.

[6] *Ph. Dollinger:* Les transformations du régime domanial en Bavière au XIIIe siècle d'après deux censiers de l'abbaye de Baumburg. In: Le Moyen Âge 56 (1950).

[7] *G. L. von Maurer:* Geschichte der Fronhöfe 3 (1863), S. 9 ff. u. passim.

[8] Beispiele für eine schiedlich-friedliche Übereinkunft zwischen Vögten und Grundherren bei *H. Wiessner:* Sachinhalt u. wirtschaftl. Bedeutung der Weistümer im deutschen Kulturgebiet (1934), S. 47 ff.; Beispiele für rücksichtsloses Ausnutzen wirtschaftlich-politischer Chancen durch nur einen Herrn (hier den Vogt) bei *Epperlein:* Bauernbedrückung u. Bauernwiderstand im hohen Mittelalter. In: Forsch. zur mittelalterl. Gesch. 6 (1960), S. 30, 49, 53 ff. usw.

[9] *O. Teute:* Das alte Ostfalenland. Eine agrarhist.-stat. Studie (Diss. Erlangen 1910).

4. Die deutsche Landwirtschaft am Ende des Ausbauzeitalters

Eine Bestandsaufnahme am Ende eines langen Zeitabschnitts hat auch insofern Sinn, als sie dazu zwingt, Entwicklungslinien, die vielleicht zu scharf profiliert wurden, abzuschwächen oder zu ergänzen. Das gilt vorweg für die Entwicklung der landwirtschaftlichen Betriebsgrößen. Trotz vieler Auflösungen von Herrenbetrieben gab es noch immer die Gruppe der „größeren Höfe", wie Kötzschke[1] jene Betriebe nannte, die sich neben ihrer Größe auch durch ihre Rechtsqualität noch von der Spitzengruppe der Bauernhöfe abhoben. Dazu gehörten die Fron- und Dinghöfe, die Sal-, Sedel-, Sattelhöfe, die Haupt- und Meierhöfe. Die Bezeichnungen wechseln und lassen sich leicht noch ergänzen, wenn lateinische Namen hinzugefügt werden *(mansus dominicatus, curia dominicata, curtis* usw.). Solche Höfe waren zumeist frei von gewöhnlichen Abgaben und Diensten und mit Bezugs- und Arbeitsrechten, Gerichtsbarkeiten und anderen Vorzügen ausgestattet. Sie bildeten oft noch die Mitte von Grundherrschaften und umschlossen als solche in aller Regel noch einen landwirtschaftlichen Betrieb.

Den anderen Pol der landwirtschaftlichen Betriebe bildeten die Kleinsthöfe, die auch mit sehr verschiedenen Namen belegt waren. Im Elsaß, im Rheinland und bei Erfurt war die Viertelhufe bereits so gewöhnlich geworden, daß ihre Bezeichnung zur Formel abgeschliffen war (Vierling, Viertal, Viertel). In Oberfranken und in Oberbayern gab es die Solden, Sölden oder Selden, am Bodensee die Schupposen, die vielfach nur wenige Morgen Land umfaßten. Auch tauchen in den Nachrichten der Zeit bereits die Häusler auf, die überhaupt kein Ackerland mehr bewirtschafteten und nur noch die Benutzung des Wassers und der Gemeindetriften genossen. Das hing mit dem starken Anwachsen der Bevölkerung und der Teilung des Grund und Bodens (Realteilung) zusammen. Sie war schon früh in die fruchtbaren Tal- und Beckenlandschaften Westdeutschlands und in die benachbarten Höhengebiete eingezogen. Andernorts hatte ein Machtwort des Grundherrn oder die bäuerliche Sitte (Anerbensitte) die Höfe geschlossen gehalten, doch gab es nun dort die Kötner oder Kötter, die als hochmittelalterliche Nachsiedlerschicht in Einzelfällen zwar auch noch recht stattliche Höfe hatten aufbauen können, doch in der Regel weniger Ackerland als die alteingesessene Bauernschaft besaßen und in der Mark nicht mehr voll berechtigt waren.

Zwischen diesen Polen der Kleinst- und Größthöfe lagen die „mittleren" Bauernbetriebe. Alle diese Gruppen waren ungleich, aber mit Schwerpunkten im Raum verteilt: kleinere Einheiten beherrschten den Oberrhein, das Neckargebiet, die Pfalz und den Mittelrhein, von wo aus sie nach Westfalen und über Oberhessen nach Unterfranken ausgegriffen hatten. Die größeren Bauernbetriebe mit etwa 10–20 ha Ackerland gruppierten sich um eine nordsüdlich verlaufende Achse mit Schwerpunkten im (heutigen) Schleswig-Holstein, Niedersachsen, Westfalen und dem südlichen Bayern. Im Osten Deutschlands waren die Höfe der Siedler von Beginn an größer ausgelegt worden. Sie umfaßten im ostdeutschen Flachland im Regelfall zwei („flämische") Hufen oder rund 33 ha, in den Waldgebieten Schlesiens und Obersachsens eine („fränkische") Hufe, etwa 24 ha[2]. Einen genaueren Einblick gewährt das Landbuch der Mark Brandenburg vom Jahre 1375. Ihm konnte entnommen werden[3], daß von 154 altmärkischen Bauernhöfen rund 24% zwischen 20 und 40 ha, 70% zwischen 5 und 20 ha und 6% zwischen 0,5 und 5 ha besaßen. Auch die Ritterhöfe der Altmark waren damals noch nach Ausweis des gleichen Registers nicht viel größer. Sie umfaßten in der Mehrzahl nur 15–30 ha. Wesentliche Unterschiede gab es nur in den extremen Gruppen: es fanden sich bei den überprüften Höfen, die ein leidlich repräsentatives Bild abgeben dürften, keine Bauernwirtschaften über 40 ha und keine Ritterhöfe unter 4 ha.

Die Felder der Höfe lagen vielfach – nicht durchweg – „im Gemenge" mit den Feldern anderer Bauern und, wo es solche gab, auch mit den Feldern der Herrenhöfe. Sie waren in große Schläge eingeteilt, auf denen die Früchte jährlich wechselten, so etwa in der Folge Wintergetreide, Sommergetreide, Brache (bei der Dreifelderwirtschaft). Diese Großfelderwirtschaft mit individuellen Besitzständen, aber gebundener Nutzung setzte sich im Wild- und Waldland mit noch schärfer ausgeprägten kollektiven Zügen fort. Denn dieses Land, Allmende oder ähnlich benannt, stand über die gebundene Nutzung hinaus im Gemeineigentum der Dorfgenossen. Daraus nicht zuletzt schlossen Historiker, daß auch die Besitzparzellen der Bauern ursprünglich Gemeineigentum gewesen wären.

Da diese Vorstellung noch heute manche Lehrbücher beherrscht, sei ein Blick auf die Entstehung der bäuerlichen Feldgemeinschaften und der damit verbundenen Gewannverfassung der Dorfgemarkungen eingeschaltet. Drei Vorgänge können unterschieden werden. Sie seien Ausbau, Umbau und Neubau genannt. Ausbau meint das langsame Wachsen der Fluren durch Rodung und Reihung der Gewanne aneinander. In zahlreichen Fällen läßt sich aus den Flurnamen, der Lage zum Dorf und der Form der Gewanne noch die Folge der Landgewinnung rekonstruieren. Da die Rodungsarbeiten, insbesondere die schwierigeren in Busch und Wald, nur von genossenschaftlich oder herrschaftlich organisierten Gemeinschaften durchgeführt werden konnten, erklärt sich auch leicht die Parzellierung der Rodegewanne. Sie entsprach dem Anteil der einzelnen Bauern am gemeinschaftlich verbrachten Werk.

Doch mit der Vermehrung der Parzellen einer Dorfgemarkung durch Teilung oder Rodungen verringerte sich auch die Chance der individuellen Landnutzung und vergrößerte sich der Zwang (oder die Neigung) zur Kooperation. Es mußten Überfahrten geregelt, Wasserrechte geklärt, die Saatfelder geschützt, Zäune errichtet und Hirten bestellt werden. Damit verband sich dann wohl auch der Wunsch der Bauern (oder ihrer Herren), die Kooperation auf die Feldnutzung auszudehnen. Das war aber nur möglich, wenn jeder Bauer an den Hauptfrüchten der Ackernutzung teilhatte. Ein „Umbau" der Besitzstände wurde dort erforderlich, wo die Parzellen eines Bauern sich in einem Großfeld häuften und in einem anderen fehlten. Leider reichen in diesen Besitzwechsel, der sich nicht selten schon im Hochmittelalter vollzogen haben muß, in den deutschen Territorien schriftliche Nachrichten nicht hinein. Man kennt nur die Besitzverteilung um 1300 und später. Sie lehnt sich so eng an die Großfelder an, daß sie nicht allein dem Zufall und auch nicht, wie man früher meinte, der weit zurückliegenden Landnahme zugeschrieben werden kann. Aus der Zeit, in der sich die Verteilung besser übersehen läßt, berichtete Mone[4], daß sich in südwestdeutschen Dörfern die Parzellen von drei Bauernhöfen auf die drei Großfelder in Verhältnissen wie 7/6/7, 20/18/14, 4/5/5 und 16/16/18 verteilten (die Zahlen geben die Anzahl der Parzellen an, die der einzelne Bauer in jedem der drei Großfelder besaß). Aus der Wetterau liegt eine neuere Untersuchung vor. Sie besagt, daß auch hier die Wirtschaftsflächen der einzelnen Höfe sich annähernd gleich auf die drei Großfelder der Dreifelderwirtschaft verteilten. So besaß z. B. ein Hof im ersten Feld 13 Joch, im zweiten 15,5 und im dritten 11 Joch[5].

Doch ein „Umbau" einer Dorfgemarkung durch Tausch, Kauf oder andere Formen der Besitzübertragung ist nicht leicht durchzuführen (wie noch jüngste Erfahrungen zeigen). Sehr viel einfacher stellte sich die Sache dar, wenn die Gemarkung eines Dorfes „wüst" war, d. h. nicht mehr rechtmäßig besetzt war oder gar überhaupt nicht mehr bewirtschaftet wurde. In solchen Fällen war ein „Neubau" möglich, der auf die Erfordernisse der Großfelderwirtschaft Rücksicht nehmen konnte. Doch Wüstungen häuften sich erst im Spätmittelalter (14. und 15. Jh.). Tatsächlich dürfte auch ein Großteil der bäuerlichen Feldgemeinschaften, die so altertümlich wirken, erst der

Zeit des Wiederaufbaues, dem ausgehenden 15. und dem 16. Jh. zuzuordnen sein. Auf der Höhe des Mittelalters (um 1300) gab es noch erhebliche Reste der älteren Feldverfassung[6].

Auch war die Fruchtfolge keineswegs auf die der Dreiteilung der Felder beschränkt. In Mecklenburg und Vorpommern[7] gab es eine Vier- und Mehrfelderwirtschaft, bei der zwischen Wintergetreide, Sommergetreide und Brache noch Gerste oder Hafer mit Leguminosenanteilen eingeschoben war. Im benachbarten Nordwesten Deutschlands hatte sich die Einfeldwirtschaft behauptet, bei der nur eine Frucht auf einem Feld in jährlicher Wiederkehr angebaut wurde, so insbesondere auf den nordwestdeutschen Eschböden mit ihrem „ewigen Roggenbau". Im Rheinland und benachbarten Landschaften fand sich häufiger eine Zweifelderwirtschaft, bei der Wintergetreide und Brache miteinander wechselten. Sie mochte auf ältere Anbauweisen zurückgehen, hatte aber auch eine Stütze in den Sonderkulturen dieser Landschaften, mit Vorrang dem Weinbau, der die Arbeitskräfte und den Dunganfall der Höfe in einem Ausmaß beanspruchte, daß für den Getreidebau wenig übrigblieb. Doch stand in der großen Mehrzahl der deutschen Landschaften das Getreide weit voran. Ihm galt der größte Arbeits- und Zeitaufwand. Waren die Felder dreifach unterteilt, so mußte auch mindestens dreimal im Jahr gepflügt werden. Wo sich der bodenwendende Pflug bereits durchgesetzt hatte, ergaben sich merkwürdige Verformungen des Bodens, die mit letzten Resten noch bis in unsere Zeit hineinreichen. Das waren die Hoch-, Wölb- oder Rückenäcker, die man noch heute hier und da im Busch- und Waldland findet. Sie entstanden dadurch, daß die Beete zur Beetmitte hin zusammengepflügt wurden. Falls nötig, half auch noch die Schaufel nach, mit der aus den Trennfurchen Erdreich zur Mitte hin geschafft wurde. Das bezweckte, so hört man von späteren Autoren, eine Art Risikoversicherung des Ackerbaues, da in den nassen Jahren das Getreide auf den erhöhten Stellen noch leidlich gedieh, während in den trockenen Jahren die tieferen und feuchteren Stellen einen ausreichenden Ertrag brachten. Im hängigen Gelände dienten die Rinnen der Wasserabführung.

Bei älteren Ackerbeeten kann man auch noch hier und da eine geschwungene, S-förmige oder spiegelbildlich zum S verlaufende Form beobachten. Auch sie ist dem großen, mit zwei, vier oder noch mehr Ochsen bespannten Pflug zuzuordnen, dessen Wenden schwierig war. Der Pflüger begann bereits mit dem Wenden, bevor das Ende des Feldes erreicht war. Daraus ergab sich im Laufe der Zeit die je nach der Seite, an der das Streichbrett befestigt war, nach rechts oder links hin abgebogene Form der Ackerbeete.

Wo die Brache schon angebaut („besömmert") wurde oder auf dem Sommerfeld neben dem Sommergetreide noch andere Pflanzen standen, bot auch der hochmittelalterliche Acker ein bunteres Bild. Aber die Regel war dies nicht. Erbsen, Linsen und die anderen Hülsenfrüchte, Kraut, Rüben, Flachs, Hanf, Hopfen und die mannigfachen Färbereigewächse, die im Mittelalter gebraucht wurden, auch Wein, Obst und die vielen Feingemüse, die man schon kannte, fanden auf den Getreidefeldern im Regelfall keinen Platz. Sie waren auf besondere Feldstücke verwiesen, die als Gärten oder Länder (so auf der Hohenloher Ebene), als *Wurt* oder *Worth* (so im Raum um Celle und Lüneburg), allgemeiner noch als *Beunden* oder *Bifänge* bezeichnet wurden. Sie waren aus der strengen Felderordnung herausgenommen und dem Gartenrecht unterstellt, das dem Besitzer freie Hand bei der Nutzung ließ. Eine ähnliche Regelung galt auch für den Weinbau. Er unterstand dem Reben- oder Weingartenrecht, das die Ummauerung der Weinanlagen, die erforderlichen Pflege- und Erntearbeiten und die Nebennutzung des Weinbaugeländes durch Gras, Gemüse und Obst ermöglichte.

Dies alles (und die Viehhaltung) war schon im Hochmittelalter stark vom Raum her bestimmt, wobei „Raum" hier ein Doppeltes meint: die natürlichen Gegebenheiten des

Landbaues und die Verkehrslage. Wie kräftig die Natur auf Richtung und Intensität der Landnutzung einwirkte, läßt sich am Beispiel des Rheinlandes zeigen. Nicht fern von Rhein und Mosel, auf den unwirtlichen Höhen der Eifel, traf man noch um das Jahr 1300 auf die rohesten Formen der Weide- und Wechselwirtschaft, so etwa auf eine Brennkultur, bei der erst nach sechs-, acht- oder gar zehnjährigem Busch- und Baumwuchs der Boden ein oder zwei Jahre, selten länger, mit Getreide bestellt wurde. Dagegen gab es drunten im fruchtbaren Tal einen höchst arbeits- und düngerintensiven Gemengebau. Ein Zeitgenosse schilderte ihn mit folgenden Worten[8]: „So üppiges und so festes Erdreich hat sie (die Rheingaulandschaft), daß sie Obst und Getreide in wunderbarer Fruchtbarkeit und zugleich Schnelligkeit hervorbringt. Sie erzeugt auf demselben Acker Obstbäume verschiedener Art und Nußbäume. Und trotzdem hört sie . . . nicht auf, Getreide hervorzubringen. Auch hindert die Verschiedenheit der Bäume nicht die Weinpflanzungen, im Gegenteil: ein und derselbe Acker bringt gewöhnlich in gleicher Weise Getreide und Wein, Nüsse und Äpfel, Kirschen und Birnen und viele andere Arten Obst hervor."

Auch die Bedeutung der Verkehrslage ist leicht zu greifen. Johann Heinrich von Thünen, der Begründer der landwirtschaftlichen Standortslehre (1783–1850), soll die ersten Anregungen für seine Theorie des Einflusses der Verkehrslage auf Intensität und Richtung des Landbaues aus der Beobachtung der Landwirtschaft um die Stadt Hamburg herum empfangen haben. Im hohen Mittelalter gab es ähnliche, wenn auch noch weniger tief gegliederte Ringe um jede größere Stadt. Noch innerhalb der Mauern oder doch nahe davor breiteten sich Gärten und Gartenringe aus. Dann folgten Felder, die nahe der Stadt kräftiger gedüngt und intensiv bearbeitet wurden und Früchte in größerer Mannigfaltigkeit trugen. Es schlossen sich die einfacheren Formen des Getreidebaues an, die in Weiden, Busch- und Waldland übergingen, falls nicht eine Nachbarsiedlung ihre Ringe in sie ausbreitete. Denn Ähnliches, wenn auch nicht in gleicher Dichte, fand sich auch bei jedem Dorf.

Solche Stufen oder Ringe des Landbaues waren in größere Zonen eingebettet. Seitdem im Nordwesten Europas ein Städtezentrum entstanden war, das sich über die Rheinstraße nach Süden und in abnehmender Stärke nach Osten hin fortsetzte, hatte sich auch ein West-Ost-Gefälle des Landbaues herausgebildet. Am Rhein, an der Mosel, am Neckar und im Elsaß gab es die Intensivstformen der hochmittelalterlichen Landwirtschaft mit Besömmerung der Brache und zahlreichen Sonderkulturen, die auf den Bedarf der nahen Städte ausgerichtet waren. Weiter östlich hatten sich Guts- und Bauernbetriebe mit Dreifelderwirtschaft und dominierendem Getreidebau bereits auf den Getreideexport nach Flandern eingestellt; Hamburg war noch das Ausfallstor. Später wurde Hamburg (als Getreideexporthafen) von Lübeck und Lübeck von Danzig abgelöst. Im Hochmittelalter zeigten sich erst die Anfänge dieser Entwicklung, die nach Überwindung der spätmittelalterlichen Wüstungsperiode nach Osten hin ausgriff, aber auch dann noch in den verkehrsfernsten Lagen etwa West- und Ostpreußens die primitivsten Formen einer „Urwechselwirtschaft", bei der Busch und Wald in vieljährigen Intervallen mit kurzfristigem Roggenanbau wechselten, nicht ganz verdrängte.

Darum kann auch über die Erträge des Landbaues Gemeingültiges nicht gesagt werden. Sie waren verschieden nach Bodengüte und Klima, Verkehrslage und den Umständen der Agrarverfassung. Das beeinträchtigt auch die Aussage über die Belastung der Bauern, da sie auch von den Erträgen der Bauernwirtschaft abhing. Hinzu kam die große Mannigfaltigkeit der Dienste und Abgaben, ihre Verschiedenheit nach Bauerngruppen, Territorien und Dörfern, ja ihre Unterschiede selbst noch in kleinsten Räumen. Man muß sich auf Fälle beschränken, bei denen die bäuerlichen Verpflichtungen sich auf eine Abgabe konzentrierten oder aber, wenn noch anderes hinzukam, der Rest sich doch leidlich übersehen läßt. So errechnete schon vor längerer Zeit Mone, daß in Rheinhessen die „Fruchtgült", die eine Art Pachtzins darstellte, 5/12 des Kornertrages eines Morgen Ackerlandes betrug[9]. Für eine Gruppe von rund 2200 hörigen Hufen des Mosel- und Rheinlandes ermittelte Lamprecht (1886)[10], daß die Zinsbelastung dem Ertrag eines Hektars bestellten Getreidelandes (600–800 kg Roggenwert) entsprach. Da vielfach noch Bede und Zehnt hinzukamen, mögen auch hier die Abgaben insgesamt ein Drittel und mehr der Getreideroherträge der Höfe oder einen entsprechenden Wert in Anspruch genommen haben. Eine alpenländische Schwaige, die ganz auf Viehhaltung abgestellt war, zahlte etwa die Hälfte des jährlichen Milchertrages in der Form von Käse und Butter als Zins. Im rheinischen Weinbaugebiet mußte ein Drittel bis zur Hälfte der Erträge an den Grundherrn abgeliefert werden, und dies auch bei Erbpachtverträgen. Im Getreideanbaugebiet um Hildesheim verpachtete der Probst des Stiftes Escherde einen Hof an zwei Bauern zu folgenden Bedingungen: Es mußten jährlich geliefert werden der Zehnt von Früchten und Vieh, dazu der dritte Teil von allen Früchten der Liegenschaften, 12 Schweine, eine Mark reines Silber, 62 Hühner, 12 Gänse und 20 Schock Eier. Man fragt sich, was nach solchen Abgaben für die Bauern noch übrig blieb. Auch hierfür noch eine überschlägige Rechnung: im Dorf Westergollwitz auf der Insel Poel vor der Mecklenburger Küste beanspruchten allein die Getreideabgaben, die an Grundherren und Kirche zu zahlen waren, mehr als die Hälfte des Getreideertrages der Felder (nach Abzug der Aussaat und des Futters für die Tiere). Hinzu kamen die Abgaben aus der Viehhaltung (Viehzehnt) und die Bede, die in der Höhe von zwei Mark, dem Gegenwert von rd. 200 kg Roggen, an den Landesherrn zu zahlen war. Zählt man sämtliche Abgaben zusammen und bezieht man sie auf die Erträge einschließlich der (vermutlichen) Erträge aus Viehhaltung und Gartenbau, so ergibt sich, daß für die Bauernfamilie, zu 6 Köpfen gerechnet, je Kopf und Tag aus den Gesamterträgen der Bauernwirtschaft an Nahrungsmitteln rund 3000 Kalorien zur Verfügung standen – aber auch dies nur in „normalen" Jahren. Bei Mißernten, Viehsterben, Krankheitsfällen in der Familie, bei zusätzlichem Druck durch die Herren oder einem Rückgang der Erlöspreise der Bauernwirtschaft, aus der die Geldabgaben abzudecken waren, war selbst die schlichte Nahrung einer solchen Familie nicht gesichert.

Gewiß gab es auch Höfe, die höhere Erträge erbrachten oder geringere Lasten trugen. Aber die Regel war dies nicht. Der Regel dürften die obigen Fälle näherkommen, die aus verschiedenen Teilen Deutschlands zusammengetragen wurden. Sie zeigen, daß der Bauernhof des Hochmittelalters ein sehr labiles Gebilde war. Ein Stoß konnte ihn erschüttern. Eine Folge von Gefährdungen mußte Wirkungen zeitigen, die über die Bauernhöfe hinaus auch den Gesellschaftsbau, der auf den Höfen aufbaute, nicht unberührt lassen konnte.

1 *R. Kötzschke:* Salhof und Siedelhof im älteren deutschen Agrarwesen. In: Ber. über die Verhandlungen der Sächs. Akad. der Wiss. zu Leipzig, Phil.-Hist. Kl. 100, Heft 5 (1953).

2 *W. Kuhn:* Bauernhofgrößen in der mittelalterl. Nahostsiedlg. In: Hamburger mittel- u. ostdt. Forsch. 4 (1963).

3 *E. Engel:* Bürgerlicher Lehnsbesitz, bäuerliche Produktenrente u. altmärkisch-hamburgische Handelsbeziehungen im 14. Jh. In: Hans. Geschichtsbl. 82 (1964).

4 *F. J. Mone:* Über die Bauerngüter vom 15.–18. Jh. In: Zeitschr. für Gesch. des Oberrheins 5 (1854).

5 *J. Obst:* „Descripciones bonorum nostrorum Arnspurgk" als Quelle zur Feldereinteilg. und Flurform der Wetterau im 14. Jh. In: Rhein-Main-Forsch. 50 (1961).
Ders.: Zur Dreizelgenbrachwirtsch. im Kreis Marburg. In: Rhein-Main.-Forsch. 54 (1963).

6 Beispiele b. *W. Abel:* Gesch. der deutschen Landwirtsch., S. 83.

7 Auch für diesen Abschnitt finden sich die Belege bei *W. Abel,* a. a. O., S. 82ff.

8 *Bartholomäus Anglicus:* De proprietatibus rerum, zit. auch bei *A. Kaufmann:* Der Gartenbau

im Mittelalter (1891), S. 38 f., wo auch auf die verschiedenen Datierungsversuche der Schrift des Bartholomäus eingegangen wird.

[9] *F. J. Mone:* Verhältnis d. Fruchtzinsen zum Morgenmaß. In: Zeitschr. f. Gesch. d. Oberrheins 16 (1864).

[10] *Lamprecht:* Dt. Wirtschaftsleben . . . II, S. 188 f.; vgl. auch *W. Abel:* Die Wüstungen des ausgehenden Mittelalters ([3]1976), S. 125 ff.
Ders.: Gesch. der deutschen Landwirtschaft, wo sich neben Belegen für die im Text gebrachten Nachrichten noch weitere Beispiele bäuerlicher Lasten im Hoch- und Spätmittelalter finden.

5. Die Wende

Daß das Spätmittelalter sich von der hier als Hochmittelalter bezeichneten Zeit in Deutschland wie in benachbarten Ländern durch krisenartige Erscheinungen abhob, ist nicht länger mehr strittig. Wohl aber wird noch über die Zeit des Umbruchs und seine Gründe diskutiert. Eine Gruppe von Historikern verweist auf die Jahre 1315/17, als eine schwere Hungersnot Mitteleuropa heimsuchte, eine andere Gruppe auf die Pest, die im Jahre 1347 aus dem Orient eingeschleppt wurde und sich wellenförmig über Europa ausbreitete. In Hamburg starb in einem Jahr (1350) wohl mehr als ein Drittel der Bevölkerung; in Lüneburg, Wismar und Reval zählte man in der Gruppe der Ratsmitglieder 27–42% Todesfälle[1]. Vom flachen Land liegen entsprechende Nachrichten nicht vor. Die große Zahl der Wüstungen (oben S. 537 f.) läßt einen Schluß auf die Sterblichkeit nicht zu, da bei ihnen Abwanderung (in die Städte) mitwirkte. Doch darf angenommen werden, daß der „Schwarze Tod" – so genannt nach Verfärbungen der Haut – in Deutschland kaum weniger Menschen hinwegraffte als in benachbarten Ländern, vielleicht ein Viertel bis ein Drittel der Bevölkerung.

Dem ersten Umzug der Pest folgten weitere, in Deutschland in den Jahren 1356, 1365, 1369/70. Danach lösten sich die Seuchenumtriebe in lokal begrenzte Krankheiten auf, die aus den überall zurückgebliebenen Krankheitsherden bald hier, bald da, doch immer seltener im Zusammenhang untereinander, aufflackerten. Die Sterblichkeit blieb das ganze Spätmittelalter hindurch hoch. Sie übertraf kurzfristig wiederholt und langfristig bis tief in das 15. Jh. hinein die Geburtenhäufigkeit.

Die Abnahme der Bevölkerung hatte weitreichende Folgen. Von ihnen soll hier nicht mehr die Rede sein, da sie einem späteren Kapitel vorbehalten sind. Nur um die geknüpfte Gedankenkette nicht abreißen zu lassen, sei gesagt, daß die Erlöspreise des Landbaues, voran die Getreidepreise, langfristig fielen, die Löhne stiegen, Bauern und Bauernkinder in die Städte abwanderten, Höfe und Dörfer leer wurden und damit auch die Quellen spärlicher flossen, aus denen die Nutznießer der Bauernarbeit ihren Unterhalt zu bestreiten gewohnt waren. Das sind (im gröbsten Umriß) Erscheinungen der spätmittelalterlichen Agrarkrisis, die das Zeitalter des Landesausbaues ablöste.

[1] Sie wurden von *Reincke* ermittelt: Hans. Geschichtsbl. 70 (1951) u. 72 (1954). Weitere Nachrichten zur Pest der Jahre 1347/50 u. den folgenden Pestumzügen auch bei *W. Abel:* Die Wüstungen d. ausgehenden MA ([3]1976), S. 86 ff. Ebenda findet sich eine ausführl. Darstellg. auch d. Auswirkungen der Pestumzüge im Agrar- u. Siedlungssektor, worüber hier, da sie in das Spätmittelalter reichen, nicht mehr zu sprechen ist.

VI. Deutsche Stadtwirtschaft vom frühen Mittelalter bis 1350

Von Edith Ennen

Quellen und Literatur

E. Keyser: Bibliographie zur Städtegeschichte Deutschlands. Acta Collegii Historiae Urbanae Societatis Histor. Internationalis (1969).
P. Guyer: Bibliographie der Städtegeschichte der Schweiz. In: Schweizerische Zeitschrift für Geschichte, Beiheft 11 (1960).
F. Keutgen: Urkunden zur Städtischen Verfassungsgeschichte (1899).
B. Diestelkamp: Quellensammlung zur Frühgeschichte der Deutschen Stadt. In: Elenchus fontium historiae urbanae quem edendum curaverunt *C. van de Kieft* et *J. F. Niermeyer* (1967).
E. Keyser (Hg.): Deutsches Städtebuch. Handbuch städtischer Geschichte (10 Bde., 1939ff.); erfaßt Deutschland in den Grenzen von 1937.
C. Haase (Hg.): Die Stadt des Mittelalters I, II, u. III. In: Wege der Forschg. 243–245 (1969, 1972, 1973).
E. Planitz: Die deutsche Stadt im Mittelalter (1954).
Österreichisches Städtebuch, hg. v. *A. Hoffmann* u. a., Bd. I–IV (1968–1976).
E. Ennen: Die europäische Stadt des Mittelalters (3. überarb. u. erw. Aufl. 1979). Mit ausführlicher Bibliographie.
Deutscher Städteatlas, hg. u. bearb. v. *H. Stoob* (1973f.).
Rheinischer Städteatlas, hg. v. *E. Ennen* u. a., bearb. von *Kl. Flink, M. Müller* u. a. (1972ff.).
Westfälischer Städteatlas, hg. u. bearb. v. *H. Stoob* (1973 ff.).

1. Die Voraussetzungen des Wiedererblühens einer städtischen Wirtschaft

E. Ennen: Frühgeschichte der europäischen Stadt (1953).
Dies.: Ges. Abh. zum europ. Städtewesen u. z. rhein. Geschichte (1977).
Dies.: Das Städtewesen Nordwestdeutschlands von der fränkischen bis zur salischen Zeit. In: *C. Haase:* Die Stadt des Mittelalters I, a. a. O.
D. Flach: Untersuchungen zur Verfassung und Verwaltung des Aachener Reichsgutes (Diss. Marburg 1974).
C. Haase: Die Entstehung der westfälischen Städte ([2]1960).
H. Jankuhn: Haithabu. Ein Handelsplatz der Wikingerzeit ([5]1972).
W. Schlesinger: Unkonventionelle Gedanken zur Geschichte von Schleswig, Haithabu. In: Kieler Historische Studien 16 (1972).
Ders.: Städtische Frühformen zwischen Rhein und Elbe. In: Studien zu den Anfängen des europäischen Städtewesens (1958).
Ders.: Zur Geschichte der Magdeburger Königspfalz. In: Blätter f. dt. Landesgeschichte 104 (1968).
Les origines des villes polonaises. Recueil de travaux publiés par *P. Francastel* (1960).
W. Hensel: Anfänge der Städte bei den Ost- und Westslawen (1967).
G. Albrecht: Das Münzwesen im niederlothringischen und friesischen Raum vom 10. bis zum beginnenden 12. Jahrhundert. In: Numismatische Studien 6 (1969).
P. Schöller (Bearb.): Das Marktproblem im Mittelalter. In: Westfälische Forschungen 15 (1962).
H. Büttner: Das fränkische Mainz. Ein Beitrag zum Kontinuitätsproblem und zur fränkischen mittelalterlichen Stadtgeschichte. In: Aus Verfassungs- und Landesgeschichte. Festschrift z. 70. Geb. von Th. Mayer, Bd. 2 (1955).
Ders.: Markt und Stadt zwischen Waadtland und Bodensee bis zum Anfang des 12. Jahrhunderts. In: Schweizer Zschr. f. Geschichte 11 (1961).
Ders.: Die Bremer Markturkunden von 888 und 965 und die ottonische Marktentwicklung. In: Bremisches Jahrbuch 50 (1965).
J. Prinz: Mimigernaford-Münster (2. verb. und erg. Aufl. 1976).
H. Borchers: Beiträge zur rheinischen Wirtschaftsgeschichte. In: Hess. Jb. f. Landesgesch. 4 (1954).

W. Stein: Handels- u. Verkehrsgeschichte der deutschen Kaiserzeit (1922).
A. Schaube: Handelsgeschichte der romanischen Völker des Mittelmeergebietes bis zum Ende der Kreuzzüge (1906).
H. Büttner: Zur Stadtentwicklung von Worms im Früh- und Hochmittelalter. In: Aus Geschichte und Landeskunde. Festschrift F. Steinbach (1960).
Kl. Fehn: Die zentralörtlichen Funktionen früher Zentren in Altbayern. Raumbindende Umlandbeziehungen im bayerisch-altösterreichischen Altsiedelland von der Spätlatènezeit bis zum Ende des Hochmittelalters (1970).
F. Wiegand: Erfurt (1964).
F. L. Ganshof: Note sur l'Inquisitio de theloneis Raffelstettensis. In: Le Moyen Age (1966).
W. Abel: Geschichte der deutschen Landwirtschaft vom frühen Mittelalter bis zum 19. Jh. (^{3}1978).
H. Aubin: Stufen und Triebkräfte der abendländischen Wirtschaftsentwicklung im frühen Mittelalter. In: VSWG 42 (1955).

2. Der Durchbruch einer bürgerlich-städtischen Lebensform im 11./12. Jh.

M. Pfütze: Burg und Stadt in der deutschen Literatur des Mittelalters (1958).
W. Schlesinger: Stadt und Burg im Lichte der Wortgeschichte. In: Studium Generale 16 (1963).
G. Köbler: Zur Entstehung des mittelalterlichen Stadtrechts. In: ZRG, Germ. Abt. 86 (1969).
T. Diederich: Das älteste Kölner Stadtsiegel. In: Veröffentl. d. Köln. Geschichtsvereins 29 (1969).
E. Wisplinghoff: Urkunden und Quellen zur Geschichte von Stadt und Abtei Siegburg. I. Siegburg (1964). Nr. 30 = Urkunde für Remagen.
L. v. Winterfeld: Handel, Kapital und Patriziat in Köln bis 1400 = Pfingstbll. d. Hans. Geschichtsvereins 16 (1925).
H. Planitz: Urkunden zur Kölnischen Rechtsgeschichte. Festgabe zur Tagung der deutschen Rechtshistoriker in Köln (1934).
Ders.: Das Kölner Recht und seine Verbreitung in der Kaiserzeit. In: ZRG / GA 55 (1935).
Ders.: Zur Geschichte des städtischen Meliorats. In: ZRG / GA 67 (1950).
Die Städte Mitteleuropas im 12. u. 13. Jahrhundert, hg. v. *W. Rausch* (1963).
W. Schlesinger: Zur Frühgeschichte des norddeutschen Städtewesens. In: Lüneburger Blätter 17 (1966).
H. Stoob: Über Zeitstufen der Marktsiedlung im 10. und 11. Jahrhundert auf sächsischem Boden. In: Forschungen zum Städtewesen in Europa I (1970).
H. Ammann: Der hessische Raum in der mittelalterlichen Wirtschaft. In: Hess. Jahrb. f. Landesgeschichte 8 (1958).
Ders.: Vom Lebensraum der mittelalterlichen Stadt. Eine Untersuchung an schwäbischen Beispielen. In: Berichte zur deutschen Landeskunde 31 (1963).
Ders.: Schaffhauser Wirtschaft im Mittelalter (1949).
Rudolph – Kentenich: Quellen zur Rechts- und Wirtschaftsgeschichte der rheinischen Städte: Trier (1915).
H. Eichler – R. Laufner: Hauptmarkt und Marktkreuz zu Trier (1958).
R. Koebner: Die Anfänge des Gemeinwesens der Stadt Köln (1922).
Köln, das Reich und Europa. Mitt. aus dem Stadtarchiv Köln 60 (1971).
B. Töpfer (Hg.): Stadt und Städtebürgertum in der deutschen Geschichte des 13. Jahrhunderts = Forschungen zur mittelalterl. Geschichte 24 (1976).

3. Die Stadtgründungen

W. Schlesinger: Das älteste Freiburger Stadtrecht. Überlieferung und Inhalt. In: ZRG / GA 83 (1966).
B. Diestelkamp: Gibt es eine Freiburger Gründungsurkunde aus dem Jahre 1120? (1973).
H. Stoob: Formen und Wandel staufischen Verhaltens zum Städtewesen. In: Forschungen zum Städtewesen in Europa I (1970).
Ders.: Minderstädte, Formen der Stadtentstehung im Spätmittelalter. Ebd.
L. v. Winterfeld, A. K. Hömberg u. a.: Westfalen, Hanse, Ostseeraum. Münster. In: Veröff. d. Provinzialinstituts f. westfäl. Landes- u. Volkskunde 7 (1955).
B. Diestelkamp: Welfische Stadtgründungen und Stadtrechte des 12. Jh. In: ZRG / GA 81 (1964).

W. Hess: Hessische Städtegründungen der Landgrafen von Thüringen = Beiträge zur Hessischen Geschichte 4 (1966).
H. Strahm: Studien zur Gründungsgeschichte der Stadt Bern (1935).
Ders.: Die Berner Handfeste (1953).
H. Fr. Rothert: Stadtrechtsverleihungen an holsteinische Städte im 13. Jahrhundert. In: Kieler Histor. Studien 16 (1972).
E. Ennen: Burg, Stadt und Territorialstaat in ihren wechselseitigen Beziehungen. In: Ges. Abh. a.a.O.
E. Schaus: Stadtrechtsorte und Flecken im Regierungsbezirk Koblenz. In: Rhein. Heimatpflege 7, 8, 9 (1935 ff.).
Ders.: Stadtrechtsorte und Flecken im Regierungsbezirk Trier und im Landkreis Birkenfeld (1958).
E. Ennen: Stadtgeschichtliche Probleme im Saar-Mosel-Raum. In: Festschrift F. Petri (1970).
E. Maschke: Die Verbreitung des Speyerer Stadtrechts mit besonderer Berücksichtigung von Neustadt an der Haardt. In: Ders. und *G. F. Böhn:* Beiträge zum Recht der Stadt Neustadt a. d. H. Veröffentl. z. Geschichte von Stadt und Kreis Neustadt 2 (1962).
K. Kroeschell: Weichbild. Untersuchungen zur Struktur und Entstehung der mittelalterlichen Stadtgemeinde in Westfalen (1960).
H. Ammann: Die schweizerische Kleinstadt in der mittelalterlichen Wirtschaft. In: Festschrift Walter Merz (1928).
Ders.: Die Froburger und ihre Städtegründungen. In: Festschrift Hans Nabholz zum 60. Geburtstag (1934).

4. Die großen städtischen Wirtschaftsräume

a. Das Rheinland:

B. Kuske: Quellen zur Geschichte des Kölner Handels und Verkehrs im Mittelalter. Publ. d. Gesellsch. f. Rhein. Geschichtskunde 33 (4 Bde., 1934).
W. Stein: Akten zur Geschichte der Verfassung und Verwaltung der Stadt Köln im 14. und 15. Jh. Publ. d. Gesellsch. f. Rhein. Geschichtskunde 10 (2 Bde., 1893/95).
R. Knipping: Die Kölner Stadtrechnungen des Mittelalters. Publ. d. Gesellsch. f. Rhein. Geschichtskunde 15 (2 Bde., 1897/98).
H. Kellenbenz: Der Aufstieg Kölns zur mittelalterlichen Handelsmetropole. In: Jahrb. d. Köln. Geschichtsvereins 41 (1967).
Ders. (Hg.): Zwei Jahrtausende Kölner Wirtschaft (2 Bde., 1975).
W. Hävernick: Der Kölner Pfennig im 12. und 13. Jh. = VSWG Beiheft 18 (1930).
H. Ammann: Deutschland und die Tuchindustrie Nordwesteuropas im Mittelalter. In: Hans. Geschichtsbll. 72 (1954).
E. Meuthen: Aachener Urkunden 1101–1250. Publ. d. Gesellsch. f. Rhein. Geschichtskunde 58 (1972).
A. Huyskens: Ein staufisches Denkmal des Aachener Donauhandels in Passau. In: Ann. d. Hist. Ver. f. d. Niederrhein 155/56 (1954).
G. Vollmer: Die Stadtentstehung am unteren Niederrhein. Eine Untersuchung zum Privileg der Reeser Kaufleute von 1142. Rhein. Archiv 41 (1952).
A. Langhans: Wesel. Ein Geschichtsbild. Bearb. v. *R. Brandts* (1958).
M. Scholz-Babisch: Quellen zur Geschichte des klevischen Rheinzollwesens vom 11. bis 18. Jahrhundert. Deutsche Handelsakten Bd. XII (1971).
E. Ennen u. *D. Höroldt:* Vom Römerkastell zur Bundeshauptstadt. Kleine Geschichte der Stadt Bonn ([3]1976).
F. Michel: Die Geschichte der Stadt Koblenz im Mittelalter (1963).
E. Jeiter: Geschichte des Weinbaus und Weinhandels in Bacharach u. seinen Tälern (1919).
H. Ammann: Die Deutschen in St. Gilles im 12. Jh. In: Festschrift H. Aubin (1965).
F. Steinbach: Zur Sozialgeschichte der Stadt Köln im Mittelalter. In: Spiegel der Geschichte. Festgabe f. M. Braubach (1964).
F. Lau: Das Kölner Patriziat bis zum Jahre 1325. In: Mitt. Stadtarchiv Köln 24/26 (1894/96).
Ders.: Die erzbischöflichen Beamten in der Stadt Köln während des 12. Jh. (Diss. Bonn, 1891).
Ders.: Beiträge zur Verfassungsgeschichte der Stadt Köln. I. Das Schöffenkolleg, II. Das Kölner Patriziat bis zum Jahre 1396. In: Westdt. Zschr. f. Gesch. u. Kunst 14 (1895).

R. Hoeniger: Die älteste Urkunde der Kölner Richerzeche. In: Festschrift v. Mevissen (1895).
J. Dietz: Die Bonner Schöffen und ihre Familien bis zum Jahre 1600. In: Bonner Geschichtsbll. 10 (1956).
T. Rosłanowski: Recherches sur la vie urbaine et en particulier sur le patriciat dans les villes de la moyenne rhénanie septentrionale (1964).
K. Schulz: Ministerialität und Bürgertum in Trier. Rhein. Archiv 66 (1968).
Ders.: Die Ministerialität als Problem der Stadtgeschichte. Einige allgemeine Bemerkungen, erläutert am Beispiel der Stadt Worms. In: Rhein. Vjbll. 32 (1968).
E. Maschke: Das Problem der Entstehung des Patriziats in den südwestdeutschen Städten. In: Arbeitskreis für südwestdeutsche Stadtgeschichtsforschung, Protokoll über die III. Arbeitstagung (1965).
H. Ammann: Die Friedberger Messen. In: Rhein. Vjbll. 15/16 (1950/51).
Ders.: Die Zurzacher Messen im Mittelalter (1923).
Ders.: Die Anfänge der Leinenindustrie des Bodenseegebietes und der Ostschweiz. In: Alemann. Jahrb. (1953).
R. Gaettens: Die Wirtschaftsgebiete und der Wirtschaftsgebietspfennig der Stauferzeit (1963).
J. Füchtner: Die Bündnisse der Bodenseestädte 1250–1377 (1966).

b. Der Hanseraum:

Ph. Dollinger: La Hanse (1964, dt. 1966).
Die deutsche Hanse als Mittler zwischen Ost und West. Wiss. Abh. d. Arbeitsgemeinschaft für Forschung des Landes Nordrhein-Westfalen 27 (1963).
W. Koppe: Lübeck-Stockholmer Handelsgeschichte im 14. Jh. Abh. z. Handels- und Seegeschichte, N. F. 2 (1933).
B. Kuske: Die Wirtschaft der Stadt in älterer Zeit. In: Köln. Hg. v. d. Stadt Köln (1948). Siehe jetzt auch: Zwei Jahrtausende Kölner Wirtschaft (1975), mit umfassender Bibliographie.
F. Rörig: Hansische Beiträge zur deutschen Wirtschaftsgeschichte. Schriften der Balt. Kommission zu Kiel, Bd. 9 (1928).
Ders.: Wirtschaftskräfte im Mittelalter. Abh. zur Stadt- und Hansegeschichte, hg. v. *P. Kaegbein* (1959, [2]1971).
A. v. Brandt: Die gesellschaftliche Struktur des spätmittelalterlichen Lübeck. In: Untersuchungen zur gesellschaftlichen Struktur der mittelalterlichen Städte in Europa. Reichenau Vorträge 1963–1964 = Vorträge und Forschungen Bd. 11 (1966).
P. Heinsius: Das Schiff der hansischen Frühzeit (1956).
E. v. Lehe: Der hansische Kaufmann des 13. Jh. nach dem Beispiel von Lübeck und Hamburg. In: Zeitschr. d. Vereins f. Hamburg. Geschichte 44 (1958).
L. v. Winterfeld: Das westfälische Hansequartier. In: Der Raum Westfalen II (1955).
W. Reinecke: Lüneburg als Hansestadt ([2]1946).
H. Böse: Lüneburgs politische Stellung im wendischen Quartier der Hanse (1971).
W. Spiess: Braunschweig als Hansestadt (1929).
G. Bergholz unter Mitwirkung von *W. Spiess:* Die Beckenwerkergilde zu Braunschweig (1954).
H. Gringmuth-Dallmer: Magdeburg – Haupthandelsplatz der mittleren Elbe. In: Hans. Geschichtsbll. 80 (1962).
E. Müller-Mertens: Berlin und die Hanse. In: Hans. Geschichtsbll. 80 (1962).
H. Aubin: Antlitz und geschichtliche Individualität Breslaus. In: Grundlagen und Perspektiven geschichtlicher Kulturraumforschung und Kulturmorphologie (1962).
L. Petry: Breslau und Krakau vom 13. bis 16. Jh. In: Zeitschr. d. Ver. f. Geschichte Schlesiens 68 (1934).
F. Wiegand: Über hansische Beziehungen Erfurts. In: Hans. Studien (1960).
Ders.: Erfurt. Eine Monographie (1964).

c. Das Wirtschaftsgebiet des Pleißenlandes und Meißens:

H. Helbig: Quellen zur älteren Wirtschaftsgeschichte Mitteldeutschlands (5 Bde., 1952–53).
M. Unger: Stadtgemeinde und Bergwesen Freibergs im Mittelalter (1963).
K. Blaschke: 700 Jahre Stadt Colditz (1965).

d. Oberdeutschland:

H. Heimpel: Nürnberg und das Reich des Mittelalters. Festrede zur Neunhundertjahrfeier der Stadt Nürnberg (1951).

Beiträge zur Wirtschaftsgeschichte Nürnbergs, hg. vom Stadtarchiv Nürnberg (2 Bde., 1967). Darin besonders: *G. Hirschmann:* Nürnbergs Handelsprivilegien, Zollfreiheiten und Zollverträge bis 1399 (S. 1 ff.); *W. Schultheiß:* Geld- und Finanzgeschäfte Nürnberger Bürger vom 13.–17. Jh. (S. 49 ff.); *G. Michelfelder:* Die wirtschaftliche Tätigkeit der Juden Nürnbergs im Spätmittelalter (S. 236 ff.); *F. Schnelbögl:* Die wirtschaftliche Bedeutung ihres Landgebietes für die Reichsstadt Nürnberg (S. 261 ff.); *F. Lütge:* Der Handel Nürnbergs nach dem Osten im 15./16. Jh. (S. 318 ff.); *Ph. Braunstein:* Wirtschaftliche Beziehungen zwischen Nürnberg und Italien im Spätmittelalter (S. 377 ff.); *H. Lentze:* Nürnbergs Gewerbeverfassung des Spätmittelalters im Rahmen der deutschen Entwicklung (S. 593 ff.); *H. Aubin:* Formen und Verbreitung des Verlagswesens in der Altnürnberger Wirtschaft (S. 620 ff.); *W. Frhr. Stromer von Reichenbach:* Das Schriftwesen der Nürnberger Wirtschaft vom 14. bis zum 16. Jh. Zur Geschichte oberdeutscher Handelsbücher (S. 751 ff.).

H. Ammann: Die wirtschaftliche Stellung der Reichsstadt Nürnberg im Spätmittelalter (1970).

G. Pfeiffer: Nürnberg – Geschichte einer europäischen Stadt (1971).

H. Ammann: Die Nördlinger Messe im Mittelalter. In: Aus Verfassungs- und Landesgeschichte. Festschrift Th. Mayer (1955).

O. Borst: Geschichte der Stadt Esslingen am Neckar (^{3}1978).

B. Kirchgässner: Wirtschaft und Bevölkerung der Reichsstadt Esslingen im Spätmittelalter. In: Esslinger Studien 9 (1964).

H. Decker-Hauff: Geschichte der Stadt Stuttgart, Bd. 1: Von der Frühzeit bis zur Reformation (1966).

G. Wunder u. *G. Lenckner:* Die Bürgerschaft der Reichsstadt Hall von 1395–1600. Württ. Geschichtsquellen 25 (1956).

E. Nau: Haller Pfennige. In: Württ. Franken 44 (1960).

W. Zorn: Augsburg (^{2}1972).

H. Heimpel: Das Gewerbe der Stadt Regensburg im Mittelalter. Mit einem Beitrag von *Fr. Bastian:* Die Textilgewerbe (1926).

Ders.: Seide aus Regensburg. In: MIÖG 62 (1954).

H. Kellenbenz: Bürgertum und Wirtschaft in der Reichsstadt Regensburg. In: Blätter f. dt. Landesgeschichte 98 (1962).

K. Schib: Der Schaffhauser Adel im Mittelalter. In: Zeitschr. f. Schweiz. Gesch. 18 (1938).

R. Feller: Geschichte Berns (1946).

H. E. Peyer: Zürich von der Urzeit zum Mittelalter (1972).

e. Der Südosten:

O. Brunner: Hamburg und Wien. Versuch einer sozialgeschichtlichen Konfrontierung (1200–1800). In: Festschrift H. Aubin (1965).

K. Lechner: Die Haimonen. Ein Wiener Erbbürger-Rittergeschlecht des 13. und 14. Jahrhunderts. In: Jahrb. d. Vereins f. Geschichte d. Stadt Wien 15/16 (1959/60).

J. Sydow: Zur verfassungsgeschichtlichen Stellung von Reichsstadt, freier Stadt und Territorialstadt im 13. und 14. Jh. In: Les libertés urbaines et rurales du XIe au XIVe siècle. Colloque international Spa (1966, 1968).

Stadt und Stadtherr im 14. Jahrhundert, hg. v. *W. Rausch.* In: Beiträge zur Geschichte der Städte Mitteleuropas (1972).

1. Die Voraussetzungen des Wiedererblühens einer städtischen Wirtschaft

Von einer Stadtwirtschaft im strikten Sinn des Wortes können wir nur im Mittelalter sprechen. Denn nur im Mittelalter gab es eine von der Stadt, d. h. vom Stadtherrn und von den Organen der städtischen Bürgerschaft getragene, auf das Stadtgebiet und seine Insassen bezogene Wirtschaftspolitik, und nur im Mittelalter waren Handel und Gewerbe im Grundsatz ausschließlich in den Städten konzentriert. Damit soll die irrige

Vorstellung einer „stadtwirtschaftlichen Periode", in der „geschlossene Stadtwirtschaften" nebeneinander existierten, nicht wieder propagiert werden. Die Wirtschaftsverflechtung der Stadtwirtschaften untereinander war intensiv; die Lebensräume der Städte überschnitten sich in mannigfacher Weise, und eine Hierarchie der Städte und städtischen Märkte wird im späteren Mittelalter offensichtlich. In der Neuzeit löst die staatliche Wirtschaftspolitik die städtische zunehmend ab. Die Monopolansprüche des städtischen gegenüber dem ländlichen Gewerbe werden bereits im ausgehenden Mittelalter durchlöchert. In der Antike ließ die urbane Grundstruktur des gesamten Lebens, die klassische Einheit von „Stadt" und zugehörigem ländlichem Territorium in der *polis* und in der *civitas*, die mittelalterliche Stadt-Land-Problematik allenfalls randweise und in Spätzeiten entstehen.

Der Urbanisierungsprozeß, der Europa in tiefer zeitlicher Staffelung ergriff, erreichte im ersten nachchristlichen Jahrhundert den Rhein. In den *civitates* und *castra* der beiden germanischen Provinzen und in den *civitates* und *vici* der Belgica Prima mit der Kaiserresidenz Trier als Mittelpunkt entfaltete sich eine städtische Zivilisation, eine gewerbliche Produktion und Verkehrswirtschaft, die der des Donauraumes, erst recht des Dekumatenlandes weit überlegen war[1]. In Noricum allerdings, das nicht von Rom unterworfen wurde, sondern sich ihm verbündete, blieb die vorrömische Metallindustrie ein hervorragendes Gewerbe. Die Stadt auf dem Magdalensberg, die Vorläuferin des in der Ebene gelegenen Virunum, war dank des „norischen Eisens" auch ein Handelszentrum[2].

Den Fragen der Kontinuität von der ausgehenden Antike zum Frühmittelalter können wir hier nicht nachgehen. Eine relative Kulturkonstanz, deren Nachweis wir der archäologischen Forschung verdanken, bewirkte den frühmittelalterlichen Vorsprung der linksrheinischen Lande. So bruchstückhaft das römische Erbe sich darstellt und obwohl keine Römerstadt des späteren Deutschen Reiches ihre antike Gestalt und Bedeutung voll bewahrte, so blieben doch (mit Ausnahme der Colonia Ulpia Trajana am äußersten Niederrhein) die römischen *civitates* und viele *castra* der Rheinzone als Siedlungen – mehr oder minder ruinös und gelegentlich mit Schwerpunktsverlagerungen – mit Resten der urbanisierten, gallo-römischen Bevölkerung erhalten. Sie übten als Bischofssitze (Trier mit kontinuierlicher Besetzung des Bischofsstuhles von der Spätantike zum Mittelalter, Köln, Mainz, Speyer, Worms, Straßburg) oder Stiftsburgen (Bonn) oder Sitze alter Taufkirchen (ein jüngst meisterhaft ergrabenes Beispiel in Boppard[3]) zentrale Funktionen kirchlich-organisatorischer und kultischer Art aus. In ihnen beobachten wir in frühmittelalterlicher Zeit ein Marktleben, das seit der Spätantike wohl nie ganz erloschen war, das dann ohne königliche Privilegierung bestand und dessen Geschäftsbrauch dennoch öfters vorbildlich wurde. Am Hochrhein ergaben sich Verlagerungen[4]: die Bischöfe sitzen um 800 nicht mehr in Augst, Windisch oder Avenches, sondern in Basel, Konstanz, Lausanne. In der Donauzone vollzog sich der Übergang weniger stetig und viel undurchschaubarer als in der Rheinzone. Immerhin – Regensburg, Augsburg, Salzburg treten uns wieder vor allem dank des Bischofssitzes als frühe nichtagrarische Siedlungen mit zentralen Funktionen entgegen. In Mautern ist das römische castrum Favianis, in Tulln das römische Comagena im Planbild erhalten. In Vindobona/Wien ließ sich mehr als eine topographische Anknüpfung und – wie öfters – ein Kultkontinuum konstatieren[5]. Hier stellt die über der römischen Badeanlage – sie überstand die Brandschatzung des 5. Jh. – gebliebene Restsiedlung das Bindeglied zwischen den Zeitaltern dar. Der sich hier entwickelnde Siedlungskomplex umfaßte innerhalb der Nordostecke der römischen Lagermauer Burg, Markt und Kirche (St. Ruprecht).

In Noricum zerstörte der Slaveneinfall des 6. Jh. die letzten Zentren antiker Kultur und auch das blühende Frühchristentum. Im 8. Jh. mußte von Salzburg aus eine zweite

Christianisierung erfolgen[6].

Für die politischen Gewalten blieben erhaltene alte Römerorte bedeutsam; auf höchster Ebene Regensburg im Herzogtum Bayern, in der Rheinzone Aachen (römisches Thermalbad) und Worms für Karl den Großen, Köln unter Erzbischof Bruno, dem Herzog Lotharingiens. Als Gauvororte erscheinen u.a. Salzburg, Worms, Speyer, Bonn, Jülich, Zülpich, Bitburg, als wichtige Mittelpunkte der Reichsgutverwaltung Andernach, Koblenz und Boppard.

Die bedeutendste Gruppe der rechtsrheinischen nichtagrarischen frühmittelalterlichen Siedlungen ohne römische Vergangenheit stellen wiederum die Bischofssitze und in zweiter Linie Stiftsorte dar: Münster, Paderborn, Minden in Westfalen, Hildesheim, Halberstadt, Osnabrück in Niedersachsen, Eichstätt in Bayern, Würzburg im Maingebiet, Erfurt in Thüringen, Fritzlar in Hessen. Sie haben ihre Rolle auch im Bereich weltlicher Herrschaft, welcher Frankfurt, Duisburg, Dortmund vorzüglich ihre Stellung verdanken. So überspannen nichtagrarische Siedlungen in lockerer Streuung seit dem 9. Jh. zunehmend den ganzen Raum zwischen Rhein und Elbe, wo der karolingische Burgort und Grenzhandelsplatz Magdeburg unter Otto I. als Pfalzstadt zum Aachen des Ostens aufsteigt.

Die Ursprungskräfte spezifisch mittelalterlicher Stadtbildung sind wirksam in den Emporien, küstennahen Fernhandelsplätzen und Messeorten mit fest ansässiger Händler- und Handwerkerbevölkerung, im Binnenland vor allem in den Burgmärkten[7]. Zwar – die ältesten Emporien lagen außerhalb der heutigen Grenzen Deutschlands, Haithabus Schicksal besiegelte der Wendensturm von 1066, und zwischen ihm und der Nachfolgesiedlung Schleswig klaffte – wenigstens nach dem bisherigen Forschungsstand – eine Zäsur, aber die karolingische Stadtwurt Emden im Friesenland behauptete sich, und Hamburg war Bischofsburg und Fernhändlerplatz schon in karolingischer Zeit. Die Normannen- und Ungarnnot zwang nicht nur zur Instandsetzung alter Römermauern, sondern zu einem vermehrten Bau von Befestigungen überhaupt. Im weiten Binnenland zwischen Rhein und Elbe gab es schon in karolingischer Zeit Märkte, z.B. die im Diedenhofener Capitulare von 805 genannten Umschlagplätze des Handels mit Slaven und Avaren: Bardowiek, Schezla, Magdeburg, Erfurt, Hallstadt bei Bamberg, Forchheim, Premberg, Regensburg, Lorch. Die Liste zeigt, daß noch lange nicht jeder Markt sich zur Stadt weiterentwickelte. Andere stadtbildende Momente – wie wir sie für Magdeburg, Erfurt, Regensburg feststellten – mußten hinzutreten. Manche Märkte dieser Frühzeit waren auch nur grundherrliche Sammelmärkte. Noch in spätkarolingischer Zeit begann im Ostfrankenreich die Entwicklung eines königlichen Marktregals, auch ein Anzeichen dafür, daß die Zunahme des Marktverkehrs der ordnenden und schützenden Hand des Königs bedurfte. In manchen Fällen – Esslingen 866, Bremen 888, Horhausen (heute Niedermarsberg) 900 – haben königliche Marktprivilegien die Stadtentwicklung entscheidend gefördert. Wichtig war die zuerst bei Esslingen zu beobachtende Verbindung von Markt und Immunität, weil sie eine Territorialisierung des Marktrechts bedeutete. Mit dem Marktrecht wurde der Marktzoll – eine Abgabe vom Umsatz auf dem Markt – und das Münzrecht verliehen. Erst seit spätkarolingischer Zeit gibt es Münzstätten östlich des Rheins; unter den Ottonen nimmt die Zahl der prägenden und münzberechtigten Orte beträchtlich zu. Zwischen Markt und Münze bestand während der ganzen Pfennigzeit (hochwertiger Einheitspfennig des 8. bis 11. Jh. für den Groß- und Fernhandel, regionaler Pfennig des 12./13. Jh.) eine enge Verbindung, da Währungszwang auf den Märkten ausgeübt wurde. Nur wer über einen Markt verfügte, konnte eigene Münzen in Umlauf setzen. Die methodische Folgerung ergibt, daß der Nachweis einer Münzstätte der Pfennigzeit zugleich Beleg für die Existenz eines Marktes ist[8].

Die Frühformen des Städtewesens in den slavischen Gebieten stellen sich vor allem als weltliche Herrschaftsmittelpunkte dar. Die großen Anlagen in Mähren, am bedeutendsten Mikulčice – mit vielen Kirchen und einem Palast ausgestattet –, gingen mit dem sog. Großmährischen Reich unter; aber Böhmen war im Schutz seiner Gebirge sicher vor der ungarischen Invasion. Hier stieg Prag auf, den arabischen Reiseberichten zufolge im 10. Jh. eine Stadt mit gewerblicher Produktion und lebhaftem Handel. Die frühen polnischen Burgen – *castra* aus Holz in der sog. Hakenkonstruktion – waren vielfach eng mit dem *suburbium* oder den *suburbien,* die oft ebenfalls befestigt waren, und Handwerker-Marktsiedlungen verbunden, so in Gnesen, Posen, Kruschwitz, Breslau, Oppeln, Krakau, Stettin, Kolberg, Danzig, Den Handel übten wohl die einheimischen Grundherren aus; in den Siedlungen an der Küste waren auch skandinavische Händler ansässig. Auch die Nakonidenresidenz Alt-Lübeck an der Schwartau, deren Blüte um 1100 liegt, besaß eine Kaufmannskolonie[9].

So reichen die Wurzeln der meisten bedeutenden mittelalterlichen Städte in die Zeit vor 1000 zurück. Man nannte sie „Burg"; noch gab es das Wort „Stadt" nicht. Sie waren aber auch Marktorte, Stützpunkte des Fernhandels, der nie aufgehört hatte zu bestehen, und Sitz vereinzelter gewerblicher Betriebe. In Mainz wird 780/803 eine *hovastat* mit einer *fabrica* erwähnt, in Worms werden 947 *negotiatores, artifices et Frisiones* genannt.

Aber noch hat die sich eben erst entwickelnde freie städtische Marktwirtschaft einen mächtigen Konkurrenten in der großen – mitunter auch stadtsässigen oder doch suburbanen – Grundherrschaft. Die Grundherrschaft strebt nach weitgehender Selbstversorgung: niedersächsische, westfälische, niederländische Klöster besaßen Weinberge an Rhein und Mosel, ein Beweis der unzureichenden Versorgungsmöglichkeit auf dem städtischen Markt. Klöster, Königshöfe und Höfe adliger Grundherren verfügen über gewerbliche Betriebe und Manufakturen (*genitien*) für Textilherstellung. Die Grundherrschaften mit ihrem über weite Räume gestreuten Besitz entwickeln nicht nur eine Transportorganisation, es gab auch einen Grundherrenhandel, der von Unfreien besorgt wurde. Daneben gab es Berufskaufleute, die durch zwischenstaatliche Verträge und Königsmunt geschützt waren. Das Nebeneinander von Unfreien, die für ihren Grundherrn Handel trieben, und von Berufskaufleuten zeigt für den Donauraum um 900 die Zollordnung von Raffelstetten: Die Grundherren vertreiben vor allem Salz, das sie in ihren Bergwerken und Salinen gewinnen. Zu den Berufskaufleuten gehören auch die Juden. – Noch spielen die Friesen im Handel eine große Rolle; wir treffen sie auf den nördlichen Meeren und auf dem Rhein. Friesenkolonien finden sich bis Worms; die Friesen bringen nach einem literarischen Zeugnis des 9. Jh. ihre Tuche zum Oberrhein und nehmen Wein als Rückfracht mit. Das friesische Tuch geht auch über Haithabu in den Norden. Seltene Güter wie Salz und Wein, Luxuswaren, Sklaven und Waffen dominieren im Handel. Der Sklavenhandel geht von Ost nach West: heidnische slawische Kriegsgefangene werden von Prag über Regensburg vielleicht nach Venedig oder nach Mainz und von Magdeburg über Köln oder Mainz nach Verdun als Sklaven verhandelt; er geht auch zum Norden: westeuropäische christliche Sklaven, Wikingerbeute, kommen nach einem literarischen Zeugnis des 9. Jh. in Haithabu zum Verkauf nach Nordeuropa, wo die Sklaverei bis ins 11. Jh. bestand und der Bedarf an Arbeitskräften groß war. Vom Sklavenhandel auf dem Rhein berichtet der älteste Koblenzer Zolltarif (um 1050). Getreidehandel auf dem Rhein bezeugt die Vita Meinwerci für die Zeit um 1000.

Neben dem Handel mit Sklaven war der Handel mit Pelzen und Fellen für Nord- und Nordosteuropa damals schon vielleicht der wesentlichste Teil kommerzieller Betätigung. An diesem Handelszweig war Haithabu nachweislich beteiligt, ebenso am Handel mit Kochschalen aus Speckstein, die der Norden lieferte. Westeuropa schickte nach Norden außer Wein auch Handwerkserzeugnisse: Gläser, rheinische Keramik,

Schmuck und Waffen. Die Ulfberthklingen – gute Stahlklingen – des 10. Jh. stammen vielleicht aus Köln. Schon die Verbote des Waffenhandels mit den Slaven und Normannen bezeugen seine Intensität.

Köln[10], dessen vor der Römermauer am Rhein gelegene Marktanlage dem 10. Jh. entstammt, verknüpft die gewerbereichen Maasgegenden mit den mitteldeutschen Bergbaugebieten und ist – um 1000 noch in Konkurrenz mit Tiel in der Betuwe – wichtige Station des Englandhandels. Unter den *homines imperatoris,* die nach dem Londoner Zollverzeichnis von 1000 in ihren Schiffen nach London kamen, dort Wolle, Öle und Fette einkauften und graue oder braune Tuche, Pfeffer und Essig verkauften, waren sicher Leute aus Tiel und Köln. Köln hatte im 11. Jh. drei große Messen. In seiner Untersuchung des niederlothringischen Münzwesens vom 10. bis zum beginnenden 12. Jh. stellt Albrecht für Köln die größte Prägestärke fest mit einem Quotienten von 50,24, der die Werte für alle anderen Münzstätten weit übertrifft; als nächste kommt Tiel mit Q. 22,00. In jüdischen Kölner Kreisen finden sich um 1000 – nach dem Rechtsgutachten eines Mainzer Rabbiners – Anzeichen einer Kreditwirtschaft.

Der Münzfund von Ilanz, der englische Pfennige der Könige Offa von Mercien und Egbert von Kent und friesische Pfennige von Dorestad enthielt, bezeugt schon für die Zeit vor 800 den England-Italienhandel durch das Rheintal. Zeugnisse des 9. und 10. Jh. für deutsche Kaufleute und deutsches Händlerinteresse in Italien, besonders in Venedig, Pavia und Mailand, bringt Schaube in beträchtlicher Anzahl. Konstanz prägt um 900 nach dem Vorbild der Mailänder Denare; ein Spielmannslied des 10. Jh. berichtet von einem Konstanzer Kaufmann, der mehrjährige Handelsreisen nach dem Mittelmeer und dem Orient machte. Viel seltener kamen offenbar die Italiener selbst nach Deutschland. Liutprand erzählt zum Jahr 926 eine Geschichte von einem mailändischen Tuchhändler, der Deutsch verstand. Metalle und Waffen wurden sicher von Deutschland nach Italien importiert. Bischof Rather von Verona berichtet, daß germanische Zügel und sächsische Sättel von den Bischöfen der Lombardei, von denen ja auch mehrere deutscher Herkunft waren, gebraucht wurden. Pelzwerk wurde wohl auch auf dem Landweg von Deutschland und Ungarn her nach Italien eingeführt; Rather eifert dagegen, daß Geistliche an Stelle des Priesterhutes pelzgefütterte ungarische Mützen trügen, während Strohhüte nach sächsischer Art sie im Sommer gegen die Sonne schützen müßten. Über Italien kommt der Reichtum des Orients nach Deutschland: die kostbaren Purpurstoffe, die Bischof Adalbero von Augsburg 908 dem Kloster St. Gallen schenkte; der Pfeffer, den St. Gallen nach dem Zeugnis Ekkehards IV. für seinen Haushalt vom Bodensee her zu beziehen pflegte. Der arabische Kosmograph Qazwini (13. Jh.) beschreibt die Stadt Mainz – auf Grund eines Gesandtschaftsberichts des Ibrahim ibn Ahmed at-Tartuschi über eine Reise an den Hof Ottos I. – als eine sehr große Stadt, von der ein Teil bewohnt und der Rest besät ist: „... sie ist reich an Weizen, Gerste, Dinkel, Weinbergen und Obst... Seltsam ist auch, daß es dort Gewürze gibt, die nur im fernsten Morgenlande vorkommen... z. B. Pfeffer, Ingwer, Gewürznelken, Spikanarde, Costus und Galgant. Sie werden aus Indien importiert." Im Italienhandel spielt die Bodenseegegend eine große Rolle; Konstanz und Zürich erscheinen um 1000 in königlichen Markturkunden im Süden als Bezugsorte, deren Marktbrauch als Leitbild dienen soll, wie Mainz am Mittelrhein und darüber hinaus Köln, Dortmund im Nordwesten, Magdeburg im Osten und Regensburg, Würzburg und Bamberg in Markturkunden des 11. Jh.

Die Handelsbeziehungen Westdeutschlands, wie sie sich im Frühmittelalter herausgebildet haben, schildert der schon genannte älteste Koblenzer Zolltarif[11] anschaulich: nach der Herkunft der Kaufleute, die diesen Zoll passieren, ist der Rhein vom Bodensee bis zur Nordsee die Hauptachse des Fernhandels; er hat die Maas überflügelt. Die Kaufleute aus Zürich und Konstanz stellen die Verbindung nach Oberitalien, die

Regensburger die Verbindung zum Donauraum und zum gesamten europäischen Südosten her. Als wichtigste Nebenachse erscheint die Maas, besonders der mittlere Stromabschnitt mit Dinant, Namur, Huy, Lüttich. Dann erst kommt die Mosel mit Trier, Metz und Toul. Der Main ist durch Würzburg, die Schelde durch Antwerpen vertreten, die Yssel durch Deventer. Die einzigen erwähnten Gewerbeerzeugnisse sind Messingwaren von der mittleren Maas. Der Wein spielt eine große Rolle; Schwerter, Jagdfalken und Sklaven werden direkt als Kaufmannsware, ohne Herkunftsangabe genannt. Widderhäute für Satteldecken kommen aus Flandern; Käse und Lachs, Salzheringe und Aale bringen die Niederländer.

Die Bewohner der nichtagrarischen Siedlungen, die als Stützpunkte dieses Handels fungierten, gehörten verschiedenen Rechtskreisen an. Neben weither Zugewanderten – friesischen Kaufleuten in Worms z. B., *latini* in Regensburg – sitzen Leute des Königs, des Bischofs, Mitglieder grundherrlicher *familiae,* Inhaber höherer Ämter und einfache *servientes, censuales,* Nachkommen von *mancipia,* die aus der näheren Umgebung in die Stadt ziehen.

In Regensburg besitzen im 10. Jh. Kaufleute – der von Otto III. freigelassene Willihalm, der in den Traditionen von St. Emmeram 980/85 erwähnte „liber et praedives urbis Regie negotiator Adelhart" – Ländereien und *mancipia.* Bosl[12] konnte „um die Wende vom 10./11. Jh.... eine Zahl von 16 bis 20 solcher *mercatores* und *negotiatores,* die auch *cives* sind, ausmachen". Wie die Kölner war auch die Regensburger Judengemeinde sehr angesehen. Bosl hat auch auf die Bedeutung der Zensualen in Regensburg nachdrücklich hingewiesen. Die Zensualität als einen wichtigen Faktor in der Bevölkerung der rheinischen Städte des 11. Jh. stellte kürzlich K. Schulz[13] heraus. Die Verfassung dieser stadtartigen Gebilde war herrschaftlich. Die Markt und Gericht betreffenden königlichen Privilegien sind stets an die Stadtherren gerichtet. Allerdings standen die Einwohner dem Stadtherrn oder den Stadtherren und Grundherren in der Stadt in früh sich abzeichnenden genossenschaftlichen Bindungen gegenüber. Die Königsleute in Worms waren schon im 9. Jh. zu einer Transportgenossenschaft (*societas parafredorum*) zusammengeschlossen. In Köln bestand im 11. Jh. die Gilde der Kaufleute. Köln und Mainz bilden im 10. Jh. eigene Hochgerichtsbezirke. Der Gerichtsverfassung eignet eine genossenschaftliche Komponente, soweit Einwohner als Schöffen fungieren, also an der Gerichtsbarkeit beteiligt sind und das ungebotene Ding den Charakter einer Versammlung der Einwohner der Stadt bekommt; aber Versammlung und Urteilsfindung geschehen unter herrschaftlichem Bann. Ein Rahmen für eine künftige Gemeindeentwicklung war durch die Eximierung der Stadt aus dem Stadt und Land umfassenden Gerichtsbezirk gegeben. Eine Stadtgemeinde im Vollsinn des juristischen Begriffes besteht noch nicht[14]. Welche Kräfte bewirkten den vollen Durchbruch der städtischen Lebensform auf der Grundlage der eben geschilderten Gegebenheiten?

Eine notwendige Voraussetzung war die Zunahme der Bevölkerung; sie wiederum verlangte Fortschritte auf dem agrarischen Sektor. Das von Abel veröffentlichte Pollendiagramm vom Roten Moor auf der Hochebene der Rhön rund 10 km südöstlich der Wasserkuppe zeigt eine erste Zunahme des Getreideanbaus 794 im Zusammenhang mit der Siedlungstätigkeit des Klosters Fulda. Das ausgehende Jahrtausend brachte Rückschläge; dann folgt der steile Anstieg der hochmittelalterlichen Ausbauperiode. Bevölkerungsvermehrung im Zusammenhang mit Landesausbau, „Vergetreidung", verstärktem Anbau proteinhaltiger Feldfrüchte und technische Fortschritte in der Landwirtschaft – in der Anspannung, Verbesserung der Geräte, Zunahme der Mühlen – kurbeln einen Prozeß an, bei dem Glied in Glied greift: Die wachsende Bevölkerung erzeugt agrarische Überschüsse und kommt als Konsument von Handelswaren und besseren gewerblichen Erzeugnissen, als sie der Hausfleiß anfertigt, in zunehmendem Maß in Betracht. Das Land vermag Menschen an die ökonomischen

Zentren, die Handelsplätze und Märkte, abzugeben, und die steigenden Ansprüche breiter Konsumentenschichten tragen die größer und zahlreicher werdenden nichtagrarischen Orte, die sich durch den Austausch mit der ländlichen Umgebung zu Zentralmärkten entwickeln. Der Platzhandel der Emporien gewinnt neben dem Umschlags- und Durchgangshandel mehr Bedeutung. Die volkreicheren *civitates,* Emporien und Märkte sind aber immer stärker auf Versorgung mit Agrarproduktion angewiesen. Der Handel mit Gütern des täglichen Bedarfs nimmt zu, und es bilden sich auch Gewerbe für diesen Bedarf, die Lebensmittelgewerbe. Von besonderer Bedeutung ist der Ausbau der gewerblichen Produktion. Das Vorhandensein eines unternehmensfreudig weit reisenden, wagemutigen Händlertums garantiert dieser Produktion den Absatz. Das Gewerbe sucht die Nähe des Händlers. Die Handwerker füllen die Städte. Die Zusammensiedlung der Gewerbe in der Stadt führt zur Qualitätsverbesserung; sie ist eine Notwendigkeit in einer Zeit, in der noch schriftunkundige Händler eine verlegerische Zusammenfassung ländlichen Gewerbes nicht zu leisten vermögen.

2. Der Durchbruch einer bürgerlich-städtischen Lebensform im 11./12. Jahrhundert

Die städtische Lebensform ist eine komplexe Erscheinung; der Durchbruch der Stadtkultur hat daher viele Aspekte: er stellt sich dar als Siedlungsakt und topographischer Prozeß, als ökonomischer Fortschritt, als wichtige Wandlung in der sozialen Struktur und entscheidende Neuerung auf rechts- und verfassungsgeschichtlichem Gebiet; schließlich manifestiert er sich terminologisch. Im 11. Jh. überwiegt als deutsche Bezeichnung für die Städte noch das Wort *burg* gegenüber dem jüngeren *stat,* das sich erst im 12. Jh. durchsetzt. Nicht nur in der Wortgeschichte stellen wir fest, daß es sich bei diesem Durchbruch nicht um ein revolutionäres Ereignis, sondern um einen gestreckten Prozeß handelt. Das zeigt sich auch im Städtebau, wobei dem Mauerbau entscheidende Bedeutung zukommt. Die allerersten Stadterweiterungen, die das Kaufleuteviertel dem altstädtischen Kern angliedern, konstatieren wir im 10. Jh. in Köln und Regensburg; aber erst im 11. Jh. setzt der Bau neuer Mauern, die jetzt vor allem die meistens als Vorort entstandenen kaufmännisch-gewerblichen Zentren schützen sollen, in größerer Breite ein; in den folgenden Jahrhunderten wird immer weiter gebaut an Mauern, Toren und Türmen, die Wehr und Schmuck einer mittelalterlichen Stadt bilden. In Köln folgt der ersten Stadterweiterung um 950 die zweite von 1106 und schließlich die große Mauer von 1180, die bis ins 19. Jh. hinein Kölns Einwohnerschaft fassen konnte. So erwächst die kompakte Silhouette der mittelalterlichen Stadt, zusammengedrängt im Mauerring, der aber auch Gärten, Weide, Wingerten einschließt und überragt wird von den Türmen der zahlreichen Kirchen, bald auch der Rathäuser und sonstiger bürgerlicher Bauten; so hat Otto von Freising Mainz zur Barbarossazeit geschildert. Die Städtesiegel definieren die Stadt durch den Stadtheiligen und durch Mauer und Tor. Der Mauerbau hat als große Gemeinschaftsaufgabe gemeinschaftsbildende Kraft; er ist eine starke Belastung, verhilft aber auch den Städten zu einer ihrer wichtigsten Einnahmen, dem Ungeld, einer indirekten Verbrauchssteuer, die der Stadtherr den Bürgern zur Verwendung im Mauerbau, an dem er selbst sehr interessiert ist, gewährt.

Die Mauer umschließt einen Bezirk besonderen Bodenrechts, wie es der Bischof von Naumburg 1033 den nach Naumburg übersiedelnden Kaufleuten gewährt und Erzbischof Adalbert von Mainz den Erfurtern, wenn er 1120 kirchliche Güter in Freizinsgüter verwandelt; einen Bezirk besonderer persönlicher Rechtsstellung, wie sie Kaiser

Heinrich V. 1111 den Bürgern von Speyer, 1114 den Bürgern der Stadt Worms verleiht, die bereits im ersten Drittel des 11. Jh. als besonderer Rechtsbezirk erscheint. Neusiedlungsrecht, Kaufmanns- und Marktrecht sind die wichtigsten Komponenten des künftigen Stadtrechts. Die städtischen Bürgerschaften erwachen zu eigenem politischem Bewußtsein, das sich mitunter auch in revolutionären Akten gegenüber dem Stadtherrn entlädt, zu denen es vor allem in den rheinischen Bischofsstädten kommt – 1073 in Worms, 1074 in Köln, 1077 in Mainz, dem dann Erzbischof Adalbert 1119/22 Freiheit von auswärtigem Gericht und Abgaben gewährt. Innerhalb der Bürgerschaft, deren rechtliche Vereinheitlichung beginnt, erscheint jetzt eine Gruppe der *meliores, primores* u. ä., die sich offensichtlich durch Reichtum auszeichnet – in einem Andernacher Dokument von 1171 wird von den *meliores, ditiores* und *potentiores* einerseits, den *humiliores* und *pauperiores* andererseits gesprochen; zu den *meliores* gehören Kaufleute – und die Führung in der Auseinandersetzung mit dem Stadtherrn übernimmt; die Erzählung Lamberts vom Kölner Aufstand belegt das sehr anschaulich. Der Reichtum ist nicht das einzige Kriterium dieser herausgehobenen Schicht; das Moment der Herkunft spielt auch hinein. Die dichotomische Schichtung als solche ist allgemein; sie findet sich um 1100 in dem kleinen Remagen. Die *pauperes* sind keine bettelarmen, sondern vielmehr „die kleinen Leute"; mitunter verkaufen Leute, die auf dem Land in bedrückter Lage leben, ihren Besitz an die Kirche und beginnen mit diesem „Betriebskapital" ein neues Leben in der Stadt. Eine Urkunde des Propstes von St. Severin in Köln von 1181 berichtet: „idem iuvenis institoris officium gerens plus coluit quam agrum et, ut ipse testatus est, propter urbis negotia concepit ruris fastidia in tantum, ut feodum suum predicto rure deliberaret vendere."

Die Stadtgemeindebildung macht Fortschritte unter dem Einfluß der Friedens- und Freiheitsbewegung und erreicht im 12./13. Jh. mit der Ratsverfassung einen gewissen Abschluß. Seit dem 12. Jh. verdrängt der stadtsässige Berufskaufmann zunehmend die Saisonhändler mit ländlichem Stützpunkt, die sich nur noch im Norden (Norwegen, Gotland) halten. Dem Händler in der Stadt bieten sich neue Gewinnchancen: im Platzhandel, im Grundstücksgeschäft, durch rationellere Form des Handels: die 1165 schon für das kleine Medebach bezeugten Handelsgesellschaften, wie sie dort zu Handelsreisen vor allem nach Dänemark und Rußland abgeschlossen wurden, waren sicher in Köln längst üblich. In Köln bildet sich im 12. Jh. das Schreinswesen heraus, eine der großartigsten Leistungen der Kölner Rechtsentwicklung, für uns eine Quelle auch zum Studium des kaufmännischen Geistes, der im Kölner Grundstücksverkehr waltet.

Auf sächsischem Boden erwachsen im 11. Jh. topographisch eigenständige Marktanlagen – mit Marktplatz und Marktkirche – in allen nichtagrarischen Zentren. Heinrich IV. gewährt 1068 auf Bitten des Bischofs von Halberstadt den dortigen *negotiatores* ungehinderten und zollfreien Handel auf allen königlichen Märkten; hinter diesem Privileg steht ein ausgesprochenes Fernhändlerinteresse. 1105 bestätigt Bischof Friedrich von Halberstadt den *cives forenses* die ihnen von seinen Vorgängern mündlich verliehenen Rechte über die *stipendia carnalia,* das Burmal, Maß und Gewicht sowie die Selbstgerichtsbarkeit für Marktsachen; jetzt steht der städtische, vor allem auch der Lebensmittelversorgung der städtischen Bevölkerung dienende Markt im Vordergrund des Interesses; der Markt ist stadtherrliche privilegierte Institution und zugleich Kernstück der Stadtsiedlung; seine ökonomische Funktion liegt im Austausch städtischer, also gewerblicher Produktion und agrarischer Überschüsse des umgebenden Landes. Während der Fernhandel lineare Verbindungen knüpft, schafft der dem Austausch städtischer und ländlicher Produktion dienende Markt der Stadt ein mit ihr wirtschaftlich eng verbundenes Umland; die Stadt wird zentraler Ort des Wirtschaftslebens.

Alle Landschaften unseres großen Untersuchungsraumes werden nun mit Marktanlagen ausgestattet. In Thüringen, das im 10. Jh. im Schatten der Entwicklung lag, wie auch in Hessen setzt der Aufstieg in den ersten Jahrzehnten des 11. Jh. ein, als Heinrich II. die Verbindungen zwischen seiner bayerischen Herrschaftsbasis und den nördlicheren Königslandschaften ausbaute. Damals entstanden Märkte auf der Linie Würzburg–Corvey und entlang der Werra. Der Aufstieg Erfurts hingegen ist auch ein Resultat seines Fernhandels. Am Anger, rechts der Gera, entstand eine zweite Kaufmannssiedlung mit von weither zugewanderten Fernhändlern, u. a. Friesen. Beide Siedlungskerne wurden bereits 1066 von einem weit ausholenden Mauerring umschlossen. Sehr eindrucksvoll spiegeln die numismatischen Quellen die zentrale Rolle Erfurts[15].

Blaschke[16] konnte im Gebiet zwischen Leipzig, Görlitz und dem Vogtland für die erste Hälfte des 12. Jh. mehr als 20 Kaufmannssiedlungen nachweisen, „die zwar noch keine Städte waren, in denen sich aber Frühformen künftigen städtischen Lebens entfalteten. Sie stellten eine erste, oder wenn man an Meißen und Leipzig denkt, zweite Stufe der Stadtentstehung“. – In Leipzig faßte die um 1160 anzusetzende Stadtrechtsverleihung durch den Markgrafen von Meißen die vielen älteren Siedlungsbestandteile – Burg von 1015, Kaufmannssiedlungen bei der Katharinenkirche und bei der Nikolaikirche, Königshof mit der späteren Thomaskirche und die Kauzsiedlung der slavischen Bewohner mit der Peterskirche – zusammen. – Die frühere Vorstellung von den Stadtgründungen des hohen Mittelalters läßt sich nach Blaschke nicht aufrechterhalten: „Auch im Gebiet östlich der Saale sind die Städte entstanden, aus mehreren Bauteilen zusammengewachsen. Eine Fernstraße, eine Burg und eine Kaufmannssiedlung – diese drei Elemente standen am Anfang der meisten Städte des 12. Jh. Die Mehrstufigkeit ihrer Entwicklung und der Dualismus von Burg und Kaufmannssiedlung, von adliger Herrschaft und bürgerlicher Wirtschaft sind die wichtigsten Kennzeichen der damaligen Stadtentstehung. Es wäre jedoch nicht zu jener großartigen Entfaltung des Städtewesens nach 1150 gekommen, wenn nicht gerade damals zwei entscheidende Entwicklungen eingesetzt hätten, nämlich einmal die deutsche Kolonisation und zum anderen die Verleihung von Stadtrecht durch die Inhaber der herrschaftlichen Gewalt.“

Frühe Burgmärkte, ein Rodungskloster und eine Zollstätte sind die Ansatzpunkte für die Städte Meißen, Altenburg, Chemnitz, Zwickau[17]. König Lothar erkannte ihre Eignung für den Handel zwischen Böhmen und Sachsen und siedelte sächsische Kaufleute bei der Königsburg in Altenburg an; an der Zwickauer Zollstätte der Straße von Prag über Altenburg nach dem östlichen Sachsen stieg 1118–1121 der Ertrag des „böhmischen“ Zolls von 15 auf 32 Pfund. Konrad III. gründete in Zwickau einen Markt, und unter Barbarossa wurde der Markt beim Rodungskloster Chemnitz königliche Stadt. Die Wettiner folgten dem königlichen Beispiel, wie wir es für Leipzig darlegten.

In den Alpenländern ist die Entwicklung am Donaustrom weiter vorgeschritten als in den entfernter von dieser großen Verkehrsader gelegenen Gebieten. Aus Marktorten des 11. Jh. entwickeln sich in der Regierungszeit Leopolds III. (Markgraf 1102–1136) Krems, Tulln, Wien und Hainburg zu den ältesten Städten Österreichs. Auch St. Pölten, Wels und das bambergische Villach waren schon in salischer Zeit zu Marktorten geworden. In der Verbindung von Burg, Pfarrkirche, Fernweg, der bei Furten oder Flußübergängen einen von der Natur vorgeschriebenen Lauf nehmen mußte, sieht Gutkas[18] die stadtbildenden Momente in dieser Landschaft. Im niederösterreichischen Donautal wurden im 12. Jh. Ybbs, Pöchlarn, Stein und Neuburg, in der Steiermark Graz zu Städten. In Innsbruck wurde ein bereits vorhandenes *forum* 1180 von Graf Bertold II. von Andechs auf das andere Innufer verlegt, wo 1188/1204 das neue *forum* mit *domus, theloneum fori,* einer *ecclesia in foro* und als *forenses* bezeichneten Bewohnern erscheint. Die förmliche Stadterhebung erfolgt erst im 13. Jh.

In einem inneren Zusammenhang mit dem Ausbau der Märkte steht die Entfaltung der städtischen Gewerbe. Das Warensortiment des Fernhandels wird breiter und umfaßt ausgeprägter als früher die Gegenstände des täglichen Bedarfs und die Rohstoffe für den städtischen Handwerker. Das städtische Gewerbe geht aber im 11. Jh. auch schon in den Export. Rheinische Textilproduktion für den Export ist durch den schon genannten Londoner Zolltarif sehr wahrscheinlich, durch ein Streitgedicht, den *Conflictus ovis et lini* (um 1070), sicher bezeugt. Der wirtschaftlichen Entfaltung der städtischen Gewerbe im 11. folgt ihre organisatorische wirtschaftspolitische Ordnung in den Handwerkerkorporationen – Zunft, Amt, Gilde, Einung oder wie sie genannt werden – seit dem 12. Jh.

Die Trierer Quellen, vor allem das Trierer Stadtrecht aus der Zeit um 1200, bieten ein anschauliches Bild eines Regionalmarktes, der zwischen benachbarten Gebieten unterschiedlicher Produktion vermittelt und Verteiler- und Zubringerdienste für die großen Handelsplätze leistet. Trier ist Verteilerplatz u.a. von Kölner Waren, ferner Zentralmarkt für die benachbarten Gebiete vor allem im Westen. Unmittelbar vor dem *Dombering* war der Markt im 10. Jh. eingerichtet worden, aus Gründen der Schutz- und Aufsichtsmöglichkeit durch den Marktherrn, des bequemen Absatzes der überschüssigen Produkte der erzbischöflichen Grundherrschaft, der domstiftischen und Kammerhandwerker, aus den Konsumenteninteressen des Erzbischofs und des Domkapitels und schließlich auch zum Nutzen der Marktsiedler selbst; von diesem Dommarkt aus wuchsen die frühmittelalterlichen Siedlungen Triers allmählich zusammen. Bei der Marktpforte befand sich das Gerichtsgebäude, der Dingstuhl; auf dem Markt stand und steht das Säulenkreuz als Symbol des Marktfriedens und der erzbischöflichen Markthoheit; am Markt liegt die Marktkirche St. Gangolph. Größere zeltartige Buden und einfache Verkaufstische waren auf dem Markt aufgestellt. Die Inhaber gaben dem erzbischöflichen Zöllner eine kleine Gebühr. Der Verkauf sollte sich möglichst auf dem Markt abspielen, um Betrug, Wucher, Hehlerei auszuschließen. Wenn z.B. in Trier die Echternacher Kürschner ihr Pelzwerk in der Herberge verkaufen wollen anstatt auf dem Markt, müssen sie statt dieser Gebühr den Wertzoll entrichten. Auch die Metzger brachten Pelzwerk nach Trier. Zu Schiff, mit Wagen, zweirädrigen Karren, auf Lastpferden, Maultieren und Eseln werden die Waren herangebracht. Der Marktzoll ist oft nach dem Transportmittel, also nur sehr grob gestaffelt. Wein wird in großen Mengen gehandelt; vom Oberrhein her kommen Schiffsladungen voll Getreide, das aber auch aus dem Lothringer, Luxemburger und Bitburger Gutland herangeführt wird. Salz kommt aus der Metzer Gegend, Nüsse von der Mosel. Aus dem Norden, über Köln, kommen die Heringe, unentbehrliches Volksnahrungsmittel des Mittelalters, das sich streng an die Fastengebote hielt und noch keine Kartoffeln kannte. Die Städte Trier und Köln schlossen 1149 einen Zollvertrag; ein Zollprivileg der Trierer für die Kölner Kaufleute aus dem 12. Jh. wurde am Dom in die Steinquadern des Westwerks eingemeißelt. Die Kölner kauften nach diesem Privileg in Trier Wein, Wolle, Salz, Getreide und brachten vor allem Eisenwaren, auch Pfeffer und Salzfische. Die Trierer führten nach Köln Wein, Met und Salz. – Die Trierer Mauerbau-Akzise von 1248 zeigt starke Tucheinfuhr nach Trier aus Frankreich und den Niederlanden, aus Aachen und vom Rhein. – Reich beschickt ist der Trierer Viehmarkt. Zwiebelsamen und Gewürz wird im Kleinverkauf feilgehalten. Groß ist das Angebot an Fellen und Pelzwerk von einfachen Kaninchen- und Katzenfellen bis zu solchen von Füchsen und Mardern. Pelz wurde im Mittelalter viel getragen; die pelzverbrämte Kleidung kennzeichnet den reichen Mann. Auch die Rohstoffe für das Trierer Gewerbe werden herangeführt: Eisen und Häute kommen in Wagenladungen an, Hunsrück und Eifel hatten damals Eisenförderung. Mühlsteine und Schleifsteine kommen aus der Eifel, Holz aus den Waldgebieten ringsum; es wird nach Stämmen verzollt; die eichenen gelten mehr; Schiffe werden auf der Trierer Werft hergestellt. Aus den Wäldern kommt Honig, für die Hausfrau des Mittelalters der gegebene Süßstoff, da Rohrzucker sehr kostbar, Rübenzucker noch nicht erfunden war. Der Bauer oder fremde Händler, der auf dem Markt einen ganzen Schinken verkauft, bezahlt dem erzbischöflichen Zöllner seine Abgabe; verkauft der „Gast" den Schinken aber im Schnitt, dann muß er dem Meister der Metzgerzunft eine Gebühr erlegen; er pfuscht ja der Zunft ins Handwerk.

Stellen wir dem Regionalmarkt Trier den Handels- und Exportgewerbeplatz Köln gegenüber. Die enge Verflechtung von Exportgewerbe und Handel ist charakteristisch für den städtischen Ballungsraum zwischen Seine und Rhein. Das Tuchgewerbe nimmt dabei eine Schlüsselstellung ein. Während die flandrischen Städte das Tuchgewerbe in einer Einseitigkeit betrieben, die Krisen heraufbeschwören sollte, während an der Maas nur Huy und allenfalls Lüttich Metallwaren- und Tuchexport verbanden, hat Köln auf drei Sektoren, auf dem der Textilien, der Metallwaren und des Leder- und Kürschnergewerbes für den Fernabsatz gearbeitet. Im Textilgewerbe dominiert im 12. Jh. die Wolltuchherstellung; hier wird auch zuerst die zünftische Organisation des Gewerbes näher greifbar. Die älteste erhaltene Kölner Zunfturkunde der Bettziechenweber von 1149 gewährt schon Einblick in die beginnende Auffächerung des Gewerbes. Das Wollgewerbe wurde damals schon arbeitsteilig durchgeführt. Das Kölner Tuch war nicht so fein wie das flandrische, dafür aber billiger. Die Kölner Tuche wurden im 12. Jh. bis Venedig gehandelt. Mit Aachener und Maastrichter Tuchen erscheinen die von Köln 1191/92 auf den Märkten von Enns und 1192 in Wien. Köln war der Sammelpunkt für diesen Tuchexport in den Donauraum, das Kölner „Wagengewand" die Verpackungs- und Zolleinheit. Der bequeme Schiffahrtsweg Rhein-Donau und die preiswerte Ware machte den anspruchsloseren Südosten zum bevorzugten Absatzmarkt des Kölner Tuches. Die zweite Stelle nimmt im Export das Metallgewerbe ein. Köln lieferte Waffen nach Frankreich und England. Im Straßburger Bischofsrecht, das nach Dollinger[19] auf 1131/32 zu datieren ist, erscheinen Kölner Schwerter. Kölns Goldschmiedegewerbe war das erste in Deutschland. Die Goldschmiederei fand ihre Grundlage im Bedarf der vielen und reichen geistlichen Institute in Köln, die überhaupt ein vielfältig stimulierender Faktor im Wirtschaftsleben der Stadt waren. Im Goldschmiede- und Buntmetallgewerbe waren die maasländischen Beziehungen stark. An dritter Stelle stehen die lederverarbeitenden Gewerbe. Auch hier ist schon eine frühe Auffächerung (in *rindzsuter* und *cordewander*, die Ziegen- und Schafleder verarbeiteten) bezeugt. Pantoffel- und Stiefelmacher, Riemer, Kummetmacher, Beutler, Taschenmacher und Handschuhmacher gab es schon im 12. Jh. Köln war ein bedeutender Pelzmarkt mit einem blühenden Kürschnergewerbe. Die Kölner Handwerker waren hauptberuflich in ihrem Gewerbe tätige Facharbeiter; sie genossen eine geregelte Ausbildung; das „Lehrkind" wurde schon in der Drechslerurkunde (um 1180) genannt. Nach den erhaltenen Quellen sind die Zünfte aus der freien Initiative der Handwerker hervorgegangen. Sie werden in Köln im 12. Jh. von den Gemeindeorganen bestätigt – in Basel in dieser Zeit stets vom Bischof. Die Zunft beansprucht den Zunftzwang, also das Oligopol der Gewerbeausübung. Der Vielseitigkeit der Gewerbe entsprach die der – teilweise schon erwähnten – Handelsbeziehungen; sie wurde auch bewirkt durch die Lage Kölns in der Berührungszone unterschiedlicher Produktionsgebiete: zwischen den Ursprungsgebieten von Wein und Hering. Auch die deutsche Ostbewegung kam dem Ausbau der Kölner Handelsbeziehungen mit dem gesamten Ostsee- und transelbischen Raum zugute.

Die Organisation des rheinischen Fernhandels ist im 12. Jh. viel engmaschiger geworden als im Frühmittelalter; es nehmen jetzt auch kleinere Orte daran teil. Die zahlreichen Jahrmärkte standen im Wettbewerb miteinander. So kam eine gewisse Ordnung in den Verkehr wie die Zeitfolge der Kölner, der Aachener, der für die flandrischen Kaufleute zu Aachen und Duisburg geschaffenen Jahrmärkte beweist. Von den vier Utrechter Jahrmärkten überschnitt sich einer mit dem seit 1103 aber nicht mehr genannten Kölner Ostermarkt. Die großen, mehrere Wochen dauernden Jahrmärkte wurden von solchen kleineren Einzugsbereichs und kürzerer Dauer ergänzt; sie finden sich in Bonn, Essen, Neuß und Duisburg. Auf jeden Fall stellen die Jahrmärkte am Niederrhein eine Kette aufeinanderfolgender Handelsgelegenheiten dar; der aktive Kaufmann war also den größten Teil des Jahres unterwegs, wenn er diese Möglichkeiten nutzen wollte. Es war ein anstrengendes Leben, und es ist begreiflich, daß ältere Kaufleute, wenn sie es sich leisten konnten, das Renten- und Geldgeschäft und die Handelsgesellschaft mit einem jüngeren bevorzugten.

Wir verdanken vor allem W. Hess[20] den Nachweis, daß die Entwicklung der Städte und Märkte mit einem tiefgreifenden Wandel in der Geldwirtschaft einhergeht, der zuerst und am deutlichsten im Münzwesen faßbar wird. Der Anstieg der Inlandsfunde bekundet den intensiver werdenden Geldumlauf.

3. Die Stadtgründungen

Im ersten Drittel des 12. Jh. schlägt mit der Zähringergründung Freiburg i.B. die Marktgründung in die Stadtgründung um. Herzog Konrad und die von ihm geworbenen Kaufleute, die sich zu einem Marktsiedlerverband zusammengeschlossen haben, stehen sich in der Gründungsurkunde (1120)[21] unmittelbar gegenüber. Freiburg, in der Nähe alter Städte – Straßburg und Basel – gegründet, trägt Zentralmarktcharakter; seine weitere wirtschaftliche Entwicklung wurde stark vom Silberbergbau im Schwarzwald beeinflußt. Freiburger Recht erhielten Dießenhofen 1178, Freiburg i.Ü. um 1170/80, Bern möglicherweise 1191, Kenzingen 1249. Die Überlieferung ist allerdings problematisch.

Die Könige, die Staufer, entfalten auf Königsland eine Stadtgründungspolitik, die sich von der hochadlig-landesherrlichen nicht wesentlich unterscheidet. Während die Markt- und Zollprivilegien Heinrichs IV. die ottonische Tradition fortsetzen, bahnt sich in der königlichen Burgen- und Ministerialenpolitik und in den politischen Konstellationen des Investiturstreites, die verschiedentlich eine Parteinahme der Bürger für den König ergeben, etwas Neues an. Die auf den salischen Ansätzen weiterbauende staufische Städtepolitik verwendet die Stadt, da, wo die Staufer die Ortsherrschaft besitzen, unter Einschaltung der Ministerialität zur Neuordnung des Reichslandes; den Städten – nicht immer Neugründungen – werden zentrale Funktionen militärisch-politischer wie fiskalisch-administrativer und wirtschaftlicher Natur zugeteilt. Stoob zählt um 1197 gegen 100 staufisch beherrschte Städte; Hagenau im Elsaß, der alte Pfalzort Ulm, Rothenburg, wohl eine Gründung Barbarossas, ragen besonders hervor.

Mit der staufischen wetteifert vor allem die welfische Städtepolitik. Die Wirtschaftskräfte des kölnisch-westfälischen Raumes stehen hinter der Gründung Lübecks. Hier, wo sich die Initiative und politische Macht des Stadtherren und der kaufmännische Unternehmungsgeist in besonders glücklicher Weise verbanden, an diesem Platz an der Trave, von dem aus der deutsche Kaufmann – ganz anders als von Schleswig aus – aktiv über die Ostsee in die Ursprungsgebiete der nordischen und östlichen Waren vordringen konnte, erwuchs eine Fernhandelsstadt.

Auch die Städtegründungspolitik der Ludowinger und Babenberger reicht bis ins 12. Jh. zurück. Von der böhmischen Grenze Oberösterreichs bis hinunter an die Grenze Kärntens zieht sich im Norden, Osten und Südosten ein dichter Ring von noch im 12. Jh. angelegten Marktgründungen, die den Wehrcharakter eines Grenzplatzes mit der zentralen Wirtschaftsfunktion verbanden. Viele wurden Städte; einige blieben bis heute Märkte. Das Nebeneinander von Städten und Märkten wurde ein Charakteristikum des Südostens.

Im 13. und 14. Jh. sind Städtegründungen bzw. Stadterhebungen ein normaler Bestandteil landesherrlicher Politik. Die Stadt war hervorragend geeignet, Kristallisationskern der sich bildenden Territorialstaaten zu sein. Mit Rücksicht auf die politisch-militärische Zwecksetzung dieser Gründungen und auch notgedrungen, weil die besten Stadtlagen schon vergeben waren, fehlt es diesen jüngeren Gründungen oft an einer guten Verkehrslage, in Gebieten territorialer Zersplitterung auch an einem genügend großen Umland zu kräftigerer wirtschaftlicher Entfaltung.

In Württemberg stehen 5 Städten im 13. Jh. 50 Städte bei der Herzogserhebung der Landesherren im Jahre 1495 in einem allerdings auch größer gewordenen Gebiet gegenüber. Es ist dennoch ein Beweis der Verdichtung des Städtenetzes, die im Südwesten zu einer Überbesetzung mit Städten im Spätmittelalter führte. Aber in manchen Kleinstädten dieser Art entfaltete sich, wie es vor allem von H. Ammann[22] für eine Reihe von Schweizer Kleinstädten herausgearbeitet wurde, ein echt stadtwirtschaftliches Leben. Eine besondere Gruppe dieser jüngeren Gründungen machen die Orte aus, die von Landesherren mit Vorrechten ausgestattet, aber nicht mehr zur Vollstadt erhoben wurden, die sog. Minderstädte oder Stadtrechtsorte. Von der Reichsromania aus griff die Bewegung der *villes neuves* um 1300 in das heute deutsche Gebiet über. Friedrich III. von Lothringen privilegierte Wallerfangen, und Graf Johann I. von Saarbrücken-Commercy verlieh Saarbrücken/St. Johann einen Freiheitsbrief nach dem Vorbild des Rechtes von Beaumont. Diese Freiheiten wurden allerdings Städte, wenn auch Kleinstädte des Mittelalters. Kurtrier bediente sich der Freiung nach sogenanntem Frankfurter Recht, denn hier handelt es sich nicht um einen echten Stadtrechtskreis. Hagenauer Recht griff in die Pfalz über, nach Landau, Hagenbach, Bergzabern, Zweibrücken und Hornbach; Speyrer Stadtrecht wurde an eine Reihe von Städten im Elsaß, in der Pfalz und in Baden-Württemberg verliehen. Bei den stadtrechtlichen Verflechtungen in Westfalen handelt es sich tatsächlich um den Rechtszug an die drei Oberhöfe Dortmund, Soest, Münster; die alten großen Rechtskreise spalten sich später noch weiter auf. Seit 1290 finden sich auch in Westfalen die Minderstädte, die sauerländischen Freiheiten und die Wigbolde, vor allem im Münsterland. Die Talschaftshauptorte der Innerschweiz wird man hier einzureihen haben[23].

Wieder eine andere Spielart sind die *villae fori* im mitteldeutschen Osten, die nicht alle Städte wurden, auf die Schlesinger aufmerksam gemacht hat[24]. Manche *fora* des 12. Jh. wurden bedeutende Städte; das *ius fori,* das allen diesen Gründungen zukam, ob sie nun zu Städten aufstiegen oder zu Dörfern absanken, war in seinen Grundelementen immer gleich. Schlesinger erwog eine Verbindung zu den frühen südwestdeutschen Marktorten durch Vermittlung der Staufer, die „als erste in Mitteldeutschland den Ausbau ihrer pleißenländischen Besitzungen zu einem Territorium neuen Stils auch durch planmäßige Stadtgründung in die Wege leiteten. Sie vermochten dabei an Maßnahmen Lothars III. anzuknüpfen. In diesem Rahmen gehört die Verleihung eines *forum publicum* an das königliche Kloster Chemnitz im Jahre 1143 durch Konrad III."

Die Bezeichnung *novum forum* bewahrt die wichtige Gründung in Schlesien, Neumarkt, in ihrem Namen. Hier wurde ein Weichbild im schlesischen Sinn angelegt, ein ganzer Siedlungskomplex für Marktsiedler wie für Bauern geschaffen; Stadt und umliegende Dörfer werden in einem einheitlichen Akt gegründet; die Dörfer holten ihr Recht aus dem Stadtgericht. Diese Weichbilder waren in Schlesien zunächst deutschrechtliche Inseln innerhalb der alten polnischen Kastellaneiverfassung.

Das deutsche Stadtrecht ergriff als Lübecker (Rigaer) Recht, als Magdeburger (Brandenburger, Kulmer, Neumarkter, Leitmeritzer, Olmützer) Recht, als Leobschützer Recht, als Nürnberger (Egerer, Prager) Recht, als Iglauer (Kuttenberger, Schemnitzer) Recht, als Wiener, Brünner, Stuhlweißenburger Recht den ganzen Nord- wie Südosten. Nicht immer handelt es sich dabei um Neugründungen; mitunter lassen sich *hospites* in der Nähe alter slawischer *castra* mit *suburbium* nieder. Außer von deutschen Kaufleuten, im Ostseeraum vor allem von Westfalen, sind westeuropäische Stadtrechtsformen in den Südosten von Romanen, vielfach Reichsromanen (*latini*) gebracht worden.

4. Die großen städtischen Wirtschaftsräume

Natürlich wäre es falsch, sich Deutschland aufgespalten in fest umgrenzte Wirtschaftslandschaften vorzustellen. Die großen Wirtschaftsräume, die wir unserer Darstellung der vollentfalteten Stadtwirtschaft zugrunde legen, sind in sich wiederum differenziert und überlappen und verzahnen sich. Jede einzelne Stadt hat ihren besonderen wirtschaftlichen Lebensraum, feststellbar in den spätmittelalterlichen Quellen auch an Hand des Bürgereinzugsbereiches, der Geltung ihrer Maße und Gewichte, des Umfangs ihres Marktgebietes, der Absatzgebiete ihrer besonderen Produkte – Weinsorten, Salz, Gewerbeerzeugnisse von begrenzter regionaler Geltung –, der Mitgliedschaft in Münzvereinen usw. Decken sich Lebensräume einer Städtegruppe, so kristallisiert sich eine ökonomische Landschaft heraus. Richten wir den Blick auf Fernhandelsbeziehungen, große Exportgewerbe, den Einzugsbereich von Messen, auf Hansequartiere und Handelsgesellschaften, Geltungsbereiche von Handelsmünzen und die Verflechtungen innerhalb der kaufmännischen Oberschichten, dann scheinen große Wirtschaftsräume auf, die jene kleineren Wirtschaftslandschaften umfassen und ihre wirtschaftlichen Energien sammeln. Nicht nur wirtschaftliche Faktoren wirken raumbildend, sondern auch politische: die staufische Politik der Königslandschaften, die territoriale und städtebündische Politik. Große Städte entwickeln eine sprachraumgestaltende und brauchtumsbildende Kraft. Nach Grundriß, Aufriß und Aufbau können wir Städtelandschaften unterscheiden. Alle diese Räume und Raumbeziehungen durchdringen und beeinflussen sich; sie sind keine konstanten Größen, sondern Wandlungen unterworfen. Der gegenwärtige Forschungsstand erlaubt nur eine grobe Skizzierung dieser Räume.

a) Das Rheinland

Dem Rheinland insgesamt ist eigentümlich die enge Verbindung von Handel und Exportgewerben vor allem der Textilbranche und die Bedeutung von Weinbau und Weinhandel. Nieder-, Mittel- und Oberrhein unterscheiden sich; es ist allerdings schwer, die Grenze zwischen Nieder- und Mittelrhein zu ziehen. Legen wir die Zugehörigkeit zur Hanse zugrunde, endet der Niederrhein bei Köln; aber der Geltungsbereich des Kölner Pfennigs reicht im 12. und 13. Jh. bis Oppenheim; der nordwesteuropäische Tuchbezirk umfaßt noch Münstereifel, dann wäre die Ahr Grenze. – Zweifelsohne ist Köln die mit großem und gewolltem Abstand führende Stadt des Niederrheingebietes. Köln war die erste deutsche Stadt, die ein Stapelrecht erstrebte. Das Stapelrecht ist seit dem 11. Jh. in Oberitalien bezeugt. Venedig entwickelte das geschlossenste System. 1221 wurde die Wiener Niederlage im Stadtrecht verankert. In Köln und Wien dienten wohl byzantinisch-venetianische Normen als Vorbilder. Im Rheinverkehr stellt das Kölner Privileg von 1259 den einzigen Beleg für Vorschriften dar, die den Verkehr stapelartig an eine Stadt banden. Der Kölner Stapel war ein Handelsstapel mit Sperrwirkung und mit einem Verbot des Gästehandels verknüpft. Köln baute konsequenterweise seine Messen nicht weiter aus. Das Wachstum auch der anderen rheinischen Städte und die Verdichtung des Städtenetzes durch die landesherrliche Städtepolitik, die nun auch schon die Gebirgslandschaften rechts und links des Rheines erfaßte, machte Köln zu einem zentralen Ort höchster Stufe.

Der Kölner Markt war ausgezeichnet durch die Reichhaltigkeit und Qualität seines

Angebotes. Soviel Tuchsorten vom Luxusgewebe bis zum deftigen Tirtei, soviel Metallwaren, so herrliche Goldschmiedearbeiten und kostbare Pelze konnte man in keiner anderen rheinischen Stadt kaufen. Die wachsende Verstädterung des Umlandes erhöhte aber auch – vor allem quantitativ – das Angebot des Kölner Marktes. Es entsteht eine Hierarchie der Märkte. Mittlere Städte mit einem eigenen, begrenzten Marktgebiet haben für Köln die Funktion eines Sammel- und Zubringermarktes und sind Verteiler der auf dem Kölner Großmarkt erworbenen Waren, die sie den Krämern und Handwerkern der eigenen Stadt, aber auch der ganz kleinen Städte, Burgen und Dörfer zukommen lassen. Kölns Zulieferer- und Verteilerorte sind rechtsrheinisch Siegburg, linksrheinisch Düren, Jülich und Münstereifel, südlich die Städte von Bonn bis Bacharach. Schon Anno I. hatte Kölner Gewerbetreibende in die Marktsiedlung Siegburg am Fuß des Klosterberges berufen. Erzbischof Friedrich I. befreite die Siegburger Kaufleute von sämtlichen erzstiftisch-kölnischen Land- und Wasserzöllen. Dem 12. Jh. gehört das erste Zeugnis des Siegburger Weinhandels im Mittel- und Oberrheingebiet an. 1285 nehmen die Siegburger – Abt, Schöffen, Bürgermeister und Bürgerschaft – die *cives Colonienses* als Mitbürger an und sichern ihnen für den Fall der Niederlassung innerhalb der Stadt und des Burgbannes Schutz und Rechtsgleichheit zu.

Siegburger Ware wird über Köln vertrieben. Das gilt besonders für die folgenden Jahrhunderte. – Wie die Jülicher Wirtschaft in mannigfacher Weise in die Kölner integriert war, sie bereicherte und von ihr profitierte, hat kürzlich Herborns Studie[25] über die Jülicher Zollrollen vor 1350 gezeigt; auch hier handelt es sich um Verhältnisse, die erst im 14. Jh. voll greifbar sind, sich aber im ausgehenden 13. Jh. abzuzeichnen beginnen. Das Jülicher Land war die nächste und wichtigste Kornkammer Kölns. Die Stadt lag in einem ausgesprochenen Waidanbaugebiet und war daher auch für die Kölner Textilindustrie bedeutsam. Das von Jülich nach Köln gelieferte Getreide und der Waid wurden dort nicht alle verbraucht, sondern auch von Köln aus weiter umgesetzt. Umgekehrt konnte Jülich von Köln bezogenen Wein und Fisch verteilen. Düren war auch Aachen zugeordnet, mit Tuchen und Metallwaren eigener Produktion aber auch ein Zulieferer für Köln, wenn das auch im einzelnen erst vom 14. Jh. an zu belegen ist. Münstereifel war Sammelmarkt landwirtschaftlicher Erzeugnisse, die nach Köln weitergingen, und fand im 14. Jh. durch Köln den Anschluß an den Weltmarkt für seine Tuche. Die Mittelrheinstädte von Bacharach bis Bonn sind Sammelstellen für den Wein, der nach Köln geht, und Verteilerzentren von Kölner Waren. Besonders eng waren die Beziehungen Bonns zu Köln, das als Sitz vieler geistlicher Institute – darunter auch zahlreicher Höfe von Kölner Kirchen – und als zentraler Markt des Bonn- und Ahrgaus und des rechtsufrigen Gebietes zwischen Mondorf und Oberkassel nicht ohne wirtschaftliche Bedeutung war, wenn wir diese auch angesichts des schlechten Quellenstandes schwer exakt fassen können. Koblenz hat auch eigene Verbindungen zu den Niederlanden und zu Trier, während Andernach durch seinen Steinhandel hervorsticht. Die Mühlsteine und andere Steine der Vordereifel gingen in Andernach auf den Rhein. Sehr eng waren die Beziehungen zu Boppard; das geht schon daraus hervor, daß Köln so großen Wert auf Zollerleichterungen in Boppard legt. 1252 wurde mit der Stadt Boppard ein Abkommen bezüglich der gerichtlichen Verfolgung von Schulden getroffen. Rheinabwärts ist Utrecht das erste ganz eigenständige Zentrum und selbst eine Großstadt. Auch Neuß hat seine direkten Handelsbeziehungen zum Norden[26]. Die starken Bindungen Kölns an das Mittelrheingebiet lassen sich auch im Hausbau beobachten, in der Dachdeckung mit Schiefer z. B., der von Kaub und der Mosel kam. Den großen Anteil des Steinbaus im profanen Bereich möchte ich aus der letztlich bis Utrecht reichenden Ausstrahlung der sog. lothringischen Steinbauinsel erklären. Der Erdgeschoßgrundriß der Kölner Häuser entspricht hingegen niederländischen und niederdeutschen Formen.

Die raumgestaltende Kraft Kölns erweist sich in analoger Weise in den sprachlichen Verhältnissen. Schützeichel[27] hat die sicheren historischen Zeugnisse für die Lautverschiebung im kölnischen Raum herausgefunden, die weit über das 13. Jh. hinausführen. Auf den älteren Grundlagen „baut die Kölner Schreibsprache des ausgehenden Mittelalters in entscheidenden Stücken auf". Erst mit dem Aufkommen der deutschen statt der lateinischen Sprache in den Urkunden – in Köln erster Vorstoß in den fünfziger und sechziger Jahren des 13. Jh. – ist die Struktur der Sprachlandschaft in der Fülle der Zeugnisse zu erfassen. „Wenigstens bis Bonn, Aachen und Düsseldorf war die Metropole auch sprachlich einflußreich und bestimmend." Darüber hinaus erfaßt Kölns Ausstrahlung die Mittelgebirgslandschaften um Mosel und Rhein, in gewissen Beziehungen noch Westfalen und Geldern. Das Namengut zeigt in den Herkunftsnamen das Gewicht des Ribuarischen, den Anteil des Südens und von Teilen des heutigen niederländischen Sprachgebietes. Die weitgespannten Kölner Raumbeziehungen erfassen wir in der volkstümlichen Heiligenverehrung[28].

Von der iberischen Halbinsel bis in den Donauraum, vom Baltikum und Schlesien bis Rom reichen die Kölner Handelsbeziehungen, wie sie im 13. Jh. wenigstens sporadisch belegt sind. Die alte enge Gemeinschaft mit dem Maas-Schelde-Deltagebiet blieb erhalten. Flandern, zumal Brügge waren, wie van Houtte ausführt[29], Verteilungszentrale der südfranzösischen Weine in den nördlichen Gebieten geworden. Von hier aus erzwang die neue Ware den Durchbruch in den ganzen umliegenden Raum, den van Houtte für Köln um die Wende zum 13. Jh. ansetzt. Aber Kölns Stellung im Rheinweinhandel in den Niederlanden wurde dadurch kaum abgeschwächt.

Kölns englische Position wurde gegen die Osterlinge voll behauptet, auch nach der Fusion der Kölner mit den übrigen deutschen Londoner Hansen im Jahr 1282. Fühlbarer war die hansische Konkurrenz im Ostseeraum; aber wenn sich in Norwegen und auf den Schonenschen Messen Lübeck vorschob, so hat Köln in der Folge nicht nur die schwedische Position gut ausgebaut, sondern gewann auch Anteil an den von der Ostbewegung ergriffenen transelbischen Gebieten. – Die Nahbeziehungen zu Mosel-Mittel- und Oberrheinlanden dauerten fort, die Westbeziehungen – Champagner Messen und Frankreich – wurden bedeutend verstärkt. Doch war Köln auf die Beziehung zu den Champagner Messen nicht allzusehr angewiesen. Nach ihrem Niedergang konnte es mühelos auf Beziehungen zu Antwerpen, zu den Frankfurter Messen und auf Direktbeziehungen mit Italien umschalten. Die Fernbeziehungen zum Donauraum bestanden weiter, die Mittelmeerbeziehungen wurden ausgebaut. Den Hansestädten war Köln durch die reiche Auffächerung seiner Exportgewerbe überlegen, die sich in voller Breite erst im 14./15. Jh. entfaltete.

Unterdessen baute in Oberdeutschland Nürnberg sein Handelsnetz aus. Für die Mitte des 12. Jh. konnte H. Ammann bereits dem Namen nach von Nürnberg stammende Personen unter Kölns Einwohnern feststellen; er wertet das als Beweis, daß nunmehr die Nürnberger wirtschaftlichen Interessen bis nach Köln hinunter reichten, während Nürnberg im ältesten Koblenzer Zolltarif noch nicht erwähnt worden war. Eine offensichtlich ältere Zollfreiheit Nürnbergs in Mainz wird 1264 bestätigt, und um 1300 taucht Nürnberg am Koblenzer Zoll auf. Um 1290 sind Geschäfte eines Nürnbergers mit einem Lübecker in Lübeck und Brügge faßbar; 1311 wurde Nürnberg ein Zollprivileg für ganz Brabant verliehen. Damit ist die Verknüpfung des Kölner, des hansischen und des Nürnberger Handelsnetzes gegeben.

Neben Köln war Aachen die große Tuchstadt mit einem im 12. Jh. den Südosten donauabwärts erreichenden Export; Aachener Tuche erscheinen in den Rechnungen der Grafen von Tirol 1288, und später gehen sie auch über Breslau nach Polen. Auf der Grundlage der einheimischen Schafzucht erwächst das Dürener Tuchgewerbe, dessen Absatz weit nach Oberdeutschland ging, während das Münstereifeler Tuch über Köln in den Export kam. Aachen und Düren haben auch ein bedeutenderes Metallgewerbe; Nägel und Schellen sind bis Straßburg und Leipzig gehandelte Dürener Spezialitäten.

Am unteren Niederrhein sind uns Emmerich, Rees, Xanten, Wesel als Sitz von Kaufleuten, die in zwischenörtlichem Verkehr standen, für 1142 bezeugt. Wesel profitierte davon, daß Duisburg – von Barbarossa privilegiert – Ende des 13. Jh. durch die Verlagerung des Rheinlaufs seine Handelsbedeutung einbüßte. Wesels Wirtschaft beruhte auf dem Vertrieb heimischen Tuchs und dem Umschlag zwischen dem rheinisch-westfälischen Raum und dem Rheindelta. Im 14. Jh. ist Wesel Hauptniederlage für niederrheinische Laken, die es bis nach Hamburg und Reval bringt. Dem Niederrheingebiet angegliedert erscheint die Städtegruppe Bonn, Andernach, Koblenz – im 14. Jh. (1302, 1350) mit Köln, Boppard und Oberwesel im sogenannten mittelrheinischen Städtebund politisch vereint. Die wirtschaftliche Bedeutung dieser Städte ist nicht sehr groß; für sie alle wie auch für das kleine Bacharach spielt der Weinhandel eine Rolle.

Trier und sein Marktbereich[30] ist mit dem Rheingebiet von Köln bis Speyer verbunden, hat aber auch enge Beziehungen zu dem von Metz beherrschten Wirtschaftsraum. Beziehungen für die Niederlande sind für die Zeit um 1200 bezeugt; 1227 gibt es in Trier eine *platea Flandrensis;* im 13. Jh. werden die Champagner Messen besucht, und im Pariser Steuerbuch von 1313 erscheint ein Jaques de Trèves, *tavernier et clerc du chapitre.* Vor allem läßt uns die Konstatierung eines Trierers auf dem Markt von St. Gilles aufhorchen; vielleicht ist hier noch manches herauszufinden. Die Saar ist ein Gebiet der Kleinstädte; wohl schnitten sich die Fernwege Ost-West, die *via regalis* Metz–Kaiserslautern–Mittelrhein, und Nord-Süd, die sogenannte Lampartische Straße zwischen der Lombardei und Flandern, in Saarbrücken, aber größere eigene Wirtschaftsbedeutung erwuchs der bis ins 18. Jh. unbedeutenden Stadt aus diesem Durchgangsverkehr nicht.

Über die Sozialstruktur dieser Städte lassen sich kaum generelle Aussagen machen. Die Bevölkerungsstruktur der Großstadt Köln weist andere Züge auf als die der mittleren und kleinen Städte. In Köln gibt es ein Patriziat als Spitzengruppe der Oberschicht. „Geschlechter" nennen sich diese Familien im 13. Jh. Die einzelnen Mitglieder führen den Titel „Herr", verheiraten ihre Töchter mit Angehörigen des Adels, gelegentlich auch des Hochadels und sind untereinander stark versippt. Man gehört diesem Kreis kraft Herkunft und Reichtum an. Zugehörigkeit zum Schöffenkolleg des Hochgerichts und zum Geschlechterverband der Richerzeche sind unerläßliche Kriterien. Aufstieg aus den Gewandschneidern und Goldschmieden ist möglich, aus keinem anderen Gewerbe. Dies war also eine nicht absolut, aber relativ geschlossene Schicht von etwa 40 Familien, die in der Richerzeche – 1180 bis ca. 1391 – institutionalisiert ist. Die zum Hochadel bestehenbleibende Kluft zeigt sich im geistlichen Bereich: zum Domkapitel, zum Männerstift St. Gereon und den Frauenstiften St. Ursula, St. Caecilien und St. Maria im Kapitol haben Kölner und Kölnerinnen keinen Zutritt. Die Geschlechter haben neben einer städtischen Klientel durch den zunehmenden Erwerb von Liegenschaften außerhalb der Stadt auch ländliche Hintersassen. Die Mittelschicht wird von der Masse der Gewerbetreibenden gebildet. Unterschichten und Armut sind für diese Zeit nicht näher zu fassen.

Auch das Mainzer Patriziat „der Großunternehmer, Waren- und Geldkaufleute, Großgrundbesitzer, Rentner und Amtsinhaber" (Falck) war im 13. Jh. noch offen für den Aufstieg qualifizierter Handwerker und anderer reichgewordener Leute aus unteren Schichten.

In Bonn, einer kleinen Mittelstadt, nehmen die erste Stelle die Schöffenfamilien ein, Ministerialen mit Grundbesitz, vor allem Weingärten auch außerhalb der Stadt, die auch im Weinhandel tätig sind; unterhalb dieser Schöffenfamilien tritt eine stärker gewerbebürgerliche Schicht der *oppidani maiores* im 13. Jh. auf; zwischen beiden Kreisen besteht keine unüberbrückbare Kluft.

In Trier und allen Mittelrheinstädten ist die Bedeutung des ministerialischen bzw. ritterlichen Elements groß[31]. In den kleineren mittelrheinischen Städten St. Goar, Bacharach, Oberwesel, Boppard, Rhens, Koblenz, Sinzig, Remagen, Andernach behaupten sich die *milites,* und die städtischen Urkunden werden von Schultheiß, Ritter, Schöffen und Bürgerschaft ausgestellt.

Das in ottonischer Zeit Köln und Regensburg ebenbürtige Mainz erlebt im 13. Jh. eine wirtschaftliche Blüte unter Führung seiner Geschlechter. Als Exportgewerbestadt fällt Mainz aber weit hinter Köln zurück. Im Vergleich mit anderen Städten ähnlicher Größenordnung sind die Nachweise für weitgespannte auswärtige Mainzer Handelsaktivität relativ spärlich[32]. Das hängt mit dem Aufkommen der Frankfurter Messen zusammen. Seit dem 14. Jh. muß Mainz den führenden Platz im Mittelrhein-Maingebiet an Frankfurt abgeben. In einer das Stil- und Forschungsmittel des Vergleichs meisterhaft handhabenden Studie hat Aubin die Ursachen dieser Verlagerung herausgearbeitet[33]. Die Produktionskräfte des Mittelrheingebietes und Hessens schufen den mittelrheinischen Tuchbezirk, dessen Grautuche schon früh im Fernhandel, auch auf den Messen der Champagne erscheinen. Kerngebiet dieser Tuchlandschaft bildet die Wetterau mit Frankfurt, Friedberg und Wetzlar, dann die Gruppe der mittelrheinischen Bischofsstädte. Früh nachgewiesene Tuchstädte sind aber auch Mayen in der Eifel, Kreuznach und Kaiserslautern im Westen, Montabaur und Limburg im Westerwald, Dieburg am Main, Marburg, Fulda und Hersfeld; in der späteren Zeit tritt das ganze Taunusgebiet besonders deutlich in Erscheinung. Am verbreitetsten unter den mittelrheinischen Tuchen ist das Speyrer Tuch; es findet sich von Gent und Deventer im Westen und Wismar im Norden bis Zürich im Süden, Salzburg oder Wien und noch Siebenbürgen im Südosten und in Breslau im Osten. Der Aktivhandel der Speyrer ging seit dem 13. Jh. zurück; dafür wurde Speyer ein wichtiger Geld- und Kreditmarkt für ganz Süddeutschland[34].

Die Frankfurter und Friedberger Messen dienen dem Absatz dieser Tuche. Die um 1220 bereits bestehenden Frankfurter Messen entwickeln im 13. Jh. auch schon das Geldgeschäft; im deutschen Raum beerben sie die Champagner Messen. Im Süden wurde Genf Erbe der Champagner Messen. Regionale Bedeutung besaßen die Zurzacher Messen und die von Nördlingen. Im Südosten gewannen die Messen von Linz, im Osten die Jahrmärkte von Naumburg, dann die von Breslau und Brieg in Schlesien, die Märkte von Posen, Gnesen und Lublin einen weiten Einzugsbereich.

Am Oberrhein, am Bodensee dominiert die Leinwanderzeugung, der sich im Lauf des 14. Jh. die Barchentweberei zugesellte; die bedeutendsten Städte dieses Leinwandbezirks sind Konstanz, Augsburg und Ulm. Eine größere Kaufmannschaft ist für Konstanz schon im 11. Jh. bezeugt; 1216 erwähnen die Genueser Quellen Leinwand aus Konstanz, die nach Marokko ausgeführt wird; 1213 und 1224 verkaufen Kaufleute aus Lindau Leinwand in Genua. Von Genua, Venedig, Mailand fanden die *tele Alemanniae* ihre Wege nach allen Teilen Italiens und durch den italienischen Kaufmann in alle Mittelmeerländer. Der oberdeutsche Kaufmann brachte seine Leinwand nach Genf, Lyon, bis nach Spanien. Wir finden die deutsche Leinwand am Königshof in Paris. Nach Nordwesten gelangte sie teils über die Frankfurter Messen, teils im Außenhandel der Leinwandstädte nach Köln, Brügge, Antwerpen, ja über den Kanal nach England. Im Norden finden wir Bodenseeleinwand und besonders Barchent an der Ostsee, in Lübeck, Danzig, ja Reval, und nach Nordosten reichte der oberdeutsche Außenhandel über Leipzig und Prag, Breslau und Posen, Krakau und Lemberg bis weit nach Polen hinein, im Donaugebiet nach Südosten bis Wien, ja bis Preßburg und Ofen in Ungarn. Auch hier die enge Verkoppelung von Gewerbe und Fernhandel, die es in gegenseitiger Durchdringung und Anregung zu einer eindrucksvollen Leistung bringen, die ihren Ausdruck in der Bildung der größten deutschen Handelsgesellschaft des Mittelalters, der großen Ravensburger Handelsgesellschaft, finden sollte. Eine Bereicherung der Textillandschaften bedeutete im 14. Jh. die Aufnahme der Barchentproduktion[34a]. Die Verordnung Bischof Heinrichs von Konstanz von 1240, daß in den sechs Münzstätten Konstanz, St. Gallen, Radolfzell, Überlingen, Ravensburg und Lindau Denare gleichen Gewichts geschlagen werden sollen, zeigt uns den Umfang des Kerngebietes dieser Bodensee-Wirtschaftslandschaft, an die Ulm anzuschließen ist. Rechtsrheinisch schließt sich nördlich das Gebiet des Breisgauer Pfennigs an, dessen wichtigste Münzstätten Breisach und Freiburg sind. Das im wesentlichen linksrheinische Geltungsgebiet der unterelsässischen Denare bzw. Straßburger Pfennige greift in Offenburg auf das rechte Rheinufer über. Linksrheinisch umfaßt es noch Speyer.

b) Der Hanseraum

Im Ostseeraum und in Niederdeutschland setzt sich ein anderer, viel ausschließlicher dem Zwischenhandel obliegender Städtetyp durch. Auf der Ostsee erringt seit der Intensivierung der Ostbewegung im 12. Jh., seit der Schöpfung der breitbäuchigen, für den Handel besonders geeigneten Koggen und der Gründung Lübecks an der Trave (1143/58) mit der freien Rechtsstellung seiner Bürger der niederdeutsche Kaufmann allmählich die Vorhand. Die Kräfte und Menschen des niederrheinischen und besonders des westfälischen Raumes stehen hinter dem Lübecker Aufstieg; – die Warendorf z. B. aus dem gleichnamigen kleinen westfälischen Ort treffen wir in Lübeck und später in Riga; die Vorfahren des Ratsherrn Selhorst in Reval zogen von dem kleinen westfälischen Selhorst nach Hamm und dann nach Lübeck. In Danzig, Königsberg, Reval, Pleskau, Dorpat, Polozk und Nowgorod hat Kuske Kölner nachgewiesen, und Koppe[35] hat die Geschäftsverbindungen von Köln über Lübeck nach Stockholm aufgedeckt. Die Hansekaufleute – die Hanse ist zunächst Kaufmannshanse, erst später Städtehanse, sie wird dargestellt durch die *universi mercatores imperii Romani Gotlandiam frequentantes* – ein Nebenzweig ist die Londoner Hanse (1282: *mercatores de hansa Alemanniae*), die durch den Zusammenschluß der Londoner Hansen Kölns, Hamburgs und Lübecks entstand – streben über Wisby auf Gotland nach Nordrußland, wo der hansische St. Petershof in Nowgorod entsteht. Sie dringen über Nowgorod weiter ins Innere Rußlands; 1229 schließen sie einen Vertrag mit dem Fürsten von Smolensk.

Im Rußlandhandel spielen damals Luxusartikel die größte Rolle: Pelze, Silber, Wachs, schließlich auch Pottasche und Teer als Ausfuhrwaren; die Hansen bringen flandrisches Tuch und Lüneburger Salz nach Rußland. Gleichzeitig mit dem russischen gewinnen sie den nordischen Markt: in den Messen in Schonen zur Heringsfangzeit von August bis Oktober hat Lübeck die beherrschende Stellung; es führt das Lüneburger Salz heran, dessen regelmäßige und ausreichende Zufuhr es erst ermöglicht, den Hering, den die dänischen Fischer in Schonen damals in Überfülle fangen konnten, gleich zu konservieren und zum Kontinent zu schicken. Wie hier spielen auch im hansischen Handel mit Norwegen, wo das Kontor in Bergen entsteht, Massenwaren des täglichen Bedarfs die Hauptrolle: die Hansen holen in Bergen den getrockneten Kabeljau, den Stockfisch, Fischöl, Butter, Felle und bringen Roggen, Mehl und Malz. Sie stimulieren den Fischfang, ermöglichen die Zunahme der Fischereibevölkerung im hohen Norden, aber Norwegen ist auch lange Zeit von der hansischen Getreidezufuhr abhängig. Aus Schweden führen die Hansen landwirtschaftliche Produkte – Butter vor allem – und Kupfer und Eisen aus; Lübecker Kapital steckt in den schwedischen Kupferminen. Hier fördern die Könige die Assimilation der zahlreich einwandernden Hansen; 1345 wird allerdings vorgeschrieben, daß die Räte der schwedischen Städte nur zur Hälfte aus

Deutschen bestehen sollen. Wieder anderen Charakter trägt der hansische Handel im Westen, nach England und Flandern, wo sie auf die Konkurrenz fremder, vor allem italienischer Kaufleute und in Flandern auf eine bereits hochentwickelte städtische Wirtschaft stoßen. In England können sich die „Osterlinge“ – Lübeck und Trabanten – nur schwer gegen die Kölner durchsetzen; sie alle beziehen Rohwolle aus England. Der Handel der Osterlinge richtet sich stark zur Ostküste, nach Yarmouth, Lynn, Hull, Boston. In Brügge sind Lübeck und Hamburg am stärksten vertreten. Die wendischen Städte brachten nach Flandern, wo sie das berühmte Tuch einhandelten, Pelzwerk, Wachs, Pottasche, Getreide. Hamburg ist ein Sammelpunkt für das Getreide des Mittelelbegebietes, wie die Hanse überhaupt die land- und waldwirtschaftliche Produktion des Elbe-Oder- und Weichsellandes intensiviert. Durch steten Kampf gegen die Piraterie, in gegenseitigen Bündnissen (1230, 1241 zwischen Hamburg und Lübeck, 1259 zwischen Lübeck, Rostock, Wismar) sichert sie die Verkehrswege. Im Hanseraum insgesamt spielen die stadteigenen Exportgewerbe eine geringe Rolle, abgesehen vom Bier und Braunschweiger Messing. – Im ausgehenden 13. Jh. begann Lübeck die Führung der Hanse zu übernehmen; in der zweiten Hälfte des 14. Jh. vollzieht sich mit der Unterordnung der Außenkontore der Übergang zur Städtehanse, in der die Heimatstädte bestimmen. Der Übergang ist fließend; vor allem in Westfalen bleibt der Charakter der Kaufmannshanse noch lange bestimmend; daher die Beteiligung vieler kleiner Städte, der sogenannten „Beistädte“ der großen westfälischen Hansemitglieder Dortmund, Soest und Münster. – Zuidersee und Yssel bilden die Westgrenze der Hanse; der Niederrhein ist ebenso deutlich ein Grenzsaum des Hanseraumes. So wichtig die Rolle ist, die Köln, das gern als Rivalin Lübecks auftritt, in der Hanse spielt – Köln ist nicht nur Hansestadt.

Das Kerngebiet der Hanse bildet die wendische Städtegruppe mit dem Haupt der Hanse Lübeck, die 1265 ein Bündnis ohne zeitliche Begrenzung schließt, nachdem sie schon länger gemeinsam auftrat, wie wir sahen. Auch der Geltungsbereich des lübischen Münzfußes charakterisiert dieses unter sich mannigfach verbundene Gebiet der wendischen Hansestädte, deren bedeutendste nach Lübeck Hamburg, Wismar, Rostock, Stralsund, Stettin und Lüneburg sind.

Lüneburg, Lübecks treue Freundin, gehört zu den wendischen wie zu den sächsischen Hansestädten. Die Flußschiffahrt nach den sächsischen und südlicheren Gebieten fand in Lüneburg ihren Abschluß; es war Stapelort und das Verbindungsglied zwischen den hansischen See- und Binnenstädten. Auf seinen Salinen beruhte vor allem das Übergewicht im Salzhandel, das die Hansen im Baltikum wenigstens bis zur Mitte des 14. Jh. behaupteten.

Haupt des sächsischen Quartiers war Braunschweig in Konkurrenz mit Magdeburg. Das als Stationsort zwischen Elbe und Rhein ins Frühmittelalter zurückreichende Braunschweig, mit seinen Neustädten ein schwieriges Objekt der historischen Topographie, lag am Beginn der Flußschiffahrt auf der Oker und am Schnittpunkt von West-Ost- und Nord-Süd-Straßen. Seine Handelsbeziehungen reichen in der ersten Hälfte des 13. Jh. schon bis England und Dänemark. Einfuhrwaren sind Kupfer, Zinn, Blei, Wein, Gewürze, Fisch; Ausfuhrwaren Textilien, Messinggeräte und Getreide. Grundlage für die Gewerbe der Lakenmacher und Gewandschneider war die starke Schafzucht der Umgebung und die Kolonisationstätigkeit der Flandrer in Hagen und Hagenbruch, des Messingexportgewerbes die Kupferausbeute am Rammelsberg bei Goslar und die Einfuhr von Galmei bzw. Zink. Goslar selbst hatte keine gute Verkehrslage; Absatzmöglichkeit bot hier nur die Pfalz mit ihrem gehobenen Bedarf, den die Goslarer Schildmacher, Goldschmiede, Glockengießer und Kupferschläger befriedigten. Der Goslar 1219 bestätigte Ausfuhrzoll für Kupfer gehört schon zum Rivalitätskampf zwischen Goslar und Braunschweig, in dem dank seiner besseren Handelswege

Braunschweig die in Kupfer arbeitenden Exportgewerbe Goslars an sich riß. 1311 trennen sich die Braunschweiger Beckenwerker von den Schmieden. In der Beckenwerkergilde saßen neben den selbst mit ihren Gesellen arbeitenden Meistern Verleger; daher waren die Vermögensunterschiede in ihr groß. Das reiche verlegerische Unternehmertum kam vor allem aus der Beckenwerkergilde, aber auch aus der Gewandschneider- und Lakenmachergilde, aus alten Ratsgeschlechtern und schließlich aus den Kreisen der Kramer. Die Braunschweiger Ratsverfassung ist zunächst eine reine Geschlechterverfassung; seit dem ausgehenden 13. Jh. drängen die Beckenwerker in den Rat. – Braunschweig errang auch die Führung im niedersächsischen Städtebund, der von einem Bündnis zwischen Hannoversch-Münden und Nordheim ausging, dem ferner Lüneburg, Quedlinburg, Halberstadt, Helmstedt, Goslar, Hildesheim, Hannover und Wernigerode angehörten. Magdeburg, noch größer an Einwohnerzahl als Braunschweig und Haupthandelsplatz an der mittleren Elbe, war das hansische Verbindungsglied zu den südlicheren und zu den brandenburgischen Städten. Ausfuhrwaren Magdeburgs waren besonders Getreide und Salz. 1129 ist von *maiores civitatis* die Rede, 1164 von *potissimi burgensium* neben *scabini* und *iudices*. Die Mitgliedschaft in der Hanse gab dem Stadtregiment ein Übergewicht gegenüber der erzbischöflichen Stadtherrschaft.

Die transelbischen brandenburgischen Hanseorte Berlin, Brandenburg, Cölln, Frankfurt a.d.O., Havelberg, Kyritz, Perleberg, Pritzwalk standen in starker Abhängigkeit vom Landesherrn. Berlin – erst 1230 zur Stadt erhoben – war im 13. Jh. bedeutender, als man früher annahm. Das hamburgische Schuldbuch, das vornehmlich für die Zeit von 1288–1307/08 kreditierte Forderungen in Geld oder Waren überliefert, wie sie sich aus Handels- und anderen Geschäften in Hamburg ergeben haben, nennt Berliner Kaufleute, die neben Gentern, Utrechtern, Lüneburgern, Bremern und Lübeckern am stärksten vertreten sind. Die Berliner brachten vor allem Getreide – Berliner Roggen wurde als besondere Sorte in Hamburg gehandelt – und Holz, „Wagenschott", d.i. zu Brettern zersägtes Eichenholz auf den Hamburger Markt; sie kauften dafür von den Gentern Tuche. Von den übrigen mittelmärkischen Städten ist nur Brandenburg verzeichnet. Man hat neuerdings eine starke Mitwirkung niederrheinisch-westfälischer Kaufleute an der Gründung der Doppelstadt an der Spree vermutet, wie es der Name Cölln nahelegt.

Nicht nur Brandenburg, auch Mecklenburg, Pommern und Preußen entwickelten sich im Zug der bäuerlichen Besiedlung und der Ostbewegung zu landwirtschaftlichen Überschußgebieten. Die Getreideüberschüsse des Elbhinterlandes sind für den Aufstieg Lübecks und Hamburgs von entscheidender Wichtigkeit gewesen, vor allem aber auch für die mecklenburgischen, pommerschen, brandenburgischen und preußischen Städte selbst. Neben Getreide tritt als wichtiges Ausfuhrgut das Eichenholz, das als Wagen-, Haus- und Schiffsbauholz in die waldarmen Gebiete Westeuropas exportiert wurde. Für das Korn, ungemahlen, gemahlen oder zu Bier verarbeitet (Hamburger, Lübecker oder Travebier, Rostocker und Wismarer Bier), sind Flandern und Norwegen ständige Abnehmer.

Die preußischen Städte verdanken dem Deutschen Orden Entstehung oder Förderung. Gleichzeitig legte er Thorn und Kulm auf dem rechten Steilufer der Weichsel im Schutz eines Schlosses an. 1233 verlieh ihnen Hermann v. Salza die Kulmische Handveste, die für alle preußischen Städte vorbildlich wurde. Während Kulm unbedeutend blieb, errang Thorn den zweiten Platz nach Danzig, dessen slavische Anfänge ins 10. Jh. zurückreichen. Hatte Lübeck bei diesen Gründungen keine Rolle gespielt, so trat es um so mehr an der Küste in Erscheinung. Seine Kaufleute trugen zur Gründung Elbings (1237) wesentlich bei; als einzige preußische Stadt erhielt es Lübecker Recht. Als Hafen wurde es von Danzig überholt. Im Samland, der letzten vom Orden eroberten Gegend, wurde Königsberg gegründet. Die preußischen Städte tragen gemeinsame Züge: regelmäßige Anlage, Betonung des wehrhaften Charakters durch Schloß und starke Festungsanlagen, Stadtherrschaft des Großmeisters, der später als einziger Fürst Mitglied der Hanse wurde.

Zwischen den wendischen Hansestädten einerseits und den preußischen, livländischen und schwedischen andererseits bestanden Interessengegensätze: Die preußischen Städte waren sehr an der Umlandfahrt – durch Sund und Kattegatt – interessiert für ihre gewichtigen Güter – Holz, Getreide – zum Nachteil der Linie Lübeck–Hamburg. An die preußischen Städte schlossen sich die beiden sehr exzentrisch gelegenen Hansestädte Krakau und Breslau an. Ihre Zugehörigkeit zur Hanse erklärt sich aus der alten Aktivität ihrer Kaufleute im Westen, in Flandern, der Bedeutung des slowakischen Kupfers für die Hanse und dem wirtschaftlichen Übergewicht, das mindestens einige Jahrhunderte lang die deutsche Bevölkerung in diesen beiden Städten hatte.

Als Grenzfeste der böhmischen Przemysliden, als Residenz der polnischen Piasten und als Bischofssitz hatte Breslau begonnen. Die Bürgersiedlung wurde im Mongolensturm von 1241 vernichtet. Das geistliche Element bewahrte – vor allem im äußeren Bild der Stadt – starkes Gewicht; aber die sich um den Oderübergang zusammenballenden Stifte auf ihren Inseln blieben räumlich von der Stadt getrennt, die seit dem späten 13. Jh. immer mehr zur großen Handelsstadt wurde, deren Mittelpunkt das Rathaus auf dem Großen Ring war, umgeben von Kaufhallen und Budenreihen. Eine Fläche von 3 1/2 ha diente hier von Anfang an dem Handelsleben. Ein wagemutiges Bürgertum nutzte die außerordentliche Gunst der Lage. „Die Sudeten im Süden und die wald- und sumpfreichen Gebiete der lausitzischen und niederschlesischen Heide, der Oder- und Bartschniederung im Norden engten die Westostverbindung streckenweise auf die sogenannte Hohe Straße ein, die von Leipzig über Görlitz nach Breslau und von da weiter nach Krakau, Lemberg und Kiew führte. In Breslau lösten sich fächerförmig Nebenstraßen von diesem Hauptzweig ab nach Norden über Posen oder Kalisch auf Thorn und Danzig zu, nach Süden durch das Marchtal an die Donau oder über den Jablunkapaß nach Ungarn."[36] Bereits 1274 erhielt die Stadt das Stapelrecht. Gewerbeprodukte des Westens wurden hier ausgetauscht gegen Waldprodukte des Ostens. Orientwaren kamen aus beiden Richtungen. Schlesien entwickelte sich mit seinen gewerbereichen Städten zum Umland, das die Wirtschaftsleistung der Metropole mittrug. Um 1300 verfügte Breslau selbst über etwa 30 Zünfte. Das Stadtregiment behielten aber die großen Kaufleute in der Hand. Der Weberaufstand von 1333 blieb erfolglos.

Mit Duderstadt, Erfurt, Göttingen, Halle, Merseburg, Mühlhausen, Naumburg, Nordhausen, Northeim, Osterode, Uslar stieß die Hanse tief ins mittlere Deutschland vor[37]. Längst schon war Erfurt, am Schnittpunkt mehrerer Nord-Süd-Straßen mit der großen den Rheinabschnitt Mainz–Köln mit Breslau–Kiew verbindenden *via regia Lusatiae* (1252) und inmitten eines fruchtbaren Umlandes gelegen, der wirtschaftlich bedeutendste Platz, Fernhandelsplatz wie Zentralmarkt. Das Produkt, mit dem Erfurt in den Fernhandel ging, war vor allem der Waid; der Waidhandel ist seit dem 12. Jh. belegt. Über die hansischen Beziehungen Erfurts – Beziehungen vor allem zu Lübeck und Brügge – berichtete Wiegand, besonders an Hand der Abrechnungen und Geldgeschäfte des Lübecker Bürgers Reinekinus Morneweg (1290)[38]. Mit der Zugehörigkeit zur Hanse erfassen wir allerdings nur eine Seite des Wirtschaftslebens dieser Städte. In der Münzgeschichte erscheint das Gebiet der Goldenen Aue mit den königlichen Münzstätten Mühlhausen und Nordhausen, der erzbischöflich mainzischen Münzstätte Erfurt, den landgräflich-thüringischen Münzstätten Gotha und Eisenach und den Münzstätten Halle, Merseburg, Halberstadt und Quedlinburg in der zweiten Hälfte des 12. und Anfang des 13. Jh. als eine Wirtschaftslandschaft.

c) Das Wirtschaftsgebiet des Pleißenlandes und Meißens

Nach münzgeschichtlichen Kriterien greifen wir aus den mittelelbischen Landen das nicht mehr zur Hanse gehörende Gebiet der Markgrafschaft Meißen und der *terra Plisnensis,* des östlichen staufischen Reichsterritoriums, heraus. Über die Anfänge der von Staufern und Wettinern geförderten Städte haben wir schon berichtet. Ihre Fernhandels- und Zentralmarktfunktion ging ihrer gewerblichen Bedeutung zeitlich weit voraus. Die ersten Nachrichten über Leinenproduktion finden sich für Chemnitz 1331, für Grimma 1374, für Freiberg 1381. Die Besonderheit der sächsischen Städte liegt aber in der Bedeutung des Bergbaus, der in einer Zeit, in der die Städtegründungen im übrigen Deutschland seltener werden und schließlich aufhören – nach 1400 – noch an die 20 Bergbaustädte im Erzgebirge entstehen läßt. In Freiberg beginnt die bergmännische Siedlung um 1170. Diese und eine für ihre Versorgung arbeitende Handwerker- und Händlerniederlassung werden von Markgraf Otto zwischen 1185 und 1190 ummauert. Das für Bergbaustädte typische schnelle Wachstum führt zu mehreren Siedlungserweiterungen – 1190, 1210/18 –, bis 1225 die Stadt mit ihren damals zuerst bezeugten fünf Parochien und ihrer kommunalen Entwicklung an der Spitze des meißnischen Städtewesens steht. Die Fernhandelsbeziehungen Freibergs umspannen Mitteleuropa. Vermutlich über Köln gelangt Freiberger Feinsilber zur Messestadt Troyes und damit in den Gesichtskreis von an seinem Import interessierten Italienern (Sienesen); Florentiner sind im 14. Jh. Freiberger Münzmeister usw. Ebenfalls schon im 13. Jh. besteht die Hanseverbindung mit dem Hansischen Raum, mit Hamburg und Flandern. Dem Genter, Yperner und Brüsseler Tuch sind um 1300 die obersten Gaden des Freiberger Kaufhauses vorbehalten. Den vollen Umfang der Handelsbeziehungen, die auch nach Polen und Böhmen gehen, spiegeln erst die Quellen des 15. Jh. wider. Die Bedeutung des Freiberger Silbers gibt sich auch im Anwachsen der Münzstätten im östlichen Mitteldeutschland zu erkennen, deren Zahl von neun um 1130 auf fünfundzwanzig 1197, und auf etwa vierzig bis 1250 ansteigt. Am Anfang des 14. Jh. scheint die Freiberger Produktion ihren Höhepunkt überschritten zu haben, teilweise infolge technischer Hemmnisse nach Erschöpfung des Flachbaus. Kapitalistische Ansätze im bergmännischen Betrieb zeigen sich im ausgehenden 14. Jh. Freiberg lebt nicht nur vom Bergbau; es erhält 1263 ein Jahrmarktprivileg, 1291 Zoll- und Geleitbefreiung der Bürger, 1318 Bestätigung des Stapelrechts. 1283 beginnen die Innungsstatuten (Kramer, dann Gewandschneider).

Die namhaftesten Freiberger Ratsherrengeschlechter des 13. Jh. entstammen der meißnischen Ministerialität. – Auch in Altenburg, Leipzig, Pirna spielen die Ministerialen eine Rolle. – Mit den Ministerialen verschmilzt in Freiberg die Oberschicht der Kaufleute und reichen Gewerken. Alle Ratsfamilien haben Grundbesitz. Diese älteste patrizische Schicht wird um 1340 abgelöst von einer neuen, die auf der Grundlage von Fernhandel und Bergbau aufsteigt. Eine ähnliche Entwicklung wie Freiberg nimmt Iglau, wo die Verschmelzung von Stadt und Bergwesen sogar noch größer ist.

d) Oberdeutschland

Streng genommen müßten wir dem ostmitteldeutschen Wirtschaftsgebiet das westmitteldeutsche folgen lassen, also das oberhessische mit Marburg und das der südlichen Wetterau mit Frankfurt. Wir haben die stadtwirtschaftlichen Leistungen dieser Gebiete schon behandelt, wie wir vom Rheinland aus auch schon den äußersten Südwesten – die Bodenseegegend und Oberschwaben – in unsere Betrachtung einbezogen. Wir schließen daher dem Gebot der Kürze folgend an das ostmitteldeutsche Gebiet sogleich Nürnberg mit Franken und der Oberpfalz an, betrachten kurz Innerschwaben und abschließend den Südosten.

Zwischen dem 16. VII. 1050, an dem Kaiser Heinrich III. in Nürnberg Sigena, die Magd eines Edlen, durch Schatzwurf freiließ, und der Zollfreiheitsurkunde Ludwigs des Bayern von 1332 liegt der imponierende Aufstieg eines von der Natur nicht besonders gut ausgestatteten Platzes in waldreicher, karger Umgebung, ziemlicher Entfernung von allen großen mitteleuropäischen Flußsystemen, allerdings in günstiger Lage für den Landstraßenverkehr, eines Ortes ohne kirchliches Zentrum, ohne Bischofssitz oder Stift, auch ohne alten Markt, denn der lag zunächst bei Fürth. Die salische Reichsburg wird unter den Staufern – neben Eger und Altenburg – einer der städtischen Mittelpunkte eines geplanten großen Reichslandes im mitteldeutschen Osten und erhält 1219 den Freiheitsbrief Friedrichs II. Die Reichspolitik wies ihr die Rolle zwischen Nord und Süd, Ost und West zu und bahnte ihr den Weg zum Aufstieg, den 1254 der Beitritt zum Rheinischen Bund, 1255/60 die Errichtung der beiden Stadtpfarreien St. Sebald und St. Lorenz kennzeichnen und den wir an den seit 1219 rasch aufeinanderfolgenden Handelsprivilegien für und von Nürnberg ablesen. Im 13. und frühen 14. Jh. hat sich die Reichsstadt Nürnberg ein Netz von Handelsbeziehungen aufgebaut, das sie zu einer Transithandelsstadt von europäischer Bedeutung machte, eine wirtschaftliche Funktion, die sie durch die Entwicklung von Exportgewerben – vorzüglich des metallverarbeitenden Gewerbes, aber auch des Textilgewerbes und schließlich der Papierindustrie – ergänzte. Die Nähe ausgedehnter Bergbaugebiete, die bequemen Zugänge zu den Kupfer- und Silberbergwerken Böhmens haben die gewerbliche Leistung ermöglicht, die sich mit großer Klarheit als menschliche Leistung in der Kombination von handwerklichem Fleiß und technischer Erfindergabe mit kaufmännischem Unternehmungsgeist und Organisationsgeschick darstellt.

Ein rundes Bild der Nürnberger Wirtschaft läßt sich erst unter Einbeziehung des Spätmittelalters, des vollen 14. und 15. Jh., geben. Die neuen Organisationsformen werden schon im frühen 14. Jh. sichtbar, im Handlungsbuch der Holzschuher 1304/07 und im Auftreten des Verlags. Nürnberg erscheint nicht nur als Mittelpunkt weitgespannter Fernbeziehungen, sondern auch eines engeren Wirtschaftsgebietes, das auch seiner politischen Zuständigkeit untersteht, aber nicht nur der Sicherung und Versorgung dient, sondern auch gewerblichen Charakter trägt. Die Nürnberger Vorstädte Wöhrd und Gostenhof, ja ein ganzer Gürtel von Gewerbeorten verstärken und ergänzen das Metallgewerbe und die Tucherei Nürnbergs, ohne ihm Konkurrenz machen zu können, was allenfalls das bambergische Fürth versuchte. Ein weiterer wirtschaftlicher Einflußbereich ist das oberpfälzische Eisenland mit einem gewissen Eigengewicht – Eisenstadt Amberg –, aber doch unter Nürnberger Führung. Daß Nürnberg seit 1219 in Donauwörth und Nördlingen mit Nürnberger Denaren kaufen konnte – die seit 1140 spätestens geprägt wurden – und Eger in der Prägung sich der Nürnberger Münze anglich, erleichterte den Handel.

Staufische Städtepolitik steht auch hinter dem Aufstieg Nördlingens, das Friedrich II. vom Bistum Regensburg eintauschte und das durch die Erwähnung im Nürnberger Freiheitsbrief als doch wohl schon länger bestehender Marktort ausgewiesen wird, dessen Bedeutung im Textilgewerbe, im Fernhandel und als Messestadt aber erst seit der Mitte des 14. Jh. zu fassen ist.

Daß staufische Aktivität im schwäbischen Stammland Esslingen, Heilbronn, Wimpfen zugute kam, erscheint fast selbstverständlich. Die von Speyer nach Augsburg, d.h. vom Rhein zur Donau und über die Alpen führende Straße mußte bei Esslingen den Neckar überqueren; davon lebte die alte Marktsiedlung und spätere Brückenstadt, zentraler Ort des Fildergebietes, auch des Schurwaldes und mittleren Remstales, mit Fernverbindungen, die früh zum Niederrhein bis nach Köln, in der Blütezeit der Stadt ab dem 13. Jh. auch bis Lübeck und Tirol belegt sind. Haupthandelsgut war der Wein;

Tucherei, Barchent und Leinenweberei waren von geringerer Bedeutung als in den oberschwäbischen Städten.

Tübingens[39] Bedeutung im 11. und 12. Jh. wird durch den großen Umfang der Münzprägungen belegt; er ist den im Territorium der Tübinger Grafen gelegenen Silbergruben wie der einträglichen Kontrolle der *via regia* Ulm–Straßburg, die auf große Strecken durch Tübinger Gebiet zog, zu danken. Die wirtschaftliche Basis des Tübinger Marktes waren der Bedarf der pfalzgräflich Tübingenschen Hofhaltung und der Umschlag von Getreide und besonders Wein; dazu kam im 14. Jh. Tuchweberei von regionaler Bedeutung. Nach dem Übergang an Württemberg verminderte sich die Bedeutung Tübingens zugunsten des mit dem Territorialstaat Württemberg, der auch Esslingen einengte, zugleich aufstrebenden Stuttgart.

Wohlstand und aristokratische Verfassung verdankt Schwäbisch Hall[40] seiner Saline; ihr Handelsbetrieb führte auch zur Einrichtung der Münzstätte, deren „Heller" eine Münze überregionaler Bedeutung darstellt, die am Ende des 13. Jh. weite Teile Süd- und Mitteldeutschlands erobert hatte; die Saline war vom Main bis an den Rhein und bis in die Schweiz ohne Konkurrenz; nur im Osten wetteiferte Reichenhaller Salz.

Auch Augsburg blüht in der Stauferzeit auf, nachdem die Energie von Bischof und Kaufleuten die Zerstörung von 1132 durch König Lothar überwunden hatte. Die Stadt war der Mittelpunkt des Leinengewerbes im östlichen Oberschwaben, neben Ulm der bedeutendste Sitz der Barchentweberei mit einem schon im 13. Jh. umfassenden Fernhandel. Damals war Regensburg als Handelsplatz Augsburg noch überlegen. Seine Verbindungen gehen im 12. Jh. über den Rhein bis nach England. Regensburger Kaufleute sind auf den Champagner Messen und in den südlichen Niederlanden anzutreffen; vor allem aber erstreckte sich der Regensburger Handel donauabwärts über Passau, Enns nach Wien, weiter – trotz Versuchen der Herzöge von Österreich, diesen Transithandel zu unterbinden – nach Ungarn; er ging auch über Prag nach Rußland. Im *Fondaco dei Tedeschi* in Venedig nahmen die Regensburger den ersten Platz ein, und von Italien griff ihr Handel über Genua nach Spanien. Um 1250 setzt sich die freie Bürgergemeinde durch.

Charakteristisch für Süddeutschland sind die vielen Reichsstädte, deren einige – Nürnberg, Ulm, Schwäbisch Hall – beachtliche Territorien erwarben; das gilt auch für Zürich, dessen auf Etablierung einer echten Landesherrschaft und finanzielle und wirtschaftliche Nutzung seines Landgebietes gerichtete Politik in der Konfrontierung mit Lübeck nachdrücklich unterstrichen wurde[41]. – Im übrigen war Zürich „für Eisen, Stahl, Salz, Wein und Getreide der wichtigste Marktplatz im Voralpengebiet geworden und versorgte die ganze Innerschweiz mit diesen Artikeln" (Raiser). Auch in Zürichs Adelstürmen und Steinhäusern spiegeln sich diese stadtstaatlichen Entwicklungen, nicht so großartig wie in Italien, aber südeuropäischen Verhältnissen verwandt, wie es auch Züge der Sozialstruktur in Schaffhausen – stadtsässiger Adel – und vor allem das aristokratische Bern beweisen.

e) Der Südosten

Als das Herzogsgeschlecht der Babenberger erlosch (1246), war das österreichische Städtewesen voll ausgebildet. Der Großteil der bestehenden Städte war landesherrlicher Besitz; im Urbar der Habsburger ca. 1280 werden in Österreich 15 landesherrliche Städte genannt. Der Ausbau des steiermärkischen Städtewesens vollzog sich weitgehend noch im 13. Jh., und auch im 14. ist der Landesfürst hier stärker als Städtegründer aufgetreten. Der markanteste Zug der Zeit nach 1250 ist die Herausbildung der führenden Stellung von Wien, das im Niederlagsprivileg Albrechts I. 1281 „des riches houptstat in Österrich" genannt wird[42]. Die Lösung Wiens aus der Reichsunmittelbarkeit und die Beseitigung bürgerlicher Sonderrechte im Jahre 1296 sind Endpunkte der

Politik, die Wien zur Hauptstadt Österreichs machte. Schon durch seine Einwohnerzahl von 20000 überragte Wien alle anderen Städte, denn keine andere Stadt Österreichs und der Steiermark überschritt die Einwohnerzahl von 5000. In der zweiten Hälfte des 13. und im Anfang des 14. Jh. spielen die Wiener Erbbürger eine besondere Rolle. Diese *cives-milites* treten in der Stadt als Erbbürger auf, geben auch ihre Beziehungen zum Warenhandel nie ganz auf, haben aber auch Grundbesitz, ja auch Festen und Burgen in der engeren und weiteren Umgebung der Stadt. Sie sind führend beteiligt an den Aufständen gegen die Landes- und Stadtherren 1281, 1288, 1309; das Scheitern des Aufstandes von 1309 bedeutete aber das Ende der Oligarchie der Ritterbürtigen[43].

Der Ausbau der Stadtverfassung ist ein weiteres Merkmal dieser Epoche, das wir hier nicht erörtern können. Die Bedeutung der österreichischen und steiermärkischen Städte im 14. Jh. sieht Gutkas[44] in ihrer raumordnenden Kraft, die sich besonders im Wirtschaftsleben bewährt. Von der Verfrachtung von Eisenprodukten aus dem Gebiet von Waidhofen an der Ybbs oder von Steyr, vom Weintransport donauabwärts und vom Salzhandel abgesehen, waren die kleineren Städte vor allem auf die lokale Marktfunktion eingestellt. Die Bedeutung für die Landesverteidigung machte sie für die Landesfürsten und die Herren interessant; die Möglichkeit, sie zu verpfänden, war ein Mittel landesfürstlicher Finanzpolitik. Das alles gilt auch für die Kärntner Städte[45]. Hier schuf die Entwicklung des Bergbaus vor allem auf Eisen einen neuen Faktor der Kärntner Wirtschaft. Das Bürgertum legte die aus Handelsgewinnen erwachsenen Vermögen im Bergbau und in Eisenhämmern an. Schon 1292 beteiligten sich Villacher Bürger zusammen mit Bürgern von Zeiring am Silber- und Bleibergbau im Patriarchat, in Friaul; um 1330 wird der Villacher Bleiberg aufgetan, und Villacher Bürger sind als Bergbauunternehmer und Hammerherren in ganz Kärnten tätig.

5. Interne Spannungen um 1300

Die inneren Auseinandersetzungen in den Städten sind im 13. Jh. und in den ersten Jahrzehnten des 14. im allgemeinen verwoben in die Kämpfe um Unabhängigkeit vom Stadtherrn. Sie durchziehen in Köln das ganze 13. Jh., richten sich gegen Engelbert II. den Heiligen, mit größter Erbitterung gegen Konrad von Hochstaden und seine Nachfolger und finden mit der Schlacht von Worringen 1288 ihren für die Stadt günstigen Abschluß. Sie werden von den Geschlechtern geführt. Erzbischof Konrad versucht dabei, die Interessen breiterer Schichten gegen das Geschlechterregiment auszuspielen. In die anschließende Auseinandersetzung mit Erzbischof Engelbert von Falkenburg spielt die erbitterte Geschlechterfehde zwischen Weisen und Overstolzen hinein. Zum ersten Umsturz des Geschlechterregiments kommt es erst 1369/70.

In Mainz kam es 1332 zu ersten Machtkämpfen zwischen dem Patriziat und einer aus dem Handwerker- und Krämerstand neu aufgestiegenen Schicht von Kaufleuten; wie so oft stammten einige Führer der Volkspartei aus dem Patriziat. Der zustande gekommene Kompromiß sicherte den inneren Frieden für nahezu 80 Jahre.

In Erfurt kam es im Zusammenhang mit der Fehde zwischen Landgraf Friedrich und der Stadt 1309/10 zu Auseinandersetzungen, die zur Einrichtung eines Organs der Gemeinde, der Vierherren, führten; ihre Einbeziehung in den Rat 1322 schwächte allerdings ihre tribunizische Wirkung. Ein ähnlicher Wandel der Ratsverfassung vollzog sich 1310 in Mühlhausen; auch in Nordhausen sind seit 1299 unter den 16 Ratsherren vier Männer aus der Gemeinde.

In Magdeburg erlangten zunächst 1299 die fünf großen Innungen, 1330 alle Innungen Anteil am Rat. Auseinandersetzungen mit dem Stadtherrn waren auch hier in die internen verfassungspolitischen Streitigkeiten verwoben.

In Regensburg kam es 1330/34 zu einer harten Auseinandersetzung im Patriziat, dem sog. Aueraufstand. Die Partei der Auer, eine Eidgenossenschaft von über 200 Mitgliedern, war eine politische Partei, keine berufsständische Interessenvertretung. Die Verhältnisse in Köln und Regensburg erinnern durchaus an italienische Geschlechterfehden; daß in Regensburg 1334 beschlossen wurde, 10 Jahre lang keinen Einheimischen zum Bürgermeister zu wählen, entspricht der Einsetzung eines *podesta*.

Im Vergleich zu den südlichen Niederlanden und zu Italien treten die Unruhen im Reich etwas verspätet auf. Aber „das Knirschen im Gebälk der alten soziopolitischen Ordnung"[46] ist auch hier vor der Rezession des 14. Jh. zu spüren. Es geht, das sei nachdrücklich betont, um die Beteiligung breiterer Schichten an der politischen Macht, nicht um sozialrevolutionäre Zielsetzungen oder Hungerrevolten. Frappierend ist auch die relative Gleichzeitigkeit[47] der Ereignisse im Reich; sie beweist, daß der Reifegrad der Städte überall zum gleichen Zeitpunkt erreicht wurde und der scharfe frühmittelalterliche Vorsprung der Rheinlinie nicht mehr besteht.

[1] *Ch. M., Th.* u. *G. Raepsaet:* Gallia Belgica et Germania Inferior. Vingt-cinq années de recherches historiques et archéologiques. In: Aufstieg und Niedergang der römischen Welt II, 4 (1975).

[2] *H. Vetters:* Das Problem der Kontinuität von der Antike zum Mittelalter in Österreich. In: Gymnasium 76 (1969).

[3] *H. Eiden:* Militärbad und frühchristliche Kirche in Boppard am Rhein. In: Ausgrabungen in Deutschland 2 (1975).

[4] *H. Keller:* Spätantike und Frühmittelalter im Gebiet zwischen Genfer See und Hochrhein. In: Frühmittelalterliche Studien 7 (1973).

[5] *H. Ladenbauer-Orel:* Archäologische Stadtkernforschung in Wien. In: Jahrbuch d. Ver. f. Geschichte der Stadt Wien 21/22 (1965/66).
Dies.: Beobachtungen zur Methode der archäologischen Stadtkernforschung. In: Zeitschr. f. Stadtgeschichte, Stadtsoziologie und Denkmalpflege 2 (1974).

[6] *G. Piccottini:* Frühes Christentum in Kärnten. In: Carinthia I, 161 (1971).

[7] Es ist vor allem das Verdienst *W. Schlesingers,* auf die Bedeutung des Marktes hingewiesen zu haben; zuletzt: Der Markt als Frühform der deutschen Stadt. In: Vor- und Frühformen der europäischen Stadt im Mittelalter, Teil I (1973).

[8] *W. Hess:* Geldwirtschaft am Mittelrhein in karolingischer Zeit. In: Bll. f. deutsche Landesgeschichte 98 (1962). Ders.: Zoll, Markt und Münze im 11. Jh. In: Hist. F. f. W. Schlesinger (1974).

[9] *W. Neugebauer:* Der Stand der Erforschung Alt Lübecks. In: Vor- und Frühformen der europäischen Stadt im Mittelalter, Teil II (1974).

[10] *E. Ennen:* Kölner Wirtschaft im Früh- und Hochmittelalter. In: Zwei Jahrtausende Kölner Wirtschaft, Bd. 1 (1975).

[11] Maßgebliche Ausgabe: Elenchus fontium historiae urbanae, hg. v. *C. van de Kieft* u. *J. F. Niermeijer,* Nr. 39 (1967). Vgl. *R. Laufner,* Der älteste Koblenzer Zolltarif (Mitte 11. Jahrhunderts). In: Landeskundliche Vierteljahrsbll. 10 (1964). *Sprandels* Auslassungen zur Datierung in: Hans. Geschbll. 193 (1975), S. 175, beruhen auf unzureichender Kenntnis der Überlieferung.

[12] *K. Bosl:* Die Sozialstruktur der mittelalterlichen Residenz- und Fernhandelsstadt Regensburg = Abh. d. Bayer. Ak. d. Wiss. Phil. Hist. Kl. N. F. 63 (1966).

[13] *K. Schulz:* Zum Problem der Zensualität im Hochmittelalter. In: Festschrift für H. Helbig (1976).

[14] *G. Dilcher:* Rechtshistorische Aspekte des Stadtbegriffs. In: Vor- und Frühformen, Teil I.

[15] *W. Hess:* Anfänge des Städtewesens, Märkte, Münzstätten und Städte bis ca. 1330/40. In: Geschichte Thüringens, hg. v. *H. Patze* und *W. Schlesinger,* 2. Bd., 1. Teil (1974).

[16] *K. Blaschke:* Studien zur Frühgeschichte des Städtewesens in Sachsen. In: Festschrift W. Schlesinger, Bd. 1 (1973).

[17] *W. Schlesinger:* Die Anfänge der Stadt Chemnitz. Untersuchungen über Königtum und Städte während des 12. Jahrhunderts (1952).

18 *K. Gutkas:* Die Entwicklung des österreichischen Städtewesens im 12. und 13. Jahrhundert. In: Die Städte Mitteleuropas im 12. und 13. Jahrhundert (1963).

19 *Ph. Dollinger:* Le premier statut municipal de Strasbourg (XIIe siècle). In: L'Annuaire des amis du Vieux-Strasbourg (1972/73).

20 Vgl. Anm. 8.

21 Gegenüber B. Diestelkamp hält *W. Schlesinger* an der Echtheit der Urkunde und am Gründungsdatum 1120 fest; siehe den Aufsatz „Der Markt..." (siehe Anm. 7), S. 293.

22 *H. Ammann:* Die Stadt Baden in der mittelalterlichen Wirtschaft. In: Argovia 63 (1951).
Ders.: Die schweizerische Kleinstadt. In: Festschrift f. W. Merz (1928).
Ders.: Wirtschaft und Lebensraum einer aargauischen Kleinstadt (Brugg) im Mittelalter. In: Beiträge zur Kulturgeschichte. Festschrift R. Bosch zum 60. Geburtstag (1947).
Ders.: Wirtschaft und Lebensraum der mittelalterlichen Kleinstadt, Bd. 1: Rheinfelden (1947).
Vgl. auch das Verzeichnis der Veröffentlichungen von *H. Ammann.* In: Beiträge zur Wirtschafts- und Stadtgeschichte. Festschrift f. H. Ammann (1965).

23 *H. Ammann:* Die Talschaftshauptorte der Innerschweiz in der mittelalterlichen Wirtschaft. In: Geschichtsfreund der V Orte 102 (1949).

24 *W. Schlesinger:* Forum, Villa Fori, Ius Fori. Einige Bemerkungen zu Marktgründungsurkunden des 12. Jahrhunderts aus Mitteldeutschland. In: Festschrift Franz Steinbach (1960).

25 *W. Herborn:* Handel und Wirtschaft im Jülicher Lande im Spiegel der Jülicher Zollrollen vor 1350. In: Beiträge zur Jülicher Geschichte 40 (1973).

26 *E. Wisplinghoff:* Geschichte der Stadt Neuß. Von den mittelalterlichen Anfängen bis zum Jahre 1794 (1975).

27 *R. Schützeichel:* Köln und das Niederland. Zur sprachgeographisch-sprachhistorischen Stellung Kölns im Mittelalter (1963).
Ders.: Die Kölner Schreibsprache. In: Rhein. Vierteljahrsbll. 27 (1962).

28 *M. Zender:* Räume und Schichten mittelalterlicher Heiligenverehrung in ihrer Bedeutung für die Volkskunde ([2]1973).
Ders.: DieVerehrung des heiligen Severinus von Köln. In: Annalen d. hist. Ver. Niederrhein 155/56 (1954).

29 *J. A. van Houtte,* Die Handelsbeziehungen zwischen Köln und den südlichen Niederlanden bis zum Ausgang des 15. Jahrhunderts. In: Jahrbücher d. Köln. Geschichtsvereins 23 (1941).

30 *R. Laufner:* Der Handelsbereich des Trierer Marktes im Spätmittelalter. In: Rhein. Vierteljahrsbll. 22 (1957).

31 *Fr. L. Wagner:* Die Ministerialität in den mittelrheinischen Städten zwischen Boppard und Bacharach. In: Veröffentl. d. Komm. f. gesch. Landeskunde in Baden-Württemberg, Reihe B., 76. Bd. (1973).

32 *L. Falck:* Mainz in seiner Blütezeit als freie Stadt (1244–1328). In: Geschichte der Stadt Mainz III (1973).

33 *H. Aubin:* Mainz und Frankfurt. In: Grundlagen und Perspektiven geschichtlicher Kulturraumforschung und Kulturmorphologie (1965).

34 *E. Maschke:* Die Stellung der Reichsstadt Speyer in der mittelalterlichen Wirtschaft Deutschlands. In: Vierteljahrsschr. Soz. u. Wirtschaftsgesch. 54 (1967).

34a *W. v. Stromer:* Die Gründung der deutschen Baumwollindustrie im Spätmittelalter (= Monogr. z. Gesch. d. Maas 17) (1978).

35 *W. Koppe:* Lübeck-Stockholmer Handelsgeschichte im 14. Jh. In: Abh. z. Handels- und Seegesch. N.F. 2 (1933).
B. Kuske: Die Wirtschaft der Stadt in älterer Zeit. In: Köln, hg. v. d. Stadt Köln (1948). Siehe jetzt auch: Zwei Jahrtausende Kölner Wirtschaft, Bd. 1 (1975), mit umfassender Bibliographie.

36 *H. Aubin:* Antlitz und geschichtl. Individualität Breslaus (s. Quellen und Literatur), S. 753.

37 Vgl. „Liste des villes hanséatiques". In: *Ph. Dollinger:* La Hanse (1964), S. 530f.

38 *F. Wiegand:* Erfurt (1964).

39 *J. Sydow:* Geschichte der Stadt Tübingen I (1974).

40 *G. Wunder:* Die Ministerialität der Stauferstadt Hall. In: Veröffent. d. Komm. f. Gesch. Landeskunde in Baden-Württemberg, Reihe B, Forschungen, Bd. 76 (1973).

41 *E. Raiser:* Städtische Territorialpolitik im Mittelalter (1969).

[42] *G. Hödl:* Friedrich der Schöne und die Residenz Wien. In: Jahrb. d. Ver. f. d. Gesch. d. Stadt Wien 26 (1970).

[43] *P. Csendes:* Stadtherr und bürgerliche Führungsschicht im Wien des 14. Jahrhunderts. In: Stadt und Stadtherr im 14. Jahrhundert (1972).

[44] *K. Gutkas:* Das Städtewesen der österreichischen Donauländer und der Steiermark im 14. Jahrhundert. In: „Stadt und Stadtherr" (siehe Anm. 43).

[45] *W. Neumann:* Landesfürst, Stadtherren und Städte Kärntens im 14. Jahrhundert: In: „Stadt und Stadtherr" (siehe Anm. 43).

[46] *M. Mollat* u. *Ph. Wolff:* Ongles bleus. Jacues et Ciompi. Les révolutions populaires en Europe aux XIV et XV siècles (1970).

[47] Hinweis auf die Gleichzeitigkeit siehe auch bei *A. Haverkamp:* Die „frühbürgerliche" Welt im hohen und späten Mittelalter. In: Hist. Zeitschr. 221, 1975.

Das Ms. wurde im Mai 1976 abgeschlossen; ich verweise auf meine jüngeren Publikationen: Frühgeschichte der europäischen Stadt – wie ich sie sehe. In: Ges. Abh. (1977) u. Die europäische Stadt des Mittelalters (^{3}1979).

VII. Geld- und Kreditwesen, öffentliche Finanzen

Von Hermann Kellenbenz

Literatur

A. Waas: Vogtei u. Bede in d. dt. Kaiserzeit (2 Bde., 1919–1923).
W. Hävernick: Die Münzen von Köln (1939).
R. Gaettens: Die Wirtschaftsgebiete u. d. Wirtschaftsgebietspfennig d. Hohenstauferzeit (1963).
W. Jesse: Der wendische Münzverein (1927, Neudr. 1967 mit Nachträgen).
Th. Mayer: Geschichte d. Finanzwirtsch. v. Mittelalter b. z. Ende d. 18. Jh. In: Hdwb. d. Finanzwissensch., I (^{2}1952), S. 236–272.
E. Waschinski: Währung, Preisentwicklung u. Kaufkraft d. Geldes in Schleswig-Holstein von 1226–1864 (2 Bde., 1952 u. 1959).
F. Lütge: Finanzgesch. In: Hdwb. d. Sozialwissenschaften 3 (1961), S. 580–604.
W. Frhr. v. Stromer: Oberdt. Hochfinanz 1350–1450. In: VSWG, Beihefte 55–57 (1970/72).
A. Suhle: Deutsche Münz- und Geldgeschichte von den Anfängen bis zum 15. Jh. (^{4}1970).
H. Hassinger: Politische Kräfte u. Wirtschaft. In: *Aubin-Zorn:* Hdb. d. dt. Wirtschafts- u. Sozialgesch. I (1971), S. 274–299.
W. Taeuber: Geld u. Kredit im Mittelalter (1933).
E. Wadle: Reichsgut und Königsherrschaft unter Lothar III. (1909).
W. Metz: Das Karolingische Reichsgut (1960).
C. Brühl: Fodrum, gistum, servitium regis (2 Bde., 1968).

1. Das Geldwesen

Die karolingische Münzordnung blieb die Grundlage des während des Mittelalters bestehenden Münzsystems. Geprägt wurden *denarii* oder Pfennige, von denen 240 auf das Pfund gingen. Die Schillinge, von denen 20 auf das Pfund gingen, wurden dabei nicht ausgeprägt, sie waren nur ein Zählmittel. Ludwig der Fromme ließ daneben auch Goldsolidi prägen, die am Niederrhein nachgeahmt wurden.

Im 10. Jh. gab es zahlreiche Münzstätten, namentlich links des Rheins und am Rhein bis Basel, Konstanz, Zürich und Chur. Daneben sind noch Münzen von Würzburg und Regensburg erhalten. Mit der Erschließung von Metallvorkommen verstärkte sich auch die Münztätigkeit im rechtsrheinischen Gebiet.

Die Vereinheitlichung, die Karl der Große hauptsächlich unter den Münzstätten der Kaiserpfalzen durchführte, wurde unter Ludwig dem Frommen wieder aufgegeben. Er verlieh das Münzrecht an geistliche Stifter, ähnlich vergab es Ludwig das Kind an königliche Würdenträger, die die Krone in ihren Auseinandersetzungen mit den weltlichen Großen brauchte. So sicherten sich namentlich die Bischöfe, aber auch Reichsäbte das Münzrecht. Bis in die Zeit der Ottonen hinein zeigten die Münzen das seit Karl dem Großen übliche Bild des Königs. Im Jahre 975 ließ der Erzbischof von Mainz und Reichskanzler Willegis zum erstenmal sein Bild auf eine Münze schlagen. Gegen Ende des 11. Jh. war es dann üblich, daß die Münzen nicht mehr Kopf und Namen des Königs, sondern des prägenden Bischofs oder Abts trugen. Mit der Vergabe des Münzrechts war der Verschlechterung des Münzfußes die Bahn freigegeben. Zeichen des Niedergangs sind die „Halbbrakteaten". Seit Heinrich IV. war das Pfund Pfennige nur mehr Rechnungseinheit; im Zahlungsverkehr mußte man mehr als 240 Pfennige auf ein Pfund geben[1].

Die Zunahme der Münzstätten rechts des Rheins muß im Zusammenhang mit dem inzwischen beginnenden Silberbergbau, so im Harz (Rammelsberg) und im Schwarzwald, gesehen werden. Inzwischen wurden auch Naturalabgaben der Zehntpflichtigen in Geldzins umgewandelt. Führend in der Münzprägung wurden die rheinischen Bischofsstädte. Über den Fernhandel wanderten wie bisher Münzen nach Skandinavien und in den Osten ab. Unter ihnen sind die Sachsenpfennige (auch Wendenpfennige) und die Otto-Adelheid-Pfennige zu erwähnen. Die ersteren wurden unter Heinrich I. und Otto dem Großen vermutlich in Magdeburg, Merseburg, Halle und Naumburg geprägt und im späten 11. Jh. auch von den Wenden nachgeahmt. Die letzteren, die an die Vermählung Ottos I. mit Adelheid, der Erbin Italiens (952), erinnern, wurden zuerst in Magdeburg, Halle und anderen Plätzen und dann besonders in Goslar, wahrscheinlich bis in die Zeit Heinrichs II., geprägt[2].

Die Staufer unternahmen ernsthafte Versuche, das Münzwesen innerhalb ihres Hausmachtsgebiets weiter auszubauen, aber dann überließ doch Friedrich II. 1220 und 1232 den geistlichen und weltlichen Landesherren wichtige Rechte an der Münzprägung. Während zahlreiche Pfennige zu Brakteaten entarteten, sicherten sich bestimmte lokale Prägungen als Oberwährung einen weiteren Geltungsbereich. Das galt besonders für den Kölner Pfennig, der im Zahlungsverkehr Hollands ebenso üblich wurde wie in Hessen und Frankfurt/M. und auf diese Weise in den Bereich des Utrechter, des Trierer, Mainzer, Wetterauer und Marburger Pfennigs eingriff. Von anderen Münzherren im Westen wie im Osten wurde er nachgeahmt. Von England her verschaffte sich im Nordwesten des Reichs der Sterling Geltung[3].

In Süddeutschland spielte eine ähnliche Rolle der Haller oder Heller, d. h. der Pfennig der Reichsmünzstätte zu Schwäbisch Hall. Man fing an, ihn unter Kaiser Friedrich Barbarossa zu prägen. Seit der Mitte des 13. Jh. begann er sich nach den anderen Währungsgebieten auszubreiten und die einheimischen Pfennige zu verdrängen. Der Vorzug des Hellers war es, daß er eine sehr kleine Münze war; auf einen Pfennig gingen gewöhnlich 2–4 Heller. In Hamburg und Lübeck tauchen Teil- und Viertelpfennige in der ersten Hälfte des 14. Jh. auf[4].

Neben diesen kleinen machte sich seit dem 13. Jh. im verstärkten Maße der Bedarf an größeren Münzwerten geltend. Die erste größere Silbermünze war der Groschen *(grossus denarius),* der 12 Pfg. galt und zuerst in Italien geprägt wurde. Von Frankreich drang der Turnoise ins Reichsgebiet vor. Ab 1300 prägte König Wenzel II. von Böhmen den Prager oder böhmischen Groschen. Da Böhmen reich an Silber war, stand der Verbreitung dieses Prager Groschens nichts im Wege. Eine erfolgreiche Nachahmung war der Meißner Groschen, der um 1340 vom Markgrafen Friedrich II. von Meißen geprägt wurde. Er fand namentlich in Mitteldeutschland Verbreitung. In Norddeutschland wie im Fränkischen nannte man diese neue Münze Schilling; im Rheinland sprach man von *denarius albus* oder Weißpfennig[5].

Im Süden gewann im Laufe des 14. Jh. von Tirol und Südkärnten her der Kreuzer oder Zwainziger Einfluß. Kreuzer nannte man die Münze, weil sie auf der einen Seite ein Doppel- oder Radkreuz trug, Zwainziger, weil sie 20 Pfg. galt. Die Münze wurde zum erstenmal 1271 vom Grafen Meinhard II. von Tirol in Meran geprägt[6]. Inzwischen breiteten sich von Italien her auch die Goldmünzen aus. Zum erstenmal kommen *floreni aurei* im Salzburgischen 1283 vor; von 1325 ab prägt König Johann von Böhmen den Gulden des Florentiner Typs; in der Steiermark wurde die Goldmünze 1340 gemeine Landeswährung. Die herrschende Goldmünze des Reichsgebiets sollte dann bald der rheinische Gulden werden[7].

Mit der Verschlechterung des Pfennigs bildete sich eine Rechenmünze heraus, wonach 1 Pfund £ = 20 Schillinge *(solidi = β)* und 1 Schilling = 12 Pfennige *(denarii* = ϑ) waren, so daß auf 1 £ 240 Pfennige gingen. Während diese Rechenmünze in West- und Süddeutschland bestimmend wurde, bildete sich in Norddeutschland eine Rechenmünze auf der Basis der lübischen Mark heraus. Die Mark war ursprünglich das kölnische Silbergewicht. Die Feinsilbermark nach der Kölner Norm wog etwa 229–234 Gramm. Beim Vermünzen verwendete man jedoch kein reines oder 16-lotiges Silber, sondern nur $15^1/_2$- oder $15^1/_3$-lotiges, und schon bei diesem Gehalt sprach man von der feinen oder lotigen Mark. Im hansischen Gebiet setzte man den Silbergehalt der Münzen absichtlich noch weiter herab. Im Jahre 1304 setzten die Hamburger und Lübecker ihn auf 14 Lot fest; später sank er auf 9 Lot. Schwindender Feingehalt und schwindendes Gewicht des Pfennigs wirkten sich derart aus, daß man schon zu Ausgang des 13. Jh. auf die Lübecker Pfennigmark 192 Pfennige zählte und in Anlehnung an die Teilung der Gewichtsmark in 16 Lot die Mark in 16 Schilling einteilte, wobei jeder Schilling zu 12 ϑ gerechnet wurde. Dazu gab es die Zwischenmünzen des Witten und Blaffert. 1 Blaffert war 2 Pfennig, entsprach also dem Heller, und 1 Witte war 2 Blaffert oder 4 Pfennig[8].

2. Das Kreditwesen

Mit dem Aufblühen der städtischen Wirtschaft und der Ausweitung der Fernhandelsbeziehungen belebte sich auch das Kreditwesen, trotz der einschränkenden Bestimmungen der Kirchenlehre. In den Handels- und Verkehrsverträgen zwischen Ländern und Städten spielt die Regelung der Schuldfragen seit dem 12. Jh. eine Rolle. Die Verträge strebten eine Beseitigung der solidarischen Haft und eine Regelung des Gerichtsstandes in Schuldsachen an. Die Kreditwirtschaft spiegelte sich ferner im Bestreben der Städte, den Zweikampf zum Austrag von Schuldsachen zu beseitigen, dann in der Geleitspraxis, indem man das Geleit an Einreisende unter Vorbehalt der Ansprüche der Bürger erteilte. Bei Caesarius von Heisterbach, der das Leben des beginnenden 13. Jh. geschildert hat, stellen die Wuchergeschichten, in denen alle Bevölkerungsteile in Stadt und Land vorkommen, eine bezeichnende Gruppe dar. Kölner Testamente zeigen, daß die Hinterlassenschaft von Schulden und Forderungen bei den Testatoren und ihre Erledigung durch die Vollstrecker eine Selbstverständlichkeit war.

Kredit nahmen alle Bevölkerungsschichten in Anspruch, der Bauer auf dem Lande, der durch Mißernten, Seuchen, Brand und Krieg in Schwierigkeiten geraten war, ebenso wie der Kaufmann und Handwerker in der Stadt. Der Adel war infolge aufwendiger Lebenshaltung und durch Mitgiftleistungen oft gezwungen, sich Darlehen geben zu lassen. Es bildeten sich dabei ganze Schuldnerkonsortien gegenüber den Darlehensgebern, wobei man sich gegenseitig Bürgschaft leistete. Auch Geistliche und Klöster nahmen Kredit in Anspruch, bis hinauf zu den Bischöfen und Domkapiteln, und Caesarius von Heisterbach machte eben das schlechte Beispiel kirchlicher Kreise für den allgemeinen Wucher und die Übertretung des Zinsverbots verantwortlich.

Im Handel und im Gewerbe war der Kredit ein wichtiges Mittel zur Kapitalbildung. Es war geradezu ein Grundsatz, „daß der Produzent seinen Rohstoff, der Kaufmann die auf Wiederverkauf gekaufte Ware zunächst bewirtschaftet und daß er daraus erst den Ertrag schafft, bevor er den Einkauf bezahlt" (Kuske). Üblich war im Handwerk der Einkauf des Rohstoffes auf Kredit, wobei es zu bezeichnenden Abhängigkeitsverhältnissen etwa der Schneider von den Gewandschneidern kam. Der Viehborg der Metzger war mindestens im 14. Jh., aber wahrscheinlich erheblich früher eine Selbstverständlichkeit. Wo der Handwerker weniger an verbrauchende Kunden als an aufkaufende Händler absetzte, wurde es Brauch, daß der Händler das handwerkliche Erzeugnis bevorschußte. Das Verlagssystem beruhte darauf, daß der Verleger Kapital oder Ware hergab, um eine künftige Produktionsleistung durch den Beliehenen zu erzielen.

Lieferungsgeschäfte gab es in verschiedenen Zweigen des Handels, besonders im Getreide- und Weinhandel, wo der Geschäftsabschluß, die Lieferung nach der Ernte erfolgte. Im Begriff „Kaufmannsgut" hatte man dabei eine Norm hinsichtlich der Qualität. Vielfach wurde *buytonge* oder *barteringe,* d.h. ein Barattgeschäft vereinbart; das war die gegenseitige Belieferung mit Waren auf Grund eines Vertrags, wobei periodisch abgerechnet wurde. Auf diese Weise wich man dem Kapitalmangel und den Währungsschwierigkeiten aus. Es versteht sich, daß man diese Möglichkeiten ganz besonders im Fernhandel ergriff. Der Kreditkauf war etwas Übliches auf den Messen, wo es am Ende der Messen die Zahltage gab. Häufig wurden auch Abzahlungsgeschäfte vereinbart. Größere Geschäfte wurden gerichtlich oder vor dem Notar eingetragen. Neben dem Schuldschein gab es den Wechsel, den Umtausch von einer Währung in die andere. Aus dem Kursunterschied ergab sich die Nachfrage nach verschiedenen Währungen. Die Lübeck Mark stieg in Brügge, wenn dort Hamburger Bier ankam (1341). Den Wechselbrief gebrauchte man zum Valutatausch, zum Werttransport und zur Kreditgewährung. Voraussetzung für die Verwendung des Wechselbriefes war die Gegenseitigkeit zwischen zwei Plätzen im Waren- und Zahlungsverkehr. Für Hamburg, Lübeck und Brügge läßt sich so der Gebrauch des Wechselbriefes seit Ausgang des 13. Jh. nachweisen[9].

3. Die Hauptkreditgeber

Wo es sich um Darlehensgeschäfte gegen Zins und Pfand handelte, kamen in erster Linie Juden und Lombarden in Betracht. Auf Grund des kanonischen Zinsverbots wurden die Juden seit der Mitte des 12. Jh. mehr und mehr aus Grundbesitz und Warenhandel verdrängt und auf den Geldhandel hingewiesen. Sie liehen an Angehörige aller Bevölkerungsschichten gegen Pfänder wie auch gegen Schuldbriefe. Die Überlieferung über Geldgeschäfte ist bis ins 13. Jh. noch verhältnismäßig spärlich. Für die erste Hälfte des 14. Jh. häufen sich die Nachrichten namentlich aus dem Rheinland. Köln machte die erste bekannte Anleihe 1321 bei Joseph von Ahrweiler und Salomon von Basel, wofür ihnen der Zoll am Bayenturm verschrieben wurde. Im Städtchen Oberwesel gab es im Jahr 1338 217 Schuldner bei Juden; die Zahl der jüdischen Gläubiger betrug 29.

Abraham von Kreuznach hatte rege Beziehungen zur Kurmainzer Finanzverwaltung; Markgraf Rudolf III. von Baden war bei Jekelin von Straßburg und seiner Gesellschaft stark verschuldet. 1343 hatte Burggraf Johann von Nürnberg bei 80 Nürnberger Juden Schulden. Auch die Augsburger Juden betrieben ein bedeutendes Geldgeschäft. Zu den Vermögendsten dieser Zeit gehörten der Trierer Jude Jacob Daniels und Vivelin der Rote in Straßburg. Aufgrund eines Subsidienvertrags, den Erzbischof Balduin von Trier mit König Eduard III. von England gegen Frankreich abgeschlossen hatte, sollte Vivelin im Frühjahr 1339 insgesamt 61 000 Goldflorin an den Erzbischof auszahlen[10]. Die Einschaltung der Italiener ins deutsche Geldgeschäft ergab sich namentlich aus den Verpflichtungen der Geistlichkeit gegenüber der Kurie. Seit Beginn des 13. Jh. ist auf den Champagner Messen die Rede von deutschen Prälatenschulden, die von italienischen Kaufleuten eingehoben wurden. Die Gläubiger waren vornehmlich Römer und Sienesen, die eigens nach den Messen zogen, um solche Schulden einzutreiben. Die Sienesen waren gleichzeitig auch Warenhändler. Von der Mitte des Jahrhunderts ab verschwanden die Römer von den Messen. Inzwischen tauchten im Rheinland die Lombarden auf, vornehmlich Kaufleute aus Asti, aber auch solche aus Mittel- und Süditalien verstand man gelegentlich darunter. Meist vertraten diese Lombarden ein großes Handelshaus in Italien. Sie hatten ihre Niederlassungen nicht nur in Köln, sondern auch in Aachen und anderen Städten, ein Zeichen dafür, wie wichtig ihre Aufgabe als Kreditgeber war. Zum Teil nahmen sie als Geldwechsler und Münzer eine öffentlichrechtliche Stellung ein, namentlich da, wo es keine einheimischen Wechsler- und Münzergenossenschaften gab[11].

Inzwischen wuchs ein einheimisches kapitalkräftiges Bürgertum heran, das ebenfalls am Finanzgeschäft interessiert war. Es gab ganze patrizische Gläubigervereinigungen, die ihre Gelder weniger auf Wucher *(ad usuras)*, sondern gegen Nutzpfänder verliehen. Um Tidemann von Lemberg bestand eine Zeitlang ein solches Konsortium, das um 1343/44 die große englische Krone und andere Kronkleinodien aus der Pfandschaft des Erzbischofs von Trier bzw. Kölner Patrizier löste und sie als Sicherheit ihrer Darlehen bis Anfang 1345 behielt. Hafen- und Warenzölle, Anteile aus der Wollausfuhr, die kleine englische Krone, der Schlagschatz der Zinnbergwerke in Cornwall und das Zinnmonopol von Devonshire gingen damals als Pfänder an Tidemann über. Kurz darauf bildete sich um den reichen Arnold von Plaise in Köln ein anderes Konsortium, an dem sich Eberhard Hardevust und Werner vom Spiegel beteiligten. 1345 besorgte diese Gruppe dem Erzbischof ein Darlehen von rund 45 000 Mark. Die Sicherheit bildeten erzbischöfliche Zölle und Einkünfte in Bonn, Brühl und Köln. 1349 lieh die Gesellschaft dem Bischof von Lüttich 7000 Gulden. Damals traten anstelle von Werner vom Spiegel Gerhard von Rotstock und Johann vom Hirsch in das Konsortium ein. Unter den Lübecker Geldleuten ragen schon zum Ausgang des 13. Jh. Bertram Mornewech und seine Witwe heraus. In Frankfurt war der 1357 verstorbene Jakob Knoblauch Geldgeber Ludwigs des Bayern und Kaiser Karls IV. Daneben finanzierte der „homo novus" Brun zu Braunfels Gerlach von Nassau als Kandidaten für den Mainzer Erzstuhl. In Regensburg ragten die Reich und Gumprecht durch ihre Geldgeschäfte hervor. Wittelsbacher wie Bischöfe liehen bei ihnen. Das bekannteste Beispiel eines bürgerlichen Finanziers in Oberdeutschland ist der Patrizier Konrad Groß, der seit 1339 Reichsschultheiß in Nürnberg war und den man den heimlichen Ratgeber Ludwigs des Bayern nannte. Durch seine Kredite sicherte er sich einträgliche Reichsämter und Regalien. Auch der Nürnberger Heinrich Grundherr war Bankier der Wittelsbacher[12].

4. Öffentliche Finanzen

a) Die Finanzen der Krone

Bezüglich ihres eigenen Verbrauchs konnten sich die Herrscher auf das anfänglich umfangreiche Königsgut stützen, das den Franken bei ihrer Eroberung namentlich in Gallien zugefallen war. Dazu war inzwischen auch Königsgut rechts des Rheins hinzugekommen, besonders am Main und um Regensburg. Von den dazugehörenden Grundherrschaften wurden die Pfalzen beliefert, die die Herrscher nacheinander besuchten, um Hofhaltsbedarf und Verwaltungsaufgaben mehr regionalen Charakters miteinander zu verbinden. Zum *servitium regis* gehörten ferner die Leistungen der Reichskirche. Das Itinerar, der Reisekalender des Königs, verzeichnet seit Heinrich II. in zunehmendem Maße Bischofsstädte und Reichsabteien, ein Zeichen für den Schwund an Reichsgut und Tafelgütern. Mit den sächsischen Herrschern begann sich das Hausgut vom Reichsgut zu sondern. Die Besitzungen des sächsischen Herrscherhauses lagen um den Harz. Sie wurden dann von den Saliern übernommen; allerdings ging ein Teil davon durch die eigenmächtige Politik Heinrichs IV. verloren, so daß sich jetzt das Schwergewicht um so mehr zu den salischen Besitzungen am Rhein verlagerte[13].

Abgesehen vom Königsland und Reichsgut bestanden die Haupteinnahmen der Krone aus den Regalien, d.h. den Königsrechten, den Münzen, Zöllen und Märkten. Hinzu kamen Strafgelder sowie zunächst noch Einkünfte aus dem Reichskirchengut. Auch herrenloses Gut, Schutzgelder für Kaufleute, Konfiskationen, Tribute und Kriegsbeute standen den königlichen Finanzen zur Verfügung.

Zu den wichtigsten Regaleinkünften gehörten die Zölle. Am Rhein ist ihre Erhebung seit dem 8. Jh. überliefert. Die älteste Zollrolle aus der oberen Donau stellt das Weistum von Raffelstetten (904/05) dar. Eine einheitliche Regelung der Zölle gab es noch nicht. Am einträglichsten waren die Flußzölle, da der Hauptverkehr sich auf ihnen abspielte. Einkünfte wurden auch aus der Vergabe des Marktrechts erzielt; auch auf den Märkten wurde Zoll erhoben. Weitere Einkünfte erbrachte das Münzregal, das in der Zeit der Ottonen durch Münzrechtsverleihungen stärker wahrgenommen wurde, aber später mehr und mehr der Krone entglitt.

Der Regalbesitz ging im Zusammenhang mit der Territorialstaatsbildung mehr und mehr verloren. Mit dem Zerfall der Königsmacht kam dem Hausgut immer größere Bedeutung zu, und es war das Bestreben namentlich der Salier und Staufer, ihren Hausbesitz nach Kräften zu erweitern. Der Sturz der Staufer hatte nicht nur den Verlust des staufischen Privatbesitzes in Italien zur Folge, sondern brachte auch für die Krone Einbußen in den zum Reich gehörenden Besitzungen. Um so mehr waren die Träger der Krone von Rudolf von Habsburg ab auf ihr Hausgut angewiesen[14].

Der Begriff der Steuer ist in diesem Rahmen noch nicht klar umrissen. Im fränkischen Herrschaftsbereich verkümmerte das römische Steuersystem. Neue Ansätze einer zu besonderen Zwecken erhobenen Abgabe bildeten sich aus den inzwischen entstandenen lehensrechtlichen Verpflichtungen. Grund und Boden waren dabei das Steuerobjekt. Das Wort, das künftig dafür gebraucht wurde, war Bede (mhd. Bitte), womit schon im Wort der besondere Charakter der Abgabe gekennzeichnet war. Die Grafen erhoben zunächst die Abgabe von den Leuten, die auf Königsland saßen. Heinrich IV. versuchte als erster vermutlich nach englischem Vorbild („engl. Heirat") Reichssteuern zu erheben, ohne sich durchsetzen zu können; lediglich bezüglich des Haus- und Reichsguts ließ sich das erreichen[15].

Eine besondere Steuer wurde von den Juden aufgrund ihres Status als „Kammerknechte" eingehoben; sie wurde seit den Staufern weiter ausgebaut. Eine Sonderabgabe, die später „güldener Opferpfennig" genannt wurde, wurde 1342 eingeführt. Danach mußte jeder Jude und jede Judenwitwe, sofern sie über 12 Jahre alt waren und ein

Vermögen im Wert von 20 Gulden besaßen, jährlich einen Gulden als eine Art Kopfsteuer entrichten. Die Judensteuer wurde häufig verpfändet[16].

Wie hoch die Einnahmen, die dem König von Reichs wegen jährlich zufielen, waren, läßt sich schwer berechnen. Nach einem Bericht vom Jahre 1241 warf die Judensteuer 857 Mark ab, während die Städte dem König 4290 Mark entrichteten. Dazu kamen noch 7127 1/2 Mark barer Reichseinnahmen. Das waren zusammen etwas über 12000 Mark. Allerdings ist das Verzeichnis nicht ganz vollständig. Um so wichtiger waren, namentlich für die Staufer, die Einkünfte aus Italien[17].

b) Die Finanzen der Landesfürsten

Mit den Rechten, die ursprünglich bei den Grafen und Vögten lagen, übernahmen die künftigen Landesfürsten das Recht, die Bede einzufordern. Von der Bede befreit waren die Ritterbürtigen, die dafür den Reiterdienst ableisten mußten. Bedefrei war ferner der Klerus, was den allgemeinen Anschauungen des christlichen Abendlandes entsprach. Die städtischen Bürger waren an und für sich bedepflichtig, denn die Bede war älter als die ausgebildete städtische Verfassung. Allerdings erreichten die Bürger beim Aufkommen der Stadtverfassung vielfach die Steuerprivilegierung, sei es, daß der Betrag fixiert, herabgesetzt oder gänzlich gestrichen wurde, wobei man von der Erwägung ausging, daß Handel und Gewerbe gefördert werden müßten. Der Ausbau der Bede war einer der großen Vorteile, die sich die Landesherren gegenüber der Krone verschaffen konnten. Wie sich die Einhebung der Bede auf die Insassen eines Territoriums bemerkbar machte, zeigt das Beispiel des Bischofs von Straßburg. 1274 wanderten viele Untertanen des Bischofs aus, weil er die Bede erhöhte. Manche, die sich der landesherrlichen Steuerpflicht entziehen wollten, wurden Pfahlbürger, indem sie das städtische Bürgerrecht erwarben, aber auf dem Lande wohnen blieben. Wenn die Landesherren nicht die gleiche Erfahrung machen wollten wie die Inhaber der Krone, dann mußten sie sich Mittel verschaffen, die es ihnen ermöglichten, neben der Lehensvergabe von Grundbesitz und Rechten, die auch sie, der Zeit entsprechend, übten, ihren Finanzbedarf zu decken und dabei ihren Grundbesitz zu schonen sowie die territorialstaatlichen Rechte zusammenzuhalten. Aber nicht nur dies: sie mußten bestrebt sein, vergebenen Grundbesitz, vergebene Rechte wieder zurückzuholen, um ihre landesherrliche Position weiter auszubauen[18].

c) Kreditoperationen von Königen und Fürsten

Die Staufer konnten noch in starkem Maße auf die Einkünfte in Italien zurückgreifen, und von da her muß man auch ihre aktive Italienpolitik verstehen. Man schätzt, daß Friedrich I. Barbarossa zusätzliche jährliche Einkünfte aus Italien in Höhe von 30000 Pfund bezog. Die Einkünfte aus Deutschland waren, wie wir aus der Steuerliste von 1241 ersehen, wesentlich niedriger. Um seine Soldtruppen bezahlen zu können, mußte der Kaiser gleichwohl immer wieder auf den Kredit der führenden geistlichen Fürsten Deutschlands zurückgreifen.

Der Hohenstaufer Friedrich II. konnte ohne Schwierigkeiten auf seine sizilianischen Einkünfte Gelder aufnehmen. Seine verhältnismäßig bescheidenen deutschen Einkünfte betrugen etwas über 12000 Mark. Die Leute, die diese Gelder verwalteten, verfügten selbst über beträchtliche Vermögen, so daß sie dem Kaiser vorstrecken konnten. Einer dieser Leute war Wolf von Hennegau, der dann sein Amt verlor und wegen seiner Verfehlungen ins Gefängnis kam. Er mußte dem Kaiser im Jahr 1236 16000 Mark entrichten.

In den wenigen Jahren Konrads IV. (1250–54) und während des Interregnums begann die Verschleuderung des Reichsvermögens auf dem Weg der Verpfändung. Konrads Gegenkönig Wilhelm von Holland stützte sich hauptsächlich auf päpstliche Subsidien. Was er an Reichsgut versetzte, konnte zum Teil erst von seinem Nachfolger Richard von Cornwall eingelöst werden, der insofern besser gestellt war, als er sich auf Einkünfte aus England stützen konnte. Der 1273 gewählte Rudolf von Habsburg verstand es, die Reichseinkünfte zu steigern. In seinem Krieg gegen Ottokar II. von Böhmen bediente er sich der Subsidien Papst Gregors X., dem er außerdem noch die Stadt Kaiserswerth verpfändete. Der Sieg über Ottokar brachte den Gewinn Österreichs, und damit verdoppelten sich die Einkünfte Rudolfs. Der Herrscher hatte in Konrad von Tulln einen befähigten Finanzberater, der mit österreichischen und bayerischen Kaufleuten zusammenarbeitete. Auf Tulln folgten führende Wiener Häuser. Trotz seiner klugen Politik mußte Rudolf, um kurzfristig Gelder zu bekommen, in einem beträchtlichen Umfang auch königliche Einkünfte verpfänden.

Adolf von Nassau, den die Kurfürsten einem Habsburger als Nachfolger vorzogen, hatte nur wenig Hausvermögen und mußte deshalb in starkem Maße Reichsgut versetzen, namentlich den Kurfürsten, um sich ihre Stimme zu sichern. Von König Eduard I. von England ließ er sich 40000 Pfd. und später von König Philipp IV. von Frankreich 20000 Pfd. Subsidien zahlen. Sein Nachfolger, der Habsburger Albrecht, wirtschaftete sparsam und konnte in hinreichendem Umfang auf die österreichischen Einkünfte zurückgreifen.

Heinrich VIII. von Luxemburg unternahm einen teuren Italienzug. Er mußte sich dabei in starkem Maße auf seine italienischen Verbündeten, namentlich Pisa, stützen. Anfang 1312 mußte er dabei seine Krone verpfänden. Ludwig der Bayer stak dauernd in finanziellen Schwierigkeiten. Sein Herzogtum Oberbayern warf wenig ab. So mußte er ständig bei Bürgern von Augsburg, Landshut und Regensburg, bei Augsburger Juden und bayerischen Klöstern Gelder aufnehmen. Um sich die Stimmen der Kurfürsten zu sichern, mußte er in großem Umfang Reichseinkünfte verpfänden. Dem Erzbischof von Trier schuldete er 22000 Mark, der dafür die Städte Boppard und Wesel als Pfänder bekam; Johann von Böhmen hatte 10000 Mark zu fordern und bekam die Stadt Eger und anderes als Pfand. An den Erzbischof von Mainz war die Reichsstadt Oppenheim verpfändet. Bei seinem Italienzug war er ganz auf seine italienischen Freunde angewiesen. Der Luxemburger Karl wiederum konnte sich auf ein ansehnliches Hausgut, namentlich in Böhmen, stützen[19].

Unter den Kreditoperationen der deutschen Fürsten sind diejenigen der rheinischen Erzbischöfe wohl mit am bezeichnendsten. Sie gehörten zu den mächtigsten unter den deutschen Fürsten, brachten sich aber infolge ihrer Verpflichtungen gegenüber der Kurie und wegen ihres politischen Ehrgeizes oft in finanzielle Schwierigkeiten. Erzbischof Engelbert von Köln I. (1216–25) wurde vom Papst zwei Jahre lang das erzbischöfliche Pallium versagt, weil er die Schulden seiner drei Vorgänger nicht zahlen konnte. Die starke Verschuldung der Erzbischöfe in der Folgezeit trug nicht unwesentlich dazu bei, daß sie sich bemühten, zum Papst möglichst gute Beziehungen zu unterhalten. Konrad von Hochstaden (1238–61), das Haupt der hohenstaufenfeindlichen Partei in Deutschland, wurde, als er 1239 seine Italienreise machte, sienesischen Kaufleuten 4740 Mark schuldig. Weil der die Schuld nicht bezahlte, wurde er exkommuniziert, doch absolvierte ihn Innozenz IV. im Jahre 1244.

In den Schulden der Erzbischöfe liegt einer der Gründe, daß sie sich bei den Königswahlen ihre Stimme so hoch bezahlen ließen. Von Richard von Cornwall erhielt Konrad von Hochstaden im Jahre 1257 8000 Mark; Richard verpfändete ihm dafür einige Reichsstädte, wollte aber eine der Städte nicht herausgeben, worauf es zum Krieg zwischen Erzbischof und König kam. 1346, im Wahljahr Karls IV., ließ sich Erzbischof Walram von Jülich beinahe 100000 Pfd. von den Luxemburgern zusagen; damit sollten die Hauptgläubiger des Erzbischofs, der Markgraf von Jülich (Walrams Bruder) und dessen Berater Reinhardt von Schönau bezahlt werden. In Trier war zunächst Erzbischof Balduin von Luxemburg hochverschuldet; er mußte von seinem Bruder, dem Grafen Heinrich von Luxemburg, 80000 Gulden borgen, um aus seinen anfänglichen Schwierigkeiten herauszukommen. Dafür unterstützte er um so nachdrücklicher die Wahl Heinrichs zum deutschen König. Aber Balduin war ein tüchtiger Verwalter und verstand es, allmählich seine Schulden loszuwerden, wobei er sich von 1323 an dreier Juden als Finanzagenten bediente. Der erste war Muskin, dann folgte Jacob Daniels und schließlich dessen Schwiegersohn Michels. Balduins Kapitalkraft trug 1346 wesentlich zur Wahl seines Großneffen Karl bei. Er lieh bei dieser Gelegenheit über 36000 Gulden her, um damit die Stimme des Erzbischofs von Köln zu kaufen. Nach den judenfeindlichen Maßnahmen im Zusammenhang mit dem Schwarzen Tod sah er sich gezwungen, sich der Hilfe von Lombarden zu bedienen. Als Balduin 1354 starb, soll er einen Schatz von 300000 *fl* hinterlassen haben[20].

d) Die Finanzen der Städte

Im Zusammenhang mit dem Ausbau der Stadtverfassung und den durch den Mauerbau und sonstige Verteidigungsaufgaben erwachsenen Ausgaben wurden die Besitzer von Grund und Boden besteuert. In Köln bestand diese Steuer seit etwa 1150. Es wurde dabei üblich, daß jeder Bürger sich selbst für die Steuer einschätzen mußte. Brauchten die Städte darüber hinaus Kredit, dann bedienten sie sich der Rentenleihe. Diese Institution wurde aus den agrarischen Verhältnissen übernommen und in der Form der Leibrente (Leibzucht) oder der Erbrente (Ewigrente) gebraucht. Im ersteren Fall gab ein Bürger der zahlungsfähigen Kämmerei sein Kapital, um bis zu seinem Tod dafür eine Leibrente zu beziehen. Die Erbrente kam nicht nur dem „Rentenkäufer", sondern auch dessen Nachkommen zugute. Leib- und Ewigrente müssen sich als Instrument des öffentlichen Kredits der Städte von dem Augenblick ab entwickelt haben, wo es größere Aufgaben zu bewältigen gab: als die Selbstverwaltung einsetzte und der Mauerbau sowie andere militärische Verpflichtungen sich einstellten. In den alten Römerstädten der Rheinlande wie auch in anderen führenden Städten Deutschlands ist der Rentenverkauf der Städte im 13. Jh. durchaus schon entwickelt. Grundbesitz und Akziseeinnahmen vergab man als Sicherheit. Aber die Städte genossen ein solches Vertrauen, daß man bald auf eine besondere Sicherstellung verzichtete. Schließlich wurde auch das Kündigungsgesetz eingeführt, so daß sich die Stadt durch Rückzahlung des Kapitals von der Rentenverpflichtung wieder freimachen konnte. Der Rentner indessen war an den Kauf gebunden und konnte sein Kapital nicht zurückfordern. Doch blieb die Möglichkeit, die Forderung an einen Dritten abzutreten. Die Einrichtung der ablösbaren Erbrente wurde von den größeren Städten auch auf internationaler Ebene gebraucht. Rentner deutscher Städte gab es in den Niederlanden und in England wie in den baltischen Städten. Während die Leibrente bei einem Zinsfuß von 10% stehenblieb, war der Satz bei der Erbrente niedriger. Schon im 15. Jh. waren 4 und 3% weitverbreitet. So war es offenbar gerade die Erbrente, die dazu beitrug, daß man allmählich von den hohen mittelalterlichen Zinssätzen herunterkam.

Der Erfolg, den die Städte mit dem Rentenverkauf hatten, verlockte begreiflicherweise auch die Landesherren, es damit zu versuchen, denn auf diese Weise kamen sie billiger zu Geld, als wenn sie bei Lombarden, Juden oder sonstigen Kaufleuten Darlehen gegen Pfand aufnahmen. So beginnen solche landesherrlichen Rentenverkäufe in Westdeutschland schon in der ersten Hälfte des 14. Jh. und stellen damit die Vorläufer der späteren staatlichen Anleihe dar. In dieser Zeit verkaufte der Graf von Geldern schon Leibrenten in den brabantischen Städten; das gleiche tat der Markgraf von Jülich in Köln. Allerdings ohne entsprechende Sicherheit ging es nicht. Man belastete Zölle, Akzisen sowie Einkünfte aus Domänen und Städten[21].

1 *Suhle:* Dt. Münz- u. Geldgesch. (^{4}1970), S. 45 ff.
Wielandt: Münzen, Gewichte und Maße. In: *Aubin-Zorn:* Hdb. d. dt. Wirtschafts- u. Sozialgesch., I (1971), S. 660 f.

2 *V. Jammer:* Zur Frage d. Otto-Adelheid-Pfennige, Commentationes de nummis saeculorum 9–11. In: Suecia repertis. Kungl. Vitterhets Hist. och. Antikv. Akad. Handl., Antikvar. Ser. 9 (1961), S. 107–144.
E. Kraume u. *V. Hatz:* Die Otto-Adelhcid-Pfennige u. ihre Nachprägungen. In: Hambg. Beitr. z. Numismat. 5 (1961–1963), S. 13–23.

3 *W. Hävernick:* Der Kölner Pfennig im 12. u. 13. Jh. In: VSWG, Beih. 18 (1930).
P. Berghaus: Die Perioden des Sterlings in Westfalen, dem Rheinland und in den Niederlanden. In: Hamburger Beitr. z. Numismatik 1 (1947).
F. Wielandt: Die wirtschaftl. Funktionen d. oberrhein. Münzstätten. In: Neue Beitr. z. süddt. Münzgesch. (1953), S. 37–52.
H. Gebhardt: Geld u. Wirtschaft im mittelalterl. Bayern. In: Z. f. bayer. Landesgesch. 81 (1955), S. 40–60.

4 *F. Wielandt:* Probleme d. Hellerforsch. In: Wiss. Abh. d. dt. Numismatikertages in Göttingen, hg. v. *E. Boehringer* (1959), S. 77–91.
E. Nau: Die Haller Pfennige. In: Württ. Franken 44 (1960), S. 25–62.
H. Krug: Die Meißner Groschen. In: Festschr. H. Grote (1952), S. 37–54.
Sprandel: Das mittelalterl. Zahlungssystem (1975), S. 15.

5 *K. Castelin:* Grossus Pragensis. In: Arbeits- u. Forschungsber. z. sächs. Bodendenkmalpflege 16/17 (1967), S. 665–714.
W. Hess: Das rheinische Münzwesen im 14. Jh. u. die Entstehung d. Kurrheinischen Münzvereins. In: *H. Patze* (Hg.): Der deutsche Territorialstaat im 14. Jh. I (1970), S. 257–323.
G. Hatz: Handel u. Verkehr zwischen dem Deutschen Reich und Schweden in der späten Wikingerzeit. Die deutschen Münzen des 10. u. 11. Jh. in Schweden (1974).
P. Berghaus: Das Münzwesen. In: Hanse in Europa, Brücke zwischen den Märkten, 12.–17. Jh. Ausstellung d. Kölnischen Stadtmuseums 9. Juni–9. September 1973 (1973), S. 71–84.
R. Sprandel: Das mittelalterl. Zahlungssystem nach hansisch-nordisch. Quellen d. 13.–15. Jh. (1975), passim.

6 *Suhle:* Dt. Münz- u. Geldgeschichte, S. 157 f.

7 *J. Weschke:* Die Anfänge d. dt. Reichsgoldprägung im 14. Jh. In: Berl. Num. Z. (1956), S. 190–196.
Hess: Das rheinische Münzwesen, S. 257 ff.

8 *Waschinski:* Währung, Preisentwicklung und Kaufkraft I, S. 9.

9 *B. Kuske:* Die Entstehung d. Kreditwirtschaft u. d. Kapitalverkehrs. In: Kreditwirtschaft 1 (1927), S. 1–79, sowie: Köln, der Rhein u. das Reich (1956), S. 48 ff.
R. de Roover: L'évolution de la lettre de change (XIVe–XVIIIe s.) (1953).
Sprandel: Das mittelalterliche Zahlungssystem (1975), S. 48.

10 *W. Zorn:* Augsburg, Geschichte einer dt. Stadt (1955), S. 107, 115, 117, 120 ff.
H. Kellenbenz: Die Juden in der Wirtschaftsgesch. d. rheinisch. Raumes, von der Spätantike b. z. Jahre 1648. In: Monumenta Judaica, Hdb., hg. v. *K. Schilling* (1963), S. 199–241.
G. Michelfelder: Die wirtschaftliche Tätigkeit d. Juden Nürnbergs im Spätmittelalter. In: Beiträge zur Wirtschaftsgesch. Nürnbergs I (1967), S. 246.
A. Haverkamp: Die Juden in der spätmittelalterl. Stadt Trier. In: Verführung z. Geschichte. Festschr. z. 500. Jahrestag d. Eröffnung einer Universität in Trier 1473/1973, S. 90 ff.

11 *B. Kuske:* Die Handelsbeziehungen zwisch. Köln u. Italien im späten Mittelalter. In: Westdt. Z. f. Gesch. u. Kunst 27 (1908), sowie: Köln, der Rhein u. d. Reich (1956), S. 1 ff.
W. Mummenhoff: Zur Geschichte d. rheinischen, insbesond. d. Aachener Lombarden. In: Annal. d. Hist. Ver. f. d. Niederrhein 120 (1932), S. 161 ff.

12 *L. v. Winterfeld:* Handel, Kapital und Patriziat in Köln bis 1400. In: Pfingstblätter d. Hansisch. Geschichtsver. 16 (1925), S. 13 ff.
F. Rörig: Lübecker Familien und Persönlichkeiten aus der Frühzeit der Stadt. In: Hansische Beiträge z. Wirtschaftsgesch. (1928), S. 132 ff.
Fr. Solleder: München im Mittelalter (1938), S. 31 ff.

Fr. Bastian: Oberdeutsche Kaufleute in den älteren Tiroler Raitbüchern, 1288–1370 (1931), S. 21 f. u. 34 f.
K. Bosl: Die Sozialstruktur der mittelalterlichen Residenz und Fernhandelsstadt Regensburg (1966), S. 46 ff., 79 ff.
W. Schultheiss: Geld- u. Finanzgeschäfte Nürnberger Bürger vom 13.–17. Jh. In: Beitr. z. Wirtschaftsgesch. Nürnbergs I (1967), S. 49–116.
W. v. Stromer: Oberdt. Hochfinanz 1350–1450. In: VSWG, Beihefte 55–57 (1970/72).

13 *W. Metz:* Staufische Güterverzeichnisse (1964), S. 98 ff.

14 *Hassinger:* Politische Kräfte und Wirtschaft, S. 274 ff.
O. Brunner: Land und Herrschaft (^{6}1970), S. 273 ff.
U. Dirlmeier: Mittelalterl. Hoheitsträger im wirtschaftl. Wettbewerb. In: VSWG, Beih. 5? (1966).
Hassinger: Politische Kräfte und Wirtschaft, S. 274 ff.

15 *P. Fried:* Zur Gesch. d. Steuer in Bayern. In: Z. f. bayer. Landesgesch. 27 (1964), Festschr. K. A. v. Müller, S. 570 ff.

16 *G. Caro:* Sozial- u. Wirtschaftsgesch. d. Juden im Mittelalter u. in d. Neuzeit I (2 Bde. 1909/1920), S. 208 ff.
G. Kisch: Gesch. d. Juden in Deutschland (1955).
H. Kellenbenz: Die Juden in d. Wirtschaftsgesch. d. rheinisch. Raumes (1963), S. 209 ff.

17 *G. Kirchner:* Die Steuerliste v. 1241. In: ZRG GA 70 (1953), S. 64–104.
G. Landwehr: Die Verpfändung d. dt. Reichsstädte im Mittelalter (1967).
C. Brühl: Die Finanzpolitik Friedrich Barbarossas in Italien. In: Hist. Zs. 213 (1971), S. 13–37

18 *H. Klein:* Ein Einkünfteverzeichnis d. Erzstifts Salzbg. v. 1247. In: MG Salzburger Landesgesch. 95 (1955), S. 59–66.
H. Wiesflecker: Meinhard II. (1955).
G. Droege: Die Ausbildung d. mittelalterlichen territorialen Finanzverwaltung. In: *H. Patze* (Hg.): Der deutsche Territorialstaat im Mittelalter I (1970), S. 325–345.

19 *E. B. Fryde* u. *H. M. Fryde:* The public credit with special reference to Western Europe. In: The Cambridge Econ. Hist. of Europe III (1963), S. 507 ff.
C. Brühl: Die Finanzpolitik Friedrich Barbarossas in Italien. In: Hist. Zs. 213 (1971), S. 13–37.
E.-M. Engel: Finanzielle Beziehungen zwischen deutschen Königen u. Städtebürgern von 1250 bis 1314. In: Jb. f. Wirtschaftsgeschichte (1975), S. 95–113.
H. Stehkämper: Geld bei dt. Königswahlen d. 13. Jh. In: *J. Schneider* (Hg.): Wirtschaftskräfte u. Wirtschaftswege I. Festschrift f. H. Kellenbenz (1978), S. 83–135.

20 *Fryde* u. *Fryde:* The public credit with special reference to Western Europe, S. 524 f.

21 *B. Kuske:* Das Schuldenwesen d. dt. Städte im Mittelalter. In: Z. f. d. Ges. Staatswissensch., Ergänzungsb. 12 (1904).
Fryde u. *Fryde:* The public credit with special reference to Western Europe, S. 542 ff.
Sprandel: Das mittelalterliche Zahlungssystem (1975), S. 55 ff.

§ 21 Die slawische Welt vom 6. bis zum 9. Jahrhundert

Von Witold Hensel

Allgemeine Literatur

A. Dostal, J. Filip, F. Graus (Hgg.): Das Großmährische Reich. Tagung der wissenschaftlichen Konferenz des Archäologischen Instituts der Tschechoslowakischen Akademie der Wissenschaften, Brno-Nitra 1.–4. X. 1963 (1966).

J. Eisner: Devínska Nová Ves (1962).

Ders.: Rukověť slovanské archeologie (1966).

A. Gieysztor, T. Manteuffel (Hgg.): L'Europe aux IXe–XIe siècles. Aux origines des états nationaux (1968).

M. Hellmann: Die politisch-kirchliche Grundlegung der Osthälfte Europas. In: *Th. Schieder* (Hg.): Hdb. d. europ. Gesch. I (1976), S. 856–938.

W. Hensel: Die Slawen im frühen Mittelalter – Ihre materielle Kultur (1965).

Ders.: Ur- und Frühgeschichte Polens (1974).

Ders. (Hg.): I Miedzyanrodowy Kongres Archeologii Slowianskiej [I. Internationaler Kongreß für slawische Archäologie] Warschau 14.–18. IX. 1965 (7 Bde., 1968–1972).

J. Herrmann: Die germanische und slawische Siedlung und das mittelalterliche Dorf von Tornow, Kr. Calau (1973).

Ders. (Hg.): Die Slawen in Deutschland (1970).

Ders. und *K. H. Otto:* Berichte über den II. Internationalen Kongreß für slawische Archäologie (3 Bde., 1970–1973).

V. Hruby: Staré Město – Velkomoravský Velehrad [Großmährisches Velehrad]. Tschechoslowakische Akademie der Wissenschaften (1965).

J. Korošec: Uvod w materialno kulturo Slovenov zgodnjega srednjega veka [Einführung in die materielle Kultur der Slawen des frühen Mittelalters]. Državna založba Slovenije (1952).

J. Kostrzewski: Kultura prapolska [Urpolnische Kultur] (1962).

G. Labuda: Pierwsze pánstwo slowańskije – Państwo Samona [Der erste slawische Staat. Der Staat Samos] (1949).

W. Kowalenko, G. Labuda, Z. Stieber (Hgg.): Slownik starożytności slowiańskich [Reallexikon für slawische Altertümer] (5 Bde., 1964–65).

H. Łowmiański: Poczatki Polski (5 Bde., 1963–1973).

L. Niederle: Manuel de l'antiquité slave (2 Bde., 1923/1962).

J. Poulik: Dvě velkomorayské rotundy v Mikulčicach [Zwei großmährische Rotunden in Mikulčice] (1963).

Ders.: Juižni Morava země davných Slovanou [Südmähren – Land der alten Slawen] (1948–1950).

Z. Váňa: Einführung in die Frühgeschichte der Slawen (1970).

B. D. Grekow, I. I. Artamónov (Hgg.): Istorija Kulturij Drewnei Rusi [Die Kulturgeschichte des alten Rußlands] (2 Bde., 1948–1951).

B. A. Rybakow: Drewnjaja Rus' [Das alte Rußland] (1963).

M. N. Tichomirow: Drewnerusskie Goroda [Altrussische Städte] (1956).

1. Geographische Verhältnisse

In der Geschichte der Slawen vom 6. bis zum 9. Jh. lassen sich drei Phasen unterscheiden. Die erste von ihnen begann vor dem Jahre 500, sicherlich in der zweiten Hälfte des 5. Jh. (nach dem Untergang des Hunnenreiches) und erstreckte sich bis zum Ausgang des 6., in bestimmten Gebieten bis zur Mitte des 7. Jh. Die zweite Phase endet in den wichtigsten Gebieten der Slawenwelt am Ausgang des 8. oder zu Beginn des 9. Jh. Zu diesem Zeitpunkt beginnt die dritte Phase, die in den einzelnen slawischen Gebieten zu verschiedener Zeit ausläuft. Diese Einteilung läßt sich jedoch nur bedingt anwenden, denn die Slawen entfalteten sich in dem von ihnen eingenommenen Raum keineswegs gleichmäßig. Bestimmte Gruppen lassen sowohl auf kulturellem als auch auf politischem Gebiet eine rasche Entwicklung erkennen, während andere im selben Zeitraum auf einem weitaus niedrigerem Niveau dahinlebten. Im Verlauf des 6. und der ersten Hälfte des 7. Jh. kam es für mehrere Jahrhunderte zu einer gewissen Stabilisierung der Grenzen der von den Slawen in Europa bewohnten Gebiete, obwohl auch in dieser Frage zwischen verschiedenen Fachleuten keine Einmütigkeit besteht. Die unterschiedlichen Ansichten sind aus zwei Gründen verständlich. Zum einen gehört das frühe Mittelalter zu jenen Epochen, in denen die Grenzen des Machtbereichs verschiedener Gruppen einem recht häufigen Wechsel unterlagen. Dies trifft auch für die Slawen zu. Zum anderen weist unser Wissen zahlreiche Lücken auf, die einen einheitlichen Standpunkt in dieser Frage erschweren. Die Unsicherheiten betreffen im einzelnen fast alle Grenzen der Slawenwelt in Europa, ganz zu schweigen von den weniger wichtigen Gebieten in Kleinasien und Nordafrika, in denen Slaven im 7. oder in späteren Jahrhunderten lebten. Beide Zonen können aus unseren Untersuchungen ausgeklammert werden, da die Slawen dort nicht die herrschende ethnische Schicht bildeten.

Spätestens also im 7. Jh. überschritten die slawischen Siedler im Westen die Elbe, die Saale, den Oberlauf des Main und drangen über die Donau hinweg tief in das Alpenvorland ein. Sie nahmen fast die gesamte Balkanhalbinsel sowie einen Teil Griechenlands und der griechischen Inselwelt ein (etwa vom Ende des 6. Jh. bis etwa zum Jahre 805/807. Der im Jahre 636 verstorbene Chronist Isidor von Sevilla schrieb, daß unter der Herrschaft des Kaisers Herakleios „Slavi Graeciam Romanis tulerunt"). Im Osten erreichte das slawische Siedlungsgebiet den Oberlauf des Don, die Oka, den Oberlauf des Dnjepr und den Ilmensee, während im Südosten seine Grenzen stellenweise (an der Mündung des Dnjestr und des Don) bis ans Schwarze Meer reichten. Im Norden ging die Grenze fast bis zur Kieler Bucht und verlief entlang der südlichen Küste der Ostsee (Rügen einbezogen) bis zur Weichselmündung; im weiteren Verlauf nach Norden ging sie vom Bug und dem Gebiet zwischen dem Oberlauf des Njemen (Memel) und dem Unterlauf der Dvina (Düna) bis zum Ilmensee. Diese Grenzverläufe sind – wie bereits oben erwähnt – nur von bedingter Gültigkeit, denn sie wurden von den Slawen wiederholt weit überschritten. Dabei kam es entweder zu einer dauerhaften Beherrschung neuer Gebiete (z. B. im Osten: Neuerdings wird angenommen, daß das Gebiet des Ladogasees von den Slawen am Ende des 7. oder zu Beginn des 8. Jh. eingenommen wurde) oder auch zu zeitweiligen Eroberungen (im Westen). Weiterhin ist zu vermerken, daß es in einigen dieser Gebiete (z. B. in Griechenland) zu einem Zusammenleben von Slawen mit anderen Völkern kam, sei es mit Völkern, die bereits vorher dort siedelten, oder mit Nomadenvölkern, die gleichzeitig mit den Slawen oder später als sie dorthin gekommen waren (im Karpatenbecken und in einem Teil der Balkanhalbinsel u. a. mit den Awaren und im Gebiet der ehemaligen Provinz Moesia Inferior mit den Protobulgaren). Einen gemischten ethnischen Charakter wies auch das Gebiet des heutigen Rumänien auf.

Die damals vor sich gehenden Wanderungen der Slawen führten auch zu einer wachsenden sprachlichen Differenzierung zwischen den verschiedenen Gruppen. Heute ist man allgemein der Ansicht, daß dieser Prozeß komplizierter verlief, als man früher annahm. Auf jeden Fall wurde er erst im 8. und 9. Jh. so intensiv, daß er schließlich zur Teilung der Slawen in drei große Sprachgruppen führte: in eine südliche, eine östliche und eine westliche.

2. Die Bevölkerung[1]

a) Bevölkerungsstatistik (Bevölkerungsdichte, -konzentration usw.)

Für den Zeitraum, von dem hier die Rede ist, verfügen wir nur über sehr allgemeine schriftliche Informationen über die Bevölkerungsdichte der verschiedenen slawischen Länder. Die archäologischen Quellen sind für die Beantwortung dieser Fragen noch nicht in ausreichendem Maße ausgewertet worden und weisen einige grundsätzliche Lücken auf. Ganz allgemein läßt sich sagen, daß die Wende vom 6. zum 7. Jh. die Schlußphase einer recht dünnen slawischen Siedlungsweise bildet. An dieser Stelle wäre einzuflechten, daß die Informationen, die Prokopios von Caesarea (gest. nach 562) über die Anten und Sklavenoi liefert, von denen er sagt, daß sie „in elenden Hütten wohnen, die weit von einander entfernt liegen", sich mit Sicherheit auf den Zeitraum um die Mitte des 6. Jh. beziehen, als einige slawische Gruppen vereinzelt in Gebiete südlich der Donau vordrangen. Zu diesem Zeitpunkt setzt in den verschiedenen Gebieten eine deutliche Zunahme der Bevölkerung ein, wobei die einzelnen Teilgebiete auf Grund natürlicher Bedingungen nicht gleichmäßig besiedelt waren. Die dichteste Besiedlung wiesen die fruchtbarsten Landstriche auf, während sie in den Waldregionen wesentlich dünner war. So läßt sich z. B. sagen, daß das Siedlungsnetz in den südlichen Gebieten der Rus' wesentlich dichter war als in einem großen Teil der nördlichen Gebiete. Ähnlich gestalteten sich die Verhältnisse in Polen sowie in Böhmen, Mähren und der Slowakei, wo die meisten Siedlungen anfänglich auf mährischem und slowakischem Gebiete lagen. Sicherlich bereits in der ersten Hälfte des 7. Jh. bildeten sich in einigen slawischen Gebieten, besonders in Mähren, die Anfänge von Städten. Ihre Entstehung muß unabhängig von der inneren Entwicklung mit Einflüssen der ehemaligen römischen Provinzen in Verbindung gebracht werden. Es ist deshalb nicht verwunderlich, daß in den Gebieten, die diesen Einflüssen am stärksten ausgesetzt waren, dieser Siedlungstyp am frühesten erscheint. Aus diesen Gründen erfaßt er auch einige Landstriche Bulgariens. Weiter entfernt liegende Gebiete weisen eine gewisse Verspätung auf, obwohl in verschiedenen Küstenzonen der Ostsee Anfänge von Städten spätestens am Ende des 8. Jh. auftauchen. Anders gestalteten sich die Verhältnisse im dalmatinischen Küstenstreifen, wo zahlreiche alte antike Städte weiterbestanden. Schätzungsweise läßt sich sagen, daß die Einwohnerzahl solcher stadtähnlicher Siedlungen im Falle der größten Objekte dieses Typs 200–300 Personen nicht überstieg. Es gab jedoch in den einzelnen Ländern nicht viele städtische Vorformen dieser Art. Seit dem Anfang des 9. Jh. tritt bei den Slawen der frühe Stadttypus auf. Diese Städte waren damals nicht sehr zahlreich. Die reichsten von ihnen, die starke byzantinische Einflüsse aufweisen, kennen wir aus Bulgarien. Aus jener Zeit stammen auch Siedlungen frühstädtischen Charakters in Mähren (besonders Mikulčice und vielleicht Staré Město), der Slowakei (möglicherweise Nitra und Bratislava/Pressburg) und Ungarn (vielleicht Moosburc/Zalavár). Weniger Gewißheit haben wir für die frühe Zeit bis zum 9. Jh. über die Existenz von Städten in der Rus', in Polen und im Küstengebiet der Ostsee. Von den relativ gut untersuchten Zentren in Mikulčice und Staré Město können wir sagen, daß ihre Einwohnerzahl im 9. Jh. 1000–2000 Personen nicht überschritt.

Demgegenüber verfügen wir über keine Angaben, die es uns erlauben würden, die Einwohnerzahl der einzelnen slawischen Länder genauer anzugeben. Hier lassen sich bestenfalls angenäherte Werte anführen und diese praktisch nur für das 9. Jh. So darf man annehmen, daß die Einwohnerzahl der Rus' damals unter 4 Millionen lag, die Mährens und Böhmens unter 350 000, die der nordwestlichen slawischen Gebiete bei 300 000 und die der polnischen Gebiete unter 1 Million. Für die Südslawen verfügen wir leider über keine Anhaltspunkte, die eine Berechnung ihrer Gesamtzahl ermöglichen. Schätzungsweise darf man annehmen, daß sie damals unter 1 Million lag. Auf einem km² lebten also im Durchschnitt in der Rus' 2–5 Menschen, in Böhmen und Mähren etwa 5, auf dem polnischen Territorium 3–4 und bei den nordwestlichen Slawen etwa 4. Es ist also weit zu hoch gegriffen, wenn von den Slawen, die Justinian II. in den Jahren 687/688 in Opsikion ansiedelte, gesagt wird, daß sie für die Armee ein Kontingent von 30000 Soldaten zu stellen hatten.

b) Die Bevölkerungsstruktur in den Städten und auf dem Lande

Die in der einschlägigen Literatur zur Gesellschaftsstruktur der Slawen an der Wende vom 6. zum 7. Jh. vorgetragenen Ansichten sind im allgemeinen recht einseitig. Es herrscht die Überzeugung vor, daß die Slawen zu diesem Zeitpunkt gesellschaftlich noch nicht differenziert waren. Diese Meinung stützt sich auf die Überlieferungen des Prokopios und des Pseudo-Mauritius, die sich auf die im Donauraum lebenden Slawen beziehen. Von ihnen schreibt Prokopios, daß sie in einer demokratischen Gesellschaftsordnung lebten, und der Pseudo-Mauritius berichtet von der Freiheitsliebe der Anten und Sklavenoi. Aus diesen Quellen müßte man folgern, daß den Slawen damals die persönliche Abhängigkeit des Menschen vom Menschen mit Ausnahme der Kriegsgefangenschaft unbekannt war. Der Gefangene wurde nach einer gewissen Zeit vor die Wahl gestellt, ob er gegen ein Lösegeld nach Hause zurückkehren oder als Freier und Freund an Ort und Stelle bleiben wollte. Gleichzeitig wissen wir, daß es im Feindesland auch zur Tötung der gefangengenommenen Männer und zur Entführung der Frauen und Kinder kam. Andere Quellen wieder berichten, daß die Slawen Kriegszüge unternahmen, um dabei Sklaven als Beute einzubringen. Alle diese Informationen zwingen zu einer gewissen Vorsicht vor einseitigen Ansichten in dieser Frage. Das Gesellschaftsmodell der Slawen unterschied sich in grundlegender Weise von der Gesellschaftsstruktur in Byzanz und Rom. Es wies jedoch zahlreiche Analogien zu den Formen auf, die im germanischen Bereich bestanden. Die Sklaverei als solche war den Slawen fremd, doch bedeutet das nicht, daß Sklaven – u. a. durch die Verwendung als Arbeitskraft – nicht in bestimmten Fällen eine gewisse Rolle zu spielen begonnen hätten. Falsch wäre es auch anzunehmen, daß es bei den Slawen zu dieser Zeit überhaupt keine gesellschaftliche Differenzierung gegeben habe. Tendenzen dieser Art begannen sich bei ihnen nämlich schon früher abzuzeichnen, und die großen Wanderungsbewegungen sowie die nähere Berührung mit verschiedenen Völkern, die eine unterschiedliche Gesellschaftsstruktur aufwiesen, bewirkten, daß der Prozeß der Differenzierung eine starke Beschleunigung erfuhr, die im übrigen verschiedene Lebensbereiche der Slawen erfaßte.

So beobachten wir einen ziemlich raschen Zerfall des alten Sippenverbands, der am schnellsten im Donauraum vor sich ging, obwohl dieser Zerfall erst bedeutend später sein Ende erreichte. Ein Beispiel dafür ist die sogenannte kleine *Zadruga*, die zwei oder drei Familien umfaßte und die sich in verschiedenen slawischen Ländern über einen kürzeren oder längeren Zeitraum hinweg am Leben erhielt. Dominierend aber wurde in dieser Zeit die Einzelfamilie. Leider haben wir über den gleichzeitig fortschreitenden gesellschaftlichen Differenzierungsprozeß nur sehr allgemeine Informationen und müssen, um die Lücken in unseren Kenntnissen auszufüllen, auf verschiedene indirekte Angaben zurückgreifen. Sehr viel Wahrscheinlichkeit hat die Meinung des polnischen Historikers Henry Łowmiański für sich, daß im 7. Jh. bei den Slawen die Bedingungen für die Verwendung von Kriegsgefangenen als Arbeitskraft gegeben waren, und zwar – wie ich hinzufügen möchte – in weitaus größerem Umfange, als das vorher der Fall war. In dem fraglichen Zeitraum unterlag also die Gesellschaftsstruktur bei den Slawen bestimmten Veränderungen. Offenkundig sind auch gewisse Unterschiede in den einzelnen slawischen Ländern. Als bei ihnen herrschendes Modell ist eine Struktur zu erkennen, die (mit feudalistischen Tendenzen) von den *nobiles*, den Freien und den Unfreien gebildet wurde. In zahlenmäßiger Hinsicht repräsentierten die *nobiles* einen unbedeutenden Bruchteil der Bevölkerung; die Mehrheit bildete das freie Volk. Die Unfreien machten nicht mehr als 10–20% aus. Zur gleichen Zeit können wir noch eine andere Erscheinung beobachten, nämlich das Auftreten ethnisch fremder Elemente in der gesellschaftlichen Führungsschicht. Als Beispiel läßt sich die Person des Franken Samo anführen, während man im Hinblick auf Bulgarien von einer ganz und gar gemischten Gruppe sprechen muß. Die Slawisierung der Protobulgaren erfolgte erst in der Endphase der Periode, von der hier die Rede ist. In den einzelnen Gebieten gab es also gewisse Unterschiede nicht nur im Bereich der Gesellschaftsstruktur, sondern auch im Hinblick auf die ethnischen Verhältnisse.

c) Geburtenziffer

Schätzungsweise wird angenommen, daß die slawische Durchschnittsfamilie im 7. und 8. Jh. aus 4–8 Personen bestand. Diese Zahl mag ziemlich klein erscheinen, wenn man bedenkt, daß die Frauen damals wesentlich mehr Kinder zur Welt brachten. Von ihnen starben jedoch viele bereits im frühen Kindesalter oder wurden sogar getötet.

Im Lichte der bisher bearbeiteten anthropologischen Quellen scheint es, daß unter der slawischen Bevölkerung jener Zeit die Männer ein leichtes zahlenmäßiges Übergewicht hatten. Zu anderen Ergebnissen ist man nur bei älteren Grabstätten in der Tschechoslowakei gekommen, wo ein Zusammenhang mit einer gemischten (awarisch-slawischen) Bevölkerung besteht. Hier überwogen die Frauen, was mit der Struktur jener Gruppen der slawischen Bevölkerung übereinstimmen würde, die entweder unter awarischer Herrschaft oder unter sehr starken awarischen Einflüssen standen.

d) Sterblichkeitsziffer

Auf diesem Gebiet verfügen wir gegenwärtig nur über eine kleine Zahl bearbeiteter archäologischer Quellen. Am besten sind diese Fragen auf dem Territorium der Tschechoslowakei erforscht worden. Im Lichte der unter anthropologischem Gesichtspunkt analysierten Grabstätten aus dem 9. und Anfang des 10. Jh. darf angenommen werden, daß die durchschnittliche Lebenserwartung 28–30 Jahre betrug. Schließt man jedoch aus der Berechnung diejenigen Personen aus, die bereits im Kindesalter starben, so kommt man auf eine durchschnittliche Lebenserwartung von etwa 40 Jahren. Dieser Wert würde also etwa mit demjenigen übereinstimmen, den man für die germanische Bevölkerung auf Grund einer Analyse der anthropologischen Materialien in Haithabu errechnet hat. Auf der anderen Seite scheint es damals im Hinblick auf die durchschnittliche Lebenserwartung nicht nur Unterschiede zwischen Männern und Frauen gegeben zu haben (etwa 3–5 Jahre zugunsten der Männer), sondern auch – wenn wir der Analyse von Knochenmaterialien, die aus alten Grabstätten in Stará Kouřim in Böhmen stammen, vertrauen dürfen – Unterschiede innerhalb der einzelnen Schichten der Bevölkerung. Die Gräber der herrschenden Schicht ergaben ein durchschnittliches Sterbealter von 28,3 Jahren bei Berücksichtigung aller Personen bzw. 41 Jahre, wenn man nur diejenigen berücksichtigt, die das Erwachsenenalter erreichten. Die entsprechenden Werte lauten für die übrige Bevölkerung 33,5 bzw. 45,8 Jahre. Dies war eine Folge der unterschiedlichen Lebensbedingungen dieser beiden Schichten der tschechischen Bevölkerung, die dazu führten, daß die herrschende Schicht der damaligen Gesellschaft gegen verschiedene Krankheiten weniger widerstandsfähig war. Die Kindersterblichkeit war ohne Zweifel sehr hoch, sicherlich noch höher, als die Daten vermuten lassen, über die wir für die Gruppe der neugeborenen Kinder verfügen. Außerdem muß daran erinnert werden, daß auch bei verschiedenen Gruppen der Slawen die Sitte bestand, manche der neugeborenen Kinder zu töten. In verschiedenen Fällen betraf dies Mädchen – wobei die für diese Sitte maßgebenden Gründe nicht bekannt sind –; aber auch Kinder männlichen Geschlechts waren hiervon betroffen, wenn man befürchtete, daß sie sich körperlich schwach entwickeln würden. Unter diesen Umständen kann der aus den Materialien alter Grabstätten errechnete Durchschnitt im Hinblick auf die tatsächliche Sterblichkeit der slawischen Bevölkerung in den hier besprochenen Jahrhunderten zu hohe Werte ergeben. Außerdem muß angenommen werden, daß die durchschnittliche Lebenserwartung der Slawen im 6. und 7. Jh. höher lag als im 8. und 9. Jh. In jenem Zeitraum lebten die Slawen nämlich in relativ gesicherten Verhältnissen. Bei Kindern bildete etwa das 3. Lebensjahr das kritische Alter. Weiterhin fällt auf, daß bei den Männern eine größere Zahl das Lebensalter der Maturitas-Senilitas erreichte als bei den Frauen.

e) Heiratsalter

Für den fraglichen Zeitraum mangelt es an direkten Quellen, um die Frage des Heiratsalters zu klären. Auf Grund ethnographischer Angaben sowie späterer schriftlicher Überlieferungen, daß die Ehe meist nach Erlangung der Geschlechtsreife durch das Mädchen (im 12.–14. Lebensjahr) und den jungen Mann (im 15.–17. Lebensjahr) geschlossen wurde. Hier sei auf die Informationen über Eheschließungen auf dem Wege des Mädchenraubs hingewiesen und auf Berichte über die Sitte des Raubs und der Eheschließung durch Zahlung eines Lösegelds, das für heiratsfähige Mädchen entrichtet wurde. So bezeugt es Ibrahim ibn Jakob im Hinblick auf Polen für die zweite Hälfte des 10. Jh., was offenbar nicht die Möglichkeit ausschließt, daß auf diese Weise Ehen zwischen Personen geschlossen wurden, die noch nicht das geschlechtsreife Alter erreicht hatten. Bezweifelt werden muß, daß die Promiskuität damals bei den Slawen eine allgemeine Form geschlechtlicher Beziehungen bildete. Hingegen lebten die Mädchen vor der Eheschließung recht frei.

Neben Ehen zwischen geschlechtsreifen Personen, die bei weitem überwogen, gab es zu dieser Zeit sicherlich auch Eheschließungen zwischen Personen, die beide oder von denen eine das geschlechtsreife Alter noch nicht erreicht hatte. Darauf verweist u.a. die Einrichtung des *Snochagtwo* (russ. *snocha* = „Schwiegertochter"), über die im Hinblick auf die Ostslawen relativ frühe schriftliche Quellen berichten (wie z.B. die sogenannte „Nestor-Chronik", ca. 1100). Dabei handelte es sich darum, daß der Vater des Ehemannes an der Frau seines Sohnes (d.h. also der Schwiegervater an der Schwiegertochter) den Beischlaf vollzog, solange der Sohn die Geschlechtsreife noch nicht erreicht hatte. Es gab aber wahrscheinlich auch Fälle, in denen ein noch im Kindesalter befindliches Mädchen zur Frau genommen wurde oder beide Partner noch nicht das geschlechtsreife Alter erreicht hatten.

Unabhängig von den oben erwähnten verschiedenen Problemen, die von den Quellen nur undeutlich erhellt werden und bei denen es um die Frage geht, in welchem Alter die Ehe geschlossen wurde, gibt es noch eine Reihe anderer Fragen, die eine intensivere Bearbeitung erfordern und die gleichzeitig in der Lage sind, etwas Licht in diese Probleme zu bringen. In der einschlägigen Literatur wird u.a. die Frage aufgeworfen, inwieweit in bestimmten mit der Eheschließung verbundenen Gebräuchen Überreste eines Matriarchats sichtbar werden. Zu diesen soll die in ethnographischen Quellen festgestellte Initiative des Mädchens bei der Eheschließung gehören. Auf solche Überreste verweisen verschiedene Beispiele, die aus dem Bereich der Süd- und Ostslawen bekannt sind. Wenn es sich wirklich herausstellte, daß diese Sitte aus weit zurückliegender Zeit stammt, so würde sie die Hypothese stützen, daß die Eheschließung zwischen Personen im geschlechtsreifen Alter verbreiteter war als die zwischen Personen, die zur Erfüllung der ehelichen Pflichten noch nicht imstande waren, denn diese Erfüllung stellte auch bei den Slawen das eigentlich entscheidende Moment einer Eheschließung dar.

f) Sanitäre Verhältnisse und Hygiene

Aufs ganze gesehen sind unsere Kenntnisse über die sanitären Verhältnisse und die Hygiene, die in dem hier erörterten Zeitraum bei den Slawen herrschten, verschwindend gering. Die schriftlichen Berichte über diejenigen slawischen Gruppen, die nach Süden wanderten, müssen als unzuverlässig angesehen werden. Nach meiner Auffassung muß der gesunde Menschenverstand, den Plinius im Hinblick auf Rom bekundete, für uns in dieser Hinsicht als Richtschnur dienen[2].

Wie andere Völker, so waren auch die Slawen mit den Eigenschaften verschiedener Pflanzen gut vertraut, die es ihnen ermöglichten, mehrere Mittel gegen Insekten anzuwenden und sich gegen verschiedene epidemische Krankheiten zu schützen. Die Meinung des Prokopios von Caesarea (III, 14) über ihre Sauberkeit darf man wohl nicht verallgemeinern. Sie bezieht sich eher auf jene Gruppen, die zu seiner Zeit (6. Jh.) ihre Wohnsitze verlegten. Übrigens könnten spätere Beobachtungen im Hinblick auf Völker, die sogar eine relativ hohe Zivilisation aufwiesen, sich aber gleichfalls in Bewegung befanden, zu einer Vielzahl ähnlicher Mißverständnisse führen. Wir wissen gleichzeitig, daß die Slawen im Hinblick auf Feinheiten der Körperpflege (die wir heute nicht immer gutheißen würden) mit Byzanz nicht konkurrieren konnten. Falsch ist auch die Ansicht, daß alle Slawen in jener Zeit schmutzig und schlampig herumliefen.

Demgegenüber mangelt es an Quellen, die es gestatten würden, über den Stand der Hygiene bei den Slawen – besonders zu Beginn des hier erörterten Zeitraumes – detailliertere Aussagen zu machen. Wir vermuten lediglich, daß auf eine Veränderung der diesbezüglichen Verhältnisse bei einem Teil der Slawen z.B. die Entstehung eines Staatswesens unter Samo im zweiten Viertel des 7. Jh. einen Einfluß ausüben mußte. Das gleiche gilt auch von der Veränderung der politischen und wirtschaftlichen Situation, die sich in Bulgarien und in Mähren verfolgen läßt. Die byzantinischen Städte des dalmatinischen Küstenstreifens beeinflußten ohne Zweifel auch in dieser Hinsicht spätestens seit dem 8. Jh. die slawischen Kroaten. Wenn man den Ergebnissen einiger anthropologischer Analysen sowie einigen indirekten Quellen Glauben schenken darf, so unterschieden sich die mit der Hygiene verbundenen Verrichtungen bei den einzelnen Schichten der Bevölkerung in den verschiedenen Ländern nach dem Stand der fortschreitenden gesellschaftlichen Differenzierung. Bei der breiten Masse der slawischen Bevölkerung waren sie jedoch relativ einheitlich. Über ihren Stand informieren uns leider fast ausschließlich nichtsprachliche Quellen, was zur Folge hat, daß eine Reihe von Mutmaßungen zu diesem Thema einen ziemlich hypothetischen Charakter besitzt.

Zu den allgemein benutzten Einrichtungen gehörten sicherlich Bäder und unter ihnen auch Dampfbäder, die meist in Erdhütten untergebracht waren. Was man für Mittel benutzte, um sich zu waschen, wissen wir leider nicht. Vielleicht verwendete man u.a. pflanzliche Stoffe und Asche. Zum Ordnen der Haare benutzte man Kämme, die sicherlich meist aus Holz waren, aber es waren auch solche aus Horn und aus Knochen im Gebrauch. Dabei gab es einseitige und zweiseitige Kämme. Unter den letzteren befanden sich schmale Stücke, die an die Kammtypen erinnern, welche noch vor kurzem auf dem Lande zum Auskämmen verschiedener Insekten verwendet wurden. Beide Geschlechter ließen sich das Haar schneiden, und die Männer rasierten sich den Bart – vielleicht mit Ausnahme der Priester. Die Wäsche wusch man mit Hilfe hölzerner Schlegel, wobei für verschiedene Wäschestücke unterschiedliche Formen verwendet wurden. Feinere Stoffe wusch man mit schaufelförmigen Schlegeln, gröbere mit walzenförmigen. Demgegenüber muß bezweifelt werden, ob in den Burgen jener Zeit Aborte vorhanden waren (und seien es auch so primitive, wie wir sie vereinzelt aus dem 11./12. Jh. kennen, z.B. aus Santok in Polen). Möglicherweise waren solche nur in den zentralen Orten Bulgariens bekannt, wo sie wohl auf lokale postantike oder byzantinische Einflüsse zurückgingen. Die Gebäude wurden mit Kalk geweißt, was zur Vernichtung des Ungeziefers beitrug, und man hielt sie auch sauber. Auf den Straßen lag oft der Dünger herum, und mitunter herrschte auf ihnen ein unglaublicher Schmutz. Dies war jedoch im damaligen Europa eine häufigere Erscheinung. Verschiedene Feld- und Waldblumen, mit denen man sich selbst oder die Wohnhütten schmückte, erfüllten vielleicht gleichzeitig noch andere Funktionen. Stark duftende Blumen konnten nicht nur die Gefährlichkeit giftiger Schlangen herabsetzen; sie konnten auch zur Beseitigung unangenehmer Gerüche in den Hütten beitragen, obwohl man gleichzeitig daran denken muß, daß man damals nur eine relativ begrenzte Zeit in den Behausungen verbrachte.

Aufs ganze gesehen muß man die sanitären Verhältnisse, die damals bei den Slawen herrschten, als unzulänglich bezeichnen. Sie waren jedoch bei ihnen nicht schlechter als z. B. bei vielen germanischen Völkerschaften in jener Zeit.

g) Endemische und epidemische Krankheiten

Ein großer Teil der Slawen bewohnte damals Gebiete, die sehr feucht waren. Überdies baute man aus Verteidigungsgründen die Burgen sehr oft in sumpfigen Niederungen. Von den nicht befestigten Siedlungen lagen viele in niedrig gelegenen Landstrichen. Dies mußte zur Folge haben, daß solche Krankheiten wie Malaria (besonders in Polesien) und Rheumatismus häufig auftraten. Letzterer ist für die Slawen durch anthropologische Analysen nachgewiesen worden. Sehr viel Wahrscheinlichkeit hat die Ansicht für sich, daß der Weichselzopf, der die medizinische Bezeichnung *Coma Vistula* oder *plica polonica* trägt, spätestens in dem hier erörterten Zeitraum auftrat. Diese Krankheit bestand wahrscheinlich aus einer Verbindung von Läusen mit Eiterbeulen und Pilzekzemen. Es ist jedoch möglich, daß diese Krankheit von dem Augenblick an auftrat, als sich im Mittelalter die sanitären Verhältnisse unter dem Einfluß kirchlicher Empfehlungen, sich weniger um das leibliche Wohl zu kümmern, verschlechterten. Auch verschiedene Typhusarten traten bei den Slawen auf. Möglicherweise war in jener Zeit auch das sogenannte wolhynische Fieber bekannt, das bis in die jüngste Zeit besonders häufig in Wolhynien (sowjetische Ukraine) auftrat.

Über Epidemien liegen hingegen keine Angaben vor; doch wurden die Slawen davon in jener Zeit mindestens ebenso häufig heimgesucht wie andere Völker. Forschungen zu diesem Thema stecken aber noch in den ersten Anfängen.

h) Binnenwanderungen

In dieser Hinsicht war die Situation auf dem riesigen von den Slawen bewohnten Territorium unterschiedlich. Zu Beginn des hier erörterten Zeitraumes führte das Vordringen der Slawen besonders auf der Balkanhalbinsel zu einer starken Fluchtbewegung der Stadtbevölkerung aufs Land, in weiter entfernte Gegenden, oder auch zur Emigration. Wahrscheinlich wurde auch ein Teil der eingesessenen Bevölkerung vernichtet, und zwar nicht nur infolge physischer Liquidierung durch die Eroberer, sondern wahrscheinlich auch infolge verschiedener Epidemien, die damals sicherlich auftraten. Nach dem ersten durch die slawische Eroberung hervorgerufen Schock kam es jedoch in jenen Ländern zu einer gewissen Beruhigung. Ein Teil der alten Bevölkerung kehrte an seine ehemaligen Wohnsitze zurück. Am intensivsten verlief dieser Prozeß in dem hier erörterten Zeitraum auf dem Gebiet Dalmatiens, wo einige alte Städte durch ihre ehemaligen Einwohner, die übrigens einen engen Kontakt zu Byzanz hatten, wiederaufgebaut wurden.

Seit dem Ende des 7. Jh., besonders aber im 8. und 9. Jh., kommt es zu einer allmählichen Konzentration bestimmter Bevölkerungsgruppen in den Burgen und den um sie entstehenden Städten, deren Zahl anfänglich jedoch begrenzt war. Dieser Umstand hatte jedoch auch einen gewissen Einfluß auf die slawischen Binnenwanderungen. Die große Mehrheit der slawischen Bevölkerung aber lebte damals auf dem Lande.

3. Die wichtigsten Ereignisse der politischen Geschichte in Zusammenhang mit der sozialen und ökonomischen Entwicklung

Neuere Forschungen haben in starkem Maße zusätzliches Licht in politische Ereignisse gebracht, von denen die Slawen betroffen waren. Trotzdem gibt es nach wie vor viele offene Fragen. Zu ihnen gehört vor allem die Frage nach der politischen Struktur, in der die Slawen damals lebten. Einerseits treffen wir auf die Meinung, daß die ersten slawischen Staaten erst im Laufe des 9. Jh. entstanden, wobei das Großmährische Reich und (mit gewissen Einschränkungen) Bulgarien zu ihnen gerechnet werden; andererseits aber wird die Auffassung vertreten, daß die ersten slawischen Staaten spätestens im 7. Jh. entstanden, teilweise sogar früher. Die Unterschiedlichkeit der Ansichten ergibt sich vor allem aus der verschiedenen Auffassung des Staatsbegriffs im Sinne der im frühen Mittelalter herrschenden Verhältnisse. Die ersten Feudalstaaten entstehen bei den Slawen wohl erst im 10. Jh. Die ältesten politischen Organismen, die diesem Modell am nächsten kamen, waren das Großmährische Reich (seit dem zweiten Viertel des 9. Jh.) und Bulgarien, vor allem seit der Regierungszeit Boris I. (852–889). Irrig wäre auch die Ansicht, daß die einzige Organisationsform, die diesen Staaten bei den Slawen vorausging, Stämme oder Stammverbindungen waren. In Wirklichkeit nämlich haben wir es seit Beginn unserer Zeitrechnung, mit besonders zunehmender Intensität aber seit der zweiten Hälfte des 6. Jh., bei verschiedenen Gruppen der Slawen mit der Herausbildung eines Übergangstyps zwischen einer stammesmäßigen und einer staatlichen Struktur zu tun. Es handelte sich dabei um Gebilde, die weder einheitlich im Hinblick auf die Struktur noch stabil waren. Auf jeden Fall müssen wir mit Gebilden dieser Art auch bei den Westslawen rechnen. Dazu gehörte z.B. nicht nur der Staat des Samo, sondern auch verschiedene Kleinstaaten der Elbslawen – der Sorben, Obodriten und Wilzen – und zum Teil auch einiger polnischer und tschechoslowakischer Stämme. Das gleiche gilt für die Südslawen (z.B. die Karantaner und Kroaten und zum Teil auch für die Bulgaren, obwohl sie anfänglich von gemischter ethnischer Zusammensetzung waren) und sicherlich auch für die Ostslawen.

Wir werden uns heute immer mehr darüber klar, daß die slawischen Volksbewegungen nur für eine gewisse Zeit einen wirtschaftlichen und gesellschaftlichen Rückschritt bewirkten. Im wesentlichen kam es in verhältnismäßig kurzer Zeit zu einer beträchtlichen wirtschaftlichen und kulturellen Entfaltung (gemessen selbstverständlich an den Verhältnissen, die vorher bei den Slawen geherrscht hatten) und mit ihr zu einer Vertiefung der gesellschaftlichen Unterschiede und zu einer Sprengung der alten organisatorischen Bande. Dies war das Resultat verschiedener miteinander verflochtener Ursachen, zumal neben der natürlichen inneren Entwicklung, durch bedeutend stärkere zivilisatorische Berührungen der Slawen mit verschiedenen Kulturkreisen bewirkt, als das in den vorhergehenden Jahrhunderten der Fall war. Hinzu kam nicht nur die Entstehung eines engeren Kontakts mit den Provinzen des ehemaligen römischen Imperiums (sowohl mit denen des westlichen als auch mit denen des östlichen Teils, d.h. sowohl mit römischen als auch mit hellenistischen) und zugleich mit auf verschiedenen Gebieten ungewöhnlich aktiven Nomadenvölkern (besonders den Awaren und den Protobulgaren). Der schnellere Verlauf der politischen Entwicklung bei den Slawen wurde aber bei weitem nicht nur durch das Zustandekommen engerer Berührungen mit Völkern verursacht, die ihnen damals in dieser Hinsicht überlegen waren, sondern auch durch den ständigen Druck, den westgermanische Stämme, Byzanz und Nomadenvölker auf die Slawen an verschiedenen Stellen ihres Siedlungsraumes ausübten.

In der Zeit, von der hier die Rede ist, unterlagen die Slawen also dem Einfluß und zum Teil auch der Herrschaft der Awaren, der Protobulgaren, des byzantinischen Staates und des Frankenreiches. Ohne Zweifel übten auch die Ereignisse im gesamteuropäischen Raum einen Einfluß auf die Entwicklung bei den Slawen aus, d. h. die widerstreitenden Interessen, die die Auseinandersetzungen und Konflikte zwischen den Awaren und den Franken, zwischen Byzanz und den Franken und die Einfälle der Araber verursachten. Die zwischen Byzanz und den Franken im 9. Jh. geführten kriegerischen Auseinandersetzungen trugen in nicht geringem Maße dazu bei, daß sich einerseits Großmähren und andererseits Bulgarien während einiger Dezennien dieses Jahrhunderts in einer günstigen Situation befanden.

Ein großes Hindernis für die Entwicklung bei den Slawen – und nicht nur bei ihnen – stellten von der Mitte des 6. Jh. an für mehr als zwei Jahrhunderte die Awaren dar, obwohl diese Tatsache oft überbewertet wird, indem man annimmt, daß die Slawen in ihrer Gesamtheit hiervon berührt wurden, während es in Wirklichkeit nur diejenigen Teile von ihnen betraf, die von den Awaren unterjocht wurden oder sie zu Nachbarn hatten. Erst die Niederlage, die das Heer Karls des Großen nach mehreren von ihm organisierten Kriegszügen den Awaren im Jahre 796 beibrachte (nachdem Karl der Große im Jahre 788 die Bayern unterworfen und ihre Unabhängigkeit beseitigt hatte), führte zum Niedergang der politischen Bedeutung der Awaren und bewirkte schließlich, daß sie im Laufe des 9. Jh. auf dem Gebiet des ehemaligen Pannonien fast völlig in der Masse der slawischen Bevölkerung aufgingen. Sie bildeten seit dieser Zeit hier ein gleichwertiges politisches Element neben den Slawen (bis etwa zum Jahre 870, als diese das Christentum annahmen), wobei ihre bevölkerungsmäßige Stärke ständig abnahm.

Unterschiedlich gestalteten sich die Kontakte mit den Franken. Einige slawische Gruppen (und zwar sowohl westliche als auch südliche) waren mehrmals mit ihnen verbündet, andere hingegen führten mit ihnen blutige Kriege. In seinen Auseinandersetzungen mit den Sachsen wurde Karl der Große von den Obodriten unterstützt. Die Stämme der Sorben und Wilzen hingegen leisteten ihm heftigen Widerstand, was mehrere Strafaktionen von seiner Seite auslöste (782–789). Diese führten dazu, daß sie seine Oberhoheit anerkennen mußten. In dieser Zeit erfolgte eine gewisse Festlegung der Grenzen zwischen den Obodriten und den Sachsen (der sogenannte *Limes Saxoniae*); auch wurden Grenzpunkte von Bardowiek an der Unterelbe bis nach Lorch an der Donau festgesetzt, an denen ein Austausch zwischen den Staaten der Franken, der Slawen und der Awaren stattfinden konnte. Die zuletzt erwähnte Tatsache wurde oft – nach der heutigen Auffassung zu Unrecht – mit der Errichtung des sogenannten *Limes Sorabicus* durch den Frankenkönig in Verbindung gebracht. Weiterhin ist bekannt, daß die Kriege mit den Franken sich an dieser Grenze durch das ganze 9. Jh. hinzogen. Es sei daran erinnert, daß die Aktivität einiger slawischer Gruppen gegen das Frankenreich, die wir am Ende des 8. Jh. beobachten, nicht nur mit den Auseinandersetzungen zusammenhingen, die sie mit den Franken hatten, sondern auch mit der Situation an der arabischen Kriegsfront sowie mit byzantinischen Intrigen.

Einen mehr lokalen Einfluß auf die Entwicklung der Verhältnisse bei den Slawen hatte anfänglich das Vorgehen der Normannen. Im Jahre 815 waren die Obodriten Verbündete Karls des Großen in seinem Kampf mit den Dänen. Eine besondere Rolle spielten die Aktionen der Normannen im Hinblick auf die Ostslawen. Ende des 9. Jh. entstand der Kiever Staat unter der Herrschaft der Rurikiden. In gewissem Maße stellten die Slawen also schon damals einen gewichtigen Faktor im gesamteuropäischen Raum dar.

Schließlich brachte das Ende des 9. Jh. mit der Wanderung der Ungarn (Magyaren) eine bedrohliche Gefahr für einen Teil der West- und Südslawen. Sie führte in ihren Auswirkungen am Anfang des 10. Jh. zum Untergang des Großmährischen Reiches und zur Unterwerfung einiger Teile der West- und Südslawen durch die Magyaren sowie als Folge dieser Unterwerfung auch zu einem teilweisen Verlust ihres Volkstums.

Ähnlich wie die Einflüsse der Awaren dazu führten, daß eine Mischkultur mit Kennzeichen entstand, die sowohl für die Awaren als auch für die Slawen typisch sind (die sogenannten *Devínska Nová Ves*-Kultur, so hatten die magyarischen Einflüsse keine geringe Bedeutung für die Entstehung einer anderen archäologischen Mischkultur (der sogenannten *Bijelo Brdo*-Kultur).

Anders hingegen entwickelte sich die Situation bei den Protobulgaren. Dieses Turkvolk ließ sich unter seinem Führer Asparuch (644–702) zunächst im Tal der Donau nieder, die im Jahre 679 überschritten wurde. Das durch Kriege mit den Arabern und innere Unruhen in Anspruch genommene Byzanz konnte sich ihnen damals kaum entgegenstellen. So eroberten die Protobulgaren, die die Slawen unterwarfen oder sich mit ihnen verbündeten, umfangreiche Gebiete südlich der Donau, und es gelang ihnen schließlich die Schaffung eines relativ großen Staates, der im 9. und 10. Jh. zur Zeit Simeons (893–927) neben dem ethnischen Bulgarien (der Name taucht als Staatsbezeichnung erstmals zu Beginn des 9. Jh. auf) Siebenbürgen bis an die Theiß im Westen und die Morava im Norden, im Osten das Gebiet bis zum Dnjestr und dem Unterlauf des Bug, im Süden den größeren Teil Thrakiens, den am Meer gelegenen Teil Mazedoniens (mit Ausnahme von Saloniki und Umgebung), das nördliche Thessalien, im Westen den albanischen Küstenstrich bis an die Bojana (mit Ausnahme von Durazzo) sowie das serbische Gebiet bis zur Drina und ihrem Lauf folgend bis zu ihrer Einmündung in die Save umfaßte. Diesen Staat muß man in seinen Anfängen als protobulgarisch-slawisch ansehen. Spätestens von der Zeit Simeons an aber muß man ihn als ein slawisches Gebilde betrachten. Unter seiner Herrschaft glich sich seine Struktur übrigens dem byzantinischen Organisationsmodell an. Man kann die Jahre seiner Herrschaft also mit anderen Worten als abschließende Etappe der Errichtung des modernen mittelalterlichen bulgarischen Staates bezeichnen.

Erwähnt werden muß schließlich der Einfluß benachbarter Völker auf die Gestaltung neuer politischer Verhältnisse bei den Slawen, in diesem Falle für die Ostslawen die Bedeutung des Drucks, den der Staat der Chazaren auf sie ausübte, der sich im Laufe des 7. und 8. Jh. aus einem kleinen Gebilde in eine ausgedehnte Organisation verwandelte, und weiterhin der Druck, den im 9. Jh. ein anderes Nomadenvolk – die Petschenegen – auf die Ostslawen ausübte. Diese Umstände spielten keine unwesentliche Rolle bei der endgültigen Entstehung des russischen Staates.

Innere und äußere Gründe also bewirkten eine Veränderung der politischen Verhältnisse bei den Slawen und führten dazu, daß zunächst bei allen slawischen Gruppen kleinere oder größere staatliche Organisationen in Gestalt eines Übergangstyps entstanden und im zweiten Wurf zu Beginn des 9. Jh. der Kristallisationsprozeß einsetzte, in dem sich schließlich der mittelalterliche Staatstypus herausbildete. Am frühesten entstanden sie auf dem Territorium ehemaliger römischer Provinzen oder in benachbarten Gebieten. Erst später wurden von diesem Prozeß auch solche Gebiete erfaßt, die weiter von ihnen entfernt lagen.

4. Die Sozialstruktur

Die Sozialstruktur der slawischen Völker war weder auf dem gesamten von ihnen damals bewohnten Territorium noch in den einzelnen Abschnitten des von uns besprochenen Zeitraumes einheitlich. Am schnellsten begann sie sich in einigen neugewonnenen Gebieten zu verändern. Die ungleichmäßige Beuteverteilung bewirkte, daß die Anteile innerhalb der Gruppe der Freien zunahmen, und die Erbeutung eines Sklaven hatte zur Folge, daß man ihn in größerem Umfang als früher für produktive Arbeiten verwendete. Die ständige Gefahr, die von den ehemaligen Besitzern der neuerworbenen Gebiete drohte, machte es erforderlich, daß man größere Kampfverbände ständig einsatzbereit hielt, was ihre unmittelbare Beteiligung an produktiver Arbeit verhinderte. In den schriftlichen Quellen werden die mit dem Titel *principes* bezeichneten Vertreter der höheren Schichten, die zur Umgebung der Fürsten gehörten (die im 8. und 9. Jh. die Bezeichnungen *dux*, *regulus* und *princeps* trugen, was wir jedoch mit einer gewissen Vorsicht behandeln müssen, da sie nur zum Teil den von den Herrschern westlicher Völker benutzten Titeln entsprechen), verschiedentlich erwähnt. Im Hinblick auf Karantanien verwenden fränkische Quellen später für sie die Bezeichnung *comites*, bei den Obodriten und den Sorben heißen sie *primores*, bei den Obodriten auch *meliores* und *praestantiores*. In der Vita des Method tragen die beiden Gruppen der Freien im Großmährischen Reich die Bezeichnungen „die Kleinen und die Großen", „die Reichen und die Armen" oder wie sie spätere Quellen nennen: *milites bellicosi et rustici laboriosi* (Gallus Anonymus, „Kronika Polska", eine Quelle vom Anfang des 12. Jh.), zu denen noch die Priester hinzukamen. Deutlich ist also die Tendenz zu einer in drei Schichten gegliederten Gesellschaft festzustellen.

Die zuletztgenannte, für die Feudalgesellschaft so typische Schicht erlangt praktisch erst in dem Augenblick Bedeutung, als die Slawen das Christentum annahmen. In den unteren Schichten hoben sich allmählich die Handwerker und Kaufleute deutlicher heraus. Für den Zeitraum, von dem hier die Rede ist, sind noch die Sklaven zu erwähnen. Wie bereits oben erwähnt, waren die Grenzen zwischen diesen Gruppen in Abhängigkeit von der mehr oder weniger weit fortgeschrittenen sozialen Differenzierung verschieden. Die rechtliche Stellung der Sklaven war wohl auch damals anders als bei den Römern, bei denen der Sklave nicht anders als eine Sache behandelt wurde. Bei den Slawen hingegen verfügte er über eine gewisse Rechtsfähigkeit. So konnte der Sklave zum Beispiel eine rechtskräftige Ehe eingehen und verschiedene Dinge als Eigentum besitzen. Andererseits jedoch wurde er wie ein Gegenstand behandelt, denn er konnte verkauft werden.

Ein Übergang aus einer Schicht in die andere war wohl – wenn man der Retrospektive Glauben schenken will – in jener Zeit ziemlich leicht. Soziale Umgruppierungen fanden wohl auch recht häufig statt.

Das 7. und 8. Jh. stellen den Zeitraum dar, in dem sich bei den Slawen neue gesellschaftliche Verhältnisse herausbildeten. Unter diesen Umständen stellt der Mangel an Informationen über die Entstehung tieferer Widersprüche zwischen den einzelnen Schichten der Gesellschaft keine Überraschung dar, obwohl sie bei den einen oder anderen Gruppen ohne Zweifel in Erscheinung traten. Gegensätze gab es in gewissem Sinne in den Familien der Oberschicht. So hören wir mehr als einmal von Herrscherwechseln und Anschlägen auf ihr Leben. In gewissem Sinne wies auch der Kampf der Slawen um die Abschüttelung des Awarenjochs, der vom 7. Jh. an mit Erfolg geführt wurde (Staat des Samo), gesellschaftliche Züge auf, obwohl er nach außen hin einen nationalen Charakter trug.

Es ist hingegen schwer, mit Sicherheit zu sagen, ob gesellschaftliche Gegensätze einer der Gründe für die Berufung der Premysliden auf den Fürstenthron in Böhmen und der Piasten auf den in Polen waren. Die spätere Legende spricht ausdrücklich von der bäuerlichen Herkunft dieser beiden Dynastien, aber gleichzeitig betont Gallus Anonymus, daß der seines Fürstenthrons beraubte legendäre Popiel das Gastrecht in der Hütte des Piast nicht ausschlug. Jene Zeiten waren also bei den Slawen noch nicht durch allzu starke gesellschaftliche Gegensätze gekennzeichnet.

Der Staat diente in jener Zeit – sogar in der embryonalen Form, in der er damals bei den Slawen existierte – den Interessen der herrschenden Schicht. Er bildete auch einen Faktor, der zur Vertiefung der sozialen Unterschiede beitrug, doch unterdrückte er damals noch nicht die Masse der freien arbeitenden Bevölkerung.

Die gesellschaftlichen Verhältnisse waren – wenn man indirekten Mitteilungen vertrauen darf – bei den Slawen in jener Zeit in Stadt und Land gleich. Ich habe oben bereits darauf hingewiesen, daß die Städte sogar in den in ihrer Entwicklung am weitesten fortgeschrittenen slawischen Ländern über das Anfangsstadium noch nicht hinausgekommen waren. Unterschiedlich war lediglich die Struktur der Berufe. In den Städten überwogen Handwerks- und Handelsberufe, doch nahmen auch typisch landwirtschaftliche Beschäftigungen eine wichtige Stellung ein. Angesichts der gemeinsamen ländlichen Herkunft ist es also verständlich, daß sich die Stadtbevölkerung in diesem frühen Zeitraum ihrer Existenz in ihrer gesellschaftlichen Struktur nicht von der ländlichen Bevölkerung unterschied. Die Städte unterschieden sich nicht in qualitativer, sondern in quantitativer Hinsicht. Sie versammelten in ihren Mauern eine große Zahl von Personen, die zur gesellschaftlichen Oberschicht gehörten, während auf dem Lande nur einzelne Vertreter dieser Schicht lebten.

Wie bei den Germanen, so stellten auch bei den Slawen die Sklaven weder in den Städten noch in den Dörfern die Hauptarbeitskraft dar. Auf dem Lande trat die territoriale Gemeinschaft in immer größerem Maße an die Stelle der alten Sippenordnung. Die territoriale Gemeinschaft ist uns unter verschiedenen Bezeichnungen bekannt. In russischen Quellen erscheint sie als *verv'* oder *mir*, in tschechischen als *občina*, in polnischen als *opole* und in südslawischen als *župa*.

5. Gesellschaft und Kultur[3]

Es ist wahrscheinlich keine übertriebene Feststellung, daß die Schulen ihre Anfänge bei den Slawen vor allem der Annahme des Christentums verdanken. Der aus Bulgarien stammende Mönch Chrabr, der Autor einer zu Beginn des 10. Jh. verfaßten „Apologia“, berichtet, daß die slawische Schrift im Jahre 855 durch Konstantin (Kyrill) bearbeitet wurde. Um das Jahr 863 begaben sich die Brüder Konstantin und Method im Auftrage des byzantinischen Kaisers Michael III. nach Mähren, wo sie eine intensive Missionstätigkeit entfalteten und mehrere Schüler heranbildeten. Wahrscheinlich mußten sie dazu eine oder auch mehrere Missionsschulen einrichten. Von ihrem Niveau zeugt nicht nur der Umstand, daß verschiedene religiöse Bücher ins Slawische übersetzt wurden, sondern auch die Tatsache, daß am Ende des 9. Jh. die ersten originalen slawischen Schriftwerke in Gestalt der Viten Konstantins und Methods entstanden. Diese Traditionen wurden durch den heiligen Klemens nach Bulgarien gebracht, wo es zur Errichtung der bekannten Schule in Ochrid kam.

Missionsschulen wurden bei den Slawen auch vom lateinischen Klerus eingerichtet. Aus dem Bücherbesitz des Missionsbischofs Madalwin, der im Jahre 903 nach Passau zurückkehrte, geht hervor, daß in der Missionsschule, in der er tätig war, Fächer unterrichtet wurden, die einen festen Bestandteil der *septem artes* bildeten. Die Zahl der Schüler, die diese Schule besuchten, war begrenzt. Sie setzte sich vor allem aus Angehörigen der herrschenden Schicht und aus Personen zusammen, die für den geistlichen Stand bestimmt waren. Wir wissen zum Beispiel, daß der bulgarische Zar Simeon zu den gebildetsten Leuten seiner Zeit gehörte.

Das Aufkommen eines neuen Glaubens bewirkte auch Veränderungen auf dem Gebiete der Kunst. Es mangelt uns leider an Fakten, die es gestatten würden, das künstlerische Niveau der bei den Slawen in jener Zeit entstandenen Holzarchitektur zu beurteilen, und das sowohl im sakralen Bereich (aus dem 9. Jh. sind Überreste von Holz- oder Holz-Stein-Kirchen bekannt: Mikulčice in Mähren und Zalavár in Pannonien) als auch im profanen (Verteidigungsbauten eingeschlossen). Wir können nur auf Grund von erhaltenen Schmuckgegenständen aus dem Bereich der Gebrauchskunst vermuten, daß auch hölzerne Bauwerke gewöhnlich mit verschiedenen Absicherungen versehen waren. Die ersten steinernen Bauwerke aber errichteten meist jene Gruppen der Slawen, die alte römische Provinzen beherrschten, und jene, die am frühesten christianisiert wurden. Die interessantesten Denkmäler der Steinarchitektur und Bildhauerei des 9. Jh. stammen aus dem südslawischen Gebiet, besonders aus Bulgarien, Kroatien und Karentanien. Auf westslawischem Gebiet wurden die meisten aus diesem Jahrhundert stammenden Überreste von Steinbauten vor allem in Mähren freigelegt. Lassen wir Bulgarien beiseite (da es ungewiß ist, ob man die aus jener Zeit stammenden dortigen Architekturdenkmäler nicht mit den Protobulgaren in Verbindung bringen muß), so haben wir die reichhaltigsten Architekturdenkmäler in Dalmatien. Angesichts der Verschiedenartigkeit der Formen ist es jedoch schwierig, diese Denkmäler irgendeinem einheitlichen Typ zuzuordnen. Die von Byzanz ausgehenden Einflüsse sind bekannt, doch ist es interessant, daß in der dalmatinischen Kunst, obwohl das Land politisch vom byzantinischen Kaiserreich abhängig war, deutlich die engen Verbindungen mit Rom, aber auch mit dem Staate der Karolinger sichtbar werden. Zum Beispiel wurde der monumentale Rundbau von St. Donat in Zadar nach der Rückkehr des Bischofs Donat von einer diplomatischen Mission bei Karl dem Großen in Aachen gebaut.

Einflüsse der dalmatinischen Kunst sind an Bauwerken Großmährens abzulesen. Seine Kirchen entstanden unter dem Einfluß von Anregungen, die in gleicher Weise vom bayrischen als auch vom fränkischen Raum ausgingen.

Schließlich muß man die Möglichkeit indirekter Einflüsse der alten keltischen Baukunst in Irland über irisch-schottische Geistliche denken, die im bayrischen Raum tätig waren. Recht schwach waren hingegen die byzantinischen Einflüsse. Dies wird mit dem Umstand erklärt, daß Rostislav, als er sich an Michael III. mit der Bitte um Übersendung von Missionaren wandte, ausdrücklich hervorhob, daß sein Land den christlichen Glauben bereits angenommen habe. Es ist also möglich, daß Michael III. sich von der Information leiten ließ, daß in Mähren Kirchen vorhanden seien, und Kyrill und Method keine Baumeister mitgab. Einige Kirchen in Mähren zeigen unabhängig von Merkmalen, die auf eine Übernahme von außen verweisen, nach Ansicht tschechischer Forscher deutliche Besonderheiten, die von einer Gestaltung einheimischer Formen der mährischen Sakralbaukunst zeugen. Die Technik ihrer Errichtung aus mit Mörtel verbundenen Steinstücken knüpft an eine Praxis an, die man früher in den nördlichen römischen Provinzen angewendet hatte.

Ebenso wie bei den Südslawen, so errichtete man auch in Mähren Kirchen sowohl in der Rotunden- als auch in der Basilikaform. Den Innenraum schmückte man mit Fresken. Auf Grund kleiner Fragmente, die bei den Ausgrabungen freigelegt werden konnten, wissen wir, daß man bei diesen Gemälden sowohl Pflanzen- als auch Figurenmotive verwendete. Altäre wurden mit Gabbrogestein verkleidet. In Mähren wurden sicherlich auch steinerne Paläste gebaut.

Auf dem Gebiet der Steinmetzarbeiten stammen – wenn wir Bulgarien außer acht lassen – die wertvollsten Beispiele aus Dalmatien und Kroatien. Bei ihnen zeigen sich besonders deutlich norditalienische Einflüsse in Gestalt verschiedener Flechtmotive. Die kroatische Kirche unterstand übrigens damals dem Patriarchat in Aquileia. Ein Beispiel für diesen Stil ist das Taufbecken aus Nin mit einer Inschrift des kroatischen Fürsten Vitscheslav (etwa aus dem Jahre 800). Interessant sind auch die Skulpturfragmente, die in Sisak und Lovor gefunden wurden und die sicherlich aus der Herrschaftszeit von Ljudevit Posavski (9. Jh.) stammen.

Am besten sind wir über die Gebrauchskunst informiert. Hierfür liegen Beispiele aus allen damals von den Slawen bewohnten Gebieten vor. Bei dieser Kunst herrschen geometrische Muster vor, während Figurenmotive selten auftreten. Aufs ganze gesehen handelt es sich dabei um eine abstrakt-figürlich-symbolische Kunst. Sie wurzelt in alten einheimischen Traditionen, aber gleichzeitig ist ihre Bereicherung durch Entlehnungen aus verschiedenen Zonen – in dem hier erörterten Zeitraum besonders aus der postantiken, byzantinischen, awarischen, karolingischen und arabischen – offenkundig. Nicht ausgeschlossen sind irisch-schottische sowie koptische Einflüsse.

6. Die Minderheiten

Im Hinblick auf fremde Bevölkerungsgruppen, die im slawischen Siedlungsgebiet wohnten, verfügen wir nur über spärliche Informationen, wenn wir von der Situation auf der Balkanhalbinsel absehen, wo andere Verhältnisse herrschten; zudem muß man in diesem Gebiet mit einer gemischten Bevölkerung rechnen. Die Mitteilungen, die uns über den sogenannten Staat des Samo überliefert worden sind, weisen darauf hin, daß sich in einigen südwestlichen Zentren der Slawen fränkische Kaufleute aufgehalten haben. Für das 8., besonders aber für das 9. Jh. ist mit der Anwesenheit einiger normannischer Gruppen in Küstengebieten der im Nordwesten lebenden Slawen zu rechnen. Unterrichtet sind wir auch über ihre Anwesenheit in den von Ostslawen bewohnten Gebieten, wo sie schließlich im Kiever Staat die Macht an sich brachten. Wir wissen ferner, daß Ausländer anfänglich bei den Slawen keine Rechtsfähigkeit besaßen und daß ihnen kein Rechtsschutz gewährt wurde. In dem Maße, in dem sich die wirtschaftlichen Kontakte verstärkten, gelangten sie jedoch in den Genuß des sogenannten Gastrechts, worüber uns im Hinblick auf die Balkanslawen in konkreter Form der sogenannte Pseudo-Mauritius informiert (Taktika, lib. XI, 5).

Die Frage, welchen Anteil Syrer, Griechen und Juden am Handel mit den Slawen in den hier besprochenen Jahrhunderten hatten, ist noch nicht hinreichend untersucht worden. Aus verschiedenen Hinweisen läßt sich jedoch folgern, daß die letzteren auch in slawische Länder vordrangen. Dies gilt besonders für das 8. und 9. Jh. Interessant ist in dieser Hinsicht die Mitteilung eines arabischen Werks des Ibn Chordadhbeh vom Ende des 9. Jh., daß die Juden über arabische, persische, griechische, lateinische, französische, spanische und slawische Sprachkenntnisse verfügten. Sie befaßten sich damals hauptsächlich damit, von den Slawen Sklaven zu beziehen.

7. Die Stellung der Frau

Die Frau genoß bei den Slawen sicherlich ein recht hohes gesellschaftliches Ansehen. Dies darf man auf Grund der Stellung annehmen, die sie in den im 10. und 11. Jh. herrschenden Familien innehatte. Die Ehen waren vorwiegend monogamisch. Lediglich bei den vermögenderen Schichten, die sich Nebenfrauen hielten, die sowohl aus dem Kreis der freien Frauen als auch aus dem der Sklavinnen stammen konnten, war die Polygamie ziemlich verbreitet. Fredegar hat uns zum Beispiel die Information übermittelt, daß Samo 12 slawische Frauen hatte, die ihm 22 Söhne und 15 Töchter gebaren. Dagegen kamen Fälle von Polyandrie – obwohl mit größter Wahrscheinlichkeit nur sporadisch – bei allen Gruppen der Slawen vor. Wegen Ehebruchs wurde sowohl die Frau als auch der Mann hart bestraft und das oft in einer sehr schmerzhaften Form. Andererseits unterlag die Frau der Gewalt des Ehemannes. Es war üblich – wenn es auch keine verbindliche Norm darstellte –, daß die Frau beim Tode des Ehemannes Selbstmord verübte (Pseudo-Mauritius, Taktika, lib. XI/5) oder getötet (hl. Bonifatius, eine Quelle aus dem 8. Jh.) und mit ihm auf dem Scheiterhaufen verbrannt wurde. Diese Sitte war von alters her bekannt, doch wurde sie schon seit längerer Zeit nicht mehr allgemein befolgt. Auch aus der Tatsache, daß eine Ehe oft auf dem Wege des Kaufs zustande kam, lassen sich keine allzu weitgehenden Schlußfolgerungen dergestalt ziehen, daß die Frau bei den Slawen eine niedrige gesellschaftliche Position einnahm. Bei einem solchen Vertrag traten nämlich nicht die künftige Ehefrau und der zukünftige Ehemann als Partner auf, sondern die beiden sich darüber verständigenden Familien. In bezug auf Ehescheidungen herrschte zwar große Freiheit, aber in den Quellen wird der Unterschied zwischen Ehefrauen und Kebsweibern ausdrücklich hervorgehoben. Die Frau nahm also nicht die Stellung einer Sklavin ein.

8. Land- und Forstwirtschaft, Fischfang

Veränderungen in der Landwirtschaft vollzogen sich nicht nur in Abhängigkeit von dem kulturellen Niveau, das die einzelnen Gruppen der Slawen damals erreicht hatten, sondern auch in Abhängigkeit von den Böden, über die sie verfügten. Das 6. und 7. Jh. bildete bei ihnen eine deutliche Zäsur in der Entwicklung der Landwirtschaft, obwohl nicht alle Forscher sich dieser Auffassung anschließen. Von diesem Zeitpunkt an erlangt die ständige Nutzung der Felder immer deutlicher das Übergewicht über die nomadisierende Bewirtschaftung, was nicht ausschließt, daß verschiedene politische Ereignisse oder Naturkatastrophen eine zeitweilige Rückkehr zu der älteren Bewirtschaftungsform erforderlich machten. Der Übergang zu beständigen Formen des Ackerbaus wird für verschiedene Gruppen der Slawen durch archäologische Quellen und für einige von ihnen auch durch schriftliche Überlieferung bezeugt. Im Hinblick auf die Südslawen informieren uns darüber verschiedene schriftliche Quellen des 7. und 8. Jh. Wenn wir uns der Meinung anschließen, daß das aus dieser Zeit stammende sogenannte „Bauernrecht" *(nomos georgikos, leges rusticae)*, das von Byzanz für die freie bäuerliche, in territorialen Gemeinschaften organisierte Bevölkerung erlassen wurde, auch die Slawen betraf, dann muß man die Tatsache anerkennen, daß die seßhafte Landwirtschaft damals auf der Balkanhalbinsel ein recht hohes Niveau erreicht hatte. Diese Schlußfolgerung wird von den in letzter Zeit durchgeführten wissenschaftlichen Grabungen bestätigt.

Ziemlich einhellig ist man der Ansicht, daß der seßhafte Ackerbau neben der Haustierhaltung damals die Hauptbeschäftigung der Slawen darstellte, doch gehen in der einschlägigen Literatur die Meinungen darüber weit auseinander, welche Systeme dabei zur Anwendung gelangten und welche Geräte zur Bearbeitung des Bodens benutzt wurden.

In den damals fortgeschrittensten slawischen Ländern, d.h. in einigen Teilen des Balkans, in Mitteleuropa und auch in den südlichen Gebieten der Rus' sowie sicherlich auch in Südpolen markieren das 8. und 9. Jh. den Beginn eines neuen Abschnitts in der Entwicklung des Ackerbaus, der durch die ausschließliche Verwendung des Pflugs gekennzeichnet ist.

Es besteht kein Zweifel darüber, daß die Slawen die Einfeldwirtschaft sowie das Zweifeldersystem anwandten, bei dem abwechselnd ein Feld brach liegen blieb. Hingegen ist es nicht sicher, ob man für diesen Zeitraum annehmen darf, daß die fortgeschritteneren Gruppen der Slawen schon zur Dreifelderwirtschaft übergingen. Allerdings verbieten es uns die Aussagen bestimmter Quellen, diese These a limine zu verwerfen.

Den Fortschritt in der Technik der Feldbestellung bezeugt das wachsende Sortiment von Ackergeräten, die in jener Zeit in einigen slawischen Gebieten festzustellen sind. Im Nordosten und teilweise auch im Nordwesten des slawischen Siedlungsgebietes war die mit einem Eisen versehene Pfluggabel ein ziemlich allgemein angewandtes Ackergerät. In den übrigen Gebieten dominierten hingegen Hakenpflüge verschiedener Art und Schwingpflüge. Dagegen wissen wir nicht, ob nicht um das 9. Jh. zum Beispiel in

Mähren – wie einige Forscher annehmen – schon leichte Eisenpflüge bekannt waren. Unabhängig davon verwendete man in diesem Falle eine Reihe von Hilfsgeräten, wie z.B. die Hacke, die z.B. in Mähren auch Spitzen aus Eisen hatte. Den Boden düngte man mit Asche und mit Tierdung. Zweifelhaft ist es hingegen, ob man damals zu diesem Zweck Kalk verwendete. Wahrscheinlich ist es, daß von einigen slawischen Gruppen Torf benutzt wurde.

An Getreide baute man Hirse, Roggen, Gerste und Hafer an. Nach der Aussaat wurden die Felder geeggt. Das Korn wurde mit Sicheln und Sichten geschnitten. Zum Dreschen verwendete man am häufigsten primitive Flegel; in den Schwarzmeergebieten kannte man auch das *tribulum,* ein für den Mittelmeerraum typisches Gerät. Die Erträge waren recht niedrig, denn man rechnet damit, daß man auf 1 ausgesätes Korn nicht mehr als 2–3 Körner, in seltenen Fällen bis zu 8 Körnern erntete. Offensichtlich war die Situation bei den einzelnen Getreidearten verschieden. Am ergiebigsten war die Hirse, weshalb sie damals von den Slawen in großem Umfange angebaut wurde.

Die Slawen bauten damals noch eine Reihe anderer Gewächse an, darunter verschiedene Gemüsesorten. Besondere Bedeutung besaß der Anbau der weißen Rübe, die neben verschiedenen Grützenarten auf ihrem Speisezettel einen besonderen Platz einnahm.

Große wirtschaftliche Bedeutung hatte von alters her die Aufzucht von Haustieren. Man ist sogar der Ansicht, daß der Reichtum der führenden Schichten damals nicht auf einer ausgedehnten Feldwirtschaft, sondern gerade auf dem Besitz von Herden gezähmter Tiere beruhte. Es darf auch nicht vergessen werden, daß damals vom Besitz einer entsprechenden Zahl von Tieren die Möglichkeit einer rationellen Düngung größerer Ackerflächen abhing. Auf Grund verschiedener Überlieferungen, darunter auch archäologischer Quellen, ist bekannt, daß man damals sowohl kleine als auch große Herden sowie Pferde hielt, daneben selbstverständlich Geflügel (das eine geringere Bedeutung hatte) und Hunde (die man u. a. bei der Jagd verwendete). An der Adria und auf dem Balkan hielt man auch Esel.

Von der slawischen Kultur jener Zeit heißt es oft stark übertreibend, sie sei eine Holzkultur gewesen. Gewiß spielte das Holz im Leben der Slawen eine wichtige Rolle. Die gleiche Situation herrschte damals aber in allen Gebieten nördlich der Alpen, wo es Wald im Überfluß gab. Darüber hinaus verstehen wir unter dem Begriff Holzkultur jene Stufe, auf der Holz ausschließlich zur Herstellung von Geräten und anderen Erzeugnissen verwendet wurde. In dieser Hinsicht war die Situation damals bei den Slawen ganz anders. In welchem Maße das Holz für die Slawen von Bedeutung war, wird durch die Tatsache bezeugt, daß es ihnen auch als Baumaterial für die Errichtung von Gebäuden, für Befestigungen verschiedener Art, für den Bau von Brücken und Dämmen und zur Befestigung der Oberfläche von Wegen diente. Weiterhin verwendeten sie es zur Verkleidung der damals noch sehr seltenen Brunnen. Aus diesem Rohmaterial wurden Werkzeuge oder Teile von ihnen sowie das damals noch nicht sehr umfangreiche Hausgerät und verschiedene Gefäße hergestellt. Aus ihm wurden verschiedene Fortbewegungsmittel für den Verkehr zu Lande und zu Wasser gefertigt. Das Holz ermöglichte die Zubereitung von Speisen, die Beheizung und Beleuchtung der Hütten. Aus ihm wurde Teer gewonnen. Durch den Kahlschlag von Wäldern erlangte man Ackerland. Das Holz begleitete den Slawen auch in den Tod.

Der Wald lieferte ferner Jagdwild. Man erhielt aus ihm nicht nur Fleisch für die Ernährung (wobei entgegen verschiedentlich geäußerten Ansichten Wild keinen geringen Prozentsatz ausmachte) und einen Teil des Rohmaterials für die Herstellung verschiedener Werkzeuge, sondern auch die sehr geschätzten Felle verschiedener Tierarten, die bekanntlich ein Handelsobjekt darstellten. Verschiedene Früchte des Waldes, die man sammelte, vervollständigten die Speisekarte der Slawen und versorgten sie mit verschiedenen Medikamenten (an denen aber auch verschiedene Feldpflanzen, die man sammelte, einen Anteil hatten). Schließlich ermöglichte der Wald auch die Bienenzucht. Auf diese Weise erhielt man Honig, der damals nicht nur zum Süßen verwendet wurde, sondern auch als Heilmittel und in flüssiger Form als Getränk. Diese Einzelbeispiele aus verschiedenen Lebensbereichen der Slawen zeigen auf überzeugende Weise, daß die Nutzung der Reichtümer des Waldes auch damals einen sehr wichtigen Platz in ihrer Wirtschaft eingenommen haben muß.

Dagegen haben jene Forscher unrecht, die der Ansicht sind, daß man schon für die damalige Zeit bei den Slawen mit einem wirtschaftlichen Regionalismus zu rechnen hat. Auf jeden Fall kann man bis zum 8. Jh. schwerlich davon sprechen. Möglicherweise begann er sich in den entwickelteren slawischen Ländern im Laufe des 9. Jh. abzuzeichnen, aber sicherlich spielte er auch damals keine größere Rolle in ihrer Wirtschaft. Einer der Wirtschaftszweige, auf den das bei den Slawen zutreffen könnte, war der Fischfang, der bei ihnen angesichts des Fischreichtums der Gewässer des Landes so gut wie überall betrieben wurde. Wenn wir an eine gewisse Regionalisierung auf dem Gebiete der Fischereiberufe denken, so konnte dies damals nur auf einige am Meer gelegene Gebiete zutreffen (hauptsächlich auf Gebiete am Schwarzen Meer und an der Ostsee). Der Fischfang wurde sowohl individuell als auch kollektiv betrieben. Im ersten Fall benutzte man Angeln und andere Geräte, während im anderen Fall große Netze und verschiedene, zum Teil auch aus Holz hergestellte Geräte verwendet wurden.

9. Bergbau und Erzaufbereitung

Die Slawen verwerteten damals verschiedene Minerale. Über ihre Gewinnung haben wir jedoch nur wenig Informationen, die praktisch nur das Eisen betreffen. Möglicherweise wurde Gold auch damals in Siebenbürgen und auf dem Balkan gewonnen, wo es in römischer Zeit Bergwerke gab. Es ist auch nicht ausgeschlossen, daß es aus einigen Flüssen in Mähren und Böhmen gewonnen wurde. Weniger wahrscheinlich ist es, daß dies damals in Polen geschah. Ebenso verhielt es sich mit Silber und Blei. In Mähren gewann man vor dem 10. Jh. im Erzgebirge sicherlich auch Zinn. Etwas besser sind wir hingegen über die Gewinnung von Eisenerzen und ihre Verarbeitung informiert. Zahlreich waren in verschiedenen slawischen Gebieten Limoniterze vorhanden, aber auch Hämatiterze wurden ausgebeutet. Dagegen wissen wir nicht, ob Erze auch damals im Bergbaubetrieb gewonnen wurden, wie das in Polen, im Gebiet der Góry Świętokrzyskie, in den ersten Jahrhunderten unserer Zeitrechnung geschah (Rudki, Woiwodschaft Kielce).

Den Ausgangspunkt des metallurgischen Prozesses bildeten ursprünglich, neben Sumpferz mit einem Eisengehalt bis zu 60 %, ergiebigere Erze, deren Eisengehalt bis zu 90 % betrug. Als Grundlage für die Gewinnung dieses Metalls dienten zunächst angesichts ihrer allgemeinen Verbreitung in den slawischen Ländern die Rasenerze. Die Situation begann sich im 8./9. Jh. zu verändern, als man in Zusammenhang mit dem technischen Fortschritt in größerem Umfange ergiebigere Erze verwendete. Im Laufe des erörterten Zeitraumes kommt es zur Vervollkommnung der Gewinnungsverfahren. Dies wurde dadurch möglich, daß man neben primitiven Öfen auch modernere Anlagen errichtete, die etwas in die Erde eingelassen oder ganz oberirdisch waren. Sie wurden aus Lehm oder aus Stein und Lehm gebaut und verfügten über Öffnungen, die entweder zur Luftzuführung und zur Entnahme der Schale oder ausschließlich zur Luftzuführung dienten. Die Vorrichtung für die Luftzuführung spielte eine wichtige Rolle, denn sie ermöglichte es, die für die Ausschmelzung des Eisens erforderliche Temperatur zu erzielen. Man erhielt in diesen Öfen Blaseneisen, die sogenannte Schale, oft von der Gestalt eines runden Brotlaibs, die nach der Entnahme aus dem Ofen nicht unmittelbar zur Herstellung von Werkzeugen geeignet war, da sie mit Schlacke durchsetzt war. Dazu war ein mehrmaliges Umschmieden zur Entfernung der Schlacke und zur Beseitigung der Porosität sowie Erhitzen erforderlich. Oft brach man sie in Stücke und erhielt entsprechende Stangen, die den Rohstoff für den Schmied bildeten.

Es fehlt an Informationen darüber, ob die Slawen sich damals das so lebenswichtige Salz im Bergbauverfahren beschafften. Am wahrscheinlichsten ist es, daß sie es hauptsächlich durch Sieden gewannen, obwohl vielleicht auch andere Verfahren angewendet wurden, besonders dort, wo Salzschichten nicht zu tief lagen (in Galizien und in Siebenbürgen). Wir kennen die Mitteilung der Fuldaer Annalen vom Jahre 892 über die von Arnulf von Kärnten ausgegebene Empfehlung, nach der die Bulgaren, in deren Hand sich damals die Siebenbürgener Salinen befanden, den Mährern kein Salz verkaufen sollten („ne coemptio salis de Moravanis daretur exposcit"). Es ist nicht sicher, ob man dies als Bestätigung der Tatsache interpretieren darf, daß dort Salz im Bergbaubetrieb gewonnen wurde. Es dürfte sich dabei eher um Salzsiedereien gehandelt haben, die auch in diesem Gebiet bekannt waren. Auf jeden Fall wurde Salz nicht nur mit Hilfe von Siedeanlagen in der Küstenzone gewonnen (an der Ostsee und am Schwarzen Meer), sondern auch aus Solen im Binnenland. Neben den bereits erwähnten gab es sie u. a. in Zentralpolen sowie in den von Slawen an der Saale in Besitz genommenen Gebieten.

10. Das Handwerk

Die Entwicklung des Handwerks war eng mit der allgemeinen wirtschaftlichen Situation jener Zeit verknüpft. Die verschiedenen Wirtschaftszweige beeinflußten sich gegenseitig. Einen nicht geringen Einfluß übte auch die allgemeine gesellschaftliche und politische Situation aus. In den Gebieten, in denen wir eine intensive Entwicklung beobachten, konstatieren wir deshalb gleichzeitig Fortschritte im Bereich des Handwerks. Von ihnen hing übrigens häufig das Aufblühen verschiedener Wirtschaftszweige ab.

Ohne ein entsprechendes Niveau des Schmiedehandwerks konnte von Vervollkommnungen auf dem Gebiete der Feldbestellung keine Rede sein. Dafür ließen sich mehrere Beispiele anführen. Auf jeden Fall lassen sich auf dem handwerklichen Sektor in dem hier erörterten Zeitraum Bereiche eines intensiven Fortschritts von solchen unterscheiden, in denen sich die Entwicklung langsamer vollzog. Ein weiteres Charakteristikum ist die fortschreitende Spezialisierung. Etwa im 9. Jh. beginnt die Aufteilung der Handwerke in ländliche und städtische. Es muß jedoch festgestellt werden, daß es im Hinblick auf die Entwicklung des Handwerks bei den Slawen vom 6. bis zum 9. Jh. bis heute zahlreiche strittige Fragen gibt. Diese Unklarheiten betreffen sowohl die organisatorische Seite des Handwerks als auch die Herstellung verschiedener Erzeugnisse und ihren Absatz. Unter zahlreichen Dingen betrifft dies u. a. aus Nichteisenmetallen gefertigte Gegenstände, von denen wir nicht wissen, ob sie in einheimischen Werkstätten entstanden oder ob sie importiert wurden. Von vielen Gegenständen hingegen können wir in Anbetracht von aufgefundenen Rohstoffbruchstücken und halbfertigen Stücken sagen, daß sie an Ort und Stelle hergestellt wurden. Andererseits aber wissen wir nicht, ob ein einheimischer oder ein fremder Handwerker sie hergestellt hat. Auf Grund verschiedener schriftlicher Quellen sind wir gut darüber informiert, daß oft mit verschiedenen Missionen auch Handwerker in die slawischen Länder geschickt wurden. Alle diese Unsicherheiten müssen wir im Hinblick auf die Situation, in der sich das Handwerk bei den Slawen in dem von uns erörterten Zeitraum befand, berücksichtigen.

Von mindestens zwei Handwerken können wir sagen, daß sie bei den Slawen auch in dem erörterten Zeitraum so gut wie überall ausgeübt wurden. Beide – nämlich das

Schmiedehandwerk und die Töpferei – waren in späterer Zeit sowohl auf dem Lande als auch in der Stadt heimisch. Bei beiden kam es zur Vervollkommnung der Werkstatt, die ihren Höhepunkt bei den fortgeschrittensten Gruppen der Slawen im 9. Jh. erreichte. Verschiedene Produkte wurden je nach ihrem Verwendungszweck aus weichem Eisen oder aus Stahl hergestellt. Man trifft auch auf Gegenstände, bei denen die Spitzen aus Stahl, die übrigen Teile aber aus weichem Eisen gefertigt sind. Es wurden ferner aus Eisen bestehende Teile verschiedener Arbeitswerkzeuge hergestellt (u. a. Pflugschare, Pflugeisen, Spitzen von Hacken, Beschläge von Spaten, Sicheln, „Halbsensen" und zahlreiche Handwerkzeuge verschiedenster Art) sowie Angriffs- und Verteidigungswaffen. Auf dem Gebiet der Schwertherstellung beobachten wir eine Nachahmung von Mustern, die hauptsächlich in fränkischen Werkstätten gefertigt wurden. Aus Eisen stellte man auch einige Toilettenartikel her (zum Beispiel die damals recht seltenen zusammenklappbaren Rasiermesser) sowie Geräte, die zur Folterung und Bestrafung dienten.

Die Entwicklung der Töpferei ist nicht in allen Einzelheiten geklärt. Wir wissen nicht, ob die Slawen am Ausgang des 6. Jh. ausschließlich Gefäße benutzten, die ganz von Hand gefertigt waren. Mehr und mehr gewinnt die Auffassung die Oberhand, daß neben den meist ganz von Hand gefertigten Tongefäßen (von denen der Prager Typ allgemein bekannt ist, doch gab es damals noch andere) gleichzeitig ein kleinerer Teil unter Anwendung der Töpferscheibe hergestellt wurde. Neben der Herstellung von Gefäßen im Rahmen der Hauswirtschaft muß also in der zweiten Hälfte des 6. Jh. auch eine handwerkliche Töpferproduktion bestanden haben.

Im 8. und 9. Jh. vollzieht sich in den fortgeschrittensten slawischen Ländern ein deutlicher Umbruch in der Herstellung von Tongefäßen. Es beginnt sich die Drehscheibe durchzusetzen. Dieser Zeitpunkt fällt in einzelnen slawischen Ländern mit großen gesellschaftlichen, wirtschaftlichen und politischen Veränderungen zusammen.

Mit dem Schmiedehandwerk war anfänglich die Schmuckherstellung eng verbunden. Im Laufe des erörterten Zeitraumes kam es in den entwickelteren slawischen Ländern zur Verselbständigung der Schmuckherstellung und im 9. Jh. wahrscheinlich zur Absonderung der Gold- und Silberschmiedekunst (die vielleicht miteinander verbunden waren) sowie der Bronzeschmiedekunst. Zahlreiche slawische Schmuckarten zeigen synkretistische Züge. Neben einheimischen Elementen lassen sie den Einfluß verschiedener Kulturzentren erkennen. So übten zum Beispiel auf die großmährischen Schmucktypen u. a. Byzanz, der Staat der Karolinger und das dalmatinisch-kroatische Zentrum Einfluß aus. Auf dem Gebiet der Bronzebearbeitung wird eine Infiltration von Handwerkern angenommen, die im Staate der Awaren arbeiteten und von denen sich ein Teil nach der Zerstörung des Awarenreiches am Ende des 8. Jh. auf mährischem Gebiet niederlassen sollte.

Verschiedene Handwerke verwerteten Holz, Stein, Horn und Knochen. Im Zuge der Verarbeitung dieser Rohstoffe sonderten sich Berufe wie die Böttcherei, die Drechslerei, die Tischlerei (neben der Herstellung von Möbeln war sie auch für die Anfertigung von Särgen zuständig) und das Zimmerhandwerk (in dessen Aufgabenbereich auch die Errichtung von Brücken fiel) aus. Möglicherweise kam es auch zu einer Schiffszimmerei in Zentren, die direkt am Meer oder in der Nähe wichtiger Punkte an großen Wasserläufen lagen. Auf dem Gebiet der Steinbearbeitung bildeten sich am frühesten die Herstellung von Mühlsteinen, die Produktion verschiedener Schleifsteintypen und später, zu Beginn des 9. Jh. (auf einem Teil des von den Slawen bewohnten Gebiets) auch die Bausteinmetzerei heraus. Bekanntlich errichtete man vom Beginn des 9. Jh. an bei einem Teil der Süd- und Westslawen Tempel aus Stein. In Bulgarien begann man damit schon früher. Aus diesem Baumaterial wurde bei den genannten Gruppen der Slawen auch ein Teil der Paläste errichtet. Handwerker waren damals auch die Bildhauer, obwohl in dieser Gruppe auch solche vertreten waren, die sich selbst zu Künstlern herangebildet hatten. Große Bedeutung hatte die Herstellung verschiedener Erzeugnisse aus Horn und Knochen, aus denen die Handwerker u. a. vor allem Kämme und Zierbeschläge machten. Als Handwerke sind bei einem Teil der Slawen am Ausgang des hier besprochenen Zeitraumes auch die Weberei, die Schuhmacherei und die Sattlerei zu erwähnen. In einigen westslawischen Gebieten bildete die Bernsteinbearbeitung ein Handwerk. Dagegen beschränkte sich die Verbreitung des Glaserhandwerks im 9. Jh. hauptsächlich auf die im Donauraum lebenden Slawen. Diese Kunst übernahm man in Mähren und Wolhynien aus dem Westen, in den dalmatinisch-kroatischen Gebieten und in Bulgarien aber wohl aus Byzanz.

11. Handel und Verkehr[4]

Wir verfügen nur über eine verschwindend geringe Zahl schriftlicher Quellen, die eine Klärung der Handelsorganisation und -objekte bei den Slawen gestatten. Diese beziehen sich auf den sogenannten „Außenhandel". So wissen wir zum Beispiel, daß die Bevölkerung auf dem Gebiete der heutigen Tschechoslowakei im 7. Jh. mit dem Frankenreich Handel trieb. Wir hören von Verboten Karls des Großen, mit den Slawen Waffenhandel zu treiben. Es muß auch einen Salzhandel zwischen Bulgarien und Mähren gegeben haben, von dem bereits oben die Rede war. Eine wesentlich ergiebigere Quelle für die Behandlung dieses Themas stellen archäologische Denkmäler dar. Leider gestattet nur ein kleiner Teil von ihnen eine eindeutige Aussage. Viele Gegenstände fremder Herkunft gelangten nämlich nicht auf dem Handelswege, sondern auf andere Weise in die slawischen Länder. Ein Teil von ihnen konnte von einem Lösegeld herrühren, das eine fremde Bevölkerung an die Slawen entrichtete (was u. a. in der Anfangsphase der Eroberung der Balkanhalbinsel durch die Slawen zahlreiche Städte dieses Gebiets taten), oder auch von Geschenken (mit denen u. a. christliche Missionen zu den Slawen kamen). Wegen der gesellschaftlichen und wirtschaftlichen Verhältnisse ist es verständlich, daß der Umfang des Handels am Anfang nicht allzu groß war. Praktisch erlangte er erst vom Ende des 8. und dem Anfang des 9. Jh. an in einigen slawischen Ländern nach und nach eine gewisse Bedeutung. In den fortgeschritteneren von ihnen wurden nicht nur die Kontakte mit den Nachbarländern, sondern auch mit den weiter entfernt liegenden intensiviert. Auf Grund verschiedenartiger Quellen wissen wir, daß die Slawen damals u. a. mit Byzanz, dem Frankenreich, den Kopten, den arabischen, irisch-schottischen und skandinavischen Ländern, den baltischen Völkern, mit Mähren und verschiedenen Nomadenvölkern Handel trieben.

Aus den slawischen Ländern wurden u. a. Felle, Honig, Wachs und Salz sowie Sklaven exportiert. Möglicherweise wurden verschiedene Handwerkserzeugnisse und in einigen Fällen auch wildwachsende oder angebaute Erdfrüchte ausgeführt.

Am weitesten verbreitet war der Transport zu Fuß. Daneben wurden Lasttiere, Schleppvorrichtungen und Wagen verwendet. Hauptsächlich im Winter, auf sandigem Terrain sicherlich aber auch im Sommer bildete der Schlitten das Transportmittel. Einen wichtigen Platz nahm der Transport auf dem Wasserwege ein. Man verwendete u. a. ziemlich geräumige Großboote (etwa 12 m lang), die aus einem ausgehöhlten Baumstamm bestanden (die sogenannten *dłubanki*). Die ältesten, mit ziemlicher Sicherheit auf das 8. oder 9. Jh. datierten Fundstücke stammen aus Mikulčice in Mähren (Tschechoslowakei). Frühzeitig begann man auch große Daubenboote zu benutzen. Die bei verschiedenen Ausgrabungen entdeckten Bruchstücke dieser Boote stammen u. a. aus dem 9. Jh. (z.B. in Stettin). Slawische Daubenboote zeigen bei einem Vergleich mit skandinavischen gewisse Besonderheiten, die beweisen, daß sie an Ort und Stelle von

Slawen hergestellt wurden. Diese Boote wurden (wie übrigens auch die *dłubanki* nicht nur für den Flußtransport, sondern auch für den Seetransport verwendet. In das 9. Jh. fallen die Anfänge verschiedener slawischer Häfen an der Ostsee, der Adria und dem Schwarzen Meer.

Auch die Landwege hatten keine geringe Bedeutung. Ihre Anlage war vom Siedlungsnetz abhängig. Diese Wege verliefen also nicht in gerader Richtung, sondern wiesen zahlreiche Krümmungen auf. In der Mehrzahl waren sie nicht befestigt. Dies bedeutet jedoch nicht, daß man sich nicht darum bemüht hätte, sie auf die eine oder andere Weise dem Zweck anzupassen, dem sie dienen sollten. Die größte Aufmerksamkeit widmete man dabei den Wegabschnitten, die durch Sümpfe oder über Flüsse oder Seen führten. In sumpfigem Gelände baute man Dämme. Seen überwand man mitunter durch Brücken, die oft eine ausgezeichnete Konstruktion aufwiesen. Beispiele für Brücken aus dem 9. Jh. wurden in Mecklenburg (Teterow) und Mähren (Mikulčice) freigelegt. Die Brücke in der Ortschaft Teterow war hauptsächlich aus Eichenholz hergestellt. Ihre Konstruktion zeugt davon, daß man die Grundlagen der Hydrotechnik gut beherrschte.

12. Geld und andere Zahlungsmittel, Kredit

Eigene Münzen prägten die Slawen damals nicht. Auch können wir nicht viel über die Rolle sagen, die bei ihnen ausländisches Geld (byzantinisches, westeuropäisches und zum Teil arabisches) bei verschiedenen Geschäften spielte. Eine gewisse Rolle spielte es wohl im Außenhandel oder bei größeren inländischen Transaktionen. Bei den Südslawen, besonders aber in Bulgarien, wurde byzantinisches Geld möglicherweise wie eine Binnenwährung behandelt. Ziemlich allgemein bediente man sich hingegen verschiedener Formen eines Geldersatzes. In einigen Fällen erfüllten eiserne „Handbeile“ (zum Beispiel in Mähren), Salz oder die Felle verschiedener Tiere (besonders Eichhörnchenfelle) diese Funktion. Die allgemeine Form des Binnenhandels (und zum Teil auch des Außenhandels) war jedoch der Naturalaustausch. Von großer Bedeutung für den Handel war die Waage.

[1] *W. Hensel:* Anfänge der Städte bei den Ost- und Westslawen (1967).
H. Jankuhn, W. Schlesinger, H. Steuer (Hgg.): Vor- und Frühformen der europäischen Stadt im Mittelalter (2 Bde., 1973–1974).
L. Leciejewicz: Miasta Slowian pólnocno-polabskich [Die Städte der nordelbischen Slawen] (1968).

[2] Plinius schrieb u. a. (XVII, 59, 3): „Rudis fuit priscorum vita atque sine litteris: non minus tamen ingeniosum fuisse in illis apparebit, quam nunc esse rationem“, was in freier Übersetzung lauten würde: „Rauh und ungebildet war das Leben der Alten. Wenn wir aber mit redlicheren Augen auf sie blickten, dann würde es sich zeigen, daß sich in ihren Beobachtungen nicht weniger Klugheit verbarg, als wir heute Verstand vorzuweisen haben.“ Es lohnt sich, noch einen anderen Satz aus seinem Werk anzuführen, in dem er feststellt (XXII, 2, 7): „quod latere apud nos minus quidem miror cernens neglegi ea quoque, quae ad valetudinem conservandam, cruciatusque corporis propulsandos, et mortem arcendam pertinent“. In freier Übersetzung besagt das, daß man zu seiner Zeit (im 1. Jh.) die Eigenschaften verschiedener Kräuter vergessen hatte, und zwar sogar solcher, die nach seiner Ansicht den Menschen vor dem vorzeitigen Tode schützten.

[3] *F. Zagiba:* Das Geistesleben der Slawen im frühen Mittelalter (1971).

[4] *J. Zak:* Studia nad kontaktami handlowymi spoleczeństw zachodnioslowianskich ze skandynawskimi od VI do VIII w. n. e. [Studien über die Handelsbeziehungen der Westslawen mit skandinavischen Völkern vom 6. bis 8. Jh.] (1962).

§ 22 Reitervölker: Die Awaren im Karpatenbecken

Von Ilona Kovrig

Allgemeine Literatur

J. Banner–I. Jakabffy: Archäologische Bibliographie des Mittel-Donaubeckens I–III (1954–1968).

A. Kollautz: Bibliographie der historischen und archäologischen Veröffentlichungen zur Awarenzeit Mitteleuropas und des Fernen Ostens (1965).

I. Bóna: Ein Vierteljahrhundert der Völkerwanderungsforschung in Ungarn (1945–1969): Acta Arch. Hung. 23 (1971).

Gy. Moravcsik: Byzantinoturcica. I. Die byzantinischen Quellen der Geschichte der Türkvölker, II. Sprachreste der Türkvölker in den byzantinischen Quellen ([2]1958).

Wattenbach-Levison: Deutschlands Geschichtsquellen im Mittelalter (1952–1953).

S. Szádeczky-Kardoss: Ein Versuch zur Sammlung und chronologischen Anordnung der griechischen Quellen der Awarengeschichte: Acta Antiqua et Archaeologica XVI (1972).

1. Die natürlichen Voraussetzungen

Die ebenen Landschaftseinheiten des Karpatenbeckens bilden die westlichste Region der eurasiatischen Steppenzone. Die günstigen Gegebenheiten dieses wasserreicheren Gebietes übten auf die Reitervölker mit Weidehaltung – wie es auch die Awaren waren – eine große Anziehungskraft aus. Das Siedlungsgebiet der Awaren, in dem ihre charakteristische Kultur vorherrschte, dürfte auf Grund der archäologischen Fundorte feststellbar im 6.–7. Jh. etwa 100000 km^2, im 8. Jh. etwa 140–160000 km^2 umfaßt haben.

Im Awarenreich muß man außer den Eroberern – den Awaren und den Stämmen mit verwandter Lebensform – auch mit den Überresten der früheren Bevölkerung rechnen. Die bedeutendste unter diesen dürfte die Gruppe der Gepiden und die Nachkommenschaft der romanisierten Bevölkerung der einstigen römischen Provinz Pannonien gewesen sein. Auch die von den Awaren vom byzantinischen Gebiet verschleppten und in ihrem Reich angesiedelten Kriegsgefangenen sollen nicht außer acht gelassen werden.

2. Die Bevölkerung

Es ist sehr schwer, hinsichtlich der Gesamtbevölkerungszahl eine ungefähre Vorstellung zu gewinnen. Eine ebensolche Schwierigkeit bereitet es aber auch, den Anteil der verschiedenen Völker an der Gesamtbevölkerung zu bestimmen. Wir sind auf Schätzungen angewiesen, die man – mit sehr zweifelhaftem Ergebnis – aus den archäologischen und historischen Quellen errechnen kann. Zur Ermittlung der Bevölkerungszahl bieten die Gräberfelder die wichtigste archäologische Quelle. Die vollständige Freilegung aller Bestattungen und die präzise Datierung wären eine entsprechende Vorbedingung dazu, um die Zahl der gleichzeitig lebenden Bewohner schätzen zu können.

Im mittleren Donauraum sind mehr als 1100 awarenzeitliche Fundorte bekannt, die zum größten Teil in Ungarn, in kleinerer Zahl in der Tschechoslowakei, in Rumänien, Jugoslawien und Österreich liegen[1]. Die Zahl der freigelegten Gräber kann ungefähr auf 45000 geschätzt werden. Die völlig erschlossenen Gräberfelder zeigen, daß sich die

Zahl der Bestattungen zwischen 300 und 900 bewegt; es wurden aber im Laufe der letzten zehn Jahre auch Felder mit über 1000 Gräbern freigelegt.

Die Zahl der auf den Siedlungen gleichzeitig lebenden Einwohner versuchen wir aus den Daten einiger Gräberfelder, bei denen die Zahl der Bestatteten bekannt ist, mit der Methode des Berechnungsverfahrens von Acsády-Nemeskéri zu schätzen, wobei die Gesamtzahl der Gestorbenen, die mittlere Lebenserwartung der Neugeborenen, die Belegungsdauer des Gräberfeldes und der nötige Korrektionskoeffizient in Betracht gezogen werden[2].

Gräberfeld	Gesamtzahl der Bestattungen	Durchschnittliche Bevölkerungszahl
Halimba (Ungarn)[3]	486	55–60
Alattyán (Ungarn)[4]	780	134
Zelovce (Slowakei)[5]	ca. 900	170
Holiare (Slowakei)[6]	ca. 1100	209
Nové Zámky (Slowakei)[7]	ca. 580	115–120
Zwölfaxing (Österreich)[8]	ca. 300	30–60 (geschätzt nach der Methode von G. Merhart)
Mödling (Österreich)[9]	497	50–70 (geschätzt nach der Methode von G. Merhart)

Die historischen Quellen teilen hauptsächlich für die Zeit der awarischen Landnahme und der awarisch-byzantinischen Kriege einiges über die Zahl der Bevölkerung mit. Nach einer Quellenangabe betrug[10] die Zahl der Awaren – aller Wahrscheinlichkeit nach der wehrfähigen Männer – 20 000. Dies würde zwei türkischen *tümän* entsprechen, und zählt man noch die Frauen, Kinder, Greise und Sklaven (Kleinfamilien mit 6–8 Personen) dazu, so dürfte sich ihre Gesamtzahl aus etwa 140–180 000 Personen zusammengesetzt haben. Auch die Zahl der im Awarenreich lebenden Bulgaren dürfte angesichts dessen, daß sie um 630 die Macht an sich reißen wollten, beträchtlich gewesen sein. Die Zahl der Emigranten (9000 Männer samt Familien)[11] kann auf 45–50 000 geschätzt werden. Zählt man die pannonische Restbevölkerung und die Gepiden zur Zeit der Landnahme der Awaren hinzu, so kann zur Wende des 6.–7. Jh. im Awarenreich mit einer Bevölkerung von etwa 300 000 Seelen gerechnet werden. Die Zahl der Gesamtbevölkerung ist durch Kriegsverluste (bis 626) und durch den Abzug der Bulgaren zurückgegangen.

Die Quellen berichten über eine bulgarische Einwanderung in das Awarenreich um 670[12]. Dies zeigt sich in den Funden der Gräberfelder und durch den Anstieg der Bestattungszahl[13]. Vom Beginn des 8. Jh. an finden wir in den historischen Quellen über eine weitere Volkswelle (ebenfalls Reiterstämme aus dem Osten) bisher noch keine annehmbaren Angaben, obwohl ein Beweis hierfür in der archäologischen Hinterlassenschaft der Spätawarenzeit klar erkennbar ist.

Die Awaren trafen bei ihrer Landnahme (568) im mittleren Donauraum eine seßhafte Bevölkerung an. Die Awaren selbst hatten vom Ende des 6. Jh. an gleichfalls ständige Wohnsitze. Ihre Siedlungen hatten einen dörflichen Charakter. Von einem städtischen Leben im Awarenreich kann – selbst hinsichtlich der römischen Städte – keine Rede sein[14]. Zur gleichen Zeit kann mit etwa 800 Siedlungen gerechnet werden. Die Siedlungen umfaßten – auf Grund der Analyse der Gräberfelder – 10–30 Familien (mit 6–8 Personen).

Die Vorarbeiten zur demographischen Analyse der awarenzeitlichen Gräberfelder befinden sich noch im Gange, weshalb vorläufig nur Teilangaben zur Verfügung stehen.

Ein vollständig freigelegtes, etwa 80 Jahre hindurch belegtes spätawarenzeitliches Gräberfeld (Sopronköhida, Ungarn) ergibt folgende Angaben: Geburtsraten 44,9 ‰, Sterblichkeitsraten 23,6 ‰, Säuglingssterblichkeitsraten 51 ‰, natürlicher Zuwachs pro Jahr 0,7 ‰. Die Lebenserwartung bei den Neugeborenen war 27,6 Jahre. Die Erklärung hierfür liegt in der hohen Säuglings- und Kindersterblichkeit[15]. Über das Heiratsalter stehen keine Angaben zur Verfügung.

3. Die politische Geschichte

Die Herkunftsfrage der Awaren ist nicht eindeutig geklärt[16]. Man identifiziert sie einerseits mit den Jouan-Jouan der chinesischen Quellen, andererseits mit der einen Gruppe der Hephtaliten. Aus dem Vorraum des Kaukasus sandten sie 558 ihre erste Gesandtschaft nach Byzanz. Als Folge dessen kam es zu einem Föderatenverhältnis der Awaren zum Oströmischen Reich. Die Möglichkeit, in das Karpatenbecken einzudringen, ergab sich 567 – im Bündnis mit den Langobarden – nach dem Sieg über die Gepiden. Nach Abzug der Langobarden (568) wurden die Awaren im Karpatenbecken Alleinherrscher. Die westlich und östlich der Donau gelegenen Teile schlossen sich unter der Herrschaft des Khagans erstmalig zu einem dauerhaften Staatsgebilde mit einheitlicher politischer Organisation und Kultur zusammen[17]. Die Jahre 568–626 sind geprägt durch die offensive Kriegspolitik des Khagans Baian und seiner Nachfolger vor allem gegen Byzanz. Durch die mit ihren Hilfsvölkern (Kutriguren, Gepiden und Slawen) gemeinsam durchgeführten militärischen Operationen und Friedensschlüsse, die von der diplomatischen Gewandtheit der Khagane zeugten, wurde das Awarenreich zu einem bedeutenden Machtfaktor Mittel- und Osteuropas. Ihre Niederlage bei Konstantinopel (626) setzte der Orientierung nach Byzanz und zugleich dem von Byzanz erhaltenen Tribut ein Ende. Um 630 wurde das Awarenreich von innenpolitischen Schwierigkeiten, u. a. einem Aufstand der Bulgaren, erschüttert. Erst nach dem Zerfall des von Samo organisierten slawischen Reiches konnten die Awaren nach Westen und Nordwesten vordringen. Nach der Mitte des 7. Jh. erfolgte ein Regenerationsprozeß. Dies kann vor allem mit der Einwanderung bulgarischer Stämme in Verbindung gebracht werden. Die Awaren weiteten ihre Macht nun auf die Oberungarische Tiefebene, auf das Wiener Becken und auf die südliche Slowakei aus. In ihrer archäologischen Hinterlassenschaft ist anfangs des 8. Jh. eine gründliche Änderung zu beobachten, die vor allem im Charakter der Funde (gegossenen Bronzegürtelgarnituren mit Greifen- und Rankenverzierungen) und im Bestattungsritus zum Ausdruck kommt. Zur eindeutigen Klärung dieser Veränderungen stehen uns leider keine Schriftquellen zur Verfügung. Dem archäologischen Material nach können sie mit der Zuwanderung einer neuen Volksgruppe mit verwandter Lebensform erklärt werden. Zu Beginn des 8. Jh. erreichte der awarische Siedlungsraum den Alpenostrand. Die Westgrenze gegen Bayern war die Enns.

Die Expansionspolitik des Frankenreiches nach dem Südosten wandte sich nach der Eroberung des langobardischen Königreichs und der Einverleibung von Bayern gegen die Awaren. 791–803 führten die Franken unter Karl dem Großen gegen das Awarenreich mehrere Feldzüge. In den Jahren 795 und 796 wurde die an Goldschätzen reiche Residenz des Khagans ausgeplündert. Der politischen Unabhängigkeit der Awaren setzten die Franken vom Westen und 803 der bulgarische Khagan Krum vom Osten ein Ende[18]. Nach dem Fall des Awarenreiches wurde sein westlicher Teil, das Gebiet der einstigen römischen Provinz Pannonien, als Grenzprovinz von den Franken verwaltet. Über den östlichen Reichsteil breitete das Khaganat der Bulgaren seine Macht aus und benutzte die awarischen Völker als Hilfstruppen. Die ungarische Landnahme (896) dürfte das awarische Volk als politisch unbedeutender Faktor erlebt haben, wenn es in einzelnen Gebieten auch geschlossene Gruppen gab[19].

4. Die Gesellschaft

Bezüglich des gesellschaftlichen Aufbaus des politisch straff organisierten Awarenreiches stehen wenig Quellen zur Verfügung. Die Awaren traten von Anfang an als eine politische Einheit gegen Byzanz auf. Ihre Gliederung in Stämme wird erst im 7. Jh. bei Theophylakt erwähnt. Man kann annehmen, daß das awarische Staatsgebilde einen barbarischen, präfeudalen Charakter hatte, ähnlich der türkischen Völkerorganisation. An der Spitze der gesellschaftlichen Hierarchie stand im 6.–7. Jh. als Alleinherrscher der Khagan, der zugleich auch oberster Feldherr war. Ende des 8. Jh. erwähnen die fränkischen Quellen neben dem Khagan als zweiten Großwürdenträger den *Jugurrus*[20]. Die Stämme oder Volksteile wurden von ihren Stammeshäuptlingen oder von Fürsten geführt. Als Namen solcher Würdenträger sind *Tudun* und *Tarcan* erhalten geblieben.

Die genaue Zahl wie auch die zahlenmäßige Größe der Stämme und Sippen ist nicht bekannt. Mehrere archäologische Feststellungen weisen darauf hin, daß der Khagan und die „Fürsten" über eine militärische Gefolgschaft verfügten. Der Khagan und die Fürsten wurden im allgemeinen in Einzelgräbern bestattet. Es sind 20 awarische Fürstengräber und ein Khaganengrab aus dem Karpatenbecken bekannt. Die meisten davon sind ausgeraubt. Die Mittelschicht ließ sich in großen Gräberfeldern familienweise bestatten. Sie gliedert sich in eine wohlhabende und eine ärmere Gruppe. Von der ersteren stammen rangbezeichnende Gürtel, Waffen in den Männergräbern und Schmuckstücke in den Frauengräbern, von der letzteren Hirtenutensilien, Werkzeuge, zuweilen Waffen in den Männergräbern, und einfache Schmuckstücke, Spinnwirtel, Nähnadeln in den Frauengräbern. Die wohlhabenden Familien der Mittelschicht machten bei je einer Siedlung 10–12 % der Einwohnerschaft aus. Etwa 6–12 % der Erwachsenen wurden in den Gräberfeldern ohne Beigaben bestattet[21].

Die awarischen Familien führten eine patriarchalische Lebensweise. Das Vorhandensein der Einrichtung des Levirats kann aufgrund der Analogie der Völker verwandter Lebensform angenommen werden. Bei der führenden Schicht war die Polygamie üblich. So verschonte Khagan Bajan auf die Bitte seiner Nebenfrauen die Heilbäder bei der Zerstörung von Anchialos. Die besondere Rolle und Rechte der Hauptgemahlin werden daraus ersichtlich, daß ihr eine ebenso reiche Bestattung zuteil wurde wie ihrem Gatten.

Die Awaren bewohnten ihrer halbnomadischen Lebensform entsprechend zur Zeit ihrer Landnahme hauptsächlich Zelte (Jurten). Vom Ende des 6. Jh. an begannen sie ihre ständigen Winterquartiere zu Dörfern auszubauen. Ihre 100–150 Jahre hindurch belegten Gräberfelder bezeugen, daß die seßhafte Lebensform nun vorherrschend wurde. Ihre Häuser waren in die Erde vertieft; das Dachwerk wurde von zwei Gabelpfählen getragen. In der NW-Ecke des Hauses stand der aus Steinen gebaute Herd. Die Siedlungen wurden manchmal mit einem Ringgraben umgeben[22]. Aus den historischen Quellen kann darauf geschlossen werden, daß die Residenz des Khagans ein befestigter Platz war, der seinen Standort nicht veränderte. Der Khagansitz dürfte der von Priskos beschriebenen Residenz Attilas ähnlich gewesen sein.

Auf die Bekleidung wurde nicht nur seitens der führenden Schicht, sondern auch in den Kreisen der Mittelschicht ein großes Gewicht gelegt. Die mit Gold, Silber- und Bronzebeschlägen reich verzierten rangbezeichnenden Gürtel können bei 10–12 % der

Männergräber sowie Ohrgehänge, Armbänder, Perlen, Agraffen bei 18–20 % der Frauengräber beobachtet werden. Man trug meistens aus Leinen, Wolle oder Hanf gewebte Kleider (kaftanartiger Mantel) und Lederstiefel.

5. Kunst und Kultur

Die Kultur der Awaren enthält innerasiatische Elemente (Tracht, Waffen, Pferdegeschirr, Bestattungsbräuche). In der Metallkunst sind im 6.–7. Jh. starke byzantinische Einflüsse nachweisbar. Im 8. Jh. zeigt der Musterschatz ihrer Ornamentik die Verflechtung des asiatischen Tierstils mit späthellenistischen und sassanidischen Kunstelementen. Greiffiguren, Tierkampfszenen, Menschendarstellungen, Motive schamanistischen Charakters und eine reiche Pflanzenornamentik kommen auf Tausenden der durch Bronzegußtechnik hergestellten Gürtelbeschläge vor[23].

Die von den Awaren in geringer Zahl auf uns überlieferten Sprachdenkmäler weisen auf eine Sprache türkischen Charakters hin. Auf einigen archäologischen Gegenständen zeigen eingeritzte Buchstaben oder kleinere Inschriften den Gebrauch des turkischen Runenalphabets an[24]. Über ihre Musik, ihre Lieder berichtet eine schriftliche Quelle. Von ihren Musikinstrumenten sind aus den Gräbern die Doppelschalmeien bekannt. Bezüglich ihrer religiösen Vorstellungen enthalten die Schriftquellen wenig. Einige schamanistische Darstellungen haben die archäologischen Funde bewahrt.

Von der Stellung der Schamanen in der Gesellschaft stehen uns kaum einige Angaben zur Verfügung. In einer Schriftquelle wird ein Hauptschamane erwähnt, der zum Hof des Khagans gehört hat[25]. Auch die Zahl der auf das Christentum verweisenden Funde ist äußerst gering.

6. Die Minderheiten

Innerhalb des Gebietes des Awarenreiches lebten am südwestlichsten Ufergebiet des Balaton (Plattensee) und in der Umgebung von Pécs (in der Römerzeit: Sopianae) als Fremdkörper Volksgruppen, Träger einer eigenartigen, spätantiken Kultur[26]. Vermutlich bestand ihr Großteil aus den Nachkommen der romanisierten Bewohnerschaft der Provinz. In ihrem charakteristischen Kunstgewerbe gibt es keine awarischen Einwirkungen, sie lebten sogar im 8. Jh., insbesondere in der Balatongegend und in der Umgebung von Pécs, in geschlossenen Gruppen und bewahrten auch ihre Kultur (Keszthely-Kultur). Sie waren Christen, und es ist in ihnen vermutlich eine jener christlichen Gemeinschaften zu erblicken, über die in den fränkischen Annalen im Zusammenhang mit der an der Donau im Jahr 796 einberufenen Bischofs-Synode die Rede ist. Sie lebten vermutlich auch während der Awarenherrschaft nicht in vollkommener Unterdrükkung; ihre beigabenreichen Gräber – zuweilen mit Gold- und im allgemeinen mit viel Silberschmuck – unterstützen diese Annahme.

7. Die Wirtschaft

Die Wirtschaftsbasis der Awaren war bei ihrem Einzug die Viehzucht. Das Karpatenbecken eignete sich infolge seiner kleineren und differenzierteren Landschaftsgebilde nicht für das Reiternomadenleben. Die Awaren wurden vom Ende des 6. Jh. an seßhaft und stellten sich allmählich auf die Lebensart der Viehzüchter um, die daneben auch Ackerbau trieben. Von den gezüchteten Haustieren war das Pferd (einer östlichen Rassengruppe) das wichtigste, ferner züchteten die Awaren Rinder (den *brachyceros*-Typ), Schafe (einen europäischen primitiven Typ, den sie nicht vom Osten her mitgebracht hatten)[27], Ziegen, Schweine und Hausgeflügel (Hühner und Gänse). Die Schweine- und Geflügelzucht beweist gleichfalls die seßhafte Lebensweise. In der Ernährung fiel dem Fleisch eine wichtige Rolle zu; Rinder-, Schafs-, Ziegen-, Schweine-, Hühner- und Gänseknochen (Spuren des Totenmahls) kommen in den Gräbern in sehr großer Anzahl zum Vorschein. Auch Milch und Milchprodukte dienten als Nahrungsmittel. Über den Verbrauch von Getreide im Vergleich zum Fleischkonsum stehen keine Daten zur Verfügung. Jagdtiere waren vor allem der Hirsch, das Reh und das Wildschwein. Angeln kommen, wenn auch nicht häufig, als Funde in den Gräberfeldern vor.

Den Ackerbau dürften die Awaren zum Teil von der im Karpatenbecken angetroffenen Bevölkerung erlernt haben, obwohl ihre halbnomadische Lebensweise die Kenntnis davon bereits vor ihrem Einzug wahrscheinlich macht. Die Form der Bodenverteilung ist weder bezüglich der Stämme noch der kleineren Einheiten bekannt. Die von ihnen bebauten Äcker lagen neben ihren Winterquartieren. Über die Bebauungsformen der Felder liegen keine Angaben vor. Eiserne Sicheln sind in reichlicher Menge aus den Gräberfeldern bekannt, wo auch Hacken zum Vorschein gekommen sind.

Der Weinbau, der in Pannonien mit der Römerkultur Wurzeln faßte, wurde in der Awarenzeit fortgesetzt. Weinreben und Traubenkerne können in awarenzeitlichen Gräbern nachgewiesen werden[28].

Über Bergbau und Hüttenwesen berichten die Quellen nichts. Die diesbezüglichen archäologischen Beobachtungen sind wegen der Mangelhaftigkeit der Forschung ärmlich. Die Versorgung des großen Heeres mit Waffen und Pferdegeschirr erforderte einen beträchtlichen Bedarf an Eisen, und die Gräberfelder zeigen, daß an Eisen kein Mangel bestand. Das Eisen wurde größtenteils an Ort und Stelle aus Raseneisenerz gewonnen.

Die in der Nähe der Salzvorkommen in Siebenbürgen ans Tageslicht gekommenen Funde zeigen, daß die Awaren zur Sicherung der Salzgewinnung das Gebiet zwischen Teius (Tövis) und Ĉimpia Turzii (Aranyosgyéres) verhältnismäßig dicht besiedelten[29].

Das Handwerk konnte im allgemeinen den Bedarf des eigenen Volkes decken. Die Produkte wurden zum Teil im Rahmen der Hausindustrie, zum Teil in Werkstätten hergestellt. Insbesondere auf dem Gebiete der Metallbearbeitung tritt die Produktion hervor. Sowohl den eisernen Steigbügel als auch den Säbel führten die Awaren in Europa ein. Die Qualitätsunterschiede in der Herstellungsweise von Eisenwaffen und Pferdegeschirr weisen darauf hin, daß außer den kleineren Werkstätten auch noch einige größere, wahrscheinlich in der Residenz des Khagans und der Fürsten tätig waren. Mit Wanderhandwerkern kann auch gerechnet werden. Die Feinwaagen der Goldschmiedegräber mit den byzantinischen Gewichten sowie der Probestein deuten auf eine differenzierte und kontrollierte Anwendung der Edelmetalle hin. Für das gesellschaftliche Ansehen der Goldschmiede zeugen ihre beigabenreichen Gräber[30]. Die Bronzebearbeitung war insbesondere im 8. Jh., als in der Metallkunst die Bronzegußtechnik alleinherrschend wurde, sehr bedeutend. Es muß damit gerechnet werden, daß die Awaren die Bronze der vorgefundenen römischen Bronzestatuen zusätzlich als Rohmaterial verwendeten. In den Bereich einer besonderen gewerblichen Tätigkeit gehörten noch: Bogenerzeugung, Sattelherstellung, Lederbearbeitung (Lederharnische) und Töpferei (Drehscheibe). Der Bau der Jurten, die Aufarbeitung der Schafwolle und die Herstellung anderer Textilien dürften im wesentlichen im Rahmen der Hausindustrie vor sich gegangen sein.

Das Geld hat als Zahlungsmittel im awarischen Binnenhandel keine Rolle gespielt.

Ein Teil der Tribute und der Lösegelder der Kriegsgefangenen kam im Handel mit dem Ausland zur Verwendung. Es wurden Waffen, ferner Luxusgegenstände für die führende Schicht (Goldschmucksachen, Edelmetallgefäße, goldenes Pferdegeschirr, Seidenkleider, Speisewürzen) insbesondere aus dem Gebiet des Byzantinischen Reiches eingeführt, jedoch kamen für die Mittelschicht bis zur Mitte des 7. Jh. auch billigere Waren (Schnallen, Schmuckstücke) ins Land. Daß dabei byzantinische Wanderkaufleute eine Rolle spielten, ist anzunehmen. Auch mit einem Edel- und Buntmetallimport muß gerechnet werden. Pferde und Rinder dürften gleichfalls für den Export bestimmt gewesen sein.

Mit dem Abflauen der Handelsbeziehungen zu Byzanz, sodann nach der Mitte des 7. Jh. mit deren Abbrechen setzt ein gegenseitiger Tauschhandel nach Westen mit den Langobarden und Bajuwaren ein; Schmuckstücke, tauschierte Gürtelbeschläge, Waffen waren Gegenstände dieses Handels, doch nahm dieser nie bedeutende Ausmaße an. Ein westlicher Import von Waffen (Schwertern, Lanzen mit Widerhaken) in geringem Umfang läßt sich im 8. Jh. nachweisen. Zu Beginn des 9. Jh. wurde von den Franken die Lieferung von Waffen an Awaren verboten.

Eine Münzprägetätigkeit konnte bei den Awaren nicht nachgewiesen werden. Sie kannten das byzantinische Geld, das von 568 bis 626 als Tribut (559–626 nach der Errechnung von J. Kovačević 6 000 000 *solidi* etwa 27 000 kg Gold)[31], Geschenk oder Lösegeld für die Kriegsgefangenen, in großer Menge in das Awarenreich strömte. Wie die Grabfunde zeigen, war dieses ausschließlich im Besitze der führenden Schicht; ein Großteil wurde von ihnen thesauriert. Von einem Geldumlauf innerhalb des Awarenlandes kann nicht gesprochen werden. Die in den Gräbern gefundenen *solidus*-Nachahmungen sind keine awarischen Produkte.

1 *D. Csallány:* Archäologische Denkmäler der Awarenzeit in Mitteleuropa (1956).
A. J. Ohrenberger: Awarenfunde im Burgenland: Burgenländische Heimatblätter 20 (1958).
D. Dimitrijevič – J. Kovačević – Z. Vinski: Seoba Naroda. Arheoloski nalazi jugoslovenskog Podunavlja, „Sava Mihic" (1962).
H. Mitscha-Märheim: Dunkler Jahrhunderte goldene Spuren (1963).
K. Horedt: Das Awarenproblem in Rumänien: Študijné Zvesti 16 (1968).

2 *Gy. Acsády – J. Nemeskéri:* History of human life span and mortality (1970), S. 65 ff.

3 *Gy. Török:* Sépultures à deux couches dans le lieu de sépulture Avare de Halimbe: Folia Archaeologica XX (1969), S. 79 ff.

4 *I. Kovrig:* Das awarenzeitliche Gräberfeld von Alattyán (1963).

5 *Z. Čilinská:* Frühmittelalterliches Gräberfeld in Želovce (1973).

6 *A. Točik:* Slawisch-awarisches Gräberfeld in Holiare (1968).

7 *Z. Čilinská:* Slawisch-awarisches Gräberfeld in Nové Zámky (1966).

8 *A. Lippert:* Das awarenzeitliche Gräberfeld von Zwölfaxing in Niederösterreich (1969).

9 *F. Marhold:* Die awarenzeitliche Bevölkerung Mödlings aus der Sicht des Anthropologen. In: Katalog der Sonderausstellung im Museum der Stadt Mödling (1977).

10 Menandros, frg. 18: *E. Doblhofer:* Byzantinische Diplomaten und östliche Barbaren (1955), S. 135.

11 *Fredegar,* MGH SS 13, IV, 72.

12 *S. Szádeczky-Kardoss* in: Pauly-Wissowa, Realenzyklopädie der klass. Alt. wiss., Suppl. XII (1970), S. 902–906.

13 *I. Bóna:* Avar lovassir Iváncsáról – Grave of an Avar horseman at Iváncsa: Archaeologiai Értesitö 97 (1970), S. 243–263.

14 *Gy. Székely:* Roman heritage and medieval development in Hungarian urban life: Acta Antiqua 21 (1973), S. 339–351.

15 *Gy. Acsády – J. Nemeskéri:* op. cit., S. 227 ff.

16 *H. W. Haussig:* Theophylakts Exkurs über die skythischen Völker: Byzantion 23 (1953), S. 274–462.

H. W. Haussig: Die Quellen über die zentralasiatische Herkunft der europäischen Awaren: Central Asiatic Journal 2 (1956), S. 21–43.
K. Czeglédy: Nomád népek vándorlása Napkelettöl Napnyugatig [Wanderungen nomadischer Völker von Sonnenaufgang nach Sonnenuntergang]. Körösi Csoma Kiskönyvtár (1969).
A. Kollautz – H. Miyakawa: Geschichte und Kultur eines völkerwanderungszeitlichen Nomadenvolkes. Die Jou-Jan der Mongolei und die Awaren in Mitteleuropa, I. Teil: Die Geschichte (1970).

17 *H. H. Howorth:* The Avars: Journal of the Royal Asiatic Society 21 (1889).
T. Nagy: Studia avarica: Antiquitas Hungarica I–II (1947–1948).
A. Kollautz – H. Miyakawa: op. cit. I. Teil: Die Geschichte.
A. Avenarius: Die Awaren in Europa (1974).

18 *J. Deér:* Karl der Große und der Untergang des Awarenreiches. In: Karl der Große, Bd. I (1965).
P. Váczy: Der fränkische Krieg und das Volk der Awaren: Acta Antiqua 20 (1972), S. 395–420.
P. Tomka: Le problème de la survivance des Avars dans la littérature archéologique hongroise: Acta Orient. Hung. XXIV (1971), S. 227 ff.

19 Zur Frage der Beziehungen der Awaren zu den Slawen: *B. Zastěrová:* Beitrag zur Diskussion über den Charakter der Beziehungen zwischen Slawen und Awaren: Actes du XIIe Congrès Internat. d'Études Byzantines, Bd. 2 (1964).
P. Váczy: Das Erscheinen der Slawen in den Donauländern. Seminarium IV. Internat. Archaeologicae Slavicae (1963).
A. Tocik: Zur Problematik der slawischen Besiedlung der südwestlichen Slowakei bis zum IX. Jh.: Študijné Zvesti 16 (1968), S. 253–63.
A. Cs. Sós: Archäologische Angaben zur Frage der Frühperiode des awarisch-slawischen Zusammenlebens: Študijné Zvesti 16 (1968), S. 221–31.
B. Zastěrová: Avaři a slované – Die Awaren und Slawen: Vznik a počatky slovanu II (1958), S. 19–54.

20 Vgl. Anm. 18: *Deér,* op. cit., *Váczy,* op. cit.

21 *Gy. László:* Études archéologiques sur l'histoire de la société des Avars (1955).
A. Kollautz – H. Miyakawa: op. cit. II. Teil: Die Kultur.

22 *I. Bóna:* VII. sz. i avar települések és árpádkori magyar falu Dunaujvárosban [Awarische Siedlungen aus dem 7. Jh. und ein ungarisches Dorf aus der Arpadenzeit in Dunaujváros] (1973).

23 *Gy. László:* Steppenvölker und Germanen in der Völkerwanderungszeit (1974).

24 *I. Vásáry:* Runiform signs on objects of the Avar Period: Acta Orient. Hung. XXV (1972), S. 335–47.

25 *Menandros,* E L, frg. 66.

26 *I. Kovrig:* Remarks on the Question of the Keszthely Culture: Archaeologiai Értrsitö 85 (1958), S. 72 ff.
A. Kiss: Zur Frage des Fortlebens der römerzeitlichen Bevölkerung von Pannonien in der Völkerwanderungszeit: Janus Pannonius Muzeum Évkönyve (1965), S. 122 ff.

27 *S. Bökönyi:* Untersuchungen der Tierknochenfunde des Gräberfeldes von Boly: Janus Pannonius Muzeum Évkönyve (1963), S. 91 ff.
Ders.: Examen des os d'animaux decouverts au cimetière Avar de Kiskörös. In: *Gy. László:* Études archéologiques sur l'histoire de la société des Avars (1955), S. 211–19.

28 *F. M. Füzes:* A balatoni szölökultura pannon gyökerei [Die pannonischen Wurzeln der Weinbaukultur am Plattensee]: Filologiai Közlöny (1969), S. 347 ff.

29 *K. Horedt:* Untersuchungen zur Frühgeschichte Siebenbürgens (1958), S. 120 ff.

30 *D. Csallány:* Goldschmiedegrab aus der Awarenzeit von Kunszentmárton (1933).

31 *J. Kovačević:* Avaři i zlato [Les Avars et l'or]: Starinar 13–14 (1962–63), S. 124 ff.

§ 23 Ungarn von 895 bis 1400

Von György Györffy

Quellen

E. Bartoniek: Magyar történeti forráskiadványok [Quellenausgaben der Geschichte Ungarns], (1929).
D. Kosáry: Bevezetés Magyarország történetének forrásaiba és irodalmába [Einführung in die Quellen und in die Literatur der Geschichte Ungarns], Bd. 1 (1970).

Bibliographie

L. Mangold: Könyvészet [Bibliographie], in: *D. Csánki:* Árpád és az Árpádok [Arpad und die Arpaden] (1907), S. 363–394.
D. Kosáry: Bevezetés a magyar történelem forrásaiba és irodalmába [Einführung in die Quellen und in die Literatur der ungarischen Geschichte], Bd. 1 (1951), Bd. 3 (1958).
Études historiques publiées par la Commission Nationale des Historiens Hongrois, Bd. 2 (1960), S. 487–765 (ausgewählte Bibliographie 1945–1959).
Nouvelles Etudes Historiques, Bd. 2 (1965), S. 465–629 (ausgewählte Bibliographie 1959–1963).
Etudes Historiques 1970, Bd. 2 (1970) (ausgewählte Bibliographie 1964–1968).
Etudes Historiques Hongroises 1975, Bd. 2 (1975), S. 505–634 (ausgewählte Bibliographie 1969–1973).
G. Heckenast: Forschungen zur Geschichte des ungarischen Mittelalters in den Jahren 1945–1964. In: Mitteilungen des Instituts für Österreichische Geschichtsforschung (1965), S. 366–381.

Allgemeine Literatur und Nachschlagewerke

Magyar müvelödéstörténet [Ungarische Kulturgeschichte], hg.v. *S. Domanovszky,* Bd. 1–2 (1939).
E. Molnár: A magyar társadalom története az őskortól az Árpádkorig [Geschichte der ungarischen Gesellschaft von der Urzeit bis zur Arpadenzeit] (^{2}1949). Fortsetzung: A magyar társadalom története az Árpádkortól Mohácsig [Geschichte der ungarischen Gesellschaft von der Arpadenzeit bis Mohács] (^{2}1949); der erste marxistische Versuch zur Zusammenfassung der Wirtschafts- und Sozialgeschichte Ungarns bis 1526.
I. Szamota, Gy. Zolnai: Magyar oklevél-szótár. Lexicon vocabulorum Hungaricorum in diplomatibus (1902–1906).
G. Györffy: Geographia historica Hungariae tempore stirpis Arpadianae, Bd. 1 (^{2}1966); eine historische Geographie Ungarns vom 9. Jh. bis zum Jahre 1332 mit allen wirtschafts- und sozialgeschichtlichen Daten nach Komitaten und Ortschaften geordnet.
M. Hellmann: Die politisch-kirchliche Grundlegung der Osthälfte Europas. In: *Th. Schieder:* Hdb. d. europ. Gesch. I (1976), S. 897–901.

1. Die geographischen Verhältnisse

P. Teleki: Magyar földrajz [Ungarische Geographie]. In: *Prinz, Cholnoky, Teleki, Bartucz:* Magyar föld – magyar faj, Bd. 2 (1937).

Das mittelalterliche Ungarn erstreckte sich über das Becken, das, umschlossen von dem waldbedeckten Gebirgskranz der Karpaten sowie den Ausläufern der Ostalpen und des nordwestlichen Dinarischen Karstes, eine geographische und wirtschaftliche Einheit bildet. Die größte Teillandschaft dieses Raumes ist die Große Tiefebene *(Alföld)*; pflanzengeographisch bildet sie den westlichen Abschluß der eurasischen Steppenzone.

Das Karpatenbecken umfaßt außerdem noch zwei kleinere Beckenlandschaften: im Osten das Siebenbürger Becken, im Westen die Kleine Tiefebene, der sich südlich, im sog. Transdanubien, das Hügelland Pannoniens anschließt. Die zentrale Lage der Steppenlandschaft der Großen Tiefebene bewirkte, daß dieses Gebiet zur letzten Station der aus der eurasischen Steppenzone kommenden Völker wurde und nur diese eine das ganze Karpatenbecken ausfüllende nomadische Staatsorganisation schufen: zuerst gelang das den Hunnen, dann den Awaren (ca. 568–803) und schließlich den Ungarn (895).

2. Die Besiedlung

Hungarian Historical Demography after World War II. In: Történeti demográfiai tanulmányok, 20 (1968/3).

Zur Literatur über die Völkerschaften des Karpatenbeckens vor der ungarischen Landnahme: *J. Banner, I. Jakabffy:* A Közép-Dunamedence régészeti bibliográfiája [Archäologische Bibliographie des Mittel-Donaubeckens] (3 Bde., 1954–1968).

I. Bóna: Ein Vierteljahrhundert der Völkerwanderungszeitforschung in Ungarn (1945–1969). In: Acta Archaeologica (1971), S. 265–334. Zur ungarischen Stammesorganisation: *G. Györffy:* A nemzetségtől a vármegyéig, a törzstől az országig [Von der ungarischen Sippe bis zum Komitat, vom Stamme bis zum Land]. In: Századok (1958), S. 12–87.

Eine demographische Übersicht vom 9. bis zum 14. Jh.: *G. Györffy:* Einwohnerzahl und Bevölkerungsdichte in Ungarn bis zum 14. Jahrhundert. In: Etudes historiques publiées par la Commission Nationale des Historiens Hongrois, Bd. 1 (1960), S. 165–192.

E. Fügedi: Pour une analyse démographique de la Hongrie médiévale. In: Annales 24 (1969), S. 1299–1312.

In der demographischen Entwicklung der Völker des Karpatenbeckens führte die Landnahme der Ungarn (895–900) eine entscheidende Wendung herbei. Für die vorangehende Zeit ist es unmöglich, statistische Daten zu ermitteln; überdies ist es auch umstritten, welche Völkerschaften das Karpatenbecken bewohnten.

Die Awaren lebten mit bulgaro-türkischen, gepidischen und slawischen Volkselementen zusammen. Über ihr zahlenmäßiges Verhältnis ist eine einzige Angabe überliefert: Um 600 schlug ein byzantinisches Heer im Temeschgebiet die Awaren und nahm 8000 Krieger gefangen; unter ihnen wurden 3000 Awaren, 3000 Gepiden, 800 Slawen und 2000 „Barbaren", wahrscheinlich Bulgaro-Türken, gezählt.

Im 9. Jh. setzten sich meist Slawen an die Stelle der besiegten Awaren; im Westen erschienen sog. Donau-Slowenen *(dunajski slovenі)*, im Osten Bulgaro-Slawen. Nördlich der Donau wanderten mährische Slawen, im Poprad-Tal Weißkroaten zu, während südlich der Drau bis zu den Bergen slowenische (deutsch: *windische*, ungarisch: *tót*) Sippen wohnten.

Wahrscheinlich behaupteten sich awarische oder bulgaro-türkische Bevölkerungsteile an mehreren Orten jenseits der Theiss. Nach der *Conversio Bagoariorum et Carantanorum* sind auch gepidische Splittergruppen erhalten geblieben. In Pannonien ließen sich ferner fränkisches Militär und bayerische Grundherren mit ihrem Gesinde nieder. Andere Völkerschaften werden in den zeitgenössischen Quellen nicht erwähnt.

Die landnehmenden Ungarn zogen 895 aus der pontischen Steppe in das Karpatenbecken. Sie bestanden aus sieben Stämmen (griechisch: *genea*), die aus der Symbiose der ein finnisch-ugrisches Idiom sprechenden Magyaren und der bulgaro-türkischen Onoguren (*onogur* > Ungar) hervorgegangen waren. Den sieben ungarischen Stämmen schlossen sich im 9. Jh. die Kavaren *(kabaroi, cowari)* als achter Stamm an. Diese letztere Volksgruppe, die sich gegen die Chazaren empört hatte, aber besiegt worden war,

war ebenfalls in drei Stämme gegliedert und bestand aus mohammedanischen Chwaresmiern *(khvalis, kaliz)* und alanischen sowie bulgaro-türkischen Elementen. Die einzelnen Kavarenstämme waren zahlenmäßig wohl nicht so stark wie ein ungarischer Stamm; als mit Kriegsdienst belastetes Hilfsvolk hatten sie aber verhältnismäßig viel mehr Reiterkrieger zu stellen als die Ungarn. Die insgesamt zehn Stämme des ungarischen Stammesverbandes gliederten sich in etwa 50 Geschlechter. Nach einem von Ibn Rusta und Gardīzī überlieferten Bericht über die Zustände um 870 zog der Ungarnfürst mit 20000 Reitern ins Feld; das ergibt 400 Reiter je Geschlecht. Urkundliche Angaben aus dem 9. Jh. sowie Analogien lassen darauf schließen, daß die Reiterkrieger und das Viehzucht und Ackerbau treibende Gemeinvolk in der ungarischen Gesellschaft im Verhältnis von 1 zu 4 vertreten waren. Demnach kann die Zahl der Ungarn vor der Landnahme auf etwa 100000 Familien, d.h. 500000 Köpfe angesetzt werden.

Die landnehmenden Ungarn übertrafen hinsichtlich ihrer Anzahl die im Karpatenbecken siedelnden Völkerschaften beträchtlich; diese letzteren sind dann auch bis zum 12. Jh. magyarisiert worden, ausgenommen Slawonien und die größeren Talbecken der Karpaten. Wenn man annimmt, daß die Ungarn in den schweren Kämpfen der Landnahme und der sog. Streifzüge etwa 100000 Mann verloren und die Zahl der vorgefundenen Bevölkerung rund 200000 betrug, kann man am Anfang des 10. Jh. im Karpatenbecken mit etwa 600000 Einwohnern rechnen. Da das bewohnte Flach- und Hügelland etwa 200000 qkm umfaßte, ergibt sich eine Bevölkerungsdichte von 3 Bewohnern je qkm.

Vom 11. Jh. an stehen für bevölkerungsstatistische Berechnungen Urkunden zur Verfügung, welche die Zahl der Hausstände *(mansio)* angeben; außerdem ist die Gemarkung der Dörfer bekannt. Im westlichen, dichter besiedelten Teil des Landes ergeben sich je qkm 5, 8, 11,3 und 15 Bewohner; die letztere, höchste Zahl ließ sich für einen Marktort an der Donau ermitteln. Für das 11. Jh. können wir als Landesdurchschnitt 5 Bewohner je qkm annehmen, somit ergibt sich für die besiedelten 200000 qkm eine Einwohnerzahl von rund 1 Million. Der Rest, etwa 130000 qkm waldbedecktes Gebirgsland, kann bis zur Mitte des 12. Jh., vor dem Einsetzen der Kolonisation, als unbewohnt bezeichnet werden; nur in den größeren Tälern befanden sich einige Fischer-, Jäger- oder Ackerbausiedlungen.

Das 12. Jh. und die erste Hälfte des 13. Jh. waren auch in Ungarn eine Periode erheblichen demographischen Wachstums. Auf Grund der Zusammenstellung der Zehnteinkünfte der ungarischen Bistümer aus dem Jahre 1186 und der Besitz- bzw. Dorfbeschreibungen kann man um 1240 mit etwa 2 Millionen Einwohnern rechnen, die aber nach dem Beginn der Kolonisierung des Berglandes bereits etwas mehr als 200000 qkm besiedelt haben werden.

In Ungarn hat der Mongolensturm (1241/42) besonders große Verwüstungen angerichtet. Die Schilderungen des „Carmen miserabile" des Domherrn Rogerius, ein Augenzeugenbericht, werden durch die Statistik der verödeten Dörfer bestätigt. Durchschnittlich wurden im westlichen Teil des Landes 20%, im östlichen 60% der Dörfer verheert; zieht man dazu die darauffolgenden Seuchen und die Hungersnot in Betracht, dann ist mit einem 50%-igen Verlust der Bevölkerung zu rechnen.

In der Folgezeit erfuhr die Bevölkerung wieder einen natürlichen Zuwachs; dazu kam eine beträchtliche Einwanderung, so daß Ungarns Einwohnerzahl bis zu den 1330er Jahren wieder auf etwa 2 Millionen anstieg; doch blieb die Bevölkerungsdichte der Tiefebene weit hinter dem alten Stand zurück, während in den Gebirgsgegenden vorher unbewohnte Gebiete erschlossen und besiedelt wurden. Im weiteren Verlauf des 14. Jh. verhinderten allerdings die Pestepidemien einen neuen Zuwachs.

Die Stadtentwicklung setzt in Ungarn am Ende des 10. Jh. ein. In der Zeit König Stephans I. des Heiligen (1000–1038) entstanden außer zwei königlichen und zehn bischöflichen Städten etwa 40 Burgorte, d. h. Ortschaften mit einer Burg; bis 1150 stieg die Zahl der königlichen und bischöflichen Städte *(civitates)* auf 16, die der Burgorte *(oppida, castra)* annähernd auf 70, denen etwa zehn bei Klöstern gelegene Marktorte und etwa fünf „sächsische" *Hospites*-Städte hinzugerechnet werden können. Zwischen 1150 und 1240 wird das Städtewesen weniger durch zahlenmäßigen Zuwachs als durch die wirtschaftliche und soziale Entfaltung gekennzeichnet. Die Burgorte, die im westlichen Sinne noch nicht als Städte gelten konnten, füllten sich von 1200 an mit der ethnisch gemischten Schicht ungarischer, deutscher und slawischer *hospites* und erhielten städtische Privilegien. Die Masse dieser *Hospes*-Schicht kam aus den seit 1200 in Auflösung begriffenen königlichen Domänen, wo sie bis dahin größtenteils mit der Abgabe von Handwerkserzeugnissen belastet war. Zwischen 1230 und 1350 entstanden etwa 60 deutsche Stadtkolonien und Marktflecken; mit Ausnahme der Bergstädte wurden die Kolonisten in früheren Burgorten oder Dörfern angesiedelt. Das 14. Jh. ist die klassische Epoche der Marktflecken *(oppida)*; durch den Zustrom von Leibeigenen, die das Recht der Freizügigkeit erhalten hatten, wuchsen sie zwar an, aber sie bewahrten ihren Agrarcharakter. Vorläufige Berechnungen auf Grund der päpstlichen Zehntlisten aus den Jahren 1332–1337 ergeben etwa 400 Marktflecken[1].

Aus der demographischen Analyse der ungarischen Friedhöfe des 11.–12. Jh. wurde geschlossen, daß die Säuglingssterblichkeit auf 150–200 v.T. geschätzt werden muß. Die Geburtenziffer von 50 v.T. und die Sterblichkeitsziffer von etwa 35 v.T. ergeben einen jährlichen Zuwachs von 15 v.T. Das Verhältnis von Kindern und Erwachsenen war etwa 40 zu 60. Die Lebenserwartung betrug 28,7 Jahre, die der 20jährigen 27,5. Die Betagten erreichten normalerweise das Alter von 50–55 Jahren. Über das Heiratsalter existieren keine Angaben. Man muß annehmen, daß die Viehzucht und die Ernährung mit vitamin- und eiweißhaltigen Milchprodukten auf den Bevölkerungszuwachs günstig einwirkten. Allerdings sind dabei zwei Phasen zu beachten; während der reiche Viehbestand der halbnomadischen Wirtschaft im 9.–11. Jh. zur raschen Vermehrung der Bevölkerung beitrug, kam es mit der Vorherrschaft des Ackerbaus im 13. und 14. Jh. zu einer Stagnation. Ähnlich ist die Vermehrung der Rumänen in dieser Zeit dem Verbrauch von Schafsmilch und Schafskäse zuzuschreiben.

Ungarn wurde nach dem Mongolensturm im Jahre 1243 von der ersten großen Hungersnot heimgesucht; sie wirkte sich nach den Heiligenkreuzer Annalen *(Continuatio Sancrucensis II)* verheerender aus als die Verwüstungen der Mongolen; ihr folgten 1263 und 1282 zwei weitere, die nun auch die westlichen Nachbarn Ungarns trafen. Im Jahre 1364 ließ König Ludwig I. überschüssiges Getreide zur Linderung der damaligen Hungersnot verwenden.

Über den Stand des Gesundheitswesens und der Hygiene haben wir nur aus den Städten Angaben. Die Warmbrunnen von Buda (Ofen) und Esztergom (Gran) benutzte die Bevölkerung zum Baden; in ihrer Nähe wurden Krankenhäuser errichtet. U. a. erbauten die Stephaniten *(cruciferi S. Stephani regis)* von Esztergom im *suburbium* von Buda Felhéviz *(Aquae Calidae Superiores)* ein Ordenshaus. In seiner Nähe stand im 14. Jh. das Krankenhaus des Heiligen-Geist-Ordens. In Alhéviz *(Aquae Calidae Inferiores)* war das Heilige-Elisabeth-Spital schon im 13. Jh. tätig. Im 14. Jh. hatten die Bürgerstädte wie z. B. Székesfehérvár (Stuhlweißenburg – Alba Regia), Kassa (Kaschau – Košice) auch ihre Spitäler. Bei größeren Städten gab es gleichzeitig *Leprosoria*, doch sind Häuser der Leprakranken *(domus leprosorum)* auch in kleineren Marktflecken zu finden, z. B. 1303 in Tövis (Teiuş) in Siebenbürgen. In Esztergom diente eine nach dem heiligen Lazarus benannte Anstalt als Armenhaus.

Die Epidemien dezimierten hauptsächlich die Bevölkerung des 14. Jh. Dem Vieh erging es besser; nur noch 1316 wird über eine Viehseuche *(pestilenza pecorum)* berichtet; um so schwerer wurden die Bewohner Ungarns durch die große europäische Pestepidemie von 1347/49 getroffen. Wie verheerend sie wirkte, zeigt die Tatsache, daß im Komitat Bihar ganze Dörfer entvölkert wurden. Weitere Pestepidemien werden für die Jahre 1360, 1374, 1380/82, 1400 usw. überliefert. Im Karpatenbecken erlitt die Bevölkerung immer wieder so große Verluste, daß sie nur durch Einwanderung ausgeglichen werden konnten[2].

Nach der Landnahme verhielt sich das auf ein verhältnismäßig enges Gebiet zusammengedrängte Volk der Ungarn expansiv. Das zeigte sich nicht nur in den Streifzügen des 10. Jh., sondern auch darin, daß eine ungarische Gruppe (die *Sobamogera* der einheimischen Überlieferung und die *Turkoi Vardariotai* der byzantinischen Quellen) um die Mitte des Jahrhunderts nach Mazedonien, in das Vardar-Gebiet zog. Der bedeutende Bevölkerungszuwachs des 12. Jh. hatte zur Folge, daß die Ungarn sich stellenweise auch in den Tälern der Karpaten niederließen. Am Anfang des 13. Jh. gründete die Militärdienst leistende Schicht der *filii iobagionum* kleine Siedlungen in den königlichen Walddomänen der Nordkarpaten, gleichzeitig übersiedelte der ungarische Bevölkerungsüberschuß Siebenbürgens in die der ungarischen Krone zugehörigen Gebiete jenseits der Karpaten, in das Banat von Severin (Szörény, heute Oltenien) und nach Cumania (heute Moldau), wo 1228 das kumanische Bistum als Suffraganat Esztergoms errichtet wurde.

In Ungarn war die Möglichkeit einer unorganisierten Einwanderung bis zur Mitte des 13. Jh. recht gering. Einerseits war das Land vom 10. Jh. an stark zentralisiert, wobei jeder Ausländer unmittelbar dem königlichen Recht unterstand; andererseits war das ganze Landesgebiet von einem breiten, unbewohnten Grenzödland *(gyepü)* umschlossen, dessen Übergänge Wächter *(speculatores)* und Schützen *(sagittarii)* streng bewachten.

Aus dem 10. Jh. ist nur eine Masseneinwanderung bekannt; zwischen 955 und 970 zog der Petschenegenfürst Tonuzoba mit seinem Volk nach Ungarn; die damals und später eingewanderten Petschenegen wurden größtenteils zur Verstärkung der Grenzverteidigung angesiedelt. Seit der Zeit des Großfürsten Géza (970–997) und des heiligen Stephan nahm die Zahl der östlichen und westlichen Einwanderer immer mehr zu. Das waldreiche Gebirge, das rund ein Drittel des Landes einnahm, wurde auf königliche Initiative durch Slawen, Deutsche, Rumänen (Walachen) und Ungarn (Székler) besiedelt. Dies geschah zur gleichen Zeit und auf ähnliche Weise wie die Kolonisierung der Sudeten um das böhmische Becken und der polnischen Karpaten. Die Aufnahme der sieben Stämme der Kumanen in die Große Tiefebene im Jahre 1246 war ebenfalls eine organisierte Siedlungsaktion. Die unorganisierte freiwillige Einwanderung spielte erst von der Mitte des 13. Jh. an eine Rolle, als das Grenzverhausystem aufgelassen wurde, vornehmlich aber seit dem 14. Jh., als im Grenzödland private Domänen entstanden und die Untersassen das Recht der Freizügigkeit erhielten. Die erste Einwanderung dieser Art ist aus dem Jahre 1282 überliefert, als aus der Krakauer Gegend infolge der dortigen Hungersnot viele Tausende nach Ungarn übersiedelten *(Annales Minoris Poloniae)*. Dieser vereinzelte Zuzug über die Karpaten nahm im Laufe des 14. Jh. zu; Quellenberichte darüber sind jedoch nicht erhalten geblieben. Zusammen mit der organisierten Kolonisierung führte er bis zur Mitte des 15. Jh. zu einem Bevölkerungszuwachs von 25–40 %[3].

[1] *A. Kubinyi:* Historiographie hongroise moderne des villes: Acta Historica (1961), S. 175–189.
E. Mályusz: Geschichte des Bürgertums in Ungarn: Vierteljahrschrift für Sozial- und Wirtschaftsgeschichte 20 (1928), S. 356–407.
G. Györffy: Les débuts de l'évolution urbaine en Hongrie. In: Cahiers de Civilisation Médiévale (1969), S. 127–146, 253–264.
E. Fügedi: Die Entstehung des Städtewesens in Ungarn. In: Alba Regia (1969), S. 101–118.

Grundlegende Zusammenfassung der Forschung zum mittelalterlichen Dorfsystem Ungarns: *I. Szabó:* A falurendszer kialakulása Magyarországon [Ausgestaltung des Dorfsystems in Ungarn] (1966).

2 *K.G. von Boroviczény:* Kommentierte Bibliographie der Kreuzherren und Hospitalsorden, sowie deren Krankenhaus- und Bädergründungen in Ungarn in der Zeit der Arpaden (als Manuskript vervielfältigt) (1970).
Eine Übersicht über die mittelalterliche Kranken- und Armenpflege: *Z. Somogyi:* A középkori Magyarország szegényügye [Das Armenwesen des mittelalterlichen Ungarn] (1941).
Zu den ungarländischen Pestepidemien: *I. Szabó* in Századok (1938), S. 22–39.
Über die Migrationen im allgemeinen: *I. Szabó:* Ungarisches Volk. Geschichte und Wandlungen (1942).

3 Über die in die Moldau gezogenen Csángó-Ungarn: *L. Mikes:* A csángók [Die Csángó] (1940).
Über die ungarländischen Hilfsvölker: *G. Györffy:* Besenyők és magyarok [Petschenegen und Ungarn] (1940).
H. Göckenjan: Hilfsvölker und Grenzwächter im mittelalterlichen Ungarn (1972).
Symeon Magister: Chronographia, hg.v. *J. Bekker* (1842), S. 289.
Theophanes: Chronographia, hg.v. *C. de Boor* (1883), S. 282.
A magyar honfoglalás kutfői [Quellen zur Geschichte der ungarischen Landnahme], hg. v. *G. Pauler – S. Szilágyi* (1900), S. 302 ff.
Scriptores Rerum Hungaricarum, hg.v. *E. Szentpétery,* Bd. 2 (1938), S. 551–588.
G. Acsády: Results of Research on Mortality in Middle Age in Hungary. In: Történet Statisztikai Évkönyv (1963–64), S. 295–297 (englisches Résumé).

3. Die politischen Verhältnisse

Die bis heute beste Zusammenfassung der politischen Geschichte des Zeitalters 1000–1300: *G. Pauler:* A magyar nemzet története az Árpád-házi királyok alatt [Geschichte der ungarischen Nation unter den Königen aus dem Hause Arpad] (2 Bde., [2]1900).
A. Domanovszky: Geschichte Ungarns (1923).
B. Hóman: Geschichte des ungarischen Mittelalters (2 Bde., 1940–1943); mit einer breiteren Perspektive, aber weniger Einzeldaten. Über die Bewohner des Karpatenbeckens im 9. Jh.: *G. Györffy:* Formation d'Etats au IXe siècle suivant les „Gesta Hungarorum" du Notaire Anonyme. In: Nouvelles Études Historiques (1965), S. 27–53.
Über die ungarische Landnahme: *G. Györffy:* The original Landtaking of the Hungarians. Hungarian National Museum (1975).
R. Lüttich: Ungarnzüge in Europa im 10. Jahrhundert. In: Historische Studien 74 (1910).
Sz. de Vajay: Der Eintritt des ungarischen Stämmebundes in die europäische Geschichte (1968).
G. Györffy: Autour de l'État des semi-nomades: Le cas de la Hongrie (1975).
Über die Entstehung der Herzogtümer (ducatus): *G. Györffy* in: Századok (1958), S. 47–87, 565–595.
G. Györffy: Die Nordwestgrenze des byzantinischen Reiches im 11. Jahrhundert und die Ausbildung des „ducatus Sclavoniae". In: Mélanges offerts à Szabolcs de Vajay (1971), S. 295–314.
L. Makkai: Histoire de la Transylvanie (1946).

Das Karpatenbecken wurde nach dem Tode Attilas (453) und der Auflösung des Hunnenreiches (454) vorübergehend das Wohngebiet der germanischen Goten und Langobarden und die endgültige Heimat der Gepiden. Die Awaren unterwarfen im Jahre 567 die über Siebenbürgen und die Tiefebene herrschenden Gepiden und besetzten 568 auch das von den Langobarden geräumte Pannonien. Der Awarenherrschaft im Karpatenbecken bereiteten die Feldzüge Karls des Großen (791, 795–96, 799–803) und des Bulgarenchans Krum (803) ein Ende. Im 9. Jh. breiteten drei benachbarte Mächte ihre Herrschaft über diesen Raum aus: Pannonien bis zum Limes an der Donau wurde Grenzgebiet des ostfränkischen Reiches, wobei nördlich der Drau Pribina, dann sein Sohn Kocel, südlich aber Ljudevit, später Braslav die slowenische Bevölkerung regierten. Über die Donau-Slowenen der Neutra-Ebene (heutige Westslowakei) dehnten die im Marchbecken wohnhaften Großmähren ihre Macht aus. Die Große Tiefebene und Siebenbürgen kamen unter die Herrschaft der Bulgaren.

Der ungarische Stammesverband war bis zum 9. Jh. ein Teil des turko-chazarischen Reiches. Er wurde um 830 selbständig, behielt aber seine Führer und die Organisation türkischer Herkunft (d.h. Doppelfürstentum). Die von den Petschenegen und Bulgaren angegriffenen Ungarn zogen 895 in das Karpatenbecken; sie besetzten zuerst Siebenbürgen und die Große Tiefebene, eroberten im Jahre 900 Pannonien. Etwa gleichzeitig verdrängten sie die Mähren aus der Neutra-Ebene, und 902 nahmen sie das March-Tal und das Wiener Becken in Besitz. Nach dem Tode des sakralen Hauptfürsten Kurzan (Kusan, Kusal) im Jahre 904 wurde Árpád, der Heerführer, Alleinherrscher.

Die westeuropäischen Feldzüge der Ungarn dauerten von 862 bis 955, bis zur Niederlage auf dem Lechfeld. Sie hatten es in erster Linie auf Beute abgesehen, folgten aber fast immer gleichzeitig dem Ruf einer politischen Macht oder Partei, um deren Gegner anzugreifen. Im Jahre 973 schickte Großfürst Géza seine Gesandten zu Kaiser Otto I. nach Quedlinburg und öffnete sein Land den christlichen Missionaren. Am ersten Tag des neuen Jahrtausends wurde sein Sohn, Stephan I. (d. Hl.), zum König gekrönt. Er setzte das Einigungswerk seines Vaters fort und bezwang in diesem Zusammenhang die aufständischen ungarischen Stammesführer; so ließ er 1002 den siebenbürgischen Stammesfürsten gefangennehmen und setzte an seine Stelle einen Wojwoden ein. In den zwei Siedlungsgebieten der Kavaren schuf er zwei Herzogtümer *(ducatus)* mit den Zentren Bihar (Bihor) und Nyitra (Nitra, Neutra), die vom Thronerben bzw. seinem jüngeren Bruder regiert wurden. Die enteigneten Burgen der ungarischen Sippenhäupter dienten als Grundlage zur Errichtung von rund 50 Komitaten; an den Sitzen der Mitglieder der königlichen Familie gründete er zehn Bistümer. Außerdem führte er die Münzprägung ein, erließ Gesetze und ließ Urkunden anfertigen. Ungarns Staat und Kirche erwiesen sich jetzt als stark genug, um sich gegen innere Aufstände (Heidenaufstand von 1046), Bruderkriege und äußere Angriffe zu behaupten. Angreifer waren 1030, 1044–46, 1051, 1052 die Deutschen, um 1020, 1068, 1071, 1085, 1091 die Petschenegen, Uzen und Kumanen, 1127–30, 1152, 1154, 1164, 1166 die Byzantiner. König Salomon eroberte 1071 vorübergehend Belgrad von den Byzantinern; König Ladislaus I. erwarb 1091 die Gebirgsgegenden und das Küstenland von Alt-Kroatien; König Koloman unterwarf 1105 die Städte und Inseln Dalmatiens, Béla II. aber von 1135 an Rama mit Bosnien. Béla III. organisierte 1190 das slawonische Herzogtum *(ducatus Sclavoniae),* das sich von der Drau bis zur Adria erstreckte, Bela IV. dagegen um 1263 das *regnum Sclavoniae*, das seitdem bis zum 18. Jh. nur das Gebiet zwischen der Drau und dem Waldgebirge Gozd (Gvozd, Kapela) umfaßte; Halitsch (Galizien) war Bela III. 1188–1190, seinem Sohn Andreas II. 1216–1234 untertan. König Emerich unterwarf 1201–1202 auch Serbien. Zur selben Zeit entstand das Banat Severin (Szörény, später ein Teil der Walachei); nach 1223 wurde Andreas II. Herr über Westkumanien *(Cumania*, später Moldau).

Béla IV. versuchte seit 1236 mit seinen Nachbarn gegen die vordringenden Mongolen Bündnisse zu schließen, doch brachen innere Unruhen aus, und 1241 erlitt der König eine schwere Niederlage. Nach dem Abzug der Mongolen (1242) führte er eine innere Reorganisation durch (Burgenbau, Förderung der Städte, Kolonisation). Von ihm wurden 1246 die Kumanen in das Land gerufen und angesiedelt. Sie beteiligten sich über ein Jahrhundert lang an den ungarischen Feldzügen, hauptsächlich gegen Österreich und Mähren (Steiermark 1254–1260 unter ungarischer Herrschaft). Zwischen 1260 und 1270 stand König Béla IV. seinem Sohn, Stephan V., der als „jüngerer König“ den östlichen Teil des Landes verwaltete, feindlich gegenüber. Gruppen der Großgrundbesitzer, die nach dem Mongolensturm riesige Burgherrschaften geschaffen hatten, bedrohten seit 1272 die Machtstellung der Könige. Der junge Ladislaus IV. (1272–1290), der sich auf die Kumanen stützte und nach deren Sitten lebte, kämpfte erfolglos gegen die Großen und gegen den päpstlichen Legaten, der ihn exkommunizierte (1279), besiegte aber im Bündnis mit Rudolf von Habsburg 1278 den tschechischen König Ottokar II. Die Aristokraten zwangen ihn, die aufständischen Kumanen 1280 und 1282 niederzuschlagen und 1285 einen zweiten Tatareneinfall abzuwehren. Der Kampf gegen die Aristokratie kennzeichnet die Regierung Andreas' III., des letzten, in Venedig geborenen Königs aus dem Hause der Arpaden. Nach seinem Tode (1301) brachten die verschiedenen Gruppen der Aristokratie drei mit der Arpadendynastie verwandte Thronkandidaten in das Land: Karl Robert von Anjou aus Neapel, Wenzel, Herzog von Böhmen, und Otto, Herzog von Bayern. Aus dem Kampfe ging Karl Robert als Sieger hervor; er wurde jedoch erst 1321 nach einem zehnjährigen Ringen mit den Oligarchen Herr über das ganze Land und gewann ein Jahr später Pozsony (Bratislava, Pressburg) von Österreich zurück. In der Folgezeit ging jedoch Dalmatien an Venedig verloren; das kroatische Küstenland und das walachische Wojwodat lehnten sich auf. Das letztere erkämpfte 1330 unter dem Wojwoden Bazarad seine Selbständigkeit.

Die Basen der Herrschaft Karls von Anjou in Ungarn waren die Burgen, die er den Oligarchen entrissen hatte; im übrigen setzte er den Ausbau der vorgefundenen ungarländischen Rechtsordnung, vornehmlich der Komitatsorganisation des niederen Adels, fort. Seine Außenpolitik wurde durch Bündnisse mit dem Papsttum, seinem Schwager, dem Polenkönig, und der Anjouverwandtschaft in Neapel gekennzeichnet. Er wählte Visegrád zu seiner Residenz; hier fand 1335 ein böhmisch-polnisch-ungarisches Königstreffen statt, das internationale Streitigkeiten schlichtete und die Handels- und Wirtschaftspolitik der drei Länder koordinierte.

Das Werk Karls von Anjou wurde von seinem Sohn Ludwig dem Großen (1342–1382) vollendet. Als Herrscher eines wirtschaftlich starken Landes betrieb er mit den „Banderien" genannten Privatheeren des Hochadels und Söldnertruppen eine expansive Außenpolitik. Sein Kampf um Neapel (1347–1350) blieb erfolglos; er gewann aber Dalmatien von Venedig zurück und machte Ragusa (Dubrovnik) untertan (1358). Mehrmals schickte er ein Heer zur Unterwerfung Bosniens, Serbiens, Bulgariens und der Walachei aus. Im Jahre 1370, nach dem Tode Kasimirs, erhielt Ludwig auch die polnische Krone. Wegen seiner dynastischen Außenpolitik versäumte er jedoch, Byzanz gegen die Türken zu unterstützen; dies sollte sich als das größte Negativum seiner Regierung erweisen.

4. Die gesellschaftliche Schichtung

Zu den gesellschaftlichen Schichten bis 1240: *K. Tagányi:* Vázlatok a legrégibb Árpádkor társadalomtörténetéből. In: Társadalom-tudomány (1922), S. 214–227.
E. Molnár: A magyar társadalom.
G. Györffy: István király és müve [König Stephan und sein Werk] (1977), S. 426–519.
Zur Entstehung der ungarischen Führerschicht und des militärischen Gefolges: *G. Györffy* in: Századok (1958), S. 12–43; *G. Székely* in: Acta Historica (1969), S. 223–252.
Über die Archäologie der Gesellschaft des 10. Jh.: *I. Dienes:* Die Ungarn um die Zeit der Landnahme (1972).
Zur Diskussion über die Gesellschaftsschichten der Arpadenzeit: *D. Kosáry:* Bevezetés, Bd. 1, S. 77–79.
Zur Entwicklung des Bauerntums im 14. Jh.: Tanulmányok a parasztság történetéhez Magyar-

országon a XIV. században [Studien zur Geschichte des Bauerntums in Ungarn im 14. Jh.], hg. v. *G. Székely* (1953).
Über die Entstehung und Entwicklung des niederen Adels in Ungarn: *P. Váczy:* Királyi serviensek és a patrimoniális királyság [Die königlichen Servientes und das patrimoniale Königtum]. In: Századok (1927), S. 243–290, 351–414.
E. Mályusz: A magyar köznemesség kialakulása [Die Ausbildung des ungarischen Adels]. In: Századok (1942), S. 272–305, 407–434.
Zur städtischen Gesellschaft siehe oben und *E. Fügedi:* Ungarische Stadtprivilegien im Mittelalter (Zusammenfassung in deutscher Sprache). In: Tanulmányok Budapest multjából 14 (1961), S. 104–107.
Budapest története [Geschichte von Budapest], hg.v. *L. Gerevich*, Bd. 1–2 (1973), wo auch die übrigen Städte berücksichtigt werden.
Zur Familiengeschichte der adeligen Geschlechter (genera) bis 1350: *J. Karácsonyi:* A Magyar nemzetségek a XIV. század közepéig [Ungarische Geschlechter bis zur Mitte des 14. Jh.], Bd. 1–3 (1900).
F. Eckhart: Die glaubwürdigen Orte Ungarns im Mittelalter. In: Mitteilungen des Instituts für österreichische Geschichtsforschung, Erg.Bd. 9 (1915), S. 394–558.

Die landnehmenden Ungarn standen unter der Führung einer nach türkischer Art organisierten Oberschicht. An ihrer Spitze standen der sakrale Hauptfürst *(kende, kündü)* und der regierende Heerführer *(gyula* < *jula)*. Von ihnen waren die einzelnen Stammesfürsten (ungarisch *úr*, slawisch *vojavoda*) abhängig, von diesen die Sippenhäupter (ungarisch *bő*, slawisch *župan*). Alle diese besaßen auch eine Erdburg (ungarisch *vár*, slawisch *grad*) und umgaben sich mit einer Gefolgschaft von Kriegern (ungarisch *jobbágy*, *miles*, slawisch *drug*). Sie beherrschten das aus patriarchalischen Familien bestehende Gemeinvolk. Die Familienhäupter verfügten zwar über eigenen Viehbestand; auch unbemittelte Knechte schlossen sich ihnen an, doch zahlten sie ihren Herren Steuern als Zeichen ihrer Abhängigkeit. Das Kriegervolk der später angeschlossenen Kavaren war in Großfamilien organisiert.

Dieses Bild der sozialen Schichtung wird durch die ausgegrabenen Friedhöfe des 10. Jh. bestätigt. Die Männer und Frauen der Führerschicht wurden in Einzelgräbern mit goldenen Beigaben beigesetzt; manchmal geschah dies in der Nähe von Burgen (z.B. unlängst entdeckt bei Zemplén–Zemplín in der Tschechoslowakei). Die Toten der Mittelschicht (militärische Gefolgschaft und Kavaren) wurden in der 10–20 Mitglieder umfassenden Gemeinschaft der Großfamilie begraben; ihre Kennzeichen waren silberne Beschläge, Pferdegeschirr- und Waffenbeigaben. Das Gemeinvolk aber erscheint in Reihengräberfeldern mit Hunderten von ärmlichen Bestattungen. Zwischen ihnen befinden sich Skelette in geschrumpfter Lage ohne Beigabe; sie können als Sklaven gedeutet werden.

Die im Karpatenbecken siedelnden Reste der Donau-Slowenen, Bulgaro-Slawen und Awaren verschmolzen seit dem 10. Jh. mit dem ungarischen Gemeinvolk. In den größeren Tälern der Karpaten, in Siebenbürgen, hauptsächlich aber südlich der Drau, lebte die slawische Bevölkerung fort; im letztgenannten Gebiet bewahrte sie auch ihre Sippenorganisation. Die Ungarn erlegten ihr, ähnlich wie ihre Vorfahren im 9. Jh. den südlichen Stämmen der Ostslawen, eine einheitliche Marderfellsteuer *(marturina)* auf.

Die Gliederung der ungarischen Gesellschaft in drei bzw. vier Schichten wird auch aus den Gesetzen des heiligen Stephan (1000–1038) ersichtlich: 1. *comes*, *senior* oder *maior*; 2. *miles*, *liber;* 3.–4. *servus; pauper* oder *vulgaris* (3: *libertus*, *civis*, *udvornik*; 4: *mancipium*). Neben ihnen hatten die *hospites* und die *presbiteri* eine rechtliche Sonderstellung. Nach der von König Stephan geschaffenen Ordnung saßen die Mitglieder der niederen Schichten teils auf den Gütern des Königs bzw. der Kirche, teils auf den Burgdomänen, teils auf den Ländereien von Privatbesitzern. Diese gesellschaftlichen Elemente erscheinen in den Gesetzen, Synodalbeschlüssen und Urkunden des 11.–12. Jh. meist unter verschiedenen Namen. Die Bezeichnungen änderten sich nach Quelle, Epoche und besonderer Dienstleistung, und so entwickelte sich eine komplizierte gesellschaftliche Terminologie, deren Einzelheiten noch nicht restlos geklärt werden konnten.

Die *servus-*, *servilis-* (ung. *ín*) bzw. *vulgaris*-Klasse teilte sich im wesentlichen in zwei Schichten: die eine wirtschaftete selbständig mit eigenen Produktionsmitteln; die andere arbeitete mit dem Pflug und den Tieren des Grundherrn. Die ersteren lieferten ihrem Grundherrn die Hälfte, die letzteren zwei Drittel ihrer Produkte ab. Auf Privatgütern hießen die ersteren neben *servus* bis 1164 meist auch *libertus* (*ühüg*), ab 1164 *libertinus*. Die letzteren wurden lange Zeit hindurch *servus* oder *mancipium* genannt, die Dienerinnen *ancilla*. Auf ehemals königlichen Gütern kamen, außer der gemeinsamen Benennung *servus*, für die ersteren *colonus*, *minister*, *udvornik* vor, für die letzteren *arator* und verschiedene Dienstleistungsbezeichnungen wie *agaso*, *vinitor*, *piscator* usw. In den Urkunden des 11.–13. Jh. tauchen mehr als 70 solche Berufsnamen auf. Der Bewohner einer königlichen Burg *(civitas*, *urbs)* wurde *civis*, *civilis*, *castellanus*, *urbanus*, *suburbanus* genannt, wobei der Gebrauch schwankend war; außerdem gab es auch zu speziellen Dienstleistungen verpflichtete Burgleute.

Auf den königlichen, kirchlichen und Burggütern wurden auch die selbständigen Produzenten in Zehnergruppen und Hundertschaften eingeteilt; die Vorsteher der Abteilungen hießen *decurio* und *centurio*. Die Führer der Dorfgemeinschaft erscheinen seit dem 11. Jh. als *villicus* oder *senior*.

Die hier geschilderte Gesellschaftsorganisation löste sich im 13. Jh. auf. Im Laufe dieses Jahrhunderts gelangte die Masse der Leute der Hofgüter und königlichen Burgen unter private Grundherrschaft, wo meist die Unterscheidung *libertinus* und *servus* vorkommt, *mancipium* aber nur selten, in der Bedeutung „Haussklave", anzutreffen ist. Für die Burgleute hat sich seit 1150 die Bezeichnung *castrenses* eingebürgert. Um die Wende des 13./14. Jh. entstand eine einheitliche Schicht der Fronbauern. An ihrer Herausbildung hatten die Auswirkungen des die Völker durcheinanderwirbelnden Mongolensturmes und die allgemeine Verbreitung der Freizügigkeit einen nicht geringen Anteil. Von dieser Zeit an nannte man den Untersassen im ganzen Lande *jobbágy* (Hörige). Seine Dienstleistungen wurden im Laufe des 14. Jh. einheitlich geregelt; Ludwig der Große setzte 1351 die dem Grundherrn zu entrichtende Steuer auf das Neuntel *(nona)* der nach dem Abzug des kirchlichen Zehnts übrig gebliebenen Produkte fest.

Die Bevölkerungszunahme führte zur Teilung des Hofes *(mansio*, *curia)* des selbständig wirtschaftenden Fronbauern; die Hufe wurde halbiert, dann geviertelt. Das Verhältnis war veränderlich; 1 bis 5 Familien lebten auf einer Hufe. Der erste Beleg einer solchen Teilung stammt aus dem Jahre 1234, sie wurde jedoch erst nach der erneuten Zunahme der Bevölkerung im 14. Jh. allgemein.

Parallel mit der Entstehung des einheitlichen Fronbauerntums erscheint die Schicht der besitzlosen Kätner *(inquilinus*, ungarisch *zsellér*). Im Jahr 1265 tauchte der Name *sedler* das erstemal auf; man bezeichnete damit einen durch die Leute des Königs in das Land gebrachten Ackerbauern. Das scheint darauf hinzuweisen, daß diese Schicht sich aus besitzlosen wandernden Siedlern herausgebildet hat. Die Vermehrung der Kätner in der zweiten Hälfte des 14. Jh. ist dagegen darauf zurückzuführen, daß die Hufen über das Viertel hinaus zerstückelt wurden.

Die Mittelschicht der ungarischen Gesellschaft setzte sich aus der zahlreichen Gefolgschaft der Hauptleute und den bewaffneten Führern der selbständig wirtschaftenden Großfamilien zusammen. Anfangs waren sie es, die man als *jobbágy*, *iobagio*, *miles* bezeichnete. Als der heilige Stephan die Besitzverhältnisse neu ordnete, teilte sich die *miles*-Schicht unter den verschiedenen Grundbesitzern: grundbesitzende *seniores*, *nobiles* verfügten ebenso über *milites* wie die *comites* der königlichen Burgen über *iobagiones castri* und die Bischöfe und Äbte über *iobagiones ecclesiae*. Aus den auf königlichem Boden lebenden *milites* gingen die Kleingrundbesitzer hervor, die sich *servientes regis* nannten. Als am Anfang des 13. Jh. die königlichen und Burgdomänen als Donationen größtenteils verteilt wurden, organisierte sich diese Mittelschicht im Rahmen der Komitate gegen die Aristokratie (1232 erster urkundlicher Beleg). Hauptsächlich aus den *servientes regis* und den *iobagiones castri* entstand im Laufe des 13. Jh. die Schicht des zum persönlichen Waffendienst verpflichteten, aber steuerfreien niederen Adels *(nobiles)*. Im 14. Jh. begannen die Aristokraten die Kleinadligen unter der Bezeichnung *familiares* als Vasallen in die Abhängigkeit zu zwingen.

Die hochadlige Schicht bildeten hauptsächlich die Familien der alten Stammesfürsten und Sippenhäupter, die sich dem heiligen Stephan unterworfen hatten, ferner die aus dem Westen und den slawischen Nachbarländern eingewanderten Ritter, sowie die übrigen, zu *comites* erhobenen Getreuen des Königs. Anfangs wurden sie *maiores* (1001–1161), *nobiles* (1077–1166), *principes* (1075), *optimates* (1077–1146), *primates* (1075–1172), *proceres* (1097–1146), *magnates* (1163) und *jobagiones* (1171–1249) genannt; von 1228 an verbreitete sich der Name *barones* für die hochadligen Gefolgsleute des Königs. Unter dem Einfluß der ritterlichen Kultur, die in Ungarn um 1200 heimisch wurde, trugen sie Wappenschilder; die ungarischen Adelssippen führten ihre einstigen Totemtiere, die westlichen Einwanderer heraldische Symbole im Wappen. Bereits König Kolomans Gesetz unterschied in seinem Artikel über das Besitzrecht (I. § 20) die Stammgüter, die jemand als „Schenkung" bzw. Bestätigung des ersten Königs innehatte, von den Donationen der späteren Herrscher. Um 1200, als die Verteilung der königlichen Domänen an fremde, in Begleitung der aus dem Westen stammenden Königinnen zugezogene Ritter begann, wurde bei den Besitzern der Stammgüter die Sitte allgemein, auf die Abstammung bzw. den Rechtstitel mit der Bezeichnung *de genere* hinzuweisen. Der Brauch hörte nach 1350 auf, weil Karl Robert von Anjou, der die Herrschaft mit Waffengewalt erlangte, die Güter zahlreicher *de genere*-Familien konfiszierte und eine neue königstreue Aristokratie ins Leben rief. Im 11.–14. Jh. bekleideten gemeinhin Mitglieder der Aristokratie die *comes*-Posten und die hohen Hofämter *(comes palatinus*, *iudex curiae regis*, *magister agasonum*, *magister tawarnicorum*, *banus*, *cancellarius* etc.), doch sind diese Ämter nie erblich geworden. Trotzdem kam es schon im 13. Jh. zur Verschenkung ganzer Grenzkomitate; im 14. Jh. beherrschten einzelne hochadlige Familien Generationen hindurch gleichzeitig mehrere Komitate. Eine Hocharistokratie als selbständiger Stand hat sich jedoch in Ungarn nicht ausgebildet, und rechtlich galt der im Gesetz von 1351 festgesetzte Grundsatz: *una et eademque nobilitas*.

Der hohe Klerus setzte sich im 11. Jh. meist aus den die Mission leitenden deutschen, tschechischen, polnischen und italienischen Priestern, dann auch wallonischen Domherren zusammen. Vom 12. Jh. an aber kamen hauptsächlich Sprößlinge hochadeliger Familien über die Hofkapelle und die Kanzlei auf die Bischofsstühle. Der niedere Klerus und das Mönchsvolk bezog seinen Nachwuchs bereits seit dem 11. Jh. aus Einheimischen. Die Landpriester waren von den Grundherren abhängig; es kam vor, daß der Herr den Pfarrer als seinen *litteratus officialis* zur Erledigung seiner Rechtsangelegenheiten verwandte (1333).

Städte im westlichen Sinne entstanden in Ungarn im 11.–12. Jh. an den Sitzen der Könige und in den bischöflichen *civitates* bzw. *suburbia*. Die einheimischen Ackerbauern, Handwerker und Händler verblieben in ihrer alten Abhängigkeit; manchmal lebten die Leute des Königs, der Kirche und der Burg nebeneinander. Die Fernhandel treibenden fremden Kaufleute, anfangs Mohammedaner, Juden, Wallonen, später

Lombarden, Bayern und die sog. *flandrenses,* die sich in den Wiken der *civitates* niedergelassen hatten, standen unter dem Schutz des Königs. König Koloman war der erste, der städtische Privilegien an dalmatinische Hafenstädte verlieh (Trau-Trogir 1108 usw.). In Ungarn selbst erhielten die Latiner (Wallonen) von Székesfehérvár (Stuhlweißenburg) im 12. Jh. das Privileg der Richterwahl und Zollfreiheit. Dieses Sonderrecht wurde dann das Vorbild der von 1230 an in rascher Folge erteilten heimischen Stadtprivilegien. Im selben Jahrhundert hat sich die Organisation der königlichen Stadt ausgebildet; an ihrer Spitze standen der gewählte *villicus* oder *iudex* (in Buda, Zagreb und Dalmatien der ernannte *rector* oder *potestas*) und zwölf Geschworene *(iurati)*. In der zweiten Hälfte des 13. Jh. erschien in Buda eine Schicht von Rechtskundigen, die an der Universität von Bologna studiert hatten. Sie wirkten teils als *notarii*, teils als Mitglieder der höfischen Gerichte. Die Bürger der Städte, infolge der Kolonisation des 13. Jh. zu ein bis zwei Drittel Deutsche, werden als *cives* oder *burgenses* bezeichnet. In den deutschen Bergstädten erscheinen seit der zweiten Hälfte des 13. Jh. die deutschen Stadtrechte, meist Varianten des Magdeburger Stadtrechts. Die kirchlichen Grundherren verwalteten ihre Städte durch den von ihnen ernannten *comes terrestris* und die gewählten *iurati*. Der Rat der kirchlichen Städte und der Marktflecken bestand meist nur aus sechs Geschworenen; ihre Bürger wurden *hospites* genannt. Die Bezeichnung bezog sich jedoch nicht auf die Volkszugehörigkeit, denn die *hospites* rekrutierten sich im 13.–14. Jh. meist aus den einheimischen ungarischen, slawischen und deutschen Zuzüglern[1].

Bei den Nomadenvölkern ist die soziale Mobilität hauptsächlich eine Folge der durch ungünstige Witterung, Seuchen oder militärischen Angriff erlittenen Einbußen am Viehbestand. Wer seine Tiere verloren hatte, sah sich gezwungen, in den Dienst eines Reichen zu treten. Obwohl die landnehmenden Ungarn keine Vollnomaden waren, kamen sie in eine solche Lage, als ihre im Dnjeprgebiet lagernden östlichen Stämme unter Zurücklassung ihres Viehbestandes vor den Petschenegen fliehen mußten. Man weiß jedoch nicht, inwieweit die Verluste das Herabsinken in die Hörigkeit zur Folge hatten und in welchem Maße die Verarmten an den Streifzügen des 10. Jh. beteiligt waren.

Ein ähnlicher Vorgang hat sich unter den im Karpatenraum unterworfenen Donau-Slowenen und Bulgaro-Slawen abgespielt. Sie gerieten größtenteils in den *servus*-Stand; ihre Krieger aber schlossen sich – wie der Salzburger Erzbischof Theotmar im Jahre 900 dem Papst klagte – den Scharen der streifenden Ungarn an.

Die Kämpfe Gézas und Stephans gegen die den sozialen Umbruch ablehnenden Stammesfürsten und Sippenhäupter endeten mit der Ablösung eines bedeutenden Teiles der Führerschicht. So findet man z. B. die Nachkommen des 955 nach der Lechfeldschlacht hingerichteten *karchas* (Fürsten) Bulcsu und des vom König Stephan besiegten Stammesfürsten an der unteren Donau, Ajtony, im 13. Jh. in den Reihen des niederen Adels. Gleichzeitig stellte der heilige Stephan geeignete Unfreie auch königlichen Pfalzen und Burgen vor. Die Aristokratie bekam im 11.–13. Jh. zwar Zuwachs durch zugezogene *advena*-Sippen, aber ihre Rolle erfuhr keine wesentliche Änderung. Im Kampfe Karl Roberts um die Krone stiegen dagegen viele aus der Mittelschicht auf (z. B. die Perényis aus einem *hospes*-Geschlecht über das Amt des *iudex curiae*), andere, z. B. die Abkömmlinge der aufständischen Aba-Sippe *(de genere Aba),* sanken in den niederen Adel herab, die Mitglieder des *genus Zaah* aber wurden vom König Karl ausgerottet. Der neue Herrscher stiftete für seine führenden Getreuen den St. Georgs-Ritterorden (1325) und zeichnete einige mit Helmzier *(cimier* > ungarisch *címer)* aus (1326). Der unter König Karl entstandene Hochadel blieb bis zum Ende des 14. Jh. verhältnismäßig stabil.

Die Waffendienst leistende Mittelschicht kennzeichnete im 10. Jh. eine beträchtliche

Mobilität, denn die Großen umgaben sich gerne mit einer Gefolgschaft von kriegstüchtigen Leuten aus anderen Stämmen, um möglicherweise gegen das eigene Volk vorgehen zu können. Hingegen erstarrte die unter Stephan dem Heiligen entstandene *miles*-Schicht, wovon der Umstand zeugt, daß ihre Nachkommen sich im 13. Jh. als *liberi sancti regis*, bzw. *iobagiones* oder *filii iobagiorum sancti regis* bezeichneten. Das war die Schicht, die Otto von Freising (gest. 1158) *militum ordo* nannte. Bei Kriegsgefahr wurde außer ihr auch $^1/_{10}$ bis $^1/_7$ der Burgleute, der *coloni* Ottos von Freising, unter die Waffen gerufen. Eine Urkunde aus dem Jahre 1165 hat die Erhebung ungarischer Burgleute von Pozsony (Bratislava – Pressburg) in den Stand der *proceres sancti regis* d.h. *iobagiones castri* festgehalten. Auf diese Weise entstand eine neue Schicht, die *iobagiones... de castrensibus exempti* (1213), deren Mitglieder ungarisch *kelthiobagfyu* hießen. Um die Wende des 13. Jh. bildete sich der einheitliche niedere Adel heraus, dessen Mobilität im 14. Jh. durch zwei Momente verursacht wurde. Das eine war das Gesetz Ludwigs des Großen aus dem Jahre 1351. Es verfügte im § 11, daß *universi viri nobiles intra terminos regni nostri . . . sub una et eademque libertate gratulentur*, schloß aber auch den Adel Slawoniens ein, der von der Marderfellsteuer befreit wurde (§ 12). Das Gesetz hatte ferner (ohne es ausdrücklich bestimmt zu haben) zur Folge, daß die Führer der eingewanderten: die *Gräve* (ung. *gereb*) der Sachsen, die Knesen der Rumänen und die Kapitäne der Kumanen in den Adel aufgenommen wurden. Das andere Moment, das den Weg zum Aufstieg in den niederen Adel frei machte, war die *familiaritas*, die Aufnahme in die Gefolgschaft der Großen. Ihre Form war die Erhebung in den Adelsstand *ab hominibus popularibus... in coetum, catervam et consortium nobilium regni* (z.B. 1355, doch auch schon im 13. Jh).

Die Hauptrichtung der Entwicklung des Bauerntums führte dazu, daß der mit dem Pflug und Vieh des Grundherrn selbständig arbeitende *servus* zu einem Hufner wurde. Mindestens drei Viertel der werktätigen Gesellschaft waren durch diesen Vorgang betroffen, der im 11. Jh. einsetzte und am Anfang des 14. Jh. zum Abschluß gelangte. Seine Form war die Freilassung *(manumissio)*, worüber schon der heilige Stephan ein Gesetz erließ (I. § 18: *Si quis misericordia ductus proprios servos et ancillas libertate feriaverit cum testimonio* etc.). Urkundlich sind meist solche Fälle überliefert, wo der Herr seinen mit Gerät und Vieh ausgestatteten Knecht der Kirche überließ und ihn zu bestimmten Dienstleistungen verpflichtete (ungarischer Name *torló*, slawisch *duschnik*); z.B. 1210: *unum servum... ecclesiae Beati Martini tali servitio – cui concessit terram et araturam ad quatuor boves – ut* etc. Dieser Hergang führte zur Entstehung der Schicht der *liberti*, *libertini* usw. Eine höhere Form war die Freilassung des *libertinus*, die das Recht der Freizügigkeit mit sich brachte (1141–46: *ubicunque servire voluerint, libere serviant*; 1234: *ubicunque vellent manendi, fas haberent*). Auch am Anfang des 14. Jh. begegnen uns noch sporadisch Freilassungen von Hausknechten *(mancipia)* oder Kriegsgefangenen als letzte Boten einer vergangenen Gesellschaftsordnung.

Zwischen Staat und Gesellschaft bestand ein Gegenseitigkeitsverhältnis. Der Staat, im Mittelalter vom König personifiziert und von der Krone symbolisiert, gewährleistete in Ungarn seit dem 11. Jh. mit seiner Rechtsordnung und Militärgewalt die Möglichkeit der friedlichen Produktion, um dadurch die Unterworfenen regelmäßig besteuern zu können.

In Ungarn schuf die Gesetzgebung seit Stephan dem Heiligen eine Rechtsordnung, die auf dem Gebiete der allgemeinen Sicherheit und der Rechtsmittel den Nachbarländern voranging. Daraus erklärt sich die andauernde Immigration nach Ungarn vom Ende des 11. Jh. bis zur Türkenzeit, während keine nennenswerte Emigration aus den Ländern der ungarischen Krone zu verzeichnen ist.

Der König verwaltete sein Land durch die Komitatsorganisation; die massenhaft eingewanderten Völkerschaften aber hatten seit dem Anfang des 13. Jh. ihre eigene territoriale Verwaltung. Selbständige Territorien besaßen die Sachsen Siebenbürgens, der Zips und des Hernádtales *(terra Saxonum)*, die Székler *(terra Siculorum)*, die Rumänen des Fogarasgebietes *(terra Blacorum)*, außerdem die Kumanen und Jazygen *(jász*, eigentlich Alanen). Am Ende des 12. Jh. wurde das Gebiet zwischen Sawe und Drau mit den dort errichteten Komitaten dem Banus von Slawonien unterstellt. In diesen Territorien sprach meist ein vom König delegierter Richter nach den Gewohnheiten der heimischen Bevölkerung Recht. Für die Leibeigenen der Komitate waren, je nach der grundherrschaftlichen Abhängigkeit, der *curialis comes* des Königshofes, der Kirche bzw. der Burg oder der mit dem Siegel entsandte *bilochus* (Siegel: ungar. *bilog*) zuständig. Auf den Märkten sorgten die *biloti forenses* (1183) für Ordnung.

Bis zur Mitte des 13. Jh. zog der König von Pfalz zu Pfalz und hielt in den Angelegenheiten des Adels und der Kirchen Gericht, während der Fastenzeit aber, sowie am St. Stephanstag (20. August) hielt er in Székesfehérvár (Stuhlweißenburg) Gerichtstag für Adlige und Gemeine. Die Beweisführung ersetzten bis 1235 die an den Kapitelsitzen stattfindenden „Gottesgerichte“ (slawisch *prawda*). Seit der Mitte des 13. Jh. ging die Komitatsgerichtsbarkeit in die Hände der aus den Reihen des niederen Adels gewählten *iudices servientium* über. Gleichzeitig entstanden als höhere Foren in Buda zwei ständige Gerichte, die Richterstühle des *viceiudex curiae* und des *vicepalatinus*. Der *Palatinus* selbst hielt auch im 14. Jh. noch anläßlich der auf dem Lande abgehaltenen Versammlungen *(generalis congregatio)* über die Angelegenheiten von Adligen und Gemeinen Gericht. Das beschränkte Recht der Grundherren, über ihre eigenen Leibeigenen Gericht zu halten, kam im 13. Jh. auf und gewann in der Form der *exemptio* immer mehr Raum, bis unter Karl Robert auch das westliche *ius gladii* gewährt wurde[2].

Die Aufrechterhaltung des Landfriedens ermöglichte die regelmäßige Besteuerung, wodurch die Schatzkammer des Herrschers bereichert wurde. Auf das 10. Jh. kann nur die von den einheimischen Slawen entrichtete Marderfellsteuer *(marturina)* zurückgeführt werden und vielleicht die Pferdesteuer der Székler. Über eine von Ungarn erhobene Ochsensteuer gibt es nur eine späte Nachricht aus dem Jahre 1235. Eine Art direkter Steuer, die auf der ganzen Gesellschaft Ungarns lastete, war das vom jährlichen Geldwechsel herrührende *lucrum camerae*, das von der Mitte des 11. Jh. mit einigen Stockungen bis zur Kammerreform Karl Roberts (1338) erhoben wurde. Diese Reform hat das *lucrum camerae* unter Beibehaltung des Namens in eine nach Hufen oder Pforten erhobene direkte Steuer umgewandelt. Die erste direkte Steuer, die von jedem selbständigen Produzenten (von Freien und Halbfreien) erhoben wurde, ist wahrscheinlich von Stephan I. nach dem Beginn der regelmäßigen ungarischen Münzprägung (um 1020) eingeführt worden. Diese war die später *liberi denarii* oder *libertini denarii vulgo fumarii* (Rauchgeld) genannte 8-Denar-Steuer, die schon von König Koloman um 1100 teilweise abgeändert wurde. Dazu kamen die *pondera* und die von den Weinproduzenten erhobenen „Zuber“ *(chibriones)*. Diese Steuern wurden am Anfang des 13. Jh. nacheinander verschenkt. Andreas II. führte anläßlich seines Kreuzzuges von 1217–18 die für das 13. Jh. charakteristische außerordentliche Kriegssteuer *(collecta, exactio)* ein. Karl Robert erhob sie im allgemeinen als 1 *Ferto*, d. h. 1 Gulden, nach jeder Pforte. Außerdem wurde vom 14. Jh. an zu besonderen Anlässen ein *subsidium* erhoben. Einen wichtigen Posten stellten seit dem 13. Jh. die in einer Summe entrichteten Steuern der Städte und der der königlichen Kammer unterstellten Juden dar sowie das von den fremden Kolonisten erhobene *terragium*, mit dem die von den königlichen Domänen und den Komitaten einkommenden Steuern vornehmlich grundherrschaftlicher Art erfaßt wurden[3].

In das Lebensniveau der Landbevölkerung gewähren einige Beschreibungen und die Ergebnisse der archäologischen Forschung Einblick. Die Ungarn hatten – ihrer halbnomadischen Lebensweise entsprechend – zwei Arten von Behausung: das feste Haus und das Zelt. In den Dörfern, die sich im Laufe des 10. Jh. aus den ständigen Wintersitzen entwickelt hatten, bewohnte man in den Boden eingesenkte Hütten mit Schilfdach und einer Feuerstelle in der Ecke. Diese Art von Behausung, die nach dem Zeugnis der Ausgrabungen im 11.–13. Jh. allgemein verbreitet war, kam mit Zelten kombiniert nur in einer Siedlung der Tiefebene (Doboz) zum Vorschein, wo das Dorf teils aus Erdhäusern, teils aus Zelten bestand. Die Forscher, die sich unlängst mit der Frage befaßten, neigen zur Ansicht, daß Otto von Freising in seinem Bericht, die Ungarn wohnten im Sommer und Herbst in Zelten, nicht einen Auszug auf das Weideland gemeint hat, sondern ein Dorfbild, wo das Gewann zweierlei Bebauung aufwies, teils Erdhäuser, teils Zelte mit den Tieren. Denn der die Wohnhäuser umgebende Gürtel der Gärten mit Stallungen für das Vieh kennzeichnete bis zum 18. Jh. die Dörfer der Großen Tiefebene. Der Weg Ottos von Freising führte aber in Transdanubien durch eine Reihe von Petschenegen-Siedlungen, so daß er ihre Eigenart beobachtet und geschildert haben kann. Daß es nur wenige Holzbauten und noch weniger Steinbauten gab, trifft in seiner Schilderung jedenfalls zu. Die Erdhäuser wurden innerhalb einiger Tage errichtet; so konnte ein Dorf nach dem Wunsch des Grundherren leicht umgesiedelt werden.

Wann die Feldfrüchte in der Ernährung des ungarischen Volkes auf Kosten der tierischen Produkte in den Vordergrund traten, sollen die jetzt im Gang befindlichen Forschungen klären. Was den Verbrauch von alkoholischen Getränken anbelangt, kann man im Lande zwei Gebiete unterscheiden. Im transdanubianischen Hügelland, am Fuße der Berge und am Theißufer wurde Wein angebaut, während in der Tiefebene der Met *(márc)* und das Hopfenbier *(cervisia)* zu den wichtigsten Getränken gehörten. Vom 14. Jh. an verbreitete sich das Weintrinken stärker[4].

Die Tracht des Gemeinvolkes ist ein ungeklärtes Problem. Nach einem von dem Perser Gardīzī überlieferten Bericht aus dem 9. Jh. hatten die Ungarn Pelze in Fülle; dagegen werden die Gemeinen in der Bilderchronik (1358) ausschließlich in hemdartigen Textil-Gewändern dargestellt; demnach hat sich während der vergangenen 500 Jahre eine Umstellung vom Leder auf Textil vollzogen. Reine Lederbekleidung zeigen in der Bilderchronik von 1358 nur die Darstellungen der Rumänen[5].

Die Einwohnerschaft der Burgorte und Städte ist größtenteils aus den Dörfern zugezogen und behielt auch hier deren Lebensform bei. Der äußeren Erscheinung nach machte auch Otto von Freising keinen Unterschied zwischen *vici* und *oppida*. Die königlichen und bischöflichen *civitates* mit ihren *suburbia* entwickelten einen Haustyp, der als international bezeichnet werden kann. Für die Städte des 11.–13. Jh. steht kein ausreichendes archäologisches Material zur Verfügung; der typische Grundriß der aus Stein gebauten Wohnhäuser von Buda ist dagegen bekannt: sie standen quer zur Straße und hatten zwei Zimmer; hinten befanden sich die Nebengebäude. Die einzelnen Häuser waren noch nicht aneinander gebaut; die geschlossenen Häuserreihen entstanden erst im 15. Jh.

Bezüglich der Verpflegung der Städte ergibt das Haustierknochenmaterial der Ausgrabungen auf der Burg von Buda folgende Zusammensetzung: Rinder 50 %, Schweine 20 %, Schafe und Ziegen 15 %, Hühner 8 %. Außerdem wurden Hirsche, Rehe, Wildschweine und Feldhasen sowie Flußfische verzehrt. Der Stadtbürger trank im 13. Jh. nachweislich den Wein vom Eigenbau; wurde in der Umgebung kein Weinbau getrieben, so erwarb er anderswo einen Weingarten.

Die Tracht der Städter war international, natürlich gab es dabei ethnische Eigentümlichkeiten, wie sie überall anzutreffen sind.

Das landnehmende Ungartum besaß eine eigenartige orientalische Kultur. Die Führerschicht, die, aus dem von Kök-Türken gegründeten Chazarenreich ausgeschieden, sich selbständig machte, brachte die türkische Kerbschrift mit. Diese Kerbschrift erscheint auf dem Schatz von Nagyszentmiklós und wurde von den Széklern bis zum 16. Jh. bewahrt. Die Metallkunst der Ober- und Mittelschicht des 10. Jh. weist einen sassanidischen Motivschatz auf, der bei den Ungarn durch chwaresmische Vermittlung heimisch wurde.

Mit der Annahme des lateinischen Christentums verbreitete die aus dem Westen gekommene Geistlichkeit die lateinische Schrift. Zwischen 1000 und 1190 wurden Urkunden nur gelegentlich erlassen; seit 1190 verwendete jedoch die umorganisierte königliche Kanzlei feste Formeln. Die Domkapitel und die größeren Klöster übten vom 12. Jh. an die Funktion eines „glaubwürdigen Ortes" *(locus credibilis)* aus; deshalb wurde das Notariat in Ungarn nicht heimisch, im Gegensatz zu Dalmatien, das sich an die lateinische Schriftlichkeit Italiens hielt[6].

Die ersten Träger der lateinischen Bildung waren die Benediktiner, davon zeugen die Bücherverzeichnisse der Klöster am Ende des 11. Jh. Doch begann die literarische Tätigkeit nicht hier, sondern im Kreise der Kleriker des königlichen Hofes. Solche Kleriker schrieben und setzten von der Wende des 11. Jh. an die *Gesta Ungarorum* fort, welche auch die ungarischen historischen Sagen bewahrt haben. Einer von ihnen war auch der Anonymus, der um 1200 eine romanhaft lebendige Schilderung der Landnahme verfaßte. Folgende Mönchsorden wurden von den Herrschern besonders gefördert: Im 11. Jh. die Benediktiner, anfänglich auch die Basilianer; im 12. Jh. zuerst die Prämonstratenser, dann die Zisterzienser; 1223–1250 die Dominikaner, 1250–1350 die Franziskaner, seit 1360 der 1256 in Ungarn gegründete Einsiedlerorden der Pauliner.

Die ersten Berichte über einen Schulunterricht in den Städten liegen in Ungarn aus der ersten Hälfte des 13. Jh. vor. In Pest wird zwischen 1237 und 1240 ein *scholasticus* erwähnt; im *suburbium* von Buda unterhielten die Hospitaliter eine von den Kindern der *hospites* besuchte Schule; gleichzeitig hatten die Franziskaner in der Stadt selbst eine Hochschule, die höhere Bildung gewährte. In Veszprém zerstörte ein Brand im Jahre 1276 die Hochschule, die ein Zeitgenosse mit der Universität von Paris verglichen hat. Eine wirkliche Universität wurde jedoch erst 1367 in Pécs (Fünfkirchen) nach dem Vorbild der 1364 bzw. 1365 gestifteten Universitäten von Krakau und Wien gegründet; auch ihr war jedoch kein langes Leben beschieden. Die ungarländischen Studenten besuchten in der zweiten Hälfte des 12. Jh. Paris, im 13.–14. Jh. aber die italienischen Universitäten, hauptsächlich Bologna.

Die Kunst des mittelalterlichen Ungarn war im Zeitalter der Romanik stilistisch keineswegs einheitlich. Die Denkmäler der höfisch-aristokratischen Architektur und Bauplastik erreichen durchaus das hohe westeuropäische Niveau. Außer italienischen sind auch französische Einflüsse unmittelbar zur Geltung gekommen. Dagegen war die Gotik eine mehr oder weniger provinzielle Variante der westlichen. Die ausführenden Meister der bedeutenderen Bauten des 13.–14. Jh. kamen zumeist aus dem einheimischen deutschen Bürgertum[7].

[1] Vgl. Abschn. 2 Anm. 1.

[2] *F. Eckhart:* Magyar alkotmány- és jogtörténet [Ungarische Verfassungs- und Rechtsgeschichte] (1947).

I. Hajnik: A magyar birósági szervezet és perjog az Árpád- és vegyesházi királyok alatt [Ungarns Gerichtsorganisation und Prozeßrecht im Zeitalter der Arpaden und der Könige aus verschiedenen Häusern] (1899).

Árpádkori uj okmánytár – Codex Diplom. Arpadianus Continuatus, hg. v. *G. Wenzel,* Bd. 11 (1873), S. 249–251.

Gesetz Stephans d. Hl. II. 16 §: *Si quis servorum curti regali aut civitati preficitur, testimonium eius inter comites recipiatur.*

Die besten Ausgaben der zitierten Gesetze hier und im folgenden: Corpus Juris Hungarici – Magyar Törvénytár, Bd. 1 (1000–1526), hg. v. *Nagy, Kolosvári, Ovári, Márkus* (1899).

L. Závodszky: A Szent István, Szent László és Kálmán korabeli törvények [Die Gesetze aus dem Zeitalter Stephans d. Hl., Ladislaus' d. Hl. und Kolomans] (1940).
Decreta regni Hungariae. Gesetze und Verordnungen Ungarns, Bd. 2: 1301–1457. Hg. v. *Döry, Bónis, Bácskai* (1976).

3 *F. Eckhart:* A kiályi adózás története Magyarországon 1323-ig [Geschichte der königlichen Besteuerung in Ungarn bis 1323] (1908).
B. Hóman: Die erste staatliche direkte Steuer. In: Ungarische Rundschau (1912), S. 750–771.
Zum Rauchgeld: *G. Györffy* in: Numizmatikai Közlöny (1974), S. 39 ff.

4 Zur Lebensweise der Ungarn der Landnahmezeit: *G. László:* A honfoglaló magyar nép élete [Das Leben des landnehmenden ungarischen Volkes] (1944).
Zu den Siedlungsverhältnissen der Dörfer: *I. Szabó:* A középkori magyar falu [Das ungarische Dorf im Mittelalter] (1969).
F. Maksay: A magyar falu középkori településrendje [Siedlungssystem des ungarischen Dorfes im Mittelalter] (1971).
Über die Wohnausgrabungen: *I. Méri* in: Archaeológiai Ertesitő (1952), S. 49–65; (1954), S. 138–152.
J. Kovalovszki: A dobozi és bashalmi Árpád-kori faluásatások [Die Dorfausgrabungen von Doboz und Bashalom aus der Arpadenzeit]: Folia Archaeologica 16 (1964), S. 125–143.

5 Zur Kopftracht im 10.–12. Jh.: *A. Kralovánszky* in: Studia Slavica (1959), S. 327–361.
Farbige Darstellungen der Trachten des 14. Jh.: Chronicon Pictum (1964).

6 Zur ungarischen Kerbschrift: *G. Németh:* Die Inschriften des Schatzes von Nagy-Szent-Miklós (1932), Anhang II: Die ungarische Kerbschrift, S. 60–84.
Über die urgeschichtlichen Sagen der ungarischen Chroniken:
G. Györffy: Krónikáink és a magyar őstörténet [Résumé: Les chroniques hongroises et l'histoire primitive des Hongrois] (1948).
Eine moderne Zusammenfassung der ungarischen Literatur des Mittelalters mit Bibliographie: A magyar irodalom története 1600-ig [Geschichte der ungarischen Literatur bis 1600], hg. v. *T. Klaniczay* (1964).

7 Zusammenfassung der mittelalterlichen Kunst: A magyarországi művészet története [Geschichte der ungarländischen Kunst], hg. v. *L. Fülep, D. Dercsényi,* Bd. 1 (^{2}1964).

5. Die Minderheiten

Zur Literatur der Kolonisation vgl. oben und *I. Kniesza:* Ungarns Völkerschaften im XI. Jh. In: Archivum Europae Centro-Orientalis 4 (1938), S. 241–412. *E. Fügedi* u. *A. Kubinyi* in: Forschungen und Vorträge 18 (1974), S. 471–507, 527–566.
Über die Dörfer verschiedener, im Landesgebiet zerstreuter Völkerschaften: *E. Mályusz* in: Századok (1939), S. 257–294, 385–448.
Über die Rumänen: *L. Gáldi, L. Makkai:* Geschichte der Rumänen (1941).
Documenta historiam Valachorum in Hungaria ilustrantia usque ad annum 1400, hg. v. *Lukinich, Gáldi, Fekete Nagy, Makkai* (1941). Ergänzung dazu: *G. Györffy* in: Történeti Szemle (1964), S. 1–25.
Über die Kumanen: *I. Gyárfás:* A jász-kunok története [Geschichte der Jazygo-Kumanen], Bd. 2–3 (1873–1883), und mit Literatur: *L. Rásonyi* in: Philologiae Turcicae Fundamenta, hg.v. *C. Cahen,* Bd. I/1 (1970), S. 1–26.
Zur sozialen Entwicklung der Kumanen und Szekler bis 1400: *G. Györffy* in: Tanulmányok a parasztság történetéhez Magyarországon a 14. században, hg.v. *G. Székely* (1953), S. 104–116, 248–276.
Zur Szeklerfrage: *H. Göckenjan:* Hilfsvölker, S. 114 ff.
Zu Siebenbürgen und den Sachsen: Siebenbürgen und seine Völker, hg.v. *E. Mályusz* (1943).
O. Mittelstrass: Beiträge zur Siedlungsgeschichte Siebenbürgens im Mittelalter (1961).
K. K. Klein: Transsylvanica. Gesammelte Abhandlungen (1963).
Ders.: Saxonica Septemcastrensia (1971).

Zu den Ismaeliten: *J. Jerney:* A magyarországi izmaelitákról [Über die ungarländischen Ismaeliten] (^{2}1970).
Zu den Juden: *S. Kohn:* A zsidók története Magyarországon [Geschichte der Juden in Ungarn] (1884).
Zu den Siedlungen der Wallonen in Ungarn: *G. Székely* in: Annales Universitatis Scientiarum Budapestiensis, Sectio Hist. 6 (1964), S. 3–71.
G. Györffy in: Székesfehérvár Évszázadai 2 (1972), S. 37–44.
Zu den spätmittelalterlichen Anfängen des durch Kolonisation entstandenen slowakischen Volkstums: *G. Györffy* in: Studia Slavica (1976).
M. Kučera: Slovensko po páde Velkej Moravy (1974); anachronistische Darstellung der frühfeudalen Verhältnisse im mittelalterlichen Nordungarn.

Nach der Landnahme haben die Ungarn in ihrer neuen Heimat zwangsweise Gefangene angesiedelt. Diese wurden aus den europäischen Ländern verschleppt, die keine Verbündeten der Ungarn waren und den Brandschatzungen widerstanden. Es ist nicht bekannt, wie viele von den Gefangenen als Haussklaven verwendet oder an östliche Sklavenhändler verkauft worden sind. Dennoch lassen die Ortschaften, die vor dem Jahr 1000 nach einem Volk benannt wurden, auch auf friedliche Einwanderung schließen, z.B. *Scelemsan* (Schlesier), *Zeremlyen* (aus Syrmien), während die Ortsnamen *Horvát*, *Nándor*, *Orosz*, *Varang* und *Kölpény* auf weißkroatische, donau-bulgarische und russisch-warägische Volkselemente hinweisen, die in der militärischen Gefolgschaft des Großfürsten Aufnahme fanden. Außer ihnen wurden zwischen 955 und 970 mohammedanische Kaufleute z.B. in Pest, Petschenegen aber als Grenzwächter und Dienstleute angesiedelt.

Der heilige Stephan stützte sich in seinem staatsorganisatorischen Werk stark auf die westlichen *hospites;* von diesen handelt in seinen Ermahnungen an den Sohn Emerich das 6. Kapitel mit dem Titel: *De detentione et nutrimento hospitum*. In der Zeit Gézas und Stephans zogen hauptsächlich deutsche Ritter, deutsche, italienische, tschechische und polnische Priester, lombardische und griechische Steinmetze nach Ungarn. Seit der Verschärfung der deutsch-ungarischen Gegensätze um die Mitte des 11. Jh. bevorzugten die Ungarnkönige die lothringischen Wallonen; so kamen im Jahr 1048 24 Domherren aus Verdun nach Ungarn; mehrere von ihnen wurden auf Bischofsstühle erhoben. Wahrscheinlich ihrem Ruf folgend sind die sog. „Latiner" in die Königssitze Esztergom (Gran) und Székesfehérvár (Stuhlweißenburg) sowie in die bischöflichen Städte und die Weinbaugebiete eingewandert. Zahlreiche aus Volksnamen gebildete Ortsnamen erinnern an sporadische Einwanderungen: *Németi* ‚Bayer', *Lengyeli* ‚Pole', *Olaszi* ‚Franzose oder Italiener', *Csehi* ‚Tscheche', *Tóti* ‚Slowene', *Oroszi* ‚Russe' und *Bolgár* ‚Donau-Bulgare'.

Um die Mitte des 12. Jh. begann die Kolonisation der bis dahin für das Grenzödland, *gyepü*, vorbehaltenen bewaldeten Gebirgsgegend auf ähnliche Weise, wie die das Böhmische Becken umgebenden Sudeten und die polnischen Karpaten besiedelt wurden. Die Kolonisation setzte auf königliche Initiative ein und diente teils der Landesverteidigung, teils der Wirtschaft. Dieses doppelte Ziel verfolgte König Géza II. mit der Ansiedlung der als *flandrenses* bezeichneten linksrheinischen Deutschen, zu einem geringen Teil wallonischen Kolonisten in Siebenbürgen, sowie der sog. „Sachsen" in der Zips. Sowohl die Zipser wie auch die südsiebenbürgischen Sachsen waren je einem vom König ernannten *comes* unterstellt, die letzteren haben jedoch im Laufe des 14. Jh. sieben autonome Gerichtsbezirke („Stühle") gebildet, zu denen die gesondert verwalteten Kreise von Kronstadt (Brassó, Brasov) und Bistritz (Beszterce, Bistrice) hinzukamen.

Umstritten ist die Zeit der Niederlassung des rumänischen Volkes *(Vlach, Blachi, Olaci, Valachi)* in Siebenbürgen. Soviel steht zweifellos fest, daß die Vlachen im

9.–12. Jh. nur auf dem mittleren Balkan eine Rolle spielten, wo sie schon 1018 ein Bistum mit slawischem Ritus hatten und zur Hauptkomponente des 1186 entstandenen vlach-bulgarischen Zarenreiches der Aseniden wurden. Sie verschwanden im 13. Jh. aus Bulgarien in dem Maße, wie sie in den Ländern der ungarischen Krone auftauchten. Die erste sichere Angabe über in Siebenbürgen seßhafte Vlachen stammt aus dem Jahre 1210, doch ist wahrscheinlich, daß bereits Béla III. (1171–1196) ihre erste Gruppe zur Verteidigung der Grenze in den Südkarpaten angesiedelt hat. Später, im 14. Jh., gewann ihre spezifische ethnische Abgabe, das durch die Vlachen Serbiens schon im 13. Jh. gezahlte Schaffünfzigstel *(quinquagesima ovium)*: Käseprodukte und Schafhaardecken *(cherge)*, immer mehr an wirtschaftlicher Bedeutung. An der Spitze jeder angesiedelten Gemeinschaft stand ein *Knes*; ihre reichen Anführer, die im 14. Jh. vom Ungarnkönig erbliche, jedoch nicht veräußerliche Benefizien erhielten, führten den Titel *vajda (vojvoda)*. Die Ansiedlung der Rumänen war bis um 1280 königliches Monopol; darauf folgend erwirkten auch Bischöfe und Magnaten vom König Ansiedlungsgenehmigungen, bis 1300 nur im Süden, dann auch im Norden Siebenbürgens und im angrenzenden Bergland. Aus dem Komitat Máramaros zog eine Gruppe um 1360 unter Leitung des Woiwoden Bogdan in moldauisches Gebiet.

Durch innere Umsiedlung kamen die Székler *(Siculi)* in ihr heutiges Wohngebiet, in den Ostwinkel der Karpaten. Vom Anfang des 12. Jh. an sind sie in mehreren Grenzgebieten Ungarns als Wächter belegt. Eine Gruppe von ihnen saß am Südrand des Siebenbürger Beckens, von wo sie um 1220 in den östlichsten Winkel Siebenbürgens zog. Das von ihr geräumte Gebiet wurde von „Sachsen" besetzt. Der vom König ernannte Székler-Gespan führte im 14. Jh. den Titel *comes trium generum Siculorum*, und zu dieser Zeit lebte das bereits in drei Gesellschaftsschichten geteilte Széklertum in sieben „Stühle" gegliedert.

Die Ansiedlung von Ackerbau treibenden Slawen war schon um 1100 ein zentrales Problem, denn es heißt im Gesetz König Kolomans (I. § 20): *Liberi quique ac hospites, sicut Sclavi vel ceteri extranei, qui in terris laborant aliorum*. Vom Anfang des 13. Jh. an gibt es Berichte über eine Kolonisation durch kirchliche Grundbesitzer; der Abt von Pannonhalma (Martinsberg) schreibt 1228: *illi Sclavi non plures habent annos, quam VIIII, ex quo destruere et colere ceperunt silva de Selyz*. Ihr bedeutendstes Siedlungsgebiet wurde das waldbedeckte Bergland Oberungarns (der heutigen Slowakei). Hier siedelten sich in der ersten Hälfte des 13. Jh. außer Slawen auch Ungarn und Deutsche an (die zwischen 1235 und 1240 entstandene Aufzeichnung von Garamszentbenedek besagt: *Saxones videlicet Hungari et Sclavi seu alii ad terram monasterii . . . commorandi causa . . . convenerunt . . .)*. Nach dem Mongolensturm, als die neuen Großgrundbesitzer mit der Besiedlung begannen, wurde die slawische Kolonisation vorherrschend, hauptsächlich aus mährischem und polnischem Gebiet. In den großen Flußtälern befanden sich auch vorher Fischer-Jäger-Ackerbauer-Siedlungen; die Zahl der durch die Schultheißen angelegten neuen Dörfer ist aber mindestens zehnmal so hoch wie die der alten; so wurden unbewohnte Waldgebiete in der Größe ganzer Komitate (z. B. in den Komitaten Árva und Sáros) besiedelt. Die slawische Kolonisation hatte zur Folge, daß die alteingesessenen donau-slowenischen, mährischen, weißkroatischen und bulgaro-slawischen Volkssplitter, die am Fuße der West- und Nordkarpaten lebten und in ihre Täler eingedrungen waren, sich weiter differenzierten, dann vom 14. Jh. an mit der großen Masse der slawischen Kolonisten zu einem neuen Volk, zu Slowaken integriert wurden. Erst jetzt erschien auch ihr heutiger Name.

Russisch-warägische Krieger sind bereits im 10. Jh. nach Ungarn gezogen. Sie wurden teils in die königliche Leibgarde eingereiht, teils als Grenzwächter angesiedelt. Von zerstreuten russisch-slawischen Siedlungen im 11.–12. Jh. zeugen die Ortsnamen *Oroszi* und sporadische Angaben. Die Besiedlung der Nordostkarpaten mit Ruthenen begann nach 1330 dank der Initiative der königlichen Burgvögte und der Großgrundbesitzer.

In Oberungarn ging die zuletzt 1265 erwähnte Marderfellsteuer der Urbevölkerung in der Grundsteuer der neuen slawischen Siedler ebenso auf, wie sie selbst durch die neuen Einwanderer aufgesogen wurde. Während die als Kolonisten zugezogenen Neusiedler des Berglandes, Rumänen, Windisch-Slawen und Ruthenen, durch das vollständige Fehlen der Sippenorganisation gekennzeichnet sind, blieb diese jenseits der Drau bis zum Ende des Mittelalters erhalten, und die Bevölkerung zahlte die durch Geld abgelöste Marderfellsteuer bis zum Anfang der Neuzeit. Aus dem an Slawonien angrenzenden Bosnien wurden Kolonisten um so weniger nach Ungarn geholt, da das Land der Herd der bogumilischen Häresie war und die ungarischen Könige im 13.–14. Jh. auf Geheiß der Päpste mehrere Feldzüge gegen die „Ketzer" führten.

Das Grenzödland *(gyepü)* an der österreichischen Grenze wurde am Ende des 12. Jh. aufgegeben; die ersten deutschen Kolonisten hat nachweislich der Abt des Zisterzienserklosters Heiligenkreuz auf seinen neuerworbenen Gütern angesiedelt. Die Berge des heutigen Burgenlandes wurden jedoch erst ein Jahrhundert später bevölkert.

Die türkisch sprechenden Kumanen *(Kun, Cumani, Kipčak)*, die in der zweiten Hälfte des 11. Jh. in die vorher von Petschenegen und Uzen bewohnte Steppe vorgedrungen waren, flüchteten vor den Mongolen das erstemal 1239 nach Ungarn. Nach ihrem 1241 erfolgten Auszug rief Béla IV. 1246 sieben ihrer Stämme zurück, von denen einer aber alanisch *(jász, Jazones, Philistei)* war. 1279 erhielten sie allesamt adlige Freiheit, verpflichteten sich aber zur „christlichen Lebensführung". Im Jahre 1280 lehnten sie sich auf, doch wurden sie von Ladislaus IV. besiegt; 1282 aber zog sich ein Teil von ihnen in die Steppe zurück. Im Laufe des 14. Jh. nahmen die Häupter der Großfamilien *(bī, capitanei)* den Boden in Privatbesitz, wodurch die Gemeinen zu Leibeigenen herabsanken. Gleichzeitig verwandelten sich ihre Stammesgebiete in sieben Gerichtsbezirke (Stühle). Eine Gruppe der nach Bulgarien geflohenen Alanen *(jász)* siedelte der Palatin 1365 nach Ungarn um.

Die Ungarn haben Juden bereits im Chazarenreich kennengelernt. Mit Sklaven und anderen Waren Handel treibende Juden wohnten um 965 auch in Ungarn. Wahrscheinlich führte König Stephans Auftreten gegen den Sklavenhandel an einigen zentral gelegenen Marktorten (Esztergom, Szigetfő) zur Verlegung des Markttages auf den Samstag, an dem die Juden keine Geschäfte machen durften. Die Gesetze des 11. Jh. verboten den Juden immer wieder das Halten von christlichen Sklaven. Um 1060 unterhielten sie Geschäftsbeziehungen mit rheinländischen (Mainzer) Juden. König Kolomans Gesetz (I. § 75) bestimmte um 1100 die Bischofssitze zum Wohnort der Juden und regelte auch die Formalitäten des Handels zwischen Christen und Juden.

In Ungarn kam es nach der Synode von Toledo (1217) im Jahre 1221 zu Maßnahmen gegen die Juden und die mohammedanischen Ismaeliten. Der König, vom Papst ermahnt, untersagte ihnen 1222–1231 die Übernahme von Ämtern im Finanzwesen. Neue jüdische Siedlergruppen kamen um 1250 aus Österreich in die ungarländischen Städte, wo sie abgesondert als Kammerknechte unter dem Schutz des Herrschers lebten. Béla IV. gewährte ihnen 1251 ein ähnliches Privileg, wie sie es in Österreich von Herzog Friedrich II. von Babenberg erhalten hatten.

Die Lage der Mohammedaner *(Ismaeliten, Sarraceni)* in Ungarn war der der Juden ähnlich, aber günstiger. Im 9. Jh. schlossen sich zwei mohammedanische Völkerschaften, Chwaresmier *(Kaliz)* und Alanen aus dem Chazarenreich den Ungarn an. Als Hilfsvölker leisteten sie im 10. Jh. in Ungarn Kriegsdienst und waren an der Grenzverteidigung beteiligt. Die Chwaresmier betätigten sich außerdem als Goldschmiede, Münzer, Geldwechsler und Zöllner; ihre Siedlungen lagen meist bei den Übergangsstellen der Ströme (z. B. Pest). Die ungarischen Herrscher suchten zu erreichen, daß die einheimischen Mohammedaner allmählich in der einheimischen christlichen Bevölkerung aufgingen; Kolomans Gesetz (I. § 47–48) verfügte z. B., daß die Einwohner der Ismaelitendörfer zur Hälfte umgesiedelt und ihre Töchter mit Christen verheiratet werden sollten. Diese Maßnahmen führten dazu, daß Abu Hāmid aus Granada 1153 in Ungarn nur mehr in Assimilation begriffene Mohammedaner traf. Gleichzeitig regte aber der König die Ansiedlung weiterer Mohammedaner an; die neuen Zuzügler kamen aus Wolga-Bulgarien. Infolge der oben erwähnten juden- und mohammedanerfeindlichen Maßnahmen (1221–1231) und des Mongolensturmes sind aber die einheimischen Mohammedaner in der zweiten Hälfte des 13. Jh. verschwunden.

6. Die Stellung der Frau

J. Illés: A magyar házassági vagyonjogról az Árpádok korában (1900).

Die landnehmenden Ungarn lebten in vaterrechtlichen Familien, doch war die Stellung der Frau im wesentlichen nicht untergeordnet, weil sie zahlreiche Zweige der häuslichen Wirtschaft selbständig führte. Die Großen pflegten die Polygamie; die erste Frau hatte aber besondere Rechte. Bis zur Aufnahme des Christentums bestand der Rechtsbrauch des Levirats (Schwägerehe).

Nach Gardīzī wurde die Eheschließung der landnehmenden Ungarn in der Form eines Kaufgeschäftes zwischen dem Vater und dem Schwiegersohn abgewickelt; der Bräutigam zahlte einen Kaufpreis für das Mädchen, dessen Vater den Brautschatz gab. Diese gegenseitige Wertüberlassung bestand in modifizierter Form als Morgengabe und Brautgeschenk *(dos et res paraphernales)* bzw. als Mitgift das ganze Mittelalter hindurch; der Wert änderte sich nach den Vermögensverhältnissen. Nur die Sklavinnen *(ancillae)*, die bis zum Anfang des 14. Jh. anzutreffen sind, waren rechtlos.

7. Gegensätze zwischen sozialen Schichten

Zu den sozialen Bewegungen: *E. Molnár:* A magyar társadalom.
I. Bolla: Az Aranybulla-kori társadalmi mozgalmak a Váradi Regestrum megvilágításában [Die sozialen Bewegungen des Zeitalters von der Goldenen Bulle nach den Angaben der Regestrum Varadiense]. In: Annales Universitatis Scientiarum Budapestiensis 1 (1957), S. 84–115.
E. Lederer: La structure de la société hongroise du début du moyen âge. In: Etudes Historiques (1960), S. 195–217.
J. Deér: Der Weg zur Goldenen Bulle Andreas' II. von 1222. In: Schweizer Beiträge zur Allgemeinen Geschichte (1952), S. 104–138.
Über die bürgerlichen Bewegungen des 14. Jahrhunderts: Tanulmányok . . ., hg.v. *G. Székely.*
A. Kubinyi: Budapest története a későbbi középkorban [Geschichte Budapests im Spätmittelalter]. In: Budapest története 2 (1973).
L. Makkai: Társadalom és nemzetiség a középkori Kolozsváron [Gesellschaft und Nationalität in Klausenburg im Mittelalter] (1943).

Der Gegensatz zwischen den sozialen Klassen bzw. Schichten zeigt sich oft in der Form von nationalen oder religiösen Spannungen, und die wirklichen Triebfedern der Bewegungen können erst durch eingehende Analyse erschlossen werden. Hier wird nur einiger, offen zutage gekommener Gegensätze gedacht. In diesem Zusammenhang kann der Heidenaufstand von 1046 wegen seiner wirtschaftlichen Aspekte angeführt werden. Das Volk empörte sich gegen die Priester hauptsächlich wegen des Zehnts; der

Anführer der Bewegung, Vata, war jedoch der Nachkomme eines alten Sippenhauptes. Andreas I., der aus der Verbannung mit einem russischen Heer heimgekehrt war, schlug den Aufstand nieder.

Die Empörung wiederholte sich im Jahr 1061 in geänderter Form: König Béla I. berief zum Gerichtstag von Székesfehérvár (Stuhlweißenburg) je zwei *(seniores)* aus jedem Dorf; außer ihnen erschienen aber auch Bauern und Knechte *(rustici et servi)* und forderten die Vernichtung der Kirche und Abschaffung des Zehnts. Die Menge, die sich zusammengerottet hatte, wurde durch die Krieger *(milites)* des Königs auseinandergejagt.

Zu weiteren Bewegungen kam es während der Gesellschaftskrise in der ersten Hälfte des 13. Jh. Die rasche Änderung der Besitzverhältnisse machte die Lage der verschiedensten Schichten unsicher. Die Krise entlud sich nicht in einer Revolution, sondern zeigte sich darin, daß Mitglieder verschiedener Schichten ihren Dienst eigenmächtig verließen und sich eine günstigere Erwerbsmöglichkeit sicherten. Das *Regestrum Varadiense* (1205–1235) verzeichnete hundertweise derartige Fälle, wobei die Feuerprobe zur Wahrheitsfindung diente. In dieser Zeit gibt es aus dem ganzen Lande Angaben über die Verweigerung der Dienstleistungen an die Kirche; die aufrührerischen Leute wurden zur Strafe auf Anordnung des Palatins meist kahlgeschoren und zu Schadenersatz verpflichtet.

Die Bewegung dehnte sich auch auf die mittleren Schichten aus; die Burgsassen und *servientes,* die den Verlust ihrer Freiheit durch Verschenkung der Burggüter befürchteten, sowie Adlige, die sich zurückgesetzt fühlten, führten zusammen am Gerichtstag von 1222 einen Regierungswechsel herbei und erzwangen eine Goldene Bulle, in der die Rechtslage des Adels durch das Widerstandsrecht *(ius resistendi)* gesichert werden sollte. Der Hochadel und die Kirche erwiesen sich aber als noch stärker und erreichten im Gesetz von 1231 die teilweise Aufhebung der Zugeständnisse, doch kamen die in die Zukunft weisenden Züge der Bewegung erst vom 14. Jh. an in der Gesetzgebung zur Geltung.

Eine lokale Bewegung war der Aufruhr der Bürger von Buda am Anfang des 14. Jh. Ihre Zollfreiheit stand im Gegensatz zum Fährzollrecht der Propstei von Óbuda (Alt-Ofen) und zum Marktzollrecht der Nonnen der Haseninsel (heute Margareteninsel). Nach jahrzehntelangen Prozessen und tumultuarischen Szenen brach während des Interregnums (1301–1308) eine kirchenfeindliche Bewegung los. Der päpstliche Legat, der die Bürger von Buda exkommuniziert hatte, verließ die Stadt, ohne den Bann vorher aufzuheben, und kehrte nach Rom zurück, wo er als Benedikt XI. zum Papst gewählt wurde. Daraufhin setzten sich die Priester *(pseudosacerdotes)* des Bürgertums von Buda an die Spitze des mit Lampen aufziehenden Volkes und exkommunizierten den gesamten hohen Klerus Ungarns und selbst den Papst.

In den inneren Gruppenkämpfen des städtischen Patriziats im 14. Jh., z.B. in Buda (Ofen), Kolozsvár (Klausenburg, Cluj), ist es schwer, verschiedene Schichten zu erkennen, doch reifte gleichzeitig der Gegensatz des überwiegend deutschen Patriziats und der ärmeren, aus der *hospes*-Schicht hervorgegangenen ungarischen Bürger heran, der im 15. Jh. offen zutage treten sollte. In Buda zeigt sich diese Spannung das erstemal in der Bewegung um die Selbständigkeit der ungarischen Pfarrei (1380).

8. Die Landwirtschaft

Zum Ackerbau der Halbnomaden: *I. Szabó:* A falurendszer.
G. Györffy: Zur Frage der Ausbildung des ungarischen Dorfsystems. In: Ethnographia (1970), S. 240–243. Ders.: István Király, S. 397–425.

Über die Eigen-Wirtschaft: *I. Szabó:* The praedium. In: Agrártörténeti Szemle, Suppl. 5 (1963), S. 1–24.
I. Szabó: Ungarns Landwirtschaft von der Mitte des 14. Jh. bis zu den 1530er Jahren. In: Agrártörténeti Szemle, Suppl. 8 (1966), S. 1–44.
L. Makkai: Östliches Erbe und westliche Leihe in der ungarischen Landwirtschaft der frühfeudalen Zeit (10.–13. Jh.). In: Agrártörténeti Szemle, Suppl. 16 (1974), S. 1–53.
Ders.: Les caractères originaux de l'histoire économique et sociale de l'Europe orientale pendant le Moyen Âge. In: Acta Historica (1970), S. 261–287.
Über den Ackerbau im 14. Jh.: *M. Belényesy* in: Ethnographia (1954), S. 387–415; (1955), S. 57–98; (1964), S. 321–349; Acta Ethnographica (1955), S. 361–394; (1956), S. 183–188; (1958), S. 265–321.
Zur Tierhaltung im 14. Jh.: *M. Belényesy* in: Viehzucht und Hirtenleben in Ostmitteleuropa, hg. v. *B. Gunda* (1961), S. 13–82.
Über die Fischerei: *M. Belényesy* in: Ethnographia (1953), S. 148–166.
Zum Weinbau: *M. Belényesy* in: Néprajzi Értesitő (1955), S. 11–30.

Ziemlich verbreitet ist die falsche Ansicht, die Ungarn der Landnahmezeit seien Vollnomaden gewesen. Diese Meinung entstand vor allem unter dem Eindruck der Streifzüge, wobei die Reiterscharen nach echt reiternomadischer Art kämpften. So wurden die Ungarn bereits im 10. Jh. mit den Skythen (Regino von Prüm) und Hunnen gleichgesetzt. Die „Taktika" Leos des Weisen schienen diese Ansicht wissenschaftlich zu bestätigen, doch folgt diese Quelle in der Charakterisierung der nomadischen Ungarn fast wörtlich den „Taktika" des Pseudo-Maurikios vom Ende des 6. Jh., deren Schilderung sich jedoch nicht auf die Ungarn bezog.

Ein von Ibn Rusta überlieferter mohammedanischer Reisebericht aus den Jahren um 870 gibt eine authentische Beschreibung der halbnomadischen Lebensweise der Ungarn in der Pontischen Steppe: Im Sommer folgen sie mit ihren Herden der grünen Vegetation; im Winter haben sie ihre Wohnstätten an den Flußufern, wo sie fischen und viel bebautes Ackerland besitzen. Wie István Szabó kürzlich mit einer Reihe von Analogien nachgewiesen hat, bestand der halbnomadische Ackerbau darin, daß man, nachdem das Getreide im Frühling neben den ständigen Winterquartieren ausgesät worden war, mit den Herden auf die Weiden hinauszog und zur Ernte zu den Quartieren zurückkehrte.

Dieses Bild wird vollends bestätigt durch die Lehnwörter der ungarischen Sprache. Die grundlegenden Begriffe des Ackerbaus (*eke* = Pflug, *sarló* = Sichel, *búza* = Weizen, *árpa* = Gerste, *tarló* = Stoppelfeld usw., sogar auch *szőlő* = Weintraube, und *bor* = Wein) werden mit Wörtern bezeichnet, die der Sprache der halbnomadischen Bulgaro-Türken des Wolga-Don-Gebietes entstammen.

Die breite Masse des Ungarntums führte auch im 10. Jh. ein solches Leben; sie war freilich nicht identisch mit den Kriegern der Streifzüge, die schon vor dem Säen aufbrachen und nach der Erntezeit heimkehrten. Trotzdem war ihre halbnomadische Viehzucht (Rind, Pferd, Schaf) sehr bedeutend, und der Ackerbau war der Viehzucht untergeordnet. Infolge des Angriffes der Petschenegen und Bulgaren, der die Ungarn vor der Landnahme traf, büßten sie einen Teil ihres Viehbestandes ein; somit näherte sich die Lebensweise des Gemeinvolkes noch mehr der Lebensform der in der Ebene und im Hügelland wohnhaften slawischen Ackerbauern.

Die ältesten slawischen Lehnwörter, die seit dem 9. Jh. die ungarische Sprache bereicherten, können nur zu einem gewissen Teil nach Zeit und Mundart voneinander abgesondert werden. Infolgedessen ist es in den meisten Fällen nicht zu bestimmen, wann die Wörter des Ackerbaus, der Viehzucht und der Fischerei übernommen wurden. Die älteste Schicht kam zweifellos durch die Berührungen mit den südrussischen Stämmen in die ungarische Sprache, die zweite während der Assimilation der Donau-Slowenen und Bulgaro-Slawen im 10.–11. Jh., die dritte im Laufe der großangelegten Kolonisation des 13. und 14. Jh. und schließlich die vierte Schicht seit dem Ende des 14. Jh. durch die vor den Türken fliehenden Südslawen. Die Unterscheidung und kulturgeschichtliche Auswertung dieser Schichten auf ernstem wissenschaftlichem Niveau ist noch eine Aufgabe der Zukunft.

Seit dem Jahre 1000 zeugen die Urkunden von seßhaften Dorfsiedlungen. Die authentischen Urkundentexte des heiligen Stephan nennen 30 Dörfer (*villa, vicus,* griechisch *khóra*), die größtenteils heute noch bestehen; unter ihren Namen findet man u. a. ungarische Stammesnamen und die Beschäftigungsbezeichnung *Szántó* (*arator,* Pflüger). Die Dörfer hatten – nachweislich seit 1055 – umschriebene Grenzen; zu gleicher Zeit gliederte sich das landwirtschaftlichen Dienst leistende Volk der Abtei Tihany wie folgt: *arator* (Pflüger): 60, *vinitor* (Winzer): 20, *piscator* (Fischer): 20, *agaso* (Pferdeknecht): 10, *bubulcus* (Ochsenknecht): 5, *pastor ovium* (Schafhirt): 3, *subulcus* (Schweinehirt): 3, *apinarius* (Bienenwächter): 2. Durch stufenweise Verschiebung der Gliederung bildete sich im 12.–13. Jh. die einheitliche Ackerbau-Hufe aus.

Außer den in Feldgemeinschaft lebenden Dörfern erschienen seit der zweiten Hälfte des 11. Jh. auch die kleineren *praedia,* deren *servus*-Bewohner den Boden mit dem Pflug und Vieh des Grundherrn bebauten. Im 12. Jh. arbeiteten je nach Gegend unterschiedlich 3, dann 2 Familien mit einem Pflug, und so kam es im 13. Jh. zur allgemeinen Verbreitung des mit einem Pflug arbeitenden Fronhofes *(mansio)*. Nach sporadischen Belegen kamen auf einen Pflug im Jahr 1079 zehn, in den Jahren 1156 und 1186 acht Ochsen; im 13. Jh. findet man in einer Wirtschaft durchschnittlich vier Ochsen. Die abnehmende Zahl der Zugtiere erklärt sich wohl durch die technische Entwicklung des Pfluges.

Die frühe Art der Bodennutzung bei den Ungarn des 9.–10. Jh. war außer dem Aufbrechen der Grasböden die Bebauung des sog. *telek = terra fimata*. Im 11.–13. Jh. bezeichnete man als *telek* die Landstücke, auf denen längere Zeit hindurch Tiere gehalten wurden (Quartier- aber auch Dorfstellen) und die für ihren fruchtbaren Boden bekannt waren. Diese uralte Produktionsweise wird sich jedoch schon im 11. Jh. gewandelt haben, da nur mehr ein ertragreicher, gedüngter Teil der Gemarkung als *telek* bezeichnet wurde. Das an ihrer Statt eingeführte slawische *parlag*-System (slawisch *prelog* = Ruheacker) beruhte auf der Feldgraswirtschaft (Wechsel von Ackerbau und Weide). Es blieb in der Tiefebene bis zum 15. Jh. im Gebrauch, während in Transdanubien und Oberungarn im 14. Jh. sich das Zwei- und Dreifeldersystem mit dem ein Jahr lang ruhenden *ugar* (Brachfeld) durchgesetzt hat. Im Gebirge verbreitete sich der Ackerbau durch Abbrennen und Roden des Waldes vom 13. Jh. an.

Die landnehmenden Ungarn brachten die Kenntnis von Traube und Wein aus dem Osten mit und fanden im Pannonien des 9. Jh. Weinbau vor. Im Hügelland und an Gebirgshängen breitete sich der Weinbau bereits im 11. Jh. aus. Die bekanntesten Weingebiete waren im 12. Jh. Syrmien (Marchia), Somogy, Zala, Makra (im Komitat Arad), Hegyalja in Zemplén (Tokajer Gegend) sowie die Umgebung der Bischofssitze, denen im 13. Jh. sich das Territorium der Siebenbürger Sachsen und der Weinbau um die Städte angeschlossen haben.

Es gab bereits im 11. Jh. der königlichen und herzoglichen Jagd vorbehaltene Wälder (z. B. Pilis, Igfon), doch setzte eine regelmäßige Forstwirtschaft erst um die Wende des 12./13. Jh. ein, als im Lande zehn königliche Forstgespanschaften mit je einer königlichen Pfalz als Zentrum errichtet wurden: 6 in Oberungarn, 3 in Transdanubien und eine auf der Donauinsel Csepel. Der leitende *procurator,* später *comes* (Gespan) ließ den Wald, wo das gesamte Großwild dem König und seinem Gefolge vorbehalten war (1265), durch die ihm unterstellten Waldhüter *(erdőóvó, custodes silvarum)* und Wasserwächter *(vizóvó)* bewachen. Nach der Kolonisierung des Berglandes wandelte sich die Mehrheit der Forstgespanschaften im 14. Jh. zu Komitaten. Die Abholzung für Bau und Gewerbe gehörte zu den grundherrlichen Rechten, doch war die Holzgerechtigkeit der örtlichen Bevölkerung allgemein anerkannt.

Die Ungarn brachten eine Fischerei finnisch-ugrischen Ursprungs in das Karpatenbecken mit sich. Sie wurde hier mit den Methoden der einheimischen Slawen wesentlich bereichert. Eine Hauptform des Fischfanges im 11.–14. Jh. war das Öffnen der *aquaeductus* der *piscina* genannten toten Arme bei Hochwasser und ihr Schließen beim Sinken des Wasserstandes, außerdem das ständige Fischen an bestimmten Gewässerabschnitten, welche *tanya* (aus dem slawischen *tonja*) genannt wurden. An der Donau und der Theiß sind zum Fang des oft doppelzentnerschweren Hausens besondere Vorrichtungen gebaut worden.

9. Bergbau und Metallverarbeitung

Zum Bergbau: *G. Heckenast:* Eisenverhüttung im Burgenland und Westungarn im 10. bis 13. Jh. In: Burgenländische Heimatblätter (1967), S. 55–65.
Heckenast, Nováki, Vastagh, Zoltay: A magyarországi vaskohászat története a korai középkorban [Geschichte des ungarländischen Eisenhüttenwesens im frühen Mittelalter] (1968).
Zur Goldproduktion: *F. Kováts* in: Történeti Szemle (1922), S. 104 ff.
O. Paulinyi: A magyar aranymonopólium jövedelme a középkorban [Das Einkommen des ungarischen Goldmonopols im Mittelalter]. In: Domanovszky Emlékkönyv (1938), S. 488–503.
Über die Entwicklung des Salzregals: *O. Paulinyi* in: Századok (1923–24), S. 627–647.

Die Beschirrung der 20000 Reiter der landnehmenden Ungarn benötigte 10 Tonnen Eisen, die sie selbst durch Verhüttung von Raseneisenerz gewonnen haben. Der sakrale Ritus des Schmiedens war auch mit der Würde des Großfürsten verbunden. Die Schwertproduktion der Ungarn entwickelte sich unter der Einwirkung der alanischen, ihre Goldschmiedekunst wurde vom chwaresmischen Kunsthandwerk beeinflußt. Im 10. Jh. siedelten die Arpaden und die übrigen Führer in der Nähe ihrer Sitze Eisenhüttenarbeiter, Schmiede und Waffen erzeugende Handwerker an, wovon die Ortsnamen *Vas* (< ung. *vas* ‚Eisen‘), *Rudnik, Rendek* (< slaw. *rudo* ‚Eisen‘) „Eisenhüttenarbeiter“, *Tárkány* (< türk. *tarkan*), *Kovácsi* (< südslaw. *kovač*) „*Schmied*“, und *Csatár, Csitár* (< slaw. *ščitar*), „Schildmacher“ usw. zeugen. Zur Deckung ihres Silberbedarfes war seit der zweiten Hälfte des 10. Jh. die Silbergrube von Schemnitz in Betrieb. Die Zentren der beiden Eisen produzierenden Gebiete des 11.–12. Jh. hießen beide Vasvár ‚Eisenburg‘; hier ließ der König das ausgebeutete Eisen aufbewahren und verteilen.

Der Aufschwung des Bergbaus begann um die Mitte des 12. Jh. mit der Einwanderung von deutschen Bergleuten. Die wichtigsten Bergwerke waren seit der Gründung der Arpaden-Monarchie Schemnitz (Banska Stiavnica, Selmecbánya), nach der Mitte des 12. Jh. Radna, im 13. Jh. Neusohl (Banska Bistrica, Besztercebánya), Schmölnitz (Smolnik, Szomolnok) und Göllnitz (Gelnica, Gölnicbánya); seit 1300 aber erlangte die Goldproduktion von Kremnitz (Kremnica, Körmöcbánya), Frauenbach (Baia Mare, Nagybánya) und der Siebenbürger Gruben europäische Bedeutung. Im 14. Jh. lieferte Ungarn jährlich 10000 kg Silber, d. h. 25 % der ganzen europäischen Silbergewinnung; seine Goldproduktion von jährlich 1000 kg stand an erster Stelle. Zum Aufschwung des Bergbaus zu dieser Zeit trug die Verwendung der mit Wasserkraft getriebenen Brecher wesentlich bei. Die Edelmetallgewinnung war königliches Monopol, obwohl auch kirchliche und weltliche Großgrundbesitzer das Schürfrecht erhielten. Die Leitung lag im 14. Jh. in den Händen von Kammergrafen *(comites camerae)*.

Die Salzgewinnung und der Salzvertrieb waren ebenfalls königliches Monopol. Das in Siebenbürgen abgebaute Salz wurde im Inland über zwei Landesverteilerstellen vertrieben und über die Grenzburgen ausgeführt. An der Ausbeutung nahmen auch die Kirchen teil; ihre Beteiligung ist 1231 durch Gesetz geregelt worden. Seit der zweiten Hälfte des 13. Jh. kamen kleinere Salzbrunnen und Gruben in Privatbesitz, doch verblieben die größten Salzbergwerke in Siebenbürgen und Máramaros unter königlicher Verwaltung. Gleichzeitig war Oberungarn auf polnische Salzeinfuhr angewiesen.

10. Das Handwerk

G. Heckenast: Fejedelmi (királyi) szolgálónépek a korai Árpádkorban [Fürstliche (königliche) Dienstvölker in früher Arpadzeit] (1970).

M. Kučera: Anmerkungen zur Dienstorganisation im frühmittelalterlichen Ungarn. In: Zbornik Filozofickej Fakulty Univerzity Komenského (1970), S. 113–127.

G. Györffy: Zur Frage der Herkunft der ungarländischen Dienstleute. In: Studia Slavica (1976), S. 39–83, 311–337.

Zur Organisation des Handwerks im 13. Jh.: *E. Lederer* in: Századok (1927–28), S. 492–528, 633–645.

Das städtische Handwerk des 14. Jh. wird behandelt in der Einleitung von *J. Szűcs:* Városok és kézmüvesség a XV. századi Magyarországan [Städte und Handwerk in Ungarn im 15. Jh.] (1955). *A. Kubinyi* in: Budapest története, Bd. 2.

Das ungarische Handwerk hat zwei Wurzeln; die alten türkischen Lehnwörter der Sprache (z.B. *ács* = Zimmermann und *szűcs* = Kürschner) erinnern an die Zeit vor der Landnahme, während z.B. *kovács* (Schmied) und *takács* (Weber) durch die Verbindungen mit den Slawen in die ungarische Sprache gelangten. Die Lehnwörter haben manchmal alte ungarische Ausdrücke verdrängt, z.B. das slawische Wort *kovács* das ungarische *vasverő*, was ein Zeichen der Verbreitung einer neuen Technik ist. Mit den Produkten des Hausgewerbes hat sich das ungarische Gemeinvolk im allgemeinen selbst versorgt. Das Handwerk erschien im 10. Jh. als Gruppengewerbe im Dienste der Führerschicht. G. Heckenast wies nach, daß um die Sitze der Arpadenfamilien mit der Abgabe von Handwerkserzeugnissen belastete Dörfer lagen, die – ebenso wie in Böhmen und Polen – meist nach dem Beruf der Einwohner genannt wurden. Dieses Gruppengewerbe – mit etwa 30 Handwerkszweigen – ist für Ungarn bis zum Anfang des 13 Jh. bezeichnend. Handwerkliche Abgaben leistende Dörfer gab es vor allem auf den königlichen und den vom König den Kirchen und Magnaten geschenkten Besitzungen, ferner auf den Burggütern. Vom 11. Jh. an können wir mit einer aus *hospites* entstandenen Handwerkerschicht in den königlichen und bischöflichen Städten rechnen.

Nach Auflösung der Hofdomänenorganisation im 13. Jh. konzentrierten sich die Handwerker in den Städten und Marktflecken, doch schwankte ihr Anteil an der überwiegend Acker- und Weinbau treibenden Einwohnerschaft auch im 14. Jh. nur zwischen 20 und 30 %. Nach J. Szűcs gliederten sich die Handwerker von Sopron (Ödenburg) im Jahre 1379 nach Gewerbezweigen wie folgt: Eisen und Metall: 13 %, Spinnen und Weben: 11 %, Leder: 9 %, Holz: 11 %, Lebensmittel: 15 %, Bekleidung: 11 %, Baugewerbe: 2 %. Seit der Mitte des 14. Jh. schlossen sich die Handwerker zu zunftartigen Organisationen zusammen (z.B. 1367 die Fleischer von Óbuda).

11. Der Handel

Über den Außenhandel im 11.–12. Jh.: *A. Pleidell:* A nyugatra irányuló magyar külkereskedelem a középkorban [Der ungarische Außenhandel nach dem Westen im Mittelalter] (1925).
Zur Rolle der Pilgerstraßen: *G. Györffy* in: Székesfehérvár Évszázadai 2 (1972), S. 37–44.
Zs. P. Pach: A Levante-kereskedelem erdélyi utvonala I. Lajos és Zsigmond korában [Die siebenbürgische Route des Levantehandels zur Zeit Ludwigs I. und Sigismunds]. In: Századok (1975), S. 3–32.

Aus dem auf Handel bezüglichen Wortschatz der ungarischen Sprache ist *vásár* = Markt und *vám* = Zoll der Herkunft nach iranisch, *szatócs* = Händler aber alttürkisch. Wie Gardīzī berichtet, dienten den Ungarn des 9. Jh. Pelz, Rinder und arabisches Geld als Tauschmittel.

Der Fernhandel wurde im 10. Jh. hauptsächlich von Mohammedanern (Chwaresmier und Kaukasier), außerdem Juden und Ungarn abgewickelt. Bis zum Untergang des Chazarenreiches bestand die Verbindung mit dem Orient; um 965/969 wurden Handelsbeziehungen mit den slawischen Nachbarstaaten und Byzanz, seit 973 auch mit dem Westen aufgenommen, und die Einfuhr der Schwerter aus dem Rheinland setzte ein. 965/969 exportierten die Ungarn Pferde, während sie Sklaven, Zinn und Pelze einführten.

Bis zur zweiten Hälfte des 10. Jh. war der Binnenhandel an die Fürstensitze gebunden. Nach der Organisierung des Staates sind die *suburbia* von Städten, Burgorten und größeren Kirchen zu Marktorten geworden; es wurden jedoch auch auf Privatbesitzungen Märkte abgehalten (ab 1055). Um den Kirchenbesuch zu fördern, hat der heilige Stephan verfügt, daß der Markt sonntags und bei der Kirche stattfinden soll. Seit der zweiten Hälfte des 11. Jh. wurden immer mehr Wochenmärkte an anderen Tagen abgehalten und die Marktorte oft nach dem Markttag genannt (z. B. *Szerdahely* = Ort mit Markt am Mittwoch). König Ladislaus I. untersagte um 1080 die Kaufgeschäfte außerhalb des Marktes (II. § 7). Nach dem Gesetz Kolomans (I. § 33) sind die Kaufleute teils *mercatores,* teils *pauperes, qui de mercato vivunt*.

Die Münzprägung setzte nach dem Jahr 1000 ein, doch wurde das Geld erst in der zweiten Hälfte des 11. Jh. allgemeines Tauschmittel. – Ungarn schaltete sich 1018, mit der Eröffnung der Jerusalemer Pilgerstraße, in den west-östlichen Fernhandel ein; jetzt verlegte König Stephan seinen Sitz von Esztergom nach Székesfehérvár (Stuhlweißenburg) an der Pilgerstraße. Nachdem die Straße am Ende des 12. Jh. gesperrt worden war, wickelte sich Ungarns Osthandel über Venedig ab und wurde Buda zum Flußübergang der nach Rußland führenden Handelsstraße.

Im 13. Jh. wurden aus Venedig Textilwaren und Waffen, aus Flandern Tuch, aus Rußland Pelze eingeführt. Wein, Getreide und Leder waren die Hauptexportartikel nach dem Westen. Das Stapelrecht Wiens (1211) hinderte, besonders seit der Erneuerung von 1312, den unmittelbaren Handelsverkehr zwischen Regensburg und Buda. Für eine organisierte Umgehung Wiens sorgte aber erst 1335 der Kongreß von Visegrád, auf dem die Herrscher von Ungarn, Böhmen und Polen die Umleitung des Fernhandels über Brünn beschlossen.

In Ungarn übten außer Esztergom nach Buda (1244), Győr (Raab 1271) und seit der Mitte des 14. Jh. auch Lőcse (Leutschau, Levoča) und Kassa (Kaschau, Košice) das Stapelrecht aus. Fernhandel treibende Kaufleute besuchten hauptsächlich die Messe von Buda. Im 14. Jh. konzentrierte sich der Binnenhandel außer den wöchentlichen und täglichen Märkten der Städte auf die Wochenmärkte der Marktflecken. An den Marktplätzen der Städte hatten die Händler ihre ständigen Verkaufsbuden; es wurde aber auch über das Fenster verkauft (1285), und in mehreren Städten waren *apothecae* in Betrieb.

12. Das Verkehrswesen

Die Publikation der die Verkehrswege betreffenden Angaben ist im Gange bei *G. Györffy:* Geographia historica. Eine teilweise überholte Bearbeitung des Straßennetzes von Transdanubien: *L. Glaser* in: Századok (1929–30), S. 138–167, 257–285.
Über den schweren Handelswagen: *S. Domanovszky:* A mázsaszekér [Der „Zentnerwagen"]. In: Fejérpataky Emlékkönyv (1917), S. 37–74.

Das römische Straßennetz Pannoniens blieb in mehr oder weniger brauchbarem Zustand bis zum Mittelalter erhalten. Der Abschnitt Zagreb (Agram) – Ščitarjevo (Andautonia) – Ljubljana (Laibach, Emona) – Aquileia, *Strata Ungarorum* genannt, zählte zu den Hauptaufmarschwegen der Ungarnzüge.

Die beim Aufbau der staatlichen Organisation errichteten Burgen waren durch ein System von Heerstraßen (1055: *Hodu utu, via exercitualis*) miteinander verbunden; diese hießen stellenweise Königstraßen (z.B. 1256: *Kyraluta*). Die Flurumgehungen des 13.–14. Jh. erwähnen überall im Lande von den Heerstraßen abzweigende Straßen als *via, magna via, via gregis* usw., während in Siebenbürgen mehrere *Sahtut* (*só út* = Salzstraße) und *viae Saxonum* zu finden sind.

Die Ungarn als Viehzüchtervolk reisten im allgemeinen zu Pferde. Auf Grund von orientalischen Analogien ist anzunehmen, daß bei ihnen im 9.–10. Jh. der zweirädrige Karren am meisten verbreitet war. Die Quellen des 11. Jh. erwähnen öfters außer der *biga* den vierrädrigen *currus*. Die Zolltarifordnungen des 13.–14. Jh. unterscheiden zweierlei Wagen, einen schweren, *masa* genannt (1255–), und den leichteren *chelle* (1285–). Unter dem dienstleistenden Königsvolk erscheinen im 11.–13. Jh. *curriferi* genannte Troßknechte, im 14. Jh. werden *aurigarii* erwähnt (z.B. 1330).

Der internationale Hauptverkehrsweg des Landes war die bereits erwähnte Pilgerstraße (Wien–Györ [Raab]–Székesfehérvár [Stuhlweißenburg]–Belgrad); die Hauptverbindung zwischen Italien und Rußland ging über Zagreb–Buda–Ungvár (Užgorod). Die beiden Straßen kreuzten sich bei Székesfehérvár. Seit dem 13. Jh. führte die Straße nach Böhmen über Nagyszombat (Tyrnau, Trnava); nach Polen führten zwei, die eine über Rózsahegy (Rosenberg, Ružomberok), die andere über Kaschau und die Zips. In Siebenbürgen entstanden die Städte Beszterce (Bistritz, Bistriţa), Brassó (Kronstadt, Braşov) und Nagyszeben (Hermannstadt, Sibiŭ) an den wichtigsten Ausfahrtstraßen.

Der Hauptwasserweg war die Donau; die Schiffe verkehrten aufwärts bis Regensburg bzw. Wien, abwärts bis Belgrad: Eine russische Quelle bezeichnet 969 Perejaslawetz vor dem Donau-Delta als Umschlagplatz griechischer, russischer, ungarischer und tschechischer Waren. Das Salz wurde aus Siebenbürgen auf dem Fluß Maros bis nach Szeged befördert.

Der Unterhalt der Fähren war vom 10. Jh. an ein Vorrecht des Herrschers; die Fährmänner schlossen sich, z.B. in Pest, in eine Korporation zusammen (1280–).

13. Geld- und Kreditwesen

L. Réthy: Corpus Nummorum Hungariae, Bd. 1–2 (1899–1907); deutsche Übersetzung von *G. Probszt* (1958).
Grundlegende geldgeschichtliche Synthese: *B. Hóman:* Magyar pénztörténet 1000–1325 [Ungarische Geldgeschichte 1000–1325] (1916).
I. Gedai: A magyar pénzverés kezdetei [Die Anfänge der ungarischen Münzprägung] (1980).
G. Györffy: A magyar pénzverés kezdeteihez [Data to the beginnings of coinage in Hungary]. In: Numizmatikai Közlöny (1974), S. 35–41.

B. Hóman: A magyar királyság pénzügyei és gazdaságpolitikája Károly Róbert korában [Finanzwesen und Wirtschaftspolitik des Königreichs Ungarn in der Zeit Karl Roberts] (1921).
L. Huszár: A budai pénzverés története a középkorban [Geschichte der Münzprägung in Ofen im Mittelalter] (1958).
L. Thallóczy: A kamara haszna [Lucrum Camerae] (1897).
Die Angaben über die Preise in Ungarn vom Ende des 12. bis zum Anfang des 14. Jh. wurden in Tabellen zusammengestellt und ausgewertet: *B. Hóman:* Magyar pénztörténet, S. 474–543.
L. Lederer: A középkori pénzügyletek története Magyarországon [Geschichte der mittelalterlichen Geldgeschäfte in Ungarn] (1932).
Über die Einkünfte Bélas III. im Jahre 1186: *B. Hóman:* Magyar pénztörténet, S. 424–436.
G. Györffy: Einwohnerzahl, S. 15–21.

Die Ungarn kannten den arabischen Dirhem (870) und das byzantinische Goldstück bereits im 9.–10. Jh.; diese Münzen waren jedoch vornehmlich unter den Kaufleuten in Umlauf. Pelze und Rinder waren das Tauschmittel des Gemeinvolkes.

Die Münzprägung des heiligen Stephan begann in den Jahren nach 1000; er ließ Silberdenare nach Regensburger Muster prägen, doch wurde das Geld erst am Ende des Jahrhunderts allgemeines Zahlungsmittel. Um die Mitte des 11. Jh. brachte der jährliche Geldwechsel eine vorübergehende Geldentwertung; für die Münzprägung des 12. Jh. aber waren die kleinen Silberdenare mit vermindertem Wert charakteristisch. In dieser Zeit breitete sich der Gebrauch des unvermünzten Silbers aus, und das Geld wurde nach der Mark zu 207 und 233 g gewogen, nicht gezählt. Im 13. Jh. sind mehrere Marksorten heimisch geworden, wovon die Ofener Mark zu 245 g landesüblich wurde. Neben dem schlechten ungarischen Geld fanden 1200–1240 die Friesacher Denare, 1264–1338 die Wiener Denare Verbreitung, während die slawonische Münzkammer 1255–1325 Banaldenare guter Qualität *(banales)* in Umlauf brachte. Zu Anfang des 14. Jh. waren daher in Ungarn die verschiedensten Geldsorten in Verkehr. Karl Robert machte Schluß mit dem System des Geldwechsels, begann 1325 die Prägung von 3,5 g schweren Goldflorinen nach florentinischem Muster und legte damit den Grund zum festen ungarischen Geldwesen des 14. Jh.

Die Münzprägung war bis Mitte des 13. Jh. zentralisiert; außer der Münzanstalt des Königs in Esztergom ließen nur die Thronfolger-Herzöge von Zeit zu Zeit Münzen schlagen. Von 1255 an war Buda, seit 1328 Körmöcbánya (Kremnitz, Kremnica) Hauptprägeort. Anläßlich seiner Reform verpachtete Karl Robert die Münzprägung an Münzkammergrafen, die dem Schatzmeister *(magister tawarnicorum)* unterstellt waren.

Die arabischen Geographen des 12. Jh. (Idrīsī, Abu Hāmid) haben den Überfluß an Lebensmitteln und die niedrigen Preise Ungarns hervorgehoben. Nach den Aufstellungen von B. Hóman waren die Bodenpreise im 13. Jh. je nach Region unterschiedlich niedrig; z. B. ein Pflug Land kostete zwischen 2–10 Mark Silber. Der Ackerboden trug jährlich etwa 6–12 % seines Kaufpreises ein. Im 13. Jh. schwankten die Preise für Sklaven zwischen 2–4, für Pferde zwischen 2–15 Mark, während das Hornvieh im allgemeinen für 1/4 Mark verkauft wurde. Die von Menschenhand geschaffenen Güter hatten dagegen hohen Wert. Für die viel Arbeit fordernden Weinberge wurden sehr verschiedene, aber hohe Preise bezahlt; ein Stadtpalast kostete zwischen 35–200 Mark Silber, ein Panzer 10 Mark; ähnlich wertvoll waren die Textilien; 1318 kostete z. B. ein Ballen Yperner Tuch 10, ein Ballen Dürener Tuch 5 Mark Silber.

Der Staatshaushalt war im mittelalterlichen Ungarn mit dem Haushalt des Königs identisch. Im 11. Jh. enthielten die königlichen Einkünfte das Gefälle aus dem Geldwechsel *(lucrum camerae)*, den Salzverkauf, die Zölle, die Abgaben der Gespane, die Produkte der Hofgüter (hierher gehört die Marderfellsteuer der Slawen) sowie die Pferdesteuer der Székler und Petschenegen. Zwei Angaben bezeugen, daß diese Einkommensquellen bereits im 11. Jh. in Evidenz gehalten wurden. Ein Gesetz des Königs Ladislaus I. (III.§ 2) erwähnt, daß in der *Descriptio iudicis Sarchas* das Königsvolk erfaßt war. Laut einer Urkunde von 1349 aber enthielt das im königlichen Archiv aufbewahrte Buch *Legenda Sancti Stephani regis* die Liste der Burggüter. Diese Aufstellungen sind verlorengegangen.

Erhalten geblieben ist dagegen das 1186 verfaßte Verzeichnis der Einkünfte des Königs Béla III., das nach Silbermark ausgewiesen an erster Stelle das Zehnteinkommen der Bischöfe, an zweiter Stelle die tatsächlichen Einnahmen des Königs enthält:

Zehnteinkommen der Bischöfe	Mark	Einkünfte des Königs	Mark
Erzbischof von Esztergom (Gran)	6000	Gefälle aus Geldwechsel	60000
Erzbischof von Kalocsa-Bács	2500	Salzgefälle	16000
Bischof von Eger (Erlau)	3000	Weg-, Fähr- und Marktmauten	30000
Bischof von Vác	700	Hospites von Siebenbürgen (Flandrenses)	15000
Bischof von Pécs (Fünfkirchen)	1500	Das königliche Drittel aus der Jahressteuer von 72 Gespanen	25000
Bischof von Győr (Raab)	1000	Herzog von Slawonien (hier: Dalmatien, Kroatien und Rama)	10000
Bischof von Veszprém	1700	Geschenke von 72 Gespanen	10000
Bischof von Nyitra (Nitra, Neutra)	300		166000
Bischof von Csanád	2000		
Bischof von Várad (Oradea, Wardein)	1000		
Bischof von Siebenbürgen	2000	Geschenke, die die Königin und die Königssöhne in Silber, Seidenstoffen und Pferden erhalten	-----
Bischof von Zagreb (Agram)	1500		
Erzbischof von Zara (Zadar)	500		
Erzbischof von Spalato (Split)	400	Naturalabgaben der Ackerbauern	-----
	24100		

Das Verzeichnis gibt die Naturalleistungen des Volkes der Hofgüter zur Verpflegung des von Pfalz zu Pfalz ziehenden königlichen Gefolges zahlenmäßig nicht an. Für eine königliche Mahlzeit *(prandium)* waren im Jahre 1242 12 Ochsen, 100 Brote und 4 Faß Wein abzuliefern.

Vom königlichen Haushalt des 13.–14. Jh. ist keine Aufstellung erhalten geblieben. Im 14. Jh. erschienen das *lucrum camerae*, außerdem die *exactiones* und *collecta* als direkte Steuer; die Städte und die Juden entrichteten ihre Steuer in einem Betrage; der Edelmetallbergbau und die Münzprägung stellten einen selbständigen Posten dar; die Steuer der Burggespane aber ist weggefallen.

14. Rückblick

In der Wirtschaftsentwicklung des Ungartums lassen sich folgende Abschnitte unterscheiden: 1. Im 9. Jh. halbnomadische Viehzucht mit Ackerbau. 2. Im 10. Jh. Abnahme des Viehbestandes und Stärkung des Ackerbaus unter slawischem Einfluß, Ausbau der Organisation der dienstleistenden Hofleute. 3. Im 11.–12. Jh. zu $^{2}/_{3}$ auf den Hof- und Burggütern beruhende Ackerbauwirtschaft mit relativem Rückgang der Viehzucht, auf den privaten Grundbesitzen Zunahme der *libertinus*-Wirtschaft auf Kosten der *servus*-Wirtschaft. 4. Im 13. Jh. Auflösung der Organisation der Hof- und Burggüter; an ihre Stelle tritt der private Großgrundbesitz, allmähliche Vereinheitlichung der verschiedenen Hof- und Burguntertanen, die *servus*-Wirtschaft im Verschwinden begriffen, Entwicklung der privilegierten Städte. 5. Im 14. Jh. Ausgestaltung von Burgdomänen, einheitliche Steuerlast der einheitlichen Schicht der Grundsassen, Ausbreitung der Zwei- und Dreifelderwirtschaft, Entwicklung der Städte deutscher Kolonisten und des Edelmetallbergbaus, Zunahme der Marktflecken agrarischen Typs.

§ 24 Rumänien von der Aufgabe Dakiens (271 n. Chr.) bis ins 10. Jahrhundert

Von Jon Barnea

Allgemeine Literatur

Istoria României, I (1960), partea IV[a]: Perioda detrecere la feudalism (sec. IV–X e.n.).
P. P. Panaitescu: Obştea ţărănească în Ţara Românească şi Moldova. Orînduirea feudală (1964).
D. Protase: Problema continuităţii în Dacia în lumina arheologiei şi numismaticii (1966).
M.Macrea: Viaţa în Dacia romană (1969); Kap. X: Dacia după retragerea stăpînirii romane.
I. Barnea: Condiţiile social-economice din Sciţia Minoră în perioada Dominatului. In: *R. Vulpe* u. *I. Barnea:* Din istoria Dobrogei, II: Romanii la Dunărea de jos. Bibl. Historica Romaniae IV (1968), S. 446–455.
Gh. Diaconu: Tîrgşor. Necropola din secolole III–IV e.n. (1965).
B. Mitrea u. *C. Preda:* Necropole din secolul al IV-lea e.n. în Muntenia (1966).
I. Ioniţă: Contribuţii cu privire la cultura Sîntana de Mureş-Cerneahov pe teritoriul Republicii Socialiste România. In: Arheologia Moldovei IV (1966), S. 189–259.
G. Bakó: Date privind structura socială si apartenenţa purtătorilor culturii Sîntana-Cerneahov din Transilvania. In: Studii şi cercetări de istorie veche 19 (1968), S. 63–80.
Maria Comşa: Cu privire la caracterul organizării social-economice şi politice pe teritoriul ţării noastre în epoca migraţiilor. In: Studii şi cercetări de istorie veche 18 (1967), S. 431–442.
Relations between the autochthonous population and the migratory populations on the territory of Romania. A collection of studies (Bibliotheca Historica Romaniae, Monographs, XVI) (1975), S. 55–276.

1. Die Übergangszeit zur feudalen Gesellschaft

Nach der Befreiung Dakiens von der römischen Herrschaft (271 n. Chr.) treten die gesellschaftlichen Verhältnisse auf dem heutigen Gebiet Rumäniens in eine neue Periode der historischen Entwicklung. Der Beginn dieser Periode fällt mit dem Zeitpunkt zusammen, zu dem die Sklaverei in der früheren Provinz Dakien aufgehoben wurde. Das Ende dieser Periode zieht sich hin bis ins 9. und 10. Jh., als die ersten Formationen feudaler Staatlichkeit beginnen. Selbst wenn das Auftreten solcher Formationen urkundlich nur für bestimmte Gebiete der östlichen Staatsgrenze von Siebenbürgen und der Dobrudscha belegt ist, so genügt dies doch, um das 10. Jh. als äußerste Grenze gelten zu lassen, in dem feudale Verhältnisse auftreten und sich festigen, mit Ausnahme der Dobrudscha, die unter dem Namen Scythia Minor bis zum 7. Jh. zum Oströmischen Reich gehörte.

In dieser Provinz dauerte auch die Sklavenarbeit noch drei Jahrhunderte an, d. h. bis zum Ende des 6. Jh. Obwohl hier die Entstehung der feudalen Verhältnisse sich im 4. und 5. Jh. vollzog, nahm die Sklavenwirtschaft in der Produktion noch einen vorherrschenden Platz ein. Der Zusammenbruch der älteren Grundbesitzform begann mit den Veränderungen im 7. Jh. als Folge der Volksbewegungen im Kaiserreich und der Ansiedlung der Slawen südlich der Donau. Dieser lange Prozeß des Übergangs endet erst später, im Laufe des 9. Jh. In den Gebieten, die von der römischen Herrschaft nicht erfaßt waren, der Walachei und der Moldau, lagen die Dinge anders. Für diese Gebiete müssen weitere Forschungen erst noch zeigen, ob es richtig ist, den Untergang der bisherigen einfachen Gemeindeorganisation und ihre Entwicklung zum Feudalismus zu einem früheren Zeitpunkt beginnen zu lassen als dem Zusammenbruch der römischen Herrschaft in Dakien.

Trotz der ungewöhnlichen Länge dieser Übergangsperiode ist sie doch typisch für den Wandel von einer Produktionsweise zu einer anderen. Was zu ihrer Verlängerung beigetragen hat, ist einmal die besondere innere Lage und zum anderen der äußere Umstand der Völkerwanderung – Faktoren, die, obwohl sie sich positiv auf die Beendigung der Sklavenwirtschaft auswirkten, die fortlaufende gesellschaftliche Entwicklung hemmten, indem sie das Auftreten von ersten feudalen Organisationen zunächst verhinderten. In den Gebieten, die noch unter der römischen Herrschaft standen, war der Übergang zum Feudalismus eine Folge der Schwächung der Sklavenhalterorganisation, während er in anderen Gebieten, die diese Ordnung nicht kannten, von der primitiven (einfachen) Gesellschaft der Gemeinde ausgehend direkt erfolgte. Aus der Symbiose der dako-romanischen Bevölkerung und der zugewanderten Sklaven ging in dieser Epoche das rumänische Volk hervor.

Bei der Aufgabe Dakiens durch die römische Herrschaft, als Großbesitzer und Staatsinstitutionen, die diese unterstützten, wegzogen, brach die Produktion auf der Grundlage der Sklavenhaltung zusammen und gab den Weg für eine neue höhere Produktionsweise frei. Sechs Jahrhunderte lang, vom Rückzug Aurelians bis zum Ende des ersten Jahrtausends, waren die ländliche bäuerliche Gemeinde sowie die freien bäuerlichen Föderationen von Gemeinden fast die einzige Form des sozialen Lebens des rumänischen Volkes.

2. Die dörfliche Gesellschaft

Die freie (dörfliche bzw. bäuerliche) ländliche Gemeinde muß also als Verbindungsstufe zwischen den früheren Ordnungen und dem Feudalismus betrachtet werden, sei es der Sklavenhaltergesellschaft der römischen Provinz Dakien, sei es der Gentilordnung (der primitiven Gemeinden), die sich in den Gebieten, die von den freien Stämmen Dakiens bewohnt waren, auflöste. Die bäuerliche Gemeinde war eine Arbeitsgemeinschaft, deren Tätigkeit von dieser Gemeinschaft geleitet wurde und die bezüglich der Rechte über den Bodenbesitz einen geschlossenen Kreis bildete. Das Fortbestehen dieser Gemeinschaften auf dem Boden Rumäniens seit den Geto-Dakiern bis zur Gründung der Feudalstaaten zeigt die Kontinuität des rumänischen Volkes in Dakien: ein Volk, das sich in diesem Land niedergelassen hatte und dauernd mit seinem Boden verbunden war. Das bestätigen Archäologie und Linguistik. Die Städte, die die Grundlage der römischen Herrschaft waren, gerieten in Verfall, da ihre Rolle für das Leben in der Provinz immer geringere Bedeutung hatte. Nach dem großen Hunnensturm verschwanden sie fast ganz, ja sogar ihre Namen gingen verloren. Das Schwergewicht des wirtschaftlichen Lebens verlagerte sich von der Stadt auf das Dorf. So erklärt sich die Etymologie des rumänischen Wortes *sat* (Dorf), das jede bäuerliche Niederlassung bezeichnet, von lat. *fossatum*, einem befestigten Platz, während man für die Bezeichnung einer Stadt *(oraş)* viel später das ungarische Wort *vàros* gebraucht hat.

Die dako-romanische Bevölkerung zog nach Beendigung der römischen Herrschaft in die ländlichen Gegenden, wo sie sich den Bauern- und Hirtengemeinschaften anschloß, die seit langem bestanden und die auch während der römischen Herrschaft bestehen geblieben waren. Als Viehzüchter, Hirten und kleine Bauern lebten sie in den Gebieten, die besonders geschützt waren, wie Gebirgssenken und Flußtälern. Eine Reihe von Wörtern lateinischen Ursprungs lassen das Fortbestehen des vorherrschend bäuerlichen Charakters der Dako-Romanen erkennen: *a ara* (pflügen), *a semăna* (säen, fig. befruchten), *a culege* (pflücken), *a secera* (ernten), *grîu* (Korn), *mei* (Hirse), *orz* (Gerste) usw. Die eingeborene Bevölkerung war in den Bergen oder hügeligen Gegenden zahlreicher, ebenso in Niederungen, die den wandernden Völkern weniger zugänglich waren. Hier konnten sie neben der Viehzucht und dem Ackerbau Obstbäume pflanzen und Wein anbauen. So erklärt sich die lateinische Etymologie für die Bezeichnungen der hauptsächlichen Obstbäume: *măr* (Apfelbaum), *păr* (Birnbaum), *prun* (Pflaumenbaum), *cireş* (Kirschbaum) usw. Andere Wörter lateinischen Ursprungs sind: *casă* (Haus), *poartă* (Tür), *uşă* (Haustür), *perete* (Mauer), *fereastră* (Fenster). Sie zeigen, daß die dako-romanische Bevölkerung ein beständiges Leben in den Städten *(sate)* und den Dörfern *(cătune)* – das letztere wahrscheinlich ein Wort der Eingeborenen, mit dem gleichen Sinn wie *sat* = befestigter Platz –, in den Bergen, auf den Hügeln und in der Ebene geführt hat.

Man nimmt heute an, daß die Dorfgemeinschaften auf dem Gebiet Dakiens lange vor der römischen Herrschaft bestanden haben. Das älteste schriftliche Zeugnis in bezug auf die Gemeinschaft der Geto-Dakier stammt aus dem 1. Jh. v. Chr. Es handelt sich um eine sehr umstrittene Stelle der Oden des Horaz (III, 24, 11–16): (Melius) vivunt et rigidi Getae/ inmetata quibus iugera liberas/ fruges et Cererem ferunt/ nec cultura placet longior annua, / defunctumque laboribus/ aequali recreat sorte vicarius. Diese Verse zeigen uns, daß es bei den Geten vor der römischen Eroberung eine gemeinsame Herrschaft über den Boden gab, die von einem Dorf oder einem Stamm ausgeübt wurde, daß die Ernten allen Mitgliedern der Gemeinschaft gehörten und daß man jedes Jahr einen anderen Teil des Bodens bearbeitete, der im Jahr davor brachgelegen hatte. Nach einer anderen, weniger einsichtigen Interpretation handelt es sich bei diesen Versen nicht um einen Wechsel des zu bearbeitenden Landes, sondern um den der Arbeiter, die nacheinander arbeiteten. Bei den Dakern hat dieses Organisationssystem unter der Herrschaft der Römer fortgedauert, vor allem in den Gebieten, in denen die dakische Bevölkerung zahlreicher war. Die Herrschaft der römischen Sklavenwirtschaft hat die dakischen Gemeinden überlagert, aber nicht verschwinden lassen. Die gleiche Organisationsform in Gemeinden bestand im 2. und 3. Jh. auch bei den Karpen und den freien Dakern in den Gebieten der Waldsteppen und der Hügelländer außerhalb der Karpaten.

Das Ende der römischen Herrschaft bedeutet einen neuen Abschnitt nicht nur für die dako-romanische Bevölkerung der frühen römischen Provinz Dakien, sondern auch für die Bevölkerung der Karpen und der Daker oder Dako-Romanen jenseits der römischen Provinz. Die bäuerliche Gemeinschaft des früheren Dakiens erfuhr zu Ende des 3. Jh. einen neuen Aufschwung. Man hat festgestellt, daß die freien Daker, die von Westen, sowie die Karpen, die von Osten kamen, am Ende des 3. und Anfang des 4. Jh. an der Erneuerung und weiteren Entwicklung der bäuerlichen Gemeinden der früheren römischen Provinz teilhatten. Ebenso trugen die Sklaven, die zu freien Bauern erhoben wurden und in die bäuerlichen Gemeinden eintraten, zur weiteren Gestaltung der dörflichen Verhältnisse bei, wobei die Arbeitsgemeinschaft die Blutsbindungen ersetzte. Zur gleichen Zeit veranlaßt das Verschwinden des dakischen Limes einen Teil der dako-romanischen Bevölkerung der früheren Provinz Dakien dazu, in die benachbarten Gebiete zu ziehen, wo sie nicht nur zur Vergrößerung des romanischen Elements, sondern auch zur Verbreitung der bäuerlichen Gemeinde beitrugen.

So waren am Ende des 3. und zu Beginn des 4. Jh. die sozial-ökonomischen Verhältnisse bei den Dako-Romanen der früheren Provinz Dakien fast die gleichen wie bei den Dakern, Karpen und Dako-Romanen der benachbarten Gebiete. Die einheimische Bevölkerung unseres Landes war am Anfang der Völkerwanderungen in sozialer Hinsicht weiter fortgeschritten als die wandernden Völker, die sich hier im 4. Jh. niederließen. Bei den Karpen der Moldau stellt man seit dem 3. Jh. eine Trennung der Kleinfamilie innerhalb der patriarchalischen Großfamilie fest, während diese Trennung bei den wandernden Völkern erst zwei oder drei Jahrhunderte später begonnen hat. Diese Fakten haben zum Schluß geführt, daß wir es dort, wo die Kleinfamilie als zu unterscheidende Einheit auftritt, meistens mit der eingeborenen Bevölkerung zu tun haben. Diese Bemerkung gilt nicht nur für die Nachkommen der Karpen der Moldau, sondern auch für die eingeborene dako-romanische Bevölkerung, die auf dem Gebiet der früheren römischen Provinzen lebte. Die sozialen Verhältnisse und die Archäologie der römischen Epoche zeigen überzeugend, daß für die dako-romanische Bevölkerung, die nach 271 in Dakien geblieben war, den hauptsächlichen Kern der Gesellschaft kleine Einzelfamilien bildeten. Aus ihnen bestanden die bäuerlichen Gemeinden, die charakteristisch für die Übergangsepoche zum Feudalismus waren. Diese Gemeinden unterscheiden sich vom alten Typus der bäuerlichen Gemeinden am Ende der primitiven Gesellschaft. Dieser neue Typ der Gemeinden ist gekennzeichnet durch den gemeinsamen Besitz von Grund und Boden, der Häuser mit einem kleinen Grundstück, mit Garten und Obstgarten, die nicht verkauft werden durften; ebenso waren die Felder, Weiden, Wälder und Gewässer (Flüsse oder Seen) in gemeinsamem Besitz.

3. Die Wirtschaft vor den Wanderungen

Der gemeinsame Boden wurde von allen Mitgliedern der Gemeinde zusammen bearbeitet; seine Produkte dienten dem täglichen Verbrauch, als Vorrat bei schlechter Ernte und für alle sonstigen schwierigen Situationen, die die ganze Gemeinschaft betrafen. Die Versammlung der Gemeinde wurde geleitet von den Mitgliedern, die die größte Autorität besaßen; sie bildeten den Rat der Ehrenleute und der Alten sowie die Anführer der Dörfer *(cnezi, juzi)*. Sie verteilten periodisch den Boden, der zum privaten Gebrauch der einzelnen Familien bestimmt war. Die Tatsache, daß es Boden zur privaten Nutzung, privaten Besitz von Werkzeugen und Vieh gab, schuf die Möglichkeit der Ungleichheit unter den Mitgliedern der Gemeinde. Denn die Familie, die mehrere Arbeitskräfte, mehr Vieh und mehr Hilfsmittel hatte, ebenso diejenigen, deren Mitglieder gewisse Funktionen in der Gemeinde ausübten, konnten mehr Produkte und einen größeren Verdienst erzielen. Zur Zeit der periodischen Wiederverteilung des zu bearbeitenden Bodens waren die Ansätze zur Herausbildung der Ungleichheit erschwert. Mit der Zeit wurden die Wiederverteilungen seltener; der Besitz desselben Bodenabschnittes durch eine Familie verlängerte sich und wandelte sich schließlich in Privatbesitz. Angehörige von Familien, die eine höhere soziale und wirtschaftliche Position erreicht hatten, begannen die anderen Mitglieder der Gemeinde in eine wirtschaftliche Abhängigkeit zu drängen.

Die patriarchalische Großfamilie existierte lange im Rahmen der dörflichen Gemeinde. Sie wurde von freien Mitgliedern gebildet, neben denen es auch patriarchalische Sklaven gab. Doch spielten nicht Sklaven, sondern freie Leute die Hauptrolle in der Produktion.

4. Die Wanderungen

Die wandernden Stämme, mit denen die eingeborene dako-romanische Bevölkerung in Berührung kam, befanden sich auf einer niedrigen sozialen und wirtschaftlichen Organisationsstufe, was die weitere wirtschaftliche Entwicklung der eingeborenen Bevölkerung hemmte. Friedrich Engels (Anti-Dühring) hat diese Tatsache bemerkt: „Jede Invasion von seiten eines weniger entwickelten Volkes hindert die wirtschaftliche Entwicklung und zerstört zahlreiche Produktionskräfte.“ Im allgemeinen hatten die wandernden Völker, die besonders kriegerisch waren, kein Interesse daran, etwas zu zerstören, sondern sie schonten die einheimische Bevölkerung, die ihnen wirtschaftliche

Macht garantierte und unter gewissen Umständen ihre militärische Kraft erhöhte. Zwischen diesen Völkern und den Eingeborenen entwickelten sich zivilisierende Verbindungen. Die Reste der wandernden Völker ließen sich endgültig auf dem Boden Dakiens nieder, indem sie sich langsam an die eingeborene Bevölkerung assimilierten. Die positive Rolle dieser Völker lag darin, daß sie einen bedeutenden Beitrag zur Aufhebung der Sklaverei im Gebiet Dakiens leisteten und so die Grundlagen zur Errichtung feudaler Produktionsweise herstellten. Mit der Aufgabe der römischen Positionen waren die Städte den Angriffen und Plünderungen der wandernden Völker ausgesetzt und gingen rasch ihrem Untergang entgegen. Nur die befestigten Siedlungen am linken Ufer der Donau, die noch von den Truppen des Kaiserreichs verteidigt wurden, waren sicherer. Gleichzeitig mit den Städten verfielen auch Handwerk und Handel. Die wirtschaftliche Tätigkeit konzentrierte sich in den Dörfern, in der Landwirtschaft und der Viehzucht. In der ersten Zeit der Völkerwanderung, d. h. bis zur Ankunft der Slawen, führte die dako-romanische Bevölkerung das Leben von Bauern und Hirten in kleinen Siedlungen, die wegen der unsicheren Verhältnisse oft ihren Platz wechselten. Die günstigen geographischen Bedingungen wie die Unsicherheit des Lebens zu dieser Zeit kamen der Weidewirtschaft zugute, außerdem betrieb man eine primitive Landwirtschaft mit hölzernem Spaten und Pflug.

Die Nomadenstämme der Sarmaten waren die erste wandernde Bevölkerung, die mit den Dako-Romanen in Verbindung kam, und zwar, was archäologische Funde bestätigen, zu Beginn des 3. Jh. Sie befanden sich damals im Stadium des Niedergangs der primitiven Gemeinschaft. Die Sarmaten ließen sich im Südosten der Walachei und der Moldau nieder, vermischten sich mit der dort ansässigen Bevölkerung und behielten ihre auf der Sippe beruhende Stammesorganisation bei. Im Gegensatz dazu vermischten sich die Sarmaten-Jazygen, die sich seit der ersten Hälfte des 1. Jh. n. Chr. im Westen des Landes niederließen, mit der in diesem Gebiet heimischen Bevölkerung und gingen zum seßhaften Leben der ländlichen Gemeinde über. Diese Tatsache hatte zur Folge, daß sich Unterschiede in den Besitzverhältnissen und dementsprechend auch in der sozialen Struktur herausbildeten: die Sarmaten-Argaragantes (die Herren) und die Sarmaten-Limigantes (die Sklaven). Letztere übertrafen die ersteren zahlenmäßig; sie erhoben sich gegen diese und unterwarfen sie. Den Vorschlag des römischen Kaisers, ihr Gebiet zu verlassen, um in den Süden des Donaugebiets zu ziehen, lehnten die Sarmaten-Limigantes ab, da sie das seßhafte, bäuerliche Leben vorzogen, das sie angenommen, nachdem sie das Nomadenleben aufgegeben hatten.

Die Goten tauchten im 3. Jh. n. Chr. im Gebiet jenseits der Karpaten auf, in Siebenbürgen (nach K. Horedt sogar später, jedoch nicht vor 376), nachdem sie aus dem Gebiet der nördlichen Niederdonau von den Hunnen verjagt worden waren. Sie traten mit der eingeborenen Bevölkerung und den Sarmaten in Kontakt und vermischten sich mit diesen. Diese Tatsache zeigt sich in den Siedlungen und vor allem in den Friedhöfen, die zur Sîntana-de-Mureş-Tschernjachow-Kultur gehören. In ihnen hat man sowohl dakische Keramik (die berühmten dakischen Räucherpfannen) als auch dakische Feuerbestattungsgräber gefunden neben der Bestattungsweise der Goten dieser Zeit (4. Jh. n. Chr.). Die anthropologischen Beobachtungen, die an den Skeletten der Friedhöfe gemacht wurden, bestätigen das Nebeneinander des eingeborenen mittelmeerischen Elementes neben dem nordischen, ostbaltischen und germanischen. In den Siedlungen und Friedhöfen hat man Goten, Dakier, Sarmaten usw. identifiziert. Die Leute der Sîntana-Tschernjachow-Kultur, die in engeren Wohnverhältnissen lebten, wurden der altansässigen Bevölkerung zugewiesen, und die mit weitem Wohnraum der zugewanderten, den Sarmaten-Goten, die inmitten einer Organisation mit vorwiegend primitiven Gemeinschaften lebten. Der Hauptkern ihrer gesellschaftlichen Struktur war die patriarchalische Großfamilie, wobei die Abtrennung der Kleinfamilie noch nicht begonnen hatte. Der Struktur der Großfamilie entsprach die Bauweise des Hauses mit einer großen Halle, während die Bauweise mit mehreren großen Räumen zu den Großfamilien gehörte, die schon in kleinere Einheiten aufgeteilt waren. Jede dieser Einheiten hatte manchmal ein separates Haus, aber sonst immer einen genügend großen Wohnraum.

Die Blutsverbindungen konnten nicht aufrechterhalten werden. Die Neuangekommenen fügten sich nicht immer, aber zu einem großen Teil in die örtlichen dörflichen Gemeinschaften ein und ermöglichten so auf ländlicher Ebene ein Zusammenleben der verschiedenen Bevölkerungen, die dieselbe Region bewohnten. Neben der einheimischen Bevölkerung trugen auch die häufigen Einfälle der Goten in das Kaiserreich sowie das Überwechseln eines großen Teils der Bevölkerung in den Norden des Donaugebietes, um den Steuern und verschiedenen Abgaben des Staates und der Ausbeutung durch die Statthalter zu entgehen, zur Schwächung der primitiven Gemeinschaften bei. Das Martyrium des heiligen Saba, eines Goten, informiert uns über die Existenz ländlicher, bäuerlicher Gemeinden in der zweiten Hälfte des 4. Jh. im Gebiet von Buzău, also östlich der heutigen Walachei. Die Erwähnung der Armut Sabas, der nur seine Kleidung besaß, beleuchtet den Beginn der sozialen Differenzierung im Schoß der bäuerlichen Gemeinschaften.

Die Hunneninvasion (375–376) hat Ost- und Zentraleuropa schwer verwüstet. Sie zerstörte die Herrschaft der Westgoten im Gebiet Rumäniens und veranlaßte deren Auswanderung 378–381; diese Tatsache ist durch zeitgenössische Quellen belegt und von der Archäologie bestätigt worden. Sie hat für diese Zeit das Verschwinden der Friedhöfe vom Typ der Sîntana-de-Mureş-Tschernjachow-Funde festgestellt. Aber die Hunnen siedelten sich nicht für immer an. Zwischen 420 und 454 verlegte sich ihr Machtzentrum von den südlichen pontischen Steppen in die ungarische Pußta, von wo sie die Herrschaft über das Gebiet des heutigen Rumänien ausübten. Man hat Gräber, die sich den Hunnen zuordnen lassen, nur in Oradea, dem äußersten Westen Rumäniens gefunden, im übrigen Land lediglich vereinzelte Gräber und Gegenstände (je einen Kessel, je ein Diadem usw.), die eher auf Plünderungen der Hunnen und nicht auf eine dauernde Niederlassung hinweisen.

Während der Invasion der Hunnen und ihrer Plünderungen (gegen 454) war die einheimische Bevölkerung gezwungen, sich in die durch die Natur geschützten und befestigten Gebiete zurückzuziehen. Hier führte sie das bisherige Leben in dörflichen Gemeinden fort, ohne sich mit den Eroberern zu vermischen. Anläßlich der Gesandtschaft des Kaisers Theodosius II. an den Hof Attilas in der pannonischen Ebene erzählt der Schreiber Priscus Panion, der mit zu der Gesandtschaft gehörte, daß er in der Ebene westlich des Banat zahlreiche Dörfer oder bäuerliche Gemeinschaften vorfand, die Landwirtschaft und Viehzucht betrieben. Diese Bevölkerung, die in Hütten lebte *(chalybai, χαλύβαι)*, zum größten Teil romanisiert war und Vulgärlatein sprach, lieferte der Gesandtschaft Hirse und ein aus Honig zubereitetes Getränk, das die Eingeborenen *μέδος (medos)* nannten (im Rumänischen *mied*). Bezüglich der Verbindungen der bäuerlichen Gemeinden mit den hunnischen Eroberern ist zu erwähnen, daß sich gewisse Orte unter der Herrschaft von Mitgliedern des hunnischen Adels befanden. Ohne daß man die genaue Weise der Abhängigkeit kennt, kann man doch annehmen, daß die Bewohner dieser Dörfer untereinander durch gemeinschaftliche Beziehungen verbunden waren und daß sie mit ihren Produkten zur Ernährung der neuen Herren beitrugen. Unterschiede, die ein persönliches Abhängigkeitsverhältnis vermuten lassen, traten noch nicht auf. Gab es ein solches in der von den Hunnen beherrschten und kontrollierten Region, so waren solche Unterschiede in den von der Hunnen-Residenz geographisch entfernten Gemeinden um so weniger wahrscheinlich, so in den Berggegenden Dakiens, die nur den gewöhnlichen Zehnten in landwirtschaftlichen Produkten abliefern mußten, wo es allerdings auch zur Beschlagnahmung der Haustiere und anderen Lasten kam. Die eingeborene Bevölkerung der dörflichen Gemeinden war ein wichtiger Faktor, um die Existenz der erobernden Barbaren zu sichern. In den Verhandlungen mit dem oströmischen Kaiserreich hat Attila mehrere Male darauf bestanden, daß man ihm die Flüchtlinge zurücksende, die in das von den Römern besetzte Gebiet südlich der Donau geflohen waren. Das Vorhandensein einer bäuerlichen Bevölkerung in den von den Hunnen unterworfenen Gebieten, welche die Nahrungsversorgung der Eroberer sichern konnte, war eine geradezu lebenswichtige Frage. Gleichzeitig war die Bevölkerung zu gewissen Zeiten verpflichtet, Armeekontingente den Barbaren zur Verfügung zu stellen. Dadurch wirkte sich die Herrschaft der Nomaden als Hindernis für die Entwicklung der landwirtschaftlichen Produktion der dörflichen Gemeinschaft aus.

In den letzten Jahren hat man damit begonnen, einige abseits gelegene Siedlungen der einheimischen Bevölkerung, die aus der Zeit der hunnischen Herrschaft datieren, archäologisch zu identifizieren. Das große Brandgräberfeld von Bratei (Mediaş) in Siebenbürgen stammt aus dieser Zeit (380–454). In der Ebene der Walachei und der Moldau hat man Gegenstände vom Typ der Sîntana-de-Mureş-Kultur entdeckt, die mehr oder weniger „barbarisiert" waren und im allgemeinen an anderer Stelle lagen als die früheren Siedlungen des 4. Jh. unserer Zeitrechnung. Sie gehörten sicher der eingeborenen Bevölkerung, denn die Westgoten hatten die Gegend bei Ankunft der Hunnen verlassen. Die Entdeckung einiger Arbeitsgeräte (wie Pflugscharen, Sicheln, Sensen) in einigen Gräbern zeigt, welcher Beschäftigung die Einheimischen zu dieser Zeit nachgingen. Ebenfalls in Bratei hat man römische Bratöfen gefunden, die noch bis zum 11. Jh. in Gebrauch waren.

5. Die Wirtschaft zur Zeit der Gepiden

Nach dem Untergang der hunnischen Herrschaft (454) ließ sich in der zweiten Hälfte des 5. Jh. in Siebenbürgen eine neue germanische Bevölkerung nieder. Während dieser Zeit (480–567), bis zur Zerstörung der militärischen und politischen Macht der Gepiden durch die Awaren und die Langobarden, blieb die lokale Gemeinde bestehen; die eingeborene Bevölkerung hatte gewisse Kontakte zu den Gepiden, deren militärisches und politisches Zentrum sich im Westen der Ostkarpaten befand. Nach der Zerstörung der militärischen und politischen Macht der Gepiden wurde das Gebiet im Nordosten und in der Mitte Siebenbürgens eines der Hauptruckzugsgebiete der Gepiden, die von den Awaren abhängig waren. Bei dem Unternehmen des byzantinischen Feldherrn Priscus gegen die Awaren (601) bemerkte der byzantinische Chronist Theophylaktus Simocatta (VI, 8, 9) drei Dörfer der Gepiden auf dem Gebiet des heutigen Banat. Diese Information dürfte ein weiteres Zeugnis für die Koexistenz der Gepiden und der eingeborenen Bevölkerung in dem erwähnten Gebiet sein. Der höhere sozial-ökonomische Stand der letzteren beeinflußte die neuen Völker, die seßhaft wurden und sich nach und nach den Eingeborenen angepaßt haben. Dieses Phänomen war für Siebenbürgen allgemein. Die Bemerkung des Jordanes (Getica, XII, 73) über „die Völker der Gepiden" muß wahrscheinlich so verstanden werden, daß er die eingeborene Bevölkerung als unter die Herrschaft der Gepiden gefallen betrachtete.

In der letzten Zeit hat man in Siebenbürgen eine große Zahl von Siedlungen des 5. und 6. Jh. ausgemacht, die auf eine große lokale Bevölkerung hinweisen. Die Überreste der materiellen Kultur, die man in diesen Siedlungen entdeckt hat, enthalten Elemente lokaler Tradition mit deutlich romanisch-byzantinischem Einfluß, die uns veranlassen, sie als Produkte der eingeborenen Bevölkerung zu betrachten. Dies trifft zu im Falle der großen Siedlung von Bratei (5.–6. Jh.), deren Wirtschaft auf der Landwirtschaft und einer sehr entwickelten Viehzucht basierte. Eine andere Siedlung, die von Moreşti im Tal des Mureş nahe der Stadt Tîrgu Mureş, gibt ein anregendes Bild von materieller Zivilisation und Lebensweise der Bevölkerung, die im 6. Jh. im Gebiet von Siebenbürgen lebte. Die Siedlung war von Gräbern und ausgedehnten Verteidigungswällen umgeben. Zwischen einem Außenwall und einer mittleren Verteidigungslinie gab es eine große unbewohnte Zone, die wahrscheinlich zum Schutz der Herden verwendet wurde. Eine große Menge von Viehknochen zeigt die Bedeutung der Viehzucht in Verbindung mit dem Feldbau. Die Umwallung der ganzen Siedlung mit den erwähnten Verteidigungsanlagen deutet, ebenso wie die Einförmigkeit der Wohnungen auf eine genossenschaftliche Organisation hin, in der die direkten Elemente eines feudalen Lebens noch kaum aufgetreten waren. Die gleichförmige Gestalt der Gegenstände, die der eingeborenen wie der zugewanderten Bevölkerung gehörten, die im 6. Jh. in Transsylvanien lebten, lassen auf das Bestehen einer Lebensgemeinschaft zwischen den beiden Bevölkerungen schließen; die Einheimischen benutzten hauptsächlich Eisengegenstände germanischer Herkunft, während die Gepiden von den Eingeborenen die Technik der Keramik annahmen, die den früheren Traditionen der lokalen Bevölkerung entsprach.

In der Walachei entsprechen die Ipoteşti-Cîndeşti-Siedlungen der gleichen Epoche dem Zivilisationstyp im Siebenbürgen des 5.–7. Jh., was den nichtgepidischen Charakter der Siebenbürger Zivilisation in dieser Zeit bestätigt. Die materielle Kultur in der Gegend von Bukarest hat einen lokal markierten Charakter mit slawischen Elementen. Sie führt in schwachem Umfang die Tradition der Sîntana-de-Mureş-Tschernjachow-Kultur des 4. Jh. fort und zeigt einen deutlichen romanisch-byzantinischen Einfluß. Die Bevölkerung lebte in halb unterirdischen Hütten, in bäuerlichen Gemeinschaften gruppiert, und kein Anzeichen einer sozialen Differenzierung ist unter ihren Mitgliedern zu entdecken. Sie beschäftigte sich hauptsächlich mit Landwirtschaft und Viehzucht und übte gleichzeitig gewisse Handwerke aus, wie die Bearbeitung von Eisen und Holz, Keramik, Spinnen, Weberei usw. So geht also in der Ipoteşti-Cîndeşti-Phase eine dako-romanisch-slawische Symbiose vor sich, die mit der Assimilation der Slawen endet.

6. Die Awaren

567 wurde die militärische und politische Macht der Gepiden von den Awaren vernichtet, die nun deren Platz einnahmen. Wie die anderen nomadischen Reitervölker (Sarmaten, Hunnen) traten die Awaren zu Beginn mit der lokalen Bevölkerung nicht in näheren Kontakt. Erst später, im 7. und 8. Jh., erlauben uns gewisse Feststellungen, in Mittelsiebenbürgen auf eine Vermischung von eingeborenen und awaro-slawischen Elementen zu schließen. Unter dem Einfluß der Slawen, zu denen engere Beziehungen bestanden, änderten die Awaren zum Teil ihre Lebensweise; sie verließen das Nomadenleben, um seßhaft oder halb seßhaft zu werden. Die Beziehungen zwischen Awaren und eingeborener Bevölkerung sind ähnlich, wie sie sich zwischen Hunnen und Einheimischen herausgebildet hatten. Die Mitglieder der dako-romanischen Gemeinden entrichteten wie gewöhnlich den Zehnten an Produkten und andere Abgaben, die die wandernden Völker benötigten. Diese Steuern und Lasten waren nach Notwendigkeit und Wohlwollen der Wanderer verschieden. Michael der Syrer berichtet über die Höhe der Abgaben, welche die Awaren von den Bewohnern einer Ortschaft während einer Schlacht auf der Balkanhalbinsel forderten: „Geht hinaus, sät, erntet; wir nehmen

Euch nur die Hälfte als Steuern." In unserem Gebiet wurden awarische Funde vor allem in den Ebenen von Crişana und im Banat gemacht. Im eigentlichen Siebenbürgen, mit Ausnahme einiger vereinzelter Funde aus dem 6. und 7. Jh., fand man awarische Spuren vor allem aus der Zeit um 700, und zwar im Gebiet der Salinen des Mureştals, wo sich die Nomaden wahrscheinlich des Salzes wegen niedergelassen hatten, das ihnen in der pannonischen Ebene fehlte.

7. Die Slawen

Unter den wandernden Völkern waren die Slawen von größter Bedeutung, denn im 7.–10. Jh. erscheint als Folge der Symbiose von dako-romanischer Bevölkerung und Slawen das rumänische Volk mit einer eigenen Sprache. Während dieser Epoche beginnt und vollendet sich die Symbiose von Dakern, Romanen und Slawen, die im Gebiet des früheren Dakien und im allgemeinen nördlich der Donau durch die Assimilation der Slawen beendet wird.

Die Slawen erscheinen in der außenkarpatischen Region im 6. Jh., zur Zeit, als die Gepiden ihre Herrschaft über Siebenbürgen ausgedehnt hatten. Nach Zerstörung der Gepiden-Herrschaft drangen die Slawen, alleine oder vereint mit den Awaren, auch nach Siebenbürgen ein. Als sie auf dem Gebiet des heutigen Rumänien Halt machten, befanden sich die Slawen im letzten Stadium der Entwicklung zu einer militärischen Demokratie. An der Spitze der Stämme oder der Vereinigungen von Stämmen gab es einen militärischen Führer. Über die soziale Organisation der Slawen zur Zeit, als sie sich im Norden der Donau niederließen, sagt uns der Historiker Prokopius (De bello gothico, III, 14): „Die Sklavinnen und Anten unterstehen nicht einem einzigen Mann, sondern sie leben schon immer demokratisch zusammen, deshalb wurden bei ihnen die Freuden und Leiden eines einzelnen als allgemein gültig für alle angesehen." Prokopius stellt so bei den Slawen im Gegensatz zum byzantinischen Kaiserreich eine demokratische Organisation fest. Die Macht des militärischen Führers war begrenzt, und die wichtigsten Probleme wurden von der Volksversammlung geregelt. Dem militärischen Führer stand der Rat der Alten zur Seite. Die Grundlage der sozialen Struktur war im 6.–7. Jh. die patriarchalische Großfamilie, die von den Nachkommen eines Vaters und seiner Frauen gebildet wurde.

Im 6. und 7. und noch im 8. Jh. vollzog sich der Wandel von der patriarchalischen Gemeinschaft (die auf den verwandtschaftlichen Beziehungen beruhte) zur ländlichen Gemeinde. Diese umfaßte einige patriarchalische Familien, die entweder zusammen in einer größeren Wohngemeinschaft oder in mehreren benachbarten kleinen Dörfern wohnten. Das führende Organ der Gemeinschaft war der Rat, der von den Alten der patriarchalischen Familie gebildet wurde. Die patriarchalische Familie bestand auch weiterhin in der ländlichen Gemeinde. Die Sklaverei war den Slawen, die im 6. Jh. in Rumänien lebten, bekannt, aber Sklaven wurden nur aus anderen Stämmen genommen. Kein Mitglied des Stammes selbst konnte Sklave werden. Im allgemeinen waren die Sklaven frühere Kriegsgefangene. Einer der Beweggründe für Plünderungszüge ins Gebiet des Kaiserreichs südlich der Donau war die Beschaffung von Sklaven. Über die Ereignisse, die im 6. Jh. stattfanden, berichtet Prokopius: „Anfangs töteten die Slawen alle Bewohner, die sich auf ihrem Weg fanden, aber jetzt werden sie zu Hunderten und Tausenden in die Gefangenschaft als Sklaven mitgenommen" (De bello gothico, II, 38, 23). Die Gefangenen waren zu einer Einkommensquelle geworden, denn sie wurden zurückgekauft.

Die Beziehungen der eingeborenen dako-romanischen Bevölkerung zu den Slawen waren anfangs sicherlich die gleichen wie zu anderen Nomadenvölkern, d.h. die letzteren beuteten die ersteren aus; eine primitive Ausbeutung, die charakteristisch für den Niedergang der militärischen Demokratie war. Langsam aber führte der Widerstand der dako-romanischen Bevölkerung zu einer Zusammenarbeit mit den Slawen, die sich vom 7.–10. Jh. immer mehr festigte. In dieser Zeit beginnt auch eine Schwächung der Gemeinden und die Herausbildung einer leitenden militärischen Schicht, aus der später die feudalen Herren hervorgehen.

Aus dem Obenstehenden folgt, daß die Gemeinschaften der ersten Slawen, die sich im heute rumänischen Gebiet niedergelassen hatten, diejenigen der lokalen Bevölkerung überlagerten. Aber sie verbanden sich schnell mit den karpo-dakischen oder dako-romanischen Gemeinschaften, entsprechend der Feststellung von Engels, d.h. die patriarchalische Gemeinschaft der Slawen glich sich der höheren bäuerlichen dako-romanischen oder karpo-dakischen Gemeinschaft an.

Mit der endgültigen slawischen Niederlassung auf dem späteren Territorium Rumäniens übernahm die dako-romanische Bevölkerung die höherentwickelte landwirtschaftliche Technik der Slawen, ohne auf das Hirtentum zu verzichten. Das ist die Erklärung für die Verwendung lateinischer und einiger dakischer Worte, die das Hirtenleben betrafen, in der Zeit der Assimilation der Slawen durch die Dako-Romanen, während die Slawen ihr landwirtschaftliche Termini zugeführt haben: *plug* (Pflug), *sapă* (Hacke), *greblă* (Harke), *grapă* (Egge) usw. Die Zusammenarbeit zwischen der dako-romanischen Bevölkerung und den Slawen gründete sich auf wirtschaftliche und militärische Notwendigkeiten und führte zur Festigung der Gemeinschaften und zur weiteren Entwicklung der landwirtschaftlichen Produktion. Als Ergebnis dieser Zusammenarbeit taten sich mehrere Gemeinschaften zu einem größeren politischen Gebilde zusammen, das „Vereinigung der Gemeinden" genannt wurde. Der Prozeß der Bildung dieser Föderationen begann ab dem 7. Jh. Für die benachbarten Slawen der Donau ist er durch das „Strategikon" des Pseudo-Maurikios gegen Ende des 6. Jh. belegt. Er berichtet von einigen Dörfern, die entlang den Flüssen der Walachei nebeneinander lagen und zusammen Assoziationen von bäuerlichen Gemeinden bildeten. Langsam erhielten die Föderationen staatlichen Charakter und nahmen im 8.–9. Jh. halb patriarchalisch-feudalistische Züge an. Die Gemeinden wurden von *cnezi* oder *juzi* regiert und die Föderationen von Woiwoden. Diese Einrichtungen entstanden während des Zusammenlebens mit den Slawen, meistens unter slawischem Einfluß. Die Gemeindevereinigungen bildeten eine wirtschaftliche und geographische Einheit, die im allgemeinen von einigen Flüssen und einsamen Gebieten begrenzt wurden. Diese Art der Gemeinschaften wurde von den Rumänen *țară* (Gebiet) genannt: Țara Hațegului, Țara Amlașului, Țara Făgărașului, Țara Maramureșului, Țara Brodnicilor. Eine ähnliche Einheit war wahrscheinlich die „Țara Vlahilor", von den Slawen *vlaşka* genannt, weil sie eine Vereinigung war, die nur von Rumänen gebildet wurde.

Die Vermischung der dako-romanischen Bevölkerung mit den Slawen in einer einzigen Siedlung und sogar einer einzigen Behausung kann man aus archäologischen Funden erkennen, bei den Siedlungen von Ciurelu-Ipotești-Cîndesti (6.–7. Jh.). Tatsächlich kennt man aus dem 6. und 7. Jh. keinen reinen durch das lokale Element nicht beeinflußten slawischen Siedlungskomplex. Das gleiche kann man für das 7. und 8. Jh. von Siebenbürgen behaupten (Bezid, Sălașuri, Filiași), wo die slawische Keramik immer von der der technisch höheren lokalen Keramik begleitet ist. Die gleiche Feststellung ist kürzlich auch für das 7. und 8. Jh. in der Moldau gemacht worden. Die lokale Tradition geht, vermischt mit slawischen Elementen, über zur urrumänischen Kultur vom Typ der Dinogetia oder Dridu, die ihre volle Entwicklung im 10. und 11. Jh. erhalten.

8. Das Wirtschaftsleben

Ausgehend von dem, was für die frühere Epoche bekannt war, als griechische oder römische Kaufleute den eingeborenen Dakern gegen Waren, die sie brauchten, verschiedene Güter lieferten, hat man auf eine ähnliche Situation während des Übergangs zum Feudalismus geschlossen. Wie früher wurde dieser Handel nicht einseitig betrieben, d. h. nicht nur von fremden Kaufleuten, sondern auch von solchen aus der lokalen Bevölkerung. Die Funde von römischem, romanisch-byzantinischem und byzantinischem Geld in den Siedlungen der einheimischen Bevölkerung zeigen, daß beim Warenaustausch in einigen Fällen auch das Geld benutzt wurde. Beim Zusammentreffen mit der lokalen Bevölkerung zogen es die Nomadenstämme und vor allem die „barbarischen" Führer vor, das Geld, das vom Kaiserreich als Steuer gezahlt wurde oder das sie während ihrer Einfälle bei den Nachbarn raubten, zu horten. Sie legten dem Umlauf des Geldes keinen Wert bei, schätzten im Geld vielmehr das darin enthaltene kostbare Metall.

Von der Mitte des 5. Jh. an richtete sich der Handel nach Byzanz aus und drang so in das Gebiet der wirtschaftlichen Expansion dieses großen politischen Zentrums ein. Diese Expansion erreichte ihren Höhepunkt zur Zeit Justinians und ging unter seinen Nachfolgern weiter. Dies läßt sich belegen mit der großen Anzahl von Produkten byzantinischen Ursprungs und mit byzantinischem Geld, das in Dakien und dem benachbarten Gebiet gefunden wurde. Diese Verbindungen nahmen nachher sehr ab, wurden aber nach dem Zusammenbruch der Grenze des oströmischen Kaiserreichs an der Donau und nach dem Überschreiten des Stromes durch die Slawen nicht ganz unterbrochen.

Die rumänische Sprache unterscheidet für die Bezeichnung wirtschaftlicher Zusammenhänge drei Schichten: Die erste und älteste enthält die einfachsten und grundlegenden Begriffe des Austauschs: *a schimba* (austauschen), *a vinde* (verkaufen), *negustor* (Kaufmann), *a cumpăra* (kaufen), mit lateinischem Ursprung. Über dieser Basis, deren linguistischer und kultureller Ursprung bäuerlich ist, liegt die slawische Schicht mit den Worten: *tîrg* (Markt), *vamă* (Zoll), *precupeţ* (kleiner Kaufmann), *a plăti* (bezahlen), die auf den Austausch zwischen Dörfern und militärischen Adeligen schließen lassen. Diese beiden linguistischen und kulturellen Schichten findet man auch in den Bezeichnungen, die sich auf die Handwerke beziehen. Über diese beiden lagert sich später, zu Beginn der Gründung der rumänischen Staaten, eine dritte linguistische Schicht, die der mittelalterlichen rumänischen Wirtschaft entspricht, der städtischen Wirtschaft, die auf dem Austausch mit Hilfe von Geld basiert und im Rahmen einer staatlichen Organisation erfolgt.

Die dörfliche Gemeinschaft enthielt Widersprüche, die notwendigerweise zu ihrem Verschwinden führen mußten. Wie erwähnt, umschloß der gemeinsame Besitz das zu bebauende Land, die Weiden, die Wälder und Gewässer. Aber das zu bebauende Land wurde nicht in seiner Gesamtheit gemeinsam bearbeitet. Ein Teil wurde zu privatem Gebrauch an Mitglieder der Gemeinschaft verteilt. Die Zulassung des privaten Besitzes der Arbeitsgeräte und des großen wie kleineren Viehs ließ die Ungleichheit zwischen den Mitgliedern einer Gemeinschaft entstehen und hatte den Beginn ihres Verfalls zur Folge. Der erste Bruch der klassischen Bindungen, die die Gemeinschaft erlitt, war der Übergang des zu bebauenden Landes in privaten Besitz; die Gemeinschaft behielt nur die Wälder, die Weiden und Gewässer in ihrem Besitz. Dieser Zustand wurde lange, sogar noch in der feudalen Epoche aufrechterhalten. Der qualitative Unterschied des Landbesitzes, der endgültig zu privatem Besitz wurde, die mehr oder weniger große Anzahl der Werkzeuge und des Viehs führten schnell zur sozialen Differenzierung. Die Entwicklung der Handwerke, vor allem die Bearbeitung des Eisens, das Aufkommen des Güteraustauschs und das Anwachsen der Produktivität in den hauptsächlichen Zweigen der Wirtschaft, besonders der Landwirtschaft, hatten im 9.–10. Jh. eine gradweise Verbesserung der Produktionstechniken zur Folge (der Pflug mit der eisernen Pflugschar, der hölzerne, mit Eisen zusammengehaltene Spaten, die Sichel usw.). Dies alles trug zur weiteren Betonung der sozialen Unterschiede bei. Im 8. und 9. Jh. bestanden in einigen Gegenden (Zentralmoldau und im Norden) noch die charakteristischen Organisationsformen der Übergangsepoche, während in anderen Gebieten (Dobrudscha und gewisse Gegenden Olteniens, der Walachei und Siebenbürgens) auf eine beginnende Feudalisierung zu schließen ist. Im 9. Jh. wird der primitive Feudalismus in Siebenbürgen und einem großen Teil des Südens und Südostens der Karpaten allgemein, um sich im 10. Jh. über das ganze Land auszubreiten. Dieser primitive Feudalismus ergab sich so aus einer rein wirtschaftlichen Entwicklung, ohne von außen beeinflußt zu sein. Die Vorherrschaft, die in der Übergangsperiode zum Feudalismus eine Minderheit über eine oder mehrere ethnisch verschiedenen Bevölkerungsgruppen ausübte, wurde dann durch eine „soziale" Ausbeutung ersetzt. Die neuen Nutznießer des Systems kamen aus dem Schoß der Gemeinschaft selber. Es waren von der Gemeinschaft ausgewählte Männer, die innere Streitigkeiten oder solche zwischen den Gemeinschaften beilegen und zusammen mit dem Rat die Verbindung mit der Bevölkerung (den Stämmen) aufrechterhalten sowie die Verteidigung organisieren sollten. Es waren dies wahrscheinlich die *juzi* oder *judeci*, deren Hauptfunktion das Gericht über die Mitglieder der Gemeinde war. Auf jeden Fall ist der Terminus lateinischen Ursprungs und zeigt, wie alt die Einrichtung des Gerichts und der *judeci* ist. Neben diesem Terminus trifft man den des lateinischen *dominus (domn)* an. Andere Termini mit slawischem Ursprung *(cneaz, jupan, voievod)* zeigen, daß diese Institutionen von den Slawen übernommen wurden. Im 9. Jh. vollzieht sich die Vermischung der ersten politischen Formationen mit feudalistischem Charakter, ein Prozeß, der bis zum 10. Jh. andauert. Im 10. und 11. Jh. erscheint auch der Terminus *Walach (vlahi)* für die dakoromanische Bevölkerung, eine Bezeichnung, die dieser Bevölkerung von ihren Nachbarn gegeben wurde und zeigt, daß die Bevölkerung, die in dieser Zeit auf diesem Gebiet wohnte, ihre Individualität erreichte und sich zum rumänischen Volk heranbildete.

§ 25 Rumänien vom 10. bis 14. Jahrhundert

Von Ştefan Ştefănescu

Quellen

Anonymus Belae regis Notarius: Gesta Hungarorum. In: Scriptores rerum Hungaricarum, hg. v. *Szentpétery,* Bd. 1 (1937).

Michael Attaliates: Historia. In: Corp. Script. Hist. Byz. (1853).

Chronica de gestis Hungarorum. Wiener Bilderchronik, Bd. I (1968).

Anna Comnena: Alexiada. In: Corp. Script. Hist. Byz. (1839) und Ausgabe *B. Leib,* Bd. 1–3 (1937–1945).

Leo Diaconus: Historia. In: Corp. Script. Hist. Byz. (1828).

Jan Długosz: Annales seu cronica incliti regni Poloniae, Liber 1–2, hg. v. *J. Dąbrowski,* Państwowe Wydawnictwo Naukowe (1964).

Documenta Romaniae Historica. Serie A: Moldova [Moldau], Bd. I (1975); Serie B: Ţara Românească [Walachei], Bd. I (1966).

Documente privind istoria României [Urkunden zur Geschichte Rumäniens]. Serie C: Transilvania, Bd. 1–3 (1951 ff.).

Fontes Historiae Daco-Romanae. Bd. 3: Scriptores Byzantini, saec. XI–XIV, hg. v. *A. Elian, N. Şerban Tanaşoca.* Editura Academiei R. S. România (1975).

E. de Hurmuzaki: Documente privitoare la istoria românilor [Urkunden zur Geschichte der Rumänen], Bd. 1, Teil 1–2 (1887, 1890).

Al-Idrissi: Geographia, hg. v. *B. Nedkoff,* Nauka i Izkustwo (1960).

G. Kedrenos, I. Skylitzes: Historiarum Compendium. In: Corp. Script. Hist. Byz. (1839).

S. Kéza: Gesta Hunnorum et Hungarorum. In: Scriptores rerum Hungaricarum, hg. v. *Szentpétery,* Bd. 1 (1937).

I. Kynnamos: Historia, Bd. 3. In: Corp. Script. Hist. Byz. (1836).

Pontificia Commissio ad redigendum codicem iuris canonici orientalis. In: Fontes, Serie 3, Bd. 1–13 (1943–1971).

Legenda major Sancti Gerhardi. In: Scriptores rerum Hungaricarum, hg. v. *Szentpétery,* Bd. 2 (1938).

Constantinus Porphyrogenetus: De administrando imperio, hg. v. *G. Moravcsik, J. H. Jenkins,* Bd. 1–2 (1958, 1962).

Povest' vremennych let, hg. v. *D. S. Lichačev, V. P. Adrianova-Peretz* (1950).

J. Thuroczi: Chronica Hungarorum. In: Scriptores rerum Hungaricarum veteres ac genuini, hg. v. *I. G. Schwandtner* (1766); Neudruck der Erstausgabe: Chrónica Hungarorum. Finita Bude Anno Domini 1473 in vigilia Pentecostes per *Andream Hess* (1973).

Fr. Zimmermann, C. Werner: Urkundenbuch zur Geschichte der Deutschen in Siebenbürgen, Bd. 1 (1892).

Allgemeine Literatur

Istoria României [Geschichte Rumäniens], Bd. 2. Editura Academiei R. P. Române (1962).

The History of the Romanian People, hg. v. *A. Oţetea* (1974).

Din istoria Transilvaniei [Aus der Geschichte Siebenbürgens], Bd. I (1963).

A. Armbruster: Romanitatea românilor. Istoria unei idei [Die Romanität der Rumänen. Geschichte einer Idee] (1972).

I. Barnea, Şt. Ştefănescu: Din istoria Dobrogei, Bd. 3: Bizantini, români şi bulgari la Dunărea de Jos [Aus der Geschichte der Dobrudscha, Bd. 3: Byzantiner, Rumänen und Bulgaren an der unteren Donau]. Editura Academiei R. S. România (1971).

N. Bănescu: Les duchés byzantins de Paristrion (Paradounavon) et de Bulgarie (1946).

G. I. Brătianu: Recherches sur Vicina et Cetatea Albă (1935).

Ders.: Tradiţia istorică despre întemeierea statelor româneşti [Die historische Tradition über die Gründung der rumänischen Staaten] (1946).

Ders.: Ein Rätsel und ein Wunder: Das rumänische Volk (1942).

Ders.: La Mer Noire. Des origines à la conquête ottomane (1969).
C. Daicoviciu, E. Petrovici, Gh. Ştefan: Die Entstehung des rumänischen Volkes und der rumänischen Sprache (1964).
P. Diaconu: Les Petchenègues au Bas-Danube. Ed. de l'Académie de la R. S. de Roumanie (1970).
A. Decei: Românii din veacul al IX-lea pînă în veacul al XIII-lea în lumina izvoarelor armeneşti [Die Rumänen im 9.–13. Jh. im Lichte der armenischen Quellen] (1939).
N. Drăgan: Românii în veacurile IX-XIV pe baza toponimiei şi a onomasticei [Die Rumänen im 9.–14. Jh. aufgrund der Ortsnamen- und Namenkunde] (1933).
C. C. Giurescu: Istoria pescuitului şi a pisciculturii în România [Geschichte des Fischfangs und der Fischzucht in Rumänien]. Editura Academiei R. P. Române (1964).
Ders.: Tirguri sau orase si cetăţi moldovene [Moldauer Marktflecken oder Städte und Festungen] (1967).
Ders.: Transsilvanien. Ein Beitrag zur Geschichte Rumäniens (1970).
Ders. und *D. C. Giurescu:* Istoria românilor [Geschichte der Rumänen], Bd. I. Editura Ştiinţifică (1974).
K. Horedt: Untersuchungen zur Frühgeschichte Siebenbürgens (1958).
M. Huber: Grundzüge der Geschichte Rumäniens (1973).
I. Iordan: Toponimia românească [Rumänische Ortsnamenkunde]. Editura Academiei R. P. Române (1963).
N. Iorga: Geschichte des rumänischen Volkes im Rahmen seiner Staatsbildungen, Bd. I (1905).
Ders.: Istoria românilor în chipuri şi icoane [Geschichte der Rumänen in Bildern und Ikonen], Bd. IV (1906).
Ders.: Geschichte der Rumänen und ihrer Kultur (1929).
Ders.: Istoria comerţului românesc [Geschichte des rumänischen Handels] (1937).
K. K. Klein: Transsilvanica. Gesammelte Abhandlungen und Aufsätze zur Sprach- und Siedlungsforschung der Deutschen in Siebenbürgen (1963).
Ders.: Saxonica Septemcastrensia (1971).
I. Lupaş: Realităţi istorice în voievodatul Transilvaniei [Historische Wirklichkeit in der Woiwodschaft Siebenbürgen] (1938).
Ders.: Zur Geschichte der Rumänen. Aufsätze und Vorträge (1943).
S. Mehedinţi: Le pays et le peuple roumain (1937).
O. Mittelstraß: Beiträge zur Siedlungsgeschichte Siebenbürgens im Mittelalter (1961).
I. Moga: Les Roumains de Transylvanie au moyen-âge (1944).
G. E. Müller: Die ursprüngliche Rechtslage der Rumänen im Sachsenlande (1912).
I. Nistor: Handel und Wandel in der Moldau bis zum Ende des 16. Jahrhunderts. Nach Quellen dargestellt (1912).
Şt. Olteanu, C. Şerban: Meşteşugurile din Ţara Românească şi Moldova în evul mediu [Das Gewerbe in der Walachei und in der Moldau im Mittelalter]. Editura Academiei R. S. România (1969).
P. P. Panaitescu: Introducere la istoria culturii româneşti [Einführung in die rumänische Kulturgeschichte]. Editura Ştiinţifică (1969).
Şt. Pascu: Contribuţiuni documentare privitoare la istoria românilor în sec. XIII–XIV [Quellenmäßige Beiträge zur Geschichte der Rumänen aus dem 13.–14. Jh.] (1944).
Ders.: Meşteşugurile în Transilvania pînă în secolul al XVI-lea [Das Gewerbe in Siebenbürgen bis zum 16. Jh.]. Editura Academiei R. P. Române (1954).
Ders.: Voievodatul Transilvaniei [Die Woiwodschaft Siebenbürgen] (1972).
R. Popa: Ţara Maramureşului în veacul al XIV-lea [Das Maramuresch-Land im 14. Jh.]. Editura Academiei R. S. România (1970).
Şt. Ştefănescu: Ţara Românească de la Basarab I „Intemeietorul" pînă la Mihai Viteazul [Die Walachei von Basarab I. „dem Gründer" bis zu Michael dem Tapferen]. Editura Academiei R. S. România (1970).
Ders.: Demografia, dimensiune a istoriei [Die Demographie als Geschichtsbereich] (1974).
A. Sacerdoţeanu: Consideraţii asupra românilor în evul mediu [Betrachtungen über die Rumänen im Mittelalter] (1936).
Gh. Ştefan, I. Barnea, M. und *E. Comşa:* Dinogeţia. Editura Academiei R. S. România (1967).
R. Theodorescu: Bizanţ, Balcani, Occident la începuturile culturii medievale româneşti (secolele

X-XIV) [Byzanz, Balkan, Abendland an den Anfängen der rumänischen mittelalterlichen Kultur, 10.–14. Jh.]. Ebd. (1974).
H. Weczerka: Das mittelalterliche und frühneuzeitliche Deutschtum im Fürstentum Moldau von seinen Anfängen bis zu seinem Untergang (13.–18. Jh.) (1960).
E. Zaharia: Săpăturile de la Dridu. Contribuţie la arheologia şi istoria perioadei de formare a poporului român [Die Ausgrabungen von Dridu. Beitrag zur Archäologie und Geschichte der Entstehungsperiode des rumänischen Volkes]. Editura Academiei R. S. România (1967).
Neue Beiträge zur siebenbürgischen Geschichte und Landeskunde (1962).
Studien zur Geschichte und Landeskunde Siebenbürgens (1968).
Zur Rechts- und Siedlungsgeschichte der Siebenbürger Sachsen (1971).

1. Bestimmungsfaktoren und geographische Verteilung der Bevölkerung

Das 10. Jh. gestaltete sich für die Geschichte Rumäniens, wie auch für diejenige anderer europäischer Länder, zu einer Periode des demographischen Aufschwungs; damit im Zusammenhang steht der Abschluß des Prozesses der Herausbildung des rumänischen Volkes und seiner Sprache sowie das Erscheinen der ersten rumänischen Staatsbildung.

Durch den Einfall der „Barbaren"-Völker war die dakisch-römische bodenständige Bevölkerung gezwungen worden, sich in Gebieten zu konzentrieren, die natürlichen Schutz boten; solche Zufluchtgebiete, dank deren Schutz sich die einheimische Bevölkerung bis ins Mittelalter herüberretten konnte, waren die Gebirgsregion der Karpaten und das Bergland der Vorkarpaten, die Hochländer Siebenbürgens und der Moldau, die Waldebene Munteniens (der sog. „Codrul Vlăsiei"), die fruchtbaren Heiden des Banats und der Crişana und die von der Natur geradezu verschwenderisch bescherten Gebiete entlang der unteren Donau und die „Ländchen" entlang der zahlreichen Flußtäler.

Die geographischen Senken mit dichteren Bevölkerungen wurden *ţări* (Länder) genannt, eine Benennung, die sich bis auf den heutigen Tag erhalten hat, nach dem lateinischen Wort *terra:* Ţara Maramureşului, Ţara Bîrsei, Ţara Făgăraşului, Ţara Loviştei, Ţara Haţegului, Ţara Moţilor u. a. m. Laut dokumentarischen Belegen erstreckten sich diese *ţări* vor allem entlang der beiderseitigen Karpatenabhänge, die bildhaft als „Wirbelsäule" oder „Rückgrat" des rumänischen Volkes bezeichnet werden. Diese *ţări* wie auch die Senken der Vorkarpaten (Nemţişor, Tazlău, Vrancea, Cîmpulung-Muscel, Călimăneşti, Horezu, Tîrgu Jiu u. a.) bildeten lange Zeit hindurch die Schwerpunkte der rumänischen Bevölkerung, eine ausgesprochene „Milchstraße" von Siedlungen. Der Folklore- und Volkskunstschatz, der das Ansehen des rumänischen Volkes weit über die Grenzen trug, ist nirgends so gut und unverfälscht erhalten wie eben in diesen Gebieten. Und hier begann auch die Herausbildung der unabhängigen rumänischen Staaten.

Ende des 11. Jh. brachen die letzten Wandervölker ein. Den Anfang machten die Magyaren; es folgten die Petschenegen, Uzen, Kumanen und Tataren, die dann einen beachtlichen Teil des Territoriums Rumäniens (den Osten der Walachei und die Moldau) beherrschten. Dieser Umstand verzögerte die Entstehung stärkerer rumänischer Staatsgebilde und hemmte die Tendenzen zur Wiedererrichtung der „Romania" nördlich der Donau.

Nach einer langen Zeitspanne (11.–13. Jh.) gelang es dem ungarischen Königreich, die Herrschaft über Siebenbürgen auszuüben[1]. Bestrebt, den Katholizismus zu verbreiten und das Feudalsystem mit der ganzen Folge von Verpflichtungen zu verankern, versuchte die ungarische Krone, die Freiheiten der rumänischen Bevölkerung zu beschränken und allmählich abzubauen. Daraus entstand ein ununterbrochener Konfliktzustand zwischen dem Königreich und den rumänischen politischen Gebilden; letztere wurden von der orthodoxen Kirche unterstützt, die seitens der katholischen als nicht rechtgläubig betrachtet wurde. Je nach den politischen Absichten der ungarischen Führungskreise nahm der Konflikt im Laufe der Zeit mehr oder weniger heftige Formen an, und seine Auswirkungen wurden bedingt durch das Kräfteverhältnis zwischen der magyarischen Zentralgewalt und den rumänischen Selbstverwaltungsgebieten in Siebenbürgen. Durch die Standhaftigkeit und Ausdauer der politischen Organisation in Siebenbürgen, den aktiven Widerstand sowie die Auswanderung der Bevölkerung in die übrigen rumänischen Provinzen sah sich die ungarische Krone gezwungen, die Autonomie Siebenbürgens anzuerkennen, die dann im Laufe der Jahrhunderte in unterschiedlichem Maße auch beibehalten wurde.

Der Auswanderungsstrom der Bevölkerung aus den innerkarpatischen rumänischen Gebieten in jene südlich und östlich dieser Gebirgskette begann bereits im 11. Jh., gleichzeitig mit dem Prozeß der Unterwerfung Siebenbürgens durch die ungarische Krone. Dieser Strom nahm in dem Maße zu, in dem sich die Feudalbeziehungen ausbreiteten, der einheimischen Bevölkerung aber das Recht auf Boden und somit auch die Freiheit entzogen wurde. Dennoch blieb der Großteil der Bevölkerung in Siebenbürgen zurück, was zur Folge hatte, daß die Rumänen hier im Laufe der Jahrhunderte immer in der Mehrzahl blieben. Diejenigen, die sich südlich und östlich der Karpaten niederließen – wo die Herrschaft der Nomadenvölker sich aufzulösen begann –, gründeten hier in den ausgedehnten Gebieten neue Siedlungen. Im Vorkarpatengebiet entstanden fast überall Dörfer der *Ungureni* (aus Siebenbürgen ausgesiedelte Rumänen); diese Bezeichnung weist darauf hin, daß der Großteil der Einwohner aus Rumänen bestand, die aus Siebenbürgen stammten, wo sie vorher ungarische Untertanen waren. Die aus Siebenbürgen ausgewanderten Rumänen, die derselben ethnischen Herkunft waren wie die Bevölkerung der Walachei und der Moldau und eine gemeinsame romanische Sprache hatten, leisteten ihren Beitrag zur Stärkung der politischen Organisationen der Rumänen, die gegen die Herrschaft der Nomadenvölker ankämpften[2]. In die südlich und östlich der Karpaten gelegenen Gebiete zogen seit dem 13. Jh. auch Angehörige anderer Volksstämme, deren Anwesenheit nach der Entstehung der Staaten Walachei und Moldau vor allem in den Städten quellenmäßig belegt ist.

Aus der Abwanderung von Einwohnern Siebenbürgens in südlich und östlich der Karpaten gelegene Gebiete lassen sich teilweise die lange Zeit hindurch erhobenen Oberhoheitsansprüche der ungarischen Krone auf diese Gebiete erklären. Diese Abwanderung der Bevölkerung aus Siebenbürgen in die Walachei und in die Moldau löste am ungarischen Königshofe um so mehr Besorgnis aus, als die neue Umwelt sich im Stande zeigte, die Zugewanderten, deren Interessen sich mit denen der bodenständigen Bevölkerung weitgehend deckten, organisch zu integrieren und zu assimilieren. In einem Brief aus dem Jahre 1234, in dem Papst Gregor IX. Béla IV., dem Sohn und Mitregenten des ungarischen Königs Andreas II., den Rat gibt, die Rumänen aus „Kumanien" wieder unter die Botmäßigkeit des katholischen Bistums von Kumanien (1227 im Südwesten der Moldau gegründet, auch Bistum von Milkovia benannt) zu bringen, wird die Besorgnis darüber ausgesprochen, daß einige Einwohner, sowohl Ungarn als auch Deutsche (Siebenbürger Sachsen) gemeinsam mit Andersgläubigen, d.h. orthodoxen Rumänen, des ungarischen Königreiches die Gebirge überqueren, um in „Kumanien" zu wohnen, „und sie bilden somit ein einziges Volk mit den genannten Walachen". Die Könige Ungarns waren besonders nach dem Tatarensturm bestrebt, durch verschiedene Maßnahmen das Königreich wieder zu bevölkern und der Auswanderung vorzubeugen. In der Urkunde aus dem Jahre 1247, durch die König Béla IV. dem Johanniterorden das Severiner Land und Kumanien, mit Ausnahme der rumänischen Woiwodschaften des Litovoi und Seneslaus, übertrug, verpflichtete der ungarische König den Großmeister zu schwören, daß er nicht nur um die Besiedlung der genannten Gebiete, sondern auch anderer Territorien des ungarischen Reichs bemüht sei und es den Bauern des ungarischen Reichsgebietes nicht gestatten werde, sich in den dem Ritterorden abgetretenen Gebiete niederzulassen, mit Ausnahme einer Sonderbewilligung des Königs. Diese den Johannitern auferlegte Klausel zeigt das Bestreben König Bélas IV., die Zahl der ihm Untergebenen zu erhöhen, läßt aber auch die Befürchtung erkennen, daß sein Reich entvölkert werden könnte, und deutet die Sorgen an, die ihm die Abwanderung seiner Untertanen im Gebiete südlich der Karpaten verursachten[3].

Die natürliche Bevölkerungszunahme in den Gebieten südlich und östlich der Karpaten, die zur Vergrößerung vieler Dörfer führte, und die Zuwanderung, vor allem aus Siebenbürgen, wurden wichtige Voraussetzungen für die Bildung der unabhängigen rumänischen Feudalstaaten der Walachei und der Moldau. Unterstützt wurde dies durch die damaligen internationalen Umstände – da Anfang des 14. Jh. das ungarische Königreich und das bulgarische Zartum von einer politischen Krise erfaßt wurden und die Goldene Horde im Zerfall begriffen war[4].

Der Bevölkerungszuwachs, der sich im 14. Jh. in der Walachei und in der Moldau bekundete und der wegen Mangels an urkundlichen Angaben quantitativ nicht genau erfaßt werden kann, führte zur Ausdehnung des rumänischen Elements und der Grenzen beider Länder bis zum Schwarzen Meer (also bis zu den Grenzen des antiken Daziens). Die Bevölkerungszunahme war auch in Siebenbürgen zu verzeichnen, wo im Vergleich zum 13. Jh. quellenmäßig 2780 neue Siedlungen (darunter 10 Städte, 16 Marktflecken und 2754 Dörfer) belegt sind, die in die Sphäre der feudalen Rechtsverhältnisse einbezogen wurden[5].

[1] *K. Horedt:* Untersuchungen zur Frühgeschichte Siebenbürgens (4.–13. Jahrhundert); *A. Armbruster:* Grenzwacht und Hilfsvölker. In: Revue Roumaine d'Histoire 6 (1973).

[2] *Şt. Ştefănescu:* Demografia, demensiune a istoriei; ders.: Miscari demografica in tările române pînă în secolul al XVII-lea şi rolul lor în unitatea poporului român [Bevölkerungsbewegungen in den rumänischen Ländern bis zum 17. Jh. und deren Bedeutung für die Einheitserhaltung bei dem rumänischen Volk]. In: Unitate şi continuitate în istoria poporului român [Einheit und Kontinuität in der Geschichte des rumänischen Volkes]. Editura Academiei R. S. România (1968).

[3] Ebenda.

[4] *Şt. Ştefănescu:* Reconstitution de la vie d'état sur le territoire de la Roumanie au cours du Haut Moyen-Age. In: Revue Roumaine d'Histoire 1 (1970).

[5] *Şt. Pascu:* Die mittelalterlichen Dorfsiedlungen in Siebenbürgen (bis 1400). In: Nouvelles études d'histoire 2 (1960).

2. Der Übergang von politischen Gebilden zur Gründung der unabhängigen rumänischen Staaten

Die Geschichtsquellen bezeugen, daß sich im 10. Jh. auf dem Territorium Rumäniens wichtige feudale Grundherrschaften gebildet haben, die unter der Herrschaft eines weltlichen oder kirchlichen Oberhauptes standen. Drei Regionen können unterschieden werden, in denen die feudalen Oberhäupter ein höheres Organisationsniveau erreicht haben: das Gebiet der unteren Donau (die Dobrudscha und Ostmuntenien), das Banater Territorium und der Nordwesten Olteniens sowie das Gebiet im Norden Siebenbürgens und die Maramureş. Auf dieser Grundlage der Herausbildung feudaler Beziehungen und entsprechender politischer Einrichtungen begannen um das Jahr 1000 die ersten Feudalstaaten zu entstehen[1]. Die Völkerwanderungen des 11.–12. Jh., der Einfall der Petschenegen, Uzen und Kumanen sowie die im 13. Jh. durch den Tatarensturm verursachten Verwüstungen hemmten den natürlichen Entstehungsprozeß der rumänischen Feudalstaaten. Die rumänischen Oberhäupter, die sich in dieser Zeit behaupten konnten, integrierten sich zum Teil in Staatsgebilde mächtigerer Nachbarvölker und versuchten, im Rahmen dieser Gebilde den Fremdherrschern zu widerstehen und sich zu behaupten.

Trotz der von den Fremdvölkern verursachten widrigen Verhältnisse spielte im 11. Jh. das Gebiet an der unteren Donau, in der sich der byzantinische Einfluß fühlbarer machte als in anderen Teilen des rumänischen Territoriums, in wirtschaftlicher und politischer Hinsicht eine besondere Rolle. Anna Comnena erwähnt in ihrem Bericht über die Kämpfe ihres Vaters, des Kaisers Alexios I. von Byzanz, auch die Existenz kleiner politischer Gebilde in der Dobrudscha. Diese waren stark genug, um zu versuchen, sich der byzantinischen Autorität zu entziehen. Die zwischen 1074 und 1088 gegen Byzanz geführten Kämpfe gehören zur Reihe innerer Spannungen, die das Reich nach dem Aussterben der makedonischen Dynastie erschütterten.

Die Versuche der Staatsgebilde in der Dobrudscha, sich von der byzantinischen Autorität loszulösen, erfolgten zu einer Zeit, da die Geschichtsquellen die politische Rolle der einheimischen Bevölkerung nördlich der Donau hervorzuheben beginnen. Die Geten des linken Ufers der Donau, die Anna Comnena und Michael Psellos als Verbündete der Sauromaten (Petschenegen) gegen Byzanz kämpfend erwähnt, sind Rumänen aus dem Nordgebiet der Donau[2]; auf sie weist später auch Kynnamos hin (anläßlich des byzantinischen Feldzuges im Jahre 1166 gegen die Ungarn); er sagt dabei, daß „sie alte Kolonisten aus Italien sind“[3].

Eine Reihe urkundlicher Angaben weist darauf hin, daß die politischen Gebilde der Rumänen vom 11. Jh. an auch in der Moldau eine Rolle spielten. Polnischen Geschichtsquellen zufolge, die der Chronik des Jan Długosz zugrunde liegen, kämpften im Jahre 1070 „die Walachen“ an der Seite der Ruthenen und Petschenegen, die Wjatscheslaw von Polozk im Streit mit dem Polenkönig Boleslaw unterstützten[4].

Nach der Unterwerfung Siebenbürgens durch die magyarischen Könige wurde dieses Gebiet im Rahmen des ungarischen Kronlandes als Woiwodschaft oder Woiwodat organisiert, eine Form politischer Organisation, welche die Fremdherrscher von der einheimischen Bevölkerung übernahmen.

Von Siebenbürgen aus versuchten die ungarischen Könige, ihr Reich auch in die Bereiche südlich und östlich der Karpaten auszuweiten. Das von der ungarischen Krone angestrebte Ziel sowie der dabei gezeigte Bekehrungseifer gefährdeten die rumänischen politischen Gebilde, die sich im Schatten der Herrschaft der Nomadenvölker herausgebildet hatten. Ihre Gegenmaßnahmen gehören zur allgemeinen Reaktion der orthodoxen Welt auf die politische und religiöse Offensive des apostolischen Reiches; zu erwähnen seien in dieser Hinsicht auch das Bündnis des bulgarischen Zartums mit dem Reich von Nikäa (1235) und der bulgarisch-magyarische Konflikt vom Jahre 1230, der mit dem Sieg des ungarischen Königreichs endete und zur Gründung des Severiner Banats an der Nordwestgrenze des bulgarischen Zartums führte[5].

Unter dem Druck der Rivalität zwischen dem magyarischen und dem bulgarischen Reich anerkannten die rumänischen Oberhäupter – zuerst diejenigen östlich des Alt-Flusses und nachher auch diejenigen der Kleinen Walachei (Oltenien) – die Oberhoheit der ungarischen Könige, allerdings erst nach einer neuen Bekräftigung der Privilegien, deren sie sich auch vorher erfreut hatten. In dem Diplom, durch das König Béla IV. im Jahre 1247 dem Johanniterorden das Severiner Banat übertrug, werden vier vorstaatliche Gebilde erwähnt, die südlich der Karpaten lagen – die Woiwodate des Litovoi und

Seneslaus und die Knesate des Ioan und Farcaş – und die in unterschiedlicher Form von der ungarischen Krone abhängig waren. In der zweiten Hälfte des 13. Jh. erfolgten wiederholte Versuche der rumänischen Oberhäupter südlich und östlich der Karpaten, sich von der Autorität des ungarischen Königreichs loszulösen, die Tatarenherrschaft abzuschütteln und einen eigenen Staat zu gründen. Die Wirtschaftsbeziehungen, die durch die Entwicklung der Marktflecken und Entstehung der neuen Städte gefördert sowie durch Transithandelswege in den internationalen Verkehr einbezogen wurden, boten die Gewähr für einen dauerhaften und unaufhaltbaren Prozeß des Zusammenschlusses der politischen Gebilde auf dem Gebiet der Walachei und der Moldau.

Der Woiwode Litovoi im Gebiet südlich der Karpaten fiel 1270 im Kampfe gegen das magyarische Königtum. Sein Bruder Barbath geriet in Gefangenschaft und wurde um eine beträchtliche Geldsumme freigekauft. Der Kampf gegen einen starken Staat und die Entrichtung einer bedeutenden Summe für den Loskauf eines Heerführers zeugen von der militärischen und wirtschaftlichen Stärke der rumänischen politischen Gebilde, die nicht weit davon entfernt waren, einen selbständigen Staat zu gründen.

In der Moldau nutzten die politischen Oberhäupter die nach dem Tode Nogai-Khans (1299) im Tatarenreich ausgebrochene Krise, um ihre Macht zu festigen und auszubreiten, was ein Anzeichen dafür war, daß die Verschmelzung der verschiedenen politischen Gebilde zu einem einzigen staatlichen Organismus bevorstand.

Im dritten Jahrzehnt des 14. Jh. schlossen sich die Feudaloberhäupter südlich der Karpaten um den Woiwoden Basarab aus der Argeş-Gegend zusammen; sein Name war infolge der Siege, die er gegen die Tataren errungen hatte, bekannt geworden; sie wählten ihn zum Großwoiwoden, was zu grundlegenden Veränderungen in der Institution der Woiwodschaft beitrug. Von nun ab war sie die Bezeichnung für die selbständige politische Organisation der Walachei. Die 1330 vom Ungarnkönig Karl Robert von Anjou südlich der Karpaten unternommene Aktion, die Erfolge der dortigen lokalen Kräfte zu liquidieren und sie zum Gehorsam gegenüber der heiligen Stephanskrone zu zwingen, endete mit einem großen Mißerfolg. Basarab errang bei Posada (9.–12. Nov.) einen glänzenden Sieg, der die Unabhängigkeit der Walachei besiegelte und ihre weitere Entwicklung begünstigte[6].

Die Siege Basarabs im Kampfe gegen die Tataren und die magyarische Krone sowie das Beispiel der Walachei allgemein verstärkten auch die Emanzipationsbestrebungen der rumänischen Lokaloberhäupter in der Moldau. Sie schlossen sich anfangs den Ungarn an, um den Druck der Mongolen an ihren Grenzen zu beseitigen; sie erhoben sich aber gegen das magyarische Königreich, sobald dieses versuchte, der Moldau anstelle der Tatarenherrschaft seine eigene aufzuzwingen. Was Basarab für die Walachei getan hatte, verwirklichte in der Moldau der Woiwode Bogdan. Im Jahre 1359 befand sich Bogdan in der Moldau in derselben Lage wie Basarab in der Walachei im Jahre 1330. Es gelang Bogdan ebenfalls, jede Form der Abhängigkeit des Landes von der ungarischen Krone endgültig zu beseitigen.

Im 14. Jh. erschien auf der Grundlage der wirtschaftlichen Entwicklung, die durch die Abnahme der Tatarengefahr vorangetrieben wurde, in der Dobrudscha, dem Gebiet zwischen der Donau und dem Schwarzen Meer, ein Staat, der in der politischen Konstellation der Balkanhalbinsel eine wichtige Rolle spielen sollte. Den Kern dieses Staates bildete das sog. „Land Kawarna". Im Jahre 1346 griff der Führer dieses Gebietes, Balica, in die Kämpfe in Byzanz ein und erhielt den Titel „Despot". Der Nachfolger Balicas, Dobrotici, war anfangs Vasall des byzantinischen Kaisers; aus dem Bestreben, die Meeresküste südlich von Warna zu beherrschen, geriet er später mit Johann V. Palaiologos in Konflikt, der bald darauf gezwungen war, die Autonomie des Dobrotici anzuerkennen.

Dobrotici dehnte sein Gebiet im Norden bis an die Mündungsarme der Donau aus und verwickelte sich in einen langwierigen Krieg mit den Genuesen, die bei Vitzina und Lycostomo Faktoreien eröffnet hatten und sich in diesem Gebiet das Monopol der Handelsgeschäfte sichern wollten. Um dem Widerstand der Genueser Handelsleute gewachsen zu sein, die gleichzeitig auch Verbündete des Osmanenreiches waren, baute Dobrotici sein Staatswesen weiter aus und wurde nach 1371 einer der bedeutendsten Machtfaktoren auf der Balkanhalbinsel. Der Nachfolger des Dobrotici, Iwanko, schloß mit den Genuesen 1387 in Pera einen Friedens- und Handelsvertrag ab.

Als 1388 dem Gebiet zwischen Donau und Schwarzem Meer die Gefahr drohte, durch einen großangelegten türkischen Feldzug in ein *Paschalîk* umgewandelt zu werden, erfolgte das energische Eingreifen des Herrschers der Walachei, Mircea des Alten, der seine Autorität auch über die Dobrudscha ausdehnte. 1417 fiel dann die Dobrudscha für mehr als vier Jahrhunderte unter die Herrschaft der Osmanen[7].

[1] *B. T. Câmpina:* Le problème de l'apparition des états féodaux roumains. In: Nouvelles études d'histoire 1 (1955).

[2] *E. Stănescu:* Les „mixobarbares" du Bas-Danube au XIe siècle. Ebd. 3 (1965); ders.: Byzance et les Pays Roumains aux IXe-XVe siècles. In: Actes du XIVe Congrès International des Etudes Byzantines. Bucarest, 6–12 septembre 1971, Bd. 4. Edition de l'Académie de la R. S. de Roumanie (1974).

[3] *A. Armbruster:* Romanitatea românilor. Istoria unei idei. Fontes Historiae Daco-Romanae, Bd. 3.

[4] *Şt. Ştefănescu:* „Intemeierea" Moldovei în istoriografia românească [Die Staatsgründung der Moldau in der rumänischen Geschichtsschreibung]. In: Studii 6 (1959).
V. Spinei: Informaţii despre vlahi în izvoarele medievale nordice [Die Walachen im Lichte der mittelalterlichen nordischen Quellen]. In: Studii şi cercetări de istorie veche 1 (1973).

[5] *A. Oţetea:* La formation des états féodaux roumains. In: Nouvelles études d'histoire 3 (1965).
R. Popa: Über die Burgen der Terra Hatzeg. In: Dacia 16 (1972).
A. Armbruster: Românii în cronica lui Ottokar de Stiria: o nouă interpretare [Die Rumänen in der Reimchronik Ottokars von Steyern: eine neue Deutung]. In: Studii 3 (1972); ders.: Nochmals „herzoge Râmunc ûzer Vlâchen lant". In: Revue Roumaine d'Histoire 1 (1973).

[6] *N. N. Constantinescu:* Bătăliile mari ale românilor, I: Bătălia de la Posada. 1330, 9–12 noiembrie [Die großen Schlachten der Rumänen, I: Die Schlacht von Posada, 1330, 9.–12. Nov.] (1930).
Şt. Ştefănescu: Ţara Românească de la Basarab I „Intemeietorul" pînă la Mihai Viteazul.

[7] Ders.: Byzanz und die Dobrudscha in der zweiten Hälfte des 14. Jahrhunderts. Die Bildung des Feudalstaates Dobrudscha. In: Byzantinische Beiträge (1964); ders. und *I. Barnea:* Din istoria Dobrogei, Bd. 3.
M.-M. Alexandrescu-Dersca Bulgaru: La seigneurie de Dobrotič, fief de Byzance. In: Actes du XIVe Congrès International des Etudes Byzantines Bucarest, 6–12 septembre 1971. Bd. 2 (1975).

3. Die dörfliche Welt und die soziale Schichtung

Seit dem 10. Jh. erfuhr die Struktur des rumänischen Landlebens tiefgreifende Veränderungen, die im allgemeinen das Dorfbild so gestalteten, wie wir es dann im 14.–15. Jh. anhand von Urkunden ermitteln können. Schon damals begann man das Land in Grundherrschaften einzuteilen und die Gemarkung der Dörfer festzulegen, die bereits in den ersten, in fürstlichen Schreibstuben ausgestellten Urkunden als sehr alt bezeichnet werden. In derselben Zeit erfolgt auch der erste bedeutendere Zerfall der Dorfgemeinschaften, indem aus ihrer Mitte Feudalherren hervorgingen, die den Boden gewaltsam in Besitz nahmen und die Bauern unterwarfen. Ein Teil der Feudalherren stammte natürlich auch von außerhalb der Dorfgemeinschaft, aus den Reihen der Eroberungsvölker, die, um sich und ihre Kriegsleute unterhalten zu können, die unterworfenen Bauerngemeinschaften zu Abgaben nötigten und zu Frondiensten anhielten.

Zur Einschätzung des Entwicklungsstands der Feudalbeziehungen zwischen Karpaten und Donau um die Mitte des 13. Jh. ist die bereits erwähnte Urkunde aus dem Jahre 1247 äußerst aufschlußreich. Die darin enthaltenen Angaben spiegeln Verhältnisse wider, die sich nur vor den Tatareneinfällen herausgebildet haben konnten. Der Johanniterorden wurde bekanntlich auch zum Schutz gegen die Tataren in diese Gegend berufen. Aus der Verleihungsurkunde geht hervor, daß im 13. Jh. der Feudalbesitz im Begriff war, sich zu festigen. Besitzer der ausgedehnten Grundherrschaften waren vor allem Kirchenfürsten sowie Bojaren, die in der Urkunde *majores terrae* genannt werden. Diese Bezeichnung gleicht derjenigen in einer Urkunde des Jahres 1234, in der die Feudalherren als *potentes* erwähnt werden. Die feudalen Privilegien scheinen eine recht große Verbreitung erfahren zu haben. In dem Diplom wird betont, daß weder der ungarische König noch die Ritter des Johanniterordens die Einkünfte und Rechte schmälern dürfen, die die feudalen Lokalmächte im Laufe der Zeit erworben hatten. Dazu gehören auch abhängige Bauern, die als *rustici* bezeichnet wurden und die, wie die späteren hörigen Bauern, gezwungen waren, Pflichtabgaben zu entrichten und eine ganze Reihe von Arbeiten für den Feudalherrn zu leisten.

Um ihre Macht zu festigen, ließen die magyarischen Könige in Siebenbürgen Sekler und Sachsen, für kurze Zeit auch den Deutschen Ritterorden ansiedeln, denen sie verschiedene Privilegien verliehen. Zur besseren Verteidigung der Provinz wurden mehrere Burgen an strategisch wichtigen Stellen gebaut, die dann meistens auch Sitz der Komitatsgebiete als Verwaltungseinheiten wurden.

Die ersten Kolonisten, die nach Siebenbürgen berufen wurden, waren die Sekler. Die ungarischen Könige ließen sie im Südostbogen Siebenbürgens ansiedeln, nachdem sie vorübergehend im Zentralgebiet des Landes gelebt hatten[1]. Sie sollten hier die durch die dauernden Einfälle der Kumanen und Tataren arg bedrohten Landesgrenzen verteidigen. Im 12. Jh. begann auch die Ansiedlung der Sachsen, und ihre Zahl nahm im folgenden Jahrhundert durch Zuwanderung ständig zu. Die Siebenbürger Sachsen, die größtenteils aus der Rhein-Mosel-Luxemburg-Gegend stammten, ließen sich in mehreren Etappen in verschiedenen Gebieten Siebenbürgens nieder: im Süden des Landes (Unterwald, Hermannstädter Provinz, Burzenland), im Mittelgebirge (Mediasch und Schäßburg) und im Nordosten (Nösnergau, Bistritz). Wie die Sekler, so fanden auch die Siebenbürger Sachsen in den Gebieten, wo sie sich niedergelassen hatten, die einheimische rumänische Bevölkerung vor, mit der sie zusammenlebten und gemeinsam die Reichtümer des Landes erschlossen. Für ihre Verpflichtung, die Landesgrenzen zu verteidigen und die „geschenkten" Gebiete wirtschaftlich zu fördern, erfreuten sich die Sachsen seitens der ungarischen Krone weitgehender wirtschaftlicher und administrativ-politischer Privilegien, was dazu beitrug, daß sie eine rührige ökonomische und politische Tätigkeit entfalten konnten und sich aufgrund eigener Verwaltungseinheiten in Stühlen *(sedes)* organisierten[2].

Im Jahre 1211 wurde der Deutsche Ritterorden von König Andreas II. nach Siebenbürgen berufen, um das Burzenland gegen die Kumaneneinfälle zu schützen und die bodenständige rumänische Bevölkerung zum Katholizismus zu bekehren. Wie auch im Gebiet der Ostsee, wo er sich nach der Vertreibung aus Siebenbürgen niederlassen sollte, verletzte der Orden die mit der ungarischen Krone getroffenen Vereinbarungen und geriet mit dem Arpadenhof in Konflikt; wohl konnte der Papst eine zeitweilige Schlichtung herbeiführen, aber 1225 brach der Konflikt von neuem aus, und der Deutsche Orden mußte das Burzenland nicht eben ruhmvoll verlassen[3].

Mit der Unterwerfung und Kolonisierung Siebenbürgens durch das ungarische Königreich beschleunigte sich die Unterjochung der Bauernschaft. Die Gemeinschaften freier Bauern wurden teilweise vom König, teilweise vom Hochadel, vom Klerus sowie von den einheimischen königstreuen Adligen unterworfen. Gleichzeitig mit der Entstehung großer Grundherrschaften mehrten sich die Verpflichtungen der Bauern den Grundbesitzern gegenüber. Dem Adel, der über große Einnahmequellen verfügte, gelang es, von den Königen bedeutende Privilegien zu erhalten. Sie wurden 1222 durch eine „Goldene Bulle" bestätigt und 1231 bekräftigt und erweitert. Die ununterbrochene Ausweitung und Verbreitung der feudalen Bannrechte, denen gegenüber die Krone machtlos war, belasteten diese zusätzlich und förderten den Prozeß der feudalen Anarchie und Zersplitterung. Um die Unabhängigkeitsbestrebungen des Großadels in Schranken zu halten, versuchte das Königtum, sich auf den Kleinadel zu stützen, in dessen Reihen auch Vertreter der unteren sozialen Schichten emporstiegen. Innerhalb der Adelsschicht zeichneten sich die rechtlich-sozialen und sonstigen Interessengegensätze immer mehr ab: Die Vertreter des Großadels wurden *potentes* oder *iobbagiones regis* (der Sinn dieser Benennung änderte sich im Laufe der Zeit; zuletzt wurde sie auf die hörigen Bauern der Grundbesitzer übertragen) genannt, die des Kleinadels nannte man *servientes* oder *familiares*.

In der Bauernschaft gab es im 13. Jh. drei unterschiedliche soziale Kategorien: Freibauern, hörige Bauern und Fronknechte. Die Freibauern lebten in geschlossenen Dorfgemeinden, die vor allem in den Randgebieten sich behaupteten, da sich hier keine großen Grundherrschaften bilden konnten und die Versuche des Adels, die Bauernschaft zu unterwerfen, auf heftigen Widerstand stießen. Um den Preis einiger Heeresverpflichtungen (Grenzschutz) konnten diese Bauern auch weiterhin ihre Freiheiten bewahren. In den Reihen der hörigen Bauern gab es unterschiedliche, wirtschaftlich und rechtlich bedingte Kategorien: eigentliche Hörige, mit der Zeit Jobagen genannt, die eine bestimmte Grundfläche bearbeiteten (*sessio* genannt, deshalb auch *sessiones* bezeichnet), dafür aber verschiedene Dienste verrichteten und grundzinspflichtig waren; sie konnten ihr Grundstück dem Nachfolger vererben. Es gab Tagelöhner, die rechtlich frei waren und sich ihre Freizügigkeit erhalten konnten. Dazu kamen Hörige, die über keine *sessio* verfügten, ferner Hofdiener und Hausgesinde, die keine fachlich qualifizierten Dienste verrichteten. Die niedrigste soziale Kategorie bildeten die Fronknechte. Diese waren den Grundbesitzern auf Gnade und Ungnade ausgeliefert[4].

Die Tendenz der Grundbesitzer, ihre Herrschaften zu vergrößern, indem sie sich den Boden der freien Dorfgemeinden gewaltsam aneigneten, die immer drückendere feudale Belastung seitens des Adels und der Kirche (letzterer gegenüber waren die rumänischen Bauern als Orthodoxe enthoben) sowie die Willkür der Regierungsbeamten und Gutsverwalter trieben die Bauern zur Flucht, zum Freischärlertum und zu Aufständen.

Der Kampf der Bauernschaft um die Wahrung der alten Freiheiten sowie die starke Tradition der bodenständigen politischen Organisationen verliehen der weiteren Entwicklung der feudalen Verhältnisse in Siebenbürgen einen eigentümlichen Charakter; es machte sich die Tendenz zur Schaffung einer eigenen politischen Organisation bemerkbar, eines von Ungarn getrennten „Regnum Transsilvaniae". Einige Führer Siebenbürgens, wie etwa Stephan, der Sohn König Bélas IV., oder die Woiwoden Roland und Ladislaus Borsa, beanspruchten königliche Befugnisse für sich und versuchten, eine selbständige Politik zu betreiben.

[1] *J. Moga:* Contribuţii la istoria colonizărilor din Transilvania [Beiträge zur Geschichte der Kolonisationen in Siebenbürgen]. In: Anuarul Institutului de istorie naţională din Cluj (1943–1944).
H. Connert: Die Stuhlsverfassung im Szeklerlande und auf dem Königsboden bis zum Ende des 15. Jahrhunderts (1906).

G. Györffy: A székely társadalom [Die Sekler Gesellschaft]. Akadémiai Kiadó Budapest (1953).
O. Mittelstraß: Beiträge zur Siedlungsgeschichte Siebenbürgens im Mittelalter; *K. K. Klein:* Transsilvanica.

2 *G. E. Müller:* Die Gräven des Siebenbürger Sachsenlandes. In: Festschrift für Bischof D. Dr. Fr. Teutsch (1931).
K. Schünemann: Die Stellung des Südostens in der Geschichte der mittelalterlichen deutschen Kolonisation. In: Siebenbürgische Vierteljahrschrift (1934).
Th. Nägler: Populaţia românească în sudul Transilvaniei şi caracterul colonizării săseşti în secolele XII–XIII [Die rumänische Bevölkerung im Süden Siebenbürgens und der Charakter der sächsischen Kolonisation im 12.–13. Jh.]. In: Studii şi articole de istorie (1969); ders.: Die soziale Schichtung bei den Siebenbürger Sachsen im 12.–13. Jh. In: Forschungen zur Volks- und Landeskunde 1 (1973).
A. Armbruster: Zur Herkunftsfrage und Siedlungsgeschichte der Siebenbürger Sachsen. Ebd. 1 (1971).
K. K. Klein: a.a.O.; Die deutsche Ostsiedlung des Mittelalters als Problem der europäischen Geschichte. Reichenau-Vorträge 1970–1972, hg. v. *W. Schlesinger* (1975).

3 *G. Bako:* Cavalerii Teutoni şi Ţara Bîrsei [Der Deutsche Ritterorden und das Burzenland]. In: Studii 1 (1957); ders.: Contribuţii la istoria Transilvaniei de sud-est în secolele XI–XIII [Beiträge zur Geschichte Südostsiebenbürgens im 11.–13. Jh.]. In: Studii şi cercetări de istorie veche 1 (1961).
H. Glassl: Der Deutsche Orden im Burzenland und in Kumanien (1211–1225). In: Ungarn Jahrbuch 3 (1971).

4 *I. Acsády:* A magyar jobbágyság története [Geschichte des ungarischen Jobagentums] (1944).
E. Lederer: A feudalizmus kialakulása Magyarországon [Die Entstehung des Feudalismus in Ungarn]. Akadémiai Kiadó Budapest (1959).

4. Das Wirtschaftsleben

Ein bedeutender Faktor, der trotz der Stürme der Geschichte die Stabilität und das zahlenmäßige Anwachsen der Bevölkerung auf dem Territorium Rumäniens beibehielt, war außer der Schönheit und Ausgeglichenheit der natürlichen Bedingungen die mannigfaltige und verschiedene Gestaltung der Naturreichtümer. Dieses erleichterte es den Einwohnern, unterschiedlichen Beschäftigungen nachzugehen. Landwirtschaft als Hauptzweig der Güterproduktion wurde vor allem in den Flußtälern und auf den Hängen des Hügellandes betrieben, wo es auch die größten Bevölkerungsballungen gab. Das Flachland, vor allem die fruchtbaren Donaugebiete, konnte wegen der spärlichen Bevölkerung und der wiederholten Zerstörungen durch feindliche Einfälle nur teilweise für die Landwirtschaft verwendet werden. Die landwirtschaftlichen Geräte waren recht rudimentär, so daß weder ausgedehntere Flächen bearbeitet noch größere Erträge erzielt werden konnten. Da der Großteil des Landes mit Wäldern bedeckt war, mußte ständig gerodet werden, um neue Anbauflächen zu gewinnen. Auf diesen durch Feuer, Axt, Hacke oder Pflug freigelegten Rodungen baute man Hirse, Weizen, Roggen, Gerste oder Hafer an. Die erste Ernte des Brachlandes war recht ergiebig, die zweite mäßig, die dritte aber so schwach, daß sich die Bauern genötigt sahen, andere, frisch gerodete Gründe zu bebauen.

Der Weinbau als spezialisierter Zweig der Landwirtschaft war in verschiedenen Gebieten des späteren Rumänien schon in ältesten Zeiten ziemlich verbreitet. Er sicherte den Grundbesitzern und dem Herrscher bedeutende Einnahmen; vom Ertrag mußten Abgaben entrichtet werden, darunter eine in bar, den *Perper* (nach einer byzantinischen Münze, dem *hyperperyon* benannt), die erste in der Walachei bekannte Geldsteuer. Die eigenen Bedürfnisse an Obst und Gemüse deckten die Bauern selbst aus der Hausproduktion.

Die Viehzucht nahm im Rahmen der bäuerlichen Beschäftigungen einen beachtlichen Platz ein. Bienenzucht und Fischfang, vor allem in den ergiebigen Teichen des Donaubereichs, sowie der Wald mit seinem reichen Jagdwild waren nicht nur Nahrungsspender, sondern auch bedeutende Einnahmequellen. Vieh, Honig und Wachs, Fisch und Jagdwild sowie Holz waren im Außenhandel besonders gefragt. Das Holz der Fichte aus den Ostkarpaten wurde wegen seiner außergewöhnlichen Resonanz für die Herstellung von Musikinstrumenten verwendet. Gesucht waren auch die Karpatentanne und die Buche der Vorkarpaten wegen ihrer Qualität, wie übrigens auch die Eiche aus tiefer gelegenen Zonen des Landes.

Die Almen in großen Höhen boten günstige Voraussetzungen für die Viehzucht, wobei die rumänischen Hirten Hunderte von Kilometern zurücklegten, um die ergiebigsten Wiesen für ihre Herden ausfindig zu machen oder sie in wärmeren Landstrichen zu überwintern.

Die Erschließung der Bodenschätze, die in Siebenbürgen bereits vor der Römerherrschaft florierte, erreichte im 13. Jh. einen besonderen Entwicklungsgrad. Salz, Gold, Silber und Eisen gewann man hier in beträchtlichen Mengen. Außer der einheimischen Bevölkerung wurden zum Bergbau auch Kolonisten herangezogen, die man *hospites* (Gäste) nannte und die sich bedeutender Privilegien erfreuten. In der Walachei und in der Moldau war der Bergbau nicht so entwickelt wie in Siebenbürgen, aber in Zeiten politischer Stabilität nahm auch er einen Aufschwung, vor allem die Salzförderung. Das gewonnene Salz deckte nicht nur den internen Bedarf, sondern es reichte auch für bedeutende Exporte aus der Walachei auf den Balkan und aus der Moldau nach Polen und der Ukraine.

Wie der Bergbau war das Gewerbe im 10.–14. Jh. in regionaler Hinsicht ungleich entwickelt. In Siebenbürgen, das den verheerenden Einfällen der Mongolen weniger ausgesetzt war als die Walachei und die Moldau, erfuhr das Gewerbe eine beachtliche Blüte. Schriftliche Quellen und archäologische Funde lassen auf eine relativ intensive Bearbeitung der Metalle, vor allem des Eisens schließen; entwickelt waren auch das Töpferhandwerk durch die allgemeine Verwendung des Töpferrades, die Weberei, die Holz- und Steinbearbeitung[1]. Auch in der Dobrudscha und der Moldau weisen die archäologischen Ausgrabungen von Dridu, Bucov, Mărculeşti, Buftea, Ciurelu, Garvăn-Dinogetia, Capidava, Păcuiul lui Soare, Bîrlad und Hlincea (alle 14. Jh.) darauf hin, daß die Einwohner die Metallbearbeitung kannten. Schmiedewerkstätten wurden bei Bucov und Garvăn-Dinogetia freigelegt. Eine wichtige Errungenschaft in der Töpferkunst war, außer der allgemeinen Verwendung des Töpferrades, die Präparierung und der Gebrauch der Keramikglasur. Die Funde von Garvăn-Dinogetia beweisen, daß im 10.–12. Jh. hier der Horizontalwebstuhl bekannt war. Die frühzeitige Verwendung dieses Webstuhls in der Dobrudscha ist auf byzantinischen Einfluß zurückzuführen. Die Einwohner wußten auch die Wasserkraft für Mühlen und Stampfen zu verwenden, später auch bei der Eisengewinnung, wie das die Funde aus dem 14. Jh. in der Siedlung von Păcuiul lui Soare am Donauufer belegen[2].

Mit dem immer deutlicheren Prozeß der Trennung des Handwerks von der Landwirtschaft stieg die Bedeutung der Städte als Handels- und Gewerbezentren. In der ersten Hälfte des 13. Jh. erwähnen die Urkunden für Siebenbürgen die Städte Hermannstadt, Weißenburg, Klausenburg, Großwardein und Rodna. Teilweise infolge des Tatarensturmes zerstört, wurden sie in der zweiten Hälfte desselben Jahrhunderts wieder aufgebaut und erblühten in den folgenden Jahrhunderten. Im Unterschied zu den Städten Siebenbürgens bewahrten diejenigen der Walachei und der Moldau lange Zeit hindurch Wesenszüge der Agrarwirtschaft; sie waren mehr Tausch- als Handwerkszentren. Der Innenhandel war im 10.–14. Jh. schwach entwickelt und wurde in erster Linie innerhalb der periodischen Märkte abgewickelt.

Die geographische Lage der rumänischen Länder brachte es mit sich, daß über ihr Gebiet wichtige Handelsstraßen führten und hier ein bedeutender Transithandel abgewickelt wurde, der die Wirtschaft günstig beeinflußte. Durch Siebenbürgen und die Walachei gingen Handelswege, die West- und Mitteleuropa mit der Schwarzmeerküste und dem Balkan verbanden und so auch zu den Städten der Adriaküste führten. Durch die Moldau führten die Straßen, welche die Ostsee und das Schwarze Meer verbanden[3].

Durch den Transithandel, dessen Hauptträger italienische Kaufleute aus der Levante, Armenier aus Polen und Sachsen aus Siebenbürgen waren, wurden „Waren aus Übersee", d.h. aus dem Orient, Pfeffer und andere Gewürze, aus West- und Mitteleuropa Tuche, Leinwand, Waffen und landwirtschaftliche Geräte verkauft. Ausländische Handelsleute kauften vor allem in der Walachei und in der Moldau Vieh, Pferde, Tierhäute, Bienenwachs, Salzfisch u. dgl. m.[4].

Ein reger Handel wurde vor allem an der unteren Donau betrieben. „Povest' vremennych let", auch als „Nestor-Chronik" bekannt, weiß zu berichten, daß Fürst Svjatoslav von Kiev anläßlich seiner ersten Balkan-Expedition im Jahre 968 beeindruckt war von dem Zustrom an Waren, die im Mündungsgebiet der Donau eingetauscht wurden, und er wünschte deshalb, seine Residenz hierher zu verlegen. „Bei Pereiaslavatz", schrieb er an seine Mutter, „häufen sich alle Reichtümer: aus Griechenland Gold, Gewebe, Wein und verschiedenes Obst, aus Böhmen und Ungarn Silber und Pferde, aus Rußland Pelze, Wachs und Sklaven." Dieselbe Chronik erwähnt auch, daß es im Gebiet der Dobrudscha 80 Wehrsiedlungen *(gorod)* gab. Auch andere Geschichtsquellen betonen die wirtschaftliche Blüte der Dobrudscha. Die rege Tätigkeit Genueser Handelsleute im 13.–14. Jh. im Mündungsgebiet der Donau, um Vitzina und Chilia (Lycostomo), spricht für den Wohlstand der einheimischen Oberhäupter, die Stoffe aus Italien kauften und ihrerseits Getreide, Wachs und Honig anboten[5].

Auch die im Johanniter-Diplom angeführten Gebiete Olteniens und Munteniens an den Südabhängen der Karpaten verzeichnen einen beachtenswerten Wirtschaftsaufschwung. Die Urkunde erwähnt die engen Wirtschaftsbeziehungen zwischen den Gebieten südlich der Karpaten und Siebenbürgen einerseits und der Balkanhalbinsel andererseits. Für den Außen- und den Transithandel sowie für den Innenhandel spricht auch die rege Geldzirkulation, die große Einnahmen erlaubte. Die 7000 Silbermark, die Basarab I. im Jahre 1330 König Karl Robert anbot, um ihn von dem geplanten Feldzug abzuhalten, und die schätzungsweise fast 100 kg Feingold gleichkommen, zeugen ebenfalls von der außergewöhnlichen Wirtschaftskraft der Walachei[6]. Auch die Münzfunde und die Verschiedenartigkeit der aufgefundenen Münzen spiegeln den Umfang des Geldverkehrs wider. Auf dem gegenwärtigen Gebiet Rumäniens befanden sich im 10.–14. Jh. folgende wichtigere Münzeinheiten im Umlauf: byzantinische Bronze- und Goldmünzen (als *hyperperyon* bekannt), Bronze- und Silbermünzen der Goldenen Horde, ungarische Dukaten und Denare, Prägungen der Salzburger Erzbischöfe, des Herzogs Bernhard II. von Kärnten und mehrerer europäischer Städte. Entdeckt wurden auch englische Sterlinge Heinrichs II. Plantagenet, von Guillaume de Villehardouin herausgegebene Bronzemünzen, sowie in Clarentzia (Morea) Mitte des 13. Jh. geprägte Münzen[7]. Die Notwendigkeit, Bargeld, vor allem Kleingeld zu haben, das man beim kleineren, laufenden Warenaustausch benötigte, führte zur Zerstückelung der Münzen in gleiche Teile, zu lokalen Geldprägungen sowie zur Nachahmung ausländischer Währungen. Für den Geldwechsel ist belegt, daß es im 14. Jh. im Gebiet der Donaumündung „Banken" und „Bankiers" gegeben hat.

Die Erweiterung des Handelsaustausches im 14.–15. Jh. trug zum wirtschaftlichen Wohlstand der unabhängigen rumänischen Staaten bei, zur Festigung ihrer Heeresmacht, welche sie auf der Bühne des internationalen Geschehens bekannt machte. Im Verlaufe des 10.–14. Jh. trat so das rumänische Volk immer mehr aus der Anonymität heraus, welche durch die Fremdherrschaft über die bodenständige politische Realität bedingt war, und es erschloß sich ihm der Weg zur Bekundung seines Wesens in unabhängigen Staaten.

1 *G. Gündisch:* Deutsche Bergwerksiedlungen in dem siebenbürgischen Erzgebirge. In: Deutsche Forschung im Südosten 1 (1942).
Şt. Pascu: Le développement des métiers et du marché en Transylvanie au moyen-âge jusqu'à la fin du XVIe siècle. In: Revue Roumaine d'Histoire 1 (1962).
C. C. Giurescu: An old Roumanian Tax with a byzantine name: „Pîrpărul". In: The Journal of European Economic History (1972).

2 *Şt. Olteanu:* Les métiers en Moldavie et en Valachie (Xe–XVIIIe siècle). In: Revue Roumaine d'Histoire 2 (1968).

3 *N. Iorga:* Studii istorice asupra Chiliei şi Cetăţii Albe [Geschichtliche Untersuchungen über Kilia und Weißenburg] (1900).
P. P. Panaitescu: Drumul comercial al Poloniei la Marea Neagră în evul mediu [Der Handelsweg Polens zum Schwarzen Meer im Mittelalter]. In: Interpretări româneşti, Universul, Bucureşti (1947).
C. C. Giurescu: Le commerce sur le territoire de la Moldavie pendant la domination tatare (1241–1332). In: Nouvelles études d'histoire 3 (1965).

4 *C. C. Giurescu:* Relaţiile economice ale Ţării Româneşti cu ţările balcanice în perioada feudalismulŭi timpuriu (sec. X–XIII) [Die Wirtschaftsbeziehungen der Walachei zu den Balkanländern in der Periode des Frühfeudalismus, 10.–13. Jh.]. In: Romanoslavica (1964).
Şt. Olteanu: Comerţul pe teritoriul Moldovei şi Ţării Româneşti în secolele X–XIV [Der Handel auf dem Territorium der Moldau und der Walachei im 10.–14. Jh.]. In: Studii 5 (1969).

5 *B. T. Câmpina:* Despre rolul genovezilor la gurile Dunării în sec. XIII–XIV [Über die Rolle der Genuesen an den Donaumündungen im 13.–14. Jh.]. In: Studii 1 (1953) und in: Scrieri istorice, Bd. I. hg. v. *D. Mioc, E. Stănescu.* Editura Academiei R. S. România (1973).

6 *O. Iliescu:* Despre natura juridică şi importanţa despăgubirilor oferite de Basarab voievod regelui Carol Robert (1330) [Zum rechtlichen Charakter und zur Bedeutung der vom Woiwoden Basarab dem König Karl Robert angebotenen Entschädigungen aus dem Jahre 1330]. In: Studii şi materiale de istorie medie 5 (1962).

7 Ders.: Despre tezaurele monetare şi viaţa economică în sec. XIII–XIV pe teritoriul ţării noastre [Die Münzschätze und das Wirtschaftsleben auf dem Territorium unses Landes im 13.–14. Jh.]. In: Studii 3 (1952).
O. Iliescu, G. Simion: Le grand trésor de monnaies et lingots des XIIIe et XIVe siècles trouvé en Dobroudja septentrionale. Note préliminaire. In: Revue des études Sud-Est européennes 1–2 (1964).

§ 26 Die Rus' vom 10. bis 14. Jahrhundert

Von Lev Vladimir Čerepnin †

Allgemeine Literatur

A. P. Novosel'zev, V. T. Pašuto, L. V. Čerepnin: Puti razvitija feodalisma (Zakavkas'e, Srednaja Asija, Pribaltika) [Entwicklungswege des Feudalismus (Gebiete jenseits des Kaukasus, Zentralasien und Baltische Länder)] (1972).
A. A. Žimin: Cholopi na Rusi (s drevneiših vremen do konca 15. v.) [Die Cholopen in der Rus' (von den ältesten Zeiten bis zum Ende des 15. Jh.)] (1973).
Ja. N. Ščapov: Knjažeskie ustavy i cerkov' v Drevnei Rusi XI–XIV vv., Moskau 1972 [Fürstliche Verordnungen und die Kirche in der alten Rus' vom 11. bis 14. Jh.] Moskau (1970)
Očerki russkoi kul'tury XIII–XV vekov [Skizzen der russischen Kultur], Teil 1 u. 2 (1970).
V. L. Janin: Aktovye pečati, Drevnei Rusi X–XV. vv. [Siegel der alten Rus' 10.–15. Jh.], Teil 1 u. 2 (1970).
Ders.: Ja poslal tebje berestu [Ich schickte Dir eine Birkenrinde] (1975).

Ergänzende Literatur

G. Stöckl: Russische Geschichte von den Anfängen b. z. Gegenwart ([3]1973).
H. v. Rimscha: Geschichte Rußlands ([2]1970).
G. Vernadsky: History of Russia I–V (1943–1969).
H. Paszkiewicz: The origins of Russia (1954).
Ders.: The making of the Russian nation (1963).
J. L. I. Fennell: The emergence of Moscow 1304–1359 (1968).
J. Blum: Lord and peasant in Russia from the 9th to the 19th century (1961).

1. Die Naturverhältnisse

Am Ende des 9. Jh. bildete sich in dem ausgedehnten Landgebiet Osteuropas der altrussische frühfeudale Staat mit seinem Zentrum in Kiev (Kiever Rus'). Sein Territorium betrug etwa 1,5 bis 1,8 Millionen Quadratkilometer[1]. Bis zum 12. Jh. löste sich aus dem Bestand dieses altrussischen Reiches eine Reihe selbständiger Gebiete heraus[2]. Im Norden lag das Novgoroder Land. Sein Hauptgebiet erstreckte sich um den Ilmensee längs der Flüsse Volchov, Lovat, Msta und Mologa. Die Besitzungen Novgorods umfaßten ferner den Bereich um den Onegasee entlang den Flüssen Vag, Suchon und Dvina mit dem Küstenstreifen am Weißen Meer; sie gingen bis zum Eismeer und schlossen die Halbinsel Kola mit ein. Novgoroder Tributeinnehmer gelangten bis zum Ural und zum Fluß Ob. Später sonderte sich aus dem Novgoroder Herrschaftsbereich das Gebiet um Pskov (Pleskau) ab. Im Westen, längs der Düna erstreckte sich das Fürstentum Polozk. Zwischen Pripjat und Düna lag das Fürstentum Turov-Pinsk. Längs des oberen Dnjepr und an den Flußoberläufen von Wolga, Düna, Sož und Desna breitete sich das Smolensker Land aus. Zwischen Wolga und Kljaz'ma erstreckte sich das Fürstentum Rostov-Suzdal', das im Norden und Nordwesten an die Länder von Novgorod und Smolensk grenzte. Weiter südlich folgte das Gebiet der Fürstentümer von Rjazan (am Mittellauf der Oka und entlang der Pronja), Murom (am Unterlauf der Oka) und Tschernigov (am linken Ufer des Dnjepr, im Becken von Desna, Sejm und oberer Oka). Nach Süden schloß sich an das Land von Tschernigov das Fürstentum Perejaslavl an, welches das Gebiet um die Flüsse Trubez, Supoj, Sula und Pšel umfaßte und an die Steppe der Polovzer grenzte.

Das Hauptgebiet des Fürstentums Kiev breitete sich an der rechten Seite des Dnjepr aus. Seine südliche Grenze bildete das sogenannte Poroš'e, d.h. das Flußbecken des

Ros'. Es stieß im Westen an Halič-Wolhynien, das von den Oberläufen des südlichen Bug und des Flusses Slucz umgrenzt wurde, während mit dem Oberlauf des Styj, dem westlichen Bug, dem Oberlauf des Wieprz (eines Nebenflusses der Weichsel), dem Dnjestr, dem Pruth und den Oberläufen von San und Visloka die Grenzen von Halič-Wolhynien markiert wurden. Das Fürstentum Halič lag am Fuß der Karpaten.

Im Verlauf der weiteren Entwicklung machten sich Teile der genannten Territorien selbständig und spalteten sich ab. So entstanden zum Beispiel im Gebiet von Rostov-Suzdal' die Fürstentümer Moskau, Tver' und Nižnij-Novgorod. Mit Beginn des 14. Jh. wurde das Moskauer Fürstentum zum Zentrum der Vereinigung einer Reihe russischer Länder; dies führte zur Bildung eines einheitlichen Staates.

Die geographischen Gegebenheiten des Untersuchungsgebietes zeichnen sich durch eine reiche Mannigfaltigkeit aus, die auf die wirtschaftliche Tätigkeit maßgebenden Einfluß hatte. Der osteuropäische Gebietskomplex läßt sich in drei Hauptzonen einteilen: einen Steppen-, einen Waldsteppen- und einen Waldgürtel. Der Anteil von Wald und Steppe ist für den hier behandelten Zeitraum nicht genau bekannt, man kann jedoch davon ausgehen, daß der Waldanteil größer war, als er heute ist.

Das überwiegend flache Land wird von einem Netz von Flüssen durchzogen. Einige von ihnen verbinden das Land mit dem Schwarzen, dem Asovschen und dem Kaspischen Meer sowie mit der Ostsee und regten so die Entfaltung des Handels an. Der Einfluß dieses Flußsystems auf Landwirtschaft, Handel und Gewerbe im einzelnen wird noch zu untersuchen sein.

Die Klimaverhältnisse waren recht unterschiedlich und begünstigten zum Teil die Nutzung des Bodens, zum Teil wurde sie auch erschwert oder gar unmöglich gemacht. Das Vorhandensein von großen geschlossenen Waldflächen und Sumpfgebieten führte zu einer Streuung und ungleichmäßigen Bevölkerungsdichte. Zur Ansiedlung wählte man vorzugsweise die Flußtäler, die mit ihren fruchtbaren Böden die landwirtschaftliche Nutzung begünstigten. Entwicklungsstufe, Entwicklungstempo und Entwicklungsintensität hingen so entscheidend von den in den verschiedenen Gegenden vorherrschenden Schwarzerde-, Lehm-, Sandlehm- oder Sandböden ab, wie auch die Wechselbeziehungen zwischen Ackerbau und Waldgewerbe hiervon beeinflußt wurden. Flußvorsprünge, Wälder und Sümpfe dienten als natürliche Zufluchtsstätten vor Feinden[3].

[1] *B. C. Urlanis:* Rost naselenija v Evrope (Opyt isčislenija) [Das Wachstum der Bevölkerung in Europa. Versuch einer Berechnung] (1941), S. 84–88.
A. I. Jakovlev: Cholopy i cholopstwo v Moskovskom gosudarstve XVII v. [Sklaven und Sklaverei im Moskauer Staat des 17. Jh.], Bd. 1 (1943), S. 298.

[2] *A. N. Nasonov:* „Russkaja zemlja" i territorija drevnerusskogo gosudarstva [Das „Russische Land" und das Territorium des altrussischen Reiches] (1951).
M. K. Ljubavskij: Obrazovanie osnovnoj gosudarstvennoj territorii velikorusskoj narodnosti [Die Herausbildung des eigentlichen Reichsgebietes der großrussischen Völkerschaft] (1929).

[3] Siehe *B. C. Urlanis*, a. a. O., und *A. I. Jakovlev*, a. a. O.

2. Die Bevölkerung

Die Bevölkerungszahl der Kiever Rus' wird von einigen Forschern auf 4–5 bis 7–9 Millionen Menschen geschätzt. Diese Angaben können jedoch nur unter Vorbehalt gelten, da genaue bevölkerungsstatistische Unterlagen für diese Zeit fehlen. Bunt gemischt war die ethnische Zusammensetzung der Bevölkerung. Den Kern bildete das altrussische Volk, das sich aus der Vereinigung einer Reihe ostslawischer Stämme gebildet hatte. In tributpflichtiger Abhängigkeit von der Kiever Rus' befanden sich 22 verschiedensprachige Völker: Im Baltikum waren dies die Litauer, Letten, Semgaller, Lettgaller, Liven, Esten, Woden und Išoren, im Norden die Finnen, Karelier, Saamen, Savolotscher Tschuden, Chanten, Mansen, Nenčen und Komen, im Becken der Wolga und Oka die Vepsen, Merer, Muromer und Mordvinen und im Nordkaukasus die Tscherkessen und Osseten[1]. Während des gesamten Untersuchungszeitraums fand eine intensive Besiedlung des Landes durch altrussische Volksteile statt. Das Zusammentreffen mit anderen dort lebenden Völkern ermöglichte dabei einen lebhaften Kulturaustausch. Die ostslawischen Volksteile machten in diesem Zusammenhang einen bedeutsamen Entwicklungsprozeß durch. Auf der Grundlage der altrussischen Völkerschaft, die sich gegen das 9. Jh. als Ergebnis der Vereinigung der ostslawischen Stämme herausgebildet hatte, entstanden im Verlauf der Zersplitterung der Kiever Rus' um das 13./14. Jh. drei Völker: das russische (oder großrussische), das ukrainische und das weißrussische.

Ungeachtet der Tatsache, daß ein bedeutender Teil der weißrussischen und ukrainischen Gebiete infolge der Eroberungen durch die polnisch-litauischen und ungarischen Feudalherren für lange Zeit von den russischen getrennt waren, bewahrten diese drei Völker ihre ethnische und kulturelle Einheit und erhielten dieses Bewußtsein durch ihre ganze Geschichte[2].

Die Bevölkerungsdichte war in den verschiedenen Teilen des Landes nicht immer gleich. Phasen starker Bevölkerungskonzentration wechselten im Zusammenhang mit der Siedlungsbewegung und unter dem Einfluß äußerer Faktoren ab mit Zeiten relativ schwacher Besiedlung. Im 12. Jh. verstärkte sich so der Kolonistenstrom in das Land Rostov-Suzdal' u. a. infolge der Verlagerung der Handelswege und der Angriffe der Polovzer. Seit der Tatareninvasion sammelte sich die Bewohnerschaft besonders im Moskauer Fürstentum an.

Bestimmte statistische Angaben über die Bevölkerungsbewegung während dieser Zeit besitzen wir nicht. Die Quellen halten nur einige Fakten in Zahlen fest. Einige Nachrichten haben wir über die Ehen in den Fürstenfamilien. Das Heiratsalter unterschied sich wesentlich von dem heute üblichen: meist wurde zwischen 14 und 20 Jahren geheiratet; es sind sogar Fälle bekannt, in denen die Ehe schon mit 11 Jahren geschlossen wurde[3]. Sehr groß war die Geburtenhäufigkeit, der aber eine relativ hohe Sterblichkeit gegenüberstand, und diese wurde noch durch zahlreiche Kriege und Fehden, durch Hungersnöte und Epidemien vergrößert. Nach Berechnungen von S. M. Solov'ev wurden in der Zeit von 1055 bis 1228, d. h. 180 Jahre lang, Bürgerkriege geführt, außerdem sind 45 feindliche Einfälle bekannt. Während der Zeit von 1228 bis 1462 zählte Solov'ev in den Gebieten der nordöstlichen und nordwestlichen Rus' 233 Jahre, in denen es Fehden und Kriege gab[4].

In den Chroniken gibt es viele Mitteilungen über Hungersnöte, obwohl auch diese Nachrichten kein hinreichend genaues Bild vermitteln. Solche Hungersnöte ergaben sich einmal aus natürlichen Anlässen wie Dürre, Regen, Frost, Heuschreckenplagen und Vernichtung der Aussaat durch Nagetiere. Dazu kamen, wie überall in Europa, Faktoren gesellschaftspolitischen Charakters: die naturalwirtschaftliche Grundlage der Produktionsweise, die Gegensätze der Gesellschaftsordnung, die Fehden und Kriege. Während der 308 Jahre von 1024 bis 1332 wird in den Chroniken von über 42 Hungerjahren berichtet, d. h. im Durchschnitt entfällt auf alle 7 1/2 Jahre eine Mitteilung über eine Hungersnot. Zuweilen kam es zu einer Massensterblichkeit, so im Jahre 1230, als in Smolensk 32 000 Leichen in Massengräber geschafft wurden. Auch in Novgorod wurden während dieser Zeit Menschen in Massen dahingerafft; allein in einem Massengrab wurden 33 000 Leichen begraben, insgesamt fanden 46 000 Menschen den Tod[5]. Ähnliche Auswirkungen auf die Bevölkerungsentwicklung hatten die Epidemien, die aber in den Quellen fast nie genau bezeichnet sind. Aus der Zahl von Gräbern von Kaufleuten, die 1092 in Kiev starben, ist zu ersehen, daß damals im Verlauf von 4 Monaten 7000 Menschen an „verschiedenartigen Krankheiten“ umkamen. Im Jahre 1187 fand man nach Angaben der Chronik während einer Epidemie in Vladimir nicht einen einzigen Hof ohne Kranke, und in manchen Häusern gab es niemanden, um den Kranken Wasser zu reichen. In Pskov kamen 1341 bei einer Seuche so viele Menschen um, daß der Platz für ihre Beerdigung nicht ausreichte. Aus den Quellen geht klar hervor, daß Erscheinungen solcher Art nicht episodischen Charakter trugen.

Über die hygienischen und medizinischen Verhältnisse der damaligen Zeit wissen wir wenig. Bekannt ist, daß man Spitäler und Bäder baute, daß es Ärzte – darunter auch ausländische – gab. Die Quellen nennen zuweilen auch ihre Namen; so wissen wir von dem Armenier Agapit, von Peter aus Syrien. Es bleibt jedoch zu fragen, inwieweit diese ärztliche Hilfe auch den breiten Bevölkerungsschichten zugute kam[6]. Trotz der ungünstigen Bedingungen für ein Anwachsen der Bevölkerung hatte sie sich um 1500 ungefähr um das Dreifache bis auf 15 Millionen Menschen vergrößert. Also betrug der jährliche Zuwachs durchschnittlich 0,11 %[7].

[1] *V. T. Pašuto:* Osobennosti struktury drevnerusskogo gosudarstva [Die Besonderheiten der Struktur des altrussischen Reiches]. In: *A. P. Novosel'cev, V. T. Pašuto* u. a.: Drevnerusskoe gosudarstvo i ego meždunarodnoe značenie [Das altrussische Reich und seine internationale Bedeutung] (1965), S. 81.

[2] Voprosy formirovanija russkoj narodnosti i nacii. Sbornik statej [Fragen der Herausbildung der russischen Völkerschaft und Nation. Aufsatzsammlung] (1958).

[3] *S. M. Solov'ev:* Istorija Rossii s drevnejšich vremen [Geschichte Rußlands seit den ältesten Zeiten], Bd. 2, Teil 3 u. 4 (1960), S. 13, 497.

[4] Ebd., S. 37, 39, 540.

[5] *V. T. Pašuto:* Golodnye gody drevnej Rusi [Hungerjahre in der alten Rus']. In: Ežegodnik po agrarnoj istorii vostvočnoj Evropy 1962 [Jahrbuch für Agrargeschichte des östlichen Europa 1962] (1964), S. 65, 74.

[6] Ebd., S. 70–71.

[7] *B. C. Urlanis,* a. a. O.

3. Übersicht über die politische Geschichte der Rus'

Das altrussische Reich mit seinem Zentrum Kiev entstand am Ende des 9. Jh. als Ergebnis einer langen gesellschaftlichen Entwicklung der Ostslawen, in deren Verlauf mit der Ausbildung feudaler Verhältnisse entsprechende Gegensätze auftraten. Zuvor gab es eine Reihe von ostslawischen Stammesverbänden. Ein Teil von ihnen geriet vorübergehend unter die Herrschaft des Khaganats der Chazaren. Die Wikinger unternahmen räuberische Kriegszüge in die Rus'. Eine Zeitlang war eine Reihe slawischer Stämme anscheinend gezwungen, ihnen Tribut zu entrichten. Als die Zeit der Entstehung des altrussischen Reiches gilt gewöhnlich die Vereinigung der beiden bedeutenden politischen Zentren Novgorod und Kiev unter die Herrschaft des Novgoroder Fürsten Oleg, der Kiev zur Hauptstadt machte (nach der Chronik im Jahre 882). Zur genaueren Feststellung der dynastischen Herkunft der altrussischen Fürsten verfügen wir über zu wenig Angaben. Es ist möglich, daß einige von ihnen aus skandinavischen Ländern stammten. Doch der Einfluß der Wikinger auf die gesellschaftliche Entwicklung der Slawen war geringfügig. Es existierten z. B. keine von ihnen gegründeten Städte, und Gegenstände skandinavischer Herkunft nahmen einen ganz unbedeutenden Platz ein. Auffallend ist das fast vollständige Fehlen von Ausdrücken skandinavischen Ursprungs in der altrussischen Sprache zur Bezeichnung gesellschaftlicher, wirtschaftlicher und politischer Begriffe, ebenso von Gegenständen aus dem Kriegsleben usw. Aufgrund dieser Tatsache läßt sich die sogenannte „Normannentheorie“, nach der die staatliche Organisation angeblich auf die in die Rus' zugewanderten Skandinavier zurückgeht, nicht bestätigen. Der Terminus *Rus'* als Bezeichnung des Volks, das sich aus der Vereinigung der ostslawischen Stämme herausgebildet hat, sowie seines Staates ist nicht skandinavischen, sondern lokalen Ursprungs[1].

Die politische Geschichte des altrussischen Staates kann man in verschiedene Abschnitte einteilen. Die erste Phase umfaßt die Zeit bis zum Ende des 10. Jh., in welche die Herrschaft der Kiever Fürsten Oleg (Ende 9.–Anfang 10. Jh.), Igor (Anfang 10. Jh. bis 945), seiner Gattin Olga (945–969) und Svjatoslav Igorevič (gest. 972) fällt. In dieser Zeit mußten sich zahlreiche ostslawische Stämme der Herrschaft Kievs unterordnen. Die zweite Phase ist die Blütezeit der frühfeudalen Monarchie unter den Fürsten Vladimir Svjatoslavič (980–1015) und Jaroslav Vladimirovič (1015–1054). Damals festigte sich die Macht der Kiever Fürsten in den verschiedenen Teilen der Rus'. Eine Sammlung von Gesetzen („Russkaja Pravda") wurde herausgegeben. Die Kiever Rus' gewann breite internationale Bedeutung und wurde in einer Reihe von Ländern Europas und Asiens bekannt. Unter Vladimir Svjatoslavič wurde das Christentum als Staatsreligion anerkannt. Die Kirche mit ihrer Organisation trug wesentlich zur Festigung der herrschenden Schicht und zur Stärkung des staatlichen Prestiges bei. Nach dem Tod des Fürsten Jaroslav Vladimirovič brach eine dritte Phase in der Geschichte des altrussischen Reiches an; jetzt machten sich die Tendenzen zur politischen Aufsplitterung mit der allmählichen Absonderung einzelner Fürstentümer geltend. Im Laufe des zweiten Viertels des 12. Jh. war die Zersplitterung schon verwirklicht. Sie erwies sich als gesetzmäßige Folge der Tatsache, daß im Inneren des altrussischen Reiches neue ökonomische und politische Zentren heranreiften, daß sich in verschiedenen Teilen des Reiches der Umfang des feudalen Grundbesitzes vergrößerte, daß Städte entstanden und Handwerk und Handel sich entfalteten. Da die Naturalwirtschaft vorherrschte, waren die wirtschaftlichen Verflechtungen der einzelnen Gebiete nur locker und wurden mit der Entwicklung lokaler wirtschaftlicher Zentren noch schwächer. Schließlich veranlaßte die Verschärfung der sozialen Gegensätze die Feudalherren, einen regionalen Staatsapparat zu schaffen, der ihnen helfen sollte, die Herrschaft über die von ihnen abhängige Bauernschaft und Stadtbevölkerung zu sichern. Die am meisten verbreitete Form der staatlichen Organisation in den selbständig gewordenen Teilen der Rus' war die feudale Monarchie. Zur größten Entfaltung gelangte die fürstliche Staatsgewalt im Land Rostov-Suzdal' unter dem Sohn Vladimir Monomachs Jurij Vladimirovič Dolgorukji (1096–1157) und unter seinen Söhnen Andrej Bogoljubskij (1157–1174) und Vsevolod Bolshoe Gnezdo (1176–1212). Andrej Bogoljubskij verlegte die Hauptstadt des Fürstentums Rostov-Suzdal' in die von ihm errichtete Stadt Vladimir an der Kljaz'ma. Diese Stadt wurde das politische Zentrum der nordöstlichen Rus'. Die Fürsten von Vladimir verschafften sich allmählich als Großfürsten der ganzen Rus' Geltung.

Charakteristisches Merkmal der politischen Geschichte des Landes Halič-Wolhynien war der lang andauernde Kampf der fürstlichen Gewalt mit den mächtigen Bojaren, die oft im Bunde mit polnischen und ungarischen Feudalherren standen. Dieser Kampf zog sich während der Regierungszeit der Fürsten Roman Mstislavič (1199–1205) und seines Sohnes Daniil (1238–1264) hin. Die fürstliche Gewalt, die sich auf ihre Dienstleute und Stadtbewohner stützen konnte, blieb Sieger. In Novgorod entstand eine feudale Republik. Die Bojaren konzentrierten die Macht in ihren Händen. Organ ihrer Herrschaft war der „Rat der Herren" unter dem Vorsitz des Erzbischofs. Eine beständige fürstliche Linie gab es in Novgorod nicht. Berief die Novgoroder Regierung einen Fürsten in ihren Dienst, so schloß sie mit ihm einen Vertrag, durch den sie bestrebt war, seinen Einfluß einzuschränken. Als höchstes Staatsorgan galt in Novgorod das *Veče,* die Versammlung der Stadtbewohner. Doch regierte nicht das

Volk, sondern die Bojaren, die im Besitz großer wirtschaftlicher Macht über das *Veče* ihnen erwünschte Beschlüsse durchsetzten. Gleichzeitig mußte das Bojarentum mit der politischen Aktivität der städtischen Kaufleute und Handwerker rechnen, die die *Veče*-Versammlung zum Schauplatz gesellschaftlicher Auseinandersetzungen machten und in einer Reihe von Fällen die Erfüllung ihrer Forderungen von den Bojaren zu erreichen suchten. Die staatliche Ordnung in den anderen russischen Ländern (Smolensk, Polozk usw.) variierte jeweils eine der drei untersuchten politischen Regierungsformen.

Zu Beginn des 13. Jh. mußte die Rus' einen schweren mongolisch-tatarischen Einfall erdulden. Im Jahre 1223 drangen zum ersten Male mongolisch-tatarische Heerscharen, die von den Anführern des Dschingis-Khan, Džebe und Subede, befehligt wurden, in russische Gebiete ein, zogen sich aber nach der Schlacht an der Kalka in die Mongolei zurück. Das zweite Mal führte 1236 Batu, ein Enkel von Dschingis-Khan, seine Streitkräfte gegen die Rus'. Während der Jahre 1236–1241 kämpften Russen und andere Völker des östlichen Europa gegen die Eroberer. Diese historische Leistung, die die westeuropäischen Länder vor der mongolischen Invasion bewahrte und ihnen die Möglichkeit der weiteren Entwicklung sicherte, wurde mit einem hohen Preis bezahlt. Besonders schwer wurde die russische Bevölkerung deshalb getroffen, weil sie gleichzeitig gezwungen war, auch ihre westlichen Grenzen vor den Angriffen schwedischer, deutscher und dänischer Gegner zu verteidigen. Besondere Bedeutung hatten dabei die Siege, die unter der Führung des Fürsten Alexander Nevskij 1240 an der Neva und 1242 am Peipussee errungen wurden. Die mongolisch-tatarische Invasion hatte große wirtschaftliche und soziale Schäden zur Folge. Dörfer und Städte wurden verwüstet und damit wichtige Voraussetzungen für das Wirtschaftsleben zerstört. Die Entwicklung des Landes geriet ins Stocken und brachte der Rus' wirtschaftliche und kulturelle Rückständigkeit. Eine Folge der mongolischen Eroberung der nordöstlichen Rus' war ihre Lostrennung von den südlichen und südwestlichen Ländern, was deren Besitzergreifung durch die polnischen, litauischen und ungarischen Nachbarmächte begünstigte. Dadurch ging dem ukrainischen und dem weißrussischen Volk die nationale Staatlichkeit verloren.

Seit der Mitte des 13. Jh. festigte sich die Macht der Goldenen Horde über die nordöstliche Rus', wobei die Hauptstadt Sarai an der unteren Wolga war. Die Bevölkerung wurde mit Tribut belegt. Die politische Ordnung in der Rus' wurde im übrigen beibehalten. Fürstentümer und Republiken blieben bestehen; nominell waren sie vereint unter der Herrschaft des Großfürsten Vladimir. Aber um den Titel eines Großfürsten der ganzen Rus' zu erhalten, brauchte man die Zustimmung der Horde, die durch eine Urkunde *(jarlyk)* erteilt wurde.

Die Politik der Chane der Goldenen Horde zielte darauf ab, die russischen Fürsten gegeneinander auszuspielen und zu schwächen. Viele der Fürsten wurden von ihr umgebracht. Im Laufe des 14. Jh. wurden die durch die mongolo-tatarische Eroberung hervorgerufenen wirtschaftlichen Schäden allmählich überwunden. Es erfolgte ein Aufschwung, der die Entwicklung des Handwerks und eine Steigerung der Marktbeziehungen im Lande zur Folge hatte. Damit entstanden die Voraussetzungen für eine Beseitigung der politischen Zersplitterung und eine schrittweise Vereinigung der Länder und Fürstentümer. Als beschleunigender Faktor für die Bildung eines einheitlichen Staats erwies sich die äußere Gefahr, die Notwendigkeit des Schutzes vor Angriffen, vor allem von der mongolisch-tatarischen Macht.

Hauptstadt des sich herausbildenden einheitlichen Staates wurde Moskau. Unter den Moskauer Fürsten Ivan Danilovič Kalita (1325–1340), Semën Ivanovič Gordyj (1340–1353), Ivan Ivanovič Krasnyj (1353–1359), Dimitrij Ivanovič Donskoj (1359–1389) und Vasilij I. Dmitrievič (1389–1425) vergrößerte sich das Gebiet des Moskauer Fürstentums bedeutend, wobei andere früher selbständige politische Gebilde einbezogen wurden. In der ersten Hälfte des 14. Jh. wurde Moskau Residenz des Metropoliten und begann so zum gesamtrussischen kirchlichen Mittelpunkt zu werden.

Unter geschickter Ausnutzung der gegen die Tataren gerichteten Volksbewegung ging die Moskauer Regierung in der zweiten Hälfte des 14. Jh. zu offenen militärischen Operationen gegen die Horde über. Im Jahre 1380 fand auf dem Kulikovo-Feld zwischen den russischen Truppen, die Dmitrij Donskoj versammelt hatte, und den Streitkräften des tatarischen *Begljanibek* (Stellvertreter) Mamai eine Schlacht statt, wobei der letztere eine völlige Niederlage erlitt. Die Schlacht von Kulikovo leitete den Zerfall der Goldenen Horde und die Befreiung einer Reihe von Völkern aus ihrer Gewalt ein.

Gegen Ende des 14. Jh. verlor das System der Bestätigung der Horde für die Großfürsten von Vladimir seine Wirkung. Dmitrij Donskoj erklärte den Titel des Großfürsten zum Privileg des Moskauer Fürstenhauses und übertrug die Großfürstenwürde von Vladimir testamentarisch als *votčina* (erblichen Besitz) seinem Sohn Vasilij I. Dmitrievič. So entstanden die Vorbedingungen zur Herausbildung eines einheitlichen Staates[2].

[1] Istorija SSSR s drevnejšich vremen do našich dnej [Geschichte der UdSSR seit den ältesten Zeiten bis zu unseren Tagen], 1. Reihe, Teil 1 u. 2 (1966).

[2] *V. T. Pašuto:* Vnešnjaja politika drevnej Rusi [Die Außenpolitik der alten Rus'] (1968). *V. M. Potin:* Drevnaja Rus' i evropejskie gosudarstva v. X–XIII vv. [Die alte Rus' und die europäischen Reiche im 10.–13. Jh.] (1968).

4. Die Sozialstruktur

a) Die Entstehung der Feudalgesellschaft

Kurz vor der Entstehung des altrussischen Staates war die vorherrschende Form gesellschaftlicher Organisation bei den Ostslawen nicht mehr die patriarchalische Familie, sondern die Nachbarschafts-(Dorf-)Gemeinde. Im Norden hieß sie *pogost* oder *mir*, im Süden *verv'*. Die Gemeinde konnte sowohl aus einem als auch aus mehreren Dörfern bestehen. Von den Dörfern sonderten sich kleine Siedlungen mit einem oder zwei Höfen ab: im 14. Jh. erhielten sie die Bezeichnung *derevnja* (kleines Dorf). Die Entwicklung der Gemeinde vollzog sich in zwei Abschnitten. Zuerst fand die sozialökonomische Differenzierung ihrer Mitglieder statt, es wuchs das private, damit aber auch das feudale Eigentum auf dem Lande und festigten sich die Schichten der Grundbesitzer und der von ihnen abhängigen Bauern. Im zweiten Abschnitt erfolgte die Aneignung des Gemeindelandes durch die fürstliche Macht und die Unterordnung der Gemeindelandbesitzer, wobei die Gerichtsbarkeit und Steuer an den Fürsten übergingen. So verloren vormals freie Bauern die Möglichkeit, selbst über die Erträge ihrer Ländereien zu verfügen; einen Teil der Produkte ihrer Arbeit mußten sie entweder den verschiedenen Grundbesitzern in der Form des Zinses oder des Frondienstes oder an das Reich als obersten Besitzer in Form der Steuer entrichten. Zu den führenden Kreisen der herrschenden Schicht gehörten die Fürsten und die Bojaren; letztere stellten die oberste Gruppe der fürstlichen Gefolgschaft *(družina)* dar. Deren unterste bildeten die jüngere *Družina* und die Bediensteten, die sogenannten Jungmannen *(otroki)*, Schildknappen *(gridi)* und Kinder *(detskie)*, d.h. im weiten Sinn der fürstliche „Hof" oder entsprechend der späteren Terminologie die Adligen. Unter ihnen gab es zwar auch Nichtfreie, aber im wesentlichen war das die mittlere und kleine Vasallität. Eine einflußreiche Gruppe der herrschenden Schicht machten die kirchlichen Feudalherren (Metropolit,

Bischöfe usw.) und die Klöster aus. Über den fürstlichen Grundbesitz gibt es Nachrichten ab dem 10. Jh., über den der Bojaren und der Kirche ab dem 11. Jh., doch die Entstehung feudalen Eigentums an Grund und Boden tritt in zwei hauptsächlichen Formen auf, entweder als *votčina*, d.h. Eigentum, das als Erbe weitergegeben wurde, oder als bedingter Besitz, der entweder zeitlich befristet oder unbefristet war; ihn bezeichnete man später als *pomest'e*[1].

Die unfreie Bevölkerung setzte sich zusammen aus Sklaven und Bauern. Doch bildete sich in der Rus' keine ausgesprochene Sklavenwirtschaft heraus, sondern die landwirtschaftliche Produktion erfolgte vornehmlich durch die Bauernschaft. Das Wort *rab* (Sklave) begegnet uns in einer Reihe von Quellen, aber größere Verbreitung in der Rus' erhielt der ihm gleichbedeutende Ausdruck *čeljadin.* Nach den rechtsgeschichtlichen Quellen des 10.–11. Jh. war der *čeljadin* Eigentum seines Herrn. Er erscheint als Objekt von Kauf und Verkauf. Der Versuch des *čeljadin,* sich aus der Gewalt seines Herrn auf dem Wege der Flucht zu befreien, fand seine Grenze an einem Gesetz, das seine Rückkehr in die Sklaverei verlangte. Zur selben Zeit gab ein Gesetz dem *čeljadin* das Recht, sich loszukaufen. Eine bedeutende Gruppe unter den *čeljadin* bildeten die Kriegsgefangenen. Eine andere Quelle der Sklaverei war die Unterjochung. Frühe Nachrichten über die Ausnutzung der Arbeit der *čeljadin* auf dem Felde reichen bis ins 11. Jh., aber die Anwendung von Sklavenarbeit in der Landwirtschaft setzte anscheinend schon im 10. Jh. ein.

Im Laufe der Zeit wurden die Sklaven auf den feudalen Landgütern mehr und mehr durch die abhängigen Bauern verdrängt. Infolgedessen veränderten die Begriffe *čeljadin – čeljad'* allmählich ihre begrenzte Bedeutung und begannen als Bezeichnung für alle von den Feudalherren abhängigen Leuten Verwendung zu finden. Für die Bezeichnung der Sklaven wurde immer häufiger der Ausdruck *cholop* gebräuchlich. Als unfreie Leute konnten die Cholopen keinen Eid leisten und nicht vor Gericht als Zeuge auftreten, und sie brauchten keine Buße als Strafe für ein Verbrechen zu zahlen. Für das Totschlagen eines *Cholopen* wurde kein Wergeld als fürstliche Strafe eingezogen, sondern nur ein privates Entgelt *(urok)* an seinen Herren gezahlt. Für den Diebstahl eines *Cholopen* trug sein Herr die Verantwortung. Er war verantwortlich für Vermögensgeschäfte, die mit seinen *Cholopen* abgeschlossen wurden. Freien Leuten war es untersagt, entlaufenen *Cholopen* Hilfe zu gewähren; sie waren im Gegenteil verpflichtet, zu deren Ergreifung beizutragen. Ein *Cholop,* der einen freien Menschen geschlagen hatte, büßte mit einer Strafe.

Aus der Gesetzgebung werden verschiedene Ursachen der Sklaverei ersichtlich. Es gab so den Selbstverkauf in die Sklaverei, die Heirat einer Sklavin ohne Übereinkunft mit ihrem Besitzer, die Übernahme eines Amtes als *tiun* oder *ključnik* ohne Vertrag über die Beibehaltung der Freiheit und die Veruntreuung von fremdem Vermögen, das geborgt oder zur Durchführung eines Handels entgegengenommen wurde.

Schon früh taucht eine soziale Kategorie auf, die unter dem Namen *izgoj* bekannt ist. Das war ein Bauer, der Land und Produktionsmittel verloren hatte und gezwungen war, sich in feudale Abhängigkeit zu begeben. Es gab anscheinend auch eine andere Ursache, ein *izgoj* zu werden: das Loskaufen aus der Sklaverei. Wenn sich jemand als *čeljadin* in die Freiheit losgekauft hatte, wurde er zum *izgoj,* der dann weiter zu den Bauern, die auf Erbgut saßen, überwechseln konnte. So gab es zwei Gruppen, die beide in Richtung des sich festigenden Feudalsystems einmündeten.

Verbunden mit dem Prozeß, bei dem das Land in herrschaftliche Verfügungsgewalt überging, ist anscheinend die Entstehung des Ausdrucks *smerdy,* der seit dem 11. Jh. in den Quellen erscheint. Ursprünglich wurden mit *smerdy* die Bauern bezeichnet, die auf Staatsland saßen und der Reichsgewalt Abgaben zahlten. Es gab aber auch eine Gruppe von *smerdy,* die unmittelbar vom fürstlichen Großgrundbesitzer abhängig waren, unter dessen Patronat sie sich augenscheinlich begaben. Diese *smerdy* besaßen Landanteile, die zwar durch Erbschaft auf ihre Söhne übergingen, aber für den Fall, daß die *smerdy* ohne männliche Nachkommen blieben, in den Bestand der fürstlichen Ländereien eingingen. Die *smerdy* betrieben eine eigene Landwirtschaft und besaßen auch eigenes Vieh. Für die abhängige Stellung eines *smerd* spricht der Umstand, daß für ihre Tötung Strafe in gleicher Höhe wie für die Tötung eines *Cholopen* gezahlt wurde. Die Abhängigkeit dieser Gruppe der *smerdy* fand ihren rechtlichen Ausdruck in der direkten Unterstellung unter die fürstliche Gerichtsbarkeit. Es gibt aber keine genauen Angaben über die Form der Abhängigkeit der *smerdy* auf den privaten Ländereien des Fürsten, wieweit sie Fronarbeit leisteten oder Naturalzins entrichteten.

Zu Anfang des 12. Jh. entstand eine neue Schicht innerhalb der abhängigen Bevölkerung: die *zakupy*. Ein *zakup* war ein Mann, der in Schuldenabhängigkeit geraten war und mit seiner Arbeit in der Wirtschaft des Grundbesitzers das von diesem erhaltene Darlehen zurückzuerstatten verpflichtet war. Der Grundbesitzer überließ dem *zakup* eine Landparzelle und Zugvieh. Außerdem mußte der *zakup* für den Herrn arbeiten. In seinen Rechten war er stark eingeschränkt. Wenn er entwich und einen Diebstahl beging, wurde er zum Sklaven *(cholop)*. Der Grundbesitzer konnte dem *zakup* eine Körperstrafe erteilen. Das Gesetz jedoch unterschied den *zakup* vom *cholop*. Wenn ein Herr einen *zakup* in die Sklaverei verkaufte, dann mußte er für diesen ungesetzlichen Akt Strafe bezahlen, der *zakup* aber erhielt die Freiheit. Bei unwesentlichen Angelegenheiten konnte der *zakup* vor Gericht als Zeuge auftreten, auch konnte er sich mit einer Klage gegen seinen Herrn an das Gericht wenden.

Im weiteren Verlauf wird der Ausdruck *siroty* zur allgemeinen Bezeichnung für die abhängige Landbevölkerung, und seit Ende des 14. Jh. bezeichnet man sie mit *christiane* oder *krest'jane*. Entsprechend den Kategorien der Landbesitzer, von denen sie ihre Parzellen erhielten, wurden „schwarze" oder herrschaftliche, Bojaren-, Kloster- und Metropoliten-Bauern unterschieden. Die Bauern waren noch nicht Leibeigene. Sie hatten das Recht, nach Erfüllung aller Verpflichtungen die Landgüter ihrer Herren zu verlassen. Aber weil die Bauern kein eigenes Land besaßen, konnten sie nur zu den Besitzungen anderer Herren überwechseln. Zu Beginn des 15. Jh. entstand eine besondere Kategorie von Bauern: die *starožil'cy;* da sie lange auf den gleichen Bodenparzellen in bestimmten Landgütern seßhaft waren, wurden sie diesen zugewiesen. Sie waren die Vorläufer der künftigen Leibeigenen.

Im Verlauf dieser Entwicklung verstärkte sich der wirtschaftliche Druck auf diejenigen Bauern, die sich im Frondienst oder in Zinsabhängigkeit befanden. Seit Ende des 14. Jh. versuchten die Grundbesitzer, die bäuerlichen Verpflichtungen zu vergrößern. Das rief Proteste der Bauern hervor und begünstigte den Versuch, die festgesetzte Grundrente, die durch alten Brauch geheiligt war, zu verteidigen[2].

b) Die Städte

Charakteristisches Merkmal der sich festigenden gesellschaftlichen Verhältnisse in der Rus' war die Entwicklung der Städte als Zentren des Handwerks und des Handels. Einen maßgebenden Abschnitt in der Geschichte der Stadt stellte das 11.–13. Jh. dar. In den Quellen bis zur mongolisch-tatarischen Invasion werden ungefähr 270 Namen von städtischen Orten erwähnt. Natürlich waren sie nicht alle Handwerks- und Handelszentren; einige waren einfach Festungen oder feudale Burgen. Aber vielfach bildeten sich um sie herum Vororte, in denen die Handels- und Handwerksbevölkerung lebte und wo sich der Markt befand. Bedeutende Handels- und Handwerksplätze waren u.a. Kiev, Černigov, Novgorod, Smolensk, Polozk, Vladimir an der Kljaz'ma, Rjazan, Halič und Cholm. Die Entstehung einiger Siedlungen läßt sich noch auf das 7.–9. Jh. zurückführen. Die Bevölkerungszahl in einzelnen großen Städten wie Kiev und Novgorod erreichte während ihrer Blütezeit eine Höhe von einigen 10000 Menschen. Die mongolisch-tatarische Invasion traf die Städte empfindlich, und viele von ihnen wurden zerstört. Im 14. Jh. kam es dann zu einer Phase der Wiederherstellung und der Neugründung von Städten.

Einen entscheidenden Anteil der Stadtbewohner machten die Handwerker aus. So verweisen die Namen der Viertel, in die Novgorod geteilt war (wie Töpfer- und Zimmermannsviertel), und die einiger Straßen darauf, daß sie von Leuten mit handwerklichen Berufen bewohnt wurden. Eine große Zahl von Handwerkern wurde zu den städtischen Reservetruppen herangezogen. Unter den städtischen Handwerkern gab es sowohl Freie als auch solche, die von Feudalherren abhängig waren, also zu einer *votčina* (Erbgut) gehörten. Die Handwerksbevölkerung ergänzte sich auch durch Zugewanderte aus dem Dorf, d.h. durch entlaufene *Smerden* und *Cholopen*. In Novgorod z.B. existierten unter den freien Handwerkern eines Berufszweiges, die sowohl auf Bestellung als auch für den Markt arbeiteten, Vereinigungen, die aber nicht den Entwicklungsstand der westeuropäischen Zünfte erreichten. Formen korporativer Handwerkerorganisationen in der Stadt waren „Straßen", „Handelsreihen" und „Hundertschaften".

Zu einer besonderen gesellschaftlichen Gruppe sonderten sich die Kaufleute ab; an der Spitze standen bei ihnen die *gosti*, diejenigen also, die mit fremden Ländern Handel trieben. Unter der Kaufmannschaft entstanden ebenso wie bei den Handwerkern eigene Vereinigungen. So gab es in Novgorod Organisationen überseeischer Kaufleute *(zamorskie kupcy)*, so von Kaufleuten, die mit der Stadt Stettin handelten. Die kaufmännische Oberschicht bildete die sogenannte „Johannis-Hundertschaft" *(Ivanovskaja sotnja)*, eine Vereinigung um die Patronatskirche des heiligen Johannes bei den Mergelgruben (am Kalksteinufer des Volchov). Hier wurde Gericht über Handelsangelegenheiten abgehalten, für die der *tysjackij* und der gewählte Älteste der Kaufmannschaft *(starosty)* zuständig waren. Hier wurden auch die Eichmaße aufbewahrt. Infolge der Entwicklung der Außenhandelsbeziehungen im 14. Jh. ergaben sich zwei Korporationen Moskauer Kaufleute: die *gosti* bzw. *surožane*, die mit *Surož* (Sudak) Handel trieben, und die *sukonniki* (von *sukno* = Tuch), die mit dem Westen handelten. Diese Korporationen standen unter dem besonderen Schutz der fürstlichen Macht.

Die Stadt war das administrative und militärische Zentrum des entsprechenden Bezirks. Einen bedeutenden Teil ihrer Bevölkerung stellten die Adligen, die Vertreter des fürstlichen Verwaltungsapparates und die Kloster- und Weltgeistlichen dar. Es gab auch Städte, die zu einer *votčina* gehörten und so Eigentum eines Feudalherrn waren. Die Abgrenzung der Stadt vom Dorf war noch schwach entwickelt. In einer Reihe von Fällen beschäftigten sich die Stadtbewohner mit Landwirtschaft, und in den Städten gab es Weideplätze für das Vieh.

Die Stadtbewohner waren bestrebt, am politischen Leben teilzunehmen. An mehreren Stellen (Kiev, Novgorod, Polozk, Smolensk u.a.) gab es Versammlungen der Städter *(veče)*. Auf diesen *Veče*-Versammlungen wurde über die Verbannung oder Berufung der Fürsten, die Eröffnung eines Krieges oder über die Aufstellung einer Volkswehr gesprochen. Leider ist kein Text einer *Veče*-Verfassung überliefert, und es ist auch unbekannt, ob es überhaupt solche gegeben hat. Wir wissen daher nicht, wer nach Gesetz oder Gewohnheitsrecht am *Veče* teilnehmen konnte und wie der ordnungsgemäße Gang seiner Einberufung und Durchführung war. Aber aus den Beschreibungen der Versammlungen durch Chronisten ist ersichtlich, daß es in einem Ort mehrmals zu scharfen Zusammenstößen zwischen städtischem Patriziat (Bojaren und Großkaufleuten) auf der einen Seite und dem plebejischen Teil der Bevölkerung (der Masse der Handwerker, den entlaufenen Bauern und *Cholopen*) auf der anderen Seite kam. Die Stadtbewohner kamen zum *Veče* zusammen und brachten ihre Forderungen nach Absetzung der fürstlichen Verwalter bzw. Richter, nach Erleichterung des Steuerdruckes usw. vor die Fürsten und Bojaren, wobei sie diese Forderungen durch besondere Verträge rechtskräftig machten[3].

c) Gesellschaft und Staat

Die Gesellschaft trug antagonistischen Charakter. Die Macht lag in den Händen der privilegierten Grundbesitzer, denen die abhängigen Bauern gegenüberstanden. Die Oberschicht der Bevölkerung in der Stadt schloß sich den grundbesitzenden Feudalherren an, und die Interessen des plebejischen Teils glichen sich der Bauernschaft an. Das feudale Eigentum trug hierarchischen Charakter. Seine Ausmaße und die mit ihm verbundenen Rechte bestimmten die Stellung des Grundbesitzers in der Gesellschaft. Einzelne Grundbesitzer waren durch Dienstverträge bzw. Vasallitätsverhältnisse gebunden. So bildete der Staat eine Hierarchie bewaffneter Grundbesitzer, die gemeinsam über das Volk herrschten. Machtorgane waren: der Feudalstaat unter dem Fürsten; der *sobor* (Versammlung), eine erweiterte Beratung der weltlichen und geistlichen Feudalherren und der Kaufmannschaft; der *snem,* das Treffen der Fürsten.

Als Organ der herrschenden Schicht erfüllte der Staat Verwaltungs-, Gerichts- und Militärfunktionen. Die Bevölkerung wurde mit einer Steuer belegt, die teils in Erzeugnissen der Landwirtschaft und der Gewerbetätigkeit, teils in Geld entrichtet wurde. Das Recht zur Einhebung der Steuer aus bestimmten Gebieten erhielten fürstliche Bedienstete. Als eine Art der Steuereintreibung diente den Fürsten und Gefolgsleuten anfangs das *poljud'e,* d.h. periodische Fahrten in Teile der botmäßigen Gebiete, und zwar gewöhnlich im Winter. Später wurde dieses System durch ein anderes ersetzt, das die Ablieferung der Steuer durch die Bevölkerung an festgelegte Verwaltungszentren vorsah. Eine ähnliche Entwicklung fand auch im Bereich der Gerichtsorganisation statt. Wenn in der alten Rus' zuerst noch fürstliche Gefolgsleute zur Abhaltung von Gerichtsverfahren und zur Einhebung der Kriminalstrafen wie Wergeld *(vira)* und Buße *(prodaža)* die ländlichen Gemeinden bereisten, dann übten später diese Gerichts- und Verwaltungsfunktionen die sogenannten *kormlenščiki* aus, d.h. fürstliche Bedienstete, die jedes Jahr zu einem bestimmten Termin entsandt wurden, wobei jeweils zwei in den verschiedenen Städten und Amtsbezirken *(volosti)* die Leitung hatten.

In den Gebieten des *Votčina*-Grundbesitzes herrschte Immunität. Den Vertretern der fürstlichen Macht war es untersagt, hierhin zu reisen, über die von ihrem Feudalherrn abhängige Bevölkerung Gericht zu halten und Steuern für die Staatskasse einzuziehen. Zu Gericht über die von ihm abhängigen Bauern saß der Grundbesitzer selbst, durch den auch die Steuern in die Staatskasse eingingen, falls er nicht überhaupt von solchen Abgaben befreit war. Immunitätsurkunden sind in der Rus' seit Beginn des 12. Jh. bekannt[4].

d) Soziale Auseinandersetzungen

Die Entwicklung der russischen Gesellschaft im 10. bis 14. Jh. ist durch scharfe Gegensätze gekennzeichnet. Die von den Kiever Fürsten durchgeführte „Verfürstlichung" des Landes und die Überführung von früher freien Gemeindebauern in Abhängigkeit und Tributpflichtigkeit riefen den Protest der Bevölkerung hervor. Aus diesem Grund fand im Jahre 945 eine Erhebung im Land der Drevljanen gegen den Kiever Fürsten Igor statt. Anlaß war die Erhöhung des Tributes durch Igor, der in den Kämpfen erschlagen wurde.

Eine Form des sozialen Protestes gegen die Feudalisierung waren bewaffnete Überfälle der Bauern auf Vertreter der Oberschicht; diese Proteste erscheinen in den Quellen unter dem Namen *razboi* (Raubüberfälle). Die Chronik berichtet, daß im Jahre 996 Fürst Vladimir Svjatoslavič auf den Rat der Bischöfe anfänglich beschlossen hatte,

Räuber hinzurichten, später aber die Todesstrafe durch das „Wergeld", also eine Geldstrafe, ersetzte. Seitdem am Ende des 10. Jh. in der Rus' das Christentum eingeführt worden war und die rechtgläubige Kirche zu einer feudalen Organisation wurde, äußerten sich antifeudale Bewegungen auf religiöse Weise, d.h. sie nahmen die Form eines Kampfes gegen das Christentum und für den alten heidnischen Glauben an. So standen „Zauberer" (Heidenpriester) an der Spitze eines Aufstandes, der 1024 im Lande Suzdal' während einer Hungersnot ausbrach. Die Aufständischen fingen an, den örtlichen Adel zu töten, weil er in Verdacht stand, die Lebensmittelvorräte versteckt zu halten.

Die sozialen Kämpfe verschärften sich in der zweiten Hälfte des 11. und zu Anfang des 12. Jh. Das bestätigen die Gesetze mit Strafen für Rechtsverletzungen bezüglich des Grundbesitzes wie z.B. das Überpflügen der Grenzen beackerter Landstücke, die Brandstiftung, die Beschädigung von Bäumen mit Bienenstöcken und den Diebstahl von Vieh. Ein großer Aufstand der Stadtbewohner ereignete sich 1068 in Kiev. Anlaß dazu war die Unzufriedenheit mit der Niederlage, die Fürst Izjaslav Jaroslavič und seine Brüder im Kampf mit den Polovzern erlitten hatten. Izjaslav war gezwungen, aus Kiev zu fliehen, und auf den Kiever Fürstenthron wurde sein politischer Widersacher erhoben: Fürst Vseslav von Polozk. Die Bevölkerung Kievs versuchte damals mit dem Woewoden Kosnjačko abzurechnen. Sechs Monate später eroberte Izjaslav mit Hilfe polnischer Truppen Kiev wieder und bestrafte die Aufständischen streng; einen Teil von ihnen ließ er erschlagen, den anderen blenden und ins Gefängnis werfen.

Unter dem Jahr 1071 ist in der Chronik die bedeutendste Bauernbewegung des ausgehenden 11. Jh. aufgezeichnet: der Aufstand der Smerden im Gebiet von Rostov und in Bjeloozero. Hier hatte sich eine Gruppe sogenannter „besserer Leute" abgesondert, die große Vorräte an Getreide, Honig, Fisch und Pelzen besaß. Die Ansammlung der Reichtümer in den Händen dieses örtlichen Adels erregte den Protest der vertraglich gebundenen Masse der Smerden bzw. Gemeindebauern, der besonders scharfe Formen während einer Hungersnot annahm. Die Zauberer waren bestrebt, die Bewegung in die Richtung eines Kampfes gegen das Christentum und für den alten heidnischen Glauben zu lenken, wobei sie auf die Frauen verwiesen, die Lebensmittel bei sich versteckt hielten und so eine Hungersnot heraufbeschworen. Während die Volksmassen die Wolga entlang vorrückten, raubten sie das Vermögen der sogenannten „besseren Frauen". In Bjeloozero, wohin ungefähr 300 Leute gelangt waren, trieb zu jener Zeit ein Gefolgsmann des Fürsten Svjatoslav Jaroslavič namens Jan' Vyšatič bei den Smerden den Tribut ein. Dieser verlangte die Auslieferung der Zauberer und befahl den Verwandten der getöteten Frauen, ihr Recht auf Blutrache wahrzunehmen und sie hinzurichten. Das geschah dann auch.

Über die Bewegung in Kiev im Jahre 1113 ist nur bekannt, daß Kiever die Höfe des Tausendschaftsführers Putjata, der Hundertschaftsführer und die Wohnviertel zerstörten, wo die jüdischen Wucherer lebten, und daß sie sich anschickten, die Höfe der Bojaren und die Klöster zu zerschlagen. Vermutlich war dies ein Aufstand sowohl der ärmeren Stadtbewohner, die durch Kaufleute und Wucherer in Abhängigkeit gelangt waren, als auch der ländlichen Zakupen, die sich gegen ihre weltlichen und geistlichen Feudalherren erhoben. Den Anstoß zum Aufstand gab der Tod des Fürsten Svjatopolk Jaroslavič, der im Volk nicht gelitten war. Die erschrockene Aristokratie von Kiev berief den Fürsten Vladimir Monomach aus Perejaslavl' an die Macht, der es verstand, mittels gewisser Zugeständnisse die Bewegung niederzuwerfen.

Im Jahre 1136 ereignete sich ein Aufstand in Novgorod. Nach einem Beschluß des *Veče* war Fürst Vsevolod Mstislavič mit seiner Familie in Haft genommen und dann aus Novgorod verbannt worden. Gegen ihn wurde eine Reihe von Anklagen erhoben; unter anderem beschuldigte man ihn, sich nicht um die Smerden gekümmert zu haben.

Offensichtlich handelte es sich darum, daß Vsevolod Ländereien, die von Smerden bzw. Tributpflichtigen besiedelt waren, dem Adel überlassen hatte. Vsevolod entkam zunächst nach Kiev, begab sich dann aber nach Pskov, um dort als Fürst zu herrschen. Als ihm aus Novgorod der Posadnik und einige Bojaren folgten, brachen in Novgorod neue Unruhen aus. Die Stadtbevölkerung, vielleicht unter Teilnahme der Smerden, plünderte die Häuser der Bojaren, der Anhänger des vertriebenen Fürsten, und zog von ihnen Geld für einen Krieg gegen Vsevolod ein.

In den Jahren 1146/1147 spitzten sich die Gegensätze in Kiev zu. Den Anlaß dazu bot der Tod des Fürsten Vsevolod Ol'govič, der dem Geschlecht der Fürsten von Černigov entstammte. Daraus entstanden Auseinandersetzungen mit sozialpolitischem Hintergrund. Unter starkem Einfluß der Bojaren, der „besseren Männer", war als Kiever Fürst Igor', der Bruder von Vsevolod, anerkannt worden. Ein Teil der Stadtbewohner fing daraufhin an, die Höfe der fürstlichen Dienstleute zu zerstören. Die Unruhen in Kiev wurden von einem weiteren Bewerber für den Kiever Fürstenthron ausgenutzt, nämlich vom Fürsten Izjaslav Mstislavič, einem Enkel des Vladimir Monomach. Da er von seinen Anhängern in der Stadt unterstützt wurde, zog er mit einem Heer in Kiev ein. Igor' wurde festgenommen, in den Kerker geworfen und später zum Mönch gemacht. Der Wechsel der Fürsten beschwor einen neuen Ausbruch der Volksunzufriedenheit herauf. Die Stadtbewohner begannen wiederum, offensichtlich gemeinsam mit der Landbevölkerung, die Häuser der Gefolgsleute des Vsevolod und Igor', die Fürsten- und Bojarendörfer und die Klöster zu plündern. Auf einer *Veče*-Versammlung wurde beschlossen, den Fürsten Igor' Ol'govič zu töten, was auch in die Tat umgesetzt wurde.

Zu einer neuen Erhebung kam es in Kiev 1157 nach dem Tode des Fürsten Jurij Vladimirovič Dolgorukij von Suzdal', der zusammen mit seinen Truppen diese Stadt erobert hatte. Die Kiever überfielen die Höfe des Fürsten und seines Sohnes, sie erschlugen die Gefolgsleute aus Suzdal' sowohl in der Stadt als auch auf dem Land. Im Land von Rostov-Suzdal' kam es zu Unruhen in den Jahren 1175–1177. Sie begannen im Zusammenhang mit der Ermordung des Fürsten Andrej Pegoljubskij durch ihm feindlich gesinnte Bojaren. Dieses Ereignis gab den Anstoß für eine weite antifeudale Bewegung. Die Bevölkerung in Stadt und Land erschlug die Vertreter der fürstlichen Verwaltung und nahm deren Eigentum an sich.

Im Jahr 1207 erfolgte ein Aufstand in Novgorod. Er richtete sich gegen den Posadnik Dmitr Miroškinič und seine ihm vertrauten Bojaren. Sie wurden beschuldigt, die Stadt- und Landbevölkerung durch Steuern und Verpflichtungen zu schwer belastet zu haben. Die Höfe des Dmitr Miroškinič und seiner Anhänger wurden in Brand gesteckt, ihr Vermögen eingezogen und ihre Dörfer und Unfreien verkauft. Dmitr Miroškinič war ein großer Wucherer; bei ihm wurde eine bedeutende Anzahl von Tafeln gefunden, die als Schuldverzeichnisse dienten. Ein Teil der eroberten Reichtümer wurde unter die Novgoroder verteilt.

Im Jahre 1228 beriefen Novgoroder Handwerker ein *Veče* ein und beschlossen die Vertreibung des Mönches Arsenij, der damals an der Spitze des Erzbistums stand, aus dem erzbischöflichen Hof, dem Sophienhaus. Mit Mühe gelang es ihm, dem Tode zu entrinnen, indem er sich in der Sophienkirche versteckt hielt. Die aufständischen Stadtbewohner griffen zu den Waffen und plünderten die Höfe des Tausendschaftsführers der Bojaren und Dienstleute des Erzbischofs. Auf den Erzbischofsstuhl wurde der frühere Erzbischof Antonij berufen. Zur Beaufsichtigung seiner Tätigkeit wurden zwei Personen bestellt; unter diesen war ein Handwerker, der Schilde herstellte. Auf diese Weise befand sich – allerdings nur für kurze Zeit – das Sophienhaus, der Besitz des Novgoroder Erzbischofs, unter der Kontrolle eines Vertreters der Handwerker. Unruhen fanden auch auf dem Novgoroder Land statt. Im Zusammenhang damit wurde

Fürst Michail Vsevolodovič aus Černigov, der 1229 in Novgorod die fürstliche Macht innehatte, gezwungen, die Smerden für fünf Jahre von den Steuerzahlungen zu befreien.

Seit der Mitte des 13. bis zum 14. Jh., als das russische Volk der Herrschaft der Goldenen Horde unterstand, nahmen die sozialen Kämpfe in der Rus' oft den Charakter eines nationalen Befreiungskampfes gegen die ausländischen Unterdrücker an, die von einem Teil der örtlichen Feudalherren unterstützt wurden.

Im Jahre 1257 beschlossen die mongolischen Eroberer, in der Rus' eine Volkszählung durchzuführen, um die Eintreibung des Tributs zu erleichtern. Für das Einziehen des Tributs waren die mongolischen Baskaken verantwortlich, Kommandeure, die in verschiedene Fürstentümer entsandt wurden und Spezialabteilungen zu ihrer Verfügung erhielten, um den Widerstand der Volksmassen zu brechen. Die Durchführung dieses *čislo* rief im Novgoroder Land in den Jahren 1257–1259 einen Aufstand hervor. Die ärmeren Stadtbewohner und die Bauern (nach den Worten der Chronik: der Pöbel) verweigerten die Bezahlung des Tributes. Genau zu dieser Zeit einigten sich die Bojaren mit den in Novgorod eingetroffenen Vertretern der mongolischen Macht darauf, daß diese die ganze Steuerlast den „Schwarzen Leuten" *(černye ljudi)* auferlegten, bei ihnen, den Bojaren, sich aber auf geringe Abgaben beschränkten. Dies vertiefte die Unzufriedenheit der einfachen Städter und Bauern noch mehr. Mit den vereinten Kräften des Novgoroder Adels und der mongolisch-tatarischen Macht wurde der Aufstand niedergeworfen.

Im Jahre 1262 rollte eine Welle von Aufständen über Jaroslavl', Rostov, Vladimir, Ustjug und andere Städte hin. Die Bevölkerung dieser Städte erhob sich gegen die mongolisch-tatarischen Pächter, die vom Chan das Recht hatten, den Tribut in den russischen Ländern einzuziehen. Sie brachten das Volk durch übermäßige Abgaben in Armut, verliehen Geld zu hohen Prozenten und führten die Zahlungsunfähigen in die Sklaverei fort. In den Städten kam man zu *Veče*-Versammlungen zusammen und faßte Beschlüsse über das Vorgehen gegen die Steuerpächter. Viele von ihnen wurden erschlagen.

Die Einwohner der Stadt Rostov vertrieben im Jahre 1289 nach der Einberufung eines *Veče* die mongolisch-tatarischen Herren. Am Ende des 13. Jh. erhob sich das Volk gegen den Baskaken Achmat und zerstörte die „Tataren-Vorstädte" *(slobody)*. Achmat warf die Bewegung nieder, aber er entschloß sich danach, nicht mehr in der Rus' zu bleiben und kehrte zur Horde zurück.

Im Jahre 1320 fand eine Volkserhebung gegen die Tataren in Rostov statt; sie wurden aus der Stadt vertrieben. 1327 brach ein Aufstand in Tver' aus, der gegen den Čolchan *(Ševkal)* gerichtet war; dieser war durch Chan Uzbek als Vertreter dorthin geschickt worden, um von der Bevölkerung Abgaben einzuziehen. Auf den Ruf der *Veče*-Glocke hin brach das Volk los und erschlug die Steuereinnehmer.

Diese Volksaufstände gingen nicht spurlos vorüber. Die Chane der Goldenen Horde waren genötigt, auf das System des Tributeinziehens durch Pächter zu verzichten. Auch das System des Baskakentums wurde aufgegeben. Das Eintreiben des an den Chan zu leistenden Tributs *(vychod)* wurde russischen Fürsten übertragen, die so für sich Nutzen aus den Bewegungen der Volksmassen zogen. Bei den städtischen Aufständen spielten die *Veče*-Versammlungen eine große Rolle. So war es 1305 in Kostroma und Nišnij Novgorod und 1340 in Brjansk[5].

[1] *B. D. Grekov:* Kievskaja Rus' [Die Kiever Rus'] (1953).
S. V. Juškov: Očerki po istorii feodalizma v Kievskoj Rusi [Studien zur Geschichte des Feudalismus in der Kiever Rus'] (1939).

[2] *B. D. Grekov:* Krest'jane na Rusi [Die Bauern in der Rus'], Bd. 1 (1952).

L. W. Čerepnin: Iz istorii formirovanija klassa feodalnozavisimogo krest'janstva na Rusi [Aus der Geschichte der Herausbildung der Klasse der feudalabhängigen Bauernschaft in der Rus']. In: Istoričeskie Zapiski 56 (1956).

[3] *M. N. Tihomirov:* Drevnerusskie goroda [Altrussische Städte] (1956).
A. M. Saharov: Goroda Severo–vostočnoj Rusi XIV–XV vekov [Die Städte der nordöstlichen Rus' des 14.–15. Jh.] (1939).

[4] *V. T. Pašuto:* Čerty političeskogo stroja drevnej Rusi [Besonderheiten in der politischen Struktur der alten Rus']. In: *A. P. Novoselčev, V. T. Pašuto* u. a.: Drevnrusskoe gosudarstvo i ego meždunarodnoe značenie [Das altrussische Reich und seine internationale Bedeutung] (1965).
L. V. Čerepnin: Obrazovanie Russkogo centralizovannogo gosudarstva v XIV–XV vekach [Die Herausbildung des zentralisierten russischen Staates im 14. u. 15. Jh.] (1960).

[5] *M. N. Tihomirov:* Krest'janskie i gorodskie vosstanija na Rusi XI–XIII vv. [Bäuerliche und städtische Aufstände in der Rus' des 11.–13. Jh.] (1955).

5. Gesellschaft und Kultur

Eine Reihe von Quellen bezeugt in der Rus' das Vorhandensein schriftlicher Unterlagen noch vor Annahme des Christentums. Aus dem 11. und den folgenden Jahrhunderten sind zahlreiche Schriftstücke erhalten. Natürlich war der überwiegende Teil der Bevölkerung schriftunkundig. Aber die Kenntnis der Schrift war nicht nur in der Umgebung des Adels bekannt, sondern auch unter den Stadtbewohnern.

Sofort nach der Einführung des Christentums in der Rus' fing man an, Schulen zu errichten. Fürst Vladimir Svjatoslavič befahl der Chronik zufolge, Schulen für die Kinder des hohen Adels zu gründen. Sein Sohn Jaroslav Mudryj kümmerte sich um die Ausbildung in den Schulen der Geistlichkeit. Außerdem wurden Schulen bei den Klöstern errichtet. Schließlich gab es den individuellen Unterricht. Große Bedeutung zur Charakterisierung des Schulunterrichts haben die aus dem 13. Jh. stammenden Birkenrindenstücke, die bei Ausgrabungen in Novgorod gefunden worden sind und die mit Notizen und Zeichnungen des siebenjährigen Jungen Onfim angefüllt sind. Sie geben über seine Übungsaufgaben im Schreiben und Rechnen Auskunft. In einer Schicht des 14. Jh. wurde ein Täfelchen entdeckt, in das ein Alphabet eingeritzt ist. Offensichtlich war es ein Hilfsmittel zur Unterweisung im Lesen und Schreiben.

Das Schrifttum trug überwiegend kirchlichen und gottesdienstlichen Charakter. Jedoch erreichte uns auch eine Reihe von Schriftdenkmälern der weltlichen Literatur. Zu den am meisten verbreiteten literarischen Werken und Arbeiten historischen Charakters gehörten die Chroniksammlungen, die einen Überblick über die Vergangenheit der Rus' in chronologischer Reihenfolge und nach Jahren geordnet zusammenfassend darstellen. Bedeutende Kunstfertigkeit erreichte in der Rus' die Holz- und Steinbauarchitektur. Die altrussische Architektur beeinflußte auch byzantinische Baumeister. Von der Zeit der Kiever Rus' zeugen heute noch die Fundamente der Zehntkirche (aus dem 10. Jh.), die Sophienkathedralen in Kiev und in Novgorod, die Erlöserkathedrale von Černigov und Einzelteile der Sophienkathedrale in Polozk (alle aus dem 11. Jh.). Von den Denkmälern der weltlichen Architektur des 10.–11. Jh. müssen die Überreste des Fürstenhofs und die Ruinen des Goldenen Tores in Kiev hervorgehoben werden. Unter den Werken der Baukunst aus der Periode der feudalen Zersplitterung sind die während des letzten Krieges zerstörte Erlöserkirche Nereditsa in Novgorod, die Mariae-Himmelfahrt- und Dmitrij-Kathedrale in Vladimir und die Mariae-Schutz-Kirche an der Nerl (alle aus dem 12. Jh.) erwähnenswert. Archäologen rekonstruierten die äußere Fassade des Schlosses von Andrej Bogoljubskij in Bogoljubovo. Die mongolisch-tatarische Invasion unterbrach eine Zeitlang die Entwicklung der Baukunst. Seit Ende des 13. Jh. wurde die Bautätigkeit wieder aufgenommen; in den wichtigsten Zentren wie Moskau, Tver', Novgorod und Pskov begann man erneut, religiöse Bauten und Befestigungsanlagen zu errichten. Aus der Kiever Rus' sind hervorragende Muster der monumentalen Wandmalerei wie Fresken und Mosaiken sowie Ikonen erhalten. Zu erwähnen sind die Fresken der Kiever Sophienkathedrale, die Fresken der Novgoroder Erlöserkirche Nereditsa und die Wandmalereien der Dmitrijkathedrale in Vladimir[1].

[1] Kratkij očerk istorii russkoj kul'tury [Kurzer Abriß der Geschichte der russischen Kultur] (1967).

6. Die Minderheiten

Infolge der Handels- und Kulturbeziehungen der Rus' zu anderen Ländern ließen sich in den altrussischen Städten viele Ausländer nieder. Verschiedene Quellen erwähnen in den Städten der Kiever Rus' für die Zeit vom 11. bis 12. Jh. Tschechen, Mährer, Deutsche, Venezianer, Armenier, Syrer und Juden. Ihnen gehörten eigene Herbergen, Straßen und Stadtviertel.

Den internationalen Charakter Moskaus im 14. und 15. Jh. ersehen wir aus den Kolonien der Griechen, Bulgaren, Serben, Italiener (darunter vor allem Genuesen aus den Schwarzmeerkolonien), Armenier, Litauer, Polen und Deutschen; ebenfalls finden wir Tataren und Leute aus dem Fernen Osten in Moskau. Als Folge ergaben sich Verbindungen der Russen mit den Zugewanderten aus den anderen Ländern. Es fand ein Austausch in den kulturellen Erfahrungen und Traditionen statt, der sowohl die Kultur der Rus' als auch der anderen Länder bereicherte[1].

[1] *M. N. Tihomirov:* Srednevekovaja Moskva v XIV–XV vekach [Das mittelalterliche Moskau im 14.–15. Jh.] (1957).

7. Die Stellung der Frau

Der rechtlichen Stellung der Frau sind Artikel des gesetzgebenden Denkmals der alten Rus', der „Russkaja Pravda", gewidmet. Die Frau hatte das Recht, aus dem Vermögen ihres verstorbenen Ehemannes einen festgelegten Besitzanteil auszusondern, den sie auf Lebenszeit oder bis zu ihrer neuen Heirat behalten konnte. Das Gesetz schützte die Witwe vor rechtlicher Willkür seitens der Kinder. Ihnen war es nicht gestattet, die Mutter aus dem Haus zu jagen. Sie konnte in ihm leben, indem sie ihren Erbanteil oder das, was ihr der verstorbene Mann zu seinen Lebzeiten geschenkt hatte, verbrauchte. Starb eine verwitwete Mutter, so konnte sie ihren Witwenanteil einem ihrer Söhne vermachen. Wenn sie aber keinen namentlich nannte, dann wurde der Sohn Erbe, bei dem sie gelebt und der sie versorgt hatte. Das persönliche, nicht durch Erbschaft erworbene Vermögen konnte die Witwe sogar einer Tochter hinterlassen, wenn diese sie versorgt, die Söhne dagegen sich ihr gegenüber schlecht verhalten und keine Hilfe geleistet hatten. Die Brüder waren verpflichtet, die Schwester bei ihrer Heirat auszustatten.

Es sind außerdem urkundliche Vermächtnisse (Testamente) bekannt, aus denen ersichtlich ist, daß die Stellung der Frau in der Familie durch die Gesetzgebung geschützt wurde. Wir sprechen natürlich von den Frauen der privilegierten Kreise, die Vermögen besaßen. In dieser Hinsicht sind besonders aufschlußreich die Testamente der Fürsten. Die Fürstenwitwen besaßen Liegenschaften, die für eigenes Geld gekauft oder eine Schenkung von ihren Ehemännern waren. Die testamentarischen Bestimmungen zweigten für sie eine Reihe von Besitzungen ab, die sie bis zu ihrem Tode behalten konnten. In den fürstlichen Familien genossen die verwitweten Mütter politische Autorität. Es war sogar möglich, daß eine Frau Regierungsgewalt ausübte, wie das Beispiel der Fürstin Ol'ga zeigt, die für den minderjährigen Svjatoslav regierte (945–968).

8. Land- und Forstwirtschaft

Grundlage der Wirtschaft in der Rus' war, soweit aus den schriftlichen Quellen und archäologischen Unterlagen ersichtlich ist, von alters her die Landwirtschaft. In den südlichen Landstrichen war schon zu Beginn des hier behandelten Zeitabschnittes der mit dem Pflug betriebene Ackerbau entwickelt. Man kannte nicht nur Brachlandbebauung, sondern wandte auch das System der Zwei- bzw. Dreifelderwirtschaft an. In den nördlichen Teilen, der Waldzone, blieb gleichzeitig mit dem Anbau mittels Pflug noch lange Zeit das Schwendsystem bestehen, aber auch hier fanden um das 13./14. Jh. die Zwei- und Dreifelderwirtschaft Verbreitung.

An landwirtschaftlichen Arbeitsgeräten waren der Haken, der Scharpflug und die *Sochá* (Hakenpflug) gebräuchlich. Als Zugkraft wurden beim Pflügen Pferde benutzt, im Süden vielleicht auch Ochsen. Im landwirtschaftlichen Inventar finden wir ferner Eggen, Eisenhacken, Spaten, Äxte (ein Beweis für das Vorhandensein von Ausbauäkkern), Sicheln und Sensen. An Getreidesorten waren Roggen, Weizen, Hafer, Gerste, Hirse und Buchweizen bekannt; von den ölhaltigen Faserpflanzen waren Flachs und Hanf verbreitet, an Hülsenfrüchten Erbsen, Bohnen und Linsen, an Gemüse Rüben, Kohl, Zwiebeln, Gurken, Kürbisse und anderes mehr. Festzustellen ist eine stetige Erweiterung der Bodenfläche, die von den Bauern in Besitz genommen wurde, ganz besonders in Gegenden mit Boden- und Klimaverhältnissen, die für den Ackerbau günstig waren.

Zusammen mit dem Acker- und dem Gemüseanbau besaß die Viehzucht große Bedeutung für die Wirtschaft in der Rus'. An Haustieren kannte man Pferd, Kuh, Schaf, Ziege und Schwein, an häuslichem Geflügel vor allem Hühner, Enten und Gänse. Überreste von Ställen und Viehhöfen, die bei Ausgrabungen zutage getreten sind, geben über die Unterbringung des Viehs Auskunft. Für die Beschaffung von Heu gebrauchte man Sicheln und Harken. Die Heuhaufen wurden mit Hilfe von Holzgabeln aufgeschichtet. Außer Heu verfütterte man Stroh und Spreu. Es gab auch besondere Weideplätze für das Vieh. Eine erhebliche Rolle im Wirtschaftsleben kam den gewerblichen Nebentätigkeiten der bäuerlichen Bevölkerung zu wie Jagd, Fischfang und Waldbienenzucht. Zweck der Jagd war die Gewinnung von Pelzen und Fleisch. In Pelzen (von Fuchs, Marder und Eichhörnchen) zahlte die Bevölkerung ihre Abgaben. Das Pelzwerk wurde in großen Mengen exportiert. Besondere Aufmerksamkeit genoß die Jagd auf Biber, weil Biberfellchen sehr geschätzt wurden. Zu den Jagdgeräten gehörten Pfeil und Bogen, Lanzen, Beile, Wurfspieße; langschäftige Jagdspieße wurden zur Bärenjagd verwendet. Zum Ergreifen wilder Tiere und Vögel kannte man außerdem alle möglichen Fanggeräte, Netze, Fallen usw.

Eine wichtige wirtschaftliche Tätigkeit der Bevölkerung stellte der Fischfang dar. Fischgründe bzw. Fanggebiete werden immer wieder in den Quellen erwähnt. Der Fisch war ein Bestandteil des bäuerlichen Zinses. Fangmittel waren Angelhaken, Köder, Senkblei und Schwimmer. Als Stechgeräte dienten Harpunen und Brecheisen. Weit verbreitet waren auch Netzfanggeräte. Im Gebrauch waren weiter Geräte, die aus Holz, Weidenruten usw. angefertigt wurden. Besonders häufig in den Quellen sind die Hinweise auf die Anlage von *ezy* in den Flüssen, d. h. von Staketenzäunen mit Öffnungen für Reusen, in die der Fisch dann hineingeriet.

In den Waldungen war eine der Tätigkeiten die Beutnerei, d. h. die Honiggewinnung von wilden Bienen. Honig und Wachs waren Gegenstand des Tributs und des Zinses; sie wurden außerdem auf den Auslandsmarkt gebracht. Zunächst wurden „natürliche Bienenstöcke" ausgenutzt, d. h. Baumstämme mit hohlen Stellen, in denen die Bienen gehalten wurden. Im Laufe der Zeit begann man auch künstliche Höhlungen anzulegen. Als Beutnerwerkzeuge dienten Steigeisen und Honigmesser. Die eigentliche Bienenzucht fand noch keine rechte Entfaltung.

Mit der zunehmenden gesellschaftlichen Arbeitsteilung kam es zur Absonderung der Gewerbe vom Ackerbau. Im 14. Jh. entstanden für den Fischfang bestimmte „gefreite" Bezirke *(slobody)* und Dörfer, deren Bewohner manchmal ihre Abgaben ganz in Fisch entrichteten. Einige Bauern spezialisierten sich auf den Bienenfang. Bäuerliche Beutner ließen sich zuweilen in besonderen Dörfern nieder, und wenn sie sich auch mit Ackerbau beschäftigten, so zahlten sie doch den Zins nur in Honig als dem Produkt ihrer hauptsächlichen Tätigkeit.

Manche Gegenden waren Zentren des Salzsiedens (Solihalič, Sol' Perejaslavskaja, Nerekhta, Vologda, Rostov und Staraja Rusa). Eigentümer der Salzsiedereien waren Fürsten, Klöster und weltliche Grundbesitzer [1].

[1] „Očerki po istorii russkoj derevni X–XIII vv." [Geschichte des russischen Dorfes des 10.–13. Jh.], hg. v. *B. A. Rybakov* (1956 u. 1959).
G. E. Kočin: Sel'skoe hozjajstvo na Rusi v period obrazovanija Russkogo centralizovannogo gosudarstva, konec XIII – načalo XVI v. [Die Landwirtschaft der Rus' in der Periode der Herausbildung des zentralisierten russischen Staates. Ende des 13. Jh. bis Anfang des 16. Jh.] (1965).

9. Das Handwerk

Das Hausgewerbe des altrussischen Dorfes war im wesentlichen noch nicht von der Landwirtschaft getrennt. Unter den besonderen handwerklichen Betätigungen des Dorfes müssen die metallurgische, d. h. eisenschmelzende und eisenverarbeitende Produktion, die Bearbeitung von Buntmetallen und die Verfertigung von Tonwaren genannt werden. In einer Reihe von frühen Siedlungen sind Spuren metallurgischer Produktion entdeckt worden: Überreste von Schmelzöfen, Luppen und Erzschlacken. Dorfhandwerker waren Schmiede, Gießer von Schmuckstücken und Töpfer. Anscheinend arbeiteten sie im wesentlichen auf Bestellung, obwohl wahrscheinlich auch eine Produktion für den Markt stattfand. Für den Bedarf der feudalen Grundbesitzer standen in bedeutendem Maße die von ihnen abhängigen und auf ihren Gütern lebenden Handwerker zu Diensten.

Mittelpunkt handwerklicher Produktion waren die Städte. Schon in der Kiever Rus' ließ sich in den Städten eine bedeutende Spezialisierung im Bereich des Handwerks feststellen. Es gab mehr als 60 Handwerkszweige. Verbreitet waren vor allem die Töpferei, die Glasverfertigung, die Lederwarenherstellung, die Bearbeitung von Holz, Knochen und Stein, das Bauwesen, die Eisenschmiede und Schlosserei, das Waffenhandwerk, die Gießerei, das Schmieden, Prägen, Pressen und Stanzen von Silber und Gold, das Drahtziehen, die Niello- und Emailkunst, die Kunst der Vergoldung und Inkrustierung. Einige Erzeugnisse machten die Rus' in anderen Ländern Europas berühmt, z. B. die Anfertigung von Schlössern und Panzerhemden und die Beinschnitzerei.

In den Städten arbeiteten die Handwerker sowohl auf Bestellung – davon sprechen z. B. die bei einer Reihe von Waren vorhandenen Aufschriften mit dem Hinweis auf die Namen der Auftraggeber – als auch für den Markt. Besonders die Standardisierung einiger Arten der handwerklichen Produktion und das Streben nach Massenerzeugung weisen auf die Verbindungen der städtischen Handwerker zum Markt hin. Dem Handwerk in der Rus' wurde durch die mongolisch-tatarische Eroberung ein schwerer Schlag versetzt. Die Handwerksbevölkerung der Städte ging zum großen Teil während der Invasion zugrunde. Einige überlebende Handwerksmeister nahmen die Chane mit zur Horde, um sie als Arbeitskräfte zu verwenden.

Gegen Ende des 14. Jh. waren die Wunden, die dem Volk durch den ausländischen Einfall zugefügt worden waren, verheilt, und das Handwerk erreichte nicht nur seinen früheren Stand, sondern machte sogar Fortschritte darüber hinaus. Neue Städte entstanden, in denen steinerne Befestigungsbauten errichtet wurden. Im Zusammenhang damit entwickelten sich Handwerksberufe, die in Beziehung zum Bauwesen standen. Militärische Bedürfnisse regten die Entwicklung der Gießerei an. Es tauchte die Artillerie auf. In den Städten wuchs die Anzahl der Waffenschmiede. Die sich erweiternden Bedürfnisse der Volkswirtschaft bedingten eine verstärkte Metallverarbeitung und eine Spezialisierung auf diesem Gebiet. Der Aufschwung des Handwerks erwies sich als wichtiger Faktor für die Sicherung der materiellen Basis, die die politische Zentralisierung des Landes möglich machte[1].

[1] *B. A. Rybakov:* Remeslo drevnej Rusi [Das Handwerk der alten Rus'] (1948).

10. Handel und Verkehr

Die Warenproduktion war im altrussischen Dorf schwach entwickelt. Im wesentlichen existierte hier noch die Naturalwirtschaft. Die Erzeugnisse des Ackerbaus, der Viehzucht und des Dorfhandwerks gelangten als Steuer oder Zins des Bauern an die Feudalherren oder als bäuerlicher Produktionsüberschuß zum Verkauf. Mit handwerklichen Erzeugnissen wurde das Dorf durch die städtischen Kleinhändler *(gostebniki),* die Vorläufer der späteren Hausierer, beliefert.

Zentren der sich entwickelnden Warenproduktion waren die Städte. Hier bildeten sich lokale Märkte, auf denen der Handel mit Nahrungsmitteln und handwerklichen Erzeugnissen erfolgte. Hierher brachten auch die ausländischen Kaufleute ihre Waren.

Der überregionale Warenaustausch hatte noch keine größere Bedeutung. Die wirtschaftliche Verflechtung wurde anfänglich noch behindert durch die selbständigen Fürstentümer mit ihren politischen Grenzen und Zollschranken. Aber die Handelsbeziehungen zwischen den einzelnen Ländern und Fürstentümern der Rus' erweiterten sich schrittweise. Damit wurden auch gewisse Vorbedingungen für eine Überwindung der politischen Zersplitterung geschaffen. In den Chroniken sind Erzählungen von Kaufleuten enthalten, die ihre Waren durch die verschiedenen Länder Rußlands führten. Die Novgoroder Kaufleute z.B. trieben Handel mit dem Land Rostov-Suzdal', mit Smolensk, Kiev, Černigov, Perejaslavl' usw. Der Bedarf an Roggen zwang die Novgoroder Bojaren und Kaufmannschaft, mit der Politik der Fürsten von Vladimir-Suzdal' zu rechnen, die die Lieferung von Roggen nach Novgorod unterbinden konnten. Die Kaufleute von Halič versorgten die anderen südrussischen Länder mit Salz. Weit entfernte Städte erhielten Getreide aus dem Fürstentum Rjazan'. Smolensk belieferte Polozk mit Getreide.

Das wirtschaftliche und politische Bedürfnis nach Überwindung der feudalen Zersplitterung fand seinen Ausdruck in der Zollpolitik der russischen Fürsten. In die Verträge zwischen den Fürsten wurden Klauseln eingebracht, die Vorsorge trafen für die Durchfahrt der Kaufleute von einem Fürstentum ins andere und die die Aufhebung der Zölle festsetzten, wenn sie nicht durch vorausgegangene Abkommen vereinbart waren.

An diesen Handelsbeziehungen nahmen allmählich auch die Feudalherren selbst teil. Bedeutende Handelsoperationen führten die Klöster durch. Kaufleute der Klöster transportierten große Warenmengen (Getreide, Salz, Fisch, Honig) im Sommer auf dem Wasserwege mit Schiffen, im Winter mit Fuhrwerken (Schlitten), um diese Waren auf Märkten abzusetzen, die oft weit entfernt vom Standort der Klöster lagen[1].

Die Kiever Rus' trieb Außenhandel mit dem arabischen Kalifat, mit Byzanz und den westeuropäischen Staaten. Die Entwicklung des Außenhandels war einer der Beweggründe dafür, daß die russischen Fürsten, ihre Gefolgsleute und auch die Kaufleute bis ans Meer vordrangen. Russische Kaufleute kreuzten auf dem Schwarzen, dem Asovschen und dem Kaspischen Meer und auf der Ostsee. Arabische Schriftsteller nannten das Schwarze Meer „Russisches Meer". In den westeuropäischen Quellen hieß es manchmal *mare Rusciae* oder *mare Ruscenum.*

Mit der Verlagerung der internationalen Handelswege im Zusammenhang mit den Kreuzzügen, aber auch als Folge der stärker werdenden Einfälle der Polovzer, die die Kiever Rus' von den Steppen des Schwarzmeergebietes trennten, verringerte sich im 12. Jh. die Bedeutung Kievs als Handelsstadt. Von den südlichen und südwestlichen Ländern spielte jetzt das Fürstentum Halič-Wolhynien die größte Rolle im Außenhandel. Es war durch Handelswege verbunden mit Byzanz, der Krim, Polen, Böhmen, Ungarn und wichtigen deutschen Städten. Novgorod erwies sich als wichtigster Transitplatz für die Beziehungen zwischen den Ländern des Ostens und Westeuropas. Novgoroder Kaufleute hielten sich häufig auf der Insel Gotland und in Dänemark auf. Von der zweiten Hälfte des 12. Jh. an begann der Handel Novgorods mit den deutschen Ostseestädten. In der Stadt Visby auf der Insel Gotland befand sich ein Novgoroder Kaufhaus, und in Novgorod standen ein gotländischer und ein deutscher Handelshof. Ebenfalls Handel mit deutschen Städten trieben die Kaufleute von Polozk, Smolensk, Vitebsk und anderen Städten. Der Wolga entlang festigten sich Handelsbeziehungen der Städte der nordöstlichen Rus' mit den Ländern um das Kaspische Meer, mit Mittelasien und den Wolgabulgaren. Russische Kaufleute handelten in italienischen Kolonien des Schwarzmeergebietes und auf der Krim.

Aus russischen Ländern wurden über die Grenze Pelzwerk, Talg, Honig, Wachs, Harz, Salz, Flachs, Hanf, handwerkliche Erzeugnisse (Waffen, Schlösser, geschnitzte Knochen, Spinnwirteln aus Schiefer) u. a. m. ausgeführt, während in die Rus' Luxusgegenstände, Seidengewebe, Gewürze, Farbstoffe usw. eingeführt wurden.

Auf die Entwicklung des Handelsverkehrs der Rus' mit anderen Ländern weisen internationale Verträge hin, die die Beziehungen zwischen den russischen und nichtrussischen Kaufleuten regelten. Solche Verträge schlossen die Kiever Fürsten mit Byzanz im 10. Jh., Novgorod mit deutschen Städten um das Jahr 1195, Smolensk mit Riga 1229.

Im Zusammenhang mit dem Anwachsen der Handelsbeziehungen lernten die russischen Kaufleute die Flußsysteme zu nutzen. Für den Transport auf den Flüssen verwendete man aus einem Baum ausgestemmte Kähne, d. h. „Einbäume", und größere Schiffe. An seichten Uferstellen, an Sandbänken und an anderen gefährlichen Plätzen wurden als Orientierungszeichen beschriftete Steine aufgestellt. Das Umsetzen der Schiffe von einem Flußsystem ins andere geschah auf dem Landweg mit Hilfe von Rädern oder Rollen. Besondere Lotsen geleiteten die Schiffe durch die Stromschnellen. Man unternahm auch Versuche, künstliche Wasserwege zu graben. Weniger entwickelt war der Transport auf dem Landweg. In sumpfigen Gegenden wurden mit Hilfe von Brettern Knüppeldämme *(gati)* und Brücken errichtet. Auf ihren Handelsrouten waren Händler, Schiffe und Fuhrwerke oft der Plünderungsgefahr ausgesetzt. In die Wolga drangen heimlich auf Booten aus Novgorod kommende Gruppen von Flußpiraten ein und überfielen Handelskarawanen[2].

[1] Istorija kul'tury drevnej Rusi, Bd. 1 (1948); dt. Ausg.: Geschichte der Kultur der alten Rus', Bd. 1: Die materielle Kultur der alten Rus' (1959).
[2] *V. T. Pašuto, A. P. Novosel'cev:* Vnešnjaja torgovlja drevnej Rusi (do XIII v.) [Der Außenhandel der alten Rus' bis zum 13. Jh.]. In: Istorija SSSR (1967), S. 81–108.

11. Die Zahlungsmittel

In der alten Rus' wurden kleine Felle von Raubtieren, ausländische Münzen, Silberbarren und Münzen eigener Prägung als Geld benutzt. Von den ausländischen Münzen waren arabische Silber-Dirhems (Ende 8. bis Anfang 11. Jh.), byzantinische *miliarisii* (10. bis Anf. 11. Jh.) und westeuropäische Denare (11. bis Anf. 12. Jh.) im Gebrauch. Unter den Kiever Fürsten Vladimir Svjatoslavič und seinen Söhnen Svjatopolk und Jaroslav wurden eigene Münzen geprägt: die sogenannten *serebreniki* (kleine Silbermünzen) und *zlatniki* (Goldstücke). Zu dieser Zeit bildete sich auch ein System der Geldrechnung. Als russische Bezeichnungen für Geldeinheiten erschienen *kuna, nogata* und *rezana.* Sie richteten sich sowohl nach den ausländischen als auch nach den lokalen silbernen Geldstücken. Als große Einheit der Geldrechnung galt die *grivna.* Unterschieden wurden die *grivna* aus Silber, ein Barren von festgesetztem Gewicht, und die *kuna-grivna,* die einer bestimmten Zahl von Münzen der Einheit *kuna* entsprach.

Vom 12. bis in die erste Hälfte des 14. Jh. gab es in der Geschichte der Rus' eine „münzlose Zeit". Der Zufluß ausländischer Münzen brach ab; eigene wurden nicht mehr geprägt. Als Geld waren die Silbergrivna und Felle von kleinen Raubtieren im Umlauf. In der zweiten Hälfte des 14. Jh. kamen in der Rus' Münzen der Goldenen Horde und Prager Groschen in Gebrauch.

Seit der zweiten Hälfte des 14. Jh. begann in einer Reihe russischer Fürstentümer von neuem die Prägung einer Silbermünze *(den'gi),* so im Fürstentum Moskau (unter Dmitri Donskoj), in dem von Suzdal'-Nižegorod, Rjazan und anderen. Es entwickelte sich auch eine neue Geldrechnung. Zur großen Recheneinheit wurde der Rubel. Im wesentlichen gilt diese Rechnung bis in unsere Zeit[1].

[1] *I. G. Spasskij:* Russkaja monetnaja sistema [Das russische Geldsystem] (1962).

§ 27 Polen zur Zeit der Piasten

Von Aleksander Gieysztor

Allgemeine Literatur

Bibliografia Historii Polski, Bd. I–III (1965–74).
J. Bardach: Historia państwa i prawa Polski, t. I. do połowy XV wieku [Geschichte des polnischen Staates und des polnischen Rechts, Bd. 1, bis zur Mitte des 15. Jh.] (^{2}1964).
R. Grodecki: Polska Piastowska [Das Polen der Piasten] (1969).
History of Poland, hg. v. *A. Gieysztor* (1968); Histoire de Pologne, hg. v. *S. Kieniewicz* (1971).
O. Halecki: Geschichte Polens (1963).
H. Łowmiański: Początki Polski. Z dziejów Slowian w I tysiacleciu [Ursprünge Polens. Geschichte der Slawen im 1. Jahrtausend], Bd. I–V (1963–73).
W. F. Reddaway u. a.: The Cambridge History of Poland (2 Bde., 1950–51).
S. Rhode: Geschichte Polens (^{2}1966).

1. Die geohistorischen Bedingungen

S. Arnold: Z dziejów średniowiecza [Studien aus der mittelalterlichen Geschichte] (1968).
K. Buczek: Ziemie polskie przed tysiącem lat. Zarys geograficzno-historyczny [Das Territorium Polens vor 1000 Jahren. Grundriß der historischen Geographie] (1960).
M. Dobrowolska: Przemiany środowiska geograficznego Polski do XV wieku [Veränderungen der geographischen Umwelt Polens bis zum 15. Jh.] (1961).
Les fleuves et l'évolution des peuples. Europe orientale. Mer Baltique – Mer Noir (1950).
K. Pacuski: Uwagi nad potencjałem gospodarczym Małopolski w XI wieku w stosunku do innych dzielnic Polski [Bemerkungen über das wirtschaftliche Potential Kleinpolens verglichen mit anderen Provinzen]: Kwartalnik Historii Kultury Materialnej 16 (1968), S. 225–249.

Welche Rolle spielen das physiographische Gerippe oder auch die sogenannten natürlichen Schranken in der Gestaltung des politischen, sozialen und ökonomischen Schicksals der Völker, die in der großen Übergangszone von der Elbe bis zum Bug und im besonderen auf dem Gebiet des mittelalterlichen Polen siedeln? Zum einen sind die morphologischen Einheiten hier größer als im Westen, aber andererseits sind sie schwächer und verschiedenartiger als die der großen Ebene Osteuropas. Das Hauptgerüst stellen dabei die Karpaten dar und das herzynische Massiv, das von Süd- und Mitteldeutschland mitten durch Böhmen und das südliche Polen hindurch verläuft und ein im allgemeinen fruchtbares Erdreich mit Bodenschätzen aufweist. Obwohl sich behaupten läßt, daß im 9. Jh. die Gegend von Krakau der frühe Kern eines Staates war, ist es doch die große polnische Ebene, von der aus der organisatorische Anlauf erfolgte, der dann im 10. Jh. vom politischen Erfolg gekrönt wurde, indem er aus den Vorteilen Nutzen zog, die sich aus der Inbesitznahme von Krakau und des polnischen Teiles des herzynischen Europa für das ökonomische Potential ergaben, das dann unaufhörlich zunahm.

Die weite Ebene erscheint monoton und nach allen Seiten hin offen, aber in Wirklichkeit änderte sich im Verlauf der Jahrhunderte sowohl ihr Aussehen als auch ihre Zugänglichkeit. Zwei Hauptfaktoren prägten während des Mittelalters eine Vielfalt an Landschaften und schufen unterschiedliche morphologische Einheiten: der Wald und das Wasser. Sachkundig bestätigt 1157 Friedrich Barbarossa in einem Brief im Hinblick auf seinen Zug nach Polen, daß das Land durch die Natur geschützt sei – Hindernisse, die seine Vorgänger nicht immer überwinden konnten.

Unter diesen Hindernissen für den Verkehr in ost-westlicher Richtung und zwischen den verschiedenen menschlichen Ansiedlungen bilden die Lausitzer Neiße und die Oder eines von besonderer Bedeutung. Zu Beginn des polnischen Mittelalters konnte man sie nur an drei oder vier Stellen überqueren: an der Mündung der Oder, die als Öffnung zur Ostsee diente; am Unterlauf dieses Flusses, bei dem durch die Burg von Lebus bewachten Übergang und schließlich noch zweimal an der Lausitzer Neiße.

Für die Ostseite des polnischen Territoriums weisen die Geographen auf die riesigen Sümpfe Polesiens hin, die wie eine Art Barriere den ganzen Verkehr in zwei Richtungen umleitete: nach Nordosten und nach Südosten. Aber in diesem Gebiet hatten die östlichen Slawen dominiert, und das Kiewer Reich gründete anfangs des 11. Jh. an den Ausläufen der Sümpfe in Brest am Bug ein lokales Verwaltungszentrum, das die genannten Richtungen beherrschte. Also mußte in Höhe des Bugs und seiner Nebenflüsse, die ein ziemlich symmetrisches Netz bilden, eine Begrenzungszone gefunden werden. Sie wurde durch ungeheure Wälder gebildet, von denen auch heute noch einige Überreste vorhanden sind und die im Nordosten die ganze Moränenlandschaft zwischen der Memel und dem Weichselbecken sowie die Ebene der Oberfläufe von Narew und Bug bedeckten und die bis zu den Karpaten reichten. Erst am Ende des Mittelalters kam es zu Einbrüchen in diese Zone und zwar durch die von Masowien und Kleinpolen ausgegangene Kolonisierung, die die alten Verbindungswege vergrößerte und dem polnischen Adel den Weg zur Expansion im Osten öffnete.

Die Rolle, die die Karpaten für den Aufbau des polnischen Gebietes spielen, liegt auf der Hand. Die stabilste polnische Grenze wird somit die „geopolitische Basis Polens" (E. Romer) oder, wie man auch sagen könnte, ein Bollwerk, das dem ganzen territorialen Organisationssystem als Stütze dient. Im 10. Jh. lehnte sich dieses an den Gebietsabschnitt an, der von den Quellen der Lausitzer Neiße bis zu denen der Wisloka reicht. Im 14. Jh. dienen diese Gebirge dem polnischen Staat immer noch als Halt, aber er rückt nun weiter nach Osten und dehnt sich von den Quellen der Weichsel bis zu denen der Prut aus. Unter den Pässen, die die Möglichkeit zur Überquerung bieten, sind zwei von überragender Bedeutung: der Paß von Glatz, der Prag mit Breslau verbindet, und die Mährische Pforte, die die Verbindung zwischen den beiden großen Flußsystemen der Oder und der Donau herstellt. Durch diesen Engpaß führte der große zentrale europäische Handelsweg zwischen dem Okzident und dem südlichen Rußland. Einige Pässe von geringerer Bedeutung gewährten Übergänge weiter im Osten und leiteten den Verkehr nach Oberungarn.

Die Ostseeküste zwischen den Mündungen von Oder und Weichsel bildet eine ähnliche Stützlinie. Die Möglichkeiten, die der Schiffahrt durch diese Küste geboten wurden, waren bescheiden, auch in einer Epoche von Schiffen mit nur geringer Tonnage. Allein die Einmündungen der Flüsse sind als sichere Ankerplätze geeignet, so die große Mündung der Oder, die mit dem Meer durch drei Arme verbunden ist, die alle schon im 9. Jh. von kleinen Häfen beherrscht wurden. Unter ihnen war Wollin bis zu seiner Versandung im 12. Jh. der berühmteste. Ein anderer Hafen war Kolberg, 5 km stromaufwärts der Mündung der Parsente, das den Höhepunkt seiner Bedeutung ebenfalls zwischen dem 10. und 12. Jh. erreichte. Schließlich bleibt noch das pommerellische und polnische Danzig, das im 10. Jh. durch das günstige Zusammentreffen ökonomischer, politischer und ökologischer Umstände entstand, sehr wahrscheinlich auf Kosten von Truso, einem altpreußischen Hafen des 9. Jh. im Osten des Weichseldeltas. Danzig und Stettin als Nachfolger von Wollin haben den Vorteil, daß sie über die großen Flüsse mit dem ganzen Hinterland in Verbindung stehen, und auf diese Häfen richtete sich schon im 13. Jh. das Interesse der Hanseaten.

Das polnische Flußnetz wird von einigen großen Bassins gebildet. Der Oder fehlt ein Becken auf ihrem linken Westufer. Ihr rechtes ist durch mehrere Gletscherrinnen mit dem linken Becken der Weichsel verbunden, bildet so ein Ganzes und formt ein hydrographisches Strahlenbündel, das in verschiedene Richtungen läuft. Diese strahlenförmige Struktur kann man gleichermaßen auch im Osten feststellen. Von der Narew aus, einem Nebenfluß der Weichsel, kann man durch eine Gletscherrinne in das Tal der Memel gelangen, also nach Litauen und Weißrußland. Der Bug führt ins südwestliche Rußland, und die russischen Chroniken des 11. und 12. Jh. erwähnen Einzelheiten über den Transport von Soldaten und Gütern, darunter Getreide, auf diesem Schiffsweg. Schließlich liegen die Quellen des San, eines Nebenflusses der Weichsel, und die des Dnjester um wenige Kilometer voneinander entfernt und zeigen den Verlauf einer bedeutenden östlichen Straße an. In der deutsch-polnischen Ebene und selbst auf den Hochplateaus Polens wurden die Flüsse stets auch von Straßen begleitet. Dies ist dem Umstand zu verdanken, daß in jenen Flußtälern, wo der Urwald lichter wurde, die älteste und dichteste menschliche Besiedlung stattfand. Wenn die Flüsse während vieler Wintermonate durch das Eis gesperrt waren, traten die Landstraßen an ihre Stelle, und man konnte mit ihrer Hilfe immer dem Flußlauf folgen.

Die erste Ära Polens vollzog sich, verglichen mit den großen Kulturzentren Europas, in einer Randzone, in undurchdringlichen Wäldern. Ein Polen aus Stämmen bestehend, in sich gekehrt, reifte langsam, meist verschont von äußeren Einwirkungen, heran. Als sich aus der Isolierung ein geformter Staat löste, öffnete sich dieser schon im 10. Jh. weitgehend äußeren Einflüssen, weniger infolge biogeographischer Zwänge, sondern mehr wegen der Wechselwirkung zwischen diesen und den Handlungen der Menschen, die die Geschichte machen. Der Dynamismus jeder Änderung in der Nutzung eines Gebietes besteht in der Arbeitsteilung, sowohl im vertikalen Sinne, wovon später noch zu sprechen sein wird, als auch horizontal, d.h. territorial. Autarkie und Spezialisierung, zwei alternative Lösungen, die genau genommen im Mittelalter immer parallel liegen und nebeneinander existieren, implizieren in immer größerem Maße eine ständige Integration der Räume. Aber diesem ökonomischen Mechanismus wird schon zu Beginn der Rang durch die politischen Organisationen abgelaufen, die eine Umgruppierung des Gebietes vornehmen und manchmal der Schaffung gemeinsamer wirtschaftlicher Bande noch zuvorkommen.

Kann man nun im Hinblick auf einen mittelalterlichen Staat, in unserem Falle Polen unter den Piasten, von einer ökonomischen und territorialen Grundlage sprechen? Das ist möglich, sofern man bedenkt, daß der Tauschverkehr nicht nur einfache Konsum- und Luxusgüter einschloß, die als Waren in Umlauf gebracht und auf dem lokalen Markt, so klein er auch war, abgesetzt wurden. Vielmehr fielen darunter auch Werte, die die herrschende Schicht der Bevölkerung abnötigte, ansammelte und manchmal über beträchtliche Entfernungen beförderte. Die Staaten in Mittel- und Osteuropa, die den Gebilden aus ökonomischen Räumen vom Typ des regionalen Marktes vorangingen, haben die Rolle eines Organisators gespielt und konnten bewußt oder mehr oder weniger automatisch durch eine Art *feed-back* die Entwicklung der territorialen Gesamtheit modifizieren.

2. Die Bevölkerung

I. Gieysztor: Recherches sur la démographie historique et, en particulier, rurale en Pologne. In: Ergon, Bd. IV, Ergänzungsheft des Kwartalnik Historii Kultury Materialnej XII (1964), S. 509–528.

I. Gieysztor: Research into the demographic History of Poland. A provisional summing-up: Acta Poloniae Historica 18 (1968), S. 5–17.

J. Ładogórski: Studia nad zaludnieniem Polski XIV wieku [Studien über die Bevölkerung Polens im 14. Jh.] (1958).

Der mittlere und atlantische Okzident, der selbst in einer Zeit der Katastrophen und Krisen ziemlich gut bevölkert war, stellt an der Schwelle zum Mittelalter ein erstes agrarisches Europa dar, dem man als Kontrast die weite russische Platte gegenüberstellen muß, deren Urbarmachung noch Jahrhunderte erfordern sollte. Zwischen beiden breiten sich die Gebiete Zentraleuropas aus, die durch die Vielfalt ihrer Landschaft und ihrer Eignung zur Mehrfachbewirtschaftung schon lange eine bescheidene, aber dauerhafte Bearbeitung des Bodens durch Menschen kennen. Die ersten Schätzungen, die man innerhalb der mittelalterlichen Demographie vornehmen kann (B. Urlanis), umreißen schon dieses dreiteilige Europa. Sie seien hier wiedergegeben, wie man sie wohl einschätzen darf, nämlich als einen historisch-quantitativen Versuch, der auf Forschungsmethoden basiert, die hinsichtlich der prähistorischen Bevölkerung entwickelt wurden. Berücksichtigt werden dabei den Historikern und Archäologen besser bekannte menschliche Ansiedlungen und die landwirtschaftliche Fläche, die gerade noch ausreichte, um eine Familie unter den agrartechnischen und sozialen Bedingungen der damaligen Zeit zu ernähren. Das Verhältnis für die drei Teile von Europa scheint für das 10. Jh. in der Größenordnung 12:4:1 zu liegen. Die mittlere Gruppe ist die von Zentraleuropa mit 10 Einwohnern pro km^2 in den germanischen Ländern, 6 Einwohnern pro km^2 in Böhmen und 5 Einwohnern pro km^2 in Ungarn und Polen. Diese von den einzelnen Gruppen jeweils eingenommenen Plätze bleiben bis zur Neuzeit unverändert. Polen, um das Jahr 1000 mit seiner absoluten Einwohnerzahl auf dem siebten Rang, belegt in der europäischen Demographie bis zur heutigen Zeit diesen Platz. Da das Relief Mitteleuropas in parallel verlaufende Streifen gegliedert ist und der menschlichen Bevölkerung unterschiedliche pedologische und klimatische Bedingungen bietet, finden sich demographische Unterschiede entlang einer Achse, die quer zu diesen Streifen verläuft. Für Polen sind diese bevölkerungsmäßigen Differenzen zwischen dem Süden und Norden stets beträchtlich gewesen, aber zur Unterstützung dieser Behauptung verfügt man nur über ziemlich späte Angaben. Dank den Registern von Avignon, von denen Pfarrgemeinden überliefert sind, die um 1340 den Peterspfennig bezahlten, ist bekannt, daß zu dieser Zeit verschiedene Gemeinden im Nordosten von Krakau die Zahl von 30 Einwohnern pro km^2 überstiegen, während sich diese in Mittelpolen auf kaum 20 belief und in den Randgebieten auf 1–3 absank. Man darf annehmen, daß diese Größenordnungen in der Bevölkerungsdichte an der Schwelle des Mittelalters ungefähr die gleichen waren. Läßt man für das polnische Gebiet um das Jahr 1000 eine Bevölkerungsdichte von 5 Einwohnern pro km^2 gelten, könnte man archäologischen Untersuchungen zufolge annehmen, daß die demographischen Anfangsbedingungen für Schlesien und Kleinpolen etwa gleich waren, für Großpolen, Masowien und Pommern niedriger. Hier war die menschliche Besiedlung, besonders in den beiden letztgenannten Provinzen, weniger weit fortgeschritten.

Die Entwicklung der Agrarwirtschaft, die schon am Ende des 11. Jh. zunehmende Intensität der inneren Kolonisierung, mit Beginn des 13. Jh. auch unter Beteiligung fremder Elemente, sowie der Fortschritt der Urbanisierung im Verlauf dieses Jahrhunderts lassen eine Steigerung der Bevölkerungszahl vermuten, die zwar langsam vonstatten ging und sowohl durch Not, Elend und Katastrophen als auch durch eine erhöhte Sterblichkeit behindert wurde, aber trotzdem konstant verlief. Die demographischen Untersuchungen schätzen den Zuwachs der Bevölkerung in den drei Mittelprovinzen (Großpolen, Kleinpolen und Masowien), für die man durch den Peterspfennig über Angaben verfügt, auf etwa 80% des Standes im Jahre 1000 (somit 0,18–0,21% pro Jahr). Die Unterschiede, die sich im Rhythmus des Wachstums zwischen den Provinzen ergeben, rühren von der demographischen Entwicklung her, die in Großpolen schneller als anderswo vonstatten ging, zum einen dank einer intensiven Nutzung gerodeter Gebiete und zum anderen wegen der mongolischen Einfälle, die im 13. Jh. Kleinpolen verwüsteten und sein Wachstum hemmten. Ein deutlicher Rückgang der menschlichen Besiedlung ist beispielsweise zwischen Beginn des 13. Jh. und Ende des 14. Jh. für den Ostteil dieser Provinz, das Gebiet von Lublin, zu vermerken.

Unter den Epidemien war die gefährlichste die Pest, deren Folgen aber in Polen viel weniger gravierend waren als im Westen. Entgegen verschiedenen Meinungen ist Polen von ihr aber nicht völlig verschont geblieben, und die Chroniken haben sie als „pestilentia magna“ (1347–49) verzeichnet.

Im 12. und 13. Jh. änderten sich die Grenzen der polnischen Herzogtümer. Man kann annehmen, daß diese gegen 1350, ohne Pommern und das Gebiet von Lebus, ungefähr 243 000 km² mit 1,5–1,8 Mill. Einwohnern umfaßten. Das Königreich Polen, endgültig wiederhergestellt durch Wladyslaw II. (den Kleinen, gekrönt 1320), besaß nur 106 300 km² mit 0,6–0,8 Mill. Einwohnern. Unter seinem Nachfolger Kasimir III. (dem Großen) erhöhten die weiten Gebietserwerbungen im Osten die entsprechenden Zahlen auf 240 000 km² und 2,0 Mill. Einwohner.

3. Verfassung, Politik, soziale Struktur

a) Die politischen Verhältnisse: Königtum, Kirche und Adel

Außer *Łowmiański,* op. cit., *Bardach,* op. cit., und *Grodecki,* op. cit.:
J. Baszkiewicz: Powstanie zjednoczonego Państwa Polskiego na przełomie XIII i XIV w. [Die Entstehung des vereinigten polnischen Staates im 13. und 14. Jh.] (1955).
J. Bieniak: Wielkopolska, Kujawy, Ziemie Łeczycka i Sieradzka wobec problemu zjednoczenia państwowego w latach 1300–1306 [Großpolen, Kujawien, die Gebiete von Łęczyca und Sieradz und das Problem der Vereinheitlichung des Staates 1300–1306] (1969).
J. Dąbrowski: Korona Królestwa Polskiego w XIV w. [Corona Regni Poloniae im 14. Jh.] (1956).
L'Europe aux IXe–XIe siècles. Aux origines des Etats nationaux (1968).
Z. Kaczmarczyk: Polska czasów Kazimierza Wielkiego [Das Polen der Epoche Kasimirs des Großen] (1964).
Kosciół w Polsce [Die Kirche in Polen], hg. v. *J. Kloczowski,* Bd. I (1966).
Początki Państwa Polskiego. Ksiega Tysiąclecia [Die Ursprünge des polnischen Staates. Das Jahrtausendbuch], Bd. I–II (1962).
J. Sieradzki: Polska wieku XIV [Polen im 14. Jh.] (1959).

Den ersten Abschnitt, der entscheidend für die Entstehung der Staaten in Mittel- und Osteuropa ist, darf man wohl auf das 8. und 9. Jh. datieren. Er bestand vermutlich darin, daß eine Vereinigung in einer einzigen politischen Bundesorganisation stattfindet, indem sich einige Stammesterritorien um einen zentralistischen Kern in Form eines wählbaren, oft nur eine zeitweilige Herrschaft ausübenden Fürsten scharen. Für die polnischen Gebiete verfügt man in diesem Zeitraum nur über eine Liste der Stämme. Einer von ihnen, die Wislanen in der Gegend von Krakau, scheint im 9. Jh. eine Rolle gespielt zu haben, die die Grenzen eines kleinen Stammes überschritt, aber es gelang ihm nicht, einen dauerhaften Staat zu errichten.

Der zweite Abschnitt entsteht durch das Auftreten einer gefestigten, somit erblichen herzoglichen Gewalt, gestützt auf eine aristokratische Gruppe, mit der zusammen der Herzog das Zwangsrecht ausübt, das für ihn eine Quelle der ökonomischen und sozialen Macht darstellt.

Eine dauernde militärische Organisation in Form einer Fürstengarde, ein System, das für die herrschende Schicht die Naturalmittel sicherstellt, die sie zur Deckung ihres Bedarfes benötigt, eine zentrale Schatzkammer im Eigentum des Herzogs – das sind einige der Merkmale, die im 9. bis 11. Jh. die in diesem Teil Europas entstehenden Staaten charakterisierten. Ihr kriegerischer Expansionismus, der auf die Annexion weiter Gebiete abzielt, ihre Neigung, die neuen sozialen Strukturen mit allen verfügbaren Mitteln, etwa durch die Annahme ausländischer Verwaltungssysteme und die Christianisierung des Volkes durch eine Staatskirche, zu konsolidieren, sowie ihre Versuche, sich gegenüber ihren Nachbarn gleicher Größe zu behaupten, vervollständigen die wesentlichen Kennzeichen, die diesen politischen Einheiten zueigen sind. Diese Schritte tragen sehr schnell dazu bei, ihnen, in Person der regierenden Gruppe, einen homogenen ethnischen Charakter zu verleihen, der sich in den schriftlichen Quellen in Kategorien äußert, die schon nahe bei einer Art Volkstum liegen (ein „Reichsvolk" in Entwicklung). Die Wiege Polens ist das Gebiet der Polanen, die Mittelzone der bewaldeten Ebenen. In deren Herzogtum konnten sich gegen Mitte des 9. Jh. die Herzöge die Erbfolge sichern und anfangs der zweiten Hälfte des 10. Jh. ein großes Expansionsprogramm realisieren.

Unter der Herrschaft von Mieszko I. (gest. 992), Boleslaw I. (dem Tapferen, gest. 1025) und zu Beginn der Regierung von Mieszko II. (gest. 1034) umfaßte der polnische Staat sehr ausgedehnte Gebiete, die ihm die Züge eines Imperiums verliehen, ein Phänomen, das bei den expansionistischen Königreichen in diesem Teil Europas während deren erster Periode auftrat. Einige Gegenden stellten dabei nur auswärtige Marken dar, wie etwa Mähren im Süden, die Lausitz im Westen und das spätere Ruthenien am oberen Bug und dem San im Osten. Diese Ländereien gingen um 1032 verloren, und von da an formen nur noch fünf geohistorische Gebiete die Grundlage des Besitztums von Staat und Nation: Großpolen, Masowien, Schlesien, Kleinpolen und schließlich Pommern, das aus zwei Teilen besteht, dem östlichen und dem von Danzig, von denen der letztere (Pommerellen) trotz einiger Sezessionen bei den Herzögen von Polen verbleibt. Als Ergebnis einer ausschließlich auf autochthonen Elementen beruhenden Entwicklung, innerhalb welcher sich weder warägische noch irgendwelche anderen fremden Einflüsse finden lassen, begann mit dem Herzogtum von Mieszko I. die Ära einer dauerhaften Monarchie, die bewußt Erfahrungen nutzte, die man anderen Ortes gemacht hatte. Für die Probleme, die sich bei der Machtausübung und der Verwaltung stellen, hat die herrschende polnische Schicht aus Lösungen Nutzen gezogen, die von den westlichen Ländern geliefert wurden, welche aus dem karolingischen Erbe und dem ottonischen Reich hervorgegangen waren. Unter diesen Lösungen wurden bestimmte ausgewählt und den Besonderheiten des Landes angepaßt, ganz in der Art, in der auch die Fürsten von Ungarn und Böhmen verfuhren. Man schuf einen zentralisierten und autoritären Staat, der bis in die 40er Jahre des 12. Jh. bestand und dann zerfiel.

Der Herzog ist in den Augen der damaligen Zeit das Symbol des polnischen Staates (*salus Poloniae*), und die Mitglieder der Piastendynastie werden als seine *domini naturales* betrachtet. Die herrschende Gruppe in ihrer Mehrheit war im 10. und 11. Jh. Befürworterin einer Erhaltung der obersten Gewalt in den Händen eines einzigen Fürsten, der dieser Schicht Möglichkeiten für äußere Expansionen und eine Teilhabe an der gemeinsamen Ausbeutung der Reichtümer des Landes sicherte. Durch diese Haltung war es bis zu Beginn des 12. Jh. in allen Fällen möglich, einzelne Herzogtümer wieder aufzuheben, die der Souverän zugunsten jüngerer Prinzen eingerichtet hatte. Aber im zweiten Drittel des 12. Jh. beginnt in der politischen Expansion eine gewisse Unschlüssigkeit spürbar zu werden. Die großen Grundherren verfügen selber über ziemlich beträchtliche Güter und zeigen sich nicht mehr in dem Maße daran interessiert, die Einheit des Herzogtums Polen aufrechtzuerhalten, aus der sie durch ihre Beteiligung an der fürstlichen Macht Nutzen gezogen hatten. Sie betonen gerne, daß die Bestätigung eines neuen Souveräns, der stets aus der regierenden Familie der Piasten gewählt wird, eines ihrer Vorrechte darstellt, und nehmen sich im 12. Jh. das Recht heraus, sich einem seine Macht mißbrauchenden Fürsten zu widersetzen.

Im 12. Jh. werden drei polnische Herzöge zu Königen gekrönt: 1025 Boleslaw I. (der Tapfere), darauf sein Sohn Mieszko II. sowie 1076 der Enkel des letzteren, Boleslaw II. (der Kühne). Diese Krönungen, die jeweils als politische Demonstration gegen das deutsche König- und Kaiserreich gerichtet waren, sollten zu einer christlichen Sakralisierung der königlichen Macht beitragen. Da dieses Verhalten der Dynastie aber auf Schwierigkeiten innerhalb der Feudalschicht selbst traf und sich die Fürsten stets auch äußeren Schwierigkeiten gegenübersahen, mußten sie für mehr als 200 Jahre auf die Salbung verzichten.

Der Herzog blieg stets der größte Grundeigentümer. Man kann davon ausgehen, daß anfangs des 12. Jh. etwas mehr als die Hälfte der Bauernschaft direkt von ihm abhing. Er war jedoch weit davon entfernt, ein wirklich absoluter Herrscher zu sein. Bei gewissen wichtigen, durch den Fürsten zu treffenden Entscheidungen erschien ein *consilium*, das sich schon ab dem 11. Jh. aus Grundherren und Bischöfen zusammensetzte. Außerdem existierte noch eine Versammlung *(concio)*, die den *totus populus* einer Provinz verkörperte und die zusammengerufen wurde, um die von den Herren verbreiteten und getroffenen Entscheidungen zu bestätigen. Dieser *populus* wurde aber im höchsten Falle durch die Ritter der Provinz gebildet, die *milites gregarii*, und die Versammlung selbst erweckt mehr den Anschein eines Überbleibsels aus der Stammesepoche. Eine Beteiligung der Bauern, auch der *rustici ducis*, d. h. der direkt vom Fürsten abhängigen, ist wenig wahrscheinlich.

Die Positionen in der zentralen Verwaltung mit dem Pfalzgrafen an der Spitze und die wichtigsten territorialen Ämter waren für die Schicht der großen Grundherren bestimmt. Die Ursprünge dieser aristokratischen Gruppe (vom 10.–12. Jh. *meliores, nobiliores*, im 12. Jh. *principes terrae, comites, barones*) reichen in die Anfänge der Monarchie zurück. Sie stammen ab von Stammeshäuptlingen, den Dynasten auf lokaler Ebene und von einigen fremden Familien, die sich im 11. und zu Beginn des 12. Jh. niedergelassen hatten, gehörten zu der Umgebung des Fürsten bei Kämpfen und Siegen und zählten im 12. Jh. nicht mehr als einige Dutzend Geschlechter, die ihre Privilegien eifersüchtig hüteten.

Obwohl es sich um sehr alten Grundbesitz handelt, hat dieser weder im 11. noch im 12. Jh. die Ausmaße dessen erreicht, was man gemeinhin unter den großen mittelalterlichen Domänen verstand. Die mächtigsten Grundherren verfügen also höchstens über 20 bis 30 Dörfer. Ihre politische und wirtschaftliche Macht, ihre Großzügigkeit gegenüber der Kirche und ihr Lebensstil, der dem der hohen Feudalschichten in anderen Ländern Mitteleuropas ähnelte, rührte aus anderen Einkommensquellen her. Sie wirkten an der Leitung des Staates mit und waren mit an den Leistungen und Diensten beteiligt, die der Fürst der bäuerlichen Bevölkerung auferlegte. In der Tat gewährte der Fürst den Würdenträgern seines Hofes, den Amtsinhabern der zentralen Verwaltung, zeitweise oder auch lebenslänglich bedeutende Einkünfte in Form von Dörfern, Markt- und Zollrechten sowie Gerichtsgeldern.

Diese aristokratische Gesellschaft kannte kein Vasallentum. Jeder Besitz an Gütern, sei es durch Erbrecht erhalten oder vom Fürsten verliehen, beinhaltete diesem gegenüber die gleichen Verpflichtungen: militärische Leistungen und – zumindest bis Ende des 12. Jh. – auch materielle Abgaben. Es gab aber weder ein persönliches Vasallenverhältnis, noch existierten Gebietslehen. Das Treueprinzip reichte hier aus. Gleiches galt für die Ämter am Hofe (Pfalzgraf, Kämmerer, Mundschenk und andere) und die örtliche Verwaltung (Kastellane): Wenn diese Würden nicht gerade erblich waren, wandelten sie sich niemals in persönliche Lehen um, und der Fürst und sein Rat behielten sich das Recht vor, die jeweiligen Inhaber auszutauschen, sie zu entlassen oder für andere Funktionen zu verwenden.

Die fürstlichen Burgen – *castella, castra* –, die Burgbezirke, bildeten das grundlegende Netz jeglicher Gebietsverwaltung. Als Stützpunkte polizeilicher Gewalt, durch ihre Befestigungen und als Sitz der Gerichtsbarkeit und des Fiskalwesens waren diese *castella* entsprechend der Bevölkerungsschicht verteilt. Es ist zu vermuten, daß dem ersten Konzept eines solchen Organisationsschemas zu Ende des 10. Jh. und Beginn des 11. Jh., in der zweiten Hälfte des 11. Jh. und auch noch im 12. Jh. Umgruppierungen folgten. An der Spitze jeder Burg stand der *comes*, der schon Mitte des 12. Jh. *castellanus* genannt und für unbestimmte Zeit zum fürstlichen Vertreter mit großen Befugnissen ernannt wurde.

Die lateinische Kirche, die durch die Bekehrung des polnischen Hofes (966) Fuß faßte, gab der neuen sozialen Struktur ihre Billigung und der fürstlichen Macht ihre Unterstützung. Sie lieferte anderweitig erprobte Organisationsformen und stellte Hilfskräfte zur Verfügung, die sowohl in der Kunst der Diplomatie und der Führung von Staatskanzleien als auch der Verwaltungspraxis bewandert waren. Die erste polnische Kirche bildet eine einzige Diözese, die das ganze Herzogtum Mieszkos I. umfaßte. Anläßlich einer Wallfahrt Ottos III. zum Grabmal des heiligen Adalbert nach Gnesen verhandelte Boleslaw I. (der Tapfere) mit seinem Gast über die Schaffung eines neuen Erzbistums und neuer Bistümer in Breslau, Kolberg und Krakau. Der Missionsbischof von Polen wurde als Diözesan in Posen eingesetzt. Die Krise der Monarchie in den 30er Jahren des 11. Jh. war auch eine der Kirche. Aber nach schneller Wiederherstellung festigte sie ihre Struktur zur Zeit von Boleslaw dem Kühnen und vervollständigte sie unter Boleslaw dem Schiefmaul (gest. 1138) durch acht Diözesen unter dem Erzbistum Gnesen. Die nur kurz andauernde Allianz mit dem gregorianischen Papsttum hat das Hauptprinzip der Kirche von Polen nicht zu erschüttern vermocht; sie blieb eine staatliche Kirche, eine Reichskirche. Am Ende des 12. Jh. wurde ein Programm formuliert, das eine Gleichberechtigung der Kirche forderte, die an ihrer scheinbar starken ökonomischen Basis unzulänglich mit gerichtlichen und wirtschaftlichen Immunitätsprivilegien ausgestattet war.

Wenn auch das monarchische und aristokratische System feste Wurzeln schlägt und im Verlauf des 11. und 12. Jh. die Lasten und der rechtliche Status der Gruppen, die dieses System bilden, dauernd neu geordnet werden, stellt man doch gleichzeitig fest, daß die durch die Kirche und den Adel beherrschte Bevölkerung zunimmt, während die Zahl der dem Fürsten unterworfenen Bauern sinkt. Nach der Niederschlagung eines großen Bauernaufstandes im zweiten Viertel des 11. Jh. wagt die Landbevölkerung keine Massenerhebungen mehr. Die verschiedenen Mittel, mit denen man ihre Unterdrückung bewerkstelligt, lassen sich durch die lange Liste von Kategorien illustrieren, in die man die Bauern einteilt. Die *rustici ducis*, die *possessores* und die *haeredes* sind relativ frei und dem Fürsten mit einem Abgabensystem unterworfen, das sogar noch Spielraum für eine Ausbeutung der *milites gregarii* läßt. Das Gegenstück dazu bilden die Sklaven, die *decimi*, die *servi*, und zwischen diesen Kategorien sind noch weitere anzutreffen, geschaffen von der fürstlichen Verwaltung, wie etwa die *ministeriales*, oder von der Kirche, wie die *ascripticii*.

Andererseits erweitert sich eine adlige, aber nichtaristokratische Schicht. In größerer Zahl treten kleine Ritter auf, teilweise aus Kreisen der bäuerlichen Bevölkerung hervorgegangen, die dem Fürsten untergeordnet war, der von verschiedenen Gruppen seiner *rustici* Militärdienste und einige Sachleistungen verlangte. Er sah sich veranlaßt, eine bewaffnete Macht aufzustellen, die aber nicht durch die fürstliche Schatzkammer unterhalten werden sollte wie die Fürstengarde in den Anfängen des Staates oder deren bescheidene Nachfolger im 12. Jh., die *castrenses*, sondern durch die eigenen Mittel dieses Ritterstandes. Ein anderer Teil der Ritterschaft stammte von einer alten sozialen Gruppe ab, und zwar einer Schicht, die man in den slawischen Ländern zur Zeit der Stämme unter den Namen *wlodyki, milites gregarii, militelli* kennt. Nach Quellen des

12. und 13. Jh. ist zu erkennen, wie sie sich einen Platz innerhalb der privilegierten Schichten suchen, wobei es ihnen ihre bescheidene wirtschaftliche Lage aber kaum erlaubt, sich mit diesen auf eine Stufe zu stellen.

Somit zeichnet sich eine gewisse soziale Mobilität neben der aristokratischen Struktur ab, deren innere Widersprüche nur dazu beitrugen, ihr eigenes Werk, den Staat, zu unterminieren. Nachdem die alte Aristokratie über die zentrifugalen Kräfte Sieger geblieben war, unterstützte sie zwischen 1138 und 1146 die Aufspaltung des Herzogtums Polen in regionale Einheiten, die von verschiedenen Mitgliedern des Fürstenhauses verwaltet wurden. Aber der Besitz des Adels bleibt beschränkt, und die von den regionalen Herzogtümern zugeteilten Pfründe können keine Einkünfte liefern, die mit denen des zentralisierten Staates vergleichbar wären. Die erste polnische Aristokratie verläßt die politische Szene fast zur gleichen Zeit wie diejenige in Frankreich und Deutschland. Ihre Nachkommen verarmen, und den an die Macht Gekommenen, die sich aus Vertretern der Ritterschaft rekrutieren, gelingt es am Ende des 12. und im 13. Jh., die Ausdehnung der Fiskalimmunität auf den großen und mittleren Grundbesitz zu ihren Gunsten an sich zu ziehen. Damit ist ein Recht der Ritterschaft geschaffen (*ius militare*), d.h. durch seine militärischen Dienste wird diesem Stand von dieser Epoche an das Recht auf gewisse Immunitäten zugebilligt. Diese bleiben jedoch unvollständig, besonders auf dem Gebiet der hohen Gerichtsbarkeit, die sich der Herzog vorbehält.

Der Sieg des politischen Partikularismus in der Mitte des 12. Jh. zeigte das Ende der alten monarchistischen Herrschaft an, die in vielerlei Hinsicht ein Hindernis für die Expansion der neuen sozialen und ökonomischen Kräfte dargestellt hatte.

Im Rahmen des fürstlichen, adligen und kirchlichen Grundbesitzes nimmt man in zahlreichen Herzogtümern, die aus der alten Monarchie hervorgingen, wieder eine Zusammenlegung der Ländereien vor und erleichtert damit den regelmäßigen Einzug und die Erhöhung der Abgaben.

Durch ökonomische und politische Bedingungen wurden schon am Ende des 13. Jh. Anstrengungen ermutigt, die darauf abzielten, die unterbrochenen Verbindungen zwischen den verschiedenen Teilstücken des Staates wieder anzuknüpfen. Es zeigten sich in der Tat Widersprüche zwischen einer in voller Entwicklung befindlichen Wirtschaft, die ihre Märkte zu vergrößern trachtete, und der politischen Zersplitterung, die oft in eine Feudalanarchie ausartete. Nach den Einigungsversuchen durch die Dynastie in der ersten Hälfte des 13. Jh. sollten die Restaurationsbestrebungen 40 Jahre später durch die Vertreter anderer sozialer Kräfte wieder in Schwung gebracht werden. Das Bürgertum war hier zuerst beteiligt, da es ein Interesse daran haben mußte, die dem Handel entgegenstehenden Hindernisse zu beseitigen. Gegen Ende des 13. Jh. und zu Beginn des 14. Jh. half es Böhmen dabei, in den meisten polnischen Landstrichen festen Fuß zu fassen.

Andere Schritte in dieser Richtung wurden vom hohen Klerus und dem Adel unternommen. Letzterer, zahlreich und solidarisch, entwickelte sich zu einer Klasse, die sich mehr und mehr ihrer Vorrechte bewußt wurde. Großpolen, das eine wirtschaftlich stabile Region darstellte und mit viel Geschick von seinen Herzögen, die sich der äußeren Gefahren bewußt waren, regiert wurde, entwickelte sich zum Zentrum der Einigung: Przemysl II. von Großpolen wurde 1295 in Gnesen als König von Polen gekrönt. Aber die Restauration begann erst, und das Königreich von Polen sollte nicht die Ausmaße der ersten Monarchie erreichen, ja seine Aufrechterhaltung selbst stieß schon auf ungeheure Schwierigkeiten.

Im Anschluß an die Periode der tschechischen Herrschaft von 1300–1306 nahm Wladyslaw II. (der Kleine) das Werk der Konsolidierung in Angriff, und es gelang ihm, sich 1320 in Krakau, das er zu seiner Hauptstadt machte, krönen zu lassen. Das Königreich Polen wurde damals allgemein mit dem Namen *Corona Regni Poloniae* bezeichnet, womit man unterstreichen wollte, daß, wenngleich es auch kein direktes politisches oder vasallisches Band gab, das die polnischen Gebiete zusammenhielt, so doch mindestens eines moralischer Art existierte.

Die Einigung des Landes, oder vielmehr die Errichtung des Königreiches Polen, die mittels des Zusammenschlusses der Hauptherzogtümer bewerkstelligt worden war, hatte politische Anstrengungen sowohl auf dem Gebiet der inneren Gliederung als auch bei der Festlegung der Grenzen verlangt. Dieses Werk wurde zum großen Teil unter der Regierung von Kasimir III. dem Großen (1333–1370) vollendet, dem Sohn und Nachfolger von Wladyslaw II. dem Kleinen. Um das Vorhaben der Wiedervereinigung zu rechtfertigen, wurde der Grundsatz aufgestellt, daß die Vorherrschaft des Königs in allen Gebieten zu gelten habe, aus denen Polen besteht, sowohl in denen, die er persönlich verwaltete, als auch denjenigen, die sich durch ihre eigenen Regionalfürsten regierten.

In den Gebieten, die der königlichen Verwaltung untergeordnet waren, wurden die alten Ämter der Palatine und Kastellane beibehalten. Der König bestellte hierfür aus der Gruppe der Grundherren Inhaber auf Lebenszeit. Sie blieben noch mit weitreichenden Kompetenzen und bedeutenden Pfründen ausgestattet, aber die Immunität des Besitzes der Kirche und der Ritterschaft störte die Machtausübung. Die Würdenträger, die solche Ämter innehatten, nahmen stets an den Versammlungen der Vertreter des hohen Adels teil. Aber um die direkte königliche Verwaltung wirksamer zu gestalten, wurde es notwendig, auch noch königliche Gouverneure zu ernennen, die sich dann zu echten *bracchia regalia* entwickelten. Sie wurden durch den König in einen Rang gesetzt, der sie über die Immunitäten hinaushob, und sie konnten in seinem Namen über die ganze Gesellschaft herrschen. Zu diesem Zweck bediente man sich der Staroste (*capitanei*), deren Amt unter Wenzel II. von Böhmen geschaffen worden war und das Wladyslaw der Kleine beibehalten hatte. Die Staroste werden nach Gutdünken des Königs bestellt und entlassen und sind beauftragt, die Register der Justizakte (*acta castrensia*) zu führen.

Die Tätigkeit des Schatz- und Kanzleiamtes wird gleichermaßen zentralisiert. Als infolge der Vermehrung der Immunitäten das alte fürstliche Steuersystem in Bankrott geriet, wurde in Form des *poradlne (collecta generalis)* die neue Hauptsteuer des Königreiches festgesetzt, deren Betrag ziemlich hoch lag und die mit einer unerbittlichen Härte eingetrieben wurde. Die Einnahmen aus Zöllen und die Einkünfte, die das Königsgut abwarf, nahmen in beträchtlichem Umfang zu. Die Verwaltung dieses Besitzes wurde Mitte des 14. Jh. reformiert, als die der Krone vorher verlorengegangenen Besitztümer wieder an sie zurückgegeben wurden. Die hauptsächlichste Neuerung innerhalb des Finanzsystems ist sein monetärer Charakter, der der Entwicklung der Geldwirtschaft entspricht. Die Finanzverwaltung ist in der Hand des königlichen Großschatzmeisters vereinigt, der die ursprünglichen regionalen Schatzkämmerer ersetzt. Unter der Regierung von Kasimir dem Großen stellen die regionalen Kanzler der alten Fürstentümer ihre Tätigkeit ein. An ihre Stelle tritt mit großer Wirksamkeit das einzige Kanzleramt der Krone, ein Werk hervorragender Juristen aus der Umgebung des Königs. An seiner Spitze steht der Großkanzler, der von einem Vizekanzler unterstützt wird. Als echter Mittelpunkt der Verwaltung in allen inneren und äußeren Staatsangelegenheiten spielt es die Rolle einer Dokumentationszentrale auf juristischen wie auch anderen Gebieten.

Die Städte, die von einem *ius municipale* geführt werden, regieren sich selbst. In vielen Dörfern wird das Zinsrecht, eine Variante des deutschen Rechts, angewandt. Aber der Adel und die gesamte Bauernschaft bleiben dem polnischen Recht unterworfen, das den Namen *ius terrestre* annimmt. Kasimir der Große läßt gegen Mitte des 14. Jh. das geltende Gewohnheitsrecht, getrennt für Klein- und Großpolen, niederschreiben und ratifizieren. Die Gerichtshöfe der „Territorialjustiz" (*iudicia terrestria*), die in den verschiedenen Gebieten tätig sind, finden somit feste Grundlagen. Sie stellen eine Art autonome Rechtsprechung des Adels dar. Da sie gleichermaßen den Charakter einer Gerichtskanzlei aufweisen, bei der die verschiedenen Rechtsakte aufgezeichnet werden, erlangen sie besondere Bedeutung in einem Land, in dem sich der Notariatsverkehr einzig und allein im Rahmen des kirchlichen Rechts vollzieht. Die Gesetzgeber des Königs verkünden den Grundsatz: „unus princeps, unum ius, una moneta in toto regno haberi debet." Besondere Erlasse werden vorgenommen, um die Wirtschaft wieder in Ordnung zu bringen, besonders auf dem Gebiet des Bergbaus, des Straßen- und des Zollwesens, aber die Reform von 1338, die darauf abzielte, durch die Einführung des Krakauer Groschens das Geldwesen zu vereinheitlichen, vermag nicht den Geldmarkt zu stabilisieren, der in der Folgezeit bei Münzausgaben durch fiskalische Operationen des Königs beeinträchtigt wird. Auch im Verkehr mit dem Ausland verwendet man weiterhin ausländische Währungen, hauptsächlich den ungarischen Golddukaten.

Die Plenarversammlungen der großen Grundherren werden im Verlauf des 14. Jh. nur selten einberufen. Ihre Vorrechte werden auf den Rat des Königs übertragen, der auf dessen Weisung hin zusammentritt. Dieser Rat entscheidet unter Vorsitz des Königs über Fragen der auswärtigen Politik und nimmt die Nominierungen für die verschiedenen Ämter vor. Der König residiert in Krakau. Es ist verständlich, daß auf diese Weise der Adel Kleinpolens einen beherrschenden Einfluß im Rat der Würdenträger, bestehend aus Bischöfen, Palatinen und Kastellanen, erlangt. In der ganzen Regierungszeit von Kasimir dem Großen kommt aber die Opposition des Adels von Großpolen weiterhin offen zum Ausdruck.

Die polnische Expansion im Osten beginnt gegen Mitte des 14. Jh. Den Anstoß hierzu geben die Grundherren. Das städtische Patriziertum und die Kirche stehen dieser Expansion wohlwollend gegenüber und sind, ebenso wie auch der König, an der Einverleibung des Fürstentums Halič-Vladimir (Ruthenien) interessiert, das sowohl bei Litauen wie auch Ungarn Neid und Begierde erweckt hatte. Ruthenien ist in der Tat ein stark bevölkertes Gebiet und stellt darüber hinaus den Schlüssel für die Pforte in das fruchtbare Podolien und andere mehr im Osten gelegene Gebiete dar. Es wird von belebten Handelsstraßen durchzogen, die Vladimir in Wolhynien und Lemberg-Lwów mit den genuesischen Kolonien Caffa, Killia und Leukopolis-Akkerman am Schwarzen Meer verbinden. Zwischen 1348 und 1366 wurden schließlich die ausgedehnten ruthenischen Ländereien an Polen angegliedert und trugen von da an mit etwa 25 % zur Fläche und 30 % zur Bevölkerung des Königreiches bei. Damit überschritt der polnische Staat gegen Mitte des 14. Jh. seine ethnischen Grenzen und begann in Form eines multinationalen Organismus einen neuen Abschnitt seiner Entwicklung.

b) Die ländliche Bevölkerung

K. Buczek: Książęca ludność słuzebna w Polsce wczesnofeudalnej [Die herzöglichen Dienstleute im mittelalterlichen Polen] (1958).

A. Gąsiorowski: Ze studiów nad szerzeniem się t. zw. prawa magdeburskiego we wsiach ziemi krakowskiej i sandomierskiej do r. 1330 [Die Ausbreitung des sogenannten magdeburgischen Rechts in den Landgebieten von Krakau und Sandomir bis 1330]: Roczniki Historyczne 26 (1960), S. 129–170.

A. Gieysztor: Les chartes de franchises urbaines et rurales en Pologne au XIIIe siècle. In: Les libertés urbaines et rurales du XIe au XIVe siècle: Pro civitate – Collection Histoire 19 (1968), S. 103–125.

S. Inglot: Problem kolonizacji flamandzko-holenderskiej w Niemczech i w Polsce [Das Problem der flämischen und niederländischen Kolonisierung in Deutschland und Polen]: Kwartalnik Historyczny 43 (1929), S. 475–514.

R. Koebner: Locatio. Zur Begriffssprache und Geschichte der ostdeutschen Kolonisation: Zeitschrift des Vereins für Geschichte Schlesiens LXIII (1929), S. 1–32.
W. Korta: Rozwój wielkiej własności feudalnej na Śląsku do połowy XIII wieku [Die Entwicklung des großen Feudaleigentums in Schlesien bis Mitte des 13. Jh.] (1964).
J. Masłowski: Kolonizacja wiejska na prawie niemieckim w województwach sieradzkim, łęczykkim i na Kujawach [Die ländliche Kolonisation auf dem deutschen Recht der Palatinaten von Sieradz, Łęczyca und in Kujawien]: Roczniki Historyczne XIII (1937), S. 201–289.
Z. Podwińska: Habitat agraire en Pologne au début du Moyen age: Kwartalnik Historii Kultury Materialnej 16 (1968), S. 729–747.
Ders.: Zmiany form osadnictwa wiejskiego na ziemiach polskich we wcreniejsum sredniowieczu źreb, wieś, opole [Formwandlungen der dörflichen polnischen Besiedlung im frühen Mittelalter: sors, villa, vicinia] (1971).
M. Sczaniecki: Nadania ziemi na rzecz rycerzy w Polsce do końca XIII w. [Die Landerteilung an die Ritter in Polen bis Ende des 13. Jh.] (1938).
J. Matuszewski: Immunitet ekonomiczny w debrach Kościoła w Polsce do r. 1381 [Die Wirtschaftsimmunität der Kirche in Polen bis 1381] (1936).
S. Trawkowski: Zur Erforschung der deutschen Kolonisation auf polnischem Boden im 13. Jh.: Acta Poloniae Historica VII (1963), S. 79–95.
T. Tyc: Początki kolonizacji na prawie niemieckim w Wielkopolsce 1200–1335 [Die Anfänge der Kolonisation iure Theutonico in Großpolen] (1924).
K. Tymieniecki: Historia chłopów polskich [Geschichte der polnischen Bauern], Bd. I–III (1965–69).

Eine neue bäuerliche Besiedlungswelle erstreckt sich auf die noch unbebauten Räume Schlesiens und Kleinpolens, während Großpolen etwas später an die Reihe kommt. Diese Kolonisierung vollzieht sich anfangs durch eigene ethnische Kräfte und gemäß dem polnischen Gewohnheitsrecht, *more liberorum hospitum.* Dieses System ersetzt den ursprünglichen Abgabemodus durch Naturalleistungen und einen Geldzins und öffnet so den Weg für die rechtliche Gleichstellung der Unterworfenen.

Die Ausbeutung der Bauern durch den feudalen Grundherren läßt sich an dem Siegeszug der verschiedenen Formen des Zinssystems ablesen. Das deutsche Recht wird zwar in etwa der Hälfte der Dörfer angewandt, aber die rechtliche und wirtschaftliche Lage der Orte, die dem polnischen Recht unterworfen bleiben, nähert sich allmählich dem Zustand dort an, wo nach deutschen Recht verfahren wird.

c) Die Städte

K. Buczek: Targi i miasta na prawie polskim [Die Märkte und die Städte unter polnischem Recht] (1964).
A. Gieysztor: Aux origines de la ville slave: ville de grands, villes d'Etat aux IXe–XIe siècles: Cahiers Bruxellois XII (1967), S. 97–106.
Ders.: From Forum to Civitas: Urban Changes in Poland in the 12th und 13th Centuries. In: La Pologne au XIIe congrès international des sciences historiques à Vienne (1965), S. 7–30.
Th. Goerlitz: Der Breslauer Wallonenviertel. In: Beiträge zur Geschichte der Stadt Breslau III (1937), S. 77–106.
Ders.: Verfassung, Verwaltung und Recht der Stadt Breslau, Bd. I (1964).
Historia Wrocławia do r. 1807 [Geschichte von Wrocław bis 1807], hg. v. *K. Maleczyński,* Bd. I (1958).
Wł. Hołubowicz: Opole w wiekach X–XII [Oppeln in the 10th–12th centuries] (1956).
Z. Kaczmarczyk: Początki miast polskich. Zagadnienia prawne [Die Ursprünge der polnischen Städte. Rechtsprobleme]. In: Czasopismo Prawno-Historyczn e, Bd. XIII, 2 (1961), S. 9–45.
W. Kuhn: Die Entstehung der deutschrechtlichen Stadt Płock: Zeitschrift für Ostforschung XIII (1964), S. 1–22.
T. Lalik: Recherches sur les origines des villes en Pologne: Acta Poloniae Historica II (1960), S. 101–131.

O. Lange: Lokacje miast Wielkopolski właściwej na prawie niemieckim w wiekach średnich [Die locatio der deutschrechtlichen Städte Großpolens im Mittelalter] (1925).
S. Pazyra: Geneza i rozwój miast mazowieckich [Die Ursprünge und die Entwicklung der Städte von Masowien] (1959).
L. Leciejewicz: Poczatki nadmorskich miast na Pomorzu Zachodnim [Ursprünge der Seestädte in Pommern] (1962).
K. Maleczyński: Die ältesten Märkte in Polen und ihr Verhältnis zu den Städten vor der Kolonisierung nach dem deutschen Recht (1930).
H. Münch: Melioratio terrae nostrae. Szkice z dziejów miast Polski średniowiecznej [Über die Stadtgeschichte Polens im Mittelalter]. In: Kwartalnik Architektury i Urbanistyki, Bd. X, 2 (1965), S. 1965–80.
Les Origines des villes polonaises (1960).
E. Rozenkranz: Początki i ustrój miast Pomorza Gdańskiego do schyłku XIV stulecia [Die Ursprünge und die Verfassung der Städte Pommerellens bis Ende des 14. Jh.] (1962).
A. Rutkowska-Płachcińska: Gmina miejska w początkach w. XIII w Polsce [Die städtische Gemeinde in Polen zu Beginn des 13. Jh.]. In: Wieki średnie, Medium aevum (1962), S.144–150.
G. Schubert-Finkenstein: Die Verbreitung der deutschen Stadtrechte in Osteuropa. In: Forschungen zum deutschen Recht IV, 3 (1943).
H. Stoob: Die Ausbreitung der abendländischen Stadt im östlichen Mitteleuropa. Untersuchungen zu einer Kartenfolge im Atlas Östliches Mitteleuropa: Zeitschrift für Ostforschung X (1961), S. 25–84.
Studien zu den Anfängen des europäischen Städtewesens. Reichenau-Vorträge und Forschungen, hg. v. *Th. Meyer,* Bd. IV (1958).

Die fürstlichen *castra, suburbia* und *fora* sind die Keimzellen des schon gegen Ende des 11. Jh. wachsenden städtischen Lebens. Ein Jahrhundert später kann man innerhalb der vom Herzog abhängigen städtischen Bevölkerung schon begrenzt die Existenz einer Kaufmannschaft feststellen, die sich aufgrund spezieller Privilegien, welche sie dem Fürsten abgerungen hat, gegenüber den anderen Einwohnern der Stadt bevorrechtet ist. Diese wird durch einen Bürgermeister *(scultetus)* oder Prokurator *(villicus, procurator)* geleitet, der sich um die Belange der *burgenses*, der *hospites*, kümmert, die dort über das Erbrecht verfügen. Diese Eingesessenen, auch adliger Abstammung, aber schon seit Beginn des 13. Jh. meistens auswärtiger Herkunft, suchen nach einer entsprechenden Formel für ihren privilegierten Status, und einstweilen verleiht man ihnen, wie in Plock, die Ritterwürde.

Von den ersten Jahrzehnten des 13. Jh. an nimmt die Zahl der fremden Kaufleute, vor allem deutscher Herkunft, zu. Am Ende des 12. Jh. lassen sich wallonische Weber in der Umgebung von Breslau nieder, und gleichermaßen kommen auswärtige Spezialisten, Italiener und Deutsche, in die Bergwerke Kleinpolens. Der Zufluß von Ausländern, darunter immer mehr deutscher Abstammung, hat nicht alle Gebiete in gleichem Maße berührt. Die stärkste Welle traf Städte und Regionen Niederschlesiens, Pommerns und Preußens und trug gleichzeitig dazu bei, die Ursprache zu begrenzen, ja oft zu eliminieren. Aber in Oberschlesien, Großpolen, Pommerellen und in Kleinpolen übten die Fremden nur in den Städten Einfluß aus und waren auf dem Land wenig vertreten. In Mittelpolen und Masowien war ihre Zahl minimal. Aber sie brachten eine neue Rechts- und Organisationsform mit, genannt *ius teutonicum* (neben den Inseln des *ius flamingicum*). Dieses breitete sich im 13. Jh. aus und wurde zuerst auf die Herankommenden, vom 14. Jh. an aber sowohl auf die Einheimischen als auch die Fremden angewandt, die in den Städten und auf dem Lande unter dem Zinssystem lebten. Bei der Zerstückelung der Herzogtümer im 12. und 13. Jh. waren gewisse Faktoren nicht vollständig eliminiert worden, und diese trugen nun zur Wiedervereinigung von Staat und Nation bei.

Die soziale Schichtung der städtischen Bevölkerung vollzieht sich, je nach Bedeutung der Städte, in unterschiedlichem Ausmaß. In Zentren wie etwa Krakau, aber auch in den mittleren Städten wie Posen oder Sandomir, findet man innerhalb der Stadtbevölkerung drei klar voneinander getrennte Gruppen. Zuerst ist hier die ziemlich begrenzte Schicht der reichen Kaufleute zu nennen, die sich im Verlauf des 14. Jh. durch Abschaffung des erblichen Vogtamtes der gesamten politischen und wirtschaftlichen Herrschaft bemächtigt haben. Sie lassen mit wenigen Ausnahmen nur Personen ihres eigenen Standes in den Stadtrat gelangen, so daß in Krakau während der Jahre 1320–1350 auf 80 Räte nur 14 Handwerker kamen. Als nächstes folgt die große Gruppe der Handwerker, die bezüglich ihrer materiellen Situation eine sehr differenzierte Klasse darstellte. Zuletzt bleibt noch die breite Masse nichtqualifizierter Arbeiter und Knechte jeglicher Art. Daneben sind aber noch der Adel und die Geistlichkeit aufzuführen, die sich oft in großer Zahl in den Städten aufhalten.

Nachdem die Konflikte, die die Einigung des Königreiches begleitet hatten, einmal beigelegt sind, arbeiten die großen Kaufleute, meist ausländischer Herkunft, mit den Grundherren, den kirchlichen Würdenträgern und der königlichen Gewalt zusammen. Sie tun das trotz ihrer ursprünglichen Bindungen und der Unterschiede in der Sprache, meistens deutsch, manchmal italienisch wie in Krakau oder armenisch wie in Lwów. Der König stellt ihnen als Ausgleich für ihre finanzielle Hilfe und die Kreditmöglichkeiten, die sie ihm einräumen, seine politische Unterstützung zur Verfügung.

Die Gruppe der Handwerker befindet sich mit den großen Kaufleuten im Zustand eines versteckten oder auch mehr oder weniger offenen Konfliktes. Das einfache Stadtvolk steht außerhalb des städtischen Rechtes und hat keinerlei Anteil an den Privilegien, die den Patriziern in vollem Ausmaße zuteil werden und die auch noch den Handwerkern zugute kommen. Aber dank dieser kleinen Leute bleibt die polnische Sprache lebendig und kann sich selbst in den Städten gut behaupten, die einen anhaltenden Zufluß fremder, meist deutscher Elemente erfahren. Andernortes dominiert das Polnische ziemlich deutlich oder ist, wie in Masowien, in der Tat die einzige gesprochene Sprache. Dafür sprechen die großen und kleinen preußischen Städte wiederum nur deutsch.

d) Juden und Armenier

Fr. Kupfer, T. Lewicki (Hgg.): Źródła habrajskie do dziejów Słowian i niektórych innych ludów środkowej Europy [Die hebräischen Quellen zur Geschichte der Slawen und anderen Völkern Zentraleuropas] (1956).
J. Schipper: Studia nad stosunkami gospodarczymi Żydów w Polsce podczas średniowiecza [Studien über die wirtschaftlichen Beziehungen der Juden im mittelalterlichen Polen] (1911).
A. Vetulani: The Jews in Medieval Poland: The Jewish Journal of Sociology IV, 2 (1962).
O. Balzer: Sądownictwo ormiańskie w średniowiecznym Lwowie [Die armenische Gerichtsbarkeit im mittelalterlichen Lemberg] (1909).

Die Juden bilden eine eigene Schicht, sowohl unter nationalen wie auch religiösen und kulturellen Aspekten. Sie genießen dank königlicher Privilegien einen besonderen rechtlichen Status und zwar einmal aufgrund des sogenannten Privilegs von Kalisch, das durch Boleslaw den Frommen 1264 erteilt wurde, wie auch durch die Vorrechte, die die Herzöge von Schlesien ihnen gewährten und die dann Kasimir der Große auf die Juden im ganzen Königreich Polen ausdehnte. Diese Privilegien bilden für die polnischen Juden im folgenden die grundlegende Garantie für ihre persönliche Sicherheit, die ihrer Kultstätten und die Handelsfreiheit, welche von der öffentlichen Gewalt niemals in Frage gestellt wird. In steuerlichen und rechtlichen Angelegenheiten untersteht die jüdische Gemeinschaft direkt dem königlichen Schatzamt und der Justiz der Palatine in den entsprechenden Palatinaten. Der Staat beläßt ihr außerdem noch eine eigene interne Gerichtsbarkeit. Jüdische Gemeinschaften in organisierter Form bestehen nur in Städten von größerer Bedeutung und sind somit nicht sehr zahlreich. Mit dem Ende des 14. Jh. nimmt ihre Zahl infolge des starken Zustromes von Einwanderern, die vor der in Deutschland gegen sie herrschenden Verfolgung flüchten, zu. Aber dieser Zustrom trägt auch dazu bei, die sozialen Differenzen im Inneren der Gemeinschaft zu vergrößern. Der traditionelle Bereich ihrer wirtschaftlichen Aktivität ist der Geldverleih, der durch das Wucherverbot der katholischen Kirche, mit dem diese die Christen belegt hatte, noch begünstigt wird. Diese Komponente der jüdischen Tätigkeit stellt ein wichtiges Element für die Entwicklung der Geld- und Güterwirtschaft dar.

In Ruthenien, das dem polnischen Königreich einverleibt ist, verfügen die dem armenischen Ritus anhängenden Gemeinden ebenfalls über eine kulturelle und geistige Eigenständigkeit. In den wichtigsten Städten umfassen sie die armenische Kaufmannschaft, die sich dort seit Mitte des 14. Jh. niedergelassen hat. Innerhalb ihrer Gemeinschaft regieren sie sich nach armenischem Recht. Im Unterschied zur jüdischen Bevölkerung gelingt es den Armeniern, soziale Kontakte zu den anderen Mitgliedern der Stadtbevölkerung mit unterschiedlicher Sprache und Religion anzuknüpfen, und sie üben in den Stadträten auch gewisse Ämter aus.

4. Die Wirtschaft

Allgemeine Literatur

A. Gieysztor: Les structures économiques en pays slaves à l'aube du Moyen Age jusqu'au XIe siècle et l'échange monétaire. In: Settimane di studio del Centro italiano di studi sull'alto medioevo IX (1961), S. 455–518.

Ders.: Villes et campagnes slaves du Xe au XIIIe siècle. In: Deuxième conférence internationale d'histoire économique, Aix-en-Provence 1963 (1965), Bd. II, S. 88–105.

W. Hensel: Słowiańszczyzna wczesnośredniowieczna. Zarys kultury materialnej [Die Slawen des hohen Mittelalters. Darstellung der materiellen Zivilisation] (^{3}1965).

J. Kostrzewski: Kultura prapolska [Die frühpolnische Zivilisation] (^{3}1962).

H. Łowmiański: Podstawy gospodarcze formowania się państw słowiańskich [Die wirtschaftliche Basis der Entstehung der slawischen Staaten] (1953).

Ders.: Economic problems of the early Feudal Polish State: Acta Poloniae Historica III (1961), S. 7–40.

a) Landwirtschaft, Viehzucht, Forstnutzung

S. Chmielewski: Gospodarka rolna i hodowlana w Polske XIV i XV w. Technika i rozmiary produkcji [Ländliche Wirtschaft und Produktionsdimensionen]: Studia z dziejów gospodarstwa wiejskiego V, 2 (1962), S. 9–58.

M. Dembińska: Konsumpcja żywnościowa w Polsce średniowiecznej [Der Nahrungsmittelverbrauch im mittelalterlichen Polen] (1963).

H. Dąbrowski: Rozwój gospodarki rolnej w Polsce od XII do połowy XIV wieku [Entwicklung der Agrarwirtschaft in Polen vom 12. bis Mitte des 14. Jh.]: Studia z dziejów gospodarstwa wiejskiego V, 1 (1962), S. 9–136.

Z. Hilczerówna: Dorzecze górnej i środkowej Obry od VII do początków XI wieku [Das Becken der oberen Obra zwischen dem 6. und Anfang des 11. Jh.] (1967).

Z. Podwińska: Technika uprawy roli w Polsce średniowiecznej [Die Landwirtschaftstechnik im mittelalterlichen Polen] (1962).

S. Trawkowski: Gospodarka wielkiej własności cysterskiej na Dolnym Śląsku w XIII wielku [Die Wirtschaft des großen zisterziensischen Eigentums in Niederschlesien] (1959).

Zarys historii gospodarstwa wiejskiego w Polsce [Darstellung der ländlichen Wirtschaftsgeschichte in Polen], Bd. I–II (1964).

Der Aufschwung des Getreideanbaus, eine Hauptstütze des Bevölkerungswachstums, scheint zwischen dem 8. und 10. Jh. einzusetzen, und während der Teil des zur Brotbereitung verwendbaren Getreides wächst, behauptet sich der Hirse- und Gerstenanteil weitgehend, zubereitet als Grütze, Brei oder Fladen. Der Pflug (*aratrum*) mit der Eisenschar ermöglicht die ständige Bearbeitung der in der Nähe der Dörfer gelegenen Felder, und durch Schwendung und Rodung greift die menschliche Besiedlung auf die Urwälder über. Die zunehmende Zahl der eisernen Pflugschare zeigt zweifellos schon kurz vor dem 10. Jh. eine qualitative Umformung der polnischen Landwirtschaft an.

Da die alte temporäre Bebauung, bei der die genutzte Fläche von Jahr zu Jahr wechselte, den Boden weniger beanspruchte als die Dreifelderwirtschaft, ist verständlich, daß im Mittelalter bis zum 13. und 14. Jh. der Boden mehr geschont wurde, und es mangelte ihm eigentlich erst der Dünger, als in den Ländern östlich der Elbe im 16. Jh. das Fronsystem massiv einsetzte.

Es hat den Anschein, als ob das Land von einem stabilisierten Klima des ozeanischen Typs beherrscht war, unter dem die Wasserpegel nur geringe Niveauschwankungen zeigten. Dadurch wurde im 7., 8. und 9. Jh. in den Flußtälern und an den Seen, den Stellen, auf die sich die menschliche Besiedlung beschränkte, auch die Bewohnung der tiefergelegenen Niederungen ermöglicht. Im 10. Jh. änderte sich diese Situation, als das Klima Veränderungen unterworfen wurde, die aus dem Aufeinandertreffen von ozeanischen und kontinentalen Strömungen herrührten. Die menschlichen Ansiedlungen wandern dann auf die höheren Terrassen und kommen im 13. Jh. auf den Höhen und Kämmen der Flußbecken an, wo man mit der Rodung beginnt. Die hydrologischen Störungen, die die Chronisten des 13. Jh. so beeindruckten, verlangen eine Erklärung, und es scheint nicht ganz ausgeschlossen, daß man sie eines Tages geben kann.

Im Ganzen gesehen ging die massive Festsetzung des Menschen, die notwendig war, um die geographische Umwelt zu seinen Gunsten umzugestalten, wie überall in Europa auf Kosten des Waldes vor sich. Man fragt sich, welches Verhältnis zwischen den Gegenden vorlag, wo der Urwald vorherrschte, von Jägern und Bauern durchstreift, aber feindlich gegenüber menschlicher Besiedlung, und den Landstrichen, wo Felder und Wald miteinander abwechselten. Schätzungen lassen darauf schließen, daß am Beginn, den man um das Jahr 1000 legt, die Hälfte des Landes mit dichtem Wald bedeckt war. Der andere Teil, gleichermaßen bewaldet, kannte eine vereinzelte Bebauung. Aber diese zwei Landschaftstypen gingen überall in gewissem Maße ineinander über. Damit kompliziert sich das Problem, die Bewegung der Grenzen der Agrarbesiedlung zu verfolgen, und im Unterschied zu Osteuropa, wo man das Phänomen beobachten kann, daß sich die Bewegung in Richtung auf unbebaute Flächen hin vollzieht, nehmen Polen, Böhmen und die Elbslawen nur eine Intensivierung der schon vorher durchgeführten Bebauung vor.

Der sich bildende Staat hat hieraus eine militärische Folgerung abgeleitet und schon sehr bald die Abholzung der Grenzen untersagt, die erst durch Rodung im 13. Jh. einsetzte. Dagegen weiß man aber, daß schon seit Ende des 11. Jh. die Fürsten der Kirche und den Grundherren erlaubten, Rodungen in den Waldstreifen vorzunehmen, die die Territorien der alten ur-polnischen Stämme trennten.

Für das 12. Jh. überliefern die Urkunden eine technische und soziale Terminologie, um den Rodungsbauern zu kennzeichnen: *łazęki* und *trzeblewice*, was man annähernd etwa mit „Wanderer" und „Roder" übersetzen kann. Zu Beginn des 13. Jh. vollzieht sich unter dem Vorzeichen einer Agrarreform in Schlesien und Pommern eine neue Gebietsausdehnung, mit der Niederlassung deutscher Siedler. Diese Ausbreitung geht auch noch im 14. Jh. weiter, während im Westen die Agrarkrise ausbricht. Die Lichtungen wachsen zusammen, und die Urbarmachung erreicht am Ende des Mittelalters einen Höhepunkt, gefolgt von einem Rückgang in der neueren Zeit.

Die Rodungen werden erst wieder im 19. Jh. aufgenommen, was bewirkt, daß der Anteil der bewaldeten Fläche in Polen auf 20 % absinkt und der Existenz fast aller großen Wälder ein Ende gesetzt wird. Ihre botanische Zusammensetzung ändert sich, mit bis zu 88 % Nadelhölzern, was im Gegensatz zu allen mittelalterlichen Angaben steht, besonders solchen, die man aus Pollenuntersuchungen gewonnen hat. Der Wald des Mittelalters war in diesem Teil von Europa gemischt: Laub- und Nadelwälder, mit einem leichten Übergewicht an Tannen, Lärchen und Eiben in der Ebene, begleitet von Eichen, Buchen, Birken, Weißbuchen, Espen und Weiden. Die Bergmassive im Süden weisen aus dieser Sicht noch eine weit größere Vielfalt auf. Zusammenfassend läßt sich sagen, daß der polnische Wald auf der Skala, die von den Laubwäldern des atlantischen Europas bis zu den Nadelwäldern Osteuropas reicht, eine Zwischenzone darstellt.

Der Wald wurde als Quelle mannigfaltigen Reichtums, als Lieferant von Bau- und Brennholz, Jagdwild, Pelzen, Häuten, Honig, Wachs sowie Pflanzen und Früchten zur Vervollständigung der menschlichen und tierischen Nahrung, in Mitteleuropa zuerst im Rahmen der geschlossenen Hauswirtschaft genützt. Aber die Inbesitznahme durch den Staat beginnt schon mit dessen Anfängen, und es etabliert sich das Regalrecht für den gesamten Wald mit den gewährten Schenkungen an weltliche und geistliche Grundherren, die den ihnen zustehenden Teil fällen. Aber für das Jagdrecht bestehen Beschränkungen. Die Chroniken des 13. Jh. geben manchmal Aufschluß über die außerordentliche Begünstigung, die eine Gewährung des Jagdprivilegs durch den Fürsten darstellt. Bezeichnet wird dieses mit dem Ausdruck *cum tuba magna*, d. h. mit dem großen Jagdhorn, also die Jagd auf Großwild wie Auerochs, Bison, Elch, Hirsch und Wildschwein. Im Prinzip bleiben die großen Wälder bis zum Ende des Mittelalters und auch noch in der Neuzeit Eigentum des Fürsten, während kleinere Wäldchen und Haine seiner Kontrolle entgleiten und leichter in Privateigentum übergehen.

Der Eintritt der Reichtümer des Waldes in den Güterkreislauf bedarf noch weiterer Untersuchungen. Den Vorrang haben hier Pelze wie Marder, Hermelin und Eichhorn sowie Honig und Wachs, die schon seit dem 10. Jh. vom Staat als bäuerliche Naturalabgaben gefordert werden oder die der spezialisierte Forstdienst des Fürsten liefert. Bauholz ist wahrscheinlich schon im 12. Jh. auf die lokalen Märkte gekommen und ab dem 13. Jh. auch auf den internationalen Markt. Im 14. Jh. ist neben dem Holz für Schiffsbau noch eine Fülle an Forstprodukten festzustellen, die auf den Märkten der großen Städte abgesetzt werden oder mit Hilfe der Flößerei und durch Transport auf der Weichsel und ihren Nebenflüssen nach Danzig und Elbing exportiert werden: Schindeln, Dauben, Pech, Pottasche und Kohle.

Während des gesamten polnischen Mittelalters war die landwirtschaftliche Grundeinheit der Bauernhof, die für den Eigenverbrauch produzierte und mit verschiedenen Abgaben belastet war. Der polnische Grundherr im 10. und 11. Jh. profitiert vom Fernhandel, dessen Ausübung ihm durch die Teilhabe an der politischen Staatsgewalt ermöglicht wurde. Der große Grundbesitz, der seit dem Ende des 11. Jh. zunahm, bestand aus einer Ansammlung bäuerlicher Anwesen, die von dem Grundherren ausgebeutet wurden. Es scheint, daß diese Grundherren erst im 12. Jh. durch Leibeigene ihrer Güter gewisse Vorräte zu erwirtschaften vermochten, die sich aber bis zum 15. Jh. in bescheidenen Grenzen hielten und nur zur Befriedigung der Eigenbedürfnisse des fürstlichen oder adligen Hofes dienten. Es bereitet deshalb Schwierigkeiten, in einem solchen Falle von einer exportorientierten Domänenwirtschaft zu sprechen. Jedoch mußten die einzelnen Bauernhöfe zugunsten des Grundherren Überschüsse erzielen, da die einzigen Produkte, die diese auf den Markt brachten, praktisch von den Bauern stammten. Nach der Agrarreform des 13. Jh. beginnen die Bauern dann mehr und mehr zu ihrem eigenen Nutzen an dem Absatz teilzunehmen, den der lokale Wirtschaftsraum ermöglicht.

b) Bergbau und Hüttenwesen

D. Molenda: Górnictwo kruszcowe na terenie złóż śląsko-krakowskich do połowy XVI w. [Die Blei- und Silberbergwerke auf schlesischem Gebiet und in der Gegend von Krakau bis Mitte des 16. Jh.] (1963).
J. Wyrozumski: Państwowa gospodarka solna w Polsce do schyłku XIV wieku [Das Salz in der Wirtschaft des Staates in Polen bis zum Ausklang des 14. Jh.] (1968).
B. Zientara: Dzieje małopolskiego hutnictwa żelaznego XIV–XVII w. [Geschichte des Eisenhüttenwesens in Kleinpolen im 14. und 17. Jh.] (1954).

Die Nutzung der Bodenschätze nimmt während des 14. Jh. ebenfalls zu, besonders in Schlesien und Kleinpolen. Die Vorkommen an Eisen, Kupfer, Blei, Silber, Zinn, Schwefel und Steinsalz sind Gegenstand oft fruchtbarer Schürfungen. Die Gruben von Olkusz, Wieliczka und Bochnia erreichen in der Fördertechnik und der Gestaltung des Arbeitsablaufes ein ziemlich hohes Niveau.

Schon vom Ende des 13. Jh. an erscheinen die von Polen exportierten Produkte auf den internationalen Märkten. Das ist dem neuen Auftrieb zu danken, den die Entwicklung der Städte und des bäuerlichen Hinterlandes erfährt. Unter den exportierten Gütern sind Getreide, Vieh, Felle und Forstprodukte zu erkennen: Brennholz, Dauben, Pech, Teer und Pottasche. Kurz danach treten handwerkliche Erzeugnisse hinzu: polnisches Tuch kann mit westlichen Erzeugnissen konkurrieren, da es billig ist. Man kann sein Auftreten schon seit Ende des 14. Jh. sowohl in Süddeutschland und den Gebieten verfolgen, die der heutigen Schweiz entsprechen, als auch in den an Süd- und Ostpolen angrenzenden Ländern.

c) Das Handwerk

L'artisanat et la vie urbaine en Pologne médiévale. In: Ergon III, Erg.-Heft des Kwartalnik Historii Kultury Materialnej, Bd. X (1961).
M. Bogucka: Danzig jako ośrodek produkcyjny w XIV–XVII w. [Danzig als Produktionszentrum im 14. und 17. Jh.] (1962).
L. Koczy: Handel Poznania do połowy XVI w. [Der Handel von Posen bis Mitte des 16. Jh.] (1930).
J. Kamińska: A. Nahlik, Włókiennictwo gdańskime w X–XIII w. [Die Textilherstellung in Danzig zwischen dem 10. und dem 13. Jh.] (1958).
S. Kutrzeba: Handel Krakowa w wiekach Średnich [Der Handel von Krakau im Mittelalter] (1903).
K. Modzelewski: La division autarchique du travail à l'échelle d'un État; L'organisation „ministeriale" en Pologne médiévale. In: Annales ESC XII (1964), S. 1125–1139.
H. Samsonowicz: Rzemiosło wiejskie w Polsce XIV–XVI w. [Das ländliche Handwerkswesen in Polen vom 14. bis 16. Jh.] (1954).
S. Trawkowski: Młyny wodne w Polsce w XII wieku [Die Wassermühlen in Polen im 12. Jh.]: Kwartalnik Historii Kultury Materialnej VII (1959), S. 62–86.
A. Wyrobisz: Szkło w Polsce od XIV do XVII w. [Das Glas in Polen vom 14. bis 17. Jh.] (1968).

Man verbessert die Organisation der handwerklichen Arbeit und die Fertigungstechniken. Die Benutzung der mit Wasser betriebenen Mühle setzt sich im 13. und 14. Jh. allgemein durch und erhöht die Möglichkeiten der Verarbeitung von Eisenerz, Wolle, Holz, Leder und Getreide. Die technischen Kenntnisse werden sowohl auf dem Gebiet der Rohstoffanalyse wie auch bei den Produktionsmethoden vertieft. Die Folge ist eine starke Spezialisierung der Berufe, die es zu einer beachtlichen Meisterschaft bringen, parallel zu einem Anstieg der Produktion, die von allen Bevölkerungsschichten konsumiert wird. Man wird somit Zeuge der Anfänge der Arbeitsteilung, einer Erscheinung, die im 14. und 15. Jh. einen Höhepunkt erreicht, wie er nie wieder im Verlauf der polnischen Feudalwirtschaft auftritt. Die Entfaltung der Geldwirtschaft folgt einer ähnlich ansteigenden Linie und erreicht ihr Maximum zur gleichen Zeit. Auf den lokalen Märkten wird die Rolle des Händlers als Vermittler zwischen Bauern und Handwerkern immer wichtiger. Durch die Anwendung der Bestimmung, die den Handwerkern den Einzelverkauf verbietet, gelingt es diesen Kaufleuten im 14. Jh., Handel mit Fertigprodukten, Rohstoffen und selbst Nahrungsmitteln in ihren Händen zu vereinigen.

d) Der Handel

St. Alexandrowicz: Stosunki handlowe polsko-ruskie do roku 1240 [Die Handelsbeziehungen zwischen Polen und Rußland bis 1240]: Zeszyty Naukowe Uniwersytetu A. Mickiewicza Historia 3 (1958), S. 21–67.
A. Gieysztor: Local Markets and Foreign Exchanges in Central and East Europe before 1200. In: Ergon V, Erg.-H. des Kwartalnik Historii Kultury Materialnej XIV (1966), S. 761–777.
T. Lewicki: Polska i kraje sąsiednie w świetle „Ksiegi Rogera“ geografa arabskiego z XII w. Al-Idrisiego [Polen und die Grenzländer im Licht des „Buches von Roger“ von dem arabischen Geographen des 12. Jh., Al Idrisi], Bd. 1 (1945), Bd. 2 (1954).
M. Mika: Organizacja kupiectwa poznańkiego w wiekach średnich [Die Organisation der Kaufmannschaft in Posen im Mittelalter] (1937).
J. Sztetyłło: Handel a wymiana. Z problemów spornych ekonomiki starożytnej i wczesnośredniowieczej [Handel und Austausch. Die strittigen Probleme der älteren und mittelalterlichen Wirtschaft]: Kwartalnik Historii Kultury Materialnej IX (1961), S. 809–818.
W. Szymański: Kontakty handlowe Wielkopolski w IX–XI wieku [Die Handelskontakte von Großpolen im 9. und 11. Jh.] (1958).
Ch. Verlinden: Brabantschen Vlaamsch laken te Krakau op net einde der XIVe eeuw: Mededelingen van de koninklijke Vlaamsche Academie V (1943), S. 1–23.
Ch. Warnke: Die Anfänge des Fernhandels in Polen 900–1025 (1964).

Durch die Bedürfnisse und Möglichkeiten der zu dieser Zeit am meisten begünstigten sozialen Gruppe, die auch über die politische Macht verfügt, hat der Handel über weitere Entfernungen Antrieb erhalten. Schon bei der Bildung der Staaten in Mitteleuropa und besonders im slawischen Europa im 9. und 10. Jh. haben deren Führer zu Zwangsmitteln gegriffen, um die bescheidenen Überschüsse der landwirtschaftlichen Produktion zu akkumulieren. Ein Teil davon, vor allem das Getreide und Produkte der Viehzucht und Jagd hatten dem Verbrauch des Fürsten, seines Hofes und seiner Soldaten zu dienen, und ein anderer, meistens Waren wie Pelze, Honig, Wachs, aber auch die zahlreichen Sklaven waren für den auswärtigen Handel bestimmt. Im Gegenzug erhielten sie Luxusgüter der metallverarbeitenden Industrie, der Webereien und der westlichen oder östlichen – byzantinischen und arabischen – Goldschmiedekunst. Gleichermaßen erscheint im Ostseeraum das Gold und, vor allem an den südlichen Küsten, das Silber arabischer Herkunft. Es strömte aus Zentralasien über das Kaspische Meer, entlang der Wolga und drang durch das nördliche und warägische Rußland in das Innere des Kontinents vor.

Ein derartiger Kreislauf, dessen Höhepunkt in die zweite Hälfte des 10. und den Beginn des 11. Jh. zu liegen kommt, verstärkte aber in der Landwirtschaft nur geringfügig die Keime für eine spätere Arbeitsteilung. Dagegen trug er in viel stärkerem Maße dazu bei, in den Burgen und deren Umgebung die Konzentration einer sozial und wirtschaftlich differenzierten Bevölkerung zu begünstigen. Diese Burgen, in der Sprache der damaligen Zeit *castra* oder *castella* genannt, werden mit ihren *suburbia* Mittelpunkt eines ständig zunehmenden Verbrauches und unterscheiden sich von den umliegenden ländlichen Bezirken durch die dichte Bevölkerung, die auf einer relativ kleinen Fläche zusammengedrängt ist, durch ihre Befestigungen und schließlich durch die politischen Funktionen, die sie ausüben.

Folgende Merkmale scheinen für diese erste Wirtschaftsstruktur charakteristisch zu sein: Erstens ein geringes Export- und Importvolumen ausgesprochener Luxusgüter; zweitens ein ziemlicher Überfluß an Silbermetallen, die in beträchtlichen Mengen aus dem arabischen Orient importiert werden, und drittens eine staatliche Organisation des Warenaustausches, die von Konsumenten betrieben wird, die die Macht in den Händen halten, in den *castra* residieren und die den Produzenten abgezwungenen Exportartikel ansammeln.

Diese baltische Konjunktur, aus der in erster Linie die schwedischen Skandinavier Vorteile zogen, die aber auch in großem Ausmaß wieder auf die baltischen und slawischen Küstenländer zurückstrahlte, herrschte zu Beginn des Eintritts Nord- und Mittelpolens in den internationalen Kreislauf vor. Zweifellos begünstigte sie die Errichtung eines Staates, der mittels seiner herrschenden Schicht, deren ausgeübtes Zwangsrecht dem auswärtigen Handel diente, am Warenaustausch interessiert war. Aber diese Konjunktur war nur von kurzer Dauer. Vom Beginn des 11. Jh. an durchlebte sie vor allem im baltischen Raum eine offensichtliche Krise, als der Zufluß des wertvollen, arabischen Metalls aufhörte, und geriet dann in eine Phase des Niedergangs, die für den Rest des 11. Jh. andauerte. Polnische und deutsche numismatische Untersuchungen haben diesen Sachverhalt durch die Analyse von Geld- und Silberschmuckdepots erhellt, die von den Grundherren zu dieser Zeit häufig angelegt worden waren. Die neue Struktur des internationalen Handels, die nach und nach folgte, wird erst im 12. und 13. Jh. völlig sichtbar. Neben einer Änderung der Richtung – der Handel verläuft nun vor allem nach Westen mit einem Teil Transitwaren, die nach Rußland gehen und umgekehrt – beinhaltet er jetzt umfangreiche Rohstoffe wie Holz, Getreide, Vieh und Tuch und stellt weiterhin die Versorgung mit Luxusartikeln sicher. Der wichtigste Gesichtspunkt dabei ist, daß dieser Handel sich auf die Kaufleute der Städte stützt und daß diese gleichzeitig auf den lokalen Märkten auftreten, die eine andere Stufe des Warenaustausches darstellen.

Der entscheidende Umstand in der Entwicklung des Handels auf dem lokalen Sektor scheint zu sein, daß es in der Landwirtschaft wie bei der Viehzucht zur Anhäufung von Überschüssen kommt, die zwar noch gering und außerdem auf die kleinen Wirtschaftseinheiten verteilt sind, aber auf jeden Fall einmal vorliegen. Der Ertrag, den die Bauernhöfe erwirtschaften, beginnt sich langsam aus der Unbeweglichkeit zu lösen, in der er in Mitteleuropa noch gegen das Jahr 1000 verharrt hatte. Kann man daraus folgern, daß ein gewisser Zwang zum Wachstum – durch bessere landwirtschaftliche Geräte, die Verwendung des Wintergetreides und mehr verfügbare Arbeitskräfte – hier der entscheidende Antrieb gewesen ist? Das ist zu bezweifeln, vor allem dann, wenn man die wirtschaftlichen Etappen der Slawen an der Elbe und der an Weichsel und Warthe miteinander vergleicht, die am Beginn und bis zum 10. Jh. fast völlig gleich verliefen, aber anschließend schnell auseinanderstrebten. Es erscheint notwendig, noch ein außerökonomisches Element allerersten Ranges ins Spiel zu bringen: den Staat. Die ersten Staaten dieses Teiles von Europa und unter ihnen das Fürstentum Polen waren mächtige Staaten und verfügten über eine große Anzahl an Menschen und an materiellen Quellen, die auf eine andere Art nicht in Bewegung hätten gebracht werden können. Die großen Bauwerke und Verteidigungsanlagen, die notwendige Versorgung der Fürstengarde und der Garnisonen der *castra* – all das schuf den Rahmen für eine wichtige, oft entscheidende Einflußnahme des Staates in das Wirtschafts- und Sozialleben dieser Epoche. Die auffallende Übereinstimmung der Ursprünge der Stadtzentren und der durch die Zentralgewalt eingesetzten territorialen Verwaltung wurde oft unterstrichen.

Die der Bauernschaft durch den Fürsten und seine Umgebung auferlegten Forderungen, die geschickt in Abgaben von Getreide, Vieh, Honig usw. einerseits und Dienstleistungen andererseits eingeleitet waren, berührten die verschiedenen Bereiche der Produktion und der Fronarbeit, wandelten den veralteten Rhythmus einer geschlossenen bäuerlichen Wirtschaft um und erlegten zusätzliche Anstrengungen auf, die manchmal beträchtlich waren. Ein beispielhafter Versuch, der darauf abzielte, die latenten Möglichkeiten der Produktion und der Dienstleistungen auf dem Lande im 10. und 11. Jh. anzuregen, war die dank kürzlich in Polen, Böhmen und Ungarn durchgeführten Forschungen gut bekannte Organisation von unfreien *ministeriales* bei den fürstlichen *castra*. Diese *ministeriales*, die in vielen Ausprägungen existierten, wiesen bis zu 40 Spezialisierungen, genannt *officia* auf, wie etwa Schuhmacher, Schild-, Speereisen- und Pfeilspitzenmacher, Bäcker, Köche, Reh-, Biber- und Falkenhüter. Trotz dieser Tätigkeiten blieben sie aber immer noch eine Agrarbevölkerung. Sie sind keineswegs, wie man angenommen hat, durch eigenen Antrieb aus einem mutmaßlichen ökonomischen Mikroregionalismus heraus entstanden, sondern wurden durch Weisung des Fürsten geschaffen, der für die Nebenberufe die territoriale Arbeitsteilung anordnete. Eine derartige Arbeitsteilung war aber nur in der Lage, einen Teil der Produktionsmöglichkeiten zu erschließen. Sie erwies sich als wenig rentabel, und schon seit Ende des 11. Jh. begann in Polen für die handwerklichen *officia* und die Gemeinschaftsdienste der Niedergang, wobei die Jagd- und Forsthüter ganz zuletzt verschwanden.

Das Produktivitätswachstum vollzog sich nicht aufgrund dieser Organisationsform, sondern nebenher. Denn nicht auf dem Lande, sondern in den echten vorstädtischen Kernen entstanden die *suburbia*, die Flecken, die sich an die *castra*, die Machtzentren anlehnten, und dort ließen sich dann auch die Handwerker nieder. Die Skala der städtischen Berufe, deren Erzeugnisse bei archäologischen Ausgrabungen aufgefunden wurden, vergrößert sich im 11. und 12. Jh. und weist in Polen etwa 20 Spezialisierungen auf. Das städtische Handwerk trifft dabei auf die Konkurrenz verschiedener bäuerlicher Berufe. Aber der Spielraum für ökonomische Initiativen des Handwerks eines *suburbiums*, das anfänglich dem Fürsten unterworfen war, erweitert sich nach und nach, bis er es ihm erlaubt, auf dem Markt aufzutreten und innerhalb seines Ablaufes eine direkte Rolle zu spielen. In diesem System ist aber immer noch Raum für eine staatliche Kontrolle des Handels: Die Märkte stehen unter der fiskalischen Gewalt der lokalen fürstlichen Verwaltung und dienen dazu, sowohl die Stadtbevölkerung wie auch die Bauern, ja selbst die am Handel teilnehmende Ritterschaft auszubeuten.

Die pflanzlichen und tierischen Produktionsüberschüsse wie auch die des städtischen und ländlichen Handwerks, die unter dem staatlichen Druck schon zu Ende des 11. Jh. hervorgerufen worden waren, nahmen im weiteren selbständig zu und waren eine der Voraussetzungen eines Marktes, dessen Güter dann gegen Silbergeld oder dessen Substitute eingetauscht wurden. Die Gelddepots mit einem hohen Anteil an arabischen Dirhemen und Silbermetall, die im nördlichen und mittleren Polen bis in die 70er Jahre des 11. Jh. recht zahlreich waren, verschwinden, weil sie durch den steigenden Geldumlauf absorbiert werden, und die Fürsten schreiten zu massiven Ausgaben polnischen Geldes, das sich vom westlichen Silberling ableitet. Auf den lokalen Märkten, die im wöchentlichen Turnus stattfinden, werden auch andere Zahlungsmittel als Silbermetall benützt, etwa Leinentuch, Felle und Salz, jedoch nur in Ergänzung zum Silbergeld.

Das in Polen so verspätet einsetzende Wachstum der Städte von mittlerer Bedeutung und der Zentren des lokalen Warenaustausches (*forum, burgum, locus* oder *villa forensis*) unterscheidet das Land sowohl von den weiter fortgeschrittenen Formen des städtischen Lebens, die zur selben Zeit im Westen vorlagen, wie auch von dem außerordentlich weitgespannten, aber sehr dünnen Netz der russischen Städte. Gewiß zeigen sich hier auch Unterschiede in der Bevölkerungsdichte, aber in Mitteleuropa erfolgte doch auch weitgehend die Anpassung an ein unterschiedliches wirtschaftliches System, das jedoch erst ab einem bestimmten Entwicklungsstand der Bevölkerung eingeführt werden kann.

Die städtischen Schwerpunkte mit unterschiedlicher Größe erreichen im 12. Jh. in Polen die Zahl von 250. Verglichen mit der Situation am Ende des 10. Jh., der Zeit, zu der die fürstlichen *castra* und *suburbia* über das Staatsgebiet verteilt waren, kann die nun mindestens doppelt so große Zahl von Umschlagsplätzen für handwerkliche Erzeugnisse, Dienstleistungen und andere Handelswerke nicht allein durch das Bevölkerungswachstum erklärt werden.

Der Hebel, der diese Änderungen bewirkte, war die Erhöhung der von den landwirtschaftlichen Betrieben bebauten Fläche. Denn die großen Fortschritte in der Agrartechnik, etwa die Einführung des Radpfluges und der Dreifelderwirtschaft, wie auch die Verwertung unentdeckter Energiequellen und Antriebsarten, z. B. bei Wind- und Wassermühlen, treten ja in der Tat erst ein Jahrhundert später auf. Die organisatorische Rolle, die die großen Grundbesitztümer bei der Produktion spielen, scheint schon seit Beginn des 12. Jh. in Erscheinung zu treten. Man nimmt dort massive Rodungen vor und bringt Naturalabgaben in Umlauf, die dann teilweise auf den Märkten abgesetzt werden. So verkaufen die Nonnen von Trebnitz auf dem dortigen Markt Fässer und Töpfe, die ihnen die leibeigene Bevölkerung liefert. Die heutigen Kenntnisse sind weitaus geringer für eine Lokalisierung der Stellen, an denen die handwerkliche Produktion abgesetzt wird. Der Umfang des Absatzes variiert zweifelsohne mit dem Produktionszweig und in dem Maße, in dem die Bedürfnisse aufgefächert sind, die ein lokaler Markt bei einer mehr oder minder zusammengewürfelten Bevölkerung zu befriedigen hat: Die Bauern suchen ihn hin und wieder auf, und ihre Käufe beschränken sich auf einige Messer und etwas Salz, während die Ritter und die Grundherren ihn häufiger in Anspruch nehmen und verschiedene handwerkliche Gegenstände verlangen. Die Bewegungen der Handelsgüter, deren Produktion in ganz Europa schon einen gewissen Massencharakter aufweist, nimmt an Bedeutung zu. Das ist z. B. beim Tuch westlicher Herkunft der Fall, das anfangs des 12. Jh. hier erscheint, wie es die durchgeführten Ausgrabungen in Danzig zeigen, oder bei den Heringen der Ostsee, die vor allem in Kolberg eingesalzen werden. Salz kommt aus Pommern, Halle, Krakau, Kujawien oder Südwestrußland; schließlich finden sich unter den anderen eigenen oder importierten Waren Eisen in Barrenform oder als fertige Produkte, Keramik sowie Glas-, Gold- und Silberwaren.

Entstehen nun allmählich wirtschaftliche Regionen? Hier liegt noch ein weites Feld für Untersuchungen, und mangels schriftlicher Quellen kann nur die Archäologie durch geduldig zusammengetragene Einzelheiten genauere Antwort geben. In jedem Fall bewirkt der im Rahmen der Herzogtümer ausgeübte Steuerzwang de facto eine Regionalisierung, aber über andere Einheiten als diese kleinen lokalen Regionen liegen nur unzureichende Informationen vor.

Das urbane Gerüst, das sich Polen wie auch die anderen Länder Mitteleuropas im 11. und 12. Jh. aus eigener Kraft zu geben vermögen, erlebt dann im weiteren eine institutionelle Reform und eine fremde, vor allem germanische Kolonisierung, die in diese Länder zahlreiche technische Errungenschaften des Westens und auch dessen Produktionssystem verpflanzt. Die fremden Siedler, Deutsche, Flamen, Wallonen und Juden, sind als Akzelerationsfaktoren für den technischen Fortschritt und die Umwandlung und Modernisierung der sozialen und wirtschaftlichen Strukturen anzusehen und haben kräftig zu der beachtlichen Entwicklung beigetragen, die Polen im 13. und 14. Jh. charakterisiert. Bezüglich der Entwicklung der Wirtschaftsräume, in denen die Städte entstehen, reicht es aus, sich die große städtische Reformbewegung ins Gedächtnis zurückzurufen, die sich schon seit dem ersten Jahrzehnt des 13. Jh. ausbreitet und die man mit dem Ausdruck *locatio civitatis* bezeichnet, einem Terminus, der in der Einflußsphäre des Stadtrechts von Magdeburg geschaffen wurde. Die Reform bestand darin, daß der Fürst den Neuankömmlingen weitgehende Steuer- und Rechtsprivilegien gewährte und diese sich dann nach eigenem Recht, dem *ius teutonicum* oder dem *ius flamingium*, regierten. Jedoch darf man nicht annehmen, daß die erste Periode der *locationes civitatum* eine klare Schwelle zwischen der frühstädtischen Epoche und derjenigen echter städtischer Gemeinden darstellt. Für diese neuen Städte beginnt die zweite Periode mit der Mitte des 13. Jh., als man darangeht, die Bedingungen für die in den Städten wohnende Bevölkerung zu vereinheitlichen, indem man alle Bürger dem gleichen Stadtrecht unterwirft.

Die Änderungen des städtischen Systems rühren von einer Vergrößerung der wirtschaftlichen Aktivität der Städte auf den lokalen und weiter entfernten Märkten her. Gleichermaßen ist das 13. Jh. ein Abschnitt, der Veränderungen innerhalb des Agrarsystems mit sich bringt. Für die von den Dörfern zu leistenden Abgaben läßt sich die Umwandlung in eine Art Zins beobachten. Infolge dieser Reformen werden die Bauern, die jetzt zahlreicher als früher sind, wertvolle Wirtschaftspartner für die Bürger der Städte. Sie liefern Lebensmittel wie Getreide, Groß- und Kleinvieh und verlangen andererseits Erzeugnisse des Handwerks. Diese dringen ab dem 13. Jh. weiter auf dem Lande vor, das bis einschließlich des 16. Jh. enge Beziehungen mit den Städten unterhält. Von da an erlaubte das ökonomische System der einsetzenden Feudalreaktion keine weitere Beteiligung der Bauern mehr, da von seiten der Adelsgüter ein Interesse daran bestand, sie von den Städten abzuschneiden. Das mittelalterliche Bürgertum verfügt aber in der Umgebung der Städte selbst über bebaubares Gelände, um seinen in diese Richtung zielenden Bedürfnissen teilweise oder auch völlig zu genügen. Andererseits bleiben gewisse Zweige des ländlichen Handwerks wohlhabend und konkurrieren mit den betroffenen Bereichen in den Städten, etwa Schmiede, was die kürzliche Entdeckung einer Landschmiede in der Gegend von Sieradz beweist, die man auf das letzte Viertel des 14. Jh. datieren kann und wo man mehr als zwei Tonnen Eisen gefunden hat, verarbeitet als Pflugschare, Sicheln und Sensen, sowie Rüstungen, neue und in Reparatur gegebene, die noch die Gravur des Waffenschmiedes tragen. So deutlich die Arbeitsteilung zwischen Stadt und Land auch war, verlangt sie doch noch genauere Untersuchungen, die ohne Zweifel noch Aufschluß über eine kaum erwartete Fülle an Zwischenlösungen und Formen der Kooperation im lokalen Bereich geben werden.

Die Belebung des Warenaustausches auf den lokalen Märkten wird von der Schaffung allerdings immer noch unscharf bleibender wirtschaftlicher Regionen begleitet, in denen, je nach ihrer Bedeutung, die Städte über eine eigene Hierarchie verfügen, die von der Provinzhauptstadt über die Orte mittlerer Bedeutung bis hin zu den kleinen Flecken reicht, die eigentlich nur durch ihren Wochenmarkt existieren. Die Gesamtzahl dieser Zentren nimmt nur wenig zu, aber dank der Verschiedenartigkeit ihrer Funktionen gewinnen sie eine neue Bedeutung. Eine Untersuchung führt zu der Feststellung, daß die Städte des 13. und 14. Jh. in den verschiedenen Handwerkszweigen eine ausgeprägtere Spezialisierung aufweisen, als man immer angenommen hat. Ihr Aktionsradius scheint somit sehr groß gewesen zu sein, und alles deutet darauf hin, daß sie versuchten, mittels des Handels auch ziemlich entfernte und unterschiedliche Verbraucherschichten zu erreichen, unter denen wiederum die zwar geringe, aber reiche regierende Gruppe der am meisten gesuchte Kunde war.

e) Transport und Verkehr

K. Buczek: Publiczne posługi transportowe i komunikacyjne w Polsce średniowiecznej [Öffentliche Transport- und Verkehrsdienste im mittelalterlichen Polen]: Kwartalnik Historii Kultury Materialnej 15 (1967), S. 255–299.

J. Nowakowa, Rozmieszczenie komór celnych i przebieg dróg handlowych na Śląsku do końca XIV w. [Die Zollämter und Handelswege in Schlesien bis Ende des 14. Jh.] (1951).

T. Wąsowicz: Wczesnośredniowieczne przeprawy przez środkowa Wisłę [Die Passagen durch die mittlere Weichsel im frühen Mittelalter]: Kwartalnik Historii Kultury Materialnej 5 (1957), S. 434–453.

S. Weymann: Cła i drogi handlowe w Polsce Piastowskiej [Handelssteuern und Handelswege in Polen zur Zeit der Piasten] (1938).

A. Zbierski: Port Gdański w X–XIII w. [Der Hafen von Danzig zwischen dem 10. und dem 13. Jh.] (1964).

Unter solchen Bedingungen formen sich ziemlich heterogene Wirtschaftsräume mit verschiedenen komplementären Teilen. Sie unterhalten untereinander und mit den einigermaßen bedeutenden Städten, die, auch wenn sie manchmal ziemlich weit entfernt sind, auf sie besondere Anziehungskraft ausüben, einen umfangreicheren Handel als mit den nahen Nachbarn. Lokale, regionale und internationale Zonen überlagern sich, ohne daß man beim gegenwärtigen Stand der Forschung schon ihre genauen Wechselbeziehungen angeben könnte. Das polnische Gebiet ist Schauplatz der Vereinigung der Handelsströme entlang der Straßen, die mit dem Anwachsen der menschlichen Besiedlung immer gangbarer geworden sind. Die Zwischenstellung des Landes, die in der ersten Hälfte des Mittelalters, als es noch ein schwer zugängliches Randgebiet gewesen war, zwar auch schon bestanden hatte, aber noch nicht wirksam werden konnte, wird im 13. Jh. ein echtes Faktum.

In der zweiten Hälfte des 13. Jh. steigt die Bedeutung der Ostsee als Zone für den Handel zwischen dem Westen und Mitteleuropa, in das man von der Küste aus durch die Benützung einiger großer Flüsse gelangt, einerseits und Skandinavien und Rußland andererseits. Zur Ostsee hin wenden sich auch die Hansestädte mit Lübeck an ihrer Spitze, das sich die Zusammenarbeit mit den wichtigsten, an der Weichsel gelegenen Städten gesichert hat. Dieser Strom steigt schnell zum bedeutendsten Flußweg Polens auf, um so mehr, als sich schon seit Mitte des 13. Jh. der mittlere Lauf der Oder in den Händen der Markgrafen von Brandenburg befindet. Zu dieser Zeit liegen die Anfänge der Weizen- und Holzexporte auf der Weichsel, wobei Danzig den bedeutendsten Mittelpunkt darstellt.

Diesem Warenstrom, der die Ostsee benützt, schließt sich der Handel an, der aus Ungarn kommt. Er durchläuft Krakau in Richtung Thorn, Danzig oder Elbing, wobei er Kupfer und Wein bringt. Dieser Verkehrsweg in ost-westlicher Richtung und seine Verzweigungen, die die Ostsee mit dem Schwarzen Meer und Rußland verbinden, machen das Königreich Polen zu einer Brücke von Meer zu Meer. Auf dieser Straße werden Pelze und Häute, Vieh, Seide, deutsches und tschechisches Tuch sowie Kleinwaren, in Polen „Nürnberger Waren" genannt, befördert. Zu diesem Handel tragen die polnischen Städte bei sowohl durch die Produktion ihrer in Zünfte gegliederten Handwerker wie auch mit Erzeugnissen des bäuerlichen Hinterlandes und Mineralstoffen, etwa Steinsalz und Blei, die schon seit Ende des 13. Jh. in großem Maße gefördert werden.

Im 13. Jh. beziehen die herzöglichen Schatzkammern in den zerstückelten Herzogtümern und im 14. Jh. der königliche Staatsschatz im gesamten wiederhergestellten Königreich wesentliche Einkünfte aus diesem Handelsverkehr, indem sie sich entweder des „Wegezwanges" bedienen, d. h. den Kaufleuten genau einzuschlagende Routen vorschreiben, oder indem sie mittels zahlreicher Zollämter an Straßen und Flüssen Zollgebühren erheben.

f) Geldwesen, Kredit und Finanzen

R. Kiersnowski: Coin Finds and the Problem of Money Hoarding in the early Medieval Poland: Polish Numismatic News (1961), S. 67–89.
Ders.: Pieniądz kruszcowy w Polsce wczesnośredniowiecznej [Die Metallmünzen in Polen im frühen Mittelalter] (1960).
Ders.: Wstęp do numizmatyki polskiej [Einführung in die polnische Münzkunde] (1964).
Ders.: Dukaty Władysława Łokietka [Dukaten von Wladislaw dem Kurzen]: Wiadomości Numismatyczny 3 (1959), S. 147–167.
S. Tabaczyński: Quelques aspects prinicpaux de la circulation monétaire dans les villes polonaises du haut Moyen Age: Archaeologica Polona 7 (1964), S. 165–179.
S. Suchodolski: Renovatio monetae in Poland in the 12th Century: Polish Numismatic News (1961), S. 57–71.
Ders.: Moneta polska w X–XII wieku [Die polnische Münze im 11. und 12. Jh.]: Wiadomości Numismatyczny 11 (1967), S. 65–193.
J. Szwagrzyk: Szerokie grosze kraskie na ziemiach polskich 1302–1547 [Die großen Prager Groschen in Polen]: Ze Skarbca kultura Zeszyt 18 (1967), S. 41–197.
M. Gumowski: Handbuch der polnischen Numismatik (1960).
J. Rutkowski: Historia gospodareza polski (1947).
S. Tabaczyński: Die pekuniären Funktionen der Schätze: Annales ÉSC 17/2 (1962), S. 223–230.

Die Grundlage des polnischen Münzwesens war seit dem 11. Jh. die grzywna, die in 4 Vierdung zu 6 Skot eingeteilt war, wobei der Skot wieder 4 Quart hatte. Ausgeprägt wurden Denare, die wegen ihres schwindenden Silbergehalts im Lauf des 13. Jhs. immer mehr entwertet wurden. Während sich gleichzeitig die internationalen Handelsverflechtungen verdichteten, machte sich der Mangel an großer Münze entsprechend fühlbar. Seit dem ausgehenden 13. Jh. gelangten böhmische Groschen nach Polen, und als Vaclav II. polnischer König wurde, führte er die Prager Groschen ein. Unter Kasimir dem Großen erfolgte eine Münzreform, wobei nicht die Prager Mark Grundlage wurde, sondern die Krakauer grzywna zu 197 Gramm, die 48 Prager Groschen entsprach, so daß gemäß der bisherigen Einteilung 1 Skot = 2 Groschen war. Daneben wurden Denare weiter geprägt. Doch verfiel auch diese Münze bald wieder, da ihr Silbergehalt immer geringer wurde. Verlor auch der Prager Groschen, der weiter im Lande kursierte, an Wert, so wurde er doch gegenüber der polnischen Münze immer etwas höher bewertet. Der Versuch von Władisław Łokietek mit einer Goldmünze scheiterte.

Das Kreditwesen auf Geldbasis hing eng mit der Entfaltung der städtischen Wirtschaft zusammen und stand unter dem Einfluß des Kreditgebahrens, das Kaufleute und Handwerker in Mitteleuropa übten und besonders im Rentenkauf (Wiederkauf) seinen Ausdruck fand. Das Privileg, das Boleslaw 1264 den eingewanderten Juden verlieh, gestattete diesen auch die Geldleihe, die künftig zu ihren Haupttätigkeiten gehörte. Kasimir der Große kam ihnen 1347 hinsichtlich des Zinsfußes weiter entgegen. Eine erste deutliche Vorstellung von den öffentlichen Finanzen gestatten die Verhältnisse unter König Kasimir. Seine jährlichen Einkünfte werden auf etwa 70 000 polnische Mark geschätzt, wobei der Grundbesitz 21 %, das Salzwesen 36 %, die Zölle 33 % und den Rest verschiedene andere Einkünfte wie Strafgelder und Schlagschatz aus dem Münzwesen ausmachten.

§ 28 Skandinavien vom 5. bis 10. Jahrhundert

Von Wilhelm Holmqvist

Allgemeine Literatur

I. Andersson: Sveriges historia ([5]1960).
E. Arup: Danmarks historie 1 (1926).
J. Brøndsted: Handel og samfærdsel i oldtiden. In: Nordisk Kultur, Bd. XVI (1934).
S. Carlsson u. *J. Rosén:* Svensk historia 1 (1962).
S. Darley: The Story of Sweden (1966).
A. Holmsen: Norges historie ([3]1964).
A. E. Imhof: Grundzüge der nordischen Geschichte (1970).
Kulturhistoriskt Lexikon för nordisk medeltid (22 Bde., 1956–78).
F. D. Scott: Sweden. The Nation's History (1977).
K. Wührer: Die skandinavischen Kreuzzüge. In: *Th. Schieder* (Hg.): Hdb. d. europ. Geschichte I (1976), S. 951–964, und: Die Wikingerzüge, ebd., S. 965–996.

1. Die Periode 400–800 n. Chr.

Bis zum Beginn der Völkerwanderungszeit (ungefähr 400 n. Chr.) konnten sich noch keine Nationalstaaten in den nordischen Ländern bilden. Das Land war, wie es scheint, in clan-ähnliche Gruppen und Volksstämme aufgeteilt, von denen ein jeder seine Interessen gegenüber den Nachbarn wahrte. In der Hauptsache ernährte man sich von Ackerbau und Viehzucht sowie Jagd und Fischfang. Die beiden erstgenannten Nahrungen überwogen in den südlichen Teilen von Skandinavien; sie vermischten sich aber in steigendem Umfang von Süden nach Norden mit Jagd und Fischfang; vor allem in Nordskandinavien ging die Betätigung in eine reine Jägerkultur über, wie sie seit der Steinzeit herrschte.

Mit der Völkerwanderungszeit kann man eine gewisse wirtschaftliche Aktivität feststellen, die früher schwer nachzuweisen ist, aber nun um so klarer hervortritt. Diese Aktivität ging mit Handel und anderen Kontakten über die eigenen Stammesgrenzen hinaus. Die Formen, die zu diesem Zweck ausgebildet wurden, kamen dem nationalen Vereinigungsstreben entgegen, trugen zur Ausbildung größerer politischer Einheiten bei und formten endlich die Staatsgebilde, die unter dem Namen Dänemark, Norwegen, Schweden und Finnland am Ende der Vorzeit als Realitäten hervortreten[1].

Im folgenden sollen diese Namen nur zur geographischen Orientierung ohne politischen Inhalt angewendet werden, mit Ausnahme von besonderen Fällen, in denen aus dem Text klar ein anderes Ziel hervorgeht. Zweckmäßigerweise kann man das hier behandelte Gebiet in einen östlichen Teil, den baltisch-bottnischen Block, sowie einen westlichen Teil, den Westblock, unterteilen. Diese beiden Blöcke können sodann in eine Nord- und Südseite aufgegliedert werden, ohne daß jedoch zwischen diesen allzu scharfe Grenzen geschaffen werden sollten.

[1] Siehe *N. Åberg:* Den historiska relationen mellan folkvandringstid och vendeltid (1953); *V. Sloman:* Medelpad og Jämtland i eldre jernalder. In: Bergens Museum Årsbok (1948); *A. Erä-Esko:* Germanic animal art (1965); *M. Biörnstad:* Uppkomsten av den sydskandinaviska järnåldersbygden i Storsjöområdet i Jämtland. In: Jämtlands och Härjedalens historia (1962); *B. Nerman:* Det svenska rikets uppkomst (1925); *M. Biörnstad:* Handel på nordliga vägar under järnåldern. In: Proxima Thule (1962).

2. Der baltisch-bottnische Block

Dieses Gebiet umfaßt das gesamte heutige Schweden außer dessen westlichstem an die Nordsee und an Norwegen grenzendem Teil, daneben das heutige Finnland mit Åland, Bornholm und dem Ostbaltikum.

Während des gesamten älteren Abschnitts der Epoche (400–600 n. Chr.) zeigte der südliche Teil dieses Blocks eine lebhafte Kultur, auch als diese besonders gegen Ende durch gewisse Zwischenfälle gestört wurde, die im folgenden näher behandelt werden sollen. In dieser Zeit kann man einen kräftigen Aufschwung der Kultur innerhalb der nördlichen Teile des Blocks beobachten, der sich in Form eines reichen Forschungsmaterials auf beiden Seiten des Bottnischen Meerbusens und der Ostsee darbietet (d. h. Nordschweden ohne seine westlichsten Teile sowie das finnische Österbotten). Die Ursachen zu diesem Aufblühen dürften unter anderem folgende sein: der Rohstoffmarkt, den diese Landesteile darstellen, wurde intensiver genutzt als früher. Aus den Wäldern erhielt man Häute und Pelzwerk und anderes, aus dem Meer Seehundsfell und Tran sowie Fisch zum Trocknen und Verkauf[1]. Man begann außerdem in großem Stil Eisen aus Seen und Mooren zu gewinnen. In Jämtland, Medelpad, Hälsingland und Gästrikland hat man große Depots von Eisen aufgefunden; sie müssen ohne Zweifel als Warenlager betrachtet werden, die für den Verkauf bestimmt waren[2]. Eine weitere Tatsache von größter Wichtigkeit ist die fortschreitende Landerhöhung. Sie beläuft sich im mittleren und nördlichen Nordschweden auf nicht weniger als 80–90 cm pro 100 Jahre, während sie in den südlichen Teilen von Skandinavien weniger spürbar ist und stattdessen durch eine Transgression aufgefangen wird. Auf diese Weise wurden große niedrig liegende Landgebiete in den nördlichen Teilen des baltisch-bottnischen Blocks urbar gemacht, was seinerseits positiv auf die Versorgungsmöglichkeiten der Bevölkerung einwirkte.

Die Grabfunde zeigen zu beiden Seiten des Bottnischen Meerbusens einen ziemlich gleichgearteten Charakter[3]. Sie bestehen aus Fibeln verschiedener Art, Agraffenknöpfen, Trachtnadeln usw. Viele Gegenstände aus den Grabfunden zeugen durch ihre Zusammensetzung von einer wohlhabenden Bevölkerung, und viele davon unterscheiden sich durch ihren Reichtum von der übrigen Masse. Von besonderem Interesse ist in diesem Zusammenhang ein Grab in Högom, Medelpad, mit einer hervorragenden Ausstattung von importierten Glasbechern und Bronzegefäßen, einer Pferdeausrüstung mit Zaumzeug und Sattel sowie einer Menge anderer Gegenstände, darunter ein Schwert mit goldbeschlagenem Griff[4]. Das Grab dürfte um 500 oder etwas später angelegt worden sein. Daran anknüpfend kann man auch andere Grabfunde aus demselben Gebiet bewerten, die durch ihren Inhalt (u. a. Glas- und Bronzegefäße) sich vor einer Vielzahl anderer auszeichnen[5].

Das letztgenannte Material zeigt starke Anknüpfungspunkte zum Westblock, in erster Linie nach Tröndelag und den südwestlichen Teilen des heutigen Norwegens. Auch unter dem übrigen Material findet man ähnliche Anknüpfungspunkte. Aber die Verbindungen gehen auch nach Süden. Hier rückt vor allem das Gebiet des Mälarsees in den Blickpunkt. Die Übereinstimmungen sind hier so auffallend und so reichhaltig, daß man nach einer besonderen Erklärung suchen muß.

Die Ursache muß wirtschaftlicher Natur sein und hat ihren Ursprung in besonderen Handelsbeziehungen. Wie bereits erwähnt, war der nördliche Teil des baltisch-bottnischen Blocks reich an pelztragenden Tieren, an Seehunden, an Tran und Fisch sowie an Eisen. Dieser Markt war offensichtlich Ziel der Intensivierung, vielleicht von verschiedenen Seiten, was sich auf das gesamte Kulturmilieu in diesen Gebieten auswirkte. Die Kaufleute, die von Süden, Osten oder Westen kamen, bildeten offenbar zur Durchführung ihrer Geschäfte eine Art Interessengemeinschaft, ohne daß unbedingt irgendwelche Absichten dahinter verborgen lagen. Vor der Entstehung der Nationalstaaten konnte man Geschäfte führen, wo immer es sich lohnte; so finden wir z. B. zu einer etwas späteren Zeit Gotländer und Svealeute einträchtig nebeneinander in Grobin (s. unten S. 733)[6].

Diese „reisenden" Kaufleute dürften Stützpunkte oder vielleicht auch Aufkäufer gehabt haben, die in diesem Gebiet wohnten und den Warenaustausch vermittelten. Der Häuptling, der im Högom-Grab bestattet wurde, könnte derartige Funktionen ausgeübt haben. Weitere ähnliche Beispiele könnten genannt werden, u. a. ein Häuptlingsgrab in Norrala, Hälsingland[7].

Wie diese Unternehmungen im einzelnen organisiert waren, darüber weiß man aus natürlichen Gründen nichts, weil keine schriftlichen Quellen überliefert sind. Es scheint indessen wahrscheinlich, daß gewisse Gruppen unter den Handelspartnern mächtiger waren als die anderen. Dies könnte seinen Grund in der Tatsache haben, daß sie von einer expandierenden politischen Organisation unterstützt wurden. Hier kann man indessen nur Andeutungen wagen, aber alle archäologischen Fakten deuten so stark in die gleiche Richtung, daß man sich mit ihr näher befassen muß.

Wie vorher erwähnt, tritt Mittelschweden mit dem Mälargebiet während der Völkerwanderungszeit mit ungewöhnlicher Prägnanz hervor[8]. Das war das sagenumwobene Kernland der Svealeute und vielleicht die volkreichste Gegend im damaligen Skandinavien. Das kann man u. a. der Generalinventur der Altertümer des heutigen Schweden entnehmen, nach der Uppland ca. 135 000 und Södermanland ca. 90 000 historische Bodendenkmäler besitzt, d. h. mehr als die Hälfte der bisher in Schweden bekanntgewordenen[9]. Ganz natürlich muß ein derartiges Gebiet mit seiner reichen Inselwelt und dem ausgezeichneten Netzwerk von Wasserstraßen ein lohnender und bedeutungsvoller Markt für den Warenaustausch gewesen sein. Das kommt auch klar im archäologischen Material zum Ausdruck[10]. Tatsächlich laufen im Mälargebiet eine große Zahl von Merkmalen aller Teile des baltisch-bottnischen Blocks zusammen, entweder als ähnliche oder als völlig übereinstimmende Gegenstandsformen, verwandte Stilzüge, Import und Export usw. Als endgültiger und völlig überzeugender Beweis für die Rolle des Warenaustausches zur Zeit der Völkerwanderung muß schließlich Helgö als bedeutungsvolles Handels- und Produktionszentrum genannt werden[11].

Man dürfte die Bedeutung Helgös in diesem Zusammenhang kaum überschätzen können, und es ist deswegen notwendig, darüber einige ausführlichere Bemerkungen zu machen. Helgö liegt im Mälarsee in unmittelbarer Nähe des Kreuzungspunktes der Wasserstraßen, die von Osten landeinwärts führen und von Süden nach Uppsala gehen. Diese verkehrstechnisch günstige und strategisch wichtige Lage wird durch das Faktum unterstrichen, daß auch Birka, der Handelsplatz der Wikingerzeit, genau an diesem Kreuzungspunkt unmittelbar westlich von Helgö angelegt wurde. Man ist seit 1954 dabei, auf Helgö eine Siedlung auszugraben, die praktisch im ganzen ersten Jahrtausend n. Chr. bestanden hatte. Sie zeichnet sich vor allem durch eine große Menge importierter Erzeugnisse aus, die dort aufgefunden wurden, sowie durch Werkstätten für die Herstellung von Kunstgegenständen aus Gold, Silber und Bronze. Das Material der Werkstätten, die ihre größte Blüte im 6. Jh. hatten, ist so reichhaltig, daß man eine Produktion voraussetzen muß, die nicht nur den eigenen Hausbedarf versorgte, sondern darüber hinaus einem größeren, geographisch weit ausgedehnten Kundenkreis diente. Die Angabe von Produktionsziffern kann vor Abschluß der Untersuchungen nicht gegeben werden, aber ca. 7000 bisher gefundene Schmelztiegel und mehrere Tausend Gußformen für Reliefspangen, verschiedene Typen von Spangen, Gewandnadeln, Schwertgriffen, Gürtelbeschlägen usw. dürften ein gutes Bild der Verhältnisse geben.

Die komplizierten und hochentwickelten Herstellungsmethoden weisen darauf hin, daß der Betrieb auf Helgö von spezialisierten Handwerkern durchgeführt wurde, die kaum Zeit für andere Betätigungen gehabt haben dürften. Es gab u. a. eine eigene Fabrikation von Schmelztiegeln, Gießformen, Vorlagen für getriebene Metallarbeiten, Gebläseschutz, Gebläserohre u. a. m., wobei man lokale Rohmaterialien verarbeitete[12]. Für die Schmuckherstellung hatte man eigene Formgeber.

An keinem Platz in den nordischen Ländern mit Ausnahme von Birka findet man eine größere Anzahl von importierten Gegenständen als auf Helgö[13]. Ob diese für Helgö als endgültigen Bestimmungsort bestimmt waren, ist ungewiß. Man hat eher den Eindruck, daß Helgö als Transithafen diente und daß die teuren ausländischen Waren von dort aus an kaufkräftige Kunden einer weitreichenden Umgebung weitergeleitet wurden.

Als Ganzes betrachtet unterscheidet sich Helgö radikal von der umliegenden Bauernlandschaft[14]. Es scheint in großem Umfang die Funktion einer antiken Stadt – wenn auch in geringerem Umfang – mit Handel und Handwerk als Hauptwirtschaftszweigen ausgeübt zu haben. Doch gleichzeitig stützte sich Helgö auf ein freundschaftlich eingestelltes Hinterland, was für die Versorgung mit lebensnotwendigen Naturprodukten von Wichtigkeit war.

Man stellt sich die Frage, wie es hoch im Norden so frühzeitig (ab 500 n. Chr.)[15] zu dieser Siedlung kommen konnte und was seine Existenz für die Gestaltung der näheren und indirekt für die Entwicklung der weiteren Umgebung bedeutet haben kann. Selbstverständlich kann man nicht davon ausgehen, daß Helgö ein autonomes Gemeinwesen war[16]. Es ist schwer, sich mitten im Zentrum des alten Svealandes eine autonome und reich blühende Gemeinde mit freien Handelsverbindungen nach allen Richtungen vorzustellen. Nicht genug damit. Diese Gemeinde sollte auch den Kreuzungspunkt zwischen den zwei lebenswichtigen Wasserwegen in diesem Gebiet, in ost-westlicher bzw. süd-nördlicher Richtung, beherrscht haben. Mit seiner Lage unweit der Mündung zum Fahrwasser nach Uppsala müßte dieses Gemeinwesen den ganzen Verkehr kontrolliert haben. Mit anderen Worten: Der Svea-König in Uppsala wäre in seiner Bewegungsfreiheit von den Herren in Helgö abhängig gewesen[17].

Ganz abgesehen davon, was man von der Existenz einer Svea-Dynastie mit Hauptsitz in Uppsala zu dieser Zeit hält, und abgesehen davon, ob die Svea-Leute eine einheitliche oder zersplitterte Volksgruppe waren, muß man hinter der Existenz des Gemeinwesens von Helgö eine bestimmte lokale Organisation sehen[18]. Zur Aufrechterhaltung des Wirtschaftslebens brauchte man sie, und für die Verteilung der Waren usw. brauchte man einen umfassenden Apparat, der mit dem Einverständnis des Hinterlandes seine Funktion ausübte.

In diesem Fall werden die Verhältnisse durch die Funde selbst bestätigt. Auf Helgö hat man nämlich u. a. zwei bedeutende Schätze mit Goldsolidi aus dem 5. und 6. Jh. gefunden[19]. In den Werkstätten entdeckte man große Mengen von „Abfall" aus der Herstellung von Gegenständen aus Gold sowie auch viele Halbfabrikate aus Gold[20]. Man hat u. a. Material gefunden, welches beweist, daß man auf Helgö eingelegte Schwertgriffe aus Gold herstellte – die kostbarsten Kunstprodukte dieser Zeit–, und in nicht weniger als über 80 Schmelztiegeln hat man Goldspuren gefunden. Das alles deutet auf einen wohlhabenden Kundenkreis, und mit Hinsicht auf die allgemeine Armut dieser Zeit muß dieser Kundenkreis unter den höchsten Machthabern zu suchen sein. Die Entfernung nach Uppsala ist nur 70 km, so daß es nahe liegt, auch die dortige Königsmacht unter den Kunden zu suchen. Übrigens hat man in einem der großen Königsgräber in Uppsala die Reste eines Schwertes mit eingelegtem Goldgriff gefunden[21].

Ohne Zweifel versteht man die Existenz des Gemeinwesens von Helgö am besten, wenn man sie unter der Oberhoheit der Königsmacht sieht. Mit dem König als Schirmherrn konnte man „frei" seinen Bestrebungen nachgehen und ungestört eine für die Allgemeinheit nützliche Wirtschaft aufbauen. Aus dieser Perspektive betrachtet bleibt

Helgö nicht mehr ein schwer verständliches Unikum, sondern gibt – wenn auch mit gewissen Modifikationen – ein Beispiel für Organisationsformen, welche seit der Antike bekannt sind und zur damaligen Zeit Parallelen auf dem Kontinent hatten[22]. Unter diesen Voraussetzungen versteht man auch eine große Zahl anderer Phänomene im baltisch-bottnischen Block – gerade während der Völkerwanderungszeit – sehr viel besser.

Die vielen Goldschätze aus dieser Zeit gehören dazu. Da die Schätze vor allem auf den drei großen Ostseeinseln Gotland, Öland und Bornholm gefunden wurden, nimmt man an, daß sie hauptsächlich aufgrund von Krieg und Plünderung vergraben wurden. Dies kann im Grunde richtig sein, dürfte aber kaum die ganze Wahrheit darstellen[23]. Eher sollte man die Goldschätze als das Resultat einer mit dem Schwert unterstützten handelspolitischen Aktivität betrachten, die ein friedliches Ziel hatte, aber mitunter kriegerisch ausartete: eine Art Vorwikinger-Zeit innerhalb engerer Grenzen als die eigentliche Wikinger-Zeit[24].

Die Interessengemeinschaft, welche die wirtschaftliche Durchdringung des nördlichen Teils des baltisch-bottnischen Blocks bedingte, dürfte in gleicher Weise auch im südlichen Teil gewirkt haben, und sicherlich war in beiden Fällen nicht eine vorübergehende Plünderung, sondern eher die dauerhafte Anknüpfung fruchtbarer Verbindungen das Ziel. Man hat die Aktivität dieser Zeit im Zusammenhang mit der Ausbreitung der Svea-Herrschaft gesehen, doch wollen wir genauer von der Ausbreitung der handelspolitischen Interessen der Svea-Leute sprechen, was etwas ganz anderes bedeutet[25].

Man hat auf Verteidigungswerke u. a. auf Öland und Gotland sowie auf dem Festland hingewiesen, welche sämtlich in der unruhigen Völkerwanderungszeit errichtet worden sein sollten[26]. Spätere Forschungen und Funde haben diese Annahme nicht bestätigt, u. a. aus chronologischen Gründen[27].

Die handelspolitische Expansion war nicht nur auf das Ostseegebiet beschränkt. Schon im 7. und 8. Jh. findet man die ersten arabischen Münzen in den schwedischen Funden. Und ganz besonders auf den frühen Handelsplätzen, so wie Helgö, Birka und Paviken (Gotland), kommen sie am häufigsten vor. Mit vielen anderen Beobachtungen (z. B. Grobin) zusammengestellt ist diese Tatsache ein Zeugnis dafür, daß wir im ostskandinavischen Raum einen ziemlich weit ausgedehnten Osthandel gehabt haben und zwar *vor* der Wikingerzeit. Wie umfassend dieser Handel gewesen ist, können wir bisher nicht beurteilen, aber die verhältnismäßig große Zahl der Münzen scheint auf gar nicht unbedeutende Handelsverbindungen zu deuten[28].

Weiterhin muß das Auftreten der Husby-Güter erwähnt werden[29]. Man nimmt an, daß Orte mit dem Namen Husby oder in Verbindung mit einem anderen Wort, z. B. Kungs-Husby, Sitze der Gefolgsleute des Königs gewesen sind, die mit administrativen Aufgaben betraut waren. Die ältesten Beweise für diese Organisation sind in Uppland zu finden, also im Kernland des Sveakönigs, und dürften spätestens in das 7. Jh. n. Chr. zu datieren sein. Vom ursprünglichen Gebiet haben sich die Husby-Güter dann mit der Zeit über die südlicheren Teile des schwedischen Festlandes, auf das heutige Dänemark und weiter hinaus bis nach Schleswig sowie nach Norwegen, wo man eine Menge Husby-Güter findet, und noch weiter westwärts bis zu den Orkney-Inseln ausgebreitet.

Es versteht sich von selbst, daß der Svea-König seine administrativen Vertrauensleute nicht über ein so weitgestrecktes Gebiet verteilt einsetzen konnte. Aber man kann trotz allem festhalten, daß hier eine Organisationsform zu spüren ist, deren Vorbild auch auf anderen Gebieten nachgeahmt wurde. Diese Organisationsform scheint ihren Ursprung aus dem Mälargebiet abzuleiten und stand vermutlich unter der Oberhoheit der Svea-Könige. Im selben Gebiet lag das damalige Helgö als Handwerks- und Handelsplatz, der bezüglich seiner speziellen Funktion in den nordischen Ländern bisher ohne Beispiel war. Nimmt man an, daß auch dieses Gemeinwesen unter königlicher

Oberhoheit stand, dann konnte man die Ausbreitung der Husby-Güter über weite Gebiete hinweg in erster Linie als Stützpunkte für wirtschaftliche und in geringerem Grade für politische Interessen deuten. Allerdings muß man andererseits wieder feststellen, daß die Husby-Güter an vielen Stellen fehlen, an denen zu dieser Zeit der Handel von vitaler Bedeutung war[30].

Die mehr oder minder unpolitischen Interessen des Handels zeigen sich sehr klar an Plätzen wie z. B. Grobin im Ostbaltikum, das von ca. 650 bis 800 n. Chr. blühte und sowohl Gotländer wie Svealeute als Bewohner zählte[31]. An der südlichen und südöstlichen Ostseeküste findet man verschiedene andere Plätze, so z. B. Truso, Elbing, Wiskiauten, Kolberg u. a., wo man ähnliche Aktivitäten zur gleichen Zeit feststellen kann, was man ohne Zweifel als Folge der ökonomischen Bestrebungen sehen muß, die das gesamte baltisch-bottnische Wirtschaftsgebiet prägten[32].

Im Rahmen dieser Entwicklung dürfte eine aufstrebende schwedische Königsmacht eine hervorragende Rolle gespielt haben. Auch wenn man hier im weiteren die Husby-Güter nicht heranziehen kann, zeugt gleichwohl eine Vielzahl anderer Relikte von der beginnenden Reichsorganisation. Hierzu gehören vor allem die Häuptlingsgräber. Sie wurden bereits als Indizien für eine Ausweitung der handelspolitischen Interessen angeführt. Man findet derartige sehr reich ausgestattete Gräber in großer Zahl in der Umgebung des königlichen Hauptsitzes in Uppsala. Die reichen Bootgräber in Tuna, Alsike, Ulltuna, Valsgärde und Vendel, die im großen und ganzen die Periode vom 7. bis ins 11. Jh. umfassen, dürften alle für Personen angelegt worden sein, die der Königsmacht entweder durch Blutsbande oder auf Grund von Ämtern nahestanden[33]. Eben im Mälarbecken hat man an verschiedenen Stellen reiche Häuptlingsgräber aus der gleichen Zeit untersucht, wie z. B. Lovö, aus dem 5. bis 6. Jh., Norsborg, aus dem 7. bis 8. Jh., Skrävsta, aus dem 7. Jh., Badelunda von der römischen Eisenzeit bis zur Wikingerzeit, Norsa mit Bootgräbern sowie andere[34]. Sie alle müssen als Bestandteil einer organisatorischen Einheit – oder wie man es sonst nennen will – betrachtet werden. Doch auch in anderen Gebieten findet man reiche Gräber, so z. B. in Östergötland (Solberga), Gotland (Vallstenarum, Endre), Öland (Böda), Südwestfinnland (Pappilanmäki, Gulldynt) u. a.[35]. Sie alle heben sich vor dem Hintergrund der erhöhten Aktivität im baltisch-bottnischen Block ab. Diese Aktivität hatte, um es noch einmal zu betonen, in erster Linie eine handelspolitische Zielsetzung und trat als eine Art Interessengemeinschaft zwischen einer Vielzahl freier Partner auf, die darüber hinaus bewaffnet waren: fast sämtliche oben genannten Häuptlingsgräber sind Waffengräber.

1 *E. Kivikoski:* Die Eisenzeit im Auraflußgebiet (1939); *Åberg, a. a. O.*
I. Serning: Vor- und frühgeschichtliches Eisengewerbe. In: Vita pro ferro, Festschrift R. Durrer (1965); *L. Thålin:* Svenskt förhistoriskt järn. In: Jernkontorets Annaler (1967).
2 *L. Thålin* in: *W. Holmqvist* u. *K. E. Granath:* Helgö (1969); *Biörnstad:* Uppkomsten.
3 *Åberg, a. a. O.*
4 *S. Janson* u. *D. Selling:* En stormansgrav från Högom i Selågers sn. Fran stad och bygd i Medelpad (1953).
5 *Biörnstad:* Uppkomsten; *Sloman:* Medelpad; *A. Bjørn:* Bronsekar og glasbaegre fra folkevandringstiden i Norge. In: Det Kongl. Norske Vidensk. Selsk. Skrifter (1929).
6 *B. Nerman:* Grobin-Seeburg, Ausgrabungen und Funde (1958).
Ders.: Die Verbindungen zwischen Skandinavien und dem Ostbalikum (1929).
7 *C. Varenius:* En stormansgrav i Norrala (1961).
8 *Nerman:* Uppkomsten; ders.: Sveriges rikes uppkomst (1941); ders.: Gamla Upsala, Svearikets hjärtpunkt (1943); *S. Lindqvist:* Uppsala högar och Ottarshögen (1936).
9 Flit i fält. In: Finskt Museum (1967).
10 *Nerman:* Det Svenska rikets uppkomst; *A. Lundström:* Helgö als frühmittelalterlicher Handelsplatz in Mittelschweden. In: Frühmittelalterliche Studien (1968); *W. Holmqvist, B. Arrhenius* u. *P. Lundström:* Excavations at Helgö I (1961); *Björnstad:* a. a. O.; *Åberg:* Relationen;

G. Arwidsson: Lovöbor med kontinentala förbindelser på 400-talet. In: Proxima Thule (1962); *E. Kivikoski:* Svenskar i Österled under 500-talet. In: Finskt Museum (1939).

11 *W. Holmqvist* u. a.: Excavations at Helgö I–IV (1961–1972); *W. Holmqvist:* Helgö, en internationell handelsplats. In: Proxima Thule (1962); ders.: Frühgeschichtliche Haustypen auf Helgö. Studien zur europäischen Vor- und Frühgeschichte (1968); ders.: Die Metallwerkstätten auf Helgö. In: Kölner Jahrbuch (1967–1968); ders. u. a.: Helgö (1969).

12 *L. Thålin,* Svenskt förhistoriskt järn – ett forsknings-projekt. In: Jernkontorets Annaler, vol 151 (1967); dies.: Metallografisk undersökning av ett vendeltida praktsvärd. In: Fornvännen (1967); dies.: Notes on the Ancient Iron Currency Bars of Northern Sweden. In: Early Medieval Studies, Heft 5, Antikv. Arkiv 50 (1973); dies. u. *S. Modin:* Förhistoriskt spjutsmide i metallografisk belysning. In: Jernkontorets Annaler 153 (1969).
J. E. Tomtlund: Metallographic Investigation of 13 Knives from Helgö. In: Fornvännen (1974).

13 *Holmqvist:* Helgö; *Lundström:* Helgö; *H. Arbman:* Birka. Die Gräber (1943).

14 *Holmqvist:* Haustypen; *B. Ambrosiani:* Fornlämnigar och bebyggelse (1964); *S. O. Lindqvist:* Jüngere eisenzeitliche Siedlungsregulierungen im östlichen Teil von Mittelschweden (1968); ders.: Det förhistoriska kulturlandskapet i östra Östergötland (1968); *U. Sporrong:* Vorgeschichtliche Kolonisation, Dorfbildung und Administration im östlichen Mittelschweden (1968); *B. Ambrosiani:* Bebyggelseforskning i Mälarområdet. In: Fornvännen (1972); *U. Sporrong:* Mälarlandskapen mellan historia och förhistoria. Stockholms universitet, Kulturgeograf. Inst. (1975); *Å. Hyenstrand:* Centralbygd-Randbygd (1974).

15 *A. Schück:* Studier rörande det svenska stadsväsendets uppkomst och äldsta utveckling (1926); *E. Ennen:* Frühgeschichte der europäischen Stadt (1953); *B. Rohwer:* Der friesische Handel im frühen Mittelalter, Diss. Kiel (1937); *H. Jankuhn:* Haithabu, ein Handelsplatz der Wikingerzeit (1963); *H. Arbman:* Birka, Sveriges äldsta handelsstad (1939); *B. Fritz:* Stadshistoria och arkeologi. In: Historisk Tidskrift (1965); *L. Leciejewicz:* Z Badan nad Poczatkami osad Miejskich nad baltykiem we wcz esnym sredniowieczu. In: Archeol. Polski 1, VIII, z 2; ders.: Die Entstehung der Küstenstädte zwischen Oder und Weichsel im Lichte der letzten Forschungen. In: Visby symposium för hist. vetensk. 1963 (1965); ders.: Aus den Untersuchungen über die Anfänge des Städtewesens an der Ostsee im frühen Mittelalter. In: Atti del VI Congr. Internat. delle Scienze Preist. e Protostor. (1966); ders.: Die Entstehung der Stadt Stettin im Rahmen der frühen Stadtentwicklung an der südlichen Ostseeküste. In: Vor- und Frühformen der europäischen Stadt im Mittelalter, hg. v. *H. Jankuhn, W. Schlesinger* u. *H. Steuer* (1973); *H. Jankuhn:* Lage und Struktur des Handelsplatzes Sliesthorp. In: Visby symp. Die Zeit der Stadtgründung im Ostseeraum (1965); ders.: Typen und Funktionen vor- und frühwikingerzeitlicher Handelsplätze im Ostseegebiet. Österr. Akad. d. Wissensch., Phil.-hist. Klasse, Sitzungsber. Bd. 5 (1971); ders.: Das Abendland und Skandinavien im 8. Jahrhundert. In: Settimane di studio del Centro italiano di studi sull'alto medioevo (1973); ders.: Frühe Städte im Nord- und Ostseeraum. In: Settimane (1974).

16 Vgl. *A. W. Persson:* Staat und Manufaktur im römischen Reiche (1923); *A. Stöckle:* Spätrömische und byzantinische Zünfte (1963); *A. W. Persson:* Hantverk och industri under antiken (1929); *K. Junghans:* Die deutsche Stadt im Frühfeudalismus (1959), u. dort zitierte Literatur; *R. Hauglid.:* Byer og byhus i middelalderen. In: Byborgerens hus i Norge, hg. v. *R. Hauglid, A. Berg, G. Kavli, H. Alsvik, K. Bjerknes, O. Brochmann* (1963).

17 *Nerman:* Det svenska rikets uppkomst; ders.: Sveriges rikes uppkomst; *Lindqvist:* Uppsala.

18 Vgl. Anm. 15 u. 16.

19 *A. Lundström:* Utländsk lyx i inhemsk handel. In: *Holmqvist* u. *Granath:* Helgö; *Holmqvist:* Helgö; *J. M. Fagerlie:* Late Roman and Byzantine solidi found in Sweden and Denmark (1967).

20 Helgö och metallundersökningarna. In: Årsrapporter till Riksantikvarien (1965–1969), Ms. bei Kgl. Vitterhetsakad. Stockholm.

21 *Lindqvist:* Uppsala; *B. Arrhenius:* En nyfunnen svärdsknapp från Uppsala västhög. In: Fornvännen (1963); I rapporti Italo-Svedesi tra il 450 e il 600. In: Alto medioevo I (1967).

22 *Persson:* Staat; ders.: Hantverk; *Stöckle:* Zünfte; *Junghans:* Deutsche Stadt.

23 *S. Bolin:* Fynden av romerska mynt i det fria Germanien (1926); *M. Stenberger:* Öland under äldre järnåldern (1933); *S. Lindqvist:* Vår svenska guldålder (1945); *J. Werner:* Zu den auf Öland und Gotland gefundenen byzantinischen Goldmünzen. In: Fornvännen (1949); *M. Mackeprang:* De nordiske Guldbrakteater (1952); *O. Klindt-Jensen:* Bornholm i folkvandringstiden (1957); *B. Nerman:* Die Völkerwanderungszeit Gotlands (1935); *J. M. Fagerlie:* Late Roman and Byzantine solidi.

[24] *Holmqvist* u. a.: Excavations, I; ders.: Vikingatid. In: Fornvännen (1962).
[25] *Nerman:* Grobin; *H. Arbman:* Svear i österviking (1955); ders.: The Vikings (1961); *M. Stenberger:* Det forntida Sverige (1964); *Holmqvist* u. a.: Excavations, I; *Jankuhn:* Haithabu; ders.: Die frühmittelalterlichen Seehandelsplätze im Nord- und Ostseeraum. In: Vorträge u. Forschungen IV (1958); *E. Oxenstierna:* Järnålder, Guldålder (1957).
[26] *Ambrosiani:* Fornlämnigar; *M. Stenberger:* Vallhagar II (1955); ders.: Öland; *Klindt-Jensen:* Bornholm; *B. Almgren:* Vallhagar. Byn och boken. In: Fornvännen (1957); *E. Nylén:* Bebyggelseproblem i Nordens förhistoria. In: Thor (1962); *Nerman:* Det svenska rikets uppkomst; *Bolin:* Fynden; *S. Lindqvist:* Svea rikes ålder. In: Arkeol. Forskningar och Fynd, Studier tillägnade H. M. (1952). Vgl. auch die in Anm. 15 angeführten Arbeiten.
[27] *Ambrosiani:* a. a. O.; *E. Nylén:* Skatten från Havors fornborg. In: Proxima Thule (1962); *M. Stenberger:* Ölands forntida borgar. In: Svenska fornminnesplatser (1966).
[28] Siehe *U. Welin:* The First Arrival of Oriental Coins in Scandinavia and the Inception of the Viking Age in Sweden. In: Fornvännen (1974).
[29] *A. Steiness:* Husebyar (1955); *H. Schück:* Uppsala öd. In: Uppsala univ. årsskrift (1910); *Lindqvist:* Uppsala; *S. U. Palme:* Hövitsmän och husabymän. In: Scandia (1958); *Stenberger:* Forntida Sverige; *Nerman:* En kungsgård från Bröt-Anunds tid. In: Arkeol. Studier tillägnade H. K. H. Kronprins Gustaf Adolf (1932).
[30] Man kennt keine Husbygüter in Schonen, Halland, Öland, Gotland, Gästrikland, Härjedalen, Medelpad, Jämtland, Västerbotten, Norrbotten und Lappland, auch nicht in Finnland und im Ostbaltikum.
[31] *Nerman:* Grobin.
[32] *Nerman:* ebd.; *Stenberger:* Forntida Sverige; *Arbman:* Svear; *Jankuhn:* Haithabu; *W. Neugebauer:* Truso und Elbing. Ein Beitrag zur Frühgeschichte des Weichselmündungsgebietes. In: Studien zur europäischen Vor- und Frühgeschichte (1968). Vgl. auch Anm. 15.
[33] *Hj. Stolpe* u. *T. J. Arne:* Gravfältet vid Vendel (1912); *G. Arwidsson:* Valsgärde 6 (1942); ders.: Valsgärde 8 (1954); *T. J. Arne:* Das Bootgräberfeld von Tuna in Alsike (1934); *P. Olsén:* Die Saxe von Valsgärde (1945).
[34] *Arwidsson:* Lovöbor; *B. Nerman:* Till vilken ätt ha de stora gravhögarna vid Norsborg i Botkyrka socken hört? In: Fornvännen (1961); *M. Stenberger:* Västeråstraktens förhistoria (1956); *N. Åberg:* Den historiska relationen mellan folkvandringstid och vendeltid (1953); *R. Bruce-Mitford:* The Sutton Hoo Ship-Burial. In: Proceed. Suffolk Inst. of Arch. 25 (1949).
[35] *H. Arbman:* Östgötska storbondegravar från 700-talet e. Kr. In: Medd. fr. Östergötlands fornminnesförening (1939–1941); *P. Olsén:* Norrköpingstraktens fornminnen. In: Norrköpings historia (1965); ders.: Die Saxe von Valsgärde (1945); *H. Salmo:* Die Waffen der Merowingerzeit in Finnland. In: Finska Fornminnesfören. tidskr. (1938); *A. Hackman:* Das Brandgräberfeld von Pukkila in Isokyrö, ebd. *H. Arbman:* Verroterie cloisonnée et filigrane. In: Medd. frå Lunds univers. hist. museum (1950); *J. Werner:* Die Schwerter von Imola, Herbrechtingen und Endre Backe. In: Acta Archaeologica 21 (1950); *J. E. Anderbjörk:* Nabberör i Böda. In: Kalmar läns fornm. medd. 27 (1939); *G. Arwidsson:* Vendelstile, Email und Glas (1942).

3. Der Westblock

Die Erforschung der Verhältnisse im Westblock im Zeitraum von 400 bis 800 n. Chr. wird in hohem Grade dadurch erschwert, daß diese Zeit, insbesondere der letzte Abschnitt, sehr arm an Funden ist. Anstatt Schlußfolgerungen ex silentio zu ziehen, ist es ratsamer, die Entwicklung im Westblock im großen und ganzen in Übereinstimmung mit der Entwicklung des baltisch-bottnischen Blocks zu sehen. Am deutlichsten tritt uns diese Übereinstimmung im nördlichen Teil dieses Blocks entgegen, d. h. im heutigen Norwegen. In der Tat scheint schon während der spätrömischen und mit erhöhter Intensität während der Völkerwanderungszeit der nördliche Markt eine Ausweitung erfahren zu haben[1]. Man kann sich diesen Vorgang kaum anders vorstellen als eine organisierte Expansion von Süden her, als freie Interessengemeinschaft der beteiligten Parteien. Auf Grund der starken Übereinstimmungen in der Bauweise und dem durch die Archäologie erschlossenen Material in Nordnorwegen nimmt man an, daß die Impulse zu dieser Expansion von Südnorwegen ausgegangen sind.

Hoch im Norden lebte die Bevölkerung noch immer zum größten Teil von der Jagd. Gewerbe betrieb man im großen und ganzen mit denselben Hilfsmitteln wie zur Steinzeit. Man darf annehmen, daß mit Auftreten der neuen Kolonisatoren (Kaufmannsbauern) dieser Markt der Jagdwirtschaft verhältnismäßig gut entwickelt war, was dem ganzen Gebiet zugute kam. Die Kaufmannsbauern ließen sich an den strategisch wichtigen Punkten des Gebietes nieder, und ihre Stützpunkte waren gut ausgebaute kreisförmige Anlagen mit strahlenförmig angelegten Häusern. Durch diese „Gauhäuptlinge" wurden die Kontakte mit den südlichen Teilen des Landes aufrechterhalten, und es entstand eine Kulturgemeinschaft, die sich trotz lokaler Abweichungen im Forschungsmaterial deutlich erkennen läßt[2]. Die Völkerwanderungszeit scheint für den gesamten nördlichen Teil des Westblocks ein reiches und blühendes Zeitalter gewesen zu sein. Dies geht nicht nur aus den oben geschilderten Bestrebungen hervor, die vorzugsweise entlang der Küste zu verzeichnen sind. Auch das Binnenland erlebte eine Blüte, vielleicht vor allem auf Grund der erhöhten Eisengewinnung, aber ganz sicher auf Grund der intensiveren Jagd auf Pelztiere usw. Die reichen Häuptlingsgräber in Snartemo sind ein gutes Beispiel für den herrschenden Wohlstand[3]. Ein anderer beredter Beweis für den Wohlstand im Norden ist der starke Strom von Importgegenständen, vor allem Glasbechern und Bronzegefäßen, der den Weg in diese Gebiete fand. Dieser ausgedehnte Import zeigt nicht minder deutlich, welche hervorstehende Bedeutung der Handel für die damalige Zeit hatte[4].

Man kann mit Recht die Frage stellen, ob das Bedürfnis eines intensiven und expansiven Handels auch der Grund für die Entwicklung im südlichen Teil des Blockes war. Das alle überschattende Ereignis ist dort die Invasion Englands während der Völkerwanderungszeit[5]. Sicherlich nahmen daran Parteien teil, die südlich der skandinavischen Länder siedelten, aber ein bedeutungsvoller Teil kam doch aus dem hier skizzierten Westblock und verdient daher Beachtung.

Man kann diese germanische Invasion Englands in der Mitte des 5. Jh. als den Versuch deuten, das Vakuum, das die bereits geschwächte römische Besatzungsmacht hinter sich ließ, auszufüllen. Aber die Invasion geschah nicht an einem einzigen Tag, und das wirkliche Vakuum nach der Römerzeit, d.h. die römische Organisation und Administration, überhaupt die gesamte römische Kultur, konnten die Germanen zu dieser Zeit nie ersetzen.

In der Tat wurden germanische Vorstöße gegen die englische Küste schon ziemlich lange *vor* der großen Invasion vorgetragen, und germanische Heerführer und Amtsleute wurden in England in steigendem Maße in die Verwaltung eingeschaltet[6]. Auf diese Weise war das Land für die Aufnahme folgenreicher Verbindungen – oder überspitzt ausgedrückt – zur Bildung eines Marktes wohl vorbereitet. Die ganze Invasion, ihr Vorspiel und ihre Nachwirkungen dürften nämlich zunächst nicht ein kriegerisches, sondern ein ökonomisches Ziel gehabt haben. Der Vorstoß König Hygelacs entlang der gegenüberliegenden Küste des Kanals dürfte unter demselben Aspekt gesehen werden[7]. Während der ganzen Zeit hat man nach günstigen Ausganspunkten für den Handel gesucht. Konkrete Ergebnisse blieben nicht aus. Das Studium des überlieferten archäologischen Materials beweist, welch starke Bindungen ab der zweiten Hälfte des 5. Jh. zwischen dem nordischen Westblock und der westlichen Umwelt namentlich ihren östlichen Teilen, vorhanden waren[8]. Man kann auf die Verbreitung von Goldbrakteaten des sogenannten D-Typs hinweisen, auf die Verbreitung von Bügelfibeln und anderem Kleiderschmuck sowie – ganz natürlich – auf die Verbreitung der gesamten Kunst. Der englische Stil I ist in seinen Grundzügen nordischen Ursprungs[9].

Was gleichzeitig die nordischen Länder im Austausch empfingen, ist schwieriger festzustellen. Erst zu einem späteren Zeitpunkt werden die Konturen in dieser Hinsicht klarer[10]. Einen wichtigen Beitrag zur Beleuchtung dieser Frage finden wir jedoch in Dänemark, wo man gerade in den letzten Jahren einen jütländischen Handelsplatz ausgegraben hat, nämlich Dankirke. Die kleine Ortschaft liegt unweit südlich von Ribe entfernt und hat eine fast unglaubliche Menge Funde geliefert. Der Schwerpunkt der Funde ist wie auf Helgö die Völkerwanderungszeit. Eine große Zahl von importierten Glasbechern, Gewichten und Münzen deutet ganz klar auf den Handelscharakter des Platzes. Die spätesten Münzen sind anglo-friesische Sceattas aus der zweiten Hälfte des 7. Jh., und das besonders Interessante dabei ist, daß man bei Grabungen in Ribe Münzen ähnlicher Art gefunden hat. Ohne Zweifel bekommt man den starken Eindruck, daß die kleine Handelsniederlassung in Dankirke ihre größere und entwicklungsfähigere Nachfolgerin in Ribe erhalten hat. Es wiederholt sich hier also dasselbe Muster wie in Mittelschweden, wo Birka in der Wikingerzeit eine Art Nachfolgerin zum völkerwanderungszeitlichen Helgö bildete[11].

Während der Westblock im gesamten Zentrum von 400 bis 600 n. Chr. eine reiche und blühende Kultur zeigt, ist das Material für die folgende Periode von 600–800 außerordentlich dürftig[12]. Die bedeutenden Funde von Åker in Vang, Hedmark, Torgård, Tröndelag in Norwegen sowie Kyndby in Dänemark sind lediglich Ausnahmen, die die Regel bestätigen[13]. Das wenige, was zum Vorschein kam, zeigt indessen, daß der Westblock keineswegs einen Niedergang in Armut und Isolierung zu verzeichnen hatte. Außer den bereits genannten Funden zeigt eine Vielzahl anderer eine außerordentlich hohe Qualität. Gleichzeitig zeugen sie nicht nur von fortdauernden Berührungen mit den verschiedenen Gebieten im Westen und Süden, sondern auch von besonders intensiven Kontakten zwischen den verschiedenen Regionen der nordischen Länder selbst. Sowohl Torgård in Norwegen als auch Kyndby in Dänemark haben enge Beziehungen zu Vendel und Valsgärde in Mittelschweden[14]. Verschiedene andere Beispiele könnten angeführt werden. In besonders hohem Maß häufen sich diese Beispiele im Tröndelag. Wir konnten bereits einen starken Einfluß von dort auf die nördlichen Teile des baltisch-bottnischen Blocks feststellen. Dabei darf auf die bekannten Kesselgräber in Medelpad u. a. aus dem 5. und 6. Jh. hingewiesen werden. Das Grab von Torgård und verschiedene andere gehören der späteren Epoche um 700 n. Chr. an und zeugen eher von einem mittelschwedischen Einfluß im Tröndelag. Aber in diesem Fall müssen auch die großen Prachtspangen mit der reichen Dekoration im Stil II, die dort gefunden wurden, ein Ergebnis des gleichen Kulturstroms sein[15]. Das mußte demnach bedeuten, daß der baltisch-bottnische Block, vielleicht vor allem dessen mittelschwedischer Teil, während des 8. Jh. seine Interessensphäre auf den alten nördlichen Verbindungswegen quer über die skandinavische Halbinsel bis zur Nordsee vorschob.

[1] *Th. Syövold:* The Iron Age Settlement of Arctic Norway (1962); *A. Hagen:* Norway (Ancient Peoples and Places) (1967); *G. Gjessing:* Opphavet til Hålöygjarinernes rike (1929); *H. E. Lund:* Hålöygske hövdingeseter fra jernalderen. In: Stavanger Museums Årbok (1955); *A. W. Brögger:* Nord-Norges bosetningshistorie, Inst. for sammenlignende kulturforskning (1931); *B. Hougen:* Gård och by under järnåldern. In: Thor (1964); *W. Sloman:* Bosetning og bosetningsproblemer i Sydvest-Norge i eldre jernalder. In: Stavanger Museums Årbok (1971). Siehe auch *K. Odner:* Economic Structures in Western Norway in the Early Iron Age. In: Norwegian Archeological Review (1973) mit Beiträgen von *B. Stjernquist, C.-A. Moberg, G. Gjessing, Ch. Blindheim, H. Gjøstein Resi, M. Stefansson, A. Sommerfelt.*

[2] *Sjövold:* a. a. O.; *Hagen:* Norway.

[3] *B. Hougen:* Snartemofunnene. In: Norske Oldfunn 7 (1935).

[4] *A. Björn,* Bronsekar og glasbegre fra folkevandringstiden i Norge (1929); *Sloman:* Medelpad; *Sjövold:* Iron Age; *Gjessing:* Opphavet.

[5] *V. Evison:* The Fifth-Century Invasions South of the Thames (1965); *C. F. C. Hawkes:* The Ju-

tes of Kent. In: Dark Age Britain, presented to E. T. Leeds (1956); *E. T. Leeds:* The Growth of Wessex. In: Oxoniensia (1954); *S. Hawkes:* The Jutish Style A. In: Archeologia (1961); *E. Bakka:* On the Beginning of Salin's Style I in England. In: Univ. i Bergen Årbok (1958).

[6] *Evison:* Invasions; *Hawkes:* Jutes.

[7] *Nerman:* Det svenska rikets uppkomst; *Lindqvist:* Uppsala.

[8] *Bakka:* Beginning; *E. T. Leeds:* Early Anglo-Saxon Art and Archeology (1936); ders.: Early Anglo-Saxon Squareheaded Brooches (1949); *M. Mackeprang:* De nordiske Guldbrakteater (1952); *W. Holmqvist:* Germanic Art (1955); ders.: Dryckeshornen från Söderby Karl. In: Fornvännen (1951).

[9] *W. Holmqvist:* Dryckeshornen; ders.: Germanic Art; *Bakka:* Beginning; *B. Salin:* Die altgermanische Thierornamentik (1904).

[10] Stilistische Übereinstimmung in der Kunst: siehe *Holmqvist:* Germanic Art; *Olsén:* Valsgärde; *Arwidsson:* Vendelstile; ders.: Valsgärde 8; *E. Bakka:* Some English Decorated Metal Objects. In: Årbok for univ. Bergen (1963); *A. Mahr:* Christian Art in Ancient Ireland I (1932).

[11] Siehe *E. Thorvildsen:* Dankirke. In: Nationalmuseets Arbeidsmark (1972); *K. Bendixen:* Mönterne fra Dankirke, ebd.; *M. Bencard:* Ribes vikingetid. In: Mark og Monter, Fra sydvestjydske museer (1973).

[12] *Hagen:* Norway; *O. Klindt-Jensen:* Denmark (Ancient Peoples and Places) (1957).

[13] *E. Nissen-Fett:* Akerfunnet. In: Bergens museums årbok (1945); *G. Gjessing:* Studier i norsk merovingertid (1934); *M. Örsnes-Christensen:* Kyndby. In: Acta Archaeologica (1956).

[14] *Gjessing:* a. a. O.; *Holmqvist:* Tauschierte Metallarbeiten des Nordens (1951).

[15] *Stenberger:* Forntida Sverige; *Biörnstad:* Handel; *G. Gjessing:* Norske ryggknappspenner fra vendeltiden. In: Kgl. Norske Vidensk. Selsk. Skrifer (1929); *B. Nerman:* En svensk invandring i Tröndelagen under Vendeltid? In: Fornvännen (1931); *W. Sloman:* Eldre jernalder og merovingertid (1969).

4. Die Periode 800–1000 n. Chr.

Vom nordischen Westblock gingen die ersten Wikingerfahrten nach Westen gegen Ende des 8. Jh. aus[1]. Man hat lange die Frage nach den Ursachen dieser ,,plötzlichen" nordischen Kraftdemonstration diskutiert. Unter anderem hat man angenommen, daß einer der Gründe die zunehmende Übervölkerung war, doch stimmt dies schlecht mit der Tatsache überein, daß der nordische Westblock in den beiden vorhergehenden Jahrhunderten eine äußerst dürftige kulturelle Entwicklung aufweist, was nicht auf Überbevölkerung, sondern eher auf das Gegenteil hindeutet. Auch wurden die Ursachen der Wikingerfahrten in innerpolitischen Auseinandersetzungen im Zusammenhang mit Bestrebungen der Reichseinigung gesucht. Dabei sollen unterlegene ,,Thronanwärter", abgesetzte Gebietskönige usw. ihre Scharen gesammelt haben und in die Fremde gezogen sein. Indessen erscheint dies wenig überzeugend, wenn man bedenkt, daß u. a. eine der ersten Fahrten von dänischer Seite unter der Führung des Königs selbst, d. h. Godfreds, stand, der Anfang des 9. Jh. einen Kriegszug gegen die friesische und fränkische Küste unternahm. Man kann auch darauf hinweisen, daß das große Einigungswerk in Norwegen offensichtlich nicht vor der zweiten Hälfte des 9. Jh. durch Harald Hårfagre begonnen wurde[2]. Zu dieser Zeit hatten aber schon viele Wikingerschiffe die Nordsee befahren. Wie weit die Einigungsbestrebungen in Schweden um 800 fortgeschritten waren, weiß man nicht. Dagegen ist sicher, daß die Fahrten in die Ostsee bereits erheblich früher begonnen hatten (vgl. oben).

Die Ursachen für die Wikingerfahrten müssen folglich außerhalb der genannten Erklärungen gesucht werden. Zunächst sind sie als eine Demonstration der Kraft von seiten der nordischen Länder zu deuten. Mit besonderer Schärfe kommt dies im südlichen Teil des Westblocks zum Ausdruck, wo der oben erwähnte König Godfred Krieg gegen Karl den Großen führte und einen gewaltigen Wall (Danevirke) quer über die jütländische Halbinsel zum Schutze seines Landes gegen Überfälle von Süden bauen ließ[3].

Bezeichnend ist auch seine Gründung Hedeby zur Förderung von Handel und Verkehr[4]. Desgleichen erscheinen Godfreds übrige Maßnahmen immer mehr als Beispiele für eine natürlichere Erklärung der Wikingerfahrten, als man sie bisher bekommen konnte. Man hat früher den Umstand beklagt, daß die schwedischen Wikingerfahrten nach Osten mehr reine Handelsfahrten waren, während die Norweger und Dänen meist Plünderungszüge ausführten, d.h. auf der einen Seite als Kaufleute, auf der anderen als Krieger aktiv waren. Es gibt indessen nicht den geringsten Anhaltspunkt dafür, daß die nordischen Völker zur Wikingerzeit so grundlegend unterschiedlichen Charakters gewesen seien.

Wie aus dem Vorhergesagten hervorgeht, hatte man innerhalb des baltisch-bottnischen Blocks zum mindesten seit der Völkerwanderungszeit, vielleicht auch schon früher, den Versuch zur Ausweitung und Verbesserung der Handelsmärkte unternommen. Dies geschah offenbar in der Form der freien und offenen Interessengemeinschaft, in der jedoch Gotland und Mittelschweden die dominierenden Parteien stellten. Der freie Interessenverband zeigt sich besonders deutlich in Grobin, wo Gotländer und Svealeute auf dem gleichen Markt erscheinen[5]. Grobin tritt im 7. und 8. Jh. als stadtähnlicher Handelsplatz auf. Helgö im Mälarsee hatte schon zur Völkerwanderungszeit ein umfassendes und hochentwickeltes Handwerk sowie einen blühenden Handel und übte vielleicht die Funktion einer königlichen Faktorei aus. Im südlichen Teil des nordischen Westblocks erfolgte durch die Invasion Englands eine gewaltsame Ausdehnung des Interessenbereichs, und von Süden her errichteten die „Wikinger" entlang der nordnorwegischen Küste feste Stützpunkte zum Nutzen ihrer wirtschaftlichen Interessen. Alles war also gut vorbereitet, als König Godfred zu Beginn des 9. Jh. seinen Wall baute, seine „Stadt" gründete und seine Vorstöße nach Süden unternahm. In Wirklichkeit bedeutet die Wikingerzeit keine Öffnung, sondern eine Ausweitung der handelspolitischen Interessen auf größere Bereiche. Das, was früher und in geringerem Umfang beispielsweise im baltisch-bottnischen Becken stattgefunden hatte, wollte man nun im Westen innerhalb des Nordseegebietes und im Osten so weit wie möglich wiederholen.

Welch bedeutende Rolle die ausgeweiteten handelspolitischen Interessen spielten, geht am besten aus der Tatsache hervor, daß nun das Bedürfnis nach größeren Handelszentren auftrat. Hedeby mit seiner Schlüsselstellung am südlichen Ausgang der Ostsee war ein solches Zentrum. Dort entstand während des 9. Jh. eine der ältesten Städte des Nordens, wo sich nach Aussage schriftlicher Quellen zahlreiche Kaufleute der verschiedenen Nationen versammelten, um gemeinsam ihre oft gefahrvolle Schiffsreise an die verschiedenen Handelsplätze anzutreten[6]. Sie reisten mit einer bewaffneten Eskorte und waren auch selbst bewaffnet, was ohne Zweifel den Keim zu der Entwicklung trug, die in der Wikingerzeit so oft zu beobachten ist, nämlich die Ausartung der Handelsfahrt in Seeräuberei und Plünderung.

Das handelspolitische Hauptziel dürfte man indessen kaum verleugnen können, nämlich in erster Linie entlang der beiden Seiten der Kanalküsten sowie an anderen Stellen eine Anzahl fester Plätze für den nordischen Handel zu gründen, nicht im Streit, sondern in Übereinstimmung mit der einheimischen Bevölkerung. Der während der Wikingerzeit permanente Druck auf die Kanalküste kann kaum unter einem anderen Gesichtspunkt gesehen werden, als daß man Freihäfen – oder wie man sie sonst nennen will – schaffen wollte, um so einen offenen Handel im Zeichen gemeinsamer Interessen auszuüben. Es ist bezeichnend, daß man vor allem auf die Flußmündungen abzielte. Hier war der Handel konzentriert, und hier konnte man am meisten gewinnen[7]. Man kann ebenso an die Verhältnisse an der englischen Ostküste erinnern, wo das Land nach den unzähligen Überfällen der Wikinger vollkommen öde gelegen haben müßte, wenn man den schriftlichen Quellen Glauben schenken will. Dies war aber nicht der Fall. Tatsächlich findet sich hier im 11. Jh., also unmittelbar nach den Verheerungen der Wikinger, die zahlreichste und wohlhabendste Bevölkerung Englands. In diesem Teil Englands lagen die größten und blühendsten Handelsstädte des Landes, wie beispielsweise York, Hull, Ipswich und andere[8]. Die Stadt Dublin in Irland wird als Gründung der Wikinger angesehen, aber auch andere irische Städte wie Wexford, Waterford, Cork und Limerick deutete man als nordische Gründungen[9]. Alle diese Städte liegen nicht, wie man vielleicht annehmen sollte, an der Nordküste, d.h. dort, wo die Wikinger an Land gingen, sondern alle entlang der Südküste. Es ist ein Trugschluß, diese Städte einzig und allein als Seeräubernester zu betrachten. Vielmehr waren sie Glieder der organisierten wirtschaftlichen Durchdringung Westeuropas. In ihrer geographischen Lage waren sie vortreffliche Ausgangspunkte für alle Vorstöße auf den Kontinent.

Merkwürdigerweise haben die nordischen Städtegründer im Heimatland nicht derart viele zentrale Plätze hinterlassen. Jedoch dürfte dies mehr eine Lücke in der Forschung als ein echter Mangel sein. Noch vor kurzer Zeit konnte man entlang der langen norwegischen Küste nicht einen einzigen Platz vorweisen, an dem zur Wikingerzeit Handel von Bedeutung getrieben wurde. Indessen glaubt man heute, Skiringsal oder Kaupang am Oslofjord, von dem in König Alfred von Wessex' Übersetzung der Weltgeschichte des Orosius die Rede ist, wiedergefunden zu haben[10]. Diese Übersetzung enthält verschiedene Zusätze, welche die Verhältnisse im Norden beleuchten. In ihr kommt unter anderem ein fahrender Kaufmann aus Nordnorwegen namens Ottar vor, der König Alfred sowohl von seinen Besuchen in Skiringsal als auch in Hedeby berichtet. Im Vergleich zu Hedeby ist Kaupang (Skiringsal) allerdings ein gänzlich unbedeutender Ort, und so wartet man weiterhin auf große archäologische Entdeckungen in Norwegen, die auf überzeugende Weise die bedeutende Rolle Norwegens in der Geschichte der Wikingerzeit dokumentieren. Ganz sicher wird man im Laufe der Zeit auch dort Gebäude, Anlagen oder Orte finden, an denen man eine stärkere Aktivität als an anderen Plätzen nachweisen kann. Allerdings soll damit nicht gesagt werden, daß die Wikingerzeit als Ganzes betrachtet in diesem Teil Skandinaviens einen dürftigeren Eindruck macht als anderswo. Vielmehr tritt der nördliche Teil des nordischen Westblocks durch außerordentlich zahlreiche und bedeutende Grab- und Schatzfunde als ein zum mindesten gleich reiches Gebiet wie die übrigen hervor. Vor allem muß man den Blick auf den Reichtum an Eisen und Waffen richten[11].

Geht man nun zum baltisch-bottnischen Block über, so ist die dortige Entwicklung in dieser Hinsicht leichter zu verfolgen. Dort tritt Birka im Mälarsee mit dem Beginn des 9. Jh. als ein bedeutender Handelsplatz im Rang von Hedeby auf[12]. Mit dem Hintergrund dessen, was bereits über das nahegelegene und zur Wikingerzeit noch immer existierende Helgö gesagt wurde, ist es relativ leicht, Birka in einen natürlichen Zusammenhang dazu zu bringen. Der neue Handelsplatz hatte den Vorteil, daß er auf den Erfahrungen einer langen merkantilen Tradition aufbauen konnte. Als die Aktivität während des 9. Jh. ausgeweitet wurde, brauchte man Birka als einen in jeder Beziehung größeren und freieren Knotenpunkt für den Handel. Mit dem Ausbau Birkas konnte die merkantile Organisation des Mälarraums ihre Interessensphäre erneut ausweiten, und damit begann die tiefere Durchdringung des osteuropäischen Marktes.

Dabei scheint man in der Hauptsache den zugänglichen Wasserwegen gefolgt zu sein. Eine Route ging über die Neva zum Ladogasee, von dort zum Onegasee und sodann über andere schmalere Wasserwege zur Wolga. Eine andere führte über die Düna zum Dnjepr. Auf der ersten Route erreichte man das Kaspische Meer, auf der anderen das Schwarze Meer. An verschiedenen Orten hatte man Quartiere oder eine Art von Faktoreien als Stützpunkte für seine Unternehmungen. Unter anderen können Staraja Ladoga am Wolkow, ferner Smolensk, Gnezdovo, Černikov u. a. sowie vor allem Novgorod und Kiev genannt werden[13]. Eine große Anzahl von Gräbern und Gräberfeldern in

Osteuropa enthalten nordische Gegenstände und geben Zeugnis von den angeknüpften Kontakten. In der Regel scheint man in friedlicher Eintracht mit der einheimischen Bevölkerung gelebt zu haben, und nur selten ist in den überlieferten schriftlichen Quellen von Gewalt und Plünderung die Rede.

Über die östlichen Handelswege gelangte während der Wikingerzeit in die nordischen Länder – vor allem in den baltisch-bottnischen Block – ein beachtlicher Strom von orientalischen Produkten. Vor allem fällt die große Menge von Silber auf, das zum größten Teil in den reichen Silbergruben des Orients gewonnen und zu Münzen geprägt wurde. Innerhalb der Grenzen des heutigen Schweden hat man bisher ca. 100000 arabische Silbermünzen (*Dirheme*) gefunden, davon allein ca. 60000 auf Gotland. Unter den übrigen östlichen Erzeugnissen sind Perlen aus Bergkristall und Karneol, Gürtelbeschläge, chinesische Seide, iranische Töpferwaren und Glas bis hin zu einem nordindischen Buddhabild aus Bronze zu nennen[14].

So sieht man den erhöhten Handel mit dem Osten im Zusammenhang mit der Rolle Birkas in Mittelschweden – nur wenige Kilometer westlich des älteren Handelsplatzes Helgö. Man nimmt auch an, daß dieser Handelsplatz auf Grund königlicher Initiative entstand oder in jedem Falle unter königlicher Oberhoheit angelegt wurde. Man glaubt nämlich zu wissen, daß eine der königlichen Residenzen auf Adelsö lag, unweit dem Sund, dem Birka gegenüberliegt. In seiner Anlage ähnelt Birka dem südjütländischen Hedeby der gleichen Zeit. Das letztgenannte hatte eine dichte Bebauung, die von einem schützenden, halbkreisförmigen Wall umschlossen wurde, dessen Enden sich zum Wasser erstreckten. Auch der Hafen war befestigt. In Birka ist der Ringwall von unbedeutenden Dimensionen, aber auch hier war der Hafen anscheinend befestigt. Birka und Hedeby sind im Norden die ersten Exponenten einer beginnenden Urbanisierung. Die Existenz beider Städte ist vom Beginn des 9. Jh. sowohl durch archäologische Funde als auch durch schriftliche Quellen belegt. Aber die Wurzeln erstrecken sich weiter zurück. Besonders bei Birka wird die ältere Tradition deutlich, da ja gerade das nahe gelegene Helgö die vorhergehenden Verhältnisse bestätigt.

Beide Städte müssen bei Beurteilung aller Fakten eine zahlreiche Bevölkerung gehabt haben. Birka hat etwa 3000 Gräber hinterlassen – und an beiden Plätzen versammelten sich nach Aussage schriftlicher Quellen Kaufleute aus allen Himmelsrichtungen. Beide fungierten als Handelszentren innerhalb des gesamten baltisch-bottnischen Beckens. Bisweilen herrschte allerdings ein mittelschwedisches Übergewicht vor, was unter anderem daraus hervorgeht, daß verschiedenen schriftlichen Zeugnissen zufolge eine schwedische Dynastie Hedeby in der ersten Hälfte des 10. Jh. beherrschte, die allerdings später vertrieben wurde[15].

Der von Birka und Hedeby ausgehende Warenaustausch beschränkte sich selbstverständlich nicht nur auf den baltisch-bottnischen Bereich. Tatsächlich erstreckte er sich bis zum byzantinischen Machtbereich und bis zu den Grenzen des Kalifats im Osten und bis zu den Märkten auf den britischen Inseln sowie entlang der kontinentalen Atlantikküste im Westen.

Ein wichtiges Zeugnis für den zunehmenden Fernhandel sind die Münzen, die nun in großem Umfang in den archäologischen Funden auftreten. Zunächst kamen die Münzen hauptsächlich von Westen, aber ab der zweiten Hälfte des 9. Jh. beginnt der erwähnte breite Strom arabischer Silbermünzen von Osten. Inwieweit diese Silbermünzen auch im Handel als Münzen benutzt wurden, weiß man nicht[16]. Im nordischen Handelsverkehr wurde das Silber sonst nach Gewicht berechnet. Aber gerade die Tatsache, daß man während des 9. Jh. eigene Münzen zu prägen begann, scheint darauf hinzuweisen, daß man auf dem Weg zu einer Art eigener Geldwirtschaft war[17]. Diese ersten nordischen Münzprägungen dürften zuerst in Südskandinavien (Hedeby?) oder vielleicht auch an anderen Plätzen (Birka?) stattgefunden haben. Als Vorbilder dienten u. a. in Dorestad für Karl den Großen geprägte Münzen und englische *sceattas*. Doch sind diese Prägungen dann anscheinend eine Zeitlang wieder eingestellt worden. Sie wurden jedoch ab der Mitte des 10. Jh. wieder aufgenommen, und nun blieb man endgültig bei der Münzprägung. Hedeby prägte sogenannte Halbbrakteaten aus Silber, die in der zweiten Hälfte des Jahrhunderts in regem Umlauf waren; danach beginnt die Münzprägung an verschiedenen anderen Plätzen in den nordischen Ländern[18].

Aus den Obenstehenden geht hervor, daß die Entwicklung im baltisch-bottnischen Block zur Wikingerzeit in hohem Grade von den handelspolitischen Interessen geprägt wurde. Wendet man den Blick auf den nordischen Westblock, so ändert sich das Bild in gewisser Weise. Auch dort dürften die Handelsinteressen, wie bereits dargelegt, eine bedeutende Rolle gespielt haben, doch wird das Bild durch die leider allzuoft erwähnten dunklen Seiten der Wikingerzeit, nämlich Plünderungen und Seeräuberei, überschattet. Jedoch kann man hinter den Gewalttaten fast zu jeder Zeit ein tieferes Ziel spüren. So scheint es die nordischen Seefahrer in erster Linie an die Flußmündungen gezogen zu haben, an die Themse in England, an die Elbe, an den Rhein, an Maas, Schelde, Seine, Loire und andere Flüsse des Kontinents, und die Plünderungen dürften kaum immer die Hauptsache gewesen sein. Im Gegenteil findet man, daß sich die Wikinger an diesen für den Handel wichtigen Punkten gern aufhielten und von dort aus friedliche Geschäfte mit der Umgebung trieben. Man kann ganz einfach von einer Besetzung strategisch wichtiger Punkte sprechen, die in Eroberung und nordische Kolonisation der eroberten Gebiete überging[19]. In besonders hohem Grade waren die britischen Inseln der letztgenannten Art nordischer Expansion ausgesetzt.

Schon um das Jahr 800 hatte eine norwegische Besiedlung auf den Orkneyinseln, Shetlandinseln und den Hebriden begonnen, die sich rasch auch auf das schottische Festland und auf Nordengland ausdehnte. Nicht viel später gelangten die Norweger nach Irland, dessen nördlicher Teil mit Dublin eine norwegische Besitzung bis zum Jahr 1014 blieb, als die Normannen in der Schlacht von Clontarf endlich von vereinigten irischen Streitkräften besiegt wurden.

Auch auf den Färöern, auf Island und Grönland führten die Normannen ein großangelegtes Kolonisierungswerk durch, das in gewissen Beziehungen einen anderen Charakter hatte als die übrigen Bestrebungen. An der Spitze dieser Unternehmen standen norwegische Führer, die durch das energische Einigungswerk Harald Hårfagres in Norwegen (873–933) ihre Machtposition verloren hatten.

Fast gleichzeitig mit dem Beginn der Kolonisierung Islands durch die Normannen gingen die dänischen Vorstöße gegen England in eine feste Besiedlung über, die das sogenannte Danelag nördlich der Themse mit East Anglia und Teilen von Mercia und Deira umfaßte. Zentrale Stützpunkte wurden die befestigten Orte Lincoln, Stamford, Leicester, Nottingham und Derby. Um 950 wurde das Land von den Angelsachsen zurückerobert, doch gegen Ende des Jahrhunderts kamen die dänischen Wikinger zurück und konnten nach wechselvollen Kämpfen im Jahre 1013 ganz England erobern. Indessen blieb die dänische Herrschaft von kurzer Dauer, und als Hardeknut, der letzte dänische König in England, starb (1042), war sie endgültig zu Ende. Von längerer Dauer blieb die Eroberung der Normandie auf der anderen Seite des Kanals, die im Jahre 911 dem nordischen Wikinger Rolf oder Rollo sicherlich notgedrungen als Lehen unter den deutsch-fränkischen Kaisern gegeben wurde[20].

Durch die Fahrten nach Osten und Westen, durch friedlichen Handel und Errichtung von Faktoreien, durch gewaltsame Eroberung, Okkupation und Besiedlung kamen die nordischen Völker zur Wikingerzeit in nähere Berührung mit der Umwelt als wohl jemals zuvor. Dies hinterließ tiefe Spuren in der Entwicklung der nordischen Kultur, vor allem in der beginnenden Christianisierung. Auch auf der mehr materiellen Ebene sind in allen nordischen Ländern deutliche Zeugen der ausländischen Kontakte in Form einer großen Zahl aus dem Ausland importierter Waren zu finden. Hierher gehören Glasbecher und Keramik, Schmuck und andere Gegenstände aus Edelmetall, Bronzegefäße, Textilien sowie vor allem Münzen aus Silber: kufische, deutsche, englische usw. In der Tat ist der Zustrom von Edelmetall (Silber) in die nordischen Länder so stark gewesen, daß er oft genug ein Rätsel darstellte. Dabei sticht besonders Gotland hervor, das etwa 500 Silberschätze der Wikingerzeit aufweist gegenüber 250 im übrigen Schweden[21].

Die starke Anhäufung der Schätze auf Gotland muß ihren Grund in der günstigen handelspolitischen Lage der Insel gehabt haben. Damit wird erneut die starke Bedeutung des Handels und der Handelsverbindungen zur Wikingerzeit unterstrichen. Das Auftreten der Hanse im baltisch-bottnischen Becken während des Mittelalters kann man – wenn man so will – als eine spätere Bestätigung dieser Verhältnisse bezeichnen. Auch da hatten Gotland und Visby eine Schlüsselstellung, die zu großem Wohlstand führte. Obwohl diese Verhältnisse zum Teil anderer Art waren als zur Wikingerzeit, kann man sie mit Fug im gleichen Ursachen-Zusammenhang sehen.

Die skandinavischen Länder mit Ausnahme Finnlands hatten gegen Ende der Wikingerzeit im 11. Jh. Reichseinheiten unter Führung eines Königs gegründet[22]. Die Grenzen der drei Länder Schweden, Norwegen und Dänemark haben jedoch im Laufe der Zeiten etwas gewechselt. Zur Reichsorganisation gehörte auch die verwaltungstechnische Einteilung des Landes, das Kriegswesen, das Steuerwesen usw. Leider existieren keine schriftlichen Quellen mit Angaben über Alter und Ursprung aller dieser Funktionen und Institutionen im nordischen Raum. Es dürfte jedoch außer allem Zweifel stehen, daß sie in vorhistorische Zeit, d. h. in die Wikingerzeit oder früher, zurückreichen. Die großen Heerlager, die man in Trelleborg, Fyrkat und Aggersborg in Dänemark antrifft, bezeugen, daß man im 10. und 11. Jh. eine hochentwickelte Militärorganisation gehabt haben muß[23]. Die mit strengster geometrischer Präzision durchgeführten Anlagen deuten außerdem auf eine weit entwickelte Bautechnik.

Die militärischen Anlagen zu Lande dürften ihr Gegenstück in einer gleich entwickelten Organisation zur See gehabt haben, in jedem Falle zur Wikingerzeit, in der nordische Flotten die nordeuropäischen Meere beherrschten. Die Wikinger hatten flache, schnelle und leicht manövrierbare Boote, mit denen sie Überraschungsangriffe durchführen und einen schwerer gerüsteten Widersacher schlagen konnten.

Keine schriftlichen Quellen berichten darüber, wie der Seekrieg finanziert und organisiert wurde. Man ist daher genötigt, sich dem Problem von einem anderen Ausgangspunkt zu nähern. Ein solcher Ausgangspunkt war das Studium der älteren Gesetzgebung, die uns in schriftlicher Form zuerst im 13. Jh. entgegentritt[24]. Auch Quellen aus dem 11. und 12. Jh. müssen berücksichtigt werden. Man hat auch Ortsnamen auf ihr Alter und ihre Bedeutung hin untersucht[25]. Ferner wurden Feldereinteilungen und damit zusammenhängende Probleme in den alten Bauerngemeinden mit metrischen Methoden studiert[26]. Man untersuchte außerdem Kirchen und Gemeindeeinteilungen usw., und mit der Archäologie als Hilfswissenschaft ist man bestrebt, sich ein Bild vom Alter und Ursprung der verschiedenen administrativen Institutionen zu machen[27]. Man ist zu dem Schluß gekommen, daß die uppländischen *folklanden, hundaren,* Gaue und Seegesetzgebungen usw. verwaltungstechnische Termini mit vorhistorischen Wurzeln sein dürften. In jedem Fall dürfte das System während der Wikingerzeit voll entwickelt gewesen sein, als das Einigungswerk in den drei nordischen Reichen Dänemark, Norwegen und Schweden vollendet wurde[28]. Für gewisse Institutionen sucht man einen noch älteren Ursprung bis zurück in die Völkerwanderungszeit (vgl. oben Husby-Güter). Dies gilt u. a. für die Dorfgemeinden[29]. Eine eindeutige Antwort auf diese Fragen kann man allerdings noch nicht geben.

In Dänemark konnte man mit archäologischen Mitteln die Existenz von bäuerlichen Gemeinwesen mit dichter Bebauung schon in der vorchristlichen Zeit nachweisen[30]. Es gibt keinen Hinweis dafür, warum derartige Bauerngemeinden zu späteren Zeiten in Dänemark ein Ende genommen haben sollten, doch sind Spuren davon leider selten. Auf Bornholm scheint der alleinstehende Hof vorgeherrscht zu haben; gleichwohl vereinigten sich mehrere zu einer Gemeinde[31]. In dieser Art scheint es auch in Norwegen gewesen zu sein[32]. Dort kommen jedoch u. a. Gemeindebildungen vor, die in Anlehnung an den kreisförmigen Häuptlingssitz gebaut worden sind. Es ist schwer zu sagen, ob man dieses Gebilde mit seinen 15–20 Häusern als einzelnen Hof, als Dorf oder als etwas anderes bezeichnen soll.

In Schweden bekommt man allmählich ein ziemlich reiches und nuanciertes Bild von der Entstehung der Gemeinwesen zu Ende der Vorzeit. Von der römischen Eisenzeit bis zum Ende der Vorzeit konnte man bisher die Existenz von Dorfgemeinden nachweisen. Sie zeigen allerdings in den verschiedenen Umgebungen unterschiedliche Erscheinungsformen. Einen Typ vertreten z. B. Hagestad und Löddeköpinge in Schonen, wo man bedeutende Ansammlungen von kleinen Erdhäusern aufgefunden hat[33]. Einen anderen Typ stellt Vallhagar auf Gotland mit seinen 24 zu einer Einheit verbundenen Häusern dar[34]. Auf Öland wurde eine Bauerngemeinde Eketorp innerhalb der hohen Mauern einer Gauburg angelegt. Hallby, Östergötland, zeigt drei Bauernhöfe mit allen dazugehörenden Gebäuden, die sich zu einem Dorf mit umliegenden Feldern und Weideland zusammengefunden haben[35]. Dies alles sind nur Beispiele. In allen Fällen dürften die Gemeindeordnung, die Rechtspraxis usw. in ähnlicher Weise ausgebildet gewesen sein, während die Gebäudeformen auf Grund der unterschiedlichen Umgebung bemerkenswerte Unterschiede aufweisen. In diesem Zusammenhang muß man wieder auf Helgö hinweisen (s. o.), das ebenfalls einen abweichenden Stil zeigt. Birka, Hedeby, Ribe, Aarhus, Viborg und Kaupang dürften zu den Gemeinwesen gerechnet werden, die die früheste Urbanisierung in den nordischen Ländern aufweisen[36].

Das nordische Gemeinwesen am Ende der Vorzeit war in seinen Grundzügen bäuerlichen Charakters mit einem starken Einschlag in die Jäger- und Fischerkultur. Stellenweise (Helgö, Birka usw.) ist sie jedoch differenziert, und besonders zur Wikingerzeit dürften Handel und Handwerk eine bedeutendere Rolle zu spielen begonnen haben.

An der Spitze der Bevölkerung stand in den einzelnen Gauen ein Häuptling, der seinerseits dem Führer eines größeren Gebietes unterstand. Zur Wikingerzeit, teilweise früher, wurden diese Gauhäuptlinge und ihre Herren der Königsmacht unterstellt, wodurch Schweden, Norwegen und Dänemark als einheitliche Staatsbildungen entstanden. In Finnland ist die Entwicklung schwerer zu verfolgen. Erst zur Kreuzzugszeit entsteht hier eine Staatsbildung unter schwedischer Leitung[37]. Die alten Gauhäuptlinge und Gebietskönige dürften in vielen Fällen die Vertrauensleute des Reichskönigs geworden sein und gingen damit in die Reichsorganisation als soziale Oberschicht ein. Spuren einer derartigen Oberschicht erkennt man schon in den Häuptlingsgräbern des 6. und 7. Jh. in Mittelschweden. Die gesellschaftliche Zugehörigkeit der Kaufleute und Handwerker kann man nicht feststellen (vgl. oben Helgö, Birka). Auch zur Bestimmung der sozialen Stellung der Sklaven und Leibeigenen gibt es keine geeigneten Hinweise.

Die Bevölkerung der nordischen Länder hat keinen einheitlichen Ursprung. Während des gesamten hier behandelten Zeitabschnittes machten die Lappen in ganz Nordskandinavien den beherrschenden Bevölkerungsanteil aus. In Finnland dominierte zum mindesten seit der Völkerwanderung der finnisch-sprechende Bevölkerungsteil[38]. Man unterscheidet dabei zweckmäßigerweise zwischen Ostfinnen und Westfinnen, je nachdem, von welcher Richtung sie den nachhaltigsten Kultureinfluß erhielten. In den übrigen Teilen Skandinaviens kann man eine ziemlich einheitliche Bevölkerung germanischen Ursprungs annehmen. Nur wenige Bewohner der nordischen Länder dürften während der hier behandelten Zeit schriftkundig gewesen sein. Auf der anderen Seite sollte man nicht unterschätzen, daß man – zum mindesten zur Wikingerzeit – mit einer Vielzahl schriftkundiger Menschen in Berührung kam, so daß man fast gezwungen war, diese Kunst zu lernen. Die große Anzahl von Runensteinen, die sich vor allem in Schweden findet, und die große Zahl Runeninschriften in anderem Material, die man u.a. in Bergon gefunden hat, bezeugen jedoch deutlich, daß man in jedem Fall die Runenschrift benutzte und verstand[39].

Während der Wikingerzeit begann die erste christliche Missionstätigkeit in den skandinavischen Ländern, doch hatte man natürlich schon bedeutend früher auf Reisen nach dem Kontinent und zu den britischen Inseln Bekanntschaft mit der christlichen Kultur gemacht. Die erste sichere Jahreszahl ist 829 oder 830. Zu dieser Zeit soll der Benediktinermönch Ansgar seine erste Missionsreise in das Land des Sveakönigs angetreten und in Birka eine große Zahl von Christen vorgefunden haben, u.a. friesischen Ursprungs. Ansgars Missionstätigkeit hatte keinen größeren Erfolg; er unternahm, vermutlich im Jahre 852, eine erneute Reise nach Birka, um dort das Christentum zu stärken. Eine Zeitlang scheint sein Werk bestanden zu haben, zerfiel jedoch dann wieder. Erst im 11. Jh. begann ernstlich die Christianisierung Schwedens[40].

Ansgar wirkte auch in Dänemark und konnte dort die christliche Lehre besser befestigen. In der zweiten Hälfte des 10. Jh. war das Werk mehr oder minder vollbracht, und Harald Blåtand (936–86) konnte auf einem der bemerkenswertesten Runensteine des Nordens stolz verkünden, daß er ganz Dänemark christianisiert habe[41].

Gegen Ende des 10. Jh. wurde auch in Norwegen unter der energischen Führung von Olaf Tryggvasson die Christianisierung durchgeführt[42]. Erst bedeutend später, während der sogenannten Kreuzzugszeit (1150–1300 n. Chr.), kam das Christentum nach Finnland[43].

1 *H. Arbman:* The Vikings (1961); *J. Brøndsted:* Vikingerne (1960); *P. H. Blair:* Roman Britain and Early England (1963); *H. Shetelig* (Hg.): Viking Antiquities I–VI (1940–1954); *T. D. Kendrick:* A History of the Viking (1930); *H. Arbman* u. *M. Stenberger:* Vikingar i Västerled (1935).

2 *Brøndsted:* Vikingerne.

3 Ebd.; *Jankuhn:* Haithabu.

4 *Jankuhn:* a. a. O.; *Brøndsted:* Vikingerne; *Arbman:* Vikings.

5 *Nerman:* Grobin; *Jankuhn:* a. a. O.; ders.: Seehandelsplätze.

6 *Jankuhn:* Haithabu.

7 *H. Shetelig:* Viking Antiquities; *Brøndsted:* Vikingerna; *Arbman:* Vikings.

8 *P. H. Sawyer:* The Age of the Vikings (1962).

9 *Shetelig:* Viking Antiquities: *Brøndsted:* Vikingerne; *Arbman:* Vikings.

10 *Ch. Blindheim:* Kaupang, markedsplassen i Skiringsal (1953); dies.: The Market Place in Skiringsal. In: Acta Archaeologica (1960); *K. L. Tollnes:* Kaupang (1972); *A. E. Herteig:* Archeological contributions to the history of urban communities in Norway.

11 *Hagen:* Norway; *J. Martens:* Jernutvinna i Norge. In: Teknisk Ukeblad (1968).

12 *H. Arbman:* Birka, Sveriges äldsta handelsstad (1939); ders.: Birka. Die Gräber (1943); *A. Geijer:* Die Textilfunde aus den Gräbern, Birka III (1938); *D. Selling:* Wikingerzeitliche und frühmittelalterliche Keramik in Schweden (1955). Siehe auch S. 759 und Anm. 28.

13 *Arbman:* Svear; *M. Stenberger:* Die Schatzfunde Gotlands der Wikingerzeit I–II (1947/1958); *G. Svahnström:* Gutagård och Peterhof. In: Gotländskt Arkiv (1960).

14 *Arbman:* Svear; *Stenberger:* Schatzfunde; *Holmqvist:* Helgö.

15 *Jankuhn:* Haithabu; *Arbman:* Birka.

16 *B. Malmer:* Nordiska mynt före år 1000, Lund 1966, mit zahlr. Literaturangaben; *N. L. Rasmusson:* Vikingatidens skattefynd. In: Nordisk Tidskrift (1957); *Jankuhn:* Haithabu. Vgl. S. 759 und Abschn. 2 Anm. 28.

[17] Vgl. *Malmer:* a. a. O.; *Rasmussen:* a. a. O.; *Jankuhn:* Haithabu; *B. Malmer:* Sveriges äldsta mynt. In: Fornvännen (1966).
[18] *Jankuhn:* Haithabu; *Malmer:* Sveriges mynt; *N. L. Rasmussen:* Birkamynt och Hedebymyntö. Kulturhist. lexikon för nordisk medeltid, Bd. 1 (1956).
[19] *Shetelig:* Viking Antiquities; *Brøndsted:* Vikingerne; *Arbman:* Vikings.
[20] *Shetelig:* a. a. O.; *Brøndsted:* Vikingerne; *Arbman* u. *Stenberger:* Vikingar; *Arbman:* Vikings; *Ch. H. Haskins:* The Normans in European History (1959).
[21] *Stenberger:* Schatzfunde; *Rasmussen:* Skattefynd.
[22] *Brøndsted:* Vikingerne.
[23] *Brøndsted:* a. a. O.; *P. Nørlund:* Trelleborg (1948); *C. G. Schultz:* Aggersborg, Vikingelejren ved Limfjorden. In: Fra Nationalmuseets Arbeidsmark (1949); *H. P. L'Orange:* Trelleborg-Aggersborg og de kongelige byer i Østen. In: Viking (1952); *O. Olsén:* Fyrkat, Nationalmuseum Kopenhagen (1965); *W. la Cour* u. *H. Stiesdal:* Aggersborg. In: Danske Voldsteder (1963).
[24] *G. Hafström:* Ledung och marknadsindelning (1949); ders.: Land och Lag (1959); *J. E. Almquist:* Svensk rättshistoria (Kompendium 1958); *E. Hjärne:* Roden. In: Namn och bygd (1947); *G. Hafström:* Hamarskipt (1954); ders.: Die politischen Institutionen der skandinavischen Wikinger und deren Probleme. In: Atti della settimana di studi sull'alto medioevo 16 (1969).
[25] Nordisk Kultur, Bd. V, Ortnamn (1939); *E. Bakka* u. *O. Möllerop:* Stedsnavn og Arkeologi i Rogaland. In: Stavanger Museums Årbok (1963).
[26] *D. Hannerberg:* Lantmäterikartorna som samhällshistoriskt källmaterial. In: Historisk Tidskrift (1969); *Lindqvist:* Siedlungsregulierungen; *U. Sporrong:* Kolonisation; ders.: Mälarlandskapen; *Hyenstrand:* Centralbygd.
[27] *G. Hafström:* Sockenindelningens ursprung. In: Festskrift tillägnad N. Ahnlund (1949); ders.: Sockenindelningen i Uppland, Uppsala Kyrkor, Bd. 3 (1951).
[28] Siehe Anm. 24–27.
[29] Siehe Anm. 26.
[30] *C. J. Becker:* To landsbyer fra tidlig jernalder i Vest-Jylland. In: Nat. Mus. Arbejdsmark (1966).
[31] *Klindt-Jensen:* Denmark.
[32] *Hagen:* Norway.
[33] *M. Strömberg:* Untersuchungen zur jüngeren Eisenzeit in Schonen (1961); ders.: Eine siedlungsgeschichtliche Untersuchung in Hagestad. In: Medd. fr. Lunds univ. hist. mus. (1961); *B. Stjernqvist:* Vä under järnaldern (1951).
[34] *M. Stenberger* (Hg.): Vallhagar I–II (1955).
[35] *M. Stenberger* in: Antiquity (1966); *Lindqvist:* Siedlungsregulierungen; *Ambrosiani:* Fornlämnigar.
[36] *Arbman:* Birka; *Jankuhn:* Haithabu; *H. H. Andersen* u. *H. J. Madsen:* Nygade i Århus. In: Kuml (1966); *E. L. Nielsen:* Pederstraede i Viborg. In: Kuml (1968); *Blindheim:* Kaupang; dies.: Market Place; *Bencard:* Ribes vikingetid.
[37] *E. Kivikoski:* Die Eisenzeit im Auraflußgebiet (1939); *N. Cleve:* Skelettgravfälten på Kjuloholm (1943); *E. Kivikoski:* Vikingatid och korstågstid, Forntid och Fornfynd (1952); *C. F. Meinander:* Om Finlands forntid. In: Nordisk Tidskrift (1964).
[38] Siehe Anm. 37.
[39] Sveriges runinskrifter wurden herausgegeben von der Kungl. Vitterhets Historie och Antikvitetsakademien, Stockholm; *A. E. Herteig:* Bryggen i Bergen (o. J.); ders.: The Excavations of „Bryggen". In: Medieval Archeology (1959); Danmarks runeindskrifter, hg. v. *Jacobsen* u. *Moltke* (1941–1942); Norges Innskrifter med de yngre Runer, hg. v. *M. Olsen* (1941–1954).
[40] *T. Schmid:* Sveriges kristnande (1934); *H. Ljungberg:* Den nordiska religionen och kristendomen (1938); *S. U. Palme:* Kristendomens genombrott i Sverige (1959).
[41] *Jacobsen* u. *Moltke:* Danmarks runeindskrifter (1941–1942); *Brøndsted:* Vikingerne; *W. Holmqvist:* Viking Art in the eleventh century. In: Acta Archaeologica (1951); *H. Christiansson:* Jellingestenens bildvärld. In: Kuml (1953).
[42] *Shetelig:* Viking Antiquities; *J. Midgaard:* Norges historie (1967).
[43] Siehe Anm. 37.

§ 29 Skandinavien im Hoch- und Spätmittelalter

Von Karl Wührer †

Quellen

Nur die wirtschaftlichen und sozialen Verhältnisse Skandinaviens beschreibende Quellen gibt es für den hier behandelten Zeitraum fast nicht. Die einzigen sind die sogen. jordeböcker (dän. jordebøger), vergleichbar den deutschen Urbaren. Aber fast alle stammen aus dem 14. Jh.; nur das dänische Kong Waldemars Jordebog stammt in seinen ältesten Teilen von etwa 1230. Das Urbar des Bistums Roskilde (Roskilde bispens Jordebog) stammt aus dem Jahr 1370 (hg. in den SS.rer. Danicarum 7).

Unter anderen Quellen kommen vor allem die sogen. Landschaftsrechte in Betracht, teils Rechtsbücher, teils Gesetzbücher. Die dänischen, „Danmarks gamle landskabslove" (8 Bde., 1933ff.) sind 1945ff. auch in neudänischer Sprache von *E. Kroman* und *S. Juul* herausgegeben worden; einige erschienen auch in deutscher Übersetzung (Bd. 8 der „Germanenrechte" 1938 von *Cl. v. Schwerin*; das jütische Lov 1959 von *Kl. v. See* unter dem Titel „Das jütsche Recht"). Die schwedischen Landskapslagar erschienen als „Samling af Sveriges gamla lagar" (1827–77) hg. v. *H. S. Collin* und *C. J. Schlyter*, neuschwedisch von *Å. Holmberg* und *E. Wessén* (1933ff.), einige auch in deutscher Übersetzung (Bd. 7 der „Germanenrechte" 1935 von *Cl. v. Schwerin*; das Ostgötenrecht 1971 von *D. Strauch*). Die norwegischen „Norges gamle love" erschienen seit 1846, einige gleichfalls in deutscher Übersetzung (1935ff. Bd. 4–6 der „Germanenrechte" und N. F. Bd. 1 und 2 derselben Reihe). Wichtig sind auch die Reichsgesetze und Urkundenbücher, besonders aber die Stadtrechte, die dänischen aus dem 13. und 14. Jh. hg. v. *E. Kroman* „Danmarks gamle købstadslovgivning" (1951/52), die schwedischen in genannter „Samling", Magnus Erikssons Stadslag auch neuschwedisch in der „Rättshistoriskt Bibliotek" 7 (1966). Das norwegische Stadtrecht des Königs Magnus Lagabøter von ca. 1270 ist im 2. Bd. von „Norges gamle love", deutsch von *R. Meissner* 1950 in „Germanenrechte" N. F. 3 herausgegeben.

Seit der Entwicklung der deutschen Handelsvormacht sind die Urkundenbücher der norddeutschen Städte und die hansischen Geschichtsquellen von besonderer Bedeutung. Das reiche schwedische agrargeschichtliche Kartenmaterial beginnt erst im 16. Jh. Manche Nachrichten bringen auch die erzählenden Quellen wie z. B. *Saxos* Gesta Danorum, *Adams von Bremen* Hamburgische Kirchengeschichte oder *Snorris* Heimskringla.

Allgemeine Literatur

The Cambridge Medieval History 6 (1929, *H. Koht*).

The Cambridge Economic History 1 (1942, *S. Bolin*), 2 (1952, *M. Postan*), 3 (1963, *C. Verlinden*).

L. Musset: Les peuples Scandinaves au moyen âge (1951).

E. Arup: Danmarks historie 1 (1926).

Det danske folks historie, hg. v. *A. Friis, A. Linvald* und *M. Mackeprang* (1927–29).

Danmarks historie, hg. v. *J. Danstrup* und *H. Koch*; 2, hg. v. *T. Ramskou* (1962).

Schultz' Danmarks historie 1 (1941).

Kr. Erslev: Waldemarernes Storhedstid (1898).

A. Nielsen: Dänische Wirtschaftsgeschichte (1933).

P. J. Jørgensen: Dansk retshistorie (³1965).

S. Carlsson und *J. Rosén:* Svensk historia 1 (1962).

I. Andersson: Sveriges historia (⁵1960).

Sveriges historia till våra dagar, hg. v. *E. Hildebrand* und *L. Stavenow*; 2 (1926) und 3 (1927).

Svenska folket genom tiderna, hg. v. *E. Wrangel*; 2 (1938).

H. Hildebrand: Sveriges medeltid 1–3 (1879–1903).

J. E. F. Heckscher: The Economic History of Sweden (1954).

M. G. Schybergson: Geschichte Finnlands (1896).

P. Nordmann und *M. G. Schybergson:* Finlands kulturhistoria (1908).

U. Gerhardt: Norwegische Geschichte, hg. v. *W. Hubatsch* (²1963).

A. Holmsen: Norges historie (³1964).

K. Helle: Norge blir en stat (1964).

O. A. Johnsen: Norwegische Wirtschaftsgeschichte (1939).
H. Gjerset: History of Iceland (1925).
H. Kuhn: Das alte Island (1971).
K. Wührer: Die skandinavischen Kreuzzüge. In: *Th. Schieder* (Hg.): Hdb. d. europ. Geschichte I (1976), S. 951–964, und: Die Wikingerzüge, ebd., S. 965–996.
Sehr wertvoll für die folgende Darstellung waren die Artikel im „Kulturhistoriskt Lexikon (abgekürzt KL) för nordisk medeltid“ (22 Bde., 1956–78) und das große Sammelwerk „Nordisk Kultur“.

1. Die Länder und ihre Bevölkerung

In historischer Zeit sind die natürlichen Voraussetzungen der Wirtschaft Skandinaviens im großen ganzen unverändert geblieben. Änderungen des Klimas sind schwer festzustellen. Schwankungen der Temperatur und der Niederschläge zeigten sich in schlechteren oder besseren Ernteergebnissen oder im Übergewicht der Viehzucht über den Getreidebau in manchen Gegenden. Für die Zeit von 950 bis 1200 wird ein Klimaoptimum angenommen, also trockenere und wärmere Sommer als heute, während von 1200 bis zum Ende des Mittelalters eine Klimaverschlechterung bestanden haben dürfte, die sich in feuchteren Sommern und tieferen Temperaturen ausdrückte[1].

Von größerer Bedeutung sind die Niveauveränderungen, die infolge des Rückgangs des Eises eintraten. Die südliche Westküste Jütlands hat sich zwar seit Christi Geburt um etwa 2 m gesenkt; auch die dortigen Sturmfluten und der Flugsand haben einen Verlust landwirtschaftlichen Bodens bewirkt, aber das ganze übrige Skandinavien ist ein Hebungsgebiet. Die Küste des inneren Oslofjordes z. B. hat sich seit dem Ende der Wikingerzeit (etwa 1050) um 4 m gehoben. Manche Häfen mußten verlegt werden, um das zurückweichende Meer zu erreichen, auch der Niedergang von Helgö und Birka wird auf das Sinken des Wasserspiegels des mit der Ostsee verbundenen Mälarsees zurückgeführt. Dabei wurde landwirtschaftlicher Boden gewonnen[2].

Die Hauptsiedlungsgebiete waren wie heute die fruchtbaren Niederungen. In Dänemark breitete die Heide sich auf den sandigen Böden des mittleren und westlichen Jütland erst durch Abholzung während des Mittelalters aus.

Über die Zahl der Bevölkerung liegen vorsichtige, aber nur hypothetische Schätzungen vor. Schweden dürfte im 11. Jh. etwa 300 000, um 1350 etwa 650 000 Einwohner gehabt haben, doch gehörten die drei südlichen Landschaften Schonen, Blekinge und Halland zu Dänemark, Bohuslän am Kattegat, Jämtland und Härjedalen im Norden zu Norwegen. Finnland kam erst im 13. Jh. zu Schweden. Es hatte im 16. Jh. etwa 200 000 Einwohner. Dänemark umfaßte im Mittelalter auch die erwähnten drei südlichen, heute schwedischen Landschaften, ferner Schleswig (bis 1864), Rügen und Estland (von 1219–1346). Dänemarks Bevölkerung dürfte im 11. Jh. etwa eine halbe Million, um 1250 aber 1–1,5 Millionen betragen haben. Norwegen zählte im 11. Jh. etwa 200 000 Einwohner. Aber auch die westlichen Inseln (Shetlands, Orkneys und Hebriden) mit etwa 25 000 Menschen, Island mit 80 000 und Grönland mit 4000 bis 5000 Menschen kamen dazu, so daß man auf eine Gesamteinwohnerzahl von etwa 300 000 kommt.

In allen drei Reichen lebte eine fast rein agrarische Bevölkerung. Auch die Adeligen, ja selbst die Könige waren Großbauern, später Gutsherren. Stadtähnliche Siedlungen gab es zwar schon seit dem Beginn der Wikingerzeit, aber von Städten im wirtschaftlichen Sinne kann man erst ab dem 11. Jh. sprechen. Sie waren sehr klein. Schweden hatte am Ende des Mittelalters etwa 35 Städte; die größten waren Stockholm und Visby mit höchstens 7000–10 000 Einwohnern; alle anderen waren viel kleiner (höchstens 2000–3000 Einwohner). Dänemark hatte im 13. Jh. etwa 60, aber sehr kleine Städte[3].

Die Sterblichkeit war groß, die mittlere Lebensdauer niedrig. Seuchen wirkten verheerend[4], ebenso der häufige Ergotismus[5] und Skorbut, obwohl die Ernährung, wenn auch dürftig und einförmig, doch im ganzen kräftig und vitaminreich war (Fleisch, Fisch, Milch, Brot, viel Eiweiß und Fett). Da Verkehrswesen und Transportmittel nicht gut entwickelt waren, traten nach Mißwachs Hungerjahre ein, in denen Spreu und Rinde ins Brot gemischt werden mußten[6].

Abgesehen von einer unbedeutenden Zahl slawischer Wenden, die im 11. Jh. über die Ostsee einwanderten[7], ist nur die deutsche Kolonisation nördlich der Eider ab 1100 von Bedeutung. Sie führte zur Eindeutschung fast ganz Schleswigs. Mit dem Heranwachsen der Städte seit dem 12. Jh. kamen zahlreiche deutsche Kaufleute und Handwerker meist über Lübeck in die dänischen Kleinstädte, vor allem auch in die Städte am Öresund, Malmö und Kopenhagen, gingen aber im dänischen Volkstum auf; nach Schweden gelangten außerdem auch Bergarbeiter und Unternehmer. Visby auf Gotland war im Mittelalter eine fast rein deutsche Stadt, und Stockholm hatte bald eine deutsche Mehrheit, obwohl Birger Jarl 1251 die Entnationalisierung der Deutschen festsetzen ließ. Bald folgten fast alle schwedischen Städte nach. Die Deutschen bildeten eigene Gilden, stellten Bürgermeister und Ratsherren und hatten große wirtschaftliche Bedeutung. Weniger bedeutsam war die Einwanderung finnischer Arbeiter in die Bergbaugebiete. Nach Norwegen (besonders nach Bergen) kamen seit dem 13. Jh. viele deutsche Kaufleute und Handwerker, die erst gegen Ende des Mittelalters durch Einheirat assimiliert wurden[8].

Zu Beginn der Wikingerzeit (Ende des 8. Jh.) war höchstens die Hälfte der heutigen Siedlungsfläche Skandinaviens bewohnt, in Finnland noch weniger. Die Ausweitung der Besiedlung erfolgte durch eine große innere Rodungsbewegung, die bis ins 14. Jh. andauerte[9]. Verursacht wurde sie durch den starken Geburtenüberschuß. In Dänemark wie in Norwegen geht die Zahl der Neurodungen bis etwa 1350 in die Tausende. Vom Westen Norwegens, der an Ackerland verhältnismäßig arm, und vom Süden, der gut besiedelt war, kam es zur Auswanderung übers Meer und nach Nordnorwegen. Im schwedischen Norrland, das schon seit etwa 200 langsam vom Süden aus besiedelt wurde, beginnt die eigentliche Kolonisation so richtig erst im 14. Jh.[10].

Seit der 2. Hälfte des 10. Jh. war Dänemark christlich. – Eine große Gefahr bildeten im frühen Mittelalter die Angriffe der Wenden. Schon 1043 wurden sie zurückgeschlagen, aber im 12. Jh. kamen sie zur See. Doch Waldemar der Große (1157–1182) besiegte sie und eroberte Rügen, sein Sohn Knut VI. (1182–1202) auch Pommern und Teile von Mecklenburg. Aber erst die nun einsetzende deutsche Ostkolonisation, die die Slawen von der südlichen Ostseeküste verdrängte, hat Dänemark endgültig von der Slawengefahr befreit. Waldemar II. der Siegreiche (1202–1241), der jüngere Sohn Waldemars des Großen, entfaltete dann eine weitausgreifende Expansionspolitik: er brachte Holstein und Lübeck unter seine Herrschaft und eroberte 1219 Estland; sein Ziel war die geschlossene Ostseeherrschaft, doch mußte er 1225 auf die Erwerbungen in Deutschland verzichten. Er behielt Rügen und Estland. 1227 machte er den Versuch, das Verlorene wieder zu gewinnen. Aber bei Bornhöved wurde er endgültig geschlagen.

Der Gegensatz zwischen dem wenig erfolgreichen Königtum und dem partikularistisch gesinnten Adel verursachte nun heftige innere Kämpfe und äußere Schwäche. Dazu kamen blutige Streitigkeiten zwischen den Mitgliedern des Königshauses und der Gegensatz zur kirchlichen Reformbewegung. Der Adel, der seit Waldemar dem Großen in einer Reichsversammlung zusammenkam, zwang 1282 ein Grundgesetz ab, das ähnlich der englischen *magna charta* den König verpflichtete, jährlich den *danehoff* einzuberufen und niemanden rechtlos und ohne gerichtliches Urteil gefangenzusetzen.

[1] *G. Utterström:* Climatic fluctuations and population problems. In: The Scandinavian Economic History Review 3 (1955), S. 1ff.; *N. Friberg* und *H. Björkvik:* Klimat. In: KL 8 (1963), Sp. 480ff.

[2] Artikel „Niveauforandring" im KL 12 (1967), Sp. 310ff.

[3] Nordisk Kultur 2 (1938). Artikel „population" im KL 13 (1968), Sp. 384ff.

[4] *B. Basthom:* Sygdomme i Danmarks Middelalder (1942).

[5] *V. Møller-Christensen:* Ergotisme, im KL 4 (1959), Sp. 10ff.

[6] *F. Grøn:* Om kostholdet i Norge. In: Skrifter utgitt av det Norske Videnskaps-Akademi i Oslo II, Hist. filos. Kl. (1926).
S. V. Guđjónsson: Folkekost og sundhedsforhold i gamle dage (1941).

[7] *J. Steenstrup:* Venderne og de Danske (1900).

[8] Nordisk Kultur 2 (1938).
N. Ahnlund: Svenskt och tyskt i Stockholms äldre historia. In: (schwed.) Historisk Tidskrift (1929).
A. Schück: Die deutsche Einwanderung in das mittelalterliche Schweden. In: HGBll 55 (1930), S. 67ff.
E. Weinauge: Die deutsche Bevölkerung im mittelalterlichen Stockholm (1942).
H. Yrwing: Till frågan om tyskarne på Gotland. In: (schwed.) Historisk Tidskrift 74 (1954), S. 411ff.

[9] Art. „Kolonisation" im KL 8 (1963), Sp. 633.

[10] *N. Ahnlund:* Bebyggelsens utbredning i Norrland. In: Gammal Hälsingekultur (1931).

2. Die wichtigsten Ereignisse der politischen Geschichte

Die Reichsbildung der skandinavischen Völker vollzog sich nicht gleichzeitig. Seit etwa 800 bestand ein Dänenreich. Im 9. Jh. kam es aber zu Kämpfen unter den Nachfolgern und zur Entstehung von Teilreichen. König Gorm (gest. etwa 950) einigte erneut ganz Jütland. Sein Sohn Harald Blauzahn (Blaatand, gest. 986) gewann auch die Inseln und Südschweden dazu und wurde so der endgültige Einiger Dänemarks. Haralds Enkel Knut der Große (gest. 1035) errichtete durch die Eroberung Englands und Norwegens für kurze Zeit ein dänisches Großreich. Doch durch seine Schlüsselstellung zwischen Nord- und Ostsee blieb Dänemark weiterhin mächtig; kriegerische Könige eroberten Rügen und Estland (1219–1346) und zeitweise Pommern und das Samland. Der Kampf um die Südgrenze, die Eider, hatte schon unter Karl dem Großen begonnen. Ihre Herrschaft über Schleswig untergruben die dänischen Könige selbst, indem seit Ende des 13. Jh. ihre zuerst als Statthalter, später als Herzöge eingesetzten Söhne daraus ein erbliches Lehen machten und sich vom König möglichst unabhängig machten.

König Erich Menved (1286–1319) versuchte neuerlich seine Großmachtpolitik, die zum finanziellen Zusammenbruch führte. Graf Gerhard III. von Holstein erwarb fast das ganze Reich als Pfandbesitz. Die Ermordung Gerhards 1340 bedeutete eine Wende: ganz Dänemark sammelte sich nun in nationalem Gefühl unter Waldemar IV. Atterdag (1340–1375), der entschlossen an den Wiederaufbau schritt: Mit den Söhnen des Grafen Gerhard wurde die ratenweise Rückzahlung der ungeheuren Summen während einer Zeit von 20 Jahren vereinbart.

Die schwedische Reichsbildung ist undeutlich faßbar und umstritten. Die friedliche oder gewaltsame Vereinigung der kleinen Stämme zu großen setzte schon früh ein, auch unter dem Druck eines starken Sicherheitsbedürfnisses, das durch Hunderte von Schutzwällen und Fluchtburgen bezeugt ist. Das bedeutendste dieser Stammesreiche war das der Svear im Mälargebiet. Die inneren Kämpfe um die Einheit dauerten noch bis zum Ende des 11. Jh.

Das Gesicht dieses frühen Schweden war nach Osten gerichtet. Schonen, Blekinge und Halland waren dänisch; Jämtland und Härjedalen, anscheinend im 8. und 9. Jh. selbständige Bauerngemeinschaften, kamen später zu Norwegen. Norwegisch waren wahrscheinlich längere Zeit auch die westlichen Landschaften Värmland, Dalsland und Bohuslän, so daß Schweden nur mit der Mündung des Götaälv die Nordsee erreichte. Olaf Schoßkönig (994/95–1021/22) war der erste christliche König des geeinten Schweden. Nach dem Aussterben des Königshauses 1130 währten etwa ein Jahrhundert lang erbitterte Thronkämpfe. König Erich (IX.) errang im schwedischen Nationalbewußtsein einen besonderen Platz, da er den ersten Kreuzzug gegen das noch heidnische Finnland unternahm, die Eroberung dieses Landes mit Erfolg begann und durch seinen Märtyrertod in Uppsala (1160) ein Heiliger der christlichen Kirche wurde. Sein Sohn Knut Eriksson (1167–1196) begann durch einen Vertrag mit Lübeck die Verbindung Schwedens mit dem deutschen Wirtschaftsraum. Danach wurde der höchste Reichsbeamte, der Jarl, aus dem Geschlecht der Folkunger, dessen Stellung der des fränkischen Hausmeiers vergleichbar ist, der tatsächliche Herrscher. Der Folkunger Waldemar Birgersson wurde 1250 zum König gewählt. Sein Haus regierte bis 1387. Gotland kam fester an Schweden (1285); Finnland wurde endgültig erobert, auch das westliche Karelien mit Viborg als Grenzfestung gegen Rußland. Dann aber brachen grausame Thronkämpfe aus, die erst durch die Wahl von Magnus Eriksson (1319–1363) beendet wurden. Er erbte durch seine Mutter auch die Krone Norwegens, nutzte den Zusammenbruch Dänemarks aus und kaufte Südschweden und Bornholm. Er errang besonderen Ruhm durch seine Gesetzgebung, geriet aber in große finanzielle Schwierigkeiten: der Kauf Südschwedens und die Bezahlung der Söldner zwangen ihn zu großen Anleihen und Verpfändungen; Südschweden und Gotland gingen bald an Dänemark wieder verloren.

Ein langgestrecktes Hochgebirge mit vielen abgeschlossenen Tallandschaften, die zu den britischen Inseln weisende Atlantikküste, die über das Skagerrak gegen Dänemark offene Südflanke bedingten und erschwerten die politische Formung Norwegens[1]. Die politische Einigung ist das Werk Haralds I. mit dem Beinamen Schönhaar, des Kleinkönigs von Vestfold in Südnorwegen. Vor 900 unterwarf er die Kleinkönige des Westlandes; er gewann auch Anerkennung im Norden, der allerdings fast selbständig blieb. Die Rivalität zwischen Süden und Norden überschattete lange Zeit die norwegische Geschichte. Nach Haralds Tod führten seine Söhne und Enkel durch 70 Jahre blutige Kämpfe miteinander, durch die Norwegen zeitweise wiederholt unter dänische Oberherrschaft kam. Inzwischen wurde das Land allerdings mit Gewalt (1015–26) christlich gemacht. Der Zerfall des dänischen Großreichs nach dem Tode Knuts brachte 1035 auch Norwegen, und nun endgültig, wieder Unabhängigkeit und Einheit. Nach wieder über 100 Jahre dauernden Thronkämpfen gelang es dem energischen Abenteurer Sverre (1184–1202), sich als Alleinherrscher zu behaupten. Sein Ziel, eine starke Königsmacht aufzurichten, brachte ihn in heftigen Streit mit der Kirche. Sein Enkel Håkon Håkonsson (1217–63) konnte Norwegen – im Unterschied zu Dänemark und Schweden, die Wahlreiche waren – zu einem unteilbaren Erbreich erklären. Er erwarb 1262 auch Island und Grönland. Sein Sohn Magnus Eriksson erließ in Schweden ein Reichs- und Stadtgesetz. Doch mit ihm starb das Sverre-Geschlecht aus, und Norwegen wurde unter Magnus Eriksson mit Schweden vereint.

[1] *O. Almgren* in: Mannus 10, S. 1ff.
J. Bøe in: Bergens Museums Arsbok, Hist. Antikv. R. 6 (1930), S. 18ff.

3. Landwirtschaftliche und soziale Verhältnisse im frühen Mittelalter

Skandinavien war bis zur Mitte des 13. Jh. ein Gebiet fast reiner Agrarwirtschaft. Naturalwirtschaft und Tauschhandel überwogen bis in die Neuzeit. Auch die öffentlichen Lasten wurden meist in Naturalien geleistet, ebenso die Löhne, auch für öffentliche Tätigkeit. Abgesehen von Luxuswaren aus dem Auslande für die Oberschicht war Binnentauschhandel für die breite Masse nur mit solchen Waren notwendig, mit denen sich die einzelnen Landschaften nicht selbst versorgen konnten (vor allem Salz, Eisen, in manchen Gebieten auch Getreide). Im wesentlichen waren die Haushalte Selbstversorger. Über der großen Masse der sogen. „Gemeinfreien" stand eine führende Schicht von großen Grundbesitzern, die mit Abhängigen und Unfreien wirtschafteten und auf dem Thing den Ton angaben. Sie waren die Führer der kleineren Wikingerzüge und in heidnischer Zeit auch Priester. Bestand Dorfsiedlung, dann lebten sie meist außerhalb der Dorfgemeinschaft auf ihren Höfen. Sie setzten auch die meisten Runensteine.

Die älteste Art des Ackerbaues, die Brandwirtschaft rings um die Siedlung[1], war in den großen Waldgebieten noch weit verbreitet, in Finnland bis heute: die Bäume wurden gefällt, dann Feuer gelegt, die Erde gepflügt, dann wurde in die aschengedüngte Erde Korn gesät, bis der Ertrag ausblieb und ein anderes Waldstück in Betrieb genommen wurde. Aus dem Brandacker wurde wieder Weideland, bald Wald, nach einigen Jahren wieder Acker. Die beste Erde, meist beim Hof oder beim Dorf gelegen, wurde Jahr für Jahr bestellt, da sie mit tierischem Dünger, aber auch mit Torf und Tang intensiv gedüngt und mit dem Spaten umgeackert wurde. Das war eine Einfeldwirtschaft; die Frucht konnte gewechselt werden. Ein Hof konnte natürlich auch mehrere Äcker so bestellen. Schon für die Völkerwanderungszeit ist auch die Zweifelderwirtschaft bezeugt, auch Feldgraswirtschaft genannt, da sie zwischen Gras- und Ackerland wechselt, während die Dreifelderwirtschaft, in Dänemark im frühen, in Schweden erst im späten Mittelalter nachgewiesen ist. Bei der Größe und der geologischen und klimatischen Verschiedenheit Skandinaviens herrschte bezüglich der Betriebssysteme keine Einheitlichkeit; die alten Systeme blieben in manchen Gebieten bis in die Neuzeit erhalten[2].

Erntegerät war überall die Sichel. Der Ertrag war bestenfalls sechsmal die Aussaat. In Norwegen spielte das Einsammeln von Futter auf unbebautem Boden eine größere Rolle als in Dänemark und Schweden[3]. Gegen das weidende Vieh mußten die Äcker eingehegt sein. In Norwegen, z. B. im Westland wie auch auf den Färöern, ist in den weniger fruchtbaren Gebirgsgegenden der sogen. *reitbruk* heute noch verbreitet: d. h. kleine Äcker, die in der Nähe des Hofes verstreut liegen, wurden bestens gedüngt, in sonst unbebauter Flur, die jedes Jahr mit dem Spaten bestellt werden konnten. In den fruchtbareren, flacheren Landschaften Norwegens war im Mittelalter eine Vierfelderwirtschaft üblich.

Die Viehzucht war bedeutender als der Ackerbau, besonders in Norwegen und natürlich Island. Gute Wiesen beim Dorf oder Hof waren eingehegt; im allgemeinen aber bekam das Vieh seine Nahrung auf der Brache, auf Weide im Walde. Einen großen Teil des Jahres lebte das Vieh im Freien, in Gegenden mit mildem Klima das ganze Jahr. Futterpflanzen wurden nicht angebaut, höchstens Hafer für die Pferde. Das Vieh mußte mit Stroh, Laub, Rinde usw. über den Winter gebracht werden. Daher wurde im Herbst geschlachtet. Das Fleisch und die Butter wurden für den Winter eingesalzen, letztere anfänglich auch in Fäßchen in der Erde vergraben oder in Molke gelegt. Butter war auch Steuer- und Zahlungsmittel. Man aß also wenig Frisches.

Bedeutend war auch in allen drei Ländern die Schafzucht, weniger die Ziegenzucht. Vom Schaf wurde alles verwertet, Fleisch (gesalzen, getrocknet, geräuchert), Milch, Käse, Wolle. Schafwolle wurde sogar um 1300 aus Dänemark nach Flandern ausgeführt. Auf Grönland und Island war die Schafzucht der Haupterwerb der Bevölkerung. Auf den Färöern hatte ein Bauer oft mehrere tausend Stück, die das ganze Jahr im Freien lebten und nie geschoren wurden. Im Frühling wurde die abgefallene Winterwolle vom Boden aufgesammelt[4]. Die Schweine ernährten sich vor allem von den Eicheln im Walde. Die Heuernte wurde kooperativ von den Dorfgenossen durchgeführt und nach der geleisteten Arbeit und der Größe des Hofes verteilt; die Anteile auf den Wiesen wurden auch gewechselt. Seit der Mitte des 12. Jh. führten Dänemark und Schweden ihre agrarischen Produkte aus.

Das Rodungsrecht auf der Allmende war anfänglich frei. Bald aber wurde es durch das Königtum und die Großen beschränkt[5]. Nach dem jütschen Recht aus der Mitte des 13. Jh. war die ungenützte Allmende Krongut; wer dort rodete, wurde vom König abhängig und sein Pachtbauer. Doch wenn die Dorfgenossen oder ein Einzelhof schon vorher einen Teil der Allmende unter ihr Recht genommen hatten, so hatte der König darauf kein Recht. Manchmal wurden die Allmende bzw. Weide und Schweinehaltung auf der Allmende – in Dänemark auch auf der *oredrift (overdrev)*, einer ungenützten Fläche neben dem Dorf – nach der Größe des Besitzes im Dorf aufgeteilt. Im 14. Jh. war der Anspruch des Königs auf das Bodenregal theoretisch überall durchgedrungen[6].

Die Rodungstätigkeit hatte bedeutende Wirkungen: anfänglich bestand wohl die Großfamilie; die verheirateten Söhne blieben auf dem Hofe und wirtschafteten unter der Leitung des Familienoberhauptes gemeinsam weiter. Aber schon nach ein oder zwei Generationen wurde der Hof zu klein. Anfänglich bauten sie sich nur eigene Häuser, und der Gemeinschaftsbetrieb der Familie ging weiter. Auf diese Weise konnten z. B. in Norwegen, wo es nur Einzelhofsiedlungen gab, „falsche" dorfähnliche Siedlungen entstehen. Später aber zogen sie aus und gründeten eigene, neue Höfe. Die Großfamilie war im allgemeinen schon in der Wikingerzeit zerfallen, außer in Norwegen, wo sie sich bis in die Neuzeit hielt. Oder die alten Höfe wurden aufgeteilt, und Dörfer entstanden. Die Rodung trug natürlich zusammen mit dem Raubbau zum Schwinden des Waldes bei.

Das Königtum förderte die Rodungstätigkeit insofern, als es dadurch abhängige Leute und damit Einnahmen gewann. Daher wurden die Rodungsleute oft für längere Zeit von öffentlichen Lasten befreit. Bald aber wurde das freie Rodungsrecht auch von der Dorfgemeinschaft beschränkt. Denn wenn einer unbeschränkt rodete, mußten die anderen befürchten, daß ihre Nachkommen eines Tages nur mehr schlechteren Boden zur Neurodung zur Verfügung haben würden. In Schweden mußte daher der Rodungswillige seinen Dorfgenossen anweisen, wo noch gleichwertiges Neuland gewonnen werden konnte. Wenn es das nicht in befriedigender Weise gab, so verteilte die Dorfgemeinschaft die noch freie Rodungsfläche nach Maßgabe des Besitzes. So entstand bald eine unregelmäßige Ackerverteilung[7]. Die Utmark, das Land jenseits der Allmende, die Wald- und Hochgebirgseinöde, war ganz frei. Ein schwedisches Dorf der Wikingerzeit umfaßte etwa 60 ha Ackerland, im Hochmittelalter aber 170, so stark war die Ackerfläche vermehrt worden. Man war zum Getreideanbau für den Verkauf übergegangen[8].

In Norwegen hielt sich bis in die Neuzeit das alte Odelsrecht, das Recht auf den Erbhof, das *Odal*. Noch in frühchristlicher Zeit gingen diese Erbhöfe anderswo selten aus dem Geschlecht. Im Schweden des 13. Jh. durfte der Bauer nur bei echter Not an andere als an Sippenangehörige verkaufen. In Norwegen hatte die Sippe ein 60 Jahre dauerndes Rückkaufsrecht, so daß selten einer es wagte, einen Odelshof zu kaufen. Trotz

Odelsrecht bestand aber kein Gesamteigentum, wohl aber Erbrecht aller männlichen, später auch weiblichen Verwandten. Das Gut fiel meist ungeteilt dem ältesten Sohn zu; die jüngeren rodeten, fuhren auf Wiking oder wurden abgefunden. Auch neuangelegte Rodungshöfe konnten nach mehreren Generationen Odelshöfe werden. Kaufland war nicht Odelsland[9]. Nur der Odelsbauer, der *hauldr*, war angesehen.

Hauptfrucht war die Gerste, z.T. auch Hafer, in Dänemark und Finnland auch Roggen. Weizen war Luxus. Auch Hanf und Flachs wurden angebaut, außerdem in einer Art Gartenbau Rüben, Erbsen, Kohl und Bohnen. Der Gartenbau kam mit der Christianisierung durch die Klöster nach Skandinavien, in Dänemark ab der zweiten Hälfte des 11. Jh., sonst ab dem 12. Jh. Wirtschaftlich spielte er keine Rolle. Hasel wurde nicht nur in bedeutenden Mengen gegessen; mit ihr wurde auch der Zehnte bezahlt, und sie wurde aus allen drei Ländern auch ausgeführt.

In weiten Teilen, in den Gebirgsgegenden, daher fast überall in Norwegen, aber auch in Mittel- und Nordschweden, wahrscheinlich sogar bis ins 16. Jh. auch in Dänemark[10], wurde Almwirtschaft betrieben[11], oft einzeln, oft in Gemeinschaft. Häufig blieb das Vieh das ganze Jahr auf der Gebirgsweide. Künstlich angelegte Wiesen gab es ja in Norwegen nicht. In Schweden wurde oft auf der Alm ein Acker angelegt; dann wurde eine ständige Besiedlung daraus. Das Vieh des Dorfes wurde vom Dorfhirten auf die Weide getrieben und auch heimgeführt[12]. Auf den Weiden gab es transportable Pferche für die Nacht, damit der Dünger allmählich über die ganze Weide verteilt wurde. Die Viehzucht war also extensiv mit von selbst wachsendem Futter. Das wichtigste Zugtier war der Ochse. In Jütland und Schonen ist die Pferdezucht nicht vor dem 13. Jh. belegt. Die Pferde waren vor allem Reittiere, ab dem 13. Jh. häufiger Zugtiere für Karren. Bis dahin lebten die Pferde halb wild im Walde, aber doch eingehegt wegen des Raubzeugs. Die Kuh war Wert- und Zahlungsmittel. Das Rind war kleiner als das heutige, die Widerristhöhe 115–120 cm. Zuchtwahl kannte man nicht, wohl aber Kastration. Die Hühnerzucht spielte keine Rolle, doch sind z.B. in Norwegen im 14. Jh. Hühner als Zins und Handelsware bezeugt, auch in Island.

In Norwegen und Island gab es niemals Dörfer, in Schweden erst seit der Völkerwanderungszeit. Noch im Hochmittelalter waren sie dort sehr klein, Weiler mit 2–4 Höfen, aus einem einzigen Erbhof durch Teilung enstanden. In Jütland und auf den dänischen Inseln gab es neben Einzelhöfen auch größere Dörfer, doch vereinzelt. In der Völkerwanderungszeit waren in vielen Gegenden Dänemarks und Schwedens die Streusiedlungen zusammengezogen; Dörfer entstanden mit regulierter Dorfflur, mit Streifengliederung in Gewanne, deren jedes einheitlich bestellt wurde, mit Feldgemeinschaft und Flurzwang. Statt über die Flur verstreut, gab es jetzt in jedem Gewann so viele Äkker, als es Höfe im Dorf gab. Jeder Bauer hatte guten und schlechten Boden, denn die Dorfmark war nach der Bonität des Bodens eingeteilt. Es konnte ein Bauer aber auf seinen Äckern in den Gewannen auch eine andere Frucht anbauen als die Allgemeinheit, aber dann mußte er sie wegen der verschiedenen Reife- und Erntezeit einhegen. Erbteilung, Kauf und Verkauf waren immer frei. Die Höfe der Großen lagen manchmal im Dorf; dann wurden ihre Äcker in der Feldgemeinschaft bearbeitet; manchmal waren sie auch von der übrigen Dorfflur abgegrenzt und wurden für sich bearbeitet. Dann waren sie nicht der Flurregulierung und eventuellen Neuvermessung unterworfen.

Wahrscheinlich ist anfänglich die Entstehung von Dörfern sehr durch Boden-, Gelände- und Wasserverhältnisse beeinflußt worden. Durch Teilung und Vermehrung der Höfe, durch Kauf und Verkauf entstand eine Verdichtung der Besiedelung und eine verschachtelte, unregelmäßige Dorfflur, die aus Arbeitsgründen durch Flurregulierungen regelmäßig gemacht werden mußte. Diese Regulierungen wurden vermutlich auch von der staatlichen Macht aus fiskalischen und militärischen Gründen gefordert, die älteste sicher schon vor der Wikingerzeit. Dafür spricht, daß die dänischen Dörfer im englischen Danelaw schon solche organisierte Dorfgemeinschaften sind. Der Staat dürfte wegen der Besteuerung und militärischen Erfassung der Bevölkerung eine planmäßige Vermessung und damit Bewertung des Grundbesitzes angeordnet haben. Die gerechte Verteilung der Seekriegspflicht (*ledung*) sollte gesichert werden, darum faßte man die Höfe in gleich große Gruppen zusammen, deren jede einen Mann stellen sollte. Das älteste Einheitsmaß war in Dänemark und Südschweden das *bol*, die Hufe, lat. *mansus*, der für eine Bauernfamilie notwendige Grund und Boden und Hof, ursprünglich ein zusammenhängendes Stück Land, später geteilt, so daß mehrere Höfe zu einem *bol* gehörten[13]. Die *Bole* im selben Dorf waren also ursprünglich alle gleich groß; mit ihnen war das Recht auf die Äcker bei Neuverteilung, das Recht auf Weide, Allmende und Brache verbunden.

Das schwedische Dorf ist ebenfalls aus einem Einzelhof durch Erbteilung entstanden. *By* = Dorf bedeutete ursprünglich „Hof". Das Ackerland lag um den Hof. Aber auch hier entstand aus den gleichen Gründen wie in Dänemark Gemengelage. Das Dorfmaß war in Schweden der *Attung* = $^1/_8$ des Dorfes, später „Markland", da war nicht mehr die Fläche, sondern der Geldwert des Bodens das Maß. Außer dem Markland gab es in Schweden auch das Öresland, das Örtugland und das Penningland, in Dänemark das Goldmarkland und das Zinsmarkland. Auch in Schweden kam es schon zu Ende der Völkerwanderungszeit oder im 8. Jh. zur ersten Flurregulierung, nach einigen Generationen noch zweimal[14].

Die schwedische und auch dänische sogen. *solskifte*, d. h. Sonnenteilung, nach der alle Dorfgenossen bei Neuvermessung ihre Anteile an der Dorfmark in den einzelnen Gewannen in derselben Reihenfolge zugewiesen bekommen sollten wie der Lauf der Sonne von Osten nach Westen, wird auch als eine Maßnahme der Rationalisierung und Besteuerung betrachtet. Die Dorfbildung vollzog sich in verschiedenen Gegenden zu verschiedenen Zeiten und zu verschiedenen Formen. In Finnland entstanden die meisten Dörfer aus Einzelhöfen durch Teilung. Auch hier waren sie klein, hatten selten mehr als 10 Höfe. In Norwegen bildete sich in manchen Gegenden trotz Fehlens von Dörfern Feldgemeinschaften und Flurzwang, aber nur „familiär", weil nach dem norwegischen Erbrecht jeder Erbe in jedem Acker seinen Erbanteil bekam.

Die Bauern hatten schon im Mittelalter eine gewisse Selbstverwaltung, namentlich in wirtschaftlichen Dingen. Sie trafen sich zu bestimmten Zeiten auf der Dorfversammlung, auf der z. B. sogar die Übertragung von Grund und Boden vorgenommen werden konnte.

Der älteste skandinavische Pflug ist ein Hakenpflug gewesen, der *Ard* mit symmetrischer Schar, der die Erde nach beiden Seiten warf, aber nicht wendete; er ist in manchen Gegenden noch heute in Gebrauch. Der Räderpflug mit Schar und festem Streichbrett, der die Erde wendete, und mit dem *Sech*, dem Messer, das den Boden aufschnitt, bevor das Pflugeisen durch ihn ging, war kurz nach Christi Geburt im südlichen Jütland bekannt. Die Wikinger dürften ihn dann nach Südnorwegen und Westschweden gebracht haben. Während der *Ard* mehr rechteckige und kurze, mehr breite als lange Äcker erforderte, denn es wurde mit ihm kreuz und quer gepflügt, erforderte der Räderpflug schmale, lange Äcker, da das Wenden mit ihm eine schwere, möglichst zu vermeidende Arbeit war. Daß sich daher Pfluggemeinschaften bilden mußten und die Dorfflur sich völlig veränderte und nun der Staat die Gelegenheit zu einer regelmäßigen Verteilung der Lasten wahrnahm, ist durchaus möglich.

Ernährungsmäßig war Norwegen als Gebirgsland am schlechtesten gestellt. Der Bedarf an Brotgetreide war bis zum 11. Jh. nur knapp gedeckt, dann nicht mehr, in Dänemark und Schweden aber gut. Die agrarisch reicheren Gebiete Norwegens verhandelten Korn in die ärmeren Gegenden, vor allem auch nach Island und Grönland. Weizen wurde eingeführt, aber nur für die höheren Stände und für die Herstellung der Hostien.

In Notzeiten wurde auch gemahlene Baumrinde, mit Milch und Butter gemischt, gegessen; in Söderköping in Schweden wurde Brot gefunden, das aus Ackerkräutern und Föhrenrinde gemacht war. Daß man die genießbaren Früchte wilder Bäume und Sträucher aß, ist sicher. Der Apfel wird in der Edda als köstliche Frucht erwähnt; er dürfte also schon veredelt worden sein.

Jagd und Fischfang hatten in ganz Skandinavien, besonders im Norden, große Bedeutung. Die Norweger verkauften Pelze, Horn und Bein ins Ausland und hatten daraus ein Nebeneinkommen, das einträglicher war als die kleine Landwirtschaft. Eichhörnchenfell war die älteste norwegische Exportware; damit wurde auch die Steuer bezahlt. Habichte wurden als Jagdvögel abgerichtet. Der Vogelfang wurde an den Küsten, besonders auf den Färöern und auf Island, seit ältester Zeit betrieben, der Federn, Eier und des Fleisches wegen. Jagdfalken wurden ausgeführt, besonders aus Island, meist nach Westeuropa und in den Orient. In Norwegen war der Falke ein königliches Regal; die Bauern durften ihn nur fangen[15].

In Dänemark und Schweden, besonders in Halland und auf Samsö, enthalten die Landschaftsrechte manche Vorschriften über Zäune zum Schutz der Bienen und des Viehs und über das Recht auf Wald- und Wildbienen[16]. Die Kirchen und Klöster gewannen Wachs in eigenen Bienengärten. Doch Honig, der zur Metherstellung nötig war, ein gegorenes Getränk aus Honig und Wasser mit Kräuterzusatz, wurde eingeführt. Hopfen war für die Biererzeugung wichtig. Er wurde überall angebaut; auch die Steuer konnte mit Hopfen bezahlt werden.

Am Wald wurde Raubbau betrieben. Es gab keine Waldpflege, nur Schutz des Eigentums am Wald. Holz wurde ausgeführt, besonders aus Norwegen nach England, Island und zu den westlichen Inseln. Zur Erzeugung von Holzkohle, Teer, Eisen (aus Sumpferz), Salz (aus Meerwasser) brauchte man große Wälder. Mit 90 Kilo Holz gewann man 1 Kilo Salz. Der Wald war auch wertvoll als Weide und lieferte Viehfutter für den Winter (Laub, Rinde, Moose).

In Dänemark beanspruchte der König ab 1100 alle Wälder als sein Eigentum; die Bauern durften sie aber für Holz und als Weide benützen. In Schweden konnte der Bauer sein Jagdrecht bis ins 14. und 15. Jh. behaupten. Größte Bedeutung hatten Jagd und Fischfang in Finnland. Dort grenzten die Bauern ein oft sehr großes Fanggebiet für sich ab, das dann ihr Eigentum war, oft bis zu 30 Meilen von ihrem Hofe entfernt. Der Bauer errichtete dort eine Hütte, ging mindestens zweimal im Jahr für etwa eine Woche hin und brachte Wild und Fisch heim. Auch Norwegens Wirtschaft kann man bis in die neuere Zeit hinein in manchen Gebieten als Mischung von Ackerbau und Jagd bezeichnen: man wechselte vom Hof ins Hochland und auf die Almen.

Der skandinavische Bauer verstand auch von der Verbesserung der Bodenverhältnisse etwas. Gräben zur Ableitung des Wassers wurden angelegt, oder man pflügte parallel zu den Höhenlinien, um das Wasser in eine bestimmte Richtung ablaufen zu lassen. Furchen wurden von beiden Seiten gegeneinander gepflügt, so daß das Wasser in den Ackerbeeten gut ablaufen konnte. Bäche wurden reguliert, und Fluren wurden durch Dämme gesichert. In Grönland wurde ein Wasserleitungssystem zur Entwässerung aus dem 14. Jh. aufgedeckt[17].

1 *A. Steensberg:* Med bragende flammer. In: Kuml (1955), S. 65ff.
R. Jirlow: Pflugloser Getreidebau in Schweden. In: Ethnographisch-archäologische Forschungen IV/1 (1958), S. 28ff.

2 Vgl. die Artikel „odlingssystem", „ager", „jordbruk" und „plov" im KL.

3 *S. Skappel:* Høstingsbruk og dyrkingsbruk. In: (norw.) Historisk Tidsskrift 31 (1937–40), S. 145ff.

4 Vgl. den Artikel „Fåreavl" im KL 5 (1960), Sp. 47ff.

[5] *K. Haff:* Die Theorie des dänischen Grundregals. In: Zeitschr. der Savigny-Stiftung, Germ. Abt. 30 (1909).
[6] *K. Haff:* Die dänischen Gemeinderechte 1 u. 2 (1909).
[7] *G. Hafström:* Hamarskipt. In: Rättshistoriska Studier 1 (1951), S. 104ff.
[8] *P. Meyer:* Danske bylag (1949), Kap. 5.
[9] *J. Frost:* Das norwegische Bauernerbrecht (1938).
O. Büchner: Die Vererbung des ländlichen Grundeigentums in Norwegen (1908).
O. Behaghel: Odal. In: SB d. Bayer. Akademie d. Wiss., philos.-hist. Kl. (1935).
F. Boden: Das Altnorwegische Stammgüterrecht. In: Zeitschr. der Savigny-Stiftung, Germ. Abt. 22 (1901).
[10] *A. Aakjaer:* Løser og lokker. In: Danske Studier (1922).
[11] *K. Østberg:* Seterbruket i Norge (1930).
[12] *M. Szabó:* Herdar och husdjur (1970); Nordiska Museets Handlingar 73.
[13] *A. E. Christensen:* Vikingetidens Danmark (1969), S. 36ff.
V. Hansen: Landsby. Im KL 10 (1965), Sp. 218ff.
P. Meyer: Danske bylag (1949).
P. Rasmussen, Bol. Im KL 2 (1957), Sp. 55ff.
S. Aakjaer: Måleenheder i landmål. In: Jyske Samlinger N. R. 53 (1961), auch in The Scandinavian Economic History Review 7.
A. Steensberg: Modern research of agrarian history. In: Laos (1951), S. 187ff.
[14] *D. Hannerberg* hat die alten Ackermaße entdeckt und dadurch die Geschichte der Ackerverteilung bis in die Völkerwanderungszeit ermöglicht; seine Arbeiten alle in seinem letzten Werk: Svenskt agrarsamhälle under 1200 år (1971).
[15] *G. Hofmann:* Falkenjagd und Falkenhandel in den nordischen Ländern während des Mittelalters. In: Zeitschr. der Savigny-Stiftung, Germ. Abt. (1957), S. 115ff.
[16] SkL 186–190. *E. Lidén* in: Arkiv för nordisk filologi 27 (1911).
K. Haff in: ZRG, G. A., 60 (1940).
[17] *H. M. Jansen:* A critical account of the written and archaeological sources' evidence concerning the Norse settlements in Greenland. In: Meddelelser om Grønland 182/4 (1972), S. 82. Vgl. noch folgende allgemeine Werke zur Agrargeschichte Skandinaviens:
Bidrag til bondesamfundets historie I, II (1933);
S. Bolin, Skånelands historia 1 (1930), 2 (1933);
A. Steensberg: Den danske landsby (1940);
C. G. Weibull: Skånska jordbrukets historia (1923);
K. Wührer: Beiträge zur ältesten Agrargeschichte des germanischen Nordens (1935).

4. Handel, Verkehr und Städte in der Frühzeit

In dieser vorwiegend agarischen Gesellschaft bestand ein z. T. reger Verkehr zur See und zu Lande an den Handelsplätzen, deren einige man als stadtähnliche Siedlungen bezeichnen kann[1]. Der Hauptseeweg, nachgewiesen seit etwa 700, führte vom Fränkischen Reich über die Rheinmündung und Friesland (Dorestad) zur Eidermündung, die Eider aufwärts über Hollingstedt zur Treene und von dieser über ein kurzes Stück Land nach Schleswig-Hedeby in die Schlei und zur Ostsee, durch die dänischen Gewässer nach Norwegen, vor allem aber durch den Kalmar-Sund nach Birka und Helgö im Mälarsee, nach Gotland und Rußland. Ein zweiter Weg führte die jütische Westküste entlang nach Norden bis zum Limfjord, der erst im Laufe des 12. Jh. versandete[2].

Man ersparte sich so den gefährlichen Weg um Skagen herum. Dieser schon alte Weg führte weiter zur Mündung des Göta Älva und nach Norwegen[3]. Von der schwedischen Ostseeküste führten Seewege die deutschen (Oder, Weichsel) und baltischen Ströme (Düna, Neva) aufwärts nach Polen, Rußland und in der Wikingerzeit bis nach Vorderasien. Nach England führten Bauern schon in der Völkerwanderungszeit längs der jütischen und friesischen Küste Fische, Salz, Jagdfalken aus und brachten Seide, Weizen,

Honig, angelsächsische Kleider, Schmuck, Waffen, Salz und Wein heim. Besonders die Zeit Knuts des Großen war dem dänischen Englandhandel günstig. In London war die heute noch St. Clement Danes genannte Kirche die dänische Kaufmannskirche. Die dänischen Kaufleute waren hier in Gilden mit eigenem Gildehaus organisiert und behielten bis ins 13. Jh. Vorrechte. Ins Frankenreich kamen skandinavische Kaufleute auch auf Rhein, Mosel und Maas und auf den atlantischen Strömen. An der atlantischen Küste waren Quentovic (bei Calais) und Noirmoutier an der Loiremündung wikingische Handelsplätze. Aus dem westfränkischen Reich kamen Metall- und Glaswaren, Keramik und Waffen nach dem Norden. Aus Skandinavien kamen nach Westeuropa vor allem Pelze, Walroßzähne, in der vorchristlichen Zeit auch Sklaven (aus Rußland und den anderen slawischen Ländern), also teure und Luxuswaren, die guten Gewinn abwarfen, aus Norwegen auch Gefäße aus Kleberstein (Saporit), einer leicht zu bearbeitenden Talkumart.

Dieser Handel war schon seit dem 6. Jh. in Händen der Friesen, die sich auch in skandinavischen Städten niederließen, so sicher in Schleswig und Birka. Aus der ersten Hälfte des 11. Jh. stammt ein Runenstein in Sigtuna, der *frisa kiltar*, d.h. Friesengildebrüder, sicher wie die dänischen Kaufleute in London hauptberufliche Kaufleute nennt[4]. Der friesische Einfluß auf die skandinavischen Völker ist groß gewesen[5]. Dänemark war das wichtigste Durchgangsland. Die Friesen erzeugten Salz aus dem Meere und wohl selbst auch aus Schafwolle das berühmte friesische Tuch, das heute noch als Bezeichnung für einen dicken Wollstoff im Deutschen gebraucht wird[6]. Die dänischen Wikinger haben sie heftig bekämpft und sind wohl die Hauptschuldigen am Niedergang des Friesenhandels. Dorestad, einer ihrer Haupthandelsplätze, wurde 863 von den Wikingern zum 7. Male geplündert und durch die Überschwemmungen des Rheins vernichtet[7].

In der Ostsee war Gotland ein Zentrum des Handels von Bauernkaufleuten. Auf der Insel holten zahlreiche Eisenschmiede vom schwedischen Festlande das Erz, aus Rußland besonders Pelze und Wachs. Schon ab dem 6. Jh. bestanden beiderseitige Verbindungen mit Norwegen. Der gotländische Handelshof in Novgorod mit der Olofskirche stammt zwar erst aus dem 11. Jh.[8], aber schwedische Kaufleute waren dort schon seit dem 9. Jh. angesiedelt. Schon in der Wikingerzeit war die nordnorwegische Küste bis Vannöy besiedelt. Die Finnmarken bezahlten den Häuptlingen in Hålogaland Steuer in Form von Pelzen. Oft arteten die dortigen Fahrten der Norweger zu Raubfahrten aus; das norwegische Königtum erreichte schließlich das Monopol auf diese Fahrten und die Steuer[9]. Weitere Fahrten gingen nach Bjarmaland an die Küste des Weißen Meeres; schon Ottar (875) trieb Handel bis an die Südküste der Halbinsel Kola. Wahrscheinlich kamen norwegische Wikinger auch nach Spitzbergen. Meist war dieser Handel noch Tauschhandel, Nahhandel durch Zubringer zu den Umschlagplätzen, sonst ausgesprochener Fernhandel.

Ein besonders wichtiger Handelsweg zu Lande war der sogen. Heerweg in Jütland, von Hedeby-Schleswig nach Viborg mit einer Abzweigung nach Ribe, ab 800 nachweisbar[10]. Nach Süden hatte er eine Fortsetzung über Hamburg und Bremen zur Weser und diese aufwärts zur Fulda und zur Oberrheinischen Tiefebene. Die jütische Halbinsel wurde von Westen nach Osten von vielen Tramp- oder Höhenwegen durchkreuzt.

In Schweden war ein wichtiger Binnenweg das Mälartal entlang der Küste nach Norrland, von dort über Jämtland ins norwegische Tröndelag. Die Runensteine beweisen auch Brückenbau über Moor und Sumpf aus Erd- und Steinwällen, über Wasser aus Holz, mit Erde oder Torf belegt. In Norwegen führten uralte Wege von Trondheim durch das Gudbrandsdal oder durch das Osterdal zum Mjösen und Oslofjord und durch das Namdal nach Hålogaland. Von Oslo führte eine Route nach dem Sognefjord und von dort zu Schiff die Küste entlang nach Bergen und nach Süden[11]. Schriftliche Nachrichtenübermittlung gab es nicht, denn die Runenschrift war nicht allgemein verbreitet und eignete sich dafür auch kaum. Immerhin gibt es Runenbriefe mit dem Messer in Holz geritzt (Hedeby 9. Jh.).

Die Handelsleute waren in der Frühzeit selten Berufskaufleute, mehr Bauern, Häuptlinge, die oft Raubfahrten mit friedlichem Handel verbanden, später auch Kleriker; als Handelsplätze dienten u.a. oft weit von ihrer Heimat entfernte Thing- und Kultstätten mit Saisonmärkten, z.B. die Brännöar vor der Mündung des Göta Älv oder Halöre[12] in Schonen. Sie konnten sich zu stadtähnlichen Siedlungen entwickeln, zumal wenn ein solcher Platz Bischofssitz oder Königshof wurde. Der fremde Kaufmann war zunächst rechtlos und mußte sich durch besondere Vereinbarungen, meist kollektiv, den Frieden sichern.

Eine der ältesten dieser Handelsstädte war das erwähnte friesische Dorestad, heute Wijk bij Duurstede, seit 670 erwähnt. Das nahe gelegene Tiel a. d. Waal, Deventer und Utrecht übernahmen seine Rolle. Emden wurde schon Mitte des 8. Jh. als christliche Warfstadt angelegt und im 9. und 10. Jh. erweitert[13]. An der Mündung der Schelde auf Walcheren lag vom 7. bis zur Mitte des 9. Jh. der bedeutende Handelsplatz Domburg. Wahrscheinlich waren auch an der Gründung von Hedeby-(Haithabu)Schleswig Friesen beteiligt. Durch seine zentrale Lage zwischen Nord- und Ostsee, geschützt am Ende der etwa 40 km langen Schlei vor Überfällen und doch vom Meere erreichbar, entwickelte es sich zur bedeutendsten Stadt der Wikingerzeit. Das Auftauchen zweier verschiedener Namen in den Quellen an fast derselben Stelle der Schlei hat der Forschung viel zu schaffen gemacht. Heute neigt man zu der Annahme, daß es nur zwei Doppelnamen für ein und dieselbe Stadt sind, von verschiedensprachigen Menschen gegeben. Ihr Fernhandel wickelte sich wahrscheinlich zu Messezeiten ab; sie hatte kein besonders aufnahmefähiges Hinterland; es bestand aus Friesen, Niedersachsen und Dänen. Ein Teil waren Christen. Schon in der ersten Hälfte des 7. Jh. war dort ein Hafen. Der dänische König Godfred zwang 808 die Kaufleute, von Reric in Mecklenburg nach Schleswig zu übersiedeln, befestigte den Ort und baute den Hafen aus. Seit 825 wurden dort Münzen geprägt; es waren auch Handwerker angesiedelt. Seit 820 ließen sich besonders Dänen nieder. Die Stadt wurde 934 von Heinrich I. unterworfen. Die deutsche Herrschaft dauerte bis 983; vertraglich kam das Gebiet erst 1025 durch Konrads II. Abkommen mit Knut dem Großen wieder an Dänemark zurück. 1050 zerstörten Norweger die Stadt, 1066 die Wenden nochmals. Von der Mitte des 11. Jh. an verfiel der Siedlungsteil Hedeby; wahrscheinlich zogen die Bewohner in die 2 km entfernte Schwesterstadt, die nun allein unter dem Namen Schleswig bestehen blieb[14].

Andere dänische Handelsplätze waren Tondern und Ribe, Viborg, das seit 962 als Handelsort bezeugt ist[15], Århus[16], Vestervig am Limfjord, Aggersborg (Lögstör), Ålborg, Odense, Ringsted, Roskilde, seit 1020 Bischofssitz, königliche Residenz und Münzstätte, und Lund. Diese bis 1658 dänische Stadt wurde von Knut dem Großen zu Beginn des 11. Jh. planmäßig gegründet und war gleichfalls Münzstätte. Fremde Handelsleute, Handwerker und Priester wurden zwangsweise hier angesiedelt[17]. Auch das damals dänische Hälsingborg am Öresund war in der zweiten Hälfte des 10. Jh. ein Handelsplatz. Da diese Stadt für die Verteidigung des Eingangs in den Sund von Bedeutung war, wurde in der Wikingerzeit auch eine Königsburg dort angelegt[18].

An der damals slawischen Südküste der Ostsee lagen die kleinere, aber für den Handel von Skandinavien nach Ostmitteleuropa wichtige slawisch-wikingische Siedlung Jumne an der Odermündung, dann Truse bei Elbing, Wiskiauten am Kurischen Haff, Grobin und Apuolé an der lettischen Küste. Auf Gotland, das sich unter schwedischer Oberhoheit befand, bestand schon früh im 9. und 10. Jh. das später so berühmte Visby, aber wahrscheinlich war das südlich davon gelegene Västergarn damals größer[19]. Gotlands Bauernhandel dieser Frühzeit war nicht auf einen bestimmten Platz konzentriert.

In Schweden selbst war das Mälarbecken Mittelpunkt des Handels. Hier zuerst Helgö (Lillö, Kirchspiel Ekerö), eine 30 km westlich von Stockholm gelegene Insel, die 1950 entdeckt und ausgegraben wurde[20]. Ihr Aufschwung dauerte bis 800, doch bestand die Siedlung bis ins 11. Jh. – Schmiedewerkstätten, Gießereien bezeugen Metallhandwerk. Die Konkurrenz des nahe gelegenen Birka hat Helgö vermutlich zugrunde gerichtet, vielleicht auch die Ankunft westeuropäischer Koggen, die einen tieferen Hafen und leichtere Aus- und Einfahrt brauchten[21]. Auch Birka (heute Björkö, Kirchspiel Adelsö) hatte eine ähnlich günstige Lage: geschützt vor Überfällen, leichter Zugang zum Meere durch Stockholms Schären, durch den die Fahrt infolge des höheren Wasserstandes noch nicht durch Stromschnellen behindert war, oder über Södertälje südlich von Stockholm. Die Stadt war im 9. Jh. auch Königssitz, Münz- und Thingstätte und lag auf königlichem Grund und Boden. Einem Präfekten oblagen ihre Verteidigung und Verwaltung; die Kaufleute mußten ihm für den vom König gesicherten Frieden Abgaben zahlen. Das Recht der fremden Kaufleute war im Stadtrecht geregelt. Die gemeinnordische Bezeichnung für Stadtrecht, *Björköarätt*, wird jetzt meist so erklärt, daß das Stadtrecht von Birka so gut und vorbildlich war, daß andere Städte im Norden es übernahmen[22]. Ältestes schwedisches Stadtrecht hat also ganz Skandinavien beeinflußt, ja dieser Einfluß drang bis Novgorod, das in seinen Rechts- und Verfassungseinrichtungen nach schwedischem Vorbild gestaltet ist. Friesische Kaufleute hatten die engen Beziehungen Birkas zu Dorestad begründet. Zweimal im Jahr wurden im Winter auf dem Eis des Sees Märkte abgehalten. Die Stadt war befestigt; es wurden auch Münzen in ihr geprägt. Metallarbeiter erzeugten Gold- und Silberwaren; u.a. wurden hier chinesische Seide, persischer Silberschmuck und rheinische Glaswaren gefunden. Die Häuser waren teils Blockhäuser, teils mit Lehm verkleidete Flechtwerkbauten. Um 975 war die Blüte zu Ende. Vielleicht ist auch wie bei Helgö die Landhebung am Untergang schuld gewesen oder die heidnische Reaktion im 11. Jh. oder das Ende des Rußlandhandels im 10. Jh. (Sperre des Wolgaweges). Sigtuna, etwas weiter nördlich am Mälarsee gelegen, übernahm für kurze Zeit Birkas Rolle. Diese Stadt wurde um 1016 von König Olof Skötkonung auf königlichem Grund und Boden nach englischem Muster angelegt. Auch hier sind eine Präfektur, eine Thingstätte und ein Königshof bezeugt, ferner wurden Häuser aus Flechtwerk, mit Lehm verkleidet, ausgegraben. Der schwedische König ließ hier von angelsächsischen Münzmeistern Münzen prägen. Ende des 11. Jh. gab es dort fünf von den Kaufmannsgilden erbaute Kirchen. 1187 zerstörten eingefallene Karelier die Stadt[23].

In Schweden sind manche kleinere Orte aus Marktplätzen, verbunden mit Kult- und Thingstätten, entstanden: die Endung *-köping* = Kaufplatz kommt oft vor. Östra Aros (= Gamla Uppsala) war damals zu Schiff erreichbar (Fyris-Fluß, Mälar-See). Skara war im 11. Jh. Bischofssitz; Kalmar und Linköping erscheinen als Handelsplätze. An der schwedischen Nordseeküste war Lödöse im 11. Jh. der Vorläufer Göteborgs[24], auch Strängnäs und Västerås am Mälarsee sowie Skänninge und Tälje (später Södertälje) stammen aus vorhistorischer Zeit[25].

Unter den norwegischen Städten[26] wird Oslo zum ersten Male 1047 als königliche Stadt genannt, doch lag schon um 1000 dort eine Siedlung[27]. Das alte Skiringsal, heute Tjölling in Vestfold, das schon Ottar im 9. Jh. nennt, stand mit England, Dorestad und Hedeby in Handelsbeziehungen. Dort wurden Werkstätten und eine Hafenanlage ausgegraben; es war auch Thing- und Kultstätte[28]. Später wurde der Platz etwas weiter nach Tunsberg verlegt. An der norwegischen Kattegat-Küste gab es mehrere *kaupange*, die von den Königen als Stadtherren angelegt und organisiert worden waren[29]. Die kleinen periodischen Handelsplätze hießen oft *Bjarköy*: so wie das Stadtrecht von Birka dürfte auch der Name der Stadt selbst zum Appellativ für Handelsplatz geworden sein. Nidaros, heute Trondheim, hieß zuerst überhaupt nur *kaupang*. Auch hier kam zu

Thing und Kult ein Markt und Hafen. Nach einer Verfallszeit infolge Kriegswirren kam die Stadt um 1025 wieder zu einer gewissen Blüte[30]. Auch diese kleinen norwegischen Städte hatten eine gewisse Selbstverwaltung wie Birka und Hedeby. Ein Stadtthing zur Erledigung gemeinsamer Angelegenheiten, bald auch zur Rechtsprechung, wird um 1020 in Nidaros genannt.

Beim Geldhandel war das Silber, gemünzt und ungemünzt, Wertmesser und Zahlungsmittel. Gold wurde nur zu Schmuck verwendet. Das Silber kam bis zur Mitte des 10. Jh. aus Persien und Turkestan; als um 970 der Silberstrom von dorther versiegte, kam es aus dem Harz. Ab 980 etwa kamen keine arabischen Münzen mehr, dafür deutsche nach Gotland, mit dem Danegeld massenhaft angelsächsische. Die dänischen Münznamen (*mark, öre*) verbreiteten sich über ganz England. Die arabischen Münzen (*dirhems*) waren beschriftet mit dem Worte *kufa* nach dem Schrifttypus der Schreibschule in Kusch südwestlich von Bagdad, weshalb sie kufische Münzen hießen. Die skandinavischen Kaufleute haben sie nur nach ihrem Metallgewicht gewertet und auch als Anhänger oder Schmuck verwendet. Zu Wechselgeld gebrochenes Silber (Hacksilber) wurde beim Handel in Schalen zugewogen. Hatte man Verdacht, daß die Münze nur außen aus Silber, innen aber aus Kupfer oder Bronze bestand, was vorkam, dann brach oder durchlochte man eben die Münze oder ritzte in die Kante eine Scharte, um die Echtheit festzustellen.

Hedeby und Birka, ob privat oder vom König betrieben[31], waren die ersten Münzstätten im Norden, Hedeby von 825–985. Vorbild waren Karls des Großen Dorestad-Münzen und die angelsächsischen *sceattas*. Die ersten Münzmeister waren wahrscheinlich Friesen oder Franken, später in allen skandinavischen Ländern Angelsachsen. Im übrigen Dänemark begann ab 930 die Prägung eigener Münzen, besonders eifrig seit ca. 1000. Seit Ende des 11. Jh. waren sie fest gesichertes königliches Monopol[32]. Auch die ersten schwedischen Birkamünzen im 9. Jh. hatten die Dorestadmünzen zum Vorbild. Die Prägung eigener Münzen begann ab 990. Mitte des 11. Jh. trat eine Unterbrechung ein[33]. In Norwegen begann die Münzprägung ebenfalls 990, auch hier mit angelsächsischen Münzmeistern und Vorbildern, also in ganz Skandinavien um dieselbe Zeit[34].

Die wichtigste Gewichtseinheit war spätestens seit Beginn des 9. Jh. die Mark, deren Name von der Einkerbung, der Marke, an der Stange der Schnellwaage kommt. Sie wurde auch sicher ab dem 10. Jh. Rechnungseinheit (210 g Silber) und als solche unterteilt: 1 Mark = 8 *aurar* (Öre) = 24 *ertogar* = 240 *penningar*. Die einzige Münze, die geprägt wurde, war der *penning*; alle anderen bedeuteten Rechnungseinheiten. Die aus dem Lateinischen stammenden Namen (*öre = aureus, mönt = moneta, pund = pondus*) zeigen den vom Lateinischen beeinflußten deutschen, fränkischen und angelsächsischen Kulturstrom von Süden[35].

In den kleinen Städten lebten auch Handwerker. Da der Bauer auf seinem Hof eine fast „geschlossene Hauswirtschaft" hatte, verarbeiteten diese mehr für die Ausfuhr oder für die sog. höheren Stände meist Luxuswaren, Gold- oder Silberdraht oder Filigranschmuck, Bildteppiche, Perlen aus eingeführter Glasmasse oder aus Korallenkalk und Kalkspat, Spiegel aus Bleifolie und Spielbretter. Die Metalltechnik war gleichfalls hoch entwickelt. Der Schmied war der angesehenste Handwerker. Merkwürdigerweise war die Keramik von ihrer einstigen Höhe herabgesunken. Die Formen der Gefäße sind aus allen Richtungen beeinflußt. Erst ab 1000 wurde die Drehscheibe im Norden bekannt. Das Gerbergewerbe war alt und hochstehend, ebenso das der Färber. Gefärbt wurde mit Erd- und Pflanzenfarben, besonders Textilien. Bernstein wurde auch verarbeitet. Hochentwickelt war der Bau von hölzernen Booten, Schlitten, Wagen und Möbeln durch Spezialisten. Die Stabkirchen des 11. Jh. zeigen, daß diese Holzschnitzer große Künstler waren. Oft hatten diese Handwerker bei Königshöfen oder in Residenzen ihren Sitz. Herrscher und Häuptlinge hatten auch eigene Köche. Der wertvollste Rohstoff, das Eisen, wurde in Skandinavien als Sumpf- und See-Eisen gewonnen. Das Schmelzen wurde unter Zuhilfenahme von Blasebälgen in Gruben (eingegrabenen Tonkesseln) vorgenommen mit Holz- und Torfkohle, die in kleinen Meilern gewonnen wurde[36]. Das Eisen wurde in Barren hergestellt. Der am meisten verwendete Rohstoff war aber natürlich das Holz.

[1] *J. P. Bjernum:* Vikingetidens handel. In: Årbøger for nordisk oldkyndighed og historie (1948), S. 294ff.
A. Bugge: Die nordeuropäischen Verkehrswege im frühen Mittelalter. In: VSWG 4 (1906), S. 227ff.
J. Hashagen: Wikinger und Normannen in ihrer Wechselwirkung mit dem Abendland. In: Histor. Jahrbuch 62–69 (1949), S. 239ff.
P. Kletler: Nordwesteuropas Verkehr, Handel und Gewerbe (1924).

[2] *P. Enemark:* Limfjordshandel. Im KL 10 (1965), Sp. 571ff.

[3] *H. Jankuhn* in dem mit *S. Gutenbrunner* und *W. Laur* hg. Werk „Völker und Stämme Südostschleswigs", S. 30ff.

[4] *A. Bugge:* Altschwedische Gilden. In: VSWG 11 (1913). Die Inschrift bei *S.B.F. Jansson:* Runinskrifter i Sverige (1963), S. 95. Diese Gilden sind Gegenstand lebhafter Diskussion. Die Frage ist, ob sie ein Zusammenschluß von Frieslandfahrern oder von friesischen Kaufleuten oder von fremden Kaufleuten überhaupt waren. Die Gilden von Sigtuna waren schon christlich. *Christensen:* Vikingetidens Danmark, S. 73ff.

[5] *F. Askeberg:* Norden och kontinenten i gammal tid (1944), S. 29ff.
B. Rohwer: Der friesische Handel im frühen Mittelalter (1937).

[6] *A. Espeland:* Den frisiske handel paa Norge. In: Norsk folkekultur 19 (1933), S. 77ff.

[7] *J. H. Holwerda:* Die Katastrophe an unserer Meeresküste. In: Oudheidkundige Mededeelingen N. R. (1930).

[8] *A. Bugge:* Nowgorod som varjagisk by. In: Nordisk Tidskrift (1906), S. 573ff.
S. Mews: Gotlands Handel und Verkehr (1937).

[9] *A. W. Brøgger:* Nord-Norges bosetningshistorie (1931).
H. Koht: Den norske bosetninga i Finmark. In: Hålöygminne (1921).
Ders.: Om Hålogaland. In: (norweg.) Historisk Tidsskrift 4. R., 6 (1910).
G. Authén-Blom: Finnmark. Im KL 4 (1959), Sp. 281ff.

[10] *H. Matthiessen:* Haervejen ([4]1951). Nordisk Kultur 16 (1935).

[11] Nordisk Kultur 16 (1933).

[12] *P. Lundbye:* Haløre marked. In: (dän.) Historisk Tidsskrift 7. R. 4 (1902–1904), S. 503ff.

[13] *W. Haarnagel:* Die frühgeschichtliche Handelssiedlung Emden. In: Friesisches Jahrbuch 35 (1955), S. 9ff.

[14] Die Erforschung von Haithabu ist vor allem *H. Jankuhn* zu danken. Vgl. sein Werk „Haithabu" ([5]1972). Die Quellen in dem Werk „Quellen zur Frage Schleswig-Haithabu", hg. v. *O. Scheel* und *P. Paulsen* (1930). Zur Stadtgeschichte im Norden überhaupt wichtig: Acta Visbyensia 1 (1963).
B. Fritz: Stadshistoria och arkeologi. In: (schwed.) Historisk Tidskrift 85 (1965), S. 472ff.
Dies.: Quellensammlung zur Frühgeschichte der skandinavischen Stadt = Elenchus fontium historiae urbanae 1 (1967).

[15] *E. L. Nielsen:* Pederstraede i Viborg. In: Kuml (1968), S. 23ff.

[16] *H. Andersen:* Århus. Im Reallexikon der germanischen Altertumskunde, 2. Aufl., 1, Sp. 400ff.

[17] *R. Blomqvist:* Die Anfänge der Stadt Lund. In: Acta Visbyensia 1 (1965), S. 54ff.

[18] A.a.O., S. 166ff.

[19] *G. Fritzell:* Visby i världshandelns centrum (1971).
E. Floderus: Västergarn. In: Fornvännen (1934), S. 65ff.

[20] Der Erforscher ist besonders *W. Holmqvist:* Helgö. In: Proxima Thule (1962), S. 138ff. Ders. mit *B. Arrhenius* und *P. Lundström:* Excavations at Helgö 1 (1961), 2 (1964).

[21] *B. Almgren:* Vikingåtag och vikingaskepp. In: Tor 8 (1962), S. 186ff.

[22] Diese Frage ist lange diskutiert worden. Die oben gegebene Erklärung stammt von *E. Wessén*, der eine Namensübertragung auf andere Plätze annimmt. „Björköarätt" sei aus einem Eigen-

namen ein Appellativ geworden. Zuletzt im KL 1 (1956), Sp. 655ff.; *H. Arbman:* Birka (1939) (Från forntid och medeltid 1); *A. Schück:* Studier rörande det svenska stadsväsendets uppkomst (1926).

[23] *B. Thordeman:* Sigtuna (1926).

[24] *C. R. af Ugglas:* Lödöse (1931).

[25] *N. Friberg:* Mälarhandel. Im KL 12 (1967), Sp. 151ff.

[26] *H. Koht:* Innhogg og utsyn (1921), S. 20ff.

[27] *P. S. Andersen:* Oslo by i middelalderen. In: Nordisk Tidskrift 47 (1971), S. 13ff. *G. Fischer:* Alt-Oslo. In: HGBll 54 (1929), S. 145ff.

[28] *Ch. Blidheim:* The market place in Skiringsal. In: Acta Archaeologica 31 (1960), S. 83ff.

[29] *A. Bugge:* Anlaegget av kjøpsteder i Norge. In: (norweg.) Historisk Tidsskrift 5. R., 3 (1916), S. 143ff.

[30] Vgl. die große Geschichte der Stadt von *G. Authén-Blom:* Trondheim Bys Historie 1 (1956).

[31] *N. L. Rasmusson* im KL 1 (1956), Sp. 588ff. *P. Hauberg:* Nordens aeldste møntsted. In: arbøger for nordisk oldkyndighed og historie (1914).

[32] *G. Galster:* Nordisk Kultur 29 (1936).

[33] *B. Thordeman,* ebd.

[34] *H. Holst,* ebd.

[35] *S. Aakjaer,* ebd. 30 (1936).

[36] *S. Grieg,* ebd. 14 (1953).

5. Der Wandel in den sozialen und wirtschaftlichen Verhältnissen

Die skandinavischen Völker hatten wohl ihre politische Einheit gefunden; das aufstrebende Königtum aber mußte die oft auseinanderstrebenden Teile mit Gewalt zusammenhalten, die widerspenstigen Großen sich unterordnen und eine durch außenpolitische Ereignisse bedingte Landesverteidigung und Machtpolitik führen. Die Gegensätze der drei Staaten wurden nun zu Lande ausgekämpft. Auch die Wikinger hatten fremde Länder durch Kampf zu Lande erobert, aber der Transport dorthin wurde durch große Flotten bewerkstelligt. Dazu war das Land in Stellungsbezirke eingeteilt, die nach genauen Berechnungen Schiffe, Proviant und Mannschaft zu stellen hatten. Doch die Wikingerzüge hörten auf; 1066 wurde von Harald dem Harten von Norwegen das letzte Heer über die Nordsee geführt.

Der neue Landkrieg verlangte ein Reiterheer mit Panzern, guten Pferden und Festungen. Dies alles kostete viel Geld. Daher wurde die Seekriegspflicht (*ledung*) im 13. Jh. in eine stehende Steuer (*ledungsskatt*) umgewandelt. Dadurch beginnt in allen drei Ländern ein z.T. starker Druck auf die Bauern und gleichzeitig die Entstehung eines neuen, den teuren Reiterdienst leistenden, dafür aber privilegierten Adels. Den Bauern war schon der ständige Ausmarsch zur *Ledung* drückend geworden, um so mehr nun die Steuer, die stets erhöht wurde. Während die frühere *Ledung* von den Stellungsbezirken gemeinsam erfüllt wurde, wurde jetzt die zu leistende Steuer individuell festgelegt und damit eine Schätzung von Grund und Boden notwendig. Hier dürften die Wurzeln der erwähnten Flurregulierungen und Landvermessungen zu suchen sein.

Man suchte sich der Steuerlast zu entziehen. Viele Bauern übergaben daher seit der zweiten Hälfte des 13. Jh. ihren Grund und Boden einem Großen oder der Kirche und bekamen ihn als Pachtgut wieder zurück. Sie wurden *faestebønder* (in Dänemark) oder *landbor* genannt, weil sie durch einen Vertrag, eine *faeste*, Handfeste, den Hof erhalten hatten. Diese Entwicklung wurde durch die Neurodungen gefördert, die ja häufig von den Großen vorgenommen wurden, indem sie auf ihrem Grund freie, aber abhängige Bauern ansetzten.

Neben der Steuerlast war auch das Schutzbedürfnis in Kriegszeiten für die Bauern ein wichtiger Beweggrund, sich ihres Eigentums zu begeben; auch auf dem Thing war es gut, sich von einem Mächtigen vertreten zu lassen. Die *faestebønder* hatten nun auch Schutz vor dem Vogt des Königs und vor außerordentlichen Steuern und mußten als Belastung nur die Pacht, die sogen. Landgilde, dem Grundherren bezahlen; sie wurde fast immer in natura entrichtet und war niedriger als die staatlichen Steuern. Sie entsprach zwei Dritteln der Aussaat und blieb schließlich durch Gewohnheitsrecht unverändert. Wenn der Bodenwert stieg, hielt sich der Grundbesitzer durch Zuschlag und andere Leistungen schadlos. Durch das Emporwachsen der deutschen Ostseestädte, die sichere Abnehmer zu guten Preisen für die dänischen landwirtschaftlichen Produkte waren, nahm die Produktion seit dem 13. Jh. einen starken Aufschwung, der auch den Bauern zugute kam.

Im späten Mittelalter begannen allerdings die Gutsherren allmählich die Arbeitspflicht auf ihrem Hof einzuführen. Die Bindung an die Scholle kam erst zu Ende des Mittelalters hinzu. Das Pachtverhältnis wandelte sich allmählich in ein Dienst- und Untertanenverhältnis[1]. Auch einige andere Pflichten, wie die *Gastung* für die Leute des Gutsherrn, Fuhr- und Arbeitsleistungen waren für diese *faeste*-Bauern hinzugekommen. Das Königtum erlitt durch diese Entwicklung einen Verlust, denn es bekam nur die Steuer der verbliebenen Selbsteigner und die Landgilde seiner *faeste*-Bauern. Dies führte zu einer weiteren Herabminderung der Selbsteigner. Wenn der Gutsherr Rodungsland anlegte, so setzte er oft Unfreie dort an, die wirtschaftlich für ihn die gleiche Kategorie von abhängigen Menschen waren wie die freien *faeste*-Bauern. Die Grenzen zwischen Freien und Unfreien, zwischen *faeste*-Bauern und Selbsteignern verwischten sich also. Es kam zu einem starken Anwachsen der großen Güter, die aber meist ihre Pachthöfe verstreut hatten. Dennoch kam es nie zu einem Großbetrieb – ausgenommen Schleswig – und in ganz Skandinavien auch nie zur Ausbildung der Grundherrschaft. Der Gutsherr lebte auf einem größeren Bauernhof, den er selbst bewirtschaftete.

So war um 1400 fast der gesamte Boden Dänemarks im Besitz von Adel, Kirche und Königtum. Schon im 12. Jh. gab es in dem doch kleinen Lande 50 Klöster und acht Domkirchen mit großem Grundbesitz, vorwiegend aus Donationen von seiten des Königtums und der Großen. Die Kirche erhielt weiter viel Grund und Boden gegen Versorgungspflicht, Bußen durch Kirchenstrafen, den Zehnten und das Recht, testamentarisch zu erben, und wurde so in allen skandinavischen Ländern der größte Grundbesitzer. Die Steuerfreiheit wurde nicht ein für allemal verliehen, sondern meist bei Thronwechsel durch ein neues Privilegium, oft nur für Güter, die bis zu einem bestimmten Zeitpunkt erworben worden waren, so daß es steuerfreies und steuerpflichtiges Kirchengut gab.

Vom Krongut verschieden war das Privatgut des königlichen Hauses, das aus altem Besitz des königlichen Geschlechtes, aus Konfiskationen und den Höfen der königlichen *faeste*-Bauern bestand. Im 14. Jh. war der Unterschied verwischt. Der König ließ seine im Lande verstreut liegenden Höfe durch anfänglich Unfreie verwalten, ursprünglich Oberknechte. Bald bekamen diese aber vom König auch staatliche Aufgaben übertragen, etwa die königlichen Ansprüche bei Gericht zu vertreten, Abgaben einzuheben u. a. Dadurch stiegen sie sozial auf und galten schließlich als frei, ebenso die königlichen Vögte, die oft mehrere Güter verwalteten und als Lohn die Einnahmen eines Königshofes erhielten. Auch ein Großer, Bischof oder reicher Bauer konnte einen Verwalter anstellen. Oft konnte dieser durch Vertrag das Nutzungsrecht am Boden erwerben; die Ernte wurde dann zwischen ihm und dem Besitzer geteilt. Wenn er statt dessen eine feste Abgabe zahlte, war er bald mit den *faeste*-Bauern gleichgestellt.

Das schwedische Krongut, gen. Uppsala Öd, war ebenfalls im ganzen Lande verstreut: es waren etwa 70 größere Bauernhöfe mit einem Aufenthaltsrecht für den König und sein Gefolge. Der König zog ja in allen skandinavischen Ländern zunächst umher, nicht nur der Verwaltung wegen, sondern auch um den Ertrag seiner Höfe mit seinem Gefolge zu verzehren. Der Verwalter eines Königshofes übernahm wie in Dänemark die Naturallieferungen der Bauern für *Gastung* und *Ledung* und hatte eine Wachmannschaft zur Verfügung. Im 13. Jh. wurde er überflüssig, als die Verwaltung in festen Schlössern konzentriert wurde. Die wirtschaftliche Grundlage des Königtums war also in allen skandinavischen Ländern vor allem das Grundeigentum; von einiger Bedeutung war auch der Anspruch auf erbloses Gut, das Recht auf Bußen, die *Gastung*, die Ledungssteuer von den Selbsteignern, gewisse Arbeitsleistungen und das Münzregal, später auch städtische Abgaben. In Schweden wurde strenger zwischen Uppsala Öd und königlichem Privatgut unterschieden.

Die geschilderte soziale Entwicklung des Bauernstandes verlief in Schweden ähnlich wie in Dänemark. Der *Landbo*[2] zahlte auch hier dem Gutsherrn seine Abgabe, dafür keine Steuer dem Staat. Doch zum Unterschied von Dänemark blieb der schwedische Pachtbauer immer ein freier Mann, durch einen jederzeit kündbaren Vertrag verpflichtet, sowie der größere Teil der Bauern Selbsteigner.

In Norwegen bestanden schon im 10. Jh. stärkere soziale Unterschiede zwischen den angesehenen Odelsbauern, die von einem Häuptling abstammten, und den anderen freien Bauern, die sich Land gekauft hatten. Aber immer mehr Odelsbauern mußten sich aus wirtschaftlichen Gründen in Pachtabhängigkeit von den Großen begeben[3]. Daran war besonders schuld die Aufteilung der Höfe in nicht lebensfähige Wirtschaften mit kargen Zwergäckern. Aber wie in Schweden blieben die Pächter immer freie Männer, deren Vertrag frei kündbar war[4]. Im 14. Jh. waren (nach Holmsen) 25% des Bodens im Besitz der Selbsteigner[5].

Die Gutshöfe entwickelten sich also in keinem der skandinavischen Länder zu einer geschlossenen Grundherrschaft oder gar Immunität. Der kleinere Teil ihres Besitzes, oft sogar sehr wenig, war in Eigenbetrieb. Die Pachtbauern leisteten auf den Herrenhöfen gewisse Arbeiten; auf den Außenhöfen war oft ein Verwalter. Im späteren Mittelalter bestand in ganz Skandinavien die Tendenz zur Arrondierung und zum Aufbau eines großen Gutsbetriebes.

Die Sklaverei verschwand in Dänemark und Norwegen um 1200, in Schweden etwa 1340/50[6]. Die Wikingerzüge hatten aufgehört und damit das Einströmen fremder Unfreier und auch der Handel mit Unfreien. Die Kirche drang energisch auf die Freilassung. Die Freigelassenen waren anfänglich zwar persönlich und wirtschaftlich noch vom früheren Herrn abhängig[7], doch die Nachkommen wurden nach einigen Generationen ganz frei. Durch sie war die soziale Differenzierung noch größer geworden. Sie rodeten meist Neuland oder gingen bzw. blieben als Knechte auf einem Hof. Ursprünglich sollten sie in eine Sippe aufgenommen werden, dann war ihre Lage besser. Viele Knechte erhielten oder erarbeiteten sich vom Grundherrn ein kleines Stück Land, das sie neben oder nach der Arbeit auf dem Herrenhofe bewirtschafteten und für das sie eine Naturalabgabe leisteten. Mancher betrieb auch ein Handwerk nebenbei, andere wurden Hirten. Manche wieder wurden herumstreifende Gelegenheitsarbeiter ohne festen Wohnsitz, die aber in Norwegen und Schweden gesetzlich verpflichtet wurden, Arbeit anzunehmen. Ihre niedrigen Löhne wurden nach einem Mindestlebensbedarf gesetzlich bestimmt und durften bei Strafe nicht erhöht werden. Daher entstand bald Arbeitskräftemangel. Manche Landarbeiter wurden durch ihre Unbeständigkeit den Bauern zur Qual. Die im Hause des Herrn geborenen unfreien Knechte und Mägde wurden wie schon zur Zeit des Tacitus zur Familie gerechnet und hatten es gut. Die hausgeborenen unfreien Mädchen wurden allerdings meist Friedl des Bauern oder Gutsherrn. Heirateten sie, bekamen sie eine kleine Mitgift. Alte Leute, die bei ihren Erben nicht unterkommen konnten oder keine Erben hatten, gaben ihre Selbständigkeit oft auf und übertrugen ihren Hof gegen Versorgung bis zum Tode einem anderen, nicht verwandten Bauern. Sie wurden *Gabknecht* genannt und hatten eine verminderte Rechtsstellung. In Schweden verbot Birger Jarl (gest. 1266) diese Übertragung zu Eigentum; sie durfte nur zu Nutzgenuß und Besitz erfolgen; beim Tode des Gabknechtes sollten die Erben das Gut übernehmen und die Kosten ersetzen[8].

Durch diese soziale Minderung des Bauernstandes wurde auch dessen Mitwirkung am staatlichen Leben, an der Rechtsprechung immer geringer. Mit der Erstarkung des Königtums wurde z.B. in Schweden Lagmann, d.h. Rechtsprecher und Vorsitzender des Landesthings, der bisher von den Bauern gewählt worden war, ein Beamter des Königs. Das Bestätigungsrecht der Bauern zur Königswahl fiel weg. In Norwegen kamen zum großen königlichen Gesetzesthing nur mehr Vertreter, die vom königlichen Beamten ausgewählt wurden und auch nur Beisitzer waren; der Richter war der Lagmann mit einem Ausschuß, dessen Mitglieder gleichfalls von Beamten bestimmt wurden. Das Bauernthing der Kleinlandschaften war bedeutungslos. Die norwegischen Bauern organisierten sich dafür ab dem 13. Jh. in Gilden, die oft über ganze Landschaften reichten, die Geselligkeit pflegten, sich gegenseitig Hilfe leisteten und für die Beerdigung sorgten.

Das Gegenstück zur sozialen Minderung des Bauernstandes war die Entstehung des Adels. Großbauern und Häuptlinge gab es ja schon seit der Bronzezeit, doch jetzt gewannen sie als geschlossener, dann rechtlich anerkannter Stand bald auf die Staatsführung einen meist unheilvollen Einfluß. Sie konnten sich gute Bewaffnung, Roßdienst und Panzerrüstung leisten und wurden daher die richtige Truppe für die neue Kriegführung zu Lande. Das königliche Gefolge war anfangs nur eine verhältnismäßig kleine Schar, die sogen. *Hird*, die nicht nur zu kriegerischen und Sicherheitsdiensten verwendet wurde, sondern auch Ämter in der lokalen Verwaltung, vor allem Hofämter erhielt, die später zu Reichsämtern wurden. Knut der Große hat seine *Hird* zu einer zahlstarken, schlagfertigen Truppe ausgebildet und ihr ein eigenes Gefolgschaftsrecht gegeben[9]. Unter Knut dem Heiligen (1080–86) war die *Hird* nur etwa 50 Mann stark. Ihr Verhältnis zum König war zwar kündbar und privatrechtlich, aber Treue und Gehorsam bis zur Aufopferung des eigenen Lebens wurden verlangt. Die *Hird* war sicherlich neben den Großbauern- und Häuptlingssöhnen eine Keimzelle des Adels. Nun traten in Dänemark seit dem 12. Jh. die reichen Selbsteignerbauern, dann die Leiter der früheren Ledungsabteilungen in die *Hird* ein und erweiterten diese beträchtlich. Oft waren sie nur in jüngeren Jahren aktiv, dann lebten sie auf ihrem Gut, gehörten aber immer noch zur *Hird*. Sie erhielten als Lohn ein *len* (das Wort stammt vom dt. Lehen, bedeutet aber nicht dasselbe), einen Amtsbezirk oder ein großes Königsgut zur Verwaltung, vor allem aber Freiheit von der Ledungssteuer für den eigenen Grund und Boden, für den Boden ihrer *faeste*-Bauern anfangs nur durch königliches Privilegium, später allgemein. Bald bemühten sie sich, ein rittermäßiges Leben zu führen; der erste Ritterschlag ist 1287 in Dänemark belegt; die Vornehmeren hießen nun *riddere*, die Minderen, die keinen Ritterschlag bekommen hatten, *vaebnere, militares*. Aus einem anfänglichen Dienstadel entwickelte sich bis zum Beginn der Neuzeit ein erblicher Geburtsadel. Auch Bischöfe und Gutsbesitzer selbst konnten sich innerhalb ihres Bistums bzw. *lens* ein Gefolge halten. Sie mußten zu Kriegs- und Königsdienst bereit sein; allerdings konnte der König schon seit dem 13. Jh. ohne die Zustimmung der Gutsbesitzer keinen Krieg führen. Doch von den außerordentlichen Steuern wurden sie nicht befreit. Sie bekamen in Dänemark schon Mitte des 13. Jh. das Recht auf gewisse Bußen, die dem König zustanden, mußten aber auch die Verbrecher in ihrem Gebiet verfolgen.

Die Entwicklung in Schweden verlief ähnlich. Auch hier ist die *Hird* des Königs sicher eine der Quellen des Adels. Auch der schwedische König brauchte eine gepanzerte Reiterei und für die festungsartigen Schlösser Besatzungen, meist teure deutsche Söldner. Wer nun gut bewaffnet zu Pferd auf eigene Kosten Kriegsdienst leisten konnte, also auch Bauernsöhne, der alte Landschaftsadel, die *Hird*, erhielt wahrscheinlich 1280 Freiheit (*frälse*) von ordentlicher Steuer und *Gastung* und von der Ablieferung der Gerichtsbußen ihrer Leute. Dies dürfte nur der Schluß einer schon längere Zeit vorher begonnenen Entwicklung sein, derzufolge ein bald erblicher Reichsadel entstand, dessen Einheit auf anfänglich regelmäßigen Musterungen durch den König zum Ausdruck kam. Von nun an zahlte nur der Selbsteignerbauer staatliche Steuer, denn auch hier hatte der Bauer bald seinen Vorteil erkannt, seinem adeligen Herrn die geringere Pachtabgabe zu entrichten[10]. Auch in Schweden fand nun die ritterliche Lebensführung Eingang. Die Adeligen erhielten Schlösser mit ihrem oft großen Gebiet als *län* zur Verwaltung.

In Norwegen ist die *Hird* gleichfalls eine der Quellen dieses Adels gewesen. Die Hirdleute bekamen in der ersten Hälfte des 11. Jh. für ihre Dienste ein königliches Gut, leisteten dafür aber Kriegsdienst und hatten die Aufgaben eines königlichen Vertreters in ihrem Gebiet zu erfüllen. Die einstigen Häuptlinge und Kleinkönige des 8. bis 11. Jh. waren teils in den langen inneren Kämpfen ausgerottet worden, teils in Königsdienst getreten. Diese sog. *Lendermenn* waren aber oft unsicher und unbotmäßig. Die Könige ernannten daher für manche Gebiete untergeordnete, oft sogar ursprünglich Unfreie[11], später oft aus der *Hird* stammende Beamte zur Wahrnehmung ihrer Interessen. König Sverre (1177–1202) verringerte ihre Zahl von etwa 100 auf 20. In den Kämpfen des 12. und 13. Jh. waren sie fast völlig vernichtet worden. Als auch in Norwegen das Bedürfnis nach einer gut bewaffneten königlichen Panzertruppe entstand, traten die *Lendermenn* in die *Hird* ein. Sie erhielten alle wie in Dänemark und Schweden Freiheit von der Leidangsteuer für sich und eine bestimmte Zahl ihrer Leute und wurden aus einem zunächst persönlich bevorrechteten Stand im 14. Jh. ein Geburtsadel mit erblicher Steuerfreiheit für alle seine Höfe, auch für die Pachthöfe ihrer *Leilendinger*. Auch in Norwegen fanden nun das europäische Ritterwesen und, ca. 1270–80, Adelstitel Eingang. Die *Lendermenn* hießen nun Barone, andere nur *riddere*. Eine einem Ordensstatut ähnliche Hirdordnung sah sogar eine Altersversorgung der Mitglieder vor. In dem Maße aber, in dem die norwegischen Könige eine zentrale Verwaltung mit Beamten aufbauten, sank die Bedeutung der *Lendermenn*, die 1300 abgeschafft wurden[12]. Der Mangel an Grund und Boden verhinderte auf die Dauer auch Gebrauch und Unterhalt einer teuren Reitertruppe, und die *Hird* verschwand im 14. Jh.

Hauptverlierer dieser wirtschaftlichen und sozialen Entwicklung war in allen drei skandinavischen Reichen das Königtum. Seine Steuergrundlage verminderte sich zu stark, eine Reiterarmee war zu teuer, auch die Einnahmen der Regalien waren zu gering. Das Königtum geriet in arge finanzielle Schwierigkeiten, war bald schwer verschuldet, verkaufte und verpfändete seinen Besitz (meist an Ausländer, besonders Deutsche). Dennoch brachte es der Adel in keinem der Länder zu einer so machtvollen, schließlich souveränen Stellung wie etwa die Lehensmänner in Deutschland. Auch die skandinavischen Könige verliehen Güter und Renten an ihre Dienstleute als Lohn, schon in der ältesten Zeit an die untersten Beamten der lokalen Verwaltung, später an die Vögte der Schlösser und größeren Gebiete, der *län*. Es gab Lehen, die jährlich an die königliche Vorratskammer ihre Einnahmen und Ausgaben verrechnen mußten, andere, die ihre Einnahmen gegen Kriegsdienstleistung behalten durften, schließlich Pfandlehen, die der König gegen ein Darlehen verlieh. Aber niemals wurden diese Lehen erblich, nie erhielten sie die Gerichtsbarkeit; sie blieben immer königliche Verwaltungsbezirke. Nur die sog. Fürstenlehen, wie in Dänemark, Schleswig, Halland oder einigen Inseln, die Ende des 13. und Anfang des 14. Jh. an Mitglieder des königlichen Hauses zur Versorgung verliehen wurden, wurden z.T. erblich und entsprachen den deutschen Lehen[13].

Island und Finnland wurden von dieser Entwicklung nicht berührt. In Island wurde anfänglich auch Ackerbau betrieben, doch er ging seit dem 12. Jh. ständig zurück[14]. Es gab auch in Island neben der Masse der freien Selbsteigner Pachtbauern, Kleinhäusler, Freigelassene und Knechte. Teils waren sie als abhängige Leute mit den Landnehmern mitgekommen, teils waren sie durch Teilung der Höfe oder Not entstanden oder ursprünglich Unfreie gewesen. Für die Bildung eines weltlichen Adelsstandes fehlten alle Voraussetzungen. Das Kennzeichen eines freien Bauern war auch die Möglichkeit, die Thingfahrerabgabe zu bezahlen, wenn er nicht persönlich zum Thing reiste. Die Thingfahrt war in dem großen Lande eine kostspielige Sache; man brauchte dazu Pferde, mußte sich selbst versorgen und den Hof während der wochenlangen Abwesenheit von Dienstleuten bewirtschaften lassen. Nur der Thingfahrer konnte in der Regel Gemeindeämter übernehmen, mußte aber auch den Zehnten der Kirche bezahlen und für die Armenpflege sorgen. Den Pachtbauern konnte er zwingen, bei Fehde mit ihm zu ziehen.

Auch in Grönland muß im 13. Jh. ein bescheidener Ackerbau bestanden haben. In Finnland blieben 90 % der Bauern Selbsteigner; aus ihnen ragten die richterlichen und beamteten Bauern als eine Art Bauernadel heraus. Kleinhäusler und Neuroder bildeten eine nicht zahlenstarke untere Schicht.

Bis Ende des 13. Jh. waren trotz der Kriegswirren und inneren Kämpfe Landesausbau und Produktion ständig gewachsen. Besonders für die Landwirtschaft Dänemarks war durch die deutsche Kolonisation der südlichen Ostseeküste und die Entstehung der vielen Städte ein gutes Absatzgebiet entstanden. Doch ab 1300 etwa hörte das auf; die deutschen Ostseestädte konnten sich aus dem Überschuß des Hinterlandes versorgen und wurden bald selbst große Exporteure landwirtschaftlicher Erzeugnisse. Seit etwa 1340 sanken in allen drei Ländern die Preise für landwirtschaftliche Erzeugnisse, der Grundstücke und die Grundrente. Gleichzeitig brach 1349 der Schwarze Tod, von England her eingeschleppt, rasch über ganz Skandinavien herein und führte zu einer gewaltigen Bevölkerungsverminderung, in Norwegen vielleicht um zwei Drittel. Die Folgen dieser Katastrophe werden im nächsten Band weiter besprochen.

[1] Darüber *J. Steenstrup* in: (dän.) Historisk Tidsskrift 5. R., 6 (1887), S. 339ff., und *K. Erslev,* ebd. 8. R., 1 (1909), S. 71ff.

[2] *P. Glanzner:* Das Pachtrecht der schwedischen Landschaftsrechte. In: Mediaeval Scandinavia 2 (1969), S. 149ff.
St. Piekarczyk: Some notes on the social and economic situation of the Swedish tenants. In: Scandia 27 (1961), S. 192ff.

[3] *K. v. Maurer:* Die norwegischen Höldar. In: SB. d. kgl. bayer. Akademie d. Wiss., philos.-hist. Kl. (1890).

[4] *O. Büchner:* Die Geschichte der norwegischen Leilendinger 1 (1903).

[5] *H. Björkvik:* Det norske krongods i mellomalderen. In: (norweg.) Historisk Tidsskrift 40 (1960).

[6] *H. Herdal:* Traellene i Norden (1967).
N. Skyum-Nielsen: Kvinde og slave (1971).

[7] *K. v. Maurer:* Die Freigelassenen nach altnordischem Recht. In: SB. d. kgl. bayer. Akademie d. Wiss., philos.-hist. Kl. (1878).

[8] *A. Schulze:* Die Rechtslage des alternden Bauern nach den nordischen Rechten. In: Zeitschrift der Savigny-Stiftung, Germ. Abteilung 51 (1931).

[9] *K. Wührer:* Die schwedischen Landschaftsrechte und Tacitus' Germania. Ebd. 76 (1959), S. 1ff.

[10] *S. Bolin:* Ledung och frälse (1934).
C. J. Andrae: Kyrka och frälse i Sverige (1960).
O. Bjurling: Våldgästning och frälse (1952).

S. Tunberg: Det världsliga frälsets uppkomst i sverige. In: Historika Studier tillägn. *H. Hjärne* (1908), S. 25ff.

11 *K. v. Maurer:* Die Armen des altnorwegischen Rechtes. In: SB. d. kgl. bayer. Akademie d. Wiss., philos.-philol. und hist. Kl. (1879), S. 49ff.

12 *A. Holmsen:* Var „retterboten" av 1308 en retterbot? In: (norweg.) Historisk Tidsskrift 49 (1970), S. 34ff.
K. Lunden: Om Håkon V's skipan av 17/6 1308. Ebd. (1971), S. 34ff.

13 *H. Koht:* Det nye i norderlensk historie kringom år 1300. In: Scandia 4 (1931), S. 171ff.
A. E. Christensen: Kongemagt og Aristokrati (1968), S. 143ff.
S. Tunberg: Medeltida länsväsende i Sverige och Finnland (1939).

14 *B. M. Olsen:* Om kornirkju a Islandi að fornu. In: Bunadarrit 24 (1910).
P. Jóhannesson: Die Stellung der freien Arbeiter in Island (1933).
Zu Adelsö: *H. Arbman:* Adelsö. Im Reallexikon der germanischen Altertumskunde (^{2}1973), Bd. I, und *S. Tunberg:* Alsnöstadga. In: (schwed.) Historisk Tidskrift 31 (1911), S. 229ff.

6. Städte, Handel, Gewerbe und Bergbau im Hochmittelalter

Inzwischen war ein neuer Stand herangewachsen, der die Wirtschaft Skandinaviens entscheidend beeinflussen sollte, die Bürger in den Städten. Im 12. und 13. Jh. entstanden zahlreiche neue Städte um Burgen, von den Königen gegründet, mit Stadtrecht ausgestattet, wofür die Könige Zoll, Markt- und Handelsabgaben und einen Grundzins (in Dänemark schon 1086) erhielten. Die Bürger waren meist noch Ackerbürger und betrieben namentlich Viehzucht auf Wiesen und Weiden vor den Städten. Die Städte waren meist schon eigene Rechts- und Friedensbezirke mit eigenem Thing und einem königlichen Vogt an der Spitze; doch zeigt z. B. das Stadtrecht für Schonen aus der zweiten Hälfte des 13. Jh. noch keine städtische Organisation[1].

Der Aufschwung der skandinavischen Städte wurde vor allem durch die Besiedlung des deutschen Ostens verursacht. Deutsche Kaufleute fuhren zwar schon seit dem 9. Jh. über Nord- und Ostsee nach Skandinavien[2], aber erst durch die deutsche Ostsiedlung entstand ein Kranz blühender Städte von Lübeck bis Reval, mit einer aufstrebenden, tüchtigen Bürgerschaft und einem fruchtbaren agrarischen Hinterland. Die deutschen Kaufleute ließen sich nun auch bald in großer Zahl in Skandinavien nieder und beteiligten sich an der wirtschaftlichen Erschließung dieser Länder. Der Anschluß Skandinaviens an die mittel- und westeuropäische Wirtschaft wurde durch sie beschleunigt.

Mit den deutschen Kaufleuten wanderten zahlreiche deutsche Handwerker ein. Dänische landwirtschaftliche Produkte (Getreide, Fleisch, Speck, Butter) wurden zu guten Preisen von den Hansischen gekauft; ausländisches gutes Geld strömte ins Land, mit dem auch die Steuern bezahlt wurden; Wohlstand und damit ausländische Waren, auch Luxuswaren, verbreiteten sich. Die Vertreter des Königs übten die Kontrolle der Häfen aus und vereinnahmten Markt- und Zollabgaben.

Allmählich änderte sich unter deutschem Einfluß die Stadtverfassung; in der zweiten Hälfte des 13. Jh. erscheint in den meisten dänischen Städten ein gewählter Rat (zum erstenmal in Ribe 1252), im 14. Jh. ein gewählter Bürgermeister (zum erstenmal in Schleswig 1342). Die Könige waren bestrebt, den Handel in den Städten zu konzentrieren und von dänischen Bürgern ausüben zu lassen. Das gab manchen Streit mit den deutschen Kaufleuten, die sich als Gäste nur zeitweilig in den Städten aufhielten oder auch über den Winter blieben. Sie mußten Abgaben bezahlen, um auf den Märkten Handel treiben zu dürfen, durften keinen Einzelhandel betreiben, die landwirtschaftlichen Erzeugnisse nicht aufkaufen und weiterverkaufen. Wer aber für immer in der dänischen Stadt verblieb und einheiratete, wurde bald als Däne betrachtet.

In allen skandinavischen Städten, in Norwegen auch die Bauern auf dem Lande, schlossen sich die Bewohner zu Gilden zusammen. Diese sind in Schweden schon um 1000, für die dänischen Kaufleute in England im 11. Jh., sehr früh auch in Schleswig belegt. Es waren, zurückgehend auf vorchristliche heidnische Opfergemeinschaften, Bruderbünde zu gegenseitigem Schutz und Hilfe unter einem Schutzheiligen. Im 13. und 14. Jh. gerieten sie aber in Dänemark und Norwegen in Konflikt mit dem Königtum und den Städten, weil sie eine Art Nebenregierung bildeten. Das Stadtrecht von Kopenhagen 1294 und von Norwegen 1295 haben sie verboten; sie blieben aber fachlich, religiös und gesellschaftlich Unterstützungsvereine. Die Kaufmannsgilden waren ursprünglich ganz deutsch; auch die Handwerksgilden standen unter deutschem Einfluß. Sie waren wohl ein Ersatz für die verschwundene Sippe[3].

Internationale Bedeutung hatte im 13. und 14. Jh. der Heringsmarkt an der Küste Schonens[4]. Dort fand vom August bis in den Oktober hinein unter Aufsicht der königlichen Beamten und unter besonders verkündetem Frieden der größte Fischmarkt Europas statt. Das unmittelbare Strandgebiet war königlicher Grund und Boden. Die deutschen Kaufleute hatten seit 1283 kleine Grundstücke erworben, auf denen sie feste Buden (sog. *vitten*), manchmal auch Gemeinschaftsbuden einer deutschen Stadt, errichteten. Sie brachten Fässer und Salz, Geld und die Organisation mit; manchmal beschäftigten sie auch eigene Böttcher. Das Salz, das im 9. Jh. von den Wikingern aus den Salzgärten von Noirmoutier an der atlantischen Küste nach Skandinavien gebracht wurde, brachten seit dem 13. Jh. die kühnen Umlandfahrer über Skagen. Dann kam es über Lübeck aus Oldesloe auf der Trave, aber im 14. Jh. wurde der Salzhandel ein Monopol Lüneburgs zu Lande über die Ilmenau[5]. Ende des 14. Jh. wurden (nach A. E. Christensen) bis zu 300000 Heringe jährlich gefangen. Die Entstehung neuer Städte am Sund und starkes Wachstum der schon bestehenden war die Folge des Schonenmarktes. Die deutschen Kaufleute standen unter lübischer Gerichtsbarkeit und wurden von einem Beamten ihrer Heimatstadt verwaltet. Sie waren in gewisser Hinsicht exterritorial und hatten ein stillschweigendes Monopol. Die Dänen fischten; die Deutschen verarbeiteten und setzten den Hering im Groß- und Kleinhandel um, bald auch andere Waren, auch außerhalb der *vitten* am ganzen Sund; sie bildeten starke Handelsgesellschaften und arbeiteten mit Kommissionären.

Die ersten Deutschen in Schweden waren die Gotlandfahrer, schon vor der Hanse, von denen viele in Visby blieben und dort die Gilde der *Theutonici in Gotlandia manentes* zum Unterschied von der *Universitas Gotlandiam frequentantium* bildeten. Sie verdrängten bald die Skandinavier, aber auch die Wenden und Russen aus dem Gotlandhandel. Visby wurde um 1150 von Lübeckern angelegt. Die deutsche und die schwedische Gemeinde wurden erst seit 1280 vereint. Heinrich der Löwe sicherte 1161 den (schwedischen) Gotländern, die über Lübeck des Handels wegen in seine Länder kamen, Frieden und Gleichstellung mit seinen Leuten zu gegen die entsprechenden gleichen Rechte der Deutschen auf Gotland[6]. Seit Ende des 12. Jh. ließen sich Deutsche auch auf dem schwedischen Festlande nieder[7]. In der zweiten Hälfte des 13. Jh. gab es in allen schwedischen Städten starke deutsche Minderheiten, oft sogar Mehrheiten. Kalmar, Stockholm und Lödöse waren dann im 14. Jh. eigentlich deutsche Städte[8]. Die schwedische Ausfuhr von Pelz, Butter, vor allem Eisenerz, später auch Kupfer, lag bald in deutschen Händen. Der schwedische Bergbau wurde durch die Deutschen ausgebaut und kommerziell verwertet. Eingeführt wurde durch die Hansestädte vor allem Salz (1/4 der Gesamteinfuhr) und Tuch. Wahrscheinlich bekamen die Deutschen schon von König Knut Eriksson (1167–1195) Zollfreiheit; Birger Jarl vereinbarte dann mit Lübeck und Hamburg gegenseitige Zollfreiheit[9].

Doch sollten die Deutschen, die in allen schwedischen Städten die Oberschicht bildeten, den schwedischen Gesetzen gehorchen, eine Vorschrift, die sich nicht durchsetzen ließ. Sie waren aber Bürger; daher konnte anders als in Norwegen eine allmähliche Vermischung eintreten. Der deutsche Einfluß zeigte sich wie in Dänemark auch in der Ausbildung der Stadtrechte, aber schließlich hat Magnus Eriksson 1347 ein für das ganze Reich geltendes schwedisches Stadtrecht erlassen[10]. Der deutsche Einfluß zeigte sich sehr stark auch in allen skandinavischen Sprachen, in Kunst und Handwerk.

In der ersten Hälfte oder Mitte des 13. Jh. wurde Stockholm gegründet. Wahrscheinlich war die Zerstörung Sigtunas durch estnische Seeräuber der Anlaß. Die Stadt, 1252 zum ersten Male genannt, erhielt 1297 ein vom lübischen Recht stark beeinflußtes Stadtrecht.

Eine Eigentümlichkeit deutsch-baltischer, aber auch skandinavischer Städte war die sog. Kaufmannskirche: eine Kirche, die gleichzeitig zur Aufbewahrung der Waren, Urkunden, des Geldes und der Gewichte diente und deren Priester der Sekretär der Kaufleute war und von diesen eine Abgabe erhielt[11].

In zahlreichen Konflikten und auch durch Krieg sicherte sich die Hanse immer wieder ihre Vorrechte. Schließlich konzentrierte sich nach Lübeck der gesamte Handel Nord- und Osteuropas. Lübeck verdrängte auch Visby, doch hat dessen Niedergang seit 1300 wahrscheinlich in der verbesserten Navigation seine Ursache: die Schiffe trauten sich an Gotland vorbei auf die hohe See. Aus dem gleichen Grund verfiel ja auch Ribe an der jütischen Westküste, weil man vereinzelt schon in der ersten Hälfte des 13. Jh. die Umfahrt um Skagen wagte (*Ummelandsfahrt*). Die Leitung der Novgorodfahrer übersiedelte 1293 von Visby nach Lübeck, das nun auch oberstes Gericht wurde.

Bezüglich Norwegens kann man fast von einer Herrschaft der Hanse über dieses Land sprechen. Hier war ihre Stellung am stärksten. Der schwache norwegische Handelsstand in den kleinen Städtchen konnte mit den deutschen Kaufleuten, die auch hier seit der zweiten Hälfte des 13. Jh. eindrangen, nicht konkurrieren. Außerdem waren die Hansen für Norwegen eine Lebensnotwendigkeit: infolge der Bevölkerungsvermehrung wurde ab etwa 1230 die Getreideeinfuhr lebenswichtig. England konnte nicht genügend liefern und wurde verdrängt. Die deutschen Ostseestädte lieferten bald auch Waren aus Westeuropa. Sie kauften dafür von Norwegen getrockneten Fisch, Butter, Felle und Häute. Norwegen hatte einen sicheren Absatz, und seine Versorgung war gesichert. Die Fischer Nordnorwegens, aus Hålogaland, von den Lofoten brachten ihren Fang (getrockneten Kabeljau, gepökelten Hering) nach Bergen, wo anfangs norwegische Kaufleute ihn kauften. Bald aber schalteten die Deutschen die norwegischen Zwischenhändler aus. Kraft immer größerer Privilegien (1250, 1278, 1285, 1294, 1343) nahmen sie bald eine Monopolstellung ein. Bergen wurde ihr Hauptsitz; die Hanse hatte dort seit etwa 1350 mehrere Häuser an der früher „deutsche Brücke" genannten Hafenzeile und ein eigenes Kontor. Während der bescheidene norwegische Handel vor der Hansezeit mehr oder weniger Luxuswaren für die kleine Oberschicht aus- und einführte, also ein Kleinhandel war, war der deutsch-norwegische Handel jetzt ein Massengüterhandel. Schon vor 1250 kamen auch deutsche Handwerker nach Bergen, und viele Kaufleute wurden trotz Verbot sog. Wintersitzer, lebten aber ganz getrennt von der norwegischen Bevölkerung in einer Art exterritorialem Viertel Bergens und verwalteten ihre Gemeinde selbst durch Ratsherren, die Lübeck, das auch oberstes Gericht für das hansische Kontor war, verantwortlich waren. Sie bildeten etwa $^1/_{10}$ der Bevölkerung der Stadt und einen fest geschlossenen Verband. Dieses Verhältnis zur einheimischen Bevölkerung wurde noch nicht in befriedigender Weise geklärt[12].

Leider gab es infolge des oft selbstbewußten Auftretens der Deutschen stets Streit. Trotz Verbots (1294, 1302, 1348, 1361), die Küste nördlich von Bergen und die norwegischen Außenländer zu besuchen, fuhren die Deutschen bald in die Fjorde hinein, besuchten die Schären und rissen auch den Landhandel an sich. Sie entwickelten überall, manchmal auch mit überflüssigen und wertlosen Waren, einen blühenden Krämerhandel. Die norwegischen Städter mußten vielfach wieder Ackerbau betreiben oder Tagelöhner werden. Kleinere deutsche Niederlassungen und Faktoreien bestanden auch in Oslo und Tønsberg. Der Handel mit dem Ostland Norwegens lag in den Händen Rostocks und Bremens. Rostock war auch das oberste Gericht für die Deutschen im Ostland.

Die Grundbesitzer, die Großen, der König, die Kirche, die ihre Häuser an die Deutschen vermieteten, waren in den norwegischen Städten der herrschende Stand. Magnus Lagabøters (1263–1280) Stadtrecht regelte genau die Mietverträge und verbot, an ausländische, d.h. deutsche Wintersitzer zu vermieten, ebenso die Könige des 14. Jh. Die Grundbesitzer betrieben mit eigenen Schiffen in gewissem Umfang Handel mit den Ländern Westeuropas. Aber die Deutschen verdrängten sie aus diesem Handel. Daher haben zuerst die Bergener Grundbesitzer Maßnahmen von der Regierung gegen die Deutschen gefordert. Sie setzten schon 1282 das Verbot, den Winter über zu bleiben, durch, aber vergeblich. Die Ausbildung der Stadtverfassung im 14. Jh. erfolgte auch in Norwegen z.T. nach deutschem Vorbild[13].

Finnlands kleine Städte waren aus kleinen Handelsplätzen an der Küste entstanden. Ende des 12. Jh. ließen sich deutsche Kaufleute in den Städten nieder. Ihr Bürgertum war ebenfalls zum großen Teil deutsch. In Åbo (Turku) z.B. lebten im 14. Jh. 42% Deutsche, 39% Schweden, 13% Finnen. Die führenden Schichten waren überall reiche Kaufleute deutscher Herkunft. Nach deutschem Muster richteten sie ihre Verfassung ein. Finnland war wegen des Transithandels nach Rußland auf der Neva wichtig. In den Kriegen zwischen Schweden und Rußland im 12. und 13. Jh. wurde dieser Weg gesichert und im Jahr 1323 der freie Handel auf der Neva und nach Novgorod von Rußland garantiert[14].

Es wurde schon erwähnt, daß die Entwicklung des Bergbaues eine der Voraussetzungen für den wirtschaftlichen Aufschwung Schwedens und die Tätigkeit der Deutschen war[15]. Die anderen skandinavischen Länder hatten im Mittelalter keinen nennenswerten Bergbau außer der Gewinnung des Sumpfeisens[16]. In Norwegen wurde in großem Ausmaß Talk gewonnen und ausgeführt. Töpfe und andere Gefäße wurden daraus industriell erzeugt und nach Dänemark, Island, England und Deutschland exportiert. Es gab etwa 100 Talksteinbrüche in Norwegen. Sonst wurde nur Bleiglanz und Kupferkies Ende des 12. Jh. für kurze Zeit gewonnen[17].

Der Erzbergbau geht in Schweden mit Sicherheit ins 12. Jh. zurück, bei Visby und Utö in Stockholms Schären. 1252 wird zum erstenmal schwedisches Eisenerz in einer flämischen Zollrolle unter dem noch nicht geklärten Namen Osmundererz genannt[18]. In einer Zollrolle von Flensburg wird 1284 Blekinge- und Kalmareisen erwähnt. Aber Zentren des Eisenbergbaues wurden Dalarne, ferner Närke, wo Örebro seit 1100 ein Mittelpunkt der Eisenindustrie war, und Västmanland. Holz wurde am Berghang aufgestapelt und verbrannt. Die Hitze sprengte das Gestein, das dann zerstückelt wurde. Das Erz wurde in offenen Gruben, später in eingegrabenen Öfen, schließlich in Öfen oberhalb der Erde, die mit Holzkohle und mit handgetriebenen oder Tretblasebälgen betrieben wurden, herausgeholt und in der Schmiede zu reinem Eisen ausgeschmiedet. Die Herstellung von Holzkohle war seit vorchristlicher Zeit im Norden bekannt[19].

Noch im 13. Jh. wurde das Wasserrad gebräuchlich. Die weitere technische Ausgestaltung im 14. Jh. erfolgte durch eingewanderte deutsche Bergleute, wie die technischen Ausdrücke beweisen. Deutsche Kaufleute haben Kapital im Bergbau investiert. Das wichtigste war die Einführung des Hochofens vermutlich seit 1300; der älteste Beleg stammt erst aus dem Jahre 1360. 1328 wird zum ersten Male eine *hytta* erwähnt. Die

Besitzer der Bergwerke waren teils die Bergleute selbst, oft Bauern, teils ein Großer, ein Bischof, der König, dessen Anteil oft verpfändet wurde. Die Anteile waren meist sehr zersplittert. Die Verleihung des Abbaurechtes mußte auf Grund des königlichen Bergregals beantragt werden. Die Krone hatte unabhängig vom Eigentumsrecht am Grund und Boden das Recht auf Suche und Nutzung der unter Tage liegenden Bergschätze, aber sie verlieh es weiter. Die Bergleute erhielten meist für ihre Höfe Steuerfreiheit und das Recht auf Benützung des Allmendewaldes. Dafür mußten sie den Bergbauzehnten zahlen. Die Arbeit war genossenschaftlich geregelt. Die Grube wurde in Schichten der Reihe nach abgebaut; die Reihenfolge wurde jährlich durch das Los bestimmt. Die Mitglieder eines solchen *Lag* hatten jeder für sich Grubenarbeiter und die verschiedensten Grade von Facharbeitern in Dienst. Bergmeister wurden gewählt, die auf dem Thing die Richter waren; der Vogt war der Steuereintreiber des Königs. Ihm standen gewählte Räte zur Seite, und er führte auch sonst die Oberaufsicht.

Das Bergrecht war doch wohl Mitte des 14. Jh. nach deutschem Vorbild ausgebildet. Das umliegende Bauernland lieferte Holz, Proviant und die Fuhren für den Transport, die umliegenden Städte städtische Waren; sie sorgten für den Absatz und gaben Kredit. Die meisten *Lag* hatten einen Ausspeiser, der für die Verpflegung der Arbeiter sorgte und freies Handelsrecht im ganzen Lande hatte. Zweimal wöchentlich wurde in den Bergstädten auch Markt abgehalten. Es bestand starke Nachfrage nach Arbeitskräften; daher hatten die Bergwerke Asylrecht, aber nicht für gemeine Verbrechen; aus anderen Landschaften zur Friedlosigkeit Verurteilte konnten sich verdingen, im Allmendewald eigene Häuschen bauen und eine neue Existenz gründen. Doch die Disziplin war streng[20]. Ab 1300 dürfte es schon größere, mit Wasserkraft betriebene Schmelzwerke gegeben haben. Seit Ende des 13. Jh. war Stockholm der wichtigste Ausfuhrhafen, dann auch Gävle und Södertälje. Das Eisen wurde in Form von Stabeisen ausgeführt. Stahl wurde in Schweden schon seit dem 4. und 5. Jh. hergestellt.

Der schwedische Kupferbergbau dürfte (festgestellt auf Grund der Pollenanalyse) ins 12., vielleicht sogar bis ins 11. Jh. zurückreichen. Am Ende des 13. Jh. stand jedenfalls Stora Kopparberg bei Falun in Dalarne in vollem Betrieb. Auch hier ist deutscher Einfluß wahrscheinlich vom Bergbau von Rammelsberg im Harz für die Entwicklung entscheidend gewesen. Bald kamen andere Kupferbergbaue in Dalarne und Östergötland (Atvidaberg) hinzu. Das Kupfer wurde in Tiegeln aus gebranntem Ton geschmolzen; die Gußformen waren aus Talk, Ton und Bronze. Die Ausfuhr von Rohkupfer war bedeutend; raffiniert wurde es vor allem in Lübeck. Die jährliche Produktion betrug im Jahr 1350 etwa 500 Schiffspfund, was ungefähr 75 000 kg entspricht[21]. – Silber wurde schon früh im südlichen Dalarne (Silvberg) gewonnen. – Salz, für die Konservierung der Lebensmittel unentbehrlich, wurde durch Erhitzen und Eindampfen in Salzsiedereien am Meere gewonnen, besonders auf der dänischen Insel Läsö, an der norwegischen Küste, in Halland[22]. Norwegisches Salz wurde nach Schweden ausgeführt. In Gotland bestand wahrscheinlich schon seit dem 11. Jh. eine nicht unbedeutende Kalkbrennerei, aber auch im übrigen Skandinavien. Schleif- und Wetzsteine, besonders in Norwegen für Bauern und Schmiede, wurden aus dem Berg abgesprengt, zugerichtet und in mehrere Länder ausgeführt.

Von skandinavischer, besonders norwegischer Seite wurde immer wieder die Frage nach dem Nutzen des überragenden deutschen Einflusses auf den Norden aufgeworfen und besonders nach 1945 in negativem Sinne beantwortet[23]. Bedauerlicherweise fiel der Höhepunkt der deutschen Wirtschaftsmacht in Norwegen mit der Ohnmacht des norwegischen Staates zusammen. Aber der Grund für diese Parallelität lag nicht bei der Hanse. Es war der Schwarze Tod, der Norwegen zerstörte, dann die Union mit Schweden und später mit Dänemark, schließlich die ausbeuterische Wirtschaftspolitik des norwegischen Adels und Klerus.

Es ist doch bezeichnend, daß keiner der Orte, die vor der Hansezeit bescheidene Handelsplätze waren, überlebte und keiner der späteren, die zur Hansezeit erst Handelsplätze wurden, vor die Zeit der Hanse zurückgeht. Die Erschließung war das Werk der Deutschen zum Vorteil Skandinaviens; ein einheimischer Bürgerstand ist nicht unterdrückt, sondern durch die Deutschen erst geschaffen worden. Die skandinavischen Erzeugnisse haben durch die Deutschen den Weltmarkt gewonnen und europäische Preise bekommen. Die Besiedelung Nordnorwegens kam erst durch die deutsche Nachfrage nach Kabeljau richtig in Fluß. Eine der Ursachen des deutschen Erfolgs ist der neue hansische Schiffstyp, die Kogge, die viel leistungsfähiger war und einen achtmal größeren Lastraum als die kleinen skandinavischen Schiffe hatte[24]. Sie konnte Massenware führen mit einer Durchschnittsgeschwindigkeit von 4,5 bis fast 7 Seemeilen in der Stunde. Die deutschen Kaufleute waren aber auch fachlich besser gebildet; sie hatten feste Kontore in der Heimatstadt, arbeiteten mit Kommissionären in den skandinavischen Städten und führten kaufmännische Korrespondenz und Buchführung. Sie waren kapitalstark und investierten ihr Kapital z. B. im schwedischen Bergbau.

Mit der wirtschaftlichen Erschließung und der Entstehung des Städtewesens war die Ausbildung eines berufsmäßigen skandinavischen Gewerbe- und Handwerkerstandes verbunden[25]. Die Stadtordnung Bergens von 1248 beweist, daß dort zahlreiche Tischlermeister gelebt haben; weiter kam die Wassermühle auf, durch die ein großer Mehlvorrat erzeugt wurde, so daß Vorratsbrot gemacht werden konnte. Anfänglich bestand Freiheit der Mühlenanlage für Rad- und Windmühlen für den eigenen Bedarf, doch Krone, Klöster und Güter übten auf die Bauern Zwang aus, auf ihren Mühlen mahlen zu lassen. Die bei ihnen angestellten Müller, oft Bauern aus der Nähe, bekamen einen Teil des Mühlenzolls in natura. Dadurch war die Entwicklung des Müllergewerbes gehemmt[26]. Für das 13. Jh. sind in Schleswig, Roskilde und Bergen zunftmäßig organisierte, gewerbsmäßige Bäcker belegt, in Norwegen auch Frauen.

Es waren wieder eingewanderte deutsche Handwerker, die die einzelnen Gewerbe in Skandinavien teils schufen, teils weiterentwickelten. Die ältesten skandinavischen Handwerker waren nämlich meist hauswirtschaftende Bauern auf dem Lande. Die Deutschen waren in Gilden zusammengeschlossen, was den einheimischen Handwerkern verboten wurde (in Kopenhagen und Bergen z. B.), freilich auf die Dauer vergeblich. Deutsche Schuhmacher sind 1133 in Roskilde genannt; in Bergen, wo sie 1307 zum ersten Male erwähnt werden und wo sie seit 1311 Wintersitzer sein durften, bekamen sie 1372 das Monopol der Erzeugung. Sie machten nämlich Schuhe mit selbständiger Sohle und Stiefel – für den Norden Neuheiten[27]. Im 13. Jh. war die Spezialisierung der Handwerker schon weit fortgeschritten, denn das Stadtrecht des norwegischen Königs Magnus Lagabøter (1263–1280) nennt 20 Arten von Handwerkern, die Abgaben zahlen mußten. Ein deutlich durch den Aufschwung des Handels entstandenes Gewerbe waren die Hafen- und Transportarbeiter. 1302 waren es in Bergen 200; ihr Lohn wurde gesetzlich festgelegt.

Die Meeresfischerei wurde weithin nicht von Berufsfischern, sondern von Bauern und Bürgern betrieben. Auf dem Schonenmarkt bildeten Bürger von Stockholm, Uppsala, Norrköping usw. meist eine Bootsarbeitsgruppe von 2–5 Mann, auch mit in Dienst genommenen Leuten. Man fuhr nämlich nur saisonmäßig auf Fang. Auch in Norwegen gab es nur wenig Berufsfischer, in Island erst im 11. Jh. Kapital und Kredit erhielten sie von den Deutschen. Seit 1100 war der norwegische Trockenfisch auf dem Weltmarkt, der getrocknete Hering seit 1300. Der Salzhering wurde schon seit 1200, als die Lübekker das Lüneburger Salz nach Schonen brachten, ausgeführt, anfänglich in Holzkisten, seit 1300 nach deutscher Art in Tonnen. Island hat infolge Salzmangels bis 1400 nur Trockenfisch ausgeführt. Die Bierbrauerei war ursprünglich wie das Backen eine

Hausarbeit, auch für den Verkauf. Später war die Erlaubnis der Stadt dazu nötig. In Norwegen waren es oft Frauen, die auch Met ausschenkten.

Sehr angesehen, bald auch sehr spezialisiert war seit alter Zeit die Metallbearbeitung. In den Städten lebten die Schmiede in eigenen Vierteln, meist abseits vom eigentlichen Wohngebiet. Es gab wandernde Landschmiede, auf den Gutshöfen seit dem 11. Jh. auch Hufschmiede, da seit dieser Zeit das Beschlagen der Pferde üblich wurde. Goldschmiede sind auf Gotland und Seeland im 12. Jh. belegt; in Bergen waren es vielfach Deutsche[28]. Sie waren sehr angesehen, mußten in den Städten in eigenen Quartieren leben, ihre Arbeit öffentlich machen, um sie kontrollieren zu können. Sie arbeiteten nur auf Bestellung von König, Kirche und Großen; das Gold brachte der Kunde.

Auch das Schneidergewerbe war vorwiegend ein deutsches, seit dem 13. Jh. überall zahlreich belegt. Ein Filzhutmachergewerbe kam erst im 14. Jh. auf, und zwar in Dänemark, von wo Filzhüte nach Schweden auch ausgeführt wurden. Kleidermachen war lange Zeit häusliche Frauenarbeit. Heimisches Tuch (Loden) wurde als Zahlungsmittel verwendet; feines Wollzeug wurde bis 900 von den Friesen, später aus England und den Niederlanden eingeführt. Man trug viel Ledersachen, die gewerbsmäßig erzeugt wurden. In Island war die Wollproduktion für die Ausfuhr sehr bedeutend, doch feines Tuch wurde auch hier durch Norweger aus England eingeführt[29]. Leinwand wurde besonders im schwedischen Hälsingland erzeugt, doch auch aus England, Holland und Deutschland eingeführt. Maurer traten als Handwerker erst auf, als die Holz- und Erdbauten der Wikingerzeit im 11. Jh. von Steinbauten abgelöst wurden; belegt sind sie erst im 14. Jh. In Finnland waren die Handwerker in älterer Zeit meist Landhandwerker, in den Städten seit dem 14. Jh. meist Deutsche. In Island wurden die meisten Arbeiten von den Bauern selbst oder ihren Knechten ausgeführt. Es gab aber auch, allerdings wenig zahlreich, Schuhmacher, Gerber und Schwertfeger, die umherwanderten. Die Organisation der Zünfte entsprach den Verhältnissen in Deutschland und war meist auch nach deutschem Vorbild gemacht.

Der Handel war, wie schon erwähnt, vorwiegend in deutschen Händen. Der Binnenhandel vollzog sich wie in alter Zeit auf den verhältnismäßig primitiven Wegen, die zu bauen ein gottgefälliges Werk war. Die Dorf- und Hundertschaften waren gesetzlich zum Wege- und Brückenbau auch verpflichtet[30]. Könige und Bischöfe hatten eigene Postboten. Erleichtert wurde der Verkehr durch die zahlreichen Wasserwege, im Winter durch das Eis auf diesen. Wo ein Weg einen Wasserlauf kreuzte, mußte ein Fährmann, meist der nächstgelegene Hofbesitzer, von den Reisenden bezahlt werden, der für sein Privileg eine Abgabe leisten mußte. Es sind sogar kurze Kanalbauten zur Erleichterung der Schiffahrt bezeugt. Über den Großen Belt gab es seit 1170 eine Fähre; Lotsen sind seit 900 bezeugt. In Schweden mußten gesetzlich seit der Mitte des 14. Jh. an bestimmten Stellen Herbergen und Gasthäuser (Tavernen) sein, auch für die Pilgerreisen.

Der nicht berufsmäßige Handel der Bauern, des Adels, der Kirche (Norwegens größter handeltreibender Stand), der Könige dauerte das ganze Mittelalter hindurch neben dem selbständigen Handelsstand fort. Er vollzog sich in der Weise, daß mehrere für die Reise ihr Geld zusammenlegten, gemeinsam ein Schiff bauten oder mieteten, auch ein halbes, und Gewinn und Verlust teilten[31]. Die städtischen Berufskaufleute waren gegen diese Art von Handel, und die Könige unterstützten sie darin. Auch den Landhandel der Bauern suchte die Staatsmacht auf den Handel der Bauern untereinander zu beschränken, aber vergeblich. Zwischen Finnland und Estland bzw. Stockholm bestand ein reger Bauernhandel. Magnus Eriksson bestimmte, daß alle Leute, die aus dem nördlichen Schweden, aus dem Bottnischen Golf mit ihren Schiffen Handel trieben, nur nach Stockholm fahren durften (der sogen. spätere bottnische Handelszwang). Die Könige waren immer die Schirmherren des Handels, auch wegen der vielerlei Abgaben, die sie von Kaufleuten und Schiffen einhoben. Zum eigenen Handel waren sie und der Adel in gewissem Maße gezwungen, da sie als Steuer große Mengen Naturalien (besonders Butter) erhielten, die sie loswerden mußten.

Die Richtungen des Handels änderten sich, als die deutschen Städte den Handel Skandinaviens übernahmen. Während bis ins 13. Jh. die West-Ost-Richtung überwog, wurde jetzt die Nord-Süd-Richtung vorherrschend. Nicht zufällig wollte sich Dänemark im 13. Jh. in den Besitz Schleswig-Holsteins, der Landbrücke nach Süden, setzen. Für Norwegen war zuerst England der Hauptpartner, auch zwischen den beiden Kirchen bestanden rege wirtschaftliche Beziehungen. Bergen war der gegebene Ausfuhrhafen nach England. Noch 1300 kamen jedes Jahr 30–35 Schiffe besonders mit Holz aus Bergen nach Ostengland. Dieser Handel brach ab, teils durch die Tüchtigkeit der Deutschen, teils durch die Verschlechterung der politischen Beziehungen[32].

Von Ribe aus war das ganze Mittelalter hindurch der dänische Handel nach England und Flandern auch ins Rheinland recht bedeutungsvoll. Die Steine für die Domkirchen von Ribe und Roskilde kamen aus dem Rheinland. Eingeführt wurden besonders kirchliche Gegenstände, Grabsteine aus Marmor, Schmuck, Tuche, Salz, Wein. Schwedens Handel mit England war im Mittelalter bedeutungslos, nur die Gotländer trieben vom 12. bis ins 14. Jh. einen regen Transithandel dorthin. Der direkte Handel mit Frankreich war gering. Zuerst waren die Friesen, dann die Deutschen die Zwischenhändler. Der Handel mit Rußland ging bis ins 14. Jh., wie erwähnt, von Gotland aus; dann beherrschte Lübeck ihn. Der Landhandel von Schweden nach Norwegen und nach Dänemark war nicht bedeutend[33].

Eine gewisse, wenn auch primitive Handelspolitik wurde doch betrieben. Zur Förderung des eigenen Handels verbot man den der Ausländer innerhalb des Landes. Die Einfuhrzölle waren niedrig; Einfuhrverbote gab es nicht, weil man Angst vor Versorgungsschwierigkeiten, besonders im Winter, hatte; Ausfuhrverbote wurden aber sehr oft erlassen.

Die Ausfuhrwaren des Nordens waren Rohstoffe, Eisen und Kupfer aus Schweden und landwirtschaftliche Produkte, unter diesen vor allem Butter, aus Dänemark auch Getreide, über Ribe nach England und Flandern, sonst in die deutschen Ostseestädte, die es weiter verkauften. Die dänischen Bauern der Inseln fuhren schon seit dem Ende des 13. Jh. auf eigenen Schiffen nach Rostock, Wismar und Lübeck und verkauften dort ihren Getreideüberschuß. Die Ausfuhr von Pferden war besonders für Dänemark bis ins 16. Jh. eine ergiebige Einnahmequelle. Schon im 13. Jh. gab es zahlreiche Pferdemärkte. Die Pferde wurden auch nach Holstein getrieben und dort verkauft oder von Schonen zu Schiff nach Lübeck, von Ribe nach Westeuropa gebracht. Auch aus Schweden wurden Pferde ausgeführt. Aus Jütland wurden durch Jahrhunderte die Ochsen auf dem Ochsenweg nach Süden getrieben, aus Schonen zu Schiff befördert. Die jährliche Ausfuhr Dänemarks wurde für Ochsen und Pferde auf 6000–8000 Tiere geschätzt. Mit Leder, Fellen und Pelz war Skandinavien für ganz Europa der Hauptlieferant. Für Norwegen spielte, wie schon erwähnt, der Fischhandel die größte Rolle.

Der Handel nach Island, Grönland und Nordnorwegen blieb in norwegischer Hand. Er war für Island und Grönland lebenswichtig. Diese Inseln brauchten besonders Holz, Eisen und Getreide. Die Isländer lieferten dafür grobes Tuch, Schaffelle, Falken, Schwefel, die Grönländer Seehundfelle, Walroßtaue und -zähne. Als die beiden Inseln 1261 zu Norwegen kamen, wurde dieser Handel königliches Monopol. Die Holzeinfuhr aus Markland (Nordamerika) nach Grönland fand im 14. Jh. ihr Ende. Den Finnlandhandel beherrschten die deutschen Kaufleute aus Riga, Reval und Gotland und die schwedisch-finnischen Bauern. Den Handel von der Weißmeerküste zur Neva führten die Karelier durch[34].

Gewerbsmäßige Kaufleute gab es in Skandinavien in der Frühzeit wohl nur vereinzelt in Birka, Sigtuna, Visby und Hedeby, seit etwa dem Ende des 11. Jh., dem Beginn des Städtewesens und des Handels mit den Deutschen, überall, am frühesten in Ribe und Schleswig. Die dänische Knutsgilde in London im 11. Jh. war eine Kaufmannsgilde. Die Formen der Geschäftsführung wurden durch deutschen Einfluß „moderner". Trotz Kauf auf Kredit und Darlehen gab es freilich keinen wirklichen Kapitalmarkt. Es gab Schuldbriefe, die Wertpapiere waren, und einen Schuldprozeß mit schriftlichem Beweis, Pfandnahme, Bürgschaft und Abarbeitung der Schuld. Der Hauptkreditgeber war die Kirche. Auch Wechsel waren bekannt. Quittierung ist seit dem 13. Jh. bezeugt, in Norwegen mit einem aus zwei Teilen bestehenden Kerbholz, deren einen der Empfänger erhielt. Zinsen zu nehmen war mit Ausnahme von Island gesetzlich verboten, doch wurde das Verbot selten eingehalten. Der Ertrag eines Pfandes, das der Darlehensempfänger gegeben hatte, sollte vom Kapital abgezogen werden. Die Preise wurden durch eine Zwischenware, z.B. ein Eisenstück von bestimmter Größe, angegeben. Bei Grundstückskauf war das *justum pretium* Wertmesser. Kapitalbildung war in bescheidenem Maße nur bei Königen, Großen und bei der Kirche möglich. Grund und Boden war das Kapital.

Die ständige Münzverschlechterung vergrößerte den Abstand zwischen der Mark als Recheneinheit und als Gewichtseinheit immer mehr. Um 1250 gingen in Schweden zwei Mark*peninngar* (d.i. die kursierende schlechte Münze) auf 1 Mark Silber; zu Ende des Mittelalters war das Verhältnis 1:8, in Dänemark 1:10. In Dänemark und Norwegen waren seit der zweiten Hälfte des 13. Jh. englische Münzen Zahlungsmittel, seit 1300 lübische. Man konnte überall und immer mit guten ausländischen Münzen zahlen. In Island gab es keine Münzen; es wurde in Naturalien gezahlt.

1 *E. Kroman:* Købstaederne gennem middelalder og enevaelde (1955), S. 1ff.
M. Mackeprang: Dansk købstadsstyrelse (1900).
H. Matthiesen: Middelalderlige byer (1927).
Ders.: Torv og Haerstraede (1922).

2 *P. Johansen:* Hansische Siedlungsgeschichte und Kartographie. In: HGBll 73 (1955), S. 1ff.

3 *L. Weibull:* St. Knut i österled. In: Scandia 17 (1946), S. 84ff.

4 *A. E. Christensen:* La foire de Scanie. In: Recueils de la société Jean Bodin 5 (1953), S. 241ff.

5 *L. Delavaud:* Le commerce de vin et du sel en Norvège. In: Revue de l'institut de Sociologie (Brüssel) 9 (1929), S. 61ff.

6 Außer den zahlreichen Schriften *F. Rörigs* vgl. besonders *A. Hofmeister:* Heinrich der Löwe und die Anfänge Visbys. In: Zeitschrift d. Vereins f. Lübeckische Geschichte und Altertumskunde 23 (1926), S. 43ff.
S. Tunberg: Visby-Lübeck. In: Historiska Studier tillägnade L. Stavenow (1924), S. 21ff.
A. v. Brandt: Wieder einmal: Die Gotland-Urkunden Heinrichs d. Löwen. In: HGBll 74 (1956), S. 97ff.

7 *A. Schück:* Die deutsche Einwanderung in das mittelalterliche Schweden. Ebd. 55 (1930), S. 67ff.
Ders.: Studier rörande det svenska stadsväsendets uppkomst (1926).

8 *W. Koppe:* Das mittelalterliche Kalmar. In: HGBll 67/68 (1942/43).
Ders.: När Stockholm var hansestad. In: Samfundet St. Eriks Årsbok (1934), S. 73ff.
Ders.: Lübeck-Stockholmer Handelsgeschichte (1933).

9 *A. von Brandt:* De äldsta urkunderna rörande tysksvenska förbindelser. In: (schwed.) Historisk Tidskrift 73 (1953), S. 209ff.

10 *N. Ahnlund:* Stockholms historia (1953).
Ders.: Svenskt och tyskt i Stockholms äldre historia. In: (schwed.) Historisk Tidskrift (1929).
W. Ebel: Lübisches Recht im Ostseeraum (1967).

11 *Johansen:* Hansische Siedlungsgeschichte, S. 37ff.

12 *J. Schreiner:* Die Frage der Stellung des deutschen Kaufmanns zur norwegischen Staatsmacht. In: HGBll 74 (1956), S. 1ff.

Ders.: Bemerkungen zum Hanse-Norwegen-Problem. Ebd. 72 (1954), S. 64ff.
B. E. Bendixen: Tyskernes Handel paa Norge 1 (1915), 2 (1926).

[13] *W. Vogel:* Handelsverkehr, Städtewesen und Staatsbildung in Nordeuropa. In: Ztschr. d. Gesellschaft für Erdkunde zu Berlin (1931).

[14] *R. Dencker:* Finnlands Städte und hansisches Bürgertum. In: HGBll 77 (1959), S. 13ff.

[15] En bergsbok, tillägnad Carl Sahlin (1921).
T. Söderberg: Det svenska bergsbrukets utbildning under Medeltiden. In: Nordisk Kultur 14 (1953), S. 187ff.
J. O. Carlberg: Historiskt sammandrag om svenska bergverkens uppkomst (1879).
J. Nihlén, Bidrag till frågan om bergsbrukets begynnelse i Sverige. In: Rig (1928), S. 176ff.

[16] *O. Voss:* Jernudvinding i Danmark. In: Kuml (1962), S. 7ff.
N. Nielsen: Jernudvinding paa Island. In: Arbøger for nordisk oldkyndighed og historie (1926), S. 129ff.
O. Olafsen: Myrmalmsmeltning i Norge i äldre tid (1916).

[17] *A. Skjøldsvold:* Klebersteinsindustrien in Vikingetiden. In: Norveg 8 (1961), S. 1ff.

[18] *O. von Friesen:* Om järnet i språklig belysning. In: Jernkontorets Annaler (1922), S. 62ff.

[19] *S. Ambrosiani:* Hur gammal är kolning som yrke i Sverige. In: Rig (1927), S. 31ff.

[20] *B. Boëthius:* Gruvornas, hyttornas och hamrarnas folk (1951).

[21] *T. Söderberg:* Stora Kopparberget (1932).
Ders.: Bergsmän och brukspatroner i svenskt samhällsliv. In: Det levande förflutna 12.
Ders.: Det svenska bergsbrukets uppkomst. In: (schwed.) Historisk Tidskrift (1936).
S. Tunberg: Stora kopparbergets historia 1 (1922).
Ders.: Die Entstehung und erste Entwicklung des schwedischen Bergbaus. In: HGBll 63 (1938), S. 1ff.

[22] *W. Fellmann:* Die Salzproduktion im Hanseraum. In: Hansische Studien (1961), S. 56ff.
H. Yrving: Salt och saltförsörjning. In: Scandia 34 (1968), S. 219ff.

[23] *K. Kumlien:* Schweden und Lübeck zu Beginn der Hansezeit. In: HGBll 78 (1960), S. 37ff.
Ders.: Sverige och Hanseaterna (1953).
Ders.: Sverige och den tyska hansan (1943).
Ders.: Hansischer Handel und Hansekaufleute in Skandinavien. In: Die deutsche Hansa als Mittler zwischen Ost und West (1963), S. 79ff.
E. Lönnroth: Hansestäderna och Sverige, in dessen fran svensk medeltid (1961), S. 48ff.
J. Schreiner: Hanseaterne og Norges nedgang (1935).
Sehr gut alles bei *G. Authén-Blom* in: Det nordiske syn pa forbindelsen mellem Hansestaederne og Norden. In: Det nordiske historikermøde i Århus (1957). Dazu *P. Johansen* in: HGBll 76 (1958), S. 143ff.
M. Wetki: Studien zum Hanse-Norwegen-Problem. In: HGBll 70 (1951), S. 34ff.
C. Koren-Wiberg: Hanseaterne og Bergen (1932).
A. von Brandt: Die Hanse und die nordischen Mächte im Mittelalter (1962).
Ders.: Hansan och de nordiska länderna. In: (schwed.) Historisk Tidskrift 78 (1958), S. 339ff.
A. E. Christensen: Mellem Vikingetid og Valdemarstid. In: (dän.) Historisk Tidsskrift 12/2 (1966/67), S. 31ff.
Ders.: Scandinavia and the advance of the Hanseatics. In: The Scandinavian Economic History Review 5 (1957), S. 92ff.

[24] *P. Heinsius:* Das Schiff der hansischen Frühzeit (1956).

[25] *F. Lindberg:* Hantverk och skråväsen (1964).
Privilegier, resolutioner och förordningar för Sveriges städer 1 (1251–1523), hg. v. *N. Herlitz* (1927).

[26] *S. B. Ek:* Väderkvarnar och vattenmöllor (1962).
E. Thun: Kvarnstaden Vä. In: Ale (1963), S. 23ff.

[27] *J. Schreiner:* De tyske skomakare i Bergen. In: (norw.) Historisk Tidsskrift 42 (1963), S. 49ff.
B. E. Bendixen: De tyske Haandverkere paa norsk grund. In: Norske Videnskabsselskabs Skrifter II, Hist. filos. Kl. (1911, 1912).

[28] *T. Kielland:* Norsk guldsmedskonst i middelalderen (1926).
R. Guddal: Gullsmedlauget i Bergen (1939).

[29] *A. Geijer* in: Nordisk Kultur 15 A (1953), S. 66ff.

[30] Nordisk Kultur 16 (1933).

31 *M. Pappenheim* in: Ztschr. f. Handelsrecht 36, S. 85ff.
K. von Amira: Nordgermanisches Obligationenrecht 2, S. 809ff.
K. Lehmann in: Ztschr. f. Handelsrecht 62, S. 296ff.
Ders.: Artikel „félag" und „Handelsgesellschaften". In: *J. Hoops:* Reallexikon der germanischen Altertumskunde, 1. Aufl., II, S. 20 und 440f.

32 *A. Bugge:* Den norske trelasthandels historie 1 (1925).
Ders.: Norge og de britiske øer i middelalderen. In: (norweg.) Historisk Tidsskrift (1914).
G. C. Wasberg: Med norsk trelast til nasjonal verstand (1967).

33 *A. Bugge:* Gotländingernas handel pa England og Norge. In: (norweg.) Historisk Tidsskrift III/5.
B. E. Bendixen: Vareomsätningen mellem England og Norge. Ebd. V/3 (1916), S. 277ff. und 444ff.

34 *G. Kerkkonen:* Bondesegel på Finska viken. In: Skrifter utgivna av Svenska Literatursällskapet i Finland (1959), S. 369.

Personen- und Sachregister

Die Umlaute Ä, Ö und Ü sind im Alphabet wie Ae, Oe und Ue behandelt. Auf eine durchgängige Vereinheitlichung bei der Transkription kyrillisch geschriebener Namen wurde im Register verzichtet. In der Regel erscheinen die Namen in der Form, die vom Autor bevorzugt wurde.

Register: Johanne van Dijk, Dr. Otto-Ernst Krawehl und Renate Warttmann